DICCIONARIO ILUSTRADO BÍBLICO BAKER

DICCIONARIO ILUSTRADO BÍBLICO BAKER

TREMPER LONGMAN III

EDITOR GENERAL

PETER ENNS

EDITOR DEL ANTIGUO TESTAMENTO

MARK STRAUSS

EDITOR DEL NUEVO TESTAMENTO

Diccionario Ilustrado Bíblico Baker Publicado por Monsgo® 2024
Una división de Vida Trading Company LLC

1218 Interstate Blvd.
Florence, SC 29501
Tlf. 843-319-4718
www.monsgo.com
ISBN: 978-1-949206-06-7

Diseño interior por Michael J. Williams
Impreso en India

CONTENIDO

PREFACIO

Para los cristianos, la Biblia es precepto, el estándar de la fe y la práctica. Según Calvino, es un espejo del alma que nos ayuda a entendernos mejor a nosotros mismos. Además, la Biblia es la Palabra de Dios y, por lo tanto, como una "semilla" (Mc. 4:1-20) que sirve como un agente de transformación de la muerte a la vida si se planta en la tierra correcta, un corazón receptivo. Más significativamente, es la autorrevelación de Dios mismo. En las páginas de la Biblia llegamos a conocer a Dios a través de Jesucristo, quien es él y quienes somos nosotros en relación a él. Por lo tanto, la importancia de la Biblia para nuestra formación espiritual no puede sobreestimarse.

Si somos sinceros, sin embargo, la Biblia no siempre es fácil de comprender. El mensaje principal es suficientemente claro, pero mucho permanece oculto. Después de todo, los libros de la Biblia provienen de una variedad de épocas, y están escritos en diferentes géneros y estilos literarios que nos son bastante ajenos. Los lugares mencionados en la Biblia son extraños y el número de personas mencionadas virtualmente incontable. Estamos distante tanto del Antiguo como del Nuevo testamento por bastos periodos de tiempo y cultura.

El Diccionario Bíblico Ilustrado Baker tiene el propósito de ayudar a las personas a leer la Biblia con una mayor comprensión. Los más de cinco mil artículos escritos por bastante más de cien colaboradores extraen de siglos de academia para clarificar lo que es enigmático a primera lectura. Este diccionario contiene artículos sobre temas mayores (por ejemplo, Jesús, Dios, todos los libros bíblicos) al igual que lugares y personas, incluso si solo aparecen en un solo versículo en la Biblia. La principal versión bíblica utilizada para los títulos de artículos y contenido es la revisión del año 2011 de la New International Version (Nueva Versión Internacional), aunque los artículos también cubren algunos de los términos más oscuros usados en la King James Version (Versión del Jacobo) y se señalan lecturas de una amplia variedad de versiones bíblicas. El diccionario incluye ilustraciones visuales, tablas, imágenes y mapas para complementar los artículos. En una palabra, este diccionario es un recurso útil para apoyar la lectura diaria de la Biblia al igual que para prepararse para estudios bíblicos grupales o para continuar tras sermones y por muchas otras razones.

Los editores desean agradecer a un número de personas por su trabajo para llevar este basto proyecto a un término exitoso. Le agradecemos a Baker Publishing Group, y en particular a Jack Kuhatschek por invitarnos a actuar como editores de este libro. Baker, como siempre, nos apoyó con su personal incluyendo a Amy Donaldson, Brian Brunsting, Mike Williams, Trinity Graeser y Brian Vos, y al equipo editorial y de diseño interior. Robert Hand y Robert G. Maccini hicieron un excelente trabajo asegurándose de que el manuscrito estuviese listo para imprenta. Y, finalmente, gracias a Kim E. Walton por organizar las imágenes y mapas y a Cheryl Van Andel por el diseño de portada.

Tempranamente en el proyecto, Baker contrató a dos de mis estudiantes de Westmont College para comenzar a recopilar los muchos temas que cubrimos en este diccionario. Gracias Shane B. Kelly y Thomas G. Lengyel por su trabajo como asistentes editoriales al igual que al escribir algunos artículos ellos mismos.

De hecho, estamos agradecidos de nuestros escritores, todos quienes son mencionados en la lista de colaboradores. Les agradecemos por compartir su conocimiento con nuestros lectores al igual que por sus entregas oportunas. Mientras agradecemos de corazón a nuestros colaboradores, agradecemos especialmente a Jessie Rainbow, Karen Traphagen, Susan Michaelson, John Michael Stanley y Timothy Senapatiratne por el número de artículos que tomaron y/o por escribir artículos al final del proceso cuando los necesitábamos rápidamente.

Nuestros sinceros deseos y oraciones son para que este volumen ayude a nuestros lectores en la lectura de la Biblia, no solo para propósitos intelectuales, sino también para que conozcan y obedezcan al Dios revelado en sus páginas.

Tremper Longman III
Editor General

Peter Enns
Editor del Antiguo Testamento

Mark Strauss
Editor del Nuevo Testamento

COLABORADORES

Stephen J. Andrews, Dr., Profesor de Antiguo Testamento, Hebreo y Arqueología, Seminario Teológico Midwestern Baptist, Kansas City, MO

Sarah-Jane Austin, ThM del Seminario Teológico Westminster, Glenside, PA

Karelynne Gerber Ayayo, ThD, Decano Asistente de la Escuela de Ministerio y Profesor Asociado de Estudios Bíblicos, Palm Beach Atlantic University, West Palm Beach, FL

Deron Biles, Dr., Decano de Educación de Extensión y Profesor Asociado de Antiguo Testamento, Seminario Teológico Southwestern Baptist, Fort Worth, TX

Michael F. Bird, Dr., Catedrático en Teología y Biblia, Crossway College, Queensland, Australia

Tony Bird, Dr., Catedrático en Estudios Bíblicos, Presbyterian Theological College, Melbourne, Australia

Dave L. Bland, Dr., Profesor de Homilética y Director DMin, Harding School of Theology, Memphis, TN

Art Boulet, estudiante de postgrado en la Columbia University, New York, NY

Norah Caudill, Dr., Profesor Asistente Adjunto de Antiguo Testamento, Seminario Teológico Fuller, Pasadena, CA y Asociado Facultativo de Antiguo Testamento, Bethel Seminary, San Diego, CA

Rosalind S. Clarke, estudiante de doctorado en el Highland Theological College, Dingwall, Scotland

Bill Coe, Master en Estudios Teológicos, Profesor Adjunto de Música en el Southwestern College, Chula Vista, CA

Rob Dalrymple, Dr., Decano Academico, Koinonia Graduate School of Theology, Livermore, CA

John A. Davies, Dr., Director Emérito, Presbyterian Theological Centre, Sydney, Australia

John C. DelHousaye, Dr., Profesor Asociado de Nuevo Testamento, Phoenix Seminary, Phoenix, AZ

Joseph R. Dodson, Dr., Profesor Asistente de Estudios Bíblicos, Ouachita Baptist University, Arkadelphia, AR

Jason Driesbach, estudiante de doctorado en la Hebrew University of Jerusalem, Israel

Ben C. Dunson, Dr., Profesor Asistente Periódico de Religión y Teología, Redeemer University College, Ancaster, Ontario, Canadá

J. Scott Duvall, Dr., Profesor de Nuevo Testamento y J. C. y Mae Fuller Presidentes de Estudios Bíblicos, Ouachita Baptist University, Arkadelphia, AR

Seth Ehorn, candidato a doctor en la University of Edinburgh, New College, Edinburgh, Scotland

Peter Enns, Dr. de la Harvard University,

Cambridge, MA; Académico Bíblico y Autor, Lansdale, PA

Paul S. Evans, Dr., Profesor Asistente de Antiguo Testamento, McMaster Divinity College, Hamilton, Ontario, Canadá

Charles Farhadian, Dr., Profesor Asociado de Religiones Mundials y Misión Cristiana, Westmont College, Santa Barbara, CA

Jerad File, estudiante de Máster en Teología en el Southwestern Baptist Theological Seminary, Fort Worth, TX

David Firth, Dr., Director de Estudios de Extensión, St. Johns College, Nottingham, England

Daniel Fletcher, Dr. del Westminster Theological Seminary, Glenside, PA; Instructor, Eastern University, St. Davids, PA

Douglas Geringer, candidato a doctor, Profesor Asociado de Lenguaje del Nuevo Testamento y Literatura, Decano Asociado del Talbot School of Theology, Biola University, La Mirada, CA

Greg Goswell, Dr., Catedrático de Estudios Bíblicos, Presbyterian Theological College, Melbourne, Australia

Scott Gray, estudiante de Doctorado en Ministerio en el Southwestern Baptist Theological Seminary, Fort Worth, TX; Pastor, Iglesia Bautista Sycamore, Decatur, TX

Brad Gregory, Dr., Profesor Asistente de Escrituras, University of Scranton, Scranton, PA

David P. Griffin, estudiante de doctorado en la University of Virginia, Charlottesville, VA

Norris Grubbs, Dr., Profesor Asociado de Nuevo Testamento y Griego, Decano Superior Asociado del Sistema de Centro de Extensión, New Orleans Baptist Theological Seminary, New Orleans, LA

Joel Hamme, candidato a doctor, Fuller Theological Seminary, Pasadena, CA; Profesor Asistente en la William Carey International University

Micah Haney, candidato a doctor, Profesor Adjunto de Antiguo Testamento, Azusa Pacific University, Azusa, CA

Matthew S. Harmon, Dr., Profesor de Estudios del Nuevo Testamento, Grace College and Theological Seminary, Winona Lake, IN

J. Daniel Hays, Dr., Profesor de Estudios Bíblicos y Decano del Pruet School of Christian Studies, Ouachita Baptist University, Arkadelphia, AR

N. Blake Hearson, Dr., Profesor Asistente de Antiguo Testamento y Hebreo, Midwestern Baptist Theological Seminary, Kansas City, MO

Tim Henderson, candidato a doctor, Profesor Adjunto de Nuevo Testamento, Bethel Seminary, St. Paul, MN

Renate Viveen Hood, Dr., Profesor Asociado de Estudios Cristianos, University of Mary Hardin-Baylor, Belton, TX

Douglas S. Huffman, Dr., Profesor y Decano Asociado de Estudios Bíblicos y Teológicos, Talbot School of Theology, La Mirada, CA

Scott Hummel, Dr., Vicepresidente de Mejoramiento Institucional y Relaciones Eclesiasticas y Profesor de Religión, William Carey University, Hattiesburg, MS

David Jackson, Dr., Director de Estudios Bíblicos, William Carey Christian School, Prestons, NSW, Australia, y Asociado Honorario, School of Historical and Philosophical Inquiry, University of Sydney, Sydney, Australia

Scott Jackson, PhD, Dr., Profesor Asociado de Ministerios Cristianos, Ouachita Baptist University, Arkadelphia, AR

Joshua T. James, candidato a doctor en el Fuller Theological Seminary, Pasadena, CA

Stephen Janssen, candidato a doctor, Profesor Adjunto de Educación Bíblica, Cedarville University, Cedarville, OH

Joanne J. Jung, Dr., Profesor Asociado de Estudios Bíblicos y Teología, Talbot School of Theology, La Mirada, CA

Thomas Keene, Dr., Catedrático en Nuevo Testamento, Westminster Theological Seminary, Glenside, PA

Shane B. Kelly, Licenciado del Westmont College, Santa Barbara, CA

Dongsu Kim, Dr., Profesor de Biblia y Teología, Nyack College, New York, NY

JinKyu Kim, Dr., Profesor de Antiguo Testamento, Baekseok University, Cheonan, Corea del Sur

Koowon Kim, Dr., Cuerpo Docente, Reformed Theological Seminary, Seúl, Corea del Sur

Yoon-Hee Kim, Dr., Profesor Asociado de Nuevo Testamento, Torch Trinity Graduate School of Theology, Seúl, Corea del Sur

John F. Klem, ThD, Pastor Principal, Brookdale Baptist Church, Moorhead, MN

Sheri Klouda, Dr., Profesor Asociado de Estudios Bíblicos, Taylor University, Upland, IN

Will J. Kynes, Dr., Catedrático Departmental en Estudios del Antiguo Testamento, St. Peter's College, Oxford

Brian Labosier, Dr., Profesor de Estudios Bíblicos, Bethel Seminary, St. Paul, MN

Bernon Lee, Dr., Profesor de Escrituras Hebreas, Bethel University, St. Paul, MN

Peter V. Lee, Dr., Profesor Asistente de Antiguo Testamento, Reformed Theological Seminary, Washington, DC

Michelle Lee-Barnewall, Dr., Profesor Asociado de Estudios Bíblicos y Teológicos, Biola University, La Mirada, CA

Thomas G. Lengyel, estudiante de Máster en Divinidad en el Bethel Seminary, San Diego, CA

Stephen J. Lennox, Dr., Profesor de Biblia, Indiana Wesleyan University, Marion, IN

Darian Lockett, Dr., Profesor Asociado de Estudios Bíblicos y Teológicos, Talbot School of Theology, La Mirada, CA

Tremper Longman III, Dr., Profesor de Estudios Bíblicos Robert H. Gundry, Westmont College, Santa Barbara, CA

Nathan Patrick Love, Dr., Profesor Asociado de Antiguo Testamento, Ambrose Seminary, Calgary, Alberta, Canadá

Melinda G. Loyd, MA, Southwestern Baptist Theological Seminary, Fort Worth, TX

Sun Myong Lyu, Dr., Pastor Principal, Korean Presbyterian Church of Ann Arbor, Ann Arbor, MI

Robert G. Maccini, Doctor de la University of Aberdeen, Aberdeen, Scotland

Thor Madsen, , Dr., Decano de la Facultad, Midwestern Baptist College, Kansas City, MO

Steven Thatcher Mann, Dr., Profesor Adjunto, Azusa Pacific University, Azusa, CA

Steven Mason, Dr., Rector y Decanp de la Facultad para Asuntos Académicos y Profesor Asociado de Estudios Bíblicos, LeTourneau University, Longview, TX

Nathan Mastnjak, estudiante de postgrado en la University of Chicago, Chicago, IL

Andrew Mbuvi, Dr., Profesor Asociado de Estudios Bíblicos y Hermenéutica, Shaw University Divinity School, High Point, NC

Walter McConnell, Dr., Pastor, Belfast Chinese Christian Church, Belfast, Ireland

Susan Michaelson, Máster en Divinidad del Westminster Theological Seminary, Glenside, PA; Profesor Adjunto de Teología, St. Joseph's University, Philadelphia, PA

Eric A. Mitchell, Dr., Profesor Asociado de Antiguo Testamento y Arqueología, Southwestern Baptist Theological Seminary, Fort Worth, TX

James Mohler (fallecido), Dr., exprofesor Asociado de Estudios Bíblicos y Presidente de Estudios Bíblicos y Teológicos, Talbot School of Theology, La Mirada, CA

Jeffrey Monk, candidato a doctor y docente titular en Hermenéutica e Interpretación Bíblica, Westminster Theological Seminary, Glenside, PA

Erika Moore, Dr., Profesor Asociado de Antiguo Testamento y Hebreo, Trinity School for Ministry, Ambridge, PA

Kathleen Murray, estudiante de Máster en Teología en el Fuller Theological Seminary, Pasadena, CA

Neil Newman, Máster en Divinidad del Westminster Theological Seminary, Glenside, PA

Steven M. Ortiz, Dr., Profesor Asociao de Arqueología y Antecedentes Bíblicos y Director del Tandy Archaeology Museum, Southwestern Baptist Theological Seminary, Fort Worth, TX

Dukjoon Park, candidato a doctor en el Westminster Theological Seminary, Glenside, PA

C. Marvin Pate, Dr., Presidente del Departamento de Teología Cristiana y Elma Cobb Profesor de Teología Cristiana, Ouachita Baptist University, Arkadelphia, AR

Elaine Phillips, Dr., Profesor de Estudios Bíblicos, Gordon College, Wenham, MA

Leong Cheng Michael Phua, Profesor Asociado de Antiguo Testamento, Singapore Bible Singapore College, Singapore

Bill Pickut, estudiante de doctorado en la University of Chicago, Chicago, IL

Timothy Pierce, Dr., Pastor, Woodland Heights Baptist Church, Bedford, TX, y Docente Residente, B. H. Carroll Theological Institute, Arlington, TX

Jesse Rainbow, candidato a doctor en la Harvard University, Cambridge, MA

Hulisani Ramantswana, Dr., Docente, Heidelberg Theological Seminary, Pretoria, Sudafrica

Melissa D. Ramos, candidato a doctor en la University of California Los Angeles, Los Angeles, CA

Cristian Rata, Dr., Profesor Asistente de Antiguo Testamento, Torch Trinity Graduate School of Theology, Seúl, Corea del Sur

Tiberius G. Rata, Dr., Profesor de Estudios del Antiguo Testamento y Presidenten del Departamento de Estudios Bíblicos, Grace College and Theological Seminary, Winona Lake, IN

David Redelings, Dr., Docente Asociado, Bethel Seminary, San Diego, CA

Rodney Reeves, Dr., Profesor de Estudios Bíblicos y Decano del Courts Redford College of Theology and Ministry, Southwest Baptist University, Bolivar, MO

Randy Richards, Dr., Profesor de Estudios Bíblicos y Decano de Ministerio Escolar, Palm Beach Atlantic University, West Palm Beach, FL

Andrew J. Schmutzer, Dr., Profesor de Biblia, Moody Bible Institute, Chicago, IL

George Schwab, Dr., Profesor Antiguo Testamento, Erskine Theological Seminary, Due West, SC

Timothy Senapatiratne, Dr., Bibliotecario de Referencia, Bethel Seminary, St. Paul, MN

Boyd V. Seevers, Dr., Profesor de Estudios del Antiguo Testamento, Northwestern College, St. Paul, MN

Jerry Shepherd, Dr., Profesor Asociado de Antiguo Testamento, Taylor Seminary, Edmonton, Alberta, Canadá

Martin Shields, Dr., Asociado Honorario de Investigación, Departmento de Estudios Hebreos, Bíblicos y Judios, University of Syndey, Sydney, Australia

Benjamin C. Shin, Doctor en Ministerio, Profesión Asociado de Exposición Bíblica, Talbot School of Theology, La Mirada, CA

Ian Smith, Dr., Rector, Presbyterian Theological Centre, Sydney, Australia

Robert S. Snow, Dr., Profesor Asistente en Nuevo Testamento, Ambrose University College, Calgary, Alberta, Canadá

Bradley J. Spencer, candidato a doctor en la Harvard University, Cambridge, MA

John Michael Stanley, Máster en Divinidad del Phoenix Seminary, Phoenix, AZ; Pastor, Grace Brethren Church, Columbus, OH

Mark L. Strauss, Dr., Profesor de Nuevo Testamento, Bethel Seminary, San Diego, CA

Brian Tabb, candidato a doctor, Profesor Asistente de Estudios Bíblicos, Bethlehem College and Seminary, Minneapolis, MN

Dieudonne Tamfu, estudiante de doctorado en el Southern Baptist Theological Seminary, Louisville, KY; Profesor Asociado de Teología Bíblica, Cameroon Baptist Theological Seminary, Ndu, Camerún

W. Franklin Thomason II, estudiante de doctorado en el Southwestern Baptist Theological Seminary, Fort Worth, TX; Profesor

Adjunto de Historia de la Religión, Navarro College, Corsicana, TX

Karyn Traphagen, estudiante de doctorado en la University of Stellenbosch, Sudáfrica

Cephas Tushima, Dr., Profesor Adjunto, Eastern University, St. Davids, PA, and Catedrático, ECWA Theological Seminary, Jos, Plateau State, Nigeria

Preben Vang, Dr., Profesor de Estudios Bíblicos y Teológicos, Palm Beach Atlantic University, West Palm Beach, FL

Andrew E. Walton, estudiante de doctorado en la Harvard University, Cambridge, MA

Daniel R. Watson, Dr., Profesor Asociado de Antiguo Testamento, Midwestern Baptist Theological Seminary, Kansas City, MO

Ken Way, Dr., Profesor Asociado de Exposición Bíblica, Talbot School of Theology, La Mirada, CA

Brian L. Webster, Dr., Profesor Asociado de Estudios del Antiguo Testamento, Dallas Theological Seminary, Dallas, TX

Paul D. Wegner, Dr., Profesor de Antiguo Testamento, Phoenix Seminary, Phoenix, AZ

Forrest Weiland, Dr., Profesor Adjunto, Bethel Seminary, San Diego, CA, y Coordinador Norte Americano, Zaporozhye Bible College and Seminary, Zaporozhye, Ucrania

Joshua Williams, Dr., Profesor Asistente de Antiguo Testamento, Southwestern Baptist Theological Seminary, Fort Worth, TX

Daniel Willson, estudiante en el Fuller Theological Seminary, Pasadena, CA

Michael Woodcock, Dr., Pastor, First Baptist Church, North Hollywood, CA

Michael Yankowski, MCS del Regent College, Vancouver, Canadá

Stephen Young, candidato a doctor en la Brown University, Providence, RI

Jason Zan, candidato a maestría en el Southwestern Baptist Theological Seminary, Fort Worth, TX

ABREVIACIONES

GENERALES

//	paralelos
ac.	acádico, acadio
ár.	árabe, arábigo
arm.	arameo
c.	circa
cf.	consultar
cap(s).	capítulo(s)
MMM	Manuscritos del Mar Muerto
e.g.	por ejemplo
esp.	especialmente
fem.	femenino
frg.	fragmento
gr.	griego
heb.	Hebreo
i.e.	es decir
lat.	latín
lit.	literlamente
LXX	Septuaginta
masc.	masculino
mg	margen
TM	Texto Masorético
NT	Nuevo Testamento
AT	Antiguo Testamento
par(s).	paralelo(s)
pl.	plural
r.	reino
sing.	singular
Vg.	Vulgata

VERSIONES BÍBLICAS

ASV	Versión Estándar Americana
BBE	Biblia en Inglés Básico
CEV	Versión Inglesa Contemporánea
ESV	Versión Inglesa Estándar
GNT	Traducción de las Buenas Nuevas
GW	La Palabra de Dios
HCSB	Biblia Cristiana Estándar Holman
JB	Biblia de Jerusalem
JPS	Tanaq de la Sociedad Editorial Judia
KJV	Versión del Rey Jacobo
MSG	El Mensaje
NAB	Nueva Biblia Americana
NASB	Nueva Biblia Americana Estándar
NCV	Versión del Nuevo Siglo
NEB	Nueva Biblia Inglesa
NET	Nueva Traducción Inglesa
NIV	Nueva Versión Internacional
NJB	Biblia del Nuevo Jerusalén
NKJV	Nueva Versión del Rey Jacobo
NLT	Traducción de Nueva Vida
NRSV	Nueva Versión Revisada Estándar
REB	Biblia Inglesa Revisada
RSV	Version Estándar Revisada
TEV	Versión Inglesa de Hoy
TNIV	Nueva Versión Internacional de Hoy

APOCRIFA Y SEPTUAGINTA

1–2 Esd.	1–2 Esdras
Jdt.	Judit
1–4 Re.	1–4 Reinos
1–4 Mac.	1–4 Macabeos
Eclo.	Eclesiástico
Tob.	Tobit
Sab.	Sabiduría de Salomón

ANTIGUO TESTAMENTO SEUDOEPIGRAFÍA

4 Bar.	*4 Baruc (Paralipomena Jeremías)*
1 En.	*1 Enoch (Apocalipsis Etíope)*
2 En.	*2 Enoch (Apocalipsis Hebreo)*
Jub.	*Jubileos*
L.A.B.	*Liber antiquitatum biblicarum (Seudo-Filo)*
Car. Aristeas	*Carta de Aristeas*
Mart. Is.	*Martirio y Ascensión de Isaías 1-5*
Sal. Sal.	*Salmos de Salomón*
Or. Sib.	*Oráculos Sibelinos*
T. Dan	*Testamento de Dan*
T. Levi	*Testamento de Leví*

MANUSCRITOS DEL MAR MUERTO

CD-A	*Documento de Damasco*[a]
CD-B	Documento de Damasco[b]
1QapGen ar	Génesis Apócrifo
1QHa	*Hodayota*
1QIsa	*Isaías*
1QM	Regla de la Guerra
1QMMT	Carta Halájica
1QpHab	Comentario de Habacuc
1QS	Regla de la Comunidad
1Q28a	Regla de la Congregación
4Q51	Samuel[a]
4Q76	Profetas Menores[a]
4Q418	Instrucción
11Q13	Melquisedec
11Q19	Templo[a]

TRATADOS RABÍNICOS

b.	*Talmud babilonio*
m.	*Mishná*
t.	*Tosefta*
y.	*Talmud de Jerusalén*
'Abot	*'Abot*
B. Bat.	*Baba Batra*
Ber.	*Berajot*
'Eruv.	*'Eruvin*
Git.	*Guitín*
Hul.	*Hulín*
Ketub.	*Ketubbot*
Mid.	*Middot*
Nid.	*Niddah*
Rosh Hash.	*Rosh Hashaná*
San.	*Sanedrín*
Shabb.	*Shabbat*
Sheqal.	*Shekalim*

TARGUMIC TEXTS

Frg. Tg.	*Fragmentary Targum*
Tg. Neof.	*Targum Neofiti*
Tg. Ps.-J.	*Targum Pseudo-Jonathan*

PADRES APOSTÓLICOS

1–2 Clem.	*1-2 Clemente*
Did.	*Didaché*
Herm.	*Pastor de Hermas*
Ign. Smym.	*Ignacio, A los esmirnios*
Mart. Pol.	*Martirio de Policarpo*
Pol. Phil.	*Policarpo, A los filipenses*

NUEVO TESTAMENTO APOCRIFOS Y SEUDOEPIGRAFÍA

Ev. Fel.	*Evangelio de Felipe*
Ev. Tom.	*Evangelio de Tomás*

PAPIROS

P.Mich.	Papiro Michigan
P.Oxy.	Papiro de Oxirrinco
P.Zen.	Papiro Zenón

TRABAJOS GRIEGOS Y LATINOS

Agustín

Civ.	*De civitate Dei (La ciudad de Dios)*
Cons.	*De consensu evangelistarum (Armonía de los Evangelios)*

Faust. *Contra Faustum Manichaeum (Contra Fausto el maniqueo)*
Quaest. Hept. *Quaestiones in Heptateuchum (Preguntas en el Heptateuco)*

Dion Casio
Hist. *Historia romana (Historia romana)*

Cicerón
Att. *Epistulae ad Atticum*
Fam. *Epistulae ad familiares*
Off. *De officiis*

Clemente de Alejandría
Strom. *Stromata (Misceláneas)*

Dion Crisóstomo
3 Regn. *De regno iii (Or. 3)*
2 Serv. lib. *De servitute et libertate ii (Or. 15) (Esclavitud y libertad 2)*

Epicteto
Ench. *Enchiridion*

Epifanio
Pan. *Panarion (Refutación de todas as Herejías)*

Eusebio
Hist. eccl. *Historia ecclesiastica (Historia eclesiástica)*

Gayo
Inst. *Institutiones (Instituciones)*

Heródoto
Hist. *Historiae (Historias)*

Homero
Il. *Ilias (La Ilíada)*
Od. *Odyssea (La Odisea)*

Ireneo
Haer. *Adversus haereses (Contra Herejías)*

Gerónimo
Qu. hebr. Gen. *Quaestionum hebraicarum liber in Genesim*

Josefo
Ag. Ap. *Contra Apión*
Ant. *Antiguedades Judías*
J.W. *Guerra Judía*
Vida *La Vida*

Justino
1 Apol. *Apologia i (Primera Apología)*
2 Apol. *Apologia ii (Segunda Apología)*

Juvenal
Sat. *Satirae*

Luciano
Jupp. trag. *Juppiter tragoedus (Zeus vocifera)*

Origen
Cels. *Contra Celsum (Contra Celso)*
Comm ser. Matt. *Commentarium series in evangelium Matthaei*

Ovidio
Metam. *Metamorphoses*

Pausanias
Descr. *Graeciae descriptio (Descripción de Grecia)*

Petronio
Sat. *Satyricon*

Filón
Dreams *Sobre los sueños*
Embajada *Sobre la embajada a Gayo*
QE *Preguntas y respuestas sobre el Éxodo*
QG *Preguntas y respuestas sobre el Génesis*
Spec. Laws *Sobre las leyes especiales*

Plinio el Viejo
Nat. *Naturalis historia (Historia Natural)*

Plinio el Joven
Ep. *Epistulae (Cartas)*

Plutarco
Mor. *Moralia*

Salustio

Hist.	*Historiae*

Estrabón

Geogr.	*Geographica (Geografía)*

Suetonio

Claud.	*Divus Claudius*

Tácito

Ann.	*Annales*
Hist.	*Historiae*

Tertuliano

Apol.	*Apología (Apologeticus)*
Marc.	*Contra Marción (Adversus Marcionem)*
Praescr.	*De praescriptione haereticorum*

Vegetius

Mil.	*Epitoma rei militaris (Epítome de la ciencia militar)*

Vitruvius

De arch.	*De architectura (On Architecture)*

Xenophon

Anab.	*Anabasis*

Ancient Collections and Anonymous Works

Cod. theod.	*Codex theodosianus*
Corp. herm.	*Corpus hermeticum*

RECURSOS SECUNDARIOS

ARAB	*Ancient Records of Assyria and Babylonia. Daniel David Luckenbill. 2 vols. Chicago, 1926–1927*

A

AARÓN Aarón era el hermano mayor de Moisés (ochenta y tres, y ochenta años de edad, respectivamente, según Éxodo 7:7) y colaborador cercano durante los días en que Dios usó a ambos para establecer su pueblo Israel como una nación. La importancia particular de Aarón fue cuando Dios lo escogió para ser el primer sumo sacerdote de Israel. Aarón aparece por primera vez en el relato de la divina comisión de Moisés en la zarza ardiente. Dios mandó a Moisés que regresara a Egipto y condujera a su pueblo fuera del cautiverio. (Éx. 3:7-10). A pesar de la garantía de apoyo de Dios y éxito definitivo, Moisés dudó en aceptar el llamado, citando su falta de habilidad retórica ("Soy tardo en el habla y la lengua" [Éx. 4:10]). Finalmente, Dios reveló que Aarón estaba en camino para ver a Moisés. Aarón podía "hablar bien" (Éx. 4:14), por lo que serviría como portavoz de Moisés. Aarón tiene un papel de apoyo en el relato de Éxodo sobre las plagas y la salida de Egipto. Él estuvo al lado de Moisés. Como fue acordado, Aarón fue el portavoz actuando como profeta para Moisés, quien a su vez era "como Dios para Faraón" (Éx. 7:1). De hecho, las primeras plagas fueron iniciadas por Moisés, quien mandaba a Aarón que "extendiera" su vara (Éx. 8:5, 16; comparar con 7:9), aunque después Moisés se hizo cargo. Luego de bastante contienda, Faraón finalmente permitió a los israelitas salir de Egipto. No se menciona específicamente a Aarón jugando un papel en el momento culminante del cruce del Mar Rojo, pero vuelve a ser mencionado en Éxodo 16 durante el primer reporte de la queja de los israelitas por la falta de alimento para el viaje. Moisés y Aarón eran objeto de las quejas (vers. 2), y ello continuaría con Aarón en su papel de ser quien habla por Moisés (vers. 9-10). Aarón también apoyó la posición de liderazgo de Moisés durante la primera batalla en el desierto (Éx.17:8-16). Cuando los israelitas luchaban contra los agresivos amalecitas, Israel tuvo la ventaja solo cuando Moisés mantuvo su bastón en alto por sobre su cabeza, ya que ésta representaba la presencia de

Tallado de la Escultura de Moisés y Aarón por Andreas Schultze (1666), parte del púlpito de la Iglesia Luterana de San Nicolás en Luckau, Alemania.

A

Dios. Cuando sus brazos se cansaron Aarón y Hur estuvieron a su lado, sosteniendo sus brazos en alto. El evento de mayor significancia para Aarón en el desierto fue su nombramiento como sumo sacerdote. El mandato divino de su instalación está registrado en Éxodo 28. Aarón y sus hijos debían ser "apartados" o "consagrados" (Raíz heb. qdsh) para el servicio a Dios. Se les dieron prendas especiales que distintivamente los relacionaba con el santuario (i.e., la similitud entre el efod y las cortina interior del tabernáculo ["azul, púrpura y carmesí"; Éx. 26:1; 28:6]). Instrucciones para el servicio de instalación son entregadas en Éxodo 29, pero el evento en sí se reporta en Lv. 8. A Aarón no le fue bien en la ocasión cuando actuó independiente de Moisés. Mientras Moisés estaba en el Monte Sinaí recibiendo las dos tablas de la ley de la mano de Dios, Aarón cedió a la petición del pueblo para hacer un becerro del oro de los aretes entregados a él. Ya sea que este ídolo en forma de becerro representara un dios o al Señor (*ver* Éx. 32:5) es irrelevante, ya que en cualquier caso la adoración era ilegítima y trajo gran daño sobre el pueblo de Dios. Cuando Moisés regresó, confrontó a Aarón, quien dio excusas culpando al pueblo. Inesperadamente, los levitas, su propia tribu, ayudaron a Moisés matando a muchos de los que adoraron al ídolo. Por este hecho, los levitas fueron ordenados para trabajar como asistentes sacerdotales. A pesar del pecado de Aarón, Dios no lo removió de su cargo ni le restringió sus responsabilidades como sumo sacerdote (gracias a las oraciones de Moisés [Dt. 9:20]), incluso una de las más importantes: la de presidir el anual Día de la Expiación. El incidente con el becerro de oro no fue la única ocasión en la cual Aarón probara la paciencia de Dios. Según Nm.12, Aarón y su hermana María disputaron el liderazgo de Moisés. Usando el matrimonio de Moisés como pretexto, los hermanos de Moisés afirmaron su igualdad. Sin embargo, Dios los puso en su lugar, afirmando la primacía de Moisés. Otros líderes de tribus cuestionaron el liderazgo sacerdotal de Aarón, según Nm. 17. Moisés dijo a los líderes de las tribus que colocasen sus varas junto a la de Aarón ante Dios en el tabernáculo del testimonio. Dios mostró su favor hacia Aarón al hacer que su vara florezca.

Tanto Moisés como Aarón perdieron su derecho para entrar en la Tierra Prometida cuando usurparon la autoridad del Señor mientras sacaban agua de la roca en el desierto (Nm. 20:1-13). Enfermos y cansados de las quejas del pueblo, Moisés erróneamente atribuyó la capacidad de hacer que el agua saliera de la roca a él mismo y a Aarón. En vez de hablarle a la roca, la golpeó dos veces. Por esto, Dios les dijo que morirían en el desierto. La muerte de Aarón es reportada poco después de esta ocasión (Nm. 20: 22-27).

Aarón se cita con poca frecuencia en escrituras subsiguientes, con la excepción de la genealogía sacerdotal (1 Cr. 6:3, 49-50) o en reseñas históricas (Sal. 77:20; 99:6; 105:26). Salmos 133:2 presenta una sorprendente imagen de las bendiciones de la unidad comunal al pedirle al lector que imagine aceite corriendo por la barba de Aarón. En el Nuevo Testamento, el uso más significativo de Aarón es al compararlo con Jesucristo, el mayor sumo sacerdote. Es interesante que el libro de Hebreos sostiene que Jesús superó con creces la autoridad sacerdotal de Aarón al conectar su sacerdocio a Melquisedec, un misterioso sacerdote no israelita quien bendice a Dios y Abram en Gn. 14 (*ver* Heb. 7:1-14).

AARÓN, VARA DE La vara de Aarón (o báculo) es su bastón de madera, el cual tuvo un rol importante en el registro de las plagas de Egipto. Durante el primer enfrentamiento de Moisés y Aarón con Faraón, Aarón arrojó su vara al suelo, y se convirtió en una serpiente. Egipto era tierra llena de serpientes venenosas, por lo que no sorprende que se usara la serpiente como símbolo de poder y amenaza. Aunque los magos egipcios podían imitar este acto, la serpiente de Aarón se tragó las serpientes de los magos, mostrando así la superioridad del Dios de Aarón por sobre sus dioses falsos (Éx. 7:8-13). Aarón usó su vara ya sea extendiéndola o golpeando el suelo para iniciar otras plagas (convirtiendo el Nilo en sangre [Éx. 7:19], ranas [8:5], y mosquitos [8:16]). Curiosamente, la vara de Aarón fue usada en las primeras plagas, mientras que Moisés usó la suya en las últimas y más poderosas plagas así como al cruzar el Mar Rojo, tal vez para resaltar la importancia de Moisés (9:23 [granizo], 10:13 [langostas], 14:16 [Mar Rojo]). La vara no era una varita mágica, sino un símbolo de la presencia de Dios. Es mejor pensar que la vara es parte de un árbol, el cual representa la presencia de Dios. Es un árbol portátil. Que la vara es un árbol portátil y significa la presencia de Dios se ve claramente en Nm. 17. Frente al desacuerdo de otros líderes de tribus que cuestionaron el liderazgo de Aarón, Dios dirigió a Moisés a colocar una vara de cada tribu frente a él en el tabernáculo del testimonio. Solo la de Aarón floreció en un almendro, lo que significaba que Dios estaba con él. Su vara fue puesta delante del testimonio, según Heb. 9:4, en el arca del convenio. También pudo haber sido utilizada por Moisés para golpear la roca y producir agua (Éx. 17:5; Nm. 20:9)

AARONITAS Los descendientes de Aarón. El término se produce en 1 Cr. 12:27 (NVI: familia de Aarón") en referencia a Joiada, jefe del clan en el tiempo de David, que vino al lado de David junto a 3.700 hombres de guerra "para traspasarle el reino de Saúl a David" (1 Cr. 12:23). También es equivalente a otras expresiones, tal como "hijos de Aarón", usado a menudo en el Antiguo Testamento.

ABADÓN Es una transliteración de la palabra hebrea para "destrucción", que significa tumba o inframundo. Aparece seis veces en el Antiguo Testamento: tres veces junto con "Seol", refiriéndose a la tumba o el inframundo (Job. 26:6; Prov. 15:11; 27:20), una vez con "muerte" (Job. 28:22), una vez con la palabra "enterrar" (Sal. 88:11), y una vez en Job. 31:12. La mayoría de las traducciones modernas usan la palabra "destrucción". En el Nuevo Testamento la palabra se usa en Ap. 9:11 como el equivalente de la palabra griega "Apolión", que significa "Destructor", para referirse a el ángel del abismo.

ABAGTA Uno de los siete asistentes personales del rey persa Jerjes (Asuero), quien mandó traer a la reina Vasti a su banquete (Est. 1:10). Encargado del harem, era un eunuco.

ABANÁ Río de la región de Damasco mencionado por el general sirio Naamán como mejor que el río Jordán (2 R. 5:12). Su ubicación exacta es incierta, pero a menudo se le identifica con el Barada, que fluye desde la cordillera del Antilíbano hasta Damasco. Algunas versiones antiguas (LXX, Tárgum) y manuscritos hebreos lo interpretan como "Amana". *Véase también* Amana.

ABANICO *Véase* Bielda.

ABARIM Cordillera al noreste de Moab, que separa la llanura Transjordania del valle del Jordán. En esta cordillera se sitúa el monte Nebo, el lugar donde Moisés subió para ver la tierra prometida antes de morir (Nm. 27:12; 33:47-48; Dt. 32:49; 34:1-8). El profeta Jeremías enseña un anuncio de destrucción desde los picos de Abarim (Jer. 22:20). *Véase también* Nebo.

ABBA Término arameo para "padre", usado tres veces en el Nuevo Testamento, siempre junto con su equivalente griego, patēr. Es una expresión de cariño usada para referirse a Dios, demuestra que quien habla tiene una relación íntima y amorosa con Dios. Jesús así se dirige a Dios el Padre en el jardín de Getsemaní (Mc. 14:36). El creyente, lleno del Espíritu, se convierte en hijo adoptivo de Dios y por lo tanto también puede hablarle así a Dios (Rom. 8:15; Gal. 4:6). El Antiguo Testamento ofrece antecedentes sobre esto, en su enseñanza de que Dios es el padre de su pueblo (Éxodo 4:22; Dt. 32:6) y de manera especial del rey (2 Sam. 7:14; Sal. 2:7).

ABDA **(1)** El padre de Adoniram, quien estaba a cargo del trabajo forzado en la época de Salomón (1 R. 4:6). **(2)** Hijo de Samúa, hijo de Galal, hijo de Jedutún. Era un levita que se trasladó a Jerusalén durante el tiempo de Nehemías (Neh.11:17). En 1 Cr. 9:16 aparece con el nombre de "Abdías" ("siervo de Yahveh").

ABDEEL Padre de Selemías, un individuo comisionado por el rey Joaquim para arrestar a Jeremías y su escriba Baruc (Jer. 36:26). Él no tuvo éxito.

A

ABDI **(1)** Ancestro de Etán, de la familia levítica de los meraritas. Etán aparece como músico del templo nombrado por David (1 Cr. 6:44). **(2)** Ancestro de Kish, un levita de la familia de los meraritas, quien estaba a cargo de purificar el templo en la época de Ezequías (2 Cr. 29:12). **(3)** Hombre israelita acusado de haberse casado con una mujer extranjera en la época de Esdras (Esd. 10:26).

ABDÍAS, LIBRO DE Abdías es el libro más corto en el AT (veintiún versículos). Es una profecía contra uno de los enemigos más persistentes del antiguo Israel, los edomitas.

Contexto Histórico

El sobrescrito (1:1a) nombra a Abdías como el autor del libro, pero no agrega nada más. Alrededor de una docena de personas tienen el nombre "Abdías" en otras partes del AT, pero no podemos estar seguros de que alguno de ellos pueda identificarse con el profeta. Su nombre significa "siervo de Yahvé".

La profecía está totalmente dirigida hacia Edom, una nación situada al sur de Moab, en el área al sureste del Mar Muerto. Es una región de montañas escarpadas y arroyos, por lo tanto, es difícil de atacar.

La Biblia atribuye los orígenes de los edomitas a Esaú, el hermano de Jacob, cuyo otro nombre es Edom, o "Rojo" (*ver* Gn. 36). Nótese que para cuando Jacob había regresado de su estadía en Padan-aram, Esaú, habiendo acumulado ya una fortuna considerable, estaba viviendo en la región de Seir (un sinónimo común de Edom [*ver* Gn. 32]).

Es cierto que Edom, al igual que Moab y Ammón, rechazaron que pasaran los israelitas durante sus peregrinaciones por el desierto (Nm. 20:14-21), pero encontraron otra manera de evitar una confrontación violenta. Aun así, hubo batallas posteriores entre Edom e Israel. Más tarde, por ejemplo, se describe a David tomando a Edom como un vasallo (2 S. 8:14). Josafat tenía control sobre él (1 R. 22:47). Una monarquía edomita surgió durante el tiempo de Joram (2 R. 8:20), momento en el que Edom se rebeló contra Judá y ganó su independencia. Elat, un importante puerto marítimo, fue tomado por los edomitas durante el reinado de Acaz.

En el momento de la destrucción babilónica de Jerusalén, Edom había aprovechado la situación de alguna manera. Aunque no se describe con precisión, este punto se puede establecer por referencia a textos tales como Sal. 137; Lm. 4:22; Ez. 35:15.

La cuestión, entonces, es en qué punto de esta larga historia se debe situar el libro de Abdías. Una opción es a mediados del siglo IX a.C durante el tiempo de Joram (2 R. 8:20-22, 2 Cr. 21:8-10). Sin embargo, un escenario mucho mejor para el libro se encuentra en el periodo exílico temprano, descrito en el párrafo anterior, y por lo tanto se puede datar el libro en el siglo VI a.C.

Consideraciones Literarias

El sobrescrito llama el libro de Abdías una "visión". Es una visión profética de la destrucción de Edom por sus pecados contra el pueblo de Dios. También presenta una profecía para dar ánimo a una Israel atribulada.

Abdías también puede describirse como un oráculo profético, específicamente un oráculo contra una nación extranjera. Tales oráculos se encuentran en libros proféticos más grandes como parte de su colección general (Is. 13-23, Jer. 46-51, Ez. 25-32, 35, Am. 1-2). De hecho, los oráculos contra Edom se encuentran en Is. 34:5-15; Jer. 49:7-22; Ez. 25:12-14; 35; Am. 1:11-12; Mal. 1:2-5. Existe una relación especialmente estrecha entre el pasaje de Jeremías y Abdías, aunque la pregunta de la dependencia entre uno y el otro se debate y no se puede resolver con certeza.

Esquema

I. Juicio sobre Edom (vv.1-16)
II. La salvación de Israel (vv. 17-21)

Mensaje Teológico

El libro de Abdías es una profecía contra el enemigo de Israel, Edom. Muchos otros oráculos contra Edom ocurren en el AT, pero Abdías es el único caso en el que un libro completo está dedicado a este propósito. El conflicto entre Edom e Israel se remonta al período patriarcal, cuando sus respectivos antepasados, los hermanos Esaú y Jacob, pasaron por un conflicto.

Pero, en última instancia, Abdías es más que un libro en contra de Edom. El libro proclama que Dios está sobre todas las naciones, y aunque los enemigos del pueblo de Dios puedan tener momentos transitorios de gloria, finalmente cederán el paso a aquellos que Dios ha elegido. De hecho, el libro termina con la declaración triunfante "Y el reino será del Señor" (v. 21).

Conexiones con el Nuevo Testamento

La rivalidad ancestral entre Jacob y Esaú, Israel y Edom, hacen eco en el NT. Lo vemos cuando Herodes el Grande, un idumeo y un descendiente de Edom, trata de matar al niño Jesús, que representa todo lo que Israel debía ser (Mat. 2:16).

Abdías también proporciona una imagen de la caída final de un opresor del pueblo de Dios. Es una lección de que aquellos que tratan de aprovecharse del pueblo de Dios pueden ganar la batalla pero no la guerra. A los cristianos que leen esto se les recuerda el libro de Apocalipsis, que funciona de manera similar, anunciando al pueblo de Dios que si bien a veces parece que el mal tiene la ventaja, el regreso de Cristo es seguro y dará como resultado la victoria final de la justicia.

ABDÍAS, OBADÍAS **(1)** El guardián del palacio del rey Acab de Israel. Abdías escondió a cien profetas de ser perseguidos por Jezabel. En 1 R. 18:1-16 él es atrapado en medio de la búsqueda de Elías por parte de Acab cuando el profeta le pide que convoque a Acab. **(2)** Un descendiente de David (1 Cr. 3:21). **(3)** Hijo de Izrahías, jefe de un clan de la tribu de Isacar (1 Cr. 7:3). **(4)** Un hijo de Azel y descendiente del rey Saúl (1 Cr. 8:38, 9:44). **(5)** Un levita, el hijo de Semaías, fue uno de los primeros en reubicarse en Judá después del exilio de Babilonia (1 Cr. 9:16). **(6)** Uno de la élite militar de la tribu de Gad que ayudó a David en su puesto de avanzada en Siclag (1 Cr. 12:9). **(7)** De Zabulón, cuyo hijo, Ismaías, era un oficial tribal bajo el mando del rey David (1 Cr. 27:19). **(8)** Uno de los miembros de una comisión enviada por el rey Josafat para viajar por Judá enseñando la ley (2 Cr. 17:7-9). **(9)** Un levita de la familia Merari que ayudó a supervisar la reconstrucción del templo durante el reinado del rey Josías (2 Cr. 34:12). **(10)** Un hijo de Jehiel y un descendiente de Joab que partió de Babilonia a Jerusalén con Esdras (Esd. 8:9). **(11)** Uno de los líderes que se unió a Nehemías para colocar su sello en el pacto de la renovación nacional (Neh. 10:5). Él podría ser la misma persona que en Esd. 8:9. **(12)** Un portero que vigilaba los almacenes en los días del sacerdote Joiacim (Neh. 12:25). **(13)** El cuarto de los doce Profetas Menores (Abd. 1:1).

La escarpada región montañosa de Edom, Abdías profetizó contra los edomitas.

A

ABDIEL Padre de Ahí, quien fue jefe de la familia de los gaditas (1 Cr. 5:15).

ABDÓN **(1)** Pueblo ubicado en Aser (Jos. 19:28). Según algunos manuscritos hebreos, otros tienen Ebrón (NRSV); 1 Cr. 6:74), dado a los levitas (Jos. 21:30). **(2)** Un efrainita que ofició como juez en Israel por ocho años y que se destaca por sus cuarenta hijos y treinta nietos que cabalgaban setenta asnos (Jue. 12:13-15). **(3)** Hijo de Sasac, de la tribu de Benjamín (1 Cr. 8:23). **(4)** Primogénito de Jehiel y Maaca, benjamitas de Gabaón (1 Cr. 8:30; 9:36). **(5)** Hijo de Micaía. (2 Cr. 34:20 [aunque en el texto paralelo, 2 R. 22:12, el mismo individuo es llamado Acbor hijo de Micaías; NVI]). Junto a otros, se le encargó consultar la voluntad de Dios luego del redescubrimiento de la ley de Dios en el tiempo de Josías.

ABED-NEGO Nombre babilónico dado a Azarías por el oficial jefe de Nabucodonosor, Aspenaz, como parte de un intento de convertirlo en un oficial babilónico (Dn. 1:7). Él es uno de los tres compañeros judaítas, junto a Mesac y Sadrac. Los tres son más tarde nombrados como administradores de la provincia de Babilonia (2:49). Después de haber sido acusados de no adorar los dioses de Nabucodonosor, son arrojados a un horno de fuego. Son mantenidos a salvo por un cuarto "hombre", que se parece a "un hijo de los dioses". Después los tres son promovidos (3:8-30). "Abed-nego" probablemente significa "siervo de Nego" (una forma de "Nebo", el dios babilónico del habla, escritura y agua).

ABEL "Abel" es como se escriben en español dos palabras hebreas diferentes. **(1)** El nombre del hermano de Caín (Heb. hebel). Segundo hijo de Adán y Eva, se menciona en Gn. 4:2-9 (*ver también* vers. 25) como el hermano asesinado de Caín, quien lo mató de ira por haber sido más favorecido por Dios por ofrecer un mejor sacrificio. No se le menciona nuevamente hasta los Evangelios (Mt. 23:35; Lc. 11:51), donde se le muestra como el primer representante de la "sangre justa" derramada en la tierra. (La frase "la sangre justa de Abel hasta la sangre de Zacarías hijo de Berequías" [Mt. 23:35] constituye un recorrido cronológico de la "A a la Z" de la sangre inocente derramada en el Antiguo Testamento). Él es el último mencionado en el libro de Hebreos. En Heb. 11:4 se da una explicación del por qué el sacrificio de Abel fue favorecido por sobre el de Caín: fue ofrecido con fe. En Heb. 12:24 se contrasta la sangre de Abel con la de Cristo. La naturaleza del contraste no se hace explícita, pero el contexto sugiere que mientras que tanto Cristo y Abel eran inocentes, es la sangre derramada de Cristo la que es eficaz para mediar el nuevo convenio. La palabra hebel

Panel de un sarcófago romano del siglo IV d.C que muestra a Sadrac, Mesac y Abednego en el horno de fuego.

también es usada en Eclesiastés, a menudo traducida como "vanidad" o "sin sentido". El nombre de Abel, por lo tanto, puede simbolizar su corta vida. **(2)** La primera parte de una cantidad de nombres de lugares en el Antiguo Testamento (Heb. 'Abel) que significa "arroyo" o "pradera". Aparece varias veces, como se verá en diversas entradas más adelante.

ABEL BET MAACÁ Ciudad al norte de Dan. Seba huyó allí después de su rebelión contra David y fue asediado por Joab, comandante militar de David (2 S. 20:1-22). Ben Hadad, rey de Siria, conquistó la ciudad al derrotar al rey Baasa de Israel, respondiendo así al llamado de ayuda del rey Asa de Judá (1 R. 15:20). Más tarde fue nuevamente conquistada, del rey israelita Peka, esta vez por el rey asirio Tiglat-pileser III (2 R. 15:29). El nombre significa "pradera [o 'arroyo'] de la casa de Maacá", y es posible que "Maacá" se refiera al rey arameo que batalló junto a los amonitas contra David (2 S. 10:6). *Véase también* Abel; Bet Maacá.

ABEL KERAMIM Nombre de un lugar que significa "arroyo de las viñas". La ubicación exacta, al este del Jordán, es desconocida. Es mencionado solo en Jue. 11:33, entre los pueblos devastados por Jefté cuando perseguía a los amonitas.

ABEL MAIM Ciudad mencionada solamente en 2 Cr. 16:4. Pero este es en un pasaje paralelo de 2 R. 15:29, donde el nombre es "Abel Bet Maacá", sugiriendo que "Abel Maim" es un nombre alternativo o posterior. Significa "pradera de agua". *Véase también* Abel Bet Maacá; Bet Maacá.

ABEL MEHOLA Nombre de un lugar que significa "pradera [o 'arroyo'] de la danza". La ubicación exacta de este pueblo, cerca del río Jordán, es desconocida. Es uno de los lugares donde los madianitas huyeron cuando fueron atacados por Gedeón (Jue. 7:22) y se menciona como una de las ciudades bajo el gobierno de Baana hijo de Ahilud, uno de los doce gobernadores sobre Israel, puesto por el rey Salomón para proporcionar suministros al rey y la casa real (1 R. 4:12). Según 1 R. 19:16, es la ciudad donde nació Eliseo.

ABEL MIZRAIM Nombre de un lugar que aparece solamente en Gn. 50:11 y, según la explicación dada allí, significa "lamento de los egipcios". José, junto con su familia y un gran contingente de los egipcios, entraron a Canaán para enterrar a Jacob. Cuando los cananeos vieron a José lamentándose por su padre en "la era de Atad", llamaron al lugar "Abel Mizraim". Con otros nombres de lugares, la palabra hebrea Abel significa "arroyo" o "pradera", pero la palabra para "lamento" es similar, por lo que su significado en Gn. 50:11 puede ser un juego de palabras.

ABEL SITIM Nombre de un lugar que significa "arroyo de las acacias". Se menciona solamente en Nm. 33:49, como última parada antes de cruzar el Jordán.

ABETO Un árbol perenne cuya madera se usó en la construcción del templo de Salomón (1 R. 5:8; 6:15, 34), barcos (Ez. 27:5); instrumentos musicales (2 S. 6:5) e ídolos (Is. 44:14) y simbólicamente describiendo la bendición (Is. 41:19; 55:13; 60:13) y soberanía (S. 104:17) de Dios. La palabra hebrea berosh a veces es traducida en versiones inglesas como "pino" (NKJV), "sabina" (NIV) o "ciprés" (RSV, NASB).

ABEZ *Ver* Ebez.

ABI ALBÓN Un arbatita, fue uno de los treinta soldados de David (2 Sam. 23:31). Él es llamado "Abiel" en 1 Cr. 11:32.

ABI Significa "mi padre" o "padre de" (a menudo referenciando a Dios) y se encuentra usado como la primera parte de gran cantidad de nombres de personas. En 2 R. 18:2 (KJV, RSV, NASB) "Abi" aparece como una forma abreviada de "Abías" (madre de Ezequías [*ver* 2 Cr. 29:1]). *Véase también* Abías.

ABÍA *Ver* Abías.

ABIAM Hijo primogénito del rey Roboam, fue el segundo rey de Judá. "Abiam" es el nombre usado en 1 R. 15:1-8 (KJV, ESV, NRSV; NVI:

A

"Abías"). En todos los otros lugares se le llama "Abías", y el uso de "Abiam" por el autor en 1 Reyes puede ser para mostrar a este rey de una manera más negativa. *Véase también* Abías.

ABÍAS **(1)** Segundo hijo de Samuel, quien, junto a su hermano mayor Joel, sirvieron como jueces en Beerseba, pero cuya corrupción condujo a los ancianos de Israel pedirle a Samuel que nombrara un rey (1 S. 8:2-5). **(2)** Hijo de Jeroboam, primer rey del reino del norte (930-909 a.C.). Muere de niño, de acuerdo con la profecía de Ahías, debido a la idolatría de Jeroboam (1 R. 14:1-18). **(3)** Hijo de Roboam, llamado "Abiam" en 1 R. 15:1-8. Fue el segundo rey del reino del sur (913-910 a.C.). Siguió los pasos pecaminosos de su padre, pero se le permitió gobernar por causa de David. Su reino estuvo marcado por la guerra en contra de Jeroboam, la cual se narra con más detalles y de una forma más positiva en 2 Cr. 13:1-22 (Abías derrotó a Jeroboam, y el Señor lo hirió hasta la muerte). Aparece en la genealogía de Jesús según Mt 1:7. **(4)** Madre de Ezequías (2 Cr. 29:1 ["Abi" en 2 R. 18:2, el pasaje paralelo]). **(5)** Esposa de Esrom en la genealogía de Caleb (1 Cr. 2:24 [aunque algunos corrigen el nombre; comparar NAB]). **(6)** Hijo de Bequer, un descendiente de Benjamín (1 Cr. 7:8). **(7)** El líder de la octava de las veinticuatro divisiones de sacerdotes que servían en el templo (1 Cr. 24:10). **(8)** Uno de los sacerdotes en el tiempo de Nehemías que firmó un compromiso de guiar a Israel en obediencia al convenio (Neh. 10:7). *Véase también* Abi; Abiam.

ABIASAF Uno de los tres hijos de Coré (Éxodo 6:24). Los coreítas eran de la línea de Coat, uno de los tres hijo de Leví (*ver* Éxodo 6:16-21), y por lo tanto sacerdotes levitas. Ebiasaf (1 Cr. 6:23, 37; 9:19) pareciera ser la misma persona. *Véase también* Ebiasaf.

ABIATAR Sumo sacerdote, hijo de Ahimelec, mencionado por primera vez en 1 S. 22:20, cuando se escapó de la matanza de Saúl hacia los sacerdotes de Nob. Se refugió con David en la cueva de Adulam y después de haber escapado con el efod (1 S. 23:6-12) se convirtió en sumo sacerdote luego que el reinado de David fuera establecido. Era del linaje de Elí, hijo de Aarón y sirvió con Sadoc (linaje de Eleazar, hijo de Aarón) durante el reinado de David (2 S. 8:17), aunque allí se les referencia como "Ahimelec hijo de Abiatar". Generalmente se considera error del copista, ya que Ahimelec era el padre de Abiatar, y Abiatar es a menudo referido como contemporáneo de Sadoc (e.g., 2 S. 15:29, 35; 1 Re. 1:7-8). Cuando Absalón se rebeló contra David, Abiatar mantuvo su apoyo (2 S. 15) Más tarde, sin embargo, apoyó a Adonías como sucesor de David en vez de a Salomón, lo que llevó a su destierro a su pueblo natal, Anatot, por Salomón, cumpliendo así la profecía de Elí (1 S. 2:30-35; 1 R. 2:26-27). Se le menciona una vez en el Nuevo Testamento, Mc. 2:26, donde Jesús narra cuando David tomó los panes para alimentar a sus hombres "en los días de Abiatar el sumo sacerdote". Según 1 S. 21:1-9, fue Ahimelec, el padre de Abiatar, quien era sumo sacerdote en el momento. Esto es a menudo considerado un error del copista, y algunos manuscritos griegos omiten o alteran la referencia a Abiatar.

ABIB Mes del calendario judío que corresponde a finales de marzo y principios de abril. Es el mes en el que los israelitas salieron de Egipto (Éxodo 13:4) y en el que la Pascua se celebró (Éxodo 23:15; 34:18; Deuteronomio 16:1). En Nehemías 2:1 y en Ester 3:7 a este mes se le llama "Nisán". *Ver también* Nisán.

ABIDA Uno de los cinco hijos de Madián, hijo de Abraham y Cetura (Gn. 25:4; 1 Cr. 1:33).

ABIDÁN Un gedeón y líder de la tribu de Benjamín durante el temprano período en el desierto (Nm. 1:11; 2:22; 7:60,65; 10:24). Ayudó a Moisés y Aarón en el censo (Nm. 1).

ABIEL Padre de Cis y abuelo de Saúl (1 S. 9:1; 14:51). También es un nombre alternativo para "Abi-Albón" (1 Cr. 11:32). *Véase también* Abi-Albón.

ABIEZER **(1)** Nombre del clan y territorio de Gedeón, en la tribu de Manasés, al parecer, conocido por la producción de uva (Jue. 8:2). **(2)** Descendiente de Manasés, hijo de José. Un galaadita (Jos. 17:1-2; 1 Cr. 7:18). (3) Uno de los treinta feroces soldados de David (2 S. 23:27; 1 Cr. 11:28) mencionado en 1 Cr. 27:12 como líder de las divisiones de combate de David durante el noveno mes.

ABIEZERITAS Los descendientes de Abiezer (Jue. 6:11, 24, 34; 8:32). *Véase también* Abiezer.

ABIGAÍL (1) La esposa de Nabal, un hombre rico de Carmel. Se le menciona prominentemente en 1 S. 25. Mientras que David se ocultaba de Saúl en el desierto, él envió sus saludos a Nabal para pedir algo de alimento. Este gesto habría sido de buena fe por parte de Nabal ya que sus siervos habían sido tratados bien por David y sus hombres (vers. 7, 15-16). Nabal trató la solicitud y a los diez mensajeros de David con falta de respeto, por lo que David tuvo intención de tomar represalias al punto de llegar a jurar que ningún hombre quedaría vivo entre el pueblo de Nabal (vers. 21-22). Uno de los siervos de Nabal advirtió a Abigaíl sobre el comportamiento de Nabal y que su vida estaba en peligro. Pensando rápido, y sin decirle a Nabal, ella preparó comida y se la llevó a David. Le rogó a David que no derramara sangre, porque sería actuar como el insensato Nabal ("Nabal" en hebreo significa "insensato" [ver. 25]). Ella pidió perdón en nombre de Nabal, habló del favor del Señor sobre la "casa estable" de David (ver. 28), y dijo que deseaba ser recordada una vez que el estado actual de David pasara y su gobierno fuera establecido (ver. 31). David fue persuadido por sus palabras. Abigaíl luego regresó a casa e informó a Nabal lo que había hecho. Al oír las noticias, su corazón falló y él quedó "como una piedra" por diez días, entonces Dios lo hirió y murió (vers. 37-38). David se alegró al escuchar las noticias e hizo de Abigaíl su esposa, al igual que a Ahinoam de Jezreel, donde ambas fueron capturadas por los amalequitas en Siclag (30:5) y luego estuvieron presentes en la unción de David (2 S. 2:2). Abigaíl es la madre de Kileab (2 S. 3:3 [Daniel, según 1 Cr. 3:1]).

(2) Hermana de David (1 Cr. 2:16-17), la madre de Amasa, uno de los comandantes del ejército de David (2 S. 17:25). Aparece como "Abigail" en 2 S. 17:25.

ABIGAL *Ver* Abigaíl.

ABIHAIL (1) Madre de Zuriel, líder de la familia de los meraritas (Nm. 3:35). (2) Esposa de Abisur, una descendiente de Judá (1 Cr. 2:29). (3) Gadeita de Galaad (1 Cr. 5:14). (4) Madre de la esposa de Roboam, Mahalat (2 Cr. 11:18). (5) Padre de la reina Ester y tío de Mardoqueo (Est. 2:15; 9:29).

ABIHÚ El segundo de los cuatro hijos de Aarón (Éxodo 6:23). A él y a su hermano mayor, Nadab, se les permitió acercarse al Señor en el Monte Sinaí con Moisés, Aarón y setenta ancianos (Éxodo 24:1, 9). Él y sus tres hermanos (los menores eran Eleazar e Itamar) se hicieron los primeros sacerdotes de Israel (Éxodo 28:1). Él y Nadab "ofrecieron fuego no autorizado delante del Señor, contrario a su mandato", por lo que fueron consumidos por el fuego (Lv. 10:1-2; compare Nm. 3:4; 26:61; 1 Cr. 24:2).

ABIHUD Nieto de Benjamín (1 Cr. 8:3), aunque es posible que el texto deba leerse como "Gera el padre de Ehud" ya que el linaje de Ehud se da en 1 Cr. 8:6.

ABILELENE Región de Siria llamada así por su ciudad principal, Abila, ubicada alrededor de 29 kilómetros al noreste de Damasco. Lucas nos informa que comenzando el ministerio de Juan el Bautista, la región era gobernada por Lisanias II (Lc. 3:1), uno de los cuatro gobernadores de la provincia de Judea (junto a Poncio Pilato, Herodes Antipas y Felipe). Josefo, sin embargo, solo menciona tres gobernantes y no hace referencia a Lisanias.

ABIMAEL Descendiente de Sem, uno de los tres hijos de Noé (Gn. 10:28; 1 Cr. 1:22).

ABIMELEC (1) Rey de Gerar, quien engañado por Abraham se llevó a Sara con él pensando que era la hermana de Abraham. Dios le advirtió de esto en un sueño, por lo que la soltó e hizo restitución a Abraham y Sara. Dios respondió abriendo las tumbas de su esposa y esclavas (Gn. 20:1-18). Probablemente sea la misma persona mencionada en Gn. 21:22-24 que habría hecho un trato con Abraham en Beerseba.

A

(2) El rey de Gerar durante toda la vida de Isaac (Gn. 26:1-35) y es probable que fuera hijo o nieto del Abimelec mencionado en 20:1-18. De la misma manera como el incidente con Abraham y Sara, Isaac hizo pasar a su esposa Rebeca como su hermana, causando gran preocupación en Abimelec cuando se enteró de la verdad. Abimelec ordenó a su pueblo que no lastimaran a esta pareja. Isaac plantó cultivos, que prosperaron y provocaron celos por parte de los filisteos, lo que llevó que Isaac se trasladara a Beerseba.

(3) Hijo de Gedeón y su concubina (Jue. 8:31). Después de la muerte de Gedeón, asesinó sus setenta hermanos en un esfuerzo para consolidar poder en sí mismo en Siquem. El menor de los hermanos, Jotán, escapó y contó una parábola en contra de los ciudadanos de Siquem. Tres años más tarde se rebelaron en contra de Abimelec bajo Gaal, pero Abimelec tuvo éxito al capturar Siquem y matar a muchos de sus residentes. Cuando atacó Tebes, fue asesinado por una mujer que dejó caer una piedra de molino sobre su cabeza. Ese incidente se menciona en 2 S. 11:21 por Joab mientras prepara a su mensajero para la posible crítica de David por su estrategia de rodear Rabá.

(4) Hijo de Abiatar, y sacerdote de David (2 S. 8:17). Es muy probable de que haya habido un error del copista en donde "Abimelec" y "Abiatar" se hayan transpuesto (comparar 1 S. 22:20).

(5) El hombre ante el cual David pretendió estar demente, según la inscripción en Sal. 34. Si el incidente en 1 S. 21:10-15 está en vista, donde Aquis rey de Gat es nombrado, es posible que "Ahimelec" sea un título para reyes filisteos.

ABIMELECH *Ver* Abimelec.

ABINADAB **(1)** El hombre en cuya casa el arca de la alianza descansó por veinte años después que fuera regresada por los filisteos (1 S. 7:1; 1 Cr. 13:7). **(2)** Hijo de Isaí, y hermano mayor de David quien fuese saltado por Samuel al elegir un rey (1 S. 16:8; 17:13; *véase también* 1 Cron. 2:13). **(3)** Uno de los tres hijos de Saúl muertos por los filisteos en el Monte Gilboa (1 S. 31:1-2; *véase también* 1 Cr. 8:33; 9:39; 10:2). **(4)** Ben-Abinadab, quien, según 1 R. 4:11, fuese yerno de Salomón y uno de sus doce oficiales de distrito. Si "Ben-Abinadab" significa "hijo de Abinabad" (hermano de David), entonces él es también primo de Salomón.

ABINOAM Padre de Barac, comandante del ejército de Débora (Jue. 4:6, 12; 5:1, 12).

ABIRÁN **(1)** Hijo de Eliab, junto con sus hermanos Datán, Coré y On, fue instigador de una rebelión levita en contra de Moisés y Aarón. La tierra se abrió y los tragó junto a sus familias (Nm. 16:1-50; 26:9; Dt. 11:6; Sal. 106:17). **(2)** Hijo de Hiel de Betel, quien reconstruyó Jericó, echando los cimientos "a costa de su primogénito Abiram", lo cual puede ser una referencia a los sacrificios de los niños (1 R. 16:34).

Restos de un templo de la Edad de Bronce en Siquem, la ciudad natal de la madre de Abimelec.

ABISAG Joven mujer sumanita llevada a la cama de David en su vejez para mantenerlo cálido (1 R. 1:3; 15). Luego de la muerte de David, su hijo Adonías le pidió matrimonio (1 R. 2:17), lo que era una declaración de su continuo intento de asegurar el trono (*ver* 1 R. 1), por lo cual Salomón lo puso a muerte (1 R. 2:23-25).

ABISAI Hijo de Sarvia, hermana de David y hermano de Joab, general de David (1 S. 26:6; 1 Cr. 2:16), fue hábil soldado del ejército de David. David intervino cuando Abisai quiso matar al dormido Saúl (1 S. 26:5-11). Acompañó a su hermano Joab en búsqueda del comandante de Saúl, Abner, por haber matado a su hermano Asael (2 S. 2:18-24), más tarde asesinaron a Abner (2 S. 3:30). Mandó un ejército contra los amonitas (2 S. 10:10-14; 1 Cr. 19:11-15). David le impidió matar a Simei por maldecir a David (2 S. 16:9-12; 19:21). Él condujo un tercio del ejército de David contra Absalón, el hijo rebelde de David (2 S. 18:2), y condujo un ejército para perseguir a Seba por su rebelión hacia David (2 S. 20:6). Cuando el filisteo Isbi-Benob amenazó la vida de David, Abisai mató al filisteo en rescate de David (2 S. 21:16-17). Él abatió a dieciocho mil edomitas en el Valle de la Sal y estableció guarniciones en Edom (1 Cr. 18:12-13).

ABISALOM Variante ortográfica de "Abasalón" en 1 R. 15:2, 10. *Véase también* Absalón.

ABISMO En griego clásico, abyssos es un adjetivo que significa "sin fondo", y se aplicaba a la profundidad de las antiguas cosmogonías, un océano que rodeaba y estaba debajo de la tierra. La Septuaginta usa abyssos para traducir la palabra hebrea tehom en Génesis 1:2 (KJV, NVI: "profundo"). En el Nuevo Testamento, abyssos se refiere al mundo de los muertos (Ro. 10:7; KJV, NVI: "profundo") y especialmente a la prisión subterránea de los espíritus desobedientes (¿ángeles caídos?; Lc. 8:31; Ap.9:1-2, 11; 11:7; 17:8; 20:1-3). Algunas versiones en español traducen abyssos en Apocalipsis como "el pozo sin fondo" (NRSV, NTV), otros como "el Abismo" (NVI). *Véase también* Pozo sin fondo.

ABISÚA (1) Levita, hijo de Finees y bisnieto de Aarón (1 Cr. 6:4, 50; Esd. 7:5). (2) Descendiente de Saúl (1 Cr. 8:4).

ABISUR Hijo de Samai, descendiente de Jerahmeel de la tribu de Judá (1 Cr. 2:28-29).

ABITAL Una de las esposas de David (2 S. 3:4; 1 Cr. 3:3).

ABITOB Benjamita de Moab (1 Cr. 8:11).

ABIUD Interpretación griega de "Abihud". Según la genealogía de Mateo, Abiud, hijo de Zorobabel, es un antepasado de Jesús (1:13; NASB, NIV: "Abihud"). *Véase también* Abihud.

ABLUCIONES Las abluciones incluyen una variedad de prácticas que se encuentran principalmente en el Antiguo Testamento por el cual las personas eran lavadas para así participar en las actividades más importantes de la comunidad, generalmente la adoración. Aunque términos referentes al lavado cubren gran variedad de propósitos, tales como limpieza de las manos o bañarse (Gn. 18:4; Rt. 3:3; He. 16:33; 2 Pe. 2:22), cuando se habla de abluciones, el enfoque está sobre todas las tareas de limpieza después de sufrir la separación de la participación en la adoración de la asamblea a causa de alguna impureza (Dt. 21:1-9). A veces, fueron realizadas como medio para preparar para una actividad de mayor importancia. Los sacerdotes del Antiguo Testamento experimentaron tal limpieza, a pesar de no ser impuros en ese sentido de la palabra (Éx. 30:19-21). La imaginería transmitida por tales prácticas expresan la santidad extrema necesaria para servir a Dios y su pueblo. De hecho, el sentido de santidad y pureza que invadían los ritos sagrados del Antiguo Testamento fue una gran motivación para todos los tipos de abluciones. Sin embargo, para estos momentos de mayor importancia, el registro bíblico entra en detalle sobre el proceso por el cual alguien sería lavado. Se tomaba cuidado especial para evitar re contaminación del sacerdote, los instrumentos sagrados, o el propio campo, lo que podría interferir o inutilizar el rito que se había llevado a cabo (Lv. 16:4, 24, 26, 28). Como con todos los ritos ceremoniales,

A

el interés bíblico se enfoca más en la actitud y el corazón del adorador que en el rito mismo. La integridad y santidad de los participantes eran la verdadera prueba, permanecer puros ante Dios, y no el ritual de purificación (Sal. 24:3-6; Is. 1:11-16). En el Nuevo Testamento, el modelo de énfasis en el interior de la persona iniciado en el Antiguo Testamento recibió mayor expresión. En Marcos, uno de los pasajes conflictivos narra un encuentro entre Jesús y los fariseos sobre qué tan necesario era el ritual del lavado en la vida (7:1-16). Jesús proclamó, en total armonía con el Antiguo Testamento, que siempre ha sido el carácter del individuo lo que ha hecho que sea limpio o no, y que los lavados de la antigüedad habían sido simbólicos de esa condición, no determinante de la misma. A pesar de esto, los judíos cristianos del primer siglo decidieron continuar con la práctica de los rituales de lavados. El autor de Hebreos argumenta que esta práctica es una ilustración de una vida pura (10:22) y que puede ser considerada innecesaria a la luz de lo que Cristo había logrado a través de su obra perfecta (6:2; 9:10).

En términos generales, el origen del lavado para esta ceremonia de purificación debía ser "agua viva", es decir, tenía que estar en movimiento. Esto podía ser obtenido vertiendo el agua, visitando un baño ceremonial dedicado o llevando a cabo el rito en un lugar donde ya haya agua en movimiento, como un río. Hay pocas dudas, basado en las similitudes de las primeras prácticas bautismales y los baños ceremoniales descubiertos en Qumrán y otros lugares, que las expresiones e intenciones de los bautismos del Nuevo Testamento provienen de las abluciones del Antiguo Testamento. Como tal, las mismas observaciones sobre los lavados hechas anteriormente pueden ser apreciadas en relación al bautismo. Es simbólico de una realidad interna (Ef. 5:26); está diseñada como un medio de expresar comunidad entre el participante y el mayor cuerpo de Cristo (1 Cr. 12:13); y es reflejo de un mayor llamado de Cristo para vivir una vida Santa (He. 10:47).

ABNER Hijo del tío del rey Saúl, Ner (1 Sam. 14:50-51). Abner fue comandante militar de Saúl. Se mantuvo fiel a la casa de Saúl durante el conflicto de Saúl y David. Después de la muerte de Saúl, Abner hizo rey al hijo de Saúl, Is-Bóset, sobre el reino del norte. En batalla junto a las fuerzas de David, Abner asesinó a Asael, el hermano del comandante militar de David, Joab. (2 S. 2:17-23). Abner reunió apoyo de la realeza

Pasos hacia un baño ceremonial en Qumrán.

de David después de que Is-Bóset lo acusara de haberse acostado con la concubina de Saúl (2 S. 3:7-13). Joab, más tarde, asesinó a Abner para vengar la muerte de su hermano Asael (3:22-27).

ABOGADO Un experto judío en la ley mosaica (por ejemplo, Mt. 22:35, Lc. 7:30, 11:52). El término se usa con frecuencia en el Evangelio de Lucas, generalmente con una connotación negativa. Los expertos en la ley frecuentemente hacían preguntas a Jesús, y con frecuencia condenaba a los escribas por agobiar a la gente. Los abogados o escribas tenían la tarea de estudiar la ley mosaica, enseñar la ley a otros, a menudo en las sinagogas y escuelas, y decidir disputas con respecto a la ley. El término también podría usarse en el sentido general de "jurista" (Tit. 3:13).

ABOGADO Varios términos hebreos en Job 16:19-20 han sido traducidos como "abogado" en varias versiones en inglés. El primer término (Job 16:19) es la palabra aramea sahed, similar a la palabra hebrea 'ed ("testigo"). Sahed aparece en Gn. 31:47 en el nombre que Labán dio al montón de piedras que marcaban el límite entre él y Jacob. Jacob lo llamó "Galeed " ("montón de testigos") y Labán lo llamó "Jegar Sahadutha". La palabra hebrea melits (Job 16:20) puede ser traducida como" intercesor " o "abogado", el cual sigue la línea de pensamiento del ver. 19. *Véase también* Job. 33:23, donde un melits es como un ángel al lado de una persona, dando instrucciones en lo que es correcto e interviniendo a favor de la persona.

La complicación surge porque el significado más común de la raíz de la palabra lits es burlarse o mofarse y melits sería un sustantivo relacionado. En este caso, Job. 16:20 es un contraste que precede al asunto de la abogacía y en su lugar se refiere a los amigos que son considerados burlones. Esto encaja mejor con la construcción gramatical del plural que también se ve en Job 17:2, donde Job dice que los burlones lo rodean. El mensaje completo del pasaje, sin embargo, es que Job sabe que su abogado está en el cielo, un testimonio de la comprensión de Job de la soberanía del Dios que también lo ha afligido y una posible presagio del ministerio de Jesús y el Espíritu Santo.

En Juan 14:16, 26; 15:26; 16:7 el término paraklētos (lit. "llamado al costado" [NRSV, NVI: "Abogado"; RSV: "Consejero"]) se refiere al Espíritu Santo, enviado como el Espíritu de la verdad. Los roles de abogacía del Espíritu deben permanecer con el pueblo de Dios para enseñar, recordar y testificar sobre Jesús, al igual que para condenar al mundo de la culpa con respecto al pecado y guiar a toda la verdad. En 1 Juan 2:1 Jesús es el paraklētos que habla en defensa de sus hijos. Así como Job 16: 19-20 insinuó sobre las implicancias de la trinidad con respecto al defensor divino, las referencias del Nuevo Testamento afirman los roles de defensa de los personajes de la Trinidad. *Véase también* Paráclito.

ABOMINACIÓN, ABOMINACIÓN DESOLADORA "Abominación" es la traducción de las palabras hebreas shiqquts y to'ebah usadas principalmente en la KJV (NVI usa términos tales como "detestable", "profanado", e "inmundo"). El término shiqquts se utiliza en ídolos (e.g., 2 R. 23:13, 24; Jer. 7:30; comparar Ez. 8:10), prácticas prohibidas (e.g., 2 R. 23:24), y generalmente cualquier cosa contraria a la verdadera adoración del Dios de Israel (e.g., 2 Cr. 15:8; Is. 66:3; Jer. 4:1; comparar alimentos prohibidos [Lv. 11:10, 13, 42] y contaminación ceremonial [Lv. 7:21]). El término to'ebah incluye la prohibición de la idolatría (Dt. 7:25; 27:15; 32:16), pero puede ser aplicada más ampliamente a la inmoralidad (e.g., Lv. 18:22, 26-27), profecía que conduce al paganismo (Dt. 13:13-13), animales manchados ofrecidos en sacrificio a Yahvé (Dt. 17:1), y adivinación pagana (Dt. 18:9, 12). La "abominación desoladora" (NVI: "abominación que causa desolación), o "sacrificio desolador" se refiere a la profanación del templo de Jerusalén. La descripción ocurre o se alude en Dn. 8:11; 9:27; 11:31; 12:11; Mt. 24:15; Mc. 13:14; Lc. 21:20; 2 Te. 2:4; al igual como en 1 Mac. 1:54-64. Estos textos atestiguan dos o tres etapas del cumplimiento de la profecía.

Primero, Dn. 8:11; 9:27; 11:31; 12:11; y 1 Mac. 1:54-64 hablan claramente de las acciones

A

del gobernante sirio Antíoco IV Epífanes (175-164 a.C.) en contra el templo de Jerusalén en el 167 a.C. Era el hijo menor de Antíoco III, gobernante del Imperio seléucida. El nombre "Epífanes" significa "manifiesto", lo que implica "manifiesto como un dios". La ambición de Antíoco lll era usar la cultura en común de los griegos (helenismo) para unir el diverso imperio seléucida. En 167 a.C., luego de haber sido repelido de Egipto por los romanos, Antíoco desató su furia sobre Jerusalén. Sus soldados atacaron la ciudad en el sabbat, matando a gran parte de la población masculina y esclavizando al resto de mujeres y niños (1 Mac. 1:29-36; 2 Mac. 5:24-26). Allí siguió la prohibición de todos los ritos judíos, junto a la rededicación del templo judío al dios griego Zeus. Cualquiera que haya sido sorprendido leyendo la Torá, observando el sabbat y las leyes alimentarias, o circuncidando sus bebés varones, era asesinado (1 Mac. 1:54-64; Josefo, Ant. 12.248-64). En diciembre del 167 a.C. fue ofrecido el primer sacrificio pagano en el altar del lugar santísimo en el templo de Jerusalén (1 Mc. 1:54).

Antíoco se encontró con algunas resistencias de fieles judíos que se oponían a sus órdenes y por lo tanto fueron martirizados (2 Mac. 6:10-7:42). Con Matatías y sus cinco hijos, sin embargo, se produjo un desafío público contra las políticas de Antíoco. Matatías, un sacerdote de la ciudad de Modein, se negó a ofrecer sacrificio a dioses paganos y mató al oficial del rey enviado para hacer cumplir el edicto. Este incidente provocó una rebelión judía liderada por la familia de Matatías (los Macabeos) que culminó con la victoria de su hijo Judas en contra de las fuerzas de Antíoco en diciembre del 164 a.C. En aquel momento, Judas vuelve a consagrar el templo para Yahvé, el Dios de Israel, e Israel reanudó la observancia de la ley judía (1 Mac. 4:52-59). No mucho tiempo después, Antíoco, que había intentado sin éxito invadir Persia, murió de enfermedad en el 164 a.C. (1 Mac. 6:1-17; 2 Mac. 1:13-17; 9:1-29; Josefo, Ant. 12.354-59). Y así, las profecías de Dn. 8:11; 9:27; 11:31; 12:11 sobre el ascenso y caída de Antíoco Epífanes se cumplieron. Segundo, la profecía de Daniel aparentemente no fue cumplida en su plenitud con Antíoco, porque Lc. 21:20 etiqueta el asalto romano en Jerusalén en el 70 d.C. como la "desolación". De hecho, la destrucción romana de la ciudad santa y su templo fue

LA ABOMINACIÓN DESOLADORA Y EL COMIENZO DE LA REBELIÓN JUDÍA

una intensificación de la predicción del Antiguo Testamento.

Tercero, algunos intérpretes amplían la aplicación de la profecía de la abominación de la desolación al futuro lejano. Ellos sostienen que el cumplimiento total de la predicción de Daniel ocurrirá en conexión con el templo que será construido en Israel al final de los tiempos, el cual será profanado por el Anticristo. Los partidarios de este punto de vista se apoyan de Mc. 13:14; Mt. 24:15; 2 Ts. 2:4 (comparar Ap. 11).

Aquellos que identifican solo dos etapas de cumplimiento de la profecía de Daniel interpretan a Mc. 13:14 y Mt. 24:15 como la caída de Jerusalén en el 70 d.C. en vez del templo de los últimos días (comparar Lc. 21:20). Además, ven en 2 Ts. 2:4 una alusión al plan del emperador Calígula (Cayo) para colocar una estatua de sí mismo en el templo de Jerusalén en el 40 d.C. que, por su asesinato, no ocurrió.

ABORTO El aborto sigue siendo un tema importante y vital en la sociedad contemporánea, pero la Biblia no se refiere al asunto directamente. No hay ley a favor o en contra, ni siquiera una descripción o alusión a ello, a pesar de que su práctica no era desconocida en el mundo antiguo. Aparentemente, no era un problema en la legislación bíblica.

Tal vez los pasajes más citados en relación al debate contemporáneo del aborto son Éx. 21:22-25: Job 10:10-11; Sal. 139:13-16; Jer. 1:5. Aunque ciertamente estos pasajes se refieren al estado de feto, tienen sólo indirecta relevancia, en el mejor de los casos, al tema del aborto.

El texto hebreo de Éx. 21:22 es poco claro y puede referirse a un aborto espontáneo o parto a término; y el daño que se refiere podría ser de la madre o el niño. Además, Éx. 21:22 habla sobre la muerte accidental, no a la decisión voluntaria de una madre para abortar un niño.

Jeremías 1:5 dice que Dios conocía a Jeremías antes de que estuviera en el vientre. Esto habla sobre la intención de Dios desde tiempo pasado para usar a Jeremías como profeta, y el texto debe ser generalizado para todo el mundo. Claramente el enfoque no se encuentra en la condición de persona del feto, sino en el grado de conocimiento de Dios.

Sal. 139:13-16 es tal vez más relevante para el debate, en cómo el salmista describe la maravilla de Dios en "crear" y "formarlo" en el vientre. Puesto que el pasaje se refiere a la planificación de Dios de la vida entera del creyente (ver. 16), es que la vida comenzaría en algún sentido en el vientre. Del mismo modo, Job 10:10-11 habla sobre el desarrollo fetal. Aunque estos pasajes no hablan directamente sobre el aborto, implican que la preocupación de Dios por los humanos no sólo comienza en el nacimiento.

Sin embargo, debe tenerse cuidado de no permitir que este relativo silencio sea malentendido. La Biblia es muy clara sobre la santidad de la vida, especialmente la de los inocentes. El argumento bíblico en contra del aborto está más conectado a temas sobre la protección del inocente que a cualquier versículo en particular o la falta de este.

ABRAHAM Abram, luego nombrado "Abraham", es un personaje bíblico bien conocido cuya vida se detalla en Gn. 11:25-25:11. El nombre patriarcal "Abram" se usa exclusivamente en Génesis, 1 Cr. 1:27 y en Ne. 9:7. El nombre de Abram (que significa "padre exaltado") es cambiado en Gn. 17:5 a "Abraham", que significa "padre de muchas naciones". Su protagonismo como personaje bíblico queda evidenciado en las 254 referencias que se hacen hacia él, documentadas en ambos Testamentos.

La confiabilidad histórica del relato de Abraham es debatida enérgicamente por los eruditos, aunque la Edad Media de Bronce (2200-1550 d.C.) es el período de tiempo de la vida de Abraham generalmente aceptado. La narración de su vida es una selección de eventos claves que sirven el tema y propósito de una mayor narrativa bíblica.

El registro narrativo de Génesis detalla cien años de la vida de Abraham y se mueve rápidamente a través de los primeros setenta y cinco años de eventos. En unos pocos versículos (11:26-31) nos enteramos de que Abram era el hijo de Taré, hermano de Harán y Nacor, el esposo de la estéril Sarai (más tarde Sara), y el tío de Lot, hijo de Harán, quien murió en Ur de

A

los caldeos. La trama marca significativamente los eventos cronológicos de la vida de Abraham. Salió de Harán a la edad de 75 (12:4), tenía 86 cuando Agar dio luz a Ismael (16:16), 99 cuando el Señor se le apareció (17:17) y fue circuncidado (17:24), 100 cuando Sara dio luz a Isaac (21:5) y 175 cuando murió (25:7). En resumen, el narrador bíblico guía al lector rápidamente a través de la historia de tal manera que resalta un período de veinticinco años de la vida de Abrahán entre las edades de 75 y 100 años.

La narración de Abraham en Génesis es una historia estructurada intencionalmente en torno a los detalles familiares de la vida y la muerte, el desarraigo y el reasentamiento, la fe y la duda, y las relaciones disfuncionales. Se distingue con ilustraciones de actividad divina en las relaciones familiares y políticas. Dios habla (12:1, 7; 15:5, 7, 9), revela (12:7; 17:1; 18:1), rescata, juzga y cumple las palabras de promesa (18:19; 21:1). La huella de Dios se observa claramente con el resumen de las declaraciones de la bendición (24:1) y riqueza (24:35) del Señor.

El pacto que Dios hizo con Abraham es un elemento clave en la historia general y fundamental para la teología de ambos Testamentos. Este arreglo divino se introduce en Gn. 12: 1-3 y progresivamente se desarrolla con mayor detalle en Génesis 15; 17. Está estructurado para que las obligaciones sean transmitidas por el Señor mismo. El convenio promete tierras, semillas y bendición para Abraham y su descendencia. En Gn. 15, el Señor cortó oficialmente el pacto con Abraham, garantizando así su compromiso con su palabra. El cortar por la mitad los animales y caminar entre las piezas cortadas por Dios simbolizadas por la antorcha constituían un antiguo ritual del convenio que afirmaba la responsabilidad de Dios con los participantes del convenio.

El Nuevo Testamento muestra a Abraham de varias maneras significativas. La conexión íntima entre Dios y Abraham se observa en la identificación de Dios como "el Dios de Abraham" en He. 7:32 (comparar Éx. 3:6). El Nuevo Testamento también celebra el carácter de Abraham como un hombre de fe que recibió la promesa (Ga. 3:9, He. 6:15). Abraham es mucho más un ejemplo de cómo uno es justificado por la fe (Ro. 4: 1, 12) y una ilustración de lo que significa caminar por fe (Santiago 2:21, 23). Aquellos que ejercen fe en el Dios viviente, como lo hizo Abraham, se les refiere como "hijos de Abraham" (Ga. 3: 7). Con respecto a las promesas del convenio hechas a Abraham en el Antiguo Testamento, los escritores del Nuevo Testamento destacan las promesas simiente y bendición. Según Pablo, la simiente de Abraham finalmente se cumple en Cristo, y los que creen en Cristo son la simiente de Abraham (Ga. 3:16, 29). De manera similar, aquellos que tienen una fe similar a Abraham son bendecidos (3:9). La bendición impartida a Abraham viene a los gentiles a través de la redención de Cristo y está asociada con la impartición del Espíritu (3:14).

La promesa de la tierra hecha a Abraham se menciona específicamente en He. (7:5, 16) y Heb. (11:8, 11), donde se muestra su obediente fe y se discute la tierra en relación con el contexto histórico de su vida. *Véase también* Abram.

ABRAHAM, EL SENO DE El seno de Abraham (o el costado) describe las bendiciones de Dios después de la muerte, usando la imagen de la cercanía con Abraham en un banquete (quizás el banquete mesiánico [*véase* Is. 25: 6-8]). La imagen aparece en la historia de Jesús sobre el hombre rico y Lázaro (Lc. 16: 22-23). La dicha que disfrutó Lázaro en el seno de Abraham contrasta agudamente con la experiencia de gran tormento y sufrimiento del hombre rico. Esta historia es útil para comprender la intensificación de las bendiciones para el pueblo de Dios después de la muerte y, del mismo modo, de los sufrimientos para los perdidos, pero no describe el alcance completo de los destinos eternos del cielo y el infierno.

ABRAM Nombre original de Abraham, utilizado en Gn. 11:26-17:4. En Gn. 17:5 se renombra a Abram como "Abraham" porque será un "padre de muchas naciones". "Abram" se forma a partir de la palabra común hebrea 'ab, que significa "padre", más la raíz que significa "exaltado", pero téngase en cuenta que las Escrituras no asignan ningún significado teológico particular a este nombre. *Véase también* Abraham.

ABRONA Un campamento de los israelitas en su viaje desde Egipto bajo el liderazgo de Moisés y Aarón. Estaba situado entre Jotbata y Ezión-geber (Nm. 33: 34-35), pero la ubicación histórica exacta de Abrona es incierta.

ABSAI *Véase* Abisai.

ABSALÓN Tercer hijo de David, nacido en Hebrón mientras David era rey de Judá solamente. Su madre era Maacá, hija del rey de Gesur, un pequeño estado intermedio al noreste de Israel, donde Absalón huyó después de asesinar a su hermano Amnón (2 Sam. 13:37). No se sabe nada de los años formativos de Absalón, pero desempeña un papel prominente en la violencia que tuvo David después del asesinato de Urías (2 Sam. 11).

La hermana de Absalón, Tamar, fue violada por su medio hermano mayor Amnón (13:1-19), y dos años más tarde ordenó a sus hombres que asesinaran a Amnón (13: 23-33) antes de huir a Gesur. Joab convenció a David a que lo restaurara (14:1-21). David lo desairó a su regreso, y más tarde se rebeló contra David, llegando a derribarlo antes de ser asesinado por Joab en el bosque de Efraín después de que su cabello quedara atrapado en un árbol (18: 9-15).

ABSTINENCIA La abstinencia se refiere a la restricción voluntaria de participar en alguna actividad. Uno de los principales ejemplos de abstinencia a lo largo de la Biblia es el ayuno. Las personas se abstuvieron de consumir alimento cuando buscaban la intervención de Dios (Est. 4:16), se arrepentían de algún pecado (Es. 10:6), en respuesta a un desastre (2 Sam. 1:12), o para prepararse para un nuevo emprendimiento (Mt. 4:2). Una razón plausible para el ayuno es que permite claridad de enfoque y expresa confianza en Dios para su sustento (Esd. 8:23).

Otros ejemplos de abstinencia en el Antiguo Testamento podrían expresarse en diferentes grados. Las leyes alimentarias impedían que se consumiera algún tipo de alimento (Lv. 11), otros tipos no se podían consumir si se los encontraba bajo ciertas condiciones (Lv. 17:15; Dt. 14:21), y otros no se podían consumir si estaban preparados de cierta manera (Éx. 34:26; Dt. 14:21). Tal abstinencia fue para el propósito expreso de consagrar al pueblo de Israel (Lv. 11:44). Del mismo modo, la abstinencia del trabajo en el día de reposo era para todo el pueblo de Israel (Éx. 20: 8-11), mientras que la abstinencia de bebida fermentada y cualquier producto de la vid se reservaba para aquellos bajo el voto nazareo (Nm. 6: 3-4) y demostraba santidad. El enfoque corporativo en estas prácticas sirvió como un ímpetu para las reflexiones sobre la abstinencia en el Nuevo Testamento. Jesús insistió en que el ayuno debe ir acompañado de motivos apropiados (Mt. 6: 16-18), y Pablo sugirió que se practique la abstinencia cuando una actividad pueda hacer tropezar a otra (1 Cr. 8). Las leyes sexuales exigían la abstinencia de la actividad sexual fuera del matrimonio. Pablo incluso permitió períodos temporales de abstinencia sexual dentro del matrimonio para que la pareja pudiera dedicarse a la oración (1 Cr. 7: 5-6).

ABUBILLA Un pájaro común en el Medio Oriente. La abubilla (heb. dukipat) es más o menos del tamaño de una paloma; es de un color beige rosáceo con alas y cola listadas negras y blancas y una larga cresta de punta negra en cabeza. Se considera sagrado en Egipto, pero tiene hábitos de anidación especialmente sucios. El AT lo lista como impuro (Lv. 11:19; Dt. 14:18).

ABUSO INFANTIL En términos generales, el abuso infantil se refiere al maltrato físico y/o al abuso sexual de un niño. A menudo ambas situaciones acontecen al mismo tiempo. En el abuso infantil, se ven afectados los campos legales, morales y psicológicos. Una dependencia natural, confianza y fragilidad definen a un niño, siendo la adultez caracterizada típicamente alrededor de los dieciocho años de vida.

El abuso infantil provoca el caos donde el Creador bendice con una vida fructífera (Génesis 1:28; 9:7). Los niños son una de las bendiciones más ricas de Dios (Salmos 127:3-6). El pogromo del faraón contra los niños hebreos solo sirvió como un hecho destacable para las parteras que le "temían a Dios" y que optaban por fomentar la vida en vez de dañarla (Éxodo 1:15-22). Los huérfanos carecían de protección parental y quedaban únicamente al cuidado de Dios que es el "refugio de los huérfanos" (Salmos 10:14, 18; cf. Santiago 1:27).

Lamentablemente, una de cada tres niñas y uno de cada cinco niños es abusado sexualmente, donde el 14 por ciento es menor de seis años. La mayoría de los casos por abuso sexual es el incesto, que es perpetrado por un proveedor conocido, que con frecuencia es el padre. No obstante, los padres son exhortados a que ni siquiera "exasperen" a sus niños (Efesios 6:4; cf. Colosenses 3:21). Para un niño abusado, las metáforas relacionadas con Dios (por ejemplo, "padre" y "madre") pueden ser destrozadas permanentemente. Por fortuna, el niño abusado puede encontrar una "familia espiritual" en la iglesia (cf. Marcos 10:28-30). Además, es una calamidad para aquellos que son un tropiezo para "uno de estos pequeños, aquellos que creen en mí" (Mateo 18:1-6).

ACACIA Una representación al español de la palabra hebrea shittim. Cuando se hace referencia al árbol, muchas traducciones modernas usan "acacia" (Is 41:19; KJV: "árbol sitim"); sin embargo, cuando se usa en referencia al nombre de un lugar, a menudo simplemente se transcribe como "Sitim" (Nm. 25:1, Jos. 2:1, Mi. 6:5). Lo más probable es que el nombre del lugar resulte de la presencia abundante de los árboles en ese lugar (Jos. 3:1, Jl. 3:18).

ACAD Una de las ciudades asociadas y quizás fundadas por Nimrod (Gn. 10:10). Fuera de la Biblia, Acad era conocido como el centro del imperio establecido por Sargón el Grande (mediados del siglo XXIV antes de Cristo). Su reino se hizo conocido como el Imperio acadio.

ACADIO Acadio era el idioma de los babilonios y los asirios. Es la lengua semítica del este más ampliamente atestiguada *(ver* abajo), y su nombre proviene de la identificación utilizada por los mismos babilonios y asirios ("Akkadu"), del nombre de la capital Acad. Investigadores europeos comenzaron la recuperación del acadio durante el siglo XVII. Su interpretación ha sido considerada una cuestión relativamente bien asentada desde alrededor de 1857, cuando Edward Hincks, Jules Oppert y Henry Creswick Rawlinson lograron producir traducciones similares del mismo texto inédito mientras trabajaban de manera independiente.

Lingüísticamente, se considera que el acadio está compuesto por dos dialectos principales, el babilonio y el asirio. Eblaíta, la otra lengua miembro del grupo semita oriental, está muy relacionado, sin embargo, a veces se clasifica como un tercer dialecto de acadio. Los diversos dialectos de Acadio se atestiguan ya desde mediados del tercer milenio antes de Cristo (Antiguo acadio [y Eblaíta]) hasta tan tarde como el primer siglo después de Cristo (Babilonia tardía). Las siguientes divisiones cronológicas son generalmente reconocidas para Babilonia y Asiria:

Babilonia Antigua	2000–1500 a.C.	Asiria Antigua
Babilonia media	1500–1000 a.C.	Asiria Media
Neo Babilonia	1000–600 a.C.	Neo Asirio
Babilonia Tardía	600a.C.100 d.C.	

Acacia

En la actualidad, se han desenterrado hasta un millón de textos acadios. Se sabe que el corpus contiene documentos legales, administrativos y económicos, así como textos literarios, material religioso de diversos tipos y comunicaciones personales. Sin embargo, la mayoría de estos textos permanecen inéditos. Geográficamente, los dialectos asirios tienden a ser atestiguados solo en sitios dentro de los límites históricos de Asiria, mientras que los textos babilónicos se han encontrado en un rango mucho más amplio.

El acadio está escrito con símbolos cuneiformes ("en forma de cuña", del latín cuneus, "cuña"), que pueden consistir en una o varias cuñas, y generalmente está escrito de izquierda a derecha. El sistema de escritura se deriva del sumerio, un lenguaje no semítico anterior al ascenso del acadio, y es, por cualquier evaluación razonable, extremadamente complejo. Los signos individuales pueden representar varios valores fonéticos diferentes (por ejemplo ba, bab, etc), una palabra individual (por ejemplo, "oveja", "carro", etc.) o incluso un concepto gramatical particular (por ejemplo, pluralidad gramatical o la presencia de un nombre humano o divino). Los signos pueden tener múltiples valores incluso dentro del mismo texto, y la lectura adecuada para cada signo individual debe estar determinada por el contexto y el conocimiento del género literario que se está considerando.

Para el propósito de estudios bíblicos, algunos de los textos acadios más significativos actualmente conocidos son **(1)** aquellos textos que se asemejan a los relatos de la creación e inundación (Enuma Elish, La épica de Atrahasis, El poema de Gilgamesh); **(2)** documentos antiguos de tratados del Cercano Oriente que son similares al material legal de Deuteronomio y Pentateuco; **(3)** los archivos descubiertos en Mari y Nuzi que relatan varias prácticas en las narrativas patriarcales; **(4)** registros históricos (por ejemplo, Anales de Senaquerib *[véase* 2 R. 10:34]); **(5)** lamentos de la ciudad escritos en sumerio (*véase* el libro de Lamentaciones).

ACAICO Un conocido de Pablo mencionado junto a Estéfanas y Fortunato (1 Co. 16:17). Estos tres visitaron a Pablo en Éfeso como representantes de la iglesia de Corinto. Es posible que hayan llevado parte de la correspondencia de Pablo a la iglesia allí. El nombre "Acaico" deriva del nombre geográfico "Acaya", sugiriendo a algunos intérpretes que Acaico era un esclavo o un antiguo esclavo, posiblemente del hogar de Estéfanas mencionado en 1 Co. 16:15.

A

ACÁN Hijo de Ezer, un descendiente de Esaú (Gn. 36:27, 1 Co. 1:42).

ACÁN Un judaíta que desobedeció a Josué y guardó para sí parte del botín de Jericó (Jos. 7:1, 21). El pecado de Acán fue descubierto después de que el ejército israelita fuera derrotado por los hombres de Ai (7:4-21). Fue apedreado y quemado junto con su familia y posesiones (7:25-26). "Acán" se asemeja a la palabra hebrea para "problema" ('akar), y en 1 Cr. 2:7 Acán es conocido como Acar, el "perturbador de Israel" (NRSV). El lugar donde lo mataron se conocía como el Valle de Acor, el valle de la "angustia" (Jos. 7:26).

ACAR *Ver* Acán.

ACARREADORES DE AGUA Personas comprometidas en la tarea doméstica de sacar y llevar agua. Esta tarea, comúnmente emparejada con cortar madera, con frecuencia son realizadas para otros con poder (Dt. 29:11; Js. 9:21, 23, 27).

ACAYA Más estrechamente interpretada, Acaya es una región a lo largo de la costa norte del Peloponeso, la península del sur de Grecia. Las cartas de Pablo a los corintios fueron enviadas a esta región (1 Co. 16:15, 2 Co. 1:1). En el Nuevo Testamento, el término también tiene un significado más amplio, de modo que la frase "Macedonia y Acaya" se refiere inclusivamente a toda Grecia (He. 19:21; Ro.15:26; 1 Ts. 1:7-8).

ACAZ *Ver* Ajaz.

ACBOR **(1)** El padre de Baal-Hanán, rey de Edom (Gn. 36:38, 1 Co. 1:49). **(2)** Uno de los oficiales de Josías entre los enviados a consultar a la profetisa Hulda con respecto al libro de la ley (2 R. 22:12, 14). Acbor también pudo haber sido llamado "Abdón" (2 Cr. 34:20). **(3)** El padre del oficial de Joacim, Elnatán (Jer. 26:22; 36:12). Debido a que Joacim llegó al poder poco después de Josías, el padre de Elnatán puede ser igual al oficial de Josías, descrito más arriba.

ACCAD *Véase* Acad.

ACCESO Por lo general, el acceso se refiere al derecho de una persona de menor rango a comparecer en presencia de uno de mayor categoría y ser escuchado. La palabra es apropiada en el contexto de una corte real (*véase* Est. 1:14, Zac. 3:7). Cualquiera que no tenga dicho acceso correría el riesgo de ser ejecutado si se acercara al rey por alguna razón, a menos que el rey lo haya aprobado (Est. 4:11). La palabra también es apropiada en el contexto del santuario del Señor, donde está estrechamente relacionado con acercarse al Señor. En el Antiguo Testamento, el derecho de acercarse al Señor en su santuario es limitado. Por ejemplo, el sumo sacerdote es la única persona a la que se le concede acceso para acercarse al Señor en el santuario interior, el lugar santísimo, y solo en el Día de la Expiación. Aquellos que no se acercan al Señor correctamente arriesgan la vida y acarrean la muerte como castigo (Lv. 10:1-3). En realidad, estos dos contextos se superponen significativamente. El acceso en el NT se centra en el derecho a acercarse a Dios. A diferencia del acceso otorgado en el Antiguo Testamento, la muerte de Cristo concede a todos los creyentes el derecho de acercarse al Padre, sin hacer distinción entre judío y gentil, ya que el mismo Espíritu mora en ambos (Ef. 2:18). Además, la obra de Cristo garantiza el acceso tanto al trono real como al "verdadero tabernáculo"de Dios, donde uno encuentra gracia y misericordia en momentos de necesidad (Heb. 4:16; 8:1-2; 10:19-22).

ACCIÓN DE GRACIAS Una respuesta de personas agradecidas hacia la gracia de Dios. En el AT, la acción de gracias está conspicuamente ausente de las narrativas patriarcales, donde los personajes con frecuencia parecen desagradecidos. La acción de gracias aparece en el Pentateuco solo en Lv. 7:12-15, donde la acción de gracias es una de las ofrendas de compañerismo dadas en adoración pública, por lo general por la liberación del peligro. La acción de gracias se convierte en una exhortación permanente en el libro de los Salmos, donde aparece más de cincuenta veces. Los adoradores son incentivados a agradecer a Dios (en adoración pública) por la liberación de peligros físicos comunes al estar fuera de la seguridad de la comunidad de uno (Sal. 107) y de los peligros interiores (Sal. 103).

Más tarde, profetas (Is. 51:3; Jer. 30:19), el Cronista (1 Cr. 23:30) y otros veintiocho salmos hablan de acción de gracias a través de ofrecer canciones más que sacrificios. La acción de gracias, sin embargo, aún está en el contexto público (cúltico) de adoración.

Literatura judía posterior extendió las expresiones de acción de gracias fuera del contexto sacrificial para incluir al individuo o familia en el hogar antes de cada comida (b. Ber. 35a). De manera similar, Jesús da las gracias antes de una comida (Mt. 15:36; 26:27).

Las otras ocurrencias mayores de acción de gracias en el NT se encuentran en las cartas de Pablo. Mientras las cartas grecorromanas ocasionalmente comenzaban con acción de gracias a una deidad por otorgar salud y seguridad, Pablo ofrece acciones de gracias más largas y frecuentes que cualquier otro escritor conocido. Las acciones de gracias deben ser consideradas una de las características distintivas de los escritos y enseñanzas de Pablo. Tanto los ejemplo y enseñanzas del AT como los del NT indican que las acciones de gracias a Dios se expresan frente a otros y no solamente en plegarias individuales y silenciosas a Dios.

ACEITE BATIDO *Ver* Aceite.

ACEITE Casi todo el aceite al que se hace referencia en la Biblia es aceite de oliva. El aceite se usaba principalmente para cocinar, pero también con fines medicinales, cosméticos, de iluminación y ceremonias religiosas.

El aceite de oliva se producía de diferentes maneras, pero había algunas características comunes a todos los diferentes métodos de producción. En Israel había numerosos olivos y con frecuencia se cultivaban y plantaban en arboledas. El Monte de los Olivos en Jerusalén fue llamado así debido a los grandes olivares allí (2 S. 15:30). Las aceitunas se cosechaban en algún momento durante el otoño, tomándolas a mano o golpeando el árbol para que cayeran (Dt. 24:20). A continuación las aceitunas se aplastaban parcialmente para eliminar las pepas (huesos) sin aplastarlos. Aplastar el hueso arruinaría el aceite. Luego los huesos se quitaban a mano, y las aceitunas deshuesadas se trituraban para obtener el aceite. Las aceitunas podían ser trituradas pisándolas (Miq. 6:15 LBLA), golpeándolas con un palo pesado, o colocándolas en una zanja de piedra poco profunda y haciendo rodar una rueda de piedra sobre ellas. Finalmente, las aceitunas trituradas se colocaban en un tamiz tejido para permitir que el aceite se drenara. Los restos de las aceitunas se remojaban en agua y se presionaban al menos dos veces más. Esto producía más aceite, aunque de calidad mucho más baja. Como resultado, el aceite se vendía de acuerdo a su nivel de calidad. En el momento de la monarquía en Israel, había varios molinos grandes que producían grandes cantidades de aceite tanto para su uso en el país como para la exportación. El aceite de la mejor calidad, el aceite claro puro escurrido antes de prensar, era procesado de manera especial y apropiado para uso ceremonial.

El aceite era uno de los principales productos de exportación de Palestina, con un gran impacto económico en Israel y Judá. El aceite a menudo se usaba como dinero para cambiar por otros materiales necesarios (Dt. 7:13; Neh. 5:11; Lc. 16:6). Por ejemplo, Eliseo hizo un milagro con aceite para ayudar a una viuda a pagar sus deudas (2 R. 4:7). El aceite se conservaba como parte de los almacenajes de la realeza (2 R. 20:13, 2 Cr. 32:28). Hay docenas de ostracas que detallan el comercio, el trueque y la venta de aceite.

El aceite era uno de los ingredientes principales para cocinar. Una comida típica consistía en harina prensada junto con aceite y frita

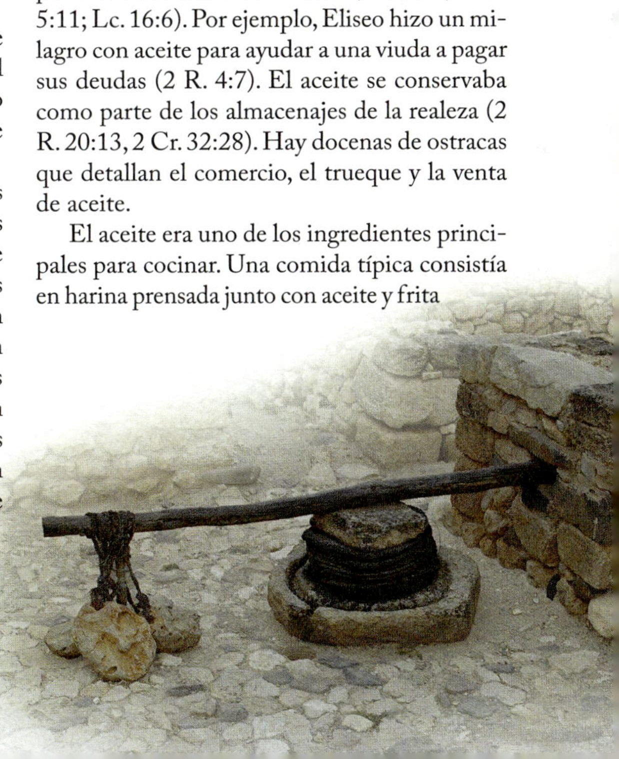

Prensa de viga para aceite en Hasor.

A

con aceite en una plancha (1 R. 17:12-16). Esta era también la forma típica en que las ofrendas de grano se hacían en el tabernáculo y el templo (Lv. 2:1, 4-7). El aceite también se usaba en las lámparas porque quemaba limpiamente y producía luz brillante (2 R. 4:10; Mt. 25:3-8). Se usaban lámparas en toda la casa. Pequeñas lámparas, a menudo no más grandes que una mano, se usaban para iluminar a las personas cuando caminaban y viajaban de noche. En tales casos, el aceite extra por lo general se llevaba como una reserva (Mt. 25:1-13). Tanto el tabernáculo como el templo usaban aceite de oliva para encender sus lámparas. También se usaba el aceite más fino para los sacrificios en el tabernáculo (Éx. 27:20, 29:40, Lv. 24:2, Nm. 28:5).

El aceite también se usó para la cosmética. Por ejemplo, el aceite se ponía en el cabello para embellecerlo (Ec. 9:8). El aceite también era la base normal para los perfumes, mezclado con una variedad de especias (Est. 2:12). El tabernáculo tenía ungüento especial que se mezclaba para hacer un perfume (Éx. 30:25). El aceite también se usó medicinalmente para ayudar a sanar heridas, ya sea mezclándolo con otras sustancias o solo, para ayudar a sellar una herida (Lc. 10:34). Los ancianos de la iglesia fueron comisionados a orar y ungir a los enfermos con aceite (Stg. 5:14).

ACELDAMA El lugar donde Judas Iscariote encontró su muerte después de traicionar a Jesús. Según el libro de Hechos, con el dinero que recibió por traicionar a Jesús, compró un campo, donde "cayó de cabeza, su cuerpo se abrió de golpe y todos sus intestinos se derramaron", es por eso que los habitantes de Jerusalén llamaron al campo "Aceldama", un nombre arameo que significa "campo de sangre" (Hch 1: 18-19). De acuerdo con Mt. 27: 7-8, el campo fue comprado por los principales sacerdotes y posteriormente fue utilizado como lugar de entierro para los extranjeros. Los dos pasajes se pueden armonizar suponiendo que **(1)** en el registro de Hechos, Lucas quiere decir que Judas compró indirectamente el campo porque su dinero se usó para comprarlo, **(2)** Judas se ahorcó, como dice Mateo, pero el cuerpo en rápida decadencia cayó de la cuerda y se abrió de golpe, como lo afirma Hechos o **(3)** como tantas veces con los nombres de los lugares, el origen del nombre fue entendido de manera diferente por diversas personas. Tal vez el lugar era conocido como "Campo de sangre" porque fue comprado con dinero de sangre, pero el posterior suicidio de Judas en ese lugar causó que algunos cristianos primitivos asociaran el nombre con su sangrienta muerte allí.

ACEPTACIÓN Esta es una metáfora que ilumina el nuevo estado relacional que la redención de Cristo produce entre el creyente y Dios. Cuando Adán y Eva pecaron, fueron expulsados del jardín y desterrados de la presencia de Dios. El acceso privilegiado que alguna vez disfrutaron se perdió. Como

Sitio Tradicional de Aceldama, en el valle Hinnom de Jerusalén.

resultado de la desobediencia de Adán y Eva, todos los seres humanos nacen en el mundo en un estado de alienación de Dios. Esta condición de desaprobación con Dios es la raíz de la cual provienen todos los demás problemas humanos en la vida. La decisión de Adán y Eva de cubrirse con prendas hechas de hojas de higuera fue su intento de "atajo" para cubrir su culpabilidad y vergüenza ante Dios (Gn 3: 7). Es este el mismo impulso que da cuenta de la existencia de diversas religiones en la actualidad. La suposición que distingue a todas las religiones falsas es que la condición de la alienación espiritual humana puede superarse mediante la realización de ciertos rituales prescritos o buenas obras. El acto de Dios de hacer ropas de piel para vestir a Adán y Eva (3:21) anticipó la "cobertura" que proporcionaría para el pecado y la vergüenza a través de la muerte expiatoria y la resurrección de su propio Hijo. Lo que distingue al cristianismo de otras religiones es su insistencia en que solo Dios puede iniciar la reconciliación con aquellos que han violado su ley. Solo él puede proporcionar los medios necesarios que le permitan perdonar y aceptarlos de nuevo en comunión con él.

¿Cómo se relaciona el perdón con la aceptación? El perdón aborda la necesidad de eliminar la culpa. La aceptación aborda la necesidad de una resolución del problema de la vergüenza, el sentido interno de indignidad e inadecuación que uno siente ante Dios y los demás. Cuando el sumo sacerdote Josué se paró frente al ángel del Señor con Satanás de pie allí para acusarlo por sus sucias vestiduras, el Señor reprendió a Satanás; entonces "el ángel dijo a los que estaban parados ante él: 'Quítense sus ropas inmundas'. Entonces le dijo a Josué: 'Mira, he quitado tu pecado y te pondré buenas vestiduras'. Entonces dije "Pongan un turbante limpio sobre su cabeza". Entonces le pusieron un turbante limpio en la cabeza y lo vistieron, mientras el ángel de Jehová permanecía de pie (Zac. 3: 4-5). Esto anticipa la nueva identidad y el estado que Jesús daría a todos los que lo reciben. Cuando el pródigo que había avergonzado a su padre regresó, el padre, en lugar de reprocharle, ordenó a sus siervos que le pusieran una túnica nueva, un anillo en el dedo y sandalias en los pies. "Porque este hijo mío estaba muerto y ha vuelto a la vida; estaba perdido y ha sido hallado" (Lc. 15:24).

El Nuevo Testamento usa metáforas muy íntimas para describir la nueva relación con Dios a la cual uno entra después de creer. La adopción le da al creyente un nuevo estatus legal como hijo de Dios. Esto es objetivo, pero también es experimental (Ro. 8:15-16). Hebreos nos dice que Jesús no se avergüenza de llamarnos hermanos y hermanas (Heb. 2:11).

ACERO Una aleación consistente principalmente de hierro con un contenido de carbón de entre 0,2 por ciento y 2,1 por ciento. La producción más antigua de acero data al segundo milenio a.C. La KJV tres veces traduce la palabra hebrea nekhushah como "acero" (2 Sm. 22:35; Job 20:24; Sal. 18:34; cf. nekhoshet en Jer. 15:12), aunque estos pasajes probablemente se refieren a cobre o "bronce" (NIV).

ACERTIJO Un enigma de palabras, que con frecuencia involucra lenguaje figurado, en el cual el verdadero significado de una palabra o frase está oculto y debe ser descubierto. Resolver un acertijo requiere una comprensión de la mentalidad de quien lo creó. Aunque con frecuencia se asocia a dichos sabios, el acertijo más famoso de la Biblia es aquel presentado por Sansón, un hombre conocido más por su fuerza que su cerebro. El acertijo de Sansón funciona tanto como un entretenido rompecabezas y como objeto de apuesta (*véase* Jue. 14). Un acertijo puede ser ejecutado con un harpa (Sal. 49:4) y está listado junto a proverbios, parábolas o dichos de los sabios (Pr. 1:6). La habilidad de explicar acertijos es un talento atribuido a Daniel junto con el de interpretar sueños y resolver problemas difíciles (Dn. 5:12). Dios puede comunicarse con acertijos (Dn. 5), o puede evitarlos a propósito (Nm. 12:8).

ACHBOR *Véase* Acbor.

ACHSHAPH *Véase* Acsaf.

ACHZIB *Véase* Aczib.

ACMETA *Véase* Ecbatana.

A

ACO Se le menciona una vez en el Antiguo Testamento, Aco es una de las ciudades que Aser no pudo conquistar (Jue. 1:31). Renombrado como "Ptolemaida" durante el período asmoneo, esta ciudad fue el hogar de algunos creyentes con quienes Pablo se quedó por un día durante su tercer viaje misional (Hch. 21: 7). Las excavaciones en Tell el-Fukhkhar revelaron una larga historia de asentamientos urbanos que se originaron en la Edad de Bronce I (2200-2000 a.C.). Estratégicamente ubicada en la encrucijada de carreteras costeras e interiores, a 12 km. al norte de la moderna Haifa, la ciudad desempeñó un papel destacado como centro de comercio.

ACOR Un valle en el norte de Judea (Jos.15:7), identificado con el moderno El-Buqeah. Acor fue el lugar donde se dictó el juicio a Acán después de que saqueó Jericó (Jos. 7:24-26). Los profetas prevén la transformación de Acor en un área verde (Is. 65:10; Os. 2:15).

ACRABIM Este nombre (literalmente, "escorpiones") es en realidad una forma abreviada de maaleh 'aqrabbim ("ascenso de escorpiones"). Este es un pasaje por una montaña (NVI:"cuesta de alacranes") que marca parte del límite sur de la frontera de Canaán, de acuerdo con Nm. 34:4; Jos. 15: 3; Jue. 1:36. El pasaje en realidad se encuentra al suroeste del Mar Muerto, cerca del Arabá. El área adyacente a este paso es Acrabatene, que es donde Judas Macabeo derrotó a los idumeos (1 Mac. 5: 3).

ACRE **(1)** Una unidad de medida del área de la tierra, originalmente equivalente a lo que un par de bueyes podía arar en un día (*véase* 1 S. 14:14; comparar Is. 5:10). **(2)** Otro nombre para la ciudad Aco (*véase* Jue. 1:31). *Véase también* Aco.

ACRÓPOLIS Una acrópolis (literalmente, "ciudad alta") es la parte elevada de una ciudad antigua, que generalmente contiene templos, palacios u otra arquitectura pública. En Jerusalén, los templos de Salomón y Herodes estaban en la colina más alta dentro de la ciudad. La acrópolis más famosa en el mundo greco-romano fue la de Atenas, donde se encuentra el Partenón. Pablo predicó a la vista de la acrópolis ateniense, ya antigua en su época, en el Areópago cercano durante su visita a la ciudad (Hch. 17:19-34). Después de Atenas, Pablo fue a predicar y enseñar en Corinto (18:1-11), que también tenía una famosa acrópolis, el Acrocorinto.

ACRÓSTICO Un recurso literario, que se utiliza con mayor frecuencia en la poesía, en el que las primeras letras de cada línea forman un patrón. Los acrósticos bíblicos forman un patrón alfabético por el cual las líneas o secciones sucesivas comienzan con una letra sucesiva del alfabeto hebreo de veintidós letras. El ejemplo más largo es Sal. 119, que consiste en veintidós grupos de ocho versículos. Dentro de cada grupo, las líneas en cada verso comienzan con la misma letra hebrea. Lamentaciones 1-4 también constituye un acróstico impresionante, con el patrón alfabético repetido una vez en cada

Las ruinas de la antigua Corinto con su Acrópolis, el Acrocorinto, en el fondo.

uno de los capítulos. Cada letra del alfabeto a su vez comienza una unidad de (generalmente) tres líneas. En Lm. 3, cada una de las tres líneas en cada sección comienza con la misma letra (como en Sal. 119). Otros acrósticos (a menudo incompletos) incluyen Sal. 9-10; 25; 34; 37; 111; 145; Pr. 31:1-31; y probablemente Nah. 1:2-10.

ACSA La hija de Caleb que fue dada como esposa a Otoniel cuando capturó la ciudad de Debir (Jos. 15: 16-17; Jue. 1: 12-13). Caleb le dio tierra en el Néguev y más tarde, a su pedido, le dio las "fuentes superiores e inferiores" también (Jos. 15: 18-19, Jue. 1: 14-15).

ACSAF Una ciudad en el norte de Palestina cuyo rey era un servidor del rey de Hazor. Cuando Jabín fue a la guerra contra Josué, pidió el apoyo del rey de Acsaf (Jos. 11: 1), que figura entre los treinta y un reyes derrotado por Josué (Jos. 12:20). Acsaf fue asignado a la tribu de Aser (Jos. 19:25).

ACSAH *Véase* Acsa.

ACSHAPH *Véase* Acsaf.

ACUB (1) Un guardián sacerdotal en el momento del período posterior al exilio (Esd. 2:42; Neh. 7:45). Él y sus asociados estaban estacionados al este de la Puerta del Rey (1 Cr. 9:17). (2) Uno de los siervos del templo que regresó con Zorobabel (Esd. 2:45). (3) Un guardián sacerdotal en el tiempo de Esdras y Nehemías (Neh. 11:19, 12:25). (4) Un maestro levítico de la ley (Neh. 8:7) en el tiempo de Esdras (posiblemente identificado como el Acub en Esdras 2:45). (5) Un descendiente de David por parte de Joacim y Zorobabel en el período posterior al exilio (1 Cr. 3:24).

ACUEDUCTO Un conducto utilizado para transportar agua de un lugar a otro. Podría ser un canal cortado en roca o tierra, o tuberías hechas de piedra u otros materiales. Los acueductos se usaron en tiempos del Antiguo Testamento para transportar agua a las ciudades desde manantiales cercanos. El "acueducto del estanque superior" en Jerusalén se menciona en 2 R. 18:17; Is. 7:3; 36:2. Su ubicación es incierta, aunque se dice que está "en el camino hacia el Campo de los lavanderos". El túnel de cera un acueducto subterráneo que llevaba agua de la fuente de Gihón al estanque de Siloé (2 R. 20:20). El conducto existía antes de Ezequías, pero lo fortificó y mejoró en preparación para un ataque inminente de los asirios instigados por su rebelión contra ellos (2 Cr. 32:1-3, 30) (*véase también* Túnel). En tiempos del Nuevo Testamento, los romanos construyeron muchos acueductos para transportar agua de manantiales y arroyos de montaña a las ciudades. A menudo se trataba de conductos subterráneos, pero también se construyeron como grandes estructuras arqueadas hechas de piedra y mortero que gradualmente descendían hacia abajo. Los restos de un impresionante acueducto romano que transportó agua de las montañas del Carmelo a la costa todavía se pueden ver en las ruinas de Cesarea Marítima. La referencia en Ap. 3:14-22 a la iglesia "tibia" en Laodicea probablemente alude al agua tibia que llegó a través del acueducto desde manantiales a cinco millas al sur de la ciudad.

ACUSADOR *Ver* Adversario.

Acueducto construido por Herodes el Grande en Cesarea Marítima.

A

ACZIB (1) Una ciudad (Ain Kezbeh en la actualidad) en el territorio de Judá (Jos. 15:44). Aczib también se menciona en un contexto negativo en Miq. 1:14, donde el profeta juega con el significado de 'akzab, "engañoso." Aczib tal vez aparece en Gn. 38: 5 [NVI: Quezib]; 1 Cr. 4:22 [NVI: Cozebá]. **(2)** Una ciudad en el territorio de Aser (Jos. 19:29) que Aser no conquistó (Jue. 1:31). La Aczib fenicia ha sido excavada y se encuentra en la costa mediterránea entre Acre (Aco) y Tiro (ez-Zib en la actualidad).

ADA Dos mujeres que se casaron con hombres excluidos de la ascendencia israelita. **(1)** La esposa de Lamec, en la genealogía de Caín (Gn. 4:19). **(2)** La esposa hitita de Esaú, madre de los amalecitas (Gn 36:2). Como hija de Elón el hitita, Ada puede (Gn. 26:34) o no (Gn. 36: 2-3) ser idéntica a Basemat.

ADADA Una de las ciudades más al sur, asignadas a la tribu de Judá (Joe.15:22).

ADAÍAS (1) El padre de Jedidá y abuelo del rey Josías (2 R. 22:1). **(2)** Un descendiente de Leví a través de Etán (1 Cr. 6:41-42). **(3)** Un descendiente de Benjamín a través de Simei (1 Cr. 8:21). **(4)** Hijo de Jeroham, y un sacerdote que se reubicó en Judá (1 Cr. 9:12). **(5)** El padre de Maaseías, un comandante bajo el pacto con el sacerdote Joiada (2 Cr. 23:1). **(6)** Un descendiente de Bani que era culpable de casarse con mujeres extranjeras (Es. 10:29). **(7)** Un descendiente de Binuí también es culpable de casarse con mujeres extranjeras (Es. 10:38-39). **(8)** Un descendiente de Judá a través de Joiarib (Neh. 11: 5). **(9)** Hijo de Jeroham, y un sacerdote que se reubicó en Jerusalén (Neh. 11:12; podría ser lo mismo que el Nº 4).

ADALÍA Uno de los diez hijos de Amán, todos los cuales fueron asesinados por los judíos en la ciudadela de Susa, junto con otros quinientos. A pedido de Ester al rey Jerjes, sus cadáveres fueron exhibidos colgados en público (Est. 9:7-14). Jerjes les había permitido a los judíos el derecho de "destruir, matar y aniquilar" a sus atacantes (8:11).

ADAMA (1) Una ciudad fortificada en la asignación tribal a Neftalí, en el norte de Palestina (Jos. 19:36). **(2)** Una palabra hebrea que significa "tierra" o "suelo". Dado que la palabra hebrea 'adam significa "humano" o el nombre propio de "Adán", los juegos de palabras aparecen temprano en Génesis: "No había nadie ['adam] para trabajar la tierra ['adamah]" (2:5); "Jehová Dios formó al hombre ['adam] del polvo de la tierra ['adamah]" (2:7); "A Adán ['adam] dijo,. . . 'Maldito será la tierra ['adamah] por causa tuya' "(3:17). La similitud de las palabras 'adam y 'adamah recuerda a los lectores hebreos el origen de la humanidad.

ADAMANT Una piedra conocida por su dureza. Dos veces la RV usa "diamante", como una metáfora de terquedad (Ezequiel 3:9; NVI: "inconmovible") y la dureza del corazón (Zacarías 7:12; NVI: "pedernal"). *Véase también* Pedernal.

ADAMI-NECEB La NVI y otras traducciones enumeran a Adami-neceb como una sola ciudad en el límite de la asignación tribal a Neftalí. La RV enumera a Adami y Neceb como dos ciudades separadas en la frontera de Neftalí (Jos. 19:33).

ADÁN El nombre de una persona y una palabra para "humanidad". Que la palabra hebrea 'adam puede ser tanto un nombre personal como una referencia a la humanidad proporciona a los escritores bíblicos un valioso medio para extraer conclusiones teológicas importantes para la naturaleza del estado de la humanidad ante Dios. Desafortunadamente, en varios lugares no está claro si es un nombre propio o un nombre más general. El origen de la palabra generalmente se entiende que está relacionado con "rojo" o "tierra roja", y el escritor del Génesis hace que el vínculo entre "el hombre" y "el suelo" sea más evidente en Génesis 2: 7, donde el hombre se dice que fue creado a partir de 'adamah (suelo, tierra).

El primer hombre fue llamado "Adam". Debido a las dificultades de la palabra 'adam'que sirve como nombre propio y significado simplemente como "humano", hay desacuerdo con respecto a cuándo el texto de Génesis 1-3 se está refiriendo a la humanidad y cuándo está utilizando a "Adán" como referencia al nombre del primer hombre. Esta discusión a menudo es impulsada por la explicación de uno de los orígenes; sin embargo, la regla general aplicada por muchas traducciones de la Biblia es que la presencia del artículo definido ("el") indica que el autor tiene a la humanidad en mente, mientras que su ausencia indica el uso del nombre propio.

La humanidad fue creada a la imagen de Dios (Gn.1:27), quien también respiró de manera única en los seres humanos su propio aliento (2:7), lo que indica una capacidad distinta en la relación entre ellos y Dios. Este énfasis se fomenta en el texto al otorgarle Dios a la humanidad la administración del resto de su creación (1:28-30). La caída (Génesis 3) aparentemente surgió del deseo de los seres humanos de usurpar la posición de Dios y determinar por sí mismos lo que es beneficioso y lo que es dañino (conocimiento del bien y del mal). El paso de desobediencia en el consumo de fruta del árbol prohibido tuvo consecuencias nefastas para las relaciones entre hombres y mujeres, la humanidad y la creación, y la humanidad y Dios. La caída, sin embargo, no eliminó la realidad de que la humanidad sigue siendo a la imagen de Dios y es capaz de mantener una relación con Él (5:1-3).

Otros pasajes del Antiguo Testamento se basan en Adán para fines de genealogía (Gn. 5:4, 1 Cr. 1:1), pero también comienzan a resaltar algunas concepciones teológicas de él que llegarían a ser significativas en su descripción en otras partes de la Escritura. Job 31:33 sugiere un vínculo entre el intento de Adán de cubrir su pecado (Gn. 3:7, 10) y la propensión de los seres humanos a hacer lo mismo (comparar Is. 43:27). El salmo 8 expresa reflexiones sobre la creación de la humanidad y la maravilla del interés y la inversión de Dios en ello. El autor de Eclesiastés aparentemente elabora sobre el estado de los seres humanos en relación con la tierra, ya que los hombres mueren y la tierra continúa (Ec. 1:3-4). Tales pasajes demuestran la responsabilidad colectiva que tiene la humanidad por el pecado después del primer pecado de Adán y establecen un marco a través del cual los escritores del Nuevo Testamento pueden ser capaces de abordar los problemas humanos más importantes.

Adán es el centro de varias referencias importantes en el Nuevo Testamento. En particular, pasajes como Ro. 5:12-21 y 1 Co. 15:21-49 establecen una tipología de Adán/Cristo, o Primer Adán/Segundo Adán. En el pasaje de Romanos, Pablo recurre al concepto judío de identidad colectiva para identificar el estado de muerte como algo en común para toda la humanidad debido al primer Adán, y la esperanza de salvación y gracia disponible para toda la humanidad debido al segundo Adán. El pasaje de 1 Corintios hace su argumento en líneas similares; sin embargo, su interés está en la concesión de la posibilidad de la resurrección de la humanidad en el segundo Adán, que proporciona un cuerpo permanente, mientras que el primer Adán solo otorga un cuerpo limitado de polvo.

En otros lugares del Nuevo Testamento, la prioridad de Adán y su impacto en la humanidad también son fuente de reflexión teológica. Lucas parece argumentar a favor de la solidaridad de Jesús con toda la humanidad al llevar su genealogía de vuelta a Adán (Lucas 3). Pablo se basa en la prioridad de Adán por haber sido creado antes de Eva, así como su engaño por la serpiente, como una razón para no permitir a las mujeres ciertos papeles en la iglesia (1 Tim. 2:13-14). El autor de Hebreos señala la conexión entre la humanidad y Cristo para resaltar la capacidad única de Jesús para lidiar con la condición humana pecaminosa (Heb. 2). *Véase también* Adán, Ciudad de; Adán y Eva.

ADÁN Y EVA Los primeros seres humanos. Según Gn. 2, Dios creó a Adán (cuyo nombre significa "humanidad" y está relacionado con la palabra para "tierra") del polvo de la tierra y su propio aliento, mostrando que la humanidad es parte de la creación, pero tiene un especial relación con Dios. Esta descripción contrasta con el relato babilónico de la creación de los primeros humanos a partir de la arcilla del suelo y la sangre de un dios demonio (Kingu en el Enuma Elish). La Biblia presenta así una comprensión más digna del lugar de la humanidad en el mundo. Dios colocó a Adán en un jardín en el Edén (un nombre que significa "deleite" o "abundancia"). Aun así, Dios, notando que no era bueno para Adán estar solo, creó a Eva (cuyo nombre significa "vivir"), su contraparte femenina. Ella fue creada del lado de Adán (o costilla), lo que significa su igualdad. Ella iba a ser su "ayudante", una palabra que no denota subordinación, ya que en otras partes de la Biblia

Una sección de un sarcófago que muestra a Dios entregando los símbolos del trabajo a Adán y Eva (AD 330–40).

se dice que Dios es el ayudante del salmista (Sal. 30:10; 54: 4). Eva fue la esposa de Adán, y Dios pronunció que el futuro matrimonio se caracterizará por dejar a los padres unirse como pareja y consumar la relación con las relaciones sexuales (Gn. 2:24). Adán y Eva debían cuidar el jardín del Edén. Se les permitió comer el fruto de todos los árboles del jardín, excepto del árbol del conocimiento del bien y del mal. Comer el fruto de este árbol, en contra de la prohibición expresa de Dios, sería una afirmación de independencia moral que se encontraría con el castigo de Dios.

En Génesis 3, la serpiente convenció a Eva de que sería bueno comer el fruto del árbol prohibido. Adán estuvo presente con ella cuando la serpiente habló, pero él permaneció en silencio. Después de comer la fruta, Eva dio un poco a Adán, y él comió sin protestar. Tanto Adán como Eva fueron por lo tanto culpables del primer pecado. Los resultados fueron inmediatos, incluido el distanciamiento de Adán y Eva, señalado por el hecho de que ya no podían permanecer desnudos el uno frente al otro sin vergüenza.

Adán y Eva fueron castigados por su rebelión. Eva fue castigada en sus relaciones más íntimas. Ella ahora sentiría un mayor dolor al dar a luz, y su relación con su esposo se convertiría en una lucha de poder ya que su deseo de controlarlo se encontraría con el intento de su esposo de dominarla (Gn. 3:16). Adán sintió las consecuencias de su acción en su trabajo, que ahora estaría teñido de frustración (3:17-19). Además, aunque no murieron de inmediato, fueron retirados del jardín y quedaron sin acceso al árbol de la vida, por lo que la muerte sería su fin último.

Después de que Adán y Eva partieron del jardín, tuvieron hijos. Conocemos a Caín y Abel, cuyo conflicto es bien conocido en Gn. 4. Después de la muerte de Abel, Eva dio a luz a Set. Las genealogías de Caín (Gn. 4:17-24) y Set sugieren que la humanidad se divide entre los que se resisten y los que siguen a Dios (5:1-32). Sorprendentemente, en el resto del Antiguo Testamento Adán se menciona solo en el primer verso de la genealogía en 1 Cr. 1, y Eva no en absoluto (comparar Os. 6:7).

En el Nuevo Testamento, Adán es mencionado en la genealogía encontrada en Lucas de Jesús (Lc. 3:38) y en Ro. 5: 12-21; 1 Cr. 15; 1 Ti. 2:13-14; Jud. 14. En Romanos, Pablo asocia a Adán con la entrada del pecado y la muerte en el mundo. Pablo contrasta a Adán con Cristo. Mientras que el acto de Adán introdujo el pecado y la muerte, el acto de Cristo trajo reconciliación con Dios y la vida. Pablo menciona esencialmente el mismo punto en 1 Co. 15 (*ver* esp. vers. 22, 45). Así, los cristianos leen Génesis 3 a través del comentario proporcionado por Pablo y creen que apoya la noción de pecado original, que todos los humanos son pecadores desde el nacimiento.

Eva se menciona dos veces en el Nuevo Testamento. En 1 Ti. 2:11-15, Pablo argumenta que las mujeres deben aprender en silencio y no enseñar o tener autoridad sobre los hombres porque Eva fue creada después de Adán y fue ella la engañada por la serpiente. Este tema es rodeado por el debate si Pablo aquí se dirige a una situación local o está citando un principio universal. Pablo nuevamente menciona el engaño de Eva en 2 Co. 11:3, pero aquí lo aplica a hombres y mujeres que están en peligro de ser engañados por falsos maestros.

ADÁN, CIUDAD DE Una ciudad en la orilla occidental del río Jordán, cerca de Saretán, justo debajo de donde el río Jaboc desemboca en el Jordán. Fue aquí que las aguas del Jordán se detuvieron para que los israelitas bajo el liderazgo de Josué pudieran cruzar hacia Canaán más hacia el sur, frente a Jericó (Jos. 3:14-17). Una interpretación de Os. 6:7 toma a Adán como el lugar donde Israel rompió el convenio ("en Adán"), lo que da sentido al uso del adverbio sham ("allí") en este versículo, pero carece de corroboración en otro lugar; otra interpretación hace entender a Adán como refiriéndose al primer ser humano o la humanidad ("como Adán"), que la Septuaginta endosa al presentar a 'adam como "hombre" (anthrōpos).

ADAR **(1)** Nieto de Benjamín por parte de Bela (1Cr. 8:3), probablemente la misma persona que Ard (Gn. 46:21, Nm. 26:40). **(2)** Una ciudad en el límite sur de la herencia prometida a Israel, también en el límite sur de la asignación tribal de Judá (Jos. 15:3). También conocido como Hasar-adar (Nm. 34:4).

ADAR El sexto mes del calendario civil hebreo y el duodécimo del calendario religioso, que comienza en febrero. A veces se agregó un Adar extra para sincronizar el calendario lunar hebreo con el año solar (Est. 3:7).

ADBEEL El tercero de los doce hijos de Ismael, el primogénito de Abrahán por su sierva egipcia, Agar (Gn. 25:13; 1 Cr. 1:29).

ADDÁN *Véase* Adón.

ADER Un hijo de Bería (KJV: "Ader"; 1 Cr. 8:15).

ADI Un antepasado veinticuatro generaciones antes de Jesús en la genealogía según Lucas. Adi era el hijo de Cosam y padre de Melqui (Lc. 3:28).

ADÍN **(1)** El antepasado de dos grupos que regresaron a Judá del cautiverio en Babilonia, uno con Zorobabel en el 539 a.C. o poco después (Esd. 2:15 [comparar .Neh. 7:20]), el otro, dirigido por Ebed junto a Esdras alrededor del año 458 a.C. (Esd. 8:6). **(2)** Un miembro de la comunidad del período postexílico que selló la renovación del convenio dirigido por Esdras (Neh. 10:16). Sin embargo, los nombres enumerados en Neh. 10:14-27 pueden estar refiriéndose a familias en lugar de individuos.

ADINA Un descendiente de Rubén por parte de Siza. Adina fue uno de los "Treinta", hombres fuertes que fortalecieron la realeza de David. Adina también lideró un grupo de treinta soldados (1 Cr. 11:42).

ADINO Una palabra en el texto hebreo de 2 S. 23:8 que algunas traducciones (*por ejemplo, KJV, NASB) la interpretan como el nombre de una persona. Dado que 'adino y la siguiente palabra, ha'etsno ("el Eznita"), se ven raras en la oración y se encuentran ausentes en otras partes de la Biblia, la NVI sigue algunos manuscritos de la Septuaginta y 1 Cr. 11:11, sustituyendo "levantó su lanza" por "Adino el Eznita" (comparar *ESV, RSV).

ADITAIM Una de las catorce ciudades y pueblos asignados a la tribu de Judá en la precordillera occidental al sur de Canaán (Jos. 15:36).

ADIVINACIÓN Y MAGIA La adivinación y la magia eran prácticas muy comunes durante el período bíblico. La adivinación era especialmente frecuente en el antiguo Cercano Oriente durante la era del AT.

A

Sin embargo, muchas de estas prácticas de adivinación y magia/hechicería continuaron también durante la era del NT, a lo largo de la región del Mediterráneo. La adivinación, que abarca un amplio rango de prácticas relacionadas con la magia, se refiere generalmente a varias técnicas usadas para comunicarse con entidades sobrenaturales, tales como dioses y espíritus, para determinar el futuro, alejar el mal o para mejorar alguna situación. La adivinación enfatiza la obtención de información que de otra forma sería desconocida para los humanos. Por otra parte, mientras que la magia y la hechicería se superponen en cierto grado con la adivinación, utilizan maldiciones y hechizos para influenciar y afectar personas, usualmente con la intención de dañar enemigos o para incrementar las fortunas de aquellos que pronuncian los hechizos. De ese modo, la magia y la hechicería enfatizan generalmente la influencia sobre personas o eventos a través de medios sobrenaturales u ocultos. No obstante, estas prácticas a menudo se superponen y son frecuentemente llevadas a cabo por la misma persona.

Del mismo modo, especialmente en el AT y a través del antiguo Cercano Oriente durante la era del AT, la terminología utilizada para referirse a adivinos, magos y hechiceros era bastante fluida y poco precisa o restrictiva. Los textos literarios no bíblicos de los vecinos de Israel en el antiguo Cercano Oriente (especialmente Egipto, Asiria y Babilonia) contienen cientos de referencias a variados tipos de adivinación y magia.

Las técnicas de adivinación más comunes involucraban: **(1)** la observación de aves y los patrones de su vuelo, **(2)** la observación de gotas de aceite esparciéndose sobre la superficie del agua en una cubeta, **(3)** astrología y **(4)** la remoción y observación de las entrañas de animales, especialmente del hígado. Se supone que, al observar estas cosas, el adivino experto podría interpretar el futuro y aconsejar a un rey (u otro cliente) acerca del curso que debía seguir. La magia incluía el lanzamiento de hechizos, así como también el uso de amuletos y talismanes.

El libro de Hechos indica claramente que la magia y la hechicería (y probablemente la adivinación) aún prevalecían en la era del NT. Pedro confronta a Simón, un hechicero, en Hechos 8:9-24. Existen referencias al mismo Simón, en numerosos escritos cristianos no bíblicos, como un poderoso hechicero que contendió con Pedro en distintas formas. Más tarde en Hechos, Pablo y Bernabé se encuentran con un hechicero judío llamado Barjesús, al inicio de su viaje misionero (Hechos 13:6), quizás indicando que este tipo de poder hostil era muy frecuente en muchos de los lugares donde la iglesia primitiva estaba echando raíces. Del mismo modo, en Hechos 19:19, cuando los ciudadanos de Éfeso respondieron en masa al evangelio, "Un buen número de los que practicaban la hechicería juntaron sus libros en un montón y los quemaron delante de todos", indicando que la hechicería era común en Éfeso.

En el AT, la práctica de la adivinación y otros numerosos tipos de magia y hechicería estaban estrictamente prohibidos. Deuteronomio 18:9-14 presenta una lista de prácticas prohibidas (a pesar de que la traducción exacta de los términos en hebreo en este texto es difícil). Allí, la adivinación y todos los demás métodos paganos para ver o determinar el futuro son descritos como detestables. Igualmente, un amplio rango de prácticas relacionadas con la hechicería, magia y brujería son prohibidas (lanzar hechizos,

Manuscrito de papiro encontrado en la tumba de un hombre llamado Pawerem, contiene un hechizo mágico para ahuyentar a los espíritus hostiles.

consultar a los muertos, etc.). En contraste, este pasaje es seguido por una descripción de la forma correcta para acceder a lo sobrenatural: a través de los profetas bíblicos verdaderos, que han sido escogidos por Dios y que, por lo tanto, hablan en su nombre (Deuteronomio 18:17-22).

Del mismo modo, en el NT, especialmente en el libro de Hechos, se probaba repetidamente que quienes tenían al Espíritu eran infinitamente más poderosos que aquellos que practicaban brujería, e incluso más que los hechiceros más famosos. Pablo incluye a la "brujería" (gr. pharmakeia, que probablemente abarca a la hechicería y magia) en su lista de "obras de la carne" (Gálatas 5:19-20). Finalmente, el libro de Apocalipsis declara juicio sobre aquellos que practican artes mágicas y hechicería (9:21; 18:23; 21:8; 22:15).

ADLAI El padre de Safat, a cargo del ganado del rey David en los valles (1 Cr. 27:29).

ADMÁ Una de las ciudades de la llanura, asociada con Sodoma y Gomorra (Gn. 10:19, 14: 2, 8, Dt. 29:23). Admá no se menciona específicamente como destruida junto con Sodoma y Gomorra, pero Dt. 29:23 y Os. 11: 8 mencionan la destrucción de la ciudad en pasajes sobre el juicio divino. Admá tradicionalmente se ha ubicado en el extremo sureste del Mar Muerto, aunque los eruditos lo ubican en el lado noreste del Mar Muerto.

ADMATA Uno de los siete oficiales de alto rango bajo el rey Jerjes (Asuero), quien le aconsejó que se alejara de la reina Vasti por su negativa a obedecer el mandato del rey de comparecer ante el banquete (Est. 1:14).

ADMINISTRACIÓN El manejo de los recursos disponibles en el reconocimiento de que Dios es el dueño y proveedor de todas las cosas. La Biblia es clara en que Dios es el creador y dueño de todas las cosas. El salmista escribió, "La tierra es del Señor, y todo en ella, el mundo y quienes viven en él" (Sal. 24:1). Dios le dijo a Job, "Todo bajo el cielo me pertenece" (Job 41:11). De la misma manera, Dios dice, "La plata es mía y el oro es mío" (Hag. 2:8). La administración se basa en el principio de que Dios es el creador de todas las cosas. Ya que Dios es el creador y dueño de todas las cosas, los seguidores de Dios están encargados de administrar lo que él ha dado.

El término "administrador" se usa en el AT para referirse al mayordomo de José (Gn. 43:19; 44:1, 4) y a Arzá que era el mayordomo de Ela, el hijo de Baasa, quien reinó sobre Israel (1 R. 16:9 KJV). El mayordomo era el administrador que supervisaba toda la operación de la casa. Ya que tenía un alto grado de responsabilidad, el esclavo o sirviente en este puesto debía ser alguien en el que el dueño confiara. Jesús usó términos similares al referirse al administrador de un hogar en alguna de sus parábolas (Mt. 20:8; Lc. 16:1,3). El concepto de administración se aplica al creyente como sirviente de Dios. Los creyentes son administradores para Dios en el sentido de que ellos administran los recursos de Dios en el mundo.

El concepto bíblico de administración comienza con Adán y Eva estando a cargo de la responsabilidad de cuidar del trabajo creativo de Dios (Gn. 2:15). En el jardín del Edén la humanidad recibió la responsabilidad de cuidar de la tierra, administrarla, y tener dominio sobre ella. A nivel individual, todo lo que los cristianos poseen tiene la intención de ser usado por el propósito y gloria de Dios. La administración bíblica involucra más que recursos financieros, aunque ciertamente ellos están incluidos. La administración apropiada involucra administrar cada recurso (tiempo, talento, finanzas, oportunidad) bajo el liderazgo de Dios, que es el dueño de todo.Acerca de asuntos financieros, la Biblia enseña que un diezmo (un décimo) del ingreso de uno debe devolverse a Dios como recordatorio de que todo lo que uno tiene viene de él (Lv. 27:30).

El concepto del AT del diezmo es asumido por Jesús en Mt. 23:23 cuando reprende a los escribas y fariseos por diezmar y aún así descuidar cosas más importantes como la justicia y la misericordia. Sin embargo, el diezmo no es mencionado frecuentemente en el NT. Más que enfocarse en el diezmo, el NT se enfoca en la actitud de los creyentes al dar. Los creyentes son alentados a dar sacrificialmente (Mc. 12:41-44; Hch. 2:44-45). Adicionalmente, Pablo enfatiza

A

dar en amor con generosidad (2 Co. 9:6-8). Dar a otros con necesidad es un reflejo de confianza de que Dios proveerá para nuestras necesidades como nosotros damos para cubrir las necesidades de otros. Dios espera que todo lo que uno tiene sea usado de manera que lo honre.

ADNA **(1)** Un descendiente de Pahat-moab, culpable de casarse con mujeres extranjeras (Esd. 10:30). **(2)** El jefe de la familia sacerdotal de Harim en los días de Joquim (Neh. 12:15).

ADNAS **(1)** Un hombre de la tribu de Manasés que comandó mil hombres y desertó donde David durante el reinado de Saulo (1 Cr. 12:20). **(2)** Un hombre de la tribu de Judá que comandó a trescientos mil de los guerreros experimentados que Josafat puso en Jerusalén (2 Cr. 17:14).

ADÓN Una ciudad de ubicación desconocida de la cual algunos israelitas regresaron del exilio babilónico a Judá con Zorobabel en 539 a.C. o poco después. Estos exiliados que regresaban estaban entre aquellos que no pudieron establecer sus conexiones genealógicas con Israel. *En NRSV y otras versiones de la Biblia aparece "Addán" en Esd. 2:59 pero "Adón" en Neh. 7:61, mientras que en la NVI dice "Adón" en ambos lugares.

ADONI BEZEC El líder de Bezec que fue derrotado por hombres de las tribus de Judá y Simeón al principio de la conquista de Canaán. Los judaítas y simeonitas cortaron los pulgares y los dedos gordos de Adoni-Bezec; quien vio las amputaciones como una retribución divina por haber hecho lo mismo a los setenta reyes (Jue. 1:4-7).

ADONI ZEDEC El rey amorreo de Jerusalén que organizó una coalición de cinco ciudades para atacar la ciudad de Gabaón después de su rendición a Josué (Jos. 10:1-3). Después de que sus ejércitos fueron derrotados por los israelitas, Adoni-Zedec y sus cuatro aliados se escondieron en una cueva. Josué los capturó y los ejecutó (Jos. 10:22-27).

ADONÍAS **(1)** El cuarto hijo de David, un rival de Salomón para la sucesión al trono de David. Cuando David envejeció, Adonías, a quien David aparentemente no disciplinó correctamente (1 R. 1: 6), fortaleció su demanda del trono enormemente al obtener el apoyo de Joab y Abiatar (1:7), cuyo apoyo Absalón no había podido ganar en su rebelión anterior. Cuando David se enteró de las acciones de Adonías, ordenó a sus líderes que instalaran a Salomón como rey en Gihón, lo cual hicieron de manera tan ruidosa que Adonías y sus seguidores pudieron escuchar la conmoción en su propia fiesta (1:33-41).

Salomón eligió misericordiosamente no matar a Adonías por su traición (1:50-53). La paz entre Salomón y Adonías llegó rápidamente a su fin cuando Adonías le pidió a la sunamita Abisag, un asistente virgen de David, que se le diera como esposa. Al ver esto como otro acto de traición (2:22), Salomón ordenó a Benaía, hijo de Joiada, que matara a Adonías, lo cual hizo antes de matar también a Joab. **(2)** Un hombre enumerado como uno de los que selló la renovación del pacto postexílico dirigido por Esdras (Neh. 10:16).

ADONICAM El antepasado de dos grupos que regresaron a Judá del cautiverio en Babilonia, uno con Zorobabel en 539 a.C. o poco después, y uno con Esdras alrededor del año 458 a.C. Esdras y Nehemías enumeran descendientes de Adonicam con Zorobabel en 666 y 667 hombres, respectivamente (Esdras 2:13; Neh. 7:18). Tres "de los postreros" jefes de familia de Adonican, Elifelet, Jeiel y Semaías, regresaron a Palestina con Esdras, acompañados de sesenta hombres (Esd. 8:13).

ADONIRAM Hijo de Abda, Adoniram fue supervisor del trabajo forzado para David y Salomón (2 S. 20:24, 1 R. 4:6). Para financiar y apoyar sus enormes campañas de construcción, Salomón "puso un pesado yugo" (1 Re. 12:4) sobre el pueblo de Israel, incluido el reclutamiento de treinta mil israelitas a quienes Adoniram supervisó (5:13-14). Cuando Roboam imprudentemente amenazó con aumentar la carga sobre los israelitas (12:13-15), las tribus del norte se rebelaron. Roboam envió a Adoniram para que afirmara su control sobre las tribus del norte, pero apedrearon hasta matar al impopular Adoniram (12:18).

ADOPCIÓN El proceso voluntario de otorgar los derechos, privilegios, responsabilidades y condición del hijo o heredero a un individuo o grupo que originalmente no había nacido para el adoptante. Mientras que el nacimiento ocurre de manera natural, la adopción ocurre solo a través del ejercicio de la voluntad.

Al menos dos figuras significativas en el Antiguo Testamento fueron adoptadas. Después de que la madre biológica de Moisés lo mantuvo con vida a pesar de la orden de Faraón de ahogar a cada niño hebreo recién nacido en el Nilo (Éx. 1:22), Moisés fue, irónicamente, adoptado por la hija de Faraón (2:10). Ester, o Hadasa, fue adoptada por su tío (o primo) Mardoqueo después de la muerte de sus padres (Est. 2:7); esta adopción desempeña un papel importante en la capacidad de Ester para evitar el exterminio judío previsto por Amán. Aunque la adopción es bastante poco común en el Antiguo Testamento, la adopción de Israel por parte de Dios es de suma importancia. Esto demuestra la voluntad de Dios de iniciar una relación con la humanidad, una verdad que más tarde culminó en Jesucristo. Dios elige adoptar a la nación de Israel como su hijo (Dt. 7:6, Is.1:2, Os. 11:1) y más significativamente como su hijo primogénito (Éx. 4:22; Jer. 31:9). Así Dios distingue a Israel entre las naciones de la tierra, otorgándole el honor más alto posible.

El concepto de adopción es más frecuente en el Nuevo Testamento, principalmente en los escritos del apóstol Pablo. Basado en la creencia de que la posición exclusiva de Israel como el hijo primogénito adoptado de Dios el Padre ya no se merece, el Nuevo Testamento incluye a aquellos que creen en Jesucristo como hijos adoptivos de la familia eterna de Dios (Jn. 1:12; 11:52; 4: 5; Ef. 1: 5; Flp. 2:15; 1 Jn. 3:1). Los hijos adoptivos de Dios disfrutan de todos los derechos de un hijo natural, incluida la oportunidad de llamar a Dios "Padre", como lo hizo Jesús (ej., Mt. 5:16, Lc. 12:32). En particular, Pablo usa la adopción para describir la nueva relación del cristiano con Dios a través del sacrificio expiatorio de Jesucristo (Ro. 8:15-16, 21-23, 9:25-26).

ADORACIÓN La adoración de Dios es una dimensión crítica en ambos Testamentos. Uno puede argumentar que es la meta misma para la cual Israel y la Iglesia se crearon.

Terminología

Nuestra comprensión de la adoración se informa por los términos, prácticas, exhortaciones y advertencias de las Escrituras. El vocabulario de adoración en ambos Testamentos proporciona entendimiento en la disposición personal y postura asociada con la adoración enfocada en la persona de Dios. El primer conjunto de términos bíblicos concierne a la postura del adorador. La terminología hebrea comunica la idea de inclinarse y caer postrado ante el soberano y digno Dios (Sal. 95:6; 1 Cr. 29:20). Las palabras del NT soportan una idea similar de humilde reconocimiento de la autoridad de Dios con una reverente posición postrada (Mt. 28:9; Ap. 5:14).

El segundo conjunto de términos de adoración concierne al servicio. En el AT, la adoración de Dios incluye la idea de servicio con una visión de traer honor a él (Éx. 3:12; Mal. 3:14, 18). En el NT, la adoración soporta los matices del servicio en el sentido de realizar tareas religiosas (Heb. 12:28). Este conjunto de terminología tiene una connotación sacerdotal. Los sacerdotes del AT y los creyentes del NT (1 Pe. 2:5) sirven a Dios con sus vidas individuales y sus rutinas de vida como ofrenda aceptable.

El último conjunto de términos describe la actitud o disposición de adorar. Este grupo incluye términos como "miedo", "asombro" y "temor", que inicialmente parecen fuera de lugar en el contexto de la adoración. Sin embargo, la terminología sirve para inculcar una actitud de genuino respeto. Yahveh es un Dios asombroso, que debe ser temido (Éx. 3:6; 15:11). Israel debe amar y confiar en quien Dios es y lo que Dios dice como promesa o a modo de advertencia. El temor que uno debe tener a Dios involucra un respeto hacia él, una reverencia por su dignidad divina (Col. 3:22; Ap. 11:18).

Dios como el Objeto de Adoración

La terminología de adoración establece el foco de adoración. El Dios viviente es el único objeto de adoración. Se deleita en la alegría satisfaciente que sus hijos encuentran en él. La naturaleza de la adoración no trata de entretenimiento servil u observación pasiva; es un activo reconocimiento de la dignidad de Dios en una variedad de humildes maneras.

Un genuino enfoque altruista en la persona y trabajo de Dios trae una humilde respuesta que afecta la postura de uno, genera trabajos de servicio y provoca una sana actitud de temor y respeto. El conocimiento de Dios es el elemento fundacional de la adoración. Dios es adorado por quién es y lo que hace. Él es el Eterno (Sal. 90:1; 1 Ti. 1:17), único en todo sentido (Is. 44:8); él es Dios por sí solo (Dt. 6:4). Él se distingue por su auto-existencia, cualidad autosuficiente de su vida (Éx. 3:14; Dt. 32:30). El salmista llama al pueblo de Dios a gritar alegremente a su buen, amante, eterno y fiel Dios (Sal. 100).

Dios es adorado como el Creador de toda vida. Este magnífico trabajo creativo de Dios, declarado en la apertura del Génesis, es un foco crítico en la adoración (Sal. 95:6; Ro. 1:25; Ap. 4:11). Junto con esto se encuentra la declaración acompañante de que Dios es el redentor. El trabajo redentor de Dios es celebrado en la Canción de Moisés (Éx. 15:1-18) y en la Canción de los Redimidos (Ap. 14:3). La adoración también se relaciona con el aspecto real del carácter de Dios. Era el deseo de los magos encontrar a Jesús, el rey, y adorarlo (Mt. 2:1-2). La escena final de la historia se caracterizará por la humilde sumisión a y la adoración del Rey de reyes (1 Ti. 6:15; Ap. 17:14; 19:16; cf. Ap. 15:3-4). El salmo con frecuencia atrae la atención al carácter real de Dios como base para la adoración (Sal. 45:11; 98:6).

Puesto de ofrendas de Meguido (1200–1025 a. C.) que se usaba en el culto a través de holocaustos

Finalmente, Dios es adorado como el Señor de su relación de alianza con la nación de Israel. Este tema de alianza y metáfora resume los variados aspectos del carácter de Dios y su relación con Israel. El Dios que trajo a Israel a la relación de alianza debe ser sincera y exclusivamente adorado (2 R. 17:35, 38; cf. Dt. 31:20). Estas declaraciones confesionales acerca del carácter de Dios son un peso glorioso que mueve a los creyentes a postrarse, a tener una actitud de asombro y respeto, y a servir obedientemente.

La Forma de Adoración

Aunque la forma de adoración se ve diferente en cada Testamento, los elementos esenciales de la adoración son constantes. En el AT, los sacerdotes primariamente guiaban la adoración de Dios. Adicionalmente, las tareas del rey (Dt. 17:18-20) y de los profetas (18:14-22) tenían implicaciones y responsabilidades de adoración. Idealmente, estos tres administradores debían trabajar juntos para asegurar una sana cualidad de la vida de la alianza para la nación.

La adoración en ambos Testamentos tiene aspectos corporativos e individuales. La adoración del AT se organizaba alrededor de los lugares sagrados, tales como ubicaciones designadas (Gn. 3:8; 12:7), el tabernáculo (Éx. 29:42), y el templo (1 Re 8; cf. Ap. 21-22). Adicionalmente, había ocasiones sagradas en el calendario de Israel para la celebración de ciertas fiestas (Lv. 23). Las tres fiestas principales en el calendario de Israel son la Fiesta de los Panes sin Levadura, Fiesta de las Primicias, y la Fiesta de los Tabernáculos (Dt. 16:16; cf. Éx. 34:23). Las acciones sagradas de adoración para la nación incluían ofrendas quemadas, ofrendas de paz, ofrendas de comida o tributo, ofrendas de paz, ofrendas de pecado y ofrendas de culpa (Lv. 1-5).

La regulación y rutina de la adoración del AT nunca tuvieron la intención de ser meramente diligente. La rutina de adoración era para manifestar un amor por Dios y de la comunidad de la alianza (Dt. 6:1-5; Mal. 2:10). Los profetas con frecuencia desafiaban a Israel a tener un corazón para Dios y a veces los llamaban a considerar lo vacío de su rutina de adoración (Is. 1:11). El corazón de la adoración era nutrido en salmos de alabanza y lamento y en el llamado a recordar a Dios (Sal. 42; 77:11).

La forma de adoración del NT no se distingue con las mismas externalidades que en el AT. Sin embargo, creencias centrales similares subyacen en la forma y la práctica de la adoración del NT. La característica distintiva en esta nueva era es el trabajo final y suficiente de Cristo (Heb. 9-10). Como con la revelación anterior, la adoración no es antropocéntrica; es alegremente Cristo céntrica, basada en el Evangelio (1 Co. 15:1-5). Cristo y su trabajo reemplazan al templo del AT. Jesús es el templo mayor que ha venido (Mt. 12:6).

El sacrificio ya no se limita a una ubicación geográfica en particular, sino que involucra la ofrenda de uno mismo (Ro. 12:1-2) junto con la presentación de sacrificios espirituales aceptables a Dios (1 P. 2:4-5). La adoración del NT es regulada por el Espíritu y la verdad (Jn. 4:20-24). Este tipo de adoración se distingue por la palabra de Dios, el Espíritu, prédica, plegaria, servicio lleno del Espíritu y edificación mutua. La adoración del NT incluye la celebración regular de las ordenanzas del bautismo y la Cena del Señor (Hch. 2:42-47) en el contexto de la iglesia local.

ADORAIM Una de las quince ciudades de Judá y Benjamín que Roboam fortificó a raíz de la división de su reino (2 Cr. 11: 9). Adoraim estaba situado en Judá, aproximadamente a cuarenta kilómetros al sudoeste de Jerusalén. La ciudad aparentemente fue incapaz de detener el ataque del Faraón Sisac contra Jerusalén (2 Cr. 12: 2-4, 1 R. 14: 25-26).

ADORAM *Véase* Adoniram.

ADRAMELEC **(1)** Un dios del pueblo de Sefarvaim. Después del exilio del reino del norte, el rey de Asiria trasladó personas de todo su imperio al territorio que había tomado de los israelitas. Cada uno de estos grupos de personas "hizo sus propios dioses en las diversas ciudades donde se asentaron" (2 R. 17:29).

Aquellas personas que habían sido trasplantadas de Sefarvaim establecieron la adoración de Adramelec y Anamelec en el antiguo territorio israelita al sacrificar por medio del sacrificio de sus propios hijos en el fuego (2 R. 17:31). Adramelec ("Adar es rey") y Anamelec ("Anu es rey") estaban relacionados con los dioses babilónicos Adar, el dios del sol, y Anu, la diosa de la luna. **(2)** Uno de los hijos del emperador asirio Senaquerib que, junto con su hermano Sarezer, asesinó a su padre en el templo de Nisroc y escapó a la tierra de Ararat. Asarhaddón, otro hijo de Senaquerib, fue el siguiente en el trono (2 R. 19:37; Is. 37:38). *Véase también* Anamelec.

ADRAMELECH *Véase* Adramelec.

ADRAMITTIO Una ciudad portuaria en la costa noroeste de la Turquía moderna. Hoy en día la ciudad es conocida como Karatas. La ciudad era de importancia comercial, aunque su poder alcanzó su punto máximo antes del período Nuevo Testamento. Era el centro de adoración de Cástor y Pólux, los hijos gemelos de Zeus. Pablo, Lucas, Aristarco y Julio el centurión navegaron en un barco de esta ciudad en su camino a Roma (Hch. 27:1-2).

ADRIÁTICO, MAR El mar Adriático es una porción del mar Mediterráneo que separa a Italia de Grecia. Según documentos del siglo II, la extensión de este mar puede haber incluido las aguas de Malta hasta la costa occidental de Creta. Fue en estas aguas que Pablo se encontró a la deriva durante catorce días durante su viaje a Roma para defender su caso ante César (Hch. 27:27).

ADRIEL Hijo de Barzilai el meholatita, quien probablemente vivió en Abel-mehola. Adriel se casó con Merab, la hija mayor de Saúl, quien había sido prometida anteriormente a David (1 S. 18:19), aunque varios manuscritos informan que él se casó con Mical (2 S. 21:8). Este matrimonio pudo haber ayudado a sellar un tratado entre la ciudad-estado de Adriel y el reino de Saúl. Cinco hijos de Adriel y Merab estaban entre las personas que David entregó a los gabaonitas para ser ejecutadas por las fechorías de Saúl.

ADULAMITA *Véase* Adulán.

ADULÁN Ciudad en las estribaciones occidentales de Judá ubicada a unos veinticuatro kilómetros al sudoeste de Jerusalén (Jos. 15:35). Antes de la conquista de Canaán, el patriarca Judá vivió allí durante algún tiempo (Gn. 38:1-5). Los israelitas conquistaron la ciudad varios cientos de años después en el tiempo de Josué (Jos. 12:15), y Roboam la fortificó después de la división de Israel (2 Cr. 11:7).

Adulán se convirtió en refugio de David antes y después de su entronización. Después de huir de Saúl a la ciudad filistea de Gat, David se quedó en una cueva en Adulán y se reunieron cerca de cuatrocientos hombres, donde muchos de ellos estaban descontentos y preocupados (1 S. 22:1-2). Las batallas del rey David con los filisteos lo llevaron de vuelta a la fortaleza en la cueva de Adulán. Una instancia memorable fue cuando las fuerzas filisteas acampaban cerca de Jerusalén en el Valle de Refayín y en Belén, entonces tres valientes hombres de David entraron al campamento filisteo y le llevaron agua a David en la fortaleza (2 S. 23:13-17; 1 Cr. 11:15).

Mical advirtió a la gente de Adulán y varias ciudades cercanas de que el desastre era inminente (Miq. 1:10-15), esto ocurrió cuando Senaquerib capturó todas las ciudades fortificadas de Judá (Is. 36:1). Adulán no se vuelve a mencionar en la Biblia hasta que los que regresaron del exilio en Nehemías vuelven a establecer presencia israelita en la ciudad durante el tiempo de Artajerjes (Neh 11:30).

ADÚLTERA Traducción de la palabra hebrea nokriah. La traducción en KJV (en inglés), "mujer extraña" es correcta, pero una

UBICACIÓN DE ADULÁN

interpretación más literal sería "mujer extranjera". La NVI la traduce como "mujer rebelde" o "esposa rebelde" (Pr. 2:17 aclara que ella es culpable de infidelidad conyugal). El término es similar a "prostituta" usado en Pr. 23:27 (ESV, NRSV; NVI: "adúltera"). Muchas prostitutas en el antiguo Israel pueden haber sido extranjeras; sin embargo, el uso de este término en el libro de Proverbios no es étnico y describe a una mujer que desafía los estándares de moral israelita. Se le promete al joven que la sabiduría puede salvarlo de la mujer malvada (2:16-19; 7:5), la cual incita con palabras (5:3) y gestos provocativos (7:6-27) para llevarlo a la infidelidad sexual. Proverbios enseña que la adúltera compite con la mujer sabia (más esp. 9:1-6, 13-18).

ADULTERIO Uno de los pecados prohibidos de los diez mandamientos (Éx. 20:14, Dt. 5:18). En su interpretación más estrecha, se prohíbe las relaciones extramatrimoniales con una mujer casada (Lv. 20:10), pero en Lv. 20 y Dt. 22-24 se aplica más ampliamente para cubrir una variedad de ofensas sexuales.

Los profetas recurrieron al mandamiento para condenar al pueblo rebelde de Dios (Os. 4: 2; Jer. 7:9). También lo usaron como una metáfora para la infidelidad espiritual hacia el Dios del convenio (Os. 3-4, Ez. 16:30-34) de la misma forma que lo hace Apocalipsis por sucumbir a la falsa enseñanza (Ap. 2:22). Jesús resaltó el origen del mandamiento diciendo que incluso una mirada lujuriosa se consideraba adulterio (Mt. 5:27-30). Enumeró este mandamiento en Marcos 10:19 (y pars.) cuando hablaba con el joven gobernante rico.

Pablo y Santiago también dejaron en claro que la prohibición todavía estaba en vigor (Rom. 2:22; 13:9; Sant. 2:11). Jesús enseñó que el adulterio brota del corazón no regenerado (Mt. 15:19 pars.) y para Pablo, el adulterio era una de "las obras de la carne" (Gl. 5:19). El castigo en el Antiguo Testamento por adulterio era la lapidación (Dt. 22:22-24) aunque no está claro qué tan rigurosamente se hacía cumplir. Jesús perdonó a la mujer "sorprendida en adulterio" (Jn. 8:3-11) y le dijo que no repitiera su pecado. Su indulgencia puede haber sido motivada en parte por la hipocresía de sus acusadores, que dejaron en libertad al culpable. La cláusula de excepción en la enseñanza de Jesús que prohíbe el divorcio y volverse a casar (con excepción de la inmoralidad sexual, que incluye el adulterio) se encuentra en Mt. 5:32; 19: 9. Mateo solo detalla lo que está implícito en Mc. 10:11-12 y Lc. 16:18. Jesús dijo que si un hombre se divorcia de su esposa para casarse con otra mujer (que por alguna razón sea más atractiva para él) se considera nada más que adulterio legalizado. El notorio ejemplo del matrimonio de Herodes con Herodías puede ser parte del contexto de esta enseñanza (Mc. 6:17).

ADUMÍN, EL PASO DE Nombre de un lugar que aparece dos veces al referirse a la frontera entre Judá y Benjamín (Jos. 15:7; 18:17). Deriva de la palabra hebrea para "suelo" ("tierra") o "rojo". El paso de Adumín, situado en el lado interior (sotavento) de los montes de Judea, era parte del camino de Jerusalén a Jericó que conectaba la región montañosa y Transjordania a través del Valle del Jordán. Su lecho rocoso subyacente es piedra caliza cenomaniana, cuya exfoliación y desintegración produce suelo rojo (terra rosa), de la cual la pendiente probablemente deriva su nombre. Varios eventos bíblicos de importancia ocurrieron en esta ruta, incluyendo el regreso de Mical a David (2 S. 3: 14-16) y la huida de David de Absalón (2 S. 15-16). En sus viajes por Jericó a Jerusalén, Jesús viajó por esta ruta también. La robustez de esta ruta nos trae la parábola del buen samaritano que Jesús contó en su último viaje a lo largo de esta ruta a Jerusalén (Lc. 10: 25-42).

ADVENIMIENTO, SEGUNDO Jesús regresará o volverá en poder al final de la historia para derrotar a sus enemigos y establecer su reino (Heb. 9:28). Se usan diferentes términos para describir este evento, "parousia" se refiere a su venida o presencia, "revelación" a la divulgación de Cristo en su gloria y "epifanía" a su manifestación o aparición. Los cristianos siguen divididos sobre cómo está relacionada la segunda venida con la tribulación, ¿es antes de la tribulación (pre-tribulación), durante (media-tribulación) o después de ella (post-tribulación)? Los dispensacionalistas distinguen dos fases del

A

regreso de Jesús; un arrebatamiento secreto para la iglesia y luego una segunda venida pública, mientras que la mayoría del resto cree que será un solo evento unificado. Dejando estas preguntas de lado, el regreso de Cristo sigue siendo el foco de la esperanza cristiana. *Véase también* Escatología; Segunda Venida.

ADVERSARIO Oponente humano o celestial. En las Escrituras (*véase* esp. KJV, ESV, NRSV, NASB), "adversario" puede referirse a alguien que obstaculiza o ayuda. Adversarios en las Escrituras incluyen a los soldados de David (2 S. 19:22), David (1 S. 29: 4) y Dios (Nm. 22:22). Dios levanta adversarios (1 R. 11:14), como también nos libera de ellos (Sal. 107:2). En Job, el adversario (Heb. Satanás) trabaja para Dios (Job 1:7-12). En este pasaje, muchas de las traducciones tratan al "adversario" como si fuera el nombre personal del Diablo.

AFEC **(1)** El Afec más significativo de la Biblia está a unos once kilómetros al este de Tel Aviv. Los manantiales cercanos se convierten en las cabeceras del río Yarkon, que desembocan en el mar Mediterráneo. El tráfico en la ruta costera internacional que pasaba por Israel se vio forzado entre las estribaciones al este y el río, lo que hace que este sea un lugar estratégico. Durante la transición a la monarquía, los filisteos estaban en Afec cuando los israelitas los atacaron desde Ebenezer (1 Sam. 4:1) justo al este en las estribaciones. Los filisteos ganaron la batalla, capturaron el arca y continuaron con el control filisteo de la carretera costera internacional. Al final de la vida de Saúl, los filisteos reunieron a sus tropas en el "límite" norte de la llanura filistea antes de partir para desafiar a Israel por el control del Valle de Jezreel (1 S. 29:1). **(2)** El límite tribal de Aser, al norte del Monte Carmelo, indica un Afec cerca del mar Mediterráneo (Jos. 19:30) del cual los cananeos no fueron desalojados (Jue. 1:31). **(3)** Los arameos atacaron el reino del norte en un tercer Afec en el lado este del mar de Galilea (1 R. 20: 26-30, *véase también* 2 R. 13:17). El Fiq árabe conserva este nombre. Herodes reconstruyó la ciudad en la llanura costera, renombrándola "Antipatris" en honor a su padre. Cuando Pablo fue enviado a Cesarea después de que se descubriera el complot en contra de su vida, los soldados que lo acompañaban llegaron hasta Antipatris (Hch. 23: 31-32).

AFECA Una ciudad situada en las colinas centrales de Judá, cerca de Hebrón (Jos. 15:53). Su ubicación exacta es desconocida.

AFEITARSE *Véase* Navajas.

AFÍA Afía fue un antepasado del Rey Saúl (1 S. 9:1) de la tribu de Benjamín. El significado del nombre es incierto.

AFIC *Véase* Afec.

AFLICCIÓN La aflicción es una condición de angustia física, mental, espiritual o la causa de sufrimiento. Las aflicciones pueden ser una variedad de sufrimientos físicos temporales, como la infertilidad (Gn. 25:32; 1 S. 1:11), la injusticia y el trabajo duro (Gn. 31:42), la esclavitud (Éx.1:12, 3:7, 17, 4:31; Dt. 26:6-7; Neh. 9:9), opresión militar (Jue. 2:18; 10:18), pérdida (Rt. 1:21), aislamiento y burlas (2 S. 16:12), enfermedad y desórdenes (Mc. 3:10; 5:29, 34; Lc. 7:21; Jn. 5:4; 28:8) y hambre (Hch. 7:11). La aflicción puede ser mental o espiritual, que surge de las perspectivas o efectos de las aflicciones físicas, el sentir inutilidad de la vida (Ec. 1:13) o preocupación por otros en sus aflicciones (Is. 63:9, 2 Co. 2:4). Hay varias causas y razones diferentes para la aflicción, pero no hay, como Job nos recuerda, una fórmula simple para determinar la causa de las aflicciones de cada uno. Claramente, Job es intachable (Job 1:1, 8; 2:3) pero sus hermanos continúan equivocadamente en sus suposiciones de que sus pecados son los culpables. Los agentes de la aflicción incluye a Dios (2 R. 17:20; Nah. 1:12), Satanás y/o demonios (Job 1:12; Hch. 5:16), otras personas (Jue. 10: 8, 2 Tes. 1:6), uno mismo (1 R. 18:28) o la condición general de la vida (Job 5:7).

Las razones para la aflicción también varían. Una razón podría ser que sea "sin razón", en el sentido de que "el hombre nace para sufrir tan cierto como las chispas vuelan hacia arriba" (Job 5: 7). Problemas, aflicciones y tristeza simplemente ocurren. En retrospectiva, esta es una condición por vivir en un mundo maldito (Génesis 3). Pero esta es una consecuencia general para toda la raza humana y no un castigo dirigido a un pecado específico. Las aflicciones generalizadas de la maldición aparecen de forma aleatoria. En diversas formas, nos impiden recurrir a la vida fácil como un refugio de relaciones rotas y, por lo tanto, nos obligan a buscar en otra parte. La intención es que miremos a Dios (*véase* Os. 5:15). Muchas razones específicas, sin embargo, pueden estar detrás de cualquier aflicción en particular. Estas incluyen el castigo por el pecado (Dt. 29:22), a menudo para inducir el arrepentimiento que conduce a la restauración (Os. 5:15; Zac. 10:9; 1 Co. 11:30). La aflicción puede llegar por personas que pecan contra otros (1 S. 1:7; 2 S. 16:12; 2 Ts. 1:6). Las propias elecciones pueden tener consecuencias naturales (Pr. 11:24; 13:20; 19:9, 15; 22:3) o las consecuencias se deben a una falta de liderazgo (Zac. 10:2). Algunas aflicciones resultan por estar asociados con aquellos que están pasando por aflicciones (Nm. 14: 28-35, 1 R. 2:26), sufrir aflicciones por seguir de Cristo (Mt. 13:21; Jn. 15: 18-20; Hch. 20:23), o por sentir empatía por los afligidos (2 Co. 2:4). Otras aflicciones se dan como entrenamiento, prevención o refinación (Is. 48:10; Ro. 5:3-5; 2 Co. 12:7; Heb. 12:5-13). Sufrir aflicción puede también ser sustituto en el nombre de otros (Is. 53: 4-7; y la expiación sustitutiva de Cristo en general).En respuesta a las aflicciones de los demás, se nos llama a practicar la simpatía, compasión, comodidad y justicia. Las respuestas apropiadas para nuestras aflicciones van desde la resistencia paciente en Cristo (Stg. 5:11) hasta el lamento (los salmos y el ejemplo de Cristo, Mt. 27: 46).

AFLICCIÓN Y DUELO La aflicción es una gran tristeza o melancolía o las circunstancias que las producen; luto se refiere a la expresión de aflicción. La aflicción y el luto con frecuencia se asocian con la muerte, pero pueden ocurrir respecto de cualquier tragedia personal o nacional (2 S. 13:19), el prospecto de tragedia inminente (Est. 4:3; Is. 37:1), o arrepentimiento provocado por palabras proféticas de tragedia, melancolía sobre el pecado o ambas. Las expresiones de luto en la Biblia incluyen llanto (Gn. 23:2), gemir (Est. 4:3; Is. 15:3; Mc. 5:38), el rompimiento de la ropa y usar arpillera (Gn. 37:34; 2 Sm. 3:31), tirarse al suelo (2 Sm. 13:31), poner polvo y cenizas en la cabeza o sentarse sobre polvo y cenizas (Ez. 27:30), ayunar (2 S. 3:35; 21:16), cantar canciones de lamento (2 S. 1:17-27; 3:32-35), sacarse el pelo de la barba (Esd. 9:3), cortarse el pelo (Jer. 7:29), descubrirse la cabeza (Lv. 10:6), quitarse las sandalias (Ez. 24:17, 23), cubrirse los labios o la boca (Ez. 24:17, 22; Miq. 3:7), y emplear a lamentadores profesionales (Jer. 9:17; Mt. 9:23; Mc. 5:38). Algunas prácticas paganas de luto estaban prohibidas, como cortarse el cuerpo, cortar patrones en el cuerpo (¿tatuajes?) y el acto algo oscuro de pelarse la frente (Lv. 19:28; Dt. 14:1; cf. 1 R. 18:28). Así, la aflicción y el luto eran todo menos estoico y breve. La aflicción se expresaba física y vocalmente, frecuentemente en voz alta, con expresiones que oscilan desde gemidos inarticulados a la composición poética de canciones. Aunque las mujeres pueden haber sido prominentes entre los lamentadores profesionales, expresar aflicción no era considerado poco masculino. Que la expresión de aflicción debería ser breve, relativamente desapasionada y principalmente característica de las mujeres era un desarrollo griego que entró a la iglesia a través de personas,

Relieve mostrando una procesión de dolientes (tumba de Merymery, Saqqara, C1391-1353 a. C).

como Agustín, quien, por ejemplo, se sentía agraviado de haber lamentado muy brevemente la pérdida de su madre.La advertencia de Pablo de que los creyentes no deberían hacer luto como aquellos que no tienen esperanza (1 Ts. 4:13) no debería interpretarse como un dictado de que está mal hacer luto. La idea de la resurrección es un consuelo en, no un reemplazo para, el luto. Incluso Jesús lloró la muerte de Lázaro, sabiendo bien que él pronto lo resucitaría (Jn. 11:25, 35, 40).

Aún más, los santos que han muerto e ido al cielo se lamentan (Ap. 6:10). El luto es restringido para sacerdotes en servicio activo y una vez para Ezequiel, pero estas son claramente circunstancias especiales e ilustran la normalidad de darle expresión al luto. Ezequiel debía gemir con un gruñido por los muertos (frecuentemente mal interpretado como gemir silenciosamente) cuando murió su esposa, pero no debía comprometerse en rituales de luto (Ez. 24:15-27). Esto ilustró para Judá las circunstancias que enfrentarían, sin oportunidad para hacer luto adecuadamente por sus muertos. Ezequiel 8:14 acusa a las mujeres de Jerusalén por "llorar a Tammuz", un ritual pagano que involucra el ciclo de la vida, muerte y renacimiento del dios babilonio Dumuzid. Las canciones de lamento son comunes en el AT. David compuso una canción de lamento honrando las muertes de Saúl y Jonatán (2 S. 1:17-27). Tras el asesinato no autorizado de Abner por parte de Joab, David también cantó un lamento por Abner y requirió que Joab participara en los rituales de luto (3:31-37). David también hizo luto por sus propios hijos: el hijo sin nombre de Betsabé (12:16-18), Amnón (13:30-33) y Absalón (18:33-19:4). En el caso del hijo de Betsabé, David hizo luto antes de la muerte del niño, que había sido proféticamente proclamada por Natán. Mientras continuaron las consecuencias de sus pecados, él progresivamente se deshizo en el luto de sus otros hijos. También, canciones funerarias se usan como forma de algún material profético (Ez. 19:1-14; 26:17-18; 27:2-9, 25-36; cf. Jr. 22:18; Am. 5:16). No todos los lamentos son canciones funerarias per se. Comparen también el libro de Lamentaciones y los salmos de lamento, también conocidos como salmos de queja.Las expresiones de lamento y luto eran también parte del arrepentimiento, combinando el miedo al castigo y profunda pena por el pecado (2 Cr. 34:19; Is. 15:3; Jl. 1:13).

Busto del emperador romano Claudio (50 d. C.), durante cuyo reinado se produjo la hambruna profetizada por Agabo.

AFRÁ Una ubicación literalmente traducida como "polvo" (Miq. 1:10). Debido al juego de palabras en este versículo y la falta de evidencia de un lugar con este nombre, es posible que sea idéntico a Ofra. Esto dejaría tres opciones: **(1)** un lugar dentro del territorio de la tribu de Benjamín (Jos. 18:23, 1 S. 13:17); **(2)** un lugar dentro del territorio de la tribu de Manasés (Jue. 6:11); **(3)** el hogar del hijo de Meonotai (1 Cr. 4:14). *Véase también* Ofra.

AFSES Representación del nombre "Hapises" en RVA (1 Cr. 24:15).

AGABO El único profeta contemporáneo de la iglesia cuyas palabras están registradas en las Escrituras. Agabo fue parte de un grupo de profetas que viajaron desde Jerusalén a la nueva iglesia de Antioquía (Hch. 11:27-28). Agabo, estando en Antioquía, predijo por el Espíritu que una gran hambruna vendría sobre el mundo.

Lucas da cuenta de que la profecía de Agabo se cumplió durante el reinado de Claudio. Agabo también profetizó al final del tercer viaje misional de Pablo que Pablo sería atado por los judíos en Jerusalén y entregado a los gentiles (Hch. 21: 10-11).

AGAG Título utilizado para el rey de los amalecitas, así como "Faraón" fue usado por los reyes de Egipto. Cuando Balac, rey de Moab, contrató a Balaam para maldecir a los israelitas, Balaam bendijo a Israel en un oráculo, que incluyó la profecía que dice que el rey de Israel sería "más grande que Agag" (Nm. 24:7). Esto nos indica que Agag de los amalecitas era un rey prominente en el momento del deambular por el desierto (*véase también* Nm. 24:20). Dios ordenó a Saúl que acabara completamente con los amalecitas como retribución por un ataque contra Israel (*véase* Éx. 17:8-16) pero Saúl dejó vivo al Agag y perdonó a algunos de los mejores animales de los amalecitas. (1 S. 15: 7-9). Samuel enfrentó a Saúl por este acto de desobediencia y Samuel mismo mató a Agag (1 S. 15:33).

AGAGUEO Amán, el oponente de Mardoqueo, es un Agagueo (Est. 3:1, 10; 8:3, 5; 9:24). Dado que Mordecai desciende de Kish, padre de Saúl (2: 5), el término tiene como propósito recordar al rey amalecita (Agag) a quien Saúl perdonó la vida (1 S. 15). *Véase también* Agag.

Un soldado persa, parte de la guardia real de Darío I, cuyo reinado profetizó Ageo.

ÁGAPE *Véase* Amor.

ÁGATA Una piedra de cuarzo semipreciosa que está compuesta en gran parte de calcedonia, que se encuentra en varios colores, incluyendo blanco, naranja o rojo, azul claro y negro. A menudo se forma con rayas u otros patrones. Fue la octava piedra utilizada en el pectoral del juicio usado por el sumo sacerdote en el lugar santísimo (Éx. 28:19; 39:12). El ágata también forma parte de los cimientos de la nueva Jerusalén (Ap. 21:19).

AGE Un ararita cuyo hijo, Samá, era uno de los "tres hombres valientes" que con ayuda divina defendió un campo por sí solo, derrotando a los filisteos (2 S. 23:9, 11-12).

AGEO Un profeta hebreo en el siglo seis a.C. que, junto con Zacarías, fue usado por Dios para alentar a los atribulados retornados a Jerusalén del cautiverio babilonio para completar la largamente demorada reconstrucción del templo. Poco se sabe de su trasfondo u ocupación previa.

AGEO, LIBRO DE El libro de Ageo es el décimo libro en la colección conocida como los Profetas Menores o el Libro de los Doce. Ageo es contemporáneo de Zacarías y ambos profetas tenían un propósito que se superponía: incentivar a su generación a reconstruir el templo. Aunque breve y similar en tema a Zacarías, Ageo tiene sus propios intereses y compensa una atenta relectura.

Trasfondo Histórico

El sobrescrito (1:1) atribuye el libro a un hombre llamado "Ageo" (relacionado a la palabra hebrea hag, que significa "festival"). Aunque mencionado en Esd. 5:1-2; 6:14, estos textos no agregan nada sustancial al escaso conocimiento que tenemos de Egeo del libro mismo, excepto que él fue responsable por los discursos proféticos contenidos en el libro. Estos discursos se ubican en un contexto narrativo, pero es

A

especulativo argumentar que cualquiera distinto de Ageo fue responsable del libro. Ageo y Zacarías son inusualmente precisos en las fechas que dan en sus oráculos. Están fechadas a un relativamente breve período durante el reinado del rey persa Darío I (*véase* Tabla 1).

Tabla 1. Fechas dadas en los Oráculos de Ageo y Zacarías

Referencia	Día/Mes/ Año del reinado de Darío	Fecha a.C.	Contenido
Ag. 1:1	1/6/2	29 ago., 520	Templo por construir
Ag. 1:15	24/6/2	21 set., 520	Se reinicia trabajo en el templo
Ag. 2:1	21/7/2	17 oct., 520	Gloria del templo
Zac. 1:1	-/8/2	Oct./nov., 520	Autoridad de Zacarías
Ag. 2:10, 20	24/9/2	18 dic., 520	Zorobabel y el sello de Dios
Zac. 1:7	24/11/2	15 feb., 519	Primera visión nocturna
Zac. 7:1	4/9/4	7 dic., 518	Un tema sobre el ayuno
Esd. 6:15	3/12/6	12 mar., 515	Templo completado

La situación que Ageo enfrenta comienza en 587/586 a.C. con la destrucción de Jerusalén y el templo por los babilonios y el comienzo del exilio. No todas las personas de Judá fueron llevadas a Babilonia, sino la gran mayoría de los líderes. En 539 a.C. el Imperio Persa, liderado por Ciro el Grande, derrotó a Babilonia y heredó este vasto imperio, incluyendo sus vasallos, entre los que estaba Judá. Desde el comienzo, los persas adoptaron una política externa diferente. Le permitieron a los vasallos de babilonia regresar a sus hogares para reconstruir sus templos (esta política se registra en un texto cuneiforme contemporáneo conocido como el Cilindro de Ciro). Ciro anunció sus intenciones al pueblo judío a través de lo que se ha hecho conocido como el Decreto de Ciro, en el cual él describe cómo Dios lo ha llamado a hacer reconstruir el templo (2 Cr. 36:23; Esd. 1:2-4).

Mientras uno hubiese esperado oleadas de exiliados judíos que volviesen a casa, eso no fue lo que sucedió. Muchos habían escuchado el llamado de Jeremías a asentarse en el lugar de su exilio (Jr. 29:5-6), pero entre los líderes tempranos de aquellos que regresaron estaba Zorobabel, un descendiente davídico que se convirtió en gobernador de la provincia persa de Yehud (el nombre de Judá en el período persa). Ageo dirigió su carta a Zorobabel y a Josué, el sumo sacerdote de la época.

Zorobabel regresó a Jerusalén en el año 539 a.C. (o poco después) e inmediatamente reconstruyó el altar y los cimientos del templo (Esd. 3:2-10), pero luego el trabajo titubeó. Un número de factores contribuyó a la cesación del trabajo, incluyendo conflictos entre los retornados y aquellos que tomaron sus tierras mientras estaban en el exilio (Jr. 52:15-16; Ez. 11:3, 15). La necesidad de establecer sus propias propiedades en la tierra los distrajo del trabajo en el templo. Los pueblos circundantes y oficiales persas locales también pusieron obstáculos en el camino de la reconstrucción (Esd. 4:1-5; 5:3-5).

Tras varios años de inactividad por parte de los retornados, Dios levantó a Ageo y Zacarías para exhortar al pueblo a poner sus prioridades en orden. El pueblo respondió a su mensaje y retomaron el trabajo, como resultado el segundo templo estuvo terminado en 515 a.C.

Esquema y Contenido

El libro de Ageo es una presentación narrativa de cuatro de los oráculos proféticos de Ageo:

I. Sobrescrito (1:1)
II. Oráculo urgiendo al pueblo para reconstruir el templo y la respuesta positiva del pueblo (1:2-15)
III. Oráculo de incentivo concerniente a la gloria del segundo templo (2:1-9)
IV. Oráculo de incentivo al pueblo para mantenerse puros y recibir una bendición (2:10-19)
V. Oráculo de bendición divina a Zorobabel (2:20-23)

El primer oráculo (29 de agosto, 520) es una disputa a través de la cual Dios desafía a su pueblo por preocuparse de sus propias casas y campos mientras descuidan la construcción del templo. El pueblo responde positivamente y comienzan a construir el templo sólo unas semanas más tarde (1:15). El segundo oráculo (17 de octubre, 520), dado solo pocas semanas después de que se había comenzado la construcción, es un incentivo divino de que, aunque el segundo templo no es físicamente tan grandioso como el primero, la gloria de Dios hará a este templo mejor que el primero. Los oráculos tercero y cuarto son entregados el mismo día (18 de diciembre, 520 a.C.). El tercer oráculo contiene un diálogo entre Dios y el pueblo concerniente a la santidad y la impiedad. El punto parece ser que el pueblo quiere adquirir santidad del templo sólo por trabajar en él. Sin embargo, no es contagiosa. Tendrán que trabajar en ser santos. Por otra parte, algo puede volverse impío al entrar en contacto con algo impuro, por lo que el templo puede ser profanado si personas pecaminosas y sin arrepentimiento entran en contacto con este. El oráculo final es un pronunciamiento divino de que Zorobabel es de especial significado para Dios y sus propósitos. Mientras esto podría llevar a algunos a pensar en Zorobabel como el liberador esperado (el Mesías), este no es su rol.

Mensaje Teológico

Los oráculos de Ageo son clara y específicamente fechados, de manera que los lectores modernos saben que reflejan su ministerio profético durante un período de cuatro meses en 520 a.C. El trasfondo histórico de este mensaje comienza con el regreso de los exiliados bajo Sesbasar y Zorobabel, este último es frecuentemente mencionado en Ageo. Pronto, tras el exilio, el altar fue reconstruido y comenzaron a ofrecerse sacrificios en el área del templo, pero el templo mismo continuaba en desorden. El foco de la preocupación de Ageo es que Dios quiere que su pueblo se ocupe de reconstruir el templo. Ellos han sido vacilantes, según Ageo, debido a sus propias luchas económicas. Dios, a través de Ageo, le dice a su pueblo que deben cuidar sus obligaciones religiosas y entonces Dios los bendecirá con el bienestar personal.

Adicionalmente, Zorobabel juega un importante rol en la profecía de Ageo. Es un descendiente de David y un líder en la Judá postexílica. Su presencia puede haber dado surgimiento a la expectativa de restablecimiento de la monarquía davídica, o por lo menos esa parece ser la implicación de los últimos versículos del libro, basados en 2 Sm. 7:1-11.

Conexiones al Nuevo Testamento

El llamado de Ageo y Zacarías de volver a la tarea de reconstruir el templo tuvo la influencia esperada. El pueblo de Dios se puso a trabajar en el templo y lo terminó en 515 a.C. El mensaje de Ageo continúa siendo relevante, sin embargo, especialmente en su llamado a los lectores a poner sus prioridades en orden. En esencia, el principio tras el llamado de Ageo es "buscar primero el reino de Dios" (cf. Mt. 6:33). Le recuerda al pueblo de Dios que Dios está en primer lugar, y luego otros temas caen en el lugar que les corresponde.

Por otra parte, cualquier expectativa mayor que hubiese respecto a Zorobabel jamás se materializó realmente. Aunque usado para los propósitos de Dios, él desaparece de la historia bíblica. La expectativa de un gobernante davídico no se cumplió en ese momento y esto llevó a una expectativa intensificada. Los autores del NT comprenden que la alianza davídica logra su cumplimiento en Jesucristo.

AGORERO En Dt. 18:10, 14 la RVA traduce la palabra hebrea me'onen como "agorero", refiriéndose a alguien que practica la hechicería (LBLA) o brujería (NVI).

ÁGRAFA Dichos atribuidos a Jesús que están fuera de los Evangelios del Nuevo Testamento. El término es una palabra griega para "cosas no escritas", aunque se usa para indicar que estos supuestos dichos no se escribieron en los Evangelios canónicos sino en otras fuentes. Los ágrafas de Jesús aparecen en los Evangelios apócrifos, en Padres de la iglesia y en los libros del Nuevo Testamento que no sean los cuatro Evangelios (por ejemplo, Hch 20:35; 1 Co. 7:10; 11:23-25).

A

La autenticidad de muchos de los dichos fuera del Nuevo Testamento son inciertos, cada uno debe ser juzgado por sus propios méritos. El indicio en Juan 21:25 de la amplia gama de las obras de Jesús y los dichos conocidos en el cristianismo primitivo deberían llevarnos a un punto entre la aceptación ciega de todo ágrafa y el rechazo absoluto de ellos.

AGRICULTOR La KJV usa "agricultor" para traducir palabras griegas y hebreas presentadas en otras versiones como "granjero", "labrador", o "inquilino". En una sociedad agrícola, donde las cosechas son una fuente estable de ingresos, la "zootécnica" es una ocupación común. También aparece como una metáfora en las Escrituras. Los líderes religiosos son identificados como inquilinos designados por Dios de su viñedo que se volvieron contra su dueño, matando a su hijo (Mt. 21:33-39). Jesús se identifica como la vid, los creyentes como sus ramas y el Padre como el labrador (Jn. 15:1-7).

AGRICULTURA La agricultura es la práctica de producir alimentos mediante el cultivo y la cosecha. Para los israelitas bíblicos y sus antepasados, era una de las principales expresiones de subsistencia en su economía y vida. La prioridad de las actividades agrícolas para la cosmovisión de Israel se indica en el hecho de que fue uno de los primeros mandatos dados por Dios al hombre en el jardín del Edén (Gn. 1: 28-29). Esta prioridad en los asuntos agrícolas significaba que el cuidado y administración de la tierra era la prerrogativa de cada miembro de la sociedad. De hecho, las personas, el sacerdocio y la monarquía podían poseer y cuidar la tierra (Nm. 27: 1-8, 35: 1-8, 1 Cr. 27:26-28).

El producto principal del agricultor bíblico incluía cereales (trigo, cebada, mijo), legumbres (frijoles, guisantes), aceitunas y uvas. Además, tenían cultivos menos predominantes que incluían nueces (almendras, nueces, pistachos), hierbas (comino, cilantro, sésamo) y verduras (pepinos, cebollas, verduras verdes). La producción de los diversos cultivos fue en gran medida limitada a ciertas regiones geográficas de Israel (como la llanura costera o las llanuras de Moab) porque gran parte de la tierra no era apta para la agricultura, ya que era rocosa y árida.

El calendario completo en la mayoría de las sociedades antiguas del Cercano Oriente estaba centrado en el ciclo agrícola y muchas fiestas tenían conexión con el calendario estacional. Para Israel, algunos de los primeros festivales estaban vinculados a las estaciones agrícolas (Éx.23: 14-16; Lv. 23). Los cereales eran sembrados en la fiesta de las Cabañas/Tabernáculos (finales de octubre) y cosechados a mediados o finales de la primavera en las fiestas de Pascua (Marzo) y la fiesta de las Semanas/Pentecostés (Mayo). Las uvas y otras frutas se cosechaban a fines del verano hasta el otoño.

El verdadero oficio de la agricultura involucraba tres pasos de siembra, cosecha y trilla/producción. Los campos normalmente se araban después de las primeras lluvias de otoño, y la siembra duraba cerca de dos meses. La temporada de cosecha duraba siete meses en total. Los productos cereales pasaban el proceso de trilla, mientras que los frutos eran inmediatamente producidos en vino o secados. La práctica de trillar los granos en su mayoría ocurría en las áreas adyacentes a los campos. Las trillas estaban diseñadas en forma de círculo, generalmente de 7 a 12 metros de diámetro. Generalmente, animales como los burros o bueyes eran llevados alrededor del suelo mientras se tiraban los granos frente a ellos para ser aplastados. El hollejo

Modelo de madera pintada a principios del segundo milenio a. C. que muestra a un campesino egipcio arando.

resultante era arrojado al aire, permitiendo que el viento se lleve la paja y produciendo un grano separado que podría entonces ser limpiado y procesado para uso doméstico.

Además de desempeñar un papel importante en los asuntos prácticos de la vida, se encontró en las prácticas agrícolas numerosas aplicaciones en los ideales e imágenes de los escritores bíblicos (Jue. 8:2; 9:8-15; Ez. 17:6-10). El medio podría usarse para expresar bendiciones y maldiciones. Varios textos apuntan a la maldición de los esfuerzos agrícolas como un castigo de parte de Dios. La impureza ceremonial era una posibilidad si la metodología adecuada en la siembra las semillas no era seguida (Lv. 19:19; Dt. 22:9). Del mismo modo, la evaluación de Yahveh del fracaso de Israel por mantener los compromisos del convenio podría conducir a enfermedad, ataques de langostas, pérdida de cosechas y pérdida total de la tierra (Dt. 28:40; Jl. 1:4; Am. 7:1). Por el contrario, generosidad y bendiciones agrícolas también eran parte de las estipulaciones del convenio. En efecto, muchas de las ofrendas se centraron en la agricultura (Lv. 2, Nm. 18:8-32). Incluso el reposo en el sabbat fue extendido a cuestiones de agricultura y cuidado de la tierra (Lv. 25:1-7). Finalmente, el convenio vio algunos de los mayores beneficios de la vida antes de que Yahveh sea bendecido a través de la recompensa agrícola (Dt. 28:22; Am. 9:13). En unos pocos casos, las metáforas agrícolas pueden ir en ambos sentidos. Por ejemplo, la vid era una imagen o metáfora que podía expresar juicio, cuidado y restauración tanto en el judaísmo como en el cristianismo (Is. 5:1-8, Jn. 15:1-11). A pesar del vínculo entre las realidades agrícolas y el convenio, las Escrituras son muy cuidadosas en distinguir a Israel de los cultos de fertilidad de su vecinos cananeos (1 R. 18:17-40; Os. 2:8-9). Esta distinción también se hace presente en ciertos textos del Nuevo Testamento (1 Co. 6:15-20).

AGRIPA *Véase* Herodes.

AGUA AMARGA En Números 5:11-31 se describe un calvario judicial para determinar si una esposa había sido infiel. En el transcurso del ritual, la esposa sospechosa debe beber agua mezclada con mugre del piso del tabernáculo, por lo que de esta manera el agua queda "amarga" (en hebreo mar; Números 5:18). Ahí también se lavaban los rollos que contenían maldiciones (así el agua también contenía la tinta del rollo). Si la mujer era culpable de cometer un acto infiel, con este brebaje se pretendía transferir a su cuerpo las maldiciones en su contra. Deuteronomio 21:1-9 puede representar un segundo calvario judicial que involucra el uso de agua, aunque no está presente la amargura. Los nombres "En-mispat" ("primavera de juicio" [Génesis 14:7]) y "En-rogel" ("primavera de la investigación" [por ejemplo, Josué 15:7]) puede que también se refieran al uso de agua para la adivinación o calvario.

Poco después de haber cruzado el Mar Rojo, los israelitas llegaron a Mara ("amargura"), donde las aguas eran amargas y no era potable. Moisés recibió órdenes divinas y debía arrojar un trozo de madera al agua, lo que la tornó dulce y bebible (Éxodo 15:23-25), que fue la primera de varias provisiones divinas para beber agua en el desierto. En Apocalipsis 8:11 se representa un juicio divino y apocalíptico respecto al agua amarga o envenenada. En ambos pasajes, la amargura tiene efecto o se remueve por medio de la combinación de madera y agua: "ajenjo" (del griego apsinthos, que es una sustancia amarga derivada de la madera de un arbusto particular). La imagen de Apocalipsis 8:11 evoca una amenaza divina similar que aparece en Jeremías 9:15; 23:15.

AGUA DE AMARGURA, AGUA DE LOS CELOS *Véase* Agua Amarga.

AGUA DE MEROM *Véase* Merom.

AGUA El agua es mencionada extensivamente en la Biblia debido a su prevalencia en la creación y su asociación con la vida y la pureza. Las aguas cósmicas de Gn. 1 son contenidas por el cielo (Gn. 1:6-7; cf. Sal. 104:6, 13; 148:4). Dios está entronizado en estas aguas en su templo cósmico (Sal. 29:10; 104:3, 13; cf. Gn. 1:2; Sal. 78:69; Is. 66:1). Estas mismas aguas fueron liberadas en la época de Noé (Gn. 7:10-12; Sal. 104:7-9).

El agua es también un agente de vida y fertilidad y, por lo tanto, se asocia con la presencia de Dios. Tanto Dios mismo como su templo son descritos como una fuente de agua viva (Jer. 2:13; 17; 13; Jl. 3:18; cf. Is. 12:2-3). Ezequiel visualiza esta agua fluyendo desde debajo del templo y corriendo hacia el Mar Muerto, donde lleva vida y fecundidad (Ez. 47:1-12; cf. Zac. 14:8). El libro del Apocalipsis, usando la misma imagen, describe "el río del agua de la vida, claro como el cristal, fluyendo desde el trono de Dios y del Cordero" (22:1). Esta imaginería también es ilustrada en restos arqueológicos asociados con templos. Se atestiguan cisternas bajo el Domo de la Roca (presumiblemente la ubicación del templo de Jerusalén) y bajo el templo judío en arad. Otros templos, tal como el lugar alto israelita en Tel Dan, se ubican cerca de arroyos de agua dulce. El arroyo de Gihón en la Ciudad de David también puede asociare con el templo de Jerusalén (Sal. 46:4; cf. Gn. 2:13).

Esta imaginería del AT forma el trasfondo para las enseñanzas de Jesús respecto a la vida eterna en los textos del apóstol Juan. Jesús declara ser la fuente de agua vida, y la ofrece libremente a quien tenga sed (Jn. 4:10-15; 7:37; Ap. 21:6; 22:17; cf. Ap. 7:17), Esta agua, que produce "un arroyo de agua llenándose hacia la vida eterna" (Jn. 4:14), es el trabajo del Espíritu Santo en el creyente (Jn. 7:38-39).

El agua es también descrita en la Biblia como un agente de limpieza. Se usa extensamente en rituales de purificación en el AT. En el NT, el ritual del bautismo por agua significa la pureza y nueva vida del creyente (Mt. 3:11,16; Mc. 1:8-10; Lc. 3:16; Jn. 1:26, 31-33; 3:23; Hch. 1:5; 8:36-39; 10:47; 11:16; 1 P. 3:20-21; cf. Ef. 5:26; Heb. 10:22).

Finalmente, el NT también revela a Jesús como el Señor del agua. Él camina sobre el agua (Mt. 14:28-29; Jn. 6:19), convierte el agua en vino (Jn. 2:7-9; 4:46) y controla a las criaturas del agua (Mt. 17:27; Jn. 21:6). Más importante, Jesús ordena a "los vientos y el agua y ellos le obedecen" (Lc. 8:25; cf. Sal. 29:3).

AGÜE *Véase* Fiebre.

AGUIJADA DE BUEYES *Ver* Aguijada.

AGUIJADA Un palo, frecuentemente con un extremo en punta, usado para controlar bueyes u otros animales. En el AT, "aguijada" traduce dos términos hebreos. Es usada para aguijadas literalmente en 1 S. 13:21 (dorban); Jue. 3:31 (baqar). En Ec. 12:11 las aguijadas se usan en paralelo con "clavos incrustados" para referirse a la acción de las "palabras de los sabios", queriendo decir que los sabios dan dirección al camino de vida de uno, la metáfora implicando, tal vez, que en ocasiones su guía puede ser dolorosa. En Hch. 26:14, "patear contra las aguijadas" se refiere a luchas fútiles contra un poder mayor. Esta expresión también aparece en otros escritos griegos y, por tanto, es probablemente un modismo.

Moneda que muestra a Zeus sosteniendo un águila.

ÁGUILA La palabra "águila" puede representar más de una especie de águila o buitre, particularmente el buitre leonado. Un ave de presa, el águila se clasifica entre las aves impuras en el AT (Lv. 11:13). El águila era considerada una de las maravillas del mundo (Pr. 30:19), proverbial por su velocidad y poder (Dt. 28:49; 2 Sm. 1:23; Ez. 17:3), su inaccesibilidad entre las altas rocas (Job 39:27; Jer. 49:16) y su tutelaje y protección de sus crías (Dt. 32:11). El águila sirve para ilustrar la renovada fortaleza de aquellos que esperan en Dios (Sal. 103:5; Is. 40:31).

En el mundo antiguo, el águila era un símbolo de trascendencia sobre el reino terrenal. En la iconografía egipcia y mesopotámica se asocia íntimamente con la realeza, sirviendo para demostrar que el rey está invitado a participar en un dominio normalmente más allá de la capacidad humana. Existe una cercana asociación con la guerra y con la protección divina y garantía de éxito.

En Éx. 19:4, Dios trae a su pueblo real sacerdotal hacia él en el Monte Sinaí "sobre alas de águilas", mientras en Dt. 32:10-11 el águila ilustra la protección divina de Israel. Por sus atributos proverbiales y asociaciones, el águila se incluye en una variedad de imágenes visionarias (Ez. 1:10; Dn. 7:4; Ap. 4:7; 8:13).

ÁGUILA PESCADORA Un águila marrón y blanco, destaca por su sonido estridente y por zambullirse primero con los pies en busca de peces en los ríos, lagos y el mar. La NVI lo identifica con la palabra hebrea rakham (Lv. 11:18, Dt. 14:17), pero otras traducciones, incluida la RVA, RSV y ASV, la usan para traducir la palabra hebrea 'ozniyah (Lv. 11:13, Dt. 14:12). El significado de estas palabras es incierto, pero ambas aparecen en las listas de pájaros inmundos.

Tablilla cuneiforme que muestra un mapa de una región al este de Babilonia que incluye canales de irrigación (abajo a la izquierda), como el canal del Ahava.

AGUJA Ningún texto bíblico describe una aguja antigua, pero los arqueólogos han encontrado agujas hechas de bronce, hueso y marfil. La aguja habría sido afilada en un extremo, con un ojo para el hilo en el otro, similar al menos en forma básica a la aguja moderna. La costura simple es la función indudable de las agujas, pero también desempeñaban un papel más importante en el bordado, que se consideraba un regalo de Dios (Éx. 35:35; *ver* 31:6; *ver también* Costura). El uso de la aguja está implícito en ciertos contextos donde la costura está presente, como Gen. 3:7.

La única mención de la palabra "aguja" en la Biblia se encuentra en la referencia al "ojo de una aguja" en los Evangelios sinópticos (Mt. 19:24, Mr. 10:25, Lc. 18:25). El propósito aquí es contrastar una de las aberturas más pequeñas comunes en el hogar con uno de los animales más grandes de Palestina. Esta comparación es un ejemplo de hipérbole, que expresa la gran dificultad que los ricos encontrarían al abandonar todo para seguir a Cristo.

AGUR El hijo de Jaqué cuyo oráculo está registrado en Pr. 30. Agur dirige su oráculo a Itiel y Ucal (Pr. 30:1, *véase* NVI).

AHASTARI Un nombre o término que aparece en la lista de los descendientes de Judá (1 Cr. 4:1-23). Un descendiente llamado "Asur" (1 Cr. 4:5) tenía dos esposas, incluyendo a Naara. El texto dice que Asur y Naara tuvieron tres hijos, Ahuzam, Hefer y Temeni, cuyos nombres son seguidos por "Ahastari", refiriéndose ya sea a un cuarto hijo o a una línea familiar, los ahastaritas (asuritas), una descripción de los nombres precedentes (1 Cr. 4:6).

AHAVA Esta palabra aparece solo en Esdras como el nombre de un lugar en Babilonia al cual fluía un canal (Esd. 8:15). El campamento de Esdras en el canal de Ahava sirvió como punto de partida para su expedición a Jerusalén durante el reinado del rey persa Artajerjes (Esdras 8:31).

AHÍ **(1)** Un líder de los clanes de la tribu de Gad. Ahí era hijo de Abdiel y nieto de Guní (1 Cr. 5:15). **(2)** Un descendiente de Aser por parte de Semer (1 Cr. 7:34).

AHÍAM Hijo de Sacar (1 Cr. 11:35). Ahíam fue uno de los tres araritas de los hombres valientes de David (2 Sam. 23:33).

AHIÁN Descendiente de Manasés por parte de Semida (1 Cr. 7:19).

AHÍAS **(1)** El profeta de Siló que supervisó la división del reino unido de Salomón (928 a.C.). Predijo a Jeroboam que arrancaría diez

A

tribus de la casa de David (1 R.11: 29-39). Esta predicción se cumplió después de la muerte de Salomón (1 R. 12:15; 2 Cr. 10:15). Ciertos eventos en el reinado de Salomón fueron escritos en "la profecía de Ahías el silonita" (2 Cr. 9:29). Luego, la esposa de Jeroboam fue camuflada ante Ahías para preguntar por su hijo enfermo. Ahías predijo la muerte del niño y la destrucción de toda la casa de Jeroboam como un castigo por la idolatría (1 R. 14: 1-16). Ambas predicciones se hicieron realidad (1 R. 14:17-18; 15:29). **(2)** Un sacerdote de Élide al servicio de Saúl (1 S. 14:3, 18). **(3)** Un secretario del Rey Salomón (1 R. 4:3). **(4)** El padre de Basá, que conspiró contra Nadab, hijo de Jeroboam, y lo sucedió como rey de Israel (1 R. 15:27, 33; 21:22; 2 R. 9: 9). **(5)** Hijo de Jerameel, hermano de Caleb, de la tribu de Judá (1 Cr. 2:25). **(6)** Un benjamita de la ascendencia de Saúl (1 Cr. 8:7). **(7)** Uno de los treinta hombres valientes de David (1 Cr. 11:36). **(8)** Un levita que estaba a cargo de los tesoros en el tiempo de David (1 Cr. 26:20 NRSV [NVI margen]).

AHÍAS Uno de los líderes del pueblo que selló el acuerdo de reforma obligatoria de Nehemías (Neh. 10:26).

AHICAM Uno de los consejeros reales del rey Josías, Ahicam era hijo de Safán, el secretario del rey Josías. Ahicam era parte de la delegación que Josías envió a la profetisa Hulda para preguntarle sobre el futuro del reino de Judá a la luz de su iniquidad delante del Señor (2 R. 22: 12-14). Ahicam apoyó a Jeremías durante el reinado de Joaquim; este apoyo salvó a Jeremías de ser ejecutado por el pueblo de Judá (Jer. 26:24). Nabucodonosor nombró a Godolías, hijo de Ahicam, como gobernador del remanente en Judá después de la deportación babilónica (Jer. 40:5).

AHIEZER **(1)** Hijo de Amisadai y líder de la tribu de Dan. Ahiezer reunió a la gente de Dan cuando acamparon (Números 2:25-26) y los dirigió cuando la tribu estuvo a cargo de la retaguardia de los israelitas (10:25). **(2)** El jefe de los hábiles guerreros de Saúl pertenecientes a la tribu de Benjamín, que se aliaron con David cuando Saúl le prohibió estar en su presencia (1 Cr. 12:3).

AHILUD El padre de Josafat, quien era el registrador del rey David, del rey Salomón (2 S. 8:16, 1 R. 4: 3, 1 Cr. 18:15) y de Baana, uno de los doce gobernadores de distrito del Rey Salomón designados para proveer de provisiones para el rey y la casa real (1 R. 4:12).

AHIMAAS **(1)** El padre de la esposa de Saúl, Ahinoam (1 S. 14:50). **(2)** Hijo de Sadoc el sacerdote. Cuando David huyó de Jerusalén durante la conspiración de su hijo Absalón, le dijo a Sadoc y Abiatar, también un sacerdote, que regresaran con sus hijos a Jerusalén y que le informaran acerca de los planes militares de Absalón (2 S. 15: 27-29).

Cuando Sadoc y Abiatar se enteraron de los planes de Absalón, informaron a Ahimaas y al hijo de Abiatar, Jonatán. Ahimaaz y Jonatán tuvieron que huir a Bahurim y debieron esconderse en un pozo cuando los hombres de Absalón supieron de su presencia en las cercanías de En-Rogel. Después de que sus perseguidores no los pudieron encontrar, los dos hombres dieron la noticia a David (2 S. 17: 15-22).

Ahimaas estaba ansioso por informar a David de la derrota de su hijo Absalón y se convirtió en el primero en contarle a David que rebasó a otro mensajero. Sin embargo, Ahimaas ocultó la noticia de la muerte de Absalón (18: 19-33). **(3)** El gobernador del distrito de Salomón en Neftalí y esposo de Basemat, la hija de Salomón (1 R. 4:15).

AHIMÁN **(1)** Ahimán, Sesai y Talmai, descendientes de Anaco, vivían en Hebrón cuando los espías de Israel exploraron el sur de Canaán (Nm. 13:22). Durante la conquista de Josué, Caleb derrotó a Ahimán en Hebrón después de que las fuerzas hubiesen conquistado otro territorio adyacente (Josué 15:24; Jueces 1: 8-10). **(2)** Un portero del templo que fue uno de los primeros en regresar del cautiverio en Babilonia (1 Cr. 9:17).

AHIMELEC Un sacerdote que permitió que David y sus hombres comieran el pan consagrado del tabernáculo (1 S. 21:1-6, *véase* Mc. 2: 25-26). *Véase también* Abiatar.

AHIMELECH *Véase* Ahimelec.

AHIMOT Descendiente de Leví por parte de Elcana (1 Cr. 6:25). "Elcana" en 1 Cr. 6:26 puede referirse a un hijo de Ahimot (NVI, *RSV) o de Elcana del ver. 25 (RVR, *NASB).

AHINADAB Hijo de Iddó. Ahinadab fue uno de los cinco gobernadores de distrito de Salomón que "proveyeron provisiones para el rey y la casa real". Ahinadab era gobernador de Mahanaim, que estaba al este del Jordán (1 R. 4:14).

AHINOAM **(1)** La esposa de Saúl, hija de Ahimaas y nieta del sacerdote Sadoc (1 S. 14:50). **(2)** Una de las esposas de David, conocida como "Ahinoam de Jezreel" (1 S. 25:43). Cuando David huyó a la ciudad filistea de Gat, tomó a Ahinoam y Abigail, su otra esposa (27:3). Ahinoam y Abigail se establecieron en Siclag, una ciudad filistea que Aquis dio a David. Los atacantes amalecitas más tarde destruyeron Siclag y se llevaron a Ahinoam y a la otra familia de David y sus hombres, pero David recuperó a Ahinoam al alcanzar y derrotar a los amalecitas (30:1-19). Ahinoam y Abigail acompañaron a David de regreso a Hebrón después de la muerte de Saúl y se establecieron allí (2 S. 3:2). Su hijo Amón fue el primogénito de David.

AHÍO **(1)** El hijo de Abinadab quien junto con su hermano Uza, intentó traer el arca del convenio a Jerusalén en un carro (2 S. 6:3-7, 1 Cr. 13: 7-10). Cuando los bueyes tropezaron, Uza extendió su mano y agarró el arca para estabilizarla y Dios lo abatió por este "acto irreverente" (2 S. 6: 7). Ahío estaba frente al carro en ese momento. **(2)** Un cabeza de familia dentro de la tribu de Benjamín que vivía en Jerusalén (1 Cr. 8:14). **(3)** Un descendiente de Benjamín por parte de Jehiel que también vivía en Jerusalén (1 Cr. 8:31; 9:47).

AHIRA Hijo de Enán y líder de la tribu de Neftalí. Durante el censo del desierto (Nm. 1: 1-4), Ahira fue el miembro de la tribu de Neftalí que ayudó a Moisés y Aarón. Ahira reunió al pueblo de Neftalí para que acamparan (Nm. 2: 29-30) y los guió a medida que se movían (10:27).

AHIRAM Un descendiente de Benjamín, antepasado del clan ahiramita. Ahiram aparece en el registro del censo que Moisés y Eleazar tomaron después de la plaga sobre los israelitas por su adoración al Baal de Peor (Nm. 26:38).

AHIRAMITAS El clan que descendió de Benjamín por parte de Ahira. Aparecen en el registro del censo de Israel tomado después de la plaga (Números 26:38).

AHISAHAR Un líder de familia que descendió de Benjamín por parte de Bilhán (1 Cr. 7:10).

AHISAMAC Descendiente de Dan y padre de Aholiab, un artesano experto que ayudó a Bezaleel hijo de Uri en el suministro del tabernáculo (Éx. 31:6; 35:34).

AHISAR Uno de los principales oficiales del rey Salomón. Ahisar estaba a cargo del palacio de Salomón (1 R. 4:6).

AHITOB Cuatro hombres, todos de la línea sacerdotal de Aarón. **(1)** Un descendiente de Finees, hermano de Icabod y padre de Ahías (1 S. 14:3). **(2)** El padre del sacerdote Ahimelec,

Modelo de la tabla del Pan de la Presencia de la réplica del tabernáculo en Timnah, Israel.

A

que ayudó a David y sus hombres (1 S. 21:1-6). **(3)** Hijo de Amarías y padre de Sadoc, sacerdote durante los reinados de David y Salomón (2 S. 8:17; 1 Cr. 6: 7). **(4)** El padre de Meraiot y antepasado de Azarías, quien era el supervisor del segundo templo (1 Cr. 9:11; Neh. 11:11).

AHITOFEL Un gilonita de la ciudad de Gilo, fue originalmente el asesor más respetado y sabio del rey David (2 S. 15:12; 16:23). Ahitofel se alió con Absalón, hijo del rey David, durante la rebelión de Absalón. Cuando David se enteró de la deserción de Ahitofel, él oró para que el Señor "transformara el consejo de Ahitofel en insensatez" (15:31). Tras la sugerencia de Ahitofel, Absalón levantó una tienda en la azotea del palacio de David, para dormir abiertamente con las concubinas de David (2 S. 16:20-22). Ahitofel también aconsejó a Absalón que hiciera un ataque agresivo e inmediato contra las fuerzas de su padre mientras David estaba cansado en su huida de Jerusalén (2 S. 17:1-4). Absalón decidió seguir el plan más conservador de Husai el arquita, que había sugerido que Absalón atacara después de reunir en Jerusalén a todos los soldados israelitas disponibles (17:7-14). Sin embargo, Husai el arquita estaba en alianza con David, y por medio del consejo intencionalmente pobre de Husai, el Señor frustró "el buen consejo de Ahitofel para traer el desastre sobre Absalón" (17:14).

Ahitofel se suicidó en Gilo, presumiblemente anticipando la derrota de Absalón y la represalia de David por su traición (2 S. 17:23). Joiada, hijo de Benaías y Abiatar, sucedió a Ahitofel como consejero (1 Cr. 27:34).

AHIUD **(1)** Descendiente de Aser por parte de Selomi. Ahiud fue el asistente designado de Aser para Moisés cuando se asignara la herencia de las tribus de Israel que se asentaron al oeste del río Jordán. (Nm. 34:27). **(2)** Descendiente de Benjamín por parte de Gera (1 Cr. 8:7).

AHLAB Una ciudad cananea en el noroeste de Galilea que la tribu de Aser no conquistó. El fracaso de Aser en conquistar esta y las ciudades cananeas cercanas causó la mezcla de los israelitas y los cananeos dentro del territorio aserita (Jue.1: 31-32).

AHLAI **(1)** Una mujer descendiente de Judá por parte de Sesán (1 Cr. 2:31). De acuerdo con 1 Cr. 2:34, "Sesán no tenía hijos, solo hijas". Sin embargo, la frase hebrea que describe a Ahlai en 2:31 literalmente dice "y los hijos de Sesán: Ahlai". Aunque el Antiguo Testamento normalmente usa el término banim para hablar de hijos, también puede referirse a descendientes o hijos. Por lo tanto, Ahlai era una hija de Sesán, probablemente la que Sesán dio en matrimonio a su sirviente Jarha (2:35). Esto explicaría la inclusión inusual de una hija en una genealogía. Para eliminar la confusión, la DHH traduce 2:31 como "Sesán fue el padre de Ahlai". **(2)** El padre de Zabad, uno de los treinta hombres valientes de David (1 Cr. 11:41).

AHOLÁ Y AHOLIBÁ Nombres que Ezequiel asigna al reino del norte de Israel (Aholá) y al reino del sur de Judá (Aholibá) en su alegoría extendida gráficamente sexual sobre la infidelidad de ellos hacia Dios (Ez. 23). Los significados de los nombres están relacionados con la palabra hebrea para "tienda" ('ohel), pero su significado preciso no está claro ("Aholá" significa "su tienda" y "Aholibá" significa "mi tienda está en ella", refiriéndose a Jerusalén como la ubicación del templo). La metáfora involucra a dos hermanas, Aholá y Aholibá, que están casadas con Yahvé. Pero las hermanas son infieles repetidas veces, siguen a otros dioses y hacen alianzas políticas. El amante de Aholá era Asiria, por quien fue condenada a la derrota y al exilio.

AHOLIAB El hijo de Ahisamac, de la tribu de Dan, fue un artesano extraordinario. Él es llamado un "grabador" que trabajaba en madera o piedra, un "diseñador" y un "bordador" (Éx. 38:23). Fue designado por Moisés para trabajar con Bezalel en la construcción del tabernáculo (35:30-34).

AHOLIBAMA **(1)** Esposa de Esaú. Ella era hija de Aná y nieta de Zibeón el heveo (Gn. 36:2). Le dio a Esaú tres hijos (36:5). **(2)** Uno de los jefes de los edomitas (Gn. 36:41, 1 Cr. 1:52).

AHUMAI Un descendiente de Judá por parte de Lahad (1 Cr. 4: 2). Los descendientes de Ahumai y su hermao Lahad fueron los clanes de los zoratitas (*véase también* 1 Cr. 2: 52-53).

AHUZAM Un descendiente de Judá por parte de Naara (1 Cr. 4:6). "Ajusán" (NVI) y "Ajuzam" (RVR) son formas de la palabra hebrea 'akhuzzah, que significa "posesión" o "herencia" (*véase* Gn. 47:11).

AHUZAT El consejero personal del rey Abimelec, rey de los filisteos en Gerar. Ahuzat acompañó a Abimelec y Ficol, el comandante de las fuerzas de Abimelec, a hacer un tratado con Isaac después de que le habían ordenado abandonar su territorio debido a su creciente poder y prosperidad (Gn. 26: 26-31).

AHZAI Un descendiente de Levi por parte de Mesilemot. Ahzai era el abuelo de Amasai, una de las cabezas de familia sacerdotal durante el tiempo de Nehemías, quien fue escogido por sorteo para vivir en Jerusalén (Neh. 11: 13-14).

AÍA Una ciudad cerca de Betel aproximadamente a dieciséis kilómetros al norte de Jerusalén, que aparece solo en Neh. 11:31 (*véase* Ayah en 1 Cr. 7:28). Quizás sea otro nombre para Hai. *Véase* Hai; Ayah.

AIJALON *Véase* Ajalón.

AÍN **(1)** Una ciudad que marca el límite oriental de la tierra prometida en Nm. 34:11. Se encuentra al noreste del Mar de Galilea, posiblemente asociado con Khirbet Ayun o Khirbet Dufna. **(2)** Una ciudad levítica que pertenece a Simeón (Jos. 15:32; 19: 7; 21:16; 1 Cr. 4:32). Algunos estudiosos creen que la referencia a Aín en Jos. 21:16 es un error de los escribas y debería decir "Asán". Otros estudiosos consideran que las tres referencias restantes también son un error de los escribas y conectan a Aín con Rimón, la ciudad que sigue a Aín en estas tres listas, asociándola con En-Rimón.

AIRE Lo que llena el espacio entre la tierra y el cielo, proporcionando un dominio para las aves voladoras (Gn. 1:6-8, 20-23; Dt. 4:17). "Aves del aire" o "pájaros en el cielo" son una expresión bíblica común (por ejemplo, Gn. 1:26, 28, 30, 2: 19-20, Sal. 8: 8, 79: 2, 104:12; Mt. 6:26; 8:20; 13:32). Moisés arrojó hollín al aire, lo que llevó a la plaga de úlceras en Egipto (Éx. 9: 8-12). La gente arrojaba hollín al aire como una expresión de lamento (Hch. 22:23). Pablo usa la metáfora del boxeo y habla "al aire" para expresar inutilidad (1 Co. 9:26; 14:9). Como el límite entre la tierra y el cielo, el aire es donde Cristo se encontrará con su iglesia en su venida (1 Ts. 4:17). Los contemporáneos de Pablo también distinguieron entre aire (vapor) inferior e impuro y aire puro (éter) superior. Los espíritus atormentaban en el vapor. Por lo tanto, Pablo afirma que Satanás es el espíritu maligno que gobierna el aire debajo de donde Jesús está sentado a la diestra del Padre (Ef. 1: 20-23; 2:2).

AJA **(1)** Un horeo, hijo mayor de Zibeón que vivía en Edom (Gn. 36:24, 1 Cr. 1:40). **(2)** El padre de Rizpa, concubina de Saúl. (2 S. 3:7).

AJAB **(1)** Hijo de Omrí, rey de Israel, a quien sucedió y reinó durante veintidós años (871-852 a.C.). Su hijo Ocozías lo sucedió. El resumen del reinado de Ajab en 1 R. 16:29-33 sirve como un prólogo a la narrativa de Elías que identifica el problema que él abordó; el patrocinio de Ajab a Baal por la instigación de su esposa extranjera, Jezabel. Ajab no fue totalmente dedicado a Baal, ya que le dio a sus hijos nombres yahvistas: "Ocozías", "Joram" y "Atalía" son nombres que contienen el elemento "Yah" (en hebreo). Por otra parte, Jezabel fue un fanático perseguidor de los profetas del Señor (1 R. 18:4, 13) y un partidario de la marca de sidonia del baalismo (18:19; 19:1-2).

Ajab es condenado por el escritor de 1 Reyes en términos superlativos: "Ajab... hizo más para provocar al Señor, el Dios de Israel, que todos los reyes de Israel antes que él" (16:33). Su apostasía impulsó a Elías a anunciar Acab una sequía divinamente inducida (17: 1). Durante la sequía, Ajab mostró sus equivocadas prioridades al buscar forraje para los "caballos y mulas" (de uso militar y económico) mientras le daba rienda suelta a Jezabel para matar a los profetas de Dios (18:3-5). Ajab culpó la Elías por los problemas de la nación (18:17: "tú, perturbador de Israel"),

A

pero fue su propia política la que tuvo la culpa (18:18).

Ajab fue el segundo rey en una relativamente estable dinastía de cuatro reyes (Omrí, Ajab, Ocozías y Joram). Fue un período de prosperidad económica y poder militar. Él construyó un lujoso palacio y fortificó ciudades importantes (1 R. 22:39). En 853 BC, en la batalla de Qarqar en el Orontes, Salmanasar III de Asiria se enfrentó a una coalición occidental. El contingente israelita provisto por Ajab fue el más grande (diez mil soldados de infantería, dos mil carros). En la piedra moabita, Mesha rey de Moab registró: "Omri, rey de Israel, afligió muchos días a Moab "(línea 5). Solo después de la muerte de Ajab se rebeló Moab (2 R. 1:1, 3:5). La dinastía terminó en 842 a.C. con un derrocamiento inspirado proféticamente por Jehú. En el registro de esta matanza, la casa real es repetidamente llamada "la casa de Ajab" (p. ej., 2 R. 8:27; 9:7, 8). Miqueas condenó a Israel por seguir "todas las prácticas de la casa de Ajab" (Miq. 6:16). Por su gran infidelidad, Ajab sembró las semillas de la destrucción de su familia.

La imagen de Ajab en 1 Reyes es una de un hombre de carácter débil que permitió a su despiadada esposa dominarlo. Es claro que creyó las predicciones hechas por los profetas de Dios, humillándose cuando fue condenado por Elías (21:27) y esforzarse (en vano) para prevenir que la profecía de la muerte de Micaías se haga realidad (22:30). Ajab dócilmente cumplió con ambas instrucciones de Elías antes y después de la batalla del Monte Carmelo (capítulo 18). Ajab estaba bajo la amenaza profética de muerte después de que él liberara a Ben- Hadad, rey arameo (sirio), quien era devoto a la destrucción (20:42). El abuso del poder real por parte de Jezabel (con el asentimiento de Ajab) significó la desposesión de pequeños terratenientes tradicionales como Nabot y condujo a la profecía de Elías sobre la espantosa muerte de Ajab (21:19). Ajab falló externa (capítulo 20) e internamente (capítulo 21) en su papel de Rey. En 1 R. 22 (compárese con 2 Cr. 18) hay un registro de la ejecución de la sentencia de muerte ya que Ajab fue asesinado en el asedio de Ramot-galaad, y como Elías había predicho, "los perros lamieron su sangre "(22:38).

(2) Hijo de Colaías. Ajab fue un falso profeta a quien Jeremías condenó en su carta a los exiliados (Jer. 29:21-23).

AJALÓN El valle de Ajalón proporcionaba acceso desde la llanura filistea del norte al mar Mediterráneo, a través de las estribaciones de la región montañosa. La ciudad de Ajalon estaba cerca del extremo oriental del valle y durante la conquista de Canaán por Israel, una confederación de ciudades cananeas atacó a los gabaonitas, que habían hecho una alianza con los israelitas (Jos. 9-10). Los israelitas derrotaron a las fuerzas de la confederación en Gabaón y los persiguieron hacia el oeste a través del valle de Ajalón. En el camino, Dios les arrojó grandes piedras de granizo. La oración de Josué de que el sol "esté quieto" sobre Gabaón y la luna sobre el valle de Ajalón puede haber implicado el oscurecimiento del sol y la luna por las pesadas nubes que acompañan a la granizada. Algunos siglos más tarde, después de que Jonatán y el portador de su armadura atacaron el puesto de avanzada filisteo en Micmas en la región montañosa, los israelitas los derrotaron desde Micmas hasta Ajalón en el valle (1 S. 14:31).

La ciudad de Ajalón fue una de las ciudades dadas a la tribu de Dan (Jos. 19:42; 21:24), pero luego se asoció con Efraín (1 Cr. 6:69) y fue habitada por descendientes de Benjamín (1 Cr. 8:13). Roboam construyó ciudades de defensa, entre ellas Ajalón, en preparación para el próximo ataque del faraón Sisac (2 Cr. 11: 5-12, *véase* 1 R. 14:26).

AJARÁ El tercer hijo de Benjamín, hijo de Jacob, según 1 Cr. 8:1. Él no está incluido en la genealogía en Gn. 46:21.

AJARJEL Un descendiente de Judá por parte de Harún. Ajarjel es el ancestro de varias familias descendientes de Cos (1 Crónicas 4: 8).

AJASAY *Véase* Ahzai.

AJASBAY Ajasbay es identificado en la NVI como “el macateo” y en la RVR como “el hijo del macateo". Fue padre de Elifet, uno de los hombres valientes de David (2 S. 23:34).

AJAT Un lugar nombrada en conexión con Migrón y Micmas (Isaías 10:28) que puede ser la forma femenina de "Hai".

AJAZ (1) Hijo de Jotán, rey de Judá, y el padre de Ezequías. Su reinado se describe en 2 R. 16 y 2 Cr. 28 y su confrontación por el profeta Isaías en Is. 7:1-17. La profecía de Isaías contra los filisteos data del año de la muerte de Ajaz (Is. 14:28). Oseas y Miqueas profetizaron durante su reinado (Os. 1:1; Miq. 1:1). Ajaz reinó durante dieciséis años (743-727 a.C.). Siguió las prácticas paganas sincretistas de los reyes israelitas. Cuando fue asediado por los reyes sirios e israelitas, con el objetivo de reemplazarlo con un gobernante manipulable (734 a.C.), envió un tributo masivo para obtener protección asiria (2 R. 16:5-9) lo cual resultó en un compromiso religioso pro asirio (16:10-18). El objetivo de misión de Isaías hacia el temible Ajaz era para alentar una respuesta de fe (Is. 7: 9). A pesar de que Isaías le ofreció cualquier señal a su elección, Ajaz enmascaró su negativa de probar a Dios con una fachada de piedad (Is.7: 10-12; compárese con Dt. 6:16). El hipócrita Ajaz no quería una señal porque no tenía intención de confiar en Dios en esta crisis nacional. El profeta exasperado respondió anunciando la señal de Emanuel.

(2) Un benjamita, descendiente de Saúl (1 Cr. 8:35-36; 9:41-42).

AJAZ, RELOJ DE *Véase* Sol, reloj de.

AJBAN Uno de los dos hijos de Abisur y Abihail, el otro hijo era Molid. Ajban aparece en el registro genealógico de los hijos de Hezrón, que era hijo del patriarca Judá (1 Cr. 2:29).

AJENJO Una planta común del Medio Oriente. Tiene un sabor amargo y puede ser tóxica para otras plantas. Su sabor amargo es mencionado en pasajes que se refieren a la tristeza, lamento, o juicio (Jer. 23:15; Am. 5:7). En Ap. 8:10-11 la gran estrella ardiente que cae del cielo se llama "Ajenjo".

AJER Antepasado de los sujamitas, un clan de la tribu de Benjamín (1 Cr. 7:12).

AJISAMAC *Véase* Ahisamac.

AJOAJ Nieto de Benjamín por parte de Bela (1 Cr. 8:4). Ajoaj era el antepasado de Dodo el ajojita (2 S. 23: 9), Salmón (2 S. 23:28) e Ilai (1 Cr. 11:29), todos los cuales estaban asociados con el ejército de David.

AJOJITA Nombre familiar (apellido) usado para describir a Dodo (2 S. 23:9), Salmón (2 S. 23:28) e Ilai (1 Cr. 11:29), descendientes de Ajoaj (1 Cr. 8:4) y prominentes militares durante el tiempo de David.

AJORCA Joyería usada alrededor del tobillo y mencionado solo una vez en la Biblia (Is. 3:18 [NVI: "hebilla"]). Durante los tiempos de la Biblia, las ajorcas generalmente eran hechas de bronce, aunque también se podían encontrar ajorcas de oro, plata y hierro. Las mujeres los usaban en grupos de tres o más. Esto puede explicar el uso del plural de este término además de la referencia a las mujeres de Sión "haciendo sonar los adornos de sus tobillos" (Is. 3:16).

AKBOR *Véase* Acbor.

AKELDAMA *Ver* Aceldama.

AKENATÓN Rey de Egipto (alrededor 1379-1362 a.C.) durante la dinastía XVIII. También era conocido como Amenhotep IV. Sucedió a su padre, Amenhotep III (1417-1379 a.C.), en el trono. Su reina más conocida fue Nefertiti, que le dio seis hijas. Sus hijos Semenejkara y Tutankamón, que sucesivamente lo sucedieron en el trono, fueron descendientes de una reina desconocida.

Akenatón comenzó a gobernar desde Tebas, pero construyó una nueva capital, Ajetatón, hoy conocida como Amarna. Él fue el rey de Egipto durante el período representado por las cartas de Amarna. Estas son cartas escritas por reyes cananeos a su señor egipcio alrededor del tiempo en que Israel entró a la tierra prometida. Los reyes solicitaron ayuda, aunque aparentemente Egipto nunca la envió.

A

Akenatón es mejor conocido por sus innovaciones religiosas. Reprimió la adoración de los cultos tradicionales, en particular la del dios Amón, a favor de la adoración única del disco solar, Atón. Los académicos difieren sobre si este movimiento fue el resultado de la visión religiosa y piedad o si fue una estratagema política para eliminar el poder del sacerdocio a favor de su propio poder. El famoso Himno a Atón, sin embargo, muestra una gran piedad personal. Este himno ha sido comparado en contenido al Salmo 104 y algunos piensan que el Himno a Atón influyó en la escritura de ese salmo.

Casi inmediatamente después de la muerte de Akenatón, sus innovaciones fueron rechazadas. Su legado fue desfigurado y se hizo conocido como el "rey hereje".

ALABANZA Es difícil ofrecer una definición simple para alabanza ya que se usan múltiples palabras en la Biblia para describir la alabanza y sus múltiples formas diferentes. Los aspectos físicos de la alabanza incluyen inclinarse (1 Cr. 29:20), arrodillarse (Sal. 95:6), cantar (Sal. 96:2), estar callado (Sal. 131:2), hacer ruido (Luc. 19:37), extender las manos (1 R. 8:54), levantar las manos (Sal. 134:2), meditar (Sal. 145:5), celebrando (Sal. 21:13), y viviendo una vida obediente delante de Dios (Ro. 15:7). Los aspectos emotivos de la alabanza incluyen la adoración (Sal. 9:1), la oración (Sal. 66:20), la acción de gracias (Sal. 69:30) y la alegría (Sal. 71:23). Además, la alabanza puede darse en cualquier lugar y en cualquier momento. Finalmente, Dios debe ser alabado por su creación, sus buenas obras, su amor y la vida, muerte y resurrección de su Hijo.

Generalmente, la alabanza reconoce y agradece a Dios por todas las cosas buenas de la vida. La Biblia está llena de ejemplos de tal alabanza; los más conocidos son los numerosos salmos de alabanza en el Salterio. La expresión hebrea aleluya literalmente significa "alaba al Señor" y se usa en ambos Testamentos (griego hallēlouia). En el AT, Dios es retratado como celoso por la alabanza de su pueblo (Is. 42:8); Se supone que Dios es el único objeto de alabanza. En cambio, Jesús advierte a sus seguidores a buscar el elogio de Dios en lugar de otros seres humanos (Mt. 6:1-4).

No solo los humanos son activos en alabar a Dios, sino que también participa toda en la creación, incluidos el sol, la luna y las estrellas (Sal. 19:1-3; 148). El último salmo en el Salterio anima a "todo lo que respira alabe al Señor" (Sal. 150:6). A lo largo del AT, la alabanza fue una parte importante del tabernáculo y del culto en el templo, y se asignó a personas específicas el deber de hacer música y cantar alabanzas a Dios (1 Cr. 6:31-32). Moisés y Míriam irrumpieron en una alabanza espontánea después de que los israelitas cruzaron el Mar Rojo y vieron a los egipcios ahogarse (Éx. 15:1-21). David elogió a Dios no sólo con palabras sino también con danza (2 S. 6:14). Los ángeles alabaron a Dios durante el anuncio del nacimiento de Jesús (Lc. 2:13). Tanto Santiago como Pedro alentaron a los cristianos a alabar a Dios a pesar de sus circunstancias externas (Stg. 5:13, 1 P. 4:16). Apocalipsis registra la alabanza eterna a Dios como uno de los eventos escatológicos finales (19:1-10).

ALAMELEC Ciudad ubicada en la llanura de Aco. Esta era parte del territorio asignado a la tribu de Aser (Jos. 19:26) durante la división de la tierra prometida.

ALAMET **(1)** Hijo de Bequer y nieto de Benjamín (1 Cr. 7: 8) que no se menciona en las genealogías de Benjamín en el Pentateuco. **(2)** Hijo de Joada (1 Cr. 8:36) o Jadá (1 Cr. 9:42). **(3)** Una ciudad levítica en Benjamín (1 Cr. 6:60).

ALAMMELEC *Véase* Alamelec.

ALAMOT Un término de significado indeterminado que aparece en el título del Salmo 46 y en 1 Cr. 15:20. Entre las sugerencias se encuentran que podría denotar un estilo musical, tono, clave, melodía, cambio de octava o coro femenino.

ALARMA **(1)** Un sonido particular que vino de dos trompetas de plata que Dios le ordenó a Moisés que hiciera (Nm. 10:1-2). El sonido funcionó como una señal para que los israelitas rompieran el campamento (10:5-6) y se diferenciaba de otros sonidos que funcionaban como una señal para que los israelitas se reunieran (10:7). **(2)** Un sonido usado en la guerra para que Dios recuerde a Israel y los salve de sus enemigos (Números 10: 9; 31: 6). **(3)** Un sonido que señala una guerra inminente (Jer. 4:19) que fue usado por los profetas para señalar destrucción en profecías contra Israel (Os. 5: 8). **(4)** Un sonido asociado con el día del Señor (Jl. 2:1).

ALAS Las alas simbolizan protección (Éx. 19:4; Rt 2:12; Sal. 17:8; Mt. 23:37) o fuerza: "Aquellos que esperan en el Señor renovarán sus fuerzas. Volarán con alas como águilas" (Is. 40:31). En algunos casos, los seres celestiales tienen alas (Ez. 1:6-11; Ap. 4:8).

ALBA Crepúsculo antes del amanecer (Génesis 19:15; Job 3:9; cf. Proverbios 4:18). Típicamente, la gente dormía desde el anochecer hasta el alba (excepciones en Jueces 19:25; 1 Samuel 14:36), comenzando sus actividades al amanecer (Jueces 16:2; Nehemías 4:21; Daniel 6:19). El salmista y Jesús oran antes del alba (Salmos 119:147; Marcos 1:35). Jesús se levantó de los muertos antes del alba (Marcos 16:2), haciendo este tiempo un símbolo de resurrección (2 Pedro 1:19).

ALCANTARILLA Un canal de agua incorporado a la arquitectura de un edifico o pueblo. Los arqueólogos han descubierto extensos y elaborados sistemas de aguas en varias locaciones de la era bíblica. En 2 S. 5:8, David propone la invasión de la Jerusalén jebusea a través de sus canales de agua.

ALCAPARRA Arbusto espinoso común que crecía en las rocas de las grietas y en los muros de Palestina. Es una planta grande que tiene flores blancas con estambres de colores brillantes que producen bayas pequeñas y comestibles. Su reputación en cuanto a la excitación del deseo sexual es antigua y diseminada. Esta palabra aparece solamente en Eclesiastés 12:5 (NASB, NET), donde se usa para aludir a la disminución de la potencia sexual que se origina por la edad avanzada. En algunas versiones en inglés, considerando la alusión, simplemente se refiere al declive del "deseo" más que a la baya en sí (NVI, NRSV).

ALCARAVEA Las semillas de la planta (en hebreo qetsakh; NRSV: "eneldo") alcaravea (Nigella sativa, no es Carum carvi) se usaban como condimento para el pan y eran conocidas por aliviar el gas intestinal. Así como aparece en la descripción de Isaías 28:25-27, las semillas se removían con golpecitos para no molerlas.

ALCOBA En la KJV, "alcoba" se refiere a un cuarto privado, relativamente seguro (Mateo 6:6; Lucas 12:3). En contraste con una oración ostentosa e hipócrita, Jesús exhorta a sus discípulos a que vayan a sus "alcobas" (KJV) o, mejor, a sus "habitaciones interiores" (LBLA) para que Dios reciba toda la atención (Mateo 6:6). La palabra griega tameion también describe un lugar en el que se mantiene algo de valor (Mateo 24:26; Lucas 12:24; cf. "tesoro" [del griego thēsauros] en Mateo 13:52).

ALCORNOQUE También conocida como encina o carrasca (Quercus ilex), un gran roble de hoja perenne nativo de la región mediterránea. Recibe su nombre de holm, un nombre antiguo para acebo. El término se usa en algunas versiones de la Biblia en Is. 44:14 (ASV, RSV, NRSV), aunque la identidad del árbol que se nombre está en discusión. La mayoría de las versiones lo mencionan como el ciprés (e.g., KJV, NVI, NASB, HCSB).

ALDEA Un asentamiento permanente para una pequeña comunidad. Las aldeas son más pequeñas que las ciudades o pueblos, pero más grandes que los campamentos. Una aldea representa un cambio de una sociedad de bandas y estilo de vida nómade cazador-recolector a una tribu o sociedad de jefatura sedentaria, que subsiste principalmente de la agricultura y ganadería más que de la búsqueda de alimento. Las comunidades asentadas son un elemento de cambios sociales y económicos necesarios para la agricultura y el pastoreo a tiempo completo para ser un medio viable de subsistencia. Las aldeas pueden ser estructuradas donde uno o más grupos de habitaciones albergan una familia extendida o una pequeña comunidad cercana, o

A

pueden ser dispersas, consistentes en varias edificaciones independientes. La población puede variar de unas docenas a unos cientos. Aunque generalmente consideradas pequeñas y rurales, las aldeas casi siempre tienen conexiones o relaciones con otras aldeas cercanas, pueblos o incluso ciudades y centros locales o regionales.

ALDEBARÁN Una constelación mencionada en Job 38:32.'Ayish en hebreo, a menudo se traduce como "el Oso" (compárese con 'ash en Job 9:9). Es la estrella más brillante en la constelación de Tauro. *Véase también* Arturo.

ALEGORÍA Alegoría es el uso de simbolismos para expresar ciertas verdades, la cual puede ser entendida en dos formas diferentes. Primero, algunos escritores expresan de forma intencional conceptos que ocultan, detrás del significado literal, un significado más importante. Por ejemplo, en "El progreso del peregrino", de John Bunyan, Esperanza ayuda a que Cristián vea a Cristo nuevamente para así evitar la puerta perversa. Del mismo modo, el bosque oscuro donde Dante se pierde al comienzo de la Divina Comedia es puesto a propósito por el autor como un símbolo del pecado, y los tres animales que encuentra allí son símbolos de tres pecados específicos. En ambos casos, el autor presenta intencionalmente el verdadero significado de la historia por medio de figuras o símbolos. Este uso de la alegoría es a veces descrito como una metáfora prolongada.

La segunda forma en la cual la alegoría puede ser entendida es como una perspectiva tomada por el intérprete o lector. Aquí el lector asume que el texto tiene un significado secundario u oculto subyacente al significado primario y literal de las palabras. A menudo, pero no siempre, este tipo de interpretación alegórico ignora el sentido literal de las palabras e incluso niega la utilidad del significado literal completamente.

La alegoría en la Biblia. Algunos pasajes de las Escrituras se acercan bastante al primer uso de la alegoría, en Ez. 17:2 Dios instruye al profeta a "proponer una figura" [LBLA: 'Enigma'] y narra una parábola a la casa de Israel". En el registro que sigue a continuación, el profeta explica cuidadosamente cada segmento de la historia: la primera águila es Babilonia, las ramas llevadas a una tierra de comercio son los israelitas cautivos llevados a Babilonia, y así sucesivamente. En Ez. 24:2-14 el profeta da una versión similar, esta vez señalando la infidelidad de Israel.

La parábola del sembrador del Señor (Mt. 13:1-9) se acerca mucho este tipo de alegoría porque cada característica de la historia es explicada por Jesús para comunicar sus enseñanzas sobre el reino (13:18-23). Sin embargo, se debe tener cuidado de no confundir la categoría literaria de parábola con este tipo de alegoría. Una parábola es un tipo de historia particular que solo en ocasiones tiene un parecido con una alegoría.

Interpretación alegórica en la iglesia primitiva. Los padres de la iglesia primitiva, frente a la necesidad de distinguir el cristianismo del judaísmo, se centraron en la persona y la obra de Cristo como un medio para leer la Biblia (se podría llamar a esta lectura "cristocéntrica"). Explicaron que los judíos podían leer el Antiguo Testamento y aun rechazar a Jesús como el Mesías porque leían según la letra y no según el Espíritu ("porque la letra mata, pero el Espíritu da vida" [2 Co. 3: 6]). Por lo tanto, los Padres de la Iglesia afirmaron que la interpretación espiritual de la Biblia era lo que transmitía su verdadero significado, en el sentido de que Jesús es el Hijo de Dios.

Los padres alejandrinos y la alegorización. Clemente, tradicionalmente el tercer obispo de Roma (aprox. 96 d.C.), proporciona un ejemplo de la interpretación alegórica cristiana. Refiriéndose a la historia de Rahab y los espías israelitas en Jos. 2, él argumenta que el cordón rojo era un simbolismo de una realidad espiritual, "Y además, le dieron una señal, para que cuelgue de su casa algo rojo, dejando en claro que a través de la sangre del Señor la redención vendrá a todos los que creen y esperan en Dios" (1 Clemente 12:7). Otro clásico ejemplo de interpretación alegórica del Antiguo Testamento es la casi universalmente aceptada comprensión cristiana del Cantar de los Cantares. Según esta interpretación, el sentido literal de la canción (amor romántico) podría no ser su significado real. Más bien, el texto se refiere a la relación entre Cristo y su iglesia, donde la mujer representa a la iglesia, y el hombre representa a Cristo. El pasaje "Él me lleva a la sala del banquete, y su bandera sobre mí es el amor" (Cnt. 2:4 RVR) no se refiere a un encuentro romántico entre dos amantes, sino que a Cristo y su deleite en la iglesia.

Orígenes, un antiguo líder cristiano e influyente erudito bíblico de Alejandría, argumentó que cada pasaje en la Biblia tenía un triple sentido, correspondiente al cuerpo, alma y espíritu: el literal, el moral y el espiritual. Orígenes usualmente comenzaba con el sentido literal de las palabras, pero insistió en que uno debía de pasar al sentido superior del texto (moral y espiritual) porque lleva al creyente más cerca de Cristo. La única forma de captar el sentido espiritual del texto, según Orígenes, es a través de la revelación. También fue uno de los primeros en afirmar que el mismo Pablo usó la interpretación alegórica en su identificación de la roca del desierto con Cristo (1 Co. 10: 1-4) y de Sara y Agar con dos convenios (Gl. 4: 22-26). Se debate si estos son ejemplos de alegoría o de tipología dependen bastante de cómo uno define ambos términos. Muchos hacen una distinción firme entre la alegoría, que se deriva de una correspondencia de ideas, y la tipología, que se deriva de una correspondencia entre los acontecimientos históricos. Incluso en el debate contemporáneo algunos insisten en que estos pasajes se basan más en conexiones tipológicas que alegóricas.

Interpretación alegórica versus tipológica. En contraste con los padres de la iglesia que siguieron a Orígenes y otros de Alejandría, los padres de Antioquía, especialmente Teodoro de Mopsuestia (350-428 d.C.) y Juan Crisóstomo (aprox. 354-407 d.C.), se opusieron a encontrar el sentido espiritual del texto por medios de interpretación alegórica. Más bien, estos intérpretes argumentaron que el sentido espiritual de la Biblia no es alegórico, sino que se encuentra en el sentido literal. Teodoro, cuando fue desafiado a dar cuenta del uso del término "alegoría" (Gl. 4:24 RVR), argumentó que Pablo lo usó para indicar una correspondencia histórica, es decir, Pablo estaba interpretando el Antiguo Testamento tipológicamente.

Resumen. Positivamente, la alegoría enfatiza que la Biblia debe abordarse espiritualmente y que debe encontrar una aplicación práctica en la vida del creyente. A menudo, la alegoría hizo posible para la iglesia aplicar pasajes obscuros de la Biblia que de otra forma hubiesen sido ignorados por ser irrelevantes. Negativamente, la alegoría aleja al texto bíblico de la historia y fomenta interpretaciones irresponsables y fantasiosas. *Véase también* Tipología.

ALEJANDRÍA Ciudad griega fundada en Egipto en el año 331 d.C. por Alejandro Magno. Rápidamente se convirtió en la capital de Egipto. Con el tiempo, se convirtió en un centro cultural y educacional para todo el mundo helenístico. Luego de la muerte de Alejandro en el año 323 a.C. la ciudad quedó bajo dominio de sus sucesores, los ptolomeos, quienes gobernaron hasta la conquista de los seléucidas (Seléuco era otro sucesor de Alejandro) en los años 200-198 a.C.

Alejandría es una ciudad importante para el judaísmo como para el cristianismo. Ya en el siglo VI a.C., y durante siglos a partir de entonces, los judíos comenzaron a hacerse camino a Egipto para escapar de la cautividad de Babilonia Por esto es que hubo una presencia judía de larga data en lo que se convertiría en la capital griega. Esto llevó a tensiones entre los judíos que querían mantener su identidad judía en un mundo dominado por prácticas griegas, las cuales eran detestables para los judíos. Estas tensiones se mencionan en varios escritos del período del Segundo Templo y el evento culminante es la profanación del templo en el año 164 a.C. por el gobernante saduceo Antíoco Epífanes.

Además de las tensiones, Alejandría fue responsable de dos desarrollos muy importantes en la vida judía. El primero fue la traducción del Antiguo Testamento al hebreo a griego, conocido como Septuaginta (latín que significa "setenta", un número redondeado proveniente de la leyenda que dice que fue producido por setenta y dos traductores en setenta y dos días). La historia de la Septuaginta es compleja, pero

A

la influencia de Alejandría, el centro cultural dominante habitado por judíos es incuestionable.

Además, Alejandría es el lugar de nacimiento de uno de los intérpretes de las Escrituras judíos más conocidos, Filón (cuya vida abarcó las décadas anteriores hasta justo después del nacimiento de Cristo, aprox. 20 a.C. - 50 d.C.). Se le conoce por sus interpretaciones filosóficas y alegóricas, que más tarde influenciarían a Clemente y Orígenes, intérpretes cristianos (aprox. 150-215 a.C. y 185-254 a.C., respectivamente)

También se le conoce a esta ciudad, ubicada en una península a orillas del delta del Nilo, por su famoso faro que medía más de ciento veinte metros de altura. Actualmente se le recuerda como una de las siete maravillas del Mundo Antiguo. Además de su importancia para los judíos y cristianos, Alejandría era hogar de numerosos filósofos y matemáticos.

En la Biblia, Alejandría es mencionada solamente en el libro de Hechos: el hogar de algunos judíos que se oponían a Esteban (6:9); hogar de Apolo (18:24): proveedora de barcos que llevaron a Pablo a Roma (27:6; 28:11).

Moneda que representa a Alejandro Magno.

ALEJANDRO **(1)** Hijo de Simón (Mc. 15:21), miembro de una familia sumo sacerdotal en Jerusalén (Hch. 4:6). **(2)** Un judío en Éfeso (Hch. 19:33). **(3)** Un trabajador del metal que se convierte en el objeto de la disciplina de Pablo (1 Ti. 1:20, 2 Ti. 4:14).

ALEJANDRO MAGNO Alejandro, nacido en 356 a.C., era hijo de Felipe, rey de Macedonia. Las increíbles y rápidas conquistas de Alejandro se aluden en Daniel. Daniel 8: 5-8 (*véase* 2: 40-43; 7: 19-24) retrata a Grecia como la "cabra" del oeste, con un cuerno notable entre sus ojos (que representa a Alejandro), que derrota al carnero (el ejército Medo-Persa). Esta profecía se cumplió cuando Alejandro condujo a los ejércitos griegos a través del Helesponto a Asia Menor en 334 a.C. y derrotó a las fuerzas persas en el río Gránico. Alejandro nuevamente se encontró y derrotó rápidamente a los persas en Issos ("sin tocar la tierra" [Dn. 8: 5]). Alejandro luego giró hacia el sur, descendiendo por la costa siria y conquistando Egipto sin un solo golpe. Luego se movió hacia el este, nuevamente derrotando a Darío el Persa por última vez, al este del río Tigris. Babilonia, Susa y Persépolis (las últimas dos eran capitales de Persia) cayeron ante el joven rey guerrero. Alejandro marchó con sus ejércitos hacia el este tan lejos hasta llegar al río Jhelum en la India y ganó allí una batalla decisiva, debido a que sus ejércitos se rehusaron a ir más lejos. Sin embargo, Alejandro fue forzado a volver a Persépolis y luego a Babilonia, donde moriría a la edad de treinta y tres años, en el año 323 a.C.

La principal influencia de Alejandro a la posteridad fue la helenización: la fusión de la cultura griega con las costumbres de los pueblos que conquistó (Hellas es la palabra griega que significa "Grecia"). De esta manera, el koiné ("común") griego se convirtió en un lenguaje comercial universal de la región mediterránea desde el año 330 a.C. hasta alrededor el 300 d.C.

ALELUYA Una transliteración de la frase judía *halelu yah*. La primera palabra es una forma imperativa de *hallal*, que significa "alabar". La segunda palabra es una derivación de nombre de Dios, "Yahveh", típicamente traducida como "Señor", y como el objeto del verbo. Así, "Aleluya" significa "alabado sea el Señor". Esta frase se ha vuelto idiomática para las comunidades cristianas, de manera que la pronunciación hebrea de "aleluya" y su uso como exclamación de alabanza puede haberse preservado. La frase ocurre veinticuatro veces en los Salmos, comenzando en Sal. 104:35, y aparece más frecuentemente en los últimos cinco salmos (Sal. 146-150).

ALFA Y OMEGA La primera y última letra del alfabeto griego. El libro de Apocalipsis usa "el Alfa y la Omega" para Dios o Cristo (1:8; 21: 6; 22:13) y lo relaciona estrechamente con "Primero y Último" y "El Principio y el Fin" (1: 17; 2: 8; 21: 6; 22:13) para declarar el control soberano de Dios sobre la historia.

ALFARERÍA

Alfarería en la Biblia

La Biblia contiene numerosas referencias a la alfarería, actividad de alfarería y alfareros. La cerámica de barro era la forma más común y fácil de cocinar y transportar líquidos durante los tiempos bíblicos. Solo las ollas usadas para ocasiones y lugares muy especiales (como el templo) estaban hechas de un material (generalmente algo de metal) que no fuera barro (Éx. 38:3). El barro era el material preferible porque se obtenía libremente, era fácil de manipular y requería poca tecnología. La desventaja de la cerámica es que se rompe fácilmente y por lo tanto se vuelve inútil. La evidencia de la abundancia y la asequibilidad de la cerámica se ven en las instrucciones de romper la cerámica ceremoniosamente impura en lugar de lavarla (Lv. 15:12). Aunque cocinar era el objetivo principal de la alfarería, podía usarse para una variedad de aplicaciones, que incluyen el almacenamiento de objetos, el transporte de agua, la fabricación de lámparas y la formación de ídolos.

La alfarería y la fabricación de cerámica ocasionalmente adquirían connotaciones simbólicas en la Biblia. Por ejemplo, en los salmos, la cerámica rota simboliza la vida del salmista cuando clama a Dios por ayuda (Sal. 31:12). En otro salmo, el salmista imagina a Dios destruyendo a las naciones que conspiran contra Dios como alguien que destruye la cerámica (2:9). Isaías compara la fortaleza de Egipto, en la que Judá confía más que en Dios, con la cerámica lista para ser hecha añicos (Is. 30:14). De manera similar, Jeremías dice que los líderes de Judá serán castigados y "caerán como vasijas escogidas" (Jer. 25:34 NVI mg.). Isaías también usa varias otras metáforas relacionadas con la cerámica. Él dice que Dios pisotea a los gobernantes como un alfarero pisa la arcilla, haciéndola más suave y preparándola para hacer cerámica (Is.41:25). Isaías también compara a los que se quejan contra Dios con pedazos de cerámica rota tratando de decirle al alfarero cómo hacer vasijas (45:9).

Tanto Isaías como Jeremías comparan a las personas con el barro en la mano de Dios. Isaías dice: "Nosotros el barro, y tú nuestro alfarero; obra de tus manos somos todos nosotros" (Is. 64:8). Jeremías dice esencialmente lo mismo, pero en lugar de usar el tono positivo de Isaías, ve que el proceso de moldeado humano es difícil y peligroso y puede resultar en que el alfarero rechace la creación (Jer. 18:1-10). Jeremías compra una olla, la lleva a una puerta de la ciudad, la Puerta de los tiestos (un tiesto es una pieza de cerámica rota e inútil), y rompe la olla simbólicamente para demostrar cómo se siente Dios acerca de Judá (Jer. 19). La elección de Jeremías de la Puerta de los tiestos era parte del simbolismo también, ya que es probable que la mayor parte de la alfarería en Jerusalén se hiciera cerca o en la Puerta de los tiestos. El apóstol Pablo crea una metáfora similar, que describe cómo un alfarero es capaz de tomar el mismo trozo de barro y hacer diferentes tipos de ollas, algunas de las cuales tienen usos especiales y otras de uso común. Pablo implica que Dios tiene el derecho de determinar cómo y con qué propósito crea a los humanos porque él es como el alfarero con el barro (Ro. 9:21). Pablo también se refiere a los humanos como vasos de barro con tesoro en ellas (2 Co. 4:7). En otro ejemplo, después de la destrucción de Jerusalén, las personas en cautiverio lamentan que son simplemente como vasijas de barro delante de Dios (Lm. 4:2), lo que sugiere que están listos para recibir el castigo que Dios ha escogido para ellos. Job también se pregunta si Dios lo moldeó como barro solo para convertirlo nuevamente en polvo (Job 10:9).

Manufactura de Cerámica

Preparando el barro. Antes de que se pueda hacer cerámica alguna, el barro debe ser recolectado y preparado para su uso. El barro recolectado de diferentes áreas geográficas

A

tendrá diferentes niveles de barro puro y otros materiales de la tierra. El barro puro es muy difícil de trabajar, pero produce algunas de las ollas más suaves y fuertes. La mayoría del barro utilizado en Palestina no era de calidad superior, por lo que a menudo se desarrollaban imperfecciones a medida de que las ollas se estaban haciendo. También sabemos que durante el tiempo de la monarquía tardía, los alfareros en Israel tendían a mezclar barro con diferentes tipos de arena para producir mejores resultados.

Con la tecnología forense avanzada de hoy en día, a menudo se puede determinar dónde se cosechó el barro utilizado para hacer una olla. Debido a que generalmente no era práctico transportar barro a larga distancia, este tipo de análisis también puede ser útil para determinar el origen de la olla. Una vez que se recolectaba el barro, dependiendo de su calidad y uso, a menudo era necesario preparar el barro amasándolo o pisándolo. Este proceso era vital para eliminar cualquier impureza del barro y hacerlo moldeable.

Una jarra de cerámica del antiguo sitio de Ai (3500-2000 a.C).

Moldeado. Históricamente, la primera cerámica moldeada era hecha a mano y se secaba al sol. No se sabe nada sobre el rol de estos primeros alfareros y si eran bien considerados en la sociedad. Muchos eruditos creen que la primera alfarería era hecha por mujeres, para ser utilizada con fines muy prácticos, como cocinar y llevar agua. Es bastante fácil determinar el sexo del alfarero midiendo la mano natural y las marcas de dedos que quedan en el barro y comparando su tamaño en relación al tamaño promedio de las manos tanto de hombres como de mujeres. Estas ollas rudimentarias generalmente se hacían poniendo espirales de arcilla una sobre otra. Aunque no es seguro, la profesión de ser un alfarero probablemente no se desarrolló hasta la invención de la rueda de alfarero. La rueda de alfarero permitió al alfarero crear cerámica más sofisticada y también le dio al alfarero la capacidad de producir vasijas masivamente. Varios ejemplos de ruedas de alfarero se han excavado que datan alrededor de 3500-3000 a.C en Sumer y Ur. La mayoría de las ruedas de alfarero durante los tiempos bíblicos consistían en dos ruedas. Una rueda más grande y más pesada era colocada cerca del suelo, con un poste en el centro de esta rueda subiendo a una segunda rueda más pequeña y más ligera sostenida por una mesa. El alfarero usaba su pie para mover la rueda más grande, que giraba la rueda más pequeña. También es posible que un aprendiz girara la rueda más grande. A medida que se desarrollaba la tecnología, a veces se conectaban dos ruedas alfarero a una rueda más grande para poder crear dos vasijas al mismo tiempo. Otro método para hacer artículos de barro fue el uso de moldes de prensa. Los moldes de prensas se usaban para moldear el barro empujando dentro del molde y luego se dejaba secar. A medida que el barro se secaba, se encogía y se separaba del molde y podía sacarse fácilmente del molde. Este método se usó para moldear figurillas (frecuentemente usadas como ídolos domésticos) y pequeñas lámparas de aceite, que a menudo estaban hechas de dos piezas moldeadas fusionadas juntas.

Decoración y cocción. Una vez que se terminaba de dar forma a una vasija, ya sea en una rueda o en un molde, a menudo era decorada. Muchas veces, la olla era pintada con pigmento hecho de tierra. Diferentes estilos de pintura pueden ayudar a identificar el lugar de origen de una vasija. Otro método de decoración común era imprimir la olla con diferentes sellos, símbolos o patrones. Esto se hacía usando una herramienta de madera o metal y presionándola en el barro húmedo. Ejemplos de este método incluyen varias vasijas encontradas en Gabaón estampadas con lo que parecen ser sellos reales, lo que probablemente indica que las vasijas y sus contenidos pertenecían al rey. Gran parte de la cerámica de Jerusalén y sus alrededores tiene un esmalte rojo aplicado para sellar la olla y agregar un acabado liso al exterior. En la época de la monarquía, los alfareros eran muy sofisticados en su elección de materiales y, a menudo, algunos de los materiales, como arenas especiales, eran importados desde una distancia considerable. Estas arenas hacían aún más suaves la olla cocida al crear un barniz sobre ella. Una vez que se terminaba la decoración de la olla, la olla se secaba para revelar cualquier tipo de imperfección. Si se observaban imperfecciones durante el secado, la olla se descartaba. Si no se veían imperfecciones, la olla se cocía. Dependiendo de los recursos del alfarero y la tecnología que el alfarero conocía, el proceso de cocción podía ser tan simple como colocar la olla en un fuego caliente o podía incluir el uso de sofisticados hornos capaces de producir calor extremadamente alto y uniforme.

Cocer una olla era extremadamente difícil, porque idealmente el calor se mantenía a una temperatura constante durante todo el proceso, lo cual no era una tarea fácil cuando se usa una llama abierta como fuente de calor. Debido a que el proceso de cocer ollas era un secreto de oficio bien guardado, sabemos pocos detalles de cómo se cocían las ollas durante los tiempos bíblicos.

Tipos de Cerámica

Hay varias categorías generales de cerámica, que se basan en sus características y usos previstos. Por supuesto, para algunos ejemplares existentes de cerámica de excavaciones arqueológicas, su uso no puede determinarse. La vajilla incluía tazas, platos, cuencos y jarras. Estos artículos tienden a ser más decorados que otros tipos de cerámica, al igual que la vajilla hoy en día tiende a ser más decorativa que las ollas de cocina. Las ollas de cocina llevaban pequeños bordes delgados y cacerolas planas y descubiertas para freír y para cocinar sin tapa. Los recipientes de almacenamiento eran de todos los tamaños: pithoi, jarras (de dos asas), jarro (de una sola asa), jarras más pequeñas (sin asas) y recipientes muy pequeños para perfumes y otros líquidos valiosos. Además, no era raro encontrar varios tamaños de lámparas.

Importancia de la alfarería para la Arqueología

La alfarería se ha convertido en una importante herramienta de datación para los arqueólogos. Si bien los textos escritos proporcionan más datos arqueológicos que la cerámica y los artefactos religiosos o culturales pueden ser visualmente más interesantes, es la cerámica la que ayuda al arqueólogo a recolectar toda la información.

Historia de datación de alfarería. Mientras realizaba trabajo arqueológico en Egipto, Flinders Petrie notó que para diferentes períodos de tiempo de la historia egipcia había diferentes tipos de cerámica, con características distintivas e identificables. Estas características identificables de la alfarería incluyen cosas tales como el grosor de la pared de la olla, el tipo de borde de la olla, manijas de la olla y cualquier elemento decorativo especial. Estas características, descubrió Petrie, podían usarse para fechar sitios que no tenían otra información de datación. Petrie registró cuidadosamente cada pieza de alfarería encontrada en cada sitio y con el tiempo desarrolló un amplio catálogo de tipos de cerámica y sus respectivas fechas. Más tarde, mientras cavaba en Tell el-Hesi en Palestina, Petrie notó que cada capa, o estrato, del tell (montículo arqueológico) tenía un tipo diferente de cerámica, muy similar a los diferentes tipos de cerámica que había notado en Egipto. Debido a su cuidadoso y minucioso trabajo en Egipto, Petrie también notó que los diferentes tipos de alfarería en Palestina eran similares a los que había descubierto en Egipto. Como resultado, Petrie pudo desarrollar una cronología de la cerámica que podía usarse para fechar diferentes excavaciones y estratos arqueológicos en todo el antiguo Cercano Oriente. Más tarde, W. F. Albright amplió el trabajo de Petrie añadiendo varias subcapas y refinando aún más las fechas de cada período de alfarería.

A

Para ayudar a explicar este importante descubrimiento, L. E. Stager utiliza el ejemplo de cómo las botellas de bebidas han cambiado a lo largo de los años. Por ejemplo, señala que cuando las botellas de bebidas se comercializaron en masa por primera vez, la escritura en la botella era parte del vidrio con letras en relieve. Con el tiempo, la botella cambió y evolucionó; Se usaron diferentes tipos de escritura en botellas de vidrio hasta que finalmente las botellas se volvieron lisas y las palabras fueron pintadas sobre ellas. En años más recientes, las botellas de bebidas se hicieron de plástico.

Esta evolución de la botella de bebidas puede ilustrar aproximadamente los cambios en la cerámica a lo largo del tiempo. Debido a que este método de datación depende de un catálogo de cerámica documentada, requiere que toda la cerámica encontrada, sin importar cuán insignificante, sea catalogada y registrada para que otros puedan comparar los hallazgos de cerámica de un lugar con los de otros lugares.

Periodos de tiempo. En la datación de la cerámica antigua del Cercano Oriente, la historia se divide en amplios períodos de tiempo que luego se subdividen. La Edad del Bronce Medio (hacia el 2200-1550 a.C) abarca el tiempo de las primeras historias bíblicas, incluyendo quizás las historias de los patriarcas. Durante este período y la Edad del Bronce Antiguo (hacia el 3300-2200 a.C), la artesanía evidenciada en la alfarería era limitada, y las vasijas tenían poca o ninguna decoración; sin embargo, la habilidad aplicada a las vasijas había mejorado dramáticamente desde el período anterior, el Calcolítico (4500-3300 a.C). Estas vasijas son de paredes delgadas y evidencian la producción masiva.

La Edad del Bronce Final (hacia 1550-1200 a.C), que probablemente incluye el tiempo de Moisés, y tal vez de Josué, muestra una disminución inusual y dramática en la calidad de la alfarería cananea local. No se sabe de alguna explicación para este deterioro, pero es evidente. Al mismo tiempo, la cerámica de otras regiones costeras, especialmente de la Grecia micénica y Creta, es muy común, y las ollas de estos lugares son bastante sofisticadas y están muy bien decoradas. Esto indica que durante este tiempo hubo una gran influencia cultural en estas áreas. Algunos han sugerido que esto se debe a la colonización de partes de Palestina por los Pueblos del Mar, que tal vez son los filisteos de la historia bíblica.

La Edad de Hierro (hacia 1200-586 a.C), que abarca el período de tiempo desde la conquista y asentamiento israelita hasta la monarquía, evidencia más cerámica de baja calidad, especialmente al principio de este período. En contraste con los ejemplos de alfarería manufacturada localmente en sitios israelitas, la alfarería filistea es bastante sofisticada, sumamente decorada con dúo tonos rojos y negros en patrones geométricos. La cerámica más tardía de la monarquía muestra mucha más habilidad y sofisticación.

Los períodos persas (539-332 a.C), helenístico (332-63 a.C) y romano (después del 63 a.C) concluyen los períodos bíblicos. Cada uno de estos períodos está dominado por la estética y la calidad de la cerámica de los países invasores. En este momento las rutas comerciales estaban firmemente establecidas, por lo que los invasores, al parecer, inundaron los mercados con su cerámica, a menudo en detrimento de los alfareros locales.

ALFEO **(1)** El padre del discípulo Santiago, que siempre se identifica como "el hijo de Alfeo" para distinguirlo de Santiago, el hijo de Zebedeo (Mt. 10:3, Mc. 3:18, Lc. 6:15; Hch. 1:13). **(2)** El padre de Leví, el cobrador de impuestos (Mc. 2:14). Algunos sugieren que esta persona es también el padre de Santiago el discípulo, pero es poco probable. Incluso, algunos han identificado a Cleofas (Lc. 24:18, Jn. 19:25) con uno de los Alfeo, pero esto es dudoso.

ALFILER Traducción en la KJV de la palabra hebrea kharit en Isaías 3:22, que se refiere a un ornamento que usaban las mujeres para rizarse el cabello. En las versiones más recientes la palabra se traduce como "bolsa" o "cartera". *Ver también* Bolsos.

ALFOLÍ La presentación de la KJV de las palabras hebreas mazu (Sal. 144:13) y ʻotsar (Jl. 1:17) y la palabra griega apothēkē (Mt. 3:12 // Lc. 3:17), refiriéndose a establos o graneros.

ALFORJA Una bolsa usada en la espalda para llevar suministros u otras pertenencias personales (también llamada "bolsa de mendigo"). Al enviar a sus discípulos, Jesús les instruyó que no llevaran un "bolso" con ellos (Mt. 10:10 [LBLA mg.: "alforja"]).

ALGARROBAS Cubierta de semillas utilizadas como alimento para cerdos (Lc. 15:16). La NVI proporciona el otro uso de algarrobas en 2 Re. 6:25, donde la mayoría de las versiones en español dicen "estiércol de paloma". El contexto sugiere que todo lo que se ve tiene un valor creciente durante una hambruna. Por lo tanto, "estiércol de paloma" era probablemente un nombre popular para una planta que normalmente se considera incomestible o al menos desagradable.

ALHEÑA Interpretación en la KJV de la palabra hebrea koper en Cantares 1:14; 4:13. En la mayoría de las versiones modernas se traduce como "henna", que es un arbusto conocido en Palestina y Egipto.

ALIA *Véase* Alvá.

ALIAN *Véase* Alván.

ALIEN *Véase* Extranjero.

ALIENTO DE VIDA La vida de todas las criaturas es sustentada por el aliento (Génesis 1:30; Job 12:10; Salmos 104:29). Cuando Dios creó a Adán del polvo, Dios sopló en él aliento de vida (Génesis 2:7), por lo que infundió en Adán su propia imagen. En la visión de Ezequiel, Dios envió vientos a los huesos secos, lo que simboliza la resurrección de la casa de Israel (37:1-14).

ALIENTO En el Antiguo Testamento, las palabras hebreas *ruakh* ("aliento, espíritu") y *neshamah* ("ráfaga, espíritu") son los términos estándares, que de manera colectiva se traducen como "viento". Constructivamente, estos términos reflejan la relación vibrante entre Dios y la humanidad. Sin embargo, el "aliento" de Dios también puede ser un agente de juicio. Por lo que el "aliento/ viento" es un poder invasivo de Dios, que es una prueba de su supremacía y es capaz de alterar o transformar la vida humana.

En la creación humana es donde al aliento de Dios se le da una de sus ilustraciones más dinámicas. Hecho del "polvo" (*'apar*), el aliento del Creador es lo que avivó al ser humano.

En el Antiguo Testamento, la carne humana permanece dormida y, sin poder hacer nada, yace pasivamente hasta que Dios respira; entonces el ser humano (*nepesh*) es animado (Génesis 2:7; 6:17; cf. Salmos 33:6; 104:29). El "alma" (*nepesh*) debe considerarse de una manera holística en el Antiguo Testamento y no como parte de una dualidad: "¡Bendice, alma mía, al SEÑOR! ¡Bendiga todo mi ser su santo nombre!" (Salmos 103:1). Para la existencia humana, el "aliento" es el regalo de gracia de Dios que los mortales no pueden "poseer". Al reflexionar en esto, el salmista escribe: "si les quitas el aliento, mueren y vuelven al polvo" (Salmos 104:29; cf. Génesis 7:22). Teológicamente, Israel comprendió que la vida depende absolutamente de Dios; el "ser" no posee propiedades permanentes por sí solo.

El "aliento/ viento" también es una fuerza poderosa en la ira de Dios, por ejemplo, cuando "de su nariz salió un intenso soplo" que puede deshacer y destruir (2 Samuel 22:16). De manera similar, un "fuerte viento oriental" hizo retroceder al Mar Rojo para que los israelitas cruzaran (Éxodo 14:21), pero esa misma fuerza fue la que destruyó al ejército del faraón, devastado por Dios, y el guerrero de Israel "sopla" con su "aliento" (Éxodo 15:10). Ya sea en las aguas sin rumbo de la creación (Génesis 1:2; 8:1) o en las poderosas aguas de lo "no creado" (Éxodo 15:10), la misma fuerza cósmica del ruakh de Dios es evidente.

Algo que no es sorprendente es el hecho sobre los temas combinados en cuanto al aliento, viento y espíritu que también se usan para describir la nueva creación (Ezequiel 37:9). La fuerza generadora de vida del *ruakh*/espíritu emerge en el Nuevo Testamento como el Espíritu Santo, que se manifiesta en el viento, un aliento o el Espíritu (del griego pneuma). En el Pentecostés "un estruendo como de un fuerte viento vino del cielo" que representa otra creación (Hechos 2:2). Juan claramente simboliza el "aliento" de Jesús sobre sus discípulos (Juan 20:22). Esto no solo ilustra la teología de Juan sobre nacer "desde arriba" (3:3 NRSV), sino que también cuando "él respiró" recrea el avivamiento de Génesis 2:7. Las dos creaciones están conectadas: el avivamiento de Dios en Génesis 2:7 y la creación de Jesús de la vida eterna tras su propia resurrección.

ALJABA Un contenedor, típicamente de cuero, para llevar flechas (Gn. 27:3, Job 39:23, Is. 22:6) y generalmente colgaban sobre los hombros de los cazadores.

ALLELUIA *Véase* Aleluya.

ALMA La forma en que la palabra "alma" se usa en español no se alinea bien con cualquier otra palabra hebrea o griega en la Biblia. Más bien, refleja la acumulación de comprensiones culturales y religiosas del pasado. Es ampliamente aceptado que la visión bíblica (tanto del AT como del NT) de la humanidad no reconoce límites agudos entre cuerpo y alma (antropología bipartita) o entre cuerpo, alma y espíritu (tripartita). El ser humano es, de acuerdo a enseñanzas bíblicas, una unidad psicosomática. De hecho, nepesh, la palabra hebrea más comúnmente traducida como "alma", probablemente debería traducirse con más frecuencia como "uno mismo". En varias ocurrencias del AT, nepesh parece significar "vida" (Jos. 2:13; 1 R. 19:4). Por supuesto, dado el trasfondo helénico de la LXX y el NT, el griego psychē podría significar algo similar a "alma" como comúnmente se usa en español. Pero un examen cercano muestra que el uso de la palabra en el NT es mucho más cercano a la concepción del AT que a su sentido helenístico contemporáneo. Sin embargo, nuestra intuición nos guía a hacer una distinción conceptual entre la residencia no-física de nuestros "corazones y mentes" y la presencia física de nuestro ser. En el nivel más básico, se relaciona a la pregunta de la muerte y sus repercusiones: cuando morimos, ¿puede algo permanecer apartado de lo físico de nuestra existencia? La respuesta griega a esta creencia en la inmortalidad del alma; la respuesta bíblica es la resurrección del cuerpo. Ya que la Biblia sostiene la unidad psicosomática, la existencia puramente no-física de la parte no-física de la humanidad no se presenta como una respuesta válida a la pregunta fundamental de la muerte. Es por esto que el AT describe una persona muerta como "durmiendo con sus padres". El concepto del NT del alma claramente se basa en su contraparte del AT; sin embargo, existe también una distinción más clara entre cuerpo y alma. Un ejemplo es proporcionado por Jesús cuando dice, "No teman a aquellos que matarán el cuerpo, pero no pueden matar el alma" (Mt. 10:28).

Almendro

ALMENDRO Un árbol encontrado en Palestina desde tiempos patriarcales que produce una nuez comestible y un aceite suave. Es uno de los primeros árboles con flores que se desarrollan en primavera, con flores que aparecen antes que las hojas. La palabra hebrea "shaqed" implica "observar", "apresurar" o "despertar". Jacob envió exquisiteces de almendras a José en Egipto (Gn. 43:11). El diseño del almendro de los candelabros de siete ramas del tabernáculo y más tarde el tabernáculo (Éx. 25:33-34; 37:19-20) incluía flores de almendro en sus "tallos" y "cuencos" formados a partir de la misma flor. La vara de Aarón brotó, floreció y produjo almendras maduras (Nm. 17:8). En un juego de palabras, Dios le mostró a Jeremías una rama de almendro como símbolo de la confianza del avance divino. Dios estaba mirando y a punto de actuar, cumpliendo sus promesas de castigar la infidelidad de la gente (Jer.1: 11-12). La interpretación alegórica habitual de "las flores del almendro" (Ec. 12: 5) es una referencia al cabello de una persona mayor que se pone blanca como el almendro.

ALMODAD El hijo primogénito de Joctán (Gn. 10:26, 1 Cr. 1:20), que vivía en un territorio en el norte de Arabia.

ALMOHADA Interpretación en la KJV para la palabra hebrea mera'ashot (literalmente significa "en las cabezas"), que hace referencia a una almohada grande o cojín (1 Samuel 19:13, 16; 26:7-16).

ALMOHADA Jacob posó su cabeza sobre una piedra mientras dormía (Gn. 28:11). El uso de un objeto duro como almohada nos recuerda a las almohadas de madera talladas conocidas de Egipto. Mical usó un artículo hecho de pelo de cabra para disfrazar a un ídolo como una persona durmiendo (1 S. 19:13). Aunque en 1 S. 19:13 algunas versiones traducen la palabra hebrea kebir como "almohada", probablemente se refiere a una red sobre la cabeza de una persona dormida. Algunas traducciones al inglés más antiguas usan "almohada" para traducir una palabra hebrea (mera'ashah) que probablemente se refiere simplemente al lugar donde se coloca la cabeza (1 S. 26:7, 1 R. 19:6). Hay otros pasajes pocos claros que podrían hacer referencia a almohadas (Pr. 7:16, Amos 3:12). Jesús dormía sobre una almohada o cojín en un bote (Mr. 4:38). En otros lugares, los Evangelios declaran que Él no tenía "dónde recostar la cabeza" (Mt. 8:20, Lc. 9:58). *Ver también* Cama.

ALMÓN Una ciudad levítica dentro del territorio de Benjamín (Jos. 21:18), ubicada al noroeste de Jerusalén, en las inmediaciones de Anatot, que era el hogar de Jeremías (Jer. 1:1). Es variante de "alemet" (1 Cr. 6:60).

ALMÓN-DIBLATAIM Un área en Moab donde los israelitas acamparon cuando vagaban por el desierto localizado entre Dibón-gad y los montes de Abarín (Nm. 33:46-47). Algunos asocian este lugar con Bet-diblataim, el actual Deleilat esh-Sherqiyeh, ubicado entre Dibón y Mádaba. Otra posibilidad es que Almón sea el asentamiento secundario de Bet-diblataim y se encuentre en las cercanías.

ALOE Dos tipos de plantas: un árbol y una planta suculenta. En el Antiguo Testamento, "aloe" probablemente se refiere a una especia que deriva del palo de aloe (Aquilaria agallocha), posiblemente traída de India. La madera suave y aromática del grande y extenso árbol constituía una droga, elegante y muy apreciada para perfume e incienso (Sal 45:8; Pr. 7:17; Cnt. 4:14). En el Nuevo Testamento se trata de otra planta, aloe vera. La aloína de la pulpa de esta suculenta hoja de aloe es la fuente de un medicamento amargo, de olor desagradable y purgante. Los áloes que Nicodemo trajo para preparar el cuerpo de Jesús (Jn. 19: 38-40) pueden haber sido disueltos en agua y usados con mirra, creando un producto costoso usado para embalsamar.

ALÓN **(1)** Descendiente de Semaías, abuelo de Ziza (1 Cr. 4:37). **(2)** Un tipo de árbol, probablemente un roble (Gn. 35:8).

ALÓN-BACUT Un lugar cerca de Betel que sirvió como lugar de sepultura para Débora, la enfermera de Rebeca (Gn. 35:8). La frase se traduce literalmente como "roble de llanto".

ALOT También se representa como "Bealot" (Jos. 15:24), era una ciudad en el extremo sur de la región de Judá (1 R. 4:16). "Bealot" puede ser traducido como "(la morada de la) mujer Baal". *Véase también* Bealot.

AL OTRO LADO DEL RÍO En Josué 24 "al otro lado del río" (NRSV; NVI: "al otro lado del río Éufrates") se refiere a la tierra del nacimiento de Abraham, al este del Éufrates. Debido a que los antepasados de Israel adoraban a otros dioses allí, y Dios tomó a Abraham de allí para llevarlo a Canaán, esto significó una entrada a la historia

A

redentora. Josué invocó este lugar y este recuerdo cuando llamó a Israel a renovar el pacto.

Israel bajo el mando de David derrotó desde allí a las tropas arameas (2 S. 10:16-19; 1 Cr. 19:16-19). Ya que los profetas dijeron más tarde que Israel sería exiliado en ese lugar (1 R. 14:15), y que el castigo de Judá vendría de allí (Is. 7:20), el nombre del lugar vino a implicar una amenaza.

En el año 522 a.C., Darío I reorganizó el vasto Imperio Persa en veinte satrapías, cada una compuesta de provincias (Est. 1:1; 8:9). La satrapía de "Al otro lado del río" (Esd. 4:10-11; NRSV; NIV (versiones en inglés): "Trans-Eufrates" ["Transeufratina"]) se extendía desde el Éufrates hasta el Mediterráneo, y Yehud (Judá) fue una de sus provincias. A mediados del siglo V, Persia construyó allí una serie de fortalezas para mantener el control imperial de los asuntos locales y frenar la rebelión.

ALQUITRÁN *Véase* Bitumen.

ALTA DEL INCIENSO Altar; Tabernáculo, Tienda de Reunión.

ALTAR DE SU PROPIO IDOLO *Véase* Cámara de Imágenes.

ALTAR Los altares eran lugares para sacrificar y adorar, construidos de varios materiales. Podían ser temporales o permanentes. Algunos altares se encontraban en espacios abiertos y otros apartados en algún lugar santo. Simbolizaban ya sea la presencia y protección de Dios o la adoración falsa, la cual llevaba al juicio de Dios.

Dos altares de incienso de excavaciones arqueológicas en Arad.

Antiguo Testamento

Noé y los patriarcas. La primera referencia en la Biblia es un altar construido por Noé después del diluvio (Gn. 8:20). Esta acción indica el carácter de santuario del monte sobre el cual el arca asentó, de modo que teológicamente el lugar de descanso del arca fue un retorno (parcial) al Edén. Se revela el propósito de los animales limpios cargados extra en el arca. Fueron ofrecidos como "holocaustos", los que simbolizaban la dedicación a Dios en este punto de nuevo inicio para la raza humana.

Abram edificó altares "para el Señor" en los lugares donde Dios se le apareció y habló con él (Gn. 12:7) y donde acampó (12:8; 13:3-4, 18). Ningún sacrificio se asocia explícitamente con estos altares, por lo que deben haber tenido carácter de monumentos o recordatorios de eventos importantes. En relación con los altares de Abram, se dice que él "invocó el nombre del SEÑOR" (12:8), es decir, orar. Los elaborados procedimientos de culto asociados con los altares israelitas posteriores (por ejemplo, la mediación de los sacerdotes) estaban ausentes en el período patriarcal. Generaciones posteriores continuaron con las mismas prácticas: Isaac (26:25) y Jacob (33:20; 34:1, 3, 7). La prueba de Dios para Abrahán involucró la exigencia de que sacrificara a su hijo Isaac como holocausto. Obedientemente, Abrahán edificó un altar para este propósito, pero a través de la intervención de Dios se concedió un indulto, y se sustituyó por un carnero (22:9, 13). Moisés construyó un altar después de la derrota de Amalec en Refidim, para conmemorar victoria dada por Dios (Éx. 17:15-16).

Moisés y el tabernáculo. En el contexto de hacer el convenio con Israel en el Sinaí, Dios le dio instrucciones a Moisés sobre cómo construir un altar (Éx. 20:24-26, compárese con Jos. 8:31). Podía ser "un altar de tierra" (¿una construcción de adobe secada al sol?) O estar hecha de piedras sueltas naturales. A los israelitas se les prohibió expresamente el uso de piedras talladas, tal vez por temor a tallar una imagen idólatra (lo que hace de esta prohibición una aplicación de Éx. 20:4, compárese con Dt. 27: 5-6). Incluso si el altar era grande, no debía ser provisto de escalones para que el sacerdote ascendiera, para que su desnudez no se mostrara a Dios. El requisito de que los sacerdotes usaran ropa interior refleja la misma preocupación (Éx. 28: 42-43). Un altar hecho de doce piedras, el número que representa el número de las tribus de Israel, fue construido por Moisés para la ceremonia del convenio (Éx. 24:4), en el que se rocía la mitad de la sangre del sacrificio sobre el altar (quizás representando a Dios) y la otra mitad a las personas, la acción que simboliza el vínculo del convenio creado (24: 6-8).

Para el tabernáculo, se hizo un "altar del holocausto" portable (Éx. 27:1-8; 38:17). Tenía marcos de madera enfundados en bronce y tenía un cuerno en cada esquina. Había una repisa alrededor del altar a mitad de sus costados, de la que colgaban rejas de bronce, y tenía cuatro anillos de bronce en los que se deslizaban varas para el transporte. Como parte del ritual de culto, se coloca sangre sobre los cuernos (29:12). Este altar estaba al aire libre en el patio del tabernáculo, cerca de la entrada del tabernáculo. Incluido entre los muebles del tabernáculo había un "altar del incienso" más pequeño, con molduras alrededor del borde superior (30: 1-10; 37: 25-28). Sin embargo, este altar estaba cubierto de oro, ya que estaba más cerca de la presencia de Dios, dentro del tabernáculo, "frente a la cortina que protege el arca de la ley del convenio", la cortina que separaba el lugar santísimo del lugar santo. El sumo sacerdote colocaba incienso aromático en este altar cada mañana y cada tarde. El hecho de que este era un procedimiento diario y la descripción del posicionamiento de los muebles del tabernáculo en Éx. 40:26-28 (mencionando el altar del incienso después de hablar sobre el candelabro) podría interpretarse como que el altar del incienso estaba en el lugar santo, pero 1 R. 6:22 y Heb. 9: 4 sugieren que en realidad estaba en el lugar santísimo, cerca del arca.

Dios, a través de Moisés, instruyó al pueblo que al entrar en la tierra prometida destruirían todos los altares cananeos junto con la demás parafernalia de su adoración pagana (Dt. 7:5; 12:3). Los altares de la Edad de Bronce descubiertos en Megido incluyen altares de incienso calizo con cuernos y un gran altar circular montado por una escalera. En Jos. 22 la crisis causada por la cons trucción de "un altar imponente" por las tribus transjordanas se evitó cuando estas tribus explicaron al resto de los israelitas que se pretendía que fuera una réplica del altar fuera del tabernáculo y no para la ofrenda de sacrificios. La adoración de todo Israel en el único santuario expresaba y protegía la unidad religiosa y la pureza de la nación en esta vital temprana etapa de la ocupación del territorio. Sin embargo, en narraciones posteriores se dice que Gedeón (Jue. 6), Samuel (1 S. 7:17), Saúl (1 S. 14:35) y David (2 S. 24) construyen altares para el sacrificio, con impunidad y aparentemente con aprobación del autor bíblico. La costumbre establecida de buscar refugio de la amenaza de muerte en el santuario de la nación se refleja en 1 R. 1:50-53; 2: 28-35, donde Adonías y Joab son descritos estando "aferrados a los cuernos del altar".

El templo de Salomón y centros de adoración rival. En el templo edificado por Salomón, el altar del incienso que pertenecía al santuario interior estaba cubierto de oro (1 R. 6:20, 22). La oración de Salomón en la dedicación del templo fue hecha ante el altar de bronce en el patio (1 R. 8:22, 54). El altar para los sacrificios era mucho más grande que el que había estado en el tabernáculo (1 Cr. 4:1 da sus dimensiones).

Aunque muchos de los salmos se pueden haber usado originalmente en la adoración en el primer templo, sorprendentemente hay pocas referencias al altar en el Salterio (solo Sal. 26: 6; 43: 4; 51:19; 84: 3; 118: 27). Expresan la devoción del salmista a Dios y al templo como el lugar donde se disfruta la presencia de Dios siendo la bendición más grande.

A

Después de la división del reino, Jeroboam ofreció sacrificios en el altar rival que hizo en Betel (1 R. 12:32-33). Un "hombre de Dios" (= profeta) sin nombre predijo la profanación de Josías a este altar, que ocurriría muchos años en el futuro (1 R. 13: 1-5). Amós y Oseas profetizaron en el reino del norte del siglo VIII a.C., condenaron este y otros altares en ese reino (Am. 3:14, Os. 8:11-13). Acab edificó un altar a Baal en Samaria (1 R. 16:32), y la supresión del judaísmo por parte de Jezabel incluyó el derribo de los altares del Señor en Israel (19:10, 14). La competencia en el Monte Carmelo entre Elías y los profetas de Baal involucró altares rivales (1 R. 18) y el altar de doce piedras de Elías se parece al de Éx. 24, porque estaba llamando a la nación de vuelta al monoteísmo exclusivo predicado por Moisés (1 R. 18: 30-32).

Con respecto al reino del sur, la declinación espiritual en el tiempo de Acaz se manifestó en este rey al hacer un altar modelado en el prototipo asirio que había visto en una visita a Damasco (2 R. 16: 10-14). Él movió el altar del Señor desde el frente del templo, donde había estado previamente. La reforma religiosa de Ezequías incluyó la eliminación de los altares en los lugares altos que hasta ese momento habían sido centros de adoración desviada (2 R. 18: 4, 22). La apostasía del rey Manasés se manifestó en la reconstrucción de los lugares altos que Ezequías, su padre, había destruido y en la erección de altares a Baal (2 R. 21), repitiendo así el pecado de Acab (véase 1 R. 16:32). La reforma de Josías incluyó la destrucción de todos los altares fuera de Jerusalén (2 R. 23) y la centralización de la adoración en el templo de Jerusalén. En la visión de Ezequiel del nuevo templo del futuro, el altar de los sacrificios es su pieza central (Ez. 43: 13-17). El altar sería una gran estructura, con tres escalones y un cuerno en cada esquina y estaría equipado con escalones en su lado este para el uso de los sacerdotes.

El segundo templo. El regreso de los israelitas del exilio de Babilonia fue motivado por el objetivo de reconstruir el templo. Lo primero que hicieron los sacerdotes fue construir "el altar sobre su base" (es decir, su base original, Esd. 3: 2-3). Los israelitas colocaron el altar en el lugar preciso que había ocupado antes de que los babilonios lo destruyeran junto con el templo. Tuvieron mucho cuidado porque querían asegurarse de que Dios aceptara sus sacrificios y así otorgarles protección. Al final del período del Antiguo Testamento, el profeta Malaquías condenó la insinceridad de la adoración de Israel que se manifestaba en los sacrificios inferiores al estándar que se ofrecen en el altar de Dios (Mal. 1:7, 10, 2:13).

Nuevo Testamento

En el Nuevo Testamento, el altar se menciona en varios dichos de Jesús (por ejemplo, Mt. 5: 23-24; 23:18-20). En la teología del libro de Hebreos, el cual enseña sobre el sacerdocio de Jesucristo (en el orden de Melquisedec), el rol del sacerdote está definido como de alguien que "sirve en el altar" (7:13) y el altar de Cristo (y el de los seguidores de Cristo) es la cruz en la que Cristo se ofreció como sacrificio por el pecado (13:10). Otro argumento de Hebreos es que debido a que en el día más importante en el calendario de rituales judío (día de la Expiación), no se comió la carne del sacrificio (*véase* Lv. 16:27), el comer comida ceremonial judía no es requerido, tampoco es considerado de importancia espiritual. El altar en el santuario celestial es mencionado varias veces en el libro de Apocalipsis (6:9; 8:3, 5; 9:13; 11:1; 14:18; 16:7). Es muy probable que sea el altar del incienso y está relacionado con las oraciones del pueblo perseguido de Dios, que son respondidas por los juicios de Dios sobre la gente de la tierra.

ALTAS PILAS En Jer. 31:21 la KJV traduce la palabra hebrea tamrurim como "altas pilas", refiriéndose a lo que versiones más modernas presentan como "poste indicador".

ALTASHHETH Una transcripción del hebreo 'al-tashkhet (KJV: "Altaschith"; NASB: "Al-tashheth"), probablemente el nombre de una canción para cantar varios salmos que aparece en sus sobrescritos (Sal. 57: 58; 59; 75). La NVI, BLP y RVA traducen la frase como "No destruyas", aunque "Que no se eche a perder" es otra posibilidad.

ALTILLO El cuarto superior de una casa en 1 R. 17:19 RV2015.

ALTÍSIMO La designación "altísimo" o "más alto" se usa comúnmente para Dios. Representa el estatus exaltado de Dios por sobre todos los demás. Ocurre principalmente en pasajes poéticos o proféticos del AT (e.g., Nm. 24:16; Dt. 32:8; Sal. 7:17; 9:2; 18:13), aunque también ocurre en el NT (e.g., Mc. 5:7; Lc. 1:35; Hch. 7:48; Heb. 7:1). Melquisdec, rey de Salem y "sacerdote del Dios Altísimo", que Abram luego usa para específicamente identificar a Dios Altísimo como "el Señor" (Gn. 14:19-20, 22).

ALTÍSIMO Un epíteto divino, originalmente refiriéndose a Él, el dios supremo en el panteón cananeo, y más tarde apropiado por Israel para referirse a Yahvé. Este término, que enfatiza la trascendencia divina, a menudo lo usan los no israelitas para referirse al Dios de Israel (Nm. 24:16, Dn. 3:36, Hch. 16:17).

ALÚS Un campamento en el desierto, ubicado entre Dofcá y Refidim, utilizado por los israelitas después de su éxodo de Egipto (Nm. 33: 13-14).

ALVÁ Un jefe edomita de la línea genealógica de Esaú (Gn. 36:40, 1 Cr. 1:51). En 1 Cr. 1:51 la LBLA y la NBLH usan el nombre alternativo "Alya".

ALVÁN El hijo primogénito de Sobal, un jefe del clan horeo de la línea genealógica de Seir (Gn. 36:23, 1 Cr. 1:40). En 1 Cr. 1:40 la LBLA y la NBLH usan la variación del nombre "Alían".

AMAD Una ciudad asignada a la tribu de Aser (Jos. 19:26). La ubicación de Amad es desconocida.

AMAL Hijo de Helem y el jefe de una familia aserita, es descrito como un guerrero valiente y un líder sobresaliente (1 Cr. 7:35, 40).

AMALEC, AMALECITAS Los amalecitas habitaban el territorio del Néguev al sur de Judá (Nm. 13:29). Amalec es descrito como "el primero entre las naciones" (Nm. 24:20 [*véase* 1 S. 27:8]); de hecho, una historia sobre esto ocurre antes de la vida de su antepasado epónimo, Amalec (Gn. 14: 7) El Antiguo Testamento representa a los amalecitas como descendientes de Esaú y por lo tanto emparentados con los edomitas (Gn. 36:12, 16). Varios textos hablan sobre "los amalecitas y cananeos", sugiriendo que los primeros no eran considerados un pueblo cananeo (por ejemplo, Nm. 14:45).

La historia de las relaciones entre los amalecitas y los israelitas es de hostilidad perpetua. Los amalecitas atacaron a los israelitas poco después del cruce del Mar Rojo. El resultado de la batalla incluyó una declaración de guerra perpetua entre los amalecitas y el Dios de Israel (Éx. 17: 8-16, Dt. 25: 17-19).

Hubo varios conflictos posteriores (Nm. 14:45, Jue. 3:13, 6: 3, 33, 7:12, 10:12), continuando en las campañas de Saúl (1 S. 15: 1-9) y David (1 S. 27: 8; 30: 16-20). El capítulo final en la lucha histórica entre Israel y los amalecitas es Mardoqueo y el enfrentamiento de Ester con Amán, que es identificado como un "agagita", es decir, un descendiente de Agag, el rey amalecita que Saúl perdonó la vida (Est. 3: 1; 1 S. 15: 8).

AMAM Una ciudad asignada a la tribu de Judá (Jos. 15:26). El sitio no se ha localizado definitivamente, pero probablemente estaba en la región del Néguev.

AMANÁ Monte mencionado en Cnt. 4:8, asociado con el más comúnmente conocido como Hermón. Típicamente se identifica como una montaña en la fuente del río Abana (variante de "Amana", el moderno río Barada). El nombre moderno del monte es "Jebel Zebedani".

AMANECER Tiempo en el que el gallo canta por primera vez, que por lo general se entiende como la primera luz del día. En la era del Nuevo Testamento, los judíos adoptaron el método griego y romano de dividir la noche en cuatro vigilias (*ver* Mateo 14:25; Marcos 6:48; Lucas 12:38 KJV). Cada vigilia consistía en tres horas. La primera comenzaba a las seis en punto en la tarde. La división más antigua solo contemplaba dos vigilias: una después de medianoche y la otra en la primera luz de la mañana.

AMANTES Una palabra utilizada en algunas versiones de la Biblia (por ejemplo, LBLA, NVI, RVC, NBLH) para describir a los "amantes" ilícitos de Judá en la alegoría de Ez. 23:20. La TLA también usa el término en Ose. 3:1 para referirse al amante de la esposa de Oseas (NVI: "amante de otro").

AMANUENSE Del latín servus a manu (lit., "sirviente a mano", un sirviente con deberes secretariales), este término se refiere a un escriba contratado para escribir por dictado. Jeremías tenía un escriba persona, Baruc, quien escribió sus palabras por medio del dictado. (Jer. 36:4-32). Pablo usó al escriba Tercio para escribir a los romanos (Ro. 16:22). Silas pudo haber servido como el amanuense de Pedro en 1 P. 5:12).

AMARÍAS **(1)** Hijo de Merayot, un levita descendiente de Coat por la línea de Aarón y Eleazar; el padre de Ajitob (1 Cr. 6:7, 52). **(2)** Hijo del sacerdote que sirvió en el templo de Salomón, Azarías, descendiente levita de Coat, por la línea de Aarón y Eleazar, quien era el padre de Ajitob (1 Cr. 6:11, *véase también* Esd. 7:3). **(3)** El segundo hijo de Hebrón, un levita primo de Moisés (1 Cr. 23:19, 24:23). **(4)** El jefe de los sacerdotes en Jerusalén durante el reinado de Josafat (2 Cr. 19:11). **(5)** Un sacerdote que, junto con otros, ayudó a Coré con la distribución de las contribuciones hechas a Dios y las ofrendas consagradas durante el reinado de Ezequías (2 Cr. 31: 14-15). **(6)** Un descendiente de Binúi que aceptó divorciarse de su esposa extranjera durante el tiempo de Esdras (Esd. 10:42). **(7)** Uno de los sacerdotes que selló el pacto para guardar la ley durante el tiempo de Nehemías (Neh. 10:3). **(8)** Un antepasado del líder provincial Ataías, que se estableció en Jerusalén durante el tiempo de Nehemías (Neh 11:4). **(9)** Un sacerdote que regresó a Jerusalén con Zorobabel en el período posterior al exilio (Neh. 12:2). **(10)** Un antepasado del profeta Sofonías (Sof. 1:1).

AMARILLO Un color señalado en diagnósticos médicos y describiendo oro en el AT. La presencia de cabello amarillento delgado es una indicación de la lepra o enfermedad infecciosa (Lv. 13:30, 32, 36). Dorado en las alas de una paloma se representa como "amarillo dorado" (KJV) o "dorado verde" (NRSV) en Sal. 68:13 (NIV: "dorado brillante"). *Véase también* Colores.

AMARNA Tell el-Amarna es el nombre moderno de una ciudad en el Alto Egipto que sirvió brevemente como capital en la dinastía XVIII. Está ubicada al oriente del Nilo, a mitad de camino entre Menfis y Tebes. El faraón Akenatón (Amenofis/ Amenhotep IV [1352-1336 a.C.]) cambió la capital desde Tebes hasta el sitio inexplorado de Tell el-Amarna y lo nombró "Aketatón" ("El Horizonte del disco solar"). La religión y la iconografía del período de Amarna son radicalmente diferentes tanto del período anterior como del siguiente. El Faraón Akenatón degradó oficialmente al dios Amón-Ra y elevó al dios Atón.

Las ilustraciones únicas de este período enfatizaban el disco solar (es decir, a Atón) con sus benéficos rayos de luz, el faraón con rasgos corporales afeminados y la familia real en una variedad de escenas.

Relieve egipcio que muestra al faraón Akenatón, a Nefertiti y a tres de sus hijas bajo los rayos del disco solar. Akenatón fundó Amarna como su capital (c.1353 a. C).

Algunos estudiosos sugieren que la religión "herética" de Akenatón es una forma primitiva de monoteísmo, pero puede identificarse más apropiadamente como henoteísmo o monolatría, en la que se adora a un solo dios a pesar de que se reconoce una pluralidad de dioses. Después de la muerte de Akenatón, la capital fue trasladada a Tebas (bajo el faraón Tutankamón) y la religión tradicional fue restaurada. Durante el período de Amarna hubo una gran cantidad de correspondencia entre el Faraón y los gobernantes del Levante: Anatolia y Mesopotamia.

Estatuilla de una mujer amasando pan (Medma, Grecia, 490 a.C)

A partir de 1887, las tablillas de arcilla, escritas principalmente en acadio, fueron recuperadas del archivo de Amarna (381 tablillas existen hoy día). La correspondencia cubre menos de treinta años, comenzando en el reinado de Amenofis III y terminando bajo Tutankamón.

Algunas de las cartas fueron enviadas desde ciudades-estado (como Jasor, Megido, Siquem, Gézer, Jerusalén, Gat, Ascalón, Laquis) para suplicar al Faraón que ayude o intervenga en asuntos regionales. Una de las preocupaciones comunes en las cartas era el comportamiento perturbador de un pueblo renegado llamado 'apiru. Los 'apiru (o habiru) no debe de compararse con los hebreos ('ibrim). Aunque algunos eruditos, defendiendo un éxodo del siglo XV a.C., han abogado por esta ecuación, pero la evidencia lingüística, histórica, geográfica y social milita en su contra.

Las tablillas de Amarna ofrecen una visión única de la situación geopolítica del siglo XIV a.C., pero muchas de las ciudades que son prominentes en el archivo han revelado pocos restos arqueológicos para ese período. Por lo tanto, es esencial que cualquier reconstrucción histórica del período se base en la integración equilibrada de datos, textos y artefactos.

AMASÁ **(1)** Un pariente de David (2 S. 19:13) quien (de acuerdo con el texto hebreo, las versiones a menudo se apoyan) era el hijo de Itra el israelita (2 S. 17:25; 1 R. 2:5) o Jéter el ismaelita (1 Cr. 2:17). Absalón, durante la rebelión contra David su padre, designó a Amasá como el líder de su ejército. Después de la derrota de Absalom, que incluyó su muerte, David solicitó que Amasá continúe sirviendo como el comandante militar (2 S. 19:13). A su llegada a Jerusalén, David ordenó a Amasá que convocara a los hombres de Judá debido a un levantamiento instigado por el benjamita Seba y que regresara ante el rey dentro de tres días. Amasá llegó tarde y como resultado, David envió hombres bajo el mando de Abisai para perseguir a Seba. Cuando Amasá finalmente se encontró con los hombres, fue recibido por Joab, quien lo mató con una daga. Una vez que el cuerpo de Amasá fue quitado de la carretera, los hombres siguieron a Joab en la búsqueda de Seba (2 S. 20:1-13). **(2)** Hijo de Hadlai, que junto a otros líderes en Efraín, aconsejaron a Israel que liberara los prisioneros y el botín tomado de Judá (2 Cr. 28:12).

AMASAI **(1)** Hijo de Elcaná, el padre de uno de los clanes levitas (1 Cr. 6:25) **(2)** Un ancestro de Hemán, un músico levita de la época de David (1 Cr. 6:35). Él pudo haber sido uno de los levitas asignados a la tarea de tocar la trompeta ante el arca del convenio mientras entraba a Jerusalén (1 Cr. 15:24). **(3)** El jefe de las tropas de élite de David, llamados los "treinta" (1 Cr. 12:18). Ofreciendo una promesa de lealtad y oración dirigida por el Espíritu para el éxito, se unió a David en Siclag cuando David fue desterrado por Saúl. **(4)** Un ancestro de Mahat, un levita que ayudo a Ezequías a purificar el templo (2 Cr. 29: 12).

AMASAR, ARTESAS DE AMASAR La harina y el agua se amasaban en un recipiente poco profundo o en una artesa para darle forma

A

a la masa. Amasar era trabajo de mujeres (Jer. 7:18), como en las historias de Sara (Gn. 18:6), la médium en Endor (1 S. 28:24) y Tamar (2 S. 13:8). Dos de estas mujeres (Sara y Tamar) tenían un estatus social alto, pero aun así realizaban esta tarea cotidiana. En los tres casos, el pan se horneó como parte de un ritual de hospitalidad, lo que explica por qué las mujeres poderosas realizaron la tarea.

AMASAY *Véase* Amasai.

AMASÍAS **(1)** Hijo del rey Joás de Judá, que lo sucedió en el trono después del asesinato de su padre (2 R. 12:21). Su reino se narra en 2 R. 14:1-22; 2 Cr. 25. Amasías tenía veinticinco años cuando se convirtió en rey y gobernó por veintinueve años (798-769 a.C.) Fue uno de los mejores reyes de Judá, aunque no estaba a la altura del alto estándar de David (2 R. 14:3). Ejecutó a quienes fueron responsable por la muerte de su padre, pero le perdonó la vida a sus hijos. Aunque disfrutó del éxito militar contra Edom, fue atrapado por la idolatría edomita. Él provocó un conflicto con Joás, el rey israelita, pero fue derrotado y capturado humillantemente. El resultado fue la demolición del muro de Jerusalén, el saqueo del templo y la toma de rehenes. El cronista explica que eso fue un castigo divino por buscar a los dioses de Edom. Al igual que su padre, fue asesinado por conspiradores, pero su hijo Azarías (Uzías) lo sucedió. **(2)** "El sacerdote de Betel" (Am. 7:10), lo que puede indicar que Amasías era el sacerdote principal de este santuario norteño, una posición también sugerida por la manera autoritaria en la que reprendió e intentó silenciar a Amós. Al reportar a Amós al Rey Jeroboam, actuó como un leal empleado estatal. Él acusó a Amós de conspirar en contra del rey, pero las palabras que atribuyó a Amós distorsionan su mensaje (7:11), ya que las palabras de Amós no fueron dirigidas personalmente a Jeroboam, y omiten el hecho de que Amós predicó como portavoz de Dios (*véase* 7:9). En decirle a Amós que no profetizara, Amasías contradijo de forma directa las palabras de Dios (7:15-16). La oposición de Amasías le valió un oráculo personalmente dirigido a él y su familia sacerdotal (7:17), el único oráculo de Amós contra un individuo. Amasías moriría "en un país inmundo" (NVI), Impidiéndole ejercer funciones sacerdotales. **(3)** Un miembro de la tribu de Simeón (1 Cr. 4:34). **(4)** Un levita del clan de Merari (1 Cr. 6:45).

AMASÍAS El hijo de Zicri que se ofreció como voluntario y fue nombrado comandante del ejército de Josafat. Se le dio a cargo a más de doscientos mil guerreros (2 Cr. 17:16).

AMATISTA Una joya de cuarzo violeta o púrpura. Amatista (Heb. 'Akhlamah; Gr. Amethystos) es la novena de las doce piedras en el pectoral del sumo sacerdote (Éx. 28:19; 39:12) y es la duodécima gema en el muro de la nueva Jerusalén (Ap. 21:20).

AMAV Una tierra "cerca del río [Éufrates]" desde donde Balaam viajó para maldecir a los israelitas (Nm. 22:5). "Amav" aparece en la DHH, NBD, NVI y CST, las cuales siguen la lectura alternativa del texto hebreo. Otras versiones traducen la frase como "tierra natal" (NTV) o "tierra de los hijos de su pueblo" (RVR, RVA), las cuales siguen el texto hebreo. Otras fuentes antiguas traducen la frase como "tierra de los amonitas". Algunos equiparan a Amav con Amau, la ciudad de Mesopotamia.

ÁMBAR El libro de Ezequiel es el único lugar en el Antiguo Testamento donde se menciona esta sustancia (1:4, 27; 8:2 NBD, NBLH, CST; NVI: "metal refulgente"). Allí el profeta lo usa para describir la apariencia de una nube y también la imagen divina. El significado y la etimología de la palabra hebrea (khashmal) son inciertos. Parece ser una sustancia brillante y resplandeciente, posiblemente una aleación de plata y oro. Esto es confirmado por la Septuaginta traduciéndola como ēlektron. Hoy en día, se describe al ámbar como una resina fósil de color marrón amarillento utilizada para hacer joyas y otros adornos.

AMÉN Una transliteración de la raíz de una palabra hebrea que significa "verificar, confirmar", expresando así apoyo y acuerdo. El término se usa de cuatro maneras: **(1)** Para estar de acuerdo con un mandato (1 R. 1:36), profecía (Jer. 11:5,

Ap. 1:7), o juramento solemne (Nm. 5:22) y como un endoso final de un libro (por ejemplo, Gl. 6:18, Jud. 25, Ap. 22:21). **(2)** Para dar una respuesta afirmativa y expresar agradecimiento a Dios en el contexto de la adoración (por ejemplo, 1 Cr. 16:36; Sal. 41:13; Gl. 1:5; Ef. 3:21). **(3)** Por Jesús para presentar dichos importantes. En los Evangelios sinópticos se usa un solo "amén" (Mt. 5:18, Mc. 8:12), mientras que en el Evangelio de Juan el "amén" se duplica (Jn. 1:51; 3:3; 5:19). Algunas versiones adaptan la interpretación "amén", traduciéndola como, por ejemplo, "Muy verdaderamente te digo" (NVI) o "Verdaderamente te digo" (NRSV). La fórmula apunta a la autoridad única de la palabra de Jesús en contraste con los profetas del Antiguo Testamento, quienes hablaron en el nombre del Señor. La interpretación no tiene paralelo en la literatura del Antiguo Testamento, lo que apunta al estado exaltado de Cristo. **(4)** Como un nombre personal para Cristo. Él es llamado "el Amén" en la carta a Laodicea (Ap. 3:14), aludiendo a Is. 65:16, donde Dios se describe dos veces como "el Dios de la verdad" (lit. "el Dios de amén"). Jesús es el verdadero y fiel testigo de la nueva creación en contraste con el lamentable fracaso de los laodicenos, cuyo compromiso y testimonio ineficaz amenazó el juicio inminente.

A través del uso habitual, el "amén" puede convertirse en nada más que un punto final litúrgico, que significa la conclusión de una oración. En realidad, significa un compromiso sincero con lo que se ha dicho o cantado. La seriedad del "amén" se ve en las instrucciones de Moisés al pueblo de Dios (Dt. 27:14-26). El poder del "amén" tiene sus raíces en Cristo, quien es el "Sí" de todas las promesas de Dios; esto a su vez se convierte en la base para el confidente "amén" de su pueblo (2 Cr. 1:20).

AMI Este hombre es un antepasado de una familia que pertenecía a los "siervos de Salomón" (Esd. 2:57; Neh. 7:59 [bajo el nombre "Amón"]) y regresó con Zorobabel en 539 a.C. o poco después. Poco se sabe acerca de este grupo, excepto que probablemente realizaron funciones menores en el templo, ya que se agrupan con los "siervos del templo" (véase Nethinim). El nombre del grupo sugiere que se formaron durante el período de Salomón, aunque podrían haber sido llamados así porque Salomón hizo construir el primer templo.

AMIEL **(1)** Un líder de la tribu de Dan; él fue uno de los enviados por Moisés para hacer reconocimiento de la tierra prometida (Nm. 13:12). **(2)** Un residente de Lo Debar durante el reinado de David en el territorio de Manasés (2 S. 9:4-5; 17:27). **(3)** El padre de Bet-súa (1 Cr. 3:5 [probablemente Betsabé]). **(4)** Hijo de Obed-edom y portero del tabernáculo en tiempos de David (1 Cr. 26:5).

AMIGO DE UN REY Un término técnico que denota a un consejero real. Mientras que en culturas circundantes, donde se encuentran expresiones equivalentes (cf. Gn. 26:26), una pluralidad de "amigos" podía servir al rey, en Israel solo un hombre parece haber tenido esa posición en todo momento (1 R. 4:5; 1 Cr. 27:33). *Véase también* 1 Mac. 10:20; 13:36; 15:32; Jn. 19:12.

AMIGO, AMISTAD El concepto bíblico de amistad involucra una relación de asociación que por lo general implica un grado de cariño y compañerismo. Ejemplos de amistad en el AT incluyen a David y Jonatán (1 S. 20) y Rut y Noemí (Rut 1:16-18; 2:11), cuyas relaciones reflejan un alto grado de cercanía, lealtad, honestidad e intimidad. El libro de los Proverbios relaciona estos mismos ideales a la amistad. Algunos ejemplos son cercanía ("hay un amigo que se queda más cerca que un hermano" [18:24]), lealtad ("no abandones a un amigo ni a un amigo de tu familia" [27:10]), honestidad ("se puede confiar en las heridas de un amigo" [27:6]) e intimidad ("un amigo ama en todo momento" [17:17]).

La Biblia a veces utiliza terminología de amistad para describir las relaciones humanas con Dios. Por ejemplo, Moisés es identificado como un amigo de Dios y privilegiado de hablar cara a cara con Él (Éx. 33:11). También en Jn. 15:13 Jesús dice: "Nadie tiene mayor amor que este: el dar la vida por sus amigos". Entonces, de manera dramática y con gran emoción, Jesús describe a los discípulos como sus "amigos" (Jn. 15:14-16). Claramente un término que quiere

A

reflejar estas mismas cualidades de cercanía, lealtad, honestidad e intimidad.

En el mundo grecorromano del NT, la amistad era un tema popular. De hecho, la mayoría de los filósofos e historiadores del siglo uno escribieron numerosos ensayos sobre la amistad. La importancia del tema se refleja en la declaración de Dion Crisóstomo que las amistados son asociaciones finales, incluso más sagradas que el parentesco (3 Regn. 113). Otros autores grecorromanos del siglo uno que escribieron extensamente sobre el tema de la amistad incluyen a Séneca, Epicteto y Plutarco. Estos autores con frecuencia reflexionan sobre proverbios helénicos que expresan ideas tales como "los amigos son una sola alma" y "para los amigos todas las cosas son en común". Estas frases en realidad datan de los tiempos y escrituras de Aristóteles (384-322 a.C.). Es probable que el concepto de amistad de Aristóteles fuese influenciado por los escritos de Platón (429-347 a.C.), que a su vez fue influenciado por Pitágoras (c. 580-490 a.C.). Esto confirma que el concepto grecorromano de amistad se construyó sobre ideales griegos más antiguos, que siguen siendo abrazados en la era del NT.

Este hecho se verifica en la descripción de Lucas de los creyentes tempranos de la iglesia teniendo "todo en común" (Hch. 2:44) y siendo "uno en corazón y mente" (4:32). Lucas está aludiendo a la realidad de que aquellos que eran parte de la iglesia temprana eran amigos. Sin embargo, en la iglesia primitiva de Lucas, la amistad podía ser compartida por los que no eran iguales socialmente y por personas de diferentes etnias, algo que sería inusual de acuerdo a las costumbres sociales grecorromanas. También la presentación de Lucas de la amistad en Hechos rechaza la necesidad de reciprocidad entre amigos. En otras palabras, los amigos cristianos deben servir y cuidar unos de otros como un acto de amor, sin esperar nada a cambio. Académicos del NT también han visto los ideales de amistad grecorromanos en los escritos de Pablo. Pasajes clave incluyen la resolución de conflicto de Pablo con los corintios (2 Corintios), su reflexión sobre la hospitalidad de los gálatas (Gl. 4:2-20) y la estructura de su carta a los filipenses (algunos ven que esta sigue el modelo de una carta grecorromana de amistad).

Estos textos confirman que la amistad es un importante concepto bíblico. Los ideales del AT de cercanía, lealtad, honestidad e intimidad se ven completamente realizados en el NT. Aquí, los creyentes en Cristo tienen derecho a un nuevo tipo de amistad con Dios. A su vez, esta amistad divina produce un nuevo tipo de relación con otros en la iglesia. Esta relación se caracteriza por el compromiso amoroso de unos a otros y un generoso compartir de bienes y posesiones para satisfacer las necesidades de unos y otros. Todo esto da como resultado un profundo sentido de cercanía y unidad ("una unidad de corazón y alma"). En otras palabras, en Cristo, la iglesia tiene la capacidad de producir los mejores amigos.

AMINADAB Esta palabra aparece solo en Cnt. 6:12 (RVA). Si es un nombre propio (así Septuaginta, RVA), se desconoce la identidad de la persona (NVI margen: "Aminadab"). La expresión parece significar "mi pueblo es principesco" o algo similar. Las Biblias en español varían mucho en sus traducciones, aunque la mayoría toman la expresión como referencia de magníficos carros aptos para una fiesta nupcial. Una buena traducción podría ser: "Antes de darme cuenta, mi deseo me colocó entre los nobles carros de mi pueblo" (*véase* NVI).

AMISABAD Hijo de Benaías ben Joiada, fue un líder de la división militar durante el reinado de David (1 Cr. 27:6).

AMISADAI El líder tribal de Dan en la época del éxodo (Nm. 1:12, 2:25, 7:66, 71, 10:25).

AMIUD Varios líderes tribales en el antiguo Israel tenían un padre con este nombre, que incluía a Elisama de Efraín (Nm. 1:10, *véase* 1 Cr. 7:26), Semuel de Simeón (Nm. 34:20) y Pedael de Neftalí (Nm. 34:28). Las tablas genealógicas en 1 Crónicas también lo mencionan como el nombre de un oficial levítico (7:26; 9:4). También es el nombre del padre de Talmai, el jefe arameo a quien Absalón huyó para obtener asilo después de asesinar a su medio hermano Amnón (2 S. 13:37).

AMNÓN **(1)** El hijo primogénito del rey David (2 S. 3:2). Se enamoró de la belleza de su media hermana Tamar. Luego siguió el consejo de engañarla a ella y a David. Cuando ella le trajo una comida, él la violó. Después, él la despreció. El hermano de Tamar, Absalón, se preocupó por ella y luego engañó a Amnón y David al invitar a Amnón a una fiesta. Allí Absalón mató a Amnón (2 S. 13). David es retratado como un líder ineficaz en todo. **(2)** Hijo de Simón en la genealogía de Judá (1 Cr. 4:20).

AMOC Un sacerdote israelita que regresó a Jerusalén desde el exilio con Zorobabel (Neh. 12: 7) y era el padre de Ebér (Neh. 12:20).

AMÓN **(1)** El decimocuarto rey de Judá (641-640 a.C-) y el hijo de Manasés, continuó sin arrepentirse en la adoración idólatra. Fue asesinado por sus oficiales en su segundo año como rey (2 R. 21: 19-26, 2 Cr. 33: 21-25, Sof. 1: 4, 3:4, 11). **(2)** Un gobernador de la ciudad de Samaria bajo el reinado de Acab de Israel (871-852 a.C.), a quien el rey confió al profeta Micaías para pronunciar una profecía desfavorable (1 R. 22:26). **(3)** Uno de los descendientes de los siervos de Salomón que estaba entre los retornados del exilio bajo el liderazgo de Zorobabel (Neh. 7:59). **(4)** Un dios egipcio cuyo centro estaba en la ciudad de Tebas (Jer. 46:25).

AMÓN, AMONITAS Ben-ammi era el hijo de Lot, quien era sobrino de Abrahán, y menor que las otras dos hijas de Lot (Gn. 9: 36-38). Se le representa como el antepasado de los amonitas, un pueblo transjordano que fue una amenaza permanente para Israel desde el período de desierto hasta el reinado de David. La nación de Amón estaba ubicada al este del Jordán, justo al norte del mar Muerto. Su capital era Rabá y limitaba con Gad al oeste, la media tribu de Manasés al noroeste y Moab al sur (*véase también* Dt. 3:16). Gran parte de la fuente de su disputa fue sobre la fértil tierra de Galaad, que abarcaba el río Jordán y limitaba con Efraín, con la tribu occidental de Manasés, Benjamín y Judá.

El éxodo y el período de los jueces. De acuerdo con el registro bíblico, mientras se movían para entrar a Canaán, Moisés y los israelitas evitaron Amán (Rabá) y marcharon a través de Sijón (Números 21:24-35). Más tarde, a los israelitas se les dijo explícitamente que no atacaran a los amonitas, ya que ese territorio se le dio a los descendientes de Lot (Dt. 2:19, 37).

El primer conflicto entre los amonitas y los israelitas se registra en Jue. 3:13, donde el rey

Las ruinas del templo de Hércules en el siglo II ocupan la ciudadela de la antigua ciudad de Rabá, la capital de Amón.

moabita Eglón se alió con los amonitas (y los amalecitas) contra Aod. En Jue. 10:6-7 los israelitas son castigados por su idolatría siendo puestos bajo control por los filisteos y los amonitas. Jefté dirigió a los galaaditas contra los amonitas, quienes los habían provocado a la batalla.

Esta historia es quizás mejor conocida con respecto al fatídico juramento de Jefté a Yahvé de ofrecer como holocausto lo que sea que salga de su puerta si Yahvé le daba la victoria sobre los amonitas (Jue. 11). Fue su hija quien salió a su encuentro. En Jue. 12 los efraimitas expresaron su disgusto por no haber sido invitados a unirse a la batalla, por lo que llegaron a Jefté, amenazando con incendiar su casa. Jefté respondió que sí los llamó, pero que no vinieron. Se produjo una batalla entre ellos, que desencadenó el famoso incidente shibboleth / sibboleth, en el que las fuerzas de Jefté pudieron identificar a los oponentes efraimitas por su incapacidad para pronunciar el sh.

La monarquía. Durante el temprano período monárquico, el rey amonita Najás rodeó a Jabés de Galaad. En lugar de negociar, los amonitas exigieron que se le sacara el ojo derecho a cada varón jabesita. Pidieron ayuda a Saúl, que vino y masacró a muchos y dispersó el resto (1 S. 11: 1-11). El acto de Saúl fue recordado amablemente cuando, después de su muerte a manos de los filisteos, los hombres de Jabés trajeron los cuerpos de Saúl y sus hijos, los quemaron, enterraron los restos y ayunaron durante siete días (31: 11-13). En 1 S. 12:12 Samuel se refiere al incidente de Najás como el ímpetu del deseo de los israelitas de ser gobernados por un rey.

En 2 S. 10-12 David conquista la capital amonita de Rabá, bajo el gobierno de Hanún, hijo de Najás (*véase también* 1 Cr.19: 1-20; 3). En este tiempo es cuando David tuvo aventura de con Betsabé (2 S. 11-12). Urías, su esposo, murió mientras atacaba a Rabá. Durante la revuelta de su hijo Absalón, David recibió ayuda material de varias fuentes, una de las cuales fue "Sobi, hijo de Najás, oriundo de Rabá, ciudad de los amonitas" (2 S. 17:27). Los matrimonios de Salomón con esposas extranjeras incluían a los amonitas (1 R. 11: 1). Como resultado, Salomón siguió a los dioses extranjeros, incluido "Milcom, el detestable dios de los amonitas" (11: 5). No se menciona cuántas esposas amonitas tuvo Salomón, pero una de ellas, Naama, era la madre de Roboam, el primer rey de Judá durante el reino dividido (14:31).

El reino dividido. Más tarde, durante la monarquía dividida, los amonitas aparecen de nuevo. Amón, Moab y Edom formaron una coalición contra Josafat, rey de Judá (2 Cr. 20: 1-30). Josafat fue victorioso con la ayuda de Dios. Del mismo modo, durante el reinado de Joaquim rey de Judá, una coalición de babilonios, arameos, moabitas y las fuerzas amonita lo atacaron, aunque esta vez fue por dirección de Dios porque "hizo lo malo ante los ojos de Jehová, al igual que sus predecesores habían hecho" (2 R. 23: 36-24:6).

De acuerdo con 2 Cr. 26: 8; 27:5, los amonitas anteriormente habían traído tributo a Uzías y su hijo Josías. Los amonitas aparecen nuevamente en escena justo antes de la caída de Judá. Durante el reinado de Sedequías, una coalición de varias naciones, incluyendo a Amón, fue frustrada por Dios a través de Nabucodonosor de Babilonia (Jer. 27: 1-7).

Los períodos exílico y postexílico. La oposición amonita a Judá continuó. De acuerdo con Jer. 41:10, 15, el asesino del gobernador Godolías encontró refugio entre los amonitas. Más tarde, bajo Nehemías, los amonitas resistieron activamente la reconstrucción de Jerusalén (Neh. 4:1-3). En el período posbíblico, se menciona a los amonitas como aquellos que dieron refugio a Jasón, quien había masacrado a sus conciudadanos (1 Mac. 4:26; 5:7).

Con el tiempo, Rabá se convirtió en una mera sombra de lo que era (*véase* Jer. 25:5) y fue reconstruido por Ptolomeo II Filadelfo (285-246 a.C.), que renombró a la ciudad "Filadelfia". Se convirtió en una ciudad de la Decápolis (un grupo de diez ciudades griegas [*véase* Mt. 4:25; Mc. 5:20; 7:31]).

AMOR

Antiguo Testamento

Precondiciones para amar. De acuerdo al AT, deben existir tres precondiciones para que sepamos lo que significa amar. Primero, tenemos la capacidad de relacionarnos porque estamos hechos a semejanza de un Dios personal. Dios nos creó para corresponderle en amor de manera recíproca, en una relación de amor mutuo.

Segundo, el verdadero significado del amor depende de una verdadera comprensión de Dios, cuyo amor lo lleva a buscar a los seres humanos a pesar de que sus corazones se han alejado de él por otros "amores" sustitutos. Este segundo punto supone que los seres humanos aún aman, pero lo hacen de una manera distorsionada por el pecado. El pecado causa que los seres humanos vivan sus vidas como si Dios no existiera. Sin embargo, Dios en su misericordia ha elegido intervenir a través de sus actos redentores en la historia y mediante un discurso revelador a fin de librar a las personas de la ceguera y la corrupción del pecado. Su empeño en seguir buscando a sus hijos e hijas infieles nos da una idea de cómo es el verdadero amor.

Tercero, la búsqueda de Dios de los seres humanos en la historia fue por medio de la elección y el establecimiento de un pacto. Dios eligió darse a conocer a un pueblo en particular, aquellos que descenderían de Abraham. Dios llamó a Abraham a abandonar su país e ir a un nuevo lugar que heredaría como una nueva patria, donde sus descendientes serían bendecidos (Gn. 12:1-3, 15, 17). La promesa de Dios a Abraham tomó la forma de un pacto eterno, por el cual garantizaba que cumpliría lo que había prometido. Él sería el Dios de los descendientes de Abraham, y ellos serían su pueblo. Ellos recibirían la tierra de Canaán como herencia (17:6-8). En respuesta, los descendientes de Abraham debían obedecer el pacto de Dios circuncidando a sus hijos varones (17:9-14). Este pacto no dependería de la fidelidad humana sino de la fidelidad de Dios. Dios redimiría a esta gente para que sea su propia gente especial.

Varias generaciones más tarde, Dios se dirigió a la gente a través de Moisés, diciéndoles que él los escogió solo por el hecho de que los amaba (Dt. 7:7-8). A través de Moisés, Dios liberó a la gente de la esclavitud en Egipto y les dio la ley. La ley les dijo cómo vivir vidas santas en respuesta a Dios. También incluyó las disposiciones para la expiación a través del sistema sacrificial. En resumen, amar a Dios implicaba obedecer sus estatutos.

Amor en los libros de sabiduría. Los libros de sabiduría del AT: Job, Proverbios y Eclesiastés nos dan una mayor comprensión del significado del amor. Proverbios exhorta a sus lectores: "Sobre todas las cosas, cuida tu corazón, porque este determina el rumbo de tu vida". (4:23). Los afectos de uno son la puerta de entrada a las lealtades del corazón. Una vez que los afectos han sido secuestrados por pasiones pecaminosas, la lealtad a Dios queda subyugada a otro "amo". En la medida en que el pecado usurpe el trono del corazón, guiará el curso de las acciones (es decir, el "camino").

En el libro de Job, Satanás está convencido de que Job sirve a Dios solo porque Dios bendice a Job, por lo que Satanás desafía a Dios para que le permita afligir a Job. Satanás insiste en que si Dios le quita las bendiciones a Job, Job maldecirá a Dios en su cara (1:10-12). Cuando Dios acepta eliminar la cobertura de protección y permite que Job sufra, se reivindica la profundidad del amor de Job por Dios. Aunque perplejo de que Dios le permita soportar tal sufrimiento, él perdura sin abandonar a Dios. Job amaba al dador más que a sus dádivas, por lo que su amor no se convirtió en odio cuando las dádivas de Dios le fueron quitadas.

En el libro de Eclesiastés, Qohelet (el Maestro) reflexiona honestamente sobre las muchas cosas vanas y las disonancias inexplicables que caracterizan la vida "bajo el sol". Solo el amor lleno de fe de Dios puede permitirnos vivir cada momento de la vida con alegría, en lugar de esforzarse por encontrar sentido en las actividades "bajo el sol". Este amor elige confiar en la sabiduría inescrutable de Dios frente a los muchos enigmas, incertidumbres y sufrimientos de la vida. Uno puede hacerlo honestamente debido a la creencia de que el gobierno justo de Dios sobre los asuntos del universo será vindicado en el día venidero del juicio (Ec. 12:14).

Metáfora de matrimonio. La Biblia usa la metáfora del matrimonio para describir la relación del pacto de Dios con su pueblo (Is. 54: 5-8). Esta metáfora captura el carácter íntimo de

A

la relación que Dios desea tener con su pueblo. El matrimonio es la relación humana más íntima de dos maneras. Primero, el matrimonio es una relación en la que el conocimiento es el más íntimo. Un cónyuge puede ver muchos de los defectos que son ocultados a los demás. Por lo tanto, cada cónyuge debe aceptar y amar al otro por quién es esa persona, a pesar de sus imperfecciones. Segundo, la profundidad y la pasión de las expresiones de amor son más íntimas en el matrimonio. En consecuencia, no hay mayor dolor que el causado por la infidelidad a este pacto.

Lamentablemente, a medida que se desarrolla la historia del AT, la "esposa" de Dios lo traiciona. ¿Cómo es eso? Su pueblo adora ídolos en sus corazones (Ez. 14:1-5). Debido a que Dios está celoso del amor exclusivo de su pueblo, la idolatría es la infidelidad espiritual. Dios quiere que tanto la lealtad como el afecto de sus corazones se reserven exclusivamente para él. La gente continúa con las formalidades de la adoración, pero sus corazones se han alejado de Dios. El libro de Oseas ilustra el sentido de traición que Dios siente cuando su pueblo es espiritualmente infiel. Dios le dice a Oseas que se case con una mujer que le será infiel. Posteriormente, ella deja a Oseas por un amante tras otro. Esta historia pretende dar al pueblo de Dios una imagen vívida de lo doloroso que es su traición espiritual hacia él. Su corazón es aplastado por la condición rebelde e idólatra de su pueblo. La esposa de Oseas termina en el mercado como una prostituta, y Dios le dice que la compre y la vuelva a amar.

Nuevo Testamento

La historia del amor de Dios por su pueblo se expande por lo que el Padre hizo siglos después, cuando envió a Jesús a pagar el rescate por los pecados de su pueblo para que pudieran ser sanados de su rebelión y recibir la vida eterna (Jn. 3:16; 17:24). La muerte y la resurrección de Cristo fueron necesarias porque el pecado tenía que ser expiado. Este amor es un regalo gratuito que viene a aquel que confía en Cristo para el perdón del pecado y un corazón nuevo. El nuevo corazón se inclina a agradar a Dios. El don del Espíritu le permite a uno llevar el "fruto" del amor (Gl. 5:22-23). Como hijos implantados de Abraham (Gl. 3:7), los creyentes son llamados por Dios a vivir como peregrinos en su camino hacia una tierra prometida celestial (Heb. 11:9-10; 1 P. 2:11).

Cristo modeló el amor genuino sirviéndonos (Mr. 10:42-45). Su amor debería motivarnos y permitirnos practicar el servicio de sacrificio a otros (Mt. 22:39, 1 Jn. 3:16). También debería hacer que practiquemos la tolerancia, el sufrimiento y el perdón hacia aquellos que nos maltratan (Mt. 18:21-35). Debería hacer que paguemos el mal con el bien (Ro. 12:14). Nuestro amor por la verdad debería motivarnos a actuar en el mejor interés de los demás (1 Co. 13:4-8) con la esperanza de que puedan reconciliarse con Dios (2 Ti. 2:24-26).

AMOR DE HERMANOS Tipo de amor descrito en el Nuevo Testamento. La palabra griega usada para este tipo de amor es filadelfia, que es el mismo nombre que recibe la ciudad. En algunas versiones en inglés se traduce esta palabra como "amor de hermanos" o "cariño de hermanos" para distinguirlo de la otra palabra principal para "amor" que es usa en el Nuevo Testamento: agapē.

La palabra filadelfia está compuesta de dos partes: la primera proviene de la palabra griega para "amor" (philia) y la segunda parte se refiere a la idea de un hermano (adelphē, adelphos). Cada una de estas dos partes ayuda a comprender este concepto. A veces esta palabra para "amor" es vista como un tipo de amor inferior en comparación con lo que la Biblia describe como amor, agapē, pero esta es una simplificación extrema. Las dos palabras pueden funcionar como sinónimos, en la que ambas implican un compromiso fuerte y positivo de devoción por la otra persona.

El componente "de hermanos" podría aludir a un hermano varón, pero particularmente el plural se usaba para señalar a hermanos de ambos géneros (es decir, tanto hermanos como hermanas). Para suscitar este punto, en algunas versiones en español la palabra filadelfia se interpreta como "amor/ afecto mutuo" (NRSV). Especialmente con el surgimiento de la iglesia del Nuevo Testamento como familia (Gálatas 6:10) compuesta por aquellos que son hijos de Dios (y, por lo tanto, serían hermanos y hermanas), esta expresión tomó un significado totalmente nuevo. El "amor de hermanos" comenzó a usarse para aludir a la devoción de familia entre los miembros creyentes que caracterizan a la comunidad cristiana. El amor de hermanos pronto se convirtió en uno de los sellos distintivos de los cristianos tempranos a través del cual incluso sus enemigos a menudo estuvieron obligados a admitir: "Mirad cómo ellos se aman los unos a los otros" (citado por Tertuliano, Apol. 39.7). Pablo instruye a la iglesia en Roma cuando dijo "Ámense los unos a los otros con amor fraternal" (Romanos 12:10 ESV) como parte de su descripción sobre la vida cristiana. Pablo reconoce el origen sobrenatural de este nuevo amor entre los creyentes ("Dios mismo les ha enseñado que ustedes deben amarse los unos a los otros"), que los elogia por su éxito en esta área, pero aún así les solicita que su amor "abunde más y más" (1 Tesalonicenses 4:9-10). El autor del libro de Hebreos, que le escribió a una iglesia que ya estaba pagando el precio de la persecución e incluso en ese momento ya estaba siendo tentada a perder la fe cristiana, simplemente dice: "Sigan amándose unos a otros fraternalmente" (13:1). Pedro aborda este mismo tema (otra vez en cuanto a la persecución de la iglesia) cuando los amonesta al decirles "ámense de todo corazón los unos a los otros", pero él también les recuerda la manera en que este amor necesita ser construido en base a una respuesta de la voluntad sobre la verdad del Evangelio y al flujo de la actitud de un corazón correcto (o "purificado") (1 Pedro 1:22). Pedro también ofrece otra apelación para que continúen trabajando esta área cuando dice: "En fin, únanse todos en un mismo sentir; sean compasivos, misericordiosos y amigables; ámense fraternalmente" (3:8 ESV).

El uso más importante de *filadelfia* es la mención de la penúltima virtud en la lista de las ocho virtudes en 2 Pedro 1:5-7: fe, virtud, entendimiento, dominio propio, constancia, devoción, afecto fraternal y amor. Aquí el amor fraternal debe construirse en la fundación de la fe, virtud, entendimiento y así, y al mismo tiempo, debe ser visto como un peldaño que guía hacia la meta aún más alta del amor *agapē*. El amor fraternal, por lo tanto, implica llevar una vida de fe por medio de la que aprendemos a demostrar nuestro amor por Dios al ministrar las necesidades de los prójimos creyentes específicos que Dios trae a nuestras vidas. El amor fraternal no es del todo en cuanto al segundo gran mandamiento de amar al prójimo como a uno mismo, sino que es un componente clave. Así como Pablo dice, "hagamos bien a todos, y mayormente a los de la familia de la fe" (Gálatas 6:10).

Hermandad e Identidad Israelita

La antigua sociedad israelita estaba organizada fundamentalmente dentro de las líneas del parentesco y la familia. En consecuencia, las relaciones entre hermanos figuran prominentemente en la construcción bíblica de la identidad israelita, que está conceptualizada a través de una serie de relaciones fraternales que abundan en conflicto: Isaac e Ismael, Jacob y Esaú, y los doce hijos de Jacob, cuya relación con José es crucial en la historia de Israel. Mucho después del vitalicio de los patriarcas, los israelitas continuaron con el entendimiento de la estructura de su sociedad y las relaciones existentes dentro de las tribus constituyentes como relaciones fraternales complejas. Las historias patriarcales de Génesis fueron un espejo de las realidades sociales y políticas posteriores. Si la rivalidad entre hermanos de la antigüedad explicaba la competencia entre los grupos sociales ulteriores, la memoria de la hermandad de aquellos grupos también proporcionó una base para la solidaridad dentro de Israel ("nombrarás como tu rey a quien el Señor tu Dios escoja, pero no pondrás como rey tuyo a ningún extranjero" [Deuteronomio 17:15 RVC, ver también ESV]) y con los vecinos cercanos ("No aborrezcas a los edomitas, porque son tus hermanos" [Deuteronomio 23:7 RVC]). De una manera similar, la relación fraternal entre Moisés y Aarón perduró en la sociedad israelita posterior como un modelo para sintetizar las distintas facetas de la religión en un todo coherente.

Para los lectores israelitas posteriores de la Biblia, las relaciones fraternales del Génesis y Éxodo no fueron simples historias sobre ancestros muertos, sino que más bien ellos proporcionaron una explicación imperiosa sobre la organización de la sociedad israelita como ellos la conocían (*ver* Zacarías 11:14), y la relación existente entre Israel y sus vecinos, de los cuales varios eran descendientes de los hermanos de los patriarcas israelitas (*ver* Salmos 83:6; Amós 1:11; Abdías 10; Malaquías 1:2-4). Aunque Hiram y Salomón no rastrearon el origen de su relación con un ancestro común, ellos ampliaron el lenguaje de la alianza fraternal para sí mismos (1 Reyes 9:12-13).

La literatura bíblica cultiva una predilección para el desamparado, por lo que agranda la mención de una larga serie de hermanos jóvenes y desvalidos: los héroes de Israel incluían a Isaac, Jacob, José, Gedeón (Jueces 6:15) y David (1 Samuel 16:11).

La esposa del hermano representaba un caso especial. El hecho de tener relaciones sexuales con la esposa de un hermano estaba estrictamente prohibido (Levítico 18:16; 20:21; *ver también* Marcos 6:18), pero bajo ciertas circunstancias el hombre estaba obligado a casarse con la viuda de su hermano (Deuteronomio 25:5-9; ver las variaciones de esta práctica en Génesis 38:8; Rut 4:5-6). Esta costumbre subyace en una pregunta que le hicieron a Jesús respecto a los siete hermanos, de los cuales todos murieron y que reiteradamente enviudaron a la misma mujer (Mateo 22:24; Marcos 6:17; Lucas 14:26).

Hermanos en el Nuevo Testamento

Entre los doce discípulos de Jesús había varias parejas de hermanos, que incluyen a Pedro y Andrés (Marcos 1:16 pars.) y a Jacobo y Juan que son los hijos de Zebedeo (Marcos 1:19). El mismo Jesús tuvo hermanos (Marcos 3:31-35; Juan 7:3-5; Hechos 1:14), como Jacobo, José, Simón y Judas (Marcos 6:3; *ver también* Gálatas 1:19).

Además de la historia de los siete hermanos que se mencionó anteriormente, muchas de las enseñanzas de Jesús suscitaban ilustraciones de la relación entre hermanos, que incluyen las historias del hijo pródigo (Lucas 15:11-32), del hombre rico y de Lázaro (*ver* Lucas 16:28). Jesús señaló la denigración de un hermano como un pecado particularmente atroz (Mateo 5:22). En el sermón del monte y en otras partes, la palabra "hermano" se presenta no solo en un sentido literal, sino que más bien como algo más general para nuestros prójimos humanos.

A la luz de la concepción del Antiguo Testamento sobre Israel como una nación de hermanos (*ver* Deuteronomio 17:15 y la discusión de arriba), no es sorprendente el hecho de que Jesús y los autores del Nuevo Testamento adoptaran un lenguaje de hermandad para describir a la comunidad cristiana. La "hermandad de creyentes" (1 Pedro 2:17 NVI 1984) es derivada de la hermandad común de cristianos con el mismo Cristo. La hermandad con Cristo no depende del linaje físico, sino que de un compromiso compartido respecto a la obediencia con Dios (Mateo 12:50; 23:8), y esta lealtad es más profunda que la de la familia literal de tal manera que un "hermano puede volverse en contra de un hermano" (Marcos 13:12). La forma predominante para dirigirse a alguien en las epístolas del Nuevo Testamento es "hermanos" y en Hechos a los cristianos se les designa más comúnmente como "los hermanos". Pablo también se refiere a los prójimos judíos, incluyendo a los que no son cristianos, como sus "hermanos" (Hechos 22:1; Romanos 9:3 ESV). *Ver también* Amor de Hermanos.

AMOR INAGOTABLE, GRAN AMOR Una traducción de una palabra hebrea importante, khesed, que se traduce también como "misericordia","bondad", "generosidad" o simplemente "amor". Estrechamente vinculado con la relación de pacto y la fidelidad, podría traducirse como "amor de pacto" o "amor constante". Principalmente utilizado por el amor de Dios hacia su pueblo, es una característica que deberían reflejar hacia Él y hacia los demás. Se menciona con mayor frecuencia en el Salterio. *Ver también* bondad.

AMORREOS Una de las naciones que ocupó parte de Canaán y Transjordania (junto al río Jordán) antes de la conquista de Israel. Aparecen en listas de los pueblos (hasta diez) que ocupan Canaán (por ejemplo, Gn. 15:21, Éx. 3: 8, 17, 23:23, Neh. 9:8). Según la Tabla de las Naciones (Gn. 10), son descendientes de Canaán, uno de los hijos de Cam. Este territorio fue conquistado por Abram y sus fuerzas (Gn. 14) y de hecho, Abram vivía "cerca de los grandes árboles de Mamre el amorreo" (14:13). Más tarde, los israelitas permanecerían esclavizados por cuatro generaciones porque el pecado de los amorreos no ha alcanzado su plena medida (15:16).

El nombre es de origen acadio (amurru) y se refiere a la porción occidental de Mesopotamia. Hacia el final del tercer milenio antes de Cristo, los amorreos abundaban en las ciudades de Mesopotamia, lo que finalmente condujo al control amorreo de Babilonia alrededor de 2000-1595 a.C. Durante este tiempo los reyes de Babilonia tenían nombres amorreos, uno de los cuales era el famoso Hammurabi (1792-1750 a.C.). Los amorreos estaban constantemente en conflicto con los israelitas.

Debían ser expulsados de Canaán, junto con los otros pueblos cananeos (Éx. 23:23, 33: 2). En Nm. 21:21 los amorreos son mencionados como una nación a través de la cual Israel debería ir para llegar a Canaán. El rey Sihón se negó, se produjo una guerra, y los israelitas salieron victoriosos y se establecieron en la tierra de los amorreos (Nm. 21:31).

Los amorreos son mencionados numerosas veces a lo largo del Antiguo Testamento. En ocasiones, el nombre simplemente representa a la población general de Canaán (como "cananeos" [por ejemplo, Jos. 24:15]). Esto ilustra que durante gran parte del período bíblico, los amorreos no eran tanto una designación étnica o cultural específica, sino que se habían asimilado a la población general cananea. Esta influencia amorita y mixta sobre Israel se expresa ampliamente en la alegoría de Ezequiel sobre la Jerusalén infiel (Ezequiel 16, especialmente versos 3, 45).

AMÓS Fue el primero de los profetas que escribieron, ministrando durante los largos reinados de Uzías (769-733 a.C.) y Jeroboam II (784-748 a.C). Durante este período, Judá e Israel fueron prósperos y seguros, lo que hizo que las amenazas de Amós suenen ridículas; sin embargo, se cumplieron rápidamente. Después de la muerte de Jeroboam, el reino del norte se deterioró rápidamente (terminando en 722 a.C.).

Amós era un *noqed* ("pastor de ovejas"), una palabra usada por Mesa, rey de Moab (2 R. 3: 4) e indicaba a un criador o vendedor de ovejas, no un pastor rústico (ro'eh). A pesar de ser un campeón de los pobres (Amos 2: 6-7), Amós pudo haber sido rico, por lo que criticó a su propia clase social. Su ciudad natal de Tecoa, a dieciséis kilómetros al sur de Jerusalén, era un centro de trabajo pastoral. Amós se llamó a sí mismo *boqer* ("pastor"), una palabra que no especifica qué animales crio y dijo que se preocupaba por las "higueras" (7:14). La fruta y las hojas de las higueras se usaron como alimento de invierno para el ganado, por lo que estas fueron

Amós cuidaba los sicomoros, como el que se muestra aquí.

A

dos actividades profesionales vinculadas. Amós no era un profeta de oficio y presumiblemente finalmente regresó a su profesión. Los orígenes judíos de Amós influyeron en su predicación al Israel pecaminoso. El libro de la profecía de Amós comienza con oráculos contra ocho naciones que una vez fueron parte del imperio de David (1:3-2: 16) y termina con la promesa de un imperio davídico restaurado (9: 11-12). El hecho de que Amós viniera del sur y hablara en el norte insinuaba la próxima reunificación davídica de las naciones gemelas. Las palabras de Dios a través de Amós se representan como procedentes de Sión (= Jerusalén), la capital de David (1: 2).

La profecía de Amós registra lo que "vio" (1:1), la palabra indica que "vio [en una visión]", y culmina con cinco visiones. El sacerdote Amasías usó el término "vidente" en un sentido despectivo:"¡Fuera, vidente!" (7:12). El altercado con Amasías es el único incidente del ministerio de Amós que ha sido narrado (7: 10-17). Amasías lo acusó de sedición porque habló en el santuario real de Betel. Le dijeron a Amos que "comiera pan" (literalmente) en Judá, es decir, que se ganara la vida allí, Amasías implicaba que Amós estaba motivado comercialmente. En respuesta a los insultos de Amasías, Amos dijo: "Yo no era profeta ni hijo de profeta", es decir, no era profeta de profesión y negaba ser miembro de ningún gremio profético (*véase* "los hijos de los profetas" en 2 R. 2). En cambio, Amós enfatizó en el llamado e iniciativa divina y solo con eso explicaba sus actividades proféticas (7:15).

AMÓS, LIBRO DE Amós está muy preocupado en el juicio de oráculos contra las naciones, particularmente Judá e Israel. Memorable por los paralelismos numéricos que comienzan una serie de discursos contra varias naciones ("Por tres pecados de X... incluso cuatro... [1:3, 6, 9, 11, 13; 2: 1, 4, 6]), el libro también concluye con una poderosa anticipación de la restauración de Israel y la "tienda caída de David", que el Nuevo Testamento entiende que se trata de Jesús, el hijo mayor de David.

Antecedentes Históricos

La inscripción señala la profecía de Amós a "dos años antes del terremoto, cuando Uzías era rey de Judá y Jeroboam hijo de Joás era rey de Israel" (1:1). La fecha exacta del terremoto es desconocida, pero podemos fechar aproximadamente el reinado de Uzías hasta 769-733 a.C. y el de Jeroboam II hasta 784-748 a.C., por lo que parece que Amós operó en algún momento de la confluencia del reinado de Uzías con Jeroboam (769). -748 a.C.).

La era de estos dos reyes fue una época de gran prosperidad material (2 R. 14: 25-28, 2 Cr. 26:6-8). Asiria era relativamente débil, aunque había conquistado a uno de los enemigos más cercanos de Israel, Siria, con su capital en Damasco. En ausencia de estos u otros rivales importantes, Israel y Judá podrían crecer. Sin embargo, junto con el crecimiento económico vino la confusión espiritual y la oscuridad ética, que Amós aborda.

Aunque Amós predica durante un período de prosperidad para Israel, él prevé el juicio venidero de Dios contra sus pecados en la forma de un enemigo poderoso (3:11; 5: 3, 27; 6: 6-14; 7:9, 17; 9: 4). Este enemigo resultaría ser Asiria, que comenzaría su poderosa expansión hacia el oeste bajo Tiglat-pileser III (744-727 a.C.) y finalmente incorporaría Israel bajo Salmanasar V y Sargón II en 722 a.C. Judá se encontraría a la sombra de esta emergente superpotencia.

Amós vino de Tecoa, una ciudad a solo ocho kilómetros al sur de Belén, que a su vez está a 6 kilómetros al sur de Jerusalén. A pesar de que era de Judá, su ministerio se dirigió principalmente hacia el reino del norte, lo que provocó que un sacerdote del norte, Amasías, le pidiera que regresara a su lugar de origen (7: 10-17). Amós se describe a sí mismo como un pastor que cuidó rebaños (1: 1, 7:15) y como uno que se ocupó de las higueras de sicómoro (7:14). El debate ha sido incesante sobre si esto apunta a su ubicación en las clases altas o bajas de la sociedad.

Consideraciones Literarias y Nociones Generales

El libro de Amós contiene una cantidad de oráculos, en su mayoría juicio, pero algo de salvación. Estos oráculos están dirigidos a las naciones circundantes (Damasco, Gaza, Tiro, Edom, Amón y Moab) y luego a Judá e Israel, y en ese orden. El orden, comenzando con las naciones extranjeras y luego moviéndose a Judá y finalmente a Israel, es intencional.

La audiencia original a la que se dirige Amós estaba ubicada en Judá y especialmente en Israel. Uno puede imaginar una audiencia comprensiva ante la declaración de juicio violento sobre las naciones, pero luego Amós hábilmente se mueve hacia la propia gente de Dios. Como demuestra la siguiente estructura, Israel fue la audiencia principal que recibió el castigo más sostenido:

I. Inscripción (1: 1)
II. Introducción al mensaje (1: 2)
III. Los oráculos proféticos (1: 3-6: 14)
  A. Oráculos de juicio contra las naciones circundantes (1: 3-2: 5)
    1. Siria (representada por Damasco, 1: 3-5)
    2. Filistea (representada por Gaza; 1: 6-8)
    3. Tiro (1: 9-10)
    4. Edom (1: 11-12)
    5. Amón (1: 13-15)
    6. Moab (2:1–3) Moab (2: 1-3)
    7. Judá (2: 4-5)
  B. Oráculos de juicio contra Israel (2: 6-6: 14)
IV. Las visiones proféticas (7: 1-9: 15)

Notable en la sección final es el oráculo final, que es uno de los pocos oráculos de salvación en el libro. Amós 9: 11-15 en particular espera la futura restauración de Israel: la restauración de la casa de David, que se representa como una renovación de la tienda caída de David.

Mensaje Teológico

Amós tiene un mensaje de juicio divino contra el pueblo de Dios, particularmente aquellos en el reino del norte. Dios es soberano y se encargará del castigo apropiado. Dios controla a las naciones, por lo que puede levantar un enemigo para traer la destrucción a Israel, así como a otras naciones ofensivas. Aunque las naciones son la herramienta de su ira, no debe haber ningún error que es Dios mismo quien está detrás de su castigo (1:4; 3:2, 14; 9: 4). El castigo es por motivo de la idolatría y violaciones éticas, particularmente por injusticia social. El pueblo de Dios adoró dioses falsos (2:8; 5:5, 26; 7: 9-13; 8:14). Además, las clases ricas se permitían los pecados y oprimían a las clases bajas (2: 7-8, 5:12, 8: 6). Amós también es conocido por ser el primero en usar el lenguaje del "día del Señor" (5: 18-20). Aunque esta parece ser la primera mención de este día en la Escritura, la forma en que Amós se refiere indica que ya era conocida en su sociedad. El pueblo pensó que el día del Señor sería bueno para ellos, pero Amós dice que debido a sus pecados, será horrible. El día del Señor es el día de la venida de Dios como un guerrero para juzgar a los pecadores.

Conexiones del Nuevo Testamento

El Nuevo Testamento comparte la preocupación de Amós por la justicia social (por ejemplo, 1 Cor. 11:22; Sant. 2:1-10). Más específicamente, Amós es citado en el Nuevo Testamento varias veces, mostrando que los autores del Nuevo Testamento creen que sus expectativas para el futuro se están cumpliendo en su tiempo (compare Am. 5:15 con Rom. 12: 9; Am. 5:25 con Hch. 7:24). Lo más interesante es la comprensión de la iglesia primitiva de Am. 9: 11-12, citado por el concilio de Jerusalén en Hch. 15: 16-17. Aquí, uno de los líderes, Santiago, argumenta que la incorporación de los gentiles al pueblo de Dios cumple la promesa de Dios de reunificar a Israel.

AMOZ El padre del profeta Isaías (2 R. 19: 2; Is. 1:1). Las trece apariciones de este nombre aparecen en la frase "Isaías hijo de Amoz". Un antiguo sello hebreo dice "Amoz el escriba".

AMPLIATO Un cristiano de Roma que fue recibido por Pablo como uno "a quien amo en el Señor" (Ro. 16:8). Dado que "Ampliato" por lo general era un nombre de esclavo, es probable que o bien fuera un esclavo o lo haya sido

A

en el pasado. Debido a que él era conocido personalmente por Pablo, quien aún no había visitado Roma, seguramente conoció a Pablo antes de venir a Roma.

AMRAFEL Un miembro de la coalición de cuatro reyes que allanaron Canaán durante el período de vida de Abraham (Gn. 14:1,9). Derrotaron a cinco reyes locales, saquearon el área y secuestraron a Lot junto con otras personas. Según Gn. 14, Abraham fue y derrotó a estos reyes, recuperó el botín y rescató a Lot y a los otros cautivos. Amrafel era el rey de Seenar (es decir, Babilonia). En un momento, se pensó que Amrafel era el famoso Hammurabi, un antiguo rey de Babilonia, pero hoy esta identificación es dudosa. Puede ser un oscuro rey menor del área de Babilonia anterior a Hammurabi.

Este amuleto que contenía conjuros contra la fiebre se habría enrollado en un estuche y se habría atado alrededor del cuello de una persona enferma.

AMRAM **(1)** Nieto de Leví, hijo de Coat (Éx. 6:16-18, 1 Cr. 6: 1-2) y el padre de Aarón, Moisés y Miriam (Éx. 6:20; 1 Cr. 6: 3). Dentro de varias tradiciones judías, Amram recibe un trato generoso (*véase* Josefo, Ant. 2.210-23, L.A.B. 9), pero el texto bíblico incluye una mención específica de Amram solo en listas genealógicas. Sin embargo, se nos dice que sus descendientes, los Amramitas, fueron responsables del cuidado del santuario en el desierto (Nm. 3: 27-28) y más tarde de los tesoros (1 Cr. 26: 23-26). **(2)** El hijo de Bani (Esd. 10:34) quien, después del exilio, se encontraba entre los mandados por Esdras para "separarse" de su esposa extranjera.

AMSI **(1)** Un descendiente de Levi y antepasado de Etán, un músico nombrado por el rey David (1 Cr. 6:46). **(2)** Un descendiente de Leví y antepasado de Adaías, un sacerdote durante el tiempo de Nehemías (Neh. 11:12).

AMULETO MÁGICO Objeto condenado en la denuncia de falsas profetisas de Ezequiel que profetizaban bajo su propia inspiración (Ez. 13:18). Era un objeto cosido colocado en la muñeca y asociado con velos de diferentes largos.

Aunque se desconoce la función exacta, este objeto se usaba en prácticas mágicas que implicaban "la caza de almas". Los israelitas probablemente derivaron esta práctica de Mesopotamia, una civilización arraigada en la magia.

AMULETO Un talismán hecho de piedras semipreciosas, perlas o metales preciosos, a menudo inscritos con símbolos religiosos o encantamientos mágicos. Los amuletos se usaban para evitar que los espíritus malignos ingresaran al cuerpo, restringiendo su destrucción y asegurando el bienestar físico y material.

ANÁ **(1)** Uno de los hijos de Zibeón, él fue el padre de Aholibama, una de las esposas de Esaú (Gn. 36: 2, 1 Cr. 1:40). A Aná se le atribuye un descubrimiento en el desierto (Gn. 36:24). Lo que descubrió está sujeto a debate (NVI, NBD: "fuentes termales"; RVA: "mulos"; otros sugieren "espíritus en forma de serpientes"). **(2)** Uno de los siete hijos de Seir, y uno de los principales entre los horeos (Gn. 36:20, 29, 1 Cr. 1:38, 41). La relación entre estos dos hombres llamados "Aná" no está clara debido a las dificultades textuales.

ANA La madre de Samuel y una de las dos esposas de Elcana de Ramá. Regularmente era provocada por su otra esposa, Penina, que tenía hijos, porque Dios le había cerrado el vientre

(1 S. 1:6). Pero un año, mientras adoraba en Siloh, ella oró por un hijo, que ella prometió dedicar a Dios (1:9-11). Aunque el sacerdote Eli confundió su angustia con ebriedad, él subsecuentemente la bendijo. Posteriormente ella dio a luz a Samuel y lo dedicó (1:26-28) y anualmente le proveía una túnica (2:19). La oración de Ana (2:1-10) con frecuencia es destacada por su similitud con la posterior plegaria de María, la madre de Jesús (Lc. 1:46-55), ambas celebran la humillación de los ricos y poderosos por parte de Dios y la exaltación del pobre y humilde.

ANA Una anciana profetiza judía en la época del nacimiento de Jesús. Ana es la hija de Fanuel y proviene de la tribu de Aser (Lc. 2:36). Estuvo casada por solo siete años y se mantuvo viuda ya sea por ochenta y cuatro años o hasta la edad de ochenta y cuatro. Esta devota mujer adoraba diariamente en el templo de Jerusalén y se mantenía constantemente en oración y ayuno (2:37). Ana estuvo presente cuando el niño Jesús fue dedicado, donde ella respondió con adoración a Dios y habló proféticamente sobre el niño (2:38).

ANAB Una ciudad ubicada en la región montañosa de Judá, una de las ciudades de los anaquitas, junto con Hebrón y Debir. Josué conquistó estas ciudades (Jos. 11:21) y se las dio a la tribu de Judá como herencia (15:50).

ANAJARAT Una ciudad ubicada en el valle de Jezreel que perteneció a Isacar (Josué 19:19). Anajarat aparece entre la lista de ciudades conquistadas por el faraón Tutmosis III (aprox. 1450 a.C.). Se identifica con el moderno Tell el-Mukharkhash, a 8 kilómetros al sudeste del Monte Tabor.

ANALES DE LOS REYES En 1-2 Reyes hay dieciocho referencias al "libro de las crónicas de los reyes de Israel" (por ejemplo, 1 R. 14:19; 15:31) y quince al "libro de los anales de los reyes de Judá "(1 R. 14:29; 15:7). Estas obras (ahora perdidas) podrían identificar las fuentes de las cuales se extrajo información o al menos dónde se puede obtener más información sobre un rey. Los títulos implican que fue el genio del autor bíblico combinar estas historias y producir una historia coordinada de los dos reinos.

ANAMELEC Uno de los dioses (junto con Adramelec) adorado por los sefarditas. Parte de esta adoración incluía el sacrificio de niños (2 R. 17:31). La identificación de esta deidad es incierta, pero está asociada con el dios mesopotámico Anu (el nombre significa "Anu es el rey"). *Véase también* Adramelec.

ANAMELECH *Véase* Anamelec.

ANAMEOS Uno de los hijos de Mizraim (Gn. 10:13) y nieto de Cam. Los descendientes de Cam se convirtieron en los pueblos del norte de África y pueden compararse con Cirene en la actual Libia.

ANAMIM *Véase* Anameos.

ANÁN Uno de los "líderes del pueblo" que selló el convenio con Dios después de la lectura pública de la ley por Esdras (Neh. 10:26).

ANANI El hijo de Elioenai y el último descendiente registrado de Joaquín (1 Cr. 3:24). Posiblemente se lo menciona en una carta de judíos a Bagoas, el gobernador persa de Judá en el siglo V a.C.

ANANÍAS **(1)** El padre de Maseías y el abuelo de Azarías (Neh. 3:23). Algunos eruditos lo identifican como Anán (Neh. 10:26) o Ananí (1 Cr. 3:24) ya que ambos nombres son formas abreviadas de "Ananías". **(2)** Un lugar en Benjamín a unos seis kilómetros al noroeste de Jerusalén (Neh. 11:32).

ANANÍAS Forma griega del nombre común hebreo "Hananías". **(1)** Un miembro de la iglesia de Jerusalén cuya muerte fue seguida por la de su esposa, Safira, como resultado de haber retenido parte de sus posesiones (Hch. 5:1-11). Pedro reprendió a Ananías y a la decepción de Safira por mentirle o probar al "Espíritu Santo" (vers. 3,5). Este incidente se comprende mejor en el contexto de Hch. 2-4, que describe como está estrechamente relacionado el estar "lleno del Espíritu Santo" (2:4; 4:31), la difusión del evangelio (2:40; 4:4) y compartición comunitaria de las posesiones (2: 44-45; 4: 32-37). **(2)** Un discípulo de Damasco que ayudó a restaurar la visión de Saulo y lo bautizó de acuerdo con la dirección del Señor en una visión (Hch. 9). En Hch. 22:12, Pablo describe a Ananías como "un observador devoto de la ley y muy respetado por todos los judíos que viven [en Damasco]". Él fue quien informó a Pablo de su llamado como testigo de Jesús a todas las personas (22: 12-15). **(3)** Un sumo sacerdote de Jerusalén durante los años 47-58 d.C. Presidió el interrogatorio de Pablo en el Sanedrín de Jerusalén (Hch. 23: 1-10) y testificó en contra de Pablo ante Félix (24:1). Su carácter está bien ilustrado en su orden de golpear a Pablo en la boca, sobre lo cual Pablo lo llama un "muro encalado" y lo considera no apto para el sumo sacerdocio (23: 2-5). Siendo una figura pro-romana, Ananías fue asesinado por los fanáticos en el año 66 d.C.

ANAQUITAS Los descendientes de Anaco, los anakitas (NTV:"Anaceos"), conocidos por su altura (Dt. 2:10, 21; 9: 2), habitaban la región montañosa de Judea cuando los espías israelitas entraron en la tierra (Nm. 13: 21-33; Dt. 1:28). Los espías los vieron como Nefilitas (Nm. 13:33; *véase* Gn. 6:4). Arbá, un héroe entre los anaquitas, dio su nombre a Quiriat Arbá (Jos. 14:15), más tarde a Hebrón (Jos. 15:13-14; Jue. 1:20). Los anaquitas estaban relacionados con los refaitas, originalmente de las regiones de Moab y Amón, pero fueron destruidos en el momento de la conquista (Dt. 2:10-11, 20-21). Después de que Josué destruyó por completo las viviendas anaquitas en la región montañosa, el resto se fueron hacia el oeste y vivieron en las ciudades filisteas de Gaza, Gat y Asdod (Josué 11: 21-22).

ANÁS Un influyente sumo sacerdote que participó en el juicio y la muerte de Jesús (Jn. 18: 12-24). Anás sirvió como sumo sacerdote en el año 6 al 15 d.C y continuó como sumo sacerdote emérito, mientras que su yerno Caifás ocupaba esa posición como cargo oficial. Inmediatamente después de que Jesús fue arrestado (y antes de ser enviado a Caifás), lo llevaron a Anás, quien lo interrogó acerca de sus discípulos y su enseñanza. Su nombre encabeza la lista de miembros importantes del Sanedrín cuando Pedro y Juan fueron arrestados (Hch. 4: 6), lo que sugiere que él era una figura dominante del partido sumo sacerdotal.

ANAT El padre de Samgar el juez (Jue. 3:31; 5:6). Este nombre también está asociado con una diosa canaanita de guerra, al igual que con diosas egipcias y sirias.

ANATEMA Una palabra griega transcrita al español que significa "maldición" (ver NVI). Pablo invoca a aquellos que pervierten o rechazan el evangelio de la gracia gratuita de Dios en Cristo. En tales casos, equivale a pronunciar un resultado de condenación eterna (1 Co. 16:22; Gl. 1: 8-9). Tal era el deseo de Pablo de que sus compañeros judíos se salvaran para poder desear ser anatema en sus nombre (Ro. 9: 3). En 1 Cr. 12:3 Pablo dice que nadie que hable por el Espíritu de Dios puede pronunciar una maldición (anatema) sobre Jesús. En la Septuaginta, el anatema se refiere a lo que se le ofrece a la deidad. Algunas veces esta ofrenda involucraba la destrucción total de lo que se había dedicado, un ejemplo notable fueron las ciudades de Canaán durante el tiempo de la conquista de Israel (Nm. 21:3; Jos. 7: 1, 11-13). Este sentido se retiene en el Nuevo Testamento solo en Lc. 21:5.

ANATOT **(1)** Anatot (cerca de la moderna Anata, que conserva el nombre) estaba a unos pocos kilómetros al noreste de Jerusalén en el reparto tribal dado a Benjamín. Esta aldea fue asignada a los levitas (Jos. 21:18, 1 Cr. 6:60). Fue el pueblo donde Salomón envió a Abiatar después de que fue destituido del sacerdocio (1 Re. 2:26). Anatot fue también la ciudad natal de Abiezer, uno de los treinta poderosos hombres de David, al igual que otro de sus guerreros, Jehú (1 Cr. 12:3). Fue catalogado como un pueblo que sería objeto de juicio debido a los pecados del pueblo de Dios (Is. 10:30). Después del destierro, los hombres de Anatot volvieron de Babilonia a Judá (Esd. 2:23) y la ciudad misma se volvió a poblar (Neh. 11:32). El residente más famoso de la ciudad fue el profeta Jeremías (Jer. 1:1). **(2)** Un descendiente de Benjamín a través de su hijo Béquer (1 Cr. 7:8). **(3)** Uno de los líderes que selló la renovación del convenio en el tiempo de Edras y Nehemías (Neh.10:19).

ANATOT *Véase* Anatotita.

ANATOTÍAS Uno de los hijos de Sasac, de la tribu de Benjamín. Su nombre se encuentra en la genealogía más larga de Benjamín (1 Crónicas 8:24).

ANATOTITA Se refiere a un habitante de Anatot (1 Cr. 12: 3 [RVA:"Anathothita"]), una ciudad levítica en Benjamín (Jos. 15:24, 1 R. 4:16).

ANCESTRO Una persona de la cual una persona o grupo ha descendido en un sentido físico o espiritual. Para Israel, el concepto de los antepasados y de su Dios fue de gran importancia para determinar tanto la identidad como la práctica religiosa. Los conceptos bíblicos tales como el convenio y la promesa encontraron su expresión principalmente en el Antiguo Testamento en términos de los acuerdos ancestrales establecidos con Dios (Dt. 6:10; 9:5; 29:13; 30:20; *véase* Gn. 12:1-7).

El efecto de los antepasados en la condición espiritual de uno podría tener implicaciones positivas o negativas (Éx. 3:13, Jos. 24: 14-15, 2 Tim. 1:5, Heb. 11). El pueblo de Israel es descrito sufriendo un juicio por sus pecados como por los de sus antepasados, pero también puede encontrar el arrepentimiento y la esperanza debido a las mismas relaciones (Zac. 1: 4-6; Mal. 1: 1-5). Hay trece listas de genealogía en el Antiguo Testamento y dos en el Nuevo Testamento, aunque hay numerosos pasajes que incluyen linajes más limitados para identificar a un individuo. Las listas genealógicas también podrían funcionar para engendrar una noción de comunidad de relación fuera de las líneas unifamiliares, como cuando se dan genealogías familiares extendidas (Gn. 10; 25: 12-18; 36: 1-30). Para los sacerdotes y reyes era de suma importancia poder establecer una identidad ancestral. Esta necesidad puede haber jugado un papel en al menos dos discusiones de Jesús. Sus listas genealógicas en ambos Mt. 1 y Lc. 3 establecieron su reclamo a la línea de David, y su ascendencia espiritual en la persona de Melquisedec en Heb. 7 le concedió un estatus superior al sacerdocio de Leví. La adoración de los antepasados, o el relacionado pero distinto culto de los muertos, era común en casi todas las culturas con las que Israel interactuaba y puede haber encontrado expresión en la práctica popular entre los israelitas, como lo evidencia el aparente abandono de dones en varias tumbas en Palestina (*véase* Ez. 43:7-9). Sin embargo, el registro bíblico es consistente a lo largo de que tales prácticas fueron prohibidas. Entre las leyes centradas en el tema de la adoración ancestral se encontraban las restricciones para consultar a los muertos (Dt. 18:11), dar ofrendas a los muertos (Dt. 26:14), auto laceración por los muertos (Dt. 14:1). Jer. 16:6) y buscar antepasados para predecir el futuro (Is. 8:19; 65: 4-8).

ANCIANO DE DÍAS La designación "Anciano de días" aparece como un título para el Dios soberano sentado en su trono celestial en la visión de Daniel en Dn. 7: 9, 13, 22. En esta imagen simbólica, la ropa blanca de Dios simboliza la pureza y la rectitud, su pelo blanco como la lana indica su antigüedad, y su trono ardiente representa su asombroso poder. En la visión de Daniel una segunda figura, el celestial "Hijo del Hombre" (o, "uno como un ser humano") viene con las nubes del cielo ante el Anciano de Días y recibe autoridad, gloria, poder soberano, la adoración de todas las naciones y un reino eterno (Dn. 7: 13-14). En los Evangelios, Jesús se identifica como este Hijo celestial del hombre que vendrá con las nubes del cielo (Mt. 24:30; 26:64; Mc. 13:26; 14:62; Lc. 21:27, 69). Un pasaje relevante sobre el Anciano de días en Dn. 7 es Ap. 1: 14-16, donde Juan ve una figura celestial en la que se combinan las características del Hijo celestial del hombre y el Anciano de días. Las imágenes que caracterizan a la última figura (pelo blanco, presencia ardiente) ahora se aplican a Jesús, indicando que el Hijo del Hombre es igual al Anciano de Días en gloria y autoridad.

ANCIANO El término "anciano" se usa de variadas formas en las Escrituras para describir a un hombre mayor, una persona de autoridad o un líder designado en una oficina de la iglesia.

A

Antiguo Testamento. La primera instancia de "anciano" en el AT es en Éx. 3:16, donde Moisés llama a los ancianos de Israel a reunirse. Estos hombres, setenta en total, probablemente era los líderes de diferentes familias en Israel (Nm. 11:16, 24; Dt. 19:12; 21:19). El término "anciano" probablemente indica tanto su función como líderes como su edad. Eran líderes talentosos, pero también eran más sabios debido a sus experiencias de vida. Los ancianos ejercían autoridad civil y judicial en las ciudades y pueblos de Israel. Hacían juicios de varios tipos, tales como disciplinar a un hijo rebelde (Dt. 21:18-21), limpiar la reputación de una joven virgen que pudiese haber sido calumniada (22:13-19) y urgiendo obediencia a la ley y mandamientos de Dios (27:1).

Nuevo Testamento. En los Evangelios, "los ancianos" son nombrados junto con los líderes de los sacerdotes como autoridades regentes en Israel. Parecen haber sido los miembros no sacerdotales del Sanedrín y, como los fariseos, escribas y jefes de los sacerdotes están en frecuente conflicto con Jesús (e.g., Mt. 16:21; 26:3; 28:12; Mc. 7:3; 8:31; Lc. 7:3; 9:22). En el libro de Hechos entran en conflicto con los apóstoles en Jerusalén (Hch. 4:23) y están involucrados en la sentencia y ejecución del primer mártir, Esteban (6:12; 7:54-60). Siguiendo el modelo del judaísmo, líderes en la iglesia del siglo uno son frecuentemente llamados "ancianos" (presbyteroi [e.g., Hec. 11:30; 14:23]). En las Epístolas Pastorales los ancianos y "supervisores" (o "obispos" [episkopoi]) parecen denotar el mismo cargo de liderazgo. Pablo explícitamente se enfoca en el carácter de los ancianos cuando lista las calificaciones en 1 Ti. 3:1-7; Tit. 1:5-9. Los ancianos deben ser irreprochables en carácter y comportamiento. Esto incluye ser el esposo de una mujer, moderado, auto controlado, respetable, hospitalario, capaz de enseñar, no dado a la ebriedad, no violento, sino gentil, no beligerante, no amante del dinero. Cada anciano debe manejar su propia familia bien y requerir la obediencia y respeto de sus hijos.

No debe ser un converso reciente y debe tener buena reputación con los forasteros. Si el anciano no maneja apropiadamente a su familia, ¿cómo puede cuidar de la iglesia de Dios (1 Tim. 3:5)? El llamado de Dios a liderar la iglesia requiere personas de carácter piadoso. Los ancianos no solo enseñan y lideran (1 Ti. 3:2; 5:17), sino que también están llamados a pastorear el rebaño. El apóstol Pedro provee conocimiento de cómo un anciano debe liderar, exhortándolos a pastorear no bajo obligación, sino voluntariamente y a través del ejemplo (1 P. 5:1-5). Deberían seguir el ejemplo del pastor principal, Jesús (5:4). Este liderazgo debe realizarse con humildad, ya que Dios se opone al orgullo (5:5). La última mención de los ancianos en el NT es en la visión celestial dada en el libro del Apocalipsis. En Ap. 19:4, veinticuatro ancianos se dice que sirven en un rol sacerdotal como parte de la adoración ante Dios. La identidad de estos ancianos es incierta. Pueden ser seres angelicales o representantes de las doce tribus de Israel y los doce apóstoles.

Anclas antiguas en exhibición en Cesarea, Israel.

ANCLA Dispositivo utilizado para asegurar un barco u otro buque en el fondo del mar para evitar que se desplace. No se mencionan anclas en el Antiguo Testamento, probablemente porque los israelitas no solían ser gente de alta mar. Sin embargo, este término se usa en el Nuevo Testamento, específicamente en referencia al naufragio de Pablo (Hch. 27) y metafóricamente para describir la seguridad de nuestra esperanza en Cristo (Heb. 6:19).

ANDRÉS Uno de los doce apóstoles y hermano de Pedro, su contraparte más famosa. Andrés vino de Betsaida en Galilea (Jn. 1:44), aunque vivió y trabajó con Pedro en Capernaúm como pescador (Mt. 4:18). Al principio, un discípulo de Juan el Bautista, él, con un discípulo no identificado (posiblemente Juan), transfirió su lealtad a Jesús (Jn. 1: 35-40). Su primer acto registrado fue llevar a su hermano a Jesús (1: 41-42). Posteriormente, fue llamado por Jesús para convertirse en un seguidor permanente (Mt. 4:19) y luego fue nombrado apóstol (Mt. 10:2).

ANDRÓNICO Un judío que fue recibido como pariente o compatriota de Pablo en Romanos (16:7). Está vinculado con Junias (NVI) o Junia (RVA), un hombre o una mujer (su esposa), según la ortografía. Un creyente antes que Pablo, Andrónico había sido encarcelado y era "sobresaliente entre los apóstoles", sugiriendo que era respetado o era parte de ese grupo.

ANEM Una ciudad levítica asignada a los gersonitas entre la tribu de Isacar, que significa "dos fuentes" (1 Cr. 6:73). Anteriormente era conocido como En-ganín, que significa "fuente de jardines" (Josué 19:21). Se identifica con Jenin de la actualidad.

ANER **(1)** Un jefe amorreo que se alió con Abrahán en la búsqueda de los cuatro reyes que invadieron Sodoma y Gomorra (Gn. 14:13, 24). **(2)** Un pueblo levítico asignado a los coatitas de entre la tribu de Manasés (1 Cr. 6:70)

ANETOTITE *Véase* Anatotita.

ANFÍPOLIS Una ciudad grecorromana en el noreste de Grecia por la que pasó Pablo en su viaje a Tesalónica desde Filipos en su segundo viaje misionero (Hch. 17: 1). Anfípolis era la capital del primer distrito de Macedonia y estaba ubicada entre Filipos y Tesalónica, cerca del Mar Egeo.

ÁNGEL La palabra "ángel" se refiere a espíritus no humanos, generalmente buenos. Las palabras bíblicas usualmente traducidas como "ángel" (heb. malak, gr. angelos) significan "mensajero" y pueden referirse a uno enviado por Dios o por seres humanos. Un mensajero debe ser completamente leal, confiable y capaz de actuar de manera confidencial (Prov. 13:17). El mensajero habla y actúa en nombre del emisor (Gn. 24).

Los mensajeros enviados por Dios no son siempre ángeles. Los profetas de Yahvé fueron sus mensajeros (Ag. 1:13), como lo fueron los sacerdotes (Mal. 2:7).

Antiguo Testamento

Hay pocas referencias a ángeles (plural) en el Antiguo Testamento. En el cielo, alaban a Dios y le adoran (Sal. 103:20; 148:2). Dios envía a sus ángeles a acompañar a su pueblo (Gn. 28:12; 32:1) y protegerlos (Sal. 91:11) y una vez los envió a destruir Egipto (Sal. 78:49).

Un ángel en forma humana fue referido como un "hombre de Dios" (Jue. 13:6), el mismo término usado para un profeta (*véase* 1 R. 13:14).

Los ángeles evocaban miedo y maravilla. Se describen como brillantes (Mt. 28: 3, Hch. 12:7). Cuando los humanos se inclinaron para adorar a los ángeles, fueron reprendidos porque solo Dios debe ser adorado (Ap. 22: 8-9).

Dios mismo, al no ser parte del orden creado, no puede ser visto. Para comunicarse con las personas, a veces habla a través de una forma llamada "el ángel del Señor". El ángel del Señor se le apareció a Abrahán en forma humana (Gn. 18; *véase* Jos. 5:13-15), pero a Moisés se le presentó como fuego (Éx. 3:2). Cuando hablaba, era Dios hablando (Éx. 3: 4, 14). Guió y protegió a Israel de Egipto y del desierto (23: 20-23). Apareció dentro de la columna de fuego o nube (13: 21-22; 14:19), siendo visto a veces a través del pilar como "la gloria de Jehová" (16: 7-10; 24: 16-17; 33:9-11; 40:17, 34-38) y más tarde cuando llenó el templo de Salomón (1 R. 8:11). En una serie de visiones de la gloria del Señor (Sal. 18: 7-15; Ez. 1; Ap. 4: 7) encontramos cuatro "criaturas vivientes" llamadas "querubines" (Ez. 10: 20-22) que no están identificadas explícitamente como ángeles y cuya apariencia visible es en parte humana y en parte animal. Su forma fue puesta en la cubierta del arca del convenio (Éx. 25:18) y bordada en las cortinas del tabernáculo (26:1). Los querubines custodiaban la entrada oriental al jardín del Edén (Gn. 3:24), lo que implicaba que el Edén, el lugar donde Dios apareció en la tierra, ahora estaba excluido del área asignada a la humanidad.

En la visión de Isaías de la gloria de Dios, él describe, literalmente, "llamas ardientes" (heb. serafines) ubicados sobre Dios y clamando: "Santo, santo, santo" (Isaías 6:1-7). Todo lo que sabemos de ellos es que tenían seis alas, mientras que los querubines tenían cuatro (Ez. 1:11). Puede ser que los serafines no sean una clase separada de ángeles sino simplemente una descripción apropiada para todos los ángeles, ya que en otros lugares se nos dice (Sal. 104:4, Heb. 1:7) que los ángeles de Dios son "llamas de fuego".

Los ángeles también son llamados "santos" (Dt. 33:2) y "espíritus" o "vientos" (Zac. 6:5; *véase* Sal. 104: 4). Dado que el pueblo de Dios también es llamado "santo" (Dn. 7:27; NVI: "pueblo santo"), puede ser difícil saber si una referencia dada es para ángeles o personas (por ejemplo, Dt. 33:3).

Los ángeles se nombran por primera vez en el libro de Daniel: Gabriel, cuyo nombre significa "héroe de Dios" (8:16, 9:21; [*véase* Lc. 1:19, 26]); Miguel, cuyo nombre significa "¿quién es como Dios?" (10:13, 21; 12: 1 [*Véase* Jds. 9; Ap. 12:7]) y a quien también se llama "uno de los principales príncipes", "tu príncipe" y "el gran príncipe". La palabra hebrea para "príncipe" (sar) también significa "comandante" (por ejemplo, 1 S. 17:55) y así podría referirse a la posición de Miguel como comandante de los ejércitos angélicos de Dios (*véase* Jud. 9, donde se le llama "arcángel"). Durante el período intertestamentario, los textos fuera de las Escrituras tienden a prestar más atención a los ángeles en las historias elaboradas, introduciendo nombres como Rafael y Uriel (*véase* Tobías, 1 En., etc.).

Período Intertestamentario y Nuevo Testamento

Durante el período intertestamentario, algunos judíos llegaron a pensar que los ángeles ocupaban un lugar más elevado que los humanos, ya que los griegos afirmaban que cualquier cosa física era malvada y que solo los seres puramente espirituales podían ser santos. Las historias cada vez más detalladas sobre los ángeles sirvieron para alejar a Dios de los males de la realidad física. El mito de la caída de los ángeles surgió durante este tiempo a través de una serie de escritos que afirmaban provenir de la pluma de Enoc (1 Enoc), estimulando una gran cantidad de otras escrituras. Algunas personas incluso fueron tan lejos hasta adorar a los ángeles (Col. 2:18).

Algunas referencias a los ángeles son difíciles de entender. En Mt. 18:10 Jesús advierte a las personas que deben tratar bien a los niños porque sus ángeles tienen acceso constante a Dios. El significado más simple es que los mensajeros angelicales le dirían a Dios lo que ha sucedido con estos niños. La referencia de Rode al "ángel" de Pedro como si fuera su fantasma probablemente refleja una superstición local (Hch. 12:15) o una creencia judía sectaria de que los justos se convierten en ángeles cuando mueren. El comentario de Pablo de que una mujer debería tener "autoridad sobre su propia cabeza" (es decir, su cabeza cubierta) "por causa de los ángeles" (1 Co. 11:10) sigue siendo algo así como un rompecabezas y su referencia única al lenguaje de los ángeles parece ser hipérbole (1 Co. 13:1).

Pablo nos advierte que Satanás puede aparecer como "un ángel de luz", lo que significa que puede obrar a través de alguien que afirma traer un mensaje relacionado al Evangelio (2 Co. 11:14). El diablo tiene sus "ángeles /mensajeros" (Mt. 25:41), aunque sabemos muy poco sobre ellos.

Los ángeles no se casan, reproducen ni mueren (Mt. 22:30, Mc. 12:25, Lc. 20:35-36). El Nuevo Testamento afirma que los ángeles están por debajo del pueblo de Dios y les sirven (1 Co. 6:3; Heb. 1:4-14; 2: 5, 16), como lo hicieron con Jesús (Mt. 4:11; Mc. 1:13, compárese con 1 R. 19: 5-7; Lc. 22:43). Los ángeles tienen entendimiento o conocimiento limitados de los planes y propósitos de Dios (1 P. 1:12), aunque revelan la palabra de Dios (Ap. 1:1). Traen los espíritus del pueblo de Dios al cielo cuando mueren (Lc. 16:22) e implementan el juicio de Dios en el último día (Mt. 13:39, 49, 16:27, 24:31, 25:31, Mc. 8: 38; 13:27; Lc. 9:26; 2 Te. 1:7; Ap. 14:15-19). Se regocijan cuando un pecador se arrepiente (Lc. 15:10). Los cristianos ya se encuentran en la gran asamblea que incluye a los ángeles (Heb.12: 22). Con el tiempo, Jesús dará la bienvenida a su pueblo a la sala del tribunal celestial en presencia de los ángeles (Lc. 12: 8-9, Ap. 3: 5). *Véase también* Arcángel.

ANIAM Uno de los hijos de Semida, que figura entre los descendientes de Manasés (1 Cr. 7:19).

ANÍAS Uno de los trece asistentes que estuvieron de pie junto a Esdras durante la lectura de la ley a la asamblea de israelitas en Jerusalén (Neh. 8:4). Anaías también figura entre los "líderes del pueblo" (Neh. 10:22) que selló el convenio con Dios después de oír la ley.

ANIM Una ciudad en el sur de los montes de Judea aproximadamente diecinueve kilómetros al sur de Hebrón. Anim aparece solo en Jos. 15:50 y se identifica con Khirbet (ruinas) Ghuwein et-Tahta, justo al norte del Néguev.

ANIMALES DE LA TIERRA Traducción de la palabra hebrea remes, que se refiere a una categoría de animales que incluye reptiles, insectos que se arrastran y otros animales pequeños que se desplazan lentamente por el suelo. En el Antiguo Testamento, dichas criaturas se distinguen regularmente de los humanos, animales grandes, ganados, animales voladores y peces, donde cada uno constituye su propia clase y que, considerándose en conjunto con los animales de la tierra, representan todo lo que no sean plantas. Los animales de la tierra se mencionan significativamente en el registro de la creación (Génesis 1:24-26) y en la historia de Noé (6:7, 20; 7:14, 23; 8:17, 19; 9:3). Estos también aparecen en 1 Reyes 4:33; Salmos 104:25; 148:10; Ezequiel 8:10; 38:20; Oseas 2:18; Habacuc 1:14.

ANIMALES Los animales juegan un papel importante tanto en su presencia literal en los textos bíblicos como en sus usos figurativos. Desde el comienzo de la creación, los animales fueron colocados bajo el dominio y cuidado de la humanidad. La Biblia tiene cuidado en resaltar que la humanidad es una creación superior a los animales y también tiene la responsabilidad de velar por el mejoramiento del reino animal (Gn. 1: 28-30, 2: 19-20, Dt. 25: 4). Además, el registro bíblico hace todo lo posible para describir los medios adecuados por los cuales los humanos y los animales deberían funcionar en este mundo y qué líneas no deberían cruzarse (Éx. 22:19; Lv. 18:23; Dt. 27: 21).

Con respecto al consumo de animales, Génesis sugiere que tal no era el caso antes del diluvio (compárese 1:30 con 9:3). Las Escrituras separan a los animales en los que son inmundos, aquellos que están limpios y aquellos que son permitidos para ser usados en ofrendas. Aunque la razón de tales distinciones ha sido objeto de considerable discusión entre los estudiosos, las similitudes entre sus divisiones y las de la humanidad (gentil, israelita y sacerdote) pueden sugerir que Dios utilizó el reino animal y la interacción de Israel con él como un recordatorio permanente del mayor papel de Israel en el mundo de la humanidad. Otras razones propuestas para distinguir entre animales limpios e impuros incluyen la protección de la salud, la abstinencia de las prácticas paganas, la naturaleza simbólica de las actividades del animal para las cualidades deseables o desagradables, y las regulaciones son simplemente una prueba de la fidelidad de Israel. Cualquiera sea la razón específica, está claro que Dios pretendía que las leyes alimentarias funcionaran de manera más general como un medio para separar a Israel del mundo (Lv. 11).

Ocasionalmente, en la literatura profética y, más regularmente, en textos apocalípticos, los animales cumplen un propósito simbólico en términos de sus características físicas o la conducta que exudan (por ejemplo, Is. 30:6). El león desde el principio se convirtió en un símbolo de fuerza y ferocidad, por lo que se utilizó como imagen de la tribu de Judá, Satanás, enemigos poderosos e incluso Dios (Gn. 49:9, Am. 3: 8; Nah. 2: 11-12; 1 P. 5:8; Ap. 5:5). El cordero se usa alternativamente como un símbolo de inocencia, sacrificio e ingenuidad (Is. 53: 6-7, Jer. 11:19, Jn. 1:29, 1 P. 1:19, Ap.

5:6). Otros animales utilizados simbólicamente en las Escrituras incluyen a la serpiente (Gn. 49:17), el perro (Is. 56:10, 2 P. 2:22), el venado (Is. 35: 6, Hab. 3:19), el antílope (Is. 51:20) y el toro o vaca (Sal 22:12; Am. 4: 1-4). Daniel usó descripciones grotescas de animales para simbolizar la naturaleza corrupta de los reinos humanos que estaban en oposición a la causa de Dios (Dn. 7). Para muchos de los animales enumerados en las Escrituras, existe cierto nivel de desacuerdo sobre su identidad. Por ejemplo, el segundo animal enumerado en Éx. 25:5; 26:14 se identifica alternativamente como un tejón, una cabra, una marsopa, un manatí, y como referencia no a un animal específico sino a un tipo de cuero.

El último de estos parece más probable debido a la disponibilidad y también porque los animales específicos identificados como una opción son inmundos y parecen inadecuados para su uso en relación con los instrumentos del tabernáculo. El Behemot de Job 40:15 ha sido identificado como un elefante, un búfalo de agua o un hipopótamo, aunque la palabra en sí misma simplemente significa bestia o ganado. El animal identificado como un camaleón en Lv. 11:30 a veces simplemente se considera ser una lagartija grande o tal vez incluso como un topo.

Finalmente, continúa el debate sobre la identidad de la bestia que se tragó a Jonás (1:17) y la mayoría de los traductores prefieren seguir la ruta más reservada de "pez enorme" en lugar de la "ballena" más tradicional. La identificación de los animales en la antigüedad, e incluso hasta el siglo XIX, parece haberse centrado tanto en la apariencia como en la anatomía real. Esto puede explicar por qué los nombres usados libremente a las criaturas que tenían una apariencia general similar en períodos anteriores encontraron una aplicación incorrecta en algunas traducciones anteriores.

Desde un punto de vista ecológico, el cuidado y la preocupación de Dios por los animales (que incluyen pero no se limitan a cuidados apropiados y sacrificios con consideración), así como su expectativa de la humanidad como administradores del reino animal, dejan la clara impresión de que el ideal bíblico para Dios incluye que las personas inviertan energía en la preservación.

Las percepciones de que la humanidad tiene una libertad desenfrenada para hacer con los animales como les parezca parecen estar en desacuerdo con la visión más integral de los seres humanos como señores de la creación y cuidadores de lo que realmente pertenece a otra persona.

ANIMALES, INMUNDOS *Véase* Limpio, Limpieza.

ANÍS Traducción (RVR) de la palabra griega anēthon que aparece en Mt. 23:23, más comúnmente traducida como "eneldo" en otras versiones. El eneldo es una hierba apreciada por su semilla, que se usa para agregar sabor al cocinar. Por lo tanto, era considerada un producto de consumo sujeto a las leyes de las primicias y diezmo.

ANON Una palabra en inglés arcaico que significa "de inmediato" o "inmediatamente" (Mt. 13:20; Mc. 1:30).

ANSIEDAD La ansiedad es una disposición interna de inquietud sobre los resultados temidos o incontrolables, y puede tener efectos debilitantes (Sal. 139: 23; Pr. 12:25). Lo opuesto no es el descuido o la apatía, sino la certera confianza en Dios (Sal. 37, Is. 26:3-4). Jesús enseña a sus discípulos a confiar en el cuidado diario de Dios como una alternativa radical a la ansiedad (Mt. 6:25-34, *véase* Ec. 2:22) y la instrucción y preparación de Jesús los libera de la ansiedad por las pruebas futuras (Mt. 24:25; Mc. 13:11). Las Escrituras nos invitan a pasar de la ansiedad a la paz por medio de la oración (Sal. 94:19, 139:23, Flp. 4:6, 1 P. 5:7).

ANTEDILUVIANOS Estos eran los que vivieron antes de la inundación mundial en el tiempo de Noé. Se dividieron entre dos descendencias ancestrales, las de Caín (Gn. 4: 17-24) y Set (Gn. 5). Aunque es común hablar de los Cainitas y los Setitas, la segunda descendencia se representa como si hubiesen comenzado con Adán, no con Set (5:3).

Etiquetar una descendencia como impía y a la otra como piadosa es demasiado esquemática. La generación del diluvio fue completamente malvada (excepto Noé), incluidos los descendientes de Caín y Set (6: 5, 11) y fue diezmada por el diluvio como un juicio sobre el pecado universal. La descendencia de Set sobrevivió solo por la gracia de Dios mostrada a Noé (6: 8). Los nombres en la genealogía de Set tienen un parecido sorprendente con los descendientes de Caín (Caín / Kenan, Enoc / Enoc, Mehujael / Malael, Irad / Jared, Metusael / Matusalén, Lamec / Lamec), nuevamente implicando que las dos líneas de descendientes eran bastante similares. Gn. 6:1-4, ciertamente un pasaje oscuro, puede representar matrimonios mixtos entre líneas, lo que refuerza la culpa de toda la raza humana. El aumento de la población en Gn. 6:1 encaja con el tema de la procreación de Gn. 5. El límite de 120 años decretado por Dios en Gn. 6:3 no puede establecer el límite de una vida normal, ya que muchas personas en Génesis vivieron mucho más allá de este supuesto límite, por lo que se entiende como un anuncio de que quedan 120 años hasta la inundación.

La primera línea ancestral culminó con el jactancioso, violento y vengativo Lamec, que trató de superar a su antepasado Caín (Gn. 4:24). Aunque moralmente corrupto, a los descendientes de Caín se les atribuyen importantes logros culturales y tecnológicos. La genealogía de Set en Gn. 5 es más completa que la de Caín, ya que su línea sobrevivió al diluvio. Se enfoca en la primera (Adán [vers. 1-5]), séptima (Enoc [vers. 21-24]) y novena generación (Lamec [vers. 5:28-31]), culminando en otro Lamec, el padre de Noé.

La longevidad de los antediluvianos es una característica notable (duración de la vida de 930 años, 912 años, etc.), pero también lo es el reinado de la muerte (obsérvese la frase "y luego murió" a lo largo de Gn. 5). La única excepción fue el justo Enoc (5:24). Las listas sumerias muestran la creencia de que los reyes antediluvianos reinaron durante miles de años cada uno. No se proporcionan las cifras de edad y de vida para que podamos calcular la fecha de creación, ni los avisos de nacimiento de los "otros hijos e hijas" (por ejemplo, 5: 4, 6) proporcionado para explicar dónde Caín obtuvo su esposa. A pesar del efecto nefasto de la muerte, en la providencia de Dios la vida continuó.

Moneda que representa a Antíoco Epifanes IV, que se convirtió en modelo y prototipo para el anticristo.

ANTICRISTO El término "anticristo" (gr. antichristos) se usa solo cuatro veces en la Biblia (1 Jn. 2:18, 22;4: 3; 2 Jn. 7). Juan advierte a sus lectores que ya es la última hora y que así como "oyeron que el anticristo vendrá, incluso ahora muchos anticristos han venido" (1 Jn. 2:18; compárese con 4:3). Juan define al anticristo como aquel que niega que Dios haya venido en la carne en la persona de Jesucristo (1 Jn. 2:22; 4: 3; 2 Jn. 7).

El concepto de tipos de anticristo aparece en otras partes del Nuevo Testamento. Jesús menciona "falsos mesías y falsos profetas" que "harán señales y maravillas para engañar, si es posible, a los elegidos" (Mc. 13:22). Pablo habla de un "hombre sin ley" que se "opondrá y se ensalzará a sí mismo sobre todo lo que se llama Dios o se adora, de modo que se establece en el templo de Dios, proclamándose a sí mismo como Dios" (2 Ts. 2:3-4). En Apocalipsis 13 Juan describe la figura del anticristo más famosa de todas: la "bestia que sale del mar". A lo largo del Antiguo Testamento, la tradición del falso profeta (por ejemplo, Dt. 13; 18; Jer. 23; Ez. 12-14) describe individuos religiosos de dentro de la comunidad que intentan engañar al pueblo de Dios. Además, existía una creencia común en un gobernante opresivo de fuera de la comunidad que perseguiría a los justos (por ejemplo, Dn. 8; 11).

A

Para fines del primer siglo, cuando se escribió Apocalipsis, la gente estaría familiarizada con una multitud de gobernantes paganos que se habían exaltado a sí mismos como dioses (el rey de Babilonia [Is. 14], el faraón [Ez. 29], Antíoco Epífanes [Dn. 11] y emperadores romanos como Calígula, Nerón y Domiciano). La tradición del gobernante malvado y la del falso profeta parecen converger en Ap. 13 como la bestia del mar (el anticristo) y la bestia de la tierra (el falso profeta). La mayoría de los estudiosos coinciden en que la bestia original descrita en Ap. 13 era un emperador romano (ya sea Nerón o Domiciano) que exigía ser adorado como Dios.

Apoyado por una segunda bestia, el culto a la adoración de César impuesto por los sacerdotes en todo el imperio, el sistema imperial exigió que los cristianos elijan entre dos confesiones opuestas: César es Señor o Jesús es Señor. Más específicamente, Apocalipsis indica que la "bestia que sale del mar" está facultada por Satanás (vers 1-2, 4), se disfraza como Cristo (vers.1, 3, 12, 14), acepta la adoración como un dios (vers. 4, 8), ejerce un poder extenso (vers.4, 7), blasfema y difama a Dios (vers. 1, 5-6), y persigue implacablemente a los santos (vers. 7).

La "bestia que sale de la tierra" (culto al emperador) también está facultada por Satanás (vers. 11, 14), promueve la adoración de la primera bestia (vers. 12, 14-15), realiza señales y maravillas diseñadas para engañar (vers. 13-15) y hace que los que se negaron a adorar a la primera bestia fuesen ejecutados físicamente (vers.15) o económicamente (vers. 16-17). Pero a pesar de su último esfuerzo por tomar el lugar de Dios y conquistar al pueblo de Dios, Cristo volverá para destruir al anticristo y al falso profeta en el lago de fuego (17: 8; 19: 19-21).

ANTIGUO TESTAMENTO La colección de textos judíos que tanto judíos como cristianos consideran la Palabra de Dios. Esta colección de Escrituras hebraicas fue en su mayoría puesta en evidencia (con la excepción de Ester) en el siglo II a.C, como se observa en los rollos de Qumrán. Los rollos judíos de la Biblia hebraica difieren en el orden de los libros del posterior AT cristiano. La Biblia hebraica está dividida en la Ley (Génesis, Éxodo, Levítico, Números, Deuteronomio), Profetas (Profetas Anteriores: Josué, Jueces, 1-2 Samuel, 1-2 Reyes; Profetas Posteriores: Isaías, Jeremías, Ezequiel; y los Doce Profetas Menores), y Escritos (Salmos, Proverbios, Job, Cantar de los Cantares, Rut, Lamentaciones, Eclesiastés, Ester, Daniel, Esdras, Nehemías, 1-2 Crónicas). La orden del libro hebreo termina con una celebración en los libros de Crónicas, mirando hacia atrás lo bueno y mirando con esperanza hacia el futuro. La orden del libro cristiano sigue, aunque no exactamente, el orden más cronológico de la Septuaginta (la traducción griega de las Escrituras hebreas).

ANTÍLOPE En la lista de animales limpios en Dt. 14:5, "antílope" (heb. Te'o) puede referirse al órix árabe o del desierto (LBLA: "carnero montés"). El órix era comido como alimento y ofrecido en sacrificio; se han encontrado huesos en sitios domésticos y religiosos. Aunque solo tiene el tamaño de un burro, tiene cuernos largos y rectos que usa ferozmente en defensa propia y esto le dio una reputación de fortaleza y valentía. Otra posibilidad es el búfalo de agua, igualmente feroz. Cuando Isaías describe a Israel como un antílope tirado en una red (Is. 51:20), esta imagen probablemente retrata a los poderosos caídos en lugar de a los débiles oprimidos.

Otros tres animales bíblicos pertenecen a la categoría moderna de "antílope": **(1)** el disón (Dt. 14: 5), a veces traducido como "íbice" (NVI, RVR) o "pygarg" (del griego para "trasero blanco"), pero probablemente un antílope (PDT), ya sea el" adax "(NTV) o una de las dos especies de antílopes Kobus conocidas en Israel; **(2)** el tsebi, una gacela (Dt., 12:15, 22; 14: 5; 15:22; 2 Sam. 2:18; 1 R. 4:23; 1 Cr. 12: 8; Pr. 6: 5 Cant. 2: 7, 9, 17, 3: 5, 4: 5, 7: 3, 8:14, Is. 13:14); **(3)** el yakhmur (NVI: "venado"; NBLH:"corzo"), posiblemente sea el Bubal hartebeest ancélafo extinto (Dt. 14:5; 1 R. 4:23).

ANTIMONIO Un semimetal que se usó en la construcción del templo en Jerusalén (1 Cr. 29:2 [RVA:"turquesa"]). Probablemente las piedras se colocaron sobre o dentro del antimonio para significar elegancia o riqueza al construir (Is. 54:11). El término hebreo proviene de la raíz pwk, que significa "pintar". Esto refleja la cultura circundante en la que los egipcios usaban el compuesto de sulfuro de antimonio, trisulfuro de antimonio, como cosméticos para sus ojos (es decir, "pintando" sus párpados). La forma estable de este elemento tiene un color blanco azulado que se ve como plata. Se usaba ya en el año 3000 a.C. en Mesopotamia, y en Egipto desde al menos 2000 a.C. en adelante. En Is. 54:11 la NTV interpreta el término hebreo como "joyas preciosas".

ANTINOMISMO El antinomismo, que literalmente significa "opuesto a la ley", surgió como una reacción contra el legalismo, negando la necesidad de restricciones legales o morales.

El término en sí mismo no aparece en las Escrituras, pero el concepto se puede encontrar en pasajes como Ro. 6:1-2, donde Pablo pregunta: "¿Vamos a seguir pecando para que la gracia aumente?". Se refiere aquí a aquellos que afirmaron que la gracia de Dios era una licencia para vivir sin reglas o límites. Pablo responde con una de sus objeciones más fuertes: "¡De ninguna manera!" o "¡Nunca lo sea!", luego argumenta: "somos los que hemos muerto al pecado; ¿cómo podemos vivir más tiempo?"; nuestra nueva vida en Cristo nos libera para vivir una vida de justicia delante de Dios; no debemos volver a la esclavitud del pecado (*véase* Gl. 5: 1).

ANTÍOCO IV EPÍFANES Antíoco IV Epífanes (reinó durante 175-164 a.C.) era el hijo menor de Antíoco III, gobernante del Imperio seléucida. El nombre "Epífanes" significa "manifiesto", que implica el "manifestarse como un dios". Dn. 8:11; 9:27; 11:31; 12:11; 1 Mac. 1: 54-64 habla de su profanación del templo de Jerusalén en 167 a.C. Antíoco profanó el lugar santísimo colocando en él una estatua de Zeus y luego sacrificando un cerdo a Zeus en el altar. Dn. 9:27, sin embargo, promete que el profanador del templo (Antíoco) será derrotado, lo que ocurrió en el año 164 a.C. cuando Judas Macabeo dirigió la revuelta judía que expulsó a las fuerzas de Antíoco de Jerusalén (*véase* 1 Mac. 4: 36-61; *véase* 6: 1-17).

ANTIOQUÍA Aunque hubo dieciséis ciudades llamadas "Antioquía" durante la era del Nuevo Testamento, solo dos se mencionan en el Nuevo Testamento: Antioquía de Pisidia y Antioquía de Siria. Ambas ciudades se mencionan en el libro de Hechos.

Antioquía de Pisidia. Fue visitada por Pablo y Bernabé durante su primer viaje misionero. La visita se habría producido a fines de los años 40 del primer siglo y se informa en Hch. 13:13-52. El autor de Hechos registra esta visita justo después de informar sobre la conversión de un rico procónsul, Sergio Paulo, que gobernó en Chipre. Hay evidencia de que Sergio Paulo era de Antioquía de Pisidia; por lo tanto, parece razonable que sus conexiones influyeron en el itinerario de los misioneros.

Después de salir de Chipre, el equipo viajó directamente a Antioquía de Pisidia, que en ese momento era la capital de la provincia romana de Galacia. También fue una colonia romana influyente y, como tal, fue poblada por veteranos soldados romanos y se le dieron privilegios políticos especiales y prominencia. La ciudad era conocida por su impresionante arquitectura y esculturas, la más elaborada en honor a César Augusto. Un número de judíos también vivió en la ciudad, y los misioneros se reunieron con ellos en su sinagoga y predicaron el evangelio. Su mensaje creó gran interés y emoción para toda la ciudad. Esta respuesta, sin embargo, hizo que los líderes judíos se pusieran celosos y comenzaron a hablar abusivamente de Pablo y Bernabé, lo que provocó que los misioneros enfocaran su ministerio en los gentiles. Finalmente, los judíos persuadieron a los líderes de sus ciudades para que expulsaran a Pablo y Bernabé (Hch. 13: 45-51). Sin embargo, el equipo regresó a la ciudad en su camino de regreso a Antioquía de Siria para alentar y fortalecer a los nuevos discípulos (14:21). También es probable que Pablo haya regresado a la ciudad durante sus últimos viajes misioneros.

Antioquía de Siria. La Antioquía más importante mencionada en el Nuevo Testamento era la capital de la provincia romana de Siria. La ciudad, mencionada frecuentemente en el libro de Hechos, jugó un papel estratégico en

A

el avance del evangelio. Antioquía siria fue un importante centro político, económico y religioso durante el período romano.

Antioquía como centro político. Antioquía de Siria mantuvo una población masiva durante este período de la historia (hasta unas seiscientas mil personas, según algunas estimaciones) y fue la tercera ciudad más grande en el Imperio Romano, detrás de Alejandría y Roma. Fundado por uno de los generales de Alejandro Magno, Seleuco I Nicátor, en 300 a. C., Antioquía se convirtió en la sede militar de Roma para la parte oriental del imperio debido principalmente a su ubicación estratégica.

Antioquía como centro económico. Antioquía se convirtió en un centro comercial muy importante durante la era del Nuevo Testamento. La ciudad estaba ubicada en el río Orontes y dentro de los veinticuatro kilómetros de un puerto comercial estratégico en el mar Mediterráneo.

Además, su grande y diversa población combinada con sus numerosos recursos naturales y su ubicación en la gran ruta comercial que conecta Asia con el mundo mediterráneo hicieron de Antioquía un poderoso centro comercial.

Antioquía como centro religioso. La diversa población de Antioquía congregó una gran variedad de religiones conectadas a la ciudad. Su suburbio de Dafne era un importante sitio de adoración para el paganismo y la ciudad mantuvo una gran población judía a lo largo de su historia. Además, muchos cristianos huyeron a Antioquía desde Jerusalén durante la persecución temprana de la iglesia. Aquí, por primera vez, los judíos cristianos comenzaron a enfocarse intencionalmente en compartir el evangelio con gentiles (Hch. 11: 19-21). El resultado fue una iglesia grande, multicultural y vibrante. La iglesia en Antioquía era conocida por su diversidad étnica y cultural, su generosidad (enviando una ofrenda a Jerusalén durante una hambruna [*véase* 11: 27-30]) y su corazón para las misiones (sirviendo como el cuartel general de Pablo para sus tres viajes misioneros). No es de extrañar que fuera en Antioquía donde los seguidores de Cristo comenzaran ser llamados "cristianos" por primera vez (11:26).

ANTIPAS Una forma abreviada del nombre "Antípater". **(1)** Uno de los hijos de Herodes el Grande que gobernó como tetrarca ("gobernante de una cuarta parte") de Galilea y Perea (Lc. 3:1). Fue responsable del encarcelamiento y posterior decapitación de Juan el Bautista (Mt. 14:1-12). Entrevistó a Jesús detenidamente después de su arresto sin obtener una respuesta (Lc. 23: 6-12). **(2)** Un testigo fiel del evangelio que fue martirizado en Pérgamo durante un período de intensa persecución cuando los creyentes en esa ciudad estaban bajo presión para renunciar a su fe en Cristo (Ap. 2:13). *Véase también* Herodes.

ANTÍPATRIS Una ciudad construida por Herodes el Grande para honrar a su padre, Antípater, en el año 9 a.C. La ciudad fue construida en el sitio de la antigua ciudad de Afec. Soldados romanos llevaron a Pablo a Antípatris de Jerusalén de noche para evitar un complot con su vida y la caballería lo llevó a Cesarea al día siguiente (Hch. 23: 31-33). La ciudad estaba a sesenta y cuatro kilómetros de Jerusalén y cuarenta kilómetros de Cesarea por la Via Maris.

ANTONIA, FORTALEZA *Véase* Antonia, torre.

ANTONIA, TORRE La fortificación militar primaria de Jerusalén cerca del templo de Herodes, también llamada la Fortaleza Antonia. La fortaleza fue construida aproximadamente en el año 6 d.C. y sirvió como residencia palaciega para el rey Herodes y un cuartel para las tropas romanas. Además, Herodes requirió que las vestimentas del sumo sacerdote se alojaran en la torre. La fortaleza, nombrada por Herodes en honor a su amigo Marco Antonio, fue en realidad una gran renovación de una fortificación macabea existente. La fortaleza estaba estratégicamente ubicada para vigilar el templo, de modo que una guarnición pudiera lidiar fácilmente con cualquier disturbio en el templo.

La torre no se menciona específicamente en el Nuevo Testamento, pero el historiador judío Josefo la describe en detalle (Guerra 5. 238-46). La torre fue construida sobre una roca, de veintidós metros de alto, con vistas al templo y sus patios. Josefo describe la torre como lujosamente amueblada como un palacio, con baños, patios y espaciosos apartamentos. Era capaz de albergar a numerosos soldados.

La torre puede haber servido como residencia oficial para el procurador romano. Por lo tanto, el patio de la torre ha sido tradicionalmente considerado como el lugar del juicio de Jesús ante Pilato (Jn. 18:28; 19:13). Sin embargo, el palacio de Herodes pudo haber sido usado por el procurador y como residencia del gobernador. El pavimento debajo del convento moderno Notre Dame de Sión se consideraba tradicionalmente como el patio de la torre, pero ha sido datado al siglo II por obras arqueológicas recientes.

La fortaleza fue destruida durante el asedio de Tito a Jerusalén en el año 70 d.C. y el sitio moderno de la torre aún no se ha determinado de manera concluyente.

ANTORCHA Un trozo de madera altamente combustible, o un material combustible absorbente amarrado al extremo de un palo de madera y encendido. Una antorcha puede significar el compromiso de la alianza de Yahveh (Gn. 15:17), ser usaba para ganar una victoria increíble (Jue. 7:16), reflejar venganza (Jue. 15:4), y asegurar la redención de Sión (Is. 62:1); puede describir cuatro criaturas celestiales (Ez. 1:13), Jerusalén como el instrumento de Dios (Zac. 12:6), un guerrero angélico (Dn. 10:6) y una gran estrella (Ap. 8:10). Los soldados y guardias llevaban antorchas para encontrar a Jesús de noche en el huerto (Jn. 18:3).

ANTOTÍAS *Véase* Anatotías.

ANTROPOLOGÍA El estudio de los seres humanos, su naturaleza y orígenes. La comprensión cristiana de la antropología se deriva de una visión bíblica de la relación de la humanidad con Dios.

El Origen de la Humanidad

Según Génesis, la creación de la humanidad ocurrió en el sexto día de la semana de la creación. La cantidad de espacio narrativo asignado a este día (Gn. 1: 24-31) testifica sobre la especial importancia de lo que sucedió. Los seres humanos se hicieron el mismo día que

La Torre de Antonia en el modelo del primer siglo DC Jerusalén en el Museo Israelí.

A

los animales. A los seres humanos no se les dio un día propio, lo que demuestra que tienen un cierto parentesco con los animales, aunque son mucho más que mamíferos altamente exitosos y adaptables.

Creado a la imagen de Dios. En relación a la creación de los seres humanos, Dios deliberó sobre este paso crucial (Gn. 1:26). El plural de la exhortación en "Hagamos al hombre a nuestra imagen" indica que la decisión de hacer la humanidad fue la más importante que Dios había hecho hasta ahora. Génesis 1 dice que los seres humanos son, de alguna manera, como Dios.

Varias opiniones han sido consultadas sobre qué es la "imagen". No podemos excluir totalmente la forma física de los humanos, dada la forma humanoide de Dios en las apariencias del Antiguo Testamento (teofanías, por ejemplo, Is. 6: 1, Ez. 1:26, Am. 9:1). La imagen a veces se ha interpretado como una tarea, el ejercicio del dominio (Gn. 1:28), con la humanidad designada como rey de la creación, gobernando bajo Dios. Pero la imagen se entiende mejor como la precondición para la regla en lugar de la regla misma. La imagen muestra el valor humano (Gn. 9: 6) y diferencia a los humanos de todas las demás criaturas. Es correcto que la Biblia use un lenguaje antropomórfico para Dios, porque los humanos son notablemente como Dios. Tanto el hombre como la mujer son a la imagen de Dios ("a imagen de Dios los creó, varón y hembra los creó" [1:27]), de modo que la imagen divina no es masculinidad, ni la diferenciación sexual es la imagen. Comúnmente, se piensa que la imagen de Dios es una cualidad peculiar de los seres humanos, por ejemplo, la racionalidad, el habla, el sentido moral, la personalidad, los seres humanos como seres relacionales.

Cada siglo tiene su propia visión de lo que es la esencia de la humanidad. Sin embargo, nada en el pasaje permite una elección entre tales alternativas. El punto del pasaje es simplemente el hecho de la semejanza, sin que se proporcione una definición exacta. El hecho de la imagen es la base de la prohibición divina del asesinato y de la estricta pena aplicada al transgresor (9: 4-6). La caída en el pecado afectó a todos los aspectos de la constitución humana y la Biblia no minimiza el hecho de la pecaminosidad humana (Gn. 6: 5, 8:21, Rom. 3:10-18); sin embargo, los humanos aún siguen siendo hechos a la imagen de Dios (Gn. 5: 1-3, 9: 6, 1 Co. 11: 7). El plan de salvación de Dios tiene como objetivo librar a la creación (y especialmente a la humanidad) de los efectos perniciosos del pecado y esto se logrará a través de la obra de Cristo, que es la imagen de Dios (2 Co. 4: 4; Col. 1: 15-20; Heb. 1: 1-3; 2: 5-18). El resultado será la conformidad de los creyentes en Cristo con su imagen gloriosa (Romanos 8: 29-30, 2 Corintios 3: 18).

Lugar en el orden de la creación. El propósito de Dios al dar a los seres humanos la imagen divina es "para que ellos dominen" (BLP [Génesis 1: 26b traducido como una cláusula de propósito]). La sintaxis sugiere que la imagen es una presuposición de dominio. Es claro que esa autoridad delegada hace a los hombres administradores. La dieta vegetariana de Gn.1: 29 (al principio no se comía carne) representa una limitación al derecho humano de dominio. El hecho de que Adán nombrara a los animales era (en parte) una muestra de su soberanía sobre ellos (2:19). Más tarde, Noé estuvo a cargo de llevar parejas de animales al arca para preservarlos con vida (6:19-20), mostrando cuidado por otras criaturas. Los patriarcas cuidaban el ganado (13: 2-9; 26: 12-14) y las medidas de mitigación de José salvaron las vidas de las personas y los animales (47:15-18). La destrucción sin sentido de la tierra prometida estaba expresamente prohibida (Deuteronomio 20: 19-20). La humanidad es responsable ante Dios por la mayordomía de la tierra. El mandato divino "sean fecundos y multiplíquense" (Gn. 1:28 NVI) muestra que el propósito de Dios es que la raza humana pueble toda la tierra.

En Gn. 2:7 la narrativa bíblica se vuelve completamente antropocéntrica, representando el pequeño mundo que Dios establece alrededor del primer hombre, por lo que este relato es bastante diferente de la presentación cósmica de Gn. 1. En Gn. 1, la humanidad es el ápice de una pirámide, la última y más alta de una serie de criaturas; en Gn. 2, el hombre es el centro de un círculo, todo lo demás fue hecho para encajar a su alrededor y se enfatiza su conexión con la tierra física. En cual sea el caso, se da un lugar muy especial a los seres humanos en el orden creado. Las dos imágenes son complementarias, no contradictorias.

El "hombre" ('*adam*) se forma del "suelo" ('*adamah*), con las palabras hebreas relacionadas haciendo un juego de palabras. El nombre del hombre le recuerda sus orígenes terrenales. Está hecho del "polvo", que insinúa su muerte venidera. Él volverá al polvo (Gn. 3:19, Job 10: 8-9, Sal. 103:14, Is. 29:16). La referencia al "aliento de vida" (Gn. 2: 7) se debe al hecho de que esto deja la persona cuando muere (Job 34: 14-15; Sal. 104: 29-30), por lo que la mortalidad (potencial) del hombre está implícita. Irónicamente, la creación del hombre se describe utilizando el lenguaje de la muerte. Lo que se describe en Gn. 2 es la creación del primer hombre, del que ha descendido el resto de la raza humana, no la creación de la humanidad, aunque la palabra 'adam puede significar eso en otros contextos.

La Naturaleza de la Humanidad

Cuerpo, alma y espíritu. Los argumentos sobre si la naturaleza humana es bipartita (cuerpo y alma) o tripartita (cuerpo, alma, espíritu) no deben decidirse por apelación arbitraria a versículos aislados. Se pueden encontrar versículos en aparente respaldo tanto para el primer punto de vista (por ejemplo, Mt, 10:28) como para el segundo (por ejemplo, 1 Ts. 5:23), pero ciertamente el primer esquema es mucho más prevalente en la Biblia. "Alma" y "espíritu" pueden usarse indistintamente (Eclesiastés 3:21; 12:7; Ezequiel 18:31). La muerte está marcada por la separación de alma/espíritu y cuerpo, pero sería un error pensar que los seres humanos están formados por componentes separados, o que el cuerpo físico es solo un caparazón prescindible y no esencial para la verdadera humanidad. La fisicalidad de la existencia humana en el "cuerpo" es poseída y celebrada en la Escritura, parte de eso es la actitud positiva hacia la sexualidad cuando se expresa apropiadamente (Cantar de los Cantares, 1 Corintios 7) y la naturaleza no ascética de la ética bíblica (1 Co. 10:31; Col. 2:23). La doctrina de la resurrección del cuerpo es la expresión más completa de esto (1 Corintios 15), en contraste con el antiguo pensamiento griego que consideraba el cuerpo como intrínsecamente malo y entendía la salvación como la inmortalidad del alma liberada e incorpórea.

Las diferentes palabras utilizadas en relación con las personas solo tienen la intención de referirse y, a veces, enfocarse en diferentes aspectos de la naturaleza humana unificada. Las referencias al "alma" pueden enfatizar la responsabilidad individual (por ejemplo, Ez. 18:4 NBLH: "El alma que peque, ésa morirá"). En Sal. 103: 1-2, "Oh alma mía" expresa un enfático auto-estímulo para alabar a Dios y está en paralelo con "todo mi ser más íntimo", es decir, "todo mi ser" (un ejemplo de sinécdoque: una parte que representa el todo [*véase* Sal. 35:10]). Estas son formas de referirse a uno mismo como una persona que expresa voluntad e intención (*véase* Sal. 42: 5-6, 11). La "carne" se utiliza para acentuar la debilidad de la humanidad mortal (por ejemplo, Is. 40: 6 RVA: "Toda carne es hierba"). El "corazón" es el centro volitivo de un ser humano (Prov. 4:23, Mc. 7: 17-23). Las reacciones emocionales y empáticas de los humanos se describen por referencia a los órganos: "hígado", "riñones", "intestinos".

Moral y responsabilidad. En Gn. 2 se exploran las complejidades de la relación moral del hombre con Dios y sus relaciones con el suelo, con los animales y con la mujer. Dios depositó al hombre en el jardín "para trabajarlo y cuidarlo" (2:15). Las palabras elegidas para designar el trabajo del hombre antes de la caída tienen un aura de adoración sobre ellas, ya que luego se usan en el Antiguo Testamento para las acciones de culto de servir y custodiar dentro del santuario. Los sacerdotes servían ofreciendo sacrificios, y los levitas vigilaban las puertas del recinto sagrado. Se presenta una teología del trabajo como vocación religiosa. El hombre era una especie de rey sacerdote en el jardín de Dios.

La responsabilidad moral de la humanidad se señala desde el principio. La orden de Dios le da permiso al hombre para comer de "cualquier árbol" excepto uno (Gn. 2: 16-17) y, como tal, indica la libertad del hombre, de modo que este mandato no es una gran restricción. La frase "eres libre de comer" refuerza el punto acerca de la generosa provisión de Dios. La prohibición está incrustada en la descripción del cuidado paternal de Dios para el hombre y el acto de gracia al colocarlo en el jardín. La restricción divina es leve y nada pretenciosa, aunque la serpiente buscará que parezca malvada (3:1). El mandato y la prohibición son las primeras palabras de Dios para el hombre, marcándolas como de fundamental importancia para la relación entre ellas. La prohibición ("no debes comer...") es absoluta en el estilo del Decálogo (Éx. 20: 1-17, Dt. 5: 6-21). Lo que se coloca frente al hombre es una prueba que le da la oportunidad de expresar su lealtad a Dios. Una relación de obediencia y confianza requiere la posibilidad de elección y la oportunidad de desobedecer (si eso es lo que quiere hacer). La naturaleza moral y la responsabilidad de los individuos no es un descubrimiento tardío del profeta Ezequiel (Ez. 18), más bien, es la presuposición detrás de la Ley mosaica, ya que los mandatos del Decálogo ("no debes...") se expresan como órdenes para los individuos (como lo aclara el hebreo). Por otro lado, el concepto de responsabilidad corporativa también está presente (por ejemplo, el castigo de Acán en Jos. 7).

Relaciones. Los seres humanos son relacionales por naturaleza, como la creación de la mujer como ayudante y compañera para el primer hombre lo aclara (Gn. 2: 18-25). Más tarde en las Escrituras esto se pone en términos más generales, de modo que la amistad y la cooperación mutua se muestran esenciales para la vida (Ecl. 4: 7-12). La vida del cuerpo de la iglesia refleja el mismo hecho y necesidad (1 Cor. 12). En los Salmos, las necesidades humanas y la vulnerabilidad encuentran su respuesta y cumplimiento en Dios y el salmista reconoce su fragilidad y su dependencia de las criaturas en Dios (por ejemplo, Salmo 90). Esto también muestra la insensatez del orgullo humano pecaminoso, contra el cual los profetas con tanta frecuencia arremetían (por ejemplo, Is. 2: 9, 11-17, 22).

ANTROPOMORFISMO Un tipo especial de figura literaria que es bastante común en la Biblia. La mayoría de las figuras literarias (metáforas, símiles, etc.) funcionan al reunir dos elementos muy separados en una relación comparativa mediante el uso de un lenguaje que es directamente apropiado para uno para crear imágenes coloridas para el otro. Por lo tanto, las figuras literarias confrontan al lector con puntos de similitud y puntos de desemejanza.

El antropomorfismo es una forma literaria en la que Dios se representa con rasgos humanos o características humanas. Los antropomorfismos abundan en las Escrituras. Is. 59:1, por ejemplo, declara:"Ciertamente el brazo del SEÑOR no es demasiado corto para salvar, ni su oído es sordo para no oír".

Del mismo modo, hay que notar la colorida descripción antropomórfica de Dios en Sal. 104: 2-3: "Jehová se envuelve en luz como con una vestidura; él extiende los cielos como una tienda y pone las vigas de sus cámaras superiores sobre sus aguas. Él hace de las nubes su carro y cabalga sobre las alas del viento".

De hecho, las Escrituras típicamente describen a Dios con una amplia gama de terminología normalmente asociada con las personas y no con la deidad. La Biblia se refiere a Dios como alguien que tiene manos, brazos, pies, cara, nariz, aliento, voz y oídos. Camina, se sienta, escucha, mira hacia abajo, piensa, habla, recuerda, se enoja, grita, vive en un palacio, mantiene una corte, prepara mesas, unge cabezas, construye casas y levanta carpas. Él tiene una vara, bastón, cetro, estandarte, vestimenta, capa, tienda de campaña, trono, escabel, viña, campo, carro, escudo, coraza, casco y espada. Él es identificado como padre, esposo, rey, juez, alfarero y pastor. Todas estas son acciones humanas o características humanas que se usan figurativamente para describir a Dios y sus acciones.

Por otro lado, los estudiosos están divididos sobre si todos estos antropomorfismos son realmente figuras literarias. Tal vez algunos de ellos realmente describen aspectos literales de Dios. Quizás algunas de las similitudes "antropomórficas" entre los seres humanos y Dios se deben al hecho de que fuimos creados a la imagen de Dios (Gn. 1:27). Por lo tanto, reflejamos similitud con él en algunos aspectos y desemejanza en muchos otros. Como Dios es espíritu, la descripción de Dios de "mirar hacia abajo" o la mención de su rostro sería antropomorfismo (es decir, lenguaje figurativo).

Por otro lado, muchas de las acciones y emociones de Dios tales como la ira, el amor, la paciencia, la misericordia, el dolor y la compasión son probablemente realidades literales. Aunque nosotros, como seres humanos, entendemos estas emociones porque las experimentamos, esto no significa necesariamente que, en lo que respecta a Dios, sean meramente figurativas. Aunque Dios no tenga oídos, el sí, por ejemplo, puede "enojarse", "amar" y "sentir tristeza".

ANUB Un descendiente de Judá e hijo de Cos (1 Cr. 4:8).

ANUNCIACIÓN El acto de anunciar, generalmente asociado con la llegada de una figura significativa. En la historia de la iglesia, el término se ha aplicado específicamente al anuncio de la llegada de un hijo a María cuyo nombre se llamaría "Jesús" (Lc. 1: 26-35). En términos más generales, sin embargo, el aviso del próximo nacimiento milagroso de cualquier niño se puede llamar apropiadamente una anunciación. Por ejemplo, el informe de la venida de Isaac a Abrahán y Sara (Gn.18: 10), la llegada de Sansón a Manoa y su esposa (Jue. 13: 2-5) y el nacimiento de Juan a Zacarías y Elisabet (Lc. 1: 11-20) también podrían identificarse como anuncios. En cada caso, la llegada del niño es a un útero estéril y así se enfatiza la intervención milagrosa de Dios en la vida de las familias humanas. Como suele ser el caso al comparar los eventos de la vida de Jesús con eventos anteriores, su llegada adquirió una mayor importancia. Solo con la Anunciación de Jesús Dios reveló que el niño nacería de una virgen.

Escultura del siglo XVIII que representa la anunciación del ángel Gabriel a la virgen María.

ANZUELO DE CARNE La KJV traduce así la palabra hebrea mazleg, refiriéndose a un "tenedor de tres dientes" (NVI, NRSV) usado por los hijos de Elí a tomar su porción del sacrificio mientras estaba siendo ofrecido (1 S. 2:12-15). Era considerado una gran injusticia hacia aquellos ofreciendo el sacrificio.

ANZUELO Los anzuelos se mencionan rara vez en la Biblia y la pesca con redes era más común en Palestina que la pesca con anzuelos. Aunque se usan diferentes palabras hebreas, "anzuelo" se encuentra en Job 41:1, Amós 4:2 (cf. Job 41:2; Is. 19:8). La solitaria referencia del NT a un anzuelo acontece en Mt. 17:27, donde la palabra griega para anzuelo (ankistron) está oscurecida por la frase de NVI "lancen su línea", que se traduce más literalmente como "lancen un anzuelo" (cf. NRSV).

AÑO DE JUBILEO El Jubileo era un año de descanso después de siete ciclos de Años Sabáticos (Lv. 25:8-55). Los israelitas debían hacer sonar un cuerno de carnero en el Día de la Expiación y consagrar el quincuagésimo año, proclamando libertad a través de la tierra. El quincuagésimo año debía ser un "júbilo" (hebreo yobel).

Dos principios eran esenciales a las prácticas del Jubileo. El primero era que la tierra pertenece a Dios (Lv. 25:23). El sistema socioeconómico israelita, enrai zado en la tierra, estaba formado por su comprensión de que debía proveer para todos los miembros de la sociedad de la tierra de Dios. El segundo era el familiar paradigma de la redención. Dios los había sacado de Egipto, liberándolos como un pueblo libre para que le sirvieran a él (25:38-45). Así, no debían poseer tierras o esclavos de manera permanente, ya que eso revertiría el impacto del éxodo y crearía una

A

clase baja perpetua. En cambio, debían comprarlos de vuelta, al igual que Dios había redimido a su pueblo.

Los requisitos específicos para el Año de Jubileo involucraban descanso para la tierra, continuando las prácticas del año sabático. Las personas no debían plantar ni cosechar. En un Año de Jubileo debían devolver tierra y casas a la familia o clan de propiedad original. El precio de cualquier terreno vendido debía determinarse por el número de cosechas potenciales que el comprador tenía por delante hasta el siguiente Jubileo. Si era un largo tiempo, el precio podía ser más alto. En el intervalo, si alguien había vendido propiedades familiares debido a estrés financiero, el familiar más cercano podía redimirlas o el vendedor podía volver a comprarlas personalmente. Al final, sin embargo, la propiedad se revertía al clan dueño original en el Jubileo.

Una casa en una ciudad amurallada podía redimirse por un año. Después de eso, el nuevo dueño podía retenerla de forma permanente porque el espacio urbano estaba separado de la tierra. Una casa en una ciudad no amurallada podía redimirse en cualquier momento y debía volver a sus dueños originales en el siguiente Jubileo, ya que esa ciudad se consideraba campo abierto. La propiedad de los levitas siempre estaba sujeta a redención. Cualquier israelita incapaz de pagar deudas podía venderse a sí mismo, ya sea a otro israelita o a un extranjero residente. Al igual que con la tierra, el pariente más cercano o el vendedor podía proporcionar pago redentor antes del Jubileo. En su defecto, en el Jubileo los trabajadores hebreos y sus hijos debían ser liberados.

No existe evidencia en los libros históricos de que los israelitas verdaderamente practicasen el Año de Jubileo. Hay ecos de él en Is. 61:1-7 con las alusiones a la liberación de prisioneros (como en Lv. 25:10) y la herencia. Jesús citó este pasaje en referencia a su propio ministerio mesiánico (Lc. 4:16-21), sugiriendo su afirmación y cumplimiento de los principios Jubilares.

AÑO LITÚRGICO A diferencia del Antiguo Testamento, que describe y ordena la observación de una cantidad de festivales religiosos en la antigua Israel, en el Nuevo Testamento no se detalla un ciclo anual de feriados cristianos. Sin embargo, desde fechas tempranas los cristianos han observado un calendario litúrgico en el que se conmemoran eventos del Evangelio, Hechos, y la posterior historia de la iglesia. Entre otras cosas, el distintivo calendario cristiano puede que haya funcionado como una diferenciación importante entre el cristianismo y el judaísmo temprano (*ver* Gálatas 4:10).

En el cristianismo occidental, el año litúrgico está organizado en dos ciclos de feriados que están asociados con la Natividad (o Navidad) y la Pascua respectivamente (el año de la Iglesia Ortodoxa oriental, que no se discutirá aquí, difiere del calendario occidental en varios aspectos). El año comienza entre el 27 de noviembre y el 3 de diciembre (inclusivo) en el cuarto sábado antes de la Natividad, donde la fecha fija e inamovible es el 25 de diciembre. La natividad está, por lo tanto, precedida por una temporada de Adviento de aproximadamente cuatro semanas. El período navideño dura doce días, desde el 25 de diciembre hasta el 6 de enero, que es la festividad de la Epifanía. Según la tradición occidental, en la Epifanía se conmemora la visita de los Reyes Magos (Mateo 2:1-12).

El segundo ciclo principal de feriados gira en torno a la Pascua, que es la fecha que está parcialmente basada en la observación astronómica y que, por ende, ocurre en una fecha distinta año tras año. En la Pascua se conmemora la resurrección de Jesús y siempre se celebra un domingo (*ver* Mateo 28:1 pars.), que puede ser antes del 22 de marzo y posterior al 25 de abril. Esto es precedido por el ayuno de cuarenta días en la Cuaresma, comenzando con el Miércoles de Ceniza. La semana anterior a la Pascua es Semana Santa, que empieza con el Domingo de Ramos (Marcos 11:8) e incluye el Jueves Santos (la Última Cena), el Viernes Santo (la crucifixión) y el Sábado Santo (o la Vigilia Pascual). La temporada de Pascua se extiende cincuenta días (comenzando con el Sábado Santo) hasta el Pentecostés (Hechos 2:1).

Los dos ciclos principales están separados por estaciones de Tiempo Ordinario ("de conteo"), es decir, entre el 6 de enero y el Miércoles de Ceniza, y entre el Pentecostés y el Adviento. Estos períodos deben cambiar en duración año tras año para justificar la fecha variable de la Pascua. En algunas tradiciones se les llama Epifanía y Pentecostés.

Además de los principales feriados descritos arriba, el año litúrgico incluye festividades y conmemoraciones de personajes del Nuevo Testamento y de la historia temprana de los cristianos, en el que los más prominentes son el Domingo de Trinidad (domingo posterior al Pentecostés), el Día de Todos los Santos (el primero de noviembre) y la Fiesta de Cristo Rey (último domingo antes del Adviento). En otros días se conmemora a santos individuales o eventos en la vida de Jesús.

AÑO *Véase* Calendario.

AOD **(1)** El segundo juez, o liberador, de Israel designado por Dios para aliviar a su pueblo de la opresión extranjera, en este caso, los moabitas. En Jue. 3:15, Aod, un benjamita, se dice que era zurdo, lo cual, siguiendo la LXX (amphoterodexios), puede en realidad ser una referencia a que era ambidiestro.

Aod es enviado por los israelitas para presentar un tributo a Eglón, el obeso rey moabita. Tras la presentación, sin embargo, Aod engaña a Eglón diciendo que tiene un mensaje secreto para él, y cuando están solos, Aod lo asesina con una pequeña espada. Aod escapa sin que se den cuenta y moviliza a Israel para derrotar a los moabitas (Jue. 3:5-4:1). **(2)** El bisnieto de Benjamín (1 Cr. 7:10). **(3)** El benjamita padre de Naamán, Ahías y Gera, que eran anteriores habitantes de Geba exiliados a Manahat (1 Cr. 8:6-7).

APAIM Hijo de Nadab y el padre de Isí (1 Cr. 2:30-31) de la familia de Jerameel. Él era un descendiente de Judá.

APEDREAMIENTO El apedreamiento es el método más común de pena capital en el AT y con frecuencia es prescrito por la ley (Lv. 20:2; Nm. 15:32-36; Dt. 13:1-10; 17:2-5; 22:24). Requiere que el principal testigo contra el acusado sea el primero en arrojar las piedras, aunque con frecuencia "toda la asamblea" participa en el apedreamiento (Lv. 24:14, 16; cf. Dt. 21:21).

En el NT, Jesús usa el intento de apedrear a una mujer acusada de adulterio como una lección objetiva de misericordia (Jn. 7:53-8:11). Mientras que los romanos usaban la crucifixión como medio de ejecución, las autoridades judías continuaban usando el apedreamiento, como en el caso de Esteban (Hec. 7:54-60). *Véase también* Pena Capital; Crímenes y Castigos.

APELACIÓN A CÉSAR En el Imperio Romano, todos los ciudadanos tenían el derecho de apelar al César, que data de la época de Augusto. Existe cierta disputa respecto a cuánto tiempo tardó este derecho en aplicarse a las provincias, y en algunos casos a los ciudadanos romanos se les negaron sus derechos. En el Nuevo Testamento, Pablo se valió de este derecho en Hechos 25 cuando apareció ante Festo. Pablo fue llevado a juicio por los líderes judíos con falsas acusaciones de que había llevado a un gentil al templo. Festo le pidió que regresara a Jerusalén para el juicio, pero Pablo, receloso de que los judíos trataran de matarlo, pidió que su caso fuera escuchado por el emperador. A Pablo se le concedió su apelación y se lo envió a Roma, aunque posteriormente se determinó que no había hecho nada malo. Hechos termina con Pablo esperando juicio en Roma.

APELES Un cristiano recibido por Pablo en Ro. 16:10 como uno "cuya fidelidad a Cristo ha resistido la prueba". Esta denominación probablemente se refiere a un cristiano que ha sufrido persecución por la fe y se ha mantenido fiel.

APÉNDICE DEL HÍGADO *Véase* Membrana.

APHARSATHACHÊOS La traducción de RVA de un término arameo usado en Esd. 4:9; 5: 6; 6: 6 (RVC: "oficiales"). Hubo un tiempo en que se creía que el término se refería a una tribu de personas, pero parece ser una referencia más generalizada a un burócrata persa o funcionario gubernamental, que varía en función de un representante del rey a un inspector.

APHARSEOS La traducción de RVA de un término arameo utilizado en una lista de los asociados de Rehum y Simsai en su carta al rey persa Artajerjes que se opone a la reconstrucción de Jerusalén después del exilio (Esd. 4: 9). La NVI traduce la palabra "funcionarios de Persia" (compárese con NBD, CST). "Secretarias" (LBLA) también ha sido sugerido.

APIA Un cristiano de Colosas, recibido por Pablo (Filemón 1:2). Apia puede ser la esposa de Filemón y la madre de Arquipo. De ser así, como miembro más rico de la iglesia en su hogar, ella habría servido como patrocinadora (*véase* 1 Cor. 16:19). Dado que Pablo se dirige a ella como "hermana", algunos han llegado a la conclusión de que Apia desempeñó un papel de liderazgo en la iglesia de Colosas.

APIO *Véase* Foro de Apio.

APIRU *Véase* Habiru.

APIS Un toro sagrado adorado en Egipto, aparentemente una representación del dios egipcio Ptah. Jeremías pudo haber mencionado al toro en su burla de la idolatría del pueblo con el sarcasmo "¿Por qué ha huido Apis?" (Jer. 46:15), aunque esto requeriría un cambio textual del texto hebreo, que dice "Poderosos" ('abbirim).

Estatuilla de bronce del toro apis.

APOCALIPSIS *Véase* Apocalipsis, libro de.

APOCALIPSIS, LIBRO DEL El libro final de la Biblia es conocido por su línea de apertura: "La revelación de Jesucristo" (1.1 ESV, NRSV, KJV). Esta frase podría indicar una "revelación sobre Jesucristo" (el personaje principal), o una "revelación de Jesucristo" (el principal dador del mensaje a Juan; así NIV), o, como muchos creen, un poco de ambas.

Con un lenguaje poderoso e imágenes muy vívidas, el Apocalipsis presenta la conclusión a la gran historia de la salvación de Dios, en la cual Él derrota al mal, revierte la maldición del pecado, restaura la creación y vive por siempre entre su pueblo. Aunque los detalles frecuentemente son difíciles de entender, la idea principal del Apocalipsis es clara: Dios tiene el control y logrará su propósito exitosamente. Al final, Dios gana. Como una visión transformadora, el Apocalipsis empodera a sus lectores/oyentes a perseverar fielmente en un mundo caído hasta que el Señor regrese.

Género y Contexto Histórico

Género. El Apocalipsis se entiende mejor a la luz de su género literario y su contexto histórico. El género literario del Apocalipsis-carta, profecía, y literatura apocalíptica-explica mucho de la extrañeza del libro. El libro completo es una carta única a siete iglesias en Asia Menor (noten el saludo de la carta en 1:4-5 y la bendición en 22:21). A Juan se le ordena escribir lo que ve y enviarlo a las siete iglesias (1:11). Una carta a siete iglesias es, en realidad, una carta a toda la iglesia, ya que el número "siete" simboliza entereza o integridad en el Apocalipsis. Las cartas del NT tenían la intención de ser leídas en voz alta a los cristianos reunidos, y lo mismo ocurre con el Apocalipsis. El libro abre con una bendición hacia quién lee la carta en voz alta y quiénes la escuchan (1:3) y cierra con una firme advertencia a cualquiera (lector u oyente) que cambie el libro (22:18-19). Como otras cartas del NT, el Apocalipsis también se refiere a una situación específica. Por esta razón, cualquier acercamiento al Apocalipsis que ignore la situación enfrentada por las siete iglesias no logrará comprender su mensaje central. Muchos dicen que el mensaje del Apocalipsis se extiende más allá del siglo uno, pero ciertamente no ignora a su primera audiencia.

Este mosaico muestra al apóstol Juan registrando sus visiones está sobre la entrada de la cueva del Apocalipsis en la isla de Patmos.

El Apocalipsis también es una carta profética. Tanto en su apertura (1:3) como en su cierre (22:7, 10, 18-19), el libro es descrito como una "profecía" (cf. 19:10). En 22:9 el ángel identifica a Juan como un profeta: "Yo soy un compañero sirviente contigo y tus compañeros profetas". Como libro profético, en línea con los libros proféticos del AT, el Apocalipsis contiene tanto predicciones sobre el futuro como una proclamación de la voluntad de Dios para el presente, con mayor énfasis en esto último.

Finalmente, el Apocalipsis es una carta profética que es apocalíptica. En la frase de apertura, "la revelación de Jesucristo", el término "revelación" es una traducción del término griego apokalypsis, que significa "revelar" lo que ha sido escondido. La mayoría cree que la literatura apocalíptica surgió de la profecía hebrea. Los libros del AT de Daniel y Zacarías con frecuencia están asociados a literatura apocalíptica, y se escribieron muchos apocalipsis judíos durante el tiempo entre Testamentos (e.g., Enoc 1 – 2; Baruc 2 – 3; Esdras 4).

En la literatura apocalíptica hay una revelación de Dios a alguna reconocida figura humana a través de un intermediario celestial. Dios promete intervenir en la historia humana, para derrotar el mal y establecer su legítimo gobierno. Ese es el caso del Apocalipsis, que asume una situación donde el pueblo de Dios es amenazado por poderes hostiles. Dios es representado como soberano, y él promete intervenir pronto para destruir el mal.

A través de visiones bizarras e imaginería común a la literatura apocalíptica, aquellos que escuchan el Apocalipsis son transportados a otro mundo para una muy necesaria perspectiva celestial. Mientras los oyentes se mueven fuera de sus circunstancias desesperanzadas y ven a Dios ganando la guerra contra el mal, su perspectiva se reforma y se sienten empoderados a perseverar fielmente. Simultáneamente, son llamados a vivir una vida santa e irreprensible mientras adoran al único Dios verdadero.

Contexto Histórico. Junto con comprender el género literario del Apocalipsis, uno de comprender el contexto histórico para leer el libro responsablemente. El Apocalipsis en sí describe una situación histórica en la cual algunos cristianos están sufriendo por su fe con la posibilidad real de que el sufrimiento se haga más intenso y generalizado. Juan mismo ha sido exiliado a la isla de Patmos a causa de su testimonio para Jesús (1:9). Antipas, un cristiano de Pérgamo, ha sido asesinado por su fe (2:13). En su mensaje a la iglesia de Esmirna, Jesús indica que no deberían sorprenderse por lo que están por sufrir (2:10). El libro también incluye varias referencias a poderes paganos derramando la sangre del pueblo de Dios (6:10; 16:6; 17:6; 18:24; 19:2). El Apocalipsis enfrenta una situación en la cual el poder político pagano se ha aliado con falsa religión. Aquellos que declaran seguir a Cristo enfrentan creciente presión para conformarse a esta alianza impía a costa de su lealtad a Cristo.

Las dos posibilidades primarias para la fecha del Apocalipsis son poco tiempo después de la muerte de Nerón (68-69 a.C.) o una fecha

A

cercana al final del reinado de Domiciano (95 a.C.). Aunque existe evidencia sólida para ambas fechas, la opinión mayoritaria actualmente favorece la fecha durante el reinado de Domiciano, cuando la persecución amenazó con extenderse por todo el Imperio Romano. El culto imperial (esto es, la adoración del emperador romano) era una fuerza poderosa a tener en cuenta, primariamente porque unía elementos religiosos, políticos, sociales y económicos en una única fuerza. Como indican los capítulos 2-3, no todo cristiano permanecía fiel en este ambiente difícil. Algunos se comprometían para evitar la persecución religiosa o económica. El Apocalipsis tiene un mensaje particular para aquellos que se mantienen firmes al igual que para aquellos que se comprometen, y este mensaje central amarra el propósito general del libro.

Propósito e Interpretación

El propósito general del Apocalipsis es reconfortar a aquellos que enfrentan persecución y advertir a aquellos que se están comprometiendo con el sistema mundial. En tiempos de opresión, los justos sufren y los malvados parecen prosperar. Esto hace surgir la pregunta "¿Quién es el Señor?". El Apocalipsis dice que Jesús es el Señor a pesar de lo que pueda parecer, y Él volverá pronto para establecer su reino eterno. Aquellos que enfrentan persecución encuentran esperanza a través de una perspectiva renovada, y aquellos que se están comprometiendo son advertidos para que se arrepientan. La meta del Apocalipsis es transformar a la audiencia para seguir fielmente a Jesús.

Existen cinco teorías principales acerca de cómo debe interpretarse el Apocalipsis: preterista, historicista, futurista, idealista y ecléctica. La teoría preterista mira el Apocalipsis como relatando solo el tiempo en el que vivió Juan y no cualquier periodo futuro. Juan le comunica a los lectores del siglo primero como Dios planea liberarlos de la maldad del Imperio Romano. La teoría historicista argumenta que el Apocalipsis proporciona una visión general de los principales movimientos de la historia de la Iglesia desde el siglo primero hasta el regreso de Cristo. La teoría futurista declara que gran parte del Apocalipsis (por lo general los capítulos 4 a 22) trata sobre un tiempo futuro justo antes del fin de la historia. La teoría idealista sostiene que el Apocalipsis es un retrato simbólico continuado del conflicto entre el bien y el mal. El Apocalipsis presenta verdades espirituales atemporales para alentar a los cristianos de todas las edades. La teoría ecléctica combina las fortalezas de varias de las otras teorías (e.g, un mensaje a la audiencia original, un mensaje espiritual atemporal y algo de cumplimiento futuro), mientras evita sus debilidades.

Esquema y Estructura

Ha habido numerosos intentos de comprender cómo se organiza el Apocalipsis. Algunos ven una estructura en tres partes basada en 1:19:

Lo que han visto (pasado) (1:1-20)
Lo que ocurre ahora (presente) (2:1-3:21)
Lo que ocurrirá en el futuro (futuro) (4:1-22:21)

Otros ven el libro organizado en siete escenas dramáticas con interludios ocurriendo durante el proceso:

Prólogo (1:1-8)
Acto 1: Siete Oráculos (1:9-3:22)
Acto 2: Siete Sellos (6:1-17)
Acto 3: Siete Trompetas (8:1-9:21)
Acto 4: Siete Signos (12:1-14:20)
Acto 5: Siete Recipientes (16:1-21)
Acto 6: Siete Visiones (19:1-20:15)
Acto 7: Siete Profecías (21:2-22:17)
Epílogo (22:18-21)

El siguiente esquema proporciona una visión general de las diez etapas del Apocalipsis:

I. Introducción (1:1-20)
II. Mensajes a las Siete Iglesias (2:1-3:22)
III. Visión del Salón del Trono Celestial (4:1-5:14)
IV. Apertura de los Siete Sellos (6:1-8:1)
V. Sonido de las Siete Trompetas (8:2-11:19)
VI. El Pueblo de Dios contra los Poderes del Mal (12:1-14:20)

VII. Vertido de los Siete Recipientes (15:1-16:21)
VIII. Juicio y Caída de Babilonia (17:1-19:5)
IX. La Victoria Final de Dios (19:6-22:5)
X. Conclusión (22:6-21)

I. Introducción (1:1-20). El capítulo 1 incluye tanto un prólogo (1:1-8) y la comisión de Juan de escribir lo que vea (1:9-20). Las visiones de Juan se enfocan en el Cristo resucitado y glorificado y su presencia continua entre las siete iglesias.

II. Mensajes a las Siete Iglesias (2:1-3:22). Los capítulos 2-3 contienen mensajes a las siete iglesias de Asia Menor: Éfeso, Esmirna, Pérgamo, Tiatira, Sardis, Filadelfia y Laodicea. Los siete mensajes siguen patrones literarios similares: una descripción de Jesús, un elogio, una acusación, un exhorto acompañado de una advertencia o apoyo, una admonición a escuchar y una promesa a aquellos se sobrepongan. Estos mensajes reflejan los peligros gemelos enfrentados por la iglesia: persecución y compromiso.

III. Visión del Salón del Trono Celestial (4:1-5:14). En los capítulos 4-5 la escena cambia al Salón del Trono Celestial, donde Dios reina en majestuoso poder. Todos los cielos adoran al Creador y al León-Cordero (Jesús), que sólo él está calificado para abrir el pergamino por su muerte sacrificial.

IV. Apertura de los Siete Sellos (6:1-8:1). La revelación de la victoria final de Dios comienza formalmente aquí. Esta sección da comienzo a la primera una serie de tres visiones de juicio (sellos, trompetas y recipientes), con siete elementos cada una. Cuando se abre el sexto sello, se pregunta, "¿Quién puede soportarlo?". El capítulo 7 proporciona la respuesta con sus dos visiones del pueblo de Dios; solo aquellos pertenecientes a Dios pueden soportar el desbordamiento de la ira del Cordero.

V. Sonido de las Siete Trompetas (8:2-11:19). Los juicios de las trompetas, siguiendo el patrón de las plagas de Egipto, revelan el juicio de Dios sobre el mundo malvado. Nuevamente, antes del séptimo elemento de la serie, hay un intervalo con dos visiones (10:1-11; 11:1-14) que instruyen y alientan al pueblo de Dios.

VI. El Pueblo de Dios contra los Poderes del Mal (12:1-14:20). El capítulo 12 ofrece la razón principal por la cual el pueblo de Dios enfrenta hostilidad en el mundo. Están atrapados en el conflicto mayor entre Dios y Satanás (el dragón). Aunque Satanás fue derrotado por la muerte y resurrección de Cristo, él continúa oponiéndose al pueblo de Dios. El capítulo 13 presenta a los agentes de Satanás: la bestia del mar y la bestia de la tierra. El dragón y las dos bestias constituyen una trinidad impía decidida a seducir y destruir al pueblo de Dios. Como otro intervalo, el capítulo 14 ofrece una mirada del futuro final que Dios tiene preparado para su pueblo. Un día el Cordero y sus seguidores estarán sobre el Monte Sion y cantarán una nueva canción de redención.

VII. Vertido de los Siete Recipientes (15:1-16:21). Los siete recipientes de oro siguen a las trompetas y sellos como serie final de siete juicios. Mientras los recipientes de la ira de Dios son vertidos sobre el mundo impenitente, las plagas son indicadores devastadores de la furia de Dios contra el pecado y el mal. La única respuesta de los "residentes de la tierra" (MSG;

La nueva Jerusalén, de los tapices del Apocalipsis (siglo XIV d.C).

NVI: "habitantes de la tierra" [17:2, 8]; este es un término común en el Apocalipsis para los no creyentes) es maldecir a Dios en vez de arrepentirse (16:9, 11, 21).

VIII. Juicio y Caída de Babilonia (17:1-19:5). Esta sección representa la muerte de Babilonia, un poder pagano que se dice estaba "ebrio con la sangre del pueblo sagrado de Dios, la sangre de aquellos que dieron testimonio de Jesús" (17.6). Los lamentos funerarios por la fallecida Babilonia del capítulo 18 dan paso a la celebración mientras el pueblo de Dios se regocija por la caída de Babilonia (19:1-5).

IX. La Victoria Final de Dios (19:6-22:5). Esta sección culmine describe la victoria final de Dios sobre el mal y la recompensa final para el pueblo de Dios. Esta escena incluye el regreso de Cristo por su novia (19:6-16), Cristo derrotando a los dos bestias y sus aliados (19:17-21), la atadura de Satanás y el reino milenial (20:1-6), la derrota final de Satanás (20:7-10), y el juicio final y la muerte de la muerte misma (20:11-15). El capítulo 21 presenta una descripción de un nuevo cielo y una nueva tierra, donde la promesa histórica de Dios de vivir entre su pueblo se complete.

X. Conclusión (22:6-21). El Apocalipsis cierra con una bendición final para aquellos que escuchen el mensaje del libro y advertencias para aquellos que no lo hagan. La promesa de Jesús volver pronto se encuentra con la plegaria de Juan, "Ven, Señor Jesús" (22:20).

Personajes y Temas

Los esquemas anteriores son de gran ayuda para comprender el Apocalipsis, pero tal vez una mejor manera de comprender el mensaje del libro es mirar atentamente a sus personajes principales y línea argumental. Los siguientes siete temas capturan el mensaje teológico global de esta dinámica carta apocalíptica.

1. Dios. El Apocalipsis presenta a Dios como un personaje central en la historia. Él es soberano y está firmemente en control de la historia, como sugiere su descripción de 1:4-8: "el Alpha y el Omega" (el principio y el fin), y "el Señor Dios,... el Todopoderoso" (gobernador del universo). La visión del salón del trono en los capítulos 4-5 también claramente afirma el gobierno soberano de Dios. El trono de Dios mismo permanece como símbolo central en el libro, representando la soberanía de Dios sobre todas las cosas. Como personaje principal, Dios justamente recibe adoración.

Él es adorado porque es el creador (e.g., 4:11; 14:7) y el juez justo que condena el mal y reivindica a su pueblo (15:3-4; 16:5-7; 19:1-2). El Apocalipsis también describe a Dios como uno que desea estar completa a íntimamente presente con su pueblo. Dios se preocupa por y protege a su pueblo (e.g., 7:2-3; 14:1; 21:4). A medida que el libro va cerrando, Dios anuncia el cumplimiento de su promesa histórica de vivir entre su pueblo (21:6-7; cf. Éx. 29:45-46; Lv. 26:11-12). Los hijos de Dios tienen libre acceso a su amante padre mientras lo sirven, ven su rostro, y llevan su nombre—todo en su presencia (22:1-5).

2. Los enemigos de Dios. Aunque Dios reina supremo, Él tiene enemigos que se oponen a Él y a su pueblo. Como enemigo principal de Dios, Satanás (también conocido como el dragón, el diablo, la serpiente, el acusador) trabaja a través de sistemas mundanos con la intención de frustrar el plan de Dios.

El capítulo 12 resume este conflicto cósmico. En esa escena, Dios derrota al dragón, que luego vuelve su furia contra la mujer y el resto de su descendencia. Los socios malvados del dragón incluyen a la bestia del mar (tradicionalmente llamado "anticristo") y la bestia de la tierra (el "falso profeta"). La primera bestia con frecuencia es identificada con Roma, el poder pagano dominante en el siglo uno, aunque la referencia probablemente se extiende más allá de Roma a cualquier poder político-económico que exija alianza absoluta (*véase* 13:1-8; 19:19-20; 20:10).

La segunda bestia usa signos milagrosos para engañar a la gente para que adore a la primera bestia. Este oponente representa el poder religioso organizado en apoyo de la primera bestia (13:11-18; 19:20; 20:10). El dragón, la bestia del mar y el falso profeta constituyen una trinidad impía. Los enemigos de Dios también incluyen personas (por lo general llamados "habitantes de la tierra") que siguen a la bestia (13:8, 12), consienten en los modos de este mundo (17:2), y persiguen a los creyentes (6:10; 11:10).

3. El Cordero de Dios. Jesús, el Cordero de Dios, tiene un rol central en el plan redentor de Dios (5:6, 9-14; 7:10, 17; 12:10; 21:22-23; 22:1, 3). Expresiones que se refieren a Dios también se usan para referirse a Jesús, por ende, afirmando la divinidad de Jesús (e.g., "el Alpha y el Omega", "Señor" [*véase también* 1:4-5]).

El Apocalipsis destaca la muerte sacrificial del Cordero como la clave para su victoria sobre el mal, aunque sea paradójico (1:5, 18; 5:9). Como el Cordero asesinado, aunque resucitado (1:17-18), Jesús es capaz de identificarse con su pueblo sufriente (1:9; 12:17; 20:4). El Cordero promete volver cono el juez-guerrero para derrotar a los enemigos de Dios y rescatar al pueblo de Dios (1:7; 3:11; 16:15; 19:11-21). La famosa batalla con las fuerzas del mal se registra en 19:20: "Pero la bestia fue capturada, y con ella el falso profeta". Las dos bestias son entonces condenadas al lago de fuego, y sus seguidores se convierten en el banquete para las aves de presa.

4. El pueblo de Dios. El pueblo de Dios figura prominentemente en el libro del Apocalipsis. Juan usa una variedad de términos e imágenes para retratar al pueblo de Dios (e.g., iglesia, santos, gran multitud, novia del Cordero, nueva Jerusalén). Estas personas han sido redimidas por el Cordero, y continúan confiando en su muerte sacrificial a pesar de la oposición (1:5; 5:9; 14:3-4). Son un pueblo genuinamente multicultural, como indican los siete usos de la formula cuádruple: cada "tribu, lengua, pueblo y nación" (5:9; 7:9; 11:9; 13:7; 14:6; cf. 17:15).

También son un pueblo perseguido (1:9; 2:9-10; 7:14; 11:9-10; 12:10; 13:16-17) y en ocasiones martirizado (6:9-11; 16:6; 17:6; 18:24; 19:2; 20:4). A través del Apocalipsis, el pueblo de Dios es caracterizado como aquellos que obedecen las ordenes de Dios (1:2, 9; 6:9; 12:17; 14:12; 20:4; 22:9) y que sostienen el testimonio de Jesús (1:2, 9; 6:9; 12:17; 19:10; 20:4). Son un pueblo tentado a los que se les advierte buscar a través del libro para mantenerse en la fe (13:10; 14:12; 18:4). Como su Salvador, ellos conquistan al mal sosteniendo sus confesiones incluso hasta la muerte (12:11).

5. El juicio de Dios. El juicio de Dios sobre el mal tiene un rol crucial en el libro. La sección central del Apocalipsis contiene tres series de siete juicios: los sellos (6:1-8:1), las trompetas (8:2-11:19) y los recipientes (15:1-16:21).

Dios envía estas plagas sobre sus enemigos para demostrar su poder y reivindicar a su pueblo. Estas imágenes de juicio también alientan el arrepentimiento y le recuerdan a la gente que Dios ganará la batalla contra el mal. Utilizando dos imágenes de juicio —la cosecha del grano (14:14-16) y la prensa de vino (14:17-20)— el capítulo 14 presenta una clara alternativa: teman y glorifiquen a Dios (14:7) o enfrenten el inescapable y eterno juicio de Dios (14:11, 19). El juicio final de Dios sobre "Babilonia la grande, la madre de prostitutas" se reporta en 17:1-19:6. Babilonia representa el sistema mundano que ha blasfemado a Dios y ha perseguido a su pueblo. El juicio final de Dios sobre la trilogía satánica, sus seguidores, y la muerte misma se describe en 19:11-21; 20:7-15. El mal ha sido destruido, preparando el camino para la restauración de la creación.

6. El paraíso de Dios. La historia culmina en la restauración final por parte de Dios de su pueblo y su creación —el paraíso de Dios. Lo que Dios comenzó a hacer en Gn. 1-2, ahora lo completa en Ap. 21-22. El río de la vida reemplaza al mar. El árbol de la vida proporciona comida para todos. El trono de Dios como un símbolo del gobierno soberano de Dios sobre toda la realidad sirve como fuente de vida.

Dios ha cumplido su promesa de conquistar a sus enemigos, reivindicar a su pueblo y restaurar la creación. La alianza de Abraham del Gn. 12, de que Dios bendeciría "todas las gentes de la tierra" (v. 3) se cumple mientras el árbol de la vida provee sanación a todas las naciones (Ap. 22:2). El nuevo cielo y la nueva tierra se identifica primariamente como el lugar donde Dios vive entre su pueblo (22:4). En el paraíso de Dios no habrá más Satanás, ni pecado, ni muerte, ni maldad de ningún tipo. El pueblo de Dios disfrutará en su gloria y responderá en adoración.

7. La lucha presente. Un tema final del Apocalipsis es la lucha de los creyentes para vivir la historia de Dios en el presente. Los seguidores del Cordero dependen de la vida, muerte y resurrección de Jesús para su victoria, pero continúan viviendo en territorio enemigo. Ellos anhelan el nuevo cielo y la nueva tierra, pero deben batallar en el presente contra las fuerzas del mal. Jesús desafía a las siete iglesias a "sobreponerse" o "conquistar", un requisito para heredar sus promesas de vida eterna, disposición, justicia, victoria y la presencia de Dios (21:7). Una voz desde los cielos resume lo que significa sobreponerse: "Ellos [los cristianos] triunfaron sobre él [Satanás] por la sangre del Cordero y por la palabra de su testimonio; no amaron sus vidas tanto como para retroceder ante la muerte" (12:11).

Ellos triunfan de la misma manera que triunfó Jesús: victoria a través de la fidelidad, incluso si implica sufrir. Esto llama a rechazar falsas enseñanzas, resistirse a la idolatría, vivir justamente y rehusar comprometerse. Triunfar incluye fe auténtica que resulta en la obediencia a Jesús. Sobre todo, triunfar o sobreponerse significa seguir al Cordero.

Estos siete temas en el Apocalipsis revelan cómo el libro ofrece esperanza a aquellos que están sufriendo a causa de Cristo y advertencia a aquellos que se están comprometiendo con el mundo. El Apocalipsis presenta el capítulo final en el gran plan de Dios para derrotar el mal, revertir la maldición del pecado, transformar la creación y vivir por siempre entre su pueblo. Para los lectores del siglo uno o del siglo veintiuno, el Apocalipsis ofrece una visión dramática y fortalecedora de lo que significa seguir a Cristo.

APOCALÍPTICO La palabra "apocalipsis" significa "revelación". Se usa en Ap. 1:1 para identificar lo que sigue como información que de otro modo solo se conocería en el cielo. "Apocalíptico" por lo tanto se refiere a descubrir algo que está oculto, revelando secretos. Se centra en los actos de gracia de Dios, por medio de los cuales informa a sus siervos de sus planes y propósitos sobre lo que está sucediendo y lo que sucederá en la tierra. Los eruditos han identificado aquellos textos que se parecen a la forma del libro de Apocalipsis como "literatura apocalíptica", incluidas las visiones de Isaías, Ezequiel, Daniel y Zacarías.

Los textos apocalípticos también aparecen fuera de la Biblia, aunque muchos de ellos están inspirados en relatos bíblicos.

El registro del viaje de Enoc a los cielos (Gn. 5:24) estimuló la imaginación de muchos durante el período del Segundo Templo, dando como resultado la producción de un gran número de obras apocalípticas que pretenden registrar lo que Enoc aprendió mientras estaba en los cielos. Estos luego formaron la base para una interpretación distintiva, y finalmente equivocada, de la experiencia judía contemporánea (*véase*, por ejemplo, 1 Enoc, Jubileos). La popularidad de la literatura apocalíptica creció significativamente después de la aparición de la Revelación de Juan, particularmente en la literatura gnóstica posterior y en las obras de diversas formas de misticismo judío.

El género de la literatura apocalíptica. Para que haya literatura apocalíptica, algunas cosas deben ser aceptadas como verdaderas: Dios existe y tiene control soberano sobre lo que sucede en la tierra; Dios tiene un plan y la humanidad no puede saber nada de ese plan a menos que sea revelado. Esta literatura afirma ser el resultado de un acto de gracia de Dios. Puede ser entregado a través de una visión de Dios mismo. Alternativamente, podría implicar ver cosas en los cielos ya sea como una visión o como una visita guiada.

La revelación de Dios ocurrió de muchas maneras en muchas ocasiones (Heb. 1:1-2). La Biblia entera es, en este sentido, un apocalipsis, una revelación. Algunas formas de esta revelación, sin embargo, son más fáciles de entender que otras.

Como una forma literaria, la literatura apocalíptica podría describirse mejor como caricaturas verbales. Las imágenes que están tan gráficamente retratadas habrían tenido, para los lectores originales, algo del impacto instantáneo que una caricatura política podría tener sobre nosotros hoy. Para comprender tales imágenes, uno debe estar familiarizado con los símbolos que se utilizan. Las caricaturas y carteles de las dos guerras mundiales -en las que animales como el león de Inglaterra, el oso ruso, el personaje del Tío Sam y monstruos bestiales representaban al enemigo en ese momento- son un ejemplo suficiente para dar a entender cómo el lector original habría leído estos trabajos bíblicos. Para comprender imágenes individuales como la bestia de Ap. 13 o el leopardo de cuatro cabezas de Dan. 7, uno tenía que saber algo del trasfondo histórico específico.

Las imágenes anteriores podrían ser adaptadas y volver a aplicarlas. Por ejemplo, la visión de José sobre su familia como el sol, la luna y las estrellas (Gn. 37: 9) se usa para identificar a la mujer de Ap. 12: 1 como la personificación de la nación de Israel, la línea desde la cual el Salvador vendría.

La revelación de Dios a su pueblo. La literatura apocalíptica funciona de la misma manera en que Jesús usó sus parábolas (Mt. 13:11). A menudo se usa en situaciones donde el pueblo de Dios parece estar bajo amenaza física. Los símbolos y los patrones utilizados permiten que aquellos en el interior sigan lo que está sucediendo y que los que están en el exterior no sean más sabios. La capacidad del pueblo de Dios para comprender la revelación los identifica y los discrimina de los enemigos de Dios, que parecen confundidos.

La literatura apocalíptica no siempre trata sobre el futuro y menos sobre el fin del mundo. En su mayoría está diseñado para permitirle al creyente ver más allá de las confusiones y temores de la experiencia presente, y recordarle que Dios tiene el control y que todo va de acuerdo con sus planes y propósitos. Los planes de Dios pueden incluir hacer un llamado a su pueblo para enfrentar una variedad de desafíos o sufrir persecución. Estas visiones permiten a los creyentes ver el significado y el propósito en estas experiencias y mantener su enfoque fielmente en Dios.

El libro de Job ofrece una idea de la naturaleza de la literatura apocalíptica, a pesar de que generalmente no se considera como tal. El narrador (sin explicar cómo él sabe estas cosas) comienza por informar al lector de los acontecimientos que ocurrieron en la corte celestial de Dios. Esto permite al lector (a diferencia de Job o sus amigos) poner la experiencia de Job en el contexto adecuado. El desafío de Elifaz tiene una ironía poderosa cuando le pregunta a Job: "¿Escuchas el consejo de Dios? ¿Tienes el monopolio de la sabiduría?" (15:8). La resolución de sus deliberaciones solo es posible cuando Dios viene a la tierra en forma visible y revela su juicio sobre el asunto. Esto está diseñado para evocar no una fe ciega sino una fidelidad informada que permite la realidad de la sabiduría superior de Dios y su derecho a determinar todas las cosas para su gloria.

Cuando el rey tuvo un sueño en Gn. 41: 15-16 (compárese con Dn. 2: 27-28), se señala que nadie puede descubrir la mente de Dios. Sin embargo, Dios ha revelado gentilmente sus planes a sus siervos, quienes pueden explicarlos a un mundo que vive en la oscuridad e ignorar estas cosas. Quien recibió tales revelaciones a menudo necesita un ángel interpretador (Dn.7:16, Zac. 1:9, compárese con Gn. 28: 10-17, Éx. 3: 1-6). El vidente, al igual que el lector, está inicialmente confundido. El ángel interpretador responde las preguntas del vidente, y el lector a su vez puede comprender lo que está sucediendo.

Entendiendo la literatura apocalíptica. Dada la distancia histórica entre el lector moderno y los autores originales de los textos bíblicos apocalípticos, podríamos sentirnos tentados a pensar que estos no pueden ser entendidos con certeza. No obstante, son la revelación de Dios a su pueblo y se dieron con la intención de que sean entendidos. Comprender una visión apocalíptica requiere que busquemos en las Escrituras para ver cómo se interpretaron estos símbolos y patrones, y luego ver cómo se usan nuevamente para darnos una idea del poder de Dios, la gracia y el llamado a su pueblo en cada época.

Por ejemplo, las bestias que representan cuatro reinos sucesivos (Dn. 7: 1-7, 15-23) se vuelven a dibujar en un símbolo compuesto de cualquier poder humano contemporáneo que opere bajo el gobierno de Satanás (Ap. 13:1-3). Las similitudes entre Babilonia y Roma identificaron a ambos como agentes del régimen de Satanás; la conexión se convirtió en una acusación apocalíptica (1 P. 5:13) que ofrece seguridad al pueblo de Dios. El intento de Herodes de matar a Jesús (Mt. 2:16) sigue el patrón del intento del Faraón en Israel (Éx. 1-2), por lo que la imagen de Satanás como el dragón rojo atacando a la mujer que da a luz identifica al que está detrás de las acciones de Herodes mientras señala al Dios que sacó a su pueblo de Egipto como el que salvará a los que ponen su confianza en Jesús.

APÓCRIFA, ANTIGUO TESTAMENTO

La palabra griega apokrypha significa "oculto" o "secreto", y luego se refirió a libros religiosos considerados de inferior calidad para el Antiguo y Nuevo Testamentos. Durante el siglo III, varios padres de iglesia (por ejemplo, Orígenes [muerto en 253 d.C.], Ireneo [200 d.C.], Tertuliano [muerto en 220 d.C.]) usaron este término para distinguir estas obras de las obras canónicas. Actualmente, la frase "apócrifa del Antiguo Testamento" se refiere a las obras literarias judías escritas entre aproximadamente el año 200 a.C. y el año 90 d.C. que fueron incluidas en los primeros códices griegos de la Septuaginta.

La Apócrifa y el Desarrollo del Canon

En el siglo I d.C., muchos judíos creían que la profecía continuaba solo hasta la época de Esdras, hacia fines del siglo V a.C., y por lo tanto varias de las obras apócrifas estaban asociadas con personajes bíblicos famosos como Jeremías, Baruc o Salomón, lo más probable para darles credibilidad. En Mt. 23:34-35; Lc. 11: 49-51 Jesús parece limitar el canon del Antiguo Testamento a los libros que se sabe que están en el canon judío. Ambos pasajes registran a Jesús declarando que la nación judía será responsable por la sangre de los profetas desde "la sangre de Abel" (*véase* Gn. 4: 8-10), el primer asesinato registrado, "a la sangre de Zacarías" (*véase* 2 Cr. 24:20-22), el último asesinato registrado. La implicación es que la historia bíblica se extiende desde Génesis hasta Crónicas (muy probablemente el último libro en el orden de la Biblia hebrea en el tiempo de Jesús), lo cual es equivalente a decir del Génesis a Malaquías en la Biblia en español.

Con base de esta evidencia, es dudoso que los primeros judíos consideraran las obras apócrifas como parte de su canon. En realidad, los primeros códices griegos eran colecciones cristianas del cuarto al quinto siglo d.C. Aparentemente, en ese momento había preguntas significativas sobre qué libros conformaban el canon del Antiguo Testamento. Hacia el final del primer siglo d.C., los cristianos se habían dispersado por todo el Imperio Romano, por lo que es más que probable que pocos cristianos habrían tenido contacto con judíos o haber estado expuestos a su canon bíblico.

Es razonable suponer que durante este período de incertidumbre, algunos pensaron que los libros apócrifos eran parte del canon judío del Antiguo Testamento. Un importante punto de inflexión ocurrió en el siglo IV d.C. cuando a Jerónimo (aprox. 345-420) se le pidió que escribiera una traducción estandarizada de la Biblia latina. Jerónimo usó textos griegos y hebreos originales para corregir su traducción latina. Él no creía que los libros apócrifos fueran parte del Antiguo Testamento ya que no estaban incluidos en los manuscritos hebreos. Sin embargo, algunos sostienen que fue obligado a sumarlos a la Vulgata latina por Agustín de Hipona (354-430), quien creía que al menos parte de los libros apócrifos debían incluirse en el canon del Antiguo Testamento.

La Vulgata latina se convirtió en la traducción estándar de la Iglesia Católica Romana durante más de mil años y así los Apócrifos del Antiguo Testamento fueron aceptados gradualmente en la iglesia. Otro punto de inflexión importante ocurrió durante la Reforma Protestante cuando los puntos de vista de Lutero fueron discutidos en el Concilio de Trento (convocado tres veces entre 1545 y 1563) que los Apócrifos no eran parte del canon del Antiguo Testamento.

La Iglesia Católica Romana había usado 2 Mac. 12: 43-45 para fundamentar sus doctrinas del purgatorio y orar por los muertos; asimismo, Tobías y otras obras apócrifas se usaron para fundamentar las obras de rectitud (es decir, no solo la fe para la salvación). El 8 de abril de 1546, en el Concilio de Trento, la Iglesia Católica Romana decretó que los libros apócrifos eran efectivamente parte del canon cristiano y que se pronunciaba anatema sobre aquellos que no estaban de acuerdo.

Desde la época de Lutero, los protestantes han rechazado la canonicidad de los libros apócrifos. Sin embargo, la Iglesia Católica Romana ha argumentado que quince obras apócrifas son parte de sus Escrituras autorizadas. La Iglesia Ortodoxa Griega incluye dos obras adicionales (3 Macabeos y Salmos 151) en su canon autorizado.

Argumentos en Contra a Incluir Libros Apócrifos en el Canon

Existen argumentos importantes para no incluir estos libros en el canon autorizado de la iglesia.

1. El Nuevo Testamento nunca cita ningún libro apócrifo como inspirado; El uso de las Escrituras por parte de Jesús sugiere que solo los libros en la Biblia hebrea eran autoritativos (Mt. 23: 34-35, Lc. 11: 50-51).

2. Ninguno de los libros apócrifos pretende ser la palabra del Señor, como lo hacen muchos libros del Antiguo Testamento (Nm. 35: 1, 9, Jos. 1: 1, Is. 1:10, 18, 24, Jer. 1: 2; Ez. 1: 3; Os. 1: 1; Jl. 1: 1).

3. El canon del Antiguo Testamento es confirmado por muchas fuentes: 2 Esd. 14:45 (veinticuatro libros); Josefo, Contra Apión. 1.37-42 (veintidós libros); Melito (todos los libros del Antiguo Testamento excepto tal vez Ester); la Lista de Jerusalén (los treinta y nueve libros); Orígenes (veintidós libros). Todas estas fuentes enumeran los mismos treinta y nueve libros del Antiguo Testamento, excepto que se agrupan de manera diferente (con la excepción de Melito, que puede omitir a Ester).

4. Hay poca evidencia que sugiera que haya dos diferentes cánones del Antiguo Testamento, uno que se desarrolló en Palestina y otro en Egipto. De hecho, Pilón, un judío de Alejandría, nunca cita como autorizado un libro apócrifo.

5. Hay inexactitudes históricas significativas en los Apócrifos. Por ejemplo, los eventos en el libro de Tobit (1:3-5) son cronológicamente incompatibles: se dice que Tobit vive en Nínive alrededor del 722 a.C. y, sin embargo, también ha visto la división del Reino Unido en el 931 a.C.

6. Hay inconsistencias teológicas. Por ejemplo, 2 Mac. 12:43-45 defiende a los muertos, pero los libros canónicos sostienen que las decisiones sobre el destino eterno de uno solo pueden tomarse antes de la muerte (Heb. 9:27). Once de los quince libros apócrifos contienen algún tipo de imprecisiones. Los que no las tienen, son muy cortos (por ejemplo, Oración de Azarías y Canción de los Tres Jóvenes; Oración de Manasés) o su contenido dificulta determinar si contienen errores (es decir, Sabiduría de Salomón; Susana).

7. Muchos padres de la iglesia primitiva hablaron en contra de la canonicidad de gran parte o de todos los libros apócrifos (Melito, Orígenes, Cirilo de Jerusalén, Atanasio, Jerónimo); ninguno de los principales padres de iglesia aceptó todos los libros apócrifos hasta Agustín. Los libros apócrifos nunca han sido universalmente aceptados por la iglesia.

8. La lista más antigua del canon del Antiguo Testamento de Melito (aprox. 170 d.C.) no los incluye.

9. Durante el Concilio de Trento, se discutieron los puntos de vista de Martín Lutero contra la canonicidad de los libros apócrifos, citando al Nuevo Testamento, a los primeros padres de la iglesia y a los maestros judíos en apoyo. La Iglesia Católica Romana respondió canonizando los libros apócrifos.

Libros Apócrifos del Antiguo Testamento

Aunque los libros apócrifos no deben considerarse parte del canon autoritario, son útiles para comprender el pensamiento y los intereses judíos en el período intertestamentario y el desarrollo de ciertos conceptos durante este período (por ejemplo, la importancia de la Torá, la visión apocalíptica de la historia y el reino de Dios).

Tradicionalmente, los apócrifos constaban de quince libros que se incluyeron en las Biblias católicas y generalmente se identificaban como obras deuterocanónicas (es decir, un segundo canon). Sin embargo, más recientemente este número se ha reducido a trece ya que 4 Esdras (a veces llamado 2 Esdras o Apocalipsis

A

de Esdras) y la Oración de Manasés nunca se encontraron en los códices griegos más antiguos de la Septuaginta: Vaticano (aprox. 350 d.C.), Sinaítico (aprox. d.C. 400) y Alejandrino (aprox. 450 d.C.). Estas dos obras ahora se consideran como libros pseudoepígrafos (es decir, escritos falsos que nunca se pensó que formaran parte del canon bíblico).

La lista a continuación sigue el canon católico romano. Además de estos textos, varios otros escritos están incluidos en los cánones griegos ortodoxos, armenios, georgianos, siríacos y etíopes: 3 Macabeos, 4 Macabeos, Salmo 151, Salmos 152-55, 1 Enoc, Jubileos, 2 Baruc (Carta de Baruc), 3 Baruc (Apocalipsis de Baruc), 4 Baruc (Paralipomena de Jeremías) y 1-3 Meqabyan (Macabeos etíopes).

Libros incluidos en los libros apócrifos del Antiguo Testamento. Los siguientes trece libros están incluidos en los Apócrifos del Antiguo Testamento.

• *Sabiduría de Salomón* (última parte del primer siglo a.C.): Esta obra contiene tradiciones de sabiduría judías y describe los beneficios de la sabiduría y las alegrías que acompañan a la vida recta, así como los castigos para los malvados.

• *Sabiduría de Sirac* (o Eclesiástico, aprox. 180 a.C.): Este libro es muy similar al libro bíblico de Proverbios, que también contiene tradiciones de sabiduría judías. Incluye máximas morales y éticas, proverbios, canciones de alabanza, reflexiones teológicas y filosóficas sobre la vida y las costumbres del día.

• *Tobit* (aprox. 180 a.C.): Una historia romántica que enseña que Dios viene en ayuda de aquellos que permanecen fieles a sus leyes. Tobit, un israelita justo que vive en Nínive, es un ejemplo para el resto de los cautivos, incluso en medio de grandes adversidades. Tobit se vuelve ciego y le ruega a Dios que restaure su vista. Al mismo tiempo, en Media, Sarah, la sobrina de Tobit, que había perdido a siete novios en sucesión, ora a Dios por la liberación del demonio Asmodeo. Dios envía al ángel Rafael para liberarlos a ambos.

• *Judit* (aprox. 150 a.C.): Nabucodonosor envía a Holofernes a castigar a las personas al oeste de Babilonia por su insubordinación. El autor exhorta a los judíos a permanecer obedientes a la ley en medio de la ocupación extranjera por parte de los babilonios. El pueblo de Judea ruega a Dios por ayuda; en respuesta, Judit engaña a Holofernes, lo emborracha a fondo y luego lo decapita.

• *1 Esdras* (o 3 Esdras, aprox. del siglo II al I a.C.): Este libro vuelve a narrar partes de Crónicas, Esdras y Nehemías. Comienza describiendo abruptamente la restitución de la Pascua por el rey Josías en Jerusalén alrededor del 622/621 a.C. y continúa con las reformas de Ezra alrededor del 458 a.C. La mayoría del libro enfatiza las reformas de Esdras.

• *1 Macabeos* (hacia el final del segundo siglo a.C): Este libro describe la historia de Judea y especialmente las campañas militares de los macabeos desde el acceso de Antíoco IV (Epífanes) en el año 175 a.C. hasta el reinado de Juan Hircano I (134- 104 a.C.). Este trabajo es una historia muy precisa y es la principal fuente de eventos registrados durante este período.

• *2 Macabeos* (finales del siglo II a principios del siglo I a.C): Este libro tiene una orientación mucho más teológica que 1 Macabeos en el registro de acontecimientos de la historia judía desde el tiempo del sumo sacerdote Onías III y el rey sirio Seleuco IV (aprox. 180 a.C) a la derrota del ejército de Nicanor (apro.171 a.C). Parece adoptar un punto de vista anti-jasmoneo al resaltar conceptos tales como la resurrección del cuerpo y la naturaleza eficaz del martirio.

• *Baruc* (desde el siglo II hasta el siglo I a.C): Pretende ser una carta de Baruc a los que viven en Jerusalén. Comienza con una confirmación de que Jerusalén fue destruida debido a la pecaminosidad de Israel y debía leerse en un día de fiesta como una confesión de su pecado (1:14).

• *Epístola de Jeremías* (del tercer al primer siglo a.C): La fecha de este trabajo ahora está confirmada por un manuscrito griego del siglo I a.C. de la cueva 7 de Qumrán. El texto contiene 72 o 73 versículos y lo más probable es que esté influenciado por Jer. 10: 1-16. Esta carta, supuestamente de Jeremías a cautivos judíos que pronto serán llevados a Babilonia, describe la locura de adorar ídolos.

• *Adiciones a Ester* (aprox. segundo al primer siglo a.C): Estas seis adiciones (por ejemplo, el sueño de Mardoqueo y su interpretación, las oraciones de Mardoqueo y Ester) al texto griego de Ester aparentemente se introdujeron para resaltar el aspecto religioso de la historia que el autor sentía que faltaba.

• *Susana* (aprox. segundo al primer siglo a.C): este trabajo y los siguientes dos se agregaron al libro de Daniel en algún momento durante el primer siglo antes de Cristo. Susana es juzgada y declarada culpable por las mentiras que dos ancianos de Israel contaron sobre ella después de que ella rechazó sus insinuaciones sexuales. Daniel, sin embargo, inspirado por Dios, interroga a los dos hombres, prueba que han mentido y exonera a Susana.

• *Bel y el dragón* (aprox. segundo al primer siglo a.C.): Este trabajo contiene dos historias que demuestran la sabiduría de Daniel. En el primero, se burla de los sacerdotes de Bel que pasan todas las noches por una entrada secreta para comer las ofrendas que le quedan a Bel. Daniel revela su engaño y prueba que su gran estatua de Bel, la deidad patrona de Babilonia, es un ídolo sin valor. En la segunda historia, Daniel es arrojado a la guarida de los leones por matar a un dragón que los babilonios creían que era un dios. Sin embargo, el ángel del Señor protege a Daniel y lleva a Habacuc de Judea con comida para él. En el séptimo día, Daniel es sacado de la guarida de los leones y sus enemigos son arrojados.

• *Oración de Azarías y Canto de los Tres Jóvenes* (aprox. segundo al primer siglo a.C.): Antes de ser arrojado al horno de fuego (*véase* Daniel 3:23), Abednego ("Azarías" en hebreo) ora, pidiéndole a Dios que dé gloria a su nombre a través de esta prueba. Luego sigue el canto de los tres jóvenes (Sadrac, Mesac y Abednego), quienes cantan alabanza y gloria a Dios.

Libros que ya no están en los apócrifos del Antiguo Testamento. Los siguientes dos libros ya no están incluidos en los Apócrifos del Antiguo Testamento:

• *2 Esdras* (o 4 Esdras, Apocalipsis de Esdras, aprox. siglo primero d.C.): Un libro apocalíptico que trata el problema del mal en el mundo, o más específicamente por qué un Dios todopoderoso y amoroso permite que tales grandes males caigan sobre la humanidad. La razón resulta ser el pecado humano.

• *Oración de Manasés* (aprox. segundo hasta el primer siglo a.C.): Según 2 Crón. 33: 10-13, Manasés oró a Dios mientras estaba en cautiverio y pidió perdón por sus muchos pecados. Dios responde perdonándolo y permitiéndole regresar a Israel. Este trabajo pretende registrar esta increíble oración.

APÓCRIFA, NUEVO TESTAMENTO

La palabra "apócrifa" se deriva de una palabra griega que significa "secreto" u "oculto" y se refiere a textos considerados por algunos judíos y cristianos como valiosos desde el punto de vista religioso pero que no cumplen los criterios de canonicidad. El título más específico "Apócrifos del Nuevo Testamento" distingue ciertos escritos de los comúnmente denominados "apócrifos", una colección de obras escritas por judíos (con posterior edición cristiana en algunos lugares) entre aprox. 200 a.C. y 90 d.C., reconocidas como Escrituras por las iglesias católicas y ortodoxas, pero generalmente rechazadas por los protestantes (*véase* Apócrifos, Antiguo Testamento).

Lo que se llama vagamente Apócrifos del Nuevo Testamento no es una colección única, sino un vasto y amorfo corpus que solo se puede analizar aquí de forma selectiva. (Los Padres Apostólicos, textos escritos principalmente a finales del primer siglo y segundo siglo y más tarde padres de la iglesia no se consideran aquí como parte de este grupo).

En términos más amplios, estos textos se refieren a Jesucristo y sus apóstoles, pero a menudo desde una perspectiva que difiere de los retratos Nuevo Testamento. Sin embargo, muchas de las obras parecen depender o estar influenciadas por los géneros y personajes del Nuevo Testamento, principalmente los evangelios, las cartas, los actos apostólicos y el apocalipsis.

Estas escrituras permanecen fuera del canon cristiano por las siguientes razones. Primero, los textos, al menos en su forma final, se publicaron en el período pos apostólico (el siglo

II), mientras que se creía que todos los escritos del Nuevo Testamento habían sido escritos por un apóstol (Mateo, Juan, Pablo, Pedro) o un asociado apostólico (Marcos, Lucas).

Algunas escrituras apócrifas (por ejemplo, el Evangelio de Tomás) pueden simplemente adaptar la tradición apostólica anterior. En segundo lugar, el punto de vista en estos escritos no representa una amplia circunscripción en la iglesia primitiva. Algunos parecen reflejar la ideología de varios grupos gnósticos, que se hizo prominente en el siglo II en todo el Mediterráneo, con centros en Antioquía en Siria y Alejandría en Egipto.

Aunque es un fenómeno diverso, el gnosticismo generalmente abrazó el conocimiento secreto como un vehículo para la salvación del mundo material, un desarrollo del platonismo extremo. Por lo tanto, Jesús salva a través de una enseñanza esotérica, no su muerte expiatoria. La disminución de la cruz condujo al rechazo ortodoxo de esta perspectiva. Al tratar de refutar a los gnósticos, Ireneo de Lyon (muerto alrededor del año 195 d.C.) se apropia de lo que él llama la "regla de la fe" (regula fidei), que fue aprobada por los apóstoles y aceptada en todas partes por las iglesias (Ireneo, Contra de las herejías 1.8.1; 1.9.4). Otros textos apócrifos parecen representar una perspectiva conservadora judía-cristiana. La iglesia gradualmente pasó de ser principalmente un grupo religioso judío que aceptaba no judíos a lo que los propios cristianos describieron como una "tercera raza" siendo diferente a judíos y paganos.

Las relaciones entre judíos y cristianos continuaron agriándose debido a la persecución mutua, la competencia y la incomprensión. En el siglo II, algunos escritores cristianos afirmaron que Dios había rechazado a Israel (por ejemplo, el autor de la Epístola de Bernabé). Muchos textos enfatizan el celibato, el ayuno y otras prácticas rigurosamente ascéticas, que van más allá de las pautas moderadas en el Nuevo Testamento. Estos factores contribuyeron a la marginación de los creyentes judíos en Jesús, haciendo que sus escritos sean sospechosos.

Al igual que los textos gnósticos, la preocupación principal era una Cristología disminuida. En consecuencia, muchos de estos escritos no fueron copiados (y por lo tanto conservados) por copistas cristianos y, por lo tanto, finalmente se perdieron. Sin embargo, muchos textos fueron descubiertos en Nag Hammadi en Egipto en 1945. También se han recuperado restos de papiros de varios sitios en las arenas secas del desierto. Pero muchas de las escrituras apócrifas sobreviven solo en fragmentos (por ejemplo, Hechos de Pablo).

Los apócrifos del Nuevo Testamento proporcionan una ventana a las diversas formas en que los cristianos intentaron vivir su fe en Jesucristo, el ascenso del monasticismo ascético y por qué el cristianismo ortodoxo finalmente se separó del judaísmo rabínico y del gnosticismo. La diversidad del pasado de la iglesia puede proporcionar un contexto y una percepción de los desafíos del presente.

Evangelios

Los Evangelios apócrifos a menudo amplifican o agregan material que es más limitado en los Evangelios canónicos. Este es especialmente el caso con la juventud de Jesús y la narración de la pasión. El Evangelio de la infancia de Tomás describe, entre otras cosas, al niño Jesús haciendo gorriones de barro y luego dándoles vida.

El Evangelio de Pedro, que probablemente data de mediados del siglo II y que probablemente dependa del Evangelio de Marcos, comienza con el juicio de Jesús y termina en lo que presumiblemente es una aparición de resurrección para un grupo de discípulos. Según algunos estudiosos, el origen del evangelio de Pedro es citado por Orígenes (aprox. 185-255 d.C.) como prueba de que los supuestos hermanos de Jesús eran de un matrimonio anterior, protegiendo así la virginidad perpetua de María (Comm. Ser. Mt. 10.17). Este evangelio refleja un fuerte sesgo antijudío. El Protevangelio de Santiago relata el nacimiento milagroso de la madre de Jesús, María.

Otros evangelios apócrifos señalan a un apóstol particular a quien solo se le da revelación especial. Una versión completa del Evangelio de Tomás fue descubierta entre las escrituras de Nag Hammadi y es quizás el primer evangelio apócrifo.

El énfasis en Tomás sugiere una procedencia siria. Contiene poca narración, el texto es principalmente una colección de los dichos de Jesús (agrupados de manera flexible según el tema), algunos de los cuales dependen del Evangelio de Lucas (por ejemplo, 47, 104). A Santiago, el hermano del Señor, se le da prominencia (12), pero también hay polémicas contra la piedad tradicional judía: la oración, el ayuno, la limosna y la circuncisión (6, 14, 53, 104).

El Evangelio de Judas, que data de mediados del siglo II y sobrevive en una o dos copias, consiste principalmente en diálogos entre Judas Iscariote y Jesús durante su pasión. Judas se presenta como el único discípulo que reconoce el verdadero origen e identidad de Jesús. En respuesta, Jesús lo alaba: "Excederás a todos [los otros apóstoles]". Porque sacrificarás al hombre que me viste "(43).

Este texto refleja un punto de vista gnóstico (probablemente setiano, representando a un grupo que veneraba la figura bíblica de Set y veía a Jesús como su reencarnación, como en el Apócrifo de Juan, el Evangelio de los egipcios y el Apocalipsis de Pablo). Mientras que Pedro hace una confesión de fe en los Evangelios canónicos, Judas dice: "Sé quién eres y de dónde vienes. Eres del reino inmortal de Bárbelo "(35). (En la mitología gnóstica, Bárbelo [copto para "Gran Emisión"] es la madre divina de todos, que a menudo se describe como la "Previsión del Padre", el "Infinito"). El Evangelio de Judas hace que Jesús rechace al Dios de Israel (21) y ataca a la iglesia cristiana y su liderazgo (26-27).

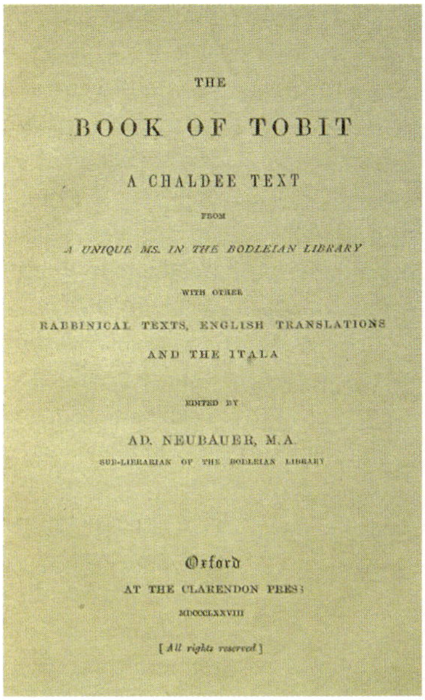

THE

BOOK OF TOBIT

A CHALDEE TEXT

FROM

A UNIQUE MS. IN THE BODLEIAN LIBRARY

WITH OTHER

RABBINICAL TEXTS, ENGLISH TRANSLATIONS

AND THE ITALA

EDITED BY

AD. NEUBAUER, M.A.

SUB-LIBRARIAN OF THE BODLEIAN LIBRARY

Oxford

AT THE CLARENDON PRESS

MDCCCLXXVIII

[All rights reserved]

Página de apertura del libro de Tobit, parte de los apócrifos del Antiguo Testamento.

Los Padres de la Iglesia a menudo mencionan los evangelios judíos (evangelio de los hebreos, nazarenos, ebionitas), incluida una versión hebrea de Mateo (Ireneo, Contra de las herejías 3.1.1, Eusebio, Hist. Ecl., 6.25.4). Clemente de Alejandría (aprox. 150-215 d.C.) cita un dicho de Jesús del Evangelio de los Hebreos: "El que se maravilla reinará, y el que reinó reposará" (Stromata 2.9.45; 5.14.96). Epifanio (aprox. 310/320-403 d.C.) conserva parte del Evangelio de los ebionitas: "Aconteció que Juan bautizaba, y los fariseos y toda Jerusalén salieron a él y se bautizaron. Y Juan tenía una vestidura de pelo de camello y una faja de cuero alrededor de su cintura y su comida, se dice, era miel silvestre, cuyo sabor era el del maná, como un pastel bañado en aceite "(Panarion 30.13.4-5). Los ebionitas (los "pobres") eran un grupo judío-cristiano.

La redacción puede reflejar una perspectiva vegetariana, una forma popular de ascetismo, que molestó a Epifanio, quien afirmó que los ebionitas "se habían propuesto convertir la palabra de verdad en una mentira y poner un pastel en lugar de langostas". Sin embargo, el texto solo afirma que la miel silvestre tenía el sabor del maná, "como un pastel bañado en aceite".

El descubrimiento de los papiros en Egipto también ha proporcionado ágrafa (dichos no escritos) de Jesús. El papiro de Oxirrinco 840 representa un debate entre Jesús y un sacerdote jefe farisaico por ver los utensilios sagrados en el templo en un estado impuro.

Hechos Apostólicos

Este subgénero típicamente involucra una narración de la actividad misionera de un apóstol (por ejemplo, Andrés, Pedro, Juan, Pablo, Felipe)

A

desde el momento de la resurrección de Jesús hasta su propio martirio (o, en el caso de Juan, simplemente su muerte). Los libros de Hechos también presentan otros individuos importantes en la historia temprana de la iglesia, como Bernabé e incluso Pilato. Algunos explican cómo la fe cristiana llegó a una comunidad. Los Hechos de Tomás, que se origina probablemente en el cristianismo sirio, representan su actividad misionera en la India.

En parte dependen del libro de Hechos de Lucas, pero reflejan un mayor interés en los detalles biográficos. Los Hechos de Pablo y Tecla proporcionan una descripción física del apóstol: "un hombre de baja estatura, con cabeza calva y piernas torcidas, en buen estado de cuerpo, con cejas fruncidas y nariz un tanto enganchada, llena de simpatía". Contrario según la suposición popular y la impresión que se obtiene de las cartas de Pablo (2 Cor. 10:10), la representación en su contexto cultural es halagadora.

Tecla se presenta como una mujer joven y comprometida de una familia prominente en Iconio. Ella cree en el evangelio de Pablo, que enfatiza la abstinencia sexual (*véase* 1 Cor. 7:1-16). Ella rompe su compromiso y el apóstol le permite convertirse en maestra. Los detalles pueden ser una reacción contra el desarrollo en la iglesia primitiva, que luchó por la sexualidad y los roles de las mujeres en el liderazgo.

En los Hechos de Pedro, la presentación de Lucas sobre un conflicto entre Simón el Mago y Simón Pedro se expande enormemente; esta versión describe, entre otras cosas, a Simón el Mago levitando sobre Roma, solo para ser bajado por las oraciones de Pedro (4, 6, 9, 11-18, 23, 31).

Epístolas

El género epistolar era especialmente popular para quienes escriben literatura cristiana apócrifa. En una carta, Abgaro, rey de Edesa, escribe a Jesús, invitándolo a visitar su ciudad. Jesús responde con una carta cortés que relata que debe cumplir su misión pero, después de su ascensión, enviará un discípulo (*véase* Eusebio, Hist. ecl. 1.13). También hay catorce cartas entre Pablo y el filósofo estoico Séneca (alrededor del año 4 a.C.-65 d.C.).

Nadie trata estas cartas como auténticas, pero dan una idea de las primeras curiosidades cristianas. Pablo menciona sobre una carta a los laodicenses, que no sobrevivió (Col. 4:16), por lo que alguien en el siglo IV o anterior unieron frases principalmente de Filipenses y Gálatas para proporcionar esa carta. La obra conocida como 3 Corintios, que contiene una carta de la iglesia cristiana y la respuesta de Pablo, probablemente tenga el mismo propósito.

Apocalipsis

Un Apocalipsis presenta a un vidente que recibe revelación de un revelador sobrenatural. Los apocalipsis se atribuyen, entre otros, a Pablo, Pedro, Tomás, Esteban y Santiago. Por lo general, presentan revelaciones hechas por Jesús a sus discípulos en el período comprendido entre su resurrección y ascensión.

El libro de Apocalipsis parece haber tenido poca influencia en estos trabajos. Muchos de ellos son gnósticos. Pero el Apocalipsis de Pedro, que probablemente se originó en el cristianismo judío palestino durante la rebelión de Bar Kojba (132-135 d.C.), fue muy valorado, particularmente por su descripción del infierno, en el que veintiún pecadores sufren de manera apropiada a su pecado.

APOLIÓN Nombre griego que significa "destructor", para el ángel del abismo, el abismo sin fondo. La forma hebrea es "Abaddon" (Ap. 9:11). El nombre puede derivar de Apolo, un dios griego importante.

APOLONIA Un pueblo en el este de Macedonia visitado por Pablo en su segundo viaje misional (Hch. 17: 1). Se encuentra al norte de las montañas Calcídicas en el camino de Egnatía entre Anfípolis y Tesalónica. Por lo general, se asocia con la moderna ciudad de Polina.

APOLOS El papel más significativo que desempeña Apolos en el Nuevo Testamento curiosamente no está relacionado con la narración sobre él o su servicio en el avance del Evangelio. El nombre Apolos fue utilizado por los cristianos inmaduros en Corinto como un testaferro para su grupo. Compitieron con otros grupos corintios por estatus y honor, siguiendo las prácticas de la cultura secular con poco discernimiento cristiano.

Las habilidades de comunicación, el conocimiento y la habilidad de argumentación de Apolos se ajustan a los valores culturales corintios seculares de intelecto, conocimiento, sabiduría y destreza retórica. El grupo puede haber usado su nombre sin su aprobación y no en su presencia. Aparentemente, Apolos fue desanimado por los corintios; Pablo le pidió a Apolos que fuera a Corinto, pero prefirió ministrar en Éfeso (1 Cor. 16:12).

Apolos nació en Alejandría (Hch. 18:24) y probablemente se educó allí. Él vino a Éfeso, tal vez por negocios, después de que Pablo dejó la ciudad durante su segundo viaje misional. Además de su conocimiento del Antiguo Testamento, Apolos había sido instruido en el camino del Señor (es decir, la tradición parcial de Jesús) y enseñó con precisión su conocimiento de Jesús.

Él solo conocía el bautismo de Juan, es decir, el bautismo de arrepentimiento. Cuando Priscila y Aquila "le explicaron el camino de Dios más adecuadamente" (18:26), esto probablemente conllevó una explicación del significado expiatorio de la muerte de Jesús, la vindicación de Jesús en la resurrección y la experiencia personal del Santo Espíritu para todos los creyentes. Después de ministrar en Éfeso (18:24), fue a Corinto (19: 1; *véase* 1 Cor. 3), donde pudo abrumar a los judíos argumentando que Jesús era el Cristo (Hch. 18:28). Apolos regresó a Éfeso en algún momento posterior y estuvo presente en esa ciudad cuando Pablo escribió 1 Corintios (1 Cor. 16: 8). Apolos probablemente siguió siendo un miembro fiel de la banda misionera paulina, porque se menciona más adelante en la carta de Pablo a Tito y probablemente fue un mensajero de esa carta con Zenas (Tit. 3:13).

Algunos han sugerido que Apolos fue el autor de Hebreos, pero esto es solo especulación.

APOSENTO DEL TECHO *Véase* Arquitectura

APOSTASÍA Aunque la apostasía originalmente se refería a una revuelta o rebelión política, en la Biblia este término se usa específicamente para describir la rebelión contra Dios. Si bien hay un sentido en el que cada ser humano pecó de manera consciente y deliberada y no cumplió con los estándares de Dios (Rom. 3:23), la apostasía normalmente se usa sólo en referencia a aquellos que conocen la verdad, pero

Los restos de la calzada romana principal en Corinto. Los Apolos pasan algún tiempo ministrando en esta ciudad.

luego de manera flagrante y altanera le dan la espalda y rechazan a Dios.

La apostasía implica un retroceso de la fe por parte de aquellos que anteriormente se consideraban creyentes. Pablo advierte: "El Espíritu dice claramente que en los últimos tiempos algunos abandonarán la fe y seguirán a los espíritus engañadores y a los que enseñan los demonios" (1 Tim. 4: 1).

De manera similar, Pedro les dice a los creyentes: "Estad atentos, para que no seáis llevados por el error de los sin ley y caigáis de su posición segura" (2 P. 3:17). Este abandono o alejamiento de la fe necesariamente involucra individuos que en un momento parecieron poseer fe. El autor de Hebreos señala la improbabilidad de la restauración de "aquellos que alguna vez han sido iluminados, que han probado el don celestial, que han compartido en el Espíritu Santo, que han probado la bondad de la palabra de Dios y los poderes del mundo venidero, y que han caído "(6: 4-6) y los que "deliberadamente siguen pecando", ya que "no queda más sacrificio por el pecado" (10:26).

Hay muchos ejemplos de individuos que comenzaron bien y terminaron mal. El rey de Israel Saúl es una ilustración trágica de una espiral descendente desde ser elegido por Dios hasta la desobediencia flagrante. Pablo animó a Timoteo a "luchar bien en la batalla" "aferrándose a la fe y una buena conciencia, que algunos rechazaron y naufragaron en lo que respecta a la fe". Entre ellos están "Himeneo y Alejandro, a quienes entregué" a Satanás para que se les enseñe a no blasfemar "(1 Tim. 1: 18-20). Judas escribió su breve epístola para animar a sus lectores a "contender por la fe que una vez fue para todos confiada al pueblo santo de Dios". Para ciertos individuos cuya condenación fue escrita hace mucho tiempo, han entrado secretamente entre ustedes "(vers. 3-4).

Mientras Pablo miraba hacia el futuro, advirtió que vendría el tiempo "cuando la gente no tolerará la sana doctrina", pero tendrá "oídos irritados" y "apartará sus oídos de la verdad y se desviará a los mitos" (2 Tim. 4: 3-4). De manera similar, Pedro habló de cómo habría "falsos maestros entre ustedes" que "secretamente introducirán herejías destructivas, incluso negarán al Señor soberano que los compró", y cómo "muchos seguirán su conducta depravada y desprestigiarán el camino de la verdad" (2 P. 2:1-2). Jesús advirtió que en el futuro aparecerán "falsos mesías y falsos profetas, y harán grandes señales y milagros para engañar, si es posible, aun a los escogidos" (Mt. 24:24). Jesús no dijo que ninguno de los elegidos sería engañado, pero sí dijo que la enseñanza falsa sería tan sutil que incluso los elegidos casi podrían ser engañados.

El tema de la apostasía plantea una serie de preguntas difíciles, incluyendo si es que las personas pueden perder su salvación, así como la forma de ministrar a amigos y seres queridos que han rechazado la fe que antes tenían. Aunque los cristianos están divididos en cuanto a la afirmación "una vez salvados, siempre salvos", es importante señalar que sólo Dios puede ver el corazón de una persona y evaluar su condición espiritual.

Dios aún puede devolver a los que todavía están vivos la fe en sí mismo antes de morir, e incluso aquellos que ya han muerto pueden haberse arrepentido en sus momentos finales de conciencia sin el conocimiento de ningún observador. La apostasía es diferente de la reincidencia, ya que es más grave y permanente, aunque no siempre seamos capaces de distinguir una de la otra hasta la eternidad.

La apostasía se presenta claramente en las Escrituras como un posible peligro espiritual para los creyentes. Pablo advierte:"Si crees que estás firme, ten cuidado de no caer" (1 Cr. 10:12). La única respuesta apropiada es hacer todo lo posible para "ocuparse de su salvación con temor y temblor" (Flp. 2:12).

APÓSTATA Alejamiento deliberado con el que se rechaza a Dios. Este lenguaje se encuentra con mayor frecuencia en el Antiguo Testamento, especialmente en Jeremías, donde las advertencias suelen estar acompañadas por las invitaciones de Dios a su pueblo para arrepentirse, volver con Él y alejarse de los caminos pecaminosos (por ejemplo, Jeremías 3:11-12, 22).

APÓSTOL Un título que designa a los miembros del grupo de doce discípulos (Mt. 10: 2-4,

Mc. 3:16-19, Lc. 6:13-16) que recibieron la enseñanza de Jesús (Lc. 17:5) y recibieron autoridad (Mc. 6:7, 30, Lc. 9:1, 10). Matías más tarde reemplazó a Judas Iscariote (Hch. 1:24).

Estos apóstoles proporcionaron liderazgo a la iglesia primitiva en Jerusalén (Hch. 15:6), realizaron milagros (Hch. 2:43, 2 Cor. 12:12), y se enfrentaron a la persecución (Hch. 5:18) mientras testificaban de la resurrección de Jesús (Hch. 4:33; 5:32). El uso más amplio del término incluye testigos de la resurrección de Jesús (1 Cor. 15:7), Santiago el hermano de Jesús (Gl. 1:19), Bernabé y Pablo (Hch. 14:14) y posiblemente Silas (1 Ts. 2:6) y Andrónico y Junias/Junia (Ro. 16:7).

Pablo regularmente habla de su llamado en términos apostólicos (Ro. 1: 1, 1 Cor. 1: 1, 2 Cor. 1: 1, Gl. 1: 1, Ef. 1: 1, Col. 1: 1; 1 Tim. 1: 1, 2 Tim. 1: 1, Tit. 1:1), mientras que Pedro se auto identifica de manera similar (1 P. 1: 1, 2 P. 1: 1). La palabra se usa una vez para referirse a Jesús mismo (Heb. 3:1).

APOTECARIO El término que la NTVR usa para un "perfumista" o "fabricante de perfumes" (*véase* NVI). Los perfumistas mezclaban aceites aromáticos y especias para crear ungüentos con fines medicinales, cosméticos o religiosos. Se le pidió a un perfumista profesional que preparara los aceites de la unción y el incienso utilizados en la adoración en el tabernáculo (Éx. 30:25, 37; Neh. 3: 8). *Véase también* Perfume, Perfumista.

ÁQABA, GOLFO DE Un golfo en la parte nororiental del Mar Rojo. Limita con Midián al este y con la península del Sinaí al oeste. En el extremo norte está Ezión-geber, donde Salomón construyó su flota (1 R. 9: 26-28, 2 Cr. 8: 17-18).

AQUILA Y PRISCILA Aquila y Priscila fueron importantes compañeros de trabajo del apóstol Pablo en su esfuerzo misionero. Se unieron a Pablo en esfuerzos cooperativos y también trabajaron en relativa independencia. Eran obreros cristianos en lo que llegaron a ser centros importantes del cristianismo primitivo: Corinto, Éfeso y Roma. Aquila era un judío de Ponto, el esposo de Priscila (la forma diminuta, "Prisca", es usada por Pablo en sus cartas).

Mencionados en seis versículos del Nuevo Testamento como par, cuatro de ellos listan a Priscila primero, probablemente indicando su riqueza, estatus social o prominencia en la comunidad cristiana. Probablemente escucharon y confiaron en el evangelio en Roma y dejaron esa ciudad después del edicto de expulsión de Claudio (Hch. 18: 2). Pablo los encontró en Corinto, donde se alojaron y probablemente trabajaron con él (18: 3) antes de viajar con Pablo a Éfeso (18: 18-19).

Brindaron hospitalidad a Apolos mientras estaban en Éfeso, demostrando conocimiento de la fe y la habilidad de enseñar cuando le explicaron el camino de Dios de manera más adecuada (18:26). Personas de medios financieros, pudieron viajar y albergar iglesias en Éfeso (1 Cor. 16:19) y Roma (Ro. 16: 3-5). En Ro. 16:4 Pablo menciona que ellos "arriesgaron

Placa de encuadernación de libros de marfil de Constantinopla que ilustra la "Misión de los Apóstoles" (siglo X d.C).

A

sus vidas" por él, y que las iglesias de los gentiles les estaban agradecidas, probablemente indicando patrocinio de las iglesias hogareñas, el ministerio de enseñanza y otras obras misionales. Ya que son los primeros en la lista de saludos en Ro. 16:3, es probable que fueran cristianos prominentes en Roma. Luego viajaron de regreso a Éfeso (2 Tim. 4:19).

AQUIM Hijo de Sadoc y antepasado de Jesús enumerado entre las catorce generaciones entre el exilio y el nacimiento de Jesús (Mt. 1:14).

AQUIM *Véase* Ajin.

AQUIS Rey filisteo de Gat. Cuando David buscó refugio en Gat fingiendo estar loco, Aquis lo rechazó (1 Sam. 21:10-15). Cuando Saúl continuó persiguiendo a David, David y sus hombres se aliaron con Aquis, quien le dio a David la ciudad de Siclag (27:1-6). Mientras estaba en el servicio de Aquis, David simuló realizar incursiones contra su propio pueblo, de modo que Aquis llegó a confiar en él en gran manera (27: 8-12). Más tarde, los consejeros de Aquis lo convencieron de que no se podía confiar en David para luchar contra Israel (29:1-11). Aquis es mencionado en el reinado temprano de Salomón (1 R. 39-40). Aquis es llamado "Abimelec" en la inscripción a Ps. 34.

AR Un término moabita utilizado como el nombre de una ciudad (Dt. 2:18, 29), una región (Dt. 2: 9) o ambas. Como ciudad, Ar se encuentra cerca del río Arnón (Nm. 21:28), la frontera norte de Moab (Nm. 21:15). Isaías predice la destrucción de Ar (Is. 15:1). Ningún sitio ha sido asociado con este lugar. Ar también puede significar "ciudad" en general, no solo una ubicación específica. Como región, Ar puede ser sinónimo de Moab.

ARA **(1)** El jefe de la familia de los exiliados de Babilonia que figuran como repatriados bajo el liderazgo de varios líderes judíos, uno de los cuales es Zorobabel (Esd. 2: 5; Neh. 7:10). Más tarde en el período posterior al exilio, Tobías, el adversario de Nehemías, se casó con una mujer de la familia de Ara (Neh. 6:18). **(2)** Hijo de Ulla, listado en la genealogía preexílica de la tribu de Aser (1 Cr. 7:39).

ARA Hijo de Jéter, y un líder en la tribu de Aser (1 Cr. 7:38). El significado del nombre es incierto.

ARAB Una ciudad ubicada en la región montañosa al suroeste de Hebrón. Esto era parte del territorio asignado a la tribu de Judá (Jos. 15:52). Es posiblemente el hogar de Paarai el arbita, uno de los hombres de David (2 Sam. 23:35).

ARABÁ Una de las principales características topográficas de Israel (Dt. 1:7; Jos. 11:16). El Arabá corresponde al Gran Valle del Rift que corre de norte a sur a través de la tierra. Dentro de este se encuentra el Valle del Río Jordán, que se extiende hacia el sur desde el Mar de Galilea (Kinnereth) ciento veinte kilómetros hasta el Mar Muerto (Mar del Arabá). El Mar Muerto y sus alrededores también son parte de él, al igual que la región del desierto al sur, que se extiende 165 kilómetros hasta el Golfo de Áqaba. Casi toda la región se asienta debajo del nivel del mar, con el Mar de Galilea aproximadamente 213 metros bajo nivel del mar, y el Mar Muerto a 400 metros.

La palabra hebrea para Arabá (ha'arabah), donde el término está precedido por el artículo, se refiere a la totalidad o una parte de este territorio (*véase* Dt. 1:1; Jos. 12: 1; 1 Sam. 23: 24). Por el contrario, la forma plural ocurre en conexión con dos localidades específicas. El primero, "las llanuras de Moab" ('arebot moab), se encuentra al norte del Mar Muerto y al este del Jordán. Aquí los israelitas acamparon antes de entrar a Canaán (Nm. 22:1) y Moab llevó a Israel a la apostasía (25: 1-3).

El segundo censo se realizó aquí antes del cruce del Jordán (26:3-4). Moisés pronunció sus discursos finales en las llanuras de Moab y murió en sus proximidades (Dt. 34:1). El segundo, "las llanuras de Jericó" ("arebot yerikho"), se encuentra frente al primero, al oeste del Jordán. Aquí los israelitas entraron en Canaán (Jos. 4:13). Aquí también los varones israelitas fueron circuncidados y se celebraba la Pascua (Jos. 5). Finalmente, fue aquí donde cesó el maná (Jos.

5:12). Mucho más tarde, el último rey de Judá, Sedequías, fue arrestado en las llanuras de Jericó mientras huía de los babilonios (2 R. 25:1-5).

"El camino del Arabá" (derek ha'arabah) aparece cinco veces, una vez indicando un camino conducente desde el Golfo de Áqaba (Dt. 2:8), posiblemente la Carretera del Rey (*véase* Nm. 20:17, 21). En otro lugar, la construcción indica un rumbo o dirección (2 Sam. 4: 7, 2 R. 25:4). Sin el artículo, 'arabah se convierte en "desierto", "yermo" o "páramo" (por ejemplo, Job 39:6), el Arabá podría ser concebido como un desierto o una tierra baja en general (Is. 33:9; Zac. 14:10). En el uso contemporáneo, "Arabá" se aplica exclusivamente a la región al sur del Mar Muerto. *Véase también* Valle de Arabá.

ARABIA Una gran península situada entre el Mar Rojo al oeste y el Golfo Pérsico al este. En la Biblia, el término en realidad rara vez se usa (2 Cr. 9:14; Is. 21:13; Jer. 25:24; Ez. 27:21; 30: 5; Gl. 1:17; 4:25), y cuando lo es, se refiere más al área general que a cualquier grupo específico de personas o ubicación geográfica.

Parece ser una designación para esa extensión de tierra que se extiende al sur y al este de Canaán y los pueblos de Transjordania. En varias ocasiones, el término "árabes" se usa para designar a las personas de esas regiones (2 Cr. 17:11; 21:16; 22:1; 26:7; Neh. 4:7; Hch. 2:11). En otros lugares se les llama"pueblos orientales" (Gn. 29: 1; Jue. 6: 3, 33; 7:12; 8:10) o "pueblo del Oriente" (1 R. 4:30; Job 1: 3; Jer. 49:28; Ez. 25: 4; 25:10). En Génesis 25:6 se hace referencia a Arabia como la "tierra del este", y en Is. 2:6 simplemente como "el Este" (aunque esto puede referirse simplemente a Siria y Mesopotamia).

Claramente, Arabia tiene presencia en las Escrituras, aunque su papel no es tan dominante o tan claro como el de otras naciones o regiones, ya sean superpotencias como Babilonia, Asiria y Egipto o naciones menores como los amonitas o los diversos pueblos cananeos. Aun así, la importancia de Arabia no debe pasarse por alto.

Al igual que muchos otros pueblos en el Antiguo Testamento, la forma en que estas personas son evaluadas por los escritores bíblicos es diversa, lo que se ve agravado por el hecho de que los diversos referentes para "árabes" o "Arabia" solo pueden determinarse, si es que lo hacen, de una cercana examinación del contexto. Sin embargo, vemos que "todos los reyes de Arabia y los gobernadores de los territorios" dieron regalos a Salomón (2 Cr. 9:14). También se dice que los árabes le rinden tributo a Josafat (17:11). En otras partes de los libros históricos su relación con los israelitas es más hostil (por ejemplo, 2 Cr. 21:16; 22: 1; Neh. 4:7).

Tampoco escapan a la atención de los profetas. En Is. 21:13-16 sus problemas son predichos a manos de otras naciones (notablemente los babilonios y los asirios, que libraron batallas en los últimos momentos de la historia de Israel). Isaías también se refiere los dedanitas y Kedar, el primero es una tribu árabe y el segundo un hogar de tribus beduinas. Ambas referencias asumen su estilo de vida nómada. De acuerdo con Jer. 25:24, estarán entre muchas naciones que beberán de la copa de la ira de Dios. De acuerdo con Ez. 30:5, Arabia caerá a espada (Nabucodonosor) como uno de varios aliados de Egipto.

En el Nuevo Testamento, los árabes estuvieron presentes en Pentecostés (Hch. 2:11). Después de su conversión, Pablo viajó a Arabia (Gl. 1:17), o sea al reino nabateo, que se extiende desde el sudoeste de Transjordania hacia la península del Sinaí. Curiosamente, la referencia de Pablo a que el Monte Sinaí está en Arabia (Gl. 4:25) puede sugerir una ubicación distinta a la tradicional de la Península del Sinaí, por ejemplo, a través del Golfo de Áqaba (el brazo oriental del Mar Rojo) en o cerca de Madián (*véase* Éx. 2:11-3: 3), aunque no hay consenso sobre este asunto.

ARABIM La transliteración de la LBLA del nombre del arroyo mencionado en Is. 15:7. La NTV lo traduce como "barranco de los sauces", la RVR como "arroyo de los sauces" y la BLP como "torrente de los sauces". Este arroyo puede estar asociado con el wadi el-Chesa en Moab en el extremo sur del Mar Muerto.

ARACEO **(1)** Un grupo de personas descendientes de Canaán, hijo de Cam (Gn. 10:17, 1 Cr. 1:15). Estos pueblos eran muy probablemente los residentes de Irqata, el moderno Tell Arqa, ubicado a ciento veintiocho

A

kilómetros al norte de Sidón en Siria. La ciudad fue conquistada por Tiglatpileser III de Asiria y por Tutmosis III de Egipto. Aparece en las cartas de Amarna y fue renombrado como "Cesarea Libani" durante el período romano. **(2)** Un clan ubicado al suroeste de Betel que se convirtió en parte de Benjamín (Jos 16:2). Husai, el consejero de David, era un araceo (2 Sam. 15:32; 16:16; 17: 5, 14; 1 Cr. 27:33). Su territorio era el marcador del límite sur de la tribu de José (Jos. 16:2) e incluía la ciudad de Atarot (Nm. 32:3, 34).

ARACHITA *Véase* Araceo.

ARAD **(1)** Una ciudad cananea ubicada en el desierto de Néguev, aproximadamente a veintinueve kilómetros al noreste de Beerseba. Este fue el lugar de la derrota del rey de Arad cuando los israelitas intentaron ingresar al sur de Canaán, como resultado de la captura de varios de los suyos (Nm. 21:1, 33:40). Más tarde, el rey de Arad figura entre los reyes conquistados de Canaán (Jos. 12:14). La ciudad fue destruida y renombrada como Jormá (Nm. 21:2-3). El área también se menciona como un punto de referencia para la tierra de los quenitas, los descendientes del suegro de Moisés (Jue. 1:16).

Una gran ciudad fortificada de aproximadamente nueve hectáreas existió en este sitio en la Edad del Bronce Antiguo II (3000-2700 a.C.). Aparentemente, el Arad de este período tenía extensas conexiones comerciales con Egipto, como puede deducirse del descubrimiento de numerosas piezas de cerámica egipcia y alfarería u ostraca.

El sitio fue abandonado en la Edad del Bronce Final I (1550-1400 a.C.) y no se restableció hasta la Edad de Hierro temprana (1200-1000 a.C.), cuando se construyó una fortaleza cuadrada sobre sus ruinas. Un templo/santuario construido durante la Edad del Hierro es quizás el descubrimiento más significativo en Tel Arad. Existe una notable similitud entre los detalles de los planos de construcción de este templo/santuario y la descripción del tabernáculo en Éx. 27 y el templo salomónico en 1 R. 6. Además de este templo de Arad, se han descubierto numerosos ostracas con inscripciones en hebreo, arameo, griego y árabe.

Aunque fragmentadas, las inscripciones encontradas en estos ostracas parecen ser cartas a los comandantes de Arad con instrucciones militares y administrativas. Este sitio estaba claramente asociado con la adoración de Yahvé, ya que un ostraca menciona la "Casa de Yahvé". Sin embargo, permanece desconocido si esto se refiere al santuario de Arad o al templo salomónico. **(2)** Hijo de Bería (1 Cr. 8:15).

ARADO Un instrumento y proceso utilizado por los agricultores para dividir el terreno en preparación para la siembra (Is. 28:24; Oseas 10:11). El arado estaba hecho de madera (1 Re. 19:21), y la punta estaba cubierta con una reja de metal (Is. 2:4; Joel 3:10) que requería afilado ocasional (1 Sam. 13:20-21). Por lo general, los labradores usaban pares de bueyes (1 Re. 19:19; Job 1:14) para tirar del arado, aunque uno podía usar animales solitarios u otros animales, como los burros (Dt. 22:10), dependiendo de la situación y los recursos.

El período ocupado en que se araba, al comienzo de la estación lluviosa (alrededor de noviembre), requería un trabajo duro

Vista aérea de los restos de la antigua ciudad Cananea de Arad.

(Éx. 34:21, Pr. 20:4) y compromiso (Lc. 9:62). El término "arado" también se encuentra utilizado figurativamente para crear o hacer algo (crear problemas [Job 4:8]), a menudo con las ideas negativas de destrucción (Jer. 26:18) o castigo (Sal. 129:3).

ARAM **(1)** hijo de Sem (Gn. 10:22, 1 Cr. 1:17) y antepasado de los arameos. **(2)** El hijo de Kemuel, nieto del hermano de Abraham, Nacor (Gn. 22:21). **(3)** El hijo de Semer en la genealogía de Aser (1 Cr. 7:34). **(4)** La RVA tiene "Aram" en la genealogía de Cristo (Mt. 1: 3, Lc. 3:33), mientras que otras traducciones tienen "Arní" (consistentemente en el pasaje de Lucas, la referencia de Mateo tiene más complicaciones y por lo tanto las versiones difieren, sólo algunas Arní [BLP, PDT, NTV]). **(5)** Una importante nación aramea ubicada en la Siria moderna. Muchas traducciones al inglés incorrectamente se refieren a este estado como "Siria".

ARAM DE MACÁ *Véase* Aram Maacá.

ARAM MAACÁ Un pequeño estado de amortiguación al noreste de Israel, estaba entre un grupo de estados sirios que se combinaron para atacar a Israel después de que el mensaje de simpatía de David hacia los amonitas fue malinterpretado (1 Cr. 19: 6-7).

ARAM NAHARAIM Literalmente, "Aram de los dos ríos". Esta es una región del norte del Éufrates sobre el punto donde se une el puerto fluvial en el oeste de lo que ahora es Siria, y por lo tanto al noroeste de Mesopotamia. Asociado con los patriarcas, su proximidad con Israel también lo convirtió en un lugar desde el cual podría surgir la oposición.

Génesis 24:10 señala que fue aquí que el siervo de Abrahán llegó a la ciudad de Nacor y se encontró con Rebeca en el pozo, mientras que Dt. 23:4 indica que esta era la región de origen de Balaam. Cusán-risataim, el primer opresor extranjero de Israel en Jueces, vino de aquí (Jue. 3:8), mientras que ambos 1 Cr. 19:6 y el título de Sal. 60 indican que los amonitas contrataron mercenarios de la región cuando participaron en la guerra contra David.

ARAM SOBA Un estado menor en el Anti Líbano entre un grupo de estados sirios que atacaron a Israel después de que el mensaje de simpatía de David hacia los amonitas fue malinterpretado (1 Cr. 19: 6), pero que finalmente derrotó (2 Sam. 8: 3; ver Sal. 60: 1). *Véase también* Soba.

ARAMEO El arameo comprende una de las dos ramas principales del grupo de idioma semítico del noroeste. El idioma más estrechamente relacionado con el arameo es el hebreo, aunque el acadio y el árabe también muestran considerables similitudes en términos de morfología, gramática y contenido léxico.

Períodos históricos y dialectos. El arameo ha estado en uso continuo durante más de 3.500 años (desde alrededor de 1500 a.C. hasta la actualidad), con extensa certificación textual en la antigüedad en todo el Cercano Oriente y la región mediterránea. Aunque los dialectos posteriores finalmente desarrollaron varios guiones diferentes para la representación de los fonemas arameos, los primeros textos arameos se escribieron en un alfabeto tomado directamente de los fenicios y también adoptado por los que usaban hebreo, desde al menos el siglo X a.C. en adelante.

La división de los datos arameos existentes en dialectos históricos discretos es una pregunta complicada, aunque las siguientes distinciones son generalmente reconocidas como útiles: arameo antiguo (950-600 a.C.), arameo imperial u oficial (600-200 a.C.), arameo medio (200 a.C.-200 d.C.), arameo tardío (200-700 d.C.) y arameo moderno (700 d.C.-actual).

Textos clave de cada período. Varios textos del período arameo antiguo hasta el arameo tardío son importantes para los estudios bíblicos.

Arameo antiguo. Aquí tenemos material inscripcional, aparentemente dando fe de la existencia histórica de ciertas figuras o entidades bíblicas. Cabe señalar, sin embargo, que la relación entre las figuras mencionadas en estos textos y la comprensión tradicional de sus contrapartes bíblicas es todavía un tema cuestionable.

Arameo imperial u oficial. Este es el período de tiempo durante el cual el arameo sirvió como lengua franca de los imperios de Babilonia y Asirio. Para los propósitos de los estudios bíblicos, los siguientes textos extrabíblicos deben tener un lugar de honor. La biblioteca de documentos arameos descubierta en Elefantina es significativa por la luz que arroja sobre la vida entre los judíos de la Diáspora que vivían en el Alto Egipto durante el siglo IV a.C. Las tradiciones targúmicas también parecen haber tomado forma durante este período, aunque los textos actualmente conocidos no se comprometieron primero con la escritura hasta el período del arameo medio, y el proceso de aplanamiento dialéctico ejercido por la transmisión de los escribas ha entregado un contenido más o menos irrecuperable en el momento actual.

Arameo medio. En lo que respecta al campo de los estudios bíblicos, tal vez los textos más significativos de este período sean Tárgum de Onquelos y Tárgum Pseudo-Jonathan, así como algunos textos fragmentarios de naturaleza bíblica de Qumrán, incluido el Génesis apócrifo (1QapGenar) y el Tárgum de Job (11Q10).

Arameo tardío. El siríaco (un dialecto posterior del arameo) proporciona una gran cantidad de información textual sobre la interpretación entre los cristianos de habla aramea, particularmente en el este. Los Talmudes palestinos y babilónicos también se compilaron durante este tiempo, y ofrecen un rico repositorio de información acerca de la interpretación bíblica entre los judíos durante los primeros siglos d.C. La tradición del Tárgum conservada en Tárgum Neofiti es algo diferente de las de Qumrán o Tárgum Onquelos y Tárgum Pseudo-Jonathan y parece provenir de este período, basado principalmente en criterios lingüísticos.

ARAMEOS Los descendientes de Sem (Gn. 10:22) y Nacor (Génesis 22:21) identificados en la Septuaginta y traducciones al inglés como "sirios". Según las narraciones patriarcales en Génesis, los arameos se originaron en la Mesopotamia superior a principios del segundo milenio. A Abrahán se lo conoce como un "arameo errante" (Dt. 26: 5), lo que sugiere que los hebreos descienden de los arameos.

Los arameos crecieron gradualmente hasta que un número creciente, el hambre, la sequía u otros agentes los obligaron a extenderse hacia el este y el oeste. Su expansión oriental se enfrentó a la oposición del Imperio Asirio, cuyas fuentes registran numerosos conflictos entre sus reyes y los "ajlamu" (la referencia asiria a los arameos).

La expansión occidental impactó al antiguo Israel ya en los días de Saúl (1 Sam. 14:47). David derrotó a la alianza de los amonitas con el rey arameo Hadad Ezer (2 Sam. 8: 3-8; 10-12). El rey Asa de Judá hizo un tratado con un rey arameo en su guerra contra Baasa de Israel (1 R. 15:16-22). El rey Acab fue derrotado y asesinado en sus batallas con los arameos (1 R. 22: 1-38). Más tarde, Dios proporcionó un "libertador" (posiblemente un rey u oficial asirio), lo que alivió las presiones de los arameos sobre Israel (2 R. 13: 3-5).

Esto permitió a Joás de Israel derrotar a los arameos y recuperar territorios previamente perdidos. En el siglo VIII a.C., el rey arameo Rezín, en alianza con Israel y Tiro, intentó forzar a Acaz de Judá a unirse para oponerse a la creciente amenaza asiria (2 R. 16:5-9; Is. 7:1-9). A fines del siglo VIII, todos los territorios arameos se habían convertido en provincias del Imperio asirio.

Se sabe muy poco sobre la sociedad aramea. Eran pastores nómadas que establecieron estados tribales en toda Mesopotamia. En el siglo IX a.C., estos estados se convirtieron en monarquías, sus reyes compitieron por el poder y los territorios más grandes. Nunca hubo un imperio arameo. Aunque los arameos eran politeístas, Hadad era la deidad más prominente y el patrón de los reyes. El idioma arameo tuvo una influencia duradera en el mundo antiguo. Fue adoptado como el idioma oficial de la diplomacia internacional durante la época del Imperio Persa y permaneció incluso en la era helenística.

ARAMITA Una forma arcaica de referirse a una mujer de Aram/Siria (NTV: "Aramea"). El único uso del término se encuentra en la VIN 2011 en 1 Crón. 7:14 en referencia a la madre de Maquir, hijo de Manasés.

ARÁN El hijo de Disán se menciona en la genealogía de Seir el Horita (Gn. 36:28, 1 Cr. 1:42). Arán se volvió parte de un clan de Edom.

ARAÑA Las arañas eran comunes en Palestina. Las telas de araña retratan la frágil existencia del impío (Job 8:14; cf. Job 27:18), y el tejido de telas de arañas describe acciones malvadas (Is. 59:5-6).

ARARAT Ararat se refiere a una región montañosa en el este de Asia Menor. La Septuaginta usa "Armenia" para Ararat (excepto en Is. 37:38), lo que implica el país moderno de Armenia o el este de Turquía (Kurdistán), trescientos veinte kilómetros al sudeste del Mar Negro alrededor del lago Van (*véase* Josefo, ant. 1.3)

Ya en el siglo XIII a.C., los textos asirios llaman a esta área Urartu (inscripción de Salmanaser I). Como reino, Urartu alcanzó su máximo poder en el siglo VIII. El mismo lugar aparece en 2 R. 19:37 (*véase* Is. 37:38). Estos textos muestran que Ararat podría ser el enemigo no solo de Asiria (2 R. 19:37) sino también de Babilonia (Jer. 51:27). Junto con los reinos de Mini y Asquenaz, Ararat es convocado por Dios para luchar contra Babilonia y reivindicar a Sión.

En las manos de Dios, tales naciones son instrumentos, y la supremacía de Dios será preservada.La referencia más conocida de Ararat es el lugar donde el arca de Noé se detiene después del Diluvio. Gn. 8:4 en realidad habla de las "montañas de Ararat", no de una montaña en particular. En Gn. 8: 2-14 la perspectiva es que la lluvia se detiene y las aguas de la inundación retroceden lentamente en un proceso prolongado durante el cual el arca se deposita en la cordillera del Ararat. La tradición ha favorecido a Agri Dag, un volcán extinto que se eleva a 5.100 metros en la frontera nororiental de Turquía, como un sitio viable para Ararat. *Véase también* Armenia.

ARARITA *Véase* Hararita.

ARAUNA Un Jebuseo (llamado Ornan en Crónicas) que vendió a David una era en la que el rey construyó un altar (2 Sam. 24:16-25; 1 Cr. 21:15-27). Esta historia legitimó el lugar para la construcción del templo salomónico (1 Cr. 22:1, 2 Cr. 3:1) al afirmar que era el lugar donde el sacrificio de David evitó al ángel destructor de la pestilencia (2 Sam. 24:16, 25).

ARBA Un hombre cuyo nombre literalmente significa "cuatro", Arba era el líder de los anaquitas, una tribu de gigantes (Dt. 2:10, 21; 9: 2) que vivía cerca de Hebrón. La ciudad originalmente se llamaba Quirat arba ("ciudad de Arba"; Jos. 14:15; 15:13; 21:11).

ARBATITA Un residente de Bet-arabá (2 Sam. 23:31) o más generalmente el Arabá o Valle del Jordán. *Véase también* Abá-Albón.

ARBITA Paarai el arbita aparece en la lista de David de treinta hombres poderosos (2 Sam. 23:35), que muestra que él vino de la aldea de Arab, ubicada en la región montañosa cerca de Hebrón (Jos. 15:52). *Véase también* árabe.

ÁRBITRO La traducción de la versión RVR1960 de la palabra hebrea mokiakh en Job 9:33, refiriéndose a uno que arbitra (NVI, DHH: "juez"; NTV: "mediador"; LBLA: "árbitro). En la versión en inglés KJV se le llama "daysman", porque los procedimientos legales se realizaban en ciertos días. En el uso bíblico de esta palabra en Job 9:33, Job se lamenta de que no haya un árbitro que se interponga entre él y Dios, que lo habilite para "hablar sin temor a" Dios.

Irónicamente, Job procede a quejarse directamente ante Dios en el siguiente pasaje (Job 10). Algunos destacan aquí el rol de Cristo como mediador entre Dios y los hombres (1 Timoteo 2:5).

ÁRBITRO *Véase* Mediador.

ÁRBOL DE LA VIDA En Gn. 2:9, el árbol de la vida está en el centro mismo del exuberante paisaje del jardín del Edén. En Gn. 3:22-24 el hombre y la mujer son exiliados del jardín como consecuencia de su desobediencia, pero más específicamente son excluidos de la inmortalidad otorgada por comer del fruto del árbol.

La humanidad "no debe ser permitida alcanzar... y tomar también del árbol de la vida y comer y vivir por siempre". Un árbol que otorga juventud en la ancianidad es una imagen que se encuentra en otra literatura antigua de Oriente Próximo (*véase* la Épica de Gilgamesh) y en iconografía del antiguo Oriente Próximo,

A

en la cual humanos y animales son retratados alcanzando para tomar del árbol sus frutos.

En el libro de Proverbios, el árbol de la vida es un símbolo de aquello que trae alegría a la vida: sabiduría (3:18), justicia (11:30), "el cumplimiento de una añoranza" (13:12), "una lengua tranquilizadora" (15:4). En el Apocalipsis el árbol representa la reversión de las consecuencias de la desobediencia de la humanidad en el jardín del Edén.

La vida eterna se ofrece nuevamente a aquellos que perseveran en Cristo (Ap. 2:7; 22:14). Y en Apocalipsis 22:2 el árbol de la vida es parte del escenario de la nueva Jerusalén. Sus ramas abarcan sobre el río del agua de la vida, y sus hojas son imbuidas con sanación para las naciones (cf. Ez. 47:12). *Véase también* Árbol del Conocimiento del Bien y del Mal.

ÁRBOL DE LOS AUGURES *Véase* Encina de los Adivinos; Terebinto.

ÁRBOL DE SHITTAH *Véase* Acacia.

ÁRBOL DE TEIL La KJV traduce la palabra hebrea 'elah en Is. 6:13. Versiones más recientes traducen el término como roble o terebinto. *Véase también* Plantas; Terebinto.

ÁRBOL DEL CONOCIMIENTO DEL BIEN Y DEL MAL En Gn. 2-3. el árbol del conocimiento del bien y del mal y el árbol de la vida son la pieza central del verde paisaje del jardín del Edén. Antes de la formación de la mujer, el hombre es ordenado explícitamente no comer de los frutos del árbol del conocimiento del bien y del mal, porque la consecuencia sería la muerte (2:16-17).

Por tanto, el árbol del conocimiento es contrastado con el árbol de la vida, cuyo fruto está imbuido de inmortalidad (3:22). Bajo la influencia de la persuasión de la serpiente, la mujer describe el fruto del árbol como "deseable para ganar sabiduría", y el efecto de comer del fruto en el hombre y la mujer que "los ojos de ambos se abrieron y se dieron cuenta de que estaban desnudos" (3:6-7).

El "conocimiento del bien y del mal" representado por el fruto de este árbol es una sabiduría del modelado de la humanidad, una ley independiente de la voluntad revelada de Dios en el mandamiento de no comer del fruto. La consecuencia de comer del fruto es la vergüenza y la expulsión, no solo del jardín mismo, sino también de la vida eterna proporcionada por el árbol de la vida. *Véase también* Árbol de la Vida.

ARBOLEDA En algunos textos la KJV, siguiendo a la LXX y la Vulgata, traducen equivocadamente la palabra hebrea 'asherah como "arboleda" (Dt. 16:21; Jue. 6:25-26; 1 Re. 16:33). Tras la palabra se encuentra un árbol proscrito o símbolo cúltico de madera de la diosa cananea Asherah.

ÁRBOLES *Véase* Plantas.

ARBUSTO, ENEBRO Arbusto (KJV: "juniper"; NVI: "arbusto"; NKJV, RSV: "enebro") que se encuentra comúnmente en las regiones áridas de Egipto, Palestina y Arabia. Crece hasta diez pies y proporciona sombra en el desierto abrasador (1 Reyes 19:4-6). Sus raíces extremadamente largas, que bajan hasta llegar a las fuentes de agua subterránea, se usaban para producir carbón (Salmos 120:4). En Job 30:4 la deplorable situación que vivían los pobres es descrita como la alimentación de sus raíces incomestibles.

ARBUSTOS DE SAUCE o pequeños árboles con ramas rojizas que crecen cerca de arroyos y cursos de agua (Job 40:22; Is. 15:7 [NVI: "álamos"]). Varias especies son comunes en Palestina, siendo la más común el sauce palestino. Este es el sauce en Ez. 17:5, y no el "sauce llorón", que fue introducido en Palestina tras el exilio. La facilidad con la que el sauce (álamo) se enraíza a partir de una ramita se usa figurativamente en Ez. 17:5 (cf. Is. 44:4). Ramas de sauces y otros árboles eran tomadas para hacer pabellones en la Fiesta de los Tabernáculos (Lv. 23:40).

ARCA DEL CONVENIO Un objeto sagrado de culto, en forma de caja, que representaba la presencia de Dios entre los israelitas. El arca (heb. 'aron), construida en madera, medía 115 centímetros de largo, 68 centímetros de ancho y 68 centímetros de alto (Éx. 25:10), y fue transportada por medio de dos postes insertados a cada lado del arca. Los aspectos más importantes del arca fueron la cubierta y los querubines unidos a la cubierta del arca. La sangre fue rociada en un ritual en la cubierta, que era el lugar designado de expiación. En los primeros relatos, el arca se convirtió en el lugar de expiación, reunión y revelación entre Dios e Israel.

En algunos casos, la palabra hebrea 'aron también denota una caja de colección (NVI: cofre) en el templo (2 R. 12:9-10, 2 Cr. 24: 8, 10-11), y en un caso se refiere al sarcófago o ataúd de José (Gn. 50:26). Las Escrituras mencionan el arca 195 veces, frecuentemente (82 veces) en asociación con el Señor o Dios, dando como resultado "el arca del convenio del Señor", el "arca del Dios de Israel" y el "arca de Dios".

La Función y Ubicaciones del Arca

El arca se encontraba primero en el santuario portátil o tabernáculo usado para la adoración en la historia temprana de Israel, y Éxodo y Deuteronomio señalan que sirvió como un receptáculo para el "testimonio" o las dos tablas de los Diez Mandamientos.

En consecuencia, el arca a menudo se conoce como el "arca del testimonio", ya que la palabra hebrea para "testimonio" es sinónimo de la palabra hebrea para "convenio" (Sal. 25:10; 132: 12), y las designaciones del contenedor como el "arca del convenio" (Dt. 9: 9, 15) y como "el arca del testimonio" (Éx. 27: 8; 31:18) parecen intercambiables. El Nuevo Testamento indica que el arca también contenía un jarro de oro de maná y la vara floreciente de Aarón (Heb. 9: 4, *véase* Éx. 16:32-34, Nm. 17: 8-10).

La ubicación del arca se asoció con el lugar central de reunión y adoración de los israelitas. Moisés compuso lo que se ha dado en llamar la "Canción del Arca" (Nm. 10: 35-36), lo que significa el papel del arca al preceder a los nómadas israelitas en el desierto e indicar dónde deberían descansar.

En el Libro de Josué, el arca llevó al pueblo a la conquista (3:1-5: 1; 6:1-25). El cruce del Jordán (3:7-11) en medio de un terreno seco, al llevar el arca al río hizo que las aguas fueran barridas en un montón, representa la relación sobrenatural entre el arca y la presencia de Dios. El arca se asoció tan estrechamente con la presencia divina que los israelitas asumieron que la presencia de Dios residía dentro del arca.

Sólo los sacerdotes levitas consagrados podían llevar el arca, que estaba cubierta por tres capas de tela con el fin de ocultarlo al pueblo (Nm. 4:5-6, 15, 18-20), que tenía que permanecer al menos novecientos metros de distancia. En 2 Sam. 6: 2-7 los bueyes que llevaban el arca tropezaron, y Uzah, que no era sacerdote, extendió la mano y tocó el arca para afirmarla, lo que resultó en su muerte (*véase* 1 Cr. 13: 7-10). Después de la entrada en la tierra prometida, el arca permaneció en el santuario de Gilgal, y finalmente se cambió de Betel a Silo.La función del arca como el lugar donde la confederación tribal buscó el consejo divino para la guerra santa llevó también a emplear el arca como símbolo de guerra, llevado a la batalla para asegurar la victoria (Jos. 6: 4-21).

Es muy probable que este uso del arca se origine a partir de los antiguos conceptos y prácticas religiosas del Cercano Oriente que asociaron la presencia de un dios con un emblemático trono de guerra útil para la adivinación y el éxito en la batalla. La expresión "el Señor Todopoderoso, que está entronizado entre los querubines" vincula los papeles de Dios como rey y guerrero, reforzando el arca como el trono de Dios o su "estrado" (1 Sam. 4: 4), símbolo de la deidad entronizada invisiblemente.

Otras deidades cananeas, incluido El, tenían escabeles que se asemejaban a cajas doradas y ornamentados sobres los cuales descansaban sus pies, lo que significa su regia autoridad y poder militar. En 1 Cr. 28 el arca se conoce como el "estrado de los pies" de Dios, y el salmista ordena a la gente que se reúna y adore en el estrado de los pies de Dios (Sal. 99:5). Del mismo modo, Sal. 132, un poema litúrgico vinculado a la procesión formal del arca, se refiere al "escabel de [Dios]" como el lugar central de adoración.

El arca del convenio descansaba en el templo de Silo bajo la custodia de Eli hasta que fue capturada por los filisteos, quienes la poseyeron en su territorio durante siete meses (1 Sam. 4-6). La pérdida del arca se lamentó por simbolizar el abandono o la partida de la presencia de Dios, y

A

sin embargo su captura enfatizó las falsas presunciones de los israelitas sobre el arca como garante del éxito militar y reforzó el hecho de que Dios no podía ser manipulado.

Después de una plaga infligida por Dios sobre los filisteos, el arca fue devuelta y permaneció en Quiriat-Jearim durante veinte años (6: 21-7:2).Con el tiempo, el Rey David transportó el arca a la ciudad de Jerusalén, reforzando la importancia política y cúltica de la ubicación. Aquí permaneció en una "tienda de campaña" hasta que fue colocada en el templo de Salomón (2 Sam. 6:17, 7:2). El arca desapareció en algún momento durante el último período monárquico; su captura no figura en los bienes del templo confiscados por Nabucodonosor (2 R. 25: 13-17). El arca nunca fue reemplazada después del regreso del exilio en Babilonia, y Jeremías declaró que el arca no debería ser rehecha (Jer. 3:16). El arca no se menciona en la descripción de Ezequiel del templo nuevo (Ez. 40-48).

El libro de Hebreos menciona el arca en relación con su prominencia y propósito en el templo (9:4-5). Además, Heb. 9: 1-14 contrasta la aplicación de la propia sangre de Cristo en el lugar santo celestial con la aspersión sacerdotal de sangre en el "propiciatorio" (NVI: "lugar de la expiación") del arca. Ap. 11:19 habla del arca del convenio de Dios que se encuentra en los cielos.

El Arca y la Santidad de Dios

El arca del convenio subraya la santidad de Dios y su necesaria separación del pecado. La santidad o la consagración de aquellos que se acercan a Dios en el arca significa la importancia de la limpieza de la impureza como un requisito previo para mantener la relación del convenio con Dios.

Aunque el arca y la presencia de Dios se unieron inseparablemente en las mentes de los israelitas, la promesa de Dios de estar presentes entre ellos no implicaba una limitación espacial o corporal. Las tablas de la ley contenidas en el arca están inextricablemente vinculadas con la gloria de la presencia de Dios y el punto de accesibilidad del convenio a través de la palabra de Dios. La naturaleza portátil del arca y la tienda en la que estaba ubicada enfatizan que la presencia o revelación de Dios no se limita a un lugar específico.

El Nuevo Testamento también concretiza el arca a la santidad de Dios y su ley. Dios es a la vez misericordioso y justo; su santidad requiere propiciación por el pecado, y su misericordia lo proporciona a través de la expiación de sangre lograda a través de la muerte y la resurrección de Cristo. El suficiente y eficaz sacrificio vicario de Cristo en la cruz reemplazó el ritual anual necesario para asegurar la salvación y el perdón del pueblo de Dios, destacando la superioridad de Cristo y la salvación por gracia a través de la fe en su obra redentora en la cruz.

El sacrificio de Cristo proporciona expiación y reconciliación infinita para los creyentes, que afirman la inmanencia de Dios y al mismo tiempo reconocen su soberanía y trascendencia. Los creyentes esperan con ansias el regreso literal y físico de Cristo, cuando se den cuenta del cumplimiento de la promesa de Dios de vivir con y entre ellos eternamente.

ARCA Dios le anunció a Noé que iba a destruir a todos los habitantes de la Tierra y le ordenó que construyera un arca (heb. Teba, Gn. 6:14-16). Además de la narración de la inundación de Génesis, Éx. 2:3-5 es el único otro pasaje en la Biblia donde se usa esta palabra, allí se refiere al arca de juncos en la que se colocaba al niño Moisés. Ambas arcas se hicieron impermeables mediante una capa de brea (alquitrán).

Un arca es algo construido para salvar a las personas de ahogarse. No es el nombre de un tipo de barco como tal (por ejemplo, un velero), sino más bien una forma de caja geométrica. El arca no tenía timón, vela ni ninguna ayuda de navegación.

A Noé se le dijo que lo hiciera de "madera de gofer" (heb. goper), que las primeras traducciones judías arameas (Targumim) identificaron como cedro (NTV, RVA, PDT: "madera de ciprés"). La palabra hebrea goper aparece solo aquí en la Biblia, pero el equivalente acadio (kupru) se encuentra en un punto similar en la Epopeya de Gilgamesh.

Era, por lo tanto, el tipo correcto de madera para un barco. El arca debía tener "habitaciones", es decir, cubículos (lit., "nidos") para que los diferentes animales se alojaran y se mantuvieran separados de otros animales.

Después de la descripción general del arca (Gn. 6:14), Dios proporcionó detalles sobre cómo construirla (6:15). Su longitud (300 codos/150 m), ancho (50 codos/25 m) y altura (30 codos/15 m) fueron especificados. "Codo" significa literalmente "antebrazo" (la distancia desde el codo hasta la punta del dedo medio), por lo que el arca tenía aproximadamente 450 pies (140 metros) de largo, 75 pies (23 metros) de ancho y 45 pies (13.5 metros) de alto.

No podemos estar exactamente seguros de si el "techo" (6:16) es la traducción correcta de la palabra hebrea tsohar, que puede referirse a una escotilla o tragaluz (vulgar: fenestra ["ventana"]. Otra posibilidad es "techo inclinado". La palabra hebrea de uso común, gag, no se usa porque se refiere a un techo plano (*véase* Jos. 2:6, 8, 2 Sam. 11:2). La instrucción de "y la terminarás a un codo del techo" (LBLA) se refiere a la inclinación del techo o su alero. La "ventana" (heb. khallon) que Noé abre en Gn. 8: 6 probablemente se equipare con este tragaluz en el techo, no con una ventana en el costado (ya que Noé no puede ver). En Gn. 8:13, Noé quita la "cubierta" (heb. mikseh) del arca, para ver la superficie de la tierra.

El arca debía tener una puerta en su costado, que fue cerrada por Dios (Gn. 6:16, 7:16). La estructura también debía tener tres cubiertas, lo que sugiere que el arca se veía como un microcosmos, con sus tres niveles que combinaban cielo, tierra y mar. Génesis 6:17 explica por qué se necesita un arca. La destrucción será por medio de agua, y el arca llevará a Noé y su familia (ocho personas), así como al menos un par de cada criatura viviente. El Nuevo Testamento se refiere a la construcción del Arca de Noé (Heb. 11: 7, 1 P. 3:20) y cuando entró (Mt. 24:38, Lc. 17:27).

ARCÁNGEL Un jefe o primer ángel. La palabra arcángel se refiere a una clase particular de ángeles; también se refiere a un rango en la jerarquía angélica. En el Antiguo Testamento, ningún ángel en particular es identificado como el más alto en la jerarquía angélica.

Miguel y Gabriel son los dos ángeles nombrados en el Antiguo Testamento. En el libro de Daniel se identifica a Miguel como "uno de los principales príncipes", lo que significa arcángeles (10:13). La distinción entre Miguel y Gabriel en el libro de Daniel es la de la función, no la jerarquía. Michael funciona como un guerrero (10:13, 21; 12:1), mientras que Gabriel funciona como un revelador de misterios (8:16, 9:21).

En el Nuevo Testamento, a Miguel se le llama específicamente "el arcángel" y es el guerrero divino que lucha con el diablo por sobre el cuerpo de Moisés (Judas 9); y Miguel y sus ángeles participan en una batalla celestial contra Satanás y sus ángeles (Ap. 12:7). En 1 Tes. 4:16 las imágenes utilizadas son de Dios como un guerrero divino por excelencia que baja del cielo con un grito, con la voz de su

Una estatua de bronce que representa a Miguel Arcángel derrotando a Lucifer, por Lorenzo Vaccaro (1655–1706).

arcángel, y con una trompeta declarando su victoria cuando viene a reunir a su pueblo.

A

La Angelología está más desarrollada en la literatura del período del Segundo Templo (intertestamental), en la que se aclaran las identidades y funciones de los ángeles. Los arcángeles comprenden una clase de ángeles dentro de la jerarquía angélica.

Las Escrituras se refieren a otras clases de ángeles, como los querubines (por ejemplo, Gn. 3:24, Éx. 25: 18-22, Sal. 18:10, 80:10, 99:1), serafines (Is. 6:2, 6), vigilante (Dn. 4:13, 17, 23), Satanás y los ángeles caídos (Mt. 9:34, 25:41, Ef. 2:2, 2 P. 2:4, Jds. 6, Ap. 10:12). Por ejemplo, 1 Enoc 6 da los nombres de los veinte vigilantes caídos (*véase* Gn. 6: 1-4) y en 1 Enoc 20 encontramos la referencia más temprana de los siete arcángeles: Uriel, Rafael, Raguel, Miguel, Zerachiel, Gabriel y Remiel. Sin embargo, hay otras listas que dan nombres alternativos a los siete arcángeles. En 3 Enoc 17: 1-3 los arcángeles son Miguel, Gabriel, Shatqiel, Baradiel, Sahaqiel, Baraqiel y Sidriel. En el Testamento de Salomón se mencionan cuatro de los siete arcángeles: Miguel, Uriel, Rafael y Gabriel (1:6; 2: 4; 5: 9; 18: 6).

En el libro de Tobías, el ángel Rafael se disfraza de forma humana y finalmente revela su identidad así: "Yo soy Rafael, uno de los siete ángeles, que está listo y entra delante de la gloria del Señor" (12:15; compárese Ap. 8: 2). Los arcángeles también realizan otras funciones. En Tobías, Rafael actúa como un guía protector y sanador. En 3 Enoc. 17:1-3 los siete arcángeles están a cargo de los siete cielos, y cada uno está acompañado por 496.000 ángeles ministradores. En Ap. 12: 7-9, Miguel ordena al ejército de ángeles que luche contra el dragón y su ejército.

En Leví 3:3-6 los arcángeles son considerados como personal del templo; sirven y ofrecen sacrificios de propiedad en nombre de todos los pecados de ignorancia de los justos en el cielo superior, el lugar santísimo (*véase* Jub. 2: 2; 1 Enoc 14:23). De manera similar, en Apocalipsis 8: 1-10: 11 los siete ángeles se presentan ante Dios y también sirven en el altar para ofrecer incienso y llevar las oraciones de los santos delante del trono. *Véase también* Ángel.

ARCHIVOS *Véase* Casa de los Archivos.

ARCILLA Material básico de construcción hecho con suelo de granos finos mezclado con impurezas. Es maleable cuando está húmedo y se endurece cuando se calienta. Se usaba para elaborar cerámicas (Levítico 6:28; 11:33; 15:12; Números 5:17; Jeremías 19:1; 32:14; 2 Corintios 4:7), como material de construcción (Levítico 14:42; Nahum 3:19), para moldear (1 Reyes 7:46), para esculpir (Daniel 2:33) y para fabricar tabletas de escritura (Ezequiel 4:1).

La arcilla se usa metafóricamente para representar la debilidad (Job 4:19; 13:12; 27:16) o la humildad de propósito (Lamentaciones 4:2; 2 Corintios 4:7; 2 Timoteo 2:20). El alfarero y su arcilla son comparados con Dios y la creación humana (Job 10:9; 33:6; Isaías 29:16; 45:9; 64:8; Jeremías 18:4; Romanos 9:21).

ARCO La traducción RVR de una palabra hebrea ('elam) más comúnmente traducida como "porche" o "pórtico" (incluso en su propia traducción en otro lugar) en Ezequiel. 40: 16-36. La palabra se refiere a una sala de entrada o vestíbulo al edificio principal del templo (1 R. 6:3, 7: 12-21) y en un lugar como un porche cubierto (7: 6).

Esta entrada al templo medía nueve metros de ancho y cuatro metros y medio de profundidad. La altura de la habitación generalmente se cree que era de nueve metros, aunque esto es incierto debido a la corrupción del texto original (compárese 1 R. 6: 3 con 2 Cr. 3: 4). Este vestíbulo también era la ubicación de los dos pilares nombrados, Jaquin y Boaz, y estaba ricamente adornado con oro.

ARCOÍRIS Un fenómeno óptico causado por la refracción de la luz solar a través de las gotas de lluvia u otro vapor de agua. La gran belleza de los arcoíris es el resultado de que contienen el espectro completo de luz visible. En las Escrituras, los arcoíris tienen especial significado y simbolismo.

Un arcoíris es una señal de la alianza de Dios con la tierra de nunca volver a destruir toda la vida con una inundación como hizo en tiempos de Noé (Gn. 9:13-14, 16). El poder de esta imagen en particular proviene de la transformación de arco —comúnmente un símbolo de guerra, destrucción y muerte— a un colorido símbolo de la misericordia, gracias y paz celestial. De este modo, el arcoíris se convirtió en un signo de la bondad y misericordia de Dios y se encuentra en descripciones celestiales tanto de Ezequiel como de Juan (Ez. 1:28; Ap 4:3; 10:1).

ARCTURU Representación de la RVA de una constelación mencionada en Job 9:9; 38:32 (NVI, RVC, NBD: "Osa"). La constelación en cuestión ha sido identificada alternativamente como Osa Mayor y Osa Menor ("el oso"). Como con otras constelaciones en la Biblia, el propósito de su mención es reconocer el vasto ordenamiento del universo a manos de Dios y la inmensidad de su poder y soberanía. *Véase también* Aldebarán.

ARD **(1)** Hijo de Benjamín (Gn. 46:21). **(2)** Hijo de Bela y nieto de Benjamín (Nm. 26:40), llamado "Adar" en 1 Cr. 8:3 (¿erróneamente?), que fue el progenitor de un importante clan, los arditas, en la tribu de Benjamín.

ARDÓN Uno de los tres hijos de Caleb con su esposa Azuba (1 Cr. 2:18).

ARELI El hijo de Gad, padre de un clan importante, los arelitas, de la tribu de Gad (Gn. 46:16; Nm. 26:17).

ARENA En Hec. 27:17 la RVC traduce la palabra griega Syrtis como "arena", refiriéndose a las "bancos de arena de Sirte" (NVI, NTV) o simplemente "bancos de Sirte" (LBLA). *Ver también* Sirte.

AREOPAGITA Nombre utilizado para los miembros del famoso concilio ateniense, el Areópago. Dionisio, uno de los pocos conversos de la predicación de Pablo en Atenas, ocupó esa posición (Hch. 17:34).

AREÓPAGO **(1)** Una colina de piedra caliza (también conocida como Colina de Ares) en Atenas, situada al noroeste de la famosa Acrópolis.

(2) Un antiguo y prestigioso consejo de atenienses que se reunió en la Colina de Ares y que en el pasado ejerció autoridad judicial y legislativa. Pablo fue invitado a dirigirse al Areópago y explicar su enseñanza acerca de Jesús

Un arcoiris sobre las ruinas de Beth Shan.

A

y la resurrección. Entre los conversos de esta ocasión, dos se nombran: Dionisio, un miembro del consejo, y Damaris, una mujer de la que no se dice nada más (Hch. 17: 16-34).

ARETAS El nombre de varios reyes árabes. Pablo menciona Aretas, rey de Arabia Pétrea y suegro de Herodes Antipas, que se divorció de su hija para casarse con Herodías, la esposa de su hermano (*véase* Marcos 6:17).

Esto condujo a la guerra y la posterior destrucción del ejército de Antipas, que el pueblo atribuyó a su asesinato de Juan el Bautista (Josefo, Ant. 8.116). Tras la muerte del emperador Tiberio (37 d.C.), Aretas aparentemente había tomado el control de Damasco, donde Pablo, siendo perseguido por el etnarca del rey, escapó en una canasta por una ventana en la pared (Hch. 9:25; 2 Cor. 11: 32-33).

ARFAXAD **(1)** Hijo de Sem y nieto de Noé, nacido dos años después del diluvio (Gn. 10:22; 11: 11-13; compárese con 1 Cr. 1: 17-18, 24). Arfaxad engendró a Sela a la edad de treinta y cinco años, aunque la genealogía en Lc. 3:36, que sigue la Septuaginta, inserta a Cainán entre Arfaxad y Sela. Arfaxad tuvo otros hijos e hijas y vivió hasta los 438 años. La genealogía de Sem en Génesis 11 rastrea la ascendencia de Abram a través de la línea de Arfaxad. **(2)** Un gobernante de los medos en Ecbatana (hoy en día Hamadán en Irán), a quien Nabucodonosor derrotó (Jdt. 1: 1, 5, 13, 15).

ARGOB **(1)** Un hombre asesinado junto con el rey Pecajías de Israel durante la revuelta de Pecaj (2 R. 15:25). Sin embargo, muchos estudiosos creen que esto es un error de los escribas y que esta referencia a Argob está fuera de lugar en el vers. 29, refiriéndose así a un lugar en vez de a una persona. Algunas traducciones de la Biblia omiten este nombre de este versículo por completo. (*Véase también* Arié.) **(2)** Una región en Basán en Moab tomada por los israelitas después de que derrotaron al rey Og (Nm. 21: 33-35, Dt. 3:4). Esta región fue asignada a la mitad de la tribu de Manasés (Dt. 3: 13-14). Jair derrotó a las ciudades de la región y las renombró (1 R. 4:13). Esta área está ubicada al este del Mar de Galilea. Los límites más específicos son más difíciles de definir y los límites de esta región pueden haber cambiado con el tiempo.

ARIDAI Uno de los diez hijos de Amán, que fueron asesinados por los judíos y cuyos cadáveres fueron colgados en público a petición de Ester al rey Jerjes (Asuero) de Persia (Est. 9: 7-14).

ARIDATA Uno de los diez hijos de Amán, que fueron asesinados por los judíos y cuyos cadáveres fueron colgados en público a petición de Ester al rey Jerjes (Asuero) de Persia (Est. 9: 7-14).

ARIÉ Arié, junto con Argob, es uno de los conspiradores, junto a Pecaj en el asesinato de Pecajías, rey de Israel, o una de sus víctimas (2 R. 15:25). El texto no es claro (*véase también* Argob).

ARIEL **(1)** Uno de los hombres enviados por Esdras a Ido en Casifia para traer de vuelta ministros para el templo (Esdras 8:16). **(2)** Un término usado por dos guerreros moabitas asesinados por Benaía (RVA: "dos leones de Moab"; NVI: "dos de los mejores hombres de Moab"; NBLH, PDT, BLP:

El Areópago en Atenas.

"dos hijos de Ariel de Moab"; 2 Sam. 23:20; 1 Cr. 11:22). **(3)** Un término poético usado para referirse a Jerusalén (Is. 29: 1-10). En Is. 29: 2 (NVI, CST) la profecía compara "Ariel" (Jerusalén) con un "brasero del altar" (*véase* 'ariel, "fogón del altar", en Ez. 43: 15-16).

ARIMATEA Una ciudad de Judea cuya ubicación exacta es incierta. Se menciona en los cuatro Evangelios, solo en relación con José, un hombre rico y miembro del Sanedrín, en cuya tumba fue puesto Jesús (Mt. 27:57; Mc. 15:43; Lc. 23:51; Jn. 19:38).

ARIOC **(1)** El rey de Elasar que se unió a una coalición contra cinco reyes de la región del Mar Muerto (Gn. 14:1, 9). Abram fue barrido en este conflicto porque su sobrino Lot fue capturado en Sodoma (14:12). Varios nombres que suenan de forma similar (tanto para Arioc como para Elasar) son conocidos por fuentes extrabíblicas, aunque ninguno de ellos puede identificarse con confianza como el rey bíblico. **(2)** El capitán de la guardia en el patio de Nabucodonosor, a quien se le ordenó matar a los sabios de Babilonia, incluido Daniel (Dan. 2: 14-15). Arioc protegió a Daniel advirtiéndole de la orden del rey y luego aseguró una audiencia para Daniel con el rey (2: 24-25).

ARISAI Uno de los diez hijos de Amán, todos los cuales fueron asesinados por los judíos después de que su padre fuera colgado en la horca que él construyó para Mardoqueo (Est. 7:10; 9: 7-10). El rey Asuero concedió la solicitud de Ester de que sus cadáveres sean colgados en público (9: 13-14).

ARISTARCO Un nativo de Tesalónica que fue un compañero cercano de Pablo. Asociado con la misión gentil de Pablo, él y Gayo fueron capturados por una turba y llevados al teatro en Éfeso (Hch. 19:29). Más tarde viajó a Jerusalén (posiblemente como uno de los delegados de las iglesias macedonias) acompañando al grupo de alivio para los pobres (Hch. 20:4).Cuando Pablo apeló para que su caso fuera escuchado por César, Aristarco navegó con él a Roma (Hch. 27:2). Escribiendo desde la prisión en Roma, Pablo lo elogia como compañero de trabajo judío (junto con Marcos y Justo) y compañero de prisión (Col. 4:10, 11; Flm. 1:24).

ARISTÓBULO El jefe de una casa saludada por Pablo (Ro. 16:10). De acuerdo con la tradición de la iglesia, él era el hermano de Bernabé y uno de los setenta discípulos, que con el tiempo se convirtió en misionero en Gran Bretaña. Otros han sugerido que él era el hijo de Aristóbulo, nieto de Herodes el Grande y hermano de Agripa I.

ARMAGEDÓN Comúnmente se cree que es el lugar de la cataclísmica batalla final, que culmina en el regreso visible de Cristo (Ap.16: 16). La interpretación literal de "monte de Meguido" es algo problemático, ya que no hay un Monte de Meguido. Las indicaciones apocalípticas relacionan a Zac. 12:11 (la única referencia apocalíptica

Monte de Meguido

a Meguido, aunque allí aparece como "llanura de Meguido") con Ez. 38-39 (donde la batalla final de la historia tiene lugar en las "montañas de Israel"). Por lo menos, Armagedón representa el lugar donde los reyes del mundo se reunirán para la batalla final antes de que Dios juzgue al mundo. La elección de Meguido puede deberse al hecho de que fue el lugar donde los justos israelitas repetidamente combatieron los ataques de las naciones malvadas (compárese con 2 R. 23:29).

ARMAS Las armas tempranas usaban hojas de pedernal, que permanecían en uso mucho después del advenimiento de las armas de metal. Estas incluían cuchillos, puntas de flechas, y simples hachas con mangos de madera. La invención de la fundición de metales trajo armas más durables durante la Edad del Cobre (4500-3300 a.C.) y Edad de Bronce (3300-1200 a.C.). Al principio, las armas más comunes eran hachas y mazos, que eran más efectivos contra blancos blandos. Con el avance de la tecnología y armaduras, las lanzas y espadas se volvieron más importantes. Las primeras espadas del antiguo Oriente Próximo se desarrollaron durante la Edad de Bronce, comúnmente tenían forma de hoz, con un borde cortante en la parte exterior de la hoja. La Tardía Edad de Bronce también vio la llegada del arco compuesto, con mayor alcance y poder que arcos anteriores.

Durante la Edad de Hierro (1200-586 a.C.), la época de los jueces y la monarquía israelita, los filisteos y otras Gentes del Marr trajeron nuevas armas, incluyendo la espada de estilo egeo, que era una espada recta de doble filo similar al sable medieval. Las armas tanto de hierro como de bronce se usaban a través del Levante hasta el siglo diez a.C., cuando el hierro reemplazó al bronce como material dominante para armamento. *Véase también* Armas, Armadura.

ARMAS, ARMADURA La Biblia muestra guerra y actos bélicos en todas partes. Las armas son de naturaleza ofensiva y defensiva. Los tipos más comunes de armas ofensivas son espadas, hachas, lanzas, arcos y flechas, hondas y piedras. Las armas defensivas incluyen el escudo y el casco. El arsenal de un ejército generalmente se guardaba en un depósito llamado armería (1 R. 10:17; Is. 22: 8; Neh. 3:19).

Armas

Espada. En el Antiguo Testamento, la palabra "espada" (khereb) aparece por primera vez en Gn. 3:24 después de que Adán y Eva fueron desalojados del jardín del Edén. Una espada llameante fue colocada allí "para proteger el camino hacia el árbol de la vida". Por lo tanto, el primer uso de la espada es a la defensiva. Más tarde en Génesis, los hijos de Jacob usan espadas para vengar la violación de su hermana Dina (Gn. 34: 25-26).

En la mayoría de los casos, la palabra describe el arma de elección durante gran de la Antigüedad. Las espadas fueron fabricadas de hierro (1 Sam. 13:19; Joel 3:10). Algunas eran cortas y fáciles de maniobrar (Jue. 3:16), mientras que otras eran largas y pesadas (1 Sam. 21: 9). Podrían ser de una o dos filos, y se usaban en una funda o vaina (1 Sam. 7:51; 2 Sam. 20: 8). La espada también estaba sostenida por una faja de cuero tachonada con clavos (1 Sam. 18:4, 2 Sam. 20:8). A veces, la espada se usó figurativamente para hablar del juicio de Dios (Lv. 26: 6; Is. 1:20; Jer. 47: 6; 50: 35-37; Ez. 21:9, 28; Os. 11:6) En el Nuevo Testamento, la palabra más común que describe una espada es la palabra griega machaira, que se usa para describir las armas utilizadas por la mafia que vino a arrestar a Jesús (Mt. 26:47, 55; Mc. 14:48), así como también el arma utilizada por Pedro para cortar la oreja de Malco (Jn. 18:10). Otra palabra griega traducida como "espada" es rhomphaia, que describe una espada más larga, generalmente usada sobre el hombro (Ap. 1:16; 6:8; 19:21). La palabra "espada" también se usa figurativamente en el Nuevo Testamento. La palabra de Dios se designa como "la espada del Espíritu" (Ef. 6:17) y como una "espada de doble filo" (Heb. 4:12).

Lanza. Cuatro palabras principales en la Biblia se traducen como "lanza" o "jabalina". La palabra hebrea romakh se traduce como "lanza" o "jabalina", y aparece quince veces en el Antiguo Testamento. La lanza estaba hecha de hierro (Joel 3:10), y aquellos que cayeron presa de ella nunca sobrevivieron a su penetración (Nm. 25: 7,

1 R. 18:28). La otra palabra hebrea usada para la lanza es khanit, que aparece unas cincuenta veces en el Antiguo Testamento. Se usa para describir la lanza de Goliat cuando luchó contra David (1 Sam. 17:7), la lanza de Saúl cuando la arrojó contra David (1 Sam. 18: 10-11) y la lanza "reluciente" hecha por los asirios (Neh. 3:3). La tercera palabra es khidon, que aparece unas diez veces en el Antiguo Testamento. Describe un arma en los arsenales de Josué (Jos. 8:18, 26), Goliat (1 Sam. 17: 6) y los babilonios (Jer. 6:23). En el Nuevo Testamento, la palabra "lanza" (gr. Longchē) aparece solo una vez, haciendo referencia al arma utilizada para atravesar el costado de Jesús en su crucifixión (Jn. 19:34).

Arco y flecha. El arco y la flecha eran un arma ofensiva importante en Israel y las culturas circundantes. En la Biblia, el arco y la flecha, en combinación o individualmente, aparecen tanto en un sentido literal (2 R. 9:24; Is. 37:33) como figurado (Sal. 11: 2; 64: 7; Is. 49:2; Lam. 3:12; Zac. 9:13). Hay evidencia extrabíblica que sugiere que los egipcios y los sirios también usaron el arco y la flecha como parte de su arsenal militar.

Honda. Primitiva pero efectiva, la honda se usó no solo en Israel, sino también en Egipto y Babilonia. Fácil de fabricar, usaba piedras como municiones; por lo tanto, fue el arma de elección para aquellos que carecen de materia prima para construir armas hechas de metal. Además del uso de David de la honda en su encuentro con Goliat (1 Sam. 17:40), los hombres de la tribu de Benjamín usaron la honda con notable exactitud (Jue. 20:16).

Hacha. Además de su función primordial de talar árboles (Dt. 19: 5, Jue. 9:48, Jer. 10: 3), el hacha también se usó probablemente en la guerra. (*Véase también* Hacha, Cabeza del Hacha).

Armadura

Escudo. El escudo es una de las armas de defensa más antiguas. Dos palabras hebreas se usan para representar al escudo. El magen aparece por primera vez en Gn. 15: 1, donde se usa figurativamente para hablar de la protección de Dios para con Abrahán. Se usa de la misma manera en otro momento, en Dt. 33:29. Con frecuencia se usa como una forma de hablar por los salmistas para denotar la misma idea de protección divina (Sal. 3: 3, 7:10, 18: 2, 30, 28: 7, 33:20, 59:11, 84:9, 11; 115: 9-11; 119: 114; 144: 2). Cuando se usa literalmente, el término se refiere a un escudo hecho de madera y a veces cubierto con cuero. Salomón usó oro para fabricar escudos (1 R. 10:17), mientras que Roboam los fabricó de bronce (1 R. 14:27). Este tipo de escudo fue utilizado como arma defensiva por los israelitas a lo largo de su historia (Jue. 5: 8; 1 Cr. 5:18; 2 Cr. 9:16; 14: 8; 17:17; 23: 9; Neh. 4:16). También fue utilizado por los sirios (Is. 22: 6), los asirios (Is. 37:33), los egipcios (Jer. 46: 3) y los persas (Ez. 27:10). El otro término hebreo traducido como "escudo" es tsinnah. Este era más grande que el magen y estaba destinado a cubrir todo el cuerpo del luchador. Era el tipo de escudo llevado por el escudero de Goliat (1 Sam. 17: 7, 41), fabricado por el rey Salomón (1 R. 10:16), usado por los gaditas que se unieron a David mientras huían de Saúl (1 Cr. 12:8), y utilizado por el ejército de Israel durante los reinados de Roboam (2 Cr. 11:12) y Asa (2 Cr. 14:8). La palabra griega thyreos es la versión de la Septuaginta de la palabra hebrea tsinnah, y aparece solo una vez en el Nuevo Testamento. Pablo usa la palabra figurativamente cuando habla del "escudo de la fe" (Ef. 6:16).

Estatuilla de bronce de un soldado romano del siglo II d.C con armadura laminada.

A

Casco. El casco tenía el objetivo defensivo obvio de proteger la cabeza de un combatiente. Estaba hecho de cuero o metal ligero, como el bronce (1 Sam. 17:5, 38). En ambos Testamentos, la salvación se representa figurativamente como un "casco" (Is. 59:17, Ef. 6:17, 1 Ts. 5: 8).

Cota de malla. La armadura corporal se utilizó para la protección del guerrero no solo en Israel, sino también en otras antiguas naciones del Cercano Oriente. El término hebreo shiryon se traduce de diversas maneras como "cota de malla" (LBLA, RVC, NBLH), "cota de escamas" (JBS) o "coraza" (NVI). Goliat usaba este tipo de armadura (1 Sam. 17:5, 38), y la suya era de bronce. A pesar de llevar puesto un shiryon, el rey de Israel, Acab, resultó herido de muerte en la batalla (1 R. 22:34). En un intento de fortalecer el poder militar de Judá, el rey Ozías también proporcionó cotas de malla para su ejército (2 Cr. 26:14). También se usó durante los tiempos postexílicos, los trabajadores de Nehemías se beneficiaron de su protección (Neh. 4:16). Shiryon (griego: tórax) se usa figurativamente para hablar de una "coraza" de justicia y de amor (Is. 59:17, Ef. 6:14, 1 Ts. 5: 8).

ARMENIA El nombre actual del lugar al que escaparon los asesinos del rey asirio Senaquerib en 2 R. 19:37 (*véase* Isaías 37:38). La NVI y la RVA, siguiendo la palabra hebrea, usan "Ararat". Armenia conecta el este de Asia Menor (hoy Turquía) con la meseta iraní. *Véase también* Ararat.

ARMONI El hijo de Saúl y Rizpa que, junto con su hermano Mefiboset y cinco nietos de Saúl, fue entregado a los gabaonitas por David, como una forma de venganza por la masacre de Saúl del pueblo gabaonita (2 Sam. 21).

ARMONÍA DE LOS EVANGELIOS El deseo de armonizar las diferencias entre los Evangelios canónicos puede trazarse hasta el siglo dos, cuando Taciano (un apologista del siglo dos) combinó los cuatro Evangelios en un solo documento, conocido como Diatessaron (griego para "a partir de cuatro"). Este Evangelio combinado se usaba en las iglesias sirias en el siglo tres y cuatro hasta que fue reemplazado por los cuatro Evangelios canónicos en el siglo cinco.

Material Común a más de un Evangelio

Los cuatros Evangelios retratan a Jesús guiando a un grupo de discípulos, predicando, sanando, haciendo milagros, siendo crucificado y levantado de los muertos. Mateo fue escrito para una audiencia judía o judía cristiana, recordándoles que Jesús cumple las Escrituras hebreas. Marcos fue escrito para una audiencia gentil, enfocándose más en una narrativa que en enseñar y retratando a Jesús como un hombre de acciones poderosas y milagrosas. Lucas muestra a Jesús como alguien especialmente preocupado por los pobres y aquellos en los límites de la sociedad. Juan explica que Jesús, la Palabra eterna de Dios, no es un segundo dios, sino más bien el único y verdadero Dios, enviado por el Padre para renovar a Israel.

Las personas familiarizadas con el contenido de las historias de los Evangelios con frecuencia confunden la información de diferentes relatos. Por ejemplo, no hay una sola historia en la Biblia acerca de un "joven gobernante rico": sólo Mateo describe al hombre como joven (Mt. 19:20) y sólo Lucas menciona que el hombre era un gobernante (Lc. 18:18).

Cierto material se encuentra en los cuatro Evangelios, incluyendo información acerca de Juan el Bautista, el milagro de la alimentación de los cinco mil y la historia de la crucifixión y resurrección (aunque los relatos individuales de la resurrección difieren).

Algunos materiales aparecen en tres Evangelios, especialmente en Mateo, Marcos y Lucas. Estos tres Evangelios por lo tanto han sido llamados los "Evangelios Sinópticos" (syn=juntos, optic=visión). Historias encontradas en los tres Evangelios Sinópticos incluyen la transfiguración (Mt. 17:1-13; Mc. 9:2-13; Lc. 9:28-36); la sanación de la hija de Jairo y de una mujer con un flujo de sangre (Mt. 9:18-26; Mc. 5:21-43; Lc. 8:41-56); y el joven gobernante rico (Mt. 19:16-30; Mc. 10:17-31; Lc. 18:18-30). Los detalles no coinciden en cada aspecto en cada uno de los relatos, pero claramente representan la misma historia y exhiben dependencia lingüística de la misma fuente(s).

Una cantidad significativa de material aparece en dos de los cuatro Evangelios canónicos. Mateo y Marcos tienen la historia de una mujer sirio-fenicia (Mt. 15:21-28; Mc. 7:24-30) y tanto Marcos como Lucas cuentan la historia de la ofrenda de una viuda a la tesorería del templo (Mc. 12:41-44; Lc. 21:1-4). El más significativo cuerpo de enseñanzas y dichos encontrados en dos Evangelios es el material compartido por Mateo y Lucas. Cada uno de los Evangelios contiene material que no aparece en ningún otro Evangelio. Marcos es el que tiene menos material original, Juan es el que tiene más.

El Evangelio de Juan y los Evangelios Sinópticos

Basándose en el estudio del material común a más de un Evangelio y el material único de un Evangelio, el Evangelio de Juan por lo general es visto como el más distinto de los tres. La explicación más probable para esto es que Juan fue escrito posteriormente, con conocimiento de los otros Evangelios y, por lo tanto, el autor no veía necesidad de repetir la mayoría de este material (excepto lo central a sus propósitos). Algunas características distintivas del Evangelio de Juan son el uso de terminología tales como "amor", "luz", "vida", "verdad", "tolerar", "conocimiento", "mundo" y las declaraciones "yo soy". Además, algunos términos Sinópticos son escasos o están ausentes, por ejemplo, "reino", "demonios", "poder", "piedad", "evangelio", "predicar", "arrepentirse", "parábola", "recolector de impuestos". Más que los Evangelios Sinópticos, Juan está escrito desde el punto de vista de la ventaja de la resurrección y con la ayuda de la visión a posteriori al igual que el Espíritu. Es por esto que el autor del Evangelio de Juan no se contiene de agregar comentarios a las palabras de Jesús (e.g., 2:21-22; 7:39; 11:51-52; 12:16).

Los Evangelios Sinópticos están más interrelacionados. En los pasajes que aparecen en estos tres Evangelios, frecuentemente existe una muy cercana concordancia verbal entre ellos (e.g., la sanación del leproso [Mt. 8:2; Mc. 1:40-44; Lc. 5:12-14]; la cuestión acerca de la autoridad de Jesús [Mt. 21:23-27; Mc. 11:27-33; Lc. 20:1-8]) implicando una fuente común. En muchas secciones que se encuentran en los tres Evangelios Sinópticos, dos coinciden extensamente y el tercero diverge (e.g., Mt. 20:24-28 y Mc. 10:41-45 contra Lc. 22:24-27). Cuando dos Evangelios concuerdan y uno está en desacuerdo, Mateo y Marcos con frecuencia coinciden contra Lucas y Lucas y Marcos con frecuencia coinciden contra Mateo; pero Mateo y Lucas pocas veces coinciden contra Marcos y nunca lo hacen respecto al orden del material. En otras partes, los relatos evangélicos divergen significativamente cuando se refiere a los mismos eventos. Las narrativas de infancia en Mateo son bastante diferentes de las de Lucas. Los dos relatos de la parábola del banquete de boda (Mt. 22:2-14; Lc. 14:16-24) difieren tan significativamente que es difícil decidir si son dos versiones de la misma parábola o dos historias diferentes. Los reportes de la resurrección difieren en los cuatro Evangelios.

Es posible trazar estas similitudes y diferencias a la presentación oral de los evangelios. La predicación apostólica se habría formado en maneras establecidas de recontar los eventos del ministerio de Jesús a través de la repetición. Estos relatos pueden haber sido originalmente contados en arameo antes de ser traducidos al griego para facilitar la misión gentil. Los autores de Mateo, Marcos y Lucas pueden haber estado extrayendo de esta tradición común para la escritura de sus Evangelios. Probablemente hay cierto grado de verdad en esta teoría, pero no puede explicar toda la información. La teoría no da cuenta de las similitudes y diferencias en el orden de los eventos, ni explica por qué Mateo y Lucas siempre vuelven al orden de Marcos después que se desvían del mismo. Una tradición oral común no explica adecuadamente comentarios editoriales similares (e.g., cf. Mt. 24:15 con Mc. 13:14), que sugiere una fuente escrita común.

Algunos han argumentado que los apóstoles u otros escribieron registros de las palabras de Jesús (recuerdos), que fueron recolectados y escritos por temas, de los cuales se compusieron los Evangelios Sinópticos. Al crecer la iglesia numérica y geográficamente, se hicieron varias

A

colecciones de estos recuerdos. Nuevamente, esto no está más allá de las probabilidades; sin embargo, trabajado contra esta teoría está la completa ausencia de cualquier referencia a cualquier registro de ese tipo. Además, como con la teoría oral, no explica la coincidencia en el orden del material. Sin embargo, sí destaca la probabilidad de que los evangelistas estuviesen usando fuentes escritas.

La Prioridad de Marcos y Q

Bajo la suposición de que los escritores de los Evangelios Sinópticos emplearon una fuente(s) escrita, varios académicos han intentado reconstruir este Evangelio original escrito a partir del material de los Evangelios Sinópticos. Este documento, que los académicos llaman el *Urevangelium* (alemán para "Evangelio original"), terminó teniendo muchas semejanzas cercanas con el Evangelio de Marcos. Esto no es sorprendente, ya que prácticamente todo Marcos se repite en Mateo y Lucas. Esto llevó a la creencia que Marcos es el más primitivo de los Evangelios Sinópticos, y que fue una fuente común para Mateo y Lucas. Esta creencia en la prioridad de Marcos, que ha ganado mayor popularidad desde el siglo diecinueve, ha ayudado a explicar las similitudes entre los Evangelios Sinópticos. Tradicionalmente, Mateo se creía que había sido el primer Evangelio en ser escrito, de ahí el orden de los Evangelios en nuestro NT. Esta creencia en la prioridad de Mateo era sostenida por varios escritores de la iglesia temprana, como Agustín, que veía a Marcos como un compendio de Mateo (Cons. 1.2). Agustín puede haber estado más influenciado por el orden tradicional de los Evangelios que por el análisis de los mismo. El Evangelio de Marcos no se lee como un compendio; es el más corto de los Evangelios, pero secciones individuales de este típicamente son más largas y más detalladas que en Mateo.

Existen muchas razones por las cuales la prioridad de Marcos es probable. Es el Evangelio más corto, con 661 versículos, en cambio Mateo contiene 1.068 y Lucas 1.149. Cuando su contenido se compara, 97,2 por ciento de Marcos se repite en Mateo y 88,4 por ciento de Marcos se repite en Lucas. Es más fácil comprender Mateo y Lucas usando a Marcos y eligiendo agregar material adicional que pensar en Marcos como usando a Mateo, Lucas o ambos y decidiendo omitir material como las narrativas del nacimiento y el Sermón de la Montaña. Marcos tiene un griego más simple, que incluye un uso extenso del tiempo presente, redundancias (e.g., Mc. 1:32: "el atardecer después de la puesta del sol"; cf. Mt. 8:16: "cuando vino el atardecer"; Lc. 4:40: "al atardecer") y varios coloquialismos (e.g., la palabra para "tapete" en Mc. 2:4). Sólo Marcos entre los Evangelios usa términos arameos tales como abba (14:36), talitha Koum (5:41) y ephphatha (7:34) aunque Mateo también menciona Eloi, Eloi, lama sabachthani (Mt. 27:46; Mc. 15:34). Es más fácil ver cómo Lucas y Mateo habrían "mejorado" Marcos que a la inversa.

Si aceptamos la prioridad de Marcos, y la dependencia de este de Lucas y Mateo, aún existen secciones de Mateo y Lucas que son bastante similares entre sí. A partir de un análisis de los textos de Mateo y Lucas, parece que estos dos evangelistas no conocían el trabajo del uno u otro. Si uno conocía el trabajo del otro, ¿por qué la divergencia en materiales como las narrativas del nacimiento? Junto con esto, sin embargo, existen similitudes cercanas en otro material: Mateo tiene 4.290 palabras que tienen paralelos en Lucas, pero no en Marcos, y Lucas tiene 3.559 palabras que tienen paralelos en Mateo, pero no en Marcos. La solución parece ser que Mateo y Lucas estaban lidiando con cierto material en común y que cada uno de ellos tenían otros materiales de los que extraían de manera independiente. El material sostenido en común, llamado "Q" (de la palabra alemana Quelle, que significa "fuente"); el material único de Mateo es llamado "M" y el de Lucas, "L". Si Q era un documento se desconoce, aunque es más probable que fuese una colección de fuentes, como es el caso de M y L.

Muchos académicos argumentan que Q era una fuente escrita más que oral, en base a los paralelos exactos de palabras en el texto griego (e.g., Mt. 6:24 y Lucas 16:13, donde 27 de las 28 palabras son exactamente las mismas). La presencia de dobletes (relatos dobles del mismo incidente) en Mateo y Lucas puede demostrar dependencia de los evangelistas respectivos tanto de una fuente de Marcos y Q (e.g., Lc. 8:16; cf. Mc. 4:21; Lc. 11:33; cf. Mt. 5:15). Algunos académicos han intentado explicar las fuentes geográficamente: el material de Marcos se originó en Roma, el material de Q en Antioquía, M en Jerusalén y L en Cesarea, pero tales especulaciones distan mucho de ser probadas.

Resumen

Dentro de todo, en la búsqueda de comprender la armonía de los Evangelios, es importante estar conscientes de lo que sabemos. Muchas de las soluciones se enfocan en una historia detrás del texto a la cual no tenemos acceso. Críticos literarios modernos han tendido a enfocarse más en el texto mismo que en su prehistoria. Existe mérito en esto porque afirma la prioridad del texto y le permite al lector comprender cómo funciona parte del texto dentro de una unidad literaria mayor. También le permite a los evangelistas ser más que recolectores de fuentes, para haber escrito distintos relatos teológicos. Sus distintos énfasis pueden explicar algunas de las diferencias entre los Evangelios. Su enfoque, sin embargo, también tiene sus peligros. Aquellos que se enfocan en el texto por sobre su intención original distancian el texto del propósito del autor y, por lo tanto, abren la puerta a interpretaciones subjetivas que niegan la diferencia entre una lectura correcta e incorrecta del texto. También levanta el peligro de leer un texto antiguo a través de ojos modernos, perdiendo de vista el contexto original.

La historia ha sido bien servida por cuatro tradiciones evangélicas. El hecho que la estima del texto haya detenido la sobre armonización ha sido un gran beneficio, ya que los lectores del Evangelio pueden apreciar varios matices y énfasis entre los diferentes relatos del ministerio de Jesús.

ARNÁN Un descendiente de Hananías mencionado en la genealogía en 1 Crónicas que registra el descenso postexílico de la línea de David (1 Cr. 3:21).

ARNÍ Un antepasado de Jesús mencionado en algunos manuscritos de Lc. 3:33, pero se cree que es el mismo descendiente de Esrom, como Ram (1 Cr. 2: 9-10; Rt 4:19) y Aram (Mt. 1: 4).

ARNON El cauce y la garganta que desembocan en el lado este del Mar Muerto, frente a Ein Guedi. Formó el límite norte de Moab (Nm. 22:36; Jue. 11:18) y el límite sur del reino de Sehón el amorreo (Dt. 2:24, 36). Su primera mención en el Antiguo Testamento es como un campamento de los israelitas migratorios (Nm. 21:13-36). Los israelitas capturaron todo el territorio de la Transjordania al norte del río Arnon (Dt. 3: 8-17, 4:48, Jos. 12: 1-2). Esto fue dado como herencia por Moisés a las tribus de Rubén y Gad y a la media tribu de Manasés (Jos. 13:8-33). En los días de Jefté, el rey amonita intentó sin éxito recuperar el territorio desde Arnon hasta los ríos Jaboc (Jue. 11). Durante el reinado de Jehú, el rey sirio Hazael capturó de Israel el territorio de Transjordania hasta el sur de la garganta de Arnon (2 R. 10: 32-33). También se menciona en la poesía profética en relación con Moab (Is. 16: 2; Jer. 48:20).

AROD El sexto hijo de Gad y fundador de los Aroditas (Nm. 26:17). Se le llama "Arodi" en la genealogía paralela de Gn. 46:16. A pesar de las diferentes grafías, no hay duda de que las dos genealogías enumeran a la misma persona.

AROER **(1)** Un asentamiento en el borde norte de una profunda garganta a lo largo del río Arnon (el moderno Wadi Mujib en Jordania), al este del Mar Muerto. Debido a que la garganta sirvió como una frontera natural para los territorios circundantes, Aroer era una fortaleza estratégicamente atractiva. El sitio antiguo ha sido identificado con Khirbet 'Ara'ir, y las excavaciones han descubierto una fortaleza de la Edad del Bronce Final (1300-1200 a.C.), con evidencia de construcciones rudimentarias anteriores. Aroer fue controlado por Sehón el amorreo hasta que Moisés lo derrotó (Dt. 2:36; 4:48; Jos. 12:2) e incorporó el asentamiento dentro del territorio de Rubén (Dt. 3:12; Jos. 13: 9, 16), aunque Gad estuvo involucrado en la reconstrucción (Nm. 32:34). Más tarde, el asentamiento probablemente marcó el punto de partida para el censo de David (2 Sam. 24: 5). La Piedra Moabita (línea 26) informa que Mesa, rey de Moab, reconstruyó Aroer después de conquistarla (940 a.C.). Más tarde, Hazael de Siria ganó el dominio sobre Transjordania hasta Aroer en el sur (2 R. 10:33, compárese con Is. 17: 2). Para la época de Jeremías, Aroer había quedado bajo el control de Moab (Jer. 48:19). **(2)** Una ciudad en Transjordania cerca de Rabá (Amán actual). Este Aroer, parte del territorio de Gad, limitaba con la tierra de los amonitas (Jos. 13:25; compárese con Jue. 11:33). **(3)** Una ciudad ubicada a veintidós kilómetros al sureste de Beerseba, en el Neguev, donde David distribuyó el botín de su encuentro con los amalecitas (1 Sam. 30:28, compárese con 1 Cr. 11:44). Las excavaciones en el 'Ar'arah moderno todavía no han confirmado su identificación con la ciudad antigua, ya que los primeros restos datan del siglo VII a.C.

AROS *Véase* Joyas, Joyería.

ARPAD La capital de Bit Agusi, en el norte de Siria, identificada con la moderna Tell Erfad, a unos veinticinco kilómetros al norte de Alepo. Fue conquistado dos veces por los asirios, una vez en 740 a.C. por Tiglatpileser III y nuevamente en 720 a.C .por Sargón II. Los asirios se burlaron de Israel con la destrucción de esta ciudad como prueba de que su Dios no pudo detener el avance asirio (2 R. 18:34; 19:13; Is. 10:9; 36:19; 37:13). Jeremías menciona a Arpad en una profecía contra Damasco en Siria (49:23). Arpad se escribe "Arfad" en Is. 36:19; 37:13.

ARPHAXAD *Véase* Arfaxad.

ARPILLERA Hecha de pelo de cabra o de camello, un material con el que se hacían sacos para el grano y ropas, por lo general, usadas para expresar pesar o arrepentimiento (Gn. 37:34; 2 Sm. 3:31). Ocasionalmente, la arpillera era usada para expresar protesta social (Est. 4:1; Dn. 9:3). Generalmente era negra o de color oscuro (Ap. 6:12), de textura áspera, y usado apegado al cuerpo, incluso pegado a la piel en casos extremos (1 R. 21:27); 2 R. 6:30; Job 16:15).

ARPÓN Encontrado sólo en Job 41:7, "arpón" se refiere a la punta o lanza que perfora la piel del poderoso Leviatán (tal vez un cocodrilo o criatura mítica). El término "arpones" es paralelo a "lanzas de pesca" en la segunda parte del versículo.

ARQUELAO El hijo de Herodes el Grande que, después de la muerte de su padre y con el permiso del emperador romano Augusto, gobernó sobre Judea, Samaria e Idumea (Edom) del 4 a.C. al 6 d.C. Arquelao se menciona una vez en el Nuevo Testamento (Mt. 2:22). José, advertido por un ángel del Señor, había llevado a Jesús y María a Egipto para escapar de las intenciones asesinas de Herodes el Grande. Después de la muerte de Herodes, le dijeron a José que regresara a Israel, pero al llegar descubrió que Arquelao ahora gobernaba Judea. Temeroso de él y advertido en un sueño, se estableció en Nazaret, en el distrito de Galilea, un área gobernada por otro de los hijos de Herodes, Antipas. La razón de la aprehensión de José no se explica, pero concuerda con lo que se sabe de Arquelao de los incidentes registrados por el historiador judío Josefo. Arquelao había colocado un águila romana que era ofensiva sobre la puerta del templo. Dos rabinos judíos, Judas y Matías, instaron a sus discípulos a derribar este símbolo idólatra y fueron ejecutados. En una fiesta de la Pascua estalló una insurrección, pero en las represalias que siguieron muchos peregrinos inocentes estaban entre los tres mil que fueron ejecutados. Arquelao había heredado la crueldad de su padre, y ningún judío estaba a salvo en su territorio. Al final, fue removido por los romanos por incompetencia, y sus territorios fueron puestos bajo el gobierno directo de Roma. Esto explica por qué la provincia de Judea fue gobernada por los procuradores romanos durante el ministerio público de Jesús.

ARQUEOLOGÍA Y ESTUDIOS BÍBLICOS La arqueología es el estudio científico de los restos materiales de la vida y las actividades humanas pasadas. También se puede describir como el procedimiento mediante el cual se recupera, identifican e interpretan artefactos antiguos. La arqueología trata tanto de los períodos prehistóricos como históricos y abarca tanto descubrimientos escritos (epigráficos) como no escritos (artefactos). Aunque los restos literarios (inscripciones, ostracas [tiestos], sellos) suelen ser objeto de otras disciplinas, la investigación arqueológica suele ser responsable de su descubrimiento. Sin arqueología, gran parte de la evidencia escrita disponible habría permanecido enterrada para siempre en el suelo. Los materiales no escritos incluyen todo lo que hacen los humanos, como fortificaciones, cerámica, herramientas, joyas y armas.

La arqueología bíblica se enfoca más estrechamente en los restos materiales de Israel y sus países vecinos que se relacionan con el período y la narración bíblica. Por ejemplo, textos antiguos recuperados de sitios como Mari, Ugarit, Ebla y Amarna arrojan una valiosa luz sobre el registro bíblico y sobre la historia y la religión del antiguo Cercano Oriente. La arqueología bíblica se puede entender como el proceso de correlacionar la evidencia arqueológica con el registro bíblico. La arqueología y la Biblia están estrechamente relacionadas porque se informan entre sí. Por lo tanto, a pesar de que la arqueología y los estudios bíblicos son disciplinas independientes, ciertamente están interrelacionadas.

La historia de la Arqueología Bíblica

Para entender mejor el significado de la arqueología bíblica, es necesario rastrear brevemente su historia. Antes del 1800 se sabía poco sobre los antecedentes de la Biblia, a pesar de su papel central en la religión y la cultura del mundo, porque la Biblia era la principal fuente de acceso a la historia del antiguo Israel y sus vecinos. Había pocas fuentes a las cuales los historiadores de las Escrituras podrían apelar además de las escrituras apócrifas y las obras de Josefo, porque los primeros historiadores griegos (Herodoto y Tucídides) tenían un valor limitado, dado su interés en los "actores principales" de la historia.

El descubrimiento de la Piedra de Rosetta (fechado en 196 a.C.) en 1799 y su descifrado en 1822 por J. F. Champollion abrieron ampliamente las puertas a la historia del antiguo Egipto. Veinticinco años después, por el desciframiento de la escritura cuneiforme acadio por Henry Rawlinson (1846), el mundo tenía la clave para leer e interpretar miles de tablas y textos monumentales de la antigua Babilonia, Asiria e incluso de la tierra de los hititas. Estos dos desarrollos principales permitieron que las voces del mundo antiguo de la Biblia hablaran una vez más y alentaron a los historiadores a mirar la Biblia respaldada por los datos de antecedentes provenientes del resto del antiguo Cercano Oriente. Como resultado de estos desarrollos, se encendió

La piedra Rosetta

A

un nuevo interés en las antiguas culturas de Oriente Próximo y los restos materiales (realia) que dejaron atrás, junto con un renovado interés en el establecimiento del texto bíblico.

Excavaciones iniciales de sitios bíblicos. Los comienzos de la exploración científica de Palestina se remontan a 1838 cuando el estadounidense Edward Robinson (geógrafo y explorador) ayudado por el arabista Eli Smith realizaron un viaje histórico a Tierra Santa y logró identificar más de cien sitios bíblicos, sentando las bases para la arqueología bíblica y geografía. Esto llevó al establecimiento del Fondo Británico de Exploración de Palestina en 1865 con el propósito de explorar Palestina sistemática y científicamente, y a varios de los reconocimientos geográficos de Palestina occidental y Transjordania.

El comienzo de grandes excavaciones de sitios bíblicos no se quedó atrás, y en 1890 William M. F. Petrie (un renombrado egiptólogo) inició lo que se considera ampliamente como la primera excavación arqueológica moderna en Tierra Santa. Excavó Tell el-Hesi (identificación aún incierta) en el norte del Néguev, y su trabajo subyace a la investigación arqueológica en Tierra Santa hasta el día de hoy. Más específicamente, Petrie sentó las bases de la arqueología moderna mediante su aplicación de la estratigrafía y la tipología cerámica.

La estratigrafía es la técnica de cavar un tell (un montículo en forma de cono que contiene los restos de la ocupación humana sucesiva durante un largo período de tiempo) capa por capa, mientras que cuidadosamente separa y registra el contenido de cada capa ocupacional. Esta técnica intenta desenredar estas capas en el orden inverso (las capas de ocupación más antiguas están siempre debajo de las capas más nuevas) de su deposición y reconstruir el historial de un sitio período por período.

La tipología es la técnica de clasificación de artefactos en función de sus características externas (forma, cerámica y decoración). La cerámica se considera una herramienta precisa para fechar las capas ocupacionales de un tell, y la tipología de cerámica es el arte de registrar cambios en los estilos de cerámica locales. Al analizar la cerámica que se encuentra en capas sucesivas en Hesi, Petrie pudo construir un marco cronológico relativo para Palestina. Para llegar a una cronología más absoluta, los investigadores de Palestina generalmente necesitan (especialmente en los períodos anteriores) correlacionar sus hallazgos con estilos similares de áreas vecinas, como Egipto y Mesopotamia, donde hay registros escritos disponibles y fechas astronómicamente fijadas.

Antes de la Primera Guerra Mundial, la primera y única excavación estadounidense en Palestina que merece mención es la de George A. Reisner y el arquitecto Clarence S. Fisher entre 1908 y 1910 en Sebastia (Samaria bíblica). Por lo general, se considera que el resto se asemeja a la "búsqueda del tesoro". Mediante el uso sistemático de excavaciones y grabaciones en Palestina, el método Reisner-Fisher, mucho más completo y meticuloso que Petrie, mejoró enormemente la arqueología palestina.

La primera edad de oro. La "edad de oro" de la excavación estadounidense en Palestina siguió algunas décadas más tarde, después de la Primera Guerra Mundial en los años 1920 y 1930. Numerosas y bien financiadas excavaciones arqueológicas comenzaron en los siguientes sitios bíblicos: Ai, Betel, Bet-seán, Bet-semes, Bet-zur, Debir, Gabaa, Jericó, Mizpa, Samaria, Siquem y otros. Todas estas excavaciones, sin embargo, quedaron eclipsadas por el trabajo del orientalista W. F. Albright en Tell Beit Mirsim (identidad aún en disputa, pero quizás Debir).

Fue Albright y los de la escuela estadounidense en Jerusalén (ahora el Instituto Albright de Arqueología) quienes dominaron la escena en estos años formativos. Albright refinó la metodología de Petrie e integró muy bien la arqueología, la investigación bíblica y los estudios antiguos del Cercano Oriente, estableciendo así la arqueología bíblica (y palestina) como una disciplina en sí misma. También imaginó una "revolución arqueológica" que abriría las tierras, los pueblos y los sitios perdidos del antiguo Cercano Oriente para que la Biblia se entendiera mejor y también ganara credibilidad. Ciertamente estaba reaccionando contra el espíritu de su tiempo, cuando los debates estériles de crítica textual y literaria (especialmente de la variedad escéptica) prevalecieron tanto en el liberalismo europeo como en el estadounidense, y esto parece haber llevado a algunos a creer que la función principal de la arqueología era "probar que la Biblia era verdadera".

La segunda edad de oro. Se considera que una segunda "edad de oro" de la arqueología bíblica llegó después de la Segunda Guerra Mundial cuando varios equipos extranjeros trabajaron en todo el Medio Oriente en cooperación con los arqueólogos locales, una tendencia que continúa en la actualidad. La arqueología de Palestina avanzó rápidamente, con mejoras significativas en las técnicas de excavación y grabación. La mayor influencia en el método arqueológico en este momento pertenece a Kathleen Kenyon (excavadora inglesa de Jericó [Tell es-Sultan]), cuyo método estratigráfico (conocido como el método Wheeler-Kenyon) es utilizado incluso hoy en día por los excavadores, con modificaciones. Otros arqueólogos importantes que contribuyeron significativamente al movimiento de arqueología bíblica son Yigael Yadin. De Israel; y G. E. Wright, de los Estados Unidos.

Durante el apogeo de su prominencia y promesa, la arqueología bíblica se convirtió en un componente importante para el movimiento de teología bíblica y también para la apologética cristiana (especialmente como lo representa Joseph Free, de Wheaton College). De hecho, uno de los más grandes teólogos en el movimiento de teología bíblica, G. E. Wright, también fue alumno de Albright. Dirigió una gran excavación en Tell Balat (el Siquem bíblico), siguiendo el método de Wheeler-Kenyon y enfatizando la cronología de la cerámica en la tradición de la escuela Albright. Más importante aún, Siquem fue un campo de entrenamiento para muchos arqueólogos estadounidenses, donde Wright creó una nueva escuela de arqueología de campo.

La nueva arqueología. En la década de 1960, bajo la influencia de las ciencias sociales y naturales, la "nueva arqueología" que se desarrolló tendió a centrarse en el estudio integral de los seres humanos como especies (y no en cuestiones históricas). William G. Dever (estudiante y seguidor de G.E. Wright en el importante proyecto Tel Gézer) argumentó enérgicamente y con éxito por la "liberación" de la arqueología del Cercano Oriente de los estudios bíblicos y prefirió el término (prevalente hoy en la mayoría de las escuelas estadounidenses) "Arqueología siro-palestina". Hoy, con muy pocas excepciones (por ejemplo, la Universidad de Harvard), la mayoría de las universidades estadounidenses ofrecen clases en arqueología de Siria-Palestina (este fue aparentemente el antiguo término alternativo de Albright para la arqueología bíblica), no en arqueología bíblica. El nombre de la popular revista Biblical Archaeologist también fue cambiado a Ancient Near Eastern Archaeology, a pesar de las protestas de muchos de sus lectores.

La nueva arqueología comenzó con haberse dado cuenta en la década de 1960 de que muchos datos de importancia potencial se habían pasado por alto, y tal vez incluso descartado pruebas vitales. Surgieron nuevas preguntas y métodos desarrollados a partir de la frustración de que las preguntas antiguas no hayan sido respondidas satisfactoriamente. Los horizontes temporales y geográficos de la nueva arqueología se ampliaron para incluir el período Paleolítico (hacia el año 100.000 a.C.) hasta la era otomana (1922 d.C.), y ahora se presta atención a los períodos desatendidos del judaísmo y el cristianismo primitivo.

Más importante aún, la composición del personal de excavación se amplió considerablemente para incluir un cuerpo mucho más grande de científicos para ayudar a responder las nuevas preguntas planteadas. Hoy en día, los arqueólogos de campo (además de historiadores, lingüistas y expertos en cerámica) cuentan con el apoyo de geólogos, antropólogos, paleoetnobotánicos, zoólogos, climatólogos, hidrólogos, etnógrafos y, más recientemente, estadísticos y expertos en informática. Está claro que la nueva arqueología se realiza de una manera muy interdisciplinaria.

Las excavaciones Tell Hesban y Khirbat en-Nahas (ambas en Jordania) son buenos modelos de este tipo de investigación interdisciplinaria. Los huesos, las semillas y otros materiales orgánicos ahora se guardan y registran cuidadosamente para abordar cuestiones relacionadas con las estrategias económicas, la diferenciación social, la dieta, las enfermedades y demás. Se toman muestras de suelo y polen, se llevan a cabo extensas encuestas regionales y ambientales, y se presentan muestras de cultivos de materiales y artefactos para un análisis sofisticado. Es irónico (según Dever) que esta arqueología nueva y "secular", mientras demanda una mayor autonomía de la Biblia, prometa contribuir aún más a los estudios bíblicos a medida que crece en precisión y sofisticación.

La nueva arqueología y la arqueología siropalestina de hoy tienen ventajas y desventajas. Tienen las ventajas del personal que está mejor equipado y capacitado, así como de voluntarios educados que generalmente tienen un interés genuino en su trabajo. Más importante aún, sus conclusiones tienen la ventaja de estar basadas en datos que se obtienen y analizan más científicamente. Muchas de las excavaciones ejecutan escuelas de campo inspiradas en las del proyecto Gezer (1964-1973), que entrenó a cientos de estudiantes voluntarios. Todo esto es bueno y útil tanto para los participantes como para sus proyectos, pero han llevado a aumentos significativos en los costos de una excavación. Por lo tanto, se estima que una temporada típica de seis semanas cuesta ahora más de cien mil dólares. Dado que la nueva arqueología ha llevado a una "secularización" de la arqueología bíblica y las iglesias y seminarios han dejado de patrocinar gradualmente estos proyectos, los fondos han tenido que provenir cada vez más de fuentes de apoyo federales y públicas. La National Endowment for the Humanities (y los donantes privados más adelante) se convirtió en la principal fuente de fondos en la década de 1970.

Enfoques de la Biblia en Arqueología Moderna

No hay duda de que la nueva arqueología ha introducido muchas mejoras científicas útiles en el campo. (Por supuesto, estas mejoras científicas fueron adoptadas tanto por arqueólogos siro-palestinos como bíblicos en la década de 1970, y la distinción entre estos dos grupos se ha vuelto en gran parte imaginaria.) Al mismo tiempo, sin embargo, ha traído nuevos sesgos en contra del texto bíblico. La Biblia, en opinión de Dever, nunca tuvo la intención de ser un documento histórico y debe considerarse con "considerable sospecha" para reconstruir la historia del antiguo Cercano Oriente. Otros arqueólogos en el campo (y también historiadores) tienen una actitud aún más negativa hacia la Biblia. Sin embargo, debe enfatizarse que todos (o al menos la mayoría) están de acuerdo en que la Biblia tiene su papel en la arqueología de Siria-Palestina. La pregunta tiene que ver con cómo debería usarse la Biblia.

Enfoques maximalistas y minimalistas. Las dos escuelas de pensamiento que parecen ser las más ruidosas en el debate entre los arqueólogos bíblicos y/o siro-palestinos suelen ser etiquetadas como "maximalistas" y "minimalistas". (A estos, Kenneth A. Kitchen agrega la etiqueta "factualista". Según Kitchen, la agenda de un "objetivista" no es ni para probar ni

Una excavación arqueológica en proceso.

para refutar ninguna teoría concerniente a la historia temprana de Israel, sino simplemente para examinar los hechos y dejar que los datos hablen por sí mismos).

La escuela maximalista tiene una fuerte visión de la confiabilidad histórica de las Escrituras y enfatiza la sinergia entre la arqueología y los estudios bíblicos. Otros consideran que esto es un enfoque ingenuo de las Escrituras y una aceptación acrítica de la información que trata de comunicar. Los maximalistas siguen la erudición de W. F. Albright y su alumno John Bright, y suponen que el Antiguo Testamento habla de realidades históricas. Al tratar de reconstruir la historia del antiguo Israel, se refieren fácilmente y con confianza al registro bíblico como una fuente válida y significativa para su investigación. También confían en que, cuando estén todos los datos, una historia bíblica de Israel (con la ayuda de la arqueología) mostrará una estrecha correspondencia con la historia real de Israel.

La escuela minimalista generalmente es escéptica con respecto a la fiabilidad histórica del texto bíblico. Muchos defensores de este enfoque argumentan que el Antiguo Testamento fue escrito principalmente durante el período helenístico (ciertamente es post-exílico), siglos después de los eventos que dice describir. Una comunidad alrededor de Jerusalén creó las tradiciones que se encuentran en la Biblia con el fin de dar cuenta de sí mismos y sus nociones y prácticas religiosas distintivas. De acuerdo con este enfoque, cualquier relación entre la Biblia y el registro arqueológico es sospechosa a priori. Cuando hay tensiones entre registros bíblicos y extra-bíblicos (incluida la arqueología), los registros extra-bíblicos deben preferirse como evidencia, y las contradicciones suelen enfatizarse para socavar la fiabilidad de la Biblia como fuente histórica.

El movimiento minimalista se ha desarrollado gradualmente. Aunque hace un siglo hubo muchos que cuestionaron la historicidad de los primeros capítulos del Génesis, la mayoría aceptó la historicidad esencial de los patriarcas, el éxodo de Egipto bajo Moisés, la conquista de Canaán por Josué, la historicidad de David y Salomón, y el resto de la narrativa del Antiguo Testamento. Durante los últimos cuarenta años, sin embargo, se han expresado serias dudas sobre todos estos eventos.

La postura de los minimalistas condujo a controversias peculiares (y raramente resueltas) sobre cuestiones como la legitimidad de leer "la casa de David" en la inscripción de Tel Dan (descubierta en 1993), la inscripción del Túnel Siloam (que se superpone con 2 Cr. 32 y tradicionalmente se le atribuye a Ezequías), la misma existencia de Jerusalén durante los días de David y Salomón, e incluso la existencia de estos dos reyes.

Un nuevo enfoque. ¿Hay alguna manera de ir más allá del estado actual del debate? Algunos creen que hay esperanza al usar un nuevo enfoque de la arqueología bíblica, que sigue los pasos de Lawrence Stager y Philip King (*véase* su libro La vida en Israel bíblico [Life in Biblical Israel]). Este enfoque no intenta reconstruir la historia o simplemente iluminar la Biblia; más bien, busca entrar en el mundo de los antiguos para adquirir una comprensión más completa de la sociedad israelita y su registro literario a través del uso combinado de artefactos, sociología y etnografía.

Los datos textuales y arqueológicos se incorporan a un discurso histórico al "seleccionarlos e interpretarlos a través de la problemática de la historia social". Así, la arqueología bíblica en el sentido más antiguo está regresando al escuchar las obras integradoras del siglo XIX, pero con grandes cantidades de datos nuevos. Esta "nueva arqueología bíblica" no debe ser impulsada por propósitos apologéticos y no debe apuntar a "probar la verdad de la Biblia". Debería tener objetivos más modestos y realistas, teniendo en cuenta las limitaciones de la arqueología (*ver abajo*).

Los arqueólogos evangélicos, confiados en la verdad de la Biblia (que puede sostenerse por sí misma a pesar de sus muchos ataques internos y externos), deben tener como objetivo la comprensión del mundo bíblico en su entorno geográfico, cultural e histórico. Deben usar la arqueología y la lingüística para correlacionar textos bíblicos y artefactos antiguos con el trasfondo del contexto histórico y geográfico.

A

Cuando se plantean cuestiones históricas, la evidencia acumulada debería conducir a la probabilidad y posibilidad en lugar de una búsqueda defensiva de la prueba final. Este intento de seguir la probabilidad histórica vis-à-vis de la Biblia es diferente de establecer a priori una agenda defensiva que prueba la Biblia.

Este nuevo enfoque no hará que las Escrituras digan más que una evaluación juiciosa de la evidencia (un problema que afecta a algunos intérpretes conservadores), pero tampoco arrojará un escepticismo indebido sobre el valor histórico de las Escrituras (el problema de los minimalistas). Se esfuerza por prestar mucha atención tanto a la naturaleza literaria como a las intenciones del texto bíblico y a la naturaleza fragmentaria del registro arqueológico.

Estos nuevos arqueólogos bíblicos no parten de nuevo para "probar la Biblia". En su lugar, buscan ubicar los textos del Antiguo Testamento en sus contextos históricos y culturales y demostrar cómo la conciencia del mundo extra bíblico puede abrir nuevas puertas a la Biblia. Sus objetivos son más modestos, no debido a una visión menor de las Escrituras, sino más bien debido a una comprensión más clara de las limitaciones y la naturaleza fragmentaria de la arqueología a pesar de su considerable refinamiento en las últimas décadas.

Limitaciones de la Arqueología

La arqueología tiene limitaciones debido a la gran cantidad de tiempo y área que debe cubrirse y debido a los peligros de la preservación. Los objetos de madera, marroquinería, cestería, papiro y tela raramente sobreviven, y los metales (especialmente los metales preciosos) eran reciclados con frecuencia. También es importante darse cuenta de que ningún sitio bíblico ha sido excavado por completo, y la mayoría de las excavaciones tienden a prestar más atención a los edificios principales (ciudadelas, templos, palacios) que a los hogares de la población en general.

Sólo en los últimos años se han habilitado métodos precisos de estratificación y registro de comparaciones entre sitios, y la confiabilidad de algunas excavaciones fundacionales en Tierra Santa es justamente cuestionada por los hallazgos de excavaciones más recientes (p. Ej., Megiddo, Gezer y Hazor están siendo re-excavados en parte para aclarar y responder preguntas planteadas por excavaciones y debates previos). Esto es comprensible porque la mayoría de las excavaciones fundacionales en Tierra Santa no tuvieron acceso a los métodos precisos de estratificación, registro y análisis científicos disponibles en la actualidad. Muchos artefactos útiles y especialmente objetos orgánicos fueron descartados rutinariamente en las excavaciones anteriores.

En general, es más probable que los niveles anteriores de un sitio hayan sido perturbados por las actividades de períodos posteriores, y era muy común que los edificios antiguos (e incluso inscripciones monumentales) fueran desmantelados y los bloques (de piedra) reutilizados para edificios posteriores o incluso caminos. Los objetos que los arqueólogos descubren sobreviven y con mayor frecuencia se encuentran por accidente. En consecuencia, dadas las limitaciones y dificultades de la arqueología (especialmente la forma en que se hizo en la primera parte del siglo XX), uno debe tener expectativas más modestas y realistas sobre lo que la arqueología puede recuperar, y darse cuenta de que cuanto más se avance en el tiempo, la información menos arqueológica puede estar disponible para su comparación y análisis útil. Agréguese a esto que algunos de los personajes centrales de la Biblia (por ejemplo, Abrahán, Moisés, la mayoría de los jueces, Esdras) no fueron personajes importantes en el mundo de su tiempo, y que algunos sitios importantes nunca se han excavado (por ejemplo, Damasco, Hebrón), y queda claro que hay razones considerables para tener expectativas más realistas y modestas sobre lo que la arqueología puede lograr.

También se debe tener en cuenta el papel y la posibilidad de interpretar con exactitud los restos arqueológicos, especialmente dado que hay casos bien documentados en los que la interpretación de lo excavado ha resultado ser falsa (por ejemplo, la "Placa de Astarot Degenerada" de R.A.S. Macalister de Gézer). Cualquiera que haya participado alguna vez en una excavación arqueológica dirigida por un grupo de expertos en el campo puede recordar los debates que tuvieron lugar entre estos expertos, no solo sobre la datación de varias piezas de cerámica, sino incluso sobre el papel y la datación de piezas bien definidas y arquitectura monumental visible. Si bien esto es comprensible y deseable, y muchas veces conduce al refinamiento y correcciones de suposiciones iniciales injustificadas, el proceso muestra la dificultad inherente a la interpretación de los restos fragmentarios de una civilización muerta muy, alejada de nuestros tiempos y entornos.

Material Restos y Fuentes Escritas

Es un hecho indiscutible que la arqueología no pueda proporcionar la base para la historia. Los restos materiales pueden revelar los cambios climáticos y su impacto, las secuencias de las culturas humanas y sus productos, las huellas de la destrucción y la deserción, los cambios en las técnicas de construcción y el arte. Sin embargo, las personas involucradas permanecen en el anonimato, sus pensamientos, motivos y fe en misterio, y los eventos específicos de su época son en gran parte desconocidos (por ejemplo, la destrucción por fuego de Laquis II no pudo haber sido fechada y relatada sin el informe bíblico en Jer. 34:7). Son los documentos escritos (muchas veces recuperados a través de la arqueología) los que pueden revelar los nombres de reyes y reinos, sus fechas y hechos, y los frutos de su pensamiento en la literatura. Es el testimonio de estos textos, correctamente evaluados, los que pueden agregar la "carne y las características" a los "huesos" que descubre la arqueología (Allan Millard).

Por otro lado, los restos materiales de la vida (cerámica, joyas, herramientas, armas, objetos de culto, arquitectura, etc.) recuperados a través de la arqueología pueden dar color a las referencias textuales. Sin embargo, las fuentes escritas son esenciales y proporcionan la información más valiosa para recuperar la historia y la fe de cualquier nación antigua. Es deber del erudito y arqueólogo bíblico interpretar correctamente los datos disponibles de Siria-Palestina y llegar a explicaciones plausibles sobre el mundo bíblico. La combinación de textos (bíblicos y extra-bíblicos), cultura material (arqueología), geografía e historia tiene una promesa considerable de ayudar a los estudiosos a definir mejor el contexto de la Escritura.

No hay duda de que este enfoque de la arqueología tiene un potencial considerable, ya que está generando más material que el que puede abarcar cualquier persona (o incluso una escuela). Como una de las ciencias sociales que cambia más rápidamente hoy en día, tanto en los avances teóricos como en los nuevos datos, la arqueología es y será la fuente de nuevos conocimientos sobre la vida y los tiempos bíblicos. Parece que la "revolución arqueológica" predicha por W. F. Albright está lejos de terminar; probablemente sólo ha comenzado.

La evidencia de esta revolución desde el campo evangélico es visible de diversas maneras. El resto de esta entrada presenta brevemente algunos datos arqueológicos selectivos que ayudan a definir el contexto y que se complementan (dado que los escritores de la Biblia fueron selectivos en sus informes), desafían o confirman la narración de la Biblia. Los datos deberían ayudar al intérprete de la Biblia a cerrar la brecha geográfica, temporal y cultural que conduce al escritor antiguo.

El Período Cananita (Bronce) (3300-1200 a.C.)

Edad Temprana del Bronce. Las ciudades con paredes de adobe comienzan a aparecer en Canaán en la Edad de Bronce I temprana (antes del 3000 a.C.). La evidencia de ocupación en el tercer milenio se encuentra en Bet-yerah, Beit-she'an, Gézer, Jerusalén, Jericó, Arad, Megido y Hai, entre otros. Había una diferencia entre la alfarería del norte (Bet-yerah) y la del sur, mientras que el desarrollo más llamativo era el de la fina cerámica "Khirbet Kerak".

Edad Media del Bronce. Aproximadamente en 2200 a.C. (Edad de Bronce II) llegaron personas nómadas distintivas identificadas con los amorreos de la Biblia (Nm. 13:29; Jos. 5: 1; 10: 6). Tenían costumbres funerarias distintivas, cerámica y armas que muestran conexión con las ciudades estado de Siria. Es muy probable que sus reyes incluyeran a los "gobernantes extranjeros" asiáticos (hicsos) que conquistaron Egipto en el siglo XVIII a.C. Este fue un tiempo de riqueza y guerra frecuente entre ciudades. Parece que la Edad del Bronce Medio fue una época en que los grupos semi nómades (incluido un grupo llamado "Habiru", que también se encuentran en la Edad del Bronce Final) se infiltraron en la tierra entre las ciudades defendidas. Es posible que los patriarcas estuvieran entre estos Habiru, quienes se infiltraron principalmente en la región montañosa y el Néguev. De hecho, es demostrable a partir de una comparación con los textos del siglo XVIII a.C. de Mari (en el río Éufrates) que las tradiciones pastorales del Génesis se ajustan mucho mejor al contexto del segundo milenio a.C. que los períodos posteriores.

Las ciudades y casas de la Edad Media del Bronce fueron violentamente destruidas en el siglo XV a.C., muy probablemente por los egipcios, que expulsaron a los hicsos. A pesar del comercio que parece haber continuado con el Mediterráneo oriental (alfarería micénica), las ciudades de la colina de Palestina eran ahora más pobres y menos que las ciudades costeras. Esta situación se refleja claramente en las cartas de Amarna entre los reyes de Canaán y Egipto. Las ciudades más importantes se volvieron a ocupar, pero muchas de ellas fueron destruidas más tarde en el siglo XIII.

Edad de Bronce Tardío. Es en la Edad del Bronce Tardío (aprox.1550-1200 a.C.) que los descubrimientos arqueológicos suelen cuestionar el relato bíblico. Incluso si uno acepta la interpretación razonable de que Josué quemó solo tres ciudades (Jericó, Hai, Jasor) en su campaña (*véase* Jos. 6:24; 8:28; 11:13), la evidencia de la destrucción tanto de Jericó como de Hai es muy cuestionable. Por lo tanto, aunque se cree ampliamente que Jericó fue abandonado alrededor del año 1325 a.C., las paredes caídas que alguna vez se pensó que pertenecían a este período fueron fechadas mucho antes por Kathleen Kenyon (Bronce Antiguo). La evidencia de Hai (et-Tell) es aún menos prometedora, a menos que Bryan Wood tenga razón en su identificación de Hai con Khirbet el-Maqatir. Con base en la aparente falta de cambio en la cultura material durante la Edad del Bronce Tardía, los arqueólogos de la corriente principal generalmente clasifican a los israelitas como cananeos disidentes que se mudaron a la región montañosa.

Aunque no se puede demostrar de manera concluyente por la arqueología que los israelitas no eran cananeos sino que vinieron a Canaán desde el exterior, la interpretación dominante tiene serios problemas propios. Claramente había un nuevo patrón de agricultura simple en las colinas, caracterizado por casas de cuatro habitaciones cuyos habitantes usaban muchos frascos de bordes con collar, y hay una ausencia casi completa de huesos de cerdo (que usualmente se encuentran en las ciudades cananeas) en los sitios de las montañas. Más importante aún, hay una fuerte evidencia de que los israelitas estaban adorando a su propio Dios nacional (YHWH) en el siglo IX a.C., en agudo contraste con la religión politeísta de Canaán (como lo ilumina la cultura en el vecino Ugarit). Los nombres personales de los individuos en los siglos VIII y VII a.C. son casi exclusivamente yahvistas.

Otro cambio muy significativo es el abandono de los santuarios en las ciudades de la Edad del Bronce Tardía. No se puede identificar un solo sitio en el que la adoración continuó desde la Edad del Bronce Tardía hasta la Edad del Hierro (parece que hacia el 1000 a.C. los cananeos desaparecieron como una entidad en el área ocupada por Israel). Es muy poco probable que los cananeos que se mudaron de las ciudades a los sitios montañosos hubieran abandonado sus divinidades (cuya necesidad debieron haber sentido en gran medida al enfrentar las incertidumbres del desierto), y es aún más improbable que las personas que vinieron de diferentes ciudades con diferentes deidades habrían aceptado casi universalmente una nueva deidad patrona de oscura procedencia. La continuidad en la cultura material de una nación que tomaría las casas y todo el equipo de los cananeos no debería sorprender a la luz de los mandamientos de la Biblia (Dt. 6: 10-11). El aumento casi universal de la adoración del Dios de Israel y la mención de Israel como un grupo de personas en la Estela de Merenptah (aprox. 1208 a.C.) argumentan enérgicamente que los israelitas no eran realmente cananeos.

La Edad Israelita (Hierro) (1200-586 a.C.)

En el siglo XII, el asentamiento filisteo del suroeste de Canaán está atestiguado por un nuevo tipo de alfarería con afinidades micénicas tardías. Este nuevo tipo de cerámica se encontró en toda Filistea, Sefelá, y tan al norte como Joppa. Las ciudades cananeas, ricas y bien construidas, resistieron durante al menos otro siglo (¿Beit She'an, Gézer y Megido?). La evidencia para los israelitas proviene de las pequeñas aldeas a lo largo de la región montañosa y Galilea. Tradicionalmente, como se mencionó anteriormente, son reconocidos por sus casas de cuatro habitaciones, gran cantidad de pozos de almacenamiento para granos, grandes jarras de almacenamiento con llantas de cuello grueso, y la preferencia por terrazas de las laderas para la agricultura.

Arqueológicamente, es muy difícil atribuir la construcción de ciudades a cualquier rey de la monarquía unida (pero *véase* el descubrimiento más reciente a continuación). Saúl tenía una ciudadela en Gabaa (Tell el-Ful), y se le atribuyó la primera fortificación allí. Muestra la adopción de un nuevo sistema de fortificación de muro de casamatas, característico de este período. Paredes similares de casamatas se han encontrado en Siquem, Bet-shemesh y Beit Mirsim (y más tarde incluso en Moab). Una pequeña ciudad en Megido, cuyas casas forman un anillo defensivo alrededor del perímetro del montículo, ha sido atribuida a David.

Aunque 1 Reyes 9:15 informa cómo Salomón construyó Jasor, Megido y Gézer, la datación de las puertas de seis cámaras halladas en todos estos sitios y las paredes relacionadas todavía está siendo debatida. Una excavación mucho más reciente de Khirbat en-Nahas en Jordania ha encontrado producción de cobre a escala industrial en una región y en un momento que se correlaciona bien con la narración sobre Salomón (*véase* 1 R. 7:46).

Otro descubrimiento muy reciente e impresionante proviene de Khirbet Qeiyafa (muy probablemente Saaraim [Jos. 15:36; 1 Sam. 17:52; 1 Cr. 4: 31-32]). Este sitio, ubicado en la parte occidental del alto Sefelá (cerca de Azeca), fue excavado recientemente por Yosef Garfinkel y Saar Ganor, de la Universidad Hebrea de Jerusalén. Sobre la base de cuatro pozos de olivos quemados probados en la Universidad de Oxford, las excavadoras datan de esta ciudad fortificada hasta la época de David. Concluyeron que la construcción masiva de la muralla de la ciudad (que requirió doscientas mil toneladas de piedra) respalda la existencia de una organización política centralizada, un estado, una conclusión que tiene implicaciones de largo alcance para la disputada cronología de la Edad de Hierro II (1000-900 a.C.). También encontraron una inscripción de cinco líneas, lo que indica que la escritura se practicaba en la región. Esta inscripción es importante porque parece ser la inscripción protocananea más larga jamás encontrada, y la inscripción hebrea más antigua conocida hasta la fecha.

El Período Helenístico-Romano (332 a.C. y en adelante)

Herodes el Grande (37-4 a.C.) fue el gobernante ambicioso que llevó a cabo la mayoría de los grandes proyectos de construcción que aún hoy salpican Tierra Santa. En Jerusalén, que aún se está excavando, las enormes murallas que construyó para la plataforma del templo todavía son visibles hoy en día tanto sobre como debajo del suelo. Se han encontrado otras ruinas asociadas con Herodes en Cesarea, Jericó, Herodión (cerca de Belén), Masada y también en Jordania.

Una de las inscripciones más importantes para los estudios de Nuevo Testamento (especialmente los Evangelios) fue encontrada por los excavadores italianos de Cesarea. Estos excavadores encontraron que la inscripción se refiere a Poncio Pilato, prefecto de Judea. Otras inscripciones de Grecia y Turquía están relacionadas con los eventos descritos en las cartas de Hechos y de Pablo. Por lo tanto, en Corinto una inscripción en la puerta ("Sinagoga de los hebreos") puede indicar el lugar donde Pablo predicó

(Hch. 18:4). Las excavaciones allí revelaron un texto que nombraba a Erasmo como un benefactor. Este puede ser el tesorero de la ciudad mencionado en Ro. 16:23. Cerca de las inscripciones de Lystra se registra la dedicación a Zeus de una estatua de Hermes por parte de algunos de Licaonia, y cerca había un altar de piedra para Zeus y Hermes. Esto explica la identificación de Bernabé con Zeus (Júpiter) y Pablo con Hermes (Mercurio) en Hch. 14: 11-12.

A partir de la muestra selectiva de datos presentada aquí, queda claro que el campo de la arqueología ha contribuido considerablemente al contexto y la comprensión del mundo bíblico. Todos los signos y las recientes excavaciones sugieren que hay perspectivas interesantes y continuas en la arqueología (bíblica) más reciente.

ARQUERO Los arqueros fueron importantes para la guerra. Ya en 2370 a.C., el arco compuesto surgió como una adaptación del equipo enemigo. Usualmente estacionados en las paredes de la ciudad (2 Sam. 11:24), los arqueros ganaron más movilidad a través de carros (2 R. 9:24).

En contraste con los patriarcas pastores (por ejemplo, Isaac, Jacob), la línea no elegida es autosuficiente, simbolizada por sus arcos (Ismael [Gn. 21:16], Esaú [27:3]). Excepto por Jonatán (1 Sam. 20:20), la mayoría de los arqueros del Antiguo Testamento eran extranjeros (1 Sam. 31: 3, 1 R. 22:34, 1 Cr. 10: 3, 2 Cr. 35:23), con algunos israelitas (1 Sam. 2: 4, 1 Cr. 8:40).

ARQUILLA DE JUNCOS El término usado en JBS para el "cesto de papiro" (NVI) hermético en el cual la madre de Moisés lo colocó para salvarlo del decreto de Faraón de que todos los bebés varones hebreos sean ahogado en el Nilo (Éx. 2:3).

ARQUIPO Un cristiano a quien Pablo alentó a completar "el ministerio que recibió en el Señor" (Col. 4:17) y lo llamó "compañero de ejército" (Flm. 2). Puesto que es recibido en Filemón inmediatamente después de Filemón y Apia, con frecuencia se lo considera un pariente cercano y un miembro de su familia, tal vez un hijo o un hermano. La relación de Arquipo con Filemón y Apia no se puede verificar de ninguna manera. Pablo lo describió como "compañero soldado", lo que probablemente indica una posición de liderazgo. La naturaleza del ministerio recibido del Señor al que Pablo se refiere en Col. 4:17 no está especificada.

ARQUITECTURA La arquitectura es la tecnología y el arte del diseño y la construcción. La tecnología de la arquitectura incluye una comprensión de los principios matemáticos y de ingeniería; el arte de la arquitectura centra la atención en el interés y la belleza en el diseño. La imaginación creativa del arquitecto está constantemente considerando cómo manejar artísticamente la forma y la función en el proceso de diseño y construcción.

Arquitectura y la Biblia

El término "arquitectura" no aparece en la mayoría de las traducciones de la Biblia en español. Sin embargo, hay evidencia y referencia a la actividad arquitectónica del pueblo de Dios. Además, Israel y la iglesia fueron contextualizados en períodos arquitectónicos significativos (egipcio, asirio, griego y romano), por lo que los principales imperios del período bíblico a menudo

Arqueros de Persia.

influyeron en el diseño y la construcción de ciudades, templos y estructuras a los que se hace referencia en el texto bíblico. La arquitectura ofrece estudios bíblicos para comprender mejor las intenciones históricas de la Biblia. Mediante la investigación arquitectónica se ilumina la historia y el patrimonio de las civilizaciones pasadas. Como resultado, nuestra lectura del texto bíblico mejora.

Cuando investigamos el texto bíblico poniendo atención a la tecnología y al arte de la arquitectura, surgen dos perspectivas. Primero, la arquitectura llama nuestra atención sobre el trasfondo del texto bíblico. En ciertos textos bíblicos aprendemos sobre el diseño y la construcción que tuvieron lugar en Egipto, Asiria y Palestina durante los principales eventos bíblicos. Por ejemplo, los períodos patriarcales y mosaicos ocurrieron durante los tiempos de expansión y desarrollo en las dinastías XVIII a XX de Egipto (es decir, el Nuevo Reino, siglos XVI al XI a.C.). Para estos períodos, obtenemos conocimiento sobre las reubicaciones de capitales junto con las construcciones de templos y pirámides. Aprendemos que durante la conquista, Israel se hizo cargo de las ciudades cananeas existentes de acuerdo con las políticas mosaicas. La arquitectura de Palestina nos permite comprender mejor la forma y la función de estas infraestructuras.

En segundo lugar, la arquitectura llama nuestra atención sobre las implicaciones teológicas de la forma y la función de las estructuras diseñadas por Dios. De acuerdo con el alcance de la arquitectura, nos vemos obligados a entender que lo que Dios diseñó para los altares, el arca, el tabernáculo y los templos del pasado y del futuro incluía más que sólo los requisitos funcionales del sistema religioso de una nación. El intérprete del texto bíblico debe considerar cómo el diseño de estas estructuras ofrece respuestas y comunica significados. Estas estructuras también son ventanas sobre los aspectos sociales, políticos y económicos de la nación israelita.

Antiguo Testamento

Ciudades y fortificaciones. El registro bíblico hace referencia a estructuras arquitectónicas, materiales y mobiliario. Las ciudades se referencian con frecuencia en todo el canon del Antiguo Testamento. La ciudad es obviamente el contexto para la expresión arquitectónica. Las ciudades de la Biblia no se describen en detalle. Nos enteramos de que Caín fue un constructor que le puso el nombre de su hijo Enoc a su trabajo. La característica arquitectónica de las ciudades mencionadas con mayor frecuencia son las puertas de la ciudad (Gn. 19:1, 23:10, 18, Dt. 17:5, Jos. 2:5, 7:5, 20:4, Jue. 5:8). Este era un lugar importante para la vida y la actividad de la ciudad (Gn. 23: 1, Prov. 31:31). También hubo actividad siniestra en las puertas de la ciudad. Abner, por ejemplo, fue asesinado en la puerta de la ciudad (2 Sam. 3: 22-30). Además, las ejecuciones por violaciones del pacto se llevaron a cabo en la puerta de la ciudad (Dt. 17: 5). Había más de una puerta de la ciudad, como aprendemos de la actividad de construcción postexílica de Esdras y Nehemías.

Dentro de la ciudad había una torre. La gente de Babel usó ladrillos bien horneados en lugar de piedra y alquitrán para el mortero con el fin de construir la ciudad y la torre que fue diseñada para alcanzar los cielos (Gn. 11: 3-4). Una torre de la ciudad funcionaba como un lugar de refugio para las personas dentro de los límites de la ciudad (Jue. 9: 49-51).

Las ciudades estaban protegidas por un sistema de muros (Lv. 25:29) que también proporcionaba espacio para la vivienda (Jos. 2:15). La conquista de Jericó relata la familiar derrota de esa ciudad por la destrucción muy poco convencional de sus muros (Jos. 6:20). Una plaza es otra característica de la arquitectura de la ciudad (Jue. 19:15-17) que sirvió a las necesidades públicas de la comunidad.

Las descripciones bíblicas de Jerusalén ofrecen una medida de la comprensión de su arquitectura. Durante el proceso de reconstrucción en el período posterior al exilio, Nehemías comenta sobre la construcción y los materiales de construcción (Neh. 2: 8, 13:31, compárese con Esdras 6:4) y la naturaleza espaciosa de la ciudad (Neh. 7:4). Desde otra perspectiva, el salmista comenta: "Jerusalén está construida como una ciudad compactada de cerca" (Sal. 122:3).

A

Más allá de estos detalles textuales, aprendemos a través de las escrituras de los profetas que las ciudades son el sujeto de la ira de Dios por la violación del convenio (Jer. 6: 6; Os. 11: 6; Miq. 5:11). A pesar de esto, la nación de Israel no se queda sin la esperanza de la restauración. Los profetas también anticiparon el regreso de la gente junto con la restauración de la infraestructura de la ciudad (Am. 9:14; Mal. 1:4).

El templo y las estructuras sagradas. Las otras características arquitectónicas a las que hacen referencia los escritores de las Escrituras incluyen los altares, el tabernáculo, la tienda de reunión y el templo. La tienda de campaña y el tabernáculo también fueron equipados con elementos de mobiliario únicos descritos en detalle y elaborados por expertos. Los proyectos de construcción de Salomón se detallan en 1 Reyes 5-7. Salomón, al igual que David, persiguió sus ambiciones arquitectónicas. El libro de Ezequiel brinda amplios detalles arquitectónicos para la construcción de un futuro templo en el cual Dios reinará y gobernará (Ez. 40-48).

El templo y las residencias reales estaban hechos de piedra con techo de cedro. Los edificios de las habitaciones que rodeaban el templo tenían tres pisos de altura. Las paredes interiores y los techos estaban revestidos de cedro para cubrir toda la piedra (1 Re. 6: 1-10). En todos los detalles de la construcción del templo, el texto no detalla el estilo arquitectónico. Quizás los constructores fueron influenciados hasta cierto punto por los estilos de los períodos principales.

¿Cuáles son las implicaciones teológicas relacionadas con la forma y la función de las estructuras sagradas en el material bíblico? La primera es que Dios es el mejor diseñador de la arquitectura de Israel. El trabajo de la firma de Dios ciertamente no es el tabernáculo o el templo salomónico, sino el reino creado. La belleza y las complejidades del mundo creado continúan llamando la atención sobre la belleza e inteligencia de Dios. Como declara el salmista, la creación, que Dios diseñó, es una fuente constante de alabanza (Sal 19).

La habilidad de Dios y su belleza artística como maestro arquitecto se reflejan también en la revelación de sus planes para las estructuras sagradas de Israel a los artesanos de la nación. La habilidad que los artesanos manifestaron en el proceso de construcción también fue un regalo de Dios (Éx. 35:35, 2 Cr. 2:14).

Las estructuras diseñadas por Dios para construcción fueron principalmente para él. Esto es comprensible porque los períodos patriarcales y mosaicos incluyeron largas peregrinaciones en el desierto y la vida en carpas que esto conlleva. Las referencias a hogares y casas en el libro de Levítico no se refieren al diseño y la construcción, sino a la función. El hogar doméstico debe estar libre de moho (Lv. 14: 34-41) y así limpiar de acuerdo con los estándares de la ley. La construcción de los hogares davídicos y salomónicos recibe atención en las Escrituras (2 Sam. 5:11, 7: 1, 1 R. 7: 1-12).

El tabernáculo y el templo eran residencias divinas (Éx. 30: 6, 40:34, 2 Sam. 7: 5, 1 R. 8:11). Por esta razón, el diseño y la función de cada estructura reflejaban el valor glorioso de Dios y le recordaban a la nación su propia inmundicia. Más allá de las estructuras del templo y el tabernáculo, la ciudad de Jerusalén tuvo el privilegio de ser el lugar de descanso del "Nombre" (es decir, la presencia) del Señor (2 Cr. 6: 5-6) y de tener a David como el gobernante elegido (2 Cr. 6:34).

La historia de Israel revela que la sostenibilidad de estas estructuras sagradas estuvo influenciada por factores físicos y espirituales. Dios ocupó las estructuras o se reunió con Israel en estos lugares sagrados mientras Israel se ajustara a los términos del pacto mosaico (1 Sam. 4:21, 1 R. 9: 6-9). Durante la monarquía, los reyes que se apartaban de la Torá se despojaban del templo para rendir tributo a señores extranjeros (2 R. 24:13) o modificaban la función de la estructura para acomodar la adoración de los dioses extranjeros (*véase* 2 R. 23). Aunque hubo tiempos periódicos de reconstrucción de las estructuras sagradas, la sostenibilidad fue de corta duración. La ideología de las estructuras sagradas anticipa un tiempo futuro en el que su función original será reemplazada por la oportunidad de vivir en la presencia de Dios para siempre.

Nuevo Testamento

El Nuevo Testamento se refiere raramente a arquitectos o arquitectura. Hebreos 11:10 habla de Dios como el "arquitecto [técnico] y constructor" de la Jerusalén celestial. Pablo se refiere a la iglesia como el templo de Dios. Jesucristo es el fundamento, y los líderes cristianos están edificando sobre ese fundamento con oro, plata y piedras costosas o madera, heno y paja (1 Cor. 3:10-17; compárese con 6:19; 2 Cor. 6:16).

En términos de edificios físicos, la iglesia del Nuevo Testamento era una casa que funcionaba como iglesia. Durante el tiempo de Cristo, las estructuras arquitectónicas significativas fueron el templo y las sinagogas. Herodes el Grande fue el principal constructor de la época, cuyo impresionante templo dominó el paisaje de la zona de Jerusalén. Aunque la sinagoga fue una estructura central durante la vida de Cristo y la iglesia primitiva, su función se enfatiza por sobre su forma en el material bíblico. La sinagoga era un lugar para la oración, el estudio de las Escrituras y la administración de justicia (Lc. 4: 16-30, Hch. 13:15, 14:1).

El enfoque del Nuevo Testamento también está en la función de la iglesia en lugar de su forma arquitectónica. La iglesia, sin embargo, prosperó y creció en el contexto de un importante período arquitectónico helenístico (300 a.C. al 300 d.C.). En este período, los seléucidas fueron responsables de establecer grandes ciudades griegas a lo largo de Asia occidental y central. El material de construcción principal siguió siendo el adobe, lo que dio como resultado edificios que se deterioraban rápidamente. Aunque las ciudades continuaron distribuidas en un formato de cuadrícula, se estaba introduciendo un formato más dinámico y accidentado. Las casas en estas ciudades a menudo fueron construidas con patios como los de Mesopotamia y Egipto. Los templos del período helenístico se diseñaron con paisajismo y terrazas, junto con recintos porticados y escaleras.

El libro de Apocalipsis cierra el canon con detalles extensos sobre la nueva ciudad de Jerusalén, que Dios diseñará y edificará (Ap. 21) y que funcionará para servir a sus propósitos soberanos como creador y redentor.

ARREPENTIMIENTO El acto de repudiar el pecado y volver a Dios. Implícito en esto se encuentra el dolor por el mal que uno ha cometido y un cambio completo en la dirección espiritual de uno: alejándose de los ídolos—cualquier cosa que reste el afecto que debemos a Dios—y yendo hacia Dios (1 Sm. 7:3; 2 Cr. 7:14; Is. 55:6; 1 Ts. 1:9; Sant. 4:8-10).

Terminología. Dos grupos de palabras hebreas se asocian con el concepto de arrepentimiento: nakham y shub. Nakham significa jadear, suspirar, gemir, aullar. Cuando se usa respecto a circunstancias de otros y el sentimiento de simpatía que ellos engendran, se refiere a compasión. Cuando se usa en referencia a sentimientos generados por las acciones propias, significa pena o remordimiento. En este respecto, nakham predominantemente tiene a Dios como sujeto. La KJV lo traduce aproximadamente cuarenta veces como arrepentirse. Mientras uno de los sentidos de nakham es el de pena por las acciones propias, esas acciones son éticamente neutrales: no presupone que sean inherentemente malvadas. La NVI está en lo correcto, entonces, en nunca traducir nakham como arrepentirse cuando Dios es el sujeto. En la mayoría de los casos donde Dios es el sujeto, el término destaca la compasión de Dios y el consuelo para los afligidos (Is. 40:1-2; 49:13), o su pena por las graves consecuencias traídas por o destinadas para el desobediente y su subsecuente conmutación de su castigo (Éx. 32:12-14; Jue. 2:18; 2 Sm. 24:16; Jon. 3:10), o su pena por la auto-ruinosa obstinación humana (Gn. 6:6-7; 1 Sm. 15:11). Incluso en los pocos casos donde nakham tiene sujetos humanos, no siempre debe representarse como arrepentirse, a pesar de su inquietud por un cambio de corazón (cf. Éx. 13:17; Jue. 21:6).

El concepto de arrepentimiento es mejor transmitido por el verbo hebreo shub (volver, regresar, restaurar, revertir, devolver) o su forma sustantiva en el judaísmo rabínico, teshubah (arrepentimiento). Mientras shub tiene muchos usos no religiosos, su significado teológico deriva del sentido, ya sea de alejarse de Dios (apostasía

A

[cf. Os. 11:7; Jer. 11:10]) o volver a Dios (arrepentimiento [cf. 1 Sm. 7:3-4; Os. 14:1]). Nuestra preocupación es con este último sentido, que normalmente sería seguido del regreso de Dios a su pueblo (Zac. 1:3; Mal. 3:7).

En el AT, shub es central para el concepto de arrepentimiento. Es el término clave empleado en la suplica al pueblo de Dios para que regrese a él (2 Cr. 30:6; Is. 44:22; Ez. 14:6). Los signos externos de arrepentimiento en el AT incluyen el ayuno, la lamentación (a veces mientras se está sentado en el polvo o vertiendo cenizas o polvo sobre la cabeza de uno), el rasgado de vestiduras, el usar tela de saco, y el ofrecer sacrificios (Lv. 5:5-12; 2 R. 22:11, 19; Neh. 9:1; Jl. 2:12-17). Los israelitas se preocuparon tanto de estas formas externas, que Dios les dijo repetidamente que ya no estaba interesado en ella, sino en la contrición de corazón (Sal. 34:18; Is. 1:10-16; 58; 66:2; Jl. 2:13).

En el NT, los términos dominantes usados para arrepentimiento son el verbo metanoeō y sustantivo afín metanoia; la inmensa mayoría de estos ocurre en Lucas y Hechos. Estos términos se usan para expresar un cambio completo en la forma de vida de uno, incluyendo conversión, fe, y regeneración (Hec. 2:28; 3:19; 5:31; 20:21). Ocasionalmente estos términos son complementados por epistrephō para enfatizar el lado positivo del arrepentimiento, el de darle la espalda al pecado o ídolos y volver a Dios (Hec. 9:35; 11:21; 26:20).

Los elementos del arrepentimiento. Los elementos que constituyen el arrepentimiento bíblico incluyen los siguientes: **(1)** El reconocimiento del pecado propio, sus efectos dañinos sobre la vida y la naturaleza, su afrenta a la palabra y la autoridad de Dios y sus severas consecuencias (Ez. 18:4; Ro. 3:23; 8:19-22; Ap. 21:8). **(2)** Indignación y remordimiento personal por el pecado propio, pena ante la propia impotencia, y una profunda ansia de perdón, reconciliación y restauración. **(3)** Una respuesta personal a la gracia de Dios al escoger una nueva dirección, rompiendo con el pasado y volviendo a Dios. Esto incluye la confesión y renunciación al pecado, y rezar por el perdón de Dios (Lv. 5:5; Pr. 28:13; 1 Jn. 1:9). **(4)** En algunas circunstancias, el arrepentimiento puede requerir la restitución (Éx. 22:1-15; 1 Sm. 12:3; 2 Sm. 12:6; Lc. 19:8). **(5)** En su centro, el arrepentimiento es un rechazo a la vida autónoma y la rendición de uno al señorío de Cristo (Jer. 3:22; Mc. 8:34-38). **(6)** La prueba de verdadero arrepentimiento es el fruto digno de una vida cambiada (Lc. 3:7-14; Ef. 4:17-32; Col. 1:10).

ARREPENTIMIENTO DE DIOS El arrepentimiento de Dios (KJV) o transigencia (NVI) puede parecer que estuviera en tensión con su soberanía, pero tiene sentido en varios supuestos. Dios desea lograr ciertas metas generales, pero retiene la libertad para modificar el camino que toma para lograrlas, de acuerdo a las necesidades. Esto a su vez asume que la interacción de Dios con la humanidad involucra una genuina negociación. Por ende, el modo de Dios en la historia puede relatarse como una historia con vueltas y giros sorpresivos que son fundamentales para la trama.

Podemos afirmar todo esto y también sostener la soberanía divina si comprendemos tanto la plegaria humana y la respuesta de Dios como medios ordenados divinamente para que Dios logre sus propósitos. Los que hablan de la transigencia de Dios indican que Dios está tomando una nueva línea de acción, un cambio de opinión. En cierto sentido, el juicio divino en sí mismo representa un tipo de cambio de opinión de la intención básica original de Dios de bendecir. Considerando que el juicio es "su obra extraña… su extraña operación" (Is. 28:21), realizada cuando es necesaria, el carácter de Dios es ser misericordioso y compasivo, lento para enviar calamidades (Is. 48:9; Jl. 2:13), y para traer la restauración tras el juicio (Gn. 9:11; Is. 54:7-8; Os. 2).

Terminología. Para retratar a Dios como transigente el AT con frecuencia usa la palabra hebrea nakham, que conlleva un fuerte contenido emocional y un elemento de pesar. En ciertas ocasiones, se refiere a un profundo pesar que siente Dios como reacción al pecado humano y la calamidad (Gn. 6:6-7; Jue. 2:18; 1 Sm. 15:35; 2 Sm. 24:16). Esto no corresponde a sugerir que Dios está enmendándose por errores o tiene el mismo tipo de pesar por equivocaciones que tienen los humanos. Pero deberíamos reconocer que cuando se usa nakaham para hablar de la "transigencia" de Dios, significa algo más que un cambio de dirección en el viento: involucra el corazón de Dios, profundamente comprometido con el bienestar de su pueblo (cf. Os. 11:8-9). Contrariamente, el llanto humano para que Dios ceda es extraído de experiencias de profunda crisis (Job 6:29; Sal. 90:13; 106:44-45).

El Éxodo y Jonás. Dos narrativas clásicas del AT sobre la transigencia divina pueden compararse. En Éx. 32, la idolatría de los israelitas con el becerro de oro es seguida por la acusación de Dios y la intención de destruirlos. Un dramático punto de inflexión proviene de la intercesión de Moisés, en respuesta a la cual Dios cede. El libro de Jonás pone esta secuencia de cabeza. Aquí el profeta se resiste a su misión de anunciar la condenación de Nínive porque tiene miedo de que sus habitantes se arrepientan, lo cual hacen (Jon. 3:5-9), y que Dios desista de enviarles el juicio que había enviado a anunciar a Jonás, lo cual hace (4:2). El libro de Jonás retrata al profeta como el antihéroe, fuera de sintonía con la compasión y los objetivos mayores de Dios, infeliz con la libertad de Dios. Pero preserva la conexión entre el arrepentimiento humano por el pecado y la transigencia divina del juicio previamente anunciado como se ve en Éx. 32.

Los profetas. A través de los profetas del AT, Dios lucha con Israel, anunciando una línea de acción, juicio, mientras con frecuencia mantiene abierta la posibilidad de un final alternativo: si Israel se arrepiente (Jer. 18:8; 26:3, 13) o si el profeta (Am. 7:1-6) o un rey (Jer. 26:19) intercede, entonces Dios transige. Al final del día, transigir es una movida que Dios elige hacer o no (Is. 57:6; Jer. 7:16-20; Ez. 24:14), en fidelidad a su propio propósito (Sal. 7:10-12; Jr. 23:20; 30:24; Zac 8:14-15).

En el libro de Amós, Dios hace ambas cosas. Amos 1-2 comprende un ciclo de siete discursos de juicio contra los vecinos de Israel, culminando en el octavo, discurso de juicio más largo contra Israel. Cada discurso abre con la fórmula "Por tres pecados de X, y por cuatro, no retrocederé [mi ira]". Aquí Dios declara que se ha comprometido a cumplir el juicio. Con el uso del término shub (retroceder, revertir), cualquier pregunta implicada de aplazamiento es respondida inmediatamente: la condenación de la nación es irrevocable.

Pero en 7:1-6 se dice que Dios transige dos veces (nakham) de enviar las langostas y fuego que acaba de mostrarle a Amos en visiones. Otorgar suspensiones de ciertas formas específicas de castigo no es lo mismo que perdonar el pecado de Israel, sin embargo, y estas medidas temporales son seguidas por la reafirmación de la determinación de Dios de no perdonar más a Israel (7:7-9). Además, aunque la fatalidad de Israel está sellada, Amos aún puede urgir a sus oyentes a arrepentirse y volver a Dios, aduciendo que Dios puede transigir, esto es, libremente responder con su misericordia y permitir a algunos sobrevivir a la caída de la nación (5:4-6, 14-15).

Salvación y juicio. Esta libertad divina, compasión y juicio que encaja en los relatos de AT de la transigencia de Dios están encarnados en el anuncio que hace Jesús del reino, que señala tanto la salvación como su corolario, el juicio. De ahí proviene su llamado a "Arrepiéntanse y crean en la buena nueva" (Mc. 1:15) y el llamado apostólico a sus oyentes a escapar la condena de su generación a través del arrepentimiento y la fe en Jesús (Hec. 2:40).

ARRODILLARSE El acto de asumir una posición en la que el cuerpo es apoyado en una o ambas rodillas. Estar de rodillas connota adoración o reverencia, sumisión y respeto. En el AT es una postura común para la oración (1 Rey. 8:54; Dan. 6:10) y la adoración delante de Dios (1 Re. 19:18; Sal. 95:6). La gente también se arrodillaba ante reyes, gobernantes y autoridades (1 Re. 1:31; Est. 3:2). Los fieles fueron descritos como "quienes nunca se han inclinado ante Baal" (1 Reyes 19:18). En el tiempo de Cristo, las personas se arrodillaban ante él para ser sanados (Mt. 17:14). Jesús y sus discípulos se arrodillaron en oración (Luc. 22:41, Hec. 7:60, 9:40). Debido a la humillación de sí mismo, la obediencia y la muerte de Jesús, Dios lo exaltó por sobre todos, de modo que toda rodilla se doblará ante su nombre (Fil. 2:10, *ver* Is. 45:23).

ARROYO DE ARABÁ *Ver* Valle de Arabá.

ARROYO DE EGIPTO *Ver* Uadi de Egipto.

ARROYO DE LOS SAUCES *Véase* Arabim.

ARROYO DE LOS SAUCES *Ver* Torrente de los Sauces.

ARROYO DE ZERED *Ver* Valle del Zered.

ARTAJERJES Artajerjes I (Longimanus) fue el cuarto rey del Imperio Persa (464-424 a.C.), después de Ciro, Cambises (no mencionado en la Biblia) y Darío. Fue la petición de los funcionarios provinciales a Artajerjes al comienzo de su reinado que puso fin a un intento temprano de reparar las murallas de Jerusalén (Esd. 4: 7-23). Esdras subió a Jerusalén en el séptimo año de su reinado (458 a.C., Esd. 7: 7). La aparición de la beneficencia en el decreto de Artajerjes (7: 11-26) fue arruinada por la revelación de la motivación política egoísta detrás de su aparente generosidad (7:23). El hecho de que Esdras no haya usado los poderes que le dio Artajerjes sugiere que la ayuda real persa podría no ser la clase de ayuda realmente necesaria para el pueblo de Dios. Nehemías regresó a Jerusalén en el año veinte del reinado de Artajerjes (445 a.C.; Neh. 1: 1). La impresión positiva hecha al lector por el favoritismo personal de Artajerjes hacia Nehemías, permitiéndole regresar para reconstruir los muros de su ciudad natal, Jerusalén (Neh. 2: 3, 5), se ve socavada por el menosprecio de Nehemías de su maestresala (1:11: "este hombre"). La segunda misión de Nehemías tuvo tiempo después del trigésimo segundo año del reinado de Artajerjes (5:14; 13: 6) pero antes de la muerte del rey.

ARTEMAS Artemas fue un antiguo converso griego al cristianismo. Su nombre refleja que sus padres lo vieron como un regalo de la diosa griega Artemisa. Tanto él como Tíquico son mencionados como posibles sustitutos de Tito en Creta para que Tito pueda unirse a Pablo en Nicópolis (Tit. 3:12). Una tradición antigua sugiere que Artemas fue uno de los setenta y dos discípulos mencionados en Lc. 10: 1-20 y que también se convirtió en el obispo de Listra.

ARTEMISA **(1)** En la mitología griega clásica, Artemisa es la diosa de la caza, y tiene asociaciones con el bosque, la vida silvestre y la castidad. Ella era la hija de Zeus y Leto, y la hermana gemela de Apolo, nacido en la isla de Delos.

(2) Artemisa de los Efesios es una combinación de varias tradiciones de diosas. Los carios y los lelegianos adoraron a la "Gran Madre" durante la Edad del Bronce Final (1550-1200 a.C.) en Éfeso. Cibeles y Hécate estaban entre otras diosas veneradas en la región. Con la llegada de los iconianos a Éfeso alrededor del año 1000 a.C., los aspectos de estas y otras tradiciones asiáticas finalmente se fusionaron con los de la Artemisa griega. En la época del Nuevo Testamento, la iconografía bien establecida de la patrona resultante de Éfeso la representa con varias filas de ornamentos pequeños, semejantes a escamas, en el pecho (se piensa que son pechos) y una corona mural en la cabeza.

Los templos de Artemisa en Éfeso incluían una estructura con piso de arcilla del siglo VIII a.C., luego destruida por las inundaciones. Un reemplazo fue erigido alrededor del 550 a.C., financiado por el rey Lidia Creso. Llamada la "Artemisión", fue contada entre las siete maravillas del mundo compiladas por Herodoto. Sin embargo, fue quemado por el pirómano buscador de fama Heróstrato el 21 de julio de 356 a.C., fecha de nacimiento de Alejandro Magno. (Plutarco sugiere que

Artemisa de los Efesios (primer siglo a.C).

Artemisa estaba demasiado preocupada con el nacimiento de Alejandro como para intervenir.) Un reemplazo espectacular finalmente se completó alrededor del 200 a.C., y persistió en la era del Nuevo Testamento.

Para entonces, Artemisa era conocida como la protectora, nutricia y supervisora de Éfeso. Las prácticas de culto se convirtieron en una fuente de orgullo y de identidad cívica, especialmente en la procesión a lo largo del Camino Sagrado, cuando su estatua, vestida por mujeres devotas, fue llevada al templo por la noche, bañada en luz. Los rituales del templo supervisados por las sacerdotisas implicaban incienso y sacrificio de animales; las mujeres le pidieron ayuda con el matrimonio, el parto y la crianza de los hijos.

La única mención de Artemisa en la Biblia se encuentra en Hch. 19: 23-41, el incidente de los disturbios de Éfeso y la manifestación en el anfiteatro. Esto fue instigado por Demetrio, el orfebre, por sus preocupaciones de que el ministerio de Pablo estaba creando un riesgo económico para él y sus comerciantes, quienes hicieron los santuarios de plata de Artemisa. También temían que el templo y la propia Artemisa sufrirían un declive en su estatura. La intercesión del empleado de la ciudad eventualmente calmó a la mafia, pero no hasta que hubieron pasado dos horas cantando, "¡Grande es Artemisa de los Efesios!"

ARTESANÍA Pericia para fabricar objetos útiles o decorativos a partir de materiales como arcilla, piedra, madera, metal o textiles. El Espíritu de Dios le permitió a los hombres y mujeres tener destreza para la metalistería, cantería, carpintería, tejeduría, bordado y perfumería para construir y adornar el tabernáculo y sus muebles (Éxodo 31:3-11; 35:25-35). Los hombres que eran hábiles en todo tipo de artesanía eran enviados para ayudar con la construcción del templo bajo la dirección de Salomón (1 Crónicas 28:21). La prédica de Pablo interfirió con la artesanía de aquellos que elaboraban ídolos de metal en Éfeso (Hechos 19:24).

ARTESANO DEL COBRE Profesión de Alejandro, a quien Pablo afirma que le hizo daño y será recompensado por Dios (2 Timoteo 4:14; cf. 1 Timoteo 1:20). En algunas versiones se usa "calderero" (KJV, RSV, NRSV, NASB, NET, NLT), pero el término griego chalkeus podría referirse más generalmente a "herrero" (NVI, TEV).

ARTIMAÑA Astucia engañosa, frecuentemente empleada para tomar ventaja de otros a través de intrigas y métodos solapados (e.g., Éx. 21:14; Sal. 32:2; 34:13; 55:21; 2 Cr. 12:16 KJV; 2 Mac. 12:24; 1 P. 2:1 NRSV). Aunque Nataniel no está inicialmente impresionado con las credenciales mesiánicas de Jesús, Jesús sin embargo lo alaba por su franqueza: "Contemplen un israelita de verdad, en quien no hay artimaña" (Jn. 1:47 KJV [NVI, NRSV: "nada de engaños"]). La referencia a un israelita puede ser un juego de palabras en el significado del nombre de Jacob, que quiere decir "engañador" (*véase* Gn. 25:26; 27:35-36; cf. Gn. 28:12 con Jn. 1:51). Judas Iscariote es un contraste infortunado (Jn. 12:6). Dios no puede mentir (Tit. 1:2), y por lo tanto su palabra no tiene artimaña o es "pura" (cf. 1 P. 2:1-2; 3:10).

ARUBOT Una ciudad que sirvió como uno de los doce distritos administrativos de Salomón (1 R. 4:10) bajo Ben-hesed, gobernador del tercer distrito sobre Soco y la tierra de Hefer. Esto indica que la ciudad estaba al sureste de Dor y al suroeste de Megido en el norte de la llanura de Sharón. Es probable que se encuentre en el sitio moderno de Arrabá en el territorio de Manasés, a catorce kilómetros al norte de Samaria.

ARUMA Una ciudad en la que vivió Abimelec (Jue. 9:41). Abimelec era el hijo de Gedeón, que le nació por medio de su concubina en Siquem (Jue. 8:31). Aruma es donde permaneció Abimelec mientras Gaal, hijo de Ebed, intentaba derrocar a Siquem (Jue. 9: 26-41).

ARVAD, ARVADEOS Arvad era de las ciudades fenicias de más al norte. Con su puerto natural, se convirtió en uno de los puertos fenicios más importantes, junto con Biblos, Tiro y Sidón. Los arvadeos eran una tribu cananea (Gn. 10:18, 1 Cr. 1:16) conocida por proveer a Tiro con remeros y guardias (Ez. 27: 8, 11).

A

ARZA Un mayordomo del rey Elá que vivía en Tirsa. Fue en la casa de Arza donde Elah, en estado de ebriedad, fue asesinado por Zimri (1 R. 16:9).

ASA (1) El tercer rey de Judá (1 R. 15: 8-24; 2 Cr. 14:1-16:14), sucediendo a su padre, Abías, y reinando durante cuarenta y un años (908-867 a.C.). Al principio de su vida, Asa era un buen rey, obedeciendo a Dios y eliminando la adoración de dioses extranjeros de la tierra. Incluso eliminó un objeto idólatra que su propia abuela Maaca había establecido y la quitó del liderazgo en la tierra. Como resultado, Dios lo bendijo, incluso proporcionando una tremenda victoria militar sobre Zera, un líder etíope que había atacado a Judá con un ejército de un millón de hombres (2 Cr. 14:9-15). Más tarde en la vida, sin embargo, mostró una falta de confianza en Dios cuando alistó al rey de Aram para que lo ayudara contra la usurpación de Baasa, el rey de Israel, incluso pagándole con objetos de oro y plata del templo. Aunque Baasha se retiró, las acciones de Asa lo alcanzaron cuando desarrolló una grave enfermedad del pie, de la que murió.

(2) Un levita que se reubicó en Jerusalén después del exilio (1 Cr. 9:16).

ASAEL (1) Uno de los tres hijos de Seruyá. Él y sus hermanos, Joab y Abisai, eran sobrinos de David, que desempeñó un papel destacado en su ejército. Asael fue notado como un corredor veloz (2 Sam. 2:18). Su velocidad y persistencia le costó la vida a manos de Abner y llevó a una división entre David y Joab. Abner había sido el general del rey Saúl. Después de que Saúl fue asesinado por los filisteos, Abner se unió al hijo de Saúl, Isboset, durante dos años.

La mayor parte de Israel siguió a Isboset, mientras que Judá siguió a David. En una batalla, Abner y los hombres de Israel fueron puestos en fuga (2:17). El veloz Asael decidió perseguir a Abner. Abner le advirtió que fuera, pero Asael se negó a ceder, así que cuando lo alcanzó, Abner lo mató. Cuando se desarrolló una brecha entre Isboset y Abner, Abner determinó llevar la lealtad de Israel a David. Se reunió pacíficamente con David para ese fin. Pero cuando Joab se enteró, estaba molesto. Él engañó a Abner en una reunión sin que David lo supiera y lo mató en venganza por la muerte de Asael.

(2) Un levita que enseñó en las ciudades de Judá durante el reinado de Josafat (2 Cr. 17:8). (3) Un levita que ayudó a recolectar recursos para limpiar el templo durante el reinado de Ezequías (2 Cr. 31:13). (4) El padre de Jonatán, que fue uno de los que se resistió a los intentos de Esdras de obligar a los hombres judíos a divorciarse de sus esposas paganas (Esd. 10:15).

ASAF (1) Uno de los levitas nombrados por David para dirigir el culto. Asaf fue parte de la procesión para traer el arca del convenio a Jerusalén. Junto con Hemán y Etán, también mencionado en el Salterio, fue designado por los levitas a los címbalos de bronce (1 Cr. 15:19). Posteriormente, David le asignó tareas continuas a Asaf (16:7, 37). Sirvió aún más bajo Salomón en la dedicación del templo (2 Cr. 5:11-14). Asaf es descrito como cantante (1 Cr. 15:17), el jefe (15:19), que tocaba címbalos (15:19), daba gracias a Dios (16:7), ministraba delante del arca (16:37), profetizó bajo la dirección del rey (25:2), y dio instrucciones a sus hijos (25:2). Los hijos de Asaf sirvieron bajo su dirección (25: 2), profetizaron y cantaron con liras, arpas y címbalos (25: 1, 6), y sirvieron como guardianes (26: 1). Los descendientes de Asaf continuaron con estos deberes después del exilio (Esd. 2:41, 3:10, Neh. 11:22, 12:46). Doce salmos están asociados con Asaf (Sal. 50; 73-83). Reflejan su ministerio profético al incluir secciones de profecía o de Dios hablando. El convenio y la justicia de Dios son temas frecuentes de estos salmos.

(2) El padre de Joa, un secretario de Ezequías (2 R. 18:18, 37). (3) El guardián del bosque del rey Artajerjes que proporcionó madera para los proyectos de construcción de Nehemías en Jerusalén (Neh. 2: 8).

ASAÍAS (1) Un siervo del rey Josías y un miembro del grupo enviado a Hulda para escuchar los decretos de Yahvé concernientes al Libro de la Ley (2 R. 22: 11-20). (2) Un líder de clan dentro de la tribu de Simeón que participó en la captura del Valle de Gedor de los meunitas (1 Cr. 4: 34-43). (3) Un descendiente levita de

Merarí que ayudó a mover el arca del convenio de Obed-edom a Jerusalén (1 Cr. 6:30; 15: 6, 11). **(4)** Un líder que regresó del exilio (1 Cr. 9:5). Existe cierto debate sobre su ascendencia. La vocalización normal sugiere que era de Silo; una vocalización alternativa propuesta es "Sela", de modo que los tres hijos de Judá se mencionan en el texto.

ASAL *Ver* Azaf.

ASAMBLEA SOLEMNE *Véase* Festivales.

ASAMBLEA *Ver* Congregación.

ASÁN Una ciudad en las tierras bajas del sur de Judá, al noroeste de Beerseba. Primero fue entregada a la tribu de Judá (Jos. 15:42) y luego reasignada a la tribu de Simeón (Jos. 19: 7, 1 Cr. 4:32). Es posiblemente la misma ciudad catalogada como una ciudad de refugio y entregada a los levitas (1 Cr. 6:59), aunque en otro lugar se la llama "Ayin" (Jos. 21:16).

ASAREELA *Véase* Jesarela.

ASAREL El último de los cuatro hijos de Jehalelel (1 Cr. 4:16). La Septuaginta representa su nombre como Asareel, que algunos creen que es una forma alternativa de "Israel".

ASBEA En 1 Cr. 4:21, la RVA tiene "casa de Asbea", mientras que la NVI tiene "Bet-asbea" (similarmente, DHH, LBLA), en referencia a un gremio de trabajadores del lino. No está claro si el nombre propio Asbea se refiere a una persona o un lugar.

ASBEL El hijo de Benjamín y cabeza de los asbelitas que emigraron a Egipto con Jacob (Gn. 46:21, 1 Cr. 8: 1). El nombre literalmente significa "hombre de Baal". También se le llama "Jediael" en 1 Cr. 7:6.

ASCALÓN Es una de las cinco ciudades principales de los filisteos (Josué 13:3). Estaba situada aproximadamente a medio camino entre Asdod (norte) y Gaza (sur) por la costa del Mar Mediterráneo.

Perspectiva Histórica

Existen evidencias de asentamiento que datan del periodo Neolítico (8300-4500 a.C.). Sin embargo, la referencia más remota de la raíz de la ciudad data de la mediana Edad del Bronce y a finales (2200-1200 a.C.). En los textos egipcios de execración se menciona Ascalón (siglo XIX a.C.) como un enemigo de Egipto y en las cartas de Amarna (1.400 a.C.), donde el gobernante de la ciudad afirma lealtad al faraón. Por medio de excavaciones se confirmó la presencia egipcia en Ascalón a finales de la Edad del Bronce; la ciudad permaneció bajo el control de los egipcios hasta que se llevó a cabo la incursión de los Pueblos del Mar (a comienzos del siglo XII a.C.) hasta que Ascalón sería posteriormente ocupada por los filisteos.

Ascalón permaneció bajo el control de los filisteos hasta las campañas de Tiglat-pileser III contra Siria e Israel (734-732 a.C.), cuando se convirtió en un vasallo asirio. Durante el reinado de Senaquerib, el rey de Ascalón unió fuerzas con Ezequías en rebelión contra Asiria, que fue deportada (701 a.C.). En el 604 a.C., tras la desaparición de Asiria, Nabucodonosor destruyó Ascalón y deportó a los sobrevivientes, de los cuales varios recibieron raciones en la corte babilónica (cf. Daniel 1:5).

Durante el periodo persa, Ascalón fue restablecida como una ciudad de mercado en Tiro, por lo que prosperó una vez más. Los asmoneos nunca la conquistaron (segunda mitad hacia mediados del primer siglo a.C.; 1 Macabeos 10:86; 11:60), por lo que con el tiempo la ciudad reafirmó su independencia, lo que significó la acuñación de su propia moneda (a principios del año 111 a.C.). Herodes el Grande fue supuestamente oriundo de Ascalón, y él escatimó la ciudad con proyectos de trabajo público. Durante la Primera Guerra Judeo-Romana, los habitantes de Ascalón se defendieron con éxito del ataque judío.

Por medio de excavaciones se encontró la casa consistorial y un sepulcro minuciosamente pintado (del periodo romano), como también hallaron los restos de una iglesia y de una sinagoga (del periodo bizantino). Ascalón estuvo bajo control musulmán (siglo VII d.C.), luego por poco tiempo bajo el control de los cruzados (1.153 d.C.). La ciudad después fue destruida por Saladino (1.191 d.C.) mientras él se retiraba durante su enfrentamiento contra Ricardo Corazón de León.

Ascalón en la Biblia

Ascalón estaba dentro de la lista de los territorios aún por conquistar al final de la vida de Josué (Josué 13:3). Judá se adueñó de la ciudad, pero a la larga fue incapaz de conservarla (Jueces 1:18-19). En el Antiguo Testamento posteriormente se consideró la ciudad de Ascalón como parte del territorio filisteo, comenzando en Jueces 14:19, donde se narra una de las proezas de Sansón.

Durante la aflicción de los filisteos en Ascalón cuando se llevaron el arca del pacto, ellos intentaron llevar a cabo reparaciones o "magia comprensiva" (1 Samuel 6:17 [los "tumores de oro" probablemente debían remover la fuente de sufrimiento de los filisteos]). Ascalón y Gat representaban a los filisteos en su totalidad mientras tanto David anticipaba su respuesta con la noticia de las muertes de Saúl y de Jonatán (2 Samuel 1:20).

El resto de las referencias se dieron a conocer por medio de los profetas, que presagiaban la destrucción de Ascalón y de las otras ciudades filisteas en distintos tiempos (Jeremías 25:20; 47:5, 7; Amós 1:8; Sofonías 2:4, 7; Zacarías 9:5). Particularmente en Sofonías 2:7 se esperaba que Judá por fin tomara posesión de Ascalón.

ASCENSIÓN El ascenso visible y corporal de Jesús desde la tierra hasta el cielo, concluyendo su ministerio terrenal, que luego continuó a través del Espíritu Santo prometido, dado en Pentecostés.

Un relato histórico detallado de la ascensión es dado solo por Lucas (Lc. 24:51, Hch. 1:4-11 [compárese con Mc. 16:19, en el final más largo del Evangelio de Marcos]). El evento, sin embargo, fue anticipado en el Evangelio de Juan (Jn. 6:62; 20:17).

La ascensión con frecuencia está implícita en todo el Nuevo Testamento por referencia al complejo de eventos que comenzó con la muerte de Jesús y terminó con su sesión a la diestra de Dios en gloria. Pablo escribe sobre el ascenso divino-humano de Cristo a los reinos celestiales como el comienzo de su supremo reinado cósmico en poder (Ef. 1:20-23) y como base para la vida santa (Col. 3:1-4; 1 Tim. 3:16). En Hebreos, la ascensión es una etapa crucial que marca la obra completa de Jesús en la tierra, en la que se ofreció a sí mismo como el sacrificio perfecto y final por el pecado (9: 24-26), de su trabajo continuo en el cielo como nuestro gran sumo sacerdote, que se describe en términos de simpatía (4:14-16) e intercesión (7:25). Pedro hace la referencia más directa a la ascensión, explicando que Jesús, quien sufrió, es resucitado y "ha ido al cielo" (1 P. 3:22). Por lo tanto, así como Jesús, el sufridor justo, fue vindicado por Dios, también lo hará su pueblo que sufre por hacer el bien.

Pablo entiende que el Antiguo Testamento es una predicción de la ascensión de Cristo (Ef. 4:7-10, compárese con Sal. 68:18) y contiene incidentes que de alguna manera lo prefiguran (2 R. 2: 11-12).

La ascensión es significativa por al menos tres razones. Primero, la muerte de Cristo no podría tener pleno efecto hasta que él entrara al santuario celestial. Desde el cielo actúa como defensor y comunica a los creyentes a través del Espíritu Santo todos los dones y bendiciones por los que murió en la cruz (Heb. 4: 14-16; 1 Jn. 2:1). En segundo lugar, la humanidad glorificada está ahora en la presencia de Dios, lo que garantiza que nosotros también seremos levantados con cuerpo y alma para compartir la gloria aún por revelar (Jn. 14: 2; 17:24; Ef. 2: 4-6). Tercero, la ascensión anticipa la manera de la segunda venida de Cristo (Hch. 1:11). La ascensión de Jesús fue seguida por su entronización en el cielo, donde reina (1 Cor. 15:25) y de la cual regresará físicamente en el mismo cuerpo glorificado como juez (Lc. 21:27). *Véase también* Advenimiento, Segundo; Segundo Venida.

ASCENSOS, CANCIÓN DE Los títulos, o superscripciones, de quince salmos incluyen la designación "una canción de ascensiones", también llamada "cántico gradual". La noción de ascender o subir ha influido en la comprensión de estos salmos. El "subir" se ha visto como ir a Jerusalén para un día santo, subir a Jerusalén como parte del regreso del exilio, subir los quince escalones en los patios del templo (una tradición judía en la Mishná), o un aspecto de su estilo poético. Estos salmos aparecen juntos como un grupo, Sal. 120-134. Son de diferentes géneros, pero comparten un énfasis en Jerusalén, lo que respalda la idea de que fueron utilizados en peregrinación para un día sagrado (*véase* Éx. 24:13, 34:23, Lv. 23: 4 y Dt. 16 para los viajes religiosos a Jerusalén). Las imágenes de la cosecha en algunos de estos salmos y la tradición Mishná sugieren que pudo haber sido por la Fiesta de los Tabernáculos, pero no necesariamente están limitados a este festival.

ASDOD Una de las cinco ciudades principales de los filisteos (Jos. 13:3). Asdod estaba situada en el plano costero de Canaán, aproximadamente cuatro kilómetros tierra adentro desde el Mar Mediterráneo, cerca de la ruta costera principal a veces llamada el "Camino de los filisteos". El sitio ha sido identificado (Tel Ashdod) y ampliamente investigado.

Descripción Histórica

Asdod es anterior a la presencia filistea en el Mediterráneo oriental. El primer asentamiento fortificado data de la Edad del Bronce Media (2200-1550 a.C.). Los registros de Ugarit (Bronce tardío [1550-1200 a.C.]) revelan que Asdod participó en el comercio de prendas teñidas y lana (corroborado por la presencia de conchas de murex in situ), y que su población era en gran parte semitas occidentales. El descubrimiento de parte de una jamba de piedra con una inscripción jeroglífica parcial que denota un alto funcionario egipcio sugiere que Asdod fue, además, el sitio de un palacio de fortaleza egipcia. La incursión de los Pueblos del Mar en la región comenzó a fines del siglo XIII a.C. Una capa de ceniza indica que Asdod fue parcialmente destruido en esa época. A esto le sigue evidencia de una presencia filistea en Asdod comenzando a principios del siglo XII a.C.

Los filisteos prosperaron en Asdod durante la Edad de Hierro Temprana (1200-1000 a.C.). Las expansiones de los muros alrededor de la acrópolis y el asentamiento de la ciudad inferior indican una población en crecimiento. La destrucción de las fortificaciones de la ciudad durante la primera mitad del siglo X a.C. puede atribuirse al faraón Siamón (960 a.C.) o posiblemente a una campaña posterior en el reinado de David.

Las fortificaciones de Asdod fueron reconstruidas, aunque fueron parcialmente destruidas aprox. 760 a.C. (tal vez por Uzías [2 Cr. 26: 6]). En 712/711 a.C., el ejército asirio, bajo las órdenes de Sargón II, saqueó Asdod (Is. 20:1). Los restos de unas tres mil personas dan fe de este evento, al igual que tres fragmentos de una estela de victoria descubierta en la acrópolis. Asdod era un vasallo asirio hasta el colapso de Asiria, momento en el cual Asdod se volvió vulnerable a Egipto, luego a Babilonia. Faraón Psamético saqueó la ciudad después de un largo asedio (alrededor del 640 a.C.), y Nabucodonosor II la subyugaría más tarde (hacia el 600 a.C.). Los artículos que llevan inscripciones hebreas indican el comercio con Judá durante el último siglo VII a.C.

Asdod decayó durante el período de Babilonia (626-539 a.C.) pero recuperó la prominencia bajo los persas, convirtiéndose en un centro administrativo para la región. Asdod prosperó aún más durante el período helenístico (después del 332 a.C.), hasta el momento en que fue capturado por Juan Hircano (114 a.C.). La ciudad volvió a disminuir en importancia durante el período romano en relación con el puerto cercano, Ashdod Yam, y fue destruida durante la Primera Revuelta Judía (67 d.C.), aunque la habitación persistió en el período bizantino.

Asdod en la Biblia

Se menciona a Asdod en relación tanto con el éxito general de la conquista israelita de Canaán (Jos. 11:22, los temidos anaquitas permanecieron solo en territorio filisteo [*véase* Nm.13:28]) y su naturaleza inconclusa (Jos. 13:3). Jos. 15:46-47 enumera a Asdod en el territorio asignado a Judá. Jueces y Samuel prominentemente dicen que este territorio permaneció en gran parte sin ser conquistado por Israel.

A

Cuando el arca del convenio fue capturada por los filisteos (1 Sam. 4), fue llevada al templo de Dagón en Asdod (5: 1-2). La excavación de Tel Ashdod aún tiene que identificar este sitio de culto, aunque una tribuna de incienso que retrata una procesión de músicos puede pertenecer al culto de Dagón (*véase* 1 Sam. 10: 5). En 1 Mac. 10:84 se informa que Jonatán quemó Azoto (Asdod) y destruyó el templo de Dagón durante el período helenístico.

Entre los profetas, los oráculos presagian la destrucción de Asdod y de las otras ciudades filisteas (Am. 1: 6-8, Sof. 2: 4, Zac. 9: 5-6). Jr. 25:20 menciona "la gente dejada en Asdod", posiblemente aludiendo a la destrucción de la ciudad por Psamético I. Aparentemente ausente es cualquier mención de Gat, que para este tiempo había sido subyugado o destruido (1 Cr. 1:18, 2 Cr. 26: 6, y 2 R. 12:17).

También se hace referencia a asdoditas. En particular, "la gente de Asdod" se encontraba entre los que se oponían a la reconstrucción de las murallas de Jerusalén durante el período posterior al exilio (Neh.4:7). Los matrimonios mixtos con las "mujeres de Asdod" eran comunes entre los judíos que regresaban (Neh.13:23), y "el idioma de Asdod" era hablado por sus hijos (Neh. 13:24). En general, el testimonio bíblico sobre Asdod es notablemente coherente con la evidencia arqueológica de Tel Ashdod.

ASDOT-PISGA En la RVA esto se refiere al Monte Pisgá, que está en Moab, al noreste del Mar Muerto (Dt. 3:17, 4:49, Josué 12:3, 13:20). En otras traducciones al español, comúnmente se toma literalmente, "laderas del Pisga".

ASEDIO Relatos y restos antiguos (e.g., el bajorrelieve del palacio de Senaquerib en Nínive que retrata el asedio de Laquis) y los registros bíblicos (2 R. 25:1-2; Ez. 4:2) revelan las técnicas de asedio del período. Espías buscaban cualquier debilidad estratégica (Jue. 1:22-26). El suministro de agua a la ciudad era detenido (2 Sm. 12:27). Se evitaba que las personas entraran o salieran. Se intentaba matar de hambre a los habitantes para que se rindieran.

El ejército acosador podía usar máquinas de asedio, escaleras, rampas de tierra y arietes y hacer túneles bajo los muros. Aunque los estudiosos se refieren al "asedio" asirio a Jerusalén en el año 701 a.C., Is. 36-37 y 2 R. 18-19 indican que la ciudad fue solo bloqueada, y la palabra usada en Is. 1:8 (netsurah [NVI: "bajo asedio"]) significa "vigilada, custodiada".

ASENA **(1)** Ciudad en las tierras bajas, probablemente relacionada con la ruina moderna Aslin (Josué 15:33). **(2)** Ciudad meridional en las tierras bajas en el distrito de Libna (Josué 15:43). Estas dos ciudades estaban en la adjudicación de Judá.

ASENA Ancestro del templo de los sirvientes (nethinim) que regresó a Jerusalén tras su cautiverio en Babilonia por el liderazgo de Zorobabel en el año 539 a.C. o tiempo después (Esdras 2:50 [no aparece en la lista de Nehemías 7]). El hecho de que muchos de los nombres en la lista sean extranjeros (Asena al parecer es egipcio) ha llevado a la creencia de que ellos originalmente fueron prisioneros de guerra que los obligaron a prestar servicios para llevar a cabo tareas de ínfima importancia mientras asistían a los levitas.

ASENAT La hija de Potifera, sacerdote de On en Egipto, se le dio como esposa a José y se convirtió en la madre de Manasés y Efraín (Gn. 41:45, 50-52; 46:20). José y Asenat, una escritura de novela de ficción antigua, narra la historia de su conversión para casarse con José. Su fecha y autoría siguen siendo desconocidas, aunque es probable que haya sido escrita entre el siglo I a.C. y el siglo III d.C.

ASER El nombre de una persona, una tribu de Israel y posiblemente una ciudad. La relación de estos tres surge de la propensión bíblica a identificar grupos y lugares por el antepasado que la fundó. **(1)** El octavo hijo de Jacob. Él nació a Jacob por Zilpa, la sierva de Lea (Gn. 30:12-13). **(2)** Algunos han identificado la mención en Jos. 17: 7 de Aser como un marcador del cual Manasés procede en el norte como referencia de la ciudad; más probablemente, sin embargo, se refiere a las fronteras compartidas de las dos tribus. *Véase también* Aser, Tribu de.

A

ASER, TRIBU DE Una de las doce tribus, descendiente del octavo hijo de Jacob, nacido de Jacob por Zilpa, la sierva de Lea (Gn. 30: 12-13). La tribu de Aser se registra específicamente como participante en la esclavitud en Egipto (Éx. 1:4), el rescate de Egipto y el fracaso para entrar en la tierra prometida (Nm. 1:40-41; 13:13; 26:44-47), la conquista de la tierra (Jos. 19: 24-31) y la imposibilidad de expulsar a los cananeos como Dios había ordenado (Jue. 1: 31-32).

La asignación tribal permitida a Aser incluía las colinas occidentales de Galilea y la costa fenicia al norte del rango del Carmelo y al sur de Sidón. Como el área era costera, la tierra allí era fértil y se usaba para la producción de aceitunas y uvas (Dt. 33:24). Además, dado que esta área era la única parte de la herencia de Israel que incluía puertos naturales, Aser también parece haber participado en algún nivel de comercio naval (Jue. 5:17). Curiosamente, algunos textos egipcios de la primera parte de la decimonovena dinastía (hacia el siglo XIII a.C.) aparentemente mencionan a un Aser en esta misma región. En el Nuevo Testamento, Aser aparece como la tribu de Ana, la profetisa que bendijo al niño Jesús (Lc. 2: 36-38). Aser también se incluye entre la lista de Apocalipsis de las tribus selladas para protección (Ap. 7: 6).

Estatuilla de fertilidad Asera.

ASERA Un objeto de culto así como una diosa atestiguada en todo el Levante.

En el Antiguo Testamento, Asera se refiere principalmente a un objeto de culto de madera (*véase* Dt. 16:21). Que estos eran objetos y no árboles es evidente por las descripciones de sus (NVI: "postes de Asera") que están "hechos" (1 R. 14:15) y "armados" (14:23). La palabra aparece en ambientes de culto comunes: en las colinas y bajo árboles frondosos (1 R. 14:23; 2 R. 17:10), e incluso en el templo de Jehová (2 R. 23:6). Aparecen también con otros objetos de culto, notablemente altares y "piedras sagradas" (Éx. 34:13), e ídolos y puestos de incienso (2 Cr. 34:4). No se sabe con certeza si los postes de Asera eran imágenes talladas, aunque presumiblemente proporcionaron un sustituto para la diosa o deidad. Los israelitas recibieron instrucciones de destruir los postes de Asera al entrar en Canaán (Éx. 34:13, también Dt. 7: 5, 12:3).

En su lugar, crearon las suyas propias (1 R. 14:15, 23), asimilándolas en adoración a Yahvé (2 R. 23:6). Los esfuerzos posteriores para eliminar los polos fueron esporádicos y temporales (compárese 2 R. 18:4 con 21:3, 7). A pesar de la aparente omnipresencia de estos objetos de culto, los arqueólogos todavía tienen que recuperar uno.

En un puñado de casos, "Asera" denota una deidad. En Jue. 3:7 "las Aseras" (aquí indicando "diosas") es gramaticalmente paralelo a "los Baales"; del mismo modo "Asera" corresponde a Baal y "las huestes estrelladas", designando una deidad específica (2 R. 23:4). En 1 R. 18:19, Elías habla de los "profetas de Asera", que presumiblemente hablaron en nombre de la diosa.

Dos veces Asera se asocia con su objeto de culto: 1 R. 15:13 (= 2 Cr. 15:16) menciona "algo abominable" hecho "por Asera", que la NVI presenta como "una imagen repulsiva para la adoración de Asera"; 2 R. 21:7 menciona "la imagen tallada de Asera", presentada como "la vara tallada de Asera" (NVI). En 2 R. 23: 7, el narrador se refiere a un lugar donde las mujeres "tejen para Asera". No está claro qué eran estos tejidos, aunque posiblemente fueran prendas de culto o coberturas para la imagen de culto.

Fuera de la Biblia, Asera está atestiguada en textos mesopotámicos, hititas y filisteos. El retrato más completo de la diosa, sin embargo,

A

proviene de las tabletas de Ras Shamra (Ugarit). Denominada "Astarot", fue consorte de Él y la Madre de los dioses (que se llaman "los setenta hijos de Astarot"). Ella es además designada como "señora Asera del mar" (en el mito de Baal, el mar es el hijo de Astarot); Las representaciones alternativas incluyen "la dama que camina sobre el mar" y "dama Astarot del Día". En la Epopeya de Kirta se representa a Astarot como la diosa patrona de Tiro y Sidón (*véase* Astarot).

Las inscripciones descubiertas en Khirbet el-Qom y Kuntillet 'Ajrud (asociado con la Edad de Hierro Israel) mencionan a Yahvé y "su Asera". Existe un desacuerdo sobre si el término aquí refleja un objeto de culto, un santuario o a la diosa. También se debate si esto representa una combinación de creencia yahvista o una forma de yahvismo anterior al monoteísmo.

ASESINATO El asesinato se distingue en la Biblia como la peor categoría de las muertes. Por lo tanto, el sexto mandamiento (Éx. 20:13) es traducido apropiadamente por la NTV y otras versiones como "No cometas asesinato" en lugar de "No matarás". Las muertes en la guerra, por ejemplo, no habrían sido consideradas como asesinato.

La palabra usada en Éx. 20:13, ratsakh, ocurre aproximadamente cincuenta veces en el AT y nunca se refiere a matar en batalla, en contraste con otras dos palabras para "matar" que juntas ocurren más de trescientas veces y muy a menudo se refieren a contextos de batalla. Ez. 21:22 (21:27 Texto Masorético) podría parecer una excepción, pero ratsakh (NTV: "masacre") probablemente se usa allí para indicar el asesinato de personas inocentes en lugar de combatientes militares.

Ratsakh, sin embargo, también puede referirse a homicidio no intencional u homicidio involuntario (por ejemplo, Nm. 35:11); por lo tanto, la palabra no necesariamente significa "asesinato", sino que se refiere a quitar cualquier vida inocente, ya sea intencional o accidentalmente. La única excepción en Nm. 35:30 es sólo aparente; ya que es más bien una declaración de justicia poética: "al asesino se le dará muerte".

La prohibición del asesinato se basa en la naturaleza de imagen de la humanidad. Los seres humanos están hechos a la imagen de Dios; por lo tanto, matar a una persona inocente es equivalente a atacar a Dios (Gn. 9:6). Significativamente, Jesús vio su propia muerte en Jerusalén como un asesinato en una larga lista de asesinatos que se extiende desde el asesinato de Abel por Caín, por todos los asesinatos de los profetas del AT, hasta sí mismo (Mt. 21:33-46; 23:29 -39; Lc. 11:47-54; 20:9-20).

ASESINOS Su origen proviene de los tiempos cuando Félix era procurador de Judea (52-60 d.C.). Un grupo de judíos revolucionarios favoreció la libertad y la igualdad hasta el punto de oponerse a cualquier tipo de reglamento humano (incluso judío).

El grupo se llamaba Sicarii, por la daga corta que solían usar (del latín sica). Josefo escribió en sus notas que ellos podían esconder las dagas debajo de sus ropas, matar a sus enemigos a plena luz del día, especialmente durante festivales, y que escapaban entre la multitud, fingiendo a veces sorpresa e indignación por el asesinato. Ellos también eliminaban toda sospecha en su contra (Josefo, Ant. 20.8.5; JW 2.13.3).

Este grupo original de encapuchados con dagas se menciona en el Nuevo Testamento solo en Hechos 21:38, donde el comandante de los soldados que arrestaron a Pablo asumió que él era un egipcio revolucionario que había liderado a cuatro mil asesinos (ESV, NASB; sikarioi en griego; NVI: “terroristas”). Aunque eran ciertamente entusiastas en sus acciones, se debate la relación que pueda existir entre los asesinos y los zelotes. *Ver también* Zelotes.

ASHER *Véase* Aser.

ASHKENAZÍ *Véase* Asquenaz.

ASHRIEL *Ver* Asriel, Asrielitas.

ASHUR Hijo de Hesrón o Caleb (1 Crónicas 2:24). En el texto hebreo se plantea que él fue concebido en Caleb-efrata, mientras que en otras versiones antiguas se sugiere que él es hijo de Caleb y de Efrata, y cuyo nacimiento fue posterior a la muerte de Hesrón. Si la última propuesta es correcta, entonces a él se le puede identificar como la misma persona que Hur en 1 Crónicas 2:19. Al parecer, él también estableció la villa de Tecoa, ya que se le identifica como el "padre" o "fundador" de Tecoa (1 Crónicas 2:24; 4:5).

ASHURI Vocalización hebrea de un grupo identificado como parte del corto reinado del hijo de Saúl, Isboset (2 Samuel 2:9; en varias versiones modernas se puede leer "gesuritas"). Sin embargo, esta vocalización en gran parte se ha puesto en duda debido a la discrepancia en los textos antiguos y al hecho de que este grupo sería por lo demás desconocido para la actualidad. Por lo tanto, muchos intérpretes creen que la referencia original tiene que ver con la tribu de Aser o con los gesureos.

ASIA Provincia romana en Asia Menor occidental, no confundir con la designación moderna para el gran continente. Los límites exactos son difíciles de determinar, pero cabe decir que la región, formada en los años 133-130 a.C., desde los tiempos de Augusto fue gobernada por procónsules, donde también se incluía los reinos más antiguos de Misia, Lidia, Caria y parte de Frigia, como también varias islas. Pablo y sus compañeros disfrutaron una misión especialmente exitosa en Asia (Hechos 19:10, 22, 26-27; Romanos 16:5).

Él posteriormente escribió cartas a los cristianos en Colosas y Éfeso (Efesios; 1 Timoteo). Las inscripciones dan cuenta de las riquezas que poseían muchos efesios. Por medio de la epístola a Timoteo, Pablo le advierte a aquellos que persiguen los lujos en la ciudad (1 Timoteo 6:9-10; cf. Apocalipsis 3:17). El apóstol Juan con el tiempo se estableció en Éfeso y después fue exiliado a la isla de Patmos, donde él le escribió a las siete iglesias de Asia (Apocalipsis 1:4-3:22).

ASIA MENOR, CIUDADES DE Asia Menor, relativo a las tierras de la actual Turquía. Fue fundada en un principio por los hatianos entre los años 2500 y 2000 a.C. A finales de ese periodo, los hititas indoeuropeos, atraídos por el clima templado, comenzaron lentamente a asentarse junto a los hititas autóctonos, mezclándose pacíficamente con ellos. Para el año 1750 a.C., los hititas se habían convertido en el grupo dominante.

En el siglo XII a.C. los hititas fueron derrotados por los Pueblos del Mar. Ellos desarrollaron ciudades costeras a lo largo del Mar Egeo, que fue conquistado en el siglo VIII por los griegos. Creso el rey de Lidia ascendió al trono en el año 560 a.C. en Sardes y dominó a los griegos, pero en el año 546 a.C. perdió contra Ciro de Persia. En los años 334-333 a.C. Alejandro Magno derrotó a los persas en dos batallas clave y tomó control de Asia Menor. Después de la muerte de Alejandro, uno de sus generales, Seleuco, lo relevó. Entonces, en el año 190 a.C., los romanos derrotaron al ejército seléucida y tomaron el control. Esto inició un extenso periodo de paz, tiempo en el que las comunidades judías durante la diáspora se establecieron por toda la región.

Los viajes misioneros del apóstol Pablo (Saulo de Tarso) lo llevaron a adentrarse y a bordear gran parte de Asia Menor, y de una manera directa o indirecta él fue responsable por la fundación de la mayoría de las iglesias del siglo I que existen ahí. Las siguientes ciudades de Asia Menor se mencionan en el Nuevo Testamento.

Mediterráneo Oriental

Tarso. Este es el lugar de nacimiento del apóstol Pablo (Hechos 9:11; 21:39; 22:3). Tarso se ubica en la costa mediterránea a nueve millas al noreste de la actual provincia de Mersin. Tarso se convirtió en la capital de la provincia romana en el año 67 a.C. Cleopatra y Marco Antonio al conocerse construyeron su flota en esta gran ciudad. Cuando su vida se vio bajo amenaza después de convertirse, Pablo fue enviado de Tarso a Jerusalén (9:30).

Antioquía Antioquía (Antakya) está ubicada justo tierra adentro desde la costa del Mar Mediterráneo, en la ribera este del río Orontes. Los creyentes judíos y gentiles, que escaparon de Jerusalén tras la muerte de Esteban erigieron una iglesia aquí, donde los seguidores de Jesús fueron llamados por primera vez "cristianos". Bernabé trajo a Saulo de Tarso a Antioquía, donde trabajaron juntos por un año, enseñando en la iglesia antes de comenzar su primer viaje misionero (Hechos 11:19-30). Pablo tras su regreso, junto con Silas, tuvo que soportar las solicitudes de los creyentes gentiles del concilio de Jerusalén (15:22-35).

Puertos del Sur

Seleucia. Conocida en la actualidad como Samandağ, Seleucia fue el puerto de Antioquía, lugar en el que Saúl, Bernabé y Juan Marco se embarcaron en su primer viaje misionero en el año 47 d.C. (Hechos 13:4).

Perge en Panfilia. Perge está justo al este de Antalya, al sur de la costa del Mediterráneo. Apolonio el matemático y estudiante de Arquímedes vivió aquí a finales del siglo III a.C. En su primer viaje misionero, Pablo y Bernabé desembarcaron en Perge con destino al suroeste de Asia Menor, mientras que Juan Marco los dejó para regresar a Jerusalén (Hechos 13:13-14). En su viaje de regreso, Pablo y Bernabé se detuvieron en Perge de nuevo, pero esta vez predicaron antes de dirigirse a Adalia (14:25).

Galacia

Las siguientes ciudades formaron parte de la provincia romana, definida políticamente, de Galicia en el año 25 a.C. Estas se deben distinguir de la Galacia étnica, que es una región ubicada más al norte, alrededor de la actual Ankara.

Antioquía de Pisidia. Yalvaç moderna, o Antioquía de Pisidia, está al noreste de Isparta en el lago de la región. En su primer viaje misionero, Pablo y Bernabé predicaron en la sinagoga de este lugar y generaron gran interés por el evangelio (Hechos 13:14-43).

En el siguiente Sabat, casi toda la ciudad se acercó para escucharlos. Los líderes judíos estaban celosos e incitaron una persecución, lo que provocó que Pablo y Bernabé reorientaran su ministerio a los gentiles y luego dejaran la región para dirigirse hacia la ciudad de Iconio (13:26-51). Ambos regresaron a Antioquía para fortalecer a los discípulos y nombrar ancianos (14:21-23).

Iconio. Iconio, en la actualidad Konya, está a unas sesenta y cinco millas al sureste de Antioquía de Pisidia. Este es uno de los poblados más antiguos de la región, y data del tercer milenio a.C. Pablo y Bernabé predicaron en la sinagoga de este lugar en su primer viaje misionero, donde inicialmente habían convertido a judíos y gentiles, pero fueron odiados por otros judíos. Pablo y Bernabé con el tiempo temieron por su seguridad y escaparon a Listra y Derbe (Hechos 14:1-6). Sin embargo, ambos retornaron en su viaje de regreso a Antioquía (14:21-23). Es de notar también que Iconio es el hogar de la ascética Santa Tecla de los textos cristianos apócrifos del siglo II de los Hechos de Pablo y Tecla.

Listra. Frecuentemente mencionada con Derbe (Hechos 14:6; 16:1). Listra (actual Hatunsaray) está a diecinueve millas al sur de Iconio. Pablo y Bernabé huyeron de aquí desde Iconio para predicar. Pablo sanó a un hombre cojo, lo que significó que a él y a Bernabé los señalara la multitud entusiasta como Zeus y Hermes.

Por la instigación de los oponentes judíos de Pablo, la gente cambió de parecer y a Pablo casi lo matan a pedradas. Él y Bernabé se marcharon para dirigirse a Derbe al día siguiente (14:6-20), pero ellos volvieron en su viaje de regreso (14:21-23). Pablo regresó en su segundo viaje

CIUDADES DE ASIA MENOR MENCIONADAS EN EL NUEVO TESTAMENTO

misionero, en el que conoció a su protegido, Timoteo (16:1-2).

Derbe. A unas cincuenta millas al sureste de Listra y levemente hacia el norte está la actual Karaman, es decir, Derbe. Pablo y Bernabé huyeron de aquí tras el apedreamiento de Pablo en Listra durante su primer viaje misionero, en el que predicaron el evangelio, convirtieron a muchos en discípulos y nombraron ancianos (Hechos 14:21-23). Entre los discípulos probables estaba Gayo, que después acompañó a Pablo en su tercer viaje misionero (Hechos 20:4).

Puertos del Egeo Occidental

Troas. Troas fue el puerto más grande del noroeste ubicado a unas doce millas al suroeste de Troya. En su segundo viaje misionero, Pablo se trasladaba junto a Silas y Timoteo, pero el Espíritu de Cristo le advirtió que no entrara a Bitinia, por lo que en cambio se dirigió a Troas.

Aquí él tuvo una visión en la que vio a un hombre de Macedonia, así que obedeció de inmediato (Hechos 16:6-11). Dado que este es el primero de los así llamados pasajes "nosotros" en Hechos, es probable que Lucas se haya unido al grupo en esta instancia (16:10). Pablo también se detuvo en Troas en su regreso a Jerusalén durante su tercer viaje misionero. Ahí él levantó a Eutico tras su caída traumática (20:4-12).

Troas se menciona dos veces más, lo que sugiere que Pablo pasó tiempo aquí además de los otros sitios mencionados con anterioridad (2 Corintios 2:12-13; 2 Timoteo 4:13).

Adramittio. A unas cuantas millas al sur de Troas se encuentra el puerto de Adramittio. Este fue el origen del barco en el que viajó Pablo de Cesarea a Mira alrededor del año 60 d.C. en su ruta hacia Roma (Hechos 27:2).

Aso. Aso es una acrópolis que se sitúa a 774 pies sobre el nivel del mar, arriba de la villa de Behramkale. Tiene una vista panorámica a la bahía de Edremit y tiene una vista espléndida de Lesbos. En este lugar son prominentes las columnas dóricas del siglo VII a.C. del templo de Atenas. Según Hechos 20:13-14, en su regreso del tercer viaje misionero, Pablo pasó por tierra desde Troas hasta Aso, y ahí él se unió a sus compañeros de viaje en un barco. Desde aquí hasta su recorrido a Mileto, ellos hicieron varias paradas cercanas a la isla de la costa de Asia Menor: Mitilene en Lesbos, Quíos y Samos (20:14-16).

Mileto. Ubicada a unas veinte millas al sur de Éfeso, en el punto donde el río Meandro se encuentra con el Golfo Látmico (en la actualidad está obstruido), fue un puerto importante al suroeste de Mileto. La ciudad era relevante en la era del Nuevo Testamento por sus cuatro puertos. Fue un centro de comercio, erudición, geometría y ciencias, además de ser el prototipo de los principios de planificación urbana que después se aplicaron por todo el Imperio Romano. En su tercer viaje misionero, aquí es donde Pablo se despide de los ancianos efesios (Hechos 20:15-38). Después él dejó al enfermo Trófimo en Mileto (2 Timoteo 4:20).

Puertos del Suroeste

Pátara. A los pies de la costa mediterránea en la boca del río Janto, a unas cuarenta millas al oeste de la actual Demre, Pátara fue un próspero puerto y centro comercial en la antigüedad. Pablo se cambió de un barco a otro aquí cuando regresó a Jerusalén de su tercer viaje misionero, después de las paradas en las islas en Cos y Rodas (Hechos 21:1-2).

Mira. Mira es una ruina costera al sur de la actual Demre. En la era del Nuevo Testamento, el puerto marítimo tenía un teatro romano, termas romanas y dos necrópolis excavadas en roca. Aquí, Pablo se cambió de barco alrededor del año 60 d.C. en su ruta a Roma mientras estaba en la custodia de un centurión (Hechos 27:5). Mira es quizá mejor conocida como el hogar del obispo del siglo IV San Nicolás, que era oriundo de un lugar cercano a Pátara.

Cnido. En la punta de la larga y estrecha península de Datca en la esquina del extremo suroeste de Asia Menor yace Cnido. Descubierta alrededor del año 360 a.C., la acrópolis se erige a 1 000 pies sobre el nivel del mar. La ciudad portuaria incluye dos puertos y cuatro teatros, pero era más famosa por su estatua de Afrodita del siglo IV a.C., que fue esculpida por el escultor ateniense Praxíteles. Cerca del año 60 d.C., el barco en el que iba Pablo hacia Roma se detuvo en este lugar por los vientos lentos, por lo que cambiaron de curso (Hechos 27:7).

Las Siete Iglesias del Apocalipsis; el Valle de Lycos

Las siete iglesias de Apocalipsis 1-3 yacen junto a una ruta elíptica de norte a sur en el occidente de Asia Menor. Laodicea, la séptima iglesia, forma un triángulo geográficamente estrecho con Hierápolis y Colosas en el Valle de Lycos.

Éfeso. Conocida en la actualidad como Selçuk, la antigua localidad de Éfeso se encuentra en la costa Egea de Asia Menor en la boca del río Caístro. Fue fundada en el siglo XI a.C. por los jónicos y después gobernada con éxito por los atenienses, espartanos, persas y griegos. El gobierno romano comenzó en el año 190 a.C. Después, Éfeso se convirtió en la capital de la provincia de Asia como también en el centro comercial más importante.

Durante la era del Nuevo Testamento, para los artemisios (ver Artemisa) fue un importante sitio de peregrinaje. Pablo se detuvo brevemente en Éfeso en su segundo viaje misionero, dejando a Priscila y Aquila. Más tarde ellos se encontraron con Apolos y lo orientaron (Hechos 18:19-26). En su tercer viaje, Pablo permaneció en Éfeso por tres años, en los que enseñó, realizó milagros y sanó enfermos (19:1-22) hasta que comenzaron los disturbios incitados por Demetrio el platero (20:1).

Pablo escribió la primera epístola a los corintios en Éfeso (1 Corintios 16:8) y posteriormente le escribió a los efesios desde la celda de su prisión en Roma (Efesios 3:1) como también a Timoteo en Éfeso (1 Timoteo 1:3). En Apocalipsis 2:1-7 la iglesia efesia es elogiada por su perseverancia, pero reprendida por perder a su primer amor.

Esmirna. Esmirna (conocida en la modernidad como İzmir) está ubicada a unas treinta y cinco millas hacia el norte a lo largo de la costa desde Éfeso. En el año 195 a.C., se convirtió en la primera ciudad de Asia Menor en erigir un templo para el culto imperial, y en el siglo siguiente fue conocida como "el ornamento de Asia". En la carta, que no se menciona nada negativo, se alienta a la iglesia a ser fiel durante su sufrimiento (Apocalipsis 2:8-11).

Pérgamo. A unas setenta millas al norte de Esmirna está Pérgamo (actual Bergama). La deslumbrante acrópolis desde la base mide mil pies de altura y cerca de dieciséis millas tierra adentro desde Egeo.

Los atálidos, que gobernaron en 263-133 a.C., se aliaron con Pérgamo y Roma para construir un mayor centro religioso e intelectual, por lo que construyeron el gran altar para Zeus Sóter, el templo para Atenas de Nicéforo y el gran complejo dedicado a Asclepios Sóter. Ellos también establecieron un culto gobernante y construyeron una biblioteca que contenía doscientos mil volúmenes, que incluso hasta la cima quedaba en segundo lugar solo después de la biblioteca en Alejandría.

La carta para la iglesia (Apocalipsis 2:12-17) hace referencia al trono de Satanás, que muchos creyeron que era una referencia al altar de Zeus. La iglesia es elogiada por su fidelidad, pero a su vez es reprendida por tolerar aquellas prácticas paganas propugnadas dentro de la comunidad.

Tiatira. Tiatira (en la actualidad llamada Akhisar) está a unas treinta y cinco millas al suroeste de Pérgamo. Fue reconocida principalmente por tener importantes concentraciones de gremios de comercio, especialmente los que están relacionados con el sector textil. Lidia, discípula de Pablo y anfitriona en Filipos, era una comerciante vestida con prendas moradas oriunda de Tiatira (Hechos 16:14). La iglesia es elogiada por sus buenas acciones, pero criticada por tolerar a la falsa profetisa Jezabel (Apocalipsis 2:18-29).

Sardis. A cuarenta y cinco millas al este de Esmirna, en la orilla del río Pactolo, está Sardis, donde Creso, rey de Lidia en el siglo VI a.C., se dice que fue criticado por asuntos relacionados con oro. Él también construyó aquí un impresionante templo jónico para Artemisa.

Por medio de evidencia arqueológica se señala que hubo una presencia importante de comunidades judías en Sardis, tema que no existe en el Nuevo Testamento. La carta para Sardis es una severa advertencia para que despierte, destacando hechos incompletos y la impureza por parte de la iglesia (Apocalipsis 3:1-6).

Filadelfia. Filadelfia (actual Alaşehir) está a veintiséis millas al suroeste de Sardis en el río Cogamis. La ciudad se destaca por su producción de vino, por lo que se le apodó como la "pequeña Atenas" durante la era romana. La carta para Filadelfia es perfectamente positiva; la iglesia es elogiada por sus acciones y fidelidad (Apocalipsis 3:7-13).

Laodicea. Laodicea está ubicada a cien millas al este de Éfeso, en un valle donde el río Lycos se encuentra con el Meandro; Hierápolis está justo al norte y Colosas al este. Laodicea fue fundada en el siglo III a.C. por el rey seleúcido Antíoco II, que lo nombró así por su esposa. Cicerón sirvió como procónsul ahí en el año 51 a.C.

La odicea era una ciudad próspera, un centro bancario, un lugar para encontrar ungüento para ojos ("polvo frigio") y producción de lana. La ciudad tenía suministros de agua por medio de acueductos desde las termas de Hierápolis, pero llegaba tibia y pesada con impurezas minerales, que además no era comparable con su fuente cálida o con los manantiales helados de Colosas. La carta para Laodicea emplea todo su historial en su duro mensaje para la iglesia, que se describe como tibia, pobre, ciega y desnuda (Apocalipsis 3:14-2).

Hierápolis. A ocho millas al norte de Laodicea se sientan dramáticamente encima unos acantilados blancos creados por sus termas (Colosenses 4:13). La ciudad era el hogar de la reputada entrada al inframundo, el plutonio, y tenía una enorme acrópolis.

Colosas. Colosas, a diez millas al este de Laodicea, era un centro característico por teñir lana de rojo. Aunque era rica a finales del siglo IV a.C., fue posteriormente eclipsada por Laodicea.

Las iglesias de Laodicea, Hierápolis y Colosas (esta es la más antigua de las tres ciudades) fueron visitadas al principio por Epafrás. Él compartió cartas, incluyendo la de Pablo a los colosenses (Colosenses 4:13-16). El esclavo Onésimo la tomó junto con la carta para Filemón hasta Colosas, donde Filemón fue el anfitrión de la iglesia de la casa (Colosenses 4:9; Filemón 10-12).

ASIARCH Título de honor entregado a ciertos hombres que residían en la provincia romana de Asia. La naturaleza exacta de su rol y propósito está abierta al debate, pero en general se acepta que ellos fueron parte de una clase gobernante e influyente, con posibles ataduras al emperador culto de Roma. Pablo tenía amigos en esta clase, y ellos jugaron el papel de mantenerlo alejado del peligro en Éfeso al aconsejarle que no ingresara al teatro (Hechos 19:31).

ASIEL Príncipe en la tribu de Simeón durante el reinado de Ezequías y el bisabuelo de Jehú (1 Crónicas 4:35-40). En la literatura intertestamentaria, Asiel es el nombre de un ancestro de Tobit (Tobit 1:1) y uno de los cinco escribas que estaban bajo el comando de Esdras y que estuvieron involucrados en la restauración de las Escrituras (2 Esdras 14:24).

ASIGNACIÓN La asignación de tierras al oeste del Jordán entre las nueve tribus y media se hizo mediante sorteo. El resultado del sorteo se consideró como si estuviera bajo la dirección de Dios (Pr. 16:33), este procedimiento reflejaba la creencia de que Dios tenía posesión de la tierra prometida. Moisés lo ordenó (Nm. 26: 52-56) y Josué lo llevó a cabo en Silo (Jos. 13-19). El uso de "porción" en Sal. 16:5-6, como metáfora, recuerda que a la tribu de Leví no se le dio ninguna asignación, solo tierra de lo que se asignó a otras tribus (Nm. 18: 20-24).

ASIMA Es una deidad de origen desconocido, creada y adorada por la gente de Hamat después de que los reubicaran a Samaria por Sargón II (a finales del siglo VIII a.C.; 2 Reyes 17:30). Una posible interpretación de "Asima" puede que signifique "el nombre" y, por lo tanto, se refiera a Anat, Astarté o Asera, todas manifestaciones de Baal. Otra forma de este nombre fue encontrada en la comunidad judía en Elefantina c. 400 a.C. como un consorte de Jehová. Otra posible referencia de Asima se encuentra en Amós 8:14, donde Israel hizo un juramento por el "pecado de Samaria" (NRSV: "Asima de Samaria").

A

"Vergüenza" es otra posible traducción de la palabra Asima.

ASÍNCRITO Romano cristiano que Pablo saluda al final de su carta a la iglesia en Roma (Romanos 16:14).

ASIR **(1)** Hijo de Coré, y líder de uno de los clanes coreítas (Éxodo 6:24). **(2)** Dos descendientes de Coré varias generaciones dentro de su genealogía (1 Crónicas 6:22-23). **(3)** Posiblemente uno de los hijos de Jeconías (Joaquín) en 1 Crónicas 3:17 (así también escrito en KJV), pero aquí la palabra indica muy probablemente una denominación del propio Joaquín (NVI: "Joaquín el cautivo" [*ver* 2 Crónicas 36:9-10]), que no es un nombre propio separado (cf. LXX: lechonia-asir).

ASIRIA

Geografía y Orígenes

El centro geográfico de Asiria constaba de un triángulo que se forma entre las montañas kurdas, el río Tigris y el río Gran Zab (que desemboca en el Tigris).

Este triángulo en la actualidad se encuentra dentro de Irak y en su mayor parte contenía las cuatro ciudades más importantes en la historia de la antigua Asiria: Asur, Nínive, Arbela y Cala. En el punto más alto de su poder, el Imperio Asirio se extendió mucho más allá de esta región geográfica, pero esta zona central se usó como base política y social a lo largo de su historia.

Aunque hubo algunas ciudades-estado individuales como Asur y Nínive en esta tierra céntrica durante el tercer milenio a.C., Asiria como una entidad política unificada no surgió hasta mediados del segundo milenio. Aparte de una breve alianza de algunas de las ciudades-estado bajo el comando de Shamshi-Adad I en el siglo XVIII a.C., que en aquellos tiempos no se le llamaba Asiria, el primer estado político asirio comenzó con Ashur-uballit I (c.1364-1329 a.C.).

Desde los primeros tiempos, la falta de ciertos recursos en la zona central y la ubicación de estas ciudades-estado a lo largo de las principales

EL IMPERIO ASIRIO

rutas comerciales significaron que el comercio se convirtiera en un componente central de la economía asiria.

Historia Política y Militar

El periodo medio asirio (1364-934 a.C.). El primer gran gobernante de Asiria fue Ashur-uballit I, que gobernó por treinta y cinco años. Durante su reinado, él controló Babilonia hacia el sur, pero durante los cincuenta años posteriores a su muerte, sus descendientes perdieron el control de Babilonia debido al ascenso que hubo de la dinastía casita. En el año 1273 a.C., con el ascenso del bisnieto de Ashur-uballit, Salmanasar I, Asiria comenzó a crecer hasta convertirse en un imperio que dominó el antiguo Cercano Oriente. Él derrotó a los hititas y a los arameos y añadió el territorio de Mitanni al oeste. El método brutal de guerra y el tratamiento de los cautivos fueron hechos por los que Asiria se volvería famoso, y esto ya se podía ver en las descripciones de Salmanasar sobre sus campañas militares. Después de la muerte de Salmanasar I, su hijo Tukulti-Ninurta I (c. 1243-1207 a.C.) expandió aún más el estado asirio gracias a una serie de exitosas campañas militares. Él derrotó a los hititas que resurgían hacia el oeste y a un número de personas agrupadas en las montañas al norte y al este. No obstante, lo más importante fue que él conquistó y recuperó Babilonia en el sur. Esto tuvo dos implicaciones significativas.

En primer lugar, con Babilonia ahora sometida, el único control importante sobre el poder asirio fue eliminado, dejando a los asirios libres para expandirse. En segundo lugar, los elementos de la cultura babilónica fueron integrados con mayor facilidad a la cultura asiria. De hecho, al parecer habían transportado la estatua del dios Marduk desde Babilonia hasta Asiria. Tukulti-Ninurta tiempo después fue asesinado en una revuelta en el palacio liderada por su hijo. Los conflictos internos del imperio (que se materializaron en este golpe), junto con factores externos que resultaron en una mayor amenaza del oeste, provocaron un período de declive para el Imperio Asirio que duraría un poco menos de un siglo.

Aunque Asiria recuperó estabilidad interna y prosperidad bajo el comando de Ashur-resh-ishi I (c. 1132-1115 a.C.), el siguiente resurgimiento del poder asirio llegó con la ascensión de Tiglat-pileser I (1114-1076 a.C.) al trono. En el mismísimo comienzo de su reinado, Tiglat-pileser contraatacó con éxito una arremetida del oeste por los mushku. Su exitosa campaña contra los mushku dio inicio a una expansión hacia el oeste con la que el Imperio Asirio adquirió territorios y botines, pero también provocó un conflicto con los arameos, que tenían su base en Siria, pero que querían expandirse a Mesopotamia.

Cuando las tropas de Tiglat-pileser se enfrentaron con las fuerzas arameas en Jebel Bishri en el centro de Siria, los asirios obtuvieron la victoria, por lo que adquirieron toda Siria y le permitió a Tiglat-pileser presionar por todas las fronteras del Imperio Asirio hasta el Mar Mediterráneo. Al sur, Tiglat-pileser también dirigió campañas exitosas en las que capturaron las principales ciudades babilónicas como Babilonia y Sippar.

En el momento de su muerte en el año 1.076 a.C., el Imperio Asirio se extendía desde el Mar Mediterráneo en el oeste hasta el Golfo Arábigo en el sureste, es decir, el dominio fue incomparable dentro de la historia anterior del antiguo Cercano Oriente. Este éxito radical de Tiglat-pileser también dio como resultado desarrollos culturales, incluyendo proyectos de construcción sustanciales y la compilación de legislación y edictos por parte de escribas profesionales.

El Imperio Neoasirio (934-612 a.C.). Tras la muerte de Tiglat-pileser, Asiria entró en otro período de declive debido a la ausencia de una estructura administrativa que fuera suficiente para gobernar el enorme territorio del imperio y al control de la creciente presión de los arameos. Sin embargo, Asiria volvió a ganar estabilidad bajo el comando de Ashur-dan II (c. 934-912 a.C.).

Él comenzó a renovar las campañas militares para recuperar las tierras que anteriormente ocupaban y fortificaban la ciudad capital de Ashur. Sus dos sucesores, Adad-nirari II (911-891

A

a.C.) y Tukulti-Ninurta II (890-884 a.C.) continuaron las exitosas campañas militares y ambiciosos proyectos de construcción. Este renacimiento del Imperio Asirio bajo el mandato de Ashur-dan II marca el comienzo de lo que los historiadores llaman el Imperio Neoasirio, una era de poder que duraría trescientos años y que crecería para superar los logros de todos los reinados anteriores de Asiria. En el año 883 a.C., Asurnasirpal II llegó al poder. Bajo su mando, el ejército asirio se organizó mejor y, por lo tanto, fue más eficiente al momento de participar en campañas militares de forma regular en vez de ser algo esporádico. También hubo un aumento en la brutalidad ejercida por el ejército asirio para disuadir a los estados más pequeños cuando intentaban resistir la expansión de Asiria. Asurnasirpal II también construyó la pequeña ciudad de Cala y la convirtió en una localidad importante y reubicó allí la capital de Asiria.

Poco después de heredar el imperio asirio en el año 858 a.C., el hijo de Asurnasirpal II, Salmanasar III, se enfocó en el norte y en el oeste para dar inicio a un movimiento que establecería el control asirio sobre esos territorios. En el año 853 a.C. él desmanteló una alianza del norte y luego continuó hacia el sur.

En Qarqar, las tropas de Salmanasar se enfrentaron con la coalición de Damasco, que consistía en una serie de naciones, incluyendo a Israel con el rey Ajab, que se habían agrupado para resistir la intrusión asiria.

Esta batalla no se menciona en la Biblia, pero la naturaleza desigual de la victoria reclamada por los asirios parece exagerada, ya que Salmanasar continuó luchando contra la coalición de Damasco durante la próxima década. En el año 841 a-C., el rey Jehú de Israel, Tiro y Sidón se habían sometido voluntariamente al control asirio.

A medida que Salmanasar envejecía, delegaba más y más autoridad a los que estaban debajo de él, creando fricción entre sus subordinados e hijos sobre la dirección de la monarquía. Aunque el hijo de Salmanasar, Shamshi-Adad V (823-811 a.C.), surgió como monarca después de la muerte de su padre, la inestabilidad dentro del reino y la creciente amenaza externa del imperio urartiano hacia el norte ocasionaron el debilitamiento del Imperio Asirio que duraría casi un siglo hasta el ascenso al trono de Tiglat-pileser III en el año 744 a.C.

Con la ascensión de Tiglat-pileser III (744-727 a.C.) al trono, el imperio entró en un período de cien años que sería la edad de oro del dominio asirio en el antiguo Cercano Oriente. Además de reclamar tierras perdidas a Urartu en el siglo anterior, él reafirmó el control asirio sobre Damasco, Hama, Biblos, Tiro y Samaria. Poco después, el rey Peka de Israel y el rey Rezín de Damasco se unieron para resistir la hegemonía asiria en lo que se llama la "coalición siro-eframita".

Cuando ellos trataron de obligar al rey Acaz de Judá a unírseles, este apeló a Tiglat-pileser por ayuda a cambio de lealtad, lo que significó ir en contra del consejo de Isaías (*ver* 2 Reyes 16, 2 Crónicas 28, Isaías 7). En el año 734 a.C., Tiglat-pileser aplastó a la coalición, por lo que capturó Gaza y la convirtió en un centro comercial entre Asiria y Egipto. Además de mejorar el ejército y reestructurar la administración del imperio, Tiglat-pileser instituyó la política de deportar y exiliar a los súbditos que se rebelaban en su contra, una política que sus sucesores continuarían.

El siguiente rey de Asiria, Salmanasar V, gobernó solo por cuatro años (726-722 a.C.). Su principal importancia es que conquistó Samaria, la capital del reino del norte de Israel (*ver* 2 Reyes 17-18), aunque fue asesinado en ese mismo tiempo. El siguiente rey, Sargón II (721-705 a.C.), exilió a los israelitas del norte y estableció en su lugar a los pueblos de Siria y Babilonia. Sargón también construyó una capital completamente nueva, Dur Sharrukin, a unas pocas millas al norte de Nínive.

En el año 704 a.C., el hijo de Sargón, Senaquerib, ascendió al trono y estableció la capital asiria en Nínive. El reino de Judá y su capital, Jerusalén, se convirtieron en su primera prioridad para Senaquerib porque Judá no solo rechazaba la sumisión a Asiria, sino que también se alió con Egipto y Etiopía contra Asiria. En el año 701 a.C., Senaquerib invadió Palestina, y en Elteque las tropas asirias se enfrentaron con una coalición de fuerzas egipcias y etíopes que habían llegado para ayudar a Ezequías, rey de Judá. Después de derrotar a estas fuerzas, Senaquerib marchó hacia Jerusalén. En su camino, él arrasó los campos de Judea y exilió a los habitantes. La peor parte de los destrozos ocurrieron en la región de Sefelá, especialmente en la ciudad de Laquis. Aunque Senaquerib no se menciona explícitamente, estas circunstancias son las que parecen estar reflejadas en Miqueas 1:8-16. Cuando el ejército de Senaquerib llegó a Jerusalén, puso un asedio en la ciudad capital. Aunque Senaquerib había ido a Libna, él envió a Rabshakeh (un oficial superior del ejército asirio) para presionar sus reclamos. El relato del enfrentamiento entre Ezequías y Rabshakeh se menciona en tres lugares de la Biblia: 2 Reyes 18-19; 2 Crónicas 32; e Isaías 36-37. Según la Biblia, el ángel del Señor masacró gran parte del ejército asirio, lo que obligó a los supervivientes a retirarse y entregar Jerusalén. Los relatos variados son dados por Josefo (Ant. 10.1.4-5) y Heródoto (Hist. 2.141).

Tras la muerte de Senaquerib en el año 681 a.C., su hijo Asarhaddón tomó el control del Imperio Asirio hasta el 669 a.C. Durante su reinado, Asiria obtuvo control superficial de Egipto. Antes de su muerte, él nombró a Asurbanipal como heredero de Asiria (668-612 a.C.), pero convirtió a Shamash-shum-ukin en el rey de Babilonia. Este fatídico movimiento con el tiempo provocó la caída de Asiria porque condujo al pueblo a una guerra civil. Con recursos ya agotados por el vasto imperio, Asiria se derrumbó a fines del siglo VII a.C. en una coalición de fuerzas babilónicas, medios y escitas. El final llegó rápidamente, y en el año 612 a.C. Nínive fue saqueada (ver el libro de Nahum) y nace el Imperio Neobabilónico.

Cultura y Religión

Una característica clave de la cultura asiria fue el militarismo. La guerra no era simplemente un medio de supervivencia, sino que también estaba en el corazón de toda la estructura social asiria, desde el rey hasta el campesino más pobre. Las inscripciones asirias están repletas de jactancia sobre las campañas militares y las victorias, que eran un requisito central para que el reinado de un rey fuera considerado exitoso. Entre la población en general, el deber de un guerrero era muy apreciado, y todos los hombres eran vistos como posibles soldados.

Debido a la inclinación militarista e imperial de la cultura, la sociedad disfrutaba de un alto estándar de vida bajo el mando de monarcas exitosos. Además de la abundancia natural del centro asirio, el control sobre un gran sector de estados vasallos sometidos ocasionó enriquecimiento a través de impuestos y tributos. El carácter militarista de la cultura también es evidente en las formas de recreación favoritas de los asirios: la caza, la arquería, el lanzamiento de jabalina, entre otros.

Sin embargo, aunque la cultura asiria era bastante próspera, hubo poca producción literaria. En cambio, los asirios se contentaron en gran parte al pedirles prestado a los babilonios sus trabajos sobre ciencia, religión e historia. Durante su reinado, Asurbanipal envió siervos a lo largo de Babilonia para recopilar tanta literatura babilónica como fuera posible. Luego él armó una biblioteca en Nínive para albergar estos textos. La biblioteca contenía una gran cantidad de obras de referencia sobre la práctica de la adivinación y las obras léxicas. También hay obras literarias como mitos y epopeyas, himnos y oraciones, y algunos relatos históricos.

¿La religión asiria también fue influenciada por creencias y prácticas babilónicas. Ambas culturas eran politeístas, aunque hay listas que dan un orden jerárquico de ciertos dioses. El principal dios de la cultura asiria fue Ashur, pero la diosa Ishtar y los dioses Ninurta, Shamash, Adad y Sin también fueron importantes. Las deidades babilónicas Marduk, Enlil y Nabu también se abrieron paso en la práctica religiosa asiria, y la fiesta religiosa más importante de Asiria era el festival de Año Nuevo, que fue fuertemente influenciado por la religión babilónica.

Cada dios o diosa tenía un centro de culto con un zigurat y sacerdotes y un calendario de rituales religiosos. En la religión asiria, el rey desempeñó un papel especialmente prominente porque era el principal sacerdote y, aunque en realidad no era divino, se consideraba el

A

representante de la deidad, y su presencia era necesaria en algunas ceremonias religiosas como el festival de Año Nuevo.

En la época del periodo neoasirio, la adivinación tuvo un papel importante en la religión asiria porque se creía que las personas podían leer la voluntad de los dioses, incluyendo los acontecimientos del futuro, a través de rituales altamente desarrollados.

Aquellos que recibieron entrenamiento en adivinación, con frecuencia de los babilonios, podían discernir los signos a través de la aruspicina (examinaban las entrañas de animales de sacrificio), la hepatoscopía (leían los hígados de animales), la astrología (estudiaban las estrellas) u otros eventos inusuales como sueños o defectos de nacimiento. Este ambiente religioso también produjo un uso generalizado de la brujería y la magia, que proporcionó una vía de participación religiosa para el plebeyo, algo que no estaba disponible en los cultos oficiales.

ASMÓN Lugar en la frontera del sur de la tierra prometida de Israel que fue asignada a Judá (Números 34:4; Josué 15:4) en la zona de Cades Barnea. Algunas personas identifican este sitio con Ain el-Qoseimeh, mientras que otros creen que se le debería relacionar con Ain Muweileh.

ASNAPAR El nombre arameo de Asurbanipal, que era hijo de Esar-hadón, nieto de Senaquerib y el último gran rey de Asiria (668-627 a.C). Se menciona una vez en la Biblia, en Esd. 4:10, que señala que él deportó a varios grupos de personas a Samaria y a otras partes al occidente del Éufrates. Más notablemente, él constituyó la gran biblioteca cuneiforme en Nínive.

ASNAPPAR *Ver* Asrapas.

ASNO *Ver* Burro

ASO Puerto marítimo en el Mar Egeo. Pablo se encontró con Lucas y otros allí al regreso después de su tercer viaje misionero (Hechos 20:13-14).

ASOMBROS *Véase* Milagros; Signo.

ASPATA Uno de los diez hijos de Amán, que fueron asesinados por los judíos bajo el permiso de autodefensa otorgado por el rey Jerjes (Asuero) (Ester 8:11). A pedido de Ester al rey, sus cadáveres fueron colgados en exhibición pública (9:7-14).

ASPENAZ Jefe eunuco en la corte del rey Nabucodonosor (Daniel 1:3), al que el rey le encargó la tarea de traer y entrenar a algunos hombres jóvenes israelitas para servir en su corte. Aspenaz cambió los nombres de Daniel y de sus tres amigos por nombres babilónicos. Siguiendo las órdenes del rey, Aspenaz se rehusó a que los cuatro jóvenes mantuvieran una dieta basada en verduras y agua, pero Daniel descubrió una manera para evitar la dieta que solicitaba Nabucodonosor.

ASQUELÓN *Ver* Ascalón.

ASQUENAZ Es el primer hijo de Gomer, que es el primer hijo de Jafet (Génesis 10:2-3); por lo tanto, Asquenaz es el bisnieto de Noé. La oración "reino de Asquenaz" aparece junto con el de Ararat y de Mini, que fueron llamados para oponerse a Babilonia (Jeremías 51:27). El nombre se asocia con la palabra neoasiria Ishkuza, que Heródoto registra como los escitas.

ASRIEL, ASRIELITAS Asriel fue un bisnieto de Manasés (Números 26:31); en un caso menos probable, fue el hijo de Galaad (1 Crónicas 7:14). A los asrielitas se les dio tierra en el lado occidental del Jordán (Josué 17:2).

ASSAYER Término arcaico para referirse alguien que trata o intenta. En la Biblia KJV, la palabra se refiere específicamente a alguien que trata o prueba metal para determinar la cantidad de metal precioso presente, y luego se aplica en un sentido metafórico a quienes prueban el temple espiritual de las personas. Jeremías en su llamado lo identifica como alguien que prueba metales, o la pureza del pueblo de Israel (Jeremías 6:27).

ASTAROT **(1)** Diosa avalada por sirofenicios, palestinos y egipcios. En la Biblia, "Astarot" (precedida por el artículo hebreo) se menciona generalmente como la forma plural del nombre de la deidad (LBLA: "Astorets"; RVA-2015: "Astartes"; DHH: "Astarté").

El nombre se produce por la combinación con otras deidades, en el que es más frecuente el caso de Baal o "los Baales" (Jueces 2:13; 1 Samuel 12:10), pero también se da el caso con los dioses de los pueblos vecinos (Jueces 10:6) o con los "dioses extranjeros" (1 Samuel 7:3). "Astarot" en términos generales señala a las diosas que Israel persiguió en vez de seguir al verdadero Dios, Jehová. En 1 Samuel 31:10 se menciona un templo filisteo devoto a "las Astorets". En esta ocasión, "Astarot" quizá debería traducirse como "Astorets" (*ver siguiente* discusión).

La forma singular, traducida en la NVI como "Astarot" (DHH, NBD: "Astarté") se utiliza exclusivamente en conexión con "las diosas de los sidonios". Salomón adoraba a Astoret (1 Reyes 11:5); en consecuencia, el verdadero Dios, Jehová, provocó la secesión de las tribus del norte (1 Reyes 11:31, 33).

Josías posteriormente destruyó el santuario que Salomón había construido para Astoret (2 Reyes 23:13). "Astoret" puede reflejar la imposición de las vocales en boset ("vergüenza") para el nombre de la deidad. Alternativamente, se propone que "Astarot" es la vocalización hebrea del nombre de la deidad (un término singular que se duplica como un plural) mientras que "Astoret" es la vocalización fenicia. La Biblia se refiere a esta diosa como una deidad extranjera, y no es una sorpresa que en los antiguos textos del Medio Oriente atestigüen su nombre.

En Ugarit, Astoret era conocida como Astarté. Ella aparece rara vez en los textos mitológicos y, por lo general, es mencionada en conjunto con la diosa Anat. Astarté (así como Anat) era la hija de él y además se asume que fue la cónyuge de Baal. Era necesario conocer una evidencia directa de lo anterior; sin embargo, la denominación "Astarté, nombre de Baal" sugiere que Astarté personificaba el honor de Baal o que era su contraparte.

Un atributo que se destaca de Astarté es su belleza (que se alude en la Épica de Kirta), lo que indica por una parte su naturaleza sensual. En otro lugar, a ella se le representa como una cazadora, lo que sugiere un aspecto marcial. A Astarté se le identifica con la diosa mesopotámica Ishtar en las listas del panteón y también en los epítetos "Astarté de Mari" y "Astarté de Hur" (aunque aquí "Astarté" puede ser una designación para "diosa"). Esto, junto con la posterior asociación a Afrodita, ha promovido la percepción de Astarté como una diosa de la fertilidad. También se propone una asociación (planetaria) con Venus, pero esto no se ha comprobado en Ugarit.

En Egipto, la adopción semítica de dioses como Astarté se generalizó durante el periodo del Nuevo Reino y lo que ocurrió posteriormente (después del año 1570 a.C.). Astarté y Anat fueron asignadas como las hijas de Ra y como cónyuges de Seth (al que se le identifica con Baal). En un texto a Anat y a Astarté se les describe como embarazadas que no dan a luz, que probablemente es una manifestación de su asociación con Seth, dios del desorden. Más importante, de hecho, es que Astarté era una diosa de la guerra, que era representada desnuda montada a caballo con armas en mano. Su culto se centraba en la ciudad delta de Pi-Ramsés, donde se ubicaba su templo. La prevalencia de Astarté en Egipto fue supuestamente comparable a la de Asera en Palestina.

Entre los fenicios también se extendió la veneración a Astarté. Ella se convirtió en la deidad femenina predominante en Tiro y Sidón, desviando la atención por la devoción a Asera. Muchos reyes de Sidón portaban el título de "sacerdote de Astarté". Durante los períodos helenísticos y romanos, Atargatis (que es una combinación de Astarté y Anat) era adorada por toda Siria. (*Ver también* Asera). **(2)** Ciudad asociada a Og, rey de Basán (Deuteronomio 1:4). "Astarot" (sin el artículo hebreo) se refiere a una ciudad amorrea capturada de camino por los israelitas al dirigirse a las planicies de Moab (Números 21:33-35). La región fue asignada a la media tribu de Manasés (Josué 13:30-31), y la ciudad de los levitas (1 Crónicas 6:71). El concepto bíblico de Astarot se identifica con Tell Ashtarah, que está situado junto al Camino de los Reyes a veinte millas al este del Mar de Galilea y a doce millas al noroeste de Dera

A

(Edrei). La ciudad se menciona en los textos de execración egipcios (siglo XIX a.C.), en los registros de las ciudades conquistadas por Tutmosis III (siglo XV a.C.) y en las Cartas de Amarna (siglo XIV a.C.). En el año 732 a.C., Tiglat-pileser III deportó a la gente de Astarot.

ASTAROT KARNAIM *Ver* Karnaim.

ASTAROTH *Ver* Astarot.

ASTARTÉ *Ver* Astarot.

ASTORET *Ver* Astarot.

ASTRÓLOGO Persona que estudia las estrellas y su supuesto efecto sobre la personalidad y en la historia de los humanos. Tales individuos eran bien conocidos tanto en Mesopotamia como en Egipto, aunque el primero en la descripción está más representado en los textos bíblicos.

En varios lugares, los profetas del Antiguo Testamento ridiculizaban o atacaban a los astrólogos y sus prácticas (Isaías 47:13, Daniel 2:27, 4:7, 5:7, 11, Amós 5:26), que están estrictamente prohibidas en los códigos de la ley (Deuteronomio 4:19).

A pesar de que hay varios textos que pueden aplicarse a la astrología en el Nuevo Testamento, la única mención explícita de esta práctica se relaciona con los magos (Mateo 2) y Simón, Bar-jesús y Elymas (Hechos 8:9; 13:6, 8). Sin embargo, a la luz de las advertencias contra la astrología y el hecho de que es una afrenta a la fe en Dios, la narración del nacimiento de Jesús no debe leerse como una aprobación de la práctica, sino como un evento extraordinario en el que los cielos proclaman la venida del que nació como "rey de los judíos" (Mateo 2:2).

ASUÁN *Ver* Sevene.

ASUERO La forma hebrea del nombre persa del rey Jerjes. La NVI traduce "Asuero" como "Asuero" y coloca "Jerjes" en una nota al pie de página (Esd. 4:6, Est. 1:1). La Septuaginta del libro de Ester usa "Artajerjes" en vez de Asuero. *Véase también* Jerjes.

ASUPPIM Transliteración en la Biblia KJV de una palabra hebrea que aparece en 1 Crónicas 26:15, 17 que en versiones más recientes se traduce como "depósitos" (NVI) o "casa de provisiones" (RVA-2015).

ASURBANIPAL En el año 668 a.C., Asurbanipal sucedió a su padre, Asarhaddón, en Asiria mientras que su hermano Shamash-shum-ukin

Relieve que representa al rey asirio Asurbanipal en una caza de leones.

se convirtió en el gobernador de Babilonia. Asarhaddón hizo que sus vasallos juraran lealtad a sus dos hijos antes de su muerte. Ambos fueron capaces de gobernar pacíficamente junto al otro por diecisiete años, con Asurbanipal como su superior. Luego estalló una guerra civil entre ellos en el año 651 a.C., en la que el ganador fue Asurbanipal, pero hubo un gran costo a cambio. Poco se conoce sobre él tras su victoria, y quizás el debilitamiento de Asiria comenzó en ese punto.

A comienzos de su reinado, Asurbanipal conquistó Egipto hacia el sur hasta llegar a Tebas, mientras que hacia el este él derrotó a los medos, lo que le ayudó a los persas a abrirse camino. Asurbanipal puede que haya sido el rey que capturó a Manasés (2 Crónicas 33:11-12).

Asurbanipal no estaba destinado a sentarse en el trono hasta que su hermano mayor murió. Esto significó que su educación había sido diferente a la de un príncipe heredero. Más significativamente, él aprendió a leer y a escribir textos cuneiformes asirios, lo que era una tarea extraordinaria. Pero como rey, recopiló una impresionante biblioteca de trabajos "canónicos", hecho que ha sido invaluable para los historiadores desde su redescubrimiento.

ASUREOS En Génesis 25:3 los asureos se mencionan entre la lista de descendientes de Dedan, el nieto de Abraham por parte de Cetura. Mientras algunos consideran que aquí los asureos son como los fundadores del reino Asirio, por otro lado es probable que esto sea una referencia a una tribu cerca de Egipto que se menciona en inscripciones de Arabia del Sur. En la Biblia King James también se identifica "la compañía de los asureos" (bat-'ashurim) en Ezequiel 27:6 como trabajadores de marfil para Tiro, pero en la mayoría de las traducciones modernas se utiliza una división alterna de palabras y vocales para el idioma hebreo. Esto se puede considerar como una referencia a un tipo de madera y no a un grupo de personas. *Ver también* Ashuri.

ASURÍES *Ver* Asureos.

ASUR Uno de los hijos de Sem. Por lo general a Asur se le identifica como el progenitor de los asirios (Génesis 10:22). El nombre "Asur" también se asocia sinónimamente con la nación de Asiria, aplicando el concepto a la gente, capital, dios y a toda la nación en sí. Según lo escrito en Génesis 10, las personas habrían sido descendientes de Sem y, por lo tanto, eran semitas, así como los hijos de Israel.

ASVAT Descendiente de Aser, perteneciente a la casa de Jaflet (1 Crónicas 7:33).

ATAC Ubicación a la que David envió a algunos de sus saqueadores cuando él llegó a Siclag (1 Samuel 30:30). Hay quienes asocian esta localidad con Éter (Josué 15:42; 19:7) porque en este lugar se encuentra Asán junto a Éter y Atac en sus respectivas listas.

ATAD Después de la muerte de Jacob en Egipto, José y una gran compañía a su lado se dispusieron a enterrar a Jacob, según sus instrucciones, en una cueva cerca del campo de Macpela que Abraham le había comprado a los hititas. En el camino, ellos se detuvieron por siete días y lloraron en la trilla de Atad (Génesis 50:10-12).

Atad es probablemente el nombre del propietario de la trilla (para considerar una frase análoga, ver 2 Samuel 6:6; 24:16, 18), aunque podría ser parte del nombre de la trilla misma. En Jueces 9:14-15 y en Salmos 58:9, atad simplemente significa "espinas".

ATAI **(1)** Nieto de Sesán, un descendiente de Judá. Él nació de la hija de Sesán y del esclavo egipcio Jarha (1 Crónicas 2:35-36). **(2)** Uno de los guerreros de David perteneciente a la tribu de Gad que vino a ayudarlo en Siclag (1 Crónicas 12:11).

(3) Hijo de Roboam (y nieto de Salomón) y de su esposa Macá, a quien Roboam amó más que a cualquiera de sus otras esposas (2 Crónicas 11:20).

ATAÍAS Descendiente de Judá que, tras regresar del exilio en Babilonia, se asentó en Jerusalén (Nehemías 11:4).

ATALÍA **(1)** Hija de Acab y Jezabel, que después se convirtió en la esposa del rey judío Yoram y en la madre del posterior rey efímero, Ocozías (2 Reyes 8:25-27; 2 Crónicas 22:2). En la primera introducción de la Biblia al lector, a ella se le describe ominosamente como "una nieta de Omrí, rey de Israel," una dinastía que dañó profundamente la vida espiritual del reino del norte. Esta infección entró por medio de ella al reino del sur.

Ella motivó a su hijo Ocozías a seguir "los métodos de la casa de Ajab", por lo que de esta manera promovía la falsa adoración a Baal en Jerusalén (2 Crónicas 22:3). Cuando su hijo murió a manos de Jehú, ella exterminó a la familia real de Judá y reinó sobre la tierra (2 Reyes 11).

Solamente Joás, el hijo pequeño de Ocozías, escapó de la purga y permaneció escondido por seis años. En el séptimo año de su reinado (836 a.C.) Joyadá el sacerdote sacó a Joás de su escondite y organizó un golpe en un palacio contra Atalía, que posteriormente fue ejecutada. La destrucción de la parafernalia de la adoración a Baal y la masacre del sacerdote de Baal fueron eventos que ocurrieron inmediatamente después de su muerte.

(2) Hijo de Jeroán, un benjamita, que regresó del exilio (1 Crónicas 8:26). **(3)** Padre de Jesaías, cuyo hijo, junto con setenta miembros de esta familia laica, regresó del exilio con Esdras (Esdras 8:7).

ATALIA Fundada por Atalo I Filadelfo de Pérgamo (159-138 AC) en la costa sur de Asia Menor cerca de la boca del río Cestrus (actual Aksu). Atalia (actual Antalya o Adalia) sirvió como ciudad portuaria para Perga. Pablo pasó por Atalia en su primera campaña misionera (Hechos 14:25-26). *Ver también* Asia Menor, Ciudades de.

ATAR Y LIBERAR Atar puede significar restringir físicamente a una o varias personas (Jueces 15:13; 2 Reyes 25:7; Job 16:8; Salmos 119:61; 149:8) y sanar, como una herida (Isaías 61:1; Ezequiel 34:16; Oseas 6:1), o hacer legalmente un juramento constrictivo (1 Samuel 14:27-30; Nehemías 10:29; Jeremías 50:5). Lo opuesto a atar es soltar o liberar, que puede describir literalmente a alguien que es liberado de un vínculo (por ejemplo, Hechos 16:26) o que se libera de algo que lo ata.

La ley, que era un pacto vinculante entre Israel y Dios, debe llevarse literalmente amarrada en la frente de la persona como un recordatorio (Deuteronomio 6:8; 11:18). Los que no eran israelitas y que deseaban identificarse con el Dios de Israel podían atarse a sí mismos a sus leyes (Isaías 56:6). En Números 30:6, 9, 13, una mujer joven que aún vivía en el hogar de su padre podía hacer un juramento obligatorio sólo si el padre no estaba en desacuerdo. Si él estaba en contra, se podía anular y ella quedaba libre de la promesa (30:5).

Esto es lo mismo que aconteció en el caso de la mujer casada, cuya aprobación tenía que venir del esposo. Sin embargo, todas las promesas que hacían las viudas o las mujeres divorciadas eran obligatorias, puesto que no había ningún hombre en sus vidas que pudiera invalidar sus juramentos (30:9). A pesar de que los contratos eran vinculantes, algunos tenían límite de tiempo. Por ejemplo, el séptimo año y el quincuagésimo (Jubileo) permitían la cancelación de dichos contratos vinculantes como la esclavitud o la posesión de tierras (Levítico 25:10-54; 27:24).

La atadura de Isaac (Génesis 22), tradicionalmente conocida como Akedah, posee importancia teológica tanto para los cristianos como para los judíos. Es interpretada como una forma de resurrección, el regreso de la muerte para Isaac después de que Jehová le haya ordenado a su padre, Abraham, que lo sacrificara (Hebreos 11:17-19).

Por otro lado, se pueden apreciar las preguntas de Dios para Job respecto a que si él podía "atar los lazos de las Pléyades" o "aflojar las cuerdas de Orión" (Job 38:31). El libro de Proverbios incentiva al sabio a que ate metafóricamente el amor y la fidelidad alrededor de su cuello (3:3), las órdenes de sus padres y las enseñanzas en el corazón (6:21) y en el dedo (7:3); también habla sobre la locura que está atada en el corazón de un niño (22:15).

Pablo quizás alude esto en Rom. 11:32 cuando él dice que Dios ha atado a todas las personas a la desobediencia para tenerles misericordia.

Presentando su ministerio en Lucas 4:18, Jesús cita a Isaías 61:1 que habla sobre consolar a los quebrantados de corazón y que es una referencia a su ministerio de sanación. Más a fondo, el concepto de atar y liberar se encuentra en la comisión de Jesús para sus discípulos (Mateo 16:19; 18:18; cf. Juan 20:23), que podría referirse a la atadura de demonios y liberar de vínculos demoníacos o de la opresión por demonios (cf. Marcos 3:14-16; 6:7; Lucas 13:6). Dado que Jesús tiene el poder para atar y liberar (Juan 8:36), él decidió empoderar a sus seguidores para que hicieran lo mismo. Atar a Satanás es el sujeto de la batalla escatológica definitiva para la sabiduría tradicional judía (T. Levi 18:11-12) y se convierte en tema central para el cristianismo.

Jesús se enfrenta a las fuerzas satánicas personificadas en humanos y libera a dichas personas de las cadenas de Satanás (Marcos 5:3; Lucas 13:12, 16). Básicamente, Satanás será atado por un milenio y luego liberado solamente para la condenación eterna (Apocalipsis 20:1-3). Pablo invoca la ley judía sobre el matrimonio al afirmar que uno está atado en el matrimonio solamente mientras la pareja esté viva (Romanos 7:2). De esta manera, Pablo explica la manera en la que los cristianos están muertos para la ley, ya que Jesús murió en su lugar, por lo que los libera de la ley (Romanos 7:4-6; cf. Hebreos 9:15).

Él también le habla a los corintios sobre la naturaleza vinculante del matrimonio, pero lo dice con una advertencia: si el matrimonio implica el vínculo entre un creyente y un no creyente, y si el que no cree se marcha, entonces el creyente no posee ataduras (1 Corintios 7). Pero para Pablo, ser liberado del pecado (Romanos 8:2) significa estar atado a Dios (6:22).

ATARÁ Segunda esposa de Jeramel, y la madre de Onam (1 Crónicas 2:26).

ATARIM Ruta que tomaron los israelitas hacia Canaán cuando el rey de Arad los atacó (Números 21:1). Los israelitas oraron y entonces contraatacaron y se defendieron de sus agresores.

A esta ruta se le ha identificado como el sur del Mar Muerto. El significado de esta palabra es incierto; en algunas versiones griegas a esta palabra se le traduce como "espías" (*ver también* la Biblia KJV).

ATAROT **(1)** Ciudad capturada por la tribu de Gad desde Og de Basán y Sejón de los amorreos (Números 32:3, 34). Esta ciudad se menciona en la Piedra Moabita (líneas 10-11) porque el rey Mesha venció alrededor del año 830 a.C. Lo más probable es que se identifique con la moderna Khirbet Attarus. **(2)** Ciudad fronteriza entre Benjamín y Efraín en el lado oeste del Jordán (Josué 16:2, 7). Esta ciudad fue controlada previamente por los arquitas. No está claro si este Atarot es la misma ciudad que Atarot Adar, mencionada en Josué 16:5.

ATAROT ADAR Ciudad ubicada en la frontera sureste de Efraín con Benjamín (Josué 16:5; 18:13). Probablemente se le identifica con Khirbet Attara.

ATAROT SOFÁN Una de las ciudades construidas por los descendientes de Gad en el lado este del río Jordán. Esta fue la tierra que conquistó Sijón, rey de los amorreos, y Og, rey de Basán (Números 32:35).

ATBASH Código simple por el que las letras de una palabra se intercambian con letras equidistantes del otro extremo del alfabeto (de esta manera, en español la A se reemplazaría por Z, B por Y, etc.). El nombre deriva de las dos primeras letras del alfabeto hebreo y de sus equivalentes codificados: aleph se convierte en taw, beth se convierte en shin, por lo tanto, así se forma a-t-ba-sh. El código puede explicar algunas dificultades en Jeremías, donde leb qamay, "Leb Kamai" (51:1), codifica kasdim, "caldeos", y sheshak, "Sheshak" (25:26; 51:41), codifica babel, "Babilonia". Se debate la razón por la que Jeremías usaba este código.

ATENAS Estaba ubicada a cinco millas al noreste del Puerto del Pireo en el Golfo Sarónico. Esta localidad fue la ciudad principal de la antigua provincia griega de Ática (2 Macabeos 9:15; Hechos 17:15-18; 18:1; 1 Tesalonicenses 3:1)

A

y es la capital moderna de Grecia. El nombre Atenas probablemente es derivado del nombre de la diosa Atenea.

A comienzos del cuarto milenio a.C. ya había evidencia de asentamiento, y durante el periodo de la civilización micénica (c. 1300-1225 a.C.) Atenas era una ciudad fortificada. Sin embargo, fue en el siglo V a.C., bajo el reinado de Pericles (495-429 a.C.), que la gloria de Atenas alcanzaba su cenit. Durante este período se construyó el Partenón, las artes, filosofía, drama, y la cultura griega se desarrolló a su punto más alto. Los romanos conquistaron la ciudad en el año 146 a.C., pero siguió siendo un centro cultural e intelectual. Con la caída del Imperio Romano, la importancia de Atenas también tuvo un declive.

Pablo visitó esta ciudad en su segundo viaje misionero. Su debate con los filósofos griegos en el ágora (el mercado) lo llevó ante el ayuntamiento de Atenas, el Areópago, donde los asuntos religiosos se establecían (Hechos 17:16-34). De forma tradicional, este lugar se identifica con la Colina de Marte, que está ubicada en el lado oeste de la Acrópolis. Un dato interesante es que Pablo no fundó ninguna iglesia en Atenas.

ATER **(1)** Jefe de un clan que fue parte del regreso temprano a Judá del cautiverio babilónico en el año 539 a.C. o prontamente después (Esdras 2:16; Nehemías 7:21). Ater también aparece en una lista de las personas que selló la renovación del pacto que fue dirigido por Esdras (Nehemías 10:17). **(2)** Guardián sacerdotal en el momento del período anterior al exilio (Esdras 2:42; Nehemías 7:45).

ATEROT BET JOAB Su nombre significa "coronas de la casa de Joab". Esta ciudad aparece en la lista de la genealogía de Hur, un descendiente de Judá (1 Crónicas 2:54). Aunque su ubicación exacta es desconocida, se encontraba cerca de Belén.

ATHACH *Ver* Atac.

ATLAI Judío que fue influenciado por las admoniciones de Esdras para enviar lejos a su esposa extranjera como un acto de fidelidad al pacto (Esdras 10:28).

AUDACIA Expresión usada para una variedad de respuestas ante momentos de crisis o de dificultad, donde hay una actitud de coraje (Hechos 4:29, 31;2 Corintios 3:12; Efesios 3:12; Filipenses 1:20; 1 Tesalonicenses 2:2) que puede variar a una persistencia desvergonzada (Lucas 11:8). Después de que Pablo y Silas estuvieran en prisión en Filipos, ellos estaban dispuestos a soportar más persecuciones para predicarle a los tesalonicenses (Hechos 16:16-24; 1 Tesalonicenses 2:2). Para los filipenses, el apóstol se refleja en su sermón audaz (Filipenses 1:20). La relación de los cristianos con Cristo también les otorga audacia para entrar en la presencia de Dios (Efesios 3:12; Hebreos 4:16). El agente de la audacia cristiana es el Espíritu Santo (Hechos 4:31).

El Partenón de Atenas

AUGUSTO COHORTE Unidad auxiliar en las tropas romanas que estaba conformada por ciudadanos que no eran romanos y que obtuvieron su ciudadanía a través del servicio. Esta particular unidad estaba destinada para Siria y tenía cierto nivel de favor dada su relación por su asociación con el afamado emperador. Los centuriones de este cohorte escoltaron a Pablo en su viaje de Cesarea a Roma (Hechos 27:1 [NVI: "Régimen Imperial"]).

AUGUSTO Título entregado por el senado romano al emperador Octavio (r. 31 AC-DC 14) en el año 27 a.C. Esta palabra significa "augusto", "adorado" o "exaltado". Augusto fue el gobernador del Imperio Romano cuando Jesús nació, y en ese tiempo ordenó que se llevara a cabo el censo que significaría para José y María marcharse a Belén (Lucas 2:1). Octavio nació en el año 63 a.C., Julio César posteriormente lo adoptó como su heredero.

Primero ganó el poder tras la muerte de Julio César en el año 44 a.C Al principio, Octavio gobernó como parte de un triunvirato con Antonio y Marco Lépido supuestamente para vengar el asesinato de César. Octavio obtuvo el control exclusivo de Roma en la Batalla de Accio en el año 31 a.C, donde derrotó a Antonio y Cleopatra, que después se suicidaron. En el año siguiente, Octavio añadió a Egipto al Imperio Romano. El senado romano le otorgó el nombre de "Augusto" en el año 27 a.C. para honrarlo por sus victorias. A partir de ese momento, fue conocido como César Augusto. El título "Augusto" fue entregado a los sucesores de Octavio como emperadores.

Augusto designó a Herodes el Grande para posicionarlo con poder a pesar de que él apoyó en un comienzo a Antonio. Augusto es conocido por establecer el Imperio Romano y convertirse en su primer emperador. El senado lo declaró un dios en su muerte.

AUMENTO En el AT, aumento a veces se refiere a rédito de una cosecha (Sal. 67:7), pero más comúnmente a crecimiento numérico. En Gn. 1 la bendición de la creación de Dios se expresa en el imperativo"sean fructíferos y aumenten en número" (1:22, 28). Incluso tras la caída en el Génesis, Dios reiteró su intención de bendecir y aumentar a Noé (9:1, 7), Abraham (17:2), Ismael (17:20), Isaac (26:24) y Jacob (35:11). Esta bendición se cumplió inicialmente cuando Israel creció mucho en Egipto (47:27).

Moisés destacó la intención de Dios de aumentar aún más su pueblo si ellos obedecieran a Dios (Dt. 6:3; 8:1), y advirtió que la desobediencia traería ruina y destrucción (28:63). Según Oseas, cuando Israel prosperó, aumentó en pecado e idolatría (Os. 4:7; 10:1). Sin embargo, Dios volvió a declarar su intención de aumentar el remanente de su pueblo tras el exilio (Jer. 23:3; Ez. 37:26).

El NT registra oración por el aumento de la fe (Lc. 17:5) y amor (1 Ts. 3:12) y enfatiza el aumento de la gracia de Dios (Ro. 5:20) y el avance de la palabra de Dios (Hch. 6:7; 12:24).

AUTOCONTROL El autocontrol involucra la voluntad de someterse a los límites de la naturaleza, la sociedad y la familia que Dios coloca en el mundo para traer el orden y armonía en las relaciones. La auto-moderación de los pensamientos, palabras y acciones de un individuo reflejan el orden y la disciplina de la creación de Dios (Gn. 1-3; 8:22; Pr. 6:6-8. La disciplina del ser es esencial para vivir una vida productiva en comunidad (Pr. 25:28).

Autocontrol es uno de los términos que Lucas usa para resumir el mensaje de Pablo a Félix (Hechos 24:25). El pueblo de Dios debe ejercer autocontrol (1 Ts. 5:6: 2 Tim. 1:7; 2 P. 1:6). Finalmente, el autocontrol es un regalo, un fruto que

Estatua de Augusto

viene de estar en sumisión al Espíritu de Dios (Gl. 5:22-23).

A

AUTOESTIMA El concepto moderno de autoestima puede tener raíces en el individualismo, pero las Escrituras la conciben en relación a Dios y a la comunidad. La creación basa la el auto-respeto positivo en la dignidad, bendición y autoridad otorgadas por Dios (Gn. 1:26-28; Sal. 8; 139:13-16), por tanto, la preocupación de que Dios nos preserve de opresión, enfermedad y vergüenza (Sal. 71). La autoestima no es absoluto e ilimitado auto-respeto, sino más bien una sana valoración de uno mismo y otros como amados, dotados por y responsables ante Dios (Ro. 12:3-8; en contraste con Sal. 14).

La autoestima saca fuerzas de la historia definitoria de la comunidad. Las personas de Israel son comandadas a enseñar a sus niños su narrativa de promesa, opresión y liberación (Dt. 6), y palabras proféticas de aseguramiento divino ayudan a restaurar la identidad corporativa de los exiliados, preparándolos para el regreso a la tierra (e.g., Is. 54). De manera similar, Jesús promete el cuidado del Padre por los discípulos como personas, formándolos como una comunidad y liberándolos para vidas de confianza y satisfacción como hijos amados de Dios (Lc. 12:32-34; Flp. 4:10-20).

AUTOR, AUTOR DE LA VIDA "Autor de la vida" es un título que Pedro le otorga a Jesús en Hechos 3:15 (KJV: "Príncipe de vida"), donde él usa esta expresión irónicamente para resaltar que la gente había matado al que era la fuente de vida. En alguna parte, la palabra griega de "autor" (archēgos) se traduce como "príncipe", "líder", "capitán" o "pionero" (Hechos 5:31; Hebreos 2:10; 12:2).

AUTORIDAD El concepto de autoridad en las Escrituras incluye dos elementos distintos. Primero, una persona tiene autoridad en varios escenarios si él o ella tienen el derecho de contarle a otros qué hacer y decidir cómo se deben arreglar los asuntos. Segundo, una persona tiene autoridad si él o ella no sólo tiene derecho a gobernar, como en el primer caso, sino que también tiene poder para controlar, por lo que de esta manera lo que esta persona decrete se haga realidad.

Cuando el ángel del Señor le dice a Agar: "Regresa con tu mujer y sométete a ella", él hace uso del primer aspecto de autoridad (Génesis 16:9). Agar debe hacer lo que Sarah le manda a hacer. El mismo sentido de autoridad opera en Deuteronomio 1:15, en el que Moisés comenta: "Así que tomé a esos hombres sabios y respetados que ustedes habían elegido de sus respectivas tribus y los designé para que fueran jueces y funcionarios sobre ustedes" (cf. Éxodo 18:13-27). Por otro lado, cuando Jehová dice: "No volverá a mí vacía, sino que hará lo que yo deseo y cumplirá con mis propósitos", el segundo sentido de autoridad también tiene un rol (Isaías 55:11; cf. Hebreos 4:12). Asimismo, con respecto al que "es vencido" en el libro de Apocalipsis: el Hijo le da autoridad a la iglesia, y su gente gobierna naciones "con puño de hierro" (2:26-27). Ambas ideas aparecen en ese contexto, con derecho forense y poder de efecto.

La autoridad de Cristo es un tema prominente de los Evangelios, siendo evidencia de su deidad y estado mesiánico. En el Evangelio de Mateo, por ejemplo, el sermón en el monte concluye con la admiración de la multitud de que Jesús enseña "como alguien que tenía autoridad", a diferencia de los maestros de la ley (7:28-29). Jesús luego muestra su autoridad sobre las enfermedades (8:1-10), las fuerzas de la naturaleza (8:26-27) y las entidades demoníacas (8:28-32), que culminan en su autoridad para perdonar los pecados (9:6) y resucitar a los muertos (9:18-26). Marcos y Lucas también incluyen pasajes paralelos que enfatizan la autoridad de Cristo sobre dominios similares. El Evangelio de Juan resalta la autoridad de Jesús para juzgar (5:27), para dar su vida y retomarla (10:18), y para otorgar vida eterna a los que permanecen en él (17:2). La autoridad de Cristo sobre todos los eventos, incluso los peores de ellos, es el gran tema del libro de Apocalipsis. Jesús tiene el derecho y el poder para gobernar por el bien de su iglesia, venciendo todos los poderes que usurpan autoridad en oposición a él (Apocalipsis 4-5; 13; 20).

Finalmente, incluso la Gran Comisión proclama la autoridad suprema de Cristo (Mateo 28:18, *ver* Efesios 1:21, Colosenses 2:10). Con Dios, esperamos que la autoridad como derecho y poder siempre coincidan al final.

En esta misma trayectoria, la iglesia debe someterse a la autoridad, primero a Dios y luego a los gobernantes humanos, en el último caso cuando se puede hacer con buena conciencia.

Las referencias de Pablo a Jesús como "Señor" a lo largo de las cartas a los Corintios resaltan su autoridad sobre aquellos a quienes "ha pagado por precio" (1 Corintios 6:9-20). Por su parte, Pablo puede implícitamente "sacar rango" de los Corintios al citar su propia autoridad dada por Dios sobre ellos (2 Corintios 10:8, 13:10, cf. 1 Timoteo 4:2). Nadie debe "enseñorearse" con los demás (Lucas 22:25-26), pero incluso cuando lo hagan, el siervo debe respetar la autoridad del maestro (1 Pedro 2:17-19).

Las esposas deben someterse al liderazgo de los servicios de sus maridos (Efesios 5:22), los hijos deben obedecer a sus padres (Efesios 6:1-3), los esclavos deben ceder a sus amos (Efesios 6:5-8) y los laicos deben obedecer a los ancianos de la iglesia (Hebreos 13:17).

El respeto por la autoridad también se extiende a los gobiernos seculares, cualquiera sea el carácter de sus líderes. A pesar de que Saúl tuvo la intención de matar a David (1 Samuel 20:33), David se indigna porque alguien mataría a Saúl (2 Samuel 1:14). El apóstol Pablo tiene muchas razones para desconfiar de los gobiernos seculares y desafiar su autoridad; sin embargo, cuando es sometido a abusos oficiales, él respeta las leyes de Roma (Hechos 16:16-40; 21-28).

En Ro. 13:1-6 Pablo ordena que la iglesia esté sujeta a las autoridades gobernantes, suponiendo que Dios las había establecido, por lo que "cualquiera que se rebele contra la autoridad, se rebela contra lo que Dios ha instituido" (v. 2). En 1 Timoteo 2:1-3 la iglesia está llamada a orar por los gobernantes seculares. Estos pasajes no requieren de la obediencia a la autoridad humana, incluso cuando entra en conflicto con la voluntad de Dios (Hechos 5:29), pero las personas evitan que la iglesia obstaculice el evangelio con brotes de entusiasmo revolucionario.

AVA Ubicación geográfica cuyos residentes fueron deportados por los asirios y se reubicaron en Samaria poco tiempo después en el año 721 a.C. (2 Reyes 17:24). En el texto bíblico se explica que tras su reubicación "cada grupo nacional creó a sus propios dioses" (2 Reyes 17:29-31).

Como los avitas crearon a Nibhaz y a Tartac, es casi seguro de que a Ava se le deba identificar con Ama la ciudad elamita, particularmente porque la letra m en acadio con frecuencia se traduce como la letra w en hebreo (la letra w hebrea a menudo se escribe como una v en inglés). Sus deidades eran Ibnahaza y Dirtaq. Es posible que esta localidad sea la misma ciudad que Iva (2 Reyes 18:34; 19:13; Isaías 37:13).

AVEFRÍA En Lev. 11:19; Dt. 14:18 la versión KJV traduce la palabra hebrea dukipat como "avefría", refiriéndose a una de las aves inmundas que los israelitas tenían prohibido comer. Las versiones más recientes traducen la palabra hebrea como "abubilla". El pájaro se caracteriza por una cresta eréctil en la cabeza y la capacidad de producir una secreción maloliente. La abubilla se convirtió en el ave nacional de Israel en 2008.

AVELLANA En Gn. 30:37 la KJV traduce la palabra hebrea luz como "avellana", refiriéndose a un árbol de un tipo de nuez que se identifica como un árbol de almendra (así NVI, NRSV).

AVÉN Significa "idolatría" o "maldad". También se refiere al nombre de ciertos lugares. **(1)** Forma abreviada de "Bet Avén" que significa "casa de idolatría", el nombre que Oseas le dio a Betel (10:8). **(2)** "Valle de Avén", donde Siria sería castigada, y Amós la menciona en su crítica de Siria (Amós 1:5). Puede ser la llanura entre Líbano y Antilíbano. **(3)** Término usado por Ezequiel como un juego de palabras burlesco por el nombre de una ciudad egipcia "On" (o Heliópolis), y centro de adoración para el dios del sol, Ra, en su profecía contra la maldad de Egipto (Ezequiel 30:17).

AVENTAR Parte del proceso para preparar el grano que sigue a la cosecha y la trilla. Los granjeros separaban el grano de la paja (Rut 3:2). Usaban una horqueta (Jer. 15:7; Mt. 3:12//Lc. 3:17) para lanzar el grano y la cáscara al aire. El

A

grano más pesado caía en una pila, pero el viento soplaba la cáscara, alejándola. El término "aventar" frecuentemente se usa para el discerniente juicio de Dios (Mt. 3:12) y los humanos (Pr. 20:8; Is. 41:15-16).

AVENTURERA *Véase* Adúltera.

AVES Se han registrados más de 350 especies de aves en la tierra actual de Israel. En el Antiguo Testamento se utilizan treinta y cinco palabras distintas para referirse a las aves (tanto domésticas como salvajes), pero identificar estas palabras con las especies conocidas ha sido una labor muy difícil. Así como otras palabras para los animales, la terminología para las aves a menudo se utiliza en los nombres personales (por ejemplo, Jonás, Oreb, Zipor, Séfora). Existe evidencia significativa en cuanto a las prácticas de caza en el antiguo Israel, que por lo general se hacían por medio de redes y trampas (Salmos 124:7; 140:5; Proverbios 6:5; 7:23; Lamentaciones 3:52; Oseas 7:12; Amós 3:5). Las aves pequeñas y los pollos a veces son representados incluso en la Edad del Hierro II (1000-586 a.C.) en sellos y embarcaciones de lugares como el-Jib (Gabaón) y Tell en-Nasbeh (Mizpa).

Así como otros animales en la Biblia, las aves son representadas como agentes de Dios. La agencia divina es especialmente evidente en instancias como los cuervos que alimentan a Elías (1 Reyes 17:4-6) y la paloma que le lleva a Noé una hoja de olivo (Génesis 8:11).

La Biblia también utiliza imágenes relacionadas con aves como en las descripciones sobre el juicio divino (Proverbios 30:17; Jeremías 12:9). Las aves también pueden servir como señales de mal agüero sobre el juicio inminente (Oseas 8:1). Las "alas" de Dios pueden ofrecer sanación (Malaquías 4:2 KJV, RSV) y protección (Rut 2:12; Salmos 17:8; 36:7; 57:1; 61:4; 63:7; 91:4). La metáfora del alma o espíritu en forma de ave es referenciada en la descripción del Espíritu Santo cuando descendió como una paloma (Mateo 3:16; Marcos 1:10; Lucas 3:22; Juan 1:32). La observación respecto a que las aves "no siembran ni cosechan" se usa como la representación de una vida sin preocupaciones (Lucas 12:24; cf. Job 38:41; Salmos 147:9). La referencia de Jesús sobre "cuando cante el gallo" (Marcos 13:35) no es estrictamente literal, sino que tiene que ver más bien con la vigilia de la noche: el cuarto de la noche después de media noche. La prominencia de las aves de sacrificio (especialmente las palomas y pichones) en la literatura de rituales señala que probablemente fueron criadas para dichos propósitos en la antigua Israel.

Cigüeña

Todas las aves podían comerse a excepción de aquellas nombradas como inmundas en Levítico 11:13-19 (veinte especies) y en Deuteronomio 14:12-18 (veintiún especies). Hablando de forma general, las aves de rapiña y aquellas que se alimentan de la carroña o de peces eran consideradas inmundas. A menudo las aves servían como alimento para los pobres (Mateo 10:29-31; Lucas 12:6-7). La gente pobre podía ofrecer aves como sustituto para el ganado caro (Levítico 5:7; 12:8; 14:21-22; cf. Lucas 2:24), mientras que los más pobres de los pobres tenían permitido llevar granos (Levítico 5:11). Finalmente, en un ritual de purgación se usaba una ave viva para llevarse lejos las impurezas (Levítico 14:52-53; cf. 16:22).

AVESTRUZ El avestruz figura en la lista junto a otras aves silvestres como impuras (Lev. 11:13-19, Dt. 14:1118). No está claro por qué se los considera inmundos, pero algunos comen carne muerta, y esta puede ser parte de la razón. Los avestruces también tienen un valor simbólico, como se puede ver en estas listas por su asociación con las aves silvestres del desierto; connotan desolación, desierto deshabitado.

Donde habita el avestruz, los humanos no lo hacen. Por lo tanto, el avestruz se menciona junto al chacal, la hiena y el búho. "Por tanto, allí vivirán las fieras del desierto junto con las hienas, también vivirán avestruces en ella; nunca más será habitada ni poblada por generación y generación." (Jer. 50:39 LBLA). Dios hizo al avestruz salvaje sin amor y necio (Job 39:13-18).

AVETORO Traducción de la KJV de la palabra hebrea qippod (Isaías 14:23; 34:11; Sofonías 2:14). Los avetoros, que son un tipo de garza, se encontraban en la Edad Media y vivían en camas de caña pantanosa. Esto encaja con la asociación bíblica sobre los lugares desolados, particularmente la ciénaga. Además, estos versículos al parecer sí se refieren a distintos tipos de aves, lo que hace que sea poco probable el uso de la traducción "erizo" o "puercoespín" (por ejemplo, RSV).

No obstante, los avetoros anidan cerca del suelo, lo que entra en conflicto con el comportamiento que Sofonías describe respecto a la anidación en columnas. En la mayoría de las traducciones y comentarios modernos se prefiere identificar la palabra qippod con algún tipo de búho, aunque no tengamos certeza de la especie exacta. En la NVI se traduce el término como "búho" (Isaías 14:23) y como "lechuza" (Isaías 34:11; Sofonías 2:14).

AVIM, AVITAS Aunque poco se sabe de ambas, Avim era una ciudad dentro de las fronteras con Benjamín (Josué 18:23), y los avitas fueron los que vivieron en la región costera antes de la llegada de los filisteos y de que los caftoritas los destruyeran (Deuteronomio 2:23).

AVIT Ciudad del rey edomita Hadad, hijo de Bedad (Génesis 36:35; 1 Crónicas 1:46). Este lugar no se ha identificado.

AVVA *Ver* Ava.

AWEL-MARDUK Hijo y sucesor de Nabucodonosor de Babilonia. En la tradición hebrea, él es conocido con el nombre de "Evilmerodac" (derivado de "Awel-Marduk", una variante del nombre babilónico "Amel-Marduk"). Durante su reinado en los años 562/561-560 a.C., él perdonó al rey Joaquín de Judá, que había sido encerrado por Nabucodonosor. A partir de entonces, Joaquín cenó en la mesa del rey (2 Reyes 25:27-30; Jeremías 52:31-34; confirmado por medio de registros de Babilonia). Supuestamente sus políticas fueron inefectivas, por lo que su cuñado Neriglisar lo asesinó y usurpó el trono.

AXA *Véase* Acsa.

AYA Ciudad mencionada en 1 Crónicas 7:28. Fue parte de las posesiones de Efraín y, en algunas tradiciones, ha sido equiparada con Hai. Aunque la tradición griega identifica la ciudad con Gaza, esto parece poco probable.

AYAH *Véase* Aía.

AYÉLET HA-SÁJAR En hebreo 'ayyelet hashakhar, una frase que se encuentra en el título del Salmo 22 y literalmente se traduce como "la cierva de la mañana". Puede referirse a una canción o melodía.

AYUDA EXTERNA La transferencia de recursos de un estado a otro. A diferencia del tributo, que comúnmente es extraído por la fuerza o amenaza a un país menos poderoso por parte de uno con más poder, la ayuda externa puede promover el interés internacional de una entidad de poder igual o superior al receptor de la ayuda.

El compartir recursos entre estados es un tema sujeto a interpretación, tanto en la historia bíblica como en otras partes, y no siempre es fácil de distinguir ayuda externa (en el sentido moderno) de pagos de tributos (2 R. 17:3), el recíproco intercambio de riquezas entre socios iguales (2 Sm. 5:11; 1 R. 5:1; 9:12-14), ayuda proporcionada por un poder superior a un vasallo en cumplimiento de obligaciones de tratado (2 R. 16:7) y aventuras conjuntas emprendida por dos estados para ganancia mutua (2 Cr. 20:36). Tras el exilio judío, Persia proporcionó ayuda sustancial para la reconstrucción de Jerusalén y su templo (Esd. 1:7-11).

AYUDA IDÓNEA En Gn. 2:18, 20 la KJV traduce la frase hebrea 'ezer kenegdo, usada para describir la relación de Eva hacia Adán, como "ayuda idónea". La NVI traduce las palabras como "un ayudante adecuado" (para Adán), pero encontrar un equivalente preciso es difícil, en parte porque este es el único lugar en la Biblia donde estas dos palabras ocurren lado a lado. Otras traducciones prefieren "ayudante que es precisamente el necesario" (NLT) o "ayudante como su compañero" (NRSV). La palabra hebrea 'ezer ("ayudante") se usa con frecuencia en referencia a Dios o a un príncipe o ejército humano que asiste, y de esa manera no denota subordinación (e.g., Sal. 30:10). La palabra hebrea kenegdo implica mutualismo, emparejamiento o correspondencia. Esas palabras unidas hacen a Eva una "ayudante apropiada" (cf. NET: "una compañera que le corresponda"). El desacuerdo respecto de roles de género apropiados hace de este un texto de gran debate. *Véase también* Ayudante.

AYUDA, AYUDAR Entre los regalos divinamente distribuidos a la iglesia está el regalo de ayudar a otros (1 Cor. 12:28). Los apóstoles reconocían a los amigos de quienes ellos y otros recibían ayuda, incluyendo a Apolos (Hch. 18:7), Febe (Ro. 16:1-2) y Silas (1 P. 5:12).

AYUDANTE En Gn. 2:18-25 al hombre solo se le provee con un "ayudante". Esta no es necesariamente una visión no romántica de la relación de matrimonio (cf. Gn. 1:27-28a), sino que el pensamiento principal es de compañía y compañerismo (cf. Ecl. 4:9-11). También, la palabra "ayudante" no requiere una función servil o degradante, sino más bien puede incluir una intervención activa, tal como presenta Dios mismo (e.g., Sal. 33:20: "[El Señor] es nuestra ayuda y nuestro escudo"). El hombre debe llevar a cabo el mandato del Gn. 1:28b, de manera que se visualiza un amplio rol ayudante. El ayudante debe ser "adecuado para él" (Gn. 2:18b), esto es, ir junto a él, como su opuesto y complemento, y así, un mero y bajo asistente no será adecuado para la tarea. (*Véase también* Ayuda Idónea). Los salmos retratan a Dios como un ayudante de su pueblo necesitado (Sal. 10:14; 30:10; 54:4; 70:5; 72:12; 146:5). La liberación del éxodo se describe usando el motivo de Dios como "mi ayudante" (Éx. 18:4). Por otra parte, cuando Dios actúa para juzgar naciones malvadas, ningún ayudante humano (o aliado) puede proporcionar protección (Is. 30:5; Jer. 47:4; Ez. 30:8). En la crisis de persecución predicha por Dn. 11:34, el "pequeño ayudante" (= ayudante) puede ser Judas Macabeo, aunque el punto principal es que los piadosos no estarán totalmente abandonados de apoyo divino. Entre los individuos dotados carismáticamente que deben actuar por el bien común listados por Pablo en 1 Cor. 12:28 están aquellos capaces de ayudar a otros, aunque el tipo de ayuda en mente (distinguida a la sanación y la administración) no se especifica.

AYUNO El único mandamiento a ayunar aparece en algunas traducciones de las instrucciones respecto del Día de la Expiación (Lv. 16:29, 31; Nm. 29:7; *véase* NVI mg.); la palabra hebrea 'anah significa "negarse a uno mismo" (así NVI), implicando más que abstenerse de comida. Una segunda palabra, tsum, se usa en instancias más específicas de ayuno, tanto corporativo como individual, y ambos términos ocurren juntos en Sal. 35:13 y en la admonición de Isaías acerca de ayuno hipócrita (Is. 58:1-10). El ayuno, con frecuencia conectado a la oración, era una forma de apelar a Dios frente a una crisis, tanto nacional como personal. Moisés ascendió al Monte Sinaí y estuvo con Dios cuarenta días con sus noches sin comer ni beber, tanto antes como después del pecado de los israelitas con el becerro dorado (Éx. 34:28; Dt. 9:8-18). David ayunó cuando su hijo estaba muriendo (2 Sm. 12:15-23). Ester llamó a todos los judíos de Susa a ayunar por tres días antes de aventurarse ante el rey (Est. 4:15-17). Joel llamó al pueblo a arrepentirse y ayunar mientras la tierra era devastada por una plaga de langostas (Jl. 1:13-14; 2:12).

Cuarenta días de ayuno, como eco de la experiencia de Moisés, prepararon a Jesús para enfrentar las tentaciones del diablo (Mt. 4:1-11 parcial). Los profetas del Antiguo Testamento criticaban a los israelitas que asumían que sus obligaciones religiosas eran cumplidas simplemente con el ayuno (Is. 58:1-10; Zac. 7:1-5). Cuando se le pregunta a Jesús por qué sus discípulos no ayunan y oran, él indica que a veces el ayuno es inapropiado (Mt. 9:14-17 parcial). Lucas registró una adición a la declaración de Jesús sobre vino nuevo en odres viejos: "Nadie después de beber vino viejo quiere el nuevo, porque dicen, 'El viejo es mejor'" (Lc. 5:39), tal vez sugiriendo que una acumulación de prácticas de ayuno era “vino nuevo” y que simplemente debía observar el Día de la Expiación.

AZADÓN Un instrumento agrícola con una hoja plana y mango largo, usado para desmalezar, soltar la tierra y dar vuelta la tierra para plantar (Is. 7:25).

AZAFRÁN Diversas especies de azafranes crecen en Palestina. Es una planta que florece en primavera que tiene un tubo floral amarillo teñido con motas o franjas púrpuras. Con flores abundantes, el azafrán (del hebreo khabatselet) simboliza la belleza y el esplendor (Cantares 2:1; Isaías 35:1). Según un Tárgum, es el deslumbrante narcissus tazetta amarillo y verde que crece con abundancia en las colinas de Judea. A veces khabatselet se traduce como “rosa” (Cantares 2:1 KJV, NVI, NRSV). Los botanistas están de acuerdo con que el azafrán puede que en realidad sea un asfódelo.

AZAFRÁN En la Biblia, el azafrán solo es mencionado en Cant. 4:14, en una lista de elementos fragantes usado metafóricamente por el amante para describir a su amada. Producido de flores, el azafrán es una especia costosa usada para propósitos culinarios y medicinales. *Véase* también Flores; Especias.

AZALÍA Padre de Safán, el escriba de Josías que tuvo el rol de descubrir el Libro de la Ley (2 Reyes 22:3; 2 Crónicas 34:8).

AZÁN Padre de Paltiel, un líder en la tribu de Isacar que representaba a su tribu cuando las adjudicaciones de la tierra de Canaán fueron distribuidas (Números 34:26).

AZANÍAS Padre de Jesúa, que fue uno de los levitas que selló el pacto con Dios cuando siguió la lectura de la ley por parte de Esdras en público en Jerusalén (Nehemías 10:9).

AZAREL En distintas versiones de la Biblia aparece como “Azareel” o “Azarel”. **(1)** Uno de los guerreros ambidiestros de David, que tenía una conexión con Saúl, pero se rebeló en su contra (1 Crónicas 12:6). **(2)** Uno de los músicos nombrados por David para que trabajara en el santuario (1 Crónicas 25:18).

(3) Hijo de Jeroham, comandante con poder sobre la tribu de Dan, nombrado por David (1 Crónicas 27:22). **(4)** Uno de los sacerdotes culpables por casarse con una esposa extranjera (Esdras 10:41). **(5)** Padre de Amasai, que fue designado para que viviera y sirviera en Jerusalén cuando Nehemías fue gobernador (Nehemías 11:13). **(6)** Uno de los músicos que celebró la finalización del muro (Nehemías 12:36 [puede que se trate de la misma persona en el versículo 11:13]).

AZARÍAS **(1)** Oficial dentro de la administración de Salomón, el sumo sacerdote (1 Reyes 4:2). **(2)** Segundo oficial, hijo de Natán, dentro de la administración de Salomón y que estaba a cargo de los oficiales de distrito (1 Reyes 4:5).**(3)** El rey de Judá en los años 769-733 a.C. (también conocido como Uzías). Es probable que él haya gobernado como corregente junto a su padre a partir del año 792 a.C. antes de que él fuera el único mandatario. El informe de su gobierno se registra en 2 Reyes 14:21-22; 15:1-7; 2 Crónicas 26:1-23. (*Ver también* Uzías). **(4)** Descendiente de Judá por parte de Etán (1 Crónicas 2:8). **(5)** Otro descendiente de Judá por parte de Obed, cuyo hijo también se llama “Azarías” (1 Crónicas 2:38-39). **(6)** Descendiente de Leví por parte de su padre, Ahimaas, y del padre de Johanán (1 Crónicas 6:9). **(7)** Descendiente de Leví por parte de su padre, Johanán. Se dice que este Azarías sirvió en el templo de Salomón y fue el padre de Amarías (1 Crónicas 6:10-11).

(8) Descendiente de Leví por parte de su padre, Hilcías, y del padre de Seraías (1 Crónicas 6:13-14). Esdras el escriba fue el hijo de Seraías y descendiente de este Azarías (Esdras 7:1). **(9)** Músico coatita del templo (1 Crónicas 6:36). **(10)** Sacerdote, hijo de Hilcías (1 Crónicas 9:11), probablemente es el mismo Azarías en 1 Crónicas 6:13-14. **(11)** Profeta durante el reinado del rey Asa (910-869 a.C.) que motivó al rey a purificar la adoración de Judá (2 Crónicas 15:1-8). **(12)** Dos de los siete hijos del rey Josafat (870-848 a.C.). A todos les dieron regalos, pero el hermano mayor, Yoram, se convirtió en el rey de Judá (2 Crónicas 21:2). En la NTV se diferencia a los hijos al llamar a uno de ellos “Azaryahu”.

A

(13) Hijo de Jeroán y comandante militar que fue parte de una alianza con el sacerdote Joyadá en contra de Atalía (2 Crónicas 23:1) para que Joás fuera el rey (836-798 AC). **(14)** Hijo de Obed y comandante militar que formó una alianza con Joyadá en contra de Atalía (2 Crónicas 23:1). **(15)** Sacerdote que tomó el liderazgo al enfrentar al rey Uzías cuando este prendió incienso al Señor en los recintos sagrados del templo (2 Crónicas 26:17, 20). **(16)** Hijo de Johanán y líder eframita que confrontó a las tropas de Samaria bajo el comando de Peka (752-732 a.C.) y que demandó el regreso de los prisioneros judíos a sus hogares (2 Crónicas 28:12). **(17)** Hijo de Yalelel y sacerdote guersonita de la tribu de Leví que apoyó la reforma religiosa de Ezequías (727-698 a.C.) (2 Crónicas 29:12). **(18)** Padre de Joel, un levita que apoyó las reformas religiosas de Ezequías (2 Crónicas 29:12). **(19)** Sacerdote jefe durante el reinado de Ezequías (2 Crónicas 31:10-13). **(20)** Hijo de Merayot, descendiente de Aarón y ancestro de Esdras (Esdras 7:3). **(21)** Hijo de Maseías y trabajador que construyó el muro de Jerusalén bajo la orden de Nehemías (Nehemías 3:23). **(22)** Hombre que regresó a Jerusalén desde su cautiverio en Babilonia con Zorobabel (Nehemías 7:7). **(23)** Sacerdote que ayudó a Esdras a enseñarles a las personas la ley (Nehemías 8:7). **(24)** Uno de los que selló el pacto que fue proclamado cuando se reconstruyó el muro de Jerusalén (Nehemías 10:2). **(25)** Líder de Judá que participó en la ceremonia en la que se hizo una dedicatoria por el muro de Jerusalén en los tiempos de Nehemías (Nehemías 12:33). **(26)** Hijo de Osaías que, junto con Johanán hijo de Carea y otros más, rechazó la palabra de Dios ante Jeremías y que permaneció en Judá en vez de huir a Egipto (Jeremías 43:2). **(27)** Uno de los tres amigos de Daniel que experimentó el cautiverio en Babilonia a comienzos del año 605 a.C.; su nuevo nombre fue "Abednego" (Daniel 1:7). Él se rehusó a adorar la estatua dorada de Nabucodonosor y lo lanzaron al horno ardiente, pero fue salvado por Dios (Daniel 1:6, 11, 19; 2:17).

AZARYAHU Nombre variante de "Azarías". Uno de los siete hijos de Josafat que se mencionan en 2 Crónicas 21:2 (*ver* NVI, NASB, NET).

AZAZ Descendiente de Rubén (1 Crónicas 5:8).

AZAZEL Azazel aparece solamente en Levítico 16 (NVI: "chivo expiatorio") en las instrucciones para el Día de la Expiación, donde se presentaron varios animales, particularmente dos chivos: uno para Dios y el otro para Azazel. Después de sacrificar al primer chivo, el sumo sacerdote confesó la maldad de los israelitas con el segundo chivo y lo envió al desierto. Existen múltiples interpretaciones de la palabra hebrea 'aza'zel y una de ellas significa "el chivo ['ez] de la limpieza". El término "chivo expiatorio" (originalmente en inglés escrito como "escapegoat") proviene de esta interpretación. No obstante, el chivo usado como "el chivo del escape" es redundante. En cambio, "Azazel" es más probable que sea el nombre de un demonio del desierto. En 1 En. 8-13 Azazel se convierte en una importante criatura celestial y malévola.

AZAZÍAS **(1)** Músico que tocaba la lira y líder musical durante el reinado de David (1 Crónicas 15:21). **(2)** Padre de Oseas, uno de los líderes de la tribu de Efraín durante el reinado de David (1 Crónicas 27:20). **(3)** Levita y guarda templo durante el reinado de Ezequías (2 Crónicas 31:13).

AZBUC Padre de Nehemías, que es conocido solamente por el relato en Nehemías 3:16. El hijo de Azbuc gobernó medio distrito en Judá y ayudó al reconocido Nehemías a reparar el muro de Jerusalén.

AZECA En medio del país protegido por colinas de Judá y la llanura abierta en la costa yace una gama de colinas bajas cortadas por valles importantes. Hacia el extremo occidental del Valle de Elá, Azeca permanece en vigilia. Dada su ubicación estratégica, tuvo un importante rol en los conflictos críticos entre Israel y sus enemigos. Cuando Josué y los israelitas derrotaron a la confederación de Jerusalén (Josué 10), los enemigos de Israel huyeron hacia el oeste desde la meseta central de Benjamín, a través del Valle de Ajalón, y al sur más allá de Azeca. Algunos siglos después, la mayor amenaza de Israel fue la presencia filistea en la costa.

Los filisteos intentaron expandir su control por el país de las colinas y acamparon en el lado sur del Valle de Elá entre Soco y Azeca; los israelitas se encontraban en el lado opuesto del valle. David desafió y mató al campeón filisteo, Goliat, por lo que los filisteos huyeron hacia el oeste pasando por Azeca hacia Ecrón, una de sus propias ciudades (1 Samuel 17).

Tras la muerte de Salomón, Roboán fortificó una zona circular de ciudades para proteger el reino del sur, donde se encontraba Azeca (2 Crónicas 11:5-12) al suroeste de Jerusalén. A finales de la monarquía judía, los babilonios atacaron Jerusalén y otras ciudades que aún resistían. Laquis y Azeca eran las únicas ciudades fortificadas que quedaban en Judá (Jeremías 34:6-7). Una carta conmovedora fue descubierta en el área de la entrada de Laquis que dice: "Estuvimos pendientes de las señales de humo de Laquis... porque no vemos Azeca" (cuarta carta de Laquis). La herencia de la tribu de Judá incluía a Azeca entre una de las cuarenta ciudades más en la región de Sefelá (Josué 15:33-44). Esta demografía tribal continuó en el período posterior al exilio (Nehemías 11:30).

AZEL **(1)** Benjamita y descendiente de Saúl, por Jonatán, que fue padre de seis hijos (1 Crónicas 8:37-38). **(2)** En Zacarías 14:5 (la mayoría de las versiones citan a los griegos) el profeta menciona la huida de Israel desde Jerusalén hacia un lugar afuera de la ciudad. En algunas traducciones se puede ver que se optó por dejarlo como un nombre propio, es decir, "Asel" o "Azel". La palabra hebrea tiene una preposición que puede interpretarse como "cerca de" o "al lado".

AZGAD Jefe del clan que fue parte del regreso temprano a Judá del cautiverio en Babilonia en el año 539 a.C. o pronto posteriormente (Esdras 2:12; Nehemías 7:17). El mismo clan envió a Johanán y a 110 hombres en los tiempos de Esdras alrededor del 458 a.C. (Esdras 8:12). Azgad también se menciona en la lista de personas que sellaron la renovación del pacto dirigida por Esdras (Nehemías 10:15).

AZIEL Forma acortada del nombre Jaaziel en 1 Crónicas 15:20 (KJV, ESV). Él fue uno de los que tocó música cuando el arca se movió desde la casa de Obed-Edom hacia la Ciudad de David.

AZIZÁ Israelita que se arrepintió de haberse casado con una mujer extranjera tras escuchar el cargo de culpa de Esdras respecto al asunto (Esdras 10:27).

AZMÁVET **(1)** Uno de los hombres sobresalientes de David, parte de los treinta jefes valientes (2 Samuel 23:31; 1 Crónicas 11:33). Él era de Bahurim. que está cerca de Jerusalén. **(2)** Hijo de Joada, descendiente de Saúl por Jonatán (1 Crónicas 8:36; 9:42). **(3)** Padre de Jeziel y Pélet de la tribu de Benjamín (1 Crónicas 12:3).Este Azmávet es posiblemente el mismo Azmávet de los treinta jefes valientes. **(4)** Hijo de Adiel a cargo del tesoro del palacio bajo el comando de David (1 Crónicas 27:25). **(5)** Ciudad al norte de Jerusalén donde cuarenta y dos hombres regresaron del exilio (Esdras 2:24; Nehemías 7:28). En la ciudad le entregaron apoyo a los cantantes por la dedicación al muro (Nehemías 12:29). La ciudad también se le conoce como Beth Azmávet y Bethasmoth. A esta villa se le identifica con la moderna Hizma, que está a cinco millas al norte de Jerusalén.

AZNOT-TABOR Ubicación en la región suroeste de Neftalí (Josué 19:34). Algunos relacionan el nombre con una ciudad, mientras que otros creen que era simplemente un monumento histórico en el sector de Tabor.

AZOR Antepasado posterior al exilio, por lo demás desconocido para Jesús, nombrado solamente en Mateo 1:13-14 como el hijo de Eliaquín y el padre de Sadoc.

AZOTAR Un método de castigo por el cual el ofensor era flagelado o golpeado con varas. Aunque el azote no se asigna como castigo a crímenes específicos en la ley del Pentateuco, Dt. 25:1-3 sí menciona que los jueces hacían azotar a los culpables y limita el número de azotes a cuarenta. Los romanos usaban los azotes como precursores de la crucifixión, pero su método con frecuencia involucraba el uso de látigos

A

con esquirlas de metal o hueso incorporadas en las hebras. Así, podía causar mucho daño a la víctima y a veces es llamado "flagelo". Jesús fue sometido a azotes antes de su crucifixión (Mt. 27:26; Mc. 15:15; Jn. 19:1) y advirtió que sus seguidores serían azotados (Mt. 10:17; Mc. 13:9). Las vidas de los apóstoles cumplieron estas predicciones, ya que los azotes se volvieron un precio rutinario por su fe honesta (Hch. 5:40; 16:23; 22:24-25; 2 Cor. 11:23; Heb. 11:36).

AZOTO Nombre griego para la ciudad filistea de Asdod, donde Felipe predicó (Hechos 8:40).

AZRICÁN **(1)** Líder en el palacio de Acaz que fue asesinado junto con un príncipe y el visir de Acaz por un eframita (2 Crónicas 28:7). **(2)** Descendiente posterior al exilio de David (1 Crónicas 3:23). **(3)** Descendiente de Benjamín y del rey Saúl (1 Crónicas 8:38). **(4)** Abuelo de Semaías, un levita que se asentó en Jerusalén tras el regreso del exilio (1 Crónicas 9:14; Nehemías 11:15).

Concha de un caracol murex, que era una fuente de colorante azul o púrpura.

AZRIEL **(1)** Patriarca de la media tribu del este de Manasés (1 Crónicas 5:24). **(2)** Padre de Jerimot, un oficial al servicio de David perteneciente a la tribu de Neftalí (1 Crónicas 27:19). **(3)** Padre de Seraías que recibió la orden por parte de Joaquín de arrestar a Jeremías y a Baruc (Jeremías 36:26).

AZUBA **(1)** Esposa de Caleb que concibió tres hijos (1 Crónicas 2:18-19). **(2)** Madre del rey Josafat e hija de Shilhi (1 Reyes 22:42; 2 Crónicas 20:31).

AZUFRE ARDIENTE *Ver* Azufre.

AZUFRE Una sustancia mineral sólida, no metálica y combustible encontrada en grandes depósitos en el Oriente Próximo. Las erupciones volcánicas emiten azufre ardiente, y esta imagen sugiere destrucción agonizante (Dt. 29:23; Job 18:15; Sal. 11:6; Is. 30:33; Ez. 38:22; Lc. 17:29). El azufre ardiente es retratado a través del AT como un elemento de juicio divino; se menciona por primera vez en la destrucción de Sodoma y Gomorra (Gn. 19:24). El Apocalipsis retoma el lenguaje del azufre ardiente para describir los terrores del juicio final de Dios (14:10; 19:20; 20:10; 21:8).

AZUL Este color se superpone con el púrpura en la Biblia (*ver* Ezequiel 23:6) para describir un colorante extraído de la concha de un caracol murex proveniente de la costa de Palestina. La palabra hebrea tekelet a veces también se traduce como "violeta" (por ejemplo, 2 Crónicas 2:7, 14; 3:14 NET). El azul se usaba en el tabernáculo (por ejemplo, Éxodo 25:4; 26:1, 4, 31), el templo (2 Crónicas 2:7, 14; 3:14) y en el vestuario sacerdotal (Éxodo 28:5-8, 15; 39:1). El color "azul oscuro" puede aparecer en el Nuevo Testamento (Apocalipsis 9:17 NVI), pero la palabra griega (huakinthinos) también se puede traducir como "zafiro"(NRSV). Los hombres judíos, incluyendo a Jesús, vestían borlas azules en las cuatro puntas de su capa como recordatorio para obedecer los mandamientos de Dios (Números 15:38; cf. Deuteronomio 22:12; Mateo 9:20; 14:36). *Ver también* Colores.

AZUR **(1)** Padre del profeta Hananías, un contemporáneo de Jeremías en los días de Sedequías (Jeremías 28:1). **(2)** Padre de Jaazanías, personaje conocido por Ezequiel (Ezequiel 11:1). A Jaazanías se le identifica como un líder malvado en Jerusalén. **(3)** Uno de los signatarios del pacto bajo el comando de Nehemías (Nehemías 10:17).

AZZAH *Ver* Gaza.

B

BAAL Tiempo semítico occidental y deidad guerrera. Existe evidencia de que Baal, que significa "señor", era un nombre propio para una deidad a comienzos del tercer milenio a.C. y puede que se le haya identificado con el dios Hadad. Por medio de unas excavaciones que se llevaron a cabo en la ciudad de Ugarit se descubrieron textos del segundo milenio a.C. que tienen relación con el culto y la mitología de Baal. En estos textos se describe a Baal como un dios del clima y de la tormenta, cuya provisión de las precipitaciones aseguraba los ciclos estacionales de las cosechas. En el Ciclo de Baal de Ugarit también se le representa derrotando a Yam, el dios del mar, y a Mot, el dios de la muerte. Algunas de estas asociaciones pueden echar luz sobre las polémicas contra Baal en el Antiguo Testamento. Por ejemplo, Jehová retiene la lluvia a petición de Elías (1 Reyes 17:1), lo que socava la afirmación de que Baal controla el clima. Además, las descripciones sobre Jehová como un dios de la tormenta, como aparece en Salmos 29, pueden entenderse como una declaración polémica de que el Señor, no Baal, es el que realmente controla la tormenta.

La adoración a Baal junto a Jehová tuvo patrocinio oficial en Israel bajo el comando de Acab (1 Reyes 16:31-33) y en Judá bajo el mando de Manasés (2 Reyes 10:18-27). La adoración a esta deidad fue uno de los motivos para que ocurriera el exilio de Israel (2 Reyes 17:16).

Baal lanzando rayos sobre una estela de Ras Shamra.

BAALA (1) Ciudad donde el arca del pacto se mantuvo antes de trasladarla a Jerusalén (2 Samuel 6:2). A veces se le llama Baala de Judá (1 Crónicas 13:6) y también se le conoce como Quiriat-jearim (Josué 15:9-11). La ciudad se encuentra en la frontera del norte de Judá, actual Deir el-Azar, a ocho millas al oeste de Jerusalén. (*Ver también* Quiriat-jearim). **(2)** Ciudad en la frontera del sur de Judá (Josué 15:29). Esta ciudad puede que sea la misma que Bala (Josué 19:3) y Bilha (1 Crónicas 4:29). Fue habitada por la tribu de Simeón. Su ubicación es desconocida.

BAALA DE JUDÁ *Ver* Baala.

BAALA, BAALA DE JUDÁ *Ver* Baala.

BAALAT Ciudad adjudicada a Dan (Josué 19:44).

B

Su posible ubicación se encuentra en la planicie costera, a unas veintisiete millas al oeste de Jerusalén. Salomón mandó a construir esta ciudad y otras más por medio del trabajo forzado (1 Reyes 9:18; 2 Crónicas 8:6). El nombre hebreo de esta ciudad (ba'alah) se escribe diferente al nombre de la ciudad que aparece en 1 Crónicas 4:33 (ba'al [en algunos manuscritos de LXX se proveen los nombres Balat o Balaad]), por lo que es poco probable que sean idénticas.

BAALAT-BEER Esta ciudad, también conocida como Ramat del Neguev, fue parte de la asignación de Simeón (Josué 19:8) y se encuentra en el sur de Israel. Los arqueólogos han propuesto que Tel Malhata es su posible ubicación. Probablemente es la ciudad a la que se le refiere como Ramot-neguev, donde David envió algunos saqueadores tras su victoria contra los amalecitas (1 Samuel 30:27).

BAALBEK *Ver* Heliópolis.

BAAL-BERIT Significa "Baal/Señor del pacto", que fue la manifestación local en Siquem de la deidad cananea Baal. Así como el Baal adorado en Ugarit, Baal-Berit probablemente estaba asociado con la fertilidad y la vegetación (Jueces 9:27). Después de la muerte de Gedeón, los israelitas comenzaron a adorar a Baal-berit (Jueces 8:33), y los oriundos de Siquem le entregaron el dinero de su templo a Abimelec en Siquem (Jueces 9:4). La importancia de "pacto" en este nombre y la relación con El-Berith de Jueces 9:46 sigue siendo incierta.

BAAL-GAD Lugar cuya ubicación exacta no se ha identificado con certeza, pero se encuentra en alguna parte al norte del Mar de Galilea debajo del monte Hermón. Es posible que corresponda a la moderna Banias. Baal-Gad fue parte del territorio de Og, rey de Basán, y marcó el límite del norte de la conquista de Josué (Josué 11:17; 12:7; 13:5).

BAAL-HAMÓN Ubicación de un viñedo que pertenecía a Salomón (Cantares 8:11). Puede que sea idéntico a Hamón de Aser (Josué 19:28).

BAAL-HANÁN **(1)** Rey de Edom (Génesis 36:38). **(2)** Hombre a cargo de los olivos y sicómoros en Sefelá durante el reinado de David (1 Crónicas 27:28).

BAAL-HAZOR Ciudad ubicada cerca de la frontera de Efraín y Benjamín donde Absalón llevó a cabo un festín e invitó a su hermano Amnón para asesinarlo por la violación de su hermana Tamar (2 Samuel 13). Es probable que esta ciudad sea idéntica a Hazor que fue reasentada en los tiempos de Nehemías (Nehemías 11:33).

BAAL-HERMÓN También conocido como Seír, monte Hermón o monte Baal-hermón. Fue parte del territorio de la media tribu de Manasés al este del Jordán (1 Crónicas 5:23; cf. Josué 13:11), que los israelitas bajo el mando de Moisés se la quitaron a Og, rey de Basán (Deuteronomio 3:8-9). Ubicada al noreste de Dan, es la montaña más alta en el territorio tradicional de Israel. Según el relato en Jueces 3:3, los heveos permanecieron en esta región tras la conquista.

BAALI Nombre hebreo (que significa "mi esposo/señor" o "mi Baal") que solamente aparece en Oseas 2:16. Al parecer, los israelitas usaban este nombre para referirse a Jehová. Por otro lado, como ba'al puede significar "señor" o "esposo", se puede interpretar como un nombre apropiado para Dios. Sin embargo, Baal también es el nombre de una de las deidades cananeas cuya adoración fue una plaga en la historia tanto de Israel como de Judá, y Oseas consideraba que este nombre era inapropiado para el Dios de Israel.

BAALIM Transliteración en inglés del plural hebreo para Baal, que aparece más que nada en KJV (por ejemplo, Jueces 2:11; 10:10). En la mayoría de las traducciones modernas se usa la forma plural Baales. La pluralidad quizá se refiere a varias manifestaciones cananeas locales de una sola deidad.

BAALIS Rey de Amón a principios del exilio de Judá. Él conspiró contra Ismael para asesinar a Gedalías, el gobernador de Judá que fue instalado por los babilonios después de la destrucción de Jerusalén (Jeremías 40:14).

BAAL-MEÓN Ciudad de Transjordania adjudicada a la tribu de Rubén, que también se le conoce como Bet-meón y Bet-baal-meón (Números 32:38; Josué 13:17; 1 Crónicas 5:8). En Ezequiel 25:9 se identifica a Baal-meón como ciudad fronteriza de Moab, indicando que en algún punto los moabitas, que bordeaban el territorio de Rubén en el sur, expandieron sus fronteras en el territorio de Rubén. Jeremías también incluye esta ciudad en la lista de las ciudades pertenecientes a Moab que serían destruidas por los babilonios (Jeremías 48:23). A esta ciudad se le puede asociar con la moderna Ma'in, que está a unas tres millas al sureste de Hesbón.

BAAL-PEOR Deidad moabita, a veces traducida como Baal de Peor (*ver* Números 25), que fue una manifestación local del dios semítico occidental Baal. Mientras los israelitas permanecían en la región del monte Peor en Moab, los moabitas los sedujeron para que cedieran ante la inmoralidad sexual y adoraran a Baal-peor. Este incidente es una referencia en la literatura bíblica que se asocia varias veces con el paradigma del pecado de Israel y el juicio de Dios (Deuteronomio 4:3; Josué 22:17; Salmos 106:28; Oseas 9:10 [donde Baal-peor se considera como el nombre de un lugar]).

BAAL-PERAZIM Ubicación donde David salió victorioso cuando enfrentó a las tropas filisteas (2 Samuel 5:20; 1 Crónicas 14:11). Baal-perazim se encuentra a unas cinco millas al suroeste de Jerusalén. El nombre significa "Baal/Señor que irrumpe". Como Baal también es el nombre propio de una deidad cananea, la afirmación de David tras la derrota de los filisteos claramente pretende referirse al Dios de Israel.

BAAL-SALISA Ciudad cuya ubicación exacta permanece incierta; puede que limite la región de Efraín (*ver* 1 Samuel 9:4). Podría identificarse con Khirbet Marjameh, sitio ubicado cerca del monte Baal-Hazor. En la Biblia se menciona este lugar como la ciudad natal de un hombre que le trajo pan a Elías (2 Reyes 4:42). Puede que sea lo mismo que Salisa, un sector por el que Saúl transitó cuando él estaba buscando a los burros perdidos (1 Samuel 9:4).

BAAL-TAMAR Ubicación no identificada en el territorio de Benjamín donde las tropas de Israel adoptaron posiciones de batalla en su lucha contra los benjamitas durante el período de los jueces (Jueces 20:33). El nombre significa "Baal/Señor de la palmera". Se le puede diferenciar de la ubicación con el mismo nombre que yace en la frontera sur de Palestina.

BAAL-ZEBUB Deidad de la ciudad filistea Ecrón que aparece solamente en 2 Reyes 1:2, 3, 6, 16. Baal-zebub probablemente significa "Baal/Señor de las moscas", pero es posible que el nombre original de esta deidad sea Baal-zebul, que quizá significa "Baal el príncipe". El respaldo probable puede que esté en la aparición de un nombre similar de un dios en los textos de Ugarit por la presencia de la raíz zbl en los nombres de otros dioses y porque en el Nuevo Testamento se hace referencia a *Beelzebú* como el nombre de un demonio o del príncipe de los demonios (Mateo 10:25; 12:24, 27; Marcos 3:22; Lucas 11:15, 18-19). Por lo tanto, es probable que el autor de 2 Reyes intencionalmente haya cambiado el nombre Baal-zebul por uno que suena similar y que es peyorativo: Baal-zebub. Esto ocurrió por razones polémicas, y dada la tradición oral o textual el nombre original se reitera en el Nuevo Testamento. No se conoce mucho acerca de esta deidad en particular, puesto que es una de las muchas manifestaciones locales del dios Baal.

BAAL-ZEFÓN **(1)** Ubicación cerca del lugar donde los israelitas acamparon antes de cruzar el Mar Rojo (Éxodo 14:2, 9; Números 33:7). La ubicación exacta de este lugar es desconocida. **(2)** Uno de los dioses más importantes en el panteón de Ugarit, que aparece en todos los textos poéticos y ritualistas que se descubrieron en esa ciudad en el siglo XX.

BAANA, BANÁ **(1)** Hijo de Rimón, hermano de Recab. Benjamita que fue el líder de una de las bandas asaltantes de Is-boset durante su reinado. Junto a su hermano, él asesinó a Is-boset, el rival de David, y llevaron su cabeza a David. Sin embargo, David ordenó que los ejecutaran (2 Samuel 4). **(2)** Uno de los líderes que regresó a Israel con Zorobabel después del exilio (Esdras 2:2; Nehemías 7:7). Es posible que este sea el mismo individuo que se menciona en Nehemías 3:4 como el padre de Sadoc.

(3) Hijo de Ahilud y uno de los doce gobernadores de distrito nombrados por el rey Salomón para abastecer provisiones para el rey y la casa real por un mes cada año (1 Reyes 4:12). **(4)** Hijo de Husai y uno de los doce gobernadores de distrito nombrados por el rey Salomón para abastecer provisiones para el rey y la casa real por un mes cada año (1 Reyes 4:16). **(5)** Cantante del pacto que mantenía la ley de Moisés en los tiempos de Nehemías (Nehemías 10:27). **(6)** Padre de Heled, uno de los hombres sobresalientes del ejército de David (1 Crónicas 11:30).

BAARA Una de las esposas de Saharaim el benjamita (1 Crónicas 8:8).

BAASA Un rey de Israel (906-883 BC) que ganó la supremacía al trono por medio de un violento golpe militar, que dio como resultado la muerte de su predecesor, Nadab (1 Reyes 15:27-28). En los inicios de su reinado, Baasa asesinó a toda la familia de Jeroboam I, por lo que concretó la profecía de Ahías respecto al futuro de la sucesión del rey malvado (14:10-11). No obstante, dada la maldad de Baasa, su propia familia sufrió el mismo destino así como lo profetizó Jehú (16:2-4). El reinado malévolo de Baasa duró veinticuatro años y se caracterizó por la continua guerra contra Asa el rey de Judá.

BAASÍAS Hijo de Malquías, un levita, dentro de la genealogía de los músicos del templo Asaf (1 Crónicas 6:40).

BABEL Nombre hebreo para Babilonia. En las traducciones estándares en inglés este nombre se traduce constantemente como "Babel" solo en Génesis 11:9 y a veces en 10:10 (NRSV, NET). Aunque en todas las otras ocasiones que aparece se traduce como "Babilonia", sin embargo, en el idioma hebreo no existe distinción. En el lenguaje babilónico (acadio) significa "Puerta de Dios"; en Génesis 11:9 el autor hebreo asocia el nombre "Babel" (babel) con una palabra hebrea que suena similar a "confundido" (balal). Esta conexión se entiende mejor como un juego de palabras que como una etimología real.

Ubicada en el río Éufrates a unas cincuenta y cinco millas al sur de la moderna Bagdad, la ciudad tuvo el más grande poder político y económico en toda la historia de Mesopotamia. Más considerable, en la historia de Israel fue la capital del Imperio Neobabilónico el que surgió en el siglo VII a.C. y provocó el exilio de Judá. Según lo escrito en Génesis, esta ciudad fue fundada por Nimrod (10:10) y fue el sitio de la división de idiomas (11:1-9). La torre se describe en los versículos 11:1-9 y era más bien como un zigurat, una estructura del templo mesopotámico con forma de escalera. El intento de construir una torre "que alcance los cielos" (11:4) calza bien con el punto de vista babilónico respecto a que los zigurats unían el cielo y la tierra. *Ver también* Torre de Babel.

BABILONIA Fue la capital de la ciudad de Babilonia, un antiguo reino ubicado en Mesopotamia, región que se encuentra entre los ríos Éufrates y Tigris y que en la actualidad es un sector del país de Irak. La ciudad de Babilonia se encontraba en la orilla del río Éufrates, a unas cincuenta y cinco millas de la ciudad moderna de Bagdad. Babilonia tiene un papel muy importante en la Biblia, especialmente durante los tiempos de los profetas del Antiguo Testamento. Babilonia o los babilonios son mencionados en los libros de 2 Reyes, 1-2 Crónicas, Esdras, Nehemías, Ester, Salmos, Isaías, Jeremías, Ezequiel, Daniel, Miqueas, Habacuc y Zacarías. Babilonia también aparece en el comienzo de la historia bíblica (Génesis 10-11) como también al final (Apocalipsis 14; 16-18; cf. 1 Pedro 5:13).

Historia

El periodo sumerio y acadio. Alrededor del año 3000 a.C. una de las primeras civilizaciones del antiguo mundo se desarrolló en la región más meridional de Mesopotamia. Los sumerios crearon muchas innovaciones que nutrieron y contribuyeron con la construcción de civilizaciones grandes, complejas y urbanas. Estos desarrollos incluyeron la irrigación, la escritura (particularmente en cuanto a la documentación gubernamental), la ciudad-estado, la acumulación de capital, la rueda, la rueda de alfarero, la arquitectura monumental, el sistema numérico basado en el número sesenta (esto aún se usa en la modernidad para el tiempo como también para la geometría. Por ejemplo, sesenta minutos en una hora, 360 grados en un círculo…), las escuelas y el sello cilíndrico.

El rey acadio Sargón conquistó la mayor parte de Mesopotamia alrededor del año 2350 a.C. Él construyó la capital en Acad y estableció el acadio como el idioma principal de Mesopotamia, una característica que permanecería como algo distintivo por muchos siglos. La ciudad de Babilonia aparece primeramente en documentos literarios no bíblicos durante este tiempo, pero solo se le hace mención como una ciudad provincial menor.

El período de la Babilonia antigua. Alrededor de la misma época, un grupo de personas llamas "amorreos" (literalmente significa "aquellos que provienen del oeste") comenzaron a migrar en grandes cantidades hacia el este dentro de la parte sur de Mesopotamia. Al adoptar mucho de la cultura relacionada con los sumerios y el idioma acadio, estos amorreos pronto se convirtieron en los poderosos de la región, y ellos hicieron que Babilonia se convirtiera en una de las ciudades más importantes de Mesopotamia. Uno de los reyes más famosos que asumió el poder durante esta era de la "antigua Babilonia" fue Hammurabi (c. 1728-1686 a.C. [muchos eruditos ahora se refieren a él como Hammurapi]). Fue gracias a su vasta habilidad diplomática y militar lo que permitió que Babilonia llegara al poder tan rápido y de una manera tan espectacular. El imperio actual de Hammurabi solo duró por un breve tiempo, pero su legado fue duradero, y toda la región central y sur de Mesopotamia siguió siendo conocida como Babilonia por más de mil años.

Tras la muerte de Hammurabi, Babilonia sufrió un declive en su poder. En los próximos cien años Mesopotamia se caracterizó por el caos y las luchas de poder. Entonces cerca del año 800 a.C. los asirios (que llegaron del extremo norte de Mesopotamia) ascendieron al poder y dominaron toda la región. Los asirios también tuvieron un importante papel en la Biblia, donde aparecen con frecuencia en los libros de 2 Reyes e Isaías.

Reconstrucción de la Puerta de Istar de Babilonia (Museo de Pérgamo, Berlín).

B

El Imperio Neobabilónico. Sin embargo, en el último cuarto del siglo VII a.C. los babilonios sin parar obtuvieron más poder. Una enorme migración de arameos llegó a Babilonia, por lo que los babilonios reemplazaron el acadio con el idioma arameo. Los caldeos, un gran y poderoso grupo que residía en la región babilónica, se casaron con los descendientes de esta migración aramea para desarrollar una civilización ahora conocida como Neobabilonia. Una vez más la ciudad de Babilonia alcanzó el esplendor y la prominencia. Con el tiempo, esta nueva Babilonia arrebató el control de una gran parte del antiguo Cercano Oriente a los asirios y a sus aliados egipcios, lo que definitivamente ocasionó la derrota de estos en el año 612 a.C. para convertirse en el nuevo imperio supe poderoso del antiguo Cercano Oriente. Una dinastía impactante dio inicio bajo la mano de Nabopolasar (626-605 a.C.) y continuó con Nabucodonosor (604-562 a.C.), el más poderoso y prominente de los reyes de Babilonia.

Babilonia controló casi todo el antiguo Cercano Oriente en un periodo crítico dentro de la historia bíblica. Nabucodonosor, el rey babilónico más famoso de esta era, asedió Jerusalén y la destruyó por completo en 587/586 a.C. Nabucodonosor aparece numerosas veces en la Biblia, especialmente en los libros de 2 Reyes, Jeremías y Daniel. Él fue el responsable de tomar el liderazgo de Judá para llevar a cabo el exilio en Babilonia después de la destrucción de Jerusalén. De una manera inesperada, este poderoso imperio no duró mucho tiempo. Así como se discute en los siguientes párrafos, varios de los profetas del Antiguo Testamento profetizaron el fin de Babilonia que, de hecho, se desmoronó rápidamente y con el tiempo desapareció de la historia. ¿Cómo ocurrió esto?

Reglamento persa y griego. En primer lugar, Nabonido, el último rey de Babilonia (555-539 a.C.), intentó modificar la religión de las personas en cuanto a la adoración de su dios principal, pero él solo consiguió alejarse de los nobles poderosos de Babilonia, como también de la población en general. Al dejar a su hijo Baltasar a cargo, Nabonido se mudó a Arabia donde estuvo por diez años. Cuando finalmente regresó, los persas estaban amenazando a Babilonia y Nabonido tuvo poco dominio para detenerlos.

Sellar la victoria persa significó la deserción de Ugbaru, uno de los príncipes más poderosos de Babilonia. De esta manera, Ciro, el rey persa, conquistó Babilonia sin tener que enfrentar ninguna resistencia sustancial por parte de la ciudad (539 a.C.). Al parecer, los babilonios recibieron a Ciro más como un libertador que como un conquistador. Fue así como Babilonia se convirtió en una ciudad dentro del imperio persa.

Unos cincuenta años después, la ciudad de Babilonia se rebeló en contra de los persas, por lo que el rey persa Jerjes la recapturó (482 a.C.), la saqueó, demolió sus espectaculares fortificaciones, quemó el gran templo del dios babilónico Marduk e incluso se llevó la estatua de Marduk como un botín de guerra. Sin embargo, Heródoto el historiador griego, que escribió alrededor del 450 a.C., señaló que Babilonia no fue destruida en su totalidad.

En el siglo siguiente, Alejandro Magno conquistó toda la región y derrotó a los persas en el año 331 a.C. Alejandro fue cálidamente recibido por el resto de los ciudadanos residentes de Babilonia, por lo que en un principio él trató favorablemente a la ciudad. No obstante, en el año 324 a.C. un amigo cercano de Alejandro murió, por lo que él demolió parte del muro de la ciudad del este del palacio real para construir una plataforma para una pira funeraria en honor a su amigo, y de esta manera destruyó una parte importante de la ciudad.

La caída de Babilonia. Después de la muerte de Alejandro, Seleuco, uno de sus cuatro generales, se apoderó de Babilonia (312 a.C.) y saqueó la ciudad y la zona a su alrededor. El siguiente rey seléucida, Antíoco I (281-261 a.C.), asestó el golpe de gracia a la ciudad de Babilonia. Él construyó una nueva capital para la región a cincuenta y cinco millas al norte y entonces trasladó a toda la civilización de Babilonia a la nueva ciudad. La que alguna vez fue la gran ciudad de Babilonia, ahora despoblada y gravemente herida en lo físico por los reyes seléucidas, cayó en el olvido. Aunque Antíoco IV (173 a.C.) intentó por un breve periodo revivir la ciudad de

Babilonia, con propósitos totalmente prácticos, esta dejó de existir.

El sitio en ruinas se menciona una que otra vez en la historia. El emperador romano Trajano pasó el invierno del año 116 d.C. en Babilonia, pero no encontró nada, excepto ruinas. La caída espectacular de Babilonia y el estado de terrible desolación de la ciudad luego se convirtieron en algo proverbial. En el siglo II d.C. Luciano escribió que Nínive desapareció sin dejar rastro y que pronto las personas buscarían en vano a Babilonia. Para concretar la culminación de la profecía bíblica (por ejemplo, Jeremías 50-51), la ciudad de Babilonia pasó de ser una de las ciudades más importantes y espectaculares en el mundo a una desolada e insignificante pila de escombros.

El Esplendor de Babilonia

Durante la época de Nabucodonosor, la ciudad de Babilonia se convirtió en una ciudad espectacular, y con certeza fue una de las más impresionantes del antiguo Cercano Oriente. La ciudad se construyó a orillas del río Éufrates con un enorme e imponente puente que conectaba las dos costas. En la ribera había enormes construcciones públicas, palacios y templos. La ciudad estaba protegida por dos muros. Las puertas de los muros exteriores aún no se han encontrado, pero los arqueólogos han identificado nueve grandes e impresionantes puertas del muro interior. La más famosa de estas es la Puerta de Istar, que se desmanteló y reconstruyó en el Museo de Pérgamo en Berlín. Los muros de esta puerta están bordeados con cerámica glaseada de color azul brillante y está decorada con numerosos relieves de leones y dragones. Una estructura importante en la ciudad fue el gran templo de Marduk, la deidad principal de Babilonia, pero la ciudad también tenía templos dedicados a otros numerosos dioses. El gran templo estaba conectado con una espectacular calle procesional que recorría el corazón de la ciudad, que tenía además extensas residencias como también tres enormes palacios reales.

Un historiador griego del siglo IV a.C. menciona que Nabucodonosor construyó un sorprendente jardín para una de sus esposas. Este jardín, comúnmente conocido como los Jardines Colgantes de Babilonia, fue diseñado por los antiguos griegos como una de las Siete Maravillas del Mundo. Sin embargo, los arqueólogos han sido incapaces de localizar dicho jardín en las excavaciones de Babilonia, por lo que algunos eruditos dudan de su existencia.

Babilonia en la Biblia

Los términos "Babilonia" y "bailonio", además de las palabras relacionadas como "Caldea" y "caldeos", aparecen más de trescientas veces en la Biblia, lo que indica el importante rol que tuvo Babilonia en la historia de Israel.

En el Antiguo Testamento. En Génesis 10:10 se afirma que Babilonia fue uno de los primeros centros del reino del poderoso guerrero Nimrod, pero la naturaleza desconcertante de Nimrod y las dificultades que existen en la interpretación de Génesis 10 hacen que sea complejo afirmar con certeza sobre esta referencia.

El incidente mejor conocido en Génesis respecto a Babilonia es el relato sobre la torre de Babel (Génesis 11:1-9). Nótese que en Génesis 9:1-7 Dios le ordena a Noé y a su familia que se dispersen sobre la tierra para reponer su población. Los constructores de la torre de Babel estaban justamente haciendo lo opuesto al mandato divino, porque intentaban detener la dispersión.

En Génesis 11:2 la torre de Babel se encuentra en "una llanura en Sinar" (cf. 10:10; 14:1), es decir, la amplia llanura aluvial de los ríos Éufrates y Tigris al sur de la moderna Bagdad. La mayoría de los eruditos sospechan que la torre de Babel era un zigurat, una elevada torre del templo. Algo común en Mesopotamia era que estos eran centros de adoración donde los sacerdotes subían extensas escaleras para ofrecer sus sacrificios a los dioses. Normalmente en la corona del zigurat había un santuario del templo. Este elevado santuario se entendía como la "puerta a los dioses", un lugar donde los sacerdotes y sus deidades supuestamente se encontraban. Sin embargo, la historia de la torre de Babel en Génesis presenta un juego de palabras divertido respecto a esta tradición. "Babel" (así también "Babilonia") significa "puerta a los dioses" o "puerta de los dioses" en los idiomas locales de Mesopotamia. No obstante, de una manera irónica en hebreo la palabra babel está relacionada con balal que significa "confundir". Por lo tanto, Génesis 11:9 presenta un colorido juego de palabras o parodia en cuanto al nombre de Babel. Como una graciosa crítica sobre el futuro de la gran ciudad, en este verso se sugiere irónicamente que el nombre "Babel" no se refiere en realidad a la "puerta de los dioses" como pretendían los mesopotámicos, sino que es la confusión sentenciosa que Dios trajo contra ellos.

B

Por lo tanto, la ciudad de Babel/Babilonia contenía connotaciones negativas desde el inicio de la historia bíblica. En Génesis 11 se presenta a Babel como un símbolo de la arrogancia humana y la rebelión contra Dios. Después en la historia de Israel la ciudad de Babilonia continúa teniendo asociaciones negativas, y una vez más se convierte en un poderoso símbolo de la arrogancia humana y de la rebelión contra Dios.

En los libros de 1-2 Reyes se cuenta la trágica historia de cómo Israel y Judá le dan la espalda a Dios cuando adoraban ídolos al mismo tiempo que ignoraban las advertencias que Dios les entregó por medio de los profetas. Por lo tanto, y así como fue predicho, el reino del norte, Israel, fue destruido por los asirios en el año 722 a.C. Sin embargo, el reino del sur, Judá, también falló en prestar atención y continuó adorando a dioses paganos a pesar de las reiteradas advertencias y llamados para arrepentirse que hicieron los profetas. Profetas como Jeremías proclamaban reiteradamente que si Judá y Jerusalén no se arrepentían y se alejaban de la idolatría y de los actos de injusticia, entonces Dios enviaría a los babilonios a destruirlos (ver especialmente Jeremías 20-39). Jeremías se refiere a los babilonios 198 veces, y el profeta a nivel personal experimentó el terrible asedio babilónico y la destrucción de Jerusalén. En Jeremías 39 y 52 se describe la verdadera caída de Jerusalén ante Nabucodonosor y su tropa babilónica. Esta misma trágica historia se relata nuevamente en 2 Reyes 24-25. Por lo tanto, en el año 586 a.C. Nabucodonosor y su ejército destruyeron por completo Jerusalén, donde quemaron la ciudad y el templo hasta su cimiento y consiguieron que la mayoría de la población fuera exiliada y enviada a Babilonia.

Babilonia aparece en la literatura profética del Antiguo Testamento y en otro contexto también. Debido a la apostasía de Israel y Judá, los profetas predican un juicio sobre estas. No obstante, los profetas también predicaron un juicio contra los enemigos de Israel y Judá por aprovecharse o atacar y destruir al pueblo de Dios. Por ejemplo, Jeremías profetiza en contra de numerosas naciones y ciudades (Jeremías 46-49), pero él se enfoca particularmente en Babilonia (Jeremías 50:1-51:58). Asimismo, el juicio sobre Babilonia es un tema central en Isaías 13; 14; 21; 47. En el Antiguo Testamento, ningún otro oponente ocasionó dicha destrucción tan terrible en Jerusalén. Posteriormente en la narración, este evento particular se convierte, por lo tanto, en la imagen prototípica de una horrenda muerte y destrucción, y Babilonia se transforma en el símbolo literario que representa a todos los enemigos de Israel.

En el Nuevo Testamento. Babilonia aparece de nuevo al final de la historia bíblica. En Apocalipsis 17-18 Juan describe al enemigo del reino de Dios como una prostituta vestida de escarlata y montada en una bestia. Uno de los títulos escritos en su frente dice "Babilonia la grande" (17:5). Algunos comentaristas creen que Juan está describiendo una resurrección literal de la ciudad de Babilonia. Esto significa que ellos proponen que Babilonia será reconstruida en su lugar original y se convertirá en el centro de gobierno para el anticristo.

Sin embargo, muchos otros eruditos sostienen que la ramera en Apocalipsis 17-18 simboliza a la antigua Roma y no la reconstrucción moderna de Babilonia. Entre ellos se discute que el término "Babilonia" se utiliza de manera simbólica en Apocalipsis. El respaldo de esta idea tiene que ver con el uso aparente del apóstol Pablo sobre el término "Babilonia" para referirse a Roma en 1 Pedro 5:13 ("ella que está en Babilonia les manda sus saludos"). La mayoría de los eruditos del Nuevo Testamento concluyen que en este versículo "ella" es una referencia a la iglesia y que “Babilonia” es una referencia codificada o simbólica de Roma.

BABUINO Propuesta de traducción para tukki, un animal que aparece en 1 Reyes 10:22; 2 Crónicas 9:21. Algunas personas prefieren la traducción de “babuino” por su proximidad en aquellos versículos con el término traducido como “simio”, como también por su cercana relación con el término egipcio de esta misma palabra. Otra sugerencia es “pavo real”, por su cercana relación con este mismo término para Tamil. El significado exacto es incierto. *Ver también* Simio.

BACA, VALLE DE Valle mencionado en Salmos 84:6. Se dice que los fieles cruzaban este valle en su camino para adorar en Sión. Se debate la traducción y la importancia de este nombre. La palabra hebrea baka' puede significar “árbol de bálsamo”, por lo tanto, sería el “Valle de Bálsamo”. En 2 Samuel 5:22-24; 1 Crónicas 14:13-16, David tenía que esperar hasta sentir el sonido de una marcha en los bálsamos (NVI: “álamos”) (lo que significa el avance de las tropas celestiales) antes de atacar a los filisteos. La palabra baka' también es similar a la palabra hebrea para “llanto”, por lo tanto, sería el “Valle del Llanto”. Quizás el nombre del valle alude ambos conceptos.

BACBACAR Descendiente levita de Asaf que regresó a Jerusalén tras el exilio (1 Crónicas 9:15).

BACBUC Nombrado en Esdras 2:51; Nehemías 7:53 como un ancestro de los sirvientes del templo (Netinim) que regresó a Jerusalén tras el cautiverio en Babilonia bajo el liderazgo de Zorobabel (en el año 539 a.C. o pronto posteriormente). El hecho de que muchos de los nombres en esa lista sean extranjeros ha llevado a la creencia de que ellos fueron originalmente prisioneros de guerra que fueron obligados a servir y cumplir tareas de ínfima importancia mientras asistían a los levitas.

BACBUQUÍAS Levita escogido para regresar y servir en Jerusalén después del exilio. Bacbuquías sirvió como líder para dar gracias y para orar (Nehemías 11:17; 12:9) y como guardia de las despensas (12:25).

BÁCULO *Véase* Vara.

BAHURIM Villa en el noreste de Jerusalén, probablemente ubicada en Benjamín cerca de Anatot, que se convirtió en una prominencia durante el reinado de David. Después de que Abner lo visitara, David ordenó que Is-boset dispusiera que su esposa, Mical, regresara con él, ya que Saúl la había tomado para entregársela a Palti (1 Samuel 25:44).

Palti la siguió tan lejos hasta llegar a Bahurim en su regreso antes de ser rechazada por Abner (2 Samuel 3:16). Luego, cuando David estaba huyendo de Ab-salom, Simei lo maldice en Bahurim, que era un miembro de la familia de Saúl (2 Samuel 16:5-13).

En el regreso de David, Simei se encontraba entre los primeros para recibirlo (19:16-23), pero aunque David prometió no asesinarlo, él previno que Abisai también lo hiciera. Entonces David posteriormente le ordenó a Salomón que lo ejecutara (1 Reyes 2:8). Otros en la ciudad permanecieron fieles, incluso un dueño de casa sin nombre que escondió a dos espías de David en un pozo mientras ellos escapaban de los hombres de Absalón, y cuya esposa engañó a los hombres de Absalón respecto a su ubicación (2 Samuel 17:17-20).

BAJURINITA Residente de Bahurim (1 Crónicas 11:33; cf. “barhumita” en 2 Samuel 23:31). *Ver también* Bahurim.

BALA Ciudad adjudicada a la tribu de Simeón, cuyo territorio estaba dentro de los límites tribales de Judá (Josué 19:3). También se le llama Bilhah (1 Crónicas 4:29) y Baalah (Josué 15:29). *Ver también* Baala.

BALAAM A finales de los cuarenta años de caminar en el desierto, Moisés guio al pueblo de Israel hacia las planicies de Moab, a lo largo del Jordán desde Jericó (Números 22:1). Desde este lugar, Israel cruzaría pronto para llegar a la tierra prometida. Sin embargo, Israel recién había derrotado a Sehón y a Og (Números

21:21-35), dos reyes de Transjordania, lo que ocasionó terror para los moabitas y su rey, Balac.

Para contrarrestar la amenaza, Balac intentó enlistar la ayuda de un muy conocido adivino, Balaam, que vivió en Petor, un lugar en el noroeste de Mesopotamia (Números 22:5). El rey quería debilitar a Israel por medio de Balaam para que maldijera a los israelitas. Sin embargo, le dejó en claro a Balaam que no apoyaría ninguna acción en contra de su pueblo. Balaam al principio se rehusó a ir con los mensajeros moabitas, pero tras ser persuadido con un pago incluso mayor, él se marchó de Moab. Dios dejó que se fuera, pero le advirtió que Balaam sólo podría hacer lo que el mismo Dios le ordenara.

Dios enfatizó este último punto con aquel famoso hecho en el que puso a un ángel invisible en el camino del burro de Balaam para que no pudiera pasar. Frustrado, Balaam azotó al burro hasta que Dios le dio voz al animal para que objetara su paliza, y entonces el Señor abrió los ojos del adivino ante la presencia del ángel. El episodio pone a Balaam en una luz negativa, y su burro le advierte, al adivino, de la presencia del ángel. No obstante, Balaam continúa su viaje, pero dada la orden de Dios, él solamente pudo bendecir y no maldecir a Israel. Ante la presión de Balac, él intenta maldecir a Israel cuatro veces, pero en cada ocasión él enviaba a un oráculo de bendición. El último oráculo para Israel (Números 23:15-19) contiene las palabras más memorables de Balaam cuando él predice: "Una estrella se levantará de Jacob; un cetro surgirá de Israel" (24:17), que se concreta con el origen de la dinastía de David.

Por lo tanto, el intento de Balac de Moab por frustrar a Israel con maldiciones proféticas fracasó. Sin embargo, en Números 25 se narra que hubo una táctica diferente que sí tuvo éxito al momento de provocar daños, aunque no fue una ruina absoluta para el pueblo de Dios. Algunos israelitas empezaron a dormir con mujeres de Moab y Madián y a adorar a sus dioses. Este daño fue detenido por el rápido actuar de Fineas el profeta. Aunque Balaam no se nombra en este capítulo, en Números 31:16 se señala que él fue el que ideó este complot. Al parecer, Balaam estaba determinado a recibir su pago. En las Escrituras posteriores se sostiene que él es un ejemplo negativo de un falso profeta que solamente se preocupaba por el dinero (Jueces 11; 2 Pedro 2:15; Apocalipsis 2:14). Los israelitas lo matan a él junto con otros madianitas (Números 31:8). Algo interesante es que los arqueólogos descubrieron una inscripción en un muro de yeso en Deir 'Alla, un lugar que está a ocho millas al este del río Jordán en el país de Jordania, en el que se menciona a Balaam el adivino y se afirma que él tenía visiones nocturnas. Por lo tanto, en esta extraña instancia tenemos a un personaje bíblico que es confirmado por medio de un texto extra bíblico. La inscripción data del siglo VIII a.C.

BALAC Rey moabita que, tras ser testigo de la destrucción israelita de los amorreos, mandó a buscar a Balaam el profeta para que maldijera a los

Una porción de una inscripción en un muro de de Deir 'Alla in tion, que menciona a Balaam.

israelitas (Números 22:1-24:25). Las acciones de Balac se reiteran a lo largo de la Biblia (Josué 24:9; Jueces 11:25; Miqueas 6:5; Apocalipsis 2:14).

BALADÁN Padre del rey babilónico Merodac-baladán (2 Reyes 20:12; Isaías 39:1). Merodac-baladán reinó durante los tiempos de Ezequías, rey de Judá (727-698 a.C.).

BALAK *Ver* Balac.

BALANZAS Tres palabras diferentes en hebreo y una en griego se traducen en la NVI como "balanzas" o "pesas", y es probable que todas se refieran al mismo instrumento básico. Las balanzas en el antiguo mundo consistían en dos placas o platillos que estaban suspendidos de los extremos de una barra horizontal que estaba sujetada con una cuerda o que descansaban sobre un fulcro.

El objeto a pesar se colocaba en uno de los platillos y un objeto, que ya se conocía su peso y que por lo general era una piedra, se colocaba en la otra placa. Las transacciones económicas dependían del uso de balanzas adecuadas y de pesos precisos. Los estándares de peso variaban, y era relativamente fácil para un mercader o comerciante hacer trampa por medio de pesos de calidad inferior (Levítico 19:36; Proverbios 11:1; 20:23; Ezequiel 45:10; Oseas 12:7; Amós 8:5; Miqueas 6:11). La mayoría de las referencias de las balanzas en la Biblia son figurativas. Job se quejaba de que su miseria podría pesarse en balanzas (Job 6:2), y él declara que si Dios lo pesara con balanzas de justicia, Dios lo encontraría inocente (31:6). Belsasar, por otro lado, fue "pesado en la balanza y no dio la medida" (Daniel 5:27). Isaías declaró que Dios "pesó los montes y las colinas en una balanza" (40:12) y que Dios se refiere a las naciones como "una capa de polvo sobre la balanza" (40:15). El salmista afirma que si los humanos, ya sea de alto o bajo grado, si fueran colocados sobre una balanza, ellos en realidad harían que se levantaran los platillos en los que fueron puestos (Salmos 62:9; cf. ESV, NRSB, NASB). El jinete montado sobre el caballo negro en el libro de Apocalipsis es representado pesando la venganza contra la tierra en un par de balanzas (6:5; cf. Ezequiel 5:1-12).

BALLENA La palabra "ballena" ocurre cuatro veces en la KJV. La KJV usa la palabra para describir los grandes peces creados por Dios (Gn. 1:21). De manera similar, la KJV, traduciendo los dichos de Jesús de Jonás, ubica al profeta reticente en el "vientre de la ballena" (Mt. 12:40). Este es el texto que da surgimiento a la historia de Jonás siendo tragado por una ballena, aunque en Jon. 1:17 la KJV dice que Jonás fue tragado, no por una "ballena", sino más bien por un "pez grande". Finalmente, la KJV elige "ballena" para Job 7:12 y Ez. 32:2, donde en ambos casos se describe un monstruo marino mitológico. En todos estos casos, versiones más recientes prefieren expresiones como "gran pez", "monstruo marino" y así, dependiendo del contexto.

BALSA La madera de ciprés y de cedro necesaria para construir el templo de Salomón fue agrupada como balsas para poder transportarla por mar desde el Líbano hasta Joppe (2 Cr. 2:16).

BÁLSAMO DE GALAAD *Ver* Bálsamo.

BÁLSAMO Probablemente se refiere a la resina aromática de la Pistacia palaestina, cuya sustancia se utilizaba como remedio (Jeremías 46:11; 51:8). Desde los centros de producción, se exportaba por todo el Levante y Egipto (Génesis 37:25; 43:11; Ezequiel 27:17).

En varios textos bíblicos se asocia la producción de bálsamo con la región al este de Jordán, incluyendo a Galaad. La pregunta sarcástica de Jeremías da cuenta del origen y uso del bálsamo: "¿No hay bálsamo en Galaad? ¿No hay un médico allí? ¿Por qué no hay sanidad para las heridas de mi pueblo?" (Jeremías 8:22).

BÁLSAMO Tipo de arbusto que produce un fragante y valioso aceite que los ancianos refinaron para usarlo como ingrediente de perfume. No proviene de Israel, por lo que tenía que ser importado desde Abisinia (antigua Etiopía) o de Arabia. En la Biblia NASB se traduce el término hebreo bosem como "bálsamo" en Cantares 5:1, 13; 6:2, aunque esta palabra se traduce por lo general como "perfume" o "especia" (por ejemplo, Éxodo 25:6; 1 Reyes 10:2; 2 Crónicas 9:24 NVI). Ester usó el bálsamo como perfume (2:12 GNT) y se consideraba como parte de los tesoros reales de Judá (2 Reyes 20:13 GW). *Ver también* Especias.

B

BAMA Palabra hebrea que significa "altura" o "elevación". Para Ezequiel 20:29 se hizo una transliteración del término para referirse a un lugar alto particularmente de una ubicación desconocida. Cuando se traduce, la palabra se puede usar para referirse a lugares altos en general, como también en un sentido literal o metafórico. El término también puede referirse a los lugares cananeos de adoración. Por lo general, si no es siempre, Bama fue condenado como un lugar falso de adoración.

BAMOT Literalmente significa "lugares altos". Esta es una de las paradas que realizan los israelitas en su viaje desde Egipto (Números 21:19-20). Este lugar se encuentra al norte del río Arnon, cerca del monte Nebo (Pisga). Puede que este lugar sea el mismo que Bamot-baal (Números 22:41; Josué 13:17).

BAMOT-BAAL Lugar en el que Balac, rey de Moab, tomó a Balaam para maldecir a Israel (Números 22:41). Esta ciudad fue parte de la herencia que Moisés le dio a la tribu de Rubén; era una de las ciudades que rodeaba Hesbón (Josué 13:17). Bamot-baal puede que sea lo mismo que Bamot (Números 21:19-20), dada la similitud de nombres y ubicación geográfica. Aunque se desconoce su ubicación exacta, ambos lugares se encuentran en la misma región.

BANCA Las actividades bancarias básicas incluían reunir capital y hacer depósitos, extender créditos y negociar el traspaso de fondos. En la Biblia se describe y se comenta sobre tales prácticas en ambos Testamentos, pero solamente se les atribuye a los banqueros en el Nuevo Testamento.

En el antiguo Israel el comercio y el mercantilismo eran facilitados por el uso de la plata, oro y ganado como reserva de valor, medio de intercambio y medios de pago (Génesis 13:2; 17:12; 23:15). Algo particularmente común entre los individuos era que compraban y vendían con plata (Génesis 37:28; 1 Samuel 13:21), como también lo era en cuanto a la exportación e importación entre las naciones (1 Reyes 10:28-29; 2 Crónicas 1:16-17; Nehemías 13:16).

Sin embargo, el ganado se aceptaba como dinero en los asentamientos de impuestos, sacrificios y para otras obligaciones (Números 31:28-40). La carencia en transportabilidad se compensaba en la practicidad; a diferencia de los metales preciosos, el rebaño crecía y se multiplicaba. Para los tiempos de la monarquía, no solo había un tesoro de riqueza dedicado a Dios que provenía de las ofrendas (Josué 6:19, 24; 1 Reyes 7:51), sino que también el rey mantenía su propio tesoro (1 Reyes 15:18; 2 Reyes 12:18; 14:14; 16:8; 18:15; 20:13). Judá tenía que pagar tributos y bienes para ambos. En tiempos de subyugación ambos eran saqueados. En el

Relieve de un cambista de dinero (siglo III DC).

Antiguo Testamento se destaca la honestidad en los tratos comerciales, que requerían del uso de balanzas justas (Levítico 19:36; Proverbios 11:1; 16:11; Oseas 12:7; Amós 8:4-6) y de un sistema establecido de pesaje y medidas. La unidad básica de peso para los metales preciosos fue el siclo del santuario, que equivalía a veinte geras, es decir, unos diez gramos (Éxodo 30:13; Levítico 27:25). La unidad de medición más grande era el talento, que equivalía a tres mil siclos (Éxodo 38:24-26; Esdras 7:22; 8:26). La ley regulaba la práctica de préstamos principalmente para proteger al pobre de la explotación. No se permitía el cargo de intereses por parte de los prestamistas israelitas a los compatriotas israelitas, y estaban establecidas las reglas en cuanto a tomar, conservar y devolver garantías (Éxodo 22:25; Deuteronomio 23:19; 24:6, 10-13, 17; Nehemías 5:1-13; Ezequiel 33:15). Cada siete años los acreedores debían liberar a los morosos de sus deudas (Deuteronomio 15:1-3).

Representación de la cabeza de Juan el Bautista en una bandeja (siglo XV d.C).

Sin embargo, estas reglas no se aplicaban cuando los prestatarios eran extranjeros. En los tiempos del Nuevo Testamento, las actividades bancarias eran más desarrolladas y formalizadas. En el Nuevo Testamento se menciona el depósito de dinero por interés (Mateo 25:27; Lucas 19:23). Las monedas se usaban de una manera generalizada en el Imperio Romano, pero localmente eran diversas y troqueladas. Por ejemplo, el denario era romano y el dracma era griego (Lucas 20:24; Mateo 17:24). Por lo tanto, los servicios de los cambistas de dinero eran comunes por el sector. Ellos por lo general instalaban sus distintivas tablas marcadas con cuadrículas dentro y alrededor de los templos y de construcciones públicas. En el Nuevo Testamento la palabra griega para "bancario", trapezitēs, proviene de la palabra "tabla", trapeza. En el templo de Jerusalén, las actividades de los cambistas de dinero provocaron la bien conocida ira justificada de Jesús, lo que provocó que él volcara sus tablas (Mateo 21:12; Marcos 11:15; Juan 2:15).

BANCARROTA Una persona cae en bancarrota cuando declara legalmente su incapacidad para retribuir sus deudas. Dios ordenó que las obligaciones debieran retribuirse, pero Él también estableció un tipo de proceso de bancarrota para los deudores más pobres de Israel. Ellos podían entregar seis años de vida en servidumbre, pero los acreedores debían liberar a sus sirvientes cada siete años (Éxodo 21:2). Además, la liberación en jubileo (Levítico 25:10) le daba al pobre algo de protección en contra de los términos opresivos de servicio (cf. Nehemías 5:3-5). Un tema clave en la Biblia tiene que ver con el pariente redentor, que podía rescatar a los familiares cercanos de la esclavitud y restaurar su tierra a la familia (Levítico 25:25, 47-48). El libro de Rut cuenta la manera en la que Booz redimió a Rut de la pobreza y del aislamiento de la tierra ancestral de Noemí. Este tema se reitera con Jesucristo, que vino como el "rescate para muchos" (Marcos 10:45). Por medio de su sangre él pagó la libertad de las personas que están en bancarrota espiritual, vendidas en esclavitud al pecado (1 Pedro 1:18-19).

BANCO DE ARENA *Véase* Arenas; Sirte.

BANDA *Ver* Batallón; Cohorte.

BANDA, MÁGICA *Ver* Amuleto mágico.

BANDEJA Un plato grande para servir comida. La cabeza de Juan el Bautista se colocó en una bandeja y fue presentada a la hija de la esposa de Herodes, Herodías (Mr. 6:25, 28). Jesús comparó a los fariseos con un plato sucio (Lc. 11:39 [NVI: "plato"]).

B

BANDERA En Éx. 2:3, 4; Is. 19:6 la KJV traduce la palabra hebrea sup como "bandera" e igualmente la palabra hebrea 'akhu en Job 8:11, refiriéndose a juncos que crecen a lo largo de los ríos o en pantanos.

BANI **(1)** Ancestro de Etán, uno de los músicos nombrados por David (1 Crónicas 6:46). **(2)** Ancestro de Utai, un judaíta que se asentó en Jerusalén tras el exilio (1 Crónicas 9:4). **(3)** Ancestro de los hombres que regresaron a la tierra con Zorobabel y Josué después del exilio (Esdras 2:10). Otro grupo de los retornados provenientes de la familia de Bani que vino con Esdras (8:10). Estas familias posiblemente tienen otra referencia en la lista de los hombres que tomaron por esposas a extranjeras en los tiempos de Esdras (10:29, 34). **(4)** Padre de Rehum, que supervisó las reparaciones en Jerusalén en los tiempos de Nehemías (Nehemías 3:17). **(5)** Dos levitas que asistieron a la lectura de la ley de Esdras (Nehemías 8:7), que dirigieron la adoración (9:4-5) y que firmaron el pacto junto con Nehemías (10:13). Ambos son nombrados en Nehemías 9:4. No queda claro cómo es que las variadas menciones de Bani en esta sección de Nehemías deberían distinguirse. **(6)** Líder de las personas que firmaron el pacto junto con Nehemías (Nehemías 10:14). **(7)** Padre de Uzi, un levita descendiente de Asaf (Nehemías 11:22). *Ver también* Binúi.

BANQUETA Éxodo 1:16 hace referencia a una "banqueta para parir" (NIV), una traducción del hebreo 'obnayim. Esto puede hacer referencia a un objeto o un arreglo piedras o bloques acomodados lado a lado en el cual una mujer daba a luz. La misma palabra hebrea en Jr. 18:3 hace referencia a un torno de alfarero. El "escabel" es asociado a los tronos de los gobernantes antiguos y era un símbolo de poder y autoridad (Is. 66:1; Heb. 10:13). En 2 Re. 4:10 la banqueta es una simple silla.

BANQUETE Un banquete es una celebración alegre, en la que por lo general hay vino, abundante comida, música y baile. Los banquetes se hacían para celebrar ocasiones especiales como las amistades nuevas (Génesis 26:26-30), la coronación de un rey (1 Crónicas 12:28-40), la finalización de un templo (2 Crónicas 7:8), la victoria sobre un enemigo (Génesis 14:18-19; Salmos 23:5), las bodas (Génesis 29:22; Juan 2:1-11; Apocalipsis 19:9), cumpleaños reales (Marcos 6:21) y el reencuentro de familiares separados (Lucas 15:23-24). Los banquetes también simbolizaban el estatus de las personas, ya que se hacían solamente por invitación. La organización en cuanto al asiento tenía relación con el estatus social de la persona dentro de un grupo porque había rangos "más altos" y "más bajos" (Lucas 14:8-9). Durante las comidas las personas se reclinaban en asientos parecidos a una cama.

En el Antiguo Testamento, la imagen de un banquete anticipaba una ocasión futura en la que Dios quita el reproche de su pueblo (Isaías 25:6). También se convierte en una metáfora para el acceso especial a Dios, que protege, bendice y honra a su pueblo (Salmos 23:5).

El argumento del libro de Ester está rodeado de banquetes. El libro comienza con dos grandes banquetes que lleva a cabo Jerjes (Ester 1) que concluyen con la destitución de Vasti como reina, y que pronto sería reemplazada por Ester. Ester invita al rey y a Amán a un banquete para exponer el insidioso complot del evento antes mencionado (Ester 7). El libro culmina con un gran banquete que es el prototipo para un banquete anual en el que se celebra la victoria de los judíos por derrotar a sus enemigos, Purim (9:2-32).

Jesús hace mención del banquete como una metáfora para la presencia del reino (cf. Mateo 9:14-17). Él cuenta una parábola de un rey que había planeado un banquete de bodas para su hijo. Los invitados se habían rehusado a ir (por ejemplo, los líderes judíos), por lo que el rey le ordena a sus sirvientes que salieran a las calles y reunieran a todas las personas posibles que encontraran, tanto las buenas como las malas (Mateo 22:1-10).

Jesús también usa la imagen del banquete para describir la última manifestación futura del reino. Él exhorta a sus discípulos a prepararse para el inesperado regreso del novio, a no ser que quieran ser excluidos del banquete de bodas (Mateo 25:1-13). En la Última Cena, él le ordena a sus discípulos que continúen la práctica de compartir pan y vino después de su partida para que recuerden la redención de su muerte y anticipen su futura venida (Mateo 26:26-29). Este futuro banquete celebrará la unión final de Cristo con su novia, la iglesia (Apocalipsis 19:6-9).

BAÑO Bañarse formaba parte de la mismísima estructura de la cultura del mundo bíblico. Los rituales de baño judíos, miqwa'ot, se realizaban por todo el mundo mediterráneo ya sea en la privacidad del hogar o en espacios públicos. Asimismo, las casas de baño eran comunes en el paisaje grecorromano de la vida urbana. Las antiguas fuentes literarias y arqueológicas dan testimonio de las tradiciones curativas de los baños por toda la cuenca mediterránea.

Homero escribió que los baños en aguas cálidas eran un lujo y formaban parte de la bienvenida a un héroe. Los filósofos griegos describieron que tomarse un baño caliente era algo reservado para la aristocracia. En cambio, los espartanos solamente se bañaban en agua fría. Los griegos incorporaron instalaciones complejas de baño para sus programas en el gimnasio. Era una costumbre en el Imperio Romano que los hombres y las mujeres se bañaran por separado. Algunos baños públicos existentes de Roma tienen inscripciones en las que se señalan los espacios separados para los dos géneros. Sin embargo, algunos emperadores toleraban que los hombres y las mujeres se bañaran juntos.

En el Antiguo Testamento, bañarse por lo general era parte de los rituales de purificación. Los israelitas tenían rituales de limpieza que incluían bañarse en agua corriente (Levítico 15:13). En el Nuevo Testamento, lavarse o bañarse (en el bautismo) puede ser literal o metafórico (Lucas 12:50; Rom. 6:3-4; 1 Corintios 10:2; 12:13; Colosenses 2:12; Apocalipsis 7:14; 22:14). El bautismo es presentado como un símbolo de purificación del pecado (Hechos 22:16) o de contaminación espiritual, y el bautismo en agua se convirtió en el rito de iniciación para la comunidad temprana de cristianos. Las comunidades tempranas de cristianos judíos tenían preferencia por los rituales de baño judíos o por los manantiales para realizar bautismos porque el agua provenía de fuentes naturales. *Ver también* Bautismo.

BAR (1) Por lo general aparece en las Biblias en inglés como una traducción de la palabra hebrea (beriach) que puede referirse a una parte de la barra de una estructura como el tabernáculo (Éxodo 26:28; 36:33 [NVI: "travesaño"]) o a una viga para cerrar una puerta (por ejemplo, Jueces 16:3; Job 38:10; Salmos 147:13). Las barras de una puerta estaban hechas a veces de madera

El Caldario de una casa de baño en la antigua Beit She'an, en Israel.

(Nahum 3:13) y en otras ocasiones de metal (1 Reyes 4:13; Salmos 107:16; Isaías 45:2). (2) Bar en arameo significa "hijo". Cuando aparece junto a un nombre, que suele ir unido con un guion o tiene una forma combinada, significa "hijo de"; por ejemplo, en Hechos 4:36 se explica que "Bernabé" significa "hijo de consolación".

BAR KOJBA Reconocido por haber liderado la Segunda Rebelión Judía contra Roma en Judea, DC 132-135. Su nombre original era "Bar Kosiba". Los partidarios lo llamaban "bar Kojba" ("hijo de la estrella"), por lo que le daban una asociación mesiánica relacionada con Números 24:17, un texto que se entiende en muchas fuentes judías antiguas como una referencia a una o dos figuras mesiánicas del libertador. Los detractores modificaron su nombre y lo dejaban como "Bar Koziba" ("hijo de la mentira").

Tenemos pocas fuentes sobre bar Kojba y de su rebelión. Según las evidencias, se señala que él disfrutaba el título nasi ("príncipe") entre sus seguidores. La rebelión permaneció confinada a un sector relativamente pequeño en Judea y, aunque persisten los debates, es poco probable que bar Kojba haya capturado Jerusalén. Una prohibición en el deseo de Adriano por restablecer Jerusalén como una ciudad pagana quizás contribuyó con el descontento de dirigir la sublevación. A la larga, los romanos aplastaron la revuelta, prohibieron la entrada de los judíos de Jerusalén y restablecieron la ciudad como una ciudad pagana, Aelia Capitolina. El destino de bar Kojba sigue siendo desconocido.

BARAC Comandante militar de Israel durante los tiempos de los jueces, comandado por Dios por medio de la profetisa Débora para guiar a una tropa en batalla contra Sísara, comandante del ejército cananeo. Barac acepta bajo la condición de que Débora lo acompañe, pues así fue, pero solamente después de concederle a una mujer el honor de matar a Sísara, esa mujer era la esposa de Heber el ceneo (Jueces 4:6-24). Débora elogia la victoria (5:19-22), y Barac es mencionado como un héroe en 1 Samuel 12:11; Hebreos 11:32.

BARAQUEL Padre de Eliú, uno de los cuatro amigos de Job que discute con él sobre la razón de su sufrimiento (Job 32:2, 6).

BARAQUÍAS *Ver* Berequías.

BARBA Israelitas que, así como la mayoría de sus vecinos del antiguo Cercano Oriente, se dejaban toda la barba, como es evidente por las referencias casuales de los rostros barbudos (por ejemplo, 1 Samuel 21:13; 2 Samuel 20:9; Salmos 133:2; Jeremías 41:5). Una manera de avergonzar a un hombre era obligarlo a que se afeitara (por ejemplo, 2 Samuel 10:4-5), y la amenaza de Isaías sobre la invasión asiria de Judá es descrita como la representación de la imagen de una cabeza y cabellos púbicos afeitados (lit., "el cabello de tus piernas"; Isaías 7:20). Este juicio divinamente forjado ("el Señor usará una navaja alquilada de más allá del río Éufrates") también incluye afeitarse la barba. A los prisioneros de guerra les afeitaban la barba como señal de desgracia (Isaías 3:17; 15:2; Jeremías 48:37); Ezequiel, en una de sus señales proféticas, se rasuró la cabeza y la barba para imitar lo que sucedería con los habitantes de Jerusalén cuando los tomaran como presos (5:1-4). El sufrimiento de los siervos de Dios incluía que sus

Panel del Obelisco Negro que muestra a tres israelitas barbudos llevando tributo.

oponentes jalaran sus barbas (Isaías 50:6). Por otro lado, afeitarse voluntariamente la barba era una de las varias señales tradicionales del duelo y la melancolía (Jeremías 41:5), como también lo era tirarse los pelos de la barba (Esdras 9:3). Estas costumbres al parecer no estaban dentro de las prohibiciones en Levítico 19:27; 21:5 (donde la última se aplicaba especialmente en los sacerdotes) en cuanto a recortarse la barba en conformidad con la práctica religiosa cananea.

BÁRBARO Epíteto usado por Lucas y Pablo para referirse a alguien que habla un idioma extranjero, incomprensible (Hechos 28:2, 4 [NVI: "isleños"]; 1 Corintios 14:11; cf. Salmos 113:1 LXX [114:1 MT]). El término griego, barbaros, aparece seis veces en el Nuevo Testamento y todas en la KJV se interpreta como "bárbaro", mientras que en versiones más recientes se tiende a usar términos como "extranjero" (no obstante, *ver* Rom. 1:14 NRSV; Colosenses 3:11 NRSV, NVI). Sin embargo, este término puede que pierda la connotación negativa. La palabra en sí es onomatopéyica porque representa el sonido ininteligible de un lenguaje extranjero para el que lo escucha: bar-bar-bar. La base para hacer tal distinción fue en parte superada en el Pentecostés (Hechos 2:1-36). El término también se puede usar de una manera más general para un miembro de otra nación, que, antes de Cristo, no estaba incluida en el pacto de Dios (Rom. 1:14). Pablo menciona también, como una clase de bárbaros, a los escitas (Colosenses 3:11), que tenían una mala reputación entre los romanos y los judíos (2 Macabeos 4:47; 3 Macabeos 7:5). La representación de Heródoto de ellos es particularmente aterradora: pueblo nómada ubicado al norte del Mar Negro (y, por lo tanto, no tan lejos de los colosenses en Asia Menor) que nunca se bañan, que beben la sangre del primer enemigo derrotado en batalla, que fabrican pañuelos con el cuero cabelludo y fuentes para beber de los cráneos de los vencidos (Hist. 4.19, 46, 64-65, 75). Pablo sostiene que el mal cultural profundamente arraigado puede superarse con Cristo (Colosenses 3:1-11; *ver también* Gálatas 3:28). En los siglos posteriores, los misioneros tuvieron un éxito fenomenal cuando alcanzaron las tribus barbáricas.

BARCÓS Mencionado en Esdras 2:53 y en Nehemías 7:55 como un ancestro de los sirvientes del templo (Netinim) que regresó a Jerusalén tras su cautiverio en Babilonia bajo el mando de Zorobabel (en el año 539 a.C. o pronto posteriormente). El hecho de que muchos de los nombres en la lista sean extranjeros ("Barcós" puede ser del arameo para referirse a "hijo del dios Cos") ha llevado a la creencia de que originalmente eran prisioneros de guerra que estuvieron obligados a servir para realizar tareas de ínfima importancia mientras asistían a los levitas.

BARCOS, MARINEROS Y NAVEGACIÓN

Antiguo Testamento

Fenicios y Filisteos. Como personas cuyo territorio ancestral estaba en las tierras altas, de escasa madera y sin litoral de Efraín y Judá, los israelitas de tiempos bíblicos nunca lograron protagonismo en la navegación o construcción naval. En cambio, para sus empresas o alianzas marítimas dependían de sus vecinos costeros, particularmente los estados fenicios hacia el norte de Israel, que eran excelentes navegantes y tenían acceso a los abundantes bosques madereros del Líbano. Los fenicios (los púnicos de la antigüedad clásica) eran famosos en la antigüedad por su navegación. En tiempos bíblicos, intercambiaban considerablemente entre Siria-Palestina y Egipto y también navegaban a lo largo del Mediterráneo, estableciendo colonias en lugares tan lejanos como Túnez (Cartago) y España (Cádiz).

Otro pueblo marítimo prominente en el AT eran los filisteos, cuya base de poder estaba al oeste de Judá, a lo largo de la costa del Mediterráneo. La Biblia asocia a los filisteos con las cinco ciudades de Asdod, Ascalón, Ecrón, Gat y Gaza. Los filisteos estaban entre los pueblos del mar, que vinieron al Levante desde el Egeo comenzando en el siglo doce a.C. (Am. 9:7; Jr. 47:4). La perenne enemistad entre filisteos e israelitas impedía aventuras marítimas conjuntas del tipo compartido entre Israel y los fenicios, y la Biblia no describe las actividades marítimas de los filisteos en profundidad. Sin embargo, la naturaleza marítima de los filisteos se refleja en el hecho que sus asentamientos permanecían confinados a la región costera. Nunca hicieron un intento sistemático para tomar el control de las tierras altas tradicionalmente israelitas y de Judá. Cuando se aventuraban hacia las montañas de Judá era para afirmar su presencia militar y política entre los pueblos agrarios de Israel y Judá más que para establecer asentamientos permanentes y centros de población filistea. Relieves del siglo doce a.C. encontrados en Medinet Habu (en el templo mortuorio de Ramses III) representa una batalla naval entre los pueblos del mar y los egipcios. Los relieves incluyen imágenes de barcos y marinos filisteos.

Navegación israelita. Una de las raras referencias a la navegación israelita describe a los danitas y aseritas en conexión con barcos y puertos (Jue. 5:17; véase también Ez. 27:19). El territorio danita tradicional se superpone con el área de asentamiento filisteo. El territorio aserita se superponía sustancialmente con el territorio fenicio. Es posible que Jue. 5:17 se refiera al hecho de que los danitas y aseritas trabajaban en ciudades portuarias sirviendo embarcaciones filisteas y fenicias. En otro pasaje, Zabulón es asociado con puertos (Gn. 49:13). Es destacable que las costas israelitas entre Jaffa y Dor (aproximadamente entre Filistea y Fenicia) no tienen abundancia de puertos naturales. Posteriormente, Herodes el Grande construiría el puerto artificial de Cesarea en el siglo uno a.C. El gran costo de ese proyecto—incluyendo la construcción de más de setecientos cincuenta metros de rompeolas de hormigón sumergido, principalmente importado de Italia—sugiere la extensión de la necesidad para puertos seguros en esta región.

La flota de Salomón. El cénit de la navegación israelí ocurrió durante el reinado de Salomón. Salomón construyó una flota de barcos en "Ezión-geber, que se encuentra cerca de Elat en Edom, en la costa del Mar Rojo" (1 Re. 9:26). El propósito de estos barcos era traer oro desde Ofir (1 Re. 9:28), posiblemente una ubicación en la Península Arábica, a la cual un puerto en el Mar Rojo hubiese ofrecido fácil acceso. La historia confirma la ya mencionada dependencia de los fenicios en el área marítima: aunque los barcos eran propiedad de Salomón, "Hiram [el rey fenicio de Tiro] envió a sus hombres—marineros que conocían el mar—para servir en la flota con los hombres de Salomón" (1 Re. 9:27). La madera para los barcos también debe haber sido importada por Israel desde Fenicia (*véase* 1 Re. 9:11). Incluso en la cima de su poder, Israel carecía de los recursos humanos para embarcarse en viajes independientemente de los fenicios.

El éxito del proyecto de Salomón, por supuesto, dependía no sólo en buenas relaciones con los fenicios sino también el control territorial de las tierras históricamente edomitas entre Judá y el Mar Rojo. Esta combinación de condiciones favorables fluctuaría a lo largo del periodo bíblico, y con ella, la modesta presencia de Israel en el mar. Desde el punto de vista fenicio, la cooperación con Israel era un componente esencial para ganar acceso a un puerto en el Mar Rojo, y con ello a los productos de Arabia, el Cuerno de África e India. Los fenicios, a pesar de lo amplios de sus viajes en el Mediterráneo, nunca pudieron independientemente controlar la larga ruta terrestre desde Fenicia al Mar Rojo, ya que corría a través del territorio de Israel en Edom. Su mejor esperanza era un amistoso y poderoso aliado en Israel. Esto explica las relaciones cordiales y por qué Hiram envió no sólo sus marineros a servir a Salomón sino también artesanos y suministros para la construcción del templo (1 Re. 5:10-12). Salomón e Hiram en conjunto operaron "una flota de barcos mercantes" que volverían a puerto cada tres años trayendo "oro, plata y marfil, y simios y babuinos" (1 Re. 10:22).

Josafat. A mediados del siglo nueve a.C., el rey Josafat de Judá intentó repetir la hazaña de Salomón de lanzar una flota desde Ezión-geber (1 Re. 22:48-49; 2 Cr. 20:35-37). De acuerdo a ambos relatos, los barcos fueron destrozados antes de que pudieran zarpar. En varios otros puntos, sin embargo, las dos versiones de la historia varían en formas que influyen en temas de condiciones políticas y económicas de la navegación israelí.

Para ese entonces, Israel y Judá se habían dividido en reinos separados, con el reino del norte de Israel siendo más cercano geográfica y políticamente a los fenicios. El poderosos rey Acab de Israel, contemporáneo a Josafat durante gran parte de su reinado, se casó con Jezabel, la hija de del rey sidonio (fenicio), Etbaal (1 Re. 16:31). De acuerdo a 1 Reyes, el rey Ocozías de Israel (hijo de Acab) propuso cooperar con Josafat enviando a sus propios hombres en el viaje, de manera similar a la Hiram había ayudado a Salomón en el siglo anterior. Josafat rechazó la sugerencia, posiblemente indicando una oferta en la autonomía de Judá en una era de dominación norte. Según 2 Crónicas, sin embargo, Josafat cooperó voluntariamente con Ocozías, y esta fue la razón por la que los barcos se hundieron en el puerto: Dios castigó al justo Josafat por una relación muy cercana con su malvada contraparte. En 1 Reyes 22:47 se menciona que al momento de la aventura de Josafat no había rey en Edom. Como se puede notar, control sobre la ruta terrestre entre Judá y el Mar Rojo era necesario para el éxito de cualquier viaje que se originase en Ezión-geber.

Sin embargo, la contradicción entre 1 Reyes y 2 Crónicas sobre el involucramiento de Ocozías está resuelta, ambas versiones de la historia destacan el hecho de que el puerto en Ezióngeber atrajeron el interés de los judeanos, los israelitas, y los fenicios y su operación exitosa probablemente dependía en la cooperación de los tres.

Barcos de Tarsis. Varios textos bíblicos, incluyendo las historias de Salomón y Josafat mencionan "barcos de Tarsis" (1 Reyes 10:22 NIV mg.). En un número de contextos, tales barcos se asocian con el transporte de metales y minerales metalíferos, incluyendo hierro, plomo, estaño, oro y plata (1 Re. 10:22; Ez. 27:12; Jr. 10:9). La derivación exacta del término "barcos de Tarsis" es incierta, aunque está claro a partir de las descripciones de sus cargas que tales barcos podían recorrer grandes distancias. Como observa Ezequiel, "Los barcos de Tarsis sirven como transporte para nuestras mercancías. Ustedes están llenos de cargas pesadas mientras navegan el mar. Sus remeros los llevan a alta mar" (Ez. 27:25-26).

En la Tabla de Naciones, Tarsis está listada como descendiente de Javán (Gn. 10:4), junto con un número de otros pueblos navegantes del este del Mediterráneo (Javán indica a los pueblos del Egeo y es lingüísticamente equivalente a Jonia [*véase también* Ez. 27:12-22]). Algunos han sugerido, entonces, que los barcos de Tarsis deberían asociarse con Tarso en el sudeste de Turquía, un área con minas de plata (también lugar de nacimiento de Pablo [Hec. 9:11]). Otros han sugerido la colonia fenicia de Tartessos en España, otra área productora de metal. Esta ubicación figura en la interpretación de la identificación del destino de Jonás como Tarsis (Jon. 1:3): presumiblemente, si estaba evitando a Nínive y saliendo de Jope, iría hacia España, en la dirección exactamente opuesta, en vez de hacia Tarso en Cilicia. Además de estas dos opciones geográficas, algunos han intentado explicar la expresión "barcos de Tarsis" como derivando del término acadio para fundición o refinería: tal vez las muchas referencias a cargas de metales indican que los barcos eran usados para transportar minerales metalíferos a centros de refinamiento. Finalmente, un estudioso ha propuesto que el término se relaciona a la palabra griega tarsos, que significa "remo".

Descripciones de barcos y navegación. Ezequiel, en su lamento concerniente a la ciudad fenicia de Tiro (Ez. 27), relata un número de detalles relacionados a la navegación fenicia. La imagen confirma extensamente las descripciones de cómo Salomón construyó y dotó de tripulación su flota con la asistencia de su aliado de Tiro. Madera para la construcción del barco vino de El Líbano y Chipre, entre otros lugares (versículos 5-6). Las velas fueron hechas de lino egipcio (versículo 7), y como se señaló con anterioridad, los remeros y marineros eran de ciudades-estados fenicios (versículos 8-9). Ezequiel continúa listando un gran número de puertos de llamada al igual que una variedad de cargamentos impresionantes (versículos 12-24). Destacablemente, Ezequiel tiene a habitantes de Judá e Israel ofreciendo sus productos de su economía agraria—"trigo de Minit y confecciones, miel, aceite de oliva y bálsamo" (versículo 17) —así completando la imagen de lo que los israelitas daban a cambio de los metales preciosos y

B

artículos de lujo importados por su país desde otras partes.

En 1999 arqueólogos exploraron dos barcos fenicios del siglo ocho a.C. que se habían hundido cuarenta y ocho kilómetros al oeste de Ascalón. Los barcos, cada uno midiendo quince metros de largo, conteniendo grandes cargas de vino, iban hacia Egipto o las colonias fenicias en el Mediterráneo oeste.

Los barcos y la navegación figuran preponderantemente en la historia de Jonás, quien abordo un barco rumbo a Tarsis (*véase* la discusión anterior) en Jope en la costa mediterránea. En la historia vemos un número de características de los viajes antiguos. Jonás pagó una tarifa por su viaje (Jon 1:3). No sólo el autor bíblico (véase 1:4), sino también los marineros presuntamente no israelitas, creían que la gran tormenta era obra de un dios y que podía ser calmada apelando a ese dios (1:6) —aunque la carga fue tirada por la borda por si acaso. Cuando Pablo fue atrapado en una tormenta en el siglo uno a.C., las mismas estrategias se usaban aun (Hec. 27:38). Los hábitos religiosos de los marineros antiguos, particularmente su reverencia a dioses que controlaban los mares tormentosos y así sostenían sus vidas en la cuerda floja, son iluminadas por el descubrimiento de anclas de piedra en varios templos (presumiblemente dejadas por marineros como ofrendas), incluso en las ciudades puerto de Ugarit, Kition y Biblos.

El Salmo 107:23-32 habla del cuidado de Dios por los marineros desde una perspectiva israelita. En el salmo, aquellos que "salían al mar en barcos", los "mercaderes en las aguas poderosas" (esto es, el mar profundo y abierto), presencian de primera mano las obras del Dios de Israel, que incluyen el alzamiento y silenciamiento de la tormenta. Este pasaje vívidamente expresa el terror de ser atrapados en una tormenta y el gran alivio y gratitud sentidos por marineros que llegaron a un puerto seguro.

El Arca de Noé

De acuerdo con el relato bíblico, el arca de Noé medía ciento treinta y siete metros de largo, veintidós metros de ancho y trece metros de altura (300 codos por 50 codos por 30 codos [Gn. 6:15]). Tenía tres cubiertas, un techo y una ventana. En comparación, el barco de Utanapishti en la Epopeya de Gilgamesh se describe como teniendo seis cubiertas (por ende, siete pisos), cerca de cincuenta y cinco metros (diez docenas de codos) en cada dimensión, y ocupaba el espacio de un acre (un estimado de las dimensiones dadas). Ambos barcos son descritos como proporcionando espacio para la familia del constructor y cada criatura viviente. En la Epopeya de Atrahasis, el bote tiene techo, pero no se dan sus dimensiones.

Por el carácter del Gn. 6-8, es apropiado sacar conclusiones de la historia acerca de la construcción de barcos en la antigüedad histórica. De acuerdo a las especificaciones dadas en el texto bíblico, el arca de Noé habría sido el barco más grande de la historia, igualado solo por la goleta estadounidense Wyoming, completado en 1909. Mientras el largo total del Wyoming era de 137 metros, aproximadamente 30 metros de largo corresponde a las botavaras de proa y popa, por lo tanto, el largo del casco era de solo 106 metros. Incluso con la tecnología de construcción de barcos del siglo veinte, su extravagante largo hizo que el Wyoming fuera no apto para navegar, y el barco se hundió en 1924.

Los barcos de maderas más grandes documentados de la antigüedad incluían el Siracusia griego (siglo tres a.C.; 54 metros), descrito por Ateneo; el Isis romano (siglo dos a.C.; 54 metros), descrito por Luciano; el "Barco Gigante" de Calígula (siglo uno a.C.; 104 metros), recuperado en tiempos modernos y posiblemente correspondiente a un barco descrito por Plinio el Viejo; y el Tessarakonteres de Ptolomeo IV (siglo tres a.C.), reportado por Plutarco que medía 129 metros de largo. Este último barco no estaba diseñado para navegar en aguas abiertas.

Nuevo Testamento

La pesca en el Mar de Galilea. Varios de los discípulos de Jesús trabajaban como pescadores en el Mar de Galilea, y los Evangelios documentan su uso de botes pequeños para la pesca y viajar por el mar. La pesca se realizaba con redes lanzadas desde los botes y desde la orilla

(Mc. 1:16, 19). Los botes usados por pescadores en el Mar de Galilea pueden haber sido lo suficientemente pequeños para ser subido a la playa (Lc. 5:2), o para ser casi volcados por una gran captura de peces (Lc. 5:7) o por una tormenta violenta (Mc. 4:37). Eran lo suficientemente grande para transportar a varios hombres e incluso para dormir en ellos (Mc. 4:38). Esos botes podían ser a remos o con velas; en Marcos 6:48 los discípulos tuvieron que recurrir a remar a causa de un desfavorable viento en contra. En una ocasión, Jesús se paró en un bote para predicar a una multitud reunida en la orilla (Mc. 4:1). El Mar de Galilea tiene aproximadamente trece kilómetros de ancho y veintiún kilómetros de largo. En varias ocasiones, Jesús viajó por bote atravesando el mar para evitar tener que caminar largas distancias alrededor de su entorno (e.g., Mt. 9:1; 14:22; 15:39).

En 1986, arqueólogos recuperaron un bote pesquero que data de mediados del siglo uno d.C., en la costa del Mar de Galilea. El bote se había hundido cerca de la costa y se había preservado bajo el barro. El "Bote de Jesús", como fue apodado, mide ocho metros de largo y 2 metros de manga. Distintos tipos de madera fueron usados en su construcción y reparación a través de su vida útil. Aunque no hay evidencia que conecte el bote a Jesús o sus discípulos, la datación radiométrica lo ubica en la época correcta, y proporciona un modelo plausible del tipo de bote retratado en los Evangelios.

Una segunda fuente de información respecto de los barcos y la navegación en el NT es el relato en Hechos de los muchos viajes marítimos de Pablo. Como en el caso de Josafat, los tirios, Jonás y los discípulos de Jesús, Pablo aprendió de primera mano los peligros de la navegación en pequeños botes de madera: entre sus traumas, junto con golpizas y apedreamientos, él recordaba, "Tres veces naufragué y pasé una noche un día en mar abierto" (2 Cor. 11:25).

Los viajes de Pablo. Un sondeo de los viajes de Pablo en sus cuatro travesías otorga una idea de las rutas que podían tomarse por parte de un viajero que pagase en el este del Mediterráneo y el Egeo.

1. El primer viaje misionero de Pablo incluyó viajes desde Seleucia en Siria al puerto de Salamina en Chipre (Hec. 13:4) y desde Chipre (Pafos) a Perge em la costa sur de Asia Menor (13:13). Después de viajar por el interior, Pablo regresó a Antalya, donde se embarcó en un viaje de regreso a Siria, presumiblemente pasando por el puerto de Salamina (14:26).

2. El segundo viaje misionero no comenzó con un viaje marítimo, sino más bien con un recorrido por el interior de Siria y Cilicia, ilustrando que, aunque los viajes

Los restos de un barco de pesca hundido del siglo I d.C excavado en la costa del mar de Galilea.

marítimos eran por mucho el medio más rápido para viajar, las rutas terrestres no eran, de ninguna manera, imposibles (Hec. 15:39). Pablo repetiría esta ruta terrestre en su tercer viaje (19:1). El viaje marítimo era rápido, pero cuando uno tenía muchos amigos a lo largo de la ruta terrestre alternativa, un viaje marítimo era considerablemente menos placentero. Es durante el segundo viaje que tenemos el primer registro de Pablo navegando en el Egeo. Desde Tróade en Asia Menor (16:11), pasando a mitad de camino por la isla de Samotracia. Aparentemente, Pablo viajó por mar a lo largo de la costa desde Véria a Atenas (17:14). En la conclusión de este segundo viaje, Pablo viajó de Corinto a Cesarea con una parada en Éfeso (18:18-22). Sin contar con puertos intermedios de llamada no mencionados en el texto, este sería el viaje sin escalas más largo mencionado hasta ahora.

3. El tercer viaje misionero una vez más comenzó con una larga ruta terrestre desde Siria a través de Asia Menor; para ese entonces, Pablo tenía muchos asociados que visitar a lo largo del camino. Nuevamente, navegó en el Egeo, desde Éfeso a Macedonia (Hec. 20:1) y de vuelta (20:6). En cierto punto, Pablo optó por viajar por tierra, desde Tróade a Assos, mientras sus acompañantes navegaban por la costa (20:13). Reuniéndose con ellos, continuó navegando, abrazando la costa de Asia Menor, luego navegando hacia el sur de Chipre a lo largo de una ruta de aguas abiertas hacia Tiro. Desde Tiro, el barco volvió a abrazar la costa palestina, deteniéndose en varios puertos antes de que Pablo desembarcara en Cesarea (21:7). Los viajes de Pablo ilustran la variedad de itinerarios tomados por barcos. Eran capaces de navegar en aguas profundas, pero también podían abrazar la costa cuando había razones para hacer paradas frecuentes.

4. El cuarto viaje de Pablo, el cual hizo bajo custodia en camino a juicio ante el emperador en Roma, sería más peligroso. Del relato en Hechos podemos deducir un número de detalles de la vida en el mar en el siglo uno a.C. El barco que iba a Italia era grande y llevaba 276 pasajeros y tripulación (Hec. 27:6, 37), incluyendo soldados y prisioneros, al menos un acompañante de un prisionero (el amigo de Pablo, Aristarco [27:2]), un piloto y el dueño del barco (27:11). Los marineros usaban navegación astronómica (27:20) y sondeaban en aguas poco profundas (27:28). Vemos también que el curso del barco podía ser determinado por la dirección de los vientos dominantes: dos veces durante el viaje, el barco de Pablo se vio obligado a navegar a sotavento de grandes islas (Chipre y Creta) — un viaje más largo, pero la única opción para un barco no aparejado para navegar ceñido.

Cuando se pronosticaban periodos de clima desfavorable, una opción era simplemente dirigirse a puerto hasta que las condiciones mejorasen, preferiblemente un puerto que estuviese a sotavento de una isla (Hec. 27:12). Aprendemos algo de las medidas que se tomaban bajo mal clima, muchas de las cuales aún se usan hoy en día: se amarraban cuerdas alrededor del casco del barco para prevenir que se rompiese en los mares revueltos (27:17), el bote salvavidas era subido a cubierta y preparado (27:17), se desplegaban anclas marinas para mantener la proa del barco orientada hacia las olas que se aproximan (27:7), el timón era amarrado en medio del barco (27:40), el cargamento valioso y las herramientas eran abandonados (27:19, 38) y, como en los días de Jonás, los marineros y pasajeros rezaban por la liberación divina (27:29; *véase también* los emblemas protectores en 28:11).

Cuando todos los otros medios habían sido agotados, un barco podía ser llevado a tierra en una playa arenosa (Hec. 27:39), una medida que habría arriesgado daños al barco, pero salvado vidas. En el caso del barco de Pablo, la decisión de llevar el barco a tierra finalmente resultó en la destrucción del barco (27:41).

Metáforas e ilustraciones. Varios autores del NT hacen ilustraciones del mundo náutico. Santiago compara el poder dañino del discurso malvado al timón de un barco: aunque es un aparato pequeño, a través de él el piloto puede controlar un gran barco (Sant. 3:4-5). En otra parte, él compara las dudas de la persona insensata a estar perdido en el mar en medio de una tormenta (Sant. 1:6; cf. Ef. 4:14). En 1 Tim 1:19 la pérdida de fe y buena conciencia se compara a un naufragio. Hebreos 6:19 describe la certeza de la fidelidad de Dios como un ancla para el alma.

BARHUMITA *Ver* Bajurinita.

BAR-JESÚS Hechicero judío (del semítico "Elimas", que significa "mago sabio") al servicio del procónsul de Pafos. Así como Pablo predijo, Bar-jesús se quedó ciego como consecuencia de su oposición a Pablo y a Bernabé cuando ellos proclamaron el evangelio al procónsul (Hechos 13:6).

BAR-JONÁS Del arameo que significa "hijo de Jonás" (*ver* NVI). Este es el apellido de Simón Pedro para identificar a su padre como Jonás (Mateo 16:17) o Juan (Juan 1:42).

BARRABÁS Prisionero mencionado en los cuatro Evangelios. Barrabás es un prisionero que se destaca particularmente según Mateo (27:16), es un sedicioso y asesino según Marcos (15:7) y Lucas (23:19) y un rebelde según Juan (18:40). Que lo mencionen en los cuatro Evangelios significa que es importante. Barrabás estuvo en prisión cuando los jefes de los sacerdotes judíos y los ancianos llevaron a Jesús ante Pilato después de la traición de Judas en el jardín de Getsemaní. Tras ser testigo del silencio de Jesús ante aquellos que lo acusaban, Pilato le preguntó a la multitud si ellos preferían que él liberara a Barrabás o a Jesús. La práctica de liberar a un prisionero se describe como una costumbre de Pilato (Marcos 15:8) o una costumbre de la Pascua judía (Juan 18:39). Persuadida por los sacerdotes jefes y los ancianos, la multitud demandó que liberaran a Barrabás y crucificaran a Jesús.

BARRIL Interpretación en la KJV de la palabra hebrea (kad) para referirse a un contendor (NVI: "jarra") en el que la viuda de Sarepta tenía un puñado de harina (1 Reyes 17:12, 14, 16). De una manera milagrosa, lo que había dentro de este contenedor no se acabó.

BARRIO NUEVO La sección norte de Jerusalén, también conocido como Segunda Parte (RVA) o Segundo Sector (LBLA, NBLH) (2 Re. 22:14; 2 Cr. 34:22; *ver* Jer. 1:10)

BARSABÁS **(1)** José el que, teniendo las cualidades necesarias, fracasó como candidato cuando muchos fueron asignados para reemplazar a Judas Iscariote como uno de los doce apóstoles (Hechos 1:21-26). **(2)** Judas, líder cristiano y profeta (Hechos 15:32), encargado junto con Silas de transmitir a las nuevas iglesias plantadas (13:1-14:28) la decisión del ayuntamiento de Jerusalén de no solicitar la circuncisión de los creyentes gentiles (15:22).

BARTIMEO En Marcos 10:46-52 se habla sobre este mendigo ciego que identifica correctamente a Jesús como el "Hijo de David" (cf. Mateo 20:29-34; Lucas 18:35-43). Dado que la ceguera puede ser un símbolo de falta de fe (Isaías 43:8), recuperar la visión fue una señal de la venida del Mesías (Isaías 29:18; Mateo 11:2-6). La historia de Bartimeo es parte de una sección más larga (Marcos 8:22-10:52), en la que Jesús sanó a otra persona ciega (8:22-26). Él creyó y recobró la vista, por lo que Bartimeo es asignado como un discípulo ideal, por "seguir" a Jesús. El uso del nombre por parte de Marcos implica la presencia de un discípulo muy bien conocido (cf. Jairo en 5:22).

BARTOLOMÉ Discípulo de Jesús, y uno de los doce apóstoles. Su nombre aparece en las listas sinópticas de los apóstoles (Mateo 10:2-4; Marcos 3:16-19; Lucas 6:13-16) y como testigo de la ascensión de Jesús (Hechos 1:13). No se conoce nada más sobre él a no ser que, como se sugiere en una tradición del siglo IX, su otro nombre fuera "Natanael", un discípulo mencionado en el Evangelio de Juan (1:45). La evidencia no es conclusiva, pero Natanael era muy asociado con los apóstoles antes y después de la resurrección (Juan 1:35-51; 21:1-2); Jesús le prometió revelación divina, que iría muy acorde con el estatus apostólico (1:50-51); y a él se le puede relacionar con Felipe en el Evangelio de Juan (1:45) así también como Bartolomé aparece en las listas sinópticas de los apóstoles (Mateo 10:3).

BARUC **(1)** Secretario del profeta Jeremías. Baruc realizó varios servicios para Jeremías. Él registró una escritura de compra que fue central para el mensaje sobre el regreso tras el exilio (Jeremías 32:12). El proceso de transacción involucraba dos copias firmadas por testigos y se almacenaba en una jarra de barro para preservarla. Él registró los mensajes dictados por Jeremías (36:18). Baruc también leyó las palabras de advertencia de Jeremías a los oficiales y a la gente en el templo en el día de ayuno, cuando los visitantes iban a regresar a Jerusalén (36:10, 14). Para llevar a cabo este servicio él tuvo que esconderse temporalmente con Jeremías (36:19, 36). Baruc también fue culpable como el supuesto oráculo original de Jeremías cuando le dijo a Judá que no fuera a Egipto (43:1-3). Cuando ya estaba descontento, a él lo reprendieron, pero le prometieron seguridad básica (45:1-5).

Baruc puede que haya editado la organización del material en el libro de Jeremías o en otros. Su nombre también se asocia con los libros posteriores judíos y cristianos de seudoepigrafía. Dos impresiones de arcilla de un sello, similar a otros del siglo VI a.C., parece que pertenecen a "Berekyahu hijo del escriba Neriyahu". Estas son las formas largas de los nombres bíblicos "Baruc hijo de Nerías". En base a la manera en que las letras en "el escriba" fueron escritas, estas bullae (impresiones de sello) al parecer son falsificaciones modernas. **(2)** Levita que trabajó para reparar los muros de Jerusalén (Nehemías 3:20). **(3)** Padre de un judaíta, Maseías, que vivió en Jerusalén después de regresar del exilio (Nehemías 11:5).

BARZILAY **(1)** Anciano de Rogelim en Galaad que fue parte de un grupo de hombres ricos provenientes de Transjordania que proveyeron a David y a sus tropas con comida y equipamiento cuando ellos llegaron a Mahanaim mientras escapaban de Absalón (2 Samuel 17:27-29). La lealtad de Barzilay fue reconocida cuando David lo invitó a unirse a él en Jerusalén en su regreso, aunque desistió discretamente por estar en una edad avanzada, pero le solicitó a David que llevara a su hijo Quimán en su lugar (19:31-39). Esta lealtad fue posteriormente reconocida cuando David le ordenó a Salomón que lidiara lealmente con los descendientes de Barzilay (1 Reyes 2:7). **(2)** El padre del esposo de Merab, Adriel, oriundo de Abel Mejolá (2 Samuel 21:7-9). **(3)** Figura sacerdotal presente junto a los que regresaron del exilio. Aunque su esposa es descendiente de Barzilay el galaadita, él no pudo demostrar su identidad y fue excluido del sacerdocio por ser impuro (Esdras 2:61-63; Nehemías 7:63-65).

BASÁN Basán yace en Transjordania, al este y noreste del Mar de Galilea y al norte de Galaad. Era un altiplano (Salmos 68:15), un proverbio para los bosques de robles (Isaías 2:13; 33:9; Ezequiel 27:6; Zacarías 11:2) y donde había ganado gordo (Deuteronomio 32:14; Salmos 22:12; Ezequiel 39:18; Amós 4:1). Después de que Israel derrotara al rey Og de Basán (Números 21:31-35; Deuteronomio 3:1-11), Basán fue adjudicada a Manasés (Números 32:33). Israel se quedó con Basán hasta que llegaron los tiempos de Salomón (1 Reyes 4:13), pero luego se convirtió en un territorio disputado (2 Reyes 10:32-33). Los profetas anhelaban el regreso permanente a la tierra de pastoreo (Salmos 68:22; Jeremías 5:19; Miqueas 7:14).

BASÁN HAVOT JAÍR *Ver* Havot jaír.

BASEMAT **(1)** Según Génesis 26:34, se refiere a la esposa de Esaú, hija de Elón el hitita. Sin embargo, según lo escrito en Génesis 36:2, la hija de Elón que se casó con Esaú se llamaba "Ada". Además, en los versículos 36:3-4 se afirma que Esaú tuvo una esposa llamada "Basemat" que fue la hija de Ismael y la hermana de Nebayot. Esta Basemat fue la madre de Reuel. No obstante, en el verso 28:9 se afirma que la hija de Ismael que se casó con Esaú fue Majalat. A la luz de estas diferencias, surgen dos posibilidades. Primero, que "Basemat" sea un sobrenombre utilizado para describir tanto a Ada como a Majalat (que tenían una "fragancia dulce"). Segundo, puede que haya un error aquí del escriba. **(2)** Hija del rey Salomón que se casó con Ajimaz, uno de los doce gobernadores de distrito asignados por Salomón para gobernar Israel, que presidió a Neftalí (1 Reyes 4:15).

BASEMATH *Ver* Basemat.

BASLUT Mencionado en Esdras 2:52; Nehemías 7:54 (KJV: "Bazlut") como un ancestro de los sirvientes del templo (Netinim) que regresó a Jerusalén tras el cautiverio en Babilonia bajo el mando de Zorobabel (en el año 539 a.C. o pronto posteriormente). El hecho de que muchos de los nombres en la lista sean extranjeros ha llevado a la creencia de que originalmente eran prisioneros de guerra que estaban obligados a prestar servicio para realizar trabajos de ínfima importancia mientras asistían a los levitas.

BASLUTH *Ver* Baslut.

BASMAT *Ver* Basemat.

BASTARDO Persona de origen incierto o cuestionable (usado figurativamente en Zacarías 9:6 para referirse a los extranjeros como "gente mestiza" [NVI, NRSV]). Los bastardos eran excluidos de las asambleas del Señor, incluso hasta la décima generación de descendientes (Deuteronomio 23:2 KJV, RSV). Por lo tanto, a ellos los marginaban y con frecuencia los consideraban como a una persona que está bajo condenación divina (1 En. 10:9). Las circunstancias inusuales detrás del nacimiento de Jesús puede que lo hagan vulnerable a este tipo de acusación (Marcos 6:3; Juan 8:41), y que fue aprovechada posteriormente por los oponentes del cristianismo (Origen, Cels. 1.28, 32; Gos. Thom. 105). El autor de Hebreos se adueña del concepto para explicar la razón por la que Dios disciplina a sus hijos legítimos (Hebreos 12:8).

BASTIÓN *Ver* Fuerte, Fortificación.

BASTÓN DE MANO En Ez. 39:9, en la lista de armas que el pueblo de Israel quemará como combustible, la KJV traduce la expresión hebrea maqqel yad como "bastones de mano". La palabra hebrea se refiere a una vara, báculo o palo y en este contexto de armamento puede referirse a un palo de guerra (e.g., NIV) o una jabalina (NLT).

BAT RABÍN En el Cantar de los Cantares 7:4 se comparan los ojos de la protagonista con "los manantiales de Hesbón, junto a la entrada de Bat Rabín". Hesbón (moderna Tell Hisban en Jordania) fue un lugar de Transjordania en el territorio moabita tradicional. Se supone que la puerta de Bat Rabín era un punto de referencia prominente, de fama y belleza comparables con la de otro modo desconocida "torre de Líbano" (Cantares 7:4). En las excavaciones de 1960 y 1970 se descubrió una larga poza en Tell Hisban, que data del siglo IX o VIII a.C. "Bat Rabín" significa "hija del grande", y el epíteto puede que se le haya aplicado de una manera más general a la misma ciudad de Hesbón.

BATALLÓN En la RSV en Mateo 27:27 y Marcos 15:16 se interpreta la palabra griega speira para referirse a la división de soldados romanos (NVI: "compañía"; NRSV, NASB: "cohorte"; KJV: "banda"; NKJV: "guarnición"). Esta agrupación de unos seiscientos soldados equivalía a un décimo de la legión romana. En estos dos textos, ellos se reunieron en Pretorio, la residencia oficial del gobernador en Jerusalén por el arresto de Jesús.

BATO Medición utilizada para determinar el volumen de un líquido. Según Ezequiel 45:11, 14, un bato equivale a un efa (una medida seca de 10-20 litros). Además, era un décimo de un jómer (una medida seca de 100-200 litros). Se usaba para medir la cantidad de agua (1 Reyes 7:26) así también para el vino y el aceite (2 Crónicas 2:10; Isaías 5:10).

BAUTISMO DE FUEGO Juan el Bautista anunció que era más poderoso "bautizar... con el Espíritu Santo y fuego" (Mateo 3:11; Lucas 3:16). El bautismo de fuego tiene connotación de justicia, aunque Lucas lo caracteriza como "las buenas nuevas" (Lucas 3:17-18) para las señales del juicio en la venida escatológica del reino de Dios en Jesús (cf. 12:49). Las palabras de Juan evocan a Isaías 4:4, donde se anuncia que Jerusalén/Sión será limpiada "por el espíritu del juicio y el espíritu de fuego". Esto también resuena en numerosos textos del Antiguo Testamento y en textos intertestamentarios que predicen el juicio ardiente de Dios (por ejemplo, Sofonías 1:18; Malaquías 4:1). Como una señal del fin de los tiempos (Joel 2:28; Hechos 2), la comunidad escatológica de Dios, la iglesia, experimentará el bautismo (1 Corintios 12:23) y el fuego (1 Tesalonicenses 5:19) del Espíritu.

BAUTISMO EN/CON EL ESPÍRITU

Efusión del Espíritu que fue profetizada en el Antiguo Testamento y que ocurrirá en los últimos días junto con la llegada del Mesías.

B

Bautismo espiritual en la Biblia. Los profetas del Antiguo Testamento hablaron acerca de la venida del Espíritu de Dios sobre el Mesías (por ejemplo, Isaías 11:2; 42:1; 61:1) y de la entrega o derramamiento del Espíritu en los últimos días (por ejemplo, Isaías 32:15; 44:3; Ezequiel 36:27; 37:14; 39:29; Joel 2:28). Pedro relaciona el obsequio del Espíritu con el hecho de que Jesús es recibido por el Padre y que adquiere autoridad mesiánica (Hechos 2:33-38). La experiencia de Cornelio en particular asocia el derramamiento del Espíritu (Hechos 10:45) con el bautismo en el Espíritu (11:16).

En siete pasajes del Nuevo Testamento se habla directamente sobre alguien que es bautizado en/con el Espíritu. Cuatro de estos pasajes se refieren a la predicción de Juan el Bautista acerca de que Jesús bautizará a las personas en/con el Espíritu, en contraste con su propio bautismo en agua (Mateo 3:11; Marcos 1:8; Lucas 3:16; Juan 1:33). En Mateo y en Lucas se refieren al bautismo de Jesús como un bautismo con el Espíritu Santo y con fuego. En dos pasajes se habla sobre la predicción de Jesús respecto a que los discípulos recibirán el bautismo en el Espíritu, que ocurrió en el Pentecostés. Así como se registró en Hechos 2, unas lenguas de fuego se posaron sobre ellos, ellos fueron llenos del Espíritu Santo y comenzaron a hablar en lenguas. Cuando los discípulos hablaron con los judíos que se habían aglomerado en Jerusalén por el festival, tres mil de ellos fueron convertidos. En Hechos 1:5 se encuentra la predicción de Jesús sobre el bautismo en el Espíritu, que Pedro menciona nuevamente en el versículo 11:16.

La referencia final aparece en 1 Corintios 12:13, donde Pablo dice: "Todos fuimos bautizados por un solo Espíritu para constituir un solo cuerpo —ya seamos judíos o gentiles, esclavos o libres—, y a todos se nos dio a beber de un mismo Espíritu". Por lo tanto, los cristianos forman un cuerpo por medio de la experiencia común de inmersión en un único Espíritu.

¿Un segundo bautismo? Mientras que en 1 Corintios 12 Pablo al parecer se refiere a una experiencia por la que todos los cristianos pasan en su conversión, existen varios incidentes en Hechos donde la recepción del Espíritu ocurre tras la conversión. La pregunta surge en cuanto a si existe un "bautismo en/con el Espíritu Santo" distinto del trabajo inicial del Espíritu de regeneración e incorporación al cuerpo de Cristo durante la conversión y si es que este proceso de dos etapas es normativo para la iglesia. Esta creencia de un segundo bautismo es particularmente prominente en las tradiciones pentecostales.

Se usa comúnmente como ejemplo los versículos en Hechos 2; 8; 10; 19 para respaldar el punto de vista de una segunda y posterior experiencia del bautismo en el Espíritu. En Hechos 2 los discípulos ya estaban convertidos y esperaban al Espíritu, que se manifestó ante ellos en el Pentecostés. En Hechos 8 los samaritanos primero respondieron a las prédicas de Felipe y se bautizaron en agua. Sin embargo, ellos recibieron al Espíritu solamente después de que Pedro y Juan vinieran de Jerusalén y oraran por ellos para aceptar al Espíritu Santo. En Hechos 10 Cornelio es un gentil que le teme a Dios, y después de que Pablo lo visitara, el Espíritu se manifiesta en su hogar. En Hechos 19, Pablo encuentra algunos discípulos en Éfeso. Después de que él pusiera sus manos en ellos, el Espíritu Santo los envuelve y ellos comienzan a hablar en lenguas y a profetizar.

Para comprender estas experiencias, hay que recordar que en Hechos se describe un período de transición para la iglesia. En Hechos 2 en particular se narra la manifestación inicial del Espíritu bajo el nuevo pacto. Entonces, es posible ver los eventos en Hechos 8; 10 como la venida del Espíritu sobre otros dos grupos de personas: los samaritanos y los gentiles. En Hechos 2:38 y 5:32 se señala que los apóstoles esperaban la recepción del Espíritu junto con la conversión, y esto parece ser el caso en el resto del libro. En Hechos 19 se habla sobre una conversión incompleta, en la que las personas sólo habían experimentado el bautismo de Juan y habían recibido el Espíritu después de que Pablo los bautizara "en el nombre del Señor Jesús".

Lleno del Espíritu. Aunque en el Nuevo Testamento no existe respaldo de la teología de un segundo bautismo en el Espíritu, se menciona comúnmente la experiencia de estar "lleno" del Espíritu.

Reproducción de la pintura Pentecostés de Duccio di Buoninsegna de Siena.

El concepto de estar "lleno del Espíritu" aparece con frecuencia en los contextos en los que se refieren al crecimiento espiritual, como en Efesios 5:18, donde Pablo exhorta: "No se emborrachen con vino, porque eso les arruinará la vida. En cambio, sean llenos del Espíritu Santo". Al parecer, este acto de ser lleno ocurre numerosas veces. Puede relacionarse con la adoración y el agradecimiento a Dios (Efesios 5:19-20). También puede dar lugar al empoderamiento del ministerio.

La consecuencia inmediata cuando los discípulos fueron llenos del Espíritu en Hechos 2:4 es que hablaron en lenguas a varios judíos que se reunieron en Jerusalén, y en 4:31 ellos fueron empoderados para compartir "la palabra de Dios con audacia". La plenitud del Espíritu también puede ser algo característico en la vida de un creyente, como en Hechos 6:3, donde los siete hombres elegidos para velar por las viudas debían ser hombres "llenos del Espíritu".

BAUTISMO INFANTIL El bautismo infantil, o pedobautismo, es la práctica de administrar el bautismo a niños antes de que estos sean capaces de pedirlo o incluso reconocerlo. De acuerdo a los pedobautistas, el niño se vuelve un miembro de la familia de Dios a través de este acto de sus padres. Alrededor de la edad de doce años, se le pedirá al niño confirmar la aceptación de este bautismo anterior. Las iglesias, siguiendo esta tradición, no se refieren a ella como "bautismo infantil", sino que lo consideran parte del bautismo normal. Aquellas iglesias que afirman el bautismo infantil encuentran la práctica en el NT. Existen varios informes de una familia u otro grupo inespecífico siendo bautizado (Hec. 2:38; 16:15, 33; 18:8; 1 Cor. 1:16; cf. 1 Cor. 10:2). Estos grupos presumiblemente incluían niños, que entonces eran considerados parte de la iglesia.

El apóstol Pablo parece relacionar el bautismo cristiano a la circuncisión judía (Col. 2:11-12), el ritual de entrada o inclusión en la alianza del AT (Gn. 17:10-14). Los niños eran circuncidados en el octavo día tras su nacimiento como signo de la relación continua de Dios e Israel. Hacer circuncidar a los hijos (y esclavos) del hogar era una demostración de obediencia por parte del líder del hogar; un adulto que no estaba circuncidado era desobediente (Gn. 17:14).

BAUTIZAR a los infantes actúa de manera similar. Los padres del niño anuncian su propia asociación con el cuerpo de Cristo y su deseo que el niño sea considerado también un miembro. Este bautismo, como con los adultos, no transmite la salvación, pero sí transmite un tipo de gracia. Entrando en la adultez temprana, el niño recibirá una oportunidad para hacer afirmación de fe a través de la confirmación. Aunque el niño no tendrá recuerdo del bautismo, él o ella crecerá desde la infancia consciente de haber entrado condicionalmente en la iglesia a través del acto iniciado por los padres. Así, el bautismo infantil es un acto de fe por parte de los padres que el niño debe reclamar posteriormente.

Según esta perspectiva, una persona bautizada de niño no necesita bautizarse posteriormente en la vida. Él o ella ya es un miembro de la iglesia universal; un bautizo subsecuente no tendría efecto y la petición de bautismo probablemente sería rechazada por la iglesia. *Véase también* Bautismo.

B

BAUTISMO PARA LOS MUERTOS El bautismo para los muertos es una práctica misteriosa que se menciona en el argumento de Pablo respecto a la realidad de la resurrección en 1 Corintios 15:29-34. Esto no se menciona en ninguna otra parte en las Escrituras. Aunque se ha postulado un número de diferentes explicaciones para esta práctica, el entendimiento general es que algunas personas en Corinto fueron bautizadas por aquellos que ya habían muerto.

No hay nada en el argumento de Pablo que sugiera que él apoya o apruebe esta práctica, o incluso de que los creyentes en sí necesiten involucrarse en esta práctica (nótese que en este pasaje él habla de "aquellos" y no de "nosotros"). Pablo simplemente usa esta ilustración como otro argumento lógico contra aquellos que negaron la resurrección corporal. En esencia, Pablo argumenta lo siguiente: "Si tú no crees en la resurrección, ¿por qué te preocupa tanto la muerte?"

El bautismo para los muertos ha sido practicado por un par de grupos escindidos a través de la historia desde 1840 por la Iglesia de Jesucristo de los Santos de los Últimos Días (los mormones). La finalidad de esta práctica es proveer un medio para hacer una confesión pública de fe para un amigo o ser amado que falleció sin haberse bautizado y de esta manera que sea posible la salvación de esa persona. Sin embargo, esta práctica se construye sobre un grave malentendido de la salvación y del bautismo. El entendimiento estándar entre los cristianos es que el destino eterno de las personas se establece en el tiempo de la muerte (*ver* Lucas 16:26).

BAUTISMO Ritual de iniciación al cristianismo. Este rito es de gran importancia al momento de conectar a un individuo tanto con Cristo como con la gran comunidad de creyentes. El bautismo contiene una cantidad equitativa en cuanto al simbolismo y la tradición, lo que evoca una conexión entre la circuncisión del pacto del Antiguo Testamento, el ritual de limpieza y la regeneración y redención del Nuevo Testamento. Es la respuesta visible hacia el Evangelio, lo que refleja la respuesta interna hacia el Evangelio: el momento culminante del viaje de reconciliación del creyente con Dios.

La palabra "bautismo" (del griego baptisma) implica el sentido de limpieza al hundirse (del griego baptizō); esta palabra también puede transmitir el sentido de sentirse sobrepasado o subsumido, o también de unirse o ingresar a un nuevo modo de vida. En cualquiera de los casos, se prevé un cambio distinto en el destinatario. Por medio del bautismo, los cristianos demuestran su deseo y simbolizan su entendimiento respecto a sentirse limpios del pecado; ellos también proclaman su entrega y subyugación por Cristo. Todo este apuntalamiento ocurre en lo que sería una ceremonia profundamente emocional.

Bautismo en la Biblia

El precursor inmediato del bautismo cristiano es Juan el Bautista cuando se bautizó (Marcos 1:4 pars.), que fue un bautismo de arrepentimiento por el perdón de los pecados para preparar los corazones de las personas para la venida del Mesías. Pero cuando el mismo Jesús fue bautizado por Juan para "cumplir toda justicia" (Mateo 3:15) y para permitirle a Jesús identificarse con la humanidad pecadora, él se convirtió en los primeros frutos del nuevo pacto. Juan enfatizó que su bautismo en agua fue inferior al bautizo "en Espíritu Santo y fuego" que Jesús traería (Mateo 3:11). Los discípulos de Jesús continuaron el bautismo de Juan durante su ministerio terrenal (Juan 4:1-2).

El bautismo se convirtió en algo inmediatamente importante para la iglesia temprana. Jesús le ordenó a los discípulos que "id y haced discípulos…, bautizándolos" (Mateo 28:19). Los discípulos reemplazaron a Judas de aquellos que "han estado con nosotros todo el tiempo... desde el bautismo de Juan" (Hechos 1:21-22). Pedro en su primer sermón proclama: "Arrepiéntanse y bautícense" (2:38). Los apóstoles bautizaron de inmediato a nuevos creyentes en Cristo (8:12-13; 8:38; 9:18; 10:48; 16:15, 33; 18:8; 19:5; 22:16).

Para el apóstol Pablo, el bautismo representa la participación en la crucifixión y resurrección de Jesucristo. Pablo escribió: "¿Acaso no saben ustedes que todos los que fuimos bautizados para unirnos con Cristo Jesús en realidad fuimos bautizados para participar en su muerte? Por tanto, mediante el bautismo fuimos sepultados con él en su muerte" (Rom. 6:3-4); "En él fueron... al ser sepultados con él en el bautismo. En él también fueron resucitados mediante la fe en el poder de Dios, quien lo resucitó de entre los muertos" (Colosenses 2:11-12).

Aunque en el Nuevo Testamento no se ordena explícitamente que se realice el bautismo (la orden en Hechos 2:38 se entiende que está dirigida a un grupo en específico), se asume que todos los creyentes serán bautizados (Hechos 19:2-3). La expectativa del bautismo es tan buena como una orden, y los cristianos deberían entender que el bautizo es un asunto de obediencia. Los bautismos en Hechos siempre van precedidos por relatos de fe, y los nuevos creyentes son inmediatamente bautizados. El bautismo también implica la idea de transmisión: nadie puede bautizarse por sí mismo, en cambio los creyentes bautizan a otros como una iniciación a la familia de creyentes.

Prácticas del Bautismo

En la iglesia, desde el punto de vista histórico, la forma de bautizar involucra la aplicación de agua en el receptor al derramarla, rociarla o por inmersión. Estas prácticas varían entre los cristianos, pero ninguno de estos métodos tiene una clara garantía bíblica por sobre las demás. Sin embargo, Pablo apela al simbolismo en su discusión sobre el bautismo. Él describe a aquellos que son bautizados "en Jesucristo" como "bautizados en su muerte", "sepultados con él en su muerte en el bautismo" para que ellos puedan levantarse y tener una nueva vida "así como Cristo fue levantado de los muertos" (Rom. 6:3-4; ver también Colosenses 2:12). La inmersión puede que sea la mejor vía para conservar este impactante simbolismo de Pablo.

El momento preciso para llevar a cabo el bautismo ha ocasionado controversia dentro de la iglesia. En algunas iglesias (especialmente la bautista) se cree que el bautismo es para aquellos que han tomado una decisión consciente por Cristo, es decir, el bautismo del creyente. El bautismo es una expresión del cambio en la vida de uno como en la devoción personal. La persona por medio de este acto se une a la iglesia como también con el mismo Jesús. Esta es una experiencia profundamente conmovedora para el que lo celebra, ya que es un momento que recordará para siempre. El celebrante es metafóricamente enterrado con Cristo para ser levantado con él. El bautismo en sí no implica la salvación, sino que es más bien un acto de obediencia, y la obediencia indica la afirmación activa del Evangelio.

En algunas iglesias (por ejemplo, la reformada, la presbiteriana) se practica el bautismo de infantes (pedobautismo). El bautismo en parte es al menos un acto del pacto similar a la circuncisión; por medio de este acto los padres del niño anuncian su propia membresía en el cuerpo de Cristo y su deseo de que el niño también sea considerado como miembro. El bautismo no implica la salvación, pero sí un tipo de gracia. Ya en la adultez temprana, al joven se le da la oportunidad de afirmar su fe a través de la confirmación. Obviamente, el niño no tendrá recuerdos conscientes del bautizo original, pero crecerá sabiendo que entró condicionalmente a la iglesia por sus padres.

El bautismo de infantes es un acto de fe que el niño debe reivindicar después, que para ese entonces algunas tradiciones en iglesias se lleva a cabo un ritual de confirmación. La garantía en cuanto al bautismo de infantes se encuentra en los pasajes donde un "dueño de casa" u otro grupo sin especificar es bautizado (*ver* Hechos 2:38; 16:15, 31, 34). Además, Pablo parece relacionar el bautismo cristiano con la circuncisión del Antiguo Testamento (Colosenses

2:11-12), un evento para el niño que se realiza por petición de los padres (Levítico 12:3). (*Ver también* Bautismo de infantes).

Los partidarios del bautismo del creyente también ven el valor en la ceremonia de incorporación de los infantes en la iglesia. Estas iglesias ofrecen dedicación a los niños, que es una ceremonia similar, pero carece del componente del agua.

Otra fuente de debate es el concepto de rebautismo. En algunas iglesias se solicita que los futuros miembros que fueron bautizados en su infancia sean rebautizados como adultos creyentes. Se sostiene que el bautismo anterior es inválido, ya que el niño no posee fe propia. En otras iglesias, el rebautismo está estrictamente prohibido dado que no es bíblico.

Particularmente, mientras la mayoría de los grupos cristianos ve el bautismo como algo fundamental para su comunión, muchos otros grupos también permiten que el bautismo se reciba de maneras extraordinarias. Por ejemplo, la iglesia católica permite el "bautismo por sangre" y el "bautismo por deseo", donde también los casos extremos de bautismo se acreditan aunque nunca se hayan llevado a cabo. La doctrina católica también permite que los "ministerios extraordinarios", que puede que incluso no sean cristianos, realicen el bautismo, siempre y cuando el objetivo previsto sea un bautismo cristiano válido.

La Función del Bautismo

El bautismo no debería verse como un acto de salvación. Pablo le dice a un carcelero: "Cree en el Señor Jesús; así tú y tu familia serán salvos" (Hechos 16:31). Fue más tarde, después de que el carcelero limpiara las heridas de Pablo y Silas, que la familia fue bautizada. Pablo sí le escribe a Tito sobre la salvación cuando dijo: "Nos salvó mediante el lavamiento de la regeneración y de la renovación del Espíritu Santo" (Tito 3:5). Pero aquí Pablo recurre a la representación del Antiguo Testamento en vez del bautismo del Nuevo Testamento, ya que él en ninguna parte utiliza estos términos para referirse al bautismo. Pedro escribió: "Y esta agua simboliza el bautismo que ahora los salva también a ustedes. El bautismo no consiste en la limpieza del cuerpo, sino en el compromiso de tener una buena conciencia delante de Dios" (1 Pedro 3:21). No es el bautismo el medio de salvación, tampoco la limpieza, sino que es el trabajo de la fe en la relación con Dios.

Es una vergüenza que el bautismo se haya convertido en una fuente de división en las iglesias actuales. Pablo enfatiza que: "Todos fuimos bautizados por un solo Espíritu para constituir un solo cuerpo –ya seamos judíos o gentiles, esclavos o libres –, y a todos se nos dio a beber de un mismo Espíritu" (1 Corintios 12:13). El hecho de ser bautizado en Jesucristo debería ser un elemento de unión entre los cristianos y no una causa de disputa.

BAVAI En la KJV aparece como uno de los levitas que ayudaron con la reconstrucción de los muros de Jerusalén. Bavai (NVI, NRSV: "Binúi"; NASB: "Bavvai") fue el hijo de Henadad y gobernó la mitad de la región de Queila, que está a dieciocho millas al suroeste de Jerusalén (Nehemías 3:18). En algunas evidencias textuales se sugiere que Binúi en Nehemías 3:24 es la misma persona. *Ver también* Binúi.

BAYIT La KJV interpreta la palabra bayit como el nombre de un lugar de adoración en Moab (Isaías 15:2). En otras versiones se traduce este concepto en este mismo versículo como "casa" o "templo".

BAZAR Calle convertida en comercio. El mercado estaba dividido en varias secciones, donde mercaderes similares (tejedores de canastas, curtidores, etc.) estaban uno al lado del otro. Las tiendas por lo general tenían la parte frontal abierta, aunque los puestos se distinguían claramente.

BEALÍAS Uno de los benjamitas poderosos que fueron a ayudar a David en Siclag cuando él fue oprimido por Saúl (1 Crónicas 12:5). Genéricamente, a estos hombres se les describe como ambidiestros que equipaban arcos (1 Crónicas 12:1-2).

BEALOT (1) Ciudad al sur de Judá en el Néguev en la frontera de Edom (Josué 15:24).

La ubicación es desconocida. (2) Ciudad ubicada en el noveno distrito administrativo de Salomón bajo la autoridad de Baana hijo de Husai (1 Reyes 4:16). En algunas traducciones se interpreta esta instancia como "Alot" (NVI, NET, KJV). Este lugar puede que sea o no una ubicación diferente de la ciudad en el Néguev. *Ver también* Alot.

BEBAY Líder de un clan que fue parte del regreso temprano de Judá desde el cautiverio en Babilonia en el año 539 a.C. o pronto posteriormente (Esdras 2:11; Nehemías 7:16). Este mismo clan envió a Zacarías y a veintiocho hombres en los tiempos de Esdras, alrededor del 458 a.C. (Esdras 8:11). Cuatro miembros de este clan fueron posteriormente culpados por celebrar un matrimonio mixto (Esdras 10:28). Bebay también se menciona en la lista de los que sellaron el pacto de renovación dirigido por Esdras (Nehemías 10:15)

BEBER Ingerir un líquido. Beber y comer, que están íntimamente relacionados, comúnmente ocurre en el mismo contexto. Su propósito principal es sostener la vida. Las bebidas más comunes son agua, vino (o jugo de uva sin fermentar), leche, vinagre y cerveza, pero el agua es lo más importante para sostener la vida (e.g., Gn. 21:19; Éx. 15:22-23; 17:1-3; Nm. 20:5). El compañerismo se promueve entre aquellos que comen y beben juntos (e.g., Jue. 19:4-7; Job 1:18; Gal. 2:11-12). Comida y bebida con frecuencia simbolizan el disfrute de la vida (1 Re. 18:41; Neh. 8:12; Ecl. 2:24; 8:15). Beber vino conmemora la sangre de Pascua y la crucifixión de Jesús, pero su abuso es condenado (e.g., Ef. 5:18). Ocasionalmente, beber acompaña la realización de una alianza: vieja (Éx. 24:11) y nueva (Lc. 22:20). Beber también se usa metafóricamente para representar tomar parte de algo, como actividad sexual (Prov. 5:15; 9:5) o violencia (Is. 34:5; Ap. 16:6).

BEBIDA FERMENTADA *Véase* Bebida Fuerte.

BEBIDA FUERTE Una traducción tradicional en la KJV para términos (hebreo shekar; griego sikera) que se refieren a bebidas intoxicantes o fermentadas y cervezas diferentes al vino. La NIV por lo general traduce los términos como "bebidas fermentadas" o "cerveza". Isaías describe gráficamente el efecto de las bebidas fuertes en bebedores excesivos (Is. 28:7), y Ana se defiende contra la acusación de embriaguez de Eli (1 Sm. 1:14-15). El beber en exceso era generalmente condenado (Prov. 20:1; Is. 5:11). Aunque una bebida fermentada era permitida en la comida sacrificial como una ofrenda bebible (Nm. 28:7; Dt. 14:26), estaban prohibidas para sacerdotes de servicio y nazireatos (Lv. 10:9; Nm. 6:3; cf. Lc. 1:15). Reyes y príncipes no debían beberlas, para que no los hiciera olvidar la ley y pervertir el juicio (Prov. 31:4-5).

BECÁ Unidad de peso y del sistema monetario en Israel. Equivale a medio siclo (Éxodo 38:26), lo que significa que

Panel en relieve de la tapa de un sarcófago romano. Mostrando la reducción por ebullición del vino recién prensado para hacer una infusión más espesa.

pesa alrededor de 5,5 gramos. La raíz hebrea (bq') significa "dividir". *Ver también* Pesos y Medidas.

BECERRO Aunque el becerro no era el animal que se usaba principalmente en el sistema de sacrificios, hubo importantes ocasiones en las que mataron a un becerro macho o a un novillo. Estos hechos incluyen las ofrendas por ordenación (Levítico 9:2-8) y el ritual para lidiar con un asesinato irresoluto (Deuteronomio 21:3-8). El novillo fue uno de los animales que Abram despedazó cuando Dios creó el pacto (Génesis 15:9-18; cf. Jeremías 34:18-19). Las personas sacrificaron a un becerro y a un ternero engordado mientras David trasladaba el arca del pacto hasta Jerusalén (2 Samuel 6:13). Finalmente, cuando el hijo pródigo regresó, el padre mató a un ternero engordado (Lucas 15:23). Casi la mitad de las treinta y seis veces en las que aparece la palabra "becerro" tiene que ver con un ídolo.

Ídolo becerro / toro del antiguo este cercano.

BECERRO DORADO Hecho por Aarón mientras Moisés estaba en el Monte Sinaí, el becerro dorado era una imagen hecha de joyería de oro donada por los israelitas que se volvieron impacientes esperando a Moisés mientras pasaba cuarenta días y cuarenta noches recibiendo instrucciones de Dios (Éx. 32). Se volvió un objeto de adoración idólatra y una causa de comportamiento corrupto.

Opiniones varían sobre si el becerro tenía la intención de ser un sustituto para el ausente Moisés (que posteriormente aparece literalmente "corudo" [hebreo qaran] en Éx. 34:30 [cf. versión Douay-Rheims; NIV: "radiante"]) o para Yahveh o como un pedestal para Yahveh (como los querubines sobre el arca de la alianza). La forma bovina de la imagen puede deberse a influencia egipcia. La palabra "becerro" podría ser el término despectivo del autor para lo que puede haber sido pensado como una imagen de un toro (simbolizando fuerza) o puede haberse referido a un toro en su mejor momento.

La respuesta de Moisés al ver la imagen es romper las dos tabletas que contenían los Diez Mandamientos, significando esto el fin de la alianza entre Dios e Israel. Él quemó la imagen, la pulverizó, la dispersó en agua e hizo que los israelitas la bebieran. Aunque al principio parecía incierto que hubiese futuro para la alianza Éx. 33-34 sirve para resolverlo.

El episodio del becerro dorado vivió por mucho tiempo en la memoria de Israel como la instancia paradigmática de apostasía (Sal. 106:19-20; Hec. 7:41). El rey Jeroboam I repitió la ofensa, colocando becerros dorados en Dan y Betel (1 Re. 12:28) para desalentar a los ciudadanos del reino norte de viajar a la capital sureña de Jerusalén, donde su alianza podría cambiar al rey davídico.

BECERRO ENGORDADO Un animal doméstico engordado, ya sea res u oveja, que ha sido especialmente engordado para el uso sacrificial u otro. En el AT, por lo general se refiere a un animal sacrificial de alta calidad, lo que significaba que se entregaba lo mejor. Los animales engordados se ofrecían en ocasiones festivas, como cuando David trajo el arca de la alianza a Jerusalén (2 Sm. 6:13) y cuando Adonías se presentó para suceder a David como rey (1 Re. 1:9, 19, 25).

Aunque son ofrendas valiosas, Dios rechaza los becerros engordados y otros sacrificios ofrecidos por aquellos con corazón impuro o que actúan de manera injusta (Is. 1:11; Am. 5:22). Las personas pueden ser comparadas con becerros engordados que Dios matará al triunfar sobre sus enemigos y purificar la tierra (Jr. 46:21; Ez. 39:18). Un becerro engordado podía matarse rápidamente para proporcionar alimento para un huésped inesperado o especialmente preparado para un banquete (1 Sm. 28:24; Mt. 22:4).

En la parábola del hijo perdido, el padre hizo matar a un becerro engordado para expresar su alegría de que su hijo errante había vuelto a casa (Lc. 15:23-30).

BECERROS DE NUESTROS LABIOS Esta frase aparece en la KJV en Oseas 14:2. Dado que los becerros eran ofrecidos como sacrificio para Dios en el sistema de sacrificios del Antiguo Testamento, la idea es que aquellos que ofrecen "becerros" de su boca hablan de un sacrificio en adoración a Dios.

En la NVI y NRSV contienen una narración alternativa de la LXX, "fruto de nuestros labios", mientras que en la NET se mantiene el sentido del texto hebreo al interpretarlo como "te ofreceremos en vez de terneros la ofrenda de nuestros labios". *Ver también* Hebreos 13:15.

BECHER *Ver* Bequer.

BECHERITES *Ver* Bequeritas.

BECORAT Hijo de Afía, y padre de Zeror. Él fue un ancestro del rey Saúl (1 Samuel 9:1 KJV: "Bechorath").

BEDAD Padre del rey edomita Hadad. Hadad triunfó sobre Husam y derrotó a la ciudad moabita de Madián (Génesis 36:35; 1 Crónicas 1:46).

BEDÁN **(1)** Juez nombrado en la charla de Samuel respecto a un catálogo de jueces enviados por Dios para librar a Israel (1 Samuel 12:11). Su nombre aparece entre Yerubaal (= Gedeón) y Jefté. Probablemente como un juez con este nombre no se encuentra en ninguna parte dentro del Antiguo Testamento, en la LXX y en la Peshitta siríaca se puede leer "Barac" (como también en la NVI, NRSV).

Como el nombre significa "en Dan", la tradición judía lo entiende como un nombre alternativo para Sansón (que proviene de la tribu de Dan). Él puede ser por lo demás un juez desconocido. **(2)** Hijo de Ulán, un descendiente de Manasés (1 Crónicas 7:17).

BEDELIO Traducción típica de la palabra hebrea bedolakh (ver esp. KJV, ESV, NASB; NVI: "resina"), que aparece dos veces en el Antiguo Testamento como en el Pentateuco. En Génesis 2:12 el bedelio se identifica como una piedra, y se menciona en conjunto con el oro y el ónice, que provienen de la tierra de Javilá. En Números 11:7 el color del bedelio se usa para describir el color del maná del desierto.

BEDÍAS Uno de los hijos israelitas de Bani que fue obligado a echar a su esposa extranjera según la instrucción de Esdras (Esdras 10:35). El nombre es quizás una versión acortada de Abdías.

BEELIADA *Ver* Eliada.

BEELZEBÚ, BEELZEBUB Aparece siete veces en los Evangelios (del griego Beelzeboul), y se le designa como "el príncipe de los demonios" (posiblemente se trata del mismísimo Satanás) (Mateo 12:24). El nombre deriva de "Baal-zebub", que es el nombre de una deidad filistea (2 Reyes 1) y que significa "Baal/Señor de las moscas" (distorsión hebrea deliberada del nombre "Baal-zebul"). *Ver también* Baal-zebub.

BEERÁ Hijo de Zofa de la tribu de Aser (1 Crónicas 7:37).

BEERÁ Líder rubenita exiliado por Tiglat Piléser III (1 Crónicas 5:6).

BEERÍ **(1)** Hitita padre de Judit, la primera esposa de Esaú (Génesis 26:34). Este matrimonio no fue agradable para los padres de Esaú (26:35). **(2)** Padre del profeta Oseas (Oseas 1:1). La tradición rabínica lo identifica como Beerá, líder de los rubenitas que fue exiliado bajo la orden de Tiglat Piléser (1 Crónicas 5:6), pero esto es incierto. El nombre "Beerí" significa "mi pozo" o "de un pozo".

BEER-LAJAI-ROI Lugar en el Néguev cuya ubicación y significado son inciertos. Aparece primeramente en la narrativa de Génesis 16, donde Agar huye de Sarai, su señora. Después de la muerte de Abraham, Beer-lajai-roi se convierte en la residencia de Isaac (Génesis 24:62; 25:11). En las tres narrativas en las que se habla sobre este lugar respaldan los datos de una ubicación cercana a la frontera de Egipto (entre Cades y Béred). La fuente de agua que da origen al nombre se ubicaba en el camino hacia Sur (Génesis 16:7). La traducción más probable es "Pozo del Viviente que me ve".

BEEROT BENE JAACÁN Lugar cuya ubicación es desconocida y por la que atravesaron los israelitas durante su viaje por el desierto (Deuteronomio 10:6 ESV, NASB [cf. NRSV]; NVI: "los pozos de Berot Bené Yacán"; cf. Números 33:31-32). *Ver también* Bené Jaacán.

BEEROTITA Persona oriunda de Berot (2 Samuel 4:2; 23:37; 1 Crónicas 11:39 [NVI: "berotita"]).

BEESTERA Ciudad de Manasés entregada a los levitas como ciudad de refugio (Josué 21:27). En paralelo (1 Crónicas 6:71) se menciona a Astarot en cambio (Deuteronomio 1:4; Josué 9:10), lo que sugiere que "Beestera" era la forma abreviada de "Beth Ashtarah" ("casa de Ashtarah"), un centro más antiguo de adoración para la diosa cananea. Al parecer este lugar sobrevive como Tel Ashtarah, que está ubicada a veinte millas al este del Mar de Galilea en el Camino de los Reyes, una importante ruta de comercio.

BEHEMOT Solamente se encuentra en Job 40:15. "Behemot" es una transliteración del plural de la palabra hebrea behemot (lit., "bestias"), que significa "la Bestia" por excelencia. El fracaso al no poder relacionar a la criatura con cualquier animal conocido es algo deliberado. Algunos eruditos sugieren que es posible que se trate de un hipopótamo o un elefante, pero dichas alternativas mundanas domestican lo que en realidad debería ser un misterio, una criatura muy longeva de temible poder, "que yo [Dios] hice junto a ti [Job]". Job se quejó de que Dios lo había tratado como a un monstruo que necesitaba protección (7:12). El poema implica que Dios puede domar a Behemot y a Job.

BEL Este término es técnicamente un título derivado de la palabra acadia belu (m), que significa "señor" o "maestro". En un principio el término se refiere a Enlil, el padre de los dioses mesopotámicos. Con el tiempo, Marduk, el dios principal de Babilonia, se convirtió en el dios fundamental del panteón y se le dio el título de "Bel". En consecuencia, el término fue intercambiable con su nombre. Bel aparece tres veces en la Biblia, todas ellas dentro del contexto de la condenación profética del Imperio Neobabilónico (Isaías 46:1; Jeremías 50:2; 51:44). Por lo tanto, Bel en la Escritura está presente como un representante de Babilonia y de sus gobernadores. *Ver también* Baal.

BELA **(1)** Hijo de Beor y rey de Edom que gobernó desde Dinaba (Génesis 36:32-33; 1 Crónicas 1:43-44). **(2)** Hijo de Azaz y una de las personas que se asentaron en el sector de Aroer en Transjordania muy probablemente a principios del siglo IX AC (1 Crónicas 5:8-9). **(3)** Hijo de Benjamín (Génesis 46:21; Números 26:38, 40; 1 Crónicas 7:6-7; 8:1, 3). **(4)** Nombre anterior para Zoar, una de las cinco ciudades del valle de Siddim (Génesis 14:2).

BELAÍTAS Descendientes de Bela, un benjamita (Números 26:38).

BELÉN Hubo por lo menos dos ciudades llamadas "Belén" (que significan "casa del pan"). **(1)** Una ciudad en Zabulón, en el norte, a siete millas al noroeste de Nazaret (Jos. 19:15).

(2) La conocida ciudad a cuatro millas al sur de Jerusalén en Judá, situada a un par de colinas a unos 2 300 pies sobre el nivel del mar. El nombre antiguo fue "Efrata" (Gn. 35:16, 19; 48:7; Rut 4:11; Sal. 136:2; Miq. 5:2; *ver también* Belén Efrata). Con la posible excepción de la historia del juez Ibzán (Jue. 12:8-10), la mayoría de las referencias a Belén son a la ciudad de Judá, la cual todavía existe.

Belén entra por primera vez en la historia bíblica cuando Raquel la esposa de Jacob fallece allí mientras da luz a Benjamín (Gn. 35:16-19). Después de la conquista, la ciudad fue habitada por la tribu de Efraín descendientes de Caleb, uno de los cuales fue llamado "padre de Belén" (en el sentido de un líder ciudadano; 1 Cr. 2:51; 4:4, cf. 2:54). En los Jueces, se menciona que dos levitas estaban pasando, uno que se mudó de Belén a Efraín (Jueces 17:7-9), y otro que vivió en Efraín pero tomó una concubina de Belén (19:1). Sin embargo, las referencias más importantes de Belén de esta época están en Rut.

Fue desde Belén que la familia de Elimelec partió hacia Moab (Rut 1:1), y fue hacia Belén que Rut y Noemí regresaron (1:22). Dos generaciones más tarde, fue en esta misma familia betlemita donde nació el futuro rey David (Rut 4:18-22; 1 S. 16:1).

Se menciona frecuentemente a Belén como la ciudad natal de David (por ejemplo, 1 S. 17:12, 58; 20:6). Varios de los hombres poderosos de quienes David dependía mucho eran de allí, incluyendo a los hermanos Joab, Abisai y Asael (2 S. 2:18, 32) y Elhanán (2 S. 23:24). En un momento dado, cuando Belén estaba temporalmente bajo la autoridad de los filisteos, algunos de los hombres poderosos arriesgaron sus vidas para traerle agua a David del pozo del pueblo (2 S. 23:14-17; 2 Cr. 11:16-26). Belén fue fortificada más tarde por el nieto de David, Roboam. (2 Cr. 11:6).

Campos de Pastores cerca de Belén

En el siglo VIII, el profeta Miqueas prometió que, aunque la derrota de Judá era inevitable, un nuevo rey surgiría de esta ciudad de por sí insignificante para salvar a todo Israel (Miq. 5:2). Tanto el lugar como la tribu conservaron su identidad durante el exilio, y 123 hombres de Belén regresaron a Judá (Esd. 2:21; *ver también* Neh. 7:26).

Lucas enfatiza que Jesús nació en la ciudad de David (Lc. 2:4; cf. 2 S. 7:12-16); José había llevado a María a su lugar de origen, Belén, para un censo romano. Los ángeles anunciaron el nacimiento de Jesús a algunos pastores en las cercanías de la ciudad (Lc. 2:1-20). Mateo hace una conexión más específica con la profecía de Miqueas; de hecho, fue sobre la base de esta profecía que Herodes decidió a dónde enviar a los magos (Mt. 2:1-8) y a dónde matar a los niños (2:16). Mateo ve en esta matanza el cumplimiento de la profecía de Jeremías de que Raquel, que murió en Belén, lloraría a sus hijos (Mt. 2, 18; Jer. 31, 15).

Irónicamente, algunos judíos rechazaron a Jesús porque pensaban que venía de Galilea (Jn. 7:42). Constantino el Grande, el emperador romano del siglo IV, construyó una iglesia sobre una cueva en Belén, que tradicionalmente se creía era el lugar de nacimiento de Jesús. Hoy en día la ciudad cuenta con una población de unos treinta mil habitantes y es uno de los lugares más visitados de Israel, especialmente durante la época navideña, cuando miles de cristianos peregrinan al lugar tradicional del nacimiento de Jesús.

BELÉN EFRATA "Efrata" o "Efrat" *(estas dos expresiones solo se utilizan en las versiones

Campo de pastores cerca de Belén.

de la Biblia en inglés) se usan para distinguir a Belén en Judá (Gn. 35:16, 19; 48:7, 19; Rut 4:11; Miqueas 5:2) de Belén en Zabulón (Jos. 19:15). Algunos de la tribu de Efraín vivían en Belén (Rut 1:2; 1 S. 17:12), pero la tribu pudo haber estado más extendida. *Ver también* Belén.

B

BELIAL Aparece en la Biblia solamente una vez (2 Corintios 6:15 [NRSV: "Beliar"]), "Belial" (del griego Beliar) tiene una connotación mitológica en el Antiguo Testamento que se asocia con Sheol, el caos y la muerte (en hebreo beliyya'al [2 Samuel 22:5; Salmos 18:4; cf. Salmos 41:8]), y que también podría significar "inutilidad", "ruina" o "maldad" (1 Samuel 25:25). El término se autentifica ampliamente en la literatura judía del Segundo Templo, especialmente en los Manuscritos del Mar Muerto, donde se menciona al archienemigo de Dios, cuyo reinado es la oscuridad y su consejo es la maldad (Martinica, Isaías 1:8-9; 2:4; 4:2; T. Daniel 1:7; 1QM 1:1-3, 13-15; 13:11; cf. 1QS 2:19; CD-A 4:12-19). Pablo hace uso de esta convicción para mostrar que el conflicto escatológico está entre Cristo, que es la luz, y Belial, que es la oscuridad (2 Corintios 6:15; cf. 2 Corintios 4:4).

BELIAR *Ver* Belial.

BELSASAR Regente de Babilonia bajo el mando de su padre, Nabonido, durante los últimos años de Babilonia (?-539 a.C.). Como los tres primeros sucesores de Nabucodonosor tuvieron una vida efímera y Nabonido se marchó de Babilonia para quedarse en la ciudad árabe de Taima por una década, Belsasar puede considerarse como el primer rey importante que lideró después de Nabucodonosor. Es probable que por esto a Nabucodonosor se le llame el "padre" de Belsasar en Daniel 5:2, 18. Una profecía de la condenación de Babilonia vino como "la escritura en la pared" en el banquete donde Belsasar fue el anfitrión. Belsasar fue acusado por no haber aprendido a ser humilde ante el Dios Altísimo.

BELTSASAR Nombre asignado a Daniel por el oficial en jefe del rey Nabucodonosor, Aspenaz, cuando él trajo a Daniel a Babilonia para entrenarlo y que fuera parte del servicio gubernamental (Daniel 1:6-7). El nombre puede significar "que el señor proteja su vida".

BEN ABINADAB Esposo de Tafat, hija del rey Salomón. Él fue uno de los doce gobernadores de distrito de Israel (1 Reyes 4:7, 11). Él era responsable de abastecer las provisiones para el rey y la casa real durante un mes al año desde su ubicación en Nafot Dor.

BEN AMÍ Hijo que nació de la unión incestuosa entre Lot y su hija más joven (Génesis 19:38). Él es el ancestro epónimo de los amonitas, enemigo de toda la vida de Israel. El nombre "Ben Amí" significa "hijo de mi pariente/gente". Tanto los moabitas como los amonitas están asociados con el incesto de Lot con sus hijas (Génesis 19:36-38; Deuteronomio 2:19).

BEN DECAR Uno de los doce gobernadores de distrito de Israel asignados por el rey Salomón, que fue responsable de abastecer provisiones para el rey y la casa real por un mes cada año (1 Reyes 4:9). Él gobernó Makaz, Salbín, Bet Semes y Elón Bet Janán, tierra que le arrebataron a los filisteos en poco tiempo.

BEN GUÉBER Uno de los doce gobernadores de distrito de Israel que fue nombrado por el rey Salomón y que fue responsable de abastecer al rey y a la casa real con provisiones por un mes cada año (1 Reyes 4:13). Él fue el gobernador de Ramot de Galaad, que está ubicada en la región central de Transjordania junto con los asentamientos de Yaír y el distrito de Argob.

BEN HINÓN Valle ubicado en las laderas del sur de Jerusalén, que se le conoce con variados nombres como "valle de Hinnom", "valle de Ben Hinón" (lit., "hijo de Hinnom"), "valle de los hijos de Hinnom" o incluso simplemente como "el Valle" (por ejemplo, Jeremías 2:23). Al menos dos reyes de Judá, Ajaz (2 Crónicas 28:3) y Manasés (33:6), sacrificaron a sus propios hijos en el fuego en Tofet, un lugar que está dentro del valle. Esta práctica, que con certeza se extendió más allá de la realeza, era condenada por los profetas, por Jeremías en particular (Jeremías 7:31-32; 32:35).

El rey Josías, como parte del movimiento de la reforma, profanó Tofet para prevenir que más niños fueran sacrificados en el futuro (2 Reyes 23:10). Tres diferentes desfiladeros al sur de Jerusalén son lugares posibles con los que se podría identificar este valle. El "valle de Hinnom" en griego se conoce como "Gehena", y todas sus apariciones en el Nuevo Testamento se refieren al infierno.

BEN JANÁN Hijo de Simón de la tribu de Judá (1 Crónicas 4:20).

BEN JAYIL Uno de los cinco oficiales reales que, junto con nueve levitas y dos sacerdotes, fueron enviados por Josafat, rey de Judá, para enseñar sobre el Libro de la Ley a la gente de Judá (2 Crónicas 17:7). El nombre "Ben Jayil" significa "hijo de poder".

BEN JÉSED Nombre de uno de los doce gobernadores de distrito asignados por el rey Salomón a cargo de abastecer con provisiones al rey y a la casa real por un mes cada año (1 Reyes 4:10). El distrito de Ben Jésed incluía a Arubot, Soco y la región de Héfer, para respaldar la idea de que el sector le correspondía probablemente en su mayoría a Manasés de Cisjordania.

BEN JUR Uno de los doce gobernadores de distrito nombrados por el rey Salomón para abastecer con provisiones al rey y a la casa real por un mes cada año (1 Reyes 4:8). Él estaba a cargo de la ciudad montañosa de Efraín.

BEN La palabra hebrea ben (lit., "hijo") representa varios tipos de relaciones. Se puede usar para describir a un descendiente directo que sea hombre (Génesis 4:17), como también referirse a la relación entre Israel y Dios (Éxodo 4:22), a un miembro de un grupo (Génesis 42:5) o a un miembro cuyo oficio o profesión sea específico (1 Reyes 21:35).

BEN ZOJET Uno de los hijos de Isí (1 Crónicas 4:20). Es posible que él fuera el nieto de Isí y el hijo de Zojet, ya que su nombre significa literalmente "hijo de Zojet".

BENAÍAS (1) Hijo de Joyadá y uno de los afamados poderosos hombres de David (1 Crónicas 27:34 intercambia los nombres entre padre e hijo). Él estaba a cargo de los guardias personales de David, conocidos como los quereteos y los peleteos. Sus grandes proezas lo ayudaron

En esta foto aérea se puede ver el valle de Hinón hacia el oeste (izquierda) y el costado sur (primer plano) de la antigua ciudad de Jerusalén.

B

a ganarse la reputación como uno de los tres hombres más fuertes de David (2 Samuel 20:23; 23:22-23). Él estuvo presente en la coronación de Salomón (1 Reyes 1). Él asesinó a Joab bajo la orden de Salomón y se convirtió en su general (1 Reyes 2:25-46). **(2)** Efraimita oriundo de Piratón que era uno de los hombres poderosos de David, era uno de "los treinta" (2 Samuel 23:30). **(3)** Levita que fue un portero asignado para que tocara el arpa cuando David trajo el arca del pacto a Jerusalén (1 Crónicas 15:18-20). **(4)** Sacerdote que tocó la trompeta cuando David trajo el arca del pacto a Jerusalén (1 Crónicas 15:24). **(5)** Ancestro de Jahaziel que profetizó en los tiempos de Josafat (2 Crónicas 20:14). **(6)** Simeonita que fue uno de los que atacó a los meunitas en los tiempos de Ezequías y se apoderó de su pastizal (1 Crónicas 4:24-41). **(7)** Inspector nombrado por Ezequías (2 Crónicas 31:13). **(8)** Padre de Pelatías, un líder que no creía en que Dios iba a destruir Judá y que finalmente falleció (Ezequiel 11:1, 13). **(9)** Cuatro hombres distintos que regresaron a Jerusalén tras el exilio y que tomaron por esposas a unas extranjeras (Esdras 10:25, 30, 35, 43).

BENDICIÓN Autorización otorgada por el ejemplo y la imagen divina (Génesis 1:26-28). La "bendición" es literalmente la "buena palabra" que activa para sus receptores muchos beneficios divinos como el cuidado, el favor, la gracia y la paz (Números 6:24-27). La pueden pedir los padres (Génesis 27; 2 Samuel 6:20), los sacerdotes (Génesis 14:18-19; Levítico 9:22) o la comunidad (Rut 2:4). Las bendiciones señalan el decreto de Dios sobre toda vida, así como Jesús manda a bendecir a nuestros enemigos. En el Nuevo Testamento, las bendiciones se pueden condensar ("Que la gracia esté contigo") o pueden ser ampliadas con referencias divinas y relacionarse con doxología u oraciones (Colosenses 1:2-14; 4:13).

BENDICIÓN Y MALDICIÓN Las bendiciones y las maldiciones que aparecen en las Escrituras se basan en el punto de vista del mundo en el que se entiende que el Dios soberano es el dispensador definitivo de estas. Las bendiciones y maldiciones no son el resultado de los hechiceros que intentan manipular a los dioses para adquisición o retribución personal. En cambio, Dios es el que entrega la bendición y básicamente es el juez final que determina si quita o prohíbe algo. Él es la fuente de cada regalo bueno (Santiago 1:17) y el que otorga poder y fortaleza para prosperar (Deuteronomio 8:17).

Algunas personas ven la naturaleza de la bendición y maldición simplemente como un regalo de Dios, mientras que otros lo ven como un acto en el que una parte transmite poder para que viva otra parte. Quizás el hilo común entre las perspectivas es la idea de la relación.

Terminología. En el Antiguo Testamento, los términos hebreos clave para bendecir son el verbo barak y el sustantivo berakah. Cuando se identifica en el contexto de su uso a una persona o ser vivo como el objeto de bendición, la idea básica es dotar a alguien con poder especial que básicamente mejorará su vida. El tema de la bendición también se aclara por medio del uso de palabras como "gracia", "favor", "lealtad" y "felicidad".

En el Nuevo Testamento, el término griego eulogeō y sus cognados se entienden mejor en cuanto a la impartición de favor, poder y beneficios. El grupo de palabras de Makarios describe un estado o estatus de fortuna, alegría o privilegio.

El vocabulario para maldecir en el Antiguo Testamento incluye ideas de desgracia, desprecio e imprecación. La terminología del Nuevo Testamento abarca ideas de maldición, calumnia o consagradas a la destrucción.

Antiguo Testamento. El Dios soberano a veces utiliza agentes de bendición en su creación. La bendición se extiende a las naciones por medio de Abraham (Génesis 12:3), desde Jacob a través de Isaac (Génesis 26-27) y a la gente por medio de los sacerdotes (Números 6:24-26).

El tema de la bendición/maldición se usa para estructurar Deuteronomio 27-28 y Levítico 26 (cf. Josué 8:34) en el formato general del pacto de estos libros. Los eruditos han observado que el objeto de este formato no posee una unidad simétrica o lógica, pero es plena. Desde esta perspectiva, la estructura de la bendición/

maldición funciona para imponer obediencia con el propósito de asegurar una relación. La bendición de Deuteronomio también incluye los beneficios de prosperidad, poder y fertilidad. La maldición, por otro lado, es la carencia o retiro de beneficios asociados con la relación.

Las narrativas de la creación están marcadas con el tema y terminología de la bendición (Génesis 1:22, 28; 2:3; cf. 5:2; 9:1). Los objetos de bendición en Génesis 1:22, 28 (cf. 5:2; 9:1) son los seres vivos y los seres humanos que Dios creó a su imagen. Mientras la revelación progresa, la bendición de Dios se concreta en las vidas de Noé (Génesis 6-8), Abraham (Génesis 12-25) y sus descendientes, la nación de Israel y su liderazgo (Génesis 26-50). En estos contextos, la intención de la bendición es la procreación de hijos y el enriquecimiento de receptores en lo material y en lo físico (compare un énfasis similar del Nuevo Testamento en Hechos 17:25; cf. Mateo 5:45; 6:25-33; Hechos 14:17).

La bendición de Dios también se extiende a objetos inanimados que mejoran y prosperan la calidad de vida de la persona. El séptimo día de la creación es el objeto de bendición (Génesis 2:7; Éxodo 20:11), el que quizá se le da un sentido de bienestar y salud. Hay objetos y actividades del día a día que son bendecidos como las canastas y artesa de amasar (Deuteronomio 28:5), los graneros (Deuteronomio 28:8) y el trabajo (Job 1:10; Salmos 90:17).

Dios promete bendecir a aquellos que le temen (Salmos 128:1). La bendición está diseñada para aquellos que, fuera de un sentido de sobrecogimiento por el carácter de Dios, aman y confían en Él. El que le teme a Dios con seguridad acepta las promesas de Dios, sirve obedientemente y toma con seriedad las advertencias de Dios. Las bendiciones detalladas en Salmos 128 son comparables con aquellas que se especifican en Deuteronomio 28, donde se relaciona la productividad y la fecundidad (cf. Salmos 128:2 con Deuteronomio 28:12; Salmos 128:3 con Deuteronomio 28:4, 11). El concepto deuteronomista de la bendición y maldición es cuestionada cuando los que le temen a Dios experimentan un periodo de sufrimiento o la aparente ausencia de Dios (por ejemplo, José, Job; cf. Jesús).

Nuevo Testamento. En el Nuevo Testamento, las bendiciones no son exclusivamente espirituales. Dios otorga alimentos y gozo (Hechos 14:17) y proporciona las necesidades de la vida (Mateo 6:25-33). El Nuevo Testamento sí relaciona la bendición con Cristo y enfatiza la calidad espiritual del regalo que se origina en el mismo Cristo y su deseada bendición para individuos espirituales.

Respecto a la maldición, en el Nuevo Testamento se explica que Cristo soportó la maldición de la ley para liberarnos de su efecto entumecido (Gálatas 3:10-13). En Apocalipsis 22:3 se anticipa un periodo en el que la maldición asociada con el pecado será completamente removida y la bendición asociada con la creación prevalecerá.

BENÉ BERAC Ubicación heredada por la tribu de Dan (Josué 19:45). La ciudad moderna de Israel Bene-baraq se encuentra a unas 2,5 millas al norte del lugar bíblico, que se le identifica como la ciudad moderna de el-Kheirîyah. Es conocida por ser el hogar del afamado Rabí Akiva.

BENÉ JAACÁN Campamento israelita que establecieron durante su viaje por el desierto (Números 33:31-32). Posiblemente está ubicado en o cerca de la frontera de Edom (33:37). En Deuteronomio 10:6 este lugar en hebreo se llama be'erot bene ya'aqan, que la NVI interpreta como "los pozos de Berot Bené Yacán" (NASB: "Beeroth Bene-jaakan" [cf. NRSV]).

BENEDICTUS Himno profético de Zacarías recitado en el nacimiento de Juan el Bautista (Lucas 1:68-79). La letra inicial es Benedictus ("bendecido") que aparece en la Biblia Vulgata escrita en latín. En este himno se glorifica a Dios por salvar a su pueblo, y profetiza que Juan será el profeta de Dios.

BENEFACTORES En la economía grecorromana del siglo I, un pequeño porcentaje de la población retenía la mayoría de los recursos materiales. Este hecho demostraba la necesidad de los ricos para proveer bienes y servicios a la comunidad más grande. Aquellos que abastecían estos bienes y servicios se les conocían como benefactores. Se esperaba de esta élite social que compartieran sus recursos por medio de la financiación de proyectos de construcción pública, la asistencia a individuos con necesidades personales y el abastecimiento de servicios públicos para la comunidad. La sociedad recompensaba a estos benefactores con honor y buena voluntad, por lo que aumentaba su influencia y prestigio.

BEN-HADAD Muchos reyes de Aram-Damasco se llamaron "Ben-Hadad". Este nombre significa "hijo de Hadad", es decir, el dios nacional de Aram, y que podía ser elegido por cualquier rey de Aram. Se debate si el Antiguo Testamento se refiere a dos o tres individuos con este nombre, pero es más probable que se trate de tres.

(1) Ben-Hadad I, hijo de Tabrimón, fue sobornado por el rey Asa de Judá con una gran cantidad de oro y plata para que rompiera su tratado con el rey Baasha de Israel, lo que significaría un alivio para la asediada Judá. Ben-Hadad I atacó las ciudades de Israel y conquistó con éxito varias de ellas como también el territorio de Neftalí (1 Reyes 15:16-22). (2) Ben-Hadad II (es posible que este y Ben-Hadad I sean la misma persona) atacó a Samaria durante el reinado del rey Ajab, que lo derrotó en Afec. Ben-Hadad II suplicó por su vida y Ajab lo perdonó. Esto ocurrió en el proceso para recuperar las ciudades que Ben-Hadad I le había arrebatado al padre de Ajab, Omrí, para obtener derechos de mercado en Damasco (1 Reyes 20). En base a las inscripciones extrabíblicas, es posible que Ajab participara posteriormente en una alianza de doce miembros dirigida por Ben-Hadad II (al que se le identifica también como Hadadezer) que derrotó a las tropas asirias de Salmanasar III en la Batalla de Qarqar en el año 853 a.C. Ben-Hadad II más tarde asedió a Samaria otra vez (2 Reyes 6:24), pero la intervención divina de Dios ocasionó que sus fuerzas abandonaran el campamento y huyeran (7:5-7). Posteriormente, Ben-Hadad II se enfermó y, así como lo profetizó Eliseo, no pudo recuperarse, por lo que uno de sus oficiales, Hazael, lo sofocó y se apoderó del trono (8:7-15). Ben-Hadad II es quizás el rey de Aram que envió a Naamán donde Eliseo, por medio del rey Joram de Israel, para que lo curara de la lepra (5:1-6). (3) Ben-Hadad III fue el hijo del rey Hazael (2 Reyes 13:24), que ascendió al trono cuando asesinó a Ben-Hadad II. Así como lo profetizó Eliseo, el rey Joás derrotó a Ben-Hadad III tres veces y recobró varias ciudades que le habían arrebatado a su padre, el rey Joás (13:14-25). Las acciones opresivas de Ben-Hadad III lo convirtieron en el sujeto de condenación profética (Jeremías 49:27; Amós 1:4).

BENINU Levita de la comunidad posterior al exilio que selló el pacto de renovación dirigido por Esdras (Nehemías 10:13).

BENJAMÍN (1) Hijo menor de Jacob y Raquel. Raquel falleció durante el viaje hacia Efraín (Belén) mientras daba a luz a Benjamín (Génesis 35:18). Antes de morir, Raquel nombró a su hijo "Beoní" que significa "hijo de mi tristeza". Jacob posteriormente le dio otro nombre: "Benjamín", que significa "hijo de mi mano derecha". Benjamín es el hijo menor de los once hermanos de José (35:22-26), que solicitó específicamente verlo cuando los otros hermanos viajaron sin él a Egipto para comprar granos durante la hambruna (42:1-16). (2) Hijo del benjamita Bilhán (1 Crónicas 7:10). (3) Hijo del israelita Harim (Esdras 10:32), que fue parte de los hombres que prometieron divorciarse de una esposa extranjera. (4) Uno de los que ayudaron a dedicar el muro de Jerusalén (Nehemías 12:34). Puede que se trate del mismo Benjamín que aparece en Esdras 10:32. *Ver también* Benjamín, Tribu de.

BENJAMÍN, TRIBU DE Después de la historia del Génesis, casi todas las referencias de las Escrituras sobre "Benjamín" tienen relación con la tribu de Benjamín, nombrada así por el hijo menor de Jacob. La bendición de Jacob respecto a que "Benjamín es un lobo rapaz" (Génesis 49:27) era profética, ya que la tribu de Benjamín fue conocida por su destreza en guerra (Jueces 3:15; 1 Crónicas 8:40; 2 Samuel 1:22). La tierra adjudicada a la tribu de Benjamín se encontraba "entre las tribus de Judá y José" (Josué 18:11-20). Aunque la tribu de Benjamín fue la segunda más pequeña de todas durante el éxodo (Números 1:36-37; Salmos 68:27), varias figuras prominentes de la Biblia descendieron de ella, como el rey Saúl (1 Samuel 9:1), la reina Ester (Ester 2:5) y el apóstol Pablo (Rom. 11:1).

BENO Levita, hijo de Merari, que estuvo presente durante el reinado de David (1 Crónicas 24:26-27).

BENONÍ *Ver* Benjamín.

BEÓN Una de varias localidades al este del Mar Muerto que los gaditas y los rubenitas solicitaron como asignación de tierra para criar ganados (Números 32:3). Posteriormente, los rubenitas construyeron "Baal-meón" (Números 32:38), que quizá sea otro nombre para Beón.

BEOR **(1)** Padre de Bela, rey de Edom (Génesis 36:32; 1 Crónicas 1:43). **(2)** Padre de Balaam, que fue contratado por el rey Balac de Moab para maldecir a los israelitas (Números 22:5).

BEQUER **(1)** Hijo de Benjamín (Génesis 46:21; 1 Crónicas 7:6 [NRSV: "Béquer"]), y padre de nueve hijos (1 Crónicas 7:8). El nombre se ausenta en otras dos genealogías de Benjamín (Números 26:38; 1 Crónicas 8:1). **(2)** Descendiente de Efraín (Números 26:35). Este nombre se escribe "Béred" en 1 Crónicas 7:20.

BEQUER *Ver* Bequeritas.

BEQUERITAS Descendiente de Bequer. Los Bequeritas (NRSV: "Becherites") fueron un clan de la tribu de Efraín (Números 26:35).

BER **(1)** Palabra hebrea be'er que significa "pozo" y que aparece en nombres compuestos para lugares clave, por ejemplo, Beer-lajai-roi ("Pozo del Viviente que me ve" [Génesis 16:14]) y Beerseba ("Pozo del juramento/ de los siete" [Génesis 21:31]). Cuando el pueblo de Israel deambulaba, la nación pasó por Ber (Números 21:16), al norte del río Arnón. El nombre "Ber" conmemora la jubilosa ocasión en la que Dios le dio a su pueblo agua en el desierto. Para celebrarlo, las personas cantaron la reconocida canción del pozo (Números 21:17-18). Este lugar puede que sea Wadi eth-Themed en el noreste de Moab y puede que esté vinculado con Ber Elín (Isaías 15:8). **(2)** Bebida alcohólica producida de los granos, como el trigo o la cebada, por medio de un proceso de fermentación. Ber se menciona solamente en la Biblia un par de veces (en la NVI, *ver* 1 Samuel 1:15; Proverbios 20:1; 31:4, 6; Isaías 24:9; 28:7; 29:9; 56:12; Miqueas 2:11; en muchas otras versiones se utilizan términos como "bebida fuerte" o "licor"), pero fue predominante en algunas culturas del antiguo Cercano Oriente, especialmente en Egipto. *Ver también* Bebida Fuerte.

BERELÍN Ciudad en Moab (Isaías 15:8). El nombre significa "pozo de los terebintos". Se le asocia con frecuencia a Ber (Números 21:16), uno de los lugares donde los israelitas se detuvieron durante su viaje por el desierto en Sinaí, y que después continuaron para dirigirse hacia Mataná.

BERA Rey de Sodoma que, junto con otros cuatro reyes, se rebeló contra Quedorlaómer, rey de Elam, en el valle de Siddim (Génesis 14:2). Tras la derrota, Lot, el sobrino de Abraham, fue capturado por los sobrevivientes, pero después huyó a la ciudad montañosa.

BERACÁ **(1)** Benjamita que se unió a la compañía de David después de que este fuera desterrado de la presencia de Saúl (1 Crónicas 12:3). **(2)** Valle ubicado cerca de Tecoa en el desierto al oeste del Mar Muerto, donde el rey Josafat de Judá y su tropa celebraron la victoria que Dios ganó para ellos contra la coalición de los invasores amonitas, moabitas y edomitas (2 Crónicas 20:26). La palabra berakhah significa "bendición" y según la narrativa bíblica el valle recibió su nombre por la alabanza a Dios que aconteció en ese lugar. La ubicación moderna es incierta.

BERACHIAH, BERECHIAH, BERACHÍAS *Ver* Berequías.

BERACHÍAS *Ver* Berequías.

BERAÍAS Hijo de Simí nombrado en la descripción de la genealogía de Benjamín (1 Crónicas 8:21).

BERAJÁ *Ver* Beracá.

BERAQUEL *Ver* Baraquel.

B

BEREA Ciudad (NRSV: "Beroea") al sur de Macedonia (moderna Veria) a cuarenta y cinco millas al suroeste de Tesalónica. Después de huir de Tesalónica, Pablo y Silas predicaron ahí a unos judíos que estaban dispuestos a escucharlos y a "examinar las Escrituras cada día" para confirmar el mensaje de Pablo (Hechos 17:11). Sópater de Berea acompañó a Pablo (Hechos 20:4).

BERECHÍAS *Ver* Berequías.

BÉRED (1) Hijo de Sutela y nieto de Efraín, que fue el hijo menor de José (1 Crónicas 7:20). Cuando Moisés hizo el censo de Israel, la misma persona al parecer aparece en la lista con el nombre de Béquer (Números 26:35). (2) Uno de dos lugares, junto a Cades, donde se encontraba el pozo de Beer-lajai-roi (Génesis 16:14).

BERENICE Hija de Agripa I, bisnieta de Herodes el Grande, hermana de Agripa II y de Drusila. Berenice tuvo que casarse con su tío Herodes, rey de Calcis, que murió en el año 48 d.C. En Hechos 25-26 ella aparece como la reina consorte de su hermano el rey Agripa II, que estaba en Cesarea visitando a Festus, el gobernador romano de Judea (DC 59-62). Durante su estadía, Berenice fue testigo de la defensa por el encarcelamiento de Pablo antes de que lo enviaran a Roma a pedido de César. Posteriormente, Berenice estuvo casada por un breve tiempo con Pólemo, rey de Cicilia. Entonces ella reanudó su importante rol en el reinado de Agrippa. En el año 75 d.C. ella se fue a Roma como la amante de Tito Vespasiano, que era diez años menor que ella, hasta que él la despidió por ser políticamente indefendible.

BEREQUÍAS (1) Hijo de Zorobabel y descendiente de David (1 Crónicas 3:20). A un Berequías y a cuatro hermanos se les menciona por separado después de otros dos hermanos y una hermana, quizá porque ellos tienen una madre distinta o nacieron después del regreso de Zorobabel tras el exilio. (2) Hijo de Simea y padre de Asaf (1 Crónicas 6:39; 15:17). (3) Hijo de Asa, un levita (1 Crónicas 9:16). (4) Portero que cuidó el arca del pacto (1 Crónicas 15:23). Puede que se trate del mismo Berequías que está en 1 Crónicas 6:39; 15:17 o en 9:16. (5) Hijo de Mesilemot, un efraimita (2 Crónicas 28:12). (6) Hijo de Mesezabel y padre de Mesulán que ayudó a reparar el muro de Jerusalén bajo el liderazgo de Nehemías (Nehemías 3:4, 30; 6:18). (7) Hijo de Iddo y padre del profeta Zacarías (Zacarías 1:1, 7; Mateo 23:35).

BERÍ Hijo de Zofa que es nombrado en la narración de la genealogía de Aser (1 Crónicas 7:36). Dado que aparece solamente una vez en el Antiguo Testamento, él no es el epónimo de los beriaítas, que provienen de las misma tribu, pero que son descendientes de Beriá (Números 26:44).

BERIÁ (1) Cuarto hijo de Aser (Génesis 46:17) y el padre de Héber y Malquiel (1 Crónicas 7:30-31). Él se marchó de Canaán y fue a Egipto con su padre y el resto de la familia de Jacob. Él es el ancestro de los beriaítas (Números 26:44). (2) Hijo de Efraín, cuyo nombre "Beriá" proviene de la tragedia (ra'ah) que aconteció en su familia cuando dos de sus hijos fueron asesinados por los hombres de Gath (1 Crónicas 7:23). (3) Benjamita que fue hijo de Elpal (1 Crónicas 8:13). (4) Levita que fue hijo de Simí (1 Crónicas 23:10). Él y su hermano Jeús fueron considerados como una familia con una responsabilidad porque ellos no tenían muchos hijos (1 Crónicas 23:11).

BERIAÍTAS Descendientes de Beriá, el cuarto hijo de Aser. Él aparece en las tres narraciones de la genealogía de Aser (Génesis 46:17-18; Números 26:44-47; 1 Crónicas 7:30-40).

BERIT *Ver* Baal-Berit.

BERITES *Ver* Bicritas.

BERNABÉ Nombre dado por los apóstoles a José, un levita de Chipre, compañero misionero de Pablo y primo de Juan Marcos (Hechos 4:36).

Lucas interpreta el nombre "Bernabé" como (en arameo) "hijo de consolación", aunque se debate su etimología. Bernabé fue conocido en la iglesia temprana por su generosidad y espíritu de reconcilio.

BERNABÉ aparece primero en el libro de Hechos como un modelo de generosidad para la iglesia de Jerusalén cuando él vende una pieza de una propiedad para apoyar al pobre en la iglesia (4:36-37). Su ejemplo hace un contraste brusco con Ananías y Safira, que son juzgados por Dios por mentirles al Espíritu Santo respecto a su propio regalo para la iglesia. Bernabé aparece luego como un miembro de la iglesia de Jerusalén lo suficientemente valiente como para traer a Saulo, el antiguo perseguidor, ante los líderes de la iglesia de Jerusalén (9:26-27). Posteriormente, cuando los informes sobre la conversión de los gentiles en Antioquía llegaron a Jerusalén, Bernabé fue enviado a Antioquía para supervisar el trabajo allí. Bernabé fue a Tarso y trajo consigo a Saulo hasta Antioquía (11:22-26). Ahí ellos ministraron juntos, a tal punto que entregaron consuelo por la hambruna a Jerusalén (11:30).

La iglesia en Antioquía recibió una revelación del Espíritu Santo para enviar a Bernabé y a Saulo en su primer compromiso y viaje misionero (Hechos 13:2). Acompañado por el primo de Bernabé, Juan Marcos, viajaron a la isla y hogar de Bernabé en Chipre y luego a la provincia romana de Galacia. Marcos desertó del grupo en Perga y regresó a Jerusalén, pero Pablo y Bernabé establecieron iglesias en Antioquía de Pisidia, Iconio, Lystra y Derbe (Hechos 13-14). Después de regresar a Antioquía, Bernabé acompañó a Pablo al ayuntamiento de Jerusalén para establecer la controversia judaizante respecto a que si los gentiles debían mantener la ley y ser circuncidados para ser salvos (Hechos 15). Al regresar a Antioquía, Pablo sugirió el regreso de las iglesias en Galacia. Bernabé propuso llevar a Juan Marcos, pero Pablo se rehusó, por lo que el siguiente conflicto significó la partida de Pablo hacia Galacia con Silas y Bernabé se llevó a Juan Marcos a Chipre (Hechos 15:36-41). Esta es la última vez en la que se menciona a Bernabé en Hechos.

Pablo menciona a Bernabé cinco veces en sus cartas (1 Corintios 9:6; Gálatas 2:1, 9, 13; Colosenses 4:10). Él se refiere a Marcos como el primo de Bernabé (Colosenses 4:10), habla sobre la visita y la hambruna en Jerusalén (Gálatas 2:1, 9) y narra un episodio de aparente hipocresía cuando Bernabé se retiró de la comunión en la mesa de los gentiles bajo la presión de los cristianos judíos (Gálatas 2:13).

En las escrituras posteriores de la iglesia se le atribuyen tradiciones adicionales a Bernabé. Clemente de Alejandría afirmó que Bernabé fue uno de los setenta enviados por Jesús en Lucas 10 y también lo identifica como el autor de la Epístola de Bernabé. Tertuliano dijo que Bernabé le escribió a los Hebreos, y que en el siglo V o VI los Hechos de Bernabé describen su último ministerio y martirio en Chipre. Ninguna de estas últimas tradiciones tiene suficiente evidencia como para confirmar su historicidad.

BERODACH-BALADA *Ver* Merodac-Baladán.

BEROEA *Ver* Berea.

BEROT Una de las cuatro ciudades (junto con Gabaón, Cafira, Quiriat Yearín) donde engañaron a Josué para hacer un pacto con Israel para que no fuera destruida (Josué 9:17). Cuando salió a la luz que se trataba de una traición, a los habitantes les permitieron vivir, pero fueron obligados a convertirse en los sirvientes de los israelitas (9:26-27). Posteriormente fue parte del territorio de Benjamín (Josué 18:25; 2 Samuel 4:2-3). Is-boset fue asesinado por dos berotitas, Recab y Baná (2 Samuel 4:2-9), posiblemente por la represalia respecto a la persecución de Saúl por parte de los berotitas (2 Samuel 4:3).

Najaray el escudero de Joab también era oriundo de Berot y fue uno de los treinta hombres poderosos de David (2 Samuel 23:37). Muchos hombres regresaron a Berot tras el exilio, lo que indica que los habitantes se integraron a la población de Israel (Esdras 2:25; Nehemías 7:29). La ubicación de Berot está en disputa por la confusión en la onomástica de Eusebio. Muchos eruditos proponen que la ubicación de Berot está en el-Bireh, al este de Ramala.

B

BEROTÁ Lugar ubicado en la frontera del norte de Israel que aparece en la descripción de Ezequiel sobre la tierra futura (Ezequiel 47:16). Berotá es probable que sea la misma que Berotay, una ciudad de Hadadezer que David saqueó (2 Samuel 8:8). Es posible que se le asocie con Bereitan, moderna Brital en Líbano.

BEROTAY Ciudad en el reino de Sobá de la que David tomó una gran cantidad de bronce (2 Samuel 8:8). Sin embargo, el pasaje paralelo en 1 Crónicas 18:8 identifica a esta ciudad como Cun, que está a unas siete millas al norte de Berotay. Es posible que esta ciudad esté ubicada en el moderno sector de Bereitan en Líbano. Berotay es muy idéntica a Berotá que se menciona en Ezequiel 47:16, una ciudad ubicada entre Damasco y Jamat como la frontera norte de la restaurada Israel en la visión de Ezequiel.

BEROTITA *Ver* Beerotita.

BERSEBA Ciudad ubicada en el Néguev bíblico que fue importante para los patriarcas y que continuó siendo como la reconocida frontera al sur de la entidad política de Israel. El Néguev bíblico tiene la forma parecida a la de un corbatín y en el centro se encuentra Berseba. Dado que en el Néguev llueve entre ocho a doce pulgadas por año, el agua se convierte en un asunto crítico.

Berseba *(en hebreo be'er sheba')* significa tanto "pozo de los siete" como "pozo del juramento". Los encuentros entre Abraham y los líderes filisteos Abimélec y Ficol tenían que ver con los derechos sobre el agua (Génesis 21:22-32). Cuando los sirvientes de Abimélec se apoderaron de un pozo que Abraham había cavado, él, para demostrar que su propia afirmación respecto al pozo era válida, ofreció siete corderos a Abimélec, y los dos hicieron un trato. La narrativa incorpora ambos significados de *sheba'*. Aunque Abraham era una persona de formidable presencia en la región, era evidente que las tierras estaban bajo control filisteo en esos tiempos (Génesis 21:33-34). Abraham permaneció allí por mucho tiempo, y regresó a Berseba tras la prueba en el monte Moriá (Génesis 22:19). Estos mismos elementos y nombres se repiten en las interacciones entre Isaac y los líderes filisteos (Génesis 26:12-33). Isaac creció para convertirse en un hombre extremadamente rico, por lo que los filisteos taparon los pozos que se habían cavado en los tiempos de Abraham. Abimélec exhortó a Isaac para que se alejara, cosa que él hizo, pero continuaron las tensiones en cuanto a los derechos sobre el agua. Finalmente, Isaac fue a Berseba, donde Dios le reafirmó el pacto con Abraham, y, como si fuera el reflejo de otro evento, él y Abimélec ratificaron su tratado, concretado con un juramento y la excavación de otro pozo.

Berseba continuó siendo un centro para los patriarcas semi nómades. Isaac vivió allí con su familia. Después de que Jacob ataviara ante Esaú la bendición de Isaac, Jacob se marchó de Berseba y se dirigió a Harrán (Génesis 28:10). Cerca de morir, cuando él partió a Egipto para reunirse con José, Jacob se detuvo en Berseba para ofrecer sacrificios a Dios (46:1-5). Mucho después, mientras Elías huía de Jezabel y se las arregló para regresar a Horeb, el origen del pacto, él se detuvo en Berseba (1 Reyes 19:1-8).

Berseba figuraba dentro de la herencia de dos tribus. Estaba en la lista de las ciudades más al sur en Judá (Josué 15:28),

Fotografía aérea de las excavaciones en la antigua Berseba.

pero la herencia de Simeón dentro de la adjudicación de Judá incluía a Berseba (19:2), y los descendientes de Simeón vivieron en Berseba (1 Crónicas 4:28). Desde el período de los jueces hasta el fin de la monarquía unida, el uso de la expresión "desde Dan a Berseba" indicaba la extensión de norte a sur de Israel (por ejemplo, Jueces 20:1; 1 Samuel 3:23; 2 Samuel 3:10). Después de la secesión y deceso del reino del norte, Berseba aún señalaba la frontera del sur (por ejemplo, 2 Crónicas 19:4; 30:5). En el período posterior al exilio la gente de Judá habitó parte del territorio de Berseba hasta el Valle de Hinón (Nehemías 11:27-30).

Según 2 Reyes 23:8, Josías "profanó los lugares altos, desde Geba hasta Berseba. Él derribó las puertas de Josué, el gobernador de la ciudad, que se encontraba a la izquierda de la entrada de la ciudad". El sector de Tel Sheva (identificado como la antigua Berseba) tiene una estructura justo adentro y hacia la izquierda de la puerta de la Edad del Hierro, donde los escalones señalan una segunda historia y que se trata muy posiblemente de la casa del gobernador. De igual importancia fue el descubrimiento de tres bloques de piedra de un altar enastado, que se encontró como de uso secundario en la pared de un almacén. El cuerno del cuarto bloque estaba roto. Estos al parecer fueron removidos del sótano de una casa, de una construcción que había sido destruida quizás en la reforma de Ezequías y en la purga de la tierra (2 Reyes 18; 2 Crónicas 31).

BESAY Mencionado en la lista de Esdras 2:49; Nehemías 7:52 como un ancestro de los sirvientes del templo (Netinim) que regresó a Jerusalén tras el cautiverio en Babilonia que fue liderado por Zorobabel (en el año 539 a.C. o pronto posteriormente). El hecho de que muchos de los nombres en la lista sean extranjeros ha llevado a la creencia de que originalmente eran prisioneros de guerra que estuvieron obligados a servir y a realizar tareas de ínfima importancia mientras asistían a los levitas.

BESER (1) Una ciudad de la tribu de Rubén al este del Jordán designada como una ciudad de refugio (Dt. 4:43; Jos. 20:8) y una ciudad levítica (Jos. 2:8). 21:36; 1 Cr. 6:78). La Estela de Mesha (línea 27) menciona a Beser como una ciudad reconstruida a partir de ruinas por el rey Mesha de Moab. (2) Hijo de Zofá, descendiente de Aser (1 Cr. 7:37). (3) La lectura de la NIV en 2 P. 2:15 para el nombre del padre de Balaam. Otras versiones leen "Beor" (ESV, NASB, RVR), siguiendo en el AT, o "Bosor" (KJV, NRSV; ver NIV mg., versiones en inglés), que es una transliteración del griego.

BESO Si bien besarse es frecuentemente un signo de una relación pasional, especialmente en Cantar de los Cantares (1:2; 8:1), en la Biblia los besos generalmente son un símbolo de respeto o amistad. Pablo consideraba los besos como un importante signo de amor entre los creyentes, y les ordenó a que se saludaran con un "beso santo" (Rom. 16:16, 1 Cor. 16:20). Pedro también instruye a los lectores a saludarse con "un beso de amor" (1 Ped. 5:14). Besarse en estos contextos era muy similar a la práctica contemporánea de dar la mano. En el AT los besos se usaban a menudo como un signo de bendición, como cuando Labán besó a sus nietos (Gn. 31:28, 55), y Jacob en su lecho de muerte besó a sus hijos (Gn. 48:10). Lc. 7:36-50 registra el acto de una mujer pecaminosa ungiendo los pies de Jesús con perfume y besando sus pies en señal de humilde devoción hacia él. Besarse también podría ser un signo de homenaje a un ídolo (Oseas 13:2). Probablemente el beso más famoso de la Biblia es el beso de Judas a Jesús para identificarlo ante aquellos que fueron a arrestarlo (Mt. 26:49, Mr. 14:44, Lc. 22:47-48). Por lo tanto, la frase "beso de Judas" se ha convertido en una expresión que indica traición.

BESODÍAS Padre de Mesulán, que ayudó en la obra de Nehemías para reconstruir el muro de Jerusalén al reparar la puerta de Jesaná junto a Joyadá (Nehemías 3:6).

BESTIA Animal que se menciona tanto en el Antiguo Testamento como en el Nuevo Testamento (Génesis 1:24), que por lo general se diferencia de los peces, las aves y los insectos (Deuteronomio 4:17-18), donde también se incluyen a los animales domésticos (Números

31:47) y a los salvajes (Génesis 37:20; Marcos 1:13). Pablo usa la palabra "bestia" de manera peyorativa para las personas (Tito 1:12 KJV, ESV). El uso figurativo de "bestia" aparece de una manera más prominente en Daniel y en Apocalipsis (en el Nuevo Testamento la mayoría de los casos sobre "bestia" aparecen en Apocalipsis). En estas situaciones "bestia(s)" personifica a los reinos/reyes malignos que se oponen a Dios y a su pueblo. Se ha sugerido que la "bestia" de Apocalipsis 13 representa a Nerón/Roma, a cualquier gobernador político/religioso en la historia, al papa/papado o al anticristo, que es la materialización del reino/rey final que persigue al pueblo de Dios.

BESTIALIDAD Se menciona cuatro veces en la Biblia. La bestialidad se refiere a los actos sexuales realizados con animales (Éxodo 22:19; Levítico 18:23; 20:15-16; Deuteronomio 27:21). La bestialidad invierte el orden creado al mezclar a los portadores de imagen con animales (Génesis 1:27-28) y es condenado como "perversión". Las naciones purgadas de Canaán fueron culpables de realizar estas abominaciones (Levítico 20:23).

BESTIAS QUE SE ARRASTRAN *Ver* Insectos; Reptiles.

BETÁBARA En Juan 1:28 muchos manuscritos nombran a Betábara como el lugar donde Juan estuvo bautizando (así como también aparece en la KJV). Sin embargo, la lectura más antigua y que es extensamente avalada señala que se trata de Betania. El mapa de Madaba del siglo VI d.C. corrobora la hipótesis de Betábara.

BET-AFRÁ Esta ciudad se menciona solo una vez en la Biblia, en el lamento de Miqueas (1:10). Su ubicación exacta es desconocida, pero todas las ciudades identificables en estos lamentos se agruparon en el Sefelá, una región fronteriza de colinas al suroeste de Jerusalén. El nombre "Bet-Afrá" (NRSV: "Beth-leaphrah"; KJV: "house of Aprah" [casa de Afrá], *(estás son versiones de la Biblia en inglés) significa "casa del polvo", por lo que el mandato de Miqueas a sus habitantes de "revuélcate en el polvo" implica un juego de palabras.

BETAJ *Ver* Tébaj.

BET ANAT Ciudad asignada a la tribu de Neftalí después de la conquista de Josué de la tierra prometida (Josué 19:38). Los habitantes de Bet Anat no fueron ahuyentados con la llegada de Israel, pero en los tiempos de los jueces tuvieron que hacer trabajos forzados (Jueces 1:33).

BETANIA **(1)** Villa que estaba a unas dos millas al este de Jerusalén en la ruta hacia Jericó (Juan 11:18). En Mateo se menciona dos veces (21:17; 26:6), en Marcos cuatro (11:1, 11, 12; 14:3), en Lucas dos (19:29; 24:50) y en Juan tres veces (11:1, 18; 12:1). A Betania se le identifica como un lugar en el que Jesús se hospedó varias veces, principalmente porque sus amigos Lázaro, María y Marta vivieron allí (Juan 11:1; 12:1). Fue aquí donde Jesús levantó a Lázaro de la muerte y cenó en la casa de Simón el leproso. La casa de Simón en Betania fue el lugar en el que María ungió el cuerpo de Jesús antes de su muerte y resurrección (Mateo 26:6-13; Juan 12:1-2). **(2)** Juan el Bautista ministró en un lugar llamado "Betania" más allá/cruzando el Jordán (Juan 1:28). Fue aquí en el lado este del Jordán donde Jesús nombró a sus primeros discípulos (Juan 1:35-42). A la ciudad moderna de El-Aziriyeh se le asocia tradicionalmente con la Betania del siglo I. *Ver también* Betábara.

BET ANOT Ciudad asignada a la tribu de Judá después de la conquista de Josué de la tierra prometida. Estaba ubicada a unas tres millas al norte/ noreste de Hebrón (Josué 15:59).

BET ARABÁ Villa ubicada en el desierto de Judá en la frontera con Benjamín a unas cinco millas al norte/noroeste del Mar Muerto (Josué 15:6, 61; 18:18, 22).

BET-ARAM Una ciudad (o posiblemente un valle) en la región de Gad y ubicada al este del Jordán (Jos. 13:27). El lugar es idéntico a Bet-Arán, una ciudad fortificada tomada durante la conquista de la tierra prometida (Nm. 32:36).

BET-ARÁN *Ver* Bet-Aram.

BET ARBEL Aparece solamente una vez en la Biblia. Esta ciudad fue la imagen del terrible juicio cuando "las madres fueron destrozadas junto con sus hijos" (Oseas 10:14). No se puede identificar con certeza esta ciudad, pero la gran mayoría de los eruditos la asocian con la ciudad de Arbela en Transjordania (moderna Irbid).

BET ASBEA Hogar de los trabajadores de lino que descendieron de la tribu de Judá. Probablemente está ubicada en la región de Maresá (1 Crónicas 4:21).

BET AVÉN Bet Avén aparece por primera vez en el Antiguo Testamento en el libro de Josué. Es ahí donde se establece que la ubicación de Bet Avén está próxima a Hai y Betel (7:2). El desierto de Bet Avén también fue un marcador de límite para la tribu de Benjamín (18:12). Este lugar, cuyo nombre se traduce como "casa de los malvados" o "casa de la iniquidad", es mencionado tres veces por el profeta Oseas del siglo VIII a.C. (4:15; 5:8; 10:5). En aquellos tiempos, el término "Bet Avén" se había convertido en un epíteto despectivo que se usaba para referirse al santuario pagano construido en Betel. Oseas señaló que por su idolatría y rebelión contra Dios, Betel ("la casa de Dios") se convirtió en Bet Avén ("la casa de la maldad/iniquidad").

BET AZMÁVET Villa al norte de Jerusalén que aparece dos veces en el Antiguo Testamento. La ubicación se menciona en conexión con los retornados del exilio durante los tiempos de Nehemías (Nehemías 7:28). La villa fue construida por cantantes que sirvieron en la dedicación de la reconstrucción del muro (12:29).

BET BAAL MEGÓN Ciudad en la parte norte de Moab (Josué 13:17). También aparece como Baal-meón (Números 32:38; 1 Crónicas 5:8; Ezequiel 25:9) y Bet Meón (Jeremías 48:23). Los nombres Baal-meón y Bet Baal Megón también se encuentran en la Piedra moabita del siglo IX a.C. (líneas 9, 30).

BET-BARA Un lugar ubicado cerca al Río Jordán en donde Josué dirigió a los hombres de Efraín para capturar a los madianitas que huían (Jue. 7:24). Aunque algunos sugieren que podría estar al oeste del Río Jordán por los alrededores de Wadi Farah, su ubicación exacta es incierta.

BET-BIRAI Los descendientes de la tribu de Simeón vivían en esta ciudad antes que David fuera coronado rey de Israel (1 Cr. 4:31). La ciudad moderna de Jebel el-Biri puede que se ubicara en el mismo lugar que la antigua ciudad de Bet Birai.

BET-CAR Una ciudad en los límites de la tribu de Benjamín mencionada en 1 Samuel 7:11 en relación con la derrota israelita contra los filisteos en Mizpa. Se le atribuyó la victoria esencialmente a Yahveh, quien creó la confusión en el campo filisteo (1 S. 7:10).

BET-DAGÓN **(1)** Una ciudad ubicada en la tierra de Judá (Jos. 15:41). El nombre significa "casa/templo de Dagón" y es una referencia a Dagón, el dios de los filisteos (Jue. 16:23; 1 S. 5:2-7). **(2)** Una ciudad en la frontera sur de la tribu de Aser (Jos. 19:27), ubicada alrededor de cinco millas del sudeste de la ciudad moderna de Haifa.

BET-DIBLATAIM Jeremías menciona a Bet-Diblataim en sus profecías contra las naciones y específicamente contra Moab. Puede que Bet-Diblataim sea el mismo que Almón-Diblataim, una ciudad encontrada por los israelitas errantes de camino a la tierra prometida (Nm. 33:46-47). Si es así, Bet-Diblataim estuvo ubicada en algún lugar en el Caminos de los Reyes entre el Monte Hor y las llanuras de Moab.

BET-EDÉN Una importante ciudad-estado ubicada al noreste de Israel a orillas del Río Eufrates. Bet-Edén jugó un papel muy importante en el reino arameo. Durante el tiempo del profeta Amós del siglo VIII a.C., Bet-Edén se había recuperado de una invasión asiria anterior liderada por Salmanasar III y alcanzó la gloria. Bet-Edén está incluido en el juicio de Dios contra las naciones que están cerca de su pueblo, Israel (Am. 1:5).

BET-EQUED Una ciudad al norte del Reino de Israel. La ciudad estuvo ubicada entre Jezreel y la capital Samaria. Fue en Bet-Equed que Jehú asesinó a cuarenta y dos familiares de Ocozías Rey de Judá (2 R. 10:12-14). Las dos ciudades modernas que pueden estar ubicadas en las antiguas ruinas de Bet-Equed son Beit Qad y Kufr Ro'i.

BET-EL Se cree que el pueblo de Bet-el pueda identificarse con la ciudad moderna de Beitin, a 10.5 millas al norte de Jerusalén. Su ubicación es descrita y señalada en Gn. 12:8; Jue. 21:19. La situación e importancia de Bet-el se demuestran por sus abundantes manantiales y su ubicación en la intersección de los principales y antiguos caminos, el camino del monte norte-sur y el camino este-oeste de Jericó hacia la llanura costera. De los patriarcas a los jueces. La primera vez que se menciona Bet-el en la Biblia es en Gn. 12:8, en donde Abram acampó en "el este de Bet-el" en su primera entrada a la tierra prometida. Acampó ahí en su regreso de una estancia en Egipto (13:3), En la primera ocasión, Abram edificó "un altar a Jehová". Cuando Abram regresó a ese lugar, "invocó el nombre de Jehová".

Fue Jacob quien le dio el nombre de "Bet-el" que significa "casa de Dios", debido al sueño que recibió en ese lugar. En el sueño, vio una escalera que llegaba al cielo y Dios le habló (28:10-19). Su nombre anterior fue Luz. Después Dios se apareció en Mesopotamia y habló a Jacob, identificándose como "el Dios de Bet-el", indicándole que regrese a su tierra de nacimiento. El título tomado por Dios implicaba que Dios sería fiel a su promesa anterior de traer a Jacob de regreso a su tierra (31:13). Después Dios específicamente le indicó a Jacob se quedará en Bet-el (35:1-6). Deborah, ama de Rebeca, murió en Bet-el y fue sepultada allí (35:8). Dios se le apareció a Jacob por segunda vez en Bet-el y le habló reiterándole la promesa de darle la tierra de Canaán (35:9; cf. 28:13). Todos los pactos de Dios con Jacob están relacionados a las teofanías y las promesas divinas asociadas con Bet-el.

Se menciona a Bet-el varias veces en el relato de la conquista de Hai que realizó Josué, una ciudad que estaba al este de Bet-el (Jos. 7). Se enumera al Rey de Bet-el entre los reyes que fueron derrotados por Josué (12:6). Bajo la dirección de Josué, la ciudad fue asignada a Benjamín (18:13, 22), pero el cananeo volvió a poblarla después de la cercana extinción de la tribu de Benjamín (Jue. 20-21). Bet-el fue reconquistada por la casa de José e incorporada al territorio de Efraín (Jue. 1:22-25; 1Cr. 7:28), después se convirtió en una fortaleza en la frontera de la tribu al sur. Débora hacía juicios entre Ramá y Bet-el (Jue. 4:5). En el tiempo que juzgaba Samuel, Bet-el fue una de sus paradas habituales en su recorrido anual. Durante todo período continuó siendo un santuario donde se hacían ofrendas (*ver* 1 S. 10:3).

De la monarquía al exilio. Esta organización de culto a largo plazo explica la elección de Bet-el como uno de los dos santuarios principales del reino del norte, el otro se encontraba en Dan. Jeroboam I construyó un templo real en Bet-el para competir con Jerusalén y para prevenir que los israelitas volvieran a la dinastía de David (1 R. 12:26-33). La reprensión del profeta Ahías a las acciones de Jeroboam no se debió a la determinación de un santuario central en Jerusalén (14:1-16) sino que surgió por el uso de imágenes de animales (becerros de oro). Esto no fue un movimiento inocente de Jeroboam que regresó a Israel a Jerusalén y a los símbolos de culto más antiguos. No es adecuado ver de manera simple a los becerros de Jeroboam como un "pedestal" sobre el cual se creía que el Señor estaba en su trono (como lo aceptó W. F. Albright), ya que se establece un vínculo específico con el becerro de oro usado para la idolatría establecido por Arón en el desierto: "He aquí tus dioses, oh Israel, los cuales te hicieron subir de la tierra de Egipto" (1 R. 12:28 [cf. Éx. 32:8]). Esto fue conocido como el pecado central de Jeroboam hijo de Nabat que hizo pecar al reino del norte (*ver* 2 R. 10:29) y por último, llevó a ese reino al juicio de Dios a manos de los asirios (2 R. 17:21-23).

El rey del sur Abías capturó a Bet-el de Israel en la última parte del reinado de Jeroboam (2 Cr. 13:19), pero después regresó al dominio del norte. El "varón de Dios" no nombrado en 1 Reyes 13, predijo la destrucción posterior del altar de Bet-el por el Rey Josías (1 R. 13:1-3), una predicción que se cumplió después (2 R. 23:4, 15-18). Bet-el fue visitada por Elías antes de su traslado al cielo (2 R. 2:2-4), y un grupo de profetas moraba allí. Eliseo volvió a visitar a Bet-el después de que se llevaran a su maestro y maldijo a los cuarenta y dos jóvenes que lo insultaron (2 R. 2:23-25).

Oseas condenó la gran maldad de Bet-el, supuestamente por la falsa adoración que sucedió allí (Os. 10:15), pero de una forma más positiva, recordó que era el lugar en donde Dios había hablado con el patriarca Jacob (12:4). Jeremías también explicó el triste destino de Israel por poner su confianza en Bet-el (Jer. 48:13). Amós, en su condena al sistema de adoración del reino del norte, les dijo de forma irónica al pueblo, "Id a Bet-el, y prevaricad" (Amós 4:4). Después, dejó la ironía y habló con claridad: "No busquéis a Bet-el" (5:5), prediciendo su destrucción (5:6; cf. 3:14). Fue en Bet-el en donde el sacerdote Amasías criticó a Amós (7:10-17) y le dijo que no profetizara más ahí porque era "el santuario del rey".

Del exilio al periodo romano. Los asirios destruyeron la ciudad en la época de su captura de Samaria (722 a.C.), pero el santuario fue revivido en forma de culto sincrético al final del periodo asirio por pueblos extranjeros deportados a la zona (2 R. 17:24-41). Algunos de los descendientes de los pobladores de Bet-el estaban entre los que regresaron del exilio de Babilonia en la primera gran deportación (Esd. 2:28; Neh. 7:32), y estos repatriados de la tribu de Benjamín se volvieron a asentar en su ciudad natal (Neh. 11:31). Betel prosperó en los períodos helenístico y romano.

BETELITA Un ciudadano de Bet-el. Solo Hiel que reconstruyó Jericó en el tiempo de Acab, es llamado betelita (1 R. 16:34 KJV, NET, *(este gentilicio solo se encuentra en las versiones en inglés antes mencionadas).

BET-EL SAREZER *Ver* Sarezer.

BET-EMEC Una de las ciudades asignadas a la tribu de Aser, solo se menciona en Jos. 19:27. Puede ser identificada con Tel Minas, ubicada a unas siete millas al noreste de Acre en donde la Alta Galilea desciende a la costa mediterránea.

BETEN Ciudad en la porción sur de la adjudicación tribal para Aser bajo el mando de Josué (Josué 19:25). Es posible que se le identifique con la moderna Abtun, en las inmediaciones del monte Carmelo.

BETER Una palabra hebrea en Cantares 2: que es un nombre propio (RVR, NASB: "montes de Beter") o un adjetivo (por ejemplo, NVI: "colinas escarpadas", NRSV: "cleft mountains" [montañas hendidas])

BETESDA Un estanque en Jerusalén en donde Jesús sanó a un hombre que había estado enfermo por treinta y ocho

Excavaciones en el sitio que es probable que fuera el estanque de Betesda.

años (Jn. 5:2). Otros nombres para el estanque incluyen "Betzatá" y "Betsaida", que aparecen en muchos manuscritos. Eusebio también la denomina la "piscina de las ovejas". El nombre significa "casa de misericordia" y el estanque es asociado con la pureza de la oveja para los sacrificios del templo. Algunos manuscritos de Juan 5 reportan que un ángel agitaba el estanque, lo que permitía que se curara la primera persona que descendía en ese momento. La arqueología reveló la ubicación del estanque cerca de la iglesia Santa Ana. Es un complejo de dos estanques rodeado de cinco pórticos.

BET-ESEL Esta ciudad se menciona solo una vez en la Biblia, en el lamento de Miqueas (1:11). Su ubicación exacta es desconocida, pero la mayoría de las ciudades que se identifican en este lamento eran fortalezas de defensa en Sefelá, al suroeste de Jerusalén. El nombre se puede derivar del verbo "quitar", en cuyo caso la expresión de Miqueas de "te quitó su apoyo", hace un juego de palabras.

BETFAGÉ Un lugar cerca de Jerusalén donde Jesús envió a sus discípulos a buscar un burro para la entrada triunfal (Mt. 21:1; Mc. 11:1; Lc. 19:29). Fuentes judías posteriores creen que se trata de un suburbio de Jerusalén que estaba situado fuera de la muralla de la ciudad y rodeado por su propia muralla. Estaba situado a una milla al este de la cima del Monte de los Olivos. Las pinturas encontradas en ese lugar muestran a dos discípulos desatando un burro y un potro (Mt. 21:2). Según los arqueólogos, la ciudad fue ocupada desde el siglo II a.C. hasta el siglo VIII d.C. Muchos artículos se descubrieron en este lugar, incluyendo grafitis que representan una cruz.

BET-GADER En 1 Crónicas 2:50-51, se identifica a Bet-Gader como hijo de Haref y nieto de Hur, de la tribu de Judá. Algunos sugieren que después Bet-Gader fue una ciudad ubicada al sur de Jerusalén, en los alrededores de Belén.

BET-GAMUL Una ciudad moabita nombrada junto con Quiriataim y Bet-Meón en las profecías de Jeremías contra las naciones (Jer. 48:23). Su ubicación es incierta, aunque se sugirió como una posible ubicación la actual Kirbet el-Jemeil.

BET-GILGAL Solo aparece una vez en el AT, esta ciudad está conectada con los repatriados del exilio durante el tiempo de Nehemías. El pueblo, ubicado en la llanura al este de Jericó, fue construido por cantores que servían en la dedicación de la reedificación del muro de Jerusalén (Neh. 12:29).

BET-HAGÁN Este lugar, cuyo nombre significa "casa del huerto", es donde Jehú rey de Israel hirió de muerte a Ocozías rey de Judá (2 R. 9:27). Luego, Ocozías moriría en Meguido. Dado que su ubicación debe estar en algún lugar entre Jezreel hacia Samaria y Jerusalén, los eruditos sugieren que la actual Yenín debe estar conectada con el antiguo Bet-Hagán.

BET-HAQUEREM Esta ciudad, cuyo nombre significa "casa de la viña", aparece en el libro de Jeremías cuando el profeta advierte al reino del sur de Judá de una inminente y horrible invasión del norte. Bet-Haquerem se menciona junto a Jerusalén, Tecoa y la tribu de Benjamín. El teólogo del siglo IV, Jerónimo, sugirió que la ciudad se podía ver desde Belén. En el libro de Nehemías, Bet-Haquerem es uno de los distritos de Judá postexílico (3:14). En ese tiempo, Malquías hijo de Recab gobernaba el distrito.

BET-HOGLA Una ciudad ubicada entre Jericó y el Río Jordán, mencionada debido a que se esbozan los territorios de las tribus de Judá y Benjamín (Jos. 15:6; 18:19; 21). Hoy la asocian con la actual Deir Hajlah.

BET-HORÓN Una ciudad asignada por Josué a los levitas (Jos. 21:22). La ciudad fue dividida en dos partes, Bet-Horón de Abajo y Bet-Horón de Arriba. La ciudad gemela de Bet-Horón, que se menciona primero en Josué 10:10-11, está ubicada en los montes de Judá en el valle de Ayalón. Durante la conquista israelita de la tierra, mataron a muchos amorreos en Gabaón y otros fueron perseguidos hasta Bet-Horón. En la distribución de la tierra, Bet-Horón de Abajo fue asignado a Efraín, mientras que Bet-Horón de Arriba estuvo en el límite entre

Efraín y Benjamín (16:3-5; 18:13-14). Durante el reinado de Salomón, Bet-Horón fue reconstruido después de ser quemado por los egipcios durante una de sus excursiones en el norte (1 R. 9:15-17).

El cronista revela que la ciudad fue construida por Seera, nieta de Efraín (1 Cr.7:24). Bet-Horón de Arriba y de Abajo son descritas como "ciudades fortificadas, con muros, puertas y barras" (2 Cr. 8:5). La última mención de Bet-Horón se hace en conjunto con algunas tropas israelitas que mataron a tres mil judíos desde Samaria hasta Bet-Horón (2 Cr. 25:13). La actual Beit 'Ur el-Foqa ha sido identificada con la antigua Bet-Horón de Arriba, mientras que la antigua Bet-Horón de Abajo fue identificada con la actual Beit 'Ur et-Tata.

BET-JANÁN *Ver* Elon-Bet-Hanán.

BET-JESIMOT Una ubicación geográfica que se menciona cuatro veces en el AT. Es una de las ciudades en Moab en donde los israelitas acampaban mientras se preparaban para entrar a Canaán (Nm. 33:49). Se enumera entre los territorios tomados de Sehón por los israelitas (Jos. 12:2-3) y como una de las ciudades dadas a la tribu de Rubén por Moisés (Jos. 13:20). En la profecía de Ezequiel contra Moab, se menciona como una las ciudades fronterizas que será la primera en ser destruida (Ez. 25:9).

BETH-KAR *Ver* Bet-Car.

BET-LEBAOT Esta ciudad se menciona por primera vez en el libro de Josué en su forma abreviada, Lebaot. Josué 15:32 identifica a Lebaot como parte de la tribu de Judá, mientras que en el 19:6 tiene a Bet-Lebaot como una de las ciudades que pertenecen a la tribu de Simeón. Esto probablemente se deba a un error tipográfico, la ciudad aparece como Bet-Birai en una genealogía de Simeón (1 Cr. 4:31).

BETLEMITA *Ver* Belén.

BET-MAACA Una ciudad en el norte de Israel llamada "Abel-Bet-Maaca". Situada a diecisiete millas aproximadamente al norte de Hazor y a cuatro millas al oeste de Dan, en el moderno Tell Abel el-Qamh, (Abel) Bet-Maaca se hallaba en un importante cruce de caminos, justo en el camino de los invasores del norte. Tanto los arameos (1 R. 15:20) como los asirios (2 R. 15:29) destruyeron la ciudad cuando entraron por primera vez en Israel. *Ver también* Abel-Bet-Maaca.

BETH MAAKAH *Ver* Bet-Maaca.

BETH MARCABOTH *Ver* Bet-Marcabot

BET-MARCABOT Uno de los lugares heredados por la tribu de Simeón dentro del territorio de Judá (Jos. 19:5). Fue ocupado por Simei y sus descendientes hasta el reinado del rey David (1 Cr. 4:31).

BET-MEÓN Una ciudad moabita (Jer. 48:23) también conocida como Baal-Meón (Nm. 32:38; 1 Cr. 5:8; Ez. 25:9), Bet-Baal-Meón (Jos. 13:17), y Beón (Nm. 32:3). La Estela de Mesha (Piedra Moabita) (línea 9) reporta que fue reconstruida por un rey moabita, Mesha, quien también construyó un depósito en ella.

BET-MILO Probablemente un palacio o una fortaleza. Si "Milo" significa "llenar", como sugiere su etimología hebrea, puede referirse a los cimientos de una estructura prominente en la ciudad alta. La Bet-Milo de Siquem es mencionada en relación con los "ciudadanos de Siquem" que coronaron a Abimelec como rey (Jue. 9:6, 20). La Bet-Milo de Jerusalén (2 R. 12:20) puede ser identificada con una estructura de piedra en el lado este de la ciudad de David.

BET-NIMRA Una de las ciudades construidas por la tribu de Gad en la tierra que Moisés les dio después de derrotar a los amorreos (Nm. 32:3, 36; Jos. 13:27). Se encuentra al este del Valle del Jordán, y su nombre está presente en Tell Nimrim. Se le puede asociar con las "aguas de Nimrim" (Is. 15:6; Jer. 48:34).

BET-PALET *Ver* Bet-Pelet.

BET-PATSES Una ciudad que se encuentra dentro del territorio asignado a la tribu de Isacar (Jos. 19:21). Basándose en las ciudades que figuran en la lista, la ciudad probablemente

B

estaba situada al este del Monte Tabor, pero no se puede determinar la ubicación exacta.

BET-PELET Un pueblo del sur de Judea ubicado cerca del límite de Edom (Jos. 15:21, 27). Fue una de las ciudades que volvieron a ocupar los judíos después de su regreso del exilio (Neh. 11:26). Una ubicación propuesta es al norte de Beerseba, pero no se puede determinar una ubicación definitiva.

BET-PEOR Una ciudad transjordana situada justo al este del extremo norte del Mar Muerto. Era parte de las posesiones del rey Sehón de los amorreos hasta la invasión israelita cuando pasaban de camino a Canaán (Dt. 4:46). Fue también del valle cerca de Bet-Peor que Moisés pronunció sus discursos en Deuteronomio. Ya en Deuteronomio 4:3, Moisés se refiere al pecado de los Israelitas en Números 25:1-9 concerniente a Baal Peor, cuyo culto estaba ciertamente localizado en Bet-Peor (es decir, "casa de Peor"). Ese incidente se hace referencia de nuevo en Os. 9:10 como el incidente que puso a Yahvé en contra de su pueblo. Moisés fue enterrado en el valle frente a Bet-Peor, aunque "hasta hoy nadie sabe dónde está su tumba" (Dt. 34:6). *Ver también* Baal Peor.

BET-PHELET *Ver* Bet-Pelet.

BET-RAFA Hijo de Estón de la tribu de Judá, mencionado solo en 1 Cr. 4:12. Ya que este es uno de los pocos casos en que aparece un nombre personal en el AT precedido por Bet ("casa, dinastía"), a veces ha sido interpretado como el nombre de un lugar (quizás en la región entre Belén y Hebrón). "Rafa" aparece en otros nombres semíticos y puede ser simplemente la forma corta de "Yahvé/Dios ha sanado".

BET-REHOB Un pueblo o distrito arameo en el camino a Hamath. Probablemente se identifica con Rehob de Números 13:21, el punto más septentrional del viaje de los espías israelitas enviados a Canaán por Moisés bajo el mandato de Dios. Se especuló que puede ser la actual Banias, a 8 millas al noreste de Dan, o Yunin, al oeste de Banias. Los de la Tribu de Dan emigraron al norte y capturaron a Laish, en el valle que forma parte del Bet-Rehob (Jue. 18:28). Los amonitas contrataron soldados sirios como mercenarios de Bet-Rehob y Zoba para pelear contra David (2 S. 10:6).

BETSABÉ Originalmente era la esposa de uno de los soldados más antiguos de David, Urías el hitita (2 Samuel 11:3), que se casó con David después de cometer adulterio, por lo que David planificó el asesinato de Urías (11:6-27). Betsabé quedó embarazada de David, pero el castigo del pecado incluía la muerte del niño (12:10). Posterior a esto, ella concibió a Salomón para David (12:24). En los últimos días de David, ella tuvo un papel en cuanto a la sucesión de Salomón (1 Reyes 1:11-27) y en el fallecimiento de Adonías (2:13-25). Ella es nombrada en la genealogía de Jesús (Mateo 1:6).

BETSAIDA Una ciudad situada en la orilla norte del Mar de Galilea, cerca al río Jordán, a unas cinco millas al este de Capernaúm, aunque la ubicación exacta es discutible. Los dos sitios más comúnmente sugeridos son el-Araj y et-Tell. La respuesta puede encontrarse en la relación entre los dos sitios. Las ruinas de et-Tell están a dos millas al norte de el-Araj. En el siglo I pueden haber estado en lados opuestos del río Jordán, el-Araj en el oeste y et-Tell en el este. Ambos eran Betsaida, pero el-Araj era el "pueblo" (Marcos 8:23) y "Betsaida en Galilea" (Juan 1:44; 12:21), y et-Tell era la polis ("ciudad").

El nombre "Betsaida" es arameo, que significa "casa de pesca" o "casa del pescador". El historiador judío Josefo registra que Herodes Felipe, hijo de Herodes el Grande, construyó la ciudad en términos de número de habitantes y grandeza y la trasladó de una aldea a una ciudad. La rebautizó con el nombre de "Julias" en honor a la hija de Augusto César (Ant. 18.2.1). Felipe fue enterrado en la ciudad después de su muerte en el año 33 d.C. (Ant. 18.4.6).

Betsaida es la tercera ciudad más mencionada en los Evangelios, y estaba en el corazón del ministerio de Jesús. Era el lugar de nacimiento de Pedro y Andrés y la casa de Felipe (Jn. 1:44; 12:21). Jesús hizo varios milagros dentro o cerca de la ciudad. Cerca de Betsaida Jesús caminó sobre el agua (Marcos 6:45-52) y alimentó a los cinco mil (6:30-44). En Betsaida, Jesús sanó a un ciego (8:22-26). Lamentablemente, los milagros no parecen haber tenido mucho efecto en los habitantes, y en Mt. 11:21 // Lc. 10:13 Jesús denuncia la ciudad junto con Corozaín por su falta de arrepentimiento.

BET-SEMES El nombre "Bet-Semes" significa "casa del sol", lo que sugiere la presencia de un templo a un dios sol en ese lugar.

(1) Una ciudad asignada a la tribu de Dan, en Jos. 19:41 se llama "Ir Semes", que significa "Ciudad de Semes". También se describe como una de las ciudades que Judá asignó a los levitas (Jos. 21:16), y como "en Judá" (2 R. 14:11).

Bet-Semes es mejor conocida por su papel en la historia de la captura filistea del arca del pacto. Después de mantener el arca con consecuencias desastrosas durante siete meses, los filisteos la devolvieron a la ciudad fronteriza de Bet-Semes. La llegada segura del arca fue una ocasión de alegría para el pueblo hasta que algunos de los residentes miraron dentro del arca y fueron derribados por Dios (1 S. 6).

Bet-Semes perteneció al segundo distrito administrativo de Salomón (1 R. 4:9) y era el lugar donde el Rey Joás de Israel se enfrentó al Rey Amasías de Judá en batalla. El victorioso Joás marchó a Jerusalén y saqueó el templo (2 R. 14:11-14; 2 Cr. 25:21-24). Durante el reinado del rey Acaz, los filisteos tomaron muchas ciudades en las tierras bajas de Judá, incluyendo Bet-Semes (2 Cr. 28:18).

Bet-Semes ha sido identificada con Tel Bet-Semes, ubicada en el noreste de Sefelá (tierra baja) de Judá, a doce millas al oeste de Jerusalén, con vista al Valle de Sorec. Las primeras excavaciones realizadas en 1911-12 por Duncan Mackenzie para el Fondo de Exploración de Palestina y en 1928-33 por Elihu Grant del Haverford College, descubrieron seis niveles de ocupación. Los hallazgos en el estrato VI consistían únicamente en fragmentos de cerámica. En el Estrato V (Edad Media de Bronce, 2200-1550 a.C.), descubrieron una enorme muralla, una casa bien conservada y varias tumbas. Los hallazgos del Estrato IV (Edad de Bronce Tardía, 1550-1200 a.C.) incluían varias estructuras, una tablilla cuneiforme ugárica, un ostrón con una inscripción protocanea y un espectacular tesoro de joyas. El estrato III (Edad de Hierro I, 1200-1000 a.C.) incluye muchas residencias, cerámica filistea bicromatada y restos de metalistería industrial. Las excavaciones en el Estrato II (Edad de Hierro II, 1000-586 a.C.) mostraron que la ciudad había sido reconstruida en un diseño concéntrico. Entre los hallazgos se incluyen los mangos de los frascos incluidos, impresiones de sellos, tumbas y evidencias de producción de aceite de oliva. En el estrato I (Helenístico a períodos medievales), los descubrimientos incluyeron cerámica, monedas, y restos arquitectónicos.

Los descubrimientos de las recientes excavaciones realizadas entre 1990 y 2000 por Shlomo Bunimovitz y Zvi Lederman para la Universidad de Tel Aviv incluyen un elaborado sistema de fortificaciones (siglos X al VII a.C.), un taller de herrería y un depósito de agua subterránea único recubierto de yeso hidráulico y con una capacidad de ochocientos metros cúbicos. Estas excavaciones confirmaron que Bet-Semes fue destruida en el año 701 a.C. por el rey asirio Senaquerib. Aunque las familias judías reubicaron la ciudad por un corto tiempo, la abandonaron cuando la entrada al embalse fue deliberadamente bloqueada con 150 toneladas de escombros por los filisteos (y/o los asirios), que querían el control del área.

(2) Una ciudad dentro del territorio de la tribu de Isacar (Jos. 19:22).

(3) Una ciudad fortificada dentro del territorio de la tribu de Neftalí (Jos. 19:38). Los israelitas no pudieron expulsar a sus habitantes cananeos, así que los usaron para que paguen tributos (Jue. 1:33).

(4) Una ciudad en Egipto también conocida como Heliópolis, mencionada en Jer. 43:13 (NRSV). Aquí la MT tiene a Bet-Semes y la LXX tiene a Heliou poleōs (Jer. 50:1 LXX), pero la NIV traduce el nombre literalmente como "el templo del sol" y coloca "Heliópolis" en un pie de página. *(Estos nombres se le dan en las versiones en inglés mencionadas).

BET-SEMITE *Ver* Bet-Semes.

BET-SHÁN Conocida como Escitópolis en tiempos de Jesús, Bet-Shán es una ciudad situada en el cruce de la llanura de Jezreel y el Valle del Jordán, al oeste del río Jordán. Este lugar estratégico, con tierras fértiles y abundante agua, domina las principales carreteras que van hacia el oeste, hacia el Mediterráneo, y hacia el norte y el sur, a través del Valle del Jordán. El nombre también designa el distrito que rodea la ciudad.

La moderna Tel-Bet-Shán (en árabe: Tell el-Husn) ha sido el sitio de tres excavaciones arqueológicas. En 1921-33 la Universidad de Pensilvania comenzó a trabajar en los en las tempranas etapas árabes y bizatinas, y más tarde alcanzó los estratos de la Edad de Bronce Media y Temprana, descubriendo que Bet-Shán sirvió como centro administrativo para Egipto durante la época de la Edad de Bronce Tardía y la Edad de Hierro I (1550-1150 a. C). Los hallazgos más significativos de esta excavación incluyeron tres estelas de basalto con inscripciones de los reinados de los gobernantes egipcios Seti I y Ramsés II y una estatua de tamaño natural de Ramsés II. Las excavaciones en Bet-Shán fueron renovadas brevemente en 1983 y con más profundidad entre 1989 y 1996 por el Instituto de Arqueología de la Universidad Hebrea de Jerusalén, con hallazgos significativos en casi todos los estratos. Los esfuerzos combinados de estas excavaciones han encontrado evidencia de ocupación continua desde el Neolítico tardío (5500-4500 a.C.) hasta los periodos de las Cruzadas y ayyubíes (1099-1291 d.C.).

Bet-Shán se menciona por primera vez en la Biblia en relación con la división de la tierra de Josué entre las doce tribus de Israel. Aunque se encontraba dentro del territorio de Isacar, fue dividido en porciones a la tribu de Manasés (Jos. 17:11) pero permaneció bajo el control de los habitantes cananeos porque poseían carros de hierro. Cuando los israelitas ganaron fuerza, pusieron a los cananeos a hacer trabajos forzados, pero no los echaron (Jos. 17:12-13, 16; Jue. 1:27).

Durante el período de la monarquía, después de que los israelitas fueran derrotados en batalla en el monte Gilboa, los filisteos ataron los cuerpos de Saúl y sus tres hijos a la pared de Bet-Shán y colocaron las armas de Saúl en el templo de Astarot. Cuando la noticia de esta atrocidad se extendió, los hombres de Jabes Galaad recuperaron los cuerpos y los enterraron (1 S. 31:7-13). David más tarde recuperó los huesos de Saúl y de los de sus hijos y los volvió a enterrar en Zela (2 S. 21:14). Aunque Bet-Shán había estado bajo el control de los filisteos durante el reinado de Saúl, se encuentra dentro de uno de los distritos administrativos de Salomón (1 R.

Tel-Bet-Shán, el lugar del antiguo Bet-Shán.

4:12). No se le menciona de nuevo en fuentes bíblicas, aunque la ciudad siguió desempeñando un papel en los acontecimientos históricos de la zona. Después de las conquistas de Alejandro Magno, los griegos se establecieron en Bet-Shán y cambiaron el nombre de la ciudad a "Escitópolis". Se convirtió en una de las ciudades designadas como pertenecientes a la Decápolis, una confederación de diez ciudades situadas principalmente al este y al sur del Mar de Galilea. Esta era la única ciudad de la Decápolis situada al oeste del río Jordán.

Escitópolis fue el sitio de algún conflicto durante la revuelta macabea (1 Mac. 5:52; 12:40-42). Los judíos retomaron el control de la zona durante el reinado del rey judío Alejandro Janneo, pero sus habitantes se salvaron de la masacre debido a la bondad mostrada hacia los judíos locales (2 Mac. 12:29-31). En el 63 a.C. el general romano Pompeyo ganó el control de la ciudad de los judíos. La ciudad continuó ocupada durante los periodos romano y bizantino y fue conquistada en el año 636 d.C. por los árabes, que la rebautizaron con el nombre de "Beisán".

BET-SHEAN *Ver* Bet-Shán.

BET-SITA El lugar donde el ejército madianita huyó después del ataque sorpresa de Gedeón y sus trescientos hombres (Jue. 7:22). Se desconoce la ubicación exacta, pero es probable que sea en algún lugar del Valle del Jordán cerca de Abel Mehola. El nombre "Bet-Sita" significa "casa del árbol de acacia".

BET SÚA **(1)** Esposa cananea de Judá hijo de Jacob, y madre de Er, Onán y Selá (1 Crónicas 2:3 NLT [NVI: "hija de Súa"]; *ver* Génesis 38:1-12). "Bet Súa" literalmente significa "hija de Súa" (*ver* Génesis 38:2) y se traduce como tal en Génesis 38:12. **(2)** Nombre variante que aparece en 1 Crónicas 3:5 (KJV; *ver* NVI mg.) para "Betsabé" esposa del rey David y madre de Salomón.

BET-SUR Una ciudad en las montañas del sur de Judea, a doce millas al sur de Jerusalén. El antiguo sitio debería estar asociado con Khirbet et-Tubeiqah, a solo un cuarto de milla de Burj es-Sur. Era un pueblo judío (Jos. 15:58) asociado con los descendientes de Caleb (1 Cr. 2:45). Roboam lo fortificó (2 Cr. 11:7). En el período postexílico gobernó un pequeño distrito administrativo (Neh. 3:16).

Durante la revuelta de los Macabeos sirvió como fortaleza para proteger la frontera con Idumea (1 Mac. 4:61). Judas derrotó a Lisias en 165 a.C. y la fortificó (4:29) solo para perderla en 163 a.C. (6:50). Permaneció en manos seléucidas (10:14) hasta que Simón la capturó en 144 a.C. (11:65). Declinó y fue abandonada en los primeros siglos d.C.

BET-TAPÚA Una ciudad cerca de Hebrón asignada a la tribu de Judá en la región de las colinas del sur. El nombre ("casa de la manzana") aparece solo en Jos. 15:53 y es preservado por el pueblo moderno de Taffuh, situado a tres millas al oeste de Hebrón.

BET-TOGARMA Un lugar mencionado dos veces en Ezequiel. Primero, Bet-Togarma aparece como uno de varios socios comerciales de la ciudad fenicia de Tiro (27:14); los bienes de Bet-Togarma eran "caballos de trabajo, caballos de guerra y mulas". Segundo, Bet-Togarma, "del lejano norte", es nombrada como una de las aliadas militares de Gog de Magog (38:6). Por lo general, los becarios identifican a Bet-Togarma con Armenia. Togarma, quien se estableció en el área posteriormente conocida como Bet-Togarma, era hijo de Gomer y bisnieto de Noé (Gn. 10:3; 1 Cr. 1:6).

BETONIM Una ciudad situada en el lado este del Jordán. Era parte de la herencia que Moisés asignó a la tribu de Gad (Jos. 13:26). La línea de Hesbón de Ramat Mizpa a Betonim posiblemente marca la frontera entre Rubén y Gad.

BETUEL **(1)** Hijo de Nacor, hermano de Abraham, nacido de su esposa, Leca (Gn. 2:20-23), y padre de Rebeca y Labán. Él aparece en el punto más significativo en el arreglo matrimonial de su hija Rebeca cuando la entrega para que se case con Isaac (Gn. 24:50-51). Betuel y su hijo Labán son referidos como "los arameos" (Gn. 25:20; 28:5; 31:20, 24); el mismo término se usa para describir a Jacob antes de su llegada a Egipto (Dt. 26:5).

(2) Un lugar asignado a la tribu de Simeón cuando Israel tomó Canaán bajo el liderazgo de Josué (Jos.19:4 ["Betul"]; 1 Cr. 4:30). La posible ubicación de este lugar es el moderno Khirbet el-Qarjeten.

B

BEULA Una transliteración de la palabra hebrea be'ulah ("desposada"), este es un nombre simbólico prometido a la personificación de Sión (Is. 62:4). Los nuevos nombres en Isaías 62:4 significan la restauración de la relación entre Dios y Sión, como marido y mujer (cf. 54:1-8), que se perdió debido a las iniquidades de sus hijos (cf. 50:1). La restauración del estatus de Sión también se destaca con su matrimonio con sus hijos (62:5).

BETZATÁ *Ver* Betesda.

BEZAI La cabeza de una tribu que fue parte del regreso temprano a Judá de la cautividad babilónica en el año 539 a.C. o poco después (Esd. 2:17; Neh. 7:23). Bezai también figura como uno de los "líderes del pueblo" que sellaron la renovación del pacto dirigida por Esdras (Neh. 10:18).

BEZALEEL (1) Nieto de Uri e hijo de Hur, de la tribu de Judá, quien fue equipado por el Espíritu de Dios con la habilidad de dedicarse a todo tipo de artesanía necesaria para la construcción del tabernáculo, su mobiliario y la confección de las vestiduras sagradas de los sacerdotes, el aceite de la unción y el incienso aromático (Éx. 31:1-11; 35:30-35; 36:1-5; 37:1; 38:22). Se le dio a Ahisamac como asistente, y ellos tenían artesanos para entrenar y trabajar con ellos. (2) Un miembro de la tribu de Pajat-Moab, enumerado como uno de los culpables de casarse con una mujer extranjera (Esd. 10:30).

BEZEC (1) El lugar de una batalla en la que Judá y Simeón derrotaron a los ferezeos y cananeos bajo Adoni-Bezec (Jue. 1:4-7). Su capital estaba probablemente en Khirbet Bezqa, al noroeste de Jerusalén. (2) El lugar donde Saúl hizo un censo del pueblo y reunió a su ejército para luchar contra los amonitas que atacaban a Jabes Galaad (1 S. 11:8). Este sitio está afiliado a Khirbet Ibziq, al sur del monte Gilboa. Algunos eruditos creen que los dos sitios son el mismo, que los identifica con Khirbet Ibziq, al noreste de Siquem.

BIBLIA, MÉTODOS DE ESTUDIO Leer, entender, interpretar y aplicar correctamente la Palabra de Dios a la vida y al ministerio es el trabajo del estudio bíblico. La esencia de este trabajo es el análisis sistemático y metódico del texto bíblico. Los métodos que se utilizan para entender el texto de la Escritura variarán de acuerdo con las presuposiciones de cada uno con respecto a la naturaleza de la Biblia y los prejuicios del intérprete. Un estudio metódico de la Biblia considera la naturaleza y el estado del texto bíblico, las cuestiones relacionadas con el intérprete, y un procedimiento para descubrir intención del autor.

La Naturaleza de la Biblia

Revelación. Comenzamos con la suposición (o presuposición) de que la Biblia es la palabra revelada de Dios, cuyo contenido se fue dando a conocer progresivamente a los autores guiados por el Espíritu Santo. Dios guio a los autores de las Escrituras, usando sus personalidades y estilos de escritura, para que los libros canónicos de la Biblia fueran compuestos exactamente como Dios quiso. Estos libros en su forma original son inspirados e inerrantes. La Palabra de Dios es verdadera y digna de confianza y, por lo tanto, es una norma confiable para la fe y la práctica.

La capacidad de Dios para comunicarse con su creación, junto con su deseo de darse a conocer a sus criaturas humanas, es la esencia de la revelación. La preservación de la comunicación de Dios, la revelación de su voluntad a la gente en la Palabra de Dios, es lo que hace de la Biblia un documento literario único, distinguido de todas las demás producciones literarias. Dios se manifiesta de una manera general a todas las personas a través de la creación y la conciencia (revelación general) y de una manera especial para seleccionar a los individuos en momentos particulares (revelación especial). Estas comunicaciones y manifestaciones solo están disponibles ahora consultando ciertos escritos sagrados. La revelación dada por Dios y registrada por la gente en el canon de la Escritura es lo que Dios habló en el pasado. Sin embargo, la naturaleza viva y permanente de la palabra (Hebreos 4:12) hablada en el pasado, el contexto histórico continúa siendo relevante. La voz de Dios todavía puede ser escuchada hoy. Así como la revelación determina cómo se formula la teología, por lo que la revelación determina cómo debe leerse un texto bíblico en el proceso del análisis literario.

Dada la naturaleza del origen de la Biblia, es históricamente exacta en lo que enseña. Esta exactitud no se limita a cuestiones espirituales y doctrinales; está inseparablemente conectada con lo histórico y lo fáctico. Así, cuando la Biblia hace referencia a figuras políticas e históricas, habla con autoridad y exactitud.

Accesibilidad y claridad. La Palabra de Dios es un texto escrito revelado e inspirado por Dios (2 Ti. 3:16-17), quien escogió a unos cincuenta autores durante un período de aproximadamente mil cien años. El texto del AT fue originalmente registrado en hebreo y arameo (Gn. 31:47; Esd. 4:8-6:18; 7:12-26; Jer. 10:11). El texto del NT fue escrito originalmente en griego koiné. Dado que el texto se redactó utilizando las lenguas y las convenciones literarias de la época, fue escrito para ser inteligible y comprensible. El texto bíblico ha sido distribuido en todo el mundo y traducido a casi todos los idiomas principales, de modo que el texto sigue siendo accesible a mucha gente hoy en día.

Como Martín Lutero observa en La Voluntad Determinada, la claridad de la Biblia es doble. Hay claridad externa que puede ser discernida a través de las leyes de la gramática, y hay claridad interna alcanzada a través del trabajo del Espíritu Santo iluminando al lector de la Escritura. En relación con estos puntos está la perspicacia de la Escritura, que se refiere a la claridad de la Escritura en sus puntos principales. Sin ánimo de lucro, estos principios pueden crear malentendidos desafortunados. La claridad y perspicacia de la Escritura se relacionan con el resultado o el fruto del estudio bíblico y solo con las enseñanzas principales. El mensaje de las Escrituras es claro, comprensible y accesible.

Aspectos históricos, literarios y teológicos. Mientras que la Biblia está escrita para ser clara y accesible, el proceso de discernimiento de la claridad es complejo e implica un examen minucioso de los aspectos históricos, literarios/lingüísticos y teológicos de cada texto bíblico. Ya que la Biblia es un documento caracterizado por rasgos literarios, históricos y teológicos, debe ser interpretado con estos rasgos en mente.

Iluminación bizantina (siglo X dC) que muestra a Lucas escribiendo.

B

El carácter histórico del texto afirma que los detalles históricos (cultura, entorno, tiempo, personas o personajes de la historia y lectores de la composición) de una narración son absolutamente esenciales para el significado y el mensaje del texto. Los detalles históricos crean el escenario para lo que Dios está haciendo con su pueblo en el tiempo y el espacio. Los detalles históricos recuerdan al lector que la palabra escrita tiene un contexto. El texto está anclado al tiempo y al lugar.

El carácter literario del texto implica tanto las estrategias retóricas como los factores lingüísticos de un texto escrito que son fundamentales para el proceso de comunicación. El acto de comunicación literaria implica que el autor/remitente envía un mensaje o texto al lector/receptor. La Biblia debe ser interpretada de acuerdo con el acto de la comunicación literaria: autor, lector y texto. Los tipos literarios, el desarrollo estructural y la función del discurso son características formales del texto que contribuyen al significado deseado por el autor. El AT utiliza por lo menos cinco tipos o géneros literarios básicos: la ley, la narrativa histórica, la poesía, la sabiduría y el apocalipsis. El Nuevo Testamento utiliza algunos de los mismos tipos literarios, así como parábolas y la forma epistolar o de escritura. El Evangelio también puede considerarse una forma literaria distinta.

Finalmente, el texto tiene un aspecto teológico, una ideología, un mensaje y una intención que Dios revela en el escenario histórico por medio de herramientas literarias apropiadas.

Unidad y diversidad. Hay una unidad definitiva en la diversidad de la Biblia que debe ser comprendida en el proceso interpretativo. Las opiniones varían dependiendo de la comprensión que uno tenga del origen y la naturaleza de las Escrituras. Algunos lectores enfatizan la diversidad del texto bíblico, eligiendo resaltar las contradicciones aparentes y las situaciones irresolubles. Otros van al otro extremo y pueden estar en peligro de simplificar demasiado, sacar de contexto e ignorar el mensaje del texto. Considere, por ejemplo, la importancia de no leer demasiado en la discusión de la fe y las obras según lo desarrollado por Pablo y Santiago. La diversidad de énfasis en estos dos autores no es contradictoria en el mensaje general de la Biblia.

Obviamente, existe diversidad en los idiomas, escritores, culturas y mensajes de varios libros de la Biblia. Sin embargo, dada la realidad de la autoría divina, estas diversas piezas se entretejen de forma coherente. Hay temas grandes como el reino, el pacto y el mesías que van del AT al NT. Además, existe el uso desarrollado de la terminología a través de ambos Testamentos con términos como "redención" y "La Palabra".

El aspecto de unidad/diversidad del texto bíblico contribuye en última instancia a enriquecer la comprensión de la teología bíblica y sistemática. La teología bíblica tiende a considerar la diversidad de los escritores y los diferentes períodos de tiempo y está dispuesta a dejar que diversos temas se mantengan juntos. La teología sistemática, que se basa en las conclusiones de la teología bíblica, está más atenta a la unidad de la Escritura. Estos enfoques se complementan entre sí y fomentan lo que se llama una "analogía de la fe". Una vez más, Lutero dio forma a esta frase al oponerse a la tradición eclesiástica de la iglesia a favor de la Escritura como base del dogma. El principio de "analogía de la fe" defiende que la doctrina debe ser coherente y no contradictoria con la enseñanza holística de las Escrituras. La doctrina no puede ser una formulación de unos pocos textos de prueba.

Resumen. Estas síntesis concernientes a la naturaleza de la Escritura no son de ninguna manera exhaustivas, pero sí proveen una base para determinar la naturaleza y el uso de varios métodos interpretativos. El proceso de interpretación recibirá más atención más adelante, pero en este punto vale la pena enfatizar que los métodos de estudio bíblico deben contribuir al descubrimiento del significado deseado del autor. Ya que Dios es el autor final, nuestra preocupación es conocer su significado. Este objetivo no está exento de desafíos. Muchos concluyen que la intención del autor original es inalcanzable debido a la distancia entre nuestra situación cultural e histórica actual y la de los escritores bíblicos. Un obstáculo adicional es la variedad de interpretaciones que surgen del uso comunitario del texto bíblico. Los desafíos del tiempo, la cultura, la geografía y el idioma pueden ser afrontados con éxito para llegar al significado claro de la Escritura por medio de un análisis metódico de todos los aspectos del texto bíblico.

La Función del Intérprete

Antes de considerar la relación del intérprete con el proceso de los métodos de estudio bíblico, es útil determinar quién es la audiencia de un texto. Los textos escritos están compuestos con alguien en mente, una audiencia original o destinatarios, que pueden o no leer el producto terminado. Más allá de los lectores originales hay una audiencia extendida de lectores a través del tiempo, incluyéndonos a nosotros, que leemos e interpretamos la Palabra de Dios y buscamos aplicarla a nuestras vidas.

Prejuicios y presuposiciones. Los lectores del texto bíblico aplican los métodos de estudio bíblico para entender el significado de la Escritura. Además de la ciencia de la metodología, existe un arte de interpretación que consiste en reconocer los prejuicios personales aportados al texto y las presuposiciones que influyen en la interpretación de los datos textuales.

Entonces, ¿cómo diferenciamos un prejuicio de una presuposición? El "prejuicio" se refiere a las nociones y comprensiones preconcebidas que uno trae al texto, las cuales han sido formuladas, tanto consciente como inconscientemente, antes de que uno realmente estudie el texto en detalle. Esto incluye experiencias específicas y encuentros con el texto que tienden a hacernos suponer que ya lo entendemos. La sensibilidad al prejuicio nos recuerda que nunca nos acercamos al texto por primera vez, de forma completamente neutral o totalmente objetiva. Nuestras experiencias personales, influencias culturales (música, películas, literatura), antecedentes familiares, iglesia, raza y nacionalidad son factores que influyen en nuestro entendimiento previo. Estos prejuicios son finalmente corregidos o alimentados por la constante influencia del texto bíblico.

Por otro lado, las presuposiciones son los principios de fe de los cristianos que no cambian cada vez que estudian la Biblia (en contraste con el prejuicio). Este artículo, por ejemplo, comenzó con una declaración de presuposiciones con respecto a Dios y la Biblia. La analogía de la fe considera que tales presuposiciones son constantes e inmutables.

Aproximación al texto. Entonces, ¿cómo debe el intérprete enfocar el texto? Aunque la objetividad total no es una meta realista, los lectores cristianos sí quieren entender lo que Dios ha revelado para ellos. Por lo tanto, el texto se aproxima por la fe y por medio del Espíritu Santo, y es quien da el entendimiento de la Palabra que Dios escribió. Para que esto suceda, el lector debe estar delante del texto bíblico y permitirle hablar en lugar de pararse detrás de él para empujarlo en una dirección predeterminada. La meta del estudio de la Biblia es el descubrimiento del significado, no la creación de significado.

Un factor crítico en el estudio bíblico es la comprensión de que el proceso es un ejercicio con dimensiones sagradas. El objetivo principal en esta tarea es conocer a Dios, entender su voluntad, y amarlo y confiar en Él, que es el deseo de Pablo para todos los cristianos (Col. 1:9-14; Ef. 1:15-23; 3:14; Fil. 3:8-13). Dios es glorificado cuando encontramos nuestro gozo y deleite en él a través de un entendimiento enriquecido de su Palabra. Esto puede suceder cuando uno depende del Espíritu Santo para su comprensión (1 Cor. 2:9-16). El estudio del texto sagrado es un delicado equilibrio de pensamiento, trabajo y análisis, mientras que depende reverente y humildemente del Espíritu.

Los Métodos de Estudio Bíblico

Terminología. La actividad de interpretación se describe mejor como una espiral, un giro de diversos factores que llevan al lector desde la intención del contexto original al contexto actual de la vida dentro de la comunidad de la iglesia. El proceso implica términos y procedimientos que pueden ser confusos. La palabra "hermenéutica" es comúnmente entendida para describir la ciencia y el arte de la interpretación bíblica. El objetivo de la hermenéutica es discernir la intención original del texto ("lo que significaba")

B

y el significado contemporáneo del texto ("lo que significa"). Los eruditos discuten regularmente cuál de estos dos temas es primordial en el proceso hermenéutico. Sin embargo, el término es lo suficientemente amplio para cubrir ambos aspectos.

La palabra inglesa "exégesis" se deriva de un término griego que significa "guiar". Cuando se aplica al estudio bíblico, se define la naturaleza de la labor como la extracción de significado del texto y no la interpretación del significado en él. El proceso exegético implica el estudio de las palabras, la sintaxis, la gramática y la teología. Otro término crítico, "contextualización", se refiere a un aspecto del proceso interpretativo que implica la comunicación intercultural del significado del texto para hoy.

La definición de estos términos clave en hermenéutica trae a la superficie una discusión continua asociada con el estudio bíblico, la cuestión del significado, que se define de varias maneras. El significado es entendido por algunos como la intención del autor. Algunos eruditos explican el significado como el referente (de qué está hablando el autor), otros lo describen como sentido (lo que se está diciendo sobre el referente), y finalmente se puede entender como significado (un significado contemporáneo, transcultural).

Estudio bíblico inductivo. El cómo se llega al significado implica un proceso de estudio, cuyo centro es la práctica del estudio bíblico inductivo. Aunque este proceso objetivo puede definirse de varias maneras, se distingue por cuatro elementos clave.

(1) El primer elemento es la observación. Esto implica una lectura cuidadosa y cercana del texto para determinar exactamente lo que dice. Este paso hace uso repetido de las preguntas de quién, qué, cuándo, dónde y por qué, que permiten al lector saturarse completamente con los detalles del pasaje. La atención al detalle textual resultará en una interpretación precisa. La observación requiere una voluntad de observar, con exactitud la realización de las observaciones, persistencia y resistencia en el proceso. La observación se centra en las palabras del pasaje, de la estructura (las relaciones e interrelaciones entre términos), la forma literaria, y la atmósfera o el tono. (2) La interpretación sigue. El objetivo de este elemento es definir el significado y responder a la pregunta, ¿qué significa este texto? (3) Correlación, en el tercer elemento que uno se pregunta, ¿cómo se relaciona este texto con el resto de la Biblia (cf. analogía de la fe)? (4) El cuarto elemento, en la *aplicación* uno se pregunta, ¿qué significa este mensaje para mí?

Cada paso en el proceso inductivo es elaborado e incluye sus propios intereses particulares y temas que son críticos para determinar el significado. Tomemos, por ejemplo, las cuestiones del significado asociadas con el segundo paso, la interpretación. Este proceso debe estar totalmente comprometido para que la interpretación sea precisa. El asunto de la interpretación implica una constante interacción de las partes. Los micro aspectos se observan a la luz de las macro características, y viceversa.

El proceso interpretativo del texto es bastante estándar. Dada la naturaleza del análisis inductivo, el proceso inductivo comienza a nivel micro de examinar e interpretar términos, palabras y oraciones. Luego destaca los siguientes niveles estructurales de los párrafos, las unidades de los párrafos, los capítulos, y luego el libro en sí.

Contexto y tipo literario. Dado que el contexto y el tipo literario son elementos críticos en el ejercicio del análisis, se prestará atención a cada uno de ellos. Por lo general se dice que el contexto determina el significado. Esta declaración es un recordatorio de que un término, un tema o un elemento estructural se rigen en última instancia por un conjunto más amplio de factores. El término "tronco", por ejemplo, en el contexto de una revisión médica podría referirse al torso de un paciente, mientras que en la conversación de los leñadores podría ser una referencia a un árbol. El contexto tiene en cuenta todos los referentes históricos. Además, el contexto incluye todas las partes individuales de una composición (frases, oraciones, párrafos, capítulos). La revisión del contexto de una historia en particular de un libro implica también mirar la geografía, la política, la economía y las prácticas culturales de una audiencia dada que se presenta. El peligro de ignorar el contexto en el estudio bíblico es que la intención original del autor sea reemplazada por todo tipo de comprensión textual.

El tipo literario es también un factor fundamental en el proceso inductivo. Otra palabra para forma literaria es género, derivado de un término francés que puede ser traducido como "clase, categoría, estilo". Denota un tipo o especie de literatura o forma literaria. El análisis de género permite comprender de manera rentable la intención del autor en una determinada composición literaria. Por ejemplo, el género desencadena las expectativas del lector y la estrategia de lectura. El género guía al lector en la comprensión de cómo leer e interpretar un texto dado. Por ejemplo, leemos e interpretamos una historia de manera diferente a como leemos e interpretamos un poema. Cada uno de estos géneros tiene sus propias reglas y estrategias para la comunicación del significado. El análisis de género permite comprender de manera rentable la intención del autor en una determinada composición literaria. Por ejemplo, el género desencadena las expectativas del lector y la estrategia de lectura. El género guía al lector en la comprensión de cómo leer e interpretar un texto dado. Por ejemplo, leemos e interpretamos una historia de manera diferente a como leemos e interpretamos un poema. Cada uno de estos géneros tiene sus propias reglas y estrategias para comunicar el significado. El análisis de género implica observar la forma junto con el estado de ánimo, el entorno, la función y el contenido del texto.

Cada tipo literario tiene un conjunto de características distintivas que deben ser examinadas. Para entender lo que los autores bíblicos están diciendo (y lo que Dios está diciendo a través de ellos), debemos jugar con las reglas del género literario que ellos seleccionaron. El género es una generalización o una abstracción en la que se produce la variación. Así, un género puede definirse de forma amplia e incluir muchos textos que comparten menos rasgos, mientras que por otro lado puede definirse de una manera más estrecha e incluyen menos textos que comparten muchos más rasgos.

El proceso de análisis de género se realiza de forma inductiva. El análisis comienza con la clase literaria, continúa con los textos individuales y luego interactúa con ambos. El género solo se puede entender analizando las partes de un texto dado. Aunque hay muchos libros de texto útiles dedicados a prácticamente todos los tipos de literatura, hay que tener en cuenta que las descripciones de género surgen de los detalles del texto. El género no es una forma predescrita que se impone sobre el texto para el descubrimiento de la intención del autor.

Una vez que los aspectos históricos, literarios y teológicos del libro en particular están establecidos, el libro es analizado en su contexto canónico específico (NT o AT) y luego considerado en el canon general (la Biblia). Los resultados de este proceso se continúan en relación con los intereses de la teología bíblica y sistemática.

Resumen. El método de estudio bíblico inductivo no es solo un procedimiento específico de análisis, sino también una guía para una variedad de prácticas metódicas. El proceso de estudio bíblico inductivo fomenta un espíritu de atención a los detalles y recuerda al lector el objetivo general de la interpretación: conocer lo que quiere decir y el significado del texto. Además, la naturaleza misma del método inductivo promueve la curiosidad y produce una alegría indudable de descubrimiento. El proceso inductivo es una guía para el intérprete en un análisis de ya sea el texto hebreo o el griego.

Otros métodos de estudio bíblico. Hay otros métodos de estudio bíblico asociados con puntos de vista distintos sobre la naturaleza y el origen de la Biblia. Estos métodos fundamentales de interpretación surgen de una discusión sobre cómo debe interpretarse la Biblia. La historia de esta discusión se remonta al siglo III d.C. con los debates entre los alejandrinos y los antioqueños. La Reforma del siglo XVI, la Ilustración del siglo XVIII y el siglo XX fueron puntos de inflexión significativos que dieron lugar a nuevas formas de concebir el mundo y el texto bíblico. Por lo tanto, es importante entender que no hay métodos neutrales de interpretación bíblica.

B

Enfoques histórico-críticos. Los métodos críticos más populares de estudio bíblico pasaron a primer plano en los siglos XVIII, XIX y XX con el auge del deísmo y el racionalismo. La opinión predominante en esta época era la similitud fundamental de todos los textos históricos y de todos los acontecimientos históricos. El método histórico-crítico se basaba en los principios de la crítica, la analogía y la correlación. Se niega el origen sobrenatural de la Biblia y se considera un libro como todos los demás documentos históricos. El texto bíblico es visto como una tradición creada. Es una herramienta del proceso evolutivo preservado y transmitido a una generación posterior y debe ser abordado con una actitud de duda.

En contraste con el enfoque adoptado en este artículo, la comprensión histórico-crítica del lugar de la revelación no es el texto bíblico revelado por Dios. El lugar de la revelación se desplaza fuera del texto. El lector ya no mira al texto para escuchar la Palabra de Dios. El lector ahora mira detrás o más allá del texto bíblico hacia otra historia, una que es independiente del texto bíblico. En lugar de estudiar un proceso de revelación progresiva, las metodologías histórico-críticas se comprometen a resolver complejas tradiciones históricas.

Las fuentes son identificadas, ordenadas de manera cronológica, y estudiadas por sus temas distintivos. Los métodos se organizan a veces según los intereses particulares de las escuelas de pensamiento: historia de las religiones, historia de las tradiciones, historia de las formas e historia de las redacciones.

Enfoques literarios. Para terminar, hay métodos de estudio bíblico asociados con el conjunto de presuposiciones literarias. Primero, este acercamiento al texto bíblico toma una visión ahistórica del texto. En otras palabras, no hay preocupación por su causa y efecto histórico. Se trata únicamente de un análisis sincrónico del producto terminado. En segundo lugar, el texto se considera una entidad autónoma. Una vez que un texto es completado, tiene vida propia. El proceso interpretativo es entonces dedicado a la forma final del texto, mirando al todo en vez de a las partes. El significado viene del lenguaje y del estilo del texto. Por último, el significado se entiende como una estética; no está relacionado con la intención del autor ni con una ocasión histórica. De forma teórica, el enfoque literario ve el texto como si estuviera aislado de un autor y de un contexto histórico.

En esta construcción, el significado cambia del pasado al presente. Entonces, la interpretación es una interacción entre el texto y el lector. Los métodos de interpretación asociados a estos presupuestos literarios incluyen la crítica literaria, la crítica retórica, el estructuralismo, la crítica narrativa y la crítica de la respuesta del lector.

CÓDIGO BÍBLICO Una clave a través de la cual se descubren mensajes supuestamente ocultos en el AT tomando una secuencia de letras hebreas igualmente espaciadas e identificando en ellas un mensaje significativo.

La posibilidad de encontrar un mensaje de este tipo se ve reforzada por la falta de vocales en la escritura hebrea, lo que permite una mayor flexibilidad a la hora de interpretar los resultados. Hay problemas significativos con la afirmación de que los códigos son intencionales, incluyendo que se ha establecido que mensajes similares pueden ser descubiertos en prácticamente cualquier texto; además, va en contra de lo siguiente, el reclamo de la Biblia de revelar claramente la palabra de Dios (cf. Dt. 29:29).

FORMACIÓN DE LA BIBLIA Y EL CANON La formación bíblica y el desarrollo canónico es mejor entendido a la luz de los acontecimientos históricos y principios teológicos. En el proceso de la historia teológica aprendemos lo que Dios hizo y cómo contrató a una variedad de personas para producir la Escritura como la palabra de Dios. La Biblia es escrita revelando al Dios trino, que le hizo auto conocido por su creación.

Las acciones divinas de Dios se reveló a sí mismo resultando en un texto escrito reconocido por su autoridad y, por lo tanto, copiado y preservado para las generaciones futuras. El proceso de reconocer y recopilar libros autorizados de las Escrituras se produjo con el tiempo y consenso.

Formación de la Biblia

Revelación. El proceso de formación de la Biblia comienza con la revelación de Dios. El acto de revelación involucró a Dios comunicando la verdad a los escritores humanos de una manera progresiva y unificada. La inspiración es el acto de Dios Espíritu Santo, que dirigió a los autores bíblicos para que compusieran los libros de la Escritura exactamente como Él quería. Dios usó a los escritores bíblicos, sus personalidades y sus estilos de escritura, de una manera que les impidió cometer errores al componer el producto escrito original, las Escrituras. Los libros que resultaron de la Biblia constituyen la revelación especial permanente de Dios a la humanidad.

Ambos Testamentos afirman la obra de la revelación junto con la formación de un corpus de escritos divinos. En el AT aparece en innumerables veces la frase "así dice Jehová" y expresiones similares (cf. Gn. 9:8; Jos. 24:27; Is. 1:2; Jer.1:7 y en contraste con el Sal. 135:15-19). Cada parte del AT es vista como la palabra de Dios (Ro. 3:2). Esto es confirmado por la actitud de Jesús hacia las Escrituras (Mt. 19:4-5; 21:42; 22:29; cf. Lc. 11:50-51; 24:44).

Cuatro pasajes del NT nos ayudan a entender el trabajo de la inspiración. Una declaración objetiva sobre el alcance y la naturaleza de la inspiración se hace en 2 Ti. 3:16. Según 2 P. 1:19-20, el Espíritu Santo llevó a personas a propósito para producir la palabra profética, y 1 Co. 2:10-13 apoya la elección de las palabras en la labor de componer el producto inspirado. Por último, Pedro comenta que a Pablo se le dio sabiduría para producir documentos literarios inspirados en el canon de la Escritura (2 P. 3:14-18).

Autoridad. Los libros formados y escritos por Dios de esta manera tienen autoridad. Debido a que la Biblia es la palabra de Dios inspirada de manera divina y compuesta de forma confiable en los originales, es obligatoria para las personas en su relación con Dios y con otras personas. La autoridad bíblica deriva del carácter eterno de Dios y del contenido de su palabra preservado en las Escrituras. La palabra inspirada por Dios es autoritaria y requiere obediencia.

La autoridad de la palabra de Dios es afirmada e ilustrada en las narrativas de la creación y la caída. En la caída, Adán y Eva se rebelaron contra el mandato de Dios (Gn. 3:3-4) y fueron expulsados del jardín. En los períodos subsiguientes de la historia bíblica, la palabra hablada y escrita de Dios continuó siendo la base para la creencia y la conducta. Dios resumió su voluntad en los Diez Mandamientos (Éx. 20:1-17; Dt. 5:6-21) y mandó a su pueblo que los guardara (Dt. 6:2; Jos. 1:8; 2 R. 17:5-23). La palabra que tiene autoridad adoptada por la fe protege al creyente del pecado (Sal. 119:11). El necio es la persona que rechaza la autoridad de Dios (Sal. 14:1; 53:1). El apóstol Pablo reconoció la autoridad del evangelio para su propia vida y ministerio (Ga. 1:6-9). Dios el Espíritu Santo infunde en el creyente la autoridad de la Biblia como la norma confiable para la fe y la práctica (Jn. 6:63).

Dios dio la provisión para una preservación confiable y fidedigna de su palabra autoritaria en la variedad de manuscritos existentes. Dios ordenó que su palabra revelada fuera copiada (Dt. 17:8-18; 24:8; 31:9, 25-26; 33:8-10) para propósitos administrativos y personales (Dt. 6:6; Jos. 1:8; 23:6; Pr. 3:3; 7:3). A través de este proceso de reproducción, la Palabra de Dios fue preservada (Sal. 119:152, 160; Is. 40:8; Mt. 5:17-18; Jn. 10:35; 1 P. 1:22-25).

Canonización

La canonización es el siguiente paso fundamental en el desarrollo de la Biblia. La palabra "canon" (Gr. kanōn) se refiere a un estándar, norma o regla (Ga. 6:16; cf. Ez. 42:16), y cuando se aplica a la Biblia, designa la colección de libros revelados por Dios, inspirados de forma divina y reconocidos por el pueblo de Dios como la norma autorizada para la fe y la práctica. La presuposición de la canonicidad es que Dios habló a sus criaturas humanas y su palabra fue registrada con precisión. Puesto que la inspiración determina la canonicidad, los libros compuestos por seres humanos bajo la dirección del Espíritu Santo funcionaban con autoridad al momento de escribir. El pueblo de Dios luego reconoció y coleccionó los libros que discernieron que eran inspirados y que tenían autoridad (1 Ts. 2:10-16; 2 P. 3:15).

El proceso canónico. El desafío asociado con el canon y la formación bíblica es que las Escrituras no revelan un proceso histórico detallado para reconocer y coleccionar obras inspiradas. La comprensión de este proceso se deriva del testimonio de Jesús, de los principios bíblicos y de los precedentes históricos.

Se asocia la identificación canónica con el ministerio del Espíritu Santo, quien trabajó en conexión con los creyentes para reconocer los documentos escritos dados por inspiración (1 Ts. 2:13). El Espíritu Santo permitió a los creyentes discernir la autoridad de un libro y su compatibilidad con la revelación canónica existente (Is. 8:20; Hch. 17:11). Aunque la cuestión de la autoría no puede ser resuelta de manera positiva para cada libro del AT o del NT, los creyentes reconocieron a los profetas como los autores del AT (Dt. 18:14-22) y los apóstoles como los autores del NT. Los libros canónicos fueron reconocidos para llevar el poder de Dios y para contener un mensaje efectivo (2 Ti. 3:15-16; Heb. 4: 12; 1 P. 1: 23).

Con el tiempo, los libros que tienen autoridad de la Escritura fueron reunidos en un corpus de literatura que hoy forman un solo libro, la Biblia. Durante este proceso, algunos creyentes lucharon con el mensaje, el contenido y la autoría ambigua de libros como Eclesiastés, Cantar de los Cantares y Ester en el AT, y Hebreos, Santiago y 2 Pedro en el NT. El modelo de composición y proceso canónico del AT proporcionó la base para la composición y desarrollo del canon del NT. Por lo tanto, los libros del NT que llegaron a ser reconocidos como canónicos fueron los que fueron compuestos en relación con un apóstol, doctrinalmente sano y ampliamente difundido y usado por las iglesias.

En la tarea de recopilación se reconocieron algunos textos (homologoumena), otros se disputaron (antilegómenos) y otros fueron rechazados como no ortodoxos (seudoepigrafía). Históricamente, no hay evidencia de una aceptación generalizada del canon actual de sesenta y seis libros hasta el siglo III d.C.

Estructura y contenido. A lo largo de los siglos, comenzaron a surgir varias listas canónicas, a menudo influenciadas por conclusiones teológicas particulares. Por ejemplo, el canon samaritano, que incluye solo los primeros cinco libros de nuestro AT, fue compilado por los samaritanos, que eran hostiles a cualquier cosa en Israel o Judea fuera de Samaria. Hoy en día, las tradiciones cristianas varían en su inclusión u omisión de los apócrifos de sus Biblias y en su lista de libros contenidos en los apócrifos.

El canon babilónico, aceptado como estándar por los judíos, contiene todos los libros ahora reconocidos como el AT y está dividido en tres partes: la Ley, los Profetas y los Escritos. Este canon también es conocido como el Tanaj,

Página de una versión del Pentateuco Samaritano del siglo XIII d.C.

un acrónimo derivado de las palabras hebreas para "ley" (torá), "profetas" (nevi'im), "escritos" (ketuvim). Esta lista canónica incluye tradicionalmente veinticuatro libros (los doce Profetas Menores son considerados como un solo libro, al igual que 1-2 Samuel, 1-2 Reyes, 1-2 Crónicas y Esdras-Nehemías). Los veinte y cuatro libros de esta lista canónica son los mismos que los treinta y nueve libros del AT de las actuales ediciones bíblicas en inglés. La parte de la ley o de la instrucción incluye los primeros cinco libros de Moisés (De Génesis a Deuteronomio). La parte de los Profetas está dividido en los Profetas Antiguos y Últimos Profetas. Los Antiguos Profetas son los libros históricos de Josué, Jueces, Samuel y Reyes. Los Últimos Profetas incluyen tanto a los Profetas Mayores como a los Menores. La parte de los Escritos contiene material poético y de sabiduría, junto con material histórico.

Las referencias históricas a este formato canónico se encuentran en fuentes que no se encuentran en la Biblia ya en el siglo II a.C. El nieto de Jesús Ben Sira hizo referencia a un triple canon en el prólogo del libro apócrifo Sirácide (c. 190 a.C.); Josefo hizo referencia a él en Contra de Apión (37-95 d.C.). Jesús reconoció la triple división en Lucas 24:44 (cf. Mt. 23:34). Entre las fuentes cristianas, esta división se conserva en la lista más antigua de libros del AT, asociada al obispo Melito de Sardis (170 d.C.). Tertuliano, un padre de la iglesia latina primitiva (160-250 d.C.), Orígenes (254 d.C.), Hilary de Poitiers (305-366 d.C.), y Jerónimo (340-420 d.C.) afirmaron un canon del AT de veintidós o veinticuatro libros. Las versiones más recientes en inglés siguen una estructura cuádruple de ley, historia, poesía y profetas.

Los veintisiete libros del Nuevo Testamento están atestiguados en listas asociadas con iglesias de las partes oriental y occidental del mundo mediterráneo. Dos de estos testigos son la trigésima novena carta pascual de Atanasio (367 d. C.) y el Concilio de Cartago (397 d. C.). La lista canónica asociada a Marción y la lista muratoriana representan listas fragmentarias de principios del siglo II d.C. En términos de uso, la mayoría de los padres de la iglesia reconocieron y usaron los veintisiete libros del NT en nuestro canon. *Ver también* Apócrifo, Nuevo Testamento; Apócrifo, Antiguo Testamento.

MANUSCRITOS Y VERSIONES BÍBLICAS El Nuevo Testamento y el Antiguo Testamento tienen historias textuales considerablemente diferentes pero parcialmente entrelazadas. Para mayor claridad, es mejor comenzar con un estudio de los manuscritos y versiones del Nuevo Testamento.

Nuevo Testamento

Manuscritos griegos. Aunque no se conservan los originales de los libros del NT, existen más de cinco mil textos griegos que abarcan desde una porción de unos pocos versículos hasta el NT completo. Tradicionalmente, estos textos se han clasificado en cinco grupos: papiros, unciales, minúsculas, leccionarios y citas en textos patrísticos.

A continuación, se enumeran los manuscritos más importantes.

Los primeros manuscritos del NT son los escritos en papiro. Noventa y ocho de estos manuscritos han sido identificados y están representados por una "P" con un superíndice numérico. El primero de estos papiros es P52, que contiene partes de cuatro versículos en Juan 18 y data de principios del siglo II. Para partes sustanciales del texto del NT, los papiros más importantes se encuentran en las colecciones de Chester Beatty y Bodmer. Los P45, P46 y P47, todos de la colección Chester Beatty son del siglo III y contienen grandes secciones de los cuatro Evangelios, ocho de las Epístolas de Pablo, Hebreos y Apocalipsis. Dentro de la colección Bodmer de Ginebra hay cuatro códices muy importantes. P66 data de alrededor del año 200 d.C. y conserva la mayor parte del Evangelio de Juan. El P72 data del siglo III y contiene las primeras copias de 1-2 Pedro y Judas, que se conservan en su totalidad, así como traducciones al griego de Sal. 33-34. P74 data del siglo VII y contiene porciones de Hechos, Santiago, 1-2 Pedro, 1-3 Juan y Judas. Por último, P75, que data de principios del siglo III, contiene la mayor parte de Lucas y Juan 1-15. Es la copia más antigua que existe de Lucas. Entre los papiros restantes, cuarenta y tres han sido fechados a principios del siglo IV o antes.

La segunda categoría de manuscritos son los unciales, que generalmente se escribían en pergamino y abarcan desde el siglo IV hasta el siglo X. Se conocen unos 270 unciales, que van desde unos pocos versículos hasta copias completas del Nuevo Testamento o incluso de toda la Biblia. Los unciales se indicaban originalmente con mayúsculas, pero cuando el número de manuscritos superaba estos límites, se empleaba un nuevo sistema por el que cada manuscrito recibía un número que comenzaba siempre con cero. Sin embargo, los unciales más importantes todavía se conocen por su letra. Entre los unciales más importantes se encuentran los siguientes cinco manuscritos. El Códice Sinaítico (designado por la letra hebrea א) data del siglo IV y es la única carta uncial que contiene todo el Nuevo Testamento. También tiene casi todo el AT, así como los primeros escritos cristianos, la Epístola de Bernabé y el Pastor de Hermas. Fechado en el siglo V, el Códice Alejandrino (designado como A) contiene el AT, la mayor parte del Nuevo Testamento, al que solo le faltan porciones de Mateo, Juan y 2 Corintios, y 1-2 Clemente. Junto con Sinaítico, el uncial más importante es el Códice Vaticano (designado como B), que data del siglo IV. Contiene casi todo el AT y el NT completo, excepto por las partes sustanciales entre Hebreos y Revelaciones. Ha estado en la biblioteca del Vaticano por más de quinientos años. El cuarto uncial importante es el Códice de Beza Cantabrigense (designado como D), que contiene copias en griego y latín de los cuatro evangelios, la mayoría de los Hechos, y algunos versículos de 3 Juan. Data de finales del siglo IV o principios del V. El quinto uncial importante es el Códice Washingtoniano (designado como W), que data de principios del siglo V y contiene prácticamente todos los cuatro evangelios.

La tercera categoría de manuscritos del NT son las minúsculas. Estos textos datan del siglo IX y posteriores, y comprenden aproximadamente 2.800 manuscritos, que se indican con un número que no comienza por cero. Entre las minúsculas más importantes

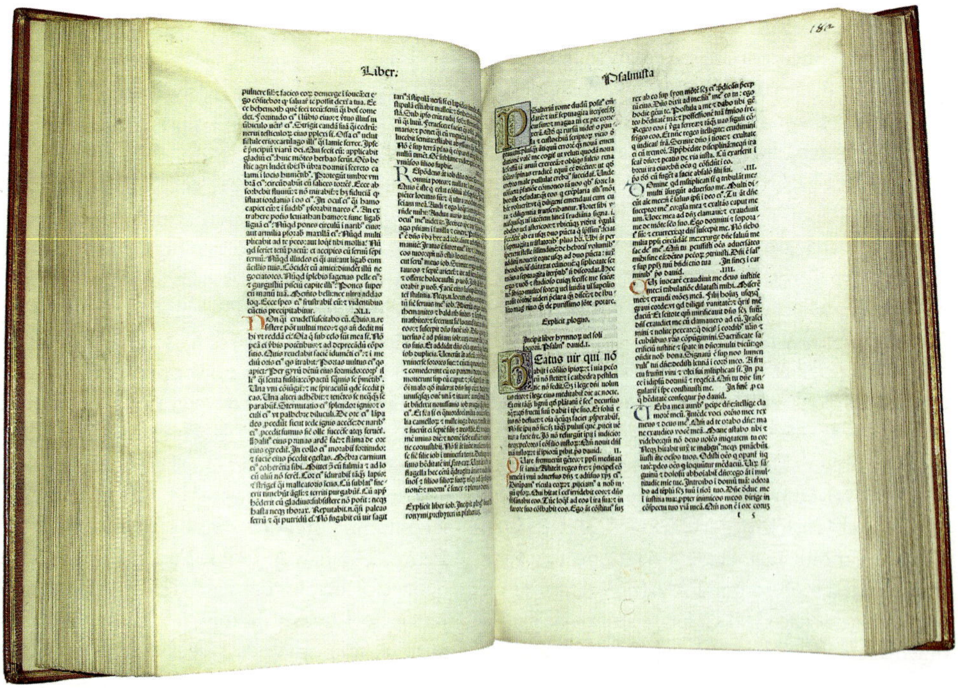

Una página del código del Vaticano.

se encuentran el Códice 1, el Códice 13 y el Códice 33, que, junto con sus familiares, se consideran testigos fidedignos ante las familias primitivas de textos como el de cesárea (1) o el alejandrino (33). El Códice 13 y sus familiares se destacan por tener la historia de la mujer adúltera al final de Lucas 21 en lugar de en Juan 8. Los dos últimos grupos de manuscritos del Nuevo Testamento, los leccionarios y las citas en fuentes patrísticas, no son manuscritos en el sentido estricto del término, sino que sus usos de partes del NT presentan importantes testigos para la práctica de la crítica textual.

Versiones. Con la expansión del cristianismo durante la época del Imperio Romano, el NT fue traducido al idioma de los pueblos nativos. Estas versiones del NT son importantes tanto para la crítica textual del NT como para las decisiones interpretativas que se reflejan en la forma en que el texto fue traducido a un nuevo idioma. Entre las primeras versiones más importantes del NT se encuentran las siguientes. A medida que el latín comenzó a desplazar al griego como lengua dominante del imperio, se hizo necesaria una versión latina de la Biblia. La primera traducción, conocida como latín antiguo o Itala, se hizo probablemente a finales del siglo II, aunque el manuscrito más antiguo (Codex Vercellensis [Códice Vercellensis]) es del siglo IV. Con la proliferación de textos latinos se hizo deseable una traducción latina estandarizada, y en el año 382 d.C. el Papa Dámaso encargó a Jerónimo que proporcionara una nueva traducción conocida como la Vulgata.

Otra variedad de versiones del NT son los manuscritos siriacos. Alrededor de finales del siglo II los cuatro Evangelios fueron traducidos a una versión conocida como el siriaco antiguo. Existe en dos incompletos manuscritos que probablemente son del siglo V. La traducción que se convirtió en el texto sirio estándar es la Peshitta, que fue producida a principios del siglo V. No contiene 2 Pedro, 2-3 Juan, Judas, o Apocalipsis porque estos no fueron considerados canónicos entre las iglesias sirias. Otras versiones importantes del NT de Antioquía son las traducciones copta, armenia, georgiana y etíope.

Antiguo Testamento

Manuscritos en hebreo. El texto que ha servido de base para la mayoría de las ediciones y traducciones modernas del AT hebreo es el Texto Masorético (TM), que su nombre se debe a los masoretes, los escribas judíos que transmitieron el texto y añadieron vocalización, acentuación y notas al texto consonántico. Los manuscritos masoréticos más importantes datan de finales del siglo IX y principios del siglo XI. Entre ellos destaca el Códice de Leningrado (1008 d.C.), denominado L, que es el primer manuscrito masorético de todo el AT. También son importantes el Códice de Alepo (c. 925 d. C.), denominado A, que conserva todo el AT excepto la mayor parte del Pentateuco; el Museo Británico MS Or. 4445 (c. 925 d. C.), denominado B, que contiene la mayor parte del pentateuco; y el Códice de El Cairo (c. 896 d. C.), denominado C, que contiene a Josué a través de Reyes y también los Profetas.

Aunque estos manuscritos son mucho más tardíos que el período bíblico, su fiabilidad fue confirmada en gran medida con el descubrimiento de la DSS a partir de 1947. Entre la biblioteca de Qumran hay muchos manuscritos de libros bíblicos, así como comentarios bíblicos, obras apócrifas y seudepigráficas y literatura sectaria. Todos los libros del AT están representados entre los pergaminos que se encontraron excepto Ester y Nehemías, aunque se presume que este último se encontraba al final de Esdras, pero no ha sobrevivido. Los libros con más manuscritos son, en orden, Salmos, Deuteronomio e Isaías. Una de las características más llamativas de estos pergaminos es que reflejan una diversidad de tipos de texto. Por ejemplo, hay una copia de Jeremías que se parece a la versión masorética, pero también un manuscrito de Jeremías similar a la versión mucho más corta que se encuentra en la Septuaginta (la traducción griega del AT).

Otro texto hebreo del AT es el del Pentateuco Samaritano, que es el texto transmitido por los samaritanos. Es similar al TM en algunos aspectos, pero también tiene diferencias que reflejan intereses teológicos. Los principales manuscritos del Pentateuco Samaritano son del siglo XII.

Versiones. Entre el siglo III y I a.C. todo el Antiguo Testamento se tradujo al griego. Esta versión, conocida como la Septuaginta (designada así por la abreviatura de la LXX), se convirtió en la principal del Antiguo Testamento, y fue usada por la iglesia temprana. Dada la adopción de la iglesia, la LXX se ha preservado en numerosos manuscritos, que incluyen el Sinaítico, el Alejandrino y el Vaticano. A finales del siglo I a.C. o a comienzos del siglo I d.C., se realizaron dos revisiones del texto griego: la versión proto-luciánica y la recensión Kaige. En esta última su enfoque tenía que ver con la revisión del griego y acercarse más a la conformidad con el texto hebreo, y su nombre deriva de la tendencia peculiar de traducir la palabra hebrea gam ("también") como el trabajo griego kaige. En el siglo II d.C., Aquila, Teodoción y Símaco llevaron a cabo otras tres traducciones en griego, que fueron los que revisaron la recesión Kaige en los tiempos de la MT.

Otra importante versión antigua del Antiguo Testamento es el Tárgum, que son traducciones o parafraseo en arameo (y a veces eran elaboraciones exhaustivas) de los libros del Antiguo Testamento. El Tárgum oficial del judaísmo es el Tárgum de Onquelos para el Pentateuco (c. siglo II d.C.), que es bastante literal, y el Tárgum Pseudo-Jonathan para los Profetas (algún período antes del siglo IV d.C.), que varía de una gran literalidad a un trabajo un tanto parafrástico. El Tárgum no oficial para el Pentateuco incluye el Tárgum Neofiti y el Tárgum Pseudo-Jonathan. También existen varios Tárgum extraoficiales para la sección de las Escrituras del Antiguo Testamento con la excepción de Daniel, Esdras y Nehemías (que ya estaban parcialmente escritos en arameo).

Además de las traducciones en griego y arameo existen otras versiones importantes del Antiguo Testamento. En algún momento del siglo III o IV d.C., se produjo la Peshitta del Antiguo Testamento, aunque hay evidencia de que hubo traducciones antiguas en siríaco de algunos libros que ya estaban circulando. También es importante el conjunto de traducciones en latín que se conocieron de forma colectiva como Vetus Latina. Estas versiones fueron producidas en algún momento durante el siglo II d.C. y estaban hechas principalmente a partir de traducciones en griego que ya existían en vez de usar textos en hebreo. En cuanto al Nuevo Testamento, Jerónimo estuvo a cargo de la posterior traducción en latín para la Vulgata.

TRADUCCIÓN DE LA BIBLIA Cada traducción fiel de la Biblia es la palabra de Dios. En este aspecto, el cristianismo es muy diferente al Islam, que considera exclusivamente sagrada la versión árabe del Corán. Es cierto que solo las versiones originales de los libros bíblicos, en hebreo, arameo y griego, fueron escritas con inspiración de palabra, y esto significa que las traducciones individuales, como las copias, pueden contener errores. Las traducciones de forma necesaria también implican cierto grado de interpretación. No obstante, Dios creó todos los idiomas, por lo que la encarnación de la Palabra se volvió completamente humana como también absolutamente divina. En las manos de Dios, todo tipo de lenguaje humano es tan capaz como cualquier otro de expresar su verdad.

A partir del Pentecostés, el Espíritu Santo ha estado trabajando para revertir el efecto del pecado humano en Babel (Génesis 11:9) y esto no lo hace al reducir todos los idiomas en uno solo, sino que lo lleva a cabo por medio de la redención de la diversidad y la riqueza de los idiomas del mundo para que todos puedan escuchar a Dios cuando les habla en su propia lengua (Hechos 2:1-11). De hecho, las traducciones de las Escrituras en sí transforman los idiomas y culturas en el lenguaje que se está escribiendo, por lo que dotan estas versiones con conceptos nuevos o revisados de Dios, la humanidad, el pecado y los medios de salvación.

La Historia de la Traducción

La traducción de la Biblia comenzó mucho antes de que esta estuviera completa, así como la conocemos. En el siglo V a.C. los israelitas que regresaron del exilio hablaban arameo. Por lo tanto, necesitaban que los levitas tradujeran para ellos la ley hebrea (Nehemías 8:8). Esta enseñanza levítica probablemente fue un antiguo ejemplo de un Tárgum, que es una traducción al arameo que incluye interpretación y expansión. No sabemos con exactitud cuándo se comenzó a escribir el Tárgum, pero algunos de los fragmentos más antiguos que se han encontrado están entre los Manuscritos del Mar Muerto.

Alrededor del siglo III a.C., los idiomas dominantes de Palestina eran el griego y el arameo. Muchas citas del Nuevo Testamento sobre el Antiguo Testamento usan una traducción establecida en griego del AT. Esto fue conocido como la Septuaginta (LXX) según la leyenda en la que se cuenta que fue traducida por setenta y dos hombres, de los cuales seis eran de cada tribu de Israel, por las órdenes de Ptolomeo Filadelfo de Egipto (285-247 a.C.). El Nuevo Testamento se escribió en un griego similar y "común" (koiné), pero en algunas partes de los Evangelios y de Hechos se traducen palabras que Jesús y Pablo originalmente dijeron en arameo (Marcos 5:41; 15:34; Hechos 21:40; 22:2; 26:14; *ver también* Juan 5:2; 19:13, 17, 20; 20:16).

El Nuevo Testamento de Tyndale (1534)

Hasta el Pentecostés, la revelación de Dios se tradujo solamente en los idiomas que hablaban los judíos en su día a día. Sin embargo, en el Pentecostés la llegada del Espíritu Santo fue marcada por una demostración de los dones lingüísticos y milagrosos, por lo que una nueva era de la traducción de la Biblia se había iniciado (Hechos 2). Mientras los cristianos obedecían el mandato de Cristo de llevar la palabra de Dios a todo el mundo, ellos comenzaron a traducirla en todos los idiomas que usaba la iglesia que iba creciendo.

En tres siglos, las Escrituras fueron traducidas del hebreo original, arameo y griego al siríaco, copto y latín. Las traducciones más antiguas de estos idiomas posteriormente fueron revisadas y mejoradas durante los siglos venideros hasta que surgieron otras, como la Vulgata en latín de Jerónimo y la Peshitta siríaca, que fueron reconocidas como versiones estándares. Otras traducciones antiguas incluyen idiomas como el etíope, el armenio, el georgiano y el eslavo antiguo. Muchos de estos idiomas ya estaban escritos, pero a medida que los misioneros se aventuraban más, ellos como primera instancia a veces tenían que limitar el idioma hablado y recurrir al escrito. Ulfilas, el misionero de los godos, fue el primero en hacer esto.

Las treinta y tres traducciones anteriores a la Reforma tuvieron que copiarse a mano, y casi todas eran 'traducciones secundarias' que estaban hechas a partir del latín. Además, y a pesar de los esfuerzos de los primeros reformistas como John Wycliffe (1330-84 d.C.), la Iglesia católica siguió usando por su cuenta el texto en latín, que sólo era accesible para la gente educada. No obstante, en el siglo XVI se inventó la imprenta, los eruditos renacentistas redescubrieron el valor al consultar en los textos escritos en el hebreo y griego originales y por medio del protestantismo la gente se dio cuenta de que los creyentes necesitaban tener la Biblia en su idioma nativo.

El traductor al inglés más influyente del siglo XVI fue William Tyndale (1494-1536). Su trabajo en cuanto al Nuevo Testamento y partes del Antiguo Testamento gradualmente se expandió y fue revisado por otros eruditos, lo que culminó en la King James Version de 1611, que aún se usa ampliamente. Por otra parte, otras traducciones europeas se redactaron en alemán (por Martín Lutero), español, húngaro, portugués y francés.

La Reforma también ocasionó un nuevo impulso para misionar fuera de Europa y a finales del siglo XVIII el número de idiomas disponibles para la Biblia se había duplicado.

Sin embargo, un logro global mucho mayor se dio inicio en el siglo XIX, cuando las sociedades bíblicas recién se habían formado al mismo tiempo que otras agencias misioneras, que fue algo instrumental en cuanto a la traducción y publicación de porciones de las Escrituras en más de cuatrocientos idiomas.

B

Algunos traductores famosos de este siglo son William Carey, en India; John Robert Morrison, en China; Henry Martyn, en Persia; y Adoniram Judson, en Birmania. Se añadieron más de quinientas traducciones a mediados del siglo XX, sin embargo, el progreso fue lento. Muchos idiomas eran difíciles de analizar y fue particularmente complicado producir traducciones cuya lectura fuera fluida, por el empleo de géneros y modismos que un hablante nativo usaría.

A partir de 1950 la ciencia lingüística ha revolucionado la manera en la que la traducción se llevaba a cabo y organizaciones, como los Traductores de la Biblia de Wycliffe, se han propuesto la tarea de entregarle a cada persona en el mundo las Escrituras en su idioma del día a día. Cada vez más son los hablantes nativos con entrenamiento lingüístico de las lenguas metas los que realizan las traducciones y que trabajan donde sea posible desde los textos originales en hebreo y en griego. Los traductores comprenden mejor que antes la manera en la que los discursos largos se construyen a niveles que están por encima de la oración y cómo es que los factores sociales y pragmáticos afectan el significado. La combinación de la lingüística y la tecnología también ha aumentado enormemente la velocidad con la que las traducciones se pueden producir; a veces un primer borrador en un nuevo idioma se puede generar a partir de un lenguaje estrechamente cercano por medio de un programa por computadora.

Tipos de Traducción

Todos los traductores se concentran tanto en la precisión como en la aceptabilidad, pero el trabajo de la traducción implica constantemente el compromiso de estos dos factores. Existen, a grandes rasgos, dos tipos de traducciones: la correspondencia formal y el equivalente funcional.En una traducción por correspondencia formal (también llamada "literal") el traductor, en la medida posible, conserva el orden de las palabras y la estructura del texto original y traduce cada concepto de la misma manera cada vez que aparece, incluso si el resultado es ligeramente rígido. Esto es útil para el estudio de las palabras, y preserva los patrones de repetición que le dan estructura al texto. Sin embargo, siempre existe el peligro de que la combinación formal más cercana al original en realidad transmita un significado distinto al original en un contexto particular. La literalidad no es lo mismo que precisión. Llevado a un extremo, la correspondencia formal genera un tipo de semitraducción que se encuentra en textos interlineales (donde el inglés se reproduce palabra por palabra debajo de una línea en hebreo, arameo o griego); esto no es gramaticalmente aceptable, no se puede utilizar en sí para la lectura pública o privada y pierde muchos de los matices del texto original. No obstante, las traducciones por correspondencia formal en las que se evitan dichos extremos son importantes para el estudio detallado de la Biblia.

En una traducción por equivalente funcional (también llamada "dinámica", "equivalencia idiomática" o "basada en el significado"), el traductor se enfoca en producir la misma respuesta en un lector moderno como el texto original lo habría hecho con un lector antiguo. Para conseguir esto, las estructuras sintácticas y las figuras del habla del griego y del hebreo se reemplazan con sus equivalentes en el idioma meta. Una palabra se puede traducir de muchas maneras distintas en diferentes contextos, incluso cuando posee un significado básico en el texto original. Esto por un lado mantiene algunos matices, pero por otro se pierden, lo que oculta estructuras y el eco deliberado de un verso en otro. En este caso siempre existe la amenaza de que el traductor haya malinterpretado el significado original y la respuesta que podría haber generado. Desde un punto de vista extremo, este tipo consolida el parafraseo y puede que sea excesivamente subjetivo o arriesgue la particularidad histórica del texto. No obstante, las traducciones por equivalencia dinámica en las que se evitan dichos inconvenientes son valiosas para el evangelismo, los nuevos lectores y para la lectura devocional y en público.

En la práctica, la mayoría de las traducciones se sitúan en algún lugar del espectro entre estos dos extremos. Algunas traducciones intermedias son un compromiso deliberado, en las que el enfoque involucra mantenerse lo más cercano posible al texto original al mismo tiempo que se comunica su significado en un lenguaje común que es accesible para todos. La NVI es un ejemplo ampliamente utilizado. Uno de los problemas al usar dicha traducción es conocer el momento en el que la forma se ha conservado a expensas del significado y cuándo el significado se ha mantenido a expensas de la forma. Por lo tanto, para estudios serios es útil comparar las traducciones intermedias con traducciones de los otros dos tipos y aprender del material introductorio cuáles son los principios utilizados de las traducciones.

Para ilustrar las diferencias que existen entre los tipos de traducción, considera la manera en la que Rom. 3:21 se interpreta en la LBLA (correspondencia formal), en la NVI (intermedia) y en la NTV (equivalencia funcional):

> Pero ahora, aparte de la ley, la justicia de Dios ha sido manifestada, atestiguada por la ley y los profetas; (LBLA).
>
> Pero ahora, sin la mediación de la ley, se ha manifestado la justicia de Dios, de la que dan testimonio la ley y los profetas. (NVI).
>
> Pero ahora, tal como se prometió tiempo atrás en los escritos de Moisés y de los profetas, Dios nos ha mostrado cómo podemos ser justos ante él sin cumplir con las exigencias de la ley. (NTV).

Otras Opciones en Traducción

Dentro de este espectro, los traductores tienen otras decisiones detalladas que hacer.

Primero, ¿cuáles son los mejores textos disponibles en hebreo, arameo y griego que ha determinado la disciplina de la crítica textual?

Segundo, ¿qué estilo debería usarse? A veces se prefiere un estilo elevado o arcaico para transmitir la dignidad de la palabra; otras personas usan un estilo coloquial deliberado para maximizar la accesibilidad. Los diferentes libros de la Biblia tienen en sí distintos estilos y géneros, que varían desde historias vívidas hasta poemas evocativos para precisar las formulaciones doctrinales. Esta diversidad se puede reflejar en una traducción. Al mismo tiempo, el estilo y rango de vocabulario escogido dependerán hasta cierto punto de las necesidades de la audiencia meta.

Tercero, ¿la traducción debería contener la misma complejidad y ambigüedad que posee el texto original o debería aclararlo y simplificarlo? Algunas partes de las Escrituras nunca fueron fáciles de leer incluso en el texto original (*ver* 2 Pedro 3:15-16). Sin embargo, a veces es necesario desambiguar para producir un texto gramaticalmente aceptable en la lengua meta. En los libros modernos también es normal dividir el texto en párrafos y capítulos, que con frecuencia poseen subtítulos. No obstante, los textos antiguos estaban escritos sin ninguna de estas pausas, por lo que esto también es una interpretación del texto que produce claridad.

Cuarto, ¿qué debería hacer el traductor cuando no existe una palabra o frase equivalente en la lengua meta? ¡Muchas personas nunca han visto una oveja! A veces es necesario hacer una elección al momento de acuñar una nueva palabra y reenfocar el significado de una palabra existente. Esto es particularmente difícil cuando se decide la manera para referirse a Dios en una cultura pagana. La traducción de gestos también debe ser un desafío. Por ejemplo, en Jeremías 31:19 en hebreo literalmente dice "me golpeo el muslo", que es una señal de angustia; pero en la cultura occidental golpearse el muslo probablemente se refiere a una situación en la que se disfruta una buena broma, por lo que en la NVI se traduce el hebreo como "me di golpes de pecho". Las notas a pie de página puede que sean necesarias para asegurar que el significado se entienda por completo.

Finalmente, la tradición posee un rol en las culturas que han tenido la Biblia por muchas generaciones. Una traducción previa de

B

un versículo particular puede que sea tan conocido que, a no ser qué en serio esté errado, es preferible mantenerlo tal y como está en vez de "modernizarlo". Por el contrario, la tradición también puede cambiar el significado de las palabras "bíblicas" (como "santo"), por lo que se tendrían que retraducir los versículos que contengan esas palabras.

Como resultado de todas estas decisiones, existe un alcance para muchas traducciones distintas incluso para un mismo idioma. Donde hay muchas traducciones, los estudios serios siempre deberían incluir comparaciones de las traducciones y el uso de comentarios. En los lugares donde los recursos disponibles solo permiten una sola traducción en un idioma, se debe escoger con mucho cuidado el tipo de traducción que se va a producir. En cualquier caso, las nuevas traducciones siempre serán necesarias. Por un lado, aunque la palabra de Dios nunca cambia, los eruditos pueden mejorar nuestro entendimiento textual, lingüístico y exegético de los textos originales en hebreo y en griego. Por otra parte, los lenguajes humanos que se usaron para traducir la Biblia están en un proceso de constante cambio.

Traducciones Neutrales de Género

En las traducciones recientes al inglés se ha tratado de resolver en particular la interrogante de la neutralidad de género. Todos los idiomas difieren en la manera en la que denotan el género. Hasta hace poco, el género masculino en inglés también se usaba como género inclusivo; por consiguiente, "man" (hombre) podía simplemente significar "persona" o humanidad. En muchos casos el lenguaje bíblico funciona de la misma manera, por lo que las traducciones dinámicas antiguas pueden reflejar el texto original, así como las traducciones por correspondencia formal. Sin embargo, la preocupación feminista ha cambiado el uso del idioma inglés. Es cada vez más inaceptable usar el género masculino de manera inclusiva y el lenguaje del día a día ahora sustituye los plurales ("persona" o "ellos" con su significado en singular) o las expansiones ("hombre o mujer", "él o ella"). Esto presenta una divergencia para las traducciones por correspondencia formal, en las que se mantiene el uso de género del texto original, y para las traducciones equivalentes funcionales, en las que se prefieren las formas inclusivas en vez de usar formas masculinas si el significado del original es completamente inclusivo. Para complicar aún más este asunto, muchos lectores precavidos de las Escrituras están en desacuerdo respecto a dónde se presentan los matices masculinos y qué tan importantes son, en cada instancia específica, para el significado del texto.

HERMENÉUTICA BÍBLICA La hermenéutica es la ciencia y práctica de la interpretación. Puede referirse de una forma más general a la filosofía del entendimiento humano o más específicamente a las herramientas y métodos usados para la interpretación de los actos de la comunicación.

La comunicación humana se lleva a cabo en una variedad de formas: a través del uso de signos no verbales, por medio del habla y de la escritura. La comunicación efectiva requiere cierto grado de creencia, conocimiento y antecedentes compartidos entre los participantes. Si los comunicadores poseen una cantidad importante de temas de interés en común, ellos serán capaces de entender con éxito al otro con poco esfuerzo adicional. Por el contrario, los individuos que tienen un historial enormemente distinto necesitarán experimentar pasos adicionales para comunicarse de manera efectiva como definir términos especiales, evitar jergas y coloquialismos, apreciar detalles sobre las suposiciones culturales del otro o aprender un idioma extranjero.

La Biblia no está exenta de este proceso comunicativo. La finalidad de las Escrituras es que sean leídas, comprendidas y puestas en práctica (Lucas 8:4-15; Santiago 1:18), que es una tarea que requiere esfuerzo y estudio por parte de los lectores (Hechos 17:11; 2 Timoteo 2:15). Todo aquel que lea la Biblia se ve envuelto en este proceso interpretativo, aunque los lectores van a variar en cuanto a su autoconciencia y habilidad hermenéutica. Por lo tanto, aunque los lectores son capaces de entender e incautar gran parte de la Biblia sin tener ningún entrenamiento especial en los principios de la hermenéutica, dicho entrenamiento es apropiado y útil tanto para alcanzar la autoconciencia en la interpretación como la adquisición de nuevas habilidades y percepciones en el esfuerzo para convertirse en un mejor lector.

El Desarrollo de la Hermenéutica

La iglesia se ha beneficiado de una larga historia del pensamiento sobre la naturaleza y el propósito de la interpretación de las Escrituras, y esa reflexión ha significado una amplia variedad de teorías y prácticas de la hermenéutica. ¿Cómo uno puede determinar el significado de un texto? ¿El significado es la verdad incrustada dentro del pasaje? ¿O será que la intención original del autor está en la narración? ¿O será que el texto actúa de forma independiente al autor y su historia, ya sea porque se vale de sus propios términos o porque solamente "significa" cualquier cosa en la interacción con los lectores? Las respuestas a estas preguntas determinarán la manera en la que los lectores se acercan a un texto, las preguntas que ellos esperan que el texto responda y las herramientas que ellos usan en la interpretación.

Desde los tiempos de la iglesia temprana hasta la Ilustración. La iglesia temprana enfatizó la habilidad que posee el texto bíblico para interpretar la verdad celestial, ya sea si esa verdad fue concebida como una enseñanza doctrinal o como reglas absolutamente éticas. Pese a que el "significado literal" de muchos textos podría respaldar a menudo verdades y lemas simples, dicha lectura en otros tiempos era inadecuada y parecía ser incompatible con lo que se consideraba como creencias básicas y fundamentales. Por lo tanto, se emplearon muchas técnicas alegóricas para explicar tales textos problemáticos. Los intérpretes a menudo veían las características literales e históricas de un texto como punto de partida en la búsqueda de un significado más completo, como indicios simbólicos hasta principios morales, verdades absolutas o realidades eternas. Estas prácticas fueron sistematizadas a lo largo de la Edad Media, lo que significó un amplio desarrollo de la tradición. En cambio, la tradición de la iglesia proporcionó un grado de protección desde el potencial para la arbitrariedad en las técnicas alegóricas, donde se insiste en el hecho de que la interpretación debe ser guiada por la "regla de la fe", la enseñanza tradicional y la fe de la iglesia.

A comienzos de los siglos XV y XVI, la erudición se distanció de dicha tradición. Los reformistas protestantes, insatisfechos con la regla de la tradición de la iglesia, buscaron la manera de sustituir su autoridad a través de una regla directa en las Escrituras. Ellos por lo tanto retomaron el texto bíblico original y se dedicaron al estudio crítico del texto en sí para traducir la Biblia en la lengua vernácula para que fuera de alguna manera mucho más accesible. En los siglos posteriores, los eruditos de la Ilustración estuvieron un paso por delante en cuanto a su rechazo por la iglesia como el único depósito de conocimiento. En cambio, ellos se mantuvieron firmes y el conocimiento fue adquirido a través de la indagación científica y del estudio crítico. Dicha investigación se podría aplicar en cualquier campo: las fuerzas de la naturaleza, la anatomía humana o la interpretación de textos. El significado de un texto no era para cierto tipo de abstracto de la verdad o un principio celestial; en cambio, el significado era determinado por la intención original del autor humano en la escritura y, por lo tanto, se convertía en un asunto histórico. La intención de un autor se podía exponer de una mejor manera y comprenderse por medio de un estudio más completo del idioma en el que un texto estaba escrito y las circunstancias históricas que lo rodeaban. Muchos de estos mismos énfasis han sido defendidos por los reformistas protestantes; no obstante, los pensadores de la Ilustración diferían en un punto clave: los reformistas nunca cuestionaron el hecho de que el texto era la palabra de Dios.

Desde la Ilustración al presente. Esta actitud favorable hacia la investigación histórica se mermó con el transcurso de los siglos. Los autores en su lugar enfatizaron la primacía del texto como tal y que este estaba alejado de cualquier tipo de conexión con su origen e historia. Como tema de discusión, la literatura básicamente opera de manera independiente de la intención del autor. Todo lo que importa es que el texto está separado de las contingencias del

B

entorno de su creación y que es trabajo del lector entender el texto en sus propios términos.

Con esa finalidad, los intérpretes deberían prestar mucha atención a las características literarias del texto, lo que también implica concentrarse en la estructura de su argumento, caracterización, temas y el uso de imágenes. Un ejemplo interesante de esta dinámica hermenéutica se encuentra en Juan 19:22, donde Pilato afirma: "Lo que he escrito, escrito queda". Las palabras de Pilato rápidamente obtienen una importancia que va más allá de la intención del autor y esto es porque principalmente están yuxtapuestos con otros temas en Juan, como el testimonio y el reinado de Cristo.

En enfoques más recientes se ha enfatizado el rol del lector en cuanto a la construcción del significado. Puesto en discusión, la interpretación se determina por la interacción que existe entre el lector y el texto; los lectores idean sus propias presuposiciones para la tarea de la interpretación y dichas conjeturas determinan el significado. El autor y el contexto histórico del texto ejercen cierto grado de influencia, pero lo que determina principalmente el significado es el lector actual en su ambiente moderno. Esto no quiere decir que el texto "significa" lo que sea que el lector quiera que signifique; es más, hace que el significado sea contingente dentro del ambiente contemporáneo y que no esté sujeto a cualquier cosa externa para los lectores individuales. Por un lado, los lectores deben "actualizar" el texto por medio de su aplicación e incautación dentro de un ambiente extraño al del original. Por otro lado, los lectores tienen el derecho, y en algunos casos la responsabilidad, de socavar el texto particularmente si este funciona como asistencia en la opresión de otros documentos.

Elementos de una Hermenéutica Efectiva

Una hermenéutica efectiva requiere de la conservación de cada uno de estos elementos en un equilibrio constante entre sí. La palabra de Dios es veraz y absolutamente confiable, no obstante, su pueblo la recibió por medio de autores humanos individuales, autores que escribieron en un contexto particular para una audiencia en específico en un tiempo determinado. Por lo tanto, comprender la Biblia requiere del conocimiento de los propósitos de estos autores en sus contextos históricos específicos. Sin embargo, nuestro acceso principal hacia la intención de los autores es a través del texto bíblico en sí. Finalmente, el entendimiento siempre necesita de la interacción personal, y su aplicación, con el texto de las Escrituras para la vida y circunstancias de cada persona. Por lo tanto, la hermenéutica implica la interacción simultánea de una variedad de perspectivas como la verdad, el autor, el texto y el lector, donde cada uno no puede funcionar adecuadamente sin los demás. Lo que sigue a continuación es un resumen de las herramientas más importantes de la hermenéutica que se necesitan para desarrollar una tarea de tanto peso.

Lingüística

Una apreciación de la naturaleza, estructura y función del lenguaje es fundamental para cualquier esfuerzo interpretativo. Obviamente, esto se aplica ante todo para todos los idiomas específicos en los que los libros de la Biblia se escribieron originalmente. Cada idioma posee su propio y único vocabulario, gramática, sintaxis y estructuras que son características que están disponibles para un escritor en un idioma, pero en otros idiomas pueden estar ausentes. Por lo tanto, a pesar de que a menudo es necesario y aceptable recurrir a las traducciones (Nehemías 7:73-8:12), los lectores deberían estar conscientes de que la traducción en sí implica un grado de interpretación inevitable.

Un análisis más general del lenguaje también es útil. El hecho de comprender los patrones típicos con los que los autores enlazan las oraciones es necesario para seguir el hilo de pensamiento de la redacción. Esta herramienta, que se llama "análisis del discurso", opera sobre el nivel de la oración y con el que se intenta comprender y explicar la manera en la que las oraciones funcionan en conjunto con otras para producir párrafos significativos, y la manera en la que aquellos párrafos, en cambio, operan dentro del propósito dominante del discurso. Estos patrones del discurso pueden variar en base al libro, autor, idioma, cultura y género literario, pero también existen características de un discurso efectivo que es común para toda comunicación. Por lo tanto, a pesar de que los principios y las reglas de la comunicación a menudo se captan intuitivamente, comprender el lenguaje, ya sea de una manera general o específica, es fundacional para la tarea de la interpretación.

Literatura y Teoría Literaria

Los escritores bíblicos se preocuparon no sólo del contenido informacional de lo que escribieron, sino que también de la manera en la que ese contenido fue comunicado. Las palabras, los patrones del discurso, el estilo y la representación de cualquier texto proveen una percepción relevante para su propósito y mensaje, además del contenido proposicional y específico del texto. La diversidad del lenguaje utilizado en los Evangelios proporciona un ejemplo de esto. Cada uno de los autores de los cuatro Evangelios tiene una leve preocupación diferente respecto a lo que escribieron. El propósito de Juan, "para que ustedes continúen creyendo que Jesús es el Mesías, el Hijo de Dios, y para que, al creer en Él, tengan vida por el poder de su nombre" (Juan 20:31), explica el uso frecuente de su lenguaje de tribunal, así cuando hace uso de palabras como "testimonio" y "testigo" (por ejemplo, Juan 21:24). Marcos, en contraste, arrastra al lector dentro de una exposición rápida e intensamente personal de la vida y muerte de Jesús por medio de la brevedad e inmediatez de su narración. El hecho de ponerle atención a estos detalles literarios le permite al lector participar de lleno en el mundo del texto.

Dichas decisiones con frecuencia dependerán de un análisis exhaustivo del género. Un lector interpreta de manera natural la narrativa histórica a diferencia de un material poético y didáctico. Además, las convenciones de los distintos géneros cambian con el tiempo. El libro de Hechos, por ejemplo, a pesar del carácter esencialmente histórico que tiene, parece no tener preocupación en cuanto al registro de una transcripción exacta de los muchos discursos que registra, pese a las expectativas modernas respecto a la precisión posible de las escrituras históricas. La clasificación de los géneros antiguos y la descripción de sus convenciones respectivas requieren, por lo tanto, de un excelente análisis y sensibilidad, pero a menudo dichas percepciones son proporcionadas por una lectura cuidadosa y abierta del texto.

Historia

Como producto de un autor particular en un tiempo específico, cada libro de la Biblia se sitúa dentro de su propio y único contexto histórico. Por ejemplo, Pablo les escribió a iglesias o individuos particulares con un solo propósito a pesar, quizá, de estar consciente sobre la importancia de sus cartas para la posteridad. Esta particularidad del autor, la audiencia y circunstancia a menudo ocasionan problemas interpretativos. Por lo tanto, pese a que los estudios de fondo no siempre son necesarios para captar la idea general del mensaje del autor, pueden ser invaluables para proteger a los lectores del anacronismo y permitirles que puedan apreciar mejor el propósito y la perspectiva del autor.

El estudio histórico posee como apoyo las disciplinas especializadas. Por ejemplo, el enfoque de la arqueología recae en las creencias, hábitos, prácticas e historia de las culturas antiguas y además se aprovecha la riqueza de la evidencia con esa finalidad. De manera similar, a través de la antropología y de otras ciencias sociales el ser humano es capaz de explorar facetas de culturas modernas para evaluar mejor las presuposiciones y comportamientos transculturales, de los cuales muchos proveen conocimientos sobre las antiguas civilizaciones que compartían actitudes similares. Estos métodos le proporcionan al lector la información necesaria para entender un texto en cuanto a los términos consistentes con su trasfondo cultural, lo que destaca tanto las similitudes como las diferencias presentes en la Biblia y en su ambiente. Por ejemplo, en descubrimientos recientes sobre los antiguos tratados hititas se aclaran los hechos acerca de la "ceremonia mordaz" que se registra en Génesis 15. Estos tratados detallan ceremonias similares en las que el vasallo del rey camina en medio de cadáveres de animales cortados como un símbolo de lealtad; si desobedecía, el vasallo compartiría el mismo destino de esos animales. En Génesis ocurre una ceremonia similar, pero esta tiene un giro interesante al final: Dios, no Abram, fue el que pasó por los cadáveres (15:17).

La Humildad y Actitud del Lector

Una atención cuidadosa respecto a la interpretación requiere de una gran humildad. Es difícil exagerar la importancia de la actitud del lector para que la hermenéutica sea efectiva. Para ser un buen lector es necesario tener la disposición de compartir y participar en el mundo del autor y del texto, es decir, poseer una disposición que posterga el juicio y supone un cambio personal. En cambio, esto requiere del espíritu de la autocrítica, del compromiso para diferir de las presuposiciones propias para estar a favor de aquellas presentes en el texto. Aunque los lectores nunca son capaces de distanciarse por completo de su situación y conjeturas culturales, el estudio de la hermenéutica, entre otras cosas, puede proporcionar las herramientas y habilidades para la autocrítica y la autoconciencia, que son habilidades que le permiten al lector comprender, apreciar e incautar mejor el significado de un texto. Incluso un entendimiento periférico de las complejidades de la interpretación puede ayudar a los lectores a desarrollar una actitud de humildad, de imaginación y de expectativa cuando se acercan a las Escrituras.

Dicha humildad es un prerrequisito para la aplicación. La profundidad del significado que está dentro de cualquier texto, y especialmente dentro de la Biblia, le proporciona al lector humilde una herramienta rica y poderosa para el crecimiento personal. Al tener un mejor entendimiento del mundo del texto en términos propios, los lectores son capaces de "proyectar" ese mundo para sí y su entorno e incautar su significado en un nuevo y posible contexto extraño. Por lo tanto, las promesas de Jesús para aquellos que escuchan, entienden y ponen su palabra en práctica cosecharán un cultivo de "treinta, sesenta y hasta cien veces más numeroso de lo que se había sembrado" (Marcos 4:20).

Características Únicas de la Interpretación Bíblica

Ciertas características únicas del texto bíblico pueden crear oportunidades y desafíos especiales para el intérprete cristiano. Estos desafíos están en función de la interpretación misma y propia de la Biblia. La Biblia fue escrita por muchos autores diferentes durante el transcurso de un largo periodo de la historia; por lo tanto, no es sorprendente encontrar autores posteriores que hayan reflexionado sobre períodos anteriores. Esta interpretación interna de la Biblia le ofrece al cristiano percepciones sobre la naturaleza única de la hermenéutica bíblica y, por lo tanto, proporciona un modelo fundacional al momento de acercarse a la Biblia como la palabra de Dios.

La conjetura común y preeminente que fundamenta la interpretación interna de la Biblia es el compromiso con la autoría divina definitiva. Por lo tanto, el escritor de Hebreos, pese a que afirma la diversidad de la autoría humana en la Biblia (1:1), con regularidad presenta citas del

Excavaciones arqueológicas en el muro occidental del Monte del Templo en Jerusalén.

Antiguo Testamento con afirmaciones como "Dios dice" (1:5), "Él habló a través de David" (4:7) y "el Espíritu Santo dice" (3:7). Otros escritores tienden a preferir la fórmula "está escrito", pero cada una de estas reflejan la presuposición común de que las Escrituras básicamente fueron enviadas por Dios (2 Pedro 1:21).

La autoría divina significa, en última instancia, que existe una profundidad de significado y propósito para el texto, una profundidad que a menudo se esconde incluso del autor humano (1 Pedro 1:10-12). Por ejemplo, es probable que Salmos 2 haya servido originalmente como un himno de coronación que se usaba para celebrar el nombramiento de un nuevo rey en Israel. No obstante, en el Nuevo Testamento se entiende este salmo como una profecía consumada en la resurrección de Jesucristo (Hechos 13:33; Hebreos 5:5). La intención del orador original puede estar incluso en desacuerdo con la intención de Dios, así como la afirmación de Caifás cuando dijo: "No entienden que les conviene más que muera un solo hombre por el pueblo, y no que perezca toda la nación" (Juan 11:50; cf. Hechos 5:35-39). En este caso, la ironía en la afirmación de Caifás crea un testimonio poderoso, que es contrario a su intención, y es usado por Juan para promover la confianza en Jesús.

Además, dado que las Escrituras provienen de Dios, estas tienen un enfoque central y consistente. En el Nuevo Testamento sin duda se ve toda la Escritura, en toda su diversidad y muy enfocada, por la virtud de la inspiración divina en la persona y trabajo de Jesucristo. Esto se ve, por ejemplo, en Lucas 24:13-35, donde Jesús resucitado, "partiendo con Moisés y todos los Profetas", le explica a sus discípulos "lo que se dijo en todas las Escrituras respecto a sí mismo" (cf. Juan 5:39; 12:41). Este enfoque central en Cristo tiene como requisito que el intérprete cristiano entienda cualquier versículo individual a la luz de su contexto dentro del canon. De esta manera, puede operar con la misma conjetura de los apóstoles del Nuevo Testamento y comprender que todas las Escrituras testifican a Jesús el Cristo.

Además, Pablo ve ambos Testamentos como la posesión especial y el cimiento único de la iglesia de Dios (Efesios 2:19-20; cf. Hechos 2:42). La iglesia, desde la perspectiva del Nuevo Testamento, es la audiencia principal de la totalidad de las Escrituras (1 Pedro 1:12) y, por lo tanto, se le confía de manera única la comprensión y proclamación de su mensaje (Mateo 28:18-20). A pesar de que las Escrituras en sí son la única guía infalible para la interpretación, los creyentes no deberían abandonar las enseñanzas y tradiciones de la iglesia (2 Tesalonicenses 2:15).

Al final, el entendimiento absoluto de la Biblia requiere del trabajo del Espíritu Santo en conjunto con la fe del lector. La creencia y el entendimiento van de la mano (Juan 10:38), y ambos son el resultado del trabajo único del Espíritu Santo (16:13). La prueba de que dicho entendimiento se ha consumado es la vida devota del creyente (Rom. 2:13; Santiago 1:22-25). Lo contrario también es verdadero: la desobediencia funciona en contra del entendimiento de las riquezas de la palabra de Dios (Santiago 1:21). Dichas consideraciones enfatizan la importancia de la tarea hermenéutica. Las herramientas y los principios de la hermenéutica son valiosos en el caso de que le permitan al lector entender y captar mejor el mensaje bíblico para escuchar la palabra de Dios y responder adecuadamente.

TEOLOGÍA BÍBLICA No existe un consenso respecto a la definición, o método preferible, de la teología bíblica. En este artículo se explora la variedad de las maneras en las que se ha entendido y practicado la teología bíblica.

La teología bíblica se ha definido de varias maneras: (1) teología basada en las Escrituras (o teología que deriva principalmente del estudio de las Escrituras), que se diferencia de la teología basada en las declaraciones confesionales o filosofía; (2) teología que está en armonía con las Escrituras; (3) teología descriptiva de los contenidos de la Biblia; (4) estudio de la teología encontrada en la Biblia; (5) estudio de los temas principales de la Biblia; (6) formulación de la teología de toda la Biblia (que se distingue de la teología del Antiguo Testamento, la teología del Nuevo Testamento o la teología de los variados libros de la Biblia, como la teología de Isaías o la de Mateo); y (7) maneras en las que se ha estudiado la Biblia a lo largo de la historia de la iglesia.

Una de las debilidades principales de estas definiciones es que estas pueden funcionar fundamentalmente como una manera de distinguir aquellas teologías que son preferidas de las que son descartadas. Aunque puedan diferir unas con otras, cada teólogo cristiano formula una teología con referencia a la Biblia. Las teologías bíblicas tienen una correlación directa tanto con el texto de las Escrituras como con la forma de pensar de los autores de las Escrituras.

Teología Bíblica como Disciplina Nueva

La teología bíblica es relativamente una disciplina nueva. Existen dos razones respecto a esto. Primero, el término "teología bíblica" al parecer no fue usado antes del siglo XVII. Segundo, el enfoque en la progresión histórica de los temas bíblicos no fue una parte significativa de los estudios bíblicos hasta el siglo XVIII. Este enfoque histórico caracteriza a la mayoría de las teologías bíblicas de los últimos dos siglos.

En su clase de 1787 en la Universidad de Altdorf, Johann Philipp Gabler hizo una distinción entre la teología bíblica (una disciplina histórica) y la teología dogmática (una disciplina didáctica o instructiva que por lo general se le llama "teología sistemática" en nuestros tiempos). Antes de Gabler, los eruditos bíblicos se involucraron en lo que a veces se le nombraba "teología exegética", pero eso por lo general era una disciplinada subordinada a la teología sistemática en vez de ser una disciplina dentro de su propio derecho. Esto implicaba mostrar la relación entre los textos bíblicos y varias doctrinas de la teología sistemática.

Los escritores influyentes de la iglesia temprana como Ireneo y Marción tuvieron que lidiar con asuntos que se convertirían en una preocupación significativa para los posteriores teólogos bíblicos, como la relación que existe entre los Testamentos y el uso cristiano de la ley mosaica, pero ellos carecían del enfoque histórico en el estudio de las Escrituras que caracterizarían la escolaridad bíblica moderna.

El Movimiento de Teología Bíblica

La teología bíblica como una disciplina se debería distinguir del movimiento de la teología bíblica, que fue un movimiento principalmente neo ortodoxo de mediados del siglo XX sobre estudios bíblicos que creció fuera de la controversia existente entre el fundamentalismo y el modernismo en América. La neo ortodoxia, así como lo manifestó Karl Barth, se caracterizaba por la idea de que la Biblia en sí no es la palabra de Dios, sino que es más bien un registro de revelación y un testigo de la palabra de Dios. Por medio de las Escrituras encontramos la palabra divina en Cristo. Los eruditos bíblicos de este movimiento ratificaron el valor de la crítica histórica (que se opone a la interpretación literalista de la Biblia) y al mismo tiempo reconocieron la necesidad de tener una nueva dirección que afirmara la unidad del evangelio e hiciera que los resultados de la crítica histórica fueran más útiles para la iglesia.

Definición de Teología

Algunas explicaciones sobre la teología bíblica comienzan con una definición de teología. Esto no es una tarea sencilla, ya que existen muchas maneras diferentes en las que se ha conceptualizado la teología. Cuando los cristianos hablan sobre teología, ellos por lo general se refieren a (1) el estudio de Dios (así como es revelado en las Escrituras y/o en la historia), (2) el estudio de las Escrituras (la enseñanza que surge de los libros canónicos) o (3) el estudio que la iglesia (o una rama de la iglesia) cree y enseña.

El entendimiento personal sobre la teología está vinculado con la comprensión de la revelación. Aquellos que creen que Dios se ha revelado a sí mismo principalmente por medio de las Escrituras buscarán la manera de desarrollar una teología derivada de las Escrituras. Aquellos que creen que Dios se ha revelado a sí mismo principalmente por medio de sus acciones en la historia (así como el éxodo desde Egipto o la resurrección de Jesucristo) buscarán la manera de desarrollar una teología que provenga del entendimiento de esos eventos (teniendo en cuenta que muchas veces las Escrituras funcionan como el testigo principal de estas acciones). Aquellos que ven la teología como un estudio de lo que la iglesia cree harán una combinación del estudio de las Escrituras y de la historia con un análisis minucioso de las diversas expresiones de la teología dentro de una comunidad de fe. A pesar de las variadas definiciones que posee la teología, los teólogos cristianos, con un par de excepciones, están interesados en trabajar las implicaciones, como también el análisis social y la crítica, de las Escrituras cristianas (los libros de ambos Testamentos) para la vida de la iglesia.

Teología Bíblica y otros tipos de Teología

Teología sistemática. La teología bíblica a menudo se le define en distinción de la teología sistemática. Los estudiantes de las Escrituras han diferenciado la teología bíblica de la teología sistemática de distintas maneras.

Gabler veía la teología bíblica como una disciplina histórica, descriptiva, diferente a la teología sistemática, que es una disciplina instructiva, prescriptiva. Desde esta perspectiva, el enfoque de la teología bíblica tiene que ver con qué es lo que dijeron los autores bíblicos sobre los asuntos sagrados, mientras que por medio de la teología sistemática se revela qué es lo que los teólogos actuales piensan sobre los asuntos sagrados a la luz de sus propios tiempos y los antecedentes de la iglesia. A través de esta perspectiva se fuerza el reconocimiento de las diferencias que existen entre las enseñanzas de los escritores bíblicos y la teología sistemática profesada en varias iglesias.

Algunos teólogos bíblicos posteriores consideraron que la teología bíblica era una disciplina histórica en contraste con la teología sistemática, que es una disciplina lógica (se usan leyes de la lógica para organizar y sintetizar la teología).

Se puede encontrar un énfasis diferente cuando la teología bíblica es vista como una tarea descriptiva en comparación con la teología sistemática, que es prescriptiva por naturaleza. A menudo se hace una distinción en la teología sistemática, que es vista como una tarea prescriptiva (donde se explica qué es lo que "significa" la Escritura en el tiempo y situación de los creyentes contemporáneos) distinta a la teología bíblica, que es un estudio de lo que "significó" la Escritura en los tiempos en que fue escrita. Otra manera de hacer un contraste entre las dos es cuando se habla de la teología bíblica como una disciplina que estudia diacrónicamente la Biblia (por ejemplo, con un énfasis en lo que se reveló a lo largo de distintos períodos), mientras que la teología sistemática es una disciplina que estudia sincrónicamente la Biblia (donde la meta es producir un sistema unificado al enfocarse en lo que las Escrituras enseñan como un todo). La teología bíblica como un estudio diacrónico y secuencial también se ha comparado con la teología sistemática, que es vista como una organización lógica de lo que se observa secuencialmente en las Escrituras.

En resumen, aquellos que distinguen la teología bíblica de la teología sistemática, con varios matices y énfasis describen la teología bíblica como una disciplina histórica, descriptiva, diacrónica y secuencial que se enfoca en lo que la Escritura "significó" en los tiempos en que fue escrita en comparación con la teología sistemática, que es didáctica, lógica, prescriptiva y sincrónica, donde se explica lo que la Escritura "significa" para los lectores contemporáneos.

Los resultados de la teología bíblica personal se pueden usar para formular una teología sistemática a la luz del contexto cultural e histórico del teólogo contemporáneo. Los teólogos sistemáticos llevan a cabo esto de formas variadas. Los teólogos católicos romanos han situado tradicionalmente a las Escrituras junto con la tradición de la iglesia en su tarea, mientras que los protestantes valoran las Escrituras por encima de la tradición cuando elaboran una teología. Entre los protestantes, algunos interpretan las Escrituras a la luz de la tradición, razón y experiencia mientras que otros enfatizan el rol del Espíritu cuando este ayuda a los creyentes a comprender la palabra de Dios.

Teología histórica. A menudo la teología bíblica es vista como una disciplina que sigue la tarea de la exégesis bíblica y precede a la teología histórica, que en sí precede a la teología sistemática.

La teología del Antiguo / Nuevo Testamento. Las teologías del Antiguo y Nuevo Testamento se pueden ver como dos ramas de la teología bíblica o como pasos intermedios que existen entre la exégesis y la teología bíblica. A veces se consideran otras disciplinas teológicas como subsecuentes a la teología sistemática que incluyen la teología ética, la homilética y la pastoral.

B

Teología Bíblica y Exégesis

Aquellos que se concentran en la teología bíblica como un estudio diacrónico a menudo hablan de la teología bíblica como un estudio de la progresión y del desarrollo de temas significativos que están presentes en toda la Escritura o a lo largo del progreso de la revelación. Desde esta perspectiva, los teólogos bíblicos consideran el trabajo que realizan los exégetas en su estudio minucioso de las Escrituras y observan los temas que aparecen con regularidad. Cuando la teología bíblica es vista de esta manera, es común percibirla como el estudio de la teología que se encuentra dentro de cada libro de la Biblia y como una comparación, análisis y compilación de estas teologías.

La labor de los teólogos bíblicos está basada en el trabajo realizado, como extensión, por los exégetas bíblicos. El exégeta bíblico interpreta y explica un pasaje de las Escrituras a la luz de la lingüística, la semántica (a menudo incluye un estudio filológico), la gramática, la sintaxis, la crítica textual, la estructura literaria (tanto del pasaje en sí como del libro donde se encontró dicho pasaje), las estrategias composicionales y retóricas del autor (que incluye el quiasma, argumento, tema y desarrollo de personaje y paralelismo), el género, el trasfondo histórico y sociológico del texto y el escenario geográfico.

Siempre existe una fluidez en la relación entre la exégesis bíblica y la teología bíblica, porque pese a que los resultados de la exégesis bíblica informan a la teología bíblica, las observaciones de los teólogos bíblicos ayudan a los exégetas bíblicos en su entendimiento de cada libro bíblico como un todo, como también de la relación existente en las unidades más pequeñas de las Escrituras que están dentro del libro en el que se encuentran. En consecuencia, hay una interacción circular (o espiral) entre la exégesis bíblica y la teología bíblica. El entendimiento de cada parte de las Escrituras da a conocer la formulación personal de la teología bíblica, mientras que la comprensión de la teología bíblica aumenta el raciocinio personal de cada fracción. Básicamente, cada pasaje bíblico da a conocer el trabajo realizado por el teólogo bíblico, mientras que cada texto de las Escrituras es entendido de una manera más clara por el exégeta así como también capta la unidad y diversidad del canon como un todo que es visto con mayor diafanidad.

Métodos de la Teología Bíblica

Existe una variedad de maneras en las que se ha practicado la teología bíblica y una diversidad de formas en las que estas metodologías se han clasificado. Como la Biblia se ha entendido de modos distintos, se han generado varios tipos de teologías bíblicas. Por ejemplo, mientras que algunas personas se han concentrado en la forma final del texto bíblico, otras se han enfocado en la reconstrucción del texto bíblico (a la luz de los métodos críticos e históricos). Aún así, hay otras personas que se focalizan en el estudio de los eventos referidos en el texto bíblico como reconstrucciones a la luz de la crítica de la tradición o de la crítica histórica.

Las clasificaciones de los distintos métodos para la teología bíblica (algunas se superponen entre las categorías) incluyen la (1) sistemática, (2) diacrónica, (3) centrada en el tema, (4) confesional, (5) descriptiva, (6) sobre la historia de la tradición, (7) histórica de salvación, (8) cristológica, (9) sobre el cumplimiento de la promesa, (10) alegórica, (11) tipológica, (12) canónica, (13) literaria, (14) lingüística cultural y (15) sociológica. Aquí se considerarán con mayor detalle los tres primeros métodos para la teología bíblica.

El método sistemático (o dogmático) organiza la teología bíblica a la luz de las estructuras utilizadas por la teología sistemática como los tres temas de Dios, la humanidad y la salvación. Este alcance sincrónico caracterizó a las teologías bíblicas más antiguas. La mayor debilidad presente en este método es que con frecuencia conduce a la imposición del texto de las Escrituras en un marco que es incongruente con el contenido y la enseñanza de las Escrituras. Esta distorción desequilibrada conduce a la exageración de algunas ideas de los escritores bíblicos y subestima otras.

El método diacrónico (o histórico) estructura la teología bíblica en términos de la progresión histórica de los temas o ideas comunicadas por los autores de las Escrituras. El énfasis yace en la manera en que se desarrolla la revelación de Dios a lo largo del canon con un interés por los períodos históricos de la revelación. Un ejemplo de este alcance es el método histórico de la salvación, que se enfoca en el progreso y en la historia de la redención. Un estudio diacrónico de la Biblia es difícil porque no existe un consenso respecto al tiempo o secuencia de la escritura para la mayoría de los libros del Antiguo Testamento. Por ejemplo, algunos creen que la ley mosaica (así como aparece en el Pentateuco) precedió a los profetas del Antiguo Testamento, mientras que otros están convencidos de que la ley se escribió en gran medida como una respuesta a las enseñanzas de los profetas de Judá e Israel.

El método centrado en el tema (o sección transversal) selecciona un tema de unificación que es prominente en las Escrituras y observa la manera en que este tema se aborda a lo largo de la progresión histórica de las Escrituras. Los temas significativos que se pueden encontrar a lo largo de las Escrituras y que se han sugerido como un centro de la teología bíblica (una manera de proveer una unidad para el estudio de las Escrituras) incluyen (1) el/los pacto(s) de Dios con su pueblo, (2) la relación entre Dios y su pueblo, (3) la historia de la redención o de la salvación (Heilsgeschichte), (4) el reino o reinado de Dios, (5) promesa y cumplimiento, (6) reconciliación, (7) la presencia de Dios, (8) el amor y misericordia de Dios y (9) la providencia de Dios. Muchos han rechazado la posibilidad de encontrar un tema central o dominante en general en el que cada parte de las Escrituras se puede organizar, y las personas desestiman los enfoques que significan una influencia para un tema particular sobre los textos que tienen resistencia a un análisis y clasificación tan simplificados.

Preguntas para los Teólogos Bíblicos

Ha surgido una cantidad de preguntas respecto al intento de los exégetas bíblicos por formular una teología bíblica.

1. ¿La teología bíblica es un esfuerzo teológico? Esta pregunta parece originarse cuando el texto bíblico es visto como un objeto de estudio más que como la autorrevelación de Dios para la humanidad. A menudo la teología bíblica se ha entendido como la disciplina cuyo enfoque yace en lo que el texto significó, que es distinta a la teología sistemática, que se focaliza en lo que el texto significa. Enfatizar el aspecto descriptivo de la teología bíblica a expensas de su rol normativo en la comunidad de la fe puede implicar que las Escrituras sean vistas como un objeto de estudio. Si las Escrituras son consideradas como la palabra viva que es entendida solamente por aquellos que tienen el deseo de escuchar y obedecer la voz de Dios, se evitará una importante distinción entre lo que el texto significó y lo que significa. Aquellos que rechazan la posibilidad de tener un entendimiento meramente cognitivo de las Escrituras van a desestimar la idea de lo ortodoxo aparte de la ortopraxis y van a afirmar la intención de obtener una comprensión exegética (lo que el texto significó), lo que no sólo es algo incompleto y deficiente, sino que también es algo distorsionado porque desobedece a Dios (que es, por lo menos, parte de lo que las Escrituras significan en la actualidad). Aquellos que afirman que la teología bíblica es una disciplina teológica harán un énfasis en la naturaleza teológica de las Escrituras cristianas, así como en esta se abordan asuntos sobre el carácter y la naturaleza de Dios y las implicaciones que esto tiene para la moralidad humana.

2. ¿Cómo es que uno encuentra unidad en los libros bíblicos que hablan con diversas voces? ¿Existe una unidad temática? ¿La teología bíblica será mejor reemplazarla con teologías bíblicas derivadas de diversas fracciones de las Escrituras?

B

Así como la teología bíblica se entendió como una disciplina histórica, las diferencias que existen entre las enseñanzas de los dos Testamentos fue un hecho que se destacó. Esto ha llevado a algunos a rechazar las posibilidades que ofrece la teología bíblica.

(a) Algunos rechazan la teología bíblica porque ven las diferencias que hay en las teologías de los dos Testamentos como insuperables e irresolubles. Ellos ven el Antiguo Testamento no solo como algo precristiano, sino que como algo subcristiano. Hay ejemplos como el llamado de Dios a Israel para que destruyera a los habitantes de Canaán (Deuteronomio 7:1-2; 20:16-18) y las oraciones de imprecación (maldición) en los salmos (por ejemplo, Salmos 137:8-9). De forma similar, cuando la revelación de Jesucristo, así como aparece en el Nuevo Testamento, es vista como el clímax del progreso de la revelación de Dios, ¿cómo es posible que el Antiguo Testamento conserve su valor? ¿Acaso el Antiguo Testamento siempre será secundario al Nuevo Testamento?

(b) Aquellos que estudiaron en escuelas de la historia de las religiones se alejaron de la teología bíblica, incluso de sólo pensarlo, y la reemplazaron con un enfoque en el desarrollo evolutivo de la religión de Israel a la luz de las religiones de los vecinos de Israel.

(c) Aquellos que han rechazado la teología bíblica se concentran en el estudio histórico crítico del texto y a menudo desestiman la historicidad de los eventos descritos en el texto. En respuesta, hay quienes que han defendido el valor de la historia en las narrativas bíblicas, mientras que otros han perseguido una teología bíblica sin considerar el asunto de la historicidad de los eventos descritos en las Escrituras, por lo que se focalizan en la teología que proviene de la forma final de las Escrituras.

(d) Los nuevos intérpretes bíblicos se han concentrado en las diferencias que existen en la teología de los escritores de los variados libros canónicos (por ejemplo, el contraste presente en la manera en que Jesús es presentado en los Evangelios sinópticos y en el Evangelio de Juan o las diferencias que hay en las formas en las que la fe es entendida por Santiago y Pablo o las perspectivas variantes sobre los pobres y oprimidos vistos en el libro de Éxodo que se compara con Proverbios). Como resultado, el movimiento está lejos de observar las similitudes y de destacar estas diferencias (por lo tanto, se distancia de la unidad).

3. ¿Es posible resumir de forma precisa todo lo que enseña la Biblia? ¿Es posible que uno pueda producir una teología bíblica que valore cada texto bíblico?

Al parecer todos los intentos por formular una teología bíblica serán, por necesidad, selectivos, ya que es imposible elaborar una teología bíblica en la que todos los textos sean ponderados por igual. Siendo este el caso, ¿qué partes de las Escrituras se usarán? ¿Cuál de estas será la central? ¿Cuál será ignorada? ¿Cómo se tomarán estas decisiones?

4. ¿A qué se refiere el uso del término "Biblia"?

Las distintas comunidades de fe tienen diversos cánones de las Escrituras de gran autoridad. Las iglesias católico romanas y ortodoxas orientales poseen un canon que implica el uso de los libros deuterocanónicos, que es así como a veces lo llaman los protestantes que a su vez es algo que ellos rechazan. Las diferencias en el epicentro del estudio para una teología bíblica tendrán un efecto, obviamente, en la teología bíblica que se genere.

BIBLIOTECAS Las bibliotecas antiguas desempeñaron un papel importante en la transmisión y preservación de la Biblia. Nuestro conocimiento sobre el tamaño y el alcance de las bibliotecas antiguas continúa acrecentándose. Las bibliotecas antiguas diferían en tamaño, desde pequeñas colecciones contenidas en residencias privadas adineradas hasta enormes archivos de templos y palacios. Las colecciones más grandes por lo general contenían textos en varios idiomas diferentes. Los textos mismos podían incluir varios modos de escritura, como arcilla impresa con un puntero; cerámica rota (tiestos) grabada con una herramienta filosa; o papiro o pergamino (piel de animal) con tinta.

Período del Antiguo Testamento

Las bibliotecas más extensas mantenidas durante el período de tiempo del AT consistían en colecciones cuneiformes de tabletas de arcilla. Sabemos de aproximadamente trescientas bibliotecas y archivos que datan del 1500 al 300 a.C, que se extienden sobre toda la Creciente Fértil desde Elamite Anshan (noreste del Golfo Arábigo) en el extremo sureste, a Sapinuwa Hitita en la Turquía moderna al extremo norte, hasta Egipto Akhetaten en el extremo suroeste. La mayoría de los edificios de Mesopotamia fueron diseñados alrededor de un gran patio interior, y la biblioteca se encontraba frecuentemente ubicada en una sala adyacente a este patio, lo que proporcionaba acceso importante a una buena luz para la lectura. Los tiempos de vida de estas bibliotecas también variaban entre las que se usaban solo durante un par de años y un par que se usaron por 140 años.

Asiria y Babilonia. La colección más grande de textos consistió en aproximadamente treinta mil tabletas de arcilla y fragmentos encontrados en las bibliotecas de Nínive. El palacio de Senaquerib (704-681 a.C), ubicado junto al muro occidental en el lado norte del río que atraviesa la ciudad, incluía tres bibliotecas. La biblioteca principal consistía de dos salas adyacentes que albergaban la mayoría de los textos literarios hallados en la ciudad.

Dentro de una segunda biblioteca, se descubrieron alrededor de 450 impresiones de sellos de arcilla (bullae), con impresiones de sellos reales en un lado e indicaciones de sujetadores de cuerda por el otro lado, que probablemente se adjuntaban a documentos administrativos escritos en rollos o papiros que se hubieren desintegrado hace un tiempo. La tercera biblioteca contenía documentos cuneiformes, algunos de los cuales contenían resúmenes arameos de sus contenidos. El palacio de Asurbanipal (668-627 a.C) estaba ubicado al norte de Senaquerib. Este palacio también contenía una biblioteca principal con una gran cantidad de textos literarios y una biblioteca más pequeña que albergaba documentos para los oficiales militares. Aunque la biblioteca de Asurbanipal recibió donaciones de textos de individuos como el hermano de Asurbanipal y del eunuco jefe del príncipe heredero, no está claro si existía alguna política de adquisición.

La capital asiria de Assur contaba con cincuenta y tres bibliotecas y archivos diferentes. En el templo del dios Assur, el supervisor de las ofrendas del templo mantenía una biblioteca. Una gran biblioteca de 420 tabletas de arcilla, ubicada en un edificio administrativo cerca de dos de los templos más importantes de la ciudad, fue custodiada por los mayordomos de varios reyes desde Salmanasar I (1273 a.C) hasta Ashur-bel-kala (1056 a.C).

Un pequeño archivo administrativo con recibos y documentos similares pertenecía al ganadero encargado del engorde de ganado y ovejas. Una pequeña biblioteca de solo 6 tabletas parece haber sido la biblioteca de manuales para el exorcista del rey. Una biblioteca de 140 tabletas de arcilla pertenecía a una familia prominente de la ciudad y consistía en varios documentos legales, como préstamos, certificados de adopción, contratos de herencia y recibos. Uno de los gobernadores de la ciudad tenía una biblioteca personal con documentos de préstamos, listas de inventario y otros documentos administrativos.

La ciudad de Babilonia tenía unas veinte bibliotecas. Una de estas bibliotecas, que se cree que estaba ubicada cerca de los famosos jardines colgantes del palacio sur, contenía 290 registros administrativos del reinado de Nabucodonosor (605-562 a.C). Entre estos registros hay una lista de prisioneros de guerra que menciona al rey Joaquín de Judá, deportado por Nabucodonosor. El palacio norte también tenía una gran biblioteca que contenía 950 préstamos y documentos cuneiformes de bienes raíces del período persa (específicamente, 465-404 .a.C). Alrededor de 21 de estos documentos cuneiformes tienen notas de resumen en arameo en ellos. También, como era de esperar, había una gran biblioteca en el templo de Nabû, el dios patrono de los escribas. Las 1.500 tabletas de escuela encontradas en este templo sugieren que se usó como una escuela de entrenamiento de escribas.

Ugarit. Los diecisiete archivos y bibliotecas descubiertos en Ugarit son importantes para nuestro conocimiento de los cananeos porque es a partir de estos textos que tenemos acceso a los mitos de Él y Baal escritos en el idioma local ugarítico. La mayoría de los textos en este archivo abarcan un período muy corto (1230 -1175 a.C) durante los reinados de tres reyes sucesivos. Había ocho bibliotecas diferentes en el palacio real, la más grande de ellas con unas 254 tabletas de arcilla, mientras que la más pequeña sólo contenía 14 tabletas de arcilla.

Aunque la mayoría de las tabletas se escribieron en el idioma local ugarítico, muchas de las cartas y documentos administrativos se escribieron en acadio, que era en ese momento la lengua franca comercial de toda la región. Además se escribieron varios textos religiosos en hitita o hurrita. En este conjunto de bibliotecas vemos la importancia del bilingüismo para los escribas, como se evidencia en el intercambio en el acueducto con el comandante en jefe asirio (2 Rey. 18:17-37, especialmente v. 26).

Colecciones hebraicas y arameas. Además de las bibliotecas cuneiformes, se han descubierto varias bibliotecas con hebreo y arameo preservados en ostraca (fragmentos rotos de cerámica utilizados para escribir). El palacio en la capital del norte de Samaria contaba con una biblioteca administrativa con 102 ostracas hebreas del siglo VIII a.C Estos documentos a menudo se les conocen como la Ostraca de Samaria y son recibos y registros de la entrega de aceite y vino a diferentes lugares. La ciudad de Laquis tenía una pequeña biblioteca militar de cartas, ubicada a la derecha de la puerta exterior; la biblioteca era mantenida por Yaosh, el comandante de la ciudad poco antes de su invasión en 587/586 a.C Con fecha incluso más tarde, desde el siglo 5 a.C, son documentos dejados por una pequeña comunidad judía en la isla de Elefantina, en el límite sur de Egipto; este pequeño grupo de documentos privados escritos tanto sobre el ostraca como sobre el papiro se refieren a todo, desde sueños hasta el pago de deudas, e incluyen una nota sobre una prenda que queda en el templo de Yahvé.

Ciertamente el palacio real en Jerusalén también tenía bibliotecas y archivos, como era común en toda la región. El AT menciona varios libros que muy probablemente se encontraban en bibliotecas o archivos de este tipo. El Cronista se refiere al "libro de los reyes de Judá e Israel", que el lector puede consultar para obtener más información sobre un rey determinado (por ejemplo, 2 Cr. 25:26). Otros libros mencionados incluyen "el Libro de las Guerras del Señor" (Nm. 21:14), "el Libro de Jaser" o literalmente "el Libro del Justo" (Jos. 10:13), "el libro de los

Salón donde se encontró la biblioteca de cartas de Laquis en el antiguo sitio de Laquis.

hechos de Salomón "(1 Re. 11:41),"el libro de las crónicas de los reyes de Israel" (1 Re. 14:19), y "el libro de las crónicas de los reyes de Judá" (1 Re. 14:29).

Alejandría. Mientras que gran parte de nuestro conocimiento sobre las bibliotecas mencionadas anteriormente proviene de las excavaciones arqueológicas de los sitios, nuestro conocimiento de la biblioteca en Alejandría es sólo textual, pero es lo suficientemente variado y abundante como para proporcionar credibilidad a su existencia. Dos características principales que distinguen a esta biblioteca de sus predecesoras y la hacen más comparable a las bibliotecas modernas es su uso de bibliotecarios a tiempo completo y el enfoque de estos bibliotecarios en las adquisiciones.

El cargo de jefe bibliotecario en Alejandría era por designación real y era tenido en alta estima. Ptolomeo III (246-221 a.C) tomó prestados libros de gobernantes de todo el mundo para copiarlos. Galen informa que los funcionarios de aduanas en Alejandría tenían órdenes de confiscar los libros que estaban a bordo de los barcos que pasaban, y que luego los copiaban. La mayoría de las veces, los textos originales se depositaban en la biblioteca, y eran las copias las que se devolvían a los propietarios originales, y Alejandría iba perdiendo el dinero abonado que se había depositado para "tomar prestados" los libros. Esta práctica permitió a la biblioteca de Alejandría recolectar unos cuatrocientos mil pergaminos mixtos con múltiples obras y otros noventa mil pergaminos individuales para la época de Calímaco (305 240 a.C).

Esta práctica también se menciona en la Carta de Aristeas como la motivación de Demetrius de Phalerum, el bibliotecario de Alejandría, de solicitar la traducción del Pentateuco al griego. Independientemente de si existe o no validez histórica para esta solicitud en relación con el Pentateuco en sí mismo, el énfasis de la biblioteca en Alejandría en adquisiciones y copias era claramente bien conocido.

Período del Nuevo Testamento

Una de las bibliotecas más importantes relacionadas con la historia de la Biblia son los Manuscritos del Mar Muerto, un archivo de novecientos rollos de pergamino descubiertos por primera vez en cuevas cerca de Qumran en 1947.

Estos textos datan de 150 a.C a 70 d.C, superponiéndose al período del NT. Aunque muchos estudiosos piensan que estas cuevas sirvieron como un tipo de instalación de almacenamiento externo para la biblioteca de la comunidad que las produjo, otros estudiosos han sugerido, sobre la base de restos de un sistema de estanterías que se encuentran dentro de las cuevas, que estas cuevas sirvieron como bibliotecas permanentes para la comunidad. Los manuscritos bíblicos constituyen aproximadamente el 40 por ciento del archivo (incluidas partes de todos los libros del AT, excepto Ester), y un 30 por ciento adicional de los manuscritos son manuscritos apócrifos o pseudoepigráficos. El 30 por ciento restante del archivo se ha clasificado como documentos sectarios, incluidos los comentarios sobre diferentes libros del AT y las reglas para una vida adecuada dentro de la comunidad.

BIBLOS Antigua ciudad de Fenicia, también conocida como Gebal (moderna Jbeil o Jubayl), que está ubicada en un arrecife en las laderas de Líbano a unas cuarenta millas al norte de Sidón. Su importancia histórica como centro comercial e internacional que conecta a Egipto, Grecia y Siria-Palestina se ha demostrado a través de una gran evidencia.

Un cuento egipcio famoso (la Historia de Unamón) describe a Biblos como el puerto más poderoso y como el principal exportador de madera de cedro hacia Egipto. Posteriormente, Biblos se convirtió en el mayor centro de distribución para el comercio de papiro egipcio y abasteció al mundo griego con materiales de escritura (por ende, de ahí proviene el nombre griego "Biblos" o "libro", del cual deriva la palabra en español "Biblia").

Biblos se menciona en Josué 13:5 como parte de la tierra que aún no es conquistada. Los hombres de Biblos ayudaron en la construcción del templo de Salomón (1 Reyes 5:18). En un oráculo en contra de Tiro, Ezequiel menciona a los hombres de Biblos como hábiles constructores navales (Ezequiel 27:9). Biblos, o Gebal (ESV, NRSV, KJV), en Salmos 83:7 se considera para denotar un lugar diferente cerca de Petra, al sureste del Mar Muerto (esto en base a las afirmaciones hechas por Eusebio y Josefo), pero se entiende mejor como una referencia a la ciudad fenicia.

B

BICHRI *Ver* Bicrí.

BICRÍ El texto de los hebreos de 2 Samuel 20:14 menciona al clan de "Bicrí", y se presume que es un grupo de personas por lo demás desconocidas. Algunas versiones antiguas al parecer respaldan una revisión poco firme del texto respecto a los "elegidos" o a los "Bikrites" (*ver* 2 Samuel 20:1).

BICRI Padre de Seba, el benjamita que se rebeló en contra de David. Los hombres de Joab asediaron a Seba en Abel-bet-maaca, y a ellos les entregaron su cabeza (2 Samuel 20:1-22). Bicri no se menciona más en el Antiguo Testamento.

BICRÍ *Ver* Bicri.

BICRITAS Término usado en la LXX y en la Vulgata latina en 2 Samuel 20:14 (también en la RSV, NRSV) para referirse al grupo de personas que se les identifica en el texto hebreo como Berites.

BIDCAR "Oficial de carro" de Jehú. Jehú le ordenó a Bidcar arrojar a Joram rey de Israel al campo de Nabot el jezreelita después de que Jehú le disparó una flecha a Joram (2 Reyes 9:24-26). Bidcar estuvo con Jehú desde el momento en el que ellos escucharon que Elías profetizó este evento. *Ver también* 1 Reyes 21:18-24.

BIELDA Una herramienta semejante a una pala o un tenedor usado en el proceso de aventar. La bielda (KJV: "abanico", Is. 30:24; Mt. 3:12; Lc. 3:17) se usaba para aventar el grano al aire para permitir que la cáscara fuese soplada mientras el grano, más pesado, se asentaba. *Véase también* Aventar.

BIEN Mientras que los griegos identificaban el bien como un ideal abstracto hacia el cual debiesen esforzarse las personas en todas sus acciones, la Biblia identifica la bondad como un atributo de Dios, quien es personal (Sal. 25:8-10). Por lo tanto, Dios es el máximo estándar de bondad.

La creación en sí expresa la bondad de Dios. Los seres humanos están hechos temerosa y asombrosamente (Sal. 139:14). Hemos recibido la capacidad de disfrutar las muchas bendiciones de la creación de Dios (Sal. 145:9, 16) y para llevar las potencialidades de la creación su máxima expresión a través del cultivo y sometimiento de la tierra (Gn. 1:28; Sal. 8). Somos creados a imagen de Dios para hacer el bien viviendo según los propósitos de Dios. El mal entró en el mundo cuando Adán y Eva miraron a algo en la creación en vez de a Dios como la fuente última del bien (Gn. 3).

En su bondad, Dios ha elegido la bondad. Si hiciésemos brillar la bondad de Dios a través de un prisma, su espectro de color incluiría el amor, la misericordia, la gracia, la amabilidad, la fidelidad, la rectitud, la belleza y la perfección para redimir a su pueblo, que ha perdido su capacidad para el bien a través del pecado. Jesús es el buen pastor que entrega su vida por sus ovejas (Jn. 10:11). Dios derrama su benevolencia sobre los malos y los buenos (Mt. 5:45). Para los creyentes, Dios usa todo, incluso su sufrimiento para traer el bien, concretamente, la similitud a Cristo (Rom. 8:28-29).

BIENAVENTURANZAS Las bienaventuranzas son una serie de "bendiciones" anunciadas por Jesús en el sermón de Mateo en el monte (Mateo 5:3-10) y paralelamente en el sermón de Lucas en la planicie (Lucas 6:20-22). La versión de Mateo contiene ocho bienaventuranzas, que incluye una novena (5:11-12) que se detalla en la octava. Lucas tiene cuatro bienaventuranzas, pero se compensan con "aflicciones" dirigidas contra los ricos y poderosos.

Cada bienaventuranza tiene dos partes. La primera comienza con una afirmación de la bendición y le sigue la identidad de la persona bendecida (por ejemplo, "bienaventurados los pobres en espíritu"). La segunda parte explica la razón por la que la persona es bendecida (por ejemplo, "porque de ellos es el reino de los cielos"). En Mateo, la frase "porque de ellos es el reino de los cielos" aparece en los versículos 3, 10, que funciona como elemento de inclusión para el mensaje central de las bienaventuranzas: el reino de los cielos está presente y es poderoso en aquellos que tienen una relación con Jesús.

Las bienaventuranzas presentan una nueva realidad para aquellos que responden al reino que ofrece Jesús. Estas presentan un cambio radical para el oprimido: el pobre en espíritu, para los que lloran, los mansos y los perseguidos. Desde la perspectiva de la sociedad, ellos son débiles y están en desventaja, pero Jesús los llama "bendecidos". Las bienaventuranzas en Mateo 5:6-10 revelan actitudes y acciones que son agradables para Dios: "los que tienen hambre y sed de justicia" (v. 6), "los misericordiosos" (v. 7), "los de limpio corazón" (v. 8) y "los pacificadores" (v. 9).

Las bienaventuranzas de Lucas son más cortas y menos espiritualizadas que las de Mateo. Por ejemplo, en Lucas aparece "bienaventurados ustedes los pobres" mientras que en Mateo dice "pobres en espíritu", y "bienaventurados ustedes los que ahora tienen hambre" mientras que Mateo habla sobre "los que tienen hambre y sed de justicia". Esto concuerda con el gran énfasis de Lucas en todo su Evangelio respecto al peligro de las riquezas, la situación de los pobres y los asuntos sobre justicia social.

BIGTA Uno de los siete empleados personales del rey persa Jerjes (Asuero), que recibió la orden de traer a la reina Vasti a su banquete (Ester 1:10). Como trabajaba en un harén, él era un eunuco.

BIGTÁN Uno de los dos porteros del rey persa Jerjes (Asuero) que organizó un complot para asesinar al rey. Mardoqueo fue quien descubrió y reportó la conspiración, por lo que posteriormente colgaron a Bigtán (Ester 2:21-23).

BIGTANA *Ver* Bigtán.

BIGVAI Jefe de un clan que fue parte del regreso temprano a Judá desde el cautiverio en Babilonia en el año 539 a.C. o pronto posteriormente (Esdras 2:2, 14; Nehemías 7:7, 19). El mismo clan envió a Utai, a Zacur y a setenta hombres en los tiempos de Esdras alrededor del 458 a.C. (Esdras 8:14). Bigvai también es mencionado en la lista de las personas que sellaron el pacto de renovación dirigido por Esdras (Nehemías 10:16).

BILÁN **(1)** Descendiente de Seir a través de Ezer, un jefe horeo que vivió en Edom (Génesis 36:27; 1 Crónicas 1:42). **(2)** Descendiente de Benjamín a través de Jediael y padre de siete hijos (1 Crónicas 7:10).

BILDAD EL SUHITA Uno de los tres amigos de Job era un suhita (Job 2:11). Aunque no es seguro, esta designación puede referirse a Súa, uno de los hijos de Abraham con Cetura (Gn. 25:2).

BILDAD Es el segundo amigo de Job que se presenta en Job 2:11, donde se dice que él proviene de un lugar por lo demás desconocido, es decir, Súah. Los discursos de Bildad (Job 8; 18; 25) reflejan su firme convicción respecto a que Dios es quien se encarga de las personas (incluyendo a Job) exclusivamente por medio del principio de la justicia retributiva: Dios castiga el pecado y premia el bien.

Aunque Bildad comparte esta perspectiva con sus amigos, él la aplica de una manera más impetuosa. Bildad atribuye de manera incorrecta la muerte de los hijas de Job a un tipo de pecado inespecífico que ellas cometieron (8:4) e incentiva de una manera inapropiada a Job para que busque a Dios por el perdón de su pecado, por lo que Bildad afirma que eso lo conducirá a su restauración (8:5-6).

BILEÁN Ciudad al oeste de Manasés que fue entregada a algunos de los levitas descendientes de Coat (1 Crónicas 6:70). Probablemente es la misma ciudad que Ibleam (Josué 17:11). Bileán yace a unas cincuenta millas al norte de Jerusalén.

BILGÁ **(1)** El decimoquinto de veinticuatro líderes de familias sacerdotales que David asignó por sorteo para el servicio en el templo (1 Crónicas 24:14). **(2)** Sacerdote que regresó a Jerusalén con Zorobabel y Josué (Nehemías 12:5, 18), y que posiblemente también se le llamaba Bilgaí (10:8).

B

BILGAÍ *Ver* Bilgá.

BILHÁ (1) Criada de Raquel, que Labán le dio (Génesis 29:29). Raquel se la entregó a Jacob como una concubina, por lo que Bilhá dio a luz a Dan y a Neftalí (30:5-8). Posteriormente, Rubén tuvo relaciones sexuales con Bilhá (35:22). **(2)** Ubicación en el territorio de Simeón (1 Crónicas 4:29), que probablemente también aparece en Josué 15:29; 19:3; 19:44, pero escrito de manera alterna.

BILSÁN Uno de los varios líderes que acompañaron a Zorobabel y a Josué cuando el pueblo de Israel regresó a Jerusalén y a Judá del cautiverio en Babilonia (Esdras 2:2; Nehemías 7:7).

BIMAL Descendiente de Aser a través de Jaflet y jefe de una familia (1 Crónicas 7:33).

BINA Descendiente de Benjamín, del rey Saúl y de Jonatán a través de Mosa. Al hijo de Bina se le llama Rafaías y Refaías (1 Crónicas 8:37; 9:43).

BINÚI (1) Padre de Noadías, un levítico contemporáneo de Esdras (Esdras 8:33). **(2)** Descendiente de Pahat-moab que estuvo entre aquellos que fueron culpables por haberse casado con una mujer extranjera (Esdras 10:30). **(3)** Ancestro de trece hombres que fueron culpables por haberse casado con una mujer extranjera (Esdras 10:38 [no obstante, ver NVI mg.]).

(4) Hijo de Henadad, que completó dos secciones del muro de Nehemías (Nehemías 3:18 ["Bavay" en algunas versiones; *ver* NVI mg.], 24). Él fue uno de los levitas que ratificó el documento de rededicación (Nehemías 10:9). **(5)** Jefe de una familia de la que 648 retornados acompañaron a Zorobabel a Jerusalén (Nehemías 7:15 [probablemente Bani en Esdras 2:10]). **(6)** Uno de los líderes levíticos que regresaron a Jerusalén con Zorobabel (Nehemías 12:8). *Ver también* Bavai.

BIRSA Rey de Gomorra. Él fue parte de la alianza de cinco reyes que se rebelaron en contra de Quedorlaomer rey de Elam (Génesis 14:1-16). Quedorlaomer derrotó a Birsa y a sus aliados y saqueó las ciudades de Sodoma y Gomorra, pero Abram recuperó el botín y a los cautivos.

BIRZAVIT Descendiente de Aser a través de Malquiel o posiblemente es el nombre de un lugar (1 Crónicas 7:31 [KJV: "Birzaith"]).

BISLAM Uno de los hombres que escribieron una carta al rey Artajerjes en arameo (Esdras 4:7). El nombre podría ser la forma abreviada de "Ben-Selam", que significa "hijo de paz", o del nombre arameo "Bel-Salam", que significa "Bel es paz".

BITHRON Traducción de la palabra hebrea bitron, un término de significado incierto que aparece solamente en 2 Samuel 2:29. Abner, comandante del ejército de Is-boset, marchó por Bitrón mientras huía de David. Según las explicaciones más comunes, "Bithron" se refiere a un barranco o a un paso montañoso, posiblemente al río Jaboc (KJV, TEV), o una palabra para indicar la mañana (NVI, NRSV, RSV, NASB).

BITIÁ Al parecer es una de las dos esposas de Méred el judaíta (1 Crónicas 4:17-18), aunque el texto hebreo no es claro en este punto. Bitiá puede que haya sido una princesa por la presencia de la frase "hija del faraón", que puede referirse solamente a su descendiente egipcia. El nombre "Bitiá" significa "hija de Yah (weh)" y podría indicar que ella se convirtió a la religión de Israel.

BITINIA Región en la parte norte de Asia Menor que limita con el Mar Negro que, junto con Pontos, fue gobernada como una provincia por los romanos. Pablo y sus camaradas misioneros deseaban entrar a Bitinia durante su segundo viaje misionero, pero el Espíritu Santo evitó que entraran, por lo que ellos viajaron en cambio a Macedonia (Hechos 16:7). Los cristianos en Bitinia recibieron los saludos de Pedro (1 Pedro 1:1).

BITUMEN Sustancia parecida al alquitrán usada como mortero para pegar ladrillos, así como se menciona en Génesis 11:3 (NVI: "asfalto") sobre la construcción de un zigurat. También se usó, junto con brea, como un agente a prueba de agua para el arca de Noé (Génesis 6:14) y para la canasta de caña en la que Moisés estuvo cuando era un infante (Éxodo 2:3).

BIZCOCHOS DE PASAS *Véase* Pasas.

BIZOTIA Ciudad en el Néguev que pertenecía a Judá (Josué 15:28). Se encuentra en el extremo sur cerca de Beerseba.

BIZTA Uno de los siete asistentes personales del rey persa Jerjes (Asuero), que recibieron la orden de traer a la reina Vasti a su banquete (Ester 1:10). Como trabajaba en un harén, él era un eunuco.

BLANCO Comúnmente asociado con la gloria (Dn. 7:9; Mt. 17:2; Ap. 1:14) y pureza (Sal. 51:7; Is. 1:18; Ap. 3:4), blanco es un color usado tanto por ángeles (Mc. 16:2; Jn. 20:12; Hec. 1:10) y santos celestiales (Ap. 7:9). En la piel, sin embargo, el blanco es anormal, indicando enfermedad de la piel (Éx. 4:6; Lv. 13:3-4). La nieve es usada en comparaciones y símiles para representar el color blanco (Éx. 4:6; Nm. 12:10; 2 Re. 5:27; Sal. 51:7; Is. 1:18; Dn. 7:9; Mt. 28:3; Ap. 1:14). *Véase también* Colores.

BLASFEMIA Cualquier tipo de expresión despectiva que rechaza la autoridad de Dios y que cuestiona su naturaleza. En el Antiguo Testamento aparecen tres palabras que transmiten en esencia este sentido de un discurso o acción totalmente ofensivos.

El primer concepto, na'ats, significa "hablar o actuar con desprecio", es decir, rechazar la autoridad de Dios (Números 14:23; Deuteronomio 31:20). Entre los blasfemos se incluyen a los enemigos malvados que se burlan de Dios (Salmos 10:3, 13; 74:18) y el pueblo de Dios que rechaza la autoridad de su palabra (Isaías 1:4; 5:24). La segunda palabra, gadap, es un sinónimo de na'ats.

Cuando el comandante de campo de Senaquerib desautorizó públicamente la confianza en Dios de las personas, Isaías profetizó que Senaquerib iba a sufrir castigo divino por esta blasfemia (2 Reyes 19:5-7; Isaías 37:6-7). También se refiere a acciones que desafían y, por ende, blasfeman contra Dios (Números 15:30). El tercer concepto, naqab, literalmente significa "perforar un agujero" y señala el intento de ocasionar daño. Este término aparece dos veces en Levítico 24:15-16 en conjunto con una maldición hacia Dios; la pena es la muerte.

Esto proporciona la base para el material del Nuevo Testamento. Cuando los fariseos atribuyeron erróneamente el poder de Jesús para expulsar demonios a Beelzebú, Jesús declaró que todo pecado y blasfemia serían perdonados, incluso toda palabra dicha en contra del Hijo del Hombre, pero no así las palabras o blasfemias dirigidas al Espíritu Santo (Mateo 12:22-32). La labor del Espíritu fue evidente en la poderosa demostración que ellos habían visto. Atribuir el trabajo de Jesús a Satanás era un completo insulto hacia la majestad de Dios.

Cuando este "hijo del hombre" aseguró tener poder y atributos divinos, algunos de los líderes judíos lo acusaron de blasfemia. En el Antiguo Testamento, blasfemar involucraba la denigración de la majestad, autoridad y poder de Dios. Aunque Jesús no dijo nada despectivo de Dios, su audiencia pensó que él había blasfemado contra Dios en varias ocasiones. A principios de su ministerio, Jesús declaró el perdón de los pecados cuando sanó al hombre paralítico. La respuesta de los fariseos y maestros de la ley fue pensar "¿Quién es este, que profiere blasfemias? ¿Quién puede perdonar pecados? ¡Nadie sino Dios!" (Lucas 5:21). En el Evangelio de Juan se registra la continua tensión entre Jesús y sus oponentes.

Ellos estaban preparados para apedrearlo "por blasfemia; porque tú eres hombre, pero te haces Dios" (Juan 10:33). Finalmente, cuando Caifás puso bajo juramento a Jesús ante el Sanedrín para declarar si él era el Cristo, el Hijo del Dios vivo, Jesús respondió refiriéndose a Daniel 7:13-14 y Salmos 110:1, porque ellos verían al Hijo del Hombre sentado en la mano derecha de Dios y aproximándose en las nubes del cielo (Mateo 26:64-66 pars.). Para ellos, esto claramente fue blasfemia (*ver* Juan 19:7).

Esteban fue acusado de decir palabras de blasfemia contra Moisés y Dios (Hechos 6:11), y Saulo de Tarso, en su vendetta contra los cristianos, pasó de una sinagoga a otra intentando forzar a los primeros cristianos para que blasfemaran (Hechos 26:11). Posteriormente, sabiendo que él era "el peor de los pecadores", Pablo reconoció que él era un "blasfemo, perseguidor e injuriador" (1 Timoteo 1:13-16). Además de tener presente la gravedad de la ofensa, Pablo declaró haberle entregado a Satanás a Himeneo y Alejandro para que ellos aprendieran a no blasfemar (1 Timoteo 1:20).

El origen de toda blasfemia aparecerá en la confrontación escatológica final: en las cabezas de la bestia estará escrito un nombre blasfemo (Apocalipsis 13:1; cf. 17:3), y dirá blasfemias contra Dios, su templo y su pueblo (13:5, 6). Pablo describe este mismo escenario en 2 Tesalonicenses 2:3-4, donde "el hombre de la rebeldía" se sitúa a sí mismo en el templo de Dios y proclama que él es Dios. Finalmente, cuando la ira es desparramada sobre la tierra, aquellos que se rehúsan a arrepentirse maldecirán a Dios (Apocalipsis 16:9, 11, 21), que es la blasfemia final.

BLASTO Sirviente personal de Herodes Agripa I que es mencionado en Hechos 12:20. Era muy probable que él fuera el chambelán a cargo de los dormitorios de Herodes. Los ciudadanos de Tiro y Sidón lo persuadieron para que los ayudara a hacer las paces con Herodes respecto a un asunto con el abastecimiento de comida.

BOANERGES Apodo, que significa "hijos del trueno", que Jesús le dio a los hermanos Jacobo y Juan cuando él los nombró como apóstoles (Marcos 3:17). Marcos no explica la importancia del nombre, pero puede que se refiera al temperamento pasional de los dos (cf. Marcos 9:38; Lucas 9:54). Alternativamente, si tenía un significado positivo como el sobrenombre de Simón, "Pedro/roca" (cf. Marcos 3:16; Mateo 16:18), puede que indique el rol futuro de ambos como testigos estruendosos para el evangelio.

BOAZ **(1)** Uno de los dos pilares de bronce erigidos por Salomón en el pórtico del templo (1 Reyes 7:15-22). Este nombre significa "en él [está] la fuerza". Junto con el otro pilar, Joaquín, los nombres forman una oración: "Que él [el SEÑOR] lo fortalezca [Salomón]". Los pilares puede que los hayan tallado con una inscripción real, pero los rompieron en la conquista babilónica de Jerusalén (2 Reyes 25:13). **(2)** Hombre oriundo de Belén que se casó con Rut la moabita durante los tiempos de los jueces. Booz fue un terrateniente anciano y rico que honraba a Dios en sus palabras (Rut 2:4, 12; 3:10) y hazañas. Él honraba la costumbre mosaica que ocasiona una desventaja en la recolección de sus campos, pero él fue más allá para proveer para Noemí y Rut. Él también prolongó la costumbre del matrimonio levirato (*ver* Deuteronomio 25:5-10) para otorgarle el hijo de Rut a su difunto esposo, aunque su propio nombre aparece en todas las genealogías de David.

BOCA La palabra "boca" tiene una variedad de usos en la Biblia. Primero, se usa en el sentido literal de una boca humana o animal. Jeremías dice: "el Señor extendió su mano, tocó mi boca" (Jer. 1:9). Nm. 22:28 se refiere a la boca literal de un asno, y asimismo Sal. 22:21 se refiere a la boca de un león. En referencia a comer, *ver* Mt. 15:17. La palabra "boca" también se usa en un sentido inanimado para referirse a la apertura de un objeto o característica geográfica.

Frases como "la boca de su saco" (Gn. 42:27), "la boca del pozo" (Gn. 29:3) y "la boca de la cueva" (Jos. 10:18) son comunes en la Biblia. La tierra también podía abrir su boca metafórica para tragar individuos, denotando el castigo divino (Nm. 16:30, 32). El uso más común de la palabra "boca" ocurre en frases como "he puesto mis palabras en tu boca" (Is. 51:16; Jer. 1:9; *ver* Éx. 4:15; Dt. 18:18). Esta frase y otras similares, cuando hablan de Dios, se refiere a la inspiración y al discurso que proviene de Dios. De lo contrario, poner palabras en la boca de otro es similar a darle instrucciones a esa persona (Dt. 31:19 LBLA, RVA).

BOCHRU *Ver* Bocrú.

BOCRÚ Segundo hijo de Azel (1 Crónicas 8:38; 9:44) que fue descendiente de Saúl por parte de la tribu de Benjamín.

BODEGA La bodega de un barco contiene su carga y pasajeros bajo una cubierta superior.

Jonás durmió en la bodega de un barco durante una tormenta (Jon. 1:5 NASB, NLT; NIV: "bajo cubierta"). Los barcos de Tarsis tenían grandes bodegas para contener sus grandes cargas (cf. 1 Re. 22:48; Ez. 27:25).

BOHÁN, PIEDRA DE Marcador limítrofe localizado en la frontera sur del territorio de la tribu de Benjamín y en la frontera norte del territorio de la tribu de Judá (Josué 15:6; 18:17). La ubicación exacta de la piedra es desconocida, aunque es muy probable que se encontrara al oeste del río Jordán porque el límite entre las tribus de Judá y Benjamín recorría desde el oeste hacia el río Jordán y el Mar Muerto. Aunque en los textos del libro de Josué se nombra "la piedra de Bohán hijo de Rubén", Bohán no aparece en las genealogías de Rubén.

BOJES Posible identificación que se le da a dos de los tipos de árboles que se mencionan en Isaías 41:19; 60:13. En la KJV se interpreta la palabra hebrea (te'ashur) por debajo del "ciprés" de la NVI como "boj" en esa ocasión y en la NASB se interpretan las palabras hebreas (berosh tidhar) por debajo de la palabra "abeto" de la NVI como "boj". Ambos árboles denotados por estas palabras hebreas eran nativos de Líbano (*ver* Isaías 60:13) y no del desierto (*ver* 41:19). Las diversas especies del género de bojes son los pequeños árboles de hoja perenne o los arbustos.

BOL *Ver* Cuenco.

BOLAS En 2 Cr. 4:13 la RVA traduce la palabra hebrea gullah como "bolas", refiriéndose a los "dos hileras para cada red" (NVI) en la parte superior de los pilares del templo.

BOLSA Varias palabras hebreas y griegas se interpretan como "bolsa" para representar un contenedor flexible que se usa para calcular peso, cargar provisiones, monedas, especias u otras posesiones de valor. Una bolsa podía estar hecha de pieles de animal, cuero o de tela. Un viajero podía sujetarse en el cinturón una bolsa pequeña, mientras que podía traer colgada en el hombro otra bolsa lo suficientemente grande como para llevar provisiones por varios días. Su fabricación podía variar desde un simple fardo atado con una cuerda a una maleta más elaborada.

En el Antiguo Testamento, José colocó granos en los bolsos de viaje de sus hermanos (Génesis 42:25); posteriormente le aconsejaron a los hermanos que a José le presentaran regalos de especias y nueces y que las cargaran en sus bolsas (43:11). David cargaba una bolsa de pastor en la que guardó las piedras que escogió para su honda cuando mató a Goliat (1 Samuel 17:40, 49). Las bolsas se utilizaban para cargar monedas o metales preciosos (2 Reyes 5:23; 12:10; Isaías 46:6). Los comerciantes llevaban consigo pesas de metal o de piedra dentro de una bolsa. En la Biblia se destaca la importancia de llevar instrumentos de medición justos en aquellas bolsas (Deuteronomio 25:13; Proverbios 16:11; Miqueas 6:11). Job le entrega su desesperanza a Dios, anhelando que sus pecados fueran atados metafóricamente en la bolsa (14:17).

En los Evangelios se mencionan dos tipos de bolsas. Una es la que usa el viajero para cargar comida y ropa mientras está de viaje. Jesús le cuenta a sus discípulos que no carguen una bolsa así cuando él los envíe como apóstoles a predicar, sanar y reprender demonios (Mateo 10:10; Marcos 6:8; Lucas 9:3; 10:4). Justo antes de ser arrestado, Jesús revoca ese consejo e instruye a sus discípulos diciéndoles que no solo lleven una bolsa (para provisiones) y un portamonedas (para el dinero), sino que también una espada (Lucas 22:35-36). Se usa una palabra griega diferente para referirse a monedero o a la caja de la que Judas estaba encargado y de la que él roba (Juan 12:6).

BOLSO Hecho típicamente de cuero, las bolsas o bolsos se usaban para contener monedas (Prov. 1:14; 7:20; Is. 46:6; Lc. 12:33; 22:35, 36) o piedras para pesar (Dt. 25:13; Miq. 6:11). Jesús instruyó a los setenta y dos discípulos a que no llevaran "bolsa o bolsa" que llevara dinero o provisiones en una misión a corto plazo (Lc. 10:4). La palabra hebrea kharit en Is. 3:22, que se usa para describir "bolsos" (NVI) o "carteras" (PDT) de mujeres judías adineradas, sugiere una especie de bolsa o cartera de tejido ornamental. *Ver también* Bolsa.

B

BONDAD La palabra bondad se usa para traducir el término hebreo khesed (Gn. 40:14) y las palabras griegas chrēstotēs (Col. 3:12) y philanthrōpia (Hec. 28:2). Debido a la riqueza de su significado, khesed es difícil de expresar en español. La palabra se traduce de varias maneras, incluyendo "benignidad", "bondad amorosa", "lealtad", "fiel amor o amor inagotable", "misericordia", "compromiso". Dios encarna bondad (Éx. 34:6; Sal. 103:8; Ose. 2:19).

También se le pide a los seres humanos que reflejen esta cualidad de bondad en sus relaciones con los demás (1 Sam. 20:8, Miq. 6:8, Zac. 7:9). En el NT, Dios se muestra siendo bondadoso con los humanos (Rom. 11:22, Tito 3:4, 1 Pe. 2:3), incluso hacia los egoístas e ingratos (Lc. 6:36). Dios derrama bondad en los humanos para llevarlos al arrepentimiento (Rom. 2:4).

Los cristianos deben demostrar bondad aun cuando otros sean descorteses y vengativos (Prov. 25:21-22; Mt. 5:43-48; Rom. 12:17-21). Uno descubre cómo se debe practicar la benignidad al observar las palabras asociadas con ella en las Escrituras. La bondad consiste en dejar de lado la ira, la amargura y la calumnia; ser bondadoso y misericordioso; y ser imitadores de Dios (Ef. 4:31-5:2); se acompaña de la compasión, humildad, mansedumbre y paciencia (Col. 3:12); se asocia con la paciencia, la santidad del espíritu y el amor genuino (2 Cor. 6:6).

BOOZ *Ver* Boaz.

BOQUIM *Ver* Boquín.

BOQUÍN Lugar cercano a Gilgal donde el ángel del Señor reprendió a Israel por no derribar los altares de los dioses extranjeros, por lo que proclamó que el Señor no sacaría a todos los habitantes de la tierra (Jueces 2:1-5). Por consiguiente, la gente lloró, ofreció sacrificios y llamaron “Boquín” a ese lugar, que significa “los que lloran”.

BOR ATAC Variación del nombre de Asán que se encuentra en 1 Samuel 30:30. Asán fue una ciudad perteneciente a la tribu de Judá, pero luego la tribu de Simeón la recibió. El nombre “Bor Atac” significa “pozo de Asán”. La ubicación de este sitio es desconocida. *Ver también* Asán.

BORDADO *Ver* Costura.

BORLAS *Véase* Flecos.

BOSCAT Ciudad localizada en Sefelá, en las tierras bajas de Judá. Esta es parte del territorio adjudicado a la tribu de Judá durante la división de la tierra (Josué 15:39). Este lugar fue el hogar de Yedidá (hija de Adaías de Boscat), la madre del rey Josías (2 Reyes 22:1).

BOSCATH *Ver* Boscat.

BOSÉS Acantilado junto a un paso rocoso por el que Jonatán viajó para llegar a la guarnición filistea. Estaba ubicado entre la guarnición filistea en Micmas y el campamento de Saúl en Guibeá. El acantilado opuesto a Bosés se llamaba “Sene” (1 Samuel 14:4).

BOSOR *Ver* Beor.

BOSQUE DE EFRAÍN Una región dentro del territorio asignado a las tribus de José en el terreno montañoso de Efraín, corría a través del Jordán, acercándose a Mahanaim en el este (2 Sm. 17:27; 18:6-8). La región fue reclamada por la tribu de José (las tribus de Manasés y Efraín) porque su asignación inicial era muy pequeña (Js. 17:14-18), aunque se reconocía que era terreno difícil.

La batalla entre las fuerzas de Absalón y David ocurrió aquí, con el difícil terreno permitiendo la victoria a las tropas más pequeñas y móviles de David, aunque el bosque aun mató más que los soldados. Absalón murió en el bosque cuando su cabeza quedó atrapada en un árbol y fue muerto por Joab y sus asistentes (2 Sm. 18:9-15).

BOSQUE DE EL LÍBANO, CASA DEL *Véase* Palacio del Bosque de El Líbano.

BOSQUE En tiempos antiguos, gran parte de la tierra de Palestina estaba cubierta de bosques, especialmente en las estribaciones. Estos bosques fueron, a través del tiempo, talados para materiales de construcción al igual que para despejar espacio para cultivos.

Por ejemplo, Josué respondió a la petición de Efraín y Manasés por más tierras en las cuales asentarse diciéndoles que deberían despejar tanto del bosque del terreno montañoso como deseasen (Js. 17:15). Cuando David estaba huyendo de Saúl, usó el bosque de Héret como escondite (1 Sm. 22:5). Un bosque también jugó un rol importante en la batalla entre las tropas leales a David y aquellas leales a su hijo Absalón. Según la historia, "el bosque se tragó a más hombres ese día que la espada" (2 Sm. 18:8).

Mientras Absalón huía tras la derrota, él también fue reclamado por el bosque cuando su cabeza quedó atascada en una rama baja que evitaba que escapara (2 Sm. 18:9), donde Joab y sus portadores de armadura lo mataron. A través del AT hay ejemplos en los que un bosque es personificado como alabando a Dios (Sal. 96:12) o recibiendo castigo de él a través del fuego (Jr. 21:14).

BOSRA **(1)** Ciudad en el norte de Edom (Génesis 36:33; 1 Crónicas 1:44) ubicada a treinta millas al norte de Petra en la moderna Bosra. En esta ciudad se controlaba el tráfico del Camino de los Reyes. La ciudad estaba protegida por acantilados que tenía en tres costados, lo que la hacía inconquistable. Este lugar fue periódicamente la capital de Edom. Isaías, Jeremías y Amós profetizaron que la ciudad caería a la espera del juicio de Dios sobre Edom (Isaías 34:6; 63:1; Jeremías 49:13, 22; Amós 1:12). **(2)** Ciudad en Moab mencionada en Jeremías 48:24. Jeremías profetizó que este lugar caería al mismo tiempo que Moab. Es muy probable que se trate del mismo lugar que Beser, aunque su ubicación exacta es desconocida.

BOTA La palabra hebrea seon, traducida como "bota", aparece solamente en Isaías 9:5. Es muy probable que este concepto esté relacionado con la palabra acadia, que puede que se haya referido específicamente a un calzado de las tropas asirias que hablaban acadio, que es lo opuesto al calzado que vestía el ejército israelita.

BOTE *Ver* Barcos, Marineros y Navegación.

BOTELLA En la antigüedad, las botellas flexibles de piel de animal (útiles para facilitar su transporte) eran comúnmente usadas para llevar agua o vino.

Jesús habla sobre las botellas de odre en el dicho sobre el

Bosque de robles en Galaad.

vino nuevo y el odre viejo, donde la fermentación del vino revienta las pieles viejas y secas (Mateo 9:17; Marcos 2:22; Lucas 5:37). Las botellas de arcilla o de vidrio se usaban para contener (a menudo valiosas) sustancias como el aceite (Números 4:9) y el perfume (Marcos 14:3). Las botellas hechas con sustancias más duras por lo general consistían en contenedores esféricos que tienen una abertura estrecha, alargada y cilíndrica.

BOTELLÓN Un contenedor de líquido mencionado en la KJV en varios pasajes del AT. En varias instancias (2 Sm. 6:19; 1 Cr. 16:3; Cant. 2:5; Os. 3:1) la palabra hebrea subyacente ('ashishah) en realidad denota un pastel de pasas más que un contenedor (de vino) y así se traduce en versiones más recientes.

BOTÍN Personas, animales u objetos de valor tomados de un enemigo derrotado por el vencedor después de la batalla o la guerra (Éx. 15:9; Nm. 31:11-12, 27, 32; Jue. 5:30; Sal. 119:162; Is. 33:23; 53:12; Jr. 30:16; Lc. 11:22). En Nm. 31 Dios da largas y específicas instrucciones a Moisés sobre cómo el botín de "guerra santa" de los medianitas derrotados debía ser distribuido y usado por los victoriosos israelitas.

Botellas con ungüentos descubiertas en las tumbas de una necrópolis cerca de Acre (siglos III y I a.C).

BOTÍN *Ver* Saqueo.

BOZAL Colocado sobre la boca de un animal, un bozal evita que el animal muerda o coma. El código Mosaico prohibía ponerle un bozal a los bueyes mientras trillaban el grano, lo que le permitía comer tanto grano como paja (Dt. 25:4), lo que demuestra el cuidado de los animales por los humanos dentro de la ley. Pablo usó el término metafóricamente para ilustrar que los pastores/ancianos son dignos de ser cuidados por la iglesia (1 Cor. 9:9; 1 Tim. 5:18).

BRASIL, MADERA DE BRASIL *Véase* Sándalo, Madera de Sándalo.

BRAZA La distancia entre las puntas de los dedos de los brazos estirados de un hombre, aproximadamente seis pies o dos metros. Esta unidad de largo se usa especialmente para medir profundidad de agua. En cierto punto en la historia del viaje de Pablo a Roma, los marineros dos veces sondean y encuentran que la profundidad del agua era veinte, luego quince brazas (griego orgia) de profundidad (Hec. 27:28 KJV).

BRAZALETE Pieza de joyería que se ponía en la(s) muñeca(s), que típicamente estaba hecha de metales preciosos o semipreciosos. Los brazaletes son conocidos por los textos de las descripciones sobre estatuas y estatuillas y de las excavaciones arqueológicas. Puede que estén hechos como un bucle completo o con una apertura, y estaban confeccionados de oro, plata, bronce o incluso de hierro.

La futura esposa de Isaac, Rebeca, recibió dos brazaletes de oro como regalo (Génesis 24:22-47), y los brazaletes de oro también aparecen en Números 31:50 como un botín ofrecido a Dios por unos oficiales del ejército israelita que buscaban la redención. En Ezequiel 16:11; 23:42 se incluyen los brazaletes como parte de la joyería figurativa que Dios le entregó a Israel, que posteriormente se usó como decoración, pero como de prostituta.

BRAZALETE Una banda que se usa alrededor de la parte superior del brazo. Estas bandas fueron parte del botín recolectado por los israelitas durante la destrucción de ciertos madianitas (Nm. 31:50), y uno fue tomado de Saúl después de su muerte por el amalecita que lo mató en el Monte Gilboa (2 Sam. 1:10).

BRAZALETE *Ver* Ajorca.

BRAZO Denotando el antebrazo de los seres humanos o el hombro de los animales, el brazo se usa con frecuencia como una imagen de poder. A menudo se usa con los adjetivos "extendido", "poderoso" o "santo", el brazo de Dios representa su poder para crear los cielos y la tierra (Jr. 27: 5, *véase* Sal. 89:10) y para redimir a su pueblo en el éxodo (Éx. 6:6, Dt. 4:34, Sal. 136:12, Jr. 32:21) y del exilio (1 Re. 8:41; Ez. 20: 33-34). La misma imagen se evoca al describir el castigo de Dios a los israelitas desobedientes (Jr. 21: 5), así como a las naciones enemigas (Is. 30:30; 48:14).

BREA Una sustancia viscosa usada para recipientes a prueba de agua, como el arca de madera de Noé (Gn. 6:14) y la canasta de papiros que contiene al niño Moisés (Éx. 2:3). La brea puede haber sido una forma más blanda de betún o asfalto, sustancias resinosas que se producían destilando materia orgánica. La imagen de la brea ardiente describe el juicio divino sobre Edom en Isa. 34:9.

BREZAL En Jr. 17:6; 48:6 la KJV traduce las palabras hebreas relacionadas 'ar'ar y 'aro'er como "páramo" (NIV: "arbusto"; NASB: "enebro" en Jr. 48:6), refiriéndose a un arbusto desértico ubicado en Arabah. La palabra hebrea 'ar'ar también significa "desnudo", lo que aptamente describe las pequeñas hojas como escamas que visten el arbusto. La palabra es usada por el profeta para sugerir la infertilidad de aquellos que confían en la humanidad en vez de en Dios y contrasta con el árbol cerca del agua en Jr. 17:8.

BRIDA Y FRENO Una brida es un mecanismo que calza por encima de la cabeza de un animal; a la brida se le añade un freno, que es una boquilla metálica que le permite a la persona controlar al animal. Los términos "brida" y "freno" se utilizan metafóricamente en ambos Testamentos, lo que demuestra cierto tipo de control (Job 41:13; Salmos 32:9; Santiago 1:26).

Soldados Asirios llevándose botines de Laquis (Palacio de Senaquerib, Nínive, 700-692 a. C).

Por ejemplo, Santiago usa esta metáfora para desafiar a los creyentes respecto a la dificultad e importancia de controlar sus lenguas (Santiago 3:1-12).

BRIOSO Traducción en la KJV en Zacarías 6:3, 7 del término hebreo 'amots. En la KJV se entiende la palabra como referencia al color del cuarto carro de caballos y se traduce como "brioso" en ambos versos. En traducciones modernas se vincula la palabra a una raíz hebrea que significa "ser fuerte" y se traduce como "poderoso" (NVI se refiere a todos los caballos) o "fuerte" (NASB se refiere al cuarto carro de caballos).

BROCHE Pieza ornamental o funcional de joyería que podía servir como broche para sujetar las prendas. Los broches de oro fueron parte de las ofrendas que los israelitas llevaron para fundirlas y usarlas para la decoración del tabernáculo (Éxodo 35:22). Las versiones posteriores se hicieron en bronce y hierro y ambas tenían pines con resortes y bisagras.

BROQUEL Escudo redondo que se sujetaba de una empuñadura y a veces con correas para el brazo. La palabra hebrea magen por lo general se traduce como "escudo" en la NVI. "Broquel" aparece once veces en la KJV y a veces en otras versiones (RSV, ESV, NRSV, NASB, etc.).

BROTE Objeto ornamental, probablemente sea parte de una flor, que estaba en el candelabro dentro del tabernáculo (Éxodo 25:31-36 [KJV: "knop"; NKJV: "knob" o "nuez"; RSV: "copas"; NASB: "bulbo"; NRSV, JPS, NJB: "cálices"]). Algunos eruditos creen que este brote (del hebreo kaptor) se parece a la fruta del almendro.

Brida de un caballo que fue descubierta en Persépolis en Persia (siglo V a.C).

BUBASTIS Nombre griego para una ciudad en la región delta de Egipto que está a unas cincuenta millas al noreste de El Cairo. Se le conoce en Egipto actual como Tell Basta, cuyo nombre se origina del jeroglífico Per-Bast, que significa "casa de Bastet". La ciudad fue el centro de adoración para la diosa gatuna de Egipto Bastet, que se le asociaba con Artemis y cuyo culto se había desarrollado en un festival popular y alegre para los egipcios y los extranjeros en el siglo V a.C. La única referencia bíblica aparece en Ezequiel 30:17, donde Bubastis (NRSV: "Pi-beseth"; KJV: "Pibeseth") es mencionada en un oráculo de juicio contra Egipto.

BUEN HOMBRE La KJV usa "buen hombre" cinco veces para traducir la palabra griega oikodespotēs, refiriéndose al dueño o amo de una casa o estado. El buen hombre era responsable por la defensa de la casa (Mt. 24:43; Lc. 12:39) y puede emplear personas para trabajar su tierra (Mt. 20:11). *Véase también* Mc. 14:14; Lc. 22:11. En Prov. 7:19 la KJV lee "el buen hombre" como opuesto a "mi esposo", la lectura en la LXX y la mayoría de las versiones modernas (el hebreo lee literalmente, "el hombre").

BUENAS NOTICIAS *Véase* Evangelio.

BUENAS NUEVAS La presentación de la KJV de la palabra griega euangelizō, refiriéndose a la proclamación de "buenas noticias" o "evangelio" (Lc. 1:19; 8:1; Hec. 13:32; Rom. 10:15). *Véase también* Evangelio.

BUENOS PUERTOS Buenos Puertos (griego Kaloi Limenes) es un puerto en la costa sur central de Creta. El barco que llevaba al apóstol Pablo a Roma se detuvo allí tras encontrar una navegación difícil desde Cnido (Hec. 27:7-13). Pablo presionó para pasar allí el invierno, pero fue desautorizado por el capitán por las deficiencias del puerto.

BUEY Vacuno macho no castrado. El buey era un símbolo importante de la divinidad en la religión cananea, y cabe destacar a los infames "becerros de oro" que los israelitas adoraron en el monte Sinaí. Luego en Dan y en Betel se convirtieron en manifestaciones de esta teología (*ver* Salmos 106:20). En la religión de Ugarit el dios El estaba asociado con un buey y el dios Baal con un becerro. En Ta'anach se encontró un puesto de culto en el sector israelita que representa a un buey, que posiblemente esté relacionado con la adoración a Jehová, y que es condenado en la Biblia. Aunque en la Biblia por lo general se condena el uso del buey como representación del Dios de Israel, las imágenes de los bueyes aparecían en los muebles del templo de Salomón, incluyendo a los doce becerros de metal que sostenían el Mar (1 Reyes 7:25). Ajaz posteriormente envió estos objetos de valor como tributo al rey de Asiria (2 Reyes 16:17). Los bueyes se usaban en varios sacrificios importantes y se incluían en la consagración de los sacerdotes (Éxodo 29:1-37), en la ofrenda por el pecado (Levítico 4:3), en el Día de la Expiación (Levítico 16:3), en el Shavuot (Levítico 23:18), en Año Nuevo (Levítico 28:11), en la Pascua (Levítico 28:19), en los primeros frutos (Levítico 28:27) y en el Sucot (Levítico 29:13).Los bueyes son animales poderosos y peligrosos (Salmos 22:12), y los códigos de ley de Israel y Mesopotamia ordenaban penalidades para el dueño de un buey que haya lastimado a una persona (Éxodo 21:28-32) o a otro animal (Éxodo 21:35-36).

BUEY Una bestia de carga común, mencionada principalmente en el AT. El buey era particularmente importante en el mundo bíblico, con sus valores principalmente agrícolas. La Biblia parece mencionar dos tipos, el buey domesticado y el buey salvaje. El primero se menciona comúnmente junto a otros animales domesticados (ovejas, burros) representativos de la propiedad (Dt. 22:1, 10). Su uso principal era agrícola, ya sea para arar el campo, trillar el grano o tirar de los carros. El buey salvaje se menciona principalmente en relación con su fuerza y naturaleza feroz (Nm. 24:8, Job 39:9).

BÚHO En el AT se usan varias palabras para diferentes tipos de búhos. El "búho grande" (Lev. 11:17; Dt. 14:16) probablemente sea el búho real egipcio. Mide unos dos pies de alto y con frecuencia se encuentra en las ruinas de Egipto y Palestina. El "búho pequeño" (Lev. 11:17; Dt. 14:16) o el "búho" (Sal. 102:6), que se encuentra con mayor frecuencia en Palestina, es apodado la "madre de las ruinas" por los árabes. Las identidades de otros "búhos" son debatidas. La palabra hebrea traducida como "búho" en la NVI de Is. 34:15 (qippoz) se representa como "serpiente" en la LBLA. La palabra hebrea Ya'anah, traducida en la NTV como "búho real" (Lev. 11:16, Dt. 14:15), se traduce en otras partes como "avestruz" (NVI). Otros nombres debatidos incluyen el "lechuza blanca" (Lev. 11:18), el "lechuza del desierto" (Lev. 11:18, Dt. 14:17, Sal. 102:6, Is. 34:11, Sof. 2:14), y el "lechuza campestre" (Lev. 11:16, Dt. 14:15, Is. 34:11, Sof. 2:14).

Los búhos están listados entre las aves no comestibles e inmundas (Lv. 11:16-17, Dt. 14:16-17). La razón no está especificada, pero parece derivar de sus hábitos característicos y de la antigua asociación con los espíritus malignos. Habitando cuevas y templos y ciudades en ruinas, los búhos aparecen especialmente en las descripciones de la desolación causada por el juicio de Dios (Is. 13:20-23, 34:11-15, Sof. 2:13-15, cf. Sal. 102:6).

Búho

B

BUITRE CARROÑERO *Ver* Buitre.

BUITRE Un ave de presa de gran tamaño que se alimenta principalmente de carroña. Otras grandes aves de presa incluyen águilas, búhos y halcones. En las versiones de la Biblia española estas aves aparecen como "gavilán", "ave carroñera", "águila" o "halcón".

Los textos enfatizan grandes comedores de carroña comunes al antiguo mundo del Oriente Próximo. Común entre carroñeros decididos, el buitre tiene un cuerpo pesado, ancha envergadura y la habilidad de planear a grandes alturas para divisar presas. De hecho, el Talmud cita un antiguo proverbio que dice del buitre, "Puede estar en Babilonia y ver un cadáver en Palestina" (b. Hul. 63b). Está máxima se ilustra en Gn. 15:9-20, una ceremonia de alianza entre Dios y Abram. En cierto punto, Abram tiene que alejar buitres que están bajando en picada sobre los cadáveres de animales sacrificados. El vulnerable Israel será propenso a ataques de las naciones circundantes, particularmente Egipto (cf. Éx. 6:6; 7:4; 12:12; Hec. 7:6). En Egipto, el halcón simbolizaba al dios Horus, una imagen del faraón mismo.

En el NT, el mismo término griego (aetos) se usa tanto para águilas como buitres. La NIV usa la traducción "buitre" para referirse a pájaro volando sobre un cuerpo (Mt. 24:28; Lc. 17:37), pero usa "águila" en otros lugares (Ap. 4:7; 8:13; 12:14).

Buitre

BUJE Bujes de rueda de metal fundido son mencionados en la descripción de puestos rodantes de culto en 1 Re. 7:33. Puestos de culto concordantes con esta descripción se encontraron en Creta, y ruedas fundidas de este tipo se encontraron en Tel Miqne-Ekron.

BUL La palabra hebrea bul tiene diversos matices en la Biblia, y todas ellas se pueden relacionar. En 1 Reyes 6:38 "bul" es un mes. En Isaías 44:19 se refiere a una parte de un tronco que se convierte en un objeto de adoración, en una "abominación", en un ídolo. "Bul" corresponde a "Bel" y "Baal" como una apelación divina. En Job 40:20, al describir a Behemot, se afirma que las montañas proporcionan un bul para la bestia. Aunque en algunas versiones en español se traduce esta palabra como "alimento", quizá sea otra referencia para un ídolo, siendo Behemot un símbolo de la humanidad caprichosa.

BULTO Interpretación en la KJV de la palabra hebrea shekhin, que se refiere a la plaga egipcia del sarpullido (Deuteronomio 28:27, 35). En versiones más recientes se traduce como "úlceras" (NVI, NRSV, NET).

BUNÁ Segundo hijo de Jeramel, un descendiente de Hesrón de Judá (1 Crónicas 2:25).

BUNI El nombre "Buni" es similar a otros nombres hebreos que derivan de "Benaías". **(1)** Uno de los "líderes del pueblo" que selló el pacto con Dios tras la lectura en público de la ley por parte de Esdras (Nehemías 10:15). **(2)** Uno de los que participaron en un acto público de arrepentimiento como parte del pacto de renovación posterior al exilio (Nehemías 9:4). **(3)** Persona que se menciona en una genealogía levita (Nehemías 11:15) muchas generaciones antes de los eventos narrados.

BUQUI **(1)** Líder tribal de Dan asignado para ayudar con la adjudicación de Canaán bajo la dirección de Josué y Eleazar (Números 34:22). **(2)** Hijo del levita Abisúa, un descendiente de Aarón a través del linaje de Eleazar (1 Crónicas

6:5, 51). Buqui y su hijo, Uzi, también se mencionan en el linaje de Esdras (Esdras 7:4).

BUQUÍAS El mayor de los catorce hijos de Hemán, que fueron los levitas nombrados por el rey David para trabajar en el servicio religioso como músicos, que también se consideraba como un rol profético (1 Crónicas 25:1, 4). Buquías y sus hijos obtuvieron seis de veinticuatro lotes, que fueron designados por sus labores (25:8, 13).

BURRITO Este animal aparece en los relatos sobre la entrada triunfal de Jesús en Jerusalén (Mateo 21:1-11; Marcos 11:1-11; Lucas 19:28-44; Juan 12:12-16). El término "burrito" es una traducción de la palabra griega pōlos, que designa a un "animal joven". Estos registros del Evangelio concretan y aluden los pasajes del Antiguo Testamento como Génesis 49:11; Zacarías 9:9, donde la LXX emplea pōlos para traducir la palabra hebrea 'ayir. Aunque 'ayir no denota técnicamente a un "burrito" o a un "potro" (más bien designa a un "burro" o "asno"), por lo general se traduce de esa manera debido al uso de pōlos en la LXX y en los Evangelios. Como dos burros, es decir, una madre y su burrito, se mencionan en el relato de Mateo (21:2, 7), la profecía de Zacarías se refiere solamente a un "burro de raza pura".

BURRO Varias palabras se usan en la Biblia para designar burros o asnos, pero a grosso modo se refiere a dos tipos: domésticos y salvajes.

Aficionado a la libertad (Job 39:5) y a lugares solitarios (Jr. 14:6), el burro salvaje es mencionado varias veces en la Biblia. La idolatría de los israelitas se compara con la lujuria de un burro salvaje (Jr. 2:24). El modo de vida de Ismael y los residentes del desierto es comparada con la de un burro salvaje (Gn. 16:12; Job 24:5). La alianza política de Israel con Asiria también es comparada a los vagabundeos de un burro salvaje (Os. 8:9). Una visión tan burlona también se encuentra en Job 11:12, donde la imposibilidad de que un tonto sea sabio se compara con la imposibilidad de que un burro salvaje nazca como hombre.

La mayoría de las referencias bíblicas a burros son sobre animales domésticos. Las personas, sin importar su clase social o género, principalmente usaban este animal para montar. Montar un burro por lo general significa búsquedas pacíficas (Gn. 42:26; 1 Sm. 16:20), mientras que montar un caballo significa guerra. Sin embargo, montar un burro para entrar a la ciudad lleva la connotación de una procesión real, como indica Salomón montando sobre la mula de David de camino a Gihón para ser ungido (1 Re. 1:33, 44) al igual que otros textos antiguos del Oriente Próximo, como las Cartas de Mari (c. siglo dieciocho a.C.). Contra este trasfondo, los escritores evangélicos comprenden la entrada de Jesús en Jerusalén como el cumplimiento de la profecía acerca de un rey mesiánico en Zac. 9:9 (Mt. 21:1-11; Jn. 12:12-16). (*Véase también* Potro; Mula).

Los burros eran también un importante recurso agrícola, usados para arar los campos (Is. 30:24; 32:20) y llevar cargas (Gn. 45:23; Is. 30:6). Aunque estos animales son pequeños, otras características físicas (e.g., pezuñas largas, huecas de bordes filosos, gran fuerza, poca sed, afición por hierbas espinosas) los hacen muy adecuados para varias tareas en las regiones áridas montañosas del oeste asiático y el noreste de África. Por lo tanto, eran muy valorados como activo importante (Gn. 12:16; Dt. 5:21; Job 1:3).

Los burros domésticos conllevan una variedad de connotaciones simbólicas. Proverbios los caracterizan como tozudos, haciendo un paralelo

Burro

con la necesidad de disciplina para los tontos con la de una brida para un burro (26:3). Isaías usa su típica falta de libertad para retratar la dramática reversión en la época de la restauración (32:20). La ley mosaica prohíbe poner en un yugo a un burro con un buey al arar (Dt. 22:10; cf. 2 Cor. 6:14). Esta prohibición puede tener la intención de proteger al animal más débil de agotarse, pero también puede relacionarse con la prohibición sacerdotal general de varios tipos de mezclas. Esta concepción de impureza ayuda a explicar las descripciones de la severidad de la hambruna en Samaria (2 Re. 6:25), del adulterio espiritual de los israelitas (Ez. 23:20) y del entierro de Joacim (Jr. 22:19). Destacable es el uso de burros como literalmente frustraciones para sus jinetes. Por ejemplo, en la historia del profeta Balaam (Nm. 22:21-30) la descripción del burro juega un rol crucial en enfatizar la absurdidad del profeta.

El burro es capaz de ver al ángel del Señor y se rehúsa a moverse por miedo, mientras que el profeta sobornado no puede verlo y obliga al burro a moverse golpeándolo tres veces. El burro también entrega la palabra de Dios, reprendiendo al profeta por su desobediencia a Dios. Aunque nuestras modernas concepciones del burro como estúpido pueden extraer un contraste más agudo entre el profeta y el burro, es dudoso que un lector antiguo compartiese esa misma concepción. Más bien, se hace el contraste entre el reconocimiento ordinario del ángel por parte del animal y la falta de discernimiento supuestamente inspirada del profeta (cf. Is. 1:3). Igualmente, la fidelidad del burro en la historia del viejo profeta de Betel (1 Re. 13) sirve para destacar la desobediencia del profeta. Aunque el burro aquí no es tan activo como en la historia de Balaam, su supervivencia al ataque del león se contrasta con la muerte miserable de su dueño. El retrato del burro como fielmente de pie junto al cuerpo de su amo también se compara con la del profeta muerto a causa de su desobediencia al mandamiento de Dios.

BUSHEL *Ver* Pesos y Medidas.

BUZ **(1)** Hijo de Nahor, el hermano de Abraham, cuya esposa es Milca (Génesis 22:21). **(2)** Padre gadita de Yadó (1 Crónicas 5:14). **(3)** Tierra de Arabia condenada por Jeremías y que fue entregada para que bebiera la "copa de la ira de Dios" (Jeremías 25:23).

BUZI Padre de Ezequiel (Ezequiel 1:3). Su nombre se asocia con la tierra de Buz, que es un país que se ubica al este de Arabia.

BUZITA Persona oriunda de Buz que es el país que se encuentra al este de Arabia. Eliú fue el hijo de Baraquel el buzita (Job 32:2, 6).

C

CAB Unidad de medida en seco para la capacidad o volumen que se menciona solamente en 2 Reyes 6:25 (en hebreo qab). Esta unidad valía un poco menos que la mitad de un omer y era equivalente a unos dos litros. *Ver también* Pesos y Medidas.

CABALLERÍA Por medio de la evidencia gráfica se sugiere que en los tiempos bíblicos Israel y Egipto no conocían el concepto de guerreros montados. La verdadera caballería aparece por primera vez en imágenes asirias de los siglos IX y VIII a.C. (en Ezequiel 23:12 se mencionan a unos "soldados de caballería" asirios). Desde esta perspectiva, las referencias bíblicas sobre los "jinetes" tienen que ver con guerreros montados en carros (Éxodo 15:19; cf. 2 Reyes 2:12) en vez de jinetes. Según el texto hebreo de 1 Reyes 4:26, Salomón tuvo cuatro mil establos con caballos para sus carros y doce mil aurigas (del hebreo parashim). Cada auriga (parash) entonces recibía el apoyo de tres a cuatro "puestos" de caballos. En base al entendimiento en el que parashim se refiere a jinetes en vez de aurigas, en algunas traducciones en español se puede leer (con el respaldo de alguna traducción antigua) "cuatro mil establos" y "doce mil caballos"; es decir, cada puesto de tres caballos cargaba a tres jinetes. La caballería tenía mejor movilidad que los carros (*ver* Jueces 1:19 sobre las limitaciones de la carrocería). Como carecían del estribo medieval, tanto jinetes como aurigas debían enfrentarse al enemigo por medio del lanzamiento de proyectiles en vez de un encuentro directo.

CABALLO Un gran mamífero de cuatro patas con pezuña continua, domesticado por los humanos tan tempranamente como el segundo milenio a.C. Los caballos aparecen a lo largo de la Biblia como un recurso entre rebaños pastorales usado como transporte y como bestia de guerra usada para tirar carrozas. Los caballos no tenían un lugar central en la vida del antiguo Oriente Próximo, como el buey dominaba el trabajo agrícola, y el burro estaba disponible para más personas. Una razón para esto era que una pieza crucial de tecnología, el estribo, no había llegado al área de Israel hasta fines del siglo siete AD y era completamente desconocido para el antiguo Oriente Próximo y para la sociedad grecorromana. Junto a otros usos de los caballos, la caballería armada no era una opción, ya que era fácil derribar a cualquier jinete sin una silla segura. Sin embargo, los caballos eran adecuados para tirar cargas ligeras rápidamente lo que significaba que tirar una carroza fue su primer uso natural. Muchas culturas y civilizaciones los usaban de esta forma, incluyendo el Imperio Romano en la época de la iglesia temprana. La evidencia indica que el pueblo de Israel no apreció su uso hasta alrededor de la época de la monarquía.

Los caballos aparecen por primera vez en la Biblia en Gn. 47:17 como parte del ganado intercambiado por granos bajo la supervisión de José durante una época de hambruna. Debido al rol militar de los caballos y la necesidad de depender sólo en Dios, el rey de Israel tenía prohibido tener un gran número de caballos (Dt. 17:16), y el pueblo tenía ordenado no obtener caballos del principal proveedor de la época,

C

Egipto, lo que pasaba a pesar de la prohibición (2 Cr. 1:16). El rey David introdujo las carrozas por primera vez en los ejércitos de Israel cuando se quedó con cien caballos de carroza de un gran número que había capturado del reino de Soba (2 Sm. 8:3-4). El uso de carrozas se extendió bajo el reinado de Salomón y se dice que poseía tantos como doce mil caballos de carrozas (1 Re. 4:26). También construyó ciudades específicas de carrozas para solidificar las defensas de Israel (1 Re. 10:26). Sin embargo, esto era profundamente infiel y fue denunciado por los profetas como una indulgencia en lujo pagano e independencia pecaminosa. Isaías proclamó: "Aflicción a aquellos que van a Egipto por ayuda, que dependen de caballos, que confían en una multitud de sus carrozas y en la gran fuerza de sus jinetes, pero no... buscan la ayuda del Señor" (Is. 31:1). Las muy reales ventajas militares que venían de la guerra de carrozas le daban la razón al pueblo de Dios, con todo falsa, de confiar en su propio poder más que en la provisión de Dios.

Una puerta de Jerusalén fue llamada la Puerta de Caballo (Neh. 3:28; Jr. 31:40) y el palacio real cerca de la ciudad tenía una dedicada a los caballos (2 Cr. 23:15).

Los caballos frecuentemente son mencionados como imagen literaria con la intención de evocar velocidad, energía y fuerza (Sal. 20:7). La propia entrada de Jesús en Jerusalén se realizó en burro en vez de a caballo, enfatizando la naturaleza no militar de su mesiazgo (Mt. 21:5). En Ap. 6:1-8, caballos de distintos colores representan cuatro juicios de Dios sobre la tierra.

CABAÑA Refugio hecho con ramas de un árbol. Jacob vivió en una cabaña (NVI: "refugio") en su viaje a Sucot, un lugar nombrado así por las cabañas (en hebreo sukkot [Génesis 33:17]). La Fiesta de las Cabañas o Festival de los Tabernáculos (Levítico 23:33-43; Deuteronomio 16:13-17), en hebreo se le conoce como Sucot, se celebra en el día decimoquinto del Tishréi (fines de septiembre hasta los últimos días de octubre) y es uno de los tres festivales de peregrinación. En esta celebración se conmemora la residencia de los israelitas en los refugios temporales que erigieron en el desierto tras su éxodo desde Egipto (Levítico 23:43).

CABELLO DE CAMELLO Los camellos mudaban su grueso pelaje cada primavera y este a menudo se usaba para tejer una prenda áspera. El camello era considerado impuro para ser comido (Levítico 11:4; Deuteronomio 14:7), pero al parecer no era así en cuanto a la vestimenta. Juan el Bautista y profetas más antiguos vistieron cabello de camello (2 Reyes 1:8; Zacarías 13:4; Mateo 3:4; Marcos 1:6). La vestimenta también distinguía al Bautista de los esenios, que solamente usaban lino (Josefo, J.W. 2.123).

CABELLO Un número de palabras hebreas y griegas se usan en la Biblia para referirse al cabello y estilos de cabello. La mayoría de las referencias son a cabello humano (e.g., Lv. 19:27), pero ocasionalmente se refiere a cabello animal (Mt. 3:4; Ap. 6:12). Dios numera los cabellos de nuestras cabezas (Mt. 10:30); ni un solo cabello perecerá si Dios es el protector (Is. 46:4; Lc. 21:18).

Los estilos de cabello variaron a través del antiguo Oriente Próximo de acuerdo a ubicación y período. Por ejemplo, los egipcios se afeitaban las cabezas, pero los hombres y mujeres semitas por lo general usaban su cabello negro largo y admirado (2 Sm. 14:26; *véase también* Cant. 5:11, donde el cabello es descrito como ondulado). Las pinturas y relieves de tumbas del antiguo Oriente Próximo retratan a los hombres semitas con grueso cabello negro y barbas en punta y las mujeres con su largo cabello negro atado y colgando por la espalda. Como signo de la edad, el cabello blanco era considerado con gran respeto (Lv. 19:32; Prov. 16:31). Muy

Un antiguo peine descubierto en Qurán.

posteriormente, en la época del apóstol Pablo, el cabello largo en hombres era considerado vergonzoso (1 Cor. 11:14), mientras que para las mujeres el cabello largo era el ideal (11:15).

Las barbas y el cabello eran vestidos, adornados, ungidos con aceite, perfumados y encrespados (2 Re. 9:30; Ecl. 9:8; Is. 3:18-24; Mt. 26:7). El NT, sin embargo, aconseja moderación en los estilos de cabello (1 Tim. 2:9; 1 Pe. 3:3-6). Los barberos usaban navajas para cortar el cabello y las barbas (Ez. 5:1; cf. Is. 7:20). Afeitar el cabello de otro o sacarlo era un grave insulto (2 Sm. 10:4-5; Is. 50:6). También era poco común soltar el cabello de una mujer en público (Nm. 5:18; cf. Lc. 7:38).

El cortar o afeitar cabello con frecuencia tenía una significación social o religiosa. En tiempos de luto o aflicción, el cabello de la cabeza o barba era afeitado o sacado (Esd. 9:3; Is. 15:2; Jr. 16:6). A veces la barba era dejada sin recortar (2 Sm. 19:24). Un nazireato no debía cortarse el cabello en los días de su voto (Nm. 6:5). Al concluir el voto, su cabello era ofrecido en sacrificio (Nm. 6:18). Ofrecer cabello para los muertos y cortarse las esquinas de la barba estaba prohibido por ley (Dt. 14:1; Lv. 19:27). Los sacerdotes no podían afeitarse la cabeza o permitir que su cabello creciese largo (Lv. 21:5; Ez. 44:20). Los profetas pueden haberse marcado a través de un parcial afeitado de la cabeza (1 Re. 20:35-43; 2 Re. 2:23).

CABEZA CUBIERTA Tener la cabeza cubierta era algo común en el mundo de la Biblia y su significado difería de lugar en lugar y de tiempo en tiempo. A menudo se le asociaba con el duelo, la vergüenza y/u observancias religiosas. En 1 Corintios 11:2-16 Pablo les da instrucciones tanto a los hombres como a las mujeres sobre cubrirse la cabeza al momento de orar y profetizar. Aunque algunos ven esto como una referencia al cabello, es más probable que sea una alusión a un material para cubrirse.

Corinto Era una colonia romana y la importancia de cubrir la cabeza en 1 Corintios 11:2-16 pertenece a ese entorno sociocultural. La práctica de cubrirse la cabeza para los hombres romanos mientras oraban era común en el contexto del culto imperial. El significado literal del griego de 1 Corintios 11:4 en la que "todo el que ora o profetiza con la cabeza cubierta" puede que se refiera al material de la toga que cae desde la cabeza durante la adoración pagana; por medio del hallazgo de una estatua de un Augusto con velo en Corinto se confirma esta interpretación. Un hombre por lo tanto deshonraba su cabeza (es decir, a Cristo [1 Corintios 11:4]) si esta se cubría, ya que esto asociaría la adoración cristiana con la devoción pagana.

Para las mujeres romanas, cubrirse la cabeza era una señal de modestia y respetabilidad. Una mujer casada, cuando estaba en público, se cubría el cabello para protegerse de la mirada de un hombre que no era su esposo; el cabello era visto como un objeto de lujuria masculina. Para las mujeres, una cabeza descubierta daba a entender disponibilidad sexual o vergüenza, y este estado era inapropiado cuando una mujer oraba o profetizaba.

En 1 Corintios 11:6 Pablo alude a las cabezas cubiertas y al cabello. Se consideraba que una mujer con la cabeza rapada había perdido su femineidad; una mujer con la cabeza cubierta mostraba su modestia, su respetabilidad y su sexualidad auto controlada y respetable.

CABEZA DE LA IGLESIA Una metáfora utilizada por el apóstol Pablo para hablar de la relación de Cristo con la Iglesia, que él llama el "cuerpo de Cristo" (1 Cor. 12:27). Con la imagen de liderazgo Pablo destaca la autoridad de Cristo sobre todas las cosas (Ef. 1:22) y su vital unión con el cuerpo (1:23). Él retrata a Cristo como la

Estatua de Augusto con la cabeza cubierta (siglo I d.C).

meta de la madurez y crecimiento cristiano (4:15) y como quien merece la sumisión de la iglesia (5:23). Pablo también emplea lenguaje de liderazgo en medio de una presentación de Cristo como preeminente y divino, el creador y unificador (Col. 1:18).

Cuando la palabra griega para "cabeza" (kephalē) se usa figuradamente de una persona, frecuentemente retrata a alguien de rango superior que ocupa un rol de autoridad (similar al "director" de un colegio). Posiblemente, kephalē puede usarse para describir a uno que es la fuente de otro (como la "cabecera" de un río) o para meramente enfatizar una relación orgánica de unidad e interconexión con el cuerpo. *Véase también* Cabeza.

C

CABEZA En ambos Testamentos, "cabeza" puede referirse literalmente a la cabeza del cuerpo físico o ser un simbolismo de liderazgo y la fuente de provisión.

La cabeza física jugaba un rol significativo en las costumbres judías y cristianas. Cortar la cabeza de un oponente era un símbolo de victoria (1 Sm. 17:46; 1 Cr. 10:9-10). La consagración de sacerdotes y reyes era realizada ungiendo la cabeza con aceite (Éx. 29:7; Lv. 8:12; 1 Sm. 10:1). La contrición y vergüenza se desplegaban a través del cubrimiento de la cabeza (2 Sm. 15:30; Jr. 14:3). El dolor se expresaba arrojando polvo o cenizas en la cabeza (Job 1:20; 2 Sm. 13:19; 15:32; Lam. 2:10; Ez. 27:30; Ap. 18:19) o afeitándose la cabeza (Job 1:20; Jr. 16:6). La cabeza era el lugar para recibir una bendición, como cuando Jacob impuso sus manos sobre Manasés y Efraín para bendecirlos (Gn. 48:14), o culpa, como cuando Salomón declaró que la culpa por la sangre de los dos comandantes israelitas asesinados por Joab recaería "sobre la cabeza de Joab y sus descendientes por siempre" (1 Re. 2:33). Levantar la cabeza se asociaba con el dar vida en términos de éxito (Gn. 40:13; Jue. 8:28; Sal. 27:6).

Debido al rol físico prominente de la cabeza como la parte superior y preeminente del cuerpo, con frecuencia se usaba como símbolo de liderazgo y fuente de provisión. Antiguos escritores médicos como Hipócrates y Galeno veían la cabeza como el miembro principal del cuerpo. Antiguos escritores políticos adaptaron la idea y la aplicaron a líderes militares y políticos, como Nerón, quien era llamado la "cabeza" de Roma. Para los escritores políticos en particular, el énfasis con frecuencia estaba en el poder y autoridad de la cabeza.

Ejemplos de este uso de la "cabeza" como líderes y fuente de provisión en la Biblia incluyen Jue. 10:18, donde los líderes de Galaad declaran que quienquiera que lance el ataque contra los amonitas será la cabeza de los habitantes de Galaad. Después de que los ancianos exitosamente apelan a Jefté, la gente lo hacen "cabeza y comandante" sobre ellos (Jue. 11:11). La función gobernante de Cristo se enfatiza en Col. 2:10, donde es llamado "la cabeza sobre todo poder y autoridad". En Ef. 4:16 Pablo establece que Cristo, como cabeza es quien "de [quien] todo el cuerpo… crece y se construye a sí mismo en el amor".

En el NT, Pablo usa la metáfora para la relación entre Cristo y la iglesia y esposos y esposas es particularmente significativa. Cuando Pablo aplica la metáfora a Cristo y la iglesia, él implica que Cristo provee tanto el liderazgo para el cuerpo como la nutrición necesaria para su continuo crecimiento. Por lo tanto, en Col. 2:19 la cabeza es "de quien todo el cuerpo… crece como Dios lo hace crecer", y en Ef. 5:23-24 Cristo es "la cabeza del… cuerpo", a quien la iglesia se somete.

Pablo usa la metáfora cabeza/cuerpo en referencia a Cristo con cierta flexibilidad. Mientras Cristo es la cabeza de la iglesia, su cuerpo en Efesio y Colosenses, en 1 Cor. 11:3 el ser la cabeza es parte de una serie en la que Dios es la cabeza de Cristo, Cristo es la cabeza del hombre y el hombre es la cabeza de la mujer. En Ef. 1:22 él es la cabeza de todo el universo.

En Ef. 5:21-33 la metáfora cabeza/cuerpo se aplica a la relación entre esposos y esposas, y específicamente en comparación a la relación entre Cristo y la iglesia como cabeza y cuerpo.

Como Cristo es la cabeza de la iglesia, así el esposo es la cabeza de la esposa.

Por lo tanto, ambos proveen liderazgo y crecimiento a sus respectivos cuerpos. Es importante señalar que el rol del esposo como cabeza se define en términos de amar a su esposa y llevarla a la santidad. El liderazgo del esposo no consiste en poder arbitrario sobre la esposa, especialmente uno basado en sus propios intereses y caprichos. Más bien, es un liderazgo sacrificial que refleja el amor de Cristo por su iglesia. Es un liderazgo en el cual él da su vida por su esposa como Cristo dio su vida por la iglesia y la nutre proveyéndole lo que es más beneficioso para ella. *Véase también* Cabeza de la iglesia.

CABEZAS DE GRANOS La cabeza de una planta de cereales que proporciona granos. Cosechada con una hoz y trillada, los granos se comían frescos (Dt. 23:25), tostados como gachas (Lv. 2:14, 16) o molido como harina para el pan. Los discípulos de Jesús son criticados por recoger cabezas de grano en Sabbat, frotando la cáscara con sus manos y comiendo los granos (Lc. 6:1.5 parcial).

CABÓN Una de las ciudades asignadas a la tribu de Judá. Yacía en Sefela, cerca de Eglón, pero se desconoce su ubicación precisa (Jos. 15:40).

CABRA Un rumiante biungulado, la cabra doméstica (Capra hircus) ha sido vital para la cultura de Palestina. El valor considerable de estos animales se refleja en el "regalo" de Jacob de doscientas cabras hembra y veinte machos, una restauración simbólica de los que le robó a Esaú (Gn. 32:14; cf. 1 Sm. 25:2-3; 2 Cr. 17:11).

Los diversos subproductos de las cabras ilustran su significado práctico para la vida: leche (Prov. 27:27), botellas de piel de cabra para agua y vino (Mc. 2:22), ropas y tiendas de pelo de cabra (Éx. 35:26; 1 Sm. 19:13; Heb. 11:37) y la preciada carne del carnero (Jue. 6:19; Lc. 15:29). Sacrificialmente, numerosas ofrendas requieren cabra, incluyendo ofrendas quemadas (Lv. 1:10) y ofrendas de paz (Lv. 3:12). El Día de la Expiación de Israel requería dos cabras: una para la ofrenda de pecado y otra entregada a Azazel (Lv. 16:6-26).

Las cabras suelen ser de colores más oscuros, mientras que las ovejas tienden a ser blancas (Gn. 30:32; Cant. 1:5).

La resiliencia de las cabras era superior a la de las ovejas, agregando a su valor. Los líderes de Israel son comparados con cabras que han abusado de las ovejas (Zac. 10:3; cf. Dn. 8:5, 8, 21). La escatología del NT reemplaza la cabra "auto centrada" con la oveja "indefensa" (Mt. 25:31-46).

Cabras

CABRITO Una cabra joven. La apetecible carne (Gn. 27:9, Lc. 15:29) se usaba para comidas especiales (Jue. 6:19) y para sacrificios (Nm. 15:11).

CABSEEL Una ciudad situada cerca del Neguev, en la parte sur de Judá, cerca de la frontera de Edom (Jos. 15:21). Era el hogar de Benaía, hijo de Joiada, comandante de David y Salomón (2 Sam. 23:20, 1 Cr. 11:22).

Después del cautiverio en Babilonia, los exiliados regresaron a ella, y se llamó Jecabseel (Neh. 11:25). Posiblemente esté asociada con la actual Khirbet Gharreh, aproximadamente a trece millas al noreste de Beerseba.

CABUL **(1)** Una ciudad perteneciente a la tribu de Aser, cerca del Monte Carmelo, entre Israel y Tiro (Jos. 19:27). El nombre de este sitio se ha conservado hasta el día de hoy en la ciudad de Kabul, a nueve millas al sur de Akkó. **(2)** Territorio que Salomón entregó a Hiram, rey de Tiro, a cambio de materiales de construcción para el templo (1 Re. 9:10-14).

Descontento con la tierra, Hiram se la devolvió a Salomón, llamándola Cabul, esto es un juego de palabras ya que la palabra hebrea kabul significa "nada". Esta área es una región de ciudades en Galilea.

CADEMOT Moisés envió mensajeros desde el desierto de Cademot a Sehón, rey de Hesbón, para pedir el paso seguro de los israelitas por su territorio, pero Sehón se negó a la petición (Dt. 2:26). Cademot fue una de las ciudades asignadas a la tribu de Rubén (Jos. 13:18). Esta ciudad y sus pastizales fueron entregados a la familia de los levitas de Merari (Jos. 21:37, 1 Cr. 6:79). La ciudad ha sido identificada con Umm er-Rasas, Khirbet er-Remeil, Qasr ez-Za'feran o Aleiyan.

CADENAS Se colocaban alrededor del cuello. Las cadenas de oro eran símbolo de honor (Génesis 41:42; Proverbios 1:9; Daniel 5:7). El templo y sus muebles estaban decorados con ornamentaciones semejantes a cadenas (2 Crónicas 3:5); un tema central y similar también se puede encontrar en la parafernalia de un culto ajeno a Jehová (Isaías 40:19).

A los presos (Salmos 107:10; Hechos 12:6; 16:26; 21:33; Hebreos 11:36) y prisioneros de guerra (Isaías 45:14; Jeremías 40:1) los ataban con cadenas en las manos (Jeremías 40:4) o en el cuello (Isaías 52:2). En una ocasión, la Biblia registra un intento sin éxito en el que se quería confinar con cadenas a un hombre poseído por un demonio (Marcos 5:3-4). Pablo a menudo menciona las cadenas de su encarcelamiento (Filipenses 1:7, 13-17; Colosenses 4:3; 2 Timoteo 2:9; Filemón 10, 13), y en una oportunidad se refirió a sí mismo paradójicamente como un "embajador en cadenas" (Efesios 6:20).

En Laquis se encontraron cuatro hileras de una cadena de hierro. En los registros extrabíblicos sobre el asedio de Laquis se sugiere que alguien bajó una cadena de ese tipo por los muros de la ciudad con la intención de obstruir el ariete asirio.

CADENAS *Véase* Grilletes.

CADERA La referencia más famosa a una cadera en las Escrituras es en Gn. 32:25, 31-32, donde Jacob lucha con el ángel del Señor hasta que el ángel toca su cadera (yarekh, "cadera", "muslo", "costado") y la saca de su articulación. El narrador señala que los israelitas "no se comen el tendón unido al soquete de la cadera porque el soquete de la cadera de Jacob fue tocado cerca del tendón" (Gn. 32:32). Jueces 15:8 registra que Sansón golpeó la "cadera y muslo" de los filisteos (KJV, NRSV), resultando en una gran masacre. La palabra hebrea traducida como "cadera" (shoq) puede significar "hombro", "pierna" o "cadera". La frase connota tanto la

Marfil de Jacob luchando con el ángel de Eugene Delacroix (Église Saint-Sulpice, Paris).

total destrucción del enemigo como la crueldad con la cual Sansón los mató.

CADES, CADES BARNEA "Cades" significa "santo" o "sagrado". Esta ciudad estaba ubicada entre el desierto de Parán y el desierto de Zin al noreste de Sinaí (Nm. 20:1; 33:36). Se menciona por primera vez por el nombre "En Mispat" ("manantial [fuente] de juicio") en el contexto de la guerra de los cuatro reyes (Amrafel de Sinar, Arioc de Elasar, Quedorlaomer de Elam y Tidal of Goyim) contra cinco reyes (Bera de Sodoma, Birsa de Gomorra, Sinab de Adma, Semeber de Zeboim, y el rey de Zoar) - Abraham se unió a este conflicto para rescatar a Lot de ser llevado cautivo (Gn. 14:1-16). Agar, la sierva egipcia de Sarai, huyó a una fuente de agua en el desierto entre Cades y Bered después de que se descubrió que había concebido un hijo para Abram. Fue aquí donde recibió la promesa del nacimiento de Ismael (Gn. 16:11-14).

Moisés envió a los doce espías desde Cades a inspeccionar la tierra prometida de Canaán. El informe negativo de diez de esos espías hizo que las personas dudaran de tomar la tierra (Nm. 13:26). Por esta falta de fe, los israelitas tuvieron que vagar en el desierto por cuarenta años, pasando treinta y ocho de esos años en Cades (Dt. 2:14). Fue aquí que la hermana de Moisés, Miriam, murió y fue sepultada (Nm. 20:1).

En Cades, los israelitas se quejaron por la falta de agua (Nm. 20:2-5). Moisés recibió instrucciones de Dios de tomar su vara y hablarle a la peña para que emanara agua (20:6-8). Pero en cambio, Moisés golpeó la peña con su vara dos veces. El agua fluyó abundantemente, pero Moisés fue castigado por su desobediencia y no se le permitió llevar a los israelitas a la tierra (20:11-12). Los israelitas estaban acampados en Cades cuando el rey de Edom les denegó el paso por su tierra (Nm. 20:14-21). El sitio se convirtió finalmente en el límite sur del territorio asignado a la tribu de Judá (Jos. 15:1-3).

CADES, MERIBA DE *Ver* Meriba Cades.

CADMIEL Un levita descendiente de Hodavías que, junto a su familia, regresó con Zorobabel del cautiverio en Babilonia (Esd. 2:40; Neh. 7:43). Él (y/o sus hijos) ayudó a supervisar la reconstrucción del templo en Jerusalén (Esd.3:9), formó parte con Esdras el sacerdote en la confesión pública de pecados y la reafirmación del pacto después de regresar del exilio (Neh. 9:4-5), firmó el documento del pacto renovado (10:9) y dirigió a la gente en acción de gracias y alabanza (12:8, 24).

CADMONEOS Un clan, cuyo nombre significa orientales, que ocupaba un territorio en algún lugar al este de Canaán y al oeste del Éufrates. Dios prometió dar a la descendencia de Abram la tierra de los cadmoneos (Gn. 15:19). Ellos pueden haber formado parte de los pueblos colectivamente denominados "los orientales". Entre los pueblos denominados "los orientales" o "hijos del oriente" estaban los habitantes de la tierra donde Jacob buscó a su esposa (Gn. 29:1), los que se levantaron con los madianitas contra Gedeón (Jue. 6:3, 33), los sabios cuya sabiduría fue superada por Salomón (1 Re. 4:30-31) y Job (Job 1:3)

La región alrededor de Cades Barnea.

CAFIRA Una de las cuatro ciudades gabaonitas que engañaron a Josué para que hiciera un pacto de paz con ellos durante los días de la conquista (Jos. 9:17). Se convirtió en parte del territorio asignado a Benjamín (18:26). Después del exilio, algunos de sus habitantes regresaron con Zorobabel para volver a habitar en la ciudad (Esd. 2:25; Neh. 7:29). Estaba ubicada en Khirbet Kefireh, al oeste de Gabaón.

CAFTOR Lugar que aparece en Deuteronomio 2:23; Amós 9:7 como el hogar original de los filisteos. Jeremías alude a los filisteos como "al resto de la costa de Caftor" (Jeremías 47:4). La ubicación de Caftor es incierta, pero se acepta ampliamente que es Creta. *Ver también* Caftoreos.

CAFTOREOS Según el relato de Génesis 10:13-14; 1 Crónicas 1:11-12 (NRSV: "Caphtorim"), grupo de personas descendientes del hijo de Noé, Cam, a través de Mizraim ("Egipto"). En otras partes se les identifica con los filisteos, que habitaron una zona en el norte de Egipto en la costa del sur de Canaán (Jeremías 47:4; Amós 9:7). Según lo escrito en Deuteronomio 2:23, los caftoreos migraron y despojaron la tierra de los aveos, que alcanzaba la costa de Canaán hasta Gaza. *Ver también* Caftor.

CAÍDA "La caída" se refiere a los eventos del pecado de la primera pareja humana en el jardín del Edén (Gn. 2-3). Aunque la palabra "caída" no aparece en el relato, los cristianos han usado el término para describirlo, tomando las señales de los escritos de Pablo (especialmente Rom. 5:12-21). El término es importante porque refleja una interpretación de que los eventos en el jardín son la entrada del pecado humano y que el pecado tiene un efecto universal sobre la humanidad.

El Relato del Génesis

El marco del relato del Génesis sigue la siguiente línea. El relato comienza con Dios creando al hombre, Adán. Dios planta un jardín lleno de hermosos árboles que dan buenos frutos. Entre los árboles se señalan dos en particular: el árbol de la vida y el árbol del conocimiento del bien y del mal. Dios coloca a Adán en el jardín y le ordena que puede comer de todos los árboles excepto de uno: el árbol del conocimiento del bien y del mal. Dios dice que no es bueno que Adán viva solo y así, después de otros intentos, finalmente proporciona un ayudante adecuado para él, una mujer (Eva).

En este punto, la narrativa cambia el foco a la mujer y la serpiente. La serpiente levanta dudas sobre el mandamiento de Dios. La mujer le dice a la serpiente que desobedecer el mandamiento de Dios lleva a la muerte. La serpiente responde que ella no morirá, porque Dios dio ese mandamiento sólo para evitar que ella logre lo que Dios posee. La mujer examina el árbol; es hermoso, tiene buenos frutos, y puede hacer sabia a una persona. Toma algo de fruta, la come y se la da a Adán, que está allí con ella.

Después de que Adán y Eva comen el fruto, se dan cuenta de que están desnudos y cosen hojas para cubrir su desnudez. Dios los confronta; Adán culpa a Eva; Eva culpa a la serpiente. Dios pronuncia una maldición que afecta a la serpiente, al hombre y a la mujer. Entonces Dios expulsa a Adán y Eva del jardín, colocando un guardia para evitar que regresen y coman del árbol de la vida.

La Verdad acerca de las Declaraciones de la Serpiente

La primera pregunta de la narrativa es concerniente con la tensión central de la historia: ¿Dice la serpiente la verdad acerca del árbol y Dios? Cuando Dios le ordena a Adán no comer el fruto del árbol del conocimiento del bien y del mal, Él anuncia el castigo por la desobediencia: la muerte inmediata (Gn. 2:16-17). Sin embargo, la serpiente le dice a Eva que ella no morirá si desobedece. De hecho, lo que pasará es que sus ojos se abrirán para que ella conozca el bien y el mal y sea como Dios (3:4-5). A primera vista, parece que la serpiente está precisamente en lo correcto. Eva come del fruto junto con Adán, sus ojos se abren y ahora son como Dios, conociendo el bien y el mal (3:6-7, 22). Al mismo tiempo, no hay mención de la muerte en la narrativa.

Sin embargo, un examen más detenido revela que, de hecho, Adán y Eva no murieron. Al final de la narrativa ocurren tres eventos: Dios pronuncia maldiciones, Dios los expulsa del jardín que ha preparado para ellos, y Dios coloca centinelas angélicos en la entrada del jardín para prevenir que Adán y Eva comiesen del árbol de la vida. La primera señal obvia de su muerte es que se les previene de comer del árbol de la vida. Al denegárseles el acceso al árbol de la vida, se les condena a muerte. Con frecuencia se asume que comer de ese árbol proporciona inmortalidad inmediata, debido a la declaración de Dios en Gn. 3:22: "El hombre ahora se ha vuelto como uno de nosotros, conociendo el bien y el mal. No debe permitírseles estirar su mano y tomar también del árbol de la vida, y vivir por siempre". Sin embargo, esta interpretación no es necesaria. Lo que es más probable es que el fruto del árbol restaura la vida de quien lo come. Uno, por lo tanto, tenía que regresar a él para seguir viviendo. Esta interpretación ayuda a explicar por qué Dios no le niega a Adán y Eva acceso al árbol mientras aun están en el jardín. Se les da la vida, aunque no la inmortalidad, mientras están en el jardín no hay necesidad de negarles el árbol.

Su muerte también se revela en la maldición y expulsión de Dios. Hacia el final del Pentateuco, Moisés extrae esta conexión mientras lo relacional a la nación de Israel y el mandamiento que Dios ha dado: "En este día, llamo a los cielos y tierra como testigo contra ustedes, que les he puesto en frente la vida y la muerte, bendiciones y maldiciones. Ahora elijan la vida, para que ustedes y sus hijos puedan vivir y puedan amar al Señor su Dios, escuchar su voz, y aferrarse a Él. Porque el Señor es tu vida, y te dará muchos años en la tierra que le prometió a tus padres, Abraham, Isaac y Jacob" (Dt. 30:19-20). La vida equivale a bendiciones en la tierra que Dios ha preparado; la muerte equivale a maldiciones fuera de la tierra que Dios ha preparado. Por lo tanto, cuando Adán y Eva desobedecen el mandamiento de Dios, ellos sufren la muerte cuando Dios pronuncia maldiciones, los expulsa del jardín y evita que vuelvan al árbol de la vida.

El Significado del Árbol del Conocimiento del Bien y del Mal

La segunda pregunta corresponde al árbol del conocimiento del bien y del mal: ¿Cuál es significado del árbol del conocimiento del bien y del mal? Para comenzar, uno debe descubrir qué es el conocimiento del bien y del mal. Existen tres posibilidades principales: consciencia moral, conocimiento exhaustivo y sabiduría. Aunque cada una de estas posibilidades tiene mérito, es probable que sea la sabiduría.

Conocimiento y sabiduría al igual que bien y mal son preocupaciones centrales para el libro de los Proverbios, apareciendo proporcionalmente con más frecuencia en Proverbios que en cualquier otro libro. La meta establecida del libro de los Proverbios es enseñar sabiduría y comprensión a aquellos que leerán el libro y escuchen su instrucción (1:1-7). Al ganar esta sabiduría, uno es capaz de discernir lo que es bueno y lo que es malo (2:9).

Junto con este trasfondo sabio está el hecho de que cuando Eva considera comer de este árbol, ella nota que es diferente de los otros árboles porque es deseable por hacerlo a uno sabio (Gn. 3:6). Por lo tanto, el conocimiento del

La tentación y la caída de Adán y Eva, representada en un pedestal de estatua (Notre Dame, París, Ad 1210 -1220).

bien y del mal se asocia con sabiduría; sin embargo, cuando Adán y Eva comen del fruto del árbol, su intención es ganar sabiduría fuera de la voluntad establecida por Dios. Este tipo de sabiduría los lleva a determinar lo que es bueno y malo por ellos mismos más que confiando en Dios acerca de lo que Él ha proporcionado como bueno (nótese el número de veces que Dios declara que algo es bueno en Gn. 1-3).

Hay dos resultados más de la comprensión del conocimiento del bien y el mal como sabiduría. Primero, la narrativa establece una importante distinción que se destaca en otros libros bíblicos: la distinción entre sabiduría humana y divina. Este contraste es un énfasis importante para libros tales como Job, Proverbios, Eclesiastés, 1 Corintios, Colosenses y Santiago. Segundo, la narrativa conecta íntimamente la observancia de los mandamientos de Dios con lograr sabiduría. Cuando Adán y Eva comen el fruto en desobediencia, ellos determinan por ellos mismos lo que es bueno y malo. La obediencia al mandamiento divino requiere confiar que lo que Dios ha llamado bueno es bueno y lo que Dios ha llamado malo es malo. Tal es la sabiduría. El fin de Eclesiastés comparte la misma preocupación: "Ahora todo se ha oído; aquí está la conclusión del asunto: Teman a Dios [el comienzo de la sabiduría] y cumplan sus mandamientos, ya que esta es la tarea de la humanidad. Porque Dios juzgará cada hecho, incluyendo cada cosa oculta, ya sea buena o mala" (Ecl. 12:13-14).

El Efecto de la Caída en la Historia de la Humanidad

La tercera pregunta a realizar concierne al efecto de la caída: ¿Cómo afecta la caída al resto de la historia humana? Primero, el relato muestra que ha comenzado una guerra. Existe un conflicto entre Dios y la serpiente. Todo lo que Dios afirma, la serpiente lo rechaza. Sin embargo, como signo de la segura victoria de Dios, la serpiente está maldita de manera que debe arrastrarse y comer polvo (Gn. 3:14). Existe otro conflicto entre la serpiente (y su semilla) y la mujer (y su semilla). Dios también declara que la serpiente perderá en este conflicto cuando la semilla de la mujer aplaste la cabeza de la serpiente. Aunque el relato es claro de que la serpiente es sólo un animal salvaje (3:1), también se asocia con todos aquellos que son como ella, su semilla. Es por esta razón que Satanás es llamado la "antigua serpiente" (Ap. 12:9; 20:2).

Segundo, la humanidad se encuentra a sí misma relacionándose con Dios de manera diferente. El pecado en el jardín con frecuencia es llamado el "pecado original". La Biblia no explica específicamente qué efectos tiene el pecado original sobre cada persona individual, pero sí muestra que la desobediencia de Adán afecta al resto de la humanidad (Rom. 5:12). Debido a este pecado original, la muerte (esto es, la muerte natural, maldición y exilio) ha entrado en el mundo de manera que cualquiera que permanece en estado natural debe experimentar la muerte. Sin embargo, Cristo, a través de su vida y trabajo, trae la vida (esto es, vida eterna, bendición y comunión) para aquellos que creen en él.

CAIFÁS Sumo sacerdote del 18 d.C. hasta el 36/37. Él es mejor conocido por presidir el juicio judío de Jesús. En la Biblia se le menciona explícitamente en Mateo 26:3, 57; Lucas 3:2; Juan 11:49; 18:13, 24, 28; Hechos 4:6. Grato, un prefecto romano de Judea, nombró a Caifás para el cargo, pero Vitelio, un legado romano de Siria, fue quien lo sacó del puesto. Según lo escrito en Juan 11:49-52, él profetizó sobre la muerte de Jesús. Caifás aparece varias veces en las escrituras de Josefo, aunque es notablemente raro si se considera la duración de su oficio.

CAÍN **(1)** El clan mencionado en el oráculo final de Balaam (Núm. 24:22 NVI [NTV, LBLA: Ceneos; RVC, DHH: "Quenita"]). La palabra en hebreo es idéntica al nombre del hijo de Adán y Eva, Caín. Muchos estudiosos consideran que Caín fue el antepasado de los quenitas. (*Véase también* los quenitas.) **(2)** Una ciudad que era parte de la heredad de la tribu de los hijos de Judá (Jos. 15:57). Estaba situada al sureste de Hebrón.

CAÍN El primer hijo de Adán y Eva, que inicialmente se le asignó la labor de Adán de trabajar la tierra. Su historia se narra en Génesis 4: después de que Dios favorece la ofrenda de su hermano menor, Abel, en vez de la suya, por lo que Caín se pone celoso, se enfurece y queda desconsolado (vv. 1-5). Dios le ofrece la esperanza de la rectitud y la precaución contra el pecado, pero Caín en cambio asesina a su hermano (vv. 7-8). De una manera similar a la reacción de sus padres cuando Dios los enfrentó, Caín miente y se declara ignorante cuando Dios lo afronta por la muerte de Abel (v. 9). Entonces Caín recibe un cambio en su asignación vocacional y es desterrado de la presencia de Dios (v. 14). Él se convierte en un vagabundo y su linaje se vuelve propenso a la ignorancia y a la mentira. El uso de su nombre en el Nuevo Testamento está relacionado con el egoísmo y con la maldad (Hebreos 11:4; 1 Juan 3:12; Judas 11).

CAINÁN En griego kainam y en hebreo qenan, nombre para dos personas distintas dentro de la genealogía de Jesús según Lucas. **(1)** Bisnieto de Adán, un hijo de Enoc y padre de Malalel (Lucas 3:37 [NIV, NET: "Kenan"]; cf. Génesis 5:9-14; 1 Crónicas 1:1-2). **(2)** Bisnieto de Noé, un hijo de Arfaxad y el padre de Sala (Lucas 3:36; cf. Génesis 10:24; 11:12-13 LXX). Dado que este Cainán no aparece en las genealogías de MT, Lucas al parecer usó la LXX para esta sección de su genealogía para Jesús. Hay que recordar que la omisión de nombres fue una práctica aceptada en las genealogías antiguas por varios propósitos (por ejemplo, el dispositivo mnemónico de Mateo 1:17), por lo que "hijo de" puede significar "descendiente de", y "padre de" puede significar "ancestro de". *Ver también* Kenan.

CAINÁN Un bisnieto de Adán, hijo de Enoc, y el padre de Mahalaleel (Gn. 5:9-14, 1 Cr. 1:2). En Lucas 3:37 aparece en la genealogía de Jesús como Kainam (KJV, NRSV: "Cainan"), que la NVI y algunas otras versiones traducen con la forma del nombre del Antiguo Testamento Kenan. *Véase también* Cainan.

CAJA Palabra en la KJV para referirse al contenedor que en su interior había aceite en 2 Reyes 9:1, 3 (en hebreo pak; NVI, NRSV: "frasco"), al alabastro en el que se guardaba perfume muy caro en Mateo 26:7 pars. (del griego alabastron; NVI, NRSV: "frasco") y al contenedor de perfume en la NRSV que aparece en Isaías 3:20 (del hebreo bayit; NVI: "frasquito").

CAL En Isaías 27:9 Dios anuncia que desmenuzará los altares paganos en cal (NVI: "piedra caliza"). La cal es fácil de moler. El oráculo predice la destrucción de estos altares ilegítimos.

CAL Un polvo de óxido de calcio que se produce quemando piedra caliza en hornos, útil como yeso o mortero. Las inscripciones se pueden hacer en una superficie de piedra recubierta de cal (Dt. 27:2, 4 LBLA, *ver* Dan. 5:5 [NVI: "yeso"]). Quemar huesos humanos a una sustancia parecida a la cal (NVI: "calcinados") significaba juicio o profanación (Is. 33:12; Amós 2:1).

CALA Ciudad asiria que fue construida por Nimrod después de haber establecido su reino (Génesis 10:11-12). La urbe es conocida como una de las cuatro ciudades más importantes de Asiria, aunque sólo se menciona específicamente en esta parte dentro de la Biblia. Esta localidad, en sus tiempos conocida como Nimrud, yacía junto al río Tigris a unas veinte millas al sur de Nínive. Cala sólo se volvió relevante en Asiria durante el reinado de Asurnasirpal II (c. 884-859 a.C.), que la convirtió en la capital. Su palacio incluía algunos de los relieves y descubrimientos más importantes jamás descubiertos sobre la historia de Asiria.

CALABAZA Una fruta de piel dura relacionada a los melones, pepinos y calabacín. Cuando Elías instruyó a su sirviente que hiciese un guiso, uno de los profetas inconscientemente reunió calabazas venenosas, que fueron cortadas y agregadas a la mezcla. Tras descubrir el error, Elías lanzó harina de maíz a la olla para que no envenenase a quienes lo comieran (2 Re. 4:38-41). En la historia de Jonás, aunque algunas versiones siguen a la LXX llamándolo "calabaza" (griego kolokynthē), la planta milagrosa que da sombra que encontró tras dejar Nínive probablemente era una planta de aceite de ricino, que puede rápidamente crecer hasta un metro y medio o tres metros (Jon. 4:6, 9). En el templo de Salomón, calabazas ornamentales fueron talladas en los revestimientos de cedro y el mar de bronce (1 Re. 6:18; 7:24).

CALABOZO Traducción en la KJV en Jeremías 37:16 para la palabra hebrea khanut, que se refiere a un compartimiento dentro de un calabozo (NVI: "calabozo subterráneo"; NRSV: "celda").

CALABOZO *Véase* Prisión, Prisionero.

CALAFATEADOR, CALAFATEAR En Ezequiel 27:9 se refiere a aquellos oriundos de Gebal que sellan (o calafatean) partes de los barcos de Tiro para hacerlos herméticos.

CALAI El jefe de una familia sacerdotal que regresó del exilio en los días del sumo sacerdote Joiacim (Neh. 12:20).

CÁLAMO Palabra en el Antiguo Testamento (en hebreo qaneh) que a veces señala un junco aromático específico y en otras ocasiones al producto comercial que se elaboraba a partir de esa planta. Es probable que se haya importado desde la India. El cálamo se usaba por su aroma y como tónico y estimulante (Isaías 43:24; Jeremías 6:20; Ezequiel 27:19). El producto aromático era un elemento de varios perfumes (Cantares 4:14) y se utilizaba como incienso para la adoración en el tabernáculo (cf. Éxodo 30:23). También se le conoce como cálamo aromático (Acorus calamus). Tiene algunas propiedades carcinógenas y efectos alucinógenos en altas dosis, por lo que en tiempos modernos se ha prohibido su uso como aditivo alimentario en los Estados Unidos.

CALAVERA *Véase* Calvario.

CALCEDONIA Cuarzo de varios colores y de vetas finas que se le identifica como la tercera gema que decora los cimientos de la muralla de la nueva Jerusalén (Apocalipsis 21:19). De una manera alterna se traduce como "ágata", que es un subconjunto de calcedonia.

CALCHOL *Ver* Calcol.

CALCOL Uno de los sabios hijos de Mahol (posiblemente un título musical), Calcol es nombrado junto con sus hermanos Hemán y Dardá como un individuo al que Salomón superó en sabiduría (1 Re. 4:31). Calcol y sus hermanos son nombrados en 1 Cr. 2:6 como descendientes de Judá por medio de Zera.

CALDEA DE UR Región/ pueblo que estaba al sur de Mesopotamia y se le asociaba con Ur. Ellos gobernaron el Imperio Neobabilónico (626-539 BC). Este término se le relacionó posteriormente con los hechiceros.

CALDEA Y BABILONIA

CALDEA Nombre que se le daba a toda la nación de Babilonia y que originalmente denotaba la parte sur de este país. Mientras el jefe caldeo Marduk-apal-idina II (Merodac-Baladán) tomaba posesión del trono babilónico (721-710, 703-702 a.C.), "Caldea" se convirtió en un sinónimo para "Babilonia" (*ver* Isaías 23:13). Cuando la dinastía caldea gobernó el Cercano Oriente (626-539 BC), su nombre se volvió famoso y se usaba como sinónimo de toda la región babilónica (cf. Daniel 3:8; 9:1). Los caldeos, que vivieron junto al río Éufrates y Tigris, no solo disfrutaban de la fertilidad agraria, sino que también desarrollaron ciencia y artes, incluyendo la astrología, astronomía, matemáticas, mitología y la construcción de barcos. Por consiguiente, a los "caldeos" se les identifica como una clase de gente sabia (Daniel 2:2; 4:7; 5:7, 11; cf. 1:4) y marineros inteligentes (Isaías 43:14). Caldea o los caldeos tuvieron un rol importante en la historia del pueblo de Dios. Abram salió de una de sus ciudades prominentes: "Ur de los caldeos" (Génesis 11:28). Usados como uno de los instrumentos de Dios para castigar a su propio pueblo por sus iniquidades, los caldeos destruyeron Jerusalén y exiliaron a sus habitantes (2 Reyes 24-25; Isaías 39:6-7; Jeremías 21:4; Ezequiel 12:13; Habacuc 1:6-10), por lo que la "tierra de los caldeos" a menudo se le identifica como el lugar del origen del exilio (Jeremías 24:5; Ezequiel 1:3 KJV, ESV, NRSV). Sin embargo, en el contexto de la promesa de la restauración los caldeos son el enemigo principal de Dios, que deben ser destruidos por su propio anhelo de gloria (Isaías 43:14; 47; 48:14; Jeremías 50-51; Habacuc 1:11). Dios al destruirlos señala la liberación de su pueblo del exilio (Isaías 48:20-21; Jeremías 50:8). En Apocalipsis, Babilonia es un símbolo terrenal del poder satánico que será destruido en el fin de los tiempos (Apocalipsis 17-19).

CALDERA Recipiente de cocina que se menciona en 1 Samuel 2:14 como una de las vasijas que los hijos de Elí tomaron para servirse carne hirviendo. La palabra hebrea aquí, qallakhat, se interpreta en otras partes como "hervidor" o "cacerola" en algunas versiones modernas (Miqueas 3:3). En la KJV también se interpreta la palabra hebrea sir como un recipiente de cocina, como "caldera" (Ezequiel 11:3, 7, 11).

CALDERA Un recipiente utilizado para cocer comida, no solo en el hogar sino también en el santuario (1 Sam. 2:14, 2 Cr. 35:13, Miq. 3:3). Dichos recipientes estaban hechos de metal cerámico o forjado.

CALEB **(1)** Uno de los doce espías enviados a la tierra prometida por Moisés (Números 13:1-14:45). Él representaba a la tribu de Judá. Cuando los espías regresaron, ellos informaron que la tierra era bella y fértil, donde abundaba "leche y miel". Sin embargo, ellos también describieron a los habitantes como aterradores y peligrosos.

La mayoría de los espías pronunciaron palabras de desespero al decir: "No podemos atacar a ese pueblo, porque ellos son más fuertes que nosotros" (Números 13:31). Caleb, que recibía el apoyo de Josué y Efraín, entregó un informe minoritario y aconsejó que atacaran la tierra. El consejo de diez espías convenció a la gente que carecía de fe en cuanto a la habilidad de Dios para entregarles la victoria. En respuesta a sus quejas, Dios determinó que la generación de israelitas que salió de Egipto moriría en el desierto. Por lo tanto, ellos pasaron cuarenta años vagando antes de tener permiso para ingresar a la tierra. Los espías fieles, Caleb y Josué, fueron la excepción y los únicos de su generación realmente autorizados para entrar a la tierra prometida. Caleb tenía cuarenta años cuando sirvió como espía y ochenta y cinco en el período en el que se inició la distribución de tierra para las tribus. Caleb dio un paso al frente y pidió que Josué le entregara la tierra alrededor de Hebrón. Para realmente tomar posesión de la ciudad, él con éxito expulsó a los indeseables anaceos, que particularmente estremecieron con terror el corazón de los israelitas (Josué 14:6-15; 15:13-15). **(2)** Descendiente de Judá a través de Peres y Hesrón (1 Crónicas 2:9, 18-20).

CALEB EFRATA Lugar mencionado solamente en 1 Crónicas 2:24 como la localidad donde Hesrón, el padre de Caleb, murió. Algunas personas sugieren que Caleb Efrata puede que haya sido el lugar donde Caleb y su esposa Efrata (1 Crónicas 2:19) vivieron, y posiblemente en Belén (*ver* Miqueas 5:2).

No obstante, otras personas que prefieren la narración de la LXX, ven a Efrata como una mujer: "Después de la muerte de Hesrón, Caleb entró a Efrata" (cf. ESV, NET).

CALEB *Ver* Quelub.

C

CALENDARIO Dado que los calendarios son sistemas elaborados a partir de la cultura, existen muchas importancias distintas entre el calendario moderno y los calendarios usados en los tiempos bíblicos. Al lidiar con las fuentes antiguas de los judíos y de los cristianos tempranos, se pueden reconstruir sistemas completos de calendarios. Sin embargo, la Biblia en sí, que se escribió durante muchos siglos, emplea varios sistemas de calendarios y sistemas de datación.

El Calendario Gézer.

No existe un solo sistema para los calendarios que emerja del material bíblico. No obstante, muchos aspectos de la vida en la Israel bíblica dependían del uso de los calendarios, ya que por medio de estos se regulaban los festivales religiosos, la actividad agraria, varios aspectos del sistema legal y el registro de eventos históricos.

Medidas de Tiempo en la Antigüedad

Existieron diversos métodos para calcular el tiempo en la antigüedad. Algunas unidades de tiempo correspondían a la observación de los fenómenos celestiales (*ver* Génesis 1:14), como el momento en el que sale el sol y la puesta (que definen el día), la luna creciente y menguante (el mes lunar), el ascenso del sol en el cielo a mediodía (el año solar). Otras medidas de tiempo eran definidas por el ciclo agrario, que incluía la plantación, el inicio y fin de la cosecha (ver Éxodo 23:16; Rut 1:22). Un esquema agrícola servía como la base del Calendario de Gézer, que era un importante objeto arqueológico del siglo X a.C. que fue desenterrado a unas treinta millas al noroeste de Jerusalén. El Calendario de Gézer divide el año en ocho períodos de uno o dos meses, en el que cada uno corresponde a la plantación, cuidado y cosecha de varios cultivos. Aun así, otras unidades de tiempo, como los siete días de la semana y el año lunisolar, fueron derivadas del cálculo y no tenían relación con ningún fenómeno celestial o terrestre que fuera observable. La división de días en horas y minutos es posible en los tiempos modernos gracias a los relojes mecánicos y electrónicos. Las divisiones de tiempo más cortas que el día habrían sido aproximaciones en una mejor instancia sin estos dispositivos. Los textos bíblicos se refieren al amanecer, la mañana, el mediodía, la tarde, la noche y medianoche. En los tiempos del Nuevo Testamento, se enumeran las doce horas de luz de día (Mateo 27:45; Juan 11:9). También existió un sistema para dividir la noche en "vigilias" que se puede avalar por medio del Antiguo y Nuevo Testamento.

El Mes y el Año en la Biblia

Las palabras hebreas para "mes" están relacionadas con las palabras para "luna" y "nuevo" (es decir, la "luna nueva"), lo que sugiere que el antiguo mes israelita era un mes lunar correspondiente a la luna creciente y menguante por un periodo de unos veintinueve o treinta días. La Biblia se refiere a días contados en cada mes, tan extensos como un rango de veintisiete días.

Existen diversos sistemas para nombrar los meses en la Biblia. Se puede encontrar la presencia de cuatro nombres de meses "cananeos" en el Antiguo Testamento: Aviv (el primer mes), Ziv (el segundo), Ethanim (el séptimo) y Bul (el octavo). Dado el uso poco frecuente de estos nombres, algunos eruditos han cuestionado si este sistema se usaba ampliamente en el antiguo Israel. Los nombres probablemente estén derivados de términos agrarios.

En muchos casos los meses simplemente se enumeran. En este sistema, el primer mes comienza en primavera. Según la narrativa bíblica, esta manera de calcular el inicio del año fue una instrucción que dio Moisés en el tiempo del éxodo (Éxodo 12:1). Sin embargo, en la Biblia se aplica este esquema para los eventos que ocurrieron mucho antes, como la historia del diluvio en el tiempo de Noé que empezó en el segundo mes (Génesis 7:11), y los eruditos han asociado el sistema numérico de los meses con las fuentes bíblicas tardías, alrededor del tiempo del exilio. El sistema puede que se haya comenzado a usar cerca de ese periodo, por lo que reemplazaría a un sistema más viejo.

En algunos textos bíblicos posteriores los nombres de los meses babilónicos se adoptaron, como Nisán (el primer mes), Siván (el tercero), Elul (el sexto), Kislev (el noveno), Tevet (el décimo), Shevat (el undécimo) y Adar (el duodécimo). Siguiendo el uso bíblico, los nombres de los meses babilónicos fueron adoptados para el calendario judío antiguo, que aún se usa en la actualidad.

Basándose en las referencias del "mes duodécimo", el año israelita al parecer consistía de doce meses lunares. Por consiguiente, el año lunar comprendía alrededor de unos 354 días, lo que significa que no correspondería con el año solar de aproximadamente 365¼ días. El inicio del año podría oscilar entre once y doce días cada año. Presumiblemente, esta sería una situación inaceptable dado el hecho de que muchos de los festivales bíblicos se asignaban a fechas lunares y estaban correlacionados con eventos agrarios. El problema probablemente se resolvió a través de la intercalación de "meses bisiestos", así como ocurrió en la práctica de la mantención del calendario judío posterior. El resultado es un calendario lunisolar, en el que el año está compuesto por doce meses lunares y es corregido en relación al año solar por medio de la adición periódica de un segundo Adar (Adar II) que aparece siete veces en un periodo cada diecinueve años. En la Biblia no se menciona este procedimiento ni se identifica a la persona responsable por el mantenimiento del calendario en el antiguo Israel.

Fechas Bíblicas

Los sistemas modernos de datación absoluta, en la que todos los años se enumeran en relación a un punto de referencia histórico y único, son incomparables en los tiempos bíblicos, por ejemplo, el nacimiento de Jesús (Anno Domini), el viaje de Mahoma en el año 622 DC (Anno Hegirae 1) desde la Meca hasta Medina para la cultura islámica y la creación del mundo (Anno Mundi) en la tradición judía. En cambio, los eventos por lo general se databan en relación a los reinados de los reyes, de los israelitas o de otro modo. Por ejemplo, la ascensión de Abiam data del año dieciocho del reinado de Jeroboam (1 Reyes 15:1) y la proclamación de Ciro se registra con su primer año de monarquía (Esdras 1:1). En otros casos, los eventos se anotaban respecto a eventos históricos importantes. El inicio del oficio de Amós como profeta se registró "dos años antes del terremoto" (Amós 1:1) y en Éxodo 12:41 se señala la partida desde Egipto por medio del año 430 del cautiverio. En otras instancias, los puntos fijos en los que las fechas relativas están basadas no se pueden determinar. El comienzo de la labor de Ezequiel como profeta se indica de una manera por lo demás inespecífica al mencionar el "año trigésimo" (Ezequiel 1:1). El versículo puede que simplemente se refiera a la edad de Ezequiel.

Las mismas prácticas para registrar eventos siguen presentes en el Nuevo Testamento. El nacimiento de Juan el Bautista se data como "los tiempos de Herodes rey de Judea" (Lucas 1:5). El censo de Augusto César se identifica como "el primer censo que se llevó a cabo mientras Quirino fue el gobernador de Siria" (Lucas 2:2). Así como en el Antiguo Testamento, dichas fórmulas presuponen que el lector tiene una conciencia básica sobre la sucesión, los reinados de los reyes y emperadores, que es un hecho ventajoso que los intérpretes modernos han perdido, y que continúan debatiendo sobre la datación absoluta de estos eventos. Quizá de una manera análoga con Ezequiel 1:1, el inicio del ministerio de Jesús se registra a partir de sus trece años de edad (Lucas 3:23). Otros eventos y personas que se mencionan en el Nuevo Testamento se pueden correlacionar con los registros históricos extrabíblicos para establecer fechas absolutas para los eventos bíblicos (por ejemplo, la muerte de Herodes Agripa I en el año 44 d.C. [Hechos 12:23]). Estos hechos son diferentes a las instancias en las que los autores bíblicos realizan un esfuerzo consciente para proporcionar fechas inteligibles para los lectores. En contraste con la narrativa histórica del Antiguo Testamento, en el Nuevo Testamento se manifiesta, en su mayoría, poco interés en cuanto a la datación de los eventos de sus relatos, incluso según las antiguas convenciones de datación relativa.

C

CÁLICES, CALABAZAS *Ver* brote.

CALÍGULA *Ver* Roma, Imperio Romano.

CÁLIZ Un recipiente para beber, generalmente asociado al vino. En el Cantar de los Cantares el hombre compara el ombligo de la mujer a un cáliz al que nunca le falta vino (Cant. 7:2), usando una palabra que en otras partes significa "cuenco" (Éx. 24:6). En Isaías la copa de la ira de Dios es descrita como un cáliz de vino que hace temblar a las personas (Is. 51:17).

CALIZA *Ver* Cal.

CALLE DE LOS PANADEROS Calle en Jerusalén durante los tiempos del rey Sedequías (Jeremías 37:21; NVI: "calle de los Panaderos"). Es muy probable que en esta calle se encontrara la mayoría de los panaderos en Jerusalén, así como es común que un grupo de comercio se ubique en conjunto en un sector. A Jeremías le prometieron entregarle pan de la calle de los Panaderos durante su encarcelamiento.

CALLE RECTA Después de que Saúl fue cegado por una luz del cielo, que quedó en la casa de Judas en Calle Recta en Damasco (Hec. 9:3-9, 11). Allí, Ananías, enviado por el Cristo resucitado, impuso sus manos sobre Saúl, quien recuperó la vista (9:10-18). El curso general de Calle Recta aún es identificable en la moderna Damasco.

CALLEJONES En la parábola del gran banquete de Lucas, algunas versiones usan "callejones" para traducir la palabra griega rhymē (Luc. 14:21 LBLA, NTV, NVI), refiriéndose a un camino tipo callejón dentro de la ciudad desde el cual un sirviente debía recoger a personas discapacitadas. La NIV usa "veredas" en la misma parábola (14:23) para traducir la palabra griega phragmos, que en realidad es una valla o cerco, pero aquí indica un camino a lo largo de ella.

CALLES Las calles facilitaban el transporte dentro de una comunidad tanto conectando edificios residenciales y públicos para las tareas diarias como conectando las fortificaciones de la ciudad para el oportuno despliegue de tropas durante los asedios. En la mayoría de las grandes ciudades, una calle periférica corre a lo largo del interior de los muros de la ciudad, sirviendo principalmente para acceso defensivo rápido a los terraplenes del muro. Calles adicionales dividían los barrios residenciales y púbicos del interior de la ciudad. Las calles principales más grandes, al igual que las puertas de la ciudad, servían como lugares principales de comercio en las ciudades antiguas. Las calles principales comúnmente llevan al centro de la ciudad o a estructuras importantes, tales como palacios o templos.

El período del NT vio una clara dicotomía entre las ciudades judías y aquellas de influencia griega o romana. Las ciudades grecorromanas comúnmente eran bien planeadas y rectilíneas e incluían calles con columnatas. Estas típicas calles "principales" eran flanqueadas por filas de columnas soportando un techo, originalmente desarrolladas para proveer sombra para mercados. El comercio ocurría bajo estas columnatas o en otras plazas públicas. Las calles con columnas eran pavimentadas y tenían veredas para peatones y accesorios como estatuas de deidades. Las ciudades judías, sin embargo, no tenían una planificación formal. Más que estar diseñadas en barrios estructurados divididas por grillas de calles claramente alineadas, los edificios en las ciudades judías eran construidos aleatoriamente a través del tiempo. Los caminos eran agregados con posterioridad y construidos alrededor de grupos de edificios según se necesitaran.

En la Biblia, las calles—junto con plazas y callejones—con frecuencia son simbólicas de espacios públicos. En las calles las personas gritan proclamando (2 Sm. 1:20; Est. 6:9) o en búsqueda de otros (Cant. 3:2; Jr. 5:1; Mt. 22:9-10; Lc. 14:21), o lloran de pesar y angustia (Sal. 144:14; Am. 5:16). En las esquinas de las calles los idolatras presumen la adoración de falsos dioses (Jr. 44:17; Ez. 16:25) y los hipócritas ostentan su piedad (Mt. 6:2, 5). Cuando una ciudad es conquistada o castigada, los muertos e indigentes quedan en las calles (Is. 5:25; Lam. 4:5; Ez. 11:6) o las calles quedan completamente desiertas (Jr. 33:10; Sof. 3:6). Pero cuando una ciudad prospera, las calles son reconstruidas (Is. 58:12) y se llenan de niños jugando (Zac. 8:4-5). Las calles también son descritas como polvorientas y fangosas (2 Sm. 22:43; Lam. 2:21; Miq. 7:10; Zac. 10:5), requiriendo el lavado de pies (cf. Jn. 13).

CALNE, CALNO Calne se menciona dos veces en la Biblia (Gn. 10:10, Amós 6:2) y se asocia a menudo con la mención de Calno en Is. 10:9. En Gn. 10:10 Calne es identificado junto a Babilonia, Erec (Uruk) y Acab como una de las cuatro ciudades del imperio mesopotámico de Nimrod. En Isa. 10:9; Amós 6:2 Calne/ Calno se asocia con lugares en Siria y, por lo tanto, ha sido identificado con Kullani (como se le conoce en los textos asirios), la capital del estado hitita de Pattin. Las referencias bíblicas aluden a la conquista de Kullani en 739 a.C por Tiglat-pileser III.

CALUMNIA Charla malvada y maliciosa o mentiras con intención de difamar o destruir a otra persona o la reputación de otro (Sal. 31:13; 50:20; Ez. 22:9). Ambos testamentos frecuentemente condenan el pecado de calumnia. La ley mosaica la prohibía (Lv. 19:16), y el noveno de los Diez Mandamientos especialmente condena dar “falso testimonio” (Éx. 20:16). La calumnia era un acto especialmente malicioso, con consecuencias acompañantes (Prov. 30:10), y era visto como un crimen merecedor del desagrado o castigo de Dios (Sal. 101:5; 140:11). Pablo incluye la calumnia entre las formas destructivas de relacionarse y hablar con otro (Rom. 1:30; 2 Tim. 3:3; cf. 2 Cor. 12:20; Ef. 4:31; Col. 3:8). El gran acusador y calumniador de Dios y su pueblo es Satanás (Gn. 3:4-5; Job 1:9-11; 2:4-5; Zac. 3:1). No hay verdad en él; es un mentiroso y el padre de las mentiras (Jn. 8:44).

CALVARIO Nombre dado al lugar donde aconteció la crucifixión de Jesús. En el Nuevo Testamento griego a este lugar se le llama “Gólgota”, que proviene del término arameo que significa “cráneo” y que en los Evangelios se traduce como el “lugar del cráneo”. En la Vulgata latina, por ende, esta frase se traduce como Calvariae locum (Mateo 27:33; Marcos 15:22; Lucas 23:33; Juan 19:17-18), del cual deriva el término en inglés “Calvary”. El nombre Gólgota puede que se haya originado a partir de un afloramiento rocoso que le daba a ese lugar la apariencia de un cráneo, pero es más probable que Gólgota fuera un lugar habitualmente utilizado para realizar excavaciones. Entonces queda clara la manera en que Gólgota garantiza su nombre mórbido. En la Biblia se especifica que Gólgota yacía afuera de Jerusalén, pero no se encontraba lejos de la frontera de la ciudad en los días de Jesús (Juan 19:20; Hebreos 13:12). En la actualidad, el calvario se encuentra dentro de la Antigua Ciudad de Jerusalén, ya que Herodes Agripa I (r. 40-44 d.C.) cambió las fronteras de los muros de la ciudad. La tierra con el tiempo conservó un templo pagano, el Capitolium, que fue derribado por el emperador cristiano Constantino a principios del año 325 d.C. y lo reemplazó con un complejo arquitectónico con el propósito de honrar el lugar santo. Después de la crucifixión, a Jesús lo colocaron en una tumba en un jardín cercano por solicitud de José de Arimatea (Mateo 27:59-60; Juan 19:41). Por medio de la tradición cristiana antigua se ha confirmado la identificación de este lugar, por lo que en la actualidad yace en el interior de la iglesia del Santo Sepulcro. Todas las construcciones y renovaciones de este lugar han cambiado enormemente a Gólgota desde el siglo I, por lo que posee poca semejanza con un jardín o lugar de ejecución. La palabra “calvario” se ha convertido en una clave respecto a la muerte de Jesús para la adoración cristiana, por lo que los pecadores están llamados a venir “al calvario” y recibir el perdón. *Ver también* Gólgota.

CALVICIE Cuando deliberadamente las personas se afeitaban la cabeza, la calvicie se usaba como una expresión física de duelo en el Antiguo Testamento. En la Escritura, la mayoría de las instancias de calvicie son autoimpuestas. A menudo es un acto colectivo, pero la calvicie también va acompañada del acto de vestir arpillera, echarse polvo en la cabeza, llorar y rodar en cenizas (Ezequiel 27:30-31). Los profetas declararon que el pueblo de Dios exhibiría su calvicie mientras su prosperidad se convierte en duelo (Isaías 3:24; Miqueas 1:16). A veces Dios ordena en contra de la calvicie, y que ni toda la pena en la tierra hará que las personas se afeiten la cabeza (Jeremías 16:6) o cuando es inapropiado para sus sacerdotes (Levítico 21:5). Además de ser parte del duelo, la calvicie se nombra como un resultado de extremo esfuerzo en batalla (Ezequiel 29:18). La calvicie en cuanto a lo ceremonial representa limpieza, a no ser que vaya acompañada de puntos semejantes a la lepra (Levítico 13:40-46). Una historia memorable respecto a la calvicie ocurre cuando el profeta Elías maldice a un grupo de jóvenes por ridiculizar su calvicie, lo que significó que dos osos descuartizara a cuarenta y dos de ellos (2 Reyes 2:23-25).

C

CAM **(1)** El segundo de los tres hijos de Noé, sus descendientes incluyen a Cus, Mizraim (Egipto), Put y Canaán. Después de que Cam les informó a sus hermanos que vio a su padre desnudo, Noé maldijo al hijo de Cam, Canaán, que posiblemente estaba involucrado. El nombre puede designar una rama de los descendientes de Cam, los egipcios, o su tierra (Sal. 78:51; 105:23, 27; 106:22). **(2)** Una ciudad habitada por los zuzitas que fue atacada por Quedorlaomer durante la época de Abraham (Gn. 14:5).

CAMA Superficie para reclinarse que servía para dormir, convalecer, contemplar y realizar actividades sexuales. Su construcción varía desde un tapete de paja portátil (Marcos 6:55; Hechos 9:34) hasta marcos elevados elaborados de madera, metal o piedra con incrustaciones de metales preciosos y joyas (Deuteronomio 3:11; Amós 6:4) y cubierta con materiales de lujo (Proverbios 7:16, 17; 31:22). Los tapetes de los pobres podían enrollarse y guardarse durante el día para guardar espacio al momento de dormir en un cuarto común (Lucas 11:7). Los ricos se reclinaban sobre estructuras permanentes en cuartos designados para dormir (Éxodo 8:3; 2 Reyes 6:12), pero la gente con medios más modestos también tenían dormitorios (2 Reyes 4:10).

El uso más citado de una cama en la Biblia no tiene que ver con ir a dormir (Salmos 132:3; Lucas 11:7), sino que servía para convalecer (Génesis 48:2; Éxodo 21:18; 2 Samuel 13:5; Salmos 41:3; Mateo 8:14; Hechos 28:8) o para morir (Génesis 49:33; 2 Reyes 1:4, 6, 16). Elías restauró la vida de un niño después de colocarlo sobre una cama (1 Reyes 17:19; cf. Eliseo en 2 Reyes 4:21, 34, 35). Los intentos de asesinato podían llevarse a cabo (1 Samuel 19:13, 15, 16) o simplemente ejecutarse en una cama (2 Samuel 4:7, 11; 2 Crónicas 24:25).

Las camas sirven para la actividad sexual, ya sea honorable (Cantares 1:16; Hebreos 13:4) o no (Génesis 39:7, 10, 12; 49:4; 2 Samuel 13:11). Las personas podían pasar deprimidas y estar de luto sobre las camas (1 Reyes 21:4; Salmos 6:6; Cantares 3:1; Oseas 7:14), holgazanear (Proverbios 26:14), tramar algo malvado (Salmos 36:4; Miqueas 2:1), meditar y regocijarse (Salmos 4:4; 63:6; 149:5) y experimentar visiones (Daniel 2:28; 4:5; 7:1). La cama también es una metáfora para la tumba (Job 7:13; 17:13; Ezequiel 32:25).

CAMALEÓN Especie de lagarto conocido por la fuerza de sus garras y su habilidad para cambiar el color de su piel. Estos son abundantes en Egipto y en la Tierra Santa, especialmente en el valle del Jordán, y se mencionan en la lista de animales impuros que están prohibidos para su consumo (Levítico 11:30-31). Dada la inmundicia del cuerpo del camaleón, el Señor prohíbe cualquier contacto físico con el animal.

CÁMARA DE IMÁGENES Interpretación en la KJV de la frase hebrea que aparece en Ezequiel 8:12 que se refiere a los cuartos secretos dentro del templo de Jerusalén donde las personas adoraban ídolos paganos o murales idólatras (Ezequiel 8:10; 23:14). Dios le indica a Ezequiel que los "ancianos" de Israel están adorando a falsos dioses en la oscuridad y que afirman que "el SEÑOR no nos ve". En la NVI se interpreta esta frase como "nichos de sus ídolos" y en la NASB como "cámara de imágenes grabadas".

CÁMARA En la KJV se usa este término 118 veces, por lo general con referencia a una habitación privada dentro de una construcción. Con este concepto se traducen varios términos hebreos y griegos. En la actualidad esta palabra se considera arcaica, y los mismos términos hebreos y griegos se traducen en la NVI de diversas maneras como "tienda", "escondite", "habitación", "cuarto privado", "tálamo", etc. (Números 25:8; 2 Crónicas 18:24; Esdras 10:6; Nehemías 3:30-32; Salmos 19:5; Cantares 3:4; Ezequiel 16:24). José, cuando fue conmovido a causa de su hermano, ingresó a su habitación para llorar (Génesis 43:30 KJV). La habitación que la sunamita le preparó a Eliseo se llama "aposento" (2 Reyes 4:10-11 KJV). Había habitaciones dentro de las cámaras (1 Reyes 22:25; 2 Reyes 9:2 KJV). "Entrar en la habitación" se usaba de manera metafórica para orar (Isaías 26:20 KJV).

CÁMARAS DEL SUR Interpretación en la KJV de la frase hebrea que aparece en Job 9:9 (así también en NASB; NRSV; ESV). Probablemente se refiere a algún fenómeno astral, ya que se menciona junto con otras constelaciones (la Osa, Orión, las Pléyades [aunque estas también se debaten]). Algunos eruditos en general la identifican con las constelaciones del sur o quizá con el círculo zodiacal del sur de las estrellas. Otra posibilidad puede que tenga relación con la creencia sobre la existencia de unas cámaras en donde se almacenaban el viento, la lluvia, la nieve y el granizo (cf. Job 37:9; 38:22). En la NVI se interpreta la frase como "constelaciones del sur" y en la NTV como "constelaciones del cielo del sur".

CAMARERO MAYOR Palabra en la KJV para aludir a un oficial de confianza de alto rango dentro de la corte real (2 Reyes 23:11), que a menudo es el que protege el dormitorio del rey (Hechos 12:20) o era un eunuco que cuidaba el harén del rey (Ester 1:10). El camarero Erasto en Romanos 16:23 es el tesorero de la ciudad de Corinto (NVI: "tesorero de la ciudad"). Su nombre se encontró en una inscripción asociada con el servicio a esa ciudad.

CAMBIADORES DE DINERO En los Evangelios, aquellos que intercambian monedas en el templo. Los hombres judíos debían pagar el tributo del templo de medio siclo con monedas de plata de Tiro (*véase* Éx. 30:13-16; Neh. 10:32; Mt. 17:24-27; Josefo, Ant. 18.312; Filón, Embajada 156; Let. Aris. 40; m. Ber. 8:7). Aunque las monedas tirias llevaban la cabeza del dios pagano Melkart (Gr. Heracles), su alto contenido de plata (90 a 92 por ciento) las hacía preferibles por sobre, por ejemplo, el tetradracma provincial de plata romano, que era solo 80 por ciento puro. El impuesto era equivalente a la mitad de un estater tirio. Por lo tanto, era conveniente que dos judíos pagasen el impuesto con un solo estater (Mt. 17:27). La literatura rabínica registra que las mesas de los cambiadores fueron establecidas por estaciones en el templo (así como en las provincias) para este propósito (m. Sheqal 1:3). Estaban bajo el empleo directo de los sumos sacerdotes, quienes obtenían un beneficio considerable. Poner estas actividades en la corte de los gentiles fue probablemente una innovación que ocurrió más tarde. Un visitante judío previo a eso podría afirmar acerca de las actividades de culto, "reina un silencio general... Todo se lleva a cabo con reverencia y de una manera conforme con la divinidad suprema" (Let. Aris. 95-96). Los cambiadores de dinero, junto con aquellos que vendían sacrificios, se convirtieron en el objeto de la ira de Jesús. Volcó sus mesas, sugiriendo que ellos y las autoridades del templo detrás de ellos estaban robando a los pobres.

CAMELLO Gran mamífero que se desplaza en cuatro patas que ha sido usado por los humanos como un animal de carga y para el transporte desde por lo menos el segundo milenio a.C. El mejor uso que se les ha dado a los camellos ha sido para las caravanas, es decir, grupos de comerciantes que cruzaban el desierto con bienes para venderlos en los mercados extranjeros.

Existen dos tipos de camellos: el dromedario (de una joroba) que era nativo de la región de

Israel y el bactriano (de dos jorobas) que es autóctono de Asia central y oriental. Conocidos como los "barcos del desierto", estos animales están idealmente adaptados para vivir en un ambiente cálido y árido. Los camellos pueden cerrar sus fosas nasales, especialmente ante las tormentas de arena. Sus largas pestañas tienen la capacidad para proteger sus ojos del sol y de las partículas de arena.

Puede que la adaptación más valiosa de los camellos sea su habilidad biológica para conservar el uso de agua. Además de muchas otras cualidades para guardar agua, su piel y pelaje están optimizados para reducir la sudoración (el contenido líquido de sus desechos está mucho más abajo que otros animales) y ellos pueden retener más plasma en su sangre por una extraordinaria cantidad de tiempo cuando se ven privados de agua. La joroba de los camellos no es la parte donde se conserva agua, que es algo comúnmente malentendido, sino que está hecha de tejidos grasos que constituyen la principal reserva de energía del animal.

Los camellos se mencionan por primera vez en la Biblia en Génesis en las narrativas patriarcales, donde estos animales son parte de los recursos pastorales (12:16). También se les describe de una manera prominente en la historia cuando buscan a Rebeca para que sea la esposa de Isaac (24:10-36). A José lo llevaron en una caravana hasta Egipto, en la que llevaban bálsamo y mirra además de cargamento humano (37:25). En las regulaciones dietéticas de la ley mosaica, el camello es considerado impuro y no puede comerse (Levítico 11:4; Deuteronomio 14:7). Los camellos siguen apareciendo en el relato como bestias de carga y como ganado a lo largo de la Biblia en variados contextos.

CAMILLA Un colchón delgado o una cama improvisada. En varias historias del Evangelio, los inválidos aparecen con camillas en espacios públicos (por ejemplo, Jn. 5:1-15). Una vez, un paralítico fue bajado por el techo de una casa en su camilla (Mr. 2:4). Ambas personas pudieron recoger y cargar sus camillas después de ser sanadas por Jesús (Mr. 2:11-12; Jn. 5:8-9).

CAMINAR El caminar era el principal medio de transporte en tiempos bíblicos y, metafóricamente, se refería a la conducta de uno en la vida. Se usa figurativamente en ambos Testamentos. Por ejemplo, Noé es presentado como un hombre justo y sin culpas que "caminaba fielmente con el Señor" (Gn. 6:9), y los cristianos deben "caminar en la luz" (1 Jn. 1:7) y "caminar como [Jesús] caminó" (1 Cr. 2:6 NRSV).

CAMINO *Véase* Real, camino; Calles; Transporte y Viaje.

CAMINO Una vía desgastada por los pasos (Gn. 49:17, Nm. 22:32, Neh. 9:19, Mr. 4:4), a menudo se distingue de una ruta más ancha, más lisa (Nm. 22:24; 2 Sam. 22:37; Mt. 7:13-14). La Biblia exhorta al lector a seguir el "camino de la vida" (Sal. 16:11; Prov. 15:24) en contraste con el camino que lleva a la muerte (Dt. 30:1-20; Prov. 14:12; Jer. 21:8; Sant. 5:20). El buen camino se caracteriza por buscar la presencia de Dios mediante la obediencia a su voluntad (Dt. 11:28, Sal. 27:11; 44:18; 119:32). Juan el Bautista fue llamado a preparar el camino del Mesías (Mr. 1:3, *ver* Is. 40:3). Jesús se presenta como un camino de regreso a Dios (Jn. 14:6). El cristianismo primitivo se llamaba "el Camino" (Hec. 9:2; 19:9; 24:22). Pablo exhorta a los cristianos a caminar en la humildad y la mansedumbre de Cristo, que es digna del llamado que han recibido de Dios (Ef. 4:1-2).

CAMITAS Descendientes del hijo de Noé, Cam. Un grupo de camitas alguna vez había vivido cerca de Gedor antes que los simeonitas se asentaran en el área (1 Cr. 4:39-40).

CAMÓN Una ciudad en Galaad (se desconoce la ubicación exacta), donde Jair, que fue juez de Israel por veintidós años, murió y fue sepultado (Jue. 10:5).

CAMPAMENTO Hogares temporales para las personas semi nómades como también para el personal militar. Hay una cierta cantidad de palabras hebreas que se traducen en la Biblia al inglés como "camp" o "encampment".

Por ejemplo, tirah era un campamento protegido por una barrera de piedra o un muro (Génesis 25:16; Números 31:10; Ezequiel 25:4), ma'gal era un círculo de carretas o un campamento circular (1 Samuel 17:20; 26:5, 7) y nawah era quizás un campamento de pasto nómade (Salmos 68:12 NVI).

La palabra más frecuente para "campamento" era makhaneh, que aparece unas doscientas veces en el Antiguo Testamento y que deriva de la raíz verbal khanah, que significa "instalar un campamento". Isaac y Jacob acamparon durante sus viajes (Génesis 26:17; 31:25). Después de marcharse de Labán y encontrarse con el ángel de Dios, Jacob declaró que el lugar de la teofanía debe ser "el campamento de Dios" y lo nombró "Majanayin", que significa "campamento doble" (32:1-2). En Génesis 32:21 el campamento de Jacob es probablemente un séquito de viaje compuesto por una cantidad de tiendas.

En muchos casos makhaneh se refiere a un campamento militar. Después del éxodo y durante los viajes por el desierto, los israelitas residieron en este tipo de asentamiento (Éxodo 14:2, 9; Números 33; Deuteronomio 2:14-15). Moisés guió a los israelitas afuera del campamento para reunirse con Dios en Sinaí (Éxodo 19:16-17).

Cada tribu tenía su propio campamento (Números 2). Dada la presencia de Dios entre ellos, el campamento de Israel debía ser santo. Los libros de Levítico y Deuteronomio contienen las leyes que regulan la vida en campamento (Levítico 14:3, 8; Deuteronomio 23:10-11). Cualquier persona o cosa inmunda debía permanecer afuera del campamento (Números 5:1-4; Deuteronomio 23:14). El ángel del Señor acampó alrededor de ellos (Salmos 34:7). El ejército israelita acampó en diversos lugares durante la conquista de Canaán (Josué 4:19) y el período monárquico (1 Samuel 29:1).

En el Nuevo Testamento se usa el término griego parembolē para aludir al campamento israelita donde los animales que eran sacrificados como ofrendas para el pecado se "quemaban afuera del campamento" (Hebreos 13:11-13). Como Jesús sufrió afuera de la entrada como un sacrificio para nosotros, los creyentes son llamados a unírsele afuera del campamento para "cargar la desgracia que él soportó". En Apocalipsis 20:9 se habla sobre "el campamento del pueblo de Dios".

CAMPANILLA En el libro de Éxodo se mencionan dos veces unas campanas pequeñas (28:33-35; 39:25-26), que se utilizan para adornar la bastilla del sumo sacerdote y monitorear sus movimientos, particularmente cuando entraba al lugar santísimo. El profeta Zacarías (14:20) anunció que en el futuro, después de que Dios destruye al mal, las campanillas de los caballos tendrán inscrito "Consagrado al Señor".

CAMPEÓN Individuo que representa a un grupo de personas en una competencia o logro. A Goliat se le identifica como el "campeón" de los filisteos (1 Samuel 17:4, 23) que desafiaba a cualquier guerrero en Israel. La victoria de un campeón es el triunfo de aquellos que representaba, por lo que para una derrota implicaba el mismo sentido (Isaías 42:13). Por lo tanto, el éxito de David ante Goliat es una victoria para toda Israel (1 Samuel 17).

C

Restos del campamento Romano en Masada.

CAMPESINOS Una palabra de origen medieval europeo tardío que se refiere a personas de posición social comparativamente baja que habitan regiones agrarias y trabajan el suelo como agricultores y trabajadores. En el AT, algunas versiones usan "campesinos" para traducir la palabra hebrea perazon, para lo cual otros usan "aldeanos", específicamente, aquellos que viven en aldeas sin muros en campo abierto (Jue. 5:7, 11 LBLA; 1 Sam. 6:18).

C

CAMPIÑA Interpretación en la KJV de la palabra hebrea 'arabah en Deuteronomio 11:30, que significa "tierra llana, abierta" (NVI, NRSV: "Arabá"). *Ver también* Arabá.

CAMPO DE SANGRE *Véase* Akeldama.

CAMPO DEL ALFARERO Un cementerio para forasteros fuera de Jerusalén. La tierra fue comprada con las treinta piezas de plata que Judas recibió por traicionar a Jesús (Mt. 27:3-10, Hec. 1:18-19), aunque no está claro si fueron los sacerdotes o Judas quienes hicieron la compra. La plata era "precio de sangre" porque se había utilizado para organizar la muerte de Jesús, por lo que no se podía poner en el tesoro del templo. Por lo tanto, se usó para comprar la parcela de tierra, muy probablemente de un alfarero. Se identifica con el "Campo del alfarero" (Mt. 27:8, Hec. 1:19 [Aram. "Akeldama"]).

CAMPO DEL LAVADOR El camino al Campo del Lavador (NIV: "Campo del Lavador" en Is. 7:3; 36:2) localiza donde Acaz estaba inspeccionando el suministro de agua de Jerusalén en preparación para un ataque por Siria e Israel (Is. 7:3), y donde se paró el comandante asirio (2 Re. 18:17; Is. 36:2). Jerusalén era suministrada por una serie de piscinas conectadas a canales. La ocupación de lavador de limpiar telas requería mucha agua (cf. Mal. 3:2). El campo se ubicaba fuera de la ciudad, en su extremo sur.

CAMPO DEL LIMPIADOR *Véase* Campo del Lavandero.

CAMPO Un trozo de tierra cultivada sin cerrar (Gn. 31:4; 34:7). Un campo puede distinguirse de la tierra salvaje sin cultivar (Gn 33:19; 36:35), viñedos (Nm. 22:23-24) y ciudades (Dt. 28:3, 16), que están rodeados de muros. Piedras demarcaban los campos (Dt. 27:17). En el caso de campos adyacentes, con frecuencias estaban separados por caminos públicos (Mt. 13:4 parcial). Para su protección, muchos campos tenían torres de vigilancia (Lc. 14:28-30). Los granjeros con frecuencia plantaban una cosecha mixta, incluyendo higueras para sombra (1 Re. 4:25; Is. 28:25). Las cosechas más valiosas, por lo general el trigo, se plantaban hacia el centro. Los judíos piadosos dejaban las esquinas de los campos sin cosechar para los pobres. Los rabís posteriormente cuantificaban las esquinas (hebreo pe'ah) como un sesentavo de la producción del campo. Rut tomó ventaja de esta provisión, al igual que lo discípulos de Jesús (Rut 2:1-7; Mt. 12:1-2 parcial).

CAMPOS ABIERTOS *Ver* Suburbios.

CANÁ Villa de ubicación incierta que estaba cerca de Nazaret, aunque Khirbet Qana es una posible localización. Caná solamente se menciona en el Evangelio de Juan. A pesar de lo común y corriente (su nombre siempre se califica como "Caná en Galilea"), se le da prominencia como el lugar donde Jesús llevó a cabo su primer y segundo milagro (Juan 2:1, 11; 4:46). Natanael, que es su único ciudadano (Juan 21:2), eleva el estatus de la villa más allá al convertirse en el primero en confesar que Jesús es el Hijo de Dios y Rey de Israel (Juan 1:49).

CANAÁN Hijo de Cam, nieto de Noé y el padre de las familias que serían conocidos como los cananeos (Génesis 10:6, 15-19). De una manera peculiar, en el relato del gran pecado de Cam en contra de Noé (que vio la desnudez de su padre), Noé maldice a su nieto Canaán en vez de su hijo Cam (Génesis 9:18-27). Las explicaciones de dicha maldición varían, pero el pasaje básicamente establece el contexto por el que la Biblia explica la relación de los cananeos con los israelitas en los siglos posteriores. Las razones más creíbles sobre el motivo por el que Canaán fue maldecido en lugar de Cam se centran en la irrevocabilidad de la bendición de

Dios para Cam en Génesis 9:1 o por el hecho de que Canaán tuvo un rol no descrito en el acto pecaminoso. La maldición también incluía una promesa de resentimiento entre Canaán y los hijos de Jafet (9:27). Este elemento de la maldición probablemente se concretó con la entrada de los filisteos (pueblos del mar) en la tierra alrededor del mismo periodo en el que Israel también estaba ingresando bajo el liderazgo de Josué.

CANAÁN *Ver* Canaán; Canaán, Tierra de.

CANAÁN, TIERRA DE Región generalmente identificada con la masa continental que existe entre la antigua Siria y Egipto, incluyendo partes de la península del Sinaí, Palestina desde el río Jordán hasta el Mediterráneo y el sur de Fenicia (moderna Líbano). Aunque persiste cierta discusión acerca del origen del nombre "Canaán" y de su significado, el nombre al parecer proviene de los principales habitantes oriundos de la región antes de la incursión de Josué en la tierra, ya que se usa fundamentalmente en conexión con la frase "tierra de", lo que señala que los descendientes de Canaán la poseían. Dado que la identidad de la tierra de Canaán tenía tanta relación con sus habitantes así como con cualquier tipo de fronteras fijas, los límites se identifican de varias maneras a lo largo del texto bíblico. Dichas descripciones varían desde una zona más bien limitada en cuanto a influencia (así como se sugiere en Números 13:29) hasta una tierra más larga que abarca un sector desde el Éufrates hasta el Nilo (Génesis 15:18; Éxodo 23:23). Dada su posición estratégica como una barrera presente entre Egipto y Mesopotamia y entre Arabia y el mar, Canaán sirvió principalmente como un puesto fronterizo de comercio y la localidad de numerosos e importantes eventos históricos anteriores y posteriores a la aparición de Israel en la tierra.

En la Biblia, la referencia geográfica "tierra de Canaán" aparece como una expresión fundamental desde Génesis hasta Jueces, algo que no es sorprendente. La promesa para Abraham de que sus descendientes heredarían la tierra de los cananeos (Génesis 15:18-21) es el punto focal de la teología para los usos del término "Canaán" a lo largo de estos libros bíblicos. Una vez que esa herencia se concretó y que Israel se convirtió en un estado viable, la aplicación del término parece que es útil para el doble propósito de ser un marcador geográfico y un recordatorio de la naturaleza de sus habitantes anteriores y predominantes. Los profetas hacen uso del término para recordarle a Israel sobre el antiguo estatus de la tierra, tanto en su connotación positiva (Isaías 19:18) como negativa (Isaías 23:11; Sofonías 2:5).

El término se translitera dos veces en el Nuevo Testamento en el relato de la historia del Antiguo Testamento (Hechos 7:11; 13:19). Una conexión más extensa entre Canaán y las perspectivas comunicadas que tienen que ver con esto en el Antiguo Testamento es la aparente asociación de la tierra con las prácticas corruptas de comercio. Es decir, mientras que algunos creen que la palabra "Canaán" siempre significó "mercader" o alguno similar, su uso en las Escrituras sugiere que los comerciantes de Canaán tenían tan mala reputación en la recolección del antiguo Israel que el término se convirtió en un sinónimo para "comerciante injusto" (Job 41:6; Ezequiel 16:29; 17:4; Sofonías 1:11; Zacarías 14:21).

Historia

La proximidad entre Canaán y Egipto significó aquel hecho de que a partir de sus períodos más antiguos el pueblo se encontraba a sí mismo endeudado con los faraones de Egipto. Los textos de execración egipcia de la era del Antiguo Imperio narran acerca de la influencia de Egipto sobre Canaán a principios del segundo milenio. Tras la expulsión de los hicsos de Egipto, los faraones del Nuevo Imperio reafirmaron su control sobre la tierra. Dentro de estos registros el más famoso de ellos es el informe de Tutmosis III sobre su victoria en Megido por medio de la implementación del engaño y la habilidad. Este mismo faraón estableció un sistema de división para Canaán y sus habitantes que trata sobre la aplicación de impuestos y la administración que sería tal su éxito que Salomón implementaría nuevamente este mismo sistema durante su reinado (1 Reyes

4:7-19). Incluso en los días de mayor debilidad para Egipto en la era del Nuevo Imperio, los faraones como Necao y Sesac y sus sucesores, los ptolemaicos, a menudo buscarían volver a los días de gloria en las campañas contra Canaán.

Además de Egipto, otras fuerzas exteriores encontraron la manera de ingresar a Canaán y ejercieron influencia en su desarrollo. Los colonizadores más antiguos al parecer provenían de Mesopotamia y la influencia semítica se puede atestiguar a principios del año 3000 a.C. En el período entre el control de Egipto sobre Canaán durante el Antiguo Imperio y su posterior reafirmación tras expulsar a los hicsos, Canaán fue testigo de un influjo masivo de amorreos desde el norte y también de las incursiones dirigidas por los hititas y los hurritas. A medida que el poder de Egipto declinaba a fines del Nuevo Imperio, dio inicio la llegada de los filisteos desde el mar y de los israelitas que cruzaron por el Jordán. Todas estas sociedades fueron absorbidas por la cultura cananea o estas mismas se adaptaron a los cananeos. El éxito de Israel al dejar de mencionar a los cananeos como una entidad identificable no se establecería con firmeza hasta finales del siglo VIII con la llegada de Ezequías.

La historia de la predominancia de Israel en el sector de Canaán comenzó, obviamente, con la infiltración en la tierra bajo el liderazgo de Josué y que persiste hasta la caída del templo en el año 70 d.C. a manos de los romanos. Durante ese periodo, Canaán sobrevivió como un lugar de importancia y como una puesta en escena sobre el control de Mesopotamia y Egipto y, por lo tanto, fue testigo de campañas establecidas por la mayoría de los grandes líderes de Asiria, Babilonia, Persia, Grecia y Roma. Obviamente, con cada campaña surgieron alteraciones tanto para el paisaje político y cultural de la tierra como para el refuerzo del punto de vista en el que se creía que ese sector era el centro del mundo. De hecho, fue en Canaán, en el Valle de Jezreel, donde las Escrituras ponen énfasis en la batalla final entre Dios y las fuerzas de Satanás en el Armagedón.

Geografía y Clima

Geografía. Aunque pequeña en alcance, la región de Canaán abarcaba una sorprendente

LA TIERRA DE CANAÁN

y amplia variedad de ambientes. Dentro de su topografía se pueden encontrar desiertos peligrosos, montañas nevadas, bosques densos, planicies exuberantes, playas, colinas escabrosas, valles profundos y fuentes diversas de agua que están llenas de vida y minerales. La región de Sefelá, o la planicie costera, carece de zonas naturales para erigir puertos que cuya existencia habría significado la explotación temprana del Mediterráneo en el sur, que es tan conocido en las zonas del norte de Fenicia. Sin embargo, Sefelá sí proporciona sectores totalmente abiertos que son fértiles y alimentados por la lluvia por escorrentía que proviene del país de la colina central, lo que permitía que fuera una fuente útil para la agricultura y civilización a partir de un periodo sumamente antiguo.

El país de la colina central es en esencia una cresta que yace en paralelo a la costa y que se ondula en alto desde el norte montañoso hasta la parte escabrosa, pero es menos elevada en las regiones del sur. Esta cresta servía como barrera natural para los viajes de oeste a este, por lo que no es sorprendente que las importantes ciudades militares como Hazor se hayan erigido en lugares donde los valles en esta cresta permitían que los viajeros se desplazaran desde la costa hasta las regiones tierra adentro como para alcanzar Mesopotamia desde Egipto. Uno de dichos valles que fue significativo durante la historia de la tierra de Canaán es el Esdrelón o el Valle de Jezreel. Este proporcionaba una amplia franja de tierra que recorre desde Acre en el oeste (justo al norte del Monte Carmelo) hasta el Mar de Galilea en el este, con puntos de acceso en el norte y sur. Dentro de este valle había asentamientos como Meguido y Hazor en tiempos más antiguos, y Nazaret y Tiberíades en épocas posteriores.

Junto al borde oriental del país de la colina central yace la grieta del Valle del Jordán. La elevación disminuye dramáticamente desde las ciudades en el país de la colina, como Jerusalén que está a unos 2.500 pies sobre el nivel del mar, hasta las ciudades que yacen en el valle, como Jericó que está a unos 1.000 pies sobre el nivel del mar, dentro de un alcance de quince millas. El valle en sí es parte de una grieta mucho más extensa que comienza en el sureste de Turquía y continúa hasta Mozambique en África. Las aguas que provienen del monte Hermón nevado y de un par de manantiales naturales que se alimentan del Mar de Galilea fluyen en el río Jordán y serpentean un camino hasta llegar al Mar Muerto. Las tierras que rodean el río Jordán alguna vez fueron muy fértiles en el norte y probablemente tenían abundantes bosques y vida salvaje. La región del sur del río Jordán, que aprovecha el desierto que rodea el Mar Muerto, es muy conocida por sus contenidos minerales.

La región más al sur de Canaán, conocida como el Néguev, es un lugar implacable con montañas, desiertos y oasis intercalados. Se abre en el desierto arábigo hacia el este y en la península del Sinaí hacia el suroeste. Sus ciudades principales que fueron importantes en los tiempos bíblicos fueron Beerseba y Rafia. Así como la ruta para ingresar a Canaán desde Egipto, el Néguev tuvo un rol importante en la historia bíblica.

Clima. El clima de Canaán tuvo un papel relevante para la religión e historia. Se reconoce por lo general que el cambio climático tuvo un rol más bien trascendental en los movimientos de la población como los nómades, en la desestabilización de gobiernos poderosos y en la capacidad, o carencia, de las naciones para participar en el comercio que yacía en el corazón del crecimiento de Canaán, en la propagación de la influencia y en el éxito.

Dentro de la misma Canaán, dado que las fuentes de aguas naturales se encontraban en el lado equivocado del país de la colina central, la mayor parte del agua provenía de las precipitaciones. Por lo tanto, no es un hecho sorprendente que muchas de las discusiones que acontecen en las expresiones religiosas cananeas e israelitas sobre el poder de sus dioses sean una declaración en términos de la habilidad de un dios para otorgar lluvia (*ver* 1 Reyes 17-18). La temporada de lluvia comenzaba en octubre y continuaba típicamente hasta abril. En los otros meses del año las precipitaciones eran pocas o no existían. Aunque en una zona templada en la que se podría esperar altas temperaturas, las planicies costeras se mantenían relativamente frías por los vientos que provenían desde el mar. Las zonas montañosas de la costa, como Carmelo, eran más propensas a las precipitaciones, por lo que cuando no llovía, toda la tierra sufría (Amós 1:2).

Cultura y Política

La historia de Canaán comienza con un registro arqueológico que se remonta en el pasado en los primeros indicios de asentamiento humano en cualquier parte del mundo. Dichas atestaciones tempranas existen dentro de los confines de Palestina en Jericó y Meguido, que ambos son lugares que albergan manantiales naturales que podrían haber atraído a los conquistadores. Las civilizaciones pre israelitas de Canaán poseen un buen testimonio por la Edad del Bronce (c. 3300-1200 AC). Su cultura, que es representada a través del arte y arquitectura de la tierra, demuestra la existencia de personas desarrolladas con un sentido metropolitano y dotados con estilo. Es más, dada la ubicación de la tierra entre Egipto y Mesopotamia y las numerosas incursiones dirigidas por fuerzas externas a lo largo de su historia, Canaán revela la presencia de personas que tenían alta tolerancia para el cambio y una disposición para absorber otros puntos de vista en sus perspectivas y en la práctica. Por medio de los descubrimientos arqueológicos se revela una mezcla de influencias egipcias, sumerias, amorreas, hititas y acadias en su literatura, riqueza material y religión.

Pese a la unificación desde el punto de vista del mundo y la religión, la gente de Canaán estaba políticamente comprometida con las expresiones independientes de su poder e influencia. Las ciudades superiores al parecer funcionaron como foco alrededor de las comunidades más pequeñas y de las ciudades que se organizaron y permanecieron separadas de cada una. Las cartas de Amarna del siglo XIV a.C. revelan la presencia de líderes que no confiaban entre sí y que buscaban el favor del faraón egipcio mientras ellos luchaban por obtener posición y fuerza. Así como se esperaría, las distintas ciudades-estado poseían más influencia en diferentes eras. Ebla prosperó en el periodo del 2500-2000 a.C. y nuevamente alrededor del 1800 a.C. Asimismo, Biblos progresó en el periodo del 2500-1300 a.C. Fue a mediados de la Edad de Bronce (2200-1550 a.C.) que las ciudades involucradas más directamente con la narrativa bíblica comenzaron a prosperar. Por ejemplo, Jerusalén, Jericó, Hazor y Meguido alcanzaron la cumbre de poder e influencia alrededor del 1700-1500 a.C., y cada una de estas se mencionan en varios textos del período que nos entrega algo de entendimiento sobre el rol de Canaán en la gran historia política. No obstante, gracias a Ugarit/Ras Shamra, que prosperó en el 1400-1200 a.C., fue posible adquirir la mayor cantidad de conocimiento textual e información sobre la religión y literatura de Canaán.

Religión

Gracias a las excavaciones realizadas en Ras Shamra (que iniciaron en 1929) junto con el descubrimiento de sus archivos de tabletas de arcilla, los eruditos modernos tuvieron una perspectiva sobre la religión cananea que se da a entender en el texto bíblico, pero que había permanecido como un misterio en cierto modo. Las tabletas en sí datan entre el 1400 y 1200 a.C. En estas se revela una religión altamente desarrollada en la que se identifican dioses bien definidos. Estas deidades representan prácticas religiosas y la forma de pensar de los habitantes de la región que se remontan por lo menos al 2000 a.C., y así también las religiones mesopotámicas de las que ellos dependían que son mucho más antiguas que la fecha antes mencionada.

Deidades cananeas. Los dioses principales que se identifican en el texto incluyen a El, Baal, Asera (en Ugarit se le llama Afdirad), Anat y Astoret (en Ugarit se le llama Astarté). El era la deidad cananea suprema, aunque en el uso popular la gente de Canaán al parecer tenía más interés por Baal.

La relación entre el uso cananeo del nombre "El" para su dios supremo y la utilización de Israel del mismo en referencia a su propio Dios (Génesis 33:20; Job 8:3; Salmos 18:31, 33, 48; 68:21) es algo que los autores bíblicos emplearon en varios puntos dentro de lo que escribieron (Salmos 81:9-10; Nahum 1:2), pero nunca en el sentido de asociar a ambos como uno solo, sino que únicamente con el propósito de distinguir a su Dios, Jehová, de cualquier asociación con las descripciones y naturaleza del cananeo El (Éxodo 34:14). Desde una perspectiva práctica, la coincidencia probablemente proviene del hecho de que la palabra hebrea 'el tenía una intención doble en su uso común, que es similar a la manera en que una persona que habla española moderna a veces emplea la palabra "dios" ya sea como sustantivo común o propio.

Así como "El", el término "Baal" tenía una función dual en su uso. Dado que la palabra significa "maestro" o "señor", la gente de Canaán podía aplicar "Baal" ya sea para la deidad singular del gran panteón o a dioses individuales de una variedad más local. Las manifestaciones locales incluían a Baal Peor, Baal Hermón, Baal Zebub y Baal Megón. En el Antiguo Testamento se reconoce la multiplicidad de los Baales en algunos lugares (Jueces 2:11; 3:7; 1 Samuel 7:4), pero al parecer también alude a un Baal singular y definitivo (1 Reyes 18; 2 Reyes 21:3), llamado "Baal Shamen" o "Baal Hadad" en otras partes.

El hecho de que Baal fue reconocido en los textos de Ugarit como el dios del rayo añade una perspectiva interesante a la lucha en el monte Carmelo, donde se podría suponer que él había sido real, y que una de las cosas que pudo haber hecho habría sido arrojar fuego desde el cielo, pero él no pudo (1 Reyes 18). El hecho de reconocer que el término "Baal" podría referirse a una cantidad de dioses o a un solo dios definitivo podría ser de utilidad para entender el sincretismo que aconteció en Israel entre Jehová y Baal, que fue algo que abarcó el profeta Oseas (Oseas 2:16). Para la persona común que reconoce la multiplicidad del término "Baal" y que incluso ha escuchado sobre su supremacía, la asignación del nombre para Jehová y los resultados combinados de estos que se podrían hacer implicarían una progresión natural, aunque aun así sería pecaminoso ante los ojos de Dios.

La síntesis de Baal y Jehová se demuestra a través de las Escrituras como una tentación de los primeros encuentros de la Israel nacional con el baalismo. Los eventos ocurridos en Peor (Números 25) ponen en manifiesto una propensión hacia este tipo de actividad, pero la confusión entre Jehová y Baal se vuelve más fuerte una vez que Israel ingresó a la tierra. Gedeón tuvo un segundo nombre, "Yerubaal" (Jueces 6:32), y la gente adoraba a Baal Berit ("Baal del pacto") que es una señal de que ellos creyeron que su pacto era con Baal y no con Jehová. Saúl, Jonatán y David tuvieron hijos con el nombre de Baal: Isbaal, Merib-baal y Beeliada respectivamente. Jeroboam I hizo que esta conexión fuera incluso más explícita cuando erigió santuarios en Dan y en Betel con los becerros de oro que eran íconos comunes para Baal en la era, pero para él eso al parecer eran representaciones apropiadas para Jehová. En el tiempo de los profetas, dicha confusión evidentemente estaba atrincherada en el mismo corazón de Israel y Judá; no obstante, Jehová fue capaz de utilizar las falsas evaluaciones de su carácter para aclarar su verdadera naturaleza y con el tiempo traer de regreso a Israel con Él.

Asera era la esposa de él en la mitología de Ugarit, pero parece que por la accesibilidad de Baal y su naturaleza ubicua, a ella se le consideró con el tiempo como la consorte de Baal entre los cananeos en el sur. Por lo visto, su adoración también estaba relacionada con los árboles, y la mención de "postes de Asera" (Éxodo 34:13; Deuteronomio 7:5; Jueces 6:25) en las Escrituras sugiere que dicho vínculo se ha estilizado en árboles representativos en lugares sagrados.

Asera tuvo profetas (1 Reyes 18:19) e instrumentos específicos de adoración en Israel (2 Reyes 23:4), por lo que con la práctica se refugió tan bien que su entidad a menudo era replicada en forma de objetos conocidos como asherim (traducido como postes sagrados). La síntesis previamente mencionada entre Baal y Jehová también parece que posee expresiones respecto a Asera dentro de Israel. En Kuntillet Ajrud se puede leer un grafito famoso que dice "Jehová de Samaria y su Asera". Este es un ejemplo de que las personas le otorgaban una consorte a Jehová, pero es a la vez otra instancia en la que la revelación bíblica es tan distinta entre las culturas adyacentes por la ausencia de dicha imagen respecto a Dios.

En la mitología cananea se entendía que Anat era la hermana de Baal como también su amante. Dado su aparente reemplazo en la opinión de las tribus cananeas del sur por Asera, no es un hecho sorprendente que el único lugar en el que se encuentra Anat mencionada es en apelativos, como "Bet Anat" (literalmente significa "la casa de Anat" [Josué 19:38; Jueces 1:33]). Puede que ella también haya tenido un rol en la tonalidad de la adoración de Baal en la que ella funcionaba como una diosa de la guerra y de la sexualidad. La representación de Anat en los textos de Ugarit y en las inscripciones de Egipto sugieren una lujuria que se ha vuelto la característica que define la adoración cananea y al parecer también se encuentra en el centro de la mitología implementada por Oseas para alcanzar a Israel, que ha quedado ensordecida de una actitud similar respecto a Jehová (Oseas 1-3). Las descripciones de Astoret en Ugarit la representan de una manera muy parecida a Anat. En algunas culturas como Egipto y la posterior Siria puede que incluso hayan mezclado a las dos. Sería difícil de determinar si esta combinación fue parte de las concepciones israelitas, aunque dicha mezcla podría explicar la razón por la que Astoret es la única que se menciona en el texto bíblico como una deidad individual a diferencia de Anat. Sea como sea, Astoret por lo visto fue una figura fundamental en la corrupción de la adoración durante el reinado de Salomón (1 Reyes 11:5, 33; 2 Reyes 23:13).

Resumen. En el tiempo en el que los israelitas ingresaron a la tierra, ellos se encontraron con una religión que ya estaba bien establecida y que estaba acostumbrada a absorber varios puntos de vista en su expresión y práctica. Además, ellos se toparon con una religión que atendía las tendencias más básicas y bestiales, que es lo que atrae a toda la humanidad desde la caída. Las características compartidas de dichas prácticas entre casi todas las culturas antiguas sirven como un recordatorio potente de la peculiaridad y poder de la cosmovisión bíblica. Las narrativas, poemas y oráculos proféticos del Antiguo Testamento demuestran un conocimiento de estas creencias y un reconocimiento de su presencia en el día a día de los israelitas, pero ellos nunca manifestaron una sumisión a esto en su representación del verdadero Dios y de sus expectativas sobre su pueblo.

CANAL Río navegable que está tierra adentro. En la NVI se usa esta palabra para describir el afluente del Nilo (*ver* Éxodo 7:19; 8:5; Isaías 19:6) como también varios canales construidos en Babilonia y Persia (Esdras 8:15, 21, 31; Daniel 8:2, 3).

CANANISTA Interpretación de kananaios, que es una transliteración griega de la palabra aramea para zelote y que se usa en un epíteto para el discípulo Simón para diferenciarlo a él de Simón Pedro (Mateo 10:4; Marcos 3:18; cf. Lucas 6:15; Hechos 1:13 [NVI: "el Zelote"]). No se sabe si Simón pertenecía a los zelotes, que es la secta judía que se oponía al gobierno romano en Palestina, o si era un devoto celoso de la ley judía (*ver* Hechos 21:20).

CANASTA Recipiente tejido hecho con distintos materiales y de diferentes tamaños. De los cinco usos que aparecen en el Antiguo Testamento, el más común es la canasta de mimbre para llevar alimentos: repostería (Génesis 40:16-18), pan sin levadura, tortas de aceite y obleas, la ofrenda de los nazareos (Éxodo 29:3, 23, 32; Levítico 8:2, 26, 31; Números 6:15, 17, 19) o carne (Jueces 6:19).

Una canasta ahusada se usaba para cargar productos del campo al hogar (Deuteronomio 28:5, 17) o los primeros frutos al sacerdote (Deuteronomio 26:2, 4). Una canasta ahusada diferente se utilizaba para cargar higos (Jeremías 24:1-2), arcilla (Salmos 81:6) y para las cabezas de los hijos de Acab (2 Reyes 10:7). La canasta para recolectar uvas (Jeremías 6:9) se diferenciaba de la canasta tejida ligeramente para frutas (Amós 8:1), que con una tapa se podía usar para cargar aves de caza (Jeremías 5:27).

Las doce canastas que se utilizaron para alimentar a las cinco mil personas (Mateo 14:20; Marcos 6:43; Lucas 9:17; Juan 6:13) son distintas de las más largas que se usaron después de alimentar a las cuatro mil personas (Mateo 15:37; 16:10; Marcos 8:8). Esta canasta más larga puede que haya sido la que Pablo usó para escapar (Hechos 9:25; 2 Corintios 11:33).

CANCILLER Título usado en la KJV para Rejún, que era un oficial de la corte de Artajerjes que acusó a los judíos de rebelión (Esdras 4:7-24). En la NVI se interpreta la palabra hebrea subyacente, be'el, como "comandante" (NRSV: "diputado real").

CANDACE Este término, traducido como "Candace" en la mayoría de las versiones, no es un nombre propio, sino más bien un título (Gr. Kandakē, similar a Faraón o César) llevado por una sucesión de reinas etíopes. La Candace bajo la cual el eunuco etíope era tesorero (Hec. 8:27) fue probablemente Amantitare, quien gobernó en 25-41 d.C en Meroe, ubicado en el Nilo en la Alta Nubia.

CANDELERO ,VELA Interpretaciones en la KJV de las palabras hebreas ner y menorah que se traducen como "lámpara" y "candelabro" en la mayoría de las versiones modernas. Los términos se pueden referir a una vela, lámpara, antorcha u otro tipo de dispositivo que proporcione luz o a la fuente que posee dicha luz. La palabra griega lychnos, que por lo general se traduce como "lámpara", a veces se usa figurativamente para aludir a la consciencia cristiana (cf. Mateo 5:14-15).

CANÉ Una ciudad al norte de Mesopotamia. Cané comercializaba materiales tejidos con la ciudad de Tiro (Ezeq. 27:23). Generalmente se identifica con Kannu de los textos asirios, una ciudad conocida por el tráfico de esclavos y caballos.

CANE *Ver* Cané.

CANELA La canela (del hebreo qinnamon; del griego kinnamōmon) es una especia dulce que se usaba como aceite de unción (Éxodo 30:23), como perfume (Proverbios 7:17) y como un producto básico de comercio (Apocalipsis 18:13). Esta especia provenía de la India, Ceilán y China, y su aparición y uso en la Biblia demuestran las tempranas rutas de comercio que existían entre la India y Arabia.

La corteza de la canela se puede cosechar como una especia y sus partes más gruesas, junto con su fruto, se pueden hervir para extraer un aceite de aroma dulce. Su naturaleza única la convirtió en un producto básico de valor. *Ver también* Casia.

CANON *Ver* Formación de la Biblia y Canon.

CANOSO En Gn. 31:10, 12; Zac. 6:3, 6 la KJV traduce el término hebreo barod como "canoso" refiriéndose a animales que son "manchados" o "veteados" (NIV).

CANTAR DE LOS CANTARES, LIBRO DEL Por su título, Cantar de los Cantares declara ser la más sublime canción de todas. La historia de su interpretación además revela que puede ser la canción más incomprendida también.

El lector de este libro es deslumbrado por su intensidad y honesta expresión de deseo por relaciones íntimas. No es de sorprender que teólogos tempranos que pensaban que el cuerpo era sólo un revestimiento temporal para el importantísimo espíritu sintieran que este libro no podía estar hablando acerca de lo que parecía hablar. Por ende, por ejemplo, cuando la mujer describe al hombre como una bolsita de mirra alojada entre sus pechos (1:13), esto debía ser una referencia a Cristo abarcando el AT y NT (así dice Cirilo de Alejandría).

Pero a través del tiempo este libro no pudo ser suprimido por esas estrategias interpretativas. Hoy en día, hay mayor disposición de reconocer el Cantar de los Cantares como poesía de amor que articula los deseos humanos al igual que nuestras alegrías y preocupaciones.

Género, Estructura y Esquema

Como se implica en el párrafo anterior, el Cantar de los Cantares no es una alegoría. Es poesía de amor, en la cual un hombre y una mujer expresan su más profunda ansia y deseos por el apasionado abrazos del otro. Este libro celebra el amor entre un hombre y una mujer.

Algunos intérpretes creen el que Cantar de los Cantares es un drama o, al menos, cuenta la historia de una relación de amor en particular. Aunque existen tantas sugerencias de una historia como personas que abogan por un llamado enfoque dramático, dos tipos principales emergen. Un enfoque cree que hay dos personajes, el amante y su amada, y que la trama implica su creciente relación, a veces siguiendo el patrón cortejo, compromiso, matrimonio, luna de miel, y así sucesivamente. Ocasionalmente a esta trama se le otorga un trasfondo histórico, por lo general con Salomón como el hombre (gracias al sobrescrito en 1:1) y una mujer conocida por el nombre de "Sulamita" (6:13 [curiosamente, aparenta ser una forma femenina del nombre "Salomón"]).

Por otra parte, otras interpretaciones introducen a un tercer personaje, un pastor sin nombre, quien es el verdadero amor de la mujer. Así, la historia es la de un triángulo amoroso. Salomón está intentando o ha logrado sumar a la mujer a su harén, pero ella retiene su verdadero amor por el pastor.

Así, Cantar de los Cantares es la historia del triunfo del verdadero amor sobre el poder y la riqueza. Otros intérpretes señalan que si es difícil determinar cuántos personajes hay en esta supuesta trama o el contorno exacto de la historia, entonces los intérpretes deben estar leyendo demasiado en el libro para lograr que funcione. Después de todo, no hay narrador en el libro que proporcione guías narrativas al lector. De hecho, ni siquiera hay indicaciones de quién habla y cuándo (por eso traducciones modernas insertan encabezados en itálica tales como "Amada", "Amante" y "Amigo" para identificar a los hablantes).

Tales intérpretes argumentan que el Cantar de los Cantares no cuenta una historia, sino que es un tipo de "salterio amoroso" que contiene un número de diferentes poemas de amor. En otras palabras, es una antología, una colección de poemas de amor unida por una consistencia personaje e imaginería al igual que por el ocasional refrán recurrente.

El libro es verdaderamente una "Canción [compuesta] de [muchas] Canciones". El número exacto de poemas en esta antología puede debatirse y no es relevante para su interpretación. El punto importante es que los lectores no fuercen conexiones entre poemas que no existen. Sin embargo, la siguiente división, después del sobrescrito (1:1) en veintitrés poemas, puede no estar lejos de la realidad.

I. Sobrescrito (1:1)
II. Poema 1 (1:2-4)
III. Poema 2 (1:5-6)
IV. Poema 3 (1:7-8)
V. Poema 4 (1:9-11)
VI. Poema 5 (1:12-14)
VII. Poema 6 (1:15-17)
VIII. Poema 7 (2:1-7)
IX. Poema 8 (2:8-17)
X. Poema 9 (3:1-5)
XI. Poema 10 (3:6-11)
XII. Poema 11 (4:1-7)
XIII. Poema 12 (4:8-9)
XIV. Poema 13 (4:10-5:1)

Figura sentada del príncipe egipcio Amenemope y su esposa Hathor. La poesía de amor egipcia contiene los paralelos antiguos más cercanos al Cantar de los Cantares.

XV. Poema 14 (5:2-6:3)
XVI. Poema 15 (6:4-10)
XVII. Poema 16 (6:11-12)
XVIII. Poema 17 (6:13-7:10)
XIX. Poema 18 (7:11-13)
XX. Poema 19 (8:1-4)
XXI. Poema 20 (8:5-7)
XXII. Poema 21 (8:8-10)
XXIII. Poema 22 (8:11-12)
XXIV. Poema 23 (8:13-14)

Data y Autoría

La conclusión de que Cantar de los Cantares es una colección de poemas de amor tiene implicaciones para la data y autoría del libro. Es cierto el sobrescrito (1:1) asocia el libro con Salomón, y esta conexión debe tomare en serio ya que no existe indicación de que el sobrescrito no sea parte de la forma canónica final del libro. A la luz de un sobrescrito similar en el libro de Proverbios, sin embargo, esto no quiere decir que Salomón escribiese todo el libro o que sea sobre él. De hecho, el registro de Salomón en el amor es dudoso tanto en el libro (Cantar 8:11-12) y fuera de este (1 Reyes 11:1-13). Tal vez como en Proverbios, él es considerado la fuente de la composición del libro, y como Salmos y Proverbios, el libro fue creado a lo largo de un extenso periodo de tiempo y como resultado de varios compositores. Si es así, la forma final lleva la marca de un solo editor que unificó todo en una fecha desconocida dentro del periodo de formación del AT.

Mensaje Teológico

El Cantar de los Cantares celebra el amor entre hombre y mujer. Le recuerda al pueblo de Dios que la relación íntima es un regalo divino que debería disfrutarse. Aunque la alegría es verdaderamente la nota dominante en el libro, se le advierte al lector que el amor es una emoción poderosa que tiene sus decepciones (así comienza el poema en 5:2-6:3). Por consiguiente, la mujer se asegura de que las chicas jóvenes que están observándola y viéndola entiendan que es importante no apurar el amor (2:7; 3:5; 8:4).

Pero no debemos leer el Cantar de los Cantares de manera aislada al resto del canon. Este libro describe al hombre y a la mujer en el jardín, desnudos y disfrutando el uno del otro. ¿Cómo puede el lector no pensar en el jardín del Edén? Dios creó a un hombre y a una mujer y estableció el matrimonio como una fuente de alegría mutua (Gn. 2:23-25).

El siguiente capítulo, sin embargo, narra la caída, donde la rebelión contra Dios da como resultado la alienación no sólo entre Dios y Adán y Eva, sino también entre Adán y Eva. Su distanciamiento resulta en sus esfuerzos por cubrirse de la mirada de otros y su expulsión del jardín. El poema de Cantar de los Cantares, luego, puede ser visto como historia "ya pero aún no" de la redención de la sexualidad.

Finalmente, el canon más amplio frecuentemente usa el matrimonio como una metáfora para la relación entre Dios y sus criaturas (e.g., Ez. 16; 23; Os. 1-3). En otras palabras, mientras más aprendemos acerca de las relaciones maritales íntimas, más aprendemos de nuestra íntima relación con Dios. Así, el Cantar de los Cantares puede leerse de una forma que profundiza nuestra comprensión de Dios y su amor hacia su pueblo (cf. Ef. 5:21-33).

Importancia Continua

Los capítulos iniciales del Génesis describen a los seres humanos como criaturas que fueron creadas para una relación, relación con Dios de seguro, pero también una relación con otras personas. Génesis 2:18-25 narra el origen de la institución que formaliza la más íntima de las relaciones humanas, la de un hombre y una mujer en matrimonio. La historia continúa en Gn. 3 con una nota trágica cuando, debido al pecado, se erige una barrera entre el hombre y la mujer. El Cantar de los Cantares poéticamente celebra la redención de la relación de matrimonio e incentiva a las parejas a acercarse el uno al otro. Los poemas no son un manual de cómo hacerlo para el cortejo o el comportamiento íntimo, pero invitan a las parejas a cultivar su propio lenguaje de amor e intimidades.

CÁNTARO Vasija hecha con piel de animal para sacar agua de un pozo o cisterna. Se usaban dos palos como travesaño para sujetar la parte superior de la apertura del recipiente (Números 24:7; Isaías 40:15). En la actualidad aún se usan vasijas similares en Palestina.

CANTERAS DE PIEDRA *Véase* Sebarim.

CANTERA Un lugar donde los canteros cortan bloques de piedra para construir y reparar edificios (2 Cr. 34:11). Gran parte de las colinas de Israel tiene piedra caliza u otros tipos de rocas cerca de la superficie, por lo que la piedra es un material de construcción común a lo largo de la historia. Muchas estructuras se hicieron de piedras de forma natural, pero los ricos podían permitirse pagar a los canteros por su hábil y peligroso trabajo (Ecle. 10:9) en canteras para cortar y dar forma a las piedras de los hogares, palacios y templos. El rey Salomón empleó a ochenta mil canteros en las canteras de la región montañosa de Israel cuando construyó el templo (1 Re. 5:15). Los canteros incluso revestían las piedras en las canteras, por lo que el ruido del martillo y el cincel que daban el acabado a las piedras no se escuchaba en el lugar del templo (1 Re. 6:7).

CANTEROS Artesanos expertos que cortan, visten y colocan piedras en proyectos de construcción. Los canteros profesionales fueron empleados para grandes proyectos públicos, como palacios, templos y muros de ciudades. La primera mención de canteros en las Escrituras se encuentra en la descripción de la construcción del palacio del Rey David. Aparentemente, en ese momento no había israelitas con estas habilidades, por lo que David confió en los canteros fenicios provistos por el rey Hiram de Tiro (2 Sam. 5:11-12; 1 Cr. 14:1; 22:2-4). Estos canteros fenicios también trabajaron en el templo de Salomón junto con el gremio en desarrollo de canteros israelitas y un grupo de canteros de trabajo forzado de todo Israel (1 Re. 5:13-18).

Las estructuras que datan del período salomónico y del período monárquico demuestran la habilidad que los canteros israelitas habían adquirido. El túnel de agua de Ezequías fue tallado en roca sólida desde extremos opuestos y se encontraron en el medio (2 Re. 20:20); la capacidad de cortar y colocar piedras inmensas (algunos trece a dieciséis pie) sin mortero, y era imposible insertar una cuchilla entre las uniones.

La mayoría de la mampostería utilizaba piedra caliza nativa, una piedra blanda y abundante que se podía cortar localmente, pero también se usaba basalto (una roca volcánica dura). Las herramientas de los canteros incluían sierras, martillos, cinceles y pequeñas piedras de acabado de arenisca. Se extraían grandes bloques colocando cuñas de madera en canales tallados en la roca, que luego se inundaban con agua, de modo que las cuñas se hincharan y partieran la roca.

Los numerosos proyectos de construcción de Herodes (primer siglo a.C) también mostraron el talento de los canteros. Para el templo de Herodes en Jerusalén se cortaron enormes piedras de una cantera de piedra caliza aproximadamente a media milla de donde serían colocadas en la pared de cimientos que sostiene el Monte del Templo. Muchas de estas piedras pesaban más de cien toneladas; la más grande, que medía cuarenta y cuatro pies de largo, once pies de espesor y dieciséis pies de alto, pesaba más de cuatrocientas toneladas. Las piedras herodianas tienen un borde distintivo cincelado con una protuberancia que se proyecta plano, rodeada por un marco de tres pulgadas de ancho que se cerraba debajo de la cara por unos tres cuartos de pulgadas. Algunos de estos se pueden ver hoy en el Muro Occidental en Jerusalén.

Los gremios profesionales tienen una larga historia en el antiguo Cercano Oriente y fueron una parte importante de las economías de Babilonia, Asiria y Egipto. Aunque hay menos información sobre los gremios de Palestina, la evidencia sugiere que tenían una estructura e influencia paralelas. Los canteros, como otros artesanos, con frecuencia vivían y trabajaban juntos en un lugar determinado.

CÁNTICOS *Ver* Cantar de los Cantares, Libro del.

CANTO, CANTANTES *Véase* Himno; Levitas; Música, Instrumentos, Danza.

CAÑA Interpretación en Éxodo 9:31 de la KJV para la palabra hebrea gib'ol, que significa "en flor" (NVI) o "brotando" (NRSV).

CAÑA La enea o planta del papiro era un tipo de caña que crecía en pantanos o riberas, especialmente del Nilo. Era un recurso básico para la escritura, combustible (Job 41:20), cuerdas (Job 41:2), y embarcaciones ligeras (Éx. 2:3). También es usado como un símbolo del castigo de Dios a Egipto (Is. 19:15) y la restauración de Sión (Is. 35:7).

CAOS En la Biblia el caos alude principalmente a una condición opuesta al orden de la creación o a una fuerza mítica que a menudo es representada con el mar o un monstruo de mar (que se traduce como "dragón", "Leviatán" o "Rahab"). Las dos ideas relacionadas están basadas en los registros sobre la creación en Génesis 1-2 y en otras partes.

Antiguo Testamento. En Génesis 1:2 el caos es el estado de oscuridad y desolación (nótese la frase "desordenada y vacía" [del hebreo tohu wabohu], que probablemente se refiere al estado de desolación del agua que no posee nada en su interior; cf. Isaías 34:11; 45:18). El resto del capítulo describe la manera en que Dios en su absoluta soberanía y poder, por medio de sus palabras y nada más, crea el orden donde yacía el caos. Dios trae luz sobre la oscuridad, separa la tierra del mar y proporciona tierra con abundancia. La representación del jardín del Edén (2:4-14) más adelante describe la provisión de Dios del orden, fertilidad, vida eterna y armonía en la creación original.

Aunque en el relato de Génesis no se menciona directamente ningún elemento mítico (es decir, el combate primordial entre el mar y el dios supremo), en otros pasajes se describe la creación como un evento en el que Dios apaciguó la ira del mar y mató a los monstruos de mar (Salmos 74:12-17; 89:9-12; Job 26:7-14). Aun así, en ningún lugar las fuerzas caóticas se presentan como un poder independiente que desafía constantemente la soberanía de Dios. Más bien, Dios siempre hace lo que quiere con ellos al levantar las olas del mar (Salmos 107:25; Jeremías 31:35; cf. Salmos 146:6) y poner al descubierto la Muerte y la Destrucción (Job 26:6). Isaías alude la masacre que Dios llevó a cabo con las caóticas criaturas de mar no sólo como un evento del pasado (51:9), sino que también como la promesa que se cumplirá en el día del Señor (27:1).

En el Génesis, el juicio de Dios se describe con frecuencia por medio de una idea central del caos, como una condición revertida antes de la creación, por ejemplo, la pérdida de armonía, abundancia y vida eterna (Génesis 3:15-24), el regreso de las aguas sobre la tierra (Génesis 7-8), la pérdida de comunicación (11:7-9) y la desolación de la tierra fértil (19:23-28; cf. 13:10).

El tema central del caos también juega un importante rol en las descripciones proféticas sobre el juicio de Dios contra su pueblo y las naciones extranjeras. Un pasaje digno de tener en cuenta es Jeremías 4:23-26, en el que se representa el juicio de Dios sobre su pueblo en términos del regreso del caos, es decir, la condición "desordenada y vacía", sin luz ni criaturas o tierra fértil (cf. Oseas 4:3). En Isaías 34:11 el juicio de Dios sobre Edom se expresa con la frase característica que dice: "Dios extenderá

Bulrush o papiro, cañas que crecen en una orilla del río.

sobre Edom el cordel del caos [tohu, 'sin forma'] y la plomada de la desolación [bohu, 'vacío']". En otras partes Isaías con frecuencia emplea las imágenes de la desolación (5:6; 7:23-25; 13:19-22; 24:1-13; 34:8-17), oscuridad (5:30; 8:22; 13:10) e inundaciones (8:7-8).

Nuevo Testamento. El concepto del caos desarrollado en el Antiguo Testamento proporciona un importante trasfondo para comprender el Nuevo Testamento. Los escritores de los Evangelios utilizan el tema central del caos para describir el carácter y oficio de Jesús, por ejemplo, como luz en la oscuridad (Juan 1:4-9; 3:19), como proveedor de abundancia y vida eterna (Juan 3:16; 4:14; 5:51; 6:1-15), como el gobernador soberano del mar caótico que camina sobre el agua (Mateo 14:22-36; Marcos 6:47-55; Juan 6:16-21) y que calma el mar tormentoso con sus palabras (Mateo 8:23-27; Marcos 4:35-41; Lucas 8:22-25). La resurrección de Jesús es su demostración definitiva respecto a su reino sobre la muerte (cf. 1 Corintios 15).

Pablo en la narración posterior usa el tema central del caos para describir la vida de los pecadores o del mundo pecaminoso. La identidad de los creyentes cambia de "oscuridad" a "luz" o a "hijos de la luz", que ahora deben encender la luz en el mundo (Efesios 5:8; cf. Mateo 5:15-16; Filipenses 2:15).

En el libro de Apocalipsis la restauración definitiva del orden sobre la creación perfecta se presenta con alusiones a las descripciones míticas del Antiguo Testamento en cuanto a las fuerzas caóticas (por ejemplo, Satanás como el dragón [12:15-16], la Muerte y Hades como fuerzas bajo tierra [20:13-14]). En lo particular, la nueva Jerusalén es el lugar donde no hay mar, oscuridad o muerte (21:1, 4, 23-25), sino que hay abundancia y vida eterna (22:1-2).

CAPADOCIA En los tiempos antiguos, era una región escasamente poblada en buena parte porque constaba de una meseta larga de gran altitud que en la actualidad equivale a la parte centro-oriente de Turquía. La región geográfica de Capadocia colindaba en el norte con la región de Ponto, en el este con la naciente del río Éufrates y porciones de los montes Tauro, que también funcionaban como la frontera sur de la región, y al oeste con las regiones de Pisidia y el suroeste de Galacia. Capadocia marca la frontera más al este de la gran región que es conocida en la actualidad como Asia Menor y que, por lo tanto, funcionaba como punto geográfico de transición entre Europa y Asia. Los Evangelios fueron escritos en un período en el que Capadocia era una provincia romana, que en el 17 d.C. estuvo bajo el control del emperador Tiberio (42 a.C.-37 d.C.). Durante este periodo, la región tuvo pocos centros para la vida urbana y la mayoría de la población vivía en pequeñas villas que estaban ampliamente dispersas. Los residentes de Capadocia estuvieron presentes en Jerusalén en el Pentecostés (Hechos 2:9), y los cristianos de distintas regiones del Imperio Romano, incluyendo a Capadocia, son mencionados en los saludos que aparecen al principio de 1 Pedro (1:1).

CAPATAZ Un supervisor nombrado por el Faraón para esclavizar a los israelitas tras la muerte de la generación de José. Los capataces (NIV: "negreros") fallaron en impedir el crecimiento poblacional de los israelitas (Éx. 1:12), pero hicieron miserable la vida de los esclavos (3:7; 5:13).

CAPERNAÚM Ciudad pesquera ubicada en la costa noroeste del Mar de Galilea (Mateo 4:13). Capernaúm se menciona en Lucas 4:31 como una polis ("ciudad" o "pueblo"), por lo que debió haber sido más grande que una típica "villa". La ciudad estaba situada en una importante ruta de comercio y fue un centro de negocios en Galilea. En Capernaúm, Jesús llamó a Leví (Mateo) desde su "caseta de impuestos", que probablemente era una estación aduanera para los bienes en tránsito (Marcos 2:13-17; Mateo 9:9-13; Lucas 5:27-32). Puede que también haya existido una guarnición militar en Capernaúm, ya que la sinagoga de la ciudad fue construida por algún centurión cuyo sirviente fue sanado por Jesús (Mateo 8:8-13; Lucas 7:1-10).

Capernaúm sirvió como la base de operaciones de Jesús durante su ministerio en Galilea. En el Evangelio de Marcos, ahí fue donde Jesús comenzó sus enseñanzas y su ministerio de sanidad (Marcos 1:21-34), y aquí fue donde él regresó a "casa" después de un ministerio itinerante alrededor de Galilea (Mateo 9:1; Marcos 2:1; 9:33). Pese a que Pedro y Andrés eran originalmente de Betsaida (Juan 1:44), ellos vivieron en Capernaúm, donde se encontraba su negocio pesquero. Fue en este lugar donde Jesús sanó a la suegra de Pedro (Marcos 1:29-31) y a un hombre hemipléjico que sus amigos lo descendieron a través de un agujero en el techo (2:1-12). Jesús posteriormente pronunció un juicio contra la ciudad, junto con Corazín y Betsaida, ya que la gente fue incrédula a pesar de los milagros que ellos habían visto (Mateo 11:23-24; Lucas 10:15). Los arqueólogos descubrieron una casa del siglo I debajo de una iglesia del siglo V en Capernaúm. Las inscripciones cristianas en aquella casa señalan que fue venerada por los cristianos, lo que les sugiere a los eruditos que esta se trataba de la residencia de Pedro.

CAPITÁN **(1)** Líder nombrado para dirigir una división de soldados; comandante a cargo del guardaespaldas del rey; oficial encargado de los guardias judíos del templo (Hechos 4:1). **(2)** Capitán de mar (KJV: "capitán de buque mercante"). En Jonás 1:6, un capitán no israelita le pide a Jonás que llamara a Dios para salvar su barco que estaba en peligro. En la visión de Juan en Apocalipsis (18:17), los capitanes de mar se mencionan entre aquellos que serán testigos y lamentarán la destrucción de Babilonia, que es la fuente de sus riquezas.

CAPITÁN DE NAVÍO *Véase* Barcos, Marineros y Navegación.

CAPITÁN DEL TEMPLO Oficial del sacerdocio judío cuyos deberes incluían también el mantenimiento de la pureza del templo de Jerusalén. Dichos oficiales eran agentes del sumo sacerdote judío que estaba autorizado a involucrarse en actos policiales básicos y en funciones disciplinarias. En los Evangelios, los oficiales de la vigilia del templo fueron parte de la conspiración para asesinar a Jesús (*ver* Lucas 22:4, 52). En Hechos, se menciona dos veces a un capitán del templo en conjunto con los intentos por moderar las prédicas populares de los apóstoles en Jerusalén, que por lo general acontecían cerca del templo (*ver* Hechos 4:1; 5:24).

CAPITEL Palabra que aparece en la KJV que sirve para denotar un objeto que está

Interpretación de un artista de la casa de Pedro en Capernaúm.

por encima de algo. El concepto se refiere a los capiteles ornamentados de los pilares de bronce del templo (por ejemplo, 1 Reyes 7:16-20; 2 Crónicas 3:15; Jeremías 52:22), a la parte alta de los postes del tabernáculo (por ejemplo, Éxodo 36:38; 38:17) o a una sección de los paneles portátiles de bronce (1 Reyes 7:31). En la NVI por lo general se usan términos como "parte superior" y "capitel" en dichas situaciones.

CAPUCHA En Is. 3:23 la KJV traduce la palabra tsanip como "capucha", refiriéndose a una pieza de vestuario femenino. Este elemento, que se usaba sobre la cabeza, es representado de formas variadas en versiones modernas: "tiara" (NIV), "turbante" (NRSV, ESV, NASB), "cobertura de cabeza" (NET) o "ornamento de cabeza" (NLT).

CARACOL Los caracoles de tierra eran numerosos en el Oriente Próximo. En la creencia antigua, debido a que deja un rastro de baba tras de sí, se pensaba que estaba derritiéndose lentamente. Esto representa el camino autodestructivo de los gobernantes malvados (Sal. 58:8 [NIV: "babosa"]). Las secreciones de caracoles marinos proporcionaban las altamente valoradas tinturas púrpuras, siendo el púrpura un color de distinción, riqueza y realeza. Los israelitas importaban artículos púrpuras (Ez. 27:16), y Lidia era un "mercader de telas púrpura" (Hec. 16:14).

CARAVANA Antes de la construcción de los caminos romanos, viajar en el antiguo Cercano Oriente era extremadamente peligroso. Para protegerse, grandes grupos de personas junto a sus animales viajaban unidos en caravanas, especialmente por asuntos de comercio. La mayoría de los ejemplos en el Antiguo Testamento tienen que ver con caravanas árabes de camellos que cargan especias y otros objetos de valor (por ejemplo, Jueces 6:5; 1 Reyes 10:1-2; Isaías 21:13; 60:6). Abram viajó desde Ur hasta Canaán en una gran caravana (Génesis 12). En Génesis 37:25 una caravana ismaelita compra a José para ser esclavo.

CARBÓN Usado de forma literal y figurativamente para aludir a las brasas ardientes de una hoguera. Las personas usaban el carbón/ las brasas para cocinar (Isaías 44:19), calentar (Isaías 47:14) y para quemar incienso en la adoración (Levítico 16:12). De manera figurativa, las brasas calientes representan la ira de Dios (2 Samuel 22:9, 13; Salmos 18:8) o la purificación del pecado (Isaías 6:6) y también la incomodidad de recibir el bien tras hacer el mal (Proverbios 25:21-22; cf. Romanos 12:20). Las brasas apagadas representan el fin de una línea familiar (2 Samuel 14:7).

CARCÁ Una ciudad en el límite sur del territorio tribal asignado a Judá, ubicada al noroeste de Cades Barnea (Jos. 15:3).

CARCÁS Uno de los siete asistentes personales del rey persa Jerjes (Asuero), a quien mandó a convocar a la reina Vasti a su banquete (Est. 1:10). Trabajaba con el harén, era un eunuco.

CARCAS *Ver* Carcás.

CARCELERO *Ver* Prisión, Prisionero.

CARCHEMIS *Ver* Carquemis.

CARCOR Un sitio al este del río Jordán en la región de Galaad durante el período de los jueces. Los reyes madianitas Zeba y Zalmunna estaban acampados en Carcor después de perder 120.000 de sus soldados en la batalla con los israelitas. Gedeón lideró a su ejército de trescientos israelitas en un exitoso ataque contra los quince mil soldados sobrevivientes tomándolos por sorpresa en Carcor (Jue. 8:10-11).

CAREA El padre de Johanán, un comandante militar en Judá al comienzo del exilio, y de Jonatán (2 Rey. 25:23; Jer. 40:8, 13, 15-16; 41:11, 13-14, 16; 42:1, 8; 43:2, 4-5).

CAREAJ *Ver* Carea.

CARIDAD En la KJV a menudo se usa la palabra "caridad" para traducir la palabra griega agapē, que en la mayoría de las versiones modernas se traduce como "amor". Aunque en los tiempos contemporáneos el concepto de "caridad" se entiende como un acto de limosna

(Lucas 12:33; Hechos 9:36), se suele usar para denotar un amor cristiano más profundo por las personas (*ver*, por ejemplo, 1 Corintios 13).

CARISIM, VALLE DE *Ver* Gue Harisin.

CARITEOS Mercenarios que estaban al servicio de la casa de David. El sacerdote Joyadá recurrió a ellos para deshacerse de la tierra de Atalía (2 Reyes 11:4, 19). En una ocasión las personas creyeron que ellos eran mercenarios extranjeros (los carios que sirvieron a los egipcios en el siglo VII y a principios del siglo VI a.C.), pero este punto de vista ya no se mantiene en la actualidad. Aunque el concepto aparece en el texto hebreo de 2 Samuel 20:23, muchos siguen el relato de los cretenses, en el que se menciona a los "quereteos".

CARMEL No confundir con la montaña costera que está al norte de Israel. Carmel fue una ciudad situada en Judá, cerca de Hebrón, y estaba asociada con varias historias en la Biblia. En 1 Samuel 15:12 Saúl visita Carmel y construye un monumento. Carmel fue el hogar de Nabal, que fue el primer esposo de la mujer de David, Abigail (1 Samuel 25:2), y de Jezró, que fue un miembro de su séquito (2 Samuel 23:35; 1 Crónicas 11:37).

CARMELITA Habitante de la ciudad de Carmel en el país de la colina de Judá (Josué 15:55). De las personas más notables y oriundas de Carmel se puede nombrar a la esposa de David, Abigail (1 Samuel 27:3; 1 Crónicas 3:1). En la KJV se usa el término "Carmelitess" para describir a Abigail.

CARMELO, MONTE Montaña arbolada y prominente que yace en el Mediterráneo cerca de la moderna Haifa. Su nombre significa "el jardín". Esta montaña forma una barrera al norte de la planicie costera de Sarón. El monte Carmelo proporcionaba el escenario perfecto para sus eventos más significativos: la confrontación entre Elías y los profetas de Baal (1 Reyes 18), el dios de las tormentas, y por ende la producción agrícola. Gracias a la alta elevación de la montaña se podía ver lo frondosa que era, lo que señalaba los tiempos de sequía. Cuando los profetas amenazaron con decir que Carmelo se marchitaría, las condiciones descritas son extremas (Isaías 33:9; Amós 1:2; Nahum1:4).

CARMESÍ La tintura carmesí se formaba a partir del triturado de insectos como cochinillas hembras. Esto produce un color rojo intenso (cercano al escarlata) que se usaba para teñir las lanas y la ropa. En algunas traducciones de la Biblia "carmesí" es intercambiable con "escarlata". El carmesí, o escarlata, era un color de la realeza y se asociaba con el poder y la riqueza (Isaías 63:1; Jeremías 4:30). A Jesús le colocaron una túnica carmesí antes de su crucifixión como mofa por su señorío (Mateo 27:28). En conjunto con el azul y el púrpura, el carmesí era uno de los colores que se usaban en la presencia divina: las cortinas del tabernáculo

Monte Carmelo

estaban tejidas con lanas azules, púrpuras y carmesíes (Éxodo 26:1), como también las prendas del sumo sacerdote (Éxodo 28:4-15, 33) y las cortinas del templo (2 Crónicas 3:14). El rojo carmesí también se usaba para simbolizar el pecado (Isaías 1:18; cf. Apocalipsis 17:3-4). *Ver también* Colores.

CARMI (1) Hijo de Rubén (Gn. 46:9, Éx. 6:14, 1 Cr. 5:3) y antepasado de los carmitas (Nm. 26:6). (2) Un descendiente de Judá, hijo de Zimri (Texto masorético: Zabdi), y el padre de Acán (Jos. 7:1, 18; 1 Cr, 4:1).

C

CARMI *Ver* Carmí.

CARMITAS El clan que descendió de Carmi, hijo de Rubén (Nm. 26:5-6).

CARNAL Traducción en la KJV de ciertas construcciones griegas que se refieren a la "carne". En la mayoría de las versiones contemporáneas en inglés se prefiere el uso de "de la carne", "terrenal", "del mundo" e incluso "pecaminoso". En ocasiones el concepto "carnal" simplemente alude a las cosas físicas o materiales (por ejemplo, Romanos 15:27; 1 Corintios 9:11) o a ciertos aspectos del Antiguo Testamento que se concretaron con Cristo (Hebreos 7:16; 9:10). Esta noción aparece con mayor frecuencia en las escrituras de Pablo, que hace uso especial de la palabra "carnal" en contraste con lo "espiritual". En Romanos 8:1-11 Pablo presenta a una persona carnal o del mundo como alguien "que no tiene espíritu" y, por lo tanto, "que no tiene a Cristo". Por definición, un cristiano es alguien espiritual y no puede ser carnal ("que no vivimos según la naturaleza pecaminosa" [8:4]). Es decir, aquellos que tienen a Cristo en su corazón necesariamente tienen al Espíritu Santo y, por ende, ellos no siguen el patrón del mundo, sino que más bien caminan junto al Espíritu y producen un fruto espiritual (Gálatas 5:16-26).

En otros contextos el mismo apóstol puede describir a los cristianos como "carnales" (KJV) o "del mundo" (NVI). "Hermanos, yo no pude hablarles como a personas espirituales sino como a gente carnal, como a niños en Cristo. Pues mientras haya entre ustedes celos, contiendas y divisiones, serán gente carnal y vivirán según criterios humanos" (1 Corintios 3:1-3). Aquí Pablo reprende a los cristianos de Corinto por su inmadurez. El Espíritu los ha santificado (6:11), pero en su orgullo pecaminoso y disensión ellos parecen pertenecer al mundo, a la era malvada del pecado y la muerte. Ellos deben "crecer" para que su conducta sea apropiada para el Espíritu, que ahora habita en su interior.

Aunque las dos ocasiones en las que Pablo usa "carnal" parecen oponerse entre sí, él simplemente hace un llamado a sus lectores de Corinto para que vivan en consistencia con las verdades que él expuso en el libro de Romanos. Los cristianos en esencia no son carnales, sino que espirituales. Por lo tanto, ellos deberían actuar de tal manera para representar una vida marcada por la fe, la esperanza y especialmente el amor (1 Corintios 13). Estas son las verdaderas señales de que alguien tiene al Espíritu Santo consigo, aunque el cristiano puede que falle y caiga en actitudes y comportamientos que son inconsistentes con esta nueva identidad en Cristo.

CARNE Aunque por milenios, la carne ha sido un elemento importante en las dietas de muchas personas, los primeros humanos no la consumían. En el jardín del Edén, Dios les dio a Adán y Eva una dieta de plantas, particularmente frutas (Gn. 2:15-16). Dios sancionó por primera vez el consumo humano de animales sólo después del diluvio, aunque con la estipulación de que la carne no se comiera con restos de sangre en ella (Gn. 9:3-4, *ver también* Lev. 7:26; 19:26).

En la ley mosaica, los israelitas recibieron más restricciones de parte de Dios con respecto a la carne que podían consumir. Entre los animales terrestres, sólo aquellos que tienen las pezuñas divididas y que rumian son "limpios" para que los israelitas comieran (Lev. 11:1-8). Cuando los israelitas se quejaron dos veces de que no tenían carne en el desierto, Dios respondió en ambas ocasiones enviando codornices. En la segunda instancia, Dios se enojó y envió una plaga entre los que habían comido la carne (Éx. 16:2-13, Núm. 11:1-35).

En el NT, Jesús declaró limpias todas las comidas (Mr. 7:19), y Dios confirmó en una visión a Pedro que había anulado todas las restricciones alimentarias (Hec. 10:9-16). Sin embargo, el concilio de Jerusalén instruyó a los cristianos gentiles a abstenerse de ciertas prácticas alimentarias que serían ofensivas para sus hermanos y hermanas judíos, incluyendo el comer sangre y comer carne sacrificada a los ídolos (Hec. 15:28-29). En 1 Corintios, Pablo continuó la discusión sobre comer carne sacrificada a los ídolos (8:4-13; 10:18-33) y, por lo tanto, proporcionó orientación sobre diversos asuntos de la libertad cristiana.

CARNE Más allá de su sentido literal, "carne" denota el carácter físico de la vida de uno en este mundo, frecuentemente en contraste a la dimensión espiritual. Tanto el AT (hebreo she'er, basar) como el NT (griego sarx) usa "carne" para referirse a la dimensión física de la existencia humana, con frecuencia asignando varios matices figurativos y contextuales a la palabra. "Carne" como el término que abarca a la humanidad caída y la pecaminosidad es un desarrollo distintivo del NT. Por ejemplo, la expresión, "toda la carne" en el AT es con frecuencia meramente una referencia al colectivo de la raza humana (e.g., Gn. 6:12; Is. 40:5 KJV). Incluso cuando el término se utiliza en contraste con "espíritu" (e.g., Is. 31:3; Jr. 17:5), la "carne" no es tanto "anti-espiritual" como "no-espiritual". Juan se refiere al misterio de la encarnación como la Palabra haciéndose carne (Jn. 1:14).

Es principalmente en las cartas de Pablo que podemos encontrar una clara representación de la carne como el asiento para la naturaleza carnal y pecaminosa de la humanidad. La carne representa la totalidad de los efectos destructivos del pecado en la naturaleza humana. Así, la carne es, en esencia, la naturaleza pecaminosa de Adán dejaba en herencia a todas las generaciones subsecuentes (Gal. 5:17). Antes de ser redimida y transformada, es "carne pecaminosa" (Rom. 8:3 NRSV) esperando ser condenada por el santo Dios y su ley, e inevitablemente llevando a la muerte (7:5). Es inseparable de la lujuria (Gal. 5:16; 1 Pe. 4:2). En el estado réprobo, sin regenerar, la naturaleza humana en su totalidad está bajo el control de la carne (Ef. 2:3). Ya que los humanos corruptos básicamente siembran la carne y cosechan la carne, no puede agradar a Dios no obedecer la ley (Rom. 8:3, 8). Es significativo que la salvación se expresa en términos de superar la carne. Al envolver una exhortación respecto de la vida espiritual, Pablo concluye que aquellos que han clavado su carne a la cruz junto con estas pasiones y deseos son "aquellos que pertenecen a Jesucristo" (Gal. 5:24).

CARNE SACRIFICADA A LOS ÍDOLOS Carne o comida sacrificada a los ídolos se refiere a las ofrendas de animales a deidades paganas. La expresión traduce la palabra griega eidōlothyton, que significa "sacrificio ídolo", que era un juego de palabras del término pagano hierothtos que significa "ofrecido en sacrificio en el templo". El concilio de Jerusalén prohibió el consumo de este tipo de carne a los conversos gentiles (Hec. 15:29; 21:25) porque estaba asociada con el culto pagano, especialmente cuando se combinaba con la inmoralidad sexual (*véase* Ezeq. 18:5-6, 15; 22:9; Apoc. 2:14, 20). Sin embargo, la prohibición eventualmente creó problemas para los cristianos (por ejemplo, para salir a cenar), ya que la mayoría de los mercados de carne en el mundo grecorromano obtenían su inventario de los templos locales (Rom. 14:21; 1 Cor. 8; 10:18-33) . Por lo tanto, Pablo modificó la enseñanza manteniendo la prohibición en los casos en que comer carne vulnerara la conciencia de uno mismo, perjudicara el testimonio cristiano o hiciera tropezar a un cristiano más débil, pero flexibilizándolo en los casos en que participar era una cortesía social o que no estuviera relacionado con la práctica pagana.

CARNE Y ESPÍRITU Ya que carecemos de conocimiento preciso de las creencias hebreas y cristianas tempranas sobre la relación entre el cuerpo físico y el espíritu de uno, las discusiones acerca de la carne y el espíritu son difíciles. A través de ambos Testamentos la palabra "carne" por lo general se refiere al cuerpo físico tanto de humanos como de animales, mientras la palabra "espíritu", aunque menos específica, por lo general se refiere a la persona de un individuo, esa parte de un humano que se relaciona más cercanamente a Dios.

Contrastando estos, el profeta Isaías dice que los caballos egipcios enemigos son "carne y no espíritu", y por lo tanto implica que el espíritu es más fuerte que la carne. Isaías dice que aquellos que vivían en Jerusalén deberían poner su fe en Dios y no en la carne (Is. 31:3).

Probablemente la instancia más específica de carne y espíritu discutiéndose en conjunto ocurre en Juan 3:6, donde el autor cita a Jesús diciendo: "La carne da a luz a la carne, pero el Espíritu da a luz al espíritu". Las traducciones inglesas capitalizan las primeras dos ocurrencias de la palabra griega pneuma ("espíritu") en este versículo, infiriendo que es el Espíritu de Dios el que da a luz al espíritu humano. Jesús intenta explicar a Nicodemo que una persona debe renacer por el Espíritu de Dios, al igual que el nacimiento humano produce carne humana.

En otro pasaje, Jesús habla acerca de la diferencia entre la carne y el espíritu diciéndole a los discípulos que deben comer su carne (Jn. 6:53-54). Esto se toma como referencia a la Eucaristía y la necesidad de que los discípulos participen de esa comunión. Luego, Jesús señala que sus palabras son espíritu y vida; esto dibuja un contraste entre la "carne" física en el servicio de la Eucaristía y el "espíritu" de las palabras de Dios (Jn. 6:63).

Pablo, en la Carta a los Efesios, hace una distinción similar entre la carne y el espíritu cuando dice que la lucha cristiana contra el diablo "no es contra carne y sangre", esto es, contra fuerzas físicas, sino más bien "fuerzas espirituales del mal" (6:12). El punto de Pablo es que los cristianos no deben comprometerse en guerra contra las fuerzas físicas de mal tanto como deben luchar contra aquellas cosas espirituales que dañan la fe de uno. Este tema es nuevamente retomado en Flp. 3:1-11, donde Pablo dice que la circuncisión de la carne, que es una mutilación de la carne, no le da ganancia a las personas, mientras que aquellos que adoran por el Espíritu de Dios han obtenido la verdadera circuncisión y han ganado a Cristo y la justicia que viene a través de la fe en él.

Sin embargo, 1 Juan 4:1-3 advierte que no cada espíritu proviene de Dios. Juan alienta a sus lectores a "probar los espíritus" para determinar si son verdaderamente de Dios. Interesantemente, para Juan esta prueba involucra el reconocimiento de que Jesús vino en la carne desde Dios.

CARNE, INMUNDA *Ver* Limpio, Pureza.

CARPINTERO Traducción tradicional del término griego tektōn, que se refiere a una persona que posee habilidades para trabajar con piedra, hierro, cobre o madera. Tanto Jesús (Marcos 6:3) como José su padre (Mateo 13:55) fueron "carpinteros" (es decir, artesanos).

CARPO Conocido en Troas a quien Pablo le confió su manto, libros y pergaminos. Mientras estuvo en prisión en Roma, Pablo le pide a Timoteo que recupere sus posesiones de Carpo (2 Timoteo 4:13).

CARQUEMIS Antigua ciudad que precede los tiempos bíblicos. Estaba ubicada en la misma porción al norte del río Éufrates, en su curvatura hacia el sur. Su nombre significa "fortaleza de Quemos", que es el dios de Moab.

Como parte relevante en el Antiguo Testamento, Carquemis estuvo por un tiempo bajo la influencia de los hurritas hasta que estuvo bajo el control de los hititas en el siglo XIII a.C. Luego, al principio de las invasiones de gran envergadura de los pueblos del mar, el reino hitita fue destruido, lo que significó que Carquemis perpetuara la cultura hitita. El reino de Carquemis se desarrolló hasta convertirse en una entidad militar independiente y fue capaz de resistir la expansión Asiria hasta que Sargón II obtuvo la victoria en el año 717 a.C.

Hay tres referencias bíblicas sobre Carquemis: 2 Crónicas 35:20; Isaías 10:9; Jeremías 46:2. En Isaías 10, en medio de los oráculos de Isaías sobre el juicio contra Israel, Dios declara que Asiria es "vara de mi ira" (v. 5), a la que le enviará castigo por las personas fieles. Sin embargo, Asiria tenía otros planes como "aniquilar a muchas naciones" (v. 7). Asiria se jacta de su poder y compara la derrota de Calno (en Siria) con la caída de Carquemis (v. 9), lo que es muy probable que se refiera a su victoria a manos de Sargón II.

Los otros dos textos aluden a un evento muy importante para la historia de Israel. Según Jeremías 46:2, esto ocurrió en el cuarto año del mandato de Joaquín (605 a.C.). El dominio asirio sobre Mesopotamia estaba a punto de terminar a manos de los babilonios liderados por Nabucodonosor. El faraón egipcio Necao II, que deseaba mantener un estado de protección entre su tierra y este súper poder en aumento, llevó sus ejércitos a Carquemis con la intención de salvar a los asirios.

Según el relato de 2 Crónicas 35:20-36:1, el rey Josías de Judá se encontró con Necao en el camino y ambos se enfrentaron en batalla. Necao estaba reluctante, ya que no tenía discrepancias con Judá, pero Josías fue persistente porque al parecer pensaba que una alianza entre Judá y Babilonia sería ventajosa para él. Unos arqueros le dispararon a Josías durante la batalla y este murió en Jerusalén.

Es probable que, cuando Necao llegó a Carquemis, el resto del ejército asirio fue derrotado y Nabucodonosor procedió para derrotar a Necao. En consecuencia, la ciudad de Carquemis nunca se recuperó del todo. No obstante, lo más importante de esta decisiva batalla fue que el poder no estaba a favor de Egipto ni de Asiria, sino que fue de beneficio para Babilonia que en cuyas manos estaría el control, dentro de una década, sobre el exilio de Judá. Jeremías narra la derrota de Egipto en Jeremías 49:2-12.

CARRETA En los tiempos bíblicos, se refiere a un vehículo con ruedas que por lo general era arrastrado por animales como bueyes y vacas y que era utilizado en contextos agrarios (Números 7:3; 1 Samuel 6:7; Isaías 28:27; Amós 2:13). La palabra hebrea 'agalah puede traducirse como "carreta" o "carro". Las carretas se usaban para transportar objetos, pero el terreno montañoso de Palestina no era favorable para su empleo (cf. 2 Samuel 6:3-6; 1 Crónicas 13:7-9). Por lo tanto, se usaban principalmente en las planicies de Palestina (1 Samuel 6:7-8, 10, 11-14). La carreta o carro era muy probable que tuviera origen asirio.

CARRETERA Un gran camino público mejorado por algún tipo de material de pavimentación y con zanjas de drenaje a cada lado. Las carreteras proporcionan acceso internacional para ejércitos, mercaderes, caravanas y animales en las principales rutas comerciales de un imperio (Nm. 20:17; 21:22). El material de pavimentación frecuentemente estaba hecho de guijarros apisonados, pero a veces estaba hecho de piedra tallada. El término "carretera" con frecuencia se usaba metafóricamente para sugerir un amplio y fácil camino de vida (Prov. 7:27; 15:19; Is. 19:23; 40:3).

CARRO Pequeña plataforma arrastrada por un caballo que ha tenido diversas configuraciones a lo largo de la historia en cuanto a su tamaño, construcción y propósito. Los carros más primitivos tienen unos tres mil años de diferencia con los carros de carreras del Imperio Romano. Estos carros de cuatro ruedas eran grandes y eran arrastrados por mulas en vez de caballos, lo que los hacía muy lentos.

Relieve que representa un carro asirio.

La invención de las ruedas con radios, junto con el uso de materiales más ligeros (como las pieles de animales) para cubrir el carruaje del carro, permitía mayor velocidad y agilidad. Los carros eran típicamente arrastrados por dos a cuatro caballos y tenían plataformas donde cabían hasta tres pasajeros (un conductor y uno o dos arqueros) de pie durante la batalla. Además de su uso militar, los carros históricamente se emplearon para el transporte municipal, el viaje a distancia, las procesiones de los dignatarios y los festivales religiosos. Los carros de guerra dejaron de ser útiles con el desarrollo de las unidades ligeras de caballería.En la Biblia, los carros a menudo simbolizaban poder y estatus (Génesis 41:43; Hechos 8:26-40). Por ejemplo, los "carros de hierro" descritos en Josué 17:16-18 evocaban pavor entre las tribus de Israel que se preparaban para entrar a la tierra prometida. En Salmos 20:7 se contrasta con brusquedad la confianza en Dios y en los carros, que es un símbolo del poder humano.

Quizá la representación más vívida de los carros en las Escrituras es cuando el ejército del faraón desciende tras el escape de los israelitas desde Egipto y los conductores de los carros se hunden en el mar (Éxodo 14-15).

CARRO *Véase* Carreta; Literas.

CARROS CONSAGRADOS AL SOL Carros dedicados al dios del sol en el templo de Jerusalén que fueron destruidos por Josías durante sus reformas (2 Reyes 23:11). A menudo en los templos dedicaban los caballos y los carros en el antiguo Cercano Oriente para transportar el sol en su viaje diario. Es muy probable que estos carros hayan sido introducidos en el templo de Jerusalén debido a la influencia de los asirios, que identificaban a su dios del sol con un jinete de carro.

CARRUAJE Salomón aparece en un carruaje cuando llega a su boda en Cantares 3:7, 9. Este carruaje puede que se trate de un palanquín (KJV), que es una plataforma cerrada de transporte que no tiene ruedas ni pértigas y que era cargada por porteros. Las dos palabras hebreas subyacentes también se pueden traducir como silla de manos o litera ornamental.

CARSENA Uno de los siete funcionarios de alto rango bajo el rey Jerjes (Asuero), quien le aconsejó que alejara a la reina Vasti por su negativa a obedecer el mandato del rey de presentarse al banquete (Est. 1:14).

CARSENÁ *Ver* Carsena.

CARTÁ Una ciudad levítica en el territorio tribal de Zabulón asignada a los meraritas y sus familias (Jos. 21:34). Se desconoce su ubicación.

CARTÁN Una ciudad levítica en el territorio tribal de Neftalí asignado a los gersonitas (Jos. 21:32). Se llama Quiriatayin en 1 Cr. 6:76. Los eruditos están divididos en cuanto a su sitio, ubicándola en el lado oeste del Mar de Galilea o en las montañas del norte de Galilea.

CARTAS DESDE LA PRISIÓN, EPÍSTOLAS DESDE LA PRISIÓN Las cartas de Pablo desde la prisión incluyen a Efesios, Filipenses, Colosenses y Filemón. Tradicionalmente, se considera que fueron escritas por Pablo durante su primer encarcelamiento en Roma (c. 60-62 d.C), aunque algunos eruditos piensan que pueden haber sido escritas durante un tiempo de encarcelamiento en Cesárea, Éfeso o en otro lugar. *Ver también* Pablo.

CARTAS PAULINAS *Ver* Pablo.

CARTA Una misiva o epístola (2 Cr. 35:4; Esd. 4:7). Por lo general, las antiguas cartas del Cercano Oriente se escribían sobre materiales perecederos, a diferencia de, por ejemplo, inscripciones en piedra. Dado que hay pocos lugares donde tal material podía sobrevivir (desiertos o pantanos anaeróbicos), la expectativa es que pocas cartas se hayan conservado; sin embargo, se cuentan por decenas de miles. Las personas de la Antigüedad escribían cartas. Significativamente, leer cartas antiguas ha seguido siendo un aspecto significativo de la fe cristiana. Hoy en día, muchos cristianos leen regularmente la correspondencia de otra persona, las cartas del

NT, y enfrentan los desafíos de interpretación esperados.

Formato

Cartas del Antiguo Testamento. Aunque más de una docena de cartas están integradas en el AT (por ejemplo, 2 Sam. 11:15, 1 Rey. 21:9-10, 2 Cr. 21:12-15), ningún libro del Antiguo Testamento está en forma de carta. Las cartas del OT incorporadas son truncadas o resumidas y nos dicen poco del típico formato antiguo. De las cartas de Laquis inferimos que las cartas hebreas generalmente comienzan con "Destinatario, saludos (o bendición)", una palabra técnica de transición ("y ahora"), y sin cierre formal. En el período del Segundo Templo, las cartas arameas estaban evolucionando hacia la estructura que se veía en el estilo grecorromano.

Cartas del Nuevo Testamento. A diferencia del AT, el NT tiene veintiún libros en forma de carta: las trece cartas tradicionales de Pablo, la carta anónima de Hebreos, Santiago, 1-2 Pedro, 1-3 Juan y Judas. Hay dos cartas incrustadas en Hechos (15:23-29; 23:26-30). Es poco probable que las "cartas" en Apocalipsis 2-3 alguna vez fueran cartas enviadas. El NT también menciona otras cartas (Hec. 18:27, 1 Cor. 5:9, 7:1, 16:3, 2 Cor. 2:3-4, Col. 4:16, 2 Tes. 2:2; 3:17).

Las cartas del NT que se conservan comparten el formato básico de las cartas grecorromanas, comenzando con "Remitente a Destinatario, saludos [chairein]". Una oración (o a veces una acción de gracias) hacia la transición al cuerpo de la carta. El cuerpo de la carta se abría con varias frases en un formato establecido (fórmula estereotipada), como la divulgación: "Quiero que sepas, hermano(s), que..." (P.Oxy. 1493; Gál. 1:11); asombro: "Me asombra que... " (P.Mich. 8.479; Gál. 1:6); petición, alegría, entre otros.

La carta terminaba con advertencias finales, saludos, buenos deseos y, a veces, una fecha. Además de una estructura establecida, el contenido era a menudo mucho más estándar que las cartas de hoy. Incluso las cartas a un miembro familiar tenían saludos genéricos, fraseología establecida y deseos estandarizados de buena salud.

Sin embargo, mirando más allá del esquema básico de las cartas y el uso del lenguaje cotidiano y las fórmulas, queda claro que las cartas del NT no formaban parte integrante de las típicas cartas de papiro. En lugar de los típicos marcadores de honor de rango o ciudad, los escritores de cartas del NT se identificaban por asociación con Jesús, describiéndose a veces como siervo de su familia (Rom. 1:1, Sant. 1:1). El típico saludo de carta (chairein) se cristianizó en "gracia" (charis), y se agregó la "paz" (eirēnē), el equivalente del shalom judío. Se usaba una bendición de cierre en lugar del típico deseo de salud/despedida final.

Lo que es más significativo, la mayoría de las cartas del NT eran mucho más largas y complejas. La carta privada típica de los pobres tenía un promedio de 87 palabras de longitud. Las cartas literarias eran mucho más largas. Las de Cicerón tenían como promedio 295 palabras. Séneca lideraba, con un promedio de 995 palabras por carta. La carta de Pablo a Roma tiene 7.114 palabras. Pablo promedió (incluyendo las 13 letras) 2.495 palabras. No es de sorprenderse que los oponentes de Pablo ridiculizaran sus cartas como "pesadas" (2 Cor. 10:10).

Las cartas del NT también suponen que el público está familiarizado con la tradición cristiana judía (por ejemplo, Judas), insertando fragmentos de himnos, tradiciones, citas/alusiones al AT, etc., a menudo sin explicación ni indicación. Las cartas debían leerse frente a la congregación (1 Tes. 5:27). Pablo incluyó acciones de gracias más largas y complejas que cualquier escritor antiguo conocido, a menudo usando la apertura de acción de gracias para obtener una vista previa de los temas principales de la carta (por ejemplo, 1 Cor. 1:4-7). Las cartas de Pablo también contienen grandes cantidades de paraénesis (exhortación moral).

Aunque la típica carta de papiro era breve, manteniendo así su costo razonable, aun así no era un gasto trivial. Por ejemplo, un soldado escribía una carta típica a casa para indicar que había llegado a su destino de forma segura (P. Mich., 8.490), con un costo probable de alrededor de medio denario, o en la moneda moderna de los Estados Unidos, alrededor de cincuenta dólares. Sin embargo, la longitud de muchas letras NT las hicieron mucho más caras. Escribir a los romanos hoy hubiera costado a Paul más de dos mil dólares estadounidenses. Una carta para lectura pública (Col. 4:16) requería de un papiro de calidad con buena letra, no un borrador con letra apresurada (Cicero, Att. 13.14-25). Las apariencias importaban (Para los oradores, la apariencia era una parte importante de la retórica).

El servicio postal oficial romano no era para uso privado. La persona común le encomendaba las cartas a alguien que iba o estaba cerca del destino deseado. Este método era popular, gratuito y sorprendentemente confiable, aunque fortuito (P.Mich. 8.499). De lo contrario, enviar una carta requería el envío a través de un portador privado, a menudo un esclavo o un portador contratado (tabellarius). Estos portadores tienen ventajas. Podían garantizar la autenticidad de la carta, ya que existían falsificaciones (2 Tes. 2:2). En lo posible, llevaban otros objetos, a menudo mencionados en la carta (P.Mich. 8.465-467) o en la respuesta (Fil. 4:18). Los portadores a menudo proporcionaban detalles adicionales (o confidenciales) (por ejemplo, Col. 4:7; Cicerón, Fam. 11.20.4; 11.26.5).

El escritor a menudo elogiaba al portador como "confiable" para garantizar la veracidad del portador. En Efe. 6:20-22, Pablo quiere aclarar que tenía la intención de que Tíquico hablara del encarcelamiento de Pablo (como prueba de que Pablo no estaba avergonzado de sus cadenas), y no de que Tíquico estaba simplemente revelando secretos, como a veces hacía (1 Cor. 1:11). Finalmente, puede que Pablo haya seleccionado un portador específico para facilitar la recepción de esa carta (Romanos, Colosenses). (*Ver también* Pablo.)

Función

En su nivel más sencillo, las cartas tenían dos funciones principales. Expresiones como "oro por tu salud y éxito" (P.Mich. 8.477) y "escríbeme para saber cómo estás y qué es lo que quieres" (P.Mich. 8.498) se usaban para comenzar o mantener una relación con el destinatario. Las cartas también debían informar (Cicerón, Fam. 2.4.1), como cuando un hijo le escribía a su padre: "Mientras estaba enfermo en el barco, me robaron" (P.Mich. 8.468). Sin embargo, por el período del NT, los escritores aristocráticos (comenzando por Cicerón, luego Séneca con Plinio) estaban modificando la carta privada simple, alargándola y mejorando su estilo. Utilizaban las cartas privadas para propagar ideas religiosas, políticas y filosóficas.

El estudio académico afectó el estudio de las cartas del NT por casi cien años al argumentar a favor de una fuerte distinción entre "cartas" (las cartas de clases más bajas, que se hallan en gran parte de los papiros recientemente descubiertos) y "epístolas" (las cartas literarias de la élite aristocrática). Por lo tanto, Adolf Deissmann argumentó que las formas de las cartas del NT (vocabulario koine, la diatriba, etc.) indicaban la función prevista de la carta: como cartas privadas, eran ingenuas, sin educación, y se desvanecían en medio de una oleada de otras actividades. Por otro lado, Cicerón destinó sus "epístolas" a Ático para que fueran leídas por la comunidad aristocrática más amplia y las escribió con eso en mente, creando tratados artísticamente completos en forma de carta.

Aunque tenían la apariencia de cartas privadas, Cicerón elaboró cuidadosamente sus "epístolas", sabiendo que otros estarían leyendo sobre el hombro de Ático. Las cartas del NT no eran "epístolas"; eran espontáneas y no deberían leerse como composiciones meticulosas. Sin embargo, las cartas bíblicas no eran meramente documentos privados. Incluso aquellos dirigidos a individuos (1-2 Tim., Tito) parecen hablarle a la iglesia por detrás del destinatario (3 Juan intenta encontrarle la vuelta a Diótrefes y se dirige a la iglesia detrás de Gayo). Nuestras categorías de "público" en contraste con "privado" se adaptan pobremente al mundo antiguo. Dado que la función general de las cartas estaba cambiando, las cartas del NT deben verse como parte de este paisaje cambiante.

Además, a medida que las cartas grecorromanas continuaban siendo estudiadas, las cartas del NT comenzaron a parecer más que simples notas artísticas, garabateadas en un momento libre. De hecho, al observar signos de una composición retórica minuciosa, los estudiosos han notado similitudes con las categorías descritas en los manuales retóricos grecorromanos para los discursos: forense (judicial), epidíctico (demostrativo) y deliberativo. Argumentando que las cartas eran, en cierto sentido, discursos escritos, varios eruditos han intentado identificar elementos en las cartas del NT que coincidan con el bosquejo requerido para un argumento retórico específico, lo que significa que la forma retórica de una carta podría indicar su función.

Por lo tanto, la identificación de la forma retórica revelaría el motivo del autor para escribir, independientemente de si el escritor tenía la intención de hacer una defensa legal del estatus personal o moldear el comportamiento de los lectores. Si bien estos estudios generan un debate animado y algunos resultados interesantes, la utilidad de aplicarlos a las cartas no está clara aún. Los análisis retóricos de los pasajes en las cartas han demostrado ser más útiles que los que categorizan una carta completa. Obviamente, los escritores de cartas bíblicas no las escribieron de la nada, pero las cartas bíblicas parecen tener una mezcla de propósitos y no encajan bien en categorías retóricas.

Las cartas bíblicas no se desvanecían con algo siquiera remotamente parecido al ritmo acelerado en el que se envían correos electrónicos y mensajes de texto hoy. Incluso las frases que parecen implicar correspondencia casual (1 Cor. 1:16) son probablemente indicios de argumentos retóricos cuidadosos. Es poco probable que las cartas bíblicas representaran el trabajo de solo un largo día o algunas noches. Estas cartas muestran indicaciones de composición esmerada (lo cual es notado mejor a medida que los eruditos comprenden mejor la retórica antigua y las prácticas epistolares). El uso de compañeros de trabajo, secretarios, borradores y revisiones sugiere que una carta del NT probablemente se trabajaba y se volvía a trabajar antes de ser enviada.

CASA DE ARCHIVOS *Véase* Casa de los Rollos.

CASA DE CÉSAR Miembros del personal del palacio del Imperio Romano que llevaban a cabo varios deberes logísticos que eran necesarios para facilitar el gobierno del emperador sobre el imperio. Dichas personas a menudo eran ricas y eran beneficiarios influyentes a favor del imperio, pero también había una gran cantidad de esclavos en medio de ellos.

En las inscripciones existen los nombres de los miembros de la "casa de César", que incluye varios de los mismos nombres que aparecen en Romanos 16. Pablo finaliza su carta a los filipenses con saludos personales y de la "casa de César", por lo que indica que Roma fue el probable lugar de origen de esa carta (Filipenses 4:22).

CASA DE ESQUILA En 2 Re. 10:12, 14 la KJV traduce la frase hebrea bet-'eked ("casa de vinculación") como "casa de esquila". Versiones más recientes comprenden la frase como parte del nombre de un lugar "Beth Eked de los Pastores" (NIV). *Véase también* Beth Eked.

CASA DE INVIERNO La KJV utiliza el término "casa de invierno" para referirse tanto a una habitación reservada dentro de una casa que retenía el calor de un brasero o olla que contenía carbones calientes (Jr. 36:22) y una residencia invernal auxiliar (Am. 3:15). En versiones modernas como la NIV, se distinguen como "apartamento de invierno" y "casa de invierno". Casas auxiliares decoradas servían a los reyes (*véase* 1 Re. 21:1) y la rica clase superior, y en Amós 3:15 tal opulencia recibe el juicio de Dios como signo de injusticia hacia los pobres.

CASA DE LA DOCTRINA Interpretación en la JBS de la palabra hebrea mishneh que aparece en 2 Reyes 22:14; 2 Crónicas 34:22, que se refiere a una parte de Jerusalén en la que Huldá vivió. En versiones más recientes esta palabra se traduce como "segundo barrio"/"segundo sector" (RVC, LBLA) o "barrio nuevo" (NVI).

CASA DE LOS GUERREROS *Véase* Casa de los Héroes.

CASA DE LOS HÉROES Un edificio que se refiere a un tipo de barraca, posiblemente para albergar a los poderosos guerreros de David mencionados en 2 Sm. 23:8-39; 1 Cr. 11:10-41. Nehemías lo menciona conjuntamente con las tumbas de David, pero la ubicación es aún desconocida (Neh. 3:16).

CASA DE LOS ROLLOS En Esdras 6:1, la KJV traduce a frase hebrea bet sipprayya' como "casa de los rollos", refiriéndose a archivos almacenados en la tesorería real de Babilonia. La mayoría de las versiones modernas presentan la frase como "archivos". El rey Darío ordenó que se buscaran los archivos para determinar si Ciro de hecho había emitido órdenes para la reconstrucción del templo en Jerusalén (Esd. 5:17). Archivos similares se mantenían por parte de la mayoría de las dinastías reales en el antiguo Oriente Próximo

CASA DEL BOSQUE DEL LÍBANO *Véase* Palacio del Bosque del Líbano.

CASA DEL PADRE

Antiguo Testamento. En el antiguo Israel, y más ampliamente en la región circundante, la "casa del padre" (esto es, familia ancestral) era la unidad básica de parentesco, más extensa que "hermanos" (Gn. 46:31; Jue. 16:31) o el simple "hogar" (Éx. 12:3) pero más pequeño que un clan o tribu (nótese el contrate en, e.g., Nm. 1:2; Jue. 6:15).

En genealogías la "casa del padre" por lo general se presenta como "familia" (e.g., Éx. 6:14; Nm. 1:2 y a través del capítulo; 1 Cr. 4:38). En algunas instancias, las doce tribus de Israel se interpretan como casas paternas (Nm. 17:2-6; 1 Sm. 2:28). En 2 Sm. 19:28 la extensión de la "casa del padre" está bien ilustrada: claramente, Mefiboset no se refiere a la familia nuclear de su padre biológico, sino más bien a la familia de su abuelo Saúl. En 1 Cr. 23:11, dos pequeñas familias son artificialmente combinadas en una sola "casa del padre", ilustrando que el concepto no era estrictamente biológico, sino que correspondía a un conjunto de funciones sociales, en este caso, servicio sacerdotal.

Adicionalmente a los censos y la organización del servicio militar, otras funciones de la casa del padre incluyen el cálculo de culpa colectiva (2 Sm. 14:9; 24:17; Neh. 1:6), delimitando represalias en feudos basados en parentescos (1 Sm. 22:16, 22; 2 Sm. 3:29; *véase también* Jue. 2:12, 18), y definiendo un contexto para el matrimonio endogámico (Gn. 24:38-40). La casa del padre jugaba un importante rol en la vida de las mujeres, que se identificaban con la casa de su padre antes de su matrimonio y podían volver a ella en el evento de la viudez, demostrando una conexión persistente con ella (Lv. 22:13; Nm. 30:4, 16; Dt. 22:21; Jue. 19:2-3; Est. 4:14; Sal. 45:10; *véase también* la significación política para Abimélec de la casa del padre de su madre en Jue. 9:1).

La expresión "casa del padre" también puede referirse a una ubicación (Gn. 12:1; 20:13; Jue. 14:19; 1 Sm. 18:2) y, de hecho, este sentido local puede haberse ampliamente superpuesto con un sentido de parentesco, ya que familias extendidas habitaban grandes compuestos arquitectónicos o incluso pequeñas aldeas completas.

Nuevo Testamento. En dos ocasiones, Jesús se refiere al templo de Jerusalén como su "casa del padre", una vez cuando joven (Lc. 2:49) y una vez cuando echa a los mercaderes del templo (Jn. 2:16). En otra ocasión, él se refirió a un "lugar donde yo iré" como "la casa de mi padre" (Jn. 14:2-4). Además, tenemos dos referencias a la "casa del padre" como unidad de parentesco (Lc. 16:27; y posiblemente Hec. 7:20).

CASA En el antiguo Israel, como una comunidad agrícola, la casa era el centro de la vida familiar. Aparte de las actividades familiares diarias, las funciones básicas de una casa israelita eran para almacenamiento y establo.

Una casa típica de la Edad de Hierro palestina era básicamente de forma rectangular, construida de ladrillos de barros secados al sol y completamente techada. Consistía en tres o cuatro habitaciones, aunque en algunas raras ocasiones tenía dos habitaciones. El tamaño de la casa variaba, dependiendo de la riqueza del dueño. Estructuralmente, las características más importantes y destacadas eran los pilares, generalmente hechos de piedra. Estos pilares monolíticos separaban las habitaciones de patio y soportaban el techo plano o cielo raso. Una casa de tres habitaciones tenía una hilera de pilares en el centro de la estructura, mientras una casa de cuatro habitaciones contaba con dos hileras, dividiendo las habitaciones de dos lados, con el patio en el medio.

Los muros proporcionaban un recinto para una unidad familiar, pero podían servir como particiones entre casas adyacentes. Estaban construidos de ladrillos de barro (cf. Éx. 5:7) y erigidos sobre cimientos de piedra. El exterior de los muros debía ser encalado regularmente para prevenir la erosión causada por la lluvia invernal (cf. Ez. 13:10-18), y los muros interiores estaban decorados con ornamentos lineales pintados (Jr. 22:14).

A diferencia de las ventanas modernas, las ventanas israelitas eran esencialmente rajaduras en las murallas, sin relleno de vidrio (Js. 2:15; 2 Cor. 11:33). Para seguridad y control climático, eran pequeñas, pero lo suficientemente buenas para luz natural y ventilación (cf. Os. 13:3). Lámparas de aceite se colocaban en los nichos de las murallas (2 Re. 4:10; Mt. 5:15).

La entrada a la casa por lo general estaba en el centro de la muralla frontal. La puerta, que se abría hacia adentro, estaba montada con tres marcos de madera en dos lados y en la parte superior (cf. Éx. 12:7, 22-23). La puerta se cerraba desde dentro con una cerradura de gorjas y un cerrojo de madera (Jue. 3:25; Neh. 3:3). Desde afuera, se accedía a través de una bocallave del tamaño de un puño (Cant. 5:4) con una gran llave (Is. 22:22). Un umbral de piedra (1 Re. 14:17; cf. 1 Sm. 5:4-5) estaba colocado en la base de la puerta.

El techo del primer piso tenía menos de un metro ochenta de altura. La habitación central se usaba para el trabajo como procesamiento de alimentos, aunque cocinar también se hacía afuera. Un fogón era un hueco en la tierra usado para hacer fuego para cocinar o para calentarse (Jr. 36:22). Las habitaciones laterales se usaban para establos (1 Sm. 28:24). Al fondo de la casa había una habitación amplia (cf. Sal. 128:3; Am. 6:10) usado principalmente para propósitos de almacenamiento. El piso del patio era de tierra batida, mientras que las habitaciones tenían piso de tierra. Al nivel superior, que servía como un lugar para dormir, comer y actividades de ocio (1 Re. 17:19; 2 Re. 4:10; Mc. 14:15; Hec. 9:37), se accedía a través de una escalera de madera desde el interior de la casa o a través de una escalera de piedra desde el exterior.

Una característica única de las casas israelitas era el techo. El techo plano, enyesado, servía como un lugar para actividades domésticas (e.g., Js. 2:6-8; 1 Sm. 9:25-26; 2 Sm. 11:2) y actividades religiosas (Jr. 19:13; 32:29; Sof. 1:5; Hec. 10:9), especialmente en el clima cálido. No era poco común que creciera pasto sobre este (Is. 37:27). Ya que era plano, la impermeabilización era un problema apremiante. Como tal, se requería el constante compactado y repavimentación del techo con piedra caliza (cf. Ecl. 10:18).

Por seguridad, se construían parapetos alrededor del techo (Dt. 22:8). Como el techo era elevado y público, las actividades eran visibles por las personas en el exterior; por lo tanto, anuncios públicos podían realizarse desde el techo (Mt. 10:27; Lc. 12:3). Absalón tuvo relaciones sexuales con la concubinas de David en un techo, que puede haber sido un acto de declaración pública de su reinado (2 Sm. 16:22).

CÁSCARA La cobertura externa membranosa de algunos frutos, nueces y grano. La KJV usa la palabra tres veces (Nm. 6:4; 2 Re. 4:42; Lc. 15:16), pero la mayoría de las versiones modernas lo reemplazan con otras versiones, incluyendo "piel [de uvas]" (Nm. 6:4), "cabezas [de grano]" (2 Re. 4:42) y "vainas [de arvejas]" (Lc. 15:16). Existe debate concerniente al significado del término tsiqlon en 2 Re. 4:42, que ocurre sólo aquí en el AT. Algunos lo ven como referencia a las cabezas/espigas de grano que el hombre lleva a Elías (NIV, NET, KJV), mientras otros lo ven como el saco en el cual lleva el grano (RSV, NRSV, ESV).

CASCARILLA Cobertura externa y dura del grano que se remueve con el trillado. Es intrascendente y de poca sustancia. En los pasajes bíblicos se alude a los malvados como cascarillas llevadas por el viento (Job 21:18; Salmos 1:4; 35:5; Daniel 2:35; Oseas 13:3) o que son consumidas por el fuego (Isaías 5:24; Mateo 3:12; Lucas 3:17).

CASIA Especia semejante a la canela que se menciona tres veces en el Antiguo Testamento

(Éxodo 30:24; Salmos 45:8; Ezequiel 27:19 [cf. del griego kinnamōmon en Sirac 24:25]; del hebreo qiddah, qetsi'ah). En el pasaje del Éxodo se prescribe como un componente para el aceite sagrado de la unción.

En Salmos 45 en la descripción sobre las prendas del rey se menciona que están perfumadas con casia y otras especias. Ezequiel habla de esta especia como un objeto de valor para el comercio. La especia es derivada de la corteza interior de un árbol que es nativo de India y de la actual Sri Lanka. *Ver también* Canela.

CASIFIA Cuando Ezra reunió un contingente de exiliados para regresar a Jerusalén, se dio cuenta de que no había levitas en el grupo (Esd. 8:17). Envió una delegación a Iddo, el líder en Casifia, donde aparentemente vivían algunos levitas. Mencionado solo en este verso, Casifia era un lugar desconocido en el norte de Mesopotamia. La palabra se asemeja al hebreo kesep ("plata"), forjando el término: "lugar del tesoro" en 1 Esd. 8:45.

Tableta sumeria en la que se cuenta la historia de dos días en la vida de un joven escolar, que está llena de trabajo tedioso y duras palizas.

CASIFIÁ *Ver* Casifia.

CASIS, VALLE DE *Ver* Emek-Keziz.

CASLUHÍTAS *Ver* Caslujitas.

CASLUJITAS Según Gn. 10:13-14 (LBLA, RV: Casluhim), un grupo de personas que descendió del hijo de Noé, Cam, por medio de de Mizrayim (Egipto). Posiblemente su lugar de origen se encontraba en Bajo Egipto, luego se mudaron a Creta y finalmente se asentaron en la costa de Palestina (por lo tanto, son antepasados de los filisteos).

CASTAÑO Interpretación en la KJV para la palabra hebrea 'ermon (NVI, NRSV, NET: de "plátano"), que se refiere a un árbol alto cuyas hojas caducas tienen lóbulos puntiagudos, racimos redondeados de flores y de corteza lisa. *Ver también* Plátano de Sombra; Plantas.

CASTIGO CORPORAL La flagelación, como forma de castigo corporal mencionado en la Biblia, a veces se usaba para castigar a los criminales o aquellos que parecían ser una amenaza para las estructuras políticas del día. Según la ley, el castigador no podía golpear al sancionado más de cuarenta veces (Deuteronomio 25:1-3).

En la literatura de la sabiduría se menciona el uso del castigo corporal en el contexto de la disciplina de la juventud. El proverbio más familiar que se refiere al uso de la vara es Proverbios 13:24: "El que escatima la vara odia a su hijo, mas el que lo ama lo disciplina con diligencia". En la mente del sabio, a veces el amor exige una acción severa. Sin embargo, nunca implicaba cometer abuso. Los proverbios que abogan por el castigo corporal deben entenderse en contextos más grandes de la admonición de la sabiduría sobre la práctica del autocontrol (Proverbios 16:32; 25:28), las advertencias contra la ira excesiva (14:17) y el valor que posee la paciencia (12:16; 14:29; 15:1). *Ver también* Crímenes y Castigos.

CASTIGO ETERNO Jesús se refiere al infierno más que cualquier otra figura del NT. El infierno es donde van las personas si su justicia no sobrepasa la falsa piedad de los fariseos y maestros de la ley (Mt. 5:22, 29-30; 7:19; cf. Mc. 9:43-47). Las personas van al infierno cuando persisten en elegir el pecado, a sí mismo y la seguridad sobre el llamado al discipulado, sin importar las consecuencias de este último (Mt. 10:28; 18:9; Lc. 12:5; 16:23). Pedro dice que los falsos profetas se irán al infierno (2 Pe. 2).

El infierno es también el lugar preparado para el diablo y sus ángeles (Mt. 25:41; cf. Ap. 12:9; 19:20; 20:10). Jesús usa las imágenes de fuego y oscuridad exterior para capturar las agonías del infierno. Juan ve el infierno como un "lago de sulfuro ardiente" (Ap. 20:10) y un "lago de fuego" (Ap. 20:14-15). Los escritores bíblicos siempre asumen, y a veces proclaman abiertamente, que Dios verterá su ira sobre todo pecado, esto es, sobre un sustituto indirecto (Jesucristo) o los pecadores no creyentes mismos; y el infierno es donde Dios hace esto completa y finalmente.

Algunos teólogos se preocupan de que esta doctrina puede socavar la perfección de Dios, creyendo que no puede ser máximamente amante si también envía a las personas al infierno. Pero ya que la Biblia dice, en términos escuetos y directos, que él lo hará, varias estrategias de interpretación se han sugerido, cada una de las cuales intenta suavizar esta doctrina. Dios castigará a las personas en el infierno, se admite, pero su castigo lo extermina o dura por un tiempo limitado, o es estricta y eternamente voluntario. Ninguna de estas alternativas, sin embargo, concuerda con el testigo bíblico. La primera opción choca con el hecho de que los pecadores lloran y hacen crujir sus dientes en el infierno (Mt. 24:51; 25:30; Lc. 13:28), anhelando alivio de sus miserias (Lc. 16:22-24). Por lo menos, podemos decir que el infierno no extermina a nadie directamente: los pecadores sin arrepentimiento sufren en el infierno por lo menos un tiempo, dejando a un lado el tema de por cuánto tiempo lo hacen.

Pero incluso la segunda opción, la de un tiempo limitado en el infierno, conlleva una pesada carga de prueba, ya que la Biblia hace un paralelo entre la duración de la alegría y el castigo en la vida después de la muerte (Mt. 25:41; Mc. 9:47-48). En Ap. 20:10 el diablo y sus ángeles son "atormentados día y noche por siempre jamás", y el lugar de su castigo es también dónde van los pecadores (cf. Ap. 14:9-11).

La tercera opción, que las personas permanecen en el infierno por siempre porque nunca se arrepentirán, va un poco mejor en comparación a las primeras dos. El libro del Apocalipsis deja en claro que algunos pecadores no se arrepienten nunca. Ni gran sufrimiento (Ap. 9:20-21; 16:9, 11) ni temporadas de dicha providencialmente asegurada (Ap. 20:7-10) los alejan del pecado, tal es la profundidad de la depravación humana. Sin embargo, esta interpretación cuenta sólo la mitad de la historia. En un nivel, tal vez las barras del infierno están cerradas por dentro; pero las Escrituras también representan el infierno como una prisión donde los prisioneros son arrojados o encerrados, y es un lugar donde Dios activamente vierte su justa ira contra el pecado. Nada pasa en este universo apartado de la voluntad soberana de Dios (contra su voluntad moral, que frecuentemente se viola), y toma responsabilidad personal por el castigo de los malvados (Ap. 6:10; 19:1-3; cf. Rom. 12:19). En realidad, Él es el Dios de las "segundas oportunidades", pero esto último se agotará algún día, y entonces "todas las personas de la tierra llorarán" cuando "vean al Hijo del Hombre viniendo sobre las nubes del cielo, con poder y gran gloria" (Mt. 24:30). Para entonces, es demasiado tarde para arrepentirse.

La doctrina del castigo eterno nos recuerda que la perfección moral de Dios no es amabilidad máxima, como si cualquier forma de felicidad preferida por los pecadores lo satisfaría también. Por el contrario, Él es extremo tanto en su justicia como en su amor; y ninguno de estos atributos puede reducirse al otro. De hecho, podemos celebrar el amor y misericordia de Dios adecuadamente sólo cuando hemos visto el espantoso castigo que su justicia requiere de nuestro pecado. Esta doctrina también constituye un fuerte motivo para predicar las buenas noticias a los pecadores perdidos, quienes, fuera de Cristo, sufrirán eternamente. *Véase también* Gehenna; Infierno.

CASTILLO La división de distrito entre fortalezas y ciudades no era muy factible en el antiguo mundo, ya que muchas de las ciudades principales estaban rodeadas con muros de protección y fortificaciones. Sin embargo, las figuras reales tenían sus propias fortalezas separadas que estaban construidas dentro de las mismas ciudades.

En 2 Samuel 5:7-9 David captura Sión, que era una ciudad-fortaleza perteneciente a los jebuseos (ver también 1 Crónicas 11:5-7). Salomón tiempo después mejora las fortificaciones defensivas de Jerusalén (1 Reyes 3:1; 2 Crónicas

2:1), como así también los hicieron varios reyes que fueron tras él (por ejemplo, 1 Reyes 15:18; 16:18; 18:3; 2 Reyes 11:5; 2 Crónicas 26:9, 15).

Las residencias reales, como las de los faraones (Génesis 12:15) y de los reyes de Babilonia (2 Reyes 20:18; Daniel 1:4), Tiro (2 Samuel 24:7), Samaria (2 Reyes 15:25) y Persia (Ester 1:5; 5:1; 7:7-8) también servían como castillos. En los tiempos de Nehemías, Jananías se convierte en el gobernante del fuerte del palacio en Jerusalén (Nehemías 2:8; 7:2). Las torres fortificadas también contribuían con el equipo de defensa de muchas ciudades antiguas (Génesis 11:1-9; 35:21; Jueces 8:8-9, 17; 9:46, 49; Nehemías 3:1; 12:39; Cantares 4:4; Lucas 13:4).

C

Además de los palacios y de las ciudades fortificadas, varias estructuras más pequeñas parecidas a los castillos son mencionadas en la Biblia. Estos fuertes, por lo general más o menos pequeños, eran importantes para asegurar las rutas de comercio y los puntos principales de acceso hacia los reinos, y esto le permitía a los gobernantes ejercer control sobre una región mucho más extensa que por lo demás no habría sido posible de otra manera.

Estas estructuras normalmente estaban hechas de piedra, de ladrillos de barro endurecido o de una combinación de los dos, y constituían una disposición firme y compacta de muros, entradas y torres de vigilancia. Existía un sistema de fortalezas a lo largo de Israel en los tiempos de la monarquía unificada, como la que David mandó a construir en toda Aram (2 Samuel 8:6) y Edom (2 Samuel 8:14; 1 Crónicas 18:13), y aquellas erigidas por Salomón (1 Reyes 9:19). Posteriormente, Roboán expandió esta red de fuertes, que incluía las poderosas fortalezas en Laquis, y tiempo después construyó el potencial defensivo de muchos de los pueblos en Judá (2 Crónicas 11:5-11). Los reyes posteriores, Josafat y Jotán, continuaron esta obra de fortalezas por toda Judá (2 Crónicas 17:12; 27:4).

Dentro de los cuatro siglos ulteriores a las conquistas de Alejandro Magno, se construyeron nuevas fortalezas en todo el terreno que se convertiría en el Imperio Romano, incluyendo el palacio en Cesarea de Herodes el Grande (Hechos 23:35). En la fortaleza Antonia (*ver* Hechos 21:31-37; 22:24; 23:10, 16, 32) se podía mirar desde lo alto la zona del templo en Jerusalén, y fue el cuartel general del cohorte del ejército romano que se posicionaba en la ciudad. El palacio de Herodes, que estaba en la colina occidental de Jerusalén, puede que haya sido el cuartel general de los gobernadores romanos de Judea, aunque la fortaleza Antonia también es una posible ubicación para esta construcción (*ver* Mateo 27:27; Marcos 15:16; Juan 18:28, 33; 19:9).

La imagen de una fortaleza a menudo se utiliza en contextos poéticos en la Biblia para representar la protección constante de Dios (2 Samuel 22:2; Salmos 18:2; 31:2; 46:8; 62:2; 91:2; 144:2; Proverbios 14:26; Isaías 25:4; Jeremías 16:19). La acusación profética de las fortalezas de los enemigos de Israel es algo común en el Antiguo Testamento (Isaías 23:11, 13-14; Jeremías 49:27; Daniel 11; Amós 1). La destrucción de las propias fortalezas de Israel, en especial la de Jerusalén, también es un tema central y común de juicio en las narraciones de los profetas (Isaías 25:12; Jeremías 6:5; 17:27; Oseas 8:14). *Ver también* Fuertes, Fortificaciones.

CASTO Estado de una persona pura o inmaculada. En la KJV se usa tres veces el concepto "casto" para traducir la palabra griega hagnos (2 Corintios 11:2; Tito 2:5; 1 Pedro 3:2), que en la NVI se interpreta como "puro" o "pureza". El término tiene una referencia especial con la pureza sexual. Se pensaba que las mujeres jóvenes debían ser puras en la adoración, en el comportamiento moral general y en los asuntos sexuales (Tito 2:5).

Asimismo, los líderes de las iglesias deben ser "puros" (hagnos [1 Timoteo 5:22]). Pablo trabajó con dedicación en las iglesias para presentarlos puros como vírgenes ante Dios: "El celo que muestro por ustedes proviene de Dios; ustedes son como una doncella pura, a la que he comprometido en matrimonio con un solo esposo, que es Cristo" (2 Corintios 11:2).

Pedro incentivaba a las esposas a ser sumisas con sus maridos para que ellos se rindan ante el carácter casto de las esposas (1 Pedro 3:1-2). Dios hace un llamado de pureza, y esto es un elemento esencial de la vida cristiana (Filipenses

4:8; Santiago 3:17). Todo cristiano debe ser puro al igual que Cristo (1 Juan 3:3).

CÁSTOR Y PÓLUX En la mitología griega, se refiere a los hijos gemelos de Zeus y Leda, que son hermanos de Helena de Troya. Considerados dentro de un estatus divino, se pensaba que ellos eran responsables por la seguridad para aquellos que viajaban por mar (en especial los marineros) y, por lo tanto, eran comúnmente representados en el mascarón de los barcos (o como "emblema").

En Hechos 28:11 se narra la historia cuando Pablo finalizó su viaje a Roma, pasando por Puteoli, sobre un barco alejandrino que llevaba dicho mascarón (del griego Dioskouroi, es decir, "dioses gemelos").

CATAH *Ver* Catat.

CATAT Una ciudad en el límite de las tierras de Zabulón (Jos. 19:15). Probablemente la misma ciudad que Quitrón, donde los zabulonitas no expulsaron a los cananeos sino que los sometieron a trabajos forzados (Jue. 1:30).

CATÓLICAS, EPÍSTOLAS Estas siete cartas incluyen a Santiago, 1-2 Pedro, 1-3 Juan y Judas. Se asume que estas se consideran a un nivel universal, por lo que de ahí proviene el término "católicas". Sin embargo, de una manera estricta, 1 Pedro, 2 Juan y 3 Juan abordan receptores específicos, y es muy probable que los siete tuvieran audiencias particulares.

CAUDA Isla pequeña escasamente poblada (KJV: "Clauda") que yace a veintitrés millas al sur de Creta. La moderna Gavdos es la isla griega más al sur. En la ruta hacia el encarcelamiento de Pablo por parte de los romanos, el viento de un huracán sacó de curso la embarcación a sotavento de Cauda, donde la tripulación quedó rodeada por la tormenta (Hechos 27:16).

CAUTIVERIO Término usado para referirse al exilio de Judá hacia Babilonia en los años 587-539 a.C. *Ver también* Exilio.

CAZA, CAZADOR La caza por comida es una actividad postdiluviana. En la creación original, la humanidad tenía permitido comer sólo de la vida vegetal (Gn. 1:29); fue solamente con la recreación de la tierra que los humanos fueron explícitamente permitidos comer animales: "Todo lo que viva y se mueva será comida para ustedes. Al igual que les di las plantas verdes, ahora les doy todo" (9:3). Por lo tanto, puede concluirse que cazar como medio de supervivencia no tenía significado para la humanidad antediluviana.

Nimrod era "un poderoso cazador ante el Señor; es por eso que se dice, 'Como Nimrod, un poderoso cazador ante el Señor'" (Gn. 10:9). Sin embargo, para muchos intérpretes antiguos, el dicho proverbial se veía con sospecha y se interpretaba negativamente como oposición contra Dios (Filón, QG 2.82; L.A.B. 4:7; 6:13; Josefo, Ant. 1.113-14; Tg. Neof. 10:9; Frg. Tg. 10:9; Agustín, Civ. 16:4; Gerónimo, Qu. hebr. Gen. 10:18).

Otro cazador memorable es Esaú, "un hábil

Escena real de caza de leones en un relieve del palacio asirio de Asurbanipal (Nínive, 645-635 a.C).

cazador, un hombre de campo abierto" (Gn. 25:27). Antes de que Esaú pudiese recibir una bendición, su padre le pidió que fuese a cazar una presa para él; sin embargo, el viejo y ciego Isaac fue engañado para bendecir al hijo equivocado (27:1-40).

En tiempos antiguos, la caza no era una actividad limitada para proveer alimento o adquirir otros recursos como materiales de vestuario. Existe evidencia de la cacería como deporte real. Los reyes asirios eran famosos cazadores de leones, toros salvajes, elefantes, y otros animales. Para el siglo siete a.C., los reyes asirios cazaban en cotos de caza especiales. Para los asirios, el matar bestias salvajes como leones simbolizaba el deber del rey como un guardián de la civilización. La cacería real no parece haber sido una práctica en Israel, aunque tal posibilidad no puede descartarse completamente. El encuentro de un joven David con un león y un oso se cita en cierta medida para propósitos de autoexaltación e incluso más para retratarlo como un pastor temerario digno de pastorear a Israel (1 Sm. 17:34-37).

Los cazadores usaban varios métodos para atrapar o matar a su presa: armas como carcaj, arco, lanza, honda y palo (Gn. 27:3; cf. Is. 7:24), hoyos y varias trampas (Sal. 35:7; 9:13; 2 Sm. 23:20; Is. 24.17; Jr. 48:43; Am. 3:5). La caza de aves también era una práctica común y frecuentemente se usaban trampas para atraparlos (Sal. 91:3; 124:7; Prov. 1:17; 6:5; Ecl. 9:12; Am. 3:5).

CAZADOR DE AVES Un cazador de aves salvajes o aves de caza. El término hebreo yaqosh es ambiguo y puede referirse a una persona que caza otros animales. En tiempos bíblicos, las aves y presas mayores eran cazadas con trampas o lazos, como en Sal. 91:3. "Seguramente Él te salvará de la trampa del cazador de aves".

En este pasaje y otros, el protagonista bíblico es representado como un ave y el antagonista bíblico como un cazador (Sal. 124:7; Prov. 6:5). Jeremías 5:26 caracteriza a los malvados de Judá como cazadores de aves, y Os. 9:8 compara la hostilidad a los profetas de Dios como el uso de una trampa del cazador.

CAZIB *Ver* Quezib.

CEBADA Hierba de cereal anual (genus Hordeum). La cebada era considerada como una de las bendiciones de la tierra prometida (Deuteronomio 8:8), pero cuando se malograba

Corte parcial del campo de cebada.

la cosecha de cebada, esta producía resultados devastadores (Éxodo 9:31; Joel 1:11).

La cebada era parte de las ofrendas de grano (Número 5:15; cf. Ezequiel 45:13) y era usada para alimentar al ganado (1 Reyes 4:28), para comerla cruda o para hacer pan (2 Reyes 4:42). El ataque sorpresivo de Gedeón contra los madianitas fue simbolizado en un sueño como pan de cebada (Jueces 7:13), y Oseas usó la cebada para comprar a su esposa (Oseas 3:2). Jesús utilizó el pan de cebada para alimentar a la multitud (Juan 6:9, 13).

CEDAR Este nombre significa "poderoso" u "oscuro, negro". **(1)** El segundo hijo de Ismael y nieto de Abraham (Gn. 25:13, 1 Cr. 1:29). **(2)** La tribu nómada que obtuvo su nombre de este antepasado. Estas personas vivían en tiendas negras (Sal. 120: 5; Cant. 1:5) y tenían grandes rebaños de ovejas y cabras, así como camellos (Is. 60:7; Jer. 49:28-29).

Sus rebaños eran comercializados con países tan lejanos como Tiro (Ezeq. 27:21). Los hijos de Cedar eran conocidos por sus hábiles arqueros (Is. 21:17) y fueron gobernados por príncipes (Ezeq. 27:21). La importancia de los hijos de Cedar se refleja en el comentario de Isaías del esplendor de Cedar en su profecía acerca de su fin (Is. 21:16-17). Jeremías contrastó el área del Cedar, en el desierto de Arabia oriental, con Chipre, en el Mediterráneo, como representativos del extremo oriente y occidente (Jer. 2:10).

CEDEMA Este nombre significa "hacia el este" u "oriental". Era el duodécimo hijo de Ismael y nieto de Abraham (Gn. 25:15, 1 Cr. 1:31). Sus descendientes formaban parte del clan árabe que él encabezaba. La tribu es generalmente considerada como parte de los cadmoneos.

CEDES **(1)** Una ciudad en el extremo sur del territorio tribal de Judá, cerca de Edom (Jos. 15:23). Algunos lo identifican como Cades Barnea. **(2)** "Cedes en Galilea" se distingue de otras ciudades con el mismo nombre por su ubicación en Galilea (Jos. 20:7; 21:32; 1 Cr. 6:76). Era una ciudad real al oeste del río Jordán, cuyo rey fue derrotado por Josué (Jos. 12:22). La ciudad era parte del territorio tribal asignado a Neftalí (Jos. 19:37), dado para el uso de los levitas (Jos. 21:32), y designada como una ciudad de refugio (Jos. 20:7).

La ciudad cayó ante Tiglat-pileser III de Asiria cuando invadió Israel; sus habitantes fueron llevados al exilio (2 Re. 15:29). **(3)** "Cedes en Neftalí" era otra ciudad asignada al territorio tribal de Neftalí (Jos. 19:32, 37). Era el hogar de Barac (Jue. 4:6) y el sitio donde Débora y Barac juntaron sus fuerzas contra Sísara (Jue. 4:6-10). Algunos identifican esta ciudad como la misma que Cedes en Galilea, pero la ubicación de Cedes en Galilea está demasiado lejos del Monte Tabor. **(4)** Una ciudad en el territorio de Isacar, dada a los levitas gersonitas (1 Cr. 6:72).

CEDRO La traducción de la palabra hebrea 'oren, un tipo de árbol mencionado en Is. 44:14 como fuente de madera para hacer un ídolo. Las traducciones al inglés identifican diversamente al árbol como un abeto, pino, laurel o, sobre la base de manuscritos alternativos, el cedro.

CEDRO Madera valorada por su fragancia placentera, color y composición. El cedro se usaba para ceremonias de limpieza y purificación que se describen en la ley judía (Levítico 14:4, 6, 49, 51-52; Números 19:6). El rey David construyó su palacio con madera de cedro (2 Samuel 5:11). El rey Salomón utilizó la madera de cedro para la construcción del templo de Dios (1 Reyes 5:8, 10; 6:9-10, 15-16, 18, 20; 7:2-3). Posteriormente, el cedro se emplea para la reconstrucción del templo (Esdras 3:7). Los profetas usaban el cedro como un símbolo de rareza, fuerza y riqueza (Isaías 41:19; Jeremías 22:7, 14-15; 23:23; Ezequiel 17:3, 22-23; 27:5; 31:1).

CEDRÓN, VALLE DE El nombre significa "lodoso, misterioso, sombrío". Este profundo barranco (y el arroyo que lo atraviesa durante las fuertes lluvias) se encuentra entre Jerusalén al oeste y el Monte de los Olivos al este.

El manantial de Gihón se encuentra en la ladera occidental del valle. David cruzó el arroyo mientras huía de Jerusalén para escapar de la rebelión de su hijo Absalón (2 Sam. 15:23). Salomón le advirtió a Simei que no cruzara el arroyo o moriría (1 Re. 2:37). Los reyes reformadores destruyeron ídolos aquí (Asa [1 Re. 15:13]; Ezeq. [2 Cr. 29:16; 30:14]; Josías [2 Re. 23:4-6]). Jesús cruzó el Valle de Cedrón después de la Última Cena en su camino hacia el jardín de Getsemaní (Mt. 26:36, Jn. 18:1).

CEFAS *Ver* Pedro.

CEGUERA La ceguera era una dolencia común en el antiguo mundo. Algunas de las causas incluyen la edad avanzada (Génesis 27:1), trauma o castigo divino (Juan 9:2). Israel recibió instrucciones especiales sobre el cuidado de los ciegos (Levítico 19:14). El amor verdadero ayudaba a los ciegos (Job 29:15), y engañarlos era una violación severa (Deuteronomio 27:18). La ceguera formaba parte de un ritual de mancha, pero la persona ciega en sí no era considerada "inmunda", aunque ellos no pudieran trabajar como sacerdotes (Levítico 21:18). Incluso los animales ciegos no eran adecuados para el sacrificio (Levítico 22:22), que era un barómetro de los corazones de las personas que los profetas les tenían que recordar (Malaquías 1:8). Según lo escrito en el Rollo del Templo, la secta del Qumrán expandió las cualificaciones bíblicas y rechaza el ingreso de cualquier persona ciega (11Q19 45:12-13). Ahora vista como una impureza, la ceguera en este aspecto contaminaría a toda la comunidad y atenuaría el énfasis de la comunidad respecto a la "vista" como una señal escatológica (1Q28a 2:3-10; cf. Isaías 29:18; 35:5). La sanación de la ceguera por parte de Jesús y sus discípulos puede que también haya sido una crítica contra dichas prácticas separatistas (cf. Mateo 9:27-31; 12:22).

En un lenguaje figurativo, en la Biblia con frecuencia se describe la condición espiritual de las personas usando términos de ceguera. Isaías enfatiza la metáfora de la ceguera para describir a los grupos rebeldes y apóstatas: profetas, sacerdotes y gobernadores que fueron atribulados divinamente con la ceguera (Isaías 43:8; 56:10; 59:10; cf. Sofonías 1:17). La antropología representada en el Antiguo Testamento sugiere tres "zonas" de relación interactiva: manos y pies (acción), boca y oídos (habla) y corazón y ojos (emoción con pensamiento). La zona del corazón y ojos está relacionada con la ceguera, ya que la noción de un corazón oscuro emana a través de los ojos. Esta tradición aflora en las enseñanzas de Jesús (Mateo 6:22-23; cf. 1 Juan 2:9-11).

Valle del Cedrón al este de Jerusalén.

Jesús destacó el comienzo de la era mesiánica al concretar la promesa de Isaías para proclamar "denle vista a los ciegos" (Lucas 4:18). Cuarenta y seis de cincuenta y dos referencias sobre la ceguera en el Nuevo Testamento están en las historias del Evangelio respecto a la sanidad de Jesús. Dado que el ministerio de Jesús abre los ojos de los ciegos (cf. Isaías 42:7, 16, 18), el hecho de llamar a los fariseos "guías ciegos" era una descripción mordaz (Mateo 15:14; 23:16, 24). No obstante, Jesús en otros impondría la ceguera, que es totalmente lo contrario a su misión (Juan 9:39-41), ya que él vino como la "luz del mundo" (8:12). La ceguera espiritual aplicada en los que no creen podría usarse para describir el fracaso o la dureza de corazón de algunos sobre aceptar la verdadera identidad de Jesucristo. Con un lenguaje similar, Pablo describe a los infieles paganos: "pues como ellos no creen, el dios de este siglo les ha cegado el entendimiento para que no resplandezca en ellos la luz del Evangelio de la gloria de Cristo, el cual es la imagen de Dios" (2 Corintios 4:4).

Panel de un sarcófago del siglo IV d.C. en el que se ve a Jesús sanando a un hombre ciego.

La miopía y la ceguera también se pueden usar para describir a los creyentes que se han vuelto sosos respecto a la verdad (2 Pedro 1:9) o están tibios en su fe (Apocalipsis 3:17). Los creyentes están ciegos cuando fracasan al momento de aferrarse a su verdadera condición espiritual.

CELATA El séptimo campamento de Moisés y el pueblo de Israel después de que dejaron el desierto de Sinaí (Nm. 33:22-23). El nombre significa asamblea.

CELIBATO Estilo de vida en el que la persona se abstiene del matrimonio y de las relaciones sexuales, a menudo por razones religiosas. El celibato a veces se le diferencia de la abstinencia sexual, que puede ocurrir dentro del matrimonio (por ejemplo, Éxodo 19:14-15; 1 Corintios 7:5).

El celibato en esencia era algo desconocido en el Antiguo Testamento, incluso para los sacerdotes. Más bien, en el Antiguo Testamento se enfatiza sobre las instituciones para el matrimonio y la familia (*ver* Deuteronomio 23:1). En el Nuevo Testamento, como el matrimonio es una decisión sagrada y una metáfora rica, Pablo habla acerca del celibato como un "don" (carisma [1 Corintios 7:7]). El celibato implicaba tener menos obligaciones terrenales y, por lo tanto, la persona se concentraba en "los asuntos del Señor" (1 Corintios 7:32-35). Ellos deben preocuparse del esquema del reino eterno de Dios (cf. Mateo 22:30).

Como reacción ante la decadencia grecorromana y el dualismo entre materia y espíritu, desde el siglo II hasta el IV el celibato comenzó a ser altamente apreciado por algunos creyentes que lo veían como una forma de vida más espiritual.

Mientras la iglesia católica romana adoptaba el celibato como un requisito para el sacerdocio, la mayoría de las iglesias ortodoxas no optó por considerar esta práctica.

CELOS Los celos tienen connotaciones positivas y negativas en la Biblia. Positivamente, los celos son un atributo de Dios, que desea la adoración exclusiva de su pueblo: "No adoren a ningún otro dios, porque el Señor, cuyo nombre es Celoso, es un Dios celoso" (Éxodo 34:14; cf. Éxodo. 20: 5; Deuteronomio 4:24; 1 Corintios 10:22). El principal de los actos que provocan celos a Dios es la adoración de los ídolos (Deuteronomio 32:16; Sal. 78:58), a lo que Dios responde con enojo y furia (Nah. 1: 2, Sof 1:18). Los celos de Dios por su pueblo (Joel 2:18, Zacarías 1:14) es conceptualmente similar al amor de un esposo por su esposa (2 Corintios 11:2). Además, el lenguaje de los celos está estrechamente relacionado con la "devoción" piadosa (Números 25:11, 1 Reyes 19:10). Negativamente, los celos son un vicio humano. Pablo enumera los celos entre los "obras de la naturaleza" (Gálatas 5: 19-20, *ver* 1 Corintios 3: 3, Romanos 13:13). Los antagonistas bíblicos a menudo se representan como las víctimas de los celos, incluidos José (Génesis 37:11, Hechos 7: 9) y Pablo (Hechos 17: 5).

C

CELOS, AGUA DE *Ver* Agua Amarga.

CELOS, ÍDOLO DE Durante el exilio en Babilonia, Ezequiel vio una visión de un "ídolo que provocaba [a Dios] a celos" en el templo de Jerusalén (Ezequiel 8:3, 5), junto con otros actos idólatras. La visión explica el exilio de Israel y el abandono divino del templo.

CELOS, OFRENDA DE GRANOS POR Un componente del ritual para determinar la infidelidad conyugal de una mujer (Nm. 5:15). *Ver también* Agua Amarga.

CELOSÍA Tipo de muro de una fortificación usado a finales de la Edad del Hierro y que fue popular durante los siglos IX y X a.C. Está hecho de una pared doble que forma una serie de cuartos que se podían rellenar rápidamente con escombro para reforzarlos si se avecinaba un ataque. En tiempos de paz a menudo estos cuartos eran incorporados en las casas que eran construidas pegadas a los muros.

CELOSÍA Una ventana por la cual podía pasar el aire, pero estaba protegida por una estructura de maderas cruzadas o tiras de metal. Como en otras partes del antiguo Cercano Oriente, las escenas en ventanas de la literatura bíblica a menudo presagiaban un destino desfavorable. La temática de la mujer en la ventana se atestigua comúnmente en el antiguo Cercano Oriente, y hay varios ejemplos bíblicos de tales mujeres y sus peligros (Jos. 2:15-21, Jue. 5:28, 1 Sam. 19:12; 2 Sam. 6:16-23; 2 Re. 9:32). La ventana presagia peligro también para los hombres, aunque no en formas tan trágicas como las que enfrentan las mujeres (Gn. 8:6, 26:8, 2 Re. 1:2, 13:17, Prov. 7:6, Hec. 20:9).

CENAS *Ver* Banquete; Comida.

CENAZ **(1)** Hijo de Elifaz y nieto de Esaú. Él era el jefe de un clan de los edomitas en la región montañosa de Seir (Gn. 36:11, 15, 42, 1 Cr. 1:36, 53). Por lo general se entiende que es el antepasado de los cenezeos, un clan de nómadas que habitaban Hebrón, Debir y parte del Neguev. **(2)** El hijo de Otoniel, el primer juez mencionado en la historia de Israel (Jos. 15:17; Jue. 1:13; 3:9); también el padre de Seraías (1 Cr. 4:13). **(3)** Hijo de Ela y nieto de Caleb (1 Cr. 4:15). *Ver también* Cenezeos.

CENCREAS Puerto nombrado Cencrias (que es un hijo de Poseidón) que estaba ubicado a siete millas al sureste de Corinto. Aquí Pablo se afeitó su cabeza como parte de un juramento que hizo (Hechos 18:18). Febe se le menciona como "diaconisa de la iglesia de Cencreas" (Romanos 16:1).

CENECEOS *Ver* Cenezeos.

CENEZEOS Un clan cuyo nombre probablemente deriva de Cenaz, un descendiente de Esaú que era jefe de los edomitas (Gn. 36:11, 15, 42), fueron uno de los diez pueblos cuyo territorio Dios prometió entregar a los descendientes de Abraham (Gn. 15:19) Los cenezeos vivían en el Neguev, el área del desierto al sur que era parte del territorio de Judá luego de la conquista. Es posible que hayan estado relacionados con los quenitas, que eran hábiles en la metalurgia (1 Cr. 4:13-14). Caleb era hijo de Jefone, un cenezeo, que aparentemente indica matrimonio con una mujer de la tribu de Judá (Nm. 32:12; Jos. 14:6, 14; 15:3).

CENIZAS El fuego del hogar, los sacrificios o las grandes conflagraciones dejaban cenizas (1 Reyes 20:38 KJV; 2 Reyes 23:4; Job 2:8; Salmos 147:16). Las cenizas tenían una importancia física y figurativa. Junto al polvo y arpillera, las personas colocaban las cenizas en la cabeza y en el cuerpo para expresar tristeza y luto (2 Samuel 13:19; Job 2:8), dolor personal o nacional (Ester 4:3; Isaías 58:5) o arrepentimiento (Juan 3:6; Mateo 11:21). Esta profunda pena estaba asociada con la oración y el ayuno.

De manera figurada, las personas o las cosas eran vistas sin ningún valor a través de la imagen de las cenizas (Isaías 44:20). Por otro lado, las cenizas podían transmitir un mensaje de destrucción y de la mortalidad humana cuando se usaban con polvo (Génesis 18:27; Job 30:19; Ezequiel 27:30; Malaquías 3:19; ver también Sirac 10:9; 17:32). Las cenizas de un novillo rojo eran especiales y se utilizaban como ritual de limpieza (Números 19:9-10, 17-19).

CENSO Existen varios censos en las Escrituras, y su función no era simplemente dar cuenta sobre el número de personas o el número de hombres disponibles para el servicio militar; los censos también tenían una función literaria y teológica.

En la narrativa de la creación en Génesis 1-11 la finalización del mandato de la creación se representa a través de la genealogía de Adán (Génesis 5) y la genealogía de los hijos de Noé (Génesis 9:18-19; 10:1-32), que sirve como un tipo de censo. La narrativa de la creación posee un aspecto universal; por medio de este se intenta dar cuenta de la población total de personas en la tierra.

La familia de Abraham (la línea de Abraham, Isaac, Jacob) fue la que recibió las listas de censos a medida que crecía para convertirse en una gran nación según la promesa de Dios para Abraham, cuya descendencia sería innumerable (Génesis 12:1-3; 15:5). El número total de descendientes de Jacob que fue a Egipto era setenta (Génesis 46:8-27; Éxodo 1:1-4). Esta antigua generación de Israel pasó, y una nueva generación nació y fue fructífera, se multiplicó y se volvió extremadamente numerosa (Éxodo 1:6-7). El número total de hombres de por lo menos veinte años de edad que salió de Egipto fue de 603.550 (Números 1:1-46; cf. Éxodo 12:37-38) y de la nueva generación que estuvo a punto de ingresar a la tierra prometida fue de 601.730 (Números 26:1-51).

En el libro de Números existen relatos sobre dos censos (que en realidad son registros militares). Estos son importantes para la estructura y tema del libro. El tópico de Números tiene que ver con el juicio sobre la primera generación (el objeto del censo en Números 1) y la esperanza para la segunda generación, que ingresaría a la tierra prometida (el objeto del segundo censo).

David llevó a cabo un censo para dimensionar su poder militar, pero esto fue condenado por Dios y era considerado satánico (2 Samuel 24:1-17; 1 Crónicas 21:1-30). Para el cronista, cualquier intento sobre la cuenta del número total de hombres israelitas de veinte años y más, que es similar al censo en el libro de Números, es considerado como un desafío a la promesa de Dios, en la que Israel será tan numerosa como las estrellas (1 Crónicas 29:23-26).

En los libros de Esdras y Nehemías aparecen listas de censos de los regresados del exilio: bajo el mando de Zorobabel, 42.360 hombres regresaron (Esdras 2:1-66; Nehemías 7:4-73), y con Esdras, 1.496 (Esdras 8:1-14).

En el Nuevo Testamento, Jesús participa en el censo universal que abarcaba no sólo a Israel, sino que también a otras naciones, porque era un censo de todo el mundo romano (Lucas 2:1-7). La idea central del censo alcanza su culminación cuando una gran multitud de cada nación, tribu, persona e idioma se pare ante el trono y frente al Cordero, que es simbolizado con los 144.000 de las doce tribus de Israel, que serían 12.000 de cada tribu (Apocalipsis 7:4-10).

CENTENO En Éx. 9:32; Is. 28:25 algunas versiones inglesas traducen la palabra hebrea kussemet como "centeno" (KJV: "rie"; NIV, NRSV, NASB: "espelta"; ESV: "farro"). En Ez. 4:9, donde KJV traduce la palabra como "nigella sativa", este grano se usa para hacer pan.

CENTINELA El centinela estaba estacionado en el muro de la ciudad o en una torre. Debía identificar enemigos potenciales que se acercasen a la ciudad y alertar a los habitantes de la ciudad soplando una trompeta (Jr. 6:17; Am. 3:6). Era el deber del centinela informar al rey de cualquier persona sospechosa acercándose a los muros de la ciudad (2 Sm. 18:24-27). De la misma manera en que el centinela advertía de peligros potenciales para que el pueblo pudiera prepararse, así los profetas debían advertir sobre el juicio inminente sobre los injustos (Ez. 33:1-11).

CENTINELA Un vigilante o guardia (Hec. 12:6 NIV).

CENTURIÓN Comandante a cargo de cien soldados (una "centuria") en una legión romana, cuyas labores también incluían varios deberes tácticos y logísticos como la administración de recursos y el liderazgo en batalla. Al tener el mejor entrenamiento y la mayor cantidad de experiencia en batalla, los sesenta centuriones de cada legión representaban la columna vertebral del ejército romano.

Dentro de los centuriones que aparecen en la Biblia se puede mencionar al que, según Jesús, tuvo más fe que cualquiera en Israel (Mateo 8:5-13; Lucas 7:2-9); Cornelio el generoso que temía de Dios y apoyaba a los judíos en Cesarea Marítima (Hechos 10); el centurión a cargo de los soldados durante la crucifixión de Jesús (Mateo 27:54; Marcos 15:39, 44-45; Lucas 23:47); y varios centuriones con y sin nombre que aparecen a lo largo del relato de Hechos (*ver* Hechos 22-27).

CEÑIDOR La KJV presenta varias palabras hebreas y una palabra griega como "ceñidor", refiriéndose a un objeto usado alrededor de la cintura que puede ser decorativo o funcional y hecho de lana, lino, tela o cuero. La NIV comúnmente usa el término "cinturón", "faja" o "banda de cintura". *Véase también* Vestuario.

CEPO Un aparato usado para castigo. Los cepos son grandes marcos de madera con agujeros para los brazos y piernas de una persona, los que son aprisionados, de esa manera inmovilizando al prisionero.

Jeremías fue puesto en un cepo (Jr. 20:2-3; 29:26), y Job usa el cepo (grilletes) para simbolizar el sufrimiento (Job 13:27; 33:11). En el NT, los cepos romanos tenían un número de agujeros diseñados para forzar las piernas del prisionero a permanecer separadas. Pablo y Silas fueron aprisionados y puestos en cepos (Hec. 16:24-26).

CERDA Un cerdo hembra. Pedro usa el instinto de la cerca de nadar en el barro como un proverbio metafórico, ilustrando a los pecadores que vuelve a su pecado (2 Pe. 2:22). *Véase también* Cerdo.

CERDO Los puercos estaban ampliamente domesticados en el antiguo Oriente Próximo, y en tiempo bíblicos probablemente se parecían al jabalí europeo, que aún existía en los bosques (Sal. 80:13). Estos animales habrían sido de color café o gris y mucho más peludos que las razas domesticas modernas, los cerdos tendrían colmillos y los lechones con rayas.

En Israel, sin embargo, los cerdos eran considerados como una de las criaturas más impuras de todas, tanto ritual (Lv. 11:7; Dt. 14:8; Is. 65:4; 66:3, 17) como físicamente (2 Pe. 2:22). Asociar cualquier cosa de valor con cerdo lo sometía al ridículo y lo volvía sin valor (Prov. 11:22); era derrochador y aborrecible (Mt. 7:6). La presencia de manadas de cerdos domesticados se convirtió en una marca de territorio gentil, y cuando Jesús una vez expulsó demonios en un área así, les permitió entrar en los cerdos, que rápidamente se ahogaron en el lago (Mc. 5:1-20 parcial).

Por tanto, cuando el hijo pródigo en la parábola de Jesús termina pastoreando cerdos, este representa la ocupación más degradante que un israelita podía imaginar (Lc. 15:15-16).

CERETEOS A pesar de que el nombre sugiere que pueden ser originarios de Creta, fueron un grupo filisteo (Ezeq. 25:16, Sof. 2:5) cuyo territorio aparentemente estaba al sur de la región filistea principal, con un área identificable dentro del Neguev (1 Sam. 30:14). Un grupo de ellos sirvieron como tropas bajo David (2 Sam. 8:18; 20:7, 23) y fueron destacados por su lealtad a él durante la rebelión de Absalón (2 Sam. 15:18-23).

CERRO DE CORRUPCIÓN *Véase* Corrupción, Monte de la.

CERRO DE DIOS *Véase* Gabaa de Dios.

CERRO DE LOS PREPUCIOS *Véase* Guibeat Haaralot.

CERROJO No está claro qué tan generalizado era el uso del cerrojo exactamente, pero fueron atestiguados en la biblia. Se usaba una cerradura de madera con cerrojo de pestillo para cerrar las puertas de las casas, los graneros, los templos y los palacios.

La cerradura se aseguraba por el interior de la puerta y se accedía a ella por un orificio en el que se colocaba la mano y la llave (Can. 5:4-6). La llave era relativamente grande, variaba de diez a veinte pulgadas y se llevaba en el hombro (Is. 22:22). Una caja de madera con pasadores sueltos se fijaba al interior de la puerta por encima del cerrojo. El cerrojo de madera tenía muescas por las cuales los pasadores caerían para cerrar la puerta. Los dientes de la llave coincidirían con los pasadores de la caja, permitiendo que sean empujados hacia arriba, lo que liberaría el cerrojo y abriría la puerta (*véase* Jue. 3:24). Llaves de metal que se asemejan a las modernas no se utilizaron antes de la época romana.

CERTIFICADO DE DIVORCIO *Ver* Divorcio; Familia.

CERVATO, CERVATILLO Un animal joven o venado joven (Job 39:1; Jr. 14:5). La gama era conocida por el cuidado de sus cervatos.

CÉSAR Nombre de la familia de los emperadores romanos que se usó después de Julio César (100-44 a.C.). Los emperadores ulteriores a Nerón conservaron el título de "César", aunque ellos ya no pertenecían al linaje familiar. En el Nuevo Testamento se alude a cuatro césares: Augusto, también llamado "Octavio" (r. 31 a.C-d.C. 14), que es mencionado por el censo (Lucas 2:1) que ocasionó que María y José se marcharan a Belén antes del nacimiento de Jesús; Tiberio, (r. d.C. 14-37) que se señala en Lucas 3:1 y fue el César gobernante cuando Jesús fue interrogado respecto al pago de impuestos al César (Mateo 22:17-21; Lucas 20:22-25); Claudio, en cuyo gobierno aconteció la hambruna predicha por Ágabo (r. d.C. 41-54) (Hechos 11:28) y que fue el emperador que incitó la reubicación de Aquila y Priscilla en Corinto (Hechos 18:2) cuando él expulsó a la población judía de Roma (d.C. 49); y Nerón (r. d.C. 54-68), que fue el César al que Pablo recurrió (Hechos 25:10) y que desde su hogar Pablo envió saludos a los filipenses (Filipenses 4:22).

CESAREA Ciudad construida por Herodes el Grande entre los años 22 y 10/9 a.C. y que recibió su nombre en honor a Augusto César. Cesarea fue un puerto internacional e importante ubicado en la costa del Mediterráneo, a unas cincuenta y cinco millas al noroeste de Jerusalén. También conocida como Cesarea Marítima o Cesarea Palestina, fue construida en un sitio donde mucho antes existió una estación de comercio fenicia y la ciudad conocida como Torre de Straton. El antiguo historiador Josefo describe el ambicioso programa de construcción de Herodes para la ciudad (J.W. 1.408-15; Ant. 15.331-41) que incluía palacios, un anfiteatro, un teatro, un templo dedicado a César, un mercado y un gran complejo portuario llamado "Sebastos". El inmenso complejo portuario reflejaba los grandes planes de Herodes para la ciudad,

Cesarea de Herodes el Grande (siglo I d.C).

particularmente en cuanto al rol marítimo, y Cesarea sí obtuvo prominencia internacional.

Tras la muerte de Herodes en el año 4 a.C., su hijo mayor, Arquelao, lo sucedió como rey. Augusto removió a Arquelao del poder en el año 6 d.C., y su reino, incluyendo a Cesarea, fue absorbido por el Imperio Romano. La ciudad entonces se convirtió en la sede del gobierno romano en la provincia de Judea. Poncio Pilato gobernó Judea desde Cesarea cuando él presidió el juicio de Jesús. Cesarea figura prominentemente en el establecimiento del cristianismo, según el libro de Hechos. Felipe, un diácono en la iglesia de Jerusalén, al parecer trajo el cristianismo a la ciudad (8:4-40). Al principio del ministerio de Pablo, él se vio obligado a huir de Cesarea por las amenazas que recibió por parte de los judíos en Damasco, por lo que se dirigió a Tarso (9:30). Cesarea es el lugar donde el centurión Cornelio y su gente fueron los primeros gentiles convertidos y donde Pedro recibió la revelación de Dios respecto a la aceptación de los gentiles en el reino de Dios (10:1-48).

Zona de un santuario sagrado y pagano en Cesarea de Filipo.

Cesarea al parecer fue un centro urbano para el movimiento cristiano temprano. Pablo llegó a la ciudad a finales de su segundo y tercer viaje misionero (Hechos 18:22; 21:8). En su camino a Jerusalén, Pablo permaneció con Felipe, que vivía en Cesarea junto con sus cuatro hijas profetizadoras (8:40; 21:8-9). Fue en Cesarea donde Pablo tomó la decisión de irse a Jerusalén, a pesar de la profecía de Ágabo respecto a que los judíos se lo entregarían a los gentiles y al anhelo de los camaradas de Pablo y de la gente local para que no se marchara (21:10-13). Tras el arresto de Pablo en Jerusalén, lo enviaron a Cesarea ante Félix el gobernador y permaneció en prisión ahí por dos años. Cuando Festo sucedió a Félix, Pablo acudió al César y fue enviado a Roma (25:11).

CESAREA DE FILIPO Ciudad ubicada a unas veinticinco millas al norte del Mar de Galilea en la base suroeste del monte Hermón (actual Jebel esh-Sheikh). Cesarea de Filipo se encontraba donde yace la moderna ciudad de

Banias, en la cumbre noroeste de los Altos del Golán a unas tres millas al sur de Líbano.

Los arqueólogos están seguros de la ubicación de Cesarea de Filipo por el hallazgo de la cueva por la cual la ciudad recibió su nombre antiguo y moderno ("Paneas", en honor a la deidad griega de la naturaleza Pan) que se ha conocido desde la antigüedad. No existe evidencia arqueológica sobre el asentamiento de la ciudad antes de la era helénica. Cesarea de Filipo fue originalmente el lugar de un santuario dedicado a la adoración de Pan. Antes del reinado de Herodes el Grande, la zona estaba escasamente poblada.

En el año 20 a.C. el emperador romano Octavio (r. 31 a.C.-d.C. 14) le entregó los alrededores de Cesarea de Filipo a Herodes el Grande, que convirtió la ciudad en la capital. Filipo el hijo de Herodes tomó el control después de la muerte de su padre y reconstruyó la ciudad con el nombre de Cesarea en honor al hijo de Octavio, Tiberio César (aproximadamente en el año 1 o 2 a.C.). Durante el reinado de Filipo, a la ciudad se le llamó comúnmente "Cesarea de Filipo" (4 a.C.-d.C. 34) para evitar confusiones, ya que había otras ciudades en el Imperio Romano en esa época que también tenían el nombre "Cesarea" (como Cesarea Marítima). Otro de los hijos de Herodes el Grande, Agripa I, gobernó Cesarea de Filipo por tres años (d.C. 41-44), que tiempo después pasó a estar bajo control romano hasta el año 53 d.C. cuando Agripa II (el hijo de Agripa I) recibió el dominio de la ciudad (gobernó por cuarenta años hasta el 93 d.C.). Agripa II construyó ahí una fortaleza y la renombró "Neronia" (por el emperador Nerón), pero este nombre no se volvió popular y rápidamente dejó de usarse después del fin del reinado de Nerón. El emperador romano Tito pasó por Cesarea de Filipo para descansar junto a su ejército después de haber sometido a la insurrección de judíos en los años 66-70 d.C. Mientras estuvo ahí, Tito asesinó a muchos judíos cautivos en los espectáculos gladiatorios públicos. El nombre de la ciudad volvió a ser "Cesarea Paneas" en los siglos II y III d.C. y entonces a partir del siglo IV d.C. simplemente se le llamó "Paneas".

Las ciudades de Baal Gad (Josué 11:17; 12:7; 13:5) y Baal Hermón (Jueces 3:3; 1 Crónicas 5:23) se situaban en la región de lo que sería de Cesarea de Filipo. Durante el ministerio de Jesús, la ciudad estaba poblada mayormente por los gentiles. En la Biblia las dos menciones explícitas de Cesarea de Filipo aparecen en narraciones paralelas en los Evangelios: fue en la región de Cesarea de Filipo en la que Pedro hizo la memorable confesión respecto a que Jesús es el Mesías de Israel (Mateo 16:13-30; Marcos 8:27-30; *ver también* Lucas 9:18-22). Cesarea de Filipo tuvo una expansión significativa y muchos proyectos de construcción a gran escala durante los reinados de los descendientes de Herodes, pero la ciudad se redujo en tamaño en los siglos venideros, por lo que con el tiempo se convirtió en una villa pequeña. Durante el periodo medieval, la ciudad fue fortificada de nuevo como un puesto fronterizo de los cruzados.

CESIA La segunda de las tres hijas nacidas a Job después de que sus tribulaciones habían terminado y su fortuna había sido restaurada (Job 42:14).

CESIL *Ver* Quesil.

CETRO Una vara, garrote, o bastón que simboliza la autoridad y poder real. El rey gobernaba sobre la nación y enemigos con esta arma primaria, el cetro (Nm. 24:17; Sal 2:9; 110:2). El rey era "el que sostiene el cetro" (Am. 1:8). En las manos de los malvados, el cetro simbolizaba opresión y violencia (Sal. 125:3; Jr. 48:17). El cetro simbolizaba la autoridad real a lo largo del mundo antiguo, como evidencian las numerosas representaciones de reyes sosteniendo cetros. Por metonimia, el AT usa "el cetro" para referirse a la monarquía y reinos (Gn. 49:10; Nm. 24:17). Los soldados romanos ridiculizaron la realeza de Jesús poniéndole una corona de espinas en la cabeza y un bastón en la mano, que representaba su cetro (Mt. 27:29).

CETURA La segunda esposa de Abraham, aparentemente tomada después de la muerte de Sara (Gn. 25:1, llamada "concubina de Abraham" en 1 Cr. 1:32). Ella era la madre de seis de los hijos de Abraham (incluyendo a los madianitas), pero estos no eran considerados con el mismo favor que Isaac. Abraham les dio regalos y los envió a la región oriental (Gn. 25:6).

CHACAL De aproximadamente el tamaño de un perro grande, el chacal dorado de aspecto de lobo (Canis aureus) es un depredador carroñero originario de Israel, que aún se halla comúnmente allí. Los chacales son principalmente carnívoros. Consumen carroña, cavan madrigueras, son agresivos y tienen un aullido distintivo (Miq. 1:8). Los chacales merodean en manadas, prefiriendo los terrenos áridos y secos. Están fuertemente asociados con ruinas en el Antiguo Testamento (Isaías 13:22; 34:13; Jer. 9:11). En el Nuevo Testamento no hay referencia específica a los chacales. En el Antiguo Testamento, la traducción al inglés "jackal" generalmente representa una de dos palabras hebreas: "tan" se traduce consistentemente como "chacal", mientras que "shu'al" se traduce como "zorro" usualmente, pero también puede significar "chacal". Algunas instancias en las que se presenta la última incluyen: Salmos 63:10; Lam. 5:18; Ezeq. 13: 4. Los chacales y los zorros pueden ocupar la misma área general, pero los zorros son solitarios y prefieren un hábitat más frondoso. Por lo tanto, se ha argumentado que los zorros de Jueces 15: 4-5 se entiende mejor como chacales.

CHAPITEL *Ver* Capitel

CHARLATÁN Término peyorativo que Pablo usó para referirse a un grupo de filósofos epicúreos y estoicos (Hechos 17:18). El término griego que se traduce (spermologos) originalmente se aplica a las aves cuando picotean los granos. Se convirtió en una expresión usada de forma negativa para referirse a una persona cuyo argumento carece de sofisticación y simplemente rebusca partes de varios argumentos juntos para hacerlos pasar como pretexto. Por lo tanto, el argumento sería visto como inservible. El grupo de filósofos usó el término con Pablo porque ellos creían que él estaba proclamando el monoteísmo y la adoración a Jesús, algo que entendieron como una contradicción.

CHEBAR *Ver* Quebar.

CHELEAL *Ver* Quelal.

CHEMARIM Transliteración de la palabra hebrea kemarim (NVI: "sacerdotes idólatras"), que aparece tres veces en el Antiguo Testamento (2 Reyes 23:5; Oseas 10:5; Sofonías 1:4). En cada ocasión este concepto se refiere a los sacerdotes que llevaron a Israel hacia la adoración idólatra. En la KJV se traduce este término como "Chemarims" en Sofonías 1:4.

CHENANÍAS *Ver* Quenanías.

CHERÁN *Ver* Querán.

CHERITH *Ver* Querit.

CHERUB *Ver* Querubín, Angelito; Querub.

CHESALÓN *Ver* Quesalón.

CHESED *Ver* Amabilidad.

CHESULLOT *Ver* Quesulot.

CHESULLOT *Ver* Quesulot.

CHIDÓN *Ver* Quidón.

CHILEAB *Ver* Quileab.

CHILMAD *Ver* Quilmad.

CHIO *Ver* Quío.

CHIPRE Tercera isla más grande dentro del Mar Mediterráneo, que se encuentra frente a las costas de Siria y Asia Menor (moderna Turquía). La isla tiene dos cadenas montañosas principales: Troodos que está al sureste y Pentadaktylos que está junto a la costa norte. En la antigüedad, Chipre era conocida como una fuente excelente de madera para la construcción de barcos y menas de cobre. Su relativa ubicación favorable a otras potencias regionales, en conjunto con buenas condiciones para navegar, la convertía en un centro de comercio natural y en un territorio ventajoso para los imperios que buscaban extender su poder por todo el Mediterráneo del este. Chipre se menciona esporádicamente a lo largo de la Biblia, pero en el Antiguo Testamento se le llama "Kittim" (ESV, NRSV, NASB) o "Quitim" (KJV) (aunque en ocasiones la palabra "Quitín" se usa para denotar en general las tierras del oeste de Palestina). En el Nuevo Testamento, la isla es conocida como Cipro (Hechos 11:19; 13:4; 15:39; 21:3; 27:4; cf. Kyprios, "Cipro" en 4:36; 11:20; 21:16), lugar del que proviene el nombre "Chipre" (la palabra "cobre" deriva de la palabra latina para "Chipre").

La evidencia de asentamientos humanos en Chipre se remonta hace muchos miles de años, con una densa civilización que apareció tan antiguamente como a finales del tercer milenio a.C. Por mucho tiempo en su historia, Chipre estuvo gobernada por una serie de ciudades-estado que mantenían el dominio sobre el resto de la isla. Tras la colonización de los micénicos a finales del segundo milenio a.C., Chipre absorbió la cultura griega y a partir del siglo X a VIII d.C. los imperios egipcios y fenicios ejercieron influencia sobre la isla. En el 709 a.C. Chipre perdió formalmente su independencia ante Sargón II de Asiria y por siglos tras este hecho Chipre pasó a estar en manos de los egipcios, persas, Alejandro Magno y el subsiguiente Imperio Ptolemaico, hasta que finalmente el Imperio Romano agregó la isla a sus dominios en el año 58 a.C.

Cuando los romanos tomaron el control de la isla, Chipre albergó a una cantidad significativa de la población judía, y Bernabé era originalmente de ahí (Hechos 4:36). La persecución de los creyentes en Jerusalén ocasionó que se propagaran por Chipre y la gente de Chipre viajaba a Antioquía difundiendo "las buenas noticias del Señor Jesús" (11:19-20). En su primer viaje misionero, Pablo y Bernabé cruzaron hacia la isla, desde la ciudad de Salamina en el lado este de la isla hacia Pafos en la parte oeste. En Pafos ellos conocieron a Bar-Jesús, un hechicero y falso profeta, "que estaba con el procónsul Sergio Paulo" (13:7). Cuando Bar-Jesús intentó disuadir al procónsul (que era el gobernador provincial de Chipre en representación de los romanos) respecto a aceptar el evangelio, Pablo declaró que quedaría ciego (13:6-12). Tras un desacuerdo durante el segundo viaje misionero de Pablo, Bernabé regresa a Chipre sin Pablo, quien luego es acompañado por Juan Marcos (15:36-41). Posteriormente, Pablo pasó dos veces por Chipre mientras navegaba hacia otros lugares (21:3; 27:4).

CHIRIATH-BAAL *Ver* Quiriat Baal.

CHIRIATH-JEARIM *Ver* Quiriat-arim.

CHIRIATH-SANNA *Ver* Quiriat-sana.

CHIRIATH-SEPHER *Ver* Quiriat-séfer.

CHISLÓN *Ver* Quislón.

CHISPA Una partícula ardiente lanzada del fuego o producida al golpear entre sí dos materiales tales como piedra o metal. Las "chispas" figurativas (Job 41:19) se entiende que emanan de la boca del mítico Leviatán. El hombre en sí mismo es la chispa (Is. 1:31), un catalizador para el castigo, destruyendo tanto a las personas como a su trabajo. Una pequeña chispa instigando un incendio forestal describe el incontrolable y destructivo poder de la lengua (Sant. 3:5).

CHITLÍS *Ver* Quitlís.

CHIVO EXPIATORIO Una cabra que se llevó los pecados de Israel. Elegida al azar en el Día de la Expiación por el sumo sacerdote, el chivo expiatorio era ofrecido vivo a Dios y luego liberado en el desierto (Lv. 16:8; 10). El sumo sacerdote colocaba sus manos sobre la cabeza del chivo expiatorio, así transfiriendo simbólicamente todas las culpas y pecados de Israel al animal. Un hombre elegido luego llevaba la cabra al desierto y la liberaba, donde se "llevaría sobre sí todos los pecados a un lugar remoto" (16:22). La completa remoción del pecado de Israel proporcionaba una poderosa demostración de la purificación ofrecida a través de los sacrificios en el Día de la Expiación. La acción de liberar el chivo expiatorio hacía que el hombre elegido se volviese impuro. Después de bañarse con agua, podía volver a entrar en el campamento (16:26).

CHOINIX Transliteración de la palabra griega para una medida en seco equivalente a un cuarto (NVI: "un kilo"), que era la ración diaria de grano para una persona (Apocalipsis 6:6).

C

CHOZA Algunas versiones usan "choza" como una traducción de melunah, una de las dos palabras hebreas para refugio, ambas usadas en Is. 1:8 (*véase también* 24:20). La otra palabra, sukkah, ocurre también en Job 27:18, es la que se usa para las "cabañas" de Festival de las Cabañas (Lv. 23:42-43).

CHOZEBA *Ver* Cozebá.

CHUN *Ver* Cun.

C

CHUZA Mencionado solamente en Lucas 8:3, Chuza era un "oficial" o "mayordomo" (epítropos [cf. Mateo 20:8; Gálatas 4:2]) bajo el mando del tetrarca Herodes Agripa. A él se le destaca por ser el esposo de Juana, que fue una de las mujeres que apoyó el ministerio de Jesús. Este nombre se encontró en las inscripciones de Nabatea y Siria.

CICUTA La KJV dos veces usa "cicuta" para referirse a una planta amarga, cada vez traduciendo una palabra hebrea diferente. La palabra en Os. 10:4, ro'sh (NIV: "maleza venenosa") es traducida como "bilis, veneno, ponzoña" en otras partes en el KJV y la palabra en Am. 6:12, la'anah (NIV: "amargura"), se traduce en otras partes como "ajenjo".

CIELO DE LOS CIELOS *Véase* Cielo más Alto.

CIELO La actual residencia de Dios y la residencia final para los justos. Los antiguos judíos distinguían tres cielos diferentes. El primero era el cielo atmosférico de nubes donde vuelan las aves (Gn. 1:20). El segundo era el cielo celestial del sol, la luna y las estrellas. El tercer cielo era la residencia de Dios y los ángeles. Pablo construye en esta comprensión de un tercer cielo en 2 Cor. 12:2-4, donde se describe a sí mismo como un hombre que "fue atrapado al tercer cielo" o "paraíso", donde "escucho cosas inexpresables". Esta idea de múltiples cielos también se muestra en cómo los judíos normalmente hablaban de "cielos" en plural (Gn. 1:1), mientras la mayoría de las culturas antiguas hablan de "cielo" en singular.

La Residencia de Dios

Uno de los desafíos en la comprensión del "cielo" como el actual lugar de residencia de Dios involucra la omnipresencia de Dios. En un sentido, Dios está presente en todas partes. David pregunta en el Sal. 139:7: "¿Dónde puedo ir de tu Espíritu? ¿Dónde puedo huir de tu presencia?" Responde que sin importar si va tan alto como cualquiera puede ir ("arriba a los cielos"), tan bajo como cualquiera puede ir ("en las profundidades"), tan al este como alguien pueda ir ("las alas del amanecer") o tan al oeste como alguien puede ir ("al lado más lejano del mar"), Dios sigue ahí (Sal. 139:8-9).

Aunque Dios está presente en todas partes, Dios también está presente de una forma especial en el "cielo". Durante el ministerio terrenal de Jesús, el Padre es a veces descrito como hablando en "una voz del cielo" (Mt. 3:17). Igualmente, Jesús nos instruye que dirijamos nuestras oraciones a "Nuestro Padre en el cielo" (6:9). Incluso la petición específica en la Plegaria del Señor que "venga tu reino, se haga tu voluntad, en la tierra como se hace en el cielo" (6:10) nos recuerda que el cielo es un lugar que ya está bajo la total jurisdicción de Dios, donde su voluntad se hace en la actualidad completa y perfectamente. Jesús también nos advierte de los peligros de despreciar a "uno de estos pequeños", porque "sus ángeles en el cielo siempre ven el rostro de mi Padre en el cielo" (18:10). Jesús "bajó del cielo" (Jn. 6:51) para su ministerio terrenal, y tras su muerte y resurrección, volvió a ascender "al cielo", desde donde "regresará en la misma manera que lo han visto irse" (Hec. 1:11).

Ocasionalmente, el "cielo" se convierte virtualmente en un sinónimo para Dios mismo. En la parábola del hijo pródigo en Lucas 15, el hijo confiesa a su padre: "Padre, he pecado contra el cielo y contra ti" (versículo 21). El pecado de este hijo contra el "cielo" no tiene nada que ver con temas medioambientales como la contaminación del aire y todo que ver con la relación con Dios. Nótese también la expresión de Mateo "el reino del cielo" versus "el reino de Dios" usado en otras partes.

El Lugar de Residencia Final para los Creyentes

Dada esta fuerte conexión entre el cielo y la presencia de Dios, existe una conexión natural en las Escrituras entre el cielo y la esperanza final de los creyentes. A los creyentes se les promete una recompensa en el cielo ("Regocíjense y estén alegres, porque grande es su recompensa en el cielo" [Mt. 5:12]) e incluso ahora los creyentes pueden "almacenar para [ellos mismos] tesoros en el cielo" (6:20). Incluso en la vida presente, "nuestra ciudadanía está en el cielo" (Flp. 3:20) y nuestra esperanza al morir es "partir y estar con Cristo, que es mucho mejor" (1:23). Ya que Cristo actualmente está en el cielo esperando su regreso, cuando "Dios traerá con Jesús a aquellos que se han dormido con él" (1 Tes. 4:14).

No obstante, esta imagen del cielo es más complicada. Es verdad que el cielo a veces es usado en las Escrituras para referirse a la residencia actual de los creyentes que ya partieron y entraron al estado intermedio entre la muerte y la resurrección corporal (2 Cor. 5:4). Es esta esperanza en una resurrección corporal que separa al cristianismo de otras religiones. Finalmente, la esperanza cristiana no es que las personas recibirán nuevos cuerpos físicos y flotarán alrededor de un "cielo" etéreo como astronautas en el espacio exterior para toda la eternidad. En cambio, Dios ha creado a los seres humanos con cuerpos físicos para habitar un mundo físico y nuestra esperanza futura es una de nueva resurrección de cuerpos habitando nuevos cielos y una nueva tierra (Is. 65:17; 66:22; 2 Pe. 3:13). Al igual que habrá una cierta continuidad entre los cuerpos de los creyentes en la vida presente y sus nuevos cuerpos resucitados (nos conoceremos unos a otros), también habrá cierta continuidad entre la tierra presente y la nueva tierra por venir. Sin embargo, al mismo tiempo, todo será cambiado y hecho nuevo y perfecto, como Dios lo ha diseñado (Rom. 8:18-21).

La descripción más clara de esta nueva realidad se encuentra en Ap. 21-22, donde Juan describe cómo él "vio 'un nuevo cielo y una nueva tierra', porque el primer cielo y la primera tierra habían pasado" (21:1). Aquí está "la Ciudad Santa, la nueva Jerusalén, bajando desde el cielo de Dios, preparada como novia, hermosamente vestida para su esposo" (21:2), cuando "Dios mismo estará con ellos y será su Dios. 'Limpiará cada lágrima de sus ojos. No habrá más muerte' o sufrimiento o llanto o dolor, ya que el antiguo orden de las cosas ha acabado" (21:3-4). Incluso mejor que todas las descripciones de cosas como calles de "oro, tan puras como vidrio transparente" (21:21) es que Dios mismo vendrá y residirá en medio de su pueblo. Como Pablo lo ha puesto: "Ahora vemos sólo un reflejo como en un espejo; entonces lo veremos cara a cara" (1 Cor. 13:12). Vendrá el día cuando veremos a Dios como es, en toda su gloria (1 Jn. 3:2).

Dos ideas adicionales completan la imagen de estos nuevos cielos y nueva tierra. El cielo será un lugar de actividad continuada y servicio. Nótese la bendición de Jesús en Mt. 25:21: "¡Bien hecho, buen y fiel sirviente! Has sido fiel con pocas cosas; te pondré a cargo de muchas cosas". El otro principio es que habrá diversos grados de recompensa. Aunque nuestra recompensa final es simplemente estar con Dios mismo, Pablo nos recuerda si lo que los creyentes hacen con sus vidas "sobrevive, el constructor recibirá una recompensa", y si lo que hacen "se quema, el constructor sufrirá la pérdida" (1 Cor. 3:14-15 NRSV). Nuestras elecciones hacen una diferencia para el tiempo y la eternidad (cf. Ap. 14:13). *Véase también* Cielos, Nuevos.

CIELO MÁS ALTO La expresión "cielo más alto" (Heb. sheme hashamayim, lit., "cielos de los cielos" [cf. KJV]) se usa en el AT para señalar la grandeza de Dios. Rezando a Dios, Salomón comenta: "Los cielos, incluso el cielo más alto, no pueden contenerte" (1 Re. 8:27; 2 Cr. 6:18). Incluso estos cielos más altos son simplemente una parte de la creación de Dios (Neh. 9:6), le pertenecen (Dt. 10:14) y lo alaban (Sal. 148:4).

CIELO *Véase* Paraíso.

CIELOS NUEVOS Existe al menos cierta confusión rodeando la última esperanza que Dios ha planeado para su pueblo. Muchos han asumido que las referencias en las Escrituras al cielo significan que nuestro destino final es, esencialmente, convertirnos en espíritus incorpóreos, flotando alrededor en el espacio exterior. Tal visión está bastante más cercana al concepto griego de inmortalidad del alma (donde el alma se entiende como aprisionada en el cuerpo físico y liberada sólo en el momento de la muerte) que a su visión cristiana de una resurrección corporal. Dios eligió crear a la humanidad como una unidad de cuerpo físico y un alma inmaterial o espíritu. La muerte se describe como el "último enemigo" en 1 Cor. 15:26 porque involucra la antinatural separación del cuerpo físico de la persona interna del alma/espíritu (*véase* Ecl. 12:7). La clara esperanza del NT es que Dios levantará nuestros cuerpos físicos de manera que las personas tendrán cuerpos resucitados para toda la eternidad.

El concepto bíblico de la resurrección corporal naturalmente lleva a la esperanza futura de nuevos cielos rodeando una nueva tierra. Esta esperanza es mencionada en la profecía de Isaías donde Dios "creará nuevos cielos y una nueva tierra" (Is. 65:17), que "sobrevivirá ante" él (66:22). Sin embargo, es en Ap. 21-22 que Juan nos da una descripción detallada de "un nuevo cielo y una nueva tierra" (21:1). No es de sorprender que Pedro diga que "esperamos a un nuevo cielo y una nueva tierra" (2 Pe. 3:13).

Una de las cuestiones clave aquí involucra la relación entre el orden de este mundo presente y aquel de la era por venir. Aquí hay tanto discontinuidad y continuidad. Por otra parte, Pedro nos dice: "Los cielos desaparecerán con un rugido; los elementos serán destruidos por fuego, y la tierra y todo lo hecho en ella quedará expuesto" (2 Pe. 3:10). Al mismo tiempo, justo como hay una definitiva continuidad entre el cuerpo terrenal de Jesús y su cuerpo resucitado, en la misma manera que habrá continuidad entre nuestros propios cuerpos terrenales y nuestros futuros cuerpos resucitados (que serán "sembrados en debilidad... levantados en poder" [1 Cor. 15:43]), de la misma manera deberíamos esperar una continuidad entre los presentes cielos y tierra y aquellos por venir. La esperanza cristiana es una transformación sobrenatural por la cual la resurrección de la humanidad redimida está conectada a la renovación de toda la creación (Rom. 8:18-25; 1 Cor. 15:20-28; Flp. 3:20-21).

CIEN, TORRE DE LOS *Véase* Torre de los Cien.

CIENCIA Una forma de conocer (latin scientia) a través de la observación de la naturaleza. La disciplina creció junto con la filosofía en la antigua Grecia, pero adquirió su sentido moderno de recolectar y analizar datos con Aristóteles. El enfoque se superpone con la tradición de sabiduría bíblica y no es incongruente con las reflexiones de Pablo en la revelación general (Rom. 1:20).

CIENCIA Y CREACIÓN La ciencia moderna y la Biblia presentan registros de la creación del mundo que a menudo se sostienen como incompatibles. Como respuesta, los intérpretes de la Biblia han adoptado un rango de enfoques para superar las aparentes tensiones. Al final de uno de los espectros yace la posición en la que sinceramente se adopta el pensamiento científico moderno y se restringe la autoridad de la Biblia sólo por asuntos de fe, donde la "fe" debe excluir necesariamente todo lo que tenga relación con los asuntos científicos. El otro lado del espectro se sitúa con aquellos que rechazan cualquier afirmación de la ciencia moderna que no está de acuerdo con una lectura "literal" de la Biblia, por lo que afirman la verdad de la Biblia en todos los asuntos que la conciernen. Entre los cristianos contemporáneos una diversidad de posiciones sobre este espectro se representa en el debate moderno; a continuación se destacan algunas de las más importantes perspectivas.

Primero, está la perspectiva de que una lectura literal de la narración de la creación en la Biblia es requerida por la naturaleza de Dios en su autorrevelación como fidedigno y verdadero. En consecuencia, donde acontece el conflicto con la ciencia moderna, la lectura literal de la Biblia es correcta y la ciencia moderna está equivocada. A pesar de este desacuerdo, la revelación de la Biblia se puede respaldar por medio de la aplicación de metodologías científicas modernas y por consiguiente un registro científico alternativo de la creación del mundo se puede producir y refleja en vez de contradecir el registro bíblico. Los proponentes de esta perspectiva afirman típicamente la noción de que la tierra fue creada en seis días dentro de los últimos pocos miles de años. Algunas variaciones de esta interpretación sí existen, como el punto de vista de que un enorme lapso puede que haya ocurrido entre Génesis 1:1 y Génesis 1:3.

Segundo, es posible emplear la ciencia moderna para aclarar el significado de los registros de la creación. Este enfoque se ha utilizado para sugerir, por ejemplo, que un modelo científico de la antigua atmósfera de la tierra puede que haya proporcionado condiciones que le permitían al observador pedestre creer que el día y la noche existían antes de la aparición del sol y de otros cuerpos celestiales. Esto también ha facilitado la producción de explicaciones elaboradas y detalladas sobre cómo precisamente Génesis 1 y 2 se pueden interpretar para que coincidan con el actual registro científico de los orígenes. Uno de los problemas principales es que esto permite básicamente dictaminar la interpretación de la Biblia, pero otros problemas también se vuelven aparentes, como el hecho de que dado que la ciencia moderna se convierte en un prerrequisito para obtener un entendimiento correcto del texto bíblico, el verdadero significado del texto no estaba disponible en el pasado y, en particular, no existía para su audiencia original.

Tercero, otras personas afirman que algunos aspectos del registro de la creación en la Biblia son figurativos y no deberían entenderse literalmente. La aplicación de dicho enfoque varía enormemente, en donde la discrepancia respecto a qué partes precisamente del texto deben leerse figurativamente y cuáles son literales. Sin embargo, lo que permite este enfoque, donde existen conflictos aparentes entre una lectura literal del texto y la ciencia moderna, es que la ciencia y el texto pueden ser correctos si el texto se entiende figurativamente. En un ejemplo de este enfoque se sugiere que los días de Génesis 1 son un recurso literario y, como tal, no deberían interpretarse como días literales de veinticuatro horas. Esta perspectiva, por lo tanto, permite que sus proponentes concilien el registro de la creación con una mirada científica, en la que se afirma que la tierra tiene billones de años de edad. El cuarto enfoque, que en muchas maneras es un refinamiento del tercero, enfatiza la noción de que la Biblia representa la comunicación de Dios con las personas que vivieron en un contexto particular histórico y cultural. Como tal, el mensaje de Dios se expresa en su lenguaje y utiliza expresiones, frases idiomáticas, conceptos e ideas que son familiares para las personas de aquellos tiempos, por lo que la comunicación resulta efectiva para ellos. Por ende, algunos aspectos del texto son "reflexivos" en vez de ser didácticos y se ajustan a las necesidades de las personas para comunicar de manera efectiva el mensaje intencionado.

Entonces, por ejemplo, cuando en el Antiguo Testamento se hace referencia al corazón como el lugar del intelecto humano, esto no refleja un decreto autoritario para la psicología humana, sino que un aspecto del lenguaje hebreo y la cultura usada por Dios para hablar con eficacia con su pueblo. Por lo tanto, los aspectos del registro de la creación que a menudo son citados como incoherentes o problemáticos en realidad reflejan un acuerdo de los aspectos de la cosmovisión de la audiencia que Dios usa para comunicarse con precisión con su pueblo.

A pesar de los frecuentes intercambios acalorados entre los proponentes de estas diversas posturas, en cada grupo varios permanecen comprometidos con la autoridad de la Biblia. Para aquellos cristianos que sí aceptan que el registro científico moderno que prevalece sobre el origen del universo es preciso (si es que necesariamente no está completo), no obstante, sigue siendo imposible afirmar razonablemente que la Biblia no tiene nada que decir sobre la creación o que no tenga ningún impacto en la manera en que los científicos entienden el universo. Mientras Dios es "otro", es decir, que no es parte de la creación, Él sigue estando asociado íntimamente con esta: Él la sostiene, la controla y le da un propósito para sus propios fines (Isaías 46:9-11; Hebreos 1:3).

Sin importar la manera en la que uno resuelva las dificultades presentes en el acuerdo sobre el registro bíblico de la creación con la ciencia moderna, la existencia del problema mismo enfatiza un aspecto fundamental del cristianismo: Dios interviene en la historia humana. Si Dios interactúa con su creación, entonces esto impacta invariablemente la manera en la que deberíamos entender el universo en el que vivimos. La ciencia a menudo adopta un conjunto ateo e innecesario de presuposiciones que no son sólo incompatibles con la fe bíblica, sino que básicamente también son superfluos para la búsqueda del entendimiento científico.

También es importante reconocer que la ciencia ha influenciado mucho en las lecturas del registro de la creación de la Biblia, ya sea si se trata de una ciencia de Aristóteles o de Einstein. Por ejemplo, muchos de los primeros eruditos sintieron que esto era necesario para notar la naturaleza figurativa de los días en Génesis 1, ya que ellos sostenían que la creación del universo fue instantánea. En la historia se ha demostrado que, aquellos que buscan un acuerdo para su interpretación sobre los capítulos iniciales del Génesis con el prevaleciente paradigma científico de sus días, cada cambio relevante en el entendimiento científico requiere de una revisión de su entendimiento del texto. Que esto sea así y que debiera servir como una advertencia hace que este enfoque sea problemático. Comprender el registro de la creación de la Biblia claramente no es contingente para entender la ciencia moderna, o de otra manera habría sido inútil para las muchas generaciones que nos antecedieron. En cambio, a la luz del hecho de que el registro fue escrito en un lenguaje antiguo para el pueblo de la antigua Israel, es más apropiado leer el texto a través del entendimiento que ellos tenían sobre el mundo para derivar el significado que ellos habrían conseguido al momento de leer. Nosotros buscamos entender el significado del texto por medio de un estudio de su lenguaje y cultura. Parte de este proceso es necesario para hallar un entendimiento del significado de las ideas implícitas en el texto, como la manera en la que expresa los detalles del mundo en el que vivieron los israelitas.

De todos los aspectos de la ciencia que han producido dificultades para los lectores de la Biblia, la teoría de la evolución quizás ha sido la más consistente en la vanguardia del debate. Aquí nuevamente el espectro de enfoques resumidos arriba es evidente en las respuestas cristianas para la teoría y aquí nuevamente el grado de discordancia se ha exagerado con frecuencia. Además, el debate ha tenido la tendencia a polarizar las perspectivas y conduce a los defensores más francos de la evolución a expresar su posición con más vehemencia y con más certeza que lo que se garantiza en realidad por medio de la evidencia, y para algunos oponentes de la evolución esto los lleva de una manera similar a sobreestimar su caso.

Incluso para aquellos que sostienen que la ciencia moderna es incompatible con la revelación bíblica sobre el asunto de los orígenes del universo y la vida, existen áreas sustanciales de la ciencia que permanecen fuera de conflicto con la Biblia, por lo que es necesario evitar una respuesta irracional para la ciencia moderna que rechaza el todo sobre la base de un desacuerdo versus una parte. También es importante retener un grado de humildad en nuestro enfoque para la ciencia y la Biblia, ya que las personas no somos intérpretes infalibles del mundo físico en el que vivimos ni de la palabra de Dios.

Finalmente, es importante reconocer que la Biblia posee ciertas afirmaciones que necesariamente tienen un impacto en nuestra perspectiva de la ciencia. Es difícil eludir el hecho de que la Biblia claramente representa a Dios como el responsable de la creación y el que interviene en la historia. En consecuencia, una cosmovisión científica que busca excluir de manera exhaustiva a Dios de la intervención con su creación claramente no es bíblico o compatible con la Biblia, excepto a través de la aplicación del ejercicio exegético y hermenéutico más elaborado de todos.

CIERVA Este término generalmente se usa de manera poética, principalmente en la KJV y RSV (NIV: "gama" o "corza"). La cierva (o gama) puede indicar velocidad y estabilidad (Gn. 49:21; 2 Sm. 22:34; Sal. 18:33; Hab. 3:19), amor y gentileza (Prov. 5:19) o los trabajos misteriosos de Dios (Job. 39:1). *Véase también* Venado; Gama.

CIERVA La cierva simboliza la fecundidad femenina y la belleza (Prov. 5:19; Cant. 2:7) y el florecimiento del recipiente con la protección y bendición de Dios (2 Sm. 22:34; Hab. 3:19). La cierva simboliza a la tribu de Neftalí en Gn. 49:21. La parición de ciervas eran vista como algo que ocurría bajo la providencia de Dios (Job 39:1; Jr. 14:5; y algunas traducciones de Sal. 29:9 [e.g., NASB: "La voz del Señor hace parir a los ciervos"], aunque la NIV y otras versiones traducen y enmiendan el texto). Un salmo tenía un acompañamiento (posiblemente una melodía musical) llamada "La cierva de la mañana" (Sal. 22 sobreescrito).

CIERVO Mamífero cuadrúpedo que a menudo vive en áreas boscosas. En la mayoría de las especies de ciervos, los machos tienen cornamentas, mientras que las hembras no. La tierra en y alrededor de Israel albergaba tres tipos de ciervos: gamo, rojo y corzo. Los ciervos son mencionados en la lista de animales regulados en las leyes alimentarias de Israel (Deuteronomio 12-15) y la lista de alimentos consumidos diariamente en la mesa de Salomón menciona corzos (1 Reyes 4:23). A menudo se hace referencia a los ciervos en símiles. Entre ellos, 2 Samuel 22:34; Salmos 18:33 asocial a los ciervos con el paso seguro, quizás una indicación de que algunos ciervos habitaban regiones montañosas y que eran conocidos por su agilidad. Probablemente la mención más famosa de un ciervo en la Biblia está en Salmos 42:1: "Como el ciervo brama por las corrientes de las aguas, así clama por ti, oh Dios, el alma mía". Aquí la belleza y simpleza de un ciervo anhelando agua refrescante es comparada con el deseo del salmista por tener comunión con Dios. *Ver también* Cierva

CIGÜEÑA Un ave de piernas, cuello y pico largos, de más de noventa centímetros de alto, que anida en árboles altos o cornisas (Sal. 104:17). La cigüeña es un volador enérgico (Job 39:13; Zac. 5:9), y dos especies, la cigüeña blanca y la negra, migran sobre Israel (Jr. 8:7). Job 39:13-17 puede también hacer referencia al cuidado de la cigüeña de sus polluelos; la palabra hebrea para "cigüeña", khasidah, puede derivar de khesed, "bondad" o "fidelidad". Las cigüeñas son listadas como aves impuras (Lv. 11:19; Dt. 14:18).

CILICIA Provincia romana ubicada en el sureste de la moderna Turquía. Fue la capital de Tarso, el hogar de Pablo (Hechos 21:39; 22:3). Los judíos de Cilicia participaron en el apedreamiento de Esteban (Hechos 6:9). La provincia de Cilicia se menciona a menudo en el Nuevo Testamento por los viajes de Pablo (Hechos 15:23, 41; 23:34; 27:5; Gálatas 1:21). Debido a su ministerio ahí, Cilicia se convirtió en un importante centro para los gentiles cristianos. La provincia funcionaba como un puente entre Siria y Asia Menor. Cilicia está dividida por una región montañosa en la mitad occidental y por planicies en la región oriental. Las Puertas Cilicias a través de los Montes Tauro permitían el acceso entre Asia Menor y Siria. La planicie fértil y la abundancia de metal en las montañas hicieron que esta provincia adquiriera importancia económica.

La zona estaba anexada como parte del Imperio Romano en el 67 a.C. por Pompeyo. Durante el período del Nuevo Testamento las dos mitades de Cilicia fueron divididas: la región montañosa le perteneció a Antíoco IV y las planicies del oeste a la provincia siria. Vespasiano unificó ambas zonas en el 72 d.C. Aquí hubo una importante población judía a principios del siglo II a.C. después de que dos mil familias fueran trasladadas a Asia Menor por Antíoco el Grande.

CIMIENTOS Tal vez los cimientos más discutidos en la Biblia son los del templo.

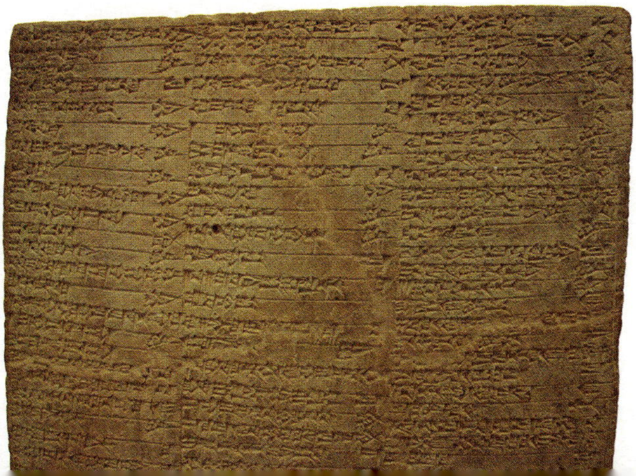

Un cimiento de ladrillo dedicado al Templo Shamash en Mari.

Los cimientos del templo de Salomón fueron hechos de piedras elegidas (1 Re. 5:17; 7:9), fue construido "en al cuarto año, en el mes de Ziv" (1 Re. 6:37) y tenía "sesenta codos de largo y veinte codos de ancho" (2 Cr. 3:3).

La colocación de los cimientos para el segundo templo por Zorobabel (Zac. 4:9), en "el día veinticuatro del noveno mes" (Ag. 2:18), fue acompañada de emociones encontradas. Algunos estaban decepcionados con su exigua estatura en comparación al primero, mientras que otros simplemente se regocijaban de la restauración del templo (Esd. 3:3-12). Dios se dice que asentó sus "cimientos" en la montaña santa (Sal. 87:1) y se hace referencia a la "Puerta de los Cimientos" en 2 Cr. 23:5 en relación al templo. Se dice que la tierra está asentada en unos cimientos (Job 38:4) cuya piedra principal ('eben pinnah) fue colocada por Dios (38:6). La tierra misma sirve como cimiento de la residencia de Dios que está en los cielos (Am. 9:6; Zac. 12:1).Figuradamente, la justicia y rectitud son los cimientos del trono de Dios (Sal. 87:1; 89:14; 97:2), mientras el juicio divino puede ser descrito como una remoción de los cimientos (Jr. 51:26). La referencia de Isaías a la colocación de una piedra principal en Sion (Is. 28:16; 33:6) logra su cumplimiento mesiánico para los autores del NT en la persona de Jesús (1 Pe. 2:6; 5:10), quien, según Zac. 10:4, es la piedra angular de Judá.

Colocar cimientos firmes es la imaginería del NT para predicar o aceptar el Evangelio. En las parábolas de Jesús, unos cimientos firmes (themelios), establecidos sobre roca más que sobre arena, son símbolo de sabiduría y fe correcta. La destrucción catastrófica es el resultado de tener los cimientos colocados en el lugar equivocado (Mt. 7:25; Lc. 6:48-49; 14:29). El lenguaje de "cimientos" se emplea ampliamente por Pablo (Rom. 15:20; 1 Cor. 3:10-12), al igual que por el autor de Hebreos (6:1) en referencia al Evangelio. En una interpretación ligeramente diferente, los apóstoles y los profetas son descritos como los cimientos de la iglesia con Jesús como piedra angular (Ef. 2:20). Actos de bondad son alabados como colocando cimientos para el mundo por venir (1 Tim. 6:19; 2 Tim. 2:19), mientras el libro del Apocalipsis describe una ciudad celestial cuyos cimientos están construidos de piedras preciosas (Ap. 21:19).

CINA Una ciudad cerca de la frontera de Edom en la parte sur del territorio asignado a la tribu de Judá (Jos. 15:22). Posiblemente fue un asentamiento de los quenitas. Probablemente se ubicaba a lo largo de Wadi el-Qeini, al sur de Hebrón.

CINCEL Herramienta afilada de carpintería y de albañilería que se usaba, a menudo con un martillo, para cortar y dar forma. Los cinceles más largos eran necesarios para cortar bloques de piedra para la construcción (1 Reyes 6:7) y para tallar tabletas de piedra, como aquellas en las que se inscribieron los mandamientos (Éxodo 34:1). Las herramientas más pequeñas se usaban para esculpir ídolos de madera (Jeremías 10:3), y los cinceles aún más finos eran adecuados para hacer grabados en piedras preciosas y metales (Éxodo 28:11, 36). Los cinceles estaban hechos de metales fuertes, por lo general de hierro.

CINERET El nombre de dos lugares, posiblemente viene de la palabra hebrea "arpa" debido a la forma del lago que lleva su nombre o la forma de la colina sobre la que se asentó la ciudad. **(1)** Un gran lago en el norte de Israel. Era la frontera oriental de Canaán y parte de la frontera occidental del territorio tribal de Gad. Cineret (Dt. 3:17; Jos. 11:2; *ver* NVI mg para Nm. 34:11; Jos. 12:3; 13:27) también se conocía como el Mar de Genesaret (Mr. 6:53; Lc. 5:1), el Mar de Tiberias (Jn. 6:1; 21:1), y el Mar de Galilea (Mt. 15:29, Mr. 1:16). **(2)** Una ciudad fortificada, y la región que la rodea, asignada a la tribu de Neftalí (Jos. 19:35). Ben-adad de Siria conquistó la región luego de que el rey Asa de Judá le pagó una gran cantidad de plata y oro para romper su tratado con el rey Baasa de Israel (1 Re. 15:20).

CINTA MÁGICA *Ver* Amuleto mágico.

CINTA PARA LA CABEZA, TOCADO Similar a los turbantes, estas piezas de vestuario se envolvían alrededor de la cabeza principalmente para proporcionar protección del sol

(1 Re. 20:38) o porque eran requeridos por los sacerdotes (Éx. 29:6; Zac. 3:5). Debido al clima de Israel, probablemente eran usados con gran frecuencia y el arte antiguo confirma su amplio uso. El Obelisco Negro de Salmanasar III (858-824 a.C.) presenta al rey Jehú con un sombrero en punta. Los relieves de Laquis, que retratan la derrota de Senaquerib de la ciudad judeana de Laquis, retrata a los hombres con pañoletas con flecos cubriendo sus orejas. Las mujeres son representadas con un manto sobre la cabeza. Las mujeres casadas en Israel debían usar un velo cubriendo su cabeza, pero las mujeres solteras llevaban velos cubriendo su rostro (Gn. 24:65; 38:14-15). En tiempos del NT las mujeres usaban velo especialmente en contextos de adoración (1 Cor. 11:2-16).

CINTO En Mt. 10:9 la LBLA interpreta la palabra griega zōnē como "cinto", refiriéndose al recipiente en el que los discípulos llevaban su dinero (RVA: "bolsa"; NVI: "cinturón").

CINTURÓN *Ver* Ropa.

CIPRÉS *Ver* Bojes; Plantas.

CIRCUITO Ruta circular rutinaria. Samuel, como juez de Israel, viajó en un circuito entre sus ciudades año tras año (1 Samuel 7:16). Dios camina "por el circuito del cielo" (Job 22:14 KJV). La aparente órbita del sol es un circuito de un límite a otro en el cielo (Salmos 19:6). El viento cambia de direcciones en cada estación en su curso o circuito (Eclesiastés 1:6).

CIRCUNCISIÓN Costumbre en la que se cortaba el prepucio del genital masculino como un rito religioso. El testimonio más antiguo de la circuncisión aparece en las representaciones de los guerreros sirios semíticos de occidente que fueron desenterrados en Siria y Egipto y que datan del tercer milenio a.C. Además, en una estela egipcia se describe una ceremonia en la que 120 varones fueron circuncidados y que data del siglo veintitrés a.C. Los egipcios practicaban la circuncisión, como así también lo hicieron los amonitas, edomitas, moabitas y los árabes nómades (Jeremías 9:25-26). Los filisteos, asirios y gentiles en general no eran circuncidados (Jueces 14:3; Ezequiel 32:17-32; Efesios 2:11).

La circuncisión se menciona por primera vez en la Biblia como una señal del pacto entre Dios y Abraham (Génesis 17:10). Dios ordenó que todo varón debe ser circuncidado a los ocho días de vida (Génesis 17:12; cf. 21:4; Levítico 12:3; Lucas 1:59; 2:21). La circuncisión era un requisito para que los varones pudieran participar en la Pascua (Éxodo 12:48) o en la adoración en el templo (Ezequiel 44:9; cf. Hechos 21:28-29).

Simeón y Leví emplearon la circuncisión como una treta para vengarse por la violación de su hermana Dina (Génesis 34:13-31). Séfora redimió a Moisés cuando circuncidó a su hijo en su viaje de regreso a Egipto (Éxodo 4:24-26). En Gilgal, Josué circuncidó a los hijos de los israelitas que desconfiaron en que Dios los llevaría a la tierra prometida (Josué 5:2-8). A los hijos no los circuncidaban durante el viaje por el desierto (5:7).

Saúl demandó un dote de cien prepucios filisteos antes de que David pudiera casarse con su hija Mical (1 Samuel 18:25). David duplicó el precio de la novia, por lo que proporcionó doscientos (18:27). Metafóricamente, la circuncisión va más allá de la señal física (Romanos 2:28). Por desgracia, los enemigos de Dios, circuncidados o no, serán asesinados y colocados en la tumba junto con los incircuncisos (Ezequiel 32:32).

La circuncisión física no es útil si el corazón permanece "incircunciso" (Jeremías 9:25-26; cf. Romanos 2:25). La circuncisión del corazón se concreta cuando uno ama a Dios por completo (Deuteronomio 10:16; 30:6; Jeremías 4:4; Romanos 2:29), pero los oídos incircuncisos son desobedientes (Hechos 7:51). La circuncisión efectuada en Cristo ocurre cuando se rechaza la naturaleza pecaminosa (Colosenses 2:11). En él la circuncisión y la incircuncisión no tienen ningún valor; lo que cuenta "es la fe que actúa mediante el amor" (Gálatas 5:6). La controversia comenzó en la iglesia del Nuevo Testamento respecto a que si los gentiles creyentes debían circuncidarse (Hechos 15:1-12). Evidentemente, existió un grupo que demandaba la circuncisión (Hechos 15:1; Tito 1:10). Pablo discutía que la circuncisión no era esencial para la fe y hermandad del cristiano (Gálatas 6:15; Colosenses 3:11).

CIRENAICO Persona oriunda de la provincia romana de Cirenaica en África. Cirenaica tuvo una importante comunidad judía, que mantenía lazos culturales con Jerusalén (Hechos 6:9; Josefo, Ant. 14.115-16, 118; 16.169). Dos cirenaicos se mencionan por su nombre en el Nuevo Testamento: Simón, el portador de la viga transversal de Jesús (según la tradición, él puede que se haya convertido al cristianismo, junto con sus hijos, Alejandro y Rufo; Marcos 15:21 pars.); y Lucio, un maestro cristiano en Antioquía (Hechos 13:1). Se descubrió un osario en una cueva de entierro israelita para los judíos cirenaicos que dice "Alejandro hijo de Simón".

CIRENE Ciudad situada en la costa del Norte de África. Durante el período del Nuevo Testamento la ciudad tuvo una gran población judía. Simón el de Cirene fue escogido para cargar la cruz de Jesús (Mateo 27:32; Marcos 15:21; Lucas 23:26). Los judíos de Cirene estuvieron presentes en el Pentecostés (Hechos 2:10) y en el apedreamiento de Esteban (6:9). Algunos cristianos de Cirene fueron misioneros prominentes en Antioquía (11:20; 13:1).

CIRENIO *Ver* Quirinio.

CIRO Ciro II, mejor conocido como Ciro el Grande, fue el fundador y primer soberano del Imperio Persa (559-529 d.C.). Sus acciones tuvieron importantes repercusiones para la historia de Israel en el último período del Antiguo Testamento. Los siguientes comentarios se enfocan en la información relevante sobre el impacto de Ciro en Israel. En textos antiguos se dice que la madre de Ciro era una princesa de Persia, en cuya época un pequeño estado yacía en el centro de la ciudad de Susa, mientras que su padre, Cambises I, era hijo del rey Astiages, perteneciente al estado vecino más poderoso de los medos. Su abuelo ordenó que mataran a Ciro el infante, dado que había escuchado una predicción en la que él asumiría el poder. Según la leyenda, un pastor lo encontró y lo crió.

Después de que Ciro asumió el liderazgo de los persas, él derrotó a los medos (c. 550 d.C.) y combinó los dos estados en uno solo. Entonces él derrotó a los lidios (c. 546 d.C.), que se encontraban en Asia Menor con su capital en Sardis y eran gobernados en ese tiempo por el legendario rey Creso.

Luego Ciro puso la mirada en un premio grande, Babilonia, cuyo reino se extendía desde Palestina hacia Siria y a lo largo de Mesopotamia. En el 539 a.C. él derrotó al ejército de Babilonia que estaba liderado por su rey, Nabonido, para luego entrar a la ciudad que, según el relato de Daniel 5, estaba bajo el control del hijo de Nabonido y corregente, Belsasar. Después de heredar el imperio babilonio y todos sus vasallos, Ciro emitió un decreto que permitía que estos pueblos subyugados regresaran a sus tierras y reconstruyeran sus templos. Este decreto se describe en lo que ha llegado a conocerse como el Cilindro de Ciro, que es un registro de los eventos principales en el reinado de Ciro, pero en la Biblia la versión está específicamente dirigida hacia el pueblo judío (2 Crónicas 36:23; Esdras 1:2-4). Al poco tiempo después, algunos judíos exiliados (no todos) comenzaron a regresar a Jerusalén bajo el liderazgo de Sesbasar y Zorobabel. El impacto de Ciro en el pueblo de Dios se describe en Isaías 44:28-45:13 (especialmente en 45:1), donde Dios se refiere a este rey extranjero como "su ungido" o "su mesías" (mashiakh). Dicho título honorífico muestra que fue realmente el mismo Dios el que le dio un

El Cilindro de Ciro era un registro de eventos en el reinado de Ciro.

giro a la historia para restaurar a su pueblo en su tierra. Ciro murió en el año 530 a.C. mientras luchaba con los masagetas en Asia central. Su hijo Cambises II heredó su vasto imperio en aquella época.

CIS **(1)** De la tribu de Benjamín, de Guibeá, hijo de Abiel y padre de Saúl (1 Sam. 9:1-2). Según 1 Cr. 8:33; 9:39, sin embargo, Ner fue el padre de Cis. Algunos sugieren que Cis era el hijo de Ner y un nieto de Abiel. **(2)** Un hijo (o descendiente) de Jehiel y Maaca (1 Cr. 8:30; 9:36), posiblemente el mismo Cis de 1 Sam. 9:1-2. **(3)** Un levita de la familia Merari (1 Cr. 23:21). **(4)** Un levita de la familia Merari que ayudó en la purificación del templo durante las reformas de Ezequías (2 Cr. 29:12). **(5)** Un antepasado benjamita de Mardoqueo (Est. 2:5), probablemente la misma persona que el Cis que figura en 1 Sam. 9:1-2.

CISNE La KJV traduce el pájaro impuro tinshemet como "cisne" (Lv. 11:18; Dt. 14:16). Sin embargo, esta palabra probablemente se refiere a un buhó, como en la NIV la mayoría de otras traducciones modernas. Los cisnes son prácticamente desconocidos en Israel.

CISÓN Un río, cuyo nombre significa "doblado" o "curvatura", lo suministran varios cauces que se encuentran a cuatro millas al noreste de Meguido y se extiende por veintitrés millas. Cisón es donde tuvo lugar la derrota de Sísara por los ejércitos de Débora y Barac (Jue. 4:7, 13, 5:19, 21). Más tarde fue el sitio de la ejecución de los profetas de Baal por Elías después de la oposición en el Monte Carmelo (1 Re. 18:40).

CISTERNA Depósito subterráneo artificial diseñado para almacenar y recolectar agua. En Palestina, las cisternas estaban hechas de diversas formas y tamaños. Muchas tenían forma de campana o de pera y se excavaban en piedra caliza. Las cisternas privadas y más pequeñas eran usadas para edificaciones familiares; las reservas públicas más largas eran proporcionadas para las necesidades de las ciudades. Se tenía gran cuidado al momento de drenar el agua de escorrentía de los techos, patios o wadi (torrente seco) hacia una cisterna. La mayoría de las cisternas se enyesaban para retener el agua. La región sufría de una cantidad limitada de precipitaciones y de una larga temporada de sequía. La lluvia a menudo se avecinaba como lloviznas cortas, pero que eran potentes y capaces de crear inundaciones repentinas y destructivas a no ser que las desviaran en las cisternas y depósitos. En este tipo de clima las cisternas no sólo servían como suplemento para abastecimientos de agua natural que eran útiles para la agricultura, sino que también son una necesidad para sustentar la vida.

A José lo arrojaron a una cisterna vacía (Génesis 37:22-29) y Jeremías fue encarcelado en una (Jeremías 38:6). Las cisternas eran buenos lugares para ocultarse (1 Samuel 13:6) y en una ocasión una se usó como vertedero para cadáveres

El río Cisón

(Jeremías 41:7-9). Al igual que los manantiales, las cisternas eran consideradas ritualmente limpias (Levítico 11:36). La fidelidad en el matrimonio es comparada con el acto de beber agua de tu propia cisterna (Proverbios 5:15). Por otro lado, Jeremías describe la infidelidad del pacto como el rechazo de la "fuente de agua viva" porque "las cisternas agrietadas no retienen agua" (2:13).

CISTERNA Las cisternas se usaban en el antiguo Israel para almacenar agua o grano (por ejemplo, Lev. 11:36, Dt. 6:11). Estas estructuras son conocidas por los arqueólogos modernos. En algunos casos están cubiertos de piedras (Is. 14:19). Los estanques también se usaban para prensar vino (Mr. 12:1), para atrapar animales (1 Cr. 11:22), como escondites (1 Sam. 13:6, 2 Sam. 17:9), o como prisiones (Gn. 37:20; 41:14; Is. 24:22), especialmente las cisternas sin agua (Jer. 38:6; Zac. 9:11). En la poesía bíblica, el pozo es una metáfora prominente de la muerte (Sal. 28:1, Prov. 28:17, Is. 14:15) y la calamidad (Is. 24:17-18, Lam. 3:47). Éx. 21:33 advierte contra el dejar una cisterna sin cubrir, no sea que persona o animal no caiga en ella. Jesús también usó esta imagen en su enseñanza (Mt. 12:11; 15:14).

CÍTARA Un instrumento musical consistente en muchas cuerdas estiradas sobre una caja de resonancia de madera poco profunda. Era uno de los instrumentos usados para tocar música para la adoración de la estatua dorada hecha por el rey Nabucodonosor (Dn. 3:5, 7, 10, 15).

CITAS DEL ANTIGUO TESTAMENTO EN EL NUEVO TESTAMENTO *Ver* Uso del Antiguo Testamento en el Nuevo Testamento

CIUDAD CELESTIAL *Véase* Cielos Nuevos.

CIUDAD DE DAVID Según el relato de 2 Samuel 5:6-9 (*ver también* 1 Crónicas 11:5), David le arrebató la "fortaleza de Sión" a los jebuseos y la renombró la Ciudad de David dado que su ejército personal la conquistó. El hecho de que fuera parte del dominio de la familia real en vez de ser una asignación tribal hizo que se convirtiera en una capital ideal para Israel, ya que no favorecía a ninguna tribu en particular. Como Jerusalén iba creciendo, el título "Ciudad de David" hacía alusión a esta antigua parte de la ciudad (2 Crónicas 32:5; Isaías 22:9; Nehemías 3:15). Aunque en la actualidad existe una colina occidental llamada Sión, la Sión original y por ende la Ciudad de David se encontraba al sur y al este del Monte del Templo. La fuente de Gihón era el abastecimiento de agua para la ciudad. David, Salomón y varios de sus descendientes reales, como también el sacerdote Joyadá, fueron enterrados ahí.

CIUDAD DE LA DESTRUCCIÓN *Ver* Ciudad del Sol; Heliópolis.

CIUDAD DE LA SAL Una de las seis ciudades que tenía villas dependientes y que se menciona como parte de las posesiones de la tribu de Judá "en el desierto", que al parecer está junto a la costa oeste del salado Mar Muerto (Josué 15:61-62). Hay quienes vinculan este nombre con Qumrán, pero esto es incierto.

CIUDAD DE LAS AGUAS Frase que aparece en la KJV en 2 Samuel 12:27 (del hebreo 'ir hamayim), donde se describe lo que Joab conquistó en la capital amonita de Rabá. En la NRSV aparece "water city" (ciudad de agua), pero en la NVI se traduce la frase como "depósitos de agua". Puede que esto señale la parte de la fortificación que protegía el abastecimiento de agua de la ciudad.

CIUDAD DE LAS PALMERAS Término alternativo para designar a la ciudad de Jericó, que está ubicada justo al noroeste del Mar Muerto. Al parecer este nombre se basa en la fecha característica de las palmeras de la cálida región y del oasis que se encuentra en Jericó. Este nombre aparece en el estudio visual de la tierra que Moisés llevó a cabo desde las alturas frente a Jericó (Deuteronomio 34:3) y en contextos militares que ilustran la ubicación clave de Jericó (Jueces 3:13; 2 Crónicas 28:15).

CIUDAD DE MOAB Lugar donde Balac, rey de Moab, se reunió con el adivino Balaam (Números 22:36; NVI: "ciudad moabita"). Se encuentra en el río Arnón junto a la frontera norte de Moab.

CIUDAD DEL CAOS Ciudad nombrada en Isaías 24:10, escrita en hebreo como qiryat-tohu (NIV: "ruined city" o ciudad en ruinas), como el objeto que está bajo el juicio de Dios y que probablemente representa todas aquellas ciudades y poderes que, al igual que la Babilonia antigua y aquellas mencionadas en Isaías 13-23, desafían a Dios.

CIUDAD DEL SOL En Isaías 19:18 la mayoría de los manuscritos del MT tienen escrito 'ir haheres ("ciudad de la destrucción"), que al parecer contradice el tono afirmativo del pasaje. En 1QIsaa y en algunos manuscritos medievales en hebreo se ve escrito 'ir hakheres ("ciudad del sol"), que alude a Heliópolis, una importante ciudad en Egipto (*ver también* en NRSV, NET; *ver* NVI mg.).

CIUDAD REAL La residencia de un rey (1 Sm. 27:5; Js. 8:1; 10:2). Siendo una ciudad amurallada, era el último bastión de defensa en tiempos de guerra (2 Sm. 12:26). David tomó la ciudad real jebusea, la ciudadela de Sión (Jerusalén), y la hizo la ciudad real de Israel (2 Sm. 5:7-9).

CIUDAD SANTA Jerusalén es la "ciudad santa" (Neh. 11:1, 18; Is. 48:2; 52:1; Dn. 9:24; Mt. 4:5; 27:53), el lugar donde reside el nombre de Dios (Is. 18:7). La visión apocalíptica de Juan de la nueva creación incluye "la ciudad santa", la nueva Jerusalén (Ap. 21:2, 10).

CIUDADANÍA El idioma de la "ciudadanía" (del griego politeuma) es usado por Pablo para denotar la ciudadanía divina en oposición a la terrenal (Filipenses 3:20). Aunque los filipenses pertenecían a una colonia romana élite, Pablo se dirige a ellos para que vivan como ciudadanos de una república divina, exhortándolos a vivir dignamente dicho honor (1:27). Un lenguaje similar se usa en otras partes para referirse a la ciudadanía dentro de Israel (Efesios 2:12).

CIUDADANO, CIUDADANÍA Ser un ciudadano significa poseer todos los derechos, privilegios, beneficios y responsabilidades de un sector. En la Biblia hay tres tipos de ciudadanías que se destacan.

Israelita/judío. La existencia de la ciudadanía en Israel está claramente implícita por la preocupación expresada sobre el tratamiento de los extranjeros que residían entre los israelitas (Éxodo 22:21-24; 23:9-12). En dicho contexto los aspectos políticos y religiosos de la ciudadanía estaban tan entrelazados que eran inseparables.

Romanos. La ciudadanía romana se podía adquirir de diversas maneras: **(1)** ser hijo de padres ciudadanos, **(2)** ser manumitido, **(3)** completar el servicio militar, **(4)** entregar un servicio valioso al Imperio Romano, **(5)** colonizar una ciudad, **(6)** pagar dinero. La ciudadanía conllevaba privilegios como tener acceso total al sistema legal y recibir ciertas protecciones, entre estas el derecho a recurrir a Roma y la prohibición de recibir ciertos castigos. A pesar de que solamente un pequeño grupo de los primeros cristianos fueron ciudadanos romanos, Pablo fue quien hizo uso de su ciudadanía romana en puntos clave de su ministerio (Hechos 16:37; 22:25-28; 25:10-12).

Divina. En el Nuevo Testamento, los creyentes poseen una ciudadanía que se extiende más allá de los confines de este mundo. El ministerio y muerte/resurrección de Jesús inauguró el reino de Dios, que no es de este mundo (Juan 19:36). Los creyentes ingresan a su reino y, por lo tanto, se convierten en ciudadanos de la Jerusalén divina (Gálatas 4:26-28), y esperan con ansias el regreso de Jesús su Salvador (Filipenses 3:20-21). Dicha ciudadanía está disponible tanto para los judíos como para los gentiles (Efesios 2:11-22) e implica llevar una vida digna del evangelio (Filipenses 1:27-30). Una parte central de la ciudadanía es la expectativa de lealtad, una realidad que puede ocasionar tensión cuando la ciudadanía divina de la persona entra en conflicto con las expectativas de las autoridades humanas. En tales casos, los creyentes deben seguir los ejemplos de Jesús (Juan 19:11) y los apóstoles (Hechos 4:13-22), que permanecieron leales a su ciudadanía divina al pagar un enorme precio.

CIUDADELA Las ciudadelas (del hebreo birah) aparecen en los libros posteriores al exilio como el de Nehemías (1:1; 2:8; 7:2), Ester (1:2, 5; 2:3, 5, 8; 3:15; 8:14; 9:6, 11-12) y Daniel (8:2) para referirse a la capital persa de Susa o al palacio real de la ciudadela. Puede que el concepto se utilice de otra manera para describir "torres". La palabra birah también se emplea para aludir a las fortalezas (2 Crónicas 17:12; 27:4) y al templo de Jerusalén (1 Crónicas 29:1, 19).

CIUDADES DE LA LLANURA Sodoma, Gomorra, Adma, Zeboyin y Bela (también llamada "Soar") son las ciudades de la llanura (Génesis 14:2) y que se aliaron para luchar en contra de los cuatro reyes que invadieron Mesopotamia. Como la batalla estaba en su contra, ellos huyeron y algunos cayeron en pozos de alquitrán en el valle de Siddim. Posteriormente, con la excepción de Soar, todas estas ciudades sufrieron la destrucción catastrófica cuando Dios hizo llover azufre ardiente sobre toda la planicie como juicio contra los pecados cometidos en Sodoma y Gomorra (Génesis 19).

El texto bíblico al parecer señala que estas ciudades se encontraban al norte del Mar Muerto. Cuando Abram y Lot estuvieron en Betel, la tierra no dio abasto para ambos hogares. Lot fue seducido por las planicies bien irrigadas del Valle del Jordán, por lo que él se trasladó al este y vivió cerca de Sodoma (Génesis 13:3-13). Las hijas de Lot concibieron a Moab y a Ben Ami (19:37-38), cuyos descendientes se asentaron al este del extremo norte del Mar Muerto.

Incluso así, desde el punto de vista tradicional del último siglo se cree que estas ciudades yacen en el extremo sur del Mar Muerto. Por medio de unos estudios realizados en el sector cercano a la península de Lisán se revelaron cinco ciudades que datan de la Edad del Bronce Temprana, de las cuales Bab edh-Dhra' es la más prominente.

CIUDADES DE REFUGIO Ciudades que en el período del Antiguo Testamento eran lugares designados divinamente como asilo para que el homicida pudiera escapar a salvo (Éxodo 21:12-14). El refugio era proporcionado para el homicida en estas ciudades, donde los miembros familiares de la persona asesinada podían buscar la venganza por la muerte de su pariente. Según el principio de la ley del talión que fue consagrada en la revelación del Antiguo Testamento y que fue una ley israelita ulterior (Génesis 9:5-6; Éxodo 21:12-14; Levítico 24:17), era factible la pena de muerte para el asesino obstinado. En la antigua Israel el deber sagrado de castigar a un asesino yacía en las manos del pariente más cercano de la persona asesinada ("el

Ruinas de la ciudadela de Gamla, que fue conquistada por los romanos durante la guerra judía del 66-73 DC.

vengador de sangre"). El homicida era admitido en la ciudad de refugio sólo después de haber expuesto su caso ante los ancianos de la ciudad en la entrada de la urbe (Josué 20:4-5), ya que esta provisión sólo era aplicada para aquellos que estaban involucrados en una muerte por accidente o sin intención. Esta institución le daba al acusado una oportunidad para ser juzgado ante una asamblea legal, por medio de la que podía ser absuelto (Números 35:12). Después de la muerte del sumo sacerdote (que marcó el fin de una era), el homicida absuelto era liberado para que regresara a casa (Josué 20).

El homicida que dejaba la ciudad antes de ese tiempo podía ser asesinado por el vengador de sangre, que quedaba impune. En Deuteronomio, con su teología de "tierra santa", la seguridad de una persona que mataba por accidente a otra prevenía la profanación de la tierra: "Así no se derramará sangre inocente en la tierra que el SEÑOR tu Dios te da en posesión, ni serás culpado de derramar sangre" (Deuteronomio 19:10). De una manera más amplia, la provisión refleja la moral del carácter del Dios de Israel y el espíritu humano de la legislación del Antiguo Testamento por medio de la que se buscaba limitar la venganza y los pleitos sanguinarios que acontecían con facilidad.

Existían seis ciudades de refugio, que fueron escogidas de las cuarenta y ocho urbes levitas (Números 34:6-15). Tres de estas ciudades se encontraban en el lado este del río Jordán y las restantes en el oeste. Las ciudades estaban bien esparcidas y su ubicación era céntrica, de tal manera que había un acceso listo hacia la ciudad de refugio dondequiera residiera una persona dentro del territorio de Israel. Los caminos debían construirse en dirección a las ciudades para que fuera una ayuda para la persona que se arrancaba (Deuteronomio 19:3). Las ciudades orientales fueron apartadas por Moisés (Deuteronomio 4:41-43) y las de occidente por Josué (Josué 20). Las tres que yacían en Cisjordania (la tierra prometida adecuada) eran, de norte a sur, Cedes en Neftalí, Siquem en Efraín y Quiriat Arbá (= Hebrón) en Judá. Las tres ciudades correspondientes en Transjordania fueron, de sur a norte, Béser en el territorio rubenita, Ramot en la asignación tribal de Gad y Golán en Basán.

Esta institución extendió y amplió la costumbre primitiva de un homicida para que este buscara refugio en el santuario (Éxodo 21:14). En el período del desierto, con toda Israel acampando alrededor del santuario central, esto era todo lo necesario. La entrada en la tierra y el esparcimiento de las tribus requerían del establecimiento de ciudades de refugio designadas. La antigua costumbre se refleja en el relato de 1 Reyes 1:50-53; 2:28-35, donde Adonías y Joab, que temían por sus vidas ante la ira de Salomón, son representados "agarrándose de los cuernos del altar". Este drástico procedimiento, sin embargo, no previno la muerte de Joab a manos de Benaías, el verdugo de Salomón. Una costumbre similar respecto a que los santuarios servían como lugares de asilo se encuentra en otras culturas antiguas (por ejemplo, Fenicia, Siria, Grecia y Roma). Este entendimiento social también se ve reflejado en el salterio, donde el templo se describe como un lugar de refugio espiritual (por ejemplo, Salmos 27:5; 31:20; 61:4; 91:1-2).

CIUDADES FORTIFICADAS Las ciudades comúnmente se construían en un cerro (para protección) cerca de agua, tierra arable para plantar y una carretera regional para intercambio, todas necesidades para la supervivencia y el crecimiento. Las ciudades bíblicas generalmente estaban fortificadas con muros, puertas, torres y un sistema de agua interno, todo lo cual permitía una fuerte defensa contra enemigos. Los antiguos muros de ciudades sirio-palestinas con frecuencia eran de casamatas.

Los muros de casamatas eran huecos en el interior y tenían habitaciones en ellos. El cuarto trasero (y muro trasero) de una casa era parte del muro. Este tipo de muros se revela en el relato en Jericó cuando Rahab deja a los espías salir de su casas por una ventana en el muro (Js. 2:15). En el siglo nueve y ocho a.C., al enfrentarse con los fuertes arietes de los enemigos, los defensores llenaban los muros de casamata con tierra y/o piedras. Cuando los israelitas vinieron a espiar la tierra de Canaán para la conquista, ellos notaron ansiosamente que las ciudades eran "grandes, con muros hasta el cielo" (Dt. 1:28; cf. Nm. 13:28). Este era el resultado de muros de ciudades construidos sobre colinas o montes, haciéndolos incluso más imponentes. Salomón construyó Hazor, Megido y Gezer, todas del mismo tamaño y forma con un sistema de puerta de seis habitaciones (1 Re. 9:15; cf. 2 Cr. 8:4-6). El hijo de Salomón, Roboam construyó ciudades fortificadas y sistemas de fortalezas (2 Cr. 11:5-12). El rey Asa de Judá fortificó Geba y Mizpa como ciudades fronterizas contra el reino norte (1 Re. 15:22).

C

CIUDADES Y VIDA URBANA Las ciudades, pueblos y villas eran partes esenciales del patrón de una civilización común que compartía el antiguo Cercano Oriente y la Biblia. Los pueblos y las ciudades estaban diseñados para proporcionar necesidades básicas de seguridad, albergue y sustento que le permitían a su población participar en una variedad de actividades sociales, económicas, religiosas y políticas.

Torre neolítica construida y destruida en la Pre-ceramica Neolítica A. Data del 8000-7000 a. C., Jericó es quizás la ciudad más antigua del mundo.

La imagen urbana del mundo bíblico es complicada por diversos factores. Un factor tiene relación con el largo período que abarca la Biblia. La cronología urbana de las Escrituras comienza con el primer intento de construcción de una ciudad (Génesis 4:17) y finaliza con la revelación de la nueva Jerusalén, que es la ciudad de Dios (Apocalipsis 3:12; 21:2). Además, en la Biblia no existe preocupación por proveer un comentario detallado sobre la expansión de la ciudad y de la vida urbana. Es cierto que muchas de las grandes ciudades del antiguo Cercano Oriente y del mundo grecorromano se mencionan en las páginas de la Biblia; sin embargo, muchos de los factores religiosos, sociales, económicos y políticos que tienen que ver con el desarrollo de la vida urbana no se identifican ni se discuten. A partir del registro arqueológico se sugiere a menudo una imagen más compleja.

Asimismo, se usa por lo general una amplia variedad de términos y de manera intercambiable en las Escrituras para describir los patrones de asentamientos y de las estructuras socio-urbanas. Por ejemplo, las diferencias específicas entre una ciudad, pueblo y villa no se identifican con claridad en el texto bíblico. Normalmente, una ciudad tenía muros fortificados u otro tipo de cercado defensivo, mientras que un pueblo o villa carecían de esto. De igual modo, el estatus de una ciudad no estaba necesariamente determinado por su tamaño. Las ciudades antiguas eran mucho más pequeñas. Durante el reinado de Salomón, Jerusalén tenía unas treinta y tres acres. No obstante, en los tiempos de Jesús la ciudad medía cerca de doscientos acres. Jericó, la ciudad más antigua en Palestina, no era más grande que cien acres. Por medio de los registros arqueológicos se sugiere que Jericó estuvo poblada por lo menos desde el 7000 a.C. Hazor, una de las ciudades más grandes de Alta Galilea, cubría un terreno de 175 acres. Las dimensiones de las ciudades palestinas eran minúsculas en comparación con las grandes urbes paganas como Nínive, Babilonia y Roma.

Evidencia Arqueológica

A partir de la evidencia arqueológica se sugiere que algunas de las preocupaciones de los jefes sobre la construcción de la ciudad permanecieron como una constante en el tiempo. Las ciudades se construían junto a los principales caminos y rutas de comercio.

A menudo se podía encontrar una ciudad asentada en medio de intersecciones y cruces, y era necesario tener un adecuado abastecimiento de agua, como así también de materias primas para el refugio y la industria. El lugar tenía que ser fácil de defender y debía estar rodeado de tierras agrarias adyacentes que fueran suficientes como para sustentar a la población. Todas las ciudades en el antiguo Cercano Oriente tuvieron muros y entradas hacia la ciudad. La mayoría de estas eran caracterizadas por una acrópolis o ciudadela y un sistema de trabajo en las calles de la ciudad. Muchas ciudades contenían un santuario o un lugar alto donde los individuos podían adorar.

En Palestina por lo menos se llevaron a cabo cuatro fases principales de urbanización durante el período bíblico.

Temprana Edad del Bronce II (3000-2700 a.C.). Aunque Jericó y otras ciudades se originaron en el período Calcolítico, en la Temprana Edad del Bronce se produjo una importante expansión de la vida urbana. En este período se incluyen ciudades como Megido, Ai, Gézer, Arad, Jericó, entre otras. Los sitios más grandes protegidos por fortificaciones con puertas son característicos de este período.

Los templos, ciudadelas fortificadas y casas residenciales se encontraban distribuidos junto a las calles y vías públicas dentro de la ciudad. El abastecimiento de agua era una preocupación para la comunidad, y se llevaban a cabo unos pasos para conservar el agua de escorrentía en grandes depósitos o cisternas. Dicha planificación urbana presuponía una jerarquía social en la diferenciación de la labor y necesidad. Los granjeros, artesanos y comerciantes, como también los sacerdotes y los soberanos, trabajaban y vivían juntos en la ciudad.

Mediana Edad del Bronce IIB (1750-1650 a.C.). En la segunda ola de urbanización, los cananeos fortificaron nuevamente y reconstruyeron asentamientos más antiguos como Dan, Hazor, Meguido y Siquem. Otros lugares, como Betel y Bet Semes, fueron establecidos como nuevos asentamientos.

Los muros distintivos, fortificaciones, puertas y arquitectura de culto caracterizaban este período. Los ladrillos de barro eran un material común de construcción. Las ciudades-estado más grandes controlaban los recursos agrarios y gobernaban diversas villas y asentamientos dentro de la vecindad inmediata. Estas ciudades-estado a menudo estaban unidas por alianzas políticas. Los documentos cuneiformes de Mari y Hazor proporcionan un destello de la vida social, cultural y política de las ciudades de este período. Esta ola de urbanización comenzó a decaer en la Edad del Bronce Final.

Edad del Hierro II (1000-586 a.C.). Los asentamientos de la Temprana Edad del Hierro se desarrollaron junto al declive de las ciudades de la Edad del Bronce Final como campos agrestes, recintos simples y villas en las tierras altas de Palestina. Posteriormente, durante el período monárquico, algunas de las villas y ciudades se expandieron hasta convertirse en completos centros urbanos gracias a los planos jerárquicos y administrativos reales.

Las ciudades contenían edificios administrativos, fortificaciones y puertas mejoradas, nuevos sistemas de abastecimiento de agua y sistemas programados para las calles que ofrecían drenaje sistemático. Los hogares por lo general tuvieron un patrón típico. La piedra se convirtió en el material de construcción preferido. Tanto la monarquía unida como los reinos divididos de Israel y Judá establecieron ciudades reales, centros administrativos, ciudades fronterizas fortificadas y fortalezas. La vida urbana giraba en torno al mantenimiento de una administración real, cuyo enfoque residía en lo religioso y económico.

C

Período romano. Como campeón de todo lo helénico, Alejandro Magno introdujo la ciudad griega, o polis, dentro de la cultura oriental del Levante. Este nuevo tipo de ciudad, junto a sus teatros, gimnasios, estatuas y columnatas, funcionaba como un modelo de la civilización griega. Dichas ciudades atraían a los colonos, comerciantes griegos y a los nativos locales (Hechos 18:1-3, 18-28; Romanos 16:3-5; 1 Corintios 16:19).

El ágora griego (mercado) reemplazó la entrada de la ciudad palestina como centro de comercio. Séforis y la ciudad de la Decápolis fueron ejemplos de este tipo de ciudad en Palestina. Los romanos imitaron el plan de la ciudad helénica, pero enfatizaron una de las principales vías públicas de norte a sur (cardo) y calles de este a oeste. La actividad de la construcción en Palestina prosperó con el liderazgo de Herodes el Grande (37-4 a.C.). Él reconstruyó, expandió y renombró muchos lugares palestinos, como Cesarea, Sebaste y la Fortaleza Antonia en Jerusalén. Herodes cambió radicalmente el paisaje de Jerusalén al reconstruir ahí a escala masiva no solo el palacio, sino que también el templo.

Antiguo Testamento

La típica palabra hebrea para "ciudad" es 'ir y aparece 1.093 veces en el Antiguo Testamento. En las versiones por lo general este concepto se traduce como "ciudad", pero a veces como "pueblo". El mismo término se encuentra afuera de la Biblia en una de las cartas de Laquis y como un cognado en diversos idiomas semíticos. La terminología de 'ir no es clara, pero puede que esté relacionada con la palabra sumeria para "ciudad": uru.

La palabra puede que originalmente haya designado a una fortificación o un lugar protegido. En el Antiguo Testamento, 'ir se puede emplear para una amplia variedad de asentamientos, incluyendo villas, pueblos y ciudades capitales sin importar su tamaños o ubicación. Por ejemplo, en Deuteronomio 3:5 se habla sobre ciudades fortificadas con muros altos, portones y cerrojos en la misma oración donde aparecen "ciudades rurales" o "ciudades sin murallas" [NVI: "aldeas no amuralladas"]. Por otro lado, se hace una distinción entre una "ciudad amurallada" y una "villa" en Levítico 25:29, 31. En Números 13:19 Moisés les encarga específicamente a los espías que determinen si las ciudades cananeas están fortificadas o si son como campamentos. Las ciudades que recibieron los levitas en Números 35:1-8 también incluyen pastizales a su alrededor que conectaban las tierras. En el Antiguo Testamento se habla un par de veces sobre los campos asociados con una ciudad o villa (Levítico 25:34; Josué 21:12; Nehemías 11:25, 30). Las ciudades también recibieron designaciones especiales o nombres.

Las ciudades de refugio también eran designadas para proporcionar protección para los individuos que cometían un homicidio por accidente (Números 35:11; Josué 20:2; 1 Crónicas 6:57). Jericó fue conocida como "la ciudad de las palmeras" (Deuteronomio 34:3; 2 Crónicas 28:15). A Jerusalén se le llamaba "la Ciudad de David" (1 Reyes 3:1; 2 Crónicas 5:2), "Sión" (Isaías 33:20; Zacarías 8:3; Hebreos 12:22) y "ciudad santa" (Isaías 52:1; Apocalipsis 21:1). Existen otros dos términos hebreos que a menudo se traducen como "ciudad".

El sustantivo qeret aparece sólo cinco veces en el poema bíblico (Job 29:7; Proverbios 8:3; 9:3, 14; 11:11). El sustantivo qiryah se puede encontrar veintinueve veces. En la NVI a veces se traduce como "ciudad" (Deuteronomio 2:36; Job 39:7; Isaías 25:2; Jeremías 49:25; Oseas 7:12). La etimología de ambas palabras es incierta, pero las dos puede que sean derivadas de qir ("muro"). En muchos casos qiryah funciona como un sinónimo de 'ir.

En Deuteronomio 2:36 y 3:4 qiryah se usa para designar a los pueblos tomados por los israelitas en Transjordania. Hesbón en Números 21:28 se identifica como "pueblo" (qiryah; NVI: "ciudad") de Sehón. La palabra qiryah también se encuentra en los nombres de diversos pueblos, como Quiriat Yearín (Josué 15:9) y Quiriat Séfer (Josué 15:15). Hebrón originalmente se llamaba Quiriat Arbá (Génesis 23:2; 35:27) y la ruta de Balaam era Quiriat Jusot (Números 22:39). Save Quiriatayin (Génesis 14:5) y Quiriatayin (Números 32:37) contienen una forma de qiryah. A las comunidades más pequeñas las llamaban "villas" o "territorios" (Génesis 25:16; Levítico 25:31; Deuteronomio 2:23). Algunas de estas estaban conectadas a las ciudades más grandes o centros provinciales. En el libro de Josué se habla comúnmente de una ciudad o pueblo y de "sus villas" (Josué 13-19; cf. 1 Crónicas 6:26). Además, en la frase hebrea "hijas de" (es decir, aldeas) se emplea con frecuencia para identificar a las villas más pequeñas que están bajo la jurisdicción de una ciudad más grande y que dependen de esta (Números 21:25, 32; 32:42; Josué 15:45, 47; Nehemías 11:25-31).

Nuevo Testamento

La palabra griega polis aparece 163 veces en el Nuevo Testamento y se traduce como "pueblo" o "ciudad". Existen diversos lugares que se les llaman polis: Nazaret (Mateo 2:23), Capernaúm (Lucas 4:31), Arimatea (Lucas 23:51), Belén (Juan 7:42), entre otros. A Jerusalén se le llama "ciudad santa" (Mateo 4:5; cf. Apocalipsis 3:12), "la ciudad del gran Rey" (Mateo 5:35) y "la ciudad del Dios vivo" (Hebreos 12:22). Jesús, durante su ministerio, predicó en los pueblos de Galilea (Mateo 11:1) y Samaria (Mateo 10:5). En el libro de Hechos, Pablo obró como evangelizador en las ciudades griegas y romanas del mundo mediterráneo.

CIZAÑA Interpretación en la KJV de la palabra hebrea ba'eshah en Job 31:40, que alude a una hierba. La planta descrita en este pasaje es de un tipo incierto (si se pretendía referirse a un tipo en particular), pero la palabra hebrea señala supuestamente una hierba con un hedor nocivo (RVC: "espinos"; NVI, NASB: "hierbas").

CIZAÑA Malezas (también llamada maleza o berberecho) que se asemeja al trigo hasta que las espigas de grano comienzan a aparecer. La cizaña es usada como una representación de los no creyentes en la parábola de la cizaña/maleza (Mt. 13:24-30, 36-43).

CLAN La palabra "clan", con la que se traducen diversas palabras hebreas, designa a un grupo social que está por debajo del nivel de una nación o (en Israel) tribu y que está por encima de una (gran) familia (Génesis 10:5; Números 1:2; Josué 7:14). Originalmente en base al parentesco, los clanes israelitas puede que hayan desarrollado algún alcance con un componente sin parientes. Los clanes funcionaban como la base de un reclutamiento militar (Números 1:20) y una división de tierra (Números 33:54; Josué 13:15-21:45).

CLAUDA *Ver* Cauda.

CLAUDIA Romana cristiana que posiblemente era esclava en un hogar imperial que, por medio de Pablo, le envió saludos a Timoteo (2 Timoteo 4:21).

C

CLAUDIO (1) Emperador romano (nacido el 10 a.C.). Claudio reinó a partir del año 41 d.C. hasta su muerte en el 54 d.C. En el 49 d.C. Claudio expulsó a todos los judíos de Roma por los disturbios que estos ocasionaron y que fueron incitados a causa de "Chresto" (probablemente Jesucristo), situación que provocó el traslado de Aquila y Priscila a Corinto (Hechos 18:2). Durante el reinado de Claudio, el profeta Ágabo se dirigió a la iglesia en Antioquía para predecir una hambruna que afectaría a todo el imperio (11:28). (2) Claudio Lisias, comandante de las barracas militares romanas en Jerusalén, que envió a Pablo junto con unos guardias armados para que se sometiera a juicio ante Félix en Cesarea Marítima (Hechos 23:26).

CLAVIJA *Ver* Estaca.

CLAVO Varias palabras bíblicas hebreas, arameas y griegas se traducen al español como "clavo". Primero, están los tornillos comunes que unen un elemento a otro (Jer. 10:4), a menudo hechos de hierro para unir piezas de madera (1 Cr.22: 3; Is. 41:7), o incluso hechos de oro para cubrir láminas de oro (2 Cr. 3:9). El escritor de Eclesiastés habla metafóricamente de las palabras de los sabios como si fueran "clavos bien puestos" (Ecl. 12:11).

Los soldados romanos sujetaron a Jesús a la cruz con clavos (Jn. 20:25). Segundo, hay clavijas clavadas en las paredes de las cuales colgaban objetos (Is. 22:25; Ezeq. 15:3) o se usaban para anclar tiendas (Is. 33:20). Las estacas de la tienda del tabernáculo estaban hechas de bronce (Éx.

PATRONES DE LLUVIA EN ISRAEL

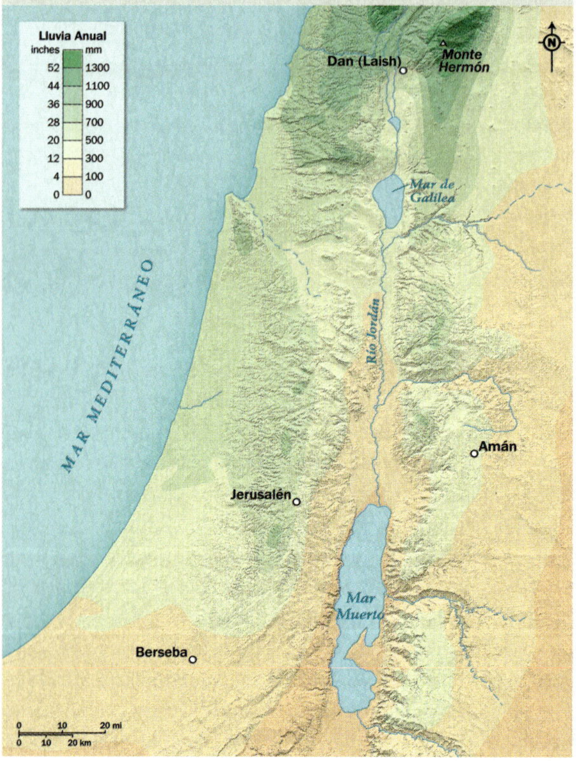

27:19), y Jael usó una estaca para matar a Sísara (Jue. 4:21-22). Isaías habla metafóricamente de Eliaquim como alguien a quien Dios manejara "como clavo en lugar firme" (Is. 22:23). Finalmente, están las uñas de los dedos (Dan. 4:33). Deuteronomio prescribe el corte de uñas como parte del proceso de purificación para que los hombres israelitas se casaran con mujeres cautivas (Dt. 21:12).

CLEMENTE Uno de los compañeros de Pablo en Filipos (Filipenses 4:3). Origen y Eusebio lo identifican a él como el posterior obispo de Roma con el mismo nombre, pero esto permanece como un hecho incierto.

CLEOFAS Discípulo que conversaba con un camarada en su ruta a Emaús, donde el Jesús resucitado los acompañó (Lucas 24:13-35). Este nombre es una forma acortada de "Cleopatros" y puede que sea una versión griega del "Cleofás" semítico (*ver* Juan 19:25).

CLEOFÁS Esposo de una mujer llamada "María", que es mencionado en la escena de la crucifixión en Juan 19:25. Dependiendo de cómo se lea el texto griego, "María de Cleofás" puede que sea una aposición para "la hermana de su madre" o tal vez se refiera a la cuarta mujer que estuvo presente en la cruz. Si se trata de la anterior, Cleofás fue un pariente de Jesús (tío, primo o abuelo) por el lado de su madre. Según Hegesipo (así como lo cita Eusebio), Cleofás era el hermano de José y el padre de Simeón (o Simón), que sucedió a Jacobo el hermano de Jesús como el líder de la iglesia de Jerusalén. "Cleofás" es un nombre semítico. "Cleofas", que se menciona en Lucas 24:18, está escrito en griego, pero al parecer alude al mismo individuo.

CLIMA Palestina tiene climas mediterráneos áridos y húmedos y una zona de estepa. Sus dos estaciones son seca/verano y húmeda/invierno (cf. Gn. 8:22). En verano el clima es extraordinariamente estable, y el aire que entra desde el noroeste comúnmente es más bien árido. Sin nubes la mayoría de los días, hay, en promedio, cero precipitaciones desde junio a setiembre —el trasfondo para el milagro de 1 Sm. 12:16-18 (cf. Prov. 26:1). En invierno el clima es variable, con lluvias y tormentas eléctricas llegan desde el Mar Mediterráneo, generalmente desde el suroeste. Las lluvias por lo general caen en cantidades concentradas en espacio de pocas horas. Las precipitaciones disminuyen en general de norte a sur y oeste a este, aunque elevaciones variables crean desviaciones del patrón general.

El promedio de precipitaciones varía significativamente (de 12 a 40 pulgadas), cayendo prácticamente por completo entre noviembre y abril. El rocío es una fuente significativa de agua en la región, especialmente en verano, a veces constituyendo el 25 por ciento de la humedad anual.

Tabla 2. Temperaturas Mín.-Máx. Promedio (°C)

Mes	Tel Aviv (nivel del mar)	Jerusalén (762m)	Tiberíades (-198 m)	Jericó (-256m)
Enero	1.1–23	3.8 –11.6	7.2 –16	9.4 –18.3
Febrero	2.2–26.6	4.4–13	8.8 –18.8	9.4 –17.7
Marzo	2.7–30.5	6.1–16.1	12.2–22.7	13.3 –22.7
Abril	5.5–35	9.4–21.1	12.7–25	16.6 –27.7
Mayo	8.3–99	12.2–25	15–30	20–32
Junio	12.7–36	15 –27.7	20–33.8	23–36.6
Julio	15.5–33.3	17.2 –28.8	21–35	26.6–37.7
Agosto	16.6–32.7	17.2 –28.8	22.2–36.1	26.6–37.7
Setiembre	15–92	16 –27.7	20 –33.8	23 –35
Octubre	10–33	13.8 –25	16.1–31.1	21–31.6
Noviembre	6–30.5	9.4 –18.8	12.7–23.8	17.7–27.2
Diciembre	2.2–26.1	5.5 –13.8	10–20	12.2 –20.5

Aparte de tormentas eléctricas temprano en la temporada de lluvia, tales como ocurren en el Mar de Galilea (cf. Lc. 8:23), una zona de altas presiones puede formarse sobre Iraq durante la temporada húmeda, forzando prolongados vientos de este cálidos y polvosos hacia Palestina; estos son llamados qadim en la Biblia (Éx. 10:13; Sal. 48:7; Jon. 4:8).

En los períodos transicionales entre ambas estaciones pueden ocurrir sirocos (árabe hamsin), en los cuales un viento del este del desierto de Arabia barre desde el sur y cruza Palestina hacia una zona de bajas presiones sobre Egipto o Libia, causando que la humedad caiga hasta el 10 por ciento y la temperatura se eleva hasta -5.5°C. Esto puede durar días o semanas, con efectos sofocantes (cf. Ez. 17:10; Os. 13:15; Lc. 12:55). Tales tormentas son frecuentemente usadas como trasfondo para destacar la debilidad y transitoriedad de la existencia terrenal (Is. 27:8; Os. 12:1; Sant. 1:11).

Aunque varias condiciones climáticas se describen a través de la Biblia (lluvia, nieve, tormentas, rayos, truenos, viento, etc.), Jesús se refiere específicamente a la predicción del tiempo en Mt. 16:2-3, donde acusa a los fariseos de ser capaces de predecir el clima, pero no ser capaces de discernir los signos de los tiempos.

CLOÉ Mujer cristiana que puede que haya residido en Corinto o en Éfeso. Cloé se menciona sólo una vez en la Biblia (1 Corintios 1:11), pero al parecer su nombre era conocido entre los creyentes de Corinto. La gente del hogar de Cloé le dio información a Pablo sobre las divisiones y los desacuerdos que había en la iglesia de Corinto.

CNIDO Ciudad caria que se encontraban en la península estrecha que sobresale desde la punta suroeste de Asia Menor entre las islas de Cos y Rodas. Pablo navegó pasando por Cnido en dirección a Roma (Hechos 27:7).

COA Un pueblo incluido en la lista de naciones que Dios enviaría contra los israelitas (Ezeq. 23:23). Probablemente vivieron al este del río Tigris. Algunos identifican los Coa con los Guti, que se mencionan en inscripciones asirias.

COA Una ciudad de la cual el rey Salomón importaba caballos (1 Re. 10:28; 2 Cr. 1:16). Muchos creen que esta ciudad es un nombre antiguo para Cilicia, una ciudad en Asia Menor ubicada en el sureste de la actual Turquía. De ser así, estaría ubicada entre las cordilleras Tauro y Amanus y el Mar Mediterráneo, en una ruta comercial vital entre Siria y Asia Menor.

Durante el tiempo de Salomón, el área habría sido habitada por los neohititas. Los eruditos están divididos sobre si la palabra hebrea traducida en 1 Re. 10:28; 2 Cr. 1:16 como Egipto (mitsrayim) debería ser "Musri", otro país en Asia Menor, cerca de Cilicia, y famoso por los caballos. Lucas y Pablo incluyen a Cilicia con Siria en sus escritos (Hec. 6:9, 15:23, 41, 21:39, 22:3, 23:34, 27:5, Gál. 1:21), lo cual refleja los cambios políticos que ocurrieron desde el 100 a.C hasta el siglo I d.C

COAT Uno de los tres hijos de Levi (Gn. 46:11; Éx. 6:16). Sus descendientes, los coatitas, eran levitas que trabajaban dentro del tabernáculo. Tenían tareas muy específicas, una las principales era llevar a mano el equipamiento más importantes del tabernáculo (Nm. 4).

COATITAS Descendientes del levita Coat (Nm. 26:58-59). Durante el viaje por el desierto, fueron responsables de transportar el tabernáculo y sus contenidos y también de su mantenimiento (Nm. 3-4). Crónicas informa que algunos de los coatitas participaron en la purificación del templo bajo Ezequías (2 Cr. 20:19) y dirigieron servicios musicales en el santuario durante el período monárquico (1 Cr. 6:33; 2 Cr. 20:19; 34:12). Pero no hay salmos bíblicos atribuidos a este grupo como los hay para sus parientes los coreitas. Como los coreitas, fueron panaderos del pan sagrado durante el período posterior al exilio (1 Cr. 9:32).

COBERTURA DEL HÍGADO *Ver* Lomo.

COBRA Serpiente venenosa y sorda que habita en agujeros (*ver*, por ejemplo, Salmos 58:4; Isaías 11:8). *Ver también* Serpiente; Víbora.

COBRE Elemento metálico rojizo valorado por su apariencia, maleabilidad, ductilidad y habilidad para alearse con otros metales. Los hebreos y los griegos no sabían distinguir el cobre ni el bronce, por lo que usaban las mismas palabras para ambos. La mayoría de las referencias en la Biblia deberían traducirse como "bronce", pero cuando aluden a la mena y al proceso de fundición los términos deberían traducirse como "cobre" (Deuteronomio 8:9; Job 28:2; Ezequiel 22:18, 20). El cobre es uno de los metales más antiguos que se conoce. Las primeras armas y herramientas metálicas estaban hechas de cobre. En la Biblia se asocia el origen de la metalistería con Tubal Caín (Génesis 4:22). A principios del 8000 a.C. el cobre nativo era trabajado con martillo para adherirlo a objetos. Dado que gran parte del cobre se encuentra en formas impuras, tenía que fundirse.

Existe evidencia de cobre fundido que data de principios del 5000 a.C. Los avances más grandiosos en la metalistería del cobre llegaron con la adición de otros metales. En un principio, el arsénico se añadía para mejorar las cualidades del cobre. La adición de estaño formaba bronce, y al agregar zinc se formaba latón. Las aleaciones resultantes eran más fuertes, tenían menos puntos de fundición y podían moldearse en formas más complicadas. En la Cueva del Tesoro, que fue encontrada en el desierto de Judea a unas seis millas al suroeste de Ein Guedi, se fabricaron algunas de las piezas de cobre más finas en la antigüedad. Esta acumulación de más de cuatrocientas piezas de cobre data alrededor del 3000 a.C. y sirve como evidencia de las artesanías de la metalurgia antigua del cobre.

Esta corona ornamentada es uno de los antiguos tesoros de la Edad del Cobre en Israel.

Los antiguos israelitas usaron ampliamente el cobre/bronce para construir instrumentos musicales (1 Crónicas 15:19), armas (Salmos 18:34), armaduras (1 Samuel 17:5), espejos (Job 37:18) y utensilios de cocina (Levítico 6:28). En el tabernáculo y en el templo muchos objetos estaban hechos de bronce, incluyendo los incensarios, las clavijas para las tiendas, los utensilios y el altar (Éxodo 27:2-3).

En el templo el gran recipiente de agua (el Mar) estaba hecho de bronce y reposaba sobre doce becerros de bronce (2 Reyes 16:17). La serpiente de bronce que Moisés construyó en el desierto (Números 21:9) estuvo en el templo hasta que el rey Ezequías la destruyó (2 Reyes 18:4). Aunque la mayoría de las monedas estaban hechas de plata, algunas pequeñas, incluyendo el mite de la viuda, estaban hechas de cobre (Marcos 12:42).

La fuente más grande de cobre en la antigüedad yacía en Chipre (la palabra "cobre" deriva de la palabra latina para "Chipre"). Las fuentes más cercanas de cobre eran Ai (1 Reyes 7:45-46), Timnah (en el extremo sur de Israel, que estaba a unas veinte millas al norte de Eilat) y Khirbat en-Nahas (en el Jordán).

COCATRIZ En la KJV se usa el nombre de este monstruo mítico parecido a una serpiente para traducir las palabras hebreas relacionadas tsif'oni (Isaías 11:8; 59:5; Jeremías 8:17) y tsefa' (Isaías 14:29). No obstante, estas palabras denotan a una serpiente real y en versiones modernas es más común que se traduzcan como "cobra", "culebra" o "víbora" (así como en la KJV se emplea para Proverbios 23:32).

COCINA Un lugar para la preparación de los alimentos. El término aparece sólo una vez en la mayoría de las versiones de la Biblia en español, Ezeq. 46:24, donde se refiere a salones sagrados en el templo donde los sacerdotes cocinaban ofrendas por la culpa y ofrendas por el pecado y ofrendas de granos horneados. Al cocinar y comer los sacrificios allí, los sacerdotes estaban protegidos del contacto con aquellos que no habían sido consagrados (46:19-20; *ver* 44:19). Si bien muchas versiones traducen el hebreo (beth ham-bashelim) como "cocinas" (LBLA, NTV, NVI, TLA), en la RVA dice "aposentos de los cocineros" y en la NBLH dice "fogones". No hay mención específica de cocinas en hogares privados en el texto bíblico.

COCINA Y COCCIÓN En el antiguo Cercano Oriente el tipo de cocina y cocción que se empleaban dentro de un hogar dependían del estatus socioeconómico y del estilo de vida de la familia. Un estilo de vida pastoral nómade o seminómada demandaba portabilidad; los hornos permanentes o instalaciones de calentado eran poco prácticos. Un estilo de vida urbano estable hacía posible la construcción de un equipamiento de cocina y calentado más complejo.

Cocina dentro de un Estilo de Vida Seminómada

Los grupos seminómadas, como Abraham y su familia o los israelitas antes de asentarse en Canaán, probablemente usaban una fogata u hoguera. El fuego del campamento se encendía sobre la tierra o en piedras planas. Una hoguera de esta naturaleza también podía rodearse con un pequeño círculo de piedras. Los agujeros poco profundos o las hogueras también se excavaban en el suelo cerca del frontis de una tienda o en el exterior, en el campamento.

Dado que las tiendas no tienen chimeneas, el humo del fuego escapaba a través de una puerta. El clima de la estación preceptuaba si el fuego debía encenderse adentro o afuera de la tienda. El fuego se encendía con dos ramas o por medio de la fricción o soltando chispas (Isaías 50:11; 64:2; 2 Macabeos 10:3), que es una habilidad conocida durante principios de la Edad de Piedra. Una vez encendido, las brasas ardientes de la fogata podían transportarse alrededor, se mantenían calientes y se avivaba formando una llamarada con combustible fresco (Isaías 30:14; cf. Levítico 6:13). Abraham cargó un tipo de brasa o fuego con él cuando sacrificó a Isaac (Génesis 22:6).

El "horno humeante y la antorcha de fuego" que simbolizaban la presencia de Dios ante Abraham puede que se refieran a un dispositivo portátil para transportar fuego (15:17).El combustible para el fuego se recopilaba a partir de materiales que en su mayoría estaban disponibles para los grupos seminómadas. Entre los combustibles potenciales se incluían cuernos y zarzas (Isaías 10:17), pasto seco (Mateo 6:30; Lucas 12:28), carbón (Juan 18:18 NRSV), ramas o palitos (Isaías 64:2), madera (Génesis 22:6) y estiércol seco de animal (Ezequiel 4:15). Las hogueras servían como medio para mantener el calor en el hogar familiar y también se usaba para la cocina.

Cocina dentro del Estilo de Vida Urbano

El estilo de vida sedentario del período monárquico proporcionaba la oportunidad de construir instalaciones permanentes de cocina y calefacción. En una casa israelita de cuatro habitaciones, la cocina por lo general se situaba en una hoguera u horno de arcilla en el patio del hogar. El horno de la cocina se encontraba habitualmente afuera de la casa, pero los arqueólogos han descubierto utensilios de cocina y hornos en el cuarto central de la residencia. Este horno de interior también servía para calefaccionar durante las estaciones húmedas y más frías. Era muy probable que las familias utilizaran el horno de patio durante las estaciones secas y más cálidas.

Los bajorrelieves egipcios y mesopotámicos proveen ilustraciones de la estructura de los hornos antiguos. Los arqueólogos han descubierto montones de ejemplos de diferentes tipos y tamaños por todo el antiguo Cercano Oriente. Los hornos domésticos y pequeños (Éxodo 8:3) estaban hechos de arcilla en dos formas básicas. La primera tenía una forma cilíndrica y una abertura en la parte superior. Esta variaba de dos a tres pies de alto y tenía unos dos pies de diámetro. La segunda, que era casi del mismo tamaño, tenía una forma más ovalada y pequeñas entradas en la base y en la parte superior.

Algunos hornos se cubrían con capas de yeso de fragmentos de vasijas en el exterior para mejorar el aislamiento. Estos se podían incrustar en la tierra o colocarse sobre el suelo. El piso del horno se rodeaba con piedritas y la hoguera se armaba sobre esto. Los hornos comerciales eran más grandes y se concentraban en zonas específicas de una ciudad (Nehemías 3:11; 12:38).

Los hornos y las hogueras se usaban para cocinar, y calefaccionar el hogar. Otros fogones u hornos se utilizaban para calefaccionar construcciones más grandes o para realizar tareas específicas que no estaban relacionadas con la preparación de alimentos. En la habitación central de una casa de la Edad del Hierro II en Siquem se descubrió un fogón ovalado y grande. En Jeremías 36:22-23 se menciona un "brasero encendido" o fogón que Joaquín usó para calefaccionar su casa de invierno. Este fogón puede que haya sido un recipiente elevado de cobre o bronce construido sobre una plataforma de tres patas. Un "brasero en llamas" (NVI: "brasero ardiente") también se menciona en Zacarías 12:6.

Utensilios de Cocina

Muchos tipos de utensilios de cerámica, que sin duda están asociados con la cocina y la alimentación, se han descubierto en excavaciones arqueológicas en el antiguo Cercano Oriente. También se han hallado implementos de piedra y metal, aunque parezca extraño. Una parte en la tienda o en el hogar se usaba como la "cocina". En un muro egipcio se encontró representada una cocina en el palacio de Ramsés III, y Ezequiel menciona las cocinas que están ubicadas en el nuevo templo (46:24). La cocina y los recipientes para servir incluían fuentes, cuencos, cálices, jarras, jarrones y potes de cocina. Los recipientes de almacenaje y pozos de granos también eran necesarios para almacenar especias, aceites, granos y otros comestibles.

Los recipientes más grandes diseñados específicamente para cocinar eran de uso común durante las Edades del Bronce y del Hierro. Estas "fuentes de cocina" a menudo se colocaban directamente en el fuego o en las brasas ardientes y se usaban para cocinar la carne o hacer sopas y otros tipos similares de alimentos. En la Edad del Hierro II los recipientes de cocina de Palestina por lo general contenían la firma del alfarero. Los recipientes de cocina tenían poca vida útil y se reemplazaban con frecuencia. Dado el estilo de estos tipos de fuentes que se cambiaban sistemáticamente con el tiempo, estos se han vuelto muy importantes para los arqueólogos porque ellos pueden datar el nivel particular o estrato de una historia en la que se hallaron.

Preparación de Alimentos

El tipo de alimento que consumían las familias también dependía de su estatus socioeconómico y estilo de vida. Las comidas básicas incluían productos lácteos, vino, pan y en ocasiones carne. Las familias más ricas podían comprar vegetales, frutas, dátiles, higos y otros alimentos menos comunes. En todos los hogares se consumía pan.

Granos. Los granos más comunes a la hora de elaborar pan eran el trigo, la cebada y la escanda (Isaías 28:25). El trigo crecía como planta silvestre en Palestina, y existe evidencia de que los pueblos seminómadas se quedaban en un lugar lo suficiente como para cultivar pequeños lotes de grano. El grano también se podía adquirir por medio del intercambio de otros productos agrarios como la leche de cabra o la lana. El grano se aventaba para separar la ahechadura de las semillas (Mateo 3:12; Lucas 3:17). El grano tostado era aquel que "explotaba" con el calor en vez de ser molido (1 Samuel 25:18). Después de ahecharlo, el trigo y los otros granos se molían al principio con un molino de mano. Los molinos de mano, o molinillos, eran de dos tipos. El primero era un dispositivo simple hecho con dos piedras. La base, o "montura", era una piedra plana y alargada que se curvaba con el movimiento de adelante hacia atrás de la piedra superior. La piedra superior, o "jinete", era plana a un costado y curva en la parte superior, lo que le permitía al usuario sujetar la piedra con ambas manos.

El grano se colocaba en la montura y la piedra jinete se pasaba repetidas veces sobre esta para moler. Esto era considerado un trabajo de baja categoría (Lamentaciones 5:13). Este tipo de molienda puede que se le haya asignado a Sansón cuando quedó ciego (Jueces 16:21).

El segundo tipo de molinillo consistía de dos discos de piedra de aproximadamente doce pulgadas de diámetro. La piedra más llana, o base, tenía una estaca de madera vertical en el centro. Por medio de un agujero que se le hacía a la piedra superior esta encajaba encima de la base, y con un mango en la piedra superior se rotaba para hacer presión en la piedra más llana (Mateo 24:41). El grano caía a través de un agujero central y la harina triturada salía por los costados. La rueda de molino mencionada en Mateo 18:6; Marcos 9:42; Lucas 17:2 es un ejemplo más grande de este tipo.

Moler grano era una labor necesaria en el hogar (Jeremías 25:10). El grano grueso se trituraba aún más para obtener harina fina con un mortero. El grano grueso podía usarse para hacer avena cocida o gachas.

Recipiente de cocina de la era helénica.

La harina finamente molida se utilizaba en las ofrendas de sacrificio (Éxodo 29:40; Levítico 2:4). La harina se mezclaba con agua y se amasaba (Génesis 18:6; 1 Samuel 28:24; 2 Samuel 13:8; Jeremías 7:18), se añadían pequeñas cantidades de levadura y sal, y luego el pan se horneaba. En el Antiguo Testamento se mencionan tres métodos para hornear pan: sobre brasas ardientes (1 Reyes 19:6; Isaías 44:19), en una parrilla (Levítico 7:9; cf. Ezequiel 4:3) y en un horno (Levítico 26:26). Si el pan se usaba para consumirlo con prisa, entonces no se agregaba levadura (Éxodo 12:39; Jueces 6:19; 1 Samuel 28:24). Los "pasteles" a la parrilla también se preparaban de esta manera (Oseas 7:8; cf. Ezequiel 4:12).

El pan a menudo se le daba distintas formas. El pan delgado se usaba para sacar la comida de un plato común (Mateo 26:23). A otros panes se les daba la forma de hogaza (Juan 6:9). En el sueño de un hombre se describe una hogaza redonda de pan de cebada rodando colina abajo, que golpea y vuelca una tienda (Jueces 7:13).

Tanto los hombres como las mujeres preparaban pan (Génesis 19:3; 1 Samuel 28:24), y los sacerdotes horneaban pan para usarlos en rituales (Levítico 24:5). Un rey podía solventar el costo de tener hombres y mujeres para que trabajaran como panaderos profesionales (Génesis 40:1; 1 Samuel 8:13). Los panaderos profesionales puede que también le hayan servido a la población urbana más grande (Nehemías 3:11; Jeremías 37:21; Oseas 7:4) en Jerusalén.

Frutas y verduras. Tras asentarse en Canaán, los israelitas agregaron un par de alimentos a su dieta. Los comestibles crecían en los jardines cultivados que ahora estaban a su disposición. Estos incluían alimentos como pepinos, melones, puerro, cebollas y ajo (Números 11:5). Algunas de estas verduras las agregaban a los guisos; otras se comían crudas. Las sopas de verduras, porotos y lentejas se preparaban en grandes recipientes de cocina que se colocaban directamente en el fuego. Esaú disfrutaba particularmente la sopa de lentejas (Génesis 25:30). Las hierbas y especias (menta, eneldo y comino) también estaban disponibles para ellos (Isaías 28:25, 27; Mateo 23:23). La sal la obtenían del Mar Muerto.

Las frutas también se cultivaban y se cosechaban. Las personas tenían un interés particular por las aceitunas. Las aceitunas se aplastaban en una prensa para obtener aceite. El aceite de oliva se usaba para cocinar y hornear. Este se mezclaba con harina fina para hacer pan (1 Reyes 17:12; Ezequiel 16:13; cf. Números 11:8).

Carne. Cuando un invitado llegaba o cuando acontecía una ocasión especial, la carne se agregaba al estofado. La carne a menudo se hervía (2 Reyes 4:38; Ezequiel 24:3-5), y también se agregaban especias (Ezequiel 24:10). Como la carne se desmenuzaba para hervirla, este método tenía la ventaja de evitar el problema respecto a asegurarse de que la sangre se drenaba apropiadamente de un animal antes de colocar su carne en la parrilla (Levítico 17:10-11). La leche se podía usar en un estofado; sin embargo, cocinar a un cabrito en la leche de su propia madre estaba prohibido (Éxodo 23:19; 34:26; Deuteronomio 14:21). La carne se asaba en una hoguera con un espetón. La carne se conseguía de los rebaños y a través de la cacería. Abraham le sirvió a sus invitados carne de ternera (Génesis 18:7); Gedeón y sus invitados comieron carne de carnero (Jueces 6:19); Samuel se menciona sirviéndole a Saúl una pierna de borrego (1 Samuel 9:24). Contrario a las regulaciones de ritual, Ofni y Finees exigieron carne para la parrilla (1 Samuel 2:13-15). La carne ciertamente se asaba como un sacrificio en el altar del tabernáculo y del templo. Por lo general también se asaba en días festivos como la Pascua (Éxodo 12:8-9).

Los pescados también se mencionan entre las comidas que Noé y sus hijos recibieron tras el diluvio (Génesis 9:2-3). Los israelitas consumían pescado en Egipto (Números 11:15), y los pescadores llevaban a cabo su comercio junto al Nilo (Isaías 19:8). Los pescadores podían usar anzuelos, lanzas o redes para cazar (Job 41:1, 7; Eclesiastés 9:12; Ezequiel 29:4; 47:10). En Israel, los peces provenían del Mar de Galilea o del Mediterráneo. En Jerusalén existió una "puerta del pescado", donde se vendían pescados (2 Crónicas 33:14; Nehemías 3:3; 12:39; Sofonías 1:10). Los fenicios exportaban mayormente diversas variedades de pescados comestibles a Israel. Los peces con aletas y escamas eran puros, pero aquellos que las carecían eran impuros (Levítico 11:9-12). En el día de Nehemías los fenicios vendieron pescados a los habitantes de Jerusalén incluso en el sabático (Nehemías 13:16). En los tiempos del Nuevo Testamento, los fenicios siguieron importando gran parte de los pescados provenientes de Palestina. El ministerio de Jesús se centró alrededor de las industrias pesqueras más pequeñas junto al Mar de Galilea. Jesús llamó a varios pescadores para que lo siguieran como discípulos (Mateo 4:18). En varias ocasiones Jesús ayudó a sus discípulos a llevar a cabo sus trabajos al mostrarles dónde arrojar sus redes (Juan 21:6, 11). Los peces se atrapaban con redes de arrastre (Juan 21:8) y con redes de mano (Mateo 4:18). Después de su resurrección, Jesús comió pescado con sus discípulos en Jerusalén y en el Mar de Galilea (Lucas 24:42; Juan 21:9).

Los peces se convirtieron en un alimento básico para las personas comunes (Mateo 14:17; 15:34). Los pescados que consumieron las multitudes probablemente estaban sazonados. Los pescados normalmente se asaban sobre una hoguera (Juan 21:9).

CÓDICE Un códice (del latín caudex, codex, "bloque de madera") es un libro que tiene páginas separadas que se amarran juntas y que posee una cubierta. El códice fue una invención romana que con el tiempo reemplazó los rollos.

Los primeros códices eran tabletas de madera que variaban en tamaño, pero medían típicamente de 6 a 8 pulgadas de ancho y de 10 a 12 pulgadas de alto. En los tiempos romanos, las tabletas se apilaban por lo general (hasta tener doce) y se amarraban por un costado con correas de cuero que se pasaban a través de unos agujeros que se perforaban cerca del borde, y se les daba la forma de bisagra para formar un códice, por lo que denotaba un libro compuesto de hojas (de madera o de otro material) que se juntaban a un lado. Los libros modernos son descendientes directos de los libros de tabletas (tabellae, pugillares).

Teniendo láminas de madera finamente cortadas, la superficie se raspaba para aclarar el color, y se escribía con tinta directamente sobre la hoja. A menudo las tabletas se lavaban y se reutilizaban. Con láminas de madera más gruesas y, por lo tanto, más duraderas, se cortaba un surco en el centro y este se rellenaba con cera. Para escribir se rayaba ligeramente la cera con una especie de lápiz. Las tabletas se reutilizaban simplemente al raspar la cera dejándola lisa. Las tabletas al ser reutilizadas se les dieron otros usos comunes como borradores, notas y otras escrituras sin publicar (*ver* Lucas 1:63).

En el primer siglo cristiano se empleó un nuevo códice. Las hojas de pergamino, que se utilizaban especialmente como borradores, eran útiles para elaborar códices más ligeros y más gruesos. Era posible apilar cincuenta hojas, por lo que se podían fabricar cien hojas y doscientas páginas. Estos cuadernos de pergamino, que comúnmente se les llamaba membrana ("pergaminos"), aun se usaban para propósitos personales. Escritores como Lucas y Pablo (*ver* 2 Timoteo 4:13) puede que hayan usado cuadernos para mantener fragmentos de los textos del Antiguo Testamento, borradores de sus propias escrituras y, en el caso de Pablo, copias de sus epístolas. A diferencia de sus contemporáneos que veían los códices como un medio inapropiado para las publicaciones (las referencias bíblicas para un libro tienen que ver con rollos), la iglesia temprana adoptó por completo el uso de los códices. *Ver también* Libros; Implementos de Escritura y Materiales.

CODICIAR, CODICIOSO Guardar un deseo exorbitante, especialmente por algo que le pertenece a alguien más y a menudo se intenta privar a esa persona de lo que es suyo por derecho. Las versiones de la Biblia difieren en cuanto a qué términos bíblicos poseen este sentido y cómo es mejor interpretarlo.

En el Antiguo Testamento, el término hebreo principal khamad indica un deseo egoísta y descontrolado. Por medio de un estudio respecto a las veces que se menciona esta palabra se demuestra que este deseo va dirigido muy a menudo hacia cosas que les pertenecen a los demás o que son por lo demás ilícitas (por ejemplo, Josué 7:21; Proverbios 6:25; Miqueas 2:2; no obstante, *ver* Salmos 68:16: "Dios decidió").

De una manera notable, el décimo mandamiento prohíbe codiciar las posesiones de otros (Éxodo 20:17; Deuteronomio 5:21). Este es único entre los mandamientos posteriores del Decálogo (Éxodo 20:12-17) porque apunta hacia una actitud reflexiva en vez de enfocarse en actos externos. Esto refleja el conocimiento de que la codicia, cuando es permitida, da pie a los mismísimos actos que se condenan en el Decálogo. El Antiguo Testamento está repleto de ejemplos correspondientes: Acán codiciaba el saqueo devoto para Jehová y robó parte de este (Josué 7); David codició a Betsabé, por lo que cometió adulterio e instigó un asesinato (2 Samuel 11); Ajab codiciaba el viñedo de Nabot y lo obtuvo cuando Jezabel acusó falsamente a Nabot (1 Reyes 21).

En el Nuevo Testamento, el término griego principal epithymeō representa un fuerte deseo en general. Pablo (así como se relata en la LXX) hace uso de este concepto cuando se refiere al décimo mandamiento (Romanos 7:7; 13:9), por lo que el término griego es similar al hebreo en significado. En contraste, en Santiago 4:2 se emplea epithymeō de una manera más amplia para aludir a los deseos malvados que promueven el conflicto. El significado exacto de esta palabra se determina por contexto (cf. Mateo 13:17, donde Jesús habla de aquellos que "anhelaban" experimentar lo mismo que sus discípulos).

En Romanos 13:9 Pablo amplía la recapitulación de Jesús sobre el Decálogo: la codicia es la antítesis de amar al prójimo como a uno mismo.

CODO Unidad de longitud. Se usó por todo el antiguo mundo y se basaba en la longitud de un antebrazo (aproximadamente 17.5 a 20.5 pulgadas).

CODORLAOMER *Ver* Quedorlaomer.

CODORNIZ Un ave que Dios les dio dos veces a los israelitas para comer. En ambos casos, las quejas de los israelitas sobre su dieta provocaron la acción de Dios. Dios primero proporcionó codornices a los israelitas al principio de las peregrinaciones en el desierto, también les dio maná por primera vez en el mismo período de veinticuatro horas (Éx. 16:1-15, Sal. 105:40). La vez siguiente que Dios les proporcionó codornices, se enojó y envió una plaga sobre las personas que estaban a punto de comerlas. Muchos murieron y fueron enterrados en Kibrot-hataava, que significa "tumba de la codicia" (Nm. 11:1-35).

COFRE DEL PACTO *Ver* Arca del Convenio.

C

COFRE Interpretación en la KJV de la palabra hebrea 'argaz (1 Samuel 6:8, 11, 15), que alude a un contenedor (NVI, NRSV: "caja") que se usaba para guardar objetos de valor como monedas, joyas u oro.

COHELET Una transliteración de la palabra hebrea qohelet, que identifica al personaje principal de Eclesiastés. Tradicionalmente, este personaje ha sido identificado con Salomón, aunque se reconoce ampliamente que la referencia indirecta a Salomón es un recurso literario. Las traducciones al español del nombre incluyen "Predicador" y "Maestro", aunque son completamente especulativas y no tienen ninguna conexión real con la raíz hebrea. La raíz verbal de qhl se refiere a la reunión, y puede usarse como un recurso literario para aludir a los actos de reunión de Salomón, ya sea reuniendo riquezas, reuniendo a personas para recibir instrucción en sabiduría o reuniendo dichos de sabiduría. Quizás la segunda de estas opciones sea preferible porque el verbo hebreo qhl generalmente se usa para referirse a la gente (Ej., Éx. 35:1), y las formas nominales casi siempre se refieren a encuentros de personas (por ejemplo, Nm. 10:7). *Ver también* 1 Re. 8:1, 2, 14, 22, 55, donde el verbo qhl se usa para describir a Salomón reuniendo a la gente para la dedicación del templo.

COHORTE Un décimo de una legión del ejército romano, dirigido por un capitán, que por lo general consistía en seiscientos soldados. Algunas cohortes auxiliares, que estaban a cargo de más infantería y caballería que las cohortes regulares, eran reclutadas y se posicionaban permanentemente en una región imperial específica.

En Juan 18:1-13 Judas dirige a una cantidad de soldados de la cohorte posicionada en Jerusalén, junto con algunas autoridades sacerdotales, para arrestar a Jesús. Cuando Jesús es arrestado y llevado al cuartel general de Pilato, toda la cohorte se reúne para conservar el orden cívico y llevar a cabo las tareas asociadas con la ejecución pública de Jesús (Mateo 27:27). En Hechos 10:1 se menciona al centurión Cornelio, que fue un oficial de la Cohorte Italiana (NVI: "regimiento Italiano"). En el versículo 21:31 el capitán de la cohorte posicionada en Jerusalén rescata a Pablo de una multitud enfurecida que estaba convencida de que él había traído a un gentil al templo. Otro centurión, Julio, de la Cohorte Augusta (NVI: "batallón imperial"), fue responsable por haber escoltado a Pablo para que se presentara en su juicio en Roma (27:1).

Imagen de una tumba egipcia mostrando una escena de hombres atrapando codornices.

COJO, COJERA Una condición o dolencia que hace que uno no pueda funcionar adecuadamente (la mayoría de las veces en cuanto al movimiento), o un término para un individuo afectado por tal condición o dolencia (Job 29:15; Prov. 25:19; 26:7; Is. 33:23; Mt. 15:30-31; 21:14; Lc. 14:13, 21;

Jn. 5:3). En el AT, a las personas cojas no se les permitía acercarse al altar (Lev. 21:18), ni se permitía sacrificar animales cojos al Señor (Dt. 15:21). Mefiboset, el hijo de Jonatán y el nieto de Saúl, era cojo porque en su juventud se cayó por un descuido de su nodriza (2 Sam. 4:4; 19:26). Los Profetas Mayores y Menores hablan de la redención de Israel por parte de Dios en términos de la corrección de la cojera (Is. 35:6; Jer. 31:8; Mic 4:6-7; Sof. 3:19). A la pregunta de Juan el Bautista de si él era el Cristo, Jesús respondió: "Los ciegos ven, los cojos andan, los que tienen lepra son quedan limpios, los sordos oyen, los muertos resucitan, y a los pobres se les anuncian las buenas nuevas". (Mt. 11:5, Lc. 7:22).

COLGANTE **(1)** El estatus de un objeto que está suspendido por un punto situado sobre él (e.g., Ez. 15:3). Objetos que son descritos como colgantes en la Biblia incluyen cortinas (Éx. 40:21), harpas (Sal. 137:2), piezas de armadura (Ez. 27:10-11; cf. Cant. 4:4), una rueda de molino (Mt. 18:6), una serpiente (Hec. 28:4) y Absalón (2 Sm. 18:9-10). **(2)** Una forma de castigo capital que involucra la suspensión del sujeto condenado de un árbol o patíbulo. En el AT, la muerte por colgamiento puede ser el destino de un rey enemigo capturado, tal como el rey Hai (Js. 8:29). La horca también puede ser el destino de aquellos que conspiran contra u ofenden a un rey, como posiblemente pasó con el panadero principal del Faraón (Gn. 40:19, 22). Tradicionalmente, se entendía que el ahorcamiento había sido el destino de los dos oficiales que conspiraron contra el rey Jerjes (Est. 2:23) y de Hamán que conspiró contra los judíos del reino de Jerjes (Est. 7:9-10; algunos intérpretes recientes entienden que su destino fue el empalamiento). En el NT, la crucifixión de Jesús es descrita como un colgamiento (Hec. 5:30; 10:39; cf. Lc. 23:39).

El significado de colgar a un ofensor trasciende el acto de matar. El colgar a alguien frecuentemente involucra humillación y declaración pública. Por ejemplo, Josué cuelga a cinco reyes rivales de árboles después de que han sido ejecutados (Js. 10:22-27). Cuando los filisteos encuentran los cuerpos de Saúl y sus hijos, los desmiembran y cuelgan sus cuerpos en el muro de Bethshan (1 Sm. 31:8-13; 2 Sm. 21:12) y la cabeza de Saúl en el templo de Dagón (1 Cr. 10:10).

Después de que David ordenó la muerte de Recab y Baana, hace colgar sus cuerpos cerca de la piscina en Hebrón sin manos ni pies (2 Sm. 4:12). Después de que los diez hijos de Hamán son matados, Jerjes aprueba la petición de Ester de que sus cuerpos sean colgados públicamente (Est. 9:12-14). Lamentaciones habla de la desgracia que ha caído sobre Jerusalén, incluyendo cómo príncipes son colgados por sus manos (Lam. 5:12). El colgar tienen significancia teológica. En el caso de ofensa capital resultando en ahorcamiento, Israel tiene instrucciones de que el cuerpo no debe ser dejado colgado por la noche, sino más bien debe ser enterrado el mismo día para evitar profanar la tierra, "porque cualquiera que haya sido colgado de un árbol [NIV: "poste"] está bajo la maldición de Dios" (Dt. 21:23; cf. Gal. 3:13). **(3)** Una forma de suicidio usada por dos individuos en la Biblia. Ahitofel se cuelga después de ver que su consejo a Absalón respecto a la revuelta contra David no ha sido seguido (2 Sm. 17:23). Judas Iscariote se cuelga tras darse cuenta que ha traicionado sangre inocente al ofrecer a Jesús a las autoridades (Mt. 27:5; cf. Hec. 1:18-19).

COL-HOZE **(1)** El padre de Salum, oficial del distrito de Mizpa que reparó la Puerta de la Fuente en Jerusalén (Neh. 3:15). **(2)** El padre de Baruc y un antepasado de Maasías, un hombre de Judá que se estableció en Jerusalén después del exilio (Neh 11: 5). Es posible que estos dos sean la misma persona.

COLÍAS **(1)** Un benjamita cuyos descendientes vivieron en Jerusalén después del regreso del exilio (Neh. 11:7). **(2)** El padre del falso profeta Acab (Jer. 29:21).

COLLAR Forma de joyería, probablemente hechas de oro o plata en su mayoría, que al parecer son lo suficientemente pequeñas como para adornar piezas más grandes (Números 31:50; Cantares 1:11) o para amarrarlas juntas en el cuello (Cantares 1:10; NVI: "collares").

COLLAR Término que aparece en varias versiones cuando el texto bíblico denota algo que se lleva puesto alrededor del cuello. A veces "cuello" se usa para traducir la palabra hebrea para "boca" cuando se refiere a la "boca" de una prenda alrededor del cuello, como en Job 30:18 (KJV, NRSV, NET, NASB, ESV) o en Salmos 133:2 (NVI, NRSV, ESV). Los "grilletes" se usaba como castigo (Jeremías 29:26 NRSV, NET, NASB; *ver también* Salmos 105:18 NRSV, NET, ESV), y los camellos de los madianitas usaban "collares" ornamentales de valor (Jueces 8:26 NRSV, ESV; NIV "cadenas"; NET: "collares").

COLLAR Un adorno para el cuello, a menudo de gran valor, utilizado para realzar la belleza (Cant. 1:10; 4:9; Ezeq. 16:11). Ocasionalmente, un collar hace referencia a un alto cargo (Gn. 41:42; Dan. 5:29). *Ver también* Joyas, Joyería.

COLLARES En Is. 3:19 la RVA traduce la palabra hebrea re'alah como "collares", refiriéndose a un tipo de velo (NVI, LBLA, NTV, NBD), parte de los adornos que ostentaban las mujeres arrogantes de Sión a quienes Isaías reprende en su profecía.

COLONIA Aunque existe evidencia de colonias griegas anteriores y durante las conquistas de Alejandro Magno, la colonia romana fue la que más impactó el mundo del Nuevo Testamento. Una colonia romana era considerada como Roma en el microcosmos con referencia al gobierno, arquitectura y ciudadanía (cf. Hechos 16:21). Las colonias modelaban típicamente sus sistemas administrativos según Roma, por lo que elegían cada año nuevos oficiales ejecutivos (cf. 16:35). El foro central de una colonia a menudo contenía un templo para Júpiter y una curia, donde el consejo de la ciudad se reunía. Los ciudadanos de la colonia, como tenían ciudadanía romana, estaban exentos de tributos y de la mayoría de los impuestos, y su gobernación se basaba en el modelo romano. Entre las colonias romanas mencionadas en el Nuevo Testamento están Filipos, Corinto, Antioquía de Pisidia, Iconio, Listra y Troas.

COLORES En la Biblia no existe un término genérico para la idea de color, pero sí se emplean diversos colores para propósitos descriptivos y simbólicos, y también se refiere a distintos procesos de pigmentación. Los objetos se pueden describir como "teñidos" (Éxodo 25:5), "multicolor" (Ezequiel 27:24) o "moteados" (Génesis 30:32) para indicar cambios o variedades de color. Ciertos colores se usan comúnmente en la Biblia (detallados abajo), mientras que otros aparecen rara vez (por ejemplo, el marrón y el amarillo) o nunca (por ejemplo, el naranjo), lo que refleja la gama de colores y tinturas que estaban disponibles en el antiguo Cercano Oriente. Los colores se usan a menudo con dos propósitos: para describir objetos de lujo que señalan poder y riqueza, y para describir los lugares habitables en la tierra y en el cielo de Dios. Las personas y los lugares comunes por lo general no se describen en cuanto a los colores de su apariencia. Excepciones a esto incluyen a Esaú (Génesis 25:25), David (1 Samuel 17:42) y al amante varón en el Cantar de los Cantares (5:10-11). Los siguientes colores tienen una importancia particular o un significado simbólico en la Biblia:

Blanco. Se usa para describir los síntomas de la lepra (Levítico 13:3-4). El blanco es mucho más común por tener una asociación positiva, por ser el color de la pureza (Isaías 1:18; Apocalipsis 3:4) y la gloria (Daniel 7:9; Mateo 17:2; Apocalipsis 1:14).

Los ángeles se describen blancos (Mateo 28:3) o están vestidos de blanco (Marcos 16:2; Hechos 1:10). La multitud de adoradores en

Collar sirio (siglo cuarto o quinto a.C).

el cielo vestirán prendas blancas (Apocalipsis 7:9) y serán limpiados con la sangre del Cordero.

Negro. La amante en el Cantar de los Cantares admira el cabello negro azabache de su amado (Cantares 5:11). Sin embargo, las cosas negras por lo general tienen menos connotaciones positivas: los nubarrones (1 Reyes 18:45), enfermedades a la piel (Job 30:30) y los efectos de la plaga de langostas (Éxodo 10:15). La oscuridad también puede ser una señal de juicio (Apocalipsis 6:5, 12).

Rojo. El rojo es el color de la tierra, del vino y de la sangre. Las tinturas rojas podían elaborarse a partir de insectos molidos, plantas y minerales, por lo que se podía obtener una amplia variedad de tonos diferentes (rojo, escarlata y carmesí son comunes en la Biblia).

La lana escarlata y las pieles de animales teñidas de rojo estaban incluidas en las ofrendas realizadas para la construcción del tabernáculo (Éxodo 25:3-5). El rojo se usaba para simbolizar el pecado (Isaías 1:18) y también estaba asociado con la guerra (Nahum 2:3; Apocalipsis 6:4).

Azul. Las borlas azules adornaban cada vestimenta hebrea como un recordatorio de los mandamientos de Dios (Números 15:38). En la corte persa los colores de la realeza eran azul, blanco y púrpura (Ester 1:6; 8:15), y los jóvenes gobernadores de Asiria usaban prendas azules (Ezequiel 23:6).

Púrpura. La tintura púrpura era muy costosa, por lo que este color de ropa era usado como una señal de riqueza (Proverbios 31:22; Hechos 16:14) y de autoridad: los reyes de Madián llevaban prendas púrpuras (Jueces 8:26); el carruaje de bodas del rey Salomón estaba tapizado en púrpura (Cantares 3:10); el rey babilonio Belsasar ofreció trajes púrpura como recompensa por el servicio realizado (Daniel 5:7). A Jesús lo vistieron con ropas púrpuras antes de su crucifixión como burla a su reinado (Juan 19:2-5). El azul, púrpura y escarlata se relacionaban por separado con el poder y la riqueza, pero cuando se usaban en conjunto estos tres colores implicaban el epítome de la opulencia y, como tal, se asociaban con la presencia divina. Las cortinas del tabernáculo fueron tejidas con lanas azules, púrpuras y escarlatas (Éxodo 26:1), como también las vestiduras de los sumos sacerdotes (28:4-15, 33). Los mismos colores se emplearon posteriormente para las cortinas del templo (2 Crónicas 3:14). Las ropas de color azul, púrpura y rojo se utilizaban para cubrir el arca del pacto y sus muebles (Números 4:6-12). Jeremías describe a unos ídolos adornados con azul y púrpura, que fue un intento para disimular su futilidad (10:9).

Gris. El cabello gris señalaba la vejez y, por ende, sabiduría (Salmos 71:18; Proverbios 16:31).

Verde. El verde es el color de las plantas y, por lo tanto, estaba asociado con alimentos vivificantes y, por consiguiente, la bendición de Dios. Dios concedió las plantas verdes como alimento (Génesis 1:30), por lo que su extracción o destrucción implicaba un juicio devastador (Éxodo 10:15; Ezequiel 17:24; Apocalipsis 8:7). Las personas podían ser simbolizadas como plantas verdes cuando eran fructíferas y bendecidas (Salmos 92:14; Jeremías 17:8) o cuando eran fácilmente destruidas (2 Reyes 19:26; Salmos 37:2).

COLOSAS *Ver* Asia Menor, Ciudades de los; Colosenses, Epístola a los.

Lugar de la antigua Colosas en el valle de Lycos, en la moderna Turquía.

C

C

COLOSENSES, EPÍSTOLA A LOS Es una carta que Pablo envió a la iglesia en Colosas cuando estuvo en prisión. Esta carta fue el primer contacto directo que Pablo tuvo con la iglesia, que puede que haya sido iniciada por uno de sus socios misioneros, Epafras (Colosenses 1:7). Epafras era oriundo de Colosas (4:12), una ciudad de Asia Menor ubicada en el valle de Lycus, que es conocido por su tierra fértil y verde pastura. Algunos comentaristas sugieren que Epafras también erigió iglesias en Hierápolis y Laodicea (4:13), que eran ciudades vecinas en el valle que se situaban alrededor del río Lycus a unas diez millas de distancia. Colosas era una ciudad libre ubicada en la ruta romana principal que recorría desde Éfeso y Sardis hacia el este, y que estuvo poblada por frigios nativos, como también griegos, romanos y judíos. Más que probable, la iglesia tuvo su origen durante el extendido ministerio de Pablo en Éfeso, donde las personas de la región escucharon su evangelio y donde él envió socios misioneros como Epafras hacia las ciudades adyacentes (Hechos 19). Tíquico, el cartero (Colosenses 4:7-8), también fue un camarada de Pablo oriundo de la misma región; él decidió acompañar a Pablo a Macedonia después de que el grupo se marchara de Éfeso (Hechos 20:4).La cercana asociación de estas iglesias en Asia Menor y el lapso en el que las epístolas se escribieron puede que expliquen la razón por la que la carta de Pablo hacia los colosenses es tan similar en contenido con su epístola para los efesios. Pablo estuvo en prisión (probablemente en Roma) cuando él envió estas cartas (Efesios 3:1; Colosenses 4:10, 18). Las instrucciones para Tíquico, el portador de ambas cartas, eran idénticas, casi con las mismas palabras (Efesios 6:21-22; Colosenses 4:7-8). Las epístolas comparten el mismo esquema, contienen algunos temas similares, en especial acerca del fin, donde Pablo da instrucciones respecto al hogar. También existe una afinidad entre Colosenses y Filemón, que fue una carta dirigida al mecenas de una de las iglesias domésticas en Colosas.

La mayoría de los nombres que Pablo menciona aparecen en ambas cartas: Timoteo, Onésimo, Arquipo, Epafras, Marcos, Aristarco, Demas y Lucas (Colosenses 1:1; 4:9-17; Filemón 1, 10, 23-24). Pablo estuvo en prisión, junto con Epafras, cuando él envió su carta a Filemón. Todo esto señala que estas cartas fueron escritas dentro de un período similar, en un lugar semejante, en una misma región. ¿Por qué Pablo envió tres cartas a la misma región, particularmente porque la producción de cartas era tan costosa? ¿Por qué no enviar una de las cartas a toda la región (como Gálatas) para que fuera leída por todas las iglesias domésticas? Obviamente, los problemas de cada iglesia eran tan distintos que estas necesitaban una palabra de conocimiento de su apóstol.

Prácticas Cuestionables en Colosas

Los colosenses estaban realizando varias cosas que Pablo encontró problemáticas, así como podemos saber gracias a Colosenses 2. Ellos se estaban juzgando entre sí por no mantener ciertas regulaciones dietéticas y días santos (2:16). Algunos afirmaban tener superioridad a través de experiencias de adoración personal que involucraba percibir visiones de ángeles (2:18). Algunos eran partidarios de disciplinas estrictas respecto al cuerpo humano, por lo que se castigaban a sí mismos por medio de diversos actos de autodegradación para refrenar apetitos carnales (2:23) y mejorar sus experiencias en la adoración (2:18).

Al parecer muchos de ellos intentaban vivir una versión expandida del mandato divino conocido a través de la historia de Adán, Eva y el fruto prohibido: "No tomes eso en tus manos, no pruebes aquello, y ni siquiera lo toques" (2:21). Pablo reconoció que todas estas afirmaciones y reglas tenían una "imagen de sabiduría", pero en realidad no eran nada más que tradiciones basadas en una religión "autoimpuesta", y que dichas prácticas ascéticas eran inútiles al momento de negar los apetitos carnales (2:22-23). ¿De dónde sacaron los colosenses todas estas extrañas ideas que los llevaron a tener un comportamiento tan estrambótico?

Pablo describió las falsas enseñanzas como un encarcelamiento "mediante filosofías y huecas sutilezas, que siguen tradiciones humanas y principios de este mundo" que se oponía a las enseñanzas de Cristo (2:8). Dado que la iglesia de los colosenses estaba conformada principalmente por gentiles convertidos (1:27), muchos intérpretes discuten que los problemas se originaron por la combinación del evangelio con los métodos paganos y locales. Los frigios eran conocidos por su fascinación con los rituales mágicos, la habilidad de manipular poderes (tierra, viento, fuego, espíritus, ángeles, a menudo se les conoce como "principios elementales del mundo") para propósitos humanos. La descripción de Pablo sobre las falsas enseñanzas como "filosofías y huecas sutilezas" basadas en la "tradición humana" puede que también revele la influencia de ideas griegas y métodos romanos en la iglesia. Los griegos operaron con una cosmovisión dual del espíritu versus la carne, lo que llevó a algunos filósofos a discutir que el castigo del cuerpo aseguraba la pureza del alma. Además, los romanos creían que los dioses les habían concedido poderes para gobernar el mundo al tener tierras fértiles en los pueblos conquistados. Adorar al César significaba obtener recompensas económicas para los sujetos devotos del imperio. En otras palabras, todo este discurso en la carta de los colosenses sobre el poder y soberanía, la filosofía y la autodisciplina fueron el método de Pablo para lidiar directamente con la raíz del problema: el sincretismo de los caminos paganos y el evangelio según Pablo.

Algunos intérpretes creen que todas estas enseñanzas peculiares no derivan de las religiones paganas, sino que más bien del judaísmo. Después de todo, las referencias de Pablo sobre la observación del sabático, la conservación de los mandamientos y la adoración de ángeles apuntan hacia un contexto judío. Pablo también afirmó que los gentiles convertidos fueron "circuncidados, no por mano humana" (2:11), quizás esto revela su preocupación por los métodos judíos que entraban sigilosamente a su iglesia de gentiles. Él incluso le puso atención a la iglesia e identificó aquellos que estaban entre "los circuncidados" (los judíos) que fueron ministros confiables del evangelio (Pablo solo menciona a tres: Bernabé, Juan Marcos y Jesús llamado Justo [4:10-11]). La implicación, obviamente, era ignorar al resto de los "circuncidados". Pero si los alborotadores en Colosas eran oponentes judíos de Pablo, ¿cómo se puede explicar todos los elementos místicos y ascéticos de esta falsa enseñanza? Algunos discuten que la expresión "adoración de ángeles" no era una práctica idólatra por venerar a seres angelicales.

En cambio, la frase debería traducirse como "adoración angelical", lo que implica que algunos colosenses afirmaron haber sido transportados al cielo para unirse con los ángeles en adoración a Dios. Esto puede que sea similar a las experiencias de una forma oscura del judaísmo: los místicos judíos que afirmaban preservar las revelaciones esotéricas por medio de experiencias fuera del cuerpo de visiones y audiciones divinas (*ver* la descripción de Pablo en 2 Corintios 12:1-7). Además, el código dietético estricto y la ética sexual de la ley judía a menudo eran interpretadas por los paganos del siglo I para promover un estilo de vida ascético. En otras palabras, Pablo estaba argumentado contra una rama más críptica del judaísmo que creció en una región conocida por su afinidad con lo misterioso.

Resumen y Contenido

I. Introducción (1:1-14)
  A. Saludos (1:1-2)
  B. Acción de gracias (1:3-8)
  C Oración (1:9-14)
II. La Persona y Obra de Cristo (1:15-23)
III. El Rol de Pablo en la Misión de Cristo para los Gentiles (1:24-2:5)
IV. Instrucciones sobre la Vida en Cristo
  A. En la iglesia (3:1-17)
  B. En el hogar (3:18-4:1)
VI. Exhortaciones Genéricas (4:2-6)
VII. Instrucciones Específicas (4:7-9)
VIII. Saludos Finales (4:10-17)
IX. La Firma de Pablo (4:18)

Sea cual sea el origen de las falsas enseñanzas mencionadas en los Colosenses, Pablo intenta corregir este mal comportamiento de los gentiles convertidos al elaborar un argumento sobre la obra de Cristo que es absolutamente suficiente. Pablo comienza su carta al describir la persona y obra de Cristo en términos cósmicos (1:15-23). A continuación él relata su rol en la misión

C

de Cristo para traer las riquezas del reino a los gentiles (1:24-2:5). Después de recordarle a los colosenses sobre la recepción del evangelio, Pablo yuxtapone las prácticas engañosas de las falsas enseñanzas por medio de la evidencia de la obra de Cristo en ellos (2:6-23). Luego él entrega una serie de instrucciones acerca de cómo se supone que sería llevar una vida en Cristo: en la iglesia (3:1-17) y en el hogar (3:18-4:1). Pablo concluye la carta con exhortaciones genéricas (4:2-6), instrucciones específicas (4:7-9) y saludos (4:10-17). Finalmente, Pablo firma la carta, que obviamente fue escrita por un secretario, con una sencilla solicitud: "Acuérdense de mis cadenas" (4:18), que es una curiosa firma que hace que el argumento de su carta sea incluso más atractivo.

C

El Poder y la paz del Reino de Cristo

Es irónico el hecho de que Pablo decidiera describir la obra de Cristo en dichos términos grandiosos, representándolo a él como un soberano poderoso de toda la creación, a pesar de que el apóstol estuvo en prisión, que era una señal innegable de la soberanía romana. En Colosenses 1, en uno de los lenguajes más sublimes que Pablo haya usado para detallar la autoridad del reino de Cristo, el apóstol le recuerda a los convertidos que el Señor es "la imagen del Dios invisible, el primogénito de toda la creación" (v. 15), que es una obvia referencia a la deidad de Cristo. Luego Pablo apila atributos para presentar a Cristo como el creador de todas las cosas, incluso a las criaturas angelicales (v. 16), el sustentador de todas las cosas (v. 17), la cabeza de la iglesia, el eterno, el garante de la resurrección (v. 18), la plenitud de Dios (v. 19), el reconciliador de todo, el que hizo las paces con los enemigos de Dios por medio de su sangre en la cruz (vv. 20-22). A pesar de las circunstancias que experimentaba Pablo y lo que Roma afirmaba, el apóstol se aferra con rapidez a la soberanía irreprimible del reino de Cristo, que Pablo muestra a través de la perseverancia en medio del sufrimiento y de la certeza absoluta de que cada creyente colosense se presentará "perfecto en Cristo" (vv. 22-29). De hecho, todos los tesoros del reino de Cristo (el amor, el conocimiento, la sabiduría, la disciplina) deben hallarse en la vida de los convertidos (2:1-5), a no ser que alguien los "engañe" para que piensen lo contrario.

La estrategia retórica de Pablo de elogiar el poder del reino de Cristo tiene sentido a la perfección a la luz de las falsas enseñanzas que estaban plagando la iglesia colosense. Al parecer, los colosenses fueron persuadidos para sentirse insuficientes en cuanto a su fe, vulnerables ante la imposición de los estándares jurídicos que aseguraban la victoria frente a las indulgencias carnales. Para contra argumentar a sus oponentes, Pablo descifra la importancia de la encarnación y la cruz (2:9-15). Como Cristo era Dios hecho hombre (en el que "toda la plenitud de la Deidad habita corporalmente en él" [v. 9]), su muerte en la cruz fue un evento cósmico que derrotó todos los poderes que se oponían a Dios. Usando imágenes militares, Pablo argumenta que Cristo pagó toda deuda contra la humanidad cuando él clavó todos los "decretos" (incluso los del César) en la cruz. En el acto singular del sacrificio, Cristo desarmó a los enemigos de Dios al humillarlos públicamente por medio de un espectáculo sobre ellos mismos, y triunfó sobre todo poder (v. 15), algo que al César le encantaba hacer tras una exitosa campaña militar. Por lo tanto, si la victoria de Cristo sobre todo poder se aseguró por medio de su muerte, dado que él gobierna como el primogénito de los muertos (resurrección) sobre toda la creación y como los colosenses se presentarán "perfectos en Cristo" (1:28) por su fe en él, entonces ningún pretexto de auto humillación o visiones de ángeles puede disminuir lo que Cristo ha hecho y seguirá haciendo en las vidas de los convertidos de Pablo en Colosas. Cristo es todo lo que ellos necesitaban para superar los poderes.

En Colosenses 3, Pablo cuenta sobre la manera en la que los colosenses recurren al poder de Cristo cuando ellos "pongan la mira en las cosas del cielo, y no en las de la tierra" (v. 2). Las cosas sobre la tierra que tengan relación con la "inmoralidad sexual, impureza, pasiones desordenadas, malos deseos y avaricia" (v. 5). Pablo cree que sus convertidos murieron con Cristo ("su vida está escondida con Cristo en Dios" [v. 3]) y, por ende, dejaron de lado todas estas prácticas idólatras cuando ellos se vistieron con el "nuevo ser", por lo que se volvían conformes a la imagen de Cristo (vv. 8-10). Esta renovación la encontrarán todos los creyentes, sin importar su etnicidad (v. 11), y significará la paz para todos. De hecho, Pablo ve la "paz de Cristo" como una evidencia indiscutible de su reinado exhibido en los corazones de aquellos que creen (vv. 12-15). ¿Y qué aspecto tiene esa paz? Los creyentes serán pacientes, se perdonarán entre sí con corazones llenos de compasión, amabilidad, humildad, dulzura y amor que en consecuencia creará unidad (vv. 12-14). Su adoración a Dios será caracterizada por canciones de agradecimiento y exhortación, por lo que recibirán la palabra con sabiduría (v. 16). En sus hogares, los esposos, las esposas y los hijos serán ejemplo de deferencia y amor, y los maestros y los esclavos buscarán la justicia e imparcialidad, como si estuvieran al servicio de Cristo (3:18-4:1). Los colosenses serán devotos en la oración, tratarán con justicia a los forasteros y serán conocidos porque siempre hablarán con palabras dignas (4:2-6). En otras palabras, donde el imperio de César había promovido paz romana al imponer la ley romana en las provincias, ciudades y hogares, Pablo creía que la paz de Cristo reinará los corazones de sus discípulos, estableciendo un reino de amor y unidad, en palabra y hazañas, en el hogar como también en la iglesia. Entonces, en sus saludos finales, Pablo habla sobre los esclavos fieles y los hermanos queridos como fuentes de apoyo en la obra en constante expansión del reino de Dios (4:7-17), haciendo que su sencilla solicitud "acuérdense de mis cadenas" (4:18) suene más como un acto desafiante que como una súplica patética.

COLUMNA DE FUEGO Y NUBE Mientras Moisés y los israelitas viajaban por el desierto, Dios los guió yendo delante de ellos, apareciendo como una columna de nube durante el día y una columna de fuego por la noche (Éx. 13:21-22). Antes de que cruzaran milagrosamente el Mar Rojo, la columna de nubes separó a los israelitas del ejército egipcio, protegiéndolos y dándoles luz (Éx. 14:19-20). La columna iluminó el camino para los israelitas (Neh. 9:12).

Cuando se instaló el tabernáculo, la columna de nube o fuego se posó sobre él (Éx. 40:34-38), de modo que la columna siempre estuvo a la vista de los israelitas. Los israelitas se movían cada vez que la nube se movía desde arriba del tabernáculo (Éx. 40:36-37, Nm. 9:17). Mientras Moisés se encontraba con Dios, la nube permaneció a la entrada de la tienda de reunión (Éx. 33:9, Nm. 12:5, Dt. 31:15, *ver también* Sal. 99:7).

COLUMNA DE SAL Cuando la esposa de Lot miró hacia atrás mientras huía de la destrucción de Sodoma y Gomorra, y al no obedecer las instrucciones de los ángeles, se convirtió en una columna de sal (Gn. 19:17, 26). Esta historia ha sido asociada durante mucho tiempo por las tradiciones locales con las formaciones de sal natural en los alrededores del Mar Muerto.

COMADREJA El hebreo para el primer animal impuro en Lv. 11:29, kholed, es traducido "comadreja" en varias versiones (e.g., NIV, NRSV, KJV). Las comadrejas son pequeños carnívoros de color café rojizo, nativas de Israel hasta tiempos recientes. Con cuerpos largos, patas cortas y movimiento constante, parecen "revolotear" cerca de la tierra. La mangosta y la mofeta, más comunes en Israel, son en cierto modo similares.

COMANDANTE *Ver* Canciller.

COMBUSTIBLE En tiempos bíblicos, la madera era el combustible usual para cocinar (Ez. 24:5) y para ofrendas quemadas (Gn. 22:3; Lv. 1:7). La madera misma era una ofrenda tras el exilio (Neh. 10:34). Los niños recogían madera (Jr. 7:18; Lam. 5:13), al igual que los extranjeros (Dt. 29:11), las mujeres (1 Re. 17:10) y, en algunos casos, los hombres (Dt. 19:5). Recolectar combustible estaba prohibido en Sabbat (Nm. 15:32). En general, cortar madera, al igual que llevar agua, se consideraban trabajos de bajo estatus (Js. 9:27). En tiempos de guerra, la madera se volvía cara (Lam. 5:4) y las personas recurrían a quemar excremento como combustible (Ez. 4:12). Las vides se usaban como combustible porque eran inútiles como madera (Ez. 15:6; Jn.

15:6). Isaías se burla de la adoración de ídolos porque la misma pieza de madera podía producir un ídolo o leña (Is. 44:15). Ezequiel se refiere a la guerra como el quemado de personas como combustible (Ez. 21:32) y a la paz como el quemado de armas (39:9-10).

COMERCIO La práctica de comprar, vender e intercambiar bienes se autentifica muy bien en ambos Testamentos. Entre los objetos de comercio que se detallan en la Biblia están los textiles (Ezequiel 27:24), los metales (1 Reyes 9:28; Ezequiel 27:13; Apocalipsis 18:12), las especias (Jeremías 6:20; Apocalipsis 18:13), el maíz (1 Reyes 5:11; Ezequiel 27:17), los animales (1 Reyes 10:29) y el vino (2 Crónicas 2:15; Apocalipsis 18:13).

Antiguo Testamento

Palestina yace en una posición estratégica entre Egipto y Mesopotamia. Por lo tanto, las principales rutas de comercio que preceden las escrituras bíblicas se encuentran por toda Palestina. Que ciertas formas de comercio al parecer sólo se presentan en la escena dentro de la narrativa bíblica da testimonio de la importancia del comercio durante la era del Antiguo Testamento. Un incidente de este tipo involucra una caravana de ismaelitas que viajaba desde Galaad hasta Egipto (Génesis 37:25). Aunque la narrativa se centra principalmente en mostrar cómo José terminó en Egipto, la realidad de que los ismaelitas (posteriormente se les llamó "madianitas" [Génesis 37:28]) viajaran distancias tan grandes para obtener bienes da testimonio del impacto de largo alcance del comercio en esa época.

Viaje por tierra. En los tiempos bíblicos, tres caminos principales de norte a sur cruzaban Palestina. En la costa estaba la ruta costera internacional, que a veces se le llamaba el Camino del Mar (del latín Via Maris) (*ver* Isaías 9:1), aunque este era un nombre poco apropiado. Esta ruta comenzaba en Egipto y continuaba a través de Gaza, Afec, Megido, Hazor, Dan y Damasco. Nombrado tres veces en la Biblia (Números 20:17; 21:22; Deuteronomio 2:27), el Camino de los Reyes iniciaba en el Golfo de Áqaba en Eilat (punto en el extremo norte del Mar Rojo) y recorría hacia el norte en Damasco. Al ser una ruta principal de comercio en los tiempos antiguos, el camino con el tiempo fue bordeado con fortalezas y reconstruido por el

LAS TRES RUTAS DE COMERCIO PRINCIPALES DE PALESTINA

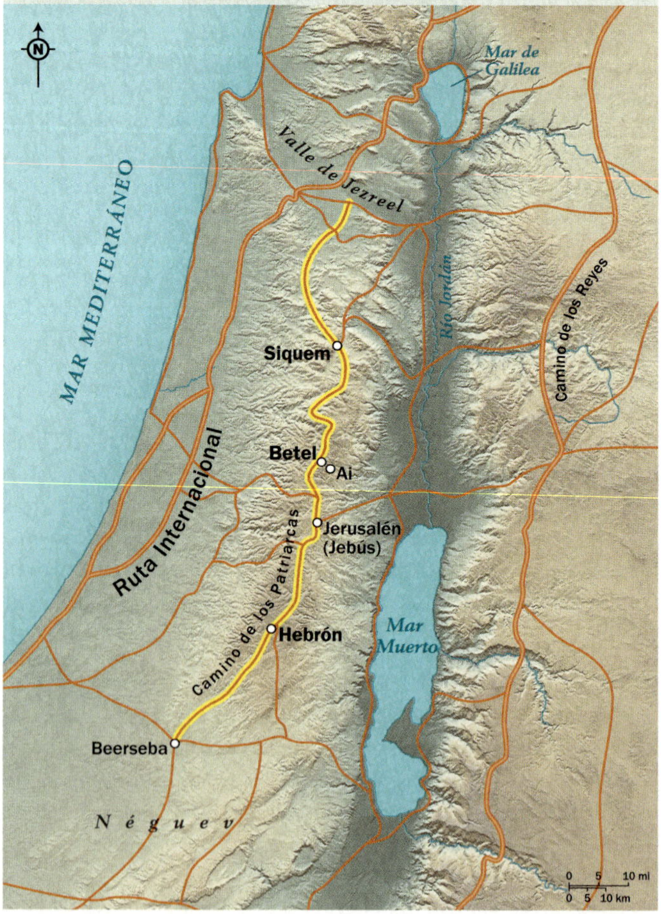

emperador romano Trajano durante el siglo II d.C. La tercera ruta principal era interregional y no internacional. Esta ruta céntrica e interregional recorría desde Siquem en el norte hasta Beerseba en el sur, donde se podían encontrar paradas en Siló, Betel, Ramá, Jerusalén, Belén y Hebrón.

La primicia de que Salomón tuvo "setecientas mujeres a las que hizo reinas, y trescientas concubinas" (1 Reyes 11:3) evidencia diversas líneas de comercio, tanto regionales como internacionales. El matrimonio, particularmente el de los reyes, a menudo estaba arreglado por razones estratégicas. Una manera de formalizar un acuerdo de paz, un pasaje seguro o acuerdos de comercio era ofreciendo una hija en matrimonio. Las esposas de Salomón de Egipto, Moab, Amón, Edom, Sidón y zonas hititas (1 Reyes 11:1) probablemente tuvieron roles tanto políticos como económicos.

Viaje por mar. Aunque viajar y comercializar por mar (ríos también) no se podía descartar, particularmente en Egipto, los esfuerzos comerciales más significativos en el Antiguo Testamento tienen relación con las principales rutas de comercio a través de Palestina. Sin embargo, en el Antiguo Testamento se evidencian varios ejemplos de comercio marítimo. De los ejemplos más interesantes de comercio marítimo se pueden mencionar los barcos de Salomón, que regresaban de manera intermitente con "oro, plata, marfil, monos y pavos reales" (1 Reyes 10:22). A pesar de las exhortaciones que los reyes israelitas recibieron (Deuteronomio 17:15-20), Salomón adquirió caballos y carros de Egipto (1 Reyes 10:28-29) en su ruta a Coa (cf. Cilicia en el sureste de la actual Turquía). Por lo tanto, el comercio parecía ser internacional al realizarse por mar y tierra (cf. Génesis 37:25-28; 1 Reyes 10:15; Isaías 23:8; Ezequiel 27).

Revelación. La orientación geográfica centralizada de Palestina aseguraba tener un rol único en el intercambio comercial del antiguo Cercano Oriente. Tal vez esta es la razón por la que Dios le dio a Israel una revelación específica que tenía que ver con los asuntos comerciales. La exhortación de "usen balanzas, pesas y medidas justas" al gestionar negocios habría demostrado la integridad de Israel y de la Israel de Dios (Levítico 19:35-36).

Nuevo Testamento

Las conquistas de Alejandro Magno catalizaron las relaciones comerciales entre occidente y oriente (c. siglo IV a.C.). No obstante, no sería hasta la consolidación romana del poder en el Mediterráneo occidental (Tercera Guerra Púnica, 149-146 a.C.) que el comercio mejoró en gran medida. Los dos siglos de paz, que se le conoce como Pax Romana (cf. Filón, Embajada 47; Plutarco, Mor. 317B), fue uno de los legados permanentes del emperador Augusto (r. 27 AC-14 DC). De los resultados positivos del gobierno de Augusto se pueden mencionar la prosperidad económica, comunicaciones mejoradas y un gobierno estabilizado. La creciente red de rutas romanas y la regulación estricta en los mares mejoraron la calidad y condiciones de viaje entre las localidades, por lo que mejoraron además las comunicaciones y las oportunidades comerciales a lo largo del imperio (cf. Plinio el Viejo, Nat. 14.1.2).

Lo que contribuyó con el desarrollo del comercio fue la creación de una economía completamente monetizada por todo el Imperio Romano. Aunque seguía funcionando el trueque, la acuñación llegó a usarse con intensidad posteriormente y debido a las políticas de Alejandro Magno. Estrabón incluso va más allá al mencionar que la falta del uso de la acuñación fue una característica del barbarismo (Geogr. 7.5.5).

Los mercantes incluían a los transportistas, empresarios y sus agentes, que viajaban para hacer contratos y supervisar el envío de bienes. Aunque la fuente típica de ingreso para un aristócrata era la agricultura, la tentación de adquirir ganancias potenciales de comercio llevó a algunos a involucrarse en el comercio mercantil o a designar a sus esclavos para realizar dicha labor. Jesús al parecer alude esta última práctica en el Evangelio de Mateo cuando él cuenta la parábola de un maestro que emprende un largo viaje y esperaba que sus sirvientes manejaran sus asuntos (Mateo 25:14-27). A un esclavo se le podía confiar un mensaje o una transacción de negocios en el extranjero. Por lo tanto, no habría sido raro ver a un esclavo viajando y manejando los negocios de su maestro. Puede que esto señale una noción sobre Onésimo, el esclavo que Pablo encuentra, que le pertenecía a Filemón (*ver* Filemón 10-18).

Debido a la lentitud de los viajes, los alimentos no se transportaban muy lejos. No obstante, la alta demanda de grano hizo crecer la industria de comercio de un fenómeno generalmente localizado a una operación internacional. Además de la bien documentada importación/exportación de granos, objetos como el vino, frutos secos, especias y otros artículos de lujos eran enviados a distancias mayores. El comercio se llevaba a cabo en tierra y mar.

Viaje por tierra. En la antigüedad no existía nada parecido a las infraestructuras masivas de las naciones modernas. No obstante, en el tiempo del Nuevo Testamento, las rutas romanas hacían más eficientes los envíos y los viajes por tierra, por lo que era un hecho más efectivo en comparación con tiempos anteriores. La extensión de estos sistemas de rutas se expandió desde la actual Escocia hasta el Éufrates, lo que proporcionaba un valor estratégico para el imperio, pero revolucionó profundamente el comercio y el viaje. Muchos de estos caminos aún se usan. Sin embargo, incluso con las condiciones mejoradas de los sistemas de rutas, el comercio por tierra era lento y caro. Por lo tanto, la mayoría del tráfico comercial era localizado. No obstante, la empresa comercial marítima permitió un envío más rápido y económico.

Hubo dos rutas comerciales por tierra que fueron principales en el mundo romano. La primera, la Vía Apia (del latín Via Appia) recorría desde el sur de Roma hasta Capua, cruzaba Italia y se extendía hasta Bríndisi en la Costa Adriática. Pablo y sus camaradas recorrieron tramos de este camino cuando se dirigieron a Roma (Hechos 28:15-16). La segunda, la Vía Egnatia (del latín Via Egnatia), comienza en Dirraquio y abarca a lo largo de Macedonia y por ende Bizancio (Estambul). Pablo en su segundo y tercer viaje misionero habría pasado por tramos de este camino cuando viajó a Tesalónica (cf. Hechos 17:1). Hacia el este, en Asia Menor (actual Turquía), la muy transitada carretera de este a oeste era conocida como la Vía Común. Cualquiera que esté familiarizado con los viajes misioneros de Pablo reconocerá algunas de las paradas junto a la Vía Común: Éfeso, Laodicea, Antioquía de Pisidia, Iconio y Tarso (por nombrar algunos).

Viaje por mar. La presencia del comercio marítimo está bien documentada en el Nuevo Testamento. Prácticamente no existió ninguna industria de viaje en su derecho propio; en cambio, los viajes se realizaban por medio de las rutas de comercio establecidas. Si una persona deseaba viajar por mar, debía buscar una embarcación carguera que se dirigiera al lugar apropiado. Por lo tanto, cuando en el Nuevo Testamento se registra un viaje por mar, tiene que ver con el contexto de embarcaciones de comercio (cf. Hechos 27:38). La mayoría de los barcos se dejaban cerca de la tierra y se aventuraban en medio de los puertos (cf. 20:13-15; 21:1-8; 27:2), aunque si los vientos occidentales prevalecían se podían usar a favor, y de esta manera una gran embarcación saldría a mar abierto.

Aunque el comercio no era una industria de la élite (cf. Cícero, Off. 1.150-151; Homero, Od. 8.14ff.), la importancia del comercio marítimo no era algo que se pasaba por alto. La industria proporcionaba una manera para redistribuir los recursos esenciales y los bienes por todo el mundo romano, eliminando potencialmente la escasez temporal. Tanto Atenas como Roma dependían enormemente de las importaciones de grano de Egipto para alimentar a la población urbana y mantener a los ejércitos. De hecho, gran parte de los largos viajes de comercio por el Mediterráneo se llevaban a cabo para abastecer con granos a Roma. En el libro de Hechos se mencionan dos de esas embarcaciones de grano de Alejandría (27:6, 38; 28:11).

El comercio por mar a gran escala podía transportar enormes cantidades de bienes entre las localidades. En Hechos se mencionan a 276 personas que viajaron en un barco con granos cuyo destino era Roma (27:37). Asimismo, Josefo registra su viaje desventurado hacia Roma en una embarcación en la que viajaban 600 pasajeros (Vida 15). Este número de pasajeros proporciona cierta noción sobre el tamaño de estas embarcaciones y la cantidad de cargamento que podían transportar. Se creía que un barco de comercio alejandrino podía llegar a medir hasta doscientos pies de largo.

Existieron dos rutas de comercio marítimas principales en el mundo romano. La primera era la ruta marítima desde Puteoli (al sureste de Roma) hasta Alejandría, que era transitada por barcos mercantes que tomaban ventaja de los vientos predominantes en el Mediterráneo mientras viajaban hacia Egipto por granos. Este pasaje, de unas mil millas náuticas, se podía recorrer en menos de dos semanas. Por el contrario, el viaje de regreso podía demorar hasta tres meses por la costa norte de Palestina, pasando por diversos puertos importantes: Lod, Jaffa, Cesarea, Ptolemaida, Tiro, Sidón y Antioquía.

A pesar de que la paz romana marcó el inicio de una era de viaje seguro por mar y tierra, el tránsito marítimo siguió siendo bastante peligroso. Según los registros, Pablo tuvo que experimentar cuatro naufragios (*ver* Hechos 27:39-44; 2 Corintios 11:25-26). Josefo anotó en su propio viaje hacia Roma en el que "pasó por una gran cantidad de peligros, por mar" (Vida 14). Los patrones climáticos y las condiciones del mar podían cambiar de inmediato, y la gente admitía que ciertas épocas del año eran mejores para viajar (Cod. theod. 13.9.3.3; Tácito, Hist. 4.81; Hechos 27:9-12; cf. 2 Timoteo 4:13). Sin embargo, el imperium romano ofrecía incentivos generosos a los comerciantes que se arriesgaban en las estaciones y traían suministros de grano a Roma desde Egipto (Suetonio, Claud. 18-19; Dio Casio, Hist. 60.11). Dicha embarcación proporcionaba el contexto para los viajes de Pablo hacia Roma, que terminaban con un naufragio y la pérdida de productos de grano, pero extraordinariamente nunca hubo pérdida de vidas (*ver* Hechos 27:13-44).

Asociaciones de comercio. Existieron diversos tipos de asociaciones de comercio en el antiguo mundo. Dicho grupo consistía de mercaderes o artesanos que compartían un negocio común. Estos grupos por lo general no ejercían influencias políticas, sociales ni económicas. En cambio, ellos existían para proteger a los mercaderes y artesanos y sus intereses económicos. Tal fue el caso cuando los artesanos de Éfeso incitaron una revuelta porque Pablo y sus camaradas estaban predicando en contra de la idolatría en la adoración a Artemis (Hechos 19:26). La afirmación de que "toda Asia y el mundo" adoran a Artemis (19:27) es ciertamente hiperbólica; no obstante, la generalización del culto a Artemis se registra en otras fuentes (Pausanias, Descr. 4.31.8; Strabo, Geogr. 4.1.5) y se sugiere que los artesanos que construían estos santuarios de plata obtenían buenos ingresos en la economía local.

Asimismo, el comercio del bronce de Corinto está bien documentado en la antigüedad (por ejemplo, Vitruvio, De arc. 8.41; Plinio el Viejo, Nat. 34.6). El bronce se usaba en la producción de diversos bienes: cuencos, joyería y recipientes que mejoraban el sonido para el teatro en Corinto. Puede que esto último tenga que ver con lo que Pablo escribió sobre un "metal que resuena" (1 Corintios 13:1). El reconocimiento de la belleza y valor del bronce de Corinto implicaba que fuera de interés para los otros mercados. Plinio el Viejo escribió que "ha existido una manía increíble entre muchas personas por poseer este metal" (Nat. 34.6). Ubicada en la Peloponeso griega, Corinto tenía una posición estratégica para distribuir sus bienes por todo el Imperio Romano. Fue en esta ciudad portuaria donde Pablo pasó tiempo importante erigiendo una iglesia (Hechos 18:1, 18).

COMEZÓN Una enfermedad de la piel íntimamente ligada con escabiosis, caracterizadas por una sensación irritante. Moisés entregó normas respecto de una variedad de enfermedades de la piel (Lv. 13:1-14:32). Basándose en estos principios guía, el sacerdote era capaz de declarar si una persona era pura o impura. El sacerdote usaba el término "comezón" (hebreo. neteq) para diferenciar una enfermedad menor de la piel de la lepra, dependiendo de cómo se desarrollaba (Lv. 13:30-37). Moisés les advirtió a los israelitas que si fracasaban en honrar su compromiso de la alianza con Yahveh, se les impondría una enfermedad incurable, una de las cuales era piel con comezón (hebreo. kheres [Dt. 28:27]). Esta enfermedad descalificaba a las víctimas del sacerdocio (Lv. 21:20). Job sufría de una enfermedad con comezón (hebreo, shekhin) y usaba un fragmento de vasija para rascarse a sí mismo (Job 2:7-8).

COMIDA

Tipos de Comida

En la era bíblica, la comida consistía principalmente en carnes, cereales, vegetales y frutas, aunque los cereales y vegetales constituían el grueso de la dieta de las gentes en el antiguo Oriente Próximo. Los granos por lo general eran molidos en harina gruesa o fina. Con o sin levar, la harina era transformada en hogazas de pan de todo tipo, horneados y consumidos. Por lo general se usaba un grano para cualquier pan en particular, aunque en tiempos difíciles múltiples tipos de granos podían combinarse para hacer una hogaza lo suficientemente grande para el consumo (Ez. 4:9).

Los vegetales y las frutas no eran tan variados en la cultura antigua como hoy en día. Por lo general, entre los vegetales, el consumidor estaba limitado a varios tipos de lentejas, pepinos de ensalada, cebollas y puerros. Estos se comían crudos y cocidos. Las frutas se limitaban a dátiles, uvas, melones, aceitunas e higos. Los frutos generalmente eran secos, pero también se comían crudos y preparados de diversas maneras. Las nueces, incluyendo almendras y pistachos, también se consumían (Gn. 43:11), al igual que legumbres como lentejas y leguminosas como frijoles (2 Sm. 17:28).

El consumo de carne por lo general se reservaba para fiestas y ocasiones especiales. Los animales más importantes usados para el consumo eran ovejas, cabras y ganado. El cordero era más común como parte de la dieta que la carne de res, porque era menos costoso y más común. Como se prescribía en las Escrituras, la sangre no podía consumirse cuando se comía la carne (Lv. 17:10-11). La carne por lo general se hervía al prepararla, aunque podía ser rostizado al palo (1 Sm. 2:15). En raras ocasiones, se consumía carne de caza, pero esto era considerado una exquisitez (Gn. 27:5-7). Para poder considerarse limpia y apta para el consumo, el animal del cual venía debía ser necesariamente un rumiante de pezuña dividida (Lv. 11:2-8).

Los pescados se consumían en gran cantidad, pero se mencionan con mucho menos frecuencia en el AT que en el NT, especialmente en los Evangelios. Se hace mención de una Puerta del Pescado en Jerusalén (2 Cr. 33:14; Neh. 3:3; Sof. 1:10), que sugiere que los pescados estaban suficientemente disponibles para ameritar su propio mercado en la ciudad. Los peces eran salados y secados antes de su consumo y parecen haber sido principalmente un bien importado en la historia temprana de Israel (Neh. 13:16), aunque para tiempos del NT, Israel obviamente había desarrollado su propia boyante industria pesquera. Para que fuese ceremonialmente limpio y apto para el consumo, el pescado debía poseer aletas y escamas (por lo tanto, los moluscos eran impuros; Lv. 11:9-12).

Los subproductos de origen animal, tales como la miel, leche y queso, eran básicos en las dietas israelitas (Dt. 32:24; Prov. 30:33; Is. 7:15). Estos eran almacenados en pieles o vasijas de madera y a veces mezclados para crear leche o queso dulce. La leche también se usaba como un ingrediente, aunque estaba prohibido cocinar una cabra joven en la leche de su madre (Éx. 34:26).

Comidas y Temas Dietéticos

Una cena formal o banquete comúnmente consistía de un aperitivo (por lo general algo al escabeche), la comida misma y un postre. Se consumía vino, a veces saborizado con especias o miel. Las personas consumían la comida reclinadas sobre la mesa con sus pies alejados

Peces de San Pedro (Tilapia)

de la comida, permitiendo así a los sirvientes continuar lavando pies en la medida de lo necesario. Algún tipo de entretenimiento por lo general tenía lugar, incluyendo música, lectura o diálogo sobre un tema relevante.

La iglesia temprana luchaba con varios temas dietéticos. El primero de los cuales era el tema del consumo de animales impuros. Los eventos de Hechos 10; 15 sugieren que, para la iglesia temprana, estas leyes dietéticas se habían abandonado. De hecho, de las regulaciones del AT, solo la que prohibía comer carne con sangre en ella se hacía cumplir por el consejo de Jerusalén (Hec. 15:29). Pablo parece ir aún más lejos al establecer que ninguna comida es impura de por sí (Rom. 14:14; cf. Mc. 7:19). El segundo tema dietético no se centraba en la comida misma, sino más bien en el uso anterior de la comida, en este caso carne, en rituales paganos y adoraciones (*véase* Comida sacrificada a ídolos). Como la mayoría de las culturas antiguas del Oriente Próximo, los griegos adquirían su carne de los templos, que tenían un suministro constante de ella siguiendo ritos religiosos y festivales. La mayoría de la carne para el consumo ya había sido ofrecida a un ídolo, y los cristianos debatían si era apropiado comer esa carne. Pablo responde a esta pregunta en 1 Corintios, argumentando que los creyentes son libres de comer esa carne si su conciencia está limpia al hacerlo, pero no si ofende o perturba la fe de compañeros creyentes (1 Cor. 8; 10:23-11:1).

COMIDA SACRIFICADA A ÍDOLOS "Comida sacrificada a ídolos" se refiere tanto a la parte de sacrificios paganos que eran quemados para un dios y sus restos, ya sea consumidos en una comida templar o vendidos en el mercado. Ya que gran parte de la carne en el siglo uno era sacrificada en los templos, los cristianos enfrentaban el dilema de si comerla o no. A veces, los escritores del NT lo veían como adulterio espiritual y lo prohibían, junto con la inmoralidad sexual (Ap. 2:14, 20).

En otras ocasiones, los creyentes eran alentados a participar de ella para preservar la armonía cristiana. Por lo tanto, cuando miembros del consejo de Jerusalén determinaron que los creyentes gentiles no debían convertirse al judaísmo, incluyeron comer comida sacrificada a ídolos entre las cuatro cosas a evitarse porque eran particularmente repulsivas a los judíos (Hec. 15:20). En un ambiente en que los escrúpulos judíos eran menos influyentes, algunos creyentes de Corinto concluyeron que comer carne sacrificada comprometería su fe, ya que demonios tras los ídolos recibían las ofrendas. Otros se sentían libres de comer esa carne, confiando en su conocimiento de que, ya que los ídolos no eran verdaderamente dioses, la carne sacrificada a ellos permanecía sin afectar. Aunque Pablo permite la compra de carne en un mercado, ya que todas las cosas pertenecen al Señor (1 Cor. 10:25-26; cf. Sal. 24:1) y permite consumir cualquier cosa que sirvan los no creyentes sin hacer preguntas, rechaza la abierta participación en sacrificios paganos como incompatible con la participación en la Cena del Señor (1 Cor. 10:21). Incluso exhorta a sus lectores a dejar de lado su libertad de comer carne si esta daña la conciencia de creyentes más débiles o no creyentes (1 Cor. 8; 10:27-32).

COMIDA *Véase* Cocina y Cocción.

COMINO El Cuminum cyminum, similar a la alcaravea en sabor y apariencia, se ha cultivado por mucho tiempo en Palestina por sus semillas, que se usaban como condimento y medicina. Otra planta, el "comino negro" (también llamado "turón", "alcaravea" o "abesón"), se usaba para sazonar el pan y como medicamento. Como se rompían fácilmente en la trilla, ambas plantas se desgranaban con palos para mantener las semillas intactas, por lo que de esta manera se usan como ilustraciones de la gracia de Dios en Isaías 28:25, 27. Los fariseos de manera escrupulosa diezmaban su comino (Mateo 23:23).

COMPAÑERISMO La experiencia común compartida de algo con alguien más. En el NT, el grupo más común de palabras griegas usadas para expresar esta idea tiene la raíz koin- ("común"), con el verbo afín koinōneō, sustantivo koinōnia, y adjetivo koinos. Pero el concepto de compañerismo se extiende mucho más allá de esta única familia de palabras y encuentra expresiones en una variedad de contextos diferentes.

Compañerismo entre los Miembros de la Trinidad

El Evangelio de Juan hace varias declaraciones acerca del compañerismo que los miembros de la Trinidad han experimentado entre ellos por toda la eternidad. Jesús dice: "Yo y el Padre somos uno" (10:30) y "Es el Padre, viviendo en mí, quien hace su trabajo" (14:10). Respecto del Espíritu Santo, Jesús dice: "Él me glorificará porque es de mí que Él recibirá lo que les hará saber a ustedes. Todo lo que pertenece al Padre es mío" (16:14-15). El Hijo incluso ha compartido en la gloria del Padre desde antes de la creación del mundo (17:5). Dentro de la unidad de la Deidad, los miembros individuales experimentan compañerismo perfecto mientras comparten en la compleción de la deidad.

Compañerismo entre Jesús y Marginados

Durante su ministerio temprano, Jesús modeló el amor de Dios por los marginados a través de asociarse con ellos. Tal compañerismo con frecuencia tomó la forma de compartir comidas con marginados tales como recolectores de impuestos y pecadores (Mc. 2:15-17; Lc. 5:29-32; 7:36-50; 19:1-10), una práctica que provocaba agudos criticismos de los fariseos (Lc. 15:1-2). En Lc. 15:3-32, Jesús cuenta tres parábolas en respuesta a tales críticas. Estas parábolas indican que este compañerismo con los pecadores demuestra el amor de Dios por los perdidos y la alegría que proviene del compañerismo restaurado con Dios. Tal compañerismo de mesa sirvió como anticipo del banquete mesiánico escatológico, cuando todo el pueblo de Dios (judíos y gentiles por igual) comerán juntos en el reino de Dios como el compañerismo de los perdonados (Mt. 8:11; Lc. 13:29-30; Ap. 19:6-9).

Compañerismo entre Creyentes y Dios

El cercano e íntimo compañerismo que los miembros de la Trinidad experimentan entre ellos es algo que Jesús ora para que también la experimente su pueblo (Jn. 17:20-26). Él pide que los creyentes "puedan ser uno, Padre, al igual que tú estás en mí y yo en ti. Puedan ellos también estar en nosotros para que el mundo pueda creer que tú me has enviado" (17:21). Al igual que el Padre está en Jesús y Jesús está en el Padre, los creyentes se describen como estando en el Padre y en el Hijo. El propósito establecido para tal compañerismo es doble: que el mundo sepa y crea que el Padre envió al Hijo, y que el Padre ama a los creyentes incluso como ha amado al hijo (17:21, 23). Central a este compañerismo entre Dios y los creyentes es el compartir la gloria que experimentan el Padre y el Hijo (17:22). Jesús expresa verdades similares en Juan 15:1-11 cuando habla de sí mismo como la vid verdadera y sus creyentes como las ramas que deben permanecer en él porque "aparte de mí ustedes no pueden hacer nada" (versículo 5).

Aunque el compañerismo con Dios es algo que Cristo ha comprado para su pueblo a través de su muerte y resurrección, puede ser roto por el pecado en la vida del creyente: "Si decimos tener compañerismo con él y, sin embargo, caminamos en la oscuridad, mentimos y no vivimos la verdad" (1 Jn. 1:6). Cuando el pecado rompe el compañerismo con Dios, somos tranquilizados. "Si confesamos nuestros pecados, Él es fiel y justo y perdonará nuestros pecados y nos purificará de toda injusticia" (1:9). Esta restauración del compañerismo se basa en el trabajo de Jesús para implorar nuestro caso ante el Padre (2:1).

Pablo frecuentemente habla del compañerismo de los creyentes con Cristo, aunque él rara vez usa la palabra "compañerismo" para hablar de esta realidad. Es Dios quien llama al creyente a este compañerismo con Cristo (1 Cor. 1:9), pero tal compañerismo involucra tanto el "poder de su resurrección y participación en sus sufrimientos, volverse como él en su muerte" (Flp. 3:10), Cuando los creyentes celebran la Cena del Señor, ellos están participando en el cuerpo y la sangre de Cristo (1 Cor. 10:16-17). Mucho más frecuentemente, Pablo expresa el concepto de compañerismo con Cristo por su uso de la frase "con Cristo". Los creyentes han sido crucificados, enterrados, levantados, vestidos y sentados en los reinos celestiales con Cristo (Rom. 6:4-9; 2 Cor. 13:4; Gal 2:20-21; Ef. 2:5-6; Col. 2:12-13; 3:1-4). Ellos también comparten en la herencia que Cristo ha recibido del Padre (Rom. 8:16-17) y un día reinaran con él (2 Tim. 2:12).

Compañerismo entre los Creyentes y Otros

El compañerismo que los creyentes tienen entre ellos es una extensión de su compañerismo con Dios. Juan escribió: "Nosotros les proclamamos lo que hemos visto y escuchado, para que ustedes puedan tener compañerismo con nosotros. Y nuestro compañerismo es con el Padre y con su Hijo, Jesucristo" (1 Jn. 1:3). Al igual que caminar en oscuridad falsifica el reclamo de un creyente de compañerismo con Dios, así también caminar en la luz es necesario para compañerismo con otros creyentes (1:6-7). Pablo da en una nota similar al decir: "No se aten a no creyentes. Ya que, ¿qué tiene en común la justicia y la maldad? O ¿qué compañerismo puede tener la luz con la oscuridad? ¿Qué armonía existe entre Cristo y Belial? O ¿qué tiene en común un creyente con un no creyente?" (2 Cor. 6:14-15). El punto no es evitar todo contacto con no creyentes (cf. 1 Cor. 5:9-10), pero más bien que el creyente se identifica tan fundamentalmente con Cristo que la identificación con el no creyente debe evitarse.

Porque están unidos a Cristo por fe, los creyentes comparten una amplia variedad de experiencias y bendiciones unos con otros. En el sentido más amplio, ellos comparten el Evangelio y sus bendiciones (1 Cor 9:23; Flp. 1:5-7; Flm. 6; 2 Pe. 1:4), especialmente el Espíritu (2 Cor. 13:13-14; Flp. 2:1). Pero la experiencia común más compartida es el sufrimiento. Cuando los creyentes sufren por su identificación con Cristo se dice que comparten el sufrimiento de Cristo (Flp. 3:10; 1 Pe. 4:13). Además de este elemento vertical, existe un aspecto horizontal. Porque los creyentes están unidos en un solo cuerpo (1 Cor. 12:12-13; Ef. 4:4-6), cuando un creyente sufre, todo el cuerpo comparte ese sufrimiento (2 Cor. 1:7; Heb. 10:33; Ap. 1:9).

Desde los primeros días de la iglesia, los creyentes encontraron maneras muy tangibles de demostrar que su compañerismo estaba enraizado en su fe común en Jesús. Inmediatamente tras Pentecostés, "se dedicaron a las enseñanzas de los apóstoles y al compañerismo, al compartir el pan y la oración… Todos los creyentes estaban juntos y tenían todo en común" (Hec. 2:42-44). Esta experiencia común lleva a los creyentes a vender voluntariamente sus posesiones y compartir con cualquiera que tuviese necesidad (2:45; 4:32). La cobertura de necesidades muy prácticas se motivaba por una experiencia común de la abundante generosidad de Dios al entregar libremente a su Hijo (Rom. 8:32). El comportamiento auto-sacrificial de recursos se volvió esencial en la iglesia temprana (Rom. 12:13; Gal. 6:6; 1 Tim. 6:18) y entregaba una oportunidad para que Pablo demostrase la unidad de la iglesia cuando recolectó dinero de las iglesias gentiles para aliviar el sufrimiento de los judíos cristianos en Judea (Rom. 15:26-27; 2 Cor. 8-9).

Conclusión

El compañerismo bíblico no es meramente una asociación cercana con otros creyentes. El NT enfatiza lo que los creyentes comparten en Cristo más que con quién lo comparten. El verdadero compañerismo bíblico entre creyentes es una consecuencia de su compañerismo con Dios a través del evangelio.

COMPAÑÍA *Ver* Cohorte.

COMPASIÓN Sentir amor por aquellos que sufren. Si amamos a otros al negarnos a nosotros mismos por su bien, para que ellos puedan complacer a Dios y vivir abundantemente, les mostramos compasión al hacer esto cuando ellos están sufriendo. Las personas responden con amistad, sanación y apoyo justo cuando es posible que los demás mantengan distancia. La persona compasiva también hace que los enfermos en pecado se aparten del mal y además anhela ver a Cristo formado en el carácter y vida de ellos. De esta manera, la compasión, como el amor en general, es una fuerza activa. No se trata simplemente de "sentir el dolor del otro", sino que también cuando sea y donde sea.

Compasión de Dios

En el Antiguo Testamento a menudo se habla sobre la compasión de Dios, especialmente hacia aquellos que, dada su pecaminosidad, merecen el trato opuesto. En Éxodo 33:19 Jehová se apiada de los israelitas después de su rebelión, cuando construyeron un ídolo para sí mismos para adorarlo por haberlos liberado. Dios renueva su pacto con ellos, pero les recuerda su soberanía en ese momento: "Tendré misericordia del que yo quiera, y me compadeceré del que yo quiera" (cf. Romanos 9:15). Nadie merece la piedad de Dios, pese a que su pueblo a menudo la recibe, incluso cuando sufren daños merecidos. En el libro de Jueces, la historia de Israel funciona en ciclos desde el pecado y la ira hasta la compasión y liberación, por lo que enfatiza la paciencia y amor de Jehová. El pueblo "no escuchaba a sus jueces; ellos se prostituían con los otros dioses… ¡ellos los adoraban!", pero Dios posteriormente "fue conmovido por la compasión cuando escuchó sus gemidos a causa de aquellos que los afligían y los golpeaban" (2:17-18 MSG). La súplica de David por misericordia en Salmos 51 depende de la compasión de Jehová por el pecador autodestructivo: "Dios mío, por tu gran misericordia, ¡ten piedad de mí!; por tu infinita bondad, ¡borra mis rebeliones!" (v. 1). De hecho, la tendencia de Dios de mostrar misericordia horroriza a Jonás, que se queja: "Y bien, SEÑOR, ¿no es esto lo que yo decía cuando aún estaba en mi tierra?... ¡Ya sabía yo que tú eres un Dios clemente y piadoso, lento para la ira y grande en misericordia, y que te arrepientes del mal!" (Jonás 4:2). En Isaías 40-66 hay un enfoque frecuente de este aspecto de la naturaleza de Dios (por ejemplo, 49:10-15; 54:7-10; 63:7, 15).

En el Nuevo Testamento se señala la compasión de Dios en momentos significativos en los Evangelios y en las Epístolas. El mismo Jesús tuvo compasión de una multitud que "estaba desamparada y dispersa, como ovejas que no tienen pastor" (Mateo 9:36). Él se apiada de la muchedumbre, sana a los enfermos y los alimenta milagrosamente (14:14-21; cf. 15:32). La misma conexión entre la compasión y sanación se menciona en Mateo 20:34; Marcos 1:41, pero en esta ocasión a un nivel individual. El apóstol Pablo enfatiza este atributo de Dios al situarlo en alto con un título de esa clase. El Padre de nuestro Señor Jesucristo es "Padre de nuestro Señor Jesucristo, Padre de misericordias y Dios de toda consolación" (2 Corintios 1:3). Santiago dice que el Señor es "todo compasión y misericordia" (5:11) y Juan describe a Dios como el que secará todas las lágrimas derramadas por la persecución y el juicio (Apocalipsis 7:17; 21:4). Como Dios siempre está trabajando con pecadores quebrantados, su compasión por ellos coincide con su amor (*ver* Salmos 145:8); y este rescate de los culpables establece un ejemplo para su pueblo. Ellos deben continuar y hacer lo mismo: amar a los no queridos, a los insensatos e incluso a los injustos.

Compasión Exigida por Dios

Como Dios ama al que sufre, incluso a aquellos que se autoinfligen heridas, Él llama a su pueblo a mostrar la misma compasión. Los padres deben mostrar compasión a sus propios hijos, como se insinúa en 1 Reyes 3:26; Salmos 103:13 (cf. Ezequiel 16:5). Nadie debe mantener la prenda de un deudor como garantía, ya que Jehová dice: "Ese manto es lo único que tiene para abrigarse; no tiene otra cosa sobre la cual dormir. Si se queja ante mí, yo atenderé a su clamor, pues soy un Dios compasivo" (Éxodo 22:27). Según el relato de Oseas 6:6, en un versículo familiar que Jesús citó, Dios exige compasión: "Lo que pido de ustedes es amor y no sacrificios, conocimiento de Dios y no holocaustos" (cf. Mateo 12:7). En Miqueas 6:8 se suscita el mismo contraste entre el formalismo exterior y la justicia genuina, incluyendo demostraciones de compasión: "¡Hombre! El Señor te ha dado a conocer lo que es bueno, y lo que él espera de ti, y que no es otra cosa que hacer justicia, y humillarte ante tu Dios". Dado el énfasis del Antiguo Testamento respecto a la compasión de Dios, se podría esperar también que esto se convirtiera en el deber de Israel, aunque a veces se retiene en el juicio (*ver* Deuteronomio 7:5-6; 13:8; 19:13; Salmos 109:12).

En el Nuevo Testamento también se representa la misericordia o compasión como un deber. Mateo 5:7 es un ejemplo familiar: "Bienaventurados los misericordiosos, porque ellos serán tratados con misericordia". Obviamente si Jesús demostraba compasión por los que sufrían, nosotros deberíamos hacer lo mismo. En 2 Corintios 1 el "Padre de misericordias" nos conforta (v. 3) "para que también nosotros podamos consolar a los que están sufriendo, por medio de la consolación con que nosotros somos consolados por Dios" (v. 4). Efesios 4:32 es una orden directa que asocia la compasión y misericordia hacia los pecadores: "En vez de eso, sean bondadosos y misericordiosos, y perdónense unos a otros, así como también Dios los perdonó a ustedes en Cristo". El consuelo que Cristo nos entrega establece el tono para cada creyente en Filipenses 2: si existe algo de "afecto entrañable, alguna misericordia" en él (v. 1), debemos seguir su ejemplo. Asimismo, debemos "revestirnos de entrañable misericordia, de benignidad, de humildad, de mansedumbre y paciencia" (Colosenses 3:12). Pedro hace la misma conexión entre humildad y compasión: "En fin, únanse todos en un mismo sentir; sean compasivos, misericordiosos y amigables; ámense fraternalmente" (1 Pedro 3:8).

La Biblia enlaza la compasión y la misericordia con humildad por razones entendibles, dada la asociación común de angustia y deshonra. A las personas les gusta mantener las apariencias, ya que otros pueden verse afectados por nuestros propios problemas y la compañía afligida que conservamos. Las personas sufridas son molestas y a veces dejan de ser queridas. Sus pecados puede que sirvan como una excusa inmediata para mantener distancia, pero así como el Dios Salvador nos muestra compasión, debemos amar a los demás cuando están heridos.

COMÚN Cualidad de estar compartido por todos, como una "misma palabra" (Génesis 11:1) o la condición humana (Salmos 73:5; Eclesiastés 9:2), pero también alude a cualquier cosa que esté fuera de la esfera de la santidad. Dios necesitaba que Israel distinguiera lo común de lo sagrado (Levítico 10:10; Ezequiel 22:26; 42:20). En el siglo I, muchos judíos (por ejemplo, los fariseos) intentaron expandir esta esfera, que irradiaba desde el templo, hasta sus hogares. Ellos solamente comían productos del diezmo, usaban recipientes limpios y compartían su mesa con los que estaban ritualmente puros (Mateo 23:23; Marcos 7:3-4; Juan 2:6; 4:9; Gálatas 2:11-21; ver m. Demai 1:2-3). Así como los profetas (por ejemplo, Isaías 1:16), Jesús enfatizó la naturaleza del corazón (Mateo 5:8; Marcos 7:14-23) y pone lo común dentro de la esfera de la santidad al compartir el Espíritu Santo morador con ellos (Marcos 5:25-34). Esta práctica anticipa la inclusión de los no judíos en la iglesia temprana (Hechos 10:9-16; 11:1-18; Gálatas 3:1-9).

COMUNIDAD DE BIENES (VIDA COMÚN) En el libro de Hechos, después de describir la venida del Espíritu Santo, el autor proporciona un resumen importante de la vida guiada por el Espíritu de la iglesia temprana. En este resumen se provee una imagen de la iglesia en un renacer espiritual caracterizado por la adoración, participación y unidad. Estas características se ilustran cuando menciona que "todos los creyentes estaban juntos y tenían todo en común" (Hechos 2:44). Este tema de lo común también se menciona en el siguiente resumen principal de Hechos cuando el autor describe a los creyentes como "de un mismo

Restos arqueológicos del lugar que usó la comunidad de Qumrán.

sentir y de un mismo pensar. Ninguno reclamaba como suyo nada de lo que poseía, sino que todas las cosas las tenían en común" (Hechos 4:32). Estos pasajes describen a la iglesia temprana experimentando un tipo especial de comunidad de bienes o vida común.

Sin embargo, la práctica de la iglesia temprana por mantener "todas las cosas en común" no fue única para la iglesia de Jerusalén que se detalla en Hechos. De hecho, se especifican tipos similares de vida común en la secta judía en Qumrán, en los conceptos greco-romanos de la amistad y parentesco y en los ideales utópicos de los griegos. También se puede señalar un paralelo cercano con las enseñanzas de Jesús y su relación con sus discípulos.

C

En base a estas similitudes, el lector debe preguntarse cuál fue la intención del autor al incluir la descripción sobre la "comunidad de bienes" de la iglesia temprana en el libro de Hechos. ¿Él está promoviendo una forma de comunismo cristiano que supuestamente debían practicar los cristianos de todas las edades o es que él tenía otra cosa en mente? El contexto inmediato de estos pasajes ayuda a responder esta interrogante.

Primero, la iglesia en Hechos no aboga por el hecho de que sus miembros participan en un comunismo obligatorio como el que se descubrió entre los esenios en Qumrán. Por el contrario, en el texto es claro que los primeros creyentes de Hechos mantuvieron sus derechos sobre la adquisición de propiedad privada (Hechos 4:34; 5:4). En vez de un comunismo forzado, la iglesia temprana de Hechos presenta un modelo de participación compartida por el amor a Dios y entre sus miembros.

Segundo, el contexto más grande de los pasajes sobre la comunidad de bienes en Hechos es la kōinonia mencionada en Hechos 2:42. En la mayoría de las versiones kōinonia se traduce como "hermandad", pero el concepto implicaba más que una mera asociación. La devoción hacia la kōinonia por la iglesia temprana implicaba la participación unida en actividades de adoración como también el compartir posesiones. Este era el resultado de la presencia del Espíritu entre las personas y producía una hermosa unidad dentro de la iglesia. La comunidad de bienes detallada en los primeros capítulos de Hechos ilustra la intimidad de la kōinonia de la iglesia. Era una vida en la que se seguían las enseñanzas y ejemplos de Jesús. Era una vida entre los amigos de la familia de Dios. Era una vida que en realidad consumaba los anhelos más increíbles de los griegos. Era una verdadera utopía.

COMUNIÓN **(1)** La palabra "comunión" (del griego koinōnia y sus cognados) se emplea para describir la hermandad del pueblo de Dios en experiencia y acción. Pablo usa la terminología para referirse a la hermandad del creyente con Cristo (1 Corintios 1:9), que puede significar el compartir los sufrimientos de Cristo (Filipenses 3:10). Juan usa koinōnia para hablar sobre la hermandad cristiana compartida entre los creyentes, que se arraiga en la hermandad de Dios con Cristo (1 Juan 1:3, 6-7). Los primeros creyentes compartían dentro de la comunidad de fe (Hechos 2:42; Romanos 15:26; 2 Corintios 8:4). **(2)** En la comunión, o Eucaristía, se celebra la hermandad entre Cristo y su pueblo (1 Corintios 10:16) al participar en la Cena del Señor (1 Corintios 11:17-34). *Ver también* Cena del Señor.

CONANÍAS **(1)** Un levita a quien Ezequías puso a cargo sobre las abundantes contribuciones, diezmos y regalos dedicados que dieron los pueblos de Israel y Judá (2 Cr. 31:12). Conanías sirvió con su hermano Simei, quien era el siguiente en rango. **(2)** Un líder levita que, junto con otros, proporcionaron diversos animales de sacrificio para la ofrenda de la Pascua durante el reinado de Josías (2 Cr. 35:9).

CONCILIO APOSTÓLICO A menudo conocido como el concilio de Jerusalén, esta es la reunión registrada en Hechos 15 entre los representantes de la iglesia en Antioquía (en particular, Pablo y Bernabé) y de la iglesia de Jerusalén (liderada por Santiago y Pedro). El concilio fue convocado para tratar la cuestión de si los cristianos gentiles deberían ser circuncidados y cumplir la ley mosaica. Ciertos cristianos judíos que eran fariseos habían pedido que los gentiles observaran la ley al llegar a la fe en

Cristo. Pablo, Bernabé y otros se opusieron a tal medida y convocaron a la reunión en Jerusalén. En la reunión, los miembros del concilio se alinearon en gran medida con la posición de Pablo y Bernabé, concluyendo que los gentiles no necesitan circuncidarse o someterse a la ley mosaica, aunque todavía les pedían a los creyentes gentiles que se abstuvieran de alimentos sacrificados a los ídolos, sangre, carne de animales estrangulados e inmoralidad sexual (vers. 19-21). Muchos eruditos han sugerido que Pablo narra su propio registro de esta reunión en Gal. 2: 1-10, aunque otros han mantenido que él está describiendo una ocasión diferente a los eventos de Hechos 15. *Véase también* Hechos de los Apóstoles.

CONCILIO CELESTIAL La idea de un concilio celestial aparece a través del antiguo Oriente Próximo, incluyendo el AT. Tomando diversas formas, por lo general involucra numerosas deidades subordinadas a una figura divina patriarcal (o a una pareja), por ejemplo, El en materiales ugaríticos y Yahveh en el AT. Algunas formas del patrón mítico situaban al concilio en la montaña cósmica, que conecta los cielos y la tierra. Al igual que la vida, la fertilidad y orden irradiaban de la montaña cósmica, así también las decisiones del concilio celestial determinan la vida e historia desde allí. El mensajero o profeta frecuentemente se concibe como alguien al que se le ha otorgado acceso al concilio celestial, con frecuencia a través de una visión, y recibe el encargo de comunicar sus decisiones determinantes de la realidad. Frecuentemente el concilio tiene cuatro niveles de divinidades, que van desde la figura patriarcal o pareja divina, pasando por las deidades mayores que controlan aspectos significativos de la creación hasta el nivel más bajo del mensajero y dioses intermediarios que ejecutan decisiones del consejo. Algunas fuentes presentan al consejo como una familia divina.

El concilio celestial aparece en el AT, aunque los niveles más bajos se han comprimido en otro nivel de divinidades subordinadas a Yahveh. El Salmo 82 constituye un ejemplo clásico. Dios reprende a los dioses menores por no ejecutar sus tareas gobernantes adecuadamente. También refleja la noción común de dioses menores gobernando sobre las personas u otros aspectos de la creación (*véase también* Dt. 32:8-9). Otro ejemplo del consejo celestial, en 1 Re. 22:5-28, destaca el rol del profeta como quien recibe acceso, a través de una visión, que proclama sus decisiones. Job. 1-2 y Zac. 3 también deja entrever la interacción de concilio celestial. Nótese aquí los "hijos de Dios" en Job 1:6 (KJV; NIV: "ángeles"), tal vez reflejando el aspecto de familia celestial del concilio. *Véase también* los pasajes de los "Déjennos" o "nosotros" de la voz divina en el Génesis, donde Yahveh se comunica con el resto de las deidades acerca de acciones a llevar a cabo (1:26; 3:22; 11:6-7).

Numerosos pasajes adicionales en el AT manifiestan esta noción del concilio celestial, ya sea refiriéndose directamente a él o indicando la existencia de otras deidades junto a Yahveh y visualizando su concilio conjunto. En el período del Segundo Templo y dentro del pensamiento apocalíptico, las deidades menores comienzan más consistentemente a ser concebidas como los ángeles. La Biblia generalmente asume la existencia de otras deidades, pero las ve como criaturas más que como el Creador, y restringe su adoración al único Dios verdadero.

CONCILIO DE JERUSALÉN La enseñanza entregada por algunos individuos tanto en Antioquía siria (Hechos 15:1) como en Jerusalén (15:5) de que los creyentes gentiles deben ser circuncidados se determinó en el concilio de Jerusalén. El concilio, que era una reunión de apóstoles y ancianos en Jerusalén alrededor del año 49 d.C., abordaba asuntos respecto a la relación entre los cristianos gentiles y la ley mosaica (15:6-29). Pablo, Bernabé, Simón Pedro, Jacobo el hermano de Jesús, Silas y Judas Barsabás estaban entre los presentes. El concilio reconoció que la salvación es por gracia (15:11). En una carta enviada a los gentiles cristianos, el concilio afirmó la libertad de los gentiles por medio de los requerimientos de la ley, pero era necesario que ellos se abstuvieran de ofrecerles alimentos sacrificados a los ídolos, de la sangre, de la carne de animales estrangulados y de la inmoralidad sexual (15:29). Algunos eruditos creen que el concilio de Jerusalén también aparece descrito en Gálatas 2:1-10.

CONCISIÓN Interpretación en la KJV de la palabra griega katatomē en Filipenses 3:2 (NVI: "esos que mutilan el cuerpo"). Pablo la usa como un juego de palabras para contrastar a los auto mutiladores con la verdadera circuncisión (peritomē; Filipenses 3:2-3; cf. Gálatas 5:12). Katatomē está relacionada con el verbo de la LXX que se emplea para aludir la automutilación pagana, es decir, katatemnō (*ver* Levítico 21:5; 1 Reyes 18:28; Isaías 15:2).

C

CONCUBINA Una concubina es una mujer cuyo estatus en relación a su única y legítima pareja sexual es menos que el de una esposa principal. El préstamo hebreo de la palabra pilegesh ("concubina") es notablemente un concepto no semítico (no está lingüísticamente relacionado con el hebreo). Su cognado aparece en latín (paelex) y en griego (pallakis).

Desde una perspectiva, pilegesh se refiere a una mujer que no es hebrea, mientras que desde otro ángulo se emplea para describir a una compañera en un matrimonio matrilocal (contra patriarcal). Aunque algunas personas ven el trato de las concubinas abordado en las reglas de la esclavitud de Éxodo 21:7-11, pilegesh no se usa ahí. Es mejor entender la función de las concubinas de una manera más amplia dentro de la terminología del matrimonio. Tras la muerte de Gedeón, tanto las concubinas como las esposas reivindicaron su autoridad (Jueces 8:30-9:2).

Las referencias de las concubinas se encuentran en gran medida en el Pentateuco (por ejemplo, Génesis 22:24; 36:12) y en textos monárquicos (por ejemplo, 2 Samuel 5:13; 1 Reyes 11:3). Las genealogías muestran que la sucesión podía transferirse a través de las concubinas (Génesis 22:24; 1 Crónicas 3:9). Los reyes eran quienes tenían concubinas (1 Crónicas 11:21), y que los eunucos protegían a menudo (2 Samuel 20:3; Ester 2:14). Por lo tanto, el acceso a las concubinas de la realeza funcionaba como una declaración atrevida al trono, y era explotada por los entrometidos (2 Samuel 12:11-12; 1 Reyes 2:22-25). La historia alegórica de Natán fue necesaria para mostrarle a David su propia avaricia cuando robaba el "cordero" de otro a pesar de que él ya tenía muchas esposas y concubinas (2 Samuel 12:8; 16:21).

A pesar de que las concubinas se preocupaban por el cuidado del hogar (2 Samuel 20:2), su bajo estatus se destaca cuando David huye del exilio y deja a sus concubinas "para que cuidaran del palacio" (2 Samuel 15:16), que era un rol muy peligroso para las esposas reales.

CONCUPISCENCIA Palabra que aparece en la KJV y también en la Biblia de Douay-Rheims (que es una traducción en inglés de la Vulgata latina), que se emplea para traducir la palabra griega epithymia, y que en general se entiende erróneamente como lujuria. De una manera más precisa, esta palabra describe un deseo intenso de realizar algo y no está limitada al deseo sexual, así como lo implica la definición contemporánea de lujuria. Además, existen algunas importantes diferencias entre las definiciones teológicas católicas y protestantes de concupiscencia. Para explicarlo de una forma sencilla, los católicos vinculan su entendimiento de concupiscencia con el concepto de la inclinación al pecado, pero la concupiscencia en sí no es un pecado. Los protestantes, por otro lado, relacionan por lo general la concupiscencia con su entendimiento del pecado original; es decir, la concupiscencia es el pecado original. Desde un punto de vista externo a la conversación teológica, el público ha dejado de usar en general esta palabra.

Un uso de este término en la KJV aparece en Romanos 7:8, donde Pablo discute la relación existente entre el pecado y la ley. Estos versículos en Romanos son notoriamente difíciles de explicar para los intérpretes, pero en 7:8 Pablo dice que el pecado, que fue definido por el mandamiento (Pablo aquí se refiere a la Torá o a la Biblia hebrea), produce concupiscencia (NVI: "codicia"). Para el apóstol, el pecado es una fuerza que se vuelve activa solo cuando la ley se hizo conocida, porque sin la ley, dice Pablo, el pecado está muerto.

En la KJV se usa de nuevo el término en Colosenses 3:5 en otra discusión paulina sobre el pecado. En este pasaje Pablo anima a sus lectores a que "hagan morir todo lo que sea terrenal" en vez de "las cosas celestiales". Continuando en esta línea de razonamiento, Pablo dice que sus lectores deben "hacer morir" una serie de cosas, incluyendo la concupiscencia (NVI: "malos deseos").

El último uso del término en la KJV se presenta en 1 Tesalonicenses 4:5, donde Pablo amonesta nuevamente a sus lectores a vivir una vida en santidad y evitar la concupiscencia (NVI: "malos deseos").

En la Biblia de Douay-Rheims no se usa el término en 1 Tesalonicenses 4:5, pero sí (en adición a Romanos 7:8; Colosenses 3:5) para Romanos 7:7; Santiago 1:14-15; 2 Pedro 1:4; 1 Juan 2:17.

CONDENAR Emitir juicio contra alguien y, por lo general, para desencadenar cierto tipo de castigo. Esta palabra se usa a lo largo de la Biblia, especialmente en referencia a los actos de Dios contra aquellos que deciden no obedecerlo. Otros usos suelen involucrar a un líder político que emite juicio contra una persona.

Existen sólo un par de referencias en el Pentateuco. Una se encuentra en Deuteronomio 13:17, que alude a la condenación necesaria de todas las cosas dentro de una ciudad que es capturada y destruida durante la invasión de la tierra prometida. Todo dentro de ciudades específicas era condenado como una ofrenda a Dios.

El libro de Job se enfoca con cuidado en la interrogante de la condenación a la luz de los problemas de Job. Mientras Job cuestiona la aparente condenación de Dios hacia él (10:2), Job se da cuenta de que sus reclamos de inocencia ante Dios puede que, irónicamente, ocasionen su condena (9:20). Sin embargo, él sigue manteniendo su propia postura de inocencia ante Dios y sus amigos. Posteriormente, Dios le pregunta a Job si su reclamo de inocencia implicaría una condenación de los actos de Dios (40:8). Por desgracia, Job es vindicado por sus reclamos de inocencia ante Dios, pero Dios antes le recuerda que los métodos y planes divinos están definitivamente más allá del entendimiento humano.

En Salmos 34 se destaca el hecho de que aquellos que sirven a Dios no serán condenados (v. 22). En los salmos también se enfatiza que Dios persigue y condena activamente a algunos por sus acciones (37:33). En Proverbios se critica encarecidamente a aquellos que trabajan para corromper la justicia en las cortes al condenar a los inocentes (Proverbios 17:15).

En los Evangelios la palabra "condena" a menudo se usa en conexión con Jesús. Por lo general se encuentra en una referencia a la condenación inminente de Jesús en la cruz (Mateo 20:18; 27:3). De una manera interesante, Juan destaca el hecho de que los seguidores de Jesús no serán condenados debido a sus pecados (Juan 3:18; 5:24). En una representación similar de la compasión, cuando pillan a una mujer cometiendo adulterio y la llevan ante Jesús, él, después de desafiar a sus acusadores tan severamente que se marcharon, le dice que no la condena (8:1-11).

Uno de los versículos famosos sobre la condenación es Romanos 8:1, donde Pablo afirma: "Por tanto, no hay condenación para los que están unidos a Cristo Jesús". Pablo basa su afirmación en la muerte y resurrección de Jesús, ya que al morir la ley dejó de tener poder para condenar aquellos que no la seguían. En Romanos 14 Pablo también argumenta que es la consciencia propia lo que condena a una persona. Al discutir el asunto sobre el consumo de carne ofrecido a los ídolos, Pablo observa que algunos cristianos que creen que comer carne ofrecida a los ídolos no es una condena pecaminosa para aquellos que sí comen carne y viceversa. La solución de Pablo fue decir que en este caso la persona condenada es condenada por violar su consciencia y no por el hecho de consumir o no carne (14:22-23).

CONDONACIÓN Una palabra utilizada en la KJV para describir la remoción de la culpa o sanción del pecado adquirida por la fe en Cristo (Hec. 10:43) y efectuada a través de su sangre derramada (Mt. 26:28; Heb. 9:22), trayendo la salvación (Lc. 1:77). Acompañada del arrepentimiento, bautismo, ya sea por Juan el Bautista (Mc. 1:4; Lc. 3:3) o en el nombre de Jesús (Hec. 2:38), es "para la condonación de los pecados". Las traducciones modernas prefieren la palabra "perdón", donde traduce la palabra griega aphesis. En Rom. 3:25, la KJV traduce la palabra paresis como condonación, cuando se refiere a Dios dejando pecados sin castigar en anticipo a la labor expiatoria de Cristo. Aunque el sustantivo perdón es raro en el AT (Sal. 130:4; Dn. 9:9), a Dios con frecuencia se le pide "perdonar" (e.g., Éx. 32:32; Sal. 25:18); es declarado "clemente" varias veces (Sal. 86:5; 99:8; Neh. 9:17), y este rasgo se incluyen en la autodescripción divina dada a Moisés (Éx. 34:7). La condonación también puede referirse a la remoción de una deuda económica en vez de espiritual, tal como la que se le ordena a los israelitas cada séptimo año (Dt. 15:1-2; 9; 31:10 NASB; NRSV), o impuestos (Est. 2:18 ESV).

CONDUCTO *Ver* Acueducto; Túnel.

CONEJO *Ver* Damán.

CONEJO, CONEJOS (O tal vez liebres). Están listados en el AT como animales impuros que rumian el bolo alimenticio, pero no tienen pezuñas hendidas (Lv. 11:6; Dt. 14:7). Los conejos en realidad no rumian el bolo alimenticio, pero su comida sí pasa dos veces a través de su sistema digestivo, ya que comen sus propios excrementos.

Ícono de Juan el Bautista (del siglo XIX DC), que exhortaba a las personas para que confesaran sus pecados.

CONFESIÓN En el Antiguo Testamento, "confesar" se usa en referencia al reconocimiento verbal del pecado o del nombre de Dios en fe. Un objeto de confesión es el pecado personal. Al confesar se limpia el pecado y se restaura la relación personal con Dios (Levítico 5:5; Salmos 32:5). Salomón oraba para que Dios perdonara los pecados de las personas cuando confesaran el nombre de Dios (1 Reyes 8:35). Moisés, en el Día de la Redención, le ordena a Aarón poner "las dos manos sobre la cabeza del animal, y confesar sobre él todas las iniquidades, rebeliones y pecados de los hijos de Israel" (Levítico 16:21).

Otro objeto de confesión es el nombre de Dios. Confesar el nombre de Dios significa "dar gracias/ alabar" a Dios (Josué 7:19). Este es un acto que no sólo aborda asuntos negativos como los pecados y las ofensas (Levítico 26:40; Proverbios 28:13), sino que también aspectos positivos como el nombre de Dios (1 Reyes 8:33, 35; 2 Crónicas 6:24, 26; Daniel 9:4). Respecto a esto, la confesión conceptualmente implica una doble función: remover los obstáculos que perturban la hermandad con Dios y recuperar la fraternidad en la fidelidad del pacto con Dios (1 Reyes 8:33). A través de la doble función, por lo tanto, la confesión a menudo ocupa el centro del servicio de culto en la adoración a Dios (Nehemías 9:3). Los israelitas entregaban ofrendas de hermandad y alababan a Dios (2 Crónicas 30:22). Retrocediendo desde el periodo babilónico, Esdras oraba, confesaba, sollozaba y se tiraba al suelo ante la casa de Dios (Esdras 10:1).

La doble función de la confesión sigue presente en el Nuevo Testamento. Juan el Bautista exhortó a las personas para que confesaran sus pecados (Mateo 3:6). En las Epístolas también se enfatiza la importancia de la confesión de los pecados como una base de la redención y purificación (1 Juan 1:9; Santiago 5:16). En el Nuevo Testamento, el aspecto positivo de la confesión en cuanto a la declaración del nombre de Dios se reestructura en referencia a Jesús, que culminó las profecías del Antiguo Testamento. Por lo tanto, "confesar" que Jesús es el Señor se ve como la declaración del nombre de Dios para así obtener la salvación (Romanos 10:10 ESV, NRSV; NIV: "profesar"). La confesión verbal de Jesús en público es un medio para difundir el evangelio y dar testimonio a las personas sobre él. Por ende, Pablo considera su confesión de Dios por medio del evangelismo de los gentiles con cánticos de alabanza sobre el nombre de Dios (Romanos 15:9).

El rechazo de la confesión del nombre de Jesús constituye un pecado tan grave como el negar a Dios. Juan enseña que "todo espíritu que no confiesa a Jesús, no es de Dios" (1 Juan 4:3), pero aquellos que confiesan que "Jesús es el Hijo de Dios" viven en Dios y Dios en ellos (4:15). La confesión pública de Jesús funciona como una prueba de fe de la persona. Muchos líderes judíos creyeron en Jesús, pero fallaron al momento de confesarlo en público por miedo a ser excomulgados (Juan 12:42). Su fe poco entusiasta se contrasta bruscamente con la fe del hombre ciego que fue excomulgado por su confesión de Jesús ante el consejo de fariseos (Juan 9). Jesús enseñó que todo aquel que lo niegue en público será negado por él mismo en el día del juicio (Mateo 10:32).

CONFESIONES Y CREDOS Una confesión o credo es un resumen de una doctrina (y en ocasiones práctica) que tiene diversos usos. Primero, permite a los creyentes con ideas a fines a cooperar cuando identifican su afinidad. Todos prometen avanzar en las mismas doctrinas y prácticas al estar de acuerdo en una confesión común.

Luego sigue el control de calidad y la responsabilidad, y los recursos recolectados se usan para propósitos acordados. Segundo, las confesiones hacen que las posiciones doctrinales de las iglesias individuales sean transparentes para los que observan y buscan desde afuera. Tercero, las confesiones establecen las "asignaturas comunes" de la iglesia. Las personas mantienen tanto el clero y laicado por buen camino de una manera teológica y práctica, teniendo en mente dónde yacen los límites exteriores y qué doctrinas deberían recibir un énfasis especial. De hecho, es difícil imaginar una sociedad ministerial que funcione bien sin una plataforma confesional de algún tipo, incluso una minimalista.

Sin embargo, algunos cristianos rechazan el uso de las confesiones o credos al estar preocupados de que estos puedan debilitar la autoridad única de la Biblia. Los evangélicos, que no desean que sus líderes de iglesia y laicos se preocupen más por las confesiones que por las Escrituras, se inquietan por el hecho de que la exégesis bíblica pierda su prioridad frente a afirmaciones del credo. Pero ningún subgrupo de cristianos puede definirse a sí mismo sin recurrir a alguna afirmación doctrinal. Uno debe ir más allá y decir "nosotros estamos a favor de Jesucristo, la Biblia y el evangelismo" para definir cómo Jesús oraba, se interpretan las Escrituras y se llevan a cabo las misiones. Se deben establecer algunos límites para mantener la iglesia con "un mensaje", "una misión" y, por ende, que sea intacta.

Confesiones en la Biblia. Tanto el Antiguo como el Nuevo Testamento contienen afirmaciones que funcionan como confesiones, o resúmenes doctrinales, incluso si estos no se entienden. El Decálogo cumple este propósito: define quién es Jehová y describe los absolutos de la conducta de Israel, pero sin hacerlo de una manera exhaustiva (Éxodo 20:2-17; Deuteronomio 5:6-21). El Shemá es otro ejemplo del Antiguo Testamento (Deuteronomio 6:4-5). En el Nuevo Testamento, 1 Corintios 15:3-8 contiene una afirmación confesional respecto a la muerte, entierro y resurrección de Cristo, y que quizá sea la más antigua que ha prevalecido. La misma conclusión aparece en Filipenses 2:6-11; 1 Timoteo 3:16, que poseen una reconocible y predecible estructura y reflejan algo de la fe "confiada al pueblo santo de Dios" (cf. Judas 3). Así como se señala en Judas 4, los resúmenes de este tipo demuestran un uso especial al confrontar el origen del error.

Las confesiones ecuménicas. La presión de la confusión doctrinal y la necesidad de salvaguardar una ortodoxia dan origen a las cuatro grandes confesiones ecuménicas (es decir, universalmente vinculantes).

La primera de estas aseveraciones, el Credo de los Apóstoles (o Antigua Romana), se creó alrededor del año 150 d.C., principalmente para refutar las herejías de Marción y a los gnósticos, que ambos despreciaban el mundo material. La referencia sobre su creencia en "Dios Padre Todopoderoso, Creador del cielo y la tierra" descarta la idea de un mundo material que se sitúa fuera de la regla de Dios. Dios creó todo y es soberano de todo. Asimismo, sus afirmaciones sobre Jesús lo vinculan directamente con el Padre y también enfatizan su materialidad. Él nació en este mundo y sufrió bajo la orden de un personaje histórico, Poncio Pilato.

El Credo Niceno (325 d.C.) responde la herejía de Arrio, que argumentaba que Dios el Padre creó a Jesús, su Hijo, para que el Hijo sea solamente una sustancia "parecida" al Padre, pero no el "mismo". En este credo se declara que el Hijo debe ser el "mismo Dios del mismísimo Dios, unigénito, no hecho, perteneciente a una sola sustancia junto con el Padre".

C

El Credo de Calcedonia (451 d.C.) aborda los temas más complejos de la cristología y destaca el sentido en el que Dios puede encarnar en la persona de Jesús; al hacer esto, se rechazan tres herejías adicionales. Apolinar (c. 315-393 d.C.) sugirió que Jesús era en esencia mitad humano, con el Espíritu de Dios habitando un cuerpo humano. Nestorio (c. 381-451 d.C.) apoyó una cristología en la que dejaba a la iglesia con dos personas, Dios y Jesús, que era el único Salvador, por así decirlo, cuyo resultado era que él dejaba de ser el dios hombre. Eutiquio (c. 378-454 d.C. cayó en un error contrario, llamado "monofisismo", en el que se afirma que cuando Dios se encarnó en Cristo su divinidad casi hace desaparecer su humanidad. Las dos naturalezas se mezclaban y una tercera persona se originaba, que no era ni Dios ni humano, sino que era algo diferente, aunque era más probable que fuera Dios. En el Credo de Calcedonia se incorpora un lenguaje en el que se descartan cada una de estas perspectivas de calidad inferior y se insiste en el hecho de que Jesucristo debe "ser reconocido en dos naturalezas, que sean inconfundibles, inalterables e indivisibles; la distinción de las naturalezas no deben ser arrebatadas por la unión, sino que más bien debe preservarse la propiedad de cada naturaleza".

El Credo Atanasiano, del siglo IV o V d.C., repite la cristología de Calcedonia y ofrece una afirmación sucinta sobre la Trinidad: "Entonces el Padre es Dios, el Hijo es Dios y el Espíritu Santo es Dios. No obstante, estos no representan a tres dioses, sino que a un solo Dios". A partir de estos pensamientos y otros que surgieron a lo largo de las eras, la iglesia ha resumido cuánto le ha tomado a Dios para revelarse en su palabra acreditada y única.

CONFIANZA *Véase* Fe, Fidelidad.

CONFIRMAR El lenguaje de la confirmación se usa en el Antiguo Testamento en referencia a la ratificación de un pacto (Levítico 26:9; Deuteronomio 8:18; 9:5; 27:26; Daniel 9:27), un juramento (Génesis 26:23; Salmos 119:106) o un pueblo (Deuteronomio 29:13). Gedeón buscó confirmación del éxito cuando él colocó una lana en la trilla (Jueces 6:36-40). Dios honró su solicitud, no una, sino que dos veces. El idioma de Israel de la "confirmación" sobre la revelación de Dios es distinto del trasfondo cultural en el antiguo Cercano Oriente. Mientras Dios confirmaba su relación de pacto con su pueblo, los dioses del antiguo mundo eran elusivos y actuaban con capricho, tornándose problemáticos y difíciles de entender.

En el Nuevo Testamento, el verbo martyreō se usa para aludir en general al "testimonio" (Hechos 13:22; Romanos 10:2; 2 Corintios 8:3). Aunque ambos humanos (Gálatas 4:15; Colosenses 4:13) y Dios se involucran en esta acción, "el testimonio de Dios vale mucho más, precisamente porque es el testimonio de Dios, que él ha dado acerca de su Hijo" (1 Juan 5:9).

CONFISCACIÓN Incautación de la propiedad privada a manos de autoridades militares o del gobierno para darle uso público u oficial. En el Antiguo Testamento, los israelitas confiscaban la tierra, el ganado y los bienes por medio del decreto de Dios (Deuteronomio 2:35; 20:14; Josué 6:17-19; 22:8). Samuel le advirtió a los israelitas que el rey que ellos anhelaban puede que ejerciera el poder de la confiscación (1 Samuel 8:14), así como lo hizo posteriormente el rey Ajab, incurriendo el castigo de Dios (1 Reyes 21:16, 19). Dios utilizó el decreto de un rey pagano sobre la confiscación para proteger a Esdras frente a aquellos que pudieran entorpecer su viaje desde Babilonia hasta Jerusalén (Esdras 7:26). Ezequiel prohíbe la confiscación en su visión de la Jerusalén restaurada (Ezequiel

46:18). En el Nuevo Testamento, el escritor de Hebreos hace un llamado de perseverancia para los cristianos judíos que sufren insultos, encarcelamiento y la confiscación de propiedad (Hebreos 10:34).

CONFLICTO DE TENSIÓN RACIAL Entre líneas raciales es un tema común en la Biblia, generado por una variedad de causales. Cierto número de conflictos constantemente resurgen a través de generaciones, tal como entre israelitas, descendientes de Jacob; y edomitas, descendientes de Esau (2 Sm. 8:13; 2 Re. 8:21-22; Sal 137:7). El sometimiento a un gobierno extranjero (en Egipto, Babilonia y bajo la ocupación romana en Judá) también provocó tensiones inevitablemente con los gobernantes extranjeros.

En el NT existe tensión racial entre judíos y samaritanos, y entre judíos y gentiles. Estos problemas de tensión racial se resuelven en el trabajo reconciliador de Cristo (Ef. 2:13-16), ya que en Cristo no existen "ni judíos ni gentiles" (Gal. 3:28). La propagación del Evangelio a través de fronteras étnicas, como se registra en Hechos, ilustra cómo las diferencias raciales ya no tienen significancia religiosa en la nueva alianza.

CONFLICTO INTERPERSONAL Los conflictos interpersonales se encuentran a lo largo de las Escrituras, comenzando cuando el pecado entró al mundo en la caída de la humanidad. Uno de los primeros conflictos interpersonales registrados tiene que ver con Caín y Abel (Génesis 4:2-9). Ambos presentaban sacrificios a Dios, que miraba con favor el sacrificio de Abel (v. 4) y no así el de Caín (v. 5). Cuando Caín respondió con ira, Dios le advirtió: "Si hicieras lo bueno, podrías andar con la frente en alto. Pero, si haces lo malo, el pecado te acecha, como una fiera lista para atraparte. No obstante, tú puedes dominarlo" (v. 7). Por desgracia, Caín no acató esta advertencia y al final asesinó a Abel en el campo, por lo que se convirtió en el primer asesino.

Un conflicto interpersonal notable en el Nuevo Testamento fue el que ocurrió entre Pablo y Bernabé, que estaba "totalmente en desacuerdo" respecto a llevar a Juan Marcos en su segundo viaje misionero y que finalmente significó que tomaran caminos diferentes (Hechos 15:36-41). Por fortuna, con el tiempo hubo una resolución y en 2 Timoteo 4:11 Pablo le pide a Timoteo que traiga a Marcos a Roma con él "porque él es útil para mí en mi ministerio". Otro conflicto interpersonal se ve en Filipenses 4:2-3, donde Pablo recurre al líder en la iglesia de Filipos para que le ayudara a resolver un conflicto entre dos mujeres: Evodia y Síntique.

Un principio clave para la resolución de los conflictos personales se menciona en Mateo 5:23-24, donde Jesús afirma: "Por tanto, si traes tu ofrenda al altar, y allí te acuerdas de que tu hermano tiene algo contra ti, deja allí tu ofrenda delante del altar, y ve y reconcíliate primero con tu hermano, y después de eso vuelve y presenta tu ofrenda". La reconciliación de las relaciones se convierte en una prioridad incluso más relevante que los sacrificios como ofrendas. No podemos estar en una relación correcta con Dios si estamos en constante conflicto con los demás.

CONGREGACIÓN Principalmente se refiere a la comunidad israelita unida por un vínculo común con (o en pacto con) su Dios (Deuteronomio 33:4; Josué 8:35; 18:1; 1 Reyes 8:5). La erudición antigua distinguía a la congregación ('edah) de la asamblea (qahal) al definir la primera como la reunión entre israelitas para un fin específico y la segunda como el encuentro de Israel como el pueblo especial (del pacto) de Dios. Este punto de vista se presenta en la rendición preponderante de la LXX de la 'edah como synagōgē y qahal como ekklēsia. Esta intensa distinción entre los dos términos ya no tiene respaldo. La diferencia en la frecuencia de los dos términos en la Biblia hebrea tiene relación con el crecimiento de las Escrituras: 'edah predomina en Génesis hasta Números, mientras que qahal aparece con más frecuencia en Deuteronomio, los Profetas Antiguos, los Profetas Posteriores y las Escrituras. La asociación de la forma verbal de qahal incluyendo ambos sustantivos ('edah y qahal) respalda más el punto (Éxodo 35:1; Levítico 8:3; Números 1:18; 10:7; Jueces 20:1; 21:5-8; 1 Crónicas 13:2-5).

Los términos también se refieren a los encuentros israelitas para propósitos especiales como la adoración, guerras, tribunales y consejos. Estas palabras también aluden a la concurrencia de otros pueblos o grupos como los seres divinos, los malvados o enemigos, las bestias y las abejas.

En el Nuevo Testamento se usa tanto ekklēsia como synagōgē para señalar reuniones en las sinagogas (Hechos 7:38; 13:43). En las diversas versiones ambos términos se traducen como "congregación" o "asamblea". En Hebreos 2:12 la palabra ekklēsia se interpreta como "asamblea" o "congregación", mientras que en Santiago 2:2 la palabra synagōgē se traduce como "asamblea" o "reunión". *Ver también* Iglesia.

LA PRIMERA ETAPA DE LA CONQUISTA DE CANAÁN

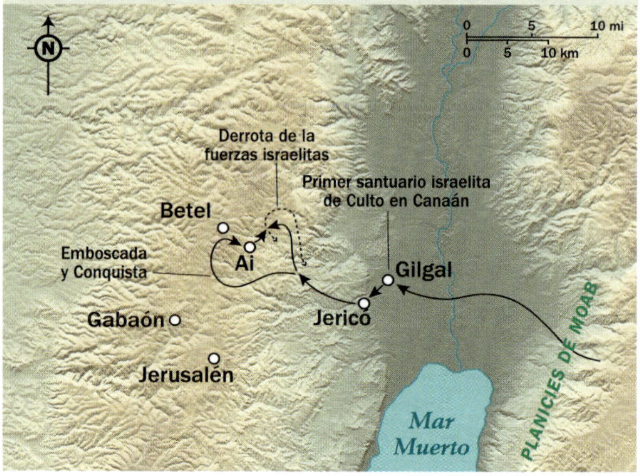

CONGREGACIÓN, MONTE DE LA *Ver* Monte de la Asamblea.

CONÍAS *Ver* Joaquín.

CONOCIMIENTO La Biblia indica regularmente que las personas saben algunas cosas, pero no otras. En las versiones en español de la Biblia, "conocimiento" es generalmente una traducción del sustantivo hebreo da'at o el sustantivo griego gnōsis. Del mismo modo, "saber" suele ser una traducción del verbo hebreo yada o del verbo griego ginōskō. Y en cada uno de los dos idiomas, el sustantivo y el verbo comparten formas relacionadas. Dios ofrece a todos el conocimiento para guiarlos a cómo uno debiese vivir, pero si lo rechazan, el ofrecimiento puede ser retirado (Prov. 1:28; Mt. 7:7-8; Jn. 7:17; Fil. 3:15). Algunas personas aman el pensamiento simplista más que el conocimiento (Prov 1:22), pero los necios que desprecian el conocimiento para seguir sus propios caminos son advertidos de que su complacencia "los destruirá" (1:29-32). También se les advierte a las personas que no debiesen valorar en alta estima su propia sabiduría (Prov. 3:7).

La Biblia indica que un conocimiento básico de Dios es posible con tan sólo observar el mundo. Génesis 1 declara que Dios creó la luz, la tierra, las estrellas, las plantas, los animales y las personas. La existencia del Creador proporciona una explicación para la existencia de todas y cada una de las cosas, y del mundo como un todo. En consecuencia, Pablo escribió que el poder eterno y la divinidad de Dios "se han visto con toda claridad, siendo entendidos por medio de lo creado " (Rom. 1:19-21).

Incluso un conocimiento más sustancial de Dios es posible porque Dios ha hablado o actuado en ciertos momentos de la historia. Dios se comunica usando las formas limitadas en que las personas pueden escuchar o percibir. El pueblo congregado de Israel escucha a Dios hablar en el Monte Sinaí entre medio del fuego cuando da los Diez Mandamientos (Dt. 5:4-27). Dios también le habla a Moisés desde una zarza ardiente (Éx. 3). Dios habla en un lugar particular y habla usando las palabras de un idioma. Esto no niega la trascendencia de Dios. En cambio, lo afirma al mostrar que Dios es diferente a los ídolos hechos por humanos, ídolos que "no pueden hablar" o actuar (Sal. 115:5).

En la Biblia, Dios normalmente habla a las personas indirectamente a través de los profetas. La gente del antiguo mundo no creía en el testimonio de cada profeta, por lo que Dios le da a Moisés milagros para substanciar sus afirmaciones (Éx. 4:1-9, 27-31). Dios también fue al Monte Sinaí para que el pueblo de Israel confiara en Moisés para siempre (19:9). Debido a que la nación escuchó a Dios hablar, desconfiar de Moisés se considera injustificable. Eventualmente, conocieron toda la ley y el pacto a través de Moisés. El registro escrito de estos eventos y la ley, tal como lo valida la práctica comunitaria histórica, se consideran una base suficiente para que cada generación posterior crea en la ley de Moisés. Después de la muerte de Moisés, Dios habla a través de otros profetas. No hay motivos para rechazar sus testimonios, porque no niegan la ley y los mandamientos que Dios ha dado a través de Moisés, ni hacen predicciones falsas (Dt. 13:1-5, 18:20-22), o se contradicen entre sí.

En el NT, Jesús, como Moisés, es un profeta (Mt. 21:11; Jn. 7:40; 12:40), autenticado por milagros. Él observa la ley (Mt. 5:17, Jn. 8:46), a diferencia de sus oponentes (Jn. 5: 45-47). A su vez, Jesús envía discípulos con su mensaje y dice: "el que los rechaza a ustedes, me rechaza a mí; y el que me rechaza a mí, rechaza al que me envió" (Lc. 10:16). En consecuencia, la Biblia da conocimiento de Dios en gran parte a través de Moisés y los profetas, y en el NT a través del profeta Jesús, el Hijo de Dios y los discípulos a quienes envía con su mensaje. Aquellos que reciben el Espíritu de Dios lo comprenderán más profundamente (1 Cor. 2:9-16).

CONQUISTA DE CANAÁN La conquista israelita de la tierra prometida se narra en Números hasta 2 Samuel e incluye personajes claves como Moisés, Josué, Samuel, Saúl y David, aunque los eventos principales de la conquista se describen en el libro de Josué y Jueces. Existe un debate considerable entre los eruditos sobre detalles muy complejos de la conquista. Gran parte de este debate se centra en la arqueología y en las fechas de los lugares y artefactos que se han encontrado por medio de excavaciones realizadas en el último siglo. Algo que complica aún más las cosas es el hecho de que muchos de los eventos registrados en la Biblia no se documentan en ninguna otra parte, lo que hace que la verificación de los eventos sea un desafío.

Datar la conquista (usando la destrucción de Jericó como un punto fijo) es notoriamente difícil. Los eruditos aceptan el registro bíblico como una fuente histórica confiable y tienden a datar la conquista de Jericó a principios del siglo XII a.C. Esta datación se basa en la identificación del faraón en la historia del éxodo como uno de los Ramseses (que reinó en la Dinastía egipcia XIX o XX a.C. o aproximadamente en el siglo XIII al X a.C.).

Sin embargo, algunos arqueólogos argumentan que durante este período Jericó no era más que una pequeña villa sin muros con poca o ninguna importancia militar, por lo que significa que la historia de la destrucción de Jericó en la Biblia es un hecho imposible. Por ende, otros eruditos han sugerido fechas como el siglo XV o XVI a.C. para la conquista (cuando Jericó era conocida por estar fortificada). No obstante, esta solución hace que la identificación del faraón del éxodo sea compleja y necesite la extensión de los eventos en Jueces por más de cuatro siglos en vez de dos. Ambos lados poseen teorías diferentes sobre cómo ajustar la afirmación mencionada en 1 Reyes 6:1 respecto al hecho de que Salomón comenzó a construir el templo después de 480 años del éxodo. Esta controversia que involucra a eruditos bíblicos, historiadores y arqueólogos promete continuar por muchos años más.

El trasfondo para la conquista de Canaán se encuentra en las narrativas del Pentateuco que describen el éxodo de los israelitas desde Egipto y su travesía hacia Palestina. De hecho, la conquista ya se anticipaba en la promesa de Dios para Abraham de que sus descendientes se convertirían en una nación poderosa (Génesis 12:1-3; *ver también* 15:16). En la historia se describe el mandato inicial de Dios respecto a conquistar rápidamente la tierra tras reunirse con ellos en el monte Sinaí (Números 13), y la rebelión del pueblo ocasionada por el miedo a los cananeos, que son descritos como "gigantes en la tierra" (NLT). Como resultado, los israelitas se vieron obligados a vagar por el desierto de Sinaí hasta que muere una generación completa (con la excepción de Josué y Caleb).

Así como se narra en la Biblia, la conquista comienza con la derrota de los madianitas en el lado este del río Jordán bajo el liderazgo de Moisés (Números 31-32). Luego, tras la muerte de Moisés, los israelitas cruzan el río Jordán para atacar a Jericó (Josué 1-7). Después de la milagrosa destrucción de Jericó, los israelitas se trasladan a Ai y enfrentan la derrota inicial debido al pecado de un solo hombre (Josué 8). Posteriormente, tras ser engañados por los gabaonitas, los israelitas se enfrentan en batalla con los cinco reyes de los amorreos (Josué 9-10). Finalmente, en Josué 11 se describe la conquista de la parte norte de la tierra y de la importante ciudad militar y estratégica de Hazor.

C

En el libro de Jueces se relatan pocas batallas más concentradas contra diferentes enemigos, que en ocasiones son ataques ofensivos y en otras son batallas defensivas para preservar el control de la tierra. La etapa final de la conquista bajo el reinado de David se describe en 2 Samuel 1-8. Tras la muerte de Saúl, una breve y violenta confrontación acontece entre las fuerzas israelitas aún leales a la familia de Saúl y aquellos que seguían leales a David. El poder político se consolida gracias a unos pocos asesinatos claves, en vez de desarrollar una guerra absoluta, orquestados por los hombres de David (existe cierto debate sobre cómo David estuvo involucrado en estos eventos). Como resultado, David, con el respaldo absoluto del ejército (de las fuerzas que fueron leales a Saúl y las suyas), toma la ciudad de Jerusalén y entonces finalmente conquista las zonas de los filisteos, amonitas y moabitas (sectores que Saúl fue incapaz de dominar). Por lo tanto, la contienda a gran escala por los territorios finaliza durante el reinado de David.

Los límites tribales se describen en Josué 14-22. Qué tan de cerca describen estas fronteras la tierra que en realidad fueron conquistadas y cuántas partes fueron territorios de interés que necesitaban más guerras para ser obtenidas son temas de intenso debate. Sin embargo, en los tiempos de David la asignación (descrita en Josué) refleja más o menos de cerca los alcances más extensos del reino unido que fue liderado por David (descrito en 2 Samuel).

Las descripciones sobre la destrucción total de sus enemigos a manos de los israelitas, que a menudo incluyen mujeres, niños y ganados, han creado complicaciones teológicas para los intérpretes que intentan conciliar la aparente incongruencia del amor de Dios por la humanidad, especialmente por los inocentes, y sus mandatos acerca de la devastación total de estas culturas. Algunos eruditos han buscado la manera de justificar estas acciones al describir las horribles prácticas religiosas de estos pueblos (como el sacrificio de niños y los rituales de perversión sexual), pero existen interrogantes sobre cómo se difundieron en realidad estas costumbres y cómo se justificaría una respuesta que involucra la muerte de los inocentes. En la actualidad, no existe un fuerte consenso entre los eruditos en cuanto a cómo resolver este complejo asunto teológico.

CONSAGRACIÓN Proceso en el que se efectúa una transición hacia la santidad: el estado de ser digno para estar en la presencia de Dios. La separación, o ser apartado, no como lo señala el significado principal de consagración, es una noción asociada (Números 6:8; 1 Crónicas 23:13). La verdadera consagración no es simplemente externa y simbólica, sino que más bien implica una obediencia genuina del pacto con Dios (Números 15:40).

La consagración está relacionada a fondo con la purificación, que es la limpieza de la corrupción (Éxodo 29:36) e implica dedicación (particularmente de construcciones) y la santificación (particularmente de las personas). Solo la presencia gloriosa de Dios puede proveer algo santo (29:43-44). Más en lo común, un acto de ritual, como la limpieza (19:10) o unción (29:36), sirve para marcar la transición al nuevo estado.

Como Dios es santo (Levítico 11:44), las personas o cosas que se acercan a su presencia deben compartir su santidad. En Israel, el tabernáculo o templo era una representación del santuario divino de Dios, por lo que este espacio y todo lo asociado con ellos debía consagrarse (Éxodo 29:36-37; 40:9), incluyendo ofrendas o animales de sacrificio presentados en el altar (Éxodo 28:38; 2 Crónicas 29:33). Ciertos períodos también eran consagrados por Dios (Levítico 25:10). Los sacerdotes, con sus prendas especiales, debían consagrarse para ejercer su rol al momento de representar al pueblo ante Dios (Éxodo 28:3; 29:21).

En el monte Sinaí, los israelitas fueron consagrados como el sacerdocio real de Dios (Éxodo 19:6, 10) para prepararse para su encuentro con Dios. Además de esta declaración respecto a todas las personas, todos los primogénitos varones en Israel como principio debían consagrarse (Éxodo 13:2), aunque esto fue modificado por el rol especial asignado a una cantidad aproximadamente equitativa de levitas, que le pertenecían a Dios (Números 3:45).

CONSCIENCIA Conocimiento innato frente al error, cuya inclinación es pensar y actuar correctamente. En el Antiguo Testamento se describe la conciencia moral como una disposición a obedecer la voluntad revelada de Dios (Deuteronomio 30:14; Salmos 1:1-2; Proverbios 1:7). Las personas no son presentadas como moralmente perfectas, pero hasta cierto punto de sus conocimientos se espera que actúen con rectitud (Génesis 4:1-16; 1 Samuel 25:31). Abimelec, rey de Gerar, recurre a la ignorancia dada la decepción de Abraham (Génesis 20:1-7). Job acude a la pureza de su consciencia (Job 27:6).

Una revelación más completa de la voluntad de Dios se da a conocer en la ley mosaica. Dios entrega los mandamientos en parte para elevar la conciencia de los israelitas respecto a lo correcto e incorrecto, para que por medio de la obediencia ellos puedan disfrutar una relación de pacto dentro de la presencia santa de Dios (por ejemplo, Deuteronomio 28:1-14). La intención de esta consciencia social informada era dominar el comportamiento malvado (Gálatas 3:19). El autor de Jueces anticipa la necesidad por la ley al quejarse de que "cada quien hacía lo que le parecía mejor" (17:6; 21:25).

Sin embargo, la narrativa bíblica también crea un espacio para las situaciones paradójicas y los valores competitivos, que complican el razonamiento moral (por ejemplo, Génesis 38; Jueces 11:29-40). En la ley, Dios prohíbe claramente el sacrificio infantil, pero a Abraham le ordena presentar a su hijo Isaac como un holocausto (Génesis 22:1-14). En un techo Pedro recibe una visión en la que el Señor le ordena matar y comer animales impuros (Hechos 10:1-8). En ambos casos, Dios prueba la fe del creyente al ordenarle que traicione su consciencia personal y abrir su corazón a una revelación más plena del plan divino. Incluso el razonamiento moral de Dios no es siempre claro. Dios se compromete a hacer lo correcto, pero Él también sopesa las decisiones con compasión y piedad. Abraham y Moisés recurren al carácter de Dios y son capaces de interceder en nombre del pueblo pecaminoso (Génesis 18:22-33; Éxodo 32). Jonás incluso llega

Réplica del tabernáculo en Timnah, Israel. Todo lo asociado con el tabernáculo debía consagrarse.

a despreciar esta cualidad del carácter de Dios, que parece comprometer la justicia (4:1-11).

Estas tensiones anticipan el evangelio, en el que se afirma que Dios ama a los pecadores y ha proporcionado un medio para expresar misericordia hacia ellos sin comprometer la justicia (Romanos 3:21-26).

Así como la ley mosaica, el evangelio también proporciona mayor revelación de la voluntad de Dios y, por lo tanto, una consciencia más informada. Con citaciones suscitadas en todo el Antiguo Testamento, Pablo declara que todas las personas sufren de una consciencia distorsionada (Romanos 3:9-20). Dios ha hablado con todas las personas a través de sus consciencias, pero a pesar de este conocimiento innato sobre lo correcto e incorrecto los judíos, que poseen los mandamientos de Dios, y los no judíos, que saben algo sobre Dios por la naturaleza (la creación), han comprometido su propia postura ética, por lo que ellos mismos se echan la culpa por sus acciones (1:18-32). Este conflicto interior y universal, enfatizado por Jesús y Pablo, elimina el querer recurrir a la consciencia propia como un medio de justificación en el juicio futuro (Marcos 7:1-23; Lucas 13:1-5, 22-30). Además, este compromiso habitual lleva a presentar autodecepción y una percepción distorsionada del mundo.

Pero por medio del arrepentimiento y la fe en el evangelio, recurriendo a Dios (el Creador), la consciencia de una persona puede renovarse y alinearse con la mente y acciones de Jesucristo (Romanos 12:1-2; 1 Corintios 2:16). A pesar de esta restauración, la complejidad del razonamiento moral no siempre se supera. De hecho, vivir en Cristo con otras personas de distintos trasfondos culturales y valores a menudo requiere de una reflexión más profunda. Pablo reconoce que pueden existir diferentes percepciones entre los creyentes, lo que puede llevar a prácticas distintas.

Comer carne que haya sido ofrecida como sacrificio a los ídolos es algo neutral o incorrecto dependiendo de la consciencia de la persona y del observador (1 Corintios 8:1-3). Pablo emplea la misma perspectiva para la observancia del calendario judío y las leyes alimentarias (Romanos 14:1-23; no obstante, *ver* Gálatas 4:8-11). Sin embargo, el apóstol también presume que la consciencia personal puede crecer con sabiduría. Con el tiempo, los creyentes deberían tomar conocimiento para que sus consciencias relacionen todo con el señorío de Cristo (Romanos 2:15; 9:1; 2 Corintios 1:12; 4:2; 5:11), meditando en la bondad de toda la creación (Tito 1:10-16) y anteponiendo el bienestar de los demás (Filipenses 2:1-11).

CONSEJERO **(1)** Persona dotada con conocimiento en la naturaleza humana y la habilidad para discernir respuestas sabias en situaciones complejas. Daniel se convirtió en un consejero en la corte real de Babilonia y, por su conocimiento de Dios, él se distinguió por sus consejos superiores (Daniel 1:20; 5:11-12). Isaías profetizó que el Espíritu de la sabiduría y del entendimiento estarían presentes en el Mesías (11:2). Poseer el Espíritu y conocimiento de las Escrituras (Hebreos 4:12) hace que los creyentes sean consejeros competentes (Romanos 15:14; Colosenses 3:16). **(2)** Interpretación de la palabra griega paraklētos en Juan 14:16, 26; 15:26; 16:7 (RSV). *Ver también* Defensor; Paráclito.

CONSOLACIÓN Acto de calmar la tristeza y la angustia. La palabra "consolación" se usa más a menudo en la KJV que en la NVI. En diversas ocasiones en Job (por ejemplo, 15:11; 21:2) la palabra se usa cuando Job busca consuelo ante su sufrimiento. Sus amigos lo presionaron para buscar consolación en la confesión de su pecado. Lucas habla sobre Simeón, que estaba esperando en el templo de Jerusalén para la consolación de Israel. Al ver que el niño Jesús era presentado en el templo, él afirmó que había recibido esa consolación (Lucas 2:25-32). Pablo dice que el consuelo de los cristianos (NVI: "consolación") se encuentra en Cristo, y esto produce resiliencia y le da al cristiano la oportunidad para consolar y aliviar a aquellos que lo necesitan (2 Corintios 1:3-7). En 2 Tesalonicenses 2:16 Pablo dice que es Jesús el que le otorgó a los cristianos "consuelo eterno" (NIV: "aliento eterno").

CONSOLADOR *Ver* Parácletos.

CONSTELACIONES *Ver* Estrellas.

CONSUMACIÓN Concepto que solamente se menciona en la KJV en Daniel 9:27 (se usa en la profecía de Daniel de las setenta semanas). La palabra "consumación" se refiere al "fin" o terminación de eventos que se decreta para un enemigo sin nombre de Dios. En el Nuevo Testamento, los propósitos de Dios en la historia acontecen en la consumación o "culminación" (del griego telos) en la obra de Jesús (Lucas 22:37), especialmente en su muerte sacrificial "al final de los tiempos, se ha presentado una sola vez y para siempre a fin de acabar con el pecado" (Hebreos 9:26). La presente era llegará a su "fin" (del griego telos) cuando el Evangelio llegue a todas las naciones (Mateo 24:14). Habrá un juicio final (Mateo 13:49) y todas las personas serán sometidas ante Dios y Cristo (1 Corintios 15:24).

CONTAMINACIÓN-PROFANACIÓN, desacralización, corrupción o contaminación oral, ceremonial o física; volverse moral, ceremonial o físicamente impuro o sucio; estar inmundo (Nm. 35:33, 2 Cr. 36:14, Esd. 2:62, Neh. 7:64, Sal. 106:38, Prov. 25:26, Is. 24:5, Jr. 3:1, 2, 9, 16:18, Ezeq. 23:30, Sof. 3:1, 4, Mal. 1:7, 12, Hec. 15:20, 2 Pe. 2:10, 20). La elección de "contaminación/contaminar" en vez de un sinónimo es una decisión de traducción. La palabra ocurre en muchos otros lugares en ciertas versiones.

La contaminación en el uso secular moderno generalmente se refiere a ensuciar los espacios ambientales como resultado de la actividad humana, por ejemplo, la contaminación del aire y el agua. Prov. 25:26 emplea esta comprensión. En términos más generales, el mandato de mayordomía dado a la humanidad por Dios en Gn. 2:15 proporciona un respaldo bíblico para la importancia de cuidar el medio ambiente. Esto incluiría la reducción o eliminación de actividades contaminantes conocidas y la limpieza de espacios previamente contaminados. *Ver también* Limpiar, Limpieza.

CONTENCIÓN La palabra "contención" se usa en algunas versiones inglesas para traducir las varias palabras hebreas y griegas que significan "paciencia", "resiliencia" o "tolerancia".

En el NT, el sustantivo anochē se usa con "amabilidad" y "paciencia" para denotar la contención de Dios con la humanidad en su oferta de arrepentimiento (Rom. 2:4). Él muestra paciencia en la cruz (3:25-26). Por lo tanto, la paciencia es un atributo de Dios.

Jesús usa el verbo anechō cuando pregunta cuánto tiempo tendrá que "soportar" la generación de su primera venida (Mt. 17:17). Pablo le pide a los corintios a soportarlo mientras él defiende su apostolado (2 Cor. 11:1), ya que buenamente han soportado a falsos maestros (2 Cor. 11:19-20). Ordena a los discípulos en las iglesias que sean tolerantes unos con otros (Ef. 4:2). Pablo señala que él resiste o soporta persecuciones (1 Cor. 4:12), y felicita a los tesalonicenses por su paciencia frente a la persecución sufrida a causa del Evangelio (2 Tes. 1:4).

CONTENCIÓN, MURO DE *Ver* Muro, Ángulo del.

CONTENEDORES Y RECIPIENTES *Ver* Vasijas y Utensilios.

CONTENTAMIENTO Satisfacción general con la situación personal o estatus de vida. El contentamiento es una actitud del corazón que es producto de la humildad, y es una actitud por la que los creyentes deberían esforzarse (1 Timoteo 6:6-10). Pablo enfatizó que el verdadero contentamiento se encontraba al sentirse satisfecho con la provisión de Dios (Filipenses 4:11). Las palabras griegas autarkēs ("contento") y autarkeia ("contentamiento") se refieren al hecho de reconocer lo que uno posee como algo suficiente o estar satisfecho con las circunstancias personales o el destino en la vida.

CONTRITO Actitud de penitencia. En la Biblia, ser contrito significa tener una actitud de perdón frente a las acciones pecaminosas que uno ha hecho. El término "contrito" es relativamente extraño dentro de la Biblia, pero las expectativas sobre tener esta actitud no lo son. En Salmos 51, como mención de un atributo tradicional de David cuando el profeta Natán expuso su adulterio con Betsabé, David dice que un corazón contrito, como respuesta al pecado, es aquel que Dios no rechaza. Además, el Salmo 51 es un gran ejemplo de cómo una persona con una actitud contrita, que reconoce la pecaminosidad personal ante Dios, puede explayarse. Dios dice que aunque habite "en las alturas, en santidad", Él también vive con aquellos que son "contritos y humildes de espíritu" (Isaías 57:15), y que estima a la persona que es "pobre y contrita de espíritu" (66:2).

CONTROL DE ARMAS El esfuerzo para limitar el acceso de ciudadanos privados a armas de fuego, especialmente en referencia a armas cortas y rifles de asalto. La Segunda Enmienda de la Constitución de los Estados Unidos prohíbe al gobierno federal completamente desarmar a los ciudadanos porque las armas de infantería ligeras son necesarias en defensa de estados libres.

Sin embargo, el debate de la política pública continúa, dado el uso periódico de armas de fuego contra personas inocentes, especialmente en escuelas, iglesias e instalaciones públicas. Los abogados por el control de armas argumentan que criminalizar la venta y posesión de armas mortales reduciría los crímenes violentos. Los abogados por los derechos de los dueños de armas realizan la reclamación opuesta: los criminales violentos cometerían menos ofensas si las personas comunes tuviesen permitido llevar armas ocultas para defensa personal. La Biblia no prohíbe la defensa letal en todos los casos, particularmente donde la propia vida de uno puede estar amenazada (Éx. 22:2-3), pero la fuerza letal, usando cualquier tipo de arma, es una opción de último recurso.

CONTROL DE NATALIDAD La forma predominante de control de natalidad disponible para los hombres en el antiguo mundo era el coitus interruptus. Onán hizo esto para evitar que Tamar quedara embarazada (Génesis 38:8-9) y enfrentó el juicio de Dios por sus acciones, aunque esto puede reflejar el castigo por rehusarse a concretar su deber levirato en vez de recibir un castigo por salirse prematuramente.

Sin embargo, como las familias grandes eran valoradas en sociedades principalmente agrarias, la anticoncepción a menudo era condenada. La literatura judía posterior prohibía el uso del control de natalidad para los hombres por la orden que decía "sean fructíferos y multiplíquense" (Génesis 1:28), pero a veces se les permitía a las mujeres el uso de la anticoncepción, particularmente para aquellas que amamantaban a niños mayores. Sorano el médico del siglo II d.C. le enseñó a una mujer, que deseaba prevenir el embarazo, que evitara la penetración profunda, aguantara la respiración en el momento de la eyaculación y que inmediatamente se pusiera de cuclillas, comenzara a estornudar, se limpiara y bebiera algo frío.

Otros métodos de control de natalidad para las mujeres en el antiguo mundo incluían el uso de ungüentos que estaban hechos de aceite de oliva añejo, miel o resina de cedro, que se esparcían en el cuello del útero antes del coito. Varias plantas como el silfio, asafétida, zanahoria silvestre y las semillas del Encaje de la Reina Ana se tomaban de forma oral para prevenir o terminar el embarazo.

El aborto y el infanticidio, pese a que eran condenados por el judaísmo (cf. Éxodo 21:22-25), lo practicaban algunos. La goma de acacia y los dátiles estaban entre los ingredientes que se usaban como supositorios vaginales y se creía que funcionaban como abortivos. El infanticidio ocurría a través de la exposición al nacer (cf. Éxodo 1:15-16; Hechos 7:19) y a menudo elegían a las niñas.

CONVERSACIÓN En la KJV la palabra "conversación" aparece a menudo, y transmite el significado arcaico de "conducta, comportamiento, estilo de vida", que por lo general se emplea para traducir la palabra hebrea derek o la griega anastrophē (por ejemplo, Salmos 37:14; 50:23; Gálatas 1:13; Efesios 4:22; 1 Timoteo 4:12; 1 Pedro 1:15). En Filipenses 3:20 se refiere a "ciudadanía" en los cielos, y se usa para traducir la palabra griega politeuma (que involucra la conducta personal con la consideración adecuada frente a las obligaciones para los demás en la comunidad).

CONVERSIÓN La conversión, que significa "dar un vuelco" o cambiar de curso en la vida, está cercanamente relacionada con el arrepentimiento, aunque ambos conceptos no sean para nada sinónimos.

La conversión como parte de la obra de salvación de Dios. Tanto en el Antiguo como en el Nuevo Testamento se presenta la conversión como una etapa crucial de la obra de salvación de Dios para las personas. La metáfora principal para la conversión en el Antiguo Testamento es dar un vuelco (del pecado a Dios), que en su mayoría se expresa por medio de la palabra hebrea shub y sus derivados (renegando la inmoralidad e injusticia y a Dios en Isaías 55:7; apartándose de los ídolos en Ezequiel 14:6). En el Nuevo Testamento se utiliza de la misma manera la metáfora del cambio. Otra metáfora sobre la conversión tiene relación con el nacimiento, que se evidencia en conceptos como convertirse en un hijo de Dios (Mateo 18:3), renacer (1 Pedro 1:3) y nacer de nuevo o nacer desde arriba (Juan 3:3).

Aunque el concepto enriquecido de la conversión puede reflejar una enorme variedad de eventos y acciones en la vida de uno, lo que es central para la afirmación de la conversión parece ser un cambio definitivo y radical en las creencias y prácticas personales. La conversión en general acompaña o, en algunos casos, va seguida del arrepentimiento de la vida pecaminosa de la persona. El llamado sobre el arrepentimiento se impregna en las enseñanzas proféticas del Antiguo Testamento, y es relevante que Juan el Bautista y Jesús hayan comenzado su ministerio público con su propio llamado profético para el arrepentimiento (Mateo 3:1-2; Marcos 1:14-15).

Lo que distingue a las enseñanzas del Nuevo Testamento sobre el arrepentimiento de su contraparte en el Antiguo Testamento es que en este los profetas operaban asumiendo que su audiencia ya tenía una relación de pacto con Dios ("volverse a Dios" [a menudo se usa la palabra hebrea shub]), mientras que en el Nuevo Testamento la invitación se extiende para los gentiles para que "se conviertan a Dios" (*ver* Hechos 26:20).

En este aspecto, la conversión es más característica como una idea cristiana y del Nuevo Testamento, que se arraiga con firmeza en el sentido más amplio del arrepentimiento.

La idea de que los humanos necesitan la conversión para ser correctos frente a Dios implica que el status quo de la existencia humana, caracterizada por el pecado, es inadecuado. Por lo tanto, Dios tomó la iniciativa para cambiar esto radicalmente. En este sentido, la conversión es fundamentalmente una obra de Dios aplicada en los humanos. Además, la conversión claramente necesita una respuesta humana, que puede tomar muchas formas distintas.

El componente emocional de la experiencia de conversión de la persona puede variar: la exuberancia que se origina del conocimiento de los méritos de la redención y la tristeza provocada al reconocer la seriedad de la destitución personal son parte del complejo espectro de emociones relacionadas con la conversión. En el registro de la conversión del carcelero filipense (Hechos 16), este muestra su desesperación por querer escapar de su crisis actual, un deseo de ser salvado, y el gozo que se produjo cuando decidió seguir a Cristo. La conversión de Zaqueo es notable por su cambio determinado respecto a sus crímenes y por el pago de un alto precio a nivel personal y financiero (Lucas 19:8).

La experiencia de la conversión. Sería productivo mencionar la conversión más famosa que se registra en la Biblia como un patrón para entender la experiencia de la conversión en general. El registro bíblico de la conversión de Pablo (Hechos 9:1-27; 22:1-21; 26:9-23; *ver también* 1 Corintios 9:1; 15:8-10; Gálatas 1:15-17) demuestra por lo menos estos elementos distintos: (1) el encuentro con el ser desconocido, pero poderoso (misterioso, divino, etc.); (2) el darse cuenta de los pecados cometidos en el pasado; (3) rendirse ante ese ser; (4) escuchar el llamado por la vida y obtener un sentido renovado de dirección.

Probablemente como un eco de las metáforas del Antiguo Testamento sobre la conversión y suscitando su propia experiencia de conversión, Pablo describe la experiencia de los creyentes gentiles al decir "cómo se apartaron de los ídolos y se volvieron al Dios vivo y verdadero, para servirlo" (1 Tesalonicenses 1:9). El mismo Pablo tuvo un "vuelco" radical en su camino hacia Damasco, y él explica en su registro ante el rey Agripa que su misión, como si se lo dijera el Jesús resucitado, era tornar a los judíos y gentiles "de las tinieblas a la luz, y del poder de Satanás al poder de Dios" (Hechos 26:18).

Aunque los registros de las experiencias individuales de conversión muestran variaciones enriquecidas, todos los convertidos en esencia han pasado por esta transición.

C

CONVICCIÓN En su uso más prominente, "convicción" se refiere a la experiencia de volverse consciente de la culpa personal ante Dios. La visión de Isaías sobre el trono de Dios proporciona una imagen dramática de convicción. Él describe una sensación de pavor y de auto repugnancia que experimentó en la presencia de Dios, que es santo: "¡Ay de mí! ¡Soy hombre muerto! ¡Mis ojos han visto al Rey, el SEÑOR de los ejércitos, aun cuando soy un hombre de labios impuros y habito en medio de un pueblo de labios también impuros!" (Isaías 6:5). Después de la pesca milagrosa, cuando Pedro reconoció que Jesús era el Cristo, su respuesta inicial fue similar: "Señor, ¡apártate de mí, porque soy un pecador!" (Lucas 5:8).

Jesús dijo que después de su partida él enviaría al Espíritu, que condenaría con culpa al mundo en relación al pecado, la justicia y el juicio (Juan 16:8). El pecado tiene el poder para entorpecer la consciencia la persona por su generalización. Dios es luz, y su presencia expone nuestra oscuridad. Ser condenado es volverse consciente de la necesidad personal por el perdón y la pureza del pecado. La confesión, o el acuerdo interior, es la única respuesta apropiada. La culminación inicial de esta promesa se menciona en el Pentecostés, como respuesta al milagro que atrajo multitudes, cuando Pedro predicó la resurrección de Cristo al público, que recién había entregado a Cristo para que fuera crucificado. Tras escuchar el sermón de Pedro, ellos sintieron un "profundo remordimiento" y preguntaron: "¿Qué deberíamos hacer?". Pedro entonces les ordenó arrepentirse para que ellos pudieran recibir el perdón por sus pecados (Hechos 2:37-38). Esto demuestra que el Espíritu obra a través de la palabra proclamada de Dios, que es capaz de exponer los pensamientos e intenciones del corazón (Hebreos 4:12). Sin embargo, es posible resistirse ante la convicción, que con el tiempo produce el endurecimiento del corazón de la persona (Hechos 7:51).

En el libro de Hebreos se usa la palabra "convicción" con su segundo significado para referirse a la persuasión interna que caracteriza la fe (11:1 ESV, NRSV, NASB).

COOS *Ver* Cos.

COPA En el libro de Salmos, "copa" se refiere al lote designado divinamente en vida (16:5-6; 23:5). La "copa de salvación" (Salmos 116:13) alude al vino derramado como parte de la ofrenda de gracias (Números 28:7-8).

El uso teológico más importante de este concepto es la imagen principalmente profética (pero también salmista [por ejemplo, Salmos 75:8]) de la copa de la ira de Dios que las naciones malvadas beberán (por ejemplo, Isaías 51:17-23; Jeremías 25:15-17, 28). El libro de Apocalipsis también aborda esta imagen (14:10; 16:19; 17:4; 18:6). Este uso del Antiguo Testamento también respalda la existencia de la "copa" que Jesús debía beber, que él menciona en la predicción de su muerte (Marcos 10:38-39) y en su oración en el jardín de Getsemaní (Marcos 14:36; cf. Juan 18:11: "¿Acaso no he de beber la copa que el Padre me ha dado?"). En la

Copas de Piedra para medir que fueron halladas en las ruinas de hogares ricos en Jerusalén (siglo I a.C).

cruz, Jesús como el sustituto de los pecadores lidió con la ira de Dios.

Una copa de agua fría (Mateo 10:42) simboliza una hazaña de amabilidad realizada para uno de los "pequeños", que Jesús dice que no se irán sin ser recompensados. Los fariseos solamente limpiaban "por fuera el vaso", lo que significaba que ellos sólo se amoldaban aparentemente a la voluntad de Dios (Mateo 23:25-26).

La "copa de bendición" (cf. 1 Corintios 10:16), que es la tercera de la serie compartida de vasos durante la cena de la Pascua (Lucas 22:17 menciona una copa anterior), fue reinterpretada por Jesús en la Última Cena (Mateo 26:27; Marcos 14:23; Lucas 22:20; 1 Corintios 10:23-29). Pablo enseña que compartir alimentos en templos paganos ("la copa de los demonios") es incompatible con la participación en la Cena del Señor ("la copa del Señor") (1 Corintios 10:21).

COPERO Oficial de alto rango en las cortes del antiguo Cercano Oriente. El copero era responsable de servir vino en la mesa del rey. Dada la posibilidad de conspiración y envenenamiento, un individuo fiable era necesario para esta posición. En ocasiones, a esta persona se le solicitaba probar el vino antes de servirlo para verificar que era seguro. Su cercanía con el rey a menudo le daba una posición de gran influencia.

El "jefe de los coperos" en la historia de José (Génesis 40:1-2) puede que haya supervisado al personal. José fue quien atendió al copero mientras estuvo en prisión, junto con el panadero. Aunque José le pidió al copero que le mencionara su dilema al faraón cuando este recuperara su posición, el copero se olvidó de José por dos años (Génesis 40:14, 23; 41:9-13).

Sin embargo, la cercanía del copero con el faraón con el tiempo le permitió ser de influencia en el ascenso al poder de José. Nehemías fue el copero de Artajerjes (Nehemías 1:11) y era muy estimado. Los recursos financieros de Nehemías (5:10, 17) puede que señalen que la posición era muy bien compensada.

CORAJE Aunque la palabra "coraje" no aparece muy a menudo en la Biblia, existen diversos ejemplos en los que se demuestra esta cualidad (por ejemplo, Hebreos 11). El coraje es un tema importante en la conquista de la tierra de Canaán (Deuteronomio 3:28; 31:6-8, 23; Josué 1:6-9; 10:25). El salmista se llena de coraje por la protección de Dios (Salmos 27:1). Pablo siente coraje en Dios para compartir el evangelio con los tesalonicenses (1 Tesalonicenses 2:2). El pueblo de Dios se siente valiente por la presencia de Dios (1 Crónicas 22:13; 2 Crónicas 32:7; Hageo 2:4; 1 Corintios 16:13; 2 Corintios 5:6-8; Hebreos 13:6). La fuente de coraje, por lo tanto, no proviene del carácter personal, sino que más bien del carácter de Dios. El coraje es inspirado por Dios, generado por Dios, expresado en servicio a Dios y se manifiesta en la resiliencia y en la integridad.

CORAL Duro esqueleto calcáreo secretado por ciertos pólipos marinos que son de color negro o rojo. En el antiguo Cercano Oriente el coral era considerado de gran valor y era equiparado con las piedras preciosas, aunque Job lo menciona junto con muchas otras piedras que tienen menos valor que la sabiduría (Job 28:18). El coral es una de las piedras usadas como pago cuando la gente de Aram se involucró en negocios con el pueblo de Tiro (Ezequiel 27:16).

CORASÁN *Ver* Bor Atac.

CORAZA Parte de la armadura usada para proteger al soldado contra los golpes recibidos de otras armas. Esta imagen se usa de manera figurativa en el libro de Isaías para describir la forma en la que Dios viste su justicia (Isaías 59:17). Pablo usa este término para describir a los creyentes, para que se revistan con "la coraza de justicia" (Efesios 6:14) y con "la coraza de la fe y del amor" (1 Tesalonicenses 5:8).

CORAZÍN Ciudad en Galilea que Jesús reprendió, junto con Betsaida y Capernaúm, por su incredulidad a pesar de los milagros que él había llevado a cabo ahí (Mateo 11:21; Lucas 10:13). El Talmud de Babilonia describe a Corazín como una ubicación importante por la producción de trigo. Se le identifica con la moderna Khirbet Karazeh, que está a unas dos millas al noroeste de Capernaúm. El sector posee vastas ruinas, incluyendo una sinagoga del siglo

III. Muchos de los edificios se construían con basalto negro, que es una roca volcánica de la localidad.

CORAZÓN Fisiológicamente, el corazón es un órgano en el cuerpo, y en la Biblia también se usa en un número de metáforas. El NT usa el término griego kardia de manera similar a los términos hebreos leb y lebab en el AT y en algunos casos depende de los usos en el AT.

Mente y Emociones

C

Metafóricamente, el corazón se refiere a la mente, la voluntad, el asiento de las emociones o incluso toda la persona. También se refiere al centro de algo, o su parte interna. Estas metáforas vienen de la importancia y ubicación del corazón.

Mente. El corazón se refiere a la mente, pero no al cerebro, y en estos casos no involucra la fisiología humana. Es una metáfora, y mientras la neurofisiología del corazón puede ser interesante por derecho propio, no tiene relación con este uso del lenguaje. Tampoco deberíamos confundir algunas frases idiomáticas modernas o distinciones como relacionadas a este punto de vista bíblico. La Biblia no hace una distinción entre "conocimiento de cabeza" y "conocimiento de corazón", ni emplea lenguaje haciendo al "corazón" bueno o superior y la "cabeza/mente" mala, inferior o meramente intelectual. No premia lo emocional sobre lo mental; tiene un punto de vista más integrado.

Deuteronomio 6:5 emite el mandamiento de amar a Dios con todo el corazón, alma y fuerza. Cuando el mandamiento se repite en los Evangelios, ocurre en tres variaciones (Mt. 22:37; Mc. 12:30; Lc. 10:27). Común a los tres es la adición de la palabra "mente". Los escritores evangélicos quieren estar seguros de que la audiencia escuche a Jesús agregando "mente", pero esta adición se basa en el hecho de que el significado de la palabra hebrea "corazón" incluye mente.

Las actividades mentales del corazón metafórico son abundantes. El corazón es donde una persona piensa (Gn. 6:5; Dt. 7:17; 1 Cr. 29:18; Ap. 18:7), donde una persona comprende y tiene entendimiento (1 Re. 3:9; Job 17:4; Sal. 49:3; Prov. 14:13; Mt. 13:15). El corazón hace planes y tiene intenciones (Gn. 6:5; 8:21; Prov. 20:5; 1 Cr. 29:18; Jr. 23:20). Uno cree con el corazón (Lc. 24:25; Hec. 8:37; Rom. 10:9). El corazón es el lugar de la sabiduría, discernimiento y habilidad (Éx. 35:34; 36:2; 1 Re. 3:9; 10:24). El corazón es el lugar de la memoria (Dt. 4:9; Sal. 119:11). El corazón juega el rol de conciencia (2 Sm. 24:10; 1 Jn. 3:20-21).

Con frecuencia vale el esfuerzo sustituir "mente" por "corazón" al leer la Biblia para captar

Restos de una sinagoga de basalto del siglo III D.C en Corazín.

la dimensión mental. Por ejemplo, tras decirle a los israelitas que amen a Dios con todo su corazón, Moisés recalca: "Estos mandamientos que les doy hoy deben estar sobre sus corazones" (Dt. 6:6). Leyéndolo en vez de "estar en sus mentes" cambia nuestra perspectiva y en este caso la frase idiomática "en su mente" es más clara y exacta. Los siguientes versículos instruyen a los padres a hablarle a sus hijos a través del día de las palabras de Dios. Para que los padres hagan esto, los requisitos y hechos deben estar constantemente en su mente, debido a su amor por él. Igualmente, el amor y lealtad a Dios se expresan por la meditación en y determinación a obedecer su ley (Sal. 119:11, 112). La ley no es meramente una lista de reglas; también es un repositorio de una visión del mundo en el cual el Señor es el único Dios. Vivir consistentemente con esta verdad requiere pensamiento cuidadoso y reflexivo.

Emociones y actitud. El corazón, como el asiento de las emociones, se asocia a un número de sentimientos, tales como alegría (Éx. 4:14; Hec. 2:26), odio (Lv. 19:17), orgullo (Dt. 8:14), resentimiento (Dt. 15:10), temor (Dt. 28:67), simpatía (Jue. 5:9), amor (Jue. 16:15), tristeza (1 Sm. 1:8; Jn. 16:6) y celos y ambición (Sant. 3:14). El corazón también es el marco de referencia para actitudes como voluntariedad, coraje y deseo.

Frases Idiomáticas

La palabra "corazón" también aparece en numerosas frases idiomáticas.

Dureza de corazón. Un corazón duro es obstinado o adverso (Mc. 3:5), mientras un corazón tierno es humilde (2 Re. 22:19). En el libro del Éxodo las traducciones comúnmente dicen que Dios o el Faraón endurecieron el corazón del Faraón. Estos pasajes en Éxodo no usan las palabras hebreas para dureza, sino más bien aquellas para estar pesado o para fortalecer. El sentido neutral de fortalecer el corazón toma matices en contextos para ser audaz u obstinado. El Faraón fue fortalecido en su oposición a Dios, y esta obstinación calza con la frase idiomática para tener un corazón duro.

Corazón circuncidado/incircunciso. Un corazón incircunciso es una metáfora para un corazón obstinado y rebelde, mientras un corazón circuncidado está conectado con ser humilde y fiel (Lv. 26:41; Dt. 30:6; Jr. 4:4; Hec. 7:51). Tal vez la metáfora se basa en el rol de la circuncisión en la alianza.

"Un hombre conforme a su propio corazón [de Dios]" (1 Sm. 13:14). Esta descripción de David puede significar "de acuerdo a su elección [de Dios]" (cf. 2 Sm. 7:21), enfatizando la elección de Dios sobre la elección del pueblo, o puede significar "de acuerdo a su deseo [de Dios]" (1 Sm. 14:7; 1 Re. 15:3), refiriéndose a cómo David mostró conformidad con la agenda de Dios.

Todo el corazón. La frase "con todo corazón [de uno]" en algunos casos significa "sinceramente" o "resueltamente", que enfatiza unidad de propósito y foco. En otros casos parece significar, más ampliamente, "con todo el pensamiento o perspectiva de uno" e implica el trabajo de ajustar nuestra visión de mundo fuera de las suposiciones culturales comunes y hacia las enseñanzas de Dios.

Decir en el corazón de uno. Esta expresión denota hablarse a uno mismo (esto es, pensar) más que en voz alta o indica reflexión o deliberación. Existen varias advertencias a no mentirse a uno mismo—esto es, no deliberar, creer y actuar en la falsa premisa establecida.

Tomar [un asunto] a pecho. Tomarse algo a pecho es tomárselo muy en serio o darle una alta prioridad.

CORBÁN Transliteración de un término técnico, qorban, usado en referencia a una ofrenda para Dios a lo largo de Levítico y Números (por ejemplo, Levítico 1:2; Números 5:15). Marcos 7:11 se sitúa en medio de un intercambio donde Jesús condena a los fariseos por intentar evadir el verdadero significado de las leyes del Antiguo Testamento del corbán al quedarse codiciosamente con el dinero que debía usarse para apoyar a los padres mayores (cf. el paralelo en Mateo 15:5-6, donde se usa la palabra griega dōron ["ofrenda"] en vez de corbán).

CORDEL DE MEDICIÓN Hecho de diversos materiales como el lino, el cordel de medición (de límite) era una herramienta importante utilizada por los carpinteros, constructores y topógrafos para repartir tierra (Sal. 16:6; Amós 7:17) y figurativamente para aludir al juicio de Dios (2 Re. 21:13; Is. 28:17; 34:11; Lam. 2:8).

CORDERO DE DIOS Un título de Jesús utilizado en el Evangelio de Juan, las Cartas de Juan y el libro de Apocalipsis. Este título y su imagen representan una comprensión particular de la identidad y la misión del Mesías por parte de algunas comunidades cristianas primitivas.

La frase aparece primero en Juan 1:29, donde Juan reconoce a Jesús como el que "quita el pecado del mundo", y luego nuevamente en Juan 1:36, cuando el clamor de Juan hace que dos de sus discípulos se conviertan en los primeros seguidores de Jesús. "Cordero de Dios" es esencialmente una expansión y reinterpretación de varias tradiciones del AT y su aplicación en Jesús.

La referencia principal es a la fiesta de la Pascua, durante la cual Juan coloca la narración de la pasión, en la que un cordero es sacrificado y comido. Esta es una celebración y un eco de la Pascua original, en la cual los hebreos esparcían sangre de cordero en el marco de sus puertas para que el juicio sobre los primogénitos de Egipto no vinieran sobre los hebreos (Éx. 12:1-15). La salvación que Juan prevé, sin embargo, es diferente de la narrativa del Éxodo en muchos aspectos. El enemigo del que se salva el pueblo de Dios ya no es un opresor geopolítico, sino más bien el pecado mismo. Israel ahora ha sido expandido para contener a toda la raza humana. El "cordero" ha pasado por una gran transformación y ahora ha de identificarse con el Mesías e incluso con Dios mismo. Para los creyentes del NT, la muerte y la resurrección de Jesús son la consumación de la Pascua. En lugar de salvar a un pueblo de un peligro específico, la salvación de Dios alcanza la eficacia universal en Jesucristo, quitando el pecado del mundo.

La otra figura que proporciona significado a "Cordero de Dios" es el de Siervo Sufriente en Isa. 53. Isaías dice: "Fue oprimido y afligido, pero no abrió su boca; como cordero que es llevado al matadero, y como oveja que ante sus trasquiladores permanece muda, no abrió Él su boca" (53:7). Juan quizás pretendía cumplir este verso específicamente en Juan 19:9. Los corderos también formaban parte de la adoración de culto de Israel y eran aceptables para más que una ofrenda (por ejemplo, Lev. 3:7; 4:32; 5:6).

El Siervo Sufriente, el cordero pascual (pascua) y los corderos para el sacrificio ritual no son meramente víctimas, sino víctimas vicarias que asumen el castigo, la culpa y el sufrimiento de los demás. Por lo tanto, otros son librados de sus cargas. Esta es la lógica que Juan aplica a la muerte de Jesús.

Si bien ese puede ser el significado más obvio del título "Cordero de Dios", hay un significado más profundo y más sutil que el libro de Apocalipsis despliega por completo. Un cordero es impotente, vulnerable y pequeño, y sin embargo, así es como Dios trabaja. La imagen de un cordero resalta el sentido contrario de las expectativas del mundo de cualquier salvador. Mientras que el mundo podría esperar, como hicieron los hebreos de los días de Jesús, un conquistador santo para vencer a todos los enemigos, el mundo recibió a un cordero, sacrificado en representación nuestra. "Mira, el león de la tribu de Judá, la raíz de David, ha triunfado... Entonces vi a un cordero que parecía que había sido sacrificado." (5:5-6). La yuxtaposición del anuncio del "León de la tribu de Judá" y la recepción de un "Cordero, que parecía que había sido sacrificado" es sorprendente. Solo el cordero es "digno de tomar el rollo"... porque fuiste inmolado, y con tu sangre compraste para Dios a gente de toda tribu"(5:9). Recordar que Jesús es el Cordero de Dios y no el León de Dios da a los cristianos una pausa para recordarse a sí mismos que no es en las grandes cosas del mundo que Dios hace su trabajo sino en la fidelidad quebrantada de su Hijo. Por esta razón, la imagen de un cordero tomando las riendas de la historia al sostener el rollo celestial se hizo popular en la adoración cristiana primitiva.

CORDERO *Ver* Cordero de Dios; Oveja.

CORDÓN El cordón (KJV: "lazo") era usado para atar en conjunto ciertos objetos en las prendas del sumo sacerdote. Al pasar un cordón azul a través de unos anillos en el pectoral y el efod, los artesanos de Moisés añadieron el pectoral a la pretina del efod para que no "se separe del efod" (Éxodo 28:28; 39:21). El cordón azul también sujetaba una placa de oro, que tenía inscrita las palabras "CONSAGRADO AL SEÑOR", al turbante del sumo sacerdote en la zona de la frente (Éxodo 28:36-38; 39:30-31).

CORÉ **(1)** El tercero de los tres hijos nacidos de Esaú y su esposa cananea, Aholibama (Gn. 36:5, 14, 18, 1 Cr. 1:35), era el jefe de un clan de los edomitas. **(2)** Hijo de Elifaz y nieto de Esaú (Génesis 36:16, pero no aparece en la lista paralela de 1 Cr. 1:36), era jefe de un clan de los edomitas. Algunos sugieren que esta es la misma persona que en Gn. 36:5, 14, 18; 1 Cr. 1:35. **(3)** El primero de los cuatro hijos de Hebrón, era descendiente de Caleb (1 Cr. 2:43). **(4)** Un levita, hijo de Izhar, de la familia de Coat (Éx. 6:21, Nm. 16:1). Números 16 cuenta cómo Coré, junto con los rubenitas Datán, Abiram y On, encabezaron una rebelión de 250 jefes israelitas contra Moisés y Aarón. Desafiaban la validez del sacerdocio aarónico y afirmaban que toda la congregación era santa y apta para realizar las funciones sacerdotales. También cuestionaron la autoridad de Moisés sobre todas las tribus porque él no era de la tribu de Rubén, el primogénito de Israel. En respuesta, Moisés dijo que Yahvé mismo mostraría quién es santo y quién podría acercarse a él. Moisés instruyó a Coré que al día siguiente cada uno de los 250 líderes debía tomar un incensario y poner fuego e incienso en el incensario y llevarlo ante Yahvé; Aarón debía hacer lo mismo. Moisés llamó a Datán y Abiram para que hicieran lo mismo, pero no salieron, negándose a reconocer su autoridad para llamarlos.

Al día siguiente, Coré reunió a toda la congregación a la entrada de la tienda de reunión. Yahvé ordenó a Moisés y Aarón que se separaran de la congregación para poder destruir a la gente debido a su ira contra ellos, pero Moisés intercedió. Moisés fue dirigido por Yahvé para que la congregación se alejara de las viviendas de Coré, Datán y Abiram. Moisés fue a Datán y Abiram, y salieron a la puerta de sus tiendas junto con sus familias. Entonces la tierra se abrió y se tragó a Coré, Datán, Abiram, y todo lo que les pertenecía (sus hogares y sus bienes). Los hijos de Coré, sin embargo, no murieron (*ver* Nm. 26:11). Fuego descendió de Yahvé y consumió a los 250 hombres con los incensarios. Los incensarios fueron tomados por Eleazar, el hijo de Aarón, y martillados en placas para cubrir el altar en señal a los israelitas de que sólo los descendientes de Aarón debían acercarse para quemar incienso delante de Yahvé. *Ver también* Coreítas.

CORÉ **(1)** Un levita, el hijo de Ebiasaf, un miembro de la familia de Coré. Él fue el padre de los porteros del templo Salum y Meselemías (1 Cr. 9:19; 26:1). **(2)** Un levita, el hijo de Imna, portero de la puerta oriental de Jerusalén. Ezequías lo nombró para supervisar las ofrendas voluntarias y repartir las contribuciones (2 Cr. 31:14).

COREÍTAS Los descendientes del levita Coré, nieto de Coat (Éx. 6:24, Nm. 16:1, 26:11, 58), no de Coré, el edomita (Gn. 36:5, 16). Eran una agrupación de cantantes del templo durante el período monárquico, indudablemente residían en el reino del sur, pero posiblemente también en el reino del norte. Aparecen en los títulos de Sal. 42-49; 84-85; 87-88, que se centran en los temas de Sión, el rescate de las pruebas y distanciamiento de Dios, y la fidelidad de Dios como refugio para su pueblo. En tiempos postexílicos fueron guardianes del templo y preparaban el pan sagrado (1 Cr. 9:19, 31).

CORETITAS *Ver* Coreítas.

CORINTIOS, PRIMERA CARTA A LOS Primera de Corintios es la primera de dos cartas del Nuevo Testamento escritas por el apóstol Pablo para la iglesia de Corinto. Pablo visitó Corinto en su segundo viaje misionero (Hechos 18:1-18) por un año y medio antes de dirigirse a Siria. Este periodo se puede datar con bastante precisión, ya que en Hechos se menciona una corte con Galión, el procónsul de Acaya, que sirvió en los años 51-52 d.C. Muchos años después, durante el tercer viaje misionero de Pablo, se escribió la correspondencia corintia.

C

Contexto

Mientras estuvo en Éfeso, Pablo escuchó sobre la inmoralidad en la iglesia en Corinto y respondió con una carta (1 Corintios 5:9). Esta carta se perdió, pero los eruditos la designan como "Corintios A" para distinguirla de las dos cartas canónicas. Alrededor de esta época, tres hombres de Corinto le llevaron un regalo financiero a Pablo (1 Corintios 16:17) junto con una lista de preguntas, que Pablo responde en otra carta (*ver* 7:1). Esta carta, conocida por nosotros como 1 Corintios, es designada por los eruditos como "Corintios B", dado que en realidad esta es la segunda carta que Pablo le escribió a la iglesia. (Para conocer más sobre el orden y nombramiento de la correspondencia corintia, *ver* Corintios, Segunda Carta a los).

Propósito

En los capítulos 1-6 Pablo tiene que lidiar con una variedad de problemas en la iglesia de Corinto, incluyendo divisiones, arrogancia, inmadurez e inmoralidad; luego, en los capítulos 7-16 él responde las preguntas que la iglesia le envió. No sólo implica que los miembros de esta iglesia estaban desunidos, sino que ellos también estaban en desacuerdo con Pablo, que busca restablecer su autoridad sobre la iglesia.

Problemas en Corinto

Divisiones. La iglesia se había dividido bruscamente y aliado con distintos líderes cristianos (1:12). No existen indicios de que los líderes hayan provocado esta situación. Pablo señala que él no es a quien crucificaron para ellos y que no estaban bautizados en su nombre. Estos grupos se habían formado en el nombre de la sabiduría, y cada grupo se jactaba de la superioridad de las enseñanzas de su líder.

Pablo recurre a ellos para ponerle fin a sus divisiones y unificar la forma de pensar. Cristo es la cabeza de la iglesia, y él no puede dividirse. La sabiduría humana no es la piedra angular de la iglesia. La sabiduría de Dios sólo se puede conocer por medio de la espiritualidad; la persona que tiene en su corazón al Espíritu de Dios entiende los asuntos profundos del Señor (2:10-11). Aquellos que creen ser sabios según los estándares humanos deberían ser considerados "estúpidos" en el sentido de este mundo para obtener la sabiduría espiritual (3:18).

Confrontando la inmoralidad. Pablo queda horrorizado ante la inmoralidad sexual de la iglesia: un hombre estaba durmiendo con su propia madrastra (5:1). Esto está prohibido en el Torá (Levítico 18:7-8) e incluso entre las culturas paganas. No obstante, algo peor que este pecado era la respuesta de la comunidad de la iglesia: eran orgullosos, incluso se vanagloriaban. No está claro si Pablo se refiere a sus egos generalmente excesivos, a su sentido pervertido de la libertad en Cristo o al hecho de que se consideran a sí mismos tan abiertos de mente como para permitir dichos pecados; lo que sí es claro es que Pablo intentó lidiar con esto anteriormente, en su primera carta ("Corintios A"; *ver* 5:9). Pablo ordena que el hombre sea excluido de la hermandad (esto lo menciona cuatro veces) para que su espíritu sea salvo (5:5).

Litigio entre los creyentes. Los conflictos en la comunidad de la iglesia habían alcanzado el punto en el que los miembros buscaban resoluciones en las cortes seculares. Pablo deja en vergüenza a los supuestos corintios "sabios" por no resolver sus propios problemas. Ellos ya estaban derrotados porque preferían que un no creyente los declarara como justos que un hermano o hermana en Cristo simplemente pusieran de manifiesto sus errores (6:7).

La inmoralidad en general. La iglesia corintia tuvo su origen cuando Pablo abandonó su prédica a los judíos en Corinto y en cambio se dirigió a los gentiles (Hechos 18:6). Al parecer, los nuevos convertidos continuaban haciendo muchas actividades de su estilo pagano de vida, incluyendo las visitas a las prostitutas del templo. Para justificar su comportamiento, los corintios habían distorsionado la teología de Pablo sobre la libertad: "Todo me está permitido", decían ellos, y Pablo les recuerda: "Pero no todo me conviene" (6:12). La acción correctiva de Pablo era para que ellos huyeran de la inmoralidad sexual, ya que sus cuerpos no son suyos; ellos habían sido comprados con un precio (6:19-20).

Preguntas desde Corinto

Pablo luego se enfoca en las preguntas provenientes de la iglesia, y que tocan muchos temas relevantes para la iglesia actual.

El matrimonio. Algunos de los corintios afirmaban que el celibato era un estado espiritual mayor que el matrimonio. Pablo afirma que hay beneficios en el celibato y defiende el suyo propio como una ofrenda, pero él también reconoce la bondad del matrimonio (7:1-11). El matrimonio es el contexto apropiado para expresar la energía sexual, y los esposos y esposas son sexualmente responsables entre sí. Por razones espirituales ellos deben abstenerse de las relaciones sexuales por un breve período y por consentimiento mutuo, pero luego deben regresar juntos. El divorcio no es condenado, excepto en el caso de que un cónyuge no creyente deje el matrimonio.

Cada persona debería vivir su vida según la situación en la que es llamada. Un hombre no debería buscar el cambio desde la circuncisión a la incircuncisión, o viceversa. Los esclavos no deberían buscar la libertad y aquellos que sí lo son deberían permanecer así. Los matrimonios deben permanecer juntos; los creyentes solteros deberían estar contentos con su soltería, aunque ellos no pequen al casarse.

Alimentos ofrecidos como sacrificio a los ídolos. La mayor parte de la carne consumida en el antiguo mundo provenía de los santuarios y templos paganos, donde se quemaban partes de animales en el altar y el resto se vendía en el mercado. Algunos cristianos creían que comer carne pagana era como adorar al dios para el cual se realizaba el sacrificio. A Pablo le preguntan: "¿Los cristianos deberían evitar comer carne de los sacrificios paganos?"

Pablo responde al decir que el ídolo no es nada, y que la asociación de la comida con un ídolo es irrelevante. Sin embargo, como es posible que los nuevos creyentes aún asocien la comida con un ídolo y pequen, un cristiano debería evitar el consumo de esta carne en la presencia de esta figura. En una comida con un no creyente, los alimentos se pueden comer con libertad a no ser que su fuente en la adoración al ídolo se convierta en un problema. Entonces, por el bien de la consciencia del no creyente, el alimento debe rechazarse.

Problemas en la adoración. La discusión de Pablo sobre la cabeza cubierta en el capítulo 11 es uno de los tantos conflictos más complicados en el Nuevo Testamento, porque el trasfondo y el contexto son desconocidos para nosotros. Claramente, los corintios erraban al vestir prendas inadecuadas o llevar peinados no aptos ya sea en contextos sexuales o religiosos, o en ambos. Podemos suscitar un principio en los argumentos de Pablo: los cristianos no deberían desdibujar las distinciones visuales entre los sexos, tampoco deberían ofender las costumbres y modas contemporáneas en una iglesia particular. Así como los alimentos ofrecidos como sacrificio para los ídolos, el efecto que puede tener una persona sobre los miembros cristianos es fundamental en las acciones de esa persona.

Asimismo como en la Cena del Señor, la iglesia debería unirse en esta parte central de la adoración. La iglesia se estaba separando junto con aspectos como la clase y lo económico cuando se acercaba el "festín del amor", que era una comida comunal que la iglesia compartía en conjunto con la Cena del Señor. Los ricos llegaban temprano a la comida y se atiborraban con lo ofrecido, mientras que los pobres se quedaban sin nada para comer. Pablo le advierte a la iglesia del juicio severo de Dios por cometer dichas inequidades y les ordena que todos participen juntos (11:33).

Pablo también hace mención del tema de la unidad sobre los dones del Espíritu, pero aquí se presenta la diversidad dentro de la unidad. Los diversos dones los concede el mismo Espíritu y su propósito es llevar a cabo la obra de Dios. Aunque algunos de los dones son más espectaculares, los dones más grandiosos son la fe, la esperanza y el amor.

La resurrección. Respecto a la pregunta "¿Existirá una resurrección física para los muertos?", Pablo comparte una explicación extensiva del mensaje del evangelio. La resurrección es central para el evangelio; sin ella, la fe cristiana es en vano (15:14). Pero Cristo resucitó como el primer fruto de la muerte, y

C

en él todos tendrán vida (15:22). Los cristianos serán levantados con un cuerpo glorificado, imperecedero, poderoso y espiritual (15:42-44).

Resumen

I. Saludos (1:1-9)
II. Problemas en Corinto (1:10-6:20)
  A. Divisiones en la iglesia (1:10-4:21)
  B. Situaciones inmorales (5:1-13)
  C. Litigios entre los creyentes (6:1-11)
  D. Inmoralidad en general (6:12-20)
III. Preguntas desde Corinto (7:1-16:4)
  A. Matrimonio (7:1-40)
  B. Alimentos ofrecidos como sacrificio a los ídolos (8:1-11:1)
  C. Problemas en la adoración (11:2-14:40)
  D. La resurrección (15:1-58)
  E. La unión de Jerusalén (16:1-4)
IV. Conclusión (16:5-24)

CORINTIOS, SEGUNDA CARTA A LOS

Parte de la correspondencia corintia, junto con 1 Corintios. Estas dos cartas son fragmentos de un cuerpo más grande de correspondencia escrita por el apóstol Pablo a la iglesia de Corinto. Pablo visitó Corinto en su segundo viaje misionero (Hechos 18:1-18) por un año y medio antes de marcharse a Siria. Este período se puede datar con bastante precisión, ya que en Hechos se menciona una audiencia judicial ante Galión, el procónsul de Acaya, que fue funcionario entre los años 51 y 52 d.C.. Fue muchos años después, durante el tercer viaje misionero, cuando se escribió la correspondencia corintia.

Contexto

Mientras estuvo en Éfeso, Pablo escuchó sobre la inmoralidad en la iglesia en Corinto y respondió con una carta (1 Corintios 5:9). Esta carta se perdió, pero los eruditos la designan como "Corintios A" para distinguirla de las dos cartas canónicas. En esta época, tres hombres de Corinto le llevaron un regalo financiero a Pablo (1 Corintios 16:17) junto con una lista de preguntas, que Pablo contesta en otra carta (ver 1 Corintios 7:1). Esta carta, conocida por nosotros como 1 Corintios, los eruditos la designan como "Corintios B", ya que en realidad es la segunda carta que Pablo le escribió a la iglesia. Tiempo después, Pablo supo que su carta no ayudó a resolver varios de los problemas en Corinto, por lo que visitó la ciudad. Esta fue una pésima experiencia (*ver* 2 Corintios 2:1), por lo que Pablo envió una carta triste (2 Corintios 2:3-4, 9; 7:8, 12), que los eruditos la designan como "Corintios C". Esta carta también se perdió, aunque algunos creen que se ha preservado en el relato de 2 Corintios 10-13. Cuando Pablo se enteró posteriormente de que la iglesia corintia se había arrepentido y deseaba reconciliarse con él, Pablo se llenó de alegría y escribió una vez más. Esta carta, que los eruditos la llaman "Corintios D", nosotros la conocemos como 2 Corintios. El brusco cambio en el tono de los capítulos 10-13 puede que represente una quinta carta (designada "Corintios E") que refleja la continua fricción con una fuerte facción minoritaria dentro de la iglesia o puede que estos capítulos reflejen a Pablo dirigiéndose a la división impenitente en el curso de la carta "D".

Propósito

Los falsos maestros en la iglesia en Corinto atacaron las enseñanzas y autoridad de Pablo. Sus cargos se pueden apreciar en 2 Corintios: Pablo era veleidoso (1:17, 18, 23), orgulloso y jactancioso (3:1; 5:12), era del mundo (10:2), poco sorprendente en apariencia y en su discurso (10:10; 11:6), confundido y estúpido (5:13; 11:16-19), deshonesto (12:16-19) y "no era un verdadero apóstol" (11:5; 12:11-12). Pablo escribe para defender su ministerio y autoridad.

Temas

Pablo entrega una descripción maravillosa sobre su ministerio apostólico. Él es un cautivo en la procesión triunfal de Cristo y difundía el aroma del evangelio a donde iba. Este aroma es el olor de la muerte para algunos, pero es vida para otros (2:16). Él no necesitaba carta de recomendación, ya que la iglesia en Corinto era su carta escrita para los corazones humanos. El evangelio es diferente a la gloria deteriorada en el rostro de Moisés (*ver* Éxodo 34:33); de hecho, la relación con Dios durante el antiguo pacto sólo se concretaba a través de un velo, que aún cubre los corazones cuando se lee el relato de Moisés. En cambio, los cristianos viven a tope en la gloria revelada del Señor y son transformados a la imagen de Dios con una gloria incluso mayor (3:18), y llevan en sus cuerpos la muerte de Jesús, para que la vida de Jesús pueda revelarse en ellos (4:10). La consecuencia terrenal de este ministerio es el dolor y el sufrimiento. Pablo luchaba constantemente, pero nunca lo derrotaron (4:8-9). No obstante, el premio espiritual es mejor: un hogar eterno con el Señor en los cielos, con el Espíritu concedido por Él durante esta vida como un depósito de lo que ha de venir (5:5).

Al comienzo del capítulo 10, el tono de Pablo cambia con brusquedad y se vuelve mucho más agresivo al momento de defender su autoridad apostólica. Su naturaleza amable en persona, que algunos de los corintios pueden haber malinterpretado por su debilidad, es realmente muy semejante a la de Cristo. Pablo no lucha como lo hace el mundo, sino que más bien lo hace a nivel espiritual, con armas que pueden destruir todos los argumentos (10:4). Él espera no tener que desatar su poder cuando los vea, aunque lo hará si es necesario (10:6).

Los oponentes de Pablo en Corinto estaban ejerciendo falsa autoridad más allá de sus límites legítimos. Ellos se elogiaban a sí mismos y se jactaban de sus obras. Pablo promete permanecer dentro de la esfera que Dios le asignó, y él les asegura que su esfera incluye la iglesia de ellos (10:13).

En el capítulo 11 Pablo empieza hablando "como un iluso". Sus oponentes al parecer se referían a él como un estúpido, por lo que él se permite cierta latitud para hacer esto. Si él fuera un loco, él alardearía de sus logros como apóstol. Sus oponentes presumen de sí mismos; Pablo tiene más de qué jactarse. Pablo también es un hebreo, descendiente de Abraham y un sirviente de Cristo; de hecho, él es aún más. Pablo trabajó muy duro; estuvo en prisión, lo golpearon, lo apedrearon, naufragó; él se marchó sin comida ni agua; él pasó frío y estuvo desnudo. Pablo tuvo visiones y revelaciones, alcanzó los cielos y escuchó cosas que no repitió. Sin embargo, él más bien pudo haber alardeado de su debilidad, ya que su debilidad de este mundo le permitió ser fuerte en Cristo. Pablo debió haber sido elogiado por los corintios, pero todo se redujo a tener que defenderse a sí mismo con fanfarronería.

Durante la siguiente visita de Pablo, él continúa con ese hábito de respaldarse a sí mismo para no ser una carga para los corintios (*ver* Hechos 18:3). Él no les pide que lo apoyen (aunque era su derecho [*ver* 1 Corintios 9]), pero aún así ellos lo acusan de engaño (12:16; *ver también* 1:12). Pablo anhelaba no tener que lidiar duramente con ellos, pero estas personas le demandaban prueba de que Cristo hablaba a través de él (13:3). Él más bien usa la autoridad que Dios le otorgó para levantarlos y no para derribarlos (13:10).

Resumen

I. Saludos (1:1-11)
II. Pablo defiende su ministerio (1:12-7:16)
  A. Pablo explica su conducta (1:12-2:13)
  B. Pablo describe su ministerio (2:14-7:1)
  C. Reconciliación con los corintios (7:2-16)
III. La unión de Jerusalén (8:1-9:15)
  A. Incentivo de generosidad (8:1-15)
  B. Las credenciales de Tito (8:16-9:5)
  C. Resultados de la generosidad (9:6-15)
IV. Pablo defiende su autoridad (10:1-13:10)
  A. Pablo da a conocer su advertencia (10:1-18)
  B. Pablo habla irónicamente como un "tonto" (11:1-12:13)
  C. La visita planeada de Pablo (12:14-13:10)
V. Conclusión (13:11-14)

CORINTO Una de las ciudades más grandes, ricas y prestigiosas de la antigua Grecia.

Ubicación y características importantes. Corinto está ubicada a unas cincuenta millas al oeste de Atenas en el istmo estrecho que conecta la tierra firme de Grecia con Peloponeso.

Corinto tuvo dos puertos. Lequeo estaba a unas 1.5 millas al oeste en el golfo de Corinto y estaba circundado por muros de unas seis millas de largo. Céncreas se encontraba a unas

6.5 millas al este en el golfo Sarónico. Pablo navegó desde Céncreas hasta Siria para finalizar su segundo viaje misionero (Hechos 18:18). La ubicación de Corinto la convirtió en una intersección internacional de comercio y viaje. Dada la estrechez del istmo, esta controlaba las rutas por tierra entre Peloponeso y la tierra firme de Grecia.

Con sus dos puertos, Corinto funcionaba como un pasaporte entre Asia y Europa. En vez de navegar todo el camino hasta la península de Peloponeso, era más rápido y barato para los navegantes atracar en un puerto y transferir el cargamento por todo el estrecho istmo hasta otro puerto. El diolkos era la ruta por la que el cargamento e incluso los barcos pequeños se desplazaban. En el 602 AC Periandro se convirtió en el primero en intentar cortar un canal a lo largo del istmo, pero él pronto se rindió tras conocer el oráculo negativo de Delfos. Los emperadores romanos posteriores, incluyendo a Julio César, Calígula y Nerón, también lo intentaron, pero fracasaron. Estrabón reconoció que la ubicación de Corinto era clave para su opulencia, pero él también señaló que sus templos, artesanos y los juegos ístmicos eran fuentes principales de riqueza.

Corinto contaba con la acrópolis más impresionante en Grecia: su elevada Acrocorinto de mil ochocientos pies sobre el nivel de la ciudad. Acrocorinto funcionaba como una fortaleza y albergaba templos, que el más famoso de ellos era el templo de Afrodita, que la ciudad antigua (destruida por los romanos en el año 146 a.C.) contó alguna vez con miles de esclavos en el templo y prostitutas. Su presencia contribuyó con la reputación de Corinto como una ciudad excesivamente inmoral. Se acuñó un verbo griego, korinthiazomai (literalmente significa "corintianizar"), que significaba "practicar la inmoralidad sexual". Así como otras ciudades griegas prominentes, Corinto contenía numerosos templos para diversos dioses y emperadores. Asclepios era el dios de la sanación, y la presencia de su santuario hizo que Corinto fuera uno de los centros médicos principales. El templo de Apolo era uno de los templos más antiguos en Grecia, que fue construido en el siglo VI a.C. con el orden dórico.

Como en el 44 a.C. Julio César había reconstruido Corinto como una colonia romana, y la ciudad se organizó con un sistema romano en cuadrículas. En la época de Pablo, la arquitectura de Corinto reflejaba la transición de la cultura griega a la colonia romana. La predominancia de las inscripciones latinas sobre las griegas durante el siglo I d.C. demuestra más allá el carácter de la ciudad. Así como se esperaría de una gran ciudad romana en Grecia, Corinto tuvo un gran foro en el centro de la ciudad que estaba rodeado por muchos edificios comerciales y cívicos, incluyendo basílicas, fuentes, tiendas, baños públicos y un bouleutērion (cámara del consejo). Su gran teatro se encontraba en la cercanía.

LA CIUDAD ARQUEOLÓGICA DE CORINTO

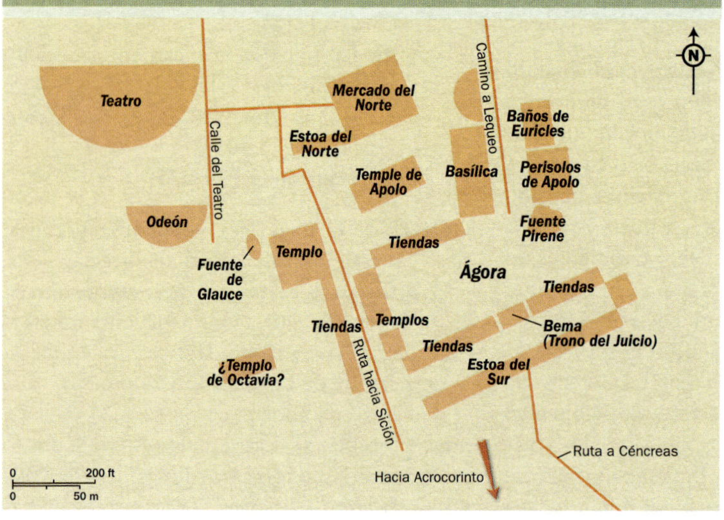

Justo a diez millas desde Corinto, los juegos ístmicos se llevaban a cabo cada dos años y eran uno de los cuatro juegos panhelénicos permanentes. Los juegos ístmicos se realizaban en el 51 d.C., que fue el mismo año que Pablo se presentó ante Galión. Los juegos significaron un prestigio y riqueza considerable para Corinto.

Desde tiempos antiguos hasta la modernidad. La primera ocupación de Corinto comenzó en la Edad de Piedra, y para el 1100 a.C. era muy próspera y puede dar cuenta de la "rica Corinto" mencionada en la Ilíada de Homero. Como una de las ciudades-estado más prominentes de Grecia, esta contribuyó con la cultura y riqueza de Grecia. Fue una ciudad-estado colonizada y plantada como uno de los tantos asentamientos erigidos a lo largo de Grecia y del Mediterráneo. Sin embargo, Corinto nunca recuperó por completo su antigua prominencia tras la derrota en la Guerra del Peloponeso, en la que Esparta salió victoriosa y Grecia exhausta. Corinto luego fue influenciada por los macedonios por unos 150 años hasta la llegada de los romanos en el 196 a.C. Después de oponerse por años a los romanos, fue destruida y sus habitantes fueron vendidos en esclavitud en el 146 a.C. (1 Macabeos 8:9-11). La fortuna de Corinto cambió cuando Julio César estableció la ciudad como una colonia romana y Augusto posteriormente la convirtió en la capital de Acaya.

Cuando Pablo llegó a Corinto, esta ciudad era una de los centros comerciales más importantes de todo el Imperio Romano y la ciudad más grande de Grecia, con una población libre de unas 300.000 personas y una adición de 460.000 esclavos. Corinto tuvo una población judía significativa, especialmente después del 49 d.C., cuando los judíos fueron expulsados de Roma (Hechos 18:2). Pablo con frecuencia discutía en la sinagoga, hecho que aconteció durante un año de su estadía y una parte de su ministerio (18:4). Además, se halló una inscripción del lintel de la sinagoga. En el año 51 d.C. muchos de los judíos llevaron a Pablo ante Galión, el procónsul de Acaya, con cargos por "persuadir al pueblo a que honre a Dios, aun en contra de nuestra ley" (18:13). Cuando Pablo se paró en la bēma (trono del juicio), Galión desestimó los cargos y expulsó a los judíos de la corte (18:12-17).

La bēma, que era una plataforma donde los oradores se paraban y los ciudadanos se presentaban ante los oficiales, fue encontrada e identificada por los arqueólogos. Los arqueólogos también hallaron cerca del teatro una inscripción que dice: "Erasto, a cambio del edil, apóyese en este pavimento a su propia expensa". Es muy probable que este sea el mismo Erasto que fue el tesorero de Corinto y que se convirtió en un cristiano (Romanos 16:23; 2 Timoteo 4:20). Corinto tuvo un rol importante en el ministerio de Pablo, ya que él la visitó en múltiples ocasiones (1 Corintios 12:14; 13:1) y escribió 1-2 Corintios a la iglesia, así como escribió Romanos y 1-2 Tesalonicenses desde ahí. Otros líderes de la iglesia temprana también ministraron en Corinto, como Apolos (Hechos 19:1). A pesar de los numerosos terremotos ocurridos y de las conquistas a manos de poderes extranjeros, Corinto siguió siendo importante, pero no fue una ciudad prominente en los siglos posteriores. En la fundación de la Grecia moderna, esta ciudad se consideró como la posible capital.

CORITAS *Ver* Coreítas.

CORNALINA Considerando las variadas listas del Antiguo Testamento sobre gemas, en las versiones en español más antiguas se traducen algunos términos gemológicos en hebreo como "cornalina". En Éxodo 28:17; 39:10 la palabra se refiere a una de las piedras que se colocaban en el "pectoral para impartir justicia" (28:15). En Isaías 54:12, donde se traduce un término hebreo diferente, la restaurada ciudad de Sión posee "puertas de carbunclo" (KJV, RSV; NIV: "puertas con joyas brillantes"; cf. Apocalipsis 21:21), así como también el "jardín de Dios" en el que se mencionan varias gemas en Ezequiel 28:13. La identificación en términos modernos de las piedras preciosas mencionadas en la Biblia a menudo es compleja. Por medio de las evidencias de la antigüedad se sugiere que el carbunclo bíblico era una piedra roja, que posiblemente es el granate.

CORNELIO Centurión en el Regimiento Italiano (cohorte) del ejército romano que vivió en Cesarea Marítima. Cornelio, cuya generosidad es notable, y su familia son devotos temerarios de Dios, y constantemente oraban. En Hechos 10:4-5 Cornelio recibe una visión de Dios en la que debe traer a Pedro desde Jope hasta Cesarea para instruirlo a él, a su familia y amigos cercanos más allá en las verdades del evangelio. Pablo duda hasta que recibe una visión de Dios en la que es claro que los gentiles ya no son impuros a la luz de la obra reconciliadora de Cristo en la cruz. Sin embargo, Pedro y sus camaradas cristianos judíos quedan pasmados cuando el Espíritu Santo cae sobre todos los que escucharon el sermón de Pedro. Aquellos presentes en consecuencia son bautizados, ya que ellos recibieron claramente el Espíritu Santo (*ver* Hechos 10-11). Cornelio por lo tanto aparece en Hechos como testigo válido de que la salvación de Dios es tanto para los gentiles como para los judíos.

CORNETA Instrumento parecido a una trompeta que no posee válvulas para controlar el tono. Aparece en algunas traducciones de 1 Corintios 14:8 como un instrumento usado para comunicarse en el campo de batalla (NRSV, NASB; NIV: "trompeta").

CORNETA *Ver* Cuerno.

CORNISA Palabra usada en diversas versiones en inglés (por ejemplo, KJV, NRSV, ESV, NASB; NVI: "atrio") para interpretar el término arquitectónico en hebreo tepakhot, cuyo significado es incierto (1 Reyes 7:9). El contexto de esta palabra hebrea señala que se refiere a algo que está sobre una construcción, así como aparece en la frase "desde el cimiento hasta la cornisa" (LBLA [DHH: "desde la fachada hasta el patio mayor"]).

CORO Medida de volumen usada con el grano, harina, aceite y entre otros, y puede que sea equivalente a unos cuarenta y seis galones e igual a un homer (Ezequiel 45:14). La provisión diaria de Salomón incluía treinta coros de harina fina y sesenta coros de alimento (1 Reyes 4:22; cf. 5:11 [NASB, NET: "kor"]).

CORONA DE ESPINAS En cada uno de los Evangelios con la excepción de Lucas, los torturadores de Jesús se mofan de sus afirmaciones de señorío al colocarle en la cabeza una corona hecha de espinas (Mateo 27:29; Marcos 15:17; Juan 19:2, 5). Las espinas probablemente eran el raquis de una hoja de palma (Phoenix dactylifera), que se le dio la forma de una corona irradiada para representar los rayos de luz que emanan de las cabezas de las divinidades. Los soldados le colocaron la "corona" en el cráneo, que debió haber sido un dolor significativo.

CORONA Ornamento para la cabeza que demuestra honor, victoria, poder o autoridad. Los monarcas usaban corona en el antiguo mundo para designar su poder real, y a menudo llevaban una diadema de oro con piedras preciosas en ella, como también un turbante.

Existen dos tipos importantes de coronas en el Antiguo Testamento: la sacerdotal y la de la realeza. La corona real se menciona por primera vez por la historia de Saúl (2 Samuel 1:10), y los monarcas posteriores a él también la usaron, incluyendo a David (2 Samuel 12:30; 1 Crónicas 20:2; *ver también* Salmos 21:3; 132:18) y a Joás (2 Reyes 11:12; 2 Crónicas 23:11).

En Jeremías 13:18 se advierte sobre un día en el que las coronas reales de Judá serán arrebatadas, lo que significa la caída y pérdida de poder de la monarquía. Ester usó una corona de la realeza de Persia (Ester 1:11; 2:17), como también Mardoqueo (8:15). En el libro de Éxodo se describe un turbante parecido a una corona que estaba fijo con un "emblema sagrado" de oro que tenía inscrito "CONSAGRADO AL SEÑOR", que el sumo sacerdote debía usar con su indumentaria (Éxodo 28:36-37; 29:6; *ver también*, por ejemplo, 39:30; Levítico 8:9).

En Zacarías 6:11-14 se habla sobre el futuro mesías, "el Renuevo", que será sacerdote y rey, por lo que vestirá prendas sacerdotales y una corona real. Antes de su crucifixión, los torturadores de Jesús le colocaron una corona hecha de espinas como parodia (Mateo 27:29; Marcos 15:17; Juan 19:2, 5). En el libro de Apocalipsis tanto las figuras divinas como satánicas visten coronas: los ancianos en el cielo (4:4, 10), el jinete del caballo blanco (6:2), las langostas del abismo (9:7), la mujer vestida con el sol (12:1), el dragón y la bestia (12:3; 13:1), el que es "parecido al hijo del hombre" (14:14) y el mismo Cristo (19:12).

Las coronas simbolizan el honor humano (Salmos 8:5; Proverbios 4:9; Hebreos 2:7, 9) y el poder real (Salmos 89:39), como también la pérdida de dicha gloria (Job 19:9; Ezequiel 21:26) y su renovación definitiva en la vida eterna (1 Pedro 5:4). De una manera similar, las coronas a menudo representan la salvación eterna (Salmos 149:4; Santiago 1:12; Apocalipsis 2:10). Pablo incluso llama a sus convertidos como su "corona" (Filipenses 4:1; 1 Tesalonicenses 2:19). La figura de una guirnalda parecida a una corona, que es el premio por la victoria en los juegos atléticos del mundo grecorromano, significa el regocijo final para los cristianos de la felicidad eterna (1 Corintios 9:25; 2 Timoteo 2:5; 4:8). Las coronas representan bendiciones divinas, incluyendo el gozo (Isaías 35:10; 51:11), el amor (Salmos 103:4) y la belleza, en el que este último simboliza la restauración divina después del juicio (Isaías 61:3). A Dios incluso se le representa como la corona de su pueblo (Isaías 28:5). Además, una corona simboliza diversas características humanas, como la riqueza (Proverbios 14:24) y el orgullo (Isaías 28:1, 3).

CORREA En la RV la "correa" hace referencia a la parte de una sandalia que une la superficie para caminar con el pie del portador (NIV, NASB: "correa"). Juan el Bautista dijo que no era digno de la insignificante tarea de desatar la correa de las sandalias de Jesús (Mr. 1:7, Lc. 3:16, Jn. 1:27).

CORREDORES Tropas que corrían frente a un oficial montando en su carro, tal vez como heraldos y guardaespaldas y para abrir el paso. Eran usados por Absalom y Adonía (2 Sm. 15:1; 1 Re. 1:5) y, aparentemente, por José (Gn. 41:43).

CORREGIR, DISCIPLINAR El castigo a veces alude a la disciplina de uno de los padres hacia el hijo. Los padres deben disciplinar a sus hijos (Deuteronomio 21:18), "mientras haya esperanza" (Proverbios 19:18). Sin embargo, las referencias bíblicas más frecuentes y significativas tienen que ver cuando Dios disciplina a sus propios hijos espirituales.

En Hebreos 12 el autor incentiva a los lectores a no "cansarse ni perder el ánimo" (v. 3), ya que "el Señor disciplina al que ama" (v. 6); más bien, esta disciplina debería ser un recordatorio de que Dios los trata como niños (v. 7). Es más, si las personas respetan a sus padres humanos por corregirlos, "¿No hemos de someternos, con mayor razón, al Padre de los espíritus, para que vivamos?" (v. 9). Ciertamente, "ninguna disciplina, en el momento de recibirla, parece agradable, sino más bien penosa; sin embargo, después produce una cosecha de justicia y paz para quienes han sido entrenados por ella" (v. 11). La lección de Dios es para "reprender y disciplinar a todos los que ama" (Apocalipsis 3:19) y para que podamos confiar en que Él sabe lo que hace cuando permite las dificultades en nuestras vidas.

CORRER, CARRERA Aunque los juegos atléticos probablemente llegaron a Israel solo con los griegos y romanos, correr era una parte natural de la vida bíblica: llevando mensajes (2 Sm. 18:19-32; Jr. 51:31), huyendo de depredadores (Am. 5:19), persiguiendo enemigos (2 Sm.2:18-23). Correr también puede ser visto como comportamiento indigno, ya que en hogares de Medio Oriente solo corren los niños y sirvientes. Se ha sugerido que en la parábola del hijo pródigo, el que el padre corra a saludar a su hijo es una escandalosa muestra de alegría desenfrenada (Lc. 15:20).

CORRUPCIÓN El concepto de corrupción tiene relación con el deterioro o la destrucción. Esta destrucción o deterioro puede ser físico, como la muerte (Job 17:14 NVI; Salmos 16:10 KJV), o moral/espiritual, en cuyo caso el mal está a la vista (Isaías 1:4; Daniel 6:4; Oseas 9:9; 2 Pedro 1:4). En Gálatas 6:8 Pablo contrasta la corrupción (NVI: "destrucción") con la vida eterna.

CORRUPCIÓN, MONTE DE LA Montaña o colina que se encuentra en el este de Jerusalén y que tuvo un altar que fue destruido por Josías (2 Reyes 23:13 [KJV: "monte de la corrupción"; NRSV, NASB: "monte de la destrucción"]). Según 1 Reyes 11:7-8, Salomón erigió estos altares para los dioses Quemos y Moloc. En la tradición rabínica esta montaña se le identifica más comúnmente como el Monte de los Olivos.

CORTAR Usado en algunas versiones de la Biblia en español en Dt. 21:12 para describir el corte o el arreglarse las uñas de las manos (por ejemplo, RV [LBLA Mg.: "hará" sus uñas]). En tal circunstancia, el recorte de uñas se incluye entre las prácticas rituales de luto de una bella mujer tomada en cautiverio por Israel, junto con rasurarse la cabeza y el quitarse una prenda lujosa. Le dan un mes para guardar luto por sus padres antes de casarse con su captor.

CORTAR En la RVA, un verbo arcaico que significa "esquilar el cabello", realizado a menudo como un signo de luto (2 Sam. 14:26; Ezeq. 44:20; Miq. 1:16), o un sustantivo que se refiere a las cabezas numeradas (Nm. 1:2, 18, 20, 22, 1 Cr. 23:3, 24). Las traducciones más recientes (por ejemplo, NVI) prefieren "rapar" y anotando "uno por uno".

CORTINA Tela colgada usada para construir lugares habitables temporales, que funcionaba como entrada o biombo para lugares privados. El tabernáculo fue construido con diez cortinas tejidas a partir de lanas vastamente teñidas, que estaban colgadas con cuerdas azules y amarradas con broches de oro (Éxodo 26:1-6). La tienda circundante estaba hecha con once cortinas de piel de cuero de cabra (26:7-13).

Frente al lugar santísimo había un velo con el que se prevenía el ingreso de las personas, con la excepción del sumo sacerdote en ciertos días, en los que sólo se sacrificaban animales y el santuario se rociaba con sangre (Levítico 16:2). Cuando aconteció la muerte de Jesús, este velo se rasgó en dos, desde la parte de arriba hasta el fondo (Mateo 27:51), lo que significó una nueva libertad de acceso a Dios, que Jesús consiguió por medio de su sangre (Hebreos 10:19-20). Cuando se habla metafóricamente de la tierra como el lugar de vivienda de Dios, los cielos se describen como las cortinas que la envuelven (Isaías 40:22).

CORZO La palabra hebrea para este animal, yakhmur, por lo general se traduce como corzo, un pequeño, solitario, venado de color café-rojizo, relativamente raro en Israel. Este animal era puro como comida y disfrutado por Salomón (Dt. 14:5; 1 Re. 4:23). Puede haber sido el alcéfalo o búbalo común; arqueólogos han encontrado huesos de alcéfalo en sitios israelitas.

COS La tercera más grande de las islas de Dodecaneso, al sureste del Mar Egeo, justo frente a la costa de la actual Turquía. Kos (Cos) alcanzó su época de esplendor durante la primera mitad del siglo III a.C y se convirtió en parte de la provincia oriental del Imperio Romano durante el siglo I d.C Era famosa por su centro médico, fundado por Hipócrates (hacia el 460-370 a.C), y por el Asclepeion, un centro de culto al dios sanador. También fue un importante centro judío (1 Mac. 15:23). Pablo, después de su tercer viaje misionero, pasó una noche allí antes de partir hacia Rodas (Hec. 21:1).

COSÁN Ancestro por lo demás desconocido de Jesús que sólo se menciona en Lucas 3:28 como el hijo de Elmadán y el padre de Adí.

COSECHA DE CEBADA La cosecha de cebada comenzaba en primavera, antes de la cosecha de trigo (cf. Éxodo 9:31-32). Los primeros frutos de la cosecha eran ofrecidos a Dios antes de comer los granos (Levítico 23:9-14). Rut espigó en el campo de Booz todas las cosechas de cebada y de trigo (Rut 1:22; 2:23).

COSECHA La cosecha era un gran evento en el calendario anual de la sociedad agrícola israelita (Lv. 25:11; Jue. 15:1; Rut 1:22; 2 Sm. 21:9-10). La vida dependía de la cosecha. Como resultado, Dios estableció ciertas reglas con respecto a la cosecha para ayudar a los israelitas a mantener sus prioridades en orden. Cada siete años y cada cincuenta años, las personas debían darle un descanso a la tierra (Éx. 23:10; Lv. 25:20-22). Las personas debían descansar en el Sabbat, incluso durante la cosecha (Éx. 34:21). Algunas porciones de la cosecha debían quedar en los campos para que los pobres tuviesen comida (Lv. 19:9; 23:22; Dt. 24:21). El pueblo debía reconocer a Dios como la fuente de la cosecha ofreciéndole los primeros frutos (Lv. 23:10). Se ordenaba la celebración de la cosecha (Éx. 23:16; Dt. 16:15; Is. 9:3). Planear para la cosecha era una marca de sabiduría (Prov. 6:8; 10:5; 20:4). Incluso mientras una cosecha era la bendición de Dios (Sal. 67:6; Is. 62:9), así también una mala cosecha era una maldición de Dios y un aprieto para un problema (1 Sm. 12:17; Job 5:5; Prov. 26:1; Is. 18:4-5; Jr. 8:13, 20; Jl. 3:12; Miq. 6:15). El fracaso en agradecer a Dios por la cosecha era un pecado (Jr. 5:24).

La cosecha frecuentemente se usa en las Escrituras como una analogía. El discurso de los profetas acerca de la cosecha negativa de la idolatría (Is. 17:11). Israel es llamado los primeros frutos de la cosecha de Dios (Jr. 2:3). Oseas usa la idea de la cosecha para indicar que el pueblo de Dios tiene un futuro (Os. 6:11). En los Evangelios, la cosecha se usa como analogía para aquellos que necesitan escuchar las buenas noticias (Mt. 9:37-38), para el final de los tiempos (Mt. 13:24-30; Ap. 14:15) y para una lección sobre liderazgo fiel (Mt. 21:33-46; 25:24). En el resto del NT, la analogía de la cosecha por lo general se refiere al crecimiento cristiano y la salvación (Rom. 1:13; 1 Cor. 9:10-11; 2 Cor. 9:10; Gal. 6:9; Heb. 12:11; Sant. 3:18).

COSECHA, FIESTA DE LA Otro nombre para el Festival de las Semanas (cf. Éx. 23:16; 34:22; NIV: "Festival de la Cosecha/de las Semanas"). *Véase también* Festivales.

COSECHAR El proceso de recolectar la cosecha, la cosecha estaba sometida a varias leyes israelitas. Las esquinas de los campos eran dejadas para que recogieran los pobres (Lv. 19:9; 23.22), y durante el Sabbat y los años de jubileo no se cosechaba. La cosecha con frecuencia se utiliza como metáfora de retribución o recompensa en la Biblia (Job 4:8; Rom. 6:22; Ap. 14:15).

Cosecha de trigo.

COSMÉTICOS Los cosméticos eran bien conocidos en el mundo del antiguo Cercano Oriente, ya que tanto los hombres como las mujeres usaban varias sustancias para cuidarse la piel, verse más atractivos y esconder el hedor. Las formas más comunes de cosméticos eran los ungüentos o aceites, aunque muchos tipos de aplicadores y contenedores se han encontrado en los restos arqueológicos de las sociedades antiguas. Las fuentes de diversos ungüentos y pigmentos variaban desde el uso de minerales hasta la manipulación de subproductos de artículos agrarios. Las distintas arcillas ricas en óxido de hierro se podían manipular a través de la aplicación de calor o agua para producir colores, incluyendo amarillo, rojo, marrón y púrpura. La arcilla se extraía y luego se lavaba, se secaba y se calentaba para mejorar el color. Otros minerales que proporcionaban color incluían el carbonato de plomo (blanco), malaquita (verde), sulfato de plomo (negro) y manganeso (tonos de violeta). Los productos agrarios como las semillas, aceites, nueces, calabazas, árboles y hojas de plantas eran fuentes para producir aceites y ungüentos, como así también la grasa de animales y pescados. Las fragancias se elaboraban a partir de la recolección de flores, hierbas, semillas y hojas.

Los contenedores para las diversas sustancias eran tan variados como las mismas esencias. Los perfumes en polvo se conservaban en cajas y los líquidos en jarras de alabastro o en botellas de vidrio. Los cuencos pequeños con amplios bordes o paletas planas de arcilla o piedra se usaban para los pigmentos. Los frascos podían estar hechos de marfil, bronce, madera o hueso. Los aplicadores también se elaboraban con estos mismos materiales, como también con cabellos de distintos animales.

Los cosméticos también fueron importantes en la percepción de riqueza porque muchos de estos productos tenían que importarse desde tierras extranjeras. En aquellos tiempos los perfumes y los cosméticos se equiparaban en valor incluso con la plata y el oro. Los reyes de Judá mantenían estos productos en sus palacios y tesoros (2 Reyes 20:13), y parte del tributo que la reina de Sabá le obsequió a Salomón incluía especias que probablemente debían usarse con fines estéticos (1 Reyes 10:2, 10). Los cosméticos que se mencionan en la biblia y los instrumentos relacionados con estos eran importados desde Siria, Arabia, Egipto, África, Mesopotamia y lejos al este desde Persia.

Los ungüentos tenían una función dual: proteger la piel en las duras condiciones áridas del Cercano Oriente y proporcionar higiene. Parte de las instrucciones de Noemí respecto a Rut era colocarle aceite mientras se preparaba para ir y encontrarse con Booz (Rut 3:3), y Ester en su registro cuenta que la aplicación de dichos aceites era parte de los tratamientos de belleza que recibía el harén del rey (Ester 2:12). Dado que al parecer se usaba como un producto para refrescarse (Proverbios 27:9), en los tiempos del Nuevo Testamento la aplicación de ungüento y aceites era considerada una señal de hospitalidad (Lucas 7:37-50).

Aunque el hecho de que las mujeres se pintaran los ojos era visto como algo de baja moral (Ezequiel 23:40), el propósito de dichas pinturas era más en general para el embellecimiento (Jeremías 4:30), y en otros textos antiguos se sugiere que la práctica tenía la característica agregada de desalentar a las moscas para que no se posaran alrededor de las zonas humectadas de los ojos. Gracias a las imágenes de la antigüedad se sabe que se usaban pigmentos negros, verdes, amarillos y rojos para decorar los ojos.

Estuche para cosméticos (del siglo IX a VII a.C.) descubierto en el valle Amuq (al sur de Turquía).

No se debería separar el hecho sobre la cercana relación entre las actividades de unción para propósitos de higiene y belleza y la unción para el servicio. Ser santificado para Dios a menudo conllevaba la imagen de un aroma agradable. Además, el acto de la unción también era visto con un propósito de purificación (Mateo 6:17). Los perfumes se utilizaban en la adoración (Éxodo 30:34-38; Salmos 141:2; Isaías 60:6), y la imagen de los cosméticos a veces se usaba como una representación del perdón y la gracia de Dios (Jeremías 8:22).

COSTRA En Lv. 13-14, en el contexto de leyes delineando las acciones apropiadas a tomar con condiciones de la piel y la lepra, la KJV traduce la palabra hebrea neteq como "costra", haciendo referencia a una mancha seca o pruriginosa en la piel, por lo general el cuero cabelludo. Esta sequedad o prurito por lo general se encuentra en la cabeza y con frecuencia es causada por organismos parasitarios.

COSTURA También llamado "bordado", el entrelazado de varios colores de hilo para formar patrones decorativos, como se ve en las cortinas del tabernáculo. Se requería de un alto nivel de habilidad, como es evidente en las descripciones de estas cortinas: "Haz el santuario con diez cortinas de lino fino y de lana teñida de púrpura, carmesí y escarlata, con dos querubines artísticamente bordados en ellas." (Éx. 26:1). La costura era vista como una habilidad dada por Dios (Éx. 35:35). Las prendas bordadas eran un símbolo de lujo, usado por los ricos y el sumo sacerdote (Éx. 28:39). Eran una mercancía comercial (Ezeq. 27:16) y botín de guerra, apreciado por muchos (Jue. 5:30).

COTA DE MALLA Armadura de protección hecha típicamente de escamas subyacentes de bronce o hierro que se cosían por encima de una prenda interior de cuero. Dicha armadura era efectiva al momento de proteger a los combatientes de los proyectiles y otras armas, pero era pesada (1 Samuel 17:5; NVI: "coraza") y costosa (tal vez requería de unas cuatrocientas a seiscientas escamas). A principios de la historia de Israel uno puede encontrar esta armadura en un rey (en Saúl, 1 Samuel 17:38; NVI: "coraza") y en un extranjero (Goliat, 1 Samuel 17:5). Posteriormente, era más probable que los soldados regulares (2 Crónicas 26:14; Jeremías 46:4; 51:3) recibieran una armadura como sus reyes (1 Reyes 22:34). En Isaías 59:17 se emplea dicha armadura como una figura para la protección del justo (cf. Efesios 6:14).

COZ *Ver* Hacós; Cos.

COZBI Hija de un jefe tribal madianita, Zur (Nm. 25:15). Cozbi fue ejecutada por Finees después de que un israelita, Zimri, la llevó a su tienda frente a Moisés y a toda la asamblea de Israel. Después de seguirlos a la tienda, Finees mató a Zimri y Cozbi con una lanza. Sus muertes pusieron fin a una plaga en Israel (Nm. 25: 8-9).

COZBÍ *Ver* Cozbi.

COZEBA Una ciudad en Judá (1 Cr. 4:22).

COZUN Miembro de la tribu de Judá, él era hijo de Hela y el padre de Anub yZobeba (1 Cr. 4:8). Sólo la KJV en inglés, y no las traducciones más modernas, muestran el nombre Hakkoz como Koz (Esd. 2:61; Neh. 3:4, 21; 7:63; pero no en 1 Cr. 24:10). Aparentemente, los traductores entendieron el "ha" inicial en los haqqots hebreos como indicando el artículo definido y no como parte del nombre personal.

CREACIÓN La historia fundacional de todo el Antiguo Testamento es la de la creación que se relata en Génesis 1 y 2. A lo largo de la historia de la interpretación han existido muchos enfoques para comprender estos capítulos. En el mundo moderno, los descubrimientos hechos por medio de la ciencia y arqueología han sido un desafío para algunas convicciones tradicionales y el debate continúa hasta la cólera. Aun así, lo que se comunica en Génesis 1 y 2 es generalmente claro: (1) establece que Jehová, el Dios de Israel, es el Dios que por medio de su palabra existe todo; (2) presenta para sus lectores antiguos un argumento imperioso a través del cual ellos deberían adorar al Dios de Israel y no a otros dioses del antiguo mundo. En este segundo punto, hay que recordar que la creencia de Israel en un solo Dios se escapa frente a las nociones religiosas contemporáneas, donde cada nación tenía un dios supremo y dioses menores. Por lo tanto, cuando se lee Génesis 1 y 2, hay que tener en cuenta su antigua dimensión polémica en vez de abordarlo con expectativas modernas.

Las perspectivas diferenciadoras de Génesis 1 y 2. Incluso a través de una lectura rápida de Génesis 1 y 2 se aprecia que las perspectivas sobre la creación en los dos capítulos son de alguna manera diferentes. Génesis 1 se ordena como todos saben como un proceso de siete días, por medio del que la humanidad es creada en el pináculo de la obra de Dios en el sexto día. En el séptimo día, como es bien sabido, Dios descansó. Se han suscitado muchas ideas entre algunos cristianos respecto a la necesidad de leer este capítulo literalmente, pero eso al parecer ya no es el punto de vista dominante. Otra perspectiva menor es una explicación científica para encontrar el éxito en relación al tema (donde los detalles del texto corresponden con ciertos modelos científicos, que estos mismos son temas de discusión). Un entendimiento comúnmente aceptado de estos capítulos entre los cristianos se da a través de diversos nombres y se intenta explicar la estructura poética de Génesis 1. En Génesis 1:2 podemos leer que la tierra era "desordenada y vacía". Después de esto se describe a Dios dándole "forma" en los días uno a tres y entonces provee un correspondiente complemento para el "vacío" en los días cuatro a seis. Por lo tanto, en el día uno Dios separa la luz de la oscuridad y en el día cuatro llena el vacío con el sol, la luna y las estrellas. En el día dos da paso a la expansión entre las aguas y el cielo y en el día cinco llena los vacíos con criaturas marinas y voladoras. En el día tres Dios crea la tierra y la vegetación y en el día seis llena el vacío con criaturas de tierra, donde el logro supremo es la humanidad.

Génesis 2 entrega una perspectiva distinta de los eventos. Al parecer esa humanidad es creada antes de que existiera un arbusto o planta. Además de esta diferencia en el orden, lo más importante es el enfoque sobre Adán y Eva y su rol en la creación, ya que ambos son llamados a trabajar juntos la tierra. Estas dos perspectivas no son contradictorias, dado que una persona puede entender fácilmente Génesis 2 así como se explica en Génesis 1:26-30. La erudición moderna ha vinculado en gran medida estas dos versiones con dos fuentes literarias distintas (*ver* Hipótesis Documental), que es una teoría que no sólo se basa en perspectivas diferentes de dos historias, sino que también en otras diferencias, como el lenguaje y estilo. No obstante, a pesar de los presuntos orígenes de estas historias, estas son presentadas en conjunto para todas las personas en el Antiguo Testamento. Como una unidad, junto con lo que sigue en Génesis 3 hasta 11, estos primeros capítulos en Génesis de alguna manera se presentan completamente en contraste con las historias de la creación del antiguo mundo mesopotámico, mientras que al mismo tiempo se adoptan muchos de los conceptos y gran parte del lenguaje de estas historias.

Interrogantes modernas y antiguas. Para verse inmerso en esta discusión uno debe preguntarse: "¿Qué intentan decir estos capítulos introductorios de Génesis? ¿Cómo se enteraron los israelitas de la historia de la creación en Génesis?". En ocasiones es tentador leer la historia de la creación y hacerse estas preguntas modernas. Por ejemplo, "¿cómo se ajusta la narrativa de la creación de Génesis con el conocimiento científico?". Las interrogantes modernas como estas no están, en sí mismas, fuera de límites. De hecho, puede que sean inevitables hasta cierto grado. Pero debemos recordar que los antiguos israelitas no se hacían dichas preguntas. En el antiguo Cercano Oriente descrito en Génesis, que tiene miles de años de antigüedad, no existía en ningún sentido una ciencia que se acercara a la manera en la que pensamos actualmente.

La historia de la creación no fue escrita para contestar preguntas modernas, sino que más bien para abordar interrogantes para Israel. A comienzos de mediados del siglo XIX y hacia principios del siglo XX, los arqueólogos descubrieron ejemplares de la historia de la creación de distintos pueblos del antiguo Cercano Oriente que sirven para poner en contexto el registro bíblico. Estos relatos cuentan historias de la creación en el que una variedad de dioses son los responsables. En un ejemplo prominente de la antigua Babilonia, la creación fue el resultado de un conflicto sangriento entre los dioses. En Génesis 1 se aprecian algunas de las descripciones de uno o más de este tipo de registros (por ejemplo, la luz existía antes de la creación del sol, la luna y las estrellas).

La teología de la creación. En Génesis 1 se destaca el tema recurrente respecto a que sólo el Dios de Israel fue el que creó el mundo a través de su palabra. El propósito de dicha declaración no es satisfacer las curiosidades intelectuales y contemporáneas sobre la naturaleza del asunto o las primeras instancias de la existencia del universo. El propósito es declararles a los israelitas que su Dios, no los dioses del antiguo mundo, es el responsable de todo lo que existe y que solamente Él por sí solo, por ende, es digno de su adoración. La historia de la creación no es un ejercicio intelectual, sino que es más bien religioso y profundo. Los israelitas vivieron en un mundo en el que cada nación adyacente tenía una pluralidad de dioses (panteón). Los israelitas eran diferentes: ellos tenían un solo Dios y este es el mensaje que suena fuerte y claro en Génesis 1.

Que Jehová, el Dios de Israel, sea el único creador no es una afirmación teológica abstracta, es un llamado de adoración. Esta es la razón por la que, por ejemplo, en diversos pasajes dentro del Antiguo Testamento se desata la alabanza de Jehová el creador. Un ejemplo de esto es Salmos 19. La gloria de Dios es tan magnífica y tan evidente que incluso la creación misma se dice que habla sobre ello. En este salmo se usa un lenguaje específico del Génesis: los "cielos" y el "firmamento" proclaman lo que Dios ha hecho (estas palabras aparecen en Génesis 1:1, 6-8, y las palabras hebreas en Génesis 1 y en Salmos 19 son las mismas). Aunque los cielos y el firmamento no tienen el poder del habla, así como nos cuenta el salmo (19:3-4), a pesar de ello estos son "escuchados" por todo el mundo dada la genialidad del circuito del sol (19:5-6). El mensaje es este: si quieres ver cuán grande es Dios, mira hacia arriba.

Pero el salmo no termina ahí. David no está simplemente interesado en una postura contemplativa para su pueblo. A estos seis versículos sobre la creación, que son súbitos de cierto modo, le siguen ocho sobre la ley. Claramente, se establece una conexión entre estos y dicha conexión parece ser relativamente directa: conocer a Dios como creador debería tener un efecto en la manera en que nos comportamos. El Dios que creó los cielos es también el Dios que entregó la ley, que es lo que al parecer transmite David en la lectura. Y como Dios es tan digno de adoración por la creación (incluso los cielos y el firmamento se unen), así también es la ley. Él ha de ser más deseado que el oro o la dulce miel (v. 10). Conocer a Dios como creador conlleva implicaciones muy prácticas.

Creación y recreación. Otra recurrencia importante sobre la creación en el Antiguo Testamento, que también posee implicaciones prácticas, tiene que ver con el rescate de Dios. En pocas palabras, según el Antiguo Testamento (y el Nuevo Testamento también), cuando Dios salva a su pueblo esto es un acto de "recreación". Uno puede ver este tema desarrollado en varios lugares. Por ejemplo, Dios es el "hacedor" de Israel en textos

Tableta cuneiforme de la biblioteca de Asurbanipal (669-631 a.C.) que incluye un fragmento de la épica de la creación mesopotámica.

C

como Salmos 95:6; Oseas 8:14. Estos dos textos se sitúan en el contexto en el que Dios ya había liberado a los israelitas de Egipto; su salvación corresponde con su "creación" como el pueblo de Dios. De una manera similar, Isaías 43:14-17 tiene relación con el cautiverio de Israel en Babilonia y lo que Dios hará para liberar a su pueblo. La profecía describe su salvación al emplear un lenguaje del "éxodo" y al hacer esto se refiere a Jehová como el "Creador" de Israel (v. 15).

Esta conexión entre la creación y la redención (recreación) también se expresa con claridad en el Nuevo Testamento. Por ejemplo, las palabras iniciales del Evangelio de Juan hacen eco de los primeros versos de la Biblia: "En el principio". Con la venida de Cristo, hay un nuevo comienzo. Su acto de redención se describe como la obra de un segundo o nuevo Adán (Romanos 5:12-21; 1 Corintios 15:22). Cuando uno confiesa su fe en Cristo, uno "nace de nuevo" o "desde arriba" (Juan 3:3, 7; ver también Juan 1:13; 1 Pedro 1:3, 23). Ser cristiano significa comenzar de nuevo, empezar de forma diferente, o como Pablo lo expresa: "De modo que si alguno está en Cristo, ya es una nueva creación; atrás ha quedado lo viejo: ¡ahora ya todo es nuevo!" (2 Corintios 5:17). Y en Apocalipsis 22:2 el paraíso posee un "árbol de la vida", al que el pueblo de Dios puede acceder una vez más. En otras palabras, el final será como el principio. En la venida de Cristo vemos una nueva creación que se inaugura en su primera venida, donde la iglesia, su pueblo redimido por el poder del Espíritu, vive como nueva criatura en un mundo caído. En su segunda venida, esta nueva creación estará completa y toda la creación será redimida.

CRECIENTE FÉRTIL Un área que se extiende desde el extremo suroeste del moderno Irán y la nación de Kuwait, curvándose junto a ambos lados de los ríos Tigris y Éufrates hasta la moderna Siria y el sur de Turquía, descendiendo hacia El Líbano y Palestina y, eventualmente, terminando en la porción más al sur del río Nilo en Egipto. La Creciente Fértil está rodeada de prácticamente por todos lados de cadenas montañosas, incluyendo los Montes Tauro y las Montañas Nur (también llamadas Amanus) en el extremo norte y el Zagros, que abarca el borde entre Irán e Iraq en el este. El desierto sirio forma el principal límite sur de la Creciente Fértil.

La Creciente Fértil está principalmente compuesta por planicies y colinas de suave pendiente y consta de tierras propicias para la agricultura general y excelentes para el pastoreo, contrastando con el desierto y las montañas que lo rodean. Por lo tanto, muchas de las culturas sedentarias antiguas más importantes comenzaron en la Creciente Fértil, incluyendo los imperios sumerio, babilonio y asirio. Importantes ciudades mencionadas en la Biblia que se encuentran en la Creciente Fértil incluyen Babilonia, Ur, y Nínive en Mesopotamia (el moderno Iraq); Harrán en la actual Siria; Jerusalén en la tierra de Palestina; y Alejandría y Menfis en Egipto.

CRÉDITO, ACREEDOR La práctica de pedir prestado y prestar estaba estrictamente regulada en la antigua Israel. A los extranjeros se les podía dar crédito con interés (Deuteronomio 23:20), pero el dinero prestado a otros israelitas era considerado como una obra de caridad y no había cobro de interés en esto (Levítico 25:35-37; Deuteronomio 23:19). Los acreedores debían tratar a sus deudores con compasión (Éxodo 22:26-27) y no tenían permitido usar la fuerza para obtener su reembolso (Deuteronomio 24:10-13). Esto ocurría porque los préstamos normalmente sólo se otorgaban en casos de extrema adversidad y no para fines comerciales. Prestar sin pedir interés era la marca del justo (Salmos 15:5; Ezequiel 18:5-9). Jesús dio instrucciones similares sobre prestar con generosidad y con compasión sin esperar a cambio un reembolso (Mateo 5:42; Lucas 6:33-35). El pago de una deuda se usaba como una parábola para ilustrar el perdón de los pecados (Lucas 7:41-47).

CREENCIA, CREER *Ver* Fe, Fidelidad.

CREMACIÓN Quema del cuerpo de una persona fallecida como un acto final de disposición del cuerpo. Los cristianos en la actualidad se enfrentan con la interrogante si es que el cuerpo de un ser querido debería enterrarse o cremarse. En las Escrituras se revelan tres principios básicos: (1) en la Biblia no se usa la palabra "cremación" o se aborda directamente como una práctica, por lo que sería inapropiado concluir que la cremación es un pecado; (2) el entierro del cuerpo en el suelo o en una tumba/cripta es un patrón claro y consistente a lo largo de las Escrituras para el manejo adecuado del cuerpo del fallecido; y (3) las referencias que existen en las Escrituras sobre los cuerpos que se incineran tras la muerte se asocian a menudo con el juicio y la falta de respeto por el cuerpo de la persona.

La iglesia temprana rechazaba el acto de la cremación por una parte por su asociación con las culturas paganas de Grecia y Roma. Por lo tanto, los primeros cristianos copiaban las prácticas previas de los judíos y enterraban a los muertos en tumbas o catacumbas (criptas subterráneas). La fuerte preferencia por el entierro ha continuado en gran parte dentro de la historia de la iglesia. La práctica de la cremación emergió en el mundo occidental aproximadamente en el siglo pasado. En la actualidad los cristianos a menudo se sienten atraídos por la cremación por razones de costo y/o para proteger el medio ambiente. La mejor manera de lidiar con dichos asuntos que no se especifican con claridad o no hay instrucciones en las Escrituras es mostrar tolerancia ante los demás y que cada persona "esté plenamente convencida de su propio pensamiento" (Romanos 14:5).

CRESCENTE Camarada de Pablo que se marchó hacia Galacia (o posiblemente a Galia) durante el encarcelamiento de Pablo cuando se escribió 2 Timoteo. Crescente se menciona una sola vez en el Nuevo Testamento (2 Timoteo 4:10). En la tradición posterior se habla sobre sus iglesias fundadas en Galia.

CRETA Isla que se encuentra en el Mediterráneo justo frente a la costa de Grecia y que tiene alrededor de 160 millas de largo y 35 millas de ancho en diversos lugares. Es un territorio montañoso que posee una historia conocida que data de por lo menos el 6000 a.C. El período temprano más importante fue el tercer y segundo milenio a.C., que es conocido como el período minoico (nombrado así por el rey Minos). Durante este tiempo se desarrolaron el comercio y los negocios. La segunda mitad de este período es conocido por la aparición de enormes palacios y las ruinas de algunos de estos que aún se pueden ver (por ejemplo, el majestuoso palacio en ruinas en Cnosos).

En el siglo I a.C. los romanos habitaron la isla hasta mediados del siglo IV d.C. Durante los tiempos del Nuevo Testamento la isla estuvo bajo el mando del Imperio Romano.

Buenos Puertos (moderna Kali Limones) en Creta (ver Hechos 27:8).

Por medio de excavaciones arqueológicas realizadas en Creta se descubrió un lenguaje que los cretenses usaban en los tiempos antiguos. También se han hallado objetos que contienen un antiguo lenguaje pictográfico (lineal). Aparte de este se desarrolló un Lineal A, que es un lenguaje que probablemente no sea alfabético ni pictográfico (al parecer existen unos setenta símbolos), que aún no se ha descifrado y que no tiene semejanza con ningún otro conocido.

La palabra para Creta en el Antiguo Testamento es "Caftor". Cuando Moisés narra la división y el asentamiento de la tierra de Canaán, él toma notas del número de habitantes, en el que uno de los grupos eran los aveos, que vivían cerca de Gaza y del Mar Mediterráneo (Deuteronomio 2:23). Los caftoritas tomaron posesión de sus tierras, desde la isla de Creta. Jeremías profetiza que Dios destruirá a los pueblos de las costas de Caftor, o de Creta (Jeremías 47:4). El profeta Amós registró el mensaje de Dios al declarar su soberanía sobre las naciones, los israelitas, los caftoritas (de Creta) y los arameos (Amós 9:7).

Creta se menciona cinco veces en el Nuevo Testamento, donde cuatro de estas tienen que ver con la navegación de Pablo hacia Roma por su juicio. En Hechos se menciona que en su ruta hacia Roma el barco estuvo a salvo bajo el sotavento de Creta. La tripulación navegó cerca de la costa de Creta, desplazándose hacia la parte oeste de la isla con la esperanza de pasar el invierno ahí (27:7-13). Los tripulantes, en contra de la advertencia de Pablo, decidieron seguir navegando sólo para toparse con desastres. Posteriormente, Pablo recurre al evento acontecido para que ellos lo escucharan a partir de ese momento (27:21-22).

Luego, Pablo regresó a Creta con el propósito de evangelizar y de levantar una iglesia. Allí él dejó a su pupilo Tito para que continuara la obra. La corrección de la iglesia en Creta y las instrucciones para los decretos de los ancianos dan origen al libro de Tito (1:5). Poco se sabe sobre esta iglesia en Creta, sólo de lo que se puede inferir en el libro de Tito. Al parecer la iglesia tenía problemas similares a los que muchas otras iglesias enfrentaban, como las que Pablo ministraba. Allí había presencia activa de maestros falsos, rebeldes y engañosos, que Tito necesitaba callar. Pablo registra que estos confundían a familias enteras con sus enseñanzas. Se decía que estos maestros tenían una conexión judía. No es claro a qué se refería Pablo al mencionar esto, pero aquí él hace una sorprendente evaluación de estos individuos al citar favorablemente a un "profeta" de Creta que dice que los cretenses son "mentirosos, malas bestias y glotones ociosos" (Tito 1:12-13). La conexión entre esta evaluación y el problema de la falsa enseñanza no son muy claros, pero la caracterización de Pablo sobre los cretenses debió haber estado de alguna manera relacionada con el tipo de falsa enseñanza que estaba aconteciendo.

CRETENSE Habitantes de Creta, que es una gran isla situada en el Mediterráneo al sureste de Grecia. Al parecer, muchos sostenían que los cretenses en general eran de baja moral. Para reafirmar su argumento en contra de las enseñanzas destructivas en Creta, Pablo cita favorablemente a Tito al usar un dicho de un "profeta" cretense: "Los cretenses son siempre mentirosos, malas bestias y glotones ociosos" (Tito 1:12). El dicho por lo general se le atribuye al poeta Epiménides de Creta (siglo VI a.C.).

CRIANZA Un forma de entrenamiento, en la NVI generalmente se le refiere como "disciplina" (Prov. 3:11-12; 15:5; Heb. 12:5, 7, 10). Para los niños, abarca el cultivo de la mente y la moral, incluyendo correcciones esenciales, reproches, castigos y restricciones exhibiendo un carácter piadoso hacia el crecimiento cristiano (Ef. 6:4). Para los adultos, las Escrituras tienen un papel en "instruir en justicia" (2 Tim. 3:16). Así como los padres terrenales disciplinan a sus hijos, Dios "disciplina a los que ama" (Heb. 12:6). Los sufrimientos que surgen de la disciplina son una demostración de que son hijos (Heb. 12:5-11). La crianza es también un tipo de cuidado que se puede dar con las plantas, similar al cuidado apropiado de los niños (Sal. 144:12).

CRIATURA Ya sea animal o humano, el concepto de "criatura" asume la existencia de un creador. La actividad creativa y única de Dios se muestra en su obra majestuosa: las "criaturas" (del hebreo bar'a, "crear" [Génesis 1:1, 27]; del hebreo nepesh hayah, "criatura viva" [Génesis 1:24; cf. 2:7]). Como el Dios infinito no es confinado en las vidas de sus criaturas, ambos están unidos en una relación de fidelidad (Salmos 104).

Una criatura es un obsequio y tiene una obligación de servicio (Salmos 150). En las Escrituras se celebra la soberanía divina y la dependencia de la criatura (Salmos 96). Las criaturas poseen roles, y la liturgia de la doxología se revela en un drama cósmico y escatológico (Salmos 148; Isaías 40:12-31; 65:17-25). Los humanos son criaturas cuidadoras (Salmos 8).

CRIATURAS AULLANTES La identificación taxonómica exacta de las criaturas aullantes en Is. 13:21 (NIV: "chacales") permanece vaga y un vistazo a las muchas traducciones lo demuestra. La palabra hebrea 'ochim ha sido traducida como "chillones", "búhos" y "criaturas lastimeras" y aún más la han comprendido mitológicamente. Isaías usa la imagen de estos animales carroñeros para pintar un retrato metafórico en el cual criaturas del desierto habitan las casas vacías de la arruinada y desierta ciudad de Babilonia.

CRIATURAS DE LA NOCHE, MONSTRUO NOCTURNO En Is. 34:14 el significado de la palabra hebrea lilit (LBLA: "monstruo de la noche"; BLP: "Lilit"; NBD: "aves nocturnas"; RV: "lechuzas") es incierto. La Septuaginta traduce la palabra hebrea como onokentauros, una especie de centauro, mientras que la Vulgata muestra la palabra lamia ("bruja"). Parece estar relacionado con la palabra hebrea "noche", pero probablemente proviene de la antigua mitología del Cercano Oriente, en la que un lilith era un tipo de demonio femenino, a veces relacionado con la actividad sexual (de ahí el retrato de Lilit en el Talmud de Babilonia: Nid. 24b; B. Bat. 73a; Shabb. 151b; 'Eruv. 100b). En el folclore judío posterior, Lilit es representada como la primera esposa de Adán, pero fuera de este texto de Isaías, el nombre no aparece en ninguna parte de la Biblia.

CRÍMENES Y CASTIGOS A diferencia de los sistemas modernos de jurisprudencia, en la Biblia no se suscitan distinciones entre las leyes criminales, civiles, familiares y religiosas, ya sea en su terminología o en su presentación del material legal. En la Biblia, los actos de desviación que se definen prácticamente como criminales en todas las sociedades son discutidos junto con las violaciones de una naturaleza culturalmente específica y religiosa. Por ejemplo, los Diez Mandamientos prohíben asesinar y deshonrar a los padres (Éxodo 20:12-13), como también habla de la observancia del sabático (Éxodo 20:8-11). En cualquier intento por extraer un sistema de ley criminal de los materiales bíblicos se debe tener en cuenta el hecho de que cada cultura define la desviación de manera distinta en relación no sólo con actos específicos, sino que también con categorías de desviación.

A partir de la terminología usada y las sanciones aplicadas desde el enfoque de la organización de la Biblia respecto al material legal, se suscita una coincidencia sustancial en la Biblia entre "crimen" y lo que las sociedades modernas definen como una desviación no criminal. Para el propósito presente, definiremos "crimen" de una manera amplia para incluir cualquier acto de desviación social que amerite a la larga la aplicación de una sanción por una sociedad (a diferencia de y a propósito de los decretos de los gobernantes, así como se menciona en Génesis 26:11) y que se prohíba en un reglamento aplicado de manera general (incluso que coincida con las diferencias entre ciudadanos libres y esclavos, así como en Éxodo 21:18-21). Así como lo veremos, en la Biblia se requerían castigos, a menudo severos, para una amplia gama de ofensas.

Delitos Capitales

En el Pentateuco se ordena la pena de muerte para una amplia variedad de crímenes. El modo de ejecución con frecuencia no se especifica, pero cuando se prescribía un modo particular, la pena de muerte que más a menudo se aplicaba era el apedreamiento (así como en Números 15:35) y con menor frecuencia la incineración (Levítico 20:14) o el disparo de flechas (Éxodo 19:13).

C

Los crímenes que incurrían en la pena de muerte incluían matar o asesinar (Éxodo 21:12-14; Levítico 24:17; Números 35:16), aunque el crimen se agravaba o aminoraba dependiendo de la intención por detrás (Éxodo 21:13-14) y si se había usado un arma (Números 35:16); atacar a los padres (Éxodo 21:15); secuestrar y comerciar esclavos (Éxodo 21:16; Deuteronomio 24:7); maldecir a los padres (Éxodo 21:17; Levítico 20:9); una negligencia que ocasionara la muerte (Éxodo 21:29); la bestialidad (Éxodo 22:19; Levítico 20:15-16); corromper el sabático (Éxodo 31:14-15; Números 15:35); sacrificar un infante (Levítico 20:2); cometer adulterio (Levítico 20:10; Deuteronomio 22:22); el incesto (Levítico 20:11-12); la homosexualidad (Levítico 20:13); casar a una mujer y a su madre (Levítico 20:14); la brujería (Éxodo 22:18; Levítico 20:27); blasfemar (Éxodo 24:16); acercarse sin autorización al tabernáculo (Números 1:51); la idolatría (Números 25:5); la falsa profecía y adivinación (Deuteronomio 13:5); la profecía presuntuosa (Deuteronomio 18:20); persuadir a otros en la idolatría (Deuteronomio 13:6-10); dar falso testimonio en un caso capital (Deuteronomio 19:19); y despreciar a las autoridades (Deuteronomio 17:2; Josué 1:18).

Cuando el cuerpo de un animal ejecutado se colgaba y se mostraba, debía removerse al caer la noche (Deuteronomio 21:22). La pena de muerte no debía aplicarse de manera indirecta hacia los miembros familiares de los criminales (Deuteronomio 24:16). En los textos del Antiguo Testamento, las víctimas (Deuteronomio 13:9), las familias de las víctimas (el "vengador de sangre" de Números 35:19) o los testigos del crimen debían llevar a cabo la ejecución.

En el Nuevo Testamento se menciona a un verdugo oficial o profesional (Marcos 6:27). Pablo declara que las autoridades obtienen justamente el poder de la espada de Dios (Romanos 13:4).

Castigos para delitos no Capitales

Castigo corporal. La paliza como un castigo criminal es algo extraño en el Antiguo Testamento (Jeremías 20:2; 37:15). La mayoría de las referencias del Antiguo Testamento sobre las palizas ocurren en el contexto del hogar, como un castigo para los esclavos o los niños. En Deuteronomio 25:3 se limita hasta cuarenta el número de golpes en una flagelación (*ver* 2 Corintios 11:24). La flagelación se aplicaba comúnmente como un castigo criminal en los tiempos romanos y era un modo común de disciplina dentro de la milicia romana (Hechos 16:22; 2 Corintios 11:25; 1 Pedro 2:20).

Restitución. Los crímenes infligidos en contra de la propiedad eran castigados al obligar al delincuente a que restituyera con un reembolso, a menudo en cantidades que excedían los daños reales, incluyendo casos de robo o negligencia (Éxodo 21:33; 22:3-15); matar a un animal (Levítico 24:18, 21); tener relaciones sexuales con una virgen que no tuviera compromiso matrimonial (Éxodo 22:16); lastimar a una embarazada (Éxodo 21:22); herir a un esclavo (Éxodo 21:26-27). La restitución financiera no podía llevarse a cabo para un asesinato (Números 35:31).

Retribución. La noción de la ley del talión, la ley de retribución, se establece en Éxodo 21:23-24: "vida por vida, ojo por ojo, diente por diente, mano por mano, pie por pie" (cf. Levítico 24:19-20; Deuteronomio 19:21; Mateo 5:38). Esta fórmula aparece en otras tradiciones antiguas y legales. La idea de la mutilación corporal puede impactar a los lectores modernos y considerarse como un acto barbárico, pero dichas leyes puede que en realidad hayan sido toleradas por los estándares antiguos, dado que ellos imponían un límite proporcional para la retribución.

Reclusión. En las sociedades modernas, la reclusión y la libertad condicional representan la gran mayoría de los castigos ocasionados a partir de las ofensas criminales. En el Antiguo Testamento, la reclusión se menciona rara vez aparte del encarcelamiento de los prisioneros de guerra (por ejemplo, Jueces 16:21) y de los disidentes políticos. Jeremías estuvo en prisión en varias ocasiones por su crítica sobre el régimen (Jeremías 32:2; 37:15). En toda la Biblia, los soldados, en vez de los carceleros profesionales, son los que vigilan a los prisioneros.

Pablo encarcelaba a los cristianos antes de su conversión (Hechos 8:3) y él mismo estuvo en prisión o bajo arresto en varias ocasiones (por ejemplo, Hechos 16:23; 20:23; 24:27; Romanos 16:7). Juan el Bautista estuvo en prisión después de haber criticado a Herodes (Marcos 6:17). Una vez más, en ambos casos, la reclusión se usaba como una manera de callar y segregar a alguien cuya libertad en la sociedad amenazaba la estabilidad política en vez de ser un castigo para un criminal común. En Mateo 5:25-26 Jesús se refiere al encarcelamiento por una razón inespecífica, aunque la amenaza "no saldrás de allí, hasta que hayas pagado el último centavo" sugiere que la reclusión era un sustituto para una multa impaga o una penalidad monetaria. Esto evoca a Éxodo 22:3, donde se ordena que un ladrón que no podía hacer una restitución financiera por haber hurtado debía venderse a sí mismo (como esclavo).

Destierro y ciudades de refugio. Una diversidad de pasajes del Antiguo Testamento alude al concepto de "cortar" a una persona de la comunidad. No está claro si este lenguaje se refiere al exilio o a la pena de muerte; por ende, muchos de los crímenes son conocidos como delitos capitales en otros textos.

La ley de Números 35:6-34 establece seis "ciudades de refugio" entre las ciudades asignadas a los levitas. Un asesino sin intención podía huir a estas ciudades del "vengador de sangre", que era pariente de la víctima, hasta que llegara el momento en el que el caso podía adjudicarse a toda la comunidad. Si se declaraba que un asesino actuaba sin querer y sin malicia, podía permanecer en la ciudad de refugio a salvo de la retribución hasta que aconteciera la muerte del sumo sacerdote, tiempo en el que el asesino era liberado para regresar impune a casa.

Juicios y Sentencias

En los tiempos bíblicos Israel no poseía un poder judicial independiente. Los juicios en los casos criminales los interpretaban los ancianos locales (Josué 20:4), las comunidades (Números 35:24), los monarcas u otro soberano y oficiales. Los jueces del libro de Jueces eran principalmente soberanos militares, aunque puede que ellos también hayan adjudicado casos como una función de su poder militar y político (Jueces 4:5). Los casos se decidían en base al testimonio del testigo ocular (Números 35:30) y, en el caso de los delitos capitales, en base a múltiples testigos (Deuteronomio 17:6). En algunas situaciones, la Biblia proporciona criterios reglamentarios y detallados para hacer dichos juicios, así como en la discusión en Números 35:16-28 sobre la diferencia entre asesinar y matar sin intención. En otros casos, donde la determinación de culpa o inocencia es imposible, como la coyuntura de presunto adulterio, un veredicto se podía alcanzar por medio de la adivinación (Números 5:11-31). Ya detallado, el juicio de algunos casos podían verse afectados por el estatus del esclavo de aquellos que estuvieran involucrados (Éxodo 20:20-21; *ver también* 22:8-9).

El juicio y la ejecución de Nabot, pese a que básicamente fue una subversión de la justicia de más alto orden, ofrece una percepción sobre la operación de la justicia en Israel en el período monárquico (1 Reyes 21:1-16). Nabot fue acusado de un cargo inventado de blasfemia, que es un crimen capital (Éxodo 24:16). Las eminencias de su ciudad lo juzgaron y dos personas presentaron sus testimonios (falsos) (Deuteronomio 17:6), por lo que lo apedrearon hasta la muerte.

Desde el punto de vista de la ley del Antiguo Testamento, el juicio y ejecución de Jesús fueron complicados por el contexto de los sistemas concurrentes de la ley judía y romana y por el gobierno. Al igual que Nabot, Jesús fue acusado por falsos testigos (Mateo 26:60-61). Finalmente, el Sanedrín determinó que como Jesús había blasfemado en su presencia al identificarse a sí mismo como el Mesías y el Hijo de Dios, el testimonio adicional de los testigos era innecesario para obtener el resultado deseado, es decir, la pena de muerte (Mateo 26:65-66; Juan 19:7). En el fondo, el Sanedrín tuvo que involucrar al gobernador romano porque carecía de la autoridad para ejecutar a un criminal (Juan 18:31). Cuando a Jesús lo llevaron ante Pilato, el cargo había cambiado de religioso a político: Jesús afirmaba ser el rey de los judíos, por lo que subvertía la autoridad romana (Mateo 26:11-12). Al final, Pilato torturó y ejecutó a

Jesús no porque vio mérito en los cargos, sino que para evitar una revuelta (Mateo 27:24; Juan 19:4, 12). Lucas registró que Jesús también estuvo en juicio en la presencia de Herodes Antipas, el gobernador ante el que Jesús fue sujeto como galileo (23:7). Por ende, el juicio de Jesús de alguna manera refleja la ley judía y romana, pero también implica cierto grado de acciones pragmáticas y claras (y que eran legal y moralmente cuestionables) por parte del Sanedrín como de Pilato.

CRISOL Un crisol (Proverbios 17:3; 27:21; KJV: "fining pot"; *ver también* Salmos 12:6) es un recipiente en el que un metal (en tiempos bíblicos, sulfuro de plomo resistente a la plata) se calentaba a altas temperaturas para remover las impurezas (Jeremías 6:29-30; Ezequiel 22:18-22). En Proverbios, se menciona en comparación con la manera en que Dios prueba y refina el corazón humano.

CRISÓLITO Séptima piedra preciosa que se menciona en la fundación de la nueva Jerusalén (Apocalipsis 21:20). La palabra griega chrysolithos significa "piedra dorada", por lo que se refiere a una gema amarilla, quizás a un topacio amarillo, cuarzo amarillo, berilio o circón. En la NVI se traduce la palabra hebrea tarshish como "crisólito" (a veces se traduce como "berilio"). Esta es la piedra que se usó en la descripción de las ruedas en la visión de Ezequiel (Ezequiel 1:16; 10:9), que es una de las piedras que va incrustada en el pectoral del sumo sacerdote (Éxodo 28:20; 39:13), y de los adornos del rey de Tiro (Ezequiel 28:13). También se emplea metafóricamente para describir al joven amante en Cantares 5:14 y al ser divino en Daniel 10:6. El crisólito moderno es de color verde oliva y puede que se trate de una piedra distinta.

CRISOPRASA Cuarzo calcedonio de una variedad semiopaca, que es apreciado por su color verde manzana. Esta es la décima piedra preciosa que se menciona en la fundación del muro de la nueva Jerusalén (Apocalipsis 21:20 NASB, ESV). La NIV en estos versículos traduce la palabra griega chrysoprasos como "turquoise" (turquesa), que es una clase distinta de mineral.

CRISPO Jefe de la sinagoga en Corinto (con o antes de Sóstenes; cf. Hechos 18:17) que se convirtió en cristiano, junto con todo su hogar, después de escuchar la prédica de Pablo (18:8). Él era uno de los pocos creyentes corintios que el mismo Pablo bautizó (1 Corintios 1:14-16).

CRISTAL Forma de cuarzo macro cristalino casi claro. En un poema que tiene muchas referencias a los minerales, Job 28:17 usa el cristal como un punto de comparación para el valor de la sabiduría. En la visión de Ezequiel sobre el trono divino y el carruaje, el resplandor del domo es comparado con un cristal (1:22). En el libro de Apocalipsis se usa la apariencia brillante del cristal para describir el mar cristalino ante el trono de Dios (4:6), el agua del río de vida que fluye desde el trono de Dios y el Cordero (22:1) y la nueva Jerusalén (21:11).

CRISTIANO Palabra derivada del término griego Christos ("ungido", "el ungido", "Mesías") que tiene una terminación latina añadida. Este concepto significa "seguidor de Cristo" y en el Nuevo Testamento se usa tres veces.

En Hechos 11:26 se destaca que los seguidores de Cristo fueron llamados por primera vez "cristianos" en Antioquía, Siria, durante el inicio del ministerio de Pablo en ese lugar. En Hechos no se crea el concepto, sino que la palabra "cristiano" en sí es muy probable que señalara que los paganos acuñaran el término para distinguir a los cristianos de los judíos, dado que las prácticas cristianas implicaron una separación creciente entre las sinagogas.

En Hechos 26:28 se narra la historia del discurso de Pablo en el que defendía su ministerio durante un juicio ante Herodes Agripa en Cesarea Marítima. Agripa de alguna manera sarcástica le pregunta a Pablo si él esperaba que se convirtiera en cristiano, en una persona que sigue a Cristo. Finalmente, en 1 Pedro 4:16 se elogia el tormento que trae consigo la identificación personal en público por ser cristiano, ya que dicha dolencia es una participación en el sufrimiento de Cristo.

CRISTO Y CRISTOLOGÍA Jesucristo es la pieza central de las Escrituras cristianas. El significado e interpretación de ambos Testamentos se entiende adecuadamente solo a la luz de la persona y trabajo de Jesucristo. Eso no quiere decir que los Testamentos dan testimonio sobre Jesucristo de una manera exacta e igual; no es así obviamente, pero ambos Testamentos son parte de la revelación escrita que, a la luz de la encarnación, proclama que Jesucristo es la manifestación completa de Dios presentada ante la humanidad.

Antiguo Testamento

Según las Escrituras. Los primeros cristianos insistían en que la vida, muerte y resurrección de Jesucristo aconteció "según las Escrituras" (1 Corintios 15:3-4), lo que significaba que estos eventos se alineaban con las tradiciones sagradas de Israel. En su ruta hacia Emaús, un Jesús ya más crecido le explicaba a dos viajeros las cosas que tenían relación con él, "comenzando con Moisés y todos los Profetas", refiriéndose a la muerte y glorificación del Mesías (Lucas 24:27). En uno de los principales discursos de los escritos joánicos, Jesús le dice a los fariseos que las Escrituras "dan testimonio de mí" (Juan 5:39). Los primeros autores cristianos encontraron ciertos textos clave que demostraban la conformidad del evento acerca de Cristo para el patrón de las Escrituras de Israel, como Salmos 2; 110; 118; Isaías 53. No obstante, gran parte del Antiguo Testamento se puede entender sin la mención de Jesucristo en relación a su propio contexto histórico, y allí es donde yace el peligro de alegorizar en demasía los textos del Antiguo Testamento para que estos digan algo sobre Jesucristo y la iglesia.

La relación entre los Testamentos. La manera en que los autores del Nuevo Testamento hacen eco, aluden e interpretan el Antiguo Testamento es un asunto complejo, pero al menos se deben señalar dos puntos acerca de la relación entre los dos Testamentos.

Primero, el Antiguo Testamento anticipa e ilumina la venida de Jesucristo. "Anticipar" no significa "predecir", pero la ley y los profetas presagian la labor e identidad de Jesucristo. El oficio de los profetas, sacerdotes y del rey en el Antiguo Testamento prefigura el ministerio de Cristo, que es el que revela a Dios, intercede en nombre de la humanidad y es el Mesías y el Señor. El culto del sacrificio, con la necesidad de derramar sangre para quitar el pecado, prefigura la muerte sacrificial de Jesucristo. Esta es la razón por la que la ley es una "sombra" de aquel que ha de venir (Colosenses 2:17; Hebreos 10:1). "Iluminar" significa que ciertos textos del Antiguo Testamento, aunque no se refieran a Jesús en su contexto histórico o literario, explican aspectos de su persona y trabajo. Esto se ve con mayor claridad en la manera en la que los salmos se usan en el Nuevo Testamento. Textos como Salmos 2:7; 110:1-4 proporcionan categorías bíblicas que explican la naturaleza del estado de hijo de Jesús, la cualidad de su ministerio sacerdotal y su instalación como vice regente de Dios.

Segundo, debemos diferenciar entre profecía y tipología. Las promesas proféticas en Ezequiel 37; Amós 9; y Miqueas 4 sobre el futuro de un rey David a quien Dios usará para salvar y restaurar son profecías genuinas que anhelan un evento futuro que aún no se concreta. Estos

Fresco de Cristo en su trono divino (Iglesia de la Ascensión, en Jerusalén).

textos presentan la descripción de la labor del Mesías como la renovación y restauración de Israel de la esclavitud y exilio. Por ende, no es sorprendente que en Hechos, Jacobo el hermano de Jesús pudiera citar a Amós 9:11-12 como prueba de que los gentiles deberían ser aceptados dentro del pueblo de Dios con la venida del Mesías (Hechos 15:15-18).

Por otro lado, en la interpretación tipológica se ve a las personas, lugares o eventos del Antiguo Testamento como prototipos o patrones de las personas, lugares o eventos del Nuevo Testamento. Por ejemplo, en Romanos 5:14 Pablo dice que Adán es un "tipo" o "patrón" del que ha de venir. De una manera similar, el uso de Mateo de Isaías 7:14 en Mateo 1:23 también es tipológico en vez de ser profético. En el contexto de Isaías, la promesa alude a un niño que nace durante el reinado del rey Ajaz como una señal de que el reino de Judea sobrevivirá a la arremetida asiria. La citación de Mateo no demanda una correspondencia exacta de los eventos por más que postule una correlación de los patrones o tipos entre la narrativa de Isaías y la historia del nacimiento de Mateo. La venida del Hijo de Dios, la manifestación de la presencia de Dios y el rescate de Israel a través de un niño que nacería de una joven evoca en Mateo el pasaje de Isaías 7 como un obvio precedente profético, que se reitera en un nuevo punto crítico de la historia de la redención.

Una cristología del Antiguo Testamento. Los autores del Nuevo Testamento interpretaron el Antiguo Testamento para buscar respuestas a las interrogantes correspondientes con la identidad y ministerio de Jesucristo, la naturaleza del pueblo de Dios y la llegada de la nueva era. Ellos detectaron los patrones en el Antiguo Testamento que se repetían o recapitulaban en la propia persona de Jesús. Ellos proclamaron que las promesas proféticas hechas a Israel fueron buenas en Jesucristo, y estas poseen alusiones sobre los diversos eventos de su vida, muerte y exaltación. Jesús y las Escrituras de Israel se convirtieron mutuamente en un espiral interpretativo por medio del cual los cristianos comenzaron a comprender el Antiguo Testamento a la luz de Jesús y entendieron a Jesús teniendo en cuenta el Antiguo Testamento. En este escenario canónico podemos desarrollar legítimamente una "cristología del Antiguo Testamento".

Nuevo Testamento

Los Evangelios. Los Evangelios canónicos son cuatro biografías antiguas que se enfocan en la historia y relevancia de la vida, muerte y resurrección de Jesús. Estos representan un testimonio sobre Jesús y personifican la memoria colectiva de su persona y acciones mientras eran transmitidos e interpretados por los cristianos en el mundo greco-romano de mediados y finales del siglo I.

Los cuatro Evangelios siguen la misma descripción básica al variar en detalle el ministerio, pasión y exaltación de Jesús, y todos sitúan la historia de Jesús en el contexto donde se concreta la historia de Israel. Al mismo tiempo, cada Evangelio en su argumento y representación de Jesús sigue siendo distintivo en su propia manera. No obstante, no aluden a cuatro Jesuses distintos, sino que más bien los cuatro son representaciones en paralelo de Jesús, algo muy parecido a cuatro vitrales o cuatro pinturas en las que se representa a la misma persona, pero de maneras diferentes.

En el Evangelio de Mateo se representa a Jesús como el tan esperado Mesías davídico de Israel, cuyo enfoque yace en su autoridad docente como un tipo de Moisés nuevo. En el Evangelio de Marcos se describe a Jesús como el poderoso Hijo de Dios y al mismo tiempo como el Hijo del Hombre que sufre, cuya cruz revela la realidad de su identidad y misión. En el Evangelio de Lucas se enfatiza el rol de Jesús como un profeta ungido que posee una preocupación especial por los pobres y marginados y su rol como un dispensador del Espíritu Santo. Sin la intención de apabullar la forma cristológica distintiva de cada uno de los Evangelios sinópticos, podríamos decir que estos se enfocan en Jesús como el que proclama el reino de Dios y que es rey de ese mismo reino.

El Evangelio de Juan tiene su propio conjunto de énfasis característico en el que se realza la consciencia de Jesús sobre su naturaleza divina y propósito. El prólogo programático para todo el Evangelio de Juan sería 1:1-18 sobre la "Palabra [que] se hizo carne", que entrega una clara teología de la encarnación y revelación asociada con la venida de Jesús. También existe mucho material único en el Evangelio de Juan, como las afirmaciones que dicen "yo soy" que más adelante exponen la naturaleza de la persona de Jesús y la confesión culminante hecha por Tomás cuando dice que Jesús es "¡mi Señor y mi Dios!" (20:28).

Los Evangelios indican que el mero conocimiento de que Jesús murió para el propósito de la salvación es un entendimiento insuficiente sobre él. Algo que también es necesario tener, y que estos libros proporcionan, es un entendimiento de sus enseñanzas y su misión a la luz de las Escrituras de Israel y de una visión respecto a la situación sociopolítica de Palestina. Jesús vino a redimir y a renovar Israel para que una Israel transformada cambie al mundo.

Hechos. El libro de Hechos contiene la historia del surgimiento de la iglesia temprana desde Jerusalén hasta Roma. Aunque Hechos es un almacén de las prédicas apostólicas y determina el comienzo de la misión de los gentiles, es la secuela del Evangelio de Lucas y es muy probable que sea la historia de Jesús en tiempo perfecto (es decir, un evento pasado que tiene significancia en desarrollo). El resumen más breve de la cristología de Hechos está en el discurso de Pedro en Jerusalén, donde él afirma que "este Jesús" que ellos crucificaron se ha convertido en el "Señor y Cristo [NVI: "Mesías"]" por Dios (2:36). En las narrativas ulteriores se le da énfasis a que "Jesús es el Cristo [NVI: "Mesías"]" (por ejemplo, 9:22; 17:3; 18:5), que es un mensaje que tiene relación con los judíos y los gentiles (20:21).

Las cartas de Pablo. Las Epístolas Paulinas, pese a que son circunstanciales, pastorales y no se les da exposición cristológica en lo fundamental, exhiben creencias sobre Jesús que Pablo y los cristianos contemporáneos sostenían. Los puntos fuertes de la cristología de Pablo se pueden detectar en su uso del material tradicional como Colosenses 1:15-20, donde se expone la suficiencia y supremacía de Cristo. En Filipenses 2:5-11 se narra la historia de la encarnación como un ejemplo del amor propio hacia los demás. En 1 Corintios 8:6 Pablo ofrece una versión cristianizada de el Shemá de Deuteronomio 6:4, y en 1 Corintios 16:22 se nota la presencia de una petición para Jesús que dice "¡Ven, Señor!". Pablo también puede aludir a Jesús como Dios en Romanos 9:5 (aunque la gramática aquí es ambigua). Para Pablo, Jesús es un "hombre divino" (1 Corintios 15:47-49), como el Hijo que viene del cielo (1 Tesalonicenses 1:10). Este interés por el Hijo divino de Dios no significa que Pablo haya sido un ignorante o desinteresado por la vida y enseñanzas de Jesús. En otras partes él insinúa conocer las enseñanzas de Jesús (por ejemplo, Romanos 14:14; 1 Corintios 7:10-11) y se refiere a la encarnación (por ejemplo, 2 Corintios 8:9; Col. 2:9).

Se usa una cantidad de títulos para describir a Jesús en las cartas de Pablo, incluyendo "Señor" y "Cristo/ Mesías" (y variaciones como "Señor Jesucristo" y "Jesucristo"), "Salvador" y "Semilla de David" (Romanos 1:3). Pero probablemente la expresión más acertada sobre la naturaleza de Jesús según Pablo es "Hijo de Dios" (por ejemplo, Romanos 1:4; 2 Corintios 1:19; Gálatas 2:20). Este lenguaje sobre el estado de ser hijo sugiere que Jesús es el medio de la salvación y gloria de Dios y que es el agente especial a través del cual el Padre actúa. Al aludir a Jesús como "Hijo", Pablo también enfatiza la relación única de Jesús con Dios el Padre y su rol único para llevar a cabo el plan ordenado de la salvación para los escogidos.

También podríamos agregar que Pablo proporciona los bloques de construcción de lo que posteriormente se convertiría en una teología trinitaria en estado avanzado, como en la bendición de 2 Corintios 13:14 y en las exhortaciones generales sobre el evangelio (1 Corintios 2:1-5). Se debe enfatizar que la cristología de Pablo no se puede separar de su escatología, soteriología y eclesiología. Al enviar al Hijo de Dios (*ver* Romanos 8:3; Gálatas 4:4-5) al mundo se marca la venida de la redención y salvación por medio de la cruz y resurrección del Hijo, y estos son apropiados por la fe. Aquellos que creen se convierten en miembros de la Israel restaurada, la renovada raza adánica y en miembros constituyentes del cuerpo de Cristo. A esto deberíamos agregar el elemento de la experiencia de la cristología de Pablo dado que Jesús es conocido en la experiencia de la salvación, la oración y la adoración (por ejemplo, Gálatas 2:19-20).

Las Cartas Generales. Las Cartas Generales (también llamadas Epístolas Católicas) proporcionan un surtido más a fondo de imágenes y exploraciones en la persona y trabajo de Jesucristo y la manera en que estos se relacionan con la comunidad de fe. El mensaje del libro de Hebreos en esencia es "¡Jesús es el mejor!". Él es mejor que los ángeles y que Moisés; él es el mejor sumo sacerdote; él ofrece un mejor sacrificio, establece una mejor ley e instiga un mejor pacto. Esta carta es una exhortación del sermón que va en contra de la separación de la fe (por ejemplo, 2:1-4), y hacia ese fin el autor establece ante sus lectores la magnificencia de Jesucristo, que es "el mismo ayer, hoy y por los siglos" (13:8).

En Santiago existe poco contenido cristológico y, en cambio, se enfoca en las exhortaciones que poseen notable semejanza con las enseñanzas de Jesús en los Evangelios. Aun así, la carta hace una referencia pasajera del "glorioso Señor Jesucristo" (2:1; cf. 1:1).

Un tema central en 1 Pedro es la gloria y salvación que se manifestará en la revelación de Jesucristo en su segunda venida (1:5, 7, 9, 13; 4:13; 5:1). Se le da mucho énfasis a la muerte sacrificial de Jesús como un cordero (1:19), el ejemplo de su sufrimiento (2:21-23; 4:1-2, 13) y la naturaleza sustitutoria de su fenecimiento (2:24; 3:18). Él es el Pastor y el Guardián de las almas de los cristianos (2:25). Pedro escribió esto para animar a las congregaciones de Asia Menor que vivían bajo condiciones adversas, y él establece ante ellas el patrón de Jesús como un modelo de viaje personal.

En 2 Pedro encontramos una mezcla de conceptos escatológicos judíos y del idioma religioso helénico, cuyo autor busca defender el evangelio apostólico frente a una cultura pagana. Jesús es la fuente de sabiduría (1:2, 8; 2:20) y de justicia (1:1). En este libro también se le da mucha importancia al reino que ha de venir de Jesucristo (1:11, 16; 3:10). Jesús es el sostenedor y renovador de la iglesia y también el juez que ha de venir ante todo el mundo.

En Judas se pueden encontrar temas similares, que están dirigidos a un grupo de creyentes que se han infiltrado a causa de los falsos maestros para promover el libertinaje. Judas declara que los infiltrados serán condenados y harán un llamado a los creyentes a mantenerse firmes en su fe. Jesús es el "Soberano y Señor" (v. 4), él salvó a las personas y las sacó de Egipto durante el éxodo (v. 5 [no obstante, *ver* las notas marginales sobre la lectura variante de "Señor"]), la segunda venida de Jesús marcará la revelación de su "piedad" (v. 21) y la bendición le atribuye la "gloria, majestad, poder y autoridad" a Dios por medio de Jesús (v. 25). Lo más característico de todo es el énfasis sobre Jesús/ Dios como el que mantiene a los creyentes resguardados con su poder salvador (vv. 1, 21, 23).

Las Cartas de Juan empiezan donde termina el Evangelio de Juan y se destaca a Jesús como la palabra encarnada de Dios. La primera de las tres Epístolas joánicas al parecer fue escrita en un contexto donde una comunidad de cristianos estaba siendo presionada por los judíos para que negaran el hecho de que Jesús es el Mesías (2:22) y también eran perseguidos por los docetistas disidentes, que niegan que Jesús tuvo un cuerpo físico (4:2; 5:6). Sin embargo, el enfoque principal tiene que ver con que Jesús es el Hijo de Dios (1:3, 7; 2:23; 3:8, 23; 4:9-10, 15; 5:11) y la encarnación del mismísimo amor y verdad de Dios (3:16; cf. 2 Juan 3).

Apocalipsis. La cristología del libro de Apocalipsis se resume mejor en la descripción inicial de Jesús como "el que es, el que era, y el que ha de venir", que realza el señorío de Jesús sobre el pasado, presente y futuro. Juan entonces describe a Jesús con el título triple de "el testigo fiel, el primogénito de entre los muertos y soberano de los reyes de la tierra" (1:4-5). La historia y cristología de Apocalipsis son paradójicas en muchas maneras. Jesús es la víctima de la violencia ejercida por los romanos y el vencedor de la maldad humana. Jesús es el "Cordero de Dios" que sufrió y el poderoso "León de la tribu de Judá". En Apocalipsis 4-5 se aprecia una imagen de la adoración en el cielo y la entronización de Jesús. Aunque las realidades sobre la tierra tengan relación con una escasez de la bondad divina respecto a esto, se hace presente la persecución y la descontrolada apostasía (Apocalipsis 1-3). Esta tensión continúa hasta la revelación final de Jesús, cuando el Señor de los cielos regrese para traer la bondad y el poder de los cielos para transformar los peligros de la tierra y llevar a su pueblo a la nueva Jerusalén.

Resumen

Los elementos fijos principales de la cristología bíblica son **(1)** Jesucristo que es el salvador prometido e íntimo mencionado en las Escrituras de Israel, cuya identidad y misión son anticipadas e iluminadas por la ley y los profetas; **(2)** Jesús el hombre de Nazaret se le identifica con el origen y la exaltación del Señor Jesucristo; y **(3)** Jesús participa en la mismísima identidad y ser de Dios. *Ver también* Jesucristo.

CRISTOS FALSOS, FALSOS MESÍAS Farsantes mesiánicos en el NT que a través de "signos y maravillas" dramáticas presentaban una gran tentación para los cristianos tempranos. Falsos Cristos o mesías se mencionan específicamente dos veces en el NT, las dos veces en secciones de los Evangelios que describen la época del regreso de Jesucristo. Primero, Mt. 24:24 habla de "falsos mesías y falsos profetas" que engañarán a muchos a través de milagros espectaculares. Tales figuras son tan convincentes que son incluso una amenaza para la fe de "los elegidos", aunque Mateo tiene la fuerte esperanza de que los elegidos finalmente no caerán víctima de las decepciones de estos farsantes. Marcos 13:22 es un pasaje paralelo de Mateo 24:24 ya usa el mismo lenguaje para describir a falsos Cristos. Ambos pasajes son advertencias a los cristianos para que se mantengan vigilantes al evaluar las declaraciones de cualquier persona que dice ser el Mesías regresado para juzgar al mundo. Los Cristos falsos se reconocerán como tal porque la verdadera segunda venida de Cristo será inequívoca y al descubierto, mientras que los farsantes mesiánicos planean en secreto y se quedarán en nada (Mt. 24:26-28; Mc. 13:23-29).

Otros falsos mesías en los primeros días de la iglesia eran aquellos que clamaban ser los salvadores militares y políticos de Israel. Un malentendido de la naturaleza del Mesías provocado por el enfoque exclusivo en un texto de AT que promete victoria sobre los enemigos nacionales de Israel (*véase* Sal. 2; Ag. 2:20-23; Zac. 9:9-10; 12:7-13:1) pavimento el camino para que farsantes mesiánicos militaristas arrastrasen seguidores a un conflicto armado con las autoridades romanas (tales como Teudas y Judas, el galileo en Hec. 5:36-37 y "el egipcio" en Hec. 21:38). Tales falsos mesías no reclamaban un estatus divino, pero eran fuente constante de tentación para judíos y cristianos en el siglo uno debido a su promesa de victoria sobre la opresión imperial romana.

CRITICISMO TEXTUAL, ANTIGUO TESTAMENTO Siglos separan al más antiguo de los manuscritos hebreos atestiguados (MSS) y la forma canónica del texto bíblico. La transmisión de la Biblia Hebrea en muchas fuentes antiguas y medievales revela diferencias entre los textos; consecuentemente, el criticismo textual involucra la comparación y análisis de esas diferencias textuales tanto en fuentes antiguas y ediciones modernas impresas del AT. Los críticos de textos recogen de MSS y otros testigos textuales todos los detalles en que estos textos difieren unos de otros y luego evalúan esas diferencias para llegar a la más exacta lectura original. Algunas de estas diferencias fueron

Una copia de la versión del 1,611 de la Biblia King James.

creadas en el transcurso de la transmisión textual, mientras que otras son el resultado de adiciones de escribas y el proceso que creó lecturas y textos a través de los siglos. En muchos casos, estas diferencias son mínimas y no ejercen una influencia significativa a nivel teológico o de interpretación en el texto mismo.

Metas y Suposiciones

Los críticos de texto buscan recuperar los procesos de la transmisión escrita del texto de manera de restaurarlo no a su forma más antigua o cadena literaria más temprana del corpus bíblico, sino más bien a la copia que contenía el producto literario terminado y que estaba al comienzo del proceso de transmisión textual. Consecuentemente, el crítico de texto acepta la noción de un único, texto auténtico (Urtext) del cual todas las copias existentes de un manuscrito de un libro específico han evolucionado más que la existencia de antiguos textos paralelos. Los críticos de texto identifican y resuelven errores textuales en el texto a través de revelar la historia de su emergencia, explicando cómo esos errores o inconsistencias ocurrieron. Ellos consideran y evalúan lecturas desviadas o variadas del aparato textual (notas escritas en la parte baja de las versiones críticas impresas) de los textos masoréticos, tales como la Biblia Hebraica Stuttgartensia y el texto de R. Kittel Biblia Hebraica. Los académicos textuales eliminan o corrigen lecturas de manuscritos existentes o formas finales existentes de manuscritos y a veces, en la ausencia de evidencia manuscrita, conjeturalmente enmiendan o "sugieren alternativas traductológicas" para el texto cuando la evidencia existente desafía una lectura razonable o clara. El trabajo más reciente por parte del Hebrew University Bible Project (Proyecto Bíblico de la Universidad Hebrea – HUBP, por sus siglas en inglés) elimina todas las conjeturas académicas propuestas sin evidencia manuscrita de su consideración en el proceso crítico textual.

Discrepancias entre testigos textuales del AT incluyen diferencias en la división de libro, capítulo y versículo, al igual que disposición y secuencia de capítulos. La naturaleza de la transmisión escribal asume que, aunque los escribas copiaron cuidadosamente los textos sagrados, los errores ocurren ocasionalmente. Estas corrupciones textuales pueden ser sin intención, tales como reduplicación de una letra o palabra, confusión entre letras que se parecen unas a otras, división equivocada de palabras, vocalización incorrecta, o la accidental reversión de dos letras. Ocasionalmente una palabra puede haber sido omitida, o palabras de comentarios marginales o interlineares (llamadas "glosas") pueden haber sido insertadas en el texto principal. En el caso de corrupciones intencionales o alteraciones, los escribas intentaron armonizar la morfología o gramática de un texto, dar explicaciones (también llamadas "amalgamas"), incorporar material de pasajes paralelos, sustituir palabras o frases eufemísticas en lugar de material ofensivo, y, rara vez, alterar textos teológicamente cuando el fraseo original parecía irrespetuoso a Dios.

Familias Textuales y Traducciones

Algunos académicos teorizan que el manuscrito hebreo evolucionó de tres familias textuales locales arregladas geográficamente, aunque estudios más recientes parecen refutar esta visión como simplista. Según esta teoría, durante el siglo cinco a.C. dos textos locales se desarrollaron de manera independiente el uno del otro, en Babilonia y Palestina. Un tercero, de familia alejandrina, se desprendió del antiguo texto palestino y eventualmente sirvió como la "fuente" o "modelo" para la traducción de la Septuaginta (LXX) entre el año 250 a.C. y 150 AD. El Pentateuco Samaritano resultó de la familia palestina y, combinado con la tradición babilonia, formó el corpus oficial del Pentateuco y los Antiguos Profetas. El corpus de los Profetas Posteriores derivo solamente del texto palestino. Esta combinación de textos formó la base autoritativa para el Texto Masorético. El Códice de Leningrado (1009 AD es la Biblia hebrea completa más antigua que se preserva, proporcionando uno de los mejores ejemplos de Texto masorético.

El descubrimiento en 1947 de los Rollos de Qumrán dio a los académicos críticos textuales la actividad escribal habitual y afirmó la existencia de tipos de textos pluriformes o múltiples.

Estos rollos, transmitidos desde el siglo tres al siglo uno a.C., representaban todos los libros del AT excepto Ester y proporcionaba un texto testimonial hebreo que reforzaba la relativa veracidad del Texto masorético.

Traducciones antiguas, como la LXX, proporcionaron el texto fuente del cual se desarrollaron las versiones griega antigua, lucian, eusebius y otras versiones griegas. Además, la LXX formó la base de las versiones latina antigua, vulgata y siríaca al igual que de los Targumes. La importancia del principio elemental del criticismo textual "Los textos no cuentan, ellos pesan", que forma la suposición básica al evaluar testigos textuales y comparar potenciales lecturas, se vuelve clara a la luz de estos desarrollos. Por ejemplo, un crítico de texto consideraría una lectura en un testimonio Qumrán como equivalente o superior a lecturas testimoniadas en la LXX y los textos que se desprenden de ella.

Sopesando Lecturas Variantes

Una consideración de lecturas variantes involucra todos los detalles hebreos y reconstruidos que difieren de una forma aceptada de Texto masorético, incluyendo adiciones, sustracciones, diferenciación de letras y palabras, diferencias es división de palabras, vocalización (o pronunciación), y secuencia de palabras.

Los académicos denotan el texto masorético como el textus receptus, o "texto recibido", que forma la base de la traducción de las Escrituras hebreas. En algunos casos, críticos del AT creen que los manuscritos y versiones reflejan etapas variantes o versiones en proceso de edición de un texto final. Por ejemplo, 2 Sm. 22 y Sal. 18 son textos paralelos en formas levemente diferentes. Los críticos textuales reconocen la existencia de formas alternativas de textos idénticos que eran igualmente aceptables para el poeta antiguo a través de la suposición de que, durante el tiempo del AT, los autores modernizaron o actualizaron textos de manera apropiada. Un texto no tiene que ser superior a otro; en cambio, ambos son legítimos, como es el caso de Is. 2:2-4 y Miq. 4:1-5.

Los críticos textuales del AT exploran explicaciones para lecturas contradictorias o diferentes entre tradiciones textuales, evalúan el peso de la evidencia textual y analizan un portador de lecturas para determinar cuál lectura mejor explica a los otros y armoniza con la evidencia literaria. Además, los académicos textuales preguntan si un texto en particular es gramaticalmente aceptable y si la palabra o frase calza en el contexto sintáctico de la oración y el alcance del pasaje más amplio. En ausencia de evidencia al contrario, los críticos textuales generalmente prefieren la lectura más corta porque a través de la historia los textos tienen tendencia a expandirse. Además, cuando el texto masorético y todos los otros testigos ofrecen un texto que es inobjetable, hace sentido o ha sido preservado sin variación los académicos con frecuencia asumen que es el "texto original" preservado por la tradición y debe ser aceptado. Es más, en el caso de dos lecturas alternativas, si hay una explicación disponible para la manera en la cual una de ellas surge de la otra, entonces los académicos consideran la lectura explicable como la más débil de las dos.

La complejidad de la empresa de criticismo literario, particularmente cuando se aplica a las Escrituras hebreas, requiere una combinación de intuición, habilidad, experiencia

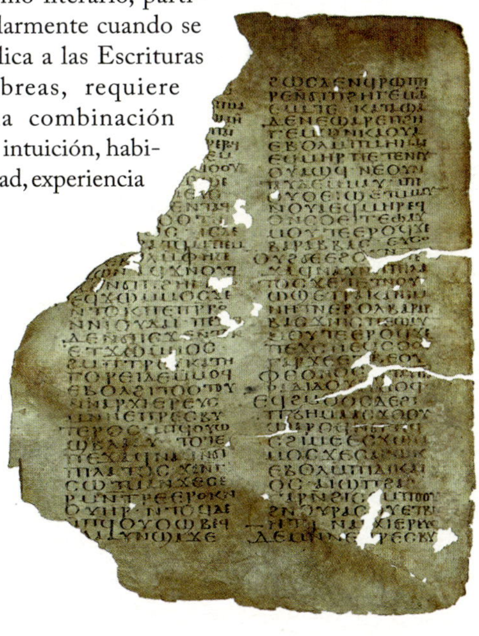

Fragmento copto del Evangelio de Mateo (siglo quinto d. C.).

y cuidadosa atención a los detalles y facilidad en lenguajes afines. La ausencia de textos hebreos extrabíblicos hace el análisis textual del AT más difícil, ya que el académico tiene un corpus de material limitado del cual extraer conclusiones. El criticismo textual del AT es un proceso permanente que comprometerá a los estudiosos bíblicos en años por venir.

CRITICISMO TEXTUAL, NUEVO TESTAMENTO El criticismo textual del NT es la ciencia de discernir la lectura del texto griego original del NT. El criticismo textual del NT es relativamente diferente del criticismo textual hebreo del AT, ya que los dos Testamentos fueron copiados de manera sustancialmente diferentes, dando como resultado diferentes asuntos y tipos de problemas de copia.

El criticismo textual es necesario por dos razones: (1) ninguno de los textos originales de ninguno de los libros del NT (los autógrafos) ha sobrevivido; (2) todas las copias supervivientes que tenemos difieren unas de otras por lo menos en formas menores. El criticismo textual del NT es la disciplina de examinar todas las lecturas encontradas en las copias supervivientes (incluyendo otras traducciones tempranas y los escritos de los padres de la iglesia) para discernir el más probable texto original del NT.

De muchas maneras no hay nada sorprendente o inusual acerca de esta actividad. Esta misma disciplina se usa en el caso de todos los documentos antiguos donde el original ya no existe y hay múltiples, pero distintas, copias supervivientes.

Lo que diferencias al criticismo textual de la Biblia del criticismo textual de Platón, Aristóteles o cualquier otro autor extra bíblico es la importancia de las Escrituras. Es absolutamente crucial que los académicos sean tan exactos como sea posible al discernir las palabras de la Biblia. Las declaraciones doctrinales actuales sobre la inspiración e infalibilidad de las Escrituras por lo general se enfocan en cómo es que los documentos reales escritos por los autores originales de la Biblia (los autógrafos) que fueron inspirados e infalibles, y no necesariamente en cada una de las copias o traducciones escritas alguna vez. Al mismo tiempo, el criticismo textual del NT proporciona amplia y fuerte evidencia de que las traducciones estándares de hoy son copias razonables de los textos originales y, por lo tanto, son inspiradas y autoritarias.

Otra realidad que diferencia el criticismo textual de la Biblia del criticismo textual de cualquier otro documento antiguo involucra el gran número de manuscritos que contienen parte o todo el NT. Los escritos de Aristóteles (384-322 a.C.) han sobrevivido en solo cinco manuscritos antiguos, el primero de los cuales fue copiado por última vez el año 1100 AD. Por tanto, el respaldo manuscrito para discernir el fraseo apropiado para los escritos de Aristóteles son cinco manuscritos, el primero de los cuales fue copiado aproximadamente mil cuatrocientos después de su composición original. En contraste, el NT ha sido preservado en alrededor de 5.500 manuscritos griegos escritos a mano, el primero de los cuales puede tener sólo décadas de diferencia de la composición real del NT. Además, hay decenas de miles de otros manuscritos del NT traducidos en otros idiomas de la iglesia temprana (especialmente latín, siríaco y copto) y tal vez algo como un millón de citas y alusiones al NT en las escrituras de los padres de la iglesia. El número de respaldos manuscritos para la Biblia no tiene paralelo al compararse con cualquier otro texto antiguo, proporcionando así cimientos firmes para la confiabilidad de la Biblia.

Manuscritos del Nuevo Testamento

Si todos los manuscritos griegos supervivientes del NT de todos los museos y bibliotecas de libros antiguos del mundo pudiesen ser reunidos y examinados, habría un número de obvias diferencias. Por una parte, estos manuscritos están escritos en distintos materiales. El manuscrito más antiguo incluye uno 116 papiros escritos en hojas de papiro (hechas del tallo de plantas de papiro presionados juntos para crear una superficie lisa de escritura) y data de tan temprano como el año 125 AD hasta el siglo ocho. Virtualmente todos los demás manuscritos copiados a mano fueron escritos sobre pergamino (piel de animales estirada hasta quedar muy fina) y abarcan cronológicamente del siglo dos a finales del siglo dieciséis.

Otra diferencia significativa involucra el estilo de escritura. Existen dos categorías principales: unciales (mayúsculas) y minúsculas. Los aproximadamente trescientos manuscritos unciales fueron escritos usando un estilo temprano de "letras mayúsculas" (comparable con imprimir a mano un texto entero en mayúsculas) y datan aproximadamente del siglo dos hasta tan tarde como el siglo diez u once, con la mayoría concentrada entre los siglos cuatro y diez. Los aproximadamente 2.800 manuscritos en minúsculas fueron escritos en un estilo posterior, semi-cursivo, usando principalmente "letras minúsculas" (más comparable con la caligrafía cursiva de hoy) y datan del siglo nueve al dieciséis.

Una tercera diferencia básica involucra el arreglo del material. Además de textos bíblicos estándar, arreglados en orden canónico regular, casi la mitad (alrededor de 2.200) de los manuscritos del NT griego son leccionarios compuestos de series de pasajes cortos diseñados para ser leídos en un horario fijo regular, casi como las lecturas antifonales encontradas en muchos himnarios modernos. Estas abarcan cronológicamente del siglo nueve al dieciséis y cubren la vasta mayoría de los pasajes en el NT, y, por tanto, constituyen otra fuente significativa de información sobre la apropiada lectura de los textos originales.

Otras diferencias obvias en apariencia exterior involucran el alcance del trabajo original y que tan bien ha sido preservado. Sólo un pequeño número de manuscritos fueron escritos para abarcar la Biblia completa, incluyendo el AT (por lo general la traducción griega llamada la Septuaginta), el NT y frecuentemente varios libros de los Textos Apócrifos también. Otros manuscritos fueron diseñados para incluir solo el NT. Sin embargo, la vasta mayoría de los manuscritos griegos supervivientes del NT originalmente incluían solo una porción del mismo (debido principalmente al costo en materiales y trabajo), con frecuencia una colección de los cuatro Evangelios, o las Epístolas paulinas, o algún otro subconjunto del NT. Aun otra realidad es que muchos manuscritos antiguos pueden haber perdido páginas o se puede haber roto la encuadernación, dejando sólo secciones incompletas del manuscrito original. Algunos manuscritos del NT han sobrevivido sólo en forma de fragmentos rotos, a veces del tamaño de una porción de una página.

Diferentes Lecturas

Las diferentes lecturas entre estos manuscritos calzan en dos amplias categorías: cambios no intencionales y correcciones deliberadas. Los cambios no intencionales ocurrieron cuando un escriba estaba genuinamente haciendo una buena copia y debido a un simple error humano falló al leer una letra claramente, no escuchó correctamente una palabra (asumiendo que el texto estuviese siendo dictado en voz alta), inadvertidamente escribió un homónimo en vez de la palabra correcta, o perdió la ubicación en la página, o equivocadamente asumió que alguna nota marginal en la página correspondía al texto. Las correcciones deliberadas también fueron una parte reconocida del trabajo de un escriba donde uno de ellos intentó hacer que un texto se leyese mejor o más claramente. Aunque algunos de los primeros padres de la iglesia advierten acerca de herejes haciendo cambios intencionales en el texto por razones teológicas (instancias reales de esto son difíciles de documentar), los cristianos sinceros a veces buscaron mejorar la claridad teológica o estilo del texto.

Existen varias estimaciones del número de lugares donde diferentes manuscritos tienen distintas lecturas. Si uno está haciendo un balance de todas y cada una de las diferencias sin importar qué tan menores sean, entonces hay más de diez mil lugares diferentes en el texto que tienen problemas textuales. El Textus Receptus o el Texto Mayoritario (subyacente a la traducción KJV), tiene unas cinco a seis mil diferencias respecto de los textos griegos subyacentes a la mayoría de las otras, más recientes traducciones españolas, aunque la mayoría de estas diferencias son menores en orden de palabras, ortografía y así sucesivamente y no hacen diferencia práctica en el contenido. El estándar académico United Bible Societies Greek NT incluye una discusión de alrededor de 1.440 juegos de lecturas variantes que fueron consideradas suficientemente significativas para ser incluidas en el aparato crítico. Una traducción contemporánea como la NIV lista más de cien instancias específicas de incertidumbre textual en el NT de significación suficiente para proporcionar una posible traducción alternativa.

Otra pregunta involucra la significancia de estas diferencias entre los manuscritos supervivientes. Aunque este puede ser un tema potencialmente amenazador, es importante destacar que ningún área de la doctrina cristiana se sostiene o cae por posibles problemas textuales. Los cimientos de la teología son firmes y certeros. Sin embargo, existen tal vez varias docenas de lugares donde las diferencias textuales tienen implicaciones definitivas ya sea para la doctrina o la práctica. Por ejemplo, ¿ayuda 1 Tim. 3:16 a definir la deidad de Cristo al referirse a Cristo como Dios (KJV), o es "Él" (como en la mayoría de las traducciones modernas) la lectura correcta? o, ¿Cuándo citamos la Plegaria del Señor, deberíamos incluir las palabras finales "Porque tuyo es el reino, el poder y la gloria por siempre. Amén" (de la KJV)? O, para pasar a otro tema, ¿es apropiado predicar y enseñar de las historias de la resurrección en Marcos 16:9-20 o la historia de una mujer atrapada en adulterio en Juan 7:53-8:11 (ambas ausentes de los confiables manuscritos tempranos)? Las versiones inglesas responden estas preguntas de maneras diferentes.

Sin embargo, un gran número de problemas textuales son menores en naturaleza e involucran pocas si es que alguna diferencia práctica en la aplicación. Por ejemplo, ¿en 1 Jn. 1:4 estaba Juan enfocándose en "vuestra" alegría o "nuestra" alegría? Pero por lejos la mayor categoría que involucra diferencias textuales que no hacen diferencias discernibles en nuestras traducciones inglesas. Los ejemplos incluyen diferencias en el orden de palabras griegas, una elección entre ciertos tiempos verbales griegos, construcciones gramaticales similares, el uso de sinónimos y algunas diferencias ortográficas. Las diferencias en esta última categoría son tan menores que con frecuencia son indetectables en las traducciones inglesas.

Diferentes Familias o Tipos de Texto

Otras diferencias involucran los "tipos de texto" o familia de manuscritos. Ciertos manuscritos con lecturas similares tienen un parecido familiar con otros manuscritos similares. El tema aquí involucra patrones de errores de copiado entre estos manuscritos. A finales del siglo diecinueve, dos académicos británicos, B. F. Westcott y F. J. A. Hort, desarrollaron lo que ellos identificaron como el método genealógico para el criticismo textual del NT. Un componente de este enfoque involucra el reconocimiento de al menos tres "familias" diferentes de manuscritos presumiblemente relacionados a tres áreas geográficas diferentes de la iglesia temprana: manuscritos bizantinos o sirios (basados en Siria o el posterior Imperio Bizantino en Turquía), manuscritos alejandrinos (basados en Egipto), y manuscritos occidentales (más basados en Italia y África del Norte). Este sistema de clasificación involucra generalizaciones comparables a discernir la nacionalidad de una persona y su trasfondo étnico basados en varias características físicas. Algunos manuscrito son fáciles de clasificar usando el sistema, otros son más difíciles, y aun otros resultan ser de naturaleza mixta. Sin embargo, hay cierta utilidad en este sistema.

Algunas conclusiones pueden extraerse de este sistema de clasificación. La vasta mayoría de los manuscritos (alrededor del 80 a 90 por ciento) son del tipo de texto bizantino. Estos incluyen virtualmente todos los textos en minúsculas y leccionarios y tienden a ser relativamente posteriores en data. El restante 10 a 20 por ciento de los manuscritos tiende a ser anteriores e incluyen los manuscritos alejandrinos, el puñado de los manuscritos occidentales, y un buen número de los manuscritos tempranos que no pueden fácilmente clasificarse en ninguna de estas dos categorías. Las lecturas alejandrinas tienden a ser más breves y más sucintas en estilo, mientras que las lecturas occidentales tienden a ser más inusuales y excéntricas, en contraste con las bizantinas, que tienden a ser más pulidas y armoniosas.

Aplicando el Criticismo Textual

Existen diferentes aproximaciones al criticismo textual del NT. Las dos principales son (1) la aproximación del rey Jacobo/ Texto Mayoritario asociada a la KJV y (2) la aproximación académica contemporánea seguida virtualmente por todas las otras traducciones estándar comenzando con la English Revised Version de Wescott y Hort de 1881. Ambas aproximaciones están construidas alrededor de un entendimiento de la historia del texto. El argumento del Texto Mayoritario está construido en la suposición de que la lectura original habrá sido preservada en el número más grande de manuscritos supervivientes, en este caso los relativamente posteriores manuscritos bizantinos. El enfoque académico contemporáneo asume un supuesto método genealógico por el que el Texto Mayoritario de los manuscritos bizantinos se cree que es un "resultado" posterior los más antiguos manuscritos alejandrinos y occidentales y, por tanto, más o menos irrelevante para descubrir el texto original. Por lo tanto, este método esencialmente rechaza los manuscritos bizantinos en favor de los manuscritos más tempranos, especialmente los alejandrinos. Los manuscritos aún son contados y fechados, pero se les da prioridad a manuscritos más antiguos y a las lecturas encontradas en diversos tipos de textos diferentes.

CRÓNICAS DE LOS REYES *Ver* Anales de los Reyes.

CRÓNICAS, LIBRO DE Estos libros originalmente formaban uno solo y al principio fueron divididos en dos en la traducción griega, en la LXX. En Crónicas se narra la historia de Israel desde la creación del mundo hasta el fin del exilio babilónico, cuyo enfoque yace en la longitud sobre la historia de David y Salomón. En la tradición judía, las Crónicas son el último libro del Antiguo Testamento, que puede deberse a su aceptación tardía dentro del canon o porque formaba una conclusión adecuada para la Biblia hebrea. Así como el Génesis, que da inicio al canon, las Crónicas empiezan con la creación (Génesis 1:1; 1 Crónicas 1:1) y finalizan con una profecía sobre el regreso a la tierra (Génesis 50:24; 2 Crónicas 23) y la esperanza de la redención.

Autoría

En Crónicas no se menciona a nadie como su autor. Algunas personas han sugerido que Esdras, Hageo, Malaquías o Zacarías son los posibles escritores de Crónicas, pero dichas sugerencias son pura especulación. Es más común referirse al autor simplemente como el cronista (de aquí en adelante se usará este concepto). El cronista claramente tuvo entrenamiento de escriba, dado que estaba familiarizado con los libros bíblicos que precedían su trabajo y tenía acceso a fuentes de archivo. Además de estas vastas generalizaciones, la identidad del autor sigue siendo anónima, así como pretendía esta persona. En el pasado muchos creyeron que el cronista también escribió los libros de Esdras y Nehemías por las similitudes del uso del lenguaje y la manera en la que Crónicas finaliza al citar el comienzo de Esdras (lo que implica que alguna vez estuvieron relacionados). La autoría común es poco probable, no obstante, dado que en Esdras y en Nehemías se enfatiza la elección de Abram, el éxodo, la conquista de la tierra y la caída del norte de Israel, en Crónicas en cambio no se menciona de manera explícita ninguno de estos eventos. Además, el cronista enfatiza la "retribución inmediata" (obediencia/ desobediencia que conlleva una bendición/castigo inmediato), mientras que en Esdras y en Nehemías se señala que el buen comportamiento puede ocasionar problemas en vez de bendiciones (por ejemplo, aquellos que construyeron el muro de Jerusalén fueron perseguidos). Asimismo, la presencia de algunas diferencias en cuanto a la terminología puede sugerir distintos autores para estos libros (por ejemplo, en Esdras y Nehemías se alude al concepto de "jefe de los sacerdotes", mientras que en Crónicas se usa el término "sumo sacerdote").

El cronista usaba principalmente los libros anteriores del Antiguo Testamento como fuentes, por lo que de esta manera recurría al uso del Pentateuco y de Josué (para las genealogías) y de Salmos (cf. Salmos 96; 105-106 con 1 Crónicas

16:7-36) y de Esdras (cf. Esdras 1:1-3 con 2 Crónicas 36:22-23). Sin embargo, el cronista dependía en gran consideración de los libros de Samuel y Reyes, así como se puede apreciar en su extensa citación textual de ellos a lo largo de sus historias. Las fuentes no canónicas puede que también se hayan empleado (por ejemplo, la referencia del túnel de Ezequías en 2 Crónicas 32:30, que es incomparable en Reyes, pero que es históricamente precisa), aunque no existan en la actualidad.

C

Fecha

La fecha exacta de la composición es desconocida. No obstante, la mención en 1 Crónicas 29:7 sobre el dárico persa (moneda), que no fue acuñado hasta el 515 a.C., postula una fecha probable después del 500 a.C. (dado que cabe dejar un tiempo para que los dáricos se propagaran por todo el imperio). Una parte muy relevante es el relato de la genealogía de Joaquín en 1 Crónicas 3:17-24 (porque los últimos nombres que se mencionan en la lista puede que precedan o sean contemporáneos para el cronista), que amplía por lo menos seis generaciones después de Zorobabel, por lo que se sugiere un tiempo cercano al 450 a.C. (asumiendo veinte años por generación) que sería la fecha más antigua posible para la composición del libro de Crónicas. Además, es muy probable que Crónicas se haya escrito antes de la conquista de Alejandro Magno en Palestina en el 333 a.C., dado que no existe una influencia griega perceptible en Crónicas. Por lo tanto, la fecha para la composición de Crónicas es muy probable que sea entre el 450 y el 333 a.C., durante el período persa.

Dárico persa. La mención de los dáricos en 1 Crónicas 29:7 ayuda a establecer una fecha para este libro.

Audiencia y Trasfondo Histórico

Para entender el propósito de las Crónicas es necesario tener en cuenta parte del trasfondo histórico y la identificación de su audiencia original. En el 586 a.C., Jerusalén fue destruida y la mayor parte de la población fue deportada a Babilonia (2 Reyes 25); no obstante, la comunidad judía en Babilonia conservó su identidad y anhelaba regresar a casa. Cuando Ciro de Persia conquistó Babilonia en el 539 a.C., él le ofreció a los exiliados enviarlos de nuevo a su hogar para que reconstruyeran Jerusalén y su templo. Aquellos que retornaron enfrentaron muchos desafíos y tuvieron que lidiar con la manera de reconstruir "Israel" en la tierra que Dios les concedió, pero que ahora estaba gobernada por los persas y la presencia de una población mezclada. Incluso con la reconstrucción del templo y el reasentamiento de Jerusalén, esta comunidad aún se cuestionaba cómo sus nuevas vidas funcionarían y cómo sería su relación con Dios. El libro de Crónicas fue escrito para esta atribulada comunidad de restauración.

Género

Las Crónicas quizá sean mejor conocidas por sus extensas genealogías, que dan inicio a este libro (1 Crónicas 1-9). Asimismo, existen varias listas en otras partes del libro que al parecer les quitan valor a sus narrativas por lo demás interesantes. El género de Crónicas es "historiográfico" (escritura de la historia) porque presenta un registro del pasado de Israel. La naturaleza de la historiografía con la que escribió el cronista ha sido sujeto de mucho debate debido a la dificultad de la explicación sobre la considerable libertad con la que este seleccionó, organizó e incluso cambió el material de su fuente. Todas las historias escritas implican el uso de una escritura creativa, selectividad e interpretación de fuentes. La selectividad del cronista se puede apreciar en sus omisiones, por ejemplo, las historias que tienen que ver solamente con el norte de Israel, el adulterio de David con Betsabé y el asesinato de Urías, y todas las esposas de Salomón y la idolatría. Sin embargo, la selectividad del cronista no debería considerarse como una decepción intencional de su parte, ya que esta persona probablemente asumió que su audiencia conocía por completo la historia de David y el pecado de Salomón.

La interpretación del cronista sobre sus fuentes se puede ver en la manera en que escribió 2 Samuel 24:1. El escritor de 2 Samuel describe a Dios instigando a David para que lleve a cabo un censo, pero el cronista sostiene que Satanás es el responsable de haberlo incitado (1 Crónicas 21:1). Al escribir en un período posterior cuando se entendía que Dios trabajaba a través de intermediarios divinos, el cronista interpretaba su fuente a la luz de esta nueva revelación. Así como los escritores del Nuevo Testamento citaban de una manera interpretativa el Antiguo Testamento, el cronista se sintió libre para hacer explícito lo que veía implícito en sus fuentes.

No obstante, hay que admitir que no todos los cambios que el cronista realizó con sus fuentes se pueden explicar fácilmente. Hay que recordar que, a diferencia de la historiografía moderna, el libro de Crónicas fue escrito principalmente con intereses teológicos en mente. Para la omisión de ciertas historias o escrituras era necesario incluir adiciones a la narrativa para llevar a casa el mensaje que Dios quería que él entregara, que es lo que el cronista hizo. Dichas prácticas eran un procedimiento estándar en la escritura de la historia en el antiguo mundo y eran aceptables en sus días. Todo esto se daba a pesar de que el cronista se limitaba por sus fuentes. Pese a su deseo por destacar el rol de David en el establecimiento del templo, el cronista no pudo presentar a David como el constructor del templo, ya que en la historia se registró que Salomón fue el que lo erigió. La historiografía es un intento creativo en el que se interpretan eventos pasados donde se suscita su importancia para el presente. De esta manera, el libro de Crónicas es definitivamente historiográfico, aunque no sea del tipo de historiografía que se escribe en la actualidad.

Temas

David y los reyes davídicos. Los personajes principales de Crónicas son los reyes davídicos. Aunque la narrativa inicia con Saúl como rey de Israel (1 Crónicas 10:1-3), a él rápidamente lo desechan (10:4). El reinado de David se establece de inmediato (sin mencionar la extensa contienda por convertirse en rey que se describe en 1 Samuel), que se convierte en un beneficio para Israel (1 Crónicas 14:2). David se presenta como el monarca ideal, que buscó a Dios con todo su corazón y que también estableció una adoración adecuada. A pesar de que Salomón construyó el templo, David en el libro de Crónicas se prepara para su edificación (1 Crónicas 22) y su administración (1 Crónicas 23-25).

Al presentar a David como el fundador de una adoración apropiada, se realza el énfasis del cronista acerca de la responsabilidad de los reyes davídicos por mantener una adoración correcta en Israel. Algunos reyes le dieron la espalda a la adoración adecuada (por ejemplo, Manasés), mientras que otros mantuvieron esta verdad y la restauraron cuando fue abandonada (por ejemplo, Josías). El rey davídico se sentaba en el trono de Dios (1 Crónicas 17:14; 28:5; 29:23) y representaba al pueblo en la oración a Dios (2 Crónicas 6:18-42). Cuando el norte de Israel rechazó al rey davídico, significa que ellos negaban a Dios (2 Crónicas 13:4-12). Esta vehemencia en la importancia de la monarquía davídica mantuvo la esperanza de un próximo rey davídico a pesar de la situación actual de la soberanía persa.

El templo y los levitas. El libro de Crónicas se enfoca en la relación de Israel con Dios, que se muestra en la relevancia respecto al rey davídico como el representante de Israel ante Dios, pero que se expresa de mejor manera a través de un enfoque en el templo y en sus instituciones. En Crónicas se presenta la manera en que la relación de Israel con Dios dependía de la mantención adecuada de la adoración en el templo. El sacerdocio levita junto con el rey davídico conservaba la adoración a Dios. Los levitas incluso intervinieron para preservar la línea davídica cuando estuvo bajo amenaza (2 Crónicas 22:10-23:21), y sólo ellos pudieron administrar la correcta adoración en el templo (26:16-18). De una manera interesante, este énfasis sobre los reyes davídicos y los sacerdotes levitas refleja las condiciones de soberanía que la audiencia original vivió cuando ellos regresaron del exilio (cf. Zacarías 2:4).

Todos los israelitas. En Crónicas el término "todos los israelitas" se usa para aludir al norte de Israel (2 Crónicas 13:4), el sur de Judá (2 Crónicas 11:3) o a todos los israelitas juntos (1 Crónicas 11:1). Para el cronista, "Israel" señala un pueblo que tiene una relación especial con Dios y que le rinde cuentas. El rey davídico y los sacerdotes levitas son importantes, pero el pueblo en sí también es responsable frente a Dios (por ejemplo, 2 Crónicas 11:3-4, 16-17; 13:14; 15:9-15). Esto le permite al cronista resaltar la responsabilidad de cada generación para tener una adecuada relación con Dios.

Profecía

En Crónicas hay varios profetas conocidos por los títulos tradicionales de "profeta" o "vidente", pero también existen otros que hablan de manera profética, pero que no se les asignan dichos títulos. Estos otros oradores proféticos en su mayoría se dirigen al pueblo en vez de a los reyes (como los profetas oficiales) y se les representa interpretando y aplicando la tradición profética más antigua en su situación actual. El libro de Crónicas representa una etapa transitoria cuando la "palabra del SEÑOR" comienza a ser vista no sólo como profecía oral, sino que también como una referencia a las profecías escritas (como las de Moisés) o a las Escrituras (por ejemplo, 2 Crónicas 34:21 reescribe en 2 Reyes 22:13 "las palabras de este libro" como "la palabra del SEÑOR"). Este desarrollo de la Escritura física crea la base para el judaísmo y el cristianismo como un texto basado en la fe.

Mensaje Teológico

El cronista anima a su comunidad a contar nuevamente la vieja historia de otra manera. La vieja historia (Samuel y Reyes) le enseñó a su audiencia la razón por la que el exilio ocurrió (su pecado), pero la audiencia del cronista necesitaba asegurarse de que Dios aún estaba interesado en ellos. Las Crónicas son un recordatorio para la comunidad restaurada sobre la continuidad presente entre los períodos anteriores y posteriores del exilio y su herencia como el pueblo de Dios y herederos de las promesas para David. Mientras que en Samuel y Reyes se destaca la idolatría como el motivo del exilio (2 Reyes 17:7-18), en Crónicas se ve más allá de este síntoma superficial para llegar a la raíz del problema sobre la "renuncia al SEÑOR", que se caracteriza por la negligencia de su relación con Dios a través de una adoración correcta. "Buscar al SEÑOR" es un llamado respecto a una respuesta completa de su pueblo hacia Él.Mientras que en Samuel y Reyes se explica el exilio por medio del aumento acumulativo de los pecados de la monarquía (2 Reyes 23:26; 24:3), en Crónicas el destino de Israel nunca se sella. Cualquier generación puede buscar a Dios con todo el corazón y, por lo tanto, recibe bendición.

El versículo temático para el libro de Crónicas puede que sea 2 Crónicas 7:14: "si mi pueblo, sobre el cual se invoca mi nombre, se humilla y ora, y busca mi rostro, y se aparta de sus malos caminos, yo lo escucharé desde los cielos, perdonaré sus pecados y sanaré su tierra". El cronista en su mensaje demanda una respuesta en el presente. Al contar nuevamente la historia de su pueblo, su audiencia puede ver la relación de causa y efecto entre la búsqueda y la renuncia de Dios y pueden aplicarla a su situación actual. Ellos mismos fueron "todos los israelitas" y necesitaban buscar a Dios con todo el corazón para una adoración correcta. Israel sólo a través de la fidelidad a Dios puede recuperar los días de gloria de su pasado. En un mensaje que se puede aplicar tanto para la actualidad como hace un milenio, en Crónicas se les hace un llamado a los lectores a tener una relación apropiada con Dios y se sostiene la expectativa de que la bendición continuará.

Resumen

I. Prólogo Genealógico: Adán hasta el Presente (1 Crónicas 1-9).
II. Monarquía Unida: Saúl, David y Salomón (1 Crónicas 10-2; Crónicas 9).
III. La Historia de Judá: Los Últimos Reyes Davídicos (2 Crónicas 10-36:16).
IV. El Exilio y el Regreso (2 Crónicas 36:17-23).

CRONOLOGÍA DEL PERÍODO BÍBLICO

Antiguo Testamento

Los estudiosos de la historia bíblica tienen que trabajar con varios sistemas superpuestos de la cronología. En esta sección se definen varios enfoques y se describe la manera en que estos están interconectados.

Fechas absolutas y relativas. Las fechas absolutas consisten en un valor numérico que recae en una de dos eras, a.C. ("Antes de Cristo"; también se le conoce como AEC, "Antes de la Era Común") o d.C. (Después de Cristo o AD de Anno Domini, "en el año de nuestro Señor"; también se le llama EC, "Era Común"). Por ejemplo, Samaria cayó ante el poder de los asirios en el 722 a.C. Este sistema de fecha absoluta, que es común y corriente para la vida moderna, fue ideado solamente en el siglo VI d.C., por lo que es desconocido en fuentes bíblicas y en otras antiguas. En vez de usar fechas absolutas, en la Biblia y en otras fuentes historiográficas antiguas se emplean fechas relativas; es decir, los eventos se datan en relación a otros eventos registrados, como en 1 Reyes 15:1: "En el año dieciocho del reinado de Jeroboán hijo de Nabat, Abías ascendió al trono de Judá". El sistema de las fechas relativas en el Antiguo Testamento se puede recopilar para formar una sola cronología relativa.

Monolito Kurkh de Salmanasar III en el que se registra su participación en la coalición de Hadadezer.

El uso de historias de la realeza. Con el propósito de construir una cronología unificada, la historia sobre la realeza en Samuel, Reyes y Crónicas es fundamental, junto a sus tabulaciones de las eras de los reyes respecto a la ascensión y duración de sus reinados. Entonces a la cronología bíblica se le puede atribuir fechas absolutas al establecer sincronismos con otras crónicas históricas (de mayor utilidad son las que provienen de Mesopotamia), que en cambio se pueden fijar a un montón de fechas absolutas. Los registros de gran importancia (todos los textos cuneiformes no bíblicos) son los que tienen que ver con los fenómenos astronómicos observables, que alude a la aparición en la historia que ahora se puede calcular con un alto grado de certeza matemática. Las fuentes analísticas (documentos en los que se registra una entrada para cada año que pasa, como las crónicas epónimas cuneiformes) son particularmente relevantes. La Biblia no contiene fuentes analísticas, sino que más bien está hecha a partir de fuentes de cronistas, es decir, textos en los que se registra y cuantifica el paso del tiempo, pero sin una cuenta separada de cada año. La información es difícil de corregir cuando los errores de cálculo o las corrupciones textuales afectan los registros de cronistas (*ver* 1 Samuel 13:1). La información bíblica, que consiste en figuras resumidas, quizá retoma fuentes analísticas que fueron recabadas año tras año (por ejemplo, como los registros que se mencionan en 1 Reyes 11:41; 14:19).

La asamblea de una cronología bíblica unificada basada en las historias de la realeza es mucho más complicada por el hecho de que se usaban simultáneamente varios calendarios, ya sea de la realeza, agrarios y de culto. Puede que también haya existido una discrepancia entre Israel y Judá en relación a la estimación del Año Nuevo de culto. En adición a esto, en varios casos de la información bíblica se implica un período de corregencia, en el que los reinos de los reyes extrovertidos y sus sucesores nombrados coinciden, lo que crea un doble conteo del potencial para los años de corregencia. En los tiempos bíblicos hubo dos sistemas de cálculo de fechas que se basaban en la sucesión real: el sistema de "año de ascensión", en el que se omitía cualquier año parcial dentro de la duración del reinado del rey a partir de su ascensión hasta el primer Año Nuevo, y el sistema del "año sin ascensión", que comenzaba con la cuenta de los años del reinado de un rey tan pronto este accedía al trono. En la fecha del año sin ascensión, cualquier año en el que había dos reyes se contaba dos veces: una vez como el último año del rey anterior y otra como el primer año del nuevo rey. Las cronologías bíblicas al parecer utilizan ambos sistemas, con un movimiento desde el sistema del año sin ascensión hasta el sistema de año de ascensión en los siglos ulteriores. Obviamente, la elección de sistemas dictamina la significancia de las figuras presentes en la Biblia y deben tomarse en cuenta en la recopilación de información.

Gracias a la combinación de información sobre el reinado monarca y varias tablas genealógicas (por ejemplo, basadas en Génesis 5; 11; las figuras resumidas en Éxodo 12:41; 1 Reyes 6:1) es posible reconstruir una cronología aparente del mundo desde la creación de Adán hasta el exilio. Un hecho bien conocido ocurrió en 1650 cuando James Ussher siguió este procedimiento, en el que trabajó hacia atrás desde fechas absolutas conocidas a partir de fuentes clásicas para determinar que el mundo fue creado durante la noche anterior al 23 de octubre del 4004 a.C. En sus días, este fue un trabajo de estudio impresionante, pero la cronología de Ussher es demasiado corta como para abarcar no sólo los descubrimientos arqueológicos (en la misma tierra de Israel existen artefactos del Neolítico y Calcolítico que datan de hace diez mil años), sino que también los hallazgos de todas las ramas de las ciencias por medio de las que se corrobora que la Tierra tiene unos 4.5 billones de años y que la aparición de los humanos modernos es de aproximadamente unos doscientos mil años antes del presente. Sin embargo, a principios del primer milenio a.C. la Biblia proporciona información cronológica que, por medio de unos modestos ajustes, se confirman otros descubrimientos históricos y arqueológicos.

Poniendo en la balanza las fuentes. Dada la variedad de materiales presentes en el Antiguo Testamento, es fundamental determinar qué fuentes poseen valor histórico, poniéndolas en la balanza en términos de coherencia interna y externa. Así como se destacó arriba, la columna vertebral de la cronología del Antiguo Testamento es la serie de información del reinado de monarcas para los reyes de Israel y Judá que se mencionan en Samuel, Reyes y Crónicas. Estos datos son útiles porque proporcionan una cronología continua de cientos de años que se pueden aferrar a diversos puntos de eventos fechables en fuentes históricas externas. Además, la historia de los reyes de Judá e Israel contiene referencias de personajes históricos conocidos gracias a registros extrabíblicos.

En contraste, la cronología del Antiguo Testamento anterior al período de los jueces, que internamente es coherente, no se puede correlacionar con fechas absolutas conocidas. Hay lugares en los que a menudo se mencionan personajes no israelitas que no tienen nombre (por ejemplo, los faraones de las eras de Abraham y Moisés), que son descritos anacrónicamente (por ejemplo, las ocasiones en las que Abraham se contactó con los filisteos [Génesis 21:34], que es un grupo que no apareció en Palestina hasta mucho tiempo después de mediados de la ostensible fecha de la Edad del Bronce de Abraham) o que no corresponde con las figuras históricas conocidas (por ejemplo, Abimelec, Nimrod).

Aunque a través de la investigación cultural e histórica se pueden aclarar las narrativas patriarcales y su escenario histórico, dicho enfoque produce nada más que descubrimientos cronológicos vagos. En algunos casos, la fecha tardía de los textos bíblicos ha ocultado indicadores cronológicos, por lo que interfiere con proyectos de historia cultural. Dejando de lado las interrogantes sobre la historicidad de las narrativas patriarcales, aparte de los informes sobre sus edades, existe poca información con la que trabajar al momento de construir una cronología de los patriarcas.

La historia del éxodo desde Egipto presenta un evento que, como principio, debería ser fechable en base a la información externa. La migración de millones de personas, la destrucción del ejército con súper poder geopolítico y la subsiguiente conquista de un pequeño, pero poderoso país son eventos que prometen proporcionar un sostén cronológico para el comienzo de la historia de Israel.

Por desgracia, los eventos registrados en la Biblia no han dejado una marca clara, ya sea en la historiografía de Egipto o en la arqueología de Palestina. Desde una inspección más cercana, el texto bíblico contiene una cantidad de características que frustran cualquier intento por datar los eventos en su fundamento. A diferencia de las historias de los monarcas bíblicos, el faraón del Éxodo, que fue una figura de talla internacional en sus días, nunca se nombra en la Biblia. Algunas personas han intentado fijar una fecha para el éxodo en base a la presencia del nombre "Ramsés" en Éxodo 1:11; 12:37. Este nombre no fue moderno en Egipto hasta antes del siglo XIII AC. Si existiera una pista para datar el éxodo, esto no estaría solamente a expensas de una cronología bíblica más amplia en la que se registraría que el éxodo ocurrió en el siglo XV AC (particularmente basado en los personajes conocidos a través de Éxodo 12:41; 1 Reyes 6:1). No es hasta el período monárquico, cuando la historia de Israel se entrelaza con aquellas figuras de nombres internacionales, que las fechas absolutas se pueden establecer con certeza.

Los eventos bíblicos a los que se le pueden asignar fechas absolutas basadas en los registros históricos cuneiformes incluyen los siguientes. Ajab fue el rey de Israel en el tiempo de la batalla de Qarqar en el 853 a.C. El monolito Kurkh de Salmanasar III registra su participación en la coalición de Hadadezer, aunque el evento no se menciona en la Biblia. Jehú estuvo en el trono de Judá en el 841 a.C., cuando Salmanasar III registró que él le había dado tributo a Asiria. Joás fue rey de Israel en el 796 a.C., cuando él le rindió tributo a Adad-nirari III.

Menajem fue rey en el 740 y 738 a.C. (*ver* 2 Reyes 15:19), cuando este le pagó tributo a Tiglat Piléser III (el Fut bíblico). Ajaz le pagó tributo a Tiglat Piléser en el 734 a.C., y Manasés a Asarhaddón alrededor del 674 a.C. Estos sincronismos proporcionan en cada caso límites altos y bajos para fijar el reinado de los reyes de Israel y Judá. En algunos casos, la cronología del libro de Reyes se debe ajustar para que calcen estas fechas, asumiendo que el historiador deuteronomista carecía de conocimiento de primera mano sobre la historia del reino del norte y que intentó trabajar con fuentes conflictivas o que cometió errores de cálculo. Otros sincronismos importantes incluyen el golpe de estado liderado por Oseas contra Pecaj (2 Reyes 15:30), cuya fecha está basada en una inscripción de Tiglat Piléser III del 732 a.C.; la caída de Samaria (2 Reyes 17:6), cuya datación se basa en la crónica de Babilonia del 722 a.C.; la campaña de Senaquerib en Judea en el 701 a.C. (2 Reyes 18:13-19:36); la Batalla de Carquemis en el 605 a.C. (Jeremías 46:2); la captura de Jerusalén en el 597 a.C. (2 Reyes 24:12); y la liberación de Joaquín del cautiverio en el 561 a.C., que coincide con la ascensión de Amel-marduc (2 Reyes 25:27). Periodización de la historia. Además de las cronologías relativas y absolutas, los eruditos bíblicos se refieren a diversos esquemas de periodización que son definidos a partir de desarrollos tecnológicos y políticos. El esquema más antiguo de periodización está implícito en la misma Biblia, en la que se conciben los períodos de los jueces (Jueces 17:6), la monarquía unida, la monarquía dividida y el exilio.

Las transiciones entre las fases de este esquema se definen por medio de las discontinuidades social y políticamente dramáticas. Otro alcance en cuanto a la periodización de la historia israelita implica la definición de transiciones principales en términos de la cultura del material. Antes de la caída de Jerusalén, los eruditos bíblicos modernos y los arqueólogos dividieron la historia sirio-palestina en varios períodos, nombrados así por los desarrollos en la tecnología metalúrgica. Dado que existe cierta variedad de opiniones entre los eruditos respecto a las fechas exactas utilizadas, el siguiente esquema se ha usado ampliamente (presentado con correlaciones aproximadas de los periodos bíblicos):

Término	Fechas Aproximadas	Periodización Bíblica
Temprana edad de Bronce	3300 hasta 2200 a.C.	(¿Historia primitiva?)
Mediana Edad del Bronce	2200 hasta 1550 a.C.	Patriarcas
Edad del Bronce Final	1550 hasta 1200 a.C.	Período en Egipto, éxodo
Edad del Hierro	1200 hasta 586 a.C.	Jueces, monarquía

La Edad del Hierro se subdivide aún más, como se presenta a continuación:

Término	Fechas Aproximadas	Periodización Bíblica
Edad del Hierro IA	1200 hasta 1000 a.C.	Jueces
Edad del Hierro IIA	1000 hasta 900 a.C.	Monarquía Unida
Edad del Hierro IIB	900 hasta 700 a.C.	Monarquía Dividida
Edad del Hierro IIC	700 hasta 586 a.C.	Derrota de Samaria hasta la caída de Jerusalén

Las divisiones entre estos períodos son heurísticas y no tienen relación con desarrollos fechables precisos en metalurgia. Por ejemplo, algunos artefactos de hierro puede que daten de la Edad del Bronce, aunque no se haya extendido la metalistería del hierro a escala industrial.

En las variadas subdivisiones de la Edad del Hierro es cuando particularmente las transiciones empiezan a ser definidas por eventos políticos en vez de una secuencia sobre el metal: la IA tiene que ver con el período bíblico de los jueces, la IIA con la monarquía unida, la IIB con la monarquía dividida y la IIC con el período entre las caídas de Samaria y Jerusalén, cuando el reino del sur adquirió autonomía política. Algunos eruditos redondean las fechas para evitar una periodización basada en eventos políticos cortos y para destacar el índice gradual de cambio en la cultura y tecnología del material (por ejemplo, empleando fechas como 900, 700, 600). Para eventos y fechas posteriores a la caída de Jerusalén, los historiadores utilizaron un esquema de periodización basado considerablemente en factores políticos. Las series de períodos se nombran para los poderes geopolíticos dominantes en Siria-Palestina:

Término	Fechas Aproximadas	Periodización Bíblica
Período neobabilónico	622 hasta 539 a.C.	Monarquía tardía de Judea, exilio
Período persa	539 hasta 330 a.C.	Regreso del exilio
Período helénico	330 hasta 63 a.C.	Intertestamentario
Período romano	63 a.C. hasta 324 d.C.	Eventos del Nuevo Testamento

Aunque hubo una redacción significante (y, según algunos, de la composición) de textos bíblicos en el período helénico, no existen narrativas bíblicas ostensiblemente establecidas en ese período. Por lo tanto, la periodización interna de la historia en la Biblia hebrea finaliza con el regreso del exilio (el período persa).

Nuevo Testamento

El nacimiento de Jesús. Según Mateo 2:1 (*ver también* Lucas 1:5), Jesús nació durante los tiempos de Herodes el Grande, que murió en el año 4 a.C., así como se sabe gracias a Josefo (*ver* Mateo 2:15-19). En su intento por liquidar a Jesús, Herodes ordenó la matanza de niños varones hasta los dos años de edad, hecho que está basado en la información que él obtuvo de los Reyes Magos respecto a la aparición de la estrella que anunciaba el nacimiento de Jesús (Mateo 2:16). Por lo tanto, el registro de Mateo implica una fecha no posterior al 4 a.C., sino que posiblemente varios años antes. Algunos eruditos han intentado correlacionar lo que observaron los Reyes Magos en la estrella con uno de los diversos e impactantes fenómenos celestiales, incluyendo una conjunción de Júpiter, Saturno y Marte en el 7 a.C. (así lo hizo Johannes Kepler). Dichos intentos, no obstante, han sido debilitados por el hecho de que la descripción de Mateo sobre la estrella es vaga, poco natural y difícil de identificar ciertamente con un alineamiento planetario o cualquier otro tipo de fenómeno conocido (en particular, se dice que la estrella se movió y luego se posó sobre la ubicación de Jesús). En otra línea de investigación se aborda la correlación de Lucas y el nacimiento de Jesús con un censo romano que él data del tiempo de Cirenio (Lucas 2:1-2). Sin embargo, este informe contradice el testimonio de Josefo, que según él Cirenio se convirtió en gobernador en el año 6 d.C. (una década después de la muerte de Herodes). Es muy probable que Jesús haya nacido poco antes del año 4 a.C. durante el reinado de Herodes.

Inicio y duración del ministerio público de Jesús. Según el relato de Lucas 3:23, Jesús tenía "unos treinta años de edad" cuando se bautizó y comenzó su ministerio público. En Juan 8:57, Jesús es desafiado: "Ni siquiera tienes cincuenta años". Estos dos números redondeados proporcionan límites racionales para la edad de Jesús durante su ministerio. Debido a la escasez de indicadores cronológicos en los Evangelios sinópticos, el ministerio de Jesús así como es descrito en Mateo, Marcos y Lucas pudo haber ocurrido dentro de un solo año. En contraste, Juan narra los eventos posteriores al bautismo durante tres hechos del festival anual de la Pascua (Juan 2:13; 6:4; 11:55), lo que sugiere que el ministerio de Jesús duró tres años o más. Por desgracia, la cronología de Juan en algunas ocasiones parece estar en desacuerdo con los otros Evangelios. De manera significativa, Juan sitúa la limpieza del templo a manos de Jesús al principio, en vez de colocarlo al final de su ministerio (Juan 2:13-22; cf. Marcos 11:15-19 pars.). Es poco claro hasta qué grado la cronología estricta se ha modificado bajo el interés de otros asuntos en cada uno de los Evangelios. Según el registro de Juan, la limpieza del templo aconteció cuarenta y seis años después del inicio de su construcción, que es un evento que Josefo data del decimoctavo o del decimoquinto año del reinado de Herodes (Juan 2:20), lo que sitúa el incidente en el año 28 o 31 d.C. Por último, existen dos fuentes de incertidumbre que forman parte de la cronología del ministerio de Jesús: el impreciso (y posiblemente simbólico) informe de su edad en Lucas 3:23 y la indeterminada duración de su ministerio.

La muerte de Jesús. Los cuatro Evangelios concuerdan con que Poncio Pilato, el procurador romano de Judea, fue instrumental en el juicio y ejecución de Jesús. Pilato gobernó desde el año 26 hasta el 36 d.C.; esto proporciona una posible fecha reciente para la muerte de Jesús. Para mejorar la cronología más allá de esto, los eruditos han intentado datar el término de la vida de Jesús en base a este suceso durante el festín de la Pascua (15 del nisán en el calendario judío) y al tratar de determinar en qué año el festín habría coincidido con su crucifixión en un día viernes. Este alcance es complicado por la discrepancia que existe entre el relato de Juan, que según él los alimentos de la Pascua se comían en la tarde tras la crucifixión (Juan 19:14), y el de Marcos, que al parecer tenía un conocimiento imperfecto de las costumbres de la Pascua (Marcos 14:12-16) y que, por lo tanto, describe la última cena de Jesús con sus discípulos como la comida de la Pascua (es decir, el 14 del nisán). Siguiendo la cronología de Juan, se genera una fecha para la crucifixión el día viernes 7 de abril (14 del nisán) en el año 30 d.C. o el viernes 3 de abril (14 del nisán) en el 33 d.C.

De estas dos opciones, el año 30 d.C. se ajusta con mayor cercanía al relato de Lucas 3:23, por lo que se sugiere que su ministerio duró unos tres años y que Jesús estaba a mediados o a finales de sus treinta años de edad cuando aconteció su crucifixión.

La obra de Pablo. La cronología de la labor de Pablo permanece dentro de interrogantes complejas en los estudios bíblicos. Existen dos fuentes principales para esta cronología: las cartas de Pablo (especialmente Gálatas) y el libro de Hechos. Cuando las cronologías independientes se elaboran a partir de cada una de estas fuentes, surgen diversas dificultades, incluyendo la ausencia del cimiento absoluto en las cartas de Pablo, la carencia de una clara concordancia entre Hechos y las cartas que tienen relación con la cantidad de visitas a Jerusalén y, por inferencia, la periodización de la obra de Pablo en distintas fases de actividad concertada o "viajes misioneros". Esta información en cambio debe sincronizarse (a veces se necesita un poco de ingenuidad) con otros eventos históricamente documentados como la datación del edicto de Claudio (Hechos 18:2), las fechas del control de Aretas sobre Damasco (2 Corintios 11:32-33), la muerte de Herodes Agripa en el 44 d.C. (que se menciona en Hechos 12:23), la presencia de Sergio Paulo en Chipre durante el primer viaje misionero de Pablo (Hechos 13:7 [este personaje es conocido por las inscripciones, pero en ninguna de ellas se aborda con claridad la pregunta]) y la sucesión de Festo, cuando reemplaza a Félix como procurador de Palestina (Hechos 23-26), que Josefo lo situó en el año 53 d.C.

Si se le da una medida justa de veracidad histórica a la descripción de Hechos, Pablo entonces experimentó su conversión alrededor del año 33 d.C., visitó Jerusalén en el 36 d.C. (Gálatas 1:18), completó su primer viaje misionero y luego visitó Jerusalén para platicar con los otros apóstoles (Hechos 15:1-29; Gálatas 2:1) a finales de los años 40, llevó a cabo su segundo y tercer viaje misionero en la primera mitad de los 50 antes de ser finalmente arrestado en Jerusalén cerca del 57 d.C. y fue llevado a Roma durante el 59 y 60 d.C.

CRUCIFIXIÓN *Ver* Cruz, Crucifixión.

CRUZ, CRUCIFIXIÓN

Tipos de Cruces

Una cruz es un travesaño o poste vertical de madera en el que se ataba o clavaba a la persona como medio de tortura y ejecución. Una cruz podía tener formas muy variadas. La primera de todas no fue una cruz del todo, sino que más bien era una simple estaca o poste en el que las personas eran empaladas. Este simple poste evolucionó con el tiempo y se construyó con formas más elaboradas con la adición de una viga transversal que se aseguraba en el poste vertical. La cruz latina tenía forma de t y era el tipo más común que los romanos usaban. Jesús probablemente fue crucificado en una cruz latina, que permitía un lugar conveniente para colocar una señal (llamada título en Juan 19:19) sobre su cabeza (Mateo 27:37 pars.). Otra forma de cruz, que ahora se le conoce como la cruz de San Antonio, tenía forma de T y la viga transversal se fijaba en la parte superior de la estaca vertical. Una cruz en forma de X, con un patrón entrecruzado, se le conoce como la cruz de San Andrés. Por medio de la tradición se afirma que el apóstol Pedro fue crucificado al revés en este tipo de cruz. Una cruz con forma de +, la cruz griega, tiene la viga transversal en el centro.

Crucifixión en Tiempos Antiguos

En los tiempos antiguos, la crucifixión era un método de ejecución usado por muchas personas, incluyendo a los asirios, fenicios, persas, medos y griegos. Históricamente, el predecesor barbárico de la crucifixión era el empalamiento. A las víctimas a menudo las decapitaban primero y luego sus cuerpos inertes los fijaban en enormes estacas o picos (Génesis 40:19; 1 Samuel 31:9-10). El empalamiento originalmente tenía que ver más bien con el triunfo y la exposición que con la ejecución (Deuteronomio 21:22-23; Josué 8:29; 10:26; 2 Samuel 4:12; 21:9-10). Pero los asirios empalaban a sus enemigos al fijarlos aún vivos, en las estacas punzantes, por lo que utilizaban el empalamiento como un método de ejecución. El libro de Ester probablemente refleja la práctica del empalamiento en el período persa cuando se describe la manera en que los oficiales del rey son ejecutados (2:23; 5:14; KJV: "colgados"). En estos versículos la palabra hebrea ('ets) que en algunas versiones se traduce como "horca" en realidad significa "árbol", y cabe mencionar que en Persia durante este período no se usaban nudos para colgar a las personas. El empalamiento se convirtió en una forma común de ejecución.

El empalamiento como medio de ejecución con el tiempo dio paso a la crucifixión. La crucifixión era especialmente apreciada por los fenicios, cuyos métodos normales de ejecución (ahogamiento, inmersión en aceite hirviendo, empalamiento, apedreamiento e incineración) se consideraban muy rápidos y sencillos. Con el deseo de que sus víctimas sufrieran más tiempo, ellos usaron la crucifixión, que era una forma más severa de ejecución. Los griegos también crucificaban a las víctimas en un poste o cruz. Alejandro Magno ordenó que crucificaran a dos mil residentes de Tiro en la costa cuando capturó la ciudad en el año 332 a.C.

No existe evidencia de que la antigua Israel haya amarrado a las personas en un poste o estaca como método de ejecución. En cambio, el apedreamiento era el método preferido de ejecución en Israel y era ordenado por la ley (Levítico 20:2; Deuteronomio 22:24). Sin embargo, la ley permitía mostrar en público el cuerpo del criminal "en un árbol" o en un "poste" después de ser ejecutado (Deuteronomio 21:22). La misma expresión se usa en el libro de Hechos para describir la crucifixión de Jesús (5:30; 10:39; 13:29). En contraste con las naciones paganas que dejaban el cadáver colgado en la cruz hasta que la piel se pudriera o fuera devorada por los buitres, a Israel se le ordenó bajar el cuerpo y que este no permaneciera en el árbol durante la noche (Deuteronomio 21:23). Esto explica la razón por la que los judíos fueron tan insistentes en que se bajara el cuerpo de Jesús antes de que el sabático comenzara al atardecer (Juan 19:31). Una persona colgada en un árbol era un hecho especialmente aborrecido por Israel porque reflejaba la maldición de Dios sobre el criminal (Deuteronomio 21:23). Jesús fue maldecido por Dios mientras colgaba en la cruz y cargaba los pecados del mundo (Gálatas 3:13).

Crucifixión en los Tiempos del Nuevo Testamento

No pasó mucho tiempo cuando los romanos tomaron control de Palestina y el gobernador judío Alejandro Janneo ordenó crucificar a unos ochocientos fariseos que se opusieron a él en el año 86 a.C. Este horripilante evento estaba fuera de carácter para la nación judía y fue mal visto por los judíos de ese tiempo como también por el posterior historiador judío Josefo. Sin embargo, fueron los romanos los que perfeccionaron la crucifixión como un medio de tortura y ejecución. Los romanos le llamaban a la crucifixión el "castigo de los esclavos", porque iba dirigido a los miembros más bajos de la sociedad. Se convirtió en el método preferido de ejecución para los crímenes políticos como la deserción, espionaje, rebelión e insurrección. La crucifixión romana era común en los tiempos del Nuevo Testamento y se siguió usando en el siglo IV d.C. El emperador Constantino se convirtió en cristiano en el año 312 d.C. y abolió la crucifixión al mismo tiempo. La cruz se convirtió en un símbolo del sacrificio cristiano en vez de ser un método bárbaro de tortura y ejecución.

Crucifixión Romana

La crucifixión era un método barbárico de tortura y ejecución por medio del cual una víctima era clavada o amarrada a una cruz de madera y se dejaba morir, de una manera lenta y agonizante. Con frecuencia se reservaba para los criminales más ofensivos, como ladrones (Mateo 27:38), asesinos, insurgentes (Marcos 15:7) y otros rebeldes políticos. A los esclavos desobedientes por lo general los crucificaban. La crucifixión era tan degradante que los ciudadanos romanos estaban exentos, pero solamente por medio de un decreto directo del emperador podían sufrir este método. La crucifixión se usaba como una señal triunfante en tiempos de guerra, en el que los victoriosos demostraban sus conquistas al levantar a sus enemigos sobre cruces para que todos los vieran. Esto era visto como un símbolo público de fortaleza e intimidación. Desde insultos a heridas, los verdugos desnudaban a sus víctimas y los crucificaban junto a las rutas concurridas y en espacios públicos donde los mirones podían observar con horror.

A los criminales a menudo los flagelaban severamente antes de la crucifixión con un esfuerzo pseudocompasivo para acelerar el proceso de muerte que se experimentaba en la cruz (Juan 19:1). La víctima era desnudada, atada a un poste y entonces varios torturadores romanos golpeaban brutalmente a la persona usando látigos con piezas filosas de hueso o metal en las puntas del arma. Se dice que dichas flagelaciones dejaban expuestos los huesos y las entrañas de la víctima. Los torturadores no paraban hasta que se agotaban o los oficiales al mando los llamaban.

Después de la flagelación, el criminal estaba obligado a cargar la viga transversal, que a menudo pesaba setenta y cinco a cien libras, sobre sus hombros hasta llegar al lugar de la crucifixión (Juan 19:17). La viga vertical principal, de siete a nueve pies de alto, permanecía en el lugar de la crucifixión y se usaba reiteradas veces. La víctima entonces se tumbaba con los brazos estirados a lo largo de la viga y se amarraba por lo general en esa posición. Una vez que los brazos de la víctima estaban fijos con cuerdas, un soldado buscaba el "punto hueco" en la muñeca que se encuentra justo por encima de la zona de flexión cerca de los huesos carpianos. Los huesos del metacarpo de las palmas eran demasiado débiles para soportar el peso del cuerpo en la cruz, por lo que la muñeca era una alternativa más resistente. Sin embargo, el uso de cuerdas para soportar los brazos se tomó como opción de una pequeña consecuencia, y cualquier ubicación era aceptable. Con un martillo se incrustaban clavos de cinco pulgadas a través de ambas muñecas para sujetar a la víctima en la viga transversal. Era habitual ofrecerle a la víctima un brebaje narcótico para aliviar el dolor de la crucifixión, pero en este caso Jesús se rehusó a beberlo (Mateo 27:34; Marcos 15:23).

Después de clavar los brazos de la víctima en la viga transversal, esta se levantaba y se aseguraba en el poste vertical. Este solo paso era muy duro para el cuerpo fatigado de la víctima, que ya había perdido una cantidad considerable de sangre. Este rápido movimiento vertical ocasionaba hipotensión ortostática, que es una muy baja presión sanguínea producida por un cambio rápido y vertical en la posición corporal. La presión sanguínea de la víctima bajaba a la mitad de lo normal, mientras que el pulso cardíaco se aceleraba el doble. Las víctimas con frecuencia se desmayaban por la marcha rápida de sangre de la cabeza durante el movimiento vertical. Este movimiento probablemente es la imagen detrás de los dichos sobre el "levantamiento" de Jesús (Juan 3:14; 8:28; 12:32). A Jesús lo levantaron de una manera bastante literal sobre la cruz.

Restos de un calcáneo con un clavo atravesado.

Luego seguía la incrustación de clavos en los pies. Los romanos tenían variadas maneras de clavar los pies en la cruz. Los soldados romanos se destacaban por hacer que las víctimas se voltearan y contorsionaran en posiciones extrañas mientras ellos los clavaban en la cruz. A veces las piernas de las víctimas las estiraban hacia abajo con los pies cruzados y atravesaban un clavo a través de ambas extremidades. Por lo general se colocaba un bloque de soporte detrás de la víctima para aguantar el peso del cuerpo en la cruz. En 1968 se descubrió en un osario al norte de Jerusalén el calcáneo de un hombre llamado "Jehohanan" (Juan) que fue crucificado. Este tenía un solo clavo incrustado a través de un costado del talón. Los torturadores de todas maneras giraban el cuerpo cuando incrustaban el clavo a través de ambos talones, colocando el pie derecho por encima del izquierdo. Otra opción era clavar cada talón en lados opuestos del poste vertical, lo que ocasionaba que la víctima se sentara a horcajadas en la cruz. En los talones se colocaba una pieza de madera antes de comenzar a clavar para que funcionara como una arandela y así prevenir que el pie se arrancara. La inscripción del osario describe a Jehohanan "colgado con las rodillas aparte". La víctima, una vez clavada en la cruz, a menudo sufría por muchas horas, incluso días, al estar expuesta al sol y a los insultos de aquellos que pasaban por el camino concurrido (cf. Mateo 27:39; Marcos 15:29; Lucas 23:35; Juan 19:20). La persona sufría de sed extrema por la masiva pérdida de sangre y la exposición a los elementos (Juan 19:28).

Como la muerte podía tardar demasiadas horas, a veces se aceleraba este proceso por medio de un golpe devastador con una maza en las piernas. Las víctimas eran incapaces de empujarse hacia arriba para jadear o mantener su sangre circulando. Este golpe mortal en las piernas también ocasionaba intenso dolor y por lo general era suficiente para que el cuerpo quedara en shock y la persona muriera pronto. Jesús ya estaba muerto cuando los soldados se acercaron a él para romperle las piernas (Juan 19:32-33). Esto culminó lo que ya estaba mencionado en las Escrituras: "No será quebrado ningún hueso suyo" (Juan 19:36; cf. Éxodo 12:46; Números 9:12; Salmos 34:20). En vez de romperle las piernas a Jesús, un soldado enterró su lanza a un costado del cuerpo, lo que produjo que saliera un repentino flujo de sangre y agua, lo que señalaba que realmente estaba muerto (Juan 19:34). Esto también concretó las Escrituras: "Mirarán al que traspasaron" (Juan 19:37; cf. Zacarías 12:10). Los cadáveres a menudo se dejaban en las cruces para que las aves carroñeras como los buitres se los comieran. Los judíos exigieron que el cuerpo crucificado de Jesús y el de los dos ladrones fueran bajados antes del sabático, ya que comenzaba en la tarde (Juan 19:31).

Muerte Física en la Crucifixión

La muerte por crucifixión acontecía por una combinación de factores. La más obvia era la masiva pérdida de sangre. Como incrustaban los clavos a través de extensos sistemas arteriales en las muñecas y pies, la víctima perdía demasiada sangre. La severa flagelación realizada antes de la crucifixión también era significativa porque le cobraba un peaje caro al cuerpo. La pérdida de sangre conducía a una disminución de suministro de oxígeno para los tejidos vitales. Los órganos principales fallaban por la carencia de oxigenación. Otro factor que provocaba la muerte era la sofocación o asfixia. El peso del cuerpo colgado en la cruz era demasiado para los tendones y músculos en los brazos, por lo que las víctimas eran incapaces de sostenerse a sí mismas para respirar profundamente. La parte superior del cuerpo de la víctima se iba hundiendo cada vez más hasta que los pulmones se comprimían demasiado y era imposible tomar grandes bocanadas de aire. Las víctimas podían impulsarse hacia arriba con las piernas para jadear, pero esto era extremadamente doloroso. Prevenir que la víctima se diera impulso hacia arriba para respirar era otra razón para romperle las piernas. La víctima se sofocaba lentamente por horas.

La causa definitiva de muerte era una ruptura eventual del corazón debido a la masiva pérdida de sangre y falta de oxigenación. A medida que el pulso aceleraba y la presión sanguínea aumentaba, el corazón con el tiempo explotaba por el estrés. Esto sirve para explicar la referencia "al instante le brotó sangre y agua" en Juan 19:34. En el caso de la ruptura del corazón, el lado derecho conservaba algo de sangre en su interior mientras que el saco que rodea el corazón, el pericardio, se llena con agua. El soldado con su lanza penetró este saco y el corazón, lo que ocasionó que el cuerpo botara flujos de sangre y agua.

El Significado de la Crucifixión de Jesús

El Antiguo Testamento enseña que es la sangre la que expía el pecado (Levítico 17:11). Así como se usaban corderos sacrificiales para derramar su sangre en el altar y limpiar los pecados de Israel, Jesús derramó su sangre en la cruz por los pecados del mundo (Juan 1:29). La crucifixión de Jesús ha sido el evento más redentor en la historia. Su sangre, que proporcionó los medios para el nuevo pacto, fue derramada para muchos en la cruz (Mateo 26:28). La cruz, tan espantosa, fue el medio por el que Cristo murió "por nuestros pecados" (Gálatas 1:4). Jesús despreció con libertad la vergüenza de la cruz para que nosotros nos reconciliáramos con Dios por medio de su sangre derramada (Colosenses 1:20; Hebreos 12:2).

Jesús también cargó consigo la maldición de Dios en nuestro lugar cuando él murió en la cruz. Aquel que cuelga de un árbol está divinamente maldecido (Deuteronomio 21:23). La maldición de Dios es una maldición puesta sobre el pecado, la muerte y la derrota. Jesús tomó la maldición de Dios sobre sí mismo para redimirnos de esa maldición (Gálatas 3:13).

Jesús demostró la naturaleza humilde de su misión y ministerio al obedecer, incluso cuando murió en la cruz (Filipenses 2:8). Para Jesús la cruz no fue simplemente su martirio, como si sólo hubiese muerto por una causa noble; este fue el ejemplo más sublime de obediencia y amor en la Biblia. Jesús llamó a sus seguidores a tomar la cruz y a seguir su ejemplo de sacrificio abnegado (Mateo 16:24). La cruz de Jesús es un símbolo de su amor, obediencia y abnegación.

Más que nada, la cruz revela el amor incondicional de Dios, que ofreció a su Hijo como sacrificio redentor por el pecado (Juan 3:16; 1 Juan 4:10). La despiadada cruz revela el hermoso amor de Jesús, que estuvo dispuesto a dar su vida (1 Juan 3:16).

CUAJAR En Dt. 18:3, la RVA traduce la palabra hebrea qebah como "cuajar", refiriéndose a una de las porciones seleccionadas de un animal sacrificado que se reservaría para el sacerdote levítico. Las versiones más recientes traducen el término hebreo como "intestinos" (NVI) o "estómago" (NTV, RVC).

CUARESMA El período del año cristiano que comienza con el Miércoles de Ceniza y sirve como preparación para la Pascua. Se considera un momento de reflexión sobre las tentaciones de Cristo en el desierto o los sufrimientos en la cruz, para considerar la propia mortalidad y esforzarse por la renovación espiritual. En memoria de las tentaciones de Jesús, la Cuaresma abarca cuarenta días, durante los cuales muchos cristianos ayunan para ser partícipes del sufrimiento de Cristo. Históricamente, era un tiempo para prepararse para el bautismo.

La última semana de Cuaresma es la Semana Santa. Comienza con el Domingo de Ramos, donde muchas iglesias celebran la entrada triunfal de Jesús sosteniendo una procesión de personas portando ramas de palma y declaran: "¡Hosanna! ¡Bendito el que viene en el nombre del Señor!" El Jueves Santo también se conoce como Maundy Thursday en inglés, que viene del latín mandatum novum ("nuevo mandamiento"). Este día conmemora la Última Cena, cuando Jesús lavó los pies de sus discípulos y anunció el nuevo mandamiento de que se amaran unos a otros. Algunas iglesias practican el lavado de pies en este día. La Semana Santa concluye con el Viernes Santo, el día de la crucifixión de Jesús, que es el día más solemne del año de la iglesia. Los servicios del Viernes Santo con frecuencia se llevan a cabo en silencio y solemnidad mientras se meditan los horrores de la crucifixión. Las expresiones de alegría deben esperar hasta la Pascua.

CUARTO Un creyente en Corinto a quien Pablo se refiere como "nuestro hermano" mientras transmite los saludos de Erasto y Cuarto a la iglesia en Roma (Rom. 16:23).

CUATERNIÓN En Hec. 12:4 la RVA traduce el término griego tetradion como "cuaternión", refiriéndose a un escuadrón compuesto por cuatro soldados. Pedro fue custodiado por cuatro de estos escuadrones cuando fue arrestado por Herodes Agripa.

CUB *Ver* Libia.

CUBRIR, HACER SOMBRA En el AT, el hacer sombra está asociado con la cobertura o protección. Las instrucciones para construir el arca del pacto incluyen a dos querubines de oro, cuyas alas deben extenderse y cubrirse en una postura de protección (Éx. 25:20; 37:9; 1 Re. 8:7). Las ramas de los árboles también se describen como dando sombra (Job 40:22, Ezeq. 31:3). En el NT, el hacer sombra se emplea principalmente en sentido figurado y se asocia con la presencia de Dios. Los relatos sinópticos de la transfiguración de Jesús incorporan la presencia de una nube ensombrecida de la cual surge la voz de Dios, identificando a Jesús como su Hijo e instando a Pedro, Santiago y Juan a escucharlo (Mt. 17:5; Mr. 9:7; Lc. 9:34). Sin embargo, el ensombrecimiento más intrigante ocurre cuando Gabriel le dice a María que el poder del Altísimo le haría sombra y así concebiría a Jesús, que será el heredero del trono eterno de David (Lc. 1:35). Además hay otros dos sucesos del NT que son más literales (Hec. 5:15; Heb. 9:5).

CUCHARA La KJV traduce la palabra hebrea kap como "cuchara" (NIV: "plato"), en referencia a un cuenco pequeño y poco profundo con forma similar a una mano ahuecada (e.g., Éx. 25:29; Nm. 4:7; 7:14; 1 Re. 7:50; 2 Cr. 24:14; Jr. 52:18-19). Una pequeña tubería de madera adjunta a los mangos huecos permitía soplar aire en su interior para mantener el incienso encendido.

CUCHILLO Una herramienta de punta afilada hecha de pedernal, bronce, cobre o hierro. Varias palabras hebreas se refieren a este implemento, que generalmente se usaba para matar a un animal y prepararlo para comer (Gn. 22:6, 10; Jue. 19:29). Abraham levantó un cuchillo cuando se preparaba para matar a su hijo Isaac, pero Dios detuvo su mano (Gn. 22:9-14).

Los cuchillos fueron utilizados para la matanza ceremonial de animales de sacrificio. Josué usó cuchillos de pedernal para reinstituir la práctica de la circuncisión (Jos. 5:2-3). Los cuchillos en la época de Josué no estaban hechos comúnmente de pedernal, por lo que esto puede evidenciar la antigüedad de la práctica. Existe cierta transposición en las referencias bíblicas con respecto a las espadas y cuchillos.

Los profetas de Baal pudieron haber usado cuchillos para cortarse a sí mismos y llamar la atención de los dioses (1 Re. 18:28); tales prácticas eran prohibidas en la ley levítica (Lev. 19:28). En la mayoría de las traducciones al inglés, los cuchillos no se mencionan en el NT (el MSG usa la palabra "cuchillo" ocasionalmente en referencia a la circuncisión, por ejemplo, Romanos 2:28-29).

CUCHILLO Se nombra en Jer. 36:23 (NVI: "estilete de escriba") como el instrumento usado por el rey para cortar pedazos del rollo de Jeremías para que pudieran ser arrojados al fuego. El cuchillo de un escriba normalmente se usa para afilar un utensilio de escritura, como un lápiz. *Ver también* Implementos de Escritura y Materiales.

CUCO En la KJV se usa "cuco" para traducir shakhap en la lista de aves impuras (Levítico 11:16; Deuteronomio 14:15). Los cucos son conocidos en toda Eurasia y África. En la mayoría de las traducciones modernas esta palabra se interpreta usando un término genérico para las aves de mar como "gaviota" (NVI) o "gavilanes" (ESV, NLT).

CUELLO En la Biblia, el cuello a menudo se asocia con una carga. En varios lugares, la Biblia se refiere a la opresión o la servidumbre como un yugo alrededor del cuello (Gn. 27:40, Dt. 28:48, Jer. 28:10-14). El apóstol Pedro incluso comparó el seguir la ley mosaica a llevar un yugo en el cuello (Hec. 15:10). El cuello también se asociaba con los adornos. Tener joyas colocadas alrededor del cuello era un signo de honor (Gn. 41:42; Dan. 5:16). De manera similar, una buena instrucción o un carácter moral podían describirse como joyas alrededor del cuello (Pro. 1:8-9; 3:21-22).

CUENCO Varios tipos y tamaños de potes profundos que se utilizaban en los tiempos bíblicos. Los recipientes típicos estaban hechos de arcilla, pero los cuencos más lujosos estaban hechos de latón (Éxodo 27:3), plata (Números 7:13) u oro (1 Reyes 7:38). Los cuencos se usaban para poner la comida y el vino (Jueces 5:25; Proverbios 23:30), para lavar (Éxodo 30:18; Juan

Rey Asurnasirpal acompañado por sus asistentes, donde uno carga una copa o cuenco.

13:5) y para colocar la sangre de los animales sacrificados (Éxodo 12:22). Los cuencos en el templo eran recipientes largos en los que podían verter unos cuatrocientos litros de agua (1 Reyes 7:38), mientras que los cuencos para rociar eran muchos más pequeños para que una sola persona los pudiera usar (Números 7:13).

En la literatura apocalíptica, los cuencos señalaban que había algo almacenado para su posterior distribución. Los veinticuatro ancianos sujetaban cuencos de oro con incienso ante la presencia del Cordero, que representa las oraciones de los creyentes (Apocalipsis 5:8). Los siete ángeles sujetan los cuencos de oro de la ira de Dios, que contienen las plagas que se derramarán sobre la tierra (16:1; 21:9).

C

CUERNO DE CARNERO *Véase* Shofar.

CUERNO La palabra hebrea para "cuerno" (qeren) se refiere a una protuberancia huesuda en la cabeza de un animal, como los de un carnero (Gn. 22:13), un buey (Dt. 33:17) y una cabra (Dn. 8:5). Más ampliamente el término indica cualquier proyección tipo cuerno, como en "*colmillos de marfil*" (qarnot shen, lit. "cuernos de diente" [Ez. 27:15]).

También puede indicar un objeto hecho de, o que se asemeja, al cuerno de un animal. por ejemplo, un shopar, o "trompeta" hecha de cuerno de carnero (qeren hayyobel [Js. 6:5]); un receptáculo para aceite (1 Sm. 16:1, 13; 1 Re. 1:39); y, de manera destacada, las protuberancias en las esquinas de un altar (Éx. 27:2; 30:2). En la adoración de Israel, se untaba sangre en los cuernos del altar para purificarlo (Lv. 8:15; 16:18) y para expiar los pecados (Lv. 4:7, 18, 25, 30, 34). Esto llegó a considerarse como un lugar de refugio (1 Re. 1:50, 51; 2:28).

En el AT, los cuernos son emblema de vitalidad y fuerza. David alaba a Yahveh como "el cuerno de mí salvación", esto es, un poderoso liberador (2 Sm. 22:3=Sal. 18:2). La apelación evoca el especial compromiso de Yahveh para defender el cuerno del rey (*véase* 1 Sm. 2:10; Sal. 89:24; 132:17). El rey se identifica de igual manera como el cuerno de su pueblo (Sal. 89:17-18; 148:14), denotando tanto su rol como protector y su deber de defender la justicia. Como instrumentos de defensa y dominio entre los animales, los cuernos especialmente simbolizan proeza marcial (Dt. 33:17; 1 Re. 22:11). Este sentido figura en pronunciamientos de juicio sobre Israel (Lam. 2:3, 17) y esperanza de la restauración de Israel (Miq. 4:13). En referencia a los seres humanos, queren connota comportamiento. Enterrar el cuerno en el polvo es ser conmovido por el luto o humillación (Job 16:15 [NIV: "frente"]). Contrariamente, elevar el cuerno es colocar la confianza en la fuerza propia en desafío a Dios (Sal. 75:4-5). Las personas justas miran a Yahveh para fortalecer y vindicarlos (Sal. 92:10; cf. 75:10).

En la visión de Daniel, "cuerno" designa gobernantes (7:24) y reinos (8:22), que figuran en el retrato esquematizado de la historia. Entre ellos, el "gran cuerno" (8:8, 21) significa Alejandro Magno, mientras que los cuatro cuernos (8:22) representan la disolución de su imperio tras su muerte. El "pequeño cuerno" (7:8; 8:9-12) significa Antíoco IV Epífanes (*véase* 8:23-25). En la visión de Zacarías (1:18-21), "cuerno" generalmente indica naciones que oprimen a Judá.

En el NT, la palabra griega keras exhibe un rango semántico similar al término hebreo qeren. Jesús es "un cuerno de salvación" para todo Israel (Lc. 1:69). El Apocalipsis 9:13 menciona "los cuatro cuernos del altar dorado" que están ante Dios; en otras partes, "cuerno" simboliza el poder del Cordero o del dragón rojo (5:6; 12:3) o designa gobernantes escatológicos (17:12).

CUERO Un material hecho de piel de animales. El cuero se usaba para varios

Un cuerno de marfil usado como señal de trompeta (siglo II).

artículos, como cinturones (2 Re. 1:8) y sandalias (Ezeq. 16:10). Levítico da instrucciones detalladas sobre cómo tratar con artículos de cuero y textiles contaminados (Lev. 13:48-59). El cinturón de cuero de Juan el Bautista y la vestimenta de pelo de camello evocaban el estilo de vestir de Elías (Mt. 3:4, Mr. 1:6).

Las instrucciones para construir el tabernáculo se refieren frecuentemente a la piel takhash (RVA-2015: "pieles finas"; Éx. 25:5; 26:14; 35:7, 23; 36:19; 39:34; Nm. 4:6, 8, 10-12, 14, 25), un cuero fino también usado para sandalias (Ezeq. 16:10). Varias sugerencias para el animal representado por este término incluían tejón (RVA), marsopa (LBLA), delfín (NVI), cabra de la mejor calidad (NTV) y otros. Quizás el candidato más probable es el dugongo, un gran animal marino que vive en el Mar Rojo. Su piel sería lo suficientemente dura como para proteger el tabernáculo y sus muebles, así como para convertirse en zapatos. Otros intérpretes sugieren que takhash en realidad se refiere al color de la piel.

CUERPO El cuerpo humano tiene su origen en el acto de la creación de Dios descrito en Génesis 2:7, por lo que viene seguido del título de la evaluación "bueno en gran medida" en la culminación de los seis días de creación (1:31). En ninguno de los dos Testamentos el cuerpo es visto como algo malvado, en contraste con el punto de vista de los antiguos griegos que veían el cuerpo humano como una prisión del alma y se apreciaba la muerte como una liberación de este cautiverio. Esto contribuye con el punto de vista positivo de la Biblia sobre la sexualidad humana cuando se expresa adecuadamente en una relación de matrimonio comprometido, que es un ejemplo notable por la admiración mutua del hombre y la mujer que están profundamente enamorados en el Cantar de los Cantares, donde se puede encontrar una descripción de pies a cabeza del físico del hombre (5:10-16) y así también del cuerpo de la mujer (7:1-8).

Antiguo Testamento. En el Antiguo Testamento, la muerte se describe regularmente como el regreso del cuerpo al polvo/suelo del que fue hecho (por ejemplo, Génesis 3:19; Salmos 90:3). La dignidad del cuerpo humano es señalada por la importancia del entierro apropiado (Deuteronomio 21:22-23), que es una regulación más bien de culto que de salud en el Antiguo Testamento. La atrocidad que los filisteos hicieron en los cuerpos de Saúl y de sus hijos (1 Samuel 31), la profanación deliberada de las tumbas (2 Reyes 23:16; Amós 2:1) y dejar a un enemigo insepulto son maneras de expresar desprecio absoluto. El hecho de asegurar un entierro adecuado (incluso de extraños) se convirtió en una marca de la devoción judía, como se ejemplifica en Tobit 2:1-10; 12:11-15.

La palabra hebrea nepesh (a menudo se traduce como "alma") puede usarse para referirse a un cadáver (por ejemplo, Levítico 21:11; Números 6:6; 19:13; Hageo 2:13), aunque esta palabra posee una amplia variedad de significados (a veces significa "garganta"). Este uso no debe considerarse como un significado en el que no se reconoce la distinción del alma/cuerpo. Por el contrario, en el Antiguo Testamento cuando se enseñaba sobre el "cuerpo" (cualquiera sea la palabra hebrea que se usaba) siempre se refería al cuerpo físico y no a todo el ser de la persona como bipartito (cuerpo/alma) dentro de una unidad psicofísica en general. La referencia en Miqueas 6:7 (NVI: "el fruto de mis entrañas") tiene que ver realmente con el "vientre" (cf. Deuteronomio 28:4), y la palabra hebrea en cuestión, beten, puede señalar al cuerpo masculino solamente para el acto de la procreación (Salmos 132:11).

Nuevo Testamento. En el libro de Hebreos se reitera el hecho sobre la humanidad real de Jesús (2:14-18) y en los Evangelios se le representa como alguien que posee necesidades físicas normales como beber, comer y dormir (Marcos 4:38; Juan 4:7-8). Negar que Jesucristo vino "en carne" ataca el corazón del Evangelio y es un espíritu del anticristo (1 Juan 4:2-3). Para que se llevara a cabo la redención, era necesario que Jesús se ofreciera a sí mismo en cuerpo y alma a Dios a través de la muerte (Hebreos 10:5-10, 20). En la Última Cena, cuando Jesús dijo "Este es mi cuerpo" (Mateo 26:26) él se refería a que el pan representaba su cuerpo, que sería ofrecido en la cruz como sacrificio que hace posible la inauguración del nuevo pacto (cf. Éxodo 24:1-8).

La resurrección corporal de Jesús es evidenciada por medio de la tumba vacía (Marcos 16:4-6) y la aparición del Cristo levantado ante sus seguidores (por ejemplo, Lucas 24:36-43; ver la lista de testigos en 1 Corintios 15:5-8). Este es un punto fundamental para la doctrina cristiana y la proclamación del Evangelio, que proporciona la certeza a los creyentes de que ellos también serán levantados físicamente de la muerte (1 Corintios 15:42-52), que es una creencia que ya aparecía en el Antiguo Testamento (Daniel 12:2). La salvación en la Biblia comprende la redención del cuerpo y la renovación de la creación física. Cuando Cristo regrese, los creyentes serán levantados de sus tumbas y se reunirán con su Señor (1 Tesalonicenses 4:13-18).

Dado el reconocimiento en cuanto a la complejidad del pasaje (2 Corintios 5:1-9), Pablo al parecer imagina que en el punto de la muerte él no se convertirá en una alma incorpórea, sino que "será revestido, para que lo mortal sea absorbido por la vida" (5:4). La expresión "ausentarnos del cuerpo" (5:8) no debe tomarse como una señal de la existencia sin cuerpo, sino que más bien quiere decir "estar en casa con el Señor", que se refiere al estado del creyente tras dejar su vida terrenal. La naturaleza del "cuerpo espiritual" en 1 Corintios 15:35-49 sólo se da a entender por medio de analogías (por ejemplo, la semilla) o contrastes (entre lo "perecedero" y lo "imperecedero"), pero la fisicalidad (aunque transformada gloriosamente) es simple. Quizá la señal más clara que tenemos es cuando nos cuentan sobre la resurrección del cuerpo de Jesús, que podía atravesar las prendas de la tumba (Lucas 24:12; Juan 20:5-7), aparecer y desaparecer en un espacio cerrado (Lucas 24:31, 36) e ingerir alimentos y ser tocado (Lucas 24:37-43).

Pablo hizo uso de la analogía del "cuerpo" para el carácter de la iglesia como el "cuerpo de Cristo" (1 Corintios 12:12-26), que es vista como un organismo que se compone de miembros u órganos distintos que dependen mutuamente entre sí. Esta enseñanza fue designada para revocar y corregir el uso y abuso autoglorificante y egoísta de los dones espirituales en la iglesia de Corintio. Así también, la realidad de la comunidad cristiana como un "cuerpo" (1 Corintios 10:17; 11:29) demostró que su actitud indiferente hacia cada uno manifestada en sus cenas era totalmente inapropiada. En la misma carta Pablo dice que el "cuerpo" del creyente está unido a Cristo, lo que convierte a la inmoralidad sexual en algo que debe evitarse (6:12-20). Los creyentes deben glorificar a Dios en sus cuerpos. La analogía del cuerpo se usa de una manera un poco diferente en Efesios (1:23; 2:16) y en Colosenses (1:18, 24), donde el punto es que Cristo es la "cabeza" del cuerpo (la iglesia), que por lo tanto debe someterse a su dirección y orden. Los creyentes deben presentar sus "cuerpos" como un sacrificio vivo para servir al maestro que los redimió (Romanos 12:1). El versículo siguiente entrega el otro lado de la ecuación: servir a Dios con la mente (12:2). El cuerpo y la mente conforman al ser humano completo, que es una unidad psicosomática. *Ver también* Gestos.

CUERPOS CELESTIALES Pablo diferencia los cuerpos celestiales (o divinos) de los terrestres (o terrenales) en su comparación entre el cuerpo natural y la resurrección del cuerpo (1 Corintios 15:40). Dado que los cuerpos celestiales son aquellos que se encuentran en los cielos en vez de la tierra, se entiende que se trata del sol, la luna y las estrellas.

CUERVO Un miembro omnívoro de la familia de los cuervos, los cuervos están en la lista de animales impuros en Lv. 11:15 porque es un ave carroñera que come presas vivas y carroña. A pesar de ello, el cuervo es utilizado como ejemplo del cuidado de Dios por su creación (Job 38:41; Sal. 147:9; Lc. 12:24). Dios usa cuervos para llevarle comida a Elías mientras está escondido en el desierto (1 Re. 17:4-6). Un cuervo es la primera ave enviada por Noé al final de la inundación (Gn. 8:6-7). No regresa, presumiblemente porque fue capaz de encontrar su propia fuente de comida. Como parte de la venganza de Dios contra Edom, cuervos y otras aves de presa anidarán en la ciudad (Is. 34:11). Junto con el buitre, el cuervo es usado como metáfora para la destrucción despiadada (Prov. 30:17).

CUESTIÓN Un tema de discusión o preocupación (Éx. 22:11).

CUEVAS En los tiempos bíblicos, las cuevas se usaban como almacenamiento, como las tumbas (Génesis 23:9-20; 25:9; 49:29-32; 50:13; Juan 11:38), y como refugio para los asilados, guerreros y forajidos (Génesis 19:30; Josué 10:16-27; Jueces 6:2; 1 Samuel 13:6; 22:1; 24:3-10; 2 Samuel 23:13; 1 Reyes 18:4, 13; 19:9, 13; 1 Crónicas 11:15; Hebreos 11:28). La palabra "cueva" se usaban para aludir a la guarida de los ladrones (Jeremías 7:11; Mateo 21:13; Marcos 11:17; Lucas 19:46), y en la poesía los orgullosos vivían en acantilados de roca como las águilas (Jeremías 49:16; Abdías 1:3). Pero pese a que Dios escondió a Moisés en un acantilado para protegerlo de la gloria divina (Éxodo 33:22), cuando Dios juzgaba las cuevas no servían como escapatoria de la ira divina (Isaías 2:19-21; Ezequiel 33:27; Apocalipsis 6:15).

CULPA Aunque los conceptos de pecado y culpa con frecuencia se superponen, puede establecerse una distinción básica entre los dos. En el sentido bíblico, el pecado es básicamente la violación de estipulaciones divinas (lo que una persona hace o no), en cambio la culpa es el estado resultante, o el estatus "legal" de uno (en lo que la persona se ha convertido como resultado). En esencia, uno comete pecado y se vuelve culpable (Hab. 1:11).

El estado de ser culpable se distingue además del castigo que obtiene, porque uno puede ser pronunciado culpable y aún así ser eximido de castigo. La culpabilidad no debería confundirse con la respuesta emocional de los culpables hacia sí mismos y hacia sus víctimas. Sin importar que tan sincera pueda ser, el remordimiento no elimina la culpa.

En el sentido bíblico, la culpa es algo objetivo y separado de la voluntad o intención del culpable. Uno puede repagar una deuda y considerar la obligación cumplida. Uno no puede, sin embargo, cancelar su propia culpa. En el sistema sacrificial del AT, el ofensor debe realizar restitución a la víctima y también hacer una ofrenda de culpa a Dios. Esto refleja la noción de que al cometer acciones pecaminosas en violación de las leyes de Dios, el culpable no sólo ha ofendido a la víctima, sino también a Dios. Esto es lo que David quiere decir en el Sal. 51:3-4 (con su pecado totalmente desplegado ante Dios, David se da cuenta de que ha pecado contra Dios y sólo Dios).

Es por esto que aquellos que se burlan de las ofrendas de culpa son necios (Prov. 14:9). Al hacerlo, insultan al ser y al carácter de Dios. Tal visión bíblica de la culpa implica que el perdón y la restauración deben venir del exterior, de una fuente distinta al culpable y la víctima. La Biblia afirma que el único capaz de compensar el costo del pecado humano es Cristo, "el Cordero de Dios que se lleva el pecado de mundo" (Jn. 1:29). Su vida fue entregada en la cruz y ofrecida como sacrificio aceptable para la totalidad de la culpa y como resultado liberó a aquellos que creen en él de la obligación de culpa.

CULPABLE DE DERRAMAR SANGRE Culpabilidad que resulta del derramamiento de sangre, en la que se toma una vida inocente. La persona que incurría en el derramamiento de sangre era considerada no sólo moralmente impura, sino que también en cuanto al ritual; esta impureza no sólo la cargaba la persona, ya que la tierra también se tornaba impura para realizar rituales. La única manera de remover esta impureza era a través de la ejecución del individuo culpable (Números 35:29-34). La persona responsable de llevar a cabo la sentencia se le conocía como el "vengador de sangre" (Números 35:19-27; Deuteronomio 19:6-13 *[ver también* Vengador]). Esta responsabilidad recaía en el pariente más cercano de la persona asesinada. Para aquellos que tomaban una vida inocente por accidente (homicidio involuntario), podían escapar del vengador si se dirigían a unas ciudades de refugio establecidas, donde se realizaba un proceso judicial para determinar si la persona era inocente o culpable (*ver también* Ciudades de Refugio).

Además de las secciones legales del Antiguo Testamento, el derramamiento de sangre aparece junto con condenaciones reiteradas en la narrativa, poemas y profecía. De hecho, en Génesis 4 se narra el asesinato de Abel, donde Dios declara que la sangre de Abel "desde la

C

tierra reclama justicia" (4:10). Existen numerosas narraciones en Samuel, Reyes y Crónicas en las que se describe tanto el derramamiento de sangre inocente como la venganza consiguiente que se llevaba a cabo (por ejemplo, 2 Samuel 16:8).

En Proverbios hay una advertencia para el joven sobre no juntarse con aquellos que mienten a la espera para derramar sangre inocente (1:11-18). En los salmos, además de condenar a aquellos que derraman sangre inocente, también se pone atención especial en el hecho de que Dios en sí juega el rol de vengador de sangre (Salmos 5:6; 9:12; 79:10). En el libro de Lamentaciones se le atribuye el exilio directamente a los actos de derramamiento de sangre (Lamentaciones 4:13-14).

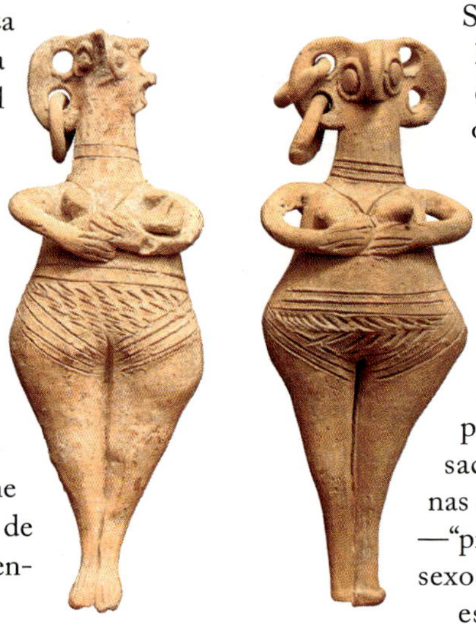

Figuras de fertilidad de Chipre.

Los profetas estaban particularmente preocupados por la culpa del derramamiento de sangre. Dios no aceptaba sacrificios de aquellos cuyas manos estaban "llenas de sangre" (Isaías 1:15; cf. 59:1-7). Este sacrificio era inaceptable por dos razones: (1) dado que estas personas habían derramado sangre, estaban ritualmente impuras y, por lo tanto, no estaban en una posición como para ofrecer sacrificios; (2) los sacrificios que ellos estaban ofreciendo se habían convertido en su posesión como resultado de la opresión y asesinato del pobre, es decir, ellos no eran los propietarios legítimos de lo que estaban sacrificando (*ver también* Jeremías 7:6; 19:4; 22:3, 17; 26:15; Ezequiel 22-24).

En los Evangelios, las palabras escalofriantes "¡Que recaiga su muerte sobre nosotros y sobre nuestros hijos!" (Mateo 27:25) al parecer son pronunciadas respecto a la instancia más cruel de derramamiento de sangre en la Biblia (*ver también* Mateo 23:30, 35; 27:4-8; Lucas 11:50-51; Hechos 5:28).

CULTO A LA FERTILIDAD Una práctica religiosa pagana con el objetivo de asegurar la fertilidad tanto de la tierra como del vientre. Su historia se puede trazar hasta los primeros períodos de la historia humana, originándose con el deseo humano básico para vida abundante. Su teología es similar a la de la magia simpática. Una característica típica de los cultos de la fertilidad son las relaciones sexuales sacras por parte de sacerdotes y sacerdotisas u otras personas especialmente consagradas —"prostitutas cúlticas" de ambos sexos— intentando emular y estimular el pensamiento de las deidades para otorgar fertilidad.

A principios del tercer milenio a.C., los mesopotámicos desarrollaron un rito de matrimonio sagrado, como elemento esencial de su fe religiosa y ritual. El rito involucraba una sacerdotisa que representaba a Inanna (o Ishtar), la diosa del amor, y un rey que representaba al dios Dumuzi (o Tammuz) que muere y se levanta. Este ritual se realizaba en la Noche de Año Nuevo y era informado por la creencia de que la unión de dioses y diosas aumentaría la fertilidad de la tierra, las personas y las bestias. En el templo alto de algunos zigurats había una habitación en la cual se realizaban estas ceremonias de matrimonio sagrado. Esta "prostitución" sagrada se celebraba por todo el antiguo Oriente Próximo aproximadamente durante dos mil años.

La cultura cananea en la cual entró Israel frecuentemente se ha descrito en términos de depravado culto a la fertilidad, que involucraba beber vino escandalosamente y un frenesí extático que culminaba en la auto-laceración, auto-emasculación u orgía sexual. El sacrificio infantil también era considerado una característica del culto cananeo a la fertilidad. Aunque la evidencia de Ugarit del segundo milenio a.C.

provee escaso soporte para este retrato del culto a la fertilidad en Canaán, a juzgar por evidencia de finales del primer milenio a.C. de Fenicia y Grecia, uno no puede descartar la posibilidad de que durante la monarquía israelita el culto religioso incluyese algún grado de depravación.

Hay muchas alusiones en la Biblia al culto de la fertilidad cananeo. Esto puede verse en las medidas bíblicas o historias que directa o indirectamente impugnan las prácticas de los "habitantes de la tierra". Deuteronomio 23:18, por ejemplo, establece que Dios detesta la prostitución cúltica. Posteriormente, 1 Reyes 14:23-24 menciona, desde la época de Roboam (siglo diez a.C.), santuarios locales donde prostitutos masculinos se instalaban y los israelitas se comprometían en "todas las prácticas detestables de las naciones". Asa expulsó a los prostitutos masculinos de Israel (1 Re. 15:12). Josías también retiró las casas de qedeshim ("prostitutas sagradas") donde las mujeres tejían vestimentas en honor a Astarot (2 Re. 23:6-7). Jeremías condena a los israelitas que se involucran en prostitución pagana cúltica preguntando: "Levanten la vista a las alturas infértiles y vean. ¿Hay algún lugar donde hayas sido violada?" (Jr. 3:2). El culto de la Reina del Cielo (más probablemente Ishtar) puede haber sido un culto a la fertilidad (44:15-30).

La influencia del culto cananeo de la fertilidad en los israelitas se demuestra por hordas de figurines con pilares del siglo ocho y siete a.C. que se encontraron en los restos hogares privados en Jerusalén. La característica sexual exagerada de los figurines con pilares sugiere que se relacionaban al culto de la diosa madre y se usaban como talismanes para ayudar a la concepción y el nacimiento. Este descubrimiento no es sorprendente, dada la condenación profética de tales imágenes (Is. 42:17; 44:9-17). Para tiempos helenísticos, la prostitución cúltica parece haber estado bien establecida como culto a la fertilidad. El templo de Afrodita en Corinto tenía más de mil prostitutas cúlticas. Estrabón, el historiador clásico, decía que la prosperidad de Corinto dependía de estas prostitutas del templo. Cuando Pablo le advierte a su congregación en Corinto contra la inmoralidad (1 Cor. 6:12-20). Les está advirtiendo no sólo contra las prostitutas ordinarias sino también contra las prostitutas cúlticas.

La teología del culto a la fertilidad se sostiene en total oposición al Yahvehismo. El culto a la fertilidad se informa por la creencia en el poder autónomo de la naturaleza cíclica y la creencia de que el balance de la naturaleza puede restaurarse por manipulaciones mágicas de los dioses. En la fe de Israel, sin embargo, Yahveh se manifiesta a sí mismo no sólo en los eventos cíclicos de la naturaleza, sino más bien en eventos históricos irrepetibles, y en estos eventos él, a diferencia de los dioses paganos, actúa a propósito de acuerdo a su voluntad soberana. La religión de Israel, por lo tanto, no ofrecía técnicas rituales para manipular los poderes invisibles de la naturaleza para fines egoístas. Yahveh no era un mantenedor pagano del status quo para ser apaciguado con un ritual; más bien él era quien había llamado a Israel desde la esclavitud a un nuevo futuro como su pueblo y exigía su obediencia.

CUMPLIR, CUMPLIMIENTO Las diversas palabras hebreas y griegas que expresan la idea de cumplimiento ocurren cientos de veces en la Biblia, y el concepto con frecuencia está presente incluso cuando no está la palabra específica. En un nivel básico, cumplimiento indica una relación entre dos (o más) cosas en las cuales la segunda se dice que "llena" la significancia de la primera. Frecuentemente esto toma la forma de una promesa específica que se dice que se cumple cuando una persona, objeto o evento referido ocurre. Hay innumerables ejemplos de este tipo de cumplimiento, algunos de los cuales incluso citan la promesa específica que se está cumpliendo. Los setenta años del cautiverio babilonio profetizado por Jeremías (Jr. 29:10) se dice que se cumplen cuando Ciro permite a los judíos regresar a la tierra (Esd. 1:1-4). El nacimiento de Jesús en Belén (Mt. 2:1-6) cumple la promesa de un gobernante que pastoreará a Israel (Miq. 5:2).

Pero el concepto de cumplimiento va más allá de promesas específicas que luego se dice que se cumplen en una persona, objeto o evento en particular. En el sentido más amplio del

C

término, uno puede decir que el NT cumple lo que promete el AT. Tras su resurrección, Jesús le recuerda a sus discípulos: "Debe cumplirse todo lo que está escrito acerca de mí en la Ley de Moisés, los Profetas y los Salmos" (Lc. 24:44). Entonces él proporciona resumen de todo el mensaje del AT: "El Mesías sufrirá y se levantará de los muertos en el tercer día, y el arrepentimiento para el perdón de los pecados se predicará en su nombre a todas las naciones, comenzando en Jerusalén" (Lc. 24:46-47).

C

Aunque los cuatro Evangelios describen a Jesús como el cumplimiento de la esperanza del AT, Mateo coloca especial énfasis en esto por su uso del término "cumplir" cuando introduce citas del AT. Lo hace once veces (1:22; 2:15, 17, 23; 4:14; 8:17; 12:17; 13:14, 35; 21:4; 27:9), la mayoría de las cuales no tienen paralelo directo en los otros Evangelios. En algunos de estos ejemplos el pasaje citado del AT específicamente señala a un cumplimiento futuro, tal como la promesa en Is. 7:14 de un niño que nacería encontrando su cumplimiento en el nacimiento de Jesús (Mt. 1:23). Pero en otros casos el pasaje del AT que se dice cumplido no parece ser una predicción en ningún caso en el contexto original. Comentando sobre José, María y el niño Jesús dejando Egipto para, eventualmente asentarse en Nazaret, Mateo señala que esta partida ocurre para cumplir "lo que el Señor había dicho a través del profeta: 'Fuera de Egipto llamé a mi hijo'" (2:15).

En su contexto, Os. 11:1 es una declaración directa sobre Dios sacando al pueblo de Israel de su cautiverio egipcio en el éxodo. No hay ningún indicio que el profeta este prediciendo algo más; él en cambio está recontando un hecho histórico. Pero en ese evento histórico, Mateo ve una anticipación del propio éxodo de Jesús fuera de Egipto. La correspondencia entre estos dos eventos descansa en reconocer que al igual que Israel era el hijo de Dios (cf. Éx. 4:22), así también Jesús es el Hijo de Dios (Mt. 3:17), no obstante, de una manera mucho más profunda.

El cumplimiento frecuentemente ocurre en etapas. Un ejemplo de esto se ve en las numerosas promesas que rodean el Día del Señor. Por una parte, los profetas hablan del Día del Señor en una manera que anticipa un evento catastrófico en el futuro cercano (Is. 13:6-9; Jl. 1:15; Am. 5:18-19). Pero el lenguaje utilizado se aplica a múltiples eventos, desde la destrucción de Jerusalén (Ez. 13:5) a la crucifixión (Mt. 27:45-54) al regreso de Cristo (Mt. 24:29-31). En un sentido, todas las promesas del AT encuentran su cumplimiento inicial en Cristo (2 Cor. 1:20), pero esperan su consumación en el nuevo cielo y la nueva tierra (Ap. 21-22). Así, el reclamo de que una promesa se ha cumplido no implica automáticamente que la promesa se haya agotado. Puede haber "cumplimientos" adicionales a la promesa original.

CUN Una ciudad aramea conquistada por David, mencionada solo en 1 Cr. 18:8 (el texto paralelo en 2 Sam. 8:8 usa un nombre diferente, Berotai). Cun fue una de las dos ciudades de las cuales David tomó una gran cantidad de bronce, usado más tarde por Salomón para hacer implementos para el templo (2 Cr. 4:2-5, 18). Cun pudo haber estado ubicado en el norte del valle de Bekaa en el Líbano, en o cerca de la moderna aldea de Ras Baalbek, cercana a la frontera con Siria.

CUNA *Ver* Pesebre.

CUNEIFORME "Cuneiforme", cuyo significado es "en forma de cuña" (del latín *cuneus*, "cuña"), se usa para describir un sistema de escritura en el que unos símbolos en forma de cuña se estampaban sobre la arcilla con una especie de caña para hacer la inscripción del lenguaje.

Este sistema fue originado por los sumerios en la antigua ciudad de Uruk alrededor del 3100 a.C. con el propósito de conservar registros económicos y administrativos. En esta antigua forma de escritura, cada símbolo cuneiforme representaba una palabra sumeria, es decir, un logograma. Aunque la mayoría de los signos eran originalmente pictogramas, hubo unos cuantos abstractos en el repertorio.

El siguiente paso en el desarrollo de este sistema de escritura fue usar los signos cuneiformes para expresar sílabas (silabo gramas) en vez de palabras. Este nuevo desarrollo permitió una sofisticación mucho mejor en el lenguaje escrito. A través de un sistema pictográfico se podía reproducir de manera adecuada objetos concretos y expresar ciertas ideas abstractas, no obstante, con este no se podía representar características gramaticales ni sintácticas del lenguaje (estructura de la oración, relación sujeto-verbo, partes del habla, etc.) que son necesarias para completar la expresión lingüística.

Los asirios y los babilonios a principios y a mediados del tercer milenio a.C. comenzaron a usar los logogramas sumerios como sílabas fonéticas para escribir su idioma nativo, o sea, el acadio. En ese momento fue posible escribir obras literarias como cartas e inscripciones conmemorativas. La popular Epopeya de Gilgamesh fue escrita usando estos signos sumero-acadios.

El acadio era la lengua franca de Oriente Próximo en el período del 1500 al 1200 a.C. y era usada de manera regular en la comunicación diplomática y de la realeza (por ejemplo, las cartas de Amarna). A mediados del segundo milenio a.C., muchas naciones habían adoptado el silabario acadio para la escritura de sus propios idiomas. Esto incluía a los elamitas, los hurritas y a los hititas. Un desarrollo más a fondo respecto al uso de los signos cuneiformes se ve en la antigua ciudad de Ugarit, donde se usaba un alfabeto cuneiforme (no silabario) para la escritura ugarítica. A mediados del primer milenio, los persas desarrollaron un silabario cuneiforme de treinta y seis signos y seis logogramas para la escritura del antiguo persa, que solamente se usaba con fines conmemorativos.

En Siria y Palestina los signos cuneiformes fueron reemplazados por un alfabeto más fácil de aprender. Esta transición también acontecía en Mesopotamia, aunque a un ritmo más lento.

El cambio en el sistema de escritura iba de la mano con un cambio en el lenguaje, ya que el arameo superaba el acadio como el nuevo idioma internacional de diplomacia.

CUS, CUSITAS (1) Reino africano ubicado junto al río Nilo al sur de Egipto, en la región que ahora es parte del país de Sudán. Los términos hebreos "Cus" y "cusita" aparecen más de cincuenta veces en el Antiguo Testamento. Como los griegos usaban el término "Etiopía" en un sentido genérico para referirse a todo el sur de Egipto, incluyendo a Cus, y como algunos historiadores de vez en cuando vinculan el reino cusita con Nubia, en las versiones de la Biblia a veces el término hebreo "Cus" se traduce como "Etiopía" o "Nubia". Asimismo, el personaje del Nuevo Testamento al que se le llama "etíope eunuco" (Hechos 8:27) no era de la moderna Etiopía, sino que más bien era de este mismo reino en el Nilo, al sur de Egipto, llamado "Cus" en todo el Antiguo Testamento.

Cus es una entidad política identificable tan antigua como el 2500 a.C., pero generalmente en su remota historia estuvo bajo el control egipcio. Sin embargo, a finales del siglo VIII a.C. Cus comenzó a crecer y expandió su influencia, y para el 710 a.C. Cus había conquistado Egipto y estableció su propia dinastía de faraones cusitas. Los cusitas gobernaron Egipto hasta el 663 a.C., cuando los asirios finalmente los expulsaron de Egipto.

Cus y los cusitas juegan roles importantes en la Biblia. Moisés se casó con una mujer cusita (Números 12:1). Los cusitas constituían una parte significativa de la sociedad egipcia, por lo que Moisés habría tenido diversos puntos de contacto con esta nación. En la época de las monarquías un general cusita, Zera, lideró una expedición fallida en contra de Israel (2 Crónicas 14:9-15). Posteriormente la historia de Cus se volvió una parte fundamental del trasfondo histórico de 2 Reyes e Isaías. Durante esta era, los cusitas se desarrollaron como una superpotencia al sur de Israel y Judá que competía con Asiria, la superpotencia del norte.

Por lo tanto, durante gran parte del tiempo de Isaías, los cusitas mantuvieron una alianza con Judá en contra de los asirios. Cuando los asirios atacaron Jerusalén en el 701 a.C., el rey cusita Tiracá envió un ejército desde Egipto hacia el norte de Judá con la intención de ayudar a Jerusalén.

Los cusitas fueron particularmente famosos en todo el antiguo Cercano Oriente por ser soldados y mercenarios. Dos individuos cusitas en la Biblia aparecen en este rol: el mensajero del ejército de David (2 Samuel 18:21) y probablemente Ebedmélec (Jeremías 38 y 39).

Los profetas del Antiguo Testamento pronunciaron juicio sobre todas las naciones adyacentes por su complicidad en el ataque a Israel y Judá a manos de los asirios y babilonios. Cus está en medio de estas naciones que caen bajo este juramento. Sin embargo, cuando los profetas ven más allá de la destrucción hacia el tiempo de la restauración mesiánica, ellos pintan un retrato de personas de todas las naciones uniéndose para adorar al verdadero Dios. Los profetas usan a los cusitas como uno de sus grupos paradigmáticos para esta restauración.

Es decir, en los pasajes proféticos de la restauración futura, Cus a menudo representa la futura inclusión de gentiles (Isaías 11:11; 45:14; Sofonías 3:9-10). Ebedmélec, el cusita que rescató a Jeremías durante el asedio babilonio de Jerusalén, al parecer juega un rol similar en la narrativa de Jeremías 38 y 39.

Esto quiere decir que mientras toda la ciudad de Jerusalén se vuelve en contra de la palabra de Dios y de su verdadero profeta Jeremías, el cusita Ebedmélec (representando a los gentiles) cree y confía en Dios, por lo que encuentra la liberación en vez de la muerte (Jeremías 39:15-18). En el Nuevo Testamento, el eunuco etíope (un oficial de Cus) es similar en diversos sentidos a Ebedmélec en el libro de Jeremías (Hechos 8:26-40). En la época en la que Jerusalén había rechazado el mensaje de Dios y persigue de manera activa a los mensajeros de Dios (Hechos 7:1-8:3), fue un oficial etíope (cusita) el que tuvo fe. Por lo tanto, de una manera similar a Ebedmélec, este etíope (cusita) probablemente simboliza la inclusión de los gentiles en el pueblo de Dios.

(2) El sobrescrito de Salmos 7 (7:1 MT) afirma que David le cantó este salmo a Dios en relación a un benjamita llamado "Cus", que al parecer era uno de los enemigos de David. No se sabe la razón por la que este individuo y Cusi de Sofonías 1:1, que supuestamente eran hebreos, también se mencionan. Puede que eran cusitas o quizás uno de sus padres era un cusita. Por otro lado, es posible que se le haya dado el nombre en honor a cierto cusita. (*Ver también* Cusi).

(3) Otra referencia de alguien llamado "Cus" aparece en el pasaje enigmático de Génesis 10:6-8 (replanteado en 1 Crónicas 1:8-10). Sin embargo, Génesis 10 es un capítulo notoriamente difícil de interpretar. Este consta en gran medida de una genealogía, pero los nombres usados en la genealogía incluyen el de individuos, pueblos, países, tribus y ciudades. Algunos eruditos creen que el capítulo trata más sobre alianzas geopolíticas y ubicaciones geográficas en vez del linaje físico de individuos.

En Génesis 10:6 Cus se dice que es el padre de Nimrod. Poco se sabe por cierto sobre Nimrod, pero en Génesis 10:10-12 a él se le asocia cercanamente con varias ciudades y reinos en Mesopotamia. Por ende, algunos eruditos relacionan esta referencia de Cus con algunas entidades en Mesopotamia, quizá con un pueblo conocido como los casitas. Por otro lado, en Génesis 10:6 Cus está cercanamente asociado con Egipto (Mizrayin), así como lo estuvo el reino histórico de Cus, que estaba justo al sur de Egipto. Asimismo, los "hijos" de Cus detallados en Génesis 10:7 son ciudades, regiones o individuos normalmente relacionados con Arabia, la región del Mar Rojo o la zona sur de Egipto (Cus). En consecuencia, no existe un consenso entre los eruditos sobre cómo el término "Cus" se usa en Génesis 10:6-8.

CUSAÍAS Un levita, el padre de Etán, que fue nombrado cantante levítico con Hemán cuando David trasladó el arca del pacto de la casa de Obed-Edom a Jerusalén (1 Cr. 15:17). Él era un descendiente de la familia de Merari (1 Cr. 6:44, donde se le llama Quisi). *Ver también* Quisi.

CUSÁN En Habacuc 3 se describe el itinerario de Dios desde el país de la montaña de la Transjordania del sur (v. 3). En el camino, él pasa por Cusán y Madián (v. 7). Cusán se menciona solamente aquí en la Biblia. Por el contexto se sugiere que "Cusán" es un sinónimo de "Madián", en el norte de Arabia. La palabra suena como kush, que es el término bíblico para "Etiopía".

CUSÁN RISATAYIN Rey de Aram Najarayin, que significa "Aram de los Dos Ríos", es decir, el Tigris y el Éufrates en el noroeste de Mesopotamia. A él se le menciona en Jueces

3:7-11. Dios le permitió subyugar a los israelitas por su desobediencia al adorar a los Baales y las Aseras en vez de a Jehová. Otoniel, el primer juez mencionado, fue a la guerra en contra de Cusán Risatayin y liberó a los israelitas. El nombre "Cusán Risatayin" significa "Cusán doblemente loco" y es más probable que sea un juego de palabras de su nombre verdadero.

CUSAN-RISATAIM *Ver* Cusán Risatayin.

CUSI **(1)** Ancestro de Yehudí, un oficial durante el reinado de Joaquín que fue uno de los que escucharon el mensaje de Jeremías (Jeremías 36:14). **(2)** Padre del profeta Sofonías (Sofonías 1:1).

CUSITA *Ver* Cus, Cusitas.

CUSTODIO En la sociedad grecorromana, los niños iban acompañados por un custodio (paidagōgos, literalmente significa "pedagogo") que se le confiaba la tutela y enseñanza del joven en la bondad y moralidad. El juicio del paidagōgos era considerado como norma para las acciones del joven. Como tal, el custodio era responsable de las acciones sociales del joven en público y podía ser castigado por ellos cuando hacían algo inapropiado. Libanio registró un incidente de ese tipo: "Diógenes, al ver el mal comportamiento del muchacho, golpeó a su pedagogo y agregó: '¿Por qué le enseñas tales cosas?'" (Progymnasmata 3).

El término paidagōgos se traduce de diversas maneras en el Nuevo Testamento: "guardián" (NIV, ESV), "custodio" (RSV), "maestro" o "instructor" (KJV), "tutor" (NASB), "disciplinario" (NRSV), etc. El apóstol Pablo se refiere a la ley como un paidagōgos (Gálatas 3:24-25) y a los custodios o guardianes (en contraste con los padres) en Cristo (1 Corintios 4:15). El rol de la ley en la educación de Israel era proporcionar una protección adecuada y guía para criar correctamente. Sin embargo, este rol de custodia estaba dirigido para los judíos antes del tiempo de Cristo y, ahora que Cristo ha venido, nadie necesita o requiere someterse a ello para ingresar, permanecer o perdurar en la vida cristiana.

CUT, CUTA Un nombre sumerio de la ciudad que era el centro de la adoración de la deidad mesopotámica Nergal, el dios del inframundo, identificado con la moderna Tell Ibrāhîm, a veinte millas al noreste de Babilonia. Sargón II (721-705 a.C) deportó a una parte importante de la población de esta ciudad a Samaria para repoblarla (2 Re. 17:24, 30). La nueva población mezclada en Samaria fusionó la adoración a Nergal con la adoración local a Yahvé (2 Re. 17:30-34).

CUTHA *Ver* Cuta

D

D *Ver* Hipótesis Documentaria.

DABBASHETH *Ver* Dabeset.

DABERAT Una ciudad levítica en la tierra de Isacar (Josué 21:28; 1 Crónicas 6:72). Daberat está asentada en la frontera con Zabulón (Josué 19:12). No aparece entre las ciudades de Isacar en Josué 19, sin embargo, la Septuaginta entiende que Rabbit es una referencia a ella (19:20).

DABERATH *Ver* Daberat.

DABESET Esta ciudad estaba asentada en el límite suroeste del territorio loteado para la tribu de Zabulón cuando la tierra fue dividida entre las tribus de Israel (Josué 19:11). Estaba ubicada en las cercanías de Yokneam.

DAGA Un arma similar a una espada con una empuñadura y una cuchilla, diseñada para apuñalar. Más corta que una espada convencional, con dieciséis pulgadas o menos, era fácil de ocultar de un enemigo (2 Sam. 20:8-10: cf. Jue. 3:16-22).

Hoja de una daga de bronce (Meguido, 1400-1300 a.C.)

DAGÓN La forma de escritura en hebreo para el nombre de una deidad semítica occidental, venerada en Alto Mesopotamia (Mari, Ebla) comenzando en el tercer milenio a.C. En Ugarit, Dagón aparece tercero en las listas de deidades, inmediatamente después de Él. Uno de los dos templos principales de la ciudad puede haber sido dedicado a Él. A pesar de esto, Dagón aparece en la mitología de Ugarit meramente como el padre de Baal. Poco se sabe de los atributos de esta deidad. Los intentos por derivar la palabra "Dagón" de la raíz semítica para "pez", han sido desestimados. La asociación con la raíz semítica para "grano", aunque es más probable, también carece de apoyo. La correlación de Dagón con el dios mesopotámico de la guerra, Enlil, así como su conexión a Baal, podrían indicar que Dagón era un dios de la tormenta. En el AT, Dagón es representado como el dios principal de los filisteos. No se revela nada acerca de este dios, aunque generalmente la descripción del culto es consistente con la adoración en el antiguo Oriente Próximo. Los filisteos dedicaron un "gran sacrificio" a Dagón luego de haber capturado a Sansón. Esto ocurrió en un templo en Gaza y fue acompañado por el testimonio de las obras de Dagón (Jueces 16:23; cf. Éxodo 15). En 1 Samuel 5, se hace un recuento de la victoria de Dios sobre Dagón; aquí la palabra "Dagón" se refiere a la imagen de la deidad, ubicada en su templo en Asdod. El texto menciona sacerdotes, que servían en el culto, y el umbral del templo, que llegó a ser sagrado luego de la confrontación entre la imagen de Dagón y el arca de Dios (1 Samuel 5:4-5). Siguiendo la derrota de Israel en Gilboa, los filisteos tomaron la cabeza y armadura de Saúl y los presentaron como ofrendas a sus dioses (1 Crónicas 10:10).

La arqueología aún tiene pendiente señalar un sitio de culto asociado con Dagón en Filistea. "Bet-dagón" ("casa de Dagón") es mencionado como nombre de un lugar, demostrando más aún la importancia de Dagón en toda la región (Josué 15:41; 19:27).

DALAIAH *Ver* Delaía.

DALFÓN Uno de los diez hijos de Hamán que fueron muertos por mano de los judíos, durante el reinado del rey persa Jerjes (Asuero), quien les había dado permiso para "destruir, matar y aniquilar" a sus enemigos (Ester 8:11). Por pedido de Ester, el rey ordenó que los cuerpos de Dalfón y sus hermanos fueran colgados públicamente (9:7-14).

DALILA Una mujer no israelita, probablemente filistea, que es más conocida por su rol en el engaño de su amante, Sansón (Jueces 16:4). Seducida por el soborno monetario de los gobernantes filisteos, a Dalila se le encomienda la tarea de encontrar el secreto de la fuerza de Sansón. Luego de mentir tres veces, Sansón sucumbe ante las constantes quejas de Dalila y revela la verdad: si cortaba su cabello rompería su voto nazareo, dejándolo sin poder. Como resultado, Dalila entrega a Sansón calvo y atado, en manos de los filisteos, cuya traición finalmente conduce al acto final de Sansón, que resulta en su propia muerte y en la de muchos filisteos (Jueces 16:5-30).

DALMACIA Una región montañosa en la costa oriental del Mar Adriático, al noroeste de Macedonia y en frente de Italia central. En los tiempos romanos, Dalmacia fue parte de la provincia de Ilírico, pero durante el reinado de Augusto, Ilírico fue dividida en Panonia y Dalmacia, luego que Tiberio produjera una serie de revueltas. Tito viajó a Dalmacia mientras Pablo estaba encarcelado en Roma (2 Timoteo 4:10), pero no se declara un propósito específico para esta visita.

DAMA ELEGIDA El término de la KJV y RSV para la receptora de la carta de 2 Juan (v. 1). No se sabe mucho sobre la identidad de esta "dama elegida por Dios" (NIV), aunque hay varias posibilidades. La frase puede referirse a una amiga personal o a una prominente miembro de la iglesia conocida por Juan, junto con sus hijos biológicos. Pero probablemente Juan usa la frase como metáfora para una particular comunidad eclesiástica y sus miembros, un uso consistente con otras imágenes de la iglesia del NT (*ver* Ef. 5:25-27; cf. Ap. 21:2).

DAMALNUTA Una región en el lado oeste del Mar de Galilea, donde Jesús y sus discípulos fueron cuestionados por los fariseos, luego de haber alimentado a los 4.000 (Marcos 8:10). La ubicación exacta y la derivación de la palabra son inciertas. Se trata, posiblemente, de un sinónimo de Magadan en Mateo 15:39, el texto paralelo.

DAMÁN Un animal pequeño (Hyrax syriaca) designado como impuro para los israelitas (Lv. 11:5; Dt. 14:7). El damán en ciertas formas se parece y es como del tamaño de un conejo, por eso también es llamado damán roquero. Aunque el damán en realidad no es rumiante, su constante masticar puede haber llevado a su identificación como tal. El damán es extremadamente

Damán

ágil en áreas rocosas y hace su hogar en ellas (Sal. 104:18; Prov. 30:26).

DAMARIS Mujer cristiana prominente, que se convirtió a través de la predicación de Pablo en Atenas (Hechos 17:34). Lucas la asocia con Dionisio, un miembro del Areópago, posiblemente indicando cierto grado de distinción personal o social (Hechos 17:12), así como también el efecto del evangelio que cruza las fronteras del género.

DAMASCENO Residente de Damasco. En el relato de sus sufrimientos a la iglesia de Corinto, Pablo se refiere a la ciudad con la frase "la ciudad de los damascenos" (2 Cor. 11:32).

D

DAMASCO Una de las ciudades principales de la antigua Siria (Aram) y la capital de la Siria moderna. Damasco está ubicada a 50 millas tierra adentro desde el Mediterráneo, al oeste de la cordillera del Antilíbano, al noreste del Monte Hermón y al oeste del desierto sirio. Se asienta sobre una meseta muy irrigada, a 2.200 pies sobre el nivel del mar, cerca del oasis de Guta y del río Barada (el Abana bíblico). Estratégicamente ubicada en las principales rutas comerciales desde Egipto, Arabia y Mesopotamia, Damasco es considerada como una de las ciudades más antiguas en ser continuamente ocupadas en el Oriente Próximo. Debido a que el sitio de la ciudad antigua se encuentra bajo la "ciudad antigua moderna", se han realizado pocas excavaciones arqueológicas, y no hay restos anteriores al período romano que se hayan encontrado. Sin embargo, algunas columnas romanas aún se encuentran de pie a lo largo de Calle Recta (probablemente la misma calle mencionada en Hechos 9:11), y restos de un arco y un portal romano, un templo de Júpiter Damasceno y varias inscripciones griegas han sido identificadas.

UBICACIÓN DE DAMASCO, SIRIA

Aunque aún no hay información de Damasco antigua que haya sido provista por excavaciones arqueológicas, se puede aprender mucho acerca de la ciudad a través de su mención en recursos históricos de culturas vecinas. Probablemente, la referencia más temprana acerca de Damasco se encuentra en una lista de ciudades, cuyos reyes fueron derrotados por Tutmosis III, en Meguido (c. 1482 a.C.). Damasco, también es mencionada en las cartas de Amarna como un pueblo de la tierra de Upi, en conexión con un intento hitita para ganar el control del área de la dominación egipcia (siglo XIV a.C.). La ciudad es mencionada por primera vez en la Biblia, cuando la persecución de Abraham a los cuatro reyes que habían secuestrado a Lot, lo llevó más allá de Damasco a Hoba (Génesis 14:15). Damasco también es mencionada como la ciudad natal de Eliezer, el siervo de Abraham (15:2).

NARRATIVA DEL ANTIGUO TESTAMENTO Y LITERATURA PROFÉTICA

Durante la Edad del Hierro (1200-586 a.C.), Damasco llego a ser una ciudad-estado aramea prominente que jugó un rol significante en los eventos políticos de las monarquías unidas y divididas de Israel, y en esta luz recibe menciones frecuentes menciones en la narrativa del Antiguo Testamento y la literatura profética.

Literatura narrativa. Durante el tiempo de la monarquía unida, David incorporó a Damasco dentro de su reino, luego que los arameos de la ciudad hayan ido, sin éxito, en ayuda de Hadad-ezer de Soba y fueran derrotados en la batalla (2 Samuel 8:5-6; 1 Cron. 18:5-6). Luego, Rezón hijo de Eliadá, adversario de Salomón que había servido bajo Hadad-ezer de Soba, reunió una banda de rebeldes, se dirigió a Damasco y tomó control de la ciudad (1 Reyes 11:23-25). Luego de la división del reino, alrededor del año 928 a.C., poco se sabe acerca de Damasco, hasta llegar al reporte bíblico donde Asa de Judá apela en Damasco a Ben-adad I por ayuda en su guerra en contra de Basá de Israel. Cuando Asa envía regalos de plata y oro y propone un tratado, Ben-adad I (también conocido como Bir-Hadad I) acepta la petición de Asa y envía a su ejército para atacar las ciudades del norte de Israel (1 Reyes 15:16-22; 2 Crón. 16:2). En el año 853 a.C., el rey asirio Salmanasar III intentó invadir Siria y fue encontrado, al norte de Damasco en Qarqar, por una coalición de doce estados liderados por Ben-adad II de Damasco (también conocido como Hadadezer o Adad-idri). A pesar de que la inscripción del monolito de Salmanasar reporta que él fue victorioso, el hecho de que no fue capaz de avanzar más adentro en Siria y que regresó inmediatamente en dirección a su tierra, muy probablemente indica que la coalición lo repelió exitosamente. De acuerdo a la inscripción del monolito, Acab de Israel era un miembro de esta coalición. Contactos adicionales entre Acab y Ben-adad II de Damasco son recontados en 1 de Reyes 20; 22. El capítulo 20 señala que Ben Hadad II reunió a una coalición de 32 reyes para sitiar Samaria, pero Acab pudo derrotarlos. Un segundo encuentro, dejó a Ben-adad II pidiendo la misericordia de Acab, ofreciendo restaurar las ciudades israelitas previamente capturadas y dar a Acab acceso a Damasco. Un tercer compromiso enfrentó a Acab de Israel y Josafat de Judá en contra de los arameos en Ramot de Galaad, resultando en la muerte de Acab. Sin embargo, algunos académicos identifican al Ben-adad referido en estos capítulos (así como en 2 Reyes 5-7), como Ben-adad III y sitúan estos eventos durante el período de Joás de Israel, en vez haber sucedido durante el reinado de Acab. Durante y después del reinado de Acab, ambos, Elías y Eliseo, se involucraron en los asuntos políticos de Damasco. Eliseo viajó a Damasco luego de su encuentro con Dios en Horeb, para ungir a Hazael como futuro rey de Aram (1 de Reyes 19:15). Más tarde, Ben-adad II, informado acerca de la presencia de Eliseo en Damasco, envió a su siervo Hazael para averiguar si es que se recuperaría de una enfermedad. Sin embargo, Eliseo usó la oportunidad para predecir, de mala gana, el surgimiento de la monarquía de Hazael en Aram (2 de Reyes 8:7-15). Cuando rigió como rey (c. 842-806 a.C.), Hazael expandió su reino exitosamente hacia los territorios de Israel y Judá, durante los reinos de Joram (2 Reyes 8:28-20; 9:14-15), Jehú (10:32-33) y Joacaz de Israel (13:1-9), así como Joás de Judá, que tributaba a Damasco (12:17-18; cf. 2 Crónicas 24:23). Luego de la muerte de Hazael, el reino de Aram, regido por su hijo Ben-adad III (también conocido como Bir-Hadad), dejó de ser el poder dominante de la región. Joás de Israel pudo recapturar territorio israelita (2 Reyes 13:25) y el rey asirio, Adad-nirari III, sitió Damasco e hizo que el rey tributara (c. 796 a.C.). El debilitado estado de Aram, también fue aparente durante el reinado de Jeroboam II de Israel, que expandió la frontera de Israel hasta Damasco (2 de Reyes 14:28).

Rasin, el último rey de Aram (c. 740-732 a.C.), formó una coalición que incluyó a Pecaj de Israel, para pelear en contra de Tiglath-pileser III de Asiria. Cuando Rasin y Pecaj atacaron a Ahaz de Judá e intentaron reemplazarlo con una marioneta pro-coalición llamado "Tabeel" (Isaías 7:6), Ahaz apeló a Asiria por ayuda enviando regalos. Tiglath-pileser III accedió a las solicitudes de Ahaz y atacó a Damasco, deportando a sus habitantes, causando la muerte del reino de Rasin y anexando a Aram al Imperio Asirio (2 de Reyes 16:5-9). Aunque Damasco tenía

D

muchas ciudades a su alrededor, intentó rebelarse en contra de Asiria en el año 720 a.C. y fue derrotada por Sargón II. Desde ese punto en adelante, Damasco se mantuvo bajo el control de los asirios, pasando luego a los babilonios, para posteriormente servir como una capital provincial bajo los persas.

Literatura profética. En luz de la significante participación de Damasco en asuntos internacionales durante el período de las monarquías divididas, no es sorprendente encontrar frecuentes menciones a la ciudad en la literatura profética. Por ejemplo, Amós proclama juicio en contra de los gobernantes de Damasco por su brutalidad y predice el exilio de los habitantes de la ciudad, en el primero de sus oráculos en contra de las naciones (Amós 1:3-5). Isaías también habla de Damasco, asegurando a Ahaz que el complot de Rasin y Pecaj para derrocar a Jerusalén no sería exitoso, y que Damasco sería conquistada prontamente por Asiria (Isaías 7-8; 17:1-3). El oráculo de Jeremías en contra de Damasco podría referirse también a estos eventos, ya que se desconoce que lo que Jeremías describe haya sucedido durante mientras él estuvo vivo (Jeremías 49:23-27). De paso, Ezequiel observa a Damasco como un consumidor de las mercancías de Tiro y en conexión con la descripción de las fronteras futuras de Israel. (Ezequiel 27:18; 47:16-18; 48:1). Finalmente, Zacarías incluye a Damasco en su oráculo concerniente a algunas ciudades-estado en Siria-Palestina (Zacarías 9:1).

Período Helenístico y Nuevo Testamento

Durante el período helenístico (322-37 a.C.), Damasco fue conquistada por Parmenión, un general bajo Alejandro Magno, y luego fue cayó bajo el control de Seleuco I Nicátor. El control de la ciudad fluctuó durante los conflictos entre los seléucidas y los ptolomeos, mientras que en el año 63 a.C., el general Pompeyo anexó el área a Roma, aunque permitió a los nabateos que controlaran la ciudad. Damasco es destacada en el NT por ser la ciudad a la que Pablo (en ese entonces Saulo) estaba viajando para perseguir cristianos, cuando se encontró con el Cristo resucitado. Luego de su conversión, Pablo se quedó en Damasco hasta el momento en que una noche tuvo que escapar de la ciudad, ya que los judíos estaban planeando matarlo (Hechos 9:1-27; 22:3-16; 26:12-23; 2 Corintios 11:32-33). Pablo también visitó Damasco luego de su viaje a Arabia (Gálatas 1:17).

DAN (1) El quinto de los doce hijos de Jacob y nombre de una de las doce tribus de Israel. Dan fue el primer hijo de Bilha, sierva de Raquel. Fue concebido a raíz de la desesperación de Raquel por ser madre, a pesar de su infertilidad. Raquel le puso por nombre "Dan" (que significa "él juzgó, vindicado"), porque Dios había juzgado favorablemente su petición por un hijo (Génesis 30:1-6). Dan y su hijo Hushim fueron a Egipto bajo el patrocinio de José, junto a Jacob y el resto de la familia, para escapar de la hambruna en Canaán (Génesis 46:5-7, 23-27; Éxodo 1:1-5). Al bendecir a Dan, Jacob dijo que este juzgaría a Israel y que llegaría a ser "una serpiente" y "una víbora" (Génesis 49:16-17). (2) La ciudad de Dan, originalmente conocida como Lais. Luego de atacar al pueblo de Lais (Leshem) y destruir la ciudad, los danitas la reconstruyeron, se instalaron allí y la llamaron "Dan", en honor a su patriarca (Jueces 18:27-29; cf. Josué 19:40-48).

DAN, TRIBU DE Una de las doce tribus de Israel, descendientes del quinto de los doce hijos de Jacob, Dan, cuya madre fue Bilha, sierva de Raquel. A pesar de que la historia de Dan incluyó en sus inicios al destacado Aholiab, uno de los artesanos principales del santuario construido bajo la dirección de Moisés (Éxodo 31:6; 35:34; 36:1, 2; 38:23), ésta fue poco relevante. Dan participó, con las demás tribus, en responsabilidades compartidas a través de Israel. Por ejemplo, el campamento de Dan es nombrado como retaguardia del tabernáculo del desierto (Números 2:25, 31). Otras instancias, incluyen el envío de un representante para espiar la tierra, el ser contado en el censo y el ser instruido por Moisés para participar en la decisión de las asignaciones territoriales (Números 13:12; 26:42; 34:22). Sin embargo, la dura naturaleza de la bendición de Jacob a su hijo Dan, en la que profetizó que Dan no sólo sería un juez, sino que también una serpiente y una víbora, sugiere el que sería un futuro aproblemado para Dan (Génesis 49:16-17).

El territorio de Dan

La asignación tribal post-conquista para Dan era un área con forma de U, al noroeste de Jerusalén, entre las asignaciones de Judá y Efraín. Esta incluía las ciudades a lo largo de la frontera norte de Judá –Zora, Estaol, Timnat, Ekron– y se extendía hasta la costa mediterránea, incluyendo Jaffa. Sin embargo, el texto inmediatamente señala que Dan no fue capaz de poseer su territorio. En cambio, Dan se movió de allí a la ciudad norteña de Leshem (Lais), situada en la falda del Monte Hermón y cerca de la cabecera del Jordán. Luego de atacar brutalmente a Leshem, Dan tomó el control de ella (Josué 19:40-48).

El libro de Jueces provee información adicional acerca de estos eventos. Dan tenía problemas para ocupar su propio territorio debido a los amorreos, que mantuvieron a Dan en los cerros, lejos del plano de la costa (1:34). Dan también fue presionado por los filisteos (13:1). Eventualmente, Dios levantó a Sansón, un danita, como juez de Israel en contra de los filisteos (13:2-5; cf. Génesis 49:16). Sin embargo, al final, en vez de derrotar a los filisteos, Sansón fue atrapado por ellos (Jueces 14-16). La narrativa de Sansón es seguida por la historia que detalla cómo los danitas se trasladaron al norte (Jueces 17-18). Al concluir que debían reubicarse para poder asentarse, la tribu envió exploradores para que encontraran un nuevo hogar. Así fue como, en el camino, conocieron al levita de Micaía y eventualmente llegaron a Lais, donde vieron una tierra fértil y próspera, poblada por gente pacífica y confiada, que estaban bajo la protección de los sidonios, ubicados a una remota distancia hacia el oeste.

Luego del reporte de los exploradores, los danitas levantaron un ejército de 600, que retornó al norte a través de la casa de Micaía. Tomando al levita y al ídolo de Micaía con ellos, avanzaron a Lais. Al encontrarse sin fuerzas opositoras, atacaron y quemaron la ciudad. Estos eventos ayudan a explicar la incorporación de un verso, de otro modo desconcertante, en la bendición de despedida de Moisés a las doce tribus (Deuteronomio 33:22). Moisés se refiere a Dan como un cachorro de león "salta desde Basán". Aunque "Basán" es el nombre de un lugar, no está asociado de otra forma con Dan. Sin embargo, Basán también significa "serpiente". Dan, como un cachorro, en lugar de un león adulto, no era lo suficientemente feroz para reclamar su asignación divina, y como tal saltaba para huir de sus opresores, la serpiente. Sin embargo, como león, Dan era lo suficientemente feroz para devastar a la pacífica y aislada Lais.

A su debido tiempo, los danitas reconstruyeron Lais, la rebautizaron como "Dan" y levantaron allí al ídolo de Micaía como un santuario. Esto dio inicio a la larga historia de la ciudad como una silla de apostasía (Jueces 18:28-31), que fue profundizada aún más por el pecado de Jeroboam, que erigió allí a uno de sus dos becerros dorados (1 de Reyes 12:29-30; 2 Reyes 10:29).

Dan a través de la Biblia

La ubicación de Dan en el extremo norte, en comparación con Beerseba en el Negev, contribuyó a la expresión "desde Dan a Beerseba" como una descripción común de toda la tierra de Israel (Jueces 20:1; 1 Samuel 3:20; 2 Samuel 3:10; 17:11; 24:2, 15; 1 Reyes 4:25; 1 Crónicas 21:2; 2 Crónicas 30:5; cf. Amós 8:14).

Dan es mencionado por Ezequiel, en su visión escatológica de Israel, como recibiendo su porción de la tierra (48:1-2, 32). Sin embargo, Dan es omitido de la lista de las doce tribus en Apocalipsis 7:5-8, donde es reemplazado por Manasés. A pesar de las listas de las doce tribus que, a menudo, cuentan a José dos veces (al nombrar en su lugar a sus hijos Efraín y Manasés), la tribu omitida es generalmente Leví, por su estatus sacerdotal. En este caso, la ausencia de Dan es usualmente atribuida a la persistente apostasía de la tribu.

En otra parte de la Escritura, la tribu de Dan es listada como una de las tribus que, junto a Rubén, Gad, Zabulón y Neftalí, estaban de pie en el Monte Ebal, el monte del cual las maldiciones para Israel eran pronunciadas (Deuteronomio

27:13); por otra parte es reportado que Dan falló al pelear junto a Débora y Barac (Jueces 5:17), que fue conquistado por Ben-adad en el contexto de su pacto con el rey Asa de Judá (1 Reyes 15:20; 2 Crónicas 16:4) y que de esta tribu salió un artesano para el templo de Salomón (2 Crónicas 2:14).

DANA Uno de los poblados en el predio del cerro al sur de Jerusalén, asignado a la tribu de Judá (Josué 15:49).

DANIEL (1) Un profeta judío en el exilio babilónico, más conocido por el libro que lleva su nombre. En el año 605 a.C., Nabucodonosor, quien en ese entonces había sucedido a su padre, Nabopolasar, como rey del renaciente Imperio Babilónico, presionó a Jerusalén y su rey, Joacim (609-597 a.C.). Joacim fue forzado a someterse y entregar a los babilonios las vasijas del templo y algunos hombres jóvenes de la familia real (Daniel 1:1-5). Esto último incluyó a Daniel y tres de sus amigos, Ananías, Misael y Azarías. Daniel 1 recuenta su experiencia inicial en la corte babilónica. Nabucodonosor, manteniendo las prácticas del antiguo Oriente Próximo, quería reprogramar a estos jóvenes futuros líderes según las usanzas babilónicas. De esta forma, él podría enviarlos de regreso a posiciones de liderazgo en Judá, donde ellos serían siervos fieles a Babilonia o, como pasa con estos tres amigos, mantenerlos en el centro del imperio para apoyar los esfuerzos de un sistema imperial creciente. Como parte de este esfuerzo para reprogramarlos, sus nombres fueron cambiados, desde nombres que glorificaban al Dios de Israel, a nombres que celebraban a deidades babilónicas. "Daniel" significa "Dios es mi juez", mientras que "Beltsasar", su nuevo nombre, significa algo como "la dama divina que protege al rey".

Aún más revelador, es el hecho de que Nabucodonosor los puso en un programa alimenticio y educacional, que los transformaría en simpatizantes de Babilonia. La educación era en el "idioma y literatura de los babilonios" (1:4), que se habría enfocado en textos de adivinación, como aquellos que interpretan las estrellas o sueños. Interesantemente, Daniel y sus tres amigos eran los mejores de su clase al final del capítulo (1:19). Él también los puso en una dieta rica en comida y vino para asegurarse de que fueran robustos y bien parecidos. Sin embargo, estos cuatro jóvenes se rehusaron y, secretamente, comieron sólo vegetales y bebieron agua. Esta última dieta debiera haberlos dejado con un aspecto delgado, pero luego de diez días se veían más sanos y mejor alimentados que aquellos jóvenes que estaban siguiendo la dieta del rey (1:15). Aquí, sabemos con seguridad que su buen aspecto no era un resultado de la dieta del rey, sino de la bendición de Dios.

Los cinco capítulos siguientes continúan describiendo la vida de Daniel en una corte extranjera. Él desarrollo una relación cercana con el rey Nabucodonosor, que llegó a respetar a Daniel por su virtud y sabiduría. De hecho, las acciones de Daniel llevaron al rey a expresar

Relieve del sarcófago que representa a Daniel en la guarida del león (siglo IV d.C).

respeto por el Dios de Daniel en más de una ocasión (2:47; 4:34-35).

Nabucodonosor murió en el año 562 a.C. y, mientras el texto es claro en señalar que Daniel continuó operando durante los reinos de sus sucesores, este sólo nos entrega historias en el contexto del último rey babilonio, Belsasar y en los cinco primeros años del Imperio Persa (Ciro/Darío el Medo). Daniel tuvo una buena relación con Darío, quien de mala gana lo lanzó al pozo de los leones (Daniel 6) y que sintió gran alivio cuando sobrevivió. Sin embargo, no había respeto o amor alguno por el reino de Belsasar, cuyo reino fue denunciado por Daniel cuando leyó la escritura en el muro.

Además, Daniel fue el receptor de cuatro grandes visiones (Daniel 7-12), que anticipaban eventos futuros, aún para el final de los tiempos. La reputación de Daniel se divulgó rápidamente. Él es mencionado por su contemporáneo cercano, Ezequiel, como comparable a los dignos ancestros Noé y Job (Ezequiel 14:14, 20). **(2)** El segundo hijo de David, nacido mientras él era rey de Judá en Hebrón. Su madre fue Abigail la de Carmel (1 Crónicas 3:1). En 2 Samuel 3:3, es llamado Kileab (o Chileab). **(3)** Un descendiente de Itamar, el sacerdote, que regresó con Esdras a Jerusalén (Esdras 8:2). Probablemente, el mismo Daniel es el hombre que selló el pacto en el tiempo de Esdras y Nehemías (Nehemías 10:6).

DANIEL, EL LIBRO DE Este libro contiene apasionantes relatos y visiones complejas del fin de la historia. Mientras los primeros son fáciles de seguir y entregan claras lecciones morales a los lectores, las últimas son bastante difíciles de interpretar. Situado en un tiempo cuando el pueblo de Dios estaba viviendo bajo el pulgar de poderosas naciones paganas, el propósito de este libro es proveer consuelo y esperanza en el conocimiento de que Dios está en control y que, a pesar de las dificultades presentes, Él le dará la victoria a su pueblo.

Antecedentes Históricos

Autoría y fecha. El libro no menciona a un autor. Los primeros seis capítulos son relatos acerca de Daniel en una corte extranjera, mientras que los seis últimos capítulos narran las cuatro visiones recibidas por Daniel.

La visión tradicional sostiene que los eventos descritos en el libro tomaron lugar en el período entre los años 605-537 a.C., y que el libro, sin importar cuándo fuera escrito, refleja fielmente eventos reales y las visiones que Daniel recibió. A pesar de que el libro no insiste en ninguna parte que él es el autor, es posible, sino muy probablemente, que pensemos en Daniel como el autor de, al menos, las visiones. De hecho, en el capítulo 12:4, el ángel le dice: "Cierra las palabras y sella el libro". Es el mismo Daniel, o un autor inspirado posterior que podrían haber dado al libro su forma final.

Sin embargo, algunos académicos rechazan la idea de que el libro refleje exactamente eventos del período en cuestión. Apuntan a problemas históricos, tales como preguntas concernientes a la identidad de Darío el Medo, así como también de la especificidad de las profecías particularmente, argumentando que el libro debe haber sido escrito por una persona anónima luego de los eventos predichos. De hecho, señalan que lo que ellos creen que es una verdadera profecía al final del libro (11:40-45), no dio a lugar para sugerir que el libro fuese escrito a mediados de la década del 160 a.C.

Aquellos que creen que Dios podría haber provisto a Daniel con un destello del futuro, no tienen problemas con la precisión de la descripción de eventos porvenir. Es más, el capítulo 11:40-45 podría ser una fotografía del anticristo en el futuro lejano. Parece mejor alinearse con el entendimiento tradicional del libro de Daniel, que señala que fue escrito tempranamente y que refleja una representación precisa de la vida de Daniel.

Contexto histórico del Oriente Próximo. El libro de Daniel comienza con el asedio de Babilonia a Jerusalén, en el tercer año de Joacim, rey de Judá, fechado en 605 a.C. Nabucodonosor, quien de acuerdo a recursos babilónicos había asumido recientemente como rey de Babilonia, demanda señales de la sumisión de Judá: vasijas del templo y rehenes de la familia real y de la nobleza, incluyendo a Daniel y tres amigos. Desde el año 626 a.C. los babilonios habían estado al alza, desplazando a Asiria como la superpotencia de aquel entonces. Los hechos de Daniel 1-4 toman lugar en Babilonia durante el reinado del poderoso constructor del imperio, Nabucodonosor. Daniel vive más que el rey y Daniel 5 se sitúa durante el reinado de un hombre llamado Belsasar.

La historia concierne al final del Imperio Babilónico y fue inicialmente confuso que recursos babilónicos, redescubiertos en el comienzo del siglo XIX d.C., nombraran a Nabonides como el último rey de Babilonia, en lugar de Belsasar. Sin embargo, textos descubiertos más recientemente han resuelto el problema, demostrando que Belsasar (conocido en los textos babilónicos como Bel-shar-ushur) era el hijo de Nabonides y su corregente: Belsasar gobernó en la ciudad de Babilonia, mientras que Nabonides lo hizo desde un oasis (Taima), en lo que hoy es Arabia Saudita. Las visiones descritas en Daniel 7-8 están fechadas en el tiempo de este Belsasar.

Daniel sobrevivió incluso a la caída del Imperio Babilónico y encontró un lugar de importancia en el Imperio Persa (Daniel 6), que le sucedió. El primer gobernante de este Imperio Persa fue Ciro, aunque Daniel 6 habla de un rey llamado "Darío". Algunos creen que esto es un error histórico, porque había un rey Darío que gobernó algunos años después de Ciro, pero es probable que "Darío" sea otro nombre para Ciro, o bien un subgobernante a cargo de Babilonia. Las visiones encontradas en Daniel 9-12 están fechadas en el tiempo de Darío/Ciro. Es muy probable que la muerte de Daniel haya sucedido durante el reino de Darío/Ciro, pero su visión profética se extendió incluso más allá del Imperio Persa, que terminó tras la conquista del griego Alejandro Magno en el año 333 a.C.

Cilindro que describe las extensas actividades de construcción de Nabucodonosor II, Rey de Babilonia.

Texto. Una característica interesante del texto original de Daniel es que está escrito en dos idiomas. Daniel 1:1-2:4a; 8:1-12:13 está en hebreo, mientras que Daniel 2:4b-7:28, está en arameo. El extenso uso de los dos idiomas es peculiar en un único libro bíblico. Aunque el arameo comienza cuando el texto anuncia que los astrólogos le respondían al rey en arameo, ninguna razón persuasiva ha sido ofrecida acerca de por qué el texto continúa en arameo hasta el final del capítulo 7.

La evidencia de los ocho manuscritos parciales y fragmentados del libro de Daniel, de los rollos del Mar Muerto, apoya la antigüedad y autenticidad del texto que es utilizado para traducir el libro a idiomas modernos, incluyendo el español. Además, apoya e uso de dos idiomas en el libro.

Versiones griegas tempranas del libro de Daniel tienen añadiduras que son encontradas en versiones modernas de la Biblia que incluyen los Libros Apócrifos. La primera de éstas es la Oración de Azarías y el Canto de los Tres Jóvenes, que se encuentran luego de Daniel 3:23. La historia de Susana aparece en algunos manuscritos griegos antes de Daniel 1 y en otros, luego de Daniel 12. Bel y el Dragón concluye el libro.

Consideraciones Literarias y Esquema

Existen dos grandes partes en el libro. La primera mitad (Daniel 1-6) se compone de seis relatos de Daniel en una corte extranjera, mientras que la segunda mitad (Daniel 7-12) se compone de cuatro visiones apocalípticas. El siguiente, es un esquema más detallado de del libro:

I. Daniel en una Corte Extranjera (1:1-6:28)

- A. Daniel y sus amigos en la corte babilónica (1:1-21)
- B. Sabiduría de Dios versus sabiduría babilónica (2:1-49)
- C. Dios salva a los tres amigos del horno ardiente (3:1-30)
- D. El orgullo de Nabucodonosor le hace caer (4:1-37)
- E. La escritura en el muro (5:1-31)
- F. Daniel en el pozo de los leones (6:1-28)

II. Las Cuatro Visiones (7:1-12:13)

- A. Las cuatro bestias y aquel como un hijo de hombre (7:1-28)
- B. El carnero y la cabra (8:1-27)
- C. Las setenta semanas (9:1-27)
- D. El alcance y final de la Historia (10:1-12:13)

Las narraciones de los seis primeros capítulos pueden ser identificadas como relatos de la corte que se enfocan en Daniel, sus tres amigos y sus interacciones con los gobernantes. Tal interacción los lleva a menudo a tener conflictos con los sabios de Babilonia y otros oficiales. Es claro que Daniel y sus amigos son exitosos en las distintas competencias de la corte, así como en sus conflictos, porque Dios está con ellos.

Las visiones de los últimos seis capítulos han sido llamadas "apocalípticas". La literatura apocalíptica tiene una forma diferente, aún en comparación con el tipo de profecía que leemos en un libro tal como Jeremías (*ver* Apocalíptico). En Jeremías, Dios da un mensaje al profeta, quien debe comunicarse con el pueblo para puedan enmendar su conducta y así, evitar el castigo. Dios nunca le habla a Daniel. Él tiene una visión y luego el ángel interpreta la visión por él. Se le dice que no debe predicar el mensaje de la visión. El propósito de tales visiones no es provocar arrepentimiento, más bien el asegurar al pueblo de Dios que permanece fiel que, aunque en el presente están siendo oprimidos, Dios está con ellos y obtendrán la victoria en el fin.

La literatura apocalíptica presenta un intenso uso de imágenes llamativas. Bestias que surgen de un mar, una figura antropomórfica que monta en un carro de nubes y una cabra que pelea cabeza a cabeza con un carnero. A pesar de que estas metáforas llaman la atención de los lectores modernos y son calificadas como extrañas, ellas cumplieron con comunicar claramente el mensaje a su audiencia ancestral, que sabía que el mar y sus monstruos representaban maldad y caos, que el jinete en las nubes era Dios en su carro de tormenta y que el carnero representaba a Persia y la cabra a Grecia.

Mensaje Teológico

Aunque variado en géneros, con seis historias y cuatro visiones, el mensaje básico del libro de Daniel es claro y repetido en cada uno de ellos: a pesar de las dificultades presentes, Dios está en control y tendrá la victoria. El libro intenta instalar en sus lectores un sentido de calma en el medio de la crisis: aún perseguidos y/o viviendo en una cultura tóxica para su fe, no sólo pueden sobrevivir, sino que también pueden prosperar.

Daniel 1 ilustra este tema entre los relatos. Un joven Daniel y sus amigos son forzados a ir en exilio a Babilonia. A pesar de mantenerse fieles, son sometidos al currículo pagano de la corte para transformarse en sabios. Aquel estudio habría incluido astrología y otros tipos de adivinación. Además, se les requiere llevar una dieta que asegurará que lleguen a ser robustos. Pero, al rehusarse a comer la rica comida prescrita por el rey y consumir sólo vegetales y agua, ellos dan espacio para que Dios entre en acción. Así, cuando luego son destacados por estar "mejor alimentados" que aquellos que seguían la dieta del rey, ellos saben que no es debido a la dieta del rey, sino por causa de Dios. También aprendieron más que el resto en la corte. Daniel 2 demuestra cómo su excepcional sabiduría no es el resultado de su educación babilónica, sino producto de la sabiduría de Dios. Así que, a pesar de su situación en el presente, ellos no sólo sobrevivieron, sino que también prosperaron, como es evidenciado en sus promociones en la corte del rey.

Daniel 7 ilustra este importante tema entre las visiones apocalípticas. La visión comienza con la descripción de bestias híbridas que emergen desde el mar. Estas son reinos malvados que oprimen al pueblo de Dios. Sin embargo, la visión va más allá del presente hasta la llegada de "aquel que es como hijo de hombre", en su carro de nubes, que liderará a los santos del Dios Altísimo en una batalla victoriosa en contra de estas fuerzas de maldad.

Conexiones con el Nuevo Testamento

Las visiones de Daniel miran en el futuro lejano cuando Dios aparecerá y cerrará la Historia con una tremenda victoria sobre las fuerzas de maldad. Entonces no es sorprendente que las metáforas de Daniel permeen los materiales apocalípticos del NT, que hablan de la segunda venida de Jesucristo. Por ejemplo, en el libro de Apocalipsis el mal es descrito como una bestia del mar (Apocalipsis 13) que recuerda al lector de las cuatro bestias del mar de Daniel 7. Jesús, el que vence a esta encarnación del mal, es llamado "Hijo del Hombre" en el NT y es descrito como apareciendo en una nube al final de los tiempos (Mateo 24:30; Marcos 13:26; Lucas 21:27; cf. Apocalipsis 1:7).

El danzarín de Dan, una pieza de alfarería de la antigua ciudad de Dan (siglos XIV-XIII a.C.)

DANITA Un miembro de la tribu de Dan. La palabra es sinónimo de la frase más literal "tribu de Dan". *Ver también* Dan, Tribu de.

DANJAÁN Una ciudad mencionada sólo una vez en la Biblia (2 Samuel 24:6). Era un lugar mencionado en la ruta de Joab y los comandantes de su ejército, cuando fueron enviados por David a censar. Debido al sendero de su ruta, muchos asocian a Danjaán con Dan (cf. NRSV). Otros proponen una conexión con Ijón (1 Reyes 15:20).

DANZA Movimiento rítmico del cuerpo, usualmente con música. En la Biblia, la danza tiene cierta forma de significado religioso. Para el pueblo de Dios en el AT, la danza era una experiencia alegre asociada con celebración y adoración. Las distintas palabras para referirse a la danza son descriptivas: saltar, brincar, girar y dar vueltas. A través de la Escritura, la danza es usada como un símbolo de regocijo y como la antítesis del lamento (Salmos 30:11; Eclesiastés 3:4; Lamentaciones 5:15).

Las danzas sagradas de los hebreos expresaban alabanza (Salmos 149:3; 150:4) y júbilo (Éxodo 15:20; Jueces 11:34; 1 Samuel 18:6-7; 21:11; 29:5; Salmos 30:11; Eclesiastés 3:4; Lamentaciones 5:15). En la antigua cultura judía, hombres y mujeres danzaban en grupos separados (Salmos 68:25; Jeremías 31:13). Las intérpretes de danza eran usualmente grupos de mujeres, de las cuales una lideraba, en ocasiones de celebración nacional, tales como luego de haber cruzado el Mar Rojo (Éxodo 15:20), luego de victorias militares (1 Samuel 18:6) y en festivales religiosos (Jueces 21:19-21). Esto podría revelar la peculiaridad de la conducta de David al danzar con todas sus fuerzas, mientras el arca del Señor era llevada a Jerusalén (2 Samuel 6:14; 1 Crónicas 13:1-14; 15:1-29). Aunque la danza estaba reservada para ocasiones de adoración religiosa y festividades, Dios habla de un tiempo de restauración definitiva de su pueblo de la desesperación, cuando Él promete que todo Israel se regocijará en danza (Jeremías 31:4, 13). La adoración pagana también incluía danza.

Los profetas de Baal, en su intento por implorar a su dios que apareciese, interpretaron un tipo de danza con saltos alrededor del altar de Elías en el Monte Carmelo (1 Reyes 18:26). En otra parte, Aarón y los israelitas danzaron ante el becerro de oro en las faldas del Monte Sinaí (Éxodo 32:6, 18-19).

La danza también se asocia con celebraciones paganas, como cuando la hija de Herodías danzó ante Herodes Antipas y sus invitados a cenar, en la celebración de cumpleaños de Herodes. El resultado fue la decapitación de Juan el Bautista. En la forma de entretenimiento griego, la danza de esta joven hija, que quizás tenía sólo doce o catorce años de edad (Mateo 14:6; Marcos 6:22), probablemente era una forma de arte sensual, un tipo de danza de la cual no se había oído antes en Israel. La danza no se limita a los piadosos y se encuentra que es una parte integral de los eventos diarios de la antigüedad. Los niños danzaban (Job 21:11; Mateo 11:16-17; Lucas 7:32), así como lo hacían las mujeres jóvenes en los viñedos, algunas mientras tocaban sus percusiones manuales (Jueces 21:21; Jeremías 31:4, 13). La danza de la sulamita (Cantares 6:13), era tan hermosa como la de dos compañías de danza. La danza se asocia con celebraciones familiares como en la historia del hijo pródigo. Cuando el hijo pródigo volvió a casa, su exuberante padre clamó: "Porque este hijo mío estaba muerto, pero ahora ha vuelto a la vida; se había perdido, pero ya lo hemos encontrado". Así que empezaron a celebrar. El hermano mayor escuchó la música y la danza, que conmemoraba el regreso a casa del hijo pródigo (Lucas 15:24-15).

DARA Ocurre en algunos manuscritos hebreos de 1 Crónicas 2:6, a través de un error de escritura (*ver* NVI mg.), probablemente, "Dara" sea un equivalente de "Darda" (1 Reyes 4:31). *Ver también* Darda.

DARCÓN Ancestro de una familia que pertenecía a los "siervos de Salomón" (Esdras 2:55-56; Nehemías 7:57-58) y que retornó del exilio babilónico con Zorobabel en el año 539 a.C., o un poco después. No se conoce mucho acerca de este grupo, excepto que probablemente realizaban tareas básicas en el templo, ya que estaban agrupados con los "siervos del templo" (*ver* Netitim). El nombre de este grupo sugiere que fue formado durante el período de Salomón, aunque también podrían haber sido llamados así debido a que Salomón construyó el primer templo.

DARDA Un miembro de la tribu de Judá y uno de los hijos de Mahol, que fueron destacados por su sabiduría (1 Reyes 4:31), En 1 Crónicas 2:6 se le llama un "hijo" de Zera, pero esto debe ser entendido en un sentido más amplio como un "descendiente" de Zera; su padre biológico fue Mahol.

DARDO Proyectil de mediano alcance con una afilada punta metálica, similar a la flecha de largo alcance. El dardo era usualmente lanzado (Job 41:26) como la jabalina de mayor tamaño. El uso figurativo de "dardos de fuego" (NIV: "flechas encendidas") en Efesios 6:16 sugiere que también podrían ser usados como armas incendiarias.

DÁRICO Moneda de oro introducida por el rey persa Darío (r 521-486 a.C.), sucesor de Ciro. Bajo la influencia de Persia, el dárico (Heb. 'adarkon) es, probablemente, la primera moneda que usaron los judíos. Sólo se le menciona dos veces en la Biblia. En 1 Crónicas 29:7, los dáricos son mencionados en relación con el financiamiento del primer templo, indicando así el escenario persa de Crónicas. De acuerdo a Esdras 8:27, los veinte tazones de oro del segundo templo, estaban avaluados en mil dracmas. Esdras hace referencia al pueblo dando sesenta y un mil darkemonim para la reconstrucción del templo, que algunas traducciones (ej. NASB, NKJV) los toman como dracmas, monedas griegas de plata, sin embargo, otras como dáricos (algo similar sucede con Nehemías 7:70-72).

DARÍO Varios reyes medo-persas son llamados "Darío". Hay tres que son mencionados en los libros del AT de las eras de exilio y post-exilio.

(1) Darío el Medo. Aparece en el libro de Daniel. Belsasar, rey de los babilonios, fue asesinado (no se nos dice cómo), luego de ver la famosa escritura en el muro y de exaltar a Daniel por interpretar las palabras (5:1-29). Durante su reino, Darío instaló a 120 sátrapas, que debían rendir cuentas a tres administradores, uno de los cuales era Daniel. El éxito de Daniel hizo que los sátrapas sintieran envidia e incitaron a Darío a emitir un edicto por el cual cualquier persona que orase a alguien diferente de Darío, en un período de 30 días, sería lanzado al pozo de los leones. Luego de oír el decreto, Daniel oró abiertamente y fue arrestado, lo que angustió a Darío. Luego de la milagrosa liberación de Daniel, sus acusadores y sus familias fueron lanzados al pozo de los leones con resultados mortales, sin embargo, Daniel prosperó (6:1-28).

Sin embargo, existen algunas ambigüedades acerca de la identidad histórica de "Darío el Medo". Fuera del AT, no se menciona a ningún rey medo llamado "Darío". Además, es el rey persa Ciro quien derrotó a los babilonios. Ellos no cayeron como resultado de una invasión de los medos, un hecho del que dan fe antiguas fuentes griegas y babilónicas. Aun así, profecías tales como Isaías 13:17-18 y Jeremías 51:11 se refieren la caída de Babilonia ante Media, por no mencionar la referencia al reino de Belsasar ante Media y Persia en Daniel 6:28. Este es un clásico ejemplo donde las fuentes bíblicas y extra-bíblicas parecen chocar.

Una solución es sugerir que, de hecho, un rey medo llamado "Darío" conquistó Babilonia, siguiendo así el reporte bíblico al pie de la letra y descontando evidencias externas. Otros sugieren que los medos son simplemente insertos en la narrativa bíblica para dar cuenta de las profecías bíblicas mencionadas anteriormente (y otras). Aún más, otros sugieren que el nombre puede referirse a Gobrias, el gobernador que el rey persa Ciro puso a cargo de los territorios babilónicos. Él era de Gutium, que parece ser conocido por formar parte de Media en aquel tiempo. Esto no soluciona la cuestión de por qué se le llama "Darío" en el AT, sin embargo, Gobrias de Gutium parece entregar la mejor forma para reconciliar la evidencia bíblica y extrabíblica. Esto también aborda la noción de que "Darío" y Ciro gobernaron simultáneamente. **(2)** Darío I (r. 521-486 a.C.), también conocido como Darío el Grande. Su surgimiento en el poder es debatido entre los historiadores, en parte debido a que la principal fuente histórica se compone de sus propios escritos. Es el rey en cuyo gobierno fue reconstruido el templo (Esdras 4-6; Hageo; Zacarías 1-8). Unificó al Imperio Persa y lo expandió muy lejos hacia el oeste, casi invadiendo la Grecia continental (fue derrotado por los atenienses en la famosa batalla de Maratón en el año 490 a.C.) Fue también un administrador talentoso. Dividió el imperio en veinte provincias con propósitos de gobernabilidad y recolección de impuestos. Además, instituyó un sistema de pesos y medidas e introdujo el dárico, una moneda de oro. **(3)** Darío el Persa. Es mencionado en el AT sólo en Nehemías 12:22. Su identidad es debatida. Se le considera como Darío III Comandamo (r. 336-331 a.C.) o como Darío II Nothus (r. 423-404). Si la cronología bíblica tiene alguna palabra en la materia, la última es la única opción que coincide con el ministerio de Nehemías. Es más conocido por haber ayudado a Esparta en su victoria en la Guerra del Peloponeso.

DATÁN Descendiente de Rubén por parte de Eliab que, junto con su hermano Abiram y a Coré hijo de Izhar, se rebelaron en contra de Moisés y Aarón. En uno de los eventos más memorables de la historia israelita, Dios ejecutó juicio sobre Coré, Datán y Abiram, causando que la tierra se abriera y los tragara vivos, a ellos y sus familias. (Números 16: 1-35; 26:9-10; cf. Salmos 106:17).

DÁTIL Fruto de color marrón rojizo (drupa) de la palmera datilera (Phoenix dactylifera), común en los oasis en el desierto que es, además, de fácil cultivo (Éxodo 15:27 LBLA; Josefo, J.W. 7.296; Ant. 10.190). El nombre de la ciudad de Jericó significa "ciudad de palmeras" (*ver* Deuteronomio 34:3; 2 Crónicas 28:15). Los dátiles siguen siendo un alimento básico a través del Medio Oriente. Son cosechados a mano, cortando las hojas y sacudiéndolos en contenedores, para luego secarlos al sol. Son consumidos crudos y también son utilizados en una masa para preparar pasteles de dátiles en ocasiones especiales (*ver* 2 Samuel 6:19; 16:1-2 en la Septuaginta; cf. Cantares 5:11 LBLA).

DAVID El segundo rey de Israel (r. 1010-970 a.C.), fundador de una dinastía que continuó con su hijo Salomón (r. 970-931 a.C.), que gobernó a todo Israel. Subsecuentemente, los "hijos de David" gobernaron el reino sureño de Judá, hasta el año 586 a.C.

La importancia de David puede ser medida por el vasto espacio dedicado al recuento de su vida (1 Samuel 16:1-1 Kings 2:12; 1 Crónicas 11:1-29:30). Los títulos de muchos salmos lo identifican como su autor. A pesar de que no hay referencias extrabíblicas contemporáneas, debido a la rareza de las inscripciones en Palestina en este tiempo, la inscripción "casa de David" (o Tel Dan), fechada en el siglo VIII a.C., provee una referencia extraordinariamente temprana a su dinastía.

David y Saúl

La monarquía humana es un desarrollo tardío en Israel, sin embargo, un número de textos antiguos anticipan el establecimiento de la institución (Génesis 17:6; Deuteronomio 17:14-20) y más específicamente el surgimiento de un proveniente de Judá (Génesis 49:8-12; Números 24:17). En consecuencia, es sorprendente que el primer rey de Israel no sea de Judá, sino de Benjamín. Cuando el pueblo le pide un rey a Samuel, él unge a Saúl (1 Samuel 8-12), quien resulta ser una tremenda decepción. Él pierde el derecho de tener una dinastía, cuando muestra falta de confianza en Dios al ofrecer sacrificios precipitadamente antes de la batalla (13:13-14). Luego, Dios rechaza a Saúl como rey porque no ejecutó a cabalidad el juicio de Dios en contra de los amalecitas, como él sabía que debía hacerlo. (15:23).

En este punto la historia bíblica centra su atención en David. Dios ordena a Samuel a ir a Belén, específicamente a la casa de Isaí, para ungir a uno de sus hijos como el próximo rey (1 Samuel 16). En contraste con Saúl, que es destacado por su alta e imponente estatura física (10:23), David es el hijo más joven y pequeño de Isaí, un simple pastor. No obstante, fue el escogido porque Dios "mira el corazón" (16:7). A pesar de ello, David no asume inmediatamente el reinado. De hecho, su ungimiento es mantenido en secreto.

Los dos primeros recuentos de las primeras apariciones públicas de David están en 1 Samuel 16:14-17:58. Existen algunas dudas de si estos dos relatos están organizados cronológica o temáticamente, pero en cualquier caso ambas anticipan el rol que posteriormente tendría David como salmista y guerrero. La narración describe el trabajo de David en la corte de Saúl, como el de un arpista cuya música aliviaba la atormentada mente de Saúl (16:14-23), y cuenta la heroica historia de la valiente postura de David frente a Goliat, un gigante mercenario filisteo (1 Samuel 17). A pesar de que David nunca muestra signos de subversión o deslealtad, su creciente popularidad incrementa la paranoia de Saúl. Sin embargo, Saúl no puede simplemente asesinar a una figura tan popular, aun cuando en un ataque de locura le arroja una lanza (1 Sam. 18:10-11). Saúl, en cambio, maquina un plan que llevaría a David a morir en el campo de batalla. Saúl le ofrece a David a su hija en matrimonio. Luego de un abortivo primer intento, que involucraba a su hija Merab, Saúl lo invita a desposar a Mical, pidiéndole, a través de sus sirvientes, 100 prepucios de filisteos como dote por la novia (1 Samuel 18:25). Saúl asume que, con seguridad, David morirá en el intento por obtenerlos, pero, muy por el contrario, David mata 200 filisteos y se casa con Mical. La alianza con la casa real fortalece su apuesta final por el trono, aunque por el momento sólo sirve al propósito de hacer que las sospechas de Saúl crecieran aún más.

Mientras la hostilidad de Saúl aumenta hacia David, su hijo Jonatán desarrolla una intensa amistad personal con David (1 Samuel 18:1-4). Jonatán reconoce las debilidades de su padre y entiende que él no será el próximo rey. Él ayuda a David a escapar de la ira de su padre y David es bondadoso por siempre con los descendientes de Jonatán (1 Samuel 19-20).

Eventualmente, las intenciones asesinas de Saúl hacia David llegan a ser tan intensas, que él debe dejar la corte y vivir escondido, moviéndose de un lugar a otro, manteniéndose siempre un paso delante de Saúl y sus hombres. Como sea, él no está solo. Con él se encuentra un ejército de 600 hombres, un profeta (Gad) y el sumo sacerdote (Abiatar). En esencia, funciona como un reino en exilio. Salva de los filisteos a la ciudad de Keila en Judá (1 Samuel 23:1-6) y protege los rebaños de los terratenientes de Judá, tal como el bien llamado Nabal ("necio") (1 Samuel 25). Este último no agradeció apropiadamente por la ayuda y David está listo a vengarse él mismo en su contra. Afortunadamente, Abigail, esposa de Nabal, intercede sabiamente ante David. Nabal muere por tras causas y David se casa con Abigail.

David será el próximo rey, pero no es usurpador. Durante este período, los hombres de David estuvieron dos veces en posición de poder matar al rey (1 Samuel 24; 26). Puede ser incluso posible justificar un movimiento como ese, porque Saúl está persiguiendo a David para matarlo. Sin embargo, David sabe que no es correcto dañar al ungido del Señor. Él no manipulará la situación para hacerse del reinado, sino que esperará en el tiempo del Señor. David sigue manteniéndose fuera del camino de Saúl, incluso buscando refugio con los filisteos por un tiempo.

No obstante, el momento del juicio de Saúl llega eventualmente. La batalla final de Saúl en contra de los filisteos, la mayor fuerza extranjera que aún está dentro de los límites de la tierra prometida. Ambos, Saúl y Jonatán llegan a su fin en el monte de Gilboa, y David canta canciones que expresan su tristeza por sus muertes (1 Samuel 31 – 2 Samuel 1).

El Reinado de David

Aún con Saúl fuera del camino, el ascenso de David al trono no es fácil. Él es inmediatamente coronado como rey de Judá (2 Samuel 2:1-7), pero las tribus del norte eligen seguir a Is-boset, el hijo de Saúl. La guerra estalla entre los dos reinos. Sin embargo, el poderoso general Abner deja de apoyar eventualmente al hijo de Saúl, sellando el fin de esa dinastía. Is-boset muere en mano de sus propios hombres y David se convierte prontamente en rey sobre todo Israel (5:1-5).

El reinado de David conduce a dos significantes victorias, en esencia, completa la conquista de Canaán al finalmente subyugar a todos sus enemigos internos. Sus hombres tomaron la ciudad de Jerusalén de los jebuseos, y David la transforma en su capital (2 Samuel 5:6-16). Derrota también a los filisteos, que han sido una espina en el costado de Israel por años (5:17-25; para otras victorias *ver* 8:1-14).

En celebración, David trae el arca del pacto a Jerusalén (2 Samuel 6).

La historia de David alcanza su clímax cuando Dios hace un pacto con él, estableciendo su dinastía (2 Samuel 7; 1 Crónicas 17). Luego de la muerte de David, su hijo lo sucederá y, de hecho, su dinastía dura por varios cientos de años (ver abajo).

David es un buen rey, pero no es un rey perfecto. Un punto de inflexión en su reino viene en 2 Samuel 11. Hasta este punto, David ha estado contento con lo que Dios le ha dado. No se aferra a nada que no le pertenece. Sin embargo, cuando ve a la hermosa Betsabé bañándose, envía mensajeros para llevarla a su casa, donde luego tienen relaciones sexuales, tras lo cual ella se embaraza. En un intento de encubrir su pecado de adulterio, David ordena la muerte de su esposo, Urías heteo. Así, añade el crimen de asesinato al de adulterio.

David piensa que el pecado se queda en secreto, sin embargo, no hay nada escondido ante Dios, que manda al profeta Natán a confrontar a David (2 Samuel 12; cf. Salmos 51). La diferencia entre Saúl y David no yace en que este último sea perfecto, más bien en el hecho de que David, al contrario de Saúl, se arrepiente cuando peca. Por lo mismo, Dios permite que su reino continúe. Aún así, David siente las consecuencias de su pecado.

La inscripción de la "casa de David", la evidencia inscripcional más antigua de la dinastía davídica (Dan, siglo IX a. C).

Primero, el hijo que Betsabé lleva, producto de su unión ilícita con David, sufre de una enfermedad y muere. Y aún más tarde, la familia de David es afligida, lo que trae un gran impacto en la vida política de Israel. Un hijo se enfrenta a otro (Amnón y Absalón [2 Samuel 13]), así como un hijo en contra de su padre (Absalón y David [2 Samuel 15-18]).

Absalón destituye temporalmente a su padre del trono. David eventualmente recupera el reinado, aunque al terrible costo de perder a su hijo.

Incluso al final, hay conflicto en la casa de David. Cuando David ya era anciano, Adonías, otro de sus hijos, intenta tomar el trono, con el apoyo de gente poderosa, tales como Joab y Abiatar. Sin embargo, ante la instigación de Betsabé y Natán, David pone en el trono al hijo de su elección, Salomón (1 Reyes 1). David muere luego de un reinado de 41 años, 7 en Hebrón y el resto sobre todo Israel (1 Reyes 2:10-12).

El Legado de David

El recuento en Crónicas enfatiza el rol de David en las preparaciones para la construcción del templo. Él había querido construir la estructura, mas Dios dice que esta tarea no es para aquel que complete la conquista de Canaán (1 Crónicas 22:8), sino para su hijo Salomón, que heredará una nación estable, cuyo nombre significa "paz".

El legado más grande de David es la dinastía que lleva su nombre. No obstante, comenzando con Salomón, sus sucesores no continúan con su legado espiritual. Aunque algunos reyes hacen algún bien, sólo Ezequías (r. 727-698 a.C.) y Josías (r. 639-609 a.C.) obtuvieron aprobación incondicional. El gobierno davídico llega eventualmente a su fin en Jerusalén, en manos de los babilonios (586 a.C.). Sin embargo, Dios no ha terminado con sus propósitos redentores y su promesa a David es que él tendrá un gobernante en el trono "por siempre" (2 Samuel 7:16). El NT reconoce que Jesucristo es el cumplimiento de esta promesa. Él es más grandioso de los hijos de David, el que es el Cristo o Mesías, el rey ungido. Jesús es el que reina por siempre en el cielo. La vida y el gobierno de David es una prefigura del gobierno mesiánico de Jesucristo.

DAVID, CIUDAD DE *Ver* Ciudad de David.

DE DOBLE ÁNIMO La descripción de una persona dudosa o vacilante en Sant. 1:8; 4:8. El término griego, dipsychos, literalmente significa "de doble alma", como si una persona tuviese doble personalidad. Santiago usa esta descripción para referirse a personas inestables espiritualmente entre sus lectores que eran "como una ola del océano, soplada y empujada por el viento" (Sant. 1:6), y apela a ellos "acérquense a Dios… y purifiquen sus corazones, ustedes de doble ánimo" (Sant. 4:8). Esta agitación retrata el tipo de guerra espiritual frecuentemente experimentada por los creyentes. Este concepto se encuentra también en Sal. 119:113, donde el salmista le dice a Dios: "Odio a las personas de doble ánimo [se'apim], pero amo tu ley". Dios llama a los creyentes a luchar por la fe llevando un compromiso incondicional con él. El desafío de Elías permanece: "¿Cuánto tiempo vacilaras entre dos opiniones? Si el Señor es Dios, síguelo; pero si Baal es Dios, síguelo a él" (1 Re 18:21).

DE DOBLE LENGUA Una cualidad negativa que no debe caracterizar a los creyentes, especialmente los líderes de la iglesia como los diáconos, según la lista de calificaciones establecidas en 1 Tim. 3:8 (griego dilogos). Hoy lo describiríamos como "teniendo un discurso contradictorio" o intentando satisfacer o complacer a diferentes personas. Algunas traducciones (e.g., NIV) evitan este término y sustituyen la cualidad positiva de ser "sincero". Existen muchas amonestaciones en las Escrituras acerca del uso apropiado de la lengua, los peligros de la mentira y la adulación, y la importancia de la honestidad e integridad.

DEBIR **(1)** Rey de Eglón que fue parte de una coalición, liderada por Adonisedec de Jerusalén, en contra de Josué (Josué 10:3). **(2)** Una ciudad en la región montañosa de Judá. Sus nombres anteriores eran Quiriat-sana (Josué 15:49) y Quiriat-sefer (Judg. 1:11). Fue totalmente destruida por Josué (Josué 10:38-39; *ver también* 11:21; 12:13). Caleb prometió a su hija Acsa en matrimonio a aquel que pudiese someter a Debir; el desafío fue logrado por Otoniel, hermano de Caleb. Se le enumera entre las ciudades de Leví (Josué 21:15). Debir es también mencionada en Josué 15:7 como una ciudad dentro de las asignaciones de Judá. No está claro si se trata de la misma Debir mencionada anteriormente. (3) Un pueblo en Gad, al otro lado del Jordán (Josué 13:26), de ubicación debatible. También es mencionada en 2 Samuel 9:4-5; 17:27; Amós 6:13. El sustantivo hebreo debir, es usado comúnmente para referirse al "aposento trasero", eso es, la cámara interior, el lugar más santo del templo (ej. 1 Reyes 6:16; Salmos 28:2).

DÉBORA (1) Cuarto juez de Israel, cuya historia es relatada en Jueces 4:1-5:31. Mientras el periodo de los jueces fue un tiempo de creciente oscuridad moral y confusión, Débora fue un modelo de virtud, sabiduría y piedad. Sin embargo, su interacción con el comandante militar Barac ilustra los problemas de este período.

Luego de la muerte de Ehud, Israel pecó otra vez, presumiblemente adorando ídolos. En consecuencia, Dios los entregó a un opresor, Jabín, un rey cananeo. Débora es primeramente descrita como una profeta, que estaba ejerciendo las funciones de un juez en el sentido judicial en la región montañosa de Efraín. Ella recibió una palabra de Dios, según la cual, Barac debía guiar al ejército para expulsar a Jabín. En este punto, él debería haber respondido afirmativamente y sin calificación, pero dudó y puso una condición a su participación: Débora debe ir con él. Para esto, le informó Débora, una mujer recibiría la gloria y no él. Mientras uno podría pensar que Débora sería esa mujer, el relato se mueve en otra dirección.

Con la compañía de Débora, Barac se enfrentó al comandante de Jabín, Sísara, y derrotó a su ejército en el Monte Tabor. Sísara escapó y buscó refugio en el campamento de un quenita llamado Héber, en la tienda de su esposa, Jael, asumiendo que continuaban siendo aliados. No obstante, luego de calmar a Sísara hasta un estado de relajación y somnolencia, ella lo mató al clavar la estaca de una tienda con un martillo en su cabeza, ganando así la gloria (Jueces 5:24-27). De este modo, Dios finalmente acaba con la opresión de Jabín sobre Israel. Débora y Barac cantaron una canción para celebrar esta gran victoria (Jueces 5). (2) La enfermera de Rebeca, que murió luego del regreso de Jacob a Betel. Fue sepultada bajo un roble cerca de Be-tel (Génesis 35:8).

DECACORDIO *Ver* Música, Instrumentos, Danza.

DECÁLOGO *Ver* Mandamientos, Diez.

DECÁPOLIS Una federación de diez ciudades grecorromanas situadas primariamente al este y el sur del Mar de Galilea. La Decápolis fue establecida por Pompeyo en el año 64 a.C. durante el curso de su invasión a Siria y Judea. Debía servir como una liga para el comercio y defensa. De acuerdo a Plinio el Viejo (a.C. 23-79), las ciudades eran Escitópolis (Bet She'an), Hipo (Suseih), Gádara (Umm Qais), Pela (Tabaqat Fahl), Filadelfia (Amman), Gerasa (Jerash), Dío (Adun), Cánata (Kanawat), Damasco y Ráfana (Abila).

Las ciudades de la Decápolis no eran pobladas por judíos, sino por griegos que habían comenzado a asentarse en la región durante el periodo intertestamental. La cultura y prácticas helénicas prevalecían, generando una continua fricción, conflictos y descontento por parte de los judíos en el área. Los griegos se sentían ofendidos por la práctica judía de la circuncisión. A su vez, los judíos encontraban repugnante la conducta homosexual culturalmente normativa de los griegos, así como su idolatría religiosa y el pastoreo de cerdos.

Los decapolitas estaban entre aquellos que seguían a Jesús (Mateo 4:25). La sanidad del hombre sordo usando su propia saliva, también tomó lugar en esta región (Marcos 7:31-37). A pesar de que no se menciona explícitamente, la Decápolis podría ser el "país lejano" ("región distante" es una mejor traducción) del hijo pródigo (Lucas 15:13-16).

No obstante, el encuentro más significante de Jesús en la Decápolis, fue la sanidad del endemoniado gadareno (Mateo 8:28-34; Marcos 5:1-20; Lucas 8:26-39). El nombre del lugar de este milagro difiere entre los escritores de los Evangelios, con variantes textuales ocurriendo en cada uno de los tres recuentos. Marcos y Lucas se refieren a la ciudad como "Gerasa", una de las ciudades de la Decápolis, cuyo nombre tiene un excelente reconocimiento, mientras Mateo indica "Gadara", una ciudad más pequeña y cercana a la costa de Galiea. Algunos manuscritos también la identifican como "Gergesa", un pueblo insignificante próximo a Gadara que es muy cercano a la costa escarpada que aparece en el recuento. Se ha sugerido que Mateo pudo haber sido nativo de la Decápolis, por lo que tendría un mejor conocimiento de los detalles geográficos.

DECAR Uno de los doce gobernadores distritales del rey Salomón. En la RVR1960 se lee "hijo de Decar", pero traducciones más recientes (NVI, LBLA, NTV) transliteran la frase hebrea como un nombre personal, "Ben-decar".

DECEPCIÓN Un sentimiento de frustración, tristeza o angustia por algo que no ha pasado o de lo cual no se ha obtenido el resultado esperado. La confianza o esperanza fuera de lugar resultará en decepción. A menudo en sus apostasías, el pueblo de Israel puso su esperanza en otros dioses o en alianzas con pueblos extranjeros. Los profetas advierten que tal expectativa será llenada con decepción (Jeremías 2:36-37). En contraste, Dios es veraz y digno de confianza (Isaías 49:23). El NT cita tres veces Isaías 28:16 (Romanos 9:33; 10:11; 1 Pedro 2:6), diciendo que aquellos que creen "en Él" (la piedra angular que representa al Mesías) no serán decepcionados. Aunque la confianza en el plan de salvación y el futuro fin de los tiempos son una esperanza que no será defraudada, las decepciones presentes abundan, aun la decepción con Dios. Cuando en Salmos 22, el salmista afirma el fiel patrón de liberación de Dios, por el cual los patriarcas de Israel no han sido defraudados en su confianza (v.4), esta afirmación tiene un marcado contraste con la decepción mencionada en la pregunta al inicio del salmo: "Dios mío, Dios mío, ¿por qué me has desamparado?" (v.1). Así, la seguridad de la esperanza y confianza en Dios no implica la ausencia de decepción o la supresión de su expresión. *Ver también* Frustración; Eloi, Eloi, ¿lama sabactani?; Esperanza.

DECISIÓN, VALLE DE La designación de este lugar ocurre dos veces en el mismo verso (Joel 3:14) y probablemente sea equiparable al Valle de Josafat (Joel 3:2, 12). *Ver también* Josafat, Valle de.

DECISIONES VOCACIONALES En las Escrituras se establecen ciertos principios para tomar las grandes decisiones de la vida. El principio clave que debería guiar la decisión de la persona es el deseo de usar fielmente los dones que Dios le ha concedido *(ver* Mateo 25:14-30). Por lo tanto, la persona debería estar motivada por el amor hacia Dios y el deseo de glorificarlo a través de la obra personal (1 Corintios 10:31). En esta providencia, Dios ha dotado a cada persona con una combinación única de habilidades, experiencias de vida y temperamento. No todos los oficios exigen el mismo grado de creatividad, pero en cada trabajo se asume un elemento de habilidad creativa.

La persona puede descubrir esto al preguntarse: "¿Qué tipos de necesidades en la comunidad me atraen?" Para simplificar un poco más la interrogante, se podría considerar lo siguiente: "¿Me gusta trabajar con ideas, objetos, personas o con información?". El deseo es la chispa inicial que por lo general lleva a la persona a perseguir el camino de un oficio en particular.

Dado que los dones son esenciales al momento de determinar cuál es el oficio adecuado, uno podría preguntarse: "¿En qué soy bueno?". Por ejemplo, es necesaria una combinación de dotes de liderazgo y de las habilidades de las personas para trabajar de manera eficiente en un cargo administrativo.

Finalmente, dado que ciertas oportunidades encajan con la personalidad de una persona más que en otras, uno debería determinar qué valores en el ambiente laboral son más importantes (por ejemplo, la estimulación del intelecto, la aventura, la creatividad). La evaluación de una carrera a menudo es útil al momento de discernir qué oficio calza bien para la persona.

DECRETO Un mandamiento, real o divino, con la fuerza de la ley. En el sentido religioso, el término "decreto" es uno de varios sinónimos que se refieren a la legislación divina, como en Génesis 26:5: "Yo haré esto porque Abraham me escuchó y obedeció todos mis requisitos, mandatos, decretos e instrucciones". Aquí, como en numerosos lugares, la palabra "decreto" representa a la palabra hebrea khuqqah (y su término relacionado khoq) y se encuentra junto a "mandamiento" (mitswah) y "ley" (torah). Otra palabra que a menudo se yuxtapone con khuqqah o khoq es mishpat, "juicio" (*ver* Deuteronomio 4:1). Debido a que la palabra "decreto" está frecuentemente unida a sinónimos, es difícil de distinguir dentro de los textos bíblicos legales entre decretos y otras leyes. Más a menudo, la palabra "decreto" se encuentra junto a uno o más de los sinónimos usados para denotar la ley divina en general, sin referencias específicas a su contenido.

Un descanso de tres menorás de una sinagoga en Corinto. Una menorá es usada durante Janucá, la Fiesta de la Dedicación.

En 1 Crónicas 16:16-18 la palabra "decreto" es usada en paralelo con "pacto" y el contenido es especificado como la promesa a Abraham y los patriarcas de que ellos heredarían la tierra de Canaán. Los autores bíblicos asocian la promulgación de decretos reales con los persas particularmente, incluyendo a Ciro (Esdras 6:3), Darío (Edras 6:12; Daniel 6:8) y Artajerjes (Esdras 7:13; cf. 6:14). En el Libro de Daniel, el rey babilonio Nabucodonosor gobernó a través de decretos déspotas (ej. 3:10).

El NT se refiere dos veces a decretos imperiales romanos (dogma), incluyendo el ordenamiento de un censo que resultó en el nacimiento de Jesús en Belén (Lucas 2:1; Acts 17:7).

DEDÁN, DEDANITAS Una tribu pastoral y comerciante del desierto arábigo que tenía vínculos con los edomitas (Jeremías 25:23-24; 49:8; Ezequiel 25:13; 27:20). Podría tener orígenes hamíticos (Génesis 10:7) o semíticos (Génesis 25:3).

DEDICADO, DEDICADO A LA DESTRUCCIÓN *Ver* Anatema.

DEDICAR, DEDICACIÓN Dedicar algo es apartarlo o instalarlo, usualmente, para Dios y su servicio. De acuerdo al libro de Levítico, los israelitas podrían dedicar (RVR1960: "santificar"; NVI: "consagrar") animales (27:9-13), casas (27:14-15) y campos (27:16- 24), que podrían ser redimidos en la mayoría de los casos; las personas también podrían ser dedicadas (27:2-8). Adicionalmente, algunos individuos podrían dedicarse ellos mismos al hacer un voto de nazareo (Números 6:2-21). Los botines de guerra también podrían ser dedicados (ej. 2 Samuel 8:11-12; 1 Crónicas 26:27). No obstante, los reyes de Judá dedicaron (algunas versiones: "dieron") caballos al sol (2 Reyes 23:11). La palabra khanukkah, traducido como "dedicación" y un verbo relacionado denotan la dedicación del altar sacrificial del tabernáculo (ej. Números 7:10), del primer y el segundo templo (ej. 1 Reyes 8:63; Edras 6:16-17), de muro de Nehemías (Nehemías 12:27) y de la imagen de Nabucodonosor (Daniel 3:2-3). La fiesta judía de Janucá, o la Fiesta de la Dedicación (Juan 10:22), conmemora la purificación del templo durante el período intertestamental.

DEDO DE DIOS La frase "dedo de Dios" acontece como indicador que una acción proviene de Dios y no de otra fuente. En Lc. 11:20 Jesús usa esta expresión para reforzar la idea de que su habilidad para expulsar demonios es producto del poder de Dios en vez de poder del diablo. La frase también puede indicar 'sin esfuerzo de parte de Dios. En Éx. 8:19 la frase indica que los magos del Faraón saben que el poder desplegado es de Dios y no un truco de Moisés. Igualmente, en Éx. 31:18 y Dt. 9:10 la frase atribuye la autoría del Decálogo directamente a Dios.

DEFECTOS DE NACIMIENTO Los defectos congénitos son tratados de manera simbólica en la ley de Moisés junto con las enfermedades paralizantes y las heridas permanentes. La adoración israelita, dirigidas por el sacerdocio, señalaba lejos de sí misma las cosas celestiales. Por lo tanto, era importante no tener distorsiones para las cosas sagradas. Los enanos y los jorobados no estaban capacitados para el trabajo sacerdotal, además de aquellos que sufrieron varias heridas (Levítico 21:16-23).

Dentro de los mismos versos, aquel que se oponía a Israel estaba genéticamente defectuoso (2 Samuel 21:20), estaba desviado de la forma humana por su gigantismo y polidactilia. Ellos no sólo estaban en la tierra prometida a Israel, sino que iban más allá de lo ordinario: ellos personificaban físicamente el mal que se opone a Dios.

En el Nuevo Testamento, los símbolos adquieren un segundo lugar frente a la realidad espiritual de Cristo, que vino a salvar a todas las personas. En un capítulo completo del Evangelio de Juan se aprecia la historia de un hombre que nació ciego (Juan 9) que representa la devoción a un defecto de nacimiento y su significado espiritual. Jesús argumenta que aquellos que no ven voluntariamente la verdad del Evangelio son los verdaderos ciegos; el hombre que nació ciego puede ver espiritualmente mejor que los otros y es aceptado por Jesús.

DEFRAUDAR Robar en pequeñas cantidades a fin de evitar que lo detecten. Tal robo pudo haber sido una tentación particular de los esclavos (*ver* Tito 2:9-10).

DEHAVITAS Tradicionalmente se pensaba que se refería a un grupo de personas en Samaria (Esdras 4:9 KJV, NKJV; basado en una enmienda sugerida por escribas). El término arameo escrito en la Biblia hebrea es mejor traducido como "es decir", que es la traducción preferida por la mayoría de las versiones modernas.

DEIDAD Un término que se refiere a la esencial plenitud de Dios como un ser en tres personas. El sufijo "cabeza" es arcaico, de manera tal que la palabra puede entenderse como "Divinidad". La plenitud del ser de Dios, la Deidad, reside en Cristo corporalmente (Col. 2:9). El Espíritu procede del Padre y del Hijo (Jn. 15:26). "Deidad" aparece tres veces en la KJV, traduciendo la palabra griega theios (Hec. 17:29; cf. 2 Pe. 1:3-4), theiotēs (Rom. 1:20) y theotēs (Col. 2:9) que versiones más recientes presentan variadamente como "deidad", "ser divino" y "naturaleza divina".

D

DELAÍA **(1)** Jefe de una división sacerdotal en el tiempo de David (1 Crónicas 24:18). **(2)** Oficial en la corte del rey Joacim que, junto a otros, animó al rey a escuchar las palabras de Jeremías (Jeremías 36:12, 25). **(3)** Un descendiente de David, a través de Joacim y Zorobabel, en el período posterior al exilio (1 Crónicas 3:24). **(4)** Ancestro de una familia que no podía probar su linaje israelita luego del exilio (Esdras 2:60; Nehemías 7:62). **(5)** Padre de Semaías, un sacerdote contratado por Tobías y Sanbalat para llevar a cabo su plan para desacreditar a Nehemías (Nehemías 6:10).

DELANTAL Traducción (RVA y RVR) de una palabra hebrea en Génesis 3:7 (khagor, khagorah) que se refiere a una prenda que estaba envuelta alrededor de la sección media del cuerpo. La prenda era de naturaleza muy básica y tenía el propósito de mantener la modestia una vez que se alcanzaba la madurez. En el Nuevo Testamento, el delantal parece ser algún tipo de ropa exterior. Los delantales (y pañuelos) que habían tocado la piel de Pablo se usaban para sanar a los enfermos (Hch. 19:12).

DELEGADO Un oficial nombrado para ejercer la autoridad de un superior (Jueces 8:28). La NVI usa "gobernador" para referirse a la palabra griega anthypatos en Hechos 13:7, 12; 18:12; 19:38, donde la mayoría de las versiones modernas usan la palabra "procónsul".

DEMAS Acompañante gentil de Pablo que envió saludos en Colosenses 4:14; Filemón 24. Pablo se refiere a él como un "colaborador"; sin embargo, en 2 Timoteo 4:10 dice que Demas lo ha abandonado porque "ama a este mundo".

DEMETRIO (1) Un platero en Efesio, cuyo sustento venía de la confección de "templecillos de plata" de la diosa Artemis (Hechos 19:23- 41). Preocupado de que la predicación de Pablo terminaría con su negocio y el de sus compañeros artesanos, Demetrio incitó a una multitud local a apoyar frenéticamente a Artemis. Como resultado, los misioneros que acompañaban a Pablo, Gayo y Aristarco fueron atrapados por la multitud y llevados al teatro local. La calma sólo vino tras la intervención del escribano de la ciudad, que sugirió que en realidad Pablo no había hablado en contra de Artemis y que el lugar apropiado para que Demetrio elevara sus quejas era una corte. (2) En 3 Juan, un cristiano de buena reputación en la iglesia, que había sido encomendado a los destinatarios de la carta con grandes elogios (v.12).

Un Denario Romano

DEMONIO *Ver* Diablo, Demonios.

DENARIO Una moneda de plata romana que era el salario por un día de trabajo, así como el impuesto anual para el templo. Era lo que los opositores de Jesús le trajeron cuando él les dijo "Dad al César lo que es del César y a Dios lo que es de Dios" (*ver* Mateo 22:15-22; Marcos 12:13-17; Lucas 20:20-26).

DEPORTE La palabra "deporte" aparece de forma poco frecuente en varias traducciones españolas y se usa con los siguientes significados específicos: (1) En Gn. 26:8 es un eufemismo para actividad sexual consentida (KJV: "hacer deporte con"; NIV: "caricia"; la palabra hebrea forma un juego de palabras con el nombre "Isaac", ambas provenientes de la raíz para "reír, burlar"). En Gn. 39:14, 17 expresa la fingida humillación de la esposa de Potifar y su juicio ante las supuestas insinuaciones sexuales de José (NIV: "hacer deporte de"). (2) Ridiculizar, imitar, burlar, humillar—por ejemplo, "hacer deporte de" (Sal. 69:11; cf. NRSV, RSV de 1 Sm. 31:4; 1 Cr. 10:4; Job 30:1; Hab. 1:10). (3) Diversión o jolgorio sin connotación atlética específica, por ejemplo, "por deporte", "como deporte" (Jue. 16:25, 27; Prov. 10:23; 2 Pe. 2:13 KJV; cf. RSV).

DEPORTES Aunque las competencias atléticas se podían encontrar a lo largo del mundo antiguo, los deportes reciben escasa o nula atención en el AT. Ya sea tiro con arco (1 Sm. 20:20), carreras de carros (1 Re. 9:22), tiro con honda (1 Cr. 12:2), o carreras de a pie (1 Re. 1:5), ninguna instancia ocurre en un contexto atlético demostrable, sino más bien se refiere a actividad militar. Esto probablemente incluye a Jacob luchando con un extraño divino (Gn. 32:24; véase también el desafío de Abner a los hombres de Joab en 2 Sm. 2:14, donde una competencia física entre algunos soldados eventualmente termina en un combate). La imaginería atlética parece usarse en Jr. 12:5, donde Dios razona con Jeremías usando una metáfora de carreras (*véase también* la mención de pelota en Is. 22:18, que puede tener connotaciones atléticas).

Con la conquista de Palestina por Alejandro Magno en el año 322 a.C., las costumbres helénicas comenzaron a influenciar la población judía nativa, incluyendo una afinidad por el deporte. Antíoco IV Epífanes (r. 175-164 a.C.) introdujo el primer gimnasio de Jerusalén, un centro cultural griego que tenía muchos eventos atléticos. Los atletas en la sociedad griega competían desnudos, y los eventos siempre honraban divinidades paganas. Debido a esto y al recuerdo de la ocupación extranjera, muchos judíos odiaban el gimnasio. Pero el atletismo grecorromano aun así impregnó la cultura, como se evidencia en el NT. Pablo y el autor de Hebreos son los únicos autores del NT que se refieren a deportes. El mejor ejemplo es el uso de Pablo de imaginería de correr, boxeo y disciplinas atléticas al escribir a la iglesia de Corinto, la ciudad de los afamados juegos Ístmicos (1 Cor. 9:24-27). Pablo hace referencia a correr no menos de cinco veces en sus cartas (Gal. 2:2; 5:7; Flp. 2:16; 3:12-14; 2 Tim. 4:7-8). El autor de Hebreos también usa imaginería de correr en Heb. 12:1-2.

DEPÓSITO **(1)** Las heces o residuos, usados metafóricamente para hablar de los restos impuros de la gente (Ezequiel 24:6, 11-12). **(2)** Una suma de dinero u otro objeto de valor confiado a alguien (Mateo 25:27; Lucas 19:23; 2 Timoteo 1:14) o usado como pago inicial. En tres instancias en el NT la palabra griega arrabōn es usada para referirse al Espíritu Santo como el depósito que garantiza lo que está por venir (2 Corintios 1:22; 5:5; Efesios 1:13-14). El último de estos pasajes señala que el depósito del Espíritu en vista es la redención del pueblo de Dios, su herencia futura.

DEPÓSITO, CIUDAD DE ALMACENAMIENTO Pueblos o ciudades donde los tributos reales o impuestos (pagados en especies), provisiones y armas eran almacenadas para su uso por parte del gobierno o a su discreción, especialmente en tiempos de hambruna o guerra. Las ciudades de almacenamiento son un sello distintivo de gobierno centralizado, como se ha visto durante la monarquía de Israel (1000-586 AC). Más de treinta y cinco edificios tripartitos con pilares han sido descubiertos en más de doce sitios arqueológicos diferentes dentro del Levante, incluyendo Jasor, Megido, Tel Beerseba y Bet-Semes. Estos edificios eran probablemente utilizados como depósitos, aunque existen otras teorías. Más de 150 vasijas de barro fueron recuperadas en esos edificios en Tel Beerseba y edificios similares descubiertos en Bet-Semes fueron identificados por las excavaciones Grant como depósitos de la edad de hierro. Pitón y Ramesés eran dos de las ciudades de almacenamiento del Faraón en Egipto (Éx. 1:11). Durante la monarquía unificada, Salomón tenía ciudades de almacenamiento a través de Israel (1 Re. 9:19; 2 Cr. 8:4-6). Depósitos en Neftalí fueron destruidos por Ben-Adad I (2 Cr. 16:4). Josafat construyó ciudades de almacenamiento a través de Judá (2 Cr. 17:12), y las ciudades de almacenamiento de Ezequías lo ayudaron a prepararse para una guerra venidera (32:28).

Frascos de almacenamiento con la inscripción lmlk estampada ("para el rey") han sido encontrados a través de Judá, probablemente remanentes de las provisiones que alguna vez llenaron los depósitos de Ezequías.

DERBE Una ciudad en la provincia de Galacia en el Asia Menor (Hechos 14:6). A pesar de que su ubicación exacta es desconocida, Derbe se situaba junto al camino principal que conectaba a Iconio, la ciudad más importante de la región, con Laranda. La gente allí hablaba un dialecto llamado "licaónico" (14:11). Derbe fue la última ciudad que Pablo visitó en su primer viaje misionero, antes de comenzar su trayecto de regreso (14:20) y fue la primera ciudad que visitó en su segundo viaje (16:1). Gayo, un acompañante en el tercer viaje de Pablo, era de Derbe (Hechos 20:4).

DERECHOS CIVILES Se refiere a aquellos derechos individuales protegidos por un gobierno, como el proceso y la protección igualitaria bajo la ley (cf. Enmiendas 13 y 14 de la Constitución de los Estados Unidos). Dios le da a los soberanos seculares la autoridad para legislar, imponer e interpretar las leyes civiles; por lo tanto, Él les ha confiado la administración de la justicia, lo que incluye la protección de los derechos civiles (Romanos 13:1-7; Tito 3:1; 1 Pedro 2:13-14; cf. Mateo 22:21). La iglesia debe otorgarle al Estado la prórroga por la protección de los derechos civiles hasta que Cristo regrese para gobernar su reino en la tierra (*ver* Juan 18:36). No obstante, como los cristianos predican el Evangelio, ellos pueden encarnar y promover los principios característicos del reino de Dios. Como Dios creó al hombre y a la mujer a su propia imagen y semejanza (Génesis 1:26), los cristianos deben practicar y promover el respeto y la dignidad para todas las personas. Todos los humanos cargan la imagen de Dios sin importar las circunstancias de su nacimiento y si son o no cristianos. Por lo tanto, la Biblia se basa explícitamente en los derechos de la vida (Génesis 9:6) y en el trato justo (Santiago 3:9), que son el principio de la imagen divina. Dadas estas razones, los ciudadanos creyentes hacen el bien al abogar por una sociedad que sirva con justicia sin importar la raza de un individuo o de un grupo, etnicidad, religión, sexo o clase.

DERECHOS DE LOS ANIMALES La Biblia no ofrece una pauta para los derechos de los animales, pero la ley mosaica requiere lo que los rabinos llaman "Tsa'ar Ba'alei Chayim", una prohibición contra el dolor y el sufrimiento innecesarios en animales. El buey tiene derecho a la comida mientras trabaja (Dt. 25: 4), un principio que Jesús y Pablo aplican a los seres humanos (Mt. 10:10, Lc. 10: 7, 1 Tim. 5:18) y junto con otros ganados, tienen derecho a un shabbat cada séptimo día y año (Éx. 20: 8-10, 23:12; Lev. 25: 6-7; Dt. 5:14). Un buey u oveja podría sacrificarse solo después de permanecer siete días con su madre (Lev. 23: 26-27). No se permite matar a un buey u oveja ni a sus crías el mismo día (Lev. 23:28).

Llevarse a la madre junto a sus crías o huevos de del nido no está permitido (Dt. 22:6-7). La ley en realidad comienza con el escenario ideal de un jardín, en el que los seres humanos y los animales no se comen unos a otros, sino que viven en armonía pacífica (Gn. 2:19-20). En la raíz de estas leyes está la reverencia por toda la vida: "Los justos se preocupan por las necesidades [lit., "vida"] de sus animales" (Prov. 12:10). Jesús enseña que ni un solo gorrión es olvidado ni muere sin que el Padre lo sepa (Mt. 10:29; Lc. 12:6). El sacrificio singular de Jesucristo ha salvado no solo a los seres humanos, sino también a innumerables vidas de posibles víctimas de sacrificio.

DERECHOS DE NACIMIENTO El derecho de nacimiento consiste en la bendición material que un padre les entrega a sus hijos. Por derecho, el mayor es quien recibe el doble de la herencia a diferencia de los demás (Génesis 25:29-34; Deuteronomio 21:15-17; Lucas 15:11-32). El derecho de nacimiento con frecuencia está relacionado con la bendición, pero es necesario que se le distinga de esto. La bendición por lo general involucra más un enfoque en la adjudicación espiritual, pero se entrecruza con los derechos de nacimiento en cuanto al liderazgo futuro y la autoridad de la persona (Génesis 27; 49). La sucesión real también era un derecho de nacimiento, aunque Dios podía revocar este privilegio (1 Reyes 2:15; 2 Crónicas 21:3).

En el Nuevo Testamento, el derecho de nacimiento de Jesús incluye el trono de David, una posición de honor como el único Hijo de Dios y la creación en sí (Romanos 8:29; Colosenses 1:18; Hebreos 1:4-6). La baja consideración con la que Esaú vio su derecho de nacimiento también se usa como una advertencia en Hebreos para motivar a los cristianos a que no tomen su herencia espiritual a la ligera (Hebreos 12:16-17).

DESAMPARO El término "desamparo", como se usa generalmente en las Escrituras, se refiere a los pobres y necesitados. A través del profeta Isaías, Dios reprende a la nación de Israel por "practicar la religión" sin preocuparse de los pobres, incluyendo traer a "los pobres desamparados a sus hogares" (Is. 58:7 NRSV). Jesús transmite una imagen de Juicio final, en la cual todos los seres humanos son juzgados en base a su respuesta a los pobres y desamparados: comida para los hambrientos, agua para el sediento, vestimentas para el desnudo, relación para los enfermos y prisioneros (Mt. 25:35-46). Este no es un ejemplo de un trabajo basado en la fe; más bien, es la manifestación del amor de Dios en la vida del verdadero creyente (1 Jn. 3:17-18). El desamparo frecuentemente es el resultado de situaciones complejas que varían de sistémicas a personales. Sin importar su causa, los cristianos deben ayudar a los desamparados por el mandamiento de amar tanto a Dios como al prójimo (Mt. 22:37-39).

Algunos argumentan que el mismo Jesucristo era desamparado, basándose en los dichos de Jesús: "Los zorros tiene guaridas y las aves tienen nidos, pero el Hijo del Hombre no tiene dónde apoyar su cabeza" (Mt. 8:20; Lc. 9:58). Aunque "desamparado" puede haber caracterizado correctamente a Jesús durante sus tres años de ministerio público en varias ciudades a través de la tierra, los aspectos comunes de la pobreza (severa necesidad material, desesperanza) no se ven en la persona de Jesús en los relatos Evangélicos. Pablo, sin embargo, lamenta que él y los otros apóstoles estén desamparados a pesar del estado material de otros creyentes (1 Cor. 4:11). *Véase también* Huérfano; Pobre, Huérfano, Viuda.

DESCANSO *Véase* Tiempo Libre; Sabbat.

DESCENSO AL HADES El Credo de los Apóstoles anuncia que luego de su muerte y sepultura, Jesús "descendió al infierno". ¿Existe base bíblica para tal declaración?

Esta doctrina se toma de varios pasajes del NT, pero especialmente de 1 Pet. 3:18-20, que dice que Jesús" siendo a la verdad muerto en la carne, pero vivificado en espíritu; en el cual también fue y predicó a los espíritus encarcelados, los que en otro tiempo desobedecieron, cuando una vez esperaba la paciencia de Dios en los días de Noé, mientras se preparaba el arca". Y 1 Pedro 4:6 dice: "Porque por esto también ha sido predicado el evangelio a los muertos, para que sean juzgados en carne según los hombres, pero vivan en espíritu según Dios" (cf. Hechos 2:25-31; Efesios 4:8-10).

Hay varias interpretaciones de estos pasajes. Primero, algunos aseguran que Cristo predicó a la gente de los días de Noé, ya sea a través de Noé o en un estado de preencarnación. Segundo, algunos afirman que Cristo descendió al Hades luego de su muerte y le predicó a los contemporáneos de Noé que habían muerto en el diluvio. Los "espíritus" serían los espíritus de personas muertas. Una tercera visión es que Cristo descendió al Hades (o infierno) luego de su muerte y proclamó su victoria a los ángeles caídos ("espíritus"). Estos podrían haber sido los "hijos de Dios" de Génesis 6:1-4 (*ver* 2 Pedro 2:4; Judas 6). El libro judío intertestamental 1 Enoc (segundo siglo a.C.) desarrolla una interpretación de este misterioso texto en Génesis, hablando de ángeles que habían traído el mal al mundo al casarse con mujeres y engendrar demonios. Antes del diluvio ellos habían sido puestos en prisión bajo tierra. Una cuarta visión es similar a la tercera, pero afirma que la proclamación de Jesús a estos ángeles caídos no tomó lugar durante un descenso al infierno, sino en su resurrección y ascensión.

Esta última interpretación es la más probable. El descenso de Jesús al "Hades" (es decir, el lugar de los muertos) se refiere generalmente a su muerte, no a una entrada al infierno. La proclamación de Jesús fue su anuncio de victoria sobre el pecado, Satanás y la muerte en su resurrección y ascensión. Aquí, Pedro está reafirmando a sus lectores que Jesús gobierna y que su muerte y resurrección han sellado el destino de todo poder, real o no, que evoca al temor. Pablo simplemente dice que Jesús triunfó sobre todos esos poderes en la cruz (Colosenses 2:15). Jesús no fue al infierno, en cambio como cualquier creyente, cuando murió su espíritu fue a estar con el Padre en el cielo (Lucas 23:43), para permanecer allí hasta reunirse con su cuerpo al momento de la resurrección.

DESEO DE TODAS LAS NACIONES Esta frase, tal como se encuentra en la versión RVR1960 de Hageo 2:7, ha sido tradicionalmente entendida como una profecía mesiánica con referencia a la persona de Cristo. No obstante, es casi seguro de que la frase se refiere a los "tesoros" deseados de las naciones y toma una creencia prominente en el AT, según la cual la riqueza material de varios pueblos gentiles sería traída a la tesorería del templo de Dios en Jerusalén, ya sea como botines de guerra o como contribuciones voluntarias.

DESEO *Ver* Concupiscencia; Lujuria.

DESGARRAMIENTO DE VESTIDURAS *Véase* Vestiduras, Desgarramiento de.

DESHONRA *Ver* Vergüenza y Honor.

DESIERTO Ambiente árido desafiante para la vida. El desierto representa alrededor de un tercio de la superficie de la Tierra, a menudo superando las áreas verdes y confinando a los seres humanos y animales a oasis más estrechos. Los desiertos de la Biblia –Néguev, Sinaí, Parán y Zin– son parte del gran sistema del desierto Sahara-árabe, el más grande y seco en el mundo. La mayor parte de la tierra al este (áreas de los actuales Jordania, Iraq y Arabia Saudita) y al sur (Egipto) de Palestina es desierto. No obstante, la experiencia en el desierto de la mayoría de los israelitas no fue en vastas arenas, por el contrario, fue en ambientes áridos que podrían florecer si tuvieran la cantidad suficiente de agua. Al respeto de lo anterior, las palabras bíblicas para "desierto" se cruzan semánticamente, pero no se trata de los mismos ambientes.

Típicamente, con un promedio de precipitaciones de diez pulgadas o menos, estas regiones tienen escasa vegetación y poca o nula actividad agrícola (Jeremías 2:2). Plinio el Viejo (23/24-79 d.C.) describe a los esenios, que vivieron cerca al Mar Muerto, como teniendo sólo "la compañía de palmeras" (Nat. 5.73). Las temperaturas son severas, a menudo excediendo los 43ºC en días de verano, pero también bajando del punto de congelamiento en las noches de invierno. Las escasas lluvias invernales proporcionan pasto de corta duración para el pastoreo (1 Samuel 17:28; Salmos 65:13; Jeremías 23:10), junto con espinos y zarzas (Jueces 8:7). Se cavaban cisternas para recoger la preciosa lluvia (Génesis 37:22). La severidad del ambiente no es apropiada para la vida animal y humana. La Biblia menciona asnos salvajes (Job 24:5; Jer. 48:6), chacales (Malaquías 1:3), avestruces (Lamentaciones 4:3), búhos (Salmos 102:7), serpientes venenosas (Isaías 30:6), panteras y lobos (Habacuc 1:8). El desierto llegó a ser visto como la guarida de demonios (Mateo 12:43), pero también como el lugar para restauración espiritual. Por definición, un desierto no ha sido intervenido por manos humanas. Los patrones y sonidos regresan a Dios y no a los ruidosos vecinos de la vida urbana. Por lo tanto, el desierto puede facilitar la comunión con Dios debido a la ausencia de distracciones y a la inevitable y profunda conciencia de la fragilidad de la existencia. La escasez de recursos también requiere de intercambio y colaboración comunitaria para la supervivencia.

Al contrario de lo que sucede en los grandes centros urbanos de Mesopotamia, Egipto y Palestina, la Biblia presenta a Dios entrenando a su pueblo en el desierto al probar su fe, comenzando con los patriarcas (Génesis 12-50). Dios redime a Israel de Egipto hacia el desierto (Éxodo 15:22; 16:1; 17:1), llevándolos al Sinaí (Éxodo 18:5; 19:1-2) y luego una permanencia de cuarenta años (Números 14:33; 32:13; Deuteronomio 2:7). Siguiendo a las temporadas de prueba, respecto de las cuales el pueblo falló rutinariamente, Dios provee agua dulce y maná, el "trigo del cielo" (Salmos 78:24). Sin embargo, a excepción del Sabbath, el pueblo no tiene permitido almacenar los alimentos, sino que debe cultivar completa dependencia de la provisión de Dios para el pan de cada día. Elías se escapa al desierto y es aprovisionado por un ángel (1 Reyes 19:1-8). Él regresa al Monte Sinaí (Horeb) y experimenta la inmediata presencia de Dios en un "silbo apacible" (1 Reyes 19:8-13; NVI: "suave murmullo").

Este patrón se repite en el NT; comenzando con Juan el Bautista, que se viste como un nómade del desierto y subsiste de langostas y miel salvaje –alimentos disponibles y no sujetos al diezmo agrícola (Mateo 3:4; Marcos 1:6). Después de ser bautizado por Juan, Jesús parte al desierto, donde ayuna y es tentado durante cuarenta días y cuarenta noches entre las bestias salvajes, pero también es aprovisionado por ángeles (Mateo 4:1-11 pars.). Luego de su experiencia en el camino a Damasco, Pablo parte a Arabia (Nabatea, Jordania actual), el "lugar donde viven los nómades" y el sitio del Monte Sinaí (Plinio el Viejo Nat. 5.72; Gal. 1:17; 4:25). (Damasco, quizás la ciudad más antigua del mundo, es un oasis que bordea el desierto arábigo en una carretera que conecta Egipto con Mesopotamia). El autor del Apocalipsis describe a una mujer que representa al pueblo de Dios, huyendo al desierto para escapar del dragón escarlata, Satanás (Apocalipsis 12:1-6).

DESJARETAR El acto de corta el tendón grande en la parte trasera de la pata trasera de un cabello (o buey en Gn. 49:6) para hacer al animal inutilizable en combate. Josué obedeció la orden de Dios de desjaretar los caballos capturado (Js. 11:6, 9 [¿de manera de no depender de habilidad militar?]), pero David fue menos rigurosos (2 Sm. 8:4; 1 Cr. 18:4).

DESNUDEZ Se refiere a los genitales y a las nalgas (Nah. 3:5) y, desde el pecado de Adán, es sinónimo de vergüenza. La imagen de Dios, originalmente creada como algo bueno, fue dañada por el pecado y la muerte.

DESOLACIÓN, ABOMINACIÓN DE *Ver* Abominación, Abominación de Desolación.

DESPERDICIOS Los restos de un animal sacrificado para la ofrenda de sacrificio (Éx. 29:14, Lev. 4:11, 8:17, 16:27, Nm. 19:5, Mal. 2:3). Específicamente a la vista están los contenidos estomacales y/o intestinales. Por lo tanto, en algunas versiones, la palabra hebrea subyacente, peresh, se traduce como "estiércol".

DESPOTRICAR En la KJV, este término es utilizado para describir un tipo de abuso verbal, reprimenda, acusación o escarnio (1 Sm. 25:14; 2 Cr. 32:17; Mc. 15:29; Lc. 23:39; 1 Cor. 5:11; 1 Tim. 6:4; 1 Pe. 3:9; 2 Pe. 2:11; Jds. 9).

DESTINO En la NIV la palabra "destino" aparece sólo en el AT y principalmente denota el resultado de una malvada forma de vida, determinado por Dios (e.g., Job 20:29). En Eclesiastés, sin embargo (e.g., 2:14-15; 3:19), el autor lamenta que el mismo destino le suceda tanto al justo como al malvado, al sabio como al tonto, e incluso a humanos y animales, acusando a Dios de caprichoso.

DESTINO *Ver* Fortuna y Destino.

DESTRUCCIÓN *Ver* Perdición.

DESTRUCTOR Término que hace una referencia genérica (ej. Jeremías 4:7; 48:8) al ángel destructor de la Pascua (Éxodo 12:23; Hebreos 11:28). Apocalipsis 9:11 habla de un ángel que rige la horda de langostas del abismo, "cuyo nombre en hebreo es Abadón, y en griego, Apolión" y ambos significan "destructor".

DEUDA, DEUDOR *Ver* Préstamo.

DEUEL El padre de Eliasaf, que era el líder tribal de Gad durante la deambulación en el desierto (Números 1:14; 2:14; 7:42, 47; 10:20). Los principales manuscritos hebreos (el TM) le dan el nombre de "Reuel" en Números 2:14, el resultado de una confusión común entre las letras hebreas dalet y resh. Muchas traducciones hacen la corrección basadas en otros textos tradicionales, de las cuales la más destacada es la LXX. *Ver también* Eliasaf.

DEUTERONOMIO, EL LIBRO DE Deuteronomio concluye la Torá. Es el quinto rollo o capítulo del trabajo tradicionalmente adjudicado a Moisés. Su título se deriva de la LXX y significa literalmente "la segunda ley". El nombre es apropiado en vista del hecho de que en él Moisés toma una última oportunidad, antes que el pueblo entre a la tierra prometida y él ascendiese al Monte Nebo a morir, para hablar al pueblo acerca de sus obligaciones delante de Dios. Muchas de las leyes de este libro, de las cuales las más destacada son los Diez Mandamientos (comparar Deuteronomio 5 con Éxodo 20), se pueden encontrar en una forma anterior en otras partes de la Torá, sin embargo, hay también muchas leyes nuevas (*ver* abajo "Género y Mensaje"). En esencia, este sermón final de Moisés toma la forma de un pacto a través del cual el pueblo de Dios reafirma su relación con Yahveh.

AUTOR Y FECHA

Deuteronomio es la piedra angular del trabajo literario conocido como la Torá. Sin embargo, con Deuteronomio es necesario hacer algunos comentarios adicionales. En un sentido, este libro es el que se asocia más cercanamente a Moisés, ya que contiene discursos que él dio al pueblo de Israel antes que entraran a la tierra prometida.

No obstante, estos discursos se sitúan dentro de un marco narrativo que no menciona a un autor. Algunos académicos fechan su composición tardíamente en el siglo VII a.C., mucho después del tiempo de Moisés, porque a pesar de que 2 Reyes 22 describe el redescubrimiento de una porción de la ley que lidera a una generación a centralizar su adoración, indicando que el libro es Deuteronomio (cf. Deuteronomio 12), estos académicos sospechan que el libro fue escrito – y no encontrado – en este tiempo.

Más acorde con la evidencia del libro en sí mismo, se encuentra la conclusión de que éste se origina con el discurso de Moisés, aunque debemos también considerar que fue actualizado y editado más tarde en la historia de Israel.

Género, Esquema y Mensaje

Intrigantemente, el libro toma la forma de un antiguo tratado, similar a los tratados formulados en los países que rodean a Israel. Esta observación tiene por objetivo mantener el entendimiento del libro como una renovación de pacto, debido a que los pactos bíblicos son esencialmente tratados entre Dios y su pueblo, establecidos a través de un mediador, que en este caso es Moisés. Aquellos antiguos tratados tienen la siguiente estructura en cinco partes y Deuteronomio sigue más o menos este patrón:

I. Preámbulo presentando las partes del tratado (1:1-5)
II. Prólogo histórico (1:6-3:29)
III. Ley (4-26)
IV. Maldiciones y bendiciones (27-30)
V. Testigos y otros arreglos para el futuro (31-34).

La riqueza del mensaje de Deuteronomio hace que sea difícil resumir el libro. Aun detrás del concepto de un pacto/tratado se encuentra la metáfora de Dios como un gran rey sobre sus sirvientes. Las diversas partes del pacto alimentan esta idea. El preámbulo presenta a las partes: Dios e Israel. Moisés media el pacto entre los dos. Luego, el prólogo histórico narra la historia de la relación hasta el presente. El propósito es hacer explícito cuán clemente ha sido el rey con su pueblo en el pasado. Esta historia entrega el contexto para la próxima y más larga sección en Deuteronomio, la ley.

Una inscripción del Tratado de Alepo (c. 1300 a.C.) entre el rey hitita Mursili II y Talmi-sharruma de Alepo. La estructura de Deuteronomio es semejante a la de un tratado, tal como éste.

Dios ha establecido su relación con Israel por gracia e Israel debe responder obedeciendo sus mandamientos. Si los israelitas obedecen, experimentarán la bendición de Dios, pero si desobedecen, sentirán su maldición. Ya que el tratado/pacto es un documento legal, hay testigos que observarán la relación y, si Israel es desobediente, confirmarán la justicia del juicio. Esta última sección simplemente mira a la futura mantención del pacto.

El pacto deuteronómico es una reafirmación del pacto formulado en Sinaí (Éxodo 19-24) y como tal enfatiza la ley. Esta ley deja su gran sombra sobre gran parte del material bíblico que viene después de Deuteronomio. Por ejemplo, la historia que sigue (Josué, Jueces, Samuel y Reyes en contraste con Crónicas) parece mirar a la historia de Israel a través del lente de la distintiva ley deuteronómica. Virtualmente, cada rey es evaluado en cuanto a su cumplimiento de la ley de centralización (una ley que, por cierto, no se encuentra en colecciones anteriores [Deuteronomio 12]).

Por otra parte, algunos profetas (ej. Jeremías) traen su mensaje de juicio específicamente porque los israelitas han roto la ley del pacto y, como tal, merecen las maldiciones.

De ese modo, la importancia de Deuteronomio es difícil de sobreestimar. Es la piedra angular del Pentateuco e influye en la teología de la mayor parte que sigue del AT.

Relevancia Continua

Deuteronomio es una renovación del pacto entre Dios y su pueblo en un punto de potencial crisis en la comunidad. Su líder Moisés está a punto de morir y los israelitas reciben la oportunidad de reafirmar su lealtad a Dios y su determinación a guardar su ley. Tal como conocemos a partir de la historia que sigue, ellos fallaron en mantener su palabra. Al leer la historia de la tentación de Cristo (Mateo 4:1-11) a la luz de Deuteronomio, observamos que Satanás intenta provocarlo a pecar de forma similar a la que utilizó con Israel en el desierto, usando el hambre, la prueba de Dios y la idolatría. Jesús es obediente donde los israelitas han sido desobedientes y al resistir estas tentaciones cita Deuteronomio tres veces. Jesús es el Hijo obediente de Dios.

La ley de Deuteronomio no está totalmente vigente hoy en día. Algunas de las leyes conciernen a rituales que son cumplidos en Cristo y otras leyes están diseñadas para abordar las necesidades de la antigua cultura israelita. Por ejemplo, cuando las azoteas de las casas eran áreas habitables, tenía sentido proteger la vida requiriendo que se construyeran barandas alrededor de sus bordes para evitar que alguien se cayera (Deuteronomio 22:8). Aún así, los principios generales siguen vigentes y en lo que respecta a la ley que requiere barandas para las azoteas, aún es posible aprender de ella la importancia de construir cercas alrededor de, por ejemplo, piscinas.

Finalmente, ha sido ampliamente destacado que Deuteronomio pone especial atención a la protección de aquellos socialmente vulnerables en la sociedad. Viudas, huérfanos y extranjeros residentes tienen especial consideración en las leyes de Deuteronomio.

DEVOCIÓN La traducción común para el término griego eusebeia, que significa "devoción" o "piedad". El término griego aparece diez veces en las Epístolas Pastorales (1-2 Timoteo; Tito), cuatro veces en 2 Pedro, y una vez en otra parte en el NT (Hec. 3:12). Se refiere a honor y respeto apropiado dado a Dios y el tipo de estilo de vida que resulta de esta devoción. Pablo alienta a Timoteo a no tener nada que ver con mitos impíos y cuentos de viejas, sino más bien a "entrenarse en devoción" (1 Tim. 4:7 NRSV). Mientras el ejercicio físico es de cierto beneficio, la devoción "tiene valor para todas las cosas" (4:8). Junto con la alegría, resulta en gran ganancia (6:6), mucho mayor que ilusorio poder de la riqueza. Los falsos maestros tienen una demostración exterior de devoción, pero su estilo de vida niega su poder (2 Tim. 3:5).

DEVOTO Ser devoto (o piadoso) es mostrar reverencia por y obediencia a Dios y su ley en adoración. En el AT, Abdías, un administrador del palacio del rey Acab, demuestra su devoción encubriendo a los profetas de Dios durante una persecución de la reina Jezabel (1 Reyes 18:3). En el NT, Lucas aplica el término "devoto/piadoso" tanto a judíos como no judíos, temerosos de Dios que han adoptado gran parte de la ley mosaica (Lucas 2:25; Hechos 2:5; 8:1-2; 10:2, 7; 13:50; 22:12). La devoción a deidades era ampliamente difundida en el mundo greco-romano.

DÍA DE CRISTO *Ver* Señor, día del ; Juicio, día del.

DÍA DE LA EXPIACIÓN El Día de la Expiación (Yom Kippur), en el décimo día del séptimo mes, se realizaba el festival más solemne del calendario israelita (Levítico 16; 23:27-28; 25:9). La palabra "expiación" se refiere a evitar la ira de Dios que, de otro modo, caería sobre un pueblo pecaminoso.

Tal como un "sabbath" especial, en el cual no debía realizarse ningún tipo de trabajo (Levítico 16:31; 23:28), este día era un recordatorio del descanso de Dios luego de su trabajo creativo (Génesis 2:2-3). Los israelitas debían negarse a sí mismos (presumiblemente a través del ayuno y abstinencia sexual) para reunirse en una asamblea sagrada en este día (Lev. 16:29, 31; 23:27).

El sumo sacerdote realizaba ciertos rituales para su propia purificación, así como para purificar el tabernáculo o templo (representando un cosmos renovado) y al pueblo. Él debía estar vestido con prendas de lino (Levítico 16:4), no las vestiduras sagradas de Éxodo 28, quizás significando su admisión a la compañía de asistentes en el trono celestial de Dios (cf. Ezequiel 9:2-3; Daniel 10:5; Apocalipsis 15:6).

Los rituales del día incluían el sacrificio de un toro joven, como ofrenda por el pecado, y de un carnero, como holocausto. Una característica única del ritual era la selección de dos cabras. Una debía ser sacrificada como ofrenda por el pecado, mientras la otra era "para Azazel", un oscuro término tradicionalmente representado como un "chivo expiatorio". El sacrificio de la primera cabra y la expulsión de la segunda, luego de la transferencia de culpa a través de la imposición de manos del sacerdote, parecen ser dos formas para hablar acerca de la limpieza de la comunidad israelita.

El elemento central del Día de la Expiación está en el momento cuando el sacerdote cruza el velo para entrar al lugar santísimo del santuario, donde estaba el arca del pacto, el símbolo de la presencia de Dios. El foco está en la cubierta del arca o "propiciatorio" (kapporet, una palabra relacionada con la palabra para "expiación"), en otras partes representado como un estrado para los pies en el trono imaginado de Dios, sobre los querubines que lo flanqueaban (1 Crónicas 28:2; Salmos 99:1; Hebreos 9:5). Cubierto de la vista por el humo del incienso, el sacerdote rociaba la sangre del sacrificio en frente y sobre del propiciatorio. El altar también era rociado con la sangre sacrificial.

Hebreos 9:7-14 ve el trabajo de Cristo como el cumplimiento de lo que se tipificaba en el ritual del Día de la Expiación, asegurándonos purificación eterna del pecado a través de su propia sangre. *Ver también* Festivales.

DÍA DEL SEÑOR El "día del Señor" es una expresión usada frecuentemente por los profetas del AT, así como también por varios escritores del NT. En general, es usado para referirse al tiempo porvenir cuando Dios intervendrá poderosa y decisivamente en la historia humana, para cumplir con el plan que ha prometido.

Los profetas del AT usan también otras expresiones similares tales como "el día", "el día cuando" y "aquel día", para referirse a lo mismo que el "día del Señor" (Heb. yom yhwh). Con respecto al futuro, los profetas hablan regularmente del juicio inminente y la futura restauración, tanto para Israel/Judá como para las naciones. Algunas de sus profecías encuentran cumplimiento luego de sólo unos meses o años (como los asirios y la invasión babilónica), mientras que otras se cumplen en generaciones posteriores con el retorno de los exiliados bajo el mando de Esdras y Nehemías. Algunas son cumplidas por la primera venida de Cristo, y otras aún esperan su cumplimiento. En forma poética, los profetas del AT a menudo insertan todos los multifacéticos y significativos eventos proféticos del futuro en un tiempo espectacular y dramático llamado "el día del Señor".

Incluidos en este "día", se encuentran varias acciones proféticas significativas de Dios. Primero, los juicios inminentes sobre Israel y Judá por la mano de los asirios y los babilonios son incluidos en el "día del Señor" (Isaías 3:18-4:1; Amós 5:18-20). Del mismo modo, fusionados en el "día del Señor" está el juicio de Dios sobre las naciones extranjeras que conspiraron en contra de Israel y Judá (Isaías 13:1-22; Abdías 15). Finalmente, los profetas usarán la expresión "día del Señor" para referirse a aquel tiempo de restauración futura gloriosa y bendición que Dios establecerá tanto para Israel/Judá, como para las naciones (Isaías 11:10-12; Joel 3:14-18). En este contexto final, el "día del Señor" es a menudo interconectado estrechamente con la promesa mesiánica.

En el NT, la expresión "día del Señor" (Gr. hēmera tou kyriou) es usada casi del mismo modo que en el AT. Algunos aspectos del Día del Señor fueron claramente cumplidos por la primera venida de Cristo. Por ejemplo, en el AT, Joel profetiza que, en el día del Señor, Dios derramará su Espíritu en todo tipo de personas (Joel 2:28-31), una profecía que encontró su cumplimiento en el Día de Pentecostés (Hechos 2:17-21). Así, las profecías mesiánicas del AT conectadas con el Día del Señor a veces son cumplidas en eventos que rodean a la primera venida de Cristo (como es visto en el NT), mientras otras esperan por su segunda venida.

Los escritores del NT a menudo emplean esta importante expresión del AT, pero la usan primariamente para referirse específicamente a la futura, segunda venida de Cristo (1 Corintios 5:5; 1 Tesalonicenses 5:2; 2 Tesalonicenses 2:2; 2 Pedro 3:10, 12). Así como en AT usa sinónimos para el "día del Señor", el NT usa términos tales como "aquel día", "aquellos días", "el gran día" o "el día de nuestro Señor Jesucristo", como sinónimos para el "día del Señor", el tiempo del retorno glorioso de Cristo (ej. Marcos 13:24; 1 Corintios 1:8; Apocalipsis 6:17; 16:14).

DÍA FINAL, ÚLTIMO TIEMPO *Ver* Escatología; Juicio, día del

DIABLO, DEMONIOS En Génesis 3 la serpiente tienta a la humanidad a pecar. No es hasta Apocalipsis 12:9 que se nos dice explícitamente que la serpiente es Satanás. En español, "Satanás" es un nombre, mientras que en la Biblia esta entidad no tiene un nombre. Por el contrario, es identificado a través de un sistema de etiquetas identificativas. En hebreo satan significa "oponente" – en guerra, un enemigo; en corte un acusador. El verbo satan significa "ser un adversario, oponerse a" alguien o algo. Más comúnmente, satan se refiere a enemigos humanos, así que 1 Crónicas 21:1 se refiere simplemente a "un enemigo" (no a "Satanás") que se "levantó contra Israel" (cf. Reyes 11:14). Es sólo como "el satán" (Job 1-2; Zacarías. 3:1-2; BLP: "Satán") que nos encontramos con el que conocemos como "el diablo" del NT.

El mito ampliamente difundido de que Satanás fue un ángel que se rebeló no se encuentra en la Biblia. Orígenes (185-254 d.C.) fue el primero en alegorizar Isaías 14:3-23 y Ezequiel 28:1-10 de este modo y Jerónimo (345-420 d.C.) el primero en traducir "el lucero de la mañana" como el nombre "Lucifer" (cf. Isaías 14:12; Apocalipsis 22:16). La Biblia no nos dice nada acerca de los orígenes de Satanás.

En el AT, un "espíritu maligno" podría ser un ser celeste enviado por Dios (1 Samuel 16:14-23; 18:10; 19:9; cf. 1 Reyes 22:22-23). El AT se ocupa de increpar extensamente las supersticiones de las naciones circundantes que incluyen la creencia en demonios Deuteronomio 32:17; Salmos 106:37; quizás Isaías 13:21; cf. Apocalipsis 18:2).

Alrededor del año 200 a.C. comenzaron a aparecer trabajos falsamente atribuidos a Enoc, presentando al mal y la mortalidad como aspectos esenciales de todas las criaturas físicas. Entendiendo a los "hijos de Dios" (Génesis 6:1-4) como ángeles, estos libros hablan de ángeles desposando mujeres y produciendo gigantes asesinos. En respuesta, Dios encarceló a los ángeles caídos, causó que los gigantes se mataran unos a otros y limpió la tierra con el diluvio. Entonces, los espíritus de los gigantes reaparecen como demonios, teniendo el control de las naciones gentiles, apareciendo ante ellos como dioses, siendo adorados como ídolos. El libro Jubileos (c. 160 a.C.) presenta a un líder de estos demonios y lo etiqueta como "Mastema" ("odio, enemistad").

Retomando estas ideas, la literatura de Qumrán habla de muchos satanes y expande el número de etiquetas abusivas para referirse al gobernante de los demonios, por ejemplo, "Belial" ("el indigno"). Del mismo modo, la Septuaginta utiliza "calumniador" (diabolos) como una traducción de satan. La palabra satan también fue llevada al griego de la Septuaginta como un término adoptado para referirse a un "enemigo" o "adversario" (1 Reyes 11:14). Ambas palabras son usadas en el NT.

El encuentro de Jesús con el diablo en el desierto nos recuerda del encuentro de Adán y Eva con la serpiente en el Edén. El escenario,

Un amuleto de bronce del demonio mesopotámico Pazuzu, usado para protegerse del mal (c. 700-500 a.C).

D

significativamente, es ahora un terreno baldío. El segundo hombre que caminó en la tierra sin pecado reclama el derecho de recuperar el dominio que Adán entregó a la serpiente. Jesús puede tener el mundo entero (sin la cruz) si tan sólo se somete al gobierno del diablo (Lucas 4:5-7). Jesús rechaza la oferta. Posteriormente, él ve la caída de Satanás del cielo a la tierra (Lucas 10:18; cf. Apocalipsis 12:5-12). Mientras alguna vez el diablo tuvo acceso a la corte de Dios, hoy su caso está perdido. Su único recurso es la persecución mortal. Entre la ascensión del Hijo del Hombre (Hechos 1:9) y el juicio final, se entiende que esta es la experiencia del pueblo de Cristo (Daniel 7:25; Apocalipsis 12:17; cf. 1 Pedro 5:8).

D

Mientras el AT nos entrega escasa información acerca de Satanás y sus ángeles/demonios, el NT abre con una intensidad de actividad. Lo demonios son también llamados "espíritus malignos" y son asociados con la enfermedad física, la locura y la adivinación. En Hechos 17:22, Pablo describe a sus oyentes paganos en Atenas como "temerosos de demonios" (RVR1960/NVI: "religiosos"). Los milagros de Jesús demuestran su señorío sobre el régimen de Satanás y los demonios huyen aterrorizados delante de él (Marcos 1:23-26; 5:1-15). De acuerdo a Pablo, los cristianos son templos del Espíritu Santo (1 Corintios 6:19) y Juan urge a los creyentes a "probar los espíritus para saber si son de Dios" (1 Juan 4:1), asegurando que no deben temer a Satanás o sus fuerzas, "porque mayor es el que está en vosotros, que el que está en el mundo" (1 Juan 4:4). En el día del juicio, Satanás será lanzado al lago de fuego (Rev. 20:14-15) junto a todos los enemigos de Dios.

DIÁCONO

Terminología

"Diácono" es una traducción española de la palabra griega *diakonos.* Genéricamente, este término se refiere a alguien que sirve y la palabra es usada en este sentido repetidamente a través del NT (ej. Mateo 20:26; 23:11; Marcos 9:35; 10:43). Mateo 22:13 habla específicamente de aquellos que sirven haciendo la voluntad de un rey. Juan 2:9 se refiere a los siervos que sacan el agua en la boda en Canaán. Otros varios pasajes usan la palabra diakonos en referencia a ministros o aquellos que sirven a Dios o a Cristo de alguna forma (Romanos 13:4; 2 Corintios 6:4; Efesios. 6:21; Colosenses 1:7; 1 Timoteo 4:6).

Este amplio uso del término para indicar servicio general, incluyendo el servicio de las mesas, es también muy común en la literatura griega secular del primer siglo.

A medida que la iglesia primitiva creció y se desarrolló, la palabra diakonos vino a designar específicamente al oficio eclesiástico de diácono. A pesar de que es citado a menudo, Hechos 6 no es concluyente acerca del oficio de diácono. El sustantivo diakonos no aparece en el texto, sin embargo, se utiliza diakoneō ("servir" [Hechos 6:2]), una forma verbal relacionada, en referencia al ministerio de distribuir comida.

Algunos intérpretes creen que este es el precursor o establecimiento del diaconato, mientras que otros argumentan que el uso de diakoneō para hablar de la necesidad de servicio a las mesas, no implica que el rol del diácono se haya desarrollado en esta temprana etapa de la iglesia.

Hay sólo dos pasajes en el NT, Filipenses 1:1 y 1 Timoteo 3:8-12, usan claramente la palabra diakonos en el sentido de un oficio eclesiástico establecido, donde versiones, tales como la RVR1960 y la NVI, la traducen correctamente como "diácono".

El Oficio de Diácono

La misiva de Pablo a los creyentes en Filipo es única dentro del corpus paulino, en su singularización de dos oficios eclesiásticos. Mientras dirige sus palabras a los santos en Filipo, Pablo hace mención específica de los "obispos" (Gr. episkopos) y diáconos que estaban en medio de ellos (Filipenses 1:1). Este saludo entrega evidencia de la existencia de tal estructura eclesiástica, a más tardar, desde principios de la década del 60 d.C.

En el NT, la información más detallada en relación al oficio de diácono ocurre en 1 Timoteo 3:8-12. Inmediatamente seguido a una discusión acerca de los "obispos" (Gr. episkopos), in 1 Tim. 3:1-7, este texto cambia su enfoque hacia el oficio de diácono y entrega una descripción de los requisitos para ocupar el rol. Aquel apto para servir como diácono, debería tener un carácter digno de respeto y el pasaje pide la demostración de este carácter en las áreas de la bebida, el dinero (v.8) y la familia (v.12).

Un diácono debe mostrar un compromiso con la verdad cristiana (v.9) y un candidato de ser probado previamente antes de que se le permita servir oficialmente en este ministerio (v.10).

Diaconisas en la iglesia primitiva

Una discusión significativa rodea al dilema de si el NT limita el rol de diácono a los hombres o si provee evidencia de mujeres sirviendo como diáconos, frecuentemente designadas con el término feminizado "diaconisa". En la polémica está la traducción de gynaikes en 1 Timoteo 3:11. La RVR1960 lo traduce como "mujeres"; también dentro de su rango de significados están las traducciones "esposas" (ej. NVI, NTV; indicando al pie de página que esta palabra se puede traducir como diaconisas). El contexto del pasaje debe definir si es que las calificaciones listadas en 1 Timoteo 3:11 aplican a las esposas de aquellos hombres que desean ser diáconos, o si son un estándar para aquellas mujeres que también anhelan servir en el oficio de diácono. Por otra parte, el subsecuente y claro llamado a un diácono varón como alguien que necesita ser "fiel a su esposa" (1 Timoteo 3:12), hace que la referencia a mujeres diáconos en 1 Timoteo 3:11, sea una interrupción ilógica.

No obstante, aquellos que ven en 1 Timoteo 3:11 una referencia a mujeres diáconos, citan el uso de la palabra diakonos para describir a Febe en Romanos 16:1, como evidencia de que ella sirvió como diaconisa de la iglesia en Cencrea. Alternativamente, Romanos 16:1 podría estar hablando sólo del gran servicio de Febe a la iglesia en aquella ubicación, sin implicar que ella tuviese título eclesiástico oficial.

Sea que 1 Timoteo 3:11 y Romanos 16:1 tengan el rol de diaconisa en mente o no, es claro que una orden de diaconisas existió en la iglesia luego del siglo I. La evidencia temprana más significante incluye a la Didaskalia Apostolorum (Siria, inicios del siglo III d.C.), que describe a la mujer diácono en la iglesia oriental como aquella que ministraba asistiendo a las mujeres en sus bautismos, instruía a las mujeres recientemente bautizadas y proveía de ayuda a las mujeres en necesidad. Constituciones Apostólicas, obra siria del siglo IV, afirma su función en similares actividades, incluyendo el mantener la separación de los sexos durante la adoración. También describe su ordenamiento por medio de la imposición de manos y oración.

DIADEMA Una pieza ornamental usada sobre la cabeza que representa estatus y autoridad. La palabra es una transliteración del término griego diadema que en su forma verbal significa "atar alrededor". Como en el español, el hebreo y el griego utilizan diversos términos para describir los objetos para cubrir la cabeza que indican un estatus especial. Mientras las palabras diadema, corona, turbante, tiara y guirnalda pueden ser distinguidas entre ellas, son términos que a menudo eran usados intercambiablemente y sinonímicamente. (La NVI usa más comúnmente la traducción "corona"). Originalmente, la diadema era una cinta atada a la cabeza, pero luego tomó la forma de una banda metálica. La diadema podía ser vestida por los sumos sacerdotes (Éxodo 29:6 [NVI: "turbante"]; cf. 1 Macabeos 10:20), reyes (Isaías 62:3; cf. 2 Reyes 11:12; 1 Macabeos 11:13), reinas (Ester 1:11), o alguien recibiendo un reconocimiento especial, tal como Mardoqueo (Ester 8:15). Junto a un trono, un cetro y el color púrpura, una diadema era signo de realeza. Los reyes

Estatua masculina de Chipre con una diadema con rosetones.

D

persas vestían una banda púrpura con decoraciones blancas. Alejandro Magno y sus sucesores adoptaron la diadema como un símbolo de su poder real. Para continuar la ficción de la República Romana y para evitar demandas directas de realeza, los emperadores romanos antes de Constantino no usaban la diadema. El Apocalipsis describe a los enemigos de Cristo, un dragón escarlata (12:3) y una bestia surgiendo del mar (13:1), usando diademas, pero Cristo (19:12), que también llevará muchas diademas, será exaltado. *Ver también* Corona.

DIAL *Ver* Sol, reloj de.

DIAMANTE Un carbón puro y cristalizado, el más duro de los minerales conocidos. La LBLA usa "diamante" tres veces para traducir la palabra hebrea yahalom (Éxodo 28:18; 39:11; Ezequiel 28:13) y una para traducir shamir (Jeremías 17:1). Esta era la piedra preciosa ubicada en la tercera y última posición, en la segunda fila del pectoral del sumo sacerdote, a pesar de que el término hebreo se refiere más probablemente a jaspe verde. El pecado de Judá fue grabado en sus corazones con un cincel con punta de diamante (Jeremías 17:1), un instrumento utilizado para tallar inscripciones en piedra. La palabra hebrea traducida como "diamante" en la mayoría de las versiones de la Biblia, debe referirse a alguna otra piedra, ya que no hay evidencia de que los antiguos hayan cortado diamantes. El diamante no es identificado en las tierras mediterráneas sino hasta cientos de años después, en el siglo I. Identificar esta piedra con exactitud es difícil, sin embargo, sea cual sea la piedra descrita, es una de dureza impenetrable. *Ver también* Minerales y Metales.

DIANA Diosa romana de la cacería, asociada con los bosques, la vida salvaje y la castidad. En la mitología griega Diana es conocida como Artemisa. Artemisa de los Efesios (Hechos 19:23-41) comparte el nombre, sin embargo, se trata de una diosa de la fertilidad que tiene un perfil diferente. *Ver* Artemisa.

DIÁSPORA La Diáspora (o la Dispersión) se refiere generalmente a los judíos que viven fuera de la tierra de Israel. Especialmente alrededor del siglo I d.C., los judíos vivieron a lo largo del mundo mediterráneo y Mesopotamia. Grandes poblaciones de judíos vivieron en Egipto y en Babilonia/Persia. Dos comunidades judías en Egipto establecieron templos: en Elefantina, en algún momento desde el siglo V al siglo IV a.C., y en Leontópolis, en el siglo II a.C.

De acuerdo a 2 Reyes 7:1-41, la primera reubicación mayor de israelitas ocurrió por la fuerza alrededor del año 722 a.C., cuando Samaria cayó en las manos de Sargón II, rey de Asiria. Como castigo por romper sus obligaciones con Asiria, Sargón deportó a muchos israelitas a otras partes del imperio asirio, una práctica asiria usual. La Biblia también registra las deportaciones de los habitantes de Judea por parte de Babilonia, alrededor del final del siglo VII y comienzo del siglo VI a.C. (2 Reyes 24-25; Jeremías 21; 25; 27; 29; 39; 52). Lo que explica estas dispersiones forzadas, o exilios, como castigos por romper las obligaciones de su pacto con Yahveh (Lev. 26:31-39; Dt. 28:64-67). La Biblia también destaca que algunos judíos se reubicaron voluntariamente (Jeremías 40-43). Las reubicaciones voluntarias constituyen probablemente la fuente primaria para los judíos en la Diáspora.

De acuerdo a Hechos, el esparcimiento del cristianismo está inseparablemente atado a la Diáspora. La gran "conversión" inicial que registra Hechos en Pentecostés involucra a judíos de la Diáspora que habían viajado a Jerusalén por el festival (Hechos 2:5-13). A través del resto de Hechos, los apóstoles y misioneros encuentran refugio y audiencias entre muchas de las comunidades judías de la Diáspora. Aun luego que Pablo declarase que regresará con los gentiles porque los judíos han rechazado el mensaje (Hechos 13:44-52), las comunidades de la Diáspora continúan proveyendo destinos y audiencias para él (ej. Hechos 17:1-4, 10-12, 17; 18:1-11, 19; 28:17-30). Algunos autores del NT etiquetan a sus receptores como aquellos en la Diáspora (o Dispersión), quizás un despliegue cristianizado del término (Santiago 1:1; 1 Pedro 1:1-2).

DIBLAIM En Oseas 1:3 Gomer, la prostituta con la que se casa Oseas, es mencionada como "hija de Diblaim". Esto podría ser un indicador de la ciudad natal de Gomer, "el lugar de las dos corrientes", o podría ser el nombre del padre de Gomer. El significado de la raíz es "hacer bolas" y la palabra tiene un final dual, sugiriendo un significado de "dos objetos redondos". Estos son los sustantivos que se derivan del significado de esta raíz "anillo", "tumor", "corriente" o "riachuelo" y "torta redonda de higos". Una sugerencia común que debería ser descartada, "dos tortas redondas de higos", el precio por una prostituta, sería en realidad "Diblataim".

DIBLAT Un lugar mencionado en Ezequiel 6:14 para mostrar la extensión hasta la que Dios dirigió las operaciones en contra de Jerusalén a través de la mano del rey Nabucodonosor: "Y extenderé mi mano contra ellos, y dondequiera que habiten haré la tierra más asolada y devastada que el desierto hacia Diblat". La ubicación específica es desconocida. Diblat aparece sólo una vez en el AT siendo, de otro modo, desconocida. Es posible que el nombre sea el resultado de un error escribano en la transcripción de "Riblá" (ya que en hebreo los caracteres para la r y la d tienen una forma similar), en cuyo caso se referiría al pueblo que está en el límite oriental de Israel. Riblá es donde Faraón encarceló a Joacaz, poniendo a Eliaquim como rey en su lugar (Números 34:11; 2 Reyes 23:33).

DIBÓN (1) También llamada "Dibón-gad", una ciudad en Moab ubicada al norte del río Arnón y al este del Mar Muerto. Se sitúa en el Camino de los Reyes. Los israelitas se detuvieron allí cuando daban vueltas en el desierto (Números 33:45-46). Los israelitas ganaron el control de Dibón luego de derrotar a Sehón en la batalla. Dibón fue entregada a la tribu de Gad (Números 32:3, 32). Josué 13:17 la asigna a Rubén.

Aparentemente, Dibón fue retomada por los moabitas durante el período de los jueces (Jueces 3:12-30) y los israelitas que vivían en el área sirvieron a Eglón, rey de Moab, por dieciocho años. Durante el tiempo de David, Dibón estuvo nuevamente bajo el control israelita (2 Samuel 8:2). En el tiempo del periodo exílico, fue nuevamente parte de Moab (Isaías 15:2; Jeremías 48:18-22). Isaías condenó a Dibón como la más malvada de las ciudades de Moab (Isaías 15:9 [NVI "Dimón"]).

La ciudad fue construida en dos alturas. La elevación más alta servía como ciudadela. Estaba rodeada por un muro y poseía varias cisternas y reservas de agua. El palacio real y un santuario, también se ubicaban allí.

La Piedra Moabita fue encontrada en 1868 en Dibón. Fue erigida por el rey Mesha, un contemporáneo de Omri, rey de Israel, que reinó a través del tiempo del nieto de Omri, Joram y de Josafat de Judá. La inscripción ofrece recuentos detallados de sus campañas en contra de los israelitas. Luego de librar a Moab de su presencia, Mesha

Restos arqueológicos en Dibón.

D

reconstruyó Dibón como su capital, llamándola "Qarhoh".

Después de la muerte de Mesha, sus éxitos no duraron por mucho. Dibón se transformó en una ciudad vasalla de Asiria y perdió una revuelta contra los babilonios. Dibón parece haber pertenecido a los nabateos, pero puede haber sido parte de Perea, área al este del Jordán bajo el control del estado judío pre-romano. Parece que hubo una guarnición romana en Dibón desde el siglo II al siglo III d.C. **(2)** Pueblo en el Neguev perteneciente a Judá, al cual los exiliados babilonios regresaron (Nehemías 11:25).

DIBRI Un miembro de la tribu de Dan y padre de Selomit, que se casó con un hombre egipcio. Cuando estalló una pelea entre el hijo de Selomit y un israelita, el hijo maldijo el nombre de Dios y fue apedreado por blasfemia (Levítico 24:10-23).

D

DICLA Uno de los hijos de Joctán, el padre de las tribus que se asentaron en el sureste de Arabia (Génesis 10:27; 1 Crónicas 1:21). La palabra significa "palma datilera" y llegó a ser la denominación de una pequeña región de oasis, posiblemente cercana a Shirwah, donde se cultivaban dátiles.

DÍDIMO Apellido del apóstol Tomás, que significa "gemelo". El término sólo aparece en el Evangelio de Juan (11:16; 20:24; 21:2). "Dídimo" es el equivalente griego del arameo "Tomás", que también significa "gemelo".

DIDRACMA El impuesto del templo por dos dracmas (medio shekel) requerido anualmente a todos los varones judíos. En una instancia, Jesús y Pedro pagaron este impuesto con una moneda de cuatro dracmas (statēr) que Pedro había encontrado en la boca de un pez (Mateo 17:24-27). De acuerdo a la Mishná, el impuesto era recolectado durante el mes previo a la Pascua y sólo era considerada como aceptable la moneda de plata de cuatro dracmas (un shekel) acuñada en Tiro, quizás por su alto contenido de plata.

DIENTES La ley del antiguo testamento consideraba la pérdida de un diente o un ojo igualmente seria (Éx. 21:24, 27; Lv. 24:20; Dt. 19:21; Mt. 5:38-39). Los dientes perfectos, limpios y blancos son una marca de belleza (Cant. 4:2; 6:6). Cuando las naciones o personas destruyen es con dientes afilados (Dt. 32:24 [NIV: colmillo"]; Job 29:17; 41:14; Prov. 30:14; Jl. 1:6). El salmista llama a Yahveh a "quebrar los dientes" del malvado (Sal. 3:7; 58:6). El infierno es descrito como un lugar de "llanto y crujir de dientes" (Mt. 8:12; 13:42; 22:13; 24:51; 25:30; Lc. 13:28), gráficamente presenta el sufrimiento reservado a aquellos fuera del reino de Dios.

DIETA Una selección prescrita de alimentos. La ley mosaica exige una dieta particular para Israel que excluye, entre otros alimentos, camellos, liebre, tejón de roca y sangre (*ver* Levítico 11; Deuteronomio 14:1-21) y requiere un ayuno de un día completo durante el Día de la Expiación. La base no es totalmente clara. Algunos argumentan que es por una ventaja nutricional de la dieta, mientras que otros ven en los mandamientos una oportunidad para expresar obediencia y autodisciplina.

Aunque Dios permite el consumo de la carne de ciertos animales, mas no su sangre (Génesis 9:2-4; Levítico 17:10-16), la dieta ideal parece estar compuesta de frutas, granos y vegetales (Génesis 1:11-12; 2:5; Éxodo 16; Dan. 1:11-16; Mateo 6:11). Los israelitas podían hacer un voto nazareo, por el cual se abstendrían de vino y cualquier derivado de las uvas (Números 6:1-21; Jueces 13:5-7). Juan el Bautista adoptó una dieta restrictiva de langostas y miel silvestre, probablemente como una expresión de ayuno afligido, una dieta de la cual Jesús se aleja, lo que genera acusaciones en su contra de ser ebrio y glotón (Mateo 3:4; 9:14-17; 11:16-19). Por otra parte, la Biblia evita el ascetismo extremo.

En medio de la pobreza y sequía rampantes, pocas personas batallaban en ese entonces con la preocupación moderna de comer en exceso y tener sobrepeso (revisar de todos modos Jueces 3:17). Dentro de los límites de la moderación, humanidad hacia los animales sacrificados por comida y la sensibilidad con la conciencia de otros, los cristianos están libres de restricciones en lo concerniente a los alimentos (Marcos 7:19; Romanos 14:14; Filipenses 3:19). Al igual que Pablo, ellos podrían elegir adoptar un voto nazareo (Hechos 18:18) u observar otras restricciones por el bien de su conciencia (ej. vegetarianismo), pero deben hacerlo sin juzgar la dieta de otros.

DIEZMO Una ofrenda de un décimo del total. Abram le da a Melquisedec un décimo (Gn. 14:20; Heb. 7:2-9), y Jacob le promete a Dios un décimo (Gn. 28:22). Estas ocasiones reflejan una práctica ya establecida en tiempos patriarcales. Bajo Moisés, Israel debe darle a Dios un diezmo de todas sus cosechas, manadas y rebaños (Lv. 27:30-32). Estos diezmos son recibidos por los levitas para su sustento; ellos a su vez, diezman de todo lo recibido (Nm. 18:25-32). El Deuteronomio especifica un diezmo anual comido por los adoradores y cada tres años un diezmo de bodega para proveer a los levitas y por los extranjeros, los que no tienen padre y las viudas (Dt. 14:22-29). Ezequías (2 Cr. 31:5-8) y, posteriormente, Nehemías (Neh. 10:37-38; 12:44-47; 13:10-13) restablece este sistema. Malaquías advierte contra la negligencia en el diezmo (Mal. 3:8-10). Amos usa la ironía para subrayar que el diezmo no puede reemplazar a la justicia (Am. 4:4). Igualmente, Jesús condena a los escribas y fariseos por ser negligentes con la justicia, misericordia y fidelidad mientras diezman meticulosamente; en cambio, deberían practicar todas ellas (Mt. 23:23; cf. Lc. 11:42; 18:11-12).

DIFAT *Ver* Rifat.

DILEÁN Un pueblo incluido en la herencia de la tribu de Judá. Enumerado en el mismo distrito que Laquis, en la región baja al este del plano costero y al este de los cerros de Judea, su ubicación exacta es desconocida (Josué 15:38).

DIMNA Uno de los cuatro hijos de Zabulón, asignado al clan levita de Merari (Josié 21:35). Probablemente debería ser identificado con el Rimón de Josué 19:13 y con el de 1 Crónicas 6:77. El pueblo se encuentra alrededor de 13 millas al oeste del Mar de Galilea.

DIMÓN *Ver* Dibón.

DIMONA Un pueblo incluido en la herencia de la tribu de Judá. Enumerado en el distrito de Neguev, que cubría el área desértica que mira al Mar Muerto en dirección al sur hacia Edom, pero su ubicación es desconocida (Josué 15:22). Algunos lo identifican con Dibón, un pueblo asentado luego del exilio (Nehemías 11:25).

DINA Hija de Jacob y Lea (Génesis 30:21). Dina fue violada por Siquem en la ciudad cananea de Siquem (Génesis 34). La acción de Dina antes del ataque –dejar su hogar para visitar a las mujeres cananeas– parece ser inocente, pero en contexto, podría ser entendido como algo impropio. Su deshonra llevó a la masacre de los hombres residentes de Siquem por mano de los hijos de Jacob, Simeón y Leví.

DINABA La ciudad de Bela, hijo de Beor, llamada como el primer rey de Edom "antes de que cualquier rey israelita gobernara" (Génesis 36:32; 1 Crónicas 1:43). La ubicación de la ciudad es indeterminada.

DINEOS El nombre de un pueblo, de acuerdo a la RVA, traducción de la palabra hebrea dinaye' en Esdras 4:9. Versiones más recientes traducen la palabra como "jueces".

DINERO *Ver* Monedas.

DINOSAURIOS La palabra "dinosaurio" viene de las palabras griegas que significan "lagarto terrible" y se refiere a reptiles muy grandes, extintos hace mucho tiempo y que han sido reconstruidos y estudiados por los paleontólogos. Sus restos fosilizados han sido conocidos desde la antigüedad, pero eran considerados formaciones rocosas que coincidentemente parecían partes de criaturas vivientes. Los fósiles no estaban hechos evidentemente de hueso o material orgánico. Los cristianos hasta el siglo XVII rechazaban la idea de que los fósiles fueran los restos de seres que alguna vez estuvieron vivos, ya que dichas especies ya no existían y la sola idea de la extinción parecía ser anatema a la doctrina de la creación, debido a que era poco probable que Dios permitiera que sus criaturas murieran.

Una vez que la comunidad científica aceptó que los fósiles estaban formados por organismos que alguna vez vivieron pero que ahora están extintos, la pregunta acerca de su relación con la historia humana se convirtió en un problema. El consenso en la actualidad es que los dinosaurios pertenecen a un período muy anterior a la historia humana. No obstante, algunos argumentan que esto contradice el recuento bíblico de la creación, la que parece implicar que humanos y dinosaurios coexistieron en algún momento. Se ha seleccionado evidencia de la Biblia para ilustrar que los autores bíblicos sabían de la existencia de tales criaturas antes de su extinción. Por ejemplo, la versión RVR1960 de Salmos 91:13 menciona a un "dragón" (traducciones modernas: "serpiente"), supuestamente un dinosaurio. Job 40-41 describe a behemoth y leviatán, los que parecen ser más grandes que la vida y son identificados como dinosaurios por algunos creacionistas. Es importante destacar que hay interpretaciones alternativas disponibles. Muchos aseguran que behemoth es el hipopótamo, mientras que leviatán sería el cocodrilo. Intérpretes más antiguos identificaban a leviatán con Satanás.

DINTEL La viga horizontal en la parte superior de una puerta. Dios ordenó a los israelitas que rociaran sangre de cordero en los postes y los dinteles de sus puertas en preparación para la primera Pascua, tal preparativo marcaría las casas israelitas y les salvaría de la destrucción que Dios traería sobre los egipcios (Éx. 12:7, 22- 23 NRSV [NTV: "parte superior del marco de la puerta"]). El dintel era parte de una jamba de cinco lados para la puerta de entrada de madera de olivo del templo de Salomón (1 Re. 6:31 NVI). Las aves se posarían en los dinteles de las puertas desoladas de Nínive después de su destrucción (Sof. 2:14 RV).

DIONISIO Miembro del concejo del Areópago de Atenas ("Areopagita"), que rigió sobre varios asuntos legales y educacionales y que se convirtió al cristianismo luego de oír a Pablo predicar al concejo (Hechos 17:34). La tradición posterior sugiere que llegó a ser obispo de Atenas, el primer mártir cristiano de la ciudad y su santo patrono.

DIOS DE LOS PADRES Esta expresión se refiere a una teoría académica particular concerniente a los patriarcas en el Génesis y su adoración de Dios. Según esta teoría, que está en armonía con la Hipótesis Documental, en la era patriarcal el nombre "Yahveh" no era conocido. Los patriarcas se referían a Dios por varios otros nombres, de los cuales el más general y teológicamente significativo es "Dios de los padres". Esta frase técnica puede establecerse en la fórmula "Dios del padre de [alguien]" (Gn. 31:5, 29, 53; 46:3; Éx. 3:13; 4:5) o "Dios de [nombre del patriarca(s)]" (Gn. 24:12; 28:13; 32:9; 46:1; Éx. 3:6). Dios mismo usó ambas fórmulas cuando se reveló a Moisés en el arbusto ardiente (Éx. 3:6). La relación entre "Dios de los padres" y varios nombres compuestos con "El" (El Elyon, El Roi, El Olam, El Elohe Yisrael, El Bethel y El Shaddai) es materia de debate.

Icono de Moisés en la zarza ardiente, donde Dios se reveló a Moisés como el Dios de su padre (Monasterio de Santa Catalina, Sinaí, Egipto)

Evidencia del antiguo Oriente Próximo muestra que la fórmula "Dios de los padres" se refiere al dios personal de uno. En las antiguas tabletas asirias del tiempo de Abraham, "Un dios de tu padre" (il abika) es invocado como testigo. Estos dioses personales servían como deidades protectoras. La mayoría de los académicos están de acuerdo en que la fórmula en la Biblia originalmente se refería a un dios protector personal o dios familiar de los patriarcas.

La frase "Dios de los padres" juega un rol teológicamente significativo a través de la Biblia. Esta fórmula solemne enfatiza la íntima conexión del presente con la historia antigua, concretamente, la fe de los antepasados. En la historia del arbusto ardiente (Éx. 3), por ejemplo, la fórmula conecta la generación de Moisés con la promesa y bendición que Dios les hizo a los patriarcas. En Deuteronomio (1:11,21; 4:1; 6:3; 12:1; 26:7; 27:3) enfatiza la continuidad entre la generación del autor y la generación anterior en Israel. Para las generaciones exílicas y postexílicas, la frase enfatiza la atrocidad de su apostasía (*véase* la promesa de no abandonar "el Dios de sus padres" en 1 Cr. 34:32-33 NASB). También, en el NT, la frase le recuerda a los cristianos que el Dios de su experiencia es el mismo que el Dios revelado a los antiguos patriarcas (Mc. 12:26; Mt. 22:32; Hec. 3:13; 5:30).

DIOSES PAGANOS

Definición de Términos

El término "pagano" tiene dos definiciones separadas pero relacionadas en la lengua inglesa española ambas son algo engañosas cuando se aplican a religiones en el antiguo Oriente Próximo. La primera definición caracteriza a un pagano como alguien que sigue a una religión menos establecida o una persona que esta fuera de las corrientes de creencias principales dentro de una sociedad en particular. Aplicando esta definición a la religión del antiguo Oriente Próximo es algo engañoso porque frecuentemente dentro de la sociedad bíblica los sistemas de creencias judíos o cristianos estaban fuera de la corriente principal. Estar fuera de la corriente principal ciertamente era un hecho de la vida para los cristianos del siglo uno, que frecuentemente eran perseguidos como si fuesen ateos y por su fracaso para reconocer en un panteón de dioses que era la corriente principal. En la sociedad del AT, las religiones competitivas especialmente los panteones cananeos y babilonios, ciertamente eran más ampliamente aceptadas y seguidas. Incluso dentro de la sociedad israelita estas religiones no israelitas ofrecían una alternativa viable a la religión de Yahveh. Así, si uno usase esta definición ya sea en el AT o en el NT, probablemente debería aplicarse a la religión de los judíos o cristianos y no a las religiones cananeas, babilonias, griegas y romanas prevalentes.

La segunda definición inglesa del término "pagano" involucra la adoración de dioses o fuerzas de la naturaleza que controlan el mundo. Esta definición se aplica específicamente a sociedades agrarias, donde el cambio de las estaciones, la llegada de clima favorable y condiciones de crecimiento para los cultivos, la posibilidad de prosperidad que trae el buen clima y el deseo general por fertilidad son parte de una comprensión religiosa y sistema de creencias. Mientras que esta definición ciertamente se aplica a muchas religiones no israelitas seguidas por los vecinos de Israel y a algunas de las griegas y romanas del NT, se aplicaría a muchos de los seguidores de Yahveh en el AT que veían a Yahveh como el Dios de las montañas y tormentas en directo conflicto con el mito de Baal, que le adscribe estas características a él. Por lo tanto, es prudente recordar que la etiqueta "dioses paganos" es anacrónica y debería usarse con cuidado al discutir las religiones descritas en la Biblia.

En una nota relacionada, la terminología de "idolatría" también es frecuentemente malinterpretada. La mayoría de las religiones no israelitas discutidas en la Biblia habrían entendido las imágenes de sus dioses como representaciones de la deidad (o incluso un trono o lugar de reunión para el dios), más que como un objeto de adoración en derecho propio. Mientras habrían creído que el dios residía en el objeto y estaba presente cuando se realizaba la adoración, ellos no habrían creído que el objeto era dios. La mayoría de los ídolos hechos en el antiguo Oriente Próximo son indistinguibles unos de otros a menos que uno observe sus armas específicas. Esto, junto con la representación antropomórfica del ídolo, más que una representación celestial, sugiere que la preocupación de los adoradores tempranos era no adorar una imagen inanimada, sino más bien ver una representación del dios que residía en la imagen si se adoraba correctamente. Era la presencia del dios lo que se deseaba. Así, la prohibición contra imágenes en el AT es una prohibición contra intentar retratar a Yahveh en cualquier forma física.

Al lidiar con los dioses no israelitas de la Biblia, es útil dividirlos en períodos históricos. Dentro del AT, las principales agrupaciones de dioses no israelitas deberían incluir los dioses de los cananeos y los dioses de los babilonios (que son similares a los dioses asirios). En un menor grado los dioses de los filisteos, los egipcios y los persas también pueden ser considerados. En el NT, los dioses de los griegos y los romanos (que con frecuencia son los dioses griegos asimilados con nuevos nombres) pueden ser considerados. Junto con estas algo artificiales divisiones históricas existen innumerables dioses personales y locales adorados por pequeños grupos de personas o incluso un sólo pueblo o aldea. Por ejemplo, Gn. 31:30 hace referencia a los dioses de Labán, que Raquel se roba al dejar su casa para viajar con Jacob. Estos dioses personales probablemente jugaron un gran rol en la vida diaria de una persona normal, pero con frecuencia se han perdido en la historia. Igualmente, en el NT, las religiones misteriosas de los griegos y de los romanos probablemente jugaron un importante rol en las vidas de muchas personas, pero son difíciles de reconstruir debido a la limitada cantidad de documentación que ha sobrevivido.

Panteón Cananeo

Existe una considerable superposición entre el panteón cananeo y aquellos de las culturas mesopotámicas, y con frecuencia esto puede crear cierta confusión acerca de las deidades que se están discutiendo, especialmente sus nombres y funciones. Complicando aún más las cosas, las descripciones de dioses dentro del panteón mesopotámico con frecuencia tiene identidades fluidas, mientras diferentes tradiciones textuales entran en conflicto unas con otras ocasionalmente. Tanto el panteón cananeo como el babilonio toman prestado en gran medida del panteón sumerio, lo que agrega a sus similitudes y la posibilidad de confusión.

Sin dudas, el dios más importante del panteón cananeo era Baal. La historia de Baal, frecuentemente llamada el "Ciclo de Baal", describe la vida y los actos de Baal. El culto a Baal era una religión de fertilidad y todos los eventos de la vida de Baal estaban conectados al cambio de las estaciones y la fertilidad de la naturaleza. El Ciclo de Baal también explicaba cómo la adoración de Baal afectaba el éxito agricultor de los granjeros.

Esta detallada historia de Baal era casi desconocida, excepto por unos pocos detalles que podían ser discernidos de la Biblia, antes del descubrimiento accidental de la ciudad de Ugarit y su extensa biblioteca en 1928 por un agricultor arando su tierra. La ciudad de Ugarit parece haber sido un importante centro comercial entre los años aproximadamente 1450 y 1200 a.C. Además de Baal, otras importantes deidades dentro del panteón eran El, el anciano padre dios de barba larga; Asera, la esposa de El u ocasionalmente retratada como la esposa o hermana de Baal; y Mot, el dios de la muerte, generalmente representado como una serpiente.

Baal era el dios del clima, especialmente el trueno, los rayos y la lluvia (Baal casi siempre es representado con un rayo en una mano y una vara de poder en la otra). Otras representaciones

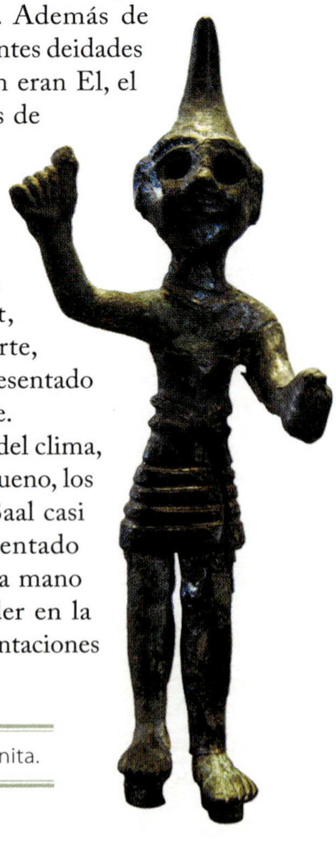

Figura de un dios guerrero Canaanita.

o símbolos de Baal incluyen el toro (el animal más fuerte y poderoso del antiguo Oriente Próximo), agua, neblina, rocío, granos, aceite y cualquier otro símbolo de fertilidad.

La adoración de Baal tenía la intención de mantenerlo contento para asegurar la llegada de la primavera (preferentemente, temprano), la lluvia necesaria para los cultivos y, finalmente, un verano largo para que pudiese plantarse y cosecharse dos veces. La segunda cosecha, que frecuentemente era la que un agricultor podía vender por ganancias (la primera habiendo sido reservada para el alimento del propio agricultor), estaba especialmente ligada al favor de Baal. Baal era adorado no solo con la esperanza de prosperidad agrícola, sino también para la fertilidad de las familias en términos de niños y por ayuda en la batalla. El principal medio para producir y mantener el favor de Baal era ofreciéndole los primeros frutos de la cosecha. Cuando se cosechaba la primera parte de los cultivos se esperaba que una porción de lo cosechado (con frecuencia un diezmo) se ofreciese a Baal con la esperanza de recibir su favor y extender la temporada de cultivo. No solo debían entregarse a Baal los primeros frutos, sino también los primogénitos de todos los animales de rebaño. También era una práctica común que el primogénito de una familia fuese entregado a Baal en sacrificio humano. Baal con frecuencia es llamado Mólek en la Biblia (e.g., Jr. 19) cuando se describe un sacrificio humano. Otra práctica de la adoración de Baal eran las relaciones sexuales rituales entre un adorador y un sacerdote o sacerdotisa. Esta actividad sexual ritual se creía que aumentaba la fertilidad del adorador, por lo tanto aumentando las posibilidades de tener más hijos.

Aparentemente, durante gran parte de la historia de Israel, en especial durante la monarquía, la adoración de Baal ofrecía una tentadora alternativa a la adoración de Yahveh. De hecho, las historias de Elías y Eliseo sirven como polémica directa contra la adoración de Baal. Gran parte de las historias de Elías y Eliseo usan los símbolos de Baal para demostrar que Yahveh es mucho más fuerte que Baal. Para el siglo uno AD, la adoración de Baal era cosa del pasado, pero quedaban algunos vestigios de la adoración. Por ejemplo, en los Evangelios, Jesús dice que una persona no puede adorar tanto a "Dios como al dinero" (KJV: "mammon") (Mt. 6:24; Lc. 16:13). La palabra griega traducida como "dinero", mamōnas, es un préstamo del arameo y en realidad se refiere a la adoración de Baal, pero para la época de Jesús había evolucionado para tomar una definición más genérica de "prosperidad".

Junto con Baal, el culto a Asera, un miembro femenino del panteón era común. Aunque los académicos no están seguros de su forma, se cree que la referencia en el AT a los "postes de Asera" era probablemente una referencia a un símbolo fálico que representaba la fertilidad (Jue. 6:26; 1 Re. 14:23). Recientemente, varias referencias a Asera se han descubierto en el Kuntillet 'Ajrud en el noreste de Sinai, fechadas en el siglo ocho. Estas inscripciones dicen que Asera era la consorte de Yahveh, en vez de Baal, proporcionando mayor evidencia para la cantidad de sincretismo presente en Israel durante la monarquía. Otra deidad femenina, Astoreth (conocida también por su nombre mesopotámico, "Ishtar"), es llamada "Reina del Cielo" varias veces en el libro de Jeremías (7:18; 44:17-19, 25).

En relación a la infiltración de Baal en la adoración del reino norte está el debate acerca de la naturaleza del "pecado de Jeroboam" que fue instituido por Jeroboam I cuando él, junto a las diez tribus del norte, cedieron Israel (1 Re. 12:25-33). En discusión está si Jeroboam estaba instituyendo una nueva religión basada en becerros, volviéndose así sincrético con los vecinos fenicios del norte de estas tribus (lo que hubiese sido equivalente a introducir la adoración de Baal en Israel) o simplemente rechazando la centralidad de Jerusalén para la adoración de Yahveh (que solo pocos años antes habían sido centralizados en Jerusalén por el templo de Salomón, resultando en la inhabilitación de los levitas fuera de Jerusalén). Claramente, el reino sur vio estos eventos como apostasía, si las tribus del norte lo hicieron no está claro. Amós, por ejemplo, parece enfocar su criticismo del culto en Betel no en la adoración misma sino en la hipocresía de los adoradores, que no estaban siguiendo la ley prescrita en la Torá.

Panteón Babilonio

Aunque el debate continúa sobre la relación exacta entre los dos, el panteón babilonio tenía muchos elementos similares al panteón cananeo. Existen docenas de documentos primarios acerca de la religión de Babilonia; los más importantes de ellos incluyen el Enuma Elish, una historia de la creación y apología para Marduk el jefe de los dioses; la Épica Atrahasis, que tiene una versión de la historia de la inundación en ella; y la Épica de Gilgamesh, que describe la búsqueda de vida eterna por parte del Rey Gilgamesh. Dentro del panteón babilonio, Marduk es el jefe de los dioses, que es también el dios patrono de Babilonia. El Enuma Elish que describe la creación del mundo, trata principalmente con la ascensión de Marduk al rol de dios jefe a través de la destrucción de las fuerzas del caos representadas por el monstruo Tiamat y poniendo en orden tanto el panteón del mundo natural. Marduk, como Baal, había retenido la más poderosa arma cósmica, que incluye el agua, la lluvia y la guerra. La Épica de Gilgamesh describe la travesía del rey Gilgamesh, que es parte humano y parte divino, en busca de la inmortalidad. Durante el curso de este viaje, él aprende que la vida eterna está reservada para los dioses, y los humanos deben dejar su marca en el mundo por lo que hacen con sus vidas. La religión y el panteón babilonio ejercieron la influencia más fuerte sobre Israel durante el exilio. El texto bíblico claramente ha sido influenciado por estas creencias babilonias. Sin embargo, la Biblia consistentemente presenta estos puntos de vista como contrarios a la verdadera adoración de Yahveh e insiste que solo Yahveh merece la adoración como verdadero creador del mundo, vencedor del caos y proveedor de prosperidad y vida.

Un altar romano a un dios desconocido.

Otros Panteones del Antiguo Oriente Próximo

Los dioses egipcios son brevemente mencionados en la Biblia. Las referencias más evidentes a los dioses egipcios se encuentran en la historia de las diez plagas, que la mayoría de los académicos creen que era un ataque directo a las deidades egipcias por parte de Yahveh. Es poco claro si el becerro descrito en Éx. 32 debería entenderse como un dios egipcio, un dios completamente nuevo o diferente o como una representación prohibida de Yahveh.

Poco se sabe del panteón filisteo de dioses, pero parece ser bastante similar al panteón cananeo (si no el mismo con variaciones locales). El dios jefe filisteo, referido en la Biblia como "Dagón" (Jue. 16:23; 1 Sm. 5:2-7; 1 Cr. 10:10), probablemente también se conocía por el nombre "Baal Zebul" ("Señor Príncipe"), que en el AT es burlado cambiándolo a "Baal Zebub" ("Señor de las Moscas") (2 Re. 1:2-3, 6, 16). En el NT, este dios es recordado cuando los fariseos acusan a Jesús de estar aliado con Satanás (Mt. 12:24; Lc. 11:15; [griego Beelzeboul]). Porque los filisteos eran conocidos como Gentes de Mar, no es de sorprender que esta deidad tuviese varias cualidades de pez (incluyendo cola de pez).

Religión del Nuevo Testamento

En el NT, el panteón griego que estaba subsumido por el panteón romano era la expresión religiosa común de la época. Como otros panteones antiguos, estos intentaban explicar el mundo natural a través del involucramiento de varias deidades en la naturaleza. Prueba que los judíos que vivían en la provincia de Judá estaban bajo constante presión para asimilarse a la religión griega se proporciona en reportes de los libros de Macabeos que describe la revuelta judía contra los seléucidas en lo que esencialmente fue una guerra religiosa contra la asimilación. En los Evangelios poco se dice acerca de los panteones griegos y romanos, pero el libro de Hechos contiene varios informes de la interacción de Pablo con los griegos y sus prácticas religiosas. Especialmente notable es la interacción de Pablo con los atenienses cuando debatió con filósofos que eran seguidores del "Dios Desconocido" (Hec. 17:23). Tres otras deidades se nombran en Hechos, incluyendo Artemisa en Éfeso (Hec. 19:24, 27-28, 34-35), que los romanos llamaban Diana, y Zeus y Hermes (Hec. 14:12-13), llamado Júpiter y Mercurio por los romanos, con los que Pablo y Bernabé son confundidos en Listra cuando Pablo predicó y sano a un hombre inválido.

Resumen

El problema del pueblo de Dios, Israel, adorando a otros dioses permea gran parte de la historia bíblica. Estos reportes varían a través del tiempo desde la historia temprana de Raquel en el Génesis, al período de los jueces cuando las imágenes de Miqueas (Jue. 17:1-6) y el efod de Gedeón (Jue. 8:26-27) eran adorados, a cuando Salomón y sus esposas adoraron dioses extranjeros (1 Re. 11:5-8), a la época de Acab cuando todo Israel siguió a Baal que Elías venció en el Monte Carmelo (1 Re. 18:16-46). Dependiendo de cuando uno data el libro del Deuteronomio, la fuerte prohibición contra la idolatría no fue escuchada (si Moisés escribió el libro) o fueron una declaración culmine anti-idolatría del escritor Deuteronómico justo antes del exilio. Existe considerable debate acerca de cuándo Israel se volvió una nación exclusivamente monoteísta (si es que alguna vez lo hizo), pero para el siglo ocho a.C., Isaías y Amós castigan a los adoradores de estos falsos dioses. Claramente, para la época de Jeremías, algunos grupos dentro de Israel (el profeta incluido) habían comenzado a cuestionar si los dioses de otras naciones si quiera existían (Jr. 2:28). Finalmente, con la destrucción del templo en Jerusalén, irónicamente, la adoración de otros dioses se termina. Es seguro que la época del siglo uno AD, la evolución hacia una visión monoteísta es completa, y Pablo puede declarar que un "ídolo no es nada" (1 Cor. 8:4), y que cualquier pecado es equivalente a la idolatría (Ef. 5:5).

DIOS Para los cristianos, Dios es el creador del cosmos y el redentor de la humanidad. Él se ha revelado a sí mismo en actos históricos, concretamente en la creación, en la historia de Israel y especialmente en la persona y trabajo de Jesucristo. Hay un solo Dios (Dt. 6:4); "no hay otro" (Is. 45:5). Porque "Dios es espíritu" (Jn. 4:24), debe revelarse a través de varias imágenes y metáforas.

Imaginería de Dios

El carácter y atributos de Dios se revelan principalmente a través del uso de imaginería, la mejor y más comprensible forma para describir la naturaleza misteriosa de Dios. Las Escrituras emplean muchas imágenes para describir el ser y carácter de Dios. Algunos ejemplos se encuentran a continuación.

Dios es comparado con el padre que muestra compasión y amor a sus hijos (Sal. 103:13; Rom. 8:15). La imagen de padre también se usa por los profetas para revelar la creación de Dios (Is. 64:8). Jesús predominantemente usa el lenguaje de "Padre" en referencia a Dios (Mc. 8:38; 13:32; 14:36), revelando si relación cercana con el Padre. Dios también se identifica como el rey de Israel incluso antes de que los israelitas tengan un rey humano (1 Sm. 10:19).

El Salterio exalta a Yahveh como el rey, reconociendo la soberanía y preeminencia de Dios (Sal. 5:2; 44:4; 47:6-7; 68:24; 74:12; 84:3; 95:3; 145:1). Dios es metafóricamente identificado como el pastor que cuida de sus ovejas, su pueblo, para retratar su naturaleza de provisión y protección (Sal. 23.1-4). La imagen del alfarero también se emplea para describir la naturaleza de Dios, que crea a sus criaturas según su voluntad (Jr. 18:6; Rom. 9:20-23). En Os. 2:4-3:5 Dios es identificado como un esposo largamente sufriente de la esposa adúltera, Israel. En un ambiente de guerra, Dios es retratado como el guerrero divino que lucha contra su enemigo (Éx. 15:3).

Dios también es referido como abogado (Is. 1:18), juez (Gn. 18:25) y legislador (Dt. 5:1-22). La imagen del agricultor también se adopta con frecuencia para describir la naturaleza de Dios de cuidado compasivo, creación, providencia, justicia, redención, santificación y más (e.g., Is. 5:1-7; Jn. 15:1-12). Dios frecuentemente es mencionado como un maestro (Éx. 4:15) que nos enseña lo que debemos hacer, como hace el Espíritu Santo en el NT (Jn. 14:26). El Espíritu Santo es identificado como el consejero, el ayudante, el testigo y el guía (Jn. 14:16, 26; 15:26). Dios es frecuentemente comparado metafóricamente a varias cosas en la naturaleza, como una roca (Sal. 18:2, 31, 46), la luz (Sal. 27:1), el fuego (Dt. 4:24; 9:3), un león (Os. 11:10) y un águila (Dt. 32:11-12). En particular, los salmos davídicos emplean muchas imágenes de la naturaleza —roca, fortaleza, escudo, cuerno, y baluarte (e.g., Sal. 18:2)— para describir la perfecta protección de Dios.

Finalmente, el antropomorfismo con frecuencia se emplea para describir las actividades de Dios. Numerosas partes del cuerpo se usan para hablar de Dios: rostro (Nm. 6:25-26), ojos (2 Cr. 16:9), boca (Dt. 8:3), oídos (Neh. 1:6), fosas nasales (Éx. 15:8), manos (Esd. 7:9), brazos (Dt. 33:27), dedos (Sal. 8:3), voz (Éx. 15:26), hombros (Dt. 33:12), pies (Sal. 18:9) y espalda (Éx. 33:21-22).

Nombres y Atributos de Dios

El AT se refiere a Dios por muchos nombres. Uno de los términos generales usados para Dios, 'el (que probablemente significa "supremacía máxima") con frecuencia aparece de forma compuesta con una palabra calificativa, como en 'el 'elyon ("Dios Altísimo"), 'el shadday ("Dios Todopoderoso") y 'el ro'i ("el Dios que me ve" o "Dios de mi visión"). Estos nombres descriptivos revelan importantes atributos de Dios y por lo general derivaron de experiencias personales en ambientes reales; por lo tanto, no describen un aspecto abstracto de Dios.

El nombre personal de Dios más prominente es yahveh (YHVH), que se traduce como "el Señor" en la mayoría de las Biblias españolas. En el arbusto ardiente en el desierto de Horeb, Dios primero le revela a Moisés su nombre personal en forma de oración: "Yo soy el que soy" (Éx. 3:13-15). Aunque debatido, el nombre divino "YHVH" parece originarse de una forma abreviada de esta oración. Yahveh, que estaba con Moisés y su pueblo al momento del éxodo, es el Dios que estaba con Abraham, Isaac y Jacob. Según el testimonio de Jesús, "el Dios de Abraham, el Dios de Isaac y el Dios de Jacob" es identificado como el Dios "de los vivos" (Mt. 22:32). Por consiguiente, el nombre "Yahveh" está íntimamente ligado a la autor revelación de Dios como el Dios de presencia y vida. (*Véase también* Nombres de Dios).

Muchos de los atributos de Dios están resumidos en Éx. 34:6-7: "El Señor, el Señor, el Dios compasivo y gracioso, lento a la cólera, abundante en amor y fidelidad, que mantienen el amor de miles y persona la maldad, la rebelión y el pecado. Sin embargo, no deja sin castigo a los culpables; Él castiga a los hijos y sus hijos por el pecado de los padres hasta la tercera o cuarta generación". Más abajo se encuentran más explicaciones de algunos de los atributos representativos de Dios.

Santidad. La excelencia moral de Dios es el atributo que subyace a todos los otros atributos. Por lo tanto, todos los atributos de Dios pueden modificarse con el adjetivo santo: santo amor, santa justicia, santa misericordia, santa rectitud, santa compasión, santa sabiduría y así sucesivamente. Dios es el único supremamente santo (1 Sm. 2:2; Ap. 15:4). El nombre de Dios también es santo; aquellos que profanan el nombre de Dios son condenados como culpables (Ex. 20:7; Lv. 22:32). Dios es retratado como uno que tiene preocupación por su santo nombre, que los israelitas profanaron entre las naciones; Dios activamente busca restaurar la santidad de su nombre profanado (Ez. 36:21-23). La santidad de Dios se revela por sus acciones justas (Is. 5:16). No sólo Dios es santo, sino que también espera que su pueblo sea santo (Lv. 11:45; 19:2). Todos los códigos sacrificiales del

Levítico representan los requisitos morales de santidad para los adoradores. Debido al carácter de santidad de Dios, Él no puede tolerar el pecado en la vida de las personas y trae juicio a aquellos que no se arrepienten (Hab. 1:13).

Amor y justicia. Porque "Dios es amor", nadie alcanza el verdadero conocimiento de Dios sin tener amor (1 Jn. 4:8). Las imágenes del padre y el esposo fiel se emplean frecuentemente para retratar el amor de Dios (Dt. 1:31; Jr. 31:32; Os. 2:14-20; 11:1-4). El amor de Dios quedo supremamente demostrado al entregar a su único Hijo Jesucristo por su pueblo (Jn. 3:16; Rom. 5:7-8; 1 Jn. 4:9-10). Dios espera que su pueblo siga el modelo del amor sacrificial de Cristo (1 Jn. 3:16).

La justicia de Dios es la fundación de su ley moral y sus caminos (Dt. 32:4; Job 34:12; Sal. 9:16; Ap. 15:3). También se aprecia en su voluntad (Sal. 99:4). Dios ama la justicia y actúa con justicia (Sal. 33:5). La justicia de Dios se demuestra en juzgar a las personas según sus hechos, castigando el mal y recompensando la justicia (Ez. 18:20; Sal. 58:11; Ap. 20:12-13). Dios establece justicia defendiendo la causa de los oprimidos (Sal. 103:6) y vindicando a los afligidos (1 Sm. 25:39). Dios es completamente imparcial en implementar la justicia (Job 34:18-19). Como con la santidad, Dios requiere que su pueblo refleje su justicia (Prov. 21:3).

Dios mantiene un balance perfecto entre los atributos de amor y justicia. El amor de Dios nunca infringe su justicia y viceversa. La cruz de Jesucristo muestra perfectamente estos atributos en una sola acción. Debido a su amor, Dios entregó a su único Hijo por su pueblo; por su justicia, Dios castigó a su Hijo a causa de los pecados de su pueblo. La buena noticia es que la justicia de Dios fue satisfecha por el trabajo de Jesucristo (Rom. 3:25-26).

Rectitud y misericordia. La rectitud de Dios muestra su única perfección moral. La naturaleza de Dios, acciones y leyes despliegan su carácter de rectitud (Sal. 19:8-9; 119:137; Dn. 9:14). "Rectitud y justicia" son los cimientos del trono de Dios (Sal. 89:14). La rectitud de Dios fue especialmente demostrada en el trabajo de Jesucristo (Rom. 3:21-22). La rectitud de Dios será plenamente revelada en su juicio final (Ap. 19:2; 20-22; cf. Sal. 7:11).

La palabra "misericordia" representa varias palabras en los lenguajes originales: en hebreo, khesed, khanan, rakham; en griego, charis, eleos, oiktirmos, splanchnon. Las Biblias españolas traducen estas palabras variadamente como "misericordia", "compasión", "gracia", "amabilidad" o "amor". La palabra "misericordia" es elegida como un concepto representativo (cf. Sal. 86:15). La misericordia de Dios se ve más claramente en su acto de perdón de los pecadores. En el Salterio, "Ten misericordia de mí" es la forma más común de expresión cuando el salmista suplica el perdón de Dios (Sal. 41:4, 10; 51:1). La misericordia de Dios se muestra abundantemente a su pueblo elegido (Ef. 2:4-8). Por su misericordia, sus pecados son perdonados (Miq. 7:18), sus castigos son retenidos (Esd. 9:13) e incluso las plegarias de los pecadores son escuchadas (Sal. 51:1; Lc. 18:13-14). Dios es "el Padre de las misericordias" (2 Cor. 1:3 NRSV).

Dios mantiene un perfecto balance entre rectitud y misericordia. Su rectitud y misericordia no se infringen mutuamente, ni una opera a expensas de la otra. La abundante misericordia de Dios es mostrada a los pecadores a través de Jesucristo, pero si no se arrepienten de sus pecados, su recto juicio caerá sobre ellos.

Fidelidad. La fidelidad de Dios se revela en mantener la alianza que hizo con su pueblo. Dios "es el Dios fiel, manteniendo su alianza de amor a mil generaciones de aquellos que lo aman y observan sus mandamientos" (Dt. 7:9). Dios es fiel a su carácter, su nombre y su palabra (Neh. 9:8; Sal. 106:8; 2 Tim. 2:13; Heb. 6:13-18). La fidelidad de Dios se puede ver claramente en el cumplimiento de su promesa (Js. 23:14). Dios mostró su fidelidad cumpliendo todas las promesas hechas a Abraham (Gn. 12:2-3; Rom. 9:9; Gal. 4:28; Heb. 6:13-15), haciendo que Salomón construya el templo que le prometió a David (2 Sm. 7:12-13; 1 Re. 8:17-21) y enviando a su pueblo al exilio en Babilonia y regresándolos a su hogar (Jr. 25:8-11; Dn. 9:2-3). La fidelidad de Dios se demuestra finalmente enviando a Jesucristo, como se prometió en el AT (Lc. 24:44; Hec. 13:32-33; 1 Cor. 15:3-8).

Bondad. Jesús dijo, "Nadie es bueno, excepto solamente Dios" (Mc. 10:18). Dios demuestra su bondad en sus acciones (Sal. 119:68), en su trabajo de creación (1 Tim. 4:4), en su amor (Sal. 86:5) y en sus promesas (Js. 23:14-15).

Paciencia. Dios es "lento a la cólera" (Éx. 34:6; Nm. 14:18), que es una expresión favorita para su paciencia (Neh. 9:17; Sal. 86:15; 103:8; Jl. 2:13). Dios es paciente por largo tiempo con la gente pecadora (Hec. 13:18). Debido a su carácter paciente, retrasa el castigo (Is. 42:14). Por ejemplo, Dios fue paciente con su desobediente profeta, Jonás, y también con el pecaminoso pueblo de Nínive (Juan 3:1-10). El propósito de la paciencia de Dios es llevar a las personas al arrepentimiento (Rom. 2:4).

D

Dios de la Trinidad

El Dios cristiano de la Biblia es el Dios trino. Dios es uno, pero existe en tres personas: el Padre, el Hijo y el Espíritu Santo (Mt. 28:19). El Hijo es uno con el Pare (Jn. 10:30); el Espíritu Santo es uno con Dios (2 Sm. 23:2-3). Los tres comparten la misma naturaleza divina; son omniscientes, santos, gloriosos y llamados "Señor" y "Dios" (Mt. 11:25; Jn. 1:1; 20:28; Hec. 3:22; 5:3-4; 10:36; 1 Cor. 8:6; 2 Cor. 3:17-18; 2 Pe. 1:1). Los tres comparten el mismo trabajo de creación (Gn. 1:1-3), salvación (1 Pe. 1:2), morando (Jn. 14:23) y dirigiendo la misión de la iglesia (Mt. 28:18-20; Hec. 16:6-10; 14:27; 13:2-4).

DIOS, NOMBRES DE *Véase* Dios; Nombres de Dios.

DIOS, TEMEROSO DE Un término técnico en tiempos del NT para un no judío que temía y reconocía al Dios de Israel, el Dios verdadero, pero que no llegó a convertirse en un prosélito judío en toda regla. "Temeroso de Dios" también podía usarse en el sentido general de individuos de cualquier trasfondo que reverencian y respetan a Dios de la manera adecuada. El libro del Eclesiastés ilustra este uso general cuando el autor dice "Yo sé que iré mejor con aquellos que temen a Dios [NIV 1984: "hombres temerosos de Dios"], que son reverentes ante él" (Ecl. 8:12).

Cuatro versículos en el libro de Hechos ilustran el uso especializado de esta expresión. Los primeros Dos involucran a Pedro compartiendo el evangelio con el centurión romano Cornelio. En Hec. 10:2 Cornelio y su familia son descritos como "devotos y temerosos de Dios" y en 10:22 el mismo Cornelio es descrito como un "hombre justo y temeroso de Dios, que es respetado por todo el pueblo judío". En 13:16 Pablo se dirige a dos grupos de personas presentes en el servicio de la sinagoga en Antioquía de Pisidia, "¡Compañeros israelitas, y ustedes gentiles que adoran [lit., 'temen'], a Dios, escúchenme!" Pablo repite esta misma distinción posteriormente en el mismo sermón: "Compañeros hijos de Abraham y ustedes gentiles temerosos de Dios" (13:26).

A través del AT hay vistazos ocasionales de la preocupación de Dios por todos los pueblos. Dios le promete a Abraham que a través de su "descendencia todas las naciones de la tierra serán bendecidas" (Gn. 22:18). Muchos de los salmos revelan este mismo alcance cósmico de la salvación de Dios, donde "todas las naciones que se han hecho vendrán a adorar ante ti, Señor; traerán gloria a tu nombre" (Sal. 86:9). Jonás es indudablemente la historia clásica de alcance hacia los gentiles. Pero es en el libro de Hechos donde alcanza su pleno avance y son estos temerosos de Dios quienes representan una dimensión clave en esta fresca efusión de la gracia de Dios sobre la humanidad.

Para comprender a los temerosos de Dios, es importante saber quiénes son y quiénes no. Son gentiles, como Cornelio (que es tan importante para la expansión del evangelio que dos capítulos completos están dedicados a él en Hechos), que se sienten atraídos por lo que escuchan acerca del milagro y maravilla de Dios en las sinagogas judías. Al mismo tiempo, Cornelio, y otros como él no son prosélitos judíos. Aunque el NT es silente acerca del proceso exacto por el cual un gentil podía volverse oficialmente incorporado a la fe judía, las prácticas judías habían desarrollado lineamientos claro durante el período intertestamentario. Un gentil que quiere convertirse al judaísmo no sólo tenía que seguir las creencias y prácticas judías (incluyendo las leyes de alimentos y observancia del Sabbat), sino que también tenían que viajar a Jerusalén y ofrecer un sacrificio en el templo. Si era hombre, la persona tenía que circuncidarse. Para muchos gentiles, era un obstáculo la circuncisión, frecuentemente demasiado para ellos. En consecuencia, muchos permanecían en este estatus intermedio: atraídos al judaísmo, pero no dispuestos o capaces de ir hasta el final para convertirse en un "ciudadano naturalizado" en toda regla, un prosélito judío. La buena noticia del NT era que Dios recompensaba su hambre espiritual: el evangelio también era para ellos.

DIÓTREFES Un indisciplinado miembro de la iglesia que fue repudiado por Juan debido a su comportamiento malicioso y rechazo de la autoridad. Se asume que fue un poderoso líder de la iglesia, basado en lo autoritario de sus acciones al excomulgar a sus hermanos cristianos (3 Juan 9-10).

DIRECCIONES

Geografía

Aun cuando la principal dirección en el mundo moderno es el norte, en el mundo antiguo diferentes culturas usaron una variedad de orientaciones mientras buscaban describir su relación con el ambiente geográfico. En Israel la dirección primaria estaba determinada por la salida del sol: el oriente. Esto se refleja en el hebreo, donde la palabra principal para referirse al oriente como una dirección era qedem, la que también podría ser usada para referirse simplemente a aquello que estaba directamente delante o enfrente de quien hablaba (ej. Salmos 139:5). En otras partes, el oriente es mencionado por los términos mizrakh (Josué 11:3) o mizrakh hashamesh ("salida del sol" [Números 21:11]), siendo ambos derivados de la dirección del amanecer. A modo de contraste, en Egipto la dirección primaria era el sur, en línea con la ubicación del río Nilo.

El mundo antiguo empleaba la misma noción de cuatro puntos cardinales que persiste hasta el presente y la terminología relacionada con éstos era influenciada por la elección de una dirección primaria. Así, en Israel el norte indicado por la "izquierda", el sur podría ser indicado por la "derecha" y el occidente por "atrás". En adición, las direcciones podían ser especificadas por una referencia a características geográficas encontradas en dichas direcciones. El norte podría ser denominado por la palabra tsapon, que deriva del nombre de una montaña al norte de Siria (Zafón); el sur por negev, un nombre para la región al sur de Israel (Neguev); y el poniente por yam ("mar"), debido a que el Mar Mediterráneo se encuentra al occidente.

Simbolismo

Más allá de su significado puramente geográfico, las direcciones también portan un significado figurativo. Se justifica el tener cierta precaución en asignar una connotación simbólica al lenguaje, ya que existe el peligro de leer significados inválidos en los textos. Es más, dada la ambigüedad inherente en el uso de los términos para referirse a las direcciones, que también tienen significados alternativos, hay peligro de asignar un significado simbólico a la dirección que en realidad reside en la alternativa. Así, por ejemplo, mientras que yam ("mar") lleva una importante carga simbólica en la Biblia, esta asociación no parece haber sido extendida para abarcar el término al ser usado para indicar una dirección al oeste.

Oriente y occidente. Sin embargo, hay probablemente alguna significancia, por ejemplo, en la expulsión del Edén y el progresivo movimiento al oriente hacia la torre de Babel a través de Génesis 1 al 11, seguidos por un retorno a la tierra prometida, que fue abordado regresando la migración hacia el oriente y volviendo en dirección al Edén. Se dice que el mismo Edén se encontraba "en el oriente" (Heb. miwwedem; Génesis 2:8) a pesar de que la misma expresión hebrea en Salmos 74:12; 77:5, 11; 78:2; 143:5 significa "en tiempos antiguos" y quizás hay una ambigüedad deliberada en el uso de la expresión en Génesis 2:8. En Isaías 2:6 el oriente es la fuente de las influencias que hace que la gente se desvíe. Siguiendo al exilio, Ezequiel ve la gloria de Dios volviendo al templo desde el oriente (Ezequiel 43:1-2). Así, cuando la palabra "oriente" es usada simbólicamente, es a menudo vista de forma negativa o, por el contrario, podría ser usada para marcar una conexión con la antigüedad distante (Génesis 2:8; Job 1:3). Cualquier connotación simbólica asignada al occidente parece asociarse primariamente con ser la antítesis del oriente. La distancia entre el oriente y el occidente era usada poéticamente para expresar una vasta distancia (Salmos 103:12).

Norte y sur. El norte es significativo por dos razones primarias. Primero, es la dirección de la cual los ejércitos invasores descendían más a menudo sobre Israel (Jeremías 1:13), así como desde la cual se dice vendrá la destrucción de Babilonia (Jeremías 50:3). A la luz de lo anterior, la visión que Ezequiel tiene de Dios viniendo del norte acentúa un tono amenazante de juicio inminente (Ezequiel 1:1-4). Segundo, en la mitología cananea, la morada de los dioses y específicamente de Baal, estaba al norte, en el Monte Zafón. Así, los planes del rey de Babilonia en Isaías 14:13 son equivalentes a un reclamo para establecerse a sí mismo como uno de los dioses. En contraste a esto, Salmos 48:2 presenta al Monte Sion reemplazando al Monte Zafón y así, presenta implícitamente al Dios único de Israel reemplazando al panteón cananeo.

Tal como sucede con el occidente, hay poca connotación simbólica asociada con la dirección del sur en la Biblia, aparte de su uso en combinación con otras direcciones.

Las cuatro direcciones. Las cuatro direcciones (o a veces sólo pares de direcciones) son usadas para describir tanto la dispersión de los israelitas, así como el que Dios los reúne para llevarlos de regreso a la tierra prometida (Salmos 107:3; Isaías 43:5-6; Lucas 13:29). Son también usados para expresar la extensión de la tierra prometida (Génesis 13:14) o bien, para describir algo que lo abarca todo (1 Crónicas 9:24).

DISÁN Uno de los jefes de los horeos en la tierra de Seir en Edom (Génesis 36:21, 30). Era hijo de Seir (Gn. 36:21; 1 Cron. 1:38) y el padre de Uz y Arán (Génesis 36:28; 1 Crónicas 1:42). Su nombre es la forma protosemítica del nombre de su hermano Disón.

DISCAPACIDADES Y DEFORMIDADES *Ver* Enfermedades y Anormalidades Físicas.

DISCERNIMIENTO DE ESPÍRITUS Un don espiritual enumerado en 1 Corintios 12:10 (NVI: "el discernir espíritus"). Algunos intérpretes discrepan con la naturaleza precisa del don, pero en algún nivel involucra la habilidad sobrenatural de reconocer cuando el Espíritu Santo está trabajando verdaderamente. Juan también le encarga a sus lectores a probar los espíritus, debido a los falsos profetas. Él reconoce a aquellos que dicen que Jesús ha venido de Dios en carne, como verdaderos profetas (1 Juan 4:1-3).

DISCIPLINA En la Biblia, la palabra "disciplina" puede referirse, positivamente, al entrenamiento que inculca sabiduría en un individuo (a veces traducida como "instrucción") y, negativamente, al castigo o corrección de grupos o individuos. La disciplina viene de Dios o humanos, especialmente de los padres a sus hijos. Las referencias bíblicas a la disciplina se encuentran ampliamente en porciones agrupadas, especialmente en Levítico 26:14-46; Deuteronomio (4:36; 8:5; 11:2; 21:18; 22:18); Job (4:3; 5:17; 20:3; 33:16; 36:10); Salmos (en todo el libro); Proverbios (en todo el libro); Jeremías (2:19; 5:3; 6:8; 7:28; 10:8, 24; 17:23; 30:11, 14; 31:18; 32:33; 35:13; 46:28); y en el NT, en Hebreos 12:5-11. En otras partes, el lenguaje de la disciplina se encuentra en una extensión más limitada en Isaías 8:11; 26:16; 28:22, 26; Ezequiel 5:15; Oseas 5:2; 7:15; 10:10; Sofonías 3:2, 7; y en el NT, en 1 Corintios 11:32; Efesios 6:4; 2 Timoteo 2:16; Apocalipsis 3:19. La mayoría de los pasajes del AT citados anteriormente, pueden ser descritos como pertenecientes a los temas de sabiduría (citas de Proverbios y Job) y pacto (citas de Deuteronomio, Jeremías y Oseas).

Disciplina divina. La sabiduría y poesía del AT afirman que es una bendición ser disciplinado por Dios, aun en el sentido negativo del castigo (ej. Job 5:17; Ps. 94:12; Prov. 3:11). No cabe duda de que esta sorprendente actitud se debe a la cercana conexión entre el castigo de Dios a los humanos y su relación de pacto con ellos. De hecho, la amenaza profética de disciplina divina viene a menudo en respuesta a la infidelidad del pueblo de Dios ante el pacto y tal disciplina tiene por propósito corregir el pecado humano, de tal modo que la relación de pacto pueda ser finalmente restaurada (cf. Levítico 16:18-28, con la resolución final de la situación en Levítico 26:40-45, donde el castigo causa arrepentimiento y reconciliación). El autor de Hebreos cita Proverbios 3:11-12, recordando a sus lectores que "el Señor a quien ama, disciplina" (12:6). Cuando Jeremías se burla de la necedad de adorar ídolos vanos que no son más que "inútiles espantapájaros en un campo de pepinos" (Jeremías 10:5 NTV), él señala que al contrario del Dios viviente de Israel, los ídolos carecen de poder para administrar disciplina o instrucción (10:8). Además de esta positiva visión de la disciplina divina, hay una rama de pensamiento que llama la atención, que es complementaria y que implica implorar al Señor por alivio de la merecida disciplina divina: "Jehová, no me reprendas en tu enojo, ni me castigues con tu ira" (Salmos 6:1; 38:1). Aquí hay un reconocimiento de que mientras la disciplina de Dos procede de su amor, no es algo que pueda ser considerado ligeramente o enfrentar con poca seriedad.

Disciplina parental humana. Dada la importancia de la disciplina en la educación de los hijos, no es sorprendente que el tema se encuentre bien desarrollado en la literatura de sabiduría (Proverbios y Job), donde las problemáticas de crianza son prominentes. Las palabras iniciales del libro de Proverbios afirman el valor los proverbios para "enseñar sabiduría y disciplina" (1:2 NTV). La disciplina es asociada con la sabiduría en otro de los pasajes más conocidos del libro: "El temor del Señor es la base del verdadero conocimiento, pero los necios desprecian la sabiduría y la disciplina (1:7 NTV; *ver también* 12:1; 23:23). Junto a la disciplina divina (ver más arriba), Proverbios habla de la disciplina que es administrada por los padres, advirtiendo que "el necio desprecia la disciplina de sus padres" (15:5), amonestando a los hijos a prestar atención a "la enseñanza de un padre" (4:1) y urgiendo a los padres, "disciplina a tus hijos mientras haya esperanza; de lo contrario, arruinarás sus vidas" (19:18). La disciplina puede a veces tomar la forma de castigo físico, como en el verso 23:13: "No rehúses corregir al muchacho; porque si lo castigas con vara, no morirá" (ver también 13:24; 22:15). En Proverbios, la disciplina es interpretada tanto positivamente, como cuando se le asocia a la sabiduría o conocimiento (23:12), como negativamente, como se menciona en el verso 15:10: "El que abandona el buen camino será severamente disciplinado".

A menudo, Proverbios equipara el oír la disciplina con la vida, y el despreciar la disciplina con la muerte. En la ley de Deuteronomio 21:18-21, esta equiparación es más que una figura discursiva: el hijo que rechaza la disciplina de sus padres debe ser apedreado por los ancianos de su pueblo hasta morir. La congruencia entre la disciplina divina y la disciplina parental humana se encuentra bien ilustrada en Deuteronomio 8:5: "Reconoce en tu corazón que, así como un padre disciplina a su hijo, también el Señor tu Dios te disciplina a ti". Similarmente, el autor de Hebreos enseña: "Lo que soportan es para su disciplina, pues Dios los está tratando como a hijos. ¿Qué hijo hay a quien el padre no disciplina?" (12:7). Y el escritor de Efesios urge a los padres: "Y vosotros, padres, no provoquéis a ira a vuestros hijos, sino criadlos en disciplina [paideia] y amonestación del Señor" (6:4 RVR1960).

DISCÍPULO AMADO Tradicionalmente se le asocia con Juan el hijo de Zebedeo. En el Evangelio de Juan se le representa como el testigo ideal de Jesús y como autor excelente. Él primero aparece explícitamente en Juan 13-21. En representación del discípulo amado como el autor del Evangelio de Juan (Juan 21:24-25), el autor afirma que tiene un lugar privilegiado por su revelación sobre Jesús, quizás en relación con el Evangelio de Marcos, que muchos en la iglesia temprana consideraban que Pedro era la primera fuente de testimonio.

DISCÍPULO El término griego para "discípulo", significa "estudiante". Tal como otros rabinos y figuras religiosas de aquel tiempo, Jesús le enseñó a un grupo de esos estudiantes

(Mateo 9:14; 22:16; Marcos 2:16; Juan 1:35; 4:1). Las formas en las que los discípulos de Jesús se referían a él, reflejan la naturaleza de la relación: "rabí" (Marcos 9:5) y "maestro" (Marcos 9:38; Lucas 5:5). Además de recibir la instrucción de Jesús, sus discípulos se hicieron cargo de sus necesidades físicas (Mateo 21:1; Juan 4:8), comieron con él (Mateo 9:10; 26:18), bautizaron (Juan 4:2), controlaron el acceso a Jesús (Mateo 19:13; Juan 12:21) y viajaron con él (Lucas 8:1; Juan 2:12). En una ocasión Jesús visitó la casa de Pedro y sanó a la suegra de Pedro (Mateo 8:14), lo que sugiere que a pesar de que los Evangelios generalmente describen la vida privada de Jesús o sus discípulos aparte de su ministerio público, la relación entre estos hombres no impedía a los discípulos el mantener sus propios hogares, familias y, probablemente, ocupaciones. En los evangelios, Jesús es descrito con grupos de discípulos y seguidores de variados tamaños.

Una prominente tradición en los Evangelios indica que había un grupo íntimo de doce (Mateo 10:1; 26:20; Marco. 3:14; 4:10; 6:7; Juan 6:70), cada uno de los cuales es conocido por su nombre. Este es el grupo más tradicionalmente entendido como los "discípulos" de Jesús. Como una autoridad, el grupo se mantuvo más allá de la ascensión de Jesús (Hechos 6:2). Después de la muerte de Judas Iscariote, Matías fue escogido para tomar su lugar entre los doce (Hechos 1:26). Otros pasajes especifican a un grupo de setenta o setenta y dos (Lucas 10:1, 16) y, a menudo, el número de discípulos es indeterminado. Varios pasajes nombran a los discípulos más allá de los doce (Mateo 27:57; Lucas 24:18; Hechos 9:10; 9:36; 16:1; 21:16) y algunos autores posteriores intentaron hacer una lista de los nombres de los setenta, juntando los nombres de los libros de Hechos, las Epístolas y otras tradiciones cristianas posteriores (ej. La compilación siríaca del siglo XIII, El Libro de la Abeja). El libro de Hechos a menudo se refiere a cualquier seguidor de Cristo como un "discípulo", incluyendo aquellos que habitaban en ciudades a través del Imperio Romano.

Los Evangelios tienden a presentar a Jesús como un maestro carismático que podía atraer adherentes con poca persuasión. Se narra el llamado de varios discípulos, incluyendo el de los hermanos Simón Pedro y Andrés, los hermanos Santiago y Juan hijos de Zebedeo (Marcos 1:16-20; Juan 1:40-41), Felipe y Natanael (Juan 1:44-45), y Mateo/Leví (Marcos 2:13-17 ars.). El Evangelio de Juan presenta a Andrés como un antiguo discípulo de Juan el Bautista.

Los Doce

Cada uno de los Evangelios Sinópticos tiene una lista de los doce (Mateo 10:1-4; Marcos 3:13-19; Lucas 6:12-16; cf. la lista de once en Hechos 1:13) y el Evangelio de Juan menciona "los doce" varias veces sin entregar una lista. Con algunas armonizaciones, es posible producir una lista única de doce discípulos basada en las tres listas sinópticas.

(1) Los tres Evangelios Sinópticos concuerdan en ubicar a Simón Pedro primero en la lista. (2) Su hermano Andrés es segundo, aunque Marcos ha ubicado a Andrés más abajo en la lista y no lo identifica como el hermano de Pedro. (3) Santiago, hijo de Zebedeo y (4) Juan el hermano de Santiago son los siguientes. Marcos agrega que ellos eran también llamados "Bonaerges", lo que significa "hijos del trueno". La ubicación de Pedro, Santiago y Juan encabezando la lista, se corresponde con la prominencia de estos tres discípulos en la historia del arresto de Jesús en Getsemaní, donde ellos estaban presentes (Mateo 26:37 // Marcos 14:33). Quizás el orden de la lista de Marcos refleja el prestigio de estos tres discípulos, con Mateo y Lucas incorporando a Andrés a la cabeza de la lista por ninguna importancia particular, más que

Fragmento de la cubierta de un sarcófago que muestra a Cristo en un bote con sus discípulos (siglo IV d.C).

el hecho de ser mencionado como el hermano de Pedro.

La lista continúa con (5) Felipe, (6) Bartolomé y (7) Mateo, identificado más adelante, en Mateo 10:3, como un "cobrador de impuestos". El llamado de Mateo es narrado en Mateo 9:9-1 y también en Marcos 2:13-17; Lucas 5:27-32, donde Mateo es llamado "Leví". (8) Tomás es el siguiente (Mateo 10:3 enumera a Tomás antes de Mateo; en Juan 20:24 es también llamado "Dídimo"), seguido por (9) Santiago, hijo de Alfeo (Marcos 2:14 también lo llama Leví "hijo de Alfeo"), nombrado así para evitar la confusión con Santiago, hijo de Zebedeo. (10) Simón el cananista (Mateo 10:4; Marcos 3:18 RVR1960) o zelote (Lucas 6:15; Hechos 1:13), es indicado como tal para evitar la confusión con Simón Pedro. El significado preciso de la palabra "cananista" es incierto (*ver* Cananista). (11) Tadeo (que precede a Simón el cananista en Mateo y Marcos) probablemente debería ser identificado con el undécimo discípulo en la lista de Lucas, Judas hijo de Santiago.

Los nombres de Tadeo y Judas hijo de Santiago representan la discrepancia más grande entre las tres listas, pero podría ser mitigada de alguna forma por el hecho de que algunos manuscritos identifican "Tadeo" como un apellido (aunque a este discípulo lo nombran como "Lebeo" y no "Judas"). Cada una de las tres listas concuerdan en enumerar (12) a Judas Iscariote como el último discípulo de la lista, y todas destacan que traicionó a Jesús o que llegó a ser un traidor. El hecho de que Judas Iscariote lleva un segundo nombre ("Iscariote"), puede sugerir que había otro Judas entre los doce del cual era necesario distinguirlo, como en el caso de los dos Simón y los dos Santiago. Esta observación otorga cierto peso a la noción de que Tadeo también era llamado "Judas".

Los Discípulos como Apóstoles

En varios puntos en su ministerio, Jesús envió a sus discípulos a predicar y realizar milagros, por lo tanto, son también conocidos como "apóstoles" (es decir, "emisarios"). La conexión entre estos dos términos es clarificada en Lucas 6:13: "Y cuando era de día, llamó a sus discípulos, y escogió a doce de ellos, a los cuales también llamó apóstoles". En las epístolas del NT el título "apóstol" es aplicado a varios individuos que no estaban entre los doce discípulos de Jesús, de los cuales Pablo es el más destacado. En resumen, tanto "discípulo" como "apóstol" tienen significados acotados y amplios en el NT, aunque hay una continuidad sustancial entre "los doce" discípulos o apóstoles de Jesús y la acotada definición de "apóstol" en los primeros capítulos de Hechos.

Las Carreras Posteriores de los Discípulos

Después de su resurrección, Jesús les dijo a sus discípulos ("los apóstoles que él había escogido [Hechos 1:2]). Historias acerca de las subsecuentes carreras de los doce, existen tanto en el NT como en otras fuentes cristianas tempranas. La primera mitad de Hechos se enfoca ampliamente en la carrera de Simón Pedro, antes de que la atención se centre en la carrera de Pablo en el Imperio Romano oriental. Libros extra canónicos y leyendas locales rastrean las carreras posteriores de los doce discípulos de Jesús, ubicándolos en Roma (Pedro), Escitia (Andrés), España (Santiago), Éfeso (Juan), Frigia (Felipe), Armenia (Bartolomé y Tadeo), India (Tomás), Etiopía (Mateo) y África del Norte (Simón el cananista). Tradiciones piadosas locales atribuyen martirio a algunos de los doce, aunque del NT sólo conocemos las muertes de Judas Iscariote (Mateo 27:3-10; Hechos 1:16-20) y de Santiago hijo de Zebedeo (Hechos 12:1-2).

DISENTERÍA Una infección bacteriana de los intestinos transmitida a través de comida o bebida contaminada, teniendo como resultado diarrea severa con la presencia de sangre y mucosidad en el excremento. La forma crónica de esta enfermedad con frecuencia va acompañada de fiebre alta. Lucas habla de ella como "fiebre y disentería" (Hec. 28:8). El uso interno de incienso se recomendaba para la disentería. La enfermedad crónica de los intestinos que afligía al rey Jehoram era probablemente disentería (2 Cr. 21:15, 18-19). Mientras las causas de la disentería eran naturales, Pablo milagrosamente curó a una persona de disentería en la isla de Malta: "Su padre estaba enfermo en cama, sufriendo de fiebre y disentería. Pablo fue a verlo y, tras una oración, colocó sus manos sobre él y lo sano" (Hec. 28:8).

DISIPACIÓN Despilfarro o falta de moderación. El concepto de disipación se encuentra en los textos bíblicos concernientes a comportamientos salvajes o borracheras. En Lucas 21:34, Jesús instruye a sus discípulos para que no dejen que su corazón "se cargue con disipación y embriaguez y con las preocupaciones de la vida" (LBLA). Aquí, la palabra "disipación" (NTV: "parrandas") es la traducción de un término griego (kraipalē) que se refiere específicamente a beber en exceso y sus consecuencias físicas. "Disipación" es también la traducción de otra palabra griega (asōtia) que denota un comportamiento derrochador o imprudente. Pablo indica que cualquier hombre, cuyos hijos puedan ser acusados de disipación, es inelegible para ser un anciano (Tito 1:6 [LBLA, RVR1960: "disolución"] [NVI: "libertinaje"]). Pedro se refiere a la conducta pagana –"gentiles, andando en lascivias, concupiscencias, embriagueces, orgías, disipación y abominables idolatrías"– como un "desenfreno de disolución" (1 Pedro. 4:3-4 RVR1960). La NVI y otras versiones traducen la misma palabra griega como "desenfreno" en Efesios 5:18, un verso muy conocido en el que Pablo llama a los creyentes a ser llenos del Espíritu en lugar de emborracharse.

DISMINUCIÓN La reducción del gasto y consumo. Salomón es presentado como el extremo del exceso, lo que contribuyó a volver su atención lejos de Dios, una forma de idolatría (1 R. 11; cf. Éx. 20:3; Mt. 6:24; 1 Tim. 6:6-10). Jesús reprende a aquellos que siguen este ejemplo, porque carecen de conciencia de las necesidades de otros (Lc. 12:16-21; 16:19-31). A aquellos con más le dice: "No almacenen para ustedes tesoros en la tierra, donde polillas y alimañas destruyen, y donde ladrones irrumpen y roban" (Mt. 6:19). El mandamiento recuerda al discípulo que las posesiones materiales se desbaratan, particularmente cuando no se usan y que los medios disponibles para satisfacer las necesidades humanas son escasos en comparación a la extensión de aquellas necesidades. Las personas codician (Éx. 20:17) y cuando llegan a un umbral de desesperación muchos roban, lo que causa a aquellos esclavizados por su riqueza a vivir en constante miedo de perderlo. La solución es estar contento con Dios satisfaciendo nuestras necesidades básicas y para compartir cuando tienen en abundancia.

DISÓN **(1)** Uno de los jefes de los horeos en la tierra de Seir en Edom (Génesis 36:21, 30; 1 Crónicas 1:38). Padre de Hemdán, Esbán, Itrán y Querán (Génesis 36:26). **(2)** Hijo de Aná (Génesis 36:25; 1 Crónicas 1:41).

DISPENSACIÓN

Terminología

La RVR1960 usa la palabra "dispensación" para traducir algunas apariciones del término griego oikonomia, significando "mayordomía" o "administración de un hogar". El sustantivo griego oikonomos, que significa "mayordomo, administrador, fiduciario, tesorero", se refiere usualmente a un individuo que ha sido nombrado como el responsable de la administración de los asuntos de un negocio o de un bien raíz, mientras que oikonomeō, un verbo relacionado, se refiere a actuar en dicha capacidad.

El matiz de oikonomia en cuatro instancias (Efesios 1:10; 3:2, 9; Colosenses 1:25) es un reflejo de gobierno divino y del éxito del plan supremo de Dios en la tierra para la humanidad. Dios cumple este plan al asignar responsabilidades y tareas específicas que la gente está obligada a cumplir. La infidelidad hacia el pacto podría poner en peligro la viabilidad del acuerdo o alterar significativamente los términos. A pesar de la desobediencia, la humanidad es responsable de cualquier revelación previa, así como por el nuevo cuerpo de la verdad, subrayando la naturaleza progresiva de la revelación divina como una serie de acuerdos, que atraviesan el proceso de expansión que culmina en el NT. Cada dispensación involucra un cuerpo de revelación de Dios diferente que gobierna su relación con la humanidad. Los eruditos bíblicos que abrazan este modelo hermenéutico ven que cada dispensación es sucesiva cronológicamente y, en el caso del dispensacionalismo progresivo, como un reflejo de etapas progresivas en la historia de la salvación. Consecuentemente, cada dispensación, aunque es distinguible de las demás en contenido y carácter, construye sobre la revelación previa para formar un cuerpo unificado de verdad.

LasTres Teorías sobre el Dispensacionalismo

Existe un gran desacuerdo entre los académicos en lo que concierne a las implicaciones hermenéuticas del término "dispensación" y en cómo interpretar el texto bíblico en ese marco referencial. Las tres mayores divisiones de aquellos que se afirman a ciertas formas de dispensaciones son teólogos del pacto, dispensacionalistas clásicos y dispensacionalistas revisados o progresivos.

Teología del pacto. La teología del pacto presume tres pactos o dispensaciones. Toda la Escritura podría ser categorizada bajo dos de esas dispensaciones: un pacto de obras y un pacto de gracia. A través de la desobediencia, la humanidad violó inmediatamente el pacto de obras, iniciado por Dios en Génesis 2. Consecuentemente, Génesis 3 presenta el pacto de gracia, que reemplaza el pacto previo y gobierna el resto de la historia escritural. Génesis 12-17 expande las estipulaciones del pacto de gracia y todos los pactos subsecuentes elaboran o refuerzan el pacto de gracia. Un tercer pacto, el pacto de redención, refleja un acuerdo interno y eterno entre las personas de la Trinidad concerniente al plan y el proceso de despliegue de redención para la humanidad.

Además de esto, la teología de pacto argumenta que la iglesia del NT comprende al nuevo Israel y todas las promesas hechas en el AT al Israel literal han sido transferidas y re aplicadas a la iglesia. Esta visión encuentra sus raíces en las citas de textos del OT hechas en el NT describiendo al Israel histórico, que son entendidas como representaciones de la realidad espiritual en la iglesia.

Dispensacionalismo clásico. De acuerdo al modelo del dispensacionalismo clásico, que se origina con J.N. Darby (1880) y llegó a ser más popular con la llegada de la Biblia de Estudio Scofield (1909), la inauguración de una nueva dispensación ocurre cuando Dios entrega una revelación más profunda que cambia o agrega a su relación gubernamental con la humanidad. Cada una de las siete dispensaciones que cubren la extensión de la historia redentora en la Escritura, representa un acuerdo entre Dios y la humanidad caracterizada por una revelación divina, seguida por una prueba, desobediencia, juicio y restauración por medio de una nueva revelación. Estos períodos de tiempo se distinguen por una alteración del método de Dios para tratar con la pecaminosidad y culpabilidad de la humanidad. Las siete dispensaciones son inocencia, consciencia, gobierno humano, promesa, ley, gracia y el milenio.

Los dispensacionalistas diferencian ampliamente entre dos planes distintivos para Israel y la iglesia, reconociendo a cada uno como una entidad separada con promesas específicas para cada grupo. Ellos afirman delineaciones claras entre los principios de la ley y la gracia: la ley requiere la obediencia de la humanidad a Dios, mientras la gracia habilita a los creyentes a cumplir con esa justicia a través de la salvación efectuada por el sacrificio de Cristo.

Al descansar en una consistente interpretación literal de la profecía, los dispensacionalistas no encuentran ninguna mención de la iglesia del NT en el AT, afirmando que la aseveración de Pablo de que la iglesia era un "misterio" (Efesios 3:5-6) imprevisto por los escritores primeros escritores bíblicos. Estos creyentes comprendían a la iglesia como un paréntesis en el programa de Dios para Israel, debido a que la iglesia es raptada del mundo ante la llegada de la gran tribulación (1 Tesalonicenses. 4:13-17). Las promesas de la restauración y el retorno de Israel han sido temporalmente suspendidas durante la dispensación de la gracia, no obstante, las promesas de Dios a Israel se llevarán a cabo durante el reino del milenio.

Dispensacionalismo revisado o progresivo. El dispensacionalismo revisado remueve la distinción entre Israel, como el pueblo terrenal de Dios y la iglesia, como el pueblo celestial

D

de Dios, seguido del reino del milenio, ya que ambas entidades comparten la vida eterna en la Nueva Jerusalén a través de la salvación. Judíos y Gentiles mantienen identidades separadas bajo los auspicios de los creyentes redimidos.

Aquellos que apoyan esta visión mantienen un concepto tripartito del reino de Dios: un reino universal sobre todas las cosas, un reino espiritual idéntico a la era presente de la iglesia y un eventual reino Davídico, político y nacional, en la tierra durante el milenio.

El dispensacionalismo progresivo entiende las dispensaciones separadas como una serie unificada de acuerdos donde la manifestación de la gracia de Dios aumenta con el paso de cada dispensación. Las dispensaciones reflejan el exhaustivo plan a través del cual la historia redentora se lleva a cabo. Aquellos que apoyan esta visión de las dispensaciones defienden el cumplimiento parcial de la profecía en la iglesia, con el completo cumplimiento realizado con la culminación del programa de Dios durante el reino del milenio.

Los dispensacionalistas progresivos difieren de los teólogos del pacto en su reconocimiento de Israel y la iglesia como entidades diferentes que coexisten como el pueblo redentor de Dios. Los dispensacionalistas clásicos creen que las dispensaciones reflejan economías de administración divina que difieren y que tienen por objetivo el manifestar la gloria de Dios, mientras que los progresivos argumentan que la historia redentora es la que entrega el principio unificador de cada dispensación. Los dispensacionalistas clásicos, así como los progresivos, afirman el despliegue sistemático y progresivo de la revelación de Dios cronológicamente a través de dispensaciones sucesivas, mientras que cada grupo refuerza identidades separadas para Israel y la iglesia, por los cuales Dios terminará de cumplir su plan durante el reino de Cristo en el milenio.

DISPERSIÓN *Ver* Diáspora.

DISTRITO Una región geográfica delimitada dentro o alrededor de un país o ciudad. Un distrito abarca los límites de las tribus de Israel (Jueces 5:15, 16; 2 Crónicas 11:13, 23), nombraba regiones de un territorio (Génesis 47:11; 1 Samuel 9:4-5; Esdras 5:1; Mateo 2:22; Hechos 16:12) y sectores dentro de una ciudad (2 Reyes 22:14; Eclesiastés 5:8; Sofonías 1:11). Salomón nombró a gobernadores de distritos regionales (1 Reyes 4:5, 7, 13, 19, 27). El trabajo de reconstruir el muro del templo en Jerusalén fue asignado por distritos (Nehemías 3:14, 15, 17). Ezequiel instruyó que la tierra fuera asignada como "un distrito sagrado" para Dios (Ezequiel 45:1, 3, 7).

DIVERSIDAD La diversidad, en el sentido de la valoración moderna de heterogeneidad étnica, de género, biológica y cultural, es anacrónica a los tiempos bíblicos. Algunas manifestaciones de diversidad en el sentido moderno, tal como la tolerancia religiosa y el matrimonio interracial, son fuertemente condenadas en algunos pasajes bíblicos (ej. Deuteronomio 7:3; 12:30). Al mismo tiempo, varios textos bíblicos se alinean en al menos un grado con el valor moderno de la diversidad. En 1 Corintios 12:4-31, Pablo enfatiza que la diversidad de dones espirituales en la iglesia es una gran bendición (*ver también* 1 Pedro 4:10). El libro de Hechos describe a la iglesia primitiva trayendo a gente convertida de una vasta variedad de etnias (2:5-13), mientras que Apocalipsis señala que la iglesia está compuesta por redimidos de "toda tribu, lengua, pueblo y nación" (5:9 [cf. 7:9]). De hecho, esta positiva evaluación de la diversidad étnica es anticipada en el AT (Génesis 12:3; Miqueas 4:2). La Biblia se anticipa a la noción moderna de biodiversidad al enfatizar la bondad de la creación de Dios que consiste de distintos "tipos" y en el valor intrínseco de tal variedad (Génesis 1:21; 7:3).

DIVES El nombre popularmente asignado al hombre rico en el relato que Jesús hace del hombre rico y Lázaro (Lucas 16:19-31). No obstante, "Dives" en realidad no es un nombre propio, más bien es la palabra latina para "hombre rico", que aparece en la traducción que la Vulgata hace de la historia. En el texto griego del relato, este personaje no tiene un nombre asignado.

DIVINIDAD DE CRISTO *Ver* Cristo y Cristología; Encarnación; Jesucristo.

DIVORCIO El divorcio involucra la separación de un esposo y una esposa en la administración de los hijos y las propiedades, levantando la pregunta acerca del derecho a volver a casarse.

De acuerdo a Deuteronomio 24:1-4, un hombre tenía permitido divorciarse de su esposa si es que encontraba en ella algo "indecente" ('erwat dabar, lit., "desnudez de algo", refiriéndose a la impropiedad sexual; cf. Lev. 18:6-19; 20:11, 17-21; 1 Sam. 20:30). El matrimonio podría ser restaurado solamente si la mujer no se ha casado con alguien más en el intertanto.

Los rabinos del tiempo de Jesús debatieron esta ley vigorosamente. Los partidarios del rabino Hillel leían "cosa indecente" como "cualquier cosa u obscenidad". Por lo tanto, argumentaban a favor del divorcio sobre la base de "cualquier causa" y procedían a enumerar cosas tales como quemar la comida o desarrollar arrugas como causas suficientes para que un hombre se divorcie de su esposa. La escuela del rabino Shammai entendía que el pasaje se refería solo al pecado sexual.

Proyecto de ley de divorcio judío (72 d.C.), un papiro arameo descubierto en wadi Murabba'at.

Algunos fariseos le hacen esta pregunta a Jesús en Mateo 19:1-12. Jesús dijo que "lo que Dios juntó, no lo separe el hombre" (v.6). Esto lo contrarrestaron con las especificaciones de Deuteronomio 24. Jesús afirmó que el divorcio era la forma en la que Dios podía poner límites al daño causado por la "dureza del corazón". Luego, él falló a favor de la visión por la cual sólo la violación sexual del matrimonio puede justificar a un hombre que se divorcie de su mujer (Mateo 19:9). Dicho divorcio le da a la parte inocente el derecho de volver a casarse. El que un hombre se divorcie de su mujer mientras el matrimonio es sexualmente puro, hace que cualquier matrimonio subsecuente sea un acto de adulterio, por el cual él es responsable. Incluso los mismos discípulos estaban choqueados por esta declaración (v.10). Es significativo el hecho de que, bajo la ley bíblica, la parte inocente en el evento de adulterio, sea el esposo o la esposa, tenía la libertad de volver a casarse.

En el AT se encuentra una segunda ley de divorcio en Éxodo 21:7-11. Esta ley concierne a los derechos de una esclava-concubina. La dignidad de tal esclava debía ser protegida bajo el pacto de Dios con Israel. Ella no podía ser vendida ni tampoco liberada al séptimo año, como sucedería con un esclavo hombre (Éxodo 21:1-6). Si posteriormente el hombre se quería separar de ella, él tendría que dejarla en libertad.

Esto podría ser el equivalente de un certificado de divorcio para una mujer libre. Es importante notar que cuando la esclava era comprada como concubina para un hijo, ella tendría "los derechos de una hija" (Éxodo 21:9). Ella tenía el derecho a irse en libertad si es que él se casaba con otra mujer y le negaba el alimento y la vestimenta, o si dejaba de hacerle el amor. Un buen ejemplo es la experiencia de Hagar, la esclava de Sarai (Gn. 16; 21:9-21). Es difícil saber cómo aplicar este caso a la enseñanza bíblica general acerca del divorcio y a diferentes circunstancias culturales. Este caso, aunque problemático, le habla a situaciones modernas de abuso doméstico y deserción (cf. 1 Corintios 7:10-13).

Un tercer caso concierne a un matrimonio mixto entre una persona cristiana y una no cristiana. Una persona cristiana no debe casarse con una no cristiana (2 Corintios 6:14-16; cf. Deuteronomio 7:1-7; Edras 9). En 1 Corintios 7:12-16 Pablo toca esta problemática. Lo hace a la luz de la ley del antiguo pacto que requería que el pueblo de Dios contrajera matrimonio dentro de la comunidad de Israel. Las circunstancias habían cambiado significativamente con la venida del nuevo pacto. El pueblo de Dios ahora es identificado por la fe en Cristo y no por su etnicidad. Aquí, el fallo de Pablo aborda una de dos posibles situaciones. Sea que la pareja contrajo matrimonio como no cristianos y sólo uno de ellos se convirtió después, o que dos cristianos se casaron y uno de ellos abandonó la fe más adelante.

Para un cristiano judío, la primera pregunta era si es que el matrimonio debía continuar o si es que, basado en el precedente de Esdras 9, debía ser terminado. Bajo el antiguo pacto, para que un matrimonio y sus hijos fueran santos, tanto el esposo como la esposa debían establecer su identidad como israelitas. Cuando Pablo habla del esposo incrédulo (1 Corintios 7:14) o hijos de esta unión como "santificados", se refiere a la integridad del matrimonio y a la legitimidad de los hijos, no a su salvación. Sin fe en Cristo, nadie es salvo (Romanos 5:1; Gálatas 2:16; Hebreos 11:6).

El fallo de Pablo es que la esposa del esposo incrédulo debe continuar con el matrimonio, porque éste es legítimo. "Pero si el incrédulo se separa, sepárese" (1 Corintios 7:15). Bajo tales circunstancias, la esposa (o esposo [7:14]) es libre, lo que implica la opción de volver a contraer matrimonio (7:39). Ella no debería perseverar en la esperanza de que él se convierta. Ella es una víctima inocente.

A través de la Biblia siempre permanece la posibilidad de la restauración del matrimonio original, excepto cuando uno de los involucrados se ha vuelto a casar con un tercero (Deuteronomio 24:4).

DIZAHAB Uno de los lugares referenciados para especificar donde tomó lugar el último discurso de Moisés a los israelitas (Deuteronomio 1:1). El contexto indica que Dizahab estaba situado en algún lugar al este del Jordán, sin embargo, su ubicación sigue siendo desconocida.

DOBLADILLO **(1)** En la Biblia, por lo general la parte baja de una toga. Por ejemplo, la toga del sumo sacerdote tenía un dobladillo que incluían campanas y granadas doradas cocidas a este de manera que hicieran ruido al moverse el sumo sacerdote, presumiblemente para que la gente supiera que estaba vivo todavía al entrar en el sanctasanctórum (Éx. 28:33-35; 39:24-26). Con frecuencia, tocar el dobladillo de una bata se consideraba un signo de sumisión (como Saúl sujetando el de Samuel en 1 Sm. 15:27). Igualmente, podía ser un acto de súplica por parte de un inferior a un superior, como en Zac. 8:23: "En aquellos días, diez personas de todos los idiomas y naciones sujetarán firmemente el dobladillo de la bata de un judío y dirán, 'Déjanos ir contigo, porque hemos escuchado que Dios está contigo'". Los evangelios describen a una mujer que se sanó simplemente por tocar el dobladillo de la bata de Jesús (Mt. 9:20 // Mc. 5:27 // Lc. 8:44). **(2)** Un verbo para describir la acción de rodear o atrapar a alguien (Sal. 139:5; Hab. 1:4).

DOCE, LOS *Véase* Apóstol; Discípulo.

DOCTOR *Ver* Enfermedades y anormalidades.

DOCTRINA En la teología cristiana, la doctrina es la síntesis de las enseñanzas cristianas, especialmente según lo dispuesto en varios temas relacionados. Los discípulos tempranos frecuentemente se referían a las enseñanzas de Cristo y a las enseñanzas de los apóstoles y la iglesia. Estas eran memorizadas, compiladas y pasadas a través de las generaciones en la iglesia (2 Tim. 2). Ya desde Hec. 2 se hace referencia a las enseñanzas de los apóstoles y la devoción de la iglesia a ella. Para el siglo dos, un cuerpo de enseñanza se había cristalizado en un tratado doctrinal llamado Didaché. Las enseñanzas doctrinales como un conjunto estructurado se enfatizan especialmente en las Epístolas Pastorales, de manera que ha hecho a algunos conjeturar una fecha posterior y una visión católica temprana para esas cartas. Independientemente de la validez de este postulado, estas cartas evidencian una temprana visión doctrinal y confesional dentro de la iglesia.

Esto era, por supuesto, nada nuevo, ya que los israelitas tenían un cuerpo de enseñanzas que habían pasado a través de generaciones: la ley, tanto escrita como oral. Para los israelitas, la ley, tanto escrita y oral, era memorizada, enseñada, interpretada y acatada a través de toda la sociedad. La iglesia simplemente hizo lo propio en formar sus enseñanzas.

En el NT, dos palabras, didachē y didaskalia, comúnmente se traducen como "enseñanza" y en algunos casos son presentadas por algunas traducciones como "doctrina". El término didachē aparece más ampliamente a través del NT, mientras que didaskalia se usa ampliamente en las Epístolas Pastorales (refiriéndose tanto al contenido y al acto de enseñar). El término didaskalia a veces se usa con el término logos cuando este último indica discurso sólido (Tit. 2:7-8) y palabras de la fe (1 Tim. 4:6). De hecho, en un versículo en las Epístolas Pastorales, los tres términos se usan juntos como "la palabra fiel", "según las enseñanzas", y "en doctrina sólida" (Tit. 1:9 NASB).

El primer cuerpo de enseñanza para la iglesia es la enseñanza de Jesús (Mt. 7:28), como la que se encuentra en el Sermón de la Montaña, donde Jesús señala la ética de su mesiazgo y sus seguidores. Las enseñanzas de Jesús, que son autoritarias (Mc. 1:22, 27) y confrontacionales (Mc. 12:38) son una respuesta sorprendente a los líderes religiosos (Mt. 22:33; cf. Lc. 4:32). Jesús señala la vanidad de enseñar los mandamientos humanos como si fuesen la doctrina de Dios (Mc. 7:7). Al ser cuestionado, Jesús establece sus enseñanzas como provenientes del Padre (Jn. 7:16-17). Los jefes de los sacerdotes buscan destruir tanto a Jesús como a sus seguidores debido a la enseñanza (Mc. 11:18; Jn. 18:19; Hec. 5:28). En Chipre el procónsul se sorprende por la doctrina de Cristo enseñada por Pablo (Hec. 13:12) y en Atenas, las enseñanzas de Pablo sobre Cristo son nuevas e inusuales para aquellos del Aerópago (Hec. 17:18-20).

Para Pablo, la doctrina es fundamental para los creyentes. Él señala el compromiso a las enseñanzas de Cristo tras la conversión como normativa para los creyentes romanos (Rom. 6:17) y además instruye que se mantengan alerta para aquellos que causen división y dificultan la adhesión a la doctrina sólida (Rom. 16:17). De hecho, Dios ha otorgado personas talentosas al cuerpo para la construcción de santos para evitar tales problemas doctrinales (Ef. 4:12-14). Adicionalmente, una expresión directa de enseñanza tiene prioridad sobre regalos como las lenguas (1 Cor. 14:6, 26). Pablo también señala que la herejía Colosense es la doctrina de los seres humanos en vez de la doctrina de Dios (Col. 2:22).

En las Epístolas Pastorales, el mandato de Pablo a Timoteo es que se nutra en y persevere en la doctrina sólida (1 Tim. 4:13 [junto con la lectura pública de las Escrituras]; 2 Tim. 4:2). Todo esto es ciertamente adecuado para Timoteo, ya que ha seguido la enseñanza de Pablo (2 Tim. 3:10). El mandato a Tito es aferrarse a la palabra y a la doctrina y enseñanza sólida mientras corrige a la iglesia (Tit. 1:9). Aquellos que son sirvientes son alentados a demostrar honestidad y buena fe, de manera que la enseñanza del Salvador sea respetada (Tit. 2:10). Es claro para Pablo que las Escrituras son la base de la doctrina (2 Tim. 3:16). Esta doctrina (enseñanza) será tolerada por pocos; en su conjunto, la doctrina sólida será rechazada en favor de un mensaje más agradable al interés humano (2 Tim. 4:3). La tarea del sirviente de Dios es oponerse a la enseñanza heterodoxa (1 Tim. 1:3; 6:3). La heterodoxia lleva a la heteropraxia (1 Tim. 1:10). Pablo señala que la doctrina de los demonios es una falsa enseñanza, que finalmente se basa en enseñanza satánica (1 Tim. 4:1).

El mandato del escritor a los Hebreos es que no deben someterse a enseñanzas extrañas, que niegan la gracia (13:9). Esto está de acuerdo con el argumento del libro en su totalidad. Para Juan, mantenerse en la doctrina de Cristo es salvífico, pero salirse de ella no lo es (2 Jn. 9). Los lectores de Juan no deben recibir a aquellos que pervierten la doctrina de Cristo (2 Jn. 10).

En el libro del Apocalipsis, Jesús advierte a la iglesia en Pérgamo acerca de la falsa enseñanza de Balaam (2:14) y aquella de los Nicolaítas (2:15). La iglesia de Tiatira igualmente es advertida de rehuir las enseñanzas de la falsa profetisa conocida como "Jezabel" (2:20, 24).

DODAI Un comandante de la segunda de las doce divisiones de soldados de Israel (cada una de veinticuatro mil hombres) durante el reinado de David, identificado como ahohita (1 Cr. 27:4; cf. 2 Sm. 23:28; 1 Cr. 11:29). Esto probablemente indica que Dodai era descendiente de alguien llamado "Ahohí" (como en 1 Cr. 8:4). Mientras algunas traducciones presentan el nombre como Dodo como el padre del talentoso guerrero Eleazar en 2 Sm. 23:9 y 1 Cr. 11:12 (e.g., KJV, NRSV), este es mejor comprendido como Dodai (cf. NIV).

DODANIM Un grupo jonio (descendiente de Javán) que aparece en Gn. 10:4 en la mayoría de los manuscritos hebreos. Algunos manuscritos hebreos, junto con el Pentateuco Samaritano y la LXX tienen "Rodanim" (las gentes de Rodas; *véase también* ESV, NRSV; NIV: "Rodanitas") en su lugar, que aparece en esta posición en 1 Cr. 1:7. Si "Dodanim" no es simplemente un error en algunos manuscritos, puede referirse a los habitantes de Dodona, el lugar de un antiguo oráculo griego ubicado en las montañas del norte de Grecia, cuarenta y ocho kilómetros al interior del Mar Jónico.

DODAVAHU Dodavahu vivió en Maresa y era el padre del profeta Eliezer, quien habló contra el rey Josafat (2 Cr. 20:37). El significado de su nombre es incierto, pero se conjetura que "Dodayahu" ("Yahveh es el amado") es la intención.

DODO **(1)** El padre del juez isacarita Tola (Jue. 10:1) era "Fúa, el hijo de Dodo". Algunas versiones antiguas toman el hebreo dodo no como un nombre propio, sino como un sustantivo común, "su tío". **(2)** Entre los poderosos hombres de David estaba "Elhanán, hijo de Dodo de Belén" (2 Sm. 23:24; 1 Cr. 11:26), aunque Dodo aquí es mejor entendido como Dodai. *Véase también* Dodai.

DOEG Un edomita, el jefe de los pastores de Saúl (aunque puede ser un título militar). Doeg estaba en el santuario de Nob cuando David llegó huyendo de Saúl, y él vio a Ahimelec proveer a David con pan y la espada de Goliat (1 Sm. 21:6-9). Saúl posteriormente se quejó de una conspiración entre sus sirvientes, de manera que Doeg declaró que también había visto a Ahimelec inquirir de Yahveh por David (1 Sm. 22:7-10). Ahimelec fue condenado por Saúl por esto, y cuando nadie más actuaría, Doeg lo ejecutó y a los otros sacerdotes de Nob (1 Sm. 22:16-19).

DOFCA Uno de los lugares donde acamparon los israelitas tras huir de Egipto (Nm. 33:12-13). Listado como su parada tras dejar el desierto de Sin y antes de llegar a Alús, Dofca está posiblemente en la región suroccidental de la Península de Sinaí, pero su ubicación exacta se desconoce.

DOLENCIA Refiriéndose a enfermedad o debilidad, la palabra "dolencia" ocurre con más frecuencia en la KJV. El término parece ser más frecuente en el NT que en el AT. En los Evangelios, el sentido de enfermedad física está discutiblemente siempre en vista (e.g., Mt. 8:17; Lc. 5:15; 8:2; 13:11-12; Jn. 5:5), pero en las Epístolas, donde "dolencia" ocurre rara vez fuera de la KJV, la idea de debilidad es más común (e.g., Rom. 6:19; 8:26; 2 Cor. 11:30; Heb. 4:15).

DOMINGO *Véase* Día del Señor.

DOMINIO La palabra "dominio" traduce varios términos que expresan poder, control, gobierno y autoridad. Como el rey cósmico, Dios ha delegado a la humanidad como los portadores de su imagen para "gobernar sobre" la creación (Gn. 1:26, 28; Sal. 8:5-6). El gobierno humano tiene la intención de ser una administración para Dios, una de desarrollo, no dominación.

Dominio también se encuentra en el poder político (1 Re. 4:24), a veces en la posesión de los enemigos de Israel (Neh. 9:28) y en el rey elegido por Dios sobre la creación (Sal. 72:8). También está la restauración mesiánica del dominio (Miq. 4:8), dominio sobre seres sobrenaturales (Ef. 1:21) y el dominio final de Cristo sobre todo (Col. 1:15-20). El gobierno del pecado y la muerte se contrasta con el dominio de la gracia y resurrección (Rom. 5:14-21; 6:9-14). El dominio de Dios es su "soberanía", tanto en la creación como la redención (Dn. 4:34; 1 Pe. 4:11; Jds. 25).

DON DE LENGUAS Tanto hablar en lenguas como interpretarlas se listan entre los varios dones del Espíritu que Dios puede elegir dar a los creyentes según su voluntad (1 Cor. 12:10, 28). El acto de hablar en lenguas es referido como "glosolalia" (del griego glōssa ["lenguas"] y laleō ["hablar"]).

Registro Narrativo

Instancias en que los creyentes ejercen el regalo de las lenguas se registran en tres narrativas bíblicas, con Hechos 2 detallando la ocurrencia más notable. Cuando el Espíritu Santo fue vertido por primera vez sobre los creyentes cristianos reunidos en Pentecostés, lenguas de fuego visible fueron acompañadas por una habilidad facultada por el Espíritu para hablar en lenguas que eran extranjeras para ellos (2:3-4). En esta instancia, las lenguas habladas son identificadas como las reales lenguas y dialectos de varios grupos de personas que residían a través del mundo mediterráneo (2:8-11). El fenómeno tuvo como resultado la habilidad de muchos para escuchar las maravillas de Dios en su lengua natal e incitó tanto curiosidad como burla (2:12-13).

Una efusión similar del Espíritu Santo sobre Cornelio y sus compañeros gentiles en conexión con el ministerio de Pedro fue acompañado de hablar en lenguas (Hec. 10:44-46). Esta habilidad para hablar en lenguas provee evidencia innegable de que Dios ha vertido realmente el Espíritu Santo sobre gentiles cristianos manifestando la presencia del Espíritu de una manera comparable a la experiencia inicial de Pentecostés de los judíos cristianos (11:15-18). Un relato final del ministerio paulino señala la venida del Espíritu Santo sobre una docena de discípulos en Éfeso con la habilidad de hablar en lenguas (19:6). El texto no revela que lenguas se hablaron en cualquiera de estos episodios posteriores.

A veces se argumenta que el regalo de lenguas normalmente acompaña la salvación cristiana o el bautismo con el Espíritu Santo y es un regalo que los creyentes debiesen buscar con ansias. Sin embargo, este argumento no puede sostenerse por las narrativas históricas de Hechos. Las tres instancias registradas de lenguas detallan el regalo viniendo sobre grupos de personas más que sobre individuos, y el regalo es vertido sobre ellos sin que ellos rezaran por él o lo buscaran de forma alguna. Además, estas son las únicas tres instancias en las Escrituras donde lenguas claramente acompaña la salvación, mientras que en otros numerosos relatos lucanos de la salvación de varios individuos (Hec. 2:41; 4:4; 8:36-39; 13:12, 48; 16:14, 34), incluyendo Pablo (9:1-19; 22:6-16), no contienen mención del regalo de lenguas.

Las Enseñanzas de Pablo

La iglesia de Corinto del siglo uno ejercita una variedad de regalos espirituales. Una larga discusión de regalos espirituales en 1 Cor. 12-14 afirma la práctica de hablar en lenguas en la asamblea corintia bajo ciertas condiciones (14:39-40) mientras también lo relega a un estatus más bajo que el regalo de profecía (14:5). Por su misma naturaleza, Pablo asevera, aquellos que hablan en lenguas no son entendidos por sus audiencias humanas; enunciados en lenguas hablan a Dios, no a los seres humanos (14:2). Por lo tanto, por sí misma, la glosolalia no puede ser entendida por aquellos que la escuchan a menos que se provea una interpretación para ellos. Por esta razón, Pablo dirige a los corintios a otros regalos espirituales (14:6) que pueden servir para construir la iglesia (14:12). No obstante, Pablo afirma que la práctica de la glosolalia en la adoración pública corintia, cuando se limita a dos o tres hablantes, cuando se realiza de manera ordenada con los hablantes tomando turnos, y cuando se acompaña con interpretación para que la iglesia pueda ser comprendida por su mensaje (14:26-27).

Debates Contemporáneos

Tres preguntas dominan las discusiones modernas acerca del regalo de lenguas: (1) ¿Cuál es el propósito principal de hablar en lenguas? (2) ¿Cuál es la naturaleza de las lenguas habladas cuando se ejerce el regalo de lenguas? (3) ¿Continúa el regalo de lenguas más allá de la era apostólica? Las respuestas a estas preguntas varían y reflejan diversas posiciones teológicas.

Propósito principal. Una posición mantiene que cuando el Espíritu entrega el regalo de lenguas, es siempre un ejercicio público que produce una infalible revelación de Dios. El principal propósito, o tal vez único, de este regalo de pronunciamientos milagrosos es como un signo para autenticar la proclamación del Evangelio y así contribuir al bien común de la iglesia en su totalidad a través de llegar a no creyentes con el Evangelio de una forma poderosa. Los proponentes de esta visión encuentran apoyo en 1 Cor. 14:22, donde Pablo habla de lenguas como un signo para los no creyentes. También la experiencia de Pentecostés narrada en Hechos 2 puede comprenderse como un uso de lenguas que calza en este marco. Los oponentes objetan esta interpretación señalando que fue el subsecuente sermón de Pedro más que el regalo de lenguas mismo lo que sirvió un propósito evangelístico.

Otros encuentran soporte bíblico para un uso privado adicional de lenguas por los creyentes en su oración y alabanza dirigida hacia Dios (1 Cor. 14:2, 28). Aunque la enseñanza en 1 Cor. 14 se enfoca en sí y cómo las lenguas se usan en la asamblea pública, algunos adherentes de esta posición señalan a 14:14-19 para evidencia del uso de Pablo del regalo de lenguas en su vida devocional. Este uso de lenguas se cree que contribuye al bien común de la iglesia a través de la edificación personal de creyentes individuales que practican este regalo (14:4) y que componen la comunidad creyente.

Naturaleza del lenguaje. No está completamente claro a partir de las Escrituras si las lenguas habladas por aquellos con el regalo de lenguas son lenguas humanas de otra forma desconocidas para el hablante o si consisten en lenguas de otros mundos (celestiales, angélicas, espirituales) o si ambas constituyen opciones válidas. El registro de Pentecostés en Hechos 2 es la única narrativa escritural de lenguas que explícitamente identifica los lenguajes hablados por aquellos ejerciendo el regalo de lenguas; son lenguas humanas. Sin embargo, tres pasajes del NT se citan en apoyo de una visión más amplia.

Primero, en 1 Cor. 13:1, Pablo alude a la posibilidad de discurso "en lenguas de hombres o de ángeles". Mientras esto puede afirmar la idea de un lenguaje angélico siendo hablado por creyentes con el regalo de leguas, aquellos que limitan las lenguas al lenguaje humano ven en esta declaración una hipérbole más que una descripción de realidad.

Segundo, cuando Pablo discute lenguas en 1 Cor. 14:2, él indica que nadie que escucha comprende el lenguaje. Esta declaración es fácilmente verdadera si el lenguaje hablado es "angélico", pero también sería verdad de un lenguaje humano en general desconocido para aquellos en la asamblea adoradora de Corinto.

Finalmente, Rom. 8:26, a través de la descripción de la intercesión del Espíritu en oración como gemidos y pronunciamientos demasiado profundos para palabras, apoya la idea de que el regalo de lenguas consiste en lenguajes espirituales más que humanos. Oponentes argumentan que este texto de ninguna manera habla del regalo de lenguas.

Continuación más allá de la era apostólica. Finalmente, en ninguna parte enseñan las Escrituras expresamente que el regalo de lenguas continuará a través de toda la edad de la iglesia, ni claramente establece un tiempo, ya sea el final de la era apostólica, el cierre del canon del NT u otro momento en el que cesará el regalo de lenguas. Debido a que el NT describe el regalo de lenguas como funcionando entre creyentes en el siglo uno, muchos creen que el regalo de lenguas continúa expresándose por el pueblo de la nueva alianza de Dios hasta hoy.

Los continuacionistas argumentan que las Escrituras en ninguna parte anticipan un cambio en el trabajo del Espíritu Santo o el empoderamiento para el ministerio, y así la vida de los cristianos de hoy debería ser similar a la de los creyentes del NT con respecto a la esperada presencia empoderadora de las lenguas.

Por otra parte, los cesacionistas creen que el pasaje Ef. 2:11-21 identifica el siglo uno como un periodo único, fundacional en la historia de la salvación, caracterizado por el liderazgo apostólico y un canon abierto. Al igual que ya no hay apóstoles hoy, uno no debería sorprenderse si la práctica de regalos milagrosos, incluyendo el regalo de lenguas, hubiese decrecido significativamente o se hubiese detenido por completo tras ese período fundacional. Algunos también señalan a 1 Cor. 13:8 como evidencia que vendrá un tiempo cuando el regalo de lenguas se detendrá.

Otros optan por una posición intermedia, argumentando que mientras hablar en lenguas no es un estándar de la era eclesiástica, es posible que el regalo continúe operando hoy en día en lugares donde el Evangelio está haciendo incursiones por primera vez, una situación comparable a la de la era del NT.

DONES ESPIRITUALES La fe cristiana es la fe de la nueva alianza prometida a los profetas de Israel de la antigüedad (Jr. 31:31-34; Ez. 36:26-27; Jl. 2:28-29). Como Jesús vino a cumplir estas profecías acerca de la renovada presencia de Dios entre su pueblo (Mc. 1:14-15), poderosos actos del Espíritu de Dios dieron expresiones visibles a la presencia del reino de Dios (Mt. 12:28; Lc. 7:22). De acuerdo al NT, Dios estableció la nueva alianza por una efusión de su Espíritu (Hec. 2:1-21) que empoderó a la iglesia para continuar el ministerio de Jesús. Pablo expresa la centralidad de esta experiencia cuando establece que a menos que una persona evidencie la presencia del Espíritu de Dios, ese individuo no pertenece a Cristo (Rom. 8:9). Puesto de otra manera, el Espíritu sella la relación del creyente con Cristo (2 Cor. 1:22; Ef. 4:30), haciéndolos parte de su cuerpo, la iglesia (1 Cor. 12).

Los dones espirituales son comprendidos a la luz de esto. Son vistos como la habilitación del Espíritu de los cristianos para expresar su nueva relación de alianza con Dios. El Espíritu le regala a todos los cristianos, empoderándolos para funcionar como miembros servidores del cuerpo de Cristo y, por tanto, cumpliendo su propósito en el plan de Dios. Los dones divinos son, por ende, indispensables en la vida cristiana, que sin ellos fallaría en dar testimonio a su origen sobrenatural.

Terminología

Los dos términos que Pablo usa para estos dones son pneumatika (regalos del Espíritu) y charismata (regalos de gracia), dones otorgados libre y soberanamente por Dios a través de su Espíritu. Son dones, no cualidades ganadas, y pertenecen a aquellos quienes el Espíritu ha llenado (1 Cor. 2:12) y son retenidos de aquellos que son ignorantes del Espíritu (2:14). Estos dones de gracia, aunque no difieren en naturaleza (1 Cor. 12:4-11), varían en función (Rom. 12:4-8; 1 Cor. 12:12-26; Ef. 4:11-13) e importancia (1 Cor. 12:28-31).

Pneumatika es el menos usado de los dos términos. Es un sustantivo plural neutro y puede traducirse variadamente como "regalos, cosas, temas, verdades" espirituales. Por ejemplo, la palabra en español "verdades" o "cosas" puede traducir 1 Cor 2:13 de forma más precisa; "semillas" puede calzar mejor con 1 Cor. 9:11; "temas", 1 Cor. 12:1; "regalos", 1 Cor. 14:1; y "fuerzas", Ef. 6:12. En Rom. 15:27, Pablo usa pneumatika para referirse a las "bendiciones" o "riqueza" espiritual de Israel.

Charismata, de donde obtenemos la palabra "carismático", es otro sustantivo plural neutro y es por lejos el más prevalente de los dos. El uso de charis ("gracia") relaciona esta palabra con Dios como el gracioso dador y subraya la cualidad inmerecida de los regalos (Rom. 5:15; 6:23). Con la única excepción de 1 Pe. 4:10, la palabra es exclusivamente usada por Pablo. Funciona principalmente como un término técnico que describe la distribución de los dones de servicio específico a cada creyente por el Espíritu Santo. Su propósito es construir la iglesia (1 Cor. 12:7), no clasificar o evaluar espiritualmente a creyentes individuales (12:12-25).

Tipos de Regalos Espirituales

Aunque le NT menciona o alude a dones individuales en varias partes, Pablo entrega tres listas de charismata (Rom. 12:6-8; 1 Cor. 12:4-11, 28-30; Ef. 4:7, 11). Ya que el contenido de cada una de estas listas encaja tan claramente con un contexto literario (e histórico) específico, no son exhaustivas. Más bien, son ejemplos de cómo el Espíritu se manifiesta en la comunidad cristiana (1 Cor. 12:7). Como manifestaciones del Espíritu, charismata es una donación permanente y necesaria para la iglesia. Los dones individuales pueden variar a través del tiempo y entre congregaciones específicas, pero sería impensable para Pablo que charismata como tal cesara. Ya que su propósito es empoderar a la iglesia para evidenciar la presencia del reino de

Dios, no cesarán hasta el final, cuando el reino se haga visible para todos (1 Cor. 13:8-10).

Clasificar los dones que Pablo menciona es prácticamente imposible, y la aparente falta de interés del NT de tal organización puede incluso hacer tal esfuerzo sospechoso. De manera similar, la ausencia de la palabra charismata como introducción a la lista en Ef. 4:11 no indica un esfuerzo paulino de clasificar los dones. Aunque se refiere a los receptores de los dones más que a los dones en sí, su expansión de la palabra charismata hacia charis (gracia [Ef. 4:7]) y domata (regalos [4:8]) claramente califica 4:11 como una lista de dones espirituales.

Los dones espirituales otorgan los cimientos para las posiciones de liderazgo en la iglesia como, por ejemplo, apóstoles, profetas, evangelistas, pastores y profesores. Según Pablo, un don como la profecía (escuchar, saber y proclamar la palabra de Dios) es mayor a otros dones precisamente porque empodera la edificación de la Iglesia (compárese 1 Cor. 14:1-5 con Ef. 4:12). La clasificación de los dones de Pablo en 1 Cor. 12:28 apunta a lo mismo. Dones como estos, que pueden ser llamados "dones de liderazgo" parecen tener un carácter más permanente y, al menos en alguna ocasión, ser otorgados por la imposición de manos (1 Tim. 4:14; 2 Tim 1:6).

No es consecuencia de la recepción de un done de liderazgo, automáticamente calificar a una persona para otorgar el derecho a una posición en la iglesia. Más bien, una calificación como esa, o derecho, es otorgado por la iglesia como reconocimiento del Espíritu equipando a una persona para una tarea de liderazgo específico. Tal reconocimiento debe basarse tanto en dones específicos y madurez espiritual (1 Tim. 3). Una negligencia de énfasis adecuado en lo último probablemente es una de las principales razones por las que Pablo se siente obligado a recordarle a Timoteo no ser demasiado rápido con la imposición de manos (1 Tim. 5:22).

Aunque las distinciones absolutas son imposibles, parece que el Espíritu otorga algunos dones para situaciones específicas del ministerio. Diferentes de aquellos dones de liderazgo más permanentes, estos son empoderamientos temporales de Dios otorgados de acuerdo a necesidades ocurrentes. El Espíritu otorga estos dones no para dar testimonio de una donación en particular a ciertas personas (posesión), sino más bien para una habilitación a situaciones específicas de ministerio y, por tanto, dar testimonio de la continúa acción del Espíritu en la iglesia. De esta forma, los dones espirituales se convierten en claras expresiones de cómo la gracia de la nueva alianza llega a las personas como un regalo inmerecido, diseñado para generar la adoración de Dios (Heb. 12:28; cf. 1 Cor. 14:16).

El entusiasmo de Pablo por agrupar todos los charismata bajo la inspiración del "mismo Espíritu" (1 Cor. 12:4, 8-9, 11), ya sea que sean más "prácticos" (servicio, donación, ayuda, actos de misericordia, administración, etc.) o más "numinoso" (profecía, sabiduría, palabras de conocimiento, hablar en lenguas, milagros, etc.), con toda probabilidad indica que él encontró una conexión inseparable entre el ejercicio de los dones y la consciencia de la presencia del Espíritu. Aunque la mera ocurrencia de un don-acto (e.g., un acto de misericordia), no evidencia particularmente la presencia del Espíritu Santo, Pablo debe haber percibido una conexión indispensable entre la expresión de dones espirituales y la experiencia de la presencia divina. Pablo nunca explica un don-acto (e.g., administración) como un mero ejercicio de talento natural o habilidad aprendida; más bien, incluso el "talento natural" depende en el empoderamiento del Espíritu para su utilidad en el reino.

Consecuentemente, aunque Dios otorga sus dones como un acto de gracia y no en base al mérito, existe una relación dinámica entre la efectividad del don y la vida del cristiano. Pablo trata esta conexión entre dones espirituales y la calidad de la vida del creyente más directamente en 1 Cor. 13. La abrupta inserción de este capítulo en medio de su discusión acerca de los dones espirituales (capítulos 12 y 14) señala la intrínseca conexión de estos dos aspectos en el pensamiento de Pablo. Más aún, el implacable énfasis del capítulo 13, de que el cristiano es nada (versículo 2) y no gana nada (versículo 3) sin amor, exhibe cómo en el razonamiento de

Pablo los dones espirituales requieren piedad para ser verdaderamente efectivos.

Balance y Proporción

Los problemas que Pablo enfrenta en Corinto se deben no a una deficiencia de dones, sino a una carencia de proporción y balance en su uso. Como 1 Cor. 14:1 indica ampliamente, el propósito del capítulo 13 no es lucir el amor como el mayor de los dones espirituales, sino mostrar que los dones espirituales no son dados para conveniencia y gratificación privada, sino como regalos cuyo propósito, función y eficacia conectan las vidas de los creyentes al Espíritu y su participación en el cuerpo de Cristo (1 Cor. 14:12). Sin mucha base, los charismata perderían su propósito y poder como instrumentos del Espíritu y su uso erradicaría la presencia del Espíritu más que probarla.

La discusión de Pablo en Rom. 12:6 de la medida con la cual Dios otorga charismata a cada individuo sigue esta misma línea de razonamiento. Que este versículo ocurra en medio de una exhortación a la piedad sugiere que Pablo comprende que charismata posee cualidades dinámicas. El Espíritu otorga "en proporción". Más aún, cuando Pablo comienza su exhortación en el uso de dones estableciendo que la profecía debe ocurrir "en proporción" a la fe del profeta, él está aseverando que debe resultar de la relación del profeta con Dios. Ya que esta es la frase de apertura que otorga orientación a la comprensión de la subsecuente lista de dones, se entiende que en la mente de Pablo la fe y "camino" del creyente pueden abrir o colocar limitaciones para un uso revelador-del-reino de los dones espirituales.

El hecho de que algunos dones son otorgados como resultado de la oración (1 Cor. 14:13) además revela que Pablo no ve discrepancia entre el aspecto "dones libre" de los charismata y el vivo deseo del creyente por un don específico. Más bien, Pablo enfoca su discusión en el capítulo 14 en la distinción entre dos dones (profecía y lenguas), ambos son decididamente dependientes en la habilitación del Espíritu. Usado apropiadamente, cualquiera de estos dones podría poderosamente comunicar el reino. Sin embargo, mal usados se vuelven herramientas de destrucción de la iglesia. Nuevamente el uso efectivo incluso del más numinoso de los dones descansa en la calidad de la fe del creyente como un participante empoderado por el Espíritu en la nueva alianza de Dios.

DOR Una ciudad portuaria en la costa mediterránea, ahora identificada como Khirbet el-Burj, ubicada veintidós kilómetros al sur de Haifa. Aparentemente asentada alrededor del año 2000 a.C., funcionaba como un puerto principal para los cananeos. La ciudad, también llamada "Nafot Dor", se ubicaba dentro de la asignación tribal de Manasés en la época de la conquista de Israel (Js. 17:11). Los israelitas derrotaron al rey de Dor en batalla durante la conquista (Js. 11:1-9; 12:23), pero no pudieron conquistar y ocupar la ciudad en ese momento (Jue. 1:27). Para la época de Salomón, Dor se identificaba como el hogar del gobernador del cuarto distrito administrativo de Salomón (1 Re. 4:11), sugiriendo que David probablemente conquistó el puerto durante su expansión más temprana. Dor probablemente era el puerto principal del reino norte durante la monarquía dividida y sirvió como capital de la posterior provincia asiria del mismo nombre. Continuó como un puerto significativo hasta el siglo diecisiete AD.

DORCAS Una benevolente costurera en Jope, caracterizada por sus actos altruistas y descrita como un discípulo (Hec. 9:36). Mientras Pedro estaba en el pueblo cercano de Lida, Dorcas o Tabita (en arameo), enfermó y murió. Después de las preparaciones del cuerpo para el entierro, dos hombres fueron y le pidieron a Pedro que sanase a Dorcas. Él aceptó, viajó a Jope, y la levantó de los muertos. Muchas personas siguieron a Jesucristo debido a este milagro (Hec. 9:36-42).

DOTÁN El Valle de Dotán, en el sureste de la cordillera del Carmelo, proporcionaba una conexión vital entre importantes rutas costeras y transjordanas. Cuando Jacob envió a José a buscar a sus hermanos, en la providencia de Dios, los encontró en Dotán. Ellos lo vendieron a una caravana de comerciantes de especias madianitas/ismaelitas que "simplemente" pasaban por allí de camino a Egipto (Gn. 37:12-36). Las implicaciones internacionales de la ubicación de Dotán también son evidentes en 2 Re. 6:8-23. Porque Eliseo estaba proporcionando información militar al rey de Israel, el rey de Aram envió un ejército a rodear Dotán, dentro del territorio de Israel y no lejos de la capital de Samaria, para capturar a Eliseo. No tuvieron éxito, sin embargo, y al temeroso sirviente de Eliseo se le permitió ver los cerros alrededor de la ciudad llenos de caballos y carrozas de fuego.

DOTE La palabra "dote" puede referirse al precio que un novio paga al padre de la novia o a un regalo que el padre le otorga a la novia. Para evitar confusiones, la NIV usa expresiones como "precio de novia" (Éx. 22:17) y "precio por la novia" (1 Sm. 18:25) para referirse a lo primero. El pago de precio de novia era una costumbre muy extendida en el antiguo Oriente Próximo. Aparentemente, el tamaño de los pagos variaba dependiendo del estatus social de las familias, la deseabilidad de la novia, y así sucesivamente. El Éxodo 22:17 indica que el precio pagado por novias vírgenes era considerablemente más alto que por las no vírgenes. También hay indicaciones que la cantidad es negociable (Gn. 34:12). El pago por la novia, aunque normalmente monetario, también podía tomar la forma de servicios rendidos (Gn. 29:18, 27-28). En algunas ocasiones en el AT un acto heroico constituía el precio por una novia (Js. 15:16; Jue. 1:12; 1 Sm. 18:25).

También hay casos en el AT que se refieren a la dote de un padre para su hija por su matrimonio. El faraón le dio a su hija la ciudad de Gezer cuando se casó con Salomón (1 Re. 9:16), aunque este puede ser simplemente un regalo de bodas más que una dote formal. La hija de Kaleb, Aksá, se quejó con él porque la casó sin darle una dote adecuada (Js. 15:19; Jue. 1:15).

DOXOLOGÍA Un himno o saludo alabando a Dios, frecuentemente cantado o salmodiado en las porciones de apertura o clausura de un servicio de adoración cristiano. Una doxología también puede ser escrita y con frecuencia se encuentra en libros o cartas escritas por cristianos. Aunque el término "doxología" no aparece en los textos bíblicos originales, fue subsecuentemente agregado como un encabezado descriptivo para ciertas secciones de las Escrituras, incluyendo Rom. 11:33-36; Jds. 24-25; Ap. 1:4-6. Las palabras habladas por la hueste celestial al anunciar el nacimiento de Jesús a los pastores: "Gloria a Dios en el cielo más alto y en la tierra paz a aquellos en quienes descansa su favor" (Lc. 2:14), son conocidas como la Doxología Mayor. Las palabras "Gloria al Padre, y al Hijo y al Espíritu Santo; como era en un principio, ahora y siempre, hasta la eternidad, Amén", aunque no se encuentran en las Escrituras, son conocidas como la Doxología Menor.

Frases similares de exaltación y alabanza ciertamente existen en el AT, aunque no han sido específicamente categorizadas como doxologías. Un ejemplo es la alabanza del salmista "¡Señor, nuestro Señor, qué majestuoso es tu nombre en toda la tierra!" (Sal. 8:1, 9).

DRACMA Un dracma era originalmente un peso, pero posteriormente una moneda. En Esd. 2 y en Neh. 7 (entre el año 450 AC y 350 a.C.), un dracma (NIV: "daric") es un peso estándar de moneda, frecuentemente identificada con la moneda de oro daric de ¼ de onza troy. En el NT, el dracma es una moneda de plata (Lc. 15:8-9; cf. Josefo, J.W. 1.308) que era el salario típico de un día de trabajo para un obrero (Mt. 20:2; NIV: "denario"). En el reinado de Augusto y Tiberio (27 a.C.-37 AD), las monedas de dracma pesaban entre 1/7 a 1/9 de onza troy, cerca de un denario de plata (Plinio el Viejo, Nat., 21.109).

DRAGÓN La KJV usa "dragón" veintiuna veces en el AT para traducir la palabra hebrea tannin, tannim. En Dt. 32:33 el término se usa en paralelo con peten ("víbora" o "cobra"), indicando que probablemente se refiere a una serpiente de algún tipo. El término se presenta inconsistentemente por la KJV, de manera que en otras partes la traducción es "ballena" (Gn. 1:21; Job 7:12; Ez. 32:2-3) o "serpiente" (Éx.7:9-10, 12). También hay cierta confusión en la KJV de tannim con el plural del sustantivo tan, que significa "chacal" (Job 30:29; Sal. 44:19; Is. 13:22; 34:13; 35:7; 43:20; Jr. 9:11; 10:22; 14:6; 49:3; 51:37; Miq. 1:8; *véase también* Lam. 4:3; Mal. 1:3).

En muchos pasajes la LXX usa el término drakōn, que nuevamente se refiere a serpiente. Este término se usa en el NT sólo en el Apocalipsis, donde, como en el AT, el escritor probablemente visualiza no el monstruo alado que respira fuego familiar para la mayoría de los lectores modernos, sino más bien algo más directamente parecido a una serpiente (nótese Ap. 12:9, donde el "gran dragón" también es descrito como la "antigua serpiente" e identificado como "el diablo o Satanás"). Apocalipsis 12:3 elabora describiéndolo como poseyendo "siete cabezas y diez cuernos". De ahí, el dragón del Apocalipsis está directamente conectado a la serpiente en el jardín del Edén (Gn. 3), que está finalmente sujeta a la derrota y castigo eterno (Ap. 20:7-10).

DROGA Cualquier sustancia que, tras ser absorbida por el cuerpo, altera su normal funcionamiento. La droga más común en la Biblia es el alcohol, particularmente el vino, que reemplaza el azúcar en el jugo de uva durante la fermentación. Noé bebe vino, intoxicándose, y actúa vergonzosamente a través de la exposición de su desnudez (Gn. 9:21). La Biblia inequívocamente condena la ebriedad (e.g., Ef. 5:18), pero no el consumo moderado de alcohol (Sal. 104:15; Ecl. 10:19; Is. 25:6).

Los médicos usaban drogas como medicina, aparentemente sin sanción o estigma. En el siglo uno, Dioscórides escribió un tratado sobre drogas, De materia medica, que se convirtió en un estándar de conocimiento botánico durante más de un milenio. Los medicamentos por lo general se derivaban de hierbas naturales y raíces (las drogas sintéticas no estuvieron disponibles hasta avances posteriores en química). El autor de Eclesiástico alaba el trabajo de los médicos y permite el uso de medicamentos porque son parte de la creación de Dios (38:1-15). Pablo alienta a Timoteo a beber un poco de vino para sus dolencias (1 Tim. 5:23), y apreciaba los servicios de Lucas, a quien llama el "médico amado" (Col. 4:14 KJV, RSV). Pero la Biblia también condena la hechicería y la magia (Gal. 5:20) que con frecuencia se apropiaban de drogas para manipular lo divino. Los hechiceros portaban drogas en botellas (Herm. 17:7). La línea entre sanación y manipulación podía ser borrosa, como con el uso romanos de una píldora abortiva (Juvenal, Sat. 595-596).

DROMEDARIO El dromedario árabe de una sola joroba era el tipo común de camello en tiempos bíblicos, impuro como carne, pero usado para transporte y leche. *Véase también* Camello.

DRUSILA Hija de Agripa I; bisnieta de Herodes el Grande; hermana menor de Agripa II y Bernice. Según Josefo (Ant. 20.137-47), Drusila era asombrosamente hermosa y era envidiada por Bernice. Drusila primero se casó con Azizus, rey de Emesa, por razones políticas. Sin embargo, pronto, Félix, el gobernador romano de Judea, conoció a Drusila y se enamoró de ella. Él se le acercó a través de su amigo Simón, persuadiéndola de transgredir las leyes judías, dejar a su marido y casarse con él.

Hechos 24:24 identifica a Drusila específicamente como la esposa "judía" de Félix, que algunos interpretan como comunicando desaprobación. Le dio a Félix un hijo, Agripa, que murió en el año 79 AD, durante la erupción del Vesubio.

DULCÉMELE La presentación de la KJV de la palabra hebrea sumeponeyah, un instrumento musical mencionado en la historia de Sadrac, Mesac y Abednego y el horno ardiente (Dn. 3:5, 10, 15). Otras versiones bíblicas variadamente traducen la palabra hebrea como "gaita, pipa, lira, tambor". Si el instrumento era un dulcémele, no era del mismo tipo que el moderno dulcémele de los Apalaches.

DUMA (1) Uno de los doce hijos de Ismael (Gn. 25:14; 1 Cr. 1:30). (2) Una ubicación en el territorio de Judá (Js. 15:52). (3) La mención de "Duma" en Is. 21:11 puede referirse a una de las entidades descritas anteriormente o a Edom, el nombre del cual suena similar en hebreo (el mismo versículo menciona "Seir" como sinónimo de "Edom").

DURA Nabucodonosor ordenó la adoración de una estatua dorada en la "planicie de Dura" en la provincia de Babilonia (Dn. 3:1). De las numerosas ubicaciones de nombre similar en el área, ninguna se ha identificado positivamente con este lugar. Además, dura', un término arameo, probablemente significa "fortificación" y puede referirse a parte de Babilonia o sus muros.

DURAS PALABRAS/ENSEÑANZAS Palabras que son difíciles de interpretar (Dn. 5:12 [KJV: "duras oraciones"; NIV: "adivinanzas"]) o aceptar (las enseñanzas de Jesús acerca de comer su cuerpo y beber su sangre [Jn. 6:60; cf. 14:24; 18:19]. *Véase también* Hec. 4:2, 18; 5:28; 17:16-21).

D

DUREZA DE CORAZÓN La dureza de corazón describe una condición espiritual de activa resistencia contra Dios y sus caminos. En cierto sentido, este tipo de resistencia se encuentra en cada ser humano desde la caída en Gn. 3. Cada ser humano hereda una naturaleza de pecado de Adán (Rom. 5:12-14) que natural e inevitablemente imparte una predisposición al pecado. Daniel 5:20 asocia un corazón endurecido con el orgullo, un defecto virtualmente universal. No obstante, la dureza de corazón con frecuencia describe una oposición más inusual y significativa a Dios. Aunque aún es posible que Dios, en su gracia, rescate a personas en cualquier condición espiritual hasta el momento de la muerte, mientras más activamente alguien se resista a Dios, menos probable es que Dios intervenga en la vida de esa persona. Al mismo tiempo, siempre hay esperanza, ya que incluso los discípulos de Jesús fueron descritos como teniendo corazones duros (Mc. 6:52). Sin embargo, un corazón endurecido a propósito es siempre una seria ofensa contra Dios porque involucra "acumular ira contra uno mismo para el día de la ira de Dios, cuando el juicio justo será revelado" (Rom. 2:5).

Uno de los puzles y misterios de las Escrituras es que Dios mismo con frecuencia es descrito como quien endurece el corazón de varios individuos. El Faraón en la historia del éxodo es una ilustración clásica. En Éx. 4:21 Dios le dice a Moisés. "Endureceré su corazón [Faraón] para que no deje ir a la gente". Otras veces, se usa un lenguaje más ambiguo, como en 7:13, donde "El corazón del Faraón se endureció". Y otras veces el Faraón mismo es descrito como directamente involucrado en este proceso, como "cuando el Faraón vio que había alivio, endureció su corazón y no escucharía a Moisés y Aarón" (8:15). La mejor forma de entender esta situación es ver la dureza de corazón como una combinación de voluntad activa de los seres humanos caídos y el trabajo misterioso de un Dios soberano. (La salvación y el crecimiento espiritual son realidades espirituales similares en que ambas involucran una misteriosa combinación del involucramiento directo de Dios en la vida de las personas y la necesidad de su propia respuesta humana). Ya que la Biblia tan frecuentemente advierte contra los peligros de un corazón endurecido, claramente existen oportunidades genuinas para que las personas llamen a Dios por misericordia y liberación de esta terrible situación.

E

E *Ver* hipótesis documentaria.

EBAL **(1)** Un nieto de Seir el horeo, un habitante temprano de la tierra de Seir que conquistó Esaú (Gn. 36:20-23; 1 Cr. 1:38-40). **(2)** Una montaña en el centro norte de Israel ensombreciendo la ciudad de Siquem en el norte. El Monte Ebal y su contraparte, el Monte Guerizín en el sur forman un anfiteatro natural, eminentemente apropiado para la ceremonia de la alianza mandada por Moisés (Dt. 11:29; 27:1-13) y realizada por Josué y los israelitas (Js. 8:30-35). La mitad de las tribus estaban de pie ante Guerizín y la mitad frente a Ebal, recitando las bendiciones y maldiciones de la alianza, respectivamente. Los israelitas también colocaron grandes piedras cubiertas de yeso inscritas con la ley de Moisés. Construyeron un altar sacrificial en Ebel, tal vez igual a la estructura descubierta en el lugar en 1980 que data del siglo trece a doce a.C. Su suelo estaba cubierto de ceniza y huesos animales quemados, pero su identificación y propósito se disputan. *Véase también* Guerizín.

EBED **(1)** El padre de Gaal, que era un líder del pueblo de Siquem (Jue. 9:26,28,30,31,35). **(2)** Un descendiente de Adín e hijo de Jonatán (Esd. 8:6). Se lista como uno de los líderes familiares que regresaron del exilio bajo el liderazgo de Esdras.

EBED MELEC Un oficial etíope, probablemente un oficial militar, en Jerusalén durante el asedio babilonio (587-586 a.C.). El profeta Jeremías es arrestado y colocado en un calabozo/pozo con el permiso del rey Sedequías (Jr. 39:1-13). Ebed Melec enfrenta al rey y obtiene el

Monte Ebal y Monte Gerizim, cerca de Siquem.

permiso para sacar a Jeremías del pozo, probablemente salvando su vida. Dios elogia a Ebed Melec, declarando que Ebed Melec será salvado porque confió en Dios (Jr. 39:15-18).

EBENÉZER Ebenézer por lo general se asocia con un símbolo de la ayuda de Dios en el pasado y un estímulo para continuar confiando. Esto se basa en 1 Sm. 7:12 "Samuel tomó una piedra y la colocó entre Mizpa y Sen. La llamó Ebenézer [literal, "piedra de ayuda"], diciendo, 'Hasta aquí nos ha ayudado el Señor'". Ebenézer también es una ubicación desconocida en el oeste de Palestina donde Israel había sido derrotado y subsecuentemente perdió el arca de la alianza ante los filisteos (1 Sm. 4-5).

EBER **(1)** Un descendiente de Sem, hijo de Selah, padre de Péleg y ancestro de Jesús (Gn. 10:21-31; 11:14-17; 1 Cr. 1:18-25; Lc. 3:35). Como da a entender Gn. 10:21; Eber parece ser la fuente para el nombre "hebreo" para esa línea particular de pueblos semitas (un nombre similarmente derivado de "Sem").

(2) Un descendiente de Jacob en la tribu de Gad (1 Cr. 5:13). **(3)** Un hijo de Elpaal en la tribu de Benjamín (1 Cr. 8:12). **(4)** Un hijo de Sasac en la tribu de Benjamín (1 Cr. 8:22-25). **(5)** El líder de la familia sacerdotal postexílica de Amoc (Neh. 12:20).

ÉBEZ Uno de los dieciséis pueblos asignados a Isacar en Js. 19:20.

EBIASAF Un descendiente de Coré, en la línea de Cohat, uno de los tres hijos de Leví (*véase* Éx. 6:16-21). El nombre se menciona en 1 Cr. 6:23, 37; 9:19, pero no está claro si los tres hacen referencia a la misma persona (en 1 Cr. 6:23, Ebiasaf es un descendiente de Coré, pero el hijo de Elcana). Según 1 Cr. 6:37, está entre los músicos del templo. En 1 Cr. 9:19 es mencionado en el linaje coraita de los porteros del templo.

EBLA Ebla (la moderna Tell Mardikh, en el norte de Siria) era un importante centro urbano y ciudad-estado real de la temprana Edad de Bronce (c. 2400-2300 a.C.). Tras una destrucción violenta y varios siglos de decadencia, este lugar volvió a ser prominente por varios siglos en la mediana Edad de Bronce II (c. 1800-1600 a.C.), tras lo cual fue finalmente destruido por los hititas. La historia del reino de Ebla no se sobrepone en ningún momento con la historia de los estados bíblicos de Israel y Judá, ni se menciona en la Biblia. Sin embargo, debido a que historias bíblicas de ancestros patriarcales están ostensiblemente situadas en las cercanías de Ebla y alrededor de la época de su apogeo, los restos culturales y textuales de Ebla a veces han atraído la atención de académicos bíblicos, aunque rara vez sin controversia.

En 1964 un equipo de arqueólogos italianos comenzó excavaciones en el lugar de Ebla. La importancia principal de este sitio es que desde 1975 ha entregado miles de tabletas de arcilla, escritas en el lenguaje eblaíta en escritura cuneiforme y ricamente testimoniando la vida, cultura e historia del reino eblaíta. La mayoría de los textos son registros administrativos de gobierno.

El eblaíta se escribe en escritura cuneiforme (en forma de cuña) que se debe ampliamente al sistema de escritura sumerio.

A diferencia del sumerio, sin embargo, el eblaíta es un lenguaje semita. Consistente con su ubicación geográfica en el noroeste de Siria, el lenguaje guarda similitudes con dos de los principales idiomas semitas, el semita oriental

Restos arqueológicos del palacio en la antigua Ebla (2400-2300 a.C).

(incluyendo el acadio y babilonio) y el semita occidental (incluyendo arameo, árabe y cananeo). La clasificación exacta del eblaíta es debatible. Mucha de la evidencia es onomástica (nombres personales), y existe una relativa escasez de textos literarios y prosa conexa que permitiría un estudio más definitivo y clasificación del lenguaje. Ahora es aparente que el uso del eblaíta no se restringía sólo a la ciudad; se usaba también más ampliamente en la región.

Poco después del descubrimiento y descifrado de textos de Ebla, académicos identificaron en el corpus un número de nombres personales geográficos que parecían ser equivalentes a nombres conocidos de la Biblia o textos cuneiformes. Más recientemente, el consenso entre los académicos es considerar con escepticismo cualquier paralelo directo entre los textos de Ebla y la Biblia. Al mismo tiempo, muchas conjeturas tempranas conectando el lenguaje de Ebla a la familia del lenguaje cananeo (incluyendo el hebreo bíblico) han sido desmentidas.

EBRIEDAD Aunque la Biblia reconoce el valor limitado del alcohol o la embriaguez como un paliativo (Prov. 31:6-7), la ebriedad por lo general se presenta como la causa de todo tipo de problemas en la vida: congoja, pena, conflicto, cardenales, ojos rojos, lujuria (Prov. 23:29-35), pobreza (Prov. 23:21), tambaleos, vómitos, pérdida de discernimiento (Is. 28:7-8) y vergüenza pública (Hab. 2:15; cf. Gn. 9:21). La ebriedad es nombrada como una marca del hijo desobediente (Dt. 21:20-21; cf. Lc. 15:11-13). También es, por lo general, una característica negativa en varios incidentes (e.g., el incesto en la familia de Lot [Gn. 19:33-35]; el plan de

David para encubrir su adulterio [2 Sm. 11:13]; los asesinatos de Ammón, Elah, Ben Hadad y sus aliados [2 Sm. 13:28; 1 Re. 16:9; 20:16]; la fiesta de vino de Nabal [1 Sm. 25:36]), aunque por error se atribuye a la plegaria de Ana (1 Sm. 1:13) y a los discípulos en Pentecostés (Hec. 2:13). La ebriedad de líderes civiles y religiosos representa la corrupción moral del pueblo de Dios (Is. 5:11-12, 22-23; 28:1, 3; 28:7-8; 56:11-12; Am. 2:12; 6:6). También se menciona como una característica del sirviente malvado (Mt. 24:49) y un signo de división entre los creyentes (1 Cor. 11:21).

En el AT, por lo tanto, la abstinencia de bebidas fuertes no sólo se considera una virtud de los líderes de la sociedad (Prov. 31:4-5; Ecl. 10:16-17), pero también se requiere de aquellos que deberían mantener pureza espiritual (sacerdotes de servicio [Lv. 10:9; Ez. 44:21]; nazireatos durante sus votos [Nm. 6:3-4; cf. Jue. 13:7]; cf. abstemios voluntarios [Jr. 35:6; Dn. 1:8]). En el NT la sobriedad se requiere de todos los creyentes en Cristo (Gal. 5:21; Ef. 5:18; especialmente viviendo en los últimos días [Lc. 21:34; 1 Tes. 5:7]), particularmente líderes de la iglesia (1 Tim. 3:2-3; Tit. 1:7-8; 2:2-3).

La ebriedad también es una metáfora ampliamente utilizada en la Biblia (e.g., marineros sacudidos por la tormenta [Sal. 107:27]; Jeremías ante Dios [Jr. 23:9]; el adulterio espiritual de los reyes de la tierra [Ap. 17:2]; matanza [Dt. 32:42; Jr. 46:10; Ap. 17:6]). Particularmente, la ebriedad significa el juicio de Dios (Jr. 13:13; Ez. 23:33) e Isaías frecuentemente compara la ebriedad a la falta de discernimiento y sabiduría entre los líderes de la sociedad (Is. 19:13-14; 24:20; 29:9-10; 63:6; también Job 12:25). Una copa de vino también simboliza la ira de Dios (Sal. 75:8; Is. 51:17, 22; Jr. 25:15-28; 51:7; Lam. 4:21; Ez. 23:31-34; Hab. 2:16; Mt. 20:22-23; 26:39, 42; Jn. 18:11; Ap. 14:10; 16:19).

EBRÓN *Véase* Abdón.

ECBATANA También conocida como Hagmetana (moderna Hamadán), ubicada aproximadamente doscientos cincuenta y siete kilómetros al suroeste de la moderna Teherán, Irán. Ecabatana era conocida en fuentes griegas y persas en la antigüedad y era la residencia de verano de los reyes persas. Según antiguos autores griegos, la ciudad fue fundada por los medos medios.

La única referencia a Ecbatana en el AT proviene de Esd. 6:2, donde un documento que se pensaba era babilonio es posteriormente encontrado como depositado en Ecbatana. Varias historias en el Apócrifa se sitúan en Ecbatana (Tob. 3:7; Jdt. 1:14; 2 Mac. 9:3).

ECLESIASTÉS, LIBRO DEL

Título

El título "Eclesiastés" proviene de la LXX a través de la Vulgata. El título griego es de una palabra que significa "asamblea" o "reunión" (la palabra común en el NT para "iglesia" es ekklēsia). Esto puede reflejar una comprensión para el título hebreo del libro, "Qoheleth", ya que la raíz hebrea qhl, de la que deriva "Qoheleth", puede significar "reunirse". "Qoheleth" es el nombre hebreo no sólo del libro sino también del personaje principal, que, conforme a la noción de "asamblea", ha sido comúnmente traducido como "Predicador" o "Maestro". Es altamente cuestionable si esto refleja el significado hebreo, sin embargo, y es mejor tratat "Qoheleth" como un apodo.

Autoría y Data

E

A través de gran parte de la historia de las interpretaciones judías y cristianas, "Qoheleth" se pensó como un apodo para el mismísimo Salomón, y así se asumió que Salomón era el autor. El así llamado pesimismo del libro se cree que representa la visión más bien deprimente, tal vez penitente, de las cosas hacia el final de sus días. Una conexión entre Salomón y Qoheleth se forja en base a 1 Re. 8, que se refiere a Salomón "reuniendo" (hebreo qhl) al pueblo para la dedicación del templo. Además, el libro comienza con "las palabras de Qoheleth [NIV: "el Maestro"], hijo de David, rey en Jerusalén".

Por lo tanto, parece haber buena razón para concluir que Eclesiastés fue escrito por Salomón, tal vez en algún momento hacia el final de sus días (c. 930 a.C.). Existen, sin embargo, varios factores importantes que hacen esta identificación difícil de sostener.

Por una parte, existe evidencia dentro del libro mismo. Por ejemplo, la tradicional referencia a Salomón específicamente sería bastante extraña, dado que vemos en 1:16: "Mira, he incrementado en sabiduría más que nadie que gobernase a Jerusalén antes de mí". Sólo David precedió a Salomón en gobernar Jerusalén, sin embargo, esta declaración da la impresión de que había una larga línea de reyes cuya sabiduría era excedida por este posterior "Qoheleth".

Uno debería también tener en mente que en ninguna parte el libro menciona a Salomón como su autor. Es ampliamente aceptado hoy en día entre los académicos de varias persuasiones que "Qoheleth" no es un nombre secreto para Salomón, sino más bien un intento por parte de un autor anónimo de señalar a Salomón mientras también aclara que él mismo no declara ser Salomón. Esta no es una táctica de engaño, sino más bien un recurso literario usado por un autor para lograr un punto teológico sostenido, uno que no llega a su conclusión hasta el final del libro.

Dos otros factores importantes nos alejan de la autoría de Salomón hacia un autor anónimo en una fecha considerablemente posterior. Primero, la persona salomónica no es sostenida a través del libro. Mientras más uno avanza en el libro, menos real suena el autor. La persona se sostiene bien en los capítulos 1-3. Pero comenzando con el capítulo 4, y en varios otros lugares de allí en adelante, parece haber una distancia entre el autor y la realeza (e.g., 4:1-3). De hecho, el autor incluso para albergar un toque de hostilidad hacia la institución del reinado (5:8-9; 10:20). Segundo es el factor del lenguaje. Académicos hebreos han largamente señalado que el lenguaje hebreo, como todos los lenguajes, se desarrolló y cambió con el tiempo (cf. las diferencias entre el español del rey Jacobo y el español moderno). El hebreo de Eclesiastés tiene características (e.g., cierto vocabulario, estilo general) que han llevado a los académicos, casi universalmente, a concluir que alguien viviendo en el siglo diez a.C. no puede haberlo escrito. Las fechas propuestas varían desde algún momento antes del exilio (587 a.C.) a los períodos exílico (587/586-539 a.C.) y postexílico (siglo cinco a.C.), incluso tan tardíamente como el período helénico (siglo cuatro a.C. o posterior).

El consenso general, por lo tanto, es que el libro conocido como Eclesiastés es un trabajo anónimo asumiendo una identidad salomónica, no con el propósito de engañar a sus lectores, sino como vehículo para lo que quiere expresar. Este tipo de recurso literario, a través del cual el escritor toma un seudónimo, se volvió bastante común tras el exilio como medio de inspirar a lectores contemporáneos para mantenerse fieles a Dios. Para los lectores actuales, es probablemente más útil pensar en "Qoheleth" no como un sinónimo, sino más bien como un apodo, o recurso literario, tal como cuando cualquier autor crea un personaje y habla a través de él en primera persona.

Esquema y Estructura

I. Introducción de la Narrativa Marco (1:1-11)
II. Las palabras de Qoheleth (1:12-12:7)
III. Resumen de la Narrativa Marco y Conclusión (12:8-14)

Eclesiastés tiene una estructura general que se discierne fácilmente a través de la simple lectura del libro. Las palabras de Qoheleth se encuentran en 1:12-12:7; aquí el personaje principal habla en primera persona. Las secciones 1:1-11 y 12:8-14 están en tercera persona y forman la narrativa marco del libro. Nótese que (tras una introducción general en 1:1) 1:2 y 12:8, con el conocido refrán de que todo "carece de sentido" (véase a continuación), son virtualmente idénticas. El narrador marco, como es llamado a veces, comienza y termina en la misma nota. El propósito de 1:1-11 es introducir el pensamiento de Qoheleth, mientras que 12:8-14 resume su pensamiento y luego concluye el libro.

Aunque esta estructura general es bastante obvia, su significado no lo es. Por una parte, surge el cuestionamiento de si el libro tiene dos autores: uno responsable por las reflexiones en primera persona y otro responsable por las evaluaciones en tercera persona. Esta ha sido una opinión de académicos, pero la mayoría hoy en día simplemente considera que Eclesiastés tiene un sólo autor, donde las palabras de Qoheleth en 1:12-12:7 reflejan la decisión retórica del autor de adoptar la persona salomónica, como se menciona anteriormente.

Otra pregunta que surge a partir de la estructura es precisamente cuál es el marco de la evaluación de Qoheleth. Aquí las diferencias de opinión entre los académicos son un poco más claras, y el tema más o menos se reduce a si el narrador del marco está negativamente dispuesto hacia Qoheleth o más partidario. En un sentido, no es para nada un misterio cómo el narrador del marco resume las palabras de Qoheleth. Las palabras de apertura en 1:1-11 son muy claras: todo carece de sentido (v. 2); no hay nada que ganar de nuestras labores (v. 3); el punto se ilustra en el mundo natural (versículos 4-10); al final todos morimos, y nadie es recordado (v. 11). El mensaje no es particularmente alentador, pero hay pocas dudas de la forma en que el narrador del marco resume a Qoheleth.

Cuando volvemos al narrador del marco en 12:8, tras repetir su resumen de 1:2, comienza una evaluación de las palabras de Qoheleth. Gran parte del desacuerdo académico antes mencionado concierne a esta porción del texto: ¿el narrado del marco evalúa a Qoheleth positiva o negativamente? Por una parte, tanto de lo que Qoheleth dice en los capítulos anteriores ha sido considerado teológicamente problemático, incluso desde los tempranos días rabínicos (e.g., 1:18; 2:15-16; 3:18-21). Uno esperaría una evaluación negativa de la teología de Qoheleth. Por otra parte, el narrador del marco no parece muy rápido para condenar a Qoheleth. De hecho, es bastante complementario en 12:9-10.

La evaluación del narrador del marco es tal vez mejor comprendida como expresando apoyo por la sabiduría de Qoheleth (12:9-10) y ofreciendo cierto consejo a sus lectores para avanzar, más allá de Qoheleth (12:13-14). "Sí, Qoheleth es sabio", parece estar diciendo el narrador del marco. "Tomen sus observaciones a pecho. Pero finalmente, su tarea es temer a Dios y observar sus mandamientos, sabiendo que él es el juez supremo". El valor de tal enfoque al leer Eclesiastés es que los lectores son disuadidos de descartar las palabras de Qoheleth como las de un lunático o un no creyente. Hay una razón por la que 203 de los 221 versículos del libro corresponden a Qoheleth y es poco probable que la evaluación del narrador del marco sea un simple descarte. En otras palabras, nos vemos forzados a luchar con las palabras de Qoheleth, tomarlo en serio, tal vez incluso identificarse con los conflictos de este hombre sabio con la fe.

Con respecto a la estructura del libro, un tema mucho más difícil es discernir cierta lógica, cierta estructura, a los pensamientos de Qoheleth en 1:12-12:7. Hay una significativa cantidad de imbricación y revisión de los temas. A veces parecen venir casi de la nada: Qoheleth aparentemente está sobre un tema, luego parece cambiar dramáticamente a otro, pero sólo para volver unos pocos versículos después al tema anterior. Este fenómeno es una prueba desafiante para cualquier intérprete. El autor de Eclesiastés no parece demasiado preocupado para acomodarse a nuestra expectativa de un cierto tipo de orden en un texto.

Además, Qoheleth no es consistente en su pensamiento. Esto se hace evidente cuando uno compara, por ejemplo, 1:18 con 2:13; 5:10 con 10:19; o 7:3 con 8:15. Estas inconsistencias, sin embargo, no están allí para ser resueltas por los lectores; mucho menos son evidencia de que no vale la pena escuchar a Qoheleth. Más bien, tales inconsistencias reflejan las luchas de Qoheleth y estas luchas son las que impulsan el libro. Por decirlo de otro modo, los lectores son invitados a entrar en el mundo de Qoheleth, sentir su dolor, por así decirlo, y no permanecer ajenos, a una distancia razonable.

E

El Mensaje de Qoheleth

El mensaje del libro en su totalidad depende de cómo uno entienda la función de la evaluación del narrador del marco en 12:8-14 (*véase* arriba). Pero, ¿qué está tratando de decir Qoheleth sobre la vida en 1:12-12:7? ¿Qué está diciendo que lo lleva a la conclusión, una y otra vez, que todo "carece de sentido"? Primero, debemos hacer una pausa para una explicación de "carecer de sentido". Esta es una traducción muy conocida (la KJV tiene "vanidad") para la palabra hebrea hebel. Pero una cuidadosa lectura de las palabras de Qoheleth demostrará que no está realmente diciendo que todo carece de sentido en la línea de que la vida es vacía. Más bien, está expresando extrema frustración, incluso ira, de que las cosas sean como son. Por ende, una mejor traducción puede ser que todo es "absurdo".

¿Qué hace que todo sea absurdo? Qoheleth dice que todo es absurdo porque no hay "ganancia" en nada de lo que hacemos, ninguna recompensa (6:11). Esta noción se resume en 1:4-10. ¿Y por qué finalmente no hay ganancia en nada de lo que hacemos? La respuesta se resume en 1:11 y se vuelve el tema dominante para Qoheleth: al final, todos morimos, y nadie nos recuerda. Esta es la absurdidad que lleva a Qoheleth a hacer grandes preguntas y algunos comentarios sorprendentes. Sin embargo, es este mismo Qoheleth a quien el narrador del marco llama "sabio" y a cuyas palabras prestamos atención.

ECRÓN Una de las cinco ciudades principales de los filisteos, listada como parte del territorio de Judá, pero no tomada por Israel en la época de la distribución de la tierra en tribus (Js. 13:3; 15:11, 45-46; Jue. 1:18), aunque bordeaba con Dan (Js. 19:43).

Tras la derrota de Hofní y Fineas, el arca de la alianza fue llevada al templo de Dagón en Ashdod. Después de que Dios demostró su descontento, los filisteos enviaron el arca a Ecrón, donde Dios gravemente afligió al pueblo hasta que la enviaron de regreso a Israel (1 Sm. 5).

Ecrón servía como punto de entrada de Israel en Filistea, como atestigua el relato de la persecución del ejército filisteo a las "puertas de Ecrón" (1 Sm. 17:52) después de que David derrotó a Goliat.

En 2 Re. 1, el rey Ocozías es acusado de adorar a Baal-Zebub, el dios de Ecrón. Los profetas pronunciaron oráculos anunciando la destrucción de esta ciudad (Jr. 25:20; Am. 1:8; Sof. 2:4; Zac. 9:5, 7).

Ecrón ha sido identificado con un gran montículo (aproximadamente de cincuenta acres), Tel Miqne, aproximadamente a veintidós kilómetros de la costa mediterránea y cincuenta y seis kilómetros al suroeste de Jerusalén.

ED Una transliteración de la palabra hebrea 'ed que significa "testigo" o "testimonio", en la KJV de Js. 22:34. Cuando la tierra de Canaán estaba dividida, las tribus de Rubén y Gad y la media tribu de Manasés (Js. 22:9) construyeron un gran altar, que, ellos afirmaron, no era para sacrificio, sino para dar testimonio a generaciones futuras

(22:21-27). La NIV traduce el término hebreo como “testigo”.

EDAD DE RESPONSABILIDAD La Biblia dice que en el día del juicio, Dios evaluará las acciones hechas durante nuestra vida (2 Cr. 5:10; Ap. 20:12). Dios nos salva por su gracia solamente, por medio de solo nuestra fe, gracias a lo que solo Cristo ha hecho. Sin embargo, nuestras obras sirven como evidencia o "fruto" de la regeneración (Mt. 7: 15-27). Las obras también se convierten en el estándar de Dios cuando los perdidos son condenados en su corte celestial, ya que "pagará a cada persona según lo que haga hecho "y cada persona, de hecho, ha pecado (Rom. 2:6, 3:23). Pero, ¿qué hará Dios con los niños pequeños y aquellos que tienen alguna discapacidad mental, cuando ninguno de ellos puede entender la ley moral de Dios lo suficientemente bien como para pecar contra ella u obedecerla conscientemente?, ¿Cómo tratará Dios a las personas que nunca entenderían el evangelio no importa cuán claramente lo presente un evangelista? La respuesta a esta pregunta apela a la idea de que debemos alcanzar una "edad de responsabilidad" antes de que Dios nos tenga como responsables de nuestros propios actos, y que esta edad varía de persona en persona, pero ¿respaldan las Escrituras esta idea?

Los padres de niños que murieron antes de nacer y aquellos cuyos hijos han muerto a temprana edad tienen el mayor interés en la respuesta a esta pregunta. Quieren escuchar que verán a sus hijos otra vez, y la posición aquí es que lo harán, aunque por una razón diferente a la que comúnmente se da. Específicamente, no debemos decir que la inocencia de estos niños los califica para el cielo, ya que la corrupción de Adán nos afecta a todos (Rom. 5:12; compárese con Sal. 51:5; 58:3). Su depravación heredada no podría manifestarse por medio de pecados, al menos no a una edad tan temprana, pero las Escrituras implican que, no obstante, la padecen. En consecuencia, como con cada caso de salvación, el futuro de los niños y discapacitados mentales se decide sobre la base de la gracia de Dios. Son culpables y necesitan la cruz, como todos lo hacemos. Pero, ¿aplicará Dios la obra de Cristo sobre ellos por el Espíritu antes de que puedan funcionar como agentes morales y responder conscientemente al Evangelio? Un caso circunstancial se puede hacer para responder afirmativamente a esta pregunta, con esta advertencia: el argumento dado solo se aplica a estos casos especiales. No fomenta la visión de que los pecadores que aún no han sido evangelizados son esencialmente niños a los ojos de Dios y por lo tanto están justificados por acuerdos similares. Comenzamos señalando que Dios reclama algunas personas para sus propios fines, incluso en la infancia. Lo hace en el caso de Juan el Bautista, llenándolo con el Espíritu Santo desde que estaba en el vientre de su madre (Lc. 1:15). David y Jeremías también ven la mano de Dios sobre ellos desde sus primeros días (Sal. 22:10; Jr. 1:5) así como lo hace el apóstol Pablo (Gal. 1:15). Por lo menos, estos textos nos muestran que Dios puede y, en algunos casos, ha tratado con los seres humanos antes de que pudieran siquiera responderle de forma consciente. David también espera reunirse personalmente con su hijo fallecido, diciendo: "Iré a él, pero él no regresará a mí"(2 Sam. 12:23). Una última pista es la respuesta de Jesús a los niños durante el día de su vida terrenal. Él reprende a sus discípulos por mantener a los niños lejos de él, diciendo que “de los tales” es el reino de Dios (Mt. 19:14, Mc. 10:14, compárese con Mt. 18:3). Por supuesto, estos episodios están incluidos principalmente para mostrar a los adultos lo que significa el discipulado, con referencia especial a la humildad y el olvido de sí mismo. Al seguir a Jesús, no debemos preocuparnos por nuestra condición social y dignidad más que típicamente lo hacen los niños pequeños. Sin embargo, uno no haría bien en discutir que Jesús acoge a los niños en su compañía simplemente con fines ilustrativos, como si ellos no significaran más que ayudas visuales. Los discípulos tienen a los niños al fondo de su lista de prioridades del ministerio del Señor y Jesús los sube al principio. Nuestra respuesta a esta pregunta tendría que ser una suposición con fundamento, pero la conclusión más segura parece que aun cuando los niños necesitan la cruz, ellos reciben sus beneficios consistentemente por otros medios y así cuando mueran irán al cielo.

EDAD NUEVA *Ver* Siglo Venidero.

EDAR *Véase* Eder.

EDÉN La región dentro de la cual se situaba el jardín primigenio, el escenario de la historia de la creación en Gn. 2 y de la caída en Gn. 3. Aunque se han hecho numerosos intentos por identificar su ubicación prevista (Turquía, África del Norte, el Golfo Pérsico), la información que logramos discernir de las referencias al Edén, los ríos que fluyen de él y las regiones que abarcan es insuficiente para ubicar el Edén en relación a la geografía conocida. Simplemente está "en el este" (Gn. 2:8).

El Edén se retrata como una región montañosa (Ez. 28:13-14). Cuatro ríos fluyen de él: el Pisón y el Gihón, que son desconocidos; y el Tigris y el Éufrates en Mesopotamia (Gn. 2:10-14). Esta descripción puede compararse con otros retratos de ríos en el antiguo Oriente Próximo fluyendo de la residencia montañesa de los dioses.

El nombre "Edén" puede estar conectado con la palabra hebrea para "lujo, deleite", aunque otra sugerencia es que deriva de la palabra sumeria que significa "estepa, planicie". El jardín del Edén también es referido como el "jardín del Señor" (Gn. 13:10; Is. 51:3) o el "jardín de Dios" (Ez. 28:13; 31:8-9), o (en una reaparición visionaria) como "paraíso", de una palabra persa para "jardín" (Ap. 2:7).

El jardín es retratado como un santuario o lugar santo (Ez. 28:14) hacia el cual la humanidad es invitada bajo las condiciones de Dios para actuar como sus agentes. Contiene el árbol del conocimiento del bien y del mal y el árbol de la vida (Gn. 2:9).

Como imagen de fertilidad, el Edén augura el prospecto de una reversión de un estado de desolación (Is. 51:3).

EDER **(1)** Un pueblo que era parte de la asignación tradicional de Judá. Se ubicaba en la parte sur de Judá, en el Neguev (Js. 15:21). **(2)** Un hijo de Bería (KJV: "Ader"; 1 Cr. 8:15). **(3)** Uno de los tres hijos de Musi, un levita merarita (1 Cr. 23:23; 24:30). *Véase también* Migdal Eder.

EDICTO *Véase* Decreto.

EDIFICACIÓN Edificación es la construcción, fortalecimiento e incentivo de otros en el cuerpo de Cristo. Este es principalmente un concepto paulino y ocurre en el contexto de relaciones mutuas entre miembro en la iglesia local: "Por lo tanto, aliéntense unos a otros y fortalézcanse, así como de hecho están haciendo" (1 Tes. 5:11). La frecuencia de este concepto en las cartas de Pablo muestra lo importante que era y cuánto él buscaba el desarrollo de esta práctica entre sus lectores: "Hagamos, por lo tanto, cada esfuerzo por hacer lo que lleve a la paz y a la edificación mutua" (Rom. 14:19). Este fortalecimiento de unos a otros en el cuerpo debería llevar a una iglesia local funcionando apropiadamente donde Cristo es el centro y "el cuerpo santo, unido y sostenido por cada ligamento de soporte, crece y se construye a sí mismo en el amor, mientras cada parte realiza su trabajo" (Ef. 4:16). Puesto simplemente, "El conocimiento infla mientras el amor construye" (1 Cor. 8:1).

EDOM "Edom" denota a Esaú (Gn. 25:30; 36:1, 8, 19) o los edomitas colectivamente (Nm. 20:18, 20-21; Am. 1:6, 11; 9:12; Mal. 1:4) o la tierra ocupada por los descendientes de Esaú, anteriormente la tierra de Seir (Gn. 32:3; 36:20-21, 30; Nm. 24:18). Edom era reconocido en Israel por su sabiduría (Jr. 49:7; Ab. 8), y el libro de Job parece reflejar un escenario edomita.

La Tierra de Edom

La región que se extiende desde el Valle de Zered al Golfo de Áqaba (aproximadamente ciento sesenta kilómetros) y se extendía a ambos lados del Arabah, la gran depresión conectando el Mar Muerto con el Mar Rojo (Gn. 14:6; Dt. 2:1, 12; Js. 15:1; Jue. 11:17-18; 1 Re. 9:26). Es un área seca y montañosa con picos que se elevan hasta mil sesenta y seis metros. Aunque no es una tierra fértil, tiene áreas cultivables (Nm. 20:14-18). El nombre deriva de una raíz semita que significa "rojo, rubicundo", tal vez debido al color rojizo de la arenisca en la región.

La referencia más temprana a Edom proviene de Egipto, donde el Papyrus Anastasi VI preserva el informe de un oficial del reinado de Merneptah (c. 1220 a.C.). Él señaló que las tribus beduinas de Edom estaban intentando pasar una fortaleza egipcia hacia "las piscinas de Per-Atum" para mantenerse ellos y su ganado vivos.

Es posible que el nombre de lugar semita estuviese en uso desde el siglo quince a.C., si Edom se identifica con uno de los nombres de lugar ('i-d-má) de la lista de Tutmosis III (1490-1436 a.C.).

La(s) tierra(s) de Seir (un término frecuentemente usado en el AT para referirse a Edom; cf. "el territorio montañoso de Seir" en Gn. 36:8-9) aparece ya en una carta de Amarna escrita por un rey de Jerusalén a Amenhotep III en la primera mitad del siglo catorce. Aproximadamente un siglo después, Ramses II (1290-1224 a.C.) declaró haber devastado la tierra de Shosu y haber saqueado el Monte Seir. En el siglo siguiente, Ramses III (1193-1162 a.C.) hacen una declaración similar.

Por lo tanto, existe evidencia considerable fuera del AT del siglo catorce al doce a.C. que menciona tanto Edom como Seir (este último es más frecuente y parece ser mejor conocido). Las fuentes no identifican ambos lugares, pero se refieren a sus habitantes como (beduinos) shosu.

Los Edomitas

Siguiendo el AT, parece que los descendientes de Esaú migraron a la tierra de Seir y con el tiempo se volvieron el grupo dominante, incorporando a los horeos originales (Gn. 14:6) y a otros a sus números. Esaú ya había ocupado Edom cuando Jacob regresó de Harrán (Gn. 32:3; 36:6-8; Dt. 2:4-5; Js. 24:4). Los jefes tribales surgieron aquí tempranamente (Gn. 36:15-19, 40, 43; 1 Cr. 1:51, 54), y los edomitas tenían reyes "antes de que reinase cualquier rey israelita" (Gn. 36:31; 1 Cr. 1:43-51).

Sabemos a partir del AT que tras el éxodo, Israel no recibió permiso para viajar a través de la Carretera del Rey (Nm. 20:14-21; 21:4; Jue. 11:17-18). Aún así, se prohibió a los israelitas aborrecer a sus hermanos edomitas (Dt. 23:7-8). Josué asignó el territorio de Judá hasta los límites de Edom (Js. 15:1, 21), pero los israelitas no tenían permitido traspasar en sus tierras.

A pesar de la relación de hermandad entre Edom e Israel, la evidencia bíblica muestra que la relación entre Edom e Israel era una de continua hostilidad desde la época de los reyes israelitas. El rey Saúl peleó contra los edomitas (1 Sm. 14:47) y David conquistó Edom y colocó guarniciones a través de la tierra (2 Sm. 8:13-14). Edom fue subyugado por Israel durante la época de David, pero parece haber recuperado independencia en el siglo ocho a.C.

Los profetas de Judá estaban muy amargados contra el posterior Edom por su posición en la destrucción de Jerusalén por Babilonia (587/586 a.C.), y predijeron la destrucción de Edom (e.g., Abdías). El oráculo de Mal. 1:2-4 indica que, para la época de su escritura, Edom estaba en ruinas. La evidencia arqueológica apoya la caída de Edom para finales del siglo seis a.C., y hay evidencia de que los nabateos (una tribu árabe) forzó su camino a Edom y reemplazó a los edomitas, muchos de los cuales se fueron al oeste al sur de Judea (posteriormente Idumea [cf. 1 Mac. 5:3, 65]), mientras otros pueden haber sido absorbidos por los recién llegados. Para el año 312 a.C. el área alrededor de Petra estaba habitada por nabateos.

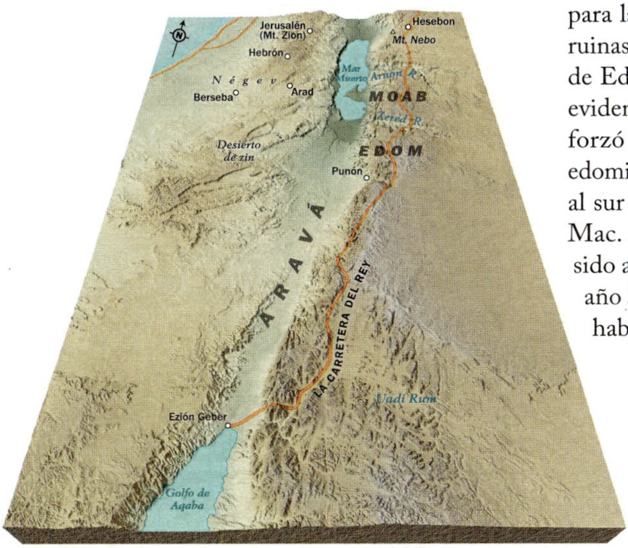

Edom en el tiempo de Abdías.

Evidencia Arqueológica

La arqueología moderna ha demostrado que la tierra estaba ocupada antes de la época de Esaú, y excavaciones recientes han arrojado una nueva luz sobre la historia de Edom, desenterrando evidencia de una sociedad estatal asentada tan temprano como el siglo once a.C. Estudios y excavaciones apoyan la conclusión de que Edom era una sociedad sofisticada y urbanizada tan temprano como el siglo diez a.C. con producción a escala industrial de cobre en esta época en la región. Esta nueva información retrasa la cronología arqueológica de esta área unos tres siglos antes que el prevaleciente consenso académico. Por el momento, hay al menos treinta y cinco fechas de alta precisión de Edom datando al siglo diez a.C. (algunas pueden ser incluso anteriores). Se encontraron artefactos egipcios en el lugar en una capa asociada con una seria perturbación en la producción a finales del siglo diez a.C., posiblemente conectando Khirbat en-Nahas a la campaña del faraón Sheshonq I (Sisac en el AT), quien, tras la muerte de Salomón, buscó aplastar la actividad económica en el área. Así, información arqueológica y científica reciente proporciona un correlato real a la época de Salomón y más allá, como se describe en el AT (1 Re. 7:46; *véase también* 1 Re. 14:25-26).

También hay fuerte y generalmente indiscutida evidencia arqueológica para muchos sitios del siglo siete y seis atribuidos a los edomitas. La moderna Buseirah por lo general se identifica con la bíblica Bozrá (e.g., Is. 34:6; Jr. 49:13, 22), probablemente la capital edomita. Otro sitio de especial interés es Tell el-Kheleifeh (probablemente Ezión Geber = Elat [*véase,* e.g., 1 Re. 9:26]). El período IV en este sitio da testimonio de una vigorosa civilización edomita en los siglos siete a seis a.C. La mayoría de los sitios edomitas, sin embargo, son pequeñas aldeas, granjas o sitios semi nómades. Los edomitas por lo general se asocian con la cerámica edomita, un bien encontrado tanto en el sur del Jordán como en el Neguev.

Economía y Religión

La economía de Edom se basaba en la agricultura (posible especialmente en el noreste) y el comercio. Su prosperidad dependía mayoritariamente en controlar las rutas de caravanas desde India y el sur de Arabia a la costa mediterránea y Egipto. Parece que cuandoquiera que Edom perdía control de esas rutas, su civilización declinaba.

La religión de los edomitas, como la de los cananeos, estaba dedicada a dioses y diosas de la fertilidad. La deidad peculiar de Edom era Qaus, y este nombre se incorpora en numerosos nombres personales edomitas.

EDOMITAS Los habitantes de Edom y descendientes de Esaú (Gn. 36:1-17). *Véase también* Edom.

EDREI Un baluarte principal de Og de Basán, uno de dos gobernantes transjordanos que los israelitas derrotaron bajo Moisés (Js. 13:12). Edrei era el sitio de esta batalla (Nm. 21:33-35; véase también Dt. 3:1). Josué 13:31 describe Edrei y Ashtaroth como "ciudades reales" de Og y ambos lugares en el territorio tribal de Manases (específicamente, de la su tribu de Makir [*véase* Jue. 5:14]). Josué 19:37 menciona una distintiva "ciudad fortificada" de Edrei en el territorio de Neftalí.

EDUCACIÓN Comprender muchos aspectos de la educación en Israel durante la época del AT y, en menor medida, en el período del NT es extraordinariamente difícil. Muchos estudios extraen conclusiones bastante específicas basadas en escasa evidencia e inferencias extraídas de supuestos paralelos con sociedades vecinas, inferencias en sí asoladas por incertidumbres. Por lo tanto, las conclusiones son necesariamente tentativas en muchos puntos. Además, es razonable esperar que las cosas no permanecieran constantes a través de la historia, y que lo que puede ser confiablemente discernido para un período, puede no reflejar la situación en otro.

La educación abarca varias áreas de la vida en el mundo bíblico. Aparte de la educación académica (relacionada con la alfabetización y aritmética) había educación moral y religiosa, educación militar y entrenamiento vocacional. Estas no son todas diferentes; aquellos cuya vocación estaba en círculos diplomáticos o dentro de la corte real como escribas habrían recibido educación académica, mientras aquellos que vivían en el campo y trabajaban en granjas tendrían escasa oportunidad de acceder a tales conocimientos.

Antiguo Testamento

Escenario para la educación. Había tres arenas principales de la educación en tiempos del AT: hogar, escuela y templo.

Hogar. El ambiente más importante para la educación en tiempos del AT era el hogar (Dt. 4:9; 6:7; 11:19). Ambos padres se esperaba que tuvieran un rol en la educación del niño (Prov. 1:8; 6:20; 23:22; 31:1). Los hijos por lo general eran entrenados en la vocación de su padre, y tal entrenamiento tomaba la forma de un aprendizaje (1 Sm. 16:11; 2 Re. 4:18); las niñas aprendían de sus madres mientras realizaban su trabajo diario (Éx. 35:25-26; 2 Sm. 13:8).

En parte, la extensión de la educación hogareña está ligada al asunto de la extensión de la enseñanza formal en el antiguo Israel. Como se señala a continuación, la naturaleza y extensión de la escolaridad son poco claras, y si (como parece sugerir la evidencia) las escuelas eran virtualmente inexistentes fuera de la corte real, entonces el hogar finalmente hubiese sido el sitio de cualquier educación académica recibida por los niños y la fuente de cualquier extendida alfabetización y aritmética en la comunidad. El uso frecuente de lenguaje padre/hijo en Proverbios, sin embargo, no necesariamente implica un contexto exclusivamente familiar para la instrucción contenida en ello, ya que hay evidencia de Egipto que tal lenguaje se usaba entre maestro y alumno.

Escuela. La existencia, naturaleza y extensión de las escuelas en tiempos del AT se debate extensivamente y por último incierta. La primera referencia explícita a una escuela se encuentra en el siglo dos a.C. en Eclo. 51:23. El silencio virtual del AT sobre el tema puede reflejar ya sea que las escuelas estaban ausentes en el antiguo Israel o que su existencia era vagamente de poco interés y por lo tanto requería escasa reflexión por parte de autores bíblicos. En cualquier caso, es probable que alguna forma de escuela para escribas y aquellos que se entrenaban para trabajar en el gobierno existiese en las cercanías de la corte real, como en Mesopotamia y Egipto. Estas no formaban un completo sistema escolar nacional para los niños pequeños, pero eran más específicamente enfocadas a los pocos individuos que buscaban convertirse en escribas o consejeros.

Una tableta de práctica para escribas en formación.

Fuera de la Biblia, existe un número de inscripciones que podrían sugerir la existencia de escuelas en Israel antes del exilio. Estas incluían abecedarios (listas de letras del alfabeto escritas, por lo general como ejercicios de práctica o como ejemplos), palabras escritas repetidas veces, listas de nombres de meses y posibles ejercicios en la lectura de lenguas extranjeras entre otras.

También existe extensa evidencia de escuelas en Egipto, Mesopotamia y probablemente también Ugarit desde una fecha temprana (cf. Hec. 7:22). Si su existencia brinda soporte a la existencia de escuelas en Israel no es claro. Egipto y Mesopotamia tenían grandes y complejas burocracias necesarias para administrar sus reinos y empleaban sistemas de escritura mucho más difíciles de dominar que el hebreo. Adicionalmente, textos matemáticos reflejan una preocupación por la aritmética dentro de las escuelas de estos reinos, para lo cual no hay clara evidencia en el antiguo Israel.

E

Los sabios y escribas parecen ser la fuente primaria de material supuestamente empleado en escuelas. Eclesiastés 12:9 identifica de las tareas de los sabios como enseñar a la gente, y algunos dicen que Proverbios actuaba como un libro de texto dentro de un ambiente escolar. De hecho, Prov. 4:5; 17:16 habla de la "compra" (hebreo qanah) de conocimiento, interpretada por algunos como una referencia a maestras pagadas para proporcionar tuición. Nuevamente, el contexto en el cual tal tuición puede haber ocurrido es incierto.

Templo. Los sacerdotes también estaban involucrados en alguna enseñanza (1 Sm. 2:21, 26). Según 2 Cr. 17:7-9, el rey Josafat envió cinco oficiales, nueve levitas y dos sacerdotes para enseñar a la gente de Judá del Libro de la Ley, un punto que enfatiza tanto la importancia de la tarea y el probable fracaso del ambiente hogareño para transmitir esta instrucción de manera adecuada, por lo menos para fines del siglo cinco a.C.

Tipos de educación. En tiempos del AT puede discernirse cuatro tipos de educación: moral y religiosa, académica, vocacional y militar.

Educación moral y religiosa. La Biblia enfatiza la importancia de la educación moral y religiosa por encima de todas las otras formas (Éx. 10:2; 12:16; 13:8; Dt. 4:9; 6:7, 20-21; 32:7, 46).

Educación académica. La extensión de la alfabetización y aritmética en el antiguo Israel es difícil de establecer. La aritmética rudimentaria casi ciertamente estaba generalizada y se aprendía dentro del hogar y en el curso del entrenamiento vocacional cuando era necesario. Muchos entre la población también parecen haber sido al menos capaces de leer y escribir nombres u otros textos simples (Dt. 6:9; 11:20; Jue. 8:14).

Entrenamiento vocacional. Por lo general, los niños seguían la vocación de sus padres y, por lo tanto, aprendían a través de la observación y participación. Bajo ciertas circunstancias, sin embargo, los niños servían como aprendices bajo el tutelaje de otros, tal como era aparentemente el caso para escuelas proféticas (2 Re. 2:7; 4:38; 6:1-2; Am. 7:14-15).

Entrenamiento militar. Existen indicaciones claras de que los reyes reclutaban mercenarios para formar la parte más importante de su ejército (e.g., 1 Sm. 22:2; 25:13). Estos mercenarios eran pagados y probablemente habían recibido entrenamiento formal, pero la naturaleza de este entrenamiento no se explica en ninguna parte. En adición a estas fuerzas de élite, todos los hombres aptos aparentemente eran considerados elegibles para el servicio militar cuando surgía la necesidad (2 Cr. 25:5). Así, por ejemplo, las tropas de élite eran responsables de montar el ataque (2 Sm. 11:14-17; 12:26), mientras el resto del ejército servía como refuerzo cuando era necesario (2 Sm. 12:29). El uso de carrozas (bajo David y Salomón) habría requerido cierto entrenamiento al igual que el blandido de varias armas (espadas, lanzas, arcos y hondas). Finalmente, sin embargo, solo hay alusiones a tal entrenamiento (e.g., Jue. 3:2; 2 Sm. 22:35).

Métodos educacionales. A través del antiguo Oriente Próximo existe evidencia de que el castigo físico jugaba un rol importante en la educación. Hay un texto algo cómico de Mesopotamia que relata un día en la vida de un estudiante que recibe castigo corporal por virtualmente todo lo que hace. Igualmente, el libro de Proverbios destaca la importancia de la disciplina en la educación y entrenamiento de niños (e.g., 13:24; 22:15; 29:15, 17). Sin embargo, Proverbios usa "la vara" como medio de significar la disciplina en su conjunto sin necesariamente avalar el castigo corporal como el único o incluso principal medio de disciplina. Esto es aparente porque Proverbios contrasta la vara no con otras formas menores de disciplina, sino con la carencia de ella. Así, aunque hay evidencia de que el castigo corporal se usaba de manera extensa (y probablemente excesiva [*véase* Ecl. 30]), Proverbios avala un enfoque más minucioso hacia la disciplina de los niños.

La educación académica, religiosa y moral también involucraba el uso de varias técnicas que facilitaban el aprendizaje. Estas incluían el uso de poesía o coplas poéticas (comunes en la literatura sabia y en los salmos), dichos numéricos (e.g., Sal. 62:11; Prov. 6:16), y acrósticos, al igual que la celebración de fiestas y memoriales en varios momentos del año.

Nuevo Testamento

Educación grecorromana. La educación griega se desarrolló aproximadamente a partir de alrededor del siglo cuatro a.C. y se extendió a través de la región mediterránea, adoptada con modificaciones menores por los romanos. El currículum estaba dominado por deportes y un foco en la alfabetización, con poco espacio para la educación religiosa (aunque se enseñaba filosofía que sí tenía algunos trazos religiosos). La educación en el mundo grecorromano era cara, y su provisión era una responsabilidad parental, lo que tendía a restringir la educación formal a la élite.

Aproximadamente a los quince años, los niños podían pasar de la educación elemental al gimnasio, donde recibían entrenamiento intelectual y físico. Algunos en la iglesia de Corinto pueden haber recibido esa educación, una posibilidad levantada por la terminología de Pablo en 1 Cor. que refleja lenguaje educacional: su afirmación de paternidad del hogar corintio (4:14-21); imaginería deportiva (esp. 9:24-27); lenguaje de crianza y naturaleza (3:1-4); imaginería agrícola (3:5-9); su amenaza a venir con una vara (4:21), que podía relacionarse con una vara de corrección; el término grammateus (1:20), que puede referirse al instructor del gimnasio; referencia a la escritura (4:6); y hablar acerca de la remoción de marcas de circuncisión (7:18).

Educación en Israel. Una tradición judía declara que en el año 63 AD el sumo sacerdote Josué ben Gamla decretó que cada pueblo debía designar a un maestro de escuela para la educación de niños de seis o siete años de edad. Esto, junto con la existencia de la escuela de Sirá más de dos siglos antes, indica que ciertas formas de escolaridad existían dentro de Israel en el siglo uno AD.

Aunque algunos judíos a través del mundo antiguo recibieron una educación helénica estándar, otros reaccionaron contra la influencia del helenismo y buscaron educar a sus hijos dentro de las Escrituras y tradición judía. Los MMM se refieren a la importancia colocada en el estudio de la Torá (1QS 6:6-7). También había escuelas rabínicas que se enfocaban en tales enseñanzas.

Para tiempos del NT, las sinagogas estaban bien establecidas. Aunque determinar precisamente qué ocurría dentro de las sinagogas es difícil, las indicaciones señalan que el foco en las Escrituras y su exposición jugaban un rol importante en la enseñanza tanto de su importancia como de la forma adecuada de interpretarlas. La enseñanza, sin embargo, no se confinaba a las sinagogas o el templo, como es ampliamente demostrado por la frecuencia con la cual Jesús es descrito como enseñando en una variedad de ambientes. Sin embargo, el templo mismo parecía servir como un centro para la educación religiosa, como se refleja en el relato de la interacción del Jesús de doce años de edad con los maestros en el templo (Lc. 2:41-51). Las propias enseñanzas de Jesús eran destacables, sin embargo, en que eran entregadas con autoridad (Mt. 7:29; Mc. 1:22; Lc. 4:32).

Educación en la iglesia. Pablo destaca uno de los prerrequisitos para ser un supervisor de la iglesia como la habilidad para enseñar, enfatizando la importancia de la iglesia del NT como un lugar de aprendizaje (1 Tim. 3:2; 2 Tim. 2:2, 24). Esta enseñanza involucraba una familiaridad con la doctrina correcta en orden para evitar ser llevados por el mal camino, una vida ejemplar que imitaba el comportamiento piadoso para que todos lo viesen y la madurez requerida para aplicar la disciplina cuando era necesario.

EFA **(1)** El nieto de Abraham y Queturá e hijo de Madian (Gn. 25:4; 1 Cr. 1:33). Efa es comúnmente considerado un patriarca de los madianitas junto con Madian (Is. 60:6). **(2)** La concubina de Caleb y madre de tres de sus hijos (1 Cr. 2:46). **(3)** Uno de los hijos de Jahdai (1 Cr. 2:47). **(4)** Una medida de peso seco, generalmente usada para granos, especialmente harina, y en particular ofrendas del templo de harina. Según Ez. 45:11, un efa equivalía en medida a un bat y también un décimo de un homer. El tamaño de un efa es incierto, pero era probablemente veintidós litros. Dos décimos o tres décimos de un efa era suficiente para hacer una hogaza de pan (Nm. 29:3, 9, 14). Varias veces la Biblia advierte que las pesas usadas para medir un efa deben ser honestas si van a honrar a Dios (Lv. 19:36).

EFAI Los hijos de Efai el netofatita eran oficiales de ejército que se reunieron alrededor de Gedalías cuando los babilonios lo designaron gobernador de Jerusalén (Jr. 40:7-10). Es probable que Ismael, hijo de Netanías los mató cuando mató a Gedalías y a todos quienes vivían en Mizpa (Jr. 41:1-3).

EFATA Una forma helenizada del arameo para "¡Ábrete!", Jesús lo dice al sanar a un hombre que era incapaz de oír y hablar (Mc. 7:34). Es una de varías palabras o frases arameas registradas en los Evangelios.

E

EFER (1) Uno de los hijos de Madian y nietos de Abraham y Queturá (Gn. 25:4; 1 Cr. 1:33). (2) Un hombre que era parte de la tribu de Judá e hijo de Ezra (1 Cr. 4:17). (3) Uno de los siete líderes de clan, todos bravos guerreros y famosos, de la media tribu transjordana de Manases (1 Cr. 5:24).

EFES DAMIN El lugar de un campamento filisteo (1 Sm. 17:1).

EFESIOS, CARTA A LOS Alzándose sobre la rutina ordinaria de la vida de la iglesia, Pablo escribe una majestuosa carta, llamando a los cristianos a recordar lo que Dios ha hecho por ellos en Cristo y llevar una vida digna de su llamado. Efesios es un libro extremadamente significativo e intensamente práctico para la iglesia de hoy.

Autoría

Pablo declara ser el autor de Efesios (1:1-2; 3:1) y su autenticidad está bien testimoniada en la iglesia temprana. Una buena porción de Efesios se presenta en primera persona (1:15-18; 3:1-3, 7-8, 13-17; 4:1, 17; 5:32; 6:19-22) incluyendo información relacionada a sus oraciones, ministerio apostólico y comentarios acerca de Tíquico, el cartero. Además, Efesios parece haber sido citado por muchos de los Padres Apostólicos y se incluye en listas tempranas del NT. Desde finales del siglo dieciocho, sin embargo, algunos han dudado de la autoría paulina de Efesios por las siguientes razones (acompañadas de contraargumentos).

1. El autor parece no conocer personalmente a su audiencia (1:15; 3:2). La "naturaleza impersonal" de la carta hace más sentido, sin embargo, si la intención era una audiencia más amplia (*véase* "Destino" a continuación).

2. El lenguaje y estilo de Efesios no coinciden con las otras cartas de Pablo (esto es, palabras y frases únicas, oraciones engorrosas). Sin embargo, hay más palabras únicas en Gálatas y Filipenses, de acuerdo a su extensión, que Efesios. El estilo de Pablo en esta carta es indudablemente más reflexivo y también puede haber utilizado a un secretario confiable (amanuense) lo que podría dar cuenta por gran parte de la redacción inusuales.

3. Los muchos paralelos entre Efesios y Colosenses sugieren que alguien distinto de Pablo escribió Efesios como una imitación de Colosenses. Sin embargo, paralelismos son esperables entre dos cartas enviadas a la misma área en el mismo momento, cuando uno se enfrenta a un error doctrinal (Colosenses) y la otra apunta a prevenir el error de extenderse a través de la reflexión en profundas verdades de la fe (Efesios).

4. La teología de Efesios difiere de sus cartas indiscutidas (e.g., enfatizando la iglesia universal y quitando énfasis a la justificación por fe y el regreso de Cristo). Sin embargo, el propósito general de la carta y la carencia de una crisis eclesiástica inminente hace estos énfasis completamente comprensibles.

Mientras estos cuatro argumentos contra la autoría paulina deben tomarse seriamente, la visión tradicional de que Pablo escribió Efesios permanece la opción preferida. Las declaraciones explícitas dentro del texto, el apoyo unánime de la iglesia temprana, el probable uso de un amanuense, la ausencia de una inminente crisis y el propósito general de la carta ofrecen buenas razones para suponer que Pablo escribió Efesios.

Lugar de Origen y Fecha

Efesios fue escrita mientras Pablo estaba prisionero (*véase* Ef. 3:1; 4:1; 6:20), pero había estado prisionero en más de una ocasión. La visión tradicional ubica a Pablo en Roma bajo arresto domiciliario cuando escribe la carta (junto con las otras Epístolas de Prisión: Colosenses, Filemón y Filipenses). Ya que Tíquico llevó Efesios, Colosenses y probablemente Filemón, las tres cartas deben haber sido escritas en el mismo lugar (Ef. 6:21-22; Col. 4:7-9). Hechos 28:30-31 reporta que Pablo estuvo cautivo en Roma durante dos años, pero retuvo una limitada libertad para reunirse con personas y ejercer el ministerio (Ef. 6:19-20; Flp. 1:12-13; Col. 4:3-4). El uso por parte de Lucas de la palabra "nosotros" en Hechos 28 indica que él estaba con Pablo en Roma durante su prisión (véase también Col. 4:14; Flm. 24). También, Aristarco, quien viajó con Pablo a Roma (Hec. 27:2), es mencionado en dos Epístolas de Prisión (Col. 4:10; Flm. 24).

Las dos principales alternativas a Roma para el lugar de origen son Éfeso mismo y Cesarea. Debido a los comentarios de Pablo acerca de luchar con bestias salvajes en Éfeso (1 Cor. 15:32; cf. 2 Cor. 1:8-11), algunos han sugerido que Pablo estaba prisionero allí, pero no hay clara evidencia que apoye esa teoría. Por otra parte, Hechos se refiere a un extenso aprisionamiento de Pablo en Cesarea (Hec. 24:27). Cuando Pablo le escribe a Filemón, le pide una habitación de huéspedes para una pronta visita (Flm. 22). En Cesarea, sin embargo, Pablo había apelado a César y esperaba un viaje a Roma en vez de una liberación de prisión (Hec. 25:10-11). En general, la visión tradicional de que Pablo escribió Efesios desde Roma tiene más apoyo que las visiones alternativas.

Si el lugar de origen es Roma, entonces Pablo escribió Efesios durante su primer aprisionamiento romano, alrededor de 60-62 AD. Probablemente, Pablo escribió Efesios alrededor de la misma época en que escribió Colosenses, y Filemón, en la parte inicial o central de su cautiverio.

Destino

Aunque Efesios tradicionalmente se ha conectado a la ciudad de Éfeso, las palabras "en Éfeso" (1:1) están ausentes de algunos de los más tempranos y mejores manuscritos griegos. La carta en sí incluso sugiere que Pablo puede haber estado escribiendo para una audiencia más amplia. A pesar de vivir en Éfeso por varios años, Pablo no menciona a ningún miembro de la iglesia por nombre (6:21-24), y hace los incómodos comentarios de que él ha "escuchado acerca" de su fe y amor (1:15) y asume que ellos han "escuchado acerca" de cómo Dios lo ha usado (3:2; cf. 4:21). Casi con certeza, Pablo tenía la intención de que esta carta general circulase entre varias iglesias en Asia Menor, con cada iglesia "llenando el vacío" mientras la carta era leída públicamente. Ya que Éfeso era la ciudad principal, la carta se asoció más permanentemente con Éfeso en una etapa temprana. También es posible que Efesios es la "carta de Laodicea" mencionada en Col. 4:16, asumiendo que Tíquico primero entregó la carta a Éfeso con instrucciones de enviarla a Laodicea y Colosas.

Propósito

Pablo no escribió Efesios para resolver un gran problema o enfrentar una emergencia en particular en la iglesia. En cambio, escribió una carta ampliamente reflexiva para ayudar a los cristianos a permanecer fuertes en su fe. Había pasado casi tres años enseñando y cuidando de algunas de estas personas y quería asegurarse de que estas continuaran siguiendo a Jesús. Específicamente, Pablo quería que los creyentes tuviesen una más profunda comprensión y experiencia de tres realidades: (1) la nueva vida en Cristo; (2) la nueva comunidad en Cristo; (3) el nuevo camino al que Cristo los llamaba.

Pablo se enfoca en la nueva vida experimentada en Jesucristo. La expresión "en Cristo" y frases paralelas como "en el Señor" o "en él" se encuentran casi cuarenta veces en Efesios. Dios unirá y restaurará la creación bajo un solo Señor, Jesucristo (1:10). Pablo también enfatiza la nueva a través de palabras como "unidad", "uno" y "con/junto con" y conceptos tales como iglesia, cuerpo, templo y novia. Cuando estamos conectados a Cristo, también estamos conectados a una nueva comunidad. Esta nueva comunidad está llamada a un nuevo camino que honre a Cristo, uno caracterizado por amor a Dios y las personas.

Esquema y Contenidos

I. Apertura de la carta (1:1-2)
II. Alabanza por las bendiciones espirituales en Cristo (1:3-14)
III. Plegaria por comprensión espiritual (1:15-23)
IV. Nueva vida en Cristo (2:1-10)
V. Nueva comunidad en Cristo (2:11-22)
VI. El rol único de Pablo en el plan de Dios (3:1-13)
VII. La plegaria de Pablo por la nueva comunidad (3:14-21)
VIII. Nuevo camino en Cristo (4:1-6:20)
  A. Caminar en unidad (4:1-16)
  B. Caminar en santidad (4:17-32)
  C. Caminar en amor (5:1-6)
  D. Caminar en la luz (5:7-14)
  E. Caminar con cuidado (5:15-6:9)
  F. Caminar en la fortaleza del Señor (6:10-20)
IX. Cierre de la carta (6:21-24)

I. Apertura de la carta (1:1-2). La carta abre en la forma común, nombrando a los autores y la audiencia antes de agregar un saludo. Pablo, un "apóstol de Jesucristo por la voluntad de Dios", escribe a las personas de Dios en Éfeso (y ciudades circundantes). Él saluda a sus lectores con "gracia y paz", temas que aparecen a través de la carta.

II. Alabanza por las bendiciones espirituales en Cristo (1:3-14). Efesios explota en adoración y alabanza: "Alabado sea [o 'bendito sea'] el Dios... que nos ha bendecido... con cada bendición espiritual en Cristo". El pueblo de Dios lo alaba por haberlos elegido (1:4-6), por su redención y sabiduría para entender el plan maestro de Dios (1:7-12) y por sellarlos con el Espíritu Santo (1:13-14). Cada sección termina con una frase similar, "a la alabanza de su gloria" (1:6, 12, 14), mostrando que el Dios trino en su carácter esencial (su gloria) es digno de la máxima alabanza.

III. Plegaria por comprensión espiritual (1:15-23). Después de alabar a Dios por sus bendiciones, Pablo ahora pide sabiduría espiritual, que su audiencia pueda entender esas bendiciones (como se describen las dos secciones anteriores y en el resto de la carta). Mientras el Espíritu ilumina sus corazones, ellos llegan a conocer la esperanza del llamado de Dios, la gloria de su herencia y la grandeza del poder de Dios (1:18-19) que se desplegó de manera suprema en la resurrección y exaltación de Jesucristo (1:20-23).

IV. Nueva vida en Cristo (2:1-10). Pablo ahora vuelve su atención a la nueva vida disponible en Cristo (2:1-10). Primero, ofrece una larga descripción del estado espiritual de una persona sin Cristo (2:1-3). Segundo, explica cómo Dios vino al rescate de personas tan indefensas y desesperanzadas. Movido por su amor y su misericordia, Dios misteriosamente ha permitido a los creyentes participar de la muerte, resurrección y exaltación de Cristo (2:4-6). El propósito de Dios al salvar gente era demostrar las "riquezas de su gracia" expresada a nosotros en Jesús (2:7). Tal vez no exista un mejor resumen de su mensaje de salvación que 2:8-10: la base de la salvación es la gracia de Dios, el medio para recibir esa salvación es la fe y el resultado de la salvación son las buenas obras.

V. Nueva comunidad en Cristo (2:11-22). Dios no solo ha dado nueva vida a individuos en Cristo, sino que también ha creado una nueva comunidad, compuesta tanto por judíos como gentiles. Como gentiles, la condición de los efesios fuera de Cristo era desesperada: sin Mesías, sin conexión al pueblo de Dios, sin promesa de salvación, sin esperanza, sin relación con Dios (2:11-12). Pera ahora han sido acercados a través del sacrificio de Cristo en la cruz (2:13). En Cristo, judíos y gentiles han sido ahora reconciliados unos con otros en una nueva comunidad espiritual (2:14-18). Son miembros completos del reino de Dios y de su familia. Es más, incluso son parte del templo sagrado de Dios (2:19-22).

VI. El rol único de Pablo en el plan de Dios (3:1-13). Tras describir la estrategia de Dios para unir a creyentes judíos y gentiles en Cristo, Pablo comienza a rezar por estos creyentes (3:1). Casi inmediatamente, sin embargo, interrumpe su plegaria para explicar más acerca del "plan secreto" o "misterio" de Dios y su propio rol en ese plan. Sólo la gracia y poder de Dios pudo transformar un persecutor de la iglesia en uno de sus líderes (3:2-9). Ahora Dios está utilizando a su iglesia multicultural para anunciar su diversa sabiduría a los poderes celestiales (3:10-11). Ya que Dios está usando a Pablo para cumplir su propósito, nadie debiese sentirse descorazonado por los sufrimientos de Pablo (3:12-13).

VII. La plegaria de Pablo por la nueva comunidad (3:14-21). Pablo ahora retoma su oración (3:1) y pide que Dios fortalezca a los creyentes por el Espíritu Santo en su ser interno según sus riquezas gloriosas (3:16). Ellos sabrán que la plegaria fue respondida cuando Cristo se sienta en casa en sus corazones y ellos experimenten su indescriptible amor más y más. El propósito final de la oración es que se llenen de la "plenitud de Dios" o se vuelvan como Cristo (3:17-19; cf. 4:13). Aunque puede parecer que Pablo ha pedido demasiado, la doxología en 3:20-21 afirma que Dios es capaz de hacer más de lo imaginable.

VIII. Nuevo camino en Cristo (4:1-6:20). El regalo de Dios de una nueva vida y su creación de una nueva comunidad en Cristo (capítulos 1-3) llama a una nueva vida (capítulos 4-6). La importante palabra griega oun ("entonces, por lo tanto") en 4:1 marca una transición de las bendiciones y privilegios de la iglesia (capítulos 1-3) a la conducta y responsabilidades de la iglesia (capítulos 4-6). La obediencia viene como respuesta a la gracia de Dios.

A. Caminar en unidad (4:1-16). Se urge a los creyentes a vivir una nueva vida (o camino) digno de su llamado (4:1) y este caminar digno comienza con la mantención de la unidad del Espíritu (4:3). El Dios trino ejemplifica perfectamente una unidad diversa (4:4-6) y Pablo sugiere en 4:7-13 que diversidad en el cuerpo de Cristo realmente enriquece la unidad. Todos los miembros son talentosos, pero sus talentos son diferentes de manera que benefician al cuerpo. La meta de la unidad es la madurez total en Cristo, resultando en discernimiento, verdad, edificación y amor (4:14-16).

B. Caminar en santidad (4:17-32). Pablo recuerda a su audiencia que en vez de vivir como paganos (4:17-19), han dejado su antiguo ser (vida anterior aparte de Cristo) y se han puesto "el nuevo ser, creado para ser como Dios en verdadera justicia y santidad" (4:20-24). Ahora son llamados a vivir como personas nuevas que son en Cristo. Pablo ofrece una lista de exhortaciones específicas en 4:25-32 para ilustrar lo que significa caminar en santidad.

C. Caminar en amor (5:1-6). Junto con caminar en unidad y santidad, los creyentes son llamados a caminar en el amor. Positivamente, esto significa imitando al Padre y amando sacrificialmente como el Hijo (5:1-2). Negativamente, esto significa rehusarse a complacerse en sensualidad egoísta (5:3-6). Pablo cierra esta sección advirtiendo que las personas inmorales, impuras, avariciosas e idolatras heredarán la ira de Dios en vez del reino de Dios.

D. Caminar en la luz (5:7-14). Aunque los creyentes alguna vez vivieron en la oscuridad, ahora son luz en el Señor y deberían caminar como hijos de la luz (5:7-9). Deben discernir los que agrada al Señor y rechazar los actos inútiles de la oscuridad (5:10-11a). En cambio, deben exponer y transformar la oscuridad (5:11b-14).

E. Caminar con cuidado (5:15-6:9). Pablo, usando tres contraposiciones, advierte a los creyentes que caminen cuidadosamente: no como insensatos, sino como sabios (5:15); no como necios, sino con entendimiento (5:17) y no emborrachándose, sino llenándose del Espíritu: adoración, gratitud y mutua sumisión (5:19-21). En 5:22-6:9 Pablo explica cómo esta última característica (mutua sumisión) se aplica dentro del hogar cristiano.

F. Caminar en la fortaleza de Señor (6:10-20). Pablo concluye con instrucciones acerca de caminar en la fortaleza del Señor. Cristo ya ha ganado la victoria sobre los poderes del mal, pero los creyentes debiesen esperar ataques continuos. Su tarea es mantenerse firmes, usando la armadura de Dios de verdad, justicia y la palabra de Dios. La oración es necesaria para apropiarse de la armadura de Dios. Pablo comenzó la carta orando por sus lectores (1:15-23); y ahora les pide que recen para que él temerariamente declare el misterio del evangelio.

IX. Cierre de la carta (6:21-24). Pablo concluye con una felicitación a Tíquico, el cartero, y una bendición de paz, amor y gracia.

ÉFESO, CIUDAD DE El antiguo Éfeso se ubicaba en la costa oeste de Asia Menor (actual Turquía). Esta ciudad puerto cosmopolita y multiétnica de aproximadamente un cuarto de millón de personas era una de las ciudades más grandes y más importantes en el Imperio Romano. Éfeso experimentó un tremendo crecimiento durante el reinado de César Augusto, que elevó la ciudad a la capital provincia de Asia. La ciudad se volvió un centro de intercambio comercial (debido a su ubicación), financiero (la tesorería principal para los recolectores de impuesto en Asia) y de comunicaciones (la base para un grupo de mensajeros militares romanos).

Éfeso mismo era un lugar impresionante, con caminos modernos, un mercado comercial, un centro cívico, hogares caros, baños públicos, un estadio, un gimnasio, templos a varios dioses y emperadores, una sala de conciertos, una librería impresionante y mucho más. Dos hitos en particular hubiesen destacado para los visitantes. Primero estaba un teatro con capacidad para casi veinticinco mil personas. Este es el lugar donde el platero Demetrio lideró a la multitud a una revuelta en oposición a Pablo (*véase* Hec. 19:23-41). Segundo, estaba el templo de Artemisa, una estructura aproximadamente cuatro veces más grande que el Partenón en Atenas. El edificio medía 130 metros por 70 metros y contenía 127 columnas que tenían 2 metros de diámetro y 20 metros de alto. El templo servía como la más importante institución financiera en Asia. Muchas listas antiguas incluyen el templo de Artemisa como una de las siete maravillas del mundo antiguo.

Religiosamente, Artemisa era la deidad más importante para las personas de Éfeso. Al menos dos festivales importantes se celebraban en honor de Artemisa, en los cuales los efesios celebraban con competiciones y procesiones religiosas. La ciudad también presentaba otras religiones y cultos, incluyendo la adoración al emperador romano. Había varios templos dedicados a emperadores en Éfeso, incluyendo uno a Domiciano (probablemente el emperador cuando se escribió el Apocalipsis) construido alrededor del año 89-90 AD. La ciudad era también un centro para la práctica de la magia y las artes ocultas. En Hec. 19:18-19 leemos acerca de nuevos cristianos alejándose de la práctica y quemando sus libros de magia (con valor de "cincuenta mil dracmas", esto es, el salario de cincuenta mil días de trabajo).

El ministerio del apóstol Pablo en Asia estaba fuertemente conectado a Éfeso (*véase* Hec.

Restos arqueológicos del teatro en la antigua Éfeso.

18-20). Tras servir a la iglesia de Corinto por casi dos años (18:11), Pablo fue a Éfeso acompañado de Priscila y Áquila, la pareja que posteriormente instruyó a Apolos (18:26). Pablo razonó con los judíos en la sinagoga por un breve período antes de irse hacia Antioquía (18:19-22). En su tercer viaje misionero, Pablo llega a Éfeso (18:24; 19:1), donde compartió el evangelio de Jesucristo con doce discípulos de Juan el Bautista (19:1-7). Enseñó en la sinagoga durante tres meses, pero posteriormente se trasladó al salón de Tirano, donde ejerció el ministerio por dos años con tremendos resultados (Hec. 19:8-20; cf. 1 Cor.16:8). Cuando las conversiones a Cristo dañaron las ventas de ídolo de Artemisa, los plateros locales comenzaron una revuelta en el teatro contra los cristianos (Hec. 19:23-41; cf. 1 Cor. 15:32). Pablo entonces dejó Éfeso para irse a Macedonia (Hec. 20:1) y pasó el invierno en Corinto. En su viaje de regreso a Jerusalén, se detuvo en la cercana Mileto, donde se reunió con ancianos efesios (20:16-38). Pablo llegó hasta Jerusalén, pero fue arrestado y eventualmente transferido a Roma. Muchos creen que Pablo escribió la Carta a los Efesios desde allí (60-62 AD). Los compañeros de trabajo de Pablo, Timoteo (1 Tim. 1:3), Onesíforo (2 Tim. 1:18) y Tíquico (2 Tim. 4:12) se asocian con su ministerio en Éfeso.

La tradición temprana de la iglesia dice que el apóstol Juan vivió en Éfeso hacia el final de su vida. Además, la iglesia de Éfeso recibió la primera de las cartas a las 7 iglesias de Asia (Ap. 1:11; 2:1-7). La iglesia de Éfeso fue felicitada por su perseverancia y pureza doctrinal, pero criticada por abandonar su primer amor. Aquellos que superaron fueron prometidos acceso al árbol de la vida en el paraíso, una imagen que contrastaba con el altar del árbol sagrado en el templo de Artemisa.

EFLAL El hijo de Zabad y descendiente de Jerameel de la línea de Judá (1 Cr. 2:37).

EFOD El efod (sólo en el AT) era una prenda de vestir, tal vez una camiseta o túnica, usada sobre los hombros y que se extendía al menos hasta la cintura, cubriendo frente y espalda. Se asocia más comúnmente con el sacerdocio israelita. Los ochenta y cinco sacerdotes de Nob usaban efods de lino (1 Sm. 22:18), y la expresión "llevar un efod" se usa virtualmente como sinónimo para "servir como sacerdote" (2:28; 14:3). El niño Samuel, que ayudaba al anciano sacerdote Elí en el santuario de Siloh, también llevaba un efod de lino (1 Sm. 2:18). Cuando el rey David bailó ante Dios al traer el arca de la alianza a Jerusalén (2 Sm. 6:14), tenía puesto un efod de lino. Su esposa Mical consideró tal actividad por debajo de alguien de cargo real.

La mayoría de las referencias a efod se encuentra en las instrucciones y descripciones de las prendas usadas por el sumo sacerdote Aarón y sus descendientes en el Pentateuco. Este elaborado vestuario consistía de "una pechera, un efod, una bata, una túnica tejida, un turbante y una faja" (Éx. 28:4) y tenía asociaciones reales: el sacerdote debía simbolizar la humanidad restaurada a la "dignidad y honor" edénicos (Éx. 28:2 [cf. la burlona descripción del rey de Tiro en Ez. 28]). La "bata del efod", que estaba bajo el mismo efod, debía ser de tela azul (Éx. 28:31).

El efod sacerdotal en sí estaba hecho de "hilo de oro y azul, púrpura y escarlata, y de lino finamente torcido" (Éx. 39:2). Íntimamente relacionada con el efod estaba la pechera enjoyada que iba sobre el mismo (Éx. 25:7; 28:28) y se sujetaba con cordones azules a anillos en el efod. En las hombreras del efod iban dos piedras de ónice talladas con los nombres de los israelitas, simbólicamente para llevarlos a la atención de Dios mientras el sacerdote estaba en su presencia (Éx. 28:9-12). La pechera contenía el Urim y Tumim, usado para determinar la voluntad de Dios (Éx. 28:30; Lv. 8:8). Esa función de oráculo a veces se atribuye al efod (1 Sm. 23:9-12; 30:7-8).

El idólatra efod dorado que hizo Gedeón y colocó en Ofra (Jue. 8:27) puede haber sido más un objeto sólido, con similar función oracular. Un igualmente desviado efod se menciona junto con ídolos hogareños en el altar establecido por el efraimita Miqueas (Jue. 17:5). Este efod, junto con el sacerdote de Miqueas fue llevado por la tribu de Daniel (Jue. 18:14-21).

EFRAIMITA Un miembro de la tribu de Efraín, una poderosa tribu del norte de Israel

E

con territorio principalmente en el territorio montañoso del centro norte. *Véase también* Efraín, Tribu de.

EFRAÍN El segundo hijo de José, que recibió una bendición mayor que su hermano mayor, Manasés, cuando fueron adoptados por Jacob (Gn. 41:52; 46:20; 48:5, 20). Los descendientes de Efraín formaron una de las tribus de Israel. *Véase también* Efraín, Tribu de.

EFRAÍN Un pueblo que el rey Abías tomó del rey Jeroboam, de acuerdo a la lectura Qeri (corregida) de 2 Cr. 13:19, seguida por la KJV. La mayoría de las versiones modernas siguen la lectura del Ketiv (escrito), identificando el pueblo como Efrón (así también la LXX, Vulgata). *Véase también* Efrón.

EFRAÍN, BOSQUE DE *Véase* Bosque de Efraín.

E

EFRAÍN, PUERTA DE Una puerta de Jerusalén ubicada en el extremo oeste de la ciudad inmediatamente al oeste de los precintos del templo, vigilando el valle transversal este-oeste. La puerta se nombró así porque llevaba a la ruta cumbrera central que llevaba al territorio montañoso de Efraín. Joás, rey de Israel, derrotó a Amasías y destruyó el muro de la ciudad entre la Puerta de Efraín y la Puerta de la Esquina (2 Re. 14:13; 2 Cr. 25:23). Era parte de la dedicación de Nehemías del muro (Neh. 12:39).

EFRAÍN, TERRITORIO MONTAÑOSO DE La parte del territorio montañoso en el centro norte de Israel asignada a la grande y poderosa tribu de Efraín (Js. 16). En Jeremías, es mencionado como los "cerros de Efraín" (4:15; 31:6; 50:19); la KJV usa el término "Monte Efraín". Esta parte del territorio montañoso incluye ciudades como Siquem (Js. 20:7), Siloh y el hogar de Josué en Timnat Sérah (Js. 24:30). La región estaba ampliamente compuesta de altos cerros escarpados que la hacían dificultosa para viajar. Debido a que el área había estado escasamente asentada antes de la conquista israelita, los efraimitas tuvieron que limpiar la forestación natural (Js. 17:15-18) para poder sacar ventaja de la tierra naturalmente fértil.

EFRAÍN, TRIBU DE Una de las tribus de Israel, descendiente del segundo hijo de José, Efraín (Gn. 46:20). Ocasionalmente, las tribus de Efraín y Manasés eran descritas juntas como la tribu de José (Dt. 33:13), pero por lo general eran listadas por separado en censos, movimientos tribales y descripciones territoriales (Nm. 2:24). El territorio de Efraín incluía el territorio montañoso central, con Manasés al norte y Benjamín al sur (Js. 16). El territorio de Efraín jugó un rol prominente durante el período de los jueces. Débora celebraba corte en territorio montañoso de Efraín (Jue. 4:5). Los efraimitas lucharon con Gedeón (Jue. 8:1) y posteriormente fueron a la guerra con Jefté (12:4). Efraín jugó un rol en las revueltas contra David, con Absalón siendo asesinado en Efraín (2 Sm. 18:6) y Sabá era de Efraín (20:21). Efraín creció en prominencia hasta representar a todo el reino del norte (Is. 7:2; Ez. 37:16).

EFRATA "Ephrathath" (NIV), "Ephratah" (KJV) y "Ephrath" (en ambas versiones) representan ortografías variantes de la misma palabra hebrea. La palabra puede designar a una persona, ubicación o clan y designación familiar relacionada tanto a la persona como la ubicación.

(1) Efrata era la esposa de Caleb (el bisnieto de Judá) y la madre de Hur (1 Cr. 2:19, 50). Hur, el hijo de Efrata, es llamado el "padre de Belén" (1 Cr. 4:4), tal vez denotando liderazgo cívico.

(2) Efrata es la ubicación donde Raquel, la amada esposa de Jacob, murió dando a luz a Benjamín mientras estaban en el proceso de trasladarse de Betel a Belén (Gn. 35:16, 19). Génesis 35:19 agrega el comentario editorial de que Efrata es la misma ubicación que Belén, aunque es posible que fueran dos pueblos separados al principio y que sólo posteriormente Efrata fuese absorbido por Belén. Esta historia y su identificación de Efrata con Belén se repite en Gn. 48:7 cuando Jacob bendice a sus hijos antes de su muerte. Para la época del profeta Miqueas, los dos lugares eran sinónimos. La famosa promesa mesiánica de Miqueas de que el gobernante vendría de un pueblo pequeño, y no de Jerusalén, alabó "Belén Efrata" (Miq. 5:2).

(3) David, preparándose para luchar con Goliat, es registrado como "el hijo de un efraimita llamado Jesé" (1 Sm. 17:12). Posteriormente en el mismo capítulo, David dice que él es el hijo de "Jesé de Belén" (1 Sm. 17:58). Así, la designación entre la ubicación y ser descendiente de Efrata es difusa (por supuesto, la mayoría de los miembros del clan habrían vivido en cercanía). Este también es el caso en Rut 1:2 cuando el esposo de Noemí y sus hijos se registran como efraimitas de Belén, uniendo así el nombre "Efrata" a la ubicación geográfica de Belén (*véase también* Rut 4:11). Igualmente, el nombre de Caleb se asocia con Efrata en 1 Cr. 2:24, donde se registra que Hezrón, el padre de Caleb, muere en Caleb Efrata. Ya que "Caleb Efrata" es un nombre de lugar inusual (cf. "Calebefrata"; NRSV: "Caleb-Efrata") y la sintaxis hebrea de este versículo es extraña, algunos prefieren enmendar el texto, dando, por ejemplo: "Tras la muerte de Hezrón, Caleb tuvo relaciones con Efrata, la viuda de su padre Hezrón, y ella dio a luz a Asur, el padre de Tecoa" (NAB).

EFRATITA La designación de una persona de Belén que era parte de la tribu de Judá (Rut. 1:2; 1 Sm. 17:12). *Véase también* Efrata.

EFRÓN **(1)** Un heteo, el hijo de Zohar, que poseía una cueva de Macpela, cerca de Mamre, que posteriormente se llamó "Hebrón". Abraham negoció con Efrón para comprar Macpela para tener un lugar donde enterrar a su esposa, Sara. Siguiendo la costumbre, Efrón ofreció darle la cueva a Abraham, quien, también siguiendo la costumbre, ofreció el precio completo (cuatrocientos shekels) por la cueva (Gn. 23:7-20). Se registra que Abraham también fue enterrado en la cueva (25:9-10). Según Jacob, en su mensaje de despedida antes de morir, Isaac, Rebeca y Lea también fueron enterrados allí (49:29-32). Hoy Macpela, o la Cueva a los Patriarcas, es un altar muy visitado, ubicado en la moderna ciudad de Hebrón. **(2)** Una montaña que formaba parte del límite norte de la tribu de Judá (Js. 15:9). La ubicación exacta de esta montaña es incierta. **(3)** Un pueblo, tal vez correspondiente a la montaña en Js. 15:9, que estaba cerca de Betel (que había estado cerca del límite norte de Judá). Fue capturada por el rey Jeroboam de Israel por el rey Abías de Judá durante escaramuzas entre Judá e Israel (2 Cr. 13:19).

EGIPCIO, EL Al escuchar a Pablo hablar griego, un tribuno romano lo confundió con "el egipcio", que recientemente había liderado a cuatro mil terroristas al desierto (Hec. 21:37-38). Judíos habían estado emigrando a Egipto desde el siglo seis a.C., pero mantenían lazos cercanos con Jerusalén, frecuentemente haciendo un peregrinaje al segundo templo (*véase*, e.g., el prólogo de Eclo; Let. Aris. 83-120). Alejandría, un gran centro egipcio de aprendizaje y cultura griega, tenía la mayor comunidad judía fuera de Palestina. Roma tuvo que sofocar rebeliones judías en ambas regiones. El historiador judío del siglo uno, Josefo, corrobora el evento y agrega detalles suplementarios (J.W. 2.261-63; Ant. 20.169-72). Él declara que el egipcio era un "falso profeta", un "impostor" mesiánico, que engañó a un grupo mayor de personas ("treinta mil" [J.W. 2.261] o una "multitud de personas comunes" [Ant. 20.169]). Como la generación del éxodo, estas personas vagaban en el desierto, antes de eventualmente reunirse en el Monte de los Olivos para asediar Jerusalén. El egipcio clamaba que los muros de la ciudad caerían ante su mandato. Sin embargo, el procurador romano, Félix, atacó preventivamente. Aunque el egipcio escapó, la mayoría de sus seguidores murieron o fueron apresados. Josefo también menciona los terroristas o "asesinos" (sicarii), que mataban simpatizantes romanos con espadas cortas y curvas (e.g., J.W. 2.254; Ant. 20.186).

EGIPTO

Cultura y Geografía

Egipto es una de las civilizaciones antiguas más tempranas. El primer desarrollo de la escritura tomó lugar simultáneamente tanto en Egipto como en la antigua Sumeria alrededor del año 3000 a.C. Usando diferentes lenguajes, ambos desarrollaron sistemas de escritura pictográfica (donde imágenes de objetos representaban palabras, partes de palabras, etc.). Egipto mantuvo los símbolos pictográficos y los estilizó (jeroglíficos), mientras Sumeria los cambió a formas de cuñas (cuneiforme). Las inscripciones egipcias encontradas en pirámides, templos, estelas, tumbas y demás son principalmente en forma de jeroglíficos.

Geografía. La antigua Sumeria y el antiguo Egipto eran culturas de valles fluviales. Sumeria se ubicaba en Mesopotamia (sureste de Irak), Egipto en el Valle del Nilo (noreste de África). El Valle del Nilo era muy adecuado para el crecimiento a largo plazo y el éxito cultural por tres razones. Primero, la inundación anual del Nilo (de julio a octubre) traía sedimentos y nutrientes del río a los campos del Valle del Nilo. El agua también lavaba las sales de la tierra. Esto traía gran fertilidad al valle y permitía que los mismos campos fuesen cultivados año tras año por milenios sin agotar la tierra. Segundo, el Nilo proporcionaba una carretera central para transportar personas y bienes a través de Egipto, facilitando así el intercambio interno y la comunicación. Tercero, Egipto estaba rodeado de una zona de amortiguación de regiones desérticas hacia el este, oeste y sur, lo que dificultaba la invasión extranjera. Los antiguos egipcios llamaban a la tierra fértil del Valle del Nilo la "tierra negra" y las regiones desérticas la "tierra roja". También dividían la tierra en "alto" y "bajo" Egipto. El Alto Egipto (de la primera catarata hacia el norte hasta Memfis) estaba en las elevaciones sureñas más altas del río Nilo (el Nilo fluye de sur a norte). El Bajo Egipto estaba compuesto por la región del Delta del Nilo. Solo un faraón que controlara y unificara ambos podía tomar el epíteto de "rey del alto y bajo Egipto". Los antiguos egipcios llamaban a la totalidad de su tierra "Kemet".

Política y religión. El Valle del Nilo estaba dividido en distritos regionales administrativos, nomes. Había cuarenta y dos nomes en total. Cada nome tenía un pueblo o ciudad como su capital. Cada una de estas ciudades tenía un gobernante, un nomarca ("gran gobernante supremo"), que gobernaba la región. El reinado probablemente comenzó cuando el gobernante de una ciudad comenzó a subyugar a otras regiones y ciudades. Ocasionalmente había más de una dinastía en el poder (una en el Alto Egipto y una en el Bajo Egipto). Cada dinastía gobernante tenía una tríada de dioses-ídolos de su ciudad de origen que veía como supremos en el panteón egipcio. La tríada estaba compuesta por un padre, una esposa y un primogénito. En la dinastía dieciocho de Tebas, estos eran el dios sol Amón-Ra, su esposa/consorte Mut y el hijo de ambos, el dios de la luna Khonsu.

La religión egipcia temprana se enfocaba en la veneración de animales, entierros sagrados y objetos cúlticos. Los muertos eran enterrados con cuidado en el período predinástico (antes de la escritura), lo que puede indicar una comprensión de lo divino y la vida después de la muerte. Sabemos poco de esta época sin textos escritos. Sin embargo, una vez que se desarrolló la escritura, los egipcios comenzaron a crear y registrar historias elaboradas que explicaban su comprensión de los seres divinos, la creación, el ciclo diario de amanecer/ocaso, al igual que la vida después de la muerte.

La visión egipcia de las deidades eventualmente se conectó a una forma física. Cada deidad personificaba atributos, afinidades y poderes divinos y una o más formas (humana, animal o una combinación) que permitía a los egipcios relacionarse con ellos y que también formó la

El río Nilo, cuya inundación anual resultó una generosidad agrícola para Egipto.

cultura y lenguaje egipcio a través del tiempo. El dios Thot aparecía en dibujos, pinturas, relieves o estatuas con una de tres formas: como humano con la cabeza de un ibis, como un ibis o como un babuino. El dios Bes era el patrón de las madres en el parto, Ra (posteriormente Amón Ra) era el dios sol, y así sucesivamente. Incluso tenían una diosa de orden divino, Ma'at, una mujer con una pluma en su cabeza. Ma'at era la personificación del orden social y divino. A medianoche el día de la muerte, un alma era colocada sobre la balanza de Ma'at y pesada contra su pluma.

Un alma más pesada o más ligera era devorada por la deidad destructora con cabeza de cocodrilo a la espera; sólo aquellos en equilibrio podían avanzar hacia el Más allá. Para Egipto, el faraón era el gran pastor de su pueblo, que mantenía el orden divino (Ma'at) y expulsaba el caos y el desorden. Con dinastías cambiantes y preferencias, las deidades cambiaban de rango, asimilaban poderes, se fusionaban con otras deidades y crecían o decrecían en popularidad. Muchas deidades estaban ligadas a un lugar geográfico, pero algunas eran universales (como Isis, Apis, Geb, Osiris, Bes, Anubis e Imhotep). Las deidades se encontraban en o tenían poder sobre todas las áreas del orden creado (el Nilo, los insectos, los animales, los humanos, las cosechas, la fertilidad [de humanos, animales, cosechas], el cielo, el sol, la luna, la muerte, etc.). Con la proliferación de ídolos, los sacrificios y templos se multiplicaron y literalmente miles de aves, gatos, cocodrilos y otros animales momificados se han encontrado en Egipto.

Desde el principio, el rey era visto como divino. Posteriormente era considerado como la personificación del dios sol, con su esposa/reina siendo la personificación de la esposa diosa en su tríada dinástica y su hijo primogénito estaba ligado al hijo en la tríada. Cuando el faraón moría, pasaba a la vida después de la muerte para convertirse en el dios sol, y su heredero tomaba su lugar terrenal. El aspecto completo de un entierro apropiado era muy importante para tener un lugar y una experiencia exitosa en la ultratumba. La forma de la tumba piramidal reflejaba la imagen de los rayos del sol fluyendo a la tierra en ángulos desde el sol. Un entierro apropiado en la ribera oeste del Nilo (hacia el sol poniente) permitía a los muertos comenzar un viaje adecuado hacia la vida después de la muerte. Para que el difunto pudiese pasar por todas las puertas y apropiadamente equilibrar la balanza de Ma'at, una copia del Libro de los Muertos se colocaba en el sarcófago de la persona. Este texto contenía todas las cosas correctas que el difunto necesitaba decir para obtener un pasaje fácil y minimizar

La Gran Pirámide de Giza y la esfinge.

sus pecados. La gran pirámide de Keops tiene cerca las pirámides de las esposas de Keops, las tumbas de sus nobles más lejos, luego tumbas de oficiales menores y finalmente aquellas correspondientes a capataces que trabajaron en la pirámide con sus equipos de trabajo más allá. Cada uno en el orden jerárquico buscaba ligarse a las faldillas del Faraón en su muerte de manera que ellos también pudiesen obtener entrada hacia la vida después de la muerte.

Historia

Período prehistórico. En milenio cinco a.C. la cultura cazadora-recolectora en Egipto lentamente cambió a un estilo de vida agrícola y de pastoreo. En la medida que los réditos de las cosechas aumentaron más allá de la necesidad de comida, hubo tiempo de desarrollar habilidades en artesanías al igual que el comercio. La cerámica y cultura material (herramientas, entierro, estilos de casas, etc.) del Bajo Egipto evidencian la cultura Buto-Ma'adi y la del Alto Egipto la cultura Naqada. La cultura Naqada se extendió hacia el norte y unificó Egipto en tiempos predinásticos. Varios protoreinados se desarrollaron como nomes o sus ciudades capitales se aliaron o fueron subyugadas por un vecino más fuerte.

Período dinástico temprano (3000-2575 a.C.). Como indica la Paleta de Narmer, el rey más temprano conocido de un Egipto unificado fue Narmer (c. 3000 a.C.). La paleta muestra a Narmer derrotando al rey del Bajo Egipto y llevando la corona del Alto Egipto a un lado y la corona del Bajo Egipto al otro. El rey hacía las reglas y las mantenía según su criterio. La historia egipcia "La historia del campesino elocuente" de un período egipcio posterior explica cómo funcionaban las cosas. En esta historia, el campesino va camino al mercado con sus bienes en su burro. El hombre rico lo ve venir y cubre el camino con ropa. El campesino tiene un dilema: pisotear las prendas o destruir el campo de un hombre rico para pasar. No tiene éxito en viajar sin traspasar la propiedad del hombre rico y el hombre rico toma sus bienes y el burro y lo arroja a la cárcel. El campesino espera una oportunidad para hablar con el faraón, que es el juez. Cuando tiene oportunidad de realizar su apelación, el campesino habla tan bien que el faraón lo retiene en prisión sólo para poder seguir escuchándolo argumentar su caso día tras día. Eventualmente se restauran los bienes del hombre pobre y es liberado.

Reino Antiguo (2575-2134 a.C.). La capital del Reino Antiguo era Memfis. Este período era una era de pirámides y una época de estabilidad política y económica. La economía agrícola creció y prosperó. Las dos pirámides más grandes se construyeron en este período: la Gran Pirámide de Keops en Guiza y una junto a ella (junto con la Esfinge), perteneciente a su sucesor, Kefrén. Los trabajadores de las pirámides no eran esclavos, sino campesinos que debían un impuesto corvea de trabajo. Los trabajadores eran pagados a diario con pan y cerveza. Egipto era una sociedad feudal. Los ciudadanos privados podían tener propiedad, pero el faraón poseía la mayoría de la tierra y la parcelaba a sus siervos o la entregaba a permanencia a los templos. Los faraones enviaban expediciones en busca de canteras hacia los desiertos por piedras de construcción y ocasionalmente hacían expediciones militares hacia el sur, a Nubia y Punt.

Primer Reino Intermedio (2134-2040 AC) y Reino del Medio (2040-1640 a.C.). Tras la muerte de Pepy II sobrevino un colapso económico debido a una sequía e ingresos fiscales decrecientes. Estos llevaron al colapso político y el poder se dividió entre muchas facciones rivales. Este período de inestabilidad es conocido como el primer periodo intermedio; terminó cuando el faraón de la dinastía once, Mentuhotep II reunificó Egipto y restableció un gobierno central fuerte. Este con toda probabilidad es el período cuando Abraham visitó Egipto y posteriormente José, Jacob y su familia entraron a Egipto. La famosa pintura de la tumba de Beni Hasan de este período muestra una caravana de personas semitas adentrándose en Egipto, llevando vestimentas multicolores. En este período la posición de visir (primer ministro) aumentó en prominencia. Un visir, Amenemhet, sucedió en el trono de Egipto. José cumplió el rol de visir en el relato bíblico (Gn. 41:39-40). Aunque de este período son

las minas de turquesa en la región de Sinaí que tienen la inscripción semita más antigua que se conoce. Escrita en los muros de la mina en proto-sinaítico, esta inscripción puede ser la más temprana en escritura alfabética que existe.

Segundo período Intermedio (1640-1550 a.C.). A fines del Reino del Medio, Egipto nuevamente cayó en una situación política fracturada con el declive del poder del faraón. Un pueblo semita, los hicsos (egipcio para "gobernantes extranjeros" o "reyes pastores"), invadieron la región del delta del Nilo y establecieron su capital en Avaris. La dinastía diecisiete continuó gobernando el Alto Egipto en el sur mientras los Hhicsos estaban en el poder. Aunque los israelitas eran sirvientes del faraón desde el comienzo (cuidando sus rebaños), no fueron esclavizados hasta después. Pueden haber sido un faraón hicso o un faraón del Nuevo Reino quien los esclavizó a trabajos forzados.

Nuevo Reino (1550-1069 a.C.). El último rey de la dinastía diecisiete (Tebana), Kamose, atacó a los hicsos, pero fue su sucesor, Amosis, quien los expulsó y reunificó Egipto. Amosis es considerado el primer faraón de la dinastía dieciocho. Puede haber sido Amosis o uno de sus sucesores que esclavizaron a los hebreos (para más sobre la dinastía dieciocho, *véase* Tutmosis). Durante la primera mitad del Nuevo Reino, Egipto estaba en la cima de su poder y riqueza. Durante este período, los egipcios comenzaron a llamar a su rey "Faraón", que significa "casa grande". El faraón de la dinastía dieciocho, Tutmosis III y su hijo Amenhotep II son buenos candidatos para un éxodo de fecha temprana (c. 1446 a.C.). Un rey posterior de la dinastía dieciocho, Akenatón, trasladó su capital a Amarna y cambió su alianza de Amón Ra, el dios sol, a la adoración única del dios Atón (disco sol). Por esta razón, muchos lo identifican como el primer monoteísta. Akenatón puede haber hecho esto para quitar fondos a los templos y ordenes sacerdotales que se hubieran vuelto demasiado ricos y poderosos a través del tiempo. Sus reformas no duraron, y la adoración de Amón Ra fue restaurada con su sucesor, Tutankamón. El guerrero de la dinastía diecinueve, Ramsés II, es probablemente el faraón de un éxodo en fecha tardía (c. 1250 a.C.).

Tercer período Intermedio (1069-664 a.C.). Este período fue uno de gobierno débil y dividido, con capitales en el norte y sur. Se conjetura que el faraón Siamón era el suegro del rey Salomón, que conquistó Gezer y se lo entregó a Salomón como dote (c. 960 a.C.; 1 Re. 9:16). Posteriormente, Sheshonq (el bíblico Sisac), un faraón libio de la dinastía veintidós, llegó al trono e hizo campaña contra el hijo de Salomón, Roboam, saqueando Jerusalén en el proceso (1 Re. 14:25; 2 Cr. 12:2; cf. 1 Re. 11:40). Los faraones cusitas africanos de la dinastía veinticinco (760-664 a.C.) gobernaron el norte por poco más de un siglo, pero fracasaron en defenderse contra las olas de conquista asiria en el siglo siete a.C.

Período del Reino Tardío (664-525 a.C.). La dinastía veintiséis () (que gobernaba desde la ciudad del Delta, Sais) reunificó Egipto bajo control nativo egipcio. El faraón Necao II intentó apoyar una Asiria en declive como una amortiguación contra la arremetida babilonia, pero no tuvo éxito (c. 609 a.C.).

Sin embargo, en el proceso, Necao asesinó al rey Josías de Judá en batalla en Megido y colocó a uno de los hijos de Josías, Joacim, como vasallo sobre el trono de Judá (2 Re. 23:29-35; cf. 2 Cr. 35:20-36:8; Jr. 46:2). Después de la destrucción babilonia de Judá/Jerusalén (587/586 AC) y el asesinato del gobernador judío, Gedalías, un grupo de exiliados judíos huyó a Egipto. Este grupo forzó al profeta Jeremías a ir con ellos a Egipto (Jr. 40:1-43:7). Un pequeño grupo de exiliados judíos eventualmente encontró su camino hacia una pequeña isla en el Nilo superior, Elefantina, donde establecieron un templo y una comunidad; allí trabajaron como mercenarios.

Período persa (525-332 AC). Cambises II, rey de Persia e hijo de Ciro el Grande, conquistó Egipto en 525 a.C. Su sucesor, Darío I, gobernó Egipto benevolentemente y reanudó la construcción de templos y canales. Sin embargo, Egipto se sublevó contra el gobernante persa muchas veces, finalmente logrando su independencia en 404 a.C. con ayuda de aliados griegos. El último faraón egipcio nativo fue Nectanebo II, que gobernó en 359-343 a.C. Sin embargo, este período de independencia egipcia duró poco, con Persia reestableciendo el control en el año 343 a.C.

Período helénico-romano (332-30 a.C.; 30 a.C. en adelante). Alejandro Magno conquistó Egipto en el año 332 a.C. Tras la muerte de Alejandro, su general Ptolomeo tomó control de Egipto y gobernó como faraón. Desde la conquista de Alejandro a la muerte de Cleopatra, los gobernantes en Egipto eran descendientes griegos. Tras la muerte de Cleopatra (30 a.C.), Roma anexó Egipto a su imperio y gobernó el país hasta la caída del imperio romano. Un gran contingente de judíos vivió y prosperó en la ciudad del Delta, Alejandría, en este período.

EGLA La esposa de David, con la que se casó mientras era rey en Hebrón. Su hijo se llamaba "Itream" (2 Sm. 3:5; 1 Cr. 3:3).

EGLAIM **(1)** Una ubicación en Moab (Is. 15:8). **(2)** "En Eglaim" (que significa "arroyo de los dos becerros") es el nombre de un arroyo en la costa oeste del Mar Muerto, opuesto a Moab (Ez. 47:10).

EGLAT SHELISHIYYÁ Una ubicación mencionada en dos oráculos contra Moab (Is. 15:5; Jr. 48:34). La frase se traduce como "el tercer Eglat". Mientras la mayoría de las traducciones siguen a la LXX en la comprensión de que es el nombre de un lugar, la KJV traduce estos términos hebreos como "un novillo de tres años de edad". Un novillo joven a veces es entendido figurativamente como una tierra que aún está por conquistar (Os. 10:11), que puede coincidir con el contexto de estos dos oráculos contra Moab como refiriéndose a tierra sin conquistar en Zoar y Horonaim. Su ubicación geográfica es incierta.

EGLÓN **(1)** el obeso rey moabita que, tras enlistar la ayuda de los amonitas y los amalecitas, derrotó a Israel y gobernó sobre ellos por dieciocho años. Fue asesinado por el juez israelita Aod, quien engañó a Eglón y clavó una espada pequeña en su estómago. Tras la muerte de Eglón, Israel derrotó a los moabitas y terminó su gobierno opresor (Jue. 3:12-30). **(2)** Una ciudad del sur de Canaán cuyo rey (Debir) se unió una alianza con otros cuatro reyes cananeos y luchó contra los gabaonitas tras su tratado con Josué. Para honrar su tratado, los israelitas lucharon y derrotaron a los cinco reyes, sus hombres, y sus ciudades (Js. 10:1-43; 12:12). Eglón fue asignado a la tribu de Judá (Js. 15:39). Su ubicación precisa es incierta.

EHI Uno de los diez hijos de Benjamín (Gn. 46:21). "Ehi" probablemente es un nombre acortado. Probablemente es la misma persona que Ahiram (Nm. 26:38) y Aharah (1 Cr. 8:1).

EJERCICIO Disciplinar la mente o esforzar el cuerpo con actividad física rigurosa. En el mundo grecorromano, la persona común trabajaba desde el amanecer al medio día, después de lo cual muchos irían al baño público local para ejercitar en la palestra (palestra). (Los estudiantes griegos pasaban la mitad de su educación comprometidos en deporte). Las actividades incluían la lucha, boxeo y atletismo (*véase* 1 Cor. 9:24-26; Gal. 5:7). El NT usa el concepto metafóricamente para entrenar en la forma cristiana (1 Tim. 4:7-8; Heb. 5:14; 12:11; cf. 2 Pe. 2:14) pero también encuentra valor en disciplinar el cuerpo para controlar la insaciabilidad de la pasión (1 Cor. 7:9; 9:27).

EJÉRCITO El ejército de Israel era principalmente una fuerza militar voluntaria dirigida por Dios y su palabra. Deuteronomio 20 establece las pautas para la guerra, Nm. 1 describe la organización, y Nm. 2:17 resalta la posición estratégica de Dios como comandante en el evento sagrado de la guerra. Los guerreros israelitas eran hombres de veinte años o más de las tribus, clanes y familias de la nación. Los levitas fueron nombrados cuidadores del tabernáculo y no fueron contados en el censo por sus deberes militares. El sacerdote era responsable de dirigirse a la nación antes de una batalla y luego dirigir la procesión de batalla en conexión con el arca del convenio.

La estructura del ejército israelita no está excesivamente desarrollada en el material bíblico. Debajo de Dios como comandante en jefe estaba el rey, quien luego trabajó en conexión con sus comandantes y oficiales para ejecutar la voluntad de Dios por medio de una confederación tribal.

Antes de la monarquía, Dios obró a través de Moisés y Josué para reunir a los hombres para la batalla. Samuel advirtió a la nación que el rey abusaría del voluntariado del ejército y tomaría a sus hijos y los haría prestar servicio militar con sus carros y caballos (1 Sam. 8: 11-12). Esta advertencia se realizó bajo el liderazgo de Salomón y Roboam. Las divisiones del ejército incluían una lista de jefes de familia, comandantes de miles, comandantes de cientos y sus oficiales. Además, se señala un período de servicio (1 Cr. 27).

El tamaño del ejército no era una cuestión de importancia para el éxito en la batalla. Dios como guerrero divino condujo a la nación en la batalla y determinó el resultado de acuerdo con sus propósitos soberanos. Solo unos pocos israelitas fueron necesarios para vencer a miles (Lv. 26: 8; Dt. 32: 8). La derrota de Faraón y su ejército en el éxodo y la conquista proporciona las ilustraciones de pre monarquía más dramáticas del desafío de Dios a los números.

Durante la monarquía, Dios orquestó la derrota del vasto ejército arameo con un ejército israelita más pequeño (1 Re. 20:27). Por otro lado, cuando los israelitas desobedecieran el convenio, tendrían que huir (Jos. 7). El ejército israelita libró todo tipo de batallas bajo la dirección de Dios. La guerra era un evento sagrado que involucraba, por ejemplo, la realización de sacrificios (1 Sam. 13), la consagración de uno mismo (Jos. 3: 5), la abstinencia (1 Sam. 21: 5, 2 Sam. 11:11), la limpieza ritual del campamento (Dt. 23: 9-4), el liderazgo del sacerdote y el profeta (Jos. 6; Jr. 34) y la presencia del arca.

El árbol de acacia está disponible en el Sinaí y proporciona una madera dura adecuada para la elaboración de objetos que requieren durabilidad. Fue usado en la construcción del arca de la alianza (Éx. 25:10), las varas para mover el arca (25:13), porciones del tabernáculo (26:15-37) y partes del altar del holocausto (38:1, 6). *Véase también* Sitim.

EL BERIT El nombre de una deidad asociada con un templo cerca de Siquem en Jue. 9:46. El nombre es sinónimo de "Baal-Berit", mencionado antes en Jue. 9:4. Tanto El como Baal eran deidades cananeas, y berit significa "alianza". El nombre "El" posteriormente se volvió un término genérico para Dios. El contexto de referencia deja poco claro si el nombre indica una deidad cananea o sincretismo religioso en Yavehismo.

EL BETEL Antigua Luz, llamada por Jacob "Betel" ("casa de El/Dios" [Gn. 28:19]). Una segunda teofanía treinta años después causó que Jacob renombrase el lugar "El Betel" ("El de la casa de El" [Gn. 35:7]). El lugar se ubicaba entre Hebrón y Siquem, dieciséis kilómetros al norte de Jerusalén. En progresión temática, el propio nombre de Jacob fue cambiado a "Israel", ahora reafirmado en la tierra (Gn. 35:10). Cumpliendo el anterior voto de Jacob, una persona divina ahora había eclipsado el mero lugar, "El de la casa de El" (cf. Gn. 28:18-22).

EL ELOHE ISRAEL El nombre que Jacob asocia con su altar en Gn. 33:20. Puede traducirse como "Él [un nombre de Dios] es el Dios de Israel". El nombre indica la nueva designación de Jacob ("Israel") y su lealtad a Dios que se lo dio.

EL ELYON *Véase* El; Nombres de Dios.

E

EL En el AT, la palabra hebrea ʽel se usa para denotar divinidad de forma genérica o para referirse específicamente a Yahveh como Dios. ʽEl con frecuencia es traducido "dios" en pasajes como Dt. 32:21; Is. 44:10, 15; 46:6. ʽEl se entiende específicamente como Dios en pasajes como 2 Sm. 22:32. Algunos versículos utilizan ambos significados, como en Éx. 34:14, "No adoren a ningún otro dios [ʽel], porque el Señor, cuyo nombre es Celoso, es un Dios [ʽel] celoso".

En Génesis, varios títulos para Dios comienzan con la palabra ʽel y se usan para presentar el poder y trascendencia de Dios al igual que su preocupación por la humanidad. En Gn. 21:33, Abraham llama a Dios ʽel ʽolam ("Dios Eterno"). En Gn. 14:18-22 él es ʽel ʽelyon ("Dios Altísimo"). En Gn. 16:13 el esclavo egipcio Hagar nombra a Dios ʽel roʼi ("Dios que ve"). Dios se llama a sí mismo ʽel shadday ("Dios Todopoderoso") cuando habla a Abraham (Gn. 17:1) y se refiere a este nombre cuando revela a Moisés su nombre "Yahveh" (Éx. 6:3). En Nm. 23:8 ʽel se usa de Dios en paralelo con "Yahveh". La palabra ʽel aparece en los nombres de ubicaciones (e.g., Betel, "Casa de Dios" [Gn. 35:7]) y en muchos nombres personales (e.g., "Elifaz", "Daniel", "Israel").

En textos del antiguo Oriente Próximo, especialmente textos cuneiformes encontrados en Ugarit, "El" es un nombre propio para el dios principal del antiguo panteón mesopotámico. Descrito como un residente en carpa que preside sobre su consejo divino en el monde de la asamblea en el norte, El tiene muchos títulos, incluyendo "creador", "el antiguo" y "el compasivo". Textos como Éx. 34:6 ("El Señor, el Señor [yhvh], el compasivo y gracioso Dios [él]") parecen mostrar una conciencia de los escritores bíblicos para esta comprensión de la palabra, aunque usan este material para proclamar la supremacía de Yahveh.

EL PARÁN El lugar más al sur conquistado por una coalición de cuatro reyes durante su asalto a Canaán (Gn. 14:6). El Paran bien puede identificarse con Elat en la costa norte del Mar Rojo (1 Re. 9:26).

EL SHADDAI *Véase* El; Nombres de Dios.

ELA El padre de Simei, un gobernador de Benjamín durante el reinado de Salomón (970-930 a.C.) (1 Re. 4:18).

ELAH La palabra hebrea ʽelah, que significa "roble, Pistacia palaestina (2 Sm. 18:9), también se usa como nombre propio. **(1)** Un gobernante tribal descendiente de Esaú (Gn. 36:40-41; 1 Cr. 1:52). **(2)** El hijo malvado y sucesor de Baasa.

Elah gobernó Israel por dos años (1 Re. 16:6-14). **(3)** El padre de Josué, que usurpó la corona israelita (2 Re. 15:30; 17:1). **(4)** Un hijo de Caleb, el espía fiel (1 Cr. 4:15). **(5)** Un benjamita residente en Jerusalén antes del exilio (1 Cr. 9:8). **(6)** Un valle en los faldeos de Judea donde David mató a Goliat (1 Sm. 17), aproximadamente veintisiete kilómetros oeste-suroeste de Belén. Como uno de varios valles fértiles en esta región entre los filisteos en la planicie costera y los israelitas en el territorio montañoso, el Valle de Elah era un campo de batalla natural entre estos dos pueblos.

ELAM Una de las más antiguas de las civilizaciones antiguas, que duró desde 2700 a.C. a 539 a.C. El antiguo Elam originalmente consistía de reinos en la meseta iraní, centrado en Anshan. Posteriormente, Susa en las tierras bajas de Juzestán, se volvió prominente en documentación de la civilización elamita.

Los reyes de Elam en el segundo y primer milenio a.C. normalmente se hacían llamar a sí mismos "Reyes de Anshan y Susa". A pesar de progresos realizados por investigadores en las últimas décadas, la historia de Elam es aún una de las menos conocidas de las antiguas civilizaciones del Oriente Próximo. Gran parte de la evidencia proviene de inscripciones reales mesopotámicas, donde Elam es retratado como en constante contacto, amistoso u hostil, con Babilonia y Asiria. Los recursos naturales de Elam (e.g., metales, madera, piedra) y su ubicación en camino a las fuentes de ciertos materiales deseables (e.g., lapislázuli, estaño) lo hacían objeto de campañas militares periódicas de reyes mesopotámicos.

Elam aparece en varios libros de la Biblia (e.g., Esd. 4:9; Is. 11:11; 21:2; 22:6; Jr. 25:25; 49:34-39; Ez. 32:24; Dn. 8:2; Hec. 2:9), incluyendo Gn. 14, donde Quedorlaomer, rey de Elam, es mencionado como uno de los cinco reyes de Sodoma y Gomorra. En el segundo milenio, Elam era un estado poderoso, tanto así que incluso el rey Hammurabi se dirigió a un rey elamita como "Padre". Por lo tanto, es posible que un rey elamita liderase una coalición de reyes en una redada contra Canaán.

Elam, posteriormente subyugada por Asiria durante el ascenso asirio (732-604 a.C.), ayudó en su guerra contra Israel. La referencia a Elam en Isaías y Ezequiel (citada con anterioridad) puede relacionarse a este hecho histórico. Durante el período aqueménida, en el cual los rasgos de la civilización elamita aún eran fuertes, "Elam" se usó como referencia general a la provincia persa en la meseta iraní (e.g., Dn. 8:2: "Me vi a mí mismo en la ciudadela de Susa en la provincia de Elam"). En la era del NT, Elam, no obstante desaparecido hace mucho de la historia, ocupaba un lugar establecido en vista de la historia mundial, vista como una secuencia de imperios mundiales (cf. Hec. 2:9).

Estatuillas de la antigua Elam.

ELASA El nombre "Elasa" o "Elasah" (ambos escritos igual en hebreo) se refiere a cuatro individuos. **(1)** Uno de los descendientes sacerdotales que se encontró que habían tomado esposas extranjeras tras el exilio (Esd. 10:22). **(2)** Un oficial judaíta de la prominente familia escribal de Safán (Jr. 29:3). **(3)** Un descendiente de Judá, era el hijo de Hélez y el padre de Sismai (1 Cr. 2:39-40; NIV: "Eleasah"). **(4)** Un descendiente de Benjamín, Saúl y Jonatán a través de Rafa, era el padre de Azel (1 Cr. 8:37; 9:43; NIV: "Eleasah").

ELASAR El reino gobernado por Arioc, uno de cuatro reyes extranjeros que saquearon Canaán durante la época de Abraham (Gn. 14:1, 9). Después de saquear la región y secuestrar a Lot, Abraham exitosamente los derrotó y retomó lo que se habían llevado. Su identificación es incierta, pero sugerencias incluyen la ciudad de Lara en el sur de Mesopotamia, Alsi en el norte de Mesopotamia e Ilansura cerca de Karkemish.

ELAT Esta ciudad portuaria fortificada, cerca de Ezión Geber en el extremo norte del Golfo de Aqaba (moderna Aqaba), era una estación de paso en la importante ruta comercial hacia Arabia del sur, África e India. Con frecuencia se identifica con El Paran en Gn. 14:6.

Debido a su importancia para el comercio lucrativo con Arabia del sur y más allá, el control sobre Elat era un objeto preciado para Israel, Edom y otros poderes rivales.

El rey Salomón, por ejemplo, construyó Ezión Geber cerca de Elat y despachó los lucrativos "barcos de Tarsis" desde allí con la ayuda de marineros fenicios (1 Re. 9:26-28; cf. Sal. 48:7). Es posible que la intención de la campaña de Sisac en el Neguev fuese para cortar estas actividades comerciales, ya que los egipcios eran los únicos competidores del transporte marítimo israelita en el Golfo de Aqaba.

Reyes judíos posteriores, como Josafat y Usías, reconstruyeron el puerto del Mar Rojo para reanudar el comercio con el sur de Arabia, aunque con mucho menos éxito (2 Cr. 20:36; 26:2). Elat fue entregada a los edomitas durante la guerra siro-efraimita.

LA CIUDAD DE ELAT

ELCANA (1) Uno de varios descendientes de Leví a través de Coré (Éx. 6:24; 1 Cr. 6:23). Otros se nombran en 1 Cr. 6:26-27. **(2)** Un efraimita, el esposo de Ana y el padre de Samuel (1 Sm. 1:1). **(3)** Tres músicos del templo relacionados entre los cohatitas (1 Cr. 6:34-36).

(4) Un levita que fue al exilio (1 Cr. 9:16). **(5)** Uno de los guerreros benjamitas de David (1 Cr. 12:6). **(6)** Un portero levita (1 Cr. 15:23). **(7)** Un oficial de palacio en la época de Acaz, asesinado en una redada en Israel del norte (2 Cr. 28:7).

ELDA Uno de los hijos de Madán y, por lo tanto, un descendiente de Abraham a través de su esposa Queturá (Gn. 25:4; 1 Cr. 1:33).

ELDAD Uno de los setenta ancianos de Israel designados para compartir la carga de liderazgo con Moisés (Nm. 11:26-27). Él y Medad comenzaron a profetizar dentro del campamento israelita cuando el Espíritu descansaba sobre ellos, validando así su designación como ancianos de Israel. El libro apócrifo Eldad y Modad se supone que registró sus profecías, pero la única porción existente de este es una cita en el Pastor de Hermas 7:3.

ELEAD Un descendiente de Efraín que fue muerto junto con su hermano Ézer cuando los dos fueron a robar el ganado de los nativos de Gat (1 Cr. 7:21).

ELEADÁ Un descendiente, aparentemente, de Efraín a través de Tahat (1 Cr. 7:20). Algunos han sugerido, sin embargo, que Elead de 1 Cr. 7:21-22 es la misma persona, lo que haría a Eleadá un hijo de Efraín.

ELEALE Una ciudad con tierras de pastoreo que fue asignada a la tribu de Rubén a petición de los rubenitas (Nm. 32:3, 37). Anteriormente había sido controlada por Sehón, rey de los amorreos. Eleale estaba cerca de Hesbón (*véase* Is. 15:4; 16:9; Jr. 48:34), alrededor de dieciséis kilómetros de la ubicación de la moderna Amman, Jordán.

ELEAZAR (1) El tercer hijo de Aarón, que sucedió a su padre como el segundo sumo sacerdote tras sus hermanos mayores Nadab y Abihú se descalificaron ofreciendo incienso diferente de aquel que mandaba Dios (Lv. 10:1-7). Eleazar había ayudado a su padre y Moisés contra la rebelión de los levitas que querían igualdad de estatus con la familia sacerdotal de Aarón

(Nm. 16:36-40). Aarón fracasó en entrar a la tierra prometida porque él y Moisés se rebelaron contra Dios en la roca de Meriba (Nm. 20:1-13). En el Monte Hor, y en presencia de Moisés, Aarón se quitó sus ropas de sumo sacerdote y las puso sobre su hijo Eleazar. Eleazar fue el sumo sacerdote durante la conquista y, junto con Josué, lanzó los lotes sagrados para determinar dónde se asentaría cada tribu (Js. 14:1-5). Tras la muerte de Eleazar, su hijo Fineas lo sucedió como sumo sacerdote.

(2) Durante la temprana judicatura de Samuel, el hijo de Abinadab que estaba consagrado a proteger el arca de la alianza en la casa de su padre en Kiriath Jearim, donde fue albergada tras ser regresada por los filisteos (1 Sm. 7:1). (3) Uno de los poderosos hombres de David, reconocido por su combate personal contra los filisteos (2 Sm. 23:9-10; 1 Cr. 11:12). (4) Un levita del clan merarita (1 Cr. 23:21-22; 24:28). (5) El hijo de Fineas que ayudó a pesar la plata, oro y artículos sagrados en la época de Esdras (Esd. 8:33). (6) Un israelita culpable de mestizaje en la época de Esdras (Esd. 10:25). (7) Un músico del templo que cantó en el día que Nehemías dedicó el muro de Jerusalén (Neh. 12:42). (8) Un ancestro de José, el padre de Jesús (Mt. 1:15).

ELECCIÓN Una preferencia o selección de una persona o grupo, especialmente la determinación de Dios de quienes serán salvados.

Terminología

Ocasionalmente, el lenguaje de ser "elegido" se usa como una descripción de Cristo o tal vez incluso un título. Isaías, en una de sus Canciones del Sirviente, da una descripción que es probablemente mejor tomada como una velada referencia a Cristo en su relación única con el Padre: "Aquí está mi sirviente, a quien yo sostengo, mi elegido [o elección] en quien me deleito; pondré mi Espíritu en él y él traerá justicia a las naciones" (Is. 42:1). Hay un uso similar en el NT, donde Jesús es descrito en 1 Pe. 2:6 (usando una cita de Is. 28:16): "Porque en las Escrituras dice: 'Ven, coloco una piedra en Sion, una elegida [o "selecta"] y preciosa piedra angular y el que confíe en él jamás será avergonzado'".

Muchas veces la palabra "elegido" se usa en las Escrituras como sinónimo de los creyentes. Por ejemplo, Jesús habla de un tiempo futuro cuando "él enviará a sus ángeles con un gran llamado de trompetas y ellos reunirán a sus elegidos de los cuatro vientos, desde un extremo de los cielos al otro" (Mt. 24:31). Igualmente, Pedro dirige su primera carta "a los elegidos de Dios" (1 Pe. 1:1). Juan hace algo similar en su segunda carta, dirigía a "la dama elegida por Dios [KJV, RSV: "dama selecta"] y a sus hijos, a quienes amo en la verdad" (2 Jn. 1).

Elección y Salvación

Aunque hay más en esta terminología que simplemente un nombre descriptivo para Cristo o el pueblo de Dios. Otros pasajes son de naturaleza más explicativa e implican un definitivo y activo lugar para el involucramiento de Dios en el proceso de salvación. Por ejemplo, Pedro continúa en su introducción a su primera carta con una descripción de los elegidos como aquellos "que han sido elegidos [KJV: "selectos"] de acuerdo al pre conocimiento de Dios el Padre, a través del trabajo santificador del Espíritu, para ser obedientes a Jesucristo y rociados con su sangre" (1 Pe. 1:2). Aquí está la pregunta clave de cómo deberíamos entender el rol del pre conocimiento de Dios en la expresión "elegidos de acuerdo al pre conocimiento de Dios el Padre". Algunos argumentan que esto es simplemente decirnos que Dios puede mirar hacia el futuro y saber con anticipación quién ejercerá la fe y será salvado, de manera que la salvación simplemente se basa, después de todo, en una decisión puramente humana.

Sin embargo, Rom. 9 sugiere otra cosa. Este capítulo, tal vez más claramente que otros, ilumina la elección de Dios de su pueblo. Pablo está en el proceso de explicar cómo el plan de redención de Dios (que se ha estado desarrollando en Rom. 1-8) aplica a su propio pueblo judío. Si el evangelio es realmente tan poderoso como Pablo declara, ¿por qué ha producido tan poco fruto entre el propio pueblo de la alianza de Dios, los judíos? Pablo responde: "No es como si la palabra de Dios hubiese fallado. Ya que no todos quienes son descendientes de Israel son

Israel" (9:6). Luego, en los versículos siguientes, Pablo explica lo que quiere decir por "no todo Israel es Israel". No todo hijo de Abraham es un hijo de fe (9:7-13). La promesa ha venido solamente a través de Isaac y no a través de los otros hijos de Abraham, Ismael y los seis hijos de Queturá (*véase* Gn. 25:1). Igualmente, la línea de la promesa y bendiciones no involucra a todos los hijos de Isaac y Rebeca, sino sólo a Jacob y no a Esaú (9:10-13). Aquí Pablo explica, "Antes de que nacieran los mellizos o hubiesen hecho algo bueno o malo, de manera de que el propósito de Dios en la elección pueda sostenerse: no por trabajos sino por quien realiza el llamado" (9:11-12). En apoyo de esta conclusión, Pablo cita de Mal. 1:2-3: "Justo como está escrito: 'A Jacob yo amaba, pero a Esaú lo odiaba'" (9:13). Lo esencial, según Pablo, no es la ascendencia de uno, sino la elección de Dios. Dios le dice a Moisés en Éx. 33:19: "Tendré misericordia sobre quien la tenga y tendré compasión sobre quien la tenga" (citado en Rom. 9:15). Pablo da su resumen de elección: "No depende, por lo tanto, del deseo humano o esfuerzo, sino de la misericordia de Dios" (9:16). Termina su caso con la clásica ilustración del AT de Dios endureciendo al Faraón (9:17) antes de concluir, "Por lo tanto, Dios tiene misericordia de quien él quiera tenerla y Él endurece a quien Él quiere endurecer" (9:18).

Romanos 9 no es un pasaje aislado de las Escrituras. El apóstol Juan dice más o menos lo mismo del ministerio de Jesús y cómo la salvación es específicamente para todos "aquellos que creyeron en su nombre"; a ellos "les dio el derecho de convertirse en hijos de Dios —hijos nacidos no de descendencia natural ni por decisión humana o voluntad del esposo, sino nacidos de Dios" (Jn. 1:12-13). La última parte de este pasaje es la clave: la salvación finalmente depende no en la "descendencia natural" o en la ascendencia humana (incluyendo si se es judío o no), tampoco de la "decisión humana" (incluyendo cualquier acto de voluntad humana) ni tampoco en la "voluntad del esposo" (una expresión más difícil que probablemente se refiere a decisión de otros en la familia), sino sola y finalmente en ser "nacido de Dios".

Endurecimiento de Corazones y los no Elegidos

Ciertamente, hay un misterio en todo esto. No hay forma fácil de entender el proceso negativo del endurecimiento del corazón de Faraón o para explicar las mecánicas del proceso positivo de elección. Las Escrituras con frecuencia describen a Dios mismo como quien ha endurecido corazones de varios individuos. En Éx. 4:21, por ejemplo, Dios le dice a Moisés: "Yo endureceré el corazón [del Faraón] para que no deje ir a la gente". Otras veces, las Escrituras son menos claras y simplemente nos dicen que "el corazón del Faraón se endureció" (Éx. 7:13). Luego hay aun otras veces cuando el Faraón mismo es descrito como activamente involucrado en el proceso de endurecer su propio corazón, como "cuando el Faraón vio que había alivio, endureció su corazón y no escucharía a Moisés y Aarón" (Éx. 8:15). Sin dudas, la mejor forma de entender esto es ver una respuesta negativa como el endurecimiento del corazón de una persona como una combinación de voluntad activa de seres humanos caídos y los misteriosos trabajos de un Dios soberano. Igualmente, tanto salvación como crecimiento espiritual son otras realidades espirituales que involucran la misteriosa combinación del involucramiento directo de Dios en la vida de las personas y la necesidad de su propia respuesta humana. Pablo captura esta tensión en Flp. 2:12-13: "Por lo tanto, mis queridos amigos, ya que siempre han obedecido—no sólo en mi presencia, sino ahora mucho más en mi ausencia— continúen trabajando en su salvación con temor y estremecimiento, porque es Dios quien trabaja en ustedes para querer y actuar para cumplir su buen propósito".

También está la cuestión de los no elegidos, a veces puestos en términos de "reprobación" o "doble predestinación". Si Dios está activamente involucrado en el acto positivo de traer a los humanos hacia una apropiada relación con Él mismo en la salvación, ¿está de igual manera activamente involucrado en elegir aquellos que nunca responderán en fe y sufrirán una eternidad de juicio alejado de Él? Nuevamente, los cristianos están divididos, y las sobre generalizaciones simplistas hacen poco para avanzar nuestra comprensión de este tema. Aquellos que dan precedencia a la soberanía de Dios en su comprensión del proceso de salvación por lo general ven un mayor involucramiento de Dios en las decisiones de aquellos que no responden en fe; aquellos que enfatizan el involucramiento humano en la salvación también enfatizan la decisión humana en aquellos que no responden.

Aquellos que enfatizan en la soberanía de Dios en este misterio de la fe se inclinan hacia el extremo calvinista o reformado de la balanza. Tienden también a enfatizar la total inmoralidad de la humanidad: la noción no de que las personas son tan malas como pueden ser, sino simplemente que el pecado ha manchado cada área de la mente, voluntad y emociones, haciendo un giro positivo hacia Dios, aparte de la gracia de Dios, humanamente imposible.

Esfinge de marfil de Fenicia, tallada en el colmillo de un elefante.

También pueden enfatizar la expiación definitiva, la doctrina de que Cristo murió específicamente por los elegidos. Por otra parte, aquellos que enfatizan el involucramiento humano, frecuentemente llamados "arminianistas", tienden a enfatizar la importancia del libre albedrío humano para crear un sentido de responsabilidad por las decisiones propias. También enfatizan una expiación ilimitada, la doctrina de que Cristo murió potencialmente por cualquiera y por todos.

Resumen

El balance adecuado en las Escrituras parece involucrar tanto la soberanía de Dios como de los humanos. Pedro captura parte de esta necesidad por balance: "Por lo tanto, mis hermanos y hermanas, hagan todo esfuerzo por confirmar su llamado y elección. Ya que, si hacen estas cosas, nunca tropezarán" (2 Pe. 1:10). La elección finalmente es el trabajo de Dios, pero al mismo tiempo hay un involucramiento humano en ello. La ilustración de Charles Spurgeon parece apropiada aquí. La voluntad humana y la predestinación son como dos rieles en una vía del ferrocarril: dondequiera que miramos están separados y distinto y así, irreconciliables; sin embargo, es solo en la distancia (realmente en la mente de Dios mismo) que estas dos verdades complementarias se unen en perfecta resolución. No hay duda de que "elegido" y "elección" son términos bíblicos; la cuestión es cómo entender este difícil tema para resolver todas las implicaciones lógicas en términos de compartir el evangelio con otros de manera apropiada y significativa.

ELEF Un pueblo asignado a la tribu de Benjamín tras la conquista (Js. 18:28). Se ubica en la vecindad de Jerusalén, tal vez identificada con Lifta, una aldea al este de Jerusalén o Neftoa, una aldea entre Benjamín y Judá. En base a su presentación en un texto griego en particular, algunos han sugerido que Elef debería unirse con el nombre anterior y leerse como un solo pueblo, Sela-Elef.

ELEFANTES Nativos de África y el sur de Asia, los elefantes prefieren los hábitats de la selva y bosques, pero pueden adaptarse a cualquier ambiente con vegetación suficiente. No había elefantes en Palestina, pero israelitas ricos a veces importaban marfil de colmillos de elefantes. Salomón "hizo un gran trono cubierto de marfil" (1 Re. 10:18). El rey Acab construyó una casa de marfil (1 Re. 22:39). El extenso uso de marfil atestigua la prominencia y poder de Tiro (Ez. 27:6).

ELEMENTOS, ESPÍRITUS ELEMENTALES El término griego stoicheia, que ocurre siete veces en el NT, se usa en religiones antiguas y filosofía para referirse a los rudimentos básicos o primeros principios, lo que hoy en día podría llamarse el ABC de algún área del conocimiento. El autor de Hebreos regaña a sus lectores, "Aunque para este momento deben ser profesores, necesitan a alguien que les enseñe las verdades elementales de la palabra de Dios nuevamente" (5:12). En cambio, el desafío para los creyentes es dejar atrás "las enseñanzas elementales acerca de Cristo y ser llevados hacia la madurez" (6:1). Otras veces, este lenguaje se usa para referirse a los principios básicos de este sistema mundial presente y cómo en algún momento "estuvimos esclavizados a los principios elementales del mundo" (Gal. 4:3 ESV). Pablo también nos advierte que estos "elementos" del sistema mundial presente a nuestro alrededor pueden ser la fuente de tentación continúa para los creyentes de "volverse a aquellas fuerzas débiles y miserables" y ser "esclavizados por ellas nuevamente" (4:9). Este lenguaje se usa aún de otra forma para referirse a los bloques básicos de construcción del universo, especialmente en relación al futuro día del Señor, cuando "los cielos desaparecerán con un rugido; los elementos serán destruidos por fuego, y la tierra y todo lo hecho en ella serán descubiertos" (2 Pe. 3:10). Esta imagen es tan vívida en la mente de Pedro que él repite este pensamiento dos versículos más tarde cuando nos recuerda que el día de Dios "traerá la destrucción de los cielos por fuego, y los elementos se derretirán en el calor" (3:12).

ELHANÁN **(1)** "Elhanán hijo de Dodo de Belén" se lista entre los treinta poderosos hombres de David (2 Sm. 23:24 // 1 Cr. 11:26). **(2)** Elhanán es uno de los cuatro guerreros de David que entraron en combate individual con campeones filisteos (2 Sm. 21:19 // 1 Cr. 20:5). Los relatos paralelos, sin embargo, no son el mismo. Según 2 Samuel, Elhanán mató a Goliat (contra 1 Sm. 17). Según 1 Crónicas, Elhanán mato a "Lahmi, el hermano de Goliat". Si se prefiere 2 Samuel, uno puede argumentar que "Elhanán" era en realidad el nombre de nacimiento de David. Si se prefiere 1 Crónicas, uno podría explicar el relato de 2 Samuel como un error escribal.

ELÍ El sumo sacerdote de Israel en el tabernáculo de Siloh hacia el final del período de los jueces (1 Sm. 1:1-4:22). Es descrito como física y espiritualmente flácido. No es malvado, sólo carece de discernimiento espiritual. Además, fracasa en disciplinar a sus dos hijos, Hofní y Fineas, quienes son malvados. El joven Samuel es colocado al cuidado de Elí, y desde el comienzo la narrativa extrae un contraste entre la sensibilidad espiritual del primero y la monotonía del último (*véase* especialmente 1 Sm. 3). Dios eventualmente comisiona a un profeta para anunciarle a Elí el fin de su línea sacerdotal (1 Sm. 2:27-36). Termina de mala manera cuando sus hijos, quienes están liderando un ejército contra los filisteos, son derrotados y asesinados. Cuando recibe la noticia, Elí se cae de un tronco y se quiebra el cuello. Incluso así, sus descendientes continúan como sacerdotes hasta la época de David. En esa época se cumple el anuncio profético y el sacerdocio pasa de su descendiente Abiatar a Sadoc (1 Re. 2:27, 35).

ELÍ, ELÍ, LAMA SABACTANI La traducción aramea del Sal. 22:1, que Jesús gritó en la cruz (Mt. 27:46; Mc. 15:34), que significa "Dios mío, Dios mío, ¿por qué me has abandonado?" Jesús puede haber continuado y citado el resto del salmo. Los escritores de los Evangelios, en cualquier caso, modelan parte de su relato de la crucifixión en elementos del Salmo 22.

¿Cómo es que Dios abandona a Jesús o nos abandona a todos? Versículos como Js. 1:5, donde Dios promete "nunca abandonar", tiende a recibir más atención que las amenazas de Dios de abandonar. Hablando a través de Azarías a Asa en 2 Cr. 15:2, Dios hace su presencia condicional y advierte que Él abandonará a Asa si Asa lo abandona. En Jr. 23:33 Dios es directo: "Yo te abandonaré, declara el Señor". Así que, ¿qué quiere decir que Dios esté con o abandone a alguien? La promesa a Josué fue que Dios le daría éxito en la tarea de conquistar Canaán (Js. 1:5; cf. 6:27; 14:12), e incluso para Josué la promesa era condicional (7:12). Un significado principal de Dios estando con alguien es que

Él le dará éxito a esa persona en una tarea. En el AT, cuando se dice que Dios abandona a un individuo se refiere a una tarea o rol, no total abandono de relación. David sabía que Dios había abandonado al rey Saúl (1 Sm. 15:26; 16:14, 23; 18:12; 28:16). De manera que, tras su adulterio con Betsabé y asesinato de Urías, David rogó a Dios, "No me alejes de tu presencia o te lleves tu Espíritu Santo de mí" (Sal. 51:11). Su ruego era que pudiese retener su rol como rey.

El Salmo 22 presenta una pregunta, no una declaración profética, pero la percepción del salmista depende de la idea que Dios puede abandonarlo. El salmo es davídico y ciertamente se aplica a la línea real que se extiende a Jesús. Estando en la cruz, Jesús había sido dejado en la cruz por Dios a la merced de sus enemigos. La agonizante pregunta y la descripción siguiente de la aflicción al igual que la confianza de ser escuchado por Dios son apropiadas para el heredero davídico en la cruz.

ELIAB **(1)** Un líder de la tribu de Zabulón, el hijo de Helón (Nm. 1:9; 2:7-8; 7:24-29). **(2)** Un hijo de Falú, de la tribu de Rubén y el padre de Datán y Abirán (Nm. 26:8-9), que se rebelaron contra Moisés (Nm. 16:1-3; 12-14; Dt. 11:6). **(3)** Un levita descendiente de Coat que era el bisabuelo del profeta Samuel (1 Cr. 6:22-27). Es llamado "Eliú" en 1 Sm. 1:1. **(4)** El hijo mayor de Jesé y hermano de David (1 Sm. 17:13) y el padre de Abihail (2 Cr. 11:18). Eliab es mejor conocido por reprender a David cuando preguntó acerca de la recompensa que se daría al asesino del campeón filisteo, Goliat (1 Sm. 17:26-28). Eliab parece haber estado celoso o avergonzado de David. **(5)** Un guerrero de la tribu de Gad y amigo de David (1 Cr. 12:9). **(6)** Un músico levita durante el reinado de David (1 Cr. 15:18).

ELIADA Un hijo de David nacido a una esposa no nombrada durante la época en que reinó desde Jerusalén (2 Sm. 5:16; 1 Cr. 3:8). En la lista en 1 Cr. 14 (v. 7) es llamado "Beeliada" (formado a partir del nombre divino "Baal" en vez de "El": "Baal/El sabe").

ELIAHBÁ Uno de los treinta guerreros de David, Eliahbá era saalbonita (2 Sm. 23:32; 1 Cr. 11:33).

ELIAM El nombre "Eliam" ocurre dos veces en el AT, tal vez para dos hombres diferentes, pero con mayor probabilidad refiriéndose al mismo hombre en dos roles diferentes. **(1)** El padre de Betsabé, la esposa de Urías el heteo (2 Sm. 11:3). Es llamado "Amiel" en 1 Cr. 3:5. **(2)** Uno de los treinta guerreros de David, hijo de Ahitofel, del clan de los gilonitas (2 Sm. 23:34).

ELIAQUIM **(1)** Hijo de Hilcías, era un administrador de palacio durante el reinado de Ezequías (2 Re. 18:18, 26, 37; 19:2; Is. 22:20-25; 36:3; 37:2). **(2)** Un hijo de Josías que fue coronado rey por el Faraón Necao, rey de Egipto, en vez de su hermano Joacaz (2 Re. 23:34; 2 Cr. 36:4). El Faraón Necao cambió el nombre de Eliaquim a "Joacim" (2 Cr. 36:4). Durante su reinado, Judá enfrentó múltiples invasiones babilonios, arameos, moabitas y amonitas (2 Re. 24:2; 2 Cr. 36:5-7). **(3)** Uno de los músicos sacerdotales que actuó durante la ceremonia dedicando el reconstruido muro de Jerusalén (Neh. 12:41). **(4)** Un ancestro de Jesús en la genealogía de Mateo (Mt. 1:13). **(5)** Un ancestro de Jesús en la genealogía de Lucas (Lc. 3:30).

ELÍAS **(1)** Un verdadero profeta levantado por Dios durante el reinado de Acab de Israel (siglo nueve a.C.) para contrarrestar la rápidamente creciente idolatría alimentada por el rey y su esposa extranjera, Jezabel.

La falsa adoración en este tiempo se enfocaba en Baal, una importante deidad cananea que era el dios de la fertilidad, con poder sobre el rocío, la lluvia, el rayo y el trueno. Así, mientras las personas se volvían a Baal por estas fuerzas dadoras de vida, Dios cerró los cielos para que no hubiese lluvia en Israel (1 Re. 17:1). Dios también en este período envió a Elías, el tisbita, a confrontar al rey.

Elías vivía en el desierto, tal vez para escapar de la venganza de la pareja real y para evitar ser manchado por las perversidades del estado de Israel. Tenía una apariencia distintiva: muy velludo y vestido en un taparrabos (2 Re. 1:8).

A través de la realización de actos milagrosos, Elías demostró que Dios estaba con él. El primero de tales actos fue multiplicar los suministros de comida de una viuda que le proveyó alimento. Incluso más dramáticamente, oró por el hijo de la mujer cuando estaba muerto, y el niño muerto comenzó a respirar nuevamente (1 Re. 17:17:24).

El momento más dramático de Elías vino cuando confrontó a Acab y sus muchos profetas de Baal en el Monte Carmelo (1 Re. 18). Yahveh luchó con Baal en los términos de este último. El objetivo era si Yahveh o Baal podía arrojar fuego desde el cielo para encender el fuego del altar. Baal era supuestamente un especialista en lanzar fuego (rayos) y sus profetas fueron primero. Sin embargo, debido a que Baal no existía realmente, fracasaron. Cuando vino el turno de Yahveh, Elías aumentó la dificultad vertiendo agua sobre la madera. Yahveh, el único Dios verdadero, lanzó fuego desde el cielo, que quemó el sacrificio, la madera, las piedras y tierra, incluso secó el agua. Poco después Dios abrió los cielos para que lloviese nuevamente. Aún así, Acab y luego su hijo Ocozías (2 Re. 1) continuaron adorando a Baal.

Elías continuó confrontando la malvada idolatría de estos reyes. Dios lo utilizó para pronunciar juicio contra Acab y Jezabel, al igual que la dinastía, después de que la pareja real injustamente hizo ejecutar a Nabot, el jezralita para poder poseer su campo (1 Re. 21).

Elías era un dedicado sirviente de Yahveh. Antes de que Elías falleciese, Dios le presentó a su sucesor, Eliseo. Cuando vino el final, no murió, sino más bien fue llevado al cielo (2 Re. 2:1-18) —solo la segunda persona reportada como dejando este mundo sin morir (cf. Enoc en Gn. 5:21-24).

Estatua de Elías el profeta en el Monasterio Carmelita en el Monte Carmelo.

Hacia el final del período del AT, el profeta Malaquías anunció el inminente día del Señor (Mal. 4:5-6). Como precursor a ese día, Dios enviaría al profeta Elías como anticipo. Algunas personas pensaron que Jesús era Elías (Mt. 16:14; Mc. 6:15; 8:28; Lc. 9:8, 19), peor Jesús es quien introduce el reino de Dios. Juan el Bautista fue su predecesor, y así es él quien correctamente se asocia con Elías (Mt. 11:13-14). De hecho, su vida en el desierto y su ministerio hacen eco de los de Elías. En el Monte de la Transfiguración, Elías se aparece a Jesús con Moisés; estas dos figuras desérticas representaban los profetas y la ley (Mt. 17:1-13; Mc. 9:2-13; Lc. 9:28-36).

(2) Un descendiente de Benjamín y ancestro de Saúl (1 Cr. 8:27). **(3)** Un descendiente de Harim, que se casó con una mujer extranjera en la época de Esdras (Esd. 10:21). **(4)** Un descendiente de Elam, que se casó con una mujer extranjera en la época de Esdras (Esd. 10:26).

ELÍAS La forma griega del nombre "Elijah" como se usa en el NT y algunos libros apócrifos (e.g., Mt. 11:14; 17:3, 11; 1 Esd. 9:27; 1 Mac. 2:58; Eclo. 48:1, 12).

ELIASAF **(1)** El hijo de Deuel, era el líder tribal de Gad durante la travesía por el desierto. Ayudó a Moisés durante la toma del registro militar (Nm. 1:14) y es mencionado en la descripción de la distribución del campamento (Nm. 2:14). Presentó la ofrenda de Gad en el santuario (Nm. 7:42, 47) y es señalado como el líder de Gad cuando la tribu salió de Sinaí junto con el resto de Israel (Nm. 10:20). (2) El hijo de Lael, también durante la travesía del desierto. Era el líder del clan gersonita de los levitas (Nm. 3:24), que era el clan responsable del cuidado y transporte de las cortinas asociadas con el santuario.

ELIASHIB (1) Un hijo de Elioenai, un descendiente de David en el periodo postexílico (1 Cr. 3:24). (2) El líder levita de la onceava división sacerdotal, señalada por David (1 Cr. 24:12). (3) El padre del sumo sacerdote Johanán, que proporcionó una habitación para que Esdras alojase durante su luto por la infidelidad de Israel (Esd. 10:6). (4) Un cantante que aceptó divorciarse de su esposa extranjera durante la época de Esdras (Esd. 10:24). (5) Un descendiente de Zatu que aceptó divorciarse de su esposa extranjera durante la época de Esdras (Esd. 10:27). (6) Un descendiente de Bani que aceptó divorciarse de su esposa extranjera durante la época de Esdras (Esd. 10:36). (7) El sumo sacerdote que, junto con sus compañeros sacerdotes, reconstruyó la Puerta de las Ovejas durante la época de Nehemías (Neh. 3:1). Eliashib regresó a Jerusalén con Zorobabel tras el exilio, y es descrito como el hijo de Joacim y el padre de Joiada (Neh. 12:10). El nieto de Eliashib (el hijo de Joiada) se casó con la casa de Sanbalat el horonita, el adversario de Nehemías (Neh. 13:28). (8) El sacerdote a cargo de las bodegas que proveyó a Tobías con una gran habitación (Neh. 13:4-9).

ELIATÁ Un hijo de Hemán, que era uno de los músicos jefe junto con Asaf y Jedutún, apartados por David como profetas y músicos (1 Cr. 25:4). Eliatá junto a sus trece hermanos y los hijos de Asaf y Jedutún eran músicos del templo (1 Cr. 25:5-6). Era el líder de la vigésima división de músicos del templo (1 Cr. 25:27).

ELICA Uno de los treinta poderosos hombres de David, descrito junto con Sama como un "harodita" (2 Sm. 23:25). El nombre es una forma corta de "Elikam", que significa "Dios se ha alzado (para la batalla)".

ELIDAD Un hijo de Kislón señalado como representante de la tribu de Benjamín cuando Israel se preparaba para la división de la tierra prometida como lo ordenó Moisés antes de la conquista (Nm. 34:21).

ELIEHOENAI (1) Un portero del templo en la división de porteros de Meselemías. Era el séptimo hijo de Meselemías (1 Cr. 26:1-3). (2) Un hijo de Zeraías y un líder de los descendientes de Pahat-Moab que regresaron del exilio bajo el liderazgo de Esdras (Esd. 8:4).

ELIEL (1) Uno de los líderes de las familias de la media tribu de Manasés (1 Cr. 5:23-24). (2) Un músico del templo de la línea familiar de Hemán el coathita (1 Cr. 6:34). (3) Un hijo de Semei de la tribu de Benjamín (1 Cr. 8:19-21). (4) Un hijo de Sasac de la tribu de Benjamín (1 Cr. 8:22-25). (5) Uno de los poderosos guerreros de David, un mahavita (1 Cr. 11:46). (6) Uno de los poderosos guerreros de David, un mezobaita (1 Cr. 11:47). (7) El séptimo comandante del ejército de los gaditas (1 Cr. 12:11). (8) Un líder de los descendientes de Hebrón de los levitas (1 Cr. 15:9, 11). (9) Un supervisor de las contribuciones del templo, diezmos y dedicaciones durante el reinado de Ezequías (2 Cr. 31:13).

ELIENAI Un hijo de Simei de la tribu de Benjamín como se lista en la genealogía de aquellos que vivían en Jerusalén (1 Cr. 8:20).

ELIEZER (1) Un sirviente de Abram de Damasco (Gn. 15:2). Probablemente era el hijo adoptivo de Abram y potencial heredero de su hogar (15:4-5). (2) Un segundo hijo de Moisés, nacido en Madian (Éx. 4:19-20); su hermano era Gersón y su madre Séfora (Éx. 18:1-6; 1 Cr. 23:15). Tuvo un solo hijo, Rehabías (1 Cr. 23:17). (3) Un hijo de Béker, uno de los hijos de Benjamín (1 Cr. 7:8). (4) Uno de los sacerdotes que tocaba la trompeta cuando el arca de la alianza era traída a Jerusalén (1 Cr. 15:24). (5) Un hijo de Zicri, y un jefe de la tribu de Rubén durante el reinado de David (1 Cr. 27:16). (6) Un hijo de Dodavahu de Maresá. Profetizó contra la alianza del Rey Josafat con el rey Ocozías (2 Cr. 20:37). **(7)** Un hombre culto entre los que Esdras envió a Iddo con una petición por sirvientes para el templo (Esd. 8:16-17). **(8, 9, 10)** Tres individuos de la línea sacerdotal listados entre aquellos que se casaron con mujeres extranjeras en la época del renacimiento de Esdras (Esd. 10:18, 23, 31). **(11)** Un ancestro de Jesús en la genealogía de Lucas (Lc. 3:29).

ELIFAL Hijo de Ur y uno de los treinta poderoso hombres de David (1 Cr. 11:35). La lista paralela en 2 Sm. 23 (v. 34) se refiere a él como Elifélet, hijo de Ahasbai el maacatita.

ELIFAZ (1) Hijo de Esaú por su esposa hetea, Ada (Gn. 36:4; 1 Cr. 1:35). **(2)** Uno de los tres amigos e interlocutores de Job, identificado como temanita (Job 2:11). Temán es uno de los hijos del hijo de Esaú, Elifaz (Gn. 36:11). La participación de Elifaz en la discusión de sabiduría de Job es apropiada, ya que la línea de Temán se conoce en otra parte de la Biblia por sus sabios (Jr. 49:7). Elifaz es prominente entre los tres amigos de Job y habla tres veces (Job 4-5; 15; 22). Dios le habló a Elifaz como representante de los tres amigos (42:7).

ELIFELEHU Uno de los porteros levitas asignados para tocar el arpa (o lira) cuando el arca de la alianza era transportada de la casa de Obed Edom a Jerusalén (1 Cr. 15:18, 21). En la KJV el nombre es "Elipheleh".

ELIFELET (1) Un hijo de David nacido a una esposa sin nombre durante el tiempo que reinó en Jerusalén (2 Sm. 5:16; 1 Cr. 3:8; 14:7; KJV: "Elifalet"). El nombre ocurre una segunda vez en la lista de 1 Cr. 3 (vv. 6, 8), aunque esto puede ser un error textual en vez de un segundo individuo. En la lista paralela de 1 Cr. 14:4-7, el primero de estos dos nombres aparece como Elpelet (KJV: "Elpalet"). **(2)** Uno de los treinta poderosos hombres en el ejército de David, el hijo de Ahasbai el maacatita (2 Sm. 23:34). La lista paralela en 1 Cr. 11 (v. 35) se refiere a él como Elifal, hijo de Ur. **(3)** Un benjamita, un descendiente de Esec (1 Cr. 8:39). **(4)** Un descendiente de Adonicam que regresó a Jerusalén con Esdras (Esd. 8:13). **(5)** Un descendiente de Hasum que estaba entre aquellos culpables de casarse con mujeres extranjeras durante el período de Esdras (Esd. 10:33).

ELIHOREF Un alto oficial que, junto a su hermano Ajías, sirvió como escriba en la administración de Salomón (1 Re. 4:3). Elihoref y Ajías eran los hijos de Sisa.

ELIM La segunda parada nombrada de Israel tras cruzar el Mar Rojo (Éx. 15:22-16:1; Nm. 33:8-10). Se dice que albergaba "doce arroyos y setenta palmeras" (Éx. 15:27) y proporcionaba un lugar de descanso antes de entrar en el Desierto de Sin.

ELIMAS Un hechicero judío y falso profeta que servía a Sergio Paulo, el procónsul de Chipre (Hec. 13:4-12). Intentando evitar que el procónsul creyese el mensaje de Pablo y Bernabé, fue temporalmente cegado. También era conocido como Bar-Jesús ("hijo de la salvación" [Hec. 13:6]). El nombre "Elimas" puede ser una transliteración de una palabra semita equivalente al griego magos, "mago" o "hechicero" (Hec. 13:8).

ELIMÉLEK Un hombre de Belén de la tribu de Judá y el esposo de Noemí. La historia de Rut comienza como si fuese sobre Elimélek, quien lleva a su familia a Moab durante la hambruna. Cuando fallece, el foco de la historia cambia a Noemí (Rut 1:1-5).

ELIOENAI (1) Un miembro de la línea real de David. Su padre era Nearías y tuvo siete hijos (1 Cr. 3:23-24). **(2)** Un líder de clan dentro de la tribu de Simeón (1 Cr. 4:36). **(3)** Un descendiente de Benjamín a través de Béker (1 Cr. 7:8). **(4)** Un hombre de la línea sacerdotal que era descendiente de Pasur y entre aquellos culpables de casarse con mujeres extranjeras en la época de Esdras (Esd. 10:22). **(5)** Un descendiente de Zatu que también estaba entre los culpables de casarse con mujeres extranjeras (Esd. 10:27). **(6)** Uno de los sacerdotes en la época de Nehemías (Neh. 12:41), posiblemente el mismo Elioenai que en Esdras 10:22. *Véase también* la versión de la KJV de 1 Cr. 26:3, donde otras versiones leen "Elihoenai".

ELISA (1) Un descendiente de Jafet, un hijo de Javán (Gn. 10:4; 1 Cr. 1:7). (2) Un lugar cuyo nombre presumiblemente se deriva del de Elisa de Gn. 10:4; 1 Cr. 1:7. Su ubicación está en el Egeo en base a lo siguiente: Elisa se asocia con Javan (Grecia) y los kitteos (asociados con Chipre), y es un productor de telas azules y púrpura (Ez. 27:7). Textos del segundo milenio a.C. sugieren que el nombre se refiere a Chipre, ya sea a su costa oriental o en su totalidad.

ELISABET Esposa de Aarón, hija de Aminadab, hermana de Naasón y madre de Nadab, Abihú, Eleazar e Itamar (Éx. 6:23).

ELISABET La madre de Juan el Bautista. Era descendiente de la familia de Aarón y la esposa de Zacarías (Lc. 1:5). Ella y su esposo son descritos en Lc. 1 como justos pero infértiles en su avanzada edad. Cuando Zacarías tuvo la oportunidad de servir en el templo y quemar incienso, un ángel profetizó que él y Elisabet tendrían un hijo y lo llamarían "Juan". Elisabet era pariente de María, la madre de Jesús (Lc. 1:36), pero la Biblia no especifica cómo estaban relacionadas. María visitó a Elisabet cuando ambas estaban embarazadas y Elisabet se llenó del Espíritu cuando escuchó la voz de María. Llamó a María "la madre de mi Señor" (Lc. 1:43).

ELISAFAT Hijo de Zicri, era uno de los comandantes de unidades de cien que se alinearon con Joiada, el sacerdote, para derrocar a Atalía y establecer a Joás como rey de Judá (2 Cr. 23:1).

ELISAMA (1) Un hijo de Amiud; un jefe de la tribu de Efraín y abuelo de Josué, hijo de Nun (Nm. 1:10; 2:18; 7:48, 53; 10:22; 1 Cr. 7:26). (2) Un hijo de Jecamías de la tribu de Judá a través de la línea de Jerameel (1 Cr. 2:41). (3) Uno de los hijos de David nacido durante su reinado de tres años en Jerusalén (2 Sm. 5:16; 1 Cr. 3:8; 14:7). (4) Uno de los sacerdotes entre aquellos enviados a enseñar la ley durante el reinado de Josafat (2 Cr. 17:8). (5) El secretario del rey Joacim (Jr. 36:12, 20-21). (6) Un oficial de la línea real del rey Sedequías (2 Re. 25:25). Era abuelo de Ismael el asesino de Gedalías, un gobernante a quien Nabucodonosor asignó por sobre aquellos que permanecieron en Judá (Jr. 41:1).

ELISEO Profeta, compañero de trabajo de y luego sucesor de Eliseo. Ambos hombres se resistieron a la adoración de Baal que infectó el reino norte durante el reinado de Acab y sus sucesores (Ocozías, Jehoram, Jehú, Joacaz y Joás) en la segunda mitad del siglo nueve y primera mitad del siglo ocho a.C.

ELISEO comenzó como discípulo de Elías, a quien Dios había usado para confrontar a los profetas de Baal de Acab y Jezabel en el Monte Carmelo (1 Re. 18). Cuando Elías fue llevado al cielo, Eliseo lo sucedió (2 Re. 2:19-23). Dios acreditó a Eliseo como profeta y demostró su autoridad a través de milagros. Muchos de los milagros involucraron agua, como volver bebible el agua amarga de Jericó (2 Re. 2:19-23) y levantar una cabeza de hacha desde el fondo del río Jordán (6:1-7). Estos milagros estaban implícitamente dirigidos a Baal y sus partidarios ya que se creía que Baal se especializaba en proveer y controlar las aguas.

ELISEO también demostró el poder de Dios y su compasión con hechos como proveer a una mujer pobre con aceite de oliva (2 Re. 4:1-7), curar a un general sirio de la lepra (2 Re. 5) e incluso levantar a un niño de los muertos (4:8-37).

Dios también le dijo al profeta que ungiera a Hazael, rey de Siria y Jehú, un hombre militar que usurpó el trono de Israel (2 Re. 8:7-15; 9:1-13). Dios usó estos hombres para traer una violenta conclusión a aquellos líderes que promovían la adoración de Baal.

Los milagros de Eliseo continuaron incluso después de su muerte. Algunos israelitas lanzaron el cuerpo de un hombre muerto sobre la tumba de Eliseo y cuando este tocó los huesos de Eliseo, el hombre volvió a la vida (2 Re. 13:20-21).

ELISEUS La presentación de la KJV de la ortografía griega del nombre "Eliseo" (Elisaios) en Lc. 4:27.

ELISÚA Un hijo de David nacido de una esposa no nombrada durante el tiempo que reinó desde Jerusalén (2 Sm. 5:15; 1 Cr. 3:6 [aunque aquí, la mayoría de los manuscritos hebreos leen "Elisama"]; 14:5).

ELIÚ (1) El bisabuelo de Samuel, el profeta (1 Sm. 1:1, 20). (2) Un capitán de mil que desertó para irse con David en Siclag (1 Cr. 12:20). (3) El hijo de Semaías y portero del templo (1 Cr. 26:7). (4) Uno de los líderes de Judá y hermano del rey David (1 Cr. 27:18), posiblemente idéntico a Eliab (1 Sm. 16:6). (5) El hijo de Barakel que misteriosamente apareció y reinició la discusión después de que Job y sus tres amigos había terminado. Tras escuchar a sus ancianos, se enojó con Job por justificarse y con los amigos porque no tenían respuesta (Job 32:2-5). Sus largos discursos (Job 32:6-37:24), enfatizando la soberanía de Dios preparando la respuesta final de Dios del remolino.

E

ELIUD Mencionado sólo en la genealogía de Jesús por Mateo (Mt. 1:14-15), como el hijo de Acim. Era el tatarabuelo de José, el esposo de María, la madre de Jesús.

ELIZAFÁN (1) Un hijo de Uziel y un líder de una familia cohatita (Nm. 3:30). Sus descendientes sirvieron en la transferencia del arca de la alianza por David (1 Cr. 15:8) y asistió en la reforma de Ezequías (2 Cr. 29:13). "Elzafán" es una forma corta del nombre (Éx. 6:22; Lv. 10:4). (2) Un hijo de Parnac y un líder de la tribu de Zabulón. Era uno de aquellos señalados para asistir en la distribución de tierra (Nm. 34:25).

ELIZUR El hijo de Sedeur, era el líder tribal de Rubén durante la travesía en el desierto. Ayudó a Moisés en la toma del registro militar (Nm. 1:5) y es mencionado en la descripción de la distribución del campamento (Nm. 2:10). Él presentó la ofrenda de Rubén para el santuario (Nm. 7:30, 35) y es señalado como el líder de Rubén cuando la tribu salió de Sinaí con el resto de Israel (Nm. 10:18).

ELKOSH El pueblo donde nació el profeta Nahum (Nah. 1:1). El pueblo se identifica separadamente por a lo menos cuatro tradiciones antiguas como (1) Al-Qush cerca de Nínive (una tradición medieval); (2) Elcesi (moderno el-Kauzeh) en Galilea (Gerónimo); (3) Cafarnaúm (que significa "aldea de Nahum") en Galilea; (4) un pueblo cerca de Begabar (moderno Bayt Jibrin), veinte kilómetros al noroeste de Hebrón (Pseudo-Epifanos).

ELMADAM Un ancestro de Jesús en la genealogía de Lucas que comienza con los nombres más recientes y trabaja hacia atrás, concluyendo con Adán, "el hijo de Dios" (Lc. 3:28).

ELNAAM El padre de Jerebai y Josavía, dos de los guerreros de David (1 Cr. 11:46). En la LXX, Elnaam se lista como uno de los guerreros de David mientras que Jerebai y Josavía son padre e hijo.

ELNATÁN (1) Padre de Nehusta, la madre del rey Joaquín de Judá (2 Re. 24:8). (2) Hijo de Acbor, y un oficial del Rey Joacim entre aquellos que él envió a Egipto a capturar a Urías por profetizar contra la ciudad de Jerusalén (Jr. 26:20-23; 36:12). Urgió a Joacim para que no quemase el pergamino Jeremías-Baruc (Jr. 36:25). (3) Un miembro del grupo de líderes enviado por Esdras a pedir sirvientes para el templo de Iddo, el líder de Casifia (Esd. 8:16). (4) Junto con Joiarib, uno de dos hombres cultos enviados por Esdras, junto a un grupo de líderes, a pedir sirvientes para el templo de Iddo, el líder de Casifia (Esd. 8:16).

ELOHIM *Véase* Nombres de Dios.

ELÓN (1) Uno de los dos suegros heteos de Esaú (Gn. 26:34; 36:2). (2) Uno de los tres hijos de Zabulón (Gn. 46:14; Nm. 26:26). (3) Un juez de la tribu de Zabulón que sucedió a Ibzán y lideró a Israel por diez años (Jue. 12:11-12). Fue enterrado en Ayalon (LXX: "Ailim"), que puede ser un juego de palabras con el nombre "Elón", ya que las palabras se escriben con las mismas consonantes en hebreo. (4) Un nombre de lugar en la asignación de la tribu de Dan. Se ubicaba entre Ayalon y Timna (Js. 19:43) y puede identificarse como Khirbet Wadi 'Alin. Este puede ser el mismo lugar que Elón Bet Hanán que era parte del segundo distrito administrativo del rey Salomón (1 Re. 4:9).

ELÓN BACUT *Véase* Alón-bacut.

ELÓN BET HANÁN Uno de los pueblos bajo el liderazgo de Ben Déquer responsable de suministrar a la corte de Salomón con provisiones por un mes del año (1 Re. 4:9).

ELÓN MEONENIM *Véase* Encina de los Adivinos.

ELONITA *Véase* Elón.

ELPAAL Uno de los hijos de Saharaim, un benjamita que se mudó a Moab tras divorciarse de sus dos esposas. A Semed, el hijo de Elpaal, se le acredita la construcción de los pueblos de Ono y Lod, y sus hijos Bería y Sema se dice que vivían en Ayalon, un pueblo danita. Los registros genealógicos (1 Cr. 8:11-18) son poco claros acerca de si algunos de los nombres listados son los hijos o nietos de Elpaal.

ELTECÓN Un pueblo que era parte de la asignación territorial tradicional de la tribu de Judá (Js. 15:59) y es probablemente el moderno Khirbet ed-Deir cerca de Belén.

ELTEQUE Un pueblo que era parte de la asignación tradicional de la tribu de Dan (Js. 19:44). Posteriormente, cuando algunos pueblos fueron designados para los levitas, la tribu entregó este pueblo. El pueblo es nombrado en el Prisma de Taylor, que describe la campaña militar de Senaquerib en el año 701 a.C. El relato bíblico de la invasión de Senaquerib se encuentra en 2 Re. 18:13-37; 19:8-13 (Elteque no se menciona). Actualmente, la ubicación precisa del pueblo permanece incierta.

ELTOLAD Un pueblo que era parte de la asignación territorial de Judá o Simeón, ubicada en el Neguev (Js. 15:30; 19:4). Es posible que, ya que Simeón estaba totalmente rodeado por Judá, las tribus compartiesen ese pueblo.

ELUL Sexto mes del calendario hebreo. La reconstrucción del muro de Jerusalén se completó en este mes (Neh. 6:15).

ELUZAI Uno de los guerreros (armados con arcos y capaces de disparar flechas o hondear piedras con la mano derecha e izquierda) que eran parientes de Saúl de la tribu de Benjamín. En Siclag se alinearon con David mientras él fue expulsado de la presencia de Saúl (1 Cr. 12:2, 5).

ELYÓN *Véase* Nombres de Dios.

ELZABAD (1) Un comandante del ejército, uno de los rápidos guerreros de la tribu de Gad que se alinearon con David en Siclag (1 Cr. 12:12). (2) Uno de los hijos de Semaías, que eran conocidos por su liderazgo capaz entre los porteros (1 Cr. 26:7).

ELZAFÁN Una forma abreviada de "Elizafán" (Nm. 3:30; 1 Cr. 15:8; 2 Cr. 29:13). Un hijo de Uziel, él y Misael fueron llamado para cargar a los hijos muertos de Aarón, Nadab y Abihú, fuera del campamento y lejos del santuario (Éx. 6:22; Lv. 10:4). *Véase también* Elizafán.

EMANACIÓN En la KJV, una descarga, incluyendo descarga menstrual normal (Lv. 15:25-30), descarga menstrual anormal (Lv. 15:25-30; Mt. 9:20), descarga como resultado de una enfermedad (Lv. 15:2-15) o descarga seminal (Ez. 23:20).

EMANUEL Una transliteración de la frase hebrea 'immanu 'el, que significa "Dios está con nosotros". Este nombre es un recordatorio de la presencia de Dios, y aunque el nombre "Emanuel" aparece en la Biblia solo unas pocas veces (Is. 7:14; 8:8; Mt. 1:23; cf. Is. 8:10), el tema de la presencia de Dios es uno de los más prevalentes en las Escrituras.

En Is. 7 el profeta Isaías le dice al rey Acaz que no tema a los dos reyes que lo amenazan, sino que confíe en Dios. De hechos, Isaías proclama, Dios le dará una señal a Acaz. Una "virgen" sin nombre (hebreo 'almah, que normalmente significa "mujer soltera joven") concebirá y dará a luz a un niño cuyo nombre será "Emanuel" (Is. 7:14). Interesantemente, no hay mención de su padre. Antes de que este niño tenga edad suficiente para distinguir entre el bien y el mal, Isaías prosigue, Dios destruirá a los dos reyes que amenazan a Acaz (7:15-16). En este punto, la señal de Emanuel parece referirse a un niño nacido en la época de Acaz como una

E

señal para él del poder de Dios y su habilidad para cumplir.

Sin embargo, este niño prometido parece ser un poco inusual. En Is. 8:8, Dios declara que Emanuel es dueño de toda la tierra de Judá, indicando que no es un mero desconocido o niño cualquiera. Además, en 8:10 la victoria es declarada para Judá porque "Dios está con nosotros ['immanu 'el]". El uso de esta frase es un juego de palabras con el nombre "Emanuel", sugiriendo que la señal de un niño llamado "Emanuel" puede señalar a algo más allá de solo un niño en la época de Acaz.

En la LXX, la palabra usada para mujer soltera joven en Is. 7:14, parthenos, explícitamente significa "virgen". Usando esta palabra griega, Mateo declara que el nacimiento virgen de Jesucristo fue el cumplimiento de Is. 7:14 (Mt. 1:23). Así, al parecer Is. 7:14 se cumplió dos veces, o por lo menos la profecía contenía un aspecto dual. Se cumplió primero en una mínima parte durante el reinado de Acaz y luego finalmente en el nacimiento virgen de Jesús.

Mateo, por supuesto, está diciendo mucho más que Jesús cumple la profecía de Is. 7:14: Jesús personifica la presencia de Dios. La presencia de Dios es importante tema teológico a través de la Biblia. Mateo abre su Evangelio con la proclamación de que Jesús cumple la profecía de Isaías sobre Emanuel, "Dios está con nosotros" (1:23) y cierra con la declaración de Jesús "siempre estoy con ustedes" (28:20), una promesa de la presencia de Jesucristo que da poder. El Evangelio de Juan abre con el mismo tema, estableciendo: "La Palabra se hizo carne e hizo su residencia entre nosotros" (1:14). Frecuentemente en el NT, Jesús se conecta con la poderosa presencia de Dios. En el culminante final de la historia bíblica el foco es nuevamente la presencia, mientras el "Señor Dios Todopoderoso y el Cordero" nuevamente reside con el pueblo de Dios en el jardín (Ap. 21-22), el último ejemplo de "Dios está con nosotros".

EMAÚS Una aldea aproximadamente a once kilómetros (sesenta estadio en el texto griego) de Jerusalén. La aldea es de particular importancia debido al relato de Lucas de dos discípulos caminando a Emaús desde Jerusalén y su encuentro con el Cristo resucitado (Lc. 24:13-32). Se ubica en el extremo este del Valle de Ayalon.

EMBAJADOR Un embajador es el oficial representante del rey o gobierno fuera del reino de ese gobernante. En términos del vocabulario fundamental del hebreo y griego, el concepto de embajador en la Biblia coincide en gran parte con el de mensajero, para el cual hay varios términos bíblicos. En otras palabras, los embajadores (en el sentido moderno) no se distinguen fácilmente de los numerosos mensajeros bíblicos en

Relieve mostrando a los dos discípulos con Jesús en el camino a Emaús, ubicado en la iglesia franciscana de Qubeibeh, uno de los sitios sugeridos de Emaús.

E

términos de vocabulario solamente. Sin embargo, varias narraciones bíblicas involucran a mensajeros reales o gubernamentales que operan con facultad oficial, en nombre de Moisés (Nm. 20:14), Judá (Ez. 17:15), Babilonia (2 Cr. 32:31) y Egipto (2 Cr. 35:21; Is. 30:4). Algunos de estos embajadores fueron acusados de haber forjado tratados con un poder enemigo. Pablo describe dos veces su propio ministerio de evangelización como una embajada en nombre de Dios. En 2 Cr. 5:20 él se describe a sí mismo como uno de los "embajadores de Cristo" y en Ef. 6:20 se describe paradójicamente como un "embajador en cadenas", refiriéndose a su encarcelación.

EMBALSAMAMIENTO Varios métodos de preservación de cadáveres, humanos y animales, de la descomposición orgánica. La momificación era un arte técnico y un rito religioso que era distintivamente egipcio. La mayoría de las otras antiguas culturas de Oriente Próximo veían la descomposición como parte natural del proceso de muerte y entierro. Muchas de estas culturas recolectaban y volvían a enterrar los huesos tras la descomposición, una práctica de entierro secundario.

El embalsamamiento de Jacob y José (Gn. 50:2-3, 24-26) son excepciones del AT. Ya que José es un oficial de estado, su padre es embalsamado en Egipto antes de ser transportado de regreso a Canaán. José es colocado en un sarcófago oficial (hebreo ʻaron ["arca, caja"]). De camino a su entierro en Canaán, sus huesos acompañan la procesión del éxodo de Israel (Js. 24:32).

Practicado tan tempranamente como el año 3100 a.C. en Egipto (período predinástico), la momificación alcanzó su cúspide alrededor del año 1000 a.C. (dinastía veintiuno). Realizado por sacerdotes en un período de setenta días, el proceso de embalsamamiento involucraba la remoción de los órganos internos, la deshidratación del cuerpo, el "empacado" del cuerpo, y extenso uso de envolturas de lino. Los cristianos coptos en Egipto (siglo tres) ampliamente rechazaban estas prácticas.

EMBOSCADA Un ataque sorpresa de un grupo que está al acecho en una posición oculta, a menudo usado en la Biblia tanto literal como figurativamente. Las emboscadas reales aparecen con frecuencia en contextos militares, donde los que emboscan se ocultan en un campo o un barranco, en una puerta de la ciudad o detrás de colinas. Dios ordenó a Israel que use una emboscada para conquistar a Hai (Jos. 8). En Jue. 9 Abimelec y los ciudadanos de Siquem se emboscaron el uno al otro, así como los israelitas lo hicieron después a la tribu de Benjamín (Jue. 20). Más tarde, el rey Saúl y su ejército emboscaron antes de atacar a los amalecitas (1 Sam. 15:5), y Jeroboam de Israel utilizó una emboscada contra Judá después de que las naciones se hundieron en una guerra civil (2 Cr. 13:13). Algunos grupos también montaron emboscadas para matar personas, los filisteos lo hicieron numerosas veces contra Sansón (Jue. 16) y dos veces los enemigos del apóstol Pablo prepararon emboscadas para matarlo (Hch. 23:21; 25:3).

También se encuentran numerosas referencias figurativas a emboscadas y acecho, muy a menudo donde los autores usan descripciones de emboscadas para describir varios tipos de mal que las personas cometen unas contra otras. Las personas malvadas cometen actos de injusticia y dicen palabras ofensivas, descritas como disparos (Sal. 64: 4), derramamiento de sangre (Prov. 12: 6) e incluso homicidio (Os. 6: 9) como resultado de una emboscada. Las figuras literarias también describen escenas de la naturaleza y la caza: "Como un león encubierto, acecha. . . Y agarra a los indefensos y los arrastra a su red "(Salmos 10: 9).

EMEK KEZIZ Llamado el "Valle de Casis" en la KJV, esta ciudad estaba incluida en el territorio asignado a la tribu de Benjamín (Js. 18:21). La ubicación es desconocida.

EMERODS La KJV usa la antigua palabra inglesa "emerod" para referirse a tumores o forúnculos (hebreo techorim). La palabra se usa varias veces en 1 Sm. 5-6. Esta narrativa describe cuando los filisteos capturaron el arca de la alianza y la llevaron a su ciudad de Ashdod. Como resultado, los habitantes de la ciudad fueron afligidos de "emerods". En un esfuerzo por detener el brote, los filisteos enviaron de

E

regreso el arca de la alianza a Israel junto con cinco imágenes doradas tanto de "emerods" y ratas como ofrenda de culpa. Muchos académicos creen que un brote de tumores, debido a su asociación con ratas, fue un brote de peste bubónica. En Dt. 28:27, "emerods" se mencionan como castigo potencial para desobedecer la ley.

EMISIÓN DE SANGRE *Véase* Hemorragia.

EMITAS "Emitas" (NRSV: "Emim") aparece sólo tres veces, en dos pasajes del AT (Gn. 14:5; Dt. 2:10-11), usadas para designar un grupo de personas desposeídas por los moabitas. Se dice que eran un pueblo alto como los anacenos y zomzommeos (Dt. 2:10, 20-21). El nombre "emitas" puede tener el sentido peyorativo de "gente horrible".

EMITIR Publicar, anunciar u oficialmente declarar algo, especialmente un decreto de algún tipo (2 Sm. 14:8; Esd. 4:21)

EMPERADOR, ADORACIÓN DEL Los orígenes de la adoración del emperador radican en la fusión de varios aspectos de la vida religiosa en la antigua cultura grecorromana. La tradicional religión familiar en los territorios griegos se centraba en honores divinos ofrecidos al *genius* ("espíritu") del padre, colocando así los cimientos para la transferencia de tales honores a los emperadores romanos, que eran como padres para toda su nación.

La idea de que un humano pudiese volverse divino existía desde la antigüedad. En el pensamiento religioso griego, esta transformación se lograba a través del ejercicio de la virtud. Héroes del pasado mitológico, como Heracles, se pensaba que se habían convertido en dioses por haber tenido una vida excepcional.

El pueblo griego entró en creciente contacto con culturas hacia el este y sur durante las conquistas de Alejandro Magno (356-323 a.C.). Algunos, como los egipcios, veían a sus reyes como divinos mucho antes de la conquista de Alejandro. Tomando esta noción de reinado divino sobre sí mismo, Alejandro estableció un precedente para futuros gobernantes griegos y romanos. Esta comprensión del reinado se realza aún más cuando los reyes veneraban a sus parientes muertos, especialmente reyes anteriores.

Denario de plata romano mostrando la imagen de Tiberio. La inscripción dice: "Augusto Tiberio, hijo de la Divina Augusto".

Evidencia en los dominios griegos tan temprana como el siglo cinco a.C. indica que se rendían honores divinos a personas que liberaban una ciudad de aflicción militar o económica. Tales salvadores (benefactores) eran honrados con altares, canciones de alabanza y veneración anteriormente reservada a seres divinos. Estos tributos eran fenómenos aislados, sin embargo, reflejaban tendencias culturales y religiosas más amplias que pavimentaron el camino para adoración de emperadores. El emperador era esencialmente un honrado benefactor, pero a mayor escala.

Originalmente, los emperadores romanos no se permitían a sí mismos ser adorados directamente. En vez de aceptar la adoración directa, la mayoría de los emperadores sólo aceptaban la veneración de sus genius, en el patrón de la religión hogareña. La divinización era comenzada por el emperador sucesor y aprobada por el Senado romano. Los honores divinos no se conferían automáticamente, como ilustra el ejemplo del impopular Domiciano (51-96 AD).

Calígula (12-41 AD) fue el primer emperador romano en demandar su veneración personal como un dios. Sin embargo, él y Domiciano fueron los únicos emperadores que requerían adoración de pleno derecho mientras vivieron.

El culto al emperador era tanto político como religioso. El culto en todo el imperio unía diversas culturas y gentes, proporcionaba una prueba de lealtad al emperador y permitía a aquellos que deseaban influencia demostrar su compromiso al poder imperial. Muchos judíos y cristianos eran vistos sospechosamente como antipatrióticos porque se rehusaban a venerarlo.

El lenguaje de adoración al emperador tiene muchas sorprendentes similitudes con el lenguaje del NT aplicado a Jesucristo. Los emperadores recibían muchos títulos como "salvador", "señor" (*véase* Hec. 25:26 KJV), "dios", y "hijo de dios" en recompensa por sus actos de liberación de los pueblos a través del imperio. La palabra *parousia* ("venida") se usaba en textos antiguos e inscripciones para describir la llegada triunfal de un emperador a una ciudad acogedora en un lenguaje muy similar a aquel usado para describir la segunda venida de Cristo. Incluso más destacable es la adscripción de la palabra *euangelion* ("evangelio, buenas noticias") a los principales eventos en la vida del emperador, especialmente importantes victorias militares que llevasen a la paz relativa a través del imperio.

En Lucas 22:25, la palabra "benefactor" (griego *euergetēs*) se usa de una forma que despliega conciencia del patronaje del sistema imperial que forma un trasfondo parcial para la adoración del emperador. En Hec. 12:20-23 Herodes Antipas se permite ser halagado con títulos divinos y es inmediatamente derribado por un ángel del Señor. Hechos 17:7 indica que la temprana proclamación cristiana de que sólo Jesucristo es el Señor podía ser malinterpretada como traición contra el emperador.

El libro del Apocalipsis narra una época cuando la adoración del emperador era una creciente tentación para las iglesias cristianas a través del imperio romano. Si, como es probable, Ap. 17:7-14 es una referencia críptica a Roma, entonces la prohibición contra la adoración de la bestia en 13:4, 8; 14:9-10 son llamados para que los cristianos permanezcan firmes en su rechazo a adorar al emperador romano, un rechazo que fácilmente podía resultar en una sentencia de muerte.

EMPUÑADURA El mango de una espada u otras armas. Según Jue. 3:22 NRSV (NIV: "mango"), cuando Aod mató a Eglón, enterró la espada en Eglón incluso más allá de la empuñadura.

EMPUÑADURA En Jue. 3:22 la KJV presenta el término hebreo nitsab como "empuñadura", refiriéndose al mango de la daga de Aod (NIV: "mango"; NRSV: "puño").

EN BARBECHO Tierra sin arar o sin sembrar y, por lo tanto, tierra estéril. Dejar un campo en barbecho por una temporada es un método para aumentar la fertilidad de la tierra y también controlar las malezas. En vez de "tierra en barbecho" (NRSV), la NIV usa "tierra sin arar" (Jr. 4:3; Os. 10:12). A Israel se le ordena dejar sus campos, viñedos y huertas de olivo en barbecho una vez cada siete años para que los pobres y las bestias del campo puedan comer de lo que entrega la tierra (Éx. 23:11).

EN EGLAIM Un pueblo mencionado sólo en la visión de Ezequiel de agua fluyendo desde el templo y bajando por el Valle del Jordán, trayendo vida al Mar Muerto (Ez. 47:10). Aunque su ubicación es desconocida, su asociación con En Guedí como un lugar donde pescadores extenderían sus redes lo ubica a lo largo de la costa del Mar Muerto.

EN GANIM Un nombre hebreo que significa "arroyo de los jardines", refiriéndose a dos ubicaciones en el AT. **(1)** Un pueblo entregado a Judá como parte de su herencia. Se ubicaba en Bet Semes, en el Shehelah, una región de tierras bajas, entre el terreno montañoso de Judea y la Planicie de Filistea (Js. 15:34). El pueblo probablemente se ubicaba en el lugar del moderno Khirbet Umm Jina o Beit Jemal. **(2)** Un pueblo asignado a Isacar y luego asignado a los descendientes de Gersón como ciudad levita (Js. 19:21; 21:29). Llamado "Anem" en 1 Cr. 6:73, puede ser Bet Hagan a través del cual Ocozías huyó de Jehú (2 Re. 9:27). Ubicado al suroeste del Monte Gilboa al final de la Planicie de Jezreel, probablemente es la Ginnea de Joosefo (Ant. 20.118; J.W. 3:48), que corresponde al moderno Jenin.

EN GUEDÍ Un exuberante oasis ubicado al oeste del Mar Muerto a medio camino entre Qumran y Masada ("En Guedí" con frecuencia estaba escrito como "Ein Guedí", literal, "arroyo del chivato [cabra joven]"). Cuatro arroyos (David, Arugot, Shulamit y Ein Guedí) hacen que la quebrada fluya con agua todo el año, ofreciendo un duro contraste a las tierras baldías que lo rodean. Los arroyos producen alrededor de ochenta y cinco mil metros cúbicos de agua al año, la mayoría de la cual se usa para regar cultivos o se embotella para el consumo humano. Hay una significativa caída en elevación desde alrededor de ciento ochenta y dos metros sobre el nivel del mar en el Desierto de Judea a cerca de cuatrocientos veintiséis metros bajo el nivel del mar en las costas del Mar Muerto. Los escarpados muros de la garganta contienen varias cuevas que albergan animales salvajes. Es abundante en vida salvaje (e.g., íbice de Nubia y damán sirio) y varias plantas (e.g., manzano de Sodoma, acacias, álamos). De hecho, el autor de Cantar de los Cantares compara a su amada a un "ramillete de capullos de henna de los viñedos de En Guedí" (1:14). Aunque el área no parece haber estado continuamente asentada, era esporádicamente habitada desde inicios de la Edad de Cobre (alrededor del año 4000 a.C. a finales del Imperio Bizantino (alrededor el año 500 AD).

En Guedí es mencionado seis veces en el AT (Js. 15:62; 1 Sm. 23:29; 24:1; 2 Cr. 20:2; Cant. 1:14; Ez. 47:10), pero es más famoso como el lugar donde David se escondió de Saúl. El rey Saúl entró a una de las cuevas de En Guedí para aliviarse y David y sus hombres estaban escondidos más atrás en la misma cueva.

EN HACORE Un lugar cuyo nombre significa "arroyo de aquel que llama", el lugar en Lehi ("mandíbula") donde Sansón gritó a Dios para que calmara su sed tras usar la mandíbula de asno para matar a mil filisteos (Jue. 15:19). Después de que Dios partiese el lugar hueco, fluyó agua, permitiendo que Sansón bebiese y recuperase sus fuerzas. La ubicación exacta es desconocida.

EN HADA Un pueblo listado como parte de la herencia de Isacar (Js. 19:21). Su ubicación es desconocida, aunque es posible que sea el moderno el-Hadeth.

Cascada en En Guedí

EN HAZOR Una ciudad fortificada entregada a Neftalí como parte de su herencia (Js. 19:37). Es diferente de cualquier otro pueblo conocido en la Biblia como Hazor. Aunque el lugar a veces es conectado con Khirbet Hizireh, muchos académicos consideran su ubicación desconocida.

EN MISPAT Una ciudad cuyo nombre significa "arroyo del juicio", evidentemente un nombre temprano para Cades (Gn. 14:7). Este era uno de los lugares capturado por la coalición de cuatro reyes bajo Quedorlaomer en camino a conquistar el territorio de los amalecitas y amorreos, antes de atacar a los cinco reyes de Sodoma, Gomorra, Adma, Zeboyim y Bela. Después de esta batalla, muchos de Sodoma, incluyendo a Lot, fueron capturados. Abraham respondió y liberó a los cautivos.

EN RIMÓN Un pueblo cuyo nombre significa "arroyo de la granada", aunque frecuentemente presentado como dos pueblos separados, Aín y Rimón. Ubicado en el desierto al suroeste de Hebrón y al norte de Beerseba, era parte de la herencia de Judá que se transfirió a Simeón (Js. 15:32; 19:7). Nehemías lo lista entre los pueblos reasentados tras el exilio (Neh. 11:29). Zacarías profetizó que cuando Dios reinase como rey sobre la tierra, Jerusalén se alzaría sobre una planicie baja extendiéndose desde a Geba a Rimón (Zac. 14:10). Por lo general se identifica con Umm er-Ramamin.

EN ROGEL Un lugar justo al sur de Jerusalén en la frontera entre la tribu de Judá y Benjamín, es la fuente de la piscina de Siloam (Js. 15:7; 18:16). Hoy es conocida como el Pozo de Job, cerca de la confluencia de dos valles profundos, Cedrón e Hinom. La tradición local conecta el pozo con la sanación de la enfermedad de Job. Jonatán y Ahimaas, dos de los espías de David, se escondieron aquí para recibir información para David durante la rebelión de Absalón (2 Sm. 17:17). Adonías, el hijo de David, intentó ganar el trono en este lugar (1 Re. 1:9).

EN SEMES Un pueblo en la frontera de Judá y Benjamín (Js. 15:7; 18:17). Ubicado al este de Betania, está justo al lado del camino de Jerusalén a Jericó. Corresponde al moderno 'Ain el-Hod, el "arroyo de los apóstoles", así llamado por la tradición del siglo quince de que los apóstoles bebieron allí.

EN TAPÚA Un pueblo en la frontera de Manasés y Efraín. La tierra de Tapúa fue asignada a Manasés, pero el pueblo mismo correspondía a Efraín (Js. 17:7-8). Frecuentemente llamado sólo Tapúa, su rey cananeo fue derrotado por Josué (Js. 12:17). Probablemente estaba ubicado cerca del moderno Yasuf.

ENAIM Una ubicación desconocida entre Timna y Adulam donde la nuera de Judá, Tamar, se disfrazó para un encuentro sexual (Gn. 38:14, 21). El nombre significa "dos ojos" (o posiblemente "arroyos"). En Gn. 38:14 Tamar se coloca en petakh 'enayim, indicando ya sea un cruce de caminos (Tragum, Siriac, Vulgata, NEB) o, más probablemente, una entrada al pueblo de Enaim (LXX, NIV, NRSV). Enaim tal vez es la misma ubicación que Enam en Js. 15:34 (cf. b. Sotah 10a).

ENÁN El padre de Ahira, que era el líder tribal de Neftalí durante la travesía por el desierto (Nm. 1:15; 2:29; 7:78, 83; 10:17).

ENANO Una persona de estatura inusualmente baja. La ley levita del AT considera a los enanos como personas defectuosas y por lo tanto les prohíbe acercarse a la cortina del templo o al altar. Los enanos también tienen prohibido hacer ofrendas de alimentos a Dios. Sin embargo, a los enanos se les permite comer de la comida sagrada (Lv. 21:20-22). Debiese ponerse atención en el hecho de que, aunque algunos creen que esta palabra hebrea se refiere a una parte "marchita" del cuerpo, no a un enano.

ENCANTADORES DE SERPIENTES *Véase* Encanto.

ENCANTO Dado que la palabra inglesa "charm" es derivada del concepto en latín para "conjuro", la palabra hebrea que a menudo se traduce como "encantamiento" (lakhash) se refiere a un susurro, como el de un encantador de serpientes. De hecho, este concepto a menudo

E

evocaba la imagen de serpientes encantadas. Por ejemplo, en Eclesiastés 10:11 se suscita la imagen de un encantador mordido por una serpiente cuya habilidad, por consecuencia, se interpreta como en vano. Más a fondo, en Jeremías 8:17 Dios amenaza con enviar serpientes que no pueden ser encantadas. Además, en Salmos 58:5 se equipara a la gente mala con una cobra que se rehúsa a ser domada. Una progresión en el pensamiento en el que se asociaba a las serpientes con demonios con el tiempo llevó a las personas a buscar encantamientos mágicos, como el uso de amuletos, para protegerse del mal. Sin embargo, Isaías insiste en que dichos encantamientos son impotentes ante el mal que estaba a punto de destruir Babilonia (Isaías 47:11); asimismo, él le advierte a los expertos religiosos en encantamientos de Israel e incluso a sus mujeres que se embellecían con amuletos que en el día del juicio todo eso sería arrebatado (Isaías 3:3, 20). En Proverbios 31:30 en la mayoría de las versiones en español se traduce la "apariencia encantadora" (khen) metafóricamente como "encantamiento" para comparar a una mujer que al parecer tiene poderes mágicos sobre un hombre con una que le teme a Dios; de esta manera, muchos traductores también se toman la licencia al traducir la piedra preciosa ('eben-khen) en Proverbios 17:8 para implicar que un soborno puede "funcionar como un encantamiento". No obstante, cualquier connotación original de un verdadero encantamiento es dudosa en estos proverbios. *Ver también* Amuleto Mágico.

ENCARNACIÓN El término "encarnación" se refiere a algo siendo "hecho carne" (latín, in carne). No debería confundirse con, o incluso relacionarse a, el término similar "reencarnación", ni es comparable a mitos politeístas acerca de dioses redentores creados por cultos helénicos y gnósticos. Más bien, en el contexto de las enseñanzas cristianas, "encarnación" expresa lo que pasó cuando Jesús, que había estado con Dios por toda la eternidad, entró a la escena histórica como un ser humano (Jn. 1:14; Col. 1:19; Heb. 2:14; 1 Jn. 1:1-2). El NT griego usa en sarki ("en carne") repetidamente como referencia a la naturaleza humana de Jesús. Los himnos como 1 Tim. 3:16 muestran el carácter confesional de la encarnación de Cristo, dándole fuerte significancia teológica (cf. el similar énfasis confesional de Flp. 2:5-11). El poder definitorio de tales confesiones sale a luz fuertemente en 1 Jn. 4:3 (cf. 2 Jn. 7), donde Juan considera a aquellos que rechazan la genuina encarnación como llenos del espíritu del anticristo. Pablo entiende el trabajo de Dios en la cruz a la luz de la encarnación (Col. 1:22; cf. 1 Pe. 4:1) y considera la encarnación la razón por la que Cristo pudo lograr lo que la ley de Moisés no pudo (Rom. 8:3; Ef. 2:15).

De ello se desprende que la encarnación es central a la teología cristiana, un dogma indispensable que no puede ser reducido a un paréntesis al margen de la doctrina del nacimiento virgen. En todo caso, es al revés. Más significativo que el momento y las circunstancias específicas que rodean al nacimiento de Jesús que se detallan solo como introducciones a los Evangelios de Mateo y Lucas, la encarnación habla de la importancia teológica de lo que Dios hizo al enviar a su Hijo. Puesto de manera diferente, la significancia de la encarnación no puede sobreestimarse; no sólo Jesús es la perfecta revelación de Dios mismo, sino también el hecho de que entrara en el campo de la materia, participando directamente en la historia de su propia creación ha cambiado por siempre el pensamiento humano y la búsqueda del conocimiento.

Encarnación y Ciencia

Atanasio, quien protegió la encarnación de Cristo por su declaración de que Jesús no sólo nació en la semejanza de Dios, sino que era en sí mismo la mismísima naturaleza de Dios, veía que la Cristiandad proporcionaba un nuevo punto de partida para toda comprensión humana del mundo. Este nuevo punto de partida hizo imposible el dualismo fundacional del racionalismo clásico (sensible versus inteligible, material versus espiritual). El reclamo cristiano de la actual encarnación de Dios en Cristo requería una completa reconsideración de la relación entre Dios y el mundo. La realidad final ya no era incapaz de conocerse; Dios se había expresado completamente en la persona de Jesucristo.

A partir de aquí, los padres capadocios del siglo cuatro desarrollaron cuatro principios fundacionales que permitieron nuevos acercamientos a propósitos científicos. (1) Ya que el cosmos es la creación de un Dios racional que también ha hecho a los humanos en su imagen, se desprende que el cosmos en principio es comprensible por la mente humana. (2) Ya que Dios creó el cosmos como un acto libre de su voluntad, el cosmos tiene relativa autonomía. Esto es, no todo lo que pasa es la directa voluntad de Dios. (3) Ya que Dios creó los cielos y la tierra, se desprende que los "cuerpos celestiales" no son (como declara Aristóteles) hechos de una sustancia diferente de los elementos que componen la tierra (interesantemente, Galileo fue condenado por una iglesia aristotélica por declarar que la Luna estaba hecha de la misma sustancia que la Tierra). (4) Debido a la encarnación, los humanos pueden usar medios materiales para el avance de la salvación humana. Esto permitía a la iglesia seguir la tradición hebrea de rechazo a la medicina griega.

Encarnación y Fe Cristiana

El énfasis bíblico sobre la encarnación mueve a la fe del reino de la mitología al reino de la historia. Contrario a las afirmaciones mitológicas, donde los dioses actúan escenarios en "los cielos" que tienen consecuencias fatales para la vida en la tierra, la encarnación aterriza la fe cristiana en eventos reales históricos. Dios no está "allá afuera en lo desconocido", sino más bien eligió entrar en la historia y revelarse a sí mismo de manera personal. En la mitología, hablar acerca de dios se vuelve en aseveraciones fatalistas; en la fe bíblica, el hablar de Dios se vuelve en expresiones de relación. La entereza de la encarnación de Cristo protege a la fe cristiana de convertirse en especulaciones distantes sobre lo eterno; más bien, la encarnación asegura la conexión a los temas de la vida real de la situación humana. Más que meramente enviar una visión a un "profeta", Dios bajo a mostrarle a los humanos como vivir, priorizar, actuar, reaccionar, etc.

Encarnación e Historia

Ya que la encarnación ancla la fe cristiana en la realidad histórica, la historia misma se vuelve reveladora y significativa para una completa comprensión de Dios. Cristo vino y caminó entre gente "en el tiempo", y los creyentes cristianos quieren saber qué significó y qué significa. A diferencia de las escrituras gnósticas, por ejemplo, donde Dios meramente envía proposiciones nobles, indefinidas y atemporales para la meditación interna (cf. Evangelio de Tomás), la fe bíblica reconoce las acciones de Dios en el terreno de la vida humana y los actos en respuesta a ellos. Ya que Dios se reveló a sí mismo, en el campo de la historia humana sus acciones pueden ser probadas e investigadas. Porque eligió llegar en un momento preciso, a un lugar particular, los cristianos están interesados en ese tiempo y lugar. Dios no se esconde; su voluntad es revelar. La encarnación protege a la cristiandad contra la gradual desaparición en la mezcla de religiones paganas, donde todos pueden construir su propio dios a su propia imagen.

Además, un énfasis apropiado en la encarnación previene a la fe cristiana de volverse indiferente al mundo actual. La encarnación enseña que Dios desea involucrarse con su creación. Envió a su Hijo al mundo a revelarle a toda la humanidad cómo se ve la vida en el reino de Dios. La ansiosa participación de Dios en la vida humana a través del nacimiento de Jesús, como se anunció a un grupo de humildes pastores cerca del pueblo de Belén, crea un cargo para los fieles de involucrarse en la transformación del mundo. La encarnación llama a los seguidores de Jesús a llevar vidas que proclamen activamente que el amor de Dios es un amor participativo (Heb. 2:18; 4:15).

Encarnación del Ser de Dios

En el corazón de la enseñanza bíblica acerca de la encarnación está una declaración acerca del ser mismo de Cristo. La historia del cubrimiento de María por el Espíritu Santo, haciendo que dé a luz a "el Hijo del Altísimo", niega cualquier noción de que Jesús era meramente una persona extraordinariamente piadosa, o profeta a quien

Dios adoptó. Más bien, era a la vez ciento por ciento Dios y ciento por ciento humano, no "sólo" humano, no "sólo" Dios, ni 50 por ciento de cada uno.

Las dos naturalezas de Cristo presentan una dificultad racional para mentes finitas. En términos de función, una forma de pensar en esto puede ser considerar todo lo que Jesús dijo, hizo, y pensó como expresión de quién Dios es. O uno puede aseverar que todo lo que Jesús dijo, hizo, y pensó era exactamente lo que Dios habría dicho, hecho o pensado. La lucha de tanto idioma como comprensión en este punto es encontrar formas de expresar cómo la dualidad de forma y función puede concurrir con igualdad de ser. Todo acerca de Jesús es una expresión exacta de Dios, sin embargo, Jesús no es el Padre.

La lucha por comprender el significado y significancia de la encarnación ha cambiado a través del tiempo. Contrario a los cristianos tempranos, que conocían a Jesús como un ser humano y por lo tanto luchaban por comprender su divinidad, los cristianos modernos luchan con el significado de la humanidad de Jesús. Ya que Jesús es el objeto de la adoración cristiana y el contenido de los himnos y coros de alabanza, su divinidad recibe el foco principal. Esto pone en peligro el delicado balance, o tensión, revelada en la enseñanza bíblica de la encarnación. Jesús debe ser 100 por ciento Dios para ser el verdadero Salvador, no sólo alguien que puede señalar a un Dios salvador. Concurrentemente, debe ser 100 por ciento humano para conocer completamente la experiencia y miseria humana.

La Encarnación y el Nacimiento de Jesús: Preexistencia y Existencia Histórica

El NT describe el proceso o método de la encarnación y concepción virgen. El Espíritu de Dios cubrió a la joven virgen judía, María, que Dios a luz a Jesús. Aunque la encarnación misma no requiere un método tal (Dios podría haber elegido un método diferente para traer a Jesús a la tierra, como con el primer Adán), los relatos de Mateo y Lucas poderosamente retratan cómo Dios conectó la eternidad a la historia.

La naturaleza eterna de Cristo da testimonio a través del NT y corresponde de manera indiscutida al núcleo mismo de la teología y comprensión cristiana. El Evangelio de Juan retrata esto robustamente a través de su delineación de la existencia de Jesús antes de su nacimiento histórico en Belén (Jn. 1:1-14). Dado esto, resulta difícil imaginar una conexión más "natural" entre la preexistencia de Cristo y su existencia histórica que la que encontramos en los relatos de Mateo y Lucas. La concepción virgen une la naturaleza preexistente (eterna) de Cristo a su existencia histórica (temporal) de una forma que preserva ambas naturalezas como coexistentes. Sin la concepción virginal, debe haber existido un punto de adopción, un momento histórico específico o situación, donde Jesús se convirtió en el "Hijo de Dios". El problema con cualquier teoría de adopción es que finalmente hace a Jesús 100 humano y 0 por ciento Dios. La adopción no cambia al ser. El relato de la encarnación en el Evangelio dilucida el ser de Jesús. No es sólo como Dios en lo que hace; él es 100 por ciento como Dios en quién es.

ENCINA DE LOS ADIVINOS Un árbol destacado utilizado en prácticas paganas de adivinación, visible desde la entrada de la ciudad de Siquem (Jueces 9:37). Este podría ser el árbol cerca del cual Abram construyó un altar luego de recibir la promesa de Dios, relacionada con la tierra circundante (Génesis 12:6-7). También podría referirse al árbol bajo el cual Jacob enterró los dioses y aretes extranjeros que había en su casa (Génesis 35:4). Estas referencias posibles no pueden ser verificadas. El hebreo *'elon me'onenim* es también traducido como "campiña de Meonenim" (JBS), "Roble de los Adivinos" (NTV) y "Cedro de los Adivinos" (PDT).

ENDOR Un pueblo ubicado en el territorio asignado a Manasés occidental (Js. 17:11) y asociado con el moderno Endor o Khirbet Salsafe. Mencionado tres veces en el AT (Js. 17:11; 1 Sm. 28:7; Sal. 83:10), Endor era el lugar de residencia de la mujer —una espiritista, médium o bruja— a quien Saúl consultó para contactar al espíritu de Samuel la noche antes de su última batalla con los filisteos en Gilboa (1 Sm. 28:7-25).

ENEAS Un paralítico que vive en la ciudad de Lida, cerca de Jope en Palestina. Pedro terminó con los ocho años que Eneas estuvo confinado a su cama sanándolo y como resultado, muchos en Lida y sus alrededores fueron convertidos. *Véase* Hch. 9:32-35.

ENEBRO El término "enebro" traducido en la RV (NVI: "arbusto de retama") se refiere a un arbusto que da sombra, en época de floración, bajo el cual Elías descansó cuando huyó de Jezabel (1 R 19:4-5 RVA). La madera se usaba para hacer carbón de leña (Sal. 120:4; Job 30:4 NVI mg.). La NVI con frecuencia traduce enebro por el término que aparece como abeto en la RVA (por ejemplo, 1 Re. 5:8, Sal. 104:17, Eze. 27:5). *Ver también* Arbusto de Retama, Retama; Abeto; Plantas.

ENEBRO También llamada "araar", es una madera aromática que se obtiene de la sandáraca. Esta planta se encuentra en el norte de África y los romanos la utilizaban para fabricar muebles finos. Los mercaderes no serán capaces de comerciar este producto y otros lujos una vez que Babilonia sea destruida (Apocalipsis 18:12).

ENELDO Una hierba (Anethum graveolens) usada en la actualidad como en los tiempos bíblicos. Jesús criticó a los maestros de la ley y a los fariseos porque daban el diezmo de su menta, eneldo (Gr. anēthon; NVI: "anís") y comino, pero descuidaban "los asuntos más importantes de la ley" (Mateo 23:23).

ENEMIGO La palabra "enemigo" principalmente traduce la palabra hebrea 'oyev y la palabra griega echthros. La palabra 'oyev ocurre casi trescientas veces en el AT, con varios usos. Otros términos comúnmente ocurren en paralelo con 'oyev (en la NIV, estas frecuentemente se traducen como "enemigo"): "adversario" (tsar [Sal. 27:2; Miq. 5:9]), "oponente" (tsorer [Éx. 23:22; Sal. 23:5]), "odioso" (sone' [Dt. 30:7]), y "uno que se levanta" (qam [Sal. 18:48; NIV: "oponentes"]). Saúl era un enemigo personal de David (1 Sm. 18:29; 24:4, 19). Otros pares de enemigos incluyen a David e Isboset (2 Sm. 4:8) y Acab y Elías (1 Re. 21:20).

En la mayoría de las ocurrencias, se consideran los enemigos político-militares de Israel: madianitas, asirios, babilonios y con frecuencia filisteos. Los períodos de paz nacional y descanso eran la excepción (Lv. 26:6; Js. 14:15; 2 Sm. 10:19). Las naciones vecinas rutinariamente acosaban y oprimían a Israel (Dt. 1:42; Js. 7:8; 1 Re. 8:33; Miq. 4:10). Las peleas internacionales contra Israel se veían como juicio divino (Dt. 28:25-26, 31, 48,68; Jue. 2:14). Como el guerrero supremo, Yahveh podía aplastar a sus enemigos (Éx. 15:6; cf. Is. 1:24; Nah. 1:2). Más sorprendentes son los reclamos humanos de que Dios estaba actuando como su enemigo: el Israel cautivo hizo tales declaraciones (Jr. 30:14; Lam. 2:4-5), al igual que Job (Job 13:24).

El AT comúnmente se refiere a un enemigo nacional, como hace el NT (e.g., Lc. 1:71: "la salvación de nuestros enemigos y de la mano de todos quienes nos odian"). El NT también habla de enemigos en un sentido más personal. Jesús reconoce que los creyentes tienen enemigos personales (Mt. 5:44). Los pecadores eran los enemigos de Dios (Rom. 5:8-10), pero Satanás se mantiene como el adversario de Dios (Mt. 13:24-30; Lc. 10:19).

ENFERMEDADES Y ANORMALIDADES A menudo, la Biblia habla de salud, sanidad, enfermedad y dolencia. La buena salud era una señal del favor de Dios y la sanidad era también la obra de Dios y sus agentes divinamente empoderados. Entre estos agentes se encontraban los profetas (1 Reyes 17:8-23; 2 Reyes 5:1-15), los apóstoles, (Hechos 3:1-10) y el mesías (Malaquías 4:2). La prerrogativa divina de Jesús era el sanar (Marcos 1:32; 6:56; Mateo 4:23; 8:16; 15:30; 21:14; Lucas 6:10, 17-19) y las sanidades milagrosas era una señal de su oficio mesiánico (Lucas 7:20-23). Por otra parte, la enfermedad era considerada una señal del disfavor de Dios. Dentro de un contexto de pacto, Dios podría enviar enfermedad para castigar al pecador (Éxodo 4:11; 32:35).

La Biblia asigna una amplia variedad de nombres a diferentes enfermedades y sus síntomas. Estos términos son no-técnicos y generalmente descriptivos. Algunos son de significado incierto. En la mayoría de los casos describen síntomas de la enfermedad y no la enfermedad propiamente tal. A menudo, el diagnóstico se basaba en la observación incompleta y la examinación no-clínica. La Biblia también presupone intervención sobrenatural en la vida de una persona. La sanidad ocurría cuando los agentes de Dios tocaban individuos, expulsaban demonios y resucitaban a los muertos.

Influencias del Antiguo Medio Oriente

En el antiguo Medio Oriente, el conocimiento de la enfermedad y medicina era precrítico. Las bacterias y virus eran virtualmente desconocidos. La literatura mesopotámica contiene muchas referencias a la medicina, médicos y práctica médica. Minerales, sales, hierbas y otros elementos botánicos eran utilizados para preparar tratamientos. Los médicos babilonios también administraban prescripciones acompañadas por indicaciones. La enfermedad era considerada como el resultado de una violación de un tabú o la posesión de un demonio. El Código de Hammurabi (1750 a.C.) incluye leyes que regulan la práctica de la medicina y las cirugías por parte de los médicos. En Egipto, la medicina y la sanidad estaban conectadas con los dioses. Pinturas sepulcrales y varios documentos en papiros describen el estado de desarrollo de la medicina, farmacéutica y cirugía en Egipto.

Los médicos griegos admiraban y buscaban aprender las habilidades de los egipcios. Sin embargo, el antiguo doctor griego Hipócrates (460-370 a.C.), llamado el "Padre de la Medicina", es acreditado como el primer medico en rechazar la creencia en fuerzas sobrenaturales o divinas causaban enfermedad. Él argumentaba que la enfermedad es el resultado de factores ambientales, la dieta y hábitos de vida y no un castigo impuesto por los dioses.

Está claro que el mundo bíblico compartía con el Medio Oriente los mismos tipos de males comunes a climas tropicales o subtropicales. Estos incluyen la malaria, fiebres tropicales, disentería e insolación. La tendencia del clima cálido, que produce sequías y hambrunas frecuentes, contribuyó ciertamente a desencadenar tipos similares de enfermedades a lo largo del Creciente Fértil. Adicionalmente, se debe recordar que Palestina era un puente terrestre entre el mundo mesopotámico y el mundo egipcio. Las migraciones no sólo llevan consigo bienes y productos, sino que también parásitos, enfermedades contagiosas y epidemias.

Concepto Bíblico de Enfermedad

La tradición religiosa de los hebreos repudiaba el origen mágico o demoníaco de la enfermedad. Por lo tanto, los factores morales, éticos y espirituales regulaban la enfermedad y dolencias. Esto era cierto tanto para el individuo como para la comunidad. Los hebreos, así como

Sondas, ganchos y un cuchillo utilizados como instrumentos quirúrgicos romanos (siglo I d.C).

los egipcios, también reconocían que mucha enfermedad surgió de la relación del individuo con el ambiente físico. Había gran énfasis en la higiene y medicina preventiva.

La legislación del Pentateuco ofrecía siente principios de pacto que estaban diseñados para prevenir la posibilidad de contraer una enfermedad o dolencia: (1) La observancia del Sabbath para humanos, animales y la tierra, que imponía períodos regulares de descanso (Génesis 2:3); (2) Regulaciones dietéticas, que dividían la comida en categorías eficientes de limpia e impura (Levítico 11); (3) Circuncisión, que traía consigo beneficios físicos, así como implicancias morales y religiosas (Génesis 17:9; la circuncisión es el único ejemplo hebreo de cirugía); (4) Leyes que regulaban las relaciones sexuales y la salud, incluyendo una lista de relaciones maritales prohibidas (Levítico 18-20); (5) Provisiones para la higiene sexual individual (Levítico 15); (6) Estipulaciones para la limpieza y purificación corporal (Levítico 14:2; 15:2); (7) Regulaciones sanitarias e higiénicas para la vida en el campamento (Números 31:19; Deuteronomio 23:12).

Un amuleto de piedra caliza de nueve (c700-612 aC), destinado a evitar demonios o enfermedades.

En los tiempos del NT, se utilizaban encantamientos mágicos junto con remedios populares en un esfuerzo para curar la enfermedad. Jesús repudió estos medios. Él también sugirió que la enfermedad y las dolencias no eran castigos directos por el pecado (Juan 9:2). En el Sermón del Monte (Mateo 5-7), Jesús confirmó que los estándares religiosos y éticos del nuevo pacto, promovían la salud total de la comunidad y el individuo.

Enfermedades Circulatorias

Es muy probable que Nabal haya sufrido un accidente cerebro vascular o un infarto (1 Samuel 25:36-38). Luego de haber bebido en exceso, su corazón "murió" (RVR1960: "desmayó") y quedó paralizado, cayó en coma y murió diez días más tarde. Salmos 137:5-6 podría contener un ejemplo clínico de los síntomas de un infarto. El salmista escribió: "Si me olvidare de ti, oh Jerusalén, pierda mi diestra su destreza. Mi lengua se pegue a mi paladar, si de ti no me acordare". Esta descripción apunta a una parálisis del lado derecho del cuerpo (hemiplejia derecha) y a la pérdida del habla (afasia motora) que son el resultado de un infarto en el lado izquierdo del cerebro. Básicamente, el salmista exiliado desea, para sí mismo, los efectos de un infarto en caso de llegar a poner cualquier otra cosa en vez de Jerusalén como su más alta prioridad. Algunos han considerado que el colapso de Uza cuando se extiende para estabilizar el arca del pacto (2 Samuel 6:6-7), sería una consecuencia de un ataque apoplético. Sin embargo, al no haber una descripción de una parálisis y a que la muerte ocurrió inmediatamente, esto parece ser poco probable. Es más probable que Dios lo haya golpeado con una aneurisma aórtica o una trombosis coronaria.

Parálisis

Un posible caso de parálisis podría ser descrito en la mano seca (atrófica) de Jeroboam (1 Reyes 13:4-6). En un ataque de ira, Jeroboam extendió su mano y esta "se le secó, y no la pudo enderezar". Se han ofrecido varios diagnósticos complicados para explicar la mano "seca". Sin embargo, es posible que este sea un ejemplo de cataplexia, una pérdida súbita del poder muscular luego de sufrir un fuerte estímulo emocional. Después de la intercesión del hombre de Dios y de la disminución del ataque emocional, el brazo fue restaurado.

La amenaza en contra del pastor inútil del pueblo de Dios (Zacarías 11:17), que incluía un brazo seco y ceguera en el ojo derecho, podría referirse a una forma de parálisis conocida como tabes dorsal, o ataxia locomotora. Dolores similares a punzadas de cuchillo en las extremidades y ceguera, son característicos de esta enfermedad. La parálisis es frecuentemente mencionada en el NT (Mateo 8:6; 9:2, 6; 12:10; Marcos 2:3-5, 9, 10; 3:1,3, 5; Lucas 5:18, 24; 6:6; Juan 5:3; Hechos 9:33; Hebreos 12:12). El diagnóstico exacto para cada uno de estos casos permanece incierto.

El uso que Lucas, el médico, hacía del término clínico en griego paralelymenos (Lucas 5:18, 24), sugiere que algunos de estos casos eran causados por una enfermedad orgánica crónica. Otros, eran claramente congénitos (Hechos 3:2; cf. 14:8). No es necesario racionalizar el origen de estos ejemplos de parálisis como histeria o fingimiento. Los escritores del NT calificaron la sanidad de estos individuos por parte de Jesús y los apóstoles como milagrosa.

Enfermedad Mental y Desórdenes Cerebrales

Los casos de enfermedad mental en la Biblia son descritos, generalmente, haciendo notar los síntomas producidos por el desorden. La causa particular de una enfermedad mental en el NT es a menudo atribuida a un espíritu o espíritus desconocidos (Lucas 8:2). No obstante, tales espíritus estaban sujetos al control de Dios y operaban solamente dentro de los límites permitidos por Él (1 Sam. 16:14-16, 23; 18:10; 19:9). Concordantemente, en el AT los términos "locura" y "confusión de la mente" eran calificados como consecuencias de una desobediencia al pacto (Deuteronomio 28: 28,34).

Se ha argumentado que el rey Saúl mostró señales tempranas de un desorden de personalidad. Estos síntomas incluían orgullo, auto engrandecimiento (1 Sam. 11:6; 13:12; 15:9, 19) y comportamiento extático (10:11-12). Saúl sufrió un rápido deterioro en su carácter, luego del ungimiento y aumento en la popularidad de David (16:14; 18:10-11). Debido a que Saúl demostró temor, envidia, un sentido de persecución y tendencias homicidas, algunos eruditos argumentan que sufría de esquizofrenia paranoide.

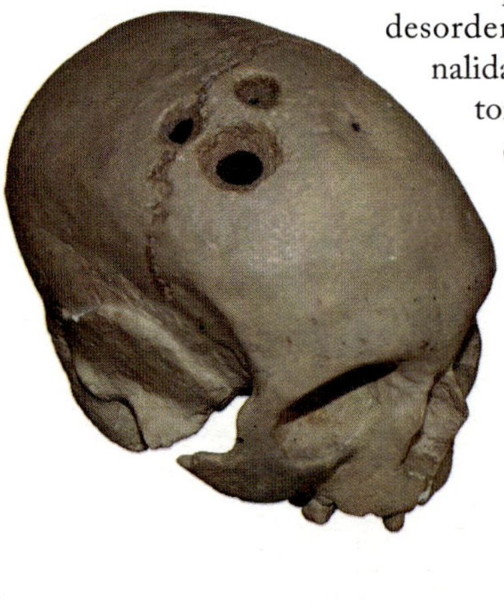

Nabucodonosor sufrió de una rara forma de monomanía por la que llegó a vivir como una bestia salvaje en el campo que se alimentaba de pasto (Daniel 4:33). Para poder salvar su propia vida, David fingió estar loco o quizás lo que sería un ataque de epilepsia frente al rey Aquis (1 Samuel 21:12-15).

En el NT, los individuos con desórdenes mentales andaban desnudos, se mutilaban a sí mismos, vivían en tumbas (Marcos 5:2) y exhibían conductas violentas (Mateo 8:28). Tal desorientación mental era relacionada a menudo con posesión demoníaca. Algunos ejemplos incluyen a la hija de la mujer cananea (Mateo 15:22; Marcos 7:25), los endemoniados en Gerasa (Mateo. 8:28; Marcos 5:2; Lucas 8:27) y Capernaúm (Marcos 1:23; Lucas 4:33), un endemoniado ciego y mudo (Mateo 12:22; Lucas 11:14) y una muchacha esclava que era adivinadora (Hechos 16:16). Mientras que tales conductas podrían sugerir clínicamente una esquizofrenia paranoide u otros desórdenes mentales, no se puede descartar la influencia de alguna fuerza negativa extraña sobre el control mental.

La epilepsia (gran mal) causa que la persona afligida se caiga al suelo, produzca espuma en la boca y que rechine o apriete los dientes (Mateo 17:15; Marcos 9:17-18; Lucas 9:39). La descripción de Saúl cayendo a tierra en un estado extático (1 Samuel 19:23-24) y de Balaam cayendo con los ojos abiertos podrían ser indicadores de una convulsión epiléptica. En el NT Jesús sanó a muchos que sufrían de epilepsia (Mateo 4:24; 17:14-18; Marcos 9:17-18; Lucas 9:38-42).

Yeso del cráneo humano (Jericó, principios de la Edad de Bronce) que muestra evidencia de trefines, la antigua práctica quirúrgica de los agujeros de perforación en el cráneo.

Algunos académicos han relacionado la luz vista por Pablo en el camino a Damasco con el aura que algunos epilépticos experimentan antes de una convulsión. La ceguera subsecuente ha sido también atribuida a la interrupción epiléptica de la circulación sanguínea en el cerebro.

Enfermedades de la Niñez

La causa de la muerte del hijo de la viuda de Sarepta es desconocida (1 Reyes 17:17-22). La muerte del hijo de la mujer sunamita ha sido atribuida a la insolación (2 Reyes 4:18-37), aunque un dolor de cabeza es el único síntoma registrado (v.19). En ambos existe muy poca evidencia para presentar un diagnóstico acertado. En el primer caso, el niño en Sarepta dejó de respirar (1 Reyes 17:17). Esto puede haber dejado la puerta abierta para argumentar que Elías resucitó al niño. No obstante, en el segundo caso, el texto afirma claramente que el niño sunamita murió (2 Reyes 4:20), implicando una resurrección.

Enfermedades Infecciosas y Transmisibles

La fiebre y otras calamidades son enumeradas entre los castigos por la infidelidad al pacto (Deuteronomio 28:22). Hay tres tipos de fiebre que podría ser descritas aquí: "fiebre", "inflamación" y "calor sofocante" (NTV: "calor abrasador"). La fiebre también es mencionada frecuentemente en el NT (Mateo 8:15; Marcos 1:30-31; Lucas 4:38-39; Juan 4:52; Hechos 28:8). Tanto Jesús como Pablo sanaron a individuos que tenían fiebre. Es probable que cierto número de estas fiebres hayan sido causadas por la malaria, ya que la enfermedad era conocida por ser endémica del Valle del Jordán y otras áreas pantanosas en Palestina.

Varias epidemias en las que muchas personas murieron por una pestilencia o plaga son mencionadas en el AT (Éxodo 11:1; 12:13; Números 14:37; Zacarías 14:12). La quinta plaga de Egipto (Éxodo 9:3-6) ha sido atribuida a la fiebre de la ribera del Valle del Jordán, que fue propagada por moscas. Se ha culpado a la plaga bubónica por la enfermedad que golpeó a los filisteos (1 Samuel 5-6). Sin embargo, puede haber sido el resultado de una forma severa de disentería tropical. La disentería bacilar aguda contraída en el campamento militar también puede haber sido responsable por la epidemia que mató una gran cantidad de soldados del ejército asirio (2 Reyes 19:35).

Enfermedades Parasitarias

Algunos eruditos han argumentado repetidamente que las "serpientes ardientes" (NVI: "serpientes venenosas") encontradas por Moisés y los hijos de Israel (Números 21:6-9) eran en realidad una infestación del gusano parasitario de Guinea (Dracunculus medi- nensis). Pulgas microscópicas ingeridas a través del agua potable, llevan las larvas de este delgado nematodo al cuerpo. Las larvas se mueven desde el tracto digestivo hacia la piel. El gusano adulto, que podría crecer a una longitud de varios pies, descarga sus huevos en la piel y la ulcera.

La muerte de los portadores ocurre debido a la infección resultante de las úlceras cutáneas. Después de la conquista de Jericó, Josué maldijo a aquellos que se atreviesen a reconstruir la ciudad (Josué 6:26). Luego, Hiel de Bet-el intentó reconstruir la ciudad y perdió dos de sus hijos como resultado de la maldición (1 Reyes 16:34). En ese entonces le pidieron a Eliseo que purificara el agua mala en Jericó, para así permitir un nuevo asentamiento (2 Reyes 2:19). Eliseo cumplió con ese requerimiento arrojando sal al manantial y haciendo así que el agua fuera potable (2:20-22). Un estudio arqueológico reciente ha descubierto los restos de ciertos caracoles en los bloques de lodo usados para construir Jericó en la Era de Bronce. Estos tipos de caracoles ahora son conocidos por ser portadores intermediarios de un parásito llamado platelminto que puede causar esquistosomiasis. El trematodo Schistosoma haematobium infecta el tracto urinario y la vejiga. Es posible que este tipo de parásito haya sido el responsable de la muerte de los dos hijos de Hiel.

Aparentemente, en tiempos del NT, Herodes Agripa murió de las complicaciones de una enfermedad parasitaria, quizás sus intestinos estaban infestados por larvas de moscas (myasis). Lucas menciona que él fue "comido por gusanos" (skōlēkobrōtos [Hechos 12:23]). El padre de Publio también sufrió de disentería (Hechos 28:8).

Deformidades Físicas y Anormalidades

Los individuos con deformidades estaban descalificados para ejercer el servicio sacerdotal (Levítico 21:18-20). La lista incluía la cojera, daño a las extremidades y enanismo. Las deformidades mencionadas aquí pueden haber sido congénitas o adquiridas. A la enfermera de Mefiboset se le cayó (2 Sam. 4:4) y probablemente sufrió daño en su médula espinal.

Es posible que Jacob haya sufrido de daño a un disco intervertebral (Génesis 32:32), causándole una deformidad y cojera. Es posible que la mujer "encorvada" (Lucas 13:10-17) haya sufrido alguna anormalidad en la columna, similar a la escoliosis. Es difícil asegurar el origen de la "mano seca" del hombre sanado por Jesús (Mateo 12:10-13; Macos 3:1-5; Lucas 6:6-10). Podría ser congénita en carácter o una parálisis causada por varios factores.

Enfermedades y Discapacidades de los Ojos y Oídos

La ceguera física es mencionada varias veces en la Biblia. La ceguera excluía a alguien de servir como sacerdote (Levítico 19:14; Deuteronomio 27:18). Es posible que los "ojos débiles" de Lea estén relacionados con una condición médica de la vista (Génesis 29:17). La ceguera en el mundo bíblico era causada por distintos factores. Levítico 16:16 habla de una fiebre que destruye los ojos. Probablemente, las moscas fueron responsables por la mayor parte de la conjuntivitis encontrada en niños. Juan 9:1 menciona la ceguera congénita, que fue sanada por Jesús usando lodo hecho con saliva y tierra (Juan 9:6). En Marcos 8:22-26, Jesús sanó a un hombre ciego escupiendo en sus ojos e imponiendo manos sobre él (cf. Mateo 20:34 con Marcos 10:52).

La sordera congénita también estaría asociada con la mudez y defectos del habla, porque un niño que está aprendiendo a hablar depende de la imitación y la mímica. Jesús sanó a un hombre que era sordo y que apenas podía hablar (Marcos 7:32-37). La inhabilidad que el hombre tenía para hablar, apuntaba posiblemente a la pérdida de la audición temprano en su vida.

Afecciones de la Piel

En la Biblia se describen variadas anormalidades de la piel y el cabello. Algunas hacían que el individuo fuera calificado como impuro (Lev. 13:30; 14:54). El AT habla de "los tumores de Egipto" (Deuteronomio 28:27; cf. Éxodo 9:9). Los padecimientos de la piel incluían tumores, llagas purulentas, furúnculos y picazón (Deuteronomio 28:27, 35; Isaías 3:7). Job se quejó de una letanía de dolencias: piel encostrada y supurante (7:5), múltiples llagas (9:17), piel ennegrecida y fiebre (30:30), dolor persistente en los huesos (2:5; 19:20; 30:17), insomnio (7:3-4) y desgastamiento (33:21). Estos síntomas han sido diagnosticados como indicaciones de frambesia o eczema. La llaga de Ezequías fue curada con un ungüento de higos (2 Reyes 20:7).

Alguna vez se pensó que la lepra era un problema común en el mundo bíblico. La lepra (enfermedad de Hansen) es una enfermedad infecciosa crónica, lenta y progresiva, causada por una bacteria. Los síntomas incluyen la pérdida de la sensibilidad y la pérdida de partes del cuerpo. La evidencia para este tipo de enfermedad en Palestina es rara. Uzías podría haber tenido un caso real de la enfermedad de Hansen. Fue puesto en cuarentena hasta el día de su muerte (2 Crónicas 26:21)

Hay eruditos que sugieren actualmente que los síntomas de la enfermedad descritos en la Biblia no calzan con este patrón, por lo tanto, no se trataría de la lepra (enfermedad de Hansen) tal como es conocida hoy. Por el contrario, la palabra que en las versiones en español se traduce como "lepra" (raíz heb. tsr'), se refiere probablemente a diferentes tipos de enfermedades infecciosas de la piel, a menudo caracterizadas por una condición de la piel irregular y duradera, que se asocia con descamación y enrojecimiento. La evidencia apunta más a la psoriasis, infecciones fúngicas o dermatitis.

Esta enfermedad podría aparecer en humanos (Levítico 14:2), construcciones (14:34) y vestimentas (14:55). No estaba limitada a las extremidades, sino que también podría ocurrir en la cabeza (14:42-44). Podría correr su curso rápidamente (13:5-8). Hacía que el individuo fuera ceremonialmente impuro, sin embargo, era también curable (Levítico 14:3; 2 Reyes 5:1-27). Las personas con la enfermedad no eran necesariamente rechazadas (2 Reyes 7; Mateo 26:6 // Marcos 14:3). Moisés (Éxodo 4:6), Miriam (Números 12:10) y Naamán experimentaron este tipo de enfermedad a la piel (2 Reyes 5:1-27). Jesús sanó a muchos que sufrían de enfermedades a la piel (Mateo 8:2-3; Marcos 1:40-42; Lucas 5:12-13), incluyendo a los diez "hombres leprosos" (Lucas 17:12-14).

Un tazón de ensalmos con un hechizo mágico escrito en arameo alrededor del interior del cuenco destinado a proteger el hogar de los espíritus malignos.

Padecimientos de Naturaleza Desconocida

Algunos casos en la Biblia presentan evidencia insuficiente para que los expertos puedan hacer un diagnóstico claro.

El rey Asa sufrió de una enfermedad en los pies (2 Crónicas 16:12). No obstante, en el AT la expresión hebrea para "pies" a veces es usada para referirse eufemísticamente a los órganos sexuales (Jueces 3:24 RVR1960). Debido a esto, la naturaleza exacta de la enfermedad es ambigua. Joram era afligido por una "enfermedad incurable en los intestinos" (2 Crónicas 21:18-19). Otras dolencias desconocidas son un factor en la muerte del primogénito de David y Betsabé (2 Samuel 12:15), del hijo de Jeroboam durante la infancia (1 Reyes 14:17), de Eliseo (2 Reyes 13:14) y de la esposa de Ezequiel (Ezequiel 24:16).

ENFERMO, ENFERMEDAD *Véase* Enfermedad y Anormalidades.

ENGASTES En varios lugares en Éxodo, la RVA traduce la palabra hebrea mishbetsah como "engaste", refiriéndose a una montura de filigrana de oro para las piedras preciosas en el efod del sumo sacerdote (Éx. 28:11, 13, 25; 39:6, 13 , 16, 18).

ENOC **(1)** El hijo de Caín en honor a quien Caín nombro a una ciudad (Gn. 4:17). **(2)** El hijo de Jared y el padre de Matusalén en la línea de Set. De acuerdo con Gn. 5:23, vivió 365 años, conspicuamente menos que otros en la genealogía. La mayoría interpreta Gn 5:24 como diciendo que Dios se llevó a Enoc al reino celestial, sin muerte, debido a la piedad de Enoc. En el NT, Judas 14 asume que escribió o profetizó parte de 1 Enoc, una colección de escritos apocalípticos del Segundo Templo judío.

ENOJO *Véase* Ira; Ira de Dios.

ENÓN, CIUDAD DE *Véase* Hazar Enán.

ENÓS Nieto de Adán, un hijo de Set y el padre de Quenán (Gn. 5:6-11; 1 Cr. 1:1-2), también listado en la genealogía de Jesús en Lucas (Lc. 3:38). La impiedad de Lamec en el linaje de Caín (Gn. 4:23-24) se contrasta por un comentario en un regreso a la piedad en la época cuando Enós nació (Gn. 4:25-26).

ENSALMOS Recitación de sílabas o frases particulares dentro de un contexto ritual formaban una parte crucial de las sensibilidades mágica en un marco antiguo. Documentos delineando los procedimientos y discurso necesarios para lanzar un hechizo son extremadamente comunes entre las culturas que rodean a Israel y, posteriormente, la Iglesia. Muchos tipos de magia y por implicación ensalmos, son condenados en la ley de Moisés (Éx. 22:18; Dt. 18:10-11). Los magos de Egipto podían imitar algunos de los milagros de Moisés, pero no todos ellos (e.g., Éx. 7:10-12, 20-22; 8:7). Sin duda sus "artes secretas" involucraban ensalmos. Era una creencia común en el antiguo Oriente Próximo que una vez que el nombre de una deidad era conocido, entonces podía usarse en un ensalmo que obligaría al dios o diosa a cumplir los deseos de un mago. Esto es el contexto relevante más probable del mandamiento de no usar incorrectamente el nombre divino, o "tomar el nombre del Señor su Dios en vano" (Éx.20:7 KJV). Es un insulto a Dios intentar manipularlo usando su nombre en ensalmos de la forma que uno haría con una deidad menor.

ENSEÑANZA *Véase* Educación.

ENTRADA TRIUNFAL La ocasión en que Jesús entró a Jerusalén durante la celebración de la Pascua poco antes de su arresto y crucifixión (Mt. 21:1-11; Mc. 11:1-11; Lc. 19:28-40; Jn. 12:12-19). Cada uno de los cuatro evangelistas enfatiza distintos aspectos de este evento. Los tres Evangelios Sinópticos incluyen dos partes de esta historia: Jesús envía a los discípulos a adquirir un burro y monta el burro hacia Jerusalén mientras recibe elogios de los espectadores. Lucas también agrega el breve detalle de una queja de ciertos fariseos y la réplica de Jesús a ellos (Lc. 19:39-40). El Evangelio de Juan, sin embargo, difiere de estos relatos no incluyendo la historia de Jesús enviando a los discípulos a comprar un burro. Existen otras diferencias entre los cuatro también. Por ejemplo, Mateo indica que los discípulos debían comprar dos animales, mientras los otros Evangelios mencionan sólo uno (Mt. 21:2; Mc. 11:2; Lc. 19:30; Jn. 12:14). Tales diferencias no deben llevar a escepticismo innecesario acerca de la historicidad del evento, porque es probable que cada escritor se enfocase en características diferentes.

La forma de la llegada de Jesús a Jerusalén representaba una acción profundamente simbólica cuya intención era evocar imágenes de una figura mesiánica o real para Israel. Entrado de la forma en que lo hizo, Jesús estaba, de hecho, proporcionando una demostración mesiánica; estaba de hecho declarando ser el largamente esperado Mesías de Israel. Zacarías 9:9-17 es un importante pasaje del AT que actúa como trasfondo de este tema. Este texto profético habla del rey de Israel viniendo a su pueblo "humilde y montado en un burro" (9:9). Esta connotación hubiese estado antes que nada en la mente de los presentes durante la entrada de Jesús hacia la ciudad real que estaba proclamando su lealtad a él. Jesús estaba actuando y, por tanto, cumpliendo las promesas proféticas de Zacarías, por las que el pueblo de Israel esperaba hace mucho. Las

Pintura de la entrada triunfal, de la Iglesia en Betfagé.

palabras del Sal. 118:26 hacen eco en los gritos de la multitud jubilosa que llamaba a Jesús como el Mesías de Israel que llegaba, el hecho de referirse a él como el "Hijo de David" refleja una comprensión de él como la figura mesiánica (Mt. 21:9; Mc. 11:9-10; Lc. 19:38; Jn. 12:13). En los cuatro Evangelios, la entrada triunfal de Jesús en la ciudad sagrada de Jerusalén refuerza la imagen de él como el Mesías.

ENTRAMADO Hilo acomodado en un telar para tejer (Jue. 16:13-14 [NIV: "tela"]).

ENTRAÑAS Significado literal aproximado de los términos hebreos y griegos usados para referirse al asiento de las emociones (a veces se le traduce como "intestinos" o "estómago"). El significado literal es evidente en pocos pasajes (Ezequiel 7:19; 2 Crónicas 21:15-19; Jonás 1:17; Hechos 1:18). El término se usa más a menudo para referirse a una variedad de emociones fuertes (Jeremías 31:20; Lamentaciones 1:20; 2 Corintios 6:12; Filipenses 1:8; Filemón 7). En otras partes las palabras aluden al vientre o se relacionan con la progenie (Génesis 25:23; 2 Samuel 16:11; Isaías 49:1).

ENTRENAR (2) Prepararse a través de instrucción y práctica para la guerra (Is. 2:4) y/o la vida (Prov. 22:6; 1 Tim. 4:7).

ENVEJECIMIENTO En el Antiguo Testamento, la ley ordenaba respeto por aquellos en edad avanzada (Lv. 19:32). El quinto mandamiento (Éx. 20:12) fue principalmente destinado para honrar (y apoyar) a los padres de edad avanzada (como lo implica Mc. 7:9-13). La recompensa por el cuidado de los padres se establece en la segunda parte del mandamiento, "para que puedas vivir mucho en la tierra que Jehová tu Dios te está dando "(el que es un ejemplo de que la recompensa coincide con la buena acción).

Especialmente en la sabia literatura del Antiguo Testamento, la vejez es vista como un privilegio (Pro. 20:29) y un indicio de favor divino sobre los justos (Prov. 16:31; compárese con Gn. 15:15). Es reconocido que una persona puede ser "vieja pero necia" (Ecl. 4:13), pero generalmente la edad está relacionada con la sabiduría. Los líderes y asesores eran extraídos de las filas de los ancianos ya que la sabiduría y la visión vienen con la experiencia (Job 12:20; 15:9-10; 32:7). Por esto, los líderes espirituales al igual que la comunidad de ambos Testamentos son llamados "ancianos" (Rut 4:2; Lam 5:14; Hch 14:23; 20:17). La caída de Roboam se debió en parte por ignorar el consejo de "los ancianos" quienes habían servido a su padre, Salomón (1 Re. 12: 6, 8).

Un signo de las condiciones opresivas en el comienzo de la caída de Jerusalén fue la falta de respeto hacia los ancianos, que al igual que los más jóvenes y las mujeres, eran vulnerables (Lam 5:12). Por otra parte, la futura bendición prometida por los profetas incluía que Israel tendría muchas personas mayores (Is. 65:20; Zac. 8:4).

La recompensa para una persona piadosa es vivir el tiempo suficiente para ver varias generaciones de descendientes (Sal. 128: 6), un ejemplo de esto son Jacob (Gn. 50:23) y Job (Job 42:16). La vindicación del siervo del Señor se expresa en los símbolos tradicionales del favor divino, "verá su descendencia y prolongará sus días" (Is. 53:10). La fragilidad de la edad se reconoce (por ejemplo, Sal. 71:9, 18; Ecl. 12:2-7), pero la experiencia compartida en Sal. 37: 25-26 es que Dios es fiel en proveer y apoyar.

ENVIDIA El vicio que resiente la aceptación, éxito y bienestar de otras personas, especialmente cuando beneficios llegan a aquellos que son considerados indignos. La persona envidiosa compite con otros —aunque sólo en su propia mente— y por lo tanto no puede amarlos, servirlos y disfrutar de su compañía. Así, la Biblia condena la envidia o codicia, siendo el texto más familiar el último mandamiento del Decálogo (Éx.20:17; Dt. 5:21). Está mal arder con deseo por las ventajas del otro y también desear que tropiecen. La envidia incitó a Caín a matar a Abel (Gn. 4:1-16), y las Escrituras reconocen sus tendencias destructivas (Prov. 14:30). Jesús advierte a sus discípulos que el "mal ojo" de la envidia podía contaminarlos (Mc. 7:21) y oscurecer sus almas (Mt. 6:23).

Este vicio puede causar enormes daños en las iglesias y entre aquellos que profesan ser gentes de Dios. Pilato reconoce celos detrás del caso contra Jesús (Mt. 27:18), y el apóstol Pablo enfrentó muchas dificultades trazables a una superioridad inmadura. Surgieron facciones en las iglesias por asociaciones codiciadas (1 Cor. 1:11-13) y regalos espirituales (1 Cor. 12-13). Algunos creyentes profesantes incluso predicaban a Cristo simplemente para ponerse a sí mismos frente a otros, por "envidia y rivalidad", tal vez para publicar número impresionantes de conversos y ganar seguidores (Flp. 1:15). En respuesta, cada persona debe decir con Juan el Bautista, "Él debe hacerse mayor; yo debo hacerme menor" (Jn. 3:30).

ENVOLTORIO En Is. 3:22 la KJV traduce la palabra hebrea mitpakhat, refiriéndose a la cobertura medieval de la cabeza de la mujer que enmarcaba su rostro como "envoltorio". Otras traducciones presentan la palabra hebrea como "manto" (NIV, NASB, NRSV). En Rut 3:15 la KJV traduce la misma palabra hebrea como "velo" (NIV: "chal").

EPAFRÁS Epaphras evangelizó a su pueblo natal de Colosas y ministerio en las cercanas Laodicea y Hierápolis (Col. 4:13). Pablo destacó la devoción de Epafrás a la oración y lo llamo un "sirviente de Jesucristo" (4:12), "compañero sirviente" y "fiel ministro" (Col. 1:7) y "compañero prisionero" (Flm. 23). Epafrás compartió información acerca de la iglesia de Colosas con Pablo antes de la carta de Pablo a ellos. Aunque "Epafrás" es una forma abreviada de "Epafrodito", no es el hombre de ese nombre mencionado en Flp. 2:24; 4:18.

EPAFRODITO Mencionado en Filipenses, Epafrodito era un mensajero de esa iglesia que le llevó un regalo a Pablo y atendió sus necesidades en nombre de ellos (4:18). Las palabras de Pablo acerca de Epafrodito reflejan una profunda relación personal y cercana asociación en el trabajo del evangelio (cf. 2:30). Para Pablo, Epafrodito era un hermano, un compañero trabajador, y un compañero soldado (2:25). Mientras servía a Pablo, se enfermó y estuvo cerca de morir; esta preocupante noticia llegó a la iglesia en Filipo, lo que fue perturbador para Epafrodito y puso a Pablo ansioso por enviarlo allá (2:26-30).

Busto del filósofo epicuro.

EPENETO Un amado creyente a quien Pablo saluda en Rom. 16:5. Fue el primer converso a Cristo en la provincia de Asia y posiblemente un miembro de la iglesia hogar de Prisca y Áquila (Rom. 16:3-5).

EPICUREÍSMO Una escuela de pensamiento nombrada en honor al filósofo Epicuro de finales del siglo cuatro a.C. Los valores centrales del epicureísmo incluyen el atomismo, el placer, la amistad y el retiro de la vida pública.

El atomismo afirma que toda la materia está compuesta de "átomos" indivisibles, que están en movimiento constante. Las aleatorias colisiones de átomos producen todos los eventos naturales y la habilidad de los átomos para "cambiar de dirección" da cuenta del libre albedrío humano. Aunque a veces acusado de ateísmo, el pensamiento epicúreo expresaba la creencia en dioses que existían materialmente, pero vivían apartados de los humanos y no intervenían en los asuntos de estos.

Epicuro identificaba la sensación de placer, definida como la ausencia de perturbaciones y miedo, como el mayor bien. Renunció al tipo de excesos hoy asociados con la palabra contemporánea "epicúreo" a favor de la moderación acompañada de sabiduría y justicia. La vida simple y tranquila entre amigos como aquellos que residían en el Jardín en Atenas se consideraba la más probable para producir una vida de placer. El estrés del involucramiento cívico debía evitarse.

Hechos 17:18 menciona la presencia de filósofos epicúreos entre la audiencia de Pablo en el Areópago de Atenas; aunque no se identifican explícitamente, ellos son probablemente quienes desdeñan la prédica de Pablo sobre la resurrección (17:32). La educación de Pablo puede haberlo familiarizado con la filosofía epicúrea, y sus exhortaciones a una vida tranquila y responsable entre creyentes (1 Tes 4:9-12) pueden exhibir valores similares a los del pensamiento epicúreo. Igualmente, el escepticismo expresado en 2 Pe. 3:4 puede reflejar un argumento epicúreo.

EPIFANÍA En el sentido más reducido, la palabra "epifanía" se refiere a ocasiones especiales en la historia redentora donde hay una manifestación repentina de un ser ordinariamente invisible. Por ejemplo, mientras huía de su hermano, Esaú, Jacob vio en un sueño una escalera que ascendía al cielo en la cual ascendían y descendían ángeles y Dios estaba sobre ella. Dios tranquilizó a Jacob reafirmando su promesa de alianza con él. Al despertar, Jacob observó: "Ciertamente el Señor está en este lugar y yo no lo sabía" (Gn. 28:16). Las apariciones de Cristo resucitado son epifanías (*véase* Hec. 9:3-4). El regreso de Cristo será una epifanía que verán todos.

En el sentido más amplio, una epifanía es cualquier momento dramático de perspicacia reveladora. Por ejemplo, cuando el hijo pródigo entra en razón, se da cuenta de que aunque se habían distanciado, él aún era un hijo y, por lo tanto, aún podía ir a su padre para pedirle ayuda (Lc. 15:17-19). En la conversión, una persona experimenta un tipo de epifanía, llegando a comprender por primera vez no solo a sí mismo sino quien es Dios, y repentinamente se hace consciente de la verdad de sus promesas y su amor (1 Cor. 2:9-10).

EPILEPSIA Un desorden físico caracterizado por repetidas convulsiones, también llamada la "enfermedad de las caídas" y "enfermedad sagrada". Las convulsiones frecuentemente se atribuían a una forma de posesión divina o sobrenatural. Algunos trazan el comportamiento de Saúl (1 Sm. 16:14-16) y Ezequiel (Ez. 3:26), al igual que la "espina en la carne" de Pablo (2 Cor. 12:1-7) a esta condición. La presentación de Mateo del exorcismo por parte de Jesús de un joven poseído por demonios emplea el término griego selēniazomai (literal. "soñador"; NIV: "convulsiones"), que se asociaba con epilepsia en el mundo grecorromano (Mt. 17:15; cf. Sal. 121:6).

EPÍSTOLA *Véase* Carta.

EQUER Un descendiente de Judá a través de Ram, el hijo primogénito de Jerameel (1 Cr. 2:27). Sus hermanos eran Maaz y Jamín.

EQUIPO En la KJV, aparato en un barco usado para trabajar las velas y manejar la carga (Is. 33:23 [NIV: jarcia]; Hec. 27:19 [NIV: aparejos]). Durante una tormenta, algunas cosas eran lanzadas por la borda para aligerar el barco que llevaba al apóstol Pablo (Hec. 27:18-19), aunque probablemente no los aparejos o jarcias, ya que los marineros después fueron capaces de elevar el trinquete (27:40).

ER **(1)** El primer hijo de Judá por una mujer cananea a quien el Señor puso a muerte por su maldad, dejando a su esposa, Tamar, sin hijos (Gn. 38:2-7; 46:12; Nm. 26:19; 1 Cr. 2:3). **(2)** Un nieto de Judá, un hijo de Sela y el padre de Leca (1 Cr. 4:21), tal vez nombrado por su tío Er (Gn. 38:2-7). **(3)** Un nieto de Eliezer, de otra manera desconocido, el hijo de Josué y el padre de Elmadam en la genealogía de Jesús (Lc. 3:28).

ERÁN Uno de los nietos de Efraín (Nm. 26:36).

ERASTO **(1)** Un asistente de Pablo que, después de que Pablo decidió dejar Éfeso e irse a Macedonia y Acaya, fue enviado por adelantado a Macedonia por Pablo junto con Timoteo (Hec. 19:22). **(2)** Una persona descrita en 2 Tim. 4:20 como habiéndose "quedado en Corinto". Probablemente es la misma persona mencionada en Hec. 19:22. **(3)** Uno de aquellos mencionados en Rom. 16:23 como enviando saludos a los miembros de la iglesia de Roma.

Se identifica como "el director de obras públicas de la ciudad" (NIV) o "el tesorero de la ciudad" (NRSV). Pablo probablemente escribió Romanos mientras estaba en Corinto y es posible que Erasto sea el mismo hombre mencionado en una inscripción encontrada en Corinto en 1929 y fechada a mediados del siglo uno AD: "Erasto, comisionado de obras públicas, cargó con los gastos de este pavimento".

ERI Un hijo de Gad (Gn. 46:16) cuyos descendientes se cuentan entre la segunda generación en el desierto (Nm. 26:16).

ERITA Un clan descendiente de Eri que se cuenta en la segunda generación en el desierto (Nm. 26:16).

ERIZO La palabra hebrea qippod (Is. 14:23; 34:11; Sof. 2:14) a veces se traduce como "erizo" (NRSV, NASB, ESV). Los erizos son animales nocturnos pequeños y espinudos caracterizados por su hábito de enrollarse como pelota cuando se sienten amenazados. Eran nativos del antiguo Oriente Próximo. Sin embargo, las otras criaturas mencionadas en estos versículos son aves. La KJV traduce qippod como "avetoro", pero es más probable que la palabra se refiera a un tipo de búho(como en la NIV).

ERIZO La palabra hebrea qippod se traduce a veces como "erizo" (por ejemplo, Isa. 14:23, Is. 34:11, Sof. 2:14). El puercoespín crestado, un roedor grande con largas plumas afiladas y defensivas en su lomo, es originario de Medio Oriente. Sin embargo, las otras criaturas mencionadas en estos versículos son pájaros. La RVA traduce la palabra hebrea como "avetoro", pero es más probable que se refiera a algún tipo de búho (como en la NVI).

ERUCUEOS Aparentemente un grupo del área de Uruk que fueron trasplantados a Israel por los asirios en el colapso del reino del norte. En la DHH, en Esdras 4:9 los erucueos (BLP: "funcionarios de Érec"; RVA: " erchûeos") son identificados como parte del grupo que escribió una carta al rey Artajerjes quejándose de la reconstrucción de Jerusalén. Cronológicamente, estas cartas a Artajerjes pertenecen a un tiempo posterior al de Zorobabel.

ESAÍAS La presentación de la KJV en el NT del nombre griego Ēsaias, traducido como "Isaías" en versiones más recientes.

ESÁN Un pueblo incluido en la herencia de la tribu de Judá. Listado en el mismo distrito que Hebrón, en el territorio montañoso central de Judá, la ubicación exacta de Esán es desconocida (Js. 15:52). El Codex Vaticanus de la LXX tiene "Soma" en vez de "Esán".

ESARHADÓN Esarhadón reemplazó a Senaquerib como rey de Asiria tras una breve lucha interna (2 Re. 19:37 // Is. 37:38). Durante su reinado (680-669 a.C.), áreas occidentales como Fenicia y Palestina fueron relativamente estables. Reasentó extranjeros en Palestina (Esd. 4:2). Atacó a Egipto repetidamente y fue coronado faraón allí. También reconstruyó Babilonia y sus templos, considerando que la destrucción de Senaquerib en ese lugar había sido excesiva o incluso sacrílega. Puso a uno de sus hijos en el trono de Asiria y a otro en Babilonia.

ESAÚ El primogénito de Isaac y Rebeca, el hermano mellizo de Jacob, y el padre de los edomitas (Gn. 25:25-26; 36). A diferencia de Jacob, Esaú era de apariencia rubicunda y velludo (de allí su nombre [25:25]), un hábil cazador de profesión y amado por su padre, Isaac.

Antes del nacimiento de los mellizos, Rebeca recibió una profecía que sus dos hijos representarían naciones, y que el mayor, Esaú, serviría al menor, Jacob (Gn. 25:23). Esta reversión de eventos se produjo a través de un engaño de Jacob y Rebeca. Jacob hizo un trato con Esaú por su derecho de nacimiento, el cual el hambriento Esaú aceptó a cambio de comida. Rebeca, hábilmente disfrazó a su hijo amado, Jacob, para que se sintiese y oliese como Esaú para engañar a su ciego esposo, lo que le permitió a Jacob robar la bendición de Esaú. Esaú planeó matar a Jacob, que poseía su derecho de nacimiento y bendición.

Rebeca intervino para salvar a Jacob urgiendo a Isaac para que enviase a Jacob lejos, a Paddán Aram para tomar una esposa del hogar de su padre (Gn. 27:42-28:5). Como resultado, la esposa de Jacob no sería una aflicción para sus padres como eran las esposas extranjeras de Esaú, Judit y Basemat (26:34). Tras escuchar de la desaprobación de sus padres, Esaú sumó a otra esposa extranjera, Mahalat, aparentemente por rencor (28:8-9). Esaú nunca se vengó de su hermano, aunque Jacob temía grandemente (32:3-21). En cambio, los dos hermanos se encontraron pacíficamente tras la partida de Jacob de Paddán Aram (Gn. 33:4) y nuevamente para enterrar a su padre.

Génesis 36 describe a Esaú como el padre de los edomitas, que habitaban el territorio montañoso de Seir en Edom (también Dt. 2:4-6). Aunque Jacob y Esaú resolvieron sus diferencias, hubo luchas continuas entre las dos naciones que ellas representaban, cumpliendo la profecía anterior. Edom también figura prominentemente dentro del corpus profético (*véase* Obadías; Mal. 1:2-4). Además, la relación entre Jacob y Esaú y su padre se usa como un tipo en el NT (Rom. 9-11) y Esaú se usa para representar a los impíos (Heb. 12:16).

Esaú y sus descendientes, los edomitas, conquistaron la región del Monte Seír y removieron por la fuerza a la mayoría de los pueblos horeos en una forma comparable a la conquista de los cananeos por los israelitas (Dt. 2:12, 22). Sin embargo, algún mestizaje temprano aparentemente ocurrió entre Esaú y los horeos (Gn. 36:2). Aparentemente, algunos de los horeos (hivitas) vivían en el área de Canaán (Éx. 3:8, 17; 13:5; 33:2; 34:11; Dt. 20:17; Js. 3:10; 9:1; 11:3; 12:8; 24:11). El Génesis 10:17 lista a los horeos (hivitas) como descendientes de Canaán. Siquem, quien violó a la hija de Jacob y Lea, Dina, se dice que era horeo (hivita; Gn. 34:2).

ES-BAAL Uno de los hijos del rey Saúl (1 Cr. 8:33), también llamado Isboset (2 Sm. 2-4). Aparentemente, escribas posteriores cambiaron Es-Baal ("hombre de Baal") por Isboset ("hombre de vergüenza") debido a sus connotaciones paganas. Tras la muerte de Saúl, Abner, el capitán del ejército de Saúl, proclamó a Es-Baal como rey de Israel. Así, fue el rival de David por dos años hasta que Abner cambió su apoyo a David después de ser acusado de dormir con la concubina de Saúl, Rizpa (2 Sm. 3:7-21). Después de que Abner fue asesinado por Joab, Es-Baal perdió valor y evidentemente toda esperanza de recuperar la corona. Poco tiempo después fue asesinado por dos de sus oficiales, Baana y Recab. Aunque los asesinos esperaban ser recompensados por sus hechos, David los hizo matar e hizo enterrar a Es-Baal en Hebrón. La muerte de Es-Baal permitió que David tomase el control de todo Israel.

ESBÁN Un hijo de Disón, un descendiente de Esaú (Gn. 36:26; 1 Cr. 1:41).

ESCABEL Existen siete referencias en el AT a "escabel", de las cuales sólo una es literal (2 Cr. 9:18); las otras seis son variadamente figurativas. En 1 Cr. 28:2 el arca de la alianza es aparentemente referida como el escabel de Dios (aunque esta imaginería choca un poco con otros textos que parecen considerar el arca como el asiento de su trono). El Sal. 99:5 ordena adorar ante el escabel de Dios, tal vez refiriéndose al templo (así también en el Sal. 132:7; Lam. 2:1). En Is. 66:1 Dios declara que la tierra es

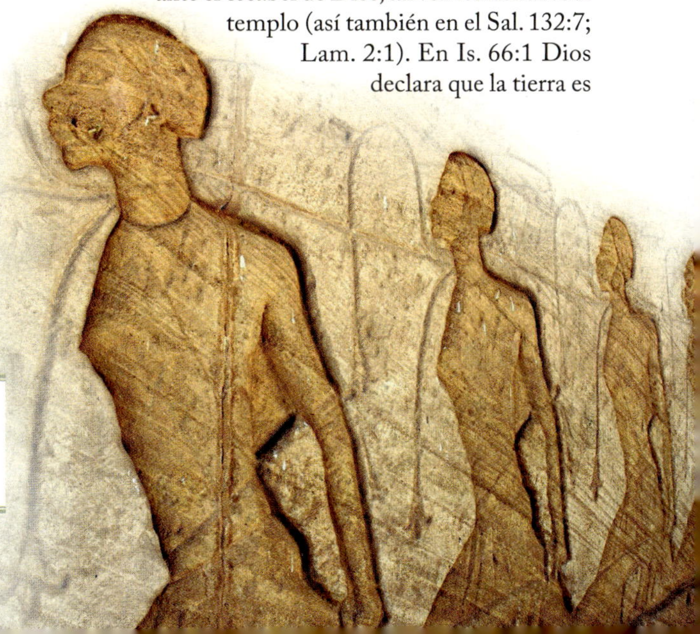

Los enemigos de captura están tallados en el lado del escabel de las estatuas de Ramses II en la entrada del templo en Abu Simbel, Egipto.

su escabel (viendo el universo como su templo). En el Sal. 110:1 Dios le dice al rey ungido que hará a sus enemigos "un escabel para sus pies". Pinturas del antiguo Egipto retratan el escabel del Faraón adornado con tallados de enemigos conquistados y correspondencia tanto de Egipto como de Mesopotamia indican que los vasallos se referían a sí mismo como los escabeles del rey.

En el NT, todas las referencias a "escabel" son citas de o alusiones a los pasajes del AT antes mencionados (Mt. 5:35; Lc. 20:43; Hec. 2:35; 7:49; Heb. 1:13; 10:13).

ESCALAS *Véase* Balanzas; Pesos y Medidas.

ESCALERAS Escaleras de madera construidas contra la pared exterior de un hogar palestino daban acceso al techo, donde se realizaban muchas actividades familiares, mientras una escalera dentro de la casa llevaba a un segundo piso. En la ciudad, amplios escalones de piedra llevaban de un nivel de la calle a otro (Neh. 12:37), hacia cisternas profundas, y se encontraban en teatros. Las "escaleras de caracol" del templo son mencionadas en 1 Re. 6:8 (KJV, NASB). Escaleras son mencionadas en Neh. 9:4 como el lugar donde se paraban los levitas dirigir a Israel en una confesión de pecados. La visión de Ezequiel de un templo futuro también hace referencia a escaleras (Ez. 40:6; 43:17). Las escaleras de la Ciudad de David son escalones cortados de piedra en el cerro, posiblemente llevando a la Puerta de la Fuente (Neh. 3:15). *Véase* La escalera

ESCAMA *Véase* Comezón; Costra.

ESCARCHA La KJV traduce la palabra hebrea kepor como "escarcha" y "helada canosa", refiriéndose a su color blanco grisáceo (Éx. 16:14; Job 38:29; Sal. 147:16 [NIV: "escarcha"]).

ESCARLATA *Véase* Colores; Carmesí; Rojo.

ESCARNIO Tratar con desdén, ridiculizar, despreciar. El pueblo de Dios, a través de su desconsideración y rebelión, desdeña a Dios y su adoración (1 Sm. 2:29). Con más frecuencia los piadosos son desdeñados por los malvados (Sal. 69:7, 10, 20; Prov. 23:9). Dios también someterá a su pueblo a escarnio cuando ellos lo rechazan y lo ignoran (Dt. 28:37; Jr. 18:16; Ez. 22:4)

ESCATOLOGÍA La escatología es el estudio de las últimas cosas. La palabra "escatología" proviene de la palabra griega eschatos, que significa "último". De esta misma palabra griega proviene el término "eschaton", que a veces se usa para referirse al final de los tiempos.

La escatología lidia con tales eventos futuros como el final del mundo, el regreso de Jesús, la resurrección, el juicio final y la vida después de la muerte en el cielo o el infierno. La tribulación y el milenio también corresponden a la escatología, pero su tiempo y naturaleza varían con diferentes visiones. Aunque desde una perspectiva la historia humana entró en su fase final en la época del NT de manera que las personas en la actualidad ya están viviendo en los "últimos días", la escatología normalmente se enfoca en las profecías no cumplidas que aún permanecen en el futuro para los creyentes actuales.

La escatología lidia con preguntas respecto del futuro. Cada religión y filosofía de vida ha ofrecido respuestas a estas preguntas. Platón enseñaba acerca de la inmortalidad del alma. El budismo tiene el nirvana, el islam tiene su paraíso sensual y los nativos estadounidenses tienen su feliz tierra de cacería. La creencia de que el alma sobrevive a la muerte es ampliamente sostenida. Incluso los ateos y materialistas tienen sus propias visiones escatológicas. Sin embargo, sólo en el cristianismo la escatología se convierte en corona y remate de todos lo demás que Dios ha estado haciendo a través de la historia, cuando será perfectamente glorificado, Cristo completamente victorioso, el poder del pecado completamente superado y el pueblo de Dios recibirá una completa salvación.

Sin embargo, es difícil encontrar un tema en el cual los cristianos estén más divididos. Frecuentemente, las personas que estudian la escatología caen en una de dos trampas opuestas: el dogmatismo injustificado o la simple invalidación. Sin embargo, la escatología debería ser una fuente de consuelo y esperanza para los creyentes al igual que un recordatorio permanente de lo tardío y urgente de la hora.

Consecuentemente, la escatología merece la más cuidadosa atención y debería crear un sentido de entusiasmo y anticipación.

Razones para la Controversia

La escatología no es meramente una disciplina simple. La gran magnitud de este tema es un desafío significativo que involucra cientos de profecías no cumplidas de virtualmente cada libro de la Biblia. Las dificultades en la interpretación de estas profecías con sus figuras literarias, lenguaje apocalíptico y simbolismo complejo crean aún mayores complicaciones. Luego está el desafío de organizar estas profecías individuales en conjunto en una línea de tiempo coherente de cuando cada una se cumplirá. Discerniendo el período de cumplimiento para algunas profecías es relativamente claro y fácil, pero para otras es mucho más incierto.

Incluso la pregunta de cuántos períodos de tiempo futuro quedan en la planificación de Dios frecuentemente ha sido una fuente de debate considerable. Por ejemplo, ¿habrá un período futuro de tribulación, o ya se cumplieron estas profecías en 70 AD, o tal vez de manera más general a través de la historia de la iglesia con sus mártires incontables? Preguntas similares han surgido acerca del milenio: ¿debe entenderse aun en un sentido futuro, como aseveran los premilenaristas, o está ya en proceso de cumplimiento, como claman los amilenaristas y postmilenaristas? El hecho de que no haya un acuerdo común incluso sobre estas cuestiones fundamentales virtualmente garantiza que los creyentes permanecerán divididos sobre este tema.

Luego, también, hay un paso final de intentar asignar profecías no cumplidas específicas a esta grilla de momentos proféticos. Por ejemplo, la profecía "El lobo y la oveja comerán juntos y el león comerá paja como el buey" (Is. 65:25) ¿es una imagen simbólica de la bendición de Dios en la iglesia actual, en el milenio futuro o en la eternidad misma? La vasta mayoría de estas profecías no cumplidas contienen pocas pistas respecto del preciso momento de su cumplimiento, y los intérpretes con frecuencia quedan con poco para guiarlos. No debería sorprendernos que la escatología deje a los creyentes más divididos que otras áreas de la teología.

El Regreso de Jesús y la Tribulación

El hecho del regreso de Jesús está claro. Cuando Jesús fue llevado de sus apóstoles al final de su ministerio terrenal, dos ángeles les prometieron: "Este mismo Jesús, que ha sido llevado de ustedes hacia el cielo, volverá de la misma manera en que lo han visto irse" (Hec. 1:11). Los creyentes de hoy esperan la segunda venida de Jesús como "la bendita esperanza" (Tit. 2:13). La comprensión común siempre ha sido que este regreso será personal, visible y corporal, tan real como su primera venida dos mil años atrás. Los cristianos, sin embargo, están divididos acerca del momento del regreso de Jesús y la tribulación. Aquí hay cinco preguntas interrelacionadas.

1. La primera pregunta es si el regreso de Jesús es un evento único u ocurrirá en dos etapas. Los dispensacionalistas distinguen dos etapas

El último juicio de Hans Memling (1430 -1494).

del regreso de Jesús: un arrebato secreto que removerá a la iglesia de un período de intensa tribulación involucrando Israel en la tierra, y luego un segundo período público en juicio al final de la tribulación, donde establecerá su reino. Muchos libros ya olvidados y películas han popularizado este enfoque. Sin embargo, este modelo en dos etapas es difícil de documentar en las Escrituras, y muchos entienden las Escrituras como describiendo el regreso de Jesús en un solo evento unificado.

2. El cómo uno responde a esta primera pregunta tiene implicaciones para la segunda pregunta acerca del momento del regreso de Jesús relativo a la tribulación. Aquí hay tres opciones populares respecto del momento del regreso de Jesús: pretribulacional (antes de la tribulación), mediotribulacional y postribulacional (tras la tribulación). Sin embargo, si el regreso es pretribulacional o en medio de tribulación, la lógica requeriría que hubiese dos etapas al regreso de Jesús: un arrebato secreto ya sea antes de la tribulación (para el pretribulacionismo) o en medio de ella y luego un regreso público separado al terminar la tribulación para establecer su reino. Así, un regreso de Jesús en dos etapas va de la mano con el pretribulacionismo o mediotribulacionalismo, un único regreso con el postribulacionismo.

3. Una tercera pregunta se enfoca en la naturaleza del período de tribulación. Hay tres visiones principales. Los pretribulacionistas asumen que la tribulación será un período (por lo general de siete años) de gran sufrimiento como este mundo nunca ha visto. Los mediotribulacionalistas creen que Jesús regresará después de tres años y medio de tribulación menos intensa, seguido por un segundo período considerablemente más intenso de tres años y medio de ira, de los cuales los creyentes serán salvados. Los postribulacionistas ven esta tribulación como es sufrimiento y persecución de los cristianos en varias épocas y lugares alrededor del mundo con una posible intensificación en los últimos días. Consecuentemente, cómo uno entiende la intensidad de la tribulación es otro factor que afecta la elección de una u otra visión tribulacional.

4. Una cuarta pregunta interrelacionada involucra si uno cree que Jesús puede regresar repentinamente en cualquier momento (Mt. 24:42) o si aún hay profecías incumplidas que debe ocurrir primero (inicialmente, incluyendo al menos la muerte de Pedro [Jn. 21:19] y la destrucción del templo en Jerusalén). Los pretribulacionistas se enorgullecen de cómo su visión de un arrebato secreto permite el inminente regreso de Jesús sin ningún signo interviniente u otra advertencia. Los mediotribulacionistas creen que la iglesia debe experimentar tres años y medio de una tribulación moderada, por lo que hay menos énfasis en un regreso inminente (aunque uno podría argumentar que el primer período de tribulación es potencialmente de naturaleza más ambigua). Los postribulacionistas se dividen en dos grupos. Muchos han sostenido que la tribulación será un período de tribulación significativa, por lo que comúnmente han minimizado la idea de inminencia. Sin embargo, otros postribulacionistas (a veces llamados "tribulacionistas pasados" o "postribulacionistas inminentes") asumen que la tribulación descrita en las Escrituras puede ya haberse cumplido ya sea en el momento de la destrucción de Jerusalén en el año 70 AD o más generalmente a través de la historia de la iglesia y, por lo tanto, Jesús puede regresar en cualquier momento.

5. La quinta pregunta se enfoca en qué tan literal o figurativamente uno debe interpretar los dos pasajes clave de las Escrituras relacionados con la naturaleza de la tribulación: el Discurso de los Olivos (Mt. 24 parcial) y Ap. 6-19. Gran parte del Discurso de los Olivos se enfoca en la destrucción de Jerusalén en el año 70 AD, y muchos han entendido, al menos partes del Apocalipsis, como habiéndose cumplido ya sea en los propios días de Juan o durante la historia de la iglesia. Mientras más uno asume que partes de estas profecías ya se han cumplido, menos uno espera un cumplimiento futuro. Un enfoque más literal a estas profecías predispondrá a uno hacia el pretribulacionismo o posible mediotribulacionismo y un enfoque más figurativo hacia el postribulacionismo.

El hiperpreterismo, o preterismo consistente, ha emergido en las últimas décadas con otro enfoque diferente para el momento del regreso de Jesús. La fuerza motivadora tras este movimiento es la aparente promesa de Jesús para regresar dentro de una generación después de su muerte (Mt. 24:34). Consecuentemente, el hiperpreterismo ha asumido que todas las profecías futuras del NT deben haberse cumplido para la época de la destrucción de Jerusalén en el año 70 AD, incluyendo el regreso de Jesús, la resurrección corporal, el juicio final y el nuevo cielo y la nueva tierra. La línea de tope es que para tomar literalmente la promesa de Jesús de regresar dentro de una generación, todo lo demás en la escatología debe ser reinterpretado como habiéndose ya cumplido de una forma u otra dentro de la misma generación. Un preterismo más moderado ve muchos, pero no todos, estos eventos escatológicos cumplidos en la destrucción de Jerusalén en el año 70 AD. Jesús regresó como el Hijo del Hombre en juicio contra Israel en estos eventos del siglo uno, pero el juicio final de todos los pueblos y el nuevo cielo y la nueva tierra esperan su segunda venida.

La Resurrección y el Juicio Final

La resurrección corporal ocurre en la época del regreso de Jesús. Aunque muchas otras religiones y filosofías han asumido la inmortalidad del alma, por medio de la cual la parte no material de la naturaleza humana sobrevive a la muerte, el cristianismo es diferente en su fuerte compromiso a la idea de la resurrección corporal. La muerte marca la separación del cuerpo del alma y el tiempo en que los creyentes son inmediatamente introducidos a la presencia de Dios (Ecl. 12:7). Así, Jesús fue capaz de prometerle al ladrón en la cruz, "Hoy estarás conmigo en el paraíso" (Lc. 23:43). Sin embargo, las personas no reciben inmediatamente nuevos cuerpos resucitados al momento de la muerte, sino que deben esperar hasta el momento del regreso de Jesús, cuando "los muertos en Cristo se levantarán primero" (1 Tes 4:16). Esta resurrección corporal es la precursora del juicio final de los salvados y perdidos, cuando "todos los que están en sus tumbas escucharán su voz y saldrán —aquellos que han hecho bien se levantarán para vivir y aquellos que han hecho mal se levantarán para ser condenados" (Jn. 5:28-29). En ese momento, Cristo "juzgará a los vivos y a los muertos" (2 Tim. 4:1).

Este tema de juicio es fundacional para el cristianismo, aunque los cristianos permanecen divididos acerca del número exacto y carácter de estos juicios. Sin embargo, vendrá el momento cuando todas las personas serán juzgadas, tanto "los vivos y los muertos" (Hec. 10:42) cuando "todos estaremos de pie ante el sitial del juicio de Dios" (Rom. 14:10) y "cada uno de nosotros dará cuenta de nosotros mismos a Dios" (14:12). Dios mismo será el juez, y Cristo tendrá un lugar especial al presidir sobre el juicio final y separar aquellos que verdaderamente le pertenecen de aquellos que no. Aunque este juicio será "de acuerdo a lo que ellos han hecho" (Mt. 16:27; Rom 2:6; Ap. 22:12), estos actos son simplemente una demostración exterior de si hay una fe viva presente, por lo que no hay contradicción entre la justificación por fe y el lugar necesario para una vida cambiada en el creyente. Sin embargo, como Jesús advierte, algunos serán sorprendidos: "No todos los que me dicen, 'Señor, Señor' entrarán en el reino celestial, sino solo aquellos que hacen la voluntad de mi Padre que está en el cielo" (Mt. 7:21). El juicio de Dios será justo e ineludible.

Los cristianos permanecen divididos acerca del número de resurrecciones. Los premilenialistas que también son pretribulacionistas o mediotribulacionistas concluirían en que hay un mínimo de una resurrección de creyentes al momento del arrebato, cuando Jesús vuelve por su iglesia; otra resurrección cuando Jesús regresa al final de la tribulación para los creyentes que llegaron a la fe y murieron durante la tribulación; al igual que otra resurrección al final del milenio para "el resto de los muertos" (Ap. 20:5). Los premilenialistas, que también son postribulacionistas concluirían que hay solo dos resurrecciones: una en el regreso de Jesús y otra al final del milenio. Y un amilenialista o postmilenialista asumirá que puede haber una sola resurrección corporal cuando Jesús regrese y establezca su reino.

Hay un aspecto más que completa este tema: el juicio de Dios también incluye la destrucción del diablo en el lago de fuego (Ap. 20:10). Algún día el pecado y el mal serán por siempre eliminados de la creación de Dios.

El Milenio

El milenio es un reinado de mil años de Cristo descrito más claramente en Ap. 20. Nuevamente, existe una gran diferencia de opinión respecto de este tema.

Los premilenialistas creen que el regreso de Jesús será "pre" (antes) del milenio, y que este reino del milenio será una era dorada de gloria y esplendor sin precedentes. Los premilenialistas dispensacionalistas, con su énfasis en la distinción entre Israel y la iglesia, se han enfocado en el cumplimiento de todas las profecías restantes del AT hechas a Israel. Los premilenialistas históricos, por otra parte, carecen de esta aguda distinción entre Israel y la iglesia y se ven a sí mismos como estando en continuidad con la visión de un futuro reino de Cristo en la tierra encontrado a través de la historia de la iglesia. En años recientes, el premilenialismo se vuelto la visión principal en el cristianismo americano.

Los postmilenialistas creen que Dios construirá su iglesia por "mil años" y luego Jesús regresará "post" (después) de este milenio. El milenio aquí es comparable a una edad de plata involucrando avances significativos y sin precedentes del evangelio a través del mundo. Los postmilenialistas permanecen divididos acerca de la literalidad de este período de mil años y de si este período ha comenzado o no. El postmilenialismo ha tenido un número importante de seguidores a través de la mayoría de la historia de la iglesia, pero más recientemente se ha vuelto la visión minoritaria.

Los amilenialistas creen en un tipo diferente de milenio. Aquí hay dos variedades diferentes. Algunos creen que aquellos que reinan con Cristo en Ap. 20 son simplemente creyentes que viven en esta vida presente experimentando la intimidad de la presencia de Cristo en su vida diaria. Otros ven este período como involucrando creyentes difuntos, que actualmente reinan con Cristo en el estado intermedio entre la muerte y su regreso. El milenio aquí no es la edad dorada de los premilenialistas ni la edad de plata de los postmilenialistas; es simplemente la vida actual.

Nuevamente hay factores predisponentes. Aquellos que otorgan más peso a potenciales profecías no cumplidas del AT tienden a ser premilenialistas, mientras que aquellos que dan más valor a las palabras de Jesús y Pablo tienden a ser amilenialistas o posiblemente postmilenialistas. Aquellos que ven una mayor distinción entre Israel y la iglesia tenderán a ser premilenialistas dispensacionales, mientras que aquellos que enfatizan la unidad entre el pueblo de Dios a través de la historia redentora elegirá una de las otras alternativas. Los que tienden hacia un enfoque más literal en la interpretación de las Escrituras tenderán a ser premilenialistas, mientras que aquellos que dan mayor peso al lenguaje simbólico y figurativo elegirán una de las otras opciones. Los que tienden a ser más pesimistas acerca del futuro y creen que las cosas están empeorando tenderán a ser premilenialistas, mientras que los más optimistas acerca de lo que Dios está haciendo en el mundo y que enfatizan el poder transformador del evangelio tenderán a ser postmilenialistas. Las convicciones escatológicas de alguien son la consecuencia de muchos otros compromisos y persuasiones anteriores.

Cada una de estas visiones milenialistas también tiene implicaciones para un número de temas: la naturaleza e intensidad de la atadura de Satanás en Ap. 20, el número de resurrecciones diferentes, y el número de juicios diferentes. La pregunta final, nuevamente, es qué enfoque hace el mejor trabajo uniendo todas las profecías de las Escrituras y consecuentemente es más fiel a la palabra de Dios.

Cielo e Infierno

El juicio de Dios inevitablemente lleva a final y permanente tormento en el infierno o a bendiciones incalculables en el nuevo cielo y nueva tierra (Mt. 25:46).

La esperanza final de los creyentes involucra la resurrección corporal y una nueva tierra para que vaya con estos cuerpos glorificados. El tiempo feliz vendrá cuando Dios "borrará cada lágrima de sus ojos" y "no habrá más muerte o sufrimiento o llanto o dolor" (Ap. 21:4). Habrá la alegría de cuerpos físicos sanados y restaurados, ver a amigos y seres queridos, pero la mayor alegría de todas será ver al Señor mismo en toda su gloria y majestad.

El infierno será totalmente lo opuesto, experimentado por aquellos que deliberadamente rechazaron y evitaron a Dios durante sus vidas terrenales. Se encontrarán a sí mismos rechazados por Dios y aislados de su presencia (y de todas las bendiciones que vienen con su presencia). Aunque existen variados debates acerca de lo literal o figurativas que son algunas descripciones bíblicas del infierno en términos de fuego inextinguible y gusanos que no mueren (Mt. 9:48), parece seguro decir que el infierno será la mayor de las tragedias posibles y mucho peor de lo que sugiere cualquiera de estas descripciones.

El aniquilacionismo o inmortalidad condicional, con su conjetura de que las almas de los perdidos dejarán de existir en algún punto tras la muerte, representa un intento para suavizar las enseñanzas explícitas de las Escrituras. El universalismo —la creencia de que finalmente todos serán salvados— es otra estrategia humana para evitar la clara enseñanza de las Escrituras. Finalmente, hay un cielo, y hay un infierno y las elecciones humanas sí hacen diferencia para el tiempo y la eternidad.

Los Beneficios de la Escatología

La escatología debería dar balance y perspectiva a la vida de manera que los asuntos y logros de esta vida presente no tomen una importancia inapropiada. Cuandoquiera que las personas quedan atrapadas en el materialismo y una perspectiva de este mundo de la vida o se vuelven complacientes acerca de su falta de crecimiento espiritual o la condición espiritual de otros, la causa subyacente con frecuencia es la falta de atención a la escatología. Aunque muchas preguntas difíciles y controversiales rodean la naturaleza y momento del regreso de Jesucristo, las Escrituras son claras acerca del hecho de su regreso y el juicio final. Una nueva vida con Cristo que durará para toda la eternidad se describe en las Escrituras como la mayor de todas las bendiciones posibles. Al mismo tiempo, una vida aparte de Dios tanto en esta vida y en la vida por venir se describe como la peor tragedia posible en la vida. Tal vez incluso en el engaño espiritual y confusión a nuestro alrededor por la cual muchos "abandonarán la fe" (1 Tim. 4:1) y "no tolerarán la sana doctrina" (2 Tim. 4:3), son una señal de lo tarde de la hora. Una apropiada apreciación de la escatología puede ser un medio que usa Dios para cambiar la vida de las personas.

ESCEVA En Hechos 19:14, Esceva es mencionado como un "jefe de los sacerdotes judíos". Sus siete hijos estaban entre un grupo de exorcistas judíos itinerantes en Éfeso que infructuosamente intentaron exorcizar demonios en nombre de Jesús, lo que Pablo sí pudo hacer. No se conoce ningún jefe de los sacerdotes de ese nombre por ninguna otra fuente, ni se sabe de alguno que viviese en Éfeso. Esceva puede haberse apropiado del título para impresionar a los efesios.

ESCHATON *Véase* Escatología.

ESCLAVITUD, SIERVO, SIERVA *Ver* Esclavo, Sirviente.

ESCLAVO, SIRVIENTE La esclavitud y la servidumbre eran parte de la vida diaria en el mundo antiguo. Había muchos tipos de circunstancias a través de las cuales una persona podía convertirse en esclavo. Algunos eran coaccionados a la servidumbre después de ser capturados en guerra; otros nacían como esclavos; otros servían como esclavos como sentencia de por un crimen; incluso otros servían por elección personal como un aprendiz. La esclavitud no se basaba en raza. Es más, había un enorme rango de clases sociales y económicas entre esclavos, desde la vida brutal de un esclavo de galera hasta la de un rico sirviente de un rey quien a su vez posee propiedades y esclavos.

En algunos casos, la manumisión, o la liberación de esclavos, era posible durante los tiempos romanos. Esto podía lograrse si el amo moría o si la voluntad del amo permitía su libertad, y en algunos casos los esclavos incluso podían comprar su propia libertad. En el siglo uno a.C., había muchos esclavos que

E

habían recibido la manumisión. Hec. 6:9 habla de la Sinagoga de los Libertos, lo que probablemente significa que estaba compuesta de antiguos esclavos.

Antiguo Testamento

Existen numerosas relaciones en el AT que podrían ser caracterizadas como siguiendo el modelo amo-sirviente. Estas incluyen servicio a la monarquía (2 Sm. 9:2), dentro de hogares (Gn. 16:8), en el templo (1 Sm. 2:15), o a Dios mismo (Jue. 2:8). También vemos extensas leyes de esclavitud en pasajes como Éx. 21:1-11; Lv. 25:39-55; Dt. 15:12-18. Las leyes de esclavitud estaban relacionadas con el tratamiento adecuado de esclavos hebreos e incluían normas para su eventual liberación y libertad.

Por ejemplo, los esclavos hebreos que se habían vendido a sí mismos a otros debían servir por un periodo de seis años. En el séptimo año, conocido también como el Año del Jubileo, debían ser liberados. Una vez liberados, no debían ser enviados con las manos vacías, sino que más bien debían ser financiados por la "era" y la "prensa de vino" del dueño. Los esclavos también tenían ciertos derechos que les daban privilegios especiales y protección de sus amos. Los esclavos capturados, por ejemplo, tenían permiso para descansar en el Sabbat (Éx.20:10) y en fiestas especiales (Dt. 16:11, 14). También podían ser liberados si sus amos los dañaban o incapacitaban permanentemente (Éx. 21:26-27). También se imponían severos castigos a una persona que golpeaba a un esclavo hasta matarlo (Éx. 21:20-21).

Algunos esclavos elegían libremente permanecer con su dueño. Deuteronomio 15:16-17 habla de un esclavo que puede decirle al dueño, "No quiero dejarte", por amor al dueño y a su familia. Este compromiso se sellaba perforando el lóbulo de la oreja del esclavo por un punzón. Esto simbolizaba un compromiso de por vida con el amo.

Nuevo Testamento

La esclavitud era muy común en el siglo uno a.C., y había muchos tipos de esclavos. Por ejemplo, los esclavos podían vivir en hogar extendido (okios) en el cual nacían o podían elegir venderse hacia esa situación (1 Pe. 2:18-25). Aunque la esclavitud era una parte significativa de la sociedad en el siglo uno a.C., nunca vemos a Jesús ni a los apóstoles incentivar la esclavitud. En cambio, tanto Pablo como Pedro incentivaban el carácter y obediencia piadosa de los esclavos en el sistema (Ef. 6:5-8; Col. 3:22-25; 1 Tim. 6:1-2; Filemón; 1 Pe. 2:18-21). Igualmente, los amos eran incentivados a ser amables y justos con sus esclavos (Ef. 6:9; Col. 4:1). Posteriormente en el NT, el comercio de esclavos fue condenado por el apóstol Pablo como contrario a la "sana doctrina" y "al Evangelio concerniente a la gloria del Dios bendito" (1 Tim. 1:10-11).

Jesús personificaba la idea del sirviente en palabra y hecho. Él cumplió el rol del "Sirviente del Señor", el Sirviente Sufriente predicho por el profeta Isaías (Is. 42:1-4; 50: 4-9; 52:13-53:12). También tomó el rol de un sirviente en los Evangelios, identificándose como el Hijo del Hombre que vino a servir (Mc. 10:45) y lavando los pies de los discípulos (Jn. 13:4-5). Pablo dice que en la encarnación Jesús tomó la "verdadera naturaleza de un sirviente" (Flp. 2:7).

La especial relación entre Jesús y sus seguidores es capturada en el lenguaje sirviente-amo de las Epístolas del NT, especialmente en las cartas de Pablo (Rom. 1:1; Flp. 1:1; Tit 1:1). Este lenguaje se enfoca no tanto en el estatus societario de estos sirvientes como en la alianza de honor que se debe a Jesucristo.

El imaginario de la esclavitud también se usa metafóricamente en el NT de manera tanto negativa como positiva. En Rom. 6, el apóstol Pablo discute cómo la esclavitud y la obediencia a antiguos y nuevos amos es una parte esencial de la vida del cristiano cambiado. Antes de conocer a Cristo, éramos "esclavos del pecado" y obedecíamos su poder (Rom. 6:16-17); después de seguir a Cristo, fuimos liberados del poder del pecado y la muerte y nos hicimos "esclavos de la justicia" (Rom. 6:18) y "esclavos de Dios" (Rom. 6:22).

ESCOBÓN Interpretación en la KJV de la palabra hebrea mat'ate' en Isaías 14:23, que en versiones más recientes se traduce como "escoba".

ESCOL *Véase* Eskol.

ESCOLLO En el AT, esta imagen es usada para transmitir el concepto de "escollo" de una manera literal (Lv. 19:14) o figurada (Jr. 6:21). En el NT, la imagen se usa como una referencia mesiánica, Cristo como un escollo (Rom. 9:32-33; 1 Cor. 1:23; 1 Pe. 2:8). Esta rendición de las expectativas mesiánicas juega con la presentación de Isaías de Dios como un escollo para las personas no creyentes. Las palabras griegas del NT que son traducidas como "escollo" (skandalon) o "causar tropiezo" (skandalizō) tiene una aplicación cristológica o moral.

ESCORBUTO La traducción de la KJV del término hebreo garab en Lv. 21:20; 22:22, y la traducción de la NRSV de ese término en Dt. 28:27, refiriéndose a lo que era considerada una enfermedad incurable de la piel (NIV: "llagas purulentas"). Este no es el escorbuto causado por deficiencia de vitamina C, sino más bien una enfermedad crónica por hongos que aparece como una lesión de drenado. Tanto los sacerdotes como los animales sacrificados debían estar libres de ella (Lv. 21:20; 22:22). En Dt. 28:27 Dios afligiría a Israel con "escorbuto" por su desobediencia. *Véase también* Enfermedades y Anormalidades Físicas.

ESCORIA La capa de suciedad que se forma durante el proceso de fundir metales, particularmente plata (Prov. 25:4). Frecuentemente se usa de manera figurada para algo que es impuro o carece de valor. El salmista compara "los malvados de la tierra" con escoria (Sal. 119:119). Dios promete a través de Isaías que purgará la escoria de Jerusalén (Is. 1:25; cf. Ez. 22:18-19). En Prov. 26:23, algunas traducciones presentan la frase hebrea kesep sigim como "un glaseado" (e.g., ESV, NRSV; NIV: "escoria de plata"). Esta traducción puede comprenderse en términos del proceso de derretir mineral, en el cual la plata, oxígeno y plomo son separados, dejando monóxido de plomo como escoria de plata. Por su brillo plateado, este desecho se usaba como glaseado para cerámica.

ESCORPIÓN Un arácnido nocturno que hace presa de insectos y otros arácnidos. Tiene un afilado aguijón venenoso en su cola que es letal para animales pequeños y muy doloroso o letal para los humanos. Los israelitas los encontraban mientras vagaban por el desierto (Dt. 8:15). Son referidos simbólicamente como castigo tortuoso (1 Re. 12:14; Ap. 9:3, 5, 10). Cuando Jesús envía a los setenta y dos misioneros, les da la autoridad para pisotear escorpiones sin miedo a ser heridos (Lc. 10:19).

ESCRIBA Un individuo con la habilidad para leer y escribir que usa esas habilidades de manera profesional. El escriba era altamente estimado en la antigua Mesopotamia y Egipto. La mayoría de los escribas eran secretarios reales (2 Sm. 8:17; 20:25). Las actividades escribanas tempranas incluían escribir registros oficiales, redacción de cartas y preparación de decretos reales, escrituras y otras cosas (2 Re. 12:10; 25:19; 2 Cr. 26:11). Los escribas también le leían al rey (Jr. 36:21). Como resultado, los escribas con frecuencia se convertían en consejeros del rey en materias de Estado (1 Cr. 27:32). Después del exilio, los escribas se hicieron expertos en la ley de Moisés (Esd. 7:6). Para los tiempos del NT, los escribas eran asociados con los fariseos como profesores profesionales de la ley (Mc. 2:16).

Junto con los jefes de los sacerdotes, los escribas conspiraron para matar a Jesús (Lc. 19:47).

ESCRITURA El término "Escritura" (graphē) aparece cincuenta y una veces en el NT, utilizado en referencia al AT. A veces los escritores bíblicos citan un texto específico del AT como Escritura, mientras en otras ocasiones se refieren a Escritura de una manera más comprensiva.

La mayoría de las referencias ocurren en los Evangelio, en los cuales Jesús detalla la naturaleza y la extensión de las Escrituras. Jesús abrió las Escrituras de Moisés a través de todos los profetas para explicar todo acerca de sí mismo como el Mesías anticipado (Lc. 24:44-45). La calidad profética de las Escrituras es evidente en los pasajes del AT que son referidos en el NT como siendo cumplidos por su nacimiento, vida, traición, muerte, entierro y resurrección.

Jesús caracteriza las Escrituras como una poderosa fuente de vida eterna (Jn. 5:39; 7:38). Son autoridad permanente y no pueden ser rotas

(10: 35). Él destacó la calidad dinámica de las Escrituras cuando dijo que ellas hablan, testifican y declaran.

En Hechos, las Escrituras son una fuente autorizada a través de la cual el apóstol Pablo explica la muerte, entierro y resurrección de Cristo (17:2; 18:28). Apolos es distinguido como hombre con profundo conocimiento de las Escrituras, y los bereanos eran conocidos por su inquisidora investigación hacia la veracidad de las Escrituras.

El libro de los Romanos abre (1:2) y cierra (16:25-26) con referencias al Evangelio como Escrituras. A lo largo de su carta, Pablo amplía los referentes de las Escrituras más allá de Cristo y su trabajo redentor para incluir temas de poder divino, la naturaleza de la fe, y el ministerio profético de Elías. Finalmente, Pablo caracteriza las Escrituras como sagradas, proféticas e íntimamente asociadas con el Señor mismo. Las Escrituras son una fuente no sólo de vida eterna, sino también de aliento.

E

En Gálatas, las Escrituras incluyen la anticipación profética de la participación de los gentiles en el Evangelio (3:8). Es una autoridad condenatoria que muestra a todas las gentes atadas por el pecado e incredulidad (3:22). La narrativa histórica del Gn. 21 también es considerada como Escritura y usada de una manera tipológica análoga (Gal. 4:21-31).

Las Cartas Pastorales y el libro de Santiago citan secciones legales del AT bajo el encabezado de Escrituras (1 Tim. 5:18 [citando Dt. 25:4; Lv. 19:13]; Sant. 2:8). Las referencias más significativas a Escrituras están en 2 Tim. 3:16 y 2 Pe. 1:20-21 porque definen el origen, naturaleza y función de las Escrituras. Además, 2 Tim. 3:16 detalla la suficiencia de las Escrituras en su capacidad para enseñar, reprochar, corregir y entrenar. En cada periodo de la historia, las Escrituras son suficientes en extensión y contenido para sostener al pueblo y nutrir su relación con Dios.

ESCRITURA, HISTORIA DE LA La implementación de la escritura como forma de comunicación involucra una complicada, aunque interesante característica del el emergente antiguo Oriente Próximo. El desarrollo cronológico de imágenes en letras y palabras demuestra la creatividad de las culturas antiguas, esforzándose por preservar registros en una forma concreta.

Historia Temprana

Jeroglíficos. Evidencia de finales del cuarto mileno a.C. en Mesopotamia y Egipto representa comunicación escrita como originalmente de naturaleza pictográfica, o jeroglífica. Cada pequeña imagen primitiva representaba objetos, conceptos y acciones. Los jeroglíficos egipcios (3150 a.C.) empleaban varios cientos de signos fonéticos de uso frecuente, algunos de los cuales eran de carácter alfabético. La escritura egipcia se basa en el principio acrofónico, en el cual cada símbolo pictórico designa el primer sonido en el nombre del objeto. Cada signo podía también representar un solo sonido consonante seguido por una vocal. Además, la pictografía egipcia puede representar dos o tres grupos consonánticos, con o sin varias vocales, aunque por costumbre los jeroglíficos omitían la vocalización (pronunciación de vocales). Como resultado, hay cuatro formas diferentes de interpretar cada jeroglífico egipcio porque cada símbolo sirve múltiples funciones. La escritura egipcia usaba una combinación de signos no alfabéticos además de signos alfabéticos, careciendo de la economía y simplicidad de un alfabeto. La mayoría de los veinte símbolos alfabéticos transcribían nombres propios extranjeros.

Aunque algunos restos arqueológicos de escritura egipcia están tallados en piedra o roca, la mayoría de la escritura implicaba el uso de un pincel hecho de caña o junco. La tinta negra común se usaba para la escritura normal, mientras que los pasajes o información importante se escribían en tinta roja. La escritura egipcia en papiro consistía principalmente en dibujos o líneas pintadas representando signos. Algunos grabados en piedra de jeroglíficos egipcios datan del siglo uno AD, aunque el sistema cursivo en papiro, principalmente empleado en textos sagrado o hierático (cursivo), se extendió a través de tres milenios. Evidencia arqueológica revela que contratos, contabilidad y documentos de negocios se escribían con un sistema cursivo diplomático, demótico o popular, desde por lo menos el siglo ocho a.C. hasta el siglo uno AD.

Escritura silábica y cuneiforme. El complejo sistema de escritura del antiguo Oriente Próximo dio surgimiento a formas más simples de expresión escrita que podían transmitir conceptos abstractos además de idas concretas. La escritura silábica, consistente en un enorme número de signos, cada uno representando una sílaba, se desarrolló a partir de formas tempranas de escritura por pictogramas o jeroglíficos egipcios. El sistema de escritura, compuesto de casi seiscientos signos, representaba una variedad de valores sonoros, ya que todos los lenguajes tienen muchas más sílabas posibles que palabras individuales. Escritos con caracteres cuneiformes impresos con un delgado punzón sobre arcilla húmeda, los signos concurrentemente retenían una función pictográfica mientras expresaban palabras o sílabas completas. La forma más temprana de escritura cuneiforme, la sumeria, data de antes del tercer milenio a.C., evolucionando de necesidades utilitarias de las ciudades-estado. Tabletas tempranas de arcilla grabada con signos hechos con un punzón que fueron posteriormente cocidas al sol preservaron muchas de las escrituras sumerias por milenios. El sumerio no se parece a ningún otro lenguaje antiguo o moderno, ya sea en gramática o vocabulario. Los signos lineares con forma de cuña, creados con un punzón cuadrado o redondo, eran originalmente escritos de manera vertical, luego rotados a formato horizontal y leídos de izquierda a derecha.

Los acadios adoptaron el sistema de signos sumerios a mediados del tercer milenio A.C.; sin embargo, leían esas palabras como equivalentes acadios. Ya que el número de sonidos separados en muchos lenguajes es pequeño, el número concurrente de signos requeridos para representar aquellos sonidos podía ser escaso. Los sonidos acadios no son todos adecuados para representarse por escritura sumeria. Como un lenguaje sin relación, carece de algunos de los sonidos distintivos esenciales del acadio. Consecuentemente, un lenguaje escrito consistente de sonidos individuales no podía desarrollarse de la escritura cuneiforme acadia. Los acadios evolucionaron en dos áreas de Mesopotamia en dos dialectos semíticos orientales, babilonio y

Los jeroglíficos egipcios, un ejemplo temprano de escritura.

asirio, que siguieron en uso a través del siglo uno AD.

Similar al egipcio, el proto-cananeo se escribía horizontal o verticalmente, y de izquierda a derecha en una línea, luego de derecha a izquierda. La dirección de escritura determinaba la dirección o posición de los signos. El uso predominante de columnas verticales de escritura en los períodos iniciales gradualmente cambió a escritura horizontal durante la tardía Edad de Bronce. Muchos símbolos rotaron noventa grados en el sentido de las manecillas del reloj para adaptarse a la dirección horizontal de escritura. Estás formas rotadas han sido trazadas del análisis de documentos extendiéndose del siglo quince al once a.C., cuando se estabilizó la dirección de los caracteres.

La necesidad por modos más eficientes de comunicación creció en proporción a la expansión de la correspondencia administrativa e internacional. Una escritura más rápida se desarrolló con el tiempo, y aunque tales tendencias influenciaron la escritura lapidaria o grabada en piedra, la última permaneció intacta junto con la escritura cursiva, por lo general escrita en tinta. La extensión de la actividad de escritura más allá de las escuelas profesionales de escribas llevó a generalizadas variaciones de escritura entre la gente común. Los oficiales luchaban para mantener ciertos estándares de escritura, mientras aquellos que no tenían restricciones encontraban métodos para escribir más rápido. Estas innovaciones llevaron a la extendida adopción cultual de una forma sistematizada de escritura.

Alfabeto Temprano

Inscripciones en jeroglíficos egipcios y cuneiformes mesopotámico se han descubierto en Siria-Palestina, aunque evidencia apabullante, corrobora el desarrollo de un sistema de escritura indígena la región de Siria-Palestina: el alfabeto. La reducción de varios cientos de signos a veinte o treinta hizo la escritura más accesible a la comunidad en general y sistematizó las comunicaciones escritas.

Los primero pasos hacia la escritura alfabética ocurrieron a comienzos del segundo milenio a.C., eventualmente extinguiendo la escritura egipcia y cuneiforme. La invención del alfabeto proto-cananeo lo transformó en una de las innovaciones más influyentes del mundo antiguo. Todos los alfabetos conocidos se originaron del proto-cananeo, y la invención nunca se ha repetido en culturas aisladas usando escritura silábica o logográfica, símbolos visuales representando palabras o sonidos. La invención del sistema alfabético, en el cual un solo signo representase cada fonema o sonido permitió que los sonidos se combinasen con vocales, contrario al sistema silábico, en el cual cada signo representaba tanto una consonante como una vocal específica. La limitada anotación de la escritura proto-cananea armonizaba bien con la peculiaridad de la formación de sílabas en los lenguajes semíticos occidentales. Cada sílaba comienza con una consonante y el sistema de vocales en el proto-cananeo consiste en tres áreas vocálicas de significancia fonémica, aportando simpleza a la escritura.

Inscripciones alfabéticas. Los ejemplos sobrevivientes más significativos de escritura alfabética son las inscripciones protosinaíticas descubiertas por Flinders Petrie en las ruinas de una comunidad minera de turquesa en Egipto en la Península del Sinaí en Serabît el Khadem. Las inscripciones alfabéticas, algunas talladas en piedra por trabajadores mineros cananeos, generalmente reflejan textos votivos religiosos. Algunas de las inscripciones fueron talladas sobre pilas de piedras o en paneles de roca formados para asemejarse a estelas, losas de piedra erigidas como memoriales. Estas inscripciones datan de la segunda mitad del siglo dieciséis a la primera mitad del siglo quince a.C. Otras inscripciones alfabéticas encontradas en varias ruinas cananeas (Gézer, Siquem, Laquis) datan aproximadamente del siglo diecisiete al dieciséis a.C. Estos descubrimientos sugieren que la escritura alfabética era más ampliamente extendida de lo que se conjeturó en un principio y hacen más difícil determinar la ubicación exacta donde se desarrollaron los primeros escritos alfabéticos. Las inscripciones protosinaíticas están subsumidas bajo la categoría más amplia de proto-cananeo; sobre esta base, lingüistas históricos establecieron una fecha alrededor de siglo quince a.C. La influencia egipcia en la escritura alfabética es aparente, ya que los egipcios tenían un número menor de signos fonéticos que eran de naturaleza alfabética, aunque no los usaban de esa manera. El uso de signos pictóricos para representar sonidos iniciales por parte de los egipcios puede observarse en las más tempranas escrituras alfabéticas de Canaán.

El Fragmento de Gézer (1800-1630 a.C.?) representa el más antiguo ejemplo existente de genuina escritura alfabética, con tres signos alfabéticos arcaicos: una palma, que significa la letra k; una casa, que significa la letra b; y una aguijada de bueyes, que representa la letra l. La inscripción protosinaítica número 357, rayada en el muro de una mina en Serabît el Khadem, representa uno de los ejemplos más largos de escritura alfabética. El texto se lee verticalmente, de arriba abajo, luego horizontalmente. Las pictografías, tales como el pez, representan la primera letra de la palabra. Así, el pez, llamado dag, representa la letra d; agua, llamada mayim, denota m; y así sucesivamente.

Textos ugaríticos. Comenzando en 1928, un gran escondite de tabletas del siglo catorce a.C. fue descubierto en Ras Shamra de Ugarit. Las excavaciones produjeron aproximadamente cien tabletas escritas en cuneiforme cananeo, que emplea sólo un número limitado de signos en contraste a los cientos de signos generalmente representados en escrituras cuneiformes. Las inscripciones —consistentes en una simple combinación de líneas y cuñas adaptadas a escritura lapidaria o piedras grabadas— se basan en un sistema alfabético. Las tabletas incluyen un número de abecedarios (o listas de alfabeto), organizados de manera similar al fenicio lineal temprano. Evidencia creciente sugiere que el alfabeto cuneiforme cananeo no se limitó sólo a Ugarit, sino que también fue utilizado por lo cananeos en Siria-Palestina. Ugarit dejó de existir tras un severo terremoto e incendio en 1200 a.C.

El alfabeto ugarítico, una adaptación del temprano alfabeto lineal proto-cananeo, está originalmente compuesto de veintisiete signos consonánticos. Escribas ugaríticos no se adherían estrictamente al principio consonántico del alfabeto lineal. En vez de un signo representando, por ejemplo, la letra alef, los escribas empleaban tres signos, cada uno de los cuales representa a alef sumada a una de las vocales cortas: a, i, o u. Un orden tradicional de los signos parece haber sido fijado no después del siglo catorce a.C., según textos excavados en 1949. El ugarítico generalmente se escribe de izquierda a derecha. Un divisor de palabras por lo general separa las palabras una de otra, aunque hay muchas excepciones. Las tabletas tienen su cuota de omisiones y adiciones escribales, y la posición de las letras varía de tableta a tableta.

El establecimiento de un alfabeto largo que consta de treinta letras puede haber sido interpretado como el más temprano y original, a partir del cual se desarrolló un alfabeto más corto de veintisiete letras a través de la pérdida de ocho letras; sin embargo, esta línea de desarrollo contradeciría la normal expansión del sistema alfabético mientras acomodan un lenguaje particular. Evidencias afirman la coexistencia del alfabeto más largo, expresamente usado para ugarítico, y abecedarios más cortos presentando características del fenicio posterior.

Otro hallazgo que han descubierto dos tabletas ugaríticas que contenían un alfabeto compuesto de veintiún signos, tal vez indicando una versión idiomática del alfabeto. En 1955 salió a la luz un tipo especial de abecedario que lista en paralelo columnas de signos ugaríticos y los signos silábicos cuneiformes que debían transcribir el ugarítico. Aunque la tableta está incompleta, el texto contiene transcripciones de veinte signos.

Los textos ugaríticos representan el complejo más antiguo de textos conectados en cualquier idioma semítico occidental, proporcionando documentación para lingüísticas comparadas semíticas, incluyendo pronunciación, formación de palabras e información léxica de la tardía Edad de Bronce. Estos documentos reales y textos cúltico mitológicos demuestran una estructura poética altamente formularía, ayudando a informar otros antiguos textos poéticos del antiguo Oriente Próximo. El rango de textos arcaicos y más contemporáneos permite a los estudiosos trazar el desarrollo del lenguaje a través de un largo intervalo de tiempo.

Fenicio Temprano e Inscripciones Relacionadas

Dos formas alfabéticas lineales principales estaban establecidas para finales de la tardía Edad de Bronce (c. 1300 a.C.): una tradición norteña (fenicio) y una sureña.

Fenicio. El inventario consonántico del fenicio, limitado a veintidós letras, se convirtió en la fuente original para la subsecuente escritura alfabética, incluyendo el alfabeto hebreo, arameo, moabita y, eventualmente, griego. Los textos más tempranos existentes datan aproximadamente del siglo once a.C., aunque inscripciones más tempranas que datan de finales del siglo trece a principios del siglo doce a.C. demuestran la evolución hacia el fenicio lineal. Entre inscripciones significativas del siglo doce, el descubrimiento en 1953 de las puntas de flecha de Al-Khadr proporcionó datos importantes concernientes al período transicional entre la escritura pictográfica más antigua y alfabeto lineal temprano (fenicio). Las puntas de flecha registran el cambio en posición de las letras a medida que evolucionaron en el estilo multidireccional del periodo proto-cananeo hasta estabilizarse en el siglo once a.C.

Entre los pueblos que adoptaron la escritura fenicia estuvieron los hebreos y los arameos. Una inscripción bilingüe escrita en acadio y arameo emplea los caracteres fenicios, aunque las opiniones acerca de su data son diversos (siglos once al nueve a.C.). Inscripciones arameas antiguas del siglo nueve al ocho a.C. continuaron presentando sus lenguajes usando escritura fenicia. La primera inscripción fenicia sustancial conocida es un texto elaboradamente tallado en el borde superior y tapa de un sarcófago de piedra caliza perteneciente a Ahiram, rey de Biblos. La inscripción es una de cinco inscripciones de Biblios escritas en fenicio que presentan información histórica concerniente al reinado de cinco reyes durante el siglo diez a.C. y proveen eslabones en la cadena del desarrollo diacrónico de los caracteres fenicios tempranos.

Hebreo y moabita. Inscripciones hebreas antiguas también se apropian de la escritura alfabética fenicia; sin embargo, se volvió aparente que las inscripciones y lenguajes de varios estados de la Edad de Hierro de Siria y Canaán comenzaron a desarrollar características regionales o nacionales que los distinguían unos de otros. Aparte del Calendario de Gézer, probablemente una de las inscripciones hebreas antiguas tempranas más famosas se encuentra en la Piedra Moabita, una estela de granito negro erigida por Mesa, rey de Moab, que data de mediados del siglo nueve a.C. Los caracteres en la Piedra Moabita son efectivamente moabitas, pero el lenguaje es hebreo. La forma de la escritura moabita manifiestas diferencias discernibles en el desarrollo del fenicio lineal; sin embargo, en esta época el hebreo y el moabita eran indistinguibles. Formas hebreas distintivas no emergen hasta el descubrimiento de un bol de piedra inscrito en Kuntillet 'Ajrud. El alfabeto hebreo posterior manifiesta coincidencias e influencias de la escritura lineal temprana del alfabeto fenicio, adaptando los veintidós grafemas o consonánticos, y reteniendo ciertos nombres de letras, tales como mem y bet.

Griego. El alfabeto fenicio fue transportado de Grecia durante finales del siglo nueve o principios del siglo ocho a.C. Aunque hay ciertas características que parecen incompatibles con el préstamo fenicio de fines del siglo nueve o principios de ocho, la mayoría de las inscripciones griegas se originan de una combinación de fenicio y, tal vez, alguna otra escritura semítica del noroeste también. Algunas de las letras griegas arcaicas parecen asemejarse a las letras proto-cananeas de 1100 a.C.

Paleo-hebreo y arameo. El aumento en el uso de un sistema de escritura alfabética a través del antiguo Oriente Próximo se hizo evidente por el número de sellos de arcilla preservados, impresiones de sellos, ostraca y listas, que ejemplifican la escritura paleo-hebrea prevalente durante este período. Entre estos descubrimientos, el óstracon de 'Izbet Sartah, hallado en 1976, presenta ochenta y tres letras arregladas en cinco líneas, comenzando en la parte baja con un abecedario, llevando a los académicos a creer que era un ejercicio de práctica. El óstracon contiene múltiples errores, confirmando la inexperiencia del escriba.

El reino arameo, conquistado por Asiria, incluía un número de escribas arameos que servían en la administración asiria, llevando a la preeminencia del arameo como idioma de comercio internacional oficial durante el Imperio Persa. El arameo también evolucionó hacia el idioma oficial del comercio en Judá; la escritura cuadrada fue apropiada primero por el pueblo judío en la comunicación comercial. Durante el período postexílico y extendiéndose a través del período helénico, las comunidades judías usaban la escritura cuadrada aramea para copiar documentos sagrados, incluyendo la Torah. Secciones de los libros de Esdras y Daniel (Esd. 4:6-6:18; 7:16-26; Dn. 2:4-7:28) combinan hebreo y arameo. Los pocos artefactos del período persa en adelante sugieren que el uso del paleo-hebreo, aparte de unos pocos nombres formales y fragmentos manuscritos, se disipó gradualmente y eventualmente fue totalmente reemplazado por la escritura cuadrada aramea.

El lenguaje y escritura griega también comenzó a jugar un rol importante y más prominente en la cultura de Judea durante el periodo del Segundo Templo y más adelante en el siglo uno AD. Los samaritanos preservaron la práctica de transcribir textos bíblicos en paleo-hebreo, y la tradición permanece evidente en los MMM. Mientras algunos textos bíblicos reflejan el paleo-hebreo, también hay un número de traducciones griegas del texto bíblico sugiriendo una pluralidad de tradiciones. La mayoría de los judíos usaban la escritura cuadrada para la comunicación común, aunque el griego ganó importancia para muchos judíos. Eventualmente, la Biblia hebrea fue traducida al griego para cumplir necesidades lingüísticas de las comunidades judías.

Conclusión

La escritura alfabética fue desarrollada e implementada en la antigua Siria-Palestina, proporcionando el patrón para todos los sistemas alfabéticos conocidos en el mundo moderno. Aunque en muchos casos la evidencia para el desarrollo de lenguajes semíticos del noroeste antes del primer milenio a.C. permanece escasa, los descubrimientos arqueológicos permiten a los académicos trazar el desarrollo de la escritura alfabética temprana a sus raíces en los jeroglíficos egipcios y sumerios. Cerca de fines del siglo uno a.C., los caracteres del fenicio lineal temprano evolucionaron, no como escritura nacional, sino como escritura internacional apropiada por pueblos a través de Siria y Canaán. Este desarrollo no es sorprendente a la luz del extenso intercambio comercial marítimo de Fenicia. Eventualmente, las ciudades-estado emergentes desarrollaron características distintivas y dialectos nacionales que se expandieron a muchos otros idiomas. La sociedad les debe mucho a los egipcios y sumerios, con quienes comenzó la escritura, y aquellos que primero imaginaron un medio simplificado e innovador de comunicación escrita.

IMPLEMENTOS Y MATERIALES DE ESCRITURA En la Biblia, la escritura era tallada en piedra (Éx. 24:12; Js. 8:32) o piedra cubierta de yeso (Dt. 27:1-10), metal (Éx. 28:36) o madera (Nm. 17:2-3; Ez. 37:16). Las tabletas de arcilla o madera cubierta con cera también eran utilizadas (Is. 8:1; 30:8; Hab. 2:2; Lc. 1:63). Sin embargo, mientras las tabletas de arcilla eran comunes en Mesopotamia y entre los heteos de Anatolia, rara vez se usaban en Israel o Egipto, por el acceso a papiro y pergamino.

Los implementos de escritura son mencionados ocasionalmente en la Biblia. Un stylus — instrumento afilado desarrollado de materiales como caña, hueso o metal (e.g., Job 19:24; Jr. 17:1) — se usaba para tallar las letras en arcilla o cera. Una caña afilada también podía ser sumergida en tinta para actuar como un lápiz para escribir en papiro o pergamino (Sal. 45:1; Is. 8:1; Mt. 5:18; Lc. 16:17; 2 Jn. 13). Un escriba con frecuencia requeriría implementos adicionales para preparar la superficie de escritura, para remover o borrar un error, para mezclar la tinta o afilar el stylus (cf. "equipo de escritura" en Ez. 9:2-3, 11; "cuchillo de escriba" en Jr. 36:23).

Durante la época del Antiguo y Nuevo Testamento, el papiro era uno de los tipos más comunes de material de escritura. La caña alta y pantanosa (Cyperus papyrus) crecía abundantemente en el Bajo Egipcio en tiempos antiguos (Job 8:11) y se usaba para canastos (Éx. 2:3), esperas, cuerdas, sandalias e incluso botes (Is. 18:2). Sin embargo, tan temprano como el año 3000 a.C., la caña de papiro era más conocida por hacer un tipo de papel llamado simplemente "papiro". Evidencia literaria y arqueológica demuestra que el papiro se usaba extensamente a través del Oriente Próximo bien entrado el primero milenio cristiano.

Los tallos de papiro son comúnmente del diámetro de una palma humana y aproximadamente de forma triangular. El albedo fibroso se cortaba a lo largo en finas tiras que eran colocadas lado a lado sobre un tablón. Una segunda capa de tiras se colocaba en ángulo recto. La "hoja" resultante era golpeada para unirla. Plinio el Viejo (Nat. 13.11-13) declaraba que el agua del Nilo unía las tiras, pero en realidad la pulpa aplastada lo hacía. Las hojas secas eran cortadas de tamaño estándar, variando por "fábrica", normalmente de veinticinco centímetros de alto por veinte centímetros de ancho.

Las hojas (con fibras horizontales encima) eran pegadas lado a lado con hojas a la izquierda levemente sobreponiéndose sobre la derecha, para que el lápiz de un escriba pudiese deslizarse "cerro abajo" al moverse a la hoja siguiente. No era poco común que una columna de texto estuviese en una juntura (a diferencia de las hojas de cuero, cuya unión cocida no podía soportar texto). Las hojas unidas formaban un rollo (pergamino) de largo estándar (aproximadamente de tres metros y medio de largo) llamado un chartēs (2 Jn. 12), la típica unidad de venta. Se estima que en tiempos del NT un chartēs costaba cuatro denarios (aproximadamente US $450). Los secretarios cortaban hojas de un chartēs o pegaban largos adicionales según se requiriese, pero la carta antigua común, como 3 Juan, tenía una hoja de largo.

El otro material más común de escritura era el pergamino de cuero. Hecho principalmente de la piel de ovejas o cabras, el pergamino se preparaba remojando, depilando, raspando y lavando la piel. La piel se estiraba en un marco y suavizada con piedra pómez. El vellum es un pergamino más fino hecho de cuero de ternero o cabritillo. Las secciones de pergamino se cosían entre sí para hacer rollos. Pablo le pidió a Timoteo que le llevara "los pergaminos" (2 Tim. 4:13).

El papiro tenía la ventaja de ser ligero y durable, y tal vez, menos costoso, de manera que con frecuencia se prefería a las tabletas de arcilla, madera, metal, piedra o incluso al pergamino (por lo menos hasta el siglo tres AD). Sin embargo, el papiro tenía dos desventajas principales, se deterioraba rápidamente en el agua y era casi exclusivamente de Egipto. Ya que la tinta era soluble en agua, todos los documentos eran rutinariamente protegidos de la humedad, de manera que temas de intercambio con Egipto pueden ser los culpables de grandes cambios hacia pergamino. Desafortunadamente, solo los papiros antiguos dejados en ubicaciones secas en climas secos han sobrevivido, explicando por

Lápices de la época romana. El extremo afilado se usó para escribir, el extremo plano se usó para borrar.

qué el grueso de los papiros sobrevivientes es del desierto egipcio.

El papel hecho de pulpa de madera y fibras similares se inventó en China y no fue adoptado en Occidente hasta el siglo ocho, o incluso después.

ESCUADRÓN En Hechos 12:4 la traducción parcial de la palabra griega tetradion, que significa "escuadrón de cuatro soldados" y se refiere a una pequeña unidad táctica militar.

ESCUELA La palabra "escuela" no aparece en NIV, y aparece solo una vez en KJV y NASB, haciendo referencia a un salón de lectura de Tiranno en el que Pablo solía instruir a sus discípulos (Hec. 19:9). La palabra griega scholē primariamente se refiere a ocio y sugiere tener tiempo para debatir y escuchar lecciones. Sin embargo, analogías con otras culturas del Oriente Próximo cuya literatura menciona escuelas apoya la idea de que la educación formal existía en Israel y Grecia. Las primeras escuelas se desarrollaron en el tercer milenio a.C. en Sumeria para entrenar escribas en cuneiforme para tareas administrativas oficiales o trabajo en el templo. En el Israel anterior al exilio, la educación era principalmente realizada en casa a través de la familia, aunque es probable que escuelas estuviesen conectadas al templo o la corte. La primera mención de escuela en la literatura judía es en Eclo. 51:23 en referencia a una "casa de instrucción" (bet midrash).

Un libro de tabletas de cera con ejercicios escolares griegos (siglos IV-V d.C).

ESCUPO, BABA Bajo la ley mosaica, la baba de ciertas personas enfermas causaba impureza ritual a otros si entraban en contacto con ella (Lv. 15:8), y la inhabilidad para controlar la propia saliva era una indicación de locura (1 Sm. 21:13). Jesús usaba saliva en curaciones (Mc. 7:33; 8:23; Jn. 9:6) refleja creencias judías y griegas en la naturaleza curativa de la saliva. El hecho de que la mezclara con arcilla es visto por sus oponentes como un rompimiento de la ley del Sabbat (Jn. 9:16). Escupir a la cara era un insulto despectivo deliberado (Nm. 12:14; Dt. 25:9; Job 17:6; 30:10). Isaías y Jesús mismo profetizaron la humillación del Mesías siendo escupido (Is. 50:6; Mc. 10:34; Lc. 18:32; cf. Mt. 26:67; 27:30; Mc. 15:19; Lc. 18:32).

ESDRALÓN "Esdralón" que no aparece en ninguno de los dos Testamentos (aunque sí aparece en el libro apócrifo de Judit), es la forma griega del hebreo "Jezreel", que aparece frecuentemente en el AT.

El Valle de Esdralón (o Planicie de Esdralón) comienza en el río Cisón bajo el Carmelo, está al este del Carmelo y Megido, al sur de Nazaret y el circundante territorio montañoso de Galilea al pie del Monte Tabor y norte de Jezreel. Rico y fértil, es una gran porción del valle que se extiende de la planicie costera del Mediterráneo todo el camino hasta el Valle del Jordán, cortando los cerros occidentales en sus sectores norte (Galilea) y central (Samaria). El Valle de Esdralón a veces es llamado la "Planicie de Megido", la ciudad de Megido está en el borde sur del valle, a los pies del territorio montañoso. El Valle de Esdraelón era un territorio clave porque dividía los cerros occidentales y su camino proporcionaba el único acceso desde el Mediterráneo al Valle del Jordán y más allá. Por esta razón, y también porque el territorio era tan fértil, el área era de especial interés para todos, desde los conquistadores de otras tierras a aquellos simplemente atravesando las rutas comerciales de Tiro y Akkó a Megido, al Valle del Jordán y Transjordania. Megido, en el límite sur de la planicie, tenía un lugar dominante y el comercio por su central y crucial ubicación.

En la conquista del AT, el Valle de Esdralón era el territorio perteneciente ampliamente a Isacar y Zabulón (Js. 19:10-23). Además, tras la confrontación de Elías con los profetas de Baal en el Carmelo, el texto bíblico señala que la mano de Yahveh estaba con Elías mientras huía de Acab hacia Jezreel (1 Re. 18:45-46). Acab montaba su carroza a través del valle de regreso al palacio y probablemente fue estorbado por la ciénaga del río Cisón (que drena el Valle de Esdralón) en la gran tormenta predicha por Elías. Tal vez la derrota de Siserá en el Valle de Esdralón ocurrió de esta misma manera si el Cisón se desbordó sus orillas y las carrozas de ruedas de hierro no pudieron atravesar el barro (Jue. 4:1-16).

El libro apócrifo de Judit señala a Esdralón como un área cerca de la cual el villano de la historia, Holofernes, estaba acampado cuando la heroína, Judit, lo asesinó (7:3). *Véase también* Jezreel.

E

ESDRAS Un sacerdote y escriba de crucial importancia en el periodo postexílico tardío (Esd. 7:1-10:44; Neh. 8:1-18; 12:36). El exilio babilonio terminó en el año 539 a.C., y debido a un decreto de Ciro, muchos exiliados regresaron a Jerusalén bajo el liderazgo de Sesbasar y Zorobabel. El templo fue reconstruido en esa época (515 a.C.), aunque ahora, varias décadas más tarde, Jerusalén estaba aún ampliamente en ruinas, y las personas en un estado de depresión espiritual.

El rey persa de la época, Artajerjes I, le dio a Esdras permiso para regresar a Jerusalén para restaurar la ley de Moisés como la ley de la tierra. Esdras se fue en el séptimo año de ese rey (458 a.C.). Artajerjes fue guiado por una política de estado persa que dictaba que los vasallos del imperio serían mejor ordenados si se les permitía restaurar sus propias leyes nativas. Dios usó este impulso egoísta para sus propios propósitos. Esdras trajo un número de levitas junto a él para la tarea de instruir al pueblo en la ley de Dios. Como parte del trabajo de Esdras, también confrontó el pecado en la comunidad, el más destacado de los cuales era el matrimonio entre hombres judíos y esposas paganas. Ese pecado llevó a los problemas de Israel y Judá en primer lugar, ya que las mujeres extranjeras llevaban a sus maridos a adoptar prácticas religiosas paganas. Uno sólo requiere pensar en Jezabel y Acab y la princesa egipcia y Salomón. Cuando confrontó a estos pecadores, Esdras lloró y rasgó sus vestiduras, demostrando su fervor de que la gente obedeciese a Dios.

El relato del ministerio de Esdras se cuenta conjuntamente con el de Nehemías, quien llegó en 445 a.C., comisionado para reconstruir el muro, sin embargo, rara vez su trabajo es descrito en conjunto. Estaban juntos el día que las personas reafirmaron su intención de obedecer la ley de Dios (Neh. 8:1, 9-10). Esdras juega un importante rol en la literatura judía del período intertestamentario. Él es recordado como quien cierra el canon del AT, completando a todos los libros en una colección.

ESDRAS, LIBRO DE La evidencia es clara de que los libros de Esdras y Nehemías originalmente era un solo libro. No es hasta la Edad Media que manuscritos muestran la división entre ambos. Además, el material en Neh. 8 (y tal vez los capítulos 9-10) es una continuación del material que sigue la historia de Esdras comenzada en Esdras 7-10. Así, parte de la discusión que sigue es también relevante para el libro de Nehemías.

El libro de Esdras recibe su nombre de un auto descrito sacerdote y maestro (7:11) del Señor. Este hombre fue comisionado por el rey persa, Artajerjes I (r. 464-424 AC) para restablecer la ley del Señor en Judá.

Autor y Data

El tema del autor y la data de Esdras incluye la evidencia de Nehemías, ya que originalmente eran una sola composición. Estos libros son únicos entre las historias teológicas del AT en que contienen grandes porciones escritas en forma de memorias, relatos en primera persona de quienes participaron en los eventos narrados. Esdras, por ejemplo, habla en primero persona en partes de Esdras 7-10. Sin embargo, la memoria está establecida dentro de un marco más típico de las historias del AT: narración en tercera persona omnisciente. Así, aunque tradicionalmente la autoría de Esdras se asocia con Esdras, no existe declaración de que el libro como un todo haya sido escrito por él; por lo tanto, este libro, como muchas de las historias de Israel, es anónimo. En cuanto a la fecha de composición, debemos diferenciar las memorias, que datan de la época de Esdras (su ministerio comienza en el año 458 a.C.) y la época de Nehemías (su trabajo comienza 445 a.C.), y el período de la narrativa en tercera persona que incorpora estas memorias. Este último no contiene fecha, pero ninguno de los eventos narrados ocurrió después del año 400 a.C., y tal vez la composición final de libro no sea posterior al año 300 a.C.

GÉNERO Y ESTRUCTURA

El libro de Esdras es una historia teológica, un libro cuya intención es comunicar lo que en realidad pasó en espacio y tiempo, pero es selectivo, con el propósito de mostrar cómo Dios estaba trabajando entre su pueblo en el periodo postexílico. Como una historia teológica en el AT, sin embargo, Esdras y Nehemías son únicos en el hecho de que contienen memorias de Esdras y Nehemías (como se detalla en el primer esquema a continuación). La estructura del libro de Esdras tiene sentido sólo cuando se empareja con Nehemías, ya que, nuevamente, son originalmente una sola unidad. La estructura puede explicarse en base a sus fuentes como sigue:

I. Una revisión histórica (Esd. 1-6)
II. Las memorias de Esdras, Parte 1 (Esd. 7-10)
III. Las memorias de Nehemías, Parte 1 (Neh. 1-7)
IV. Las memorias de Esdras, Parte 2 (Neh. 8-10)
V. Las memorias de Nehemías, Parte 2 (Neh. 11-13)

O en base a su contenido como sigue:

I. Zorobabel y Sesbasar guían al pueblo en la reconstrucción del Templo (Esd. 1-6)
II. Esdras guía al pueblo a través del restablecimiento de la Ley (Esd. 7-10)

Ilustración de Esdras leyendo la ley.

III. Nehemías guía al pueblo en la reconstrucción del Muro de Jerusalén (Neh. 1:1-7:3)
IV. Renovación, celebración, problemas restantes (Neh. 7:4-13:31)

Mensaje Teológico

El libro de Esdras comienza donde Crónicas termina, con el decreto del rey Ciro de Persia que a los judíos se le permita regresar a la tierra. Los primero seis capítulos narran los eventos de la primera fase de ese regreso, desde 539 hasta 515 a.C. Zorobabel y Sesbasar son los líderes del pueblo en ese momento, y su meta inicial es reconstruir el templo. Una vez que comienzan, sin embargo, se establece oposición y el trabajo se detiene. Sin embargo, motivados en gran parte, como sabemos, por los profetas Ageo y Zacarías, el pueblo termina el trabajo y el segundo templo se vuelve funcional.

No obstante, más de cincuenta años después, cuando comienza la historia de Esdras (Esdras 7-10), la condición del pueblo de Dios no es prometedora. El rey Artajerjes de Persia les permite a Esdras, un sacerdote y maestro, dirigir un regreso a Judá con el expreso propósito de restablecer la ley de la tierra. Cuando llega, encuentra que hay prácticas pecaminosas como el matrimonio ilegítimo entre judíos y gentiles, y trabaja para restablecer la pureza del pueblo. La historia de Esdras continúa en el libro de Nehemías, donde se le ve guiando al pueblo en una gran renovación de la alianza mientras reafirman su compromiso de obedecer la ley de Dios (Neh. 8-10).

Significación Contemporánea

El libro de Esdras narra dos períodos de regreso a la tierra prometida del exilio con dos propósitos primarios diferentes. El primer grupo, encabezado por Zorobabel y Sesbasar, tiene como propósito principal la reconstrucción del templo. La primacía de la construcción del templo es una indicación de la importancia de la adoración. El segundo grupo regresa bajo el liderazgo de Esdras, cuyo propósito es restablecer la observancia de la ley entre el pueblo de Dios. La palabra de Dios juega un rol central en la reforma de Esdras y leer acerca de su antiguo ministerio recuerda al pueblo de Dios de hoy en día acerca de la importancia de las Escrituras.

El estilo de liderazgo de Esdras también proporciona un modelo para el liderazgo contemporáneo. Esdras es sensible y empático. Él toma los defectos y fallas del pueblo de Dios sobre sí mismo. Cuando el pueblo peca, se saca su propio cabello y llora de desilusión. Que este no es el único estilo posible de liderazgo se ve en el libro siguiente mientras observamos a Nehemías trabajando.

El trabajo de Zorobabel y Esdras (al igual que Nehemías) también ilustra que ocasionalmente la separación de influencias paganas es necesaria. Sentado está que Jesús rompe la barrera entre judíos y gentiles (Gal. 3:28), pero sus seguidores deberían distinguirse por su nueva vida en él (Gal. 4:8-11; 5:16-26).

ESEC Un descendiente de Saúl (1 Cr. 8:39).

ESEK Un pozo, cuyo nombre significa "disputa", que fue la fuente de una contienda entre los pastores de Isaac que lo cavaron y los pastores del reino de Gerar (Gn. 26:20).

ESEN *Ver* Ezem.

ESENIOS Los esenios era un grupo judío ascético mencionado por primera vez en el período asmoneo. Creían en la divina providencia por sobre todo y la inmortalidad del alma. Se decía que predecían el futuro e interpretaban los sueños. Por lo general son igualados a la comunidad Qumran descrita en los MMM. *Véase también* Partidos judíos.

ESKOL **(1)** Un aliado de Abraham que vivía en la región de Hebrón. Eskol y sus hermanos se unieron a Abraham para luchar contra la coalición de cuatro reyes y recuperar al sobrino de Abraham, Lot, y su familia (Gn. 14:13-24). **(2)** Un valle cerca de Hebrón visitado por los doce espías israelitas durante su reconocimiento de Canaán. Los espías trajeron de regreso un solo "racimo ['eshkol] de uvas" el valle como prueba de la productividad (Nm. 13:23-24). La región aun produce excelentes uvas.

ESLI Un ancestro postexílico de Jesús de otra forma desconocido mencionado sólo en Lc. 3:25 como el hijo de Naggay y el padre de Nahum.

ESMIRNA La ubicación de una de las siete iglesias a las que se dirige el Apocalipsis (Ap. 1:11; 2:8-11). Esmirna era una ciudad puerto en la costa oeste de Asia Menor, en el golfo que unía el río Hermo y el Mar Egeo. Esta ubicación le permitió a Esmirna prosperar como un centro metropolitano. La Esmirna del período del NT se estableció en el siglo cuatro a.C., reemplazando un antiguo asentamiento griego que había sido destruido tres siglos antes.

Esmirna era conocida por su fidelidad a Roma, y albergaba un templo dedicado a la adoración del emperador. Escritores antiguos mencionan la "corona de Esmirna", tal vez apuntando a la referencia de Juan sobre la "corona de vida" (Ap. 2:10 ESV, NRSV, NASB). Policarpo, un discípulo del apóstol Juan y obispo de Esmirna, fue martirizado en la ciudad alrededor del año 155 AD. La ciudad permanece en existencia como la moderna Esmirna, Turquía.

ESPACIO EXTERIOR En la cosmología moderna, el "espacio exterior" se refiere a la gran extensión del universo que se encuentra más allá de la atmósfera terrestre. En la Biblia, el cielo y cualquier cosa más allá, incluyendo el espacio atravesado por el sol, la luna y las estrellas, así como también la región cósmica en la que existe la corte divina, se mencionan con el término "cielo(s)" (Heb. shamayim; Gr. Ouranos [sg.], Ouranoi [pl]).

La morada del sol, la luna y las estrellas se equipara naturalmente con el concepto moderno de espacio exterior, pero la ecuación es algo artificial porque la concepción antigua de esta región era completamente diferente de la comprensión moderna. Por ejemplo, hay pocos indicios de que la audiencia antigua de la Biblia hubiera entendido que las estrellas que pueblan el cielo son significativamente más grandes que la Tierra y que están a muchos años luz de distancia. Tales ideas no tenían importancia significativa en la información más importante que los escritores de la Biblia trataban de transmitir. Por el contrario, los autores bíblicos escribieron de acuerdo a las nociones comúnmente aceptadas de la estructura del universo (sin ofrecer un juicio explícito sobre su veracidad) con el fin de aclarar puntos teológicos a su audiencia.

En los tiempos del NT, aparentemente había una variedad de puntos de vista sobre la estructura de los cielos. Algunos sostenían que sólo había un cielo, otros tres, cinco o siete. Típicamente, el cielo más alto era la morada especial de Dios.

No existe una expresión equivalente al "espacio exterior" en la Biblia, y el paralelismo más cercano radica en referencias no al espacio más allá de la atmósfera terrestre sino al desierto deshabitado (por ejemplo, Sal. 55:7) o incluso a un lugar de juicio y castigo (Mat. 8:12). Esto resalta la diferencia entre los mundos conceptuales de los escenarios originales de los textos bíblicos y los de sus lectores modernos.

ESPADA Un arma ofensiva de corta distancia diseñada para cortar (cf. "el filo de la espada" [Js. 8:24; 10:30 NRSV]), apuñalar (e.g., Sal. 37:15), o ambas. La palabra hebrea del AT khereb abarca muchos tipos de espadas, incluyendo espadas cortas o dagas (Jue. 3:16). En el NT, se hace una distinción entre la espada de doble filo que era perfeccionada en el gladius romano, un arma diseñada para penetración profunda en apuñalamiento (e.g., Lc. 2:35), y la más común, espada corta o daga. Apareciendo en relatos de guerras o en figuras retóricas, la espada es el arma mencionada con más frecuencia en la Biblia.

Las espadas eran hechas de bronce o hierro y podían ser de uso ceremonial. Las espadas tempranas con frecuencia tenían forma de hoz, como se ve en los relieves egipcios, y eran un emblema de rango. Se afilaba el borde exterior de la curva.

Este estilo de espada es el que probablemente debe entenderse en Js. 10:28-39. Luego, entre los Pueblos del Mar, aparecieron las estadas rectas de hierro, como las que se han encontrado en entierros en el territorio filisteo. Este estilo de espada es probablemente el que se entiende en Sal. 149:6. En el Israel temprano, una espada, en especial una hecha de hierro, era un arma rara y preciada que representaba la mejor tecnología de su tipo (1 Sm. 13:19, 22; 17:45-50). Más tarde, las espadas cortas eran tan comunes que podían obtenerse para defensa (Lc. 22:36-38).

La espada con frecuencia funciona como un aterrador símbolo de guerra, muerte y completa destrucción—con frecuencia expresiones del juicio de Dios (Gn. 3:24; Dt. 13:15; 20:13; Js. 6:21; Jr. 6:25; Ap. 6:4, 8). Pero también podía representar poder y victoria consecuente (Lv. 26:7-8; Sal. 149:6) Metafóricamente, la espada se asocia con la imaginería conectada a la boca: come y queda satisfecha (Dt. 32:42; Is. 1:20; 34:6); lenguas o dientes pueden ser como espadas (Sal. 57:4; 64:3; Prov. 12:18; 30:14); las palabras son como espadas (Ef. 6:17; Heb. 4:12; cf. Ap. 1:16; 19:21).

ESPAÑA Un país en la Península Ibérica en el sudoeste de Europa que fue conquistado por los romanos alrededor del año 200 a.C. Pablo expresa un deseo de evangelizar el área antes de su muerte (Rom. 15:24, 28), aunque hay un debate considerable acerca de si logró su deseo. De acuerdo con 1 Clem. 5.5-7 (95 d.C.), Pablo sí llegó a España ("límite más lejano del oeste").

ESPECIAS En la Biblia, la palabra "especia" incluye las palabras hebreas bosem (NIV: "especia, perfume, fragancia") y sam (NIV: "incienso fragante, especia fragante") y las palabras griegas arōma y amōmon (NIV: "especia"). Los productos aromáticos vegetales se usaban para sazonar la comida o como agentes aromáticos, y a veces como ambos. El término griego amōmon ocurre solamente en Ap. 18:13, en este contexto probablemente haciendo referencia a una especie de la India.

El término arōma aparece en Mc. 16:1; Lc. 23:56; 24:1; Jn. 19:40, donde técnicamente no forma parte de un proceso de embalsamamiento, ya que no detiene la descomposición, sino que más bien tiene la intención de compensar el aroma de la muerte. Si una pira funeraria no es la intención en 2 Cr. 16:14, las especias ahí cumplen la misma función.

El término hebreo sam aparece más frecuentemente en el Éxodo en conexión con el incienso para ser quemado ante Dios (Éx. 25:6; 30:7, 34; 31:11; 35:8, 15, 28; 37:29; 39:38; 40:27; cf. Lv. 4:7; 16:12; Nm. 4:16; 2 Cr.13:11). El término bosem ocurre más ampliamente a través del AT en referencia tanto a fragancias (e.g., Is. 3:24) y especias (e.g., 1 Re. 10:10) y puede modificar el nombre de especias específicas, como en Éx. 30:23: "especia de canela" (NIV: "canela aromática") y "especia de caña" (NIV: "cálamo aromático").

Las especias estaban en alta demanda, haciendo la comida y la vida más agradable, especialmente para los ricos. Se usaban en la comida (implícito en Ez. 24:10) y bebida (Cant. 8:2). El intercambio de especias forjó las rutas más tempranas desde el norte de India a Sumeria, Akkad y Egipto (cf. Gn. 37:25).

El intercambio comercial llevó al intercambio cultural y, en el tiempo de Salomón, a la riqueza nacional por los peajes recolectados de esos cargamentos. Ezequiel 27:22 y Ap. 18:13 demuestran el valor asociado con este intercambio, y 2 Reyes 20:13 coloca las especias entre los "tesoros" del rey Ezequías.

El lujo sensual de las especias podía ser erótico (e.g., Est. 2:12; Cant. 5:1; 6:2; 8:14); de hecho, Cantar de los Cantares, aunque breve, usa la palabra bosem más que cualquier otro libro en el AT. Algunas especias, tales como el incienso, eran importantes para los rituales de adoración en el antiguo Israel, siendo usadas como ofrendas (Lv. 24:7) y en aceite e incienso de ungir (Éx.25:6; 30:22-38). Producir las mezclas correctas requería individuos entrenados (Éx.20:25; 1 Cr. 9:29-30).

La lista a continuación incluye un número de especias nombradas en la Biblia.

Aloe (hebreo 'ahalim, 'ahalot; griego aloē). En el AT probablemente se refiere a la Aquilaria agallocha, una especia derivada del árbol de palo de águila y usada para perfumar telas (Sal. 45:8; Prov. 7:17; Cant. 4:14). En el NT, se refiere al jugo de las hojas de Aloe vera (Jn. 19:39).

Bálsamo (hebreo tsori). Aparentemente nativa de Gilead, la planta ahora es desconocida. Su asociación más temprana es con la estacte (Commiphora gileadensis), que actualmente no crece en Gilead. Destacada por sus beneficios curativos para las heridas (Jr. 8:22; 46:11; 51:8), el bálsamo se exportaba (Gn. 37:25; 43:11; Ez. 27:17).

Cálamo (hebreo qaneh). También conocida como cálamo aromático (Acorus calamus), el cálamo se usaba por su aroma y como tónico y estimulante (Cant. 4:14; Is. 43:24; Jr. 6:20; Ez. 27:19).

Alcaravea (hebreo qetsakh). Las semillas de esta planta (Nigella sativa) eran usadas como condimento para aliviar gases intestinales. Un suave golpeteo liberaba las semillas sin aplastarlas (Is. 28:25, 27).

Casia (hebreo qiddah, qetsi'ah). Estos términos hebreos probablemente se refieren a un aromatizante similar a la canela, la corteza de la Cinnamomum aromaticum, o más probablemente la Cinnamomum iners de Arabia y Etiopía (Éx.30:24; Sal. 45:8; Ez. 27:19).

Canela (hebreo qinnamon; griego kinnamōmon). Una variedad de canela o "verdadera canela" (Cinnamomum zeylanicum) importada desde Sri Lanka (Éx. 30:23; Prov. 7:17; Cant. 4:14; Ap. 18:13). Vagamente relacionada puede estar la "especie" (griego amōmon) de Ap. 18:13; la palabra con frecuencia aparece junto a "cardamomo" en textos extrabíblicos; tal vez indica cardamomo negro.

Coriandro (hebreo gad) También conocido como cilantro, se usa hace mucho tiempo para sazonar las comidas; también servía como medicina para ayudar a la digestión y al sueño (Éx.16:31; Núm. 11:7).

Comino (hebreo kammon; griego kyminon). Cuminum cyminum, que es similar a la alcaravea en sabor y apariencia, se cultiva hace mucho en Palestina como sazonador. Como la alcaravea, es trillada para mantener las semillas intactas (Is. 28:25, 27; Mt. 23:23).

Eneldo (griego anēthon). Usado para sazonar, esta hierba (Anathum graveolens) estaba entre aquellas diezmadas por los fariseos (Mt. 23:23).

Incienso (hebreo lebonah; griego líbanos). Esta resina aromática proviene de árboles del tipo Boswellia era usada en la adoración (Éx. 30:34; Lv. 24:7) y estaba entre los regalos llevados a Jesús al nacer (Mt. 2:11).

Resina (hebreo natap). También conocida como estacte, este ingrediente del incienso santo (Éx. 30:34) se derivaba de Commiphora gileadensis (bálsamo de Gilead) o Styrax officinale.

Menta (griego hēdyosmon) Más probablemente Mentha longifolia, fue diezmada por los fariseos (Mt. 23:23; Lc. 11:42).

Mirra (hebreo mor, lot; griego smyrna, cf. myron). Una resina exudada por las incisiones en las ramas de árboles tales como Commiphora myrrha y Commiphora kataf y útil por su fragancia y propiedades antisépticas (Éx.30:23; Sal. 45:8; Prov. 7:17; Cant. 1:13; 3:6; Est. 2:12). El hebreo lot (Gn. 37:25; 43:11) probablemente se refiere a ládano.

Nardo (hebreo nerd; griego nardos). En el AT (Cant. 1:12; 4:13-14), hierba de los camellos (Cymbopogon schoenanthus) del norte de África y de Arabia probablemente está a la vista, pero en el NT (Mc. 14:3; Jn. 12:3), Nardostachys jatamansi de Nepal se sugiere. El nardo era usado como ungüento o perfume.

Ruda (griego pēganon). Mencionado solo en Lucas 11:42, Ruta chalepensis era cultivada para saborizar la comida y se creía que tenía valor medicinal.

Azafrán (hebreo karkom). Producido de las flores de la Crocus sativus, nativa de Grecia y Asia Menor, está cara especia era usada no solo

Especias del medio oriente

para propósitos culinarios, sino también como antiespasmódico y emenagogo (Cant. 4:14).

ESPECTÁCULO Una exhibición, escena pública dramática o exhibición destacable. En el AT se refiere a Dios haciendo a alguien (Ez. 28:17; [el rey de Tiro]) o algo (Nah. 3:6 [la ciudad de Nínive]) un objeto de desprecio. En el NT, "espectáculo" traduce las palabras griegas theatron (1 Cor. 4:9 [en referencia a las humillaciones públicas de los apóstoles]) y theōria (Lc. 23:48 [en referencia a la crucifixión pública de Jesús]), como refiriéndose a eventos en el escenario de un anfiteatro.

ESPEJO DE METAL LAMINADO En Job 37:18 la RV traduce la palabra hebrea re'i como "espejo de metal laminado" (NVI: espejo). Sin embargo, el elemento al que se hace referencia aquí es un espejo formado por latón fundido y acero. Estos espejos eran lisos y pulidos, hechos sin el menor defecto o grieta. Aquí el "espejo" representa la pureza y el brillo de la gloria de Dios y la maravilla de su obra celestial. *Ver también* Espejo.

ESPEJO Tanto Pablo como Santiago hacen referencia a los espejos al hablar sobre verdades espirituales. Los espejos antiguos estaban hechos de bronce pulido en lugar de vidrio (*véase* Job 37:18). Pablo comparó la visión imperfecta en ese espejo con el conocimiento humano parcial que tendremos hasta que "veamos cara a cara" (1 Cor. 13:9-12). Santiago comparó a una persona que escucha la palabra de Dios pero no la obedece con "al que se mira el rostro en un espejo y, después de mirarse, se va y se olvida en seguida de cómo es" (Sant. 1:23- 24).

ESPELTA Triticum spelta es un ají de trigo farro (Triticum dicoccum) y aegilops (Aegilops tauschii) que apareció ocho a diez milenios atrás en el antiguo Oriente Próximo. Las espiguillas de espelta contienen dos granos rojizos que tienen una cáscara más dura que el trigo común (Triticum aestivum). En la Biblia aparece en compañía de otros granos y cultivos, tales como trigo, cebada y mijo (Éx. 9:32; Is. 28:25; Ez. 4:9).

ESPERANZA

Alcance y Usos de la Palabra "Esperanza"

A veces simplemente indicando un deseo (2 Cor. 11:1), en la Biblia la palabra "esperanza" por lo general designa una disposición del alma, las bases para la esperanza de alguien o el resultado que uno espera.

Aquellos que han sido ayudados por Dios y liberados excepto para ver el poder de Dios nuevamente cuando vuelvan a surgir las necesidades, sabiendo que en Dios hay razones para la esperanza. El mero optimismo asume que las malas circunstancias mejorarán con el paso del tiempo. En contraste, la esperanza asume que Dios es fiel y está convencido de que es capaz de lograr su buen propósito (Is. 44:1-8). De manera que en su núcleo, la esperanza bíblica es esperanza en Dios, enraizada en la fidelidad de Dios a la alianza (Sal. 62:5-8; Jr. 14:8; 17:13; Rom. 4:18; 5:1-5). La esperanza confía en Dios en el presente y vive incluso ahora en la fortaleza de los futuros logros de Dios (Gal. 5:5; Heb. 11:1).

Las dos principales palabras del AT para "esperanza" (raíces heb. qwh y ykhl) son ocasionalmente traducidas "espera". Por definición, esperanza significa que el resultado prometido por Dios aún no ha llegado y que algún tiempo pasará antes de que llegue. Pero ese tiempo está lleno de una sensación de espera en Dios, generalmente con un profundo deseo porque Dios actúe (*véase* Sal. 25:16-21; 39:4-7; Is. 40:28-31; Lam. 3:19-24).

La disposición interna de la esperanza puede verse seriamente amenazada por la injusticia y otras experiencias de vida devastadoras, como se refleja en Job 6:8-13;

Un espejo de bronze (Tebas, Egipto).

14:19; 19:10. El estribillo del Sal. 42:5-6, 11; 43:5 es la auto exhortación de un salmista a la esperanza en medio de circunstancias apremiantes y deprimentes: "¿Por qué, alma mía, estás decaída? ¿Por qué tan alterada dentro de mí? Coloca tu esperanza en Dios, porque yo aún lo alabaré, mi Salvador y mi Dios". Palabras de "esperanza" actúan de igual manera en otros salmos de lamento (Sal. 9:18; 31:24; 71:5, 14; cf. Miq. 7:7).

El AT por lo general localiza la esperanza individual dentro del horizonte y límites de este mundo. Uno espera por resultados que puedan realizarse durante la vida de uno; de hecho, cuando la vida termina, la esperanza termina (Prov. 11:7; 24:20; Ecl. 9:4; Is. 38:18). Los proverbios que mencionan esperanza sobre el desarrollo de carácter de alguien muestran una subyacente preocupación de que el propósito de Dios sea vindicado en la vida de uno (e.g, Prov. 19:18; 26:12). Usado en conjunción con Israel como un todo, la esperanza mira hacia un futuro más distante y generaciones futuras.

En el NT, la esperanza está íntimamente asociada con Cristo y su trabajo salvador. Los cristianos ahora viven por la esperanza en Cristo (Ef. 1:12; 1 Pe. 1:3; 3:15); de hecho, él es "Cristo Jesús nuestra esperanza" (1 Tim. 1:1), y su futura aparición es "la bendita esperanza" (Tit. 2:13). Por tanto, la esperanza se refiere a gloria escatológica (2 Cor. 3:11-12; Ef. 1:18). Es "la esperanza de la resurrección" (Hec. 23:6; cf. 24:15; 26:6-9), nuestra transformación en el retrato de Cristo (1 Jn. 3:1-3). Esa expectativa estimula varias esperanzas para la realización del plan de Dios en la vida de uno y de los otros (1 Cor. 9:10, 13; Flp. 2:19, 23; 2 Tim. 2:25; 2 Jn. 12). De manera que la esperanza es mencionada repetidas veces como un atributo cristiano esencial (Rom. 12:12; 15:4, 13; 1 Cor. 13:13).

La Esperanza como un Tema Bíblico

Con el Dios de la esperanza como su Señor de la alianza, la esperanza es una realidad definitoria para Israel y un tema persistente en los libros históricos (e.g., 2 Sm. 23:1-7; 2 Re. 25:27-30). Los salmistas encuentran la esperanza ya sea en la continuidad con estructuras presentes (Sal. 37) o en cambios drásticos (Sal. 33; 82) como la restauración personal o corporativa.

El juicio domina el mensaje de los profetas preexílicos, aunque las expresiones de esperanza también se encuentran. Pero la caída de Judá en 587/586 a.C. marca un punto de quiebre en la esperanza profética. Mientras la profecía preexílica basa sus denuncias, llamados y advertencias en el éxodo y la alianza, Jeremías y Ezequiel tienden a redirigir la esperanza y expectativa a un nuevo trabajo de salvación que Dios logrará a través y después del juicio del exilio (e.g., Jr. 31:31-34; Ez. 11:16-21; cf. Is. 43:18-19). En la estela de la destrucción de Judá, estos profetas sostienen notable nueva visión de gracia y promesa. La restauración será personal al igual que nacional; el perdón del pecado permitirá la obediencia de la ley de Dios, que ahora estará escrita en sus corazones.

Durante el exilio, la recolección de los textos sagrados de Israel permitió a la comunidad destrozada sostener su identidad y esperanza. La profecía postexílica con frecuencia es "profecía de texto" que surge de la reflexión sobre y la re aplicación de profecías escritas, salmos y otros textos de las Escrituras. Por ejemplo, el libro de Zacarías (especialmente los capítulos 9-14) alude a muchos escritos anteriores y también se mueve hacia la literatura apocalíptica, contribuyendo una nueva imaginería dramática de la conquista del mal por Dios para establecer su reinado cósmico y cumplir su alianza. Las esperanzas mesiánicas crecieron durante su período, alimentadas por profecías anteriores (e.g., Is. 9; 11; 65:17; Jr. 23:5; Miq. 5:2).

Si el AT entrega pistas ocasionales de una vida después de la muerte, esta esperanza se vuelve manifiesta en el NT (2 Tim. 1:10). Jesús le promete al ladrón en la cruz compañerismo después de la muerte (Lc. 23:43). Para Pablo, "partir y estar con Cristo" es una esperanza tan vívida que "morir es ganancia" (Flp. 1:21-24). Tales textos implican que la muerte guía al creyente a la presencia de Cristo. Sin embargo, este estado intermedio no es todo. Somos salvados en la esperanza de la redención de nuestros cuerpos (Rom. 8:23-25)—nuestra resurrección de los muertos y entrada en una nueva existencia corporal glorificada (1 Cor. 15; Flp. 3:20-21).

Cristo es juez al igual que salvador (Mt. 16:27; 25:31-46; Hec. 17:31; Rom. 2:16), y el NT anticipa un juicio final de todas las personas y poderes desplegados contra Dios, incluyendo el pecado y la muerte (1 Cor. 15:24-26; 2 Tes. 1:5-10). La esperanza cristiana involucra nada menos que el regreso y completa revelación de Jesucristo, la resurrección de los muertos y la renovación de toda la creación (1 Tes. 4:13-18; Ap. 21-22), la completa vindicación del gobierno de Dios ya asegurado en Cristo. Entonces el pueblo redimido de Dios verá su rostro y vivirá en su presencia por siempre (Mt. 5:8; Jds. 24; Ap. 22:4). Una visión de este futuro nos permite seguir avanzando con esperanza, adelantándonos a los que está por venir (Flp. 3:13-14).

ESPERANZA FUTURA La esperanza es uno de los temas principales de las Escrituras y muchas de estas esperanzas se enfocan en el futuro. Por ejemplo, Jeremías le dio a sus compatriotas en el exilio babilonio la siguiente promesa: "'Porque yo conozco los planes que tengo para ustedes', declara el Señor, 'planes para hacerlos prosperar y no para dañarlos, planes para darles esperanza y un futuro'" (Jr. 29:11). El apóstol Pablo retoma este tema de esperanza: "Que el Dios de la esperanza los llene con toda la alegría y paz que ustedes le confían, para que puedan rebosar de esperanza por el poder del Espíritu Santo" (Rom. 15:13).

Esperanza Basada en Promesa

La esperanza de un creyente se enfoca en varios tipos de promesas. Primero, hay muchas promesas de la asistencia de Dios en las luchas y dificultades de la vida. Pablo, por ejemplo, concluye: "Ya que yo estoy convencido de que ni la muerte ni la vida, ni ángeles ni demonios, ni el presente ni el pasado, ni poder alguno, ni la altura ni la profundidad, ni nada más en toda la creación, será capaz de separarnos del amor de Dios que está en Jesucristo nuestro Señor" (Rom. 8:38-39). Los cristianos pueden tener la confianza en que "ninguna tentación los ha superado excepto lo que es común a la humanidad. Y Dios es fiel; él no los dejará ser tentados más allá de lo que pueden soportar. Pero cuando sean tentados, Él también proveerá una forma de salir para que puedan soportarlo" (1 Cor. 10:13).

Segundo, los creyentes también tienen promesas de que Dios estará con ellos e irá con ellos a través de las experiencias futuras de sufrimiento físico y muerte. Aquí la promesa clásica se encuentra en las palabras del salmista: "Aunque camine por el valle más oscuro, no temeré ningún mal, ya que tú estás conmigo; tu vara y tu cayado me confortan" (Sal. 23:4). Es por promesas como esas que Pablo puede preguntarse si es mejor morir o seguir viviendo: "Estoy divido entre las dos: deseo partir y estar con Cristo, que es por lejos lo mejor" (Flp. 1:23).

Tercero, hay promesas relacionadas a toda la constelación de eventos que rodean el regreso de Jesús y la conclusión de la historia humana como la conocemos. El regreso de Jesús es descrito como "la bendita esperanza" (Tit 2:13). Aún más, las dificultades y luchas de la vida presente habrán terminado y Dios completará todo su trabajo transformador en nuestras vidas en un momento final de glorificación. Juan describe este proceso de la siguiente manera: "Cuando Cristo aparezca, seremos como él, porque lo veremos cómo es" (en 1 Jn. 3:2). La representación clásica de la esperanza futura está en Ap. 21-22, cuando: "'Él borrará cada lágrima de sus ojos. No habrá más muerte' o luto o llanto o dolor, ya que el antiguo orden de las cosas ha pasado" (21:4).

El Mundo Presente y la Esperanza Futura

Al mismo tiempo, no es ningún secreto que la cultura más amplia no acepta esta esperanza futura. Pablo predice: "Vendrá el tiempo cuando las personas no soportarán la doctrina racional. En cambio, para acomodar sus propios deseos, reunirán a su alrededor a un gran número de maestros para que digan lo que sus oídos ansían escuchar" (2 Tim. 4:3). Pedro advierte: "En los últimos días los mofadores vendrán, burlándose y siguiendo sus propios deseos malvados. Dirán, '¿dónde está esta "venida" que Él prometió? Desde que nuestros padres murieron, todo sigue como ha sido desde el comienzo de la creación'" (2 Pe. 3:3-4). Siempre existe el peligro de que "las preocupaciones de esta vida y la trampa de la riqueza" (Mt. 13:22) ahogarán y negarán cualquier influencia positiva que una persona ha recibido en la vida presente.

Los cristianos son llamados a protegerse a sí mismos de verse desviados por las atracciones de este mundo presente a través de aprender a vivir la vida con un sentido diario de expectativa por el regreso de Jesús. Tres verbos destacan en la descripción de este estilo de vida apropiado: (1) "observar", en el sentido de estar espiritualmente alertas y listos en cualquier momento (Mt. 25:13: "Por lo tanto, mantengan vigilancia, porque no saben el día o la hora"; 1 Tes. 5:6: "Entonces, no seamos como otros, que están dormidos, sino que estemos despiertos y sobrios"); (2) "esperar", en el sentido de estar preparados para una larga espera (*véase* la historia de las cinco vírgenes necias en Mt. 25:1-13); y (3) "trabajar", haciendo el mejor uso de nuestro tiempo (*véase* la parábola de los talentos en Mt. 25:14-30). Verdaderamente, "nuestra salvación está más cerca ahora de lo que creíamos en un principio" (Rom. 13:11). Las enseñanzas bíblicas sobre escatología no se dan meramente como información, sino para transformarnos. La esperanza futura descrita en las Escrituras se usa repetidamente como base para exhortaciones sobre cómo debemos vivir nuestras vidas aquí en el presente. Jesús no afirmó simplemente que estos eventos iban a ocurrir; también enfatizó el comportamiento apropiado a la luz de esta futura realidad. "Aquel que testifica a estas cosas dice: 'Sí, vendré pronto'. Amén. Ven, Señor Jesús" (Ap. 22:20).

ESPIGA En Éx. 26:17, 19; 36:22, 24 algunas versiones (KJV, NASB, ESV) usan espiga para traducir la palabra hebrea yad (mano), usada en estos versículos para indicar proyecciones hechas para calzar en una cuenca o soquete para crear una articulación. La NIV usa proyección y la NRSV usa "estaca".

ESPIGAS DE GRANO *Véase* Cabezas de Grano.

ESPINA EN LA CARNE Una dificultad no especificada sufrida por el apóstol Pablo, a la que se refiere en 2 Cor. 12:7. Pablo llama esta dolencia "un mensajero de Satanás" enviado a "atormentarme". También dice que tres veces había orado porque Dios le quitase este sufrimiento, pero sin resultados (2 Cor. 12:8).

Pablo reconoce que esta "espina en la carne" fue enviada por Dios para evitar que fuese engreído después de haber recibido "revelaciones incomparablemente grandes" (2 Cor. 12:7). La espina era algo positivo, que hizo que él se volviese hacia Dios y específicamente a la gracia de Dios como fuente de poder para su vida. Cuando Pablo le pide a Dios que se llevase la espina, Dios respondió, "Mi gracia es suficiente para ti, porque mi poder se hace perfecto en la debilidad", y así Pablo concluye, "Presumiré aún más alegremente mi debilidad, para que el poder de Cristo descanse en mí" (2 Cor. 12:8-9).

No se sabe específicamente qué era esta espina en la sangre. Algunos conjeturan que puede haber sido un problema a la vista, ya que Pablo dice en Gal. 4:15 que los Gálatas lo querían tanto que ellos se hubiesen sacado sus ojos para dárselos, y en Gal. 6:11 menciona que está escribiendo con letras grandes. Esta incertidumbre concerniente a la identidad de la espina en la carne de Pablo no es algo malo, ya que permite la aplicación del principio de dependencia en Dios a varios tipos de sufrimientos y dificultades.

ESPÍRITU En el mundo de la Biblia, una persona era vista como una unidad de ser con el aliento abrumador y, por tanto, la impronta del amante y santo Dios. La relación humano-divina consecuentemente se retrata en la Biblia como de naturaleza predominantemente natural. Dios es espíritu, y la humanidad puede comunicarse con él en el mundo espiritual. Los antiguos creían en un mundo invisible de espíritus que eran gran parte, sino toda, la causa para eventos naturales y acciones humanas en el mundo visible.

Antiguo Testamento

Los escritores del AT usaban la palabra hebrea común ruakh ("viento" o "aliento") para describir fuerza o incluso vida desde el Dios del universo. En su más reveladora primera instancia, el ruakh de Dios planeaba sobre

E

las agua del mundo no creado (Gn. 1:2). En el capítulo siguiente del Génesis una palabra acompañante, neshamah ("aliento") es usada cuando Dios sopla en las fosas nasales de Adán "el aliento de vida" (2:7). Así, Dios respiró su propia imagen en el primer ser humano. Las obligaciones morales de la humanidad en el resto de la Biblia descansan en este acto de respiración de Dios.

Los autores del AT con frecuencia usan ruakh simplemente para denotar aire en movimiento o respiración de la boca de una persona. Sin embargo, instancias especiales del uso de ruakh incluyen referencias a la vida misma de una persona (Gn. 7:22; Sal. 104:29), una actitud o emoción (Gn. 41:8; Nm. 14:24; Sal. 77:3), los rasgos negativos de orgullo o carácter (Sal. 76:12), una disposición generalmente buena (Prov. 11:13; 18:14), el lugar de conversión (Ez. 18:31; 36:26), y determinación dada por Dios (2 Cr. 36:22; Ag. 1:14).

Ocasionalmente en el AT, los espíritus son etiquetados "malvados" (Jue. 9:23 ESV, NRSV, NASB). En el caso de un espíritu malvado atormentando al rey Saúl, el espíritu fue identificado como "del Señor" (1 Sm. 16:14-15, 23). De acuerdo a la perspectiva de los antiguos, una vez que una persona era poseída por un espíritu divino, la partida de ese espíritu significaba la posesión por un espíritu diferente (1 Sm. 16:14). Tal perspectiva era común en el mundo antiguo del Oriente Próximo y el Mediterráneo y provenía del fervor religioso de los nómadas semitas.

Nuevo Testamento

Los autores del NT usaban el término griego pneuma para expresar el concepto de espíritu. En el mundo del NT, el espíritu humano era entendido como la parte divina de la realidad humana como diferente del reino material. El espíritu aparece consciente y capaz de regocijarse (Lc. 1:47). Jesús fue descrito por Lucas como creciendo y volviéndose "fuerte en espíritu" (1:80). En "espíritu", Jesús "sabía" lo que ciertos maestros de la ley estaban pensando en sus corazones (Mc. 2:8). Asimismo, Jesús "estaba profundamente conmovido en espíritu y preocupado" ante la enfermedad de un ser querido (Jn. 11:33). Al final de su vida, Jesús entregó su espíritu (Jn. 19:30).

De acuerdo con Jesús, el espíritu es el lugar del trabajo de la nueva alianza de Dios y atribuye gran virtud a aquellas personas que eran "pobres en espíritu" (Mt. 5:3).

Los seres humanos que eran poseídos por un espíritu maligno eran devaluados en la sociedad mediterránea. En varias partes de los Evangelios Sinópticos y el libro de los Hechos, ya sea Jesús o los discípulos estaban involucrados en exorcismos de tales espíritus (Mt. 8:28-33; Mc. 1:21-28; 7:24-30; 9:14-29; 5:1-20; 9:17-29; Lc. 8:26-33; 9:37-42; Hec. 5:16).

El apóstol Pablo apuntaba al espíritu como el lugar de conversión (Rom. 7:6; 1 Cor. 5:5). Él describía a los creyentes como enfrentando una lucha entre carne y espíritu respecto de vivir una vida santificada (Rom. 8:2-17; Gal. 5:16-17). Una contradicción parece aparente en el pensamiento paulino mientras parece abrazar la comprensión dualista del cuerpo (carne) y espíritu de los griegos mientras ordena que "espíritu, alma y cuerpo sean mantenidos sin culpas" (1 Tes. 5:23). Sin embargo, la lucha cristiana entre la carne y el Espíritu (Espíritu Santo) se centra en el cuerpo del creyente muerto por el pecado, pero el espíritu está vivo a causa del Cristo crucificado y resucitado (Rom. 8:10). Los creyentes, por lo tanto, son alentados de vivir una vida holística, vivida en el Espíritu.

Espíritu Santo

El Espíritu de Dios es descrito en los capítulos de apertura del Génesis como participando en la creación. Su espíritu, asimismo, es visto a través del AT como un agente en el establecimiento del pueblo de Dios como una nación y pueblo propios. Los líderes de Israel eran elegidos y poseídos por el Espíritu para asistirlos guiar al pueblo en la voluntad de Dios (Dt. 34:9; Jue. 6:34; 15:14; 1 Sm. 11:6; 16:23). Comúnmente, en el momento que el Espíritu de Dios desciende sobre un líder, fortaleza, sabiduría y poder milagroso era el resultado. El Espíritu también proveía lo que fuese necesario por los profetas de Dios—coraje, inspiración y milagros

(Nm. 11:25; 1 Sm. 10:10; Is. 11:2; Ez. 2:2; Dn. 4:8; Jl. 2:28). El oficio de profeta incluía profetizar tanto en la corte del rey como entre las personas de la tierra. Cuando el Espíritu venía sobre un profeta de Dios, el profeta corregiría el comportamiento del rey y otros y a veces predeciría el futuro o el resultado de decisiones posibles.

En los Evangelios Sinópticos, el Espíritu Santo funciona de manera similar que en AT. Una de esas funciones aparece en la narrativa del nacimiento en Lucas cuando el ángel responde las preguntas de María acerca de cómo podría concebir siendo virgen (Lc. 1:34): "El Espíritu Santo vendrá sobre ti, y el poder del Altísimo te cubrirá con su sombra" (1:35). El verbo griego traducido "te cubrirá con su sombra" es usado en la LXX para describir la naturaleza protectora de Dios (Sal. 91:4; 140:7). Asimismo, la venida del Espíritu de Dios presentaba empoderamiento (Hec. 1:8). Por tanto, María recibió tanto el empoderamiento divino como la protección. Mientras la narrativa del nacimiento continúa, Lucas registra cómo otras personas en la historia, Elisabet y Zacarías, se llenaron del Espíritu cuando María fue a visitarlos mientras estaba embarazada de Jesús y cuando Juan el Bautista, el predecesor del Mesías, nació (1:41, 67). Los evangelistas registran que el Espíritu descendió sobre Jesús al momento de su bautismo (Mt. 3:16; Mc. 1:10; Lc. 3:22; Jn. 1:32-34) y lo describen como lleno del Espíritu cuando fue guiado por el Espíritu al desierto (Lc. 4:1). Finalmente, en el Evangelio de Juan el Espíritu es el consolador prometido que Jesús les dará a sus seguidores. Él testificará acerca de Cristo (Jn. 15:26).

En la nueva alianza, la posesión espiritual del AT dio paso a la recepción del Espíritu por parte de los creyentes al momento de la conversión. En Hechos, el Espíritu Santo es presentado como instrumental en el desarrollo de la misión de la iglesia, proporcionando poder y signos al igual que moviendo y motivando misionarios. El apóstol Pablo atribuye al Espíritu Santo la función de imbuir a los creyentes y a la iglesia con una variedad de virtudes (Gal. 5:22), regalos (Rom. 12:7-8; 1 Cor. 12:1-11) y ministros (Ef. 4:7-13). Él utiliza la idea de vida en el Espíritu como un punto de contraste con la vida en la carne. En las cartas de Juan, el Espíritu es descrito como proporcionando discernimiento de la verdad (1 Jn. 4:6). *Véase* Espíritu Santo.

ESPÍRITU SANTO En la teología cristiana, la Tercera Persona de la Trinidad. El uso deriva del NT, en el cual el Espíritu divino es tratado como una persona independiente que es instrumental en la salvación y es merecedora de la alabanza otorgada tanto al Padre como al Hijo (Jn. 14:16-23; Rom. 8:26-27; 1 Pe. 1:2).

Antiguo Testamento

La escasez de la frase "Espíritu Santo" en el AT (sólo en Sal. 51:11; Is. 63:10-11) no implica falta de interés o importancia. Mientras debería reconocerse que en el AT la persona del Espíritu Santo no recibe nada parecido a la reflexión sistemática encontrada en el NT, cuando uno incluye términos correlativos, tales como "Espíritu de Dios", "mi Espíritu", "viento" o "aliento" es aparente que los escritores del AT le atribuían gran significado al Espíritu de Dios. Por lo tanto, el Espíritu estaba trabajando en el principio de la creación (Gn. 1:2). A Adán y Eva se les da vida exclusivamente por el aliento de Dios (Gn. 2:7). El Espíritu posibilita la construcción del tabernáculo (Éx. 31:3), le da voz al mensaje de los profetas (Nm. 11:29; cf. 2 Pe. 1:21), empodera a los líderes de Israel (1 Sm. 16:13) y proporciona acceso a la presencia de Dios (Sal. 51:11). Sin embargo, en todo esto, el trabajo del Espíritu en el AT es esporádico, ocasional y localizado. Por ende, los profetas ansían una nueva era cuando el pueblo de Dios disfrutará más perfectamente la presencia del Espíritu (Is. 32:15; 44:3; 61:1; Jl. 2:28).

Nuevo Testamento

El Espíritu en el ministerio de Cristo. El NT ve la esperanza profética del AT para el Espíritu como cumplida en y a través de Jesucristo (Lc. 4:18-21). La relación única entre el Espíritu Santo de Dios y la persona y trabajo de Jesús explica la reflexión sistémica que el Espíritu Santo recibe en el NT. Esto es señalado en el principio mismo de la vida de Jesús, cuando el

Espíritu Santo "viene sobre" María, cubriéndola con "el poder del Altísimo" (1:35). Igualmente, al comienzo del ministerio público de Jesús, el Espíritu Santo "descendió sobre él" en el bautismo (3:22). Este ungimiento por el Espíritu Santo inicia y empodera el ministerio público de Jesús, desde su prédica a sus trabajos milagrosos, a su perfecta obediencia (Lc. 4:14-18; Jn. 3:34; Hec. 10:38). Incluso su muerte sacrificial es lograda por el poder del Espíritu Santo (Heb. 9:14).

Significativamente, al igual que el Espíritu Santo empoderó la vida y muerte de Jesús, así también es el Espíritu responsable de su resurrección y sus características de reinado glorioso. La muerte no es una derrota para Jesús: él es "reivindicado por el Espíritu" (1 Tim 3:16), "designado el Hijo de Dios en poder por su resurrección de la muerte" (Rom. 1:4; cf. 1 Pe. 3:18). Además, en su resurrección, Jesús entra en una nueva fase de completa y perfecta posesión del Espíritu eterno como la recompensa por su obediencia. Tan completa es esta unión que Pablo en cierto punto declara que "el Señor es el Espíritu" (2 Cor. 3:17).

E

El Espíritu en la iglesia y el creyente. La iglesia y sus miembros son los beneficiarios inmediatos de la completitud espiritual de Cristo. Ya que Jesús es ahora un "espíritu dador de vida" a través de su resurrección y ascensión (1 Cor. 15:45), él es capaz de cumplir la promesa de bautismo del Espíritu (Lc. 3:16). El bautismo tiene lugar en el derramamiento del Espíritu en Pentecostés, que marca el nacimiento de la iglesia del NT. Los apóstoles, iluminados por el Espíritu Santo, proveen verdadero y poderoso testimonio acerca de Jesús (Jn. 16:4-15), testimonio que sirve como la base de la iglesia y principal tradición (Ef. 2:20). El trabajo del Espíritu continúa dentro de la iglesia en la era post-apostólica, uniendo a sus miembros en Cristo para el santo propósito de Dios (Ef. 2:22).

Este mismo derramamiento del Espíritu Santo es la salvación de creyentes individuales. Los creyentes reciben el Espíritu por fe (Gal. 3:14). El Espíritu a su vez los une a Cristo y todos sus beneficios (Gal. 3:2; Ef. 1:3), incluyendo su vida (Heb. 4:15-16), sufrimiento (Flp. 1:29; 1 Pe. 4:14), muerte (Rom. 6:3), resurrección (Rom. 6:5), justificación (Rom. 4:25) y reinado glorioso en el cielo (Flp. 3:20). Estos beneficios, aunque indudablemente perfeccionado y consumado solo al regreso de Cristo (Flp. 1:6) son características de la experiencia presente de los creyentes, disfrutadas ahora porque el Espíritu reside dentro de ellos como los "primeros frutos" de la cosecha por venir (Rom. 8:23; cf. Gal. 2:19-20). Esta residencia del Espíritu resulta en el nuevo nacimiento y nueva creación (2 Cor. 5:17), una novedad identificada con la vida que Cristo recibió en su resurrección (Rom. 8:11).

Por esta razón, se urge a los creyentes a avanzar el trabajo del Espíritu en sus vidas hasta la resurrección corporal de todo el pueblo de Dios. Deben cultivar el "fruto del Espíritu" (Gal. 5:22), y correspondientemente se les advierte no "llorar al Espíritu Santo" (Ef. 4:30). Además, ya que nueva vida se inicia por el Espíritu (Jn. 3:6-8), los cristianos deben permanecer en ese Espíritu, no haciéndose a un lado en confianza sobre principios vanos e inútiles (Gal. 3:1-5). En cambio, deben "llenarse con el Espíritu" (Ef. 5:18), dejando la vieja persona y convirtiéndose en la nueva (4:22). Este llenado afecta cada aspecto de la vida del creyente, de la obediencia a la adoración, a la esperanza de la resurrección. El Espíritu, al unir a los creyentes a todas las riquezas de Cristo y su resurrección es, por lo tanto, central en el trabajo de salvación. *Véase también* Espíritu.

ESPÍRITU SANTO, PECADO CONTRA EL Un pecado descrito por Cristo como imperdonable (Mt. 12:31-32; Mc. 3:28-30; Lc. 12:10). Mientras en muchas formas misteriosas, es identificado como blasfemia e involucra la consciente y deliberada atribución del trabajo del Espíritu de Dios al poder del diablo.

ESPIRITUALIDAD La espiritualidad es el trabajo exterior de la devoción interior, la expresión viva de una naturaleza espiritual. La espiritualidad es ofrecer nuestros cuerpos a Dios como nuestro "servicio espiritual de adoración" (Rom. 12:1 NASB), el reconocimiento de Dios en nuestra vida diaria.

Como parte de nuestra naturaleza espiritual, dedicamos y consagramos partes de nuestra vida a ser informados por nuestra fe. Elegimos examinar el mundo a la luz de las Escrituras y dar nuestro mejor esfuerzo para no conformarnos a este mundo, sino ser transformados por la renovación de nuestras mentes (Rom. 12:2).

Las actividades prácticas como asistir a la iglesia, leer la Biblia, orar y dar testimonio son expresiones espirituales. También lo son las elecciones de vestuario, comida, bebida, observación de las fiestas, y así sucesivamente. El servicio eclesiástico, en particular, es acerca de espiritualidad: hincarse, pararse, cantar, levantar las manos, diezmar, y así sucesivamente reflejan nuestra devoción interna.

La espiritualidad también involucra demostraciones más amplias. Por ejemplo, la observancia de la Cuaresma es una expresión de espiritualidad; usar cierto tipo de ropas es otra.

La espiritualidad no es acerca de la salvación; es acerca de trabajar en nuestra salvación con "miedo y temblando" (Fip. 2:12). Intencionalmente elegimos o rechazamos elecciones de vida como una reacción a nuestra fe, no en la búsqueda de salvación.

ESPÍRITUS EN PRISIÓN Según 1 Pe. 3:18-20 (NIV 1984), Cristo "hizo proclamación a los espíritus aprisionados a aquellos que fueron desobedientes hace mucho tiempo... en los días de Noé, mientras el arca se estaba construyendo". La identidad de los "espíritus aprisionados" o "espíritus en prisión" ha desconcertado largamente a los intérpretes y ligada al tema mayor de la naturaleza de la prédica de Cristo. Históricamente, varias explicaciones presuponen que los "espíritus en prisión" son las almas de los humanos muertos. Los teólogos están en desacuerdo sobre varios temas. ¿Cristo les predicó a ellos mientras estuvieron vivos (en los días de Noé) o después de que habían muerto y estaban en "prisión"? Si esto último, ¿fue esta prédica entre la muerte y resurrección de Cristo, durante la crucifixión o después de la ascensión? ¿Cristo les predicó a todos los espíritus de los que habían muerto antes de la encarnación de Cristo, solo a los justos, solo a los injustos o incluso sólo a la generación que estaba viva en tiempos de Noé? Cada una de estas posibilidades tiene sus proponentes.

Otro enfoque al problema procede del conocimiento que la palabra "espíritus" (griego pneumata) por lo general no describe a humanos muertos en el NT, ni "prisión" (griego phylakē) describe la residencia de los muertos. Basándose en estas observaciones, se ha propuesto que los "espíritus en prisión" son seres sobrenaturales malévolos (no humanos). Esta teoría encuentra apoyo no explícitamente en el NT, pero en tradiciones judías contemporáneas bien testimoniadas, de acuerdo a las cuales el diluvio en sí había sido causado por la mala conducta de tales seres (*véase* Gn. 6:1-6; cf. Lc. 10:17-20). *Véase también* Descenso al Infierno.

ESPONJA El esqueleto poroso y flexible de ciertos animales marinos, común a lo largo de la costa palestina del Mar Mediterráneo. Su cualidad de absorber líquidos la hacía útil como contenedor para beber. Jesús recibió una esponja llena de vinagre para apagar su sed (Mt. 27:48; Mc. 15:36; Jn. 19:29).

ESPOSA *Véase* Familia; Matrimonios; Mujer.

ESPOSO *Véase* Familia; Matrimonios.

ESQUILEO DE LOS CORDEROS Un tiempo para trasquilar la lana de las ovejas. Por lo general era un período festivo que juntaba a familia y amigos (Gn. 38:13; 1 Sm. 25:4, 36; 2 Sm. 13:23-25). La ocasión a veces era explotada para fines egoístas (Gn. 31:19; 2 Sm. 13:26-29). Típicamente, las ovejas siendo esquiladas permanecían silenciosas durante el proceso. Isaías usó esta imagen para caracterizar la actitud del Sirviente Sufriente ante sus opresores (Is. 53:7). Felipe aplicó esta Escritura a Jesús en su atestiguar al eunuco etíope (Hec. 8:32-35).

ESQUINA, ESQUINA DE LA PARED *Véase* Pared. Esquina de la.

ESTABLO Depósito que por lo general se usaba para almacenar el grano. Se puede interpretar mejor como "granero". En los tiempos bíblicos a menudo era un lugar bajo tierra, donde se guardaba de forma segura el grano de los elementos y se ocultaba de los recaudadores de impuestos. En el Nuevo Testamento, a veces construían edificios para almacenar granos (Lucas 12:18).

ESTABLO La palabra "establo" no se encuentra en muchas traducciones españolas de la Biblia; en cambio, se usa la palabra "pesebrera" (1 Re. 4:26). Evidencias arqueológicas han sacado a la luz numerosos edificios tripartitos del periodo salomónico (c. 950 a.C.) y períodos subsecuentes que probablemente servían como establos. Los más conocidos están en Megido y Jasor. Estas estructuras ubicadas a través de Israel probablemente funcionaban como puesto militar donde las carrozas del rey estaban aparcadas esperando su despliegue.

Lucas 2:7 (también los versículos 12 y 16) se refieren a un "pesebre" donde yacía el recién nacido Jesús "porque no había habitación disponible para ellos". La palabra griega para "pesebre", phatnē, se refiere a un comedero. Ese escenario sugiere que Jesús nació en un establo, aunque eso no se explicita. Tradicionalmente, la cueva bajo la Iglesia de la Natividad se entiende como el establo recién mencionado.

E

ESTACA En el AT, un soporte de carpa de madera (Is. 33:20; 54:2). En el NT, la palabra griega stauros, se tradujo en versiones inglesas como "cruz", literalmente refiriéndose a una estaca o poste recto, al cual se unía una viga horizontal para formar una cruz para la ejecución de personas por crucifixión (e.g, Mt. 27:32; Jn. 19:17).

ESTACA Un clavo o poste diseñado para que encaje firmemente en un agujero estrecho. Un uso común en la Biblia es para referirse a la clavija o estaca que asegura las cuerdas de una tienda de campaña al suelo (Éx. 27:19; 35:18; 38:20, 31; 39:40; Nm. 3:37; 4:32; Is. 33:20; 54:2; Zac. 10:4). En una de las escenas más gráficas del AT, Jael le clava una estaca de la tienda en la cabeza del enemigo general Sisera que estaba dormido la estaca quedó clavada en el suelo (Jue. 4:21, 22, 5:26). Otros usos incluyen una clavija colgante, a menudo de madera, clavado en una pared (Is. 22:23-25, Eze. 15:3); un accesorio de sujeción que sostiene el tejido a un telar (Jue. 16:13-14); metafóricamente, un lugar de firmeza y seguridad (Esd. 9:8).

ESTACIÓN "Estación" se usa en las Escrituras principalmente en referencia a las temporadas agrícolas, ya sea cultivo (Gn. 31:10), arado (Éx. 34:21), cosecha (Nm. 13:20; Sal. 1:3) o las muchas otras estaciones. "Estación" también es usado como forma de referirse simplemente a un periodo apropiado de tiempo, como en Ecl. 3:1, Pablo también usa esta palabra para alentar a Timoteo a "estar preparado dentro y fuera de temporada" (2 Tim. 4:2). Pablo posteriormente usa el término para hablar de la propia sincronía perfecta de Dios al traer el entendimiento de la palabra (Tit. 1:3). La gran mayoría de las referencias, sin embargo, son relacionadas a la agricultura. *Véase también* Clima.

ESTACTE *Véase* Goma, Resina de Goma.

ESTANDARTE Bandera, banderín, emblema u objeto tallado erigido en un mástil. En el antiguo campo de batalla, alzar estandartes y sonar trompetas servía como herramienta principal de comunicación masiva. Esto podía indicar el movimiento de las tropas y servía como puntos de encuentro (Isaías 18:3). Una vez ganada la batalla, con los estandartes se proclamaba la victoria. Los estandartes de tela por lo general eran coloridos y cargaban símbolos para representar a un grupo en particular, ya sea si era para indicar que era una unidad militar, clan, tribu o nación (Números 2:2; Salmos 60:4). La aparición real de los estandartes israelitas es desconocida, pero se han descubierto que las imágenes que contenían de otras naciones estaban talladas sobre antiguos relieves. Por ejemplo, la Paleta de Narmer (c. 3000 a.C.) muestra tres tipos diferentes de estandartes erigidos sobre las cabezas de soldados.

La primera referencia de un estandarte en la Biblia aparece cuando los israelitas derrotaron a los amalecitas en Refidim, cerca del Monte Sinaí. Para conmemorar la victoria, Moisés construyó un altar y lo nombró Yahveh-nisi, "el SEÑOR es mi estandarte" (Éxodo 17:15). En un sentido, Moisés levantaba las manos como si fueran estandartes para animar y darles seguridad a los israelitas de la presencia de Dios y la victoria (17:11-13).

Cuando Moisés colocó la serpiente de bronce en un poste, él la levantó como un estandarte para que los israelitas alzaran la vista y fueran sanados (Números 21:8). Jesús hizo un paralelo entre la serpiente levantada y el levantamiento del Hijo del Hombre (Juan 3:14). De una manera metafórica, Jesús era el estandarte alzado que proclama la salvación del mundo.

Un uso interesante de estandarte se encuentra en Cantares 6:4, donde se describe a una mujer como "majestuosa como un ejército con sus estandartes". El hombre está tan asombrado de su amada que lo cautiva y hace que su corazón se acelere. En la NVI se interpreta Cantares 2:4 como "sobre mí enarboló su bandera de amor", en la que la idea es que el hombre haría su amor por su público querido.

ESTANQUE En el AT, la palabra "estanque" tiene tres significados básicos: **(1)** un depósito para contener y conservar agua para una comunidad; típicamente rectangular o redondo, y si había sido construido, eran tallados en roca o se creaban construyendo una represa en un cauce seco; podía ser alimentado por un acueducto (2 Sam. 2:13; 4:12; 1 Re. 22:38; 2 Re. 3:16; 18:17; 20:20; Neh. 2:14; 3:15-16 ; Ecle. 2:6; Cant. 7:4; Is. 7:3; 22:9; 11; 36:2; Nah. 2:8); **(2)** un estanque, lago, laguna o pantano de origen natural caracterizado por tener aguas quietas o de movimiento lento y la presencia de juncos y otras plantas acuáticas (Éx. 7:19; 8:5; Sal. 107:35; 114:8; Is. 14:23; 35:7; 41:18; 42:15); **(3)** una zanja llena de agua (2 Re. 3:16). En otras partes del AT, algunos traductores del español usan "estanque" para expresar una metáfora o frase que podría expresarse de otra manera (Dt. 8:7; Sal. 84:6; Cant. 5:12; Jer. 41:12).

En el NT, "estanque" aparece sólo en el Evangelio de Juan, donde se refiere a dos embalses construidos o lugares de baño en Jerusalén: el estanque de Betesda (que alguna vez fue asociado con un asclepión o templo pagano de curación) y el estanque de Siloam tallado en roca. Jesús realizó milagros de sanidad en ambos lugares (Jn. 5:2, 7, 9:7, 11). *Ver también* Betesda; Estanque del rey; Siloam.

ESTAOL Un pueblo asignado a Dan de la posesión de Judá. Se ubica al oeste de Jerusalén en Shefelah, o en tierras bajas. Siempre se menciona en asociación con el pueblo de Zorah. Mahané Dan ("campamento de Dan"), ubicado entre estos dos pueblos, marca el lugar donde el Espíritu del Señor cayó por primera vez sobre Sansón y donde fue enterrado en la tumba de su padre (Jue. 13:25; 16:31). Los cinco valientes danitas que buscaron nuevo territorio para su tribu comenzaron su viaje desde estos dos pueblos, igual que los seiscientos soldados danitas que salieron a capturar y asentar Lais (Jue. 18:2, 11).

ESTAOLITAS Descendientes de Caleb (1 Cr. 2:53), su territorio ancestral estaba en las tierras bajas de Judá (Js. 15:33).

ESTAQUIS Un creyente en la iglesia de Roma a quien Pablo saludo como "mi querido amigo" (Rom. 16:9).

ESTATURA Ya sea la estatura física de uno (1 Sm. 16:7; 1 Cr. 11:23; Is. 45:14; Lc. 19:3 NRSV) o la reputación o estatus a los ojos de otros. Samuel creció en "estatura y en favor con el Señor y su pueblo" (1 Sm. 2:26). De la misma manera, Jesús creció en "sabiduría y estatura, y en favor con Dios y los hombres" (Lc. 2:52). El término puede usarse figuradamente concerniendo la extensión de la vida (Mt. 6:27 KJV) o refiriéndose a crecimiento espiritual (Ef. 4:13 NRSV).

ESTATUTO Una ley, regla o mandamiento. Los estatutos podían ser emitidos por Dios (Sal. 119:2; 122:4) o un gobernante terrenal (1 Sm. 30:25; Miq. 6:16). Los mismos términos hebreos traducidos como "estatuto" a veces son traducidos como "decreto", "política" u "ordenanza".

ESTE *Véase* Direcciones.

ESTEBAN Debido al rápido crecimiento de la iglesia temprana, los apóstoles encontraron que era necesario delegar tareas a otros. Esteban fue primeramente nombrado y elegido por la iglesia de Jerusalén como uno de los siete hombres cuya tarea era ayudar a distribuir la comida equitativamente entre las viudas, especialmente las viudas de habla griega, de la iglesia. Era descrito como "un hombre lleno de fe y del Espíritu Santo" (Hec. 6:5) y "lleno de la gracia y poder de Dios" (6:8).

Esteban se convirtió en el primer mártir de la cristiandad después de un extraño juicio frente al Sanedrín. Su defensa se enfocó en una revisión de la historia judía, culminando en la afirmación de que Israel siempre se había opuesto y perseguido a los mensajeros de Dios y ahora había traicionado y asesinado a su propio Mesías, "el Justo" (Hec. 7:51-53). El Sanedrín respondió con furia y sacó a Esteban fuera de la ciudad para apedrearlo. Mientras Esteban estaba siendo apedreado hasta morir, Esteban vio a Jesús de pie a la derecha de Dios, y le pidió que recibiera su espíritu, y luego pidió el perdón para sus asesinos en una plegaria similar a la que hizo Jesús (Hec. 7:59-60; cf. 23:24).

La persecución resultante del apedreamiento de Esteban dispersó a la iglesia de Jerusalén, proporcionando mayores oportunidades de evangelización. Saulo de Tarso se menciona por primera vez en este relato, como siendo testigo y aprobando de la muerte de Esteban (Hec. 7:58; 8:1).

ESTÉFANAS El jefe de una familia en Corinto cuyos miembros fueron los primeros conversos en la región de Acaya (1 Cor. 16:15). Fueron bautizados por Pablo (1:16) y se convirtieron en ministros para los cristianos de Corinto. Se entregaron a sí mismos al avance del Evangelio y trabajaron diligentemente (16:16). Pablo alentó a los cristianos de Corinto a someterse a estos trabajadores cristianos, incluyendo a Estéfanas mismo (16:16, 18). Él, junto a Fortunato y Acaico, probablemente llevaron a Pablo una carta de los Corintios (7:1) y puede que también hayan llevado la carta que conocemos como 1 Corintios de regreso a Corinto. Los tres hombres refrescaron los espíritus tanto de Pablo como de la congregación de Corinto (16:17-18).

ESTEMÓ Un pueblo en el territorio montañoso que era parte de la asignación territorial de la tribu de Judá (Js. 15:50). El nombre del pueblo también se escribe "Estemoa".

ESTEMOA **(1)** El hijo de Isba, de la tribu de Judá (1 Cr. 4:17). **(2)** Un descendiente de la esposa de Hodías, la hermana de Naham de la tribu de Judá (1 Cr. 4:19). Era un macateo del pequeño reino arameo de Maaká. **(3)** Un pueblo en el territorio montañoso del área tribal de Judá que fue entregado a los descendientes del sacerdote Aarón. Fue designado un pueblo levita (Js. 21:14; 1 Cr, 6:57). Este era uno de los pueblos a los cuales David envió parte del botín de su conquista tras derrotar a los amalecitas cuando ellos atacaron su hogar de Siclag (1 Sm. 30:28).

ESTER Ester da su nombre al libro que cuenta su historia. Era una mujer de la Diáspora del pueblo judío que siguió al cautiverio babilonio y continuó más allá de la época del decreto de Ciro que permitió a los judíos regresar a Jerusalén si así lo deseaban. Su primo Mardoqueo tenía un puesto dentro del gobierno persa, lo que puede explicar por qué la familia no regresó; eran exitosos en su tierra adoptiva. De hecho, el nombre "Mardoqueo" significa "hombre de Marduk", y el nombre "Ester" se relaciona al nombre de diosa "Ishtar". De la historia, sabemos que no eran activos adoradores de estos dioses, pero sus nombres sugieren que estaban bien integrados en su cultura adoptiva. El nombre hebreo de Ester era "Hadasa" (Est. 2:7), pero el libro, aunque señala este nombre, consistentemente se refiere a ella como Ester.

La historia de Ester se sitúa durante el reinado de Asuero, también conocido como Jerjes, un famoso rey persa (r. 486-465 AC). Ester entra en escena cuando su reina, Vasti, desobedece una orden directa frente a todos los líderes de su imperio durante un banquete. Para encontrar a la mujer correcta, reunió bellas vírgenes en su harem y durmió con cada una. Aprobó a Ester por sobre todas las otras y la hizo su reina.

Mientras tanto, una relación amarga se desarrollaba entre el primo de Ester, Mardoqueo, y un importante oficial de Jerjes. Mardoqueo ya había sido presentado como un descendiente de Simei y Cis de la tierra de Benjamín, una forma sutil de indicar que era descendiente de Saúl. Hamán era un agaguita, lo que lo hacía descendiente del rey Agag de los amalecitas, un pueblo que Saúl, contra el mandato de Dios, había fracasado en erradicar tras derrotarlos (1 Sm. 15; *véase* Dt. 25:17-19m basados en Éx. 17:8-16).

Hamán usó dinero y su posición para convencer a Jerjes de destruir al pueblo judío en el imperio. Tras un poco de presión por parte de Mardoqueo, Ester salvó el día interviniendo con el rey y exponiendo el plan de Hamán. En vez de que el pueblo judío fuese destruido, sus enemigos fueron asesinados. De hecho, como había pensado Mardoqueo, Ester fue colocada en la corte "para un momento como este" (Est. 4:14).

ESTER, LIBRO DE Ester es un libro provocativo, entre otras cosas porque en ninguna parte menciona a Dios. Aunque este hecho ha llevado a preguntas concernientes a la autoridad canónica del libro, los lectores atentos reconocerán que Dios está muy presente en todas las "coincidencias" de la historia (*véase* "Mensaje teológico" a continuación).

Autor y fecha

Ester es de autor anónimo. El libro está ambientado en el reinado de Asuero, rey de Persia, también conocido por el nombre griego, "Jerjes" (r. 486-465 AC). Esto ubica los eventos del libro entre la época del primer regreso del exilio bajo el liderazgo de Sesbasar y Zorobabel y el posterior período postexílico cuando Esdras y Nehemías vivían. Mientras que el libro Esdras-Nehemías da a los lectores una imagen de la vida postexílica en y alrededor de Jerusalén, el libro de Ester recuerda a los lectores que muchos judíos decidieron no regresar, y por lo tanto la Diáspora (dispersión) continúa hasta hoy. La fecha exacta y composición del libro después de estos eventos son desconocidas.

Género y Esquema

Ester es una historia maravillosamente escrita. Sus personajes son memorables y su trama es excitante e inspiradora. El debate concierne si el libro también intenta registrar la historia, lo que realmente pasó. Debido a que los eventos narrados ocurren durante el reinado de un rey que sabemos que existió, y debido a que la historia, en gran parte, suena real para el período en el cual ocurre la narración, el lector es llevado a sospechar que el libro es un trabajo histórico.

El libro describe un número de fiestas, que proporciona la siguiente estructura:

I. La fiesta de Jerjes (1:1-2:8)
II. La fiesta de Ester (2:19-7:10)
III. La fiesta de Purim (8-10)

Mensaje Teológico

El propósito del libro de Ester es explicar cómo se originó la fiesta de Purim. En esa época, Purim se convierte en uno de los festivales anuales del pueblo judío. Es la celebración de una época cuando Dios salvó a su pueblo de un final casi certero.

La historia comienza con un gran banquete (capítulo 1). El rey Asuero realiza una fiesta para toda la gente importante de su reino. En el momento culminante de la celebración, él llama a su reina, Vasti, para que todos sus súbditos puedan ver su gran belleza. Ella se rehúsa, creando una crisis. Después

Relieve que representa a Jerjes en su trono.

E

de todo, este banquete probablemente tenía como propósito la aseveración de la autoridad del rey por sobre sus líderes, y esta desobediencia no podía tolerarse. Vasti es depuesta, y comienza la búsqueda de una nueva reina. El rey toma total ventaja de esta oportunidad y prueba a muchas mujeres hermosas en su reino, pero ninguna tan destacada como Ester. Su elección como reina proporciona el trasfondo para las acciones siguientes.

Mientras tanto, el pariente de Ester, Mardoqueo, también tiene una experiencia que tiene importancia posteriormente en la historia. Mardoqueo desbarata un plan de asesinato contra el rey. En este punto de la narrativa, su acción simplemente se entrega como información (2:21-23).

El lector también conoce a otro personaje principal en el libro, Hamán el agaguita. Él es una figura malvada y poderosa. Odia a Mardoqueo por rehusarse a demostrarle el respeto que él cree que se le debe (3:1-6). Por lo que decide matar no sólo a Mardoqueo, sino a todo el pueblo judío en el imperio. Consecuentemente, Hamán convence al rey de permitirle fijar una fecha cuando todos los judíos deben morir. Se echan suertes (hebreo purim, de una palabra préstamo acadia) para elegir la fecha, aproximadamente un año después (3:7-15).

Mardoqueo toma conocimiento de este plan y le explica la funesta situación a Ester. Él le suplica que se acerque al rey para informarle del plan. Ester duda, hasta que Mardoqueo le recuerda que ella no escapará de las consecuencias sólo por ser la reina (capítulo 4). En el contexto de esta discusión, Mardoqueo dice las palabras más famosas del libro al preguntar: "¿Quién sabe si tal vez llegaste a esta posición real por un momento como este?" (4:14).

Esta escena levanta la pregunta de quién es el héroe de esta historia. Aunque Mardoqueo y Ester realizan actos admirables, hay una fuerza tras bambalinas que la narrativa no nombra, pero sutil y ciertamente queda en claro como el héroe. No es otro que Dios mismo. Las coincidencias que siguen son demasiado grandes para atribuirlas a la suerte.

Primero, Ester recibe permiso para acercarse al rey, y ella exitosamente lo invita a una fiesta con Hamán (5:1-8). Esta invitación aviva el orgullo de Hamán. Poco después, el rey tiene dificultades para dormir y pide que se le lean los anales reales. Coincidentemente, o así parece, la parte de los anales elegida le informa al rey del anterior servicio de Mardoqueo al frustrar el plan de asesinato. Se le dice al rey que nada se ha hecho aún para honrar a Mardoqueo por este hecho (6:1-3).

A la mañana siguiente, Hamán viene a la corte habiendo recién construido un enorme patíbulo sobre el cual van a ejecutar a su enemigo Mardoqueo. Cuando el rey le pregunta qué debería hacer para honrar a una persona que el rey desea honrar, Hamán cree que él recibirá el honor, de manera que apila honor tras honor. Cuando se le informa que Mardoqueo es quien será honrado y que él, Hamán, tendrá un rol en honrarlo, Hamán se da cuenta de que su muerte está asegurada (6:4-14).

Efectivamente, en el banquete, Ester le informa al rey del plan oculto de Hamán. El resultado es que Hamán es matado en el patíbulo construido para Mardoqueo, otro irónico revés en el libro (capítulo 7).Sin embargo, persiste un problema. El rey ha fijado una fecha para la destrucción de los judíos y un decreto de un rey persa es irrevocable.

Aunque el rey no puede revertir su decisión de permitir la muerte del pueblo judío, él puede y lo hace, emitir un segundo decreto, permitiendo que los judíos se defiendan (capítulo 8). En el fatídico día, los judíos salen victoriosos sobre sus enemigos, la última y culmine reversión irónica (9:1-19). Purim se establece como un festival anual para celebrar este hecho (9:20-32). Un significado más profundo a este conflicto se recupera al darse cuenta de que este es una historia de asuntos pendientes. El lector atento reconoce que la membrecía de Mardoqueo en el clan de Cis (2:5) lo conecta con Saúl, ya que Cis es el padre de Saúl.

Por otra parte, Hamán es un agaguita (3:1) y por lo tanto relacionado al rey amalecita Agag, a quien Saúl, en contra de las instrucciones de Dios, no mató inmediatamente (1 Sm. 15). La historia realmente comienza durante la travesía por el desierto, cuando los amalecitas intentaron matar a los israelitas antes de que entraran en la tierra prometida. En ese momento, Dios determinó que los amalecitas serían juzgados y erradicados (Éx. 17:16; Dt. 25:17-19). Que un saulida (Mardoqueo) derrote a un amalecita (Hamán) tiene una profunda significancia en el pasado.

Significado Contemporáneo

Aunque Dios nunca se menciona en el libro de Ester, los lectores claramente ven su mano en los eventos de la historia. No hay milagros, pero la supervivencia del pueblo de Dios es tanto un asunto de divina providencia como el cruce del Mar Rojo en el libro del Éxodo.

Dios actúa en los eventos "comunes" de la vida "por el bien de aquellos que lo aman" (Rom. 8:28). El pueblo de Dios hoy está encerrado en una guerra, pero no con agaguitas como Hamán, sino más bien con los más imponentes poderes espirituales y principados mencionados en pasajes como Ef. 6:10-20. El libro de Ester es un recordatorio de que Dios está en control incluso cuando la muerte parece segura. Los cristianos saben que ni siquiera la muerte puede separarlos del amor de Cristo (Rom. 8:37-38).

ESTÉRIL, ESTERILIDAD Una mujer estéril es aquella que es infértil y no puede dar a luz. En el mundo bíblico existe un gran valor en la bendición de tener hijos. Este valor y la división de trabajo entre los géneros en la antigua sociedad agrícola afectaban en la manera en la que la sociedad apreciaba a las mujeres y en cómo una mujer veía su propia identidad. No tener hijos significaba sentir desespero. Esto se puede ver en la súplica abatida de Raquel (Génesis 30:1) y en el hecho de que las esposas pueden ofrecer a una sirvienta para tomar su lugar al momento de concebir a un niño (16:3; 30:3, 9).

En la mayoría de las historias sobre mujeres e infertilidad, Dios revirtió las circunstancias: Sarah (Génesis 11:30), Rebeca (25:21), Raquel (30:22), la madre de Sansón (Jueces 13:2-3), Ana (1 Samuel 1:2), la mujer de Sunem (2 Reyes 4:16), Elisabet (Lucas 1:7). Para Mical, la infertilidad aparece como un castigo (2 Samuel 6:23). El cuidado por la esterilidad es parte del elogio digno de alabanza para el necesitado (Salmos 113:5-9).

ESTIÉRCOL DE PALOMA Durante el asedio de Samaria por Ben Hadad, hubo hambruna en la ciudad y 2 Re. 6:25 se refiere a la venta de "un cuarto de cab de vainillas de semillas por cinco shekels". La palabra traducida como "vainillas de semillas" en la NIV, khareyonim, literalmente significa "estiércol de paloma" (cf. KJV). Probablemente se refiere a un tipo de alimento vegetal, usado solo en emergencias, que se llamaba así porque se parecía al estiércol de paloma. Sugerencias incluyen garbanzos, cebollas salvajes (NAB, NJB) y semillas de algarrobo. Alternativamente, el estiércol de paloma puede haber sido un combustible de baja calidad, pero caro en épocas de hambruna, usado como un sustituto del excremento animal cuando todos los animales habían muerto.

ESTIÉRCOL Excremento humano y animal, ya sea para ser eliminado por su impureza o apropiado como fertilizante o para alimentar fuegos (1 Re. 14:10). Jerusalén tenía una entrada conocida como la Puerta del Estiércol (Neh. 2:13; 3:13, 14; 12:31). Los rabís requerían que una persona estuviera al menos a cuatro cubitos (alrededor de dos metros) del estiércol (y orina) antes de recitar el Shema (m. Ber. 3:5; t. Ber. 2:17-18). Evitaban los callejones donde se vaciaban los orinales (t. Ber. 2:19-20).

Enseñaban que la persona que necesitaba defecar no debiese rezar (t. Ber. 2:19). Los esenios eran incluso más estrictos: no defecarían en un día de Sabbat; en otros días, ellos dejaban sus campamentos, cavaban un agujero con una pala y luego cubrían el excremento (Josefo, J.W. 2:147-49; cf. Dt. 23:12-14). Apropiándose de este trasfondo, Pablo compara su pasada separación de Cristo al excremento (Flp. 3:8 KJV, NET [NIV: "basura"]).

ESTIMACIÓN DE PERSONAS Terminología usada en KJV para denotar parcialidad. El NT afirma repetidamente no es un estimador de personas; esto es, el no muestra parcialidad en base a estándares mundanos o apariencias.

E

Pedro lo reconoce cuando Dios elige derramar su Espíritu Santo en creyentes gentiles, no solo en creyentes judíos (Hec. 10:34). Dios juzgará a todas las personas, incluyendo a los cristianos, con imparcialidad (Rom. 2:11; Ef. 6:9; Col. 3:25; 1 Pe. 1:17). Ya que Dios no es un estimador de personas, aquellos que lo sirven no deben demostrar parcialidad (Lv. 19:15; Dt. 16:19; Prov. 28:21; Sant. 2:1-9).

ESTOICISMO *Véase* Filosofía en el Nuevo Testamento.

ESTÓN El hijo de Mehir y el padre (o fundador) de Bet Rafa, Paseah y Tehina. Era de la tribu de Judá (1 Cr. 4:11-12).

ESTOPA En tres partes de la KJV se usa la palabra estopa para traducir las palabras hebreas (n'oret, pishtah) que se refiere a un palo fibroso que se volvía altamente inflamable al ser pelado y usado como yesca (Is. 1:31). Se usaba como antorcha y como mecha para lámparas de aceite (Is. 43:17) y metafóricamente como símbolo de debilidad y temporalidad (Jue. 16:9).

ESTORNUDOS En Job 41:18 la RV traduce el hebreo 'atishah como "estornudos", refiriéndose al "resoplo" (NVI) o "el estornudo" (LBLA) en la descripción del Leviatán.

ESTRELLA DE DÍA *Ver* Estrella de la Mañana.

ESTRELLA DE LA MAÑANA En el AT, "estrella de la mañana" puede indicar una estrella (Job 3:9) o seres celestiales en general; por ejemplo, "estrellas de la mañana" es nombrado en paralelo a "ángeles" (literalmente, "hijos de Dios", *véase* NVI mg.) en Job 38:7. En un pasaje dirigido al rey de Babilonia, Is. 14:12-13 lo describe como el "lucero [NTV: "estrella luciente"], hijo de la mañana" que habló presuntuosamente y cayó del cielo. La JBS en cambio traduce el término como "Lucifer", un nombre que tradicionalmente se ha aplicado a Satanás (*véase también* Lucifer). Las metáforas del Nuevo Testamento asocian la brillante estrella de la mañana con la llegada del reino mesiánico de David cumplido en Jesús (2 Pe. 1:19 [RVA: "lucero de la mañana"], cf. Nm. 24:17; Is. 60:1-3), prometiendo la estrella de la mañana a los que venzan (Ap. 2:28). En Ap. 22:16, Jesús se identifica a sí mismo como la "Estrella brillante de la mañana".

ESTRELLAS La palabra "estrella" se usa en la Biblia para referirse a cualquier punto brillante de luz en el cielo nocturno; no se hace distinción lingüística entre estrellas y planetas (cf. 2 Pe. 1:19; Ap. 2:28; 22:16).

Las estrellas frecuentemente se usan para ilustrar el alcance de las promesas de Dios (Gn. 15:5; 22:17; 26:4; Dt. 10:22). A lo largo del antiguo Oriente Próximo también fueron utilizadas para representar al rey, una asociación también evidente en el AT (Nm. 24:17; Is. 14:12). Las estrellas también eran nombradas y algunas eran objeto de adoración, una práctica condenada en Israel (Am. 5:25; cf. Dt. 4:19). Las estrellas eran sujeto de estudio por sabios extranjeros que buscaban predecir el futuro basándose en sus observaciones, aunque su eficacia se niega (Is. 47:13). Sin embargo, la llegada del Mesías es anunciada por una estrella al servicio de su creador (Mt. 2:2-10). La caída (Ap. 6:13) y oscurecimiento de las estrellas (Jl. 2:10; 3:15) se usan para retratar la llegada del día del juicio del Señor.

ETAM **(1)** La roca de Etam es una ubicación mencionada dos veces, con ambas referencias ocurriendo en la misma historia (Jue. 15:8, 11). Fue en una roca aquí donde Sansón acampó después de tomar su venganza sobre los filisteos por asesinar a su esposa y suegro. Pronto después, hombres de Judá confrontaron a Sansón en la cueva para entregarlo a los filisteos. La ubicación exacta se desconoce, aunque algunos han sugerido una cueva cerca de Zora (moderna Tsora) como la posibilidad más probable. **(2)** Un descendiente de Judá, y el padre de Jezreel, Isma, Ibdás y Hazelelponí (1 Cr. 4:3). Esta referencia es posiblemente a un patriarca de la aldea que lleva su nombre o al pueblo mismo (*véase* 4 a continuación). Esta última posibilidad se justifica por alguna evidencia manuscrita al igual que 1 Cr. 4:4-5, donde los patriarcas de Belén y Tecoa (pueblos asociados con Etam) se mencionan. **(3)** Una aldea perteneciente a la tribu de Simeón (1 Cr. 4:32). La ubicación exacta es desconocida. **(4)** Uno de los pueblos de Judá fortificados por el rey Roboam (928-911 a.C.; 2 Cr. 11:6). El lugar más probable es el moderno Khirbet el-Khokh, ubicado tres kilómetros al suroeste de Belén. Cerca de la ubicación tradicional de las Piscinas de Salomón, Etam es mencionado por Josefo como el lugar de los grandes jardines y arroyos del rey (Ant. 8.186).

ETAM La segunda ubicación donde acamparon los israelitas durante el éxodo (Éx. 13:20; Nm. 33:6-8). La detención en Etam, "en el borde del desierto", fue posterior al campamento en Sucot y ocurrió antes de que los israelitas cruzaran el Mar Rojo y atravesaran el Desierto de Etam.

ETÁN **(1)** Etán el ezraíta, hijo de Quisi (o Cusaías) a través de la línea levítica de Merari. Era un cantante asignado por lo levitas a los címbalos de bronce (1 Cr. 15:19) y subsecuentemente señalado por David como líder, después de que el arca de la alianza fuera devuelta a Jerusalén (1 Cr. 6:44). De acuerdo a su inscripción, el Salmo 89 fue compuesto por Etán. Etán tenía una reputación de ser sabio, aunque no tan sabio como Salomón (1 Re. 4:31). **(2)** Un hijo de Zera, hijo de Judá. Fue el padre de Azarías (1 Cr. 2:6, 8). **(3)** Un ancestro de Asaf a través de la línea levítica Gersón (1 Cr. 6:42).

ETANIM El séptimo mes del año sagrado israelita y el primer mes del calendario civil, correspondiente a septiembre-octubre. El mes, posteriormente conocido como Tisri, se menciona por nombre sólo una vez en la Biblia, en conexión con la dedicación del templo de Salomón (1 Re. 8:2).

ETBAAL Etbaal, un sacerdote de Astoret, que reinó durante treinta y dos años como rey de Tiro y Sidon, donde expandió las actividades comerciales fenicias. Su hija Jezabel se casó con Acab, el rey de Israel (1 Re. 16:31), alianza que sirvió para introducir a Acab e Israel en la adoración de Baal. El nombre "Etbaal" significa "Baal está con él".

ETER **(1)** Pueblo listado en la herencia de la tribu de Judá en las laderas oeste, junto con Libni y Ashan (Js. 15:42). Posiblemente es la ubicación actual de Khirbet el-Ater. **(2)** Un pueblo listado en la herencia de la tribu de Simeón junto con Aín, Rimón y Ashan (Js. 19:7). Es posiblemente la ubicación moderna de Khirbet Attir.

ÉTICA La Biblia contiene dos tipos de declaraciones relacionadas con la conducta adecuada. Algunas de ellas describen la naturaleza de Dios, el tipo de mundo que él creó, y lo que él ha hecho por grupos de personas particulares. También contiene declaraciones diciéndonos lo que debemos hacer, tanto como criaturas de este Dios y, en algunas instancias, como los beneficiarios únicos de su actividad redentora. En consecuencia, la Biblia establece un punto de vista moral o sistema ético, apoyado por razones que justifican su contenido y urgencia. Los escritores de las Escrituras no eran filósofos morales, delineando su posición en detalle técnico; sin embargo, su intención era revelar los que agrada a nuestro Dios y Salvador, de manera que los santos están "cuidadosamente equipados para cada buen trabajo" (2 Tim. 3:16-17). La Biblia, por lo tanto, es un recurso fundacional para el discernimiento moral, la declaración definitiva de los que los cristianos deben hacer y en quién deben convertirse.

Las Fuentes de Conocimiento Moral

Las escrituras identifican dos fuentes de conocimiento moral. Primero, todos los seres humanos tienen la ley de Dios "escrita en sus corazones" (Rom. 2:15). Tenemos una conciencia, un conocimiento del bien y el mal dado por Dios que nos absuelve o condena, dependiendo de cómo respondamos a ella. La caída de la humanidad ha dañado esta fuente de conocimiento y nuestras conciencias pueden "quemarse" a través de la desobediencia crónica y la traición doctrinal (1 Tim. 4:2). Por lo tanto, no vemos nuestras tareas de manera infalible. Sin embargo, el apóstol Pablo argumenta que cada ser humano sabe suficiente de la ley de Dios—y de hecho, suficiente acerca de su naturaleza—para eliminar cada defensa en el día del juicio (Rom. 1:18-20).

Nadie será capaz de decirle a Dios en esa hora, "no tenía idea de quién eras y ninguna pista de lo que esperabas de mí".

Segundo, como se señala con anterioridad, tenemos la Biblia como fuente de conocimiento, siendo esta totalmente adecuada y suficientemente clara para guiar nuestras elecciones. Conocer las Escrituras es necesario para la ética cristiana porque ofrece una visión de alta definición de lo que la conciencia (incluso en sus mejores momentos) puede apenas entender. La Biblia no sólo proclama lo que la iglesia debe hacer, con frecuencia en términos claros y concretos, sino también (por lo menos en muchos casos) porque la voluntad de Dios tiene su contenido particular y porque la obediencia es una emergencia, no un proyecto de mejoramiento, aplazado de manera segura. La Biblia no responde ni puede responder cada pregunta ética que se le presenta en detalles sin ambigüedades. Nuevas tecnologías y cambios culturales han creado dilemas inimaginables en el siglo uno o cualquier época anterior. Pero la iglesia puede estar segura de que una lectura fiel de las Escrituras y una respuesta fiel a ellas, por gracia de Dios, lo complacerá incluso hoy, cualesquiera que sean nuestras circunstancias particulares.

La Lógica de la Moralidad Bíblica

Las enseñanzas morales de las Escrituras tienen una estructura identificable, consistentes en tareas y objetivos finales. Cuando obedecemos los mandamientos de Dios, lo que es nuestro deber, se realizan sus metas y objetivos finales en nuestra creación. En este sentido, la moralidad bíblica es completa e informativa comparada a sistemas derivados de otras visiones de mundo. Explica de qué trata la vida, pero también lo que debemos hacer día a día. Esta imagen completa emerge de las Escrituras porque sus declaraciones teológicas son siempre prácticamente aplicadas y nunca presentadas con mero interés teórico.

Los objetivos de la moralidad bíblica. Los objetivos de un sistema ético son sus metas o propósitos finales: los resultados que la obediencia debe rendir. En la Biblia, dos objetivos tienen máxima significancia, uno siendo el efecto secundario anticipado del otro.

Glorificar a Dios. Los escritores bíblicos proclaman la espectacular bondad de Dios. Él es máximamente excelente en todas las formas como Creador, incluyendo la sabiduría, poder, justicia y amor. Él es el Dios santo quien, casi a pesar de ese hecho, nos ama y dio a su Hijo, Jesús, para que sufriera por nuestros pecados para que pudiese vivir eternamente en su presencia. En estos aspectos, Dios es único, no simplemente en experiencia, sino necesariamente así. Nadie nunca ha sido, y nadie podría nunca ser, como él. Así, el objetivo final de todo esfuerzo humano debe ser glorificar a este Dios —conocerlo, alabarlo y valorar lo que él valora. Nuestras acciones deben dar testimonio de su excelencia, honrándolo e incentivando a otros a hacer lo mismo. La obediencia atesora lo que Dios atesora, rehúye lo que él aborrece, y le permite a su poder trabajar en sus vidas, haciéndonos vivir en unidad con nuestros compañeros en la fe. Estos patrones de comportamiento definen lo que significa glorificar a Dios.

Ser feliz en la presencia de Dios. La segunda meta u objetivo de la moralidad bíblica es ser feliz en maneras que son apropiadas a las criaturas de Dios. En este sentido, el sistema de ética cristiano difiere de teorías morales que rechazan totalmente la felicidad, viéndola como un objetivo indigno, o la reducen a una mera necesidad práctica, esto es, los pecadores necesitamos nuestros incentivos. Por el contrario, el Dios de las Escrituras claramente desea nuestra felicidad y con frecuencia se presenta a sí mismo como la fuente final de ella al llamar a su gente a la obediencia. Esta tendencia proviene de la perfecta bondad de Dios y su libertad al crear todas las cosas. Él no tenía que crear nada más, pero lo hizo; y ya que no tiene necesidades, sus propósitos deben haber sido altruistas más que egoístas. Él creó para dar en vez de recibir, y lo mejor que desea para cualquiera de nosotros es la felicidad resultante de nuestra glorificación unida, como un solo cuerpo en Cristo. Igualmente, entonces, la moralidad bíblica difiere de un sistema ético que hace de la felicidad humana un bien intrínseco, de manera que cualquier medio para lograrla es aceptable. Dios quiere que seamos felices, pero nuestra felicidad debe provenir de traerle gloria a él. Toda otra forma de felicidades es engañosa y transitoria. Las escenas celestiales del libro del Apocalipsis muestran a la iglesia la felicidad que Dios les tiene preparada si superan las pruebas de esta vida (así, e.g., Ap. 4-5; 7; 21-22; cf. 1 Cor. 2:9; Heb. 12:2).

Los medios de la moralidad bíblica. Como era de esperar, la Biblia también nos muestra como glorificar a Dios, cómo reflejar su majestuosidad en nuestra vida diaria, cómo alabarlo, y cómo valorar lo que él valora. Dentro de la totalidad de sus enseñanzas, se pueden discernir varios temas mayores. Cinco ejemplos principales de ello aparecen a continuación, permitiendo cierta superposición entre estos.

Confiar en las promesas de Dios. La fe bíblica es la confianza de que Dios hará por nosotros lo que ha prometido. Creemos que él puede y cumplirá todas nuestras necesidades y no nos permitirá soportar sufrimiento inútil. Cuando confiamos en él, proclamamos su grandeza y reconocemos nuestra propia dependencia de él. Tanto Rom. 4 como Heb. 11 hacen esta observación en formas que reflexionan sobre la historia del AT con una aplicación a la vida cristiana presente. El Evangelio es una promesa concerniente a la muerte, entierro y resurrección de Cristo; y la fe nos asegura que Dios evaluará estos eventos en nuestra cuenta final. Contrariamente, frecuentemente violamos los mandamientos de Dios porque dudamos que Él nos dará lo que necesitamos cuando lo requiramos (así, e.g., la capitulación de Abraham ante Sara en Gn. 16, con sus correspondientes resultados negativos).

Mantener la santidad y la impureza separadas. Dios es el todopoderoso, omnisciente, moralmente perfecto Creador del universo. Todas las cosas dependen en Él para su existencia, y Él es extremo tanto en su compromiso con la justicia como su deseo de amar. En consecuencia, las criaturas de Dios lo encuentran como "santo", como la ominosamente trascendente o peligrosamente perfecta deidad. Él es único, aparte de todo, y la vida en su presencia no puede implicar normalidad. La forma taquigráfica de expresar este deber es decir que nosotros mismos debemos ser santos, como Él es santo, rehuyendo toda forma de impureza. De esta manera, por ejemplo, los israelitas antiguos se preparaban para entrar en la presencia de Yahveh y darle honor en público (Lv. 11:44; 19:2; Sal. 24:3-4; Is. 6:1-5; cf. 1 Pe. 1:15-16).

En las Escrituras, la distinción entre puro e impuro o santo y profano, a veces es intrínseca y a veces pedagógica. Romper cualquiera de los Diez Mandamientos lo vuelve a uno intrínsecamente impuro. Siempre es malo, en cualquier lugar, para cualquiera, tener otros dioses, crear ídolos y faltarles el respeto a los padres. Es malo mentir, robar y asesinar. Incluso no observar el Sabbat es malo si expresa falta de fe en la habilidad y voluntad de Dios para proveer. Pero algunas líneas entre la pureza y la impureza —o, en otros casos, solo entre lo sagrado y lo común— parecen extraerse de por Dios sólo para propósitos instruccionales. No separan el bien del mal como tal, pero obligan a los israelitas a practicar a presencia de Yahveh" honrando límites impuestos en la vida doméstica. No es malo comer puerco, pero hacerlo está prohibido en el AT y permitido en el NT (Lv. 19:19). Por lo tanto, como se sugiere, las

Icono que muestra a Jesús lavando los pies de sus discípulos, un ejemplo ético que podemos imitar.

E

reglas levíticas de este tipo deben haber tenido un propósito instrumental, sirviendo un objetivo más allá de sí mismas. Imponen la santidad de Yahveh en elecciones diarias, como el Espíritu Santo ahora presiona las reclamaciones de Dios sobre su iglesia. Esta separación de impureza y santidad es, en cualquier caso, un tema constante del AT, y se traspasa al NT también, donde informa la pregunta "¿Qué debemos hacer para ser salvados?" (cf. Hec. 16:30).

Imitando a Dios/Cristo. Los escritores bíblicos también interpretan la vida moral como una imitación de Dios y/o Cristo, especialmente cuando las virtudes de misericordia, humildad y resistencia están en juego. En el AT, el comportamiento de Yahveh hacia la gente se vuelve el estándar para la conducta del propio Israel. Así, por ejemplo, Él dice: "Pero dejen a aquel que se jacta jactarse de esto: que tienen la comprensión de conocerme, que yo soy el Señor, quien ejerce la amabilidad, justicia y rectitud en la tierra, porque en eso me deleito" (Jr. 9:24). En el NT, aparecen inferencias similares, como cuando Jesús dice: "Benditos son los pacificadores, porque serán llamados hijos de Dios" (Mt. 5:9), siendo el hijo el que sigue los pasos del padre. Debemos amar a nuestros enemigos, para que podamos ser "hijos de (nuestro) Padre en el cielo" (Mt. 5:44-45). Debemos "ser perfectos", como Él es perfecto (Mt. 5:48). Jesús ordena a sus discípulos a lavarse los pies unos a otros, a partir de su ejemplo (Jn. 13:14-15). Deben amarse unos a otros como Él los ha amado (Jn. 15:12). El nuevo mandamiento de amarse unos a otros, siguiendo el ejemplo de Dios, refleja su carácter y su propia relación con él (13:34-35). Jesús ora para que sus discípulos sean "uno", al igual que el Padre y el Hijo son uno (17:22). El himno de Pablo en Flp. 2:5-11 cumple este propósito: debemos imitar la humildad que entregó todo, hasta el punto de la crucifixión. Hebreos 12:1-2 ensalza a Cristo como uno que "por la alegría puesta frente a él soportó la cruz, despreciando su vergüenza", resultando en su gloria.

Haciendo realidad nuestra identidad única. Las Escrituras define el ideal moral para todas las personas, quienesquiera que sean, porque su perspectiva no es relativista. El asesinato, la idolatría y la mentira no están mal para unos y bien para otros. Sin embargo, la mayoría de las enseñanzas morales de la Biblia tiene un público objetivo, de manera que con frecuencia contiene inferencias a este efecto: "Deberán hacer X (o hacer X es urgente para ustedes), ya sea (a) porque pertenecen a Dios de forma especial o (b) porque Él ha hecho esta cosa especial por ustedes". En el AT, el público objetivo es Israel; en el NT, el grupo correspondiente es la iglesia. En ambos Testamentos, sin embargo, opera el mismo particularismo ético, de esa manera dando a las exhortaciones morales de Pablo y Pedro, para citar dos ejemplos, una reconocible estructura y tema "judío".

La conexión entre regalo y tarea, o identidad sobrenatural y comportamiento, es la estructura básica de la alianza de Sinaí misma. El texto moviliza desde el prólogo "Yo soy el Señor tu Dios, quien te sacó de Egipto", a la exhortación moral, comenzando con "No tendrás ningún otro Dios antes de mí" (Éx. 20:1-3; Dt. 5:6-7). Ecos de este prólogo también ocurren frecuentemente en el AT como cláusulas motivacionales. Dios dirá, en efecto: "Ustedes deberán hacer X, porque yo soy el Señor tu Dios", o "No deberán hacer Y, porque yo soy el Señor tu Dios quien te sacó de Egipto". En algunos casos, la cláusula motivacional identifica a las personas en sí, como en "Porque ustedes son un pueblo santo para el Señor su Dios. El Señor su Dios los ha elegido de todos los pueblos de la faz de la tierra para ser su pueblo, su preciada posesión" (Dt. 7:6). O nuevamente: "Ustedes son los hijos del Señor su Dios. No se corten a ustedes mismos o afeiten la parte frontal de sus cabezas para los muertos, porque ustedes son el pueblo santo para el Señor su Dios. De todas las naciones de la faz de la tierra, el Señor los ha elegido para ser su preciada posesión" (Dt. 14:1-2). En algunos casos, Dios se refiere a la condición singular del pueblo para avergonzarlos, como en "Cuando Israel era un niño, lo ame, y fuera de Egipto llamé a mi hijo. Pero mientras más eran llamados, más se alejaron de mí" (Os. 11:1-2). La lealtad era especialmente urgente, dada la experiencia de Israel del particular amor de Dios.

En el NT, el mandato de hacer realidad la identidad especial de uno aparece con frecuencia, especialmente (aunque no exclusivamente) en los escritos de Pablo y Pedro. En Rom. 6, aquellos que han sido emancipados del pecado deben resistir su influencia menguante. En Rom. 8, aquellos que están bajo la nueva administración del Espíritu Santo deben caminar de acuerdo a él y rehuir la mentalidad de la carne. Los corintios se han vuelto una remesa de masa sin leudar; por lo tanto, deben "deshacerse de la levadura vieja", que tolera pecado extraordinario (1 Cor. 5). Los miembros del cuerpo único de Cristo deben funcionar como una nueva humanidad (1 Cor. 12:12-31). Si los gálatas viven por el Espíritu, también deben caminar por el Espíritu (Gal. 5:25). Pedro dice a sus lectores que se amen unos a otros porque han "renacido" de "semilla imperecedera" (1 Pe. 1:22-23). Ellos son una "raza elegida", un "sacerdocio real" y una "nación santa"; por lo tanto, deben proclamar su excelencia y abstenerse de pasiones carnales (1 Pe. 2:9-11). Jesús mismo dice que porque él es la vid y nosotros somos las ramas, debemos permanecer con él (Jn. 15:1-11). En todos estos casos, la audiencia objetiva tiene una relación especial con Dios que se impone sobre ellos tareas o prioridades correspondientes, de manera de reflejar su santidad, valorar lo que valora, y lograr las metas que él les ha puesto.

Vivir en unidad unos con otros. El primer pecado separó a Dios de la humanidad y dañó todas las otras relaciones (Gn. 3). De ahí en adelante, Adán y Eva vivirían en tensión (Gn. 3:16), y su hijo Caín mata a su hermano Abel (Gn. 4:8). La desunión resulta del pecado, Dios dispersa a los pecadores como juicio por su maldad (e.g., Gn. 11:1-9; 1 Re. 11). Es "bueno y agradable" cuando "el pueblo de Dios vive junto en unidad" (Sal. 133:1), y obediencia a las enseñanzas del NT los haría hacer eso. Sin embargo, el pecado se posiciona entre Yahveh y su pueblo, y se posiciona entre un israelita y otro. La desunión, en todas estas dimensiones, es el asunto inacabado de la historia del AT.

El NT presenta la unidad como un efecto y una tarea (o un regalo y una tarea) de la nueva vida en Cristo. Somos uno en Cristo, y debemos vivir en la unidad del compañerismo de unos con otros. Judíos y gentiles—de hecho, personas de todos los estilos de vida—se convierten en un solo cuerpo, un nuevo tipo de pueblo, definido por relaciones que son "más espesas que la sangre", por así decirlo, así como la sangre es más espesa que el agua. Pablo, el apóstol de los gentiles, impone este tema a través de sus cartas, de manera que sus exhortaciones se concentran en la iglesia, en primera instancia, más que al individuo. Los cristianos deben desplegar las virtudes sociales del amor y la humildad, resistiéndose a ambiciones egoístas y el orgullo, que separan a creyente de creyente y a cada uno de la cabeza de la iglesia que es Cristo. Los romanos y los efesios son casos positivos de unidad cristiana entre judíos y gentiles, mientras los filipenses (tal vez, en un sentido más amplio, también los gálatas y los colosenses) confrontan una tendencia divisiva. El vicio esencial denunciado en 1-2 Corintios es arrogante pavonearía, que rechaza el "mensaje de la cruz" de Pablo (1 Cr. 1:18) y subdivide la iglesia en cultos de la personalidad. Las fuerzas mundanas son centrífugas, alejándonos a uno de otros hacia una competencia por influencia, riqueza y honor público. En contraste, la fuerza del Espíritu Santo es centrípeta, creando unidad donde nadie la esperaría y guiando a cada persona al auto sacrificio para que otros en el cuerpo de Cristo puedan crecer en él.

ETIOPÍA Los antiguos griegos usaban el término "Etiopía" (lit., "los rostros quemados") para referirse a todas las regiones al sur de Egipto. Por lo tanto, agrupan a toda el África negra en este término. El principal reino africano que interactuaba regularmente a través del período bíblico con las naciones en Mesopotamia, Palestina y toda la región del Mediterráneo era el reino de Cus, ubicado justo al sur de Egipto, sobre la cuarta catarata del río Nilo (véase Cus, Cusitas). Así, en la literatura griega antigua la mayoría de los usos del nombre "Etiopía" en realidad se refieren a la región de Cus. La Biblia hebrea se refiere a Cus y a cusitas más de cincuenta veces. Las traducciones de la Biblia al español son bastante inconsistentes en cómo traducen la palabra hebrea kush, con varias versiones usando "Etiopía".

La moderna Etiopía en el este de África es un área diferente del antiguo Cus (en el moderno Sudán). La región que comprende la moderna Etiopía era el hogar de un antiguo reino llamado como su ciudad capital de Aksum. Los aksumitas emergieron como entidad en la temprana era del NT y se convirtieron al cristianismo en el siglo cuatro AD. Basándose en sus tradiciones eclesiásticas y leyendas, muchos de los etíopes de hoy reclaman una conexión con los "etíopes" bíblicos, al igual que al rey Salomón (a través de la reina de Saba). Sin embargo, aunque el reino aksumita juega un importante rol en la historia de la iglesia, no existen referencias directas en la Biblia a la región que hoy en día conforma la moderna Etiopía. Asimismo, la leyenda que reclama que los reyes de Aksum y la moderna Etiopía era descendientes de Salomón, aunque fascinante, es improbable.

EUNUCO ETÍOPE El eunuco etíope, que aparece en Hec. 8:26-40, es de un reino de áfrica centrado en la ciudad de Meroe, ubicada en el Nilo, justo al sur de Egipto. Hec. 8:27 establece que está a cargo de la tesorería de Candace, reina de Etiopía. "Candace" era el nombre usado por todas las reinas del reino cusita en Meroe. Los registros romanos del año 23 a.C. documentan negociaciones entre el general romano Cayo Petronio y una reina llamada "Candace" gobernando el reino en Meroe, sobre el río Nilo.

La conversión de un africano negro tempranamente en el libro de los Hechos es significativa, ya que a medida que se desarrolla la historia en Hechos, "Etiopía" probablemente representa el "final de la tierra", una frase de la promesa de apertura de Cristo a los discípulos en Hechos 1:8. Así, la conversión de este eunuco etíope simboliza la inclusión de los gentiles, que se volverá una parte central del libro de Hechos en capítulos posteriores.

ETNÁN Uno de los hijos de Asjur y su esposa Hela. Era de la tribu de Judá (1 Cr. 4:5-7).

ETNI Un ancestro de listado entre los levitas que servían en el templo (1 Cr. 6:41).

EUBULUS Pablo envía un saludo de este creyente a Timoteo desde su aprisionamiento en el momento que escribe 2 Timoteo (4:21). La tradición posterior lo cita como presbítero en Corintio.

EUCARISTÍA *Véase* Comunión; Señor, Cena del.

EUNICE La madre judía de Timoteo, Eunice era una creyente cristiana de Listra en Asia Menor cuyo esposo, jamás identificado por nombre, era griego (Hec. 16:1). Pablo da crédito a Eunice y a la abuela de Timoteo, Loida, por inculcar la fe en su joven discípulo (2 Tim. 1:5).

EUNUCO Por lo general, un oficial castrado en la corte real que sirve a una reina (2 Re. 9:30-32) o el harem de un rey (Est. 2:14-15). Ebed Melec, un eunuco etíope, junto con Baruc, es la única persona registrada como respondiendo positivamente a Jeremías (Jr. 38:7-13; 39:15-18). La ley mosaica no permitía a los eunucos entrar en espacios sagrados (Dt. 23:1). Entre los MMM, el Damascus Document (Documento de Damasco) perpetúa esta aislación: Nadie mutilado "entrará en esta comunidad" (CD-A 15:16-17). Muchos eunucos comenzaron su vida como esclavos, con frecuencia secuestrados de África. Rutinariamente se les hacían burlas y eran marginalizados en el mundo grecorromano. Juvenal escribe, "Los niños de los traficantes de esclavos son diferentes: patéticamente débiles, avergonzados de su bolsa vacía, sus garbanzos perdidos" (Sat. 6.373). Terencio, un dramaturgo romano, hace que un personaje diga de un eunuco: "¿Qué, esa vieja cosa fe sin sexo que compró ayer?" (The Eunuch [El Eunuco], acto 2, escena 3).

Pero el profeta Isaías (Is. 56:3-5) promete salvación a los eunucos, el cumplimiento de la cual comienza cuando Felipe el diácono compartió el Evangelio con un eunuco de Etiopía, que inmediatamente se bautizó en la iglesia (Hec. 8:26-40). Jesús usa el término metafóricamente para describir a aquellos que se hacen eunucos a sí mismos para el reino, probablemente en referencia al celibato (Mt. 19:12).

EURAQUILO *Véase* Euroclidón.

EUROCLIDÓN En Hechos 27:14 la KJV traduce la palabra griega Euroklydōn (los manuscritos más tempranos tienen Eurakylōn, y hay otras variaciones), refiriéndose a la tormenta "procedente del noreste" que resultó en el naufragio del barco que transportaba a Pablo a su aprisionamiento en Roma. Euroklydon significa "tormenta del este", mientras la transliteración preferida de la palabra hibrida grecolatina, Euraquilo, significa "viento noreste". Según Estrabón (Geogr. 1.2.21), este era un viento violento del norte.

EUTICO Mientras Pablo estaba predicando en Troas, este hombre joven se quedó dormido y cayó de su asiento de la ventana del piso de arriba (Hec. 20:7-12). Fue "levantado muerto", pero Pablo lo revivió. Así Lucas retrata a Pablo como capaz de revivir a un niño de la muerte en la tradición de Elías y Eliseo (1 Re. 17:21-22; 2 Re. 4:34-35).

EVA La primera mujer, formada del costado de Adán, se llamaba "Eva" ("viviente" o "dadora de vida") "porque se convertiría en la madre de todos los vivos" (Gn. 3:20). Eva se asoció con Adán en desobedecer a Dios (Gn. 3:1-6; 2 Cor. 11:3; 1 Tim. 2:13-14). Ella dio a luz a Caín, Abel y Set, entre otros hijos. *Véase también* Adán y Eva.

EVANGELIO La palabra "evangelio" traduce la palabra griega euangelion, que es muy importante en el NT, usándose setenta y seis veces. La palabra euangelion (eu= "buen", angelion= "anuncio"), en su uso contemporáneo en el mundo helénico no era el título de un libro, sino más bien una declaración de buenas noticias. Euangelion se usaba en el Imperio Romano con referencia a eventos significativos en la vida del emperador, a quien se consideraba un salvador con estatus divino. Estos eventos incluían declaraciones al momento de su nacimiento, su mayoría de edad y su ascensión al trono. El uso del NT del término también puede trazarse al AT (e.g., Is. 40:9; 52:7; 61:1), que esperaba a la venida del Mesías, que traería un período de salvación. Esta buena noticia, que es declarada en el NT, es que Jesús ha cumplido las promesas de Dios a Israel y ahora el camino de la salvación está abierto para todos.

El Mensaje del Evangelio

El apóstol Pablo reconoce que el evangelio se centra en la muerte, entierro y resurrección de Jesús (1 Cor. 15:1-5). Él declara que este evangelio es el poder de Dios para la salvación de todo quienes creen (Rom. 1:16), una confianza sagrada (1 Tim. 1:11), la palabra de la verdad (Ef. 1:13) y un pronunciamiento autoritario que requiere una respuesta (Rom. 10:16; 2 Cor. 11:4; 2 Tes. 1:8). La declaración de esta buena noticia se encuentra en los labios de Jesús en los Evangelios Sinópticos (Mt. 11:5; Lc. 4:18), que llama a las personas a responder en arrepentimiento y fe (Mc. 1:15). La buena noticia también se encuentra en la prédica apostólica, donde se asocia con la proclamación de Cristo (Hec. 5:42; 8:35; 11:20).

Los registros de prédicas apostólicas en Hechos son registros de las primeras declaraciones públicas de este evangelio. El apóstol Pedro da tres de tales discursos (Hec. 2:14-41; 3:11-4:4; 10:34-43), cuyo contenido puede resumirse como sigue. La era del cumplimiento ha llegado a través del nacimiento, vida, ministerio y resurrección de Jesucristo (2:22-31), que ha dado lugar a los "últimos días" predichos por los profetas (3:18-26). Jesús, por su resurrección, ha sido exaltado a la derecha de Dios como cabeza del nuevo Israel (2:32-36), y el Espíritu Santo ha sido entregado a la iglesia como la señal de poder y exaltación presente de Cristo (10:44-48). Esta era alcanzará su consumación en el regreso de Cristo (3:20-21), y en respuesta a este evangelio y se llama al arrepentimiento, con la oferta de perdón, el Espíritu Santo y la salvación (2:37-41).

Esta declaración del evangelio concierne principalmente con lo que se predicó más que con lo que se escribió. Predicadores itinerantes de este evangelio eran conocidos como "evangelistas", que en griego se relaciona íntimamente con el término euangelion (Hec. 21:8; Ef. 4:11; 2 Tim. 4:5). Algunos académicos creen que durante la etapa de transmisión oral, los relatos del evangelio desarrollaron una cierta forma a través de la repetición, que ayuda a explicar algunas similitudes entre relatos escritos posteriores del evangelio.

Del Evangelio Oral al Escrito

Posteriormente, este evangelio "oral" fue escrito por varias razones. Con la rápida expansión del cristianismo, como se registra en el libro de Hechos, surgió una necesidad para una diseminación más eficiente del mensaje de Jesús de lo que estaba disponible por medios orales. Además, había una necesidad de mantener el mensaje vivo porque algunos de los apóstoles habían muerto (e.g., Santiago en Hec. 12:2) y muchas iglesias encontraban oposición y persecución. Los Evangelios escritos facilitarían las necesidades catequéticas y litúrgicas e incentivaban a los cristianos perseguidos para continuar siguiendo a Jesús a través de narrar la historia de su fidelidad a través de gran sufrimiento. Estos Evangelios escritos también contendrían ejemplos de aquellos que perseveraron en el seguimiento de Jesús y de aquellos que lo negaron y traicionaron. Estos relatos acerca de Jesús y sus seguidores se volvieron documentos fundacionales para la iglesia temprana.

E

Debería notarse que el evangelio no fue escrito para darle autoridad. El contexto del siglo uno era ampliamente una cultura oral, en la cual la narración y la repetición de hechos era integral. Papías, un líder de la iglesia de Hierápolis en Asia Menor que murió alrededor del año 130 AD, declara su preferencia por la tradición oral por sobre la información escrita acerca de Jesús: "Porque no pensé que la información de libros me ayudaría tanto como la palabra de un voz viviente y sobreviviente" (Eusebio, Hist. eccl. 3.39.4). Existe, sin embargo, una trayectoria trazable del evangelio predicado por los apóstoles a los relatos escritos que llevan los nombres de Mateo, Marcos, Lucas y Juan. Se sostiene generalmente que los autores/editores de los cuatro Evangelios canónicos estaban usando fuentes orales y/o escritas (Lc. 1:1-4) y que sus respectivos Evangelios fueron escritos en la segunda mitad del siglo uno.

La mayoría de los académicos bíblicos sostienen que Marcos fue el primer Evangelio en ser escrito (c. 66 AD). Según la tradición, su editor/autor fue Juan Marcos, un amigo cercano del apóstol Pedro (1 Pe. 5:13) y un compañero parcial del apóstol Pablo (Hec. 12:12; Col. 4:10; 2 Tim. 4:11). Esta tradición no carece de bases. Papías dice: "Marcos, quien de hecho había sido el intérprete de Pedro, escribió con exactitud tanto como recordaba, aunque no en orden, sobre aquello que había dicho o hecho el Señor" (Eusebio, Hist. eccl. 3.39.15). Esta tradición también es delineada por Clemente de Alejandría, quien, alrededor del año 200 AD, escribió: "Cuando Pedro públicamente había predicado la palabra en Roma y por el Espíritu había proclamado el evangelio, entonces aquellos presentes, que eran muchos, exhortaron a Marcos, como uno de los que lo había seguido por largo tiempo y recordaba lo que se había dicho, a que hiciese un registro de lo que él decía; y entonces lo hizo, y distribuyó el Evangelio entre aquellos que le habían pedido" (Eusebio, Hist. eccl. 6.14.5-7; cf. 2.15.1-2).

Es ampliamente sostenido que Mateo y Lucas usaron Marcos como una de sus fuentes: del material en Marcos, sobre el 97 por ciento se repite en Mateo y sobre el 88 por ciento se repite en Lucas. Mateo y Lucas también contienen material que parece provenir de una fuente escrita común que no se encuentra en Marcos. Los Académicos han llamado a esta fuente "Q" (del alemán Quelle = "fuente"), aunque esta puede ser una colección de fuentes más que un solo documento.

Además, la asociación del Cuarto Evangelio con el apóstol Juan data de Ireneo (c. 180 AD), que declara, "Juan, el discípulo del Señor, que se apoyó en su pecho, también publicó el evangelio mientras vivía en Éfeso en Asia" (Haer. 3.1.1, como se cita en Eusebio, Hist. eccl. 5.8.4). Para el siglo dos, el término "evangelio" se usa para los relatos escritos de la vida, muerte y resurrección de Jesús (e.g., Did. 11.3; 15.4). Justino Mártir (c. 140 AD) se refiere a las "memorias de los apóstoles" (1 Apol. 67) e Ireneo (c. 180 AD) menciona los cuatro Evangelios canónicos por nombre (Haer. 3.11.7).

El Propósito y Género de los Evangelios

Propósito. Los Evangelios fueron escritos para expresar teología y para crear y confirmar la fe. Ellos no dan un relato objetivamente neutral de la vida de Jesús; ellos entusiásticamente promocionan a su protagonista y condenan a aquellos que se les oponen. Ellos difieren de biografías tradicionales en que proveen poca información acerca de la cronología de la vida de Jesús. Sólo dos de los Evangelios, Mateo y Lucas, cuentan los eventos que rodean el nacimiento de Jesús. Sólo Lucas cuenta un evento en la infancia de Jesús (Lc. 2:41-52). Es virtualmente incidental que Jesús trabajara como carpintero y tenía hermanos y hermanas (Mc. 6:3). Un gran porcentaje de cada uno de los cuatro Evangelios canónicos está dedicado a la última semana de la vida de Jesús; de los dieciséis capítulos del Evangelio de Marcos, seis están dedicados a la semana de la entrada de Jesús en Jerusalén hasta su resurrección.

La intención principal de los autores/editores de los Evangelios escritos no era entregar detalles biográficos, sino más bien guiar al lector a un reconocimiento de la identidad de Jesús y una creencia en el propósito de su misión (Lc. 1:4; Jn. 20:31). Sus propósitos teológicos, sin embargo, no necesariamente pone en riesgo su compromiso con la exactitud histórica. Jesús es presentado como una figura histórica real que vivió dentro de un marco histórico específico. Lucas parece estar más preocupado que los otros evangelistas con los detalles históricos, dando una fecha aproximada para el nacimiento de Jesús (Lc. 2:1-2) y una fecha más específica para el bautismo de Jesús (3:1-2).

Género. El lector sagaz de los Evangelios es forzado a preguntarse acerca del género literario de estos textos. Tal discusión es imperativa, ya que la interpretación de una sección de cualquier pieza de literatura será ampliamente determinada por la función del texto dentro de un cierto género literario. Antes de la década de 1970, la mayoría de los académicos del NT creían que los Evangelios formaban un género literario único y eran, por lo tanto, distintos de otras formas literarias del siglo uno. Esta conclusión se basaba en la creencia de que los Evangelios escritos eran colecciones de secciones más pequeñas unidas por el evangelista y que los documentos como un todo carecían de coherencia. Desde entonces, esta presuposición ha sido desafiada, ampliamente porque académicos han visto que los escritores de los Evangelios eran verdaderos editores y autores que no sólo estaban recolectando fuentes de materiales primitivas, sino que usaban ese material para escribir una historia más grande de Jesús. Los Evangelios escritos, por lo tanto, tienen en general coherencia y propósito; estaban escritos de tal manera para lograr una respuesta deseada en el lector. Tal intención generalizada puede tener fuertes similitudes con los diferentes géneros en el mundo grecorromano del NT.

Los Evangelios se han asociado con varios géneros. Tienen ciertas similitudes con las

Placa de marfil que muestra la muerte, sepultura y resurrección de Cristo, la esencia del Evangelio (siglo IX d.C).

aretalogías, que eran narraciones acerca de personas divinas en la antigüedad de las cuales fluían instrucciones morales. Estas historias frecuentemente involucraban eventos milagrosos en el nacimiento o muerte o en la vida del sujeto e incluían la presencia de discípulos y oponentes. Dentro de estas aretalogías, la narrativa era secundaria a la moralidad. Una asociación con aretalogías, por lo tanto, incentivaría al lector a prestar mayor atención a las enseñanzas morales que a los eventos en los cuales estas enseñanzas están insertas. Igualmente, otros han visto los Evangelios como esencialmente una colección de dichos sabios colocados en una narrativa historizada; esta visión nuevamente prioriza los dichos y duda de la historicidad de la narrativa. Tales visiones que restan importancia a la narrativa y particularmente los milagros en la vida de Jesús han llevado a otros a argumentar el extremo opuesto, que ve los Evangelios, Lucas y Hechos en particular, como ejemplos de novelas antiguas, con su foco en las historias milagrosas. Muchos académicos han rechazado el énfasis en los dichos y narrativas, argumentando que el género literario de los Evangelios más cercanamente se asemeja a las antiguas biografías (bioi). Estas contenían alabanzas para el protagonista, retórica, filosofía moral, y una preocupación por el carácter.

Aunque los Evangelios usan diferentes motivos literarios que reflejan distintos géneros del mundo grecorromano, ellos no replican ningún género de manera exacta. Ellos contienen material no encontrado en otra literatura helénica de la época, por ejemplo, el cumplimiento de las expectativas del AT y su deseo de enfrentar temas particulares enfrentados por la iglesia temprana, tales como la oposición; la misión gentil; la necesidad de redefinir a Israel a la luz de la vida, muerte y resurrección de Jesús; y la naturaleza del discipulado cristiano. A diferencia de otra literatura de la época, no nombran a sus autores, con excepción de Lucas, carecen de recursos literarios tradicionales tales como prefacios. Por lo tanto, deben verse como únicos o, por lo menos, como un subgénero distintivo de las antiguas biografías.

Evangelios Canónicos y No-Canónicos

La progresión de los eventos de la vida de Jesús de las prédicas orales del evangelio a la escritura de la historia en el siglo uno llevó a la aceptación de los Evangelios según Mateo, Marcos, Lucas y Juan en el canon del NT. Existe también un significativo cuerpo literario que es normalmente mencionado como los evangelios no-canónicos. Estos documentos posteriores no eran ampliamente aceptados ni vistos como autoritarios, pero proporcionaban perspectivas útiles sobre la naturaleza del cristianismo temprano. Un evangelio no-canónico significativo es el Evangelio de Tomás, que es parte de una amplia colección de obras descubierta en Nag Hammadi (Egipto) en 1945. El Evangelio de Tomás no contiene un relato de la resurrección y es principalmente una colección de dichos.

Los Evangelios canónicos no son más autoritarios que cualquier otra sección de las Escrituras, pero debido a su foco en el ministerio de Jesús, con atención particular a su muerte y resurrección, ellos atraen la atención del lector al cumplimiento de propósito de Dios en la vida y obra de Jesús, el Mesías. Por lo tanto, son de gran importancia dentro de las Escrituras.

EVANGELISMO El evangelismo es la proclamación del "*evangel*" (griego euangelion), las buenas noticias, de Jesucristo. El contenido del evangel incluye el nacimiento de Jesús, que fue anunciado como buena noticia a Zacarías por el ángel Gabriel (Lc. 1:19) y por los ángeles a los pastores (Lc. 2:10). Las buenas noticias hablan de la realidad de la resurrección de Jesús (Hec. 17:18), descrita como un mensaje de gracia (Hec. 20:24) y la reconciliación con Dios a través del cuerpo sacrificado de Cristo (Col. 1:22-23), e incluye la expectativa de un día de juicio divino (Rom. 2:16). Pablo predicó el mensaje del Evangelio (en inglés "gospel" del inglés antiguo gōdspel, "buenas noticias"), que él declara que tenía su origen en Dios, no en los humanos (Gal. 1:11-12). Él resume este mensaje en 1 Cor. 15:3b-5: "que Cristo murió por nuestros pecados de acuerdo a las Escrituras, que fue enterrado, que se levantó al tercer día de acuerdo a las Escrituras, y que se apareció a Cefas y luego a los Doce". La introducción del Evangelio de Marcos (1:1) puede indicar que este evangelio escrito podría servir propósitos evangelísticos.

Esfuerzos evangelísticos en el Nuevo Testamento. Varias figuras a lo largo del NT participaron en esfuerzos evangelísticos. Juan el Bautista predicando sobre el Mesías que está por venir es descrito como evangelismo (Lc. 3:18). El evangelismo fue una característica de la actividad del propio ministerio de Jesús (Mt. 4:23; 9:35; Mc. 1:14; Lc. 20:1), que se enfocaba en proclamar el advenimiento del reino de Dios (Lc. 4:43; 8:1) y en ocasiones estaba enfocado hacia los pobres (Mt. 11:5; Lc. 4:18; 7:22). Jesús ordenó a aquellos que lo seguían a comprometerse en el evangelismo. Envió a los doce apóstoles con propósitos evangelísticos (Lc. 9:2), y emitió la Gran Comisión para este fin (Mt. 28:18-20).

La empresa misionera registrada en Hechos demuestra el esfuerzo de los primeros cristianos para expandir el Evangelio. Los apóstoles en Jerusalén (Hec. 5:42) proclamaron el Evangelio a pesar de gran oposición y persecución, y los creyentes que se dispersaron fuera de Jerusalén debido a la persecución extendieron el Evangelio a nuevas ubicaciones (8:4). Felipe evangelizó a samaritanos y a un etíope (8:12, 35). El ministerio de Pablo y Bernabé se caracteriza por predicar las buenas noticias (14:7, 15, 21; 15:35; 16:10; 17:18). Felipe, uno de los siete elegidos para distribuir comida (6:5), recibe el nombre de "el Evangelista" (21:). Timoteo, además, se dice que es el compañero de trabajo de Pablo en el evangelismo (1 Tes. 3:2; cf. 2 Tim. 4:5).

El evangelismo era una parte central del ministerio de Pablo (Rom. 1:9; 1 Cor. 1:17; 15:1-2; Ef. 6:19; 1 Tes. 2:2, 9). Él indicó un interés explícito en compartir el Evangelio con los gentiles (Rom. 15:16; Gal. 1:16; 2:7; Ef. 3:8) y con aquellos que nunca lo habían escuchado (Rom. 15:20; 2 Cor. 10:16) y expresó un deseo de predicar el Evangelio en Roma (Rom. 1:15). Pablo escribió sobre la necesidad del evangelismo para que las personas se salvasen (Rom. 10:15) y predicaba el mensaje del Evangelio sin cobrar (1 Cor. 9:16, 18; 2 Cor. 11:7). Él enlista el rol de los evangelistas en la iglesia junto con los apóstoles, profetas, pastores y maestros (Ef. 4:11).

Objetivo y métodos del evangelismo. El objetivo del evangelismo es extender el Evangelio a través de límites étnicos y religiosos hasta que llegase a todas las naciones (Mc. 13:10; Col. 1:23). Con este fin, Hechos detalla un esfuerzo intencional de parte de los primeros cristianos por compartir el Evangelio con aquellos provenientes de trasfondos judíos y no judíos. Hechos 8:25 registra los esfuerzos evangelísticos de Pedro y Juan en aldeas samaritanas y Hechos 15:7 identifica a Pedro como un evangelista a los gentiles. Un acercamiento especialmente hacia los gentiles es registrado en Hec. 11:20 y el programa intencional de Pablo de viajar de ciudad en ciudad contribuye a este objetivo aún más (Rom. 15:19).

Los evangelistas registrados en el NT demuestran un rango de métodos y acercamientos para compartir las buenas noticias. Con frecuencia comenzaban con un punto de contacto de la visión religiosa de su audiencia. Por ejemplo, Felipe usaba las Escrituras como punto inicial al hablar con un individuo que estaba familiarizado con parte de ella (Hec. 8:35). De manera similar, al dirigirse a judíos, Pablo predicaba a Jesús como el cumplimientos de varias Escrituras del AT (Hec. 13:32-41), pero al predicar el Evangelio a los griegos en Atenas, él reconoció su religiosidad y su adoración previa a uno llamada "un Dios desconocido" (17:22-23). Los evangelistas buscaban oportunidades para ganarse una audiencia, y Pablo incluso tomó ventaja de una enfermedad para quedarse con los gálatas y compartir con ellos el Evangelio (Gal. 4:13). Finalmente, gran parte del trabajo evangelístico en la iglesia temprana iba acompañado de signos milagrosos y maravillas, que servían para autenticar el mensaje que se estaba proclamando (Rom. 15:19; 1 Tes. 1:5).

EVI Uno de los cinco reyes de Madián derrotados por los israelitas en tiempos de Moisés (Nm. 31:8; Js. 13:21).

EVIL MERODAC *Véase* Awel-Marduk.

EVODIA Una mujer en la iglesia de Filipos, incentivada por Pablo para resolver su desacuerdo con Síntique (Flp. 4:2). Pablo felicita a Evodia y Síntique, quienes "argumentaron a mi lado en la causa de este Evangelio" (4:3). Estás mujeres probablemente tenían roles de liderazgo en la iglesia de Filipos, y por lo tanto su desacuerdo ameritaba mención en la Carta a los Filipenses. Pueden haber sido anfitrionas de iglesias hogares o tal vez diáconos. La naturaleza de su desacuerdo permanece incierta en este texto.

EXACTADOR Uno que presiona o dirige a alguien más por algo. La palabra aparece en KJV sólo en Is. 60:17, aunque la KJV utiliza el verbo "exigir" y el sustantivo "exacción" varias veces (*véase*, e.g., Dt. 15:2-3; 2 Re. 23:35; Neh. 10:31), frecuentemente en referencia a requerir pago de algún tipo. La palabra hebrea aquí puede referirse a alguien que dirige a otros duramente (*véase*, e.g., Éx. 3:7 KJV: "supervisores"), pero el contexto de su ocurrencia en Is. 60:17 indica que los "exactadores" (específicamente, la justicia) exigirá su poder en una forma más benevolente (así la elección de NIV de la palabra más suave "gobernante").

EXCOMUNIÓN Una forma de disciplina comunitaria caracterizada por la expulsión de la comunidad de los creyentes. Las comunidades judías practicaban la excomunión, definida como ser cortado del pueblo de Israel, y se menciona en conexión con un número de transgresiones: comiendo levadura durante la Pascua (Éx. 12:15), fracasando en escuchar el llamado a regresar tras el exilio (Esd. 10:8), realizar un sacrificio imperfecto (Lv. 17:8-9) y otros. David llama a que sus enemigos sean cortados del pueblo de Israel (Sal. 109:13). En la época de Jesús, la excomunión podía tomar la forma de cualquier cosa, desde una ligera censura a la muerte. El Sanedrín tenía el poder de excomunión en casos serios, pero matar a un ofensor requería la autoridad de los gobernantes gentiles. Por lo tanto, el castigo a muerte por blasfemia impuesto sobre Jesús no podía ejercerse por el Sanedrín por sí solo.

Los cristianos tempranos tomaban su autoridad para excomulgar a miembros descarriados de la iglesia de las palabras de Jesús de que los pecados contra el Espíritu Santo son imperdonables y que los apóstoles tienen la autoridad para atar y desatar (Mc. 3:29; Mt. 16:19; 18:18). Tanto el concepto como la práctica de cortar a miembros de la iglesia de la comunión espiritual fallas morales obstinadas o rehusarse a abandonar enseñanzas incorrectas aparecen a través del NT (e.g., Mt. 18:15-17; Gal. 1:18; Tit. 3:10-11; Heb. 10:28; 2 Jn. 10-11). En Hechos 5:1-10, la dramática historia de Ananías y Safira, diciendo mentiras a la iglesia se designa específicamente como un pecado contra el Espíritu Santo, y los ofensores caen muertos tras el pronunciamiento de Pedro. En una circunstancia diferente, Pablo llama a la iglesia de Corintio, respecto de una persona sexualmente inmoral, a "entregar a este hombre a Satanás para la destrucción de la carne, para que su espíritu pueda salvarse en el día del Señor" (1 Cor. 5:5). Incluso prohíbe a miembros de la iglesia de Corinto de asociarse personalmente con un cristiano que ha sido excomulgado por inmoralidad sexual (1 Cor. 5:11).

Como regla, la excomunión busca el arrepentimiento y salvación final de la persona excluida (*véase* Sant. 5:19), mientras al mismo tiempo sirviendo para proteger a los fieles de influencias insanas. Sin embargo, la exclusión por apostasía se establece como un castigo eterno (Heb. 6:4-6). La excomunión también tiene una rica historia en la iglesia cristiana, más allá del NT. Los herejes que se oponían a las decisiones del consejo ecuménico eran formalmente maldecidos (proclamados anathema) y considerados fuera de la comunidad de la iglesia. Desafortunadamente, el proceso de excomunión a veces se abusaba, con líderes corruptos usando la amenaza de exclusión o denegación de los sacramentos por propósitos políticos. Los reformistas protestantes tempranos y algunos de sus predecesores fueron excomulgados por la Iglesia Católica Romana, pero sintieron que su devoción a la ortodoxia, aunque no fuese la forma particular defendida por la Iglesia Católica Romana, hacia la excomunión inválida.

EXECRACIÓN Un sinónimo para "maldición" que ocurre en Jer. 42:18; 44:12 (KJV, NRSV). En ambas instancias, Dios proclama a través de Jeremías su ira contra los habitantes de Judea que están decididos a huir de Egipto; habrá "una abominación [NVI: "una maldición"], y una sorpresa y una maldición y una reprimenda" (KJV). Un lenguaje similar aparece en otros pasajes bíblicos, particularmente en Jeremías (e.g., Dt. 28:37; Jer. 25:18; 29:18; 49:13). Se han encontrado muchos "textos de abominación" de Egipto. Estos son textos maldiciendo a ciertas personas, escritos sobre objetos que posteriormente fueron rotos en un ritual.

EXÉGESIS *Véase* Hermenéutica Bíblica.

EXHORTACIÓN El empoderamiento de otro en creencia o línea de conducta (1 Tes. 2:3; 1 Tim. 4:13; Heb. 12:5). El concepto se superpone semánticamente con estímulo, levantar el espíritu de otro (Hec. 9:31; Flp. 2:1; 2 Cor. 1:4-7) y solicitud (2 Cor. 8:4). Los judíos se congregaban regularmente en sinagogas para escuchar la lectura de la Ley y los Profetas, que luego era aplicada a sus vidas inmediatas por un maestro competente como "una palabra de exhortación" o sermón (Hec. 13:15; *véase* Lc. 4:16-21). La prédica semanal de un texto autoritativo para la formación de la comunidad parece ser un fenómeno únicamente judío en el mundo grecorromano. Esta práctica continúa en la iglesia. El autor de Hebreos describe sus textos como una "palabra de exhorto" (13:22). El Espíritu Santo iluminó el sentido mayor de las Escrituras como un testigo de Jesucristo y también comunicó directamente a los creyentes a través de expresiones proféticas (Rom. 12:6; 1 Cor. 14:3).

EXILIO La dislocación de un grupo de personas de su hogar. En la Biblia, exilio por lo general se refiere a dos eventos en la historia de Israel: el exilio asirio del reino norte en el año 722 a.C. y el exilio babilonio del reino sur alrededor del año 586 a.C.

El Exilio Asirio

Aunque reyes asirios anteriores habían deportado a miembro de la élite de las poblaciones conquistadas, fue Tiglat-piléser III, quien formalizó el procedimiento como política generalizada a finales del siglo ocho a.C. Cualquier grupo de personas que era conquistado o sometido después de haberse rebelado, eran subyugadas al exilio por Tiglat-piléser, quien reasentaba otros pueblos conquistados en su lugar. Este proceso de intercambio de población estaba designado para prevenir la reorganización y rebelión de grupos que habían sido subyugados por Asiria.

El eventual exilio asirio del reino norte fue puesto en marcha cuando el rey Peka de Israel se unió con el rey Rezín de Damasco para rebelarse contra su supremo gobernante asirio. Tiglat-piléser respondió rápida y brutalmente, invadiendo el reino norte en su campaña contra Siria y Palestina (734-732 a.C.). Solo una parte de Efraín y el oeste de Manasés permaneció, y con el asesinato de Peka, Oseas quedó para gobernar como el vasallo asirio. Sin embargo, poco tiempo después, también se rebeló. Salmanasar V y su sucesor, Sargón II, conquistaron Samaria en el año 722 a.C. y exiliaron gran parte de la población israelita en la Alta Mesopotamia. Según el relato bíblico de la caída del norte (2 Re. 15-17), pueblos de Babilonia, Cuta, Ava, Hamat y Sefarvaim fueron reasentados en Samaria. Las diez tribus del norte eventualmente fueron asimiladas por las poblaciones locales y nunca fueron reconstituidas, aunque su eventual restauración jugaría un

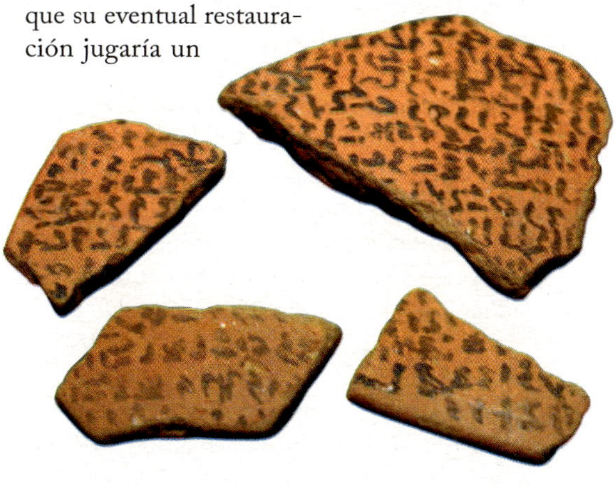

Tiestos con textos de execración (Egipto, siglos XXI-XVII a.C).

importante rol en la escatología profética (*véase* Ez. 37:15-28).

El Exilio Babilonio

Más frecuentemente, el exilio se refiere al exilio babilonio del reino sur en el siglo seis a.C. Con la caída de la capital asiria de Nínive en el año 612 a.C., los babilonios retomaron el poder prominente en el Oriente Próximo y rápidamente se movieron para consolidar los territorios previamente asirios. En el año 601 a.C., las fuerzas de Nabucodonosor chocaron con fuerzas egipcias, y ambos bandos sufrieron grandes pérdidas. Este contratiempo dio pie para que el rey Joacim se rebelara para establecer la independencia de Judá (2 Re. 24). Los babilonios marcharon sobre Judá, y en el año 957 a.C. Jerusalén se rindió. El rey Joacim (quien había sucedido a su padre Joacim tras su asesinato), oficiales de gobierno y ciudadanos principales fueron llevados a Babilonia, y Sedequías fue instalado como el rey vasallo de Judá. Posteriores rebeliones de Sedequías eventualmente llevaron a la destrucción de Jerusalén, el incendio del templo, y el exilio de más población en el año 586 a.C.

La política babilonia de exilio difería de la de los asirios en dos aspectos importantes. Primero, los babilonios no reasentaron otros pueblos en Judá. Segundo, ellos no dispersaron los pueblos exiliados entre otras poblaciones; más bien, los judaítas fueron reasentados en Babilonia en su propia comunidad, llamada un golah. Esto dio como resultado la preservación de la identidad comunitaria junto con tradiciones y textos teológicos. Importantes trabajos de profecía tal como Ezequiel fueron escritos desde el golah babilonio, y hubo gran reflexión en la historia de Israel. Uno de los puntos principales de 1-2 Reyes es que el exilio era el castigo de Dios por el pecado de la nación y el arrepentimiento y un regreso a Dios eran necesarios antes de que pudiesen ser restaurados del exilio.

Tras el Exilio

El primer signo de que la suerte de los judíos podía estar mejorando vino en el año 561 a.C., cuando el rey babilonio Amel Marduk (Evil Merodac) exaltó al rey Joacim y le dio un lugar de honor en su corte (2 Re. 25:27-30). Pero las esperanzas aumentaron aún más tras la ascensión del rey persa Ciro. Cuando Ciro conquistó el Imperio Medio en el año 550 a.C., trató a los nuevos súbditos bastante bien en comparación a las políticas babilonias. Ciro convirtió en un hábito el restaurar los pueblos exiliados a sus hogares y permitió la reconstrucción de los santuarios locales. En los casos de templos mayores o los que tenían importancia estratégica para el gobierno persa, se proveyeron fondos para los proyectos de reconstrucción. El astuto estadista Ciro comprendía bien que súbditos agradecidos eran más dados a ser súbditos obedientes. Para el otoño del año 539 a.C., Ciro tenía suficiente poderío militar para atacar Babilonia, y cuando lo hizo, la ciudad cayó sorprendentemente rápido.

En la estela de su victoria y conforme a la política de Ciro, autorizó el regreso de los judíos que vivían en el golah babilonio y autorizó la reconstrucción del templo en Jerusalén (Esd. 1:2-4; 5:13-17). Aunque se realizó cierto trabajo preliminar, la reconstrucción del templo no hizo progresos significativos hasta 520 a.C., bajo la influencia profética de Ageo y Zacarías y el liderazgo de Zorobabel y Josué, los sumos sacerdotes. Con el regreso de Babilonia y la reconstrucción del templo, técnicamente finalizó el período exílico.

Sin embargo, aunque el período exílico terminó en un aspecto, en otro aspecto los judíos de finales del siglo seis y posteriormente concluyeron que el exilio no había terminado totalmente. Las esperanzas en el heredero davídico, Zorobabel, habían languidecido para el año 515 a.C., y los judíos aún estaban bajo el gobierno extranjero de los persas, sin embargo en un gobierno más benevolente que el de los babilonios. Había una extensa inequidad social, y los pecados que originalmente habían llevado a Israel al exilio aún plagaban la comunidad. Por lo tanto, debido a que las imágenes de restauración de Isaías y Ezequiel aún no se habían cumplido, en cierto sentido, Israel aún estaba en el "exilio" o la esclavitud (cf. Esd. 9:7-8). Por lo tanto, a través del periodo del Segundo Templo muchos judíos consideraron que el exilio había continuado en una forma teológica, aunque el exilio babilonio había terminado.

Este "exilio teológico" es el trasfondo para muchas declaraciones de la restauración en los Evangelios. Cuando Jesús llama a los doce discípulos que instituirá el reino a través de la expulsión de demonios, sanación de enfermedades y gobernando sobre las doce tribus, él está implicando que ha venido para restaurar a Israel del exilio, tanto para las diez tribus del norte y las dos tribus del sur (*véase* Mt. 10:1; Lc. 6:13; 22:28-30).

ÉXODO El término "éxodo" proviene de la palabra griega que significa "salida". Especialmente, el éxodo se refiere a la salida de Israel de la esclavitud egipcia y su traslado hacia la tierra prometida (Canaán). La historia del éxodo comienza con una descripción de las duras condiciones bajo las cuales los hijos de Abraham vivían en Egipto, el surgimiento del liberador, las plagas, la salida en sí y el cruce del Mar Rojo. Algunos tratamientos del éxodo incluyen las travesías por el desierto (este tema es tratado separadamente como un periodo transicional entre el éxodo y la conquista y asentamiento de la tierra prometida; *véase* Travesía por el Desierto).

Muchas cuestiones de interpretación del éxodo son temas de discusión, algunos de los cuales se tratarán a continuación. Estos incluyen, entre otros temas, el tamaño de Israel, la fecha de los eventos, y la naturaleza de las plagas. Dos temas dominan sobre todos los demás: ¿Ocurrió el éxodo? ¿Es importante para el mensaje bíblico si el éxodo ocurrió?

La Naturaleza del Éxodo

El evento del éxodo se describe en los primero quince capítulos del libro del Éxodo, que abre con una descripción de la esclavitud de Israel en la tierra de Egipto. Los descendientes de Israel habían estado en Egipto desde la época de José (véase Gn. 37-50). Un número de años sin especificar, pero significativo habían pasado desde José, y cuando la acción comienza en el libro del Éxodo, los israelitas ya no eran respetados en la tierra, sino denigrados. No mencionado en la Biblia, pero conocido de literatura extrabíblica, un grupo llamado "Hicsos" ("gobernantes de países extranjeros"), étnicamente relacionados a los hebreos, se habían aprovechado de un Egipto en caos político y lo habían dominado aproximadamente durante un siglo (c. 1664-1555 a.C.). Los eventos de Éx. 1 ocurrieron después de que el grupo llamado "Hicsos" había sido expulsado de Egipto, y muchos asocian la nueva desconfianza de Israel con un miedo general de una gran presencia semítica en la tierra una vez que una monarquía egipcia nativa se había restaurado.

El texto bíblico, sin embargo, no da motivo, simplemente establece que un faraón sin nombre (véase a continuación) emitió un decreto para esclavizar a los israelitas y matar a todos los recién nacidos de sexo masculino. En este contexto de esclavitud y asesinato, Dios alzó un libertador, Moisés. Su nacimiento fue extraordinario. Después de dar a luz, la madre de Moisés lo colocó en un canasto de papiro y lo llevó al río Nilo. Fue descubierto, nada más ni nada menos, que por la hija del faraón, que incluso contrató a la madre de Moisés como nodriza. Por lo tanto, el libertador de Israel fue criado en la misma casa del faraón que estaba intentando exterminarlo.

Existen historias similares a la del nacimiento de Moisés. Especialmente cercana es la leyenda de Sargón. Sargón nació de una suma sacerdotisa quien, por razones no especificadas, no podía quedárselo. En vez de abandonarlo, lo colocó en un canasto que lo floto Éufrates abajo, donde fue descubierto por Aqqi, un trabajador de regadío. Aqqi crió a Sargón y de ahí se convirtió en el primer rey de la dinastía de Acad. Más que atribuir las similitudes de las historias a imitación, deberíamos comprender las acciones de las madres de Moisés y Sargón como la forma típica en que las madres ayudaban a preservar a sus hijos recién nacidos en situaciones difíciles. La moraleja de la historia bíblica es que Dios le permite al futuro héroe de Israel sobrevivir de manera de poder usarlo para liberar a su pueblo.

Nada se narra de la infancia de Moisés. El siguiente episodio importante del éxodo involucra la intervención de Moisés en un altercado entre un hebreo y un egipcio. Moisés, que ciertamente conocía su verdadero origen, mató a un egipcio que estaba golpeando a un israelita. Este asesinato se hizo conocido y tuvo que huir de Egipto.

La huida de Moisés de Egipto lo llevó a Madián, un área cerca del Golfo de Áqaba. Se casó con la familia de un líder madianita, Jetro. Fue aquí, específicamente en el Monte Sinaí, que Dios, hablándole a Moisés en un arbusto que estaba en llamas, pero no se consumía, lo llamó a regresar a Egipto y confrontar al Faraón. En respuesta a la vacilación de Moisés, Dios hizo a su hermano Aarón su compañero y portavoz.

Cuando Moisés regresó a Egipto, exigió que el Faraón permitiera a su pueblo irse al desierto por tres días para celebrar un festival. Temas éticos surgen con esta demanda porque es improbable que los israelitas hubiesen vuelto a Egipto tras esos tres días. Este engaño no es la única instancia cuando la mentira parece tener aprobación divina en el AT. Deberíamos igualmente comprender que el Faraón había perdido su derecho a la verdad porque su intención era utilizarla con propósitos malvados.

El Faraón se rehúsa a permitir la salida de los israelitas. A modo de respuesta, Dios envió una serie de desastres (plagas) contra Egipto (*véase también* Nm. 33:4). Transformando el Nilo en sangre, Dios atacó al Dios del Nilo, Hapi. Oscureciendo el sol, Dios demostró su poder sobre la deidad egipcia más importante, el dios sol, Atón. Climáticamente, la muerte de los primogénitos egipcios y del ganado trajo tragedia para el dios que gobernaba Egipto, el Faraón.

Las plagas fueron una serie de desastres naturales divinamente iniciados, milagros o providencia extraordinaria, no eventos de ocurrencia natural, que pusieron a Egipto de rodillas. Finalmente, el Faraón accedió permitir a Israel dejar Egipto. En la noche de la última plaga, los israelitas celebraron la Pascua (Éx. 12), que desde entonces es una conmemoración anual de su liberación de Egipto.

Incluso después de comenzar el viaje hacia la tierra prometida, sin embargo, no estaban a salvo. El Faraón, enojado y avergonzado, tuvo un último cambio de idea y fue tras los israelitas. Los arrinconó con sus espaldas contra un impasable cuerpo de agua conocido tradicionalmente como el Mar Rojo. La frase hebrea (yam sup) literalmente se traduce "mar de cañas" y probablemente se refiere a uno de los lagos profundos que alguna vez existieron al norte del Golfo de Suez. En cualquier caso, Moisés y los israelitas no tenían escapatoria, esto es, posibilidad humana. Dios abrió el mar para que pudiesen pasar, y cuando los egipcios intentaron seguirlos, cerró el mar para que los tragara. El acto de rescate de Dios y el juicio luego es celebrado en canción (Éxo. 15:1-18). Después de pasar a salvo a través de las aguas, los israelitas continuaron su viaje a través del desierto y hacia la tierra prometida.

¿Ocurrió?

El único testigo directo del éxodo es la Biblia misma. El relato que se hace en el libro del Éxodo tiene la intención de que se tome como un evento pasado real y aquellos que tienen confianza en la Biblia como fuente histórica comúnmente no dudan de la historicidad del éxodo, aunque persisten algunas preguntas, tal como el tamaño del grupo que salió de Egipto o si el éxodo es la culminación o el comienzo de un proceso de los israelitas trasladándose de Egipto a Israel.

Desafortunadamente, sólo existe evidencia indirecta de la presencia israelita en Egipto en la segunda mitad del segundo milenio

Reproducción de una pintura egipcia de la tumba de Rekmire que muestra a los extranjeros haciendo ladrillos.

a.C. (véase "¿Cuándo ocurrió?" a continuación). El éxodo e Israel jamás son mencionados en registros egipcios. Por supuesto, es poco probable que Egipto hubiese preservado registros de un momento tan vergonzoso y doloroso de su historia. El éxodo no es un tipo de evento que Egipto hubiese inmortalizado con una pirámide o en muros de tumbas. Lo que sí tenemos en muros de tumbas, sin embargo, muestra en un sentido general que pueblos semíticos estuvieron comprometidos en el trabajo esclavo en el segundo milenio en Egipto. Por ejemplo, tan temprano como en el reinado de Tutmosis III, alrededor de 1460 a.C., tenemos escenas de extranjeros haciendo ladrillos para el templo de Amón en Tebas. Este es un ejemplo de evidencia indirecta que puede presentarse para considerar razonable el relato del éxodo. En este contexto, deberíamos notar que la primera evidencia extrabíblica para la existencia de Israel como pueblo en Egipto proviene de finales del siglo trece a.C., en un monumento a la victoria del Faraón Merenptah (también conocido como la Estela de Israel) que menciona a Israel como un enemigo derrotado.

¿Cuándo ocurrió?

La evidencia bíblica es ambigua sobre cuándo ocurrió el éxodo. Nótese que no se dan nombres de faraones. El texto más directo es 1 Reyes 6:1, estableciendo que Salomón comenzó a construir el templo en su cuarto año, que fue 480 años después del éxodo. Tomando este número literalmente coloca al éxodo a mediados del siglo quince a.C. A través de correlaciones con cronología asiria, que menciona eventos astronómicos fechables, el cuarto año de Salomón se reconoce aproximadamente como el año 966 a.C. Si el éxodo ocurrió en el siglo quince a.C., entonces un gobernante como Tutmosis III sería el candidato para el faraón del éxodo.

Sin embargo, surgen problemas cuando esta fecha se compara a la interpretación tradicional de evidencia arqueológica. Una discusión completa de este tema es imposible aquí, pero a modos de ejemplo, señalaremos brevemente las dos "ciudades de almacenamiento" que Egipto forzó a construir a los israelitas, Pitón y Rameses (Éx. 1:11). En primer lugar, el nombre de la segunda ciudad refleja el nombre de un faraón que gobernó en el siglo trece, Ramsés II. Es posible que el libro del Éxodo haya actualizado el nombre de la ciudad que ya existía desde el siglo quince. De hecho, algunos restos arqueológicos del siglo quince en el sitio arqueológico son ampliamente reconocidos como restos de Rameses (Tell Qantir [Daba']). Pero fue durante el reinado de Ramsés II que la ciudad realmente se expandió.

La arqueología mejor (pero no perfectamente) soporta una fecha para el éxodo en el siglo trece a.C., con Ramsés como faraón del éxodo. Esta conclusión sostiene no sólo Pitón y Rameses, sino también las otras ciudades mencionadas en relación a la conquista que ocurrió cuarenta años después (Jericó, Hai, Hazor).

Una fecha tardía (siglo trece) para el éxodo puede justificarse bíblicamente considerando el número 480 como simbólico. El número 40 podría representar una generación (como la generación del desierto) y, por tanto, 480 años representaría doce generaciones. Sin embargo, una generación está más cerca de veinticinco años, significando que doce generaciones "literalmente" serían aproximadamente trescientos años. En concordancia, el éxodo dataría de la primera parte del siglo trece.

En conclusión, tanto la evidencia arqueológica como las declaraciones cronológicas de la Biblia son ambiguas. Los resultados arqueológicos frecuentemente están abiertos a más de una interpretación. Aunque insistentes en la historicidad del éxodo, aún no podemos ser dogmáticos acerca de la fecha de ocurrencia del éxodo, ya sea el siglo quince o trece.

¿Importa si ocurrió o no?

Muchos hoy en día comprenden la historia del éxodo como sólo eso, una historia. Con frecuencia las historias son significativas en y por sí mismas, aparte de si los eventos que ellas relatan en realidad ocurrieron. Sin embargo, en el caso del éxodo, si los eventos asociados con este no ocurrieron, entonces la moraleja de la historia no tiene relevancia. La principal enseñanza del éxodo es que Yahveh es un Dios que puede rescatar a su pueblo cuando están más allá de la ayuda humana. De hecho, así es cómo el éxodo se comprendía incluso posteriormente en el AT (*véase* Sal. 77). En el éxodo, Dios estableció un registro, mostrando que era capaz y, bajo ciertas condiciones, dispuesto a rescatar a su pueblo.

Teología Bíblica

El éxodo es el evento de salvación que definió a la nación de Israel. Ocurriendo al comienzo de la historia nacional de Israel, sirve como un recordatorio importante de la preocupación y cuidado de Dios por su pueblo. Tras el éxodo, los israelitas viajaron a través del desierto hacia la tierra prometida. Debido a su rebelión y falta de confianza, Dios los castigó haciéndolos permanecer en el desierto durante cuarenta años, tiempo suficiente para que pereciese la primera generación de adultos. Con excepción de los espías leales, Josué y Caleb, aquellos que estuvieron en la ribera este del río Jordán, cuarenta años después, no experimentaron el cruce del Mar Rojo. Para demostrar que el Dios de poder aún estaba con ellos, Dios causó que las aguas del río Jordán se detuvieran, evocando memorias del éxodo (Js. 3).

Los salmos también frecuentemente recuerdan el éxodo de tal manera, que este evento pasado traiga confianza para el presente y esperanza para el futuro. El Salmo 77 ilustra esto, al igual que el Sal. 114, que personifica el mar como las fuerzas del caos, temerosas de Dios, que lo controlará.

De manera interesante, los profetas posteriores con frecuencia hablan del éxodo como si fuese un evento futuro. Isaías (4:5; 11:15-16; 40:1-11; 43:18-19; 48:21; 49:11-12; 50:2; 51:9-10; 52:10; 63:11-14), Jeremías (16:14-15; 23:7-8), Oseas (2:14-16) y muchos otros anuncian el juicio inminente de Dios de su pueblo pecaminoso. Viendo más allá del juicio, sin embargo, también visualizan un futuro rescate del fiel remanente, y con frecuencia lo hacen en el lenguaje de éxodo

¿Cuándo ocurrió este segundo éxodo? Esdras 1-6 relata los tempranos regresos bajo liderazgos como el de Sesbasar y Zorobabel. Aquellos que escucharon el mensaje profético habrían comprendido el exilio como una reversión a la esclavitud y una travesía en el desierto. Así, no deberíamos sorprendernos de que los fieles pensasen el regreso a la tierra como el cumplimiento de las promesas del segundo éxodo. Es llamativo que al igual que los egipcios dieron regalos a los hijos de Israel que se iban (Éx. 3:21-22; 11:2; 12:35-36), así mismo hicieron los vecinos extranjeros del pueblo de Israel: "Todos sus vecinos los asistieron con artículos de plata y oro, con bienes y ganado y con valiosos obsequios" (Esd. 1:6). Al igual que la generación del éxodo ofreció regalos para la construcción del tabernáculo (Éx. 35:21-29), así también los retornados contribuyeron regalos para la construcción del templo (Éx. 2:68-69).

Sin embargo, el regreso de los exiliados fue sólo el comienzo. El NT comprende que Jesucristo es el cumplimiento final del éxodo; su trabajo en la tierra sigue el patrón del éxodo.

Su ministerio comenzó con su bautismo en el río Jordán, reflejando el cruce del Mar Rojo de los israelitas (que fue su bautismo [1 Cor. 10:1-6]), tras lo cual fue al desierto durante cuarenta días y cuarenta noches (Mt. 4:1-11). Aquí experimentó la misma tentación que Israel durante sus cuarenta años de travesía. A diferencia de los israelitas, Jesús demostró que él era el obediente Hijo de Dios no cayendo en la tentación, citando cada vez el libro del Deuteronomio, el último sermón de Moisés a los israelitas en el desierto.

Tras nombrar a los doce discípulos (reflejando las doce tribus de Israel), Jesús predicó un sermón desde una montaña cuyo tema era la ley (Mt. 5-7). Ese tema en ese ambiente habría recordado a la audiencia de cristianos judíos de Dios entregando la ley a Moisés en el Monte Sinaí.

Estos son algunos ejemplos de la conexión entre el éxodo y la vida de Jesús. La conexión culmina, sin embargo, en la cruz, ya que Jesús es ejecutado en la víspera de la Pascua, la celebración anual de la liberación de Egipto.

Mientras las conexiones con la vida de Jesús son discutiblemente las más significativas, el libro de los Hebreos también usa el tema del éxodo, aunque de una forme levemente diferente. Hebreos compara a los cristianos contemporáneos con la generación del desierto.

Han sido liberados de su esclavitud (el pecado) y van camino a la tierra prometida (cielo), pero por ahora, están en el desierto. El autor hace la conexión para advertir a los cristianos que no se rebelen contra Dios, como hicieron muchos en la generación del desierto, y así sufrieron el castigo (Heb. 3:7-4:13).

ÉXODO, LIBRO DEL El libro del Éxodo (el segundo libro del AT y del Pentateuco) continúa la historia comenzada en Gn. 12 de la elección de Abraham por parte de Dios para comenzar un nuevo pueblo. El bisnieto de Abraham, José, fue llevado a Egipto como esclavo, pero se alzó al poder. Eventualmente, su padre, Jacob, junto con sus hermanos y sus familias, hicieron el viaje a Egipto y se asentaron allí. Tanto Jacob como José murieron en Egipto, y es allí donde comienza el libro del Éxodo. En un comienzo, los israelitas encontraron en Egipto un lugar seguro, solo para ser posteriormente esclavizados por un "nuevo rey" (Éx. 1:8). El libro del Éxodo cuenta la historia de las luchas de los israelitas en Egipto, su liberación a través de Moisés (tal vez la figura humana principal en el AT), su viaje hacia Sinaí y la continuación de su movimiento hacia Canaán, la tierra prometida.

Autoría, Fecha y Temas Históricos

Autoría y fecha. La autoría del Éxodo debe considerarse junto con el tema mayor acerca de la autoría del Pentateuco (véase Pentateuco). Este es uno de los temas más centrales en la historia académica moderna del AT. Por lo general, Moisés era considerado el autor único o esencial a través de gran parte de la interpretación judía y cristiana. Esto no quiere decir que los lectores cuidadosos del Pentateuco no hiciesen preguntas razonables concernientes a los pasajes que eran problemáticos para la autoría de Moisés. Por ejemplo, el traductor del siglo quinto, Jerónimo, planteó la pregunta de si Moisés podría haber registrado la historia de su propia muerte (Dt. 34). Preguntas serias acerca de la autoría de Moisés, sin embargo, no se volvieron la tendencia relevante entre los académicos hasta el siglo siete. La presencia de numerosos elementos post-mosaicos al igual que la repetición en algunas historias clave (e.g., las dos historias de la creación en Gn. 1-2 y la repetición de la narrativa de la inundación en Gn. 6-9) sugirieron que la pregunta acerca de la autoría puede ser más compleja de lo que se entiende tradicionalmente. Algunas de estas discusiones tempranas no eran necesariamente hostiles a la inspiración divina o a la noción de autoría mosaica "básica" o "esencial". Sin embargo, los debates académicos fueron sintetizados en la última mitad del siglo diecinueve por Julius Wellhausen y su bien conocida Hipótesis Documentaria. Su teoría presentaba desafíos considerables a la visión tradicional de la autoría del Pentateuco, y la Hipótesis Documentaria pronto se volvió ampliamente aceptada a través del mundo académico.

Las ideas de Wellhausen han sufrido continuas revisiones y refinamientos, al igual que rechazo esencial. En el diálogo académico contemporáneo, es justo decir precisamente quién escribió el Pentateuco que tenemos y cuándo fue terminado permanecen como preguntas abiertas. Una posición comúnmente aceptada, también entre los evangélicos, es que el Pentateuco que tenemos hoy (esto es, su forma final) no es el trabajo de alguien viviendo a mediados del segundo milenio a.C. (la fecha tradicional para la vida de Moisés). No se cuestiona la genialidad de Moisés ni su especial preparación para la tarea ante él, o el que haya recibido la ley en el Monte Sinaí y hubiese registrado ciertos eventos; más bien, la pregunta concierne específicamente al período histórico en el cual surgió el Pentateuco tal y como lo conocemos. Y respecto a esta pregunta específica, académicos bíblicos contemporáneos comúnmente atribuyen la forma final del Pentateuco a escribas posteriores (en las eras exílica y postexílica), usando material más antiguo, tanto oral como escrito, al menos parte de este retrocediendo al mismo Moisés. Por consiguiente, términos como "autoría mosaica esencial", aunque no precisamente definida, se han vuelto designaciones comunes. Referencias al Pentateuco como la "Ley de Moisés" o frases similares no actúan como declaraciones de autoría en el sentido moderno de la palabra (esto es, refiriéndose a la persona que se sienta y escribe), sino que reflejan la asociación cercana entre el texto y los eventos tras él. Tal vez no somos insensatos para permitir que la pregunta de la autoría humana del Pentateuco permanezca abierta mientras confesamos que Dios es libre de traer su palabra a existir de cualquier forma que le parezca adecuada.

Historicidad. Una razón por la cual la autoría mosaica del Pentateuco ha sido un punto focal, sin embargo, concierne al tema de la historicidad del Éxodo y del Pentateuco en general. Si Moisés no es el autor en el sentido usual de la palabra, y si el Pentateuco como lo conocemos fue escrito por manos muy lejanas al evento mismo, ¿cómo podemos estar seguros de su confiabilidad histórica? Esta es una pregunta justa, aunque asume que testigos (o casi testigos) garantizarían mejor precisión histórica que aquellos más lejanos a los eventos. Pero uno podría alegar con igual facilidad que tener cierta distancia histórica podría hacerlo a uno más perceptivo sobre la significación de eventos pasados. Más importante, sin embargo, tal visión podría parecer como limitando la habilidad de Dios para permitir el desarrollo del Pentateuco a través de un proceso histórico y a través de una cierta extensión de tiempo. Ya que Dios es el autor final, la autoría no-mosaica no implica una inhabilidad para producir un texto históricamente confiable.

E

Con respecto al Éxodo específicamente, preguntas más serias acerca de la historicidad han surgido de evidencia arqueológica—o aun mejor, falta de evidencia. Primero, hay dos posibilidades reinantes para la fecha del éxodo. La fecha tradicional es aproximadamente 1446/1447 a.C. y se basa esencial en una lectura literal de 1 Re. 6:1, que ubica al éxodo 480 años antes del cuarto año del reinado de Salomón, alrededor de 966/967 A.C. La fecha alternativa es alrededor de 1270/1260 a.C. y se basa en una lectura simbólica de 1 Re. 6:1 y evidencia arqueológica indirecta concerniente a "Pitón y Rameses" (Éx. 1:11) y algunos sitios de conquista. Concerniente a esto último, existe evidencia para la destrucción de ciertos pueblos cananeos, comenzando alrededor de 1230-1220 a.C., los cuales, de acuerdo al registro bíblico, fueron destruidos justo después de la entrada de Israel en Canaán. Por tanto, si la evidencia de la destrucción de estos pueblos señala a alrededor de 1230-1220 a.C., una fecha aproximada de 1270/1260 a.C. para los relatos del éxodo por los cuarenta años intermedio de travesía por el desierto.

Sin embargo, arqueólogos bíblicos persistentemente han sostenido que no existe evidencia arqueológica positiva para la existencia de esclavos israelitas en Egipto durante el período en el que el éxodo habría ocurrido. La ausencia de evidencia ha sido entendida de diversas maneras por personas en distintos campos. Para algunos, la ausencia de cualquier resto material israelita en Egipto, sin mencionar la ausencia de cualquier registro egipcio escrito de la presencia israelita, es un indicador bastante claro de que tales eventos nunca ocurrieron; la academia moderna está repleta de teorías que dan cuenta del registro bíblico, desde la invención completa hasta la conversión en leyenda a escasos registros antiguos. Otros consideran la ausencia de evidencia escrita como indicador de la vergüenza egipcia al haber sido puestos a prueba por un grupo de esclavos (¿por qué querrían conservar un registro así?). La ausencia de evidencia de material cultural específicamente judío en Egipto se atribuye ya sea a la asimilación israelita en la cultura egipcia o a similitudes con otros pueblos semíticos en Egipto durante el segundo milenio a.C.

Aunque el tema de la historicidad del éxodo sigue siendo un tema abierto, trabajos recientes, particularmente de académicos evangélicos, han comenzado a aumentar los argumentos para la presencia de pueblos semíticos en el Egipto del segundo milenio y, por lo tanto, para la plausibilidad histórica de la presencia, esclavitud y liberación israelita del cautiverio egipcio. Desde un punto de vista académico, este tema no quedará asentado en el futuro cercano, y gran parte del debate incluye cuestiones de una naturaleza mucho más filosófica, como, "¿qué significa "registrar" la historia?", "¿qué significaba registrar la historia en el mundo antiguo en oposición al mundo moderno?", "¿qué tipo de relato histórico deberíamos esperar de los antiguos israelitas?". Estas y otras preguntas similares amplían considerablemente la discusión y aseguran su continuidad.

Estructura

En su esquema más simple, el Éxodo puede dividirse aproximadamente en dos partes, que destacan la salida de los israelitas de Egipto y su travesía hacia los pies del Monte Sinaí:

I. Salida de Egipto (1-15)
II. Travesía y Llegada al Monte Sinaí (16-40)

Una subdivisión de la sección II puede justificarse fácilmente, ya que dos eventos básicos en el Monte Sinaí se relatan en los capítulos 16-40, la entrega de la ley y la construcción del tabernáculo:

I. Salida de Egipto (1-15)
II. Monte Sinaí: Ley (16-24)
III. Monte Sinaí: Tabernáculo (25-40)

Este esquema de tres puntos da el contorno amplio del Éxodo, pero un poco más de detalle tal vez proporcione una representación más útil del contenido del libro:

I. Salida de Egipto (1-15)
  A. Preludio y llamado de Moisés (1-6)
  B. Plagas (7-12)
  C. Salida (13-15)
II. Monte Sinaí: Ley (16-24)
  A. Viaje a Sinaí (16-18)
  B. Diez Mandamientos (19-20)
  C. El Libro de la Alianza (21-24)
III. Monte Sinaí: Tabernáculo (25-40)
  A. Instrucciones para el tabernáculo (25-31)
  B. Rebelión y perdón (32-34)
  C. Construcción del tabernáculo (35-40)

Lo que es inmediatamente destacable, a pesar del breve esquema, es cuánto espacio se dedica a los eventos en el Monte Sinaí. El éxodo es mucho más que un registro de eventos históricos, como uno encontraría en un texto moderno de historia americana. Es más bien una profunda declaración teológica, tanto por derecho propio como parte del Pentateuco en su totalidad, cuyo foco no está simplemente en la liberación de los israelitas de Egipto sino también en su llegada al Monte Sinaí. La estructura del libro, en otras palabras, nos lleva a comprender parte de la teología del libro.

Teología

Creación. Ya en el primer capítulo vemos conexiones al Génesis, lo que nos dice que no podemos leer el Éxodo de manera aislada. Por ejemplo, Éxo. 1:1 estrechamente se asemeja a Gn. 46:8. Este último habla de los israelitas entrando en Egipto, y el primero retoma este tema, recordándonos así que la presencia de Israel en Egipto no fue accidental y que el éxodo es una continuación de la historia comenzada en el Génesis. Asimismo, el uso de lenguaje de la creación en Éx. 1:7 (los israelitas fueron fructíferos, multiplicándose, haciéndose numerosos, llenando la tierra; compárese con Gn. 1:21, 28; 8:17; 9:1) señala que el inminente drama de Israel de alguna manera se relaciona con la creación. Este punto se vuelve más claro en los capítulos siguientes. Tal vez más trascendental es el cruce del Mar Rojo. Como en Gn. 1:9, donde la tierra seca surge donde una vez hubo agua, aquí la tierra seca (Éx. 14:21) aparece para hacer un camino a través del mar.

De hecho, hay una buena parte del Éxodo que juega con este tema teológico de la creación y la reversión de la creación. En concepciones de la creación del antiguo Oriente Próximo, el agua representaba el caos. El rol de los dioses era domar el caos para que la tierra pudiese habitarse. Separando la tierra del mar primordial era una parte importante de ellos, y esto se refleja en el relato bíblico en Gn. 1. La inundación en Gn. 6-9 es una reversión del acto creativo, donde Dios permite a las aguas del caos caer sobre su creación, así volviéndola nuevamente inhabitable. El Éxodo continúa este tema, pero aquí la creación es llamada a ayudar a los israelitas en su escape, mientras que es usada contra los egipcios. Las diez plagas, por ejemplo, son declaraciones de que el Dios de Israel controla el cosmos, mientras que los dioses de Egipto observan impotentes. La plaga de oscuridad, en particular, es una reversión gráfica de lo que

Dios había hecho en el Génesis, la creación de la luz y la separación de la luz y la oscuridad. La liberación de Israel de Egipto es, en otras palabras, otro acto de creación: el mismo Dios que trajo orden al caos cósmico en Gn. 1 ahora está liberando las fuerzas de la creación para salvar a su pueblo y castigar a sus enemigos. Y mientas los egipcios del faraón son capaces de reproducir el primer signo y las dos primeras plagas, es sólo el Dios de Israel quien puede terminar las plagas y restaurar el orden al caos.

Israel ha sido liberado de Egipto por un propósito, y ese propósito comienza a esclarecerse en los capítulos posteriores a la salida. El recientemente creado pueblo de Israel no es liberado de Egipto para que pueda ser "libre" de la esclavitud. La lucha clave en los primeros capítulos del éxodo, de hecho la razón para las diez plagas, es para determinar a quién pertenece Israel, si al Faraón o a Yahveh, el Dios de Israel. La palabra hebrea ʻabad puede significar "servir" (en el sentido de servidumbre) y "adorar". En un maravilloso juego de palabras, la pregunta que se realiza en los capítulos de apertura es "¿A quién Israel ʻabad, al Faraón o a Yahveh?" Pero Yahveh reclama a su pueblo, no para que puedan ser liberados para ir donde quieran, sino más bien para que sean libres para cambiar de servir/adorar al Faraón a servir/adorar a Yahveh en el Monte Sinaí.

Un manuscrito de pergamino griego del libro de Éxodo.

Es por esto que gran parte del éxodo concierne al viaje al Monte Sinaí y lo que allí ocurre. Gran parte de la "acción" puede terminar en el capítulo 19, las razones para la acción es llevar a los israelitas al Monte Sinaí para que puedan comenzar su vida apropiada al servicio de Yahveh y sólo de Yahveh. Y este servicio involucra dos cosas: el comportamiento apropiado (ley) y la apropiada adoración (tabernáculo). Estos son los temas principales del resto del libro del Éxodo. Y el hecho de que tanto texto se dedique a estos dos temas, que pueden ser de relativamente poco interés para los lectores cristianos, es una indicación de su importancia central para la teología del AT.

Ley. Es importante comprender que la ley fue dada a los israelitas una vez que habían sido redimidos de Egipto, no antes. La ley es un regalo para aquellos que han sido salvados. No es algo para ser seguido para salvarse. Israel es, como leemos en Éx. 4:22-23, el hijo de Dios. Es por eso que Israel fue liberado de Egipto y por esto que Israel recibió la ley como regalo.

El propósito de la ley, por lo tanto, no era probarle a Dios, de alguna forma, que su pueblo es digno de su alianza con ellos. La ley fue dada para que Israel fuese transformado en un nuevo pueblo, uno cuyos corazones estuviesen completamente dedicados a Dios y así pudiesen ser el instrumento a través del cual no sólo Israel, sino todas las naciones mismas serían bendecidas *(véase* Gn. 12:1-3). Como Éx. 19:6 señala, Israel debe convertirse en un "reino de sacerdotes", esto es, la "nación santa" que realizaría el rol mediador de bendecir a las naciones. La ley, por lo tanto, no era una carga sino un placer, un regalo de Dios a un pueblo redimido.

También las leyes que da Dios en el Éxodo no son necesariamente nuevas, como si nadie antes hubiese escuchado de este tipo de cosas. El asesinato y el adulterio eran considerados equivocados mucho antes de que se entregasen los Diez Mandamientos. Asimismo, las leyes del Éx. 21-23 (frecuentemente mencionado como el Libro de la Alianza) no son nuevas, sino que reflejan otros antiguos códigos legales mucho más antiguos que los de Israel (sin importar de cuándo uno date el éxodo). Lo que hace diferente a estas leyes, sin embargo, es que estas son las leyes que Yahveh, el Dios verdadero, le da a su pueblo; estas son las leyes que reflejan su carácter y, si los israelitas las siguen, se asegurarán de ser un reflejo del carácter de Dios unos a otros y a las naciones circundantes. En otras palabras, la ley no cumple tanto un rol de exclusión como un rol misional. O incluso mejor, los israelitas están siendo entrenados para ser separados y diferentes de los pueblos circundantes para cumplir adecuadamente su función mediadora sacerdotal.

Tabernáculo. La sección acerca del tabernáculo comienza en el capítulo 25 y se extiende hasta el final del libro, capítulo 40. Entremedio hay un episodio importante, la rebelión involucrando la creación de un becerro dorado. Al igual que la ley representa mucho más que "reglas por las que vivir", el tabernáculo es más que sólo una construcción para sacrificar animales. La importancia del tabernáculo puede verse enfocándose en algunos elementos clave.

Los capítulos 25-31 proporcionan una lista de instrucciones para el tabernáculo. Durante siglos, rabís y estudiosos bíblicos han notado un patrón en estos capítulos. Siete veces se repite la frase "El Señor dijo a Moisés", y la séptima vez es en 31:12 para presentar el tema de la observancia sabática. Al igual que la creación del cosmos en Gn. 1, el tabernáculo es producto de un acto creativo en seis etapas ("Y el Señor dijo") seguido por descanso. Algunos han sugerido que el tabernáculo es un microcosmos de creación: por ejemplo, querubines son trabajados en las cortinas, de manera que mirar hacia arriba es mirar a los cielos; el candelabro es un tipo de árbol de la vida, como en el jardín del Edén. Estar en el tabernáculo es estar en contacto con la creación como debía ser, en el jardín aparte del caos dejado afuera.

Los capítulos 35-40 relatan el cumplimiento de las instrucciones. Esta sección comienza haciendo referencia al Sabbat (35:1-3), que es como termina la primera sección. Entremedio, encontramos el episodio del becerro dorado (capítulos 32-34) que trata de la falsa adoración. Los israelitas casi tienen éxito en deshacer todo lo que Dios había planeado al sacar a su pueblo de Egipto. Aún así, a través de la intervención de Moisés, el plan de Dios no se ve frustrado y así, el capítulo 35 no falla un sólo compás, retomando donde el capítulo 31 terminó, con el Sabbat. Algunos académicos ven aquí un patrón de creación (capítulos 25-31), caída (capítulos 32-34) y redención (capítulos 35-40).

El tabernáculo es una importante entidad teológica en el Éxodo: es el cielo en la tierra. Es verdaderamente un lugar sagrado donde Dios comulga con su pueblo sagrado (que guarda la ley). Este es el propósito final del éxodo: crear un pueblo que personifica el carácter de Dios y que lo adora con pureza. Entonces Dios estaría con su pueblo dondequiera que fuese (40:36-38).

EXORCISMO El acto de expulsar demonios de personas, lugares y objetos afligidos.

Nuevo Testamento. No hay registro de exorcismo en el AT. En el NT, Jesús consideró que liberar a su pueblo de demonios era central para su proclamación del reino del reino de Dios: "Pero si es por el Espíritu de Dios que expulsó demonios, entonces el reino de Dios ha venido a ustedes" (Mt. 12:28). Él no usaba ninguna fórmula o ritual; por su propia autoridad, Él simplemente mandaba a los demonios que se fueran, y atribuía su éxito a Dios. También extendió a sus discípulos la autoridad para expulsar demonios en su nombre (Lc. 10:17), dependiendo de su fe (Mt. 17:17-20). Incluso un no-discípulo se encontró realizando exorcismos en su nombre (Mc. 9:38) y cuando Jesús supo de ellos, se rehusó a prohibirlo.

Jesús no se muestra luchando contra los demonios; él simplemente hablaba y ellos obedecían, incluso a distancia (Mc. 7:30). Con frecuencia los demonios reconocían a Jesús (e.g., Mc. 5:7); a veces dejaban a la persona con el permiso de Jesús. Aunque los exorcismos de Jesús se listan con los milagros de sanación, el NT diferencia entre exorcismo y sanación (e.g., Mt. 10:8); no toda enfermedad se considera que ha sido causada por demonios, ni toda persona poseída es descrita en términos de enfermedad.

El ministerio de Felipe en Samaria fue realzado por su expulsión de demonios y sanación de enfermos (Hec. 8:6-7). En Hec. 16:18, Pablo realiza un exorcismo "en el nombre de

Jesucristo". Pero mientras el ministerio de Pablo fue tan profundo que artículos asociados con él eran efectivos en exorcismos (Hec. 19:11-12), los hijos judíos de Esceva eran ellos mismo superados cuando invocaban los nombres de Jesús y Pablo en intentos de liberación (19:13-16). En el más largo (y no auténtico) final de Marcos, la habilidad de expulsar demonios se promete a los creyentes (Mc. 16:17).

Iglesia temprana. El exorcismo se testimonia en los escritos de los padres de la iglesia temprana, tales como Justino Mártir (2 Apol. 6 [inicios del siglo dos]) y Tertuliano (Apol. 23 [inicios del siglo tres]), como un continuo ministerio de la iglesia. Ambos hombres enfatizan el poder del nombre de Cristo en comandar demonios. Justino Mártir reporta que el nombre de Cristo liberó a personas no curadas por otros exorcistas, que usaban "encantamientos y drogas". Tertuliano explica que el nombre de Cristo recordaba a los demonios su juicio inminente a manos de Dios, y que el miedo los hacía someterse a los sirvientes de Dios y Cristo. No sólo se usaban comandos verbales; con frecuencia estaba la imposición de manos, respiración y hacer la señal de la cruz.

Un antiguo conjuro de exorcismo escrito en sumerio y acadio (c.1300-900 BC).

Al igual que con los excesos espirituales de la Edad Media, la superstición sobre demonios y brujas llevó a una amplia persecución de muchas personas acusadas de estar "poseídas" o "confabuladas con el diablo". La Reforma Protestante representa un rechazo de esto, con los exorcismos siendo abolidos por los luteranos y calvinistas. La Iglesia Católica Romana restringió su práctica en 1614 (véase a continuación el uso católico hoy en día).

Prácticas modernas. El pensamiento moderno liberal tiende a descartar la posesión demoníaca como una manifestación de padecimientos psicológicos no comprendidos por la iglesia temprana. La forma de Jesús de enfrentar estos casos se explica cómo condescendencia a las limitaciones del conocimiento médico del siglo uno. Sin embargo, la teología más tradicional continúa reconociendo la posesión demoníaca como un verdadero fenómeno sobrenatural.

El Ritual Romano de la Iglesia Católica Romana contiene el rito de exorcismo como se aprobó en 1998. Los católicos también realizan un exorcismo bautismal como medida profiláctica y en demostración del hecho de que el bautizado estará libre del poder del diablo. Grupos pentecostales pueden distinguir entre "posesión demoníaca" e "influencia demoníaca", siendo esta última motivo para una "liberación", un término intencionalmente diferente de "exorcismo", que ellos perciben como un ritual católico. Las liberaciones pueden ser frecuentes en las iglesias pentecostales. Las denominaciones protestantes tradicionales retienen la idea del exorcismo, pero por lo general, éstos son escasos. La iglesia episcopal autoriza los exorcismos con permiso del obispo.

EXPIACIÓN CUBIERTA *Ver* Propiciatorio.

EXPIACIÓN La "expiación" se refiere a la redención del pecado y la remoción de la culpa, mientras que "propiciación" se refiere a apaciguamiento o satisfacción de la ira. Ambas ideas están presentes en la única palabra griega hilasmos (y sus cognados) usados en la LXX y el NT. Es difícil traducir hilasmos al español usando una palabra correspondiente, por lo que dos palabras, "expiación" y "propiciación" se usan frecuentemente. Esto es problemático porque ninguno de los dos términos captura precisamente las minucias de la palabra griega.

El problema persiste porque, como se señala anteriormente, "expiación" y "propiciación" tienen diferentes significados en español. Porque ninguna sola palabra en español transmite el significado completo de hilasmos, "expiación" y "propiciación" están convenientemente mezcladas en el "sacrificio de expiación" o "sacrificio expiatorio" de la NIV (Rom. 3:25; 1 Jn. 2:2; 4:10).

Trasfondo Griego

En griego clásico, hilasmos se refería a un sacrificio que, de alguna manera, evitaría la ira de un dios. Cuando un adorador pecaba contra un dios y violaba la santidad de un dios, el adorador pagaba la cantidad apropiada, a través de algún tipo de sacrificio, para evitar la ira de ese dios. Era un medio de alejar al dios de la ira hacia una actitud favorable y funcionaba a través de entregarle algo al dios (a través del sacrificio) que compensara la ofensa. Este sacrificio no tenía la intención de expiar el pecado del adorador sino más bien apaciguar la ira del dios. El adorador era el sujeto que ofrecía el sacrificio al dios como el objeto en un esfuerzo para apaciguar su ira.

Antiguo Testamento

El AT comparte este uso griego hasta cierto grado, pero lo expande para incluir la noción bíblica más familiar de expiación y redención. La LXX usa *hilasmos* para transmitir las ideas de expiación y propiciación. El grupo de palabras asociadas con hilasmos se usa en diferentes contextos a través de la Biblia, por lo que el contexto debe determinar el significado en cada caso. Un uso promitente ocurre en Lv. 25:9, donde se refiere al Día de la Expiación.

Aquí hilasmos implica la remoción de culpa efectuada por un sacrificio. Un uso similar se encuentra en Nm. 5:8, donde hilasmos se usa en conexión con el carnero con el cual las personas expían sus pecados. Ezequiel 44:27 usa el mismo término al referirse a la ofrenda de pecado que un sacerdote debe hacer por sus propios pecados al entrar en un lugar sagrado. Cada uno de estos ejemplos usa hilasmos para traducir el concepto bíblico de expiación: la redención del pecado y la remoción de la culpa. El adorador impuro que peca contra Dios es santificado nuevamente a través de ofrecer sacrificio para expiar su pecado.

Hilasmos también transmite perdón. El perdón está íntimamente relacionado con la expiación. La LXX usa el término relacionado hilastērion veintiocho veces para referirse al asiento de la misericordia, la cobertura del arca de la alianza sobre la cual Dios aparecía en el Día de la Expiación y sobre la cual se vertía sangre sacrificial. El asiento de la misericordia era donde se encontraba expiación y perdón. El término se usa en Heb. 9:5 para referirse al mismo asiento de la misericordia o "cubierta de expiación" (NIV). Nuevamente aquí, misericordia y perdón están conectados a la idea de expiación. El salmo 130:4 (129:4 LXX) también usa hilasmos para transmitir la conexión entre expiación y perdón: "Pero contigo hay perdón/expiación [hilasmos]".

En algunos casos, hilasmos conlleva el sentido de propiciación alejando la ira. Un uso interesante ocurre en la historia de Jacob y Esaú en Gn. 32. Jacob sale a encontrar a su hermano Esaú, pero teme porque ha engañado a su padre, Isaac, para que le diese la bendición correspondiente a Esaú (Gn. 27). Esaú le guarda rencor a Jacob y tiene la intención de matarlos tras llorar la muerte de su padre (27:41).

Tras años de separación, los hermanos se reúnen; Jacob, temiendo la ira de su hermano, planea evitar la ira de su hermano con regalos: "lo apaciguaré con estos regalos que estoy enviando por delante; luego, cuando lo vea, tal vez me reciba" (32:20 [32:21 LXX]). Aquí exilaskomai, un verbo relacionado a hilasmos, se usa cuando Jacob dice que espera "apaciguar" a Esaú. Este contexto sugiere no expiación o redención, sino apaciguamiento (cf. NRSV, NET). Jacob teme la ira de su hermano. Para evitarla, envía regalos.

La idea de propiciar la ira de Dios ocurre a lo largo del AT. Asumido, no constituye soborno, como era potencialmente el caso en el uso pagano, donde dios era "coimeado" por un sacrificio, sin sentido de expiación por pecado, pero la idea de evitar la ira de Dios es común. Por ejemplo, Dios le ordena a Moisés hacer un censo del pueblo para contarlo, y cada uno debe pagarle a Dios un rescate para que ninguna plaga venga sobre ellos (Éx. 30:12).

Esta suma de dinero se dice entonces que es para "expiar" por sus vidas (30:16). A través de la ofrenda de dinero de rescate a Dios, su ira es alejada del pueblo, para que ninguna plaga caiga sobre ellos. La idea de propiciar la ira de Dios se encuentra en otras partes en el AT: Éx. 32:30; Nm. 8:19; 16:46; 35:31; Prov. 16:6; Is. 47:11. Todos ellos sugieren que la idea de expiación en el AT se entiende mejor integralmente para incluir tanto la limpieza y el perdón del pecador (expiación) y el alejamiento de la ira de Dios (propiciación).

Nuevo Testamento

Expiación y propiciación se combinan en el sacrificio de Jesucristo. Él es a la vez la expiación por el pecado y el sacrificio que evita la ira de Dios. La Biblia combina expiación y propiciación en una sola palabra hilasmos, y mismo es el hilasmos por el pecado (Heb. 2:17; 1 Jn. 2:2; 4:10; cf. Rom. 3:25 [hilastērion]).

La acción única del sacrificio de Cristo tiene el efecto doble de expiación del pecado y, por tanto, propiciar a Dios. En la Biblia, la ira de Dios resulta cuando su santidad es ofendida por el pecado. Así que hay necesidad tanto de expiación como de propiciación. Su ira debe ser apaciguada para que resulte en perdón para el pecador. Mientras la expiación trata con el pecado —satisfacer la penalidad incurrida debido al pecado— la propiciación trata con la ira. Jesús logró ambas convirtiéndose en el "sacrificio expiatorio" por nuestros pecados. Él es el asiento final de la misericordia, el lugar final de resarcimiento y expiación (Heb. 9:5). Él es también el sacrificio final (Rom. 3:25).

El NT es muy minucioso respecto del sacrificio de Cristo. Aunque incluye tanto expiación como propiciación, estas difieren significativamente del paganismo griego y del AT. Por una parte, Dios es demasiado santo y justo para que la humanidad caída expíe el pecado y satisfaga su demanda por santidad a través de ofrecer un sacrificio. Por otra parte, Dios no es caprichoso en que simplemente necesita ser apaciguado a través de un regalo para evitar su ira.

La Biblia enseña que ningún ser humano puede ofrecer un sacrificio suficientemente digno para expiar su propio pecado o evitar la santa ira de Dios. La idea pagana de propiciación es imposible para la humanidad caída. La santidad de Dios es tan grande que está justamente furioso por nuestro pecado, y nuestro pecado demanda expiación. Pero somos incapaces de ofrecer un sacrificio lo suficientemente puro para nuestra propia redención. Así que Dios mismo ofrece el sacrificio que a la vez expía nuestro pecado y evita su propia ira. La propiciación bíblica es diferente de la propiciación pagana.

En esta última, los seres humanos son sujetos de la acción, los que están ofreciendo el sacrificio propiciatorio, mientras los dioses reciben la acción y son así propiciados. Pero Dios es el sujeto de la acción en la Biblia. Dios tiene el derecho a estar furioso con el pecado, para estar justamente indignado. Pero Él envía a su propio Hijo para manejar su ira. Dios mismo envía el sacrificio; él es el sacrificio; él es lugar donde el sacrificio se ofrece (Rom. 3:25).

Hay tres elementos que ayudan a resumir expiación/propiciación en la Biblia: (1) Dios estaba justamente furioso por nuestro pecado, (2) Dios ofreció el sacrificio que evitó su propia ira, (2) Dios fue el sacrificio que redimió nuestro pecado. "Esto es amor: no que nosotros amasemos a Dios, pero que él nos amó y envío a su Hijo como sacrificio redentor por nuestros pecados" (1 Jn. 4:10).

EXPIACIÓN, DÍA DE *Ver* Festivales.

EXTRACTORES DE AGUA *Véase* Acarreadores de Agua.

EXTRANJERO Una persona o grupo de personas cuyo lugar de nacimiento es distinto a la ubicación en la que actualmente reside. El Génesis registra la alianza de Dios con Abraham y su promesa de crear una vasta nación de la descendencia de Abraham (Gn. 17:8-20). En el contexto del AT, un extranjero es una persona no nacida en la nación de Israel, determinado por un linaje trazable a Jacob, hijo de Isaac, hijo de Abraham.

Los extranjeros en la tierra de Israel tenían permitido participar de la Pascua sólo si se hacía de acuerdo a la ley israelita (Éx. 12:48; Nm. 9:14). La relación entre los extranjeros y la nación de Israel no era hostil. De hecho, Dios le recuerda a Israel su propia residencia en Egipto y da leyes específicas para el trato justo de los extranjeros en medio de ellos (Éx. 23:9; Lv. 19:10, 33-34; 23:22; 25:35; Dt. 10:19).

En el NT, el apóstol Pablo usa el concepto respecto de la relación de una persona con el reino de Dios. En Efesios se refiere a aquellos sin Cristo como siendo "excluidos de la ciudadanía de Israel y extranjeros a la promesa de las alianzas" (Ef. 2:12), significando que ellos existen fuera del reino de Dios. Por el contrario, aquellos que creen en Cristo han sido "adoptados como hijos" (Gal. 4:5 NRSV), queriendo decir que ya no son extranjeros y ahora son considerados ciudadanos del reino de Dios, como la descendencia del rey que claramente son.

EXTRAÑO *Véase* Extranjero.

EXTRAVAGANTES En Neh. 13:26 la RVA traduce la palabra hebrea nokri como "extravagante", refiriéndose a las mujeres "extranjeras" (NVI) que hicieron pecar a Salomón.

EZBAI Padre de Naarai, uno de los poderosos hombres de David (1 Cr. 11:37). El paralelo (2 Sm. 23:25) lee "Paarai el arbita" por "Naarai, hijo de Ezbai". "Ezbai" podría referirse a una nacionalidad. Si es así, Naarai puede haber sido de la ciudad de Arab (Js. 15:52). Diferencias ortográficas pueden haber surgido durante la transmisión escribal.

EZBÓN **(1)** Uno de los hijos de Gad, listado cuarto de los siete (Gn. 46:16). Una lista paralela (Nm. 26:15-18) lista a los otros seis en el mismo orden, pero Ezbón es reemplazado por Ozni. **(2)** Primero en una lista de los cinco hijos de Bela, hijo de Benjamín (1 Cr. 7:7). Estos cinco hijos son referidos como "cabezas de familias". Ezbón está ausente de la lista más larga de los hijos de Bela (1 Cr. 8:3).

EZEL El lugar donde David se escondió del rey Saúl hasta que Jonatán pudiese comunicar las intenciones de Saúl (1 Sm. 20:19-41). El significado preciso de la palabra hebrea ʻezel y la ubicación a la que hace referencia son inciertas. La traducción griega en la LXX indicaría que la frase no tiene la intención de ser un nombre propio, sino meramente "esa pila de piedras". ʻEzel también puede relacionarse a un verbo arameo que significa "irse". Si es así, debería significar "la piedra de la partida", que en la narrativa significaría una conmemoración de la partida de David y Jonatán.

EZEM Un pueblo que era parte de la asignación tradicional a la tribu de Judá, Simeón, o dos pueblos con el mismo nombre. Ezem se ubicaba en el área de Neguev de Judá (Js. 15:29) y también era parte de la asignación entregada a la tribu de Simeón (Js. 19:3; 1 Cr. 4:29). La asignación tribal de Simeón estaba totalmente rodeada por la asignación de Judá, así que la confusión sobre este pueblo no es imposible. La ubicación exacta se desconoce.

EZEQUÍAS (Jehizkiah)- Ezequías fue uno de los líderes de Efraín que les dijo a los soldados que volvían de Israel que no debían quedarse con el botín ni los esclavos que habían tomado de la derrota de Judá. Estos líderes fueron testigos de la liberación de los prisioneros y también fueron responsables de asegurarse de que los necesitados fuesen atendidos antes de que fueran devueltos (2 Crónicas 28:12).

EZEQUÍAS **(1)** El decimocuarto gobernante del reino de Judá (727-698 a.C.). Era el hijo de Acaz, un rey impío, pero Ezequías revirtió las políticas religiosas de su padre y trabajó arduamente en promover la verdadera adoración de Yahveh. Aunque no era perfecto, él, junto con Josías, es recordado como uno de los dos mejores reyes que gobernaron Judá.No fue gobernante único de Judá hasta el año 715 a.C., y servía como co-regente de Acaz cuando el reino del norte cayó ante los asirios en el año 722 a.C. (2 Re. 18:9-12). Tal vez el destino del reino del norte llevó a Ezequías a iniciar la reforma religiosa en Judá.

Aunque Judá no se incorporó al imperio asirio cuando cayó el reino del norte, estaba siempre bajo la sombra y amenaza de ese gran reino, probablemente pagando un tributo anual. Parce ser que Ezequías participó en una revolución del área contra Asiria tras la muerte de Sargón II en el año 705 a.C. A modo de respuesta, el nuevo rey asirio, Senaquerib, amenazó Jerusalén en el año 701 a.C. El ejército asirio exitosamente tomó muchas ciudades de Judea y sus emisarios aparecieron ante los muros de Jerusalén. El profeta Isaías le aseguró a Ezequías que la capital no caería, y no lo hizo (2 Re. 18:17-19:37; 2 Cr. 32:1-23; Is. 36-37).

Según 2 Re. 20:20, Ezequías construyó un túnel que traía agua dentro de los muros de la ciudad. El túnel aún existe hoy en día y toma agua del arroyo de Gihón a la Piscina de Siloam. Es un destacado logro de ingeniería y una inscripción se encuentra en el muro dentro del túnel que indica que fue construido durante el reinado de Ezequías. Tras el asedio asirio, Ezequías enfermó e Isaías anunció su muerte (2 Re. 20:1-11; Is. 38). Ezequías se volvió a Dios en oración y Dios le otorgo quince años adicionales de vida, dándole al rey la impresionante señal de un reloj de sol cuya sombra se movió hacia atrás.

Incluso Ezequías tuvo sus malos momentos. Tras mostrarle a un líder babilonio, Marduk Baladán, los tesoros del templo, revelando así una inclinación a confiar en poderes extranjeros en vez de en Dios, Ezequías escuchó de Isaías que sus descendientes sufrirían las consecuencias de su acción (2 Re. 20:13-21; Is. 39).

(2) Un antepasado del profeta Sofonías (Sof. 1:1; KJV: "Hizkiah"). **(3)** El ancestro de una familia en la lista de aquellos que regresaron del exilio babilónico (Esd. 2:16; Neh. 7:21). **(4)** Uno de los líderes de los exiliados retornados, participó en el sellado de la alianza en la ceremonia de renovación de Esdras y Nehemías (Neh. 10:17; KJV: "Hizkijah"). Puede ser el mismo que en 3.

EZEQUÍAS La representación del nombre griego Hezekias, haciendo referencia a un rey de Judá listado en la genealogía de Jesús en Mateo (Mt. 1:9-10). Versiones más modernas en español lo traducen como "Hezekiah".

EZEQUIEL Un profeta mayor de principios del siglo seis a.C. Isaías es conocido por el poder de su lenguaje. Jeremías es memorable por sus emociones. Ezequiel es el más sorprendente o el más bizarro en sus acciones y su discurso.

Ezequiel tenía treinta años de edad y vivía en Babilonia, cerca del río Kebar, un gran canal de irrigación, cuando comenzó a recibir visiones de Dios (Ez. 1:1). Este año era el quinto año del exilio del rey Joacim (1:2), que fue llevado a Babilonia después de que el rey Nabucodonosor sitió a Jerusalén en respuesta a la rebelión del padre de Joacim, Josías. La fecha de la visión es dada con precisión y puede convertirse a 31 de julio, 593 AC. Si él tenía treinta años en 593 a.C., entonces nació alrededor de 623 a.C., tres años después de que Jeremías comenzara su ministerio y dos años antes de que el rey Josías encontrara el perdido Libro de la Ley mientras estaba purificando la adoración del templo en medio de su reforma religiosa general (2 Re. 22-23).

Ezequiel, como Jeremías, nació en una familia sacerdotal, que puede haberse regocijado al ver al rey Josías rescatar a Judá de la idolatría. Josías estaba complacido de ver a Asiria, que ejercía presión política sobre Judá, comenzando a debilitarse. Él apoyó a Babilonia en su rebelión contra Asiria. Esta política lo llevó a interceptar al Faraón Necao mientras el ejército egipcio iba hacia el norte para dar apoyo a Asiria contra Babilonia en la batalla de Karkemish en el año 609 a.C. No sólo Josías fracasó en detener a Necao, sino que también perdió su vida en el proceso, llevando a su hijo Joacaz brevemente al trono.

Después de que Babilonia derrotó a la coalición asiro-egipcia, Necao se retiró a través de Judá y se inmiscuyó con la sucesión, reemplazando a Joacaz con su hermano Joacim. Fue la rebelión de Joacim que trajo a Nabucodonosor a las puertas de Jerusalén en el año 597 a.C. Para cuando llegó allí, sin embargo, el hijo de Joacim, estaba en el trono. Nabucodonosor sometió a Jerusalén y deportó al rey y muchos otros líderes a Babilonia, incluyendo al joven sacerdote Ezequiel. Este trasfondo explica por qué está en Babilonia al momento de la llamada profética.

El ministerio de Ezequiel comenzó después de que Jeremías ya estaba bien encaminado, pero desde 593 a 586 a.C. ambos estuvieron activos, el primero en Babilonia, y el segundo en Judá. Ambos arremetieron contra Judá por su pecado.

Ezequiel emitió impresionantes oráculos proféticos (véase Ezequiel, Libro de). Con frecuencia respaldaba sus oráculos proféticos con acciones simbólicas que son llamativas y que seguramente generaron mucha atención y habladurías. En 4:12 Dios le dice a Ezequiel que coma alimentos cocinados sobre excremento humano para ilustrar que el pueblo de Judá comerá comida profanada en el exilio. Cuando él objeta, Dios le permite cocinarla sobre estiércol de vaca. En 4:1-8 Dios ordena a Ezequiel dibujar la ciudad de Jerusalén en una tableta de arcilla y luego sitiarla.

También debía tenderse de lado un día por cada año que Israel y Judá habían pecado, durante un total de 430 días. Posteriormente, la amada esposa de Ezequiel falleció, pero bajo la orden de Dios él no se lamentó o lloró (24:15-27), nuevamente atrayendo atención a sí mismo para que pudiese advertir del inminente juicio de Dios. De hecho, Ezequiel era mudo, excepto cuando Dios le daba un mensaje que comunicar a la gente (3:24-27; 24:25-27).

El mensaje de Ezequiel era principalmente uno de juicio, pero como la mayoría de los profetas, también veía más allá del juicio hacia la restauración (especialmente capítulos 40-48). La visión profética de Ezequiel se extendía más allá de su tiempo. En el NT existen más de sesenta citas directas o alusiones a la profecía de Ezequiel, muchas de las cuales se encuentran en el libro del Apocalipsis.

EZEQUIEL, LIBRO DE El libro de Ezequiel es ampliamente reconocido como uno de los más idiosincráticos de los libros proféticos del AT. Algunos rabís prohibieron que cualquiera menor de treinta años leyese porciones del libro (esto es, las visiones de la gloria de Dios en los capítulos 1 y 10 podían llevar a peligrosas especulaciones acerca del misterio de Dios).

Autoría y Data

Hasta el comienzo del siglo veinte, muchos académicos vieron la incomparable, extensiva datación en este libro (1:1-2; 8:1; 20:1; 24:1; 26:1; 29:1, 17; 30:20; 31:1; 32:1, 17; 33:21; 40:1), junto con la simetría lograda por la deliberada repetición temática (esto es, los pasajes del "vigilante" en 3:16-21; 33:1-9; el mensaje de juicio/esperanza de Ezequiel dirigido a las montañas de Israel respectivamente en los capítulos 6; 36) como prueba indisputable de que el libro era producto de un solo autor. Incluso durante los primeros cien años o así de dominancia histórica en investigación del AT, las investigaciones históricas tendían a confirmar la visión tradicional de unidad, autenticidad y data del libro de Ezequiel, aunque la opinión de la mayoría de los académicos comenzó a cambiar en el siglo veinte. Durante la primera mitad del siglo veinte, temas de autoría, data y procedencia del ministerio del profeta dominaron investigaciones críticas sobre el libro de Ezequiel. Las peculiaridades del libro se prestaron para varias sugerencias respecto del lugar del ministerio de Ezequiel. Si, como registra 1:1-3, Ezequiel fue llamado al ministerio profético entre la comunidad exiliada en Babilonia, ¿cómo se explica uno el aparente conocimiento de Ezequiel de eventos particulares en Jerusalén, tales como la muerte de Pelatías (11:13) y las variadas formas de idolatría que ocurrían en y alrededor del complejo del templo en los capítulos 8 – 11? Es más, ¿qué debe uno interpretar de las palabras de Ezequiel hacia quienes quedaron atrás en Jerusalén (5:8-17; 11:5-12; 33:23-29)?

Muchos de aquellos que buscaron defender la comprensión directa de las declaraciones del libro buscaron en el misticismo o la psicología para explicar el involucramiento visionario de Ezequiel en eventos ocurriendo a aproximadamente mil cien kilómetros de distancia.

Explicaciones para las aparentes idiosincrasias de su ministerio—incluyendo lenguaje extremadamente gráfico y violento, su extenso período de "mudez", varios actos —signos llamativos y la gran extensión e intensidad emocional de sus experiencias visionarias— tienden a afectar la discusión de cómo comprender su experiencia visionaria de ser transportado a ubicaciones remotas. Soluciones más tempranas oscilan desde señalar las similitudes entre las experiencias de Ezequiel y aquellas de los místicos hasta caracterizar a Ezequiel como teniendo una "personalidad compleja" y como uno cuya vida estaba más en sintonía con las realidades del mundo sobrenatural.

Soluciones geográficas para dar cuenta del aparente conocimiento de Ezequiel de eventos en Jerusalén incluyen dos sugerencias. La primera es que Ezequiel hizo su ministerio sólo en Jerusalén. Sus prédicas forman el núcleo de los capítulos 1-39 y posteriormente un redactor exílico actualizó estos capítulos para enfrentar las preocupaciones de una audiencia exílica y también agregó los capítulos 40-48. La segunda sugerencia es que Ezequiel ejerció su ministerio en Jerusalén desde 593 a.C. hasta la caída de Jerusalén, momento en el cual fue llevado en cautiverio a Babilonia, donde continúo su ministerio entre los exiliados. El atractivo del enfoque del doble ministerio que da cuenta del doble enfoque geográfico de Ezequiel sin recurrir a viaje extático o sobrenatural de una ciudad a la otra o sugerir extensa edición de segunda mano del libro.

Por otra parte, existe evidencia de otros materiales bíblicos que las experiencias extáticas o visionarias de este tipo eran parte de la tradición profética. Muchas de las aparentes idiosincrasias de Ezequiel en realidad se asemejan a características de los profetas preclásicos. Viendo el ministerio de Ezequiel como parte de una tradición cultural aceptada proporciona una explicación más persuasiva para el texto en su forma actual. Por ejemplo, la evidencia de contactos continuos entre Jerusalén y las comunidades exílicas (Jr. 29; Ez. 33:21) es suficiente para explicar cualquier conocimiento poseído por Ezequiel de eventos en Jerusalén. La forma de su presentación en sus visiones la dictan los estándares culturales y expectativas de un profeta operando bajo la influencia de la "mano de Yahveh" y por metas retóricas de su predicación.Es completamente plausible sugerir que el autor de Ezequiel fue un israelita aproximadamente contemporáneo de los trágicos eventos que rodearon el desmantelamiento de la monarquía de Judá por el Imperio neo-babilonio.

Trasfondo Histórico

El propio libro de Ezequiel entrega información pertinente acerca del mundo de Ezequiel, que, cuando se suplementa con otros textos bíblicos (2 Reyes, Jeremías, Daniel y Habacuc), nos permite reconstruir una imagen de trabajo del ambiente social, histórico y teológico en los cuales Ezequiel vivió y ejerció su ministerio.

En el año 701 a.C. el reino de Judá escapó del exterminio por parte de los asirios, como le había pasado al reino del norte en el año 722 a.C., debido en gran parte al ministerio de Isaías y la fe del rey Ezequías (2 Re. 18:1-20:21; Is. 36-37), no obstante, a un incapacitante costo financiero en la forma de un pesado tributo a Asiria. Tras la muerte de Ezequías en el año 698 a.C., su hijo Manasés revirtió las reformas religiosas de su padre, que significaron desastre espiritualmente (2 Re. 21:1-18; 2 Cr. 33:1-11) y supervivencia política. Judá continúo existiendo durante gran parte del siglo siete a.C. como un reino vasallo

La visión de Ezequiel de los huesos secos (Ezequiel, 37: 1-14) (Austria, siglo XVI d.C).

bajo dominio asirio. La declinación espiritual de Judá fue brevemente desafiada durante el reinado de Josías, quien gobernó entre los años 640-609 a.C. Sin embargo, las fuertes diatribas de Jeremías contra vacíos formalismos religiosos e irresponsabilidad social durante gran parte del reinado de Josías sugieren que los intentos de reformas religiosas de Josías fueron exitosos sólo nominalmente y no penetraron en la población en general.

Mientras Josías buscaba instituir sus reformas, el poder en la escena internacional estaba cambiando. Tras la muerte de Asurbanipal, el último gran gobernante asirio, el Imperio Asirio comenzó a declinar. El Imperio Neo-Babilonio, fundado por Nabopolasar (626 a.C.), le dio a Asiria el golpe final con la conquista de Nínive (612 a.C.), seguida por la destrucción de Harán pocos años más tarde. Esto, unido a la prematura muerte de Josías en batalla contra los egipcios en Megido (609 a.C.), significó un desastre para Judá (2 Re. 23:29-30; 2 Cr. 35:20-24).

Nabucodonosor asumió el liderazgo de Babilonia tras la muerte de su padre (605 a.C.). Posteriormente ese mismo año, Nabucodonosor derrotó a las fuerzas egipcias en Karkemish y también ordenó la deportación de algunos de los hombres jóvenes judíos educados a Babilonia (Dn. 1:1-4). Esta fue seguida por una segunda deportación en el año 597 a.C., que incluyó al rey Joacim, Ezequiel y alrededor de diez mil judíos (2 Re. 24:14). Sedequías fue colocado en el trono de Judá como un rey marioneta. Su rebelión contra Babilonia (588 a.C.) llevó al asedió de Jerusalén durante un año y medio por parte de Nabucodonosor antes de su muerte en 586 a.C. La crisis política de 597-586 a.C. llevó a una crisis de fe. Las promesas de un eterno reino davídico (2 Sm. 7:7-16; Sal. 89:3-4, 35-37) y el voto de Yahveh de establecer su residencia por siempre en el templo en Jerusalén (Sal. 68:16; 132:13-14) parecía estar fracasando. Al comienzo del ministerio de Ezequías, la promesa davídica ya estaba bajo una nube: Joacim, el legítimo heredero de la línea de David, había sido llevado en cautiverio a Babilonia, y en su lugar se sentaba un rey marioneta, Sedequías. Además, la tierra de Canaán había jugado un rol significativo en la formación de la comprensión de sí mismos de los israelitas como el pueblo elegido de Yahveh (Gn. 12:1-3; Dt. 4:37-38; 7:1-11).

Debido a que la verdadera adoración de Dios estaba tan íntimamente alineada con la herencia israelita de la tierra (Dt. 12), estar fuera de la tierra inmediatamente levantaba gran preocupación acerca de su estatus ante Dios (1 Sm. 26:19). Estar fuera de la tierra prometida llevaría en unos cortos años a un cuestionamiento sobre si la verdadera adoración era incluso posible por más tiempo (Sal. 137:4). Durante este período, Ezequiel (y Jeremías) consistentemente retrataron a Nabucodonosor con un inconsciente rey pagano comisionado por Yahveh para ejecutar las maldiciones de la alianza sobre el recalcitrante reino del sur.

Lejos de reconocer estos eventos como tales, muchos israelitas en partido de rebelión, apoyados por la rebelión de los profetas, afirmaron su reclamo al favor divino y negaron la validez de las acusaciones proféticas. Ellos apoyaron sus reclamos con apelaciones a la liberación milagrosa del formidable ejército asirio (701 a.C.), el uso selectivo de las Escrituras se enfoca en la inviolabilidad de Jerusalén y el templo, las promesas incondicionales de un eterno reino davídico (véase con anterioridad), y predicciones por profetas subversivos de un pronto regreso de los exiliados (Jr. 28; 29:15-32; Ez. 13).

Desde la perspectiva de Ezequiel, las personas de Judá estaban convirtiendo a Yahveh en un mentiroso. Yahveh siempre había demandado su adoración exclusiva. A la luz de su reciente historia de idolatría, la única respuesta apropiada era ejecutar un juicio sobre ellos (Ez. 20:4-44). Negando esto, la única explicación que quedaba para el partido de rebelión por la destrucción de Jerusalén y exilio era que un poderoso y malvado reino que ellos odiaban intensamente (Sal. 137:4) había superado a Yahveh.

De esta valoración histórica uno puede discernir la situación general enfrentada por Ezequías en un conjunto de opiniones probablemente compartidas por la mayoría de los compañeros de exilio de Ezequiel. Primero, había una extendida creencia de que era apropiado adorar a otras deidades además de Yahveh. También era una creencia generalizada que el pueblo de Judá estaba en buenos términos con Yahveh y eran objeto de su favor, y que prontamente les traería liberación. Estas creencias combinadas para eliminar la seria consideración de la posibilidad de que la destrucción del reino y el exilio fueran la intención de Yahveh. En consecuencia, una vez que el reino fue destruido y el exilio se había hecho realidad, el poder y/o carácter de Yahveh había caído bajo sospecha en la mente de muchos.

Además, la conexión percibida entre la tierra y la presencia y bendición de Yahveh colocaba a la experiencia exílica en una luz extremadamente negativa. Para aquellos sujetados por estas convicciones, el exilio levantaba el espectro de la desesperanza. El sentido de desesperanza se intensificaba por su conjunción con la creencia de que la destrucción del reino y el exilio eran inmerecidos. No había forma de integrar el resultado de la crisis babilonia con las creencias anteriormente sostenidas acerca de Yahveh y sus propósitos para Israel.

E

Consideraciones Literarias

Estructura y esquema. Hay varios marcos teóricos que pueden ayudar al lector a comprender la "lógica interna" del libro.

Estructura tripartita. En los capítulos 1-24 el tema del inminente juicio de Dios sobre la nación de Israel por la violación de las leyes de la alianza se repite enfáticamente tanto de palabra como en signo/acción. Los capítulos 25-32 cumplen una doble función, conectando con los capítulos 1-24 continuando el tema del juicio de Dios, ahora dirigido a naciones extranjeras. Los pronunciamientos del juicio inminente en estos capítulos anticipan la última parte del libro, con el mensaje de esperanza para Israel que domina los capítulos 33-48. El énfasis en el juicio divino en la primera mitad del libro no es una declaración de facto de que Dios ha terminado con Israel; más bien, es reconocimiento de que sólo por medio del juicio (tanto de Israel como de sus vecinos) es posible la futura restauración y reconciliación. Muchos reconocen una subdivisión adicional en la tercera sección, con los capítulos 33-39 enfocándose en la renovación de la nación y los capítulos 40-48 tratando con la visión del tiempo de Ezequiel.

Esto produce el siguiente esquema:

I. El juicio de Dios sobre Israel (1-24)
II. El juicio de Dios sobre naciones extranjeras (25-32)
III. Esperanza para Israel (33-48)
   A. Renovación de la nación (33-39)
   B. Visión del templo de Ezequiel (40-48)

Visiones. Visiones abre y cierran el libro (capítulos 1-3; 40-48), con dos visiones adicionales intermedias: idolatría en el templo y la salida incremental de la gloria de Dios mientras se ejecuta el juicio (capítulos 8-11) y el valle de los huesos secos (37:1-14).

El movimiento de la gloria de Dios. La preocupación sostenida de Ezequiel por el templo como lugar donde reside la gloria de Dios proporciona una estructura unificadora al libro mientras Ezequiel registra la gloria de Dios yendo a Babilonia en su amenazante visión inaugural (capítulos 1-3), la salida incremental de la gloria de Dios del templo y de la ciudad (capítulos 8-11) y el regreso de la gloria de Dios en la visión de un nuevo templo (capítulos 40-48).

Género. El libro de Ezequiel es considerado por muchos como una obra maestra literaria compuesta en varios géneros, incluyendo una extensa narrativa visionaria (1-3; 8-11; 37:1-14; 40-48), alegoría (16; 23); poesía (19; 26-28), parábola (17; 24:3), y dichos populares (8:12; 9:9; 11:3, 15; 12:22, 27; 18:2; 33:10, 17, 20, 24, 30; 37:11). Otros profetas citaron dichos populares (Is. 40:27; Jr. 31:29; Am. 5:14; Ag. 1:2; Mal. 1:2; 6-7, 12-13), pero las citas son mucho más frecuentes en Ezequiel y están formuladas en un lenguaje teocéntrico único.

En cada caso es Dios quien informa a Ezequiel qué están diciendo las personas. Ezequiel usa dichos populares de las personas para establecer su hostilidad hacia Dios y para vindicar a Dios demostrando la fidelidad de su alianza. La frecuencia inigualable del uso de Ezequiel de frases populares en sus oráculos contra sirven para anclar tanto el juicio y la esperanza de restauración sólo en Dios. Las citas de Ezequiel sirven como cobertura para un ataque frontal sobre toda la empresa religiosa de sus contemporáneos en Jerusalén y Babilonia. Al citar y refutar estos dichos populares, Ezequiel hábilidosamente revela tanto la necesidad como el propósito de la crisis exílica. Él vuelve los dichos de la gente contra ellos, exponiendo la profundidad de su oposición a Dios y así promoviendo el propósito de vindicar a Dios.

Mensaje Teológico

La soberanía de Dios. El libro enfatiza la soberanía de Dios en general mientras Ezequiel desafía la falsa teología de sus compañeros exiliados judíos, que sostenían que Yahveh, atado por el juramento de la alianza, no podía destruir a Jerusalén. La expresión formulaica (con variaciones) "Después de que ocurra X, entonces ustedes/ellos sabrán que yo soy el Señor/yo he hablado" ocurre más de sesenta y cinco veces en el libro para enfatizar la intervención de Dios en los eventos humanos, incluyendo el exilio y la restauración (e.g., 7:27; 13:23; 29:16), para mantener la alianza y establecer su reino.

La santidad de Dios. Los pecados de Israel han oscurecido la santidad de Dios a la vista de sus vecinos (20:9). La santidad de Dios requería tanto el castigo de los pecados de Israel como la continuación de la relación de alianza con su pueblo. El juicio y restauración purificadora de Dios serían el cumplimiento de sus obligaciones de la alianza y mostrarían su santidad (20:40-44; 28:25; 36:16-32).

Esperanza en medio del juicio. La fidelidad de Dios a la alianza incluiría restauración tras el juicio (capítulos 33-39). La visión final del templo (capítulos 40-48) entrega una imagen de la restauración usando imágenes tipológicas e idiomas culturales con los cuales las personas están familiarizadas.

Conexiones al Nuevo Testamento

Existen aproximadamente sesenta y cinco citas y alusiones al libro de Ezequiel en el NT. Ecos de Ezequiel son prevalentes en el Evangelio de Juan (Jn. 10:1-30 [Ez. 34]; Jn. 15:1-8 [Ez. 15]) y el libro del Apocalipsis (Ap. 4:6-9 [Ez. 1]; Ap. 20-22 [Ez. 40-48]).

EZER **(1)** Un jefe horeo entre los hijos de Seír (Gn. 36:21, 27, 30; 1 Cr. 1:38, 42), listado sexto entre siete hijos en cada una de las tres listas. También nombrado como padre de Bilhan, Zaaván y Acán en ambos textos. **(2)** Un descendiente de Judá (1 Cr. 4:4). Esta genealogía no da un linaje directo de ninguno de los hijos de Judá, por lo que la relación exacta es desconocida. Se identifica como el padre de Husa, que es también una aldea de Judá.

(3) Uno de los hijos de Efraín (1 Cr. 7:21). Él y su hermano Elad fueron asesinados mientras intentaban robar ganado de los hombres de Gat. El Cronista registra que Efraín lloró mientras era consolado por parientes, y tras su duelo, él y su esposa concibieron otro hijo a quien llamaron "Bería", que significa "infortunio" (7:23). **(4)** Jefe de los guerreros gaditas que apoyaron a David en Siclag (1 Cr. 12:9). Estos guerreros eran descritos como fieros y rápidos y habilidosos con el escudo y la lanza. Se decía que Ezer era rival para mil hombres en batalla (12:14). **(5)** Uno de los levitas que trabajó para reparar el muro de Jerusalén bajo el liderazgo de Nehemías. Se dice que era el hijo de Jesúa y un gobernante de Mizpa (Neh. 3:19). **(6)** Uno de los sacerdotes que sopló las trompetas durante la dedicación del recientemente reconstruido muro de Jerusalén (Neh. 12:42).

EZIÓN GEBER Un pueblo ubicado en el extremo norte del Golfo de Áqaba. La Biblia lo ubica "cerca de Elat en Edom, en la costa del Mar Rojo" (1 Re. 9:26). Sin embargo, la ubicación precisa se debate. Muchos académicos lo asocian con Tell el-Kheleifeh, que está entre el moderno Elat y Áqaba, aproximadamente a cuatrocientos cincuenta metros de la costa, pero otros lo identifican con Jezirat al-Faraun, veinticuatro kilómetros al sur a lo largo de la costa oeste del Golfo de Áqaba. Aun otros especulan que yace todavía sin descubrir bajo la moderna Áqaba.

Las ruinas de Tell el-Kheleifeh contienen una ciudadela y bodegas rodeadas por muros de doble casamata. Las ruinas no son anteriores al siglo nueve a.C., por lo que referencias a Ezión Geber en el itinerario de la travesía del desierto (Nm. 33:35-36) y en las actividades navales de

Salomón son problemáticas. Jezirat al-Faraun ofrece un pequeño puerto natural y contiene evidencia de cerámica madianita tan tempranamente como el siglo trece a.C. Cualquiera sea la ubicación precisa, Ezión Geber representa la extensión más hacia el sur del control político y económico de Judá, ya que servía como entrada al Mar Rojo, y estaba cerca de rutas terrestres hacia Arabia. Desde David hasta el final de la monarquía, control sobre Ezión Geber osciló entre Judá y Edom. David puede haberla capturado por primera vez cuando sometió a Edom (2 Sm. 8:13-14). Con ayuda de los fenicios, Salomón construyó una flota de barcos en Ezión Geber que trajo gran riqueza a Israel (1 Re. 9:26-28). Tras la muerte de Salomón, puede haber sido destruida durante la invasión del Faraón Sicac (1 Re. 14:25-26). Edom recuperó control sobre ella hasta Josafat, en alianza con Ocozías, construyó en Ezión Geber una flota de naves mercantes que Dios destruyó debido a la maldad de Ocozías (2 Cr. 20:36-37). Esta es la última vez que Ezión Geber se menciona por nombre.

Desde ese momento en adelante, la cercana Elat es el foco de eventos en esta área. El padre de Uzías derrotó a los edomitas, permitiéndole a Uzías fortalecer Elat (2 Re. 14:22; 2 Cr. 26:1-2). Los sirios controlaron el área brevemente, pero los edomitas retomaron el control hasta el periodo babilonio (2 Re. 16:6). Elat fue abandonada en el siglo cuatro a.C., aunque un sitio nabateo se desarrolló más hacia el este, cerca de Áqaba.

EZNITA Una palabra que ocurre en el texto hebreo de 2 Sm. 23:8 que puede dar la ascendencia o lugar de procedencia de un guerrero llamado "Adino" (KJV, NASB). Ya que 'adino y la palabra siguiente, ha'etsno ("el eznita"), son incómodas en la oración y ausentes en el resto de la Biblia, la NIV sigue unos manuscritos LXX y 1 Cr. 11:11, sustituyendo "criado con lanza" por "Adino el eznita" (cf. ESV, RSV). *Véase l*as notas al pie de 2 Sm. 23:8 en NIV.

EZRÁ En traducciones modernas (NIV, NRSV, NET, NASB), un descendiente de Judá (1 Cr. 4:17 [KJV: "Ezra"]), no debe confundirse con el Esdras de los libros de Esdras y Nehemías. La h final en el inglés (Ezrah) refleja la ortografía hebrea de este nombre en comparación a la ortografía aramea más común "Ezra".

EZRAÍTA El nombre ocurre en 1 Re. 4:31 y en sobre escritura de Sal. 88-89. Ezraíta posiblemente significa el nombre de un clan. Etán y Hemán, hombres sabios dignos de mención como un estándar para medir la sabiduría del rey Salomón, eran ezraítas. Algunos han sugerido que el nombre significa "nativo". Si es así, entonces "ezraíta" significaría alguien de origen cananeo, y Etán y Hemán habrían sido sabios pre-israelitas.

EZRI Un sirviente de David que estaba a cargo de granjeros que cultivaban la tierra (1 Cr. 27:26).

Las ruinas de Ezión Geber.

F

FABRICAR En la NIV, "fabricar" es un verbo que significa "confeccionar, formar, modelar". Con frecuencia se usa peyorativamente, como en la confección de un ídolo de madera, piedra o metal (Éx. 32:4; 2 Re. 19:18; Is. 37:19; 40:19; 44:15; Os. 13:2). Job habla de la ingeniosidad y estrategia de aquellos que se creen sabio, pero no tienen dios: "su vientre fabrica engaño" (Job 15:35). En un sentido positivo, elementos son fabricados para el propósito de Dios: la pechera de metal de Aarón es fabricada por "el trabajo de manos hábiles" (Éx. 28:15; cf. 39:8). Dios es el maestro artesano que "fabricó e hizo la tierra" (Is. 45:18). Pero la fabricación de Dios es sinónimo de creación más que confección; el fabrica su trabajo de la nada.

En la KJV, la fabricación de Dios se extiende a su creación de los seres humanos (Job 10:8; 31:15; Sal. 119:73), su supervisión del corazón humano (Sal. 33:15), su ordenamiento del ciclo de vida de una persona (Sal. 139:16) y su trabajo transformador en la glorificación de los creyente (Flp. 3:21).

El uso más común como sustantivo de la palabra "fabricar" en el AT de la KJV es como plano, proyecto o especificación (2 Re. 16:10) —por ejemplo, del arca (Gn. 6:15), del tabernáculo (Éx. 26:30), y del templo (1 Re. 6:38; Ez. 43:11). "Fabricar" también se usa como sinónimo de "parecido, apariencia, manera, forma" (Éx. 37:19; Mc. 2:12; Lc. 9:29; 1 Cor. 7:31; Flp. 2:8; Sant. 1:11). Finalmente, Pedro advierte a los creyentes contra "fabricarse [a sí mismos] según sus antiguos deseos" (1 Pe. 1:14 KJV), una advertencia a no modelar o conformarse a sus deseos mundanos.

FÁBULA Usando una definición folclorista de fábula como una historia en la cual animales, plantas u objetos inanimados toman características humanas (esto es, son antropomorfizados), podemos identificar al menos dos fábulas en el AT. En Jue. 9:8-15, Jotam usa una fábula para señalarles a los siquemitas su error al pedirle a Abimélec que fuese su rey. En 2 Re. 14:9, el rey Joás de Israel usa una fábula para señalarle al rey Amasías de Judá su error en desafiar a Joás a una batalla. Algunos han sugerido que la alegoría en Ez. 17:1-10 también podría considerarse una fábula, pero no hay antropomorfización en ese pasaje.

La fábula, más ampliamente definida como una historia fantásticamente increíble, que no tiene correspondencia con la realidad, se usa en algunas traducciones inglesas para presentar la palabra griega mythos (NIV: "mito") en 1 Tim. 1:4; 4:7; 2 Tim. 4:4; Tit. 1:14; 2 Pe. 1:16. Pedro, en particular, niega que los relatos de los apóstoles acerca de Jesús sean fábulas.

FACETA Una faceta es una superficie poligonal de un sólido tridimensional, como una piedra preciosa. Las facetas de una piedra preciosa pueden ser formadas naturalmente, a través de partir (romper una gema golpeándola a lo largo de planos determinados por la estructura cristalina de la gema), por frotamiento o pulido abrasivo o, en tiempos modernos, por serrado con un delgado disco metálico. Las descripciones bíblicas de gemas no son lo suficientemente detalladas para determinar si incluían facetas formadas artificialmente, aunque algunas traducciones de Zac. 3:9 describen una piedra con "siete facetas" (NLT, NRSV; cf. NIV mg.; lit. "siete ojos"). Los arqueólogos han recuperado varios sellos tallados en piedras semipreciosas. Estos habrían requerido la preparación de una cara lisa a través de la abrasión, antes de la incisión de la delicada imagen del sello.

FAJA, FAJÍN *Véase* Ropa.

FALDA La palabra hebrea comúnmente traducida como "falda" (kanap) no indica la prenda de vestir femenina de hoy en día. En cambio, en la Biblia "falda" con frecuencia se usa en el sentido arcaico de "borde" o "extremidad". Es por eso que algunas de las traducciones modernas han cambiado la redacción de la KJV y sustituido la palabra por otras como "borde", "extremidad" y "dobladillo". Por ejemplo, la KJV usa "falda" en 1 Sm. 15:27 para traducir kanap, pero la NIV lo presenta como "dobladillo" (cf. 1 Sm. 24:4, donde kanap es presentado como "falda" por la KJV y como "esquina" por NIV; *véase también* Ez. 16:8; Ag. 2:12). La palabra traducida como "falda" también es usada eufemísticamente, con connotaciones sexuales. La frase bíblica literalmente lee, "Así que no deberá descubrir la falda [kanap] de su padre", lo que probablemente se refiere a tener relaciones sexuales con la esposa de su padre (Dt. 22:30; 27:20).

La falsa adoración incluía la adoración de los dioses, como la diosa cananea Astarte que se muestra aquí.

FALSA ADORACIÓN Devoción o servicio que es impropio. Adoración, ya sea falsa o verdadera, generalmente consistente en dos aspectos que son distintos, pero no necesariamente separados: **(1)** la realización de ciertos rituales, incluyendo el sacrificio, circuncisión, bautismo y demás; **(2)** las actitudes y actividades que reflejan devoción a una persona u objeto. El primer aspecto muestra la adoración como un ritual, consistente en elementos formales y regulados. El segundo aspecto muestra la adoración como devoción, consistente en una vida de piedad. La falsa adoración ocurre cuando un adorador falla en uno o ambos aspectos.

Formas de Falsa Adoración

La Biblia describe la falsa adoración como aconteciendo de tres formas diferentes: (1) el adorador demuestra devoción a cualquier cosa distinta de Dios, (2) el adorador realiza un ritual contrario a la observancia instruida y (3) el adorador realiza un ritual mientras conduce una vida de desobediencia a Dios sin arrepentimiento.

La más severa forma de falsa adoración es cuando un adorador demuestra devoción a cualquier cosa distinta a Dios. Este tipo de falsa adoración puede incluir la adoración como un ritual en el cual un rito o ceremonia se realiza directamente para otro dios. Algunos rituales se mencionan específicamente en la Biblia: pasar niños a través del fuego (2 Re. 16:3; 17:17; 21:6), tener relaciones con prostitutas de santuario (especialmente, Os. 4:14) y ofrecer sacrificios a ídolos (especialmente, Lv. 17:7). Este tipo de falsa adoración también puede incluir actitudes y acciones que demuestran un mayor grado de devoción a algo distinto del Dios verdadero. Esta devoción debe ser a otro dios o objeto, incluso riqueza material (cf. Col. 3:5, donde Pablo compara avaricia con idolatría).

La segunda forma de falsa adoración involucra realizar un ritual contrario a la observancia instruida. En el Monte Sinaí, Dios entrega un código de leyes que regulan la práctica de realizar sacrificios y ofrendas, confinándolos a cierto personal (sacerdotes y levitas), ciertas circunstancias (pureza), ciertos animales o plantas (dependiendo del sacrificio y la riqueza del observante), ciertas ocasiones (Pascua, Día de la Expiación), y a cierta ubicación (tienda de reunión, posterior templo). Ocasionalmente, la ley requiere muerte como penalidad por fracaso en la correcta observancia de rituales (Éx. 30:20-38; Lv. 10:1-3; 16:2). Este tipo de falsa adoración, básicamente limitada al AT debido a la naturaleza ritualista ampliamente regulada de la adoración de Israel. Aunque el NT contiene rituales de adoración, no hay indicación de un método censurado de observancia, sólo como una actitud impropia (1 Cor. 11:27-33).

La tercera forma de falsa adoración involucra realizar un ritual mientras se conduce una vida de desobediencia a Dios sin arrepentimiento. La Biblia enfrenta este tipo de falsa adoración en varios pasajes (1 Sm. 15:22; Is. 1; Am. 4-5; Miq. 6). Ellos demuestran que incluso si el ritual se realiza correctamente y hacia el Dios verdadero en vez de a otro dios, un estilo de vida pecaminoso del adorador invalida la adoración. La adoración no se acepta automáticamente simplemente porque se desarrolla de la manera correcta por el oficial correcto en el momento correcto y por el Dios correcto; tiene requerimientos éticos (especialmente Is. 1:11-23; Jr. 14:7-10; Am. 4:4-13; 5:21-27). Los profetas dejan en claro que Dios no solo rechaza la adoración del malvado o del que no se ha arrepentido, sino que la aborrece (especialmente 1:11-23; Am. 5:21-27).

Aspectos Rituales y Éticos de la Falsa Adoración

Sin importar la forma de falsa adoración, Dios la toma en serio. Aspectos rituales y éticos de la adoración son igualmente importantes. Las muertes de Nadab y Abihu proporcionan un buen ejemplo de la importancia de los aspectos rituales de la adoración; ellos mueren por haber realizado un ritual contrario a su forma prescrita (Lv. 10:1). El texto no conecta su muerte con alguna falla ética, sino que más bien establece que ellos profanaron a Dios por su desobediencia ritual (cf. 10:1-3).

En otra ocasión, la falta de correcta observancia ritual acompaña serias fallas éticas. Por ejemplo, Hofní y Finehás cometieron dos grandes transgresiones. Primero, realizaron el sacrificio contrario a la regulación para su ganancia personal, quedando cortos tanto ritual como éticamente. Segundo, ellos cometieron actos de fornicación en el lugar de adoración (1 Sm. 2:13-17, 22). El juicio sobre ellos fue un resultado de ambas transgresiones. Malaquías reprende a los israelitas de su tiempo porque los animales que traían para el sacrificio, estuviesen enfermos o discapacitados, eran inaceptables de acuerdo a la regulación (Mal. 1:7-14). La transgresión ritual reveló su falta de devoción a Dios, que se reflejaba también en sus fallas éticas (2:8-12).

Por otra parte, la Biblia enfatiza la prioridad de los aspectos éticos de la adoración sobre el ritual. Cuando Saúl no espera por Samuel como Samuel le ordenó sino que hace la ofrenda antes de que llegue Samuel, Samuel lo reprende por desobedecer sus instrucciones (entregadas como palabra del Señor), no por su método de realizar el ritual (1 Sm. 15:22). Cuando Jeremías habla de la alianza en el Monte Sinaí, él enfatiza la demanda de Dios por devoción en vez de observancias rituales (Jr. 7:22-23).

Otros pasajes muestran que la adecuada adoración es posible incluso sin un elemento ritual. Miqueas define la adoración apropiada sin elementos rituales, sino en términos puramente éticos (Miq. 6:8). Cuando se le pregunta por el lugar adecuado para adorar, Jesús le dice a la mujer samaritana que el lugar es irrelevante, mientras la adoración se realice en espíritu y verdad (Jn. 4:19-24).

Idolatría

La más seria y más ampliamente difundida forma de falsa adoración es la idolatría. En un sentido técnico, la idolatría es crear una representación física de una deidad. En un sentido más general, la idolatría involucra cualquier signo de devoción a cualquier cosa que el único Dios verdadero. La idolatría en el AT consiste tanto en hacer una imagen física de Dios o imágenes de otras deidades. Ambas prácticas están prohibidas en los Diez Mandamientos, que son la sucinta presentación de las demandas éticas de Dios. El incidente del becerro dorado es un caso paradigmático de idolatría. Israel creó una representación física del Dios que los sacó de Egipto (Éx. 32:1-8). Jeroboam siguió este ejemplo, erigiendo dos becerros dorados en Israel, nuevamente como imágenes del Dios que los trajo de Egipto a Israel (1 Re. 12:25-33). Aunque estos casos involucran una imagen de Dios, la idolatría usualmente se conecta con la adoración de otros dioses (1 Re. 14:9; 2 Re. 17:7-12; 22:17). La idolatría es una de las principales razones para el exilio de los reinos norte y sur (2 Re. 17:7-12; Is. 2:8-22; Jr. 1:14-16).

FALSO PROFETA La ley advierte contra aquellos que dicen hablar por Dios, pero cuyas palabras no son de Dios. Tales falsos profetas son expuestos cuando sus predicciones no se cumplen, pero incluso un profeta que hace predicciones verdaderas es falso si él o ella incentivan la idolatría. Los falsos profetas deben ser condenados a muerte (Dt. 13:1-5; 18:20-22).

Durante la monarquía, algunos falsos profetas descaradamente promovieron la adoración a Baal (1 Re. 18:19; Jr. 2:8; 23:13). Otros parecían ortodoxos, pero, motivados por la avaricia (Jr. 6:13; 8:10; Miq. 3:5. 11; cf. Lc. 6:26) en realidad decían cualquier cosa que las personas querían escuchar (1 Re. 22:6; cf. 2 Cr. 18:5; 28; Is. 30:10; Jr. 5:31; Ez. 22:27-28). Una marca frecuente de estos profetas es que recalcaban la fidelidad de Dios a promesas de bendición mientras ignoraban su fidelidad a promesas de juicio. Según ellos, Israel jamás sería derrotado, sin importar cuánto pecara el pueblo (Jr. 6:14; 8:11; 23:17; Ez. 13:10, 16; Miq. 2:6); los mismos falsos profetas establecen un ejemplo de libertinaje (Is. 28:7; Jr. 23:14-15). Irónicamente, la complacencia que esto engendró aumentó el peligro de Israel (Jr. 14:13-16; 23:19-22; 27:9-18; Lam. 2:14; Ez. 13:5).

Con frecuencia, confrontaciones directas ocurrieron entre verdaderos y falsos profetas (e.g., 1 Re. 18; Neh. 6:14; Jer. 20:1-6; 26:8-11; 28-29; Miq. 2:6). Los verdaderos profetas le suplicaron a Israel que rechazaran la falsa profecía (Jr. 23:16; 29:8-9). Ellos pronunciaron juicio tanto sobre los profetas como sobre los seguidores (Is. 9:14-15; Jr. 2:26; 4:9; 8:1; 13:13; 23:33-39; 50:36; Ez. 13; Sof. 3:4; Zac. 13:2-6). Los falsos profetas quedarían ciegos a la verdad que negaban y serían incapaces de profetizar del todo (Is. 29:10; Ez. 7:26; Miq. 3:6). Sus falsas predicciones serían frustradas (Is. 44:25; Jr. 37:19), y en particular el exilio que ellos decían nunca pasaría, ahora era inevitable (Jr. 14:15-18).

La falsa profecía era un peligro tan grande en el NT como en el AT. Jesús advirtió que "lobos en piel de oveja" continuarían llevando a muchos por el mal camino. Algunos promoverían la adoración de falsos mesías y incluso pretenderían ser el Mesías (Mt. 24:23-24; Mc. 13:21-22), pero, como siempre, podían identificarse por sus "frutos" (Mt. 7:15-23; 24:11).

Pablo dijo que cualquier así llamado profeta que se opusiera a sus propias enseñanzas, o que enseñara errores diciendo que las enseñanzas venían del mismo Pablo, era falso (1 Cor. 14:37; 2 Tes. 2:2; cf. 2 Cor. 11:4; Gal. 1:8). Lucas llamó a Elimas el hechicero, que se opuso a Pablo, un falso profeta (Hec. 13:6-12). Mas en general, Pedro veía a todos los maestros herejes como sucesores directos de los falsos profetas del AT, negando al Señor y explotando a la gente para su beneficio (2 Pe. 2:1). Ellos replican el error de Balaam (2 Pe. 2:15-16). Para Juan, la marca particular del falso profeta era la negación de que Jesús es Cristo (1 Jn. 4:1-3). La tercera figura en esta bestial falsa trinidad en el Apocalipsis de Juan es llamado "el falso profeta" (Ap. 16:13; 19:20; 20:10) e incita a los hombres y mujeres a adorar al dragón en vez de a Jesús.

FALSOS APÓSTOLES Maestros peligrosos disfrazados de fieles ministros del Evangelio. En 2 Cor. 11:5, Pablo irónicamente llama a un grupo de falsos maestros en la iglesia de Corinto "súper apóstoles". Estos engañadores son "falsos apóstoles" (11:13) quienes, como Satanás, pretenden ser sirvientes de los justos (11:14-15) para engañar al pueblo de Dios.

Los falsos apóstoles en Corinto enseñaban un triple error: un falso Cristo, un falso espíritu y un falso evangelio. La naturaleza exacta del falso evangelio que ellos predicaban es incierta, pero alejaba a los cristianos de la verdadera devoción a Cristo (2 Cor. 11:3). Su evangelio retrataba no un Señor humillado y crucificado (*véase* 1 Cor. 1:17-31), sino más bien un Cristo que daba a sus seguidores conocimiento exaltado, supuestamente haciéndolos superiores a cristianos normales (2 Cor. 11:6).

Los falsos apóstoles de Corinto eran probablemente de origen judío (2 Cor. 11:22), y por tanto pueden haber enseñado algo similar a las herejías que afligían a las iglesias abordadas en Gálatas y Filipenses (*véase* Gal. 2:4; Flp. 3:2-6). Estos predicadores usaban el engaño (2 Cor. 4:2; 11:13) y eran dominantes (11:20) más que dóciles y gentiles como Cristo (10:1; 13:4). Debido a su habilidad para hablar en público, los falsos apóstoles eran populares de acuerdo a los estándares de esa fecha, que frecuentemente valoraban la persuasión por sobre la verdad (10:1-2). Se burlaban de Pablo porque él no hablaba con la fluidez y elocuencia de sus oponentes (*véase* 10:10). Sin embargo, el orgullo de Pablo estaba en el éxito de su evangelio entre sus oyentes (10:8, 12-18) y en su propia debilidad, que destacaba el poder de Dios (11:16-12:10).

El Apocalipsis 2:2 habla de falsos apóstoles que pueden ser los nicolaítas mencionados en Ap. 2:6. Juan alaba a la iglesia en Éfeso por rehusarse a tolerar las enseñanzas de estos falsos apóstoles.

FALÚ El segundo hijo de Rubén (Gn. 46:9; Éx. 6:14; 1 Cr. 5:3), el padre de Eliab (Nm. 26:8) y el antepasado de los faluitas (Nm. 26:5).

FALUITAS *Ver* Falú.

FAMILIA La mayoría de las familias en el mundo antiguo eran agrarias o estaban involucradas en la crianza de ganado. Las familias que vivían en ciudades llevan estilos de vida preindustriales, con frecuencia viviendo en cuartos apretados. La mayoría de las familias residían en áreas rurales y aldeas.

Las personas de la Biblia se centraban en la familia e incondicionalmente leales a sus parientes. Las familias formaban los cimientos de la sociedad. La familia extendida era la fuente del estatus de las personas en la comunidad y proporcionaba las principales interacciones económicas, educacionales, religiosas y sociales.

El matrimonio no era un acuerdo meramente entre dos individuos; más bien, el matrimonio era entre dos familias. Los miembros de la familia y parientes, por lo tanto, tenían precedencia sobre individuos. En los mundos de ambo Testamentos, la autoridad dentro de las familias y comunidades se determinaba por rango entre parientes. El cristianismo se veía con hostilidad porque derrocaba valores de fundacionales de la tradición judía e incluso grecorromana. El servicio más que el rango se volvió normativo en las relaciones familiares y comunitarias.

Estructuras Patriarcales

Un sistema patrilineal gobernaba en el antiguo Israel. Cada familia y cada hogar pertenecía un linaje. Estos linajes componían un clan en el cual el parentesco y herencia se basaban en los patriarcas, los padres de familia. Estos clanes, a su vez, componían grupos de clanes mayores y luego grupos tribales. El mundo helénico y romano posteriormente mantuvieron, a su vez, estructuras sociales patriarcales y patrilineales.

La disciplina familiar estaba en las manos del padre, el patriarca. El honor del padre dependía de su habilidad para mantener a cada miembro de la familia bajo su autoridad (1 Tim. 3:4). Otros miembros masculinos de la familia ayudaban al padre a defender el honor de la familia (Gn. 34).

Un monumento sepulcro de una familia Romana adinerada (finales del siglo I a.C).

Códigos Domésticos Aristotélicos

No solo el mundo bíblico era patriarcal (dominado por hombres), sino que la posterior influencia social de filósofos griegos impactó al texto bíblico. Los antiguos griegos veían el hogar como un microcosmos de la sociedad. Los filósofos griegos ofrecían consejo respecto del manejo del hogar, buscando influir en la sociedad para el bien mayor. Este consejo se presentaba en discursos orales y escritos conocidos como "códigos domésticos". Los códigos domésticos de Aristóteles, escritos en el siglo cuatro a.C., estaban entre los más famosos. Tales códigos consistían en instrucciones sobre cómo los paterfamilias (el hombre jefe de hogar) debía manejar a su esposa, hijos y esclavos. El filósofo estoico Ario Dídimo resumió los códigos domésticos aristotélicos para César Augusto. Él argumentó: "Un hombre tiene el gobierno del hogar por naturaleza, porque la facultad deliberativa en una mujer es inferior, en los niños aún no existe y en el caso de los esclavos está totalmente ausente".

F

Los códigos domésticos aristotélicos parecen ser el trasfondo a textos del NT que, en sentido literal, parecen tratar a las mujeres como inferiores a los hombres (Ef. 5:22-6:9; Col. 3:18-4:1; 1 Pe. 3:1-7). Todos estos textos están insertos en la matriz grecorromana, y el consejo dado a las congregaciones parece haber tenido un valor contextual misional por el bien del evangelio más que como guía para la vida familiar para todos los tiempos y contextos.

Matrimonio y Divorcio

El matrimonio en el antiguo Oriente Próximo era un acuerdo contractual entre dos familias, arreglado por el padre de la novia o un representante masculino. La familia de la novia recibía una dote, el "precio de una novia". Pagar una dote no era sólo una transacción económica sino también una expresión de honor familiar. Sólo los ricos podían costear múltiples dotes. Por lo tanto, la poligamia era mínima. El matrimonio mismo se celebraba con una fiesta proporcionada por los padres del novio.

El principal propósito del matrimonio en el antiguo Oriente Próximo era producir un heredero masculino para asegurar el cuidado de la pareja en la vejez. El concepto de herencia era una parte clave de las costumbres matrimoniales, especialmente con respecto a traspasar posesiones y propiedades.

El matrimonio entre los judíos en el NT aun tendía a ser endógamo; esto es, los judíos buscaban casarse con parientes cercanos sin cometer violaciones incestuosas (Lv. 18:6-17). Un judío de sexo masculino se esperaba que se casase con una judía. La exogamia, casarse fuera del grupo de parientes remotos y, ciertamente, fuera del *ethnos* se entendía como deshonrar la santidad de Dios. Por lo tanto, que un judío se casase con una mujer gentil no era una opción. Los romanos sí practicaban la exogamia. Para ellos, casarse fuera del grupo de parentesco de uno (no *ethnos*) se basaba predominantemente en crear alianzas estratégicas entre familias.

En costumbres judías, el matrimonio era precedido de un período de compromiso. Este estado de compromiso era legalmente vinculante y dejaba a la mujer que sobrevivía a un hombre como viuda. Una pareja comprometida, como José y María (Mt. 1:18), no vivía junta o tenían relaciones sexuales. Sin embargo, su unión era tan vinculante como un matrimonio y sólo podía disolverse por la muerte o el divorcio.

La ley griega y romana permitía tanto al hombre como a la mujer iniciar el divorcio. En matrimonios judíos, sólo el marido podía iniciar procedimiento de divorcio. Si un marido se divorciaba de una esposa, tenía que liberarla y volver a pagar la dote. El divorcio era común en casos de infertilidad (en particular si la mujer no había proveído descendientes masculinos). Ben Sirá comenta que la esterilidad en una mujer es motivo de ansiedad para el padre (Ecl. 42:9-10). Otra razón para el divorcio era el adulterio (Éx. 20:14; Dt. 5:18). Jesús, sin embargo, enseñó un uso más restrictivo del divorcio que el Antiguo Testamento (Mc. 10:1-12).

Niños, Paternidad y Educación

La maternidad se consideraba representativa de la bendición de Dios sobre una mujer y toda su familia, particularmente su esposo. Por otra parte, la esterilidad traía vergüenza sobre la mujer, sus familias, y especialmente su esposo.

El aborto ocurría frecuentemente en el mundo grecorromano. Las mujeres, por lo tanto, debían ser incentivadas a continuar sus embarazos (1 Tim. 2:15).

Los niños tenían un estatus social bajo en la sociedad. La mortalidad infantil era alta. Se estima que aproximadamente un 60 por ciento de los niños en el siglo uno moría antes de los dieciséis años.

Las antiguas sociedades del Oriente Próximo y el Mediterráneo exhibían un estilo de paternidad basado en sus visiones de la naturaleza humana como una mezcla entre tendencias buenas y malas. Los padres usaban el castigo corporal para prevenir que las tendencias malvadas se desarrollaran en acciones malvadas (Prov. 29:15). La principal preocupación de los padres era socializar a los hijos en la lealtad familiar. La carencia de tal lealtad se castigaba (Lv. 20:9). A edad muy temprana a los niños se les enseñaba a aceptar la total autoridad de padre. La crianza de las niñas era totalmente responsabilidad de las mujeres. Las mujeres eran enseñadas en roles y tareas domésticas lo antes posible para que pudiesen ayudar con las tareas del hogar.

La educación temprana ocurría en el hogar. La educación judía se centraba alrededor de la enseñanza de la Torá. En el hogar, era la responsabilidad del padre enseñar la Torá a sus hijos (Dt. 6:6-7), especialmente a sus hijos. Para el siglo uno, bajo la influencia del helenismo, el judaísmo desarrolló su propio sistema escolar. Las niñas, sin embargo, no asistían regularmente a la escuela. Muchos de los niños eran educados en escuelas primarias y secundarias, aprendiendo la ley oral y escrita. A veces, las escuelas eran una extensión de las sinagogas. La educación romana seguía el patrón de la educación griega. Los maestros de escuela primaria con frecuencia eran esclavos. Mayoritariamente, los niños asistían a la escuela, pero en algunos casos a las niñas también se les permitía asistir.

La familia como una Analogía

La relación entre Israel y Dios. La identidad familiar se usaba como metáfora en el antiguo Israel para hablar de fidelidad, responsabilidad, juicio y reconciliación. En el AT, el pueblo de Israel se describe frecuentemente como hijos de Dios. En su relación general con Dios, se menciona al pueblo de Israel en términos familiares, hijos e hijas, esposos, y primogénitos (Éx. 4:22). A Dios se trata como el padre del pueblo (Is. 63:16; 64:8) y referido como la madre (Is. 49:14-17).

El profeta Oseas retrata a Israel como hijos o hijas que son descendencia de una prostituta. La prostituta representa la infidelidad de Israel. Dios se retrata como un padre y esposo agraviado, y tanto hijos como esposa son rebeldes y adúlteros (Os. 1-3). Igualmente, el profeta Jeremías presenta la alianza mosaica como un matrimonio deteriorado por la infidelidad de Israel y Judá (e.g., Jr. 2:2-13). La metáfora familiar-matrimonial usada por los profetas es un vehículo para proclamar la resolución de Dios de ir más allá de la ley y expectativas culturales tradicionales para recuperar lo que está perdido. Una imagen similar de reclamación y restauración se ve en Malaquías. Una interpretación de Mal. 4:6 sostiene que implícitamente presenta una tradición escatológica de disrupción familiar con una futura restauración en vista. La familia restaurada en vista es el restaurado Israel.

La iglesia como la familia de Dios. A través de su ministerio, Jesús llamó a sus discípulos a seguirlo. Este era un llamado a la lealtad (Mt. 10:32-40; 16:24-26; Mc. 8:34-38; Lc. 9:23-26), un llamado a parentesco ficticio, la familia de Dios (Mt. 12:48-50; Mc. 3:33-35). La declaración de Jesús "Sobre esta roca construiré mi iglesia" (Mt. 16:18) fue precedida por un llamado a hacer comunidad. La entrada a la comunidad se otorgaba a través de adoptar los valores del reino, creencia y el rito de iniciación era el bautismo (Mt. 10:37-39; 16:24-26; Mc. 8:34-38; Lc. 9:23-26, 57-63; Jn. 1:12; 3:16; 10:27-29; Hec. 2:38; 16:31-33; 17:30; Rom. 10:9). La presencia de Jesús como cabeza de la comunidad eventualmente fue reemplazada por el Espíritu prometido (Jn. 14:16-18). A través del Espíritu, el ministerio de Jesús continúa en la comunidad de sus creyentes, la familia de Dios, la iglesia. *Véase también* Adopción.

F

FANTASMA Una expresión arcaica para la palabra "espíritu", tal como en "rindiendo el fantasma" (Job 11:20 KJV) o "hijo del Espíritu Santo" (Mt. 1:18 KJV). En traducciones modernas el término se reserva a la palabra griega phantasma (Mt. 14:26; Mc. 6:49), que puede referirse a una aparición y para un sentido restringido de pneuma (frecuentemente traducido como "espíritu"), en base al contexto (Lc. 24:37, 39). En aquellas apariciones los discípulos potencialmente confunden a Jesús con un fantasma en el sentido de ser algo menos que lo que había sido antes de morir —sin carne ni huesos (Lc. 24:39). El que él atravesara un muro puede haber contribuido a esta confusión (Jn. 20:19). Al comer pescado, sin embargo, Jesús demuestra que su cuerpo resucitado es de un orden diferente (Lc. 24:42-43; cf. Jn. 21:1-14). La Biblia nunca niega la existencia de fantasmas, pero ofrece poco acerca de su origen y propósito. Los mesopotámicos creían que el descuido de los muertos podía resultar en la malevolencia del fantasma, requiriendo un ritual. Evocar a los espíritus de los muertos data al menos de la época de Homero. Encontramos visiones similares en la historia del levantamiento del espíritu de Samuel por el médium en Endor (1 Sm. 28:1-25). La Biblia condena la práctica (Lv. 19:31; Dt. 18:10-11; 1 Cr. 10:13-14).

F

FANUEL *Ver* Penuel.

FARAÓN Proviene de un término egipcio que significa "gran casa", "Faraón" hace referencia al líder supremo de Egipto. El Pentateuco se refiere a los faraones sólo por el título. (La omisión del nombre personal del faraón puede reflejar la práctica egipcia de no nombrar a sus enemigos.) Abraham mintió al faraón de su época acerca de su estado civil por temor a su vida (Gn. 12:10-20). José ayudó al faraón a sobrellevar y prosperar durante una hambruna; a cambio, el faraón exaltó a José y se encargó de su familia (Gn. 40-47). Un faraón oprimió a los israelitas en Egipto (Éx. 1); al próximo faraón, Moisés y Aarón solicitaron y finalmente obtuvieron permiso para liberar a los israelitas de su esclavitud (Éx. 1-15).

Fuera del Pentateuco, se mencionan otros seis faraones, algunos por su nombre. **(1)** Salomón se casó con la hija de un faraón quien lo llevó a traicionar a Dios (1 Re. 3: 1). **(2)** Jeroboam se rebeló contra Salomón y recibió refugio del faraón Sisac, quien más tarde saqueó a Judá bajo Roboam (1 Re. 11:18, 40). **(3)** Oseas, el último rey del reino del norte, buscó la ayuda del faraón So (Osorkón), provocando la ira del rey Salmanasar de Asiria (2 Re. 17:4). **(4)** El rey asirio Senaquerib mandó a un enviado a Jerusalén quien regañó a Ezequías por depender de un faraón anónimo y poco confiable (2 Re. 18:21, Isa. 36:6). **(5)** El faraón Necao se entrometió en los asuntos de Judá cuando mató a Josías y depuso a su hijo Joacaz, reemplazándolo por Joacim (2 Re. 23:29-35). **(6)** El faraón Hofra era el líder egipcio en quien dependía en vano Sedequías, en contra los babilonios (Jer. 44:30).

FARDO *Ver* Bolsa.

FARESITAS *Ver* Fares.

FARES Nieto de Jacob, hijo de Judá que tuvo con Tamar, y el padre de Hezrón enumerado en la ascendencia de David y Jesús (Gn. 46:12; Rut 4:18; 1 Cr. 2:4-5; 4:1; Mt. 1:3; Lc. 3:33). Su nombre fue un nombre ancestral clave de piedra angular (Nm. 26:20-21; Rut 4:12; 1 Cr. 9:4; 27:3; Neh. 11:4-6), que significa "brecha" o "ruptura", ya que salió del vientre antes que su hermano gemelo primogénito, Zera (Gn. 38:29).

FARFAR Un río en la región de Damasco mencionado por el general sirio Naamán como superior al río de Jordán (2 Re. 5:12). Su identidad exacta es incierta, pero usualmente se identifica con el Wadi el-Awaj, que fluye justo al sur de Damasco.

FARISEOS Los fariseos eran un grupo religioso y político del antiguo judaísmo que surgió en el período asmoneo. En el NT, generalmente eran contenciosos frente a Jesús, principalmente debido al enfoque distinto que Él tenía sobre la pureza ritual y la observancia del día de reposo. Tenían una tradición oral que continuó en el judaísmo rabínico. *Ver también* Partidos Judíos.

FE, FIDELIDAD El espectro de significado de "fe" y "fidelidad" puede aplicarse tanto a Dios como a los seres humanos. Cognados de "fe" se usan interpersonalmente en las relaciones humanas, pero se usan en la Biblia específicamente para denotar las interacciones entre Dios y la humanidad, y la respuesta humana a Dios. Una cuestión de pertinencia teológica es el grado en el cual uno debe distinguir entre fe como un agente de creencia personal y fe como un objeto creencia personal como relativo a la relación entre Dios y los seres humanos.

En hebreo, las palabras que más frecuentemente se traducen como "fe" o "fidelidad" son 'emunah y 'emet. En griego, la palabra más frecuentemente representadas como "fe" o "fidelidad" es pistis. En términos de sus dominios semánticos, 'emunah y 'emet connotan un sentido objetivo de confiabilidad (de personas) y estabilidad (de objetos inanimados); pistis transmite un sentido más subjetivo de tener confianza en una persona, confiar en una persona o creer en una persona o conjunto de proposiciones. Este sentido subjetivo de pistis se correlaciona a considerar la persona u objeto de confianza, creencia o seguridad—"fidelidad". Pistis igualmente se usa para comunicar la cualidad de esta persona o creencia como "comprometido" y "confiable".

Como hemos señalado, en cierto grado los significados de los términos hebreos y griegos se superponen. Sin embargo, ciertas diferencias también son aparentes. Estas observaciones se desarrollan en las expresiones de fe del AT y del NT. Martin Buber (1878-1965), un filosofo judío conocido por su trabajo académico en el área de la "fe", distinguió entre dos tipos de fe: AT/fe judía, tipificada como confianza y fidelidad tribal, nacional y comunitaria basada en la alianza; y NT/fe cristiana, caracterizada como la persuasión individual de creencia en algo.

Antiguo Testamento

La fe en el contexto del AT descansa en una base que la persona u objeto de confianza, creencia o seguridad es confiable. Confianza en Yahveh se expresa a través de lealtad y obediencia. El tema de obediencia que responde se enfatiza en la Torá (Éx. 19:5). En la historia posterior de Israel, la fidelidad a la ley se volvió en la expresión predominante de fe (Dn. 1:8; 6:10). La fe del AT, entonces, es una respuesta moral más que intelecto abstracto o emoción.

Fidelidad como un atributo de Dios. Yahveh, en el AT, se presenta como fiel a sus promesas, ya que la fidelidad es parte de su propio ser. En la Torá se le recuerda a los israelitas: "El Señor tu Dios es Dios; él es el Dios fiel, manteniendo su alianza de amor a mil generaciones de aquellos que lo aman y cumplen sus mandamientos" (Dt. 7:9). No sólo se presenta a Dios como manteniendo su alianza, sino que le profeta Oseas llama a Dios "el Santo fiel" (Os. 11:12). Isaías, igualmente, presenta la fidelidad como un atributo de Dios (Is. 49:7). El pueblo puede estar seguro, porque Dios es inmutable y confiable.

El salmista habla de Yahveh como el fiel Dios: "Tú me has redimido, Oh Señor, fiel Dios" (Sal. 31:5 NRSV); "él permanece fiel por siempre" (Sal. 146:6). La traducción "fiel" se justifica en estas instancias en los salmos. Sus connotaciones son "verdadero" y "honradez". A Yahveh se le atribuye honor divino por su pueblo reconociendo su fidelidad y confiabilidad y respondiendo a ella con obediencia como el pueblo de Dios.

La fe de Abraham. La fe de Abraham (Abram) se usa en la Biblia como un ejemplo (Rom. 4:12; Gal. 3:6-9) en el sentido de que Abraham creyó en la fidelidad de Dios de una forma inigualable por otros personajes del AT. Abraham vivía en Mesopotamia cuando Dios le habló en una visión y le dijo que sus descendientes serían tan innumerables como las estrellas en el cielo (Gn. 15:1-5). Abraham confió en que Dios sería fiel en mantener su promesa a pesar de obstáculos infranqueables. Esta confianza se le atribuyó a la rectitud de Abraham (15:6). Dios subsecuentemente inició una alianza con Abraham (15:7-21).

La vida de Abraham se caracterizaba por su obediencia a Dios y por considerar a Dios fiel, algo bien señalado por la iglesia temprana (Heb. 11:8-11, 17-19) y es usado como ejemplo de fe en el camino cristiano (12:1). Los tres ejemplos más conocidos de obediencia de Abraham y, por tanto, confianza en la fidelidad de Dios, se encuentran consecutivamente en la partida de su tierra natal, el nacimiento de su hijo Isaac y la ofrenda de Isaac como sacrificio.

Cuando Dios le dijo a Abraham: "Vete de tu país, tu pueblo y el hogar de tu padre a la tierra que yo te mostraré" (Gn. 12:1), Abraham fue como se le ordenaba (12:4). Él obedeció a pesar de su disposición cultural hacia quedarse en el área de su ascendencia y parentesco, y fue sin saber cuál era su destino final. Anciano y sin hijos (12:7, 11-12), Abraham consideraba que un hijo era algo imposible. Sin embargo, Abraham confió en que Dios haría surgir un hijo para él, creyendo que se convertiría en una gran nación (12:2). Su hijo, Isaac, posteriormente fue recordado por la obediencia de Abraham (26:5). El mayor desafío de confianza de Abraham en la fiel provisión de Dios surgió cuando se le ordenó ofrecer a su hijo Isaac como ofrenda quemada (22:2). Fue elogiado por temer a Dios sin reservas (22:12).

Cuando el sacerdote y líder inicial de la revolución macabea, Matatías, dio su discurso de despedida a sus hijos al enfrentar la muerte en el año 166 a.C., colocó sus actos en la línea de héroes bíblicos de fe como Abraham. Probablemente haciendo referencia a la ofrenda de Isaac por parte de Abraham, dijo: "¿No fue Abraham considerado fiel al ser probado y reconocido justo?" (1 Mac. 2:52 NRSV). La iglesia temprana igualmente usa esta prueba en la vida de Abraham como un ejemplo de su fidelidad, mientras que a la vez reclama que la fuente de esta fidelidad se encontraba en la fe, fe en la fiel provisión de Dios (Heb. 11:17).

Fidelidad a la alianza. La fidelidad personifica el núcleo mismo de la relación de la alianza. Dios busca una relación de amor con la humanidad expresada en iniciar su alianza. Él es descrito como "abundante en amor y fidelidad" (Éx. 34:6). Su amor de la alianza (hebreo khesed) se relaciona íntimamente con su fidelidad: "Él es el Dios fiel, manteniendo su alianza de amor" (Dt. 7:9). A través del AT, Yahveh se muestra como leal a su alianza. La justicia de Dios se ve en su fidelidad al mantener la alianza incluso cuando su pueblo fue desleal y no reconoció su fidelidad. Salvó a su pueblo de Egipto debido a su alianza de amor y justicia, como declaró el salmista: "Pero de eternidad a eternidad el amor del Señor está con aquellos que le temen, y su justicia con los hijos de sus hijos —con aquellos que mantienen su alianza y recuerdan obedecer sus preceptos" (Sal. 103:17-18). Los rescató de su subsecuente exilio, declarándolos justos porque sus corazones arrepentidos confiaron en su fidelidad y buscaron obedecer su alianza. Yahveh dijo: "Si no he hecho mi alianza con día y noche y establecido las leyes de cielo y la tierra, entonces rechazaré a los descendientes de Jacob y David, mi siervo, y no elegiré a uno de sus hijos para gobernar sobre los descendientes de Abraham, Isaac y Jacob. Porque yo restauraré sus fortunas y tendré compasión de ellos" (Jr. 33:25-26).

El pueblo de Dios, sin embargo, se esperaba que fueran recíprocos y confiaran en su fidelidad (1 Cr. 16:15-16). Cuando Dios se encontró con Moisés en el Monte Sinaí, él instruyó a Moisés para decirles a los israelitas que obedecieran los mandamientos completamente y mantuvieran la alianza. Sería sólo entonces que serían una preciada posesión, una nación santa (Éx. 19:5-6). Se esperaba que los israelitas siguieran obedientemente y así reciprocar la fidelidad de Dios. El pueblo de Israel con frecuencia fracasaba, pero David y otras personas piadosas eligieron ser fieles a Dios y caminar en su verdad (Sal. 119:30; Heb. 11:4-38).

La fe contada como justicia. Mientras que la fe se usa a través del AT en referencia a la fidelidad y lealtad de Dios, en Hab. 2:4 se usa como concerniente a la fe de los justos: "Pero los justos vivirán por su fe" (NASB). En Rom. 1:17, Pablo especifica: "Ya que en el Evangelio se revela una justicia de Dios, una justicia que es por fe de principio a fin, tal cual como se escribió: 'Los justos vivirán por fe'". Él señala que la justicia de Dios, incluso como se revela dentro de promesas del AT, es por fe ("fe a fe" o "fe, de pies a cabeza"). Por los parámetros "de fe a fe", Pablo tiene la intención de excluir trabajos de justicia, un tema que él lleva consistentemente en los primeros cuatro capítulos de Romanos. Justificación, para los oyentes de Habacuc, significaba fidelidad, un enfoque inquebrantable en Yahveh para cubrir las necesidades esenciales de la vida. Para Pablo, la salvación a través de la justificación significaba que la confianza en Cristo solamente es fundamental. En la teología paulina, la fe es un hilo que conecta la antigua alianza con la nueva.

Nuevo Testamento

La fe es un concepto teológico central en el NT. En términos relacionales, la fe es principalmente personalizada como el centro de la confianza y la creencia en la persona de Jesucristo.

En los Evangelios se habla de Jesús no como el sujeto de fe (como creyente en Dios), pero como el objeto de fe. En los Evangelios Sinópticos, la fe se ve más frecuentemente en conexión con el ministerio de Jesús. Milagros, en particular sanaciones, se presentan como ocurriendo en respuesta a la fe de quien necesita la sanación o de quien la pide. En el Evangelio de Juan, la fe (creencia) se presenta como algo que Dios requiere de su pueblo (6:28-29).

En el libro de Hechos, "fe/creencia" se usa para referirse a judíos y gentiles convirtiéndose para seguir la vida y enseñanzas de Jesucristo y convertirse en parte de la comunidad cristiana. El libro correlaciona fe en Cristo íntimamente con arrepentimiento (Hec. 11:21; 19:18; 20:21; 26:18).

Pablo relaciona fe con justicia y justificación (Rom. 3:22; 5:11; Gal 3:6), En Efesios, la fe se muestra como instrumental para la salvación: "Ya que es por gracia que ustedes han sido salvados, a través de la fe, y esto no de ustedes mismos, es un regalo de Dios" (Ef. 2:8).

En Hebreos, la fe se describe como "estar seguros de lo que esperamos y ciertos de lo que no vemos" (11:1). La fe, entonces, se ve como algo que puede lograrse en la vida del creyente, un llamado de Dios aún no tangible o visto. Poseer fe es ser leal a Dios y al Evangelio de Jesucristo a pesar de todos los obstáculos. En la carta de Santiago, acciones genuinas naturalmente acompañan fe genuina. Trabajos, sin embargo, se expresan en hacer la voluntad de Dios. La voluntad de Dios quiere significa, por ejemplo, cuidar de los pobres (Sant. 2:15-16).

En 1 Pedro, Cristo es retratado como el agente de fe en Dios (1 Pe. 1:21), mientras que en 2 Pedro y en Judas, la fe se representa como recibida de Dios (2 Pe. 1:1). En las cartas de Juan "creer" se usa como una prueba de fuego para aquellos que poseen vida eterna: "Ustedes que creen en el nombre del Hijo de Dios... ustedes tienen vida eterna" (1 Jn. 5:13).

La fe es rara vez mencionada en el libro del Apocalipsis. Más bien la fidelidad es el objetivo. Cristo es descrito como el testigo fiel y verdadero (Ap. 1:5; 3:14), el ejemplo perfecto para los creyentes. Uno de los creyentes de Asia Menor, Antipas, es identificado como el testigo de Cristo y un fiel (2:13). Aquellos creyentes que, como Antipas, son fieles hasta la muerte, son llamados "superadores" (2:10, 26). Los incrédulos son lanzados al lago de fuego, que representa la segunda muerte (21:8).

Fe y salvación. El rol de la fe en la salvación se debate con frecuencia. Las visiones se polarizan entre Cristo como objeto de fe y como el sujeto de fe. Estas visiones son designadas como un genitivo objetivo (fe en Cristo), también conocido como visión antropológica y un genitivo subjetivo (la fidelidad de Cristo), también conocido como visión cristológica. Por lo tanto, por ejemplo, Rom. 3:22 puede traducirse como "Esta justicia de Dios viene a través de la fe en Jesucristo a todos los que viven" (cf. NRSV) o como "Esta justicia de Dios viene a través de la fidelidad de Jesucristo para todos los que viven" (cf. NET). En la última traducción la fidelidad de Jesucristo se ve como un agente de salvación.

En Ef. 2:8, la frase "Ya que es por gracias que han sido salvados, a través de la fe", señala a la fe como instrumental en la salvación. Sin embargo, la fuente de esa fe no se esclarece. ¿Provee Dios la fe requerida para salvarse, y así el evento queda fuera de las manos de la humanidad? O ¿la salvación requiere de una respuesta de los seres humanos en la forma de fe, esto es, confianza?

En la Carta a los Romanos, Pablo indica una correlación entre gracia y fe (Rom. 4:16; 5:1-2), y muestra que la fe de Abraham, su creencia y esperanza inquebrantable en la fidelidad de Dios, se le acreditó como justicia (4:18-22). En la nueva alianza, esta justicia es igualmente acreditada a aquellos que creen en Dios (4:23-24).

Fe y trabajos. En Ef. 2:8-10 los trabajos son descritos como un derrame de fe de los creyentes: "Ya que es por gracia que han sido salvados, a través de la fe —y esto no es de ustedes mismos, es un regalo de Dios—no por trabajos, de manera que nadie puede vanagloriarse. Porque nosotros somos el trabajo de Dios, creado en Cristo Jesús para hacer buenos trabajos, que Dios preparó para nosotros con antelación".

La fe y los trabajos también se relacionan en la carta de Santiago, donde los trabajos parecen ser un prerrequisito de la fe, porque la fe sin trabajos está muerta (2:26). Aunque a primera vista parecería contradecir la comprensión paulina de fe y trabajos (Rom. 3:19-5:1; Gal. 2:15-3:24), Santiago y Pablo usan la palabra "trabajos" de manera diferente. Pablo la usa en términos de "obediencia a la ley", algo obsoleto como requerimiento en la nueva alianza. Santiago, sin embargo, escribe con respecto a trabajos de caridad, no trabajos de obediencia a la ley judía ritualista. La fe auténtica, entonces, muestra evidencia de buenos trabajos—caridad, el fruto de Espíritu.

F

Fe y la Iglesia

Mientras que el bautismo era un rito de iniciación pública en la comunidad cristiana del siglo uno, se entendía que era la fe en Jesucristo lo que establecía la membrecía a la familia de Dios (Gal. 3:26). Esta membresía estaba disponible para judíos y gentiles. La fe, el sistema compartido de creencias en y confesión del trabajo salvador de Jesús, se volvieron el denominador común de la comunidad cristiana. En Efesios, la fe se identifica como uno de los elementos unificadores de la iglesia (Ef. 4:5). La plegaria de fe cura a las personas enfermas en la iglesia, otro elemento unificador de la aplicación de la fe (Sant. 5:13-15).

Fe como regalo espiritual. Según el apóstol Pablo, el regalo de la fe está íntimamente relacionado con la vida y funcionamiento de la iglesia (1 Cor. 12:9). Mencionado entre otros regalos, o charismata (12:4), este aspecto de la fe es el que beneficia de la salvación con la que ciertos miembros de la iglesia son agraciados y se usa para el bien común (12:7). Esta fe, entonces, se entiende como edificar la comunidad cristiana en general más que sólo a un creyente individual.

Fe y vida cristiana. Los cristianos se describen como viviendo por fe (2 Cor. 5:7). No sólo la fe lleva a las personas a Cristo, sino también Cristo reside en los corazones de los creyentes a través de la fe (Ef. 3:17). La fe cristiana es puesta a prueba (Sant. 1:2).

La fe es presentada por Pablo como presente en distintos niveles de crecimiento entre los creyentes. Algunos cristianos son débiles en la fe (Rom. 14:1), mientras que otros son fuertes (15:1). La fe puede diferir en la fuerza de su convicción (4:20-22; 14:5). Se presenta como algo que puede crecer (2 Cor. 10:15).

La fe se agrupa entre regalos y virtudes. Alzada en conjunto con la esperanza y el amor, la fe se menciona entre los regalos que edifican a los creyentes en la iglesia (1 Cor. 13:13). Asimismo, la fe se menciona como una virtud cristiana entre los frutos del Espíritu (Gal. 5:22-23).

FEBE Una mujer a la cual Pablo encomienda a la iglesia de Roma en los saludos finales de su carta a los Romanos (16:1). Se le dice a la iglesia que la reciban en el Señor y la ayuden, ya que ella ha servido como benefactora para Pablo y otros. Ella es identificada como un diakonos de la iglesia en Cencrea (cerca de Corinto), lo que puede significar "diácono", "ministro" o "sirviente". No está claro si se trata de una posición de liderazgo o una descripción general de su servicio. En cualquier caso, Febe parece haber servido como mensajera de la carta.

FELIPE (1) El tetrarca de Iturea y Traconítida, regiones al noreste de Palestina, en el tiempo en que comenzó el ministerio público de Juan el Bautista (Lc. 3:1). **(2)** Uno de los doce apóstoles de Jesús (Mt. 10:3, Mr. 3:18, Lc. 6:14, Jn. 1:43). Felipe, como Andrés y Pedro, era de Betsaida (Jn. 1:44). Fue Felipe quien le presentó a Natanael a Jesús (Jn. 1:45-48). El Evangelio de Juan menciona a Felipe tres veces después del capítulo 1 (6:5-7; 12:20-22; 14:6-10), en última instancia registrando la petición poco inteligente de Felipe de que Jesús les mostrara al Padre a los apóstoles. *El Evangelio gnóstico de Felipe* fue nombrado por Felipe el apóstol, basado en un breve comentario en el texto atribuido a Felipe *(Gn. Fil. 73:8)*. **(3)** Uno de los siete hombres seleccionados por la iglesia de Jerusalén para cuidar la distribución de alimentos a sus viudas (Hec. 6:1-6). Este hombre, también conocido como Felipe el evangelista (21:8), compartió el mensaje de Jesucristo en una ciudad de Samaria, realizando grandes milagros (8:5-13). Más tarde, Felipe explicó las buenas nuevas de Jesús a un eunuco etíope con el que se encontró (8:26-38). Después de que Felipe bautizó al eunuco, "el Espíritu del Señor se llevó de repente a Felipe" (8:39). Felipe luego predicó en varias ciudades, llegando finalmente a Cesarea, donde se estableció (8:40). Años más tarde, Pablo se quedó en Cesarea con Felipe y sus cuatro hijas que profetizaban (21:8-9).

Moneda acuñada para Judea durante la gobernación de Antonio Félix (AD 52-59).

FELIPE, HERODES *Ver* Herodes.

FÉLIX El gobernador romano de Judea cuando Pablo fue arrestado en Jerusalén (Hec. 21:27-36). Él presidió sobre el subsecuente juicio de Pablo en Cesarea (23:3-24:27). Félix trató a su prisionero con indulgencia y aplazó el juicio en este caso. Varios días más tarde, Félix, junto a su esposa Drusila, escucharon el discurso de Pablo sobre la fe cristiana y su conciencia se alarmó por lo que Pablo enseñaba (24:24-25). Félix despidió a Pablo, pero posteriormente lo mandó a llamar con frecuencia para hablar con él, esperando de esa manera asegurar un soborno (24:26). Atrapado entre su avaricia y su deseo de mantener el favor con los judíos, Félix mantuvo a Pablo bajo custodia por dos años más hasta que Porcio Festo se volvió gobernador (24:27). El historiador romano Tácito da una evaluación negativa del gobierno de Félix que va de acuerdo con el relato bíblico (Ann. 12.54).

FENICE **(1)** En la RVA, una forma alternativa de deletrear "Fenicia" (NVI), que describe el grupo de personas costeras que se establecieron a lo largo del Mediterráneo desde Siria hasta el norte de Palestina (Hec. 11:19; 15:3). *Ver* Fenicia. **(2)** En la RVA, una forma alternativa de deletrear "Phoenix" (NVI), un puerto en el sur de Creta (Hec. 27:12).

FENICE Un puerto seguro en la costa sur de Creta occidental propuesto como puerto de invierno para el barco que transportaba a Pablo a Roma (Hec. 27:12). En griego, el nombre designa las palmeras datileras y un ave mítica de Egipto. La moderna Loutro es su posible ubicación, pero se discute si esto encaja con la descripción en Hechos: "Mira al sudoeste y noroeste". Bahía Finica, a aproximadamente una milla al oeste de Loutro, es otra posibilidad.

FENICIA El nombre "Fenicia" probablemente proviene de la palabra griega phoinix, que significa "rojo púrpura". Este nombre deriva del famoso colorante rojo púrpura hecho del caracol murex que se producía en esta región. La evidencia muestra que los fenicios eran principalmente comerciantes marítimos y artistas.

Los límites geográficos y cronológicos de Fenicia son imprecisos, en parte porque el término "fenicio" no se menciona antes de Homero. En Homero, los habitantes de Sidón reciben el nombre de "fenicios", pero es posible que el término apareciera primero en los textos lineales B micénicos del siglo XII a.C Basado en los registros escritos, es seguro asumir que el corazón de Fenicia estaba a lo largo de las regiones costeras del Líbano moderno, extendiéndose a partes de Siria e Israel.

En tiempos del AT, el territorio ocupado por los fenicios fue llamado "Canaán" por los israelitas (Is. 23:11), "Cananeo" (heb. kena'an significa "comerciante") siendo el nombre aplicado por los habitantes a sí mismos. (Gn. 10:18). Es importante señalar que esta auto designación se encuentra hasta el siglo II a.C en monedas acuñadas en Beirut ("Laodicea, que está en Canaán"). Sin embargo, dado que Fenicia generalmente estaba formada por ciudades-estado independientes, era una práctica común en todos los períodos referirse a Fenicia con el nombre de una de sus principales ciudades (Gubla/Biblos, Tiro, Sidón).

El origen de los fenicios es poco claro, pero la evidencia arqueológica más temprana de su presencia proviene de los hallazgos "proto-fenicios" en Biblos (antigua Gubla/Gebel [*ver* Eze. 27:9]) datados alrededor del año 3000 a.C También hay muchas pruebas de comercio y correspondencia con Egipto durante los períodos de la Edad del Bronce.

En la época de David, Tiro fue gobernado por Hiram I, cuyo reinado comenzó una edad de oro. Fenicia se alió comercialmente con David (2 Sam. 5:11, 1 Re. 5:1), e Hiram le suministró a Salomón madera, piedra y artesanos para la construcción del templo y el palacio de Salomón (1 Re. 5:1-12; 2 Cr. 2:3-16). Se enviaron barcos y navegantes de Fenicia para ayudar a la flota de Judea y para desarrollar el puerto de Ezión-geber como base para el comercio (1 Re. 9:27). Fenicia, durante mucho tiempo influenciada por el arte, los diseños y los métodos egipcios, ahora estaba en posición de influir en el arte israelita.

Durante los siglos IX y VIII a.C, los fenicios se expandieron al Mediterráneo occidental y fundaron colonias en Cerdeña, Sicilia, África del Norte e Iberia. Alejandro Magno tomó posesión de Tiro en el siglo IV a.C, y la matanza y la destrucción fueron extremas, pero la ciudad se recuperó y, al igual que Sidón, seguía siendo próspera en la época helenística y romana (*véase*, por ejemplo, Mt. 11:21-22; 12:20).

La religión fenicia tenía un panteón que difería de una ciudad a otra y de una época a otra. Predominaron las deidades de la naturaleza y la fertilidad. Las siguientes fueron sus principales deidades: Baal, Astarte, Eshmún, Adonis, Melkart y Tanit (más popular en el norte de África). Baal, el dios principal de Tiro y Sidón, fue en momentos el principal rival del culto a Yahvé en Israel (1 Re. 16:29-22:18), y su consorte fue Astarte.

Los fenicios hablaban un idioma semita del noroeste estrechamente relacionado con el hebreo y el arameo, y de acuerdo con Herodoto, los fenicios introdujeron el alfabeto en Grecia. La escritura alfabética fenicia es similar a los primeros escritos hebreos y arameos del primer milenio a.C

FÉRETRO Objeto en el que se colocaba un cadáver y se llevaba a la tumba. La palabra hebrea traducida como "féretro" (*mittah*) en 2 Samuel 3:31 también puede referirse a una cama o a un sillón. En 2 Crónicas 16:14 se usa una palabra hebrea distinta (*mishkab*) para describir el féretro (LBLA: "lecho") en el que colocan de forma permanente el cuerpo de Asa dentro de su tumba. Jesús tocó el féretro de un hombre joven antes de regresarlo de la muerte (Lucas 7:14).

FEREZEOS Una de las naciones cananeas del tiempo de Abraham, cuya tierra Yahvé prometió a los descendientes de Abraham (Gn. 13:7; 15:20). Fueron incluidos en la coalición del norte contra los israelitas durante la conquista (Jos. 11:3), y aunque fueron enumerados como derrotados (Jos. 12:8), persistieron en Palestina (Jue. 3:5; 1 Re. 9:20) incluso hasta el período postexílico (Esd. 9:1).

FESTIVALES CRISTIANOS *Ver* Año Litúrgico.

FESTIVALES Los israelitas se reunían regularmente para celebrar su relación con Dios. Tales festivales eran marcados

Estatuilla de un féretro para el príncipe egipcio Tutmosis (c. 1360 a.C).

por comidas comunitarias, música, canto, baile y sacrificios. Ellos celebraban, conscientes que Dios graciosamente los había traído a una relación con Él. Dentro de esta alianza Él se había comprometido a actuar a nombre de ellos en formas regulares, tales como la cosecha, y en formas excepcionales, como la liberación de Egipto. En los festivales, Israel celebraba el trabajo de Dios en el pasado, presente y futuro y reafirmaba su relación con este Dios de la alianza.

Sabemos de los festivales de Israel a partir de varios calendarios en la legislación mosaica (Éx. 23:14-17; 34:18-23; Lv. 23; Nm. 28-29; Dt. 16:1-17), calendarios clarificados aún más por los profetas (e.g., Ez. 45:18-25; Zac. 14), y material narrativo (e.g., 2 Re. 23:21-23). Algunos leen las discrepancias entre calendarios como evidencia de fuentes múltiples, pero esto no da cuenta de los varios propósitos que servían estos calendarios. Los pasajes narrativos y proféticos sugieren que Israel no observaba estos festivales con tanta frecuencia como, y en las formas, intencionadas por Dios (e.g., Am. 8:5), pero cuando Israel buscaba renovar su relación con Dios, con frecuencia lo hacía con un festival (e.g., 2 Re. 23:21-23).

Pascua y el Festival del Pan sin Levar

El calendario religioso de Israel comenzaba con la Pascua, el día señalado para conmemorar la liberación de Egipto. Aconteciendo en primavera, este día único se acompañaba con una celebración de una semana conocida como el Festival del Pan sin Levar, durante el cual todos los varones debían peregrinar al santuario y ofrecer los primeros frutos de la cosecha de cebada (Lv. 23:9-14). Israel observaba la Pascua con rituales que reactualizaban la noche que el destructor de Dios escatimó a los Israelitas en Egipto. Se mataba un cordero, y su sangre se colocaba sobre los marcos de las puertas de los hogares y en el altar de bronce en el santuario. El cordero era asado y servido con pan sin levar y hierbas amargas mientras aquellos que compartían —vestidos en sus ropas de viaje— escuchaban la narración de la historia del éxodo. No se debía encontrar levadura en ninguna parte. No se debía realizar trabajo alguno en el primer y último día del festival, y debían llevarse ofrendas al santuario (Nm. 9:1-5; Js. 5:10-11; 2 Re. 23:21-23; 2 Cr. 30; 35:1-19).

Los primeros cristianos asociaban la muerte de Jesús con el cordero pascual (1 Cor. 5:7-8), incentivados por los comentarios de Jesús en la Última Cena (descrita por los Evangelios Sinópticos como la comida de Pascua [e.g., Mt. 26:17-30]). Tal vez Jesús quería enfatizar que al igual que la Pascua y el Festival del Pan sin Levar recordaban al pueblo de Dios su liberación y provisión sus creyentes encontraría la verdadera libertad y total provisión en él.

Fiesta de las Primicias

También conocido como el Festival de la Cosecha, el Día de los Primeros Frutos o Pentecostés (porque ocurría cincuenta días después de la Pascua), la Fiesta de las Primicias ocurría en el sexto día del tercer mes (correspondiente a nuestro mayo o junio). Esto marcaba otra ocasión en la cual todos los hombres judíos debían ir al santuario. Debían llevar una ofrenda de los primeros frutos de la cosecha de trigo, abstenerse el trabajo y dedicarse a regocijarse en la bondad de Dios. Tempranamente en el período del NT, si es que no antes, este festival también se asoció con la entrega de la ley en el Monte Sinaí. Los judíos que se reunían en Jerusalén en el día de Pentecostés como se describe en Hechos 2, venían a celebrar no sólo la provisión de Dios, sino también la revelación de su naturaleza y voluntad. Significativamente, Dios eligió este día para enviar al Espíritu Santo, Aquel que produciría una cosecha de creyentes y revelaría a Dios más completamente al mundo.

Fiesta de los Tabernáculos

Tan importante era la Fiesta de los Tabernáculos (también conocida como Fiesta de las Cabañas) que Israel a veces la refería como "el festival del Señor" (Jue. 21:19) o simplemente "el festival" (cf. 1 Re. 8:65). Sostenido desde el día quince al veintiuno del séptimo mes (setiembre-octubre), este era la tercera de tres fiestas de peregrinación. Para esa semana, Israel vivía en casetas para recordar el tiempo de sus ancestros en el desierto. También celebraban la cosecha de las frutas. Debían "llevar la fruta de árboles majestuosos, ramas de palmeras, ramas de árboles frondosos y sauces del arroyo; y regocijarse" ante Dios durante siete días (Lv. 23:40 NRSV). Evitando todo trabajo en el primer y último día de la fiesta, debían marcar la semana con sacrificios, celebración y gozo. También, cada séptimo año la ley debía leerse en el festival (Dt. 31:10-11).

La Misná, una colección de leyes rabínicas compilada alrededor de año 200 a.C., pero que frecuentemente reflejaba tradiciones más antiguas, registra cómo Israel observaba este festival durante el principio del período romano. Como parte de la celebración, los hombres bailaban y cantaban en el patio del templo mientras levitas, de pie en las escalinatas que bajaban desde la corte de los israelitas, tocaban arpas, liras, címbalos y otros instrumentos. Dos sacerdotes soplaban trompetas —un toque prolongado, luego uno trémulo, y luego otro toque prolongado—mientras caminaban hacia la puerta este. Al llegar a la puerta, daban la espalda al templo y decían: "Nuestros padres cuando estuvieron en este lugar volvieron su espalda al Templo del Señor y sus rostros hacia el este y adoraron al sol hacia el este [refiriéndose a la apostasía de los judíos descrita por Ezequiel]; pero por nosotros, nuestros ojos están vueltos hacia el Señor" (*m. Sukkah 5:4*).

Otra parte del festival involucraba la extracción de agua para la ofrenda de libación desde la Estanque de Siloam con gran ceremonia y gozo. Juan 7 registra la partida de Jesús en secreto hacia Jerusalén para Fiesta de los Tabernáculos, donde pasó varios días enseñando en las cortes del templo. Fue en el último y mayor día de la fiesta cuando Jesús invitó a aquellos sedientos a venir a él y beber.

La Fiesta de las Trompetas

Ocurría en el primer día del séptimo mes (septiembre-octubre), esta fiesta marcaba el comienzo del año civil y agrícola de los judíos; también se refería como Rosh Hashanah (literalmente, "cabeza/comienzo del año"). Observada cómo un Sabbat con sacrificios y toques de trompeta, la intención de este día era de descanso y comenzar preparaciones para el inminente Día de la Expiación. El Misná hace esta conexión más explícita identificando la Fiesta de las Trompetas como el día cuando "todo lo que entró al mundo pasa ante [Dios] como legiones de soldados" o rebaños de ovejas para ser juzgados *(m. Rosh Hash. 1:2)*.

Día de la Expiación

Algunos festivales, como la Pascua, miraban hacia atrás lo que Dios había hecho o estaba haciendo por su pueblo; otros festivales, como el de las Trompetas y el Día de la Expiación (Yom Kippur) se enfocaban en la relación misma. Este último estaba marcado por el arrepentimiento y rituales diseñados para remover el pecado de la nación y restaurar el compañerismo con Dios. Viniendo diez días después de la Fiesta de las Trompetas, esta era una ocasión solemne durante la cual los israelitas se abstenían de comer, beber y otras actividades. Este era el único ayuno prescrito por el calendario judío, aunque otros ayunos fueron agregados en el cuarto, quinto, séptimo y décimo mes para lamentar el exilio babilonio (Zac. 7:3, 5; 8:19).

En Levítico, Dios aclara el propósito de este día: "En este día se hará expiación por ustedes, para limpiarlos. Entonces, ante el Señor, estarán limpios de todos sus pecados" (16:30). No sólo se purificaría a las personas, sino también el santuario, para que Dios pudiera seguir encontrándose allí con su pueblo. Se ofrecían sacrificios por los sacerdotes y el pueblo, y se llevaba sangre al lugar más sagrado. Sólo en Yom Kippur podía entrarse a esta habitación, y sólo por el sumo sacerdote, quien rociaba sangre en la cobertura del arca de la alianza. Al dejar esa habitación, también rociaba sangre en el lugar sagrado (16:14-17) y luego en un altar de bronce en el patio.

Yom Kippur estaba marcado por otro ritual que simbolizaba la remoción de los pecados de Israel, que involucraba dos cabras. Una cabra, elegida a la suerte, se ofrecía en sacrificio a Dios. El sumo sacerdote colocaba sus manos sobre la otra cabra y le transfería los pecados de la nación. Luego liberaba la cabra en el desierto, ya que "la cabra se llevará sobre sí los pecados a un lugar remoto" (Lv. 16:22).

La Misná describe cómo se observaba esta fiesta cuando el segundo templo estaba en pie. El sumo sacerdote, habiéndose preparado cuidadosamente, lavado y vestido, colocaba ambas manos en la cabeza de un toro y confesaba sus propios pecados. Después de esto, se sorteaban las cabras; se le ataba un lazo a la cabra para el sacrificio, mientras que a la otra cabra se le ataba un hilo escarlata alrededor de la cabeza. Cuando el sumo sacerdote había confesado los pecados de los sacerdotes sobre el toro, este era muerto y su sangre recogida en una palangana. Tomando carbones del altar de bronce e incienso del lugar sagrado, entonces entraba al sanctasanctórum.

Allí colocaba el incienso sobre los carbones, llenando la habitación de humo para ocultar el arca de su vista. Volviendo al lugar sagrado, ofrecía una breve plegaria, no sea que rezara demasiado tiempo y "pusiese a Israel en terror" que había muerto realizando el ritual. Volvía al patio y tomaba la palangana con la sangre devuelta al lugar más sagrado. Hundiendo sus dedos en la sangre, él la rociaba con un movimiento de sacudida y lo repetía siete veces. Lo mismo hacía con la sangre de la cabra elegida para el sacrificio, y luego vaciaba el resto de la sangre en la base del altar de bronce.

Entonces el sumo sacerdote colocaba sus manos sobre la cabeza del chivo expiatorio y decía, "Oh Dios, tu pueblo, la Casa de Israel, ha cometido inequidad, transgredido y pecado ante ti. Oh Dios, perdona, te ruego, la inequidades, transgresiones y pecados que tu pueblo, la Casa de Israel, ha cometido y transgredido y pecado ante ti; como está escrito en la ley de tu sirviente Moisés…" (m. Ioma 6:2). La cabra entonces era guiada fuera de Jerusalén, donde era empujada a un barranco a su muerte, aparentemente para evitar que volviera hacia la ciudad. La Misná reconocía que los rituales por sí solos eran insuficientes para el verdadero perdón, ya que contiene esta advertencia: "Al que dice: 'pecaré y me arrepentiré, pecaré y me arrepentiré', no se le dará la posibilidad de hacer penitencia. 'Pecaré y en Yom Kippur (el Día del Perdón) lo perdonará', Yom Kipur (el día del Perdón) no le perdonará. Las transgresiones del hombre contra el prójimo, el Día del Perdón no los perdona en tanto no lo consienta su prójimo" (m. Ioma 8:9)

El libro de Hebreos usa el símbolo de Yom Kippur para describir la muerte de Jesús. Así como el sumo sacerdote entraba en el lugar más sagrado, así Jesús entró en la presencia de Dios, llevando no la sangre de un toro y una cabra sino la suya propia. Su muerte una vez y por siempre en la "culminación de las eras" (Heb. 9:26) no sólo le permite permanecer en la presencia de Dios (10:12), sino que también nos da acceso a la presencia de Dios (10:19:22).

Año Sabático

Cada siete años, los israelitas debían observar un "Sabbat de la tierra" (Lv. 25:6 ESV), un tiempo para que la tierra descansara. No podían plantar campos ni podar viñedos, pero podían comer lo que creciese por sí mismo (Lv. 25:1-7). El Deuteronomio 15:1-11 habla de todas las deudas siendo canceladas (algunos dirían diferidas) cada siete años, presumiblemente el mismo año en que la tierra debía estar en barbecho. Cuando Israel se reunía en la Fiesta de los Tabernáculos durante el Año Sabático, la ley de Moisés debía leerse en voz alta. El Cronista describió los setenta años del exilio babilonio como "sabbats" para la tierra, tal vez aludiendo a la negligencia del Año Sabático (2 Cr. 36:21; cf. Lv. 26:43). Aquellos que regresaban del exilio expresaron su intención de mantener esta provisión (Neh. 10:31), y parece haber sido observado en el período intertestamentario (*véase* 1 Mac. 6:48-53; Josefo, Ant. 14.202-10).

La intención de este año parece haber sido para mantener la fertilidad de la tierra y permitirle a la economía de Israel "reiniciarse", ecualizando la riqueza y limitando la pobreza. Observar esa provisión requería gran fe y una firme alianza, porque debían confiar en Dios para el alimento diario y anteponer la obediencia por sobre la ganancia. Releer la ley en la Fiesta de los Tabernáculos le recordaba a los israelitas la graciosa alianza de Dios y su respuesta requerida.

Jubileo

Dios le instruyó a Israel la cuenta de siete "sietes" de años y el quincuagésimo año, comenzando en el Día de la Expiación, hacer sonar una trompeta marcando el Año Jubilar. Como en el Año Sabático, no debía plantarse ni cosecharse. Además, la tierra era liberada de sus actuales dueños y devuelta a aquellas familias a las que originalmente pertenecía. Israelitas individuales que se habían convertido en trabajadores no remunerados a causa de aflicción económica debían ser liberados. El supuesto subyacente al Año Jubilar era que todo pertenecía a Dios. Él era el dueño de la tierra y sus ocupantes; los israelitas eran sólo arrendatarios y administradores (Lv. 25:23, 55). Como su señor de la alianza, Él proveería por sus necesidades incluso durante Años Sabáticos consecutivos (Lv. 25:21). El año comenzaba en el Día de la Expiación, tal vez para enfatizar que la mejor respuesta a la misericordia redentora de Dios es la fe en sus provisiones y misericordia hacia otros. Aunque el Año Jubilar es ordenado por la ley mosaica y hablado por los profetas (Is. 61:1-2; Ez. 46:17), rabís y Jesús (Lc. 4:18-19), las Escrituras son silentes sobre cómo Israel observaba este año.

F

Luna Nueva

El comienzo de cada mes estaba marcado por el toque de trompetas, regocijo y sacrificios (Nm. 10:190; 28:11-15). Existe cierta indicación de que el trabajo debía suspenderse en este día como en un Sabbat (Am. 8:5), y que las personas se reunían para una comida (1 Sm. 20:5, 18, 24, 27). A través de la fiel observación de este día, Israel estaba en posición para observar adecuadamente el resto de los días, establecidos, como estaban, en el calendario lunar. Pablo escuchó de unos colosenses que estaban dando atención indebida a las celebraciones de la Luna Nueva (Col. 2:16).

Purim

Más allá de los festivales ordenados en la ley de Moisés, los judíos agregaron dos más a su calendario sagrado, uno durante el período postexílico y otro entre ambos Testamentos. Ambos conmemoran la liberación por Dios de su pueblo de las manos de sus enemigos. Una ola de persecución antisemita barrió a los judíos que vivían en Persia durante el reinado de Jerjes (486-465 a.C.). Dios liberó a su pueblo a través de Ester y los judíos celebraban esta liberación con la fiesta de Purim. Sus enemigos determinaban cuándo atacar tirando suertes, por lo que los judíos llamaron "Purim" a esta fiesta que significa "suertes". Se celebraba el día catorce y quince del duodécimo mes (febrero-marzo) con "celebración y alegría y dando regalos consistentes en comida unos a otros y regalos a los pobres" (Est. 9:22).

Fiesta de las Luces

Durante el período intertestamentario, los judíos sufrieron una gran persecución por parte de los seléucidas, que hicieron ilegal la práctica del judaísmo y profanaron el templo de Jerusalén. Tras recapturar el templo, los judíos comenzaron el proceso de purificación. En el día veinticinco de su noveno mes, en el año 164 a.C., los judíos:

> Se levantaron al amanecer y ofrecieron un sacrificio legítimo en el nuevo altar de ofrendas quemadas que habían hecho. El altar fue dedicado, al sonido de himnos, cítaras, liras y címbalos, en la misma época del año y en el mismo día en que los gentiles originalmente lo habían profanado. Todo el pueblo cayó postrado en adoración y luego alabó al Cielo que le había otorgado el éxito. Durante ocho días celebraron la dedicación del altar, alegremente ofreciendo sacrificios quemadas, de comunión y de acción de gracias… Judas [Macabeos], con sus hermanos y toda la asamblea de Israel, convirtieron en una ley que los días de dedicación del altar debería celebrarse anualmente en la época adecuada, durante ocho días comenzando en el día veinticinco del mes de kislev [diciembre], con regocijo y alegría. (1 Mac. 4:54-56, 59 NJB).

Resumen

¿Qué quería Dios inculcar a su pueblo al ordenar y permitir estos festivales específicos? Primero, estos festivales le recordaban a Israel la ayuda de Dios en el pasado, cómo los había liberado de Egipto, proveído para ellos en la travesía por el desierto o protegido contra sus enemigos. Segundo, los festivales eran una ocasión para celebrar la actual provisión de Dios. Él había prometido proveer por su compañero de alianza; los festivales, especialmente aquellos programados para ocurrir en la cosecha, eran ocasiones de celebrar cuan fielmente Él había cumplido su promesa durante otro año y oportunidades para comprometerse a proveer para las necesidades de otros. Los festivales sirven de recordatorio a los israelitas de no sólo mirar la ayuda de Dios en el pasado y reconocer la ayuda de Dios en el presente, sino también para mirar al futuro, anticipando la consumación prometida. El AT anunció la intención de Dios de traer a todas las naciones en alianza completa, y los festivales eran ocasiones para anticipar ese día. Isaías hablaba de un festival en el cual todas las naciones compartirían: "En esta montaña el Señor Todopoderoso preparará una fiesta de ricas comidas para todos los pueblos, un banquete de vino añejo —las mejores carnes y los mejores vinos" (Is. 25:6).

Dios prometió bendecir a los "extranjeros que se ataran al Señor para hacer ministerio a él, a amar el nombre del Señor y ser sus sirvientes, todos los que observan el Sabbat sin profanarlo y que se aferran a su alianza, a ellos los traeré a mi montaña santa y les daré alegría en mi casa de oración. Sus ofrendas quemadas serán aceptadas en mi altar; ya que mi casa será llamada una casa de oración para todas las naciones" (Is. 56:6-7). Miqueas predijo un día en el que las naciones irían en peregrinación a Jerusalén (Miq. 4:1-5), y Sofonías anticipó cuando Dios "purificaría los labios de las gentes, que todos puedan llamar el nombre del Señor y servirlo hombro o hombro", incluso trayendo ofrendas al templo (Sof. 3:9-10). Según Zacarías, vendría un tiempo cuando "el superviviente de todas las naciones que han atacado a Jerusalén irán año tras año a adorar al Rey, el Señor Todopoderoso, a celebrar la Fiesta de los Tabernáculos" (Zac. 14:16). Los festivales de Israel les permitían mirar atrás a lo que Dios había hecho, estaba haciendo e iba a hacer por ellos, a través de ellos y por todo el mundo.

Los israelitas experimentaban un amplio rango de emociones durante estas fiestas, pero la emoción principal era alegría. Ellos se regocijaban en su elección por parte de Dios, viviendo "juntos en unidad" (Sal. 133:1), en la liberación, provisión y protección de Dios y en esperanza de la consumación del plan de Dios. Una y otra vez, Dios los instruyó a reunirse y regocijarse en su presencia, sugiriendo una cuarta percepción: un Dios que desea la felicidad de su pueblo debe amar a su pueblo.

Finalmente, los festivales eran ocasiones para reconocer el gobierno de Dios sobre Israel. Especialmente en una economía agrícola como Israel, de abstenerse de trabajar en el Sabbat y en días festivos era confesar la soberanía de Dios sobre el tiempo y admitir la dependencia de Dios. Dejar la casa y campos y viajar a Jerusalén confesaba fe en la protección de Dios. Ofrecer los primeros frutos confesaba que toda la cosecha venía de Dios. Cuando se reunían, era en el santuario, el palacio de Dios, sin embargo, otro recordatorio que Dios es el rey de Israel y ellos eran sus súbditos.

FESTO Porcio Festo sirvió como procurador (gobernador) de Judea desde alrededor del año 59 al año 62 AD, sucediendo a Marco Antonio Félix (gobernador desde 52-59 AD). Félix había apresado a Pablo en Cesarea Marítima como un favor político a un grupo de judíos que deseaban la muerte de Pablo, y Festo no lo liberó (Hec. 24:27). Pablo fue juzgado ante Festo, pero apeló para ser juzgado en Roma ante la corte del César, contrario a los deseos de su oponente de que fuese juzgado en Jerusalén (*véase* Hec. 25-26). Festo otorgó la petición de Pablo, pero primero

Monedas acuñadas para Judea durante la gobernación de Porcio Festo (AD 59-62).

lo envió a prisión preventiva al rey Agripa, ante quien Pablo presentó su defensa antes de ser enviado a Roma para el juicio (Hec. 27-28).

FICOL El comandante del ejército de Abimelek, mencionado en conjunto con el establecimiento de convenios con Abraham (Gn. 21:22, 32) e Isaac (Gn. 26:26). Posiblemente, las dos versiones hablan de dos personas diferentes, ya que los eventos ocurren con una diferencia de sesenta a setenta años. Por lo tanto, esto puede ser una referencia a un título familiar, que servía para conectarlos.

FIEBRE Un aumento en la temperatura corporal interna por encima de los normal, 37,0° C (98,6° F), con algunas variaciones. La sensación con frecuencia se asocia con quemarse por dentro (Job 30:30), lo que los rabís llaman "fuego de los huesos" (b. Git. 70a), junto con frío y temblores. La malaria puede haber sido una causa significativa y letal. Según Galeno, la fiebre puede ser el resultado de un exceso de bilis amarilla, negra o flema (*cacochymia*) o de un exceso de sangre. En Levítico se conecta con una consumición de los ojos (26:16; KJV: "agüe") y refleja el castigo de Dios por desobedecer la alianza (cf. Dt. 28:22). Jesús sanó a la suegra de Pedro y al hijo de un oficial de fiebre (Mt. 8:14 parcial; Jn. 4:52). Concerniente a la primera, Mateo cita del profeta Isaías como un cumplimiento de la promesa de Dios de perdonar y sanar a su gente.

F

FIESTAS DE AMOR FRATERNAL La "fiesta de amor fraternal" (agapē) era una comida común compartida por los primeros cristianos junto con su celebración de la Eucaristía, la Cena del Señor. El término aparece en Judas 12 y, en algunos manuscritos, 2 Pe. 2:13. Este tipo de reunión para la comunión eran evidentemente un elemento común del cristianismo primitivo. Judas exhorta a la comunidad a la que escribe a que se deshaga de las personas inmorales y ateas que "son escollos ocultos en vuestros ágapes".

Un grupo similar parece estar infiltrándose en la "fiesta de amor fraternal" a la que se hace referencia en 2 Pe. 2:13. En 1 Cor. 11:17-34 se describe algo así como una comida común que incluía la Eucaristía (*véase* Hec. 20:7), y es probable que la Eucaristía fuera una parte importante de las fiestas de amor mencionadas en Judas y 2 Pedro. Fuera del NT, existe evidencia en las cartas de Ignacio de Antioquía, a principios del siglo segundo, de que la celebración de la Eucaristía y se llevaban a cabo en conjunto. Ignacio dice que el obispo debe estar presente tanto para la fiesta (agapē) como para el bautismo (Ign. Smyrn. 8).

Más tarde en el siglo II, pareciera que se establece una distinción entre la Eucaristía y la fiesta del amor. No está claro si la comida descrita en Did. 9-10 es la Eucaristía o fiesta de amor. Algunos piensan que la acción de gracias ofrecida con la copa y el pan refleja el patrón de una fiesta de amor en lugar de la Eucaristía, ya que es lo opuesto a la secuencia en el NT (Mr. 14:22-23, *véase* Lc. 22:17- 19). La frase "después de que te hayas saciado" (Did. 10.1), si se interpreta literalmente, también podría indicar una comida común. Sin embargo, Did. 14.1 claramente establece la celebración de la Eucaristía el domingo. Curiosamente, Did. 14.2 contiene un mandato, probablemente inspirado por Mt. 5:23-24, para reconciliarse con otro creyente si es necesario antes de participar en el ritual. Justino Mártir registra un servicio dominical regular en el que se celebraba la Eucaristía siguiendo la lectura de las Escrituras y una homilía.

En su descripción, encontrada en Primera Apología, la Eucaristía claramente no es una comida. Algunos sugieren que la fiesta de amor ocurría después del servicio de la palabra y la mesa. En ese momento, los ricos venían con alimentos para una comida comunal con los pobres. Tertuliano, a fines del siglo II, afirma que la fiesta del amor definitivamente beneficiaba a los pobres.

FIESTAS *Véase* Festivales.

FIGELO Un hombre que "abandonó" a Pablo (2 Tim. 1:15 NVI) en los últimos años de la vida de este. Figelo y Hermógenes fueron dos de las muchas personas de la provincia de Asia que desertaron a Pablo. El apóstol también nombra a Demas en la misma carta como un desertor (2 Tim. 4:10).

FILACTERIAS *Ver* Frontales.

FILADELFIA La ciudad de la sexta de las siete iglesias en Ap. 2-3. La iglesia en Filadelfia es alabada por sus obras y fidelidad (Ap. 3:7-13). Una ciudad de importancia comercial, fue fundada en el 189 a.C por Eumenes II de Pérgamo, quien la nombró por su leal hermano y sucesor, Atalo II, llamado "Filadelfo". *Véase también* Asia Menor, Ciudades de.

FILAS En 2 Reyes 11:8, 15; 2 Cr. 23:14 de la versión KJV la palabra hebrea sederah se traduce como filas, haciendo referencia a una formación de soldados.

FILEMÓN, CARTA A Más tarde en la vida, mientras estaba en prisión, Pablo escribió esta carta al amo de esclavos Filemón acerca de su esclavo fugitivo Onésimo. El propósito principal de la carta era resolver los problemas entre Filemón y Onésimo. Además de una teología implícita que describe las relaciones que los hermanos cristianos debiesen tener entre sí, el libro se centra en la relación cambiante de un esclavo cristiano con su amo cristiano.

Esquema

I. Saludo inicial (vv. 1-3)
II. Acción de Gracias y Oración (vv. 4-7)
III. Petición por Onésimo (vv. 8-22)
IV. Saludos finales y bendición (vv. 23-25)

Petición de Pablo por Onésimo

De alguna manera, Onésimo (cuyo nombre significa "útil") se había convertido en "inútil" para Filemón (v. 11), habiendo agraviado a su amo y contraído una deuda (v. 18). Posteriormente, Onésimo se convirtió en un cristiano debido al ministerio de Pablo en la prisión, por lo cual el apóstol envía a Onésimo de vuelta a Filemón con esta carta, pidiéndole que reciba a su esclavo como a un hermano en Cristo (v.16). Pablo incluso pide que Filemón le devuelva a Onésimo porque el esclavo ha demostrado ser "útil" para Pablo, cuando se hallaba preso (vv. 12-14). Pablo se ofrece a pagar la deuda de Onésimo, tal vez incluso insinuando su manumisión (vv. 15-21). (Era costumbre en esa época que los maestros liberaran a sus esclavos a la edad de treinta años. Algunos esclavos debían comprar su libertad, otros la recibían como un regalo de sus amos).

No se nos dice cómo Onésimo había entrado en contacto con Pablo, pero parece que Onésimo había trabajado con Pablo por algún tiempo (*véase* Col. 4:9). ¿Fue Onésimo un esclavo fugitivo que se encontró con Pablo en la cárcel? ¿U Onésimo buscó a Pablo, esperando que el apóstol actuara como mediador con respecto a un agravio entre él y su maestro? Si lo primero es cierto, entonces Pablo envía su carta para alentar a Filemón a no castigar al esclavo como un fugitivo, un crimen punible con la muerte. Si este último es el caso, entonces Onésimo se está aprovechando de una ley romana que permitía a los esclavos apelar a un amigo de su amo cuando tenían un agravio contra el dueño de esclavos. Ambos escenarios son posibles, pero el último parece más probable porque Pablo envía la carta a toda la congregación que se reúne en la casa de Filemón, con la esperanza de agregar presión social a la decisión de Filemón. De cualquier manera, Pablo está convencido de que la conversión de Onésimo ha cambiado todo, convirtiendo a un amo, un esclavo y un apóstol en hermanos iguales en Cristo.

Relación con Colosenses

Es muy probable que Filemón haya vivido en Colosas, ya que tanto Onésimo (Col. 4:9; Fil- 10) como Arquipo (Col. 4:17; Fil. 1:2) se mencionan en la carta de Pablo a los Colosenses. Es posible que la carta de Pablo a Filemón fue redactada al mismo tiempo que su carta a los Colosenses, y que Onésimo entregó ambas cartas, una a su maestro Filemón y otra a la iglesia que se reunía en la casa de Filemón.

FILEMÓN El líder de una iglesia en casa que se reunía en su hogar, probablemente en Colosas. Recibió una carta de Pablo sobre un esclavo, Onésimo. La carta está dirigida no sólo a Filemón sino también a Apia y Arquipo (Apia podría ser la esposa de Filemón, y Arquipo su hijo [véase Col. 4:17]) y a su iglesia casera (Fil. 1:2). Pablo escribe pidiéndole a Filemón que reciba a Onésimo de vuelta (el castigo para un esclavo fugitivo era a menudo la muerte). Pablo usa una fuerte retórica para tratar de convencer a Filemón, apelando a su amor por Pablo y recordando a Filemón que Onésimo es ahora un hermano cristiano. Pablo también se ofrece a hacer una restitución a Filemón, mientras le recuerda las cadenas de Pablo mismo como prisionero.

FILETES Pieza de plata que conecta componentes usados en el tabernáculo (Éx. 27:10 KJV; NIV: "bandas").

FILETO Un falso maestro condenado por Pablo que, junto a Himeneo, desvió a los creyentes al decir que la resurrección ya tuvo lugar (2 Tim. 2:17).

FILIGRANA Un tipo de trabajo en metal ornamental, por lo general realizado torciendo alambre delgado en formas delicadas, frecuentemente con motivos florales o decorativos. El trabajo en filigrana de oro se usaba para la colocación de piedras preciosas en las vestimentas del sumo sacerdote (Éx. 28:11-20).

F

FILIPENSES, CARTA A LOS Una de las "epístolas desde la prisión" de Pablo (junto con Efesios, Colosenses y Filemón). Tradicionalmente se considera que fueron escritas durante el primer encarcelamiento romano de Pablo (60-62 d.C), aunque algunos sostienen que fueron escritos ya sea, desde Cesarea o de Éfeso en una fecha más temprana. En Filipenses, Pablo está escribiendo a la iglesia que estableció en su segundo viaje misionero (probablemente entre 49 y 52 d.C), probablemente la primera iglesia cristiana fundada en Europa.

Leemos acerca de la visita de Pablo a Filipos en Hec. 16:12-40. Pablo, Silas y (presumiblemente) Lucas primero bautizaron a Lidia, que vendía telas púrpuras. Más tarde liberaron a una esclava del espíritu por el cual ella predecía el futuro. Cuando los amos de la esclava se enojaron por la pérdida de sus ingresos, Pablo y Silas fueron encarcelados. Un terremoto milagroso los liberó de la cárcel, pero no huyeron. Esto fue un poderoso testimonio para el carcelero, quien creyó y fue bautizado, junto a su familia. Por la mañana, se ordenó la liberación de Pablo y Silas. Cuando Pablo protestó su tratamiento, citando su ciudadanía romana, fueron escoltados de la prisión. Pablo visitó la iglesia al menos una vez más, cuando dejó Macedonia desde Filipos (Hec. 20:6, ver también 1 Cor. 16:5).

Temas

La ocasión general para la carta es el regreso de Epafrodito, un miembro de la iglesia filipense que había llevado una ayuda financiera a Pablo (2:25-30). Epafrodito había caído enfermo mientras estaba al servicio de Pablo, y las noticias habían llegado a Filipos. Pablo lo envía a casa para reunirse con sus seres queridos y envía esta carta junto con él. Pablo alaba el trabajo de Epafrodito en el ministerio (2:29-30) y agradece a los filipenses por su generosa ofrenda (4:10-20) y su asociación en su ministerio para el evangelio (1:5).

Pablo también aprovecha esta oportunidad para tranquilizar a sus amigos sobre sus circunstancias en prisión. Su encarcelamiento sirve para avanzar en el evangelio (1:12-14), tanto entre la guardia del palacio, a quien Pablo evangelizaba, como entre otros cristianos animados por el coraje de Pablo. Es el espíritu pastoral en Pablo lo que lo mueve a consolar a su audiencia, aunque es él quien está en apuros (1:19). Pablo no teme por su futuro, ya sea que contenga eventualmente libertad o muerte; cualquiera de las dos es aceptable para él (1:21-24). Luego, Pablo les dice a sus lectores que lo más importante es vivir sus vidas de una manera digna del evangelio (1:27). Esto se evidenciaría por su firme unión como uno, sin miedo a ninguna oposición. Cualquier sufrimiento que se les presente es un regalo de Dios, como también lo es el don de creer en Cristo (1:29).El informe de Epafrodito debe haber reflejado algunos problemas en la iglesia de Filipos. Una disputa entre dos mujeres se estaba extendiendo por toda la iglesia (4:2), y los judaizantes (misioneros cristianos judíos) estaban trabajando allí, insistiendo en que los cristianos gentiles deben ser circuncidados (3:2).

Pablo se dirige a la primera preocupación con el preciado "Himno de Cristo" (2:1-11). De la unidad del cristiano con Cristo debe fluir la unidad del uno con el otro. Cada creyente debe adoptar la actitud humilde y modesta de Jesús, que se despojó primero de sus prerrogativas divinas, luego de su dignidad humana, luego de su vida. En lugar de dar por sentada su salvación, los cristianos deben considerar su posición ante Dios con temor y temblor (2:12).

En cuanto a los judaizantes, Pablo advierte tres veces: "Cuídense de esos perros, de esos que hacen el mal, cuídense de esos que mutilan el cuerpo" (3:2). Estos tres insultos son deliberadamente irónicos. Los judaizantes se consideraban a sí mismos defensores de las tradiciones de Moisés y las Escrituras, sin embargo, Pablo los llama "perros", un animal asociado con la inmundicia y los gentiles. Promueven la "buena obra" de la circuncisión, pero en realidad están promoviendo la obra dañina de la confianza en los actos mundanos. "Mutiladores de la carne" se refiere a la insistencia de que los cristianos gentiles sean circuncidados. Pablo se burla de esta idea, ya que la circuncisión es irrelevante en el nuevo pacto. De hecho, son los cristianos, no los judaizantes, quienes son la verdadera circuncisión, es decir, el pueblo de Dios.

El verdadero problema con los judaizantes es que ponen su confianza en la carne, es decir, en los elementos tangibles de la religión, como la circuncisión. Pero Pablo explica que él tiene más razones que la mayoría para confiar en tales credenciales religiosas. Las suyas son perfectas: circuncidado al octavo día, un hebreo culto, incluso un fariseo. Sin embargo, esta "ventaja" es la que él desdeña, sabiendo que Cristo vale mucho más. Rechaza su posición religiosa anterior, y la considera como "basura" o "estiércol" por la justicia que proviene de Dios basada en la fe (3:7-9). Pablo se ofrece a sí mismo como un modelo a seguir por los filipenses (3:17). Para corregir la atmósfera contenciosa en su iglesia, los filipenses deben enfocarse en los aspectos positivos de sus compañeros creyentes: las cosas que ven que son nobles, correctas, puras, hermosas y admirables. Esto y practicar su fe como lo han aprendido de Pablo les garantizará la paz de Dios.

El "Himno de Cristo"

El contexto para este himno comienza en 1:27. Pablo ruega a los filipenses que vivan como ciudadanos del cielo, dignos del evangelio, manteniéndose firmes en un solo Espíritu, trabajando estrechamente juntos en la fe. Su regalo no es sólo creer en Cristo, sino también sufrir por él, como ven que Pablo lo está haciendo.

Pablo apela a los filipenses para que resuelvan sus diferencias por cuatro motivos. ¿Están animados por su propia unificación con Cristo? ¿Reciben consuelo del amor de Cristo? ¿Tienen comunión unos con otros en el Espíritu Santo? ¿Tienen alguna ternura y compasión por su familia iglesia, ya sea que estén de acuerdo o no? Si alguna de estas cosas es verdad, entonces Pablo solicita que lo favorezcan personalmente cultivando esa unidad, tanto espiritual como intelectualmente, hasta que sean "uno en espíritu" y "con un mismo pensamiento" (2:2).

Esta meta será lograda por los filipenses que abandonen sus propios intereses a favor de las necesidades de los demás, valorando a los demás por encima de ellos mismos. El ejemplo supremo de esto es Cristo Jesús, quien tuvo esta actitud Él mismo. El himno en sí se encuentra en 2:6-11. Es bastante probable que este himno no haya sido escrito por el mismo Pablo, sino que fuera una pieza litúrgica existente. Aquí se encuentra algo de la cristología más profunda del NT, que describe la preexistencia, la humillación y la posterior exaltación de Cristo. Algunos han analizado la estructura como tres estrofas; algunos lo ven como seis estrofas. A pesar de todo, hay una clara forma quiástica del himno: Cristo comienza en una posición elevada, luego desciende más y más en el medio, y luego regresa a la exaltación de Dios.El himno proporciona un rico contenido teológico. Antes de la encarnación, Cristo ya existía en la forma de Dios. Estaba dispuesto a despojarse de esta igualdad, para que el Creador pudiera convertirse en una criatura. Se convirtió en un siervo con forma humana. En esta forma humana, se humilló aún más y aceptó una muerte impuesta, y esto en el modo más duro y cruel: la crucifixión. Es a causa de su suprema sumisión que Cristo ahora está elevado al lugar más alto, por encima de todo ser en el cielo y en la tierra. Todos reconocerán su supremacía con adoración y alabanza.

La Iglesia Filipense

Pablo demuestra gran afecto hacia su iglesia hija. Su saludo es más largo y más efusivo que en cualquiera de sus otras cartas. Él le agradece a Dios y ora por ellos cada vez que piensa en los Filipenses. Han sido compañeros de Pablo en el evangelio desde la fundación de la iglesia; ellos comparten en la gracia de Dios con Pablo. Él los añora y reza para que su amor crezca aún más. Pablo expresa su afecto en la forma en que se dirige a su audiencia: "El pueblo santo de Dios" (1:1); "los llevo en el corazón" (1:7); "Hermanos y hermanas" (1:12; 3:1, 13, 17; 4:1, 8); "Mis queridos amigos" (2:12).

La iglesia parece haberse organizado en una etapa temprana. Pablo envía su carta a la iglesia en general, así como a "los supervisores y diáconos" (1:1). Los filipenses siempre han sido fieles, mientras que Pablo estaba con ellos, y aún más sin él (2:12). Desde el comienzo de la iglesia, cuando ninguna otra iglesia contribuyó, habían ayudado económicamente a Pablo, incluso cuando estaba en la cercana Tesalónica (4:16). Ahora, Epafrodito ha regresado con otro regalo, que Pablo llama "una ofrenda fragante… agradable a Dios " (4:18).

Tan pronto como Pablo se entera de su destino en prisión, planea enviar a su asistente número uno, Timoteo, que es como un hijo para él, para ayudarlos con los problemas en su iglesia (2:19). Pablo tiene al menos un colega vital ya en la iglesia. Se refiere a su "verdadero compañero" para ayudar a reconciliar a Euodia y Síntique, las dos mujeres que parecen estar en el corazón de un desacuerdo dentro de la iglesia (4:3).

Esquema

I. Saludos de apertura (1:1-11)
II. El encarcelamiento de Pablo sirve a la causa de Cristo (1:12-30)
III. Viviendo con la actitud de Cristo (2:1-18)
IV. Elogios para Timoteo y Epafrodito (2:19-30)
V. Precauciones acerca de los judaizantes y su visión de la fe cristiana (3:1-21)
VI. Viviendo en la Paz de Dios (4:1-9)
VII. Pablo agradece a los filipenses por su apoyo financiero (4:10-19)
VIII. Saludos de clausura (4:20-23)

FILIPOS Una ciudad en el noreste de Macedonia, aproximadamente a diez millas de la costa Egea. La ciudad tenía su parte en el comercio, estando en la Via Egnatia, la principal ruta este-oeste desde el Adriático hasta Tracia. La ciudad estaba en la llanura, entre las montañas al norte y el mar al sur. La ciudad deriva su nombre de su fundador, Felipe II de Macedonia (padre de Alejandro Magno), quien tomó el territorio en 356 a.C (anteriormente Crénides). Como una ruta directa entre las montañas y el mar, Filipos era importante para el comercio y

Las ruinas del ágora en Filipos.

la estrategia militar. Aquellos que ocupaban el área tenían a su disposición los ricos recursos del mar y las montañas, incluyendo minas de oro y plata

La importante batalla de Filipos en el año 42 a.C puso a los ejércitos de Antonio y Octavio contra los de Bruto y Casio en la llanura fuera de Filipos. Finalmente, Bruto y Casio fueron derrotados, y Octavio tomó posesión. Más tarde, el emperador hizo de la ciudad una colonia romana, y muchos militares se establecieron allí. Se convirtió en un importante puesto militar y sus ciudadanos obtuvieron la ciudadanía romana (*véase* Fili. 3:20, donde Pablo apela al tema de la ciudadanía).

Lucas identifica a Filipo como la principal ciudad de su división en Macedonia y como colonia romana (Hec. 16:12). Pablo llegó a Filipos alrededor del año 50-52 después de recibir un mandato divino de difundir el evangelio allí (16:9-10). Había una pequeña población judía, pero no lo suficiente para una sinagoga (16:13), por lo que las mujeres judías de la ciudad irían a un lugar junto al río para adorar a Yahvé. Pablo les llevó el evangelio allí, y la primera convertida fue una mujer temerosa de Dios, Lidia (16:14). La iglesia establecida allí era predominantemente gentil. Pablo volvió a cruzar la ciudad en su tercer viaje misionero (Hec. 20:6). Hasta donde sabemos, esta fue la última vez que vio a la iglesia, aunque él le contestó con agradecimiento e instrucciones en su carta a la iglesia filipense. Hoy hay algunos restos de la ciudad antigua, pero la ciudad moderna en sí misma es bastante pequeña.

FILISTEA La tierra de los filisteos en la planicie costera meridional a lo largo del Mediterráneo. Las fronteras se extienden al sur, hacia Egipto, al norte, a Ecrón, cerca del río Soreq, y al este, al Sefela. La Pentápolis, que incluía las ciudades de Gaza, Ecrón, Ascalón, Asdod y Gat, gobernaba Filistea. Una importante ruta de comercio internacional, la Vía Maris, atraviesa por Filistea (Éx. 13:17).

FILISTEOS Los filisteos habitaban la llanura costera meridional de Palestina ya en los tiempos de Abraham (Gn. 21:32, 34, 26:1, 8, 14-15, 18) y de Moisés (Éx. 13:17; 15:14; 23:31), o tan tarde como en el exilio (Eze. 16:27, 57; 25:15-16) y el período posterior al exilio (Zac. 9:6).

Historia y Cultura

El o los origen(es) geográfico(s) de los filisteos no se puede afirmar con certeza, aunque parece probable que al menos algunos de los filisteos provenían de las proximidades del mar Egeo. Los filisteos eran descendientes de los Caslujitas (Gn. 10:14, *véase* 1 Cr. 1:12), un grupo cuya identidad es incierta. Como los Caslujitas

F

La costa Filistea.

son descendientes de Cam, que figuran entre otros pueblos de Egipto (Gn. 10:6, 13-14), tal vez los filisteos emigraron del Delta del Nilo a una de las islas del Mediterráneo antes de trasladarse a Canaán.

Aparentemente existía una asociación cercana entre los Caslujitas y los Caftoritas (*véase* Gn. 10:14), porque Amos 9:7 sugiere que los filisteos eran de Caftor (*véase* Dt. 2:23; Jer. 47:4), una región generalmente identificada con Creta. La conexión con Creta se ve con mayor claridad en Eze. 25:16; Sof. 2:5-6, ya que ambos profetas se refieren a los filisteos y los cereteos (= Cretenses) en frases paralelas. La precaución nos lleva a señalar que los autores de Samuel y Reyes, aunque con frecuencia se referían a los filisteos, no equiparaban claramente a los filisteos y los cereteos (*véase* 1 Sam. 30:14, 2 Sam. 8:18, 15:18; 20:7, 23; 1 Re. 1:38, 44; 1 Cr. 18:17).

La cultura material de los filisteos entre los años 1150 y 1000 a.C muestra similitudes con, y probablemente influencia de, lo que se encuentra en las islas del mar Egeo, Micenas (sur de Grecia), Creta, Anatolia (centro-sur de Turquía), Chipre (Nm. 24:24), Egipto y Canaán.

La alfarería filistea de este tiempo se parece a lo que se ha encontrado en Micenas (cuencos, jarras y tazas), Creta (tazas), Chipre (botellas, vasijas y un anillo hueco de cerámica) y Egipto (jarras y vasos). La lanza y el equipamiento defensivo de Goliat (1 Sam. 17:5-7) eran similares al equipamiento de los guerreros del Egeo. Los hogares encontrados en Tel Miqne (Ecrón) y Tell Qasile fueron diseñados como los de Anatolia y la región del Egeo. Los altares de adobe filisteos probablemente se formaron a la luz de la influencia egea, chipriota y cananea. El Ashdoda (un trono que representa a una deidad femenina) refleja la inspiración micénica, chipriota y cananea. Esta evidencia arqueológica sugiere que al menos algunos de los habitantes filisteos de la llanura costera meridional de Palestina procedían de Micenas (sur de Grecia) y las islas del mar Egeo a fines del siglo XIII o principios del XII a.C, pasando por Chipre y Creta (y quizás Anatolia y/o Egipto) en el camino.

Los filisteos adoptaron a los dioses cananeos (1 Sam. 17:43), incluyendo a Dagón (Jue. 16:23, 1 Sam. 5:2-7), Astarot (1 Sam. 31:10, *ver* Jue. 10:6; 1 Sam. 7:3-4), y Baal-zebub ("señor de las moscas", probablemente una distorsión cínica de Baal-zebul, "señor de la morada [celestial]"), el dios de Ecrón (2 Rey. 1:2-6, 16).

La Pentápolis filistea consistía en tres ciudades en la costa del Mediterráneo o cerca de ella (Asquelón, Asdod y Gaza) y dos ciudades del interior (Ecrón y Gat) bajo la autoridad de cinco gobernantes (*véase* Jos. 13:3; Jue. 3:3; 1 Sam. 6:4, 16, 18). Papiro Harris I describe la derrota de los filisteos y otros pueblos del mar por Ramsés III (1198-1166 a.C), mientras que el onomasticon egipcio de Amenope (finales del siglo XII o principios del siglo XI a.C) se refiere a los filisteos como uno de los grupos étnicos que se establecieron en Palestina.

Filisteos en la Biblia

La mención de los filisteos en Gn. 21 y 26 se refiere tanto a los primeros habitantes del territorio que más tarde sería habitado por los filisteos o a los pueblos que más tarde se convertirían en parte de la nación filistea. Los filisteos mencionados en la Biblia pueden constituir diversos pueblos que emigraron por tierra o por mar a la región costera del sur de Palestina durante varios siglos. Antes de la afluencia de al menos algunos de los filisteos de las islas del Mediterráneo oriental, la región costera del sur estaba, en varias ocasiones, habitada por cananeos (Nm. 13:29, Dt. 1:7, Jos. 5:1, cf. Jos. 13:4); Anaceos, que huyeron a Gaza, Gat y Asdod después de ser derrotados por Josué (Jos. 11:21-22); y Aveos, que fueron reemplazados por los Caftoritas victoriosos (Dt. 2:23; Jos. 13:3). La migración de Judá y otras tribus de Israel a Canaán resultó en varios siglos de hostilidad contra los filisteos. La distribución de tierra de Judá incluía las ciudades y las áreas circundantes de Ecrón, Asdod y Gaza, así como también "la línea costera del mar Mediterráneo" (Jos. 15:45-47). Los soldados de Judá posteriormente conquistaron al menos parte de esta área (Jue. 1:18). Durante el tiempo de los jueces, Samgar "derrotó a seiscientos filisteos con una vara para arrear bueyes" (Jue. 3:31). Sansón quemó los campos de granos, los viñedos y los olivares de los filisteos cuando ató antorchas a las colas de los zorros (15:4-5). Mató a mil filisteos con la mandíbula de un asno (15:15) y, después de que le arrancaron los ojos, mató a muchos líderes filisteos cuando empujó los pilares que sostenían uno de sus templos (16:21, 29-30). En una de sus muchas victorias sobre Israel (*ver* Jue. 10:7, 13:1, 15:11, 1 Sam. 4:2, 10, 12:9), los filisteos capturaron el arca de Dios y la colocaron en el templo de Dagón en Asdod (5:1). Al día siguiente se encontró al dios acostado boca abajo ante el arca de Dios. El reinado de Saúl como rey de Israel se caracterizó por la guerra con los filisteos (1 Sam. 9:16; 14:52; *ver* 7:13) e incluyó ambas derrotas (13:6-7; 23:27; 31:1) y victoria (14:13, 22, 31, 47; 17:52-53; 24:1). El dominio militar de los filisteos sobre Israel durante el tiempo de Saúl se atribuye a su control de la herrería y la herrería (1 Sam. 13:19-22). Esta superioridad en las armas permitió a los filisteos extender su influencia más allá de la región de las cinco ciudades hacia el territorio de Judea (1 Sam. 4:1; 7:7; 10:5; 13:3, 16-18, 23; 17:1; 29:1, 11; 31:7-8, 10; 2 Sam. 5:18, 22; 23:14).

Saúl se puso celoso de David después de su derrota del campeón filisteo Goliat (1 Sam. 17:4, 50; 18:7-9). Para ganar la mano de la hija de Saúl, Mical, David y sus hombres mataron a doscientos filisteos y presentaron sus prepucios a Saúl (18:27). Cuando Saúl intentó más tarde matar a David, David buscó refugio con los filisteos y vivió con ellos durante dieciséis meses (27:1, 7). Cuando los filisteos se reunieron para luchar contra Israel, el ejército de David, Aquis lo invitó a participar en la batalla contra su enemigo Saúl (1 Sam. 28:1). David se libró del dilema de luchar contra su propia gente cuando, temiendo su traición, los otros gobernantes filisteos se negaron a dejar que David los acompañara (29:4). En la batalla subsiguiente entre Israel y los filisteos, los hijos de Saúl fueron asesinados, y Saúl se quitó la vida después de haber sido herido de gravedad por un arquero filisteo (31:2-4). El éxito inicial de David en la batalla contra los filisteos (1 Sam. 17:50; 19:8; 23:5) continuó con su ascensión a la realeza después de la muerte de Saúl (2 Sam. 5:20, 25; 8:1, 12), aunque en su vejez David estaba demasiado cansado para luchar bien contra los filisteos (2 Sam. 21:15). Posteriores batallas entre Judá y los filisteos tuvieron lugar durante los reinados de Joram (2 Cr. 21:16-17), Uzías (2 Cr. 26:6-7), Acaz (2 Cr. 28:18) y Ezequías (2 Reyes 18: 8). Josafat recibió tributo de los filisteos (2 Cr. 17:11).

FILÓLOGO Un creyente en la iglesia de Roma saludado por Pablo (Rom. 16:15). Él es mencionado junto a Julia, Nereo y Olimpas, hermana de Nero. En las inscripciones, el nombre, que significa "amante de las palabras", está asociado con esclavos o libertos.

FILÓN EL JUDÍO También conocido como Filón de Alejandría, un líder judío de Alejandría, Egipto. Debido a la violencia contra los judíos en Alejandría, alrededor del año 40 d.C Filón fue enviado al emperador romano Gayo (Calígula) para solicitar su protección, como se describe en la Embajada a Gayo y Contra Flaco de Filón. Los escritos de Filón son por lo demás principalmente comentarios filosóficos sobre el Pentateuco o sus ideas. Él es mencionado en el siglo primero por Josefo (Ant. 18.259), y Eusebio enumera muchas de las obras de Filón (Hist. Ecl. 2.18). Las escrituras de Filón muestran el pensamiento judío aceptado y la interpretación bíblica en el tiempo de Jesús, todo expresado en el idioma griego. Filón, siendo un monoteísta, se refiere sin embargo a la palabra de Dios (logos) como "la segunda deidad" (QG 2.62).

FILOSOFÍA EN EL NUEVO TESTAMENTO La filosofía ("amor a la sabiduría") más familiar para los escritores del NT comenzó en Jonia, entre aquellos que intentaron determinar la sustancia fundamental del universo sin recurrir a la superstición y el mito (los presocráticos). Platonistas, peripatéticos (aristotélicos), estoicos y epicúreos, todo comenzó en Atenas, extendiendo el trabajo de Sócrates (469-399 a.C), quien fue ejecutado por desafiar el status quo y "corromper las mentes de la juventud". Pero para el primer siglo a.C, la filosofía helenística ya había penetrado el mundo mediterráneo. La búsqueda ontológica de la naturaleza del ser, sin embargo, se había unido a la ética: ¿qué es la vida buena? Por lo tanto, la filosofía y el evangelio, que también hacen afirmaciones sobre el "ser" y el "deber" del universo, competían por los corazones de las personas. Hechos relata que Pablo debatió con epicúreos y estoicos (17:18).

Epicureísmo. Epicuro (c.1341-270 a.C) fundó una escuela en su jardín. Sus seguidores creían que él era divino, que poseía respuestas para todas las preguntas de la vida. El fundador escribió cartas didácticas para difundir su filosofía. Al acuñar máximas y consignas para que las personas analfabetas memorizaran y modelaran sus vidas en torno a éstas, se convirtió quizás en el primer filósofo popular (tal vez el equivalente de un moderno "gurú de la autoayuda"). Sus discípulos eran evangelistas, recorriendo el Imperio Romano para ganar conversos. Memorizaban cuidadosamente sus enseñanzas y, después de su muerte, conservaron sus escritos, que a menudo se citaban en un canon inmutable.

Epicuro predicó un evangelio de "sentido común". El objetivo de la vida es la felicidad personal. El mayor obstáculo para la felicidad es la ansiedad. Propuso una "cura" de cuatro partes, una apropiación intelectual de estas afirmaciones de verdad: (1) no hay seres divinos que nos amenacen; (2) no hay una próxima vida; (3) lo que realmente necesitamos es fácil de obtener; (4) lo que nos hace sufrir es fácil de soportar. Una convicción epicúrea fundamental es que la vida en esta tierra viene sin ataduras. El ateísmo implícito y el egoísmo del sistema eran en gran parte poco atractivos para los judíos y los paganos piadosos.

Estoicismo. Los estoicos fueron más influyentes, tenían muchos líderes y no una fuente única de autoridad. Zeno (c. 336-264 a.C) fundó la escuela, que tomó su nombre del "pórtico pintado" (stoa) en el lado norte del mercado ateniense, donde dio una conferencia. Al igual que los epicúreos, los estoicos consideraban la felicidad personal como meta de vida, pero abarcaron la providencia, el orden de todas las cosas para mejor. Por lo tanto, la felicidad vive virtuosamente de acuerdo con la naturaleza, lo que implica un proceso de dos partes: (1) conformamos nuestras vidas al principio racional que guía al universo, lo que ellos llamaban el "Logos" o "Palabra"; (2) nos resignamos completamente sin quejarnos de lo que la providencia nos envíe. Esto es vivir una vida de razón.

La naturaleza impersonal del Logos y la aparente frialdad frente a la condición humana hicieron que el estoicismo fuera difícil para la mayoría de las personas. Tal vez por medio de la reflexión mediadora del filósofo judío Filón (hacia el 20 a.C-50 d.C), quien intentó sintetizar las Escrituras y la filosofía, el apóstol Juan interpretó el misterio de la encarnación, en parte, presentando a Jesús como el Logos/ Palabra (Jn. 1:1-18, *ver también* Col. 1:15-20).

Otras formas de filosofía. También fueron prominentes los cínicos, que abrazaron el desafío de Sócrates, y de los Neo-Pitagóricos, quienes extendieron el ascetismo rechazando el vino, el matrimonio, comer carne (y para algunos, frijoles), sacrificio, zapatos, toda la ropa excepto la que era hecha de lino; afeitarse y la danza. La única referencia a la filosofía en la Biblia es negativa (Col. 2:8; *ver* Hec. 17:18-21). El contexto sugiere que los oponentes de Pablo fueron influenciados por los neo-pitagóricos (Col. 2:6-23, *ver también* 1 Tim. 4:1-5, 5:23). La iglesia primitiva no adoptó una posición única acerca de la filosofía. Tertuliano (c. 160-240 d.C), hace la famosa pregunta:

El filósofo estoico Zeno.

F

"¿Qué tienen en común Atenas y Jerusalén, la Academia y la Iglesia?" (Praescr.7).

Pero Clemente de Alejandría (hacia el año 150-215 d.C) afirma: "Porque Dios es la fuente de todas las cosas buenas. Por lo tanto, la filosofía fue una preparación, allanando el camino hacia la perfección en Cristo" (Strom. 1.5.28). Los padres de la iglesia se apropiaron de la precisión del vocabulario filosófico en su intento de racionalizar los misterios de la fe cristiana.

FIN DEL MUNDO Vendrá un tiempo cuando el mundo físico termine y todas las cosas entrarán en sus estados finales. Según 2 Pe. 3:10, 12-13, "Los cielos desaparecerán con un rugido; los elementos serán destruidos por fuego y la tierra y todo lo hecho en ella será desnudado... Ese día traerá la destrucción de los cielos por fuego, y los elementos se derretirán en el calor. Pero en cumplimiento con su promesa esperamos a un nuevo cielo y una nueva tierra, donde reside la justicia" (cf. Is. 65:17).

No sólo se convertirá el mundo físico, sino incluso las realidades divinas tomarán su forma final. Cristo reinará hasta que todas las cosas estén sujetas a él, y luego entregará el reino a Dios el Padre (1 Cr. 15:24-25). Incluso la misma muerte será destruida en la medida que el reino se vuelve completamente subyugado a Cristo (15:26). Cuando esto se complete, el Hijo mismo se someterá a Dios, que "Dios pueda estar en todo" (15:27-28). *Véase también* Escatología.

FINAL DE LOS TIEMPOS *Véase* Escatología.

FINANCIERA, PLANIFICACIÓN Poco, si es que algo, la Biblia directamente aborda la planificación financiera, pero algunos principios son relevantes. La obvia necesidad de planificación financiera básica se usaba por Jesús para ilustrar el costo del discipulado: aquello que buscan construir una torre deben calcular el costo antes de comenzar (Lc. 14:28). La motivación para la planificación financiera no debe ser el miedo o la ansiedad (Mt. 6:25-26), porque se puede confiar en que Dios proveerá. Las motivaciones apropiadas para la planificación financiera incluyen el deseo de almacenar riqueza como herencia para los hijos (Sal. 17:14), para proveer para el hogar de uno (1 Tim. 5:8) y para evitar los peligros de las deuda y dependencia de otros (1 Tes. 4:11-12).La planificación financiera no debe considerarse una garantía de riqueza, ya que el futuro es desconocido para las personas, y el éxito de cualquier aventura depende de la voluntad de Dios (Sant. 4:13-15). Tampoco debe verse el almacenamiento de riquezas como una meta en sí mismo, ya que esa riqueza no será de ningún beneficio para su dueño (Sal. 49:10; Prov. 11:4). La riqueza acumulada sólo se pudrirá (Sant. 5:2-3); la riqueza se da por Dios para ser utilizada (Lc. 16:11). Particularmente, la adquisición de riqueza por medio impíos no significa un beneficio para su dueño y terminará en manos de los justos, aunque esto puede no ocurrir hasta generaciones futuras (Prov. 13:22; 28:8).

FINANCIERA, RESPONSABILIDAD Varios niveles de responsabilidad financiera se reconocen en la Biblia: al hogar, a la iglesia, al estado y a los pobres. Es responsabilidad del jefe de familia proveer para sus miembros, incluyendo familia inmediata y extendida, sirvientes y esclavos. Esta provisión abarca miembros de la familia más amplia que han quedado sin medios independientes, tales como viudas y huérfanos. Pablo instruye a Timoteo para que hijos y nietos extiendan este cuidado a sus madres y abuelas viudas. El fracaso en proveer para la familia y el hogar de uno es considerado un pecado grave (1 Tim. 5:4, 8, 16). La provisión financiera para aquellos cuyas vidas están dedicadas al ministerio es responsabilidad de la iglesia. En el AT, los levitas, que no tenían asignación tribal de tierras propias para proveer por sus necesidades, recibían el diezmo del resto de la nación. A cambio, ellos debían presentar un diezmo de lo que recibían en ofrenda a Dios (Nm. 18:26; Js. 18:7). De manera similar, en el NT, la iglesia tiene la responsabilidad financiera de responder por sus ministros (2 Tes. 3:8-9; 1 Tim. 5:17-18). Los cristianos también son responsables de pagar sus impuestos al estado, ya que esta autoridad también está instituida por Dios para administrar justicia (Rom. 13:1-7).

La responsabilidad de proveer para los pobres descansa sobre todos los hombres y mujeres justas. Aunque la iglesia tiene una especial responsabilidad de cuidar de sus propios pobres (2 Cor. 8:1-5; 1 Tim. 5:16), esa caridad no se restringe a los pobres cristianos, sino que se extiende a todos los necesitados. (Prov. 14:31; 19:17).

FINEES **(1)** El hijo de Eleazar y nieto de Aarón el sumo sacerdote. En Baal Peor, Finees mató a Zimri y a una mujer madianita por su idolatría e inmoralidad sexual. Debido al celo de Finees, Dios terminó la plaga y le concedió el sumo sacerdocio (Nm. 25:1-13). Finees derrotó a los madianitas y mató a Balaam (Nm. 31:1-12). Finees evitó la guerra contra las tribus orientales al escuchar su explicación sobre la construcción de un altar (Jos. 22:1-34). El celo de Finees se cita para justificar la revuelta y el sumo sacerdocio de los macabeos (1 Mc. 2:54). **(2)** Uno de los dos hijos de Elí, el sumo sacerdote de Silo. Finees y su hermano, Ofni, eran sacerdotes corruptos (1 Sam. 2:12-17, 22). Su juicio fue anunciado en 1 Sam. 2:27-36, que se cumplió cuando los filisteos los mataron y perdieron el arca del pacto (4:17). Además, la esposa de Finees murió en el parto (4:19-22).

F

FIRKIN Una medida de volumen usada en la KJV en Juan 2:6 para describir la capacidad de jarros de agua. Un firkin equivale a un metrētēs (alrededor de nueve galones), la unidad de medida nombrada en el texto griego.

FIRMAMENTO En la comprensión del antiguo pueblo hebreo, el firmamento era un gran techo abovedado que cubría la Tierra. Se pensaba que el universo consistía en una gran expansión de agua bajo la tierra, que se sentaba como un disco sobre ella. Arriba, había otra gran expansión de agua celestiales que era contenida por un gran domo, la substancia del cual era como metal estirado y golpeado (Job 37:18).

La prohibición de ídolo en Éx. 20:4 refleja esta visión de mundo. Hoyos en este domo permitían que agua cayera a la tierra (Gn. 7:11; Sal. 78:23-24) y los cuerpos celestes como el sol y las estrellas estaban colocados dentro del domo y se movían a lo largo de este (Gn. 1:14-18). En la visión de Ezequiel de las cuatro criaturas, el firmamento estaba "brillante como hielo" (Ez. 1:22). Traducciones modernas a veces reelaboran este concepto en "cielo", que retiene el significado de los pasajes relevantes, pero no refleja el contenido exacto intencionado por los escritores bíblicos en su contexto pre científico. La presencia de imágenes no científicas del universo tales como el "firmamento" no deberían preocupar a los creyentes, ya que la intención de los textos escriturales tales como Sal. 19:1 no son adelantar una visión particular de la estructura del universo, sino más bien proclamar la gloria de Dios a la luz de su habilidad al modelar el complejo y hermoso mundo.

FLAGELO La palabra "scourge" se refiere al acto de latiguear y al látigo utilizado en la acción. Ese látigo por lo general estaba cubierto con piedras o huesos afilados capaces de diezmar el cuerpo de la víctima. Roboam señala que él flagelaría con escorpiones, una referencia al escozor de los látigos (1 Re. 12:11-14). Job se refiere a un flagelo de muerte súbita (Job 9:22-23), e Isaías señala el castigo de Dios que los rebeldes han buscado evitar (Is. 28:15). En el NT, Jesús predice su propia flagelación (Mt. 20:19; 27:26 [el cumplimiento]) y la flagelación y muerte de sus seguidores (23:34). Pablo desafía la autoridad de un tribuno para flagelar (mastizō) un ciudadano romano que no había sido juzgado (Hec. 22:25).

FLAUTA *Ver* Música, Instrumentos, Danza.

FLECOS Los israelitas recibieron instrucciones para hacer flecos en las esquinas de sus ropas como recordatorios visibles para obedecer los mandamientos de Dios. Cada fleco debía incorporar un cordón azul (Nm. 15:37-41). Esto sigue una severa admonición contra quien peca con actitud desafiante, así blasfemando contra Dios. En ese contexto, el mandamiento de llevar flecos demuestra la necesidad de advertencias visibles. Una declaración resumida aparece en Dt. 22:12. Cuando Jesús condenó la hipocresía de los fariseos, él señaló su preocupación por hacer flecos largos por el bien de aparentar, sin embargo, no manteniendo la justicia (Mt. 23:4-6). También había una suposición en la cultura más amplia que un poder estaba atado en los flecos de las vestiduras. Aquellos que sufrían enfermedad tocaban el "borde" de las ropas de Jesús (Mt. 14:36; Mc. 6:56). Una mujer que había sufrido de hemorragias durante doce años se sanó por tocar el kraspedon ("fleco, flecos, borde") del manto de Jesús, y notablemente, Él declaró que el poder había salido de él (Lc. 8:40-48).

FLEGÓN Un historiador romano del siglo II que escribió acerca de un terremoto y un eclipse solar que ocurrió alrededor del año 32. Más tarde, los cristianos entendieron esto como una referencia a los eventos descritos en los Evangelios que acompañaban la crucifixión de Jesús.

FLORES Los brotes de plantas con semilla que contienen los órganos reproductivos de la planta. Generalmente usado, "flores" se refiere al colorido despliegue de brotes que crecían principalmente en los campos abiertos de Tierra Santa. Varios tipos de flores silvestres podían encontrarse en las planicies y montañas de Palestina. Cuando las lluvias invernales venían seguidas de las temperaturas moderadas de la primavera, la renovación era abundante (Cant. 2:11-12). Los brotes primaverales tempranos presentaban un despliegue de vibrantes formas y colores. Ya desde enero, los ciclámenes brotan en rosado, blanco y lila, seguidos de varios tonos de rojo y rosado de las coronas de las anémonas, amapolas y tulipanes de montaña.

Las flores de los variados tubérculos de la familia de las azucenas también sumaban al colorido mosaico. El verano traía campos de manzanillas y crisantemos, con sus flores tipo margaritas amarillas y blancas. Los brotes de plantas como las mentas, mostazas y otras plantas herbáceas nativas, junto a los de árboles en flor, arbustos y campos de flores, proporcionan gran cantidad de néctar para las abejas en la tierra de la leche y la miel (Nm. 13:27). Ungüentos sanadores y de alivio y varios perfumes se producían de aceites esenciales extraídos de aplastar brotes de una variedad de flores.

Imaginería Floral

Tradicionalmente, el lenguaje de las flores sirve para ilustrar temas prominentes, tales como el amor y la belleza. La imaginería floral en descripciones del tabernáculo, el templo de Salomón y en Cantar de los Cantares desarrolla los temas belleza, pureza, dulzura y amor (Cant. 2:1-5; 5:13; Is. 28:4). El Cantar de los Cantares está ambientado en un jardín donde la cualidad sensual de las flores —sus colores, formas y aromas, su tacto delicado— son análogos a la cautivadora sexualidad del amor físico. El ambiente primaveras asegura que las flores están en cúspide de su brillo y el aire está lleno de la fragancia de las flores de la vid (Cant. 2:12-13).

Usadas metafóricamente, las flores también pueden referirse a transitoriedad, orgullo, restauración y la gloria de lo santo y eterno. Tales referencias se encuentran en ambos Testamentos. La breve vida de las flores es representativa de la brevedad

Estatuas que representan la flagelación de Cristo (siglo XIV d.C).

y fragilidad de la vida humana en la tierra (Job 14:2; Sal. 103:15; Is. 40:6-8; 1 Pe. 1:24). Tras un breve momento de esplendor, el declive y la descomposición no tardan en llegar. Tal es la metáfora utilizada en los salmos, por los profetas, y en el NT para la vida de una persona que florece como una flor, es como el pasto un día, pero se va al siguiente. Tan seguro como una imaginería floral señala nuestra moralidad humana, también sirve para ilustrar el juicio de orgulloso o impío, como cuando Isaías profetiza la rápida caída del reino de Israel como flores aplastadas bajo los pies (Is. 28:1-3), hechas polvo (5:24) o cortadas con cuchillos de podar (18:5). Nahum ve el poder de Dios para reprender a sus enemigos en su habilidad de secar mares y ríos y hacer marchitar las muchas flores del Carmelo y de El Líbano (Nah. 1:4). Santiago aplica la imaginería de las flores para describir la repentina partida de la persona rica, muriendo tan rápidamente como las flores del campo, cuya belleza perece bajo el calor abrasador del sol (Sant. 1:10-11). Los contextos usuales de esta imaginería floral son juicio en el orgulloso y el malvado, cuyos actos tendrán corta vida. Las acciones insignificantes y despreciables del malvado son contrastadas con el poder de Dios; nuestra transitoriedad humana y fragilidad con la permanencia de Dios (Sal. 103:15); y nuestra debilidad humana con la palabra eterna de Dios (Is. 40:6, 8; 1 Pe. 1:24-25). La flor también puede representar una bendición. Los justos son comparados a la floración de una planta (Is. 5:24; 18:5; 28:1-4), ya que el florecimiento de una planta representa la cúspide de su proceso de vida, su momento más glorioso. Esto retrata hermosamente los temas de restauración de los profetas cuando utilizan imaginería floral. Palabras de Isaías "El desierto y la tierra reseca se alegrarán; la tierra salvaje se regocijará y florecerá. Como el croco, explotará en flor; se regocijará ampliamente y gritará de alegría" (Is. 35:1-2; cf. 27:6) son un ejemplo de la habilidad restauradora de Dios para convertir un erial en un jardín. Oseas ilustra este tema: "Será como el rocío para Israel; florecerá como una azucena. Como un cedro de El Líbano bajarán sus raíces" (Os. 14:5). El salmista también le canta al justo, no al malvado, brotando como pasto o la flor (Sal. 72:7, 16; 92:12-14). Proverbios también nos recuerda que el justo "florecerá" o brotará como follaje (Prov. 14:11).

Flores Nombradas en la Biblia

La Biblia por lo general identifica las plantas florales por un nombre más genérico más que mencionando flores específicas. A veces el contexto puede ayudar a determinar una especie más específica. Según 1 Re. 7:19-20, 26, capullos de azucena junto con granadas adornaban la parte alta de las columnas de bronce que estaban delante del templo del rey Salomón. En un aspecto musical, tres salmos se identifican como cantados a la melodía de "Lirios" (Sal. 45; 69; 80). Las flores específicas mencionadas con mayor

Flores de ciclamen en el Medio Oriente.

F

frecuencia se traducen "lirios" y "rosas" (aunque estas probablemente no seas traducciones exactas ya que estas flores no son nativas de la región y por lo tanto serían desconocidas para los lectores). Muchos comentaristas creen que la frase "lirios del campo" se refería a llamativas y atractivas flores primaverales que crecen profusamente en las planicies, pasturas y cerros de las regiones del Carmelo y Sharon. Estas flores pueden incluir ranúnculos, anémonas, ciclamen, tulipán, jacinto, narciso, croco, iris y orquídea. El tulipán, asfódelo, estrella de Belén, jacinto y narcisos relacionados, narcisos, crocos e irises crecen en terreno rocoso y lugares secos del paisaje montañosos. Los "lirios del campo" del Cant. 2:1-2 son probablemente jacintos azules.

Consideren las palabras de Jesús: "Observen cómo crecen los lirios del campo; ellos no se esfuerzan ni se tuercen, sin embargo, les digo que ni siquiera Salomón vestido de toda su gloria se vestía como uno de ellos" (Mt. 6:28-29 NASB). Aunque estas flores pueden no ser lirios verdaderos, sino más bien una de las numerosas llamativas flores primaverales como la corona de anémona, Jesús proclama que la belleza de una sola flor en el campo era más impresionante que todas las riquezas de Salomón, y que las flores no se preocupaban con trabajar y obtener riquezas para vestirse. Los comentarios de Jesús sobre las flores demuestran que su belleza era apreciada en Israel. Las flores que aparecen a continuación se nombran expresamente en varias versiones bíblicas.

Brotes de Almendra. El árbol de las almendras está entre los primeros árboles que brotan en primavera. Los capullos de almendra eran parte del diseño de árbol de almendra del candelabro del tabernáculo (Éx. 25.33-34; 37:19-20). En Ecl. 12:5, los capullos de almendra son probablemente una referencia alegórica al cabello de una persona anciana volviéndose blanco como el árbol de almedras.

Alheña. En Cant. 1:14; 4:13, la KJV menciona alheña, mientras que la NIV y la mayoría de las versiones modernas tienen "henna". La alheña es una pequeña planta o arbusto que da flores muy aromáticas de color crema que cuelgan en racimo y se usaban para tintura naranja.

Flores de alcaparro. El alcaparro era un arbusto espinoso común con flores que producen pequeñas bayas comestibles. Las bayas tenían la reputación de excitar el deseo sexual, así que las alcaparras se usan en Ecl. 12:5 para aludir a la reducción de la potencia sexual que ocurre con la edad (NIV: "el deseo ya no se agita").

Neguilla. La versión KJV de Job 31:40 se refiere a "neguilla" (NIV: "ailanto"), una planta cuyo nombre se escribe como la palabra hebrea para "heder". Esta maleza nociva con flores rojas purpúreas crecía abundantemente en los campos de grano palestinos.

Croco. Una planta con un largo tubo floral amarillo con manchas o líneas moradas. Los abundantes capullos del croco simbolizan belleza y esplendor (Is. 35:1).

Nigella sativa. Mencionada en la KJV en Is. 28.25, 27 (NIV: "comino"; NRSV: "eneldo") y Ez. 4:9 (NIV: "espelta"). La flor a la que se refiere es probablemente la flor de la nuez moscada, que es un miembro de la familia de los ranúnculos; crecía de manera salvaje en la mayoría de las tierras mediterráneas. La planta mide alrededor de sesenta centímetros con flores azul brillante. Las vainas de la planta se usaban como pimientos.

Lirios. Un símbolo de fecundidad, pureza y resurrección, esta planta crece de un bulbo hasta una altura de noventa centímetros, con grandes flores blancas. El término "lirio" cubre una amplia variedad de flores. El lirio mencionado en Cant. 5:13 se refiere a una rara variedad que tenía un florecimiento similar a una llama brillante. El "lirio del valle" (Cant. 2:1) es conocido como lirio pascual. El lirio mencionado en Os. 14:5 es más como un iris. Las ninfeáceas o lotos eran una flor favorita de Egipto y se usó para decorar el templo de Salomón (1 Re. 7:19, 22, 26; 2 Cr. 4:5). Los "lirios del campo" (Mt. 6:28) probablemente era varios tipos coloridos de flores primaverales tales como la Anémona coronaria (*véase* NIV: "flores del campo").

Menta. Esta planta aromática de hojas peludas tiene densas flores blancas o rosa. Se lista con otras especias y hierbas como algo que los fariseos diezmaban (Mt. 23:23; Lc. 11:42).

Rama de Arrayán. Este arbusto tiene fragantes hojas perennes. Sus flores blancas aromatizadas se usaban para perfumes. El arbusto crecía hasta una altura considerable (Zac. 1:8, 10) y se lista entre los árboles usados para construir refugios durante la Fiesta de los Tabernáculos (Neh. 8:15; *véase también* Is. 41:19; 55:13).

Brotes de granada. Los brotes del árbol de granadas son de color naranjo rojizo. El fruto del árbol era símbolo de una tierra fértil y productiva (Nm. 13:23; Dt. 8:8; cf. Ag. 2:19) y se usaba para producir vino especiado (Cant. 8:2). Las granadas eran parte de la decoración que adornaba las ropas de Aarón (Éx. 28:33-34) y el templo de Salomón (1 Re. 7:18-20).

Rosa. La palabra hebrea traducida como "rosa" en Cant. 2:1 se traduce como "croco" en Is. 35:1. Croco era probablemente el nombre de la familia de esta flor.

Azafrán. Esta es una especie de croco. Los pétalos del azafrán se usaban para perfumar salones de banquetes (cf. Cant. 4:14).

FLOTA En asociación con Hiram, rey de Tiro, Salomón operó una flota (KJV: "armada") de barcos mercantes (1 Re. 9:27; 10:22; 2 Cr. 9:21). Posteriormente, Josafat construyó una flota similar, pero como resultado de su alianza impía con Amasías, los barcos fueron destrozados antes de que pudiesen zarpar (1 Re. 22:48; 2 Cr. 20:35-37).

FLOTAR En 2 Reyes 6:1-7 Eliseo hace una cabeza de hacha de hierro flotar después de que esta ha caído accidentalmente al río Jordán. La madera usada para construir el templo fue flotada por mar desde los bosques de El Líbano a Jerusalén (1 Re. 5:9; 2 Cr. 2:16).

FLUJO Levítico 15:1-33 entrega regulaciones concernientes a los fluidos corporales que causan impureza ritual, incluyendo emisiones de semen, menstruación y otras descargas de sangre u otros fluidos (en el parto, *ver* Levítico 12:7). Tales fluidos no sólo contaminaban a la persona que los emitía, sino también a cualquier objeto que dicha persona tocara, incluyendo camas, vestimentas, asientos y vasijas de arcilla y madera.

La impureza podría ser revertida al esperar por un período específico, baños y ofreciendo un pequeño sacrificio de aves. La impureza podría ser contagiada a cualquiera que entrara en contacto con personas u objetos impuros. Estas descargas descalificaban a los hombres para servir como sacerdotes (Levítico 22:4). Jesús sanó a una mujer que había estado sangrando por doce años, lo que le había hecho impura bajo la ley de Levítico 15:25 (Marcos 5:25-29).

FOGÓN Un tipo de pozo para hacer fuego usado ya sea para preparar alimentos o para abrigo. El rey Joacim tenía uno en su residencia de invierno. Los arqueólogos han sugerido que este fogón era una pieza de cobre o bronce con tres patas (Jr. 36:22 [NIV: "hoguera"]). Los fogones pueden haber sido tan rústicos como un hoyo en la tierra o una estructura levantada de barro y ladrillo (cf. Is. 29:2; 30:14). Ciertas características arquitectónicas de los fogones eran típicas de ciertas culturas, tales como los fogones independientes encontrados en contextos filisteos, pero nunca en ambientes cananeos. El fogón también se asocia al altar sacrificial (Lv. 6:9). Según las descripciones de Ezequiel, el fogón tenía cuatro cuernos sobresaliendo de la parte superior (Ez. 43:15).

FORNICACIÓN El verbo "fornicar" proviene del término latino que describe la abovedada o arqueada estructura de un techo, visto especialmente en los sótanos de edificios. Ya que las prostitutas en el mundo antiguo se encontraban con los clientes bajo arcos "fornicados", el uso sexual del término se dio naturalmente.

FORNICAR era visitar un burdel, en primera instancia. Posteriormente, el término adquirió el sentido más general de actividad sexual ilícita. Así, en la KJV, palabras como "fornicación" y "fornicar" se eligen para traducir el término griego del NT porneia, que se refiere de manera general al pecado sexual. Los adúlteros, homosexuales, pedófilos y adultos comprometidos en relaciones extramatrimoniales eran culpables de porneia, sin importar etiquetas más específicas que pudiesen ser aplicables. El Gn. 1:27 traza la sexualidad humana a la elección de Dios mismo, que hizo seres humanos masculinos y femeninos. Podría haberlo hecho de otra manera, pero creó a los seres humanos como hombres y mujeres que complementan las características únicas unos de otros. El mandamiento "sean fructíferos y multiplíquense" (Gn. 1:28) presupone una atracción entre hombres y mujeres que lleva a la actividad sexual y consecuentemente a la reproducción. Adán, por lo tanto, podía decirle a Eva: "Esta es huesos de mis huesos y carne de mi carne" (Gn. 2:23), dado lo cercanamente que él se relaciona con ella y viceversa. Ambos se convierten en "una sola carne" a través de la actividad sexual, como clarifica el uso de Pablo de Gn. 2:24. En 1 Cor. 6:16, el apóstol argumenta que los hombres que fraternizan con prostitutas se vuelven una sola carne con ellas, basado en las implicaciones de Gn. 2:24; en este sentido, la actividad sexual unifica. Así, desde un punto de vista bíblico, no existe tal cosa como el "sexo casual".

En Ef. 5:22-23 Pablo argumenta que existe una analogía entre la unidad de la carne que experimentan los esposos y la unión entre Cristo y su novia, la iglesia. Ambas relaciones ponen de manifiesto el liderazgo servil; y como tal, un matrimonio sano expone la fornicación por el fraude que es. La fornicación divorcia la unión física de la unidad multidimensional que los esposos tienen el privilegio de compartir.

Bastante aparte de los defectos físicos de porneia —más evidente en tales casos como la homosexualidad, la bestialidad y la pedofilia— también enferma a nivel social. Ya que estas desviaciones son, necesariamente, explotadoras y estériles, y ninguna de ellas podría involucrar liderazgo sacrificial tendiente hacia la santidad de los esposos. Son meramente predatorias. Por lo tanto, no nos sorprende que la Biblia prohíba la homosexualidad (Lv. 18:22; Rom. 1:26-27), la bestialidad (Lv. 18:23), la violación (Dt. 22:23-29), el adulterio (Éx. 20:14) y varias formas de aventurismo (e.g., 1 Cor. 6:18-20; 1 Tes. 4:3-8), incluyendo el sexo extramarital (Dt. 22:13-21).

FORO APPII *Véase* Foro de Apio.

FORO DE APIO El Foro de Apio (KJV: "Appii Forum") era una estación de mercado sesenta y nueve kilómetros al sur de Roma en la Vía Apia. Algunos creyentes romanos viajaron a este pueblo para encontrarse con Pablo camino a su aprisionamiento en Roma (Hec. 28:15).

FORRAJE Comida para animales domésticos. La palabra hebrea mispo' sugiere ya sea un alimento mixto de varios tipos de grano como cebada, un grano común para el ganado (e.g., Jue. 19:19; cf. 1 Re. 4:28), trigo o algarroba o una mezcla de paja finamente molida, cebada y frijoles formado en pelotas. Ensilaje se refiere a forraje que ha sido humedecido y se ha permitido que fermente levemente (Is. 30:24). El forraje era salado para satisfacer la necesidad de sal de los animales.

FORTALEZA *Véase* Castillo; Fuerte, Fortificación.

La Fortaleza Israelita en la Ciudad de Arad.

F

FORTUNA Y DESTINO En Is. 65:11 el profeta castiga a aquellos que abandonan a Dios y "propagan una mesa para la Fortuna [hebreo gad] y llenan cuencos de vino mixto para el Destino [meni]", adorando así a Gad y Meni, dioses paganos del destino. La profecía asevera que el destino de tales personas en realidad está en las manos del Dios de Israel: "los destinaré a la espada y todos ustedes caerán en la matanza" (Is. 65:12).

FORTUNATO Un cristiano de Corinto mencionado con Estéfanas y Acaico en 1 Cor. 16:17-18 como "habiendo proveído lo que faltaba" de los corintios y habiendo "refrescado" el espíritu de Pablo. Fortunato, Estéfanas y Acaico visitaron a Pablo en Éfeso y probablemente entregaron una carta de Corinto. Pablo alentó a los corintios a honrarlos. Es probable que estos tres hombres llevaran la carta que nosotros conocemos como 1 Corintios a la iglesia de Corinto.

FOSA Un hoyo excavado en el suelo para atrapar animales. En varios lugares de la Biblia, la trampa se usa figurativamente para describir los intentos de los enemigos de dañar al hablante bíblico al establecer una trampa metafórica (Sal. 57:6, 119:85, Jer. 18:22).

F

FOSO DE LOS LEONES **(1)** Un lugar de ejecución al que eran enviados los criminales para una muerte particularmente dolorosa (Daniel 6:7). **(2)** La guarida de un león y sus cachorros (Nahúm 2:11). **(3)** Una representación metafórica de peligro y/o maldad (Salmos 10:9).

FRACTURA En Lv. 24:20 una fractura está entre las lesiones que se retribuyen de la misma manera: "Fractura por fractura, ojo por ojo, diente por diente". La retribución por fractura no se menciona en el pasaje de otro modo muy similar en Éx. 21:24. La Lex talionis, o ley de retribución se atestigua en otros códigos legales del antiguo Oriente Próximo. Jesús comenta sobre esta ley ordenando a sus seguidores "poner la otra mejilla" (Mt. 5:38-39).

FRAGMENTO Una pieza de alfarería quebrada, por lo general de arcilla, también conocida como tiesto. Los fragmentos son poco mejores que basura (Is. 45:9), aunque las piezas más grandes a veces eran utilizadas para escribir notas breves. *Véase* Tiesto.

FRAGUA *Véase* Horno

FRANCOINCIENSO También llamado "olíbano", esta resina aromática de los delgados árboles del género Boswellia (que se encuentran en Somalia y el sur de Arabia [cf. Is. 60:6; Jr. 6:20]) era altamente apreciado por los antiguos por sus usos rituales, medicinales, crematorios y cosméticos (Lv. 2:1-2; Cant. 3:6; NIV: "incienso"; cf. Ap. 18:13). El francoincienso (hebreo lebonah; griego líbanos), que se asociaba con la divinidad y usado en la adoración (Éx. 30:34), fue uno de los regalos presentados por los magos al recién nacido Jesús (Mt. 2:11).

FRASCO DE AGUA Un frasco o vasija hecha para llevar agua. La vasija normalmente estaba hecha de arcilla, pero también podía ser de piedra. En el antiguo Oriente Próximo, las mujeres con frecuencia llevaban potes más pequeños sobre sus hombros o cabeza (*véase* Jn. 4:28). Potes más grandes de piedra podían usarse para almacenar agua. El primer milagro de Jesús involucró convertir el agua de grandes vasijas en vino (Jn. 2:6). *Véase también* Vasijas y Utensilios.

FRATERNAL, AMOR *Ver* Amor Fraternal.

FRENTE Varios textos concernientes al diagnóstico de la lepra se refieren a la frente (Lv. 13:41-43; 2 Cr. 26:19-20), posiblemente porque es un área de piel no cubierta por cabello o ropa. Tal vez por esa misma razón, la frente es la ubicación de una marca identificatoria, ya sea de fidelidad (Ez. 9:4-6; Ap. 7:3-4; 9:4; 14:1; 22:4) o apostasía (Ap. 13:16; 14:9; 20:4). Estos textos pueden parecerse a pasajes del Pentateuco que instruyen a los israelitas a atar filaterías en sus frentes—literalmente, "entre sus ojos" (Éx. 13:16; Dt. 6:8; 11:18). Aarón el sacerdote es instruido a adjuntar a su turbante (esto es, en su frente) una placa dorada inscrita con las palabras "Santo a Yahveh" (Éx. 28:36-38), con la intención de contrarrestar cualquier posible impureza de los sacrificios del pueblo.

En los escritos de los profetas del AT, la frente es un símbolo de obstinación (Ez. 3:7-9; Is. 48:4). La referencia de Jeremías a la "descarada mirada de una prostituta" que se rehúsa "a enrojecer de vergüenza" literalmente puede traducirse como "tienes la frente de una prostituta" (Jr. 3:3). Esta figura retórica puede ser una extensión del simbolismo de la testarudez de la mujer adúltera, o puede referirse a la identificación de prostitutas por algún adorno distintivo en la frente. Interesantemente, el Apocalipsis describe a una mujer sobre una bestia con un título escrito sobre la frente, incluyendo la frase "La madre de las prostitutas" (Ap. 17:5).

FRIGIA Un territorio al interior en el centro-oeste de Anatolia (Turquía moderna). La mención bíblica de Frigia ocurre principalmente en el libro de Hechos. Tales ocurrencias incluyen la presencia de judíos frigios en Jerusalén en el primer Pentecostés (2:10), el evangelismo de Pablo y Bernabé en las ciudades frigias de Antioquía de Pisidia e Iconio (13:14-14:4), el paso por Frigia por Pablo, Silas y Timoteo en su camino hacia el occidente a través de Asia Menor (16:6), y los viajes de Pablo a través de "la región de Galacia y Frigia" (18:23). Otros relatos bíblicos incluyen Col. 1:7; 4:12-13, que cita el trabajo de Epafras en tres ciudades frigias, y Ap. 1:11; 3:14-22, que se dirige a la iglesia de Frigia en Laodicea como una de las siete iglesias de Asia.

FRIJOLES *Ver* Plantas.

FRONTALES En Éx. 13:16; Dt. 6:8; 11:18 la KJV representa la palabra hebrea totapot como "frontales" (NIV: "símbolo"; NRSV: "emblema"), refiriéndose a la atadura de los mandamientos de Dios a la frente de uno. La lectura literal de esto llevó a la costumbre de los tefillin (una palabra encontrada en Targum Onqelos, la Peshita y literatura rabínica), un par de pequeñas cajas de cuero usadas por los judíos durante la oración. Versículos específicos de las Escrituras (Éx. 13:1-16; Dt. 6:4-9; 11:13-21) eran escritos en pequeños rollos y colocados en cada caja. Una caja se ataba al brazo izquierdo y la otra sobre la frente, sirviendo como signo y recordatorio de que Dios había sacado a los hijos de Israel de Egipto. Exactamente cuándo comenzó la costumbre de llevar los tefillin es incierto, pero se han encontrado en Qumrán y Murabba'at. El NT se refiere a los tefillin como "filacterias" (del verbo griego para "guardar, observar"). En Mt. 23:5 Jesús condenó a individuos que llamaban la atención hacia sí mismos haciendo sus filacterias "anchas". Ciertos tefillin encontrados en Qumrán y Murabba'at pueden iluminar sobre el significado de estas declaraciones. Los tefillin colocados en la cabeza no eran cúbicos, sino rectangulares, con el ancho atravesado en el largo mayor de la frente.

FRONTÓN En 2 Re. 16:17, la RSV y NRSV usan la palabra "frontón" (Heb. Martsepet) para describir la base de peso pesado en la que el rey Acaz colocó el tazón de limpieza ritual del templo junto a la remodelación del altar del templo que él hizo para que fuera similar a la versión pagana en Damasco. Más comúnmente, un frontón era una pieza central ornamental triangular del techo en la arquitectura clásica y también puede referirse a elementos decorativos derivados utilizados en otros lugares en el mobiliario y la construcción.

F

FRUSTRACIÓN El bloqueo o impedimento de planes o deseos. Los planes pueden ser frustrados por falta de concertación (Prov. 15:22). Personas pueden intentar frustrar los planes de otras, ya sea para el bien o para el mal (2 Sm. 15:34; Esd. 4:5; Est. 2:21-23; 8:3; Sal. 14:6). Dios frustra los planes de los malvados (2 Sm. 17:14; Neh. 4:15; Job 5:12; Sal. 146:9; Prov. 22:12; 1 Cor. 1:19; cf. Est. 6), pero los planes de Dios no pueden frustrarse (Is. 14:27). La frustración es una parte general de la vida en un mundo pecaminoso y maldito, como observa Ecl. 5:15-17. Pablo describe la maldición en Gn. 3 como la creación siendo "sometida a frustración" (Rom. 8:20) en la esperanza de una gloria mayor.

Aunque formas de la palabra "frustración" son abundantes en las traducciones bíblicas, los sentimientos de frustración son comunes a muchas historias. Caín está frustrado de que su ofrenda no sea recibida (Gn. 4:5-6). Amnón está frustrado porque desea a Tamar (2 Sm. 13:2). Los planes de David para engañar a Urías fueron frustrados por el carácter recto de Urías (2 Sm. 11). Los salmos de lamentación están llenos de frustraciones. Tales historias hacen surgir el tema de carácter de qué hacer con las frustraciones. Al buscar (la sensación de) alivio, Caín y David asesinaron, y Amnón violó. Y múltiples historias hablan de personas frustradas haciendo malas elecciones. El modelo de los salmos es volverse hacia Dios y dar plena expresión a las frustraciones (aunque no sobre temas mezquinos y egoístas) y persistir en la justicia.

FRUTA Literalmente, la fruta es la parte de la planta con semillas. Constituye una parte importante de la dieta en el antiguo Oriente Próximo. Frutas comunes son las aceitunas, uvas e higos, aunque hay muchas otras variedades de frutas disponibles, incluyendo manzanas, damascos, duraznos, granadas, dátiles y melones. Los árboles frutales juegan un importante rol como fuente de alimentación en la creación de Dios y preparación del jardín del Edén (Gn. 1-3). La ley prohíbe a los israelitas cortar los árboles frutales de sus enemigos (Dt. 20:19). La abundancia de árboles frutales caracteriza la tierra que Dios ha preparado para Israel (Dt. 8:8; Neh. 9:25) al igual que la restauración final (Ez. 47:12; Jl 2:22; Ap. 22:2).

Un aspecto de la fruta es que crece de la planta. Este uso del término frecuentemente se extiende para representar lo que emerge de algo más. Así, fruta puede representar descendencia, ya sea humana o animal (Dt. 7:13; 28:4), las acciones de uno (Mt. 7:16-20), los resultados de las acciones o elecciones de uno (Prov. 1:31; 10:16; Jr. 17:10) o palabras que salen de la boca de uno (Prov. 12:14; Heb. 13:15). En el NT especialmente, producir muchos frutos simboliza realizar acciones que son agradables a Dios (Mt. 3:8; 13:23; Mc. 4:20; Jn. 15:16; Rom. 7:4; Col. 1:10). Aquellos que viven por el Espíritu producen el fruto del Espíritu (Gal. 5:22-23). El apóstol Pablo habla de los primeros conversos en una región en particular como los primeros frutos, probablemente refiriéndose a su conversión como resultado de la prédica del Evangelio en el área (Rom. 16:5; 2 Tes. 2:13).

FÚA *Ver* Fuvá

FUEGO

Usos y Metáforas Humanas

El fuego es una necesidad básica para varias actividades humanas, como cocinar (Éx. 12:8; Is. 44:15-16, 19; Jn. 21:9), abrigarse (Is. 44:16; Jr. 36:22; Jn. 18:18), iluminar (Is. 50:11), manufactura (Éx. 32:24) y refinado de metales (Nm. 31:22-23). El fuego es también un importante medio para mantener la pureza del pueblo de Dios, usado para castigar a los pecadores (los inmorales sexuales [Lv. 20:14; 21:9; cf. Gn. 38:24] y los desobedientes [Js. 7:25; cf. 2 Re. 23:16]) y para destruir ídolos (Éx. 32:20; Dt. 7:5, 25; 2 Re. 10:26), carrozas (Js. 11:6, 9) y las ciudades de Canaán (Js. 6:24; 8:19; 11:11; Jue. 18:27). Como un medio esencial de adoración, el fuego se usa para quemar animales sacrificiales (Gn. 8:20; Éx. 29:18; Lv. 1:9; 3:3; 9:10, 13-14, 20) y ofrendas de granos (Lv. 2:2, 9; 9:17).

La ley mosaica tiene varias regulaciones concernientes al fuego. Considerado como trabajo, iniciar un fuego estaba prohibido en Sabbat (Éx. 35:3). Es la responsabilidad de los sacerdotes mantener el fuego encendido en el altar (Lv. 6:9, 12-13). El uso de "fuego sin autorización" para el sacrificio está prohibido (nótese la muerte de Nadab y Abihú [Lv. 10:1-2; cf. Nm. 3:4; 26:61; 1 Cr. 24:2]). Además, contrario a la costumbre religiosa cananea, está prohibido quemar niños (Dt. 18:10), aunque los israelitas fracasaron en cumplir este mandamiento y obtuvieron el juicio de Dios (2 Re. 16:3; 17:17; 21:6; Jr. 7:31; 32:35; nótese la prohibición de Josías en 2 Re. 23:10).

Como metáfora, el fuego también significa la ira humana (Sal. 39:3), maldad (Is. 9:18), autosuficiencia (Is. 50:11), planificación malvada (Os. 7:6-7), lujuria (Prov. 6:27-28), hablar mal (Prov. 16:27; Sant. 3:5-6) y, paradójicamente, amabilidad con un enemigo (Prov. 25:22; Rom. 12:20).

Usos y Metáforas Divinas

En la Biblia, Dios es descrito como un gobernante de fuego (Sal. 104:4; cf. 1 Re. 18). De manera positiva, Dios envía fuego para significar su aceptación de adoración (Lv. 9:24; Jue.

13:19-20; 1 Re. 18:38; 2 Cr. 7:1-3; cf. Lc. 9:54). Dios también purifica a su pueblo por fuego para proveerlos con abundancia (Sal. 66:12), limpiarlos de sus pecados (Is. 6:6-7), refinarlos en verdaderos remanentes (Zac. 13:9), restaurar la verdadera adoración (Mal. 3:2-3), extraer la fe genuina (1 Cor. 3:13, 15; 1 Pe. 1:7) y darles a los cristianos una verdadera alegría de participar en el sufrimiento de Cristo (1 Pe. 4:12). Dios también promete hacer a su pueblo como un brasero y una antorcha llameante que quemarán a los enemigos circundantes (Zac. 12:6). Negativamente, Dios usa el fuego para castigar a los malvados y desobedientes (Gn. 19:24; Éx. 9:23; Nm. 11:1; 16:35; 2 Re. 1:10, 12; Is. 29:6; 34:9-10; 66:24; Ez. 38:22; 39:6; Ap. 20:9). Dios es un granjero que quema árboles que no dan fruto (Jn. 15:2, 6; cf. Mt. 3:10; 7:19; 13:40) y "espinas y zarzas" (Is. 10:17). El fuego eterno del infierno es el lugar donde se ejecutará el juicio final de Dios (Mt. 5:22; 25:41; Mc. 9:45-49; Judas 1:7; nótese el "lago de fuego" en Ap. 20:14-15; cf. 14:10; 21:8).

El fuego es también un símbolo usado como imagen del Dios indescriptible. Simboliza la presencia de Dios: un brasero en llamas con una antorcha llameante (Gn. 15:17), el arbusto en llamas (Éx. 3:2; cf. la expectativa de Elías [1 Re. 19:12]), los pilares de fuego y humo (Éx. 13:21-22; Nm. 14:14), el humo en el Monte Sinaí y en el tabernáculo y en el templo (Éx. 19:19; Nm. 9:15-16; Dt. 4:11-12; Is. 6:4). El fuego marca la protección de Dios: los "caballos y carrozas de fuego" (2 Re. 6:17; cf. 2:11), el "muro de fuego" (Zac. 2:5). El fuego también representa la gloria de Dios: el trono de Dios (Dan. 7:9; cf. Ez. 1:4, 13; 10:2, 6-7), la forma de Dios (Ez. 1:27), los siete espíritus de Dios ante el trono (Ap. 4:5). Dios en su ira santa también es comparado con un fuego ardiente (Sal. 79:5; 89:46; Is. 5:24; 33:14; Jr. 15:14; Ez. 21:31; 22:21; Os. 8:5; nótese la expresión "fuego consumidor" [Dt. 4:24; Is. 33:14; Heb. 12:29]) e incluso a un monstruo de fuego (Sal. 18:8; Is. 30:33; 65:5; cf. Job 41:19-21). El fuego es un elemento importante en la descripción del Día del Señor (Jl. 2:3; cf. 2 Pe. 3:12). Las palabras de Dios en la boca del profeta son comparadas con un fuego (Jr. 5:14; 20:9; 23:29). También se usa el fuego para hablar de Jesús. Juan el Bautista se refiere al bautismo de Jesús como uno con el Espíritu Santo y fuego (Mt. 3:11). Jesús identifica el propósito de su venida como lanzar fuego sobre la tierra (Lc. 12:49). El regreso de Jesús se retrata como una venido en "fuego abrazador" (2 Tes. 1:7) y los ojos del Cristo glorificado son comparados a "fuego abrazador" (Ap. 1:14; 2:18; cf. "antorchas llameantes" en Dn 10:6). En Hec. 2:3 el Espíritu Santo es retratado como "lenguas de fuego".

FUEGO DEL INFIERNO *Ver* Azufre.

FUELLES Instrumento para soplar sobre el fuego para que sea más vivo. En la Biblia los fuelles se mencionan solamente en Jeremías 6:29, donde son parte de una representación figurativa de un proceso de refinamiento intenso sobre Judá que básicamente no remueve la maldad. Los fuelles de los antiguos egipcios utilizaban dos bolsas hechas de piel de animal, que un operador pisaba una tras otra, por lo que forzaba la salida del aire, que es similar a la moderna bomba de pie. Este tipo de fuelles se puede encontrar en Jeremías 6:29.

FUENTE DEL DRAGÓN Nehemías "salió por la puerta del Valle hacia la fuente del Dragón y a la Puerta del Muladar" para inspeccionar los muros en ruinas de Jerusalén (Nehemías 2:13). La frase hebrea ('en hat-tannin) se ha traducido de diversas maneras como "Fuente del Dragón" (NASB), "Manantial del Dragón" (NRSV), "Pozo de la Serpiente" (HCSB) y "Fuente de la Serpiente" (GW). La LXX lo representa como "fuente de los higos". La mayoría de los eruditos identifican la ubicación con En-rogel, en las afueras de la Puerta del Muladar, donde se encuentran los valles Hinom y Cedrón.

FUENTE Una causa de agua corriente. Frecuentemente, la palabra "fuente" lleva la connotación de arquitectura hecha a mano designada para mejorar el acceso a o la estética de un manantial natural. El vocabulario del lenguaje bíblico no distingue rígidamente entre fuentes artificiales y manantiales naturales, por lo variadas palabras hebreas (aiyin, ma'yan, maqor) y griegas (pēgē, phrear) que pueden traducirse como "fuente", "manantial", "flujo" y así sucesivamente, dependiendo del contexto. En Proverbios, la frase "fuente [maqor] de vida" se refiere a la boca de un hombre justo (10:11), la ley de los sabios (13:14; cf. 18:4), el temor del Señor (14:27; cf. Sal. 36:9) y comprensión (Prov. 16:22). De manera similar, Jr. 2:13 describe a Dios como una fuente de agua viva, una idea repetida en Ap. 21:6. En Prov. 5:18, la fuente (junto con pozos, cisternas, arroyos y manantiales) simbolizan la fecundidad del matrimonio.

Las "fuentes de las profundidades" mencionadas en Gn. 7:11; 8:2 (NIV: "manantiales de lo profundo"); Prov. 8:28 se refieren a un aspecto particular de la cosmología antigua: la noción de que la tierra terrestre está soportada por pilares (*véase* Job 9:6; Sal. 75:3) sobre un mar subterráneo. En la historia de la gran inundación, las "fuentes" de este mar, la "gran profundidad", eran una fuente de las aguas de la inundación. *Véase también* Puerta de la Fuente.

FUERTE, FORTIFICACIÓN En el antiguo Israel había fuertes, sistemas de fortificación (fuertes que protegiendo rutas o límites), y pueblos/ciudades fortificadas. Estas eran de todas formas y tamaños (ovaladas, rectangulares, cuadradas y rectangulares con torres). La pregunta pasa a ser "¿Es una ciudad/pueblo fortificado o es un puesto militar (esto es, fuerte/fortaleza)?" La respuesta depende del tamaño y ubicación de la estructura.

Existen ocho términos hebreos principales en la Biblia para describir una fortaleza o fortificación. Sin embargo, existe una sobre posición en el uso y traducción de los términos. La NIV comúnmente traduce estas palabras como "fortaleza", "baluarte", "refugio" o "ciudadela". A veces los términos se usan poéticamente en una descripción de Dios (esto es, Dios es nuestra "fortaleza"). Los ocho términos hebreos son **(1)** birah, "fortaleza, ciudadela" (2 Cr. 27:4 [NIV: "fuertes"]; Neh. 2:8; 7:2); **(2)** birta', "castillo, ciudadela" (palabra aramea en Esd. 6:2; cf. el término acadio birtu, "fortaleza"); **(3)** metsurah, "fortaleza, baluarte" (Nah. 2:1; usada con "ciudad", puede funcionar como un adjetivo: "ciudad fortificada"); **(4)** misgeret, "baluarte, bastión" (2 Sm. 22:46; Sal. 18:45; Miq. 7:17 [NIV: "guarida"]); **(5)** ma'oz, "baluarte, refugio, fortaleza" (Jue. 6:26 [NIV: "altura"]; Prov. 10:29; Dn. 11:7, 19, 31, 38-39; Nah. 1:7); **(6)** metsudah, "refugio, fortaleza" (1 Sm. 22:4, 2 Sm. 22:2); **(7)** matsor "muralla, baluarte" (Zac. 9:3); y **(8)** misga, "altura, baluarte, fortaleza" (Sal. 59:16-17; 62:2; Jr. 48:1).

En el siglo diez a.C. la típica fortaleza oval más pequeña y las más grandes rectangulares, por lo general con muros de casamatas huecos con habitaciones en el interior (e.g., Tel Ein el-Qudeirat, 'Ain Qadeis, y Horvat Ketef Shivta). Muchas de estos fuertes ovales se ubicaban en el sur del Neguev para proteger la frontera y rutas de intercambio. Los fuertes por lo general se ubicaban en alguna altura mirando la ruta de intercambio desde arriba y el suministro de agua local frecuentemente era una cisterna dentro o cerca de la fortaleza. Las fortalezas de los siglos nueve y diez a.C. eran rectangulares, con (o sin) torres esquinadas y muros sólidos más que de casamata (e.g., Tel Arad, Tel Nagila, y Khirbet Abu et Twein). Las fortalezas de siglo siete y seis a.C. volvieron a los muros huecos de casamata por varias razones (e.g., Horvat Radum, Deir Baghl, Tel Ein el-Qudeirat [Cades-Barnea]).

FUNITAS Descendientes de Puá, que era de la tribu de Isacar (Nm. 26:23; *véase* Gn. 46:13, Jue. 10:1, 1 Cr. 7:1).

FURA Un sirviente de Gedeón. Después de reducir el ejército de Gedeón de treinta y dos mil a trescientos, Dios le dijo a Gedeón que llevara a Fura con él para inspeccionar el campamento de los madianitas, de donde obtendrían coraje para calmar sus temores (Jue. 7:10-11).

FUT *Ver* Libia.

FUTITAS Uno de los cuatro clanes judaítas que vivían en Quiriat-jearim, una ciudad localizada a unos diez kilómetros al noroeste de Jerusalén, donde el territorio de Judá se encontraba con las regiones tribales de Benjamín y Dan. Sobal, el padre de estos cuatro clanes, fundó Quiriat Jearim (1 Cr. 2:52-53).

FUT Nieto de Noé, hijo de Cam, y hermano de Cus (Etiopía), Misraim (Egipto) y Canaán en la

Tabla de las Naciones (Gn. 10:6, 1 Cr. 1:8). "Fut" aparece como una designación geográfica que se puede identificar con Libia, basada en *putiya* de antigua Persia y en *puta* de Babilonia, y es de donde se originan los soldados en los pasajes de Ezequiel (27:10; 30:5; 38:5), Jeremías (46:9), y Nahúm (3:9). Otra palabra hebrea para Libia, "Lub", siempre aparece en plural y probablemente se refiere a la población, "los libios". *Véase también* Libia.

FUVÁ El nombre hebreo del segundo hijo de Isacar, el antepasado de los funitas (Gn. 46:13; Nm. 26:23 [TM]), que aparece como "Fúa" en 1 Cr. 7:1 (TM). El Pentateuco Samaritano, las versiones siríacas y algunos manuscritos de la Septuaginta (seguido por la NVI) son más consistentes con Fúa en las tres instancias. *Ver también* Fúa.

FUVITAS *Ver* Funitas

G

GAAL Hijo de Ebed que vino a Siquem junto con sus hermanos para incitar a los ciudadanos en contra de Abimélec (Jue. 9:26-29). Cuando el gobernador Zebul reportó esta rebelión a Abimélec, este atacó a Siquem al amanecer y expulsó a Gaal y sus hermanos de la ciudad (9:30-41).

GAAS Una montaña actualmente no identificada en el territorio montañoso de Efraín dentro de la porción asignada a Josué, donde él fue enterrado (Js. 24:30; Jue. 2:9). Hidai (llamado "Hurai" en 1 Cr. 11:32), uno de los poderosos hombres de David también provenía de la región (2 Sm. 23:30).

GABA *Véase* Geba.

GABAA (1) Un pueblo ubicado dentro de los límites de Benjamín. Gabaa es el infame escenario donde los hombres de la ciudad violaron y asesinaron a la concubina de un levita que se había alojado en la ciudad por una noche. En respuesta a esta acción brutal, un ejército de israelitas de todas las otras tribus se involucró en batalla contra Gabaa y los benjamitas, matando a todos, excepto a seiscientos hombres, y quemando la ciudad (Jue. 19-20). Oseas se refiere a estos eventos cuando compara los pecados de Israel en su tiempo con la depravación de Gabaa (Os. 9:9; 10:9). Gabaa era el pueblo natal de Saúl (1 Sm. 10:26; 15:34; Is. 10:29) y como tal jugó un importante rol durante su reinado. Fue a Gabaa que los ancianos de Jabes enviaron mensajeros a Saúl pidiendo su ayuda (1 Sm. 11:1-5) y desde Gabaa Saúl dirigió la campaña contra los filisteos (1 Sm. 13-14). Posteriormente, David entregó dos hijos de Saúl y cinco de sus nietos a los gabaatitas para ser colgados en Gabaa en represalia por las fechorías de Saúl (2 Sm. 21:5-6). La última referencia bíblica a Gabaa aparece en Isaías y Oseas en conexión con la inminente invasión de Asiria (Is. 10:29; Os. 5:8).

Algunas referencias a Gabaa son problemáticas. Ya que gibe'ah es la palabra hebrea para "colina", existe cierta duda si "Gabaa de Dios" en 1 Sm. 10:5 (NIV) es una referencia al pueblo de origen de Saúl o a un lugar alto y, por lo tanto, debería traducirse como la "colina de Dios" (KJV, NASB). Igualmente, la palabra gibe'ah en la lista de pueblos de Benjamín en Js. 18:28 puede ser mejor traducida como "colina". Aunque la NIV traduce "Gabaa y Quiriat" aquí, indicando dos pueblos distinto, el texto masorético hebreo lee gibe'at qiryat y puede referirse a la colina de Quiriat Jearim donde el arca de la alianza se ubicó por varios años (1 Sm. 7:1-2). Finalmente, Gabaa ocasionalmente es mencionada en cercana conexión con un pueblo llamado "Geba", y existe cierta incertidumbre de si estas son ciudades distintas o variaciones lingüísticas del mismo nombre (cf. Jue. 20:10; 1 Sm. 13:3, 16).

Gabaa es identificada por muchos académicos con la moderna Tel el-Fûl, ubicada cinco kilómetros al norte de Jerusalén. Excavaciones por W. F. Albright en 1922-23 y 1933 y por P. W. Lapp en 1964 identificaron cinco periodos de ocupación datando de la Edad de Hierro I (1200-1000 a.C.) a la era romana temprana (c. 70 AD). Hallazgos del segundo periodo (Edad de Hierro IIA, 1000-900 a.C.) incluyen los restos de una fortaleza que Albright atribuyó a Saúl, aunque otros sugieren que fue construida por los filisteos y posteriormente ocupada por Saúl. Restos de una segunda fortaleza de la Edad de Hierro IIA y una tercer de la Edad de Hierro IIB-C (900-586 a.C.) también se han encontrado. **(2)** Un pueblo ubicado dentro de los límites de la tribu de Judá (Js. 15:57).**(3)** Un pueblo ubicado en el territorio montañoso de Efraín que había sido entregada a Fineas, el hijo de Eleazar y nieto de Aarón. Eleazar fue enterrado allí (Js. 24:33).

GABAA DE DIOS El lugar identificado por el profeta Samuel como la ubicación del encuentro de Saúl con un pequeño grupo de profetas y su consiguiente llenado por el Espíritu del Señor (1 Sm. 10:5-6). Otras versiones presentan la frase hebrea gibe'at ha'elohim como "colina de Dios" (KJV, NASB) o "Gibeath-elohim" (NRSV). *Véase también* Gabaa.

GABAATITA Un residente de Gabaa. En 1 Cr. 12:3; Semaa es referido como un gabaatita.

GABAI Un líder de la tribu de Benjamín que accedió a vivir en Jerusalén junto con Salai (cf. Neh. 12:20) tras volver del exilio (Neh. 11:8). El texto hebreo es problemático, y algunos prefieren traducirlo como "y sus hermanos [we'ekhayw] Gabai, Salai" (NRSV) en vez de "y después de él [we'ekhayw] Gabai, Salai" (texto masorético; también en LXX; cf. NIV: "sus seguidores, Gabai y Salai").

GABAÓN El pueblo de Gabaón ha sido ubicado en el lugar de el-Jib, una aldea árabe, nueve kilómetros al norte de Jerusalén. El lugar fue identificado originalmente por Edward Robinson en 1838 y fue verificado por varias excavaciones arqueológicas en las décadas de 1950 y 1960. El descubrimiento más útil en la positiva identificación de Gabaón fueron los numerosos mangos de vasijas inscritos con el nombre "Gabaón", que aparentemente eran parte de una bodega real en el lugar.

Geográficamente, Gabaón era significativa porque vigilaba un importante cruce entre la carretera principal que corría al este hacia las colinas desde la planicie costera y el camino principal que corría al norte hacia Betel y al sur hacia Jerusalén. El pueblo se encuentra dentro del territorio de la tribu de Benjamín, aunque probablemente no fue parte de Benjamín hasta después del comienzo de la monarquía, cuando la designación tribal hubiese sido menos importante. Debido a su ubicación estratégica, aproximadamente a medio camino entre Betel y Jerusalén, Gabaón fue escenario de numerosas batallas entre los reinos norte y sur. Gabaón aparece por primera vez en la Biblia cuando los gabaonitas, usando ropas viejas, calzado viejo y pan mohoso pretendieron ser extranjeros de lejos y engañaron a Josué en un tratado de paz. Josué honró el tratado, aunque relegó a los gabaonitas a trabajos domésticos (Js. 9:3-10:15). Cuando sus vecinos atacaron a los gabaonitas, los israelitas cumplieron sus obligaciones y fueron en su defensa (Js. 10:1-15).Gabaón es un factor en varios eventos a lo largo de la vida de Saúl, David y Salomón. Hombres leales a la casa de Saúl y hombres de David se enfrentaron en una extraña competencia alrededor del "estanque de Gabaón". Pelearon doce pares de hombres, con cada

Las escaleras de la Cisterna en Gabaón.

competencia resultando en la muerte de ambos hombres (2 Sm. 2:12-17). En las excavaciones de James Pritchard de Gabaón, él encontró lo que indudablemente es el estanque o piscina mencionada en la historia. El estanque tenía once metros de diámetro y veinticinco metros de profundidad con una escalera en espiral en el costado. El estanque le daba acceso a la ciudad a agua fresca dentro de sus muros. Era parte de las defensas de agua de la ciudad, que también incluían un túnel que llevaba a un arroyo que proporcionaba agua adicional a la ciudad. Gabaón también fue el lugar de varios de los eventos de la revuelta de Absalón contra David.Gabaón también era un importante centro cúltico y lugar alto en la monarquía temprana. El tabernáculo estuvo situado en Gabaón por un tiempo (1 Cr. 16:39). Dios dos veces se le apareció a Salomón en Gabaón. Una vez, Dios se le apareció para preguntar a Salomón qué quería, a lo que Salomón respondió que quería sabiduría (2 Cr. 1:2-13). En otra ocasión, Dios le aseguró a Salomón que había escuchado su plegaria (1 Re. 9:2-9). Este segundo encuentro con Dios ocurrió tras la construcción del templo, lo que sugiere que Gabaón era religiosamente importante incluso tras la construcción el templo. Gabaón se registra con una de las ciudades capturadas por Sisac durante su campaña contra Israel poco después de la muerte de Salomón.

Relieve del Arcángel Gabriel (siglo VI d.C).

Aunque Gabaón rara vez es mencionada tras la división del reino, los datos arqueológicos sugieren que la ciudad fue una ventaja económica durante toda la monarquía. Gabaón también es el lugar de asesinato de Gedalías, el gobernador judío asignado por los babilonios tras la destrucción de Jerusalén. Algunos gabaonitas fueron llevados a Babilonia durante el exilio y luego regresaron con Nehemías para ayudarlo a reconstruir el muro de Jerusalén (Neh. 3:7-8).

Además del estanque, el túnel y los mangos de vasijas varios otros descubrimientos arqueológicos se han encontrado en Gabaón. Otros mangos se han encontrado inscritos con diferentes nombres comunes judíos y varios parecen tener estampados sellos reales. Un área industrial ha sido excavada, revelando grandes bodegas de vino y cavas, indicando que Gabaón era un centro de producción y distribución vinícola. Las fortificaciones de Gabaón también se han excavado, exponiendo un gran muro que rodeaba a la ciudad, que en algunas partes medía cuatro metros de espesor.

GABAONITA *Véase* Gabaón.

GABATA Una representación de la transliteración griega del nombre arameo de lugar de la raíz gbb, probablemente significando "alto" o "elevado". Juan da este nombre y el nombre griego Lithostrōton ("pavimento de piedra"), juntos en la descripción del juicio de Jesús ante Pilato (Jn. 19:13). Tal estructura se encontraba comúnmente en los mercados de las ciudades romanas. La ubicación exacta del de Jerusalén se desconoce, pero es probable que hubiese estado al lado este del palacio de Herodes. Una ubicación previamente sugerida, bajo el moderno Convento de las Hermanas de Sion, se ha rechazado porque los arqueólogos han determinado que el pavimento allí no se había colocado para ese entonces.

GABRIEL Un ángel que primero aparece en el libro de Daniel (8:16; 9:21). Su nombre significa "fuerte hombre de Dios". Gabriel actúa como portavoz de Dios hacia el profeta y en particular explica el significado de visiones que Daniel experimenta. Aunque no se menciona por nombre en Dn. 10, él es probablemente el ángel que viene a Daniel con la ayuda de Miguel, otro ángel, para informarle a Daniel del significado de la visión relatada en Dn. 11. Gabriel también es enviado a Zacarías y a María para informarles el significado de los nacimientos de, respectivamente, Juan (el Bautista) y Jesús (Lc. 1:19, 26).

GACELA Un pequeño antílope rápido, la gacela se menciona más de una docena de veces en el AT. El animal era considerado limpio y permitido como comida para los israelitas (Dt. 12:15, 22). Era un símbolo de velocidad y agilidad (2 Sm. 2:18) al igual que belleza y gracia (Cant. 2:9).

GAD **(1)** Un hijo de Jacob nacido de Zilpa, la sirvienta de Lea. Era uno de los doce hijos de Jacob destinado a convertirse en una tribu de Israel. Su nombre puede significar "suerte", y esta etiología se da en Gn. 30:11. **(2)** Otro Gad, encontrado en 2 Sm. 24, es llamado el "vidente de David" (versículo 11). Él es el profeta que confrontó a David acerca del censo que había tomado y le ofreció tres alternativas: hambruna, enemigos o plaga. Gad le dio instrucciones para comprar la era de Arauna y construir allí un altar. Cuando se hubiese hecho y se hubiese realizado un sacrificio, terminó la plaga. Mucho antes, él le había aconsejado a David volver a la tierra de Judá durante su titularidad como persona non grata en la corte de Saúl (1 Sm. 22:5). **(3)** Hay otro Gad mencionado en Is. 65:11, a veces traducido "Fortuna", como en NRSV: "Pero ustedes que abandonan al Señor, que olvidan mi montaña sagrada, que colocan la mesa para Fortuna y llenan copas de vino mixto para Destino". Tal vez aquí sea el nombre de un dios adorado por algunos israelitas.

GAD, TRIBU DE Una de las doce tribus de Israel, descendiente de Gad, un hijo de Jacob nacido de la sirvienta de Lea, Zilpa. Tras la conquista de Canaán, la tribu de Gad (a veces referida como los "gaditas") se asentaron con las tribus transjordanas, entre Manasés al norte y Rubén al sur en una forma de U que se envuelve alrededor de Basán, la parte sur de Manasés. A veces la Biblia iguala la tierra con parte de Galaad (Nm. 32:25.26). Una de sus ciudades importantes es Ramot de Galaad (Js. 21:38), donde el rey Acab fue mortalmente herido. Gad permaneció parte de Israel hasta que el reino terminó y sus habitantes eventualmente fueron llevados al exilio por los asirios.

GADARA Una ciudad de la Decápolis, diez kilómetros al sureste del Mar de Galilea (moderna Umm Qeis), la tocaya de la región de los Gadarenos (Mt. 8:28).

GADARENOS Una de las tres principales variantes de nombre en los tres Evangelios Sinópticos para la región donde Jesús sanó a demoníacos después de navegar con sus

Gacelas en el desierto de Judea.

discípulos a través del Mar de Galilea (Mt. 8:28-34; Mc. 5:1-20; Lc. 8:26-39). La mayoría de las traducciones seleccionan “gadarenos” para Mateo y “gerasenos” para Marcos y Lucas, dejando “gergesenos” sin seleccionar. La ubicación exacta está en disputa. Ya que los tres relatos de los Evangelios hablan de “la región de…”. (griego chōra), que no necesita un territorio político discreto, es plausible que una ubicación sea descrita con múltiples nombres. Una ciudad de la Decápolis diez kilómetros al sureste del Mar de Galilea se llamaba “Gadara”, haciendo la costa sureste del lago una ubicación posible para la región de Gadarenos. Monedas antiguas con el nombre “Gadara” frecuentemente llevan la imagen de un barco. Otra ciudad de la Decápolis cincuenta y seis kilómetros al sureste del lago era Gerasa (moderna Jerash), haciendo que el nombre regional “de lo gerasenos” calce bastante bien. No se ha identificado ningún lugar llamado “Gergesa”, pero algunas tradiciones relacionan la región de los gergesenos a la costa este del Mar de Galilea cerca de la moderna Kursi. En la sanación de los demoníacos, una manada de cerdos corrió sobre el precipicio hacia el lago, y la Kursi de hoy es la ubicación más probable en la mitad este del Mar de Galilea, con estructuras tipo precipicio cerca del agua. Tal vez, “la región de los gadarenos/gerasenos” se extendía a lo largo de las costas este y sureste del Mar de Galilea.

REGIÓN DE LOS GADARENOS

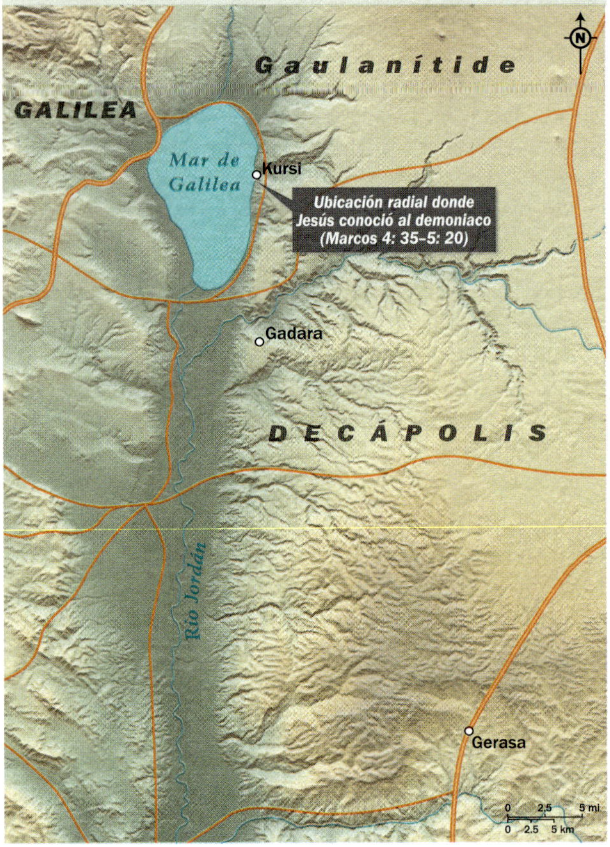

GADDÍ Un espía enviado por Moisés. Era el hijo de Susí de la tribu de Manasés (Nm. 13:11).

GADI Conocido sólo como el padre de Manahem, quien lideró una exitosa revolución y asesinó al rey Salum de Israel en el año 752 a.C. Manahem, subsecuentemente gobernó el reino norte hasta el año 742 a.C. (2 Re. 15:14, 17).

GADIEL Un espía enviado por Moisés. Era el hijo de Sodí de la tribu de Zabulón (Nm. 13:10).

GADITA *Véase* Gad, Tribu de.

GAHAM Un hijo de Nacor, hermano de Abraham, con su concubina, Reúma (Gn. 22:24).

GAHAR Uno de los ancestros de los sirvientes del templo (netineos) que regresaron a Jerusalén después del cautiverio babilonio bajo el liderazgo de Zorobabel en el año 539 a.C. o cerca de esa fecha (Esd. 2:47; Neh. 7:49). El hecho que los nombres en la lista de los ancestros sean extranjeros ha llevado a la creencia de que originalmente estos eran prisioneros de guerra presionados al servicio para realizar tareas domésticas mientras asistían a los levitas.

GAITA Aerófono (instrumento musical que produce sonidos a través de la vibración del aire). Este instrumento empuja el aire, que se mantiene en una bolsa, por medio de las cañas. En la NASB se nombra en la lista de instrumentos dentro de la banda de Nabucodonosor que comenzó la adoración a su estatua dorada (Daniel 3:5, 10, 15). Sin embargo, en la mayoría de las versiones se traduce como dulcémele (KJV) o zampoña (cf. NVI). *Ver también* Dulcémele.

GALAAD La parte sur de Transjordania, con el río Jordán al oeste, Basan al norte, Amón al este y Moab al sur. El río Jaboc corría a través de ella de este a oeste, y "Galaad" podía usarse más ampliamente para describir toda el área o más acotado para describir la tierra al norte o al sur del Jaboc. Era una región alta y fértil, famosa por su bálsamo curativo y especias (Gn. 37:25; Jr. 8:22; 46:11) al igual que sus pasturas y ganado (Nm. 32:1; 1 Cr. 5:9; Cant. 4:1; 6:5). Jacob nombró a Galaas tras la pila de piedras que testimonió su alianza con Labán (Gn. 31:21-55). "Galaad" también se convirtió en un nombre personal y de un clan (Nm. 26:29-30; 27:1) cuando, tras la derrota de los israelitas en Sihón, el amorreo en camino a Canaán (Dt. 2:36; Js. 12:1-3), la región fue asignada a Rubén, Gad y parte de Manasés (Nm. 36:1; Dt. 3:10-15).

Israel sacó algunos de sus líderes nacionales de Galaad (Jue. 10:3; 11:1) y la defendieron intensamente contra enemigos gentiles (1 Sm. 11). Sin embargo, con frecuencia había tensión entre las tribus al este y al oeste del Jordán (Js. 22:10-34; Jue. 5:17; 12:1-7). Cuando David huyó de Absalón (2 Sm. 17:22), cruzar hacia Transjordania era visto como habiendo dejado la tierra (2 Sm. 17:22; 19:9). Volver cruzando el río fue como una recreación de la conquista (2 Sm. 19:15). Hay un simbolismo similar en el cruce del Jordán por parte de Elías, un profeta de Galaad, y su sucesor, Eliseo (1 Re. 17:3; 2 Re. 2:8, 14).

Tras la división del reino, la posesión de Israel sobre Transjordania se volvió cada vez más tenue. Dos alianzas entre Israel y Judá fracasaron en recuperar Ramot de Galaad de los arameos (1 Re. 22; 2 Re. 8:28-29), y Hazael posteriormente conquistó toda la región (2 Re. 10:32-33). Tras un breve respiro bajo Joás (2 Re. 13:25), Peka perdió Galaas ante Tiglat-piléser III de Asiria (15:29).

No obstante, Galaad permaneció una preciada posesión de Yahveh (Sal. 60:7; 108:8; Jr. 22:6). Oseas puede haber condenado la pecaminosidad de Galaad (Os. 6:8; 12:11), pero los profetas también ansían el día cuando los conquistadores de Galaad serían castigados (Am. 1:3, 13) y sus riquezas serían restauradas a Israel (Jr. 50:19; Ab. 1:19; Miq. 7:14; Zac. 10:10).

GALAADITA *Véase* Galaad.

GALACIA Un área etno-geográfica en el norte de Asia Menor habitada principalmente por personas de extracción gálica y celta desde mediados del siglo catorce a.C. En el año 25 a.C. los romanos le confirieron estatus de provincia no sólo en el área etno-geográfica

Galaad

gálata, sino también en partes de Ponto, Frigia, Pisidia y Licaonia, más al sur. Algunos de los pueblos que visitó Pablo en su primer viaje misionero (Hec. 13-14) estaban en la parte sur de esta área: Antioquía, Iconio, Listra y Derbe. Muy poca evidencia permanece testimoniando la presencia de judío o cristianos en el área provincial de Galacia en el siglo uno o dos AD, más allá de la referencia del NT y escritos cristianos que extraen del NT. La ubicación de las iglesias gálatas a las cuales Pablo les escribe en la carta a los gálatas es un problema aún sin resolver. Por una parte, la alocución (Gal. 1:2) naturalmente parece indicar al área etno-geográfica del norte. Por otra parte, si uno toma Hechos seriamente, Pablo nunca viajó en esa área y por lo tanto no tuvo oportunidad de proclamar el evangelio a los gálatas étnicos. Incluso Hechos 16:6 coloca a Pablo más de doscientos kilómetros al suroeste de esta área. Por ende, algunos académicos adoptan la hipótesis de los gálatas del sur: Pablo dirige esta carta a las personas que vivían en la parte sur de la provincia romana de Galacia y sus alrededores.

GALAL **(1)** Un levita, descendiente de Asaf, que volvió a Jerusalén tras el exilio (1 Cr. 9:15). **(2)** Un descendiente de Jedutún y ancestro de Abdías (1 Cr. 9:16) y Abda (Neh, 11:17), dos levitas que volvieron a Jerusalén tras el exilio.

GALAS Vestuario lujoso y atractivo, joyería y otros adornos (e.g., Is. 3:18). La misma palabra hebrea (tip'eret) se usa para describir belleza (2 Cr. 3:6), gloria (Is. 60:7), y orgullo arrogante (Is. 10:12). En ciertas circunstancias era apropiado adornarse con galas, como en el caso del sumo sacerdote (Éx. 28:2). En otras circunstancias, este despliegue de riqueza y belleza indicaba una subyacente actitud de orgullo, que era condenada (Is. 3:18).

GÁLATAS Un habitante de la parte central de Asia Menor (actual Turquía). Pablo visitó a los gálatas (Hec. 18:23) y les escribió (Gal. 1:2). Los gálatas estaban entre varios grupos a los que se dirige en 1 Pe. 1:1.

GÁLATAS, CARTA A LOS Con frecuencia es entendida como una gran carta enseñando justificación sólo por la fe en Cristo. Pablo vitupera contra falsos maestros que enseñan a los cristianos a suplementar el trabajo de Cristo con

El paisaje de la zona de Galacia, en la actualidad centro-sur de Turquía.

su propia observancia de la ley como parte de ganarse la salvación.

La lectura tradicional ha sido poderosa y edificante. No obstante, colocando Gálatas dentro de un ambiente social antiguo plausible revela aún más poderosas funciones de la carta. Gálatas resulta ser más que un contenedor entregando la atemporal y vital doctrina de la salvación por la fe y no por las acciones. El acercamiento a Gálatas en este artículo busca establecer un ambiente social antiguo plausible primariamente explorando una constelación de códigos culturales del Mediterráneo antiguo. Esta orientación contextual ayuda a los lectores modernos a apreciar cómo temas que parecen bizarros o insignificantes para nosotros pueden haber sido temas de vida o muerte a personas en diferentes contextos.

Ambiente y Mensaje

Contexto cultural. Para la época de Gálatas (mediados del siglo uno AD), una relativa sensibilidad moral común existía entre el diverso espectro de los intelectuales grecorromanos (paganos, judíos y cristianos): dominio de sí mismo (enkrateia). La persona ideal llevaba una vida de virtud controlando poderosas pasiones irracionales que llevaban al comportamiento excesivo, débil, irracional y malvado. Aunque las personas diferían en el medio de autocontrol, esta ideal general definía nociones más amplias acerca de la vida exitosa. Las élites representaban al líder ideal como uno definido por el autocontrol. Esto calificaba a esa persona para gobernar a otros cuya capacidad para y su logro de autocontrol eran inferiores, para gobernar a aquellos que ni siquiera pueden gobernarse a sí mismos. Las figuras de autoridad proyectaban esta característica y perpetuaban mundos sociales en los cuales el prestigio y autoridad estaban ligados al ideal de autocontrol. Muchas personas comunes también hacían del autocontrol un ideal, ya fuese buscándolo en sus propias vidas u otorgando autoridad y prestigio a aquellos que se percibía que lo habían logrado. Varios maestros judíos presentaban al judaísmo, especialmente a la observación de sus leyes y el estudio de sus textos sagrados, como el principal camino hacia el autocontrol y, por lo tanto, una vida feliz. Algunos paganos concebían el judaísmo, especialmente algunas de sus leyes, en esos términos.

Ciertas visiones judías de los gentiles constituían otro importante código cultural. Muchos judíos leían el AT como retratando lo siguiente en lo que concierne a los gentiles: Estaban separados del Dios de Israel y sus promesas a su pueblo, los judíos (Rom. 9:4-5; Ef. 2:11-13; 1 Pe. 2:10). Estaban bajo la condena de Dios, especialmente porque eran idólatras controlados por sus pasiones y pecados, careciendo de autocontrol y la habilidad para vivir correctamente (Rom. 1:18-32; Ef. 4:17-19; 1 Tes. 4:5; 1 Pe. 1:14, 18). Los judíos, por otra parte, eran por definición el pueblo especial de Dios, a quienes había elegido sobre otras naciones (Dt. 7:6-8; 10:15; 26:18-19). Él lo había cuidado y finalmente los rescataría. Los gentiles experimentarían la bendición de la alianza en y por Israel si ellos funcionalmente se convertían en judíos a través de la observación de la ley, incluyendo las partes que comprendemos como ley ceremonial-ritual. La ley era ese aspecto especial dador de vida y regulador de la alianza que Dios le había revelado a Israel que definía a los judíos como judíos (Lv. 18:1-5; 20:22-26; Dt. 4:1-8, 32-40; 6:24-25; 8:1-6; 10:12-11:32; 30:11-20; Js. 1:7-9; Neh. 9:29; Sal. 119; 147:19-20; Ez. 20:9-13, 21). Tales condiciones centradas en la ley/Israel para los gentiles se relacionan a una comprensión más amplia del AT: Dios había planeado restaurar el mundo a través de Israel, el foco de su actividad salvadora. Dios bendeciría a las naciones en los descendientes de Abraham, Israel (Gn. 12:1-3; 17:4-6; 22:18; 26:4; 28:14). Varios pasajes retratan esto aconteciendo mientras las naciones eran sometidas a Israel, venían a Israel, servían a Israel, presentaban a Israel sus propias riquezas y posesiones y/o temían al Dios de Israel (Gn. 49:8-12; Nm. 24:9, 17-19; Is. 11:10-16; 14:2; 45:23; 49:22-23; 51:4-5; 54:3; 55:5; 60:3-16; 61:5-6; 66:12-13, 18-21; Miq. 7:12-17; Zac. 2:11; 8:22-23). Otros pasajes contribuyen a iluminar la naturaleza definida por ley de tal participación gentil en la salvación del Dios de Israel (Gn. 17:9-14; Éx. 12:48; Is. 2:2-5; 56:1-8; Jr. 12:14-17; Miq. 4:1-5; Zac. 14:16-21). Dios condenaría a los gentiles que permaneciesen separados de Israel, especialmente gentiles que dañen a Israel. Para muchos judíos en la época de Gálatas, la salvación de los gentiles, por lo tanto, permanecía centrada en Israel.

Muchos judíos antiguos interpretan el mundo a través de visiones apocalípticas de la realidad. Esta comprensión concebida del mundo visible presente como caracterizado por la influencia de seres sobrenaturales malvados (demonios), sufrimiento y maldad. Un día Dios y sus ángeles triunfarían completamente en la realidad celestial invisible; los eventos de esta realidad determinan la vida en la parte baja visible del mundo. Entonces la era malvada del presente mundo de sufrimiento terminaría. El mal y el sufrimiento serían derrotados, el pueblo de Dios sería rescatado, los agentes de sufrimiento en la era antigua serían juzgados, el Espíritu sería vertido, las naciones vendrían al Dios de Israel y la realidad celestial totalmente rompería y renovaría este mundo visible. El pueblo de Dios, Israel, experimentaría la salvación final, siendo rescatado de la era malvada. La ley continuaba como una realidad definitoria en el plan de Dios para rescatar al mundo en la mayoría de los escenarios judíos apocalípticos. Experimentar esta salvación seguía siendo un tema de formar para del justo pueblo de Dios, Israel.

Situación de la Carta. Con estos códigos culturales en vista, la siguiente situación para la Carta a los Gálatas parece plausible. Pablo proclamó a parte de la predominantemente gentil población de Galacia la buena nueva ("evangelio") de la salvación del Dios de Israel a través de Jesús, el Mesías (Gal. 1:8-9, 11; 4:13). Algunos aceptaron este mensaje de fe y se dedicaron a Jesús y al Dios de Israel (1:2,9; 3:1-6; 4:14-20). Después de que Pablo se fue, otros maestros cristianos vinieron a Galacia. Posiblemente declarando asociación con la iglesia de Jerusalén y, tal vez, con Pedro y Santiago. Alineados con algunas de las visiones judías sobre los gentiles discutidas con anterioridad, enseñaron que los cristianos gentiles de Galacia debían funcionalmente convertirse en judíos y observar la ley (para otros ejemplos de tales maestros cristianos tempranos, *véase* Hec. 11:1-3; 15:1, 5). Estos otros maestros probablemente extraían de las Escrituras y tradiciones acerca de Abraham para construir sus argumentos. El Dios de Israel salvaría a su gente, "los justos", y a través de ellos al resto del mundo, a través de la relación que Él había establecido inicialmente con Abraham (Gn. 12:1-3; 17:4-6; 22:18; 26:4; 28:14). Los maestros fácilmente mostrarían de las Escrituras que la circuncisión y la ley definieron la relación de Dios con Abraham y siempre tendrían esa intención (17:9-14; 26:5). Ellos, como muchos escritores contemporáneos judíos, pensaban que la obediencia de la ley (26:5) definía la fe de Abraham hacia Dios (15:6). Si los Gálatas iba a convertirse en descendientes de Abraham, debían observar la ley y circuncidarse como su nuevo padre, Abraham. Los maestros también desplegaban pasajes de las Escrituras señalando que todos los que no observasen la ley estaban malditos (Dt. 27:26; cf. Gal 3:10), pero que todos quienes cumplieran la ley vivirían (Lv. 18:5; cf. Gal. 3:12). Para estos maestros, Jesús, el Mesías, era parte de la etapa final en el plan apocalíptico de Dios formado por la ley para rescatar a su pueblo (los judíos) y, a través de ellos, a las naciones. Parece ser que los maestros también capitalizaron la sensibilidad moral del autocontrol y la no poco común comprensión de la ley judía como un medio ideal para lograrlo. Por lo tanto, también urgieron a los gálatas a observar la ley a través de representarla como un medio para lograr el prestigioso ideal moral y social del autocontrol. Además, los gálatas pueden también haber pensado que la ley les ofrecía una guía concreta para la vida debido a sus numerosas y detalladas prescripciones. También proporcionaba maneras sustanciales para que los gálatas reforzaran su identidad en medio de sus pueblos, especialmente porque ordenaba prácticas que los separarían. Como resultado, al menos algunos cristianos gálatas decidieron observar la ley, tal vez buscando la circuncisión. Estaban persuadidos de que el Dios de Israel y Jesús sólo salvaban a aquellos dentro del espacio judío definido por la ley. Estos gálatas observaron la ley, buscando su poder para el autocontrol.

Esquema

I. Saludo (1:1-5)
II. El Evangelio definido por la ley es un Evangelio diferente (1:6-10)
III. El Evangelio de Pablo viene directamente de Dios (1:11-24)
IV. Los Apóstoles de Jerusalén reconocen el Evangelio libre de ley de Pablo (2:1-10)
V. Pablo y Pedro sobre si los gentiles deberían vivir como judíos (2:11-21)
VI. ¿Trabajos de Ley o Fidelidad de Cristo? (3:1-5)
VII. Pablo enfrenta la situación en Galacia (3:6-4:31)
   A. Argumentos escriturales para responder a la pregunta de Pablo (3:6-14)
   B. Incorporación a Cristo significa incorporación a Abraham (3:15-29)
   C Herederos versus esclavos (4:1-11)
   D. La experiencia pasada de los gálatas con Pablo y el evangelio (4:12-20)
   E. Herederos versus esclavos: Sara y Hagar (4:21-31)
VIII. Resumen y repetición de los argumentos de Pablo (5:1-12)
IX. La fidelidad de Cristo y la vida comunitaria (5:13-6:10)
   A. Libertad en Cristo (5:13-15)
   B. Autocontrol (5:16-24)
   C. El camino del Espíritu y la fidelidad cruciforme de Cristo (5:25-6:10)
XI. Conclusión y Resumen (6:11-18)

Estructura y Contenido

I. Saludo (1:1-5). Cuando Pablo escucha de esta situación entre las iglesias gálatas, les escribe una carta frustrada. Él comienza recalcando cómo Jesús, a través de entregar su vida por nuestros pecados, es el medio de Dios para liberarnos de la presente era malvada (1:3-4). Como Pablo aclarará, Jesús y la ley representan medios mutuamente excluyentes de liberación (3:21-22). En contraste a la mayoría de los judíos, Pablo sorprendentemente disociará la ley de Dios de la liberación apocalíptica de Israel.

II. El Evangelio definido por la ley es un Evangelio diferente (1:6-10). Pablo continúa clarificando su punto de vista: a pesar de lo que dicen los otros maestros, su evangelio definido por la ley es de hecho un "evangelio diferente" condenable (1:6-10).

III. El Evangelio de Pablo viene directamente de Dios (1:11-24). Mientras que otros maestros declaran que su evangelio proviene de la autoritativa iglesia de Jerusalén, Pablo explica que su evangelio venía directamente de Dios y no de otros hombres (1:11-24).

IV. Los Apóstoles de Jerusalén reconocen el Evangelio libre de ley de Pablo (2:1-10). No obstante, cuando él se había encontrado con los apóstoles de Jerusalén, ellos habían reconocido su evangelio libre de ley (1:18-2:10). De hecho, ellos no habían obligado a Tito a circuncidarse (2:3). También, 1:18-2:10 representa a Pablo como una personificación del poder radicalmente transformador del Evangelio. Mientras que Pablo previamente había avanzado mucho y ardientemente "en el judaísmo", persiguiendo a la iglesia, ahora él incondicionalmente sirve a la iglesia y valientemente se enfrenta a los judíos que fervorosamente buscan imponer la ley ("judaísmo") a los cristianos gentiles.

V. Pablo y Pedro sobre si los gentiles deberían vivir como judíos (2:11-21). Pablo luego narra un incidente que habla directamente de la situación gálata (2:11-21). Previamente, en Antioquía, Pedro había actuado para implicar que los gentiles tendrían que ser como los judíos (e.g., observar la ley) para estar verdaderamente unificados con el pueblo de Dios (2:11-14). Pablo, sin embargo, ha reprendido a Pedro (2:14). Pablo continúa con un discurso acerca de cómo los gentiles son hechos justos ("justificados") no dentro del espacio demarcado por los "trabajos de la ley", sino más bien dentro de la fidelidad de Jesús, el Mesías (2:15-16). Los trabajos de la ley, o deberes ordenados por la ley, no definen a quienes son "justos", esto es, el verdadero pueblo de Dios que será salvado. Más bien, la fidelidad de Cristo define al verdadero pueblo de Dios, los que creen en Jesús. Aquí, Pablo por primera vez explícitamente disocia la ley de la salvación apocalíptica del Dios de Israel en Jesús (el)

Cristo. La ley, que define a los gentiles como "pecadores", ha sido derribada en la crucifixión de Cristo (2:17-18). Pablo entonces se presenta a sí mismo como la personificación del trabajo salvador de Dios en Cristo. Al ser crucificado con Cristo, él ha muerto para la ley. Pablo ya no vive, pero ahora Cristo vive en él. La fidelidad de Cristo, que lo ama y se ha entregado por él, ahora define la vida de Pablo, no la ley (2:19-20). Desde una perspectiva judía más tradicional, Pablo ha socavado la gracia de Dios porque ha marginalizado la ley, el principal medio de gracia y vida que Dios le ha dado a su pueblo. De hecho, sin embargo, la ley es completamente opuesta a la fiel muerte salvadora de Cristo, que es el verdadero medio de la salvación final y graciosas acciones hacia su pueblo (2:21).

Esta compresión de 2:11-21 gira en torno a cómo Pablo considera toda su discusión de justificación; la fidelidad de Cristo y las palabras de la ley lidian con el tema de si los gentiles deberían verse obligados a vivir como judíos (2:14). Esto puede parecernos sorprendente. ¿No reduce esto la discusión de Pablo de la gran doctrina de la justificación a lidiar meramente con temas de identidad social? Dentro de la lógica del pensamiento judío apocalíptico, sin embargo, los temas de la identidad del pueblo de Dios y lo que los define son, por conceptualización, temas máximos de salvación, no meramente temas sociales. El Dios de Israel sólo rescatará a su verdadero pueblo. Por lo tanto, cuestiones sobre quiénes verdaderamente constituyen su verdadero pueblo y cómo se definen son trascendentales, temas de salvación de vida o muerte. Pablo nunca abandona la lógica apocalíptica de la salvación judía; simplemente la redefine alrededor de Cristo y no de la ley. Esta lectura comprende la frase pistis Christou como "la fidelidad de Cristo", una referencia taquigráfica a la fidelidad de la muerte salvadora de Cristo en la cruz. Tradicionalmente, la gente traduce la frase como "fe en Cristo". Alineados con estudios más recientes, sin embargo, esta discusión entiende la frase de manera diferente, aunque aun reconoce que Pablo considera la creencia en Cristo como de importancia trascendental: "Así también hemos creído en Cristo Jesús para ser justificados por la fidelidad de Cristo y no por los trabajos de la ley" (2:16 [todas las traducciones son del autor]).

VI. ¿Trabajos de Ley o Fidelidad de Cristo? (3:1-5). Hasta ahora, Pablo no ha enfrentado los poderosos argumentos escriturales y llamados a la ley como medio de autocontrol a través de los cuales los maestros opositores han adquirido influencia. Como se esclarece del resto de la carta, Pablo no ancla sus contraargumentos finalmente en interpretaciones de la Escrituras judías, posiblemente porque los argumentos escriturales de los maestros opositores tendrían mayor contundencia. Nuevamente, ellos extraen comprensiones acerca de los gentiles que pueden fácilmente aterrizarse en las escrituras sagradas del Dios de Israel. Pablo en cambio apela directamente a cómo las gálatas han experimentado inicialmente la salvación. ¿Han recibido o experimentado los trabajos del Espíritu "a partir de/desde los trabajos de la ley o desde el mensaje de fidelidad (de Cristo)" (3:1-5)? Pablo, por supuesto, sabe que la respuesta es "o desde el mensaje de fidelidad de Cristo" (frecuentemente traducido como "escuchando con fe") aparte de los trabajos de la ley. Pablo juega así una carta triunfal que socava a los maestros opositores. Los gálatas han recibido el Espíritu, una clásica bendición de los últimos tiempos para el pueblo del Dios de Israel, aparte de la ley. Por ende, en Cristo, el pueblo de Dios claramente no puede definirse por la ley (*véase también* Hec. 10:44-11:18; 15:6-11). El evangelio definido por ley de los maestros opositores simplemente no puede ser correcto, ya que los gálatas han recibido el Espíritu y experimentado la salvación aparte de la ley. Uno no puede sobrestimar la importancia de este argumento obvio de la experiencia gálata para Pablo. Esto resuelve el tema por completo dentro de la lógica de esta carta. Todos los argumentos siguientes de Pablo usando las Escrituras judías presuponen que su lectura de ellas, retratando la participación gentil en el pueblo del Dios de Israel aparte de la ley, debe estar en lo correcto, y que los argumentos de los maestros opositores de las Escrituras deben estar equivocados.

VII. Pablo enfrenta la situación en Galacia (3:6-4:31). Durante el resto de 3:6-4:31, Pablo continúa enfrentando la situación en Galacia dentro de los códigos culturales y tipos de preocupaciones esbozados con anterioridad. En 3:6-13 Pablo se lanza en una densa digresión de argumentos escriturales para establecer una respuesta a su pregunta retórica "¿Aquel que les provee el Espíritu y realiza milagros entre ustedes lo hace de/por los trabajos de la ley o desde el mensaje de fidelidad (de Cristo)?" (3:5). Él prepara la respuesta a su pregunta que vienen en 3:14, enfocándose en la naturaleza de los gálatas como hijos de Abraham, esto es, la naturaleza de su identidad como el pueblo especial del Dios de Israel. Pablo argumenta que la fidelidad de Cristo, y no la ley, define su descendencia de Abraham. Dentro de esta digresión parece plausible que Pablo extraiga y profundice textos que los maestros opositores han usado (Lv. 18:5; Dt. 27:26). En 3:15-29, Pablo elucida cómo la incorporación de los gálatas a Cristo a través de su fidelidad puede en realidad significar que están incorporados a Abraham, se convierten en sus descendientes y así se convierten en "herederos según la promesa" (3:29).

En 4:1-7 Pablo vuelve a plantear partes de su discusión precedente de manera diferente, introduciendo el lenguaje de esclavitud. En 4:12-20 Pablo vuelve a recordarles a los gálatas su experiencia pasada con él mismo y el evangelio. Pablo ha personificado a Cristo para ellos. Les ha traído a Cristo en su debilidad, y ellos lo han aceptado como tal. Su vuelco hacia los maestros opositores señala un alejamiento de cómo ellos recibieron a Pablo primero.

VIII. Resumen y repetición de los argumentos de Pablo (5:1-12). En 5:2-6 Pablo rápidamente resume la sustancia de sus argumentos hasta el momento, mientras en 5:7-12 vuelve a resumir la situación.

IX. La fidelidad de Cristo y la vida comunitaria (5:13-6:10). En 5:13-6:10 Pablo finalmente retrata el contenido positivo de fidelidad de Cristo para los gálatas. Esta sección, en la cual Pablo se enfoca cómo los gálatas viven comunitariamente, ha sido su fuerza impulsora en todo momento. No sólo debe ofrecer algo en lugar de la ley para el autocontrol para alejar a los gálatas de la influencia de los maestros opositores, pero Pablo también considera absolutamente necesario para los gálatas vivir juntos personificando la orientación hacia otros de Jesús de la fidelidad en forma de cruz de Jesús (2:19-20; 4:19; 5:13-6:10). Pablo no ve la ley simplemente como un medio neutral inefectivo de autocontrol; más bien, él cree que la ley trabajará positivamente la muerte, esclavitud y pasiones irracionales, lo que bloquearía a los gálatas de heredar el reino de Dios (5:22). Así, 5:13-6:10 es la parte más importante de la Carta de Pablo. Todos los argumentos anteriores cumplen aquí su propósito.

Pablo comienza su esbozo positivo de la fidelidad de Cristo en 5:13-15, hablando acerca de su libertad en Cristo (5:1). Esta libertad de la ley de ninguna manera implica libertad de la obligación de vivir fielmente. De hecho, esta libertad paradójicamente significa libertad para los gálatas de convertirse en esclavos unos de otros a través del amor (5:13). Esto es lo que Pablo quiere decir cuando habla de la fidelidad en forma de cruz de Cristo definiendo al pueblo de Dios. Esto es lo que Pablo quiere decir cuando escribe que ansía que Cristo se forme en ellos (4:19). La fidelidad d Cristo redefine la ley misma, de tal manera que volverse esclavos unos de otros a través del amor por amar al prójimo cumple toda la ley (5:14; 6:2). En 5:13-14 Pablo sorprendentemente informa a los gálatas que la libertad en Cristo significa libertad orientada hacia los otros, impulsada por el amor y en forma de cruz. La fidelidad en forma de cruz llevándolos a convertirse en esclavos unos de otros a través del amor es el único antídoto contra sus mordeduras y su devorarse unos a otros (5:15), leguaje grecorromano clásico para describir el control de pasiones irracionales.

Pablo se vuelve más específico en 5:16-25, explícitamente moviendo su discusión dentro del discurso del autocontrol. Sus argumentos anteriores disociando el Espíritu y fidelidad de Cristo de la ley informa este pasaje, como hace la implícita asociación de Pablo de la ley y los maestros opositores con "carne" en 4:29. Sólo por el Espíritu pueden los gálatas superar los deseos de la carne (5:16-17). En 5:18-19 Pablo

G

esclarece su asociación de la ley con los deseos de la carne, especialmente en 5:19, donde habla de los "trabajos de la carne", un obvio juego de palabras con su frase recurrente "trabajos de la ley". Los trabajos de la carne en 5:19-21 se leen como un catálogo de los vicios con los que el más amplio discurso moral grecorromano caracteriza a las personas que carecen de autocontrol. Las personas que se comprometen en tales vicios, que carecen de la lucha para el autocontrol empoderada por el Espíritu, "no heredarán el reino de Dios" (5:21). Pablo luego específica el contenido positivo de la fidelidad de Cristo para los gálatas en términos del fruto del Espíritu. Concluye esta lista de virtudes, que caracteriza a aquellos que tienen el Espíritu, con enkrateia, "autocontrol" (5:22-23). Y continúa: "Y los que pertenecen a Cristo han crucificado a la carne, con sus pasiones y sus deseos" (5:24). El lenguaje de Pablo aquí parece recordar su anterior autor representación como uno que ha sido crucificado con Cristo (2:19-20; *véase también* 6:14-15). El Espíritu, que pertenece exclusivamente a aquellos que son los hijos de Dios a través de la fidelidad de Cristo y no de la ley (3:14; 4:4-6), empodera a los gálatas para lograr el autocontrol. No sólo la ley fracasa en ayudarlos a lograr el autocontrol, sino también, como parte de la antigua era "malvada", trabaja con los deseos de la carne para producir todo lo contrario al autocontrol, todo lo que descalifica a las personas de heredar el reino de Dios. Pablo continúa en 5:25-6:10, recalcando el camino del Espíritu y la fidelidad cruciforme de Cristo. En 6:6-10 Pablo subraya la importancia final de que los gálatas vivan de acuerdo al Espíritu y no a la carne. Para Pablo, esto no implica que la salvación y autocontrol resulten del esfuerzo autónomo de los gálatas. Eso sería errar el punto totalmente. Sólo la fidelidad de Cristo y el Espíritu pueden traer las vidas en forma de cruz y el autocontrol del cual Pablo habla. Aparte de la fidelidad de Cristo y el Espíritu, los gálatas permanecerían como personas controladas por sus pasiones y deseos y alejados de la salvación de Dios y sus bendiciones, ya que no serían los descendientes de Abraham en Cristo. Al mismo tiempo, Pablo escribe la carta con tal pasión porque está convencido de que donde la fidelidad en forma de cruz de Cristo y su orientación hacia los otros y el autocontrol no caractericen a la gente, las bendiciones de Dios también están ausentes. Así, Pablo "está nuevamente en la angustia del parto" hasta que Cristo se forme en ellos (4:19).

X. Conclusión y Resumen (6:11-18). Pablo concluye en 6:11-18, resumiendo la mayoría de sus puntos principales. La ley y la circuncisión ahora no cuentan para nada; sólo la fidelidad trabajando a través del amor y nueva creación en Cristo cuentan para algo (5:6; 6:15). Para Pablo en Gálatas, la orientación hacia otros, fidelidad cruciforme de Cristo ofrece una identidad comunal más concreta y una forma de vida más práctica de los que la ley jamás podría. La fidelidad de Cristo y el Espíritu define a los gálatas como un pueblo de la nueva creación La justificación en los gálatas involucra más que la doctrina tradicional. Involucra la unificación asociada con el fruto del Espíritu, no la división y conflicto del trabajo de la carne/ley. Se relaciona con y establece las condiciones para la radical y tangible orientación hacia el otro y fidelidad cruciforme comunal (de Cristo) que debe definir al pueblo de Dios.

GALEED Una versión de la palabra hebrea gal'ed, que significa "mole testimonial" (Gn. 31:47-48). El patriarca Jacob eligió "Galeed" como el nombre de una pila de piedras que había erigido junto a su clan como memorial de la alianza entre Jacob y su suegro, Labán. La pila también marcó el límite que ninguno debía cruzar para dañar al otro. Labán, cuyo idioma era el arameo, en cambio usó el término arameo equivalente "Jegar Sahadutha".

GALERA Un barco propulsado por remos. El término aparece solo en Is. 33:21, donde Isaías profetiza que Jerusalén "será como un lugar de amplios ríos y arroyos" que ninguna "galera con remos" o "nave poderosa" navegará.

GALERÍA Un término arquitectónico (hebreo 'attiq) usado en la descripción de la visión de Ezequiel del complejo del templo (Ez. 41:15-16; 42:3, 5). La precisa naturaleza de los espacios mencionados es incierta. *Véase también* las "galerías" en Cant. 7:5 KJV (hebreo rahat [NIV, NRSV: "mechones"]).

GALGO En Prov. 30:31 la KJV traduce la frase hebrea zarzir motnayim (lit., "aquello que está ceñido en el lomo", por lo tanto "angosto de cintura") como "galgo", pero la mayoría de las versiones modernas prefieren "gallo pavoneándose" (como en el Targum).

GALILEA La región norte de Israel. El nombre puede significar "círculo", "región" o "distrito". Determinar los límites precisos de la región es difícil, pero en la época de Jesús parece haber abarcado un área de alrededor de setenta y dos kilómetros de norte a sur y cuarenta kilómetros de este a oeste, con el río Jordán y el Mar de Galilea formando el límite este. Josefo divide la región en Alta y Baja Galilea. La Alta Galilea contiene elevaciones de hasta mil doscientos veinte metros y se compone principalmente de montañas escarpadas, mientras la Baja Galilea alcanza una altura máxima de seiscientos diez metros y se caracteriza por numerosos valles fértiles. La Baja Galilea fue el lugar de la mayor parte del ministerio de Jesús. Galilea aparece varias veces en el AT (e.g., Js. 20:7; 1 Re. 9:11; 1 Cr. 6:76). Era parte de la tierra entregada a las doce tribus (Js. 19). Ya que Galilea estaba distante de Jerusalén, que jugaba el rol más prominente en la historia judía, gran parte de su historia no se menciona en el AT. Muchas de las referencias que ocurren son referencias militares, tal como la derrota de Josué del rey de las aguas de Merom (Js. 11:1-9) y la remoción por parte de asiria del reino norte de Israel (Is. 9:1). Sin embargo, su gran belleza, particularmente de montañas como el Carmelo, Hermón y El Líbano, fue la fuente de numerosas imágenes y metáforas en la literatura poética y profética (e.g., Sal. 133:3; Is. 33:9; 35:2; Jr. 46:18). Galilea figura prominentemente en el NT. Jesús provenía de Nazaret en Galilea y condujo gran parte de su ministerio temprano allí. Lucas específicamente identifica Galilea como el lugar donde comenzó el ministerio de Jesús antes de extenderse a Judea (Lc. 23:5; Hec. 10:37). Galilea también es retratada como el lugar donde Jesús se reunirá con sus discípulos tras su resurrección (Mc. 16:7) y donde les entrega la Gran Comisión (Mt. 28:16-20).

GALILEA, MAR DE *Véase* Mar de Galilea.

GALILEO Alguien que vive en o es originario de Galilea. Jesús creció en una parte del extremo sur de Galilea, en Nazaret, y sus primeros seguidores fueron extraídos de toda la región. Galilea tenía una población de trescientas mil personas en doscientas aldeas o más, al igual que varias grandes ciudades (Josefo, Life 235). Los galileos compartían un dialecto único (Mt. 26:73; cf. Hec. 2:7). La región tenía una reputación de fomentar la rebelión (Lc. 13:1; 23:5-6). El fariseo Gamaliel menciona a Judas, el galileo (Hec. 5:37), que suscitó una revuelta contra el censo bajo Quirinio alrededor del año 6 AD (Josefo, J.W. 2.118,433; Ant. 18.23). Galilea también se asociaba con no-judíos (gentiles) primariamente debido a la Decápolis, una liga de aproximadamente diez ciudades (Mt. 4:12-17, citando a Is. 9:1-2; Mc. 7:31). Sin embargo, evidencia arqueológica y el NT sugieren que los judíos galileos, muchos de los cuales colonizaron el área durante el gobierno de los macabeos, retuvieron lazos cercanos culturales y religiosos con Judea y el templo (Lc. 1:26-27; 2:1-7, 39-40; Jn. 4:45).

GALIM Un pueblo mencionado en Is. 10:30, que implica que estaba ubicada entre Gabaa y Laisa, justo al norte de Jerusalén. Tras su disputa con David, Saúl entregó su hija Mical, antes esposa de David, a Palti, un habitante de Galim (1 Sm. 25:44). La oscuridad del término ha llevado a algunos a identificar a Galim como ubicaciones con nombre de sonido similar, tales como Gilgal (Js. 15:7), Gelilot (Js. 18:17) o Bet Gilgal (Neh. 12:29). La LXX menciona a Galim (Códice A; Códice B tiene "Galem") en un texto que no tiene paralelo en la versión hebrea, tras Js. 15:59.

GALIÓN El procónsul de Acaya en los años 51-52 AD. Era el hermano del filósofo estoico Séneca, con quien compartía una reputación de antisemitismo. En Hec. 18:12-17, los judíos de Corinto llevan a Pablo ante el tribunal de Galión con el cargo de persuadir personas de adorar contra la ley. Ya que los cargos son presentados ante el procónsul romano, probablemente se refiere a la ley romana, no judía. Bajo la ley romana, el judaísmo disfrutaba el estatus de collegium lícita (religión reconocida), y por lo tanto sus miembros estaban exentos de la obligación de adoración al emperador. El cristianismo no disfrutaba de este estatus, y los persecutores judíos querían que la predicación de Pablo se viese como parte de una religió illicita (religión ilícita).

Galión no le permitió hablar a Pablo, pero resolvió que esto era una disputa acerca de palabras y la ley judía; se rehusó a emitir juicio. Los judíos y cristianos fueron dejados para resolver el tema entre ellos. Sóstenes, el gobernador de la sinagoga, fue maltratado y Galión mostró su total indiferencia al no hacer nada. El hecho de que Galión no se aliara con los judíos contra los cristianos puede haberle otorgado un estatus mayor al cristianismo en la colonia romana de Corinto. Al incluir este relato en Hechos, Lucas desea mostrar que el cristianismo no representa una amenaza para Roma.

GALLINA El ave, un ave doméstica, que Jesús usa como metáfora para describir el deseo de Dios de proteger a los hijos de Jerusalén como la gallina hace con los polluelos (Mt. 23:37; Lc. 13:34). A diferencia de los polluelos que fácilmente aceptarían esa protección, Jerusalén es conocida por su testarudo rechazo. *Véase también* Pollo.

GALLO Un gallo marca el paso del tiempo en la historia de la negación de Jesús por parte de Pedro en los cuatro Evangelios (Mt. 26:34, 74-75; Mc. 14:30, 72; Lc. 22:34, 60, 61; Jn. 13:38; 18:27). En la historia, Jesús predice que Pedro lo negará tres veces antes de que cante el gallo. El evento tiene lugar en el patio del Sanedrín, en presencia de los sirvientes del sumo sacerdote (el sumo sacerdote era una de las personas juzgando a Jesús). En Mc. 13:35, Jesús advierte que el próximo apocalipsis tomara a las personas por sorpresa si no están pendientes durante los diferentes momentos de la noche, incluyendo "cuando cante el gallo".

La inscripción mencionando a Lucio Junio Galión fue el procónsul de Acaya (AD 52).

GALÓN La palabra inglesa "gallon" se usa en algunas versiones de la Biblia para presentar cantidades equivalentes de medidas hebreas y griegas. Por ejemplo, la NIV traduce el griego "cien batous" de aceite de oliva (un batos correspondía a ocho o nueve galones) a su equivalente de "novecientos galones" (Lc. 16:6). Similarmente, la NIV traduce el griego para "dos o tres metrētas" (una metrētēs era alrededor de nueve galones) como "veinte a treinta galones" (Jn. 2:6).

GAMAD Un lugar de ubicación incierta mencionado en el lamento de Ezequiel concerniente a Tiro (Ez. 27). Los "hombres de Gamad" (KJV: "gamadeos") son uno de varios grupos de personas mencionados en conexión con Tiro. Los hombres de Gamad específicamente estaban "en las torres [de Tiro]" (27:11), queriendo decir que defendían la ciudad. La palabra hebrea (gammadim) puede ser una referencia a un tipo de guerrero (cf. ASV: "hombres valerosos") y no un nombre propio, pero la mayoría de las traducciones entienden "Gamad" como un nombre de lugar.

GAMADEOS *Véase* Gamad.

GAMALIEL (1) Gamaliel, el hijo de Pedasur es mencionado en Nm. 1:10; 2:20; 7:54, 59; 10:23. Es descrito como el jefe de la tribu de Manasés (Nm. 2:20), y es elegido para ayudar a Moisés a realizar el censo en el desierto. **(2)** Gamaliel (también conocido como Gamaliel el Anciano o Gamaliel I), que es mencionado en Hechos 5:34; 22:3, era un miembro del Sanedrín, un fariseo y un maestro de la ley. Se dice que era el nieto del famoso sabio y estudioso, Hilel (según la tradición posterior). Era un miembro del partido de Hilel de los fariseos, que era reconocido por su interpretación más liberal de las Escrituras en comparación con el más conservador partido Samai. En Hechos 5:34-40, Gamaliel interviene en el juicio de los apóstoles ante el Sanedrín con un discurso razonado. Pablo lo reconoce como su maestro en Hec. 22:3. Es mencionado en el Misná, que dice: "Cuando el rabino Gamaliel el Anciano murió, la gloria de la Ley cesó y murieron la pureza y la abstinencia" (m. Sotah 9:15).

GAMUL El líder de una división de sacerdotes durante el reinado de David (1 Cr. 24:17).

GAMUZA Interpretación en la KJV de la palabra hebrea zemer en Deuteronomio 14:5 (NVI: "carnero montés"), que es un animal que Dios permite como alimento. Este animal, que se encuentra en terreno montañoso, posiblemente sea algún tipo de cabra o antílope que tiene cuernos erguidos con puntas que se extienden hacia atrás. Se le considera un animal extremadamente frágil.

GANADO Designación colectiva para animales ovinos que se mencionan en pasajes que tienen relación con los aspectos económicos, políticos, militares y religiosos de la vida. El ganado es una propiedad (Éxodo 22:1; 2 Samuel 12:2) y alimento (Mateo 22:4), por lo que se consideraba que los rebaños eran un indicio de riqueza y de la bendición de Dios (Génesis 24:35; 1 Reyes 4:21-23; cf. Apocalipsis 18:11-13). Los ganados se intercambiaban en las transacciones de negocio (Génesis 47:16-17) y en los tratados políticos (21:27). En las instrucciones militares se puede aludir a los ganados (1 Samuel 15:3). Los ganados debían usarse para los sacrificios (Éxodo 22:1; Levítico 22:19; Números 22:40) a no ser que Dios señalara lo contrario (1 Samuel 15:14-25). Aunque los reyes se quedaban con la mejor parte del rebaño para ellos (1 Samuel 8:16; 1 Reyes 4:21-23), el ganado sobre miles de colinas pertenece a Dios (Salmos 50:10; 104:14). Dios estaba preocupado por la ciudad de Nínive en cuanto a la cantidad de gente y de ganado que había (Jonás 4:11). Llamar a alguien "res" o "buey" era considerado un insulto hacia la inteligencia de la persona (Job 18:3; cf. Amós 4:1). El rey Nabucodonosor aprendió a ser humilde tras experimentar la manera en la que vive el ganado (Daniel 4:25-37). Los bueyes son mencionados entre los animales que Jesús echa de las cortes del templo (Juan 2:14-15).

GANCHO Una pieza de metal u otro material, curvado o doblado en ángulo, usado para atrapar o colgar cosas. Se usa metafóricamente de Dios restringiendo al rey Senaquerib de Asiria de ir contra el rey Ezequías de Judá (2 Re. 19:28; Is. 37:29). Había anzuelos (Is. 19:8; Mt. 17:27 NRSV) y garfios de tala (Is. 18:5 NRSV). Ganchos de oro se usaban en el tabernáculo para colgar utensilios (Éx. 26:32).

GANGRENA La descomposición o muerte de tejido corporal tras una herida, debido a la

Ganado criado en el Golán (antiguo Bashan).

G

pérdida de riego sanguíneo. En tiempos antiguos también se refería a una úlcera que se extendía o cáncer. Pablo compara la descontrolada extensión de las enseñanzas de aquellos que consienten en "parloteo impío" a la gangrena (2 Tim. 2:17).

GARANTÍA La práctica de que un solicitante de préstamo ponga un colateral para garantizar el repago de un préstamo. La práctica cumplía el propósito de proteger a un acreedor contra la incapacidad de pago de un deudor. Un solicitante de préstamo que no tiene un colateral, o no es lo suficientemente solvente, puede recurrir a un amigo generoso para que actúe como garante (Prov. 6:1-5).

GARANTÍA *Véase* Depósito; Promesa.

GAREB (1) Uno de los poderosos hombres de David, llamado "el itrita" (2 Sm. 23:38; 1 Cr. 11:40). (2) Una montaña profetizada que será incluida en los nuevos límites de Jerusalén (Jr. 31:38-40).

GARMITA Una palabra usada para describir a Keila, un descendiente de Judá y Hodavías (1 Cr. 4:19). El significado de "garmita" es incierto; puede denotar la ascendencia de Keila o su lugar de nacimiento o puede indicar algo más acerca de él.

GARZA Un ave alta que camina por el agua (heb. 'anapah) que come peces y otras criaturas pequeñas, está en la lista como impura (Lv. 11:19; Dt. 14:18). Existen varias especies en Israel.

GASA, VESTIMENTAS DE Algunas traducciones españolas de Is. 3:23 (RSV, NRSV) usan la frase "vestimentas de gasa" para describir un adorno usado por mujeres de Jerusalén que Dios les arrebatará cuando juzgue a Jerusalén. El significado del término hebreo (gillayon) es incierto, sin embargo, y probablemente se refiere a una prenda o bufanda de algún tipo (TEV: "vestimenta reveladora"; JPS: "vestidos de encaje"; REB: "bufandas de gasa"; NET, HCSB: "vestimentas") o a un espejo (NIV, ESV, NLT, JB, NAB). En Is. 8:1 el mismo término es traducido "pergamino" o "tableta".

GAT HEFER Un pueblo en Zabulón en el límite con Neftalí (Js. 19:13), el hogar del profeta Jonás (2 Re. 14:25). Se identifica con Khirbet ez-Zurra', cerca de la moderna aldea de el-Meshhed, aproximadamente cuatro millas al noreste de Nazaret (nótese la conexión de Jesús y Jonás en Mt. 12:39:41). Una ortografía alternativa "Gittah-Hepher", reflejando una forma hebrea alternativa se encuentra en algunas traducciones más antiguas de Js. 19:13.

GAT RIMÓN Una de las ciudades asignadas a la tribu de Dan (Js. 19:45), posteriormente entregada a clanes cohatitas de los levitas (Js. 21:24). El paralelo en 1 Cr. 6:69 dice que la ciudad fue entregada a los clanes cohatitas de Efraín (pero véase Js. 21:23, faltante en el relato de 1 Crónicas, que ubica la ciudad en Dan). En Js. 21:25, Gat Rimón está ubicada en el territorio de la media tribu de Manasés, pero en el paralelo en 1 Cr. 6:70 el pueblo es llamado "Bileam". Esta confusión sobre Gat Rimón por lo general se atribuye a error de copista. Académicos modernos identifican Gat Rimón ya sea con Tell Jerisheh o Tell Abu Zeitun. Los lugares están cercanos uno a otro, y no puede determinarse con certeza cuál es la ubicación de Gat Rimón.

GAT Uno de las cinco ciudades principales de los filisteos, cada una de las cuales era gobernada por su propio señor (Js. 13:3). Gat estaba situada cerca del borde de Judá. Ya que la palabra hebrea gat significa "prensa de vino" y ocurre en los nombres de varios lugares (e.g., Gat Rimón, Gat Hefer, Moreset Gat), puede haber habido otros pueblos con este nombre. Algunas de las referencias bíblicas (e.g., 1 Cr. 7:21; 8:13) pueden no ser el Gat filisteo.

La ubicación más probable del Gat filisteo es Tell es-Safi, mirando hacia la principal ruta de norte a sur a través de Shefelah hacia el oeste de Jerusalén. Excavaciones aquí sugieren que el sitio estaba habitado en el período pre-israelita y durante el primer milenio a.C. Aunque la ciudad fue reconstruida en el período persa tras sudestrucción por los babilonios, parece haber sido abandonada entre finales del siglo uno a.C. y la época de las cruzadas. En la época de la conquista, Gat (mencionado en las cartas de Amarna del siglo catorce a.C.) estaba habitada por los formidables anacenos, que Josué fracasó en expulsar (Js. 11:21-22; *véase también* Dt. 1:28; 9:2), y en la época de David aún presumía de guerreros de gran altura y fuerza (2 Sm. 21:19-22; 1 Cr. 20:5-8). Sin embargo, también era una de las ciudades que Dios afligió con tumores cuando la capturada arca de la alianza fue almacenada allí (1 Sm. 5:8-9; 6:17), y el poderoso Goliat de Gat no fue rival para el ungido de Dios (1 Sm. 17:8-58).

En dos ocasiones David huyó de Saúl hacia Aquis, rey de Gat. La primera vez tenía tanto miedo de Aquis que fingió locura y escapó lo antes que pudo (1 Sm. 21:10-22:1; cf. el sobrescrito de Sal. 56). La segunda vez se asentó con seiscientos hombres y sus familias para engañar a Aquis de manera diferente: él usó a Gat como base para atacar a otros enemigos de Israel (1 Sm. 27:1-30:31), diciendo todo el tiempo que estaba destrozando la venganza sobre Saúl. Cuando el mismo Aquis derrotó a Saúl y Jonatán, David estaba horrorizado por la idea de que el pueblo de Gat sabría de sus muertes y regodearse (2 Sm. 1:20). Su horror es poéticamente refrendado en el lamento de Miqueas del siglo ocho a.C. sobre una condenada Judá (Miq. 1:10). No obstante, David parece haber hecho amigos al igual que enemigos en Gat. Obed-Edom el gittita fue bendecido en vez de maldecido cuando el arca fue guardada en su casa antes de su viaje final a Jerusalén (2 Sm. 6:10-11; 1 Cr. 13:3). Después de que David conquistó Gat (1 Cr. 18:1), los seiscientos mercenarios gittitas en su ejército estuvieron entre sus seguidores más leales (2 Sm. 15:18-22).

Gat parece haber cambiado de manos bastante frecuentemente a partir de entonces. Sabemos que Aquis gobernó en los días de Salomón, cuando Simei recuperó a sus esclavos escapados de allí (1 Re. 2:39-46) y que nuevamente estaba en manos filisteas cuando Uzías derribó sus muros (2 Cr. 26:6). Entremedio, sin embargo, nos dicen que Roboam de Judá lo fortificó (2 Cr. 11:8) y que en el reinado de Joás, Hazael de Aram lo conquistó (2 Re. 12:17). El hecho de que Amos menciona a Gat como "en Filistea" (Am. 6:2), pero no lo agrupa con las otras cuatro ciudades de los filisteos (1:6-8) puede significar que estaba bajo control israelita en el momento. Los registros asirios del siglo ocho a.C. describen varias campañas contra las ciudades filisteas rebeldes, incluyendo la ciudad de Gat (Anales de Sargón II).

GATAM Un descendiente de Esaú a través de su hijo Elifaz (Gn. 36:11; 1 Cr. 1:36). Uno de los clanes de los edomitas deriva su nombre de Gatam (Gn. 36:16).

GAVILÁN La Biblia menciona muchas aves de rapiña (por ejemplo, en Levítico 11:13-19; Deuteronomio 14:11-18 como impuras), pero es difícil distinguir las especies. En la NVI no se usa la palabra "gavilán", pero en otras versiones en español la utilizan para interpretar varias palabras hebreas.

GAVIOTA DE MAR *Véase* Gaviota.

GAVIOTA Un ave acuática listada como una de las aves impuras (Lv. 11:16; Dt. 14:15; KJV: "cucú").

GAYO **(1)** Compañero misionero de Pablo (junto con Aristarco) que fue aprehendido por una multitud efesia enojada hasta que fue liberado a insistencia del secretario municipal (Hec. 19:29). Este es probablemente el mismo Gayo que viajó con Pablo hacia Macedonia (20:4). **(2)** Un miembro de la iglesia de Corinto bautizado por Pablo (1 Cor. 1:14) y que mostró gran hospitalidad a toda la iglesia corintia durante la época de este en la ciudad (Rom. 16:23). **(3)** Un anciano en la iglesia al que se dirige el autor de 3 Juan que es alabado por su fidelidad al Evangelio (versículo 1).

GAZA El lugar bíblico de Gaza se ubica en Tell Harube/Tell 'Azza, que está bajo la moderna ciudad palestina de Gaza. Está estratégicamente situada en el sur de Palestina, cerca del límite egipcio, y está aproximadamente a cuatro kilómetros del Mar Mediterráneo. Excavaciones iniciales fueron lideradas por W. J.

G

Phythian-Adams en 1922 bajo el auspicio del Fondo para la Exploración de Palestina (Palestine Exploration Fund).

Excavaciones adicionales fueron dirigidas por Asher Ovadiah en 1967 y 1976. En la tardía Edad de Bronce (1550-1200 a.C.), Gaza estaba bajo control egipcio. Es mencionado por primera vez en los anales de Tutmosis III como la capital provincial de Canaán y funcionaba como centro administrativo egipcio en las cartas de Amarna y de Taanach. A principios de la Edad de Hierro (1200 a.C.), las Gentes del Mar (especialmente los filisteos) tomaron control de esta región costera. Este escenario se refleja en Dt. 2:23, que establece que los caftoreos (esto es, los filisteos) desplazaron a los avitas. Josué 11:22 también establece que tras la conquista israelita, los gigantes Anaquim sólo permanecían en Gaza, Gat y Ashdod (fueron probablemente asimilados a la cultura filistea, tal vez como mercenarios).

Estas tres ciudades, junto con Ecrón y Ashkelon, componen la Pentápolis filistea (Js. 13:3; 1 Sm. 6:17-18). La Pentápolis permaneció sin conquistar hasta el final de la vida de Josué (Js. 13:3), aunque Ecrón, Ashdod y Gaza estaban incluidas en la asignación de Judá (15:45-47). Los judaitas tomaron brevemente el control de Gaza, Ashkelon y Ecrón, que no pudieron mantener debido al uso por parte de los filisteos de "carrozas de hierro" en las planicies (Jue. 1:18-19). Durante el período de los jueces, Gaza aparece prominentemente en las hazañas de Sansón. La ciudad es descrita como teniendo una puerta y un templo de varios pisos (Jue. 16:1-3, 26). Tras la conquista de los filisteos por David, se dice que el rey Salomón tenía dominio sobre una amplia región incluyendo a Gaza (1 Re. 4:24). En la segunda mitad del siglo ocho a.C., Gaza se volvió vasalla de Asiria (bajo Tiglat-piléser III). El rey Ezequías también sometió a la región brevemente (2 Re. 18:8), pero Gaza permaneció como vasalla de Asiria hasta fines del siglo siete, cuando la ciudad fue brevemente ocupada por el Faraón Necao II y luego cayó ante Nabucodonosor (*véase* Jr. 47:1-2, 5). Gaza es mencionada en un número de oráculos proféticos contra Filistea (Jr. 25:20; 47:1; Am. 1:6-7; Sof. 2:4; Zac. 9:5). Aparece sólo una vez en el NT, cuando Felipe está viajando hacia Gaza y se encuentra con el eunuco etíope (Hec. 8:26).

GAZAM Uno de los ancestros de los sirvientes del templo (netineos) que regresaron a Jerusalén tras el cautiverio babilonio bajo el liderazgo de Zorobabel en el año 539 a.C. o alrededor de esa fecha (Esd. 2:48; Neh. 7:51). El hecho de que muchos de los nombres en la lista de los ancestros sean extranjeros ha llevado a la creencia de que originalmente eran prisioneros de guerra presionados al servicio para realizar tareas domésticas mientras asistían a los levitas.

GAZEO *Véase* Gaza.

GAZEZ **(1)** Hijo de Caleb a través de su concubina Efa (1 Cr. 2:46a). **(2)** Un nieto de Caleb, nacido de Harán, hermano del primer Gazez (1 Cr. 2:46b), haciendo de los dos Gazez tío y sobrino.

GEBA Situada en el borde este de la meseta central de Benjamín, Geba (actual Jeba) y su ciudad hermana, Mikmás (Mukhmas), estaban aproximadamente a diez kilómetros al norte de Jerusalén en una ruta significativa desde el Valle del Jordán hacia el territorio montañoso. Aunque una rama del Uadi Qilt separa ambos pueblos, una "montura" a través de este profundo valle hacia el viaje más fácil entre ellos. Esta característica geográfica surge en la descripción de la avanzada asiria hacia Jerusalén (Is. 10:28-29).

El nombre "Geba" proviene de la raíz hebrea de tres letras que significa "cerro" y es suficientemente similar a "Gabaa" que algunos han sugerido que Geba, Geba de Benjamín (1 Sm. 13:16), Gabaa (Jue. 19-20), Gabaa de Benjamín (1 Sm. 13:2, 15; 14:16) y Gabaa de Saúl (e.g., 1 Sm. 10:26; 11:4) son la misma ubicación. La mejor lectura de los textos, sin embargo, indica que Geba y Gabaa son al menos dos ubicaciones separadas (1 Sm. 13:2-3; Is. 10:29). Gabaa de Saúl es Tell el-Ful, aproximadamente tres kilómetros al sur de Jeba. Durante los primeros años de la monarquía de Saúl, los filisteos tenían una guarnición en Geba, entre las fuerzas de Saúl en Mikmás y aquellas de Jonatán en Gabaa de Benjamín (1 Sm. 13:2-3).

G

Cuando perdieron Geba ante Jonatán se reagruparon en Mikmás, al otro lado del paso. Jontaban y su portador de armadura salieron de Geba, descendieron hacia el uadi, subieron del otro lado y atacaron y conquistaron la guarnición filistea (1 Sm. 14).

El rey Baasa del norte creó un dominio en el reino sur al tomar Ramá, un cruce de caminos crítico al norte de Jerusalén entre Geba y Mizpa. Asa, rey del sur, apeló a Ben Adad de Aram, quien atacó la frontera norte del territorio de Baasa. Asa luchó por retomar el control de Ramá de vuelta de Baasa y fortificó Geba al este y Mizpa al oeste, asegurándose de controlar las rutas de acceso a la meseta de Benjamín desde el este y el oeste (1 Re. 15:16-22).

GEBER Hijo de Uri, fue gobernador de Galaad durante el reinado de Salomón (1 Re. 4:19). Si Ben Geber ("hijo de Geber"), mencionado en 1 Re. 4:13, es su hijo o el mismo Geber es materia de especulación.

GEBIM Un lugar mencionado sólo en Is. 10:31, en una profecía del avance del ejército asirio contra Jerusalén. Su ubicación es incierta, pero aparentemente estaba en alguna parte en la vecindad norte de Jerusalén, al sur de Anatot.

GEDALÍAS **(1)** El hijo de Ahicam y nieto del escriba de Josías, Safán. Tras el exilio de Sedequías, fue nombrado gobernados sobre Judá por Nabucodonosor de Babilonia en el año 587 a.C. (2 Re. 25:22-26; Jr. 39:14; 40:5-41:18). Él no sólo protegió al profeta Jeremías, sino que también aconsejó a la gente de manera similar, diciéndole a aquellos que permanecieron en Judá que sirviesen a los babilonios. Ignoró la advertencia de Johanán acerca de un plan de asesinato y, tras gobernar sólo por dos meses, fue asesinado por Ismael, un representante de Baalis, rey de los amonitas. Un sello de Laquis parece referirse a él: "perteneciente a Gedalías, que está sobre la casa".

(2) Un hijo de Jedutún y un músico del templo asignado por David para profetizar con instrumentos (1 Cr. 25:3, 9). **(3)** Un descendiente sacerdotal de Josué que obedeció el llamado de Esdras a alejar a su esposa extranjera (Esd. 10:18). **(4)** El hijo de Pasur, era uno de los varios oficiales de Jerusalén que convencieron al rey Sedequías de arrojar al profeta Jeremías a una cisterna por su predicción de muerte y exilio (Jr. 38:1-6). **(5)** Nieto de Ezequías, el rey y abuelo de Sofonías, el profeta (Sof. 1:1).

GEDEÓN El quinto juez descrito en el libro de los Jueces (6:1-8:35). Tras la victoria de Débora sobre los cananeos, Israel vuelve a caer en el pecado, por lo que Dios entrega Israel a un nuevo opresor, lo madianitas y sus aliados. En el pasado, cuando Israel se ha arrepentido como lo hacen en Jue. 6:7, Dios inmediatamente les trajo un juez para rescatarlos.

Esta vez, sin embargo, Dios primero envía un profeta, que los reprende por su continua apostasía (6:8-10). Aún así, el texto narrativo se enfoca en Gedeón, quien Dios comisiona para rescatar a Israel de Madian (7:14). Como Barac antes de él (4:8), sin embargo, Gedeón no acepta inmediatamente, sino más bien establece condiciones para su participación, pidiendo una señal. Incluso tras recibir la señal, él primero que todo decide actuar solo localmente, derribando el santuario idolatra de su padre y construyendo un altar apropiado para Yahveh (6:26-27). Aunque las personas quieren castigar a Gedeón por miedo a los madianitas, su padre lo defiende y lo renombra "Jerubaal" que significa "dejen a Baal contender con él" (6:32).

En este punto, el conflicto crece más seriamente ya que los madianitas y sus aliados se reúnen contra Israel. Incluso después que el Espíritu de Señor viene sobre Gedeón, y este aun pone condiciones a Dios pidiendo otra señal, esta vez colocando un vellón frente a Dios y pidiendo que este estuviese mojado mientras la tierra está seca. Aunque Dios cumple su condición, Gedeón exige un segundo juicio, y solo una vez que este es exitoso él procede.

La exitosa batalla contra los madianitas es mejor conocida por el despido anterior a la batalla de muchas de las tropas israelitas. Muchos responden al llamado a las armas de Gedeón. Como demanda Dios, Gedeón insiste en que las tropas temerosas se retiren, pero incluso después de que diez mil hombres se han retirado veintidós mil permanecen. Finalmente,

G

Dios instruye a Gedeón que haga a las tropas beber de las aguas de Uadi Harod. Los trescientos que beben el agua llevándola con sus manos a la boca son elegidos y con ellos Gedeón recibe una gran victoria. No hay nada especial en estar trescientas tropas. Dios sabe que Gedeón tiene una propensión a la auto glorificación ("por mí mano" [Jue. 6:36]), y Dios quiere asegurarse de que Israel no presumirá de su propia fuerza y sabrá que es Dios quien los ha liberado.

Aunque Gedeón es vacilante y aparentemente desconfiado en responder el llamado de Dios, eventos durante y después de la batalla muestran su verdadera naturaleza. Su humildad está en evidencia (cf. Jue. 6:15) cuando rechaza la petición de los israelitas para ser su rey (aunque después nombra a uno de sus hijos "Abimélec", que significa "Mi padre es rey"), insistiendo que solo Dios los regirá (8:22-23). No obstante, una petición suya se vuelve una ocasión para que Israel se hunda de vuelta en la idolatría cuando modela un efod de oro enemigo saqueado, que los israelitas luego adoran (8:24-27). Incluso así, el libro de Hebreos (11:32) lo considera un ejemplo de fe.

GEDER Una de las treinta y una ciudades conquistadas listadas en Js. 12:9-24 (versículo 13). Las ciudades precedentes y siguientes sugieren las estribaciones al sur de Judea o el norte del Neguev. Otros lugares, tales como Bet Gader, Gedera, Gederot, Gedorataim y Gedor, tienen nombres similares. Una lectura original de "Gerar" es posible si se considera un error de copista. Geder puede haber sido el hogar de Baal-Hanán, un guederita que era un oficial señalado por David para estar "a cargo de los olivos y sicómoros/higueras en las laderas del oeste" (1 Cr. 27:28). Khirbet Jedur se ha sugerido como su ubicación moderna.

GEDERA **(1)** Un pueblo en la asignación territorial de Judá en las laderas occidentales (Js. 15:36). Aquí vivían algunos de los descendientes de Sela, hijo de Judá, destacados por su producción de cerámica para el rey (1 Cr. 4:23). Su ubicación es debatible. Tell Judeideh, al norte de Beit Guvrin, Khirbet Judraya en el Valle de Ela, Khirbet Jedireh en Valle de Ayalon, Cedrón (actual Qatra) y el área de Latrún se han sugerido. **(2)** El hogar de Jozabad, uno de los guerreros ambidiestros de David, llamado un "guederatita" (1 Cr. 12:4). El pueblo posiblemente se ubicaba en Jedireh, cerca de Gabaón.

GEDEROT Un pueblo en la asignación territorial de Judá (Js. 15:41). Este pueblo fue capturado por los filisteos durante el reinado de Acaz, que luego pidió ayuda a los asirios para liberar la ciudad (2 Cr. 28:16-21). La ubicación exacta del pueblo es desconocida, pero es probable que estuviese en el límite entre Israel y las ciudades filisteas en las laderas.

GEDEROTAIM Un pueblo en la asignación territorial de Judá ubicado en las laderas occidentales de Judá (Js. 15:36). Existe cierto debate académico acerca de si este es el verdadero nombre de un pueblo (aparte del ya mencionado pueblo de Gedera en Js. 15:36), una variante de nombre del pueblo Gedera o si "Gederotaim" debiese traducirse literalmente (con "Gedera") como "Gedera y sus rediles".

GEDOLIM El padre de Zabdiel. Zabdiel era el oficial en jefe de un clan sacerdotal que fue elegido para vivir dentro del muro de la ciudad de Jerusalén una vez que Nehemías la completó (Neh. 11:14). También es posible que "Gedolim" no sea un nombre propio, pero más bien que en la frase hebrea ben-haggedolim la segunda palabra debería traducirse "Zabdiel, hijo de [uno de] los grandes hombres" (cf. KJV).

GEDOR **(1)** Un judaita, hijo de Penuel y descendiente de Hur (1 Cr. 4:4). **(2)** Un judaíta, hijo de Jered (1 Cr. 4:17-18). **(3)** Un benjamita que era tío abuelo del rey Saúl (1 Cr. 8:29-31; 9:35-37). **(4)** Un pueblo en el territorio montañoso que era parte de la asignación territorial de Judá (Js. 15:58). Joela y Zebadías, que desertaron de Saúl para unirse a David, eran de Gedor. **(5)** Los simeonitas se movieron hacia las áreas rodeando al pueblo de este nombre (1 Cr. 4:39) cuando necesitaron espacio para expandirse debido al crecimiento de su tribu. Es posible que este sea el mismo pueblo que en Js. 15:58.

G

GEHENNA Este nombre es una derivación latina y griega del nombre hebreo de lugar "Valle de Hinom" (Neh. 11:30), el profundo barranco en el extremo sur de la antigua ciudad de Jerusalén. También llamado el "Valle de Ben Hinom" (Jr. 19:2) y era el límite norte de Judá desde la época de la conquista (Js. 15:8; 18:16). Marcaba el límite norte del asentamiento judaíta en tiempos de Esdras y Nehemías.

Esto colocaba a la ciudad de Jerusalén justo dentro de territorio benjamita. Se volvió en un nombre infame debido a que lugares cúlticos paganos se ubicaban allí durante la época de la posterior monarquía (2 Re. 23:10; 2 Cr. 28:3; 33:6; Jr. 7:31; 32:35), cultos que involucraban el sacrificio de niños a Mólek y Baal. Jeremías lo renombró el "Valle de Matanza" (Jr. 7:32; 19:5-6).

Es fácil de ver, por lo tanto, cómo en escritos judíos posteriores Gehenna podía ser una metáfora para el castigo ardiente que era la asignación de los malvados en el día del juicio. Esto se refleja en el uso del NT. Jesús habló acerca de aquellos que maldecían a otros como estando "en riesgo de los fuegos de Gehenna [NIV: "infierno"]" (Mt. 5:22). Decía que el destino de los malvados era que sus cuerpos fuesen "lanzados hacia Gehenna [NIV: "infierno"]" (5:29-30).

Es un lugar de destrucción (10:28) y el fuego es su elemento atormentador y destructivo (18:9). Jesús describió a todo fariseo hipócrita como "un hijo de Gehenna [NIV: "infierno"]" (23:15), ya que tal hipocresía llevaría a que fuesen enviados allí para su castigo (23:33). El hecho de que esta palabra se encuentre repetidamente en labios de Jesús (cf. Mc. 9:43, 45, 47; Lc. 12:5) significa que esta enseñanza no puede descartarse como exageración o condenada como inconsistente con la amante preocupación por el pecador enfrentando castigo. Fuera de los Evangelio Sinópticos, "Gehenna" aparece en el NT solo en Sant. 3:6 como parte de su enseñanza acerca de controlar la lengua. *Véase también* Infierno; Hinom, Valle de.

GELILOT Un pueblo en el límite sur de la asignación tribal de Benjamín y el límite norte de la asignación de Judá (Js. 18:17), cerca del Río Jordán, donde Rubén, Gad y la media tribu de Manasés construyeron un "imponente altar" (Js. 22:10-34).

GEMA *Véase* Joyas, Joyería; Minerales y Metales.

El Valle de Hinnom, también conocido como Gehenna.

G

GEMALI El padre de Amiel de la tribu de Dan, uno de los espías de Moisés (Nm. 13:12).

GEMARÍAS (1) Hijo de Hilcías, fue uno de los enviados de Nabucodonosor de Babilonia y los exiliados judeanos allí (Jr. 29:3). (2) Hijo de Safán, un alto oficial, tenía una habitación en el templo (Jr. 36:10-12). Gemarías permitió al escriba Baruc leer las profecías de Jeremías (36:10) y posteriormente intentó detener al Rey Joacim de quemar el pergamino de Jeremías (36:25).

GEMATRÍA *Véase* Sistemas y Simbolismo Numérico.

GENEALOGÍAS Una genealogía bíblica es un listado de nombres mostrando las interrelaciones de individuos, clanes o naciones. Se encuentran principalmente, aunque no exclusivamente, en el Pentateuco, Esdras-Nehemías y Crónicas. La disposición de nombres en tales listados por lo general es hacia adelante en el tiempo, de ancestro a descendiente (e.g., Rut 4:18-22, trazando una línea familiar descendiente hacia David), y esto es una genealogía real.

En otras ocasiones, los nombres se listan en la dirección opuesta, hacia atrás en el tiempo, del individuo al ancestro (e.g., Esd. 7:1-4, donde la genealogía de Esdras se traza hacia atrás hasta Aarón, "el sumo sacerdote"), y esto es, estrictamente hablando, un pedigrí. El inusualmente largo pedigrí (incluso para estándares bíblicos) de Esdras "el sacerdote" es una forma efectiva para destacar su interés en el templo cuando es presentado al lector por primera vez. El pedigrí de 1 Cr. 6:33-47 muestra las impecables credenciales levitas de Hemán, Asaf y Etán, que sirvieron ante el arca de la alianza bajo el liderazgo de David. La información genealógica siempre es suministrada por alguna razón.

Tipos de Genealogías

Los dos términos principales usados en el AT son toledot ("historia genealógica"; e.g., Gn. 2:4; 5:1; 6:9; NIV: "recuento") y yakhas ("registro genealógico"; sólo en Neh. 7:5, pero el verbo relacionado, "registrar por genealogía", ocurre en Esd. 2 // Neh. 7 y en otras partes). En Esdras-Nehemías la proporción de una genealogía creíble es necesaria para aceptación como un israelita (Esd. 2:59-60) o para asegurar privilegios sacerdotales (Esd. 2:61-63). La preocupación no es la pureza racial como tal, sino más bien la integridad teológica de Israel (Esd. 9:1-2). Las referencias peyorativas a "genealogías" en 1 Tim. 1:4 y Tit. 3:9 no condenan las listas del AT, sino que rechazan las genealogías fabricadas en las especulaciones míticas de libros judíos intertestamentarios como Jubileos.

El linaje invariablemente se traza a través de la línea masculina. Con mayor frecuencia en una narrativa bíblica un individuo es suministrado sólo con un patronímico (e.g., "Isaías, hijo de Amoz" [Is. 1:1]) o a veces se especifican tres generaciones (e.g., "Bezalel, hijo de Uri, hijo de Hur" [Éx. 35:30]). En Éx. 6:16-20 la escorzada genealogía de Aarón y Moisés no debe entenderse como diciendo que sólo había cuatro generaciones entre ellos y Leví.

Algunas genealogías involucran relaciones étnicas y geográficas. Por ejemplo, entre naciones del mundo antiguo en Gn. 11 y entre Israel y pueblos circundantes en Gn. 19:37-38; 25:1-4. En listas, la relación padre-hijo puede ser más amplia que descendientes inmediatos y pueden referirse a ancestros remotos (nieto, bisnieto, etc.) (e.g., Esd. 5:1; cf. Zac. 1:1).

La Importancia de las Genealogías

Las genealogías son una característica importante de la narración bíblica. El lector moderno no debería saltárselas simplemente, y las obras de J. R. R. Tolkien muestran que la genealogía no está muerta en términos literarios. Cuando se provee una genealogía bíblica, tiene un rol en la narración. Contribuye algo esencial a la presentación del escritor bíblico. Por ejemplo, en 1 Cr. 1 no es un simple listado de nombres, sino más bien, comenzando con Adán, proporciona un contexto mundial para la historia de Israel que sigue; y 1 Cr. 2-9 enfatiza la estructura de doce tribus del pueblo de Dios, previniendo así la confusión de que Crónicas es sólo una historia del reino sur de Judá. Además, las listas no son sólo nombres; incluyen material temáticamente significativo que contribuye al mensaje general del libro en particular. Por ejemplo, los avances tecnológicos de los descendientes de Caín relatados en Gn. 4:17-22 y las hazañas militares relatadas en 1 Cr. 5:18-22.

La genealogía de diez generaciones de Gn. 5 hace un puente entre las eras antediluviana y de la inundación. El refrán repetido "y falleció" retrata el reinado de la muerte sobre la raza humana. Otra genealogía de diez generaciones une la generación de la inundación con Abram (Gn. 11:10-26). En este caso, el efecto nocivo del pecado en los humanos se muestra por un decrecimiento gradual en el ciclo de vida de las personas. Con frecuencia existe un elemento de modelo en las genealogías bíblicas (e.g., la limitación de las generaciones a diez). Génesis 5 despliega la convención de la séptima generación, que parece digna de atención especial (Enoc). También está el deleite de la Biblia en los múltiplos de siete. Por ejemplo, las setenta generaciones en Gn. 10, el modelo generacional de 3 x 14 en Mt. 1, y los setenta miembros en el pedigrí de Cristo en Lc. 3:23-38. Por consiguiente, ninguna de estas genealogías puede entenderse como comprensiva en alcance; más bien, son altamente selectivas y estilizadas. Su propósito es apoyar y subrayar el mensaje teológico del autor.

Debido a que es raro que mujeres sean mencionadas en las genealogías bíblicas, cuando lo son hay una significación especial. Por ejemplo, Sarai en Gn. 11:29: aunque infértil, se convertirá en la madre de la línea de la promesa; Rebeca en Gn. 22:23: se convertirá en la madre de Isaac; las hijas de Zelofehad en Nm. 26:33: su historia se elaborará en Nm. 27; 36; las cinco mujeres en la genealogía de Jesús (Mt. 1): varias de ellas no son israelitas, sugiriendo que Jesús viene como el Salvador del mundo.

GENERACIÓN Generación tiene tres significados principales en la Biblia: (1) un período de tiempo, (2) un grupo de personas del mismo período de tempo y (3) una etapa en la línea del linaje de una persona. También tiene tres usos metafóricos o secundarios.

Primero, "generación" como un período de tiempo involucra el espacio de tiempo entre el nacimiento de una persona y el nacimiento de los hijos de esa persona. El número "cuarenta" con frecuencia se asocia con el tiempo para que una generación muera y surja otra (cf. Nm. 32:13). No obstante, dos puntos deben señalarse. Primero, el número real de años se determinó como cuarenta porque el pueblo había expiado la tierra por cuarenta días (Nm. 14:34), no porque una generación durase cuarenta años. Segundo, los cuarenta años aplicados a aquellos que tuviesen veinte años o más. Ya que el propósito de los cuarenta años en el desierto era permitir que una generación de adultos falleciese (14:30-35), los cuarenta años pueden representar el límite superior de la esperanza de vida de un adulto en condiciones desérticas, que sería sesenta años. De hecho, cuando Moisés habla a Israel en las planicies de Moab, él menciona que Israel cruzó el Valle de Zered treinta y ocho años después de que la travesía por el desierto había comenzado y que la generación previa había muerto (Dt. 2:14). Este comentario muestra que cuarenta años tiene menos relación con una generación que con expectativa de vida de un adulto en el desierto. Otros pasajes no proporcionan pistas para la duración de una generación, de manera que la duración específica de una generación no se registra en la Biblia. Además, ya que una generación representa el espacio de tiempo entre el nacimiento de una persona y el nacimiento de los hijos de esa persona, tampoco es un número fijo, sino más bien representa un período de tiempo impreciso. En un pasaje "generaciones" se colocan junto a "edades", que representan períodos de tiempo indefinidos de mayor duración (Col. 1:26).

Segundo, "generación" con frecuencia se usa para representar a un grupo de personas del mismo período de tiemplo. Puede referirse a un grupo de personas que viven durante el mismo tiempo (Gn. 7:1) o aquellos que nacieron aproximadamente en el mismo tiempo (Éx. 1:6; Nm. 32:13; Dt. 1:35).

Tercero, "generación" también se usa comúnmente para representar una etapa en la línea del linaje de una persona. Este uso por lo general es precedido de un número ordinal (primera, segunda, tercera, etc.). En varias ocasiones acontece en un contexto destacando la severidad del

G

pecado. Ocurre en la declaración formular de la autor revelación de Dios encontrada en Éx.20:5; 34:7 y repetida en Nm. 14:18; Dt. 5:9. Dios es descrito como amante, misericordioso e indulgente, pero también como celoso, que no deja al culpable sin castigo hasta la tercera y cuarta generación. También aparece en contextos legales concernientes a la inclusión de gentiles en la asamblea del Señor (Dt. 23:1-8). Su uso de esta manera destaca la continuidad del trabajo de Dios incluso a través de transiciones de una familia de una generación a otra.

Finalmente, la palabra "generación" se usa con frecuencia de una manera secundaria en declaraciones formulares. Primero, varias veces la palabra describe un aspecto de la relación de Dios con una persona en particular y sus descendientes o una nación. A veces describe la naturaleza duradera de la promesa de Dios (Gn. 9:12; 17:7); en otras ocasiones, describe la perdurable responsabilidad de una persona y sus descendientes o una nación, especialmente en lo que se relaciona a Israel y la ley dada en Sinaí (Gn. 17:9-21; Éx. 12:14; 16:32-33; 27:21; 29:42). Segundo, la palabra puede enfatizar la naturaleza continúa de una condición u obligación (Éx. 3:15; 17:16; Est. 9:28; Sal. 33:11; 45:17; 49:11; 72:5; 79:13). Tercero, la palabra se refiere a una clase particular o tipo de persona, tal como los justos (Sal. 14:5 [en algunas traducciones]; 112:2) o los malvados (Dt. 32:5; Prov. 30:11 [en algunas traducciones]; Mt. 11:16; Mc. 8:38; Lc. 9:41; Hec. 2:40).

GENERAL El comandante de un ejército, segundo en comando después del rey (cf. Ap. 6:15; 19:18). El ejército de Israel se volvió más centralizado durante la monarquía. Abner, Amasa y Joab son mencionados como el comandante (NLT; cf. NIV) o general (NET) bajo Saúl y David (1 Sm. 14:50; 2 Sm. 17:25; 20:23; cf. 1 Cr. 27:34 KJV). El general asirio llevaba el nombre o título "Tratán" (2 Re. 18:17; NIV: "comandante supremo").

GÉNERO, IGUALDAD DE Aunque la Biblia está dominada por una perspectiva patriarcal, como se esperaría del antiguo Oriente Próximo, también existe una valoración de las mujeres que salen a la superficie. Aunque esto queda corto de lo que llamaríamos "igualdad de género" hoy en día, la Biblia hace insinuaciones en esta dirección. Ya en la historia de la creación del Génesis, hombres y mujeres son descritos como dos mitades de la humanidad, que juntos participan en el mandamiento de llenar y dominar la tierra (Gn. 1:26-28). Eva es creada del costado de Adán, indicando igualdad en su propio ser (2:21-23).

En su propio ministerio, Jesús incluye mujeres en formas que eran inusuales para su contexto. En la Palestina del siglo uno, aprender de maestros espirituales era un privilegio reservado exclusivamente a los hombres. Sin embargo, en la historia de María y Marta (Lc. 10:38-42), Jesús alaba a María por romper su rol esperado como mujer para seguirlo y aprender a sus pies. Marta, sin embargo, recibe una fuerte reprimenda por permitir que las tareas domésticas estorben su discipulado. La primera aparición de Jesús resucitado es a mujeres en todos los Evangelios, aunque el testimonio de una mujer por lo general no se consideraba válido en materias legales en la Palestina del siglo uno (aunque la literatura rabínica sugiere que se consideraba testimonio válido que una mujer confirmara la muerte de un hombre). Jesús hace esfuerzos particulares para elevar la posición de las mujeres, a pesar de una posible mancha a su imagen pública.

La preocupación por mayor igualdad de género se extiende al resto del NT. Pablo dice que en Cristo todos son uno sin importar etnia, estatus o género (Gal. 3:28). Pablo también se refiere a mujeres como compañeras de trabajo en el evangelio (Rom. 16:3) y como decanos (16:1). Aunque frecuentemente citados para apoyar la estructura jerárquica de la familia, los códigos hogareños (Ef. 5:21-6:9; Col. 3:18-4:1; Tit. 2:1-10; 1 Pe. 2:18-3:7) son un paso hacia la igualdad de género en la cultura grecorromana, ya que los códigos hogareños seculares por lo general colocaban responsabilidades en las esposas, no esposos. Que Pablo dé responsabilidades a los maridos es un giro significativo hacia una mutualidad de devoción y obligación.

GENESARET En la costa noroeste del Mar de Galilea, Genesaret (Mt. 14:34) da su nombre a la planicie fértil circundante y al lago (Lc. 5:1).

GÉNESIS, LIBRO DEL El libro del Génesis ("Orígenes") lleva bien el nombre porque proporciona los cimientos para el resto de la Biblia y habla del comienzo del mundo, la humanidad, el pecado, la redención, el pueblo de Dios, la alianza, el matrimonio, el Sabbat, el trabajo y mucho más. Génesis es el primer capítulo del Pentateuco, una historia en cinco partes de los orígenes de la nación de Israel. Génesis es el preámbulo a ese relato, llevando al momento crucial del éxodo y el movimiento hacia la tierra prometida.

Autoría

Como se señala anteriormente, Génesis es la apertura al Pentateuco en su totalidad, de manera que el tema de la autoría del Génesis se conecta con el tema de la autoría del Pentateuco en su totalidad. El Génesis (y todo el Pentateuco) es anónimo, aunque se dice que Moisés escribió ciertas tradiciones que se incluyeron en el Pentateuco (Ex. 17:14; 24:4; 34.27; Nm. 33:2; Dt. 31:22).

Posteriormente la tradición habla de la "ley de Moisés" (Js. 1:7-8) o el "Libro de Moisés" (2 Cr. 25:4; Esd. 6:18; Neh. 13:1), aunque no es certero si se refiere a todo el Pentateuco o sólo a porciones de este que fueron asociadas con Moisés. Los escritores del NT, al igual que el mismo Jesús, hablan del Pentateuco en conexión a Moisés (e.g, Mt. 19:7; 22:24; Mc. 7:10; 12:26; Jn. 1:17; 5:46; 7:23).

El tema del rol de Moisés en la escritura del Pentateuco es más complejo, sin embargo. Por ejemplo, hay indicaciones de que el Génesis fue actualizado bastante después de la muerte de Moisés. Tradicionalmente, estos pasajes son llamados "post-Mosaicos", porque contienen información que sólo podía estar disponible tras la muerte de Moisés. Por ejemplo, Dt. 34 habla de la muerte y entierro de Moisés. Aparentemente, tanto tiempo ha pasado desde su muerte que el escritor puede decir, "hasta la fecha nadie sabe dónde está su tumba" (versículo 6). El escritor establece, "desde entonces, ningún profeta como Moisés ha surgido en Israel" (versículo 10), lo que también hace suponer que ha pasado un lapso considerable. Otros ejemplos incluyen Gn. 11:31, que se refiere a hogar de Abraham como "Ur de los caldeos". Aunque Ur era una ciudad muy antigua, los caldeos eran una tribu de habla aramea que sólo ocuparon Ur mucho tiempo después de Moisés. Igualmente, en Gn. 14:14 se menciona una ciudad con el nombre de "Dan", pero sabemos por Jue. 18 que esta ciudad sólo recibió este nombre durante el periodo de los jueces.

A pesar de estas consideraciones, algunos académicos aún se sienten cómodos adscribiendo cierto rol de autoría "esencial" a Moisés. (Para la teoría alternativa principal para la autoría y fecha de escritura del Génesis, *véase* Hipótesis Documental; Pentateuco).

Estructura y Esquema

Génesis puede delinearse de más de una manera. Un método es seguir las fórmulas toledot que sirven como estructura organizacional para el libro. La frase "estas son las toledot de X" (donde X es el nombre personal del personaje cuyos hijos son el sujeto de la narrativa que sigue) se repite diez veces: 2:4; 5:1; 6:9; 10:1; 11:10, 27; 25:12, 19; 36:1 (cf. 36:9); 37:2 (*véase también* 10:32; 25:13). Por ejemplo, Gn. 11:27 comienza, "Estas son las toledot de Taré" (NIV: "Este es el relato de la línea familiar de Taré"), mientras que el relato que sigue es la historia del hijo de Taré, Abraham. Toledot se traduce mejor como "historia familiar" o "relato". Por consiguiente, uno puede considerar el Génesis como teniendo un prólogo (1:1-2:3) seguido de diez episodios.

En términos de contenido y estilo, el libro cae en tres unidades como sigue:

I. La historia primitiva (Gn. 1:1-11:26)
II. La narrativa patriarcal (Gn. 11:27-36:43)
III. La historia de José (Gn. 37-50)

I. La historia primitiva (Gn. 1:1-11:26). El libro abre con un relato de la creación dado en dos partes. Génesis 1:1-2:4a proporciona un relato de la creación que describe los seis días en los cuales Dios creó los cielos y la tierra, seguidos de un séptimo día de descanso. Génesis 2:4b-25 luego proporciona un segundo relato de la creación, esta vez enfocado en la creación de Adán y Eva. Génesis 3 luego narra el primer pecado de la humanidad, que trae el pecado y la muerte al mundo. Génesis 4-11 proporciona cuatros historias adicionales (el asesinato de Abel por Caín, el mestizaje de los "hijos de Dios" con "las hijas de los hombres", la inundación y la torre de Babel). Estas historias muestran una creación que salió mal, el movimiento de Dios para recomenzar con Noé y su familia, y la persistencia del pecado a partir de allí. Todo esto lleva a la historia de los patriarcas, donde el plan de Dios para enderezar las cosas toma giros decisivos. Estas historias se conectan por genealogías que marcan la marcha del tiempo al igual que proporcionan comentarios teológicos significativos.

II. La narrativa patriarcal (Gn. 11:27-36:43). La sección central del libro del Génesis gira su atención hacia los patriarcas, llamados así porque son los padres de la nación de Israel. El estilo del libro cambia en este punto, de manera que en vez de seguir la historia de todo el mundo y moverse a paso rápido, la narrativa se hace más lenta y se enfoca en Dios creando un pueblo para que lo obedezca y para llevar esas bendiciones a todo el mundo (12:1-3). Dios ahora determina restaurar la bendición perdida en el Edén a través de llegar al mundo mediante los descendientes de un individuo, Abraham.

Inscripción cuneiforme de la Epopeya de Gilgamesh, que contiene una narrativa de inundación similar a la del Génesis.

El padre de Abraham, Taré, tomó a Abram (como Abraham era conocido en ese entonces), la esposa de Abram, Sarai (Sara) y el nieto de Taré, Lot, y dejó Ur para asentarse en Harán en el norte de Mesopotamia. No se da explicación del porqué. Mientras están asentados en Harán, Dios ordena a Abraham dejar Ur en Mesopotamia y viajar a Canaán. Dios promete que él lo convertirá en una gran nación (implicando tierra y muchos descendientes), y que él será bendecido y será una bendición para las naciones (Gn. 12:1-3). Esa bendición requiere que Abraham y Sara tengan hijos, y esto establece gran parte del drama de su historia.

Con frecuencia Abraham reacciona con miedo y no con fe, pero al final de su historia tiene una confianza sólida en la habilidad de Dios para cuidar de él y cumplir todas sus promesas (Gn. 22).

Isaac, no Ismael (el hijo de Abraham con la sirvienta de Sara, Hagar; *véase* Gn. 16), es el conducto de las promesas a generaciones futuras. Incluso así, Isaac no es un personaje ampliamente desarrollado en el libro del Génesis, aunque su casi sacrificio en Gn. 22 ciertamente es un tema de gran interés. El episodio de su vida que recibe mayor atención es su cortejo con Rebeca (Gn. 24), y allí el foco principalmente es en ella.

El relato de la vida de Isaac da paso a un relato de su hijo Jacob. Jacob es un personaje complejo. Los primeros episodios de su historia son acerca de cómo él, el menor, hereda la bendición y se convierte en el conducto para la promesa en vez de su hermano mayor, Esaú. Jacob se convierte en un ejemplo de cómo Dios usa cosas simples del mundo para lograr sus propósitos. Que la historia de los patriarcas es un preámbulo a la historia de la fundación de Israel se hace obvio cuando el nombre de

Jacob es cambiado a "Israel" después de que pelea con Dios (Gn. 32:22-32) y sus esposas dan a luz doce hijos, que dan sus nombres a las doce tribus de Israel.

III. La historia de José (Gn. 37-50). La tercera sección del Génesis se enfoca en los doce hijos de Jacob, en particular José. Un tema principal parece ser la providencial preservación por parte de Dios de la familia de la promesa, en el contexto de una hambruna devastadora. El mismo José expresa el tema de esta sección al final de su narrativa, después de que muere su padre y sus hermanos ahora se preguntan si él buscará venganza contra ellos. Él los tranquiliza con su declaración de que si bien ellos habían tenido la intención de dañarlo con sus acciones, él sabe que Dios ha usado esas acciones para el bien, para la salvación de la familia de Dios (Gn. 50:19-20). Sí, ellos sólo habían querido deshacerse de él, pero Dios había usado sus celos para llevar a José a Egipto. La esposa de su dueño había querido inculparlo de violación, pero Dios había usado su falsa acusación para hacerlo llevar a la cárcel, donde conoce a dos de los principales consejeros del Faraón. Él les había demostrado su habilidad para interpretar sueños, de manera que el copero en jefe es devuelto a una posición de influencia, él puede aconsejar al propio Faraón para que recurra a José para interpretar sus perturbadores sueños. Estos sueños han permitido al Faraón, con ayuda de José, prepararse para la hambruna. José se ha alzado a gran relevancia en Egipto, así que cuando llega la hambruna, él está en posición de ayudar a su familia, y la promesa puede continuar a la siguiente generación.

Entre otros temas secundarios, pero importantes, de la narrativa de José está la creciente relevancia de Judá y la reducción de importancia de Rubén. Judá al comienzo es retratado como egoísta (Gn. 38), pero para finales de la historia él está dispuesto a sacrificarse por el bien de su padre y familia (Gn. 44:18-34). Esta historia demuestra así por qué los descendientes de Judá tienen dominio por sobre los descendientes del primogénito, Rubén, posteriormente en la historia de Israel. También la historia de José relata cómo Israel llegó a Egipto. Esto prepara los eventos del libro del Éxodo.

Estilo y Género

Estilo. Génesis está escrito en prosa hebrea de alto estilo literario. Las palabras son elegidas cuidadosamente no sólo para comunicar el mensaje del libro sino también para atraer el interés y atención de los lectores.

Género. Génesis es un relato del origen del cosmos, la humanidad y el pueblo de Dios. Por ende, es apropiado referirse al libro como un trabajo de historia. Por supuesto, hay más de un tipo de historia. Algunas veces las historias se enfocan en guerras, otras en economía o política. Además, el Génesis no es historia en el sentido moderno, sino que sigue convenciones antiguas, que no requieren una exactitud escrupulosa. La principal preocupación del Génesis, como con la mayoría de las historias bíblicas, es la relación entre Dios y su pueblo. Así, es apropiado identificar el Génesis como historia teológica.

Algunos lectores confunden la naturaleza de la información histórica que provee el libro. Por ejemplo, Gn. 1-2 comunica al lector que es el Dios verdadero, no un dios como el Marduc babilonio o el Baal de Canaán, que creó el cosmos. La forma en que se cuentan algunas de las historias proporciona un desafío a historias rivales de otras relaciones antiguas. Un ejemplo es la forma en que la Biblia describe la creación de Adán desde el polvo de la tierra y la respiración de Dios. Esto contrasta con el relato de la creación mesopotámica, Enuma Elish, en el cual el dios Marduc crea a los primeros humanos de arcilla de la tierra y la sangre de un dios demoníaco. La historia de del diluvio bíblico también puede compararse a otras historias antiguas de inundación, especialmente el relato de la inundación que se encuentra en la épica babilonia de Gilgamesh. Génesis claramente interactúa con tales historias mitológicas para comunicar verdades importantes acerca del período primitivo.

Mensaje

El rico y complejo libro del Génesis presenta un profundo mensaje concerniente a Dios y su

G

relación con los seres humanos. Este breve artículo no puede hacer justicia a la profundidad e importancia del libro, pero puede señalar a lo que es tal vez el tema más importante: la bendición de Dios.

Génesis 1-2 enseña que Dios creó a Adán y Eva y los bendijo. Tenían todo lo que necesitaban en el jardín del Edén. Ambos disfrutaban de una relación perfectamente armónica con Dios y entre ellos. No necesitaban nada.

Génesis 3 explica cómo esta existencia bendita fue interrumpida. Eligiendo rebelarse contra Dios, Adán y Eva rompieron su relación con Dios y, en consecuencia, entre ellos también. Fueron expulsados del jardín del Edén.

Incluso en medio de este juicio, sin embargo, Dios comenzó el trabajo de restaurar la bendición a sus criaturas humanas (Gn. 3:15). Así comienza el implacable trabajo de Dios para traer la restauración a su pueblo.

Conexiones al Nuevo Testamento

El Génesis son los cimientos no sólo del Pentateuco y no sólo del AT, sino de toda la Biblia. La historia que comienza con creación y caída es seguida por la historia de redención que continúa en el NT y que comprende a Jesucristo como quien con su muerte y resurrección sirve para restaurar la bendición de Dios y su pueblo. La restauración completa de la relación espera la consumación de la historia y la nueva Jerusalén, que es descrita en un lenguaje que nos dice que el cielo es una restauración (y más) de las condiciones disfrutadas por Adán y Eva en el jardín del Edén (Ap. 21-22, especialmente Ap. 22).

De las muchas citas y alusiones al Génesis encontradas en el NT, sólo algunos ejemplos representativos pueden describirse aquí. Pablo apunta a la promesa abrahámica de la semilla en Gn. 12:1-3 y proclama que Jesús es esa semilla (Gal. 3:15-16). Esta declaración es sorprendente a la luz de la clara compresión del AT que eran los múltiples descendientes de Abraham que constituyen a Israel (Gn. 15:15). Pablo habría sabido esto, pero él reconoce a Jesús como el último descendiente de Abraham, y que cualquiera que pertenezca a Jesús, judío o gentil, es también un participante en la promesa abrahámica (Gal. 3:29).

Un segundo ejemplo proviene de la forma en que el autor de Hebreos cita la tradición de Melquisedec en Gn. 14:17-20. En Génesis, Melquisedec es una figura misteriosa que es presentada como el sacerdote-rey de Salem (Jerusalén), a quien Abraham reconoce como un compañero adorador del Dios verdadero. De manera de construir su argumento de que Jesús es el último sacerdote, el autor de Hebreo conecta a Jesús con Melquisedec en vez de Aarón y asevera la superioridad de Melquisedec debido a que Abraham (y así también a Leví, el ancestro de Aarón) presentó sus respetos a este hombre (Heb. 7:1-10).

Un ejemplo final proviene de la narrativa de José. Con anterioridad vimos que la narrativa muestra cómo Dios usó las acciones malvadas de las personas para salvar a muchos. En esto, la narrativa de José anticipa la muerte de Cristo, quien fue clavado a la cruz por las manos de los malvados, pero Dios usó esas mismas acciones para lograr una salvación mucho mayor de la que logró a través de José (*véase* Hechos 2:22-24).

GENTE DEL ESTE *Ver* Cadmoneos.

GENTE ESCOGIDA *Ver* Elección.

GENTE MEZCLADA Desde las primeros fases de la historia nacional de Israel, los israelitas han sido un pueblo mixto (*véase* Éx. 12:37-38). Aunque los matrimonios mixtos con no israelitas no estaban estrictamente prohibidos, se producían con la condición de que el cónyuge no israelita abrazaría al Dios de Israel (*véase* Rut 1:16; Esd. 6:21). Esta estipulación no siempre se obedecía (Nm. 11:4), y ocasionalmente se emplearon medidas drásticas para corregir el estado étnico mixto de Israel (*véase* Esd. 9:2; Neh. 13:3; Sal. 106:35). *Ver también* Multitud Mixta.

GENTILES La palabra "gentiles" con frecuencia se usa para traducir las palabras que significan "naciones" o "pueblos". Tiene una etimología latina de gens que significa "clan" o "familia" y, eventualmente, "raza" o "pueblo". La palabra griega genos ("raza, tipo") tiene una relación cercana. En la Biblia en líneas generales se refiere a naciones o pueblos distintos de Israel. Las Biblias inglesas con frecuencia la traducen como "naciones", "pueblos" o "razas".

Antiguo Testamento

En general, dentro del AT, los gentiles no son gentes de Dios. Dios eligió a Israel para ser su pueblo, no a otras naciones (Dt. 7:6-8; 10:15; 26:18-19). La ascendencia israelita determina membresía en el pueblo de la alianza. Algunos escritos por tanto prohíben a los gentiles de hacerse parte del pueblo de Dios (Esd. 9-10; Neh. 13).

El AT más comúnmente visualiza a los gentiles experimentando la bendición de la alianza a través de Israel si funcionalmente se convierten en israelitas a través de la observación de la ley, incluyendo las partes que comprendemos como ley ceremonial-ritual. La ley es ese aspecto especial regulador y dador de vida de la alianza de Dios revelado a Israel, que define a Israel (Lv. 18:1-5; 20:22-26; Dt. 4:1-8, 32-40; 6:24-25; 8:1-6; 10:12-11:32; 30:11-20; Js. 1:7-9; Neh. 9:29; Sal. 119; 147:19-20; Ez. 20:9-13, 21).

Tales condiciones centradas en la ley/Israel para los gentiles se relacionan con una comprensión más amplia del AT: Dios alcanzará a restaurar el mundo a través de Israel, el centro de su actividad salvadora. Dios bendecirá las naciones en y a través de los descendientes de Abraham, Israel (Gn. 12:1-3; 17:4-6; 22:18; 26:4; 28:14). Esta alianza específicamente involucra la observancia de la ley (e.g., circuncisión [Gn. 17:9-14]). Algunos pasajes retratan esto ocurriendo a través de las naciones estando sujetas a Israel (Gn. 49:8-12; Nm. 24:9, 17-19; Is. 11:10-16; 14:2; 54:3). En otros pasajes las naciones serán bendecidas por el Dios de Israel mientras vienen a Israel, traen a Israel de regreso del exilio, sirven a Israel, presentan a Israel con su propia riqueza y/o temen al Dios de Israel (Is. 45:23; 49:22-23; 51:4-5; 55:5; 60:3-16; 61:5-6; 66:12-13, 18-21; Miq. 7:12-17; Zac. 2:11; 8:22-23). Otros pasajes aclaran la naturaleza definida por ley de esa participación gentil en la salvación del Dios de Israel (Ex. 12:48; Is. 56:1-8; Jr. 12:14-17; Zac. 14:16-21). El retrato de las naciones "fluyendo" hacia la montaña de Dios asocia la participación gentil explícitamente en la salvación de Dios con la ley (Is. 2:2-5; Miq. 4:1-5).

Las Canciones Serviles en Is. 40-55 también reflejan esta naturaleza centrada en la ley/Israel de la salvación de los gentiles. El sirviente, explícitamente identificado como Israel (41:8, 9; 42:18-19; 44:1-2, 21; 45:4; 48:20; 49:3; 54:17; *véase también* 65:9; 66:14), sirve como instrumento de Dios para alcanzar a las naciones (42:1, 6; 49:6; 52:15). El AT por lo general condena a los gentiles que permanecen separados de Israel a alguna forma de juicio, especialmente gentiles que han dañado a Israel.

Judaísmo del Segundo Templo y Cristianismo Temprano

Las fuentes judías del Segundo Templo exhiben visiones diversas acerca de los gentiles, su naturaleza, su posible relación a Dios y su destino al final. Muchos reflejan algo similar a las visiones del AT. Israel como pueblo de Dios definido por ley, comprendido y disputado entre las fuentes del Segundo Templo, generalmente continúa como el centro de las bendiciones finales de Dios.

Situando a Jesús y el cristianismo temprano dentro de la matriz de las sensibilidades gentiles

Inscripción del primer siglo del templo de Jerusalén que advierte a los gentiles que entran: "No se permite el ingreso de intrusos en el patio ni dentro de la pared del templo circundante. Quien ingrese invitará a la muerte por sí mismo".

G

es iluminadora. En la medida que el movimiento de Jesús se extiende por el Mediterráneo, proclamando la salvación final del Dios de Israel en y a través de Jesús - el Mesías- preguntas acerca de cómo los gentiles experimentan esta salvación del Dios judíos, tuvieron importancia trascendental.

Algunos cristianos, en línea con lecturas tradicionales del AT, pensaban que los gentiles debían observar la ley, convirtiéndose en judíos para experimentar la salvación del Dios de Israel en Jesús (Hec. 11:1-3; 15:1, 5; los oponentes de Pablo en Galacia). Los gentiles, después de todo, estaban separados de Dios y sus promesas salvadoras a Israel (Rom. 9:4-5; Ef. 2:11-13; 1 Pe. 2:10). Estaban bajo la condena de Dios, especialmente porque eran controlados por sus pasiones y el pecado, careciendo de autocontrol y de la habilidad para vivir correctamente (Rom. 1:18-32; Ef. 4:17-19; 1 Tes. 4:5; 1 Pe. 1:14,18).

No obstante, varios autores del NT, como Pablo, contienden que los gentiles no necesitan observar la ley, volviéndose judíos funcionalmente, para participar en la salvación final en Jesús. Cristo, la cúspide de Israel mismo, ha reemplazado la centralidad y finalidad de ley consigo mismo y su muerte y resurrección (Rom. 10:4). A través de la unión a Cristo por el Espíritu, los gentiles son, aparte de la ley, injertados en la verdad, redefiniendo a Israel y se convierten en descendientes de Abraham, heredando la promesa de salvación de Dios para Israel (Rom. 3:21-4:25; 8:1-17; 9:30-10:17; 11:13-32; Gal. 2:11-4:7; Ef. 2:11-22; 3:4-6). En Cristo, por el Espíritu, los gentiles lograr el autocontrol sobre sus pasiones y pecados y así viven correctamente ante Dios, heredando el reino de Dios en Cristo (Rom. 6:1-8:30; 1 Cor. 6:9-11; Gal. 5:16-26; 1 Tes. 4:3-8). Varios autores del NT así reconfiguran la situación de los gentiles con respecto al Dios de Israel debido a los que Dios hizo en Cristo.

Debates acerca de los gentiles, la ley, la salvación y lo que Cristo significa para estos temas persistieron tras Pablo. Los cristianos tempranos carecían de dichos inequívocos de Jesús al respecto y no todos aceptaban a Pablo y otros textos del NT.

GENUBAT Hijo del gobernante edomita Hadad, nació en Egipto mientras su padre vivía allí tras la conquista de su reino por David (1 Re. 11:20). La madre de Genubat era la hermana de Tahpenes, la esposa del faraón.

GERA **(1)** Uno de los hijos de Benjamín (Gn. 46:21). **(2)** El padre de Aod, un juez sobre Israel (Jue. 3:15). **(3)** El padre de Simei, un miembro del clan de Saúl que maldijo a David (2 Sm. 16:5; 19:16, 18; 1 Re. 2:8). **(4)** El segundo hijo de Bela, el primogénito de Benjamín (1 Cr. 8:3). **(5)** Otro hijo de Bela también es llamado Gera en 1 Cr. 8:5, pero esto puede ser un error textual. **(6)** El hijo de Aod, un benjamita, que vivió en la época del exilio (1 Cr. 8:7).

GERAH El peso más pequeño en el AT, alrededor de un veinteavo de shekel (Éx. 30:13; Lv. 27:25; Nm. 3:47; 18:16; Ez. 45:12).

GERAR El lugar donde Abraham engaño a Abimélec, rey de Gerar, diciendo que su mujer, Sara, era su hermana (Gn. 20:1-2). Isaac también diría lo mismo respecto de su esposa, Rebeca (26:7). En la Tabla de las Naciones, Gerar se usa como un límite geográfico para el extremo sur de Canaán (10:19). En la época del rey Asa, cuando Zerah, el cusita, vino a atacarlo, Asa y su ejército lo persiguieron hasta Gerar y destruyeron todas las aldeas a su alrededor (2 Cr. 14:13-14). La ubicación antigua está entre Beerseba y Gaza. Aparece en el Mapa Madaba de finales del siglo seis AD.

GERASA Una ciudad antigua ubicada al lado este del río Jordán, hoy conocida como Jerash. Esta ciudad ampliamente helénica se ubicaba estratégicamente con la vital Carretera del Rey de norte a sur. Gerasa fue anexada por la Siria romana y posteriormente se unió a la Decápolis. Josefo ubica la ciudad en el límite este de Perea (J.W. 3.47). Jesús sanó a un demoníaco en esta región (Mt. 8:28-34; Mc. 5:1-20; Lc. 8:26-39). El problema con la historia milagrosa es que Gerasa está aproximadamente a sesenta y cuatro kilómetros al sureste del Mar de Galilea, que es demasiado distante de la costa donde ocurren los eventos. Marcos y Lucas probablemente quieren decir "región de Gerasa" y el evento podría haber ocurrido en Gadara (Mt. 8:28) o Gérgesa (según algunos manuscritos) que están más cerca del Mar de Galilea. *Véase también* Gadarenos.

GERASENOS Uno de los tres principales nombres variantes en los tres Evangelios Sinópticos para las personas de la región donde Jesús sanó demoníacos tras navegar con los discípulos a través del Mar de Galilea (Mt. 8:28-34; Mc. 5:1-20; Lc. 8:26-39). *Véase también* Gadarenos; Gerasa.

GERIZIM Las cumbres dobles del Monte Gerizim y el Monte Ebal están aproximadamente sesenta y cuatro kilómetros al norte del Jerusalén en Samaria y flanquean la entrada al Valle Nablus, la ubicación de la bíblica Siquem. Gerizim, la montaña sur, se eleva ochocientos ochenta metros sobre el nivel del mar y Ebal, la montaña norte, novecientos treinta y nueve metros. Juntas forman un anfiteatro natural.

Siquem era de importancia estratégica porque estaba en una de las tres rutas principales norte-sur a través de Canaán —la Ruta de la Crestería— y proporcionaba el único pasaje de este a oeste en esa área a las montañas de Efraín. Abraham tomó esta ruta hacia la tierra prometida, donde los grandes árboles de More en Siquem se convirtieron en su primera parada registrada. Fue allí, entre Gerizim y Ebal, que escuchó la voz de Dios y construyó un altar (Gn. 12:6-7). Aunque Siquem es rico en historia bíblica (e.g., Gn. 33:18-19; 34:2-26; Js. 24:32; Jue. 8:31-9:57), cada una de las dos montañas tiene significación específica individual.

Al entrar en la tierra prometida, Moisés había ordenado a los israelitas proclamar las bendiciones de obediencia a la ley en el Monte Gerizim y las maldiciones de desobediencia a la ley en el Monte Ebal (Dt. 11:29). Moisés además había ordenado que construyesen un altar de piedra sin cortar en Ebal para soportar las palabras de la ley escritas en yeso (27:1-8). Moisés también había especificado que aquellas seis tribus descendientes de las esposas de Jacob estuviesen en Gerizim y las cinco tribus descendientes de las sirvientas más Rubén (Gn. 49:4) estuviesen en Ebal (Dt. 27:11-14). Tras la conquista de Jericó y Hai, Josué lideró una renovación de la alianza en las cumbres dobles, cumpliendo así los requerimientos mosaicos (Js. 8:30-35).

La última mención explícita en el AT de Monte Gezirim ocurre en Jueces. Allí, Jotam, hijo de Gedeón, desafió a los siquemitas por su lealtad a su medio hermano, el traicionero Abimélec (Jue. 9:7-21). Una saliente aproximadamente medio camino sobre la montaña es popularmente llamada el "Pulpito de Jotam".

El carácter del Monte Gezirim cambió tras el exilio, cuando los samaritanos emergen como un grupo de personas separado al enemistarse con los judíos. El Pentateuco Samaritano sustituye Gerizim por Ebal en Dt. 27:4, así que los samaritanos construyeron su propio templo allí en el siglo cuatro a.C., durante el reinado de Alejandro Magno (posteriormente fue destruido por Juan Hircano en el año 128 a.C.). Durante su conversación con Jesús, la mujer en el pozo de Jacob en Sicar, cerca de Siquem, hizo surgir el tema de la adoración ancestral en el Monte

Gergasa, en la región de Geresa.

Gerizim (Jn. 4:4-38, especialmente el versículo 20). *Véase también* Ebal.

G

GERSÓN **(1)** El hijo mayor de Moisés y Séfora, nacido en Madian (Éx. 2:22; 18:3; 1 Cr. 23:15). Su nombre, dado por Moisés, significa "forastero allí", reflejando el estatus de Moisés como un extranjero en Madian. Este Gersón es mencionado como un ancestro de Jonatán, el sacerdote de Miqueas y subsecuentemente de los danitas (Jue. 17:7-18:30), al igual que un ancestro de Subael, llamado jefe y oficial sobre las tesorerías (1 Cr. 23:16; 26:24). **(2)** Un descendiente de Fineas, estaba entre los que acompañaron a Esdras de Babilonia a Jerusalén durante el reinado de Artajerjes (Esd. 8:2). **(3)** Una ortografía alternativa para Gerson, hijo de Leví (*véase* Gn. 46:11) en 1 Cr. 6. *Véase también* Gerson.

GERSON Junto con Cohat y Merari, Gerson era uno de los tres hijos de Leví y por ende el ancestro de un grupo de levitas (Gn. 46:11). Su nombre se escribe "Gerson" en Génesis, en otras partes del Pentateuco (Éx. 6:16-17; Nm. 3:17, 21) y en el listado inicial de la genealogía en 1 Cr. 6 (versículo 1). Sin embargo, en el hebreo la ortografía se revierte a "Gersón" en el resto de la genealogía (1 Cr. 6:16, 17, 20, 43, 62, 71; *véase* NIV mg.). *Véase también* Gersón; Gersonitas.

GERSONITAS Los descendientes de Gerson (también escrito "Gersón"), hijo de Leví (Gn. 46:11) donde Libni (también conocido como Ladán) y Simei son sus descendientes (Nm. 3:18, 21; 1 Cr. 6:17, 43; 23:7-11). Los gersonitas fueron contados en un censo (Nm. 4:22, 38-41) y recibieron trece ciudades de Isacar, Aser, Neftalí y Manasés como su asignación tribal (Js. 21:6, 27; 1 Cr. 6:62, 71 [ESV, NRSV: "Gersomitas"]). Durante el período del desierto eran responsables de todas las actividades concernientes a las coberturas, pantallas y colgaduras del tabernáculo (Nm. 3:25-26; 4:21-28; 7:6-7). También llevaban el arca de la alianza (Nm. 10:17; 1 Cr. 15:7, 11-15). *Véase también* Gersón.

GERUT Parte del nombre de un lugar no identificado cerca de Belén (Jr. 41:17). Mientras Johanán, hijo de Carea, dirigió un remanente de gente de Judá hacia Egipto para huir de las fuerzas babilonias, el texto hebreo establece que ellos se detuvieron en gerut quimam, que significa "el lugar de aojamiento de Quimam" (KJV: "la habitación de Quimam"). El lugar puede ser nombrado por Quimam, el hijo de Barzilai (2 Sm. 19:37-40); posiblemente se ubicaba en tierra asignada a Quimam por David para pagar a Barzilai por su apoyo material (*véase* 2 Sm. 17:27-29; 19:32).

GESÁN Uno de seis hijos de Jahdai, junto con Regem, Jotham, Pelet, Epho y Saaph (1 Cr. 2:47). La familia aparentemente descendía de Caleb, aunque la conexión entre Caleb y Jahdai es poco clara. Jahdai puede haber sido un hombre o tal vez una de las concubinas de Caleb. El nombre "Gesán" aparece como "Gersom" en la LXX. *Véase también* Gesem.

GESEM Un árabe, rey de Quedar, quien se resistió a los esfuerzos de Nehemías para reconstruir el muro de Jerusalén. Él y sus socios (Sanbalat y Tobías) apelaron al rey persa sin éxito (Neh. 2:19; 6:1-2, 6). Durante el período persa los quedaritas estaban ubicados al sur de Palestina y en la región del delta del Nilo de Egipto. Una referencia a Gesem se ha encontrado en un contenedor de plata descubierto en Tel el-Maskhuta en Egipto. "Gasmu" es una ortografía alternativa en Neh. 6:6 (*véase* KJV).

GESTOS En la Biblia, gestos se hacen con partes del cuerpo o elementos, tales como anillos o ropas, directamente conectados al cuerpo. Por esta razón, hace sentido clasificar a los gestos bíblicos en relación a las diferentes partes del cuerpo identificadas con los gestos. Es, sin embargo, desafiante saber dónde trazar la línea para clasificar un gesto. Por ejemplo, una persona retorcida es descrita en Prov. 6:13 como uno "quien guiña maliciosamente con su ojo, señala con sus pies y hace señas con sus dedos". No es claro si este es un solo gesto o varios y si todos significan cosas diferentes o la misma cosa.

Cabeza

Gestos que se relacionan con la cabeza varían de simples movimientos de cabeza a actos semiviolentos tales como tirar el cabello. Simples movimientos de cabeza incluyen levantar la cabeza con honor (Gn. 40:13), agachar la cabeza en luto (Sal. 35:14), lanzar la cabeza de uno en burla o escarnio (2 Re. 19:21), y sacudir la cabeza como insulto (Sal. 22:7; Mc. 15:29).

Una acción común es afeitarse la cabeza, lo cual puede ser para purificación (Lv. 14:8-9; Nm. 6:9; 8:7 [incluyendo todo el vello corporal]), luto (Dt. 21:11-13; Job 1:20; Is. 15:2; Jr. 16:6; 47:5; 48:37; Ez. 27:31; Am. 8:10; Miq. 1:16), remordimiento (Jr. 41:5) o vergüenza (Jr. 2:16). Sin embargo, los sacerdotes tienen prohibido afeitar su cabeza en luto (Lv. 21:5; Ez. 44:20), mientras que el sumo sacerdote debe llevar un turbante en la cabeza durante sus tareas sacrificiales (Éx. 29:6).

El ungimiento de la cabeza se hace cuando un sacerdote o rey es instalado (Éx. 29:7; Sal. 23:5) o simplemente como un signo de la bondad y bendición de Dios sobre la persona (Ecl. 9:8). La bendición también puede involucrar el colocar una mano sobre la cabeza de la persona siendo bendecida (Gn. 48:14-18; Éx. 29:19), mientras el mismo gesto en la cabeza de un animal sacrificial es un medio simbólico de transferir los pecados (Lv. 3:2, 8, 13; 4:4, 15, 24, 29, 33; 8:18, 22).

En el AT, la cabeza de una mujer puede afeitarse en luto (Dt. 21:12-13; cf. Jr. 47:5), pero en el NT, una cabeza afeitada puede ser causa de desgracia (1 Cor. 11:5-6).

Rostro. Los gestos faciales varían de expresiones a acciones tales como tocar o cubrir el rostro. Un rostro puede bajarse con enojo (Gn. 4:5-6) o inclinado hasta el piso en honor (Gn. 48:12), en abatimiento (Js. 7:6), en humildad (Rut 2:10), en adoración (2 Cr. 20:18; Sal. 138:2), en sometimiento, súplica, reverencia (1 Sm. 20:41; 25:41; 28:14; 2 Sm. 14:4, 22; 18:28; 24:20; 1 Re. 1:23; 1 Cr. 21:20) o en temor (e.g., Moisés ante Yahveh [Éx. 3:6]).

El rostro puede ser cubierto o velado como indicación de impureza (Lv. 13:45), en aflicción/luto (2 Sm. 19:4; Ez. 24:17), en resignación (1 Re. 19:13), con intención de engañar en adulterio (Job 24:15) o en horror por juicio (Est. 7:8; Ez. 12:6, 12). También puede enterrarse en polvo por remordimiento (Lam. 3:29).

Dios puede ser descrito como escondiendo o volteando su rostro contra la maldad y el malo (Dt. 31:18; 32:20; Sal. 34:16; Is. 8:17; Jr. 33:5; Ez. 7:22; 15:7; 20:46; 21:2) o en un acto de retención de una bendición (Job 13:15; Sal. 10:1; 13:1; 27:9; 30:7; 34:16; Is. 54:8; 59:2; 64:7). Dios también puede voltear su rostro hacia un lugar en juicio (Ez. 4:3, 7; 6:2). En 1 Sm. 5:3-4 el ídolo del dios filisteo Dagón cae con su rostro al suelo ante el arca de la alianza, aparentemente superado por Yahveh.

Los actos de humillación y deshonor pueden involucrar escupir en el rostro (Nm. 12:14; Dt. 25:9; Job 17:6; 30:10; Is. 50:6), abofetear el rostro (1 Re. 22:24; 2 Cr. 18:23; Job 16:10; Lam. 3:30; Miq. 5:1), levantando una falda sobre el rostro de una persona en juicio de vergüenza (Jr. 13:26; Nah. 3:5) y enganchando y tirando a alguien por la nariz (2 Re. 19:28). Aunque ser golpeado en la mejilla es humillante, Jesús instruye a sus discípulos a "poner la otra mejilla" como signo de resistencia a la violencia (Mt. 5:39; Lc. 6:29).

Uno puede levantar su rostro en adoración (2 Re. 20:2; Job 22:26; Is. 38:2) o en confianza (Job 11:15) y puede fallar en levantarse en vergüenza y desgracia (Esd. 9:6). Aunque afeitarse la barba en luto es una práctica común (Esd. 9:3; Is. 15:2; Jr. 41:5; 48:37), el forzar el afeitarse la barba es una acto de avergonzar e insultar (2 Sm. 10:4; 1 Cr. 19:4-5; Is. 7:20; 50:6).

Ojos. Guiñar el ojo es percibido como un acto malvado, engañoso o maliciosos (Sal. 35:19; Prov. 6:13; 16:30). Los ojos pueden alzarse en adoración o expectación (Sal. 121:1; 123:1).

Boca. Los labios fruncidos pueden caracterizar a una persona malvada (Prov. 16:30), aunque una mano puede cubrir la boca en asombro o sumisión (Job 21:5; 40:4). El Salmo 72:9 mira al justo rey ante quien las tribus del desierto se inclinarán y cuyos "enemigos lamen el polvo" en derrota.

Orejas. Un esclavo israelita de por vida debe tener un hoyo perforado en el lóbulo de su oreja, sostenido contra el marco de una puerta con un punzón (Éx. 21:6; Dt. 15:17).

G

Sangre es salpicada sobre el lóbulo de la oreja derecha para purificación (Éx. 29:20; Lv. 8:23-24; 14:17), mientras que la súplica puede ser descrita como pedir que se vuelva una oreja (2 Re. 19:16; Sal. 31:2). Voltear una oreja significa prestar atención, tomar algo a conciencia (Sal. 49:4; Prov. 4:20; 5:13).

Cuello. El cuello puede adornarse (Cant. 1:10) como signo de orgullo y honor (Gn. 41:42; Jue. 5:30; Prov. 1:9; Ez. 16:11) o estirado con arrogancia (Sal. 75:5 TNIV: "No levantes tus cuernos contra el cielo; no hables con el cuello estirado"). Jeremías puso un yugo sobre su cuello como signo profético de la inminente conquista babilonia (Jr. 27-28). Aunque poner el cuello de alguien en un yugo es un acto de conquista triunfal (Sal. 105:18), pararse sobre el cuello de un enemigo sometido es un acto de subyugación y humillación (Js. 10:24).

Cuerpo

La desnudez en público es considerada vergonzosa (Gn. 9:22-23; Nah. 3:5; Ap. 3:18), de manera que a veces es representada como parte del juicio divino (Dt. 28:48; Is. 47:2-3; Lam. 1:8; Miq. 1:11) o como un signo de promiscuidad (Is. 57:8; Ez. 16:36). Un cuerpo descuidado puede ser una señal de luto, como lo es para Mefiboset (2 Sm. 19:24). Un cierto tipo de cobertura corporal es señal de propuesta de matrimonio o protección (Ez. 16:8; 23:18; Os. 2:9). El desmembramiento de cuerpo, incluso en la guerra, es un acto de humillación (2 Sm. 4:12).

Pecho. En auto mortificación, uno puede golpearse el pecho en luto (Ez. 21:12) o en remordimiento (Jr. 31:19; Lc. 18:13). Los pechos de animales sacrificiales son sacudidos ante Dios como "ofrenda sacudida" antes de ser comidos (Éx. 29:26; Lv. 7:30; Nm. 6:20).

Mano, brazo. Los gestos de manos incluyen movimientos como levantar las manos en adoración, aplaudir las manos de alegría y cubrirse la boca con las manos en asombro. La expresión "brazos abiertos" (Éx. 6:6; Dt. 4:34; 5:15; 7:19; 9:29; 11:2; 26:8; 1 Re. 8:42; 2 Re. 17:36; 2 Cr. 6:32; Sal. 136:12; Jr. 21:5; 27:5; 32:17, 21; Ez. 20:33-34) indica poder, poderío y fuerza. Frecuentemente se usa para indicar la habilidad de Dios para derrotar ejércitos y enemigos poderosos. El salmista implora a Dios que alce su mano y actúe a favor de los justos (Sal. 10:12).

Si la mano derecha es la mano del poder, el acto de sentarse a la derecha indica ser favorecido (1 Re. 2:19; Sal. 110:1; Mt. 22:44; Mc. 12:36; Lc. 20:43; Hec. 2:35; Heb. 1:3; 8:1; 10:12; 12:2; 1 Pe. 3:22). Al hacer un juramento, uno coloca una mano bajo el muslo/la entrepierna (Gn. 24:2; 47:29), probablemente la mano derecha (*véase* Gn. 48:14, 17-18; Lv. 8:23; 14:14).

Aplaudir puede ser una señal de asombro (Ez. 6:11), malicia o remordimiento (25:6), mientras que un brazo descubierto puede ser una señal de juicio (4:7). Job cubre su boca con las manos en asombro, sumisión y arrepentimiento ante Dios (Job 40:4-5).

Las manos pueden levantarse en adoración (1 Re. 8:22; 1 Tim. 2:8), para suplicar (Sal. 28:2), para proteger y bendecir (Sal. 10:12), en un juramento (Dt. 32:40) o para dañar (Éx. 24:11; 1 Sm. 24:6, 10; 2 Sm. 1:14; 18:12).

Pilato se lava las manos para proclamar su inocencia por la muerte de Jesús (Mt. 27:24), mientras 1 Pe. 5:6 urge a los creyentes a ser humildes "bajo la mano poderosa de Dios", para que en el momento justo sean levantados.

Nalgas. Exponer las nalgas puede servir como insulto humillante y provocación, como le pasa a los hombres de David (2 Sm. 10:4; 1 Cr. 19:4) y cautivos egipcios y etíopes (Is. 20:4).

Pierna. El muslo o la pierna con frecuencia es un eufemismo para los órganos reproductivos masculinos, de manera que ponerse la mano bajo un muslo al jurar (Gn. 24:2; 47:29) puede involucrar en realidad agarrarse los genitales. Los muslos de animales son sacudidos ante Dios en ofrenda antes de ser consumidos (Lv. 9:21; 10:14; Nm. 6:20), mientras que juramentos administrados para descubrir adulterio provocan que los muslos de una mujer culpable se desperdicien (Nm. 5:2-27).

Los gestos más comunes involucrando la rodilla son el inclinarse, en adoración o reverencia (Dt. 33:3; Is. 45:23; Rom. 11:4; 14:11; Flp. 2:10), en derrota (2 Sm. 22:40; Sal. 18:38; Is. 60:14), en sufrimiento (Sal. 57:6) o en respeto (1 Re.

1:31). En lo que parece ser una posición algo incómoda, Elías pone su cara entre sus rodillas en oración (1 Re. 18:42).

Pies. Gestos que involucran los pies son probablemente los más comunes en la Biblia. Los pies pueden lavarse en hospitalidad (Gn. 18:4; 19:2; 24:32; 43:24; 1 Sm. 25:41), en ablución (Éx. 30:19, 21; 40:31) o en súplica (1 Sm. 25:41). Los pies pueden bañarse en aceite como bendición (Dt. 33:24), descubiertos en una propuesta de matrimonio (Ez. 16:8; cf. Rut 3:4, 7), y golpeados contra el suelo en remordimiento (Ez. 25:6), las sandalias pueden ser removidas de ellos en honor (Éx. 3:1-10) o desgracia (Dt. 25:9). Los serafines celestiales cubren sus pies en súplica ante el trono de Dios (Is. 6:2), mientras los pies humanos pueden ser señal de decepción (Prov. 6:13).

Los enemigos pueden ser colocados bajo los pies de uno en subyugación (1 Re. 5:3; Sal. 8:6; 18:39; 45:5; 47:3; 110:1; Mal. 4:3; Rom. 16:20), tener sus pies en grilletes o atrapados (Job 13:27; 33:11, Sal. 25:15; 105:18), y ser obligados a lamer los pies de los vencedores en humillación y derrota (Is. 49:23). Los justos bañarán sus pies en la sangre de sus enemigos en venganza (Sal. 58:10; 68:23).

Aquellos abrumados puede rebajarse a los pies de los poderosos (2 Re. 4:27, 37; Est. 8:3; Mt. 28:9; Mc. 5:33; 7:25; Hec. 10:25), mientras aquellos envalentonados pueden ponerse de pie en confianza (Ez. 2:1-2; 3:24; Dn. 8:18).

En el NT, el polvo puede sacudirse de los pies como indicación de juicio divino (Mt. 10:14; Mc. 6:11; Lc. 9:5), incluso cuando tenderse a los pies de alguien es un reconocimiento de autoridad/sumisión (Mt. 15:30; Mc. 5:33; Lc. 8:28, 35, 41, 47; 10:39; 17:16; Hec. 4:37; 5:2). Una mujer lava públicamente los pies de Jesús con sus lágrimas, los seca con sus cabellos y los besa y perfuma en lo que parece un acto de amor y arrepentimiento; pero Jesús indica que ella ha preparado su cuerpo para el entierro (Lc. 7:38-46; Jn. 11:2; 12:3). Jesús lava los pies de sus discípulos como instrucción sobre servidumbre y discipulado (Jn. 13:5-14).

Dedos de manos y pies. Diferentes dedos tienen diferentes roles asignados. Un dedo rocía sangre en purificación (Lv. 4:6, 17, 25, 30, 34; 8:15; 9:9; 14:16; 16:14, 19; Nm. 19:4), mientras que sangre en la punta del pulgar derecho y el dedo gordo del pie derecho es para purificación (Éx. 29:20; Lv. 8:23-24; 14:17, 25, 28).

Uno lleva un anillo de sello como signo de poder (Est. 3:10) o un gesto de restauración y perdón (Lc. 15:22). Pero los dedos pueden moverse para decepcionar (Prov. 6:13) o apuntar en señal de culpa (Is. 58:9). Jesús escribe con su dedo en la tierra, aparentemente un gesto de indiferencia a aquellos que lo señalan con dedos acusadores (Jn. 8:6).

Ropas y Calzado

Vestimentas. Las prendas de vestir adquieren significado cuando se relacionan a una emoción específica. Llevar arpillera y cenizas en señal de luto es común (Gn. 37:34; Ez. 7:18; 2 Sm. 3:31), mientras romperse las ropas en señal de luto se testimonia con frecuencia (Gn. 37:34; 44:13; Lv. 10:6; 21:10; Js. 7:6; 2 Sm. 1:11; 3:31; 13:31; 1 Re. 21:27; 2 Re. 2:12; 19:1; Est. 4:1; Is. 32:11; 37:1; Jr. 41:5).

Romper las ropas de alguien para exponer su desnudez (Ez. 16:39; 2 Sm. 10:4) o levantar las faldas de una persona sobre su rostro (Jr. 13:26) es un acto para avergonzar o insultar. Pero rasgar las ropas puede ser una señal de furia (Mt. 26:65). Las personas con enfermedades corruptivas se espera que adviertan a otros usando ropas rotas y gritando "¡Impuro! ¡Impuro!" (Lv. 13:45).

Al colocar sus ropas a los pies de Saúl, la multitud puede estar reconociendo su autoridad en el apedreamiento de Esteban (Hec. 7:58).

Sandalias. Una mujer puede quitarle la sandalia a un hombre en señal de desprecio (Dt. 25:5-10), mientras que una sandalia puede ser removida por un pariente-liberador para indicar ceder un derecho o como transferencias de propiedad (Rut 4:7-8). Una sandalia también puede quitarse en luto (Ez. 24:17) o ser lanzada sobre un terreno para reclamar propiedad (Sal. 60:8; 108:9).

Gestos Proféticos

Los gestos proféticos en el AT están principalmente preocupados del llamado al arrepentimiento e inminente juicio sobre el fracaso a escuchar la advertencia. Jeremías coloca un yugo sobre su cuello (Jr. 27-28; cf. Dt. 28:48), Ezequiel cocina con excremento (Ez. 4:12) y duerme sobre su costado izquierdo durante 390 días y luego en su costado derecho por 40 días (4:5-6), Isaías se quita sus ropas (Is. 20:2-3; 32:11) y Oseas se casa con una esposa infiel (Os. 1:1-3).

En el NT, Jesús limpia el templo como un acto de juicio simbólico (Mt. 21:12; Mc. 11:15; Jn. 2:15). Él también parte el pan y bebe vino (Mt. 26:26; Mc. 14:22; Lc. 22:19; 24:30, 35; Hec. 2:46; 20:11; 27:35; 1 Cor. 11:24-25) y lava los pies de los discípulos (Jn. 13:1-13), estableciendo así prácticas simbólicas cristianas.

GESUR **(1)** Una región agrícola al este del Mar de Galilea, habitada alrededor de 2000 a.C., cuya población no fue expulsada durante la conquista israelita (Js. 13:11, 13) y aumentó en el siglo once a.C. Como un reino arameo independiente, Gesur se alió con David cuando él se casó con la princesa gesurita Maaca (2 Sm. 3:3).

Su hijo Absalón vivió en Gesur durante tres años tras matar a su medio hermano Amnón (2 Sm. 13:37-38). Gesur posteriormente se alió con Aram-Damasco para capturar el territorio israelita de Galaad (1 Cr. 2:22-23), pero fue destruido por el rey asirio Tiglat-piléser III en el año 734 a.C. **(2)** Una región al sur de Filistea mencionada en Js. 13:2 como territorio aún por tomar en la conquista israelita, pero posteriormente ganado por David mientras estaba entre los filisteos (1 Sm. 27:8-11).

GESURITAS Dos grupos de personas, uno ubicado al noreste de Israel (Js. 13:13), uno al sur de Filistea (Js. 13:1-3). *Véase también* Gesur.

GETER Tercer hijo de Aram y nieto de Sem (Gn. 10:23; 1 Cr. 1:17).

GETSEMANÍ El lugar donde Jesús, tras plegaria agonizante, fue traicionado por Judas y arrestado por autoridades judías. El nombre proviene de la palabra aramea para "prensa de aceite", y Getsemaní probablemente tenía un huerto de olivos y una prensa de aceite. Probablemente se ubicaba cerca del Monte de los

Antiguo olivo en la iglesia de todas las naciones en el Monte de los Olivos, el lugar tradicional en el Jardín de Getsemaní.

Olivos (Mt. 26:30; Mc. 14:26; Lc. 22:39), aunque su ubicación exacta es desconocida.

Solo Mateo y Marcos específicamente llaman al lugar "Getsemaní" (Mt. 26:36; Mc. 14:32); Lucas no menciona a Getsemaní, pero sí indica, con ellos, que los eventos ocurrieron en el Monte de los Olivos (Lc. 22:39). Juan describe el lugar como un jardín, aunque no lo menciona por su nombre (Jn. 18:1).

En Getsemaní, los discípulos se quedan dormidos después de que Jesús les advirtió contra la tentación. Jesús rezó tres veces para ser liberado, pero se resistió a la tentación y permaneció obediente a la voluntad de Dios.

GEUEL Un espía enviado por Moisés, era el hijo de Makí de la tribu de Dan (Nm. 13:15).

GEZER Ubicado en el valle Ayalon, Gezer vigilaba la ruta desde la costa hacia Jerusalén. Gezer (Tell Jezer, Tell Jazari) es un montículo de 33 acres, situado en las estribaciones de Judá. Es conocido por fuentes bíblicas, egipcias y asirias. Gezer era una importante ciudad-estado cananea a través del segundo milenio a.C. La ciudad fue destruida alrededor del año 1500 a.C. y reconstruida en la tardía Edad de Bronce, cuando cayó bajo hegemonía egipcia. Josué derrotó al rey de Gezer, que era parte de una coalición cananea (Js. 10:33). Gezer permaneció en manos cananeas a través del periodo de los jueces (Js. 16:10; Jue. 1:29), aunque formaba el límite de la asignación tribal de Efraín (Js. 16:3) y fue asignada como ciudad levita (Js. 21:21). David luchó contra los filisteos cerca de Gezer (2 Sm. 5:25; 1 Cr. 20:4).

Gezer fue conquistada por Egipto y entregada como dote a Salomón. Salomón fortificó Gezer junto con Jerusalén, Hazor y Megido (1 Re. 9:15-17). Gezer fue destruida por Sisac (c. 950-925 a.C.). Fue reconstruida y vuelta a destruir por los asirios bajo Tiglat-piléser III (733 a.C.). Gezer se hizo conocida como Gazara en el período helénico y se volvió una ciudad importante para los gobernantes hasmoneos.

GÍA Un lugar de ubicación incierta cerca de Gabaón y Jerusalén, mencionado en el relato de la persecución de Abner por Joab y Abisai (2 Sm. 2:24). Estaba cerca de la colina de Amma, donde Joab detuvo la persecución. La lectura "Gía" puede haber sido el resultado de error de escriba (varios manuscritos de la LXX tienen Gai ["Hai"] o pharanx ["valle"]).

GIBAR El líder de un clan que fue parte del regreso temprano a Judá del cautiverio babilonio en 539 a.C. o cerca de esa fecha (Esd. 2:20).

GIBEA Nieto de Caleb y su concubina Maaca. Su padre era Seva (1 Cr. 2:49).

GIBEATH La KJV preserva esta escritura alternativa de la Gabaa en Js. 18:28. *Véase también* Gabaa.

GIBEATH-ELOHIM *Véase* Gabaa de Dios.

GIBETÓN Una ciudad ubicada en el territorio tribal de Dan en la parte central oeste de Israel (Js. 19:44) y asignad a los levitas (21:23). En años subsiguientes, los filisteos y los israelitas lucharon por controlar el lugar. Durante las guerras en Gibetón, Baasa mató a Nadab y tomó la corona del norte (1 Re. 15:27-28) y posteriormente las tropas de Omri también lo proclamaron rey en ese lugar (1 Re. 16:15-17). Gibetón se identifica probablemente con Tell el-Melat, en el borde de la planicie costera, seis kilómetros al oeste de Gezer.

GIBLITA *Véase* Biblos.

GIDALTI Uno de los catorce hijos de Hemán, el vidente del rey David (1 Cr. 25:4). Cuando veinticuatro lotes fueron sorteados durante la época de David para asignar tareas musicales para la adoración de Dios, Gidalti y sus hijos y parientes recibieron el lote veintidós (1 Cr. 25:29).

GIDEL **(1)** Uno de los ancestros de los sirvientes del templo (netineos) que regresaron a Jerusalén después del cautiverio babilonio bajo el liderazgo de Zorobabel en el año 539 a.C. o cerca de esa fecha (Esd. 2:47; Neh. 7:49). El hecho que los nombres en la lista de los ancestros sean extranjeros ha llevado a la creencia de que originalmente estos eran prisioneros de guerra presionados al servicio para realizar tareas

G

domésticas mientras asistían a los levitas. **(2)** Un ancestro de una familia que pertenecía a los "sirvientes de Salomón" (Esd. 2:56; Neh. 7:58) y que regresaron con Zorobabel en el año 539 a.C. o cerca de esa fecha. Poco se sabe acerca de este grupo, excepto que probablemente realizaban tareas domésticas en el templo, ya que están agrupados con los "sirvientes del templo" (*véase* netineos). El nombre del grupo sugiere que fue formado durante el período de Salomón, ya que podría haber sido nombrado así porque Salomón construyó el primer templo.

GIDEÓN El padre de Abidán, que era un líder tribal de Benjamín durante la travesía en el desierto (Nm. 1:11; 2:22; 7:60, 65; 10:24). *Véase también* Abidán.

GIDOM Un lugar mencionado en conexión con la persecución israelita de guerreros de la tribu de Benjamín. Tras encaminar a los benjamitas, los hombres de Israel los persiguieron hacia el este desde Gabaa hacia el desierto "hasta Gidom" (Jue. 20:45). Seiscientos benjamitas escaparon de la roca de Rimón (20:47). La ubicación exacta de Gidom permanece desconocida.

GIEZI El sirviente del profeta Eliseo. Giezi aparece predominantemente en las historias de Naamán y la mujer sunamita. Probablemente el sirviente con Eliseo cuyos ojos se abrieron para ver los protectores caballos celestiales y carrozas de fuego (2 Re. 6:17).

La mujer sunamita proporciona hospitalidad a Eliseo, quien buscó otorgar un favor a cambio. Cuando Giezi señaló que ella no tenía hijo, Eliseo profetizó que tendría uno el año siguiente, lo cual ocurrió. Años después el niño murió, y Giezi llevó el cayado de Eliseo para colocarlo sobre el niño hasta que Eliseo vino y lo revivió (2 Re. 4). Después de que Naamán fue curado de la lepra, Giezi persiguió a Naamán con una historia artificiosa diseñada para obtener ropas y plata de él. Como castigo por su presunción, se convirtió en leproso (2 Re. 5:20-27).

GIGANTES Varios términos en el AT han sido interpretados como referencias a gigantes. "Anaquim", "Emim" y "Zomzomeo" (ESV, NRSV, NKJV; NIV "anaquitas", "emitas", "zomzomeos") son nombres designados por naciones individuales (esto es, los israelitas, lo moabitas y los amonitas) para los habitantes aborígenes gigantes de sus respectivos territorios (Nm. 13:31-33; Dt. 2:10-21). "Refaim" y "Nefilim", por otra parte, son designaciones más generales que no necesariamente se restringen a territorios específicos. Los dos términos son difíciles de definir, pero parecen designar ciertos tipos de personas tales como aquellos con cualidades legendarias o reputación (Gn. 6:4; Nm. 13:33; Dt. 2:11; 3:11; 1 Cr. 20:4). Por tanto, Refaim y Nefilim no son necesariamente personas de proporciones gigantescas, pero las personas gigantes ciertamente se considerarían entre ellos (Nm. 13:33; Dt. 2:11; 3:11). Es probable que todos estos términos tuviesen un significado peyorativo (e.g., "Nefilim" puede literalmente significar "caídos"). Además, estos términos comparten una función literaria en que designan pueblos que deben ser destruidos o desplazados. Su desaparición era requerida por Dios o fue incluso ejecutada por él mismo (e.g., Dt. 2:21; 9:1-6; Am. 2:9).

Algunos académicos han teorizado que las referencias bíblicas a gigantes son una forma de hipérbole militar, o que son leyendas adornadas derivadas de la visión de estructuras megalíticas, pero estas teorías fallan en considerar el hecho de que la Biblia representa gigantes como viviendo simultáneamente (e interactuando) con los israelitas. La Biblia incluso preserva los nombres personales de gigantes tales como "Og", "Talmai" y "Goliat". Aunque aún no se han encontrado resto óseos gigantes en excavaciones, existe cierta evidencia de gigantes en textos egipcios. Los Papyrus Anastasi I describe cananeos que median cuatro o cinco codos de alto (esto es entre 2 metros y 2,5 metros) a finales del siglo trece a.C. Los textos de execración también se refieren a un lugar llamado "Anaq" (cf. "anaquitas") en el sur de Canaán (c. 1800 a.C.).

GIHÓN **(1)** El segundo de los cuatro ríos que deriva del jardín del Edén (Gn. 2:13). La identidad del río Gihón es desconocida, aunque se debate bastante. Académicos considerando su referencia más literalmente en su geografía han argumentado por ubicaciones en Mesopotamia, asumiendo que el río se ha secado hace mucho. Aún otros, que creen que esta parte del Génesis es de intención más simbólica, han argumentado a favor de diversas ubicaciones desde Egipto a India e incluso la propia Jerusalén.

(2) Un arroyo ubicado al sureste de la ciudad antigua de Jerusalén. Está en el perímetro este de la Ciudad de David en la moderna aldea de Silwan. El arroyo Gihón era la principal fuente de agua de Jerusalén en tiempos antiguos. Evidencias arqueológicas sugieren que el arroyo ha estado en uso hasta fecha tan lejana como dos mil años antes de que el rey David conquistase Jerusalén (c. 1000 a.C.). Naturalmente conectado a una cueva subterránea, el Gihón extrae agua una vez cada pocas horas mientras la cueva se llena. Este "brote adelante" (de donde puede provenir el nombre "Gihón") puede ocurrir hasta cinco veces al día, produciendo hasta trescientos mil galones de agua en la temporada de lluvias.

Debido a la importancia del Gihón, una serie de sistemas subterráneos de agua se han construido para aprovechar sus aguas. Uno de estos es el túnel del rey Ezequías (727-698 a.C.), que llevaba las aguas del Gihón a al Estanque o Piscina de Siloam (2 Re. 20:20; 2 Cr. 32:30). Fue en el Gihón que David hizo ungir a Salomón para ser rey de Israel (1 Re. 1:28-48). El arroyo también es mencionado en conexión con el muro que el rey Manasés (698-642 a.C.) reconstruyó (2 Cr. 33:14).

GILALAI Uno de los músicos que formó parte en la ceremonia de dedicación del muro de Nehemías (Neh. 12:36). Gilalai era un socio (o posiblemente un pariente) de Zacarías, hijo de Jonatán e integró la primera procesión, guiada por Esdras.

GILBOA Una colina con forma de creciente en el extremo norte del territorio montañoso israelitas donde bordea al estratégico y abierto Valle de Jezreel. La ubicación de Gilboa lo hizo el escenario natural para acciones militares. Gedeón trajo sus tropas al arroyo de Harod (Jue. 7:1) en la base de Gilboa antes de derrotar a los madianitas acampados al otro lado del valle. Posteriormente, el rey Saúl trajo sus tropas a Gilboa para luchar con los filisteos acampados al otro lado del valle, solo para morir con su hijo en Gilboa (1 Sm. 28:4; 31:1, 8; 2 Sm. 1:6, 21).

GILGAL El más famoso lugar de este nombre no estaba lejos de Jericó. Eusebio lo ubica a tres kilómetros de Jericó, aparecía en el antiguo Mapa de Madaba, peregrinos tempranos declaraban haber "visto las piedras", y de los siglos siete a doce AD hubo una iglesia en ese lugar de peregrinaje. Sin embargo, los arqueólogos han sido incapaces de identificar el lugar definitivo en tiempos modernos.

Gilgal fue el primer campamento de Israel tras cruzar el Jordán, marcado por hito de doce piedras del lecho del río (Js. 4:19-20). Se llamó "Gilgal" porque suena como la palabra hebrea galal, que significa "rodar lejos". Cuando las personas habían sido circuncidadas y habían celebrado la primera Pascua en la tierra prometida, Dios les dijo que Él había "rodado lejos el reproche de Egipto" (5:9). Fue en este campamento base que Israel decidió el tema de la herencia de Caleb (14:6-14) y cayó por el engaño de los gabaonitas (Js. 9), y desde donde comenzaron su campaña al sur (Js. 10). En la siguiente generación, el ángel del Señor ascendió de ahí a Bokim para confrontarlos por su pecaminosidad (Jue. 2:1).

El profeta Samuel visitó Gilgal regularmente para juzgar a la gente (1 Sm. 7:16), al igual que a ofrecer sacrificio (10:8) y para proclamar a Saúl como rey (11:14-15). David regresó a su reino a través de Gilgal tras la muerte de Absalón, efectivamente volviendo sobre los pasos de Josué (2 Sm. 19:15, 40). Posteriormente, Elías y Eliseo pasaron a través de Gilgal justo antes de que Elías cruzara milagrosamente el Jordán hacia el este y Eliseo cruzase milagrosamente de vuelta (2 Re. 2:1-14). En su regreso a Gilgal, Elías quito veneno de estofado y multiplicó pan para el pueblo golpeado por la hambruna (2 Re. 4:38-44).

Las piedras de Gilgal debían ser un recordatorio permanente de la fidelidad de Dios en la conquista (Js. 4:21-24; Miq. 6:5). Sin embargo, cuando Aod regresó a Gilgal para asesinar a Ecrón, ya eran descritas como "las imágenes de piedra [esto es, ídolos] cerca de Gilgal" (Jue. 3:19). Fue allí que Saúl perdió su reinado primero al ofrecer sacrificio él mismo en vez de esperar a Samuel para hacerlo (1 Sm. 13) y luego separando ganado capturado para sacrificio en vez de destruirlo según las instrucciones de Dios (1 Sm. 15). Para el siglo ocho a.C., Gilgal era una de las ciudades de culto del reino norte y era notoria por su falsa adoración (Os. 4:15; 9:15; 12:11; Am. 4:4; 5:5).

"Gigal" también podría significar, de manera más general, "círculo de piedras", por lo que puede haber habido varios lugares con este nombre. No está claro, por ejemplo, si Gigal en el límite con Judá (Js. 15:7) y Bet Gigal de donde vinieron los cantantes del templo después del exilio (Neh. 12:29) son la misma que la famosa Gigal. Moisés menciona un lugar llamado "Gigal" en sus direcciones para recitar la bendición de la alianza y maldiciones en los Montes Gerizim y Ebal (Dt. 11:30). Ya que Gigal no estaba entre montañas este es un Gigal diferente o Moisés simplemente está localizando las montañas en relación al campamento base de Israel en Arabah o el Valle del Jordán. *Véase también* Bet Gigal.

GILO Un pueblo ubicado en alguna parte del territorio montañoso al sur de Judea (Js. 15:51), era el hogar del consejero de David, Ahitofel (2 Sm. 15:12). La ubicación precisa de Gilo es desconocida, pero basándose en los pueblos conocidos de la misma lista (Js. 15:48-52), Gilo tal vez estaba a veinticuatro o treinta y dos kilómetros al suroeste de Hebrón.

GILONITA Una persona del pueblo judeano de Gilo. Ahitofel, el consejero de David era gilonita (2 Sm. 15:12).

GIMNASIO En el mundo antiguo, un lugar para entrenamiento físico y educación griega. La palabra "gimnasio" proviene de la palabra griega gymnos, que significa "desnudo", refiriéndose al hecho de que los griegos ejercitaban desnudos. Como una institución fundacional de la ciudad griega e inseparable del estilo de vida griego, el gimnasio era un signo de helenismo dentro de Israel y un punto de conflicto con aquellos que veían el helenismo como una violación de la ley. En el año 175 a.C., Jasón el sumo sacerdote le pidió a Antíoco IV construir un gimnasio (1 Mac. 1:14; 2 Mac. 4:9). Muchos judíos, incluyendo sacerdotes, abrazaron el helenismo y participaron en el gimnasio (2 Mac. 4:14). Algunos incluso se sometieron a cirugía

Ruinas de un antiguo gimnasio en Sardis.

para eliminar los signos de su circuncisión (1 Mac. 1:15). Este choque cultural contribuyó a la revuelta macabea. Para el siglo uno AD, las actividades de gimnasia eran bien conocidas en la cultura judía. Filón de Alejandría (20 a.C.-50 AD), un filósofo y comentarista judío habló positivamente del entrenamiento recibido en un gimnasio (Dreams [Sueños] 69). Pablo usaba las actividades del gimnasio como metáforas para la vida cristiana: correr (1 Cor. 9:24-27), boxear (1 Cor. 9:26), y luchar (Ef. 6:12). En Tim. 4:8, Pablo usa el término griego gymnasia significando "entrenamiento físico" y reconoce su valor.

Dentro de los complejos de gimnasio los atletas entrenaban en múltiples deportes, incluyendo correr, boxeo, lucha y lanzamiento de la jabalina. El gimnasio combinaba el entrenamiento físico con educación en literatura, filosofía, retórica y música. Aunque abierto a todos los ciudadanos hombres, era principalmente usado por niños entre las edades de quince y veinte años.

El complejo del gimnasio contenía una pista para correr y una palaistra, patio central rodeado de columnas con espacios para vestirse, aceitarse y empolvarse. El complejo también incluía baños y salas de clases. Una biblioteca por lo general estaba cerca o era parte del complejo.

El gymnasiarch, que era electo por un período de un año, supervisaba todos los aspectos del entrenamiento y educación y proveía para las necesidades y suministros del gimnasio. También empleaba entrenadores profesionales y maestros.

GIMZO Una ciudad en los faldeos del norte de Judea conquistada por los filisteos durante el reinado del rey Acaz (siglo ocho .C.). Una debilitada Judá enfrentó presión de Israel y Aram hacia el norte y los filisteos y edomitas estaban conquistando partes del sur y el oeste de Judá (2 Cr. 28:17-19). Gimzo aparentemente se identifica con la moderna Jimzu en el Valle de Ayalon, aproximadamente nueve kilómetros al norte-noroeste de Gezer.

GINAT Padre de Tibni, quien aparentemente fue muerto mientras rivalizaba con Omri por el trono israelita (1 Re. 16:21-22).

GINETÓN Uno de los sacerdotes que firmaron la renovación de la alianza con Nehemías (Neh. 10:6). Ginetón regresó con Zorobabel y Josué (12:4). Mesulam es nombrado como el jefe de la familia sacerdotal de Ginetón en los días de Joiacim el sumo sacerdote (12:16).

GIRGASHITAS Descendientes de Ham, el hijo de Noé (Gn. 10:16), los girgashitas conformaban una de las tribus originales de Canaán, cuya tierra fue prometida a Abraham (15:21). Fueron derrotados por Josué en la conquista (Js. 24:11). Un nombre similar es mencionado en los textos ugaríticos de Ras Shamra, catorce kilómetros al norte de la moderna Latakia.

GIRO DEL MURO *Véase* Muro, Ángulo del.

GIRZITAS Uno de los tres grupos de personas a quienes David invadió mientras estaba viviendo en territorio filisteo durante el reinado de Aquis, rey de Gat (1 Sm. 27:8). Los girzitas, al igual que los gesuritas y los amalecitas, vivían al suroeste de Israel. En versiones modernas, el nombre también aparece como gezritas. Las diferentes lecturas se apoyan por dos ortografías alternativas del nombre preservado en manuscritos hebreos.

GISPA Junto con su socio Ziha, Gispa estaba a cargo de los "sirvientes del templo" (KJV: "netineos") tras el regreso de los judíos del exilio (Neh. 11:21). Ya que Ziha aparece inmediatamente antes de Hasufa en las listas paralelas de Esdras y Nehemías de ancestro de los sirvientes del templo (Esd. 2:43; Neh. 7:46), es posible que Gispa y Hasufa sean la misma persona. Nótese también que los nombres "Gispa" y "Hasufa" en hebreo difieren sólo en la primera letra.

GITAIM Una ciudad benjamita hacia la que huyeron las personas de Beerot y se asentaron como extranjeros (2 Sm. 4:3). No se sabe cuándo ocurrió. Algunos de los benjamitas que regresaron se asentaron allí tras el exilio (Neh. 11:33). El Gat mencionado en 1 Cr. 7:21; 8:13 parece haber sido un asentamiento benjamita. Es posible, aunque no certero, que Gitam pueda ser identificado con ese Gat. Este no es el mismo

Gat donde los filisteos temporalmente retuvieron el arca de la alianza (1 Sm. 5:8). Ras Abu Humeid, cerca de Lidia, ha sido sugerido como la ubicación moderna de Gitaim.

GITIT Una transliteración de la palabra hebrea usada en el sobreescrito del Sal. 8; 81; 84. Su significado es incierto. La palabra puede designar a un instrumento musical o una señal musical denotando como los salmos debían ser cantados.

GITITAS Los habitantes de la ciudad de Gat eran conocidos como gititas.

GIZONITA Una descripción dada de Hasem, uno de los poderosos hombres de David. Sólo ocurre una vez en la Biblia, en 1 Cr. 11:34: "El hijo de Hasem, el gizonita, Jonatán hijo de Sage, el ararita". La ubicación de Gizón es desconocida, pero puede referirse a uno de los pueblos de Judá.

Cerámica filistea de la Edad del Bronce tardío con un diseño glaseado.

GLASEADO Glaseado es una sustancia vítrea (tipo vidrio) aplicada como líquido (escurrida) o polvo a una vasija de cerámica antes de hornearla. Durante el horneado, el glaseado se adhiere permanentemente a la cerámica, volviéndola menos porosa. La fabricación de cerámica en la época bíblica incorporaba una variedad de glaseados y escurridos, con frecuencia en patrones decorativos. Estos son importantes para la clasificación y datado de cerámica por parte de los arqueólogos. Proverbios 26:23 se refiere a una olla de loza de barro cocido que ha sido glaseada (NIV: "una cobertura de espuma de plata") para asemejarse a una vasija de metal más cara. Tales vasijas con frecuencia eran pulidas tras el cocido para aumentar su efecto artístico.

GLORIA La presencia tangible de Dios, experimentada como un poder y esplendor avasallador. La principal palabra hebrea que se refiere a gloria, kabod, tiene la raíz principal "pesada" (1 Sm. 4:18), que en otros contextos significa "intenso" (Éx. 9:3; NIV: "terrible"), "rico" (esto es, "rico en posesiones" [Gn. 13:2]) y "alta reputación" (Gn. 34:19; NIV: "más honrado"). Cuando se usa acerca de Dios, se refiere a su persona y sus trabajos. Dios revela su gloria a Israel y a Egipto en el cruce del mar (Éx. 14:4, 17-19). Él cuidadosamente revela su gloria a Moisés después del pecado de Israel con el becerro dorado para asegurarle que él no los abandonará (33:12-23).

La gloria de Dios frecuentemente se asocia con una nube. Tal vez mejor dicho, la gloria de Dios con frecuencia es oscurecida por una nube para el pueblo no sea avasallado por el resplandor de su presencia. Tal es el caso en la cima del Monte Sinai mientras Moisés asciende (Éx. 24:15-18). La gloria de Dios como asociada a la nube también está conectada de manera cercana al tabernáculo y al templo. Cuando el tabernáculo está completado, Dios da a conocer su presencia allí llenándolo con la nube que representa su gloria (Éx. 40:34-38). Posteriormente, el templo también es llenado con la gloria de Dios manifestada en la nube (1 Re. 8:10-11). El arca de la alianza, el símbolo más potente de la presencia de Dios, también es visto como una manifestación de su gloria (1 Sm. 4:21-22).

La gloria de Dios es avasalladora, y los seres humanos no pueden experimentar su totalidad y sobrevivir. Por lo tanto, la gloria frecuentemente está conectada a las acciones del juicio de Dios. Por ejemplo, cuando Coré, el levita y Abiram, el rubenita rebelde en el desierto, Dios aparece listo para juzgar contra el pueblo en forma de la nube de gloria (Nm. 16:19-21), aunque la intercesión de Moisés logra el perdón de la mayoría de las personas del juicio que viene sobre los líderes de la rebelión (*véase también* 16:41).

Los Salmos celebran la gloria de Dios. El Salmo 24 es un ejemplo. El ambiente original del salmo es probablemente el regreso del arca de la alianza del campo de batalla. El sacerdote al frente del ejército, liderado por el arca, dice a un sacerdote o portero: "Levanten sus cabezas, ustedes puertas; levántense, antiguas puertas, que el Rey de la gloria pueda entrar". El sacerdote portero pregunta: "¿Quién es el Rey de la gloria?", suscitando la respuesta: "El Señor fuerte y poderoso, el Señor poderoso en batalla". Muchos otros salmos comparten este tema o llamado a Israel para glorificar al Señor (*véase* Sal. 29:9; 34:3; 63:3; 104:31 como ejemplos).

Los profetas tienen el privilegio de un íntimo compañerismo con Dios y profundas experiencias de la gloria de Dios. Isaías acepta su comisión como profeta en una visión de la habitación del trono de Dios. Ve figuras angelicales llamando: "Santo, santo, santo es el Señor Todopoderoso; toda la tierra está llena de su gloria" (Is. 6:3). Ezequiel reporta un asombroso encuentro con Dios en su gloria que lo hace caer con su rostro en tierra (Ez. 1:28).

En el NT la gloria de Dios se hace real en la persona de Jesucristo (Jn. 1:14; Heb. 1:3). Él es, después de todo, la presencia misma de Dios. Cuando el regrese sobre las nubes revelará completamente la gloria de Dios (Mt. 24:30; Mc. 13:26; Lc. 21:27).

GLOSOLALIA *Véase* Don de lenguas.

GLOTÓN Una persona que es habitualmente codicioso y come en exceso. La glotonería se asocia con terquedad, rebelión y ebriedad (Dt. 21:20). El comer en exceso o la glotonería se condena en Proverbios. En vez de ser un glotón uno debería "ponerse un cuchillo" en la garganta (Prov. 23:2). El glotón se volverá aletargado, flojo y pobre (23:21) y el amigo de glotones "deshonra a su padre" (28:7). Jesús es ridiculizado como un "glotón y un borracho" (Mt. 11:19; Lc. 7:34) debido a su estilo de vida, que, a diferencia de Juan el Bautista, no es ascético. En este caso, la acusación es en el sentido general de una persona dada a la vida excesiva en contraste a los maestros religiosos que ayunaban y llevaban luto con frecuencia. En Tit. 1:12 se dice que los cretenses son mentirosos, malvados y "flojos glotones".

GNOSTICISMO La designación usada por muchos académicos modernos para un sistema religioso que ellos disciernen tras ciertos escritos del siglo dos AD en adelante, un sistema que algunos escritores cristianos tempranos consideran hereje. El término deriva de la palabra griega gnosis, que significa "conocimiento". Reconociendo la diversidad de los así llamados grupos gnósticos, los académicos modernos comprenden que los gnósticos comparten un conjunto específico de creencias: el mundo es un lugar malo; aquellos con conocimiento especial lo saben y pueden escapar solo si tienen el conocimiento especial; Cristo es un ser revelador divino que trajo este conocimiento especial y por lo tanto un camino a la salvación.

Hasta 1945, los académicos dependían casi completamente en los tempranos oponentes cristianos de los gnósticos para comprenderlos. Ireneo, un obispo de finales del siglo dos AD que escribió los cinco volúmenes de Contra las Herejías (Against Heresies), ocupó un lugar destacado en las discusiones del gnosticismo. El descubrimiento de la biblioteca Nag Hammadi en Egipto en 1945 finalmente permitió a los académicos leer los escritos de los mismos gnósticos antiguos. El Evangelio de Tomás, el Evangelio de Felipe, y el Evangelio de la Verdad permanecen como algunos de los escritos más conocidos de esta biblioteca.

En base al estudio de los oponentes tempranos del gnosticismo y los escritos gnósticos descubiertos con la biblioteca Nag Hammadi y en otras partes, académicos proponen los siguientes principios y sistemas de pensamiento como definitorios y subyacentes de los diversos gnósticos del mundo antiguo.

Creencias Gnósticas y Características

Fuerte dualismo metafísico. Los gnósticos interpretan el mundo en términos exhaustivamente dualistas. Existen dos ámbitos, el de la materia y la materialidad y el de los espíritus. El

G

mundo material es malvado o inferior, mientras que el ámbito espiritual define el bien. El inferior y malvado mundo material no viene del alto Dios del mundo espiritual, sino de un ser inferior. Muchos mitos gnósticos funcionan para explicar la catástrofe de la creación del mundo material.

El ámbito espiritual-divino. Originalmente sólo el Alto Dios, perfectamente bueno, existía. Permanece más allá de la comprensión humana como un ser perfecto diferente a todo lo conocido desde nuestra perspectiva como seres materiales. Este Dios no creó el inferior mundo material. En cambio creó otros seres divinos también hechos de espíritu. Ellos y su descendencia frecuentemente son llamados "Eónes". Algunas parejas de Eónes además producen seres divinos. El ámbito divino por lo tanto tiene una población de seres espirituales a distancias variables del Alto Dios. En algunos mitos uno de los Eónes, Sofía (griego para "sabiduría"), cometió un error y cayó del mundo divino; de alguna manera, en su caída, generó descendencia imperfecta. Algunos, o uno, de estos seres inferiores o incluso seres divinos malvados crearon el mundo material. "Demiurgo" (griego para "artesano") es un nombre común para el ser divino creador. A veces el ser divino inferior creo el mundo para atrapar a Sofía, evitando que volviera al ámbito espiritual. Se dividió en muchos pedazos y encerró en carne humana. Así una chispa divina espiritual reside en algunas personas.

Seres humanos. Algunas personas tienen esta chispa divina de Sofía dentro de ellos y pueden así saber su verdadera alienación del mundo material. Ellos, como otros aspectos de la creación material del Demiurgo, están destinados para la muerte y destrucción. Aquellos con la chispa divina, sin embargo, pueden experimentar la salvación a través de conocimiento especial que liberará su chispa divina. Estos son los gnósticos.

Cristo el revelador divino. Como espíritus prisioneros, los gnósticos necesitan conocimiento especial para despertar su chispa divina para que conozcan su necesidad de liberación. Entre otras cosas, involucra revelaciones para que puedan tener autoconocimiento, para conocer su situación, la situación del mundo y cómo se produjo. Diferentes grupos gnósticos conciben ciertas formas específicas de conocimiento especial diferentemente. A veces involucran contraseñas para el espíritu para ayudarlo a superar a seres divinos malvados en la travesía al ámbito espiritual. En este sistema un ser divino del ámbito espiritual debe descender y revelar conocimiento especial, el camino a la liberación. Dentro del sistema gnóstico, Cristo es ese ser divino revelador. Vino a impartir conocimiento liberador. Los gnósticos entienden a Cristo ya sea como aparentemente un hombre mientras en la tierra o, más comúnmente, un ser divino habitando a un hombre justo, Jesús, comenzando en su bautismo. En algún momento antes de la crucifixión, el ser divino, Cristo, dejó al hombre Jesús. La incisión radical del gnosticismo entre el mundo material y espiritual resulta en la salvación y Cristo solo se relaciona con los gnósticos para que recuperen su existencia puramente espiritual. La muerte de Jesús carece de cualquier significado expiatorio.

La vida en el mundo material. En el mundo material, los gnósticos con frecuencia viven entre las iglesias cristianas. Pueden confesarse igual como lo hacen otros cristianos, aunque sólo ellos saben el verdadero y profundo significado secreto de lo que confiesan y leen en la iglesia. No todos los cristianos son gnósticos, y por lo tanto no todos pueden tener el conocimiento de los verdaderos misterios del universo. Los gnósticos dividen la humanidad en tres clases: gnósticos, quienes eventualmente se reunirán al ámbito espiritual divino; cristianos comunes, que no experimentarán la salvación final, pero sí disfrutarán de cierto nivel de salvación; y todas las otras personas que carecen toda forma de divinidad dentro de ellos y serán destruidos con el resto del mundo Demiurgo. Oponentes de los gnósticos frecuentemente relataban historias de comprometerse en comportamientos extremadamente desviados, antisociales y malvados, especialmente actos sexuales excesivos y desviados. Los académicos generalmente analizan tales cargos como típicos tropos polémicos, teniendo poca credibilidad. Sin embargo, algunos gnósticos tradujeron su visión negativa del mundo material y el cuerpo en comportamiento libertino, creyendo que podían vivir como ellos quisiesen. Otros, no obstante, vivían vidas ascéticas y antisociales porque buscaban cultivar una vida separada de los deseos y necesidades del mundo material y el cuerpo. En cualquier caso, los gnósticos devalúan el cuerpo y el mundo material. Cristo y la salvación involucran la liberación del mundo material.

Formas de leer la Biblia. Los gnósticos frecuentemente se comprometen en "exégesis de protesta", deliberadamente invirtiendo el significado y valores de los textos sagrados judíos y cristianos. Así, frecuentemente tratan a la serpiente como una figura positiva, leen la caída de la humanidad como una historia de caos en el ámbito divino, tratan a Caín como una figura positiva y entienden al Dios Creador de la Biblia Judía como un más bajo (posiblemente malvado) ser divino. Esto corresponde a una actitud de protesta entre los gnósticos, protesta contra el mundo material e incluso contra otros grupos cristianos que realmente funcionan como parte del sistema mundial ignorante de los verdaderos misterios.

Reconsiderando el "Gnosticismo"

Cuando los académicos hablan del gnosticismo antiguo, tienen en vista el sistema religioso descrito anteriormente y los textos que lo representan, especialmente los mitos gnósticos de la caída y cómo sucedió la situación presente. A través de los años, muchos académicos han debatido si el gnosticismo es anterior al cristianismo o surge como un desarrollo del mismo. Un académico destacado traza el origen del gnosticismo a ciertos judíos insatisfechos. Muchos académicos distinguen entre elementos del sistema gnóstico encontrados con anterioridad al cristianismo y el sistema gnóstico que sólo aparece tras el advenimiento de esta fe.

El material precedente aproxima lo que la mayoría de los académicos significan por "gnosticismo". Otros académicos, sin embargo, rechazan esta construcción. Más allá de la extrema diversidad de las fuentes que tenemos (que hace identificar un "sistema" claro de gnosticismo problemático), la misma categoría "gnosticismo" puede requerir ser revisada o abandonada. Además, algunas de las características esbozadas son simplemente confusiones o ideas erróneas de los datos antiguos, especialmente la imagen de los gnósticos como personas de protesta que consistentemente practican la reversión de valores de los textos sagrados. Ningún así llamado gnóstico antiguo jamás se refirió a sí mismo como tal, por lo menos en sus propios escritos existentes. Las lecturas tradicionales de Ireneo y otros escritores antiherejes tempranos, que refuerzan el enfoque tradicional, también pueden requerir revisión. Ireneo, por ejemplo, no opera con una categoría de gnosticismo que se asemeje a las visiones de los académicos modernos del gnosticismo. Él incluye numerosos grupos entre su catálogo de herejes, a los cuales él aplica cierto conocimiento de vocabulario, que los académicos modernos nunca colocarían dentro de nuestra categoría de gnosticismo. En la extensión que Ireneo clasifica varios grupos bajo la categoría "gnosis", él simplemente indica falsas enseñanzas y no intenta categorizarlos fenomenológicamente como hacen los académicos modernos con la rúbrica "gnosticismo".

El "gnosticismo" es, por lo tanto, una categoría moderna aplicada a un increíblemente diverso conjunto de antiguos especialistas religiosos y sus seguidores que se vuelven prominentes en los primeros siglos del cristianismo. Aunque existían comunidades entre muchos de ellos en términos de sus prácticas y escritos religiosos intelectuales, estos se comprenden mejor como reflexiones de un conjunto relativamente común de sensibilidades filosófico-religiosas. Parece que algunos movimientos religiosos antiguos más nuevos involucraban personas que dieron su construcción de Jesús (o Cristo) un lugar prominente en su sistema. Las cosas comunes no derivan de una unidad o sistema religioso fundamental, independientemente de los suelto o diverso, aproximado por la categoría moderna de "gnosticismo".

GOA Lugar mencionado sólo en Jr. 31:39 (KJV: "Goath") como en el futuro, expandido límite de la ciudad de Jerusalén. La ubicación de Goa es desconocida; posiblemente estaba al suroeste de la ciudad cerca del Valle de Hinom.

GOATH *Véase* Goa.

G

GOB Este lugar es mencionado solamente en 2 Sm. 21:18-19 como la ubicación donde los guerreros de David derrotan a los campeones filisteos en combate individual. El relato paralelo en 1 Cr. 20:4-5 establece de manera diferentes que las primeras de estas batallas ocurrieron en Gezer y no en Gob. La identificación arqueológica de Gob es incierta, pero las sugerencias han incluido Tel el-Melat (probablemente Gibetón) y Khirbet Qeiyafa (un fuerte del siglo diez a.C. en el Valle de Ela).

GOBERNANTE DE LA SINAGOGA *Véase* Sinagoga.

GOBIERNO El término "gobierno" puede referirse a la filosofía que da forma a una nación o las instituciones, costumbres y leyes de las personas o, más específicamente, a oficinas y estructuras para ejercer esta filosofía. Hablando de manera general, el gobierno sirve para traer orden y dirección a las personas. Esto puede lograrse a través del gobierno de uno, unos pocos o muchos. Como parte constituyente de traer orden, algún tipo de entidad para la aplicación de las leyes y la protección debe crearse. Esto por lo general toma la forma de una fuerza militar o policial.

La visión bíblica del mundo enfatiza el gobierno de Dios sobre todo, inherente en su posición como el Creador. Sin embargo, ya que Dios imbuyó a la humanidad de autoridad sobre la creación y con la capacidad de relación, su gobierno puede expresarse en las acciones y decisiones de los seres humanos (1 Sm. 8:7-9; Rom. 13:1-4). El gobernante exitoso será el individuo que entiende su lugar ante Dios y que desea liderar al pueblo de Dios con humildad y justicia (1 Re. 3:7-9).

Antes de la Monarquía

Clan. Las formas más tempranas de relaciones gubernamentales aparentemente estaban entre la familia extendida o clan. El progenitor del clan normalmente era el patriarca, que guiaba a varias familias, todas las cuales estaban en cierto grado relacionados a él. El patriarca era responsable sobre las asignaciones de tierra y la mantención de la vida espiritual de la familia y su bienestar (Gn. 13:8-9; 31:22-35; Job 1:4-5). Él era responsable de hacer acuerdos contractuales bajo los cuales funcionaba la familia, en relación a la adquisición de tierras y matrimonios (Gn. 21:22-34; 24:1-11; 26:26-33). Él, por sí solo, decidía a quién pasaba el patriarcado tras su muerte, y su poder era casi absoluto (Gn. 27), aunque había cierta indicación que Dios deseaba que la primera responsabilidad de un esposo era a su esposa y no a su padre (Gn. 2:24).

Tribu. Más allá del clan, la siguiente unidad social era la tribu. Aunque las tribus estaban en su mayoría aun relacionadas genéticamente, la distancia de la relación permitía la inclusión de personas de fuera de la familia. Este puede haber sido el caso de Caleb, que es identificado tanto como miembro de Judá (Nm. 13:6) y como descendiente de los quenicitas, que eran edomitas (Gn. 36:9-11; Nm. 32:12).

Si las modernas tribus nómades son una indicación, la estructura gubernamental de tribus relacionadas era un tipo de confederación que se reunía para propósitos defensivos. Las decisiones habrían sido tomadas por un grupo de ancianos de varios clanes. Como el jefe del clan de estructuras más pequeñas, los ancianos tribales podían hacer alianzas y eran responsables de mantener el orden en la tribu (Dt. 21:19; Rut 4:1-12; 2 Sm. 5:3).

Durante el período posterior al éxodo y antes de la época de los jueces, la estructura tribal de fue mantenida, a través de un solo líder. El liderazgo de Moisés y Josué fue, de muchas maneras, precursor de los cargos tanto de juez como de rey. Los hombres tenían considerable poder, y la oposición a su liderazgo era frecuentemente enfrentada duramente (Nm. 12; 16). Sin embargo, su gobierno se establecía a través de la presencia del Espíritu de Dios más que por linaje físico. La carga de liderar a un grupo tan grande de personas tenía sus dificultades y se relata que Moisés delegó parte de su autoridad a jueces que tomaban decisiones por las personas (Éx. 18).

Jueces. El período de los jueces fue testigo de una devolución, por así decirlo, en la estructura gubernamental de Israel. La relación entre los varios tipos de tribus era relativamente tirante, y parece claro a partir de la narrativa que ningún juez lideró jamás más que un puñado de tribus. Aunque estos jueces eran como Moisés y Josué en que estaban imbuidos con el poder del Espíritu de Dios, su enfoque era casi puramente de naturaleza militar y los aspectos diarios de gestión pública parecen haber sido dejado a tribus individuales. Había poco sentido de sociedad ordenada y la ilegalidad y anarquía parecen haber estado a la orden del día. En dos casos, aquellos de Gedeón y Abimélec, se hicieron intentos de fundar reinos ruines (Jue. 8:22-23, 30-31; 9:1-21). Igualmente, Jefté parece haber establecido un reino menor al este del Jordán, en Galaad (Jue. 11:6-11). No obstante, estos intentos fueron de naturaleza transitoria y carecieron de la estabilidad que surge de una identidad unificada. De hecho, uno de los roles de los jueces parece haber sido solidificar la resolución del pueblo de un liderazgo permanente en la forma de una monarquía, que ellos esperaban los elevaría a grandeza y posición en el mundo (1 Sm. 8:1-6).

La Monarquía

El período de la monarquía representó un fuerte gobierno centralizado investido en la mente y decisión de un solo hombre. El término "rey" se aplicaba simbólicamente a un gran líder, pero por sobre todo se aplicaba a Dios, a quien le pertenecía el trono de Israel por derecho propio (1 Cr. 28:5; 29:23; Sal. 2). Con el cargo de rey vino una burocracia diseñada para aumentar la eficiencia, pero que ocasionalmente involucraba corrupción.

Establecimiento de la monarquía. El primer gobernante llamado "rey" fue Saúl, hijo de Cis, aunque frecuentemente es referido como un príncipe o jefe tribal más que un rey (1 Sm. 13:13-14). Es difícil decir si esto se relacionaba específicamente al nivel del cargo que poseía o si era un tipo de comparación despectiva con David, quien era visto por el autor bíblico como un verdadero rey. Como rey, David tomó posesión de la gran fortaleza de Jerusalén. De muchas maneras, él combinó el liderazgo eclesiástico y militar de la nación a través del movimiento del arca de la alianza a Jerusalén y la compra de la era para el templo. Salomón intentó continuar derribando las antiguas divisiones tribales al dividir todo el país en distritos administrativos (1 Re. 4:7) no según divisiones tribales, sino en base

Tumba excavada de Herodes el grande.

G

al patrón establecido durante la hegemonía egipcia de Canaán que había existido varios siglos antes. El reino fue dividido en dos reinos aparte a la muerte de Salomón, pero para el pueblo de Dios la monarquía se había vuelto el estándar de gobierno a través del cual Dios regía. Esta expectativa monárquica encontró su expresión en la esperanza mesiánica de Israel (Ez. 47).

El rol del rey. La tarea principal del rey era actuar como comandante en jefe del ejército. Con el establecimiento de la monarquía, el pueblo ganó un ejército permanente que podía mantenerse en el campo para la protección de la nación (1 Sm. 13:2). El rey también estaba íntimamente conectado con la organización religiosa del pueblo. Era considerado un componente central del culto, de manera que los momentos importantes de su vida eran causa de adoración (Sal. 2; 45; 110). Es seguro que el rey, especialmente después de David, realizaba funciones sacerdotales. David usaba un efod (1 Cr. 15:27) y Salomón se dirigía al pueblo en el templo (1 Re. 8:14). De hecho, la misma coronación identificaba al rey como sacerdote y rey (Sal. 110:4). El hecho de que Salomón construyó el templo y jugara un rol significativo en su dedicación muestra la íntima relación del rey con el santuario nacional, que estaba adyacente a su palacio. El rey también actuaba como juez (1 Re. 3:16-28; 7:7) sobre su pueblo y determinaba las estructuras económicas de la sociedad, incluyendo impuestos, pesos monetarios y alianzas con otras naciones. El rey no tenía autoridad absoluta, sin embargo, y como el resto de Israel era sujeto de la ley (Dt. 17:14-20).

Sucesores y oficiales. Una vez que se había establecido la monarquía, el principio hereditario surgió naturalmente. El hijo de Saúl, Isboset, mantuvo una pequeña monarquía de tribus del norte por un tiempo tras la muerte de Saúl (2 Sm. 2:8-10). Aún así, el rey parece haber tenido el derecho a elegir cuál de sus descendientes sería su sucesor (1 Re. 1). Cuando la decisión se tomaba, el pueblo frecuentemente proclamaba su satisfacción con el resultado (1 Re. 1:25; 2 Re. 14:21) y ocurría una ceremonia de ungimiento. A veces el ungimiento era un asunto privado (2 Re. 9:6), pero la presencia de ciertos salmos relacionados a la ceremonia misma, sugiere que, generalmente hablando, era un evento nacional y momento de adoración (Sal. 2:2).

La burocracia que venía con el rey significaba la instalación de varios cargos nuevos. El oficial principal del rey era el comandante de su ejército (2 Sm. 2:8; 8:16). Otro oficial militar de alto rango era el capitán de los guardaespaldas, que no estaba bajo las órdenes del comandante del ejército (2 Sm. 8:18; 23:22-23). El rey también tenía oficiales más domésticos, tales como un oficial a cargo de la casa (2 Re. 18:18), el historiador de la corte, el secretario de la corte, varios subjefes y consejeros y el amigo del rey (2 Sm. 8:16-18; 1 Re. 4:1-6).

Ingresos públicos. Los medios para sostener al Estado variaban por era y rey. Mientras es cierto que el rey tenía su propio rebaño y tierras (1 Sm. 8:15-17; 1 Cr. 27:25-28), él también podía, dependiendo de su fuerza, recoger ganancias a través de regalos de vasallos (1 Re. 4:21; 10:25) y a través de botines de guerra (2 Cr. 27:5). Comenzando con el control y regulación de las rutas comerciales durante el reinado de Salomón, el rey mantenía un flujo de ingresos a través de impuestos a comerciantes que se movían por el territorio y el comercio con otras naciones.

Tras el Exilio

El período tras el exilio fue testigo de una transición en el gobierno de Israel. Aparte de un muy breve período de aproximadamente desde el año 160 a 60 a.C., Israel estuvo bajo el control de poderes extranjeros. Estos diversos imperios gobernaron con una variedad de métodos, determinados por sus propias filosofías de gobierno.

Gobierno persa. Los persas establecieron un gobierno ampliamente basado en una suerte de dictadura benevolente, aunque hay múltiples relatos de repuestas despiadadas ante cualquier noción de rebelión de sus vasallos.

En el año 539 a.C., Ciro permitió a los judíos regresar de su cautiverio en Babilonia a Jerusalén y le demostró ciertos favores. Uno de sus sucesores, Darío I (r. 522-486 a.C.), continúo la política liberal de Ciro hacia los judíos y jugó un importante rol en la reconstrucción del templo en Jerusalén (Esd. 5:13-17; 6:1-15). También organizó al Imperio Persa para facilitar la recolección de tributo de las naciones sujetas. Finalmente dividió el reino en veinte provincias encabezadas por gobernadores, un sistema que se mantuvo a través del resto de su línea dinástica. Otro desarrollo importante durante este período fue el aumento de poder del sacerdocio judío. Sin monarquía judía, el poder gubernamental de Israel se concentró en el cargo de sumo sacerdote.

Gobierno griego y romano. Alejandro Magno y sus sucesores trajeron el helenismo hacia la experiencia judía. Su adquisición de poder fue distintivamente diferente porque él no era simplemente político. Su influencia cultural y espiritual fue mucho más significativa. Las personas fueron sometidas a nuevo lenguaje, arte, pensamiento y filosofía. La lucha que siguió dividió a la población judía en grupos competitivos, uno dedicado a la preservación de las viejas costumbres y uno más receptivo a la vida helénica.

La venida de los romanos trajo consigo un balance de poder más complejo, con la autoridad cambiando entre el sumo sacerdote, reyes vasallos colocados por los romanos y gobernadores romanos llamados "prefectos" y "procuradores". Entre los reyes del período, Herodes el Grande fue el más exitoso e importante. Herodes logró el control de la región con la ayuda de César Augusto y Marco Antonio, siendo investido con el cargo por el Senado romano y luego logrando una importante victoria militar sobre Jerusalén en el año 37 a.C. Herodes fue odiado por los judíos debido a sus compromisos paganos, su crueldad y su deseo de helenizar Judea. Sus hijos no disfrutaron de su éxito o su poder, sin embargo, y tras su muerte, la influencia e intervención romana en Judea se volvieron más directas y significativas.

La clase sacerdotal también tenía poder significativo en el cargo de sumo sacerdote y en el alto tribunal judío, el Sanedrín. El Sanedrín lidiaba con temas como el procedimiento legal, veredictos, y decretos de naturaleza política y también con cuestiones relacionadas con el templo, el sacerdocio y los sacrificios. En muchos aspectos, el Sanedrín era la máxima autoridad política (aunque su control estaba siempre mitigado por el poder y la presencia romana). Podía lidiar con la mayoría de los casos criminales, aunque su autoridad estaba limitada en casos capitales.

La presencia romana en la región estaba representada por la gobernanza de prefectos y procuradores. Estos gobernadores eran asignados por Roma sobre Judea tras la remoción de Arquelao en el año 6 AD y sobre toda Palestina a la muerte de Herodes Agripa. Los prefectos y procuradores eran el poder más alto en su provincia, pero respondían ante el legado y finalmente ante el César. Vivían principalmente en Cesarea, pero viajaban a Jerusalén para fiestas importante o en caso de agitación social. Tenían tendencia a tener el menor contacto posible con los judíos, a menos que su propio interés personal lo demandara. Las decisiones concernientes a la vida diaria se dejaban en manos de las autoridades judías. Con los ciudadanos romanos viviendo en el área, los procuradores tenían influencia directa; sin embargo, tales ciudadanos podían pasar por encima del procurador y apelar al César si no recibían la sentencia que deseaban.

GOBERNADOR

Antiguo Testamento

La palabra "gobernador" se usa para traducir un número de palabras hebreas. El término indica alguien que ha sido designado con autoridad sobre cierta región, especialmente bajo el gobierno de un rey o emperador. El cargo de gobernador se encuentra a lo largo del Pentateuco, los Escritos y los Profetas. Notable en el AT son los gobernadores asignados por gobernantes extranjeros por reyes extranjeros, tanto en casa como en territorios ocupados.

Existen varios gobernadores notables en el AT. Tras ser vendido como esclavo en Egipto, José fue exaltado como gobernador de Egipto, segundo sólo ante el rey. Así, sus hermanos le hacen reverencia (Gn. 42:6). Salomón, durante su reinado, estableció doce gobernadores, cada uno responsable de proveer provisiones al rey un mes de cada año (1 Re. 4:7), y Salomón recibía tributo de ellos (1 Re. 10:15; 2 Cr. 9:14).

G

Un gobernador destacable fue Gedalías, quien gobernara el remanente judío dejado en Judá durante la deportación, que reportaba al rey de Babilonia (Jr. 40:11). Posteriormente, fue asesinado por Ismael, (Jr. 41:2). Esto provocó gran miedo, causando que algunos huyesen a Egipto (Jr. 41:17-18).

Otro individuo notable que gobernó al pueblo judío tras su regreso a Jerusalén después del cautiverio fue Sesbasar, gobernador bajo Ciro (Esd. 5:14). A él se le habían confiado las vasijas para la casa de Dios en Jerusalén que habían sido tomadas por Nabucodonosor (1:7-8). Este mismo Sesbasar había comenzado a construir los cimientos del templo por decreto legal de Ciro, el rey (5:14-6:6). Subsecuentemente, Zorobabel (bajo Darío I) se convirtió en gobernador y completó los cimientos y el resto del templo (Esd. 3-6; *véase también* Ag. 1:1-15). Se dice que él y los otros trabajadores tuvieron sus espíritus movidos para hacer el trabajo (Ag. 1:14).

Nehemías, quien dirigió al pueblo en la reconstrucción del muro de Jerusalén para la seguridad y restauración de la ciudad, fue gobernador sobre el pueblo (bajo Artajerjes I) y tuvo un verdadero corazón compasivo hacia los pobres. Su simpatía por ellos era tan profunda que no tomó la asignación regular de comida y otros bienes que otros gobernadores tomaban por derecho (Neh. 5:14-15). Los gobernadores anteriores habían gobernado y cobrado pesados impuestos. Nehemías consideraba esto una forma ilegítima de vivir entre el pueblo de Dios. En la lectura de la ley junto con Esdras el sacerdote y los otros levitas, Nehemías dirigió la atención del pueblo a la respuesta apropiada a la palabra de Dios (Neh. 8:9-10).

Nuevo Testamento

En el NT, la palabra más común para gobernador es hēgemōn. Como en el AT, los gobernadores eran designados por autoridades superiores que delegaban en ellos la autoridad de gobernar.

El cargo de gobernador era muy importante en Israel durante el período del NT. Herodes el Grande había gobernado Israel durante los años 37-4 a.C. Tras su muerte en el año 4 a.C., tres de sus hijos tomaron control del reino con la aprobación de César Augusto.

Arquelao gobernó Judea y Samaria, Herodes Antipas (Herodes el Tetrarca) fue tetrarca de Galilea y Perea y Felipe fue tetrarca de Iturea y Traconite (*véase* Lc. 3:1; Josefo, J.W. 2.93-97). El pueblo judío se revolucionó contra Arquelao en el noveno año, y este fue destituido de su cargo y expulsado en el año 6 AD (Josefo, J.W. 2.111). Su reino fue convertido en una provincia romana, con Coponius como gobernador regente. Desde este tiempo hasta el reinado de Herodes Agripa I, Judea fue gobernada por una línea de gobernadores (llamados "prefectos" o "procuradores"). En el año 41 AD, Herodes Agripa I comenzó a gobernar y eventualmente gobernó aproximadamente el mismo territorio que Herodes el Grande, su abuelo. Su mandato, sin embargo, duró sólo tres años. En el período 44-66 AD, gobernadores volvieron a dirigir Judea, entre ellos Félix y Festo, con quien el apóstol Pablo tenía audiencia.

Destacable entre estos gobernadores fue Poncio Pilato, designado en el año 26 AD por Tiberio. Las fortunas de Pilato parecían crecer y decrecer con las del general Sejano, con quien compartía muchas ideas políticas y sociales. Cuando recién llegó a Palestina, Pilato provocó protestas al traer secretamente estandartes del ejército con la imagen de emperadores romanos —ídolos a ojos judíos— a Jerusalén (Josefo, Ant. 18:55-59). En otra ocasión, demostraciones en su contra surgieron cuando usó dinero del tesoro del templo para construir un acueducto en Jerusalén (Josefo, Ant. 18:60-62). Pilato envió soldados a rodear y atacar a quienes protestaban, muchos de estos resultaron muertos. Lucas 13:1 se refiere a un episodio similar cerca del monte del templo en la cual Pilato masacró galileos, "cuya sangre Pilato había mezclado con sus sacrificios".

Típico de los romanos, Pilato enfrentó a quienes protestaban con fuerza implacable y arrolladora. En el juicio de Jesús, aunque Pilato sabía que Jesús era inocente (Jn. 18:38), condenó a Jesús a la crucifixión para evitar antagonizar a los líderes religiosos. Este tipo de acciones era característico de Pilato. Era un líder inescrupuloso y egoísta que aborrecía a los líderes judíos, pero temía antagonizarlos. Josefo destaca que durante el tumulto de los samaritanos (para reunirse en el Monte Gerizim), Pilato los hizo huir, matando a algunos. Los samaritanos se quejaron de las formas asesinas de Pilato a Vitelio, que era amistoso con ellos y este llamo a Pilato a Roma para responder ante Tiberio, pero Pilato demoró tanto en llegar allá que Tiberio estaba muerto cuando finalmente llegó (Josefo, Ant. 18:85-89). Pilato eventualmente fue sacado del cargo y no sabemos más de él.

Otros dos gobernadores de Judea que aparecen en el NT son Félix y Festo, que tuvieron un rol en el juicio del apóstol Pablo (Hec. 24-26). La esposa de Félix, Drusila, era una judía, y ella estaba con él en la segunda audiencia de Pablo. En esta segunda ocasión, Pablo razonó poderosamente con Félix, tanto así que Félix se asustó por su futuro y envió lejos a Pablo. A pesar de su miedo, Félix buscó explotar la situación para obtener ganancia monetaria (sin duda, los sobornos eran comunes), pero Pablo no respondió. Dos años más tarde, Félix fue reemplazado por Porcio Festo.

Moneda acuñada durante el reinado de Herodes el grande. Herodes comenzó su ascenso al poder político como gobernador de Galilea.

Festo escuchó la defensa de Pablo (Hec. 26) y lo envió a Roma para su apelación, aunque tanto Festo como Herodes concordaban que Pablo podría haber sido liberado si no hubiese apelado a César (Hec. 26:30-32).

En una ocasión en el NT, la palabra "gobernador" se traduce a partir de la palabra ethnarchēs. Aretas de los nabateos era el etnarca en Damasco y estableció un asedio para capturar al apóstol Pablo, pero Pablo escapó a través de una ventana en el muro, probablemente de noche (2 Cor. 11:32-33).

En oposición a un gobernador, un "procónsul" (anthypatos) era un gobernante de una provincia senatorial y por lo tanto era asignado por el Senado romano en vez del emperador. Estas provincias por lo general eran más leales y pacíficas, por lo que tenían poca necesidad de una fuerte presencia militar. Tal era el caso del procónsul de Chipre que vivía en Pafos, Sergio Paulo. Este hombre es destacado por Lucas como inteligente y listo para escuchar el mensaje de Pablo y Bernabé. El hechicero Elimas (Barjesús) buscó alejar al procónsul de la fe y así quedó ciego a la orden de Pablo. Este procónsul romano, un hombre de estatura política en Chipre, entonces se convirtió en creyente (Hec. 13:4-12). Otro procónsul, Galión, gobernaba en Acaya durante la estadía de Pablo en la ciudad en su segundo viaje misionero. A partir de información obtenida de antiguas fuentes escritas, principalmente la Inscripción de Galión, el comienzo de su ejercicio como procónsul de Acaya ocurrió entre los años 50 y 52 AD. Cuando Pablo fue llevado a juicio ante Galión, Galión desestimó el caso como una disputa religiosa (Hec. 18:12-16). En otra referencia al proconsulado, los detractores de Pablo en Éfeso escucharon del secretario del pueblo que llevaran sus quejas contra Pablo a los procónsules del área, a menos que quisiesen ser acusados de provocar una revuelta y una asamblea ilegal (19:38-41).

El mismo Jesús previamente había profetizado que los discípulos testificarían ante reyes y gobernadores (Mt. 10:18), algo que fue cumplido por Pablo mientras hablaba con Herodes, Félix, Festo y Nerón. Adicionalmente, Lucas destacó a Quirinio como gobernador de Siria cuando se tomó el primer censo, alrededor de la época del nacimiento de Jesús (Lc. 2:2).

Los apóstoles destacan que la comunidad de fe debe someterse a gobernantes como los gobernadores mientras ejecutan su tarea ordenada por Dios, ya que la alabanza del bien y el castigo del mal también es del interés del creador divino y quien ordenó a tales personas

G

(1 Pe. 2:14; cf. Rom. 13:1-5). La comunidad de fe también debe orar por todos quienes tienen autoridad (incluyendo gobernadores, aunque no se mencionan específicamente), de manera que la iglesia pueda llevar una vida tranquila en devoción (1 Tim. 2:1-2).

GOG Y MAGOG Esta pareja infame es conocida por la mayoría de los lectores de la Biblia de Ap. 20:8. Ellos representan a todas las naciones del mundo, que son tentadas por Satanás para atacar a los santos al final de los tiempos.

Este texto universaliza Ez. 38-39, donde "Gog, de la tierra de Magog, el príncipe principal de Mesek y Tubal" (38:2-3), es el comandante de una coalición (38:2-7) que se reunirá en un ataque no provocado contra un restaurado e indefenso Israel. No actúa bajo su propia iniciativa, sino que impulsado y finalmente destruido por Dios (38:21-23; 39:2-6). Algunos han sugerido que el misterioso Gog deriva de la figura histórica de Giges, un rey de Lidia en el siglo siete a.C., lugar ubicado en el oeste de Asia Menor, o Gaga, un dios mencionado en los textos de Ras Shamra del antiguo Ugarit. Otros creen que el nombre "Gog" deriva de "Magog", ya que Magog, la tierra "en el lejano norte" de la cual Gog proviene (Ez. 38:2, 15; 39:6), puede traducirse como "lugar de Gog".

Magog se asocian en la Tabla de las Naciones (Gn. 10:2) con Mesek y Tubal, hijos epónimos de Jafet cuyos territorios se presume que están en alguna parte en la vecindad de la actual Turquía.

GOLÁN Probablemente ubicado aproximadamente treinta y dos kilómetros directamente al este del Mar de Galilea, Golán es una de las ciudades de refugio del AT (Dt. 4:43; Js. 20:8). Golán es posteriormente entregada por Josué, el sumo sacerdote Eleazar y los líderes de la familia tribal de Israel a los gersonitas, un clan de levitas, de la tierra originalmente asignada a la tribu de Manasés (Js. 21:27; 1 Cr. 6:71).

GOLFO Una gran entrada de un océano similar a una bahía, pero generalmente más larga y más cerrada por tierra. El término aparece sólo una vez en la NIV, con referencia al "golfo del mar egipcio" (Is. 11:15). El término también es usado en la KJV en la parábola de un hombre rico y Lázaro por el "desfiladero" (NIV; NRSV) que separa el lugar de tormento del hombre rico con el lugar de dicha de Lázaro al lado de Abraham (Lc. 16:26).

GÓLGOTA El lugar de la crucifixión de Jesús, justo fuera del muro de Jerusalén. "Gólgota" proviene de la palabra aramea que significa "calavera". Las tres referencias a Gólgota en los Evangelios (Mt. 27:33; Mc. 15:22; Jn. 19:17) también identifican el lugar en griego como "Lugar de la Calavera" (kraniou topos). El nombre "Calvario" se basa en el término en latín calvaria ("calavera").

El lugar está conectado a calaveras, tal vez porque regularmente se usaba para ejecuciones o, menos probable, físicamente se parecía a una calavera. *Véase también* Calvario.

GOLIAT Goliat era el campeón filisteo a quien David mató en un combate mano a mano con una piedra lanzada con una honda (1 Sm. 17). La victoria de David llevó a una retirada de los filisteos y recompensas y prominencia personal en Israel.

Goliat era considerado un gigante. Mientras que los TM da su altura como 2,9 metros (NRSV: "seis codos y un palmo"), otra tradición textual (preservada en lo MMM, la LXX y Josefo [Ant. 6.171]), da su altura como 2,06 metros ("cuatro codos y un palmo"). Desde la perspectiva de la copia, los dos metros es más fácil de explicar como el original. El israelita promedio medía 1,6 metros, pero Saúl los sobrepasaba por más de una cabeza, tal vez midiendo 1,83 metros.

GOLONDRINA La palabra hebrea para "golondrina", deror, que puede incluir vencejos y salangana, deriva de una palabra que significa "libre". Casi constantemente en vuelo ágil cazando insectos, las golondrinas anidan bajo cornisas de roca o en edificios. En Sal. 84:3-4 el instinto de anidación de las golondrinas retrata el deseo del adorador para "residir" en el templo y presencia de Dios, mientras que en Prov. 26:2 y su constante revoloteo retrata "una maldición inmerecida".

GOMA, RESINA DE GOMA La goma es una sustancia pegajosa y elástica formada de la descomposición de ciertos elementos en la pared celular de plantas. Para cosecharla, la corteza de ciertos árboles era cortada y removida, lo que permitía a la goma exudar y ser recogida. Como puede verse a partir de los contenidos de la caravana ismaelita (Gn. 37:25, NASB, ESV; NIV: "especias"), la goma era un importante bien de intercambio en el antiguo Oriente Próximo.

La goma es similar a la resina, y juntas crean un tipo de resina de goma de la cual el incienso es el ejemplo bíblico más prominente. Mencionado en la KJV y varias otras versiones como "stacte", la resina de goma (hebreo natap) se usaba en el perfume sacerdotal (Éx. 30:34). Este perfume simbolizaba la presencia de Dios en el santuario y su abuso era castigable con el ostracismo (Éx. 30:38).

GOMER (1) La esposa del profeta Oseas. Dios le ordenó a Oseas que se casara con Gomer, aunque también la describe como "una esposa adultera" (Os. 1:2). El propósito tras el mandamiento de Dios era proporcionar una ilustración de su propia relación con su pueblo, que, como un matrimonio, debería ser íntimo y exclusivo. Israel, sin embargo, estaba adorando otros dioses, al igual que Gomer estaba durmiendo con otros hombres.

Es incierto si Gomer era una prostituta en el momento que Oseas se casó con ella o si ella tenía tendencias promiscuas sobre las que actuó tras el matrimonio. Algunos comentaristas incluso argumentan que Oseas no se casó con una mujer así en realidad, sino que esta parte del libro de Oseas es una parábola. Cualquiera sea el caso, más que el pecado de Israel, se ilustra por la relación de Oseas y Gomer. En Os. 3 Dios ordena al profeta que la vuelva a comprar y se vuelva a casar con ella, aunque es una prostituta. Él debe prohibir sus actividades adulteras. Del mismo modo, Dios no romperá completamente su relación con el adultero Israel.

(2) En la Tabla de las Naciones (Gn. 10) Gomer es el hijo de Jafet, el hijo de Noé. Es comúnmente identificado como en ancestro de los cimerios, un pueblo indoeuropeo que vivía en lo que ahora es el sur de Rusia, al norte del Mar Negro, en el segundo milenio a.C., pero que amenazó a Asiria alrededor del año 700 a.C. Gomer también es mencionado junto a Gog y Magog en Ez. 38:1-6, representando a los enemigos al norte de Israel.

GOMER Una medida de peso seco mencionado solo en Éxodo 16. Un omer era un décimo de un efa (*véase* v. 36) y era la cantidad de maná permitida para la recolección por persona por día, excepto el día de reposo, cuando la porción de cada persona era de dos omers.

GOMORRA *Véase* Sodoma y Gomorra.

GONG Un instrumento de percusión de gran tamaño, tal vez una campana o un címbalo, Pablo compara el sonido del gongo (griego chalkos) al uso del regalo espiritual de lenguas desprovisto de amor. Literalmente, el gong es un "bronce que resuena" (1 Cor. 13:1; *véase* KJV).

GORRA *Ver* Mitra.

GORRIÓN Una pequeña ave, predominantemente de color café y que come semillas que se adapta bien a los pueblos. Especies encontradas en Israel incluyen el gorrión común, el gorrión español, y el gorrión del Mar Muerto. La palabra griega strouthion puede referirse específicamente a los gorriones (Mt. 10:29, 31; Lc. 12:6; Tob. 2:10), pero la palabra hebrea tsippor (traducida como "gorrión" por la NIV en Sal. 84:3; Prov. 26:2) simplemente significa "pájaro" y cubre un amplio rango de especies (*véase* Gn. 7:14; Ez. 39:4).

Las aves ritualmente limpias eran atrapadas o tomadas del nido para usarse en sacrificio y comida, especialmente por los pobres (e.g., Lv. 14:4-7; Dt. 14:11; 22:6-7; Neh. 5:18; Ecl. 9:12). En poesía, son mencionados en conexión con sus nidos (e.g., Sal 84:3; 104:17; Prov. 27:8), el vuelo (Prov. 26:2) y los cantos (Ecl. 12:4). Ya que muchos son normalmente gregarios y se quedan cerca del nido, una pequeña ave solitaria o perdida es una imagen llamativa (Sal. 102:7; Prov. 27:8).

En el siglo uno AD un gorrión costaba 1/32 o incluso 1/40 del salario diario. Jesús contrasta el bajo precio de mercado de los gorriones con

G

el cuidado providencial de Dios por cada uno de ellos, así asegurándonos que somos de mucho mayor valor para nuestro Padre (Mt. 10:29-31; Lc. 12:6-7).

GOSÉN **(1)** Una región en el noreste de Egipto junto al Delta del Nilo oriental. La extensión de la región es incierta, pero se identifica con el área alrededor del Uadi Tumilat hasta el lago Timsah. La LXX traduce "Gosén" como "Gesem de Arabia" (Gn. 45:10) y puede identificarlo con el nombre egipcio para Arabia. Gesem de Arabia, un enemigo de Nehemías, puede estar asociado con esta área (Neh. 2:19). Ramsés II construyó su capital sobre las ruinas de la capital de Hiksos, Avaris, y la llamó Pi-Ramsés, que probablemente sea la misma Ramsés construida por los esclavos israelitas (Éx. 1:11).

Gosén era aproximadamente equivalente con la "tierra de Ramsés" o parte de ella (Gn. 47:6). José asentó a su familia allí porque era "lo mejor de la tierra", buena para el cuidado del ganado y estaba cerca de él (Gn. 45:10, 18; 46:34). Gosén luego se convirtió en el lugar de esclavización de Israel. Mientras Egipto enfrentaba las plagas, Gosén fue perdonado (Éx. 8:22).

(2) Una región en el sur de Judá conquistada por Josué (Js. 10:40-42; 11:16). **(3)** Un pueblo el territorio montañoso al sur de Judá (Js. 15:51).

GOYIM Una forma plural transliterada de la palabra hebrea goy ("nación, gentil") y el nombre de varios lugares. Como nombre de lugar también se escribe Goiim. **(1)** Como sustantivo plural, goyim aparece más de cuatrocientas veces en el AT, refiriéndose predominantemente a personas no judías. Su contraparte griega es ethnos, de la cual proviene la palabra "étnico". **(2)** El reino del rey Tidal (Gn. 14:1, 9). En Gn. 14, el rey Tidal de Goyim se unió al rey Quedorlaomer de Elam y otros dos reyes en un esfuerzo por detener una rebelión en la región del Mar Muerto.

Cuando el sobrino de Abram, Lot y su familia fueron capturados, Abram rescató a Lot y derrotó a la coalición de cuatro reyes. Académicos han intentado identificar al rey Tidal y su reino. La mayoría cree que era un rey heteo liderando a su propia coalición multinacional, pero existen otras propuestas. **(3)** Una municipalidad de Gilgal que aparece en la lista de los conquistados por el rey Josué (Js. 12:23). "Goyim en Gilgal" es reemplazado por "Goiim en Galilea" en algunas traducciones (NRSV, ESV) que siguen a la LXX para este versículo. Si esto no se prefiere, entonces este Goyim en Galilea es probablemente el mismo que en Is. 9:1 (*véase* el siguiente punto).

(4) Una parte de la región de Galilea llamada "Galilea de las naciones [goyim]" (Is. 9:1; cf. Mt. 4:13-16). Aquí la mayoría de las traducciones presenta goyim como "gentiles" o "naciones". Haroset Goim, el hogar del comandante del ejército cananeo, Sísara (Jue. 4:2) y el lugar de su confrontación con el comandante israelita Barac, también puede estar conectado a esta ubicación.

GOZÁN Una ciudad-estado a la que muchos israelitas fueron deportados por los asirios tras la derrota del reino norte de Israel y Samaria en el año 722 a.C. (2 Re. 17:6; 18:11; 19:12; 1 Cr. 5:26). Gozán probablemente se ubicaba en el noroeste de Mesopotamia en el río Habor, uno de los tributarios del Éufrates (identificado como el "río de Gozán" en 1 Cr. 5:26; hoy en día río Khabur). La ciudad probablemente debe ser identificada con Tel Halaf, un sitio arqueológico en la orilla sur del río. Documentos asirios descubiertos en Tel Halaf tienen nombres que suenan hebreos en ellos, tal vez los nombres de exiliados deportados de Samaria.

GOZNE, BISAGRA Un pivote unido a una puerta que le permite balancearse y así proporcionar ingreso y salida. La única mención bíblica de puertas israelitas con goznes es en conexión al templo de Salomón (1 Re. 7:50; NIV: "glena"; cf. Ez. 41:24). Estos goznes estaban hechos de oro y se usaban a través del templo. Proverbios compara una persona floja en la cama al balanceo de una puerta sobre su gozne (26:14).

GRABADO, HERRAMIENTA DE En Éx. 32:4 la KJV presenta la palabra hebrea kheret como "herramienta de grabado" (NIV: "herramienta"; NET: "herramienta de grabado"), refiriéndose a un implemento usado por Aarón para construir el becerro dorado, ya sea para moldear el ídolo mismo (KJV) o para hacer un molde para dar forma al oro derretido (NRSV).

GRABAR Caligrafía o diseños ornamentales eran grabados en una variedad de superficies, como metal, joyas, piedra, madera y arcilla, usando herramientas apropiadas para cada uno, incluyendo lápices con punta de diamante (Jr. 17:1 KJV; NIV: "punta de pedernal"). La permanencia del grabado y la dificultad de producir copias exactas lo hacía especialmente adecuado para usar en anillos de sello, sellos y edictos incambiables (Éx. 32:16; Job 19:24).

Los nombres de las doce tribus de Israel estaban grabados en piedras preciosas que adornaban el efod y pechera del sumo sacerdote (Éx. 28:9-12, 21) y una placa de oro grabada con las palabras "Santo para el Señor" se sujetaba en el turbante del sumo sacerdote (28:36). Los tallados hechos de madera y cubiertos de oro decoraban el templo (1 Re. 6:28-29; 7:36). En la visión de Zacarías, Dios promete grabar una inscripción en la piedra colocada frente a Josué y remover la inequidad de la tierra (Zac. 3:9).

GRACIA La gracia es el núcleo, el elemento central crítico, del trabajo santificador y redentor del Dios trino detallado a través de todo el canon de las Escrituras. Las variadas expresiones de gracia están enraizadas en la persona y trabajo de Dios, de manera que su gracia y favor efectivamente demostrados en cada aspecto del reino creado lo glorifican en la medida que se comparten y disfrutan con otros.

La terminología bíblica que informa una comprensión de la gracia la define como un regalo o reacción o disposición favorable hacia alguien. La gracia es generosidad, agradecimiento y buena voluntad entre humanos y de Dios hacia los humanos. Expresiones divinas de la gracia son amorosas, misericordiosas y efectivas. Los textos bíblicos proporcionan un contexto para una comprensión más robusta del regalo divino. El contexto redentor-histórico en general de la gracia es el deseo del Dios eterno de traer gloria a sí mismo a través de una relación con su creación basada en la gracia. El Creador-Redentor otorga gracia y los receptores de la gracia le dan gloria.

Antiguo Testamento

Génesis. La gracia de las narrativas de la creación se resume con el uso repetido del término "bueno" (Gn. 1:4, 10, 12, 18, 21, 25, 31). Dios es bueno e hizo una creación buena con abundantes regalos para que Adán y Eva disfrutaran. Cuando Adán y Eva se rebelaron contra Dios, Él los juzgó justamente y graciosamente proveyó para una relación permanente. Dios vistió a los desnudos Adán y Eva (3:21) y anunció que la semilla de la mujer proporcionaría a un redentor.

La gracia en la narrativas pos creacionistas (Gn. 4-6) se enfoca en individuos. Dios miraba con favor a Abel y su ofrenda (4:4) y Noé encontró gracia ante los ojos de Dios (6:8). Dios miró y tuvo consideración por la ofrenda de Abel (Gn. 4). Jacob confesó a Esaú que Dios lo bendijo con descendientes y con posesiones (33:5).

La gracia y generosidad también caracterizan la interacción entre individuos. El intercambio de Jacob y Esaú utiliza vocabulario de gracia para el regalo y la disposición de gracia. Jacob invitó a Esaú a aceptar sus regalos si tenía una disposición favorable hacia él (Gn. 33:11). El hijo de la alianza, José, recibió tratamiento favorable del carcelero por su disposición hacia él (39:21).

Éxodo. La narrativa del éxodo relata cómo la semilla de Abraham se multiplica, es redimida y luego se le entrega la ley que define la relación de Dios con Israel. Todos estos eventos están ligados a las promesas de gracia que Dios le hizo a Abraham y sus descendientes (Gn. 12; 15; 17; *véase también* Gn. 21; 27).

La gracia asociada con la redención de Israel de Egipto se celebra en la canción de Éx. 15. La victoria de Dios sobre el ejército egipcio y su fidelidad aliancista a los patriarcas son los temas de la canción. Moisés y los israelitas cantan porque Dios escuchó los gemidos de Israel; recordó su alianza con Abraham y miró a Israel con preocupación (2:24). Dios volvió a Egipto favorablemente dispuesto hacia Israel (3:21) y abrió el mar para que Israel escapara (11:3; 12:36). La confesión "Él es mi Dios… el Dios de mi padre" unifica secciones importantes de la historia redentora y afirma la constancia de la gracia de Dios a través de períodos (15:2).

G

La tenaz lealtad aliancista de Dios (khesed) a la nación y su gracia aliancista (15:13) hacia Israel no puede ser merecida.

La entrega de la ley en Éx. 20 es prologada por una graciosa y poderosa presentación de Dios a la nación en Éx. 19. En la organización y desarrollo de Éx. 19-20 surgen temas de gracia. La gracia asociada con la redención y la vida aliancista está marcada en Ex. 19. Dios sacó a Israel de la esclavitud egipcia, lo redimió, y trajo la nación hacia sí (19:4). A través de esta acción la nación se convierte en un tesoro especial, una nación santa, un reino de sacerdotes (19:5-6). En suma, Israel existe porque Dios lo creó, lo amó y lo redimió.

Segundo, el Decálogo de Éx.20 continúa sobre la redención efectuada por Dios, definiendo cómo Israel se relacionará a su Dios. En este sentido, la ley es vista como un regalo que expresa la voluntad divina. Al compararse y contrastarse con otras leyes del antiguo Oriente Próximo, la Torá refleja la gracia del carácter de Dios y su genuina preocupación por los pobres, los esclavos, los extranjeros y las viudas. Además, existe una ética de gracia que motiva la obediencia a la ley. Las declaraciones motivacionales en el Decálogo en Éx. 20 se relacionan a la gracia de redención (versículo 2), la justicia de Dios (versículos 4-7), el trabajo de creación de Dios (versículo 8-11), y larga vida (versículo 12).

Éxodo 32-34 es un pasaje clave que conecta la alianza con terminología de gracia. Esta sección comienza con la historia del becerro dorado (capítulo 32) y termina con el relato del rostro radiante de Moisés (34:29-35). La terminología de gracia se observa en 33:19; 34:6-7. El contexto de 33:19 involucra a Moisés reuniéndose cara a cara con Dios. Según 33:12-17, Moisés quería saber quiénes quedarían tras la purga de 33:5. Él reconoció el favor de Dios en su vida y preguntó quién más lo disfrutaría. Moisés le recordó a Dios que la nación era su pueblo (33:13). La gracia de este relato es la garantía de Dios de su presencia con Israel y la inmerecida e intencional expresión de su gracia.

Éxodo 34:6-7 emplea una serie de adjetivos en una declaración confesional de gracia. Esta declaración surge de las instrucciones de Dios a Moisés para cortar dos nuevas tabletas de piedra como las primeras (34:1; *véase también* 24:12), que fueron quebradas en el incidente del becerro dorado (32:19). Dios descendió en una nube, estuvo con Moisés y proclamó su nombre a Moisés (34:5). La retórica de este pasaje enfatiza el discurso de Dios, quien se define a sí mismo en conexión con la realización de la alianza. Dios es misericordioso y gracioso, de largo sufrimiento y distinguido por su inalterable amor.

Gracia y fidelidad aliancista. Estos pasajes claves son fundacionales para la comprensión la gracia y lealtad inalterable de Dios expresada en eventos subsecuentes de la historia aliancista. La gracia y khesed se expresan en conexión con la implementación de la maldición de la alianza (Nm. 14:18; Os. 4:1; 6:4, 6), en la estructura general del Deuteronomio (5:10; 7:9, 12), y la alianza davídica (2 Sm. 7:15; 1 Cr. 17:13), en la esperanza futura de Israel (Is. 54:8), en la restauración (Jr. 32:18), en la nueva alianza (Jr. 31:31) y en el exilio (Dn. 9:4).

Para redondear la discusión del AT, podemos destacar que los hermanos de la alianza debían ser graciosos y leales en sus relaciones permanentes unos con otros. El libro de Rut ilustra la gracia aliancista en acción (2:2, 10, 13). Adicionalmente, la gracia debe expresarse hacia los pobres (Prov. 28:8), los jóvenes y los viejos (Dt. 28:50), y aquellos que sufren (Job 19:21).

Nuevo Testamento

El foco de la gracia en el NT se desarrolla en la mantención de los cimientos establecidos en el AT. El Dios trino es el centro y fuente de la gracia: es la gracia de Dios (Rom. 1:7), el Espíritu de gracia (Heb. 10:29) y la gracia de Cristo (Jn. 1:17). La gracia de Dios revelada en el AT es desvelada únicamente en la persona y trabajo de Cristo.

El Evangelio de Juan. El desarrollo canónico del tema de la gracia entre los Testamentos se explica en el capítulo inicial del Evangelio de Juan. Jesucristo es la Palabra, que estaba con Dios, que es Dios y que creó el mundo (Jn. 1:1-3). Cristo entonces se hizo carne y residió entre nosotros (1:14). Al hacerlo, nos hizo conocer la gloria de Dios. En este punto en el desarrollo del capítulo 1, Juan conecta a Cristo (la Palabra) con los adjetivos que describen a Dios en Éx. 34:6 para afirmar que Cristo tiene las mismas virtudes de Dios. La aseveración en Jn. 1:17 de que Jesús está lleno de gracia en verdad hace un paralelo con la declaración en el Éx. 34:6 del inalterable amor y fidelidad de Dios. En Cristo somos capaces de ver la gloria que Moisés esperaba ver en Dios (Jn. 1:18). Cristo es a la vez el mensaje y el mensajero de la gracia y la verdad.

Las Epístolas y Hechos. Las Epístolas de NT desarrollan la declaración "plena de gracia y verdad" acerca de Cristo (Jn. 1:14) en varias formas. La gracia y verdad encontradas en Cristo son dadas a sus sirvientes (1 Cor. 1:4) y son una razón para alabanza (2 Cor. 8:9; Gal. 1:6, 15; Ef. 4:7; 1 Tim. 1:2; 2 Tim. 2:1). Esta gracia de Cristo es efectiva en traer la redención y sosteniendo la vida de piedad. Efesios 2:8-9 es la clásica declaración afirmando que el favor de Dios es la fuente de salvación. Pablo hace este punto a través de la repetición "es por gracia" en 2:5, 8 y clarificando la gracia de la salvación con la declaración "es el regalo de Dios" en 2:8. Este diseño de la salvación celebra las incomparables riquezas de la gracia de Cristo y la expresión de su bondad con nosotros (cf. Ef. 1:7). La salvación está desprovista de mérito, regalo o favor humano (2:8). Mantener la ley como un medio de entrada en una relación con Dios y como medio de ganar el favor de Dios es antitética a la naturaleza de la gracia. El favor de Dios expresado a las personas en la salvación es una expresión de su voluntad soberana.

Romanos 5 declara muchos de los mismos temas encontrados en Ef. 2. En Rom. 5, Pablo contrasta la acción y resultado de la transgresión de Adán con la obediencia de Cristo. La salvación es la gracia de Dios y el regalo traído por la gracia de un hombre, Jesucristo (versículo 15). El regalo y gracia de Cristo trajeron la justificación.La operación efectiva de la gracia de Dios en la salvación se ilustra en las narrativas históricas de Hec. Los hombres involucrados en el acalorado debate del consejo de Jerusalén (Hec. 15:2) afirmaron la salvación de los gentiles por gracia tras escuchar el reporte de Bernabé y Pablo (15:12).

Aquellos en Acaya (18:27) son otra ilustración de una efectiva de la operación de la gracia.La gracia de Dios que salva también es la gracia que santifica. Tito 2:11 declara que la gracia redentora instruye a los redimidos a decirle que no a la vida de impiedad. La naturaleza instruccional de la gracia es destacada en el desarrollo del contexto de Tito 2. El profesor en 2:1-10, 15 es Tito, que debe nutrir a las personas devotas. Hay un cambio de instructores en 2:11, con la gracia como quien enseña. La gracia redentora trabaja en armonía con la gracia santificadora para proveer para una vida piadosa.

De acuerdo a Tito 3:8, aquellos que confían en la generosidad de la gracia de Dios deberían dedicarse a hacer lo que es bueno. Por gracia de Dios, los pecadores justificados encontrarán su deleite y satisfacción en las promesas de Dios para una vida de piedad perseverante.

La gracia también actúa como una habilitación para la vida y el ministerio. Pablo frecuentemente repasa esta característica de la gracia en sus cartas. En Rom. 1:5 Pablo testifica acerca de la gracia asociada con una comisión para ser un apóstol. Cuando reflexiona en su rol en la iglesia, él afirma que por la gracia de Dios ha sido capaz de colocar unos cimientos (1 Cor. 3:10).

El testimonio de Pablo en 1 Cor. 15:10 demuestra el rol esencial de la gracia en hacerlo quien es y efectivamente habilitar lo que hace. Dar también es visto como un ejercicio de gracia (2 Cor. 8:7) reflejando la gracia recibida por creyentes individuales. El regalo de gracia para la vida y el ministerio es de cierta forma reconocible. Pedro, Santiago y Juan lo reconocen en Pablo (Gal. 2:9).

Estaba sobre los apóstoles (Hec. 4:33) y fue vista en la iglesia de Antioquía (11:23). Dada la fuente y la naturaleza efectiva de la gracia, uno puede comprender la idoneidad de apelar a la gracia en saludos y despedidas (Rom. 1:7; 16:20; Gal. 1:3; 6:18).

Gracia común. Finalmente, la gracia opera más allá del contexto de los elegidos y el trabajo de salvación y santificación. Los teólogos definen esto como "gracia común". El envío de la lluvia por parte de Dios y el dar a las criaturas habilidades intelectuales y artísticas son una expresión de gracia común.

G

GRADA Un implemento agrícola diseñado para romper terrones de tierra y ablandar la tierra antes de plantar semillas o para cubrir las semillas una vez plantadas. Las referencias bíblicas son al objeto mismo (2 Sm. 12:31; 1 Cr. 20:3; NIV: "púas de hierro") como también al verbo "gradar", que significa usar una grada en un campo (Job 39:10; Is. 28:24; Os. 10:11 NRSV).

GRADUALES, SALMOS *Ver* Subidas, Cantos de las.

GRAN MAR *Véase* Mar Mediterráneo.

GRANADA Un árbol frutal que se encuentra en Palestina. Las representaciones de las granadas adornaban las vestiduras de Aarón (Éx. 28:33-34) y el templo de Salomón (1 Re. 7:18-20). *Ver también* Flores; Plantas.

GRANDE Un título frecuentemente otorgado a líderes por virtud de sus logros militares, culturales o administrativos. Notorios ejemplos bíblicos son Ciro el Grande, Darío el Grande, Alejandro Magno y Herodes el Grande. En Hec. 8:9-10, el mago samaritano Simón Mago recibe el título de "el Gran Poder de Dios" (NIV) o "el poder de Dios que es llamado Grande" (NRSV), por lo tanto, tal vez identificándolo como el mismo Dios, un dios menor o un poderoso representante de Dios.

GRANEROS Los graneros y silos se usaban para almacenar el grano. Durante la tardía Edad de Bronce (1550-1200 a.C.) y la Edad de Hierro (1200-586 a.C.), frecuentemente se encontraban en hoyos, forrados de piedra o enyesado. Algunos eran más pequeños usados en complejos familiares privados, mientras que otros eran para uso público y extremadamente grandes, como el de Megido que data del año 725 a.C. La descripción bíblica ubica tales graneros en edificios particulares llamados "bodegas" o "graneros" (Dt. 28:8; 2 Cr. 32:28). Estos edificios con frecuencia se ubicaban estratégicamente en ciudades específicas a través del reino, designadas para almacenamiento (2 Cr. 8:4, 6; 17:2).

GRANIZO (1) Una forma de precipitación consistente en bolas de hielo o nieve compacta. De las casi treinta ocurrencias de "granizo" en el AT, veinte hacer referencia al granizo como el arma de Dios usada contra Egipto. La séptima plaga del éxodo es una tormenta teofánica de granizos, causando muerte por primera vez (Éx. 9:18-33; cf. Sal. 78:47-48; 105:32). El granizo es parte del armamento de Dios como guerrero divino (Sal. 18:12). Dios

Árbol de granada con frutas.

mantiene "arsenales" de granizo para la batalla (Job. 38:22-23; cf. Ap. 8:7; 16:21). El granizo puede defender y castigar a Israel (Js. 10:11; Is. 28:2), pero también glorifica a Dios (Sal. 148:8). **(2)** Una palabra de saludo (Mt. 27:29; Mc. 15:18; Jn. 19:3) o un verbo que significa "saludar o llamar" (1 Sm. 14:12 ESV, NRSV, NASB). *Véase también* Saludo.

GRANJA, LABRANZA *Véase* Agricultura.

GRANJERO *Véase* Agricultura; Ocupaciones y Profesiones.

GRANO Los granos formaban la base de la dieta israelita y era imperativo para sostener la vida (Gn. 42:2). Las familias cosechaban y llevaban el grano a la era, donde era aventado. Era comido seco o crudo, en forma de pan o gacha (Lv. 23:14). Los tipos más comunes eran trigo y cebada, pero otros como farro y mijo también son testimoniados (Ez. 4:9). Los granos también formaban parte integral del sistema sacrificial (Lv. 2; Nm. 7). *Véase también* Cabezas de Grano.

Un modelo de madera de un granero (Tebas, Egipto, C.1850 a.C).

GRANO TOSTADO Grano que era resecado o tostado en el fuego y comido o utilizado como parte principal de la ofrenda de granos (Lev. 2:14). Aparece a menudo como un alimento (Lev. 23:14; Rut 2:14; 1 Sam. 17:17; 25:18; 2 Sam.17:28), sugiriendo que servía como una parte básica de la dieta de las personas. El grano tostado generalmente aparece con otros alimentos básicos como pan, frijoles, harina y trigo y cebada sin tostar.

GRATITUD *Véase* Acción de Gracias.

GRAVILLA Partículas sueltas de piedras, gastadas o golpeadas por agua. Gravilla se usa metafóricamente en Prov. 20:17 para referirse a la inutilidad de cosas obtenidas por fraude. Según Lam. 3:16, la gravilla es lo suficientemente fuerte para romperle los dientes a uno.

GRECIA La antigua Grecia era una federación de varias ciudades-estado libremente afiliadas ubicado en las islas del Mar Egeo, la tierra al sur de la Península de los Balcanes, la parte oeste de Asia Menor y Creta.

La Civilización Minoica (c. 2000-1400 a.C.)

Evidencia arqueológica muestra que tan temprano como el cuarto milenio a.C. ya había habitantes humanos en la cuenca egea. Migrantes tempranos de Asia Menor vinieron a asentarse en Creta (c. 2600 a.C.) y comenzó su civilización en Cnosos y Festo. Se llamaba "Minoan", por el rey mitológico Minos. La civilización minoica alcanzó su cima alrededor de 1600 a.C., cuando sofisticados palacios, altamente desarrollado trabajo del metal y fina cerámica se produjeron. La religión popular era la adoración de la Diosa Madre. No solo eran los minoicos excelentes en las artes y artesanías, sino que

G

también eran alfabetizados y desarrollaron un sistema de escritura de base silábica (no griego) conocido como Lineal A. La cultura minoica llegó a un abrupto final alrededor del año 1400 a.C., probablemente debido a turbulencia interna, desastres naturales e invasión extranjera.

La Civilización Micénica (c. 1450-1200 a.C.)

Los micénicos pueden haber llegado en la temprana o mediana Edad de Bronce y eventualmente se hicieron cargo del asentamiento palaciego de Creta en 1450 a.C así dominaron la región egea por un tiempo. El descubrimiento de la ciudad de Micenas dio origen al nombre "micénico". Durante este período, la tierra continental de Grecia disfrutó de gran prosperidad. Mientras mantenían su propia cultura, los micénicos fueron ampliamente influenciados por los minoicos, como indica su cerámica, elementos de lujo y simbolismo religioso. Eran grandes ingenieros que construyeron extraordinarios puentes y ciudadelas. Uno de los mejores ejemplos de su mano de obra son las máscaras de oro que fueron enterradas con sus grandes guerreros. Empleaban una forma de lenguaje griego, conocido como Lineal B, evidencia del cual ha sido descubierta en Cnosos, Pilos, Tirinto, Micenas, Tebas y otros lugares. Entre 1250 y 1150 a.C., por razones desconocidas, todas las ciudadelas palacio micénicas fueron destruidas.

La Era de la Expansión (c. 1200-800 a.C.)

Ya en el siglo trece, los griegos estaban repartidos por todo el este del Mediterráneo, hasta la costa del sur de Palestina. La migración aumentó alrededor de 1200 a.C., impulsada por el crecimiento poblacional y la consecuente demanda por comida y espacio, que llevó a la colonización de otras regiones. Para el siglo ocho a.C., grandes ciudades (e.g., Troya) a lo largo de la costa noroeste de Asia Menor habían sido tomadas por los eolios. Los dorios dominaban el sur de la Península de los Balcanes y eventualmente fundaron Esparta, mientras los jónicos se asentaron en el área este-central de la Península de los Balcanes y fundaron Atenas. Este período fue conocido como la Edad Oscura por una falta de avances culturales, y el arte de la escritura se había perdido ampliamente tras la destrucción de la civilización micénica.

El Período Arcaico (c. 800-500 a.C.)

Grandes cambios tuvieron lugar en este período. El surgimiento de ciudades-estados (polis) no sólo proporcionaba estabilidad, donde se formaban sociedades entre ciudades-estado individuales, sino que también trajo consigo el establecimiento de instituciones tales como gimnasios, simposios y templos. El comercio con los fenicios permitió a los griegos adoptar y perfeccionar su alfabeto. La defensa militar fue mejorada con grandes muros para las ciudades y se construyeron edificios arquitectónicamente sofisticados de varios tipos. Los primeros Juegos Olímpicos se sostuvieron durante este período, en el año 776 a.C. La ciencia y la filosofía comenzaron a enseñarse; la poesía lírica expresando emociones humanas fue creada; y varios dioses (e.g., Zeus) eran honrados en sus santuarios, que fueron ensombrecidos por religiones misteriosas en el siglo seis a.C. (e.g., Deméter, Dionisio y Orfeo). Asentamientos griegos se establecieron en el sur de Italia, el norte del

Egeo, y a lo largo de la costa norte de África. Para ese entonces dos importantes ciudades-estado representando dos culturas muy diferentes entraron en escena. Esparta estaba compuesta por aldeas no amuralladas y gobernada por reyes, mientras que Atenas era una ciudad amurallada gobernada por los aristócratas, posteriormente por tiranos. Esparta era famosa por su ejército disciplinado, mientras que Atenas presumía de su fuerza naval superior. La estructura social de Esparta produjo un sistema político que defendía los intereses de los estados, mientras que Atenas desarrolló un sistema legal que sentó las bases para la democracia.

Tal vez más importante en esta era fueron las Guerras Médicas. Mientras los griegos continuaban expandiéndose hacia el sur de la Península de los Balcanes y hacia el norte del Mar Negro y estableciendo colonias en el Mediterráneo, se encontraron con el súper poder de la época. Para el año 500 a.C., Darío I de Persia controlaba el mundo griego, excepto el territorio continental de la Península de los Balcanes. Aunque en varias ocasiones los persas habían intentado invadir Grecia continental, Atenas (en alianza con Esparta) fue capaz de derrotarlos exitosamente, dejándolos indefensos por un largo tiempo.

El Período Clásico (c. 500-338 a.C.)

Tras las Guerras Médicas, la civilización griega avanzó significativamente hacia lo que ahora se conoce como la Grecia Clásica. El liderazgo político cambió de Esparta a Atenas, que tenía hegemonía naval, dominando las islas egeas y la costa de Asia Menor. Según el historiador ateniense Tucídides, el crecimiento del poder de Atenas, que era una gran amenaza para las ciudades-estado circundantes, causó la Guerra del Peloponeso (c. 431-404 a.C.). Con ayuda de los persas, Esparta derrotó a Atenas, derribando sus largos muros, que protegían la ciudad y su puerto de El Pireo y haciéndola un aliado.

Este período fue una era dorada para los griegos, con el florecimiento de instituciones democráticas, la arquitectura, la literatura y las artes. Se construyeron grandes edificios, tales como el Partenón (447-438 a.C.), el templo de Atenea Niké (427-424 a.C.), el Erecteón (421-407 a.C.) en la Acrópolis y el Hefestión (449 a.C.) en el Ágora. Los escritos griegos de historia, poesía, filosofía, comedia y tragedia florecieron. Gracias al trabajo de grandes historiadores como Heródoto y Tucídides, eventos ocurridos en la antigua Grecia se han hecho conocidos para nosotros. Los cuatro principales dramaturgos griegos, Esquilo, Aristófanes, Eurípides y Sófocles, son producto de este período. Algunas de las mayores obras de artes plásticas también fueron producidas en este tiempo, como la estatua de Atenea Promacos (458 a.C.). Grandes pensadores, como Sócrates y Platón, nacieron en este período. El final de la Grecia del período clásico, sin embargo, estuvo marcado por interminables guerras civiles y guerras con fuerzas extranjeras.

El Período Helenístico (338-146 a.C.)

Filipo II de Macedonia derrotó a los griegos en la batalla de Queronea en el año 338 a.C. y tomó control de toda la Península de los Balcanes. Su hijo, Alejandro Magno, continuó extendiendo su territorio hasta India. Aunque su imperio se desmoronó tras su muerte (a la edad de treinta y tres), Alejandro contribuyó tanto a la promoción de la cultura y lenguaje griego que esta era es conocida como el periodo helenístico, un tiempo cuando la cultura y el lenguaje griego se volvieron extendidos y dominantes. Grecia se convirtió en una región de Macedonia hasta el año 196 a.C., cuando Roma lo declaró independiente.

El Período Romano (146 a.C.-100 a.D.)

En el año 148 a.C. Roma derrotó a Macedonia, haciéndola una provincia romana. Dos años más tarde, Roma aumentó su control de Grecia y en el año 46 a.C. se creó la provincia de Acaya. Estas dos provincias no sólo eran estratégicas para Roma; también se volvieron centros de la iglesia del NT. El idioma griego se volvió la lengua franca y el lenguaje del NT. El segundo

G

y el tercer viaje misionero de Pablo lo llevaron a Macedonia y Acaya (Hec. 16:11-20:6). Durante el período romano, Grecia siguió siendo un centro cultural e intelectual y la influencia griega llegó mucho más allá del cristianismo temprano.

Idioma Griego El AT fue escrito en hebreo, con algunas partes en arameo, pero el NT llega a nosotros exclusivamente en griego. El griego se desarrolló de un lenguaje indoeuropeo hablado por el pueblo referido en la Iliada como los aqueos. Se sugiere que los primitivos hablantes del griego migraron del área norte del Mar Negro y comenzaron a asentarse en el área del Mar Egeo alrededor del año 2000 a.C. Estos grupos de personas se llamaban a sí mismos "helenos". Posteriormente, los romanos los llamaron "griegos".

Clásico Versus Koiné

El griego clásico es comúnmente fechado a los años 900-330 a.C. Aunque tres dialectos griegos eran prevalentes (dórico en el oeste, eólico en el norte y jónico en el este), un dialecto de la familia jónica conocido como ático, el idioma de Atenas y de los grandes escritores Tucídides, Heródoto, Platón, Aristóteles y Demóstenes, eventualmente logró supremacía. Fue esta forma del griego que Alejandro Magno llevó consigo en sus conquistas.

El griego koiné (lit., "común") se convirtió en la nueva lengua franca en los años 330 a.C. – 500 AD. El griego koiné, que en sí mismo estaba influenciado por el hebreo y el arameo del AT, estaba íntimamente relacionado al lenguaje de la LXX. Esta forma común de griego es en parte resultado de la imposición del griego sobre hablantes no nativos del idioma. El griego koiné del NT refleja el estilo de escritura encontrado en los papiros y ostracon descubiertos en el desierto egipcio. Estos escritos son más in koiné no literario —encontrado en testamentos, escrituras, recibos y cartas privadas—y no el griego pulido de las obras literarias. Mientras los escritores literarios de la época intentaban imitar los modelos áticos por medio de una tradición literaria artificial, el griego del NT tiene mucho más en común con el griego hablado de la persona promedio.

Uno de los elementos distintivos del griego koiné de la época del NT era la tendencia hacia una mayor simplicidad. Aunque esto es una ocurrencia natural dentro de un lenguaje a través del tiempo, se aceleró cuando el idioma griego fue forzado en hablantes no nativos. El griego koiné del NT, entonces, puede caracterizarse por la relativa ausencia de matices sutiles entre palabras, la sustitución de formas complejas por formas más simples, y la casi completa desaparición del modo optativo. Otros cambios incluyen el aumento en el uso de pronombres como sujetos, más adverbios, diferencias de pronunciación y vocabulario y la tendencia hacia expresiones más explícitas.

Características del Griego Bíblico

El griego es un idioma con muchas inflexiones. Inflexión se refiere a cambios que sufren las palabras de acuerdo a su función gramatical en la oración. Con respecto a los verbos, los cambios reflejan los aspectos de la palabra, voz (activa o pasiva), y modo (de manera general, el modo se refiere a la actitud del autor hacia el tipo de realidad tras la declaración: si la acción se realizó o si es meramente una potencialidad). Para sustantivos y adjetivos, estos cambios reflejan el género de la palabra (masculino, femenino o neutro [similar a los pronombres "él", "ella", "lo"]), número (singular o plural) y caso (nominativo, genitivo, dativo y acusativo [técnicamente, un quinto caso, pero rara vez usado es el vocativo]). No puede sobrestimarse que la gramática es siempre secundaria al contexto. Así, uno no debería buscar encontrar demasiado significado en la forma de una palabra o el significado de una palabra sin justificación contextual.

Verbos: tiempo, aspecto y modo. Mientras los verbos españoles emplean tiempo (pasado, presente, futuro, pluscuamperfecto, etc.), que fuertemente conectan la acción del verbo a un tiempo, los verbos griegos reflejan un aspecto verbal. El aspecto principalmente se refiere a la forma en que el autor ve la acción del verbo. Consecuentemente, el tiempo (pasado, presente, futuro, etc.) es, a lo más, secundario. Esta distinción es especialmente importante para verbos que no están en el modo indicativo (el modo utilizado por un autor para hablar en términos de realidad más que de potencialidad). En el modo indicativo, el aspecto generalmente refleja el tiempo del evento.

Por años, una de las características más debatidas del griego bíblico era el verbo en el tiempo aoristo (aspecto). Con frecuencia se sugería que el aoristo refleja un evento único que ocurrió en el pasado. La erudición moderna es casi unánime hoy en día que el aoristo sirve en cambio como un aspecto por defecto. Esto es, autores usaban el aoristo cuando no deseaban hacer un pronunciamiento específico respecto de la acción del verbo. El aoristo actúa como el aspecto simple o indefinido. Por lo tanto, en el griego bíblico la declaración "yo estudié griego", si en el aoristo, habría sido la forma del autor de simplemente establecer que este evento ocurrió. El uso del aoristo por sí sólo no habría hecho aseveración alguna acerca de la duración de la acción (Yo estudié por diez minutos, meses o años) o sobre si la acción fue completada (Yo conozco bien el griego). Así, Jn. 11:35 dice, "Jesús lloró". El uso del aoristo aquí no nos dice cuánto tiempo lloró. Algunos han argumentado que ya que el aoristo se usa en referencia a la muerte de Cristo (Rom. 5:6) significa que Jesús murió de una vez por todas. Aunque este convencimiento es cierto, su verdad deriva no del uso del aoristo, sino más bien del contexto de las Escrituras.

Dos otros aspectos ocurren en el NT griego. El aspecto imperfecto considera una acción como un proceso o como habitual. El aspecto perfecto visualiza la acción como completada con resultados consiguientes (Yo he estudiado griego [y aún lo recuerdo]).

El griego bíblico emplea dos modos. El modo del verbo griego indica si el autor ve la acción como algo que verdaderamente ocurrió o como un mero potencial. Los verbos griegos en el modo indicativo tienden a sugerir que el autor veía la acción como algo que ya había pasado, estaba pasando o iba a pasar. Es muy importante destacar que en el griego del NT los verbos sólo tienen relaciones temporales consistentes en el modo indicativo. El modo potencial en el griego bíblico despliega una variedad de potencialidades. El modo subjuntivo, que era prominente en el griego clásico pero había caído prácticamente en desuso para la época del NT, expresa una posibilidad o deseo. El modo imperativo es el modo para órdenes y prohibiciones.

Sustantivos y adjetivos: caso. Sustantivos y adjetivos tienen inflexión por medio de los varios casos, dependiendo de la función del sustantivo o del adjetivo en la oración.

El caso nominativo se usa principalmente para el sujeto de una oración griega. En ausencia de un sustantivo o frase sustantiva en el caso nominativo, el sujeto de la oración griega se encuentra en el sufijo pronominal del verbo. Los pronombres en el nominativo, aunque más comunes en el griego bíblico que en el clásico, no son gramaticalmente necesarios y, por lo tanto, con frecuencia expresan un grado de acento o énfasis (cf. el uso de "tú" y "yo" en el texto griego de Jn. 7:8, 28, 34, 36, 47; 8:14, 15, 22, 23, 31, 38, 41, 44, 46, 47, 49, 54).

El caso genitivo es el más variado en su uso. Generalmente hablando, es el caso de la posesión, fuente o separación. Los sustantivos y adjetivos en el caso genitivo con frecuencia se traducen con el uso de la preposición "de". La ambigüedad inherente en el caso genitivo se evidencia en el español. Nótese, por ejemplo, Ap. 1:1: "La revelación de [NIV: "desde"] Jesucristo" (en griego, "Jesucristo" en el caso genitivo). ¿Significa esto que la revelación es desde Jesucristo o acerca de Jesucristo?

El caso dativo se usa para indicar ubicación, instrumentalidad, acompañamiento o recepción al igual que para el objeto indirecto del verbo. Los sustantivos y adjetivos en el caso dativo con frecuencia se traducen agregando la preposición "a" o "para".

El caso acusativo sirve como el caso primario para el objeto directo de un verbo. Este caso generalmente connota las ideas de extensión o limitación de un acto o movimiento.

Un quinto caso, menos común que los otros, es el vocativo. El vocativo está reservado para el propósito de la apelación directa. Frecuentemente sirve como un marcador discursivo,

G

como en "Mis queridos niños" en 1 Jn. 2:1, 12, 28; 3:7, 18; 4:4; 5:21.

Orden de las palabras. Uno de los subproductos importantes de las inflexiones encontradas en el griego bíblico es la medida de libertad otorgada a los autores respecto del orden de las palabras (el orden de las palabras en una oración se refiere como sintaxis). Esta libertad relativa permite a los autores enfatizar palabras o frases por medio de su ubicación en la oración.

GRIEGO Este término puede referirse a influencia griega de varios tipos, incluyendo lenguaje, cultura o religión. En la NIV 1984 el término griego hellēnistai se traduce como "judíos griegos" (NIV: "judíos helenísticos"), refiriéndose a judíos cristianos de habla griega (Hec. 6:1) o judíos de habla griega (Hec. 9:29). *Véase también* Helenistas, Judíos Helenísticos.

GRILLETES Una cadena o esposas aplicadas a los tobillos para restringir el movimiento de un prisionero (Job 13:27; Sal. 105:18 [NIV: "cadenas"]). El término bíblico para grilletes también puede indicar esposas; el contexto determina cuándo se habla de cadenas de tobillo. Los grilletes puede ser de bronce (2 Sm. 3:34) o cuerdas (Sal. 2:3). Jesús sanó a un endemoniado cuyas manos y pies habían sido previamente atados en un infructuoso esfuerzo por controlarlo (Mc. 5:4).

GRILLOS El grillo (del hebreo khargol), que es mencionado solamente una vez en la Biblia (Levítico 11:22), es un insecto no volador que está relacionado con las langostas, los saltamontes longicornios y los saltamontes. El grillo se menciona junto con estos insectos como puro y, por lo tanto, es comestible (cf. Mateo 3:4). En la lista de insectos en Levítico 11:22 la correlación de las palabras hebreas sobre los tipos de insecto es incierta, por lo que las traducciones varían.

GRIS *Véase* Colores.

GRULLA En Isaías 38:14; Jeremías 8:7 aparece la palabra hebrea 'agur que en muchas versiones se traduce como "grulla" (NVI: "golondrina"), que es un pájaro alto parecido a una cigüeña que tiene un graznido ruidoso y que migra por toda Israel en enormes bandadas por unos cuantos días cada otoño y primavera.

GUARDAESPALDAS Individuo o grupo de personas contratadas para proteger y asegurar a una o varias personas particularmente importantes. Los reyes, líderes y los individuos ricos o las familias podían contratar a un guardaespaldas para peligros reales o imaginarios. David fue el capitán del guardaespaldas de Saúl (1 Samuel 22:14), como también fue el guardaespaldas de por vida de Aquis (28:2). Tras convertirse en rey, David nombró a Benaías hijo de Joyadá como el capitán de su propio guardaespaldas (2 Samuel 23:23; 1 Crónicas 11:25).

GUARDIA Dios coloca a Adán en el jardín del Edén para literalmente "guardarlo" (hebreo shamar, Gn. 2:15; NIV "cuidarlo"), pero debido al pecado debe ser removido. Dios coloca querubines para proteger contra intrusos (cf. 1 Sm. 26:15; Cant. 5:7; Is. 21:11), para proteger el camino al árbol de la vida (Gn. 3:24). Dios "preserva" a los fieles (Sal. 31:23) y "protege" sus vidas (Prov. 24:12) de problemas (Sal. 32:7), de gente violenta (Sal. 140:1, 4) y de los planes del enemigo (Sal. 64:1). El sustantivo mishmeret deriva de shamar y se encuentra en contextos tanto militares (2 Sm. 20:3; Neh. 7:3; Is. 21:8) como cúlticos (Nm. 8:26; 1 Cr. 9:27; Ez. 40:46).

Varios verbos se usan en el NT para presentar el sentido de "guardar". El más pertinente es phylassō, que se usa para "vigilar" prisioneros (Lc. 8:29; Hec. 12:4; 28:16) y propiedad privada (Lc. 2:8; 11:21; Hec. 22:20). Pablo exhorta a Timoteo a guardar los depósitos de fe que se le han confiado (1 Tim. 6:20; 2 Tim. 1:12), y las personas son incentivadas a cuidarse contra la codicia (Lc. 12:15), ídolos (1 Jn. 5:21), e ilegalidad (2 Pe. 3:17). Dios también sirve como guardia que mantiene a salvo a su pueblo (Jn. 17:12; 2 Pe. 2:5) y promete protegerlos del malvado (2 Tes. 3:3).

GUARDIA Una división cronológica de la noche. El término deriva de los soldados u otros haciendo guardia, o "vigilando", algo durante lapsos específicos de la noche. En el AT aparentemente había tres guardias o divisiones en la noche. Gedeón y sus hombres atacaron a los midianitas al comienzo de la "guardia del medio" (Jue. 7:19). El sistema romano tenía cuatro divisiones o guardias en el noche, y los Evangelios reportan a Jesús caminando en el lago durante la "cuarta guardia" (Mt. 14:25; Mc. 6:48 ESV, NASB, NKJV). El término también puede usarse para referirse al guardia puesto de servicio para proteger algo (Neh. 4:9).

GUARDIÁN DE LA PUERTA Alguien que cuida las entradas de la ciudad (en las puertas), el palacio, o el templo. Los guardianes de las puertas del templo siempre eran sacerdotes, encargados de mantener la pureza del área sagrada (1 Cr. 9:17-32; 2 Cr. 34:13; 35:15; Neh. 12:25). *Véase también* Portero.

GUARDIÁN *Véase* Custodio.

GUARDIÁN-REDENTOR *Véase* Parientes; Pariente cercano.

GUARNICIÓN Un puesto militar o los soldados estacionados en un puesto ubicado en la frontera o a cierta distancia de los cuarteles generales centrales de una fuerza militar ocupadora. En el AT, había guarniciones militares filisteas en Israel cuando Saúl era rey (1 Sm. 10:5), que tanto él como su hijo Jonatán atacaron (1 Sm. 13:3-4; 14:1, 4, 6, 11, 12, 15). David se encontró con una guarnición filistea acampada en Belén (2 Sm. 23:13; 1 Cr. 11:17) y estableció sus propias guarniciones en Damasco y en Edom (2 Sm. 8:6, 14; 1 Cr. 18:6, 13). Durante la época del reino dividido, el rey Josafat estacionó una guarnición en las ciudades de Judá y Efraín (2 Cr. 17:12). En el NT, Pablo escapa de la ciudad de Damasco custodiada por una guarnición (2 Cor. 11:32-33).

GUDGODA Deuteronomio 10:7 lista Gudgoda entre los campamentos de los israelitas durante su travesía por el desierto. El listado corresponde a Nm. 33:32, que sugiere que Hor Hagidgad es un apelativo alternativo. El lugar no puede ser identificado, aunque algunos han conjurado una conexión lingüística a Uadi Gudaghid, al oeste de Petra.

GUE HARASIM No está completamente claro si es una persona o una ubicación geográfica. La palabra aparece en un registro de los clanes de la tribu de Judá (1 Cr. 4:14). La NIV lo ve como nombre de lugar, diciendo que Joab era "el padre de Gue Harasim. Se llamaba así porque sus habitantes eran trabajadores hábiles". Por lo tanto, la NIV entiende esta palabra como un lugar donde residía este clan. La NASB, aunque en una nota al pie reconoce la ambigüedad, traduce la palabra como nombre propio: "Joab el padre Ge-Harasim, ya que eran artesanos".

GUEDERATITA *Véase* Gedera.

GUEDERITA *Véase* Geder.

GUEMARÁ Obteniendo su nombre de una palabra hebrea que significa "completar, terminar", la Guemará es el extenso comentario rabínico sobre la Misná, la compilación más temprana (c. 220 AD) de material legal judío oral (halakah). Organizada por tema, juntas la Misná y la Guemará forman un compendio enciclopédico de enseñanzas rabínicas judías, el Talmud. Tras cada cita del Misná, la Guemará oscila a través de argumentos lógicos, narrativas ilustrativas, ejemplos bíblicos, instrucciones éticas, interpretaciones alternativas y leyendas en el proceso de responder a texto de la Misná.

GUERRA SANTA También conocida como kherem o guerra de Yahveh. El término "guerra santa", aunque nunca se usa en la Biblia, caracteriza bien las guerras que Israel luchó bajo el mandato de Dios, particularmente aquellas dentro de la tierra prometida. Dios está presente con Israel en la guerra, y por tanto el campo de batalla se vuelve tierra santa. Dios le da a Israel instrucciones concernientes al emprendimiento de la guerra en Dt. 7, 20. De estos pasajes, más los relatos históricos de las guerras de Israel, podemos describir la guerra santa como sigue.

Antes de la Batalla

Dios le dice a Israel cuándo ir a la guerra. Los líderes de Israel no pueden ir a la guerra sin escuchar primero a Dios. Dios se revela a Josué, por ejemplo, antes de la batalla de Jericó para darle instrucciones (Js. 5:13-15). David le

G

pregunta a Dios a través del sacerdote Abiatar, quien presumiblemente usa aparatos oraculares para descubrir la voluntad de Dios (1 Sm. 23:1-6). Josué comete un serio error al no buscar la voluntad de Dios en el tema de los gabaonitas (Js. 9:14).

Una vez que los israelitas saben que Dios quiere que vayan a la batalla, deben prepararse espiritualmente. Ya que Dios muestra su presencia en el campo de batalla, las tropas deben estar en un estado de pureza ritual comparable a aquellos que visitan el santuario. Antes de la conquista, por ejemplo, es necesario que los hombres que luchan pasen por la circuncisión y observen la Pascua (Js. 5:2-12). Los sacrificios antes de la batalla también son requeridos (1 Sm. 13).

Durante la Batalla

El arca de la alianza juega un rol central en la guerra santa, cargado por sacerdotes y acompañando al ejército. El arca es un poderoso símbolo de la presencia de Dios y le indica al ejército que Dios lucha por ellos. La marcha hacia la batalla toma la forma de una procesión religiosa. Los sacerdotes cargando el arca van por delante, mientras cantantes alaban a Dios (2 Cr. 20:20-21). La larga marcha en el desierto tiene el mismo carácter que tales marchas a la batalla, ya que Moisés comienza el viaje del día gritando "¡Levántate, Señor! Que tus enemigos sean dispersados; que huyan ante ti" (Nm. 10:35). Luego el arca cargada por sacerdotes inicia el camino.

Ya que Dios está presente con el ejército, el número de tropas y la cualidad de sus armas no son importantes. De hecho, ocasionalmente cuando Israel tiene un amplio suministro de tropas, Dios le ordena al líder bélico reducir su número, como en la famosa historia de Gedeón reduciendo sus tropas de treinta y dos mil a tres mil. El propósito de esta reducción es demostrarle al pueblo con certeza que ganarán la batalla sólo por la fuerza de Dios. El inexperto David, armado con una honda, expresa este sentimiento al mercenario gigante Goliat antes de matarlo: "Vienes contra mí con espada y lanza y jabalina, pero yo vengo contra ti en el nombre del Señor Todopoderoso, el Dios de los ejércitos de Israel, a quien has desafiado... Todos aquellos reunidos aquí sabrán que no es por espada o lanza que el Señor salva; porque la batalla es del Señor, y Él los entregará a ustedes en nuestras manos" (1 Sm. 17:45, 47). Aunque los israelitas deben enfrentar al enemigo, ellos saben con certeza que es Dios quien proporciona la victoria.

Tras la Batalla

Ya que Dios gana la batalla para Israel, la respuesta apropiada es la alabanza. El AT contiene muchas canciones que celebran la victoria en la guerra (Éx. 15; Jue. 5; Sal. 24; 98; 149). El tratamiento de botín y los prisioneros de guerra depende de si la batalla tiene lugar en la tierra prometida. Si la batalla ocurre fuera de la tierra prometida, entonces, aunque los hombres son muertos, las mujeres y niños son perdonados. Si la batalla ocurre en la tierra prometida, entonces entra en efecto el kherem. La palabra hebrea kherem es difícil de traducir (las posibilidades incluyen "destrucción total", "cosas bajo la prohibición", "cosas devotas al Señor"), pero queda claro que significa que todo el botín es entregado a Dios (el tesoro del santuario) y todas las personas (hombres, mujeres y niños) y a veces todos los animales, son matados. El propósito de esto es evitar que los habitantes de la tierra prometida influencien a Israel para adorar a otros dioses. También, Dios usa a Israel como un instrumento de su juicio contra estas naciones pecaminosas.

Guerra contra Israel

Mientras que la mayoría de las guerras santas ordenada son dirigidas contra los enemigos de Israel, Dios también usó naciones extranjeras para juzgar a su pecaminoso pueblo. La derrota inicial en Hai (Js. 7), la captura del arca por los filisteos en la época de Elí (1 Sm. 4) y la destrucción de Jerusalén y el templo por parte de los babilonios (Lam. 2) son ejemplos.

Guerra Santa en el Nuevo Testamento

Los profetas que ejercieron su ministerio durante los períodos exílicos y postexílicos anunciaron que Dios aparecería nuevamente en el futuro. El pueblo de Israel estaba viviendo bajo la mano opresora de Babilonia y luego Persia, pero se consolaban con la idea de que Dios vendría a salvarlos de sus enemigos (Dn. 7; Zac. 14; Mal. 4).

Cuando abre el NT, Juan el Bautista proclama que la época de juicio anunciada por estos profetas ha llegado (Mt. 3:7-12). Después de bautizar a Jesús, él es aprisionado y escucha reportes del ministerio de Jesús que lo perturban. Se pregunta por qué Jesús no está trayendo un juicio violento contra los enemigos de Dios (Mt. 11:1-15). Pero Jesús ha aguzado e intensificado la guerra de manera que es dirigida contra los "poderes y principados" y esta batalla se gana con armas espirituales (2 Cor. 10:3-6; Ef. 6:10-20). De hecho, la victoria final se logra no matando, sino que muriendo. Pablo describe la crucifixión y ascensión usando lenguaje de guerra en Ef. 4:7-10; Col. 2:13-15.

El busto de un hombre helenístico con una guirnalda o corona de flores en la cabeza (primer siglo a.C).

Juan, sin embargo, no estaba equivocado. El libro del Apocalipsis es la declaración más completa del regreso de Cristo, que señalará la guerra final. En esta guerra, todo mal, tanto espiritual como humano, será terminado (Ap. 19:11-21).

GUERRA *Véase* Guerra Santa.

GUERRA, CRÍMENES DE Atrocidades en violaciones de las leyes y costumbres limitando las acciones injuriosas de beligerantes contra sus enemigos. Estas incluyen el asesinato de civiles, el maltrato de prisioneros de guerra, la destrucción gratuita de blancos no estratégicos y genocidio. Los crímenes de guerra fueron identificados por primera vez durante el tribunal del caballero Pedro de Hagenbach en 1474 en el Santo Imperio Romano. Fue decapitado por crueles ofensas contra las personas del Rin Superior, a pesar de su protesta de que sólo seguía las órdenes del Duque de Borgoña. En la actualidad, los crímenes de guerra están regidos por el Tercero (1929) y Cuarto (1949) Convenio de Ginebra.

El caso bíblico contra los crímenes de guerra es producto de sabia exégesis, ya que muchas de las batallas de Israel en el AT presentan elementos de brutalidad impresionantes para lectores modernos (Js. 6:20-21; Jue. 9:45, 49; 1 Sm. 22:19; Sal. 137:7-9). Sin embargo, es importante darse cuenta que tales prácticas era contextualmente costumbristas, siendo ejecutadas en un intento por purificar la tierra de Canaán y, en el caso de guerra kherem (e.g., devoción a la destrucción), prescrita por Yahveh como ofrenda sacrificial. Además, están acompañadas por pasajes reiterando que la venganza pertenece a Dios (Dt. 32:35; Sal. 94:1; Heb. 10:29-31) y deben leerse a la luz de los imperativos del NT de amar al enemigo (Mt. 5:44; Lc. 6:27) y tratarlos con compasión (Rom. 12:17-21). *Véase también* Guerra Santa; Venganza.

GUIBEAT HAARALOT El lugar donde Josué circuncidó a un grupo de israelitas, de ahí el nombre hebreo que significa "colina de los prepucios" (Js. 5:3 KJV, NET). Tras cruzar el río Jordán hacia Canaán, cerca de Jericó, Dios ordenó a Josué, antes de continuar la conquista, hacer cuchillos de pedernal (encontrado en esa región) y circuncidar a los hombres israelitas que habían nacido durante la travesía del desierto (Js. 5:4-7).

GUIRNALDA Las versiones inglesas usan la palabra "garland" (guirnalda) para traducir varias palabras refiriéndose a coronas florales usadas en la cabeza, por lo general para otorgar honor como adorno celebratorio. En el libro de Proverbios, una guirnalda indica el honor

G

otorgado a aquellos que son sabios (1:9; 4:9). Un novio llevaba una guirnalda, mientras que su novia estaba adornada con joyas (Is. 61:10 NRSV). Las coronas o guirnaldas de laureles se otorgaban a los atletas victoriosos en los juegos griegos (1 Cor. 9:25 [NIV: "corona"]), y los sacerdotes de Zeus en Listra trajeron guirnaldas de regalo para Pablo y Barnabás para honrarlos como dioses (Hec. 14:13 [NIV: "coronas"]). En el gran día de salvación, Dios simbólicamente será "una guirnalda de gloria" para su pueblo (Is. 28:5 NRSV [NIV: "corona gloriosa"]).

GUNI (1) El hijo de Neftalí (Gn. 46:24; 1 Cr. 7:13) y ancestro epónimo de los gunitas (Nm. 26:48). (2) El abuelo de Ahí, un jefe de Gad (1 Cr. 5:15).

GUNITAS Un clan en la tribu de Neftalí mencionado durante el segundo censo en el desierto (Nm. 26:48).

GUR BAAL La aldea donde Uzías, rey de Judá, recibió asistencia de Dios en su campaña contra los filisteos y los árabes (2 Cr. 26:7). Los filisteos ubicados al oeste y los árabes al sur de Israel probablemente estaban amenazando las fronteras del reino de Uzías. Gur Baal probablemente se ubica entre las tribus del sur de Judá en la frontera entre Judá y Filistea, pero otros han sugerido una ubicación alternativa al este, en la región de Edom.

GUR La subida ubicada cerca de Ibleam donde el rey Jehú persiguió e hirió fatalmente al rey Ocozías (2 Re. 9:27). Se ha sugerido que Gur debería identificarse con Khirbet en-Najjar, ubicándola en el lado este de Uadi Belameh.

GUSANO En la Biblia, el gusano se usa como una imagen asociada cercanamente a la destrucción, muerte y la tumba. En varios pasajes, el gusano es una metáfora para la modesta posición de la humanidad ante Dios (Job 25:6; Sal. 22:6; Is. 41:14). Como agente de destrucción, el gusano se come los viñedos (Dt. 28:39; Jon. 4:7), ropas (Is. 51:8) y pecadores (Job. 24:20; Hec. 12:23). Una imagen de la muerte y la tumba incluye gusanos cubriendo el cadáver de uno, junto con polvo y larvas (Job 21:26; Is. 14:11). El gusano inmortal cubriendo los cadáveres de aquellos que se rebelan contra Dios en Is. 66:24 es usado en Mc. 9:48 para describir el infierno.

GUSANO Un término general para las larvas de cualquier tipo de mosca. Asociada con la decadencia y la destrucción (Éx. 16:20, 24; Is. 14:11), la palabra connota un sentido desagradable de brevedad e insignificancia (Job 25:6).

H

HABACUC Escasa información biográfica se entrega respecto de Habacuc, pero se comunica mucho de él en el breve libro que lleva su nombre. Su nombre proviene de una palabra hebrea que significa "abrazar". Nada se dice de su linaje o contexto histórico, aunque dos veces es identificado como un profeta (Hab. 1:1; 3:1). Su uso de la poesía, visiones, oráculos de infortunio, y música y su descripción del templo hacen que su descripción como profeta del templo sea atractiva.

Habacuc describe dos roles que cumple en su llamado de Dios. Primero, como profeta lleva las preocupaciones del pueblo a Dios. Segundo, como un vigilante, recibe e interpreta las respuestas de Dios al pueblo. Así, cumple los roles duales de interceder por las personas ante Dios y meditar los mensajes de Dios para el pueblo.

La clave textual primaria acerca del contexto histórico en el que el profeta ejerce su ministerio está en Hab. 1:6, en el cual los babilonios son retratados como despiadados destructores del pueblo de Dios y su territorio. Por consiguiente, el profeta parece calzar mejor en los años posteriores del siglo siete a.C. Intentos por identificar a Habacuc con otros en las Escrituras, tales como el hijo de la mujer sunamita (2 Re. 4:16) o el vigilante en Is. 21:6, son especulativas y no calzan con el contexto de Hab. 1:5-6.

Varias tradiciones apócrifas han surgido concernientes a Habacuc. En la versión del griego antiguo del libro apócrifo de Bel y el Dragón, él es descrito como "el hijo de Jesús" de la tribu de Leví y un contemporáneo del profeta Daniel (versículos 1-2). Otras tradiciones respecto de Habacuc aparecen en la Seudoepigrafía, los midrashim y otros trabajos extrabíblicos.

El libro de Habacuc revela a un hombre de intensa preocupación, reflexión cuidadosa, profunda convicción, obediencia cuidadosa y carácter piadoso. Él lleva dos preocupaciones principales a Dios. Primero, el profeta lamenta la tolerancia de Dios por el pecado de su pueblo. Segundo, una vez seguro del juicio de Dios, el profeta cuestiona el uso de Dios de una nación más impía para juzgar el pecado de Israel. Dios pacientemente responde las preocupaciones de su sirviente y Habacuc promete esperar por el cumplimiento del plan de Dios y llevarlo a cabo fielmente manteniendo su tarea.

HABACUC, LIBRO DE Habacuc profetizó, al igual que Jeremías, Ezequiel y Sofonías, durante el turbulento período que vio el surgimiento de los babilonios y la destrucción final de Jerusalén. Como ellos, fue una señal de advertencia de que el juicio estaba en camino. Por otra parte, él es diferente a todos estos profetas en que su quemante preocupación inicial es cómo Dios está ejecutando el juicio: por medio de un pueblo que parece incluso más malvado que aquellos que están siendo castigados.

Trasfondo Histórico

El sobrescrito (1:1) nombra a Habacuc (formado a partir de verbo que significa "abrazar") como el autor del libro y el sobrescrito al comienzo de la plegaria en 3:1 continúa atestándolo. Sin embargo, el libro no da más información acerca de él, ni siquiera el nombre de su padre o de su lugar de origen. Algunos estudiosos de la Biblia han detectado elementos litúrgicos en su profecía y han concluido que Habacuc era un profeta conectado al templo, pero el argumento no es persuasivo ni particularmente importante para la interpretación del libro.

La fecha de la profecía es más clara: fue durante la época en que Dios estaba "alzando a los babilonios" (1:6), colocando la entrega de oráculos, si no la escritura misma, en el período entre 626 y 587 a.C. En 626 a.C. Babilonia comenzó su aumento de potencia cuando Nabopolasar, un jefe tribal caldeo, se rebeló contra Asiria. El éxito no fue inmediato. Luego en 609 a.C. el faraón Necao II viajó por la costa de Egipto hacia Siria para apoyar a los remanentes de los asirios, que se habían asentado bajo un nuevo rey, Ashur-uballit II. En su camino a través de Palestina, fue atacado por Josías, rey de Judá, pero este último fue muerto en su intento por evitar que los egipcios apoyaran a Asiria. Los egipcios, sin embargo, no fueron exitosos en su intento de rescatar a los asirios y crear un amortiguador entre Babilonia y sus intereses en el sur, y Necao mismo fue derrotado en la batalla de Karkemish en el año 605/604 a.C. Pronto, el surgimiento de Babilonia la trajo a las puertas de Judá (Dn. 1:1-2), llevando eventualmente a una doble deportación de ciudadanos prominentes (598 y 587/586 a.C.), la segunda de las cuales fue devastadora en su destrucción de la ciudad de Jerusalén. Fue en ese tiempo que se escribió el libro de Habacuc, aunque los eventos específicos no son mencionados.

Estructura y Esquema

Habacuc es un profeta cuyos escritos comunican las palabras de Dios acerca del futuro. En esto, Habacuc es un profeta típico. La estructura de este breve libro puede verse en el siguiente esquema:

I. Sobrescrito (1:1)
II. Dios responde al lamento del profeta acerca de la violencia de los malvados (1:2-11)
III. Dios responde al lamento del profeta acerca de Dios usando a los babilonios (1:12-2:5)
IV. Oráculos de infortunio contra los opresores (2:6-20)
V. Poema del Guerrero Divino (3:1-19)

Mensaje Teológico

El libro comienza con los lamentos del profeta y las respuestas de Dios. Los lamentos del profeta expresan preguntas acerca de la justicia de Dios. ¿Cómo puede Dios permitir que la maldad interna (1:2-4) y externa (los babilonios; 1:12-17) tengan éxito? Dios responde que los malvados eventualmente recibirán su merecido, pero Él usará a los babilonios para traer juicio sobre su pueblo. A la luz de estas verdades, Dios le dice a Habacuc (y a través de él a los lectores) que "los justos vivirán por su fe" (2:4 NASB [cf. Gn. 15:6]), al igual que hizo Abraham. Dios eventualmente juzgará a aquellos que use para traer el castigo a su pueblo (2:6-20). La sección final (capítulo 3) es un magnífico y tal vez antiguo retrato poético de Dios el guerrero que Habacuc incluye en su trabajo. De esta manera el profeta registra su propia aceptación de las maneras de Dios en el mundo.

Conexiones al Nuevo Testamento

Como Habacuc, el fiel pueblo de Dios hoy se pregunta por qué parece como si el malvado y el opresor resultan vencedores. Dios, a través de Habacuc, le informa al lector que este no es el verdadero y último estado de las cosas. Los malvados con seguridad serán juzgados. Por ahora, el pueblo de Dios debe "vivir por fe" (*véase* Rom. 1:17; Gal. 3:11, citando Hab. 2:4).

HABAÍAS El líder de una familia sacerdotal cuyos descendientes estaban entre aquellos que regresaron a Jerusalén con Zorobabel tras el exilio babilonio (Neh. 7:63). Sin embargo, tras una búsqueda en los registros ancestrales, no se encontró anotación de su sacerdocio por lo que fueron excluidos del servicio sacerdotal y se les prohibió comer de las cosas sagradas hasta que se demostrasen su legitimidad como sacerdotes (Esd. 2:61-63; Neh. 7:63-65). El nombre aparece como "Habaía" en Esd. 2:61. *Véase también* 1 Esd. 5:38.

HABAZINÍAS El abuelo de Jaazanías, un miembro de la secta religiosa de los recabitas mencionados en Jr. 35:3. El nombre significa "Yahveh me ha hecho alegre", expresando la alegría de la madre ante el nacimiento de su hijo.

HABERGEON Un término del español medio para una pechera, armadura corporal o cota de malla. La KJV usa el término cinco veces para traducir tres palabras hebreas diferentes. En 2 Cr. 26:14; Neh. 4:16 el término hebreo shiryon es variadamente traducido en versiones modernas como "pecheras", "armadura corporal", "armadura", "coas de armadura" y "cotas de malla". El segundo término, shiryah, en Job 41:26 es reconocido hoy en día no como una armadura corporal sino como un arma ofensiva, una "jabalina" (NIV, NLT, NASB, RSV, NRSV), "lanza" (JPS), "flecha" (HCSB) o "dardo" (NET). El significado del tercer término, takhra', en Éx. 28:32; 39:23 se debate, y puede referirse a un collar de algún tipo (NIV: "collar"; NLT: "collar tejido"), una "apertura en un vestuario" (RSV; ESV) o "cota de malla" (NASB; NRSV).

Una carta de amarna en la que Yapahu, rey de Gezer, le pide ayuda al faraón para defender su ciudad contra las incursiones del habiru.

HABIRU Un término refiriéndose a varios pueblos de diversos trasfondos étnicos, que aparecen sobre una amplia área desde los siglos veintiuno al doce a.C. La ortografía preferida en el mundo académico contemporáneo es "apiru". Eran frecuentemente mencionados en correspondencia, conocida como las cartas de Amarna, entre Egipto y Canaán en el siglo catorce a.C., uno de los períodos posibles cuando los hebreos entraron en la tierra de Canaán. Habiru no es equivalente a "hebreo", como pensaron algunos académicos con anterioridad.

Los habiru son mencionados en textos de una amplia variedad de sociedades y ubicaciones, incluyendo Egipto, Canaán, Ugarit (Fenicia), los heteos (en la moderna Turquía), Mari y Alalakh (Siria), Nuzi (al norte de Asiria) y Babilonia. Los nombres de personas identificadas como habiru en los textos son de diversos orígenes étnicos, incluyendo semítico oriental (la rama semítica de Babilonia y Asiria), semítico occidental (la rama semítica que incluye a los hebreos, arameos, y grupos relacionados con el oeste del Éufrates), hurritas (un pueblo al norte de Asiria) y otros orígenes no semíticos. Las personas mencionadas como habiru parecen incluir soldados y mercenarios, trabajadores migrantes o domésticos, bandas viajeras que a veces son saqueadores y pueblos asentados. Las descripciones de los habiru por lo general son negativas. Ya que el término no es étnico ni geográfico, probablemente se refiere a personas desplazadas que eran consideradas extranjeros y/o foráneos de clase baja. Parece típicamente permanecer unidos en grupos y tomar los trabajos que pudiesen, incluyendo actuar como mercenarios. Pueden haberse asentado en algunas ubicaciones y volverse considerados parte de la sociedad local, o pueden haber redado pueblos asentados para su sustento.

El significado del nombre "habiru" es incierto. Debido a que el sistema cuneiforme (babilonio) de escritura no distinguía b de p o h (khet) de '(ayin), era incierto si debía leerse "'apiru" hasta que esa lectura fue confirmada por textos alfabéticos de Ugarit (en la costa siria al otro lado de Chipre). La raíz podría relacionarse con "terrones de tierra, polvo". La otra designación para estas gentes, el logograma sumerio SA.GAZ, puede referirse a migrantes inquietos, ladrones o asesinos.

Los textos egipcios de Amarna incluyen muchas cartas entre el Faraón y los gobernantes de ciudades en Canaán. Los gobernantes cananeos frecuentemente se quejan al Faraón acerca de los habiru y piden refuerzos militares. Porque los hebreos eran extranjeros que atacaron ciudades de Canaán, algunos se han preguntado si el término habiru incluía referencias a los hebreos. Pero las alianzas y estilos de guerra exhibidos por los habiru demuestra que el término puede no haberse referidos exclusivamente (o en absoluto) a los hebreos.

HABITACIÓN DE HUÉSPEDES Una habitación para que los huéspedes se alojen o cenen. La misma palabra griega, katalyma, se usa para la posada (probablemente en realidad una habitación de huéspedes en una residencia privada) que no estaba disponible para que María diera a luz a Jesús (Lc. 2:7) y para la habitación superior dispuesta para la última comida de Pascua de Jesús con sus discípulos (Mc. 14:14; Lc. 22:11). Pablo le pide a Filemón que le prepare una habitación de huéspedes (Flm. 22).

Cabezas de hachas de Bronce

HABITACIÓN SUPERIOR Una habitación en un piso superior o techo de un edificio. La caída del Rey Ocozías a través de la celosía de una habitación superior causó su muerte (2 Re. 1:2).

Jesús instruyó a sus discípulos que preparasen su última comida juntos en una habitación superior (Mc. 14:15; Lc. 22:12). La tradición sostiene que los discípulos se encontraron para orar en esta habitación tras la ascensión de Jesús (Hec. 1:13). Las viudas lamentaron la muerte de Dorcas en una habitación superior hasta que la oración de Pedro la trajo de vuelta a la vida (Hec. 9:39). Pablo revivió a Eutico, que había muerto tras quedarse dormido y caer de una habitación superior al suelo (Hec. 20:8-12).

HABONAH *Véase* Harbona.

HABOR Un tributario del Éufrates (el actual Nahr el-Khabur). Es un destino al que exiliados de Samaria (2 Re. 17:6; 18:11) y Rubén, Gad y Manasés fueron deportados (1 Cr. 5:26).

HACALÍAS El padre de Nehemías, que era el gobernador de Jerusalén y que ayudo a organizar la construcción del muro de la ciudad (Neh. 1:1; 10:1). La KJV escribe su nombre "Hachaliah".

HACATÁN El padre de Johanán, el líder de la familia de Azgad, que regresó a Judá con Esdras (Esd. 8:12).

HACEDOR DE TIENDAS *Véase* Tienda.

HACHA, CABEZA DEL HACHA El hacha es una herramienta de filo que consta de un extremo pesado con una hoja afilada y que está fijado a un mango de madera, y que se utiliza para cortar árboles y troncos (Jueces 9:48; Isaías 10:34). El hacha es uno de los complementos de las herramientas de metal junto con el martillo, el serrucho, la reja de arado, la hoz, la piqueta y la picana (cf. 1 Reyes 6:7). Algunos objetos similares son el cuchillo, la espada y la lanza.

Las primeras cabezas metálicas del hacha eran de cobre y datan de muy atrás en el año 4000 a.C. Mientras avanzaba la cultura material del Cercano Oriente, los implementos de cobre fueron reemplazados por bronce y finalmente por hierro. Las hachas de la Edad de Bronce tenían un cilindro hueco de bronce que se deslizaba por el mango de madera, con una pequeña masa de bronce que se ensanchaba a un lado y se aplanaba como una cuchilla afilada. Esta era una herramienta peligrosa, por lo que la gente se hacía heridas por accidente y también morían porque la cabeza se salía del mango que según las leyes de Israel era usado como un ejemplo de muerte accidental (Deuteronomio 19:5).

En 1 Samuel 13:19-20 los filisteos controlan la tecnología metalúrgica. Para evitar que Israel cree armas "modernas" de guerra, ellos no le permitieron a Israel que trabajaran metales para la agricultura o para otras actividades. Por lo tanto, Saúl y su hijo Jonatán fueron los únicos israelitas de esa época que tuvieron espadas. Mucho después, ya en la Edad de Hierro, el valor superior que se le daba a una buena hacha de hierro se puede leer en la anécdota en la que a un trabajador se le salió la cabeza del hacha del mango y cayó al agua, por lo que él se lamentó ante el profeta de Dios, Eliseo, que fuera un arma prestada (2 Reyes 6:1-6). Tenía tanto valor que el profeta milagrosamente la restauró.

El hacha tiene un valor simbólico en la Biblia; los ejes cortados y "cortar" son temas comunes en la ley. Por ejemplo, aquellos que rompen el pacto son "cortados" del pueblo (Éxodo 31:14). Así también, Juan el Bautista clamó: "El hacha está lista para cortar las raíces de los árboles", para cortar a los israelitas que no se arrepienten (Mateo 3:10).

Una estela del dios de la tormenta Hadad amenazando con su relámpago.

HACMONI, HACMONITA **(1)** Ya sea el padre o un ancestro de Jasobeam, uno de los campeones de David (1 Cr. 11:11). La confusión proviene de la frase hebrea ben-khakmoni (NRSV: "hijo de Hacmoni"), donde la terminación de khakmoni comúnmente indicaría que no es un nombre propio, sino más bien una afiliación familiar o tribal. Sin embargo, usar la fórmula "hijo de" para un grupo de personas sería algo inconsistente, por lo que la frase es presentada "un hacmonita" en la NIV. Es posible que takhkemoni en 2 Sm. 23:8 (NIV: "tacmonita"; NRSV: "tacemonita") es una variación. **(2)** Padre o ancestro de Jehiel, quien cuidó de los hijos del Rey David (1 Cr. 27:32). Se aplican los mismos problemas que en 1 Cr. 11:11, pero aquí la NIV traduce la frase como "hijo de Hacmoni".

HACOS **(1)** Una variación del nombre "Cos" en la ASV de 1 Cr. 4:8. **(2)** Un clan sacerdotal, listado séptimo de aquellos que ejercían el ministerio en el templo contemporáneo con David (1 Cr. 24:10). Este clan fue excluido tras el exilio, porque se perdieron sus registros genealógicos (Esd. 2:61-62; Neh. 7:63-64). **(3)** Abuelo de uno que reparó una sección del muro de Jerusalén (Neh. 3:4, 21). *Véase también* Cos.

HACUFA Uno de los ancestros de los sirvientes del templo (netineos) que regresaron a Jerusalén tras el cautiverio babilonio bajo el liderazgo de Zorobabel en el año 539 a.C. o alrededor de esa fecha (Esd. 2:51; Neh. 7:53). El hecho de que muchos de los nombres en la lista de los ancestros sean extranjeros ha llevado a la creencia de que originalmente eran prisioneros de guerra presionados al servicio para realizar tareas domésticas mientras asistían a los levitas.

HADAD **(1)** El octavo hijo de Ismael (Gn. 25:15). **(2)** Hijo de Bedad, el quinto gobernante en la lista de reyes edomitas (Gn. 36:35). **(3)** El octavo gobernador en la lista de reyes edomitas (1 Cr. 1:50), llamado "Hadar" en la mayoría de los manuscritos de textos masoréticos de Gn. 36:39. **(4)** Un miembro de la familia real de Edom que de niño sobrevivió a la masacre de Joab de su casa real y huyó a Egipto. Posteriormente, regresó a Edom como uno de los adversarios que Dios levantó contra Salomón como castigo por su apostasía (1 Re. 11:14-22). **(5)** Un antiguo dios de la tormenta semítico. *Véase también* Baal.

HADAD RIMÓN En Zac. 12:10-14 Hadad Rimón sirve una función figurativa para subrayar la intensidad del luto por "el que han perforado". Pero su identidad aún se debate. Tradicionalmente, se ha tomado por un lugar en la Planicie de Megido, donde Judá y Jerusalén lloraron la muerte de Josías. Algunos académicos modernos, sin embargo, encuentran en Hadad Rimón un nombre compuesto de dos dioses de naturaleza similar, Hadad (un dios sirio de la tormenta) y Rimón ("tronador" en acadio). "El llanto de Hadad Rimón", entonces, se referirían a los ritos de luto para la deidad (cf. Ez. 8:14)

HADADEZER El rey de Soba derrotado por David. En la época de David, la esfera de influencia de Hadadezer se extendía al sur a la parte norte de Transjordania y al este hacia el Alto Éufrates. Hadadezer se encontró con el ejército de David en batalla en tres ocasiones. Primero, cuando David envió un ejército bajo el mando de Joab contra los amonitas, que habían insultado a los embajadores de David, el ejército de la coalición aramea liderada por Hadadezer marchó para aliviar el sitio de la ciudad de Rabá a pedido de los amonitas (2 Sm. 10:1-14). Segundo, cuando Hadadezer, no dispuesto a quedar mal tras ser repelido por Joab, levantó un nuevo ejército "de más allá del río" bajo el mando de Sobac, el mismo David se trasladó a Helam y derrotó al ejército arameo (10:15-19). Tercero, David posteriormente se vengó de Hadadezer por su interferencia en la guerra amonita (8:3-8) invadiendo el corazón del reino de Hadadezer. Estas campañas de David contra los arameos y los amonitas resultaron en que aseguró el control de la Carretera del Rey.

HADASA Un pueblo en las laderas occidentales que eran parte de la asignación tradicional de la tribu de Judá (Js. 15:37). Su ubicación exacta es desconocida.

HADASA *Véase* Ester.

HADATA *Véase* Hazor Hadata.

HADES Una transliteración de la palabra griega refiriéndose al lugar de los muertos. Además de referirse al lugar de los muertos, el término a veces se usa para significar a la muerte misma. Durante el período del AT el término hebreo she'ol se usaba para indicar el reino de los muertos, y cuando el AT fue traducido al griego, los traductores usaron el término hadēs al presentar she'ol. En el AT los individuos tanto justos (Gn. 37:35) como injustos (Nm. 16:30, 33) van a Hades/Sheol al morir. También por lo general se especifica que está en una ubicación descendiente (Sal. 55:15; Is. 14:15). A través de literatura judía apócrifa e intertestamentaria, hadēs aparece muy frecuentemente (e.g., Tob. 3:10; Eclo. 21:10; Oráculos sibilinos).

La palabra griega hadēs se usa diez veces en el NT, y las versiones españolas varían en su presentación del término. Por ejemplo, la NIV lo traduce como "Hades" (Mt. 11:23; 16:18; Lc. 10:15; 16:23; Ap. 1:18; 6:8; 20:13-14) o "el reino de los muertos" (Hec. 2:27, 31). Ocasionalmente se usa en conjunción con la idea de un lugar de castigo o tormento (Lc. 16:23), aunque el NT usa con más frecuencia la palabra griega geenna (una transliteración del arameo) cuando se indica castigo futuro en la ultratumba. Es mucho más común encontrar hadēs asociado con la muerte, tal como las cuatro ocasiones en el Apocalipsis donde se conectan los dos conceptos (1:18; 6:8; 20:13-14). *Véase* Gehenna; Infierno.

HADID Un pueblo listado junto con Lod y Ono al cual regresaron algunos exiliados babilonios (Esd. 2:33; Neh. 7:37; 11: 34). Se ubica en la parte norte de Shefelah, aproximadamente cinco kilómetros y medio al este de Lod, identificado con el moderno Tel al-Haditha.

HADLAI Padre de Amasá, uno de los líderes efraimitas durante el reinado de Peka. Amasá fue uno de los cuatro líderes que protestaron contra sus parientes que iban a traer culpa sobre su pueblo al tomar cautivos judaitas (2 Cr. 28:11-12).

HADORAM **(1)** Según la Tabla de las Naciones (Gn. 10), los hijos de Joctán, que incluían a Hadoram, eran una federación de tribus árabes ubicadas en Arabia del Sur. Es posible tomar el nombre como refiriéndose ya sea a una tribu o una localidad, siendo más probable la primera (Gn. 10:27; 1 Cr. 1:21). **(2)** El hijo de Tou, rey de Hamat, fue enviado con regalos para David por su padre cuando David derrotó a Hadadezer, rey de Soba (1 Cr. 18:9-10). De manera interesante, el relato paralelo de 2 Sm. 8:9-10 registra el nombre "Joram" por Hadoram. Este era probablemente un apelativo alternativo de "Hadoram", en el cual el elemento teofórico "Hadad" fue eliminado del nombre y reemplazado con el elemento teofórico del nombre de Yahveh para calzar en el contexto israelita. **(3)** El capataz asignado por Roboam para supervisar el trabajo forzado que impuso a los israelitas. Los israelitas se volvieron indignados y lo apedrearon a muerte, causando la huida de Roboam (2 Cr. 10:18 [NIV: "Adoram", del relato paralelo en 1 Re. 12:18; la LXX tiene "Adoram" en ambos textos]).

HADRAC La tierra mencionada en Zac. 9:1 asociada con Damasco, Hamat, Tiro y Sidón, todas las cuales eran ciudades-estado arameas. Existen unas pocas referencias extrabíblicas a la ciudad, y tal vez la más decidora es la mención de Hadrac en los anales de Tiglat-piléser III. Los anales la mencionan como uno de los diecinueve distritos que se aliaron para apoyar a Azarías de Judá en el año 742 a.C. Se ubica en Siria, al norte de Damasco y posiblemente se identifica con la actual Tel Afis, aproximadamente cuarenta y cinco kilómetros al suroeste de Alepo.

HAFARAIM Uno de los dieciséis pueblos asignados a la tribu de Isacar cuando Josué asignó la tierra de Canaán a Israel (Js. 19:19). Muchos académicos lo identifican con et-Taiyibeh, una ubicación aproximadamente dieciséis kilómetros al suroeste de la punta sur del Mar de Galilea.

HAGAB Uno de los ancestros de los sirvientes del templo (netineos) que regresaron a Jerusalén tras el cautiverio babilonio bajo el liderazgo de Zorobabel en el año 539 a.C. o alrededor de esa fecha (Esd. 2:46; faltante de la lista de Neh. 7). El hecho de que muchos de los nombres en la lista de los ancestros sean extranjeros ha llevado a la creencia de que originalmente eran prisioneros de guerra presionados al servicio para realizar tareas domésticas mientras asistían a los levitas. El nombre también se encuentra en un ostracon (esquirla de cerámica) de Laquis.

HAGABA Uno de los ancestros de los sirvientes del templo (netineos) que regresaron a Jerusalén tras el cautiverio babilonio bajo el liderazgo de Zorobabel en el año 539 AC o alrededor de esa fecha (Esd. 2:45; Neh. 7:48: "Hagaba"). El hecho de que muchos de los nombres en la lista de los ancestros sean extranjeros ha llevado a la creencia de que originalmente eran prisioneros de guerra presionados al servicio para realizar tareas domésticas mientras asistían a los levitas.

HAGADÁ Y HALAJÁ El término "hagadá" proviene de la raíz hebrea que significa "explicar" o "demostrar". Con referencia a la literatura rabínica, los textos religiosos del judaísmo temprano, el sustantivo tiene tres aplicaciones: **(1)** una historia, una leyenda o una fábula; **(2)** una exegesis de las Escrituras; **(3)** material de naturaleza no legal. En este último sentido, la categoría literaria del hagadá se contrapone a la del halajá, aquellas porciones de la literatura rabínica que lidian con pronunciamientos religiosos/legales derivados de las Escrituras y la tradición oral. Desde la perspectiva rabínica las estipulaciones del halajá se consideran obligatorias, mientras que las del hagadá no. La distinción "no legal" no debería sobrestimarse, ya que el hagadá con frecuencia ofrece explicaciones dramáticas para materias legales. Tal vez una declaración más precisa es que el hagadá ilustra y dramatiza los principios y reglas legales simplemente establecidas en el halajá. De esta manera, el hagadá puede considerarse una iniciativa más imaginativa en el desarrollo de las tradiciones judías, aunque tal enfoque expansivo en la aplicación de tradiciones más viejas no es ausente en el halajá.

La raíz hebrea de "halajá", en la expresión verbal, significa "caminar". Las resoluciones legales del halajá son consideradas por los rabís, a través de una interpretación de porciones en el Génesis, encontrar sus bases en el orden creado. Desde la misma perspectiva, las secciones legales del Pentateuco son fuente de resoluciones del halajá; el corpus legal expandido del halajá es una interpretación de material bíblico, una extensión de principios legales más allá de las circunstancias concretas del material bíblico iniciado por las academias rabínicas. Una segunda perspectiva de fuentes rabínicas, sin embargo, ve el halajá como un repositorio de tradiciones orales que datan a comunicaciones divinas extrabíblicas en el Monte Sinaí a través de rabís, el Sanedrín, los ancianos de Israel, Josué y Moisés.

HAGAR La sirvienta egipcia que Sara ofreció a su esposo, Abraham, como solución a su infertilidad (Gn. 16). Cuando Hagar quedó embarazada, trató a Sara groseramente, dando como resultado el despido de Hagar. Bajo instrucciones del ángel del Señor, Hagar regresó y dio a luz a Ismael cuando Abraham tenía ochenta y seis años de edad. Mientras Hagar recibió la promesa de Dios de que su hijo tendría muchos descendientes, él no era a través de quien se cumplirían las promesas de Dios a Abraham (Gn. 12:1-3; 15:4; 17:19). Tras el nacimiento de Isaac a Abraham y Sara, la tensión entre ambas mujeres terminó con Sara enviando a Hagar e Ismael al desierto, donde Dios reafirmó su compromiso con Ismael (Gn. 21:9-19).

Pablo usa a Hagar y Sara para representar dos alianzas. Hagar representa la alianza dada en el Monte Sinaí, la ley que trae esclavitud y caracteriza la terrenal Jerusalén. El niño nacido de Sara, como resultado de la promesa de Dios, representa a los ciudadanos de la Jerusalén celestial, que son libres (Gal. 4:22-27).

HAGIOGRAFA "Hagiografa" proviene del griego para "escrituras santas". El término se refiere a la tercera y última división del triple canon hebreo, el Ketuvim (las primeras dos divisiones son la ley [Torá] y los Profetas [Nebiim]). Es una colección suelta que comprende (en el orden hebreo) los libros poéticos (Salmos, Proverbios, Job), el Megillot o Cinco Rollos (Cantar de los Cantares, Rut, Lamentaciones, Eclesiastés, Ester), el apocalíptico libro de Daniel y libros históricos (Esdras-Nehemías, Crónicas). Otras apelaciones para esta porción de las Escrituras hebreas abundan en fuentes tempranas: "escritos de David" (2 Mc. 2:13); "otros libros" (Lc. 24:44). No está claro, sin embargo, precisamente qué libros se incluyen en estas designaciones. Los cánones cristianos no colocan estos libros en un solo corpus, prefiriendo calificarlo según género literario.

HAGRÍ Padre de Mibhar, uno de los treinta poderosos hombres de David (1 Cr. 11:38). El hebreo del texto paralelo en 2 Sm. 23:36 tiene bani haggadi, "Bani el gadita" (KJV, NRSV, NET), que la NIV presenta como "hijo de Hagrí" en armonía con 1 Cr. 11:38. Estos dos versículos hacen difícil entender quién es Hagrí y puede involucrar una corrupción textual. *Véase también* Hagritas.

HAGRITAS Una tribu nómade listada entre los enemigos de Israel (Sal. 83:6). Presumiblemente, descendientes de Hagar, la sirvienta de Sara que dio a luz a Ismael (Gn. 16). Ya que la tribu de Rubén confió en Dios, fueron capaces de derrotar a los hagritas (1 Cr. 5:10, 19:21). Jaziz el hagrita estaba a cargo de todos los rebaños de ovejas de David (1 Cr. 27:31). Mibhar, hijo de Hagrí, uno de los guerreros de David puede haber sido un hagrita (1 Cr. 11:38). Sin embargo, el texto paralelo de 2 Sm. 23:36 puede ser evidencia de que "Hagrí" debería originalmente haber leído "el gadita". Esto puede haber surgido a través de una confusión de una dalet (la letra d hebrea) original, por una resh (la letra r hebrea) que es un error común de copista. *Véase también* Hagrí.

HAGUI Uno de los hijos de Gad y nietos de Jacob que viajaron con Gad a Egipto para ser salvados por José durante una hambruna (Gn. 46:16). Posteriormente, Hagui fue considerado el líder del cland de los haguitas (Nm. 26:15).

HAGUÍA Un levita que era un músico del templo. Su padre era Simeá y su hijo era Asaías (1 Cr. 6:30).

HAGUIT Una de las esposas de David, madre del cuarto hijo de David, Adonías (2 Sm. 3:4; 1 Cr. 3:2). Su hijo intentó forzar la sucesión cuando David estaba viejo, pero fue desautorizado por el profeta Natán y la esposa de David Betsabé, que intercedió con el anciano rey a nombre de Salomón (1 Re. 1:1-27).

HAGUITAS Uno de los clanes descendientes de Gad listados en el censo de Moisés (Nm. 26:15).

HAHIROT *Véase* Pi Hahirot.

HAI El Término hebreo detrás de Hai significa "la ruina". El Hai bíblico estaba situado al este de Betel, en las tierras altas de Efraín, con vistas al valle del Jordán. La ubicación comúnmente aceptada es Et-Tell, "el montón", un montículo cerca de lo que hoy es Dayr Didwan (16 kilómetros al noreste de Jerusalén). Esta determinación en parte se basa en la identificación de Betel con Beitin, lo cual es cuestionado por algunos.

Las excavaciones en Et-Tell revelan dos períodos de ocupación: primero, durante la Edad del Bronce Antiguo (3100-2400 a.C.), seguido por un lapso intermedio de más de un milenio durante el cual Et-Tell estuvo deshabitado, luego durante la Edad del Hierro I (1200-1050 a.C.).

El primer asentamiento fue una villa sin muros. Los artefactos revelan una mezcla de influencias locales y extranjeras, con algo de cerámica temprana que se asemeja a la de la cercana Jericó. La cerámica posterior muestra rasgos consistentes con el norte de Siria y Anatolia, sugiriendo la migración de pueblos de estas regiones. Alrededor del 3000 a.C., el pueblo fue reconfigurado para incluir una acrópolis con un complejo de templos, palacios y una pared con cuatro puertas.

La ciudad de la Edad del Bronce temprana fue destruida varias veces, incluso una vez por un terremoto (evidente desde el colapso de la pared del templo en una grieta abierta en su base). Cada vez fue reconstruida y sus fortificaciones fortalecidas. En los comienzos del 2700 a.C., Et-Tell cayó bajo la influencia egipcia, atestiguada por las técnicas de construcción egipcias y la presencia de buques de piedra y alabastro importados. Esto duró hasta alrededor del 2550 a.C., cuando se abrió una brecha en la muralla de la ciudad y se quemaron las fortificaciones de la ciudadela. La ciudad fue saqueada y abandonada alrededor del 2400 a.C.

Et-Tell fue reasentada alrededor del 1200 a.C., posiblemente por personas que huyeron de la afluencia de pueblos del mar en el Mediterráneo oriental. El asentamiento de la Edad de Hierro I era considerablemente más pequeño que la

Las ruinas de Et-Tell, la probable ubicación de Hai bíblica

ciudad de la Edad del Bronce Antiguo (tres y veintisiete acres, respectivamente). Los colonos construyeron casas en la acrópolis e hicieron terrazas en el montículo para cultivar. Sin embargo, no se intentó reparar las paredes o erigir nuevas fortificaciones. El descubrimiento de varios silos de granos indica un aumento de la población en el 1125 a.C. A falta de todo, excepto los primeros utensilios de la Edad de Hierro, sugiere que Et-Tell fue abandonado alrededor de 1050 a.C. Debido a que sus casas permanecieron intactas, el pueblo claramente no fue destruido.

En la Biblia, Hai aparece por primera vez como un punto de referencia en los viajes de Abram (Gn. 12:8; 13:3). En el libro de Josué figura prominentemente como una ciudad menor en la conquista inicial de Canaán (7: 3; 10: 2; *véase también* 8:25). Después de la derrota inicial de Israel (7: 4-5), Josué proscribe a Hai según las instrucciones de Yahveh (8:2), matando a sus habitantes y colgando a su rey y luego reduciendo el asentamiento a una ruina (8: 25-28). Esto produce miedo en las poblaciones vecinas (9: 3-4; 10: 1-2). La atención desproporcionada dada a su captura establece la conquista dentro de un marco teológico, la victoria depende de la obediencia a Yahveh. Hai aparece más tarde con respecto a aquellos que vuelven del exilio en Babilonia (Esd. 2:28; Neh. 7:32).

La comparación de la evidencia arqueológica de Et-Tell con la fecha tradicional del éxodo (siglo XV a.C.) revela que el sitio estaba desocupado cuando Hai habría sido saqueado por Israel. Esto ha llevado a algunos a concluir que el registro en Jos. 7-8 es etiológico (una historia que explica el origen de las ruinas en Et-Tell) y por lo tanto legendaria u originalmente perteneciente al saqueo de otro sitio, por ejemplo, Betel (8:17). Sugerir que Hai fue una fortaleza temporal durante la conquista, aunque es posible, contradice los detalles del relato bíblico (*véase* 8: 1, 23, 25).

Incluso si se propone una fecha posterior para el éxodo (siglo XII a.C.), el asentamiento de la Edad de Hierro en Et-Tell fue considerablemente más pequeño de lo que describe la narración, poblado por varios cientos de personas, no miles (Jos. 8:25). Además, la ocupación persistió en Et-Tell hacia el período de los jueces (contraste con 8:28). Las pruebas de este tipo llevan a algunos a descartar la tradición de la conquista en favor de un modelo de asentamiento (migración) de la entrada de Israel en la tierra de Canaán (*véase* Jue. 3: 5-6).

Sigue siendo del todo posible que Et-Tell haya sido identificado incorrectamente con el Hai bíblico, o que la evidencia excavada en el sitio esté incompleta. En cualquier caso, una mayor investigación arqueológica puede reivindicar el relato bíblico de la conquista de Hai. Sin embargo, es igualmente posible que los eventos de la conquista y el asentamiento sean más complejos de lo que indica la narración bíblica.

HAKILÁ Una colina cerca de donde David se escondió de Saúl cuando este estaba intentando matarlo (1 Sm. 23:19; 26:1, 3).

HALAH Un distrito en Media al cual los israelitas fueron llevados tras su revuelta contra Asiria. Según 2 Re. 17:6, "En el noveno año de Oseas, el rey de Asiria capturó Samaria y deportó a los israelitas a Asiria. Los asentó en Halah, en Gozán en el río Habor y en los pueblos de Media" (cf. 2 Re. 18:11; 1 Cr. 5:26). La ubicación de esta área asiria es incierta. Los textos en los cuales Halah se menciona parecen implicar que estaba cerca de Gozán y el río Habor que están en la moderna Siria. *Véase también* Gozán.

HALAJÁ *Véase* Hagadá y Halajá.

HALCÓN El halcón es ave de presa de vista aguda, listado en el AT como impuro (Dt. 14:13; Job 28:7). Numerosas especies de esta ave existen en Israel.

HALCÓN Los halcones, como otras aves de presa, son impuros (Lv. 11:16; Dt. 14:15). Varias especies de halcones existen en Israel, algunos son migratorios (Job 39:26). Es incierto cuál palabra hebrea se refiere a cuál halcón.

HALHUL Un pueblo en el territorio montañoso de Judá (Js. 15:58).

HALÍ Un pueblo en el límite de la tribu de Aser (Js. 19:25).

HALLEL El verbo hebreo "alabar" (en la forma imperativa). Hallel se usa generalmente para referirse a salmos que contienen la orden "Hallelujah" ("alaben al Señor"; "jah" es una forma abreviada de YHVH ["Yahveh"], que comúnmente se traduce como "Señor"). También designa a los Salmos 113-118, que colectivamente son referidos como el Hallel egipcio porque comienzan con "Alaben al Señor" y se refieren al éxodo y sacrificio de Pascua. Estos salmos se leían litúrgicamente durante los festivales judíos. Su uso durante celebraciones familiares de Pascua hace probable que el himno cantado por Jesús y sus discípulos tras la Última Cena incluyese alguno de estos salmos. El Salmo 136 es conocido como el Gran Hallel, ya que ruega a los adoradores que alaben a Dios por sus grandes obras en la creación y salvación de los enemigos de Israel. El Salterio termina con cinco salmos que comienzan y terminan cada uno con "alaben al Señor" (Sal. 146-150).

La estela de Zakkur, descubierta en 1903 en el territorio del antiguo Reino de Hamat, se lee en parte: "Soy Zakkur, rey de Hamat y Luash"

HALOHES Uno de los "líderes del pueblo" que selló la alianza con Dios tras la lectura pública de la ley por Esdras (Neh. 10:24). Halohes también es nombrado como el padre de Salum, quien realizó reparaciones bajo Nehemías (Neh. 3:12).

HAMÁN Según el libro de Ester, el rey Jerjes nombró a Hamán por encima de todos los otros nobles de su imperio (Est. 3:1). Sin embargo, Mardoqueo, el primo de Ester, se rehusó a presentarle sus respetos y Hamán buscó no sólo matarlo a él, sino destruir a todo el pueblo judío.

Para lograr su propósito, Hamán convenció a Jerjes de determinar un día (por suertes [hebreo purim]) para su destrucción. Ese día fue fijado para prácticamente un año después y Mardoqueo, habiendo escuchado del plan, persuadió a su prima Ester de intervenir. El resultado fue la muerte de Hamán, no Mardoqueo, y la victoria del pueblo judío sobre sus enemigos. El festival de Purim conmemora este evento.

Los lectores modernos con frecuencia no entienden la razón para el odio existente entre Mardoqueo y Hamán. Mardoqueo era un descendiente de Cis y, por lo tanto, también un descendiente del Rey Saúl (Est. 2:5), mientras Hamán era un agaguita, lo que indica que era descendiente de la línea real de Amalec (3:1). La historia así data del Éx. 17:8-15, cuando los amalecitas fueron los primeros en atacar a Israel saliendo de Egipto. Por eso, Dios decretó que su memoria sería borrada (Dt. 25:17-19). Saúl tuvo su oportunidad cuando derrotó al Rey Agag de Amalec, pero no completó la tarea (1 Sm. 15). La muerte de Hamán es la culminación de la historia.

HAMAT Una ciudad hetea estratégicamente posicionada en el río Orontes y la principal ruta al sur desde Asia Menor. Ubicada a medio camino entre Damasco y Alepo, es frecuentemente mencionada en referencia al límite norte de Israel, "la entrada a Hamat" o Lebo Hamat (Nm. 13:21; 1 Re. 8:65). David recibió tributo de su rey (2 Sm. 8:9-10) y Salomón construyó ciudades de almacenamiento en el área (2 Cr. 8:4). Durante el exilio, algunos israelitas se asentaron allí (Is. 11:11) y otros de sus habitantes fueron igualmente transportados a Samaria (2 Re. 17:24).

La estela del hambre, una inscripción ubicada en la isla de Sehel en el Nilo, habla de una sequía y hambruna de siete años durante el reinado del tercer faraón de la dinastía Djoser."

H

HAMAT ZOBÁ Posiblemente una variante de "Hamat", ya que no se conoce ninguna otra ubicación por ese nombre. De otra manera, el nombre compuesto puede haberse usado para referirse a una región incluyendo tanto a Hamat como a Zobá, un importante reino arameo que data del siglo once a.C., ubicado entre Damasco y Hamat. La única referencia bíblica de Hamat Zobá establece que Salomón la capturó y construyó ciudades de almacenamiento en el área (2 Cr. 8:3-4). El programa de construcción de Salomón indica que la región estaba bajo su control por un periodo de tiempo. Un importante manuscrito de la LXX lee "Bet Zobá" ("casa de Zobá") en vez de "Hamat Zobá". Si esta lectura es correcta, el texto puede simplemente establecer que Salomón luchó y ejerció dominio sobre la casa o reino de Zobá.

HAMATEOS Mencionados en la Tabla de las Naciones como descendientes de Canaán (Gn. 10:18; 1 Cr. 1:16), ellos aparentemente habían fundado o estaban asociados con Hamat.

HAMBRE Rara vez se menciona el hambre en la Biblia como el simple deseo por la siguiente comida regular (Mc. 11:12; Hec. 10:10; 1 Cor. 11:21, 34). Normalmente es un hambre asociada con debilidad física por la falta de comida y con frecuencia junto a adversidad de largo plazo como la hambruna (2 Re. 7:12; Sal. 107:5; Mt. 4:2; Mc. 8:3; Lc. 15:7; 2 Cor. 11:27). En el mundo antiguo requería más trabajo arduo y una gran porción de la fuerza laboral para producir suficiente comida. Y en comparación al presente, toda la empresa estaba mucho más sujeta a condiciones fluctuantes de sequía, plagas, insectos y enfermedades, adicionalmente a la amenaza de guerra, ya sea del asalto y destrucción de los cultivos (Jue. 6:3-4) o del asedio (2 Re. 7:12). El hambre no es una espera inconveniente hasta la próxima comida completa, sino más bien una amenaza a la salud y la vida.

Dios se preocupa de los hambrientos (Sal. 107:9; 146:7; Prov. 10:3; Is. 49:10; Lc. 1:53) y es justo hacer lo mismo (Is. 58:7, 10; Ez. 18:7, 16; Mt. 25:35). Algunas provisiones se hacían para los hambrientos. Mientras que había un pequeño impuesto para proveer comida para ciertos grupos desaventajados (levitas, extranjeros, huérfanos y viudas [Dt. 14:27-29; 26:12-13]), otras provisiones requerían que los cosechadores dejaran ciertos restos para que los recogiesen otros (24:17-22). El hambre no era simplemente un tema de mala suerte o victimismo, como podría ser el resultado de flojera o falta de prudencia (Prov. 19:15).

HAMBRUNA Y SEQUÍA La hambruna era la catástrofe más devastadora para una sociedad agraria. Causada por la sequía, fracaso de las cosechas o asedio (Rut 1:1-2; 2 Re. 25), frecuentemente era acompañada de enfermedad o guerra, que a su vez traían adversidad en muchos niveles de la sociedad (Jr. 14:12; Mt. 24:7), incluyendo a los animales (Job 38:41; Jl. 1:20).

La dependencia de la lluvia provocaba que algunas personas almacenaran en anticipación de posible hambruna. En Egipto, José implementó un racionamiento de granos que salvó a la gente, proporcionó semillas y llenó las bodegas reales del Faraón (Gn. 41:33-36; 47:23-24). El propio templo de Israel contenía cuartos de almacenamiento (1 Cr. 26:15; Neh. 10:38-39). Dios utilizó la hambruna para incentivar la obediencia de los israelitas (Dt. 11:17; 28:33) y como juicio divino sobre ellos (Lv. 26:14-20; Jr. 29:17-18).

La hambruna tenía repercusiones de largo alcance: inflación de precios, robos, explotación social, colapso agrario, migración e incluso canibalismo (Gn. 12:10; 26:1; Rut 1; 2 Re. 6:24-29; Neh. 5:1-3; Lam. 2:20-21; 4:8-10). Por lo tanto, la fidelidad a Dios era una realidad particularmente vívida (Sal. 33:18-19; 37:19), y las bendiciones de Dios sobre la nación incluían estar libre de hambruna (Ez. 34:29; 36:29-30).

José entendió que Dios lo envió con anterioridad a Egipto para salvar a su familia de una hambruna global (Gn. 45:5-7). Durante cuarenta años Dios probó a los israelitas con hambre para eliminar su autosuficiencia (Éx. 16:2-8; Dt. 8:2, 16). Además, Dios envió aflicciones a Israel tales como la hambruna, sequía, moho, peste e insectos para incitar el arrepentimiento de la nación (Am. 4:6-12). Esto significaba que el pecado y el sufrimiento humano estaban atados a la tierra en interdependencia (Lam. 4:3-4). La competencia de Elías con los profetas cananeos de Baal muestra vívidamente las implicaciones teológicas de la fe y la comida: Yahveh probaría que estaba en control de las fuerzas de la naturaleza (1 Re. 18:23-39; cf. Gn. 8:22). Incluso Elías, sin embargo, requirió cuidado divino especial durante la hambruna (1 Re. 17:1-6). Para Amos, el hambre literal fundó su descripción del hambre espiritual, "una hambruna... de escuchar las palabras del Señor" (Am. 8:11).

Jesús revive la experiencia de Israel en su propia prueba en el desierto y rechazó el pan que podía hacer él mismo (Mt. 4:3-4; Dt. 8:3). Su éxito demostró que la escasez y el hambre tienen la intención de desarrollar la humildad y confianza en Dios, el proveedor divino (Mt. 4:2), algo que Israel no aprendió muy bien. Jesús alimentó con un segundo maná a cinco mil personas para atraerlas al pan de la vida (Jn. 6:35), pero las multitudes seguían a Jesús más por el pan que él (6:26-27). Se mencionan hambrunas en el NT (Lc. 4:25; Hec. 7:11 [histórica]; 11:27-30 [contemporánea]).

Jesús enseñó que las hambrunas serían una señal de su venida. Sin embargo, sin ignorar la comida física, Jesús destacó el hambre y sed espiritual de la gente (Mt. 5:6; Jn. 4:14, 34; 7:37-38). Porque comer es parte importante del compañerismo, el cielo meramente removerá la desesperación del hambre, no el uso de la comida (Gn. 43:34; Lc. 22:15-16; Ap. 19:9; cf. 1 Cor. 4:11; Ap. 7:16; 21:4).

HAMEDATA El padre de Hamán, el enemigo de los judíos mencionados en el libro de Ester. Es identificado como un agaguita (Est. 3:1), pero nada más se sabe de él. Su nombre es persa.

HAMELEC En Jr. 36:26; 38:6 la KJV erróneamente traduce la palabra hebrea hammelek como un sustantivo propio, "Hamelec". La palabra hebrea está compuesta del artículo definido (ha) y la palabra para "rey" (melek) y se traduce adecuadamente en versiones más recientes como "el rey".

HAMMAT **(1)** Una ciudad fortificada en Neftalí (Js. 19:35), ubicada tres kilómetros al sur de Teberíades en la costa oeste del Mar de Galilea (moderna Hamman Tabariyeh). Su nombre deriva de los manantiales termales que allí se encuentran. Desde la época de Josefo, los manantiales termales han tenido una reputación por sus poderes curativos. Hammat puede ser idéntica a Hamot Dor (Js. 21:32) y Hamón (1 Cr. 6:76), una ciudad levita en Neftalí. **(2)** Un pueblo catorce kilómetros al sur de Bethshan (moderno Tel el-Hammeh). La estela del faraón Seti I (1303-1290 a.C.) en Bethshan relata cómo su ejército derrotó al rey de Hammat que invadió Bethshan. Si Hammat en 1 Cr. 2:55 se toma como un nombre de lugar denotando el hogar de los quenitas, puede referirse a este pueblo o a uno más al sur. **(3)** "El padre de los recabitas" y el antepasado de los quenitas (1 Cr. 2:55).

HAMOLEQUET La hermana de Galaad. Ella dio a luz a tres hijos Isod, Abiezer y Mahala que fueron líderes de clanes en Manasés (1 Cr. 7:18).

HAMÓN (1) Un pueblo que era parte del límite de la asignación territorial tradicional de Aser (Js. 19:28). **(2)** Un pueblo dado a los levitas gersonitas en la tribu de Neftalí (1 Cr. 6:76).

HAMON GOG Un valle donde la batalla entre Israel y Gog y Magog tiene lugar, descrito en el enigmático texto de Ez. 39:11, 15. Este valle es donde los muertos de esta batalla cataclísmica son enterrados.

HAMONA Un pueblo que, según Ezequiel, se ubica en el Valle de Hamon Gog, donde la batalla de Israel con Gog y Magog ocurrirá y donde los muertos de esta batalla cataclísmica serán enterrados (Ez. 39:15-16). Debido a la naturaleza enigmática de este pasaje, se debate si este pueblo es una ubicación geográfica real o un lugar simbólico. El nombre "Hamona" significa "multitud" y podría simplemente referirse a los números que murieron en batalla.

HAMOR Las tradiciones bíblicas de Siquem se refieren a un individuo llamado "Hamor" que es un heveo (Gn. 34:2; cf. "Emmor" en Hec. 7:16 KJV). También es llamado el "padre de Siquem" (Gn. 33:19; Js. 24:32; Jue. 9:28), que puede referirse tanto al nombre geográfico como al nombre personal de su hijo más prominente. Al igual que "Siquem" puede ser un doble sentido, por lo que "Hamor" puede tener múltiples matices. Por ejemplo, "Hamor" puede actuar simultáneamente como nombre personal y como alusión a actividad de tratado. La última teoría se relaciona al hecho de que el término hebreo khamor en realidad significa "burro", y que los amorreos (en los textos Mari) ratificaban tratados matando burros.

HAMOT DOR Un pueblo levita en Neftalí (Js. 21:32). Puede ser el mismo que Hamat (Js. 19:35) o Hamón (1 Cr. 6:76).

HAMUEL El hijo de Misma, padre de Zacur y descendiente de Simeón (1 Cr. 4:26).

HAMUL Hijo de Fares y nieto de Judá (Gn. 46:12; 1 Cr. 2:5). Era el líder del clan hamulita en la tribu de Judá (Nm. 26:21).

HAMULITAS Personas del clan de Hamul, nieto de Judá e hijo de Fares (Nm. 26:21).

HAMURABI

Rey de Babilonia

Hamurabi fue el sexto rey de la primera dinastía babilonia. Reinó durante cuarenta y tres años y fue altamente exitoso tanto como líder militar como administrador doméstico. Su ascensión por lo general se fecha entre mediados del siglo diecinueve y mediados del siglo dieciocho a.C.; una fecha más precisa no parece alcanzable por el momento. Como nombre personal, "Hamurabi" (a veces escrito "Hamurapi") probablemente es de origen babilonio. Parece incluir un elemento inicial, hammu ("tío paterno"), y un elemento secundario, rapi ("sanador" o "sano") y se sabe que era usado para personas pertenecientes o no pertenecientes a la realeza. El nombre es testimoniado tan tardíamente como el siglo trece a.C. y tan lejos de Babilonia como Ugarit en la moderna Siria (Ras Shamra). Se ha sugerido que Hamurabi de Babilonia puede haber sido la personalidad histórica tras Amraphel de Senaar, quien es mencionado en Gn 14. Esa sugerencia ahora parece improbable, sin embargo, ya que se ha demostrado que nombre hebreo "Amraphel" es con mayor probabilidad una apropiación hebrea de un nombre amorita.

Políticamente, Hamurabi fue responsable de la consolidación de Mesopotamia bajo el gobierno babilonio. Parece haberlo logrado formando una extensa coalición de reyes locales para ayudar en la defensa de sus propios límites y luego, tras volverse contra aliados anteriores, perseguir una exitosa campaña de ocho años contra los territorios hacia el norte de él. Adicionalmente a sus éxitos políticos y militares, Hamurabi parece haber sido altamente efectivo como administrador doméstico. Así, varios documentos oficiales e inscripciones reales testifican el respeto manifestado a Hamurabi por sus contemporáneos. Además, el florecimiento de los desarrollos lingüísticos y literarios durante su época, sugieren un alto grado de prosperidad material bajo su liderazgo.

El Código de Hamurabi

Cualquier descripción del significado de Hamurabi para el campo de estudios bíblicos debe incluir una discusión del código legal que lleva su nombre. El Código de Hamurabi (CH) fue descubierto en 1901. Estaba escrito en el viejo dialecto babilonio del acadio, en una estela de diorita de dos metros y medio de alto, y originalmente contenía un extenso prólogo y epólogo al igual que no menos de 280 leyes individuales. Desde entonces, numerosos fragmentos adicionales del mismo código han sido desenterrados en sitios a través de Mesopotamia, y existe evidencia que sugiere que la tradición literaria original aún estaba siendo copiada por escribas, al menos como herramienta para el entrenamiento escribal, hasta el primer milenio a.C.

Relieve mostrando a Hamurabi con su brazo levantado en adoración (1792-1750 a.C).

Estructura y contenido. El prólogo enfatiza la asignación de Hamurabi por los dioses como un sabio legislador, aunque es improbable que Hamurabi haya sido responsable por la composición y arreglo de CH como un trabajo independiente de creatividad legal. De hecho, la existencia de similares, pero fragmentarios, códigos legales de otras fuentes mesopotámicas dan cuenta que la composición de material legal estándar era práctica común en el antiguo Oriente Próximo mucho antes de la época de Hamurabi. Otros temas significativos en el prólogo incluyen su rol como guardián de los desvalidos y su rectitud en temas cúlticos correspondientes al patrón de deidades de las varias ciudades bajo su control.

El cuerpo legal que compone el CH está libremente organizado de acuerdo a categorías legales comunes y líneas sólidas a veces son inscritas en las tablillas en un aparente intento para indicar la transición lógica de un conjunto de leyes a otro. Entre los temas tratados en el CH están procedimiento judicial; robo y hurto; venta de esclavos y temas correspondientes a los mismo; trabajos agrícolas y de irrigación; compromisos, deudas, depósitos préstamos; venta y arriendo de bienes raíces; matrimonio, propiedad matrimonial y ofensas sexuales; herencia, adopción y cuidado tutelar; asalto y heridas corporales; tarifas de arriendo de equipos; trabajadores y artesanos; fracaso en completar tareas contratadas; obligaciones de arrendadores y pastores y cornadas de bueyes. Individualmente, las variadas provisiones del CH por lo general comienzan con una construcción introductoria "Si X (ocurre)..." y con frecuencia presenta una situación compleja o problemática a la luz de la cual podría, presumiblemente, adjudicarse casos más simples. Así, en la primera provisión del CH se lee: "Si un hombre acusa a otro lo culpa de homicidio, pero si no puede proporcionar prueba contra él, el acusador del hombre será matado". Este tipo de presentación ha sido comprendida como sugiriendo que la grave naturaleza del crimen de homicidio, al igual que el crimen adecuado para tal transgresión, hubiese sido ya obvio para la audiencia original. La preocupación del CH, entonces, era confirmar lo que intuitivamente era verdadero a través de la aplicación de los mismos principios a un conjunto más complejo de circunstancias.

El epílogo presenta a Hamurabi como un gran líder militar. También llama al despliegue público de las leyes de Hamurabi como testimonio de su rectitud, un consuelo para aquellos que buscan justicia y un ejemplo para futuros gobernantes. El CH cierra con bendiciones a la memoria de Hamurabi y requerimientos contra aquellos que destruyan sus monumentos.

Propósito. De manera interesante, sin embargo, existe muy poca evidencia documental que tales códigos fueran realmente usados como estándar para la adjudicación de casos indivi801duales. De hecho, algunos documentos sugieren que las prácticas legales y económicas de Mesopotamia pueden haber sido incompatibles con los preceptos establecidos en el CH en muchos casos. Las teorías varían de codificaciones de prácticas legales existentes, con la intención de proporcionar precedentes legales para casos reales; al producto de escuelas de escribas, reflejando los procesos intelectuales de ese grupo social; a propaganda real, estableciendo un reclamo sobre la legitimidad moral y legal de un gobernante.

Similitudes a las leyes bíblicas. Algunas similitudes entre el CH y las leyes bíblicas son aparentes incluso en una lectura superficial de los textos mismos, y observaciones más detalladas acerca de los varios paralelos han sido bien documentadas desde el descubrimiento del CH. Algunas de estas similitudes incluyen preocupaciones y requerimientos legales comunes, al igual que cierta uniformidad de expresión y un grado de similitud organizacional, aunque puede ser posible generar muchos paralelos adicionales también. Por tanto, se ha sugerido a veces que el material bíblico puede haber sido tomado prestado del CH antes de su incorporación en el Pentateuco.

A pesar de estos reclamos, estas similitudes entre el CH y el material legal bíblico son relativamente superficiales y dependencia literaria entre ellos es muy difícil de establecer. Aparte del hecho de que el CH es en sí mismo parte de una tradición legal que parece ya haber sido bien establecida a través del antiguo Oriente Próximo para la época de Hamurabi, también deberían mencionarse distinciones entre el CH y el material legal bíblico. Por una parte, el CH se presenta como el trabajo de un autor humano (Hamurabi) que fue comisionado por los dioses para actuar como legislador para sus propios súbditos. Las leyes bíblicas, en oposición, dicen ser el trabajo de un autor divino (Yahveh) y presentan a Moisés como un altamente significativo intermediario humano, pero no realmente como un legislador en derecho propio. Adicionalmente, existen muy pocas correspondencias directas entre los dos. En cambio, ambos cuerpos legislativos exhiben unas pocas áreas de preocupación comunes y una mucho más amplia colección de contenido divergente, parte del cual puede ser altamente significativo en una tradición y completamente inexistente en la otra.

Por lo tanto, en un intento por discernir la relación entre ambas tradiciones, las similitudes entre el CH y el material legal bíblico debe ser medida contra las incongruencias. La conclusión más razonable que puede extraerse de tal análisis parece ser que, aunque Hamurabi es anterior a las leyes bíblicas por varios cientos de años por lo menos, ambos cuerpos legales son parte de la misma matriz del antiguo Oriente Próximo y, por lo tanto, reflejan muchas de las mismas preocupaciones y modos de expresión. Aunque probablemente no dependiente en el CH, la ley bíblica puede ser una manifestación posterior de una tradición legal más amplia del antiguo Oriente Próximo.

HAMUTAL La madre del rey Joacaz de Judá, hijo del rey Josías (2 Re. 23:31). También fue la madre del rey Sedequías (2 Re. 24:18; Jr. 52:1), quien fue rey después de que tanto Joiacim (medio hermano de Joacaz) y Joacim (sobrino de Joacaz) fueron depuestos.

HANAMEL Hijo de Salum, tío de Jeremías. Jeremías compró un campo en Anatot de su primo Hanamel para redimirlo durante la invasión babilonia de Jerusalén (Jr. 32:7-9, 12). Esta acción expresó fe en la promesa de Dios de restaurar el pueblo a la tierra.

HANÁN **(1)** Un benjamita, uno de los once hijos de Sasac (1 Cr. 8:23). **(2)** Un benjamita, uno de los seis hijos de Azel y descendiente de Saúl (1 Cr. 8:38; 9:44). **(3)** El hijo de Maaca era uno de los poderosos hombres de David (1 Cr. 11:43). **(4)** El líder de una familia de sirvientes del templo que regresaron a Jerusalén tras el exilio (Esd. 2:46; Neh. 7:49). **(5)** Un levita que interpretó la ley durante las reformas de Esdras (Neh. 8:7) y que selló la alianza de Nehemías (Neh. 10:10). **(6, 7)** Dos firmantes en la alianza de Nehemías (10:22, 26). **(8)** El hijo de Zacur, era confiable y por eso fue asignado como asistente de Pedaya, a quien Nehemías puso a cargo de las bodegas (Neh. 13:13). **(9)** Jeremías 35:4 incluye la frase "la habitación de los hijos de Hanán, hijo de Igdalías". Este Hanán puede haber sido el líder de un gremio de profetas o sacerdotes que vivían en el templo.

HANANEL Una torre a lo largo del muro norte de Jerusalén. Al parecer la torre estaba entre el Puerta de las Ovejas y la Puerta del Pescado (Neh. 3:1). La ubicación exacta es incierta. Algunos han planteado que esta torre y la Torre de los Cien vigilaban el lado noroeste del Monte del Templo. Jeremías predijo que la torre sería reconstruida (Jr. 31:38) y Nehemías registra que de hecho así fue y consagrada con el recientemente reconstruido muro de Jerusalén (Neh. 3:1; 12:39). El pasaje de Nehemías puede tener la intención de demostrar el cumplimiento de esta promesa; sin embargo, la promesa de Jeremías dice que la ciudad nunca más será destruida (Jr. 31:40). Tras la destrucción de Jerusalén en el año 70 AD, la reconstrucción liderada por Nehemías no puede verse como el cumplimiento final de Jr. 31:38. Zacarías habla de la torre como parte de la Jerusalén elevada en el reino escatológico de Dios (Zac. 14:10). Esta torre puede tener significancia literaria, aludiendo a la certeza de las promesas escatológicas de Dios.

HANANI **(1)** Un profeta que profetizó con el rey Asa de Judá porque Asa confió en el poderío militar de los arameos en vez de confiar en Dios. Debido a esta profecía, Asa puso a Hanani en prisión (2 Cr. 16:7-10). **(2)** Padre (tal vez la misma persona que en 2 Cr. 16:7-10) de Jehú, un profeta durante los reinados de Baasa de Israel y Josafar de Judá (1 Re. 16:1; 2 Cr. 19:1). Jehú, quien no debería confundirse con el rey del mismo nombre, también fue un registrador de la historia de Israel (2 Cr. 20:34). **(3)** Un levita hijo de Hemán. Era parte de los trabajadores del templo confiados con la labor de ejercer el ministerio a través de profetizar con música (1 Cr. 25:4, 25). **(4)** Un sacerdote listado entre los culpables de casarse con mujeres extranjeras (Esd. 10:20). **(5)** El hermano de Nehemías quien le informó el triste estado del muro de Jerusalén (Neh. 1:2). Posteriormente, Nehemías lo puso a cargo de la puerta de Jerusalén (Neh. 7:2). **(6)** Un músico que participó en la celebración, organizada por Nehemías, del completamiento del muro (Neh. 12:36). Puede ser la misma persona que en Neh. 1:2; 7:2.

HANANÍAS **(1)** Hijo de Azur de Gabaón, fue un falso profeta en la época de profeta Jeremías. Tomó el yugo del cuello de Jeremías y lo rompió, diciendo que el "yugo de Babilonia" sería roto, lo que es contrario a la profecía de Jeremías. Debido a que Hananías llevó a las personas a creer mentiras, murió en el séptimo mes de ese año de acuerdo a la predicción de Jeremías (Jr. 28). **(2)** Uno de los piadosos compañeros de Daniel. Su nombre fue cambiado por "Sadrac" por los babilonios (Dn. 1:6-7, 11, 19; 2:17). **(3)** Padre de Sedequías, fue uno de los oficiales durante el reinado de Joacim (Jr. 36:12). **(4)** Un abuelo de Irías, que era el capitán de la guardia que arrestó a Jeremías (Jr. 37:13-15). **(5)** Un hijo de Zorobabel, nieto del rey Joacim, que era descendiente de David (1 Cr. 3:19, 21). **(6)** Un benjamita postexílico, hijo de Sasac (1 Cr. 8:24). **(7)** Uno de los catorce hijos de Hemán, fue un músico postexílico y jefe del grupo dieciséis de veinticuatro grupos de músicos entrenados y hábiles en música para el Señor (1 Cr. 25:4, 23). **(8)** Uno de los oficiales reales bajo el rey Uzías de Judá (2 Cr. 26:11). **(9)** Un hijo de Bebai, dejó a su esposa extranjera bajo el liderazgo de Esdras (Esd. 10:28). **(10)** Un perfumista que ayudó a reconstruir el muro de Jerusalén bajo el liderazgo de Nehemías (Neh. 3:8). **(11)** Un hijo de Selemías, ayudó a reparar el muro de Jerusalén bajo el liderazgo de Nehemías (Neh. 3:30). **(12)** El comandante de la ciudadela a cargo de toda la ciudad de Jerusalén junto con Hanani, el hermano de Nehemías porque "era un hombre íntegro y temeroso de Dios, más que la mayoría" (Neh. 7:2). **(13)** Uno de los líderes de la gente que selló la alianza con Nehemías (Neh. 10:23). **(14)** El jefe de la familia sacerdotal de Jeremías en la época de Joiacim, el sumo sacerdote, estuvo presente en la dedicación del muro de Jerusalén en la época de Nehemías (Neh. 12:12, 41).

HANATÓN Un pueblo que era parte del límite norte de la asignación tradicional de la tribu de Zebulón (Js. 19:14). Estaba ubicado en una de las principales rutas comerciales en Palestina. Aunque se menciona sólo una vez en la Biblia, es mencionado dos veces en las cartas de Amarna y una vez en los anales de Tiglat-piléser III.

H

HANES Una ciudad egipcia a la cual Israel envió emisario a solicitar la ayuda de Egipto contra la invasión asiria (Is. 30:4). Isaías repetidamente reprende a Israel por buscar ayuda de los egipcios en vez de confiar y depender de Dios. La ubicación de Hanes se debate. Algunos la identifican con la moderna Ahnas el-Medina en el sur de Egipto, ciento doce kilómetros al sur de El Cairo. Otro la identifican con la moderna Hanes en el norte, al este de Tanis.

HANIEL **(1)** El hijo de Efod, fue nombrado representante de Manasés cuando la tierra de Canaán fue asignada a cada tribu (Nm. 34:23). **(2)** Uno de los tres hijos de Ula de la tribu de Aser (1 Cr. 7:39).

HANOK **(1)** Uno de los hijos de Madián y nieto de Abraham y Queturá (Gn. 25:4; 1 Cr. 1:33). **(2)** Uno de los hijos de Rubén que fue a Egipto con él y es el padre del clan de los hanokitas (Gn. 46:9; Éx. 6:14; Nm. 26:5; 1 Cr. 5:3).

HANOKITAS *Véase* Hanok.

HANUKKÁ El Festival de las Luces o Hanukká, que significa "dedicación", conmemora la victoria de Judas Macabeo sobre Antíoco IV (Epífanes) en el año 164 a.C. y, específicamente, la resultante rededicación a Dios del templo en Jerusalén. Antíoco fue un despiadado rey seléucida de Siria quien, tras su expulsión de Egipto, invadió Jerusalén para extender su poder a través de forzar la helenización de los judíos. Él profanó el templo haciendo un sacrificio a Zeus y dirigió un reinado de terror durante tres años hasta su derrota por los macabeos.

Basados en el relato de la purificación del templo en 1-2 Macabeos (esp. 1 Mac. 4:36-61), Hanukká se celebra durante ocho días comenzando en el atardecer del 25 de Kislev, que por lo general cae en diciembre. La razón tradicional para los ocho días se da en el Talmud babilonio, donde los rabís explican que los macabeos encontraron aceite sin profanar para iluminar la menorah del templo durante un día y milagrosamente duró ocho días.

Para marcar la festividad, las familias judías progresivamente encienden cada noche una menorah especial de hanukká además de una novena vela, shamash, a partir de la cual se encienden las otras velas. Otras tradiciones se han desarrollado alrededor de hanukká que incluyen la entrega de regalos, comer latkes (panqueques de papa fritos) y jugar con un dreidel (un trompo de cuatro lados). Cada cara del driedel está marcada con una de cuatro letras hebreas: nun, gimel, he y shin. Estas letras son un acrónimo para las palabras hebreas "Un gran milagro ocurrió allí". En Israel, shin es reemplazada con pe por la palabra hebrea "aquí".

HANÚN **(1)** Rey de los amonitas. Después la muerte del padre de Hanún, Nahas, David envió mensajero para consolarlo debido a la relación de Nahas con David (2 Sm. 10:1-2; 1 Cr. 19:1-2), pero Hanún no confió en las intenciones de David, humilló a los mensajeros e incitó una guerra contra Israel. Israel ganó y conquistó a los amonitas (2 Sm. 12:30-31; 1 Cr. 20:1-3). **(2)** Un hombre que ayudó a reconstruir el muro de Jerusalén en la época de Nehemías con la ayuda de los habitantes de Zanoa (Neh. 3:13). **(3)** Sexto hijo de Salaf, ayudó a reconstruir el muro de Jerusalén (Neh. 3:30). Posiblemente es la misma persona que en Neh. 3:13.

HAPIRU *Véase* Habiru.

HAPIZEZ Un sacerdote cuya familia recibió la suerte dieciocho de veinticuatro veces cuando se sortearon lotes en la época de David para determinar el orden en que los sacerdotes ejercerían el ministerio en el templo (1 Cr. 24:15).

HAQUILA Una transliteración del término hebreo khoreshah, que ocurre en 1 Sm. 23:15-16, 18-19. Mientras que la KJV y la NKJV la presentan como sustantivo común "bosque", la mayoría de las versiones modernas lo tratan como un nombre de lugar "Haquila". Se ubicaba en el desierto de Zif, al sureste de Hebrón. David se escondió de Saúl en Haquila (1 Sm. 23:15), y el hijo de Saúl, Jonatán fue hasta allí a hacer una alianza con David (23:16, 18). Las personas de Zif informaron a Saúl que David se escondía en Haquila (23:19) y Saúl lo persiguió, configurando la historia de David perdonando la vida de Saúl para probar su lealtad al rey ungido por Dios (1 Sm. 24).

HARA Uno de los lugares a los cuales Tiglat-piléser, rey de Asiria (744-727 a.C.), deportó a las tribus de Israel que vivían al este del río Jordán (1 Cr. 5:26). Identificar su ubicación es problemático. Hara no es mencionado en ninguna otra parte de la Biblia, incluyendo los pasajes similares de 2 Re. 17:6; 18:11. Adicionalmente, un análisis de los textos hebreos y de la LXX de estos tres versículos sugiere que "Hara" puede haber aparecido en 1 Cr. 5:26 debido a un problema de transmisión textual. Si "Hara" era la intención, probablemente estaba en la región cercana a Halah, Habor y el "río de Gozán" en el norte de Mesopotamia.

HARADA Un campamento durante la travesía de Israel en el desierto (Nm. 33:24-25).

HARÁN **(1)** Hijo de Taré y hermano de Abraham. Era también el padre de Lot además de Milca e Isca. Harán falleció en Ur de los caldeos, donde nació, antes de que Taré se llevase a su familia y emprendiese camino a Canaán (Gn. 11:26-32). **(2)** Hijo de Efa, la concubina de Caleb y padre de Gazez (1 Cr. 2:46). **(3)** Un hijo de Simei (1 Cr. 23:9). *Véase también* Harrán.

HARAR *Véase* Hararita.

HARARITA Cinco veces aparece dentro de la lista de los poderosos hombres de David la designación "hararita" (2 Sm. 23:11, 33 [2x]; 1 Cr. 11:34-35). Aquellos llamados "hararitas" presumiblemente provienen de un lugar llamado "Harar" (nota, e.g., la versión de NLT de 2 Sm. 23:11: "Samma, hijo de Age de Harar"); sin embargo, Harar no se menciona directamente en la Biblia, y su ubicación permanece desconocida. "Ararita" aparentemente era una alternativa hebrea para la escritura de "hararita" (2 Sm. 23:33; *véase* la NASB).

HARBEL La versión de TEV de la ciudad de Ribla (hebreo hariblah) en Nm. 34:11. *Véase también* Ribla.

HARBONA Uno de los siete asistentes personales del rey Jerjes (Asuero) de Persia, a quien se le mandó llevar a la reina Vasti a su banquete (Est. 1:10). Debido a que trabajaba con el harem, era un eunuco. También estaba presente cuando se descubrió el plan de Hamán contra el pueblo judío (7:9).

HAREF El hijo de Hur, nieto de Caleb y padre (o fundador) de Bet Gader (1 Cr. 2:51). Era parte de la tribu de Judá.

HAREM Un harem era un gran grupo de mujeres (esposas, concubinas, vírgenes además de niños pequeños) asociado a un rey; vivían juntas en un área apartada y restringida de su palacio y con frecuencia eran atendidas por eunucos. Los harenes era comunes en las cortes reales del antiguo Oriente Próximo, incluyendo en la realeza israelita (2 Sm. 3:7; 5:13; 12:11; 19:5;

Harbona era un eunuco al servicio del rey, como los eunucos que se muestran en este relieve de Khorsabad.

21:11; 1 Re. 11:3-4; 1 Cr. 3:9; 2 Cr. 11:21; Sal. 45:14; Ecl. 2:8).

El libro de Ester describe un largo proceso donde las mujeres de la corte de Jerjes eran reunidas (2:3) en competencia (2:4, 9), separadas de la familia (2:11) y acicaladas (2:12) y, a menos que fuesen especialmente afortunadas, tenían una noche con el rey antes de ser relegadas al segundo harem (2:13-14).

H

HARHAÍA El padre de Uziel. Uziel era un orfebre que trabajó en la reparación del muro de Jerusalén bajo la dirección de Nehemías (Neh. 3:8).

HARHAS Padre de Ticva y abuelo de Salum (2 Re. 22:14). Salum fue el esposo de la profetiza Hulda. Ella advirtió a Josías que el pueblo no había seguido la ley de Dios, pero debido a la capacidad de reacción de Josías y su humildad, Dios pospondría el juicio hasta su muerte (22:15-20).

HARHUR Uno de los ancestros de los sirvientes del templo (netineos) que regresaron a Jerusalén tras el cautiverio babilonio bajo el liderazgo de Zorobabel en el año 539 a.C., o alrededor de esa fecha (Esd. 2:51; Neh. 7:53). El hecho de que muchos de los nombres en la lista de los ancestros sean extranjeros ha llevado a la creencia de que originalmente eran prisioneros de guerra presionados al servicio para realizar tareas domésticas mientras asistían a los levitas.

HARIF Uno de los "líderes del pueblo" que sellaron la alianza con Dios tras la lectura pública de la ley por Esdras (Neh. 10:19). Harif también es nombrado en un registro de los regresados bajo Zorobabel (Neh. 7:24). El texto paralelo en Esd. 2:18 da el nombre "Jorá".

HARIM (1) Un descendiente de Aarón que fue hecho sacerdote bajo el reinado del rey Davis (1 Cr. 24:8). Probablemente fue el antecesor de una de las familias remanentes que regresó del exilio con Zorobabel (Esd. 2:32; Neh. 7:35, 42). Sus descendientes continuaron en la línea del sacerdocio (Esd. 2:39). Algunos de ellos fueron encontrados culpables de casarse con mujeres extranjeras, por lo que se divorciaron de ellas y ofrecieron una ofrenda de culpa por ese mal (Esd. 10:18-21). (2) Un ancestro de Malaquías, que fue una de las personas que repararon el muro de Jerusalén (Neh. 3:11). (3) Un sacerdote que firmó la alianza de Nehemías para obedecer la ley de Dios (Neh. 10:27).

HARINA Trigo u otro grano finamente molido, hecho de los granos centrales del cereal y colado para eliminar los trozos más grandes. La harina fina a veces se usaba para hacer pan (Gn. 18:6), pero los "granos más finos de trigo" eran considerados como un producto de lujo (Dt. 32:14; Sal. 81:16). Esta harina fina se usaba para hacer ofrendas (Éx. 29:2; Lv. 2:1-7). Harina más gruesa se hacía de los granos enteros y era uno de los alimentos básicos en el antiguo Israel (1 Re. 4:22). La milagrosa provisión de Dios de aceite y harina era suficiente para permitirle a la viuda de Sarepta para proveer para su hogar en tiempos de hambruna (1 Re. 17:8-16).

HARMAGEDON Una transliteración alternativa de una palabra en el texto griego de Ap. 16:16 (NIV: "Armagedón"). Literalmente, significa "montaña de Megido". Es incierto si el término se está usando literalmente en este versículo o simbólicamente para un campo de batalla. *Véase también* Armagedón; Megido.

HARMÓN Hablando a las mujeres de clase alta de Samaria, Dios declara a través de Amós: "Serán echadas fuera hacia Harmón" (Am. 4:3). La identificación de este lugar ha sido oscura desde la antigüedad. Antiguas versiones sugieren "Monte Reman" (LXX), "Armenia" (Símaco) y "Hermón" (Vulgata). Debido a que har es hebreo para "montaña", "Harmón" puede indicar la montaña cerca de la nación de Mini (mencionada en Jr. 51:27), Amana (mencionada en Cant. 4:8), Mannai (en Asiria) o Hermal (en Siria). La otra opción es identificar "Harmón" con uno de los varios sustantivos comunes que suenan similar en hebreo, incluyendo "palacio" (KJV), "fortaleza" (NLT) o "pila de excremento" (NEB). Si la amenaza de Amos es una de las deportaciones de cautivos al extranjero, entonces es tentador identificar "Harmón" con un nombre de lugar. Por otra parte, si el texto se refiere la remoción de cuerpos de una ciudad tras un asedio, la traducción "pila de excremento" es preferible.

HARNEFER Uno de los hijos de Zofah de la tribu de Aser (1 Cr. 7:36).

HAROD Un valle y manantial en el norte de Israel donde Gedeón reunió sus tropas antes de la batalla registrada en Jue. 7. El angosto Valle de Harod conecta el Valle de Jezreel y el Valle del Jordán entre las ciudades de Jezreel y Bethshan. Este valle fértil presume varios arroyos, incluyendo el arroyo de Harod (7:1). Aquí, antes de que el ejército de Gedeón fuese a la batalla y derrotase a los madianitas, Dios reduce sus números basándose en cómo los soldados bebían del arroyo. Tras la batalla, los madianitas huyeron al sureste por el Valle de Harod de regreso al otro lado del río Jordán. Posteriormente, el rey Saúl reunió su ejército en la misma área antes de su última y mortal batalla con los filisteos (1 Sm. 28; 31).

HARODITA Dos de los poderosos hombres de David, Sama y Elica, eran de Harod. Las listas de los hombres poderosos de David mencionan a Sama el harodita (2 Sm. 23:25) y Samot el harodita (1 Cr. 11:27), este último es probablemente una corrupción textual.

HAROE Hijo de Sobal, progenitor de Quiriat Jearim. El nombre en hebreo significa "el vidente". La misma palabra hebrea, ro'eh, se usa por Hagar cuando ella nombra a Dios 'el ro'i, que significa "Dios que me ve" (Gn. 16:13). La lectura "Haroeh" (1 Cr. 2:52) puede ser corrupta, y muchos comentaristas eligen leerlo como "Reaía" basándose en una genealogía calebita similar en 1 Cr. 4:2.

HARORITA *Véase* Harodita.

HAROSET DE LOS GENTILES *Véase* Haroset Goim.

HAROSET GOIM Un lugar en el norte de Canaán que era el hogar de Sísara (Jue. 4:2), el general que lideró la coalición cananea contra las fuerzas israelitas bajo Débora y Brac. Sísara reunió a las carrozas cananeas de Haroset Goim en el río Kishón (4:13), que drena el Valle Jezreel. Se dirigen a cruzar hacia el Monte Tabor en el norte, donde se han reunido las tropas israelitas. Tras el fracaso del ataque cananeo, los israelitas los persiguieron de vuelta a Haroset Goim (4:16). Parecería ubicarse en el sur del Valle Jezreel, cruzando el Kishón desde el Monte Tabor. Sin embargo, el nombre (que significa "Haroset de los gentiles/naciones") no aparece en ninguna fuente antigua fuera de Jue. 4, y ningún sitio arqueológico apropiado se ha encontrado en el área. Algunos sugieren que se ubicaba en el angosto valle que va de Jezreel al Mediterráneo. Otros argumentan que no era un lugar, sino la región en el borde sur del Valle Jezreel controlada por no israelitas.

HAROSET *Véase* Haroset Goim.

HARRAN Una ciudad o región aproximadamente noventa y seis kilómetros al norte de la confluencia de los ríos Éufrates y Balikh. Abraham se trasladó de Ur a Harran en camino hacia Canaán (Gn. 11:26-12:5). Allí, Eliezer adquirió

Mirando hacia el este por el valle de Harod.

a Rebeca como esposa para Isaac (24:1-67) y Jacob posteriormente residió, casándose con Lea y Raquel (29:1-30).

HARSA (1) Uno de los ancestros de los sirvientes del templo (netineos) que regresaron a Jerusalén tras el cautiverio babilonio bajo el liderazgo de Zorobabel en el año 539 a.C. o alrededor de esa fecha (Esd. 2:52; Neh. 7:54). El hecho de que muchos de los nombres en la lista de los ancestros sean extranjeros ha llevado a la creencia de que originalmente eran prisioneros de guerra presionados al servicio para realizar tareas domésticas mientras asistían a los levitas. (2) Un lugar babilonio donde algunos exiliados vivieron (Esd. 2:59). El clan del nombre de Harsa puede asociarse con el nombre de este lugar.

HARUFITA Sefatías el harufita era un hombre ambidiestro que, aunque relacionado a Saúl, desertó de él para servir a David (1 Cr. 12:5). La designación "harufita" implica que era del clan de Harif (Neh. 7:24; 10:19) o de Haref (1 Cr. 2:51) o de un pueblo desconocido por uno de esos nombres.

HARUM Padre de Aharhel, un líder de clan judaita (1 Cr. 4:8).

HARUMAF Padre de Jedaías, que hizo reparaciones en el muro de Jerusalén opuesto a su casa bajo la dirección de Nehemías (Neh. 3:10).

HARUZ Padre de Mesulemet, quien se convirtió en la esposa de Manasés, rey de Judá, y la madre del sucesor real de Manasés, Amón. Haruz era de Jotba (2 Re. 21:19).

HASABÍAS (1) Un levita de la familia de Merari. Era el hijo de Amasías y el padre de Maluc, y sus descendientes Etán era un músico sacerdotal en la época del rey David (1 Cr. 6:45). (2) Un levita de la familia de Merari. Era el hijo de Buni y padre de Azricam, y su descendiente Semaías estaba entre los primeros en reasentarse en Jerusalén tras el exilio (1 Cr. 9:14; Neh. 11:15). (3) Un músico sacerdotal durante el reinado de David. Tocaba bajo la supervisión de su padre, Jedutún, uno de los tres músicos jefes bajo la supervisión directa del rey David (1 Cr. 25:3, 19). (4) El líder de la familia hebronita encargado de asuntos religiosos y gubernamentales al oeste del río Jordán durante el reinado de David (1 Cr. 26:30). (5) El hijo Kemuel, era un oficial sobre la tribu de Levi (1 Cr. 27:17). (6) Un jefe levita que participó en la gran Pascua del rey Josías (2 Cr. 35:9).

(7) Un levita de la familia de Merari, viajó con Esdras desde Babilonia a Jerusalén y asistió en el transporte de oro y plata para el templo (Esd. 8:19, 24). (8) El gobernante del medio distrito de Keila. Ayudó a Nehemías a reconstruir el muro de Jerusalén (Neh. 3:17). Puede ser la misma persona que en Esd. 8:19, 24-25. (9) Un líder levita listado entre aquellos que firmaron la renovación de la alianza nacional con Nehemías (Neh. 10:11; 12:24). Puede ser la misma persona que en Esd. 8:19, 24. (10) El hijo de Matanías y padre de Bani, su nieto Uzi fue oficial principal de los levitas en Jerusalén bajo el gobierno de Nehemías (Neh. 11:22). (11) La cabeza de una familia sacerdotal de Hilcías cuando Joacim era sumo sacerdote (Neh. 12:21).

HASABNA Uno de los "líderes del pueblo" que sellaron la alianza con Dios tras la lectura pública de la ley por parte de Nehemías (Neh. 10:25).

HASABNEYA (1) Padre de Hatús, que trabajo en la reparación del muro de Jerusalén bajo el liderazgo de Nehemías (Neh. 3:10). (2) Uno de los levitas que participaron en la ceremonia de confesión y arrepentimiento tras la lectura de la ley por Esdras (Neh. 9:5).

HASBADANA Un hombre que era parte del grupo que estuvo de pie sobre la plataforma con Esdras (a su izquierda) cuando leyó la Torá al pueblo tras volver del cautiverio babilonio. Es probable, aunque no seguro, que fuese un levita (Neh. 8:4).

HASEM Un guizonita cuyo hijo era parte de los treinta poderosos hombres de David (1 Cr. 11:34). En un pasaje paralelo, 2 Sm. 23:32, su nombre es registrado como "Jasén".

HASENAÁ Según Nehemías 3:3, los hombres que reconstruyeron la Puerta del Pescado durante el esfuerzo de Nehemías para reconstruir el muro de Jerusalén eran los "hijos de Hasenaá". El nombre probablemente se asocia con Senaá (Esd. 2:35; Neh. 7:38), uno del grupo de regresados del exilio; en hebreo, agregando el artículo definido a "Senaá" da como resultado "Hasenaá". "Hasenaá" puede haber sido el nombre de una persona, un lugar o ambos.

HASENÚA Dos individuos son identificados como hijos de padres llamados Hasenúa (1 Cr. 9:7; Neh. 11:9). "Hasenúa" (Neh. 3:3) parece ser una variante ortográfica y puede referirse a la misma familia.

HASIDEOS Los hasideos son "piadosos". No están mencionados en el material canónico, pero el autor de 1 Macabeos los describe como "guerreros poderosos" dispuestos a morir por la ley (1 Mac. 2:42). Al principio lucharon junto a Judas Macabeo, pero posteriormente de manera inocente buscaron hacer la paz con los helenizadores (1 Mac. 7:13; cf. 2 Mac. 14:6). Pueden haber sido antepasados de los fariseos y los esenios.

HASMONA Uno de los lugares donde los israelitas acamparon durante su travesía por el desierto (Nm. 33:29-30). La ubicación exacta es desconocida.

HASMONEOS Una familia sacerdotal que lideró la revuelta judía contra los seléucidas, comenzando alrededor del año 167 a.C. (la "revuelta macabea"). Eventualmente lograron variados grados de independencia para Judea y se establecieron como sumo sacerdotes y, unos pocos, como reyes. Continuaron gobernando, en diferentes capacidades, hasta que Roma nombró rey a Herodes en el año 37 a.C. *Véase también* Macabeos.

HASOFERET Un ancestro de una familia correspondiente a los "sirvientes de Salomón" (Esd. 2:55; Neh. 7:57 ["Soferet"]) y que regresó con Zorobabel en el año 539 a.C. o cerca de esa fecha. Poco se sabe acerca de este grupo excepto que es probable que realizara funciones domésticas en el templo, ya que está agrupado con los "sirvientes del templo" (*véase* netineos). El nombre del grupo sugiere que estaba formado durante el período de Salomón, aunque puede haber sido nombrado así porque Salomón construyó el primer templo.

HASRAH Un hombre descrito como el "cuidador del guardarropa", probablemente un oficial real. Su nieta política era Hulda la profeta (2 Cr. 34:22). En el texto paralelo, 2 Re. 22:14, la misma persona que "Harhas".

HASUB Varios contemporáneos de Esdras y Nehemías llevan ese nombre, que la KJV a veces escribe como "Hashub". Es difícil determinar cuántas personas distintas son. **(1)** El padre de Semaías, un levita que se asentó en Jerusalén tras regresar el exilio (Neh. 11:15; 1 Cr. 9:14). **(2)** Uno de los reconstructores de Jerusalén en días de Nehemías (Neh. 3:11, 23). **(3)** Uno de los "líderes del pueblo" que sellaron la alianza con Dios tras la lectura de la ley por parte de Esdras (Neh. 10:23).

HASUBA Un hijo de Zorobabel, un descendiente del rey Joacim (1 Cr. 3:20).

HASUFA Uno de los ancestros de los sirvientes del templo (netineos) que regresaron a Jerusalén tras el cautiverio babilonio bajo el liderazgo de Zorobabel en el año 539 a.C. o alrededor de esa fecha (Esd. 2:43; Neh. 7:46). El hecho de que muchos de los nombres en la lista de los ancestros sean extranjeros ha llevado a la creencia de que originalmente estos eran prisioneros de guerra presionados al servicio para realizar tareas domésticas mientras asistían a los levitas.

HASUM El líder de un clan que fue parte del regreso temprano a Judá del exilio babilonio en el año 539 a.C. o cerca de esa fecha (Esd. 2:19; Neh. 7:22). Siete miembros de este clan posteriormente fueron encontrados culpables de mestizaje (Esd. 10:33). Hasum también es listado como uno que estuvo de pie junto a Esdras durante la lectura de la ley (Neh. 8:4) y que selló la alianza (10:18).

HATAC Un eunuco que servía al rey persa Jerjes (Asuero) y fue asignado a la reina Ester. Ester usó a Hatac como mensajero e intermediario para comunicarse con su primo Mardoqueo cuando este estaba intentando informar a Ester sobre el decreto de Hamán para exterminar a los judíos y motivarla a actuar (Est. 4:5-10).

HATAT Uno de los hijos de Otoniel (1 Cr. 4:13).

H

HATIFA Uno de los ancestros de los sirvientes del templo (netineos) que regresaron a Jerusalén tras el cautiverio babilonio bajo el liderazgo de Zorobabel en el año 539 a.C. o alrededor de esa fecha (Esd. 2:54; Neh. 7:56). El hecho de que muchos de los nombres en la lista de los ancestros sean extranjeros ha llevado a la creencia de que originalmente eran prisioneros de guerra presionados al servicio para realizar tareas domésticas mientras asistían a los levitas.

HATIL Un ancestro de una familia correspondiente a los "sirvientes de Salomón" (Esd. 2:57; Neh. 7:59) y que regresó con Zorobabel en el año 539 a.C. o cerca de esa fecha. Poco se sabe acerca de este grupo excepto que es probable que realizara funciones domésticas en el templo, ya que está agrupado con los "sirvientes del templo" (véase netineos). El nombre del grupo sugiere que estaba formado durante el período de Salomón, aunque puede haber sido nombrado así porque Salomón construyó el primer templo.

HATITA Un portero sacerdotal en el período postexílico temprano (Esd. 2:42; Neh. 7:45).

HATÚS (1) Un descendiente de Zorobabel e hijo de Semaías o Secanías (1 Cr. 3:22). Irregularidades en el texto pueden indicar que Hatús era el hermano de Semaías e hijo de Secanías (cf. Esd. 8:2; 1 Esd. 8:29). Era el líder de los descendientes de David que acompañaron a Esdras desde Babilonia. (2) El hijo de Hasabneya que ayudó a reconstruir Jerusalén durante la época de Nehemías (Neh. 3:10). (3) Un líder que firmó la renovación de la alianza durante la época de Esdras (Neh. 10:4). (4) Un sacerdote que acompañó a Zorobabel y Salatiel en el regreso a Jerusalén (Neh. 12:2), probablemente la misma persona que en Neh. 10:4.

HAURÁN Un área de tierra ubicada al este del Jordán y norte del río Yarmuk, abarcando el territorio bíblico de Basan. Era uno de los marcadores del límite este para el territorio de Israel mencionado en Ez. 47:16, 18. Haurán fue mencionado como parte de una de las campañas de Salmanasar III y posteriormente fue conquistada por Tiglat-piléser III. También es mencionado como parte de una campaña de Asurbanipal. Tras el exilio, los judíos, los griegos y los nabateos compitieron por controlar este territorio. Fue subyugado por los macabeos en el siglo dos a.C, antes de caer bajo control romano. Hoy el área es conocida como Jebel ed-Druze.

HAVILA (1) Un hijo de Cus (Gn. 10:7; 1 Cr. 1:9). (2) Un hijo de Joctán, descendiente de Sem (Gn. 10:29; 1 Cr. 1:23). El nombre ha sido relacionado al nombre de ciertas tribus árabes. (3) Una tierra rodeada por el río Pisón y usada para describir la ubicación del jardín del Edén. Está caracterizada por su abundancia de oro fino, bedelio y piedras de ónix (Gn. 2:11-12). Aunque este pasaje es algo enigmático, parece que Havila está fuera del jardín. Havila se usa en otras partes en conexión con Shur para describir los límites de la tierra de los ismaelitas (Gn. 25:18) y la extensión geográfica de la victoria de Saúl sobre los amalecitas (1 Sm. 15:7). Havila está fuera de la tierra de Israel. Probablemente se refiere a parte de Arabia o a Arabia en general, ya que esta región está caracterizada por oro, bedelio y piedras de ónix y se asocia con los ismaelitas; su nombre puede asociarse con el nombre de una región en el suroeste de Arabia.

HAVOT JAÍR Un grupo de aldeas amorreas capturado por los Jaír manaseos (Nm. 32:41; Dt. 3:14) durante la conquista israelita de la tierra al este del río Jordán. El nombre significa "las aldeas de (la persona) Jaír". Estas aldeas estaban ubicadas en la región de Basán al este a Galilea. Moisés entregó estas aldeas a la media tribu de Manasés (Dt. 3:13). Curiosamente, los hijos de un posterior juez galaadita, también llamado "Jaír", se dice que controlaron treinta pueblos en Galaad, que también son llamados "Havot Jaír" (Jue. 10:4), aparentemente implicando una conexión entre el juez Jaír y el nombre de la región.

El número de aldeas que conformaban la región parecen fluctuar a través de la historia israelita. Algunos textos bíblicos (Dt. 3:13-14; Js. 13:30; 1 Re. 4:13) indican que Havot Jaír consistía en unas sesenta aldeas, mientras Jue 10:4 parece visualizar treinta aldeas conformando la región (asociada con los treinta hijos del juez galaadita). Alternativamente, 1 Cr. 2:22 indica que Jaír comprendía veintitrés aldeas, que junto con las aldeas circundantes de Kenat suman sesenta aldeas (1 Cr. 2:23). Esto puede deberse a diferentes tradiciones sobre que aldeas estaban incluidas en la región en sí o puede indicar fluctuaciones en la población y/o cambios reales en los límites territoriales a través de la historia israelita.

HAZAEL El rey de Damasco alrededor de los años 842-800 a.C., Hazael era un alto oficial de Ben Hadad antes de tomar el trono, asesinándolo (2 Re. 8:7-15). Aunque Hazael era un usurpador, a quienes los asirios llamaron "el hijo de un nadie", su reinado trajo al reino de Damasco al cenit de su poder. Los israelitas, sin embargo, lo recordaban como el perpetrador de horribles crueldades contra ellos (2 Re. 8:12). Por lo tanto, cuando Amós predijo venganza contra Damasco, él predijo que el fuego consumiría "la casa de Hazael" (Am. 1:4).

En 2 Re. 9:15-17, Hazael aparece como un aliado del yahvehísmo contra el baalaismo. Indirectamente ayudó el golpe de estado de Jehú contra Joram (9:14-15). Tras exitosamente soportar un ataque por parte de Salmanasar III (841 a.C.), se volvió para amenazar los reinos tanto de Israel como Judá a través de los reinados de Jehú y Joacaz. Tomó todo el sur de la Transjordania hasta la frontera moabita (10:32-33) y redujo al ejército israelita a un mínimo (13:7). Joás, rey de Judá, tuvo que sobornar a Hazael con los tesoros sacados del templo y el palacio para salvar a Jerusalén (12:17-18). Tras la muerte de Hazael, fue sucedido por su hijo Ben Hadad III, lo que impulsó a Joás, hijo de Joacaz, a recuperar la tierra que Hazael le había quitado a su padre (13:24-25). El imperio de Hazael finalizó cuando el rey asirio Adad-nirari III conquistó Damasco en el año 796 a.C.

Talla de marfil que representa al rey Hazael de Damasco (Arslan Tash, siglo VIII aC)

HAZAÍAS Un ancestro de Maasías y un residente de Jerusalén durante la época de Esdras y Nehemías (Neh. 11:5).

HAZAR ADDAR Una aldea listada en Nm. 34:4 como parte del límite sur de Canaán, sureste de Cades Barnea. Ahora se asocia con la ubicación moderna de 'Ain Qedeis en Egipto.

HAZAR El nombre "Hazar" proviene de una raíz hebrea que significa "recinto" y se refiere a una aldea o asentamiento permanente cerrado con un muro exterior. Siempre ocurre en plural excepto cuando es prefijo de un nombre de lugar (Hazar Addar, Hazar Enán, Hazar Gada, Hazar Haticón, Hazar Sual, Hazar Susa, Hazar Susim). El término puede referirse a asentamientos semi nómades; sin embargo, no debería confundirse con un campamento móvil. En hebreo la palabra también puede referirse a la corte de un palacio o el patio de una residencia privada. *Véase también* Hazerim.

HAZAR ENAN Parte de límite noreste ideal de Israel (Nm. 34:9-10), también en la visión de Ezequiel de un restaurado Israel (Ez. 47:17; 48:1). La ubicación es desconocida, pero muchos han sugerido Qaryatein, aproximadamente ciento doce kilómetros al noreste de Damasco.

HAZAR ENON *Véase* Hazar Enan.

HAZAR GADA Uno de los pueblos junto a la frontera sur del territorio de Judá (Js. 15:27). La ubicación exacta es desconocida, pero puede haber estado cerca de Beerseba.

HAZAR HATICÓN Parte del límite noreste ideal de Israel, en el límite de Haurán en Siria (Ez. 47:16). La ubicación es desconocida, pero en base al contexto se ha sugerido que el texto debiese leer "Hazar Enan" (Ez. 47:17).

HAZAR HATTICON *Véase* Hazar Haticón.

HAZAR SUAL Listada en el límite sur del territorio de Judá (Js. 15:28), también se lista en la herencia tribal de Simeón (Js. 19:3; 1 Cr. 4:28). Algunas de las personas de Judá vivieron allí tras el regreso del exilio (Neh. 11:27).

HAZAR SUSA, HAZAR SUSIM Listado en la herencia de Simeón (Js. 19:5 en fem. sing., susah; 1 Cr. 4:31 en masc. pl., susim). La mayoría de la asignación de Simeón también se lista dentro del territorio de Judá, así en Js. 15:31 "Sansana" puede ser un nombre más antiguo asociado con el pueblo que cambió en tiempos de Salomón. Su ubicación moderna no es conocida con certeza, pero puede ser en Khirbet esh-Shamsaniyat o Sbalat Abu Susein, treinta y dos kilómetros al oeste de Beerseba.

HAZARMÁVET Un hijo de Joctán en la Tabla de las Naciones (Gn. 10:26; 1 Cr. 1:20). Encontrada en la línea de Sem, Joctán era hijo de Eber y un ancestro de tribus sur arábicas.

HAZELELPONÍ La hija de Etam, y hermana de Jezreel, Ismá e Idbás, listado en la genealogía de Judá (1 Cr. 4:3). La relación exacta de Etam a Judá no es clara debido a ambigüedad textual. El hebreo lee "estos el padre de Etam". Se ha sugerido que algo fue omitido por un copista entre "estos" y "padre". Si es así, entonces es posible que Etam no haya sido su padre, sino su hermano. Ya que muchos de los otros nombres corresponden a lugares, también se ha sugerido que "Hazelelponí" es el nombre de una ubicación desconocida.

HAZERIM En Dt. 2:23 la KJV traduce la palabra hebrea khatserim como un nombre de lugar, "Hazerim", mientras que traducciones más modernas lo interpretan como un sustantivo común, "asentamiento" (NRSV) o "aldeas" (NIV). *Véase también* Hazar.

HAZEROT Tercera parada para los israelitas en la travesía por el desierto tras dejar el Monte Sinaí (Nm. 11:35; 12:16; 33:17-18). Aquí, Miriam y Aarón enfrentan a Moisés respecto a su esposa cusita (12:1). Su ataque parece ser más amplio que la etnicidad de la esposa de Moisés, derivando de los celos de que Dios hablase sólo con Moisés (12:2). Dios escuchó su queja y los llamó a la tienda de reunión, donde apareció en la entrada en un pilar de nube y vindicó a su sirviente Moisés, recordándoles que él hablaba con Moisés "cara a cara". Subsecuentemente, en juicio, la presencia de Dios dejó la tienda de reunión y Miriam se volvió leprosa. Tras la intercesión de Moisés, Dios le devolvió su salud una semana más tarde.

HAZEZON TAMAR Una aldea amorrea derrotada por Quedorlaomer y sus aliados (Gn. 14:7). En la narrativa parece estar entre "En Mispat (esto es, Cades)" y "el Valle de Sidim". Si es así, este lugar puede identificarse con el Tamar en Ez. 47:19; 48:28 y sería la ubicación moderna de Ain Husb (treinta y dos kilómetros al sur del Mar Muerto). Según 2 Cr. 20:2, un ejército de moabitas y amonitas pasó a través de ella en camino a atacar a Josafat. Aquí, Hazezon Tamar se identifica como En Guedí (en el lado oeste del Mar Muerto). Si ambas designaciones son correctas, es poco probable que ambos textos se refieran a la misma ubicación. *Véase también* En Guedí; Tamar.

HAZIEL Un levita del grupo gersonita durante la época de David y/o Salomón, era uno de los tres hijos de Simei (1 Cr. 23:9).

HAZO El quinto hijo de Milca y Nacor (Gn. 22:22).

HAZOR (1) Desde un punto de vista bíblico y arqueológico, el lugar más importante llamado "Hazor" era en el moderno Tell el-Qedah, una ubicación en el Valle de Jule, unos doce kilómetros al norte del Mar de Galilea. El sitio fue ocupado comenzando en el tercer milenio a.C. (temprana Edad de Bronce). La ciudad de la mediana Edad de Bronce fue destruida por fuego, pero el lugar fue reconstruido en la tardía Edad de Bronce (siglos dieciséis a trece a.C.) y floreció como ciudad-estado cananeo. Esta ciudad fue destruida en el siglo trece a.C. en un evento que algunos han correlacionado con la conquista de la tierra bajo Josué (Js. 11:13 [*véase* a continuación]). La ciudad fue levantada y vuelta a fortificar durante el período de la monarquía israelita, bajo Salomón (1 Re. 9:15) y nuevamente bajo la dinastía de Omri del norte. Tras la destrucción por el rey asirio Tiglat-piléser III (2 Re. 15:29) el lugar sirvió como guarnición asiria antes de ser finalmente abandonada en el siglo cuatro a.C.

Hazor figura prominentemente en varios relatos bíblicos y, consecuentemente, en varios debates importantes concernientes a la Biblia y la historia. Como se señala anteriormente, Hazor está entre varias ciudades que se supone fueron conquistadas por Josué (Js. 11:13). En el caso de Hazor, la destrucción de la ciudad por fuego se señala como una circunstancia excepcional. El rey de Hazor se llamaba "Jabín" (Js. 11:1), un nombre que aparece posteriormente en la época de Débora y Barac, cuando Hazor era nuevamente un centro de poder cananeo (Jue. 4:2, 17) y hostil hacia los israelitas. Aunque descubrimientos arqueológicos no corroboran uniformemente las descripciones bíblicas del programa general de conquista de Josué (Hai y Jericó son problemas destacados), la evidencia en Hazor de una destrucción masiva por fuego a finales del siglo trece a.C. sugiere un apuntalamiento histórico para Js. 11:13. En términos de cronología bíblica más amplia, esta correlación presupone una fecha tardía para el éxodo.

Hazor una vez más asciende a prominencia en la historia bíblica en la guerra librada por Débora y Barac, cuando nuevamente es gobernada por poderoso rey cananeo llamado "Jabín" (Jue. 4:2 [ostensiblemente en la Edad de Hierro I período, 1200-1000 a.C.]). La Biblia no entrega un relato del resurgimiento de Hazor tras su destrucción por Josué, aunque el nombre de su gobernante y su identidad cananea sugiere un cierto grado de continuidad entre la ciudad que Josué destruyó totalmente y el enemigo de Débora. En cuanto a la evidencia arqueológica, no existe alguna para una ciudad real cananea fortificada del tipo que se implica en Jueces. Tras la destrucción la ciudad de la Edad de Bronce tardía había poca actividad hasta el siglo diez a.C.

El siglo diez a.C. vio la construcción de masivas fortificaciones en Hazor, incluyendo una

Excavaciones en Hazor.

H

gran puerta. Siguiendo el relato bíblico, esta evidencia corresponde al programa de construcción de Salomón a través del país y corresponde a la identificación de Hazor como una de las varias capitales administrativas regionales (1 Re. 9:15). Esta declaración ha sido disputada por aquellos que datarían el surgimiento del estado israelita a la época de la dinastía Omri (y así relegar la monarquía unida de David y Salomón al reino de las leyendas); Hazor (junto con Megido y Gezer) está entre los sitios cuya su interpretación es central al debate sobre las "cronologías alta" y "baja" de la historia israelita. En todo caso, la ciudad "salomónica" fue destruida a finales del siglo nueve, posiblemente como parte de la invasión del rey arameo Ben Hadad (1 Re. 15:20 [Hazor no se menciona, aunque está dentro de la región más ampliamente descrita; *véase también* Js. 19:36-37]).

La Biblia no describe una subsecuente reconstrucción de la ciudad, pero fue nuevamente destruida por el rey asirio Tiglat-piléser III en el año 732 a.C. (2 Re. 15:29), un evento evidenciado en la arqueología del sitio. Las repetidas destrucciones de Hazor testimonian la importancia de este sitio junto al "Camino al Mar" desde Egipto al Levante del norte.

(2) Jeremías 49:28-33 describe la campaña de Nabucodonosor contra "Cedar y los reinos de Hazor". Basados en la asociación con Cedar y las descripciones de Hazor como "una nación que no tiene ni puertas ni barras" (49:31) y un pueblo con camellos y rebaños (49:32), el Hazor de este pasaje parece ser una entidad tribal nómade más que la altamente fortificada ciudad de tiempos salomónicos.

(3) En su descripción del territorio judaíta, Js. 15:23-25 se refiere a Hazor (15:23), Hazor Hadata y "Queriyot Hezrón (esto es, Hazor)" (15:25). Basados en la ocurrencia de estos nombres de lugar en una lista de sitios judaítas, son diferentes de la ciudad norteña (Tell el-Qedah).

(4) Nehemías 11:33 lista Hazor entre los asentamientos de los benjamitas tras el exilio. No es claro si esta ubicación es distinta de aquellas listadas en Js. 15:23-25.

HAZOR HADATA Un pueblo que era parte de la asignación territorial tradicional de la tribu de Judá (Js. 15:25). Estaba ubicado en la parte más al sur de Judá, cerca de la frontera con Edom. Aunque la KJV traduce el nombre como dos pueblos separados, la mayoría de los académicos creen que Hazor Hadata es un pueblo.

HEBER **(1)** Un descendiente de Aser e hijo de Bería que se lista como líder de un clan (Gn. 46:17; Nm. 26:45; 1 Cr. 7:31). **(2)** Un queneo que se separó de su pueblo y vivió en el gran árbol en Saananim, cerca de Cedes (Jue. 4:11). Estaba casado con Jael, que rescató a Israel de sus opresores cananeos. Sacando ventaja del hecho de que Jabín, el rey cananeo, estaba en términos amistosos con los queneos, Jael atrajo a Sísara, comandante del ejército de Jabín a su tienda. Después de esconderlo y darle un trago, le clavó una estaca de tienda en la sien mientras dormía (4:17-21). **(3)** Un descendiente de Judá e hijo de Mered a través de su esposa de Judea (1 Cr. 4:18). Era el padre de Soco. **(4)** Un descendiente de Benjamín e hijo de Elpaal (1 Cr. 8:17). **(5)** En la genealogía de Jesús escrita por Lucas, el nombre "Eber" aparece en el texto griego (Lc. 3:35), que algunas versiones traducen como "Heber" (KJV, NASB), y otras como "Eber" (NIV, NRSV, NET).

HEBERITA *Véase* Heber.

HEBREO, IDIOMA El hebreo, lenguaje principal del AT, corresponde a la rama de lenguajes afroasiáticos comúnmente llamados semíticos.

Historia

El hebreo temprano corresponde a la familia semítica del noroeste, compartiendo características gramaticales, morfológicas y sintácticas con otros antiguos lenguajes similares (o relacionados), particularmente el ugarítico (siglo trece a.C.) y arameo. En base a evidencia mínima trazando la cronología del desarrollo lingüístico cananeo, combinado con poesía hebrea arcaica datada tan tempranamente como del año 1400 a.C., parece que el hebreo puede haber surgido como un idioma distinto durante la transición de la tardía Edad de Bronce II a la Edad de Hierro

I (1400-1200 a.C.). Aunque los arqueólogos han descubierto unas pocas inscripciones hebreas en alfarería y herramientas, evidencia significativa de hebreo escrito aparece mucho más tarde, probablemente alrededor del siglo nueve a.C., cuando el corpus de documentos e inscripciones hebreas existentes se expande para incluir el Calendario de Gézer, grandes jarros de barro o pithoi de Kuntillet 'Ajrud, la Inscripción de Siloam, cartas de Arad y Laquis y sellos de los siglos seis a ocho a.C. Mientras copias de textos pentateucales tempranos y el posterior descubrimiento de los MMM emplean un paleo hebreo o escritura temprana, la escritura cuadrada comúnmente usada en copias actuales de las Escrituras hebreas fue tomada prestada del arameo.

Una de las cartas de Laquis, que proporciona evidencia de hebreo escrito desde una fecha temprana.

Los académicos normalmente dividen el hebreo bíblico en tres períodos distintivos: hebreo bíblico temprano (EBH, por sus siglas en inglés), representado por las composiciones poéticas más antiguas; hebreo bíblico clásico (CBH, por sus siglas en inglés), extendiéndose desde el período preexílico hasta la era postexílica; y hebreo bíblico tardío (LBH, por sus siglas en inglés), característico del período persa. Una forma vernácula o escrita, hebreo mishnáico, reemplazó el hebreo bíblico clásico tras la destrucción del segundo templo. El hebreo mishnáico refleja dos tipos principales: tannaim, comúnmente asociado con la Mishná, Tosefta y el Midrash Halakhah; y amoraim, que puede subdividirse en palestino y babilonio.

Gramática y Sintaxis

El hebreo, leído de derecha a izquierda, es un lenguaje alfabético consistente en veintidós caracteres. La vocalización rigurosa o pronunciación del texto permaneció sin documentar hasta que el sistema de vocales tiberio fue concebido por los masoretas para preservar la integridad del texto a la luz del desvanecimiento de la familiaridad con el hebreo bíblico y para sistematizar la pronunciación a través del desarrollo de un sistema vocálico consistente. Sin embargo, en el texto consonántico temprano, las consonantes vav, yod y he actuaban como mater lectionis ("madres de lectura"), marcando la presencia de vocales finales y mediales. Curiosamente, los MMM, ejemplificando la escritura plene ("más completo") de muchas palabras de hebreo bíblico, refuerzan la precisión general de texto masorético, completado entre los años 600-1000 AD. Adicionalmente, los masoretas preservaron variantes dentro del texto consonántico insertando una lectura en el texto, llamada kethib, y colocando la lectura alternativa, llamada qere, en los márgenes.

La mayoría de las palabras hebreas derivan de una raíz triconsonántica, aunque existen unas pocas raíces cuadráticas. Los sustantivos, separados por género gramatical pueden dividirse en dos categorías: masculino y femenino. Existen tres números gramaticales, refiriéndose a formas singulares, duales y plurales. Las formas duales son relativamente raras y normalmente denotan sustantivos que dan nombre a cosas que ocurren en pares, como las manos, ojos y orejas. Frases y cláusulas por lo general concuerdan en género y número. Mientras un análisis comparativo de lenguajes relacionados provee cierta evidencia para terminaciones tempranas que significan relaciones genitivas, estas relaciones por lo general se expresan a través de la atadura (o conexión) de una forma constructa con el sustantivo que la sigue. Por ejemplo, la escritura constructa de "hijos" combinada con el sustantivo "Israel" puede traducirse como "hijos de Israel". Los objetos directos con frecuencia se marcan con el prefijo 'et. El participio, comúnmente clasificado como un verbo nominal, con frecuencia traduce una acción en curso. El participio normalmente es marcado por raíz (como Niphal, denotando acción pasiva) y por número y género y puede actuar verbal o adjetivamente.

Los verbos hebreos no tienen tiempo como se entiende normalmente en los idiomas occidentales. En cambio, cada verbo hebreo se caracteriza por raíz, aspecto, persona, género y número. El sistema verbal hebreo ejemplifica siete raíces primarias, o "temas" (a veces llamados binyanim), describiendo "tipos" de acciones. La raíz Qal funciona como la raíz básica o indicativa, mientras que Niphal, caracterizado por una nun prefijada, actúa como pasiva o reflexiva o indica acción resultante o tolerativa. La raíz Piel, identificada por la duplicación de la segunda letra de la raíz, puede indicar función denominativa, intensiva, causativa o declarativa. Pual actúa como pasivo de Piel, mientras Hiphil, con frecuencia identificado por una he prefijada y una î infija, por lo general denota causalidad. Hophal denota el pasivo de Hiphil y la raíz Hithpael destaca acción repetitiva, reciproca o reflexiva. Los académicos también han identificado "pasivos Qal antiguos" de formas Paul y Hophal que no tienen no tienen raíces activas correspondientes. También hay un número de raíces menores, como Polel, Polal e Hithpolel, marcadas por una reduplicación de la letra final de la letra raíz de un verbo hueco (un verbo con la letra yod o waw como la segunda consonante) o un geminado (un verbo derivado de una raíz con dos consonantes consecutivas idénticas); Palal, marcada por una reduplicación de la tercera consonante de la raíz; y Pilpel, identificada por la reduplicación de una raíz biconsonántica. Finalmente, una palabra hebrea para "adoración" ocurre en las raras raíces Hishtaphel.

Las autoridades difieren acerca de si el sistema verbal refleja un tiempo o un sistema aspectual. Existen tres tiempos o aspectos de acción en el hebreo bíblico. La forma Qatal o "perfecta", denota acción completada, mientras que la Yiqtol, o forma "imperfecta" implica un aspecto imperfecto o incompleto de la acción verbal. Una tercera forma, Wayyiqtol, comúnmente conocida como "pretérito", representa aspectos secuenciales de pasado o acción completada, en oposición a un verbo con una waw prefijada consecutiva, un marcador que funciona como tomando el aspecto de acción de la forma verbal que lo precede espacialmente. El "infinitivo absoluto" es una forma flexiva que puede reemplazar cualquier verbo al igual que actuar en un rol adverbial, enfatizando o modificando a un segundo verbo que lo sigue inmediatamente.

Las formas verbales frecuentemente presentan inflexiones para expresar formas volitivas, como imperativos, yusivos y coercitivos, aunque en muchos casos un yusivo o coercitivo puede señalarse sólo a través del contexto, ya que las formas de escribir los imperfectos y las formas volitivas pueden ser idénticas. Usos modales de los verbos, tales como "poder, puede que, dejar, deber", son discernibles sólo por contexto, ya que no tienen marcadores distintivos.

Otras partes de la oración incluyen preposiciones, marcadores de cláusulas, pronombres personales independientes y demostrativos. El orden de las palabras en una típica oración hebrea comienza con el verbo, seguido del sujeto. Una alteración en el orden de las palabras representa el intento deliberado del autor para destacar o enfatizar el sujeto u objeto desplazado. Otras composiciones bíblicas hebreas, como la poesía, tienen características distintivas que las diferencian de los textos narrativos en el AT, y estas proveen otra línea investigativa, junto con la sintaxis y morfología.

HEBREOS, CARTA A LOS La Carta a los Hebreos y la Carta a los Romanos constituyen los dos grandes pilares de teología en el NT. Hebreos trae una alta cristología y aumenta la comprensión cristiana del rol de Cristo como sacerdote y pionero de la fe. De este libro se pueden hacer deducciones respecto de la comprensión de la iglesia temprana de la interpretación del AT y su visión de tipología.

HEBREOS termina como una carta, pero no comienza como una. Particularmente, carece de los nombres del escritor y los receptores. A partir del contenido, sin embargo, es evidente que este trabajo está destinado a una cierta audiencia, familiar con el autor. El autor muestra una amante preocupación pastoral por sus lectores, enseñándolos, exhortándolos y reprendiéndolos cuando es necesario. Les entrega modelos de fe para alentarlos e instruirlos a incentivarse mutuamente. El autor describe el trabajo como "mi palabra de exhortación" (13:22). El libro frecuentemente es identificado como un sermón.

Autor

Estrictamente hablando, la carta es anónima. No se menciona autor, y existen pocas pistas acerca de su identidad. Es conocido por sus lectores (13:19) y tiene el cariño de un pastor por ellos (6:9). Él y su audiencia son cristianos de segunda generación; esto es, ellos no escucharon a Jesús durante su ministerio, sino que más bien dependen de aquellos que lo hicieron (2:3). Es un compañero de Timoteo (13:23) y, por ende, probablemente en el círculo de Pablo. La carta que tiene grandes habilidades organizacionales y retóricas; es inteligente y bien educada; su escritura indica que probablemente proviene de una cultura de habla griega y es un judío helénico converso familiarizado con la versión griega del AT. Y es un teólogo creativo con perspectivas que no se encuentran en otras partes del NT.

La tradición temprana de la iglesia no ofrece nombre para el autor. La posterior atribución de la carta al apóstol Pablo probablemente le otorgó la autoridad necesaria para la canonicidad, aunque problemas con esa visión eran claramente aparentes. El griego es diferente al de Pablo, y la retórica y teología también son muy diferentes. Los temas presentes en Hebreos son sólo de interés tangencial para Pablo. Todas las epístolas paulinas tienen su auto identificación, porque él sentía que su estatus como apóstol agregaba autoridad a sus palabras. Y Pablo no se consideraba un cristiano de segunda generación, ya que el mismo había visto al Señor (Gal. 1:12). Aunque las iglesias católica y oriental continúan atribuyéndole la carta a Pablo, la iglesia protestante ha abandonado esa idea casi completamente.

En ausencia de autor conocido, casi cada nombre en el NT se ha sugerido, incluyendo Apolos, Bernabé, Lucas y Silas. Mientras cada nombre presenta méritos y problemas, muy poco se sabe para probar o no cualquier autor propuesto. Sin embargo, sin autoría paulina u otra conocida, el libro mantiene su autoridad.

Audiencia

Los lectores originales casi con certeza eran una iglesia hogareña, parte de una red de iglesias en un ambiente urbano, como Jerusalén o Roma, siendo Roma levemente preferida. Los receptores eran un grupo específico más que la iglesia en general como en las epístolas generales (Santiago, 1-2 Pedro, 1-3 Juan, Judas); el autor conocía sus circunstancias (10:32; 12:4; 13:17, 24). Eran cristianos judíos también quienes, posiblemente debido a persecución, estaban en peligro de volver al judaísmo que habían dejado (véase 10:32-39). La carta probablemente fue escrita a finales de la década de los sesenta, como evidencia el hecho de que no se menciona la destrucción del templo, que ocurrió en el año 70 AD. Dado el razonamiento del autor, es bastante difícil imaginar que no mencionaría este evento si el texto fuera posterior a esa fecha.

Temas

Hebreos plantea dos temas principales. El primero es fe y perseverancia, especialmente ante la persecución. Jesús es el pionero de la salvación a través del sufrimiento (2:10) y puede ayudar a aquellos que están siendo tentados (2:18); ha sido fiel a quien lo ungió (3:2) como el Hijo sobre la casa de Dios (3:6), que son los cristianos que se aferran a su confianza y esperanza (3:6). Los cristianos comparten en Cristo, si se aferran firmemente a sus convicciones hasta el final (3:14). Esto es posible porque Jesús es el gran sumo sacerdote, habiendo ascendido al cielo (4:14). Una persona que se cae, sin mantenerse firme, no puede ser traída de vuelta en arrepentimiento (6:4-6). Jesús se ha sacrificado a sí mismo una vez por todas (7:27). Los cristianos deben aferrarse resueltamente a la esperanza que profesan, porque quien realizó la promesa es fiel (10:23). Aquellos que lo hacen serán ampliamente recompensados (10:35-36).

Modelos de fe son retratados en el capítulo 11, el llamado Capítulo de la Fe. El autor presenta a Abel, Enoc, Noé, Abraham, Isaac, Jacob, José y otras figuras del AT como ejemplos de vivir por fe. Estos sirven como una "nube de testigos", demandando "perseverancia [en] la carrera demarcada" para los cristianos (12:1).

H

Jesús es el "pionero y perfeccionador" de la fe, soportando la cruz y la vergüenza (12:2). Los cristianos deberían soportar la adversidad como disciplina (12:7), que producirá una "cosecha de justicia" (12:11).

El segundo tema es la superioridad de Cristo, presentada en una serie de comparaciones incrementales entre Jesús y cada aspecto del judaísmo. El hijo es una revelación superior de Dios (1:1-2). Es superior a los ángeles (1:4-14) e incluso a Moisés (3:2-6). El sacerdocio melquesidánico del Hijo es superior al sacerdocio levítico (7:1-25). La nueva alianza traída por el Hijo es superior a la alianza mosaica (8:6-13); el sacrificio del Hijo es superior a los sacrificios ofrecidos bajo la ley mosaica (9:1-10:18).

Teología

El autor trae su perspectiva única al trabajo de Cristo, su rol especial tanto como sumo sacerdote y como sacrificio. Ya que Jesús vive por siempre, tiene sacerdocio permanente (7:24), que no es una función de su linaje, sino que es "en base al poder de una vida indestructible" (7:16). Él cumple los requisitos de un sacerdote, siendo "santo, sin culpa, puro, apartado de los pecadores, exaltado sobre los cielos" (7:26). Es un "sacerdote por siempre, en la orden de Melquisedec" (7:17, citando el Sal. 110:4). Melquisedec es una figura mencionada una vez en Gn. 14:18. Era el rey de Salem, un "sacerdote del Dios Altísimo". Abraham, y por extensión Leví, le pagaron un diezmo y recibieron una bendición de él. Por lo tanto, Melquisedec es superior a Leví, y su orden sacerdotal es superior a la Leví. Este sacerdocio, de hecho, reemplaza al sacerdocio levítico porque el sacerdocio anterior no podía producir la perfección (Heb. 7:11), siendo "débil e inútil" (7:18).

Fragmento del altar de marfil que muestra a Cristo bendiciendo los sacrificios de Melquisedec y Abraham (siglo XI d.C).

Los sacerdotes levíticos habían ofrecido sus sacrificios repetidamente, año tras año, primero por sus propios pecados y luego por los del pueblo. Habían usado la sangre de toro y cabras para limpiar el tabernáculo y sus accesorios, ya que sin el derramamiento de sangre no puede haber perdón por el pecado (9:22). Había habido muchos sacerdotes, ya que la muerte se llevaba a cada uno. Los sacerdotes, en toda su debilidad, habían sido designados por ley. El santuario en el cual servían es una "copia y una sombra" de lo que está en el cielo (8:5).

Contrariamente al sumo sacerdote levítico, Jesús se sienta a la "derecha del trono de la Majestad en el cielo" (8:1) y sirve en el verdadero tabernáculo que no ha sido hecho por manos humanas. Ha sido designado, no por ley, sino por un juramento de Dios, que vino después de la ley. No tiene necesidad de ofrecer sacrificios, día tras día; su sacrificio fue "una vez y por siempre" (7:27), llegando a la culminación de las eras para deshacerse del pecado (9:26). De hecho, la naturaleza repetida de los sacrificios levitas sirve como prueba de su ineficacia. Si hubiesen sido efectivos, hubiesen cesado. Pero "es imposible que la sangre de toros y cabras se lleve el pecado" (10:4), incluso cuando se ofrece de acuerdo a la ley (10:8). Los adoradores habían quedado con las mismas consciencias culposas. Cristo había "entrado al Lugar Más Santo una ve y por siempre por su propia sangre" y obtenido la redención eterna para los creyentes (9:12), rociando sus corazones para limpiarlos de sus consciencias culposas (10:22).

Debido a esto, Cristo es el mediador de la nueva alianza, profetizada en Jr. 31:31, que es superior a la alianza mosaica. La primera alianza ha quedado obsoleta y pronto desaparecerá (Heb. 8:13), ya que la nueva alianza está "establecida sobre mejores promesas" (8:6). El tabernáculo había sido diseñado para demostrar que no había forma de entrar en el lugar más santo para nadie más que el sumo sacerdote. Ahora, la sangre de Jesús ha abierto un camino a través de la cortina, permitiendo a los creyentes "acercarse a Dios con un corazón sincero y total certeza de fe" (10:22).

Exhortaciones

Hebreos consiste en teología intercalada con exhortaciones a los lectores de perseverar ante la persecución, a no alejarse de su nueva fe. Estos pasajes perentorios también sirven como advertencias. Debido a que la nueva alianza es superior a la antigua, su violación conlleva sanciones proporcionales: ya que cada violación de la antigua alianza se había encontrado con su justo castigo, "¿cómo escaparemos si ignoramos tan grande salvación?" (2:3). Los creyentes deben alentarse unos a otros, de manera que ninguno se vea "endurecido por la naturaleza engañosa del pecado" (3:13). Como receptores de un nuevo acceso a Dios, los cristianos se aferran inquebrantablemente a la esperanza, porque Dios es fiel. Este nuevo acceso ha remplazado completamente al antiguo; no queda ningún sacrificio para perdonar el pecado deliberado. Como aquellos que rechazaban la ley de Moisés habían muerto sin misericordia, aquellos que han insultado al Espíritu de gracia serán castigados más severamente (10:29). Los cristianos deberían considerar "a quien soportó tal oposición" para no "cansarse y descorazonarse" (12:3).

El autor reprende a sus lectores por ser flojos: "Tenemos mucho que decir acerca de esto, pero es difícil aclararlo para ustedes porque ustedes ya no tratan de entender" (5:11); pero pacientemente sigue adelante, más allá de enseñanzas elementales a enseñar de madurez cristiana (6:1). Él les advierte severamente que no existe marcha atrás: aquellos que han entrado en la esfera de la fe cristiana no pueden caerse y luego volver a entrar a voluntad; los apóstatas estarían "volviendo a crucificar al Hijo de Dios" (6:6). Pero luego suaviza su reprimenda como un pastor: "Aunque hablamos así, queridos amigos, estamos convencidos de cosas mejores en su caso, las cosas que están relacionada con la salvación" (6:9).

El autor también muestra gran interés en el descanso sabático prometido a Moisés. Aquellos que habían desobedecido eran denegados el descanso (3:18), pero la promesa de entrar en su descanso aún se sostiene (4:1). De hecho, el descanso sabático que queda es superior o no se ofrecería aún (4:8) y los cristianos deben hacer todo esfuerzo para entrar a ese descanso para que nadie perezca (4:11).

Esquema

La Carta a los Hebreos es muy organizada aunque difícil de esquematizar, debido a la manera en la cual el autor maneja su material transicional. El principal argumento teológico (la superioridad del Hijo) se presenta como una serie de comparaciones que se superponen e interconectan con exhortaciones pastorales a la perseverancia. La conexión entre secciones con frecuencia es una palabra clave que se usa en una sección y luego retomado y expandido en la siguiente.

I. Introducción (1:1-4)
II. El Hijo es superior a los ángeles (1:5-14)
III. Advertencia: No rechacen la palabra hablada a través del Hijo de Dios (2:1-4)
IV. Jesús es el pionero perfecto de la salvación debido a su sufrimiento (2:5-18)
V. El Hijo es superior a Moisés (3:1-19)
VI. El descanso sabático aún está disponible y es superior al descanso del AT (4:1-13)
VII. El Hijo es un sumo sacerdote superior (4:14-5:10)
VIII. Reprimenda: Aún son niños espirituales (5:11-6:3)
IX. Advertencia: No hay regreso a la antigua alianza (6:4-12)
X. Jesús completa el juramento que Dios le hizo a Abraham (6:13-20)
XI. Jesús es un sacerdote de la Orden de Melquisedec, superior al sacerdocio de Leví (7:1-25)

H

XII. La función sacerdotal de Jesús es superior a aquella del sacerdote del AT (7:26-8:6)
XIII. La nueva alianza de Jesús es superior a la alianza mosaica (8:7-13)
XIV. El tabernáculo de la nueva alianza es superior al antiguo (9:1-7)
XV. El sacrificio de Cristo es superior a los sacrificios del AT (9:8-10:20)
XVI. Exhortación a la perseverancia (10:21-39)
XVII. Modelos de fe (11:1-40)
XVIII. Exhortación a una vida de rectitud (12:1-13:17)
XIX Saludo de cierre personal (13:18-25)

HEBRÓN **(1)** Un hijo de Cohat, nieto de Leví y tío de Moisés, Aarón y Miriam (Éx. 6:18; Nm. 3:19; 1 Cr. 6:2). **(2)** Hijo de Maresa, y nieto o tataranieto de Caleb (1 Cr. 2:42). **(3)** Una ciudad ubicada en las montañas de Judea a veintinueve kilómetros al sureste de Jerusalén, identificada con la moderna El-Khalil en la orilla occidental, en un área provista con agua de pozos y arroyos cercanos. Hay varios sitios arqueológicos en la vecindad, pero el Hebrón bíblico ha sido positivamente identificado con Tel Hebrón (Jebe er-Rumeidah). Excavaciones allí descubrieron evidencia de ocupación intermitente variando desde la temprana Edad de Bronce I (3300-3000 a.C.) al período árabe tardío (1291-1516 AD). Hallazgos significativos incluyen un muro de la ciudad de la mediana Edad de Bronce II (2000-1550 a.C.), una tableta acadia cuneiforme, y cinco manillas de jarros con el sello real lmlk ("para el rey").

Hebrón (también conocido como Quiriat Arba) jugó un rol significativo en las narrativas del AT. Después de que Lot eligió vivir en Sodoma, Abram se asentó cerca de los robles de Mamre en Hebrón (Gn. 13:18). Cuando Sarah murió, Abraham compró tierra en Hebrón para su entierro (Gn. 23). Tanto Isaac como Jacob vivieron en Hebrón y desde allí Jacob envió a José a informarse sobre el bienestar de sus hermanos (35:27; 37:14). Cuando Moisés envió doce espías a la tierra prometida, su vistazo de los grandes habitantes de Hebrón significativamente influenció sus informes negativos acerca de los prospectos para su invasión (Nm. 13:22, 23).

Durante el periodo de conquista, el rey de Hebrón estuvo entre los cinco reyes a quienes mató Josué después de que atacaron Gabaón (Js. 10). Josué continuó luchando en Hebrón, destruyendo la ciudad y sus habitantes anacenos (11:21). La ciudad luego fue cedida a Caleb (15:13), pero posteriormente fue dada a los

Hebrón en la actualidad.

levitas y se convirtió en una ciudad de refugio (20:7; 21:13).

Hebrón jugó un rol prominente durante la monarquía unificada. Tras la muerte de Saúl, Dios instruyó a David para ir a Hebrón. Allí los hombres de Judá lo ungieron como rey y reinó desde allí por siete años y medio (2 Sm. 2:1-11). Durante este tiempo, varios hijos de David nacieron en Hebrón y fue allí que Joab, el comandante de David, asesinó a Abner en venganza por la muerte de su hermano (2 Sm. 3; 1 Cr. 3:1-4). Cuando la autoridad de David se volvió ampliamente reconocida, los ancianos de todas las tribus israelitas fueron a Hebrón y lo ungieron como rey sobre todo Israel. Luego trasladó su capital a Jerusalén tras capturarla de los jebuseos (2 Sm. 5:1-10; 1 Cr. 11:1-9). Cuando Absalón posteriormente conspiró para convertirse en rey, eligió Hebrón como su cuartel general (2 Sm. 15:1-10).

Hebrón luego es mencionado como una de las ciudades que Roboam fortificó para la defensa de Judá (2 Cr. 11:10) y como una de las ubicaciones donde se asentaron los exiliados retornados (Neh. 11:25). Durante el período asmoneo, Judas Macabeo tomó control de Hebrón de los edomitas (idumeos) (1 Mac. 5:65).

HEBRONITAS *Véase* Hebrón.

HECES *Ver* Restos.

HECHICERO, HECHICERÍA *Véase* Adivinación y Magia.

HECHOS DE LOS APÓSTOLES Este libro, comúnmente conocido como Hechos, es la secuela del Evangelio de Lucas y registra la emocionante historia de las primeras tres décadas de la iglesia primitiva. El libro comienza con la ascensión de Jesús, seguido de su envío del Espíritu Santo, y termina con el mensaje del evangelio proclamado por Pablo como prisionero en la capital del Imperio Romano. En las páginas intermedias, se le presenta al lector las personas, lugares y eventos clave de este momento estratégico y crucial de la historia cristiana. El libro de Hechos proporciona una lectura perspicaz e inspiradora. Forma el telón de fondo para la comprensión de gran parte del Nuevo Testamento (especialmente las cartas de Pablo), y proporciona modelos importantes para la iglesia contemporánea.

Antecedentes Históricos

Para entender el libro de Hechos, uno debe familiarizarse con su trasfondo histórico. Esto incluye entender la autoría, los destinatarios y el entorno del libro. En términos de autoría, el libro técnicamente es anónimo; sin embargo, hay buenas razones para mantener la visión tradicional de la historia de la iglesia de que su autor es Lucas. Esta tradición se remonta a principios del siglo segundo y está respaldada por evidencia interna. Esta evidencia revela aún más que Lucas fue médico y compañero cercano del apóstol Pablo (de hecho, Lucas sí estuvo con Pablo en algunos de los eventos que registra Hechos, vea el uso de plural, que se encuentran en 16:10-17; 20:5-15; 21: 8-18; 27:1-28:16). Lucas era bien educado, viajó mucho y estaba familiarizado tanto con el mundo judío como con el greco-romano. Él era un heleno temeroso de Dios y cristiano. También estaba familiarizado con las Escrituras judías, la retórica greco-romana y las historias antiguas, lo que lo convirtió en el candidato perfecto para escribir una historia precisa del cristianismo primitivo.

El destinatario específico de Hechos es Teófilo (1:1). Teófilo podría caracterizarse como un creyente relativamente nuevo de alto estatus social, una persona educada en la retórica y la historia greco-romana, y alguien que poseía los medios financieros para promover y publicar el trabajo de Lucas (tanto el Evangelio de Lucas como los Hechos). Es probable que de alguna manera Teófilo sirviera de intermediario a un público más amplio. Parece probable que Teófilo fuera el lector ideal de Lucas (es decir, un influyente greco-romano de alta posición social).

El escenario específico de Hechos es difícil de determinar; sin embargo, parece claro que el libro fue escrito durante un tiempo de crisis para la iglesia. Esta crisis involucró la persecución y la calumnia de los cristianos por parte de judíos y gentiles. Ambos grupos estaban tratando de persuadir a la opinión pública contra el cristianismo, incluida la opinión de

H

las autoridades greco-romanas. La persecución y la calumnia estaban haciendo daño en la iglesia, y muchos cristianos estaban desmoralizados y luchando por permanecer fieles como testigos de Jesús. El cristianismo necesitaba que alguien escribiera una respuesta a esta crisis. Esta respuesta tuvo que hacer tres cosas: (1) narrar con precisión la historia de la iglesia a grecorromanos influyentes de alto estatus social; (2) mostrar que el cristianismo era una religión antigua (las autoridades romanas consideraban que las religiones antiguas eran legítimas) y una ventaja para el Imperio Romano, no una amenaza; (3) legitimar el cristianismo frente al judaísmo. El autor de esta respuesta tenía que ser alguien respetado tanto dentro como fuera de la comunidad de la fe cristiana, que conocía bien la historia de la iglesia y que se había educado en la retórica greco-romana. ¿Qué mejor candidato para ser el autor que Lucas? Finalmente, la iglesia también necesitaba una persona de alto estatus social y medios financieros para ayudar a publicar y promover el trabajo; por lo tanto, Teófilo fue elegido.

Propósito

El libro de los Hechos fue escrito para una variedad de propósitos. Estos incluyen apologética, legitimación, discipulado y testimonio de salvación. El propósito apologético de Hechos se centra en cómo el cristianismo podría ser reconocido como una religión antigua, honorable y oficialmente protegida en el Imperio Romano. Aunque el judaísmo tenía el estatus de religión lícita (religión legal) con las autoridades romanas durante la mayor parte del primer siglo, el cristianismo encontró serios problemas a este respecto. Hechos en sí revela una cantidad sustancial de tal evidencia en este sentido. Por ejemplo, 16:20-21 muestra que en Filipos, Pablo y Silas fueron acusados de perturbar la paz al defender costumbres ilegales. En Tesalónica, los misioneros fueron acusados de desafiar a César promoviendo a otro rey llamado "Jesús" (17:7). En Corinto, la acusación fue el de persuadir a la gente hacia la adoración ilegal (18:13). Más tarde en Hechos, Pablo fue acusado por los líderes sacerdotales judíos de ser parte de una secta inaceptable que estaba provocando disturbios en las comunidades judías (24:5-9). En 28:22, cuando Pablo se dirigió a los judíos romanos, respondieron diciendo que "la gente en todas partes está hablando en contra de esta secta [cristianismo]". Tales acusaciones, acompañadas por el hecho de que el fundador del cristianismo había sido crucificado por las autoridades romanas, hicieron que a los cristianos les resultara difícil ganar credibilidad. La posición precaria del cristianismo con Roma se vio aún más exacerbada por una fuerte campaña judía para separarse de los cristianos y etiquetarlos como sectarios. Esta estrategia ciertamente pretendía que el cristianismo fuera visto por Roma como religión ilícita (religión ilegal o prohibida). Por lo tanto, Lucas escribe Hechos para defender el cristianismo al mostrar que no es un reemplazo del judaísmo, sino su continuación legítima. Por lo tanto, debe ser aceptado por las autoridades romanas como una religión legal al igual que el judaísmo fue aceptado.

El mensaje apologético de Lucas también parece estar dirigido interiormente, a una iglesia en apuros. Este enfoque interno lleva al siguiente propósito principal de Lucas: la legitimación de la fe cristiana para sus seguidores. Como parte de su defensa, Lucas tiene la intención de equipar a la iglesia en medio de una crisis de identidad debido a las constantes amenazas de ilegitimidad. Esto explica la estrategia de Lucas de volver a contar la historia de los orígenes de la iglesia para que los seguidores de Cristo entiendan su verdadera posición desde la perspectiva de Dios. Por lo tanto, Lucas verifica cuatro cosas: (1) las Escrituras judías profetizaron un Mesías venidero, y Jesús hizo coincidir estas profecías; (2) la resurrección fue predicha en las Escrituras y verificada por testigos oculares; (3) siempre fue el plan de Dios de que los gentiles sean incluidos en la obra redentora de Dios; (4) los judíos que rechazaron a Jesús estaban actuando de la misma manera que sus antepasados; por lo tanto, los creyentes no deberían sorprenderse por su reacción negativa hacia Jesús. Lucas usa historias como la de He. 2: 41-47 para verificar que la salvación se estaba cumpliendo genuinamente en la iglesia y que los cristianos estaban

CIUDADES VISITADAS POR PABLO EN SUS VIAJES

experimentando el cumplimiento de las antiguas promesas de Dios a Israel. La escritura de Lucas tiene la intención de alentar a los miembros de su iglesia contemporánea a permanecer fieles en su servicio y dar testimonio del Señor. Él les recuerda que ellos son el verdadero (legítimo) "pueblo de Dios" y que el Espíritu de Dios los ayudará a prevalecer y les dará abundante vida incluso en medio de las dificultades y la persecución.

Otro objetivo clave del libro de Hechos es fomentar el discipulado. Los prólogos del Evangelio de Lucas y de Hechos verifican que Lucas escribe instrucciones y enseñanzas para Teófilo (*véase* Lc. 1:1-4, He. 1:1-2).

Parte de esta instrucción revela que la ascensión de Jesús no fue el final de su relación con el mundo, sino un nuevo comienzo. La partida de Jesús no significó el abandono; de hecho, significó todo lo contrario. Jesús verifica su continua presencia y trabajo en el mundo después de su partida, tal como vivió y obró anteriormente. En otras palabras, el mismo Espíritu que dirigió el ministerio de Jesús ahora va a dirigir el ministerio de los seguidores de Jesús. El resto del libro de Hechos proporciona instrucción (con muchos ejemplos personales) sobre cómo Cristo puede cumplir el ministerio de los creyentes a través del poder y la dirección del Espíritu Santo. La enseñanza del discipulado de Lucas incluye ayudar a los creyentes a aprender cómo experimentar y seguir el Espíritu de Dios (capítulo 2), para atestiguar audazmente por Cristo en medio de la persecución (capítulos 3-4, 8, 14, 16-17, 19-28), compartir sacrificadamente recursos con otros cristianos necesitados (capítulos 2, 4 y 11), resolver disputas dentro de la iglesia (capítulos 6 y 15) y llevar el mensaje de salvación del evangelio a todas las personas (capítulos 2, 11, 13-28).

El libro de Hechos pone gran énfasis en el mensaje de salvación y la responsabilidad dada a los creyentes para compartir este mensaje salvador con todas las personas. Este concepto de testimonio de salvación es claramente uno de los propósitos clave de Lucas para el libro de los Hechos. El evento de Pentecostés de Hechos 2 inicia el tema de la salvación para todas las personas y, por lo tanto, establece la agenda para el resto del libro. En este pasaje, varios judíos de muchas naciones escuchan las buenas nuevas en su propia lengua, lo que sugiere que esta noticia es para los pueblos de todas las lenguas y naciones, pero para los judíos primero. El resto de Hechos continúa este tema del alcance universal de la salvación. Lucas deja en claro que esta salvación cruza todas las fronteras geográficas, étnicas y sociales. En Hechos, Lucas está cerrando la brecha entre el ministerio terrenal de Jesús y una generación posterior de seguidores de Cristo que llevarán el evangelio a un área geográfica mucho más amplia, con una diversidad étnica aún mayor. El mensaje de salvación debe estar unido con el énfasis de Lucas en el testimonio. La centralidad del tema del testimonio en Hechos se verifica por las palabras de Jesús justo antes de la ascensión: "Y seréis mis testigos en Jerusalén, en toda Judea, en Samaria, y hasta lo último de la tierra" (1:8). El libro de Hechos cuenta la historia de cómo la iglesia primitiva recibió y obedeció el mandato de Jesús de dar testimonio de él hasta los confines de la tierra.

H

Características Literarias

Estos propósitos claves de Hechos se exponen a través de algunas características literarias distintivas que se encuentran en el libro. Una de esas características literarias es que el libro de Hechos fue escrito en un género literario llamado "apologética". Este género se puede definir como la historia de un subgrupo de personas contadas por un miembro del grupo que explica las tradiciones y la historia del grupo al usar las características literarias greco-romanas. Un buen ejemplo de este género literario es "Antigüedades de los judíos" de Josefo. Josefo cuenta la historia de los judíos a los lectores greco-romanos con la esperanza de que comprendan mejor la historia y las tradiciones judías y acepten a los judíos en el mundo greco-romano. Esto parece ser exactamente lo que Lucas está haciendo en el libro de Hechos por los cristianos. Sin embargo, Lucas no está en defensa de un grupo étnico en particular; más bien, él está defendiendo a una gente multicultural que trasciende las fronteras étnicas y geográficas. De hecho, esta es una parte clave del mensaje de Lucas. A lo largo de Hechos, Lucas trata de explicar por qué su religión cruza fronteras étnicas y es una religión universal que incluye a todas las etnias. Al contar la historia del cristianismo, Lucas tiene cuidado de utilizar las características literarias helenísticas para conectarse con su público principal. La evidencia de estas características literarias helenísticas en el libro de Hechos incluye un estilo narrativo que ilustra la historia a través de las experiencias personales de personajes clave (Hechos relata la historia de la iglesia primitiva a través de personajes como Pedro y Pablo), el uso frecuente de discursos, observación personal de al menos parte de la narración mientras se mantiene el anonimato de la autoría (el uso de plural en ciertos pasajes de Hechos), y el uso frecuente de resúmenes para guiar la narración (Hechos contiene tres resúmenes principales [2:42-47; 4: 32-37; 5:12-16] y una serie de resúmenes menores [6:7; 9:31; 12:24; 16:5; 19:20; 28:31])

Esquema y Reconocimiento

Hechos puede ser delineado de acuerdo con las últimas palabras de Jesús, registradas en 1:8: "Recibirás poder cuando el Espíritu Santo venga sobre ti; y ustedes serán mis testigos en Jerusalén, en toda Judea, en Samaria, y hasta los confines de la tierra".

I. Testigos en Jerusalén (1:1-8:3).
II. Testigos en Judea y Samaria (8:4-12:25).
III. Testigos hasta los confines de la tierra (13:1-28:31).

I. Testigos en Jerusalén (1:1-8:3)

Inmediatamente después de su ascensión, Jesús les dice a sus seguidores que regresen a Jerusalén y esperen la venida del Espíritu Santo. Obedecen de inmediato, y después de diez días de espera, los discípulos se llenan dramáticamente con el Espíritu Santo y comienzan a compartir el Evangelio con quienes los rodean. Este evento ocurre en el festival de Pentecostés judío, al que asistieron judíos y prosélitos judíos de todo el Imperio Romano. Después de que el Espíritu llegara en Pentecostés, Pedro predica con audacia a la multitud, y más de tres mil personas responden con fe salvadora (2:41).

A continuación, Lucas ofrece un resumen emocionante de la vida dirigida por el Espíritu dentro de la iglesia primitiva. Esta vida se caracteriza por la participación de los primeros creyentes juntos en el intercambio de actividades de adoración, posesiones materiales y bendiciones espirituales (2: 42-47). Este resumen es seguido por varios milagros dramáticos de sanación logrados a través de Pedro y el posterior arresto de líderes cristianos por autoridades religiosas judías. Sin embargo, en vez de sofocar el movimiento cristiano, estos arrestos solo realzan el avivamiento espiritual y los milagros que lo acompañan. Este avivamiento se caracteriza por una extrema generosidad y unidad dentro de la iglesia primitiva (4: 32-37).

La alegría de este renacimiento, sin embargo, se ve empañada por las acciones engañosas de Ananías y Safira, quienes mienten a la iglesia y al Espíritu Santo y son juzgados por Dios con muerte inmediata (5: 1-11). Esta historia demuestra que Dios hará todo lo posible para proteger la unidad de su iglesia. Después de más persecuciones y milagros, los discípulos eligen a siete hombres para supervisar la distribución de alimentos a las viudas helenísticas que han sido descuidadas en las distribuciones diarias de alimentos (6:1-7). Uno de estos líderes, Esteban, es arrestado y llevado ante el Sanedrín. Esteban testifica audazmente ante los líderes judíos y es ejecutado rápidamente por lapidación (capítulo 7). Esta ejecución es respaldada por Saulo, un fariseo celoso que comienza a liderar la feroz persecución contra la iglesia en Jerusalén (8: 1-3).

II. Testigos en Judea y Samaria (8:4-12:25). La persecución de Saulo obliga a muchos de los primeros creyentes de la iglesia a abandonar Jerusalén. Estos creyentes se dispersan por las áreas circundantes de Judea y Samaria. A medida que se dispersan, sin embargo, continúan predicando el Evangelio (8:4). Felipe predica en Samaria y realiza muchas señales milagrosas, produciendo un renacimiento espiritual en la región. Al enterarse de esto, los apóstoles envían a Pedro y Juan a Samaria para ministrar a los samaritanos (8:18-25), confirmando así la naturaleza transcultural del evangelio (los judíos tradicionalmente odiaban a los samaritanos). Luego, Lucas habla de la evangelización de Felipe hacía un eunuco etíope (8:26-40).

Siguiendo la creencia del etíope en Jesús, la narración habla de la dramática conversión de Saulo mientras viajaba a Damasco para perseguir a los cristianos allí (9:1-19). El dramático cambio de Saulo es recibido con sospecha de los otros discípulos, pero finalmente es aceptado por los creyentes con la ayuda de Bernabé (9:27-30). A continuación, Pedro viaja al campo de Judea y sana al paralítico Eneas y levanta a Dorcas de entre los muertos (9:32-42). Estos milagros producen un emocionante renacimiento espiritual en la región. Después de esto, Dios le da a Pedro la visión de ir a la ciudad costera de Cesarea para ministrar a Cornelio, un oficial del ejército romano. Cornelio es temeroso de Dios y, a través del testimonio de Pedro, él responde al mensaje del Evangelio y recibe el Espíritu Santo (capítulo 10). Pedro explica sus acciones con Cornelio a sus preocupados compañeros judíos y verifica que Dios ha incluido a los gentiles en su plan de salvación (11:1-18).

Esta verificación es seguida por el informe de lo que está sucediendo en la iglesia en Antioquía, donde los judíos comienzan a compartir el Evangelio con grupos más grandes de gentiles (11:19-21). Este evangelismo transcultural produce un renacimiento espiritual en Antioquía, haciendo que la iglesia de Jerusalén envíe a Bernabé a la gran ciudad siria para investigar (11:22-30). Bernabé confirma que Dios está obrando en Antioquía e invita a Saulo a venir y ayudarlo a discipular a los nuevos creyentes gentiles (11:25-26). A continuación, Lucas informa de que estallaron más persecuciones contra los cristianos en Jerusalén, lo que resultó en el arresto de Santiago y Pedro por parte del rey Herodes. Santiago es ejecutado, pero Pedro escapa milagrosamente de la prisión con la ayuda de un ángel (12:1-19), y la iglesia continúa aumentando, extendiéndose por todo el Imperio Romano.

III. Testigos hasta los confines de la tierra (Hechos 13:1-28:31). Comenzando con el capítulo 13, la narración cambia su enfoque del ministerio de Pedro al de Pablo (anteriormente Saulo). La iglesia en Antioquía comienza a tomar protagonismo sobre la iglesia en Jerusalén. Esta iglesia comisiona a Pablo y Bernabé y los envía a su primer viaje misionero, acompañado por el primo de Bernabé, Juan Marcos. Los misioneros navegan primero a Chipre, donde predican en las sinagogas y se encuentran con un hechicero judío, Barjesús. Luego, navegan hacia Panfilia, cruzan así hacia Asia Menor y predican el Evangelio en Antioquía de Pisidia, Iconio, Listra y Derbe (esta zona era conocida como parte de la región de Galacia). En estas ciudades, Dios provee numerosos milagros, y los misioneros experimentan una gran respuesta al evangelio, así como mucha persecución por el evangelio. En una ocasión, Pablo es apedreado y dado por muerto (14:19-20).

Sin inmutarse, Pablo y su equipo continúan su misión con valentía. Con el tiempo, vuelven por el mismo camino, fortalecen las iglesias que han comenzado y regresan a Antioquía del Orontes, donde dan un emocionante informe a la iglesia (14:26-28). Luego de este informe, Lucas habla de una importante reunión de líderes de la iglesia en Jerusalén. El tema de la reunión implica si los nuevos cristianos gentiles deberían o no estar obligados a seguir las leyes y costumbres judías. Después de debatir el tema, los líderes se ponen del lado de Pablo, determinando que los gentiles no deberían ser agobiados con las leyes y tradiciones judías, sino que simplemente debían vivir vidas morales y no comer alimentos sacrificados a los ídolos (capítulo 15).

Después de esta reunión, Pablo y Bernabé deciden hacer un segundo viaje misional. Desafortunadamente, los dos misioneros entran en una disputa sobre si deberían llevarse a Juan Marcos con ellos nuevamente. El argumento es tal que los misioneros deciden separarse, y Pablo elige un nuevo compañero, Silas. Viajan por tierra de regreso a Galacia. Bernabé toma a Juan Marcos y navegan a Chipre. Pablo y Silas regresan a Derbe y Listra, luego se dirigen a Macedonia y Grecia. Pasan un tiempo significativo en Filipos, Tesalónica y Corinto antes de regresar a Cesarea y Antioquía (capítulos 16-18). Después de su regreso, Pablo realiza un tercer viaje misional, visita iglesias en Galacia y Frigia y permanece en Éfeso durante tres años antes de visitar Macedonia y Grecia por segunda vez.

Pablo concluye su tercer viaje misional con un viaje a Jerusalén, donde es falsamente acusado de traer un gentil al templo. Esta acusación crea disturbios y Pablo es rescatado por soldados romanos, quienes lo arrestan y lo trasladan a una prisión en Cesarea, donde pasa dos años esperando juicio bajo el gobierno de Félix y Festo (23:34-25:22). Finalmente, Pablo ejerce su derecho como ciudadano romano a que su caso sea escuchado por el emperador. Es enviado a Roma en barco y naufraga en la isla de Malta. Luego se dirige a la capital, donde se encuentra bajo arresto domiciliario. Mientras está en Roma, Pablo mantiene una casa alquilada y es libre de recibir visitas y escribir cartas. De hecho, se cree que Pablo escribió sus "cartas de la prisión" durante este tiempo de arresto domiciliario (Efesios, Filipenses, Colosenses, Filemón). La narrativa de Hechos termina con Pablo ministrando audazmente en Roma mientras esperaba su juicio.

Hechos y la Iglesia Contemporánea

El libro de Hechos proporciona un modelo para los numerosos temas de la iglesia en la actualidad. Estos incluyen comprender el rol del Espíritu Santo, practicar la vida comunitaria dentro de la iglesia, enfrentar las dificultades y la persecución, superar las injusticias sociales y llevar a cabo misiones. Hechos revela que el tema clave para los cristianos es aprender a experimentar y seguir al Espíritu Santo de Dios, que permite a los creyentes ser valientes en su testimonio de Cristo, generosos en su apoyo físico y espiritual mutuo y efectivos en sus ministerios. Hechos constantemente revela que la alegría, el poder y el propósito provienen del Espíritu Santo. Según Hechos, aprender a seguir y depender del Espíritu Santo de Dios es la clave para tener una iglesia saludable.

Hechos también muestra que el Espíritu Santo produce una vida comunitaria única caracterizada por la adoración, la generosidad, la bendición y la unidad. Lucas llama a esta vida en común dirigida por el Espíritu koinonía, que se explica e ilustra en los primeros cinco capítulos de Hechos (*véase* esp. 2:42-47). Debe ser el deseo y el objetivo de cada iglesia recrear esta comunidad koinonía experimentada por primera vez por la iglesia primitiva en Hechos.

Además de su koinonía, el libro de Hechos sirve como modelo para la iglesia en la superación de la persecución y las dificultades. La narración de Hechos revela consistentemente el poder soberano de Dios para vencer la oposición. La iglesia primitiva encontró gran gozo y crecimiento en medio de las dificultades y la persecución, y la iglesia de hoy puede hacer lo mismo.

Otro ejemplo importante para la iglesia proporcionado por Hechos es en el área de la justicia social. La iglesia primitiva de Lucas eliminó sistemáticamente los prejuicios étnicos, eliminó la jerarquía social y el estatus dentro de la iglesia, y elevó el papel de la mujer. Hechos proporciona inspiración y guía para que la iglesia de hoy enfrente estos mismos problemas sociales.

Además de vencer las injusticias sociales, la iglesia en Hechos ofrece un excelente ejemplo de ministerio de misión. Estos creyentes consistentemente revelaron el corazón de Dios para las naciones y lo convirtieron en una prioridad para compartir el Evangelio con todas las personas en todas partes. El énfasis de Hechos sobre la naturaleza universal del Evangelio, la responsabilidad de cada uno de los cristianos de dar testimonio de Cristo y la importancia de plantar nuevas iglesias y discipular a los nuevos creyentes establece un patrón para la iglesia de hoy en el área de las misiones.

Estos ejemplos deben servir para inspirar y guiar a la iglesia contemporánea en su búsqueda de seguir y experimentar el Espíritu Santo, quien se revela tan poderosamente en el libro de los Hechos.

HEFER **(1)** Un hijo de Galaad y ancestro epónimo del clan heferita en Manasés (Nm. 26:32-33; 27:1; Js. 17:2-3). **(2)** Un hijo de Asur de la tribu de Judá (1 Cr. 4:6). **(3)** Uno de los poderosos hombres de David (1 Cr. 11:36). **(4)** Una de treinta y una ciudades reales cananeas destruidas por Josué (Js. 12:17), que posteriormente se volvió uno de los territorios del diputado subjefe del rey Salomón, Ben Hesed (1 Re. 4:10).

HEFERITA *Véase* Hefer.

HEFZIBA **(1)** La madre del rey Manasés de Judá y presumiblemente la esposa de Ezequías (2 Re. 21:1). **(2)** Un nombre simbólico que significa "mi deleite está en ella", que Dios le da a Jerusalén tras el regreso del exilio (Is. 62:4). El nombre proporciona un contraste con los nombres anteriores de Jerusalén, "Desierta" y "Desolada". Es la declaración de Dios que Él nuevamente se deleitará en Jerusalén.

HEGAI Un eunuco al servicio del rey Jerjes (Asuero) que estaba encargado del harem en el momento en que Ester fue elegida reina (Est. 2:3, 8, 15).

HEGE *Véase* Hegai.

HEGLAM En 1 Cr. 8:7 la NRSV traduce la palabra hebrea heglam como un nombre alternativo para "Gera, esto es, Heglam". En otras traducciones, tales como la de NIV, lo tratan como un verbo: "Gera, que los deportó".

HELA Una esposa de Asur, progenitor de Tecoa. Dio a luz a Zeret, Jezoar y Etnán, cuyos nombres se asocian con pueblos en el sur de Judea (1 Cr. 4:5, 7).

HELAM El lugar donde Hadadezer, rey de Soba, y su comandante, Sobac, se reagruparon tras ser derrotados por Israel (2 Sm. 10:16). Después de que David fue informado, llevó a sus tropas a Helam, donde ocurrió una segunda batalla. Los israelitas volvieron a salir victoriosos, matando más de cuarenta mil, incluyendo a Sobac. La ubicación exacta es desconocida. Algunos lo han identificado con Alepo, pero la mejor sugerencia es hacer caso a la versión de la LXX de Ez. 47:16, que lo ubica entre Damasco y Hamat.

HELBA Un pueblo en el territorio de Aser del cual los cananeos nunca fueron expulsados (Jue. 1:31). Este nombre puede ser una corrupción ortográfica de "Ahlab", que aparece antes en el versículo, y por lo tanto el mismo pueblo, o, con mayor probabilidad, está conectado al Hebel de Js. 19:29 (NET; NRSV: "Majaleb"), otro pueblo en el territorio de Aser.

HELBÓN Un distrito que aparece en la lista del lamento de Ezequiel por Tiro, conocido especialmente por su producción y comercio de vino (Ez. 27:18). Helbón debe asociarse con el pueblo moderno de Halbun, ubicado veinte kilómetros al norte de Damasco; esta área aún es conocida por su viticultura.

HELCAI El líder de la familia sacerdotal de Meremot durante el sacerdocio de Joiacim durante la gubernatura de Nehemías (Neh. 12:15).

HELCAT Este pueblo fue asignado a Aser como parte de su herencia y posteriormente pasado a los gersonitas para que sirviera como ciudad levita (Js. 19:25; 21:31). Su ubicación es desconocida, pero probablemente estaba cerca del límite este de Aser. Es mencionada como "Ucoc" en 1 Cr. 6:75.

HELCAT HAZURIM El trozo de tierra cerca de la piscina de Gabaón donde doce hombres de los ejércitos de Joab y de Abner perecieron en manos unos de otros (2 Sm. 2:16). Aunque el combate inicial terminó en empate, la batalla posterior, que era parte de la guerra entre David e Isboset tras la muerte de Saúl, terminó con una victoria avasalladora para el ejército de David.

HELDAI **(1)** Uno de los comandantes de David, comisionado para encabezar la división de gente en el doceavo mes. La división consistía de veinticuatro mil y concernía a todo lo que entraba y salía relacionado a los servicios armados (1 Cr. 27:15). Era un netofatita del territorio de a Judá y de la línea de Otoniel, juez de Israel (*véase* Jue. 3:9-10). Dada la aparición de los nombres de los otros once comandantes en 1 Cr. 11:10-47, es probable que Heled de 1 Cr. 11:30 y 2 Sm. 23:29 (KJV, NRSV: "Heleb") debería ser igualado con Heldai. **(2)** Un exiliado retornado de Babilonia que participaría en la coronación de Josué como sumo sacerdote (Zac. 6:10). El oro y la plata para la corona fueron tomados de él. "Helem" en 6:14 (KJV, ESV) probablemente se refiere a la misma persona (igual que NIV, NRSV).

HELEB *Véase* Heled.

HELEC **(1)** El ancestro del clan helequita de Galaad, una tribu más pequeña de Manasés (Nm. 26:30; Js. 17:2). Inscripciones hebreas de los siglos ocho a siete a.C. mencionan tanto a un individuo como una ubicación con ese nombre, que significa "asignación". **(2)** Un lugar mencionado en el oráculo de Ezequiel contra Tiro (27:11; NRSV, ESV: "Helec"). La LXX, seguida por la KJV y la ASV, lo traducen como el sustantivo hebreo para "ejército" con el sufijo de segunda persona adjunto: "tu ejército". Basado en las consonantes hebreas, es una posibilidad, pero es una interpretación improbable. Helec es más probablemente una ciudad de la cual Tiro contrataba mercenarios para pelear en su ejército. Se ubica al norte de los Montes Tauro en el sureste de Asia menor, actual Turquía.

HELED El nombre "Heled" (2 Sm. 23:29; KJV, RSV: "Heleb") es probablemente una alternativa para Heldai, que se lista entre los hombres de David (1 Cr. 27:15). Los nombres de otros hombres de 1 Cr. 27 aparecen en listas paralelas en 2 Sm. 23; 1 Cr. 11:30, permitiendo la conexión. *Véase también* Heldai.

HELEF El primer pueblo mencionado como parte del límite sur del territorio de la tribu de Neftalí (Js. 19:33). Es mencionado en el Talmud, pero su identificación moderna es incierta. Algunos los han asociado con Quirbet 'Irbadah, que lo colocaría cerca del Monte Tabor y cerca del punto de intersección para las tribus de Manasés, Neftalí y Zabulón.

HELEM **(1)** Un aserita y padre de Zofa, Imna, Selles y Amal (1 Cr. 7:35). **(2)** Uno de los exiliados que regresaron de Babilonia enviados con suministros de oro y plata para el templo y la corona del sumo sacerdote (Zac. 6:14). Probablemente es la misma persona que Heldai en Zac. 6:10 (así en NIV, NRSV).

HELENISMO Tradicionalmente, el sustantivo "helenismo" se refiere al fenómeno de la llamada influencia cultural griega, especialmente en el este del Mediterráneo, como consecuencia de Alejandro Magno. Mientras Alejandro conquistaba el Oriente Próximo, trabajó para establecer la cultura e instituciones griegas dentro de las ciudades y áreas conquistadas. A través del tiempo, las poblaciones nativas adoptaron la cultura griega en diversos grados. El adjetivo "helenístico", por lo tanto, representa algo como parte de este fenómeno, por lo general indicando alguna forma de cultura "nativa" con un revestimiento de cultura "griega". Aunque existen diferencias, académicos de la antigüedad comprenden el período helenístico comenzando poco después de Alejandro Magno, hacia fines del siglo cuatro a.C. y concluyendo a veces varios siglos después de Cristo.

Mezcla Cultural y Conflictos

El enfoque tradicional mencionado anteriormente requería algunos matices. El helenismo no puede entenderse adecuadamente como el fenómeno de la influencia de la cultura griega.

No existía una cepa pura de cultura griega que pudiese influenciar cepas puras de culturas nativas. Incluso antes de Alejandro, varias prácticas culturales del Oriente Próximo (Palestina, Mesopotamia, etc.) habían impactado entre los griegos más occidentales. Además, las culturas no son agentes activos. Más bien, personas que se comprometen en varias prácticas sociales heredadas (incluyendo patrones de pensamiento), frecuentemente asociadas con grupos étnicos o culturas específicas, son los agentes activos que transitan prácticas, adoptan prácticas nuevas, influencian las prácticas de otras personas y así efectúan la "mezcla cultural".

Muchos académicos actualmente entienden el helenismo como simplemente la mezcla de prácticas culturales a través del Mediterráneo como consecuencia de Alejandro. Acontece que gran parte de nuestros datos antiguos, tales como escritos y arquitectura existente, reflejan una mezcla en la cual las características generalmente percibidas como griegas tienen mayor prominencia. Es mejor mantener en mente que las élites y figuras de autoridad que generalmente producían los datos existentes (escritos, arquitectura, etc.) con frecuencia deseaban asociarse con el nuevo poder gobernante como forma de mantener relaciones amistosas con el nuevo poder. En este caso, tales élites pueden adoptar, y demostrar adoptar, las prácticas asociadas con Alejandro y las varias instituciones "griegas" que él estableció en las ciudades conquistadas.

Otro conjunto de datos antiguos también retrata la imagen opuesta: un conflicto esencial entre las personas nativas y la nueva, foránea, cultura griega helenística. Sin embargo, también en este caso, uno debe mantener en mente la naturaleza estratégica de una persona que adopta posiciones y prácticas de abierta resistencia y representación de tal conflicto como una realidad fundamental. Uno no puede generalizar acerca de la naturaleza y extensión de la mezcla cultural helénica. Variaba ampliamente entre diferentes áreas y entre varios tipos de personas. Además, muchas personas probablemente no se comprometieron en esta mezcla de prácticas culturales con una reflexión consciente en ello. Incluso con tales cualificaciones, en esta comprensión lo siguiente constituye los elementos básicos del helenismo: la extensión del griego como lengua franca a través del Oriente Próximo; el establecimiento, por parte de Alejandro, y la extensión de las instituciones cívicas "griegas" tales como gimnasios/escuelas; el fenómeno de varias clases de personas que se asocian o no con las nuevas instituciones cívicas griegas; y el estudio de la literatura clásica griega entre las personas educadas de Oriente Próximo. A estos elementos básicos, por supuesto, uno podría agregar una hueste de otras prácticas asociadas.

Helenismo y Judaísmo

Especialmente debido a cómo ciertos especialistas judíos antiguos representaron momentos claves en la historia judía (e.g., los productores de 1 y 2 Macabeos), académicos tradicionalmente retratan una diferencia esencial entre judaísmo y helenismo. Una profunda esencia de judaísmo existía que fundamentalmente entraba en conflicto con la profunda esencia del helenismo y la cultura griega. Mientras el judaísmo fundamentalmente concebía el cuerpo y el universo de manera unitaria y enseñaba la resurrección del cuerpo, la cultura griega fundamentalmente operaba con una visión platónica-dualista del cuerpo y el universo y enseñaba la inmortalidad del alma. Mientras el judaísmo era esencialmente conservador e involucraba la observancia de sus leyes, que separaban a los judíos del resto del mundo, el helenismo era esencialmente liberal y se preciaba de romper barreras tradicionales y asimilar a todos a la "cultura griega" universal. Los académicos frecuentemente han identificado las formas más verdaderas del judaísmo antiguo con los escritos que abiertamente representan un conflicto entre los judíos fieles y los simpatizantes helénicos. Al punto tal, que un judío antiguo que "adoptaba" elementos de la cultura helénica, él o ella, era un sincretizador que distorsionaba el judaísmo. Eventualmente surgió un gran conflicto militar y social: la revolución macabea. Piadosos fieles judíos hicieron la guerra para proteger su judaísmo esencial contra los peligros de judíos helenizantes, cuya colaboración con los gobernantes helénicos eventualmente trajo leyes contra ser judío. Comprender el judaísmo antiguo y el contexto judío de la temprana cristiandad implica captar los temas históricos y teológicos generados por el conflicto fundamental entre judaísmo y helenismo.

Aunque elementos del enfoque tradicional esbozado con anterioridad tienen validez, debe calificarse agudamente en varias áreas. Por una parte, describe la situación en términos de la explicación de una minoría entre los antiguos intelectuales judíos. Además de no representar el espectro diverso de otras élites e intelectuales judíos, ciertamente no se aproxima a las visiones del judío promedio. La concepción del judaísmo como una entidad monolítica también dista del punto. Los judíos que creían en la inmortalidad del alma e interpretan el mundo en términos de categorías filosóficas estoicas no eran menos judíos que aquellos que rechazaban tal categoría. Simplemente eran diferentes. Más importante aún, como muchos otros intelectuales judíos antiguos, los judíos más vehementemente anti helenistas escribieron en griego, usando formas y estrategias literarias comunes en la literatura griega. Incluso los escritos judíos en hebreo manifiestan características helénicas. Por ejemplo, algunos de los Manuscritos del Mar Muerto trabajan con teorías médicas predicadas por visiones griegas clásicas del cuerpo. Uno no debería pensar que porque algo es judío es menos probable que sea helénico.

Todas las formas de judaísmo antiguo de las cuales estamos conscientes se helenizaron en algún grado. Hasta cierto punto manifestaron una mezcla de prácticas culturales, incluso al nivel de patrones de pensamiento. Por lo tanto, todas las formas de judaísmo, incluso la practicada por Jesús, los autores del NT y otros cristianos tempranos eran en cierto grado helénicas. Colocar a Jesús y las escrituras del NT dentro de la amplia matriz de las prácticas y comprensión del mundo judías helénicas ayuda a entenderlos.

Por ejemplo, el pensamiento y literatura apocalíptica judía se desarrollaron y continuaron tomando forma entre los especialistas judíos dentro de la mezcla cultural helenística. Sus visiones semidualistas del mundo junto con sus varias concepciones de la vida después de la muerte tienen sentido como parte de visiones helenísticas más amplias. Jesús y otros cristianos tempranos explícitamente enseñaron y escribieron acerca de la salvación de Dios en Cristo dentro de tales matrices helénico-judías. Así, las concepciones apocalípticas de Pablo de la vida después de la muerte, redefinidas alrededor de Cristo, en 1 Cor. 15 involucran comprensiones de la resurrección del cuerpo en categorías comunes a la filosofía helenística. Será un cuerpo compuesto de una sustancia celestial más liviana asociada con el reino divino superior y no las sustancias más pesadas de la sangre y la carne del mundo inferior, como muchas de las sensibilidades filosóficas helénicas concebían las posibilidades de existencia de la vida después de la muerte. De esta manera, las creencias judías apocalípticas de Pablo sobre la bendición de la resurrección al final de los tiempos, que ocurren primero y principalmente en Cristo, también involucraban completamente visiones helénicas más amplias. Jesús y los cristianos tempranos vivían en un mundo helenístico de larga data y continua mezcla cultural.

HELENISTAS, JUDÍOS HELENÍSTICOS Los helenistas (hellēnistai) o "judíos helenísticos", mencionados en Hechos 6:1, son cristianos judíos de habla griega que migraron de regreso a Israel y se distinguen de los "judíos hebreos" nacidos localmente, de habla aramea. Ambos grupos están involucrados en una disputa sobre la distribución de comida entre las viudas. El principal vocero de los helenistas es Esteban, que es posteriormente martirizado por su fe (Hec. 7; sus oponentes también son judíos helenísticos [6:9]). La misma palabra griega se usa para referirse a los judíos de habla griega en Antioquía (9:29) y a gentiles de habla griega no cristianos (11:20; NIV: "griegos"). Pablo mismo era un judío helenístico, nacido en Tarso en Cilicia (21:37; 22:3). Es evidente a partir de la vida de Pablo que ser un helenista no necesariamente significa que estaba menos comprometido con las leyes y costumbres judías (*véase* Flp. 3:5-6).

HELEQUITA *Véase* Helec.

HELEZ (1)Un efraimita entre los poderosos hombres de David, era el comandante de una división del ejército de veinticuatro mil soldados. Se identifica como un paltita/pelonita (2 Sm. 23:26; 1 Cr. 11:27; 27:10). (2) El hijo de Azarías, un descendiente de Judá (1 Cr. 2:39).

HELÍ Una persona de otra forma desconocida en la genealogía de Jesús mencionado sólo en Lc. 3:23 como el padre de José. Académicos han propuesto varias soluciones para las diferencias entre las genealogías de Jesús correspondientes a Lucas (3:23-28) y Mateo (1:1-17). Tertuliano sugiere que Lucas proporciona el linaje de José y Mateo da el linaje de María (que no calza con la formula "begat" de Mateo). Annio de Viterbo sugiere lo inverso: Mateo da la genealogía José y Lucas da la de María (lo que no calza con la declaración explícita de Lucas de estar dando el linaje de José). Otros han sugerido que Lucas da la genealogía natural de José a través de Helí y Mateo da la genealogía legal a través de Jacob (que no calza con la fórmula "begat" de Mateo). Tal vez una mejor sugerencia es que Mateo da una genealogía natural a través de Jacob y Lucas da una al linaje legal de José (por adopción, matrimonio levirato u otros arreglos legales) a través de Helí. Sexto Julio Africano (170-245 AD) tenía una innecesariamente complicada versión de este escenario.

HELIÓPOLIS El nombre "Heliópolis" es griego para "ciudad del sol". (1) El nombre griego para la ciudad referida en hebreo como "On" o "Aven" (Gn. 41:45, 50; 46:20; cf. Ez. 30:17) (la ortografía hebrea es similar). Es una de las ciudades más antiguas del Bajo Egipto, que data del período predinástico. Sus ruinas se encuentran en Tel Al-Hisn, Ain Shams y Mata riyeh que están aproximadamente a dieciséis kilómetros al noreste de El Cairo.

Heliópolis era el centro de adoración para Ra, el dios sol; y Atum, el dios creador. Los sacerdotes de Heliópolis estaban entre los más poderosos de Egipto. Oficiaban en todos los festivales principales y producían una de las mayores versiones de la religión y mitología egipcia. La prominencia del sacerdocio se refleja en la descripción de José casándose con Asenat, la hija de Putifar, el sacerdote de On (Gn. 41:45, 50; 46:20). Los egipcios llamaban la ciudad por un nombre que significa "ciudad de pilares". Sus templos estaban embellecidos con muchos obeliscos, para atrapar los primeros rayos del sol matinal. Jeremías profetizó la destrucción de los obeliscos y templos en Heliópolis (Jr. 43:13; cf. Ez. 30:17). La ciudad floreció como un lugar de aprendizaje hasta ser eclipsada por Alejandría. (2) El nombre griego para Baalbek es El Líbano.

HELÓN El padre de Eliab, que era el líder tribal de Zabulón durante la travesía por el desierto (Nm. 1:9; 2:7; 7:24, 29; 10:16).

HEMAM *Véase* Homam.

HEMÁN (1) Uno de los líderes de adoración en tiempos del rey David (1 Cr. 16:42), un descendiente de Leví a través de Cohat y Joel (1 Cr. 6:33). Hemán era uno de los videntes del rey David, que involucraban profetizar y adoración musical (1 Cr. 25:1, 4-5). Dos de los famosos colegas de Hemán eran Asaf y Jedutún. (2) Un descendiente de Judá a través de Zéraj (1 Cr. 2:6) cuyo nombre aparece en la inscripción del Sal. 88 como "Hemán el ezraíta". Era conocido por su sabiduría (1 Re. 4:31). Algunos han sugerido que es la misma persona que en 1 Cr. 6:33; 16:42; 25:1, 4-5.

HEMDÁN Primer hijo de Disón y nieto de Seir el horeo que vivió en la tierra de Edom (Gn. 36:26). En algunas versiones de 1 Cr. 1:41, en la genealogía de Esaú, es llamado "Hamram" (NKJV, NRSV; *véase* NIV mg.).

HEMORRAGIA La palabra "hemorragia" a veces se usa para referirse a un "flujo de sangre" o "descarga de sangre" relacionada a los órganos reproductivos de una mujer (Lv. 12:7; cf. Mt. 9:20), que la volvía ritualmente impura. La impureza de la menstruación volvía a la mujer impura durante siete días y se transmitía a cualquier persona o cosa que ella tocara (Lv. 15:19-24). Así, las relaciones sexuales con una mujer durante este período estaban prohibidas (Lv. 18:19; 20:18; cf. Ez. 22:10). Una mujer que sufría de sangrados irregulares o prolongados se consideraba limpia sólo una vez que el sangrado cesaba por siete días (Lv. 15:25-28). Jesús sanó a una mujer que había estado sufriendo de sangrado por doce años (Mt. 9:20-22; Mc. 5:25-34; Lc. 8:43-48). En vez de que Jesús se volviese impuro porque ella tocó su vestimenta, el poder de su santidad la limpió. La mujer, que había sido excluida de adorar en el templo debido a su "impureza" física (Lv. 15:31), fue transformada por la gracia y ahora fue un miembro de la nueva familia de Jesús.

HEMORROIDES Las hemorroides son el resultado de una dolorosa inflamación de las venas en la región del ano, frecuentemente acompañadas de sangrado. Dios puede haber infligido esta condición en los filisteos—lo que los escritores bíblicos llaman "tumores" (1 Sm. 5:6, 9, 12; 6:4-5, 11, 17)— como castigo por capturar estos el arca de la alianza de los israelitas y colocarla junto a su Dios agrícola, Dagón. Pero la mayoría de los académicos ahora suponen que se describe una forma de plaga bubónica. La traducción de la KJV "almorranas" probablemente es responsable de la interpretación tradicional.

HEN (1) El hijo de Sofonías, uno de cuatro hombres conmemorados por las coronas sacerdotales que debían residir en el templo (Zac. 6:14).

HENA Hena aparece junto a Iva en el discurso del comandante de campo asirio (2 Re. 18:34; 19:13; Is. 37:13) al rey Ezequías. Interpretaciones de este término varían de una ciudad (posiblemente Anah en el medio del Éufrates cerca de Damasco), a un verbo que significa "enviado a deambular" (Targum) o "desplazado" (traducción griega de Símaco), a una deidad identificada con la sexta estación de la luna. Hay dificultades presentes en cada interpretación.

HENADAD Una familia levita entre los regresados con Zorobabel (Esd. 3:9). Miembros de esta familia participaron en la reconstrucción de Jerusalén bajo la dirección de Nehemías (Neh. 3:18, 24) y sellaron la alianza con Dios tras la lectura pública de la ley por parte de Esdras (Neh. 10:9).

HENNA Los brotes de henna son flores aromáticas que a veces se usan para producir perfumes (Cant. 1:14; 4:13; KJV: "alheña"). La planta de henna también se usa para crear tinturas. *Véase también* Alheña; Flores.

HERALDO Un mensajero comisionado para entregar una proclamación de parte de un personaje de la realeza. El heraldo del rey Nabucodonosor anuncia que todos los súbditos deben adorar una estatua dorada o serán lanzados a un horno encendido (Dn. 3:4). Dios instruye a Habacuc que registre su oráculo respecto de la futura destrucción de Babilonia en una tableta para que pueda ser entregada por un heraldo (Hab. 2:2). Pablo fue designado como un apóstol y un heraldo del evangelio a los gentiles (1 Tim. 2:7; 2 Tim. 1:11).

HEREDERO *Véase* Herencia.

HEREJÍA La palabra "herejía" proviene del griego hairesis, que se usa en el NT para referirse a una secta, partido o escuela. Se usa para describir a los fariseos y los saduceos (Hec. 5:17; 15:5; 26:5), y también se refieren así a los cristianos, aunque sólo por los forasteros (24:5, 14; 28:22). Pablo fuertemente condena la tendencia de las comunidades cristianas de separarse en facciones e incluso da una lista de facciones como un obvio acto de naturaleza pecaminosa (1 Cor. 11:19; Gal. 5:20; cf. Tit. 3:10). Cuando se usa esta palabra, él parece principalmente preocupado con las actitudes díscolas de personas en la iglesia que violan la unidad cristiana más que en doctrina incorrecta.

Es en los escritos posteriores del NT que vemos la palabra "herejía" usada en conexión con una creencia incorrecta que es "destructiva", trayendo "condenación" a aquellos que la enseñan (2 Pe. 2:1-3). Las connotaciones de este pasaje —herejía como una falsa enseñanza— se volvió el significado dominante de la palabra. Tal vez el uso de la palabra "herejía" de esta manera provino de las condenas comunes por parte de la iglesia temprana de falsas enseñanzas y cismáticos que se separaban a sí mismos de la más amplia comunidad cristiana.

En su uso genérico actual, la palabra "herejía" indica una desviación de las enseñanzas cristianas aceptadas y creencias extensivas suficientes para ser consideradas una interpretación inválida e incompatible con la fe. Los herejes (aquellos que creen o exponen herejías) declaran una alianza a la fe cristiana, pero sostienen convicciones que son percibidas por la iglesia universal como alteraciones fundamentales de la fe como se recibió de los apóstoles.

La mayoría de las herejías involucran un malentendido de la persona de Cristo o de las relaciones de las personas dentro de la Trinidad. Por ejemplo, un grupo de creyentes tempranos que seguían las enseñanzas del maestro Arrio que enseñaba que Jesús era la "primera creación" de Dios Padre y que en realidad era sólo cuasi-divino. Esto puede parecer como una distinción sutil e irrelevante para algunos, pero tiene el efecto de hacer a Dios finalmente desconocido para el mundo, ya que la encarnación no fue realmente de Dios en la carne y Jesús es sólo otro pálido intermediario en vez del Señor verdadero. Consejos de líderes de la iglesia (obispos) declararon el arrianismo incorrecto en el Consejo de Nicea en el año 325 AD, y por lo tanto se considera una herejía.

Existe acuerdo general entre las ramas del cristianismo (católico romano, occidental ortodoxo, protestante) acerca de la falsedad de muchas herejías que han aparecido en la historia de la cristiandad, pero aun hay desacuerdo respecto a ciertos temas, ya que la iglesia católica romana proclamó a Martín Lutero como un hereje en su época. Mientras la iglesia debe permanecer eternamente vigilante contra la extensión y aceptación de enseñanzas falsas o erróneas, con demasiada frecuencia la palabra "herejía" se usa descuidadamente para reforzar las mismas divisiones que Pablo habría condenado.

HERENCIA La herencia es un concepto importante que la Biblia usa de diversas maneras.

Familia. En el mundo antiguo cada cultura tenía costumbres para pasar la riqueza y posesiones de una generación a la siguiente. En el antiguo Israel se hacían provisiones especiales para heredar la tierra tras la muerte del padre. El primogénito recibía una doble porción; el resto se dividía igualmente entre los hijos restantes. Si un hombre no tenía hijos, las prioridades seguían el orden a continuación: hijas, hermanos, hermanos del padre, pariente más cercano (Nm. 27:1-11). El AT proporciona guía para circunstancias adicionales (Gn. 38:8-9; Nm. 36:6; Lv. 25:23-24; Dt. 21:15-17; 25:5-10; Rut. 2:20; 3:9-13; 4:1-12) con una preocupación primordial por la estabilidad de la familia y la retención de la tierra dentro de la tribu. Bajo la ley romana durante el período del NT, un heredero tenía autoridad legal incluso mientras el padre estaba todavía vivo; su estatus se basaba en nacimiento o adopción en vez de la muerte del padre.

Antiguo Testamento. Incluso más prominente que la herencia familiar es la aserción de que Dios le dio la tierra de Canaán a Abraham y sus descendientes en herencia (Gn. 12:7; 15:18-21; 17:8; Nm. 34:1-29; Dt. 12:10). Esta herencia es el regalo gracioso de Dios, no algo que Israel ganó por su justicia (Dt. 9:4-7). Descripciones de la tierra ("que fluye con leche y miel") y su fertilidad retratan este regalo como un nuevo Edén, donde Dios residirá con su pueblo (Éx. 3:8, 17; Lv. 20:24; Nm. 16:13-14; Dt. 11:9-12). En algunos textos el lenguaje de herencia va más allá de la tierra de Canaán a un ámbito internacional. En Sal. 2:8 el rey ungido relata a Dios diciéndole: "Pídeme y haré de las naciones tu herencia, los confines de la tierra tu posesión". Esta expansión de herencia de la tierra de Canaán a los confines de la tierra prepara el camino para una expansión similar en el NT (*véase* Rom. 4:13).

La relación de Dios con Israel también es descrita en términos de herencia. Por una parte, Israel es descrito como la herencia de Dios (Dt. 32:9; 1 Sm. 10:1; 1 Re. 8:51-53); por otra parte, Dios es la herencia de Israel (Sal. 16:5; 73:26; Jr. 10:16; 51:19). Esta mutualidad expresa la intimidad de la relación de Dios con Israel.

Nuevo Testamento. El lenguaje de herencia es tomado en el NT y extendido en una variedad de formas. Primero y principalmente, Jesucristo es el "heredero de todas las cosas", el Hijo a quien el Padre le ha dado autoridad en el cielo y en la tierra (Mt. 28:18-20; Heb. 1:2-5). A través de unión con Cristo, los creyentes comparten la herencia de Cristo (Rom. 8:17), habiendo sido calificados por el Padre para compartir esa herencia (Col. 1:12). Lo que los creyentes heredan es descrito en una variedad de formas: la tierra (Mt. 5:5), vida eterna (Lc. 10:25), el reino (1 Cor. 6:9-10; Sant. 2:5), salvación (Heb. 1:14), bendición (Heb. 12:17; 1 Pe. 3:9). Esta herencia fue representada por la muerte de Cristo y sellada por su sangre (Heb. 9:15-28). Los creyentes experimentan los beneficios de esta herencia a través del Espíritu ahora (Ef. 1:14, 18), pero su plenitud se reserva en el cielo y espera la consumación (1 Pe. 1:4-6).

La conexión entre la herencia del creyente y el Espíritu es especialmente prominente en Pablo. En Gal. 4:1-7, Pablo usa una combinación imaginería del éxodo y legal para explicar el evangelio. Antes de la venida de Cristo, el pueblo de Dios era heredero bajo el cuidado de guardianes y administradores. Pero una vez que Cristo vino y los redimió por debajo de la ley, recibieron toda su herencia como hijos e hijas adoptivas. Central para esa herencia es el regalo del Espíritu, que grita, "Abba, Padre". Es este regalo del Espíritu que definitivamente marca a los creyentes como hijos e hijas en vez de esclavos. Porque los creyentes poseen el Espíritu como una herencia en cumplimiento de la promesa de Abraham (Gal. 3:14; cf. Is. 44:3-5) y se han trasladado de la esclavitud bajo la ley a la libertad en Cristo (Gal. 5:1).

HERES **(1)** Una región montañosa, junto con Ajalón y Shaalbim, habitada por los amorreos. La tribu de Dan fue incapaz de expulsarlos de esta región durante la conquista del Canaán (Jue. 1:34-35). **(2)** La región a través de la cual Gedeón regresó tras derrotar a Zeba y Zalmuna. Gedeón capturó a los dos reyes madianitas y derrotó a sus ejércitos (Jue. 8:13). **(3)** Parte del nombre de la ubicación del lugar de entierro de Josué. El nombre se da como "Timnat Heres" en Jue. 2:9. Se ubicaba cerca del Monte Gaas en el territorio de Efraín. El pueblo también es descrito como Timnat Sera en Js. 19:50; 24:30.

HERES Un levita y descendiente de Asaf, estaba entre aquellos que regresaron a Jerusalén tras el exilio (1 Cr. 9:15).

HÉRET La región boscosa hacia la cual David y sus hombres huyeron del rey Saúl tras ser instruidos por el profeta Gad de abandonar la fortaleza de Moab (1 Sm. 22:5). La ubicación exacta se desconoce, aunque tal vez a partir de la asociación con la travesía de David en la cueva de Adulam, algunos académicos identifican a Héret con la cercana Kharas, que se encuentra entre Adulam y Gilo.

HERIDA En versiones modernas, la palabra "herida" traduce varias palabras denotando daño que puede ocurrirle a una persona. La más destacable ocurrencia de "herida" es en Éx. 21:22-23, donde la ley discute el caso en el cual "personas están peleando y golpean a una mujer embarazada y ella da a luz prematuramente, pero no hay una herida seria". Aquí, "herida seria" traduce la palabra hebrea 'ason, en otras partes "daño" (Gn. 42:4, 38; 44:29). Los académicos debaten exactamente qué daño se tiene en consideración; relacionado a la cuestión está el tema de la frase precedente: literalmente, "sus hijos salen", lo que la NIV presenta como "da a luz prematuramente", la NRSV como "hay un aborto".

HERMANA Las hermanas juegan un rol muy importante en muchas narraciones del AT. Sara era la medio hermana de Abraham (Gn. 20:12; el matrimonio o las relaciones sexuales con la medio hermana de uno se prohibieron posteriormente [Lv. 18:11; 20:17]). Más de una vez buscó protegerse a sí mismo de manera cobarde presentándola como su hermana, sin mencionar que también era su esposa (Gn. 12:10-12; 20). Isaac repitió el pecado de su padre (Gn. 26). Jacob amaba a Raquel, pero fue engañado por su padre, Labán, para que se casase con su hija mayor, Lea, iniciado una de las rivalidades de hermanas más despiadada de la Biblia. Miriam, la hermana de Moisés, era una profeta y líder importante de derecho propio (Ex. 15:20; pero véase Nm. 12:1, cuando ella desafía la autoridad de Moisés). Amnón comenzó una amarga contienda con su medio hermano Absalón cuando Amnón violó a la hermana de Absalón, Tamar (2 Sm. 13). Jeremías y Ezequiel, ambos representan a los reinos norte y sur como hermanas infieles (Jr. 3:6-10; Ez. 23; cf. Ez. 16).

Ciertas historias bíblicas indican que las hermanas eran protegidas por sus hermanos, más que por los padres. Es Labán quien negocia los términos del matrimonio de su hermana Rebeca con Isaac (Gn. 24). Dina es vengada y defendida por sus hermanos; Jacob no hace nada (Gn. 34). Tamar cae bajo la protección de Absalón, no de David (2 Sm. 13). En el Cantar de los Cantares, son los hermanos, no los padres, quienes supervisan a la niña (1:6) y quienes discuten su protección hasta que sea mayor de edad (8:8-9), aunque ella declara que es capaz de cuidarse sola (8:10).

En el NT, las hermanas más famosas son María y Marta (Lc. 10:38-42), que lloran la muerte de su amado hermano, Lázaro (Jn. 11). A lo largo del NT, los miembros de la iglesia con frecuencia se refieren como "hermanos y hermanas" (e.g., Mt. 18:15; Hec. 6:3; 1 Cor. 12:1; Flp. 4:8; Sant. 1:2; 1 Jn. 3:13; muchas versiones modernas de la Biblia [tales como GW, NIV, NLT, NRSV] traducen el término griego adelphoi como incluyendo a hombres y mujeres), continuando con la redefinición de familia de Jesús: "quienquiera que haga la voluntad de mi padre en el cielo a mi hermano y hermana y madre" (Mt. 12:50). *Véase también* Amor Fraternal; Hermanos y Hermanas de Jesús.

HERMANOS Y HERMANAS DE JESÚS Los hermanos de Jesús son mencionados varias veces en los Evangelios, en Hechos y en las Epístolas Paulinas. En Marcos 6:3 (*ver también* Mateo 13:55-56) se nombra a cuatro hermanos y se mencionan a unas hermanas, aunque no se señala el nombre o el número de hermanas. La gente de Nazaret se sintió ofendida por la prédica de Jesús en la sinagoga y se sorprendió al enterarse de que Jesús, dada las afirmaciones dramáticas que él dijo de sí mismo en su sermón ahí (ver Lucas 4:16-30), es el hijo y el hermano de aldeanos locales (María y sus hijos Santiago, Joses [escrito como "José" en Mateo], Judas y Simón). En la escena de la crucifixión en Marcos, a una de las mujeres presentes se le identifica como "María, la que era madre de Jacobo el menor y de José [NVI mg.: "Joses en griego"]" (Marcos 15:40). Sin embargo, es poco probable que estos sean la madre y hermanos de Jesús, ya que sería extraño identificar a María como la madre de estos dos hermanos poco conocidos en vez de referirse al mismo Jesús.

En Marcos 3:32-35 Jesús redefine lo que significa él para su hermano, hermana o madre en el reino de Dios como respuesta al ser notificado de que su madre y hermanos terrenales, que en este punto no comprendían su misión (ver 3:21), lo estaban esperando afuera de la casa de Capernaúm. Aunque al parecer María y los hermanos de Jesús viajaron con él alrededor de Galilea (*ver* Juan 2:12), en el Evangelio de Juan se hace explícita la incredulidad de los hermanos (7:2-10), que está implícito solamente en Mateo y en Marcos. En Hechos 1:14 se muestra el dramático cambio que ocurrió en la respuesta de los hermanos de Jesús hacia él después de la resurrección. María y los hermanos de Jesús se reunieron con todo el cuerpo de los discípulos de Jesús en oración, hermandad y enseñanza.

Jacobo (aparentemente uno de los hermanos mayores de Jesús) se convirtió en un líder clave para la iglesia de Jerusalén (Hechos 12:17; 21:18) y pronunció la decisión en el consejo de Jerusalén (Hechos 15:13). A él también se le identifica tradicionalmente como el autor de la carta del Nuevo Testamento que lleva su nombre (Santiago 1:1). Otra carta del Nuevo Testamento puede que también haya sido escrita por un hermano de Jesús, dado que Judas se identifica a sí mismo como "un hermano de Jacobo" (Judas 1), que es una referencia probable de este mismo Jacobo.

En Corintios 9:5 Pablo discute (por medio de una pregunta retórica) sobre el derecho de los misioneros cristianos de llevar "una esposa creyente" junto a ellos en su trabajo, así como lo hicieron los otros apóstoles y los hermanos de Jesús. Finalmente, mientras relata su primer viaje a Jerusalén tras su conversión, Pablo hace mención de un encuentro con Jacobo al aludir "el hermano del Señor" (Gálatas 1:19).

Según el historiador judío Josefo, Jacobo el hermano de Jesús tuvo una muerte de mártir a manos del sumo sacerdote judío Ananías (Ant. 20.197-200).

HERMAS Pablo saluda a un cierto Hermas, posiblemente un líder en una de las iglesias hogares romanas (Rom. 16:14). Otro cristiano romano, un profeta, del mismo nombre y tal vez hermano del Obispo Pío (c. 140-154 AD), escribió Pastor de Hermas.

HERMENÉUTICA *Véase* Hermenéutica Bíblica.

H

HERMES **(1)** Una deidad griega (equivalente al dios romano Mercurio) asociado con la ciencia y la elocuencia, se decía que había aparecido con el dios Zeus en Listra (Ovidio, Metam. 8.611-724). Una multitud en Listra identificó a Pablo como Hermes y a Bernabé como Zeus después de que Pablo sanara a un hombre que no podía caminar (Hec. 14:8-12). **(2)** Un cristiano saludado por Pablo (Rom. 16:14). No es especificado como judío (cf. Rom. 16:7, 11, 21), y en Roma el nombre "Hermes" era típico de (antiguos) esclavos.

HERMÓGENES Un creyente apostatado a quien Pablo nombra mientras escribe desde prisión (2 Tim. 1:15). Pablo declara que Hermógenes, Figelo y todos los demás en la provincia de Asia lo han abandonado. La decepción de Pablo con Hermógenes se menciona en el contexto de su exhortación a no avergonzarse por sufrir por el evangelio.

HERMÓN, MONTE La montaña más alta en el antiguo Israel, con su pico más alto llegando a los dos mil ochocientos cuatro metros, Debido a su altura, su cima está cubierta de nieve todo el año, provocando abundante rocío en comparación a la tierra árida en la región con su hielo derretido sirviendo como una importante fuente del río Jordán.

Los cananeos se referían a Hermón como Sirión, Shenir o Senir (Dt. 3:9) al igual que algunos textos bíblicos (e.g., 1 Cr. 5:23). Se ubica sobre el Valle del Líbano (Js. 11:17) y sobre Mizpa (11:3), donde Josué persiguió y derrotó a los reyes cananeos en la Aguas de Merom (11:1-7). Hermón se identifica con el moderno Jebel es-Sheik (árabe para "montaña del jeque") alrededor de cuarenta kilómetros al sureste de Damasco.

HERMÓN formaba la frontera norte de la conquista amorrea de Israel (Dt. 3:8; Js. 11:17). Antes de que los israelitas conquistaran la región, los hivitas residían allí (Jue. 3:3) y era gobernada por el rey Og de Basán (Js. 12:4-5) y el rey amorreo Sehón (Js. 13:10-11) y era

Monte Hermón.

conocida como "el área de los gebaleos [NIV: "Biblos"]" (Js. 13:5).

La antigua mitología del Oriente Próximo asociaba a las altas montañas con la residencia de los dioses, de manera que no es de sorprender que los cananeos consideraran la montaña como sagrada. Arqueólogos han encontrado restos de la Edad de Hierro (1200-586 a.C.) en la cima y más de veinte templos datados de períodos posteriores. Esto probablemente explica referencias en el Biblia a "Baal Hermón" (Jue. 3:3) y "Baal Gad bajo el Monte Hermón" (Js. 13:5).

HERMÓN se menciona quince veces en la Biblia (Dt. 3:8, 9; 4:48; Js. 11:3, 17; 12:1, 5; 13:5, 11; Jue. 3:3; Sal. 42:6; 89:12; 133:3; Cant. 4:8; 1 Cr. 5:23). Es conocido por sus leones y leopardos (Cant. 4:8) y pinos (Ez. 27:5). Es alabado por su rocío (Sal. 133:3) y mencionado en referencia a otras montañas (89:12), el río Jordán (42:6) y el poder de Dios (29:6). Hermón no se menciona en el NT, pero debido a su proximidad geográfica con Cesarea de Filipo algunos han sugerido que fue la ubicación de la transfiguración de Jesús que Marcos 9:2 ubica en una "montaña alta".

HERMONITAS El plural hebreo khermonim (lit., "hermones") aparece sólo en Sal. 42:6 (42:7 texto masorético) y es presentado en la KJV como "hermonitas" (NIV: "alturas de Hermón") refiriéndose a los múltiples picos del Monte Hermón (cf. NASB). *Véase también* Hermón, Monte.

HERODES Varios reyes de los judíos, relacionados por nacimiento, tenían el nombre "Herodes". Los Herodes formaban una dinastía real que floreció durante la época de Cristo y la iglesia temprana. El fundador de la dinastía fue Herodes Antipas, que fue designado por César en el año 47 a.C. como procurador de Judea. Los Herodes, siendo parcialmente edomitas (descendientes de Esaú) al igual que leales servidores de Roma, nunca fueron aceptados por sus súbditos judíos. La historia familiar se caracterizaba por lujuria, intriga, y derramamiento de sangre. Se oponían a la fe cristiana, a veces violentamente, siendo responsable por el intento de asesinato de Jesús (Mt. 2:16), la decapitación de Juan el Bautista (Mt. 14:1-12) y la ejecución del apóstol Santiago (Hec. 12:2).

(1) Herodes I (Herodes el Grande), hijo de Herodes Antipas, conocido como el rey Herodes (Mt. 2:1; Lc. 1:5). Gobernó Palestina en los años 37-4 a.C. con el consentimiento romano. Un hábil político, logró mantener el favor de Roma a través de cambiar alianzas con destreza cuando era necesario. Un gobernante capaz en ciertos aspectos, se comprometió en extensos trabajos de construcción. Su mejor proyecto fue el hermoseamiento del templo, que él esperaba le ganaría el favor de los judíos. Los rabís dirían posteriormente: "Quienquiera que no haya visto la construcción de Herodes, no ha visto nada bello".

Su gobierno, sin embargo, estuvo manchado por la paranoia, sospecha y crueles celos. Hizo matar a algunas de sus esposas e hijos por supuesta conspiración. En el Evangelio de Mateo es visitado por los reyes magos buscando a "uno que ha nacido rey de los judíos". Subsecuentemente, masacró a los infantes masculinos de Belén, intentando librarse de este nuevo, contendiente real (Mt. 2:1-11). Tras su muerte, su reino se dividió entre tres de sus hijos, Herodes Antipas, Herodes Arquelao y Herodes Filipo.

(2) Herodes Antipas, hijo de Herodes el Grande, también conocido simplemente como Herodes o Herodes el Tetrarca (Mt. 14:1; Lc. 3:19). Se le otorgó jurisdicción sobre Galilea y Perea, sobre la que gobernó desde el año 4 a.C. al año 39 AD (Lc. 3:1). Por esta razón, cuando Pilato escuchó que Jesús provenía de Galilea, lo envió con Antipas para que lo interrogara (Lc. 23:6-12).

Es infame por su rol en la muerte de Juan el Bautista, que posteriormente lo persiguió (Mt. 14:1-12; Mc. 6:14-29). Jesús se refería a él como "el zorro", aludiendo a su destructividad predatoria por haber matado a Juan el Bautista, que lo criticó por tomar a la esposa de su medio hermano, Herodías, en matrimonio. También intentó matar a Jesús (Lc. 13:31-32). Jesús advirtió a sus discípulos de la levadura de Herodes (Mc. 8:15). La levadura era una metáfora que a veces se usaba para describir como el mal se extiende y corrompe a toda la persona, tal vez una referencia a la lujuria de Herodes por Herodías y su asesina oposición a la palabra y el Hijo de Dios. (*Véase también* Antipas).

(3) Herodes Arquelao, etnarca de Judea, Samaria e Idumea (4 AC 6 AD) e hijo de Herodes el Grande (Mt. 2:22). (*Véase también* Arquelao).

(4) Herodes Filipo, hijo de Herodes el Grande y Cleopatra de Jerusalén; era tetrarca de Iturea y Traconítide en los años 4 a.C. a 34 AD (Lc. 3:1). Reconstruyó Paneas y la nombró "Cesarea de Filipo" en honor al emperador y a él mismo (Mt. 16:13; Mc. 8:27). Aparentemente, se casó con su sobrina Salomé III, hija de Herodías y su medio hermano, Herodes hijo de Mariamna II.

(5) Herodes (Filipo), hijo de Herodes el Grande y Mariamna II, estaba casado con Herodías, que lo dejó por su medio hermano Antipas (Mt. 14:3; Mc. 6:17; Lc. 3:19). Aunque comparten un nombre común, este es un hijo diferente de Herodes el Grande que el Herodes Filipo de Lucas 3:1.

(6) Herodes Agripa I, nieto de Herodes el Grande, también llamado "Rey Herodes" en las Escrituras (Hec. 12:1). En la cima de su poder (r. 37-44 AD), gobernó un área coextensiva con aquella de su abuelo. Persiguió a la iglesia temprana, matando a Santiago, hermano de Juan. Incentivado por los judíos, aprisionó a Pedro, con la intención de ponerlo en juicio, hasta que un ángel de Dios milagrosamente intervino para liberarlo. Murió prematuramente en Cesarea cuando fue abatido por no dar gloria a Dios (Hec. 12:20-25).

(7) Herodes Agripa II (reinó en Calcis entre los años 48-52 AD, y en Iturea entre 52-c. 93 AD), hijo de Herodes Agripa I. Motivado por el Gobernador Festo, le dio audiencia al apóstol Pablo para hacer su defensa. Rechazó el intento de Pablo de persuadirlo de la verdad de la fe cristiana (Hec. 25:13-27; 26).

HERODES, PALACIO DE Herodes el Grande (73-4 a.C.) construyó numerosos palacios a través de su reino, incluyendo aquellos en Jerusalén, Cesarea y Jericó, el Herodium y Masada, pero dos juegan un rol importante en el NT. La única mención explícita en el NT al "palacio de Herodes" (Hec. 23:35) se refiere al palacio (o pretorio) construido por Herodes en Cesarea Marítima, que se usó durante la época de Hechos como sede central de los gobernadores romanos en Judea. Cuando Pablo fue rescatado de un grupo de oponentes judíos que planeaban matarlo (Hec. 23:12-22), el gobernador, Félix, mantuvo a Pablo en el Palacio de Herodes hasta que sus acusadores judíos llegaron

Herodes el Grande Construyó teatros de estilo griego y un hipódromo en Jerusalén, como aparece en este modelo de Jerusalén del primer siglo (Museo de Israel)

de Jerusalén para denunciarlo cara a cara (Hec. 23:35).

Otro de los palacios de Herodes era la magnífica residencia construida para proporcionar protección para la Ciudad Superior de Jerusalén. Este palacio consistía de dos edificios principales, cada uno con salones de banquete, baños y acomodaciones para cientos de huéspedes. Estaba rodeado de arboledas, canales, estanques y fuentes. Este palacio se volvió la residencia oficial de los gobernadores romanos que venían a Jerusalén durante los principales festivales judíos y es probable que el juicio romano de Jesús ante Pilato ocurriese en el patio del palacio o pretorio (Mc. 15:16; cf. Jn. 18:28, 33; 19:9). Esto es más probable que la ubicación tradicional en la Fortaleza Antonia que sobre miraba el templo, ya que es improbable que Pilato se hubiese quedado en las algo espartanas barracas de la Antonia.

HERODIANOS Ya que el término "herodianos" aparece sólo tres veces en el NT (Mt. 22:16; Mc. 3:6; 12:13), no está claro si se refiere a un partido político o de manera más general a los adeptos de la dinastía herodiana. Herodes Antipas, hijo de Herodes el Gran, gobernó como tetrarca de Galilea durante el período del ministerio de Jesús, y esto es probablemente donde los herodianos se basan. En las tres apariciones del NT están conspirando con los fariseos contra Jesús. Esto es inusual en un sentido porque los herodianos estaban favorablemente dispuestos hacia las autoridades romanas (que mantenían a Herodes en el poder), mientras los fariseos en general se oponían al gobierno romano. Sin embargo, ambos grupos tenían razones para temer a Jesús y su influencia entre la gente, los fariseos por razones religiosas y los herodianos por razones políticas. Herodes y sus adeptos hubiesen sido recelosos de cualquier movimiento mesiánico que podría provocar una revuelta campesina entre los insatisfechos súbditos de Herodes. *Véase también* Partidos Judíos.

HERODÍAS La inescrupulosa esposa de Herodes Antipas que instigo la decapitación de Juan el Bautista (Mt. 14:1-12; Mc. 6:14-29). Herodías abandonó a su primer esposo, Herodes Filipo, hijo de Herodes el Grande y Mariamna II, para casarse con su medio hermano Herodes Antipas (Mt. 14:3; Mc. 6:17; Lc. 3:19). Cuando Juan el Bautista denunció públicamente la legalidad del matrimonio (cf. Lv. 18:16; 20:21), Antipas lo aprisionó y Herodías buscó vengarse. La oportunidad surgió a través de su hija, Salomé, cuyo baile tanto agradaba a Antipas que tontamente hizo un juramento prometiéndole lo que ella quisiera.

H

HERODIÓN Un cristiano que vivía en Roma a quien Pablo envía saludos y llama "su pariente" (Rom. 16:11; NIV: "compañero judío"). Esta descripción podría denotar una relación sanguínea, pero ya que Pablo usa el mismo término griego (syngenēs) para describir al menos a otros cinco individuos (Rom. 16:7, 21) y en otras partes de la carta para referirse a compañeros judíos (Rom. 9:3), es más probable que indique un paisano de la misma raza. El nombre implica una conexión a la casa de Herodes.

HERODIUM Uno de los palacios fortaleza construidos por Herodes el Grande para proteger su reino. Este imponente cerro de forma cónica, no mencionado en la Biblia, se ubica aproximadamente a doce kilómetros de Jerusalén y es claramente visible desde Belén. Según Josefo, Herodes fue enterrado allí tras morir en Jericó. Esto se confirmó en 2007, cuando la Universidad Hebrea de Jerusalén anunció el descubrimiento del sitio de entierro de Herodes en las pendientes noreste del cerro.

HERRAMIENTAS Implementos utilizados para el propósito de artesanía de alguna forma, ya sea en agricultura, comercio o artística.

Materiales

Puede asumirse que los primeros israelitas usaban herramientas hechas de madera, hueso y marfil para los mangos, y piedra para la parte de trabajo de la herramienta. Las herramientas de piedra eran usadas para martillear, molienda y corte. Muchos ejemplos de herramientas de piedra han sido descubiertos a través del antiguo Oriente Próximo. Granjeros y trabajadores de la antigüedad usaban algunas de las herramientas más básicas, como martillos, morteros, cuchillos y cinceles.

Algunas herramientas eran usadas casi exclusivamente para la construcción de otras herramientas. Instrumentos esféricos hechos de diorita o alguna otra sustancia muy dura eran usados para moldear un instrumento en forma usable. Gracias a su dureza y forma redonda, raramente se astillaban y podían ser usados con fuerza razonable.

Sólo ciertos tipos de piedra pueden transformarse en utensilios de corte. La piedra debía tener una dureza específica y una naturaleza cristalina para poder ser transformada en una hoja. Sólo el sílex y el pedernal cumplen con tales criterios, pero sólo el pedernal estaba fácilmente disponible para los nómades, siendo encontrado en forma de nódulos y pequeños cantos en depósitos de piedra caliza. Debido a la fragilidad del pedernal, el artesano debía ser muy cuidadoso en la cantidad de presión aplicada al hacer un cuchillo. El hecho de que tantos ejemplos de cuchillos de pedernal no sean de más de unos centímetros de largo sugiere que esto era más fácil de decir que de hacer. Los cuchillos de pedernal eran usados por los israelitas en rituales sagrados, incluyendo la circuncisión (Js. 5:2).

Los metales comenzaron a usarse para utensilios aproximadamente en el mismo tiempo en que Israel entró en la tierra prometida. Bronce, una aleación de cobre y estaño, se usaba para armamentos y utensilios de uso diario. El metal fundido era vertido en moldes hechos de piedra y luego moldeado y formado por un herrero. Un proceso similar se usaba para el hierro en los períodos posteriores a la institución de la monarquía. El Israel temprano aparentemente tenía pocos herreros capaces de tal trabajo, ya que las Escrituras registran que los israelitas recurrieron a los filisteos para la producción de sus herramientas de hierro (1 Sm. 13:19). Incluso tras el surgimiento de las aleaciones, sin embargo, parece haber habido una preferencia por los primitivos cuchillos de pedernal, especialmente en ceremonias sagradas, posiblemente porque el pedernal se mantenía filoso por más tiempo, o tal vez porque existía cierto tabú asociado con la mezcla de metales. La aplicación de lo profano a lo sagrado habría hecho la ceremonia inapropiada para Dios.

Tipos de Herramientas

Cuchillos. Los cuchillos eran fabricados en diversos tamaños. La versión más pequeña es mencionada en la destrucción por parte Joacim del manuscrito de Jeremías en Jr. 36:23 (algunas versiones españolas lo distinguen como un "cuchillo de escriba" [NIV] o "cortaplumas" [NRSV]). Este mismo cuchillo (hebreo ta'ar) también se usaba para rasurar (Nm. 6:5) y aparece en imaginería relacionada al filo o exactitud (Sal. 52:2; Is. 7:20). Entre quince y treinta centímetros habría sido el largo más normal de cuchillos usados para tareas diarias, como carnicería (Gn. 22:6).

Herramientas de agricultura. El arado venía en muchos tamaños y formas. En las áreas más fértiles, la reja de arado era innecesaria, y se usaba un utensilio más pequeño, similar a una azada simplemente para romper la capa superficial de la tierra (1 Sm. 13:21). El instrumento también se usaba en terrenos más irregulares, donde un arado típico tirado por animales no funcionaría. Era en realidad este instrumento el que se habría convertido en un arma de guerra o, en el caso de paz duradera, vuelto a transformar en un utensilio de granja (Is. 2:4; Miq. 4:3). En regiones más áridas, donde la tierra estaba más endurecida y difícil de romper, se usaba la reja de arado más grande. De un modo muy conocido en el mundo occidental, la reja de arado era amarrada a una bestia de carga y guiada por el campo del granjero para preparar la tierra para sembrar.

La cosecha involucraba la utilización de varias herramientas. El grano era primero cortado con una hoz (Jr. 50:16). En el antiguo Oriente Próximo, típicamente el mango de la hoz era corto y podía sostenerse con una mano. La hoja por lo general estaba compuesta por una mandíbula o asta curva con piezas de pedernal u otro objeto afilado engarzadas. Como instrumento de cosecha, la hoz también se convirtió en una imagen de juicio y reunión (Jl. 3:13; Mc. 4:29). Para cosechar uvas, se usaba un gancho de poda, que era similar en apariencia a la hoz, pero más pequeña (Is. 2:4).

Herramientas de mano. Varias herramientas de mano pequeñas eran similares a sus expresiones modernas, pero usadas para propósitos diferentes. Un punzón se usa para hacer hoyos. En el antiguo Oriente Próximo, esta herramienta estaba hecha de piedra, hueso o metal. Uno de los usos más distintivos para esta herramienta en la antigüedad era la perforación de orejas (Éx. 21:6; Dt. 15:17). Los serruchos se hacían con un mango de madera en un extremo o ambos. Una antigua tradición dice que Isaías fue cortado en dos con un serrucho (cf. Heb. 11:37). Las hachas se usaban para talar árboles (Dt. 19:5; Mt. 3:10) pero también para cortar piedras y removerlas de las canteras (1 Re. 6:7). Los modelos iniciales eran hechos de piedra, pero para el período de la nación de Israel el implemento era casi siempre hecho de hierro. Eso se demuestra en lugares donde una cabeza de hacha es llamada barzel, la palabra hebrea para "hierro" (Dt. 19:5; 2 Re. 6:5).

Herramientas de construcción y manufactura. Cuando se trataba de construcción y manufactura, los israelitas nuevamente usaban instrumentos muy similares a aquellos empleados por sus contrapartes modernas. Los israelitas usaban martillos (Is. 44:12) hechos de piedra, con mangos de madera, para grandes trabajos de construcción. También tenían varios tipos de cinceles y otros elementos para tallar (Éx. 32:4; Dt. 15:17). Para golpear estos cinceles y herramientas de tallado probablemente se usaba un martillo de madera, similar al de los artesanos hoy en día. Una plomada se utilizaba para asegurar que los muros estuviesen derechos. El simple aparato consistía en un largo de cuerda con un peso atado en el extremo. La plomada era sostenida contra la pared mientras esta era construida, para determinar que el muro era consistentemente vertical. Como tal, servía de imagen apropiada para si Israel era recto en relación a su alianza con Dios (Am. 7:7-9). Los alfareros usaban una rueda alfarera (Jr. 18:3), y los tejedores usaban un telar con un entramado para crear intrincados patrones de tela (Jue. 16:13-14). Los herreros usaban fuelles, pinzas y martillos diseñados especialmente para su trabajo (Is. 44:12).

Para la época de NT, los artesanos eran mucho más dependientes del hierro para sus herramientas. Avances en la fundición y manipulación de aleaciones permitieron que el hierro crudo de eras anteriores comenzara a acercarse al acero templado de la Edad Media. Esto permitió más flexibilidad en cómo podían utilizarse utensilios como martillos y permitió la creación de cinceles más efectivos. Como resultado, la artesanía en piedra, mármol y otras superficies duras se hizo más prevalente, y osarios, estatuas y la construcción de fachadas se volvieron más decorados con intrincados diseños. Muchos ejemplos de tales artesanías han sido desenterrados en excavaciones arqueológicas.

HERRERO Alguien que trabaja con hierro, ya sea en el proceso de fundido o usando herramientas para dar forma al metal. El término en sí mismo no se usa en la KJV, NIV o en la mayoría de las versiones, aunque el oficio es referido de varias maneras: "artesanos", "herreros", "aquellos que trabajan con hierro". Al prepararse para construir el templo, Salomón apeló a Hiram, rey de Tiro, por "un hombre hábil para trabajar en oro y plata, bronce y hierro" (2 Cr. 2:7). El rey Joás y Joiada contrataron herreros y otros trabajadores de metal junto con albañiles y carpinteros para restaurar el templo de Jerusalén (2 Cr. 24:12). La herrería era una ocupación importante en el período bíblico debido a la necesidad por hierro tanto en herramientas como en armas para la guerra.

HERRUMBRE Este término aparece en la traducción de la KJV para 2 Timoteo 2:17; Santiago 5:3 que implica el uso de dos palabras griegas distintas. Herrumbre es cualquier origen de corrupción o degradación. En 2 Timoteo 2:17 la palabra sería gangraina, que alude a la enfermedad en la que se propagan y se inflaman las úlceras. En las traducciones modernas se usa "gangrena", que es la muerte local de tejidos corporales debido a la pérdida de abastecimiento de sangre. En Santiago 5:3 la palabra sería katioō, que se refiere a la corrosión de metal, que en este caso se refiere a la plata y oro. En las traducciones modernas se puede encontrar palabras como "corroído" u "oxidado".

HESBÓN Una ciudad moabita que Sejón, el rey amorreo, capturó y convirtió en su capital (Nm. 21:26-30). Cuando Israel pidió permiso para pasar por su territorio, Sejón se rehusó y en cambio atacó a los israelitas. Sin embargo, bajo el liderazgo de Moisés, Israel derrotó a Sejón y capturó Hesbón (Nm. 21:21-31; Dt. 2:24; Js. 12:2; Jue. 11:19-26).

La ciudad parece haber cambiado de manos muchas veces a través de la historia bíblica. Inicialmente, la ciudad fue entregada a la tribu de Rubén, que "reconstruyó" la ciudad (Nm. 32:37). Subsecuentemente, Hesbón fue pasada a la tribu de Gad (Js. 13:27) que luego la asignó a los levitas (Js. 21:39), Jueces 11:26 señala que Israel ocupó Hesbón y los asentamientos circundantes por varios siglos. Sin embargo, Jue. 3:14-30; 11:13-28 afirma que los reinos de Amón y Moab controlaban la región (aunque no menciona a Hesbón en particular) en diferentes momentos. Para la época de Isaías (y posteriormente en tiempos de Jeremías), Moab había recapturado Hesbón (e.g., Is. 15:4; Jr. 48:2), posiblemente bajo el rey Mesha durante el apogeo de la prosperidad moabita. Josefo señala que para la época de Alejandro Janneo, Israel nuevamente había conquistado a Hesbón (Ant. 13.397). La región de Hesbón se destaca por sus viñedos, pozos, pasturas y piscinas (Nm. 21:22; Is. 16:8-9; Cant. 7:4).

La mayoría ha identificado el Hesbón bíblico como Tell Hesban, ubicado en la meseta montañosa de Transjordania. Excavaciones revelan que el sitio estuvo permanentemente ocupado desde 1200 a.C. y era probablemente una aldea agrícola fortificada. Restos materiales (cuencos y frascos) de este período encontrados en ambos lados del Jordán sugieren que el mismo grupo ocupó ambos lados. Esto concuerda con las declaraciones bíblicas de que Israel ocupó ambas orillas del Jordán durante este período. Sin embargo, existe muy poca evidencia de restos anteriores (Edad de Bronce) que puedan ayudar a identificarlo como la ciudad capital de los amorreos (Nm. 21:26). No existen datos arqueológicos suficientes para apoyar o negar que una batalla por la ciudad tuviera lugar entre Sejón y Moisés. Ya que todo el sitio no ha sido excavado, podría ser que se encontrase evidencia de la ocupación amorrea en otra parte del sitio. Alternativamente, el sitio puede no haber sido identificado correctamente.

HESMÓN Un pueblo asignado a Judá en la época de Josué (Js. 15:27).

HET El segundo hijo de Canaán y el patronímico ancestro de los heteos (Gn. 10:15; 23:10; 1 Cr. 1:13 KJV,

Las ruinas de Hesbón.

NASB [cf. RSV]; NIV: "hitita[s]"). Estos heteos descendientes de Het no eran los neo-heteos que mantenían cierta cultura pero no la etnicidad de los heteos indo-europeos.

HETEOS, HITITAS El nombre "heteo" deriva del nombre del país natal de los heteos: Het. La Biblia se refiere a los "hijos (hijas) de Het" y "heteos" o "hititas".

Resumen histórico. Los precursores de los heteos aparecen en Anatolia (Turquía) durante el tercer milenio. De origen desconocido, su idioma es indoeuropeo más que semita como el hebreo. Durante el segundo milenio emergió un reino heteo, con Hattusa (actual Bogazkale) como su capital. Hattusili I (c. 1650 a.C.) fue el primer rey heteo registrado históricamente. Logró control de las rutas comerciales y eliminó amenazas regionales. También estableció un código legal heteo, y bajo su reinado floreció la literatura hetea. Su hijo, Mursili I, saqueó Babilonia, terminando la dinastía de Hammurabi (1595 a.C.).

La influencia hetea aumentó en gran medida bajo el reinado Tadhaliya II (c. 1400 a.C.) y especialmente bajo Suppiluliuma I (c. 1350 a.C.). En su apogeo, el Imperio Heteo se extendía desde Anatolia central al norte de Siria (incluyendo Ugarit y Amurru), controlando a varios estados vasallos. Los heteos lucharon brevemente con Egipto por territorio en el norte de Siria (Muwatalli II se enfrentó a Ramsés II en Cades en 1275 a.C.), y luego siguió un período de paz negociada y aumento de contacto entre ambos reinos. En contraste, las relaciones con Asiria, comúnmente tensas, eventualmente llevaron a una derrota y pérdida de terreno heteo (fines del siglo trece).

Poco después, el Imperio Heteo, debilitado por levantamientos y deserciones entre sus territorios, sucumbió a la turbulencia de la época. Tras de sí surgió un número de estados menores (e.g., Karkams y Hamat) que se vieron a sí mismos como sucesores del Imperio Heteo y perpetuaron la cultura hetea. Estos estados son referidos colectivamente como neo-heteos; Karkamis fue el último en caer ante los neo-asirios (717 a.C.).

Heteos en la Biblia. Según la Biblia, los heteos descendían de Canaán (Gn. 10:15; 1 Cr. 1:13 [la NIV lee "heteos" para el nombre propio "Het"]) y estaban destinados a ser subyugados —por ejemplo, por los israelitas (*véase* Gn. 9:25-27). El Génesis retrata a los patriarcas en contacto regular con heteos, a través del cual aprendemos de varios individuos heteos. Abraham compró una cueva y campo circundante de "Efrón el heteo" (Gn. 23). Esaú tomó esposas heteas (27:46); sin embargo, existen discrepancias concernientes a sus nombres y etnicidades (cf. 26:34; 28:9; 36:2-3).

El AT consistentemente menciona heteos entre aquellos pueblos a los que los israelitas desposeerían al entrar en la tierra prometida (Gn. 15:18-21; Éx.3:8). Yahveh prometió expulsarlos ante los israelitas (Éx. 23:28 [cf. v. 23]), mientras los israelitas fueron instruidos a erradicar su presencia de la tierra (Dt. 7:1-2; 20:17). Los israelitas tuvieron éxito sólo parcialmente, eventualmente estableciéndose entre otros pueblos (Jue. 3:5-6).

Durante esta época, los heteos son retratados como ocupando el territorio montañoso central entre la planicie costera al oeste y el Mar Muerto al este (Nm. 13:29; Js. 9:1), aunque Js. 1:4 se refiere a toda la región de Canaán y Transjordania como "el país heteo". Esto tal vez recuerda la influencia hetea sobre la región, revelando un uso genérico o político (versus étnico) del término.

Tratado de Kadesh, el tratado de paz entre el rey hitita Hattusili III y Ramsés II, 1269 a.C.

H

Otras referencias conciernen al período monárquico. David tuvo varios asociados cercanos heteos: Ahimelec, de quien nada más se sabe (1 Sm. 26:6), y Urías, el esposo de Betsabé y miembro de los guardaespaldas de David (2 Sm. 11:3; 23:39). Bajo el reinado de Salomón los heteos fueron conscriptos a trabajos forzados (1 Re. 9:20). Salomón también realizó intercambios entre estados egipcios y heteos hacia el norte (10:29), tomando esposas heteas (11:1). La última referencia a heteos existentes proviene del reinado de Joram, a mediados del siglo nueve a.C. (2 Re. 7:6).

Durante el exilio y después, los heteos se transformaron en un símbolo (Ez. 16:3, 45), ejemplificando prácticas de las cuales los judíos piadosos buscaban distanciarse (Esd. 9:1).

Conclusiones. La identificación de los heteos bíblicos con aquellos de Anatolia continúa siendo problemática. Claramente Israel tuvo contacto con estados neoheteos posteriores durante su período monárquico (*véase* 2 Sm. 8:9-10; 1 Re. 10:29; 11:1). Sin embargo, la arqueología no apoya la presencia hetea en el territorio montañoso de Judea en la época de la conquista. Así, los heteos bíblicos pueden haber sido pueblo no identificados ni relacionados que habitaban Canaán; alternativamente, "heteos" (y similares) pueden haber transmitido la idea retórica de "alteridad, inferioridad" (ya anticipada por Gn. 9-10; cf. Ez. 16:3, 45; Esd. 9:1).

HETLÓN Una ubicación mencionada en la visión de Ezequiel de la nueva ciudad y el nuevo templo. El "camino a Hetlón" servía como la frontera norte de la tierra que Dios instruyó a Ezequiel que dividiera como herencia entre las tribus de Israel (47:15; 48:1). La visión ocurrió en el año veinticinco del cautiverio de Judá, mientras Ezequiel era instruido para declarar a Israel todo lo que Dios le mostrara (40:1, 4). La ubicación exacta se desconoce, aunque puede haber sido asociada con la entrada a Hamat, que se ubica en la frontera norte del Líbano (48:1; cf. Nm. 34:8).

HEVEOS Un pueblo descendiente de Cam, uno de los hijos de Noé, a través de los cananeos (Gn. 10:17). Eran habitantes nativos de la tierra prometida, por lo general mencionados junto a otros (e.g., amorreos, hititas, perizzitas, jebusitas) que debían ser desposeídos por Israel (e.g., Éx. 3:8; 23:23; Dt. 7:1). Vivían principalmente cerca de las montañas libanesas (Jue. 3:3) y el Monte Hermón (Js. 11:3). A pesar del mandato de Dios de expulsar a los heveos, continúan habitando estas regiones en la época de David (2 Sm. 24:7). Los heveos también vivían más al sur, cerca de Siquem (Gn. 34:2) y Gabaón (Js. 9:7; 11:19). Un grupo de heveos de Gabaón, habiendo escuchado que Israel tenía intención de destruirlos, engañó a Israel para entrar en una alianza con ellos, asegurando su supervivencia (Js. 9). Los heveos también son mencionados como esclavos de Israel durante el reinado de Salomón (1 Re. 9:20-21).

HEXATEUCO Un nombre moderno para los primero seis libros de la Biblia (del Génesis a Josué), visto por algunos académicos como una unidad en vez de la agrupación tradicional de los primeros cinco libros (Pentateuco). Este constructo académico fue promovido por Gerhard von Rad como una unidad canónica más natural, ya que es sólo en Josué que la promesa de Dios a los patriarcas de la posesión de Canaán se hace una realidad. Existen, sin embargo, sólidas razones para mantener el Pentateuco como la colección preferida. La muerte de Moisés es un punto de inflexión (Dt. 34). El libro de Josué está también íntimamente conectado a Jueces. La nota de promesa y expectativa al cierre del Deuteronomio calza mejor con la teología bíblica en general.

HEZEQUIEL Una de las cabezas de un clan sacerdotal que fue elegido para ser parte del ministerio en el templo durante el tiempo del rey David (1 Crónicas 24:16).

HEZIÓN El abuelo de Ben Hadad I, rey de Aram (principios del siglo nueve a.C.) (1 Re. 15:18).

HEZIR **(1)** Un sacerdote contemporáneo de David que fue asignado la posición número diecisiete de veinticuatro posiciones en el orden de servicio sacerdotal (1 Cr. 24:15). **(2)** Uno de los "líderes del pueblo" que sellaron la alianza con

Dios tras la lectura pública de la ley por parte de Esdras (Neh. 10:20).

HEZRAI *Véase* Hezro.

HEZRO Uno de los poderosos hombres de David (2 Sm. 23:35 [Qere y algunos manuscritos: "Hezrai"]; 1 Cr. 11:37). Era nativo de Carmelo, por lo tanto, carmelita. Los hombres poderosos con frecuencia son llamados "los Treinta" (2 Sm. 23:23; 1 Cr. 11:25), aunque 2 Sm. 23:39 dice que eran treinta y siete.

HEZRÓN **(1)** Un nieto de Jacob e hijo de Rubén (Gn. 46:9; Éx. 6:14; 1 Cr. 5:3). Sus descendientes eran el clan hezronita de Rubén (Nm. 26:6). **(2)** Un bisnieto de Jacob, nieto de Judá, hijo de Pérez y padre de Ram (también conocido como Aram y Arní), listado en el linaje de David y Jesús (Gn. 46:12; Rut 4:18-19: 1 Cr. 2:5-9; 4:1; Mt. 1:3; Lc. 3:33). El Cronista deja en claro que Hezrón se volvió a casar a avanzada edad (sesenta) y fue padre de Segub y Asur, quien nació tras la muerte de Hezrón (1 Cr. 2:21-24). Sus descendientes eran el clan hezronita de Judá (Nm. 26:21). **(3)** Una de las ciudades que marcaban el límite sur del territorio asignado a la tribu de Judá en la conquista de Canaán, ubicada en alguna parte entre Cades Barnea y Addar (Js. 15:3).

HEZRÓN Podría referirse a la ciudad de Hazor, una ciudad cerca de Cades Barnea (Jos. 15:3).

HEZRONITA *Véase* Hezrón.

HICSOS Los gobernantes semitas del Bajo Egipto durante el segundo periodo intermedio (c. 1700-1550 a.C.). Los egipcios los designaron "Hicsos", que significa "gobernantes extranjeros", y los veían como de origen asiático. Ya que los nombres Hicsos eran principalmente semitas y su cultura material era muy similar a restos de la mediana Edad de Bronce II en Canaán, podían ser identificados como semitas occidentales en general y levantinos del sur o cananeos en particular.

Cómo los Hicsos llegaron y controlaron el Bajo Egipto se debate. No lo conquistaron en una campaña única bajo un solo rey, pero tampoco fue su infiltración totalmente pacífica. En cambio, en un proceso complejo durante un largo periodo de tiempo, grupos semitas emigraron hacia Egipto. En la medida que sus números aumentaron, también lo hicieron los conflictos con los nativos egipcios. Eventualmente, los Hicsos causaron el colapso de la débil Dinastía Trece y gobernaron el Bajo Egipto en su lugar. Un Egipto unificado entro en varios reinos rivales, con una dinastía egipcia nativa centrada en Tebas y una Dinastía Hicsos centrada en Avaris, que posteriormente se conoció en la Biblia como Zoán (Sal. 78:43) y ahora es conocida como Tell ed Dad'a. Avaris era una ciudad enorme, abarcando dos y medio kilómetros cuadrados.

Los Hicsos representan la Dinastía Quince y Dieciséis. La rival dinastía diecisiete en Tebas buscó expulsar a los Hicsos de Egipto, pero Kamose continuó los ataques y obtuvo algunas victorias. Amosis, el fundador de la poderosa Dinastía Dieciocho, exitosamente asediaron Avaris y llevaron la guerra a Canaán, destruyendo varias de sus ciudades en el 1550 a.C. Esto marcó el fin del Segundo Periodo Intermedio y marcó el inicio del Nuevo Reino. También marca el comienzo de la tardía Edad de Bronce en Canaán. El odio contra los Hicsos permaneció, así Tutmosis III declaraba que sus campañas hacia Canaán eran retribuciones contra los Hicsos. Egipto había experimentado periodos débiles e incluso caóticos, pero nunca antes había enfrentado una invasión extranjera. Esto fue un gran golpe a la siquis egipcia y puede explicar algunas de las acciones y miedos egipcios retratados en Éxodo 1.

Aunque los Hicsos no son mencionados en el AT, su presencia en Egipto puede haber influenciado eventos bíblicos. No se ha encontrado evidencia suficiente para probar la involucración directa de los Hicsos en eventos bíblicos, pero algunos sugieren que el alza de José al poder se explica de mejor manera si un faraón Hicsos (semita) gobernaba Egipto en esa época. El surgimiento de un faraón "a quien José no le importaba nada" (Éx. 1:8) puede ser una referencia al surgimiento de la Dinastía

Dieciocho tras su expulsión de los Hicsos. Los israelitas se habían asentado y luego fueron esclavizados en las áreas del Delta del Nilo antes controladas por los Hicsos. El miedo de que los israelitas se volviesen demasiado numerosos y que lucharan contra Egipto puede haberse basado en el precedente establecido por los Hicsos (cf. 1:9-10).

H

HIDAI Uno de los treinta poderosos hombres de Daid, un eframita de los arroyos de Gaas (2 Sm. 23:30). En 1 Cr. 11:32 es llamado "Hurai".

HIDEKEL El tercero de cuatro ríos mencionados que surgen del río que se origina del jardín del Edén (Gn. 2:14), fluyendo hacia el este del Edén hacia Asiria. Mientras la KJV translitera el hebreo khiddeqel, versiones más recientes usan el nombre más conocido de este río, "Tigris". Los otros tres ríos son el Pisón, el Gihón y el Éufrates. Hidekel/Tigris también es el lugar de la visión de Daniel en el tercer año de Ciro (Dn. 10:4).

HIDROPESÍA Un término arcaico para el diagnóstico, desde la época de Hipócrates (c. 460-370 a.C.), de una enfermedad resultante en un exceso de fluidos que se acumulan en varias partes del cuerpo. Jesús sanó a un hombre que tenía una avanzada forma de esta condición (Lc. 14:2). *Véase también* Enfermedades y Anormalidades Físicas.

HIEL El hombre de Betel que reconstruyó Jericó (1 Re. 16:34). Sacrificó a sus dos hijos, Abiram y Segub (o los perdió por causas naturales) y los enterró bajo los cimientos y puertas de Jericó respectivamente en cumplimiento de la palabra profética pronunciada por Josué (Js. 6:26).

HIEL Un término ambiguo que se refiere a amargura o algo amargo. La NIV usa "hiel" seis veces para traducir tres palabras hebreas diferentes y una palabra griega, aunque otras traducciones usan varias otras palabras en estos textos. La primera de estas es merorah, traducida en Dt. 32:32 como "amargura". En el libro de Job se entiende que significa "hiel" (16:13 [significando aquí "bilis"]), "veneno" (20:14), y el "hígado" (20:25). La segunda palabra es ro'sh, que ocurre alrededor de una docena de veces y con mayor frecuencia se refiere a veneno o algo venenoso (e.g., Sal. 69:21; Lam. 3:19). Algunos entienden que esta palabra se refiere a cicuta, mientras otros creen que son amapolas de opio o alguna otra planta productora de droga. Aunque las identificaciones son numerosas, tal vez es mejor entender ro'sh como un término ambiguo abarcando casi cualquier droga, letal o no. Otra palabra a veces traducida como "hiel" es la'anah, que frecuentemente significa "amargo" o "amargura" (e.g., Prov. 5:4; Lam. 3:15). Esta palabra también se presenta como "ajenjo" en algunas versiones. La palabra griega cholē actúa como presentación multifuncional para estas palabras hebreas. Aparece muchas veces en fuentes antiguas, aunque solo dos veces en el NT, una vez como la hiel mezclada con vino ofrecida a Jesús en su crucifixión (Mt. 27:34; cf. Sal. 69:21), y nuevamente como la hiel metafórica que simboliza la "amargura" de Simón el mago (Hec. 8:23). Es probable que cholē sea el término del cual deriva la palabra inglesa "gall" (hiel).

HIELO En el clima subtropical de Israel, el hielo inspiraba a la vez miedo y asombro. Cuando Dios lanza trocitos de hielo desde el cielo (esto es, granizo), el salmista pregunta: "¿Quién puede soportar su ráfaga de hielo?" (Sal. 147:17), y el término hebreo qerakh, también traducida como "frío" o "escarcha", se asocia con la incomodidad de la exposición nocturna (Gn. 31:40; Jr. 36:30). Sin embargo, el término también se usa para describir la brillante belleza de la expansión sobre las criaturas vivientes en la visión de Dios de Ezequiel (Ez. 1:22). Como otros eventos meteorológicos, como la lluvia (Jr. 14:22) y el viento (Am. 4:13), el hielo es considerado el trabajo de Dios (Job 37:10; 38:29).

HIENA Un animal cazador-carroñero tipo perro con patas delanteras más largas que las traseras. La especie encontrada en la Biblia es la hiena rayada, cuyas patas y vientre son rayados, cara manchada y una cresta de pelo que corre a lo largo de su columna. Su llamado es escalofriante y habita en huecos y edificios en ruinas, alimentándose de carroña, huesos y basura al igual que cazando presas. Los profetas las mencionan en conexión con el juicio devastador de Dios sobre Babilonia y Edom (Is. 13:22; 34:14; Jr. 50:39). Las hienas con frecuencia se asocian con los chacales, pero qué palabra hebrea se refiere a qué animal es incierto. Dos de las palabras significan "grito" y "gemido", de manera que la referencia colectiva puede ser simplemente a "animales que gritan y gimen". En Jr. 12:9 la frase 'ayit tsabua' (lit. "gritón manchado") usa una de estas palabras, pero puede referirse a un ave de presa. En 1 Sm. 13:18 el Valle de Zeboim es literalmente el "Valle de las Hienas".

HIERÁPOLIS Una ciudad ubicada en la antigua provincia romana de Asia en lo que hoy es la región suroccidental de Turquía. Hierápolis, junto con Colosas y Laodicea, estaban a diecinueve kilómetros unas de otras y juntas formaban las tres ciudades principales del Valle del río Lico durante el siglo uno AD. La ciudad es mencionada una vez explícitamente en el NT (Col. 4:13), en conjunción a sus dos prominentes ciudades vecinas. La comunidad cristiana en Hierápolis puede haber sido fundada por Epafras, uno de los compañeros misioneros de Pablo. La ciudad era conocida por sus manantiales de agua caliente y puede haber una alusión a ellos en el apelativo a la cercana iglesia de Laodicea en Ap. 3:15-16.

HIERBAS AMARGAS Platillo que se comía con cordero y pan sin levadura en la Pascua. Las hierbas a menudo constaban de cualquier verdura amarga que estuviera disponible. Aunque no se han identificado de manera específica, estas incluían lechuga, endibia, perejil, berro, pepino y rábano picante. Todas estas verduras eran abundantes en zonas como la península de Sinaí, Palestina y Egipto. Las hierbas amargas evocan la miseria de la esclavitud en Egipto (Éxodo 12:8; Números 9:11). Estas se hundían en un puré de frutas (salsa kha-roset), que representa el mortero que los israelitas usaban para los proyectos de construcción del faraón. En Juan 13:26-27 Jesús, en vez de hundir un "trozo de pan" (del griego psōmion), probablemente hundía las hierbas amargas y las compartió con Judas Iscariote (cf., en textos griegos, Marcos 14:20, donde Jesús no especifica qué es lo que se está

Una calle con columnas en Hierápolis que conduce hacia la puerta de Domiciano.

untando; Mateo 26:23, donde Jesús habla sobre hundir una mano).

HIERRO (1) A veces transliterado como "Yiron" (NASB, RSV, TEV, NET), "Hierro" es el nombre de un pueblo en la herencia tribal de Neftalí (Js. 19:38). Es probable identificarlo con la ciudad moderna de Yaroun, en el límite entre Israel y El Líbano. (2) Un metal maleable derivado de mineral de óxido que puede trabajarse en hierro y acero forjado. El uso de hierro más temprano data a finales del cuarto milenio a.C. El Egipcio del Reino Viejo se refiere al hierro como el "metal de los cielos", probablemente porque las piezas de hierro más temprano derivaron de hierro meteórico. Pequeñas cantidades de hierro terrestre fundido se han encontrado a partir del tercer milenio a.C. en Egipto, Mesopotamia y Anatolia. Debido a avances tecnológicos y factores económicos, el hierro gradualmente suplantó al bronce como el principal metal utilitario en el Levante para la Edad de Hierro (1200-586 a.C.).

El hierro podía extraerse o encontrarse en la superficie (Dt. 8:9), pero debía ser calentado y martillado para eliminar impurezas. El hierro forjado era más blando que el bronce endurecido, pero a través de la carburación, templado y enfriamiento, el hierro se hacía más fuerte y podía mantener un filo mejor que el bronce. Debido a que los hornos antiguos no podían calentarse los suficiente para licuar el hierro, no podía ser puesto en moldes.

La Biblia hace varias referencias generales a la minería, fundido y uso del hierro (Job 28:1; Is. 44:12; Ez. 22:20; Ecl. 38:28). El Génesis atribuye el comienzo de la forja y otras artesanías a los legendarios descendientes de Caín (Gn. 4:22). El cambio en el dominio del bronce a hierro a finales del segundo milenio a.C. puede haberse debido ya sea a una escasez global de cobre o una escasez más localizada de madera requerida para la producción de bronce, de intenso consumo de combustible. En la época bíblica, el hierro era forjado (Is. 44:12) en vez de moldeado, debido a que las altas temperaturas necesarias para derretir el hierro no podían lograrse antes de la moderna edad industrial. Las referencias bíblicas a los hornos de hierro pertenecen al forjado (Ez. 22:20). Mientras un pasaje describe la riqueza de la tierra de Canaán donde, entre otras cosas, "las rocas son hierro" (Dt. 8:9), otros pasajes asocian la forja con Egipto (Dt. 4:20; 1 Re. 8:51; Jr. 11:4) o Mesopotamia (Jr. 15:12). Los israelitas tal vez carecían de las habilidades para trabajar el hierro, como se sugiere a partir del hecho que los herreros tuvieron que ser traídos al país (2 Cr. 2:14) y en cierto punto los israelitas dependían en el monopolio filisteo de la herrería (1 Sm. 13:21).

El hierro se usaba ampliamente para hacer muchos tipos diferentes de objetos, incluyendo hachas (Dt. 19:5; 2 Sm. 12:31; 2 Re. 6:5), herramientas para labrar piedra (aunque esto está prohibido en la creación de altares [Dt. 27:5; Js. 8:31]) y para tallar piedra (Job. 19:24; Jr. 17:1), yugos (Dt. 28:48; Jr. 28:13), grilletes o cadenas (Sal. 105:18; 107:10; 149:8), sartenes (Ez. 4:3), herramientas de afilado (Prov. 27:17; Ecl. 10:10), armas (Nm. 35:16; Job 20:24; Sal. 2:9), seguros de rejas o puertas (Dt. 33:25; Sal. 107:16), clavos (1 Cr. 22:3), carrozas (refiriéndose sólo a una parte del ensamblaje del eje en vez del vehículo completo [Js. 17:16; Jue. 1:19]), vasijas o implementos de otra manera no especificados (Js. 6:19), e implementos agrícolas (1 Cr. 20:3; Am. 1:3 [arqueólogos han encontrado puntas de arado y otras herramientas de hierro]). Amos 1:3 también puede referirse al uso de herramientas de hierro como instrumentos de tortura en tiempos de guerra. Entre los usos del hierro que pueden haberse considerado inusuales para la época estaban los marcos de cama (Dt. 3:11) y cuernos (1 Re. 22:11).

El hierro era lo suficientemente valioso para ser listado en listas de botines y tesoro junto al oro y la plata (Nm. 31:22; Js. 6:19; 1 Cr. 22:14). Fue sacado de Jericó y dedicado al tesoro de Dios (Js. 6:24). David recolectó grandes cantidades de hierro para construir el templo; sin embargo, ninguna de las piedras para el templo o para el altar fueron cortadas con herramientas de hierro en el lugar (1 Re. 6:7). El hierro era un bien comerciado internacionalmente (Ez. 27:19). Era menos valioso que el oro, la plata y el bronce (1 Cr. 29:7; Is. 60:17; Dn. 2:33-35), pero más valioso que el plomo y el estaño (Ez. 22:20; 27:12).

El hierro esta un símbolo de fuerza superlativa (Job 40:18) y, en el ámbito moral, de terquedad o rebeldía (Is. 48:4). El fogoso proceso de fundición representaba prueba, opresión, ira, sufrimiento y sequía (Lv. 26:19; Dt. 4:20; 1 Re. 8:51; Jr. 11:4; Ez. 22:18-20). En contraste al oro sin mancha, la corrosiva oxidación del hierro simbolizaba corrupción (Jr. 6:28).

HIGAIÓN En el Sal. 9:16 (texto masorético 9:17) la palabra hebrea higgayon parece ser un término técnico musical y, por lo tanto, se translitera como "Higaión". La misma palabra hebrea en otra parte se traduce como "meditación" (Sal. 19:14 [19:15 texto masorético]), "melodía" (Sal. 92:3 [92:4 texto masorético]) y "murmullo" (Lam. 3:62). La palabra parece haber derivado del verbo hagah, que significa "meditar, hablar" (e.g., Sal. 1:2). Puede referirse a una reflexión establecida con música meditativa.

HIGO, HIGUERA La palabra hebrea te'enah significa la higuera y también sus frutos, un básico de la dieta mediterránea. Los higos representan la bendición de Dios (Is. 36:16; Miq. 4:4; Zac. 3:10), que Jesús simbólicamente revoca de las autoridades del templo maldiciendo una higuera (Mc. 11:12-14, 20-22).

HIJO DE DIOS En el AT, los seres celestiales o ángeles a veces son nombrados como "hijos de Dios" (Gn. 6:2; Job 1:6; 2:1; 38:7; Sal 82:6; 89:6). El trasfondo más importante para el NT, sin embargo, es el uso del término en referencia a la nación de Israel y el rey mesiánico de la línea de David. Israel era el hijo de Dios en virtud del llamado único de Dios, liberación, y protección. En Oseas 11:1 se lee, "Cuando Israel era un niño, lo amé, y fuera de Egipto llamé a mi hijo". Referencias similares a Dios como padre de su pueblo aparece a través del AT (Éx. 4:22; Nm. 11:12; Dt. 14:1; 32:5, 19; Is. 43:6; 45:11; Jr. 3:4, 19; 31:9, 20; Os. 2:1). El rey de la línea de David es referido como el hijo de Dios en virtud de su especial relación con Dios y su rol representativo ante la gente. En la alianza davídica, Dios le promete a David acerca de su descendencia, "Yo seré su padre, y él será mi hijo" (2 Sm. 7:14; cf. Sal. 2:7; 89:26). Posteriormente, el judaísmo parece haber tomado estos pasajes y haber identificado al Mesías como el "hijo de Dios".

En los Evangelios Sinópticos, la filiación divina de Jesús está estrechamente vinculada a su mesianismo. El ángel Gabriel conecta a Jesús al estatus de "Hijo del Altísimo" con su recepción del trono de David (Lc. 1:32). En el bautismo de Jesús (que Lucas identifica como su ungimiento mesiánico [Lc. 3:21; 4:1, 14, 18]), el Padre declara que Jesús es "mi hijo, a quien amo" (3:22), una alusión al Sal. 2:7. Satanás tienta a Jesús a que como Hijo

Higos en la rama de una higuera.

de Dios abandone la obediencia al Padre y reclame autoridad independiente (Mt. 4:1-11; Lc. 4:1.13). Pedro confiesa que Jesús es "el Mesías, el Hijo del Dios vivo" (Mt. 16:16), y el sumo sacerdote cuestiona si Jesús es "el Mesías, el Hijo del Bendito" (Mc. 14:61; Mt. 26:63). En este y otros textos "Hijo de Dios" es casi sinónimo con "Mesías" (cf. Mc. 1:1; Lc. 4:41; 22:70; Jn. 11:27; 20:31; Hec. 9:20, 22). En otros contextos, la filiación divina de Jesús parece exceder las categorías mesiánicas. Jesús le reza a Dios como su Padre ("Abba" [Mc. 14:36]) y se refiere a sí mismo como Hijo, único que conoce y revela a su Padre. El Padre ha cometido a él todas las cosas. Nadie conoce al Padre sino el Hijo y aquellos a quien el Hijo se los revela (Mt. 11:25-27; Lc. 10:21-22). Es en virtud de la filiación única de Jesús que él invita a sus discípulos a rezarle a Dios como su Padre (Mt. 6:9).

En el Cuarto Evangelio, el estatus de Jesús como el Hijo de Dios es especialmente importante, indicando tanto la relación única de Jesús con su Padre y su deidad esencial. Juan introduce la noción de filiación preexistente en la cual la "Palabra" de la creación es el Hijo (Jn. 1:1-18; 17:5, 24). Dios envía a su Hijo al mundo (3:16), que refleja la gloria del Padre (1:14; 14:6-11) y que pronto volverá (14:28). Jesús afirma que "Yo y el Padre somos uno" (10:30). El propósito de Juan al escribir es provocar la fe "de que Jesús es el Mesías, el Hijo de Dios" (20:31).

Algunos estudiosos rechazan el trasfondo real judío de "el Hijo de Dios" al investigar la frase en los Evangelios. En cambio, apelan a la fuente helenística para argumentar que Jesús, como el Hijo de Dios en un "hombre divino" (theios anēr), lo que da cuenta de su habilidad para hacer milagros. Esta línea de pensamiento, sin embargo, está plagada de dificultades, siendo no menor que el epíteto nunca es usado para describir al "hombre divino" en la literatura griega.

En el pensamiento de Pablo, el trasfondo israelita corporativo de "Hijo de Dios" es renovado con la referencia al pueblo de Dios del NT. Pablo establece "su [el pueblo de Israel] es la adopción de la filiación" (Rom. 9:4). Aunque los israelitas étnicos son justamente llamados "hijos de Dios", este estatus está supeditado a que sean un pueblo de fe: "Así, en Jesucristo todos ustedes son hijos de Dios a través de la fe" (Gal. 3:26); la muerte de Jesús como el Hijo tiene como consecuencia la salvación (Rom. 8:2, 32; Gal. 2:20). El Espíritu también juega un rol en testificar con los espíritus de los creyentes que ellos en verdad son hijos de Dios (Rom. 8:15-16), por el cual claman, "Abba, Padre" (Gal. 4:3-6). El estatus de los creyentes como hijos de Dios será completamente revelado cuando compartan la gloria de Cristo (Rom. 8:17).

HIJOS DE DIOS Esta frase aparece en Gn. 6:1-4; Job 1:6; 2:1; 38:7. La expresión hebrea "hijo de" era una forma de identificar a miembros de una clase en particular, así que esto podría también ser una forma de decir "algunos de los dioses" (cf. Sal. 82).

Dioses y Ángeles

La identificación de "hijos de Dios" con los ángeles se encuentra antes de la literatura de Enoc, que presenta su propia interpretación distintiva de Gn. 6:1-4. Al parecer 1 Enoc lee en Gn. 6:1-4 una respuesta a una consciencia de los mitos griegos. El tema es aún más confuso por la asociación de ángeles con los dioses mismos. Las tradiciones basadas en 1 Enoc enseñaban que los dioses e ídolos paganos eran formas exteriores de la prole demoníaca de los ángeles.

Los escritores bíblicos usaron los mitos e identidades de las religiones de las naciones circundantes para contrastar el carácter de Dios y para rebatir las demandas de esas religiones. Job en particular usa el nombre de tres monstruos de estos mitos (Leviatán, Rahab, etc.) para proclamar la superioridad y señorío de Yahveh (Job 3:8; 9:13; 26:12; 41:1). En Job 38:7 (NIV mg.) los "hijos de Dios" son las estrellas del cielo que eran adoradas en religiones gentiles como dioses. La aparición de "hijos de Dios" en la corte celestial de Dios refleja a una concepción común en el Oriente Próximo de la asamblea de los dioses. En Sal. 29:1; 82:1; 89:5-10 encontramos descripciones similares. En cada contexto, el salmista está proclamando la autoridad del Dios único de Israel sobre estos dioses y los regímenes que representan.

Los egipcios creían que la familia real eran hijos de los dioses. Los textos ugaríticos de Ras Shamra cuentan de dioses cananeos que se casaron y dieron a luz. Los Reyes de Damasco se auto identificaban como un hijo de uno de estos dioses (Ben-Hadad [1 Re. 15:18; 20:1]). Constantemente el AT cuenta de la propensión de Israel a mezclar la adoración de Yahveh con la adoración de tales dioses.

La referencia en Gn. 6:1-4 a "hijos de Dios" y poderosos guerreros que cayeron (Nefilim = caídos [cf. 2 Sm. 1:25]) suena mucho como un reflejo de relatos gentiles de la "héroes culturales" del pasado. Héroes como Gilgamesh eran parte humano y parte dios. Fundaban ciudades y dinastías, tenían numerosas esposas, violaban a las mujeres de otros y luchaban con su mortalidad.

Los Niños de Dios

A lo largo de la Biblia, la relación de Dios con el pueblo redimido se describe con la metáfora de un padre y su hijo. Para que Moisés declarase que una nación de esclavos asiáticos era el "hijo primogénito" de Dios (Éx. 4:22-23; cf. Dt. 14:1; Is. 43:6; Os. 11:1-2) era un desafío directo a la identidad del Faraón.

Cuando llegó el tiempo de que Dios instalara un rey en Israel, se refirió a los herederos de David como "mi hijo" (2 Sm. 7:14; cf. Sal. 2:7; Ez. 21:10). Esta promesa se cumple en Jesús (Hec. 13:33). A diferencia de los regímenes de la humanidad caída, el reino de Dios en Cristo extiende el estatus de "hijos de Dios" a todos quienes den su alianza a Jesús (Ap. 21:7; cf. Éx. 6:7).

La representación de Job de la corte de Dios puede ser deliberadamente ambigua. Uno podría leerlo como una cosmología gentil. Los fieles podrían identificas a "los hijos de Dios" como "los espíritus de los justos hechos perfectos" (Heb. 12:22-24), cuya afirmación de justicia era luego disputada y probada a través del ejemplo de Job. Es significativo que el autor de Hebreos parece deliberadamente refutar a aquellos que entendían "hijos de Dios" como ángeles (Heb. 1:5, 14; 2:5-18; cf. Mt. 22:30).

En el NT, el título aparece por primera vez cuando Jesús promete que sus seguidores serían llamados "hijos de Dios" (Mt. 5:9 ESV, NASB). La huida de Jesús a Egipto lo marcó como el Hijo de Dios que cumpliría esa promesa (Mt. 2:15). Así, todos los que están en Cristo por fe reciben el estatus de Israel (Rom. 9:8; cf. Gal. 6:16).

Pablo dice que "el espíritu de la filiación" le da a los cristianos el derecho, con Jesús, de dirigirse a Dios como "Abba, Padre" (Rom. 8:15-16 RSV; Gal 4:6; cf. Mc. 14:36). Esta adopción es a la vez presente y no aún. En el momento de la conversión, el creyente recibe el derecho de llevar el título y comenzar la relación. Es sólo en la resurrección que la totalidad de las implicaciones de la adopción como hijos de Dios se verá (Rom. 8:19-21).

Juan usa el título más diminutivo de "niños de Dios" (Jn. 1:12; 1 Jn. 3:1-10; 5:1-2, 19). En las cartas de Pablo este concepto sale a relucir en su defensa de la inclusión de los gentiles en la iglesia (Rom. 9:4; Gal. 3:26; 4:4-6; Ef. 1:3-14). Esta conexión puede trazarse hasta las palabras de Jesús en Juan 11:52. *Véase también* Niños de Dios, Hijos de Dios.

HIJO DEL HOMBRE

Antiguo Testamento y Literatura Judaica

En el AT, la frase "hijo del hombre" por lo general se refiere a la humanidad en general o a un individuo específico. El uso general de "hijo del hombre" ocurre en textos poéticos en los cuales la frase funciona como un sinónimo de "hombre" o "ser humano" (Nm. 23:19; Is. 51:12; Sal. 144:3; 146:3). En Sal 8:4 (ESV) el salmista pregunta, "¿Qué es el hombre que tú eres consciente de él, y el hijo del hombre que tú te preocupas por él?". Haciendo eco de la creación del hombre en Gn. 1, "hombre" e "hijo del hombre" en este salmo tienen un estatus real: siendo "coronado de gloria y honor" y recibiendo el dominio sobre toda la creación de Dios (Sal. 8:5-6). Posteriormente, en Sal. 80:17, "hijo del hombre" se refiere a la nación de Israel. El salmista suplica que Dios haga fuerte para sí al "hijo del hombre" sobre los enemigos de Israel (80:12-16). En Ezequiel, Dios se dirige al profeta mismo como "hijo del hombre", posiblemente indicando su estatus humano en comparación a Dios o, alternativamente, destacando su estatus único como el profeta de Dios en contraste con el resto de la humanidad.

Uno de los "hijo del hombre" más cruciales de los textos del AT se encuentra en Dn. 7, por su influencia en el "Hijo del Hombre" en la tradición del Evangelio. Los estudiosos debaten la fecha de composición de este capítulo. Mientras algunos argumentan a favor del siglo seis a.C., otros prefieren el siglo dos a.C., durante el opresivo reinado de Antíoco IV Epífanes. La primera parte del capítulo registra la visión de Daniel (7:1-14), mientras que la segunda parte contiene su interpretación (7:15-27). En su visión, Daniel ve "uno como un hijo del hombre, viniendo con las nubes del cielo" (7:13). Esta figura exaltada contrasta con las tres primeras bestias, que son "como un león" (7:4), "como un oso" (7:5), y "como un leopardo" (7:6). La cuarta bestia es tan repugnante que desafía comparación con cualquier especie del reino animal (7:7). Muchos están de acuerdo en que las bestias probablemente se refieren a imperios del mundo antiguo; sin embargo, el referente de "uno como un hijo del hombre" ha dado origen a gran debate. La figura puede referirse al Israel terrenal, ya que en la vindicación de esta figura es dotado de autoridad y gloria. Esto es precisamente lo que "el santo pueblo del Altísimo" recibe en el versículo 27. De esta manera, ese "uno como un hijo del hombre" es un símbolo para los perseguidos santos terrenales. Alternativamente, la figura exaltada podría ser una criatura celestial, tal como el arcángel Gabriel (Dn. 9:21) o Miguel (Dn. 10:13; 12:1). Aquí "uno como un hijo del hombre" es la contraparte celestial y líder del sufriente Israel y pelea una batalla cósmica en su nombre.

En la literatura judía subsecuente ese "uno como un hijo del hombre" de Dn. 7 se vuelve bastante activo, pareciendo ser un desarrollo de la imagen estática que es "otorgando autoridad, gloria y poder soberano" (Dn. 7:14). En 1 En. 37-71, un texto que data de la última mitad del siglo uno a.C., el "Hijo el Hombre" está sentado en su trono y juzgará a "los reyes y los poderosos" que han perseguido al fiel Israel (46:4-8; 62:5). En ese punto, los fieles (esto es, los santos, justos y elegidos) serán formados en una nueva congregación. En otro texto judío que data de fines de siglo uno a.C., hay un fuerte eco del hijo del hombre de Daniel. En 4 Esdras 13, "algo como la figura de un hombre salió del corazón del mar" (v. 3a). A diferencia de en 1 Enoc, esta figura es un guerrero que destruirá con fuego a quienes intenten hacer la guerra contra él. Estos textos indican que al menos dos tradiciones desarrollaron y reinterpretaron el "uno como un hijo del hombre" de Dn. 7. Se convierte en un individuo que ejecuta juicio en una tradición y uno que ejecuta la destrucción de otro.

Nuevo Testamento

En el NT el término "Hijo del Hombre" ocurre principalmente en los Evangelios y, con excepción de Jn. 12:34 (donde la multitud cita a Jesús), es pronunciado por Jesús mismo. La frase, o una variación de esta, también aparece en Hec. 7:56; Heb. 2:6; Ap. 1:13; 14:14. A diferencia de en Dn. 7 o 1 Enoc, el epíteto ocurre en los evangelios con el artículo definido, probablemente indicando que el Hijo del Hombre era una figura conocida. Es por esto y por el Hijo del Hombre en 1 Enoc y 4 Esdras tienen funciones similares. Varios estudiosos de mediados del siglo veinte especularon que en el judaísmo del siglo uno muchos judíos creían que el Hijo del Hombre volvería al final como salvador y juez. Otros sugirieron que la significancia de la frase se encuentra en su trasfondo arameo, bar 'enash'a, que en otros textos significa "Yo", "hombre", "un hombre", o "alguien". A pesar de estas alternativas, el AT proporciona el trasfondo más útil para comprender el Hijo del Hombre en los Evangelios.

La expresión Hijo del Hombre en los Evangelios cae dentro de tres categorías: expresiones terrenales, de sufrimiento-resurrección, y de vindicación futura. Comenzando con las expresiones terrenales, en Marcos 2:10, por ejemplo, el Hijo del Hombre tiene "autoridad en la tierra para perdonar pecados", y en 2:28 ejerce dominio sobre el Sabbat. Aunque en Daniel el Hijo del

Hombre no recibe tal autoridad hasta su aparición en presencia de Yahveh en su vindicación, el Hijo del Hombre en los Evangelios ejerce tal autoridad durante su ministerio terrenal. Jesús también predice que el Hijo del Hombre sufrirá, morirá y volverá a levantarse. En Marcos, estas predicciones sufrimiento-resurrección ocurren tres veces (8:31; 9:31; 10:33-34). Haciendo eco de Dn. 7, este sufrimiento de Jesús recuerda el sufrimiento de los santos causado por el pequeño cuerno (v. 21). Si ese "uno como un hijo del hombre" representa a los santos en su vindicación, entonces es razonable de que él lo haga en su sufrimiento también; sin embargo, el texto de Daniel calla sobre este punto. Finalmente, la referencia más clara a Dn. 7 ocurre en las expresiones de vindicación futura. En Marcos 13:26; 14:62 el Hijo del Hombre viene en/sobre las nubes, que apunta a su vindicación sobre el Sanedrín, los adversarios dominantes de Jesús en Marcos. Mateo parece desarrollar incluso más que Marcos las responsabilidades judiciales del Hijo del Hombre (Mt. 13:41-43; 25:31-33). Mientras tanto, en Lucas la iglesia debe mantenerse alerta y estar preparada para el regreso del Hijo del Hombre (Lc. 12:39-40; 17:22-37; 21:34-36).

En Hechos, la visión presenciada por Esteban da testimonio de que el Hijo del Hombre en realidad ha sido exaltado a la derecha de Dios (Hec. 7:56). En el Evangelio de Juan, el epíteto se usa como el objeto de los verbos "levantar" y "glorificar", de manera que la muerte de Jesús es una forma de exaltación (Jn. 8:28; 12:23; 13:31), que refleja su estado exaltado actual en el temprano pensamiento cristiano. Finalmente, el Hijo del Hombre en el Apocalipsis está en el templo celestial actuando como juez y cuidador de las siete iglesias (Ap. 1:12-20) y cosecha a los santos mientras está "sentado en una nube" (14:14-16).

HIJOS DE DIOS, NIÑOS DE DIOS La expresión hebrea "hijos de Dios" (a menudo se traduce como "niños de Dios" en el uso contemporáneo) es un concepto bíblico importante y se emplea para describir un rango de referentes.

En el Antiguo Testamento, el término se usa para aludir a los ángeles (por ejemplo, Job 1:6). Ellos son seres divinos subordinados, que llevan a cabo la misión de Dios en la tierra (Job 2:1). Por medio de un contraste, lo incomparable de Jehová se afirma en el consejo divino (Salmos 89:6; cf. Deuteronomio 32:8 NVI mg.). Ellos son llamados a alabar a Jehová por su creación (Salmos 29:1). Ellos gritan de alegría ante la creación de Dios (Job 38:7). En Génesis 6:2 el término alude a seres que al parecer tienen origen divino y se hace un contraste de ellos con las "hijas de los hombres" en ese mismo pasaje. El pecado que se menciona en estos versículos tiene que ver con la cohabitación de los seres divinos con los humanos. Esta unión es un ímpetu que dio origen al diluvio, que es una señal de lo mal que se tornaron las cosas. Aquí el "orden" de la creación (Génesis 1), donde los humanos deben ser fructíferos con los de su propio tipo, se transgrede. Por consiguiente, Dios introduce un desorden más a fondo al traer de regreso las aguas del caos para inundar la tierra.

Dios llama a Israel, como es una nación del pacto, "mi hijo, mi primogénito" (Éxodo 4:22; Jeremías 31:9; Oseas 11:1). Como un hijo, se esperaba que Israel rindiera reverencia adecuada y honor a su padre (Malaquías 1:6). Aunque esta es sólo una de las muchas metáforas para Israel en el Antiguo Testamento, el estatus de Israel como hijo es importante para comprender el movimiento del libro de Éxodo. Israel debía ser liberada del control egipcio porque Israel es hijo de Dios. Si el faraón seguía maltratando a Israel, Dios ejercería su juicio sobre el primogénito de Egipto, y de esta manera aconteció la plaga de la muerte y el incidente en el Mar Rojo.

El estado de ser hijo no es algo exclusivo de Israel. Los gentiles también están incluidos en el futuro del programa de Dios (Isaías 19:25; Zacarías 14:16). Asimismo, en el Nuevo Testamento todos los humanos son hijos de Dios (Efesios 4:6). Aunque más a menudo, el término alude a aquellos que tienen a Cristo en su corazón. El vínculo es espiritual, y con frecuencia se usa el concepto de adopción (Juan 1:12; Romanos 9:6; Gálatas 3:26; 4:5-7; 1 Juan 5:1). *Ver también* Hijos de Dios.

HIJOS DE LOS PROFETAS Diez veces los "hijos de los profetas" (NIV: "compañía de los profetas") son mencionados en conexión con Eliseo (e.g., 2 Re. 2:3-7; 5:22; 9:1), y son mencionados una vez en 1 Re. 20:35. Eran una pequeña comunidad de fieles israelitas que vivían en los años oscuros de la apostasía bajo Acab y Jezebel, cuando los adoradores del Dios verdadero eran perseguidos y el culto a la fertilidad de Baal era la religión patrocinada por el Estado. Vivían en Betel, Jericó, Gilgal y a lo largo del río Jordán. Los hijos de los profetas sabían que Dios se llevaría a Elías y estaban preocupados de que Eliseo lo sabía también. Vieron a Elías dividir el Jordán; también observaron a Eliseo repetir el signo con posterioridad. Ellos concluyeron que "El espíritu de Elías descansa con Eliseo" (2 Re. 2:15). Después de eso, consideraron a Eliseo como su líder y a ellos mismo sus sirvientes.

A diferencia de Elías, que era un solitario, Eliseo se presenta en 2 Reyes como un hombre de la ciudad, cómodamente viviendo entre ellos. Recurrían a Eliseo en asuntos pequeños y grandes porque poseía poderes extraordinarios y los usaba para el mejoramiento de este grupo de fieles guardianes de la alianza. Él aseguró la casa de una viuda que era la esposa de uno de los hijos de los profetas (2 Re. 4:1-7). Recuperó un hacha sumergida de cabeza cuando los hijos de los profetas estaban esforzándose por ampliar su espacio habitable (6:1-7). Incluso levantó a los muertos (4:36). De muchas maneras, ellos eran como los discípulos de Cristo, y algunos de los relatos de los Evangelios parecen diseñados para presentar a Cristo como un nuevo Elías y Eliseo (Lc. 4:25-27).

HIJOS DEL ORIENTE *Ver* Cadmoneos.

HILADO Y TEJIDO El hilado (transformación de fibras en hilo) y tejido (transformación de hilo en textiles) eran actividades económicas básicas de las mujeres a lo largo del mundo antiguo (*véase* Éx. 35:25-26). Esto se refleja en la Biblia en Prov. 31:10-31, donde la "esposa de carácter noble" es retratada como una diestra productora de textiles finos. El proceso es descrito en detalle, incluyendo la recolección de materias primas (31:13), la habilidosa producción del hilo con la rueca y el huso (31:19), la elaboración de prendas de vestir y tapices (31:22, 24) y la venta de los mismos (31:24). Como queda claro a través de este pasaje, la producción textil era una actividad doméstica, que no acontecía en fabricas especializadas, sino en cualquier hogar donde había trabajo suficiente. La palabra hebrea para "tejedor" ocurre como un participio masculino, sugiriendo la participación de hombre en el oficio (Éx. 35:35; Is. 38:12).

En el Israel bíblico, la tela era hecha de lino (una fibra vegetal que produce tela de lino) o lana (oveja o cabra). En Is. 19:9 la producción de lino fino se asocia particularmente a Egipto. La evidencia más abundante de hilado y tejido que ha sobrevivido en el registro arqueológico proviene en la forma de pesas para telares hechas de piedra o arcilla y husos espirales. Menos frecuentemente, encontramos fragmentos de partes de madera del telar (tales como lizos o vigas [*véase* 1 Sm. 17:7]), herramientas de hueso o marfil, tazones de hilado y en algunos casos fragmentos de textiles y cuerdas. El telar es un marco de madera en el cual se teje la tela. En

Telar.

las tierras bíblicas se usaban telares verticales (contra la pared) y horizontales (paralelos al suelo). La ubicuidad de estos implementos en excavaciones de sitios domésticos da testimonio de la universalidad de la producción textil como un oficio hogareño en el mundo bíblico. Sansón engaña a Dalila para que tejiera su cabello en un telar y lo sujetara con un alfiler (Jue. 16:13). Nuevamente, esta historia ilustra el hecho de que un hogar típicamente tenía un telar.

Varias culturas antiguas tenían deidades patrones del hilado y tejido, usualmente una diosa femenina: Uttu de Mesopotamia, Tait de Egipto y Atenea en el mundo griego. Existen indicaciones de que Astarot era la diosa del hilado y tejido en la cultura semítica oeste, que incluye a Israel y sus vecinos. Evidencia de hilado y tejido se ha descubierto en un sitio cultico del siglo diez a.C. en Ta'anach en Israel central (*véase* 2 Re. 23:7).

Metafóricamente, una araña hila su tela (Is. 59:5). Jesús revierte la analogía del hilado y tejido al mundo natural estableciendo que los lirios del campo "no trabajan o hilan" y sin embargo están magníficamente vestidos en belleza natura, excediendo incluso el esplendor artificial de Salomón (Mt. 6:28; Lc. 12:27).

HILCÍAS **(1)** El padre de Eliaquim, el oficial de Ezequías (2 Re. 18:18-37; Is. 22:20; 36:3). **(2)** El hijo de Salum (1 Cr. 6:13; Esd. 7:1-2), era el sumo sacerdote en la época de Josías que encontró el libro de la ley (2 Re. 22:4-23:24; 2 Cr. 34:9-22). **(3)** Un levita, el hijo de Amzí (1 Cr. 6:45-46). **(4)** Un portero, un hijo de Hosa (1 Cr. 26:11). **(5)** Uno de los doce hombres de pie con Esdras mientras lee la ley (Neh. 8:4). **(6)** Un líder de los sacerdotes que regresaron del exilio con Zorobabel (Neh. 12:7). **(7)** Un sacerdote de Anatot y el padre del profeta Jeremías (Jr. 1:1). **(8)** El padre de Gemarías, que entregó la carta de Jeremías a los exiliados babilonios (Jr. 29:1-3).

HILEL El fundador tradicional del judaísmo rabínico y un contemporáneo temprano de Jesús. Nació en Babilonia, pero fundó una escuela en Jerusalén. La literatura rabínica declara que Hilel actúo como presidente de la sinagoga. Su escuela ha llegado a representar el ala liberal del judaísmo rabínico (en oposición a la más conservadora escuela de Samai). Su dicho más famoso, "Lo que es odioso para ti, no se lo hagas a tu vecino: esa es toda la Torá, mientras que el resto es comentario" (b. Shabb. 31a), tiene paralelos con el resumen de Jesús de la ley (Mt. 7:12).

HILÉN Una aldea en el territorio montañoso de Judá designada, junto con sus tierras de pastoreo, como ciudad de refugio y asignada a los descendientes de Aarón (1 Cr. 6:58). En Js. 15:51; 21:15 es mencionada con el nombre "Holón". El profeta Jeremías también incluye un pueblo llamado "Holón" como parte de su oráculo contra Moab (Jr. 48:21).

HIMENEO Un líder de la iglesia de Éfeso que se opuso a Pablo y sus enseñanzas. Estaba entre aquellos que rechazaron la doctrina sólida con conciencias "selladas" (1 Tim. 4:2) y al hacerlo "sufrieron un naufragio con respecto a la fe" (1:19). Pablo respondió excomulgando ("entregando a Satanás") a Himeneo y Alejandro para que "fueran enseñados a no blasfemar" (1:20). Pero Himeneo continúo destruyendo la fe de otros, enseñando falsamente que la resurrección ya había ocurrido (2 Tim. 2:17-18). Pablo encarga a Timoteo evitar tales enseñanzas impías y gentilmente instruir a sus oponentes (2 Tim. 2:16, 25).

HIMNO Una canción de adoración y alabanza a Dios. La NIV sólo usa la palabra una vez en el NT, en Sal. 40:3, refiriéndose a un "himno de alabanza" a Dios. La palabra hebrea tras esta frase es tehillah, que es común en el AT y en otras partes traducida simplemente como "alabanza", especialmente en los salmos. Los salmos eran parte de la adoración de Israel, y por lo tanto tales "himno de alabanza" a Dios eran más comunes de lo sugerido.

El contenido de estos himnos no está planteado para los lectores modernos, pero involucra cosas tales como agradecimiento, gratitud o, en general, darle a Dios el debido reconocimiento por quien es (e.g., Sal. 66:2) y lo que ha hecho (e.g., 106:2, 12).

En el NT, la palabra ocurre sólo en un puñado de ocasiones en la NIV, y hay muy poca indicación de qué tratan estos himnos. Aquí también, generalmente, podemos decir que un himno es un tipo particular de canción de alabanza a Dios.

En Mt. 26:30; Mc. 14:26, Jesús y sus discípulos cantaron un himno al final de la Última Cena. Ya que esta comida seguía el patrón de la Pascua, es probable que se cantaran más de uno de los salmos Hallel (Sal. 111-118). ("Hallel" significa "alabanza" en hebreo y se relaciona con tehillah). La palabra griega detrás de este uso en los Evangelios, hymneō, es el origen de la palabra "himno". En Hec. 16:25, Pablo y Silas cantaron himnos a medianoche mientras estaban en prisión, aunque no se nos cuenta de su contenido.

En 1 Cor. 14:26 Pablo está instruyendo a sus lectores acerca de la adoración ordenada. Según la NIV, uno de los elementos de adoración incluye himnos, aunque la palabra griega allí es psalmos (la palabra usada para referirse al libro de Salmos en Lc. 20:42; 24:44; Hec. 1:20; 13:30), que la KJV presenta como "salmo". Existe una significativa superposición entre himnos y salmos, ya que ambos involucran alabanza a Dios, pero evidentemente existe cierta distinción también, como puede verse en Ef. 5:19 y Col. 3:16, donde Pablo hace una distinción entre "salmos, himnos y canciones del Espíritu". Tal vez estos términos no reflejan categorías claramente marcadas en la mente de Pablo. En Ef. 5:19 los tres están dirigidos a Dios "desde [el] corazón", y en Col. 3:16 se cantan con "gratitud", ambos reflejan el uso de salmos en el AT.

Académicos bíblicos también se refieren a otras porciones de la Biblia como "himnos", aunque la palabra no es usada. La Canción de Moisés (Éx. 15:1-18) y la Canción de Ana (1 Sm. 2:1-10) a veces son llamados "himnos" simplemente como designación conveniente (aunque la de Ana es más bien una plegaria). Lo mismo ocurre con la canción de María, el Magníficat (Lc. 1:46-55), que claramente está modelado en base a la canción de Ana y la canción de Zacarías, el Benedictus (Lc. 1:68-79), que refleja los poemas proféticos del AT. En otras partes los académicos bíblicos detectan la posibilidad de fragmentos de "himnos" preexistentes que fueron incorporados en el NT (e.g., Flp. 2:6-11). Esto sugiere a algunos que había cierta actividad de escritura de himnos en la iglesia temprana.

HIN Un cuenco para medir líquidos cuya capacidad era igual a un sexto de bato. La medida misma también le llamaba "hin" (e.g., Éx. 29:40; 30:24). Las estimaciones de su equivalencia moderna varían entre cuatro a ocho cuartos de galón. Un sexto de un hin era el suministro de agua para beber de un día.

HINOM, VALLE DEL HINOM (O BEN HINOM) Valle que rodea Jerusalén en el sur y oeste, una defensa natural de la ciudad. Era un límite entre las tribus de Judá y Benjamín (Js. 15:8; 18:16). Dios lo designó el "Valle de Sacrificio" porque los reyes de Judá y las personas de Jerusalén construyeron los lugares altos de Tofet y quemaron a sus hijos en el fuego como sacrificios a Baal (Jr. 7:31-32; 19:2-6; *véase también* 2 Cr. 28:3; 33:6). Durante su reforma, Josías profanó Tofet en el Valle de Hinom (2 Re. 23:10). El "Valle de Hinom" (heb. ge-hinnom) se convirtió en "Gehena" (gr. geenna, del arameo), un lugar destacado por la quema de desechos, una vívida ilustración para las referencias de Jesús al tormento eterno (e.g., Mt. 10:28). *Véase también* Gehena; Infierno.

HIPOCRESÍA La práctica de declarar estándares o creencias a las que no se conforma el comportamiento de uno. La hipocresía se atribuye a aquellos cuyas acciones y palabras difieren de la intención de sus corazones (Mt. 22:18; 23:28). Es una forma de mentira (1 Tim. 4:2; 1 Pe. 2:1) y puede convertirse en una forma de autoengaño (Mt. 7:5; 23:16-26; Lc. 12:56; 13:15).

El AT expresa el sentido con frases como "doble corazón" y "labios halagadores" (Sal. 12:2 KJV). Jeremías describe a aquellos que tiene a Dios "siempre en sus labios, pero lejos de sus corazones" (Jr. 12:2).

La palabra del NT, hypokrinomai, tiene su origen en el teatro, refiriéndose a un actor (Lc. 20:20). Todas las partes, incluyendo los personajes femeninos, eran realizados por hombres, que señalaban la transición de personajes cambiando de máscaras. Jesús llama a sus oponentes "hipócritas" (Mt. 6:2, 5, 16; 15:7; 23:13, 15, 23, 25, 27, 29; Mc. 7:6; Lc. 12:56; 13:15; cf. Sal. 26:4). Arqueólogos han encontrado un teatro en Séforis, una ciudad grande y parcialmente helenizada a menos de ocho kilómetros de la ciudad natal de Jesús, Nazaret, pero el teatro puede haber sido construido después del ministerio de Jesús. Incluso si Jesús no asistió personalmente al teatro local, la imaginería hubiese sido parte de su mundo desde hace largo tiempo.

Jesús critica a los escribas y fariseos porque "no practican lo que predican" (Mt. 23:3; cf. 7:6). Lo que practican era para alarde (Mt. 6:2, 5, 16). Jesús describe el intento de sus oponentes para atraparlo con preguntas engañosas como hipocresía (Mt. 22:18; Mc. 12:15). Jesús no necesariamente está llamando a todos los fariseos hipócritas y ciertamente no a todos los judíos, solo aquellos que están impidiendo su ministerio. Pablo, que fue criado fariseo (Hec. 23:6; Flp. 3.5), se veía a sí mismo no como un hipócrita, sino como un ignorante (1 Tim. 1:13). Jesús critica a Nicodemo no por hipocresía, sino por ignorancia acerca del significado más profundo de las Escrituras (Jn. 3:1-15). Los rabís, que son descendientes de los fariseos, relatan una tradición de preocupación por la hipocresía dentro de las filas del grupo (e.g., b. Sotah 22b).

Pablo acusa a Pedro de hipocresía porque estaba dispuesto a comer con cristianos no judíos en Antioquía, pero luego se distancia de un grupo más culturalmente conservador llegado de Santiago a Jerusalén (Gal. 2:13). Pedro sabía la verdad, pero, desde el punto de vista de Pablo, no actuó de manera consistente. En este caso la inconsistencia habría creado un precedente que Pablo no podía tolerar. Lo opuesto a la hipocresía es el amor de un corazón trasparentemente puro y una voluntad para admitir la falta (Rom. 12:9; 2 Cor. 6:6; 1 Pe. 1:22).

HIPOPÓTAMO El hipopótamo se ha sugerido como el significado más probable para la palabra hebrea behemot en Job 40:15. En otras partes la misma palabra es el plural de la palabra behemah, que significa "animales, ganado" (e.g., Job 12:7; 35:11). En 40:15 el término se refiere a un animal en particular. El significado preciso en ese versículo es incierto más allá de lo que puede discernirse por el contexto: era grande y aparentemente herbívoro. Aunque muchas traducciones modernas dejan el hebreo sin traducir (NIV, NRSV: "Behemoth"), sus notas marginales con frecuencia sugieren que la palabra puede referirse al hipopótamo, el búfalo o al elefante.

HIPÓTESIS DOCUMENTARIA Una teoría inicialmente proveniente de Julius Wellhausen que argumenta que el Pentateuco (o la Torá, los libros del Génesis al Deuteronomio) son una compilación de cuatro fuentes principales que se han editado en conjunto. Las cuatro fuentes se etiquetan como J, E, D, P. J representa a "Yahvista" y proviene del uso de "Yahveh" (en alemán, Jahweh) como el nombre de Dios. E representa a "Elohísta", refiriéndose al uso del término "Elohim" para el nombre de Dios. D representa a "Deuteronomista", indicando que la fuente incluye el libro del Deuteronomio (y material similar en libros subsecuentes de la Biblia). P representa "(fuente) Sacerdotal" que se identifica de manera más cercana con la preocupación del sacerdocio.

Según la Hipótesis Documentaria, J es la fuente más antigua, compuesta en Judá cerca del año 950 a.C.; E es el siguiente, compuesto en Israel alrededor del año 850 a.C.; D proviene del período de reformas religiosas en Jerusalén alrededor del año 600 a.C.; P fue compuesto por sacerdotes durante el exilio babilonio (c. 500 a.C.). En un proceso de varias fases, las cuatro fuentes se trabajaron en conjunto, resultando en la forma final alrededor del año 400 a.C. Aunque la teoría de Wellhausen adquirió bastantes seguidores en el academicismo crítico, investigaciones recientes han desafiado seriamente la viabilidad de la Hipótesis Documentaria, ya sea en su totalidad o en parte. *Véase también* Pentateuco.

HIRA El amigo adulamita de Judá a quien este último estaba visitando cuando conoció a su esposa cananea (Gn. 38:1-2, 12, 20-23).

HIRAM (1) El rey de Tiro, contemporáneo con David y Salomón (siglo diez a.C.). El nombre es una forma abreviada de "Ahiram". La Biblia declara que Hiram tenía una relación cordial con David (1 Re. 5:1), probablemente indicando una relación de tratado entre los dos reinos. Hiram proporcionaba materiales y trabajadores para ayudar en la construcción del palacio de David en Jerusalén (2 Sm. 5:11). Igualmente, Hiram ayudó a Salomón en la construcción del templo de Jerusalén, proporcionando "troncos de cedro y enebro" (1 Re. 5:8) y artesanos. A cambio, Salomón le pagó a Hiram con trigo y aceite anualmente (5:11). Los edificios israelitas de este período muestran signos de influencia fenicia en su estilo y diseño. La mayoría de los académicos creen que el templo de Salomón fue diseñado por artesanos fenicios, guiados por modelos e intereses israelitas.

Una vez que el templo fue completado, Salomón le dio a Hiram veinte aldeas galileas a cambio de 120 talentos de oro (1 Re. 9:10-14). Sin embargo, Hiram no estuvo complacido con la transacción. Algunos especulan que Salomón se vio forzado por deuda a entregar estas ciudades a Hiram para reunir capital, aunque 2 Cr. 8:2 declara que Hiram le dio estas ciudades a Salomón, tal vez entendiendo el desagrado de Hiram como implicando su regreso.

Hiram y Salomón también persiguieron empresas marítimas conjuntas. Hiram proporcionó marineros veteranos para la flota recién construida de Salomón (1 Re. 9:28) y sus dos flotas navegaron juntas (1 Re. 10:22; 2 Cr. 8:18). Estas expediciones marítimas comerciaban con artículos de lujo tales como metales preciosos, marfil y animales exóticos (1 Re. 10:22).

Josefo declara que Hiram y Salomón intercambiaban acertijos y hacían apuestas sobre su desciframiento, aunque la confiabilidad de esta información es dudosa a la luz de la fecha tardía de los escritos de Josefo y la naturaleza tolerante de su trabajo. Fuentes patrísticas tempranas declaran que Salomón se casó con una de las hijas de Hiram, aunque pueden haber simplemente extrapolado esto de la referencia en 1 Re. 11:1 a Salomón teniendo esposas de Sidón.

(2) Un artesano fenicio, hijo de una mujer israelita (1 Re. 7:13 NRSV [NIV: "Huram"]), enviado por el rey Hiram de Tiro a hacer trabajo en bronce en la construcción del templo de Salomón. *Véase también* Huram.

HIRAM-ABI *Véase* Huram.

HISOPO La palabra hebrea traducida como "hisopo", 'ezob, ocurre diez veces en el AT, cinco de ellas en Lv. 14. Aunque existe cierta duda respecto de la identidad de la planta, es claramente pequeña, en contraste con el cedro del Líbano (1 Re. 4:33). Cuando ramas de hisopo son atadas unidas, la estructura de hojas contiene líquidos. El hisopo se usaba para rociar la sangre del cordero pascual sobre los dinteles y jambas de las casas israelitas (Éx. 12:22). Se usó en conjunto con rociar sangre sobre personas y casas afectadas por enfermedades infecciosas de la piel y moho (Lv. 14) y con la quema de la vaquilla roja (Nm. 19:1-6) sugiere que sus propiedades aromáticas eran también significativas para contrarrestar el hedor de sangre y carne quemándose. El hisopo se usaba para rociar el agua de purificación de la vaquilla sobre objetos e individuos que entran en contacto con un cuerpo (Nm. 19:18). El impacto de estos ritos ceremoniales de purificación le da al hisopo un significado simbólico; representaba la limpieza del pecado (Sal. 51:7) y humildad.

La palabra "hisopo" proviene del griego hyssōpos, misma de origen semita. En la crucifixión, en respuesta al grito de Jesús, "Tengo sed", una esponja empapada en vinagre fue levantada hacia él en una rama de hisopo (Jn. 19:29). Si la planta corresponde a la variedad de hierbas pequeñas, levantar la esponja en una rama de hisopo parece improbable. Algunos sugieren que en griego es en realidad una palabra similar que significa "jabalina" (hyssos). Otros sostienen que Juan, que es el único evangelista que menciona al hisopo, está más interesado en los aspectos simbólicos del hisopo y la conexión de la Pascua con la muerte de Jesús, el Cordero Pascual. La combinación de pureza y humildad puede ser la razón por la cual Juan lo incluye en la escena de la crucifixión. El autor de Hebreos realza la descripción de la ceremonia de ratificación de la alianza (Éx. 24:1-8) incluyendo los elementos rituales de lana escarlata e hisopo de Nm. 19 y Lv. 14 junto con el agua y la sangre de animales sacrificiales (Hec. 9:19).

HISTORIA, HISTORIOGRAFÍA Los libros del Génesis a Ester en el AT y de Mateo a Hecho en el NT con frecuencia son caracterizados como historia. Sin embargo, en el mundo antiguo el género literario de historia en el sentido moderno no existía. Además, la palabra "historia" es ambigua y puede referirse ya sea a eventos del pasado o recuentos verbales de estos eventos. Por el bien de la claridad, este artículo se refiere a los recuentos verbales del pasado como historiografía y a los eventos mismos como historia. La historiografía es un género en el cual una nación o grupo intenta presentar un relato de su pasado colectivo. La historiografía bíblica era un intento creativo para retratar e interpretar eventos del pasado, restringidos por sus fuentes (e inspirados por el Espíritu Santo), enfatizando la relación de Israel y la iglesia con Dios. El historiador se comprometía en investigación, reuniendo información de fuentes orales y escritas, luego registraba sus hallazgos en una narrativa unificada. Este proceso separaba a los antiguos historiadores de los narradores; sin embargo, la historiografía antigua estaba de hecho más cercana a la narrativa que a la escritura moderna de la historia.

Métodos de la Historiografía Antigua

Los escritores bíblicos usaban técnicas similares a aquellas de los antiguos historiadores griegos. La historiografía griega frecuentemente se organizaba temáticamente, usando genealogías, discursos o fórmulas narrativas como elementos estructurales, en vez de seguir un estricto orden cronológico. Los discursos eran principalmente el trabajo de creativo del historiador más que extraídos de transcripciones en fuentes. Además, tanto el contenido general y detalles particulares de la narrativa estaban sujetos a la interpretación del historiador de los eventos. Estos mismos métodos históricos pueden ilustrarse a través de los siguientes ejemplos bíblicos.

Dos Reyes 20:12-19 describe a Ezequías presumiendo las riquezas de Jerusalén a sus visitantes babilonios. Sin embargo, la narrativa precedente describe la pérdida de riquezas de Jerusalén ante un rey asirio invasor (18:15-16). Además, en 2 Re. 20:6 Isaías predice que Jerusalén será liberada de "la mano del rey de Asiria", pero esta liberación ha sido registrada en 2 Re. 19. Esto sugiere, y evidencia extrabíblica lo confirma, que la historia de 2 Re. 20 en realidad ocurrió antes que la historia de 2 Re. 18-19.

En los libros de Josué a Reyes, los discursos son usados como elementos estructurales, con personajes principales enfatizando los puntos teológicos centrales del autor en punto clave en su historia (e.g., Js. 1:11-15 [Josué]; 1 Sm. 12 [Samuel]; 1 Re. 8:14-61 [Salomón]). Todos estos discursos usan vocabulario distintivo, sugiriendo que el mismo autor los compuso. Ya que el escritor no estaba presente cuando estos discursos ocurrieron (ya que acontecieron mucho antes de su nacimiento), él compuso los discursos (inventando gran parte de la redacción) de acuerdo a los que él pensaba apropiado para la situación dada. Las contribuciones creativas de cada historiador pueden verse claramente cuando un discurso se registra en dos o más libros bíblicos (comparen las Bienaventuranzas en Mt. 5:1-12 y Lc. 6:20-26 o la plegaria de Salomón en 1 Re. 8:22-53 y 2 Cr. 6:12-39). Esto no quiere decir que los discursos sean históricamente engañosos, sino que fueron necesariamente compuestos para presentar una narrativa del pasado. Toda historiografía, antigua y moderna, involucra escritura creativa, selectividad e interpretación de fuentes.

En comparación a sus contrapartes del AT, la historiografía del NT fue escrita bastante cerca a los eventos que registra, pero aun así muestra gran variación en destalles descriptivos. Por ejemplo, la narrativa de la resurrección en Mt. 28:2 menciona un ángel, Mc. 16:5 se refiere a un hombre joven, Lc. 24:4 habla de dos hombres y Jn. 20:12 menciona dos ángeles. Más que indicar la naturaleza ficticia del evento, las diferencias se deben a la interpretación que guió su escritura (esto es, la persona cerca de la tumba de Cristo, que parecía humana para algunos, fue interpretada como un ángel por otros). Al lidiar con narrativas de AT, que con frecuencia hacen una crónica de eventos de un pasado distante, debemos recordar que su historiografía es de naturaleza interpretativa y no intenta meramente relatar lo que pasó de la manera más objetiva posible.

Por ejemplo, 2 Re. 15:37 registra un ataque contra Judá por parte de reyes extranjeros; sin embargo, el autor no describe una razón para el ataque, simplemente dice: "En aquellos días, el Señor comenzó a enviar a Rezín, rey de Aram y Peka, hijo de Remalías, contra Judá". Aunque sin duda había razones políticas para el ataque, el autor no comenta esas razones, pero en cambio da una interpretación teológica para explicarlo. De hecho, las razones teológicas para eventos pasados y su relevancia para el presente y el futuro caracterizan la historiografía bíblica. La explicación final para eventos históricos es Dios y su dominio providencial de la historia.

La Función y Confiabilidad de la Historiografía Bíblica

La historiografía bíblica enfatiza la continuidad con el pasado viendo el presente como la continuación de la historia del pasado y enfocándose en relaciones de causa y efecto en el pasado para explicar el presente y extraer un mensaje teológico para sus lectores. Por ejemplo, 2 Re. 17 describe a los asirios destruyendo el norte de Israel y deportando a su población.

Esto es todo lo que un historiador moderno derivaría del evento. Sin embargo, en la Biblia este evento es significativo porque "todo esto sucedió porque los israelitas habían pecado contra el Señor su Dios... Adoraron a otros dioses" (2 Re. 17:7). Esta interpretación se elabora en el capítulo, dominando los versículos 7-23, mientras la narración del evento mismo es descrita sucintamente en los versículos 3-6. La interpretación teológica del evento era más importante que el evento mismo.

Esto no quiere decir que la historiografía bíblica sea ficticia, ya que claramente se basa en eventos reales que ocurrieron en el pasado. La historiografía bíblica ha sido ampliamente corroborada por material extra bíblico y calza bien en un contexto histórico del antiguo Oriente Próximo en general, aunque no concuerda perfectamente con todo lo que sabemos de la historia antigua. Ya que reconocer el género (e.g., parábola, poema) de cualquier pasaje bíblico es imperativo para su correcta interpretación, conocer las diferencias entre la historiografía antigua y moderna es vital para la comprensión de los libros históricos de la Biblia. Las Escrituras afirman que Dios habló en una variedad de formas (Heb. 1:1); una de ellas fue a través del género de la historiografía.

HIZKIJAH Una versión corta del nombre Ezequías. **(1)** Un antepasado del profeta Sofonías (Sof. 1:1 KJV [NIV: "Ezequías"]). **(2)** Un hijo de Nearías, en la genealogía de David, cuatro generaciones después de Zorobabel en el período postexílico (1 Cr. 3:23). *Véase también* Ezequías.

HIZQUI Hijo de Elpaal, un descendiente de Benjamín (1 Cr. 8:17).

HOBA Un pueblo mencionado sólo una vez en las Escrituras. En Gn. 14, después de la separación de Abram y Lot, Lot fue capturado, junto con los reyes de Sodoma, Gomorra, Adma, Zeboim y Bela (Zoar), por una coalición de reyes liderada por Quedorlaomer. Cuando Abraham supo de la derrota, reunió a 318 sirvientes entrenados en su casa y persiguió a Quedorlaomer. Abraham los atacó y Hoba fue la ubicación en la cual Abraham los enfrentó en batalla. La ubicación exacta del pueblo se desconoce, pero estaba al norte de Damasco (14:15).

HOBAB En Nm. 10:29 y Jue. 4:11, Hobab es mencionado como el khoten de Moisés. La lectura más natural del término hebreo khoten aquí es "suegro". Sin embargo, en otras partes el suegro de Moisés es conocido como Jetro (Éx. 3:1) y tal vez Reuel (2:18). Algunas versiones (e.g., Jue. 4:11 NIV) presentan khoten como cuñado, basándose en que tiene el significado general de "pariente político" (en Nm. 10:29, la NIV aun traduce el término como "suegro", pero se entiende que es aplicado a Reuel, padre de Hobab). Es probable que el suegro de Moisés tuviese más de un nombre. *Véase también* Jetro.

HOD Uno de los hijos de Zofah de la tribu de Aser (1 Cr. 7:37).

HODAVÍAS **(1)** El mayor de siete hijos de Elioenai y un descendiente de David a través de Zorobabel (1 Cr. 3:24; KJV: "Hoadaías"). Intentos por identificarlo con Abiud (Mt. 1:13), Jodá (Lc. 3:26), Hodías (Neh. 9:5) o Obadías (Neh. 10:5) son inciertos. **(2)** El líder de una de las familias de la media tribu de Manasés que residía al lado este del Jordán (1 Cr. 5:24) y que fueron llevados al exilio por Tiglat-piléser III. **(3)** Un benjamita que era el hijo de Hasenúa y el padre de Mesulam.

Su nieto Salú estaba entre aquellos que residían en Jerusalén tras el regreso del exilio en Babilonia (1 Cr. 9:7). En la lista paralela en Neh. 11:7 su nombre está listado como "Joed". **(4)** El antepasado de una de dos familias de levitas que regresaron del exilio en Babilonia con Zorobabel (Esd. 2:40). Sus descendientes también son referidos como "hijos de Judá" (Esd. 3:9 KJV [*véase* NIV mg.]; cf. Neh. 7:43). En una lista paralela de regresados en 1 Esd. 5:26, su nombre está listado como "Sudias". Algunas traducciones escriben el nombre como "Hodevá" en Neh. 7:43 (KJV, ESV, NRSV, NASB).

HODES Una esposa de Saharaim de la tribu de Benjamín (1 Cr. 8:9). Era de la tierra de Moab (8:8), donde le dio siete hijos.

HODEVÁ La ortografía en la KJV y otras versiones (ESV, NRSV, NASB) del nombre de un levita cuyos descendientes regresaron con Zorobabel del exilio (Neh. 7:43 [NIV: "Hodavías"]). *Véase también* Hodavías.

HODÍAS **(1)** Uno de trece levitas que ayudó al pueblo a entender la lectura de Esdras de la ley, ya sea traduciéndola al arameo o por algún otro tipo de exposición (Neh. 8:7). Un hombre llamado Hodías también participó en un ritual de arrepentimiento público y adoración durante las reformas de Esdras (Neh. 9:5). Adicionalmente, dos de los "hermanos" de los levitas cuyos nombres estaban en el documento de la alianza que fue sellado tras la lectura de la ley por parte de Esdras también se llaman "Hodías" (Neh. 10:10, 13). Es difícil determinar cuántas figuras distintas están presentes en estos textos. **(2)** Un firmante no levita de la alianza con Dios que se hizo tras la lectura pública de la ley por parte de Esdras (Neh. 10:18). **(3)** Una figura en la lista en una lista genealógica judaíta en 1 Cr. 4:19. El listado concierne a los descendientes de su esposa, que era hermana de un hombre llamado Naham.

HOFNÍ Uno de los dos hijos del sacerdote Elí en Siloh (1 Sm. 1:3). Hofní y Finehás eran sacerdotes corruptos: abusaban a los adoradores demandando más que su parte sacerdotal (2:12-17) y tenían relaciones sexuales con mujeres que servían en el santuario (2:22). Tras rechazar la reprimenda de su padre (2:23-25), su juicio fue enunciado en 1 Sm. 2:27-36. Esto se cumplió cuando ambos murieron en batalla (4:11).

HOFRA Conocido como Apries en los textos históricos griegos, era un faraón egipcio de la Dinastía Veintiséis (r. 589-570 AC). En 587 a.C., durante un período de competencia Egipto-Babilonia en Siria-Palestina, Hofra envió su ejército hacia el norte y temporalmente alejó al ejército babilonio que estaba asediando a Jerusalén (Jr. 37:5 [Hofra es el faraón no nombrado]). Se lo nombra una vez en la Biblia (Jr. 44:30), donde Jeremías predice que Hofra será derrotado por el rey babilonio Nabucodonosor, al igual que el rebelde rey judaita Sedequías. Aquellos judeanos que habían huido de Nabucodonosor hacia el Egipto de Hofra habían colocado mal su confianza. Hofra posteriormente fue asesinado.

HOGAR *Véase* Familia.

HOGLA Una de las cinco hijas de Zelofejad (Nm. 26:33). Ella y sus hermanas apelaron a Moisés que les concediese derechos de herencias cuando su padre murió sin herederos masculinos (27:1-11). Su petición fue aceptada, pero posteriormente se ordenó que debieran casarse dentro de su propia tribu (36:1-12).

HOHAM Un rey amorreo de Hebrón (Js. 10:3). Adonisedec, rey de Israel le imploró, junto a Piram, rey de Jarmut; Jafía, rey de Laquis y Debir, rey de Eglón, que unieran sus fuerzas

H

para atacar a los gabaonitas por haber entrado en un tratado con los israelitas. Es coalición fue derrotada por los israelitas quienes acudieron a ayudar a los gabaonitas en una batalla de milagros. Murieron más enemigos de Israel por granizos enviados por Dios que por espadas israelitas, y fue en esta batalla que el sol se paró en medio del cielo y no se puso durante casi todo un día (Js. 10:6-15).

HOJA, HOJAS Extensión(es), generalmente verde, del tallo de una planta. En Gn. 8:8-11, una hoja de olivo en el pico de una paloma le indicó a Noé que las aguas del diluvio se estaban retirando. Muchos pasajes del AT contienen referencias a hojas como metáfora de prosperidad (Sal. 1:3, Prov. 11:28), así como de destitución (Job 13:25; Is. 1:30; 34:4; 64:6).

Una diferencia clave entre las dos metáforas depende de si la hoja está marchita. Los justos prosperarán como una hoja verde (Prov. 11:28), mientras que Job, hablando de su sufrimiento, se refiere a sí mismo como una hoja llevada por el viento (Job 13:25). En el NT, Jesús maldice una higuera que tiene hojas pero no fruta, lo que hace que se marchite (Mt. 21:18-22; Mr. 11:13-14, 20-25). Las hojas también se usan como una ilustración mediante la cual Jesús enseña acerca de las expectativas de que el Hijo del Hombre regrese (Mr. 13:26-28). En Apocalipsis, las hojas del árbol de la vida son para la sanidad de las naciones (22:2).

HOLÓN **(1)** Uno de los once pueblos en la tierra montañosa asignados a la tribu de Judá bajo Josué (Js. 15:51). También era uno de los trece pueblos entregados a los sacerdotes de Israel (Js. 21:15; "Hilén" en 1 Cr. 6:58). Comúnmente se le identifica con Khirtbet 'Alin, aproximadamente a dieciséis kilómetros al noroeste de Hebrón. **(2)** Un pueblo de ubicación incierta en la meseta de Moab (Jr. 48:21).

HOMAM Un hijo de Lotán y nieto de Seír (Gn. 36:22). La NIV presenta el nombre como "Homam", basándose en el relato paralelo en 1 Cr. 1:39, mientras que la KJV sigue el hebreo y opta por "Hemam".

HOMBRE DE ANARQUÍA, HOMBRE DE PECADO En 2 Tes. 2:3 varios manuscritos griegos hablan del "nombre de la anarquía [anomia]" o del "hombre del pecado [hamartia]," al que Pablo se refiere como el anticristo, que marcará el comienzo de los últimos días. *Ver también* Anticristo; Transgresores, Iniquidad, Anarquía

HOMBRE LIBRES, SINAGOGA DE LOS Una sinagoga en Jerusalén cuyos miembros discutían con Esteban. Después de que fueron incapaces de imponerse a Esteban, instigaron las acusaciones que llevaron a su apedreamiento. Lucas menciona cinco grupos en Hechos 6:9: la Sinagoga de los Hombres Libres, los judíos de Cirene y Alejandría y los judíos de las provincias de Cilicia y Asia.

Algunos académicos sugieren que la Sinagoga de los Hombres Libres estaba compuesta de miembros sólo de Cirene y Alejandría. Por lo tanto, Lucas se refería a dos sinagogas en Jerusalén discutiendo con Esteban, los hombres libres y aquellos de Cilicia y Asia. Otros sugieren que Lucas se refería a una sinagoga a la que asistían judíos de estas cuatro áreas mencionadas.

La Sinagoga de los Hombres Libres fue nombrada por aquellos que habían sido liberados de la esclavitud, y otros han identificado a los hombres libres como descendientes de los prisioneros de Pompeyo. Pompeyo era un general romano que tomó el control de Judea para Roma en el año 63 a.C.

HOMBRE *Ver* Humanidad.

HOMENAJE Un gesto de honor o reverencia ante un rey, alto oficial, o Dios. Los súbditos hacen reverencia, se arrodillan o caen postrados ante su rey (1 Re. 1:16, 31; 2 Cr. 24:17) o ante Dios a la orden del rey (1 Cr. 29:20). Mardoqueo desobedece al Rey Jerjes al rehusarse a hincarse y honrar a su principal oficial real, Amán (Est. 3:2, 5). Job admite que un "beso de homenaje" metafórico a la riqueza del mundo o objetos celestiales sería un pecado ante Dios (Job 31:27). Los soldados romanos caen de rodillas y homenajean en tono de burla a Jesús antes de crucificarlo (Mc. 15:19).

HOMER Una unidad de medida de volumen de líquidos como vino o materiales secos como la cebada (Os. 3:2) o codorniz (Nm. 11:32). Por lo general, un homer equivalía a sesenta galones de líquido o 7,5 bushels de material seco, pero varió con el tiempo y la ubicación. Un homer era equivalente a diez bats (líquido) o diez efas (seco) en la época de Ezequiel (Ez. 45:11).

HOMICIDA En Nm. 35:6, 11-12 la KJV traduce la palabra hebrea ratsakh como "homicida", refiriéndose a una persona que accidentalmente había matado a alguien (compare "homicidio involuntario" en el uso moderno). Dios ordenó a los israelitas que apartaran seis ciudades levíticas de refugio a las cuales un homicida podría huir de un vengador para no morir sin una prueba (Nm. 35:6-15). En 1 Tim. 1:9, la RVA también traduce la palabra griega androphonos como "homicida", donde la mayoría de las traducciones modernas lo consideran "asesino".

HOMOSEXUALIDAD La homosexualidad es una relación sexual entre dos miembros del mismo sexo. Es un tema controversial hoy en día, especialmente en lo que se relaciona al matrimonio y a servir en el ministerio. Varios textos bíblicos clave están en el centro de la interpretación de la posición de la Biblia y sus enseñanzas sobre este tema.

Los Textos Bíblicos

Génesis 19 (con Ez. 16:49-50; Jds. 7). La narrativa bíblica respecto de la degradación y destrucción de Sodoma y Gomorra indica que su pecado era grave (Gn. 18:20; *véase también* Gn. 13:13). Cuando los dos visitantes angelicales llegaron, los hombres de la ciudad, tanto jóvenes como viejos, quisieron "conocerlos" (heb. yada'). Como alternativa, Lot ofreció a sus dos hijas vírgenes, como sustitutos sexuales. Mientras que el verbo hebreo usado aquí ocurre frecuentemente y por lo general sólo quiere decir "conocer", diez veces en el Génesis tiene fuertes tintes de unión sexual. Esta narrativa a veces es desestimada como un caso de violación grupal, por la cual el poder sobre los extranjeros era demostrado en términos sexuales. Igualmente, algunos sugieren que debido a que ningún padre en la cultura contemporánea occidental ofrecería sus hijas para mantener el honor de huéspedes, lo que este pasaje dice acerca de la homosexualidad también refleja vestigios culturales de otros

Presos se inclinan y rinden homenaje a Senaquerib (Nínive, 700-762 aC)

tiempos. Por lo tanto, el incidente no tendría relación con la homosexualidad demostrada en relaciones sexuales consensuales y comprometidas con el mismo sexo. A la luz de estas interpretaciones alternativas, es necesario investigar más las implicaciones de este evento y sus subsecuentes interpretaciones en las Escrituras.

H

Existen dos comentarios explícitos sobre la narrativa del Génesis posteriormente en el canon bíblico. La primera se proporciona en Ezequiel, por quien sabemos que Sodoma y las ciudades circundantes eran "arrogantes, sobrealimentadas y despreocupadas; no ayudaban a los pobres o los necesitados. Eran altivos y hacían cosas detestables ante [Dios]" (Ez. 16:49-50). La cláusula "hacían cosas detestables" debe traducirse de esa manera. La interpretación de "eso [esto es, la arrogancia] era detestable" es inaceptable porque el verbo hebreo está en tercera persona femenina plural ("ellas hacían"), y el sujeto es Sodoma y sus hermanas (los pueblos circundantes). Claramente, la práctica homosexual no era un sólo pecado allí. Era uno en medio de una extensa cultura con cosas que eran "detestables" a los ojos de Dios. "Detestable" se usa más de cien veces en la Biblia hebrea para cosas que son absolutamente contrarias a la naturaleza de Dios. También aparece en Lv. 18; 20, que se menciona a continuación. La segunda respuesta directa al incidente es la condena de Judas de la licencia sexual en Sodoma y Gomorra: los pueblos "se entregaron a la inmoralidad sexual y perversión" (Jds. 7).

En suma, Sodoma y Gomorra se convirtieron en el paradigma para el mal exhaustivamente destructivo (cf. Is. 1:10; Jr. 23:14; Mt. 10:5-15; 11:20-24; Lc. 10:1-15), representando sociedades totalmente corruptas y endurecidas más allá del arrepentimiento. Esta característica aleccionadora es particularmente evidente en las referencias de Jesús a las ciudades. Además, lo que no podemos ignorar es que la narrativa del Génesis del mal generalizado se centra en la perversión de la sexualidad, comenzando con hombres deseando hombres, seguido de Lot ofreciendo a sus hijas y luego las hijas de Lot involucrándose en la actividad sexual de su padre.

Jueces 19. Trágicamente este hilo narrativo no es aislado en el Génesis. La misma actividad aparece nuevamente en Jueces 19, donde parte del pueblo de Dios había adoptado las formas de la degradada cultura cananea a su alrededor. En la narrativa, un levita se detuvo a pasar la noche en el pueblo de Gabaa, una ciudad de Benjamín. Algunos hombres de la ciudad exigieron que su anfitrión les diese acceso a él y nuevamente una hija virgen y la concubina del levita son ofrecidas en su lugar. La sexualidad humana y la vida misma estaban siendo abusadas de las formas más atroces; la narrativa es un testimonio traumático de las profundidades a las cuales la humanidad puede descender, mientras la concubina es violada hasta morir durante una larga noche.

Levítico 18:22; 20:13. El primero de estos pasajes prohíbe a un hombre "tener relaciones sexuales con un hombre como uno hace con una mujer", indicando que es "detestable" o una "abominación" (KJV; heb. to'ebah). No se limita sólo a la violenta actividad homosexual que caracterizaba a las narrativas anteriores; más bien, en una prohibición general. Levítico 20:13 pronuncia la pena de muerte para el acto.

Debido a que estas están en el llamado Código de Santidad (Lv. 17-26), partes significativas del cual lidian con temas rituales, algunas interpretaciones visualizan estas declaraciones como lidiando meramente con temas de pureza anticuados, no pecado. Además, debido a que se indica la pena de muerte, son descartados como ya no relevantes para la iglesia. Sin embargo, la gran mayoría de las otras prohibiciones e infracciones señaladas en estos capítulos enfrentan actividades sexuales preocupantes ("descubrir la desnudez ['erwat] de…"), incluyendo incesto, adulterio y bestialidad, todos los cuales siguen siendo inaceptables. Además, Lv. 19 contiene instrucciones éticas significativas, muchas de las cuales reiteran los Diez Mandamientos. Por lo tanto, estos textos no deben descartarse tan fácilmente. Fuera del Levítico, to'ebah se usa sobre la adoración idolatra, actos sexuales inmorales e infracciones éticas. Las actividades que son "detestables" no pueden descartarse como simplemente refiriéndose a impureza. Finalmente, la paga por todos pecados es (no era) la muerte (Rom. 6:23) y esa lección es ampliamente evidente en Lv. 20.

Romanos 1:24-32. Pablo comienza su exhaustiva presentación del trabajo salvador de Cristo y el trabajo santificador del Espíritu Santo declarando que la humanidad está completamente condenada (Rom. 1-3). El orden que Dios tenía intencionado para toda la creación ha sido alterado porque las criaturas hechas en su imagen no lo adoraron ni lo obedecieron, intercambiando "la verdad acerca de Dios por una mentira" (1:25). De esta manera, Dios los entregó a la impureza sexual que explícitamente incluye la actividad homosexual por parte de ambos géneros (1:26-27). Adicionalmente, la lista que sigue condena a cada lector en cada tiempo y lugar. En todos los sentidos, lo que es proporcional con el conocimiento de Dios ha sido intencionalmente rechazado. Ninguno de estos está restringido de ninguna manera por conjeturas culturales.

Es exegéticamente indefendible declarar que Pablo aquí se refiere sólo a hombres y mujeres que son por naturaleza heterosexuales, pero han elegido involucrarse en actividad homosexual. Además, declarar que esto tiene que ver sólo con cierto tipo de ofensas sexuales (abuso de menores o ritos paganos) o que Pablo no podía saber acerca de las relaciones sexuales amorosas y comprometidas del mismo sexo es subestimar el asidero de Pablo de su propia cultura. Hay un cuerpo significativo de literatura helenística que reconoce relaciones homosexuales enriquecedoras y exploran las posibles razones para impulsos homoeróticos; Pablo probablemente lo sabía bien. Mas, significativamente, estas interpretaciones limitadas malinterpretan la intención de Pablo en estos capítulos y seriamente trivializan los temas del pecado y la gracia. El mensaje fundamental hacia el cual Pablo se mueve y que es la fuente de esperanza para toda la humanidad es que el terrible precio del pecado ha sido pagado en la sangre sacrificial de Cristo, de manera que Dios se convierten tanto en el justo y en el que justifica (Rom. 3:26).

Corintios Primero 6:9-11 (1 Tim. 1:10). El pasaje de 1 Corintios declara que el malvado no heredará el reino de Dios y luego da el listado de las categorías de ofensores: los sexualmente inmorales, idolatras, adúlteros, "aquellos que son blandos" (malakoi), ofensores homosexuales (arsenokoitai), ladrones, los avaros, ebrios, calumniadores, estafadores. La palabra arsenokoitai se compone de dos palabras griegas que indican "hombre" y "que se acuestan sexualmente". Debido a que estas dos palabras se usan en la versión de la LXX de Lv. 18:22 (y 20:13), es muy probable que Pablo estuviese específicamente interpretando los pasajes de Levítico para su propia audiencia, indicando que los consideraba aún aplicables. Esto claramente indica que el comportamiento es reprensible. El mismo término reaparece en 1 Tim. 1:10 en una lista de aquellos que son impíos y pecaminosos. Nuevamente, sin embargo, lo que Pablo agrega es muy importante en términos de su mensaje de gracia tan necesitada: "Y eso es lo que algunos de ustedes eran. Pero fueron lavados, fueron santificados, fueron justificados en el nombre del Señor Jesucristo y por el Espíritu de Dios" (1 Cor. 6:11).

Consideraciones Hermenéuticas

Instrucciones respecto de la práctica homosexual trascienden períodos cronológicos específicos y géneros textuales. No sólo está en las partes narrativas y advertencias de la Torá; Pablo repetidamente se refiere al tema, particularmente al describir la humanidad caída (Rom. 1; 1 Cor. 6; 1 Tim. 1). Él no califica sus descripciones para incluir sólo ciertos tipos de actividad homosexual; en cambio, son generales. La práctica homosexual es representada sin excepción en el texto como moralmente ofensiva a la vista de Dios.

Con frecuencia se dice que "Jesús nunca condenó la homosexualidad", y por lo tanto, no deberíamos hacerlo. Él tampoco, sin embargo, se refirió al aborto, incesto u otros males contemporáneos que son reprensibles. Por otra parte, él repetidamente afirma el matrimonio tradicional a través de sus referencias a Gn. 1:27 ("hombre y mujer los creó") y 2:24 ("un hombre deja a su padre y a su madre y se une a su esposa") cuando se le pregunta por temas de matrimonio y divorcio (Mt. 19:1-12).

Es esencial señalar la profunda base ética que debe formar la vida de todos los creyentes. El pueblo de Dios debe "actuar justamente y amar la misericordia y caminar con humildad con su Dios" (Miq. 6:8). Este requerimiento se refiere a la comunidad redentora que abraza a los pecadores y clase. De hecho, la verdad del Evangelio es un mensaje de esperanza; está totalmente relacionado con la transformación y nueva vida.

HONDA En culturas antiguas, la honda era un arma militar letal, con precisión de largo alcance. Los lanzadores y los proyectiles para hondas se mencionan en contextos de batalla tales como descripciones de benjamitas (Jue. 20:16; 1 Cr. 12:2), David y Goliat (1 Sm. 17:40, 50), el asedio de Kir-Hareset (2 Re. 3:25), y las provisiones de Uzías para el ejército (2 Cr. 26:14) y en profecía escatológica (Zac. 9:15). El lanzamiento con hondas también es usado metafóricamente en proverbios (Prov. 26:8) y en descripciones de juicio divino (1 Sm. 25:29; Jr. 10:18). Proyectiles de hondas han sido recuperados en numerosas excavaciones en Israel, y los honderos son representados en bajorrelieves asirios.

HONESTIDAD En las Escrituras, la honestidad por lo general se asocia con prácticas comerciales rectas y el uso de palabras verdaderas. La honestidad frecuentemente se conecta con el uso de pesos y medidas en transacciones comerciales. Dios reclama honestidad en la compra y venta de productos (Dt. 25:15; Job 31:6; Ez. 45:10). La conducta recta debe caracterizar todo negocio, trabajo y actividad laboral (cf. Ef. 4:28 NRSV).

La honestidad también se usa para referirse al discurso verdadero. Verdadero, no falso, testimonio caracteriza al pueblo de Dios (Prov. 12:17). El sabio dice que las respuestas honestas son agradables; son como un beso en los labios (24:26). Aunque Jesús no usa específicamente la palabra "honestidad", instruye a sus discípulos acerca de la honestidad al hacer juramentos. Que "sí" signifique "sí"; nada más es necesario (Mt. 5:33-37). Ya que Dios es honesto y confiable, el pueblo de Dios demuestra las mismas cualidades (2 Cor. 1:15-22).

HONOR *Véase* Vergüenza y Honor.

HORA La precisa y consistente división del tiempo en horas, minutos y segundos es una característica de la vida moderna que se hizo posible primeramente por el amplio uso de relojes mecánicos a finales de la Edad Media. Los textos bíblicos reflejan una situación anterior en la cual las horas eran principalmente un tema de observación celestial. Las referencias del NT a "horas" caen dos amplias categorías: primero, la observancia del tiempo a partir de horas numeradas; y segundo, el uso de la palabra "hora" en el sentido de "momento", un breve período de tiempo indefinido (e.g., Mt. 8:13; Jn. 16:2), ya que la hora era una unidad básica de tiempo medible (*véase* Ap. 9:15).

Jesús observó que el día estaba dividido en doce horas (Jn. 11:9). Jesús fue crucificado en la tercera hora (9 a.m.); estuvo oscuro a partir de la sexta hora (mediodía) hasta la novena hora (3 p.m.), en cuyo momento Jesús falleció (Mt. 27:45-46; Mc. 15:25, 33; Lc. 23:44; Jn. 19:14). En una parábola, un terrateniente contrató trabajos a la tercera, sexta, novena y undécima horas (Mt. 20:3-12). El libro de Hechos

Relieve mostrando honderos asirios (700–692 B.C).

también reporta eventos ocurriendo alrededor de la tercera, sexta y novena horas (Hec. 2:15; 3:1; 10:3, 9). Tales pasajes sugieren que la estimación real era frecuentemente menos precisa incluso que el esquema permitido de doce horas, y que el día estaba más aproximadamente dividido en cuatro partes de tres horas cada uno. El Evangelio de Juan provee las indicaciones temporales más precisas, mencionando la décima hora (4 p.m. [Jn. 1:39]) y la séptima hora (1 p.m. [Jn. 4:52]). Un texto menciona un "hora de cena" (Lc. 14:17; *véase también* 22:14) y otro indica que la novena hora (3 p.m.) era una "hora de oración" (Hec. 3:1; *véase también* 10:30).

La noche estaba dividida en tres o cuatro "guardias", de las cuales el NT menciona la segunda, tercera (Lc. 12:38) y cuarta (Mt. 14:25; Mc. 6:48). El AT menciona guardias nocturnas (Sal. 63:6; 90:4; 119:148; Lam. 2:19), incluyendo en contextos militares (Éx. 14:24; Jue. 7:19; 1 Sm. 11:11), de donde se deriva el término con el sentido de hacer guardia. Las guardias del AT no están numeradas, pero son referidas como "media" o "última". El sistema de guardias no excluye el contar horas durante la noche, como en Hechos 23:23, que se refiere a la tercera hora de la noche (9 p.m.).

Adicionalmente a las horas numeradas del día, la hora se usa para medir el paso del tiempo, como en Hechos 19:34, donde una multitud hace disturbios por dos horas (*véase también* Mt. 26:40; Lc. 22:59; Hec. 5:7; Ap. 17:12). Un texto se refiere a un período de media hora (Ap. 8:1).

Numerosos textos se refieren a horas de futura tribulación (Mt. 10:19; Ap. 3:10), incluyendo una escatológica o "hora final" (e.g., Mc. 13:32; 1 Jn. 2:18). El sufrimiento y la muerte de Jesús también son referidos como su "hora" (e.g., Mc. 14:35; 14:41; Jn. 12:23, 27).

HORAM Rey de Gezer, una ciudad cananea (Js. 10:33). Intentó rescatar Laquis, otra ciudad cananea derrotada por Josué e Israel mientras tomaban la tierra prometida, pero su ejército fue completamente destruido, sin dejar sobrevivientes.

HOREB Un nombre alternativo para la cordillera desértica y la montaña llamada "Sinaí" (Éx. 3:1; 17:6; 33:6; Dt. 1:2, 6, 19; 4:10, 15; 5:2; 9:8; 18:16; 29:1; 1 Re. 8:9; 19:8; 2 Cr. 5:10; Sal. 106:19; Mal. 4:4).

HOREM Un pueblo asignado a la tribu de Neftalí (Js. 19:38). Su ubicación precisa dentro de la asignación tribal es desconocida.

HOREOS Los habitantes de la región del Monte Seir. La etimología de su nombre con frecuencia ha sido relacionada al término hebreo para "habitante de cueva", pero es incorrecta. "Horeos" puede ser el nombre bíblico para los hurritas. Los hurritas eran semitas. Eran uno de los grupos de personas derrotados por Quedorlaomer en la época de Abraham (Gn. 14:6). Fuentes egipcias y la etimología del nombre indica que los hurritas estaban en el área de Palestina para el siglo catorce a.C. Como indica la LXX, y sin duda debido a cambios en las palabras moviéndose de un lenguaje a otro, la designación bíblica "hivitas" probablemente se refiere al mismo grupo de personas (Gn. 34:2; 36:2).

HORI **(1)** Un hijo de Lotán, un jefe horeo de la tierra de Seír, la tierra que posteriormente fue tomada por los descendientes de Esaú (Gn. 36:22; 1 Cr. 1:39). **(2)** El padre de Safat, un líder de la tribu de Simeón que era uno de los doce espías enviados a explorar la tierra de Canaán (Nm. 13:5).

HORMA Una ubicación mencionada por primera vez en el libro de Números, cuando los israelitas desobedecieron la palabra de Dios y fueron derrotados y golpeados todo el camino de regreso a Horma por los cananeos y los amalecitas, como se predijo (Nm. 14:45; Dt. 1:44). Además de ser una ubicación específica, "Horma" (heb. kharemah) también puede tener un significado genérico como "lugar de destrucción [kharemah]". En Nm. 21:1-3, los israelitas completamente destruyeron ciudades cananeas y el lugar o grupo de ciudades llamado "Horma" (21:3). Evidentemente fue reconstruida y posteriormente conquistada por Josué, como indica la lista (Js. 12:14). Horma fue asignada a Judá (Js. 15:30) y luego reasignada a Simeón (Js. 19:4; 1 Cr. 4:30) como su herencia tribal.

Posteriormente, Judá y Simeón colaboraron para derrotar la ciudad cananea de Sefat, y así la renombraron "Horma". Es una de las ciudades a las cuales David envió su parte de botín tomado de los amalecitas (1 Sm. 30:30). Su ubicación se ha conjeturado de manera variada como Tell esh-Sheriah, alrededor de diecinueve kilómetros al noroeste de Beerseba; Tell el-Milh, alrededor de once kilómetros al noreste de Beerseba; Tell Masos; Tell Ira.

HORNEADO Por lo general se refiere al pan, que era una labor doméstica diaria que típicamente hacían las mujeres (Levítico 26:26; 1 Samuel 8:13; 28:24) y que era un elemento indispensable de la hospitalidad bíblica (Génesis 18:6). Abigail le proveyó doscientas hogazas de pan a David (1 Samuel 25:18) para darle la bienvenida a los siervos de Dios. Se pueden encontrar tres métodos de horneado del pan que son: sobre las brasas (1 Reyes 19:6), sobre una plancha en el fuego (Levítico 2:5) y en un horno (Levítico 2:4) con el que se calentaba de manera uniforme (Oseas 7:4).

HORNO DE LADRILLO Horno usado para secar los ladrillos de proyectos de construcción. David obligó a los amonitas conquistados a producir ladrillos, que es un acto descrito como "los puso a trabajar en los hornos de ladrillos" (2 Samuel 12:31 NET). Algunos creen que solamente los ladrillos secados al sol eran usados en Israel y, por lo tanto, en su lugar debería traducirse este texto como "molde de ladrillo" o "enladrillado".

HORNO En el antiguo Oriente Próximo un horno se usaba más comúnmente para la cocción de alfarería de arcilla para fortalecerla y para purificar y dar forma al cobre, hierro (tras la invención del hierro), plata y oro. Un horno rara vez se usaba para calentar, ya que un simple fuego era suficiente cuando hacía bastante frío. En Dn. 3 se cuenta la historia de tres amigos hebreos que fueron lanzados a un horno porque se rehusaron a adorar la imagen del rey Nabucodonosor, pero milagrosamente sobrevivieron. También hay varias imágenes del juicio de Dios siendo comparado al fuego de un horno (Sal. 21:9; Mal. 4:1; Mt. 13:42). A veces la purificación que un horno producía del metal se usaba metafóricamente para simbolizar la purificación que Dios producía en los humanos (Is. 48:10).

HORNO En la cultura bíblica, un pequeño aparato de cocina de forma cilíndrica y hecho de arcilla. Los hornos se usaban para hornear pan y otros alimentos (Éx. 8:3, Lev. 2:4, 26:26, ver "horno humeante" [Gn. 15:17; Jer. 36:22; Zac. 12:6]); "horno de fuego" [Is. 31:9; Mal. 4:1; Sal. 21:9]). El fuego se prendía sobre una capa de guijarros en el piso del horno. El pan era horneado en la superficie exterior del horno o en los guijarros del interior. Los combustibles típicos eran madera, pasto seco (Mt. 6:30, Lc. 12:28) y estiércol de animal (Ezeq. 4:15).

HORNO Un cerco para cocción de cerámica, quemar cal o secar. Se usan tres palabras hebreas que se traducen como "calentadores", "caldera" u "horno", y existe cierta superposición en su uso. Por ejemplo, el mismo término hebreo se usa para referirse a un horno de pan y un horno de cerámica.

HORNOS, TORRE DE LOS Una torre del segundo muro de Jerusalén fue reparada por Malquías hijo de Harim y Hasub hijo de Pahat-moab durante el tiempo de Nehemías (Neh. 3:11; 12:38 [RVA: "torre de los hornos"]). La torre estaba en la parte occidental del muro y pudo haber tomado su nombre por su proximidad a los hornos de cocción en la "Calle de los panaderos" (*véase* Jer. 37:21).

HORNOS, TORRE DE *Véase* Hornos, Torre de los.

HORONAIM Isaías y Jeremías mencionan a Horonaim, un pueblo en la parte sur de Moab, en el contexto de juicio divino sobre los moabitas por su pecado de idolatría y orgullo (Is. 15:5; Jr. 48:3, 5, 34). De norte a sur huirán de una invasión. La descripción de los profetas ubica Horonaim a lo largo del camino que va de la meseta moabita a Arabah. Su ubicación exacta es desconocida. Si la NIV está en lo correcto al seguir la lectura de la LXX de 2 Sm. 13:34 (el texto hebreo tiene "el camino detrás de él"), el

Horonaim mencionado probablemente se refiere a Bet Horón, diecisiete kilómetros al noroeste de Jerusalén.

HORONITA Probablemente una designación para los ciudadanos de Bet Horón, un pueblo ubicado alrededor de diecisiete kilómetros al noroeste de Jerusalén. En la Biblia se usa sólo respecto de Sanbalat, quien, junto con Tobías, se opuso a la reconstrucción de Jerusalén bajo la dirección de Nehemías (Neh. 2:10, 19; 13:28).

HOSA **(1)** Un levita y descendiente de Merari que fue designado portero de la tienda que contenía el arca de la alianza después de que David la trajo de regreso a Jerusalén (1 Cr. 16:38). Hosa y sus descendientes eran responsables de custodiar la "Puerta Oeste y la Puerta de Salequet en el camino superior" (1 Cr. 26:10-11, 16). **(2)** Una ciudad costera en el límite norte de Aser cerca de Tiro mencionada en la asignación de territorios tribales (Js. 19:29). Hosa se identifica por la mayoría de los académicos con Tell Rashidiyeh y es llamada Usu en textos asirios y egipcios.

HOSAMA Un descendiente de Joaquín, rey de Judá, quien en el año 597 a.C. fue llevado al exilio babilonio (1 Cr. 3:18).

HOSANNA El grito de la multitud en la entrada triunfal de Jesús en Jerusalén (Mt. 21:9, 15; Mc. 11:9-10; Jn. 12:13), que literalmente significa "Salve, ahora" (heb. hoshi'an na'). El término proviene del Sal. 118:25-26, que lee, "Señor, sálvanos... Bendito es aquel que viene en nombre del Señor". Al usar "hosanna", las personas están identificando a Jesús como el Mesías. El uso inusual de la palabra como una exclamación de alabanza en los Evangelios indica que "hosanna" puede haberse usado como palabra de alabanza por los cristianos tempranos, que luego llevaron ese nuevo significado a los relatos evangélicos.

HOSEA **(1)** El hijo de Nun, fue renombrado "Josué" por Moisés (Nm. 13:8, 16; cf. Dt. 32:44 KJV). *Véase* Josué. **(2)** El hijo de Elah, fue el último rey del reino norte, Israel (733-724 AC). Obtuvo el trono a través de asesinar a Peka (2 Re. 15:30). Cuando Salmanasar, el rey de Asiria, descubrió que Hosea había dejado de pagarle tributo, aprisionó a Hosea y sitió Samaria. Los asirios eventualmente capturaron la ciudad y enviaron a los israelitas al exilio (2 Re. 17:1-6). **(3)** El hijo de Azazías era un líder de la tribu de Efraín durante el reinado de David (1 Cr. 27:20). **(4)** Uno de los "líderes del pueblo" que sellaron la alianza con Dios tras la lectura pública de la ley por parte de Esdras (Neh. 10:23).

HOSPEDAR Pasar la noche mientras se viaja, por lo general bajo el techo de un anfitrión (Gn. 24:23 RV), pero la palabra también se puede aplicar a dormir al aire libre (Jue. 19:20 RV). También significa "morar o asociarse con" (Rut 1:16 LBLA); "Habitar metafóricamente", como pensamientos malvados en el corazón (Sal. 55:15); y "posarse o anidar" como un pájaro (Mt. 13:32 RV). Presentar una acusación es hacer una acusación legal o pública (Esd. 4:6). Como sustantivo, una "choza" es un lugar para pasar la noche (Is. 1:8 RV).

HOSPITALIDAD La práctica de recibir extraños para ofrecer provisión y protección era un concepto importante en muchas culturas en el período de ambos Testamentos.

La hospitalidad aparece por primera vez en el cuidado de Abraham de los extraños que lo visitan en Gn. 18. Los extraños a su vez revelan el inminente cumplimiento de Dios de su promesa de proporcionar un niño a Abraham y Sara. Así, ellos devuelven el buen favor y amabilidad que han recibido, que es el patrón esperado de mutua benevolencia que caracteriza a la hospitalidad.

La inusual hospitalidad de Rebeca al ofrecer agua para los camellos de los sirvientes de Abraham la distingue como la esposa que Dios a elegido para Isaac (Gn. 24:1-49).

Parte del pecado de Sodoma y Gomorra es que los hombres violan normas de hospitalidad al demandar que los ángeles visitantes tengan sexo con ellos, que está en profundo contraste al intento de Lot de recibir y proteger a los visitantes (Gn. 19:1-9; *véase también* Ez. 16:49-50).

Una convicción del pueblo de Israel es que Dios es su anfitrión en la tierra prometida (Lv. 25:23). Jesús frecuentemente es el beneficiario de la hospitalidad de otros en los Evangelios y envía a sus discípulos confiando en ella (Lc. 9:1-4; 10:1-9). El banquete mesiánico es un tema de las enseñanzas de Jesús sobre el reino de Dios (Mt. 8:11; 22:1-14; Lc. 14:16-24). La hospitalidad también es mandada como un aspecto de las comunidades cristianas tempranas y es un regalo espiritual (Rom. 12:8, 13; Heb. 13:2; 1 Pe. 4:9).

HOTAM **(1)** Uno de los hijos de Heber de la tribu de Aser (1 Cr. 7:32). **(2)** Un harorita, el padre de Sama y Jeiel, listados entre los poderosos hombres de David (1 Cr. 11:44).

HOTIR Un músico del templo, sirvió bajo la supervisión de su padre, Hemán, el vidente del rey David (1 Cr. 25:4-5). Dirigió la vigésimo primera división de los músicos del templo (1 Cr. 25:28).

HOZ Un implemento para cosechar con un mango y una hoja en forma de luna creciente usado para cortar el grano en tiempos de cosecha. La hoz puede haber estado hecha de trozos de pedernal encajados en un hueso o pieza de madera o, de lo contrario, metal (bronce o hierro) asegurado a un mango de madera. El instrumento aparece en pasajes que se refieren al cortado de grano (Dt. 23:25; Mc. 4:29) al igual que en descripciones figurativas de la cosecha usadas para describir el juicio (Jl. 3:13; Ap. 14:14-19).

HOZAI En 2 Cr. 33:19 la frase hebrea dibre khozay se toma como referente a los "registros de Hozai", haciendo mención al autor de una historia del rey Manases que el autor de Crónicas usó como fuente. Sin embargo, la mayoría de las traducciones entiende khozay no como un nombre propio, sino que significa "videntes" (como lo entendía la LXX), indicando profetas anónimos que escribieron la historia de Manasés: "registros de videntes" (NIV, NRSV).

HUCOC Un pueblo en el suroeste de Neftalí cerca del límite con Aser y Zabulón (Js. 19:34). La moderna ubicación de Khirbet el-Jemeija calza bien, situada alrededor de veinticuatro kilómetros al oeste del Mar de Galilea, pero aún dentro de Neftalí, cerca del límite con Aser, no lejos de Zabulón. Algunos conectan Hucoc al moderno Yakuk, sólo cinco kilómetros al noroeste del Mar de Galilea, pero esto parece ser demasiado al este. Complicando aún más el tema, 1 Cr. 6:75 nombra Hucoc como una ciudad levita de la tribu de Aser en cambio, mientras que el texto paralelo de Js. 21:31 tiene Helcat en vez de Hucoc.

HUÉRFANO Un niño cuyo padre (o padre y madre) ha fallecido. Que carece de las provisiones y protección de un padre. La persona sin padre es un miembro necesitado de la sociedad, con frecuencia agrupado con la viuda, el extranjero (una persona desplazada que busca refugio), el pobre y/o el inocente. El estatus de huérfano aparece como el mejor ejemplo de sufrimiento (Lam. 5:3; Jn. 14:18). El AT promueve esfuerzos especiales para cuidar de las necesidades de los huérfanos, mientras el NT alaba cuidar de ellos.

La preocupación de Dios por los huérfanos es evidente en descripciones de su carácter y mandamientos para su protección y beneficio. Esto se complementa con condenaciones, castigos y maldiciones para aquellos que fracasen en preocuparse por los huérfanos, y alabanzas y bendiciones para quienes lo hacen. Dios mismo cuida de los huérfanos y les da justicia (Dt. 10:18; Sal. 10:14, 18; 68:5; 146:9; Jr. 49:11; Os. 14:3).

Él instruye a Israel cuidar de los huérfanos, un valor que también se traslada hacia la iglesia. En el AT, la provisión viene en dos formas. Cada tercer año, un diezmo de la cosecha se depositaba en el pueblo para proveer a los levitas, extranjeros, huérfanos y viudas (Dt. 14:27-29; 26:12-13). Adicionalmente, se les instruía a los cosechadores dejar los restos para los extranjeros, huérfanos y viudas (Dt.

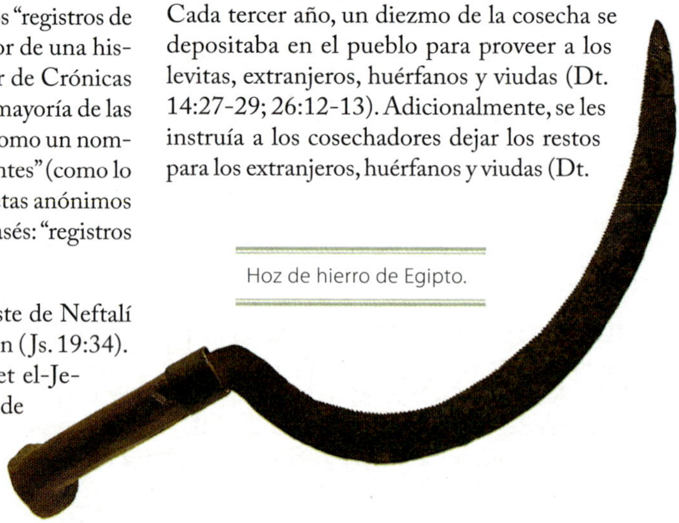

Hoz de hierro de Egipto.

24:17-22). Los huérfanos deberían incluirse en las celebraciones comunitarias (Dt. 16:11-14). Múltiples mandamientos requieren otorgar justicia o prohíben oprimir a los huérfanos (Éx. 22:22; Dt. 24:17; Sal. 82:3; Prov. 23:10; Is. 1:17; Jr. 22:3; Zac. 7:10). El maltrato de los huérfanos o el fracaso en otorgarles justicia trae condenación, maldición o castigo (Job 6:27; 22:9; 24:3; 24:9; 31:21; Sal. 94:6; Is. 1:23; 9:17; 10:2; Jr. 5:28; Ez. 22:7; Mal. 3:5). En contraste, el cuidado de los huérfanos es una marca de justicia (Job 29:12-16; 31:17; Jr. 7:5-7). Santiago incluye el cuidado de las viudas y huérfanos como una parte esencial del resumen de la verdadera religión (Sant. 1:27).

HUÉRFANOS *Ver* Sin Padre; Pobre, Huérfano, Viuda.

HUERTO Detrás de "huerto", utilizado en varias traducciones en Can. 4:13; Ecle. 2:5; Neh. 2:8, está la palabra hebrea pardes (un préstamo lingüístico del idioma persa), de la cual deriva la palabra "paraíso". *Ver* Lc. 23:43.

HUESOS De los 206 huesos que componen la estructura del esqueleto adulto, la Biblia menciona sólo algunos: costilla (Génesis 1:21-22), cadera (Génesis 32:25), cráneo (Jueces 9:53), quijada (Isaías 30:28) y piernas (Juan 19:31-33). El sustantivo hebreo 'etsem es una evidencia de las "extremidades" colectivas (masc. pl.) y de un sentido individual de huesos (fem. pl.). No obstante, dado que los huesos se pueden aislar, la descripción anatómica tenía una tendencia más cercana a un sentido holístico para que de una manera los huesos se usaran para referirse a una caída física y psicológica en los lamentos (Jeremías 23:9) o a toda la persona como un cuerpo (Génesis 50:25; 1 Samuel 31:13).

Sin embargo, de una manera abrumadora, las "unidades" anatómicas se usan metafóricamente para referirse a las emociones y actitudes humanas: la vergüenza se convierte en "carcoma en sus huesos" (Proverbios 12:4), el miedo hace que "se estremezcan los huesos" (Job 4:14) y un espíritu triste "seca los huesos" (Proverbios 17:22). La frase "hueso de mis huesos" es una expresión idiomática, una fórmula de parentesco usada para describir unidad y parientes cercanos (Génesis 2:23; cf. 2 Samuel 5:1).

HUÉSPED Uno que recibe hospitalidad en la casa o la mesa de otro. La hospitalidad era una cuestión de honor en tiempos antiguos. Era vergonzoso tratar mal a un huésped (Jue. 19:23). Un huésped recibía porciones especiales en la mesa (1 Sm. 9:22-24; Est. 1:3), aunque el huésped de un sacerdote levita no tenía permitido comer de las ofrendas sagradas (Lv. 22:10). Los infortunios de Job lo alienaron de sus huéspedes (Job 19:15), pero a los huéspedes de la metafórica Estupidez Femenina les iba peor (Prov. 9:18).

Los huéspedes abundan en las parábolas de Jesús sobre banquetes y bodas (Mt. 22:10-11; Mc. 2:19; Lc. 14:16; 19:7). Jesús mismo frecuentemente era un huésped (Lc. 7:49; 14:7; 22:11; Jn. 2:10). La equivocada preocupación por sus huéspedes del Rey Herodes causa la muerte de Juan el Bautista (Mt. 14:9; Mc. 6:22, 26).

HUESTE DEL CIELO Una frase de la KJV usada para describir los cuerpos celestiales o seres celestiales. La NIV prefiere "hueste estrellada(s)", "multitudes del cielo" o "estrellas en los cielos", pero "hueste de los cielos" ocurre en Dn. 8:10. La frase hebrea, tseba' hashamayin,

Calaveras enlucidas de Jericó neolítico.

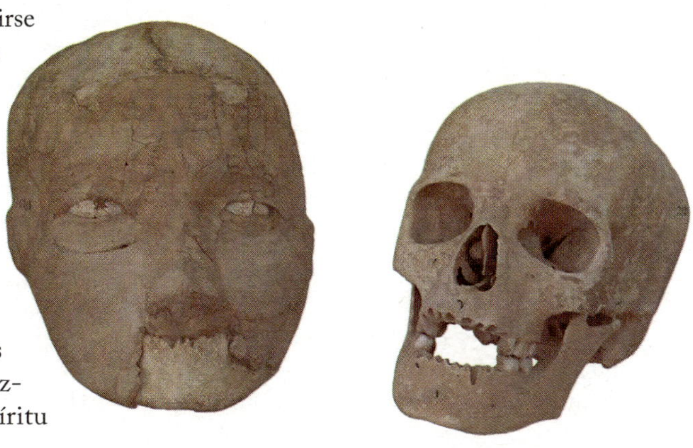

H

significa literalmente "ejército de los cielos". La conexión entre los elementos celestiales y un ejército viene en conjunción con el rol de Dios como el comandante de las fuerzas israelitas (Js. 5:13-15; Jue. 5:23). Hay momentos en que la Biblia retrata elementos celestiales como parte del séquito militar de Dios, luchando en su nombre.

Las estrellas luchan desde el cielo contra Sísara (Jue. 5:20) y en la batalla de los israelitas contra los amorreos, el sol y la luna son ordenados quedarse quietos (Js. 10:12-13; cf. Hab. 3:11). Basándose en estos pasajes, la frase puede haber tenido un trasfondo militar, pero también se entiende de otras maneras.

Tal vez uno de los usos más enigmáticos de la frase ocurre en 1 Re. 22:19 (cf. 2 Cr. 18:18; NIV: "multitudes del cielo"), donde describe el consejo de Dios. Existen otras frases bíblicas usadas más frecuentemente para describir el consejo celestial alrededor de Dios. Otros nombres para estos seres incluyen "serafines" de Is. 6:2 y los "hijos de Dios" en Job 1:6; 2:1; Sal. 29:1; 89:6.

La conexión entre el consejo de Dios y los elementos celestiales probablemente viene, como se señala con anterioridad, a través de los cuerpos celestiales asociados con Dios en la batalla. Solidificando aún más esta conexión se encuentra Job 38:7, donde los "hijos de Dios" compara las "estrellas matinales". Exactamente lo que son estos seres celestiales aún se debate y muchos intérpretes sugieren que la respuesta se encuentra en el contexto politeísta de los vecinos de Israel. Otra explicación posible es ver a estos seres como los mensajeros o ángeles de Dios. La Biblia los retrata como seres inferiores (Dt. 3:24; 10:17; Jr. 10:6) y su función es servir y adorar a Yahveh (Sal. 29:1; 103:21; 148:2-3; Is. 6:2). Los ángeles que se le aparecen a los pastores al nacimiento de Jesús son descritos como la "hueste celestial" (Lc. 2:13).

El último y más frecuente uso de la frase "hueste del cielo" es para describir un objeto condenado de la adoración israelita. Es probable que de su asociación con el consejo de Dios, estos elementos celestiales ganaran un estatus independiente y eran adorados aparte de Dios. En ocasiones la "hueste del cielo" parece referirse solamente a las estrellas; la NIV por lo tanto la traduce como "estrellas en el cielo" (Dt. 17:3; Jr. 33:22; cf. Jr. 8:2) o "hueste estrellada" (2 Re. 23:5). En otras ocasiones la frase se refiere a la totalidad de cuerpos celestiales (Dt. 4:19 [NIV: "conjunto celestial"]; cf. 2 Re. 21:3, 5). Basándose en la distribución de la frase, y su ocurrencia principalmente en documentos que narran el periodo asirio (2 Re. 17:16; 21:3, 5; 23:4-5; Jr. 19:13; Sof. 1:5), existe probablemente una correlación directa entre la adoración de la hueste del cielo y el vasallaje asirio de Israel en siglo siete a.C.

La extensión del impacto asirio en la religión israelita se debate, pero es probable que la adoración astral, esto es, adorar las huestes estelares, floreció en el período debido a la influencia de los asirios, una cultura arraigada en la adoración de los poderes estelares.

HUESTES, SEÑOR DE *Véase* Nombres de Dios.

HUFAM El ancestro de un clan, los hufamitas, de la tribu de Benjamín, que son contados en el relato del segundo censo en el desierto (Nm. 26:39). Puede ser la misma persona que Hupim, uno de los cuatro hijos de Benjamín (Gn. 46:21).

HUFAMITA *Véase* Hufam.

HUL El segundo hijo de Aram y nieto de Sem (Gn. 10:23; 1 Cr. 1:17). La ubicación geográfica de sus descendientes se desconoce en la actualidad.

HULDA Una fiel profetisa de Dios que sirvió durante la época del rey Josías. Cuando Josías descubre el libro del Deuteronomio mientras limpiaba el templo, envía a sus consejeros a preguntarle a Dios acerca de los juicios en el libro. Ellos van con Hulda, que es identificada como un profeta. En típica forma profética, ella entrega la palabra del Señor (2 Re. 22:14-20), subrayando juicio sobre el desobediente y sin arrepentir, pero bendiciendo a aquellos, como Josías, que tienen un corazón arrepentido.

HUMANA, ALMA *Véase* Alma.

HUMANIDAD

Orígenes, Composición y Constitución

Orígenes. La Biblia no es única en ofrecer un relato de los orígenes humanos. Relatos interesantes se encuentran en textos sumerios (Enki y Ninmah, Himno a E-engurra), acadio (la Épica de Atrahasis, Enuma Elish) y egipcios (textos piramidales, Instrucción de Mrikare). Estos textos proveen una ventana útil hacia el mundo bíblico y muestran una preocupación común para explicar el origen y rol de la humanidad en el mundo.

Una característica distintiva de los textos del antiguo Oriente Próximo es que ellos generalmente hablan de los orígenes de la humanidad en un sentido colectivo. Los especialistas se refieren a este fenómeno como poligénesis. Tal creación colectiva sirve mejor el propósito de los dioses, quienes han hecho la carrera humana como una labor de fuerza. En la Biblia, sin embargo, el libro del Génesis describe una pareja humana original quienes son los progenitores de la raza humana. Este fenómeno se refiere como monogénesis. La humanidad no se crea meramente para servir y hacer el trabajo de los dioses. En cambio, es una creación especial de Dios, con la intención de llevar su imagen.

Composición. La composición de la humanidad se describe en Gn. 2:7: "El Señor Dios formó a un hombre del polvo de la tierra y respiró en sus fosas nasales el aliento de vida, y el hombre se convirtió en un ser viviente". La humanidad no es distinta de los animales en tener el aliento de vida (1:30). De hecho, la descripción de la composición de la humanidad es bastante, bueno, humana. El Génesis describe a los humanos como hechos de polvo. El polvo no es fértil, ni es maleable. Se refiere a la tierra y aquello que está muerto. El juego de palabras entre "hombre" ('adam) y de "tierra" ('adamah) parece ser un foco principal del texto (2:7) y sugiere que la principal conexión que se establece concierne a los primeros humanos como arquetipos.

Constitución. Ciertos pasajes de las Escrituras han llevado a los intérpretes a plantear una naturaleza tricotómica de la humanidad (esto es, mente, cuerpo, alma; cf. 2 Cor. 4:16; 5:1-9; 1 Tes. 5:23). Igualmente, aunque el lenguaje griego puede bifurcar el alma (psychē) y el cuerpo (sōma), un tipo de dualismo no debiese inferirse a partir de esto (cf. Mt. 6:25; 27:50; Lc. 10:27; 2 Cor. 4:11). Cualquiera de los dos enfoques es extraño a la mentalidad bíblica unificada. El único dualismo en la perspectiva antropológica del NT está en la naturaleza de la humanidad en relación al nuevo trabajo creativo de Cristo.

Forma y Función

Forma: hombre y mujer. Al igual que Dios creó al hombre ('ish), también creó a la mujer ('ishah) (Gn. 1:26-27). Aunque la mujer inicialmente es creada como una "ayudante adecuada" (2:18), cabe destacar que el término hebreo subyacente ('ezer) es usado casi exclusivamente en referencia a Dios en otras partes. Esto sugiere que "ayudante adecuada" no indica una diferencia de esencia, valor o estatus.

La Biblia describe a la mujer como proveniente del "costado" del hombre, probablemente comunicando algo acerca de esta igualdad (Gn. 2:21-22). Por lo tanto, debería entenderse que al igual que toda la humanidad comparte la conexión a la tierra, de la misma manera un hombre comparte una íntima conexión con una mujer. Aunque la frase "una carne" frecuentemente es tomada como un eufemismo, es probablemente una extraordinariamente descriptiva declaración de la naturaleza arquetípica de Adán y Eva (cf. 2:24).

Función: imagen de Dios. La distinción entre humanidad y los otros animales creados por Dios es que los humanos son criaturas a la imagen de Dios. El concepto de la imagen de Dios, sin embargo, no es única del texto bíblico (Gn. 1:26-27; cf. Instrucción de Merikare). A través del antiguo Oriente Próximo, se pensaba que los reyes en realidad eran la imagen de un dios. En la comprensión cristiana, sólo Cristo es la imagen de Dios (2 Cor. 4:4), mientras la humanidad es creada a la imagen de Dios. Aunque esto puede implicar un rol real con respecto a la función de la humanidad sobre el resto de la creación, el principal paralelo debería verse en cómo las imágenes tienen la intención de representar la presencia de un dios.

La Humanidad en el Pensamiento Paulino

H

La concepción de Pablo de la humanidad es puramente escatológica, de tal modo que su visión de Cristo como la imagen de Dios se identifica con Cristo como "Señor resucitado". Cristo como la imagen de Dios es el destino final de la humanidad que está "en Cristo" (1 Cor. 15:23-28; 44-49; Ef. 1:9-10). Debido a los efectos del pecado, la creación ha sido sujeto de la futilidad (Rom. 8:19-22), y la humanidad a la muerte (Rom. 5:12-14; 1 Cor. 15:21-22). Sin embargo, el arrebato de Pablo de la "nueva creación" (Gal. 6:15; cf. 2 Cor. 5:17) indica su comprensión de los efectos cosmológicos y, por lo tanto, antropológicos de estar unido con Cristo. De hecho, si Dios está transformando las "cosas viejas" en "cosas nuevas" (2 Cor. 5:17; cf. Is. 65:17-19), este nuevo acto creativo ciertamente impacta a la humanidad. Esa realidad ya está parcialmente realizada en la eliminación de distinciones en esta presente "edad malvada" (Gal. 1:4), ya que en Cristo "no hay judíos ni gentiles, ni esclavos ni libres, ni hombre y mujer, ya que todos somos uno" (Gal. 3:28; cf. 1 Cor. 12:12-13; Gn. 17). Hasta el fin, el cristiano vive en tensión de ser ya para experimentar el acto de nueva creación y no todavía completamente desheredando los efectos del pecado (Rom. 8:18-30; 2 Cor. 12:5-10).

HUMANIDAD DE CRISTO *Véase* Cristo y Cristología; Encarnación; Jesucristo.

HUMANO, SACRIFICIO El acto de matar a un ser humano como una ofrenda a una deidad en un ritual religioso.

En el AT, el sacrificio humano está más íntimamente asociado con el culto a Mólek; también era parte de la adoración de Quemos (moabita) y Baal (cananeo) (2 Re. 3:27; Jr. 19:5), al igual que rituales practicados ante otros dioses regionales. Existe suficiente fluidez en nombres y detalles para sugerir que estas tradiciones estaban algo entrelazadas.

La práctica de sacrificio a Mólek es literalmente descrita como causar que el hijo o hija de uno "pase por fuego". Una cosa así estaba prohibida a Israel (Lv. 18:21; 20:2-5) y era llamado tanto una "práctica detestable" como "detestable para el Señor" (Dt. 18:9-12). El derramamiento de sangre inocente, una categoría más amplia de pecado, también estaba prohibido (Dt. 19:10). A pesar de su gran ofensa, el sacrificio humano se convirtió en una trampa para Israel porque era tan rutinario en Canaán, aunque estaba entre las razones dadas para expulsar a los cananeos de la tierra (Sal. 106:34-39).

De hecho, como los cananeos, los israelitas sacrificaron sus hijos a ídolos. Salomón construyó lugares altos para Quemos y Mólek (1 Re. 11:7). Acaz sacrificó su hijo a Mólek en Judá (2 Re. 16:3; 2 Cr. 28:1-4) de acuerdo a las prácticas de los reyes de Israel (2 Re. 17:17-18). También Manases (2 Re. 21:6; 2 Cr. 33:6), cuyos pecados también incluían más ampliamente el derramamiento de sangre inocente (2 Re. 21:6, 16; 24:4; 2 Cr. 33:6).

El Valle de Ben Hinom en Jerusalén, ubicado bajo el muro sur de la ciudad, extendiéndose de la base del Monte Zion hacia el este la Valle de Cedrón, era un lugar de sacrificios humanos (Is. 57:5). El lugar específico se llamaba "Tofet", derivado de la palabra hebrea que significa "tambor", una referencia a los sacerdotes de Mólek golpeando instrumentos para ahogar los gritos de las víctimas infantiles, o del préstamo arameo para "fogón", comunicando quema. En tiempos del NT, el mismo valle era conocido en griego como Gehenna (geenna) y se usaba como basurero para quemar desechos y una metáfora para el infierno.

Tras la caída del reino del norte, las reformas de Josías incluyeron la profanación de Tofet para detener la atroz idolatría (2 Re. 23:10). No perduró, sin embargo, ya que Jeremías posteriormente profetizó que el Valle de Ben Hinom sería renombrado el "Valle de la Matanza" como resultado de la despreciable quema de niños y que la nación lo destrozaría por sus grandes pecados (Jr. 7:31-32; 19:1-14; 32:35). Sus profecías fueron repetidas por Ezequiel, cuya ira apasionada hacia Judá se desborda en una impresionante retórica que llama la atención mientras Jerusalén cae ante los babilonios (Ez. 16:20-21; 20:26, 31; 23:37-39).

En otras partes, la Biblia alude a sacrificios humanos ante Dios. Dios ordenó la ofrenda de Isaac por parte de Abraham como una prueba de la devoción y obediencia de Abraham; y una vez que Abraham pasó la prueba, Dios detuvo el sacrificio. Un carnero sirvió como sustituto (Gn. 22:1-18). Una razón posible para el tono realista de la historia es que Abraham vivía en un contexto donde tales demandas no eran inesperadas. Los que hacía diferente al Dios de Abraham era que él detuvo el sacrificio.

Un evento más difícil es el sacrificio de la hija de Jefté para cumplir un voto a la rápida que realizó ante Dios antes de luchar con los amonitas (Jue. 11:30-40). No hay una explicación fácil para este atroz cumplimiento de voto, que, esta vez, Dios no detuvo milagrosamente. Sin embargo, las acciones de Jefté son consistentes con la presentación del libro de los Jueces de los israelitas como progresivamente descendiendo en una depravación como la de los cananeos porque habían olvidado a Dios y su alianza.

Otras instancias que se han citado como ejemplos de sacrificio humano son más consistentes con la justicia divina y retribución más que con expiación (1 Sm. 15:17-21, 32-33; 2 Sm. 21:1-14).

HUMILDAD En el AT, la humildad con frecuencia se refiere a personas de estatus social bajo, los sin derechos y aquellos que sufren opresión y pobreza (e.g., Prov. 22:22-23; Am. 2:7; Zac. 7:10). Esas personas son frecuentemente referidas como 'anawim (e.g., Sal. 9:12, 18; Is. 32:7; 61:1; Am. 2:7; 8:4). La palabra hebrea 'anah frecuentemente se traduce con las palabras "oprimir" y "afligir". La palabra denota la humillación sexual de mujeres (Gn. 31:50; Ez. 22:10-11), opresión militar (Jue. 16:5-6, 19) y la opresión que viene con la esclavitud (Gn. 15:13; Éx. 1:12; Dt. 26:6). Como un estatus social, la humildad es sinónimo con los marginados de la sociedad.

Las Escrituras a veces asocian aquellos socialmente marginados con la dimensión ética de la humildad, por lo tanto, haciendo el estatus social equivalente a una cualidad espiritual subjetiva (Sal. 22:26; 37:11-17; 146:7-9; Sof. 3:11-13). La humillación social, sin embargo, no necesariamente lleva a la humildad como una virtud. En un número de instancias en el AT, las dos permanecen separadas. En la cualidad subjetiva, la humildad involucra sumisión a alguien en autoridad, por lo general Dios (Éx. 10:3; Dt. 8:2-3, 16; Sal. 119:67, 71, 75). En algunas ocasiones la humildad se relaciona al acto de arrepentimiento ante Dios (e.g., Sof. 2:1-3). Cuando se acompaña con "miedo del Señor", la humildad implica una persona que vive en una postura de piadosa sumisión ante Dios (Prov. 15:31-33; 22:4).

Tal es el caso de Moisés, a quien el escritor de Números describe de la siguiente manera: "Ahora Moisés era un hombre muy humilde, más humilde que cualquier otro en la faz de la tierra" (Nm. 12:3). La humildad de Moisés en esta situación se despliega en relación intima con y su actitud sumisa hacia el Dios soberano (12:4-9).

En el NT, los cristianos toman a Cristo como su modelo de humildad (Mt. 11:29; Flp. 2:6-11). Los escritores del NT también llaman a los cristianos a humillarse ante Dios (Sant. 4:10; 1 Pe. 5:5-6) y también ante otros, incluyendo sus enemigos (Rom. 12:14-21; Flp. 2:3).

HUMILLACIÓN DE CRISTO *Véase* Kenosis

HUMOR La interacción de Dios con los humanos a través de toda la historia incluye el humor como parte de esa historia. El humor es una expresión genuina de lo que significa ser humano. No puede desestimarse como simplemente trivial o meramente entretenimiento. El humor penetra las Escrituras de principio a fin, pero los lectores se pierden gran parte de ello debido a la limitada comprensión del lenguaje, contexto y cultura de la Biblia.

El Génesis registra tanto a Abraham como a Sara riendo ante la inesperada noticia de que Sara a los noventa años de edad daría a luz un hijo (Gn. 17:15-17; 18:9-15; 21:1-7). Amos, sarcásticamente, le dice al norte de Israel que venga al lugar de adoración en Betel y Peque

(Am. 4:4). El humor usado para describir a la persona floja en Prov. 26:13-16 inevitablemente produce risa. Jesús frecuentemente usa hipérboles para comunicar su mensaje (Mt. 7:3-5). Este humor se descubre especialmente al leer las Escrituras en voz alta.

El humor es una virtud cristiana cuando se usa con prudencia. Ayuda a poner la vida y los errores en perspectivas. El humor ayuda a los individuos a soportar la tragedia. Nos recuerda lo frágil de la naturaleza de la vida. Cuando nos reímos, reconocemos nuestra humanidad y nuestras imperfecciones. En un sentido real, es una fase de preparación para la fe. Cuando nos reímos de nosotros mismos estamos diciendo: "No soy Dios; yo no dirijo el mundo". En la vida cristiana, el humor pone a los humanos en su lugar y celebra la soberanía y bondad de Dios.

HUMTA Un pueblo cerca de Hebrón en la asignación tribal de Judá (Js. 15:54).

HUPA Uno de los oficiales del templo designado para ejercer el ministerio en el santuario desde la línea familiar del sacerdote Eleazar (1 Cr. 24:13).

HUPIM Uno de los diez hijos de Benjamín (Gn. 46:21). También puede haberse llamado "Hupa" en Nm. 26:39.

HUR **(1)** Un importante líder en la época del éxodo. Mientras Josué estaba luchando contra los amalecitas en Refidim, Aarón y Hur ayudaron a Moisés a mantener sus manos levantadas para la victoria israelita (Éx. 17:10-13). Mientras Moisés estaba en el Monte Sinaí, dejó a Aarón y Hur a cargo (24:14). **(2)** Un judaita y abuelo de Bezalel, quien trabajó en el tabernáculo con su trabajo artesanal recibido como regalo divino (Éx. 31:2; 35:30; 38:22; 2 Cr. 1:5). Era un descendiente de Caleb, cuya esposa era Efrata y era el abuelo de Belén (1 Cr. 2:19-20; 2:50; 4:1, 4). Josefo y la tradición judía lo hicieron el marido de Miriam y lo identificaron con el Hur del Éx. 17:10-13; 24:14. **(3)** Uno de los cinco reyes de Madián muerto junto con Balaam mientras los israelitas aplicaban "la venganza del Señor" sobre los madianitas por haberlos seducido en el "incidente de Peor" (Nm. 31:3, 16; cf. 25:16-18). Esto reyes están registrados como los príncipes que se aliaron con Sehón, un rey amorreo (Js. 13:21). **(4)** Según 1 Re. 4:8 (KJV), Hur era el padre de uno de los doce gobernadores de distrito de Salomón responsables para proveer provisiones del territorio montañoso de Efraín para el rey y el hogar real. Ya que la palabra hebrea ben puede traducirse como "hijo de", el nombre propio "Ben-Hur" (NIV) puede usarse para reemplazar "hijo de Hur". **(5)** El padre de Refaías, quien ayudó a reparar el muro de Jerusalén bajo la dirección de Nehemías y fue gobernante de un medio distrito de Jerusalén (Neh. 3:9). Si en Neh. 3:9 Hur es entendido como un ancestro en vez de el padre de Refaías, entonces podría ser la misma persona que en Éx. 31:2; 35:30; 38:22; 2 Cr. 1:5.

HURAI *Véase* Hidai.

HURAM **(1)** Un miembro de la tribu de Benjamín. Era un nieto del hijo de Benjamín, Bilhan (1 Cr. 8:5). **(2)** El rey de Tiro, más frecuentemente llamado "Hiram", que hizo acuerdos comerciales con David y Salomón por materiales de construcción (2 Cr. 2:3-16). **(3)** Un artesano fenicio, hijo de una mujer israelita, enviado por el rey Hiram de Tiro para hacer trabajo en bronce en la construcción de Salomón (2 Cr. 4:11-16). También es llamado "Hiram" (1 Re. 7:13 NRSV) y "Hiram-Abi" (2 Cr. 2:13; 4:16). *Véase también* Hiram.

HURI Uno de los gaditas en la genealogía en 1 Cr. 5:14. Huri no es mencionado en otras listas de gaditas y aparentemente aparecía en los registros genealógicos en los días de Jotam y Jeroboam (5:17).

HURÓN La traducción en la KJV en Lv. 11:30 de la palabra hebrea 'anaqah. Versiones más recientes traducen la palabra como "geco", una especie de lagartija. Se lista en ese versículo entre otros reptiles como animales impuros que los israelitas no deben comer.

HURRITAS *Véase* Horeos.

HUSA **(1)** Hijo de Ézer y uno de los descendientes de Hur (1 Cr. 4:4). **(2)** Un pueblo israelita, identificado con el moderno Husan, al oeste de Belén. Dos personas son específicamente mencionados como husatitas: Sibecai (2 Sm. 21:18; 1 Cr. 11:29; 20:4; 27:11) y Mebunai (2 Sm. 23:27). Sibecai derrotó a un campeón de los filisteos (2 Sm. 21:18; 1 Cr. 20:4) y es probable que sus nombres se refieran a la misma persona porque ambos están registrados entre los poderosos hombres de David y ocurren en pasajes paralelos.

HUSAI Un amigo de David del clan arquita, ubicado cerca de la frontera norte de Benjamín, cerca de Atarot (*véase* Js. 16:2). Husai se encontró con David para unírsele mientras huía de Jerusalén debido a la rebelión de Absalón. Habiendo recién rezado para que el consejo del muy respetado consejero de Absalón, Ajitofel se frustrara, David persuadió a Husai de que se quedara atrás como un espía. Asignó a Husai que pretendiese ser leal a Absalón pero que se reportara con él a través de los sacerdotes Sadoc y Abiatar (2 Sm. 15:30-37). Husai exitosamente fingió lealtad a Absalón (16:16-18) y ganó su confianza. Ajitofel aconsejó la persecución de David, anticipando que él y las personas que lo acompañaban estarían cansados. Pero Absalón también consultó a Husai. Haciendo un retrato de David como un feroz guerrero atrapado, persuadió a Absalón de tomarse un tiempo para reunir una fuerza importante y luego le informó esto a los sacerdotes, que le avisaron a David (17:7-16). La acción de Husai salvó la vida de David.

HUSAM El sucesor de Jobab como rey de Edom (Gn. 36:34; 1 Cr. 1:45-46) en el período antes de la monarquía israelita (Gn. 36:31). Husam era de la tierra de los temanitas y por lo tanto, aparentemente, no edomita.

HUSATITA *Véase* Husa.

HUSIM **(1)** Una variante de "Sujam", el único descendiente de Dan (Nm. 26:42) listado en Gn. 46:23. Ya que la lista en Números menciona una tribu, los sujamitas, puede ser que la forma en Números es original y que "Husim" en Gn. 46:23 es el resultado de metátesis, con el escriba invirtiendo el orden de las letras het y shin, posiblemente por familiaridad con la tribu en 1 Cr. 7:12. **(2)** Descendientes de Aher de Benjamín (1 Cr. 7:12 [NIV: "husitas los descendientes de Aher"; NRSV: "Husim el hijo de Aher"]). **(3)** La divorciada de Saharaim de Benjamín (1 Cr. 8:8), quien dio a luz a Abitub y Elpaal (1 Cr. 8:11).

HUSITAS *Véase* Husim.

HUSO Una vara giratoria en la cual se tuercen fibras para formar hilo. Se usa junto con la rueca en el proceso de hilado. El lino o lana sin hilar es recogido de la rueca y torcido en el huso. El huso es con frecuencia usado conjuntamente con una pesa para acelerar el proceso. En tiempos antiguos, el hilado era primariamente el trabajo de las mujeres (Éx. 35:25). El libro de Proverbios da una breve descripción de este proceso (Prov. 31:19).

HUZ *Véase* Uz.

HUZZAB La interpretación de "Huzzab" (heb. hutsab) en Nah. 2:7 es uno de los problemas más difíciles en ese libro, y traductores y comentaristas han sugerido muchas soluciones. Muchas traducciones antiguas leían "Huzzab será llevado en cautiverio" (KJV) siguiendo el texto tradicional y tomando la palabra como un nombre propio refiriéndose a la reina de Nínive (una persona de otra manera desconocida). Algunas versiones entienden la palabra como verbo, "se decreta" (NIV, NRSV [NASB: "se fija"]), aunque esta interpretación involucra especulaciones lingüísticas y la conjetura de la frase "la ciudad" para completas el versículo. El contexto sugiere que la palabra se refiere a una estatua femenina de culto quitada por los conquistadores de Nínive.

I

IBASAM Un hijo de Tolá y nieto de Isacar, era el líder de una familia de guerreros de Tolá en la época de David (1 Cr. 7:2).

IBDAS Un descendiente de Judá, Ibdas era uno de los tres hijos de Etam, según la lectura de la LXX de 1 Cr. 4:3, que copian las versiones más modernas. La KJV, siguiendo el texto hebreo en este punto, lee, "Y estos eran del padre de Etam".

IBHAR Un hijo de David nacido de una esposa no nombrada durante la época que reinó desde Jerusalén (2 Sm. 5:15; 1 Cr. 3:6; 14:5).

ÍBICE Una especie de cabra salvaje con grandes cuernos curvos. Se incluye en la lista de animales puros (Dt. 14:5). El íbice adulto alcanza los ochenta y seis centímetros en los hombros, con los cuernos midiendo alrededor de 127 centímetros para el macho. Encuentra su hogar entre las rocas de las cuestas de las montañas. Sus pezuñas flexibles le permiten escalar paredes rocosas casi verticales, una característica encontrada en su nombre hebreo, dishon, que significa "escalador". En la antigüedad estaban generalizadas, viviendo en las montañas de Siria, bajando hasta Sudán.

IBLEAM Ibleam es identificado con Khirbet Bel'ameh, ubicado un kilómetro y medio al sur de Yenín (Bet Hagan bíblico) y dieciséis kilómetros al sureste de Megido. El lugar protegía una de las rutas de acceso a través del Valle de Jezreel. En las asignaciones del libro de Josué, la media tribu de Manasés recibió "Bet Shan, Iblem y el pueblo de Dor, Endor, Taanac y Megido, junto con sus asentamientos circundantes" (Js. 17:11; cf. Jue. 1:27). Sin embargo, "los manasitas no fueron capaces de ocupar esos pueblos, ya que los cananeos estaban decididos a vivir en esa región" (Js. 17:12; cf. Jue. 1:27). Ibleam también puede haber sido asignado a los levitas (si "Bileam" es una variante de "Ibleam" en 1 Cr. 6:70; cf. Js. 21:25). El lugar parece no entrar en el control israelita hasta la época del rey David. En el siglo nueve a.C. el rey judaíta Ocozías fue perseguido y disparado por Jehú "en el camino a ´Gur, cerca de Ibleam, pero escapó a Megido y murió allí" (2 Re. 9:27). Finalmente, es posible que el rey israelita del siglo ocho, Zacarías haya sido asesinado en Ibleam (2 Re. 15:10 ESV, RSV).

IBNÍAS El hijo de Jeroham de la tribu de Benjamín, estaba entre los primeros en regresar a Judá tras el exilio babilonio (1 Cr. 9:8).

IBNIYA Bisabuelo de Mesulam de la tribu de Benjamín, estaba entre los primeros en regresar a Judá tras el exilio babilonio (1 Cr. 9:8).

Íbice

IBRI Un líder levita descendiente de Merari que sirvió durante la época de David (1 Cr. 24:27).

IBZÁN Un "juez menor" de Belén (Js. 19:15) que tenía treinta hijos y treinta hijas (Jue. 12:8-10; cf. 10:3-4; 12:13-14). Sus hijos se casaron con personas fuera del clan. Lideró a Israel durante siete años y fue enterrado en Belén.

ICABOD El hijo de Fineas y el nieto de Elí, el sumo sacerdote. Fineas murió luchando contra los filisteos, quienes también capturaron el arca de la alianza, la noticia de este evento causó la muerte de Elí. Al escuchar de la muerte de su suegro y esposo y que el arca había sido capturada, la esposa de Fineas entró en trabajo de parto y dio a luz un hijo. Diciendo "La gloria de Dios ha dejado a Israel, ya que el arca de Dios ha sido capturada", llamó al niño "Icabod" que significa "¿dónde está la gloria?" o "sin gloria" (1 Sm. 4:19-22).

ICONIO Una importante ciudad agrícola y de ruta comercial (moderna Konya) en la provincia romana de Galacia. Aunque Iconio era la capital del distrito de Licaonia (cf. Hec. 14:6, 11), inscripciones indican que el idioma frigio también se usaba en el lugar. En su primer viaje misionero, Pablo experimenta éxito evangélico y oposición en Iconio, obligándolo a irse a Listra (13:51-14:6). Cuando judíos de Iconio y de Antioquía de Pisidia movilizaron a los judíos de Listra en su contra (Hec. 14:19; cf. 2 Tim. 3:11), Pablo fue atacado y apedreado por una muchedumbre enfurecida. Entonces se dirigió a Derbe, pero volvió a pasar por Listra, Iconio y Antioquía alentando a los creyentes (Hec. 14:21-23). Pablo volvió a visitar Iconio nuevamente en su segundo viaje misionero (15:36-16:6), y tal vez también en el tercero (18:23).

IDALA Uno de los doce pueblos asignados a la tribu de Zabulón bajo Josué (Js. 19:15). Algunos han identificado Idala con Khirbet el-Chawarah, que está en las cercanías de Nazaret. El pueblo de Belén, mencionado inmediatamente después de Idala, no es el Belén donde Jesús nació.

IDDO El nombre traducido como "Iddo" se deletrea de distintas maneras en hebreo. **(1)** Un oficial manasita en la administración de David (1 Cr. 27:21). Con un cambio significativo en ortografía, esta puede ser la misma persona listada como padre de un oficial en la administración de Salomón (1 Re. 4:14). **(2)** Un descendiente de Leví a través de Gersón (1 Cr. 6:21; llamado Adaía en 1 Cr. 6:41). **(3)** Un sacerdote o grupo de sacerdotes que regresaron a la tierra junto con Zorobabel (Neh. 12:4, 16). **(4)** Un líder sacerdotal viviendo en el exilio en Casifia con quien Esdras tenía correspondencia (Esd. 8:17). **(5)** El abuelo o ancestro del profeta Zacarías (Esd. 5:1; 6:14; Zac. 1:1, 7). **(6)** El autor de una crónica o libro de profecías conocido por el autor de Crónicas (2 Cr. 9:29 [como se lee en la tradición masorética]; 12:15; 13:22). Este Iddo es descrito como un "adivino" o un "profeta" y se cita en conexión con la tradición de los reyes de finales del siglo diez, Salomón, Jeroboam, Roboam y Abías. Su trabajo literario es descrito como "visiones", "palabras" y como una "midrash" (un estudio o comentario). Puede haber colaborado con Semaías (2 Cr. 12:15).

IDIOMAS DE LA BIBLIA Las Escrituras están escritas en tres idiomas: hebreo y arameo, dos lenguas semíticas relacionadas, en el AT; y griego koiné (común) en el NT. Desde el siglo VI hasta el final del siglo IV a.C, el arameo era la lengua franca (lengua comercial) de las zonas principales del antiguo Cercano Oriente, hasta que el griego se convirtió en la lengua principal de comercio, desde finales del siglo IV a.C hasta el primer siglo d.C y más allá. En la actualidad se hablan los tres idiomas en sus versiones modernas y dialectos. El hebreo ha sido el idioma nacional de Israel desde su re-creación en 1948. Los dialectos arameos son hablados por pequeños grupos de personas: ciertas aldeas en el área Antilíbano, grupos en Azerbaiyán y Kurdistán, y remanentes de la secta gnóstica de los mandeos. El griego es hablado por más de quince millones de griegos, chipriotas y otros. Aunque cada idioma ha cambiado y se ha adaptado a lo largo de los siglos, la mayoría de los hablantes modernos aún reconocerían muchas de las formas antiguas de su idioma. Las principales diferencias están en la gramática, el vocabulario y, para el hebreo, la forma de escritura.

El hebreo es un idioma semítico del norte escrito de derecha a izquierda, que tiene veintidós consonantes, y originalmente se escribe sin vocales. Es difícil saber cuánto tiempo se utilizó el hebreo clásico (o hebreo bíblico), pero los textos hebreos más antiguos existentes provienen del siglo XII ('Izbet Sartah Abecedary) y del siglo X (Calendario Gezer) antes de Cristo y se extienden al menos hasta aproximadamente 132-135 d.C (manuscritos de las cuevas de Murabba'at).

El arameo es también un idioma semítico del norte, es muy similar al hebreo y usa el mismo alfabeto y, a menudo, el mismo tipo de escritura. Hay muy pocas porciones del AT escritas en arameo (Dan. 2:4b-7:28; Esd. 4:8-6: 18; 7:12-26; y algunas frases en Gn. 31:47; Jer. 10:11). Probablemente fue el idioma en común hablado por Jesús y los discípulos.

Después de las conquistas de Alejandro Magno, el griego koiné se convirtió en la lengua franca para ayudar a unificar el imperio griego. Este lenguaje tan inflexionado (es decir, los cambios en las palabras indican funciones gramaticales) es complejo y preciso, capaz de expresar matices finos e ideas abstractas. El sistema verbal tiene tres voces (activa, media, pasiva), seis aspectos que transmiten el tiempo de acción (pasado, presente, futuro) y el tipo de acción (durativo: "Yo estaba comiendo"; completado: "He comido"; indefinido: "Comí"), cuatro estados de ánimo que denotan realidad o potencialidad (indicativo, subjuntivo, imperativo, optativo), y participios e infinitivos. *Ver también* Arameo; Lengua griega; Lenguaje hebreo.

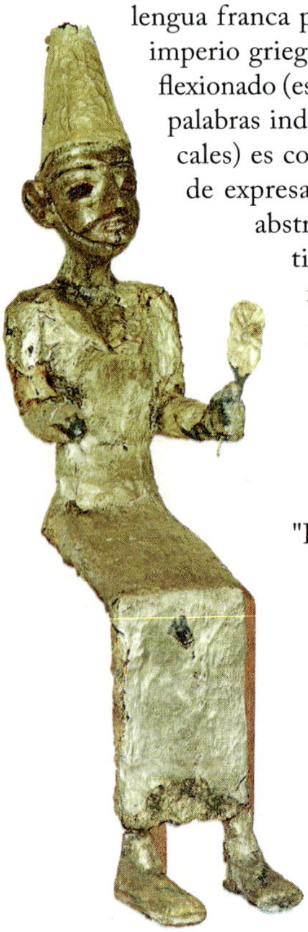

Figura del dios Canaanita El.

ÍDOLO, IDOLATRÍA Una imagen o retrato de una deidad, ya sea tallada en madera, moldeada en metal o incluso formada en la mente. Aunque los ídolos no son estrictamente equivalentes a los dioses que representan —incluso los paganos reconocer que los ídolos son sólo el medio físico a través del cual un espíritu se revela— la Biblia no hace distinción entre adorar ídolos, adorar otros dioses, o adorar a Yahveh a través de imágenes.

En contraste a otras religiones antiguas, la Biblia rechaza la adoración de toda imagen como incompatible con la adoración a Dios. Esto incluye imágenes de Yahveh, ya que es trascendente y no puede ser representado por nada en la creación. Como Moisés le recordó a Israel, no vieron ninguna forma en Sinaí, sino que sólo escucharon la voz de Dios (Dt. 4:12). Ninguna forma puede adecuadamente representar a Yahveh, ya que es incomparable. La Biblia igualmente prohíbe adorar imágenes de otras deidades porque las eleva al estatus reservado sólo para Dios. Por lo tanto, el segundo mandamiento prohíbe hacer y adorar ídolos en la imagen de cualquier cosa encontrada en el cielo o en la tierra o en el agua (Éx. 20:4-5).

La idolatría es frecuentemente comparada con el adulterio espiritual o prostitución porque marca un quiebre de la relación de alianza de Dios con su pueblo (Dt. 31:16; Sal. 106:36-39; Os. 4:12-19). Esto corresponde al hecho de que la adoración de ídolos con frecuencia incluye la prostitución cúlticas y ritos de fertilidad. Los profetas y salmistas igualmente ridiculizaron a los ídolos como cosas hechas por manos humanas que eran incapaces de ver, escuchar o de otra forma ayudar a aquellos que los hicieron. Más bien, estos "dioses" dependen de los humanos para transporte y protección (Sal. 115:4-8; Is. 40:19-20; 44:9-20). Los idólatras eran advertidos que ellos se volverían tan inútiles como las cosas que adoraban. Mientras declaraban que los ídolos no logran nada, ambos Testamentos sin embargo los consideran espiritualmente peligrosos. Esto porque los ídolos alejan a las personas de apropiadamente adorar a Yahveh y los exponen a influencias demoníacas.

A pesar de sus advertencias contra la idolatría, la Biblia registra que Israel regularmente fracasaba en mantenerse puro. Justo después de la revelación suprema de Dios en Sinaí, Aarón guió a la nación en hacer y adorar un becerro dorado (Éx. 32). El libro de Jueces muestra como la sociedad se ha degradado hasta punto de que el hombre, Miqueas, y una tribu, Dan, se comprometieron en adoración de ídolos (Jue. 17-18). Cuando la monarquía se dividió tras el gobierno de Salomón, Jeroboam revivió la adoración de becerros para preservar la lealtad de su pueblo (1 Re. 12:25-33). Tanto los libros históricos como los proféticos, citan la idolatría como una de las razones principales para el exilio.

Para la época del NT, la adoración de ídolos ya no era un problema judío, pero seguía siendo un tema importante para la iglesia creciente porque muchos creyentes provenían de trasfondos idólatras. Por lo tanto, los apóstoles incluyeron la idolatría en listas de pecados a ser juzgados, advirtiendo a sus lectores que huyeran de ella, y refiriéndose a comer alimentos ofrecidos a ídolos. Al indicar que la idolatría iba más allá de la adoración de imágenes, la comparaban con el amor por el dinero (Mt. 6:24) y la avaricia (Col. 3:5). Los autores del NT creían que sus lectores podían alejarse de los ídolos adorando al verdadero Dios viviente, los alababan por hacerlo y anhelaban el momento cuando la adoración de ídolos cesaría.

IDUMEA Una transliteración de Idoumaia, el nombre griego de Edom (e.g., Gn. 36:16 LXX; Mc. 3:8), la tierra dada por Dios a Esaú (Gn. 32:3), cuyos descendientes eran llamados "edomitas". En la época del NT este era el hogar y base crítica del poder de Herodes el Grande. Tras su muerte, Idumea fue gobernada por Arquelao y luego por Agripa I. Tras la destrucción de Jerusalén por Roma en el año 70 AD, Idumea fue absorbida por la provincia de Judea y dejó de existir como tal.

IFDEYÁ Uno de los hijos de Sasac, de la tribu de Benjamín (1 Cr. 8:25).

IFTAH EL Un valle en el límite norte de la tribu de Zabulón (Js. 19:14, 27).

IFTAH Uno de los pueblos asignados a Judá bajo Josué (Js. 15:43). Su ubicación exacta es incierta, aunque estaba en las "estribaciones occidentales" (el Shefelah) de Judá (15:33). Una identificación propuesta es Tarqumiya, ubicada a nueve kilómetros al noroeste de Hebrón.

IGAL **(1)** El hijo de José de la tribu de Isacar que fue uno de los doce espías (Nm. 13:7). **(2)** Uno de los treinta poderosos hombres de David (2 Sm. 23:36) cuyo nombre en otras partes se escribe "Joel" (una diferencia de sólo una letra en el hebreo; 1 Cr. 11:38). **(3)** Un hijo de Semaías, un descendiente de Zorobabel (1 Cr. 3:22).

IGDALÍAS El padre biológico o mentor proféticos de Hanán, "el hombre de Dios", que vivió en el templo en la época de Jeremías (Jr. 35:4).

IGEAL *Véase* Igal.

IGLESIA

Terminología

La palabra en el Nuevo Testamento para "iglesia" es ekklēsia, que significa "reunión, asamblea, congregación". En el griego clásico, el término se usó casi exclusivamente para referirse a reuniones políticas. En Atenas, en particular, la palabra aludía a la congregación de los ciudadanos y su propósito era para dirigir los asuntos de la ciudad. Además, ekklēsia se refiere sólo al encuentro en sí y no a los ciudadanos. Cuando las personas no se reunían, ellos no eran considerados como ekklēsia. En el Nuevo Testamento se registran tres instancias de este uso secular para el término (Hechos 19:32, 39, 41).

El trasfondo más relevante para el uso cristiano del término es la LXX (la traducción griega de las Escrituras hebreas, que data del s. 250 a.C.), que emplea la palabra en un sentido religioso unas cien veces, casi siempre como una traducción de la palabra hebrea qahal. Pese a que qahal no alude una reunión secular (en contraste con 'edah, que es la palabra hebrea típica para el encuentro religioso de Israel, traducido en griego como synagōgē), sí denota un encuentro sagrado de Israel. Este es el caso especial que se da en Deuteronomio, donde qahal se vincula con el pacto.

En el Nuevo Testamento, ekklēsia se usa 109 veces para referirse a la comunidad del pueblo de Dios (de 114 ocasiones en las que aparece el término). Aunque la palabra aparece sólo en dos pasajes de los Evangelios (Mateo 16:18; 18:17), tiene una importancia especial en Hechos (23 veces) y en las escrituras Paulinas (46 veces). El concepto se presenta 20 veces en Apocalipsis y en instancias aisladas en Santiago y en Hebreos. Se pueden obtener tres conclusiones generales de este uso. Primero, ekklēsia (tanto en su forma singular como plural) se emplea principalmente para una asamblea local organizada por aquellos que profesan fe y lealtad a Cristo. Segundo, ekklēsia designa a la iglesia universal (Hechos 8:3; 9:31; 1 Corintios 12:28; 15:9; especialmente en las posteriores cartas Paulinas; Efesios 1:22-23; Colosenses 1:18). Tercero, la ekklēsia es la congregación de Dios (1 Corintios 1:2; 2 Corintios 1:1).

La Naturaleza de la Iglesia

La naturaleza de la iglesia es demasiado amplia como para abarcarla en el significado de una palabra. Para captar su importancia, los autores del Nuevo Testamento utilizan una selección enriquecida de descripciones metafóricas. Sin embargo, existen algunas metáforas que al parecer dominan las imágenes bíblicas de la iglesia, de las cuales cinco dan que hablar: el pueblo de Dios, el reino de Dios, el templo escatológico de Dios, la novia de Cristo y el cuerpo de Cristo.

El pueblo de Dios. En esencia, el concepto del pueblo de Dios se puede resumir en la frase del pacto: "Los tomaré como mi pueblo, y seré su Dios" (*ver* Éxodo 6:6-7; 19:5; Levítico 26:9-14; Jeremías 7:23; 30:22; 32:37-40; Ezequiel 11:19-20; 36:22-28; Hechos 15:14; 2 Corintios 6:16; Hebreos 8:10-12; Apocalipsis 21:3). Por lo tanto, el pueblo de Dios es aquel que tanto en las eras del Antiguo como del Nuevo Testamento respondió con fe a Dios y cuyo origen espiritual yace exclusivamente en la gracia de Dios.

Para hablar sobre el único pueblo de Dios que trascendió las eras del Antiguo y del Nuevo Testamento se origina necesariamente la interrogante sobre la relación entre la iglesia e Israel. Los intérpretes modernos prefieren no polarizar la cuestión de un asunto en otro. En cambio, ellos hablan sobre la iglesia e Israel en términos de la existencia de continuidad y discontinuidad entre estos.

Continuidad entre la iglesia e Israel. Por medio de dos ideas se establece el hecho de que la iglesia e Israel son representados en la Biblia dentro de una relación continua. Primero, en el Antiguo Testamento la iglesia estuvo presente en Israel en cierto sentido. En Hechos 7:38 se sugiere esta conexión cuando, al aludir a Deuteronomio 9:10, se habla sobre la iglesia *(ekklēsia)* en el desierto. La misma idea probablemente se infiere de la asociación íntima que se destacó anteriormente y que se da entre las palabras *ekklēsia* y *qahal*, especialmente cuando la última se califica con la frase "de Dios". Además, si la iglesia es vista en algunos pasajes del Nuevo Testamento como preexistente, entonces allí dentro se encuentra el prototipo de la creación de Israel (*ver* Éxodo 25:40; Hechos 7:44; Gálatas 4:26; Hebreos 12:22; Apocalipsis 21:11; cf. Efesios 1:3-14).

Segundo, Israel en cierto sentido está presente en la iglesia en el Nuevo Testamento. Los muchos nombres del Antiguo Testamento para Israel que se aplican para la iglesia en el Nuevo Testamento establecen ese hecho. Algunos de esos títulos son "Israel" (Gálatas 6:15-16; Efesios 2:12; Hebreos 8:8-10; Apocalipsis 2:14), "linaje escogido" (1 Pedro 2:9), "la circuncisión" (Romanos 2:28-29; Filipenses 3:3; Colosenses 2:11), "la semilla de Abraham" (Romanos 4:16; Gálatas 3:29), "el remanente" (Romanos 9:27; 11:5-7), "la elección" (Romanos 11:28; Efesios 1:4), "el rebaño" (Hechos 20:28; Hebreos 13:20; 1 Pedro 5:2) y "sacerdocio" (1 Pedro 2:9; Apocalipsis 1:6; 5:10).

Discontinuidad entre la iglesia e Israel. Sin embargo, la iglesia no es absolutamente idéntica a Israel; la discontinuidad también caracteriza la relación. La iglesia, según el Nuevo Testamento, es la Israel escatológica (fin de los tiempos) incorporada en Jesucristo y, como tal, es una progresión que va más allá de la Israel histórica (1 Corintios 10:11; 2 Corintios 5:14-21). De hecho, la discontinuidad significativa es presentada por el hecho de que la iglesia incluye a los gentiles como miembros de Israel, sin el requisito de pasar primero por una conversión al judaísmo. Los gentiles ingresan como gentiles. No obstante, se debe señalar una advertencia en este punto. Aunque la iglesia es una progresión que va más allá de Israel, parece que no es el reemplazo permanente de Israel (*ver* Romanos 9-11, especialmente 11:25-27).

El reino de Dios. Muchos eruditos han sostenido que la vida, muerte y resurrección de Jesús inauguró el reino de Dios, lo que produjo la superposición de dos eras. En el reino ya amaneció, pero aún no está completo. El primer aspecto tiene que ver con la primera venida de Jesús y el segundo con su segunda venida. En otras palabras, la era que ha de venir se ha quebrantado en esta era y ahora ambas existen simultáneamente. Este trasfondo es crucial al momento de determinar la relación que existe entre la iglesia y el reino de Dios, ya que la iglesia también existe en la tensión que se produce por la superposición de las dos eras. Por consiguiente, se podría definir que la iglesia es el presagio del reino. A partir de esta definición surgen dos ideas: primero, la iglesia está relacionada con el reino de Dios; segundo, la iglesia no es lo mismo que el reino de Dios.

Talla de alabastro de la Última Cena, que representa uno de los sacramentos de la iglesia.

La iglesia y el reino de Dios están relacionados. No es hasta después de la resurrección de Jesús que en el Nuevo Testamento se habla con regularidad sobre la iglesia. Sin embargo, existen señales antiguas de la iglesia respecto a las enseñanzas y ministerio de Jesús, ya sea de manera general y específica. En general, Jesús anticipó la posterior formación oficial de la iglesia en el momento en el que reunió a los doce discípulos, que constituyeron los albores de la Israel escatológica, en efecto, el remanente. De una manera más específica, Jesús se refirió explícitamente a la iglesia en dos pasajes: Mateo 16:18-19; 18:17. En el primer pasaje Jesús prometió que él construiría su iglesia a pesar de la oposición satánica, por lo que aseguró el éxito definitivo de su misión. La noción de la iglesia superando a las fuerzas del mal coincide con la idea de que el reino de Dios prevalecerá sobre sus enemigos y demuestra la asociación íntima entre la iglesia y el reino. El segundo pasaje tiene que ver con la organización futura de la iglesia, que no es diferente a las prácticas de la sinagoga judía de los días de Jesús.

La iglesia y el reino de Dios no son idénticos. La iglesia y el reino de Dios, como están relacionados íntimamente, en el Nuevo Testamento no se equiparan los dos, así como es evidente por el hecho de que los primeros cristianos predicaron sobre el reino y no acerca de la iglesia (Hechos 8:12; 19:8; 20:25; 28:23, 31). En el Nuevo Testamento se identifica a la iglesia como el pueblo del reino (por ejemplo, Apocalipsis 5:10), no al reino en sí. Además, la iglesia es el instrumento del reino. Esto es particularmente claro gracias a Mateo 16:18-19, donde la prédica de Pedro y la iglesia se convierten en las llaves para abrir el reino de Dios para todos los que quieran entrar.

El templo escatológico de Dios. Tanto el Antiguo Testamento como el judaísmo anticiparon la reconstrucción del templo en el futuro reino de Dios (por ejemplo, Ezequiel 40-48; Hageo

2:1-9; 1 En. 90:29; 91:3; Jub. 1:17, 29). Jesús dio pistas de que él iba a construir dicha estructura (Mateo 16:18; Marcos 14:58; Juan 2:19-22). En el Pentecostés se testificó el comienzo de la realización de ese sueño en el momento en el que el Espíritu habitó en la iglesia, es decir, cuando el templo escatológico se formó (Hechos 2:16-36). Otros escritores del Nuevo Testamento también percibieron que la presencia del Espíritu en la comunidad cristiana constituyó el nuevo templo de Dios (1 Corintios 3:16-17; 2 Corintios 6:14-7:1; Efesios 2:19-22; *ver también* Gálatas 4:21-31; 1 Pedro 2:4-10). Sin embargo, el hecho de que el templo escatológico aún no esté completo es evidente en los pasajes anteriores, en especial en el énfasis sobre la necesidad de que la iglesia crezca con madurez en Cristo, que solo se concretará absolutamente en la parusía (segunda venida de Cristo). Mientras tanto, los cristianos, como sacerdotes de Dios, deben realizar su servicio sacrificial para la gloria de Dios (Romanos 12:1-2; Hebreos 13:15; 1 Pedro 2:4-10).

La novia de Cristo. La imagen del matrimonio se le aplica a Dios y a Israel en el Antiguo Testamento (ver Isaías 54:5-6; 62:5; Oseas 2:7). Se emplea una imagen similar a Cristo y a la iglesia en el Nuevo Testamento. Cristo, el novio, ha escogido con sacrificio y amor a la iglesia para que sea su novia (Efesios 5:25-27). Su responsabilidad durante el periodo de compromiso es serle fiel a él (2 Corintios 11:2; Efesios 5:24). En la parusía la ceremonia oficial de matrimonio se llevará a cabo y al mismo tiempo se hará realidad la unión eterna de Cristo con su esposa (Apocalipsis 19:7-9; 21:1-2).

El cuerpo de Cristo. El cuerpo de Cristo como una metáfora para la iglesia es único para la literatura Paulina y constituye uno de los conceptos más significativos allí dentro (Romanos 12:4-5; 1 Corintios 12:12-27; Efesios 4:7-16; Colosenses 1:18). El propósito principal de la metáfora es demostrar la interrelación de diversidad y unidad dentro de la iglesia, especialmente con respecto a los dones espirituales. El cuerpo de Cristo es el último Adán (1 Corintios 15:45), es decir, la nueva humanidad del fin de los tiempos que ha aparecido en la historia. Sin embargo, el uso de Pablo de esta imagen, como la metáfora del nuevo templo, señala que la iglesia, como el cuerpo de Cristo, aún le queda un largo camino espiritual por recorrer. Esto aún no está completo.

Sacramentos

En el corazón de la expresión de la fe de la iglesia yacen los sacramentos del bautismo y la Cena del Señor. El primero simboliza la entrada a la iglesia, mientras que el último proporciona sustento espiritual para la iglesia.

Bautismo. El bautismo simboliza la entrada del pecador en la iglesia. A partir del tratamiento bíblico de este sacramento surgen tres observaciones. Primero, el bautismo íntimo del Antiguo Testamento, particularmente en su asociación por el arrepentimiento del pecado con la ablución (Números 19:18-22; Salmos 51:7; Ezequiel 36:25; cf. Juan 3:5). Segundo, el bautismo de Juan anticipó el bautismo cristiano. Juan administró un bautismo de arrepentimiento con la expectativa de que el Mesías llevaría a cabo el bautismo del Espíritu y de fuego (Mateo 3:11 // Lucas 3:16). Aquellos que aceptan a Jesús como el Mesías experimentan el bautismo de fuego y juicio (que puede ser una alusión a la experiencia de la gran tribulación/ aflicción mesiánica que conduce al reino mesiánico). Tercero, la iglesia temprana practicó el bautismo para imitar al Señor Jesús (Mateo 3:13-17 // Marcos 1:9-11 // Lucas 3:21-22; *ver también* Juan 1:32-34; cf. Mateo 28:19; Hechos 2:38; 8:16; Romanos 6:3-6; 1 Corintios 1:13-15; Gálatas 3:27; Tito 3:5; 1 Pedro 3:21). Estos pasajes demuestran más verdades sobre el bautismo: el bautismo está íntimamente relacionado con la fe en Dios; el bautismo identifica a la persona con la muerte y resurrección de Jesús; el bautismo incorpora a la persona en la comunidad de creyentes.

La Cena del Señor. El otro sacramento bíblico es la Cena del Señor. Este rito simboliza el alimento espiritual de Cristo para su iglesia dado que celebra la comida sagrada. A partir de la información bíblica respecto a la Cena del Señor surgen dos puntos básicos. Primero, Cristo la instituyó (Mateo 26:26-29; Marcos 14:22-25; Lucas 22:15-20; 1 Corintios 11:23-25), probablemente como una adaptación de la cena de la Pascua. Si ese es el caso, entonces Jesús introdujo dos cambios en el Seder de la Pascua: él reemplazó el pan sin levadura con una referencia de su cuerpo al ser entregado para nosotros en la cruz; él reemplazó la copa de la redención con una referencia del derramamiento de su sangre en la cruz, que es la base del nuevo pacto. Segundo, la iglesia temprana probablemente practicaba la Cena del Señor cada semana, en conjunto con el festín de amor (*ver* 1 Corintios 11:18-22; cf. Judas 12). Los autores del Nuevo Testamento le atribuyeron un doble significado a la Cena del Señor. Primero, implica la participación en la salvación de Cristo (Lucas 22:19; 1 Corintios 11:24-25) y esto sería de dos maneras: al participar en la Cena del Señor se rememora la muerte de Jesús, que es lo que ahora comparte el creyente; al participar en la Cena del Señor se espera el regreso de Cristo, que es el punto culminante de la salvación del creyente. Segundo, la Cena del Señor involucra identificarse con el cuerpo de Cristo, con la comunidad de fe (1 Corintios 10:16-17; 11:27-33).

Adoración

El propósito definitivo de la iglesia es adorar a Dios a través de Cristo y bajo el poder del Espíritu Santo (*ver*, por ejemplo, Apocalipsis 4-5). La iglesia temprana primero adoró en el templo de Jerusalén (Hechos 2:46; 3:1; 5:42) como también en la sinagoga (Hechos 22:19; cf. Juan 9:22; Santiago 2:2). Al mismo tiempo, y dentro de un futuro cercano, los creyentes empezaron a reunirse en sus hogares para adorar (Hechos 1:13; 2:46; 5:42; cf. Romanos 16:15; Colosenses 4:15; Filemón 2; 2 Juan 10; 3 Juan 1, 6). Aunque muchos cristianos judíos sin duda continuaron adorando a Dios en los sabáticos, el tiempo establecido para la adoración de la iglesia llegó a ser el domingo, el día de la resurrección de Jesús (Hechos 20:7; Apocalipsis 1:10). Es muy probable que la iglesia temprana le haya copiado el orden de adoración al servicio de la sinagoga: la adoración en oración (Hechos 2:42, 47; 3:1; 1 Tesalonicenses 1:2; 5:17) y en canciones (1 Corintios 14:26; Filipenses 2:6-11; Colosenses 1:15-20), la explicación de las Escrituras (Hechos 2:42; 6:4; Colosenses 4:16; 1 Tesalonicenses 2:13; 1 Timoteo 4:13) y la limosna al necesitado (Hechos 2:44-45; 1 Corintios 16:1-2; 2 Corintios 8-9; Santiago 2:15-17).

Servicio y Organización

A partir del Nuevo Testamento emergen cinco observaciones respecto al servicio y organización de la iglesia temprana. Primero, el ministerio de la iglesia se centra en el uso de los dones espirituales, que son dados a los creyentes por la gracia de Dios y para su gloria como también para el bien de otros (Romanos 12:3; Efesios 4:7-16). Segundo, todo creyente posee un don del Espíritu (1 Corintios 12:7; Efesios 4:7). Tercero, gracias a la diversidad de los dones el cuerpo de Cristo madura y se unifica (Romanos 12:4; 1 Corintios 12:12-31; Efesios 4:17-18). Cuarto, aunque hubo un liderazgo organizado en la iglesia del Nuevo Testamento, incluyendo a los ancianos (1 Timoteo 3:1-7 [también se les llamaba "pastores" y "obispos"; *ver* Hechos 20:17, 28; 1 Pedro 5:1-4]) y diáconos (1 Timoteo 3:8-13), al parecer no existió una brecha entre el "clero" y los "laicos" en la iglesia del siglo I; más bien, aquellos que tenían el don de liderazgo son llamados a equipar a todos los santos para la obra del ministerio (Efesios 4:7-16). Quinto, los dones espirituales deben ejecutarse con amor (1 Corintios 13).

Iglesia y Estado de Separación

Idea en la que la Iglesia y el Estado deberían permanecer como entidades independientes para preservar la libertad religiosa y civil. Como esta idea se ha formado mayormente a partir de las discusiones en los Estados Unidos, cabe destacar que en la Biblia se habla a menudo sobre las actitudes del pueblo de Dios frente a su gobierno.

Después de que Israel fue liberado de Egipto, Dios la convirtió en una "nación santa" (Éxodo 19:5-6). Todas las naciones del antiguo Cercano Oriente fueron teocracias, pero Israel no fue diferente. Como una teocracia, la "iglesia y el estado" estuvieron unidos bajo la regla de Dios, pero esta unión fue imperfecta. Los profetas a menudo desafiaban a los líderes malvados (1

Samuel 2:27-36; 1 Reyes 18:2). Luego Israel fue dividida (1 Reyes 12). Finalmente el exilio arrasó con cualquier unidad de "estado-iglesia" que había dejado la sociedad israelita. Daniel y sus amigos experimentaron las dificultades que implicaba vivir con fidelidad en sociedades extranjeras.

Pero el exilio le ayudó a Israel a entender que el reino de Dios es eterno (Daniel 2:44-45). Frente al gobierno romano, Jesús anunció su aparición (Marcos 1:15), pero él no abogó por una revuelta militar así como lo hicieron los zelotes en sus días (Juan 18:36). Siguiendo a Jesús, Pablo enseñó sobre una ciudadanía en el cielo (Filipenses 3:20) al mismo tiempo que afirmaba algo de lealtad a Roma (Romanos 13:1-7; 1 Timoteo 2:1-2). Pedro coincidió en esto (1 Pedro 2:11-17), aunque él también destacó el tema del juicio de Dios (2 Pedro 3:7), que es un tópico que continúa en contra de la Roma imperial en Apocalipsis. En resumen, la iglesia se encuentra a sí misma como un reino entre reinos. Mientras la contienda siga en el reino espiritual (Efesios 6:12), el pueblo de Dios debe comportarse como peregrinos pacíficos cuando encuentren un mejor país (Hebreos 11:16).

IGNORANCIA En la creación, Dios hizo a los seres humanos para que dependieran de Él para revelar sus propósitos, para que su respuesta a la vida siempre involucrara confianza y amorosa obediencia a su consejo. La humanidad caída, en su autonomía, busca entender el mundo aparte del conocimiento de Dios (1 Cor. 2:14).

En las Escrituras, la ignorancia frecuentemente se refiere a la incapacidad de uno para entender quien Dios es o la verdadera identidad y propósito de uno (Ef. 4:18). En la ignorancia, la humanidad olvida la revelación de Dios (Rom. 1:22-25). El corazón endurecido e idólatra es la fuente de la ceguera humana (Jr. 17:9; Ez. 14:2-3). Satanás mantiene cautivas a las personas en ceguera (2 Cor. 4:4). Dios se reveló a sí mismo a través de mensajeros proféticos, pero a través del AT el pueblo de Dios ignoró su mensaje. Aunque Dios levantó jueces para guiar a su pueblo, ellos repetidamente revirtieron a la idolatría: "En esos días Israel no tenía rey; cada uno hacía lo que le parecía adecuado" (Jue. 21:25).

Jesús es la luz verdadera, que ilumina a cada persona (Jn. 1:9). Pero las personas amaron la oscuridad y no vendrían a la luz por miedo a que sus acciones quedaran expuestas (Jn. 3:20). Sin embargo, a través de la Palabra, el Espíritu puede transformar los corazones de personas como Pablo, que antes se opuso a Cristo y a su Iglesia en la ignorancia y falta de fe (1 Tim. 1:13).

La ignorancia, sin embargo, no siempre implica pecado. Nuestra finitud implica que nuestro conocimiento siempre será limitado. Dios ha asignado maestros para facilitar nuestro crecimiento en el entendimiento (Ef. 4:11-12).

IIM *Véase* Ije Abarim

IJÓN Una ciudad en la parte más al norte de Israel, en el territorio de Neftalí, con frecuencia entre las ciudades atacadas por invasores que entraban desde el norte. Ijón se ubicaba unos catorce kilómetros nor-noroeste de Dan en una pequeña planicie fértil ahora llamada "Merj Ayun" (preservando el nombre antiguo), parte de un área importante para el comercio que corría desde Damasco hacia el oesta a la costa y al suroeste hacia el Valle de Jezreel y Egipto. Ben Hadad, rey de Aram, invadió el norte de Israel alrededor del año 900 AC y conquistó Ijón, Dan y territorio israelita más al sur (1 Re. 15:20; 2 Cr. 16:4). Aproximadamente 150 años después, el rey asirio Tiglat-piléser III también conquisto Ijón y otras partes del norte de Israel (2 Re. 15:29) cuando Asiria comenzó su conquista de la región.

ILAI Uno de los líderes militares de David conocidos como los Treinta (1 Cr. 11:29). Ahohíta, es llamado "Salmón" en 2 Sm. 23:28.

ILÍRICO Una provincia romana al noroeste de Macedonia junto a la costa oriental del Mar Adriático. Era la parte más occidental de las provincias romanas establecidas a lo largo de la parte norte de la Península de los Balcanes, abarcando al actual Albania y antigua Yugoslavia. Pablo menciona Ilírico como el límite más lejano de sus viajes misioneros y proclamación del evangelio en la época que escribe su epístola a los Romanos (Rom. 15:19). No está claro si Pablo había viajado al norte hacia la provincia

Ilírico o sólo a su límite sur con Macedonia. Su visita a sus límites o al interior pueden haber sido implicadas en Hec. 20:2. El socio de Pablo, Tito, viajó a Dalmacia, la del sur de Ilírico (2 Tim. 4:10).

ILUMINACIÓN *Ver* Lámpara, Candelabro.

ILUSTRACIÓN *Véase* Imaginería; Parábolas.

IMAGEN DE DIOS Que la humanidad ha sido creada en la imagen de Dios indica su estatus único por encima de los animales por una similitud especial con Dios. Este estatus autoriza a la humanidad para gobernar la tierra y requiere respeto hacia las personas. Los particulares de lo que la frase "imagen de Dios" significa han sido comprendidos de muchas maneras.

La frase es un poco rara. Aparece por primera vez en Gn. 1:26-27 y la misma o frases similares ocurren en cinco versículos más (Gn. 5:1, 3; 9:6; 1 Cor. 11:7; Sant. 3:9) que hacen referencia a esta. El NT también se refiere a Cristo como la imagen de Dios y a los creyentes volviéndose como la imagen de Cristo.

Comprendiendo el Génesis 1:26-27

Esto hace que Gn. 1:26-27 sea el punto de inicio para entender esta frase. Varios factores entran en juego: el contraste con la creación de animales en el mismo día; la conexión con la humanidad gobernando las otras criaturas; otros elementos del contexto general; el significado de la palabra "imagen" (tselem) y "parecido" (demut); el significado de la preposición "en"; y el significado y uso de imágenes en el antiguo Oriente Próximo.

En el contexto inmediatamente precedente, lo animales son creados "de acuerdo a sus tipos", mientras que los humanos son creados "a la imagen de Dios". El contexto directamente siguiente también hace la distinción entre los dos, otorgándoles a los humanos gobierno, o dominio, sobre los animales. Ser a la imagen de Dios ciertamente involucra los que hace únicos a los humanos en contraste con el resto del reino animal.

La historia de interpretación de la frase "imagen de Dios" es larga y voluminosa. Casi cualquier cosa del contexto general que le parezca importante al intérprete puede ser seleccionado como el significado clave; o cualquier sistema filosófico dominante en la época que escribe el intérprete puede ser aprovechado como la explicación "obvia" de los ser en la imagen de Dios significa; o tal vez el entendimiento de una disciplina académica en particular o sistema teológico sistemático pueden recibir preferencia. Por lo tanto, el significado de ser creado en la imagen de Dios se ha asociado con muchas cosas, como lenguaje, alma eterna, racionalidad, ser hombre y mujer (frecuentemente comparado con la Trinidad), apariencia física, dominio e individualidad. La amplia variedad es posible porque el texto de las Escrituras específica, y las opciones parecen razonables a los varios proponentes como explicativas de la individualidad de la humanidad, algo que claramente sirve al contexto.

Aunque muchas de estas ideas pueden ser razonables y relevantes, puede ser problemático elegir una como el elemento clave. Por ejemplo, para apoyar la sugerencia que ser en la imagen de Dios significa caminar erectos en dos pies uno podría señalar que (1) el "caminar" de la humanidad es el contexto más amplio, (2) el "caminar" de los seres humanos con Dios contrasta de manera única a las circunstancias de los otros animales y (3) pararse erecto en dos pies es un movimiento de dominación en el reino animal. Pero esto es poco probable de convencer a alguien, con buena razón. Y muchas de las opciones ofrecidas por los intérpretes con frecuencia parecen igualmente fuera de lugar desde la perspectiva de otro. Por ejemplo, el texto enfatiza que Dios los creó "hombre y mujer", una unidad con diferencia. Dios es una trinidad, una unidad con diferencia. ¿Es esto, entonces, la imagen de Dios? Alguien podría señalar que los animales también son hechos macho y hembra, y que el texto no necesariamente tiene una Trinidad en mente (existen otras explicaciones para el plural "nosotros" en Gn. 1:26, que muchos consideran mejores explicaciones).

Estudiar las palabras "imagen" y "parecido" no aclara rápidamente el tema. "Imagen" normalmente se refiere a una estatua, comúnmente de un dios. Y "parecido" normalmente se refiere a una apariencia física similar. El verdadero Dios es un espíritu, careciendo de forma física particular y prohíbe crear una estatua de él. Si la psique humana tridimensional no es el punto lo que queda de los términos "imagen" y "parecido" es simplemente la noción de similitud. Esta vaguedad ha promovido diversas comprensiones.

La preposición "en" también se discute bastante, porque puede significar "en" o "como". Así, la humanidad tal vez está hecha en una apariencia como la de Dios, o en una similitud inespecífica a Dios. O la humanidad ha sido creada como la imagen de Dios en la tierra. Lo primero enfatiza que la humanidad es (ser), la segunda lo que la humanidad debe hacer (función). Sin embargo, los dos, ser y función, ciertamente están relacionados, de manera que la diferencia entre ellos puede ser exagerada.

Las culturas circundantes del antiguo Oriente Próximo hacían imágenes de sus dioses. Ellos no que las estatuas fueran realmente el dios, sino más bien que invocaba la presencia del dios que representaba y representaba el dios para el pueblo como una ubicación central de interacción. La palabra babilonia para "imagen" es similar al hebreo y por lo general también se refiere a una estatua o representación artística. A veces se usa figurativamente acerca de un rey siendo la imagen de un dios. Y en Egipto encontramos la idea que la humanidad es la imagen de dioses. Este trasfondo conceptual se alinea con una comprensión que ser en la imagen de Dios se relaciona a la función de gobernar.

Adicionalmente, la frase "y déjenlos gobernar" ocurre en una secuencia que puede indicar propósito o resultado. Así, el pasaje puede ser presentado, "Hagamos al hombre en nuestra imagen, como nuestro siilar, para que pueda gobernar". Esto es, Dios establece a los seres humanos con una naturaleza distinta para una tarea distinta que él expresamente incluye al bendecirlos (Gn. 1:28). Aun podemos inferir de la revelación general algunos de los detalles que son relevantes a esa singularidad, pero deberíamos evitar elevarlos en importancia.

Otros Pasajes Bíblicos

Los pasajes que hacen referencia a Gn. 1:26-27 enfatiza honor y respeto por los individuos humanos. Los humanos deben dominar la tierra, no unos a otros. No deberían matarse unos a otros; si no se vuelven sujetos de la pena de muerte (Gn. 9:6), y no deberían maldecir a otros, sino tratarlos con honor (Sant. 3:9). Pero el tema no tiene verdadera relevancia fuera de estar en el comienzo de la Biblia. Después de Gn. 9:6, el AT no usa la frase "imagen de Dios". El concepto del gobierno humano aparece (e.g., Sal. 8), pero la expresión "imagen de Dios" es más un subpunto bajo un tema mayor que es un encabezado para enseñanza bíblica.

En el NT, Jesús es dos veces identificado por el equivalente griego a la frase hebrea "imagen de Dios" (2 Cor. 4:4; Col. 1:15). Especialmente en el contexto de Col. 1:15, el énfasis está en la deidad de Cristo y, por lo tanto, parte de un tema diferente, a pesar de fraseo similar. Los dos versículos acerca de los creyentes que se refieren a la similitud de Dios y la imagen del Creador (Col. 3:10; Ef. 4:24) tratan sobre comportamiento moral y la santificación del creyente (cf. Rom. 8:29; 2 Cor. 3:18). Aunque directamente no se refieren a Gn. 1, sí tratan con la metáfora común de que la humanidad, al pecar, manchó su imagen de Dios. Ser conforme a la imagen de Cristo restaura como la humanidad retrata a Dios en el mundo.

IMAGEN DE NABUCODONOSOR Una visión de una estatua de múltiples metales vista por Nabucodonosor en un suelo, el significado de la cual es interpretada por Daniel tras el fracaso de los sabios babilonios en hacerlo (Dn. 2). La cabeza de la estatua estaba hecha de oro, el pecho y los brazos de plata, el estómago y los muslos de bronce, las piernas de hierro y los pies de una mezcla de hierro y arcilla (*véase* 2:31-45). Mientras la visión continúa, una roca es cortada de la tierra y luego aplasta los débiles pies, haciendo que toda la estatua se desmorone. Daniel interpreta el sueño como anticipando la sucesión de reinos humanos y la roca que los destruye como la representación del reino de Dios, pero no identifica ninguno de los reinos, salvo el primero, que lo identifica como el de Nabucodonosor (Babilonia).

Algunos intérpretes identifican los siguientes reinos como Media, Persia y Grecia, mientras otros creen que representan una combinación Media-Persia, Grecia, y finalmente Roma. Otra interpretación sugiere que es inapropiado identificar las partes de la estatua con reinos específicos, creyendo que la visión simplemente establece que reinos opresivos se sucederán unos a otros hasta el fin, cuando Dios intervendrá y traerá los reinos humanos malvados a su fin. En otras palabras, el número "cuatro" no debe tomarse literalmente, sino más bien indica una sucesión de reinos de número indeterminado. La visión tiene similitudes con la visión de las cuatro bestias surgiendo de un mar caótico descrito en Dn. 7. En Dn. 3, Nabucodonosor establece una imagen dorada gigantesca en la Planicie de Dura. No está claro si esta imagen es de un dios (¿Marduk?) o del mismo Nabucodonosor. Si era esto último, puede haber sido motivada por la visión en Dn. 2, ya que la Babilonia de Nabucodonosor estaba representada por una cabeza de oro.

IMAGEN En algunas traducciones, una imagen o tallado en madera o piedra, como en bajo relieve (Nm. 33:52, Prov. 25:11, Is, 2:16 RV). Además, como sustantivo significa "imagen" o como verbo significa "imaginar", se usa como vernáculo en versiones contemporáneas como El Mensaje (por ejemplo, 1 Sam. 16:12; Jer. 38:22; Mr. 4:30).

IMÁGENES, ADORACIÓN DE *Véase* Ídolo, Idolatría.

IMAGINACIÓN Frecuentemente usada en un sentido negativo, las palabras traducidas "imaginar" e "imaginación" se relacionan a la habilidad para pensar con la mente para trazar o construir un plan, o los pensamientos de uno mismo en contraste a los pensamientos de Dios (Ez. 13:2, 17). En el AT, la imaginación con frecuencia se relaciona a planes con intenciones malvadas (Gn. 8:21; Dt. 31:21; Jr. 3:17; 7:24 KJV). Ocasionalmente se refiere a usar la imaginación propia para permanecer enfocado en los planes de Dios (1 Cr. 28:9; 29:18; Is. 26:3). La palabra del NT se concierne con el producto del razonamiento y se usa negativamente (Mt. 9:4; 12:25; Col. 1:21), positivamente (2 Pe. 3:1) y de manera neutral (Heb. 4:12). Cuando deriva de la habilidad humana para razonar, el producto final parece ser más consistentemente guiar a resultados negativos (Gn. 6:5).

IMAGINERÍA La imaginería concierne al uso literario de figuras literarias coloridas que pueden visualizarse en la imaginación. Los escritores bíblicos frecuentemente emplean imaginería, ya que las imágenes que usan ayudan a comunicar el mensaje de Dios de manera más poderosa. La imaginería se comunica con los lectores no solo en nivel cognitivo (conocimiento), sino también a nivel emocional. Por ejemplo, el profeta Amos podría haberle simplemente dicho a Israel que "Dios está enojado" con ellos. Pero ese tipo de lenguaje es plano e insípido. En cambio, Amos crea una imagen gráfica con sus palabras al declarar "¡El león rugió!" (Am. 3:8). Esta figura literaria usada por Amos compara a Dios con un león rugiente sobre su presa. En una cultura donde las personas sí se encontraban con peligrosos leones y donde las personas sentían respeto por el poder de los leones,

La figura de un pastor que lleva sus ovejas, como se ve en este ejemplo del siglo IV d.C, se usó para retratar a Cristo en el arte cristiano primitivo.

esta imaginería conectaba tanto a nivel de conocimiento como emocional.

Ya que, en esencia, las imágenes son figuras literarias, pueden usarse de una variedad de formas: como metáforas, comparaciones, analogías directas o antropomorfismos. Como estas otras figuras literarias, las imágenes bíblicas reflejan puntos de similitud y puntos de diferencia en los dos elementos comparados en la imagen. En Am. 3:8, el profeta está diciendo a su audiencia algo acerca de Dios al usar lenguaje normalmente asociado con leones. Tanto Dos y el león son extremadamente peligrosos, y ambos están a punto de saltar sobre su presa. Sin embargo, Amos espera que sus lectores también tengan en mente que Dios es bastante diferente de un león en muchas, muchas formas.

La Biblia contiene cientos de imágenes coloridas. Para celebrar el maravilloso amor y cuidado de Dios, David lo describe con la imagen de un pastor preocupado (Sal. 23). Para comunicar la alegría de las bendiciones materiales de Dios, David pinta una imagen de praderas y valles gritando y cantando de alegría (Sal. 65:13). Jeremías quiere transmitir la repugnancia de Dios ante la idolatría de Israel, así que se refiere a Jerusalén como una prostituta (Jr. 3:1). Para subrayar el gran contraste entre pecado y perdón, Isaías declara: "Aunque tus pecados son como escarlata, serán tan blancos como la nieve" (Is. 1:18).

Jesús usa imaginería frecuentemente en sus enseñanzas. Por ejemplo, compara al reino celestial a una semilla de mostaza, que comienza pequeña, pero lentamente crece para convertirse en el arbusto más grande (Mt. 13:31-32). Para ilustrar la dificultad de que una persona rica entre en el reino de los cielos, Jesús pinta una colorida y humorística imagen de un camello intentando pasar a través del pequeño ojo de una aguja (Mt. 19:24). Él usa docenas de imágenes para comunicar diferentes aspectos de su personalidad y misión, comparándose a una amplia variedad de cosas: una puerta, una vid, una luz, un camino, un pastor, pan y más. Pablo usa imaginería cuando nos dice que nos pongamos la armadura de Dios (Ef. 6:10-18) y cuando compara a Jesús con una piedra angular (2:20). El libro del Apocalipsis está lleno de vívidas imágenes, retratando, por ejemplo, a Jesús como un cordero (Ap. 5:6) y a Satanás como un dragón (20:2).

IMER **(1)** En 1 Cr. 24:14, Imer se lista como el líder de la decimosexta división en la época de David. Otros sacerdotes son designados como descendientes de Imer. **(2)** El padre o un ancestro de Pasur, que puso a Jeremías en prisión (Jr. 20:1). **(3)** El ancestro de Maasai, que regresó a Jerusalén tras el exilio (1 Cr. 9:12; Neh. 11:13). **(4)** El ancestro de una familia de sacerdotes (concebiblemente identificado con uno de los anteriormente mencionados), ascendiendo a 1.052 que regresaron de Babilonia a Judá con Zorobabel justo después de que Ciro, el rey persa, emitiera un decreto permitiendo el regreso de los exiliados (Esd. 2:37; Neh. 7:40). Dos miembros de su familia fueron culpables de mestizaje con extranjeras durante la época de Esdras (Esd. 10:20). **(5)** El padre de Sadoc, que trabajó en el muro de Nehemías y que puede ser un no levita (Neh. 3:29). **(6)** Una ubicación desconocida en Babilonia de la cual regresaron algunos exiliados a Judá en el año 539 a.C. o cerca de esa fecha, algunos de los cuales con listados como incapaces de asentar sus conexiones genealógicas a Israel (Esd. 2:59; Neh. 7:61).

IMITAR Apropiarse del pensamiento o comportamiento de otros. Dios le advierte a Israel que no imite "la conducta detestable de las naciones" (Dt. 18:9; cf. Éx. 23:24; Lv. 18:3). El deseo de Israel para la asimilación cultural, que lleva a la idolatría, incurre en el juicio divino (2 Re. 17:15; Ez. 20:32; 25:8). El NT arrastra esta advertencia a los cristianos que deben abrazar su ciudadanía en el cielo (Flp. 3:20; cf. Rom. 12:1-2; Sant. 4:4; 1 Jn. 2:15; 5:5, 19).

INVERSAMENTE, imitar la humildad de Cristo, sumisión total a la voluntad de Dios, sin importar el costo, es una virtud central (Flp. 2:1-11; Tit. 3:2; cf. Mt. 11:28-30). Pablo invita a otros a imitarlo como él imita a Cristo (1 Cor. 11:1; 2 Tes. 3:7-9; 2 Tim. 3:10-12). Al obedecer a Cristo, un discípulo imita a Dios (Ef. 5:1-2).

La imitación encarna a la fe. Para este fin, Jesús pasa tiempo con sus discípulos, permitiéndoles observar sus modos durante aproximadamente tres años antes de someterse a la dolorosa concusión de la voluntad de Dios para su ministerio terrenal (Mc. 3:14; 14:36). Jesús ordena a sus discípulos imitar su lavado de pies, una tarea normalmente reservada para el esclavo más bajo del hogar (Jn. 13:12-20) y a tomar sus propias cruces (Mc. 8:34 parcial). "Un alumno", les recuerda, "no está sobre su maestro, pero cualquiera que esté completamente entrenado será como su maestro" (Lc. 6:40).

IMLA El padre del profeta Micaías, quien profetizó la derrota del rey Acab (1 Re. 22:8-9). El nombre aparece en algunas traducciones de 2 Cr. 18:7-8 (KJV, NASB).

IMNA Un descendiente de Aser (1 Cr. 7:35) que era un guerrero y jefe de su familia (7:40).

IMNAH **(1)**El primer hijo de Aser y ancestro de los imnitas (Gn. 46:17; Nm. 26:44; 1 Cr. 7:30). **(2)** El padre levita de Qoré, que era portero de la Puerta Este de Jerusalén y designado por Ezequías y Azarías para administrar las ofrendas de libre voluntad a Dios (2 Cr. 31:14).

IMNITA *Véase* Imnah.

IMPEDIMENTO DEL HABLA En Marcos 7:32, Jesús sana a un que era sordo y "mudo" (mogilalos) a través de escupir, tocando sus orejas y boca diciendo "¡Ábranse!" La naturaleza exacta del impedimento del habla es poco clara, aunque se describe figuradamente como "atadura de la lengua" (7:35; NIV "escasamente podía hablar"). En Éx. 4:10, Moisés se describe a sí mismo como "lento de habla y de lengua", que muchos intérpretes han entendido como refiriéndose a un impedimento del habla; sin embargo, puede referirse más ampliamente a una percibida falta de elocuencia más que a un impedimento literal.

IMPEDIMENTO EN EL HABLA *Véase* Impedimento del Habla.

IMPERECIBILIDAD, NO PERECEDERO La propiedad o estado de no estar sujeto a descomposición o deterioro, y por ende, celestial. La "imperecibilidad" (griego aphtharsia) e inmortalidad están íntimamente conectadas; nótese que el adjetivo griego para "no perecedero", aphthartos, puede traducirse "inmortal" (e.g., Rom. 1:23). Con frecuencia la Biblia contrasta lo no perecible con lo perecible. Así, Pablo contrasta el perecible cuerpo terrenal con imperecedero cuerpo resucitado (1 Cor. 15:42, 50-55) y una recompensa imperecedera con una recompensa perecible (1 Cor. 9:25 NRSV, NET). Pablo explica que el nuevo nacimiento de los creyentes "no es de semilla perecible, sino imperecible, a través de la viva y perdurable palabra de Dios" (1 Pe. 1:23).

IMPERIO ROMANO *Véase* Roma, Imperio Romano.

IMPIEDAD Aquello que es inconsistente con la apropiada reverencia y adoración de Dios. En Rom. 1:18-32 Pablo describe la naturaleza de la impiedad al escribir sobre personas "que suprimen la verdad por su maldad" (versículo 18), que eligen no glorificar a Dios, aunque saben que él es Dios (versículo 21). Otros textos del NT hablan de mitos impíos (1 Tim. 4:7), charla impía (1 Tim. 6:20; 2 Tim. 2:16) o personas impías como Esaú (Heb. 12:16). Varios pasajes del AT (e.g., Job 8:13; Prov. 11:9; Is. 10:6) también hablan contra los impíos, que están fundamentalmente en desacuerdo con Dios y su voluntad.

IMPORTUNIDAD La traducción de la KJV del sustantivo griego anaideia, que ocurre sólo una vez en el NT, en la parábola del amigo a medianoche (Lc. 11:8). El debate sobre su interpretación—"importunidad", "audacia desvergonzada" (NIV), "persistencia" (NRSV, NET)— surge de la etimología de la palabra (literal, "desvergüenza") y el contexto de la palabra. En la parábola, el dador otorga la petición del peticionante "por su anaideia". ¿Pero son las desvergonzadas agallas del peticionante o el deseo del dador para evitar la vergüenza?

IMPOSICIÓN DE MANOS El poner las manos en alguien/algo tiene dos usos literales y dos con significado simbólico. **(1)** Literalmente,

I

tomar algo (por ejemplo, Éx. 22:8-11, Est. 9:10-16, Mt. 26:51, Lc. 9:62) o alguien, es decir, efectuar un arresto (por ejemplo, Neh. 13:21; Mt. 26:50; Mr. 14:46; Lc. 20:19; 21:12; 22:53; Jn. 7:30, 44; Hec. 4:3; 5:18; 12:1; 21:27). **(2)** Literalmente, poner las manos sobre personas (o cosas) para dañarlas o destruirlas (por ejemplo, Gn. 22:12; 37:22; 1 Sam. 22:17; 24:5-13; 26:9 -23, Job 1:12, 9:33, Isa. 11:14, Jer. 15:6, Ezeq. 39:21). **(3)** Poner una mano sobre su boca como un gesto simbólico de asombro (Miq. 7:16) o humildad (Job 40:4). **(4)** Un gesto para simbolizar el traspaso de algo de una persona a otra. Las aplicaciones del simbolismo de traspaso incluyen el traspaso de la identidad representativa en el sacrificio (por ejemplo, Éx. 29:10-19, Lev. 1:4, 16:21, Nm. 8:10-12, 2 Cr. 29:23-24), de autoridad en la comisión (consagración) (por ejemplo, Nm. 27:18-23, Dt. 34:9, Hec. 6:6, 13:3), de bendición (por ejemplo, Gn. 48:13-20; Mt. 19:13-15), de vida y salud (por ejemplo, Mt. 8:3, 15; 9:18, 25, 29; 20:34; Mr. 6:5; 7:32-33; 8:22-26; 16:18; Lc. 4:40; 7:14; 13:13; 22:51; Hec. 8:17; 9:12, 17; 28:8), y del Espíritu Santo y de los dones espirituales (Hec. 8:17-19, 9:17, 19:6, 1 Tim. 4:14, 2 Tim. 1:6).

Tres cosas adicionales deben tenerse en cuenta sobre este simbolismo de traspaso. Primero, la imposición de manos es simbólica más que puramente causal. Esto se evidencia cuando Jesús y los apóstoles dan crédito a la fe, y no al mero contacto, de las sanidades (por ejemplo, Mt. 9:22, 29-30, Lc. 17:19, Hec. 3:12-16, 14:9, *ver* Mt. 13:58), cuando las sanaciones ocurren a distancia (por ejemplo, Mt. 8:5-13, 15:21-28, Jn. 4:46-54) y/o sin contacto aparente (p. Ej., Mt. 8:28-34; 9:1-8, 32-33; 12:22; 17:14-21; Mr. 1:23-28; Lc. 17:11-19; Jn. 5:1-9; 11:1- 44; Hec. 5:15; 9:32-35, 40-41; 14:8-10; 16:18), cuando el Espíritu Santo desciende sobre personas sin haberlos tocado (por ejemplo, Hec. 10:44-45), y cuando Pedro reprende fuertemente a Simón el Mago por asumir que el Espíritu Santo es dispensado por simple contacto (Hec. 8:17-24).

Segundo, la iglesia primitiva usaba la imposición de manos para comisionar a los obreros de la iglesia (Hec. 6:6), misioneros (Hec. 13:3) y ancianos (Hec. 14:23 [la palabra griega usada para "designar", cheirotoneo, se deriva de las palabras "extender", teinō, y "mano", cheir, ver 2 Cor. 8:19). Dado que el acto era conducido tanto por los apóstoles (Hec. 6:6), los profetas y maestros (Hec. 13:1-3), por Pablo y Bernabé (Hec. 14:23, 2 Tim. 1:6), como por los ancianos de la iglesia (1 Tim. 4:14), podemos concluir que la iglesia primitiva no tenía una jerarquía establecida para la ordenación.

Tercero, el NT tiene algunas pautas para comisionar a los obreros cristianos (*véase* Heb. 6:2). Los líderes de la iglesia tienen responsabilidades de peso (Hec. 20:28, 1 Tim. 3:1-13, 5:17, Tito 1:5-9, 1 Pe. 5:1-4), así que no es de sorprenderse que un anciano de la iglesia/ supervisor no debe ser un recién convertido (1 Tim. 3:6) ni ser nombrado apresuradamente (1 Tim. 5:22), y que un diácono debe primero ser puesto a prueba (1 Tim. 3:10).

IMPOTENTE A Dios pertenece todo el poder (Sal. 62:11) y en comparación, todos los otros son impotentes (esto es, sin poderes), incluyendo ídolos y dioses hechos por manos humanas (Is. 44:17; Jr. 10:5) y las personas que parecen ser fuertes (Dt. 9:2-3; Ez. 34:16). En la cruz, Jesús destruyó el poder de Satanás sobre la muerte (Heb. 2:14) y "desarmó los poderes y autoridades" (Col. 2:15). Jesús murió por nosotros mientras estábamos indefensos o "débiles" (griego asthenēs [Rom. 5:6]) y los creyentes ahora son empoderados por su Espíritu para la vida y el ministerio (2 Pe. 1:3).

IMPRECACIÓN, SALMOS DE IMPRECACIÓN Una imprecación se considera por lo general un tipo de maldición que llama al daño sobre alguien. El daño proviene de intervención divina más que por deliberada retribución humana. En un salmo, una imprecación es un tipo de petición y salmos que contienen fuertes peticiones de imprecación que se llaman "plegarias de imprecación". En los salmos, las imprecaciones no son meramente maldiciones malintencionadas hechas para la conveniencia o beneficio del hablante. El daño que el salmista pide está alineado con las penalidades judiciales en la ley (o posiblemente oráculos proféticos de juicio que han sido emitidos [cf. Sal. 137 con Is.

13-14; Jr. 50-51; Hab. 2]). Esto es, el salmista pide castigo de los culpables que sea apropiado al crimen, con frecuencia incluyendo el mismo nivel de atrocidad cometido por el malvado. Las personas que son objeto de imprecaciones son los enemigos de Dios y hacer una imprecación llama a que Dios actúe y deja la acción específica a elección de Dios.

IMPUESTO DE CAPITACIÓN Gravamen por "cabeza" impuesto por un gobierno, a menudo después de un censo (*ver* 2 Sam. 24:1-17; 1 Cr. 21:1-17). Se imponían impuestos a los pueblos conquistados (2 Re. 15:19-20, 23:35). Los romanos exigían tributo por cada cabeza (tributum capitis) de manera anual (*ver* Mr. 12:13-17 pars.). El procurador (por ejemplo, Poncio Pilato) o el jefe regional (por ejemplo, Herodes Antipas) era responsable de recaudar estos impuestos. Alrededor de la época del nacimiento de Jesús, muchos judíos se rebelaron contra el censo y los impuestos (Hec. 5:37). Según Lc. 2:1, José y María fueron a Belén cerca del tiempo del nacimiento de Jesús debido a un censo a efectos fiscales decretado por César Augusto.

IMPUESTOS Los impuestos en las Escrituras abarcan obligaciones religiosas a Dios para requisitos de fondos del templo y pagos a autoridades seculares, extranjeras y domésticas. Varias palabras o frases expresan el concepto en la Biblia. En el AT, estas incluyen las siguientes: **(1)** Rescate era el impuesto del templo mandado por Dios, basado en un censo de Israel (Éx. 30:11-16). Resultaba en expiación para el contribuyente y evitar una plaga en Israel. **(2)** Tributo era una ofrenda ordenada divinamente en apoyo del sacerdocio cúltico. El ejemplo en Nm. 31:28-30 específicamente enfrenta botines de guerra **(3)** Exacción era una evaluación monetaria en plata y oro impuesta por una autoridad superior (e.g., Faraón Necao) a un subyugado (e.g., Israel) (*véase* 2 Re. 23:33-35). **(4)** Impuesto pago obligatorio a una autoridad. El ejemplo en 2 Cr. 24:6, 9 se refiere al ya mencionado rescate. Un segundo uso del hebreo subyacente aparece en Amos 5:11, se refiere a impuestos sobre los pobres por líderes corruptos en el reino del norte.

Además, cuatro palabras distintas en arameo, el lenguaje original de Esdras, indican ganancias gubernamentales (Esd. 4:13, 20; 6:8; 7:24). Estas palabras se traducen variadamente como impuestos, tributos, deber, ganancia. Las diferencias en significado entre ellas son poco claras.

El NT discute impuestos en varios pasajes. El más completo es Mt. 17:24-27, la discusión de Jesús de los impuestos del templo con Pedro, terminando en un relato de la moneda de cuatro dracmas en la boca del pez atrapado. Aquí se usan tres de las cuatro palabras griegas para impuestos. **(1)** Didrachmon en el versículo 24 es el "impuesto del templo" (NIV, NRSV), el AT "rescate al Señor" definido antes. Para el siglo uno AD, la cantidad estaba fijada en dos dracmas, equivalente a la paga de dos días largos de trabajo. **(2)** Telos viene primero en el par de palabras traducido como "deberes e impuestos" en el versículo 25 y es la palabra genérica en el NT para los impuestos. También aparece en Rom. 13:7, donde se traduce como "ganancia". **(3)** Kēnsos aparece a continuación en el mismo par de palabras en el versículo 25 y se refiere a impuesto electoral directo a los adultos de sexo masculino. También aparece en Mc. 12:14; Mt. 22:17-19, ambos

Estos siclos tirios del tesoro de Ussfiyeh probablemente fueron recaudados para pagar el impuesto del templo en Jerusalén.

enfrentando la cuestión de pagar impuestos al César. (4) La palabra griega restante, phoros, se encuentra en Lc. 20:22; 23:2; Rom. 13:6-7. Este término se refiere específicamente al impuesto de tributo, pagado por una nación subyugada a una autoridad superior, por ejemplo, el impuesto que los israelitas debían al César.

IMPUREZA *Véase* Puro, pureza.

IMPUTAR, IMPUTACIÓN La palabra "imputar" significa "pensar en, considerar, creer o acreditar algo a alguien que proviene de otro". El lenguaje proviene del mundo de los negocios, donde se mantienen registros que indican créditos y deudas en la cuenta de una persona. Este sentido no teológico de imputación se encuentra en Flm. 18-19, donde Pablo le dice a Filemón que si su esclavo Onésimo, quien aparentemente le había robado a su amo antes de huir, le debe algo a Filemón, "cárgamelo a mí". Pero el uso dominante de imputación en la Biblia es en referencia a pecado y justicia.

Aunque imputación se enseña más claramente en el NT, también está presente en el AT. El principal ejemplo se encuentra en el ritual del Día de la Expiación en el cual Aarón impone sus manos en un chivo expiatorio y confiesa los pecados del pueblo antes de liberarlo en el desierto (Lv. 16:20-22). El acto de imponer sus manos sobre el chivo expiatorio le imputa los pecados del pueblo a la cabra.

En el NT, los pasajes más claros que enseñan la imputación se encuentran en los escritos de Pablo. Extrayendo del Gn. 15:6 y Sal. 32:1-2, asevera que Dios le imputa justicia al creyente aparte de sus trabajos (Rom. 4:1-8). Debido a la rebelión de Adán, el pecado y la culpa fueron imputados a toda la humanidad, mientras que al mismo tiempo la obediencia de Cristo se imputa a todo su pueblo (5:12-21). Pablo resume la misma idea en otra parte como sigue: "Dios hizo que aquel que no tenía pecado fuese pecado por nosotros, para que en él pudiésemos convertirnos en la justicia de Dios" (2 Cor. 5:21). El pecado del creyente es acreditado a Jesús, mientras que la justicia de Jesús es acreditada al creyente. En los libros de cuentas que determinan la posición de una persona en la corte de Dios, Dios le transfiere al creyente la completa obediente justicia de Jesús mientras al mismo tiempo le transfiere a Jesús la pecaminosa rebelión del creyente. La imputación incluso se extiende más allá de la justicia: Jesús "se ha convertido para nosotros en sabiduría de Dios, esto es, nuestra justicia, santidad y redención" (1 Cor. 1:30).

La imputación hace claro que la salvación es en su totalidad el trabajo de Dios. Es sólo sobre la base de la justicia de Cristo que el creyente puede ser justificado en la corte de Dios. Lejos de ser un concepto teológico abstracto, es la base misma sobre la cual el creyente se relaciona con Dios.

IMRA Uno de los hijos de Zofa de la tribu de Aser (1 Cr. 7:36), era un guerrero y jefe de familia (7:40).

IMRI (1) Un descendiente de Judá y el abuelo de Utai, un hombre que se asentó en Jerusalén tras el exilio (1 Cr. 9:4). (2) El padre de Zacur, un hombre involucrado en el esfuerzo de reconstruir el muro de Jerusalén bajo la dirección de Nehemías (Neh. 3:2).

INCENSARIO Contenedor para el incienso quemado. En la antigua Israel los incensarios o vasijas de oro se usaban para cargar carbón vivo para encender antorchas dentro del tabernáculo y del templo en tiempos de adoración. El incienso en polvo se quemaba con el carbón vivo. Su uso (o desuso) a veces representaba el comportamiento santo o impío. Por lo tanto, en el Día de la Expiación el sumo sacerdote preservaba su vida al quemar con obediencia un incensario en el lugar santísimo (Levítico 16:12). Nadab y Abiú murieron después de haber ofrecido incienso sin autorización (10:1-7). De una manera similar, Coré y sus seguidores murieron por haber usurpado la labor sacerdotal en la que se quemaba incienso (Números 16). Los incensarios hechos a mano para el templo de Salomón fueron posteriormente robados por los babilonios que conquistaron Jerusalén.

INCESTO El incesto puede definirse como las relaciones sexuales o contacto sexual entre parientes cercanos, que es considerado ilegal e inmoral por la sociedad, o socialmente tabú. La

Biblia no tiene un término análogo para la palabra "incesto". En cambio, el AT usa numerosos idiomas verbales para denotar la profanación, tal como "perversión" (Lv. 20:12) o "maldad" (18:17; 20:14). Lo que surge es un catálogo de parejas prohibidas (Lv. 18:16-18; 20:11-12, 17, 19; Dt. 22:30; 27:20, 22-23; Ez. 22:10-11), similar a los antiguos códigos legales hititas o el Código de Hammurabi.

Las prohibiciones más fuertes contra el incesto se encuentran en Lv. 18; 20; Dt. 27. Lo que la sociedad israelita no podía controlar, Dios lo supervisaba. En Lv. 18:16-23 toda la unidad se mueve gradualmente de uniones incestuosas a otras expresiones ilícitas. Las consecuencias del incesto son, de acuerdo a la legislación del AT en el Levítico, la profanación de la tierra misma (18:24-30), muerte (20:11-12), la falta de hijos (20:21) y la expulsión de la comunidad de la alianza (20:17; cf. Mt. 18:15-18; 1 Cor. 5:2, 5, 13).

Narrativas del AT, sin embargo, con frecuencia describen las repercusiones de uniones incestuosas: padre e hijas (Lot y sus hijas [Gn. 19:30-35]), hermano mayor y hermana (Amnón y Tamar [2 Sm. 13:14-15]), hijo y esposas del padre (Absalón y las concubinas de David [Gn. 35:22; 2 Sm. 16:22]), suegro y nuera (Judá y Tamar [Gn. 38:15]). La única referencia en el NT está en 1 Cor. 5:1-5, un hijo teniendo relaciones sexuales con su madrastra, que Pablo llama porneia (KJV: "fornicación"; NIV: "inmoralidad sexual"). Las acciones de este hombre también violaban la ley romana (Gaio, Inst. 1.63).

En tiempos contemporáneos, el tipo más común de incesto es entre padre e hija. Tal actividad sexual entre un adulto y una adolescente o pre púber inflige algunos de los traumas más extremos y daños psicológicos a largo plazo. Las nociones modernas de "consentimiento", con relación adulto y adolescente, no evitan varias formas de daño al niño. El incesto entre hermanos es más prevalente en familias donde uno o ambas padres están bastante ausentes o emocionalmente no disponibles. El incesto perpetrado por un adulto contra un niño es llamado "abuso sexual infantil intrafamiliar".

Se han identificado nueve características de las familias incestuosas: (1) vergüenza, (2) abuso de poder, (3) comunicación distorsionada, (4) aislación social, (5) negación, (6) falta de intimidad, (7) límites difusos, (8) dependencia/necesidad emocional, (9) falta de perdón. Según la Clínica Mayo, aproximadamente el 95 por ciento de los casos de abuso sexual son cometidos por 88 por ciento de los ofensores infantiles que cumplen el criterio diagnóstico de pedofilia.

El incesto por parte de un padre, la figura guardiana en particular, puede ser la ilustración más profunda de liderazgo maliciosos. El incesto incluye la gran mayoría del abuso sexual infantil (80 por ciento). La creación previó una autoridad confería para el crecimiento de un dependiente, pero los actos incestuosos dentro de una familia personifican la corrupción del orden social a través del control, perversión e impredecibilidad.

El incesto excede por lejos el requerimiento de que los padres no "exasperen" a sus hijos (Ef. 6:4). Un niño víctima de incesto comienza a preguntarse si el padre, madre o hermano mayor abusador es protector o amante. El incesto adicionalmente contraría el diseño de la creación porque un niño no puede dar o recibir como un igual. Un hijo o hija representa la unión de madre y padre; como tal, los niños no son suficientemente "otros" para ser un objeto de amor sexual. Así, el incesto destruye lazos familiares porque pasa por alto límites creados.

El daño fundamental causado por el incesto surge del niño desarrollando capacidades para confiar, intimidad, agencia y sexualidad. Muchos de los problemas de salud mental adultos son efectos de segundo orden, atados a la historia de abuso sexual de una persona, incestuoso u otros. Solo en los Estados Unidos, las estimaciones apuntan a veinte millones de personas victimizadas por el incesto parental cuando niños.

INCIENSO Un compuesto de especias aromáticas íntimamente relacionado a la vida diaria de Israel. Se volvió sinónimo de "olíbano" en una época posterior. Las especias aromáticas se usaban en Israel para cosméticos (Prov. 7:17; Cant. 5:5) y para propósitos médicos (Jr. 8:22; 46:11; 51:8), pero ocupaban un lugar especial en la adoración israelita cuando se usaban como incienso. El incienso era compuesto de manera profesional (Éx. 30:34-35) y se ofrecía en el altar dorado por el sumo sacerdote dos veces al día (Éx. 30:7-8; cf. Lc. 1:8-11) y en el Día de la Expiación (Lv. 16:12-13; cf. 10:1-2). Mientras se quemaba el incienso, su dulce fragancia llenaba el santuario, formando una cortina atmosférica para proteger el santuario y para caracterizarlo como el dominio privado de Dios (Is. 6:4). Las plegarias ofrecidas con el humo del incienso garantizaban aceptación por Dios (Dt. 33:10; cf. Gn. 8:21; Éx. 29:18; Ez. 20:41). En Sal. 141:2 se dice que las plegarias ascienden a Dios como incienso, proporcionando un trasfondo para el libro del Apocalipsis, donde el incienso representa las oraciones de los santos (Ap. 5:8; 8:3-4).

INCLUSIVIDAD La incorporación o integración de múltiples y diversos grupos en uno. Dios prometió que todos los pueblos serían bendecidos en Abraham y sus descendientes (Gn. 12:3; 22:18; cf. Gal. 3:8). Israel, como el receptor de la bendición de Dios, debía ser la luz de las naciones (Is. 49:6), un reino de sacerdotes mediando la presencia de Dios a los pueblos circundantes (Éx. 19:6; Sal. 67:1-2). Los profetas anticiparon un día glorioso cuando las naciones fluirían a la casa de Dios y su palabra saldría de Jerusalén a las naciones (Is. 2:1-5). En Cristo, los gentiles han sido incluidos en el "Israel de Dios" (Gal. 6:16) y Pablo ansiaba por la plenitud (ESV: "total inclusión") del pueblo judío a través de la fe (Rom. 11:12-17). Finalmente, personas de cada tribu, lenguaje, pueblo y nación adorarán juntos a Cristo por siempre (Ap. 5:9).

Jesús personificó la naturaleza inclusiva del reino de Dios en su práctica de compañía de mesa con los socialmente marginados y despreciados (Lc. 15:2). Su ministerio incluyó mujeres, samaritanos y gentiles (Lc. 8:2-3; Jn. 4:40; 12:20). Cristo comisionó a sus seguidores judíos hacer discípulos de todas las naciones (Mt. 28:19), en cumplimiento de la expectativa del AT (Lc. 24:47). En la iglesia, las diferencias de etnia, género, y estatus socioeconómico continúan, pero los creyentes son llamados a una profunda unidad en medio de la diversidad debido al trabajo de Cristo (Gal. 3:26-28) y el regalo del Espíritu (1 Cor. 12:11).

La inclusividad de género es una consideración importante para traducciones modernas de la Biblia. Concierne a la cuestión de si usar lenguaje que no sea de género específico en vez de lenguaje masculino cuando el contexto llama a ello (e.g., "personas" en vez de "hombres" y "hermanos y hermanas" en vez de "hermanos"). Algunas versiones (e.g., TNIV, NRSV, NET, NLT, REB) prefieren el lenguaje inclusivo, mientras otras (e.g., NASB, ESV, NKJV) no lo hacen.

INCONTINENCIA Pablo dos veces se refiere a incontinencia (KJV) o falta de autocontrol (NIV), en listas de vicio (1 Cor. 7:5; 2 Tim. 3:3). Lo opuesto a incontinencia, autocontrol, es un "fruto del Espíritu" (Gal. 5:23) y es elogiado en 2 Pe. 1:6 (cf. 2 Tim. 1:7).

INCORRUPTIBLE, INCORRUPCIÓN *Véase* Imperecibilidad.

INDEPENDENCIA DE DIOS En el comienzo, Dios creó todo (Gn. 1). Por lo tanto, todas las cosas dependían de él para la existencia, pero él no depende (ni puede depender) de nada más. Los teólogos se refieren a esta doctrina

Relieve de la Sinagoga que muestra una menorá, un encogimiento y una pala de incienso (siglos IV-VII).

como la independencia de Dios, auto-existencia, o "aseitas".

INDIA La región noroccidental del subcontinente del sur de Asia. India marcaba el límite del territorio de Asuero (Est. 1:1; 8:9), pero estaba conectada al mundo bíblico principalmente a través del comercio. Los seléucidas empleaban "conductores indios" sobre elefantes (1 Mc. 6:37). El nardo, el aceite aromático que María vierte sobre los pies de Jesús, se deriva de una raíz que crece en las montañas del norte de India (Jn. 12:3; cf. Cant. 1:12; 4:13; Mc. 14:3).

INFIERNO El lugar que Dios le asigna a los perdidos para el castigo eterno tanto del cuerpo como del alma (Mt. 10:28). Esta agonía de tormento eterno en el infierno es la mayor tragedia posible.

A veces hay confusión acerca de este tema, ya que la palabra española "infierno" se usa de diferentes maneras en nuestras Biblias españolas. A veces se usa para traducir la palabra hebrea she'ol o la palabra griega hadēs, que generalmente se refieren al lugar de los muertos. Otras veces se usa para traducir la palabra aramea derivada del griego geenna, que se refiere al lugar de castigo eterno de los malvados tras el juicio final. Este segundo uso será el foco del presente estudio.

El tema de la vida después de la muerte sólo se desarrollo gradualmente en las Escrituras. "Gehenna" originalmente se refería al Valle de Hinom cerca de Jerusalén, la ubicación de las famosas ofrendas sacrificiales quemadas de niños al dios Mólek por parte de Acaz (2 Cr. 28:3) y Manasés (2 Cr. 33:6). Posteriormente, el significado de este término se extendió al lugar de castigo por fuego en general. Aun más tarde, la ubicación geográfica de este lugar de castigo fue cambiada a bajo la tierra, pero la idea de tormento por fuego continuó. Para tiempos del NT, los fariseos claramente creían en el castigo de los malvados en la vida después de la muerte.

Es principalmente en las enseñanzas de Jesús que la realidad de un lugar de castigo eterno se vuelve más clara. Jesús describe el infierno como involucrando un fuego que no se apaga (Mt. 18:8-9; Mc. 9:42-43, 48), un lugar donde el gusano no muere (Mc. 9:48). Jesús también describe la angustia extrema de aquellos que sufren el castigo final de ser "lanzados fuera, a la oscuridad, donde llorarán y harán crujir sus dientes" (Mt. 8:12).

La idea de un castigo eterno severo para los perdidos también es enseñada por los apóstoles. Al regreso de Cristo, aquellos que viven fuera de una relación adecuada con Dios experimentarán destrucción súbita (1 Tes. 5:3) cuando los ángeles vengan "en fuego llameante" y "castiguen a aquellos que no conocen a Dios y no obedecen el evangelio de nuestro Señor Jesucristo" (2 Tes. 1:6-9). El autor de Hebreos habla de "la temible expectativa de juicio y de fuego ardiente que consumirá a los enemigos de Dios" (Heb. 10:27). El Apocalipsis describe cómo "el humo de su tormento se elevará eternamente" (Ap. 14:11), y cómo los impíos serán lanzados al "lago de fuego de sulfuro ardiente" (21:8).

Una controversia significativa en relación a este tema es la aniquilación o inmortalidad condicional (enseñada, por ejemplo, por los Adventista del Séptimo Día y los Testigos de Jehová), donde los perdidos dejan de existir, ya sea inmediatamente tras la muerte o después de un período de castigo limitado. Apelaciones a esta visión se encuentran en el lenguaje aplicado a los malvados como "muerte" (Rom. 6:23; Sant. 5:20), "destrucción" (Mt. 7:13; 10:28) y "fallecimiento" (Jn. 3:16). Sin embargo, otras Escrituras hablan del lugar de castigo como donde "los gusanos que se los comen no morirán, el fuego que los quema no será apagado" (Is. 66:24), y donde "la ira de Dios permanece sobre ellos [tiempo presente]" (Jn. 3:36) y que es "sin fin", "eterna" o "permanente" (Is. 33:14; Mt. 18:8; 25:46; 2 Tes. 1:9; Ap. 20:10). La ortodoxia histórica sostiene de manera general que la dicha de los redimidos y el castigo de los no salvados continuarán por toda la eternidad.

Otra controversia involucra la universalidad, la creencia de que finalmente todos serán salvados tras la muerte, posiblemente tras un período de castigo. Sin embargo, esta visión, tan atractiva como puede ser para la naturaleza humana, está lejos de las enseñanzas de las Escrituras acerca de "la ira por venir" para los impíos (Mt. 3:7).

La creencia católica romana en el purgatorio y la práctica de orar por los muertos representa otras negaciones de la posición estándar de que el destino eterno de uno queda inevitablemente fijo al momento de la muerte.

Otra pregunta involucra qué tan literal o figurativamente tomar el lenguaje de fuego inapagable y gusanos que no mueren (Mc. 9:48). ¿Será el fuego el mismo el fuego que conocemos en la tierra? ¿Y habrá gusanos literales? Es mejor concluir simplemente que tal castigo será el peor que podemos imaginar. Jesús clara y enfáticamente advierte acerca de los peligros del infierno como la mayor de todas las tragedias, caracterizada por "llanto y crujir de dientes" (una expresión encontrada siete veces en los Evangelios).

También está la cuestión de si habrá grados de castigo en el infierno. En Marcos 12:40, Jesús implica que habrá grados de castigo diciéndole a todos los hipócritas que recibirán una condena mayor, y en Lc. 12:47-48 hablando de algunos que serán "golpeados muchas veces". El principio subyacente tanto en grados de recompensa en gloria y en los grados de castigo en el infierno es que: "De todos quienes han recibido mucho, se exigirá mucho; y de aquel al que se le ha confiado más, mucho más se le pedirá" (Lc. 12:48).

INFINITO La cualidad de no tener límites o restricciones. El concepto teológico y bíblico del infinito es de importancia práctica más que una declaración meramente abstracta. "Dios es infinito" habla de la omnipotencia, omnisciencia y omnipresencia de Dios, no de una concepción numérica del tamaño de Dios. Aunque la palabra "infinito" no ocurre en la NIV, el concepto de un Dios infinito es indiscutido. El Salmo 147:5 se refiere al conocimiento de Dios como "sin límites", al igual que Heb. 4:13. Adicionalmente, los escritores bíblicos a veces exageran y describen grandes números o cantidades como infinitas para efecto dramático (e.g., "pecados interminables" [Job 22:5]).

INFLAMACIÓN Uno de varios males físicos que caerían sobre los israelitas como una maldición por la desobediencia a la alianza (Dt. 28:22 [hebreo, dalleqet]). La KJV también usa el término en Lv. 13:28 para traducir una palabra hebrea diferente (tsarebet), que las versiones más modernas presentan como "cicatrices".

INIQUIDAD *Véase* Pecado.

INJERTAR Trasplantar tejido vegetal de una planta a otra. Pablo emplea una metáfora extendida en Rom. 11:16-24 usando el lenguaje de la arboricultura. El olivo se usaba para simbolizar a Israel en el AT (Jr. 11:16; Os. 14:5-6) y era ampliamente cultivado en el mundo antiguo para la producción de frutos. En contraste, el "brote de olivo silvestre" (Rom. 11:17) no era cultivado y simboliza a los gentiles (11:13). El proceso arboricultor era injertar ramas cultivadas a una planta particular sin cultivar. Aquí, sin embargo, Pablo intencionalmente revierte este procedimiento y describe el empalme de los gentiles como una rama salvaje sobre una planta establecida (Rom. 11:19; cf. Sal. 92:12-13) con la intención de rejuvenecer un árbol. Aunque esto podía concebiblemente llevar a la jactancia de los gentiles, la reversión de Pablo implica que incluso las ramas que ahora están cortadas siguen perteneciendo al árbol (Rom. 11:24).

INMACULADO *Véase* Puro, pureza.

INMATERIALIDAD El aspecto no físico o espiritual de la realidad. Dios es un ser espiritual inmaterial (no físico) (Jn. 1:18; 4:24; Hec. 17:24; 2 Cor. 3:17) que creó otros seres no físicos (esto es, ángeles y demonios), pero creó a los humanos como criaturas con aspectos tanto físico como no físico (Mt. 10:28; Lc. 12:4-5; 2 Cor. 5:1-10; Flp. 1:21-24). Jesús es la última combinación de inmaterial y material (Jn. 1:14; Col. 1:15-20).

INMORALIDAD El NT tiende a definir inmoralidad con una lista específica de pecados en vez de hablar de ella en lo abstracto (Mt. 15:19; 1 Cor. 5:11; 6:9-10; Gal. 5:19-21; Ap. 21:8; 22:15). Estas listas incluyen malos pensamientos, asesinato, adulterio, comportamiento sexual ilícito, robo, falso testimonio, calumnia, avaricia, idolatría, ebriedad, estafa, prostitución masculina, homosexualidad, impureza, libertinaje, hechicería, odio, discordia, celos, ira, egoísmo, disensión y división, envidia, magia y mentira. En Gálatas, Pablo adicionalmente describe estas acciones como los "actos de la carne" (5:19), en contraste con los "frutos del Espíritu" (5:22).

INMORTALIDAD La cualidad de no ser mortal, vivir para siempre. El AT crípticamente menciona a Enoc (Gn. 5:24) y Elías (2 Re. 2:1-12) ascendiendo a los cielos sin pasar por la muerte o Sheol. De otro modo, la mortalidad se presenta como parte universal de la condición humana, un resultado de la desobediencia de Adán y Eva (Gn. 2:17; 5:1-32).

Eventualmente, se abrazaron dos soluciones. Algunos judíos se apropiaron del concepto helénico del alma inmortal. Pero esto no se enseña de manera clara en la Biblia, que adicionalmente declara que sólo Dios tiene el poder para otorgar la inmortalidad (e.g., Sal. 49; 73). La mente occidental moderna con frecuencia visualiza la muerte como un evento repentino, la cesación de las funciones cerebrales, mientras que otras culturas consideran el morir como un proceso que avanza desde el momento del nacimiento y continúa más allá de la tumba. En la historia de la creación, Dios le advierte a Adán que si come de árbol del conocimiento del bien y del mal, morirá ese mismo día (Gn. 2:17). Pero a pesar de comer del árbol, Adán vive físicamente sobrevive por casi un milenio (Gn. 5:5) y así esta muerte ganada por el pecado describe separación de Dios. Jesús superará esta separación en la cruz (Lc. 23:43; cf. Mt. 10:28 parcial). Para aquellos que confían en este trabajo —creen en su nombre— la muerte ya ha sido superada porque están reconciliados con Dios. La vida ya no está atada, como estaba, a la actividad cerebral, sino más bien esta desatada en la inmortalidad de ser de Dios. Al reconciliar a otros con Dios, Jesús es capaz de prometer vida eterna (Jn. 3:15, 36; 5:24). De hecho, Juan escribe su Evangelio para adelantar esta promesa (20:31).

Tres aseveraciones del NT deben considerarse al aseverar las perspectivas bíblicas sobre la inmortalidad: (1) Dios es inmortal (Rom. 1:23; 1 Tim. 1:17); (2) solo Dios es inmortal (1 Tim. 6:16); (3) Dios otorga la inmortalidad a aquellos que lo buscan (Rom. 2:7; 1 Cor. 15:53-54; 2 Tim. 1:10). Estas aseveraciones son importantes para distinguir la inmortalidad de la idea de la existencia continuada de alguna parte de la composición humana tras la muerte del cuerpo. La palabra "inmortalidad" debería reservarse para referirse a la existencia del cuerpo y alma juntos para la eternidad. Los seres humanos, por lo tanto, intrínsecamente no poseen inmortalidad; debe ser otorgada por Dios.

Esta distinción, sin embargo, de ninguna manera niega la abundante evidencia bíblica de que el alma o espíritu humano continúa de alguna manera después de la muerte corporal. En el AT, esa continuación es por lo general concebida como vaga, sombría existencia en un lugar llamado "Sheol". En el NT, para los cristianos, esa continuación se visualiza como estar en la presencia de Cristo (2 Cor. 5:8; Flp. 1:23). Pero la inmortalidad es la vida eterna del cuerpo y alma unidos. Cualquiera sea la visión que uno toma del estado eterno de los malvados, su existencia no debería ser considerada como una de inmortalidad. Más bien, es la "segunda muerte" (Ap. 21:8).

INMUTABILIDAD DE DIOS Los escritores bíblicos nos aseguran que Dios no cambia. El salmista contrasta el cosmos perecible con el Creador mismo: "Pero tú permaneces igual, y tus años nunca terminarán" (Sal. 102:27). En Mal. 3:6, Dios dice que los hijos de Jacob no serán consumidos, porque "Yo, el Señor, no cambio". Santiago tiene el mismo objetivo: asegurar a su gente que Dios continuará siendo la fuente de cosas buenas, ya que Dios "no cambia como sombras móviles" (Sant. 1:17). Esta doctrina de no cambio o inmutabilidad de Dios debería consolar a su pueblo porque implica que siempre está dispuesto y es capaz de cumplir sus promesas. Un Dios cambiante puede decidir no honrar sus compromisos o volverse incapaz para hacerlo. En la primera situación, pierde su perfección moral; en la segunda, deja de ser omnipotente.

El estatus de Dios como un ser perfecto hace que esta doctrina sea difícil de formular, basándose en la preocupación de que las cosas perfectas no pueden cambiar sin volverse imperfectas. Así, el Dios de Aristóteles, el "Motor Inmóvil", no podía hacer nada, salvo contemplar su propia excelencia, ya que todo otro tema sería menor.

Igualmente, tal "dios" no podría siquiera monitorear los tejemanejes de la existencia humana, ya que esta actividad cambiaría el contenido de su propia mente. El Dios de Aristóteles es "auto-actualizado" en cada sentido imaginable. Pero mientras la Biblia dice que Dios no cambia, también nos dice que se relaciona con los seres humanos y sus vidas en todo tipo de formas. Él disfruta el compañerismo con Adán antes de la caída y se enoja cuando su pueblo peca. Dios nos ama y ha trabajado en la historia para mostrarnos quien es y para redimirnos. La encarnación de Cristo, el Hijo, es el mejor ejemplo de la aparente mutabilidad o capacidad de cambio de Dios en cierto nivel, él cambia con respecto a sus relaciones temporales cada vez que un pecador se arrepiente: antes estaba perdido y ahora se ha encontrado.

La doctrina de la inmutabilidad de Dios debe enfrentarse con pasajes como Gn. 6:5-7; Éx. 32.14; Jr. 18:7-10; 26:19; Am. 7:3; y Jon. 3:10, que sugieren que Dios a veces lamenta decisiones pasadas, cambia de idea y se revierte en respuesta a acciones humanas, positivas o negativas. Algunos cristianos responden a estos pasajes aseverando que Dios es semiindependiente en la creación ("teología de proceso") o mutable en su conocimiento y propósitos ("teísmo abierto"). Una mejor solución es distinguir entre (1) la naturaleza esencial y los propósitos eternos que no pueden cambiar y (2) sus relaciones contingentes. Dios jamás retrocede y nunca improvisa, ni puede volverse "poco divino". Sin embargo, es una persona real, totalmente capaz de experimentar ira, alegría, amor y deseo, no menos porque es Dios, sino más bien mucho más.

INOCENCIA Libertad de pecado, culpa, impureza, astucia o daño. Este amplio rango semántico incluye varias palabras hebreas y griegas. En el AT, una raíz, tsdq, que sugiere "justicia", se usa en un sentido forense (e.g., Gn. 44:16; Job 9:15), y otra, nqh, que significa "libre de, limpio", aparece en contextos cúlticos (e.g., Sal. 19:13; 26:6). Sin embargo, debido a que Dios es el último juez, estas esferas con frecuencia se superponen (e.g., 1 Re. 8:32; Jr. 2:35). Otras palabras sugieren una carencia de astucia (2 Sm. 15:11) o de impureza (Prov. 16:2; 21:8). La frase común "sangre inocente" (e.g., Dt. 19:10; Sal. 106:38) indica que una víctima de asesinato no es merecedora de ese destino. Dios le advierte a Israel no derramar sangre inocente (Dt. 27:25; Jr. 22:3). Inocencia y culpa son calculadas en el sentido final ante Dios, que es "el Juez de toda la tierra" (Gn. 18:25). Es por esto que el salmista desea ser perdonado o declarado inocente de faltas ocultas y ser preservador de pecar voluntariamente (Sal. 19:12-13).

En el NT, las referencias a inocencia son relativamente raras, sin embargo, el rango de significado abarca lo forense (Mt. 27:19) a lo cúltico (Mt. 12:5, 7) incluyendo las connotaciones de falta de astucia (Mt. 10:16; Rom. 16:19) o de impureza (Hec. 20:26). La frase "sangre inocente" reaparece, ahora aplicada a Jesús (Mt. 27:4; cf. 27:24), y la conexión de los significados forenses y lo cúlticos de inocencia en el juicio de Dios se declara explícitamente (1 Cor. 4:4).

En el juicio y muerte de Jesús, su inocencia es claramente demostrada, aunque es condenado como culpable. Judas reconoce que ha traicionado a sangre inocente (Mt. 27:4), Pilato anuncia que no encuentra base para un cargo contra Jesús (Jn. 19:4) y un centurión declara que Jesús es "justo" (NIV) o "inocente" (NASB) (Lc. 23:47, traduciendo dikaios). Dios ahora "justifica al malvado" por fe en Jesús (Rom. 4:5).

INOCENTES, MATANZA DE LOS Mateo informa que en un intento por matar al infante Jesús, Herodes el Grande ordenó la matanza de niños en Belén y el área circundante que fuesen menores de dos años, agregando que la extensión de la matanza fue calculada para corresponderse con la información que Herodes obtuvo de los magos respecto del momento del nacimiento de Jesús (Mt. 2:16). Jesús escapó sólo porque sus padres huyeron a Egipto por la duración de la vida de Herodes (murió en el año 4 a.C.). Mateo considera este evento como el cumplimiento de Jr. 31:15: "Se escucha una voz en Rama, llanto y gran duelo, Raquel llorando por sus hijos y rechazando ser consolada porque ya no están" (Mt. 2:18). No existe conformación externa histórica del evento, aunque académicos han señalado que Josefo retrata a Herodes como

Tapiz que retrata la matanza de los inocentes (escuela de Rafael, Bruselas, 1524-1531).

un gobernante cruel que haría cualquier cosa para permanecer en el poder, incluso matar a sus dos hijos, Alejandro y Aristóbulo, cuando los percibió como una amenaza (J.W. 1.550). Otros han señalado la similitud de la historia al nacimiento de Moisés y la orden del Faraón de matar niños hebreos (Éx. 1:16). El evento se conmemora el 28 de diciembre en el calendario de la iglesia occidental.

INQUIRIR DE DIOS Buscar la guía de Dios. En el AT, esto frecuentemente se hacía a través de intermediarios como profetas, sacerdotes o videntes (Éx. 18:15; Jue. 18:5: 1 Sm. 9:9; 22:15; 2 Re. 8:8; 22:18; Jr. 37:7). Los sacerdotes también podían inquirir de Dios a través del uso del efod y el Urim y Tumim, que eran lotes ordenados por Dios (Nm. 27:21; 1 Sm. 23:9-13; 28:6). La guerra, la salud, y el gobierno eran las principales preocupaciones para inquirir a Dios, pero de ninguna manera el único tema (1 Sm. 23:2; 2 Sm. 5:23; 2 Re. 3:11; 2 Cr. 18:4, 6-7). Por supuesto, inquirir de Dios no garantizaba una respuesta favorable o siquiera una respuesta (Ez. 20:3). Sólo ciertas formas de inquisición eran aceptables a Dios. Por ejemplo, los israelitas tenían prohibido consultar a brujos, médiums y nigromantes (Dt. 18:10-11; 1 Sm. 28:3, 7). Naturalmente, los israelitas tenían prohibido inquirir de otras deidades, como Baal Zebub, y hacerlo tenía consecuencias dañinas (2 Re. 1:2-6). Aunque las personas dependían de la autorrevelación de Dios, Dios no necesitaba esperar que ellos inquirieran. Se podía comunicar en sueños, visiones, enviando un profeta o un ángel, o más directamente (Gn. 20:3; Éx. 3:2).

Las formas para inquirir de Dios cambiaron con el advenimiento de Jesús y la pérdida del segundo templo. Este cambio fue previsto en la conversación de Jesús con la mujer samaritana en Jn. 4. Previamente, acceso a Dos implicaba buscarlo en el lugar apropiado. Sin templo, el acceso a Dios estaba severamente limitado. Como resultado, en el judaísmo rabínico, el estudio de la Torá e interpretación se convirtió en el principal medio para inquirir de Dios. En el NT, cuando la muerte de Cristo partió en dos la cortina del templo y cuando el Espíritu vino, el acceso a Dios se volvió abierto para todos los que eran creyentes (Mt. 27:51; Hec. 1:5, 8; 2:33; Heb. 6:19-20). Por ende, para los discípulos de Jesús, inquirir de Dios es tan simple como preguntar. (Jn. 11:22; Sant. 1:5).

INSCRIPCIÓN En arqueología, una inscripción es cualquier documento escrito inscrito en piedra, arcilla, papiro, cuero o cualquier otro material. Desde comienzos del siglo diecinueve, cientos de miles de restos de inscripciones de Egipto, Siria-Palestina, Mesopotamia, Anatolia y Grecia han sido desenterrados, y escritos de jeroglíficos, cuneiformes cananeos y otros lenguajes han sido descifrados. Estos textos han ayudado a iluminar la civilización antigua y significativamente revelan el desarrollo de los antiguos sistemas de escritura. Por ejemplo, el Calendario de Gézer (siglo diez a.C.), que especifica las estaciones agrícolas, fue escrito en escritura paleo-hebrea y ha permitido a los académicos descifrar el desarrollo de la escritura y ortografía hebrea.

INSECTOS La Biblia está llena de abundantes criaturas y enjambres de cosas. Estas criaturas, insectos, con frecuencia juegan roles significativos en las historias y eventos descritos en ellas. Desde el primer capítulo de la Biblia hasta el último libro, estas cosas voladoras, trepadoras, saltadoras y reptantes son prominentes.

I

Términos para Insectos

Los insectos son descritos en la Biblia tanto en términos generales como específicos. En el AT, existen tres términos generales para insectos y veinte términos usados para tipos específicos de insectos. En el NT, dos tipos diferentes de insectos se mencionan: mosquitos y langostas.

Los dos términos generales más comunes para insectos se traducen variadamente. Términos y frases usados para describirlos incluyen "criaturas vivientes" (Gn. 1:20), "criaturas que se mueven sobre la tierra" (Gn. 1:24-26; 6:7, 20; 7:8, 14, 23; 8:17, 19; Lv. 5:2; Ez. 38:20; Os. 2:18), eso que "se mueve" (Gn. 9:3), "cosas pululantes" (Lv. 11:10), "insectos voladores" (Lv. 11:20-21, 23; Dt. 14:19), "criaturas" (Lv. 11:43), "cosas reptantes" (Lv. 22:5; Ez. 8:10), "reptiles" (1 Re. 4:33), "criaturas pululantes" (Sal. 104:25), "criaturas pequeñas" (Sal. 148:10) y "criaturas marinas" (Hab. 1:14). El otro término general para insectos se usa en referencia a nubes de insectos, comúnmente moscas (Éx. 8:21-22, 24, 29; Sal. 78:45; 105:31). Insectos específicos nombrados en las escrituras se listan a continuación.

Hormigas. Las hormigas son usadas en Proverbios como un ejemplo de y incentivo hacia la sabiduría. En 6:6 las hormigas sirven como un ejemplo para que los perezosos reformen sus formas. También, en 30:25 las hormigas sirven como un ejemplo de criaturas que, a pesar de su diminuto tamaño, son lo suficientemente sabias para prepararse con antelación al largo invierno.

Abejas. Las abejas se usan tanto literal como figuradamente en las Escrituras. Jueces 14:8 se refiere a abejas melíferas, el producto de las cuales se vuelve el objeto del acertijo de Sansón. Los otros tres usos de abejas en el AT son figurativos de nubes de enemigos contra el pueblo de Dios (Dt. 1:44; Sal, 118:12; Is. 7:18).

Pulgas. Las pulgas son referidas en el AT sólo por David para indicar su insignificancia en comparación al rey Saúl (1 Sm. 24:14; 26:20). La ironía de la comparación se hace clara con la posterior ascendencia de David.

Moscas. La plaga de moscas sigue a la de mosquitos en Egipto (Éx. 8:20-31). Aunque nunca se dice que los mosquitos dejarán Egipto, las moscas son removidas con la plegaria de Moisés. En Ecl. 10:1 el hedor de moscas muertas se compara al impacto que la insensatez puede tener sobre los sabios. En Is. 7:18 las moscas representan a Egipto siendo llamado por Dios como sus agentes vengadores sobre el pecado de Judá. Adicionalmente, uno de los dioses en Ecrón se llamaba "Baal Zebub" que quiere decir "señor de las moscas" (2 Re. 1:2-3, 6, 16). La referencia a Satanás en el NT usando un nombre similar es probablemente una adaptación del dios de Ecrón del AT (Mt. 10:25; 12:24, 27; Mc. 3:22; Lc. 11:15, 18-19).

Mosquitos. Los mosquitos son diferentes de las moscas en el AT, aunque la diferencia no siempre es aparente. Los mosquitos son empleados por Dios en la tercera plaga en Egipto (Éx. 8:16-19), mientras que las moscas forman el medio de castigo en la cuarta plaga. Los dos son listados juntos en el Sal. 105:31 y aparecen en paralelo, aunque los primeros pueden ser una referencia a una nube. Los mosquitos también fueron usados por Jesús para ilustrar la hipocresía de los fariseos y escribas (Mt. 23:24).

Avispones. La Biblia usa avispones en las Escrituras como un agente de la destrucción de Dios. El término ocurre tres veces en el AT. En cada ocurrencia estos insectos que pican se refieren a la expulsión de Dios de los cananeos de la tierra prometida que Dios prometió a su pueblo. Las primeras dos veces, Éx. 23:28 y Dt. 7:20, los avispones son usados en referencia a la promesa de los que Dios hará; la tercera vez, Js. 24:12, ilustran lo que Dios hizo.

Langostas. De particular interés es el uso de langostas en la Biblia. El término o una nomenclatura similar ocurre cerca de cincuenta veces en la NIV. Las langostas demuestran un número de características en las Escrituras. Primero, están bajo el control de Dios (Éx. 10:13-19). Como tal, no tienen rey (Prov. 30:27). Sirven a los propósitos de Dios. Segundo, las langostas con frecuencia ocurren en grandes números o nubes (Jue. 6:5; Jr. 46:23; Nah. 3:15). A veces, sus números pueden ser tan grandes como para oscurecer la tierra (Éx. 10:5). Tercero, en grandes números, estos insectos se ha sabido que arruinan hogares, devoran la tierra, devastan campos, y descortezan árboles (Ex. 10:12-15; Dt. 28:38; 1 Re. 8:37; 2 Cr. 7:13; Sal. 78:46; 105:34; Is. 33:4; Jl. 1:4-7). Debido a su fiereza, fueron comparadas con caballos (Ap. 9:7). Cuarto, las langostas se esconden de noche (Nah. 3:17). Finalmente, ciertos tipos de langostas se usaban como comida.

Polillas. Las polillas son mencionadas siete veces en el AT y cuatro veces en el NT. Job usa polillas para ilustrar la fragilidad de los injustos ante Dios (4:19) y la temporalidad de sus labores (27:18). Las otras referencias a polillas en las Escrituras las presentan como las consumidoras de las riquezas (prendas de vestir) y el orgullo de la humanidad como medio del juicio de Dios (Job. 13:28; Sal. 39:11; Is. 50:9; Os. 5:12; Mt. 6:19-20; Lc. 12:33; Sant. 5:2).

Funciones de los Insectos en las Escrituras

Como agentes del juicio de Dios. Los insectos sirven una variedad de funciones en las Escrituras. Especialmente, los insectos sirven como agentes del juicio de Dios. El AT indica cómo insectos se usaron como juicio sobre Israel y sus enemigos.

Moisés advirtió del juicio de Dios para la violación de la alianza por parte de Israel. Le dijo a Israel que como consecuencia por su pecado, trabajarían mucho en el campo, pero cosecharían poco, porque las langostas los consumirían (Dt. 28:38).

Salomón, en su plegaria de dedicación en el templo, le suplicó a Dios respecto de su juicio que enviaría en forma de saltamontes para asediar la tierra. Pidió que cuando el pueblo de Dios se arrepintiese y orara, Dios oyese y perdonase (2 Cr. 6:26-30). Dios igualmente responde prometiendo que cuando Él "ordene que las langostas devoren la tierra" como juicio por el pecado, y su pueblo se humille y ore, Él sanará y perdonará (2 Cr. 7:13-14; cf. 1 Re. 8:37).

El salmista le recordó a Israel de los maravillosos trabajos de Dios en su pasado, uno de los cuales fue su uso de insectos como medio de su juicio (Sal. 78:45-46; cf. 105:34).

Joel 1:4 y 2:25 describe el juicio de Dios sobre Israel por su infidelidad en olas sucesivas de intensidad (cf. Dt. 28:38, 42; 2 Cr. 6:28; Am. 4:9-10; 7:1-3). La devastación llevó a fracaso de las cosechas, hambruna, destrucción de vides e higueras y gran sufrimiento. La severidad del juicio es descrita como diferente a cualquier cosa antes experimentada por cualquiera en la comunidad (Jl. 1:2-3).

Las langostas son el sujeto de una de las visiones del profeta Amos. En la visión, Dios le mostraba el poder destructor de estos insectos como medio de juicio. Al ver esta visión, el profeta intercedió por el pueblo, y Dios cedió (Am. 7:1-3).

Los insectos también se usaron como juicio sobre los enemigos de Israel. En las plagas de Egipto, los insectos fueron los agentes de la tercera, cuarta y octava plaga. La tercera plaga (Éx.8:16-19) fueron mosquitos. Curiosamente, este fue el primero de los signos de Moisés que los magos del Faraón no pudieron reproducir. Su respuesta al rey egipcio fue que este debía ser el "dedo de Dios". No hay registro de los mosquitos dejando Egipto, a diferencia de las otras plagas.

La cuarta plaga fueron las moscas (Éx. 8:20-32). Aquí la Biblia específicamente indica una distinción entre la tierra de Gosén, donde residían los israelitas y el resto de la tierra de Egipto. Las moscas cubrieron todo Egipto salvo Gosén. Esta plaga llevó a la primera oferta de compromiso por parte del Faraón. Una vez que Moisés oró y las moscas se fueron de Egipto, el Faraón endureció su corazón.

La octava plaga fue en la forma de langostas (Éx. 10:1-20). En respuesta a esta plaga, los propios oficiales del Faraón se quejaron con él, suplicándole que permitiera que Israel dejara el país antes de que fuese completamente destruido. La amenaza de esta plaga llevó a la segunda oferta de compromiso del Faraón. Una vez que las langostas comenzaron de devastar la tierra de Egipto, el Faraón confesó su pecado ante Dios, pero en cuanto las langostas fueron removidas, su corazón volvió a endurecerse. Así, tres de las diez plagas de Egipto estuvieron compuestas de insectos.

Al final de una serie de pasajes "de calamidad" el profeta Isaías proclamó el juicio de Dios contra los enemigos de su pueblo por su opresión. Al final, aquellos que saquearon serán saqueados, como por una "nube de langostas" (Is. 33:1-4; cf. Jr. 51:14, 27).

Los insectos también fueron usados como juicio sobre personas que residían en la tierra de Israel antes de la ocupación israelita. Tanto antes como después de que el evento ocurriera, la Biblia describe cómo Dios envió avispones para ayudar a expulsar a los ocupantes de la tierra de Canaán en preparación a la llegada de Israel. Esto es descrito como parte del juicio de Dios sobre estas naciones por su pecado contra Él (Éx. 23:28; Dt. 7:20; Js. 24:12).

Como alimento. Los insectos también son mencionados en las Escrituras como alimento. Ciertos tipos de langostas se listan como limpios y elegibles para el consumo. El NT describe la dieta de Juan el Bautista, que consistía en langostas y miel salvaje, una dieta completamente dependiente de insectos (Mt. 3:4; Mc. 1:6). El AT también señala que Sansón disfrutaba del trabajo de las abejas como alimento (Jue. 14:8-9).

Uso figurado. Con mayor frecuencia, los insectos se usan figuradamente en las Escrituras. Se usan en proverbios de las Escrituras para ilustrar la sabiduría. Los sabios escribieron acerca de las hormigas (Prov. 6:6; 30:25), langostas (Prov. 30:27) e incluso moscas muertas (Ecl. 10:1) tanto para elogiar la sabiduría como para incentivar su desarrollo en la humanidad.

Otro uso figurado de los insectos es en el acertijo acerca de las abejas presentado por Sansón a los Filisteos (Jue. 14:12-18). Como se señala anteriormente, Sansón comía miel (Jue. 14:8-9; cf. 1 Sm. 14:25-29, 43). También, las Escrituras describen la tierra prometida como un lugar de "leche y miel".

Los insectos también se usan para simbolizar enemigos en persecución (Dt. 1:44; Sal. 118:12; Is. 7:18), fuerzas innumerables (Jue. 6:5; 7:12; Sal. 105:34; Jr. 46:23; Jl. 2:25), insignificancia (Nm. 13:33; 1 Sm. 24:14; 26:20; Job 4:19; 27:18; Sal. 109:23; Ecl. 12:5; Is. 40:22), vulnerabilidad (Job 4:19), la naturaleza incomparable de Dios (Job 39:20), la brevedad de la vida (Sal. 109:23); la sabiduría y organización (Prov. 30:27) y una armada invasora (Is. 7:18; Jr. 51:14, 27) y se usan como una burla contra los enemigos de Israel (Nah. 3:15-17), una lección sobre hipocresía (Mt. 23:24) y una imagen de juicio escatológico (Ap. 9:4-11).

Verdades Bíblicas Acerca de los Insectos

1. Los insectos son parte de la creación de Dios. A la luz de todos los usos de los insectos en las Escrituras, surgen varias verdades claves. Primero, los insectos son parte de la totalidad de la creación de Dios. El mismísimo primer capítulo de la Biblia usa uno de los términos generales para insectos como parte de la actividad

Hormigas trabajando en la entrada de su nido (Isla Symi, Grecia).

creadora de Dios en el sexto día de la creación (Gn. 1:24). Después de que Dios revisó la creación en ese día, su evaluación de ella, incluyendo a los insectos, fue que era "bueno" (1:25).

2. Los insectos están bajo el control de Dios. Una segunda verdad bíblica relacionada a los insectos es que están bajo el control de Dios. En Dt. 7:20 Dios prometió enviar avispones delante de los hijos de Israel para preparar la tierra prometida para su llegada. También, en Jl. 2:25, cuando Dios prometió reparar el daño a la tierra causado por las langostas, las describió como "mi gran ejército que envié". Por lo tanto, la imagen emerge que lo que Dios ha creado, sólo él tiene la autoridad de controlar.

3. Los insectos son cuidados por Dios. Una verdad final respecto de los insectos en las Escrituras es que Dios los cuida. Al igual que Jesús explicó el cuidado de Dios por las aves del cielo (Mt. 7:26), el salmista explicó que toda la creación de Dios, específicamente los insectos, "confían en que tú les des su alimento en el momento apropiado" (Sal. 104:25-17). La conclusión del salmista es apropiada para toda la creación de Dios: "Cuando escondes tu rostro, se sienten aterrorizados; cuando les quitas la respiración, mueren y vuelven al polvo. Cuando envías tu Espíritu, ellos son creados, y renuevas la faz de la tierra" (104:29-30). Por lo tanto, al final, Dios crea, Dios controla y Dios cuida, una lección que comparte toda la creación de Dios.

INSPECCIÓN, PUERTA DE Una de las dos puertas en el cierre del muro occidental del precinto del templo. Esta puerta estaba entre la Puerta Este (Neh. 3:29) hacia el sur y "la habitación sobre la esquina" en la Puerta de las Ovejas en el norte (Neh. 3:31).

INSPIRACIÓN DE LAS ESCRITURAS En la teología bíblica y sistemática, la "inspiración" es una de varias descripciones del involucramiento de Dios en la producción de las Escrituras. No es una descripción exhaustiva de las muchas maneras en la cual se medía la revelación divina.

Tomada como una descripción de "todas las Escrituras" (como en 2 Tim. 3:16), la inspiración necesariamente debe abarcar modos tan diversos de revelación como palabras dichas audiblemente o dictadas por Dios y escritas por manos humanas (esto es, dictado: "el Señor le dijo a Moisés", "esto dice el Señor"), palabras dichas por ángeles, textos en los que una voz divina o angélica es completamente oscurecida por la voz e identidad del autor humano (e.g., las cartas de Pablo) y, en la vasta mayoría de los casos, textos que son esencialmente anónimos, que no invocan autor humano o divino en particular. Adicionalmente, cualquier catálogo de textos divinamente inspirados debe incluir no sólo citas directas del discurso de Dios, sino también cartas ocasionales (las Epístolas del NT), oraciones dirigidas a Dios por humanos (el Salterio), oráculos divinos entregados a través de profetas, los resultados de investigación histórica (e.g., Lc. 1:1-4; 1 Re. 14:19), y textos antológicos que fueron recolectados y editados a través de un largo período de tiempo, frecuentemente por individuos no nombrados o grupos de individuos.

Así, la inspiración de las Escrituras debe ser considerada como un concepto que se aplica en la forma más amplia posible a los materiales de las Escrituras. Mientras la doctrina de la inspiración constituye una fuerte declaración concerniente a la autoridad y autoría divina de las Escrituras, debe mantenerse altamente flexible con respecto a los modos particulares y productos literarios de la revelación divina en las Escrituras.

Respirada por Dios *(theopneustos)* en 2 Timoteo 3:16

La idea de la inspiración divina es declaraba más claramente en 2 Tim. 3:16-17: "Toda Escritura es respirada por Dios [theopneustos] y es útil para enseñar, reprender, corregir y entrenar en justicia, para que el sirviente de Dios pueda estar minuciosamente equipado para cada buen trabajo". Aquí, el hecho de la inspiración divina sirve el interés del apóstol en la autoridad y relevancia de las Escrituras, especialmente ya que las Escrituras apuntalan la educación religiosa de Timoteo (2 Tim. 3:14-15). Este único uso bíblico del término theopneustos dice poco acerca de cómo se logra la inspiración y el énfasis está puesto enteramente en las consecuencias del hecho. Debido a que son inspiradas, todas las Escrituras son útiles y autoritarias para una variedad de propósitos.

En algunas traducciones inglesas más antiguas, el término clave, theopneustos, fue traducido como "inspirada", siguiendo la tradición antigua de presentar el término en latín como divinitus inspirata. Estrictamente hablando, "inspiración" no es un término bíblico. En una clásica exposición evangélica protestante de texto y doctrina, B.B. Warfield notó que la palabra griega denota no tanto "inspiración" como "espiración" por parte de Dios. Las Escrituras no son simplemente un contenedor en el cual Dios ha respirado su palabra (para que las Escrituras meramente "contengan" la palabra de Dios), ni son las Escrituras solo "inspiradoras", en el sentido que causa un efecto en el lector (tomando theopneustos en un sentido activo más que pasivo: "respirando a Dios" más que "respirada por Dios"). Las Escrituras no son el producto de la inspiración, como si fuesen producidas por autores inspirados son inspiradas en sí mismas. En vez de todas estas cosas, es más correcto decir que las Escrituras son, en el sentido estrictamente literal de la palabra, "espiradas", exhaladas por Dios mismo. Esta visión del tema se refleja en, entre otros lugares, la traducción de la NIV de theopneustos como "respirada por Dios".

La traducción por la NIV —"toda Escritura es respirada por Dios y es útil…"— toma theopneustos como un predicado gramatical. Otros han sugerido que theopneustos puede entenderse atributivamente: "toda Escritura respirada por Dios es útil". Esta interpretación se mantiene como una posición minoritaria, especialmente entre académicos evangélicos, tanto por motivos gramaticales como por indicar una distinción entre Escrituras inspiradas y no inspiradas. Existe poca evidencia adicional para tal noción en el NT.

La aplicación de la noción de inspiración a todo el canon cristiano (AT y NT) inevitablemente implica alguna extensión del significado original de 2 Tim. 3:16. De ninguna manera fueron los textos del NT compuestos o recolectados antes de la escritura de 2 Timoteo, y la forma final del canon del AT cristiano también puede no haber sido decidida en el momento que se escribió 2 Tim. 3:16. En la teología cristiana pos bíblica, sin embargo, lo que se dice de "todas las Escrituras" (*pāsa graphē*) en 2 Tim. 3:16 se aplica a todas las Escrituras cristianas, sin importar lo que se visionaba cuando el versículo fue escrito. Es probable que por "toda Escritura", el apóstol sólo consideraba el AT cristiano, esto es, los libros que estaban frente a Timoteo mientras era educado en la fe en su infancia (2 Tim. 3:14-15). En la teología sistemática, la aplicación de inspiración y otros descriptores de las "Escrituras" a textos del NT debe mucho a un comentario en 2 Pe. 3:16 que coloca las cartas de Pablo en la misma clase que "las otras Escrituras" (tas loipas graphas).

¿Por qué "inspiración"?

La sola diversidad de los modos de revelación descrita en la Biblia levanta una pregunta: ¿Por qué es "inspiración" (o, como Warfield argumentó, "espiración" o "exhalación") una descripción particularmente apropiada del involucramiento de Dios en la producción de los textos bíblicos? En la raíz de theopneustos, el griego pneuma (al igual que el cognado hebreo, ruakh) denota varios conceptos relacionados variando desde "viento" o "respiración" a "espíritu", como en "el Espíritu Santo". Es a partir de este complejo de significados que la relevancia de theopneustos es evidente.

Psicológicamente, varios de los órganos del habla también son órganos respiratorios, de manera que la palabra puede considerarse como un tipo de respiración, como en Hec. 9:1: "Saúl aún estaba exhalando [empneuōn] amenazas asesinas contra los discípulos del Señor". Hablar de las escrituras como "respiradas por Dios", entonces, es simplemente identificarlas como la declaración hablada o palabra de Dios, como en los muchos textos bíblicos que introducen declaraciones bíblicas como "la palabra de Señor" o con la frase "esto dice el Señor". En la medida que 2 Tim. 3:16 tiene considerada la dimensión fisiológica de "respiración", extiende estas declaraciones explícitas de habla divina a todas las Escrituras. En un sentido, theopneustos es un antropomorfismo: Dios no habla como los humanos, con pulmones, garganta y boca. Las Escrituras no son respiradas por Dios en oposición a ser escritas por humanos; la respiración o habla figurativa de Dios no elude otros procesos de producción textual. Nuevamente, la idea de inspiración se refiere más a la autoridad de las Escrituras como revelación que al modo de la mediación de la palabra de Dios.

Como con el concepto de "inspiración" mismo, hablar de las Escrituras como la "palabra de Dios" especifica su autoridad divina sin exhaustivamente describir cómo esa palabra es mediada al autor humano que luego la escribe. Hablar de las Escrituras como las "espiración" de Dios es invocar un concepto más amplio de la respiración de Dios (antropomórfico) y así colocar la producción bíblica entre otros fenómenos así descritos. Estos incluyen la creación divina de vida (Gn. 2:7; Job 33:4; Ez. 37:5) y el cosmos (Sal. 33:6), juicio divino y destrucción (Job 4:9; Is. 30:33; 2 Tes. 2:8), la impartición de sabiduría divina (Job 32:8), la impartición del Espíritu Santo (Jn. 20:22) y la continua acción de Dios en la creación (Éx. 15:10; Job 37:10; Is. 40:7). En contraste al Dios viviente de Israel, los ídolos carecen de aliento (ruakh) y son, por lo tanto, falsos dioses (Jr. 10:14).

Igual de importante que las descripciones antropomórficas del rol de Dios como exhalación o habla es el hecho de que pneuma se refiere no sólo a la respiración corporal sino también al espíritu de Dios, esto es, el Espíritu Santo. La inspiración de la revelación bíblica es el trabajo particular del Espíritu Santo, como sale a relucir particularmente en 2 Pe. 1:20-21: "Deben entender que ninguna profecía de las Escrituras sobrevino por la propia interpretación de las cosas del profeta. Ya que la profecía nunca tuvo sus orígenes en la voluntad humana, pero los profetas, aunque humanos, hablaron de Dios mientras eran llevados por el Espíritu Santo". A diferencia de 2 Tim. 3:16, este versículo da una descripción del mecanismo por el cual Dios está involucrado en la producción bíblica: el Espíritu Santo "lleva" al habla humana de Dios. Nuevamente, sin embargo, si esto debe considerarse como una descripción de la totalidad de la Biblia cristiana, debe abarcar una amplia variedad de fenómenos literarios.

Como en 2 Tim. 3:16, el énfasis está en la autoridad y origen divino de las Escrituras en vez de en la historia mundana de la Biblia. Al igual que el adjetivo "respirada por Dios", el Espíritu Santo "llevando" a los profetas es figurativo y antropomórfico y la expresión deja muchas preguntas sin responder respecto del modo de revelación. Sin embargo, la mención específica del rol del Espíritu Santo como el agente divino de la producción bíblica ilumina el término theopneustos en 2 Tim. 3:16. Esto es consistente con la fórmula de citación en Hec. 4:25, que cita Sal. 2:1-2 diciendo, "Tú [Dios] has hablado por el Espíritu Santo a través de la boca de tu sirviente, nuestro padre David". Este versículo destaca varias facetas de la noción de la inspiración de las Escrituras: su carácter de discurso divino, la agencia del Espíritu Santo y la concurrencia de autoría divina y humana.

INSTANTE Un momento de tiempo (Job 7:19; Prov. 6:15; Is. 29:5). La KJV también usa "instante" en su sentido arcaico de "insistente". Lc. 23:23 KJV, por ejemplo, lee: "Y fueron instantes con fuertes voces, requiriendo que fuese crucificado. Y las voces de ellos y de los jefes de los sacerdotes prevalecieron". Igualmente, en Rom. 12:12 KJV, Pablo alienta a los creyentes romanos a ser "instante en la oración".

INSTRUCCIÓN En la Biblia hebrea varias palabras diferentes pueden traducirse como "instrucción". En Éx. 24:12, Dios le informa a Moisés que las leyes y mandamientos entregados a él en la montaña son para la instrucción de Israel (yarah), instrucción (dabar) dada a los pies de Dios (Dt. 33:3). De hecho, Job 22:22 concede que la instrucción (torah) procede de la boca de Dios, mientras Nehemías le recuerda a Dios de sus promesas al pueblo de Israel cuando se refiere a las instrucciones (dabar) dadas a Moisés para el arrepentimiento (Neh. 1:8). Cuando los sacerdotes fracasan en dar "verdadera instrucción", dejan que el pueblo vaya por el mal camino, invitando la ira de Dios (Mal. 2:1-10). Igualmente, el no observar la instrucción (musar) divina provoca la condena de Dios (Sal. 50:17).

Pero el libro bíblico que se precia de ser como el manual de instrucciones es Proverbios (parte de la sección poética en el AT conocida como Ketubim, los Textos), que se presenta en forma de instrucción parental (musar) a un niño (1:8; 4:1; 13:1; 19:27), dada en un ambiente de realeza (1:1) o una escuela. El libro de los Proverbios ha sido comparado con textos egipcios similares (Instrucciones de Amenemope, Instrucciones de Ptahhotep) y sabiduría sumeria, al igual que un escrito proverbial arameo, Ahiqar.

Mientras Proverbios, como sus contrapartes egipcias y mesopotámicas, reparte consejos sobre cómo negociar la vida exitosamente, un elemento distintivo del libro bíblico es el establecimiento de la sabiduría como inextricablemente atada al "miedo del Señor" (1:7; 9:10). En Proverbios, la instrucción también es dispensada por la persona "Dama Sabiduría" (capítulo 8), cuyo consejo, en contraste con aquel de la mujer "suelta", lleva al conocimiento, sabiduría y vida.

Jesús era conocido por su autoritaria enseñanza de la ley, que en los Evangelios Sinópticos es dominada por el uso de parábolas para la instrucción (Mt. 7:29; Mc. 1:22; Lc. 4:32, 36). Aceptar a Jesucristo implica descartar cualquier falsa enseñanza y abrazar la instrucción (logos) de Jesús (1 Tim. 6:3-4; Heb. 6:2). Cualquiera que ignore esta instrucción debe ser evitado y no se debe socializar con esa persona (2 Tes. 3:14).

La instrucción (didachē) en los escritos paulinos se presume que es un regalo del Espíritu Santo (1 Cor. 14:6, 26) que debe manejarse por quien ha recibido el regalo para el beneficio de la comunidad de creyentes. Debe ser compartida dentro y fuera de temporada (2 Tim. 4:2). Tal superdotación debe también entenderse como facultando al instructor para apoyo de la iglesia (Gal. 6:6). De hecho, los Tesalonicenses son advertidos que el fracaso en escuchar la instrucción apostólica (logos) es equivalente a desobedecer a Dios (1 Tes. 4:8; 2 Tes. 3:14). Por otra parte, evocando a los Proverbios, la instrucción parental (nouthesia) debería incentivar en vez de exasperar al niño (Ef. 6:4). *Véase también* Educación.

INSTRUMENTO En la NIV, el término "instrumento" se usa en el AT estrictamente en referencia a instrumentos musicales de varios tipos; en el NT, el término puede significar alguien o algo usado como herramienta por Dios (Hec. 9:15; 2 Tim. 2:21) o usado para el mal o para la justicia (Rom. 6:13). La KJV también usa el término "instrumento" para una variedad de implementos y utensilios, incluyendo armas (Gn. 49:5), utensilios y mobiliario del templo (Éx. 25:9; Nm. 4:12) e implementos agrícolas (2 Sm. 24:22; 1 Re. 19:21).

INSULTO Discurso (2 Re. 19:16; Is. 37:17) o gesto (2 Sm. 10:4) que avergüenza, degrada, falta el respeto, abusa, ofende o desprecia a alguien. Los insultos en el mundo bíblico también eran parte de la propaganda y la guerra; por ejemplo, Nabal lanzó insultos a David (1 Sm. 25:14;

Las máximas de Ptahhotep contienen el consejo de Ptahhotep, que se muestra en esta pintura de la tumba.

cf. Lam. 3:61-63). La ira divina se implora por venganza contra aquellos que insultan a Dios (2 Re. 19:22-23; Neh. 4:4; Ez. 21:28; Sof. 2:8), aunque responder de la misma manera parece ser aceptable (Is. 37:23), ya que, como plañe el salmista, los insultos dirigidos a Dios incluyen también al salmista (Sal. 69:9). Romanos 15:3 pone estos sentimientos en la boca de Cristo (cf. Sal. 22:7).

Jeremías lamenta los insultos dirigidos a él simplemente por ser un profeta (Jr. 20:8) y lamenta la profanación del templo como un insulto a Dios y su pueblo (51:51). Mientras la prudencia ignora los insultos y muestra autocontrol (Prov. 12:16), corregir a quienes se burlan atrae insultos (9:7; 22:10).

Los seguidores de Jesús deben anticiparse a los insultos (Heb. 10:33) e incluso los cuentan como bendiciones (Mt. 5:11; Lc. 6:22) porque están compartiendo de lo que Jesús pasó (Mt. 27:39; 27:44; Mc. 15:29; 15:32; Lc. 18:32; 23:39; 1 Pe. 4:14). Pero 1 Pe. 2:23; 3:9 desincentiva responde los insultos de la misma manera. Pablo, como parte de su sufrimiento (1 Tes. 2:2), incluso se deleitaba en los insultos recibidos a causa del Cristo (2 Cor. 12:10). La discriminación contra los pobres es un insulto a ellos (Sant. 2:6), mientras que insultar al Espíritu de gracia resulta en juicio divino (Heb. 10:29).

INSURRECCIÓN Una revuelta contra la autoridad gubernamental. David dirige una insurrección contra Saúl (1 Sm. 19-31; *véase* 2 Sm. 18). Barrabás, el prisionero que Pilato libera en respuesta a la multitud que pide la crucifixión de Jesús, es probablemente un terrorista capturado durante otra insurrección (Mc. 15:7; Lc. 23:19, 25). En Hechos, el fariseo Gamaliel menciona una insurrección liderada por Judas, el Galileo, contra Roma (Hec. 5:37) y un oficial de ejército romano le pregunta a Pablo: "¿No eres tú el egipcio que comenzó una revuelta y lideró a cuatro mil terroristas hacia el desierto hace un tiempo?" (Hechos 21:38). Josefo describe varias rebeliones que culminaron en la primera Guerra Judía (66-70 AD).

INTEGRIDAD Una cualidad de completitud u honestidad; con frecuencia se expresa en términos de alguien "sin culpa". Sin embargo, no implica, como sí lo hace el término en español falta de pecado. En el pensamiento bíblico, la integridad se asienta no en una lista de rasgos de carácter, sino en la relación de uno con Dios. La devoción resuelta a Dios es el ambiente en el cual florece la integridad (1 Re. 9:4-5).

Las Escrituras describen ciertos individuos como desplegando integridad. Noé es "un hombre justo, sin culpa entre las personas de su época, y caminaba fielmente con Dios" (Gn. 6:9). El narrador describe a Job como "sin culpa y recto", alguien que "temía a Dios y rehuía el mal" (Job 1:1, 8). Jesús es identificado como un "hombre íntegro" (NIV) o "verdadero" (NASB) por algunos interrogadores fariseos (Mt. 22:16; Mc. 12:14).

Pablo repetidamente defiende su propia integridad ante las iglesias cuando está bajo ataque por parte de sus oponentes (2 Cor. 1:12; 1 Tes. 2:1-12) y alienta a Tito a enseñar con integridad (Tit. 2:7). Él instruye tanto a Timoteo como a Tito que los líderes de la iglesia deben ser "irreprochables", "sinceros" y "sin culpas, esto es, personas íntegras (1 Tim. 3:2-10; Tit. 1:6-8).

INTELIGENTE, DISEÑO La teoría del Diseño Inteligente (DI) propone que las complejidades del universo, especialmente los diversos sistemas biológicos, se explican mejor estableciendo un agente o agentes inteligente tras aquellas características que por asumir procesos aleatorios no dirigidos tales como la selección natural.

Un elemento clave de la teoría DI es la noción de complejidad. Los proponentes de DI señalan que muchos sistemas naturales son tan complejos que remover cualquier parte de ellos los volvería totalmente inoperable. Estos abogados argumentan que sistemas como los flagelos de E. coli y el mecanismo de coagulación de la sangre en los cuerpos animales son demasiado esenciales para el sostenimiento de la vida para haber sido introducidos de manera incremental por selección natural. Su complejidad irreducible implica que no hubo etapas intermedias para estas "máquinas", y la inferencia lógica es que fueron diseñadas e instaladas en su completo estado funcional por un(os) ser(es) inteligente(s).

Para subrayar la magnitud de tal complejidad, los investigadores de DI acuñaron el término complejidad especificada, señalando que los sistemas biológicos no son meramente complejos en el sentido que comprenden muchos componentes; más bien, los componentes están interconectados en relaciones no aleatorias específicas. La incomprensiblemente pequeña posibilidad de que estas complejidades ocurran aleatoriamente (en ciertas estimaciones, 1 en 10150 es un orden típico de magnitud) prácticamente elimina la selección natural como una explicación válida de la ubicua complejidad en la naturaleza.

Quienes abogan por DI la presentan como una teoría científica, mientras que sus críticos la rechazan como pseudociencia religiosa. Tanto las raíces religiosas y científicas son integrales para DI y sus practicantes mencionan reclamos teológicos. El valor de DI como teoría, sin embargo, debería juzgarse por su poder explicativo en base a las declaraciones científicas, y, por lo tanto, argumentable y probable, que hace. Objeciones más recientes contra DI tienden a argumentar que sus declaraciones no son probables y, por lo tanto, no califica como teoría científica.

INTENDENTE La persona u oficial a cargo de almacenar y distribuir alimentos y suministros para un grupo militar, que rara vez aparece en las Escrituras. David llevó provisiones al campamento militar de sus hermanos y los dejó con el que guardaba el bagaje (1 Sam. 17:22 LBLA; NVI: "el encargado de los suministros"). Jer. 51:59 describe a Seraías como "el principal intendente" (RV1977) u "oficial del Estado Mayor" (NTV), literalmente, "príncipe de el lugar de descanso" (Heb. sar sarkhah), tal vez indicando a la persona a cargo del lugar donde los soldados descansaban y eran reabastecidos.

INTERCAMBIO *Véase* Comercio.

INTERCESIÓN El acto de abogar ante los poderosos a nombre de alguien (Gn. 23:8-9), especialmente volverse a Dios en oración para buscar el favor de Dios para otros en crisis (2 Sm. 12:16). Mientras que es una prerrogativa de los profetas (Gn. 20:7; Nm. 12; Am. 7:1-6), sacerdotes (Esd. 6:9-10) y reyes (1 Cr. 21:17; 2 Cr. 30:18; Jr. 26:19), la intercesión es un ministerio que corresponde a todos el pueblo de Dios (Hec. 12:5; Ef. 6:18; 1 Tim. 2:1; Sant. 5:16).

Antiguo Testamento

Reflejando el proceso deliberativo del propio Dios (Gn. 1:26-27; 2:18), nuestra creación en la imagen de Dios implica y hace posible nuestra genuina conversación, participación e incluso debate con Dios. Una comprensión bíblica del gobierno de Dios acomoda este diálogo divino-humano y los roles entrelazados de ambas partes. Las personas piden intercesión para ellos mismos (1 Re. 13:6; Hec. 8:24), pero las Escrituras destacan la iniciativa de Dios.

En Gn. 18 Dios invita (incluso provoca) la intercesión de Abraham al confiar en él, revisando las promesas divinas, y revelando la culpa y destrucción inminente de Sodoma y Gomorra. A nombre de personas justas que pueden vivir allí, Abraham apela audazmente a la propia "justicia" de Dios (mishpat) en distinguir a los inocentes de los culpables y exitosamente negocia la promesa de Dios de liberar a la ciudad si incluso diez personas justas pueden encontrarse allí. Sin disputar las alegaciones de maldad, Abraham pone la respuesta justa de Dios igualmente sobre la mesa.

Igualmente, en Éx. 32 Dios le informa a Moisés del pecado de los israelitas con el becerro dorado y su propia intención de destruirlos y recomenzar con él. En respuesta, Moisés intercede, argumentando que la liberación de Israel por Dios y la probabilidad de que fuese malinterpretada por Egipto, deberían superar la ira divina. Moisés urge un curso de acción diferente: alejarse de la ira, ceder y no traer el desastre anunciado. La destrucción de Israel sería inconsistente con el compromiso de Dios de multiplicar el pueblo de Israel y darles la tierra en herencia (cf. Nm. 14:13-29). El tema para Moisés no es sólo el pecado de Israel sino la corrección de la respuesta de Dios en fidelidad a sus propósitos.

En la intercesión de Job por sus amigos, Dios dicta todo el proceso, dirigiendo a los amigos a hacer ofrendas y asignándole a Job la tarea de interceder por ellos. Dios hace de su propia vindicación el tema central: Elifaz y sus amigos no han dicho "la verdad" (nekonah) de Dios, como ha hecho Job (Job 42:7-10).

Estas tres narrativas destacan la iniciativa de Dios y hacen el carácter de Dios la base para la intercesión. Ellos también introducen el dolor potencia soportado por el intercesor. Por ejemplo, Moisés dramatiza su apasionada preocupación por la causa de Dios al caer ante él y quedarse postrado durante cuarenta días y cuarenta noches (Dt. 9:13-29). De tal manera identifica su propio destino con el de Israel como para ofrecerse a sí mismo como "expiación", diciendo: "Por favor, perdona su pecado, pero si no lo haces, entonces bórrame del libro que has escrito" (Éx.32:32). Esto anticipa la participación de profetas posteriores en la tristeza de Dios y el dolor de la separación del pueblo de Dios (Jr. 15; cf. Lc. 13:34-35; 19:41-44).

Nuevo Testamento

En los Evangelios, Jesús sana por mandamiento, sin referencia explícita a intercesión y de esta manera trasciende notablemente a los profetas del AT (1 Re. 17:19-21). Aunque le pide a su Padre que perdone a quienes lo crucificaron (Lc. 23:34), los Evangelios enfatizan la intercesión de Jesús por sus discípulos, como para que Simón Pedro sobreviviera a los asaltos de Satanás sobre su fe (22:31-32). Juan 17 consta una intercesión extendida de Jesús por sus discípulos, significativamente, que el Padre los protegerá en un mundo hostil. Además, Cristo promete reconocer a los discípulos fieles ante el Padre (Mt. 10:32), una acción formalmente cercana a la intercesión, y que Cristo actúe como mediador del reino del Padre y la salvación.

La oración de Pablo para que sus compañeros israelitas sean salvados está alimentada por la angustia por su falta de fe (Rom. 9:1-3; 10:1-4). Reflejando esto se encuentra "la presión de preocupación" que siente por todas las iglesias y por el bienestar de sus miembros (2 Cor. 11:28-29), de aquí el rol prominente de la oración en el ministerio de Pablo (*véase* las acciones de gracias que abren sus cartas [e.g., Flp. 1:3-11]). La intercesión per se, como oración por que otros sean perdonados o liberados de una crisis, se ve en la oración de las iglesias por la liberación de Pablo de prisión y de la muerte (Flp. 1:19; 2 Tes. 3:2-3; cf. Rom. 15:31).

El NT extiende los retratos del Evangelio para revelar a Cristo como nuestro intercesor celestial, un rol hecho posible por la cruz y la resurrección. En Rom. 8:34-39 la muerte, resurrección y reinado de Cristo "a la mano derecha de Dios" son la base de la confianza de Pablo que la intercesión de Cristo asegura la victoria sobre la condena y toda oposición. El trabajo de Cristo, nuestro sumo sacerdote (Heb. 7:25) puede resumirse como intercesión, haciendo eco de Is. 53:12. Por consiguiente, "Jesucristo el Justo" no sólo aboga ante el Padre por el perdón de nuestros pecados, sino también es su sacrificio expiatorio (1 Jn. 2:1-2). En estos textos, la intercesión celestial de Cristo implementa los propósitos salvadores de Dios hechos reales en la cruz. Además, el trabajo de Cristo como profeta, sacerdote y rey implica el rol centran de intercesión, ya que la intercesión es una función de cada uno de estos cargos.

Por ende, la iniciativa de Dios en la intercesión se intensifica en el NT: la auto entrega de Dios a través de Cristo es el cimiento de una permanente intercesión celestial que a su vez le da a la iglesia mayor confianza para interceder audazmente. Además, el Espíritu de Dios nos ayuda en nuestra debilidad intercediendo por nosotros de acuerdo a la voluntad de Dios, incluso si experimentamos esa intercesión como "gemidos sin palabras" (Rom. 8:26-28).

INTERÉS La práctica de prestar dinero con intereses era común en el antiguo Oriente Próximo, pero los israelitas bajo la alianza mosaica tenían prohibido cobrar intereses a su parentela. Prestar con intereses era permisible en transacciones comerciales con extranjeros pero estaba prohibido en todos los casos entre israelitas, "en dinero o comida o cualquier otra cosa que puede ganar intereses" (Dt. 23:19-20). Esta prohibición sobre los intereses protegía a los pobres de ser explotados por acreedores. Levítico 25:36-37 destaca la responsabilidad moral de los israelitas de temer a Dios y ayudar a sus parientes pobres en vez de tomar ventaja de ellos exigiendo intereses o ganancia (cf. Éx. 22:25; Neh. 5:7).

Los Profetas y los Escritos refuerzan esta prohibición contra tomar intereses de compatriotas israelitas. Ezequiel alude varias veces a Lv. 25:36 combinando estas mismas palabras hebreas para "interés" (neshek) y "ganancia" (tarbit). Dice que tomar intereses y ganancia es una práctica detestable que merece la muerte (Ez. 18:13), una señal de que una persona ha olvidado a Dios (22:12). Proverbios 28:8 ilustra la estupidez de amasar riqueza por intereses o ganancia, mientras Sal. 15:5 destaca la seguridad otorgada por Dios para aquellos que no prestan con intereses.

En la parábola de Jesús de los talentos, hace referencia a la práctica común del siglo uno de poner dinero en depósito con banqueros para acumular intereses (Mt. 25:27; Lc. 19:23), que ofrecía un modesto retorno con mínimo riesgo financiero. Parece ser que tales préstamos comerciales no eran considerados una violación de prohibiciones bíblicas anteriores.

INTERPRETACIÓN *Véase* Hermenéutica Bíblica.

INUNDACIÓN Relatada en Gn. 6:5-9:19, la inundación es el evento por el cual Dios destruye a todas las criaturas, excepto a Noé, su familia y un grupo de animales. El relato es altamente literario y teocéntrico. Abre y cierra con los tres hijos de Noé (6:10; 9:18-19). Se destaca la obediencia de Noé (7:5, 9, 16). Dios es el protagonista, y Noé permanece silencioso.

Terminología. La palabra hebrea para "inundación" es mabbul, y la palabra griega kataklysmos. Fuera de la narrativa de Gn. 6-9 y referencias a la inundación en Gn. 10:1, 32; 11:10, mabbul aparece sólo en Sal. 29:10, probablemente una referencia al agua primordial almacenada en jarros sobre el firmamento (cf. Gn. 1:7; 7:11). La LXX traduce mabbul con kataklysmos en Eclo. 40:10; 44:17-18; 4 Mac. 15:31. El Eclesiástico hebreo y el Génesis Apocryphon arameo también usan mabbul para la inundación (Ecl. 44:17; 1QapGen ar 12:9-10). Los cuatro usos de kataklysmos en el NT se refieren a la inundación (Mt. 24:38-39; Lc. 17:27; 2 Pe. 2:5).

La narrativa de la inundación. En Gn. 6:5-22, Dios observa la gran escala de la maldad humana, decide destruir toda la vida y selecciona al justo Noé para construir un arca. La "visión" de Dios es investigación judicial (6:5, 13) que contrarresta al hijo de Dios que "vio" (6:2), al igual que su adolorido corazón contrarresta el corazón malvado de la humanidad (6:5-6). La segunda declaración de Dios, "Erradicaré a la raza humana de la faz de la tierra" (6:7), es su sentencia judicial (cf. 3:15-19) afectando a toda la vida en el dominio del cuidado humano (1:28; cf. Job 38:41; Sal. 36:6; Os. 4:3; Jl. 1:20).

La corrupción y violencia de la tierra (Gn. 6:12-13) reflejan un espectro de maldad que ha despojado a la creación que alguna vez fue "muy buena" (1:31; cf. 6:17; 7:21; 8:17; 9:11). La destrucción de Dios responde a la corrupción moral de la tierra. El arca es una nave rectangular diseñada para flotar más que navegar (6:14-15). Noé construye un microcosmos de la tierra para salvar su vida. Las aperturas tipo ventanas y las tres cubiertas reflejan la cosmología de Gn. 1 (cielos, agua, tierra [cf. 6:16]). Dios promete a Noé que sobrevivirá y recibirá una alianza de Dios (6:18), cumplida en la alianza de Noé tras la inundación (9:9, 11, 14-17).

Gn. 7:1-24 relata el embarque del arca y luego la subida de las aguas. Dos sistemas numéricos se utilizan por el narrador en el relato de la inundación: una para los días de la era de Noé (día, mes, año) y una para los períodos entre etapas de la inundación. Ambos sistemas numeran entre 365 y 370 días. La inundación es retratada como una reversión del segundo y tercer día de la creación. Los límites de agua que Dios alguna vez separó se colapsan (cf. 1:6-10). La subida de la inundación se relata en tres etapas: subida y levantamiento del arca (7:17), aumento importante y flotación del arca en la superficie (7:18), y cobertura de todas las montañas (7:19). La destrucción total se amplifica por la reversión del orden de la creación —personas, animales, aves (7:23) — con "todo/cada" ocurriendo repetidamente en 7:21-23.

Génesis 8:1-22 relata el desembarco y el sacrificio de Noé. Génesis 8:1 es el centro estructural y teológico, con Dios cumpliendo

(= "recordar") su promesa de alianza por la seguridad de Noé. El arca descansa en una montaña dentro de la cadena en el este de Turquía (Kurdistán). El secado de la tierra ocurre como un proceso (8:3, 5, 9, 11, 13, 14), y ecos de la creación reaparecen (e.g., "viento" [8:1; cf. 1:2]). Aunque la antigua maldición no se levanta (cf. 5:29), Dios promete no agregarle (8:21). La inundación no ha reformado el corazón humano; sólo ha detenido la violencia. El juramento de restauración de Dios reafirma el ritmo constante de estaciones que comprenden un año completo (8:22).

Génesis 9:1-19 relata la restauración del orden mundial. Ya que el asesinato fue parte de la violencia antediluviana (6:11, 13), la ley de Dios vuelve a calibrar la moralidad terrestre (9:5). El segundo discurso postdiluviano de Dios codifica su plan para la más amplia preservación de la creación (9:8-17). "Mi arcoíris" es el signo confirmatorio de Dios (9:13). El fenómeno meteorológico de la tormenta está ahora controlado como una imagen de paz. El guerrero cósmico "cuelga" su arco en divino desarme. La humanidad ahora comparte la responsabilidad de justicia con Dios, ilustrada en el primer discurso de bendición y maldición de Noé (9:20-27).

Paralelos antiguos del Oriente Próximo. Sin dependencia literaria en la historia bíblica, paralelos al relato bíblico existen en la Épica acadia de Athrasus, la Tableta XI de Gilgamesh y la Lista sumeria de Reyes. La relación exacta entre el relato bíblico y estos relatos del Oriente Próximo es un tema de debate. Tal vez son variaciones de una historia similar basada en el mismo evento histórico.

IOTA *Ver* Punto.

IQUES El padre de Ira de Tecoa, uno de los líderes militares de David conocidos como los Treinta (2 Sm. 23:26; 1 Cr. 11:28), que comandaba una unidad de veinticuatro mil hombres (1 Cr. 27:9).

IR NAHÁS Una ciudad de Judá (KJV, NRSV: "Irnahas") cuya ubicación es incierta, aunque ha sido variadamente identificada con Deir Nahhas cerca de Beit Gibrin, Khirbet Nahas al sur del Mar Muerto, o en el territorio montañoso entre Belén y Hebrón. El término aparentemente es tratado como un nombre personal en la genealogía de los hijos de Caleb (1 Cr. 4:12), donde Tehiná es identificado como el padre de Ir Nahás. La mayoría de los académicos, sin embargo, lo consideran un nombre de lugar, ya que otros nombres en la lista identifican a individuos con los lugares que fundaron, por ejemplo, "Efrata, el padre de Belén" (4:4 KJV). La LXX también interpreta el término de esta manera, traduciendo el hebreo como "ciudad de Naas".

I

IR SEMES Una ciudad en el territorio tribal de Dan que sólo aparece en Js. 19:41. El nombre "Ir Semes" ("ciudad del sol") es una alternativa para "Bet Semes" ("casa del sol"), ubicada en las estribaciones aproximadamente veinticinco kilómetros al oeste de Jerusalén.

IR Un descendiente de la tribu de Benjamín y el ancestro de los supim y los hupim (1 Cr. 7:12). *Véase también* Irí.

IRA **(1)** Un jairita y un sacerdote durante la época de David (2 Sm. 20:26). Algunos consideran esta posición como civil más que religiosa, un consejero en jefe o ministro. Otros ven el rol como sacerdote personal de David, un tipo de capellán de palacio. **(2)** Un tecoíta, uno de los poderosos hombres de David y un miembro de un grupo de élite de treinta guerreros (2 Sm. 23:26; 1 Cr. 11:28). Ira el tecoíta también sirvió como capitán de una división de veinticuatro mil hombres que sirvió como las fuerzas de defensa nacional de Israel durante el sexto mes cada año (1 Cr. 27:9). **(3)** Un itrita, otro de los poderosos hombres de David (2 Sm. 23:38; 1 Cr. 11:40).

IRA DE DIOS A pesar de tendencias a minimizar la realidad de la ira de Dios (Dios es clásicamente descrito como "desapasionado"), si debemos hacer justicia a ambos Testamentos, debemos permitir que se sostenga el lenguaje de las Escrituras, donde con frecuencia se dice que Dios está enojado con individuos o naciones, incluyendo a Israel. Aunque Dios es inmutable (Mal. 3:6), Él interactúa en forma personal con un mundo atado al tiempo. Los escritores bíblicos tienen la intención de que comprendamos que hay algo en la ira de Dios en lo que el enojo humano no es análogo, aunque el enojo de Dios no es idéntico al nuestro (Os. 11:9). El enojo de Dios no es una respuesta automática; Él lo puede contener (Sal. 78:38). Se dice que Dios es característicamente lento a la cólera; esto es, su enojo es una respuesta deliberada (Éx. 34:6, un texto con numerosos ecos) y puede durar poco (Sal. 30:5; Miq. 7:18).

La ira de Dios contra Israel en el desierto es destacable (Heb. 3:10, 17). La apostasía con el becerro dorado (Éx. 32:10-12), la queja (Nm. 11:1, 33) y el fracaso de entrar a la tierra prometida tras el informe de los espías (Nm. 32:10-11) todas provocan la ira de Dios. El fracaso en acatar la palabra de Dios (Zac. 7:12) o la de sus profetas (2 Cr. 36:16), la negligencia en su adoración (2 Cr. 29:6-8) y el matrimonio con idólatras (Esd. 9:14) son comportamientos que incurren en la ira de Dios.

La ira de Dios se dirige contra individuos, particularmente por fracasos de liderazgo, como con Moisés (Éx. 4:14; Dt. 1:37) y Salomón (1 Re. 11:9-11). El enojo de Dios con frecuencia se dirige contra los reyes israelitas y de Judea, no sólo aquellos que cometieron idolatría (2 Cr. 25:15), sino también aquellos que son fieles en la mayoría de los aspectos, por sus fracasos para eliminar los altos lugares de idolatría (2 Re. 23:19).

Recogiendo la advertencia de que la ira de Dios se dirigirá hacia quienes no rindan homenaje al rey señalado por Dios (Sal. 2:5, 12), Jesús declara que la desobediencia al Hijo de Dios trae la ira de Dios (Jn. 3:36), lo que evidentemente no es incompatible con su amor por el mundo (3:16). Según Rom. 4:15, la ira de Dios es una consecuencia de la ley; esto es, la ley, dando expresión concreta al carácter de Dios, trae culpabilidad por transgresión. La ira de Dios se rebela contra toda forma de impiedad y su tendencia a suprimir la verdad (Rom. 1:18). Aquellos que demuestran su desobediencia a Dios y su verdad serán sujetos a su ira (Rom. 2:8; Ef. 5:6; Col. 3:6).

Una metáfora penetrante para la ira es la del fuego ardiente (Dt. 32:22; Sal. 89:46; Is. 66:15) junto con las imágenes asociadas de humo (Sal. 18:8) y metal fundido (Ez. 22:20, 22). Otras imágenes son la prensa de vino (Is. 63:3; Ap. 14:19), beber de una vasija (Is. 51:22; Ap. 14:10), y una tempestad (Ez. 13:13).

El juicio que sigue como consecuencia de haber levantado la ira de Dios toma la forma de la retención del favor aliancista de Dios (Sal. 95:11; Is. 54:8) o la implementación de maldiciones aliancistas (Dt. 29:27), específicamente a través de la sequía (Dt. 11:17), plaga (Sal. 78:50), la espada (Sal. 78:62), y entrega en manos de los enemigos (2 Re. 13:3), llevando al exilio (2 Cr. 6:36). La ira de Dios puede retratarse en varias formas de agitación cósmica o la destrucción de la creación (2 Sm. 22:8-16; Sal. 18:7; Jr. 4:26). La ira de Dios está más allá de la capacidad humana para soportar (Sal. 76:7), tal que esconderse en el infierno es considerado preferible (Job 14:13).

La ira de Dios se asocia particularmente con un día por venir de la ira de al final de la era, cuando la justicia de Dios será poderosamente demostrada (Dn. 8:19; Sof. 2:3; Lc. 21:23; Rom. 2:5; Ap. 6:17).

La sujeción a la ira de Dios puede evocar el grito "¿Cuánto tiempo?" (Sal. 79:5; 80:4). Mientras la misericordia de Dios no puede darse por sentada, ya que su ira contra algunos puede ser final como una expresión de su justicia (Jr. 30:24; Rom. 12:19), la ira de Dios puede ser mitigada o evitada a través de la humillación propia (2 Cr. 12:7) y una solicitud de la misericordia de Dios (Sal. 106:23; Hab. 3:2), por arrepentimiento (2 Cr. 29:10; Esd. 10:14; Jon. 3:9), por acción celosa para erradicar el mal (Nm. 25:11) y por el fiel ministerio de los sirvientes señalados de Dios (Nm. 1:53; 18:5).

El NT lleva al cumplimiento de estas formas de mediación al presentar el remedio final para la ira de Dios en la persona y trabajo de Jesucristo (Rom. 5:9; 1 Tes. 1:10; 5:9). El uso de lenguaje "conciliador" (Rom. 3:25; Heb. 2:17; 1 Jn. 2:2), aunque su significancia es disputada, clásicamente se entiende en términos de la necesidad de que la ira de Dios sea satisfecha. En ese caso, es específicamente la cruz de Corsito que, finalmente, se ocupa de la justa ira de Dios contra los pecadores.

IRA Las palabras ira y enojo se usan en las traducciones de la Biblia para una variedad de palabras hebreas y griegas que se refieren a la disposición de alguien (incluyendo a Dios) hacia personas (incluyendo a uno mismo [Gn. 45:5]) o condiciones consideradas seriamente desagradables. Puede haber grados de enojo (Zac. 1:15), y puede estar acompañado por otros sentimientos como angustia (Gn. 45:5), odio (Job 16:9), celos (Rom. 10:19), dolor (Mc. 3:5) y venganza (Miq. 5:15).

El enojo puede ser una respuesta apropiada al pecado o al mundo distorsionado por el pecado, como se ve, por ejemplo, en la reacción de Moisés ante el becerro dorado (Éx. 32:19). Pablo ve un enojo que no necesariamente involucra el pecado (Ef. 4:26). Jesús, se dice, demuestra enojo ante la voluntariosa terquedad de sus contemporáneos (Mc. 3:5), y su respuesta al duelo por Lázaro (Jn. 11:33) puede considerarse "furia", un enojo dirigido no tanto a los dolientes como a la fealdad de la muerte, la consecuencia del pecado y con pensamientos, tal vez, acerca de su propia muerte inminente necesitada por este mundo caído.

Por otra parte, una demostración de enojo puede resultar de las percepciones y valores distorsionados (Gn. 4:5-6). Una tendencia al enojo en uno mismo debe ser controlada (Sant. 1:19) y en otros debe ser manejada prudentemente (Prov. 15:1). Descontrolado, el enojo puede llevar a la violencia y asesinato (Gn. 49:6). En varias listas del NT el enojo se asocia con otras actitudes pecaminosas como pelea, celos, egoísmo, calumnia, malicia, chisme, arrogancia, conflicto, idolatría, brujería y amargura (2 Cor. 12:20; Gal. 5:20; Ef. 4:31; Col. 3:8).

En Sal. 76:10 NLT (cf. ESV, NASB, NRSV) se dice que Dios causa el enojo humano para llevarle alabanza (pero *véase* NIV, NET, donde es la ira de Dios contra los seres humanos que le trae alabanza). Tal vez una instancia de esto se ve en Rom. 13:4-5, donde la ira de la autoridad civil sirve para mantener la justicia bajo Dios.

IRAD El hijo de Enoc y nieto de Caín (Gn. 4:18).

IRAM Un descendiente de Esaú, era un líder de un clan edomita que dio su nombre al territorio que ocupaba (Gn. 36:43; 1 Cr. 1:54).

IRÍ El líder de una familia en la tribu de Benjamín mencionado sólo en 1 Cr. 7:7, donde es identificado entre "poderosos guerreros" (ESV, NRSV, RSV). Su nombre se escribe "Ir" en 1 Cr. 7:12.

IRÍAS El hijo de Selemías, sirvió como capitán de la guardia bajo Sedequías, rey de Judá (Jr. 37:13). Después de que Jeremías profetizó la destrucción de Jerusalén por los babilonios, comenzó a dejar la ciudad para recibir su parte de la propiedad en Benjamín. Sin embargo, Irías vio a Jeremías en la Puerta de Benjamín y lo acusó de desertar a la gente y unirse a los babilonios. Basándose en esta suposición defectuosa, Irías arrestó a Jeremías y lo llevó ante los oficiales, quienes subsecuentemente golpearon al profeta y lo pusieron en prisión (37:13-15).

IRONÍA Una instancia en la que el significado intencionado de una expresión es el opuesto a su significado ostensible. La ironía frecuentemente es acompañada por el sarcasmo, como cuando Amos llama a Israel para que acuda a los lugares de adoración para que puedan pecar (Am. 4:4-5). Elías sarcásticamente se mofa de los adoradores de Baal: "¡Griten más alto!... ¡Seguramente él [Baal] es un dios! Tal vez está pensando profundamente u ocupado o viajando. Tal vez está durmiendo y debe ser despertado" (1 Re. 18:27-29). Job usa la ironía cuando le dice a sus amigos, "¡Sin duda ustedes son las únicas personas que importan, y la sabiduría morirá con ustedes!" (Job 12:2) y recibe una expresión irónica cuando Dios le dice: "¡Seguramente tú sabes, porque ya habías nacido!" (38:21). Pablo escribe a los Corintios: "¡Somos tontos por Cristo, pero ustedes son tan sabios en Cristo! ¡Somos débiles, pero ustedes son fuertes! ¡Ustedes son honrados, nosotros somos deshonrados!" (1 Cor. 4:10). Una doble ironía puede verse en la expresión "Rey de los Judíos", usada por soldados romanos para ridiculizar a Jesús (Mt. 27:29) incluso mientras se aplica su significado ostensible (Mt. 27:11). En la narrativa, la ironía puede ser evidente para el lector sin ser evidente para los personajes. Por ejemplo, la pregunta de Caín a Dios: "¿Soy yo el guardián de mi hermano?" (Gn. 4:9) ruega una respuesta negativa desde la perspectiva de Caín. Sin embargo, a la luz de otros pasajes bíblicos involucrando la responsabilidad de parientes y la expectativa de Dios respecto de la comunidad de su pueblo, la respuesta a la pregunta de Caín es rotundamente afirmativa.

Adicionalmente a expresiones únicas, la ironía puede involucrar un conjunto de circunstancias que comparten una relación unas con otras que es opuesta a lo que se espera. Pensando que el rey Jerjes tiene la intención de honrarlo, Hamán inadvertidamente aconseja al rey que honrar a Mardoqueo, aunque su intención era pedir permiso para matar a Mardoqueo (Est. 5:9-13). Después de que Hamán sufre la humillación de honrar a Mardoqueo en la manera que había diseñado para sí mismo, Hamán es ejecutado en el mismo aparato que había erigido para ejecutar a Mardoqueo (7:9-10). En la historia de José, la violenta reacción de los hermanos a sus sueños sirve para traer las circunstancias que los sueños predijeron (Gn. 37:19; 42:9). El ministerio de Jesús puede verse como inherentemente irónico (Flp. 2:6-11) al igual que muchas de sus enseñanzas, por ejemplo, los últimos serán los primeros (Mt. 20:16) y lo menor es mayor (Lc. 9:46-48). Aquellos que orquestan la ejecución de Jesús lo hacen para detener su ministerio, sin embargo, de hecho, ellos cumplen su meta mesiánica (Mt. 20:25-28; 26:1-4).

Irónicamente, el nombre del héroe israelita, Caleb, deriva de la palabra hebrea para perro (keleb). Aunque existen nombres excéntricos en el AT (e.g., la hija de Oseas, Lo-Ruhama, y su hijo, Lo-Ammi [Os. 1:6, 8]; los hijos de Noemí, Mahlón y Kilión, que significan "enfermedad" y "muerte", respectivamente [Rut 1:2]), es sorprendente que Caleb fuese nombrado por un animal tan supuestamente desdeñado. Isaías 56:10-11 reprende a los profetas que descuidan sus tareas en vez de comportarse como "perros" que ladran cuando hay una amenaza. En Éx. 11:7, Dios le dice a Moisés y Aarón que mientras los egipcios sufrirán el horror de ver a sus primogénitos en la plaga final, Israel, bajo la protección divina, no será molestado si quiera por el ladrido de un perro. Isaías 66:3 alude a perros como animales dignos de sacrificio (el sacrificar perros era una práctica común cananea). Toda esta evidencia advierte contra las generalizaciones rígidas y absolutas acerca de percepciones negativas de los perros de parte de las personas en el contexto bíblico antiguo.

IRPEEL Un pueblo en la asignación tribal dado a Benjamín (Js. 18:27).

IRRIGACIÓN Un conjunto de técnicas para regar artificialmente los cultivos. La irrigación es la clave para cultivar la tierra en regiones donde la lluvia directa es insuficiente. Mientras varios de los imperios antiguos del mundo bíblico desviaban agua de grandes ríos (Nilo, Tigris, Éufrates) para sostener la agricultura intensiva a gran escala, la tierra de Israel era montañosa, y por lo tanto la irrigación era limitada. La agricultura israelita descansaba en trabajos de irrigación más pequeños o en la lluvia directa, mejorada por otros métodos como el aterrazamiento de las laderas.

En la religión cananea, la dependencia de la región en la agricultura basada en la lluvia se reflejaba en la prominencia de dioses del cielo, como Baal, que controlaba el clima. En contraste, las civilizaciones de Mesopotamia o Egipto enfocaban esa atención en sus grandes ríos (*véase* Is. 8:7, donde el río representa el poder militar de Asiria contra Judá). En la región israelita, este poder se atribuía al Dios de Israel (Dt. 11:11-12), de manera que era un rival directo de Baal. Por ejemplo, Jeremías reprende al pueblo por su fracaso en depender del Dios de Israel, caracterizando la actitud apropiada para el granjero: "Temamos al Señor nuestro Dios, que provee lluvias en otoño y primavera, que nos asegura las semanas regulares de cosecha" (Jr. 5:24 [*véase también* 1 Re. 17:1; 18:1; Sant. 5:17-18]). Igualmente, el profeta Isaías promete: "El Señor los guiará siempre; satisfará sus necesidades en tierra quemada por el sol y fortalecerá su marco. Serán como un jardín bien regado, como un arroyo cuyas aguas no fallan" (Is. 58:11).

Consistente con esta situación, el Deuteronomio se refiere a la irrigación como una forma de contrastar la agricultura israelita y egipcia: "La tierra a la que están entrando para tomar no es como la tierra de Egipto, de donde vienen, donde plantaban su semilla y la irrigaban a pie como un jardín de vegetales" (Dt. 11:10). Los académicos modernos ven aquí una referencia a una práctica particular de irrigación en la cual los trabajadores controlaban el flujo de agua a través del campo manipulando un sistema de canales de tierra y diques con sus pies.

Sacrificio de Isaac de un elenco del sarcófago de Junius Bassus (359 d.C).

Adicionalmente a la agricultura en base a lluvia, el agua de la tierra proveniente de arroyos ayudaba a los jardines y la horticultura. Eclesiastés 2:5-6 habla de tales jardines reales y obras hidráulicas: "Hice jardines y parques y planté todo tipo de árboles frutales en ellos. Hice reservorios para regar las arboledas florecientes" (cf. Is. 58:11; Ez. 47:12). Excavaciones en Jerusalén han confirmado la presencia de trabajos de irrigación en la Ciudad de David, que probablemente desviaba agua hacia el Valle de Cedrón desde el Arroyo de Gihón.

Para resumir, las plantaciones en el Israel bíblico se sostenían por una combinación de agricultura de lluvia con irrigación a pequeña escala sosteniendo la horticultura (esto es, la producción de vegetales en jardines, pero no el cultivo intensivo de suministros como granos). Tal vez esta combinación en particular se ilustra mejor en Gn. 2:5-6: "Ningún arbusto había aparecido todavía en la tierra y ninguna planta había surgido, ya que el Señor Dios aún no había enviado lluvia sobre la tierra y no había nadie que trabajase la tierra, pero surgían arroyos de la tierra e irrigaban toda la superficie de la tierra". *Véase también* Cisterna.

IRU Un hijo de Caleb, hijo de Jefone (1 Cr. 4:15). Ya que es nombrado primero (sus hermanos eran Elah y Naam), probablemente era el mayor. Algunos académicos creen que su nombre era en realidad "Ir" y que la u es en realidad la primera letra de la palabra siguiente (que significa "y").

ISAAC Junto con Abraham y Jacob, Isaac es un personaje central en las narrativas de Gn. 12-35. Isaac es el hijo de Abraham y Sara, el cumplimiento de una promesa de Dios de un heredero para Abraham (15:4). La promesa de descendencia es un componente en un conjunto (protección y tierra siendo algunas de las otras), las provisiones de la alianza entre Dios y los patriarcas (12:1-3; 17:1-8; 26:2-5). El nombre "Isaac" se asocia con el verbo para "reír" (21:3-7), refiriéndose a la reacción de Sara al escuchar la promesa de un hijo en camino muy pasada su edad fértil (18:9-15). La incredulidad de Sara y la simpatía de Abraham por la misma pueden atestiguarse por su intento de provocar el cumplimiento de la promesa a través de la inseminación de Hagar, la esclava de Sara (16:1-4, 16).

En las narrativas del Gn. 12-35, Isaac es el menos prominente de los patriarcas. El principal evento de su vida está encapsulado en el incidente conocido como el Akedah, el "atado" (22:1-19). Abraham demuestra su lealtad a Dios al cumplir con el mandato de ofrecer a Isaac como sacrificio en el Monte Moriá. Tras una consulta inicial acerca de la ausencia de una bestia sacrificial, Isaac (aparentemente) pasivamente sigue las direcciones de Abraham en cumplimiento con la voluntad de Dios. Un emisario divino, sin embargo, detiene las acciones de Abraham justo antes del asesinato de Isaac.

La obtención de la esposa de Isaac, Rebeca, por el sirviente de Abraham se encuentra en Gn.

24:1-67. Al igual que Abraham, Isaac describe a su esposa como una hermana para desviar peligro a su persona (26:6-11; cf. 12:10-16; 20:1-18). Rebeca da a luz a dos hijos de Isaac, Esaú y Jacob (25:21-26). A través de la instigación y cooperación de Rebeca, Jacob engaña a Isaac para conferirle una bendición a él, una originalmente intencionada para Esaú (27:1-30).

ISACAR (1) El noveno hijo de Jacob, el quinto por Lea (Gn. 30:17-18). Isacar, cuyo nombre suena como la frase hebrea "hombre contratado", fue así llamado porque Lea "contrató" a su esposo para que la embarazara dándole a Raquel mandrágora que Rubén (el hijo de Lea) había reunido. El patriarca Isacar no figura de manera prominente en las historias patriarcales del Génesis. La bendición de Isacar en Gn. 49:14-15 refleja la historia y folclore de la tribu que llevaba su nombre más que cualquier historia bíblica. (2) El séptimo de los ocho hijos de Obed-Edom, porteros del templo (1 Cr. 26:5).

ISACAR, TRIBU DE Una de las doce tribus de Israel, descendiente del noveno hijo de Jacob por Lea. Los censos en Nm. 1:29; 26:23 indican que Isacar era la tercera o cuarta tribu más grande. El territorio de Isacar estaba al suroeste del Mar de Galilea, incluyendo el Valle de Jezreel (Js. 19:17-23). En el período de los jueces, soldados de Isacar fueron en ayuda de Débora y Barac (Jue. 5:15) y el juez Abimelec era isacarita (Jue. 10:1). Baasa también era isacarita (1 Re. 15:27).

ISAÍ De Belén, fue el padre de David y un descendiente de Rut la moabita (Rut 4:17); 1 Sam. 22: 3 implica que Isaí huyó a Moab en una ocasión. Los Evangelios lo reconocen como un antepasado de Jesús (Mt. 1:5-6; Lc. 3:32). Antes de la unción de David, Samuel fue enviado a Isaí (1 Sam. 16:1) para elegir entre sus ocho hijos (1 Sam. 17:12). Al igual que el padre de Samuel (1 Sam. 1:1), a Isaí se le llama Efrateo, un nombre asociado con Belén (1 Sam. 17:12; *ver* Rut 1:2; Mic 5:2). Isaías alude a la dinastía davídica como la "raíz de Isaí" (Is. 11:1, 10).

ISAÍAS Un profeta del siglo ocho a.C. que profetizó durante el período justamente anterior y posterior a la caída del reino norte de Israel ante los asirios en el año 722 a.C. Isaías vivió en Judá, específicamente en Jerusalén.

Isaías comenzó su trabajo profético en el año en que el rey Uzías murió, aproximadamente el año 733 a.C. (Is. 6:1). Su ministerio continuó a través del reinado de Jotam, Acaz y Ezequías. Este último comenzó su reinado en el año 727 a.C. y terminó en 698 a.C., pero ya que Isaías estaba con él durante la incursión asiria del año 701 a.C. (*véase* a continuación), el profeta estuvo activo hasta muy avanzado su reinado. Puede haber vivido durante el reinado del malvado hijo de Ezequías, Manasés. La tradición dice que falleció como mártir, siendo cortado en dos.

Isaías estaba casado con una profetisa y tuvo al menos dos hijos (Is. 7:3; 8:3). Sus hijos tenían nombres con importancia simbólica. El primero era "Sear-Jasub", que significa "un remanente regresará"; el segundo era "Maher Salal Hasbaz" que significa "rápido al botín, rápido a los despojos".

Aparte de esos atisbos, los lectores no saben mucho acerca de la persona de Isaías como sí lo saben de Jeremías o incluso Ezequiel. Pero sus profecías están claramente conectadas a los grandes eventos de su época. Muchas de sus profecías tienen la guerra siro-efraimita como trasfondo. El rey de Siria, Rezín, y el rey de Israel, Peka, intentaron reclutar la ayuda del rey de Judá, Acaz, contra la invasión del rey asirio Tiglat-piléser III a mediados del siglo ocho a.C. Acaz se rehusó e Isaías apoyó esa decisión. Sin embargo, Acaz en realidad no confiaba en Dios en esta materia, porque contra los deseos de Isaías le escribió a Tiglat-piléser pidiendo ayuda contra Rezín y Peka, ya que habían decidido intentar reemplazarlo con una persona mejor dispuesta. Como resultado de su apelación, Tiglat-piléser tomó Siria y sus sucesores eventualmente tomaron el reino norte en 722 a.C. Acaz y los reyes de Judá que siguieron tras él fueron forzados a convertirse en vasallos.

En el año 701 a.C., el rey asirio del momento, Senaquerib, se movió militarmente contra Judá para incorporarla a su imperio. Isaías nuevamente fue apartado por el rey de Judea, ahora Ezequías, incentivándolo a confiar en Dios y no someterse. Contrariamente a Acaz, Ezequías no se sometió y Dios lo salvó de los asirios.

Estos eventos son el trasfondo y las situaciones en las que Isaías hablaba, pero su visión profética se extendía mucho más allá de su época. Vio no sólo la futura derrota de Judá y Jerusalén a manos de los babilonios, sino también su restauración (*véase* especialmente Is. 40-66). El NT cita a Isaías con más frecuencia que cualquier otro libro del AT, encontrando el cumplimiento final de muchos de sus oráculos en la persona y trabajo de Jesucristo.

ISAÍAS, LIBRO DE El primero de los Profetas Mayores en el canon, el libro de Isaías es uno de los libros más largos de la Biblia. Esto, acompañado del uso frecuente de Isaías en el NT, ha contribuido a la gran importancia del libro en la tradición cristiana. Isaías contiene algunos de los pasajes más memorables en las Escrituras, con su poesía majestuosa y sermones evocadores haciéndolo una obra maestra literaria. Sin embargo, también ha sido caracterizado como un libro difícil de entender y encontrarle sentido como un todo porque las conexiones entre diferentes párrafos y secciones parecen ser azarosas en ocasiones y difíciles de entender. Sin embargo, cierto conocimiento de la manera en que se formó el libro puede ayudar a la interpretación.

Autoría

La autoría de Isaías ha sido uno de los temas más debatidos en la interpretación bíblica. Una antigua tradición acreditaba al profeta del siglo ocho a.C., Isaías con la totalidad de los sesenta y seis capítulos. Sin embargo, una tradición judía temprana en el Talmud declara que "los hombres de Ezequías"compilaron Isaías, mostrando su conciencia de que el libro no provenía completamente de Isaías.

Evidencia literaria. Isaías, hijo de Amoz, es mencionado como autor en tres secciones del libro (1:1; 2:1; 13:1) y es presentado en narrativas en tercera (caps. 7; 20; 36-39) y primera persona (caps. 6; 8). Sin embargo, los capítulos 40-66 no tienen encabezamiento y ni siquiera mencionan a Isaías. Aunque referencias a Isaías como autor en secciones específicas pueden sugerir que en realidad escribió todo el libro, también pueden indicar que no escribió las secciones que no se le atribuyen. Igualmente, las narrativas históricas refiriéndose al profeta en tercera persona pueden sugerir que alguien más las escribió, aunque la información íntima en ellas (e.g., 7:3) podría señalar la autoría del propio Isaías.

Otra posible indicación de autoría múltiple es la marcada diferencia en estilo literario y vocabularios encontrado en diferentes secciones de Isaías. Mientras tales juicios son bastante subjetivos, ambas partes del debate de autoría reconocen estas diferencias estilísticas.

Ambiente histórico. El debate respecto de la autoría de Isaías realmente se centra en el diverso ambiente histórico en diferentes secciones del libro. Los capítulos 1-39 claramente se ambientan a finales del siglo ocho a.C., el periodo en que Asiria está amenazando a Judá. Asiria se menciona frecuentemente (e.g., 7:17; 8:4; 10:12; 11:11; 19:23; 20:1; 27:13; 36:1), al igual que los reyes de Judea (e.g., 1:1; 6:1; 7:1; 14:28; 36:1) y el mismo profeta Isaías (e.g., 1:1; 2:1; 13:1; 20:2; 37:5).

Rollo de papel del gran Isaías de Qumrán.

Por el contrario, el ambiente histórico de los capítulos 40-55 no es la Judá del siglo ocho a.C. Israel es descrito como en cautiverio y Jerusalén es mencionado como arruinada y desierta (44:26, 28; 52:9); existen frecuentes alusiones a los sufrimientos del exilio (42:22, 25; 43:28; 47:6; 51:17; 52:5); y el venidero retorno del exilio es descrito como cercano (40:2; 46:13; 48:20). Adicionalmente, en los capítulos 40-55 Babilonia es el enemigo de Israel, aunque en la época de Isaías eran aliados. También, Ciro el Grande, el rey persa que conquistó Babilonia en el año 539 a.C. (terminando el exilio), es mencionado sin introducción o explicación (44:28; 45:1), aunque vivió 150 años después de Isaías. En suma, los capítulos 40-55 parecen estar dirigidos a los judeanos en el exilio babilonio.

Por el contrario, los capítulos 56-66 parecen provenir de otro período histórico. A diferencia de los capítulos 40-55, donde el templo estaba destruido y no operativo, en los capítulos 56-66 el templo (66:6), junto con sacrificios (56:7; 66:3), ofrendas (56:6; 65:3; 66:3), y Sabbats (56:2;58:13; 66:23) son mencionados. Además, Jerusalén y sus muros están en pie (62:6), a diferencia de en los capítulos 40-55, donde se predice que Jerusalén será reconstruida (44:26). Esto parece indicar que están dirigidos a aquellos que han regresado a Jerusalén tras el exilio.

Esta evidencia sugiere que el libro de Isaías fue escrito por varios autores de diferentes períodos. Alternativamente, estos diversos ambientes históricos podrían explicarse suponiendo que Isaías habló a audiencias en el futuro distante a través de inspiración divina. Mientras que académicos escépticos con visiones del mundo anti sobrenaturales han negado esta posibilidad, aquellos que creen en un Dios todopoderoso creen que puede revelar el futuro distante a sus profetas. Sin embargo, la pregunta es si este es realmente el caso con Isaías. Es significativo que en los capítulos 40-55 la opresión babilonia no es predicha como algo en el futuro por venir, sino más bien es presupuesta como una condición presente bajo la cual está viviendo el autor, solo se predice la liberación del exilio. Lógicamente, parecería que el autor vivió en la situación que presupone y ante las situaciones que predice.

Argumentos para la unidad de Isaías. Algunos académicos aún sostienen la unidad de Isaías bajo las siguientes bases: (1) ningún manuscrito antiguo muestra que el libro jamás existió de otra forma; (2) diferencias de estilo y vocabulario pueden explicarse por diferentes temáticas (además de lo cual, el título "Santo de Israel" une todas las secciones de Isaías, ya que se usa trece veces en los capítulos 1-39, dieciséis veces en los capítulos 40-66 y sólo siete veces en el resto de la Biblia); (3) parece poco probable que un autor tan grande como el que escribió los capítulos 40-55 debiese permanecer anónimo; y (4) aunque es lógico asumir que un profeta es contemporáneo con lo que presupone, una vez que un profeta hace una predicción, esta puede convertirse en una presuposición para otra predicción. Por lo tanto, la predicción de Isaías del exilio en 39:6-7 podrían convertirse en la base o presuposición sobre la cual continuó a profetizar el fin del exilio.

Sin embargo, estos argumentos no son convincentes. Aunque ningún manuscrito da testimonio de versiones anteriores del libro, poseemos tan pocos manuscritos de antes de la época de Cristo (y ninguno que date a la época durante la cual se cree que se combinaron las tres secciones de Isaías) que esto es insignificante. Además, las diferencias temáticas no parecen lo suficientemente grandes para explicar los estilos y lenguajes tan diferentes de las varias secciones. Respecto de la improbabilidad de que el escritor de los capítulos 40-55 pudiese mantenerse anónimo, el hecho es que muchos libros bíblicos lo son (e.g., Jueces, 1-2 Reyes, 1-2 Crónicas). Sin embargo, más significativos son las diferencias de ambientes históricos de las principales secciones de Isaías. Si Isaías estaba dirigiéndose a una audiencia en el futuro distante, no sólo sería una situación sin paralelo en los profetas bíblicos, pero también el mensaje habría sido ampliamente ininteligible para los contemporáneos de Isaías (especialmente las referencias a Ciro). Además, el texto no dice predecir estas situaciones, sino que sólo las presupone. Sin embargo, la realidad de la inspiración profética se subraya, ya que un autor posterior predice no sólo el fin del exilio, sino también un mesías sufriente.

Primero, Segundo y Tercero Isaías. Por conveniencia (y no para implicar que cada autor se llamase "Isaías"), las tres principales secciones con frecuencia son referidas como Primero Isaías (caps. 1-39), Segundo Isaías (caps. 40-55) y Tercero Isaías (caps. 56-66). A la luz de las conexiones intencionadas entre las diferentes secciones, es probable que el libro fuese el producto de una "escuela" de discípulos de Isaías (cf. 8:16) que recolectaron y organizaron las palabras de Isaías y las sumaron a través de un largo periodo de tiempo.

Al final, el involucramiento de múltiples autores en la composición de Isaías no socava su autoridad como Escritura. Su autoridad deriva no del profeta del mismo nombre, sino más bien de Dios, que inspiró estos escritos (2 Tim. 3:16).

Plan del Libro

Tiene una estructura literaria similar a la de Ezequiel, Sofonías, Joel y la traducción griega de Jeremías. La primera sección se concierne con juicio sobre Israel (caps. 1-12), la segunda con juicio sobre naciones extranjeras (caps. 13-23) y la tercera registra profecías de esperanza y salvación (caps. 24-27). Esta estructura intencionadamente coloca oráculos esperanzadores para consolar tras los oráculos de juicio. Algunos ven todo el libro de Isaías como siguiendo este patrón (caps. 1-12, juicio sobre Israel; caps. 13-35, juicio sobre otras naciones; caps. 40-66, oráculos de consuelo). Sin embargo, estos dos esquemas son algo forzados, ya que cada sección es levemente mixta (hay oráculos de salvación en caps. 1-12, profecías contra Judá en caps. 13-23 y oráculos de juicio en los caps. 56-66). Sin embargo, en esquema amplio es útil reconocer esta estructura.

Esquema

I. Juicio sobre Judá (1-12)
II. Juicio sobre otras naciones (13-27)
III. Advertencias para confiar en el Señor (28-35)
IV. La crisis asiria (36-39)
V. El segundo éxodo (40-48)
VI. La restauración de Jerusalén (49-55)
VII. La Jerusalén terrenal y la nueva (56-66)

Primero Isaías (Is. 1-39)

Eventos históricos clave. Esta sección de Isaías proviene del período cuando la nación de Asiria estaba expendiendo su territorio de manera agresiva y aterrorizando naciones más débiles, como Israel y Judá. Dos eventos históricos clave forman el trasfondo para muchos oráculos en los capítulos 1-39 y son el foco prominente allí: la guerra siro-efraimita del año 734 a.C. y la invasión de Judá por Asiria en el año 701 a.C.

La guerra siro-efraimita. Las naciones de Aram (Siria) e Israel (Efraín) se aliaron contra Asiria e intentaron forzar a Judá a unírseles. Planearon reemplazar al rey Acaz con un rey de su elección (7:6) que terminaría la dinastía davídica. Al final, Acaz rechazó el consejo de Isaías de simplemente confiar en Dios (7:9) y en cambio apeló al rey de Asiria por ayuda. Los asirios conquistaron Aram (732 a.C.) e Israel (722 a.C.) y los asimilaron al Imperio Asirio. Judá sobrevivió, pero debía pagar tributo a Asiria desde ese momento en adelante.

La invasión asiria de Judá. El rey asirio, Senaquerib, invadió Judá cuando Ezequías, hijo de Acaz, reinaba en Jerusalén. La invasión devastó a Judá; sin embargo, cuando Jerusalén fue amenazada, Ezequías, al contrario de su padre, confió en Dios para que los salvara, y el ejército asirio sufrió grandes pérdidas y fracasó en tomar Jerusalén (37:36).

Estructura y temas. La estructura de los capítulos 1-39 es bastante compleja. Sin embargo, las profecías y narrativas históricas concernientes al día de Isaías están aproximadamente en orden cronológico (e.g., profecías y eventos que ocurrieron durante el reinado de Acaz [6:1-8:22] preceden a aquellos ocurridos en el reinado de Ezequías [36:1-39:8]). La estructura de estos capítulos alterna entre amenaza y promesa (e.g., cap. 1 = amenaza; 2:1-4 = promesa de esperanza; 2:5-4:1 = amenaza; 4:2-6 = promesa de esperanza). Análogamente, los temas principales de estos capítulos alternan entre amenaza y promesa.

Santidad. Un tema importante de Isaías es la santidad de Dios, como se evidencia en su título preferido para el Señor, "Santo de Israel". Mientras la idea original subyacente a la santidad era la separación física y no tenía una dimensión ética (e.g., prostitutas del templo en el antiguo Oriente Próximo eran llamadas "mujeres santas"), un concepto diferente de santidad emerge en el capítulo 6, el relato del llamado de Isaías. Ya que 6:1-9:7 es la única parte del libro con narración autobiográfica, estos capítulos probablemente provienen de una memoria original del propio Isaías. La memoria está rodeada por oráculos de juicio con un elemento repetido, "Sin embargo, a pesar de todo esto, su ira no se aleja, su mano sigue levantada" (5:25; 9:12, 17, 21; 10:4), sugiriendo que la memoria como un todo fue insertada entre estos oráculos para explicar la ira de Dios registrada en 1-12. El mandato de Dios a Israel era "sean santos, porque yo soy santo" (Lv. 11:44-45), pero Israel fracasó en seguir este orden. En la presencia del santo Dios, Isaías se dio cuenta de su propio pecado y el pecado de su pueblo (6:5), conectado los conceptos de santidad y justicia.

El remanente. Ya en el primer capítulo vemos el surgimiento de dos grupos dentro de Israel: los malvados, que serán castigados, y un remanente, que será redimido (1:27-31). Este foco en el remanente era una forma en la cual Isaías veía esperanza para Israel a pesar del juicio inminente que predecía. El tema del remanente destaca la aparente tensión entre Dios como santo y Dios como redentor: la santidad de Dios se sostiene a través del juicio sobre Israel, pero el carácter de Dios como salvador es testimoniado a través del remanente que es redimido.

Un rey mesiánico por venir. La sección 6:1-9:7 data de la época de la guerra siro-efraimita y al parecer Isaías la escribió (8:16) cuando Acaz rechazó su consejo. La memoria enfatiza el rechazo de rey davídico Acaz y predice el nacimiento de un hijo real que reemplazará a Acaz y traerá libertad de la opresión (9:1-7). Esta insatisfacción con el rey davídico reinante fue el semillero para expectativas mesiánicas y es el trasfondo para la trilogía mesiánica de 7:14-16; 9:2-7; 11:1-9. Mientras algunos de estos pasajes pueden originalmente haberse referido a Ezequías, se queda corto de estas expectativas mesiánicas, dejando a la comunidad de fe a la espera por otro ungido (mesías). Ominosamente, el capítulo 39 describe a Ezequías entreteniendo huéspedes de Babilonia, tal vez implicando una alianza entre ambas naciones. Las acciones de Ezequías impulsan a Isaías a predecir el exilio babilonio (39:6-7), proporcionando una transición adecuada para los capítulos 40-66.

Segundo Isaías (Is 40-55)

Un mensaje a los exiliados. Segundo Isaías fue escrito cerca del final del período exílico para aquellos que fueron deportados por Nabucodonosor a Babilonia. Aunque los exiliados en Babilonia fueron asentados en comunidades (Ez. 3:15) y se les permitió construir casas y plantar la tierra (Jr. 29:5-7), no tenían templo para la adoración y muchos de los exiliados probablemente vieron la destrucción de Jerusalén y su templo como el fin de la acción de Dios en su nombre. Los dioses de Babilonia parecían haber tenido la victoria. La fe de los exiliados flaqueaba e incluso aquellos que no abandonaron la adoración del Dios de Israel simplemente se aferraban al pasado y no esperaban nada nuevo de él.

Contrario a estas expectativas, Segundo Isaías proclama que Dios está haciendo algo nuevo para su pueblo y terminando el exilio (40:1; 55:12). El rol de Ciro en esta liberación se destaca, con la referencia explícita e implícita al rey persa (41:2-3, 25; 44:28; 45:1-4, 13-14). Sin embargo, en medio de los oráculos de consuelo también hay un desafío para Israel, que es de cierta forma resistente al mensaje. Para quebrar esta resistencia, la profecía tiene una retórica sostenida contra la adoración de ídolos, con algunas secciones bastante hilarantes ridiculizando a quienes hacen ídolos (44:9-20). Israel tenía que darse cuenta de que sólo Yahveh es Dios y confiar en que Él redimiría a Israel para sus propósitos. Los capítulos 1-39 aluden a la redención de Israel (1:27; 35:9), y los capítulos 40-66 revelan más de cómo ocurrirá esta redención: el trabajo de "el sirviente".

El sirviente. Varios poemas presentan a un "sirviente" anónimo (42:1-9; 49:1-12; 50:4-11; 52:13-53:12) son frecuentemente llamados como las Canciones del Sirviente. Remontándose al eunuco etíope (Hec. 8:34), los intérpretes han luchado con cómo identificar a "el sirviente". A veces, Israel es explícitamente identificado como el sirviente (Is. 41:8-9; 42:19 [2×]; 43:10), sin embargo, el sirviente claramente también tiene características individuales, sugiriendo que una persona cumplirá ese rol. Algunos han sugerido a Ciro porque 42:1 dice que el sirviente "traerá justicia a las naciones", y Ciro es descrito como conquistando naciones (41:2, 25; 45:1). Sin embargo, a pesar de tanto hablar de Ciro, el texto nunca explícitamente aplica el término "sirviente" a él, lo que difícilmente puede ser al azar. Alternativamente, el sirviente puede ser el profeta que habla en estos capítulos (como especulaba el eunuco etíope), ya que estaba destinado a su misión desde antes de nacer (49:1) y equipado para una misión involucrando el discurso profético (49:2) y había recibido conocimiento revelado divinamente (50:4).

Sin embargo, las Canciones del Sirviente son también mesiánicas y ansían a un futuro ungido que cumpliría completamente el rol del sirviente. En el NT, Jesús es presentado como el nuevo Israel (cf. Mt. 2:15 con Os. 11:1) que verdaderamente cumple el rol del sirviente (Jn. 12:38, citando Is. 53:1; Mt. 8:17; citando Is. 53:4). Sin embargo, Pablo parece aferrarse a la interpretación colectiva de las canciones, mientras se ve a sí mismo como el sirviente en algunas instancias (Hec. 13:47; Rom. 15:21; Gal. 1:15). Tanto las interpretaciones individuales como colectivas son legitimadas en el NT, mientras tanto Jesús (individual) y la iglesia (colectivo), que es el cuerpo de Cristo, cumplen el rol del sirviente.

Tercero Isaías (Is. 56-66)

En el año 539 a.C., Ciro permitió que los exiliados volviesen a sus hogares para reconstruir Jerusalén y su templo (Esd. 1:1-4). A pesar de muchos obstáculos, el templo fue terminado en el año 515 a.C. Incluso con este éxito, vivir en la tierra era desafiante (*véase* Malaquías), con facciones entre el pueblo, problemas económicos, adoración hipócrita (Is. 58:1-14) y problemas con líderes corruptos (56:9-57:13). Fue para esta comunidad postexílica que se escribió Tercero Isaías (probablemente antes de que las reformas de Esdras y Nehemías en el año 445 a.C. trajeran cambios permanentes a una situación desesperada).

A diferencia de los capítulos 40-55, donde Israel debe ser levantado de su desesperación por las acciones inminentes de Dios, en los capítulos 56-66 el pueblo está rogando a Dios que los ayude (59:11; 62:7). En el capítulo 59 el profeta declara que la demora de Dios en ayudar a su pueblo no se debe a su incapacidad para hacerlo, sino más bien por los pecados del pueblo, que son descritos, confesados y lamentados.

De muchas maneras, Tercero Isaías une los temas de Primero Isaías y Segundo Isaías. Segundo Isaías enfatiza la venida de una nueva era que contrasta con la antigua. Se recuerdan las cosas anteriores, pero las cosas nuevas que Dios estaba haciendo—el regreso del exilio—se destaca. Sin embargo, en Tercero Isaías, la liberación de Babilonia se ve como meramente un anticipo de la promesa de Dios, que ahora se identifica como un nuevo cielo y una nueva tierra (caps. 65-66). Tercero Isaías está a la espera de las cosas nuevas que están aún por venir.

Primero Isaías predice un mesías davídico que gobernaría con justicia (9:1-7; 11:1-9) y un remanente fiel que respondería en confianza (10:20; 28:16). Segundo Isaías no continúa con estos temas, en cambio vuelve la atención al "sirviente" cuyo sufrimiento y muerte harían expiación por Israel (53:4-5). Sin embargo, Tercero Isaías conecta este remanente fiel con "sirvientes" obedientes que toman la misión del Sirviente Sufriente en Segundo Isaías. Esta interpretación establece la dirección para la identificación en el NT del mesías real de los capítulos 1-39 como el sirviente de los capítulos 40-55 (Lc. 24:26; Hec. 8:32). Tercero Isaías, así, une y reinterpreta el libro en su conjunto.

Es apropiado que Jesús lea los versículos de apertura de Is. 61 en la sinagoga al comienzo de su ministerio. Al igual que Tercero Isaías, él une profecías tanto del gobernante davídico mesiánico de Primero Isaías y el Sirviente Sufriente de Segundo Isaías, tomando ambos roles para sí. Tercero Isaías termina con un futuro glorioso para la comunidad judía mientras actúan como sacerdotes en el mundo (61:6). Igualmente, el cuerpo de Cristo, la iglesia, ahora actúa en estos mismos roles en el mundo (cf. Hec. 13:47; Ap. 5:10).

ISAÍAS, MARTIRIO Y ASCENSIÓN DE Este libro pseudoepigráfico comúnmente es fechado entre el siglo dos a.C. y el siglo cuatro AD. Los capítulos 1-5 probablemente fueron originalmente escritos en hebreo (aunque no hay manuscritos existentes en hebreo), luego, traducido al griego en un período temprano y posteriormente a otros idiomas (etíope, latín, eslavo, copto). Actualmente, el trabajo completo existe sólo en etíope.

La primera sección (caps. 1-5) describe el martirio de Isaías. En el año veintiséis de Ezequías, Manasés debía ser instruido por Isaías en justicia. En cambio, Isaías profetiza que Manasés actuará con maldad, llegando al clímax con Isaías siendo cortados en dos (cf. Heb. 11:37). Esta sección contiene una adición cristiana a veces referida como el Testamento de Ezequías (3:13-4:22). La segunda sección (caps. 6-11), un trabajo cristiano, describe la visión de Isaías durante el año veinte del reinado de Ezequías. En ella, el profeta pasa a través de siete cielos, donde ve al Dios trino: el Señor Cristo, el Espíritu Santo y un vistazo de la gloria de Dios Padre. Entonces escucha a Dios Padre comisionar al Señor Cristo que vaya a la tierra, nazca como un bebé, viva, muera y sea resucitado, y luego ascienda de regreso al séptimo cielo.

ISBAC Uno de los seis hijos que tuvo Abraham con Queturá (Gn. 25:2). Estaba entre los hijos que Abraham envió lejos con regalos al este para que Isaac fuese el único heredero (Gn. 25:5-6; 1 Cr. 1:32).

ISBAH Un descendiente de Caleb y el padre de Estemoa en la tribu de Judá. Su madre era Bitia, una hija de Faraón (1 Cr. 4:17-18).

ISBI BENOB Un guerrero filisteo que buscó tomar ventaja del cansancio de David en algún momento avanzado en su reinado y amenazó con matarlo. Pero el poderoso guerrero de David, Abisai, atacó primero, matando a Isbi Benob (2 Sm. 21:16-17). La forma de su nombre es incierta debido a temas textuales, pero el peso de la evidencia, marginalmente, favorece la forma tradicional. Se dice que era "uno de los descendientes de Rafa", y probablemente era un gigante, ya que "Rafa" puede relacionarse a la palabra hebrea para "gigante" (cf. KJV: "los hijos del gigante"; NRSV: "los descendientes de los gigantes"), aunque algunos han sugerido que él y los otros tres mencionados en 2 Sm. 21:15-22 eran soldados especialmente devotos al dios Rafa. Era un adversario formidable, equipado con una lanza de bronce (probablemente solo una punta de lanza, ya que las lanzas en sí eran de madera) pesando aproximadamente tres kilos y una pieza de equipo sin nombrar, posiblemente una espada. Después de que Abisai había matado al filisteo, los soldados de David insistieron en que él no saliese más a la batalla con ellos.

ISBOSET Un hijo de Saúl que se convirtió en rey en Majanaim tras la muerte de su padre, aunque Judá era leal a David (2 Sm. 2:8-11). Su nombre original era "Esbaal" (1 Cr. 8:33; 9:39), probablemente cambiado para evitar que tuviese

Punta de lanza de bronce (Israel, 1000-586 a. C.), posiblemente se asemeja a la punta de lanza llevada por Isbi-Benob.

"Baal" en su nombre (cf. Os. 2:16-17 NRSV); "Isboset" significa "hombre de vergüenza". Isboset tal vez debe ser identificado con el segundo hijo de Saúl, Isvi (1 Sm. 14:49), y estuvo ausente del Monte Gilboa cuando falleció Saúl (31:2). Su poder dependía del general de Saúl, Abner, que lo colocó en el trono. Debilitó su posición cuando acusó a Abner de tener una relación sexual con la concubina de Saúl, Rizpa, llevando a Abner a desertar hacia David (2 Sm. 3:7-11). Isboset fue asesinado por dos de sus capitanes, Recab y Baana (2 Sm. 4:5-7), pero la cronología de 2 Sm. 2:10-11 sugiere que los reinos no se unieron inmediatamente bajo David.

ISCA La hija del hermano de Abraham, Harán (Gn. 11:29). Algunos comentaristas rabínicos identifican a Sarai e Isca, probablemente basándose libremente en el retrato de Abraham y Sari como medio hermanos (Gn. 20:12).

ISCARIOTE Un epíteto o apelativo para el discípulo llamado "Judas" que traicionó a Jesús (Mt. 10:4; Mc. 3:19; Lc. 6:16). Una palabra de derivación incierta, puede significar "hombre de Queriyyot", una ciudad en el sur de Judea (por ellos lecturas textuales alternativas en Jn. 6:71; 12:4; 13:2, 26; 14:22: "de Queriyyot"), el plural para "ciudad", o una adaptación aramea del latín sicarius, "asesino" o "terrorista". Esto último lo ubicaría con los Sicarii, un grupo de terroristas que asesinaban simpatizantes romanos con espadas curvas (Hec. 21:37-38; Josefo, J.W. 2.254; Ant. 20.186).

ISHTAR Una diosa mesopotámica también conocida por el nombre sumerio "Inanna". Era una diosa tanto del amor/atracción sexual como de la guerra y se asociaba con la estrella vespertina (Venus). Ishtar es prominente en la literatura mesopotámica y aparece en la Épica de Gilgamesh, pero no es mencionada directamente en la Biblia. Es probable, sin embargo, que el nombre de Ester derive de esta diosa y es por lo menos posible que Ishtar sea la Reina del Cielo en Jr. 7:18; 44:17-25.

ISHTOB El hebreo para este nombre, 'ish tob, ocurre sólo en 2 Sm. 10:6, 8. La KJV toma "Ishtob" como un simple nombre de lugar. Otras traducciones (e.g., NIV, NRSV, ESV, ASV) toman estas dos palabras hebreas como refiriéndose a los "hombres de Tob". En este caso, 'ish es tomado como significado colectivo singular "hombres", y tob es el nombre de lugar que también ocurre en Jue. 11:3, 5. De cualquier manera, "Ishtob" o "Tob" se refiere a una región en el reino de Aram, ubicada al norte o noroeste de Israel. En 2 Sm. 10:6, 8 esta es una de las partes de Aram de las cuales lo amonitas contrataban tropas para luchar contra David.

ISI (1) Un judaíta de la línea de Jerameel (1 Cr. 2:31). (2) Un hombre de Judá (1 Cr. 4:20). (3) Un hombre de Simeón (1 Cr. 4:42). (4) Un hombre de Manasés (1 Cr. 5:24). (5) Un nombre simbólico en Os. 2:16 para Yahveh que es transliterado como "Ishi" en algunas traducciones inglesas (KJV, ASV), pero se deletrea diferente en hebreo que los nombres individuales que se listan con anterioridad. Este nombre significa "mi esposo", y Oseas tiene la intención de que reemplace el nombre "Baali" como un epíteto para Yahveh. Baali también puede significar "mi esposo", pero Oseas lo considera inapropiado debido a su asociación con la deidad semítica occidental, Baal.

ISÍAS (1) Un líder militar de la tribu de Isacar durante el reinado de David (1 Cr. 7:3). (2) Un soldado de la tribu de Benjamín que se unió a David en Siclag mientras huía de Saúl (1 Cr. 12:6). (3) Un levita de la casa de Rehabías que echaba suerte en la presencia del rey David, Sadoc y Ahimelec (1 Cr. 24:21). (4) Un levita cohatita de la familia Uziel (1 Cr. 23:20; 24:25). (5) Un descendiente de Harim que se había casado con una esposa extranjera durante el período persa, pero aceptó divorciarse de ella durante las reformas de Esdras (Esd. 10:31). La NIV presenta el nombre en Esd. 10:31 como "Issia" (NRSV: "Isshijah"). *Véase también* Issia.

ISLA Por lo general, una masa de tierra más pequeña que un continente y completamente rodeada de agua. Pero en el AT especialmente, referencias a islas sin nombres también puede indicar zonas costeras o representar grupos de personas o naciones. Dos veces en Isaías, islas son listadas como un grupo de personas, junto con naciones específicas, como receptores de la providencia de Dios (11:11; 66:19). Los residentes del puerto marino fenicio de Tiro son llamados "gentes de la isla" (23:2, 6). Islas sin nombres son incluidas en el juicio, restauración y liberación de Israel por Dios (40:15; 41:1, 5; 42:4, 10, 12, 15; 49:1; 51:5; 59:18; 60:9).

Las islas son personificadas como receptores aterrorizados del juicio de Dios contra Tiro (Ez. 26:18) y en el juicio final contra Babilonia (Ap. 16:20; cf. 6:14). Bestias salvajes del desierto y de las islas rebuscan tierras desoladas por el juicio de Dios (Is. 13:22; 34:14; Jr. 50:39 KJV).

Las islas mediterráneas específicas mencionadas en el NT son predominantemente asociadas con los viajes misioneros de Pablo en el libro de Hechos (pero *véase* 4:36; 11:19-20). Pablo y Bernabé predican en Chipre al comienzo del primer viaje de Pablo (13:4-13). La isla egea de Samotracia es un punto de detención en el segundo viaje de Pablo (16:11). Se acerca a Quíos y Samos, frente a las costas de la moderna Turquía, en su tercer viaje (20:15) y se detiene en Cos y Rodas (21:1). El barco de Pablo, llevándolo como prisionero a Roma, encuentra una tormenta en las costas de Creta (27:12-13), pasa la pequeña isla de Gavdos (27:16), y se hunde en Malta (28:1-11). Finalmente, el apóstol Juan experimenta su visión apocalíptica en la isla egea de Patmos (Ap. 1:9).

ISMA Un descendiente de Etam y un miembro de la tribu de Judá (1 Cr. 4:3).

ISMAEL **(1)** El hijo de Abraham y Hagar (Gn. 16:11-16; 17:18-26; 21:8-21; 25:12-17; 28:9; 36:3; 1 Cr. 1:28-31) y el progenitor de los ismaelitas. **(2)** Un descendiente de Saúl (1 Cr. 8:38; 9:44). **(3)** Padre de Zebadías, supervisor de los jueces designado por Josafat (2 Cr. 19:4-11). **(4)** Hijo de Netanías y oficial en jefe de la casa real que asesinó a Gedalías, el gobernador de Judá designado por Babilonia, y luego huyó a Egipto (2 Re. 25:23-26). **(5)** Un capitán militar (2 Cr. 23:1). **(6)** Un sacerdote que aceptó a divorciarse de su esposa extranjera y proveyó una ofrenda por su culpa (Esd. 10:18, 22).

ISMAELITAS El grupo étnico que se dice son los descendientes de los hijos de Ismael del Gn. 25:12-16. Son mencionados algunas veces en el AT, incluyendo una aparición como los comerciantes que llevan a José a Egipto (Gn. 37:25-36;

Patmos, la isla a la que Juan se exilió cuando escribió el libro de Apocalipsis.

véase también Gn. 39:1; Jue. 8:24; Sal. 83:6). En Gn. 37, estos comerciantes eran frecuentemente llamados madianitas, muchas veces entendidos como un subgrupo de los ismaelitas. Los ismaelitas mantenían un estilo de vida beduino y eran un poder considerable en la parte norte del desierto árabe, con su alza en prominencia comenzando en el siglo ocho a.C. y finalmente desvaneciéndose en el siglo tres a.C. Tanto la tradición judía como la islámica los consideran ismaelitas (y a Ismael), de los comienzos del pueblo árabe.

ISMAÍAS (1) El líder de los treinta poderosos hombres de David quien se le unió en Siclag (1 Cr. 12:4). Era de Gabaón, la ciudad que engaño a Israel para hacer un tratado con ellos durante la conquista (Js. 9). (2) El jefe de Zabulón durante la época de David (1 Cr. 27:19).

ISMAKÍAS Uno de los diez administradores levitas responsables de manejar las "contribuciones, diezmos y regalos dedicados" traídos al templo durante el reinado de Ezequías (2 Cr. 31:12-13). Servían bajo los hermanos levitas Conanías y Simei, que habían sido designados por el rey Ezequías y Azarías, el oficial a cargo del templo.

ISMARI Uno de los hijos de Elpaal, era el líder de una de las casas benjamitas en la genealogía de Benjamín (1 Cr. 8:18). Su nombre no aparece en otra parte en la literatura bíblica o extrabíblica.

ISOD Un descendiente de Manasés, era uno de los tres hijos de la hermana de Galaad, Hamolequet (1 Cr. 7:18). Su nombre significa "hombre de majestad".

ISPA Uno de los hijos de Bería, hijo de Elpaal en la genealogía de Benjamín (1 Cr. 8:16). El nombre se translitera como "Ispah".

ISPÁN Uno de los hijos de Sasac, hijo de Bería en la genealogía de Benjamín (1 Cr. 8:22).

ISRAEL El nombre "Israel" (hebreo yisra'el) significa "Dios lucha" o "uno que lucha con Dios". (1) El nombre asignado a Jacob después de que "luchó con Dios" (Gn. 32:28; cf. 35:10). Los descendientes de Jacob son llamados "israelitas" o "hijos de Israel" (Js. 3:17; 7:25; Jue. 8:27; Jr. 3:21) y la "casa de Israel" (Éx. 16:31; 40:38). (2) Tras el exilio, la designación "Israel" ganó significado nacional. "Israel" es rara vez una designación geográfica (cf. 2 Re. 5:2; 2 Cr. 30:25; 34:7; Ez. 27:17; 40:2), sugiriendo que la significancia del término se encuentra en los aspectos políticos y religiosos (cf. Estela de Merenptah egipcia). (3) Tras la muerte de Saúl, diez tribus se atribuyeron el nombre, como si fuesen toda la nación (2 Sm. 2:9-10, 17, 28; 3:10, 17; 19:40-43). (4) La designación del verdadero pueblo de Dios (Sal. 73:1; Is. 45:17; 49:3; Jn. 1:47; Rom. 9:6; 11:26).

ISRAEL ESPIRITUAL El concepto de Israel es complejo en la Biblia. Consiste de aspectos políticos, étnicos y espirituales. En la distinción de Israel como un estado político (el reino norte) o como nación étnica (hijos de Israel, también conocidos como hebreos o judíos), Israel también puede representar un grupo de personas con quienes Dios ha establecido una relación especial. La naturaleza de esa relación es que Yahveh será su Dios y ellos serán su pueblo (e.g., Éx. 6:7; Lv. 26:12).

"Israel" es una palabra que representa al pueblo de Dios. Surge por las tratativas de Dios con la humanidad. Comienza con la elección de Dios del Israel étnico. Él elige a Israel mientras lo libera de Egipto a Canaán. Al principio, su elección de Israel es el resultado de su relación con Abraham, Isaac y Jacob (Israel) y la alianza que hizo con ellos (*véase* Éx. 3:6-10). En Sinaí, Dios invita a la nación de Israel a una alianza en la cual será una posesión atesorada, un reino de sacerdotes, una nación santa (Éx. 19:5-6). La nación acepta, pero rápidamente rompe la alianza, y así Dios amenaza con destruir a la nación completamente (Éx. 32). En las planicies de Moab, inmediatamente antes de la conquista de Canaán, Moisés y los sacerdotes le advierten a la nación que se ha convertido en el pueblo de Dios y, por lo tanto, debe obedecer todo lo que Dios ha mandado (Dt. 27:9). Debido a la especial relación que Dios establece con el Israel étnico, la palabra "Israel" se extiende para representar al pueblo de Dios.

Ya que los israelitas eran el pueblo de Yahveh, Él debía ser su Dios. Este aspecto de la relación de Dios con el Israel étnico es claro desde el comienzo. En Éx. 6:7, Yahveh promete hacer a Israel su pueblo y ser su Dios. Al final de una larga lista de bendiciones por la obediencia de Israel, Lv. 26:12 lee lo siguiente: "caminaré entre ustedes y seré su Dios, y ustedes serán mi pueblo". Como el pueblo de Yahveh, se esperaba que obedecieran sus mandatos (Dt. 27:9). Sin embargo, Israel no obedecería. El retrato bíblico de la historia de Israel está marcado por una extendida desobediencia, con pocas excepciones.

Contra este trasfondo de desobediencia, los profetas hablaron acerca del futuro para el pueblo de Dios. Oseas profetiza contra Israel porque el pueblo había abandonado a Yahveh como su Dios, que entonces los llama "no mi pueblo" (Os. 1:9-10); pero un día aquellos llamados "no mi pueblo" serán el pueblo de Dios (Os. 2:23). Jeremías predice un día en el futuro en el cual Israel será el pueblo de Dios y Él será su Dios (Jr. 24:7; 30:22; 31:1, 33). Ezequiel igualmente habla de tal día en el futuro (Ez. 11:20; 14:11; 36:28; 37:23, 27). Aunque Israel frecuentemente es llamado "el pueblo de Dios" en Jeremías y Ezequiel, estos pasajes muestran que existe cierta distinción entre el Israel étnico e Israel como el pueblo de Dios.

Pablo detecta la distinción entre el Israel étnico e Israel como el pueblo de Dios cuando declara que no todos aquellos que son étnicamente israelitas (descendientes de Israel) son Israel (Rom. 9:6). En otras palabras, ser miembro del Israel étnico no garantiza que una persona sea miembro del pueblo de Dios. Pablo declara en cambio que hay un remanente del Israel étnico que pertenece al pueblo de Dios, junto a algunos de los gentiles (9:23-29). Como Pablo continúa, el pueblo de Dios está compuesto de aquellos que han logrado la justicia que viene de Dios a través de la fe (9:30-10:13).

La relación precisa del Israel étnico al Israel espiritual es un tema ampliamente debatido. El tema tiene implicaciones trascendentales para la interpretación de profecía, el futuro del Israel étnico y la relación entre el AT y el NT. Pasajes importantes para examinar incluyen Rom. 9:6; 11:1; Gal. 6:16; 1 Pe. 2:1-10. En estos pasajes tanto el Israel étnico (Rom. 11:1) y la iglesia son considerados como el pueblo de Dios (Gal. 6:16; 1 Pe. 2:1-10).

ISRAEL, TIERRA DE La tierra de Israel está estratégicamente ubicada en un puente terrestre entre poderes geopolíticos significativos. Alrededor del tamaño de Nueva Jersey, es geográficamente diverso, desde montañas fértiles en el norte de Galilea a la árida estepa del Néguev. Era en realidad el "terreno de prueba de la fe" en donde Dios plantó a su pueblo.

La "Tierra Intermedia"

El Mar Mediterráneo al oeste y gran Desierto Árabe al este restringían el flujo de tráfico militar y comercial a este puente terrestre. En gran parte de la historia de Israel, Egipto y la sucesión de entidades políticas en Mesopotamia estaban decididos a expandir sus imperios; Israel estaba en el medio. En menor medida, esto también involucraba invasores que venían de o a través de Anatolia (hoy moderna Turquía).

El mar y el desierto también afectan los patrones climáticos ya que Israel depende de la lluvia en los meses invernales y rocío en el verano para la continuidad de su fertilidad agrícola. Las promesas respecto a las "lluvias tempranas y tardías" (otoño y primavera) indican bendición (Dt. 11:14; Jr. 5:24; Jl. 2:23). Los prospectos de sequía y hambruna rondan la tierra. Estas vulnerabilidades a ataques enemigos y potencial falta de lluvia figuran prominentemente en el desafío de Dios a obediencia fiel (Dt. 11:10-17; 28:25).

Regiones Geográficas

Existen cuatro zonas longitudinales norte-sur que ayudan a definir la geografía de Israel. De oeste a este, son la planicie costera, el territorio montañoso, valle del Rift de Jordán y Transjordania. Al sur de estas zonas esta el Néguev, una región marginal entre Israel propiamente tal y Sinaí.

Planicie Costera. La planicie costera se extiende casi a todo lo largo de Israel, con la excepción del promontorio del Monte Carmelo, sobresaliendo hacia el Mar Mediterráneo.

REGIONES GEOGRÁFICAS DE ISRAEL

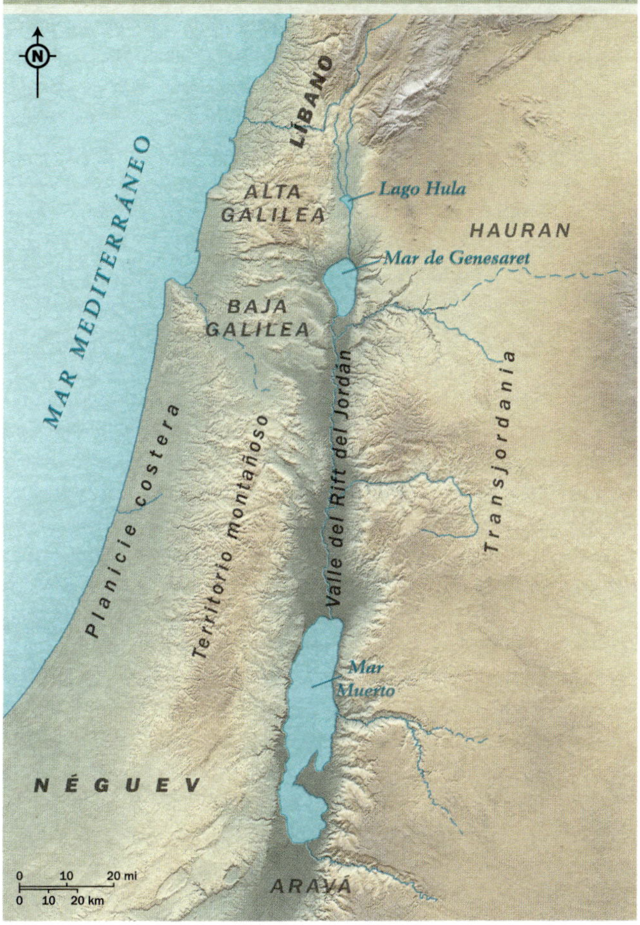

Debido a la recta línea costera, no hay buenas bahías naturales como sí las hay más al norte, en El Líbano. Esta región característicamente fue controlada por no israelitas más cosmopolitas y por lo general hostiles, siendo los más notables los filisteos en el sur. Como resultado de estos factores, los israelitas en general no eran un pueblo marinero y, de hecho, parecían ver el mar como un lugar de caos y peligro (e.g., Sal. 42:7; 74:13-14; Juan. 2:2-7).

Gran parte de la planicie costera era pantanosa en la antigüedad debido a crestas de piedra arenisca calcificadas a lo largo de la costa que prevenían escurrimiento de las montañas de fluir sin obstáculos hacia el mar. Adicionalmente, dunas de arena a lo largo de la costa eran obstáculos para el viaje. Debido a que esta región era relativamente plana y fácilmente cruzada por el borde este, la Carretera Costera Internacional faldeaba los pantanos y dunas y llevaba el tráfico principal a través de la tierra. Erosión del territorio montañoso hacia el este llevaba excelente tierra a la planicie. Una vez que los pantanos fueron secados en el siglo veinte, las planicies se volvieron áreas agrícolas fértiles.

La planicie costera tiene subdivisiones significativas. Al norte del Monte Carmelo, la Planicie de Akkó incluye un área en forma de luna creciente alrededor de la ciudad de Akkó y se extiende a Rosh Hanikra, un promontorio en el límite con El Líbano. Inmediatamente al sur del Monte Carmelo, se encuentra la pequeña Planicie de Dor, generalmente bajo el control de extranjeros y no significativa en el texto bíblico. El río Cocodrilo separa la Planicie de Dor de la Planicie de Sharon. A principio del siglo uno AD, Herodes el Grande construyó Cesarea Marítima en la ubicación de la Torre de Strato junto a la costa de la Planicie de Sharon y construyó una inmensa bahía artificial (Josefo, Ant. 15.331-41). Era la intención de Herodes que Cesarea sirviese como punto de entrada para la cultura romana en lo que él consideraba las áreas rurales de Palestina. En el plan de Dios, sin embargo, el proceso era a la inversa: Cesarea se volvió un importante centro cristiano, y el evangelio salió a través de todo el Imperio Romano.

El río Yarkón, con su fuente en Aphek, separa las planicies de Sharon y Filistea. Debido a que esto creaba un cuello de botella para la Carretera Internacional Costera, quien controlase

Aphek tenía la ventaja militar y comercial. Es significativo que los filisteos estaban en Aphek cuando los israelitas llevaron el arca de la alianza a la batalla (1 Sm. 4). La Planicie Filistea se extiende ochenta kilómetros al sur a Besor Wadi (lecho seco) en el Neguev occidental (*véase* a continuación). Su ancho varía desde dieciséis kilómetros en el norte a cuarenta kilómetros en el sur. Las cinco ciudades filisteas significativas eran Gaza, Ashekelon, Asdod, Gat y Ecrón.

Territorio Montañoso. Una columna montañosa corre de norte a sur, con varias aberraciones debidas a actividad sísmica en el pasado geológico distante. Los territorios montañosos de Judá, Benjamín, Efraín y Manasés están en los dos tercios sur del país. Debido a que el terreno es accidentado, con empinados valles en forma de V, estas regiones están algo más aisladas y protegidas, especialmente en Judá y Efraín. El viaje al interior se realiza a lo largo del cordón norte-sur, frecuentemente llamado el "camino de los patriarcas" porque Abraham, Isaac y Jacob viajaron por esta ruta, deteniéndose en Siquem, Betel, Salem (Jerusalén), Hebrón y finalmente Beerseba al extremo sur de la cordillera. La agricultura es excelente en el terreno montañoso cuando hay lluvias suficientes. El sustrato duro de piedra caliza significa que los arroyos son abundantes y el terreno erosionado de terra rosa es productivo. La tríada de cosechas que aparece en la Biblia incluye granos ("pan"), vino nuevo y aceite (Dt. 11:14; Jl. 1:10), señalados en el orden que son cosechados.

Al oeste del territorio montañoso de Judea son terrenos más bajos, faldeos ondulantes conocidos como Shefelah. Atravesada por cinco valles este-oeste significativos, esta región era una zona de contención entre las personas que vivían en el territorio montañoso y los filisteos u otras fuerzas extranjeras pasando a través de la Carretera Costera Internacional. Cuando Israel estaba particularmente vulnerable, estos valles servían como rutas de invasión hacia el corazón de Judá. El más famoso de esto, el Valle de Elah, fue la ubicación del enfrentamiento entre David y el guerrero filisteo Goliat (1 Sm. 17).

Al lado este del territorio montañoso, especialmente en las áreas tribales de Judá y Benjamín, está el desierto. Debido a que la mayor parte de la precipitación cae en las colinas occidentales de la cordillera, la lluvia para las regiones justo alrededor del Mar Muerto (a la "sombra de la lluvia") es menos de diez centímetros al año. Escasamente habitado, el desierto era ocasionalmente un lugar de refugio, como cuando David estaba huyendo de Saúl (1 Sm. 23-26). Generalmente, era visto como un lugar de paso. Cuando los israelitas conquistaron la tierra, atravesaron el desierto para llegar a la central Meseta de Benjamín (Js. 10:9-10). David huyó a través del desierto cuando Absalón tomó su reino (2 Sm. 15-16). Cuando Jesús viajó desde Jericó (bajo el nivel del mar) a Jerusalén, trepó por el desierto a una elevación de alrededor de setecientos sesenta y dos metros sobre el nivel del mar. Los pastores pastaban a sus rebaños en esta área durante los meses húmedos de invierno y luego migraban más hacia el norte y oeste a medida que avanzaba la estación seca. Algunos elegían retirarse al desierto, destacablemente la comunidad de Qumrán junto a la costa noroccidental del Mar Muerto y las posteriores comunidades monásticas.

La principal ciudad en el accidentado territorio montañoso de Efraín era Siloh, una ubicación bien protegida para el tabernáculo y el arca de la alianza temprano en la historia de Israel (Jue. 18:31; 1 Sm. 1-4). De hecho, la decisión de sacar el arca de la alianza en batalla contra los filisteos en Aphek fue catastrófica. El territorio tribal de Manasés, al norte de Efraín, estaba más abierto a influencia extranjera. Las principales ciudades eran Siquem, entre el Monte Gerizim y el Monte Ebal, ubicaciones para la renovación de la alianza (Js. 8:30-35; 24:1) y Samaria, eventualmente la capital del reino norte. Cuando Omri trasladó la capital al oeste, a Samaria (1 Re. 16:24), era una apuesta para más conexión con las cosmopolitas comunidades costeras y particularmente con la nación de Fenicia al noroeste. El hijo de Omri, Acab, se casó con la princesa fenicia Jezabel, cimentando la alianza y trayendo la adoración de Baal a Israel con incluso mayor fuerza.

El Monte Carmelo, al noroeste de Samaria, sirvió como el límite más efectivo entre Israel y el poder en expansión de los fenicios. Era el escenario perfecto para la confrontación entre Elías y los profetas de Baal y Asera (1 Re. 18). Debido a su elevación (más de quinientos dieciocho metros en su punto más alto), normalmente recibe aproximadamente ochenta y un centímetros de lluvia al año. A la palabra de Elías, sin embargo, la lluvia se detuvo por más de tres años (1 Re. 17:1; Sant. 5:17), y la gloria de Carmelo se había marchitado (cf. Is. 33:9; Am. 1:2; Nah. 1:4). Esto era un desafío directo a los supuestos poderes de Baal, el dios de la tormenta y la lluvia. El concurso aparentemente ocurrió cerca de las alturas del promontorio mirando hacia el Mar Mediterráneo (1 Re. 18:42-43). Existen, sin embargo, tres secciones en la cordillera de treinta y ocho kilómetros cada una separada de la siguiente por un paso de tiza, proporcionando acceso a través de la cordillera. En el extremo suroriental del Monte Carmelo está el Valle Dothan, ubicación de una de las rutas que conectan la Carretera Costera Internacional con la principal carretera transjordana (*véase* Gn. 37; 2 Re. 6:8-23).

El Valle Dothan descansa entre el Monte Carmelo y el Monte Gilboa al este. Estas dos montañas, junto con los Valles de Jezreel y Harod en su flanco norte, crean una barrera natural entre el territorio montañoso central y Galilea. Debido a la importancia estratégica de esta región, los israelitas lucharon tempranas batallas defensivas contra las fuerzas de Jabín, rey de Hazor (Jue. 4) y contra los madianitas acampados en el Valle de Jezreel (Jue. 7). Posteriormente, los filisteos barrieron a través del valle, dividiendo las tribus del sur de las del norte. Saúl y sus hijos perdieron su vida en el Monte Gilboa en esta confrontación (1 Sm. 31). La noche antes de la batalla, Saúl estaba tan preocupado por el silencio de Dios que se aventuró tras líneas enemigas en el Monte Moré (directamente al norte del Monte Gilboa) al pueblo de Endor y pidió un médium para llamar al profeta Samuel (1 Sm. 28). La ciudad de Megido, situada en el borde del Valle de Jezreel en la base del Monte Carmelo, protegía el paso más importante a través de la montaña y fue el lugar de numerosas batallas. Puede ser la base para el nombre "Armagedón", "Har Megido" en hebreo (Ap. 16).

Al norte de los Valles de Jezreel y de Harod, Galilea puede dividirse en Baja y Alta Galilea. Esta última se llama "Alta" porque está más al norte y es significativamente más alta en elevación. La Alta Galilea es accidentada y relativamente aislada. Como resultado, pocos eventos bíblicos se desarrollaron allí. De hecho, Galilea es rara vez mencionada en el AT, con la excepción de Is. 9:1, en el pasaje que Mateo cita al hablar de la inauguración del ministerio de Jesús en Galilea (Mt. 4:13-16).

La parte oeste de Galilea tiene cumbreras que corren de este a oeste, proporcionando conductos naturales para los vientos del Mar Mediterráneo mientras barren hacia el este. Esto contribuye a repentinas y fuertes tormentas en el Mar de Galilea. El pueblo de Nazaret está anidado cerca de la cumbre de la cumbrera sur, mirando al Valle de Jezreel desde el norte. Este le habría otorgado a Jesús una visión panorámica de un escenario histórico mientras crecía. Cerca estaba Gat Hefer, hogar del profeta Jonás (2 Re. 14:25). Mientras Jesús miraba al este, habría visto el Monte Tabor (Jue. 4-5) y el Monte Moré (Jue. 7; 1 Sm. 31). La "cima del cerro" en Nazaret (Lc. 4:29) es un agudo precipicio mirando hacia el Valle de Jezreel. Aunque no se menciona en los Evangelios, la ciudad romana de Séfora estaba sólo cuatro kilómetros al noroeste de Nazaret y puede haber sido el lugar donde José trabajaba como constructor. La Baja Galilea oriental se caracteriza por bellas colinas onduladas y valles que se inclinan hacia el Valle del Jordán. Justo al oeste del Mar de Galilea están los acantilados de Arbel, pasados los cuales la Carretera Costera Internacional hacía su camino mientras corría del Valle de Jezreel alrededor del Monte Tabor y bajando hacia el Valle del Rift del Jordán.

Valle del Rift del Jordán. El Valle del Rift del Jordán, variando en ancho desde alrededor de seis a veintidós kilómetros, es una impresionante grieta geológica en la tierra que se extiende mucho más allá del área inmediata de Israel. El Arabah, el Mar Muerto, el Mar de Galilea y el Valle de Jule, al norte del Mar de Galilea están en el Valle del Rift del Jordán.

En tiempos modernos, el Aravá (Arabah) se refiere al erial entre el Mar Muerto y el Golfo de Eliat (Áqaba), pero en el AT el término también incluía el árido desierto al norte de y alrededor del Mar Muerto (Js. 8:14; 11:2; 1 Sm. 23:24; 2 Sm. 2:29; 4:7). El Mar Muerto se llamaba el "Mar de Arabah" en textos que indican su rol como marcador limítrofe (Dt. 3:17; 4:49; Js. 12:3; 2 Re.14:25).

En la Biblia hebrea, el Mar Muerto es llamado el "Mar de Sal". El contenido mineral excede el 30 por ciento, en comparación a la salinidad normal del mar de 3-5 por ciento. Esto minerales incluyen calcio, potasio, magnesio y cloruro de sodio. Sin embargo, algunas algas y bacterias sí sobreviven en ese mar. Bitumen (asfalto) también se filtra desde el fondo marino, especialmente cuando hay más actividad sísmica en la región. La salinidad varía, dependiendo del nivel del Mar Muerto, que fluctúa con las variaciones en precipitación. El nivel actualmente está en rápido retroceso, a un rango de casi noventa centímetros por año. Una razón para esto es la creciente demanda de agua del nacimiento del río Jordán. El extremo norte del mar, aproximadamente a trescientos noventa y seis metros bajo el nivel del mar, es el punto más bajo sobre la tierra, y la profundidad del agua en ese punto es de más de trescientos cuatro metros.

El Valle del Río Jordán al norte del Mar Muerto tiene aproximadamente ciento cuatro kilómetros de largo y el río Jordán serpentea por más de ciento noventa y tres kilómetros. El nombre "Jordán" proviene de la palabra hebrea yarad, que significa "descender". El Mar de Galilea está a doscientos diez metros bajo el nivel de mar, de manera que hay una caída significativa entre ese punto y el extremo norte del Mar Muerto.

Ciudades clave en el Valle del Jordán incluyen Jericó, justo al norte del Mar Muerto, y Bethshan en la intersección de los valles de Harod y Jordán. La primera ciudad en ser conquistada (Js. 6), Jericó representaba el "vientre" vulnerable de Canaán y pavimentó el camino para las campañas que barrieron primero a través del sur y luego el norte (Js. 9-11). Bethshan estaba bajo control filisteo en el temprano período israelita. Posteriormente, se volvió una de las ciudades de la Decápolis al oeste del río Jordán y fue conocida como Escitópolis.

El Valle del Jordán tiene tres secciones. Toda su extensión se llama "Ghor", un nombre árabe. El valle fluvial mismo se llama el "Zhor", e incluye el "orgullo" o las espesuras del Jordán, una densa maraña de frondoso sotobosque en la cual podían encontrarse leones en el período bíblico (Jr. 12:5; 49:19; 50:44; Zac. 11:3). Entre el Ghor y el Zhor está el Qatarra, terrazas inertes de marga. En la antigüedad, durante etapas de inundación el río Jordán podía tener más de mil seiscientos metros de ancho. Los israelitas cruzaban el Jordán en primavera, cerca de Pascua, cuando el río estaba en época de inundación (Js. 3:15; 5:10).

El río Jordán tiene su nacimiento al norte del Mar de Galilea, en la base del Monte Hermón. Provee una fuente constante de agua fresca proveniente del cuerpo de agua de once por veinte kilómetros de agua. Adicionalmente, hay manantiales de sal en la esquina noroeste. Estos contribuyen a la buena pesca en esa parte del mar. El nombre hebreo "Yam [Mar de] Cinnereth" (Nm. 34:11; Js. 12:3; 13:27). También era conocido como el Mar de Tiberíades (Jn. 6:1; 21:1) y el Lago de Genesaret (Lc. 5:1). Este último nombre proviene de la planicie fértil alrededor de la esquina noroeste del lago y la ciudad de Genesaret en la planicie.

El ministerio de Jesús se desarrolló alrededor del Mar de Galilea después de que movió su base de operaciones de Nazaret a Cafarnaúm (Mt. 4:13) en el extremo norte del mar. Cerca estaban las ciudades de Betsaida y Corazín, que, junto con Cafarnaúm, Jesús condenó por no creer, aunque obró milagros en medio de ellas (Mt. 11:20-24). La ciudad de Cafarnaúm se benefició de las industrias de la pesca y el prensado de aceite. Era también un lugar probable para un recolector de impuestos, ya que estaba cerca del límite entre la Galilea de Herodes Antipas y los territorios al este de Herodes Filipo. Cruzando el lago, en territorio no judío, estaba el pueblo de Gérgesa, tal vez el lugar donde Jesús envió a la legión de demonios hacia los cerdos (Mc. 5:1-20 parcial).

Justo al norte del Mar de Galilea hay un alféizar elevado, formado por un flujo de basalto a lo largo de las Alturas del Golán y sobre esta sección del Valle del Rift del Jordán. Hazór, un importante lugar de alrededor de ochenta hectáreas, estaba montada sobre el alféizar y dominaba la región norte en la tardía Edad de Bronce y los períodos israelitas. Hazor es mencionado en textos de Mari en Mesopotamia y El Amarna en Egipto.

El Valle de Jule, al norte del alféizar, tiene treinta y dos kilómetros de largo y recibe aproximadamente sesenta centímetros de lluvia al año, haciéndolo una ciénaga pantanosa en la antigüedad que era llamada "Lago Semeconitis". La Carretera Costera Internacional hacía su camino a lo largo del límite oeste del valle, giraba hacia el este pasado el Monte Hermón y continuaba hacia Damasco.

Transjordania. En el lado este del Valle del Rift del Jordán, en la extensión del extremo norte de Israel, el Monte Hermón se eleva a dos mil setecientos cuarenta y tres metros de altura. Abundante precipitación percolando a través de la piedra caliza da como resultado prolíficos arroyos en su base. Estos son el nacimiento del río Jordán, de los cuales los dos más importantes están en Dan y Cesarea de Filipo. Con la abundancia de agua y exuberante entorno, no es de sorprender que Dan era una tentadora ubicación para que se reasentara la tribu de Dan, dada su posición precaria entre la tribu de Judá y los filisteos al oeste. Los ídolos ubicados en ese lugar (Jue. 18:30-31) establecieron un precedente para la elección de Jeroboam de colocar allí uno de los becerros dorados como una alternativa a adorar en la distante Jerusalén (1 Re. 12:29-30). Otro nombre para Cesarea de Filipo es "Panias" (árabe moderno, "Banias"), en honor al dios Pan. La cara de roca de la cual fluía el arroyo está cubierta de nichos para dioses paganos; Herodes el Grande también construyó un templo a Augusto. En este contexto, Pedro declaró que Jesús era el Cristo, el Hijo del Dios "vivo" (Mt. 16:16).

La región al sur del Monte Hermón era Basán en la época del AT. En la época del NT consistía de un número de pequeñas provincias. Una de ellas era Gaulanítide, que es reconocible en el nombre moderno "Golán". Con abundante precipitación anual (alrededor de ciento un centímetros al año), la vegetación natural incluye árboles y ricas pasturas que mantienen grandes rebaños (cf. los "toros de Basán" en Sal. 22:12; Ez. 39:18).

Separando la región de Basán de la Baja Galilea está el Cañón del río Yarmuk, un significativo límite natural. Había una permanente

El valle del Jordán y el mar Muerto, con las montañas de Transjordania al fondo.

competencia entre el reino norte de Israel y Siria al noreste para controlar el lugar clave de Ramot de Galaad (1 Re. 22; 2 Re. 9). Cortando a través del elevado Domo de Galaad está el río Jaboc, el lugar de la lucha entre Jacob y Dios (Gn. 32).

El área al este y al sur del Mar Muerto incluye las planicies de Moab (Mishor), extendiéndose al norte del Cañón del río Arnón; el Moab geopolítico, entre los ríos Arnón y Zered; y Edom, abarcando desde Zered hasta el extremo norte del Golfo de Eilat (Áqaba). Al este de Mishor estaba el reino de Amón. De acuerdo al Gn. 19, Moab y Amón eran descendientes de Lot por sus hijas. Cuando huyeron hacia el este desde Sodoma y Gomorra, esta fue el área en general donde se asentaron.

Transjordania era significativa en el AT mientras los israelitas bordeaban Edom, conquistaban las ciudades de los amorreos y el rey de Basán, y encontraron a Moab en el camino a la tierra prometida (Nm. 20-25). Las tribus de Rubén y Gad y la media tribu de Manasés pidieron el derecho de asentarse en Transjordania después de que la conquista de la tierra fue completada (Nm. 32). En los siglos siguientes estas tribus sufrieron los estragos de la guerra en el frente oriental (Jue. 10:8; 1 Sm. 11:1; 2 Re. 15:29; 1 Cr. 5:23-26). En el período intertestamentario gran parte del norte y el centro de Transjordania cayeron bajo control helénico. Las ciudades de la Decápolis estaban ubicadas en Basán, Galaad y tan al sur como Filadelfia, en la ubicación de la moderna Amán.

Néguev. Al sur del territorio montañoso de Judea está el Néguev, cuyo nombre significa tanto "seco" como "sur". El Néguev bíblico es una región más pequeña formada como una corbata de moño con Beerseba al centro, Arad en la cuenca oriental, y Gerar controlando la cuenca occidental. El extremo sur de la planicie filistea se funde con el Néguev occidental. En el período patriarcal había tensiones sobre los derechos de aguas entre los pastores de Abraham e Isaac y aquellos del rey filisteo Abimelec (Gn. 21:22-34; 26:12-33). Aunque la región sólo recibe veinte a treinta centímetros de lluvia al año, esto era suficiente para sostener poblaciones pequeñas, especialmente si conservaban agua. La tierra del Neguev son depósitos de loess, un polvo soplado por el viento del cual la lluvia simplemente resbala a menos que se construyan cuencas de recepción.

El Néguev bíblico está limitado por el Néguev mayor hacia el sur, donde predominaban crestas de piedra caliza. Una línea artificial trazada de Gaza a Eilat, en el extremo norte del Golfo de Eilat, define el límite suroeste del Neguev mayor; el Valle del Rift del Jordán es el límite oriental. El Neguev era históricamente un corredor para el comercio de especias provenientes del suroeste de Arabia e India en el "barco del desierto" (el camello) para llegar a mercados mediterráneos. Los nabateos, nómades árabes comerciantes que conocían los secretos del desierto, florecieron en el comercio de especias del siglo cuatro al siglo uno a.C. Una vez que los romanos cooptaron el comercio de especias, los nabateos construyeron ciudades, desarrollaron técnicas de conservación de agua y plantaron extensos viñedos.

El Terreno de Prueba de la Fe

Debido a que la tierra es marginal en cuanto a lluvia suficiente y seguridad nacional, el pueblo de la alianza de Dios enfrentaba constantes desafíos de obediencia. Las tentaciones para adorar a dioses cananeos para fertilidad agrícola y para formar alianzas con vecinos más poderosos en vez de poner su confianza en Dios eran poderosas. Con frecuencia sucumbían y luego experimentaban el castigo de Dios para volver a Él (Lv. 26). Incluso la tierra misma experimentaría contaminación debido a los pecados de sus habitantes (Lv. 18:25). En suma, la tierra era mucho más que el espacio vital; era parte integral de la identidad de los israelitas como el pueblo de la alianza de Dios. Cuando fluía con "leche y miel", el pueblo experimentaba el shalom de Dios.

ISRAELITAS La designación "israelitas" significa la nación de Israel, que puede ser trazada a los hijos de Jacob (Gn. 46:8; cf. Éx.1:9; Nm. 1:45). Para distinguirse de los extranjeros, los israelitas se llamaban a sí mismos 'ibrim, "hebreos" (Gn. 43:32; Éx. 10:3). Durante el período del reino dividido, el nombre "israelitas" se usaba para referirse a los efraimitas (2 Re. 17:6; 18:11); durante el período del Segundo Templo adquirió una orientación religiosa (Ecl. 46:10; 47:2; Jdt. 4:11; 2 Mc. 1:25-26). En el NT, los verdaderos israelitas no necesariamente son los descendientes de Israel o Abraham, sino más bien aquellos que confían en Jesucristo, que es el cumplimiento de la promesa de Dios a Abraham (Rom. 9:4-8; Gal. 4:21-31; cf. Ap. 21:12). *Véase también* Israel Espiritual.

ISRAHÍAS El hijo de Uzi, tuvo cuatro hijos, todos los cuales eran jefes de la tribu de Isacar. El clan familiar de Israhías tenía la mayor cantidad de hombres luchadores en la tribu de Isacar y era destacado por tomar muchas esposas y tener muchos hijos, que probablemente hicieron de su clan una potencia militar (1 Cr. 7:3-4).

ISSIA La presentación de la NIV en Esd 10:31 de un nombre hebreo que en otras partes se presenta como "Isías" (1 Cr. 7:3; 23:20; 24:21, 25). *Véase también* Isías.

ISSUI, ISSUITAS *Ver* Isví.

ISÚI *Véase* Isví.

ISUITAS, ISVITAS *Ver* Isví.

ISÚI *Ver* Isví.

ISVÁ Uno de los cinco hijos del patriarca Aser (Gn. 46:17; 1 Cr. 7:30; KJV: "Isúa"). En Nm. 26:44-47, donde se nombra a los descendientes de los tres hermanos de Isvá, este es omitido. Ya sea que no tuvo descendencia o el nombre Isvá es una variante del nombre "Isvi", otro de los hijos de Aser.

ISVÍ **(1)** Un hijo de Aser emigró a Egipto en la época de Jacob y José (Gn. 46:17; 1 Cr. 7:30). Es nombrado como el ancestro de un clan de la tribu de Aser en la época del segundo censo en el desierto (Nm. 26:44). **(2)** Uno de los hijos de Saúl y Ahinoam (1 Sm. 14:49).

ISVITA *Véase* Isví.

ITA CAZÍN Un pueblo que estaba en el límite de la asignación tradicional de Zabulón (Js. 19:13). La KJV deletrea el nombre de este pueblo como "Ittahkazin". La ubicación actual donde se encontraba esta ciudad es desconocida.

ITALIA La región peninsular aproximadamente correspondiente a la moderna nación del sur europeo del mismo nombre. Hec. 18:2 relata el encuentro de Pablo con Aquila y Priscila, que fueron forzados a trasladarse de Italia a Corinto por el edicto del emperador Claudio que expulsaba a todos los judíos de Roma. Italia era el destino de Pablo mientras navegaba como prisionero a las cortes imperiales de Roma tras apelar a César en su juicio ante Porcio Festo (Hec. 25:11; 27:1, 6). En su viaje, Pablo desembarcó en Puteoli y viajó por tierra a través de Italia hacia Roma (Hec. 28:12-16). Cornelio, el centurión, era un oficial del séquito italiano del ejército romano (Hec. 10:1). Hebreos 13:24 incluye un saludo de los cristianos italianos.

ITALIANO, SÉQUITO En el NT, speira (NRSV: "séquito"; NIV: "regimiento") se refiere a una unidad militar romana de seiscientos soldados, un décimo de una región. El centurión gentil Cornelio era un oficial del séquito italiano en Cesarea Marítima (Hec. 10:1), la capital de Palestina bajo el gobierno romano. Cornelio comandaba una unidad militar más pequeña llamada "centuria", un subconjunto de ocho hombres del séquito italiano. "Italia" (griego Italia) era entonces, como ahora, el nombre del país del cual Roma era la capital.

ITAMAR El cuarto hijo de Aarón y Elisabet (Éx. 6:23), él, junto a sus tres hermanos, fue ordenado para servir como sacerdote (Nm. 3:2-4; 1 Cr. 24:1-2). Debido a la muerte de Nadab y Abihú, resultante de ofrecer un sacrificio no autorizado (Lv. 10:1-2; Nm. 26:60-61), Eleazar e Itamar fueron los hijos de Aarón dejados para servir como sacerdotes. Según Éx. 38:21, Itamar dirigió el registro de materiales usados para el tabernáculo. También fue específicamente colocado sobre el trabajo de los clanes gersonita y merarita, ambos asignados a servir en y llevar la tienda de reunión (Nm. 4:28, 33; 7:8).

ITIEL **(1)** Antepasado benjamita de Salú, cuya familia se asentó en Jerusalén tras el regreso del exilio en Babilonia (Neh. 11:7). No se menciona entre los ancestros de Salú en el pasaje paralelo en 1 Cr. 9. **(2)** Es mencionado junto con Ucal como receptor de las palabras de Agur (Prov. 30:1). Tanto su nombre como el de su contraparte pueden tener significado simbólico en el proverbio. El hebreo es oscuro, y los nombres están ausentes en la LXX y han sido traducidos de varias formas (e.g., NRSV: "Estoy cansado, O Dios, estoy muy cansado, O Dios, ¿cómo puedo prevalecer?"). Algunos académicos no las traducen como nombres, sino como parte de una confesión de debilidad por Agur.

ITLÁ Un pueblo listado entre la herencia de la tribu de Dan tras la conquista de Canaán bajo Josué (Js. 19:42). Alternativamente se escribe "Jetla". La ubicación exacta es desconocida; sin embargo, su posición en la lista sugiere que estaba probablemente ubicada en la porción sur del territorio de Dan, entre Ajalón y Timna.

ITMA Moabita mencionado entre los treinta poderosos hombres de David (1 Cr. 11:46). Está entre dieciséis hombres sólo mencionados por el cronista (1 Cr. 11:41-47; cf. 2 Sm. 23:24-39).

ITNÁN Un pueblo ubicado en la parte sur del territorio asignado a la tribu de Judá (Js. 15:23). La ubicación Itnán es desconocida, aunque que esté listada entre Hazor y Zif sugiere el este del Néguev.

ITRÁ *Véase* Jeter.

ITRÁN **(1)** El tercero de los cuatro hijos de Disón y nieto de Seir, era un jefe horeo en Edom (Gn. 36:26; 1 Cr. 1:41). Los horeos posteriormente fueron desplazados y destruidos por los descendientes de Esaú (Dt. 2:12). **(2)** El décimo de los once hijos de Zofa estaba entre los valientes guerreros de Aser (1 Cr. 7:37). Aquí, "Itrán" puede ser una variante de "Jeter". *Véase también* Jeter.

ITREAM El sexto hijo engendrado por David mientras reinaba en Hebrón, nacido de Egla, sexta esposa con la que se casó allí (2 Sm. 3:5; 1 Cr. 3:3).

ITRITA Una unidad familia entre los descendientes de Caleb y dentro del clan Quiryat-Jearim (1 Cr. 2:53). Dos de los poderosos hombres de David, Ira y Gareb, eran itritas (2 Sm. 23:38; 1 Cr. 11:40). Asociaciones con Jeter o Jetro o el pueblo de Jatir son inconcluyentes, como son las especulaciones de su origen no israelita.

ITTAI **(1)** Un soldado guitita y comandante de seiscientos hombres que se unieron al rey David y sus hombres mientras huían de Jerusalén, que había sido tomada por Absalón. A pesar de su reciente llegada y contra las nobles objeciones de David, Ittai permaneció fiel a David, ganándose la confianza de este último (2 Sm. 15:19-22). Mientras David se preparaba para la batalla que terminarían con la vida de Absalón, nombró a Ittai comandante de un tercio de sus fuerzas, haciéndolo igual a Joab y Abisai (2 Sm. 23:29 [NIV: "Itai"]). No es nombrado posteriormente. **(2)** El hijo de Ribai, era un benjamita y uno de los treinta poderosos hombres de David (2 Sm. 23:29; "Itai" en 1 Cr. 11:31).

ITUREA Un territorio predominantemente gentil al norte de Galilea, en la base del Monte Hermón (actual Siria). Se menciona por nombre sólo una vez, como uno de los territorios gobernados por Herodes Filipo, medio hermano de Herodes Antipas (Lc. 3:1). Filipo construyó sus cuarteles centrales en una región de Iturea que nombró "Cesarea de Filipo" en honor a sí mismo y al emperador romano, Augusto. Jesús y sus discípulos viajaron al norte desde el Mar de Galilea y Betsaida a través de aldeas alrededor de Cesarea de Filipo en Iturea (Mt. 16:13; Mc. 8:27), donde Pedro confesó a Jesús como el Cristo. El origen del nombre "Iturea" es incierto. Puede reflejar anteriores habitantes árabes descendientes de Jetur, un hijo de Ismael (Gn. 25:15; 1 Cr. 1:31; 5:19).

IVAH *Véase* Ava.

IYIM **(1)** En pueblo asignado a Judá bajo Josué (Js. 15:29; varias versiones leen "Iim"). Su ubicación precisa es desconocida, pero estaba en el extremo sur del territorio de Israel, en la región del Neguev (*véase* Js. 15:21). **(2)** Una variante de "Iyé Abarim" (Nm. 33:45; KJV: "Iim").

IZAL La ortografía en NIV (ESV, NRSV, NASB: "Uzal") para uno de los lugares que comerciaban con Tiro citado por Ezequiel en un lamento sobre Tiro (Ez. 27:19). Tal vez se asocia con el distrito de "Izalla", mencionado en textos acadios como habiendo pagado tributo en vino a Asurbanipal.

IZARAÍTA Nombre de un clan familiar o lugar de origen de Samhut, el comandante de la quinta división de las doce divisiones militares de David (1 Cr. 27:8).

IZEHAR, IZEHARITA *Véase* Izhar.

IZHAR El segundo de cuatro hijos de Coat de la tribu de Leví (Éx. 6:18; Nm. 3:19; 1 Cr. 6:2, 18; 23:12), tuvo tres hijos: Coré, Nefeg y Zicri (Éx. 6:21). Coré, junto a unos rubenitas, se levantó contra Moisés y Aarón en el desierto para desafiar su estatus como líderes. Como resultado, Coré y sus asociados, junto a sus posesiones, fueron tragados vivos por la tierra (Nm. 16:1-34). Hemán, el músico del templo y vidente de David era descendiente de Izhar (1 Cr. 6:33-38). *Véase* Zohar.

IZHARITA *Véase* Izhar.

IZÍAS Un sacerdote y descendiente de Parós que desobedeció la palabra de Dios y se casó con una esposa extranjera (Esd. 10:25; KJV: "Jeziah").

IZLÍAS El sexto de siete hijos de Elpaal, era uno de los líderes familiares de los benjamitas que vivían en Jerusalén (1 Cr. 8:18). La KJV translitera su nombre como Jezliah; pero la mayoría de las versiones presenta Izlías.

IZQUIERDA El antiguo mundo del Cercano Oriente estaba orientado hacia el este. Por lo tanto, en la Biblia "izquierda" a veces significa "norte" (como la NVI traduce la palabra hebrea semo'l en Gn. 14:15). A menudo, izquierda" tiene una connotación negativa. En Ecles. 10:2 un necio está inclinado hacia la izquierda, y en Mt. 25:33 las cabras se separan de las ovejas poniéndolas a la izquierda. Sin embargo, en muchos textos, "izquierda" no tiene una asociación negativa. Por ejemplo, en Prov. 3:16 La sabiduría retiene riquezas y honor en su mano izquierda.

IZRI Un hijo de Jedutún y líder de la cuarta división de músicos de templo que sirvieron bajo la supervisión de Asaf, Jedutún y Hemán (1 Cr. 25:11). *Véase también* Zeri.

J

J *Ver* Hipótesis Documentaria.

JAACÁN El tercer hijo de Ezer, y nieto de Seir (1 Cr. 1:42). En la genealogía paralela de Gn. 36:27 aparece como "Acán", el cual se utiliza en ambos casos de la NVI. *Ver también* Acán; Bené Jaacán.

JAACANES *Ver* Becrot Bené Jaacán

JAACOBA Uno de los jefes de los clanes de Simeón (1 Cr. 4:36).

JAALA Antepasado de una familia que pertenecía a los siervos de Salomón (Esdras 2:55-56; Neh. 7:57-58) y que regresó del exilio en Babilonia bajo Zorobabel, alrededor de 539 a.C Poco se sabe sobre este grupo, excepto que desempeñaban tareas menores en el templo, ya que se les agrupó con los "siervos del templo" (*ver* Netinim). El nombre del grupo sugiere que fue formado durante el periodo de Salomón, aunque también pudo haber sido nombrado porque Salomón construyó el templo primero.

JAALAM El segundo de tres hijos nacidos de Esaú y Aholibama, una de sus esposas cananeas (Gn. 36: 5, 14; 1 Cr. 1:35). Jaalam se convirtió en el jefe tribal de un clan edomita (Gn. 36:18).

JAANAI Un gadita viviendo en Basán que sirvió bajo el mando del jefe del clan Joel (1 Cr. 5:12).

JAARE-OREGIM Una transliteración de la frase en hebreo ya'are 'oregim, que se menciona.

Este moderno pueblo yace en el antiguo sitio de Quiriath-Jearim en 2 Sam. 21:19 (NVI mg.). Si es un nombre personal, entonces es el padre de Elhanán, de Belén, quien se dice que mató a Goliat. Si es que es un error del escriba, entonces el pasaje paralelo en 1 Crón. 20:5 sería considerado como la lectura corregida, indicando que "Elhanán, hijo de Jair mató a Lahmi, el hermano de Goliat". Dado que ambas versiones concuerdan en que el asta de su lanza era como un "rodillo de tejedor", es probable que el escriba de Samuel repitió por error la palabra oregim (tejedores) al final del versículo, conectándolo con el nombre Jair.

JAARESÍAS Individuo nombrado en la genealogía del rey Saúl, el Benjamita (1 Cr. 8:27). Él fue el cuarto de los seis hijos de Jeroham.

JAAR Un lugar a diez millas al oeste de Jerusalén (Sal 132:6) cuyo nombre significa "bosque". La descripción de "campos de Jaar" se refiere a Quiriat-jearim (Jearim es el plural de Jaar"), donde el arca del pacto, después del tiempo con los filisteos, yació por veinte años antes de que David lo llevara a Jerusalén (*ver* 1 Sam. 6:21-7:2; 1 Cr. 13:6).

JAASAI, JAASAU *Ver* Jaasu.

JAASIEL (1) El hijo de Abner (el general que desertó a Saúl por David), Jaasiel fue uno los oficiales del ejército de David quien estaba a cargo de la milicia que la tribu de Benjamín les proveía (1 Cr. 27:21). (2) Uno de los treinta guerreros poderosos de David (1 Cr. 11:47). Es posible que estos dos hombres fueran la misma persona.

JAASU Uno de los descendientes de los sacerdotes nombrados en Esdras que fueron culpables de casarse con mujeres extranjeras (Esdras 10:37). La RVR indica el nombre Jaasai y la RVC Jasay. La variación en su escritura resulta a partir del Texto masorético ya que tienen diferentes formas, Ketiv (lo que está escrito) y Qeri (lo que se lee) del nombre.

JAZANÍAS (1) El hijo de un Macatita y uno de los oficiales del ejército de Judá que se comprometieron a apoyar a Gedalías, el gobernador designado por Babilonia en Judá, después de la derrota de Jerusalén por Nabucodonosor y los babilonios. Jazanías aparentemente huyó a Egipto después del asesinato de Gedalías porque temía la retribución de los babilonios (2 Reyes 25: 22-26; Jer. 40: 7-14). (2) Un jefe del clan de los recabitas (Jeremías 35:3). Los recabitas se negaban a beber vino y tener viñedos, campos o cultivos y vivían en tiendas de campaña como señal de su piedad hacia sus antepasados. El profeta Jeremías los usa como ejemplo del tipo de obediencia que Dios desea de todo el pueblo de Judá (Jer. 35). (3) Hijo de Safán, era uno de los setenta ancianos de Israel que, según la visión de Ezequiel, eran culpables de ofrecer incienso a ídolos que habían sido colocados en el templo de Jerusalén (Ezequiel 8:11). (4) El hijo de Azur fue uno de los líderes contra los cuales profetizó Ezequiel, ya que trataban de confortar a la gente y restar importancia a sus pecados (Ezequiel 11: 1).

JAAZER Variación en la escritura del nombre del lugar y región "Jazer" (Nm. 21:32; 32:35 RVR1960).

JABAL Es identificado como el "padre de los que viven en tiendas de campaña y crían ganado". (Gn. 4:20).

JABAL El hijo de Lamec y Ada, y el hermano de Jubal (también nacido de Ada) y Tubal Caín (nacido de Lamec y Zila).

JABALÍ *Ver* Cerdo.

JABES-GALAAD Se desconoce la ubicación exacta del pueblo de Jabes-galaad, pero las descripciones bíblicas lo ubican en la región noroeste de Galaad. Puede haber estado ubicado cerca de Wadi Yabis. Tanto Tell el-Maqlub como Tell Abu Kharaz han sido sugeridos como posibles ubicaciones. Jabes Galaad jugó un papel prominente, aunque trágico, en tres eventos bíblicos. Jueces 19-20 registra cómo la burda inmoralidad de algunos hombres de Benjamín resultó en que las otras tribus israelitas atacaran y casi destruyeran la tribu de Benjamín. Debido a que la gente de Jabes Galaad no se reunió con las tribus israelitas en Mizpa (Jueces 21: 8), toda su gente fue asesinada a excepción de cuatrocientas vírgenes, las que fueron dadas como esposas a los sobrevivientes de Benjamín. Años más tarde, 1 Sam.11 registra a Saúl, un benjamita, salvando a Jabes Galaad de los amonitas. Cuando la gente de Jabes-galaad oyó que los filisteos habían colgado los cadáveres de Saúl y sus hijos en la pared de Bet-seán, sus guerreros viajaron toda la noche para recuperarlos y darles un entierro honroso en Jabes (1 Samuel 31: 11-12). David los bendijo por su valentía y bondad hacia Saúl (2 Samuel 2: 4-6).

JABEZ (1) Llamado "más honorable que sus hermanos", se le concedió a Jabes su petición de que Dios lo bendijera y lo protegiera (1 Cr. 4: 9-10). El incidente fue resaltado para mostrar que Dios responde a la oración. (2) En 1 Cr. 2:55 una ciudad conocida como la residencia de los clanes de los "escribas" (NVI, *ver* LXX) o los "soferim" (NVI mg., *Ver* NAB).

JABÍN El nombre "Jabín" probablemente sea un nombre real dinástico en la ciudad de Hazor (similar a Ramsés "en Egipto o Henry en Inglaterra). El nombre aparece ya en el siglo XVII a.C en los archivos de Mari, donde el rey de Hazor es Yabni-Addu (que significa "[el dios] Addu construido/creado"). En la Biblia, Jabín parece ser el nombre de dos gobernantes diferentes. (1) El rey de Hazor durante la "Campaña del norte" de Joshua. Formó una coalición de reyes cananeos que luchó contra los israelitas en las Aguas de Merom (Jos. 11: 1-5). Dios dio la victoria a los israelitas, Jabín fue asesinado, y Hazor fue quemado (Jos. 11: 6-14). (2) El "rey de Canaán, que reinó en

Hazor" durante la guerra de Débora (Jueces 4:2). Fue derrotado, y su comandante, Sísara, fue asesinado por Jael (Jueces 4: 14-23).

JABNEEL (1) Una ciudad cerca del mar Mediterráneo que marca la frontera occidental al norte de la tierra asignada a Judá luego de la conquista de Canaán (Josué 15:11). Probablemente sea idéntica a Jabnía (2 Cr. 26: 6), una ciudad filistea cuyos muros fueron destruidos por el rey Uzías. Conocido como Jamnia en el período de Macabeo, se convirtió en un importante centro de judaísmo después del año 70 d.C (2) Una ciudad que marca el límite sur de Neftalí (Josué 19:33). El sitio puede ser Tel Yinam, cerca del mar de Galilea.

JABOC Un afluente clave del río Jordán, que fluye alrededor de treinta y siete millas. El nombre Jaboc (Heb. yabboq) puede que provenga de la palabra hebrea baqaq, que describe el sonido del gorgoteo del agua. El Jaboc es el moderno Wadi Zarqa, llamado así por su agua azul. Ubicado en Transjordania, donde las ciudades antiguas pueblan la región (por ejemplo, Adam, Gerasa, Mahanaim, Peniel), se eleva en manantiales cerca de Amán y fluye hacia el norte, luego gira en el noroeste y luego hacia el oeste, para finalmente desembocar en el Jordán cerca de Adam, a unas veinte millas al norte del mar Muerto. Famosamente, Jacob luchó con un "hombre" en el Jaboc (Gn. 32:22-27), memorizado por el juego de palabras del narrador: "Jaboc" (yabboq), "Jacob" (ya'aqob), y "el luchó" (ye'abeq).

JABÓN Un producto de limpieza hecho de álcali y mezclado con ciertos aceites. Álcali era el producto de quemar ciertas plantas o árboles recolectando las cenizas y potasa. El jabón se usaba para limpiar a una persona (Jr. 2:22; Job 9:30), ropa (Mal. 3:2) y purificar metales (Is. 1:25).

JACÁN Un líder de la tribu de Gad (1 Cr. 5:13) *Ver también* Acán.

JACINTO Una joya que tiene un tono rojizo, naranja o marrón. Se enumera como una de las doce gemas montadas en el pectoral del sumo sacerdote, aunque su identificación exacta es incierta (Éxodo 28:19, 39:12). Uno de los doce fundamentos de la Ciudad Santa, Jerusalén, descrito en Apocalipsis 21:20, está decorado con jacinto.

JACOB (1) Llamado Israel por Dios (Génesis 32:28), era hijo de Isaac y Rebeca y era padre de doce hijos, cuyos descendientes se convirtieron en las doce tribus. La mitad del libro de Génesis (25:19-49: 33) narra su historia y la de sus hijos. Los capítulos del medio de Génesis se centran en sus luchas con su hermano, Esaú, y con su tío Labán, y los capítulos posteriores se centran en sus hijos Dina, Judá, y particularmente en José durante su tiempo en Egipto. Según la narrativa de Génesis, la madre de Jacob, Rebeca, era estéril, pero Dios escuchó la oración de Isaac y ella dio a luz a gemelos, Esaú el mayor y Jacob

El río Jaboc.

el menor (25: 21-26). Fue llamado Jacob, que significa "suplantador", porque agarró el talón de Esaú durante su nacimiento. Isaac favorecía a Esaú, pero Jacob era, por así decirlo, un "niño de mamá" (25:27-28). Jacob suplantó a Esaú dos veces, inicialmente cuando Esaú vendió a Jacob sus derechos como hijo primogénito por un guisado y más tarde cuando Jacob fingió ser Esaú, engañando a su anciano padre para que le diera la bendición de Esaú (25:29-34; 27:1-29). Después del segundo incidente, Esaú juró matar a su hermano, por lo que Jacob huyó a Harán, donde vivía su tío Labán (27: 41-28: 5). En el camino a Harán, Jacob soñó con una escalera al cielo, y Dios le habló, repitiendo la promesa abrahámica de la tierra, la bendición, muchos descendientes y la presencia divina (28:10-22). Llamó al lugar Betel ("casa de Dios") e hizo un pacto con Dios. A su llegada a Harán, se enamoró de la hija menor de Labán, Raquel, y aceptó trabajar siete años para casarse con ella (29: 9-30). Cuando llegó la noche de bodas, Labán reemplazó a Raquel con su hermana mayor, Lea, y de alguna manera Jacob no se dio cuenta hasta el día siguiente. Jacob aceptó trabajar otros siete años más por ambas hijas. El texto registra los nacimientos de los trece hijos de Jacob (29:31-30:24). Como Jacob amó a Raquel más que a su hermana, Dios bendijo a Lea con cuatro hijos (Rubén, Simeón, Leví y Judá), mientras que Raquel permaneció estéril. Siguiendo el precedente establecido por Sara con Agar, Raquel le ofreció a Jacob su sierva Bilha, que dio a luz a otros dos hijos (Dan y Neftalí). Lea entonces ofreció a su sierva Zilpa, con quien Jacob tuvo dos hijos más (Gad y Aser). Lea dio a luz a dos hijos más (Isacar y Zabulón) y una hija (Dina). Finalmente, Dios abrió el vientre de Raquel, y ella dio a luz a los últimos hijos de Jacob, José y Benjamín, pero ella murió cuando nació este último (35:16-19). Jacob terminó trabajando para Labán un total de veinte años, durante los cuales Dios los bendijo a ambos. Dios eventualmente le dijo a Jacob que regresara a la tierra de sus antepasados, pero Jacob no contó a Labán porque estaba preocupado de que este no le permitiera llevar a sus hijas a una tierra distante. Labán persiguió a Jacob, y finalmente hicieron un pacto de paz (31:22-55). Después de partir Labán, Jacob recibió palabra de que Esaú vendría a su encuentro con cuatrocientos hombres (32:1-6). Jacob tenía miedo y oró por la liberación de su hermano, recordándole a Dios la promesa de darle descendencia tan numerosa como "la arena del mar" (32:7-12). Jacob pasó la noche solo, y sus oraciones fueron respondidas de una manera inusual en la forma de un luchador que el texto describe como tanto humano como divino (32:22-32). El luchador no pudo derrotar a Jacob, pero sacó la cadera de Jacob fuera de articulación. El luchador le preguntó a Jacob su nombre, pero él tenía la autoridad para cambiarlo a "Israel" ("pelea con Dios"). Jacob llamó ese sitio "Peniel" ("cara de Dios") porque sobrevivió su encuentro cara a cara con Dios. Al día siguiente, Jacob y Esaú se encontraron no como enemigos, sino como amigos, y Jacob le dijo a Esaú que el encuentro con él era como ver el rostro de Dios (33: 1-11). La crisis familiar que caracterizaba la vida de Jacob continuó en Canaán. Su hija Dina fue violada por el cananita Siquem, por lo que sus hermanos mayores Simeón y Levi respondieron y mataron a todos los hombres de su ciudad (capítulo 34). Después que el hijo favorito de Jacob, José, les contara a sus hermanos sobre sus dos sueños en los que sus gavillas y estrellas se inclinaban ante él, lo vendieron como esclavo y le dijeron a Jacob que una fiera había matado a José, lo que provocó que Jacob estuviera de duelo por muchos días (cap. 37). Más de veinte años después, durante una hambruna en Canaán, Jacob aprendió que Egipto tenía grano, por lo que envió a diez de sus hijos (pero no a Benjamín) para comprar grano (42:1-5). Cuando llegaron, los hermanos no pudieron reconocer al funcionario a cargo del almacenamiento de granos, José, y se inclinaron ante él, cumpliéndose sus sueños (42:6-9). Cuando los once hermanos regresaron más tarde por más comida, José orquestó una prueba para ver si permitirían que a su joven hermano, Benjamín, también lo esclavizaran, pero cuando Judá ofreció sacrificarse para ser esclavizado en su lugar, José se quebranto, reveló su identidad, y sollozó (43:1-45:15). José les dijo a sus hermanos que trajeran a Jacob y a sus familias a Egipto porque la hambruna continuaría por cinco años más. José dirigió su carro a la tierra de Gosén para reunirse con su padre (46:28-34). En Egipto, Jacob bendijo al Faraón (47:7-10) y a los dos hijos de José, Efraín y Manasés (capítulo 48), y también pronunció su testamento final, incluyendo bendiciones y maldiciones sobre sus doce hijos (49:1-28). Murió en Egipto a la edad de 147 años, pero José lo enterró en Canaán (47:28; 49:29-50:14). Jacob es mencionado a través del Antiguo Testamento como un antepasado de la nación de Israel (Éxodo 2:24; 3:16; Dt. 1: 8; 2 Reyes 13:23), así como en Salmos y en la literatura profética como sinónimo de la nación de Israel (Salmo 22:23; 105: 23; Isaías 41: 8; Jer. 2: 4). En el NT, aparece en la genealogía de Jesús (Mateo 1:2, Lucas 3:34), junto a Abraham e Isaac (Mateo 8:11, Hechos 3:13), y entre los héroes de la fe (Hebreos 11: 9, 20-21). (2) El padre de José, que era el esposo de María la madre de Jesús (Mt. 1:15-16).

JACOBO El nombre "Jacobo" es una forma del nombre "Jacob" (Heb. Ya'aqob; griego Iakōbos), que fue muy popular en el primer siglo. En el NT hay cinco individuos llamados "acobo. (1) Jacobo el hijo de Zebedeo y el hermano mayor de Juan. Fue martirizado por Herodes Agripa I en el año 40 d.C (Marcos 1:19; 3:17; Hechos 12:2). Eusebio registra una tradición de Clemente de Alejandría que el individuo que trajo Jacobo ante Herodes estaba tan conmovido por el testimonio de Jacobo que se convirtió en ese lugar y fue martirizado junto con Jacobo (Hist. Ecl. 2.9). (2) Jacobo, el hijo de Alfeo, sabemos muy poco acerca de él, con excepción de que aparece consistentemente en la lista de discípulos (Marcos 3:18, Mateo 10: 3, Lucas 6:15, Hechos 1:13). (3) Jacobo "el menor" (Marcos 15:40), cuya madre, llamada "María", aparece en Marcos 16:1 como la "madre de Jacobo". En la tradición de la iglesia a veces se lo identifica con Jacobo, el hijo de Alfeo. (4) Jacobo el padre de Judas (Lucas 6:16; Hechos 1:13) se menciona solo para distinguir a este Judas de Judas Iscariote. (5) Jacobo, el hermano de Jesús, era un joven líder de la iglesia de Jerusalén (Mateo 13:55, Marcos 6: 3, Hechos 12:17, 15: 13-31, 21:18, 1 Corintios 15: 7, Gálatas 1:19, 2: 9, 12 Judas 1). Varios miembros de la familia de Jesús se convirtieron en líderes prominentes en el movimiento cristiano primitivo en Palestina, siendo Jacobo el más prominente. Aunque él no era uno de los doce discípulos y probablemente no aceptó a Jesús como el Mesías hasta después de la resurrección (*ver* Juan 7: 5; Hechos 1:14), Jacobo emergió rápidamente como un líder clave en la iglesia de Jerusalén, donde sirvió hasta su muerte en el 62 d.C Debido a que la iglesia de Jerusalén era la Madre de todas las Iglesia, los primeros cristianos le concedieron una autoridad central, Jacobo jugó un papel importante al entregar liderazgo y dirección al movimiento. Según el relato de Pablo, Jesús escogió a Jacobo después de la resurrección (1 Corintios 15:7), y en la narración de Lucas se describe a Jacobo como el líder de la iglesia (Hechos 12:17; 15:13; 21:18), una descripción confirmada por la descripción de Pablo de Jacobo como uno de los tres "pilares" de la iglesia en Jerusalén (Gálatas 2:9). Durante la primera visita de Pablo a Jerusalén, la posición de Jacobo era tal que Pablo sintió la necesidad de nombrarlo junto con Pedro al haberlo visto allí (Gálatas 1:19). Desde la posición influyente de liderazgo en la iglesia de Jerusalén, Jacob escribió dos cartas

Tallado de marfil de cinco apóstoles (de izquierda a derecha: Jacobo, Juan, Pedro, Pablo y Andrés) del tríptico de Harbaville.

que moldearon los contornos de la vida cristiana primitiva. Según Lucas, después de la crucial reunión y decisión con respecto a la circuncisión en Hechos 15, Jacobo, junto con los "apóstoles y los ancianos" (Hechos 15:23), escribió a los creyentes gentiles para informarles que no tendrían que seguir la práctica de la circuncisión para llegar a ser seguidores de Jesucristo. Durante las negociaciones, Jacobo proporcionó un argumento exegético clave desde el AT (Amós 9: 11-12 y Jer. 12:15, registrado en Hechos 15: 16-17), abogando por la inclusión de gentiles en la iglesia. En la Epístola de Jacobo (Santiago), escribió desde esta posición de autoridad central en Jerusalén a los cristianos judíos a lo largo de la Diáspora. Aquí Jacobo nuevamente demuestra sus habilidades excepcionales como intérprete del Antiguo Testamento con respecto a las tradiciones judías legales (Lev.19) y sabiduría (Prov. 3:34) a través de la mirada de Cristo para llamar a sus lectores a vivir de todo corazón.

Las memorias de Jacobo se conservaron bien hasta el siglo II porque era visto como el modelo de una persona piadosa. Eusebio cita a Hegesipo, un creyente judío de Jerusalén del segundo siglo, que cuenta que Jacobo se encontraba tan seguido arrodillado en oración por la gente, que sus rodillas se endurecían como las de un camello, y que "a causa de su insuperable rectitud" se le llamó "el Justo "(Hist. Ecl. 2.23.4-7).

El mismo pasaje registra que, debido a su confesión de Cristo ante los judíos, Jacobo fue arrojado desde el parapeto del templo, apedreado, y finalmente asesinado por un golpe de un mazo de un batanero (Hist., Ecl., 2.23.16-18). Además de estas tradiciones, hay un cuerpo sustancial de escritos cristianos apócrifos compuestos en nombre de Jacobo por individuos durante los siglos segundo y tercero. Estos textos, principalmente gnósticos, promueven un hombre casi legendario, de piedad y estilo de vida ascético (por ejemplo, Primer Apocalipsis de Jacobo, Segundo Apocalipsis de Jacobo, Apócrifo de Jacobo).

JACOBO/SANTIAGO EPÍSTOLA DE

La Epístola de Jacobo (o Santiago) ha sido aclamada como posiblemente la más antigua, la más judía y la más práctica de todas las cartas del NT. Santiago 3:13 comunica acertadamente el tema del libro: "¿Quién es sabio y entendido entre ustedes? Que lo demuestre con su buena conducta, mediante obras hechas con la humildad que le da su sabiduría. Los términos "sabio" y "sabiduría" aparecen cinco veces en el libro (1:5; 3:13 [2 ×], 15; 17). Por lo tanto, el autor instruyó a sus lectores sobre llevar una vida de fe que se caracterice por una sabiduría expresada a través del habla y las acciones (2:12).

Características Literarias

El uso del autor de un lenguaje pintoresco y concreto tiene afinidades cercanas a la literatura de sabiduría del Antiguo Testamento y refleja las enseñanzas de Jesús en el Sermón del Monte.

Jacobo	Mateo
1:2	5:10-12
1:4	5:48
1:5; 5:15	7:7-12
1:9	5:3
1:9	5:3
1:20	5:22
1:22	7:21
2:5	5:3
2:13	5:7; 6:14-15
2:14-16	7:21-23
3:12	7:16
3:17-18	5:9
4:4	6:24
4:10	5:3-4
4:11	7:1-2
5:2	6:19
5:10	5:12
5:12	5:33-37

Al igual que la literatura de sabiduría del Antiguo Testamento, la enseñanza en Santiago tiene una fuerte orientación práctica. Aunque el libro contiene algunos párrafos más extensos, gran parte de él consiste en amonestaciones secuenciales y máximas éticas que, en algunos casos, solo se relacionan vagamente entre sí. Las oraciones generalmente son cortas y directas. Hay cincuenta y cuatro verbos en el imperativo. La conexión entre oraciones a veces se crea a través de palabras repetidas. Sin embargo, el tema general de la fe práctica y la sabiduría vincula estas exhortaciones.

Contexto y Circunstancia

Después de la muerte de Esteban, muchos discípulos fueron esparcidos por las regiones de Judea y Samaria (Hechos 7: 54-8: 3). En Hechos 11:19 el narrador señala, "Ahora aquellos que habían sido dispersados por la persecución que estalló cuando Esteban fue asesinado, viajaron hasta Fenicia, Chipre y Antioquía, extendiendo la palabra solo entre los judíos". Puede que Santiago haya escrito esta carta. Para instruir y consolar a los creyentes dispersos, mientras dirigía su carta a "las doce tribus dispersas en el extranjero" (1: 1 NET). Estos cristianos judíos ya no tenían contacto directo con los apóstoles en Jerusalén y necesitaba ser instruidos y amonestados en sus tribulaciones. Aparentemente, los ricos se estaban aprovechando de ellos (2:6; 5:1-6), y sus pruebas los habían llevado a la mundanalidad, las palabras imprudentes y las relaciones tensas (2:1; 4:1, 11; 5:9). En vista de la persecución, algunos pueden haber tenido la tentación de ocultar su fe (5: 10-11). Santiago los exhortó a demostrar un estilo de vida que reflejara su fe.

Las Obras y la Salvación, según Santiago

Algunos lectores de esta carta han observado una aparente contradicción entre el llamado de Santiago a las buenas obras y la insistencia de Pablo en la salvación por gracia mediante la fe aparte de las obras (*véase* Santiago 2: 14-26 con Efesios 2: 8-10). La discusión se complicada por el argumento de Santiago de que una fe sin obras no puede "salvar" y por su observación de que Abraham fue justificado por lo que hizo, no solo por la fe (Santiago 2:14, 20-24). Pablo, por el contrario, sostiene que Abraham fue justificado exclusivamente por la fe (Rom. 4: 1-3). Refiriéndose retóricamente a personas quienes dicen tener fe pero que no sin obras, Santiago pregunta: "¿Puede tal fe salvarlos?" (2:14). Es decir, ¿puede el tipo de fe que no resulta en obra alguna ser genuina? La respuesta esperada es no. El tipo de fe que no produce obras no puede ser una fe genuina; más bien, está "muerta" (2:17, 26) y e "inútil" (2:20). Este tipo de fe es "por sí misma", lo cual significa que no produce ningún fruto duradero (2:17).

El punto de Santiago es que la fe genuina producirá buenas obras en la vida del creyente. Por el contrario, una mera manifestación no es necesariamente una indicación de fe genuina. Incluso los demonios creen en Dios, pero no son salvos; el tipo de creencia que exhiben es meramente un reconocimiento de la existencia de Dios (2:19). Según Santiago, Abraham fue justificado no en el sentido de ser primero declarado justo, sino más bien en el sentido de que su fe se demostró genuina cuando ofreció a Isaac (2:21).

Pablo, por otro lado, argumenta que la salvación no se obtiene a través de las obras, sino por la fe sola. Él cita Génesis 15: 6 para mostrar que Abraham confió en Dios y fue declarado justo varios años antes de ofrecer a Isaac (Romanos 4: 3). Según Pablo, Abraham fue justificado (declarado justo) ante Dios cuando creyó en la pro mesa de Dios (Gn. 15: 6), pero para Santiago, él fue justificado en el sentido de haber dado una prueba observable de salvación mediante su obediencia a Dios. Mientras que Pablo se refiere al punto y los medios de la salvación posicional, Santiago se refiere a un evento posterior que confirmó que Abraham estaba justificado.

	Pablo (Rom. 4:1-3)	Santiago (2:14-26)
Fe	Es la confianza personal en Dios.	Es una mera afirmación si es que no resulta en fruto.
	Lo justifica a uno ante Dios.	
	No es prueba de salvación.	
Obras	Precede la salvación	sigue la conversión.
	Intenta merecer la salvación.	Es evidencia de la salvación.
	No puedo justificar ante Dios.	Confirma la salvación de uno.

Es importante tener en cuenta que cada autor escribió con un propósito diferente. Pablo escribió contra los judaizantes, quienes enseñaban que un hombre debía ser circuncidado y cumplir la ley del AT para ser salvo. Santiago estaba advirtiendo contra una mera expresión de fe que lleva al autoengaño (1:22). Juan Calvino expresó correctamente la enseñanza bíblica de que solo la fe salva, pero que ese tipo de fe no permanece sola; que produce buenas obras (*véase* Romanos 3: 21-6: 14; Efesios 2: 8-10; Tito 2: 11-14; 3: 4-7).

Autoría

El autor se identifica a sí mismo como "Santiago, siervo de Dios y del Señor Jesucristo" (1:1). El NT menciona a cinco personas que tienen el nombre Jacobo (Santiago): (1) Jacobo el hijo de Zebedeo y el hermano de Juan (Mateo 4:21); (2) Jacobo el hijo de Alfeo (Mateo 10: 3); (3) Jacobo "el menor" (Marcos 15:40); (4) Jacobo el padre del apóstol Judas (no Judas Iscariote, Lucas 6:16); y (5) Jacobo, el hermano de Jesús (Mateo 13:55, Marcos 6: 3, Gálatas 1:19).

Jacobo, el hermano de Juan, fue ejecutado por Herodes Agripa I, que murió en el año 44 (Hechos 12: 2). Dado que la Carta de Santiago probablemente fue escrita después de esta fecha, el hermano de Juan no pudo haberla escrito. Ni Santiago, el hijo de Alfeo, ni Santiago el menor, ni Santiago, el padre de Judas, fueron tan prominentes en la iglesia primitiva como el escritor de esta carta, quien simplemente se identificó y asumió que sus lectores lo conocerían (1:1). Santiago el hijo de Alfeo es mencionado por última vez en Hechos 1:13, y no se sabe nada de Santiago, el padre de Judas, aparte del recuento de su nombre en Lucas 6:15; Hechos 1:13. (No está claro si Jacobo el menor debería identificarse con uno de los otros cuatro o si es una figura separada.) Por lo tanto, es poco probable que alguno de ellos haya escrito el libro. Lo más probable es que Jacobo (Santiago), el hermano de Jesús, es el autor de esta carta.

Jacobo el Hermano del Señor

Al comienzo del ministerio de Jesús, Santiago, al igual que sus hermanos José, Judas y Simón, no creía que Jesús fuera el Mesías (Mateo 13:55, Marcos 6:3, Juan 7:5). Sin embargo, llegaron a creer en Él después de la resurrección (Hechos 1:14, 1 Corintios 15: 7). Pablo llamó a Santiago, junto con Pedro y Juan, los "pilares" de la iglesia (Gálatas 2: 9). Santiago no pretende ser un apóstol en esta carta; sin embargo, él es identificado como uno en Gal. 1:19. Pero allí el término "apóstol" se refiere probablemente a un grupo de discípulos líderes fuera de los Doce (*véase* Hechos 14: 4, 14, 1 Corintios 15: 7, Gálatas 2: 9). Como el autor de esta carta empleó muchos imperativos, sus lectores aceptaron claramente su autoridad. Santiago, el hermano de Jesús, quien también se convirtió en un líder clave de la iglesia en Jerusalén, poseía tal autoridad (Hechos 12:17, 15:13, 19, 21:18, Gálatas 1:18-19, 2:9).

Fecha

Algunos eruditos sostienen que la Epístola de Santiago fue escrita alrededor del año 62 d.C, mientras que otros sostienen que Santiago escribió esta carta entre 45 y 50 d.C Los que están a favor de las fechas más tempranas señalan que el carácter judío de esta carta se ajusta a este período cuando la iglesia era principalmente judía, en base a los siguientes criterios: (1) No se menciona a los cristianos gentiles en la carta. (2) El autor no se refiere a las enseñanzas de los judaizantes. Si la carta hubiera sido escrita en una fecha posterior, esperaríamos que el autor abordara el tema de la circuncisión entre los cristianos. (3) La mención de "maestros" (3:1) y "ancianos" (5:14) ya que los líderes en la iglesia reflejan la estructura de la iglesia primitiva. (4) La palabra "reunión/congregación" en 2:2 es la misma palabra griega "sinagoga". Describe el lugar de reunión de la iglesia primitiva. Esto implica un tiempo cuando la congregación todavía era principalmente judía (Hechos 1-7).

Esquema

I. Introducción (1:1)
II. El cristiano sabio es paciente en las pruebas (1:2-18)
  A. Cómo el cristiano debería enfrentar las pruebas (1:2-12)
  B. La fuente de las tentaciones (1:13-18)
III. El cristiano sabio es un práctico hacedor de la Palabra (1:19-2:26)

A. Oyentes y hacedores de la Palabra (1:19-25)
B. Religión verdadera (1:26-27)
C. Prejuicio en la iglesia (2:1-13)
D. Fe con obras (2:14-26)

IV. Los cristianos sabios controlan su lengua (3:1-18)
A. El poder de la lengua (3:1-12)
B. La sabiduría de lo alto (3:13-18)

V. Los cristianos sabios buscan paz en las relaciones (4:1-17)
A. La causa de los pleitos (4:1-3)
B. Advertencia contra la mundanalidad (4:4-10)
C. Advertencia contra la calumnia (4:11-12)
D. Advertencia contra la jactancia y autosuficiencia (4:13-17)

VI. El cristiano sabio es paciente y ora cuando enfrenta dificultades (5:1-20)
A. Advertencia a los ricos (5:1-6)
B. Exhortación a la paciencia (5:7-12)
C. El poder de la oración (5:13-18)
D. El beneficio de corregir a los que están en error (5:19-20)

JADA Descendiente de Saúl, hijo de Acaz y padre de Alemet (1 Cr. 9:42), de acuerdo a algunos manuscritos Hebreos y la LXX. El Texto masorético lo identifica como Jarah (y por ende las versiones NRSV, NET, KJV). En la lista paralela él es nombrado como Joada (1 Crón. 8:36 [RV: "Joada"]). *Ver también* Jara; Joada.

JADA Hijo de Onam, él era descendiente de Jerameel, el hijo primogénito de Hezrón (1 Cr. 2:28, 32).

JADAU *Ver* Jaddai.

JADDAI Un miembro de la familia de Nebo, quien había tomado como esposa a una mujer extranjera durante el tiempo de Esdras (Esdras 10:43).

JADÓN Un hombre de la ciudad de Meronot que ayudó a Nehemías a reconstruir la muralla de Jerusalén (Neh. 3:7).

JADÚA **(1)** Uno de los "líderes del pueblo" que selló la renovación del pacto con Dios luego de la lectura pública de la ley por Esdras (Neh. 10:21). **(2)** Un sumo sacerdote en el periodo posterior al exilio. (Neh. 12:11, 22). Jadúa es también conocido como Josefo (Ant. 11.306).

JAEL Una mujer quenita, la esposa de Héber. Los quenitas se aliaron con los cananeos, cuyo rey era Jabín y cuyo jefe de ejército era Sísara. Dios levantó a Débora como juez para iniciar el derrocamiento de los cananeos, que oprimían a su pueblo. Barak, el jefe militar de Israel, debería haber recibido la gloria, pero debido a su renuencia a asumir el cargo solo, Dios le prometió la gloria a una mujer (Jueces 4:9). Esa mujer resultó ser Jael, una mujer no israelita, cuyo pueblo tenía relaciones amistosas con los cananeos. Cuando Sísara huyó después de ser derrotada en el campo de batalla, buscó refugio en la tienda de campaña de Jael, quien lo atrajo a dormir y luego lo mató con una estaca de la tienda (Jueces 4:17-22). En la canción de la victoria cantada por Deborah y Barak ella es alabada por este acto (Jueces 5: 24).).

JAFET Uno de los hijos de Noé, enumerado como el último en la mayoría de las listas (Gn. 9:18; 10:1), pero también aparece como el hermano mayor de Sem (Gn. 10:21 o más joven [*ver* NVI mg.]). Se dice que el tercer hijo, Cam, es el más joven (Gn. 9:24). Junto a su esposa, Jafet fue una de las ocho personas salvadas en el arca de Noé (1 Pedro 3:20). Después de que Jafet actuó noblemente junto a su hermano Sem cubriendo la desnudez de su padre que dormía, Noé bendijo a Jafet, pidiéndole a Dios que extendiera su territorio y bendijera su descendencia. Su nombre significa "extendido" o "Dios se agrandará". Jafet tuvo siete hijos, y se sugiere que sus descendientes se asentaron en Europa del Este y el norte de Asia (Gn. 10:2-5).

JAFÍA **(1)** El rey de Laquis durante la conquista. Se unió a una coalición encabezada por Adonisedec, rey de Jerusalén y otros tres reyes cananeos, que fue derrotada por Josué durante la famosa batalla donde Dios hizo que el sol se detuviera en el cielo (Jos. 10: 1-15). **(2)** Un hijo de David nacido de una esposa anónima durante el tiempo que reinó desde Jerusalén (2 Samuel 5:15, 1 Crónicas 3:7, 14:6). **(3)** Una ciudad fronteriza de la tribu de Zabulón (Josué 19:12). Se puede identificar como el sitio moderno de Jaffa, una milla y media al suroeste de Nazaret. Su primera mención es en las Tablas de Amarna del siglo catorce a.C

JAFLET Hijo de Heber de la tribu de Aser (1 Crón. 7:32). Él tuvo tres hijos: Pasac, Bimhal y Asvat (1 Cr. 7:33).

JAFLETITAS Un clan desconocido cuyo territorio formaba una sección del límite sur de la tierra entregada a los hijos de José en la conquista (Jos. 16: 3 [KJV: "Japhleti"]). Esto no debe confundirse con Jaflet, un descendiente de Aser (1 Crónicas 7: 32-33).

JAGUR Una ciudad que era parte de la tribu de Judá en la asignación territorial tradicional. Estaba ubicada en la parte sur de Judá, en el Néguev (Josué 15:21).

JAH Forma abreviada del hebreo “Yahweh”, el nombre personal para el Dios de la alianza. También ocurre como parte de nombres personales en el AT como “Nehemías” (nekhemyah), donde “ías” es el equivalente español de “yah”. *Véase también* YHWH.

JAH En Salmo 68:4 la versión KJV muestra la palabra hebrea yah como "Jah" una forma abreviada del nombre divino Yahvé. Es comúnmente parte de nombres teofóricos (por ejemplo, "Nehemías" = "Yah consuela") y es el objeto directo en la conocida palabra de alabanza hallelujah (Heb. halelu-yah), que significa "Alabad al Señor".

JAHAT **(1)** El hijo de Reaía del clan zoratita de la tribu de Judá fue el padre de Ahumay y Lahad (1 Cr- 4:2). **(2)** El hijo de Guersón y un nieto de Leví, antepasados de Asaf, el músico del templo (1 Cr. 6:43). **(3)** Un levita, el primogénito de Simí del clan Guersonitas (1 Cr. 23: 10-11). **(4)** Un levita, un hijo de Selomot del clan Izar (1 Cr. 24:22). **(5)** Un levita descendiente de Merari, él y Abdías supervisaron el trabajo de reparar y restaurar el templo durante las reformas del rey Josías (2 Cr. 34:12).

JAHAZA Una ciudad al este del Jordán donde los israelitas derrotaron a Sijón rey de los amorreos y se apoderaron de todos sus territorios (Números 21:23, Deuteronomio 2:32). El nombre hebreo aparece como ambos yahats y yahetsah y se traduce de diversas maneras como Jahaz, Jahazah y Jahzah. Este pueblo parece haber pertenecido a los moabitas antes de ser conquistados por Sijón (Números 21:23-26). Era parte de la tierra asignada a la tribu de Rubén y fue dada a la familia levítica de Merari (Josué 13:18, 1 Crónicas 6:63). Esta ciudad fue recuperada por los moabitas. Se menciona en la Piedra Moabita (líneas 18-21) como un lugar que un rey israelita había fortificado y ocupado mientras luchaba contra Mesha, rey de Moab. Sin embargo, Mesha derrotó a Israel y se hizo cargo de esta ciudad por los moabitas. En profecías contra Moab, tanto Isaías como Jeremías se refieren a esta ciudad moabita (Isaías 15: 4; Jer. 48:34). Aunque la ubicación exacta sigue siendo incierta, se han sugerido varios lugares modernos: Libb, Aleiyan, Khirbet el-Medeiyineh y Khirbet Iskander.

JAHAZAH *Ver* Jahaza.

JAHAZÍAS Hijo de Ticvá, aparentemente, él, junto con otros pocos se opusieron al llamado de Esdras a divorciarse de las mujeres extranjeras (Esdras 10:15 [RVR: “Jahazías”]). Sin embargo, el texto también puede ser entendido como se interpreta en 1 Esd. 9:14, "Jonathan el hijo de Asael y Jahazías el hijo de Ticvá emprendió el asunto en estos términos, y Mesulam y Leví y Sabetai sirvieron con ellos como jueces", sugiriendo así acciones positivas de Jahazías.

JAHAZIEL **(1)** Uno de los guerreros benjamitas pariente de Saúl, quien se unió a David en Siclag y lo apoyó contra sus propios parientes (1 Cr. 12:4). **(2)** Uno de los dos sacerdotes designados para tocar la trompeta regularmente delante del arca del pacto (1 Cr. 16:6). **(3)** Un levita, el tercer hijo de Hebrón del clan coatita (1 Cr. 23:19, 24:23). **(4)** Un levita, el hijo de Zacarías, y descendiente de Asaf, el músico del templo del clan Guersonita. Él profetizó ante el pueblo de Judá y el rey Josafat un oráculo de victoria sobre la coalición de los moabitas y los amonitas (2 Crónicas 20:14-17, 20-23). **(5)** El padre de Secanías, que era el líder de la familia de Zatu cuando regresaron con Esdras del exilio (Esdras 8:5; 1 Esd. 8:32).

JAHDAI Un calebita, padre de seis hijos (1 Cr. 2:47).

JAHDIEL Uno de los siete guerreros poderosos y líderes de clanes familiares de la media-tribu de Manasés en Transjordania (1 Crón. 5:24). Su adoración a las deidades locales hizo que Jehová enviara a los asirios contra Manasés y llevara a la tribu al exilio.

J

JAHDO Un Gadita, hijo de Buz (1 Cr. 5:14).

JAHLEEL El tercer hijo de Zabulón y un nieto de Jacob (Gn. 46:14), él era ancestro del clan jahleelita en la tribu de Zabulón (Nm. 26:26).

JAHLEELITA *Ver* Jahzeel.

JAHMAI Un hijo de Tola, él fue uno de los jefes de familia y guerreros poderosos del clan de familia de Tola de la tribu de Isacar (1 Cr. 7:2).

JAHZAH *Ver* Jahaza.

JAHZEEL El primer hijo de Neftalí y nieto de Jacob (Gn. 46:24 ["Jahzeel"]), él era ancestro del clan de yazelitas en la tribu de Neftalí (Nm. 26:48).

JAHZEELITA *Ver* Jahzeel.

JAHZIEL *Ver* Jahzeel.

JAIR **(1)** Descendiente de Manasés por Maquir. Él tomó control de los territorios en Galaad que les fueron dados por Moisés a Maquir. Nombró las ciudades ubicadas en la región de Basán "Havot-jair", que significa "aldeas de Jair" (Nm. 32:41; Dt. 3:14; Josué 13:30; 1 Reyes 4:13; 1 Crón. 2:22). **(2)** Un galaadita que juzgó a Israel durante veintidós años después de Tola siguiendo a Tola (Juez. 10: 3-5). Tenía treinta hijos, cada uno de los cuales controlaba su propia ciudad en Havot-jair. Su linaje galaadita y la ocupación de Havot-jair hacen probable la asociación con el Jair de Núm. 32:41. **(3)** Un benjamita y el padre de Mardoqueo, el primo de Ester (Ester 2: 5). **(4)** El padre de Elhanán, que mató a Lahmi, hermano de Goliat (1 Cr. 20: 5). Se le conoce como Jaare-Oregim en 2 Sam. 21:19 (NVI mg). *Ver también* Jaare-Oregim.

JAIRITA Una palabra que denota orígenes étnicos en 2 Sam. 20:26 describiendo a Ira, sacerdote de David. Se refiere al hijo de Manasés (por ej. Nm. 32:41) o es un error del escriba de la palabra Jatirita.

JAIRO El padre de una niña de doce años a quien Jesús resucitó de entre los muertos (Mateo 9: 18-26, Marcos 5: 21-43, Lucas 8: 40-56). Los tres relatos sinópticos de esta historia registran que Jesús, en su camino a la casa de Jairo, sanó a una mujer que había sufrido una hemorragia durante doce años. Solo Marcos y Lucas nombran a Jairo y lo identifican como un líder de sinagoga; Mateo, que acorta la historia en varios aspectos para incluir solo los elementos básicos, simplemente lo llama "un líder de la sinagoga".

JALÓN Un hijo de Esdras (1 Cr. 4:17), es uno de muchos descendientes de Judá cuyo registro genealógico tiene prominencia en Crónicas para enfatizar la importancia del linaje davídico (1 Cr. 2: 3-4: 23).

JAMBRES *Ver* Janes y Jambres.

JAMÍN **(1)** El segundo hijo de Simeón (Gn. 46:10; Éx. 6:15; 1 Cr. 4:24) y nieto de Jacob, también es el antecesor del clan jaminita (Nm. 26:12). **(2)** El segundo hijo de Ram y nieto de Jerameel de Judá (1 Cr. 2:27). **(3)** Uno de los trece levitas que leyeron e interpretaron la ley para que la gente la pudiera entender después de que Esdras la leyó (Nehemías 8: 7-8). Se debate si simplemente explicaron la ley o la tradujeron del hebreo al arameo. Por ejemplo, en Neh. 8: 8 el texto de la NVI muestra a estos levitas "haciéndolo [el Libro de la Ley] claro", mientras que el margen de la NVI los tiene "traduciendo".

JAMINITA *Ver* Jamín.

JAMLEC Un jefe de clan descendiente de Simeón (1 Cr. 4:34).

JANA Un antepasado postexílico de Jesús, por lo demás desconocido, se menciona solo en Lucas 3:24 como un nieto de Matatías, hijo de José y padre de Melqui.

JANAY *Ver* Jana.

JANES Y JAMBRES La tradición judía identifica a Janes y Jambres como los magos que se opusieron a Moisés en sus primeros encuentros con el Faraón (Éxodo 7:11-12, 22). El autor de 2 Timoteo menciona sus nombres en relación con Moisés como ejemplos de falsos maestros que se oponen a la verdad (3:8). Aunque este es el único versículo en la Biblia que menciona a los dos, partes de su historia han sido preservadas en la literatura cristiana y judía no-bíblica (por ejemplo, el libro pseudoepigráfico de Janes y Jambres [datado entre el primer y tercer siglo d.C]). El nombre "Janes" se encuentra entre los Manuscritos del Mar Muerto (CD-A 5: 17-19), y ambos nombres se encuentran en un Tárgum (Tg. Ps.-J. a Éxodo 1:15). Es notable que el nombre Janes sea de origen hebreo, lo que aporta un giro interesante a la narración de Moisés.

JANOA **(1)** Una aldea que marca parte del límite norte de la región montañosa asignada a Efraín luego de la conquista de Canaán (Jos. 16: 6-7). El sitio ha sido identificado como Khirbet Yanun, a unas siete millas al sudeste de Siquem. **(2)** Una aldea en la alta Galilea, enlistada junto con Ijón, Abe-bet-maaca, Cedes y Hazor, conquistados por Tiglat-pileser III de Asiria durante sus campañas en 733-732 a.C (2 Reyes 15:29). Estas derrotas señalaron el juicio de Dios sobre Israel. Basado en su posición en la lista bíblica de ciudades, el sitio podría estar justo al sur de Kibbutz Kefar Giladi en el Valle de Hula.

JANOHA *Ver* Janoa.

JANUM *Ver* Yanún.

JAPHO *Ver* Jope.

JAQUÉ El padre de Agur, un contribuyente del libro de Proverbios (*ver* 30:1).

JAQUIM **(1)** Un benjamita en la ascendencia de Saúl (1 Cr. 8:19). **(2)** Un levita en el tiempo de David al que le fueron designadas tareas sacerdotales por suerte (1 Cr. 24:12).

JAQUÍN **(1)** Hijo de Simeón (Gn. 46:10; Éx. 6:15) y el ancestro del clan Jaquinita (Nm. 26:12). **(2)** Un sacerdote que regresó del exilio (1 Cr. 9:10; Nehemías 11:10). **(3)** Un sacerdote en la línea de Aarón (1 Cr. 24:17). **(4)** Uno de los dos pilares erigidos por Salomón e Hiram en el templo (1 Reyes 7:21, 2 Cr. 3:17). Junto con la otra columna, Boaz, los nombres forman una oración: "Que Él [el Señor] establezca fortaleza en él [Salomón]" (Jaquín significa "él establece", y "Boaz" significa "que la fuerza esté en él" "). Los pilares no soportaban nada; por lo tanto, parecen ser simbólicos y demostrar que el templo pertenecía a Yahveh. *Ver también* Boaz.

JAQUINITA *Ver* Jaquín.

JARA Hijo de Ahaz de la tribu de Benjamín y descendiente del rey Saúl (1 Cr. 9:42). Algunos manuscritos hebreos y la LXX muestran "Jada" (seguido por la NTV). En una lista paralela, se nombra como "Jada" (1 Cr. 8:36 [RVR: "Joada"]). *Ver también* Jada; Joada.

JARDÍN Un área de cultivo encerrada donde se producen vegetales y árboles frutales. Viñedos, huertos y olivares pertenecen a una categoría más amplia del jardín. Los jardines en tiempos bíblicos por lo general estaban rodeados por un muro de ladrillos de barro o piedras junto con un seto de arbustos espinosos (Prov. 24:31; Cant. 4:12; Is. 5:5). Una caseta o torre de vigilancia se colocaba para vigilarlos de ladrones y animales salvajes (Job 27:18; Is. 1:8; 5:2). Para irrigación, se sacaba agua de pozos o era traída a través de un sistema de canales conectados a ríos o arroyos.

Ya que la mayor parte de la tierra de Canaán era una región árida y montañosa, un jardín bien irrigado era muy valorado. Por lo tanto, Balaam bendice las tiendas de los israelitas para que sean "como jardines junto a un río" (Nm. 24:6-7; cf.

Sal. 1:3; Jr. 17:8). Notablemente, el Gn. 13:10 la Planicie del Jordán, en su fertilidad por el amplio suministro de agua, es comparada a dos lugares: "el jardín del Señor" y "la tierra de Egipto". La tierra de Egipto había desarrollado jardines de vegetales con un sistema de irrigación conectado al Nilo (Dt. 11:10; cf. Nm. 11:5). El jardín del Señor, o el jardín del Edén, también era un lugar fructífero, con ríos y árboles frutales, especialmente el árbol de la vida (Gn. 2:9-10).

El jardín del Edén también conlleva varias connotaciones que se desarrollan en el resto de la Biblia. Es un lugar aislado del mundo, donde la desnudez no es causa de vergüenza (Gn. 2:25). El Cantar de los Cantares describe el jardín como un lugar de amor perfecto. También es un lugar de encuentro entre Dios y los seres humanos (Gn. 2:16-17; 3:8-14; cf. jardines idolatras en Is. 1:29-31; 65:3; 66:17). Más importante, Dios es el jardinero que lo plantó (Gn. 2:8).

La identificación metafórica de Dios como el jardinero es frecuentemente desarrollada en el AT. En Dt. 11:10-12, la tierra de Canaán es descrita como un jardín del que Dios mismo cuidará. Isaías presenta a Sion como viñedo que Dios plantó y cultivó. pero decidió destruir por su falta de frutos (Is. 5:1-7; cf. Jr. 12:10; Ez. 19:10; Jl. 2:3); tras la época de su desolación, sin embargo, Dios también promete restaurarlo y cuidarlo (Is. 27:2-6). El restaurado Sion es comparado a un jardín bien regado e incluso al jardín del Edén (Is. 51:3; 58:11; 61:11; cf. Jr. 31:12; Ez. 36:34-35; 47:12).

Descripciones de Dios como el jardinero transmiten la concepción de reinado. Los jardines pertenecen a las personas socialmente prestigiosas, especialmente realeza, como se indica en referencias al jardín del rey en Jerusalén (2 Re. 25:4; Jr. 39:4; 52:7; Neh. 3:15) al igual que el jardín de palacio de Persia (Est. 1:5; 7:7-8). Pero un jardín real era particularmente considerado como el principal logro de un rey (Ecl. 2:4-6; también nótese la historia del viñedo de Nabot en 1 Re. 21). Las alusiones al jardín del Edén en las canciones de burla del rey de Tiro, Asiria y el Faraón (Ez. 28:13; 31:8-9, 16, 18) también apoyan esta relación.

El uso metafórico del jardín continúa en el NT. El pueblo de Dios es descrito como la vegetación cuyos frutos revelan sus identidades (cf. Mt. 7:16-19). La necesidad de dar fruto se enfatiza particularmente en la imaginería viñedo de Jn. 15, en la cual Dios es presentado como un granjero, Jesús como la vid y los creyentes como sus ramas. Pablo menciona el dar frutos como una meta de la vida cristiana (Rom. 7:4-5; Flp. 1:11; Col. 1:10), que es posible a través del trabajo del Espíritu Santo (Gal. 5:22-25). Apocalipsis 21:1-22:5 describe la nueva Jerusalén como un restaurado jardín del Edén, en el medio del cual un río de vida, emanando de debajo del trono de Dios, provee abundante agua para el árbol de la vida en ambos lados.

También es digno de destacar la referencia en el Evangelio de Juan a los dos jardines: el jardín del arresto de Jesús (18:1-11) y el jardín del entierro de Jesús (19:41). Considerando su ubicación en Jerusalén y el uso de jardines reales para el entierro (cf. 2 Re. 21:18), parece que Jesús menciona los jardines para subrayar la realeza de Jesús, que él desarrolla particularmente en Juan 18-19. La percepción de María del Cristo resucitado como un jardinero posiblemente apoya esta interpretación (Jn. 20:15).

JAREB Una transliteración de la palabra hebrea yareb, ya sea el nombre personal de un rey asirio no identificado (Oseas 5:13; 10:6 RV) o, más probablemente, un título real atribuido al mismo rey (NVI: "gran rey"). Oseas, profetizando al reino del norte en la segunda mitad del siglo VIII AC, advierte a Israel que no vea a Asiria como un aliado sino como un enemigo a quien Dios usará para llevarlo al exilio a causa de su persistente idolatría. El "gran rey" no identificado podría ser Tiglat-pileser III (también llamado "Pul" en 2 Reyes 15:19) o uno de sus predecesores más débiles.

JARED Nieto de Cainán (o Qenan), hijo de Mahalaleel y padre de Enoc (Gn. 5: 15-20; 1 Cr. 1:2), aparece en la lista de ascendencia de Jesús (Lucas 3:37).

JARESÍAS *Ver* Jaaresías.

JARHA Un siervo egipcio en la casa de Sesán, que era descendiente de Jerameel en la tribu de Judá. Sesán tuvo hijas pero no hijos. Jarha se casó con una de las hijas de Sesán y engendró a Atai para continuar la línea familiar (1 Cr. 2:34-35).

JARIB **(1)** Un hijo de Simeón (1 Cr. 4:24). En otras listas de descendientes de Simeón se llama Jaquín (Gn. 46:10, Éxodo 6:15, Nm. 26:12 [RV: Jaquín]). **(2)** Uno de los líderes de la comunidad de exiliados convocado por Esdras y enviado a Casifia para convocar levitas para el servicio en el templo (Esdras 8:16). **(3)** Uno de los sacerdotes que desobedeció la palabra de Dios y se casó con una esposa extranjera (Esdras 10:18).

JARMUT **(1)** Una ciudad en las faldas de Judea, situada aproximadamente a dieciséis millas al oeste de Jerusalén. El rey cananeo de Jarmut se unió a la desfavorable coalición contra los israelitas invasores (Jos. 10: 3-23, 12:11), y Jarmut fue subsecuentemente asignado a Judá (Josué 15:35). Después del exilio, fue nuevamente poblado por judíos (Nehemías 11:29). El sitio moderno de Tel Yarmut, tres millas al sur de Bet-semes, es un candidato lógico para Jarmut. Los restos de la impresionante edad temprana de Bronce (3300-2200 a.C) dan testimonio de una antigua y gran ciudad cananea, pero el sitio fue abandonado y reubicado en una escala mucho más pequeña durante el periodo de la Edad Tardía de Bronce (1550-1200 a.C), en tiempo de la conquista. **(2)** Una ciudad levítica en Isacar (Josué 21:29; *véase* Remet en Josué 19:21 y Ramot en 1 Cr. 6:73), posiblemente en el sitio de Belvoir, el último castillo de las cruzadas con vistas al valle del Jordán.

JAROA Hijo de Galaad de la tribu de Gad (1 Cr. 5:14).

JARRA, JARRO VASIJA. Un recipiente hecho de loza o pieles de animales, que se usa para almacenar y transportar grano, agua y otras sustancias. Ejemplos notables de jarras en la Escritura incluyen la jarra de agua del Rey Saúl, que fue robada por David (1 Sam. 26:11-16), y la vasija de aceite de la viuda de Sarepta, la cual, por la palabra de Dios a través de Elías, no se quedó sin aceite (1 Re. 17:12-16).

JARRO Un recipiente especialmente para verter líquido. El tabernáculo y el templo israelitas contenían jarros de oro para verter ofrendas de bebida (Éx. 25:29, 37:16, Nm. 4:7). Las jarras correspondientes en el templo se hicieron de acuerdo con las instrucciones de David (1 Cr. 28:17).

JASAR Libro de un documento escrito mencionado dos veces en el Antiguo Testamento, que relata el llamamiento de Josué para que el sol y la luna se detuvieran (Jos. 10:12-13) y el

Tel Yarmut, el sitio de la antigua Jarmut.

lamento de David por las muertes de Saúl y Jonatán (2 Samuel 1:17-27). El libro se menciona como si fuese bien conocido. Jaser significa "recto" o "íntegro". A menudo se usa para describir el carácter de una persona ante Dios. Las dos referencias al libro, aunque distintos en el estilo, ambas son poéticas en la forma. Por lo tanto, algunos han sugerido que el libro es una colección de canciones que narran historias de "lo justo". Algunos estudiosos encuentran una posible tercera referencia en 1 Reyes 8:12-13, donde la LXX hace referencia a un "Libro de la Canción" (3 Reinos 8:53a LXX). Sin embargo, esta asociación depende de una transposición de dos de las letras hebreas y de que la frase se eliminó del Texto masorético, mientras que solo se conserva en la LXX.

J

JASÉN El antepasado de dos de los treinta guerreros poderosos de David (2 Sam. 23:32); en otros textos su nombre se muestra como Hasem el Gizonita (1 Cr. 11:34).

JASER *Ver* Jasar.

JASIEL *Ver* Jaasiel.

JASÓN Conocido antiguamente desde el mito griego como el nombre del líder de los Argonautas (Apolono de Rodas, Argonáutica), el nombre Jasón fue utilizado por judíos helenísticos también como una alternativa de "Jesús / Josué" (Josefo, Ant. 12.239). En la Biblia se refiere a dos personas. **(1)** Un tesalonicense que probablemente fue un judío helenístico convertido bajo la predicación de Pablo. Él recibió a Pablo y, por lo tanto, fue puesto bajo custodia y pagó una fianza (Hechos 17:1-9). **(2)** Un cristiano judío que estaba presente con Pablo en Corinto cuando escribió Romanos (Rom. 16:21). La asociación de Jasón con Sosípater (Rom. 16:21) y de Sópater (= Sosípater) con Tesalónica (Hechos 20:4) hace probable que sea el mismo Jasón que en Hechos 17:1-9.

JASPE Una piedra preciosa, translúcida en apariencia (Apocalipsis 21:11: "transparente como el cristal"). Se menciona en varios contextos bíblicos. En Éxodo aparece como una de las doce piedras (tercera piedra en la cuarta fila) montada en el pectoral del sumo sacerdote, que simboliza las doce tribus de Israel (Éxodo 28:20, 39:13). Job lo menciona como una piedra preciosa de poco valor en comparación con la excelencia de la sabiduría divina (Job 28:18). La belleza de la piedra ilustra la gloria del rey de Tiro, cuya riqueza se convirtió en una fuente de orgullo y eventual caída (Ezequiel 28:13). En Apocalipsis, el jaspe, junto con otras piedras preciosas, se usa para describir la gloria de Dios (Apocalipsis 4:3) y para describir la brillante apariencia de las paredes y los cimientos de la nueva Jerusalén (21:11,18-19).

JASUB **(1)** Uno de los cuatro hijos de Isacar (Gn. 46:13, Nm. 26:24, 1 Cr. 7:1). La inclusión del relativamente desconocido Jasub entre la familia extendida de Jacob junto con muchos otros nombres casi olvidados indica, entre otras cosas, el cumplimiento de la promesa de Dios de descendencia a Abraham (Gn 15:5). **(2)** Uno de los exiliados que regresó y que, como resultado de las reformas introducidas por Esdras, fue incluido en la lista por haber tomado una esposa extranjera (Esdras 10:29). **(3)** Un nombre parcial de uno de los hijos de Isaías (Isaías 7:3). *Ver también* Sear-Jasub.

JASUBI LEHEM Un lugar gobernado por el clan de Shela (1 Cr. 4:22 [la versión NVI sigue un texto enmendado para leer "antes de volver a Belén"]). La RVA entiende que es el nombre de uno de los hijos de Selah, de la tribu de Judá.

JASUBITA Un clan de la tribu de Isacar descendió de Jasub, que se contó durante el segundo censo cuando eran errantes en el desierto (Números 26:24).

JATIR Una ciudad levítica ubicada en la región montañosa del sur de Judá (Josué 15:48; 21:14; 1 Cr. 6:57). David envió a Jatir regalos del botín de su victoria contra los asaltantes amalecitas que habían saqueado Siclag (1 Samuel 30:27). El sitio puede que sea Khirbet 'Attir, a trece millas al suroeste de Hebrón.

JATNIEL El cuarto hijo de Meselemías, era un guardia sacerdotal. (1 Cr. 26:2).

JAVÁN En la Tabla de las Naciones, una genealogía de los tres hijos de Noé que refleja las naciones y las lenguas posteriores, Javán es hijo de Jafet, padre de Elisá, Tarsis, Quitín y Rodanín (o Dodanim) (Gn. 10:2 ,4; *ver también* 1 Cr. 1:5, 7). Javán es considerado el antepasado de los griegos, un pueblo que vivió en la península de Jonia y al oeste de Asia Menor. Los profetas usan el término Javán para referirse a los griegos (Isaías 66:19, Ezequiel 27:13, 19 NVI).

JAZER Una ciudad amorita cuya ubicación exacta se disputa, pero se encuentra hacia la frontera amonita, al este del río Jordán y frente a Jericó. Después de recibir información de espías, Moisés tomó a Jazer, junto a sus ricos pastizales de los amorreos (Números 21:32). La ciudad fue asignada a la tribu de Gad (Nm. 32: 1, 3, 35, Josué 13:25) y dada a los levitas (Josué 21:39, 1 Cr. 6:81). Jazer fue incluido en el censo de los hombres de guerra de Israel (2 Samuel 24:5), y proporcionó una provisión abundante de hombres capaces para la administración civil de David (1 Cr. 26:31). Posteriormente, la ciudad quedó bajo el control de Moab y se menciona en los oráculos del juicio contra esa nación (Isaías 16: 8-9, Jeremías 48:32).

JAZERA El padre de Adiel y abuelo de Masai, uno de los sacerdotes y jefe de familia que volvieron del exilio (1 Cr. 9:12).

JAZÍAS Un levita que era hijo de Merari y el padre de Benó, Soján, Zacur e Ibrí (1 Cr. 24: 26-27).

JAZIEL Uno de los músicos levíticos que formaba parte de la celebración y procesión cuando el arca del pacto fue llevada a Jerusalén por David (1 Cr. 15:18).

JAZIZ Un agareno quien estaba a cargo de los rebaños durante el reinado de David (1 Crón. 27:31).

JEARIM Una montaña que forma parte del límite norte del territorio asignado a la tribu de Judá en el tiempo de la conquista (Josué 15:10). En el mismo pasaje se identifica con Queesalón, o la moderna Kesla, a diez millas al oeste de Jerusalén.

JEATRAI *Ver* Yatray.

JEBERECHIAH Ver Jeberequías.

JEBEREQUÍAS El padre de Zacarías, que sirvió como testigo del acto cuando Isaías nombró a su hijo (Isaías 8:2).

JEBÚS La ciudad principal de los jebuseos, descendientes del nieto de Noé, Canaán. Fue rebautizado como Jerusalén después de su

Esta ciudad moderna se encuentra en el antiguo sitio de Kiriath Jearim.

ocupación por Israel. La ciudad fue quemada durante la conquista temprana (Jueces 1:8), pero los jebuseos la volvieron a ocupar (Jueces 19:10-11) hasta que David la recuperó (1 Cr. 11:4-5).

JEBUSEOS Un grupo de personas que vivía en la tierra de Canaán. Ellos descendieron de Canaán (Génesis 10: 15-16). Dios deseó destruirlos cuando Israel invadió (Éxodo 23:23). Ocuparon las colinas y Jerusalén, también llamada Jebús, en la región central de Canaán (Jos. 15:63; Jueces 1:21). Su rey, Adonisédec, organizó una alianza de reyes para atacar a Gabaón e Israel (Jos. 10). Aunque fueron victoriosos, los israelitas nunca pudieron expulsar a los jebuseos. Ellos mantuvieron el control de Jerusalén hasta que fue conquistada por los hombres de David (2 S. 5: 6-9). Arauna, un jebuseo, vendió a David su era para que David pudiera construir allí un altar (2 Samuel 24:18). Los jebuseos fueron esclavizados por Salomón (1 Reyes 9: 20-21).

JECABSEEL Una ciudad en el sur de Judá que fue re ocupada por los exiliados que regresaban (Nehemías 11:25). En tiempos pasados, Cabseel, como se lo conocía entonces, era una ciudad prominente en el distrito de Neguev de Judá (Josué 15:21). Fue el lugar de nacimiento de Benaía, hijo de Joiada, uno de los valientes guerreros de David (2 Samuel 23:20; 1 Cr. 11:22). Khirbet Gharreh, a medio camino entre Beersheba y Arad, ha sido sugerido como su ubicación probable. *Ver también* Cabseel.

JECAMÁN Un levita del clan coatita que sirvió durante el reinado de David (1 Cr. 23:19; 24:23).

JECAMIAH *Ver* Jecamías.

JECAMÍAS **(1)** Uno de los hijos del rey Joaquín (Jeconías) de Judá, que fue tomado en cautiverio en Babilonia (1 Cr. 3:18). **(2)** Un descendiente de Jerameel en la genealogía de Judá, él era el hijo de Salún y el padre de Elisama (1 Crónicas 2:41).

JECHONIAH, JECHONIAS *Ver* Jeconías.

JECOLÍA La esposa del rey Amasías de Judá y la madre del rey Uzías (también conocido como Azarías) de Judá. Ella era de Jerusalén (2 Reyes 15:2; 2 Crónicas 26:3).

JECOLIAH *Ver* Jecolías.

JECONÍAS Este nombre, encontrado en la genealogía en Mt. 1:11-12, es una variante del nombre Joaquín, que hace referencia a uno de los reyes de Judá.

JECUTIEL Uno de los tres hijos nacidos de Mered por su esposa de Judea, y el padre de Zanoa (1 Crónicas 4:18).

JEDAÍAS **(1)** Un jefe de clan y miembro de la tribu de Simeón (1 Crónicas 4:37). **(2)** Un sacerdote y jefe de clan quien fue de los primeros en reasentarse en Jerusalén después de regresar de la cautividad en Babilonia con Zorobabel (1 Cr. 9:10; Esdras 2:36; Neh. 7:39; 12:7). **(3)** Otro sacerdote y jefe de clan entre los primeros en reasentarse en Jerusalén después de regresar con Zorobabel (Nehemías 12: 6). **(4)** Un

Jerusalén estaba bien fortificada incluso antes de su ocupación por parte de los Jebuseos, como lo muestran los restos de estas murallas de Bronce Medio en la sección de la Ciudad de David en Jerusalén.

descendiente de Aarón, y uno de los sacerdotes durante el reinado de David (1 Cr. 24: 7). **(5)** Una persona que trabajó en una sección del muro de Jerusalén, bajo la dirección de Nehemías (Nehemías 3:10). **(6)** El hijo de Joiarib (Neh. 11:10). Él puede que sea la misma persona que en 1 Crón. 9:10; Esdras 2:36; Neh. 7:39; 12: 7. **(7)** Un sacerdote trabajando en el templo durante el tiempo de Zacarías (Zacarías 6: 9-15).

JEDIAEL **(1)** Un hijo de Benjamín y un patriarca de la tribu (1 Cr. 7: 6, 10-11). **(2)** Uno de los treinta guerreros poderosos de David (1 Cr. 11:45). **(3)** Uno de los hombres de Manasés (1 Cr. 12:20). Esta persona puede ser la misma que en 1 Cr. 11:45. **(4)** Un portero levítico del arca del pacto (1 Cr. 26: 2).

JEDIDA La hija de Adaía, esposa del rey Amón, y madre del rey Josías de Judá (2 Reyes 22:1). Ella era de la ciudad de Boscat, que según Jos. 15:39 está en las faldas occidentales de Judá.

JEDIDÍAS A través del profeta Natán, Dios le dio el nombre Jedidías a Salomón (2 Samuel 12:25). Este nombre adicional, que significa "amado por el Señor", estableció incuestionablemente el estatus de favor de Salomón como uno para suceder a David como rey y convertirse en un antepasado de Jesús. También pudo haber comunicado el consuelo de Dios a Betsabé después de la muerte de su primer hijo con David y el perdón confirmado a David después de su adulterio y asesinato de Urías.

JEDUTÚN Un músico levita desplegado en la tienda donde se colocó el arca del pacto durante el reinado de David (1 Cr. 16:38-41; 25:1-6). También tocó instrumentos en la dedicación del templo (2 Crónicas 5:12). Su hijo Obed-Edom fue uno de los porteros de la tienda. Fue un antepasado de los levitas que ayudaron a Ezequías a purificar el templo (2 Cr. 29:14), de los levitas presentes durante la rededicación del templo de Josías (donde aparece como el vidente de David [2 Crónicas 35:15]), así como de algunos de los que se reasentaron en Judá después del exilio (1 Cr. 9:16; Nehemías 11:16). Las superscripciones de Salmos 39; 62; 77 mencionan a un Jedutún que es el director de música, probablemente es esta misma persona.

JEFE En el Antiguo Testamento, diversos términos hebreos se traducen como "jefe" o se usan para describir a un jefe o líder. Aunque el sustantivo 'ayil literalmente significa "carnero" (líder de un rebaño), se usa de manera figurativa para aludir a los gobernantes extranjeros (Éxodo 15:15; Josué 13:21; 1 Crónicas 1:51). El significado básico de ro'sh es "cabeza", pero según el contexto a menudo el término puede adquirir el matiz de "líder" (Éxodo 18:25; Números 14:4; 25:4; Josué 23:2). El patriarca de la familia era considerado el ro'sh (Éxodo 6:14; Números 7:2), como así también era el sacerdote jefe en relación con el pueblo (2 Reyes 25:18; 2 Crónicas 19:11; Jeremías 52:24). Dicho sacerdote jefe fue Amarías, que estuvo involucrado en las reformas durante el gobierno de Josafat (2 Crónicas 19:11). Sin embargo, la designación más común es sar, que puede emplearse en la construcción que alude a diversas profesiones: "jefe de la cárcel" (Génesis 39:21), "jefe de los coperos" (Génesis 40:2), "jefe de oficiales" (Daniel 1:7). El término nagid se usa con frecuencia como una designación para un (futuro) rey (1 Samuel 9:16; 10:1; 13:14; 25:30; 1 Reyes 1:35). El término nasi' se emplea en referencia a los jefes tribales (Génesis 17:20; 23:6; 34:2) y a la aristocracia (Éxodo 16:22; Josué 9:15; 1 Crónicas 2:10).

En el Nuevo Testamento, el sustantivo griego archōn pertenece a una red extensa de palabras que utilizan el prefijo arch- y por lo general expresan el significado de conceptos como "regir" o "autoridad". El sustantivo archōn se emplea como referencia a los humanos, demonios y divinidad. Jesús habló sobre "gobernantes de las naciones" que reafirman su autoridad sobre los gentiles, pero él le instruyó a sus seguidores que buscaran una postura de servidumbre para los demás (Mateo 20:25-26). Pese a que a Satanás se le llama el archōn de este mundo (Juan 12:31; 14:30; 16:11; cf. Efesios 2:2), Jesús es el verdadero archōn sobre toda la tierra (Apocalipsis 1:5). A diversos individuos se les menciona como los "gobernadores de la sinagoga" (archisynagōgos) en el Nuevo Testamento. Estos líderes fueron principalmente responsables por el mantenimiento físico del edificio y la organización de la adoración en la sinagoga judía. De los líderes que se nombran están Jairo en Galilea (Marcos 5:21-43; Lucas 8:40-56; cf. Mateo 9:18-26), Crispo (Hechos 18:8; cf. 1 Corintios 1:14) y Sóstenes en Corinto (Hechos 18:17). Otras autoridades administrativas puede que se entiendan como "gobernadores eminentes" u "oficiales" (cf. Hechos 16:19; 17:6).

JEFONE **(1)** El padre de Caleb, el espía, está relacionado de diversas maneras con Judá (Números 13:6) y los cenezeos, una tribu edomita que aparentemente se fusionó con Judá antes del éxodo (Números 32:12; Jos. 14: 6). **(2)** Un aserita, uno de los hijos de Jeter (1 Cr. 7:38).

J

JEFTÉ El hijo de Galaad, juzgó a Israel por seis años (Jueces 11:1-12:7). Al igual que David, era un héroe militar, rodeado de forajidos y descendiente de una prostituta. Después de que la gente de Galaad convenció a Jefté para que los guiara en la batalla, primero intentó establecer una tregua al recordarle al rey de Amón que Israel se apoderó de la tierra de los amonitas solo después de que ellos atacaran a Israel primero. Su mensaje fue ignorado, por lo que Jefté juró que si Dios le daba la victoria sobre Ammón, él sacrificaría cualquier cosa que viera salir de su casa cuando regresara a esta. Después de su victoria, salió a saludarlo primero su hija, su única hija. Ya que ella permitió ser sacrificada como la hija única de su padre que era, se pueden establecer paralelismos entre ella, Isaac y Jesús. Jefté es mencionado junto a otros jueces heroicos en el discurso de despedida de Samuel (1 Samuel 12:11) y en los grandes ejemplos de la fe del libro de Hebreos (Hebreos 11:32).

JEFTE EL *Ver* Iphtahel.

JEFTEL, JEFTE EL *Ver* Iphtael.

JEGAR SAHADUTA Un término arameo que significa "pila (de piedra) de testimonio". El suegro de Jacob, Labán, eligió "Jegar Sahadutha" como el nombre para la pila de piedras erigida como memorial del pacto entre Labán y Jacob. Jacob, que hablaba hebreo, usó el término hebreo equivalente Galaad (Gn 31: 44-53, *ver* Gn. 31:47 NVI mg.).

JEHALELEEL, JEHALLELEL *Ver* Jehalelel.

JEHALELEL **(1)** Un descendiente de Judá (1 Crónicas 4:16). **(2)** El antepasado merarita de Cis que fue uno de los levitas que purificaron y consagraron el templo a instancias del rey Ezequías (2 Cr. 29:12).

JEHAT *Ver* Jahat.

JEHEDÍAS **(1)** Uno de los levitas nombrado por sorteo para servir durante el tiempo del rey David (1 Crónicas 24:20). **(2)** Un meronotita que estaba a cargo de cuidar a los burros del rey David (1 Cr. 27:30).

JEHEZEKEL *Ver* Hezequiel.

JEHÍAS Un levita delegado para ser portero de la celebración de la entrada del arca del pacto a la ciudad de Jerusalén (1 Cr. 15:24).

JEHIEL **(1)** Uno de los levitas que tocaban la lira nombrado para formar parte de la procesión que llevó el arca del pacto a Jerusalén durante el reinado de David (1 Cr. 15:18, 20; 16:5). **(2)** El hijo de Ladán (1 Cr. 23:8), era un levita guersonita sirviendo bajo el rey David que tenía la custodia del tesoro del templo (1 Cr. 29:8) y que fundó una familia sacerdotal, los jehieli (o jehielitas), quienes administraron los tesoros del templo (1 Cr. 26:21-22). **(3)** Hijo de Hacmoni fue uno de los supervisores de David, a cargo de cuidar a los hijos del rey (1 Cr. 27:32). **(4)** Uno de los hijos del Rey Josafat y hermano menor del Rey Joram (2 Crónicas 21:2). **(5)** Un levita durante la reforma de Ezequías asignado para trabajar con el tesoro. Es probable que sea un descendiente de Jehiel en 1 Cr. 23: 8 (2 Cr. 29:14 [en ESV, NRSV: "Jehuel"]; 31:13). **(6)** Un administrador del templo durante el reinado de Josías que era lo suficientemente rico como para ofrecer grandes ofrendas a los sacerdotes para la celebración de la Pascua (2 Cr. 35: 8). Él podría ser la misma persona que en 2 Cr. 29:14; 31:13. **(7)** El padre de Obadías, que figura en la lista de exiliados repatriados (Esdras 8: 9). **(8)** El padre de Secanías, quien estuvo involucrado con

Esdras en la purificación de los levitas de esposas extranjeras (Esdras 10:2). **(9)** Dos descendientes sacerdotales que despidieron a sus esposas extranjeras (Esdras 10:21, 26).

JEHIELI, JEHIELITAS *Ver* Jehiel.

JEHOSADAC *Ver* Josadac.

JEHOSHUA *Ver* Josué.

JEHOVÁ Este es el único nombre personal de Dios en la fe de Israel. En hebreo consta de cuatro consonantes, yhwh, conocido como el Tetragrámaton (en inglés, "YHWH"). Su pronunciación es incierta porque el texto original en hebreo solo usaba consonantes, pero las primeras transcripciones griegas (iaoue e iabe) sugieren que "Yahweh" es el más cercano a su pronunciación original. "YHWH" era considerado demasiado sagrado para ser pronunciado, por lo que era sustituido por Adonai ("mi Señor") en la lectura. En la mayoría de los casos, yhwh se traduce al español como "SEÑOR" (en pequeñas letras mayúsculas). El formato "Jehová" se desarrolló suministrando las vocales hebreas de "Adonai" a las cuatro consonantes yhwh. Su significado se deriva del verbo hayah ("ser") y podría traducirse como "El que es" o "El que será". *Véase también* YHWH.

JEHOVÁ JIRE En Génesis 22:1-19 Abraham obedece a Dios y se prepara para sacrificar a su hijo Isaac, pero un ángel del Señor interviene y provee un carnero como sustituto de Isaac. Como resultado, Abraham nombra el lugar Jehová Jireh (Heb. Yhwh yir'eh), que significa Yahveh provee (v. 14 [NVI: El Señor provee]).

JEHOVÁ NISI Después de que Josué y los israelitas derrotaron a los amalecitas en Refidín, Moisés erigió un altar y lo llamó Jehová Nisi (hebreo yhwh nissi), que significa Jehová es mi estandarte (Éxodo 17:15 [NVI: "El SEÑOR es mi estandarte"]). Lo que se sugiere es que la gente se debiera reunir alrededor de Dios tal como un ejército se reúne alrededor de su estandarte.

JEHOVÁ SALOM Después de que Gedeón se aterrorizó al ver a un ángel del Señor, Dios le dijo: "¡Paz a ti! No tengas temor" (Jueces 6:23). En respuesta, Gedeón construyó un altar en Ofra y lo llamó Jehová Salom (Heb. Yhwh shalom), que significa "Jehová es paz" (Jueces 6:24 [NVI: "El SEÑOR es paz"]). Es equivalente a "Yahvé está bien dispuesto".

JEHOVÁ SAMA En la visión de Ezequiel de la nueva Jerusalén, restaurada y glorificada, la ciudad se llama Jehová Sama (Heb. Yhwh shammah) (Ezequiel 48:35, *véase* Ap. 21: 3). Significa "Yahvé está allí" (NVI: "El SEÑOR está allí") y enfatiza la importancia de la presencia de Dios en medio de su pueblo cuando regrese al templo abandonado.

JEHOVÁ TSIDKENU Según Jeremías, la "vástago justo" de David se conocerá con el nombre "Jehová Tsidkenu" (Hebreo yhwh tsidqenu), que significa "Yahvé (es) nuestra justicia" (Jeremías 23:6; 33:16 [NVI: "El SEÑOR es nuestra justicia"]). En sus días, "Judá será salvo e Israel/Jerusalén vivirá a salvo". Este nombre simbólico del rey mesiánico contrasta con el del último rey de Judá, Sedequías ("Yahvé es justicia"), quien era un indigno portador de ese nombre.

JEHÚ **(1)** Rey de Israel, hijo de Josafat (842-814 a.C). Él llevó a cabo una sangrienta purga de la dinastía de Omri, matando a Joram, Ocozías, Jezabel, y alrededor de otros setenta individuos asociados con la familia y la administración de Omri (2 Reyes 9:1-10:27). Aunque tuvo una gran influencia para terminar con la adoración a Baal en Israel (2 Reyes 10:28), sus métodos se identifican en las Escrituras como excesivamente celosos y, por lo tanto, contra la voluntad de Yahvé (Oseas 1:4). Tampoco se distanció de los pecados de sus predecesores y retuvo los becerros de oro de Dan y Betel (2 Reyes 10:28-31). Es conocido en la arqueología por la inclusión de su parecido en el Obelisco Negro de Salmanasar III, que irónicamente lo identifica como Jehú, hijo de Omri. **(2)** Profeta en el tiempo del rey Baasa de Israel, predijo y luego fue testigo de la desaparición de Baasa (1 Reyes 16: 1-12). Aparentemente también interactuó con el rey Josafat de Judá y lo acusó de pecado por su alianza con

Acab (2 Crónicas 19:2-3). También se indica que el profeta funcionó como una especie de registrador para el reino de Josafat, y que su obra sirvió como fuente para el Cronista (2 Crónicas 20:34). **(3)** Un judío, del cual no se sabe más que era hijo de Obed y padre de Azarías (1 Crónicas 2:38). **(4)** De la tribu de Simeón, el hijo de Josibías, fue considerado significativo por el Cronista como uno de los líderes de un clan durante el tiempo del rey Ezequías de Judá (1 Crón. 4:35). **(5)** Un guerrero benjamita de Anatot que se alió con David en Siclag (1 Crónicas 12:3). Sus acciones fueron significativas ya que demostraron que incluso dentro de la propia tribu de Saúl había personas que se alinearían con David.

J

JEHUBA Un descendiente de Aser a través de Somer (1 Cr. 7:34). Algunas versiones españolas (KJV, NASB, ESV) presenta el nombre como "Jehubbah", siguiendo la lectura Ketib yakhbah. La LXX apoya "Hubbah".

JEHÚBA *Ver* Juba. Nota: Juba, en vez de hubba en inglés. Según Qeri y RVA-2015

JEHUCAL *Ver* Jucal.

JEHÚD Una ciudad que era parte de la asignación territorial tradicional de la tribu de Dan (Josué 19:45). Su ubicación precisa de hoy en día es incierta.

JEHUDAÍA En 1 Crón. 4:18 la RV traduce incorrectamente la palabra hebrea yehudiyah como un nombre propio, Jehudaía. La NVI traduce esta palabra como "esposa [de Méred] era de la tribu de Judá", distinguiendo a los hijos de Méred de nacimiento de Judea de los de nacimiento egipcio.

JEHUDÍ Uno de los oficiales de la corte del Rey Joacim, quien oyó el mensaje de Jeremías a través de Baruc, el escriba de Jeremías. Después de escuchar el oráculo, junto con otros oficiales decidió que el rey necesitaba conocer las advertencias. Por lo tanto, cercioró un lugar seguro para Jeremías y luego le leyó el rollo de libro al rey. Después de que Jehudí había leído el rollo, el rey procedió a quemarlo, sección por sección, y se negó a prestar atención a sus advertencias (Jeremías 36:14, 21, 23).

JEHUEL *Ver* Jehiel.

JEIEL/JEHIEL **(1)** Un descendiente de Rubén y un líder de su tribu, era pariente de Beera, que había sido llevada al exilio por Tiglat-pilneser de Asiria (1 Cr. 5: 6-7). **(2)** Un patriarca benjamita que vivía en Gabaón, y era esposo de Maaca (1 Crónicas 9:35; 8:29). Era el padre de Ner, abuelo de Cis, y por lo tanto bisabuelo del rey Saúl (1 Crónicas 9:35-39). El Texto masorético de 1 Crón. 8:29 no muestra a Jeiel, pero aparece en algunos manuscritos de LXX, y las versiones modernas lo tienen. La adición en esos textos de LXX bien puede ser una asimilación al paralelo en 1 Crón. 9:35. **(3)** Hijo de Hotam el Aroerita, se lo considera uno de los poderosos guerreros de David (1 Cr. 11:44). **(4)** Un levita y portero del tabernáculo, fue designado para tocar la lira en el tabernáculo; así que le tocó cuando el arca de Dios fue traída de vuelta a la tienda (1 Cr. 15:18, 21; 16:5). **(5)** Bisabuelo de Jahaziel, el profeta que anunció la victoria de Josafat (2 Crónicas 20:14-17). Él era de la tribu de Leví y quizás es el mismo individuo que en 1 Crón. 15:18, 21; 16:5. **(6)** Un escriba que reunió las listas de soldados por divisiones en el reinado del rey Uzías (2 Crónicas 26:11). **(7)** Descendiente de Elizafán, ofreció sacrificios de limpieza en la reapertura y reparación del templo bajo la dirección del rey Ezequías (2 Cr. 29:13). **(8)** Un jefe de los levitas que voluntariamente contribuyó al sacrificio de los rebaños en la Pascua de la reforma emprendida por el rey Josías (2 Cr. 35: 9). **(9)** Uno de los últimos grupos de descendientes de la familia de Adonikam en Babilonia, regresó a Judá con Esdras en tiempos del rey Artajerjes (Esdras 8:13 RV [NVI: Jeyel]). **(10)** Uno de los hijos de Nebo que se señala que tomó una esposa extranjera (Esdras 10: 43).

JEMINA La primera de tres hijas nacidas de Job después de que su calvario había terminado y Dios lo restaurara (Job 42:14). Las hijas eran famosas por su belleza, y Job les concedió, así como a sus hermanos, una herencia. El nombre

Jemina probablemente se relaciona con una palabra árabe que significa "paloma" o "tórtola".

JEMUEL Hijo de Simeón y nieto de Jacob (Génesis 46:10; Éxodo 6:15). La variante del nombre Nemuel se encuentra en otras listas de familia (Números 26:12, 1 Crónicas 4:24). *Ver también* Nemuel.

JEPHTÉ En Heb. 11:32 la RVA transcribe el nombre griego Iephthae como Jefté. Versiones más recientes lo presentan como Jefté. *Véase también* Jefté.

JERA Un descendiente de Sem, él fue uno de los hijos de Joctán (Génesis 10:26, 1 Crónicas 1:20).

JERAMEEL **(1)** Hijo de Hezrón de la tribu de Judá (1 Crónicas 2:9). Hezrón y su hijo Ram, el hermano de Jerameel, estaban en la línea ancestral directa del rey David. El tercer hermano de Jerameel era Caleb. Jerameel tuvo seis hijos (1 Cr. 2: 25-26). **(2)** El hijo de Cis, él estaba entre los levitas que ministraban en el templo (1 Crónicas 24:29). **(3)** Hijo del rey Joacim de Judá, fue uno de los tres hombres instruidos para arrestar a Jeremías y a su escriba Baruc, pero no pudieron hacerlo porque Dios los había ocultado (Jeremías 36:26).

JERAMEELITAS Un clan que vivía en el Neguev y era parte de la tribu de Judá (1 Samuel 30:29, *véase* 1 Crónicas 2: 9,25). Cuando David estaba viviendo con los filisteos para evitar a Saúl, iba a las incursiones, después de lo cual le decía a Aquis, el rey filisteo, que había atacado a los jerameelitas y otros, cuando en realidad estaba atacando a los filisteos y sus aliados (1 Sam. 27 :8-12). *Ver también* Jerameel.

JERASH *Ver* Gerasa.

JERBO La versión REB traduce la palabra en hebreo'akbar como "jerbo," un roedor que habita en el desierto y que se pronuncia sucio en Lev. 11:29 (NTV: "rata"; NVI: "ratón").

JEREBAI Uno de los poderosos guerreros de David (1 Cr. 11:46, aunque aquí él es uno de los que no figuran en el pasaje paralelo, 2 Sam. 23:24-39).

JERED *Ver* Jared.

JEREMAI Uno de los descendientes de Hasum que había tomado una esposa extranjera durante el tiempo de Esdras (Esdras 10:33).

JEREMÍAS En Mt. 16:14 la RV transcribe el nombre griego Ieremias como "Jeremías". Las versiones más recientes dan el nombre de Jeremías. *Véase también* Jeremías.

JEREMÍAS **(1)** Un líder de la media tribu de Manasés (1 Crónicas 5:24). **(2, 3, 4)** Tres guerreros en el ejército de David (1 Cr. 12:4, 10, 13). **(5)** Un gran profeta que vivió para ver a Judá exiliado en Babilonia. Jeremías es una de las figuras más coloridas y transparentes de la Biblia. El libro que lleva su nombre no solo describe sus acciones en el contexto de los grandes acontecimientos de su época, sino que también el propio profeta comparte sus emociones con profundidad y pasión. Él es conocido por muchos como el "profeta llorón" debido a la pena que siente por el pecado y el juicio de su pueblo. También podría llamarse el "profeta enojado", por su reacción al duro trato que recibió a manos del pueblo de Judá.

Además estaba sumido en la confusión en su relación con Dios, molesto porque Dios lo convirtió en el mensajero de las duras noticias para sus compatriotas (Jeremías 20: 1-18). Jeremías era un sacerdote que creció en la ciudad sacerdotal de Anatot, a unas cuatro millas al noreste de Jerusalén. La inscripción en el libro no nos dice cuándo nació, pero sí dice que comenzó su ministerio profético en el año decimotercero de Josías (626 a.C), y que continuó hasta el undécimo año de Sedequías (586 a.C), que también conocemos como el año en que los babilonios derrotaron a la ciudad de Jerusalén. Tenemos historias asociadas con Jeremías después de ese momento en el período del exilio (Jeremías 40-44). Jeremías fue comisionado como profeta (Jeremías 1: 4-10) para llevar un mensaje de juicio y restauración a su pueblo y también a las naciones. La mayoría, y por mucho, de sus oráculos registrados son oráculos de juicio, pero en el corazón del libro (capítulos 30-33) están los mensajes importantes de salvación,

LA EXTENSIÓN DEL IMPERIO BABILÓNICO EN EL SIGLO SEXTO A.C

la sección es a menudo referida como el Libro de Consolación. El año de su llamado fue un momento decisivo. En ese año, Babilonia, bajo el reinado de Nabopolasar, inició una revuelta contra Asiria, que la había dominado y a gran parte del Cercano Oriente por bastantes años. En Judá, el buen rey Josías gobernaba, y Jeremías seguramente apoyó sus reformas religiosas. Sin embargo, Josías fue asesinado en batalla en 609 a.C, y fue reemplazado por reyes a quienes no les importaba Dios ni el mensaje del profeta. En particular, Joacim (609-597 a.C) y Sedequías (597-586 AC) eran opositores de Jeremías y el objeto de muchas de sus denuncias proféticas. Aunque fue advertido por el profeta del juicio venidero, Judá y sus líderes no se arrepintieron, sino que continuaron resistiendo a Dios. En 586 a.C, Dios permitió que el ejército babilónico derrotara a Jerusalén. Nabucodonosor exilió a muchos de sus principales ciudadanos y destruyó el templo, el palacio y las murallas de la ciudad. Había oído hablar de Jeremías y las enseñanzas del profeta de que Judá debía rendirse ante Babilonia, por lo que lo trató con amabilidad. Permitió que Jeremías eligiera ir a Babilonia o quedarse en Judá. Jeremías eligió lo último, apoyando al gobierno provisional bajo el liderazgo del gobernador judío designado por Babilonia, Gedalías, quien luego fue asesinado por insurgentes judíos. Varios de los judíos que quedaban crecieron con miedo de la esperada represalia babilónica. Contra la palabra de Dios que era mediada por Jeremías, huyeron a Egipto, llevándose por la fuerza a Jeremías con ellos. La Biblia no narra la muerte de Jeremías, pero la tradición dice que murió en Egipto. **(6)** El padre de Hamutal, la madre del rey Joacaz (año 609 AC) y el rey Sedequías (año 597-586 a.C) y la esposa del rey Josías (año 640-609 a.C), de Libna (2 Reyes 23:31; 24:18). **(7)** Un sacerdote de la época de Zorobabel (después de 539 a.C) (Nehemías 12:1, 12). **(8)** Un sacerdote del tiempo de Nehemías (después del 445 a.C) (Neh. 10:2; 12:34).

JEREMÍAS, LIBRO DE Jeremías es el segundo de los Profetas Mayores, después de Isaías y antes de Ezequiel, un orden determinado por la cronología del comienzo de sus obras profética. Jeremías y Ezequiel eran contemporáneos, pero este último comenzó su ministerio después de Jeremías. El libro de Jeremías es el más extenso de los profetas (21.835 palabras), en comparación con el de Ezequiel (18.730 palabras) e Isaías (16.932 palabras). Los lectores antiguos y modernos se sienten atraídos por el libro no solo por su mensaje conmovedor, sino también porque Jeremías es la más transparente de todas las personalidades profecías, a menudo se lo denomina el Profeta que llora.

Contexto Histórico

Autoría y fecha. La inscripción del libro anuncia que contiene "las palabras de Jeremías, hijo de Hilcías, uno de los sacerdotes de Anatot en el territorio de Benjamín" (1: 1). Su ministerio profético se describe entonces como teniendo lugar entre el decimotercer año del rey Josías y el undécimo año del rey Sedequías, equivalente a 626-586 a.C, un período de gran turbulencia (*véase* en la siguiente sección). Los capítulos 40-44 narran eventos en el período inmediatamente posterior a la caída de Jerusalén.

Por un lado, no hay una buena razón para cuestionar la existencia del Jeremías histórico o la atribución a él de la profecía que lleva su nombre. Por otro lado, el texto indica que el libro no se escribió de una vez, sino que es el producto de un proceso. El capítulo 36 menciona que el profeta escribió sus sermones en el año 605 a.C, y cuando el rey Joacim quemó el rollo, el narrador relata que Jeremías nuevamente los dictó a Baruc, quien los escribió todos, y Jeremías añadió muchos más oráculos (36:32). El libro describe una relación cercana entre Jeremías y su asociado Baruc. Es posible que las historias sobre Jeremías hayan sido escritas y añadidas por este amigo cercano.

Contexto Histórico del Antiguo Oriente Próximo. Cuando Jeremías comenzó su trabajo profético en 626 a.C, el mundo estaba experimentando un cambio político importante. Asiria había sido la superpotencia dominante durante los siglos precedentes. Había incorporado el reino del norte de Israel a su vasto imperio en 722 a.C, y Judá se vio obligado a pagar tributos. En 626 a.C, sin embargo, Babilonia comenzó su rebelión contra Asiria. Nabopolasar, un caudillo caldeo, ahora rey de Babilonia, se liberó del yugo de la esclavitud asiria, y por casi dos décadas erradicó a Asiria y heredó el imperio. En 626 a.C, Josías fue rey de Judá. Su padre, Amón, y su abuelo Manasés habían sido reyes malvados, promoviendo la falsa adoración. Pero Josías sirvió a Yahvé, y poco antes de que Jeremías comenzara su obra, el rey comenzó a purificar las instituciones religiosas de Judá (2 Cr. 34: 3b-7). El inicio del ministerio de Jeremías ocurría entonces en un ambiente en que encontraba apoyo de la corte real. Sin embargo, en 609 a.C, Josías trató de impedir que Necao de Egipto reforzara los remanentes de Asiria contra Babilonia y en el proceso perdió la vida. Aunque los egipcios no tuvieron éxito en ayudar a Asiria a sobrevivir, pudieron ejercer control sobre Judá y colocaron en el trono a un rey a favor de Egipto, Joacim. Aun así, para el año 605 a.C Egipto no pudo detener a Babilonia bajo su nuevo rey, Nabucodonosor, de exigir que Judá fuera su vasallo (Daniel 1:1-3).

Joacim se rebeló contra Babilonia en 597 a.C Para cuando llegó el ejército babilónico en busca de venganza, Joacim se había ido, y su hijo Joaquín lo había reemplazado. Este último fue deportado rápidamente a Babilonia y reemplazado por Sedequías. El libro de Jeremías registra que tanto Joacim como Sedequías fueron oponentes decididos del profeta. De todos modos, Sedequías también se rebeló contra Babilonia finalmente, y esta vez Nabucodonosor no solo capturó y exilió a muchos líderes sino que destruyó sistemáticamente la ciudad. Luego incorporó a Judá a su imperio como provincia y nombró a un gobernador de Judea, Gedalías. Jeremías 40-44 describe cómo los insurgentes judíos asesinaron a Gedalías y mataron a las tropas de la guarnición de Babilonia. Muchos de los judíos que quedaban huyeron a Egipto en contra de la voluntad de Dios anunciada por Jeremías, quien fue forzado a ir con ellos. Estos eventos proporcionan el trasfondo de los oráculos proféticos y las acciones narradas en el libro de Jeremías. Algunas de las palabras y acciones de Jeremías están fechadas específicamente con estos eventos, mientras que otras no están fechadas.

Texto

Jeremías es uno de los pocos libros del Antiguo Testamento que presenta un problema importante de texto crítico. El texto principal en hebreo (El TM) es claramente diferente del texto griego. Este último es aproximadamente un octavo más corto que el anterior, y escasea de unas 2.700 palabras. Además, el orden del libro es diferente. Los oráculos contra las naciones extranjeras están en los capítulos 46-51 en el hebreo, pero se encuentran justo después de 25:13 en el griego. Los Manuscritos del Mar Muerto avalan los primeros manuscritos hebreos que reflejan la tradición griega, y por lo tanto no podemos atribuir la diferencia al error de traducción o la reorganización intencional. Una mejor solución es recordar que el libro de Jeremías tal como lo conocemos en hebreo es el resultado de una larga historia de composición. El texto griego puede que refleje una versión anterior más corta. El texto hebreo más largo representaría entonces la edición final autorizada del libro y es usado acertadamente para las traducciones modernas.

Géneros Literarios

El libro como un todo es un compendio de oráculos proféticos e historias sobre Jeremías. A continuación, los distintos estilos literarios que se encuentran en el libro.

Oráculos poéticos proféticos de juicio y salvación. Los capítulos 2-25 están compuestos principalmente de oráculos poéticos de juicio dirigidos al pueblo de Dios. Son las palabras de Dios para su pueblo pronunciadas por el profeta. Los capítulos 46-51 son también oráculos de juicio, pero estos son dirigidos a naciones extranjeras como Egipto y Babilonia. Aunque los oráculos de salvación sí están en la primera parte del libro, los capítulos 30-31 forman una colección sorprendente de tales oráculos, de los cuales el más conocido es la anticipación del nuevo pacto (31:31-34).

Confesiones / lamentos poéticos. Las confesiones de Jeremías son en forma de lamentos en los cuales él se queja de las cargas acarreadas por su tarea profética. Estos lamentos tienen muchas similitudes con los lamentos en los salmos, incluyendo elementos como una invocación, una declaración de inocencia, una invocación contra los enemigos y una respuesta divina. Si bien los lamentos tienen una cierta forma ritual, no hay una buena razón para negar que representen auténticamente las emociones del profeta. Las confesiones / lamentos se encuentran en 11:18-23; 12:1-6; 15:15-21; 17:14-18; 18:19-23; 20:7-17.

Oráculos en prosa. Los oráculos de Jeremías vienen en forma de prosa, como también en poesía. Se han trazado similitudes entre estos oráculos (un buen ejemplo es 7:1-8:3) y la teología del libro de Deuteronomio. Algunos quieren usar esta similitud para negar una conexión con el Jeremías histórico, pero no hay una buena razón para negar que Jeremías pudiera reflejar la teología de este libro fundacional.

Material biográfico en prosa. Una parte significativa del material en prosa puede describirse como biográfica, en cuanto relata eventos en la vida de Jeremías (capítulos 26-29; 34-45). Estas descripciones a menudo incluyen un oráculo profético. Es probable que estas descripciones biográficas hayan sido escritas por alguien que no sea Jeremías (¿Baruc?).

Actos simbólicos proféticos. Tal vez una categoría especial de material biográfico sea la descripción de eventos y actos de Jeremías que tienen un significado profético. Un buen ejemplo es 13:1-11, que narra el viaje de Jeremías al río Éufrates para enterrar su ropa interior sucia.

Esquema

I. Introducción y llamado de Jeremías (1:1-19)
II. La primera mitad del ministerio de Jeremías (2:1-25:14)
  A. Sermones, oráculos y actos simbólicos (2:1-24:10)
  B. Resumen (25: 1-14)
III. La segunda mitad del ministerio de Jeremías: juicio y la caída de Jerusalén (25:15-51:64)
  A. Juicio contra las naciones (25:15-38)
  B. Historias sobre Jeremías e informes de oráculos (26:1-29:32)

C. El Libro de Consolación: oráculos de salvación (30:1-33:26)
D. Historias sobre Jeremías y oráculos de juicio (34:1-38:28)
E. Relato del exilio (39: 1-44: 30) F. Oráculo a Baruc (45:1-5)
F. Oráculos contra naciones extranjeras (46:1-51: 64)

IV. Epílogo (52: 1-34)

Estructura

El libro de Jeremías no tiene una estructura claramente delineada. En este sentido, Jeremías no es único entre los profetas. No obstante, aún así podemos hacer algunas observaciones generales sobre la forma del libro y sus grandes secciones, a pesar de que no siempre podemos dar cuenta de por qué un oráculo sigue a otro. Cuando se les dan indicadores cronológicos, no se organizan secuencialmente. Hay razones para pensar que el capítulo 25 juega un papel fundamental en el libro, aunque puede que esto haya sido más explícito en una forma anterior del libro (cuando los oráculos contra las naciones extranjeras seguían inmediatamente después del capítulo, véase la versión griega). Aun así, 25:1-14 resume el mensaje de los capítulos 2-24, y luego 25:15-38 anuncia juicio contra las naciones.

El capítulo 1, entonces, es una introducción al libro, con su relato de la comisión del profeta, y el capítulo 52 es un epílogo que describe la caída de Jerusalén. Dentro de estas dos grandes secciones podemos reconocer bloques de material. El Capítulo 1 presenta al profeta, relata su llamado y presenta dos oráculos sin fecha que sirven para introducir temáticas importantes del libro. Los capítulos 2-24 siguen como una colección de sermones, oráculos poéticos y en prosa, y actos simbólicos proféticos que no tienen fecha. Efectivamente, a menudo es difícil saber cuándo termina un oráculo y comienza el otro. Es probable que estos sean los oráculos que provienen de la primera parte del ministerio del profeta, es decir, su primer rollo, descrito en el capítulo 36. Después de que el capítulo 25 resume la primera parte del libro y dirige la atención al juicio en contra de las naciones, sigue un bloque de material en prosa que consiste en historias sobre Jeremías, así como informes de oráculos (capítulos 26-29).

Los capítulos 30-33 son una colección de oráculos de salvación, un descanso del pesado aluvión de juicios en el libro hasta este punto. Tradicionalmente, estos capítulos se conocen como el Libro de Consolación. Los capítulos 30-31 son oráculos poéticos, mientras que los capítulos 32-33 son prosa.

Los capítulos 34-38 vuelven a las historias en prosa sobre Jeremías y los oráculos del juicio. Esta sección culmina con el primer relato de la caída de Jerusalén. En la siguiente sección, los capítulos 39-44 entregan la angustiosa narración del exilio y los continuos fracasos de parte de aquellos que permanecen en la tierra con Jeremías. Terminan en Egipto debido a su falta de confianza en la capacidad de Dios para cuidar de ellos. El Capítulo 45 es un oráculo dirigido hacia Baruc, el asociado de Jeremías. El libro termina con una colección de oráculos contra naciones extranjeras (capítulos 46-51), que culmina con una larga declaración profética dirigida a Babilonia. El libro termina con un segundo relato de la caída de Jerusalén.

Mensaje Teológico

Jeremías es un libro complejo con muchas temáticas. Una de las ideas centrales, sin embargo, es el pacto. La Biblia a menudo usa la idea de un pacto para describir la relación entre Dios y su pueblo. Un pacto es un acuerdo divinamente iniciado y definido. Dios hace promesas y llama a su pueblo a cumplir ciertos requisitos. Investigaciones han encontrado que los pactos bíblicos son cercanos en forma y concepto a los antiguos tratados del Oriente Próximo entre los reyes de las superpotencias y los de las naciones mucho menos poderosas (tratados vasallos).

El rey poderoso y soberano anuncia la ley al vasallo, y va acompañado de maldiciones y bendiciones. Si el vasallo obedece, entonces el rey da una recompensa, pero si el vasallo desobedece, entonces el rey emite un castigo. Hay una serie de relaciones de pacto entre Dios y su pueblo (Noé [Génesis 9]; Abraham [Gn. 12:1-3; 15; 17]; Moisés [Éx. 19-24]; David [2 Sam. 7]), pero lo más relevante para nuestra comprensión de Jeremías es el pacto con Moisés reafirmado en Deuteronomio. El pacto mosaico enfatiza la ley (*ver* Dt. 5-26) y tiene una extensa sección de maldiciones y bendiciones (Deuteronomio 27-28). Jeremías y muchos de los otros profetas pueden llamarse "abogados del pacto". Dios los envía a su pueblo cuando desobedecen la ley. Su trabajo es advertir a las personas que deben cambiar sus vidas y vivir en conformidad con la voluntad de Dios o de lo contrario las maldiciones del pacto surtirán efecto.

Los oráculos de Jeremías se enfocan en advertir a las personas que son transgresoras del pacto, particularmente en el tema de adorar a dioses falsos (Jer. 10-11). La esperanza es que la gente se arrepienta y evite el castigo más extremo. Pero no son solo los oráculos del juicio los que están relacionados con el pacto; también lo son los oráculos de salvación. En Jer. 31:31-34, el profeta anuncia que Dios reemplazará el antiguo pacto con uno nuevo, que será más interno, más intenso y más íntimo.

Conexiones con el Nuevo Testamento

Jeremías anticipa la fundación de un nuevo y mejor pacto, y el NT testifica el cumplimiento de esta expectativa. Al pasar la copa a sus discípulos, Jesús dijo: "Esta copa es el nuevo pacto en mi sangre, que por vosotros se derrama" (Lucas 22:20 [*véase* 1 Corintios 11:24-25]). La copa, que representa la muerte de Cristo, actúa como el signo del nuevo pacto. El punto es que el nuevo pacto se basa en la muerte y la resurrección de Cristo.

El nuevo pacto reemplaza al antiguo. Este es el argumento del libro de Hebreos, que cita dos veces el pasaje relevante en Jeremías para insistir en el punto (Hebreos 8:8-12; 10:15-17; *ver también* 2 Cor. 3). Según el autor de Hebreos, el antiguo pacto fracasó, no debido a un defecto en Dios o su instrumento, sino debido a la gente (Hebreos 8:8). Constantemente rompieron ese pacto al desobedecer la ley explicada en el pacto con Moisés. Como resultado, como el mismo Jeremías anunció, las personas serían expulsadas de la tierra (revirtiendo el cumplimiento del pacto abrahámico), llevando a la conclusión de la monarquía, que es una provisión del pacto davídico.

JEREMOTH **(1)** Uno de los hijos de Bequer y nieto de Benjamín (1 Cr. 7:8). **(2)** Un descendiente de Elpaal (1 Cr. 8:14). **(3)** Tres miembros de familias sacerdotales en el tiempo del liderazgo de Esdras que fueron hallados culpables de contraer matrimonios con mujeres extranjeras. Estos individuos prometieron divorciarse de sus esposas y ofrecer un carnero como ofrenda por su pecado (descendiente de Elam [Esdras 10:26], de Zatu [Esdras 10:27], de Bani [Esdras 10:29]).

JEREMY En Mt. 2:17; 27:9 la KJV transcribe el nombre griego Ieremias como Jeremy. Las versiones más recientes muestran el nombre de Jeremías. *Véase también* Jeremías.

JERÍAS Un líder de la familia del clan levítico de Coat durante el reinado de David (1 Cr. 23:19; 24:23). En 1 Crón. 26:31 el nombre se deletrea Jerijah (NRSV, KJV, en algunas versiones, entre ellas la NVI, retienen el nombre Jerías).

JERICÓ Jericó, "La Ciudad de las Palmeras" (Deuteronomio 34:3; Jueces 3:13; 2 Crónicas 28:15), se encuentra a unas cuatro millas al oeste del río Jordán y aproximadamente a diez millas al norte del mar Muerto. Se encuentra a unos 850 pies por debajo del nivel del mar en una estrecha llanura frente a uno de los principales cruces del río Jordán. Su ubicación fue crucial para proteger esta importante ruta este-oeste. Inmediatamente detrás de la ciudad, la tierra se eleva rápidamente hacia una región montañosa conocida como el Desierto de Judea. Jericó se encuentra en la actual área de Ribera Occidental y está poblada por aproximadamente veinticinco mil palestinos.

El nombre Jericó parece derivar de la palabra hebrea para luna (yareakh) y puede haber sido un antiguo lugar de adoración para las deidades lunares, que se pensaba que controlaban las estaciones agrícolas. Hay un manantial importante (Ein es-Sultan), que fluye a más de mil galones por hora, en la base de Tell es-Sultan (Monte de Sultán). Otro sitio conocido como Jericó (es decir, Jericó Herodiano, Tulul Abu el-'Alayiq) está a unas dos millas al sureste, en la base de Wadi Qelt.

JERIEL El tercero de los seis hijos de Tola, que fue el primer hijo de Isacar (1 Cr. 7: 2).

JERIJAH *Ver* Jerías.

JERIMOT **(1)** Uno de los cinco hijos de Bela y nieto de Benjamín (1 Cr. 7: 7). **(2)** Un hábil guerrero benjamita que se alió con David en Siclag (1 Cr. 12: 5). **(3)** Uno de los tres hijos de Musí, un levita de los meraritas (1 Cr. 23:23, 24:30). **(4)** Hijo de Hemán apartado por David para el ministerio de profecía con acompañamiento instrumental y para servir en el ministerio de la música para el templo (1 Cr. 25: 4; 25:22). **(5)** Hijo de Azriel, fue un oficial designado por David para dirigir la tribu de Neftalí (1 Cr. 27:19). **(6)** Uno de los hijos de David cuya hija Mahalat se casó con Roboam (2 Cr. 11:18). **(7)** Un supervisor de ofrendas monetarias para el templo designado por el rey Ezequías (2 Cr. 31:13).

JERIOT Esposa de Caleb (1 Cr. 2:18). El texto no está claro, pero Jeriot podría ser una esposa concubina de Caleb (NVI) o, alternativamente, era otro nombre para Azuba. Algunas Biblias (*Véase* RV y nota al pie de NTV) entienden que Jeriot es hijo de Caleb y Azuba.

JERJES El rey de Persia desde 486 a 465 a.C. Heredó el trono de su padre, Darío; su hijo Artajerjes fue rey en la época de Esdras y Nehemías. En la Biblia, Jerjes es llamado "Asuero" (aunque la NIV y otras versiones usan "Jerjes"), un equivalente hebreo ('akhasherosh) de su nombre persa. Ester (Hadasa) fue casada con Jerjes en el año 479 a.C. y se convirtió en reina (Ester 2:17), y así estaba en una posición para salvar a la nación judía de la aniquilación planeada por Hamán (Ester 4:12-17). Adicionalmente, los "enemigos de Judá y Benjamín" (Esd. 4:1) escribieron una carta a Jerjes cuando los judíos comenzaron a reconstruir el templo de Dios en Jerusalén.

JEROBAAL El apodo de Gedeón, que significa "contienda baael [contra él]". Se lo pusieron los habitantes del pueblo después de que derribó el altar de Baal (Jue. 6: 25-32). *Ver también* Gedeón.

JEROBOAM **(1)** El primer gobernante del reino del norte (928-907 a.C) (1 Re. 11:26-14:20). El hijo de Nabat era un servidor real esforzado, por lo que Salomón le dio la responsabilidad sobre los trabajadores del norte. El profeta Ahías proclamó a Jeroboam para que castigara a Salomón por su apostasía, Dios le daría las diez tribus del norte, dejando al hijo de Salomón, Roboam, con solo Judá y Benjamín. Cuando Salomón trató de matarlo, Jeroboam huyó a Egipto. Después de la muerte de Salomón, él regresó y solicitó que Roboam redujera la carga de trabajo de los israelitas. Roboam, ignorando el consejo de los ancianos y siguiendo el consejo de sus compañeros, rechazó groseramente la petición de Jeroboam y la gente. Las diez tribus del norte se rebelaron e hicieron rey a Jeroboam, y este reinó durante veintidós años.

Tell es-Sultan, el sitio del antiguo Testamento Jericó.

Jeroboam instauró dos becerros de oro, uno en Betel y uno en Dan (para el paralelo del desierto, *véase* Éx. 32:4), para evitar que los norteños viajasen al templo en Jerusalén para adorar. Un hombre de Dios condenó el santuario en Betel, profetizando que un futuro rey llamado Josías lo destruiría.

Cuando intentó detener al profeta, la mano de Jeroboam fue herida, pero después de la súplica del rey, el profeta la restauró. Cuando el hijo de Jeroboam, Abías, enfermó, el profeta Ahías emitió un juicio contra su hijo, quien pronto murió, y en contra de su dinastía. Después de la muerte de Jeroboam, su hijo Nadab gobernó durante solo dos años antes de ser asesinado por el usurpador Baasa. Los santuarios de Jeroboam se mencionan en la condena de otros quince gobernantes malvados del norte; sobrevivieron a la caída de Samaria en 722 a.C, pero finalmente Josías destruyó el santuario de Betel como se profetizó. (2 Re. 23:15).

(2) El decimotercer gobernante del reino del norte (r 784-748 AC, 2 Re. 14:23-29). Él era el hijo de Joás y bisnieto de Jehú. A pesar de hacer "mal ante los ojos del Señor" (v. 24), él recibió una profecía favorable del profeta Jonás, restauró las fronteras del reino del norte, y fue uno de los gobernantes de Israel o de Judá que reinó por más tiempo (cuarenta y un años). Durante su reinado, la dominación aramea y asiria sobre Israel disminuyó, lo cual resultó en riqueza y prosperidad para las clases altas, pero la opresión e injusticia hacia los marginados. Amós condenó estas prácticas y profetizó el fin de la casa de Jeroboam (Amós 7:8-11), que se cumplió cuando su hijo Zacarías fue asesinado por el usurpador Salum después de haber reinado solo seis meses.

JEROBOSET El segundo elemento en este nombre, que significa "vergüenza" (Hebreo boshet), era comúnmente sustituido por el nombre de la deidad cananea Baal. Por lo tanto, en 2 Sam. 11:21 el nombre Jeroboset reemplaza a Jerobaal, el apodo dado a Gedeón por la gente del pueblo en Jueces 6:32.

JEROGLÍFICOS Que literalmente significa "talla sagrada", los jeroglíficos son un sistema de escritura usando caracteres pictóricos. Los glifos pueden representar sonidos o ideas o actuar como determinantes que proporcionan información adicional como separaciones de palabras. Aunque los pictogramas por lo general se asocian con la escritura sacerdotal egipcia, otros idiomas los usaban en vez de letras alfabéticas. El descubrimiento de la Piedra Roseta, escrita en griego, demótico y jeroglíficos permitió a los académicos descifrar jeroglíficos. Los jeroglíficos más antiguos datan del año 3200 a.C. y el uso monumental de jeroglíficos termina con el cierre de todos los templos no-cristianos en el año 396 AD por Teodosio I.

JEROHAM **(1)** Abuelo de Samuel el profeta (1 Sam. 1:1). El registro genealógico indica que él era un levita y un músico del templo (1 Cr. 6:27, 34). **(2)** El jefe de una familia benjamita que se estableció en Jerusalén (1 Cr. 8:27). **(3)** Un benjamita descendiente de Ibneías, quien se reasentó en Jerusalén después del exilio (1 Cr. 9: 8). Él podría ser la misma persona que en 1 Cr. 8:27. **(4)** Un descendiente de Adaía, un sacerdote que se reasentó en Jerusalén después del exilio (1 Cr. 9:12; Neh. 11:12). **(5)** El padre de Joela y Zebadías, dos hombres que se unieron a David en Siclag (1 Cr. 12:7). **(6)** El padre de Azareel, quien se convirtió en el administrador tribal de David por sobre Dan (1 Cr. 27:22). **(7)** El padre de Azarías, que se convirtió en el comandante del ejército de un centenar que conspiró con Joiada para derrocar a Atalía (2 Cr. 23:1).

JERUEL Un lugar de ubicación incierta en el desierto de Judea, en algún lugar entre Tecoa y En-gadi (2 Cr. 20:16). Fue aquí donde el profeta Jahaziel profetizó a Josafat que Dios vencería a un ejército de atacantes de moabitas, amonitas y meunitas.

JERUSA La esposa del rey Uzías de Judá (769-733 AC) y la madre del rey Jotam de Judá (758-743 a.C). En ambos textos: 2 Re. 15:33 y 2 Cr. 27:1 se identifica como "Jerusa hija de Sadoc".

JERUSAH *Ver* Jerusa.

JERUSALÉN La ciudad central y la capital del antiguo Israel. El significado original del nombre probablemente sea "fundada por [el dios

Cananeo] Salem". En las Cartas de Amarna se hace referencia a Beth-Shalem, y su primera referencia en la Biblia es Salem (Gn. 14:18). A lo largo de su historia, la ciudad también se conoce como Sión, Jebus, Monte Moriah y la Ciudad de David. El nombre "Jerusalén" aparece más de 650 veces en el Antiguo Testamento, particularmente en la historia de Israel, y en el NT más de 140 veces. Los profetas del Antiguo Testamento usaron la ciudad como un símbolo del trato de Dios con su pueblo y su plan. Jerusalén se considera colectivamente como la morada de Dios, su lugar elegido y su soberanía, mientras que su destrucción también es representativa del juicio de Dios sobre la apostasía de su pueblo (por ejemplo, Jer. 7:1-15; 26:18-19; Mic. 3:12).

La reconstrucción de la ciudad representa la esperanza y la gracia de Dios (por ejemplo, Is. 40:1-2; 52: 1, 7-8; 60-62; Jer. 30:18-19; 31:38-39; Ezeq. 5:5; Hag. 2: 6-8; Zac. 8: 3-8). Al igual que los escritores del AT, los autores del NT hablaban de Jerusalén en términos metafóricos y escatológicos. Pablo usó a Jerusalén para contrastar el antiguo y el nuevo pacto (Gál. 4:24-26), y el escritor de Hebreos lo usó como el lugar del nuevo pacto, sellado por la sangre de Jesús (Heb. 12:22-24) En Apocalipsis, el concepto de una nueva Jerusalén está relacionado con el futuro reino de Dios (Apoc. 3:12; 21:1-22:5). Jerusalén está ubicado en la región de las colinas de Judea, a unos 2.700 pies sobre el nivel del mar. Limita con el desierto de Judea al este. La ciudad se expandió y contrajo en tamaño sobre varias colinas y valles. Hay dos cimas principales (Colinas Oriental y Occidental) separadas por el Valle del Tiropeón. La Colina del Este tiene un collado, el monte Ophel, y al norte de esto está el tradicional sitio del monte Moriah, donde más tarde se construyó el templo. La Colina del Este siempre estuvo asentada, ya que la única fuente de agua es la Fuente de Gihón, ubicada en el valle de Cedrón. Hay otras dos cimas que eran importantes para la ciudad, ya que se usaban para suburbios, cementerios y canteras externas.

Al este está el Monte de los Olivos, que está separado de la Colina del Este por el Valle del Cedrón. Al oeste de la Colina del Oeste se encuentra la Ruta de la Cima Central, separada por el Valle de Hinom.

Historia Temprana Durante la Monarquía Unida

La ocupación más antigua tomó lugar cerca de la Fuente de Gihón, donde se encontraron piezas de cerámica calcolítica (hacia 3500 a.C)

En esta foto, la ubicación de la antigua Ciudad de David se encuentra a la derecha del valle que se muestra abajo.

y estructuras que datan de la Edad del Bronce Antiguo (hacia 3000-2800 a.C). La ciudad en la Edad de Bronce se menciona en las Tablillas de Ebla, los Textos de Execración y las Cartas de Amarna. Melquisedec, el rey de Salem, recibió regalos de Abraham y lo bendijo (Gn. 14). Se le ordenó a Abraham que ofreciera a Isaac como sacrificio en una de las montañas del monte Moriah (Gn. 22:2), el lugar donde más tarde Salomón construyó el templo (2 Cr. 3:1). La ciudad jebusea de la Edad del Bronce se extendía sobre la parte inferior de la Colina del Este por unas doce acres, con una población de alrededor de mil personas. Después de que Josué hizo un tratado con los gabaonitas, el rey de Jerusalén, Adonisedec, formó una coalición de cinco reyes para atacar a Gabaón. Josué

J

derrotó a esta coalición y mató a los reyes (Jos. 10). A los habitantes cananeos de Jerusalén se les llamaba amorreos (Jos. 10:5) y jebuseos (Jue. 1:21, 1 Cr. 11:4). Cuando David se convirtió en rey sobre Israel y Judá, hizo de Jerusalén el centro político, espiritual y administrativo de su reino. Jerusalén se convirtió en sinónimo de David y se llamó la "Ciudad de David". Trasladar el arca a Jerusalén la convirtió en el nuevo centro religioso de los israelitas. David conquistó la fortaleza jebusea a través del tsinnor, probablemente un túnel de agua (2 Sam. 5: 6-8, 1 Cr. 11:4-7). Se instaló en la ciudad y comenzó un extenso programa de construcción, pero su visión de Jerusalén como centro religioso no se realizó completamente hasta que su hijo Salomón se convirtió en rey y construyó el templo.

Salomón expandió grandemente la ciudad mediante la construcción de fortificaciones, el templo y el palacio real (1 Re. 7-9). Esta fue la primera expansión inicial de la ciudad ya que Salomón extendió la ciudad hacia el norte a lo largo de la Colina del Este, por Ophel hasta el sitio actual del Monte del Templo. Esto expandió la ciudad a aproximadamente treinta y dos acres, con una población de alrededor de cinco mil personas. Durante la monarquía unida, Jerusalén se convirtió en el centro de la administración y religión israelita. Todos los israelitas debían ir a Jerusalén tres veces al año para las festividades religiosas. La Jerusalén salomónica se convirtió en la base de las imágenes otorgadas a la ciudad por los salmos (por ejemplo, Sal. 46, 48, 76, 84, 87, 122, 125, 132). Aunque las mayores excavaciones se llevaron a cabo en la década de 1980 en la Ciudad de David, poco se sabe, en términos arqueológicos, sobre la ciudad de ese período.

De la Monarquía Dividida al Exilio

Durante el tiempo de la monarquía dividida, Jerusalén fue atacada por potencias extranjeras. Jerusalén fue atacada por Sisac de Egipto a finales del siglo X a.C (1 Re. 14: 25-26), por Siria y el norte de Israel durante el siglo IX a.C (2 Re. 12:17; 15:37), y por Senaquerib de Asiria durante el siglo VII a.C (2 Re. 18:13). Varios reyes de Judea emprendieron proyectos de construcción. Uzías fortificó Jerusalén al agregar torres a las murallas de la ciudad (2 Cr. 26:9), y Jotam edificó la puerta superior del templo (2 Cr. 27:3).

Ezequías expandió enormemente Jerusalén. La ciudad se duplicó en tamaño durante su reinado cuando se extendió a la Colina del Oeste (Ciudad Alta). La ciudad abarcaba alrededor de 125 acres, con una población de alrededor de veinticinco mil habitantes. Se había expandido debido a la afluencia de inmigrantes del norte cuando la capital de Samaria cayó ante los asirios. Ezequías reforzó el Milo, construyó y reconstruyó muros y erigió torres a medida que extendía las murallas para abarcar la Colina del Oeste. En preparación ante el asedio de Senaquerib, construyó un sistema de agua subterránea para llevar agua desde la Fuente de Gihón al estanque de Siloé dentro de la ciudad (2 Re. 20:20; 2 Cr. 32:2-4, 30; Is. 22:11). Manasés re fortificó a Jerusalén con la construcción de un nuevo muro exterior (2 Cr. 33:14). Jerusalén fue invadida cuando Joacim se rebeló y finalmente fue destruida por Babilonia en 586 a.C Los profetas durante la monarquía dividida hablaron de la destrucción de Jerusalén, pero también de su exaltación en tiempos posteriores (por ejemplo, Is. 2:2-4, 24:23, Jer. 7:14, Mi. 3:12).

Las excavaciones arqueológicas han revelado mucho sobre Jerusalén durante el tiempo de los reyes posteriores de Judea. Varias murallas, torres y fortificaciones atribuidas a Ezequías han sido excavadas en el barrio judío. El túnel de Ezequías y la inscripción de Siloé han sido descubiertos, destacando los preparativos hechos por Ezequías para el asedio asirio. Varias canteras y tumbas se han encontrado en las laderas del Monte de los Olivos y la ladera occidental (Ketef Hinnom) del Valle de Hinom. En una de las tumbas de Ketef Hinnom, un amuleto de plata que contiene el texto bíblico más antiguo conocido (Nm. 6:24-26) fue encontrado. La evidencia de la destrucción de Babilonia se encontró en las excavaciones del barrio judío y la Ciudad de David. Se encontró un grupo de bullae (impresiones de arcilla cocida) con el nombre de "Gemariah ben-Shaphan", probablemente el escriba mencionado en Jer. 36.

Del Dominio Persa al Romano

Después de la conquista persa de Babilonia (539 a.C), Ciro II permitió a los judíos regresar a Jerusalén y reconstruir el templo. Judá se convirtió en la provincia persa de Yehud, y Jerusalén fue el centro administrativo. Nehemías fue nombrado gobernador de Judea por Artajerjes en 445 a.C Nehemías emprendió un proyecto de reconstrucción apresurado en contra de los deseos de la población local (Neh. 2:19; 4:7). La ciudad reconstruida estaba restringida al área de la Colina del Este, que comprende unos treinta acres, con una población de alrededor de cuarenta y cinco mil habitantes.

Alejandro Magno tomó a Jerusalén en 332 a.C Esta victoria marcó el final del dominio persa. Después de la muerte de Alejandro, su imperio se dividió entre los Ptolomeos de Egipto y los Seléucidas de Siria. Ptolomeo I tomó a Jerusalén en 320 a. C., pero el templo de Jerusalén continuó siendo el centro de la vida judía local y su administración. Los Seléucidas derrotaron a los Ptolomeos y anexaron a Palestina alrededor del 201-198 a.C La ciudad y el templo fueron reparados durante su reinado. En este período, los judíos estaban luchando con la aceptación de la cultura helenística. El sumo sacerdote Jasón favorecía la helenización y transformó a Jerusalén en una polis helenística (una ciudad-estado griega). Jerusalén se hizo conocida como Antioquía, y la ciudad se expandió a la ladera oriental de la Colina del Oeste (Ciudad Alta). Jasón construyó un gimnasio (1 Mac.1:11-15; 2 Mac. 4:9-17). Los macabeos se rebelaron, y Antíoco IV destruyó las murallas de Jerusalén, erigió una fortaleza (el Acra) y profanó el templo. Judas Macabeo liberó a Jerusalén en el año 164 a.C, y el templo fue purificado y dedicado de nuevo (1 Mac. 4:36-55). El dominio Asmoneo duró del 142 al 63 a.C La Jerusalén Asmonea ocupó las Colinas Orientales y Occidentales. La Ciudad Alta se unió al Monte del Templo por un puente arqueado en el Valle del Tiropeón (el Arco de Wilson).

Una fortaleza (los Baris) se construyó al noroeste del templo. Los romanos conquistaron Jerusalén en el año 63 a.C bajo el gobierno de Pompeyo y terminaron con el dominio Asmoneo.

J

El Tiempo de Jesús y el Primer Siglo D.C

J Jerusalén durante el tiempo de Jesús fue en gran medida el producto de las políticas de Herodes el Grande y sus programas de construcción. Herodes era un vasallo romano y trajo la cultura helenística a la ciudad. Él construyó un anfiteatro y un teatro. Jerusalén se convirtió en una ciudad dividida entre los ricos de la Ciudad Alta y los pobres de la Ciudad Baja.

La población herodiana de Jerusalén era de unos cuarenta mil, y la ciudad se extendía sobre 230 acres, sin incluir los suburbios en el Monte de los Olivos y al oeste de la ciudad. La principal actividad de construcción de Herodes era el complejo en el Monte del Templo. Herodes construyó un gran podio sobre la cumbre norte de la Colina Oriente. Este podio estaba a cuarenta y cinco metros de altura sobre el fondo del valle de Cedrón. Esto formó una plataforma rectangular para el templo que medía 144.000 metros cuadrados. La mayoría de los muros de contención son visibles hoy en día, y la sección más conocida es el Muro de las Lamentaciones. Al sur del complejo del Monte del Templo estaba la Estoa Real, y en la esquina noroeste estaba la Fortaleza de Antonia.

La investigación arqueológica ha descubierto varios componentes y características de la Jerusalén del NT. Los rituales del templo necesitaban grandes cantidades de agua, y Herodes construyó un elaborado sistema de suministro y almacenamiento de agua. Los restos de acueductos subterráneos y superficiales se encuentran desde la región de Belén hasta Jerusalén. Grandes estanques de almacenamiento de agua son aún visibles hoy en día, como la Estanque de la Serpiente en el Valle de Hinom, Estanque de la Torre de Amygdalon, La Piscina de las Ovejas (o Estanque de Betesda), la Piscina de Israel, así como muchos otros embalses sin nombre y elementos de almacenamiento de agua.

Se encontraron varios segmentos de los muros de fortificación de la ciudad en diferentes excavaciones arqueológicas, así como restos de la Fortaleza de Antonia y del Palacio Superior de Herodes con sus tres torres y el ágora adyacente. Las excavaciones del Barrio Judío han revelado varias casas palaciegas con diversos artículos de lujo, evidencia de la riqueza de la Ciudad Alta. Estas casas contenían un patio rodeado de habitaciones y salas de recepción; varios tenían baños para rituales privados. Las excavaciones de la muralla al sur revelaron componentes del complejo del Monte del Templo, sobre todo la escalera monumental al sur con el complejo de baños rituales y las dos entradas que conducían al Monte del Templo. Varias tumbas y cementerios también han sido excavados en los alrededores de la ciudad.

La mayor parte del ministerio de Jesús se desarrolló en Galilea. Él habría ido a Jerusalén, al menos, tres veces al año para asistir a los principales festivales. De los escritores de los Evangelios, Lucas se refería con mayor frecuencia a Jerusalén y al templo, enmarcando su relato de las obras y enseñanzas de Jesús. Aunque los eventos de la Semana de la Pasión tuvieron lugar en Jerusalén y sus alrededores, los Evangelios enfatizan los eventos y las enseñanzas de Jesús, no la geografía.

La iglesia primitiva comenzó en Jerusalén con los eventos del Pentecostés. Jerusalén fue el origen y el centro de la iglesia primitiva bajo el liderazgo de Santiago. Parecía servir como el centro de la autoridad de los apóstoles, pero el

celo misionero pronto cambió el ministerio y el enfoque de la iglesia hacia el Mediterráneo oriental. Jerusalén fue destruida en el año 70 d.C por los romanos bajo la dirección de Tito. Jerusalén ha sido un lugar central para la fe cristiana, cuyos seguidores reconocen la ciudad como el lugar de la muerte y la resurrección de Jesús. Jerusalén ha jugado un papel importante a lo largo de la historia y siempre ha sido un centro de peregrinación para los cristianos.

JERUSALÉN, CONCILIO DE *Ver* Concilio Apostólico.

JERUSALÉN, NUEVA *Ver* Nueva Jerusalén.

JERUSALÉN, TEMPLO DE Los templos siempre han sido el dominio y la casa de los dioses en todo el antiguo Cercano Oriente. Como la morada del Dios de Israel, el templo de Jerusalén sirvió para el mismo propósito. El templo desempeñó un papel importante en la vida social, religiosa y política del antiguo Israel. No existen restos arqueológicos del edificio real del templo hoy en día; sin embargo, el templo ha dominado la erudición bíblica. El templo de Jerusalén fue construido originalmente por Salomón en 953 a.C y fue destruido por el rey babilónico Nabucodonosor en el año 586 a.C Después del exilio, el templo fue reconstruido y luego re dedicado por Zorobabel en 515 AC (Esdras). Herodes el Grande expandió y cambió significativamente el templo, pero finalmente fue destruido por los romanos bajo la dirección de Tito en el año 70 d.C

El texto bíblico se refiere al templo de varias maneras: templo, casa de Dios/Yahvé y santuario/lugar santo. Todos estos términos se refieren a la vivienda o casa de Dios y a un área sagrada. Las fuentes de información sobre el templo son textos bíblicos, Josefo y la Mishná (Tratado Middot). Los relatos más detallados de la construcción del templo salomónico se encuentran en 1 Re. 6-8; 2 Cr. 2-4. Además de estas secciones principales, hay varias referencias a actividades de construcción y de reparaciones del templo a lo largo del AT. Otro texto importante es Ezeq. 40, pero se debate si esto representa el templo real o un templo ideal. Hay varias referencias en el NT que se refieren directa o indirectamente a funciones y componentes específicos del complejo del Monte del Templo.

Investigación Arqueológica

La ubicación del Monte del Templo en Jerusalén ha sido indiscutida. La opinión académica actual ubica el templo en el lugar donde está el actual santuario musulmán, la Cúpula de la Roca. Hoy en día, el área cerrada más grande se conoce como el *harem esh-sharif* (el santuario noble). Los exploradores en el siglo XIX no intentaron investigar arqueológicamente el templo en sí, aunque varias exploraciones se centraron en registrar las características visibles y realizar sondeos a lo largo de los lados del Monte del Templo. Incluso después de la unificación de Jerusalén en 1967, con tres grandes excavaciones en la ciudad, no se llevó a cabo ninguna investigación arqueológica del templo.

Debido a las variables políticas y religiosas asociadas con los sitios sagrados musulmanes, no hay investigaciones arqueológicas previsibles. Una reciente renovación de la Mezquita de Omar, ubicada en el extremo sur del Monte del Templo, removió camiones cargados de tierra. Desafortunadamente, no hubo supervisión arqueológica del proyecto y no se llevaron a cabo excavaciones arqueológicas del sitio. A pesar de las limitadas excavaciones arqueológicas, se han propuesto varios informes populares de ubicaciones alternativas del templo. La mayoría de estos ubican el templo en algún lugar que no sea la Cúpula de la Roca, pero ninguna de estas propuestas ha ganado el apoyo académico para competir con la ubicación actual.

Primer Templo: Templo de Salomón

En todo el antiguo Cercano Oriente, los templos sirvieron como edificios monumentales que proporcionaban legitimidad divina para el rey o la dinastía. Si bien los templos han de considerarse parte de la esfera religiosa de la sociedad, su construcción, mantenimiento y actividades asociadas están interrelacionadas con la esfera política. La construcción del templo en Jerusalén también está vinculada a la formación estatal por parte de los israelitas. El templo salomónico marcó el comienzo de un nuevo período de actividad religiosa entre los antiguos israelitas. Anteriormente, Israel adoradora en varios santuarios y lugares sagrados, y su práctica religiosa central se asociaba con el tabernáculo. Con el establecimiento de la monarquía, se crearon la monarquía dinástica y la autoridad centralizada. Aunque el texto bíblico da crédito a Salomón como el rey israelita que construyó el templo, el proyecto fue iniciado bajo David, quien unió a las tribus israelitas, capturó a Jerusalén y la convirtió en la capital del reino, y construyó un palacio real. Hizo de Jerusalén la capital política, pero también el centro religioso cuando llevó a Jerusalén el arca sagrado, el símbolo visible de la presencia de Yahvé (2 S. 5-6). David tuvo la intención de construir una vivienda permanente para Yahvé (2 Sam. 7: 2).

Ubicación. El texto bíblico conserva múltiples tradiciones y relatos de la ubicación y adquisición de tierras para el templo. En el mundo antiguo, el templo de la ciudad se encontraba comúnmente en la Acrópolis (punto más alto) de la ciudad. El templo está ubicado en el punto más alto de una cima donde se encuentra la ciudad de Jerusalén en el AT (ciudad Jebusea, más tarde la Ciudad de David). Hay dos relatos de la compra de la tierra: el campo de trillar de Arauna (2 Sam. 24:18-25) y de Ornán (1 Cr. 21:15-30, 2 Cr. 3:1 [NTV muestra] Arauna, pero ver, por ejemplo, LBLA, NVI, RV]). Es posible que Arauna y Ornán fueran parientes, pero lo más probable es que sean la misma persona, y que Samuel y Crónicas hayan usado variantes.

Sin embargo, las dos versiones discrepan sobre el monto pagado por la tierra: cincuenta siclos de plata (2 Sam. 24:24) y seiscientos siclos de oro (1 Cr. 21:25). Hay una teoría que explica esta discrepancia como dos transacciones separadas. Primero, David compró la era para construir un altar a Yahvé, y luego compró toda la montaña para construir un templo. Tradiciones posteriores asocia la colina donde David construyó un altar con la ubicación donde Abraham preparó un altar para sacrificar a Isaac (Monte Moria).

Construcción y dimensiones. Salomón comenzó a construir durante el cuarto año de su reinado (2 Cr. 3:1), y la construcción duró siete años. El plano del templo fue revelado a Salomón durante una noche en el santuario de Gabaón (2 Cr. 1:7-13). El rey obtuvo materiales de construcción, específicamente cedro del Líbano (2 Cr. 2: 3-10), y conocimientos de construcción y diseño de los artesanos fenicios (1 Re. 7:13-14, 45). El templo salomónico consistió en un plan tripartito similar a otros templos en Siria-Palestina durante ese período. Hay dos relatos para la construcción y dedicación del primer templo (1 Re. 6-8, 2 Cr. 3-7). Ambos relatos ofrecen descripciones similares, pero hay algunas diferencias en las mediciones. La mayoría de los eruditos explican estas diferencias al ver las dimensiones en el libro de Crónicas como reflejo de las medidas del templo después de los proyectos de reparación y reconstrucción de Ezequías.

El plano básico era un rectángulo, de 70 codos de largo (120 pies 7 pulgadas) y 20 codos de ancho (34 pies 5 pulgadas) en un eje recto orientado hacia el este; la altura era de 30 codos (51 pies 7 pulgadas). Estas medidas se refieren a las dimensiones internas (1 codo = 20.67 pulgadas). Las tres unidades arquitectónicas distintas formaron tres salas distintas donde se realizaron diversas funciones y también reflejaron niveles de santidad.

Las tres unidades eran: el 'ulam ("pórtico" o "vestíbulo"), el *hekal* o ("casa" o "nave"), y el debir (oráculo interior, Lugar Santísimo). En los relatos bíblicos todo el edificio se llama la "casa [bayit] del Señor", y la palabra "templo" se usa para el hekal. Había una estructura de tres pisos alrededor de los lados y la parte posterior del templo (ver más abajo).

El pórtico tenía 10 codos (17 pies 2 pulgadas) por 20 codos (34 pies 5 pulgadas). El relato en Reyes no proporciona su altura; el relato en Crónicas da la altura de 120 codos. En la descripción y medidas del pórtico en el texto bíblico, éste se considera separado del templo (*bayit*, casa). El pórtico contenía dos pilares de bronce: yakin ("él establecerá") en el lado derecho y bo'az ("en fortaleza") a la izquierda (*ver* Boaz; Jaquín).

Las columnas eran de bronce, de 18 codos (35 codos en Crónicas) de altura, con elaborados capiteles dobles. El capitel inferior era de 5 codos, de forma redonda, y rodeada de redes con granadas. Encima de esto había otro capitel, 4 codos de alto, con forma de lirio. El hekal tenía 40 codos de largo y 20 codos de ancho y era la única parte con ventanas (1 Re. 6:4). El debir era un cubo, 20 codos por lado. El debir también se llama el "Santo de los Santos". La diferencia en altura (10 codos más corta que el hekal) se debe a la elevación de los cimientos. Esta medida se confirma hoy en el interior de la Cúpula de la Roca. Las paredes de la casa (hekal y debir) estaban construidas con piedras enteras preparadas en la cantera, ya que "no se escuchó ningún martillo, cincel o cualquier otra herramienta de hierro en el sitio del templo mientras se estaba construyendo" (1 Re. 6:7). El techo estaba hecho de madera de cedro (1 Re. 6:10), con travesaños y tablas que se cruzaban. Los muros de piedra estaban cubiertos desde el suelo hasta el techo con tablas de madera de cedro, y el piso era de madera de ciprés, cubierto con oro (1 Re. 6:30). La madera tenía grabados tallados de querubines, palmeras y flores abiertas. El hekal y el debir estaban separados por una división hecha de madera de olivo.

La estructura de tres pisos que rodea el templo fue construida con madera de cedro. Cada piso era de 5 codos. El ancho del primer piso era de 5 codos, el del medio de 6 codos y los 7 codos de arriba. Esta estructura se ingresaba desde el lado derecho del templo, y los pisos estaban conectados por aberturas con escaleras. En esta estructura se formó recámaras y almacenamiento para las actividades de los sacerdotes. Frente al templo había un patio rodeado por una pared. Dentro del patio había una gran cuenca de bronce (conocida como "el Mar"). Esta cuenca descansaba sobre las espaldas de doce bueyes de bronce. Diez cuencas más pequeñas en grupos de cinco fueron puestas en soportes de ruedas elaborados. En este patio también se encontraba un gran altar. En el lugar santísimo había dos querubines grandes de madera de olivo cubiertos de oro. Tenían 10 codos de altura, con una envergadura de 10 codos. Estos querubines estaban sobre el arca del pacto. En el hekal estaban el altar de oro, la mesa de oro y diez candelabros.

Historia. Desde Salomón hasta Sedequías, el templo fue utilizado para cambios de poder político y religioso. Los reyes de Israel allanaron el tesoro del templo para pagar a los invasores, cerraron el templo o colocaron ídolos en el templo en períodos de apostasía. Durante los períodos de reforma repararon y reconstruyeron el templo y su mobiliario.

Bajo el reinado de Roboam, Sisac, rey de Egipto, saqueó el templo y removió todos sus tesoros (1 Re. 14:25-28, 2 Cr. 12:9). Asa y su padre, Abías, añadieron plata, oro y otros utensilios al tesoro del templo (2 Cr. 15:18), pero los usaron para pagar a Ben-adad de Siria para que lo ayudara a luchar contra Baasa rey de Israel (16:2-3). El hijo de Asa, Josafat (2 Cr. 17) gobernó durante un tiempo de prosperidad y reformas. Fue probablemente bajo su mandato que el tribunal frente al templo se amplió (20:5).

Los hijos de Atalía irrumpieron en el templo y adoraron a Baal. Durante el reinado de Amasías, el templo fue saqueado por Joás, rey de Israel (2 Cr. 25). Uzías gobernó durante un largo período de prosperidad (787-736 a.C), pero quiso quemar incienso en el altar en el hekal, un ritual dedicado exclusivamente a los sacerdotes. Un rey posterior, Jotam, construyó la Puerta superior de la casa de Yahvé (2 Re. 15:35, 2 Cr. 27:3).

El hijo de Jotam, Acaz, tomó la plata y el oro del templo y lo envió como un regalo al rey de Asiria. Él movió y cambió varias vasijas del templo y cerró sus puertas (2 Cr. 28:24). Ezequías hijo de Acaz gobernó durante un tiempo de gran prosperidad. Reabrió las puertas del templo (2 Cr. 29), limpió el templo y creó un monte de 500 codos cuadrados alrededor del templo. Ezequías condujo muchos proyectos de construcción en Jerusalén y reformas a lo largo del territorio. También "quitó el oro con que había cubierto las puertas y los postes de las puertas del templo del Señor" para pagar un rescate a Senaquerib, rey de Asiria (2 Re. 18:16). Debido a sus actividades de construcción, la mayoría de los estudiosos atribuyen cambios importantes del templo al reinado de Ezequías. Las diferencias en las descripciones de los templos en Reyes y Crónicas probablemente reflejan dos períodos diferentes de la historia relacionados con el templo (por ejemplo, Reyes representa el templo durante el período de Salomón, mientras que Crónicas representa los cambios al templo por parte de Ezequías). Manasés, el hijo de Ezequías, deshizo el trabajo de su padre construyendo altares en el templo. El último resurgimiento del templo en la vida del pueblo de Israel fue bajo Josías. Él instigó una reforma en todo el país y una limpieza del templo. Hilcías el sumo sacerdote encontró una copia del "Libro de la Ley" (2 Re. 22:8). Después de leer la ley en la plaza pública, se hizo una recolección entre las personas para entregar a los trabajadores para la reparación del templo. Los babilonios tomaron parte del tesoro del templo (2 Cr. 36:7) bajo el gobierno de Joacim. Los dos últimos reyes de Judá, Joaquín y Sedequías, también perdieron el tesoro del templo en Babilonia, y finalmente el templo fue destruido durante la destrucción de Jerusalén en 586 a.C (2 Cr. 36).

Segundo Templo: Zorobabel y el Templo de Herodes el Grande

Templo de Zorobabel. El templo de Salomón fue reconstruido por los judíos que regresaron del exilio bajo el decreto del rey persa Darío (Esd. 6:1-5). El templo fue construido bajo la dirección de el gobernador Zorobabel con el apoyo de los profetas Hageo y Zacarías (Esd. 6:13-18) y fue dedicado en 515 a.C Este habría sido un templo más humilde debido a la pobreza de los habitantes de Judá. Durante el período Asmoneo (152-37 a.C) se construyeron una plataforma y una fortaleza. No se sabe mucho sobre el templo durante este período. Habría sido bastante eclipsado por el trabajo de Herodes el Grande.

Templo de Herodes el Grande. Herodes invirtió fuertemente en proyectos de construcción a lo largo de su reino. Estaba interesado en llevar la cultura helenística a los judíos, pero también en defender las prácticas religiosas tradicionales judías, especialmente cuando se trataba del templo. Así como el primer templo imitó la arquitectura religiosa del antiguo Cercano Oriente, el segundo templo reflejaba la arquitectura sagrada masiva del mundo clásico. Jn. 2:20 indica que hasta ese entonces les había tomado cuarenta y seis años (más allá de la vida de Herodes) en construir. Herodes no pudo alterar

Modelo del Segundo Templo durante la época de Herodes el Grande (siglo I d.C).

las dimensiones del templo, pero pudo hacer adiciones al exterior, alterar sus muebles exteriores, y expandir el recinto y la plataforma para que coincidiera con la grandeza de los templos greco-romanos. Hoy los eruditos se refieren a todos estos edificios y al templo como el complejo del Monte del Templo.

Herodes expandió el espacio del Monte del Templo al construir una "caja" alrededor de la montaña. Esta era una pared enorme con alturas variables debido a la topografía. Este muro todavía es visible hoy en día, especialmente el sitio religioso actual del Muro Occidental. Esta construcción permitió una plataforma nivelada con varias edificaciones y plazas en la parte superior. La nivelación se hizo rellenando los huecos y construyendo arcos subterráneos en áreas bajas.

Una de estas áreas se encuentra en la esquina sureste (los soportes arqueados subterráneos son llamados erróneamente "Establos de Salomón" hoy en día). Toda el área estaba rodeada por un pórtico con columnas (Columnata de Salomón [Jn. 10:23, Hec. 3:11, 5:12]). En la esquina noroeste estaba la Fortaleza de Antonia (Hec. 21:35), y el extremo sur del complejo contaba con la Estoa Real, un edificio de estilo de basílica (cuatro filas de cuarenta columnas) que albergaba el Sanedrín y tenía otras funciones religiosas y políticas (Lc. 22:66). Este complejo se convirtió en el centro religioso y político de la ciudad de Jerusalén, y Herodes construyó muchos componentes auxiliares. Se construyeron varias entradas y puentes desde la Ciudad Superior. El público entraba al complejo desde el sur. Un complejo al sur que consistía de unas escaleras monumentales (210 pies de ancho), puertas de entrada y de salida (puertas dobles y triples) llevaban a los peatones desde el exterior a través de túneles subterráneos hasta la parte superior del complejo del templo. Estas escaleras se convirtieron en un área para foros públicos.

Además se construyeron varias tiendas (Mr. 11:15-17) alrededor del complejo, así como una gran casa de baños para el lavado ritual. Para facilitar los muchos sacrificios, Herodes construyó un complejo sistema hidrológico que traía agua a la ciudad. Esto fue logrado por varios acueductos y piscinas de almacenamiento. El Monte del Templo tenía muchas cisternas y un nuevo estanque en el extremo noreste del complejo del Monte del Templo, el estanque de Israel. Aunque Herodes no podía alterar las dimensiones del templo en sí, pudo agrandar la fachada, agregar cuartos de almacenamiento y edificios auxiliares, construir una segunda planta sobre el templo y construir varios patios y varios edificios relacionados con ellos. Siguiendo con los niveles tripartitos anterior de santidad, estos edificios y patios adicionales del templo conservaron el mismo grado lineal de santidad y exclusión. Josefo llamó al templo de Herodes "una estructura más notable que cualquier otra bajo el sol" (Ant. 15.412).

Herodes construyó una nueva fachada monumental frente al templo existente y agregó un segundo piso. El templo de Herodes medía 100 codos (172 pies) en las tres dimensiones. Se encontraba encima de una base que le dio altura adicional. Tenía dos pisos, cada uno de 45 codos (77.5 pies) de altura. En el techo había un parapeto, de 3 codos de altura, que tenía espinas doradas, de 1 codo de altura, para evitar que las aves se posaran al borde del techo. El templo estaba decorado con una capa de oro. La salida entre el 'ulam (el "pórtico") y el santuario tenía 20 codos de alto y 10 codos de ancho (34 pies por 17 pies).

Había dos conjuntos de puertas plegables dobles. El santuario contenía el menorá dorado, la mesa del pan de la proposición y el altar del incienso.

Entre el santuario y el lugar santísimo había un gran tapiz (*ver,* Mateo 27:51; Mr. 15:38; Lc. 23:45). El lugar santísimo tenía oro en sus paredes. Alrededor del templo había treinta y ocho celdas construidas en tres pisos (m Mid. 4:3-4). Todas las celdas estaban interconectadas por aberturas entre celdas contiguas y por una en el techo para alcanzar la celda de arriba. Al norte, entre la pared exterior del templo y las celdas, había una escalera interior con acceso a la parte superior del templo y la cámara superior (segunda planta del templo). El cuarto superior permitía a los sacerdotes servir al santo de los santos. Eran suspendidos en cestas, cubiertos por tres lados, a través de aberturas en el piso para limpiar el revestimiento de oro en el lugar sagrado.

El patio del templo estaba rodeado por varias puertas y edificios. Estas fueron entradas y edificios específicos que los sacerdotes usaban para las diversas funciones de los sacrificios y las ofrendas (Mr. 13:1-2). Estos incluían la Puerta de la Leña, la Cámara de la Leña, la Puerta de los Primogénitos, la Cámara de Golah, la Puerta del Agua, la Cámara del Hogar, la Puerta de Jeconías, la Cámara de Lavado, la Puerta de las Ofrendas-Mujeres, la Cámara de Sal-Parva y la Puerta de la Llama-Cantores. Frente al templo había dos atrios estrechos: el patio de los sacerdotes al oeste y el patio de los israelitas (hombres) al este. Dentro del patio del templo estaba el altar de las ofrendas quemadas. Durante el período del Segundo Templo, era un altar estacionario, de forma cuadrada, construido con piedras sin labrar. De acuerdo con la Mishná (M. Mid. 3: 1), este altar era de 32 codos cuadrados en la base y unos 10 codos de altura. Una rampa de 32 codos de largo, también construida con piedras sin labrar, llevaba a los sacerdotes hasta el altar desde el sur. Una fuente, la gran cuenca de bronce conocida como "el Mar", estaba al oeste del altar, entre el altar y el pórtico del templo ('ulam) para lavarse las manos y los pies. Al norte del altar estaba el lugar de la matanza. El patio de las mujeres, de 135 codos cuadrados, estaba enfrente del templo, al este. Este patio tenía cuatro atrios más pequeños, uno en cada esquina. Las mujeres sólo podían ingresar hasta este punto del templo. Estaba rodeado por una columnata. Dentro de estos pórticos había trece cajas de recolección de dinero. Aquí es donde Jesús vio a la pobre viuda donar dos monedas de cobre (Lc. 21:1-3). El patio tenía cuatro grandes candelabros de casi la mitad de la altura del templo.

La Mishná declara que cada una de las cámaras de las esquinas tenía 40 codos cuadrados y sin techo. La zona central estaba expuesta al cielo, con un pórtico alrededor de cada patio, típico de los edificios mediterráneos. La cámara a la derecha inmediata de la entrada del patio (noreste) era la cámara de la leña, donde los sacerdotes examinaban los troncos en busca de impurezas (por ejemplo, parásitos). A la izquierda (sudeste) estaba la cámara de los nazareos. Al noroeste estaba la cámara de los leprosos. Un leproso que había sido sanado traía una ofrenda y luego se bañaba en esta cámara antes de acudir a los sacerdotes para la realización de los rituales. En la esquina suroeste estaba la cámara de la casa del aceite. Entre el patio de las mujeres y el patio del templo estaba la Puerta de Nicanor. Quince escalas semicirculares llevaban a esta puerta. Fue en estos peldaños que los levitas cantaron los quince Salmos de Ascensión (Sal. 120-134). Alrededor del templo y el patio de las mujeres había una balaustrada o barandilla que servía como una demarcación a la cual ningún gentil podía pasar.

Al otro lado de esa demarcación estaba el patio de los gentiles (*ver* Jn. 12:20-22; Hec. 21:27-29). Los arqueólogos han encontrado una inscripción que prohíbe a los gentiles, bajo pena de muerte, ingresar más lejos. El templo de Herodes fue destruido en el año 70 d.C El Monte del Templo continuó siendo usado y considerado sagrado, ya que los templos romanos, las iglesias de las cruzadas y los santuarios musulmanes marcaron la sacralidad del lugar.

Rol del Templo

El templo era la morada de Yahvé. Era el dominio de los líderes religiosos, sacerdotes y levitas. También representaba la relación/pacto entre Dios y la nación de Israel. Varios reyes usaron el templo para sus maniobras políticas e intentan cambiar el culto religioso de la nación. El templo era la presencia visible de Dios y encarnaba las aspiraciones políticas y religiosas de las personas. El templo se hallaba en la cima de una montaña sagrada. Durante los tiempos políticos turbulentos, el templo era central para la protección y el juicio de Dios.

Desde los períodos babilónico y romano, dos textos hablaron de un futuro templo. La visión de Ezequiel vio un templo futurista que medía 500 codos cuadrados, rodeado por un enorme patio que medía 3.000 codos cuadrados (Ezeq. 40:1-47:12). En los manuscritos del Mar Muerto y el Pergamino del Templo también se hablaba de un templo reconstruido. Hoy muchos cristianos y judíos buscan una futura reconstrucción del templo.

JESAIAH *Ver* Jesaías.

JESAÍAS El nombre Jesaías es una variante de Isaías. **(1)** Un nieto de Zorobabel, descendiente de David (1 Cr. 3:21). **(2)** Un hijo de Jedutún que recibió el octavo turno en el ministerio de música del templo (1 Cr. 25:3, 15). **(3)** Un levita que ayudó a administrar regalos dedicados al templo (1 Cr. 26:25). **(4)** Un jefe de familia elamita que regresó con Esdras desde Babilonia a Israel (Esd. 8:7). **(5)** Un levita reclutado por Esdras para servir en el templo (Esd. 8:19). **(6)** Un líder benjamita que se estableció en Jerusalén en el tiempo de Nehemías (Neh. 11:7).

JESANA Una ciudad en la frontera de Israel y Judá (2 Cr. 13:19). Junto con Betel y Efrón, Jesana fue capturada bajo el reinado de Jeroboam I por Abías rey de Judá. *Ver también* puerta de Jesana.

JESANA, PUERTA DE Una puerta de Jerusalén restaurada por Nehemías (Neh. 3:6, 12:39). Estaba ubicada al norte de la Puerta de Efraín y al sur de la Puerta de los Pescados (12:39). Esta podría ser la Primera Puerta mencionada en Zac. 14:10.

JESARELA Uno de los cuatro hijos de Asaf escogido por David para tener la responsabilidad del ministerio de música del templo (1 Cr. 25:14). El nombre es una variante de Asarela (1 Cr. 25:2). *Ver también* Asarela.

JESEBEAB Un levita del tiempo de David a quien se le asignaron deberes sacerdotales por sorteo (1 Cr. 24:13).

JESER El primero de los tres hijos que Caleb tuvo con su esposa Azuba (1 Cr. 2:18).

JESHARELAH *Ver* Jesarela.

JESHURUN Un término poético que significa "el justo" que aparece en la Canción de Moisés (Dt. 32:15), la Bendición de Moisés (Dt. 33:5, 26) y una profecía de Isaías de Babilonia (Is. 44:2). Usado en paralelo con Jacob e Israel, se refiere poéticamente al pueblo de Israel.

JESIAH *Ver* Isías.

JESIMIEL Un descendiente de Simeón (1 Cr. 4:36).

JESIMÓN La palabra hebrea yeshimon ("desierto") se usa en el Antiguo Testamento para identificar una región de tierra estéril (Dt. 32:10; Sal. 68:7; 78:40; 106:14; 107:4; Is. 43:19-20). También se puede traducir como un sustantivo propio que hace referencia a una ubicación específica. Por tanto, Jesimón es un área de la región montañosa de Judá en el desierto de Maón donde David y sus hombres se escondieron de la ira de Saúl causada por celos (1 Sam. 23:19, 24; 26:1, 3). Ocasionalmente no está claro si la palabra es un nombre de un lugar o una descripción general. Por ejemplo, la NVI traduce la palabra para la tierra del desierto al este de Jordania, dominado por el Monte Pisga y Monte Peor como "desierto de Jesimón" (Nm. 21:20; 23:28), mientras que otras versiones conservan el nombre propio "Jesimón" (por ejemplo, RVA).

JESISAI Un miembro de la tribu de Gad (1 Cr. 5:14).

JESOBEAM También conocido como Joseb-Basebet (2 Samuel 23:8), fue el jefe de los soldados de David (1 Cr. 11:11 [según el Qeri, según el Ketiv dice "los Treinta", seguido por RV, RV1995, LBLA, NBLH; y en base a 2 Sam. 23:8, NTV, NVI lo hacen el jefe de "los Tres"]). Crónicas lo llama un "hacmonita" ("tacmonita" en 2 Sam. 23:8), sugiriendo que él era un descendiente de Hacmoni y por lo tanto de una familia estrechamente asociada con David (1 Cr. 27:32). El MT y algunos manuscritos LXX de 2 Sam. 23:8 podrían sugerir que él también era conocido como Adino el Eznite (según RV también), pero esto probablemente sea una corrupción textual. Se destaca por su éxito en la batalla, aunque Samuel y Crónicas difieren sobre si mató a ochocientos (2 Samuel 23:8) o trescientos (1 Cr. 11:11) a la vez. Las raíces hebreas asociadas con el número tres son tan comunes en la lista de los guerreros poderosos de David que es más probable que Crónicas haya conformado involuntariamente su número al resto de la lista, aunque también es probable que este número incluya a los asesinados bajo su mando.

JESOHAÍA Un descendiente de Simeón (1 Cr. 4:36).

JESSHIAH *Ver* Isías.

JEST Como sustantivo, la palabra jest significa "una broma traviesa", como verbo, "actuar o hablar de una manera bromista". Lot advirtió a sus yernos que huyeran de Sodoma, pero "a sus yernos les pareció que bromeaba" (Gn. 19:14 LBLA [NVI:" bromeando"]). Pablo advierte a los creyentes sobre las "groserías" (Ef. 5:4 LBLA [NVI: "chistes groseros"; TLA: "vulgaridades"]).

J

JESUA Existen dificultades para distinguir a los numerosos individuos en el AT llamados Jesua (ver también Josué), que también es un nombre de lugar. **(1)** El jefe de una familia levítica que le fueron dadas por sorteo las tareas del templo de la novena división (1 Cr. 24:11). **(2)** Un sacerdote que, durante las reformas religiosas de Ezequías ayudó a distribuir las ofrendas voluntarias a otros sacerdotes (2 Cr. 31:15). **(3)** El hijo de Josadec, el sumo sacerdote durante el tiempo de Zorobabel (Esd. 3:2; Neh. 12:26). En muchas versiones de la Biblia, se le conoce como Jesua en Esdras y Nehemías y Josué (hijo de Josadac) en Hageo y Zacarías (*ver* Hag. 1:1, Zac. 6:11). *Ver* Josué. **(4)** Una familia clave del clan de Pahath-Moab, algunos de cuyos descendientes figuraban oficialmente entre los exiliados retornados (Esd. 2:6; Neh. 7:11). **(5)** Una familia de sacerdotes descendió de Jedaías (Esd. 2:36; Neh. 7:39). **(6)** Una familia de levitas que descendió de Hodavías (Esd. 2:40; Neh. 7:43; posiblemente también Neh. 12:8). **(7)** El padre de Jozabad, un levita (Esd. 8:33). Él es quizás la misma persona que en 1 Cr. 24:11. **(8)** El padre de Ezer, que gobernó Mizpa y ayudó a reparar las murallas de Jerusalén (Neh. 3:19). **(9)** Un levita, el hijo de Azanías, que ayudó a Esdras a explicar la ley a las personas que no podían entender el idioma hebreo de las Escrituras. También participó en la firma de un documento de renovación del pacto (Neh. 8:7; 9:4-5; 10:9). **(10)** El hijo de Cadmiel y un líder de los levitas (Neh. 12:24). **(11)** Una aldea al sur de Judá (Neh 11:26), podría ser identificada con Semá (Jos. 15:26) y Sabá (Jos. 19:2). Se cree que el sitio es Tell es-Saweh, doce millas al este-noreste de Berseba.

JESUCRISTO El fundador de lo que se conocía como el movimiento de los seguidores de Jesús o el cristianismo. Para los creyentes cristianos, Jesucristo encarna la intervención personal y sobrenatural de Dios en la historia humana.

INTRODUCCIÓN

Nombre. Los primeros cristianos combinaron el nombre Jesús con el título Cristo (Hec. 5:42; NVI: Mesías). El nombre Jesús, del hebreo Yehoshua o Yeshua, era un nombre masculino común en el judaísmo del primer siglo. El título "Cristo" viene del griego christos, una traducción del hebreo mashiakh ("el ungido, mesías"). Los cristianos fueron eventualmente llamados a partir del título de Jesús (Hec. 11:26). Durante el ministerio de Jesús, Pedro fue el primer discípulo en reconocer a Jesús como el Mesías (Mt. 16:16, Mr. 9:29, Lc. 9:20).

Fuentes. Desde el punto de vista del cristianismo, la vida y el ministerio de Jesús constituyen el punto de inflexión de la historia humana. Desde una perspectiva histórica, la expectativa es de numerosos materiales antiguos de referencia. En efecto, existen fuentes literarias tanto cristianas como no cristianas del primer siglo y principios del siglo II, pero son pocas. En parte, esta baja incidencia se debe a la resistencia inicial de la sociedad al movimiento de los seguidores de Jesús. El antiguo historiador romano Tácito llamó al cristianismo "una superstición", ya que sus creencias no encajaban con la cosmovisión prevaleciente de la cultura y, por lo tanto, se consideraban antisociales. Las primeras fuentes literarias, por lo tanto, son documentos grupales o alusiones en fuentes no cristianas.

Los Evangelios del Nuevo Testamento son las principales fuentes sobre la vida y el ministerio de Jesús. Están formados por Mateo, Marcos, Lucas (los Evangelios Sinópticos) y Juan. La mayoría de los estudiosos se adhieren a la llamada Hipótesis de las Cuatro Fuentes. En esta teoría, Marcos fue escrito primero y fue usado como fuente por Mateo y Lucas, quienes también usaron los dichos de la fuente Q (del alemán Quelle, que significa Fuente), así como sus propias fuentes individuales M (Mateo) y L (Lucas). John usó fuentes adicionales.

La iglesia primitiva intentó elaborar relatos singulares, las llamadas armonías del Evangelio, sobre la vida de Jesús. El Evangelio de los Ebionitas representa uno de esos intentos basados en los Evangelios Sinópticos. Otra armonía, el Diatessaron (o Concordancias), basada en los cuatro Evangelios, fue producida alrededor del año 170 d.C por Taciano. Materiales adicionales sobre la vida de Cristo son provistos en el NT en textos tales como Hechos, las Epístolas Paulinas, las Epístolas Generales y Apocalipsis de Juan. Pablo escribió a los Gálatas: "Pero cuando llegó el tiempo, Dios envió a su Hijo, nacido de mujer y nacido bajo la ley" (Gál. 4:4). La primera narración sobre Jesús por la comunidad cristiana fue una narración de la pasión, el relato de su muerte y resurrección. Las primeras referencias existentes de esta tradición se encuentran en las cartas de Pablo (1 Co. 2:2, Gál. 3:1). La resurrección fue reconocida desde el principio como la piedra angular de la fe cristiana (1 Corintios 15:13-14).

Entre las fuentes no cristianas, la referencia más temprana a Jesús se encuentra en una carta escrita alrededor del año 112 d.C por Plinio el Joven, el gobernador romano de Bitinia-Ponto. (Ep. 10.96). El historiador romano Tácito menciona a los cristianos y a Jesús alrededor del año 115 d.C en su famosa obra sobre la historia de Roma (15,44). Otro historiador romano, Suetonio, escribió en la misma época acerca de los disturbios entre los judíos en Roma a causa de un cierto "Chrestos" (Claud 25.4). Algunos estudiosos concluyen que "Chrestos" es un error ortográfico de "Christos", una referencia a Jesús.

El autor judío Josefo (primer siglo d.C) menciona a Jesús en una historia sobre el sumo sacerdote judío Ananus y Santiago el hermano de Jesús (Ant. 20.200). Una referencia controvertida a Jesús aparece en una parte diferente de la misma obra, donde Josefo afirma que Jesús es el Mesías y que se levantó de los muertos (Ant. 18.63-64). La mayoría de los estudiosos considera que este pasaje es auténtico, pero muy editado por copistas cristianos posteriores. Otra fuente judía, el Talmud, también menciona a Jesús en varios lugares, pero estas referencias son muy tardías y de poco valor histórico. Los evangelios no canónicos que mencionan a Jesús incluyen, por ejemplo, el Evangelio de la infancia de Tomás, el Evangelio de Tomás, el Evangelio de Pedro, el Evangelio de Santiago, el Evangelio de Judas Iscariote, el Evangelio de los Hebreos, el Evangelio de Egerton y el Evangelio de Judas. Aunque algunos de estos pueden contener ocasionalmente un dicho o evento auténtico, en su mayoría son tardíos y poco confiables.

La Vida de Jesús

Nacimiento e infancia. Los Evangelios de Mateo y Lucas registran el nacimiento de Jesús en Belén durante el reinado de Herodes el Grande (Mt. 2:1, Lc. 2:4, 11). Jesús probablemente nació entre 6 y 4 a.C, poco antes de la muerte de Herodes (Mt. 2:19). Tanto Mateo como Lucas registran el milagro de una concepción virginal hecho posible por el Espíritu Santo (Mt. 1:18, Lc. 1:35). Lucas menciona un censo bajo el gobernador sirio Cirenio quien fue responsable de que el nacimiento de Jesús ocurriera en Belén (2:1-5). Tanto el censo como el gobierno al momento del nacimiento de Jesús han sido cuestionados por los estudiosos.

Desafortunadamente, no hay suficiente evidencia extra-bíblica para confirmar o refutar estos eventos, por lo que su veracidad debe determinarse sobre la base de opinión de uno mismo sobre la fiabilidad general de la tradición de los evangelios. En el octavo día después de su nacimiento, Jesús fue circuncidado, de conformidad con la ley judía, momento en el que se le llamó oficialmente Jesús (Lc. 2:21). Pasó sus años de crecimiento en Nazaret, en el hogar de sus padres, José y María (2:40). De los Evangelios del NT, el Evangelio de Lucas contiene una única descripción breve del crecimiento de Jesús en fortaleza, sabiduría y favor con Dios y con las personas (2:40, 52).

Lucas también contiene el único relato de Jesús cuando era niño (2:41-49).

Jesús nació en un entorno socioeconómico más bajo. Sus padres ofrecieron un sacrificio en el templo apropiado para aquellos que no podían darse el lujo de sacrificar una oveja (Lc. 2:22-24; *véase* Lev. 12:8). José, el padre terrenal de Jesús, era un carpintero y artesano en madera, piedra o metal (Mt.13:55). Desde una perspectiva geográfica, Nazaret no era un lugar prominente para establecerse, ya que carecía de terreno fértil. El discípulo de Jesús, Natanael, expresó un sentimiento aparentemente común del primer siglo con respecto a Nazaret: "¡Nazaret! ¿Puede algo bueno venir de allí? "(Jn. 1:46). Jesús también nació en un contexto de escándalos.

Seguramente surgieron cuestionamientos de ilegitimidad, ya que se descubrió que su madre, María, estaba embarazada antes de casarse con José. Según Mateo, solo la intervención de un ángel convenció a José de no romper su compromiso (Mt. 1:18-24). El nacimiento de Jesús tuvo lugar en Belén, lejos de la casa de sus padres en Nazaret. Según las costumbres de hospitalidad de parentesco, José y María habrían esperado quedarse con parientes lejanos en Belén. Es probable que ellos no fueran bienvenidos debido al estatus de Jesús como un hijo ilegítimo; por lo tanto, María tuvo que dar a luz en otro lugar y colocar al niño Jesús en un pesebre (Lc. 2:7). Una respuesta similar se vio años después en Nazaret cuando Jesús fue identificado como el "hijo de María" (Mr. 6:3) en lugar de hacerlo por su linaje paterno, avergonzándolo así como alguien que nació como un hijo ilegítimo. Jesús también fue rechazado al final de su vida cuando la multitud gritaba: "¡Crucifícalo!" (Mt. 27:22-23; Mr. 15:13-14; Lc. 23:21; Jn. 19:6, 15). Cuando Jesús fue arrestado, la mayoría de sus seguidores huyeron (Mt. 26:56; Mr. 14:50-52), y un discípulo central, Pedro, negó vehementemente conocerlo (Mt. 26:69-74; Mr. 14:66-71; Lc. 22:55-60; Jn. 18:15-17, 25-27). Sus propios hermanos no creían en él (Jn. 7:5) y estaban evidentemente avergonzados de su destino, ya que desde la cruz Jesús puso el cuidado de su madre en manos del "discípulo a quien amaba" (19:26-27) en lugar del próximo hermano en línea, como era costumbre.

Bautizo, tentación, y comienzo del ministerio. Después de que Jesús fue bautizado por el profeta Juan el Bautista (Lc. 3:21-22), Dios afirmó su contentamiento con él al referirse a él como su Hijo, a quien amaba (Mt. 3:17; Mr. 1:11; Lc. 3: 22). El bautismo de Jesús no lo lanzó a la fama y al éxito instantáneo en el ministerio; en cambio, Jesús fue llevado por el Espíritu al desierto, donde fue tentado por cuarenta días (Mt. 4:1-11, Mr. 1:12-13, Lc. 4:1-13).

Marcos enfatiza que las tentaciones ocurrieron inmediatamente después del bautismo. Mateo y Lucas identifican tres tentaciones específicas del diablo, aunque su orden para las dos últimas se invierte. Tanto Mateo como Lucas están de acuerdo en que Jesús tuvo la tentación de convertir las piedras en pan, esperar una intervención divina después de saltar del pórtico del templo, y recibir todos los reinos del mundo por adorar

Tentación de Cristo en el Monte por Duccio di Buoninsegna (1308-1311 d.C)

al diablo. Jesús resistió toda tentación, citando las Escrituras en su respuesta.

Mateo y Marcos registran que Jesús comenzó su ministerio en Capernaúm, Galilea, después del arresto de Juan el Bautista (Mt. 4:12-13, Mar. 1:14). Lucas dice que Jesús comenzó su ministerio alrededor de los treinta años de edad (3:23). Esto puede estar consignado a indicar la madurez plena o tal vez correlacionar esta edad con el inicio del servicio de los levitas en el templo (*Ver* Nm. 4:3). Juan narra el comienzo del ministerio de Jesús centrándose en el llamado de los discípulos y la señal que realizó en una boda en Caná (1:35-2:11).

Ministerio Público de Jesús: Cronología. El ministerio de Jesús comenzó en Galilea, probablemente alrededor del año 27/28 d.C, y terminó con su muerte alrededor del año 30 d.C en Jerusalén. El templo tenía cuarenta y seis años de construcción (generalmente interpretado como el templo mismo y el complejo más amplio del templo) cuando Jesús expulsó a los que cambiaban dinero (Jn. 2:20). Según Josefo, la reconstrucción y expansión del segundo templo habían comenzado en 20/19 a.C, durante el decimoctavo año del reinado de Herodes (Ant. 15.380). El ministerio de Juan el Bautista había comenzado en el decimoquinto año de Tiberio (Lc. 3:1-2), que se había convertido en corregente en el año 11/12 DC. A partir de estas fechas del inicio de la construcción del templo y la correlación del reinado de Tiberio con el ministerio de Juan el Bautista, el comienzo del ministerio de Jesús se pueda datar probablemente en 27/28 d.C

El Evangelio de Juan menciona tres Pascuas y otra celebración sin nombre en Jn. 5:1. La duración del ministerio de Jesús se extendió por lo tanto durante tres o cuatro Pascuas, equivalentes a tres o tres años y medio. La Pascua, que tuvo lugar el 15 de Nisán, se realizó un viernes en el 30 d.C y el 33. Por lo tanto, el año de la muerte de Jesús fue probablemente el 30 d.C Los años de ministerio de Jesús pueden dividirse, a grandes rasgos, en su ministerio en Galilea y su ministerio en Judea. Los Evangelios Sinópticos describen el ministerio en Galilea desde varios ángulos, pero convergen nuevamente cuando Jesús entra a Judea.

Ministerio en Galilea. Las primeras etapas del ministerio de Jesús se centraron en Galilea y sus alrededores. Jesús presentó las buenas nuevas y proclamó que el reino de Dios estaba cerca. Mateo se enfoca en el cumplimiento de la profecía (Mt. 4:13-17). Lucas registra las primeras enseñanzas de Jesús en su ciudad natal, Nazaret, como paradigmáticas (Lc. 4:16-30); el texto que Jesús citó, Is. 61:1-2, preparó el escenario para su llamado a servir y reveló una trayectoria de rechazo y sufrimiento.

Todos los Evangelios registran la reunión de discípulos de Jesús al comienzo de su ministerio en Galilea (Mt. 4:18-22, Mr. 1:16-20, Lc. 5:1-11, Jn. 1:35-51). El llamado formal y la comisión de los Doce que se convertirían en los seguidores más cercanos de Jesús se registra en diferentes partes de los Evangelios (Mt. 10:1-4, Mr. 3:13-19, Lc. 6:12-16). Un evento clave en la primera etapa del ministerio es el Sermón del Monte/Llano (Mt. 5:1-7:29, Lc. 6:20-49). Juan se enfoca en las señales y milagros de Jesús, en particular en la primera parte de su ministerio, mientras que los sinópticos se centran en sanidades y exorcismos. Durante el ministerio de Jesús en Galilea, los espectadores luchaban con su identidad. Sin embargo, los espíritus malignos sabían que él era de autoridad suprema (Mr. 3:11). Jesús fue criticado por extraños y por su propia familia (3:21). Los escribas de Jerusalén lo identificaron como compañero de Beelzebú (3:22). En medio de estas situaciones de conflicto social, Jesús narró parábolas que enunciaban su ministerio en el contexto de un reino de Dios en crecimiento. Este reino surgiría milagrosamente de comienzos humildes (4:1-32).

Los sinópticos presentan la primera etapa del ministerio Galileo de Jesús como exitoso. Ningún reto o necesidad ministerial suplantaba la autoridad o habilidad de Jesús: calmó la tormenta (Mr. 4:35-39), exorcizó a muchos demonios (Mr. 5:1-13), resucitó a los muertos (Mr 5:35-42), alimentó a cinco mil (Mr. 6:30-44), y caminó sobre el agua (Mr. 6:48-49).

En la última parte de su ministerio en Galilea, Jesús a menudo se retiraba y viajaba al norte y

SITIOS CLAVES DEL MINISTERIO DE JESÚS

al este. Las narraciones del Evangelio no fueron escritas con un enfoque cronológico. Sin embargo, aparentemente solo los retornos breves a Galilea tomaron lugar previo al viaje de Jesús a Jerusalén. A medida que las personas seguían a Jesús, la fe era exaltada y el miedo resuelto. Los líderes religiosos de Jerusalén viajaron a Galilea, donde levantaron acusaciones y acusaron a los discípulos de Jesús de falta de pureza ritual (Mr. 7:1-5). Jesús avergonzó a los fariseos al señalar sus tratos deshonrosos hacia los padres (7:11-13). Los fariseos desafiaron su legitimidad exigiendo una señal (8:11). Jesús les negó las señales, pero estuvo de acuerdo con Pedro, quien confesó: "Tú eres el Mesías" (8:29). Jesús les dio a los discípulos una señal: su transfiguración (9:2-8).

Jesús se retiró de Galilea a Tiro y Sidón, donde una mujer siriofenicia solicitó sanación para su hija. Jesús respondió: "Fui enviado solo a las ovejas perdidas de Israel" (Mt. 15:24). Los galileos hace tiempo que resentían la parcialidad del liderazgo provincial sirio que asignaban fondos gubernamentales de forma que los judíos recibían meras "migas". En consecuencia, cuando la mujer respondió: "Incluso los perros comen las migajas que caen de la mesa de su amo", Jesús aplaudió su fe (Mt. 15:27-28). La sanación de un hombre sordomudo en la Decápolis sirvió como otro ejemplo del ministerio de Jesús en el territorio de los gentiles (Mr. 7:31-37). La confesión de Pedro de Jesús como Cristo ocurrió durante el viaje de Jesús a Cesarea de Filipo, un conocido territorio gentil. La ciudad era el antiguo centro de adoración del dios helenístico Pan.

Ministerio en Judea. Lucas registra un punto de inflexión geográfico en el ministerio de Jesús cuando él se dirigía decididamente a Jerusalén, un itinerario que finalmente lo condujo a su muerte (Lc. 9:51). Lucas divide el viaje a Jerusalén en tres fases (9:51-13:21; 13:22-17:10; 17:11-19:27). Los primeros versículos de la fase inicial enfatizan un elemento profético del viaje. Jesús vio su ministerio en Jerusalén como su misión, y las exigencias del discipulado se intensificaron mientras Jesús se acercaba a Jerusalén (Mt. 20:17-19, 26-28; Mr. 10:38-39, 43-45; Lc. 14:25-35) Lucas presenta la segunda fase del viaje hacia Jerusalén con un enfoque en las conversaciones sobre la salvación y el juicio (Lc. 13:22-30). En la tercera y última fase del viaje, la llegada del reino y el juicio final son los temas principales (17:20-37; 19:11-27).

Los conflictos sociales con los líderes religiosos aumentaban a lo largo del ministerio de Jesús. Estos conflictos dieron lugar a interacciones vivaces de desafío-respuesta en relación con las escuelas fariseas de Shamai e Hilel (Mt. 19:1-12, Mr. 10:1-12). De manera similar, se generaron algunas molestias socioeconómicas cuando Jesús dio la bienvenida a los niños pequeños, quienes tenían poco valor en la sociedad (Mt. 19:13-15; Mr. 10:13-16.; Lc. 18:15-17).

Semana de la Pasión, muerte, y resurrección. Cada uno de los Evangelios registra que en la entrada de Jesús a Jerusalén las multitudes le extendieron una bienvenida real (Mt. 21:4-9, Mr. 11:7-10, Lc. 19:35-38, Jn. 12:12-15). Lucas describe el ministerio de Jesús en Jerusalén como un tiempo en el cual Jesús enseñó en el templo como el Mesías de Israel (19:45-21:38).

En Jerusalén, Jesús expulsó a los mercaderes del templo (Mr. 11:15-17). Marcos describe cómo los líderes religiosos estaban temerosos de Jesús porque toda la multitud estaba asombrada con sus enseñanzas, y entonces "empezaron a buscar la forma de matarlo" (11:18). Consternados, cada segmento del liderazgo del templo de Jerusalén cuestionó la autoridad de Jesús (11:27-33). Jesús respondió con astutas preguntas (12:16, 35-36), historias (12:1-12), denuncias (12:38-44), y prediciendo la destrucción de la misma Jerusalén (13:1-31). Uno de los discípulos de Jesús, Judas Iscariote, proporcionó a los líderes del templo la oportunidad para arrestar a Jesús (14:10-11).

En la Última Cena, Jesús instituyó una nueva Pascua, definiendo un nuevo pacto basado en sus sufrimientos (Mt. 26:17-18, 26-29, Mr. 14:16-25, Lc. 22:14-20). Una vez más, advirtió a los discípulos de su traición y arresto (Mt. 26:21-25, 31; Mr. 14:27-31; Lc. 22: 21-23; Jn. 13:21-30), y más tarde oró por los discípulos (Jn. 17:1-26) y oró en agonía y sumisión en el jardín de Getsemaní (Mt. 26:36-42, Mr. 14:32-42; Lc. 22:39-42). Su arresto, juicio, crucifixión, muerte y resurrección siguieron (Mt. 26:46-28:15, Mr. 14:43-16:8, Lc. 22:47-24:9, Jn. 18:1-20:18). Jesús finalmente comisionó a sus discípulos a continuar su misión haciendo discípulos de todas las naciones (Mt. 28:18-20, Hec. 1:8) y ascendió al cielo con la promesa de que algún día regresará (Lc. 24:50-53). (Hec. 1:9-11).

La Identidad de Jesucristo

Dependiendo del público objetivo, se acentúan varios aspectos de la identidad de Jesús en los cuatro evangelios NT. En los Evangelios, los testigos del ministerio de Jesús son retratados constantemente cuestionando y examinando su identidad (Mt. 11:2-5, 12:24, 26:63, 27:11, Mr. 3:22, 8:11, 11:28; 14:61; Lc. 7:18-20; 11:15; 22:67; 70; 23:39; Jn. 7:20, 25-27; 18:37). Solo los seres del reino espiritual están seguros de su divinidad (Mr. 1:34, 3:11, Lc. 4:41). En el bautismo de Jesús, Dios se refirió a él como su Hijo, a quien amaba (Mt. 3:17, Mr. 1:11, Lc. 3:22). Igualmente, cuando Jesús se transfiguró en presencia de Pedro, Santiago y Juan, una voz afirmó: "Este es mi Hijo, a quien amo" (Mt. 17:5; Mr. 9:7). En el momento de su muerte, la interrogante de la identidad de Jesús culmina en una confesión de un centurión romano y otros guardias: "¡Ciertamente Él era el Hijo de Dios!" (Mt. 27:54; *Ver* Mr. 15:39).

Hacedor de milagros. En el entorno del primer siglo, los curanderos y los hacedores de milagros eran parte del tejido de la sociedad. Jesús, sin embargo, realizó señales y milagros con el fin de demostrar la autoridad del reino de Dios sobre varios ámbitos: enfermedades, afecciones, el mundo espiritual, la naturaleza e incluso eventos futuros. Especialmente en el Evangelio de Juan, las señales y milagros de Jesús se usan para mostrar su autoridad y, por lo tanto, su identidad.

Ningún desafío pudo suplantar la autoridad de Jesús. Entre sus muchos milagros y señales: Él convirtió el agua en vino (Jn. 2:7-9), calmó una tormenta en el mar (Mt. 8:23-27, Mr. 4:35-39, Lc. 8:22-25), demonios exorcizados (Mt. 9:32-34, Mr. 5:1-13, Lc. 9:42-43), sanó a los enfermos (Mr. 1:40-44), resucitó a los muertos (Mt. 9:23-25 ; Mr. 5:35-42; Lc. 7:1-16; 8: 49-54; Jn. 11:17, 38-44), realizó alimentaciones milagrosas (Mt. 14:17-21; 15:34-38; 6:30-44; 8:5-9; Lc. 9:10-17; Jn. 6:8-13), y caminó sobre las aguas (Mt. 14:25-26; Mr. 6:48-49; Jn. 6:19). Los fariseos pidieron milagros como evidencia de su autoridad (Mr. 8:11-12). Jesús se negó, alegando que una generación perversa y adúltera pide señales milagrosas (Mt. 12:38-39; 16:1-4). La única señal que él daría era la señal de Jonás, su muerte y resurrección tres días después, un sacrificio personal, tomando sobre sí mismo el juicio del mundo (Mt. 12:39-41).

Rabí/Maestro. El estilo de enseñanza de Jesús era similar al de otros rabinos o fariseos del primer siglo (Mr. 9:5, 10:51, Jn. 1:38, 3:2). Lo que lo distinguió fue que Él hablaba con gran autoridad personal (Mt. 5:22, 28, 32, 39, 44, Mr 1:22). Al igual que otros rabinos de su época, Jesús reunió discípulos. Él llamó a estos hombres a observar su estilo de vida y unirse a él en su ministerio de enseñanza, sanación y exorcismo (Mt. 10:1-4, Mr. 3:13-19, Lc. 6:12-16).

Jesús usó una variedad de métodos de enseñanza. Con frecuencia hablaba en parábolas (Mt. 6:24, 13:24-52, 18:10-14, 23-35, 21:28-22: 14; 24:32-36, 45-51; 25:14- 30; Mr. 4:1-34; 12:1-12; 13:28-34; Luc. 8:4-18; 12:41-46; 13:18-21; 14:15-24; 15:1- 16:15, 19-31; 18:1-14; 19:11-27; 20:9-19; 21:29-33), usaba figuras retóricas (Jn. 10:9), hipérbole (Mt. 19:24; Mr. 10:25; Lc. 18:25), argumentación (Mt. 26:11), lecciones objetivas (Mt. 24:32), repetición frecuente (Mt. 13:44-47; Lc. 13:18-21), ejemplos prácticos y orientación personal.

Los principales temas en la enseñanza de Jesús incluyen: el reino de Dios, el costo del discipulado, la rectitud interna, el final de los tiempos, su identidad, su misión y su muerte inminente. En sus enseñanzas, el cumplimiento de la Torá tuvo un nuevo contexto y significado ya que el reino de Dios se había "acercado" (Mt. 3:2). Jesús había venido para cumplir la ley (Mt. 5:17).El ministerio de enseñanza de Jesús ocurría a menudo en medio de conflictos sociales. Estos conflictos se formularon en las llamadas interacciones desafío-respuesta en las que el estatus de honor de los involucrados estaba en juego. Jesús usó estas interacciones como momentos de enseñanza. Cuando se le cuestionaba, Jesús daba respuestas que revelaban la omnisciencia o el conocimiento íntimo de la voluntad de Dios, especialmente en el Evangelio de Juan. En los Evangelios sinópticos, las respuestas de Jesús son de naturaleza ética y práctica. Los sinópticos retratan a Jesús siendo desafiado reiteradamente por acusaciones de haber violado las costumbres especificadas en la ley judía. Las respuestas de Jesús a tales acusaciones a menudo hacían eco de la esencia de 1 Sam. 15:22, "Obedecer es mejor que el sacrificio", expresado por Jesús como "Misericordia quiero, y no sacrificio" (Mt. 9:13; 12:7). Una ética global de "mejor que" era común en la enseñanza pública de Jesús.

El Sermón del Monte (Mt. 5-7) contiene una ética "mejor que" en la cual la obediencia interna es mejor que la mera obediencia externa. Por ejemplo, Jesús dijo que la ira sin causa es igual al asesinato (Mt. 5:21-22), que mirar a una mujer con lujuria equivale al adulterio (Mt. 5:28), y que en vez de vengarse de las ofensas uno debe corresponder con el amor (Mt. 5:38-48). Jesús valoraba la compasión por encima de las tradiciones y costumbres, incluso aquellas contenidas dentro de la ley del Antiguo Testamento. Deseaba la obediencia interna por encima de las letras de la ley.

Las enseñanzas de Jesús hallaban su autoridad en la realidad del reino inminente de Dios (Mt. 3:2, 10:7, Mr. 1:15, Lc. 10:9), lo cual exige el arrepentimiento (Mt. 3:2), la creencia (Mr. 1:15), la dependencia (Mt. 18:3-5, Mr. 10:15) y la lealtad a una nueva comunidad: la familia de los seguidores de Jesús (Mr. 3:34; 10:29-30). Jesús instó: "Busquen primeramente el reino [de Dios] y su justicia" (Mt. 6:33). Predicar con tal urgencia era común entre los maestros proféticos del período inter-testamentario. Jesús, sin embargo, tenía sus propios motivos para la urgencia. Él sostuvo que Dios valoraba profundamente a todos los humanos (Mt. 10:31) y que traería juicio rápidamente (Mt. 25:31-46).

Los ejemplos de una ética de un "bien mayor" en los Sinópticos incluyen las ocasiones en que Jesús comió con los pecadores (Mr. 2:16-17). Jesús usó un aforismo en respuesta a las acusaciones sobre sus asociaciones con los pecadores, diciendo: "No son los sanos los que necesitan médico, sino los enfermos. No he venido para llamar a los justos, sino a los pecadores." (Mr. 2:17). Él defendió la cosecha y la sanación en el día de reposo (Mr. 2:23-28; 3:1-6), y cuando Él fue acusado de quebrantar la ley, señaló una excepción del Antiguo Testamento (1 Sam. 21:1-6) para declarar una compasión apropiada para el sabbat. Jesús también aplicó la ética del "bien mayor" en el caso del divorcio, ya que las mujeres sufrían por el estigma social del adulterio, y comúnmente se convertían en marginadas después del divorcio (Mt. 19:8-9, Mr. 10:5-9).

Las enseñanzas de Jesús sobre el reino eran simultáneamente espirituales, éticas y escatológicas en su aplicación. Las enseñanzas apuntaban hacia la transformación interna (Mt. 5:3-9, 18: 3, Mr. 10:15) y animando a amar (Mt. 5:44; 7:21). El Espíritu del Señor había llamado a Jesús para bendecir a los lastimados mientras aspiraban a un carácter piadoso. Jesús enseñó: "Sed, pues, perfectos, como vuestro Padre celestial es perfecto" (Mt. 5:48), y "Sed misericordiosos, así como vuestro Padre es misericordioso" (Lc. 6:36). Los "benditos" en las enseñanzas de Jesús son pobres de espíritu, reinados por la paz, afligidos y hambrientos de justicia, consumidos por emular el carácter piadoso. Algunos estudiosos creen que Jesús promovió una "ética interina" para el reino, destinada solo por un corto período antes del fin de los tiempos. Sin embargo, Él fue explícito con respecto a la longevidad de sus enseñanzas: "El cielo y la tierra pasarán, pero mis palabras nunca pasarán" (Mt. 24:35, Lc. 16:17).

Mesías. El concepto de un ungido, un Mesías, que restauraría las glorias del reino de David y traería estabilidad política era común en las expectativas judías. Tanto antes como después del cautiverio en Babilonia, muchos judíos anhelaban a alguien que traería paz y protección. Los profetas de Israel habían hablado de un futuro libertador, uno que restauraría el reino de David y reinaría en justicia y rectitud (2 Sam. 7:11-16; Is. 9:1-7; 11:1-16; Jer. 23:5 -6; 33:15-16; Ezeq. 37:25; Dan. 2:44; Miq. 5:2; Zac. 9:9). La descripción de Isaías del siervo (Isaías 53) cuyo sufrimiento sanaba a la nación proporcionó un ángulo ligeramente diferente de expectativa en términos de un libertador.

La autoridad y la popularidad de Jesús como un hacedor de milagros convocaron imágenes mesiánicas en las mentes judías del primer siglo. En varias ocasiones, los oyentes lo llamaban Hijo de David, esperando por el Mesías (Mt. 12:23; 21:9). Simón Pedro fue el primer seguidor que confesó a Jesús como el Cristo, el Mesías (Mt. 16:16, Mr. 8:29). En línea con el modelo del Siervo Sufriente de Isaías, Jesús se centró no en los fines políticos sino en la regeneración espiritual a través de su propia muerte sacrificial (Mr. 10:45).

Profeta Escatológico. Muchos estudiosos afirman que es mejor entender a Jesús como un apocalíptico judío, un profeta escatológico que esperaba que Dios interviniera en la historia, destruyera a los malvados y trajera el reino de Dios. Bajo este entendimiento, las profecías de Jesús son centrales en relación a la destrucción del templo en Jerusalén (Mt. 24:1-2, 15-22, Mr. 13:1, Lc. 21:5-24, Jn. 2:19, Hec. 6:14) Además, se observa que Jesús tuvo doce discípulos, representativos de las doce tribus de Israel (Mt. 19:2-28, Lc. 22:23-30). Algunas de las parábolas de Jesús, aquellas con imágenes apocalípticas de juicio venidero, presentan a Jesús como un profeta escatológico (Mt. 24:45-25:30, Lc. 12:41-46, 19:11-27).

Un cuerpo crucificado en un árbol se consideraba maldito (Dt. 21:23).

Hijo sufriente de Dios. La primera enseñanza registrada de Jesús en una sinagoga de Nazaret fue paradigmática (Lc. 4: 16-21). Él atribuyó la lectura, Is. 61:1-2, a su llamamiento personal para servir, y al hacerlo, reveló una trayectoria de sufrimiento. El Evangelio de Marcos describe acertadamente a Jesús como el Hijo de Dios que sufre.

Las propias enseñanzas de Jesús incorporaban su inminente sufrimiento (Mr. 8:31; 9:12-13, 31; 10: 33-34). Resumió su misión al declarar: "El Hijo del hombre no vino para que le sirvan, sino para servir, y para dar su vida en rescate por muchos" (Mr. 10:45). Su misión terrenal terminó con un juicio en Jerusalén que consistía de componentes tanto romanos como judíos (Mt. 26:57-68; 27:1-31; Mr. 14:53-65; 15:1-20; Lc. 22:54-23:25; Jn. 18:19-24; 18:28-19:16). Fue insultado, azotado, burlado y crucificado.

El sufrimiento de Jesús culminó en su muerte humillante por crucifixión (Mt. 27:33-50, Mr. 15:22-37, Lc. 23:33-46, Jn. 19:16-30). La crucifixión era una muerte de horror inimaginable, trayendo vergüenza y humillación a la víctima y su familia. Cualquiera que colgara de un árbol era considerado maldito (Dt. 21:23; Gál. 3:13). Por lo tanto, especialmente en una sociedad judía, a cualquiera que se le asociara con una persona crucificada debía soportar la vergüenza de uno que era ejecutado como esclavo de baja estirpe y abandonado como un cadáver maldito. El apóstol Pablo se refirió a esta vergüenza de la cruz cuando dijo: "No me avergüenzo del evangelio" (Rom. 1:16).

Señor Exaltado. Jesús había profetizado que Él resucitaría (Mt. 16:21, 17:9, 23, 20:19, 27:63, Mr. 8:31, 9:9, 31, 10:34, Lc. 9:22, 18:33; 24:7, 46). El testimonio de los Sinópticos es que la resurrección de Jesucristo efectivamente ocurrió en el tercer día, habiendo muerto Cristo un viernes (Mr. 15:42-45, Lc. 23:52-54, Jn. 19:30-33), resucitó el domingo (Mt. 28:1-7, Mr. 16:2-7, Lc. 24:1-7, Jn. 20:1-16). El Jesús resucitado fue presenciado por las mujeres (Mt. 28:8-9), los once discípulos (Mt. 28:16-17, Lc. 24:36-43) y forasteros en el camino a Emaús (Lc. 24:31-32). Según Pablo, se les apareció a otros quinientos más (1 Cor. 15:6). Apareció en forma corporal, habló, mostró sus cicatrices y comió (Lc. 24:39-43, Jn. 20:27, Hec. 1:4). Después de cuarenta días después de la resurrección, Jesús ascendió al reino celestial (Hec. 1:9). Así como la muerte de Jesús fue el epítome de la vergüenza, su victoria sobre la muerte fue su máxima exaltación (Fil. 2:5-11). En el Pentecostés, Pedro proclamó que en la resurrección Dios cumplió promesas hechas en el Antiguo Testamento (Sal. 16:10) al levantar a su Hijo de la tumba (Hec. 2:30-31). Además, Cristo proporcionó libertad de la ley a través de su resurrección (Rom. 5:13-14), la aprobación de Dios sobre su vida y obra (Fil. 2:8-9), y la designación de Dios de Él como Señor sobre toda la tierra, los vivos y los muertos (Hec. 17:30-31, Fil. 2:10, Heb. 1:3), y sobre todos sus enemigos (Ef. 1: 20-23). La exaltación de Jesús dio comienzo al perdón y a la justificación (Lc. 24:46-47, Hec. 13:30-39, Rom. 4:25) y su intercesión por el pueblo de Dios (Rom. 8:34). Su ascensión señaló la venida del Espíritu Santo como consolador y maestro (Jn. 14:26, Hec. 2:33) y fue acompañado por la promesa de su regreso en gloria (Lc. 24:51), momento en el cual él dictará juicio (Mt. 19:28; 24:31; Apoc. 20:11-15) y establecerá su reino eterno (1 Cor. 15:24; 2 Tim. 4:1; Apoc. 11:15; 22:5).

Propósito de Jesús y Comunidad

En el Evangelio de Mateo, Jesús es el tan esperado Mesías, que predica las buenas nuevas del reino, exhortando a la gente a arrepentirse (4:17-23). El arrepentimiento y el creer le permiten a uno entrar al reino. El llamado al reino es un llamado a un nuevo pacto, uno hecho por la sangre de Jesús (26:28). En el prólogo del Evangelio de Marcos, el narrador revela la identidad de Jesús (1:1). Jesús se presenta como el que trae buenas nuevas de salvación (*véase* Is. 40:9; 52:7; 61:1). La centralidad del evangelio es evidente: las buenas nuevas (Mr. 1:14-15).

Lucas también presenta la predicación de las buenas nuevas como un propósito principal del ministerio de Jesús (4:43). El contenido de esta buena noticia es el reino de Dios (4:43; 8:1; 16:16). Cuando los discípulos de Juan el Bautista le preguntaron a Jesús si él era el que había de venir (7:20), Jesús respondió: "Vayan y cuéntenle a Juan lo que han visto y oído: Los ciegos ven, los cojos andan, los que tienen lepra son sanados, los sordos oyen, los muertos resucitan y a los pobres se les anuncian las buenas nuevas." (7:22). El reino de Dios, como se presenta en Lucas, trae libertad para los prisioneros, recuperación de la vista para los ciegos y liberación para los oprimidos (4:18). Las sanidades y exorcismos de Jesús anuncian el venidero reino de Dios ya presente en el ministerio de Jesús (4:40-44; 6:18-20; 8:1-2; 9:2; 10:8-9). En el Evangelio de Juan, Jesús testifica las buenas nuevas a través de señales a lo largo de su ministerio. Estas señales apuntan a la gloria de Jesús, su identidad y el significado de su ministerio. Jesús es el Mesías, el Hijo de Dios, que ofrece vida eterna y abundante. Esta vida abundante se vive en comunidad. En el Evangelio de Juan, los discípulos de Jesús representan la comunidad de Dios (17:21). Los discípulos no pertenecían al mundo, pero continuaban viviendo en el mundo (17:14-16). A lo largo de su ministerio, Jesús llamó a sus discípulos a seguirlo. Este era un llamado a la lealtad (Mt. 10:32-40, 16:24-26, Mr. 8:34-38, Lc. 9:23-26), un llamado a la familia de Dios (Mt. 12:48- 50; Mr. 3:33-35). La declaración de Jesús "Sobre esta roca edificaré mi iglesia" (Mt. 16:18) fue precedida por el llamado a la comunidad. La presencia de Jesús como cabeza de la comunidad fue reemplazada por el Espíritu prometido (Jn. 14:16-18).

El ministerio de Jesús continuó en la comunidad de los seguidores de Jesús, la familia de Dios: la iglesia. La entrada a la comunidad se obtenía adoptando los valores del reino, la creencia y con el rito de iniciación del bautismo (Mt. 10:37-39, 16:24-26, Mr. 8:34-38, Lc. 9:23-26, 57-62; Jn. 1:12; 3:16; 10:27-29; Hec. 2:38; 16:31-33; 17:30; Rom. 10:9).

En Busca del Jesús Histórico

La búsqueda del Jesús histórico, o la indagación de quién era Jesús desde una perspectiva histórica, es un fenómeno moderno considerado necesario para los eruditos que afirman que los evangelios del Nuevo Testamento se escribieron mucho después de la muerte de Jesús y fueron fuertemente influenciados por la comprensión post-pascual de la Iglesia.

El comienzo de esta búsqueda a menudo data en 1770, cuando las notas de la conferencia de Hermann Samuel Reimarus se publicaron póstumamente. Reimarus había lanzado una investigación sobre la identidad de Jesús que rechazaba como auténticos todos los elementos sobrenaturales en los Evangelios. Él concluyó que los discípulos habían inventado los milagros, las profecías, la religión ritual y resurrección de Jesús. Las conclusiones de Reimarus no fueron ampliamente aceptadas, pero desencadenaron una oleada de investigaciones racionalistas sobre el Jesús histórico que continuaron a lo largo del siglo diecinueve. Esto se conoció como la "primera búsqueda" del Jesús histórico.

En 1906, el teólogo alemán Albert Schweitzer publicó La búsqueda del Jesús histórico (título alemán: Von Reimarus zu Wrede: Eine Geschichte der Leben-Jesu-Forschung), una mordaz crítica de la primera búsqueda. El trabajo de Schweitzer expuso cómo los investigadores del siglo diecinueve habían recreado a Jesús a su propia imagen, transformando al Jesús histórico en un filántropo moderno que predicaba un mensaje inofensivo de amor y hermandad. Las conclusiones de Schweitzer marcaron el comienzo del fin de esta primera búsqueda. El propio Schweitzer concluyó que el Jesús histórico era un profeta escatológico cuyos propósitos fracasaron durante sus últimos días en Jerusalén. Con el fracaso de la primera búsqueda, algunos eruditos del NT, como Rudolf Bultmann, rechazaron cualquier pretensión de poder descubrir el Jesús histórico. Esta tendencia continuó hasta 1953, cuando algunos de los antiguos alumnos de Bultmann lanzaron lo que se conoce como la "nueva búsqueda" del Jesús histórico (1953-c. 1970). Esta búsqueda creó un nuevo interés en el Jesús histórico, pero aún estaba dominado por la opinión de que el retrato de Jesús en los Evangelios es en gran parte una creación de la iglesia en un contexto post-pascual. A medida que los años de reconstrucción de la era posterior a la Segunda Guerra Mundial menguaron y los académicos comenzaron a cosechar frutos académicos de importantes hallazgos arqueológicos como los Manuscritos del Mar Muerto, la investigación sobre el Jesús histórico avanzó hacia lo que se llama la "tercera búsqueda". Esta búsqueda se centra especialmente en investigar y entender a Jesús en su entorno social y cultural.

JESURÚN *Ver* Jeshurun.

JESÚS El nombre Jesús proviene de la forma griega del nombre Josué. Por lo tanto, se usa la misma palabra griega (Iēsous), para referirse tanto a Jesús como a Josué en el NT (*ver* especialmente Heb 4). El nombre Jesús era común entre los judíos del primer siglo. Josefo menciona diecinueve hombres diferentes llamados Jesús". Del mismo modo, Lucas habla de un hechicero judío llamado Barjesús (Hec. 13:6), y Pablo hace referencia a un compañero judío llamado Jesús (Col. 4:11). La figura más conocida de este nombre es la figura predominante del Nuevo Testamento, Jesucristo. *Ver también* Jesús, hijo de Sirac; Jesucristo; Justus.

JESÚS, HIJO DE SIRAC El autor del libro de Sirac (también conocido como Eclesiástico), que se identifica a sí mismo como Jesús, hijo de Eleazar, hijo de Sirac (Señor 50:27). Probablemente fue un influyente maestro de hombres jóvenes en Jerusalén y murió poco antes de la crisis de los macabeos.

JESÚS, SEMINARIO DE Un grupo compuesto principalmente por eruditos del Nuevo Testamento que se fundó en 1985 y cuyo objetivo declarado era determinar las palabras y obras reales de Jesús. En la fase inicial de su trabajo, llegaron a la conclusión de que probablemente solo alrededor del 15 por ciento de los dichos atribuidos a Jesús en el Nuevo Testamento fueron pronunciados realmente por él. La segunda fase de su trabajo estaba enfocada en las obras de Jesús, y buscaba determinar qué historias del Evangelio y detalles sobre Jesús son históricos. Como fue el caso con las palabras de Jesús, el grupo concluyó que la gran mayoría de los eventos que involucran a Jesús en los Evangelios probablemente no sean históricos.

Ha habido muchas críticas a la metodología y conclusiones del Seminario de Jesús. Primero, algunos han alegado que el grupo asume que los relatos del Evangelio son falsos hasta que se demuestre su veracidad, y este tipo de suposición generalmente no se usa en otros campos de investigación histórica. En segundo lugar, aunque el grupo afirma haber proporcionado "los resultados asegurados de la investigación histórica-crítica", existe un desacuerdo entre sus propios miembros sobre una amplia gama de cuestiones. ¿Cuán "asegurado" puede uno considerar tales conclusiones? Tercero, los criterios utilizados por el Seminario de Jesús para determinar la autenticidad de las palabras y obras de Jesús han sido entendidos por algunos como la garantía de un Jesús con poca conexión con los primeros cristianos. Parecería, en efecto extraño construir una figura histórica tan desconectada de aquellos que fueron sus primeros seguidores.

JETER (1) El hijo mayor de Gedeón, siendo un joven, desobedeció temerosamente la orden de su padre de matar a dos reyes de Madián (Jue. 8:20). (2) El padre de Amasa, un comandante militar de David que fue asesinado por otro comandante militar, Joab (2 Sam. 17:25 [aquí llamado Itra, *véase* NVI mg.], 1 Re. 2:5, 32). (3) Un hijo de Jada y descendiente de Jerahmeel que murió sin hijos (1 Cr. 2:32). (4) El primero de los cuatro hijos de Esdras, de la tribu de Judá (1 Cr. 4:17). (5) Un descendiente en la tribu de Aser (1 Cr. 7:38). (6) En 1 Cr. 7:37 Itrán a veces se entiende como otro nombre para Jeter.

JETET Un descendiente de Esaú, fue un líder de un clan edomita que dio su nombre al territorio que ocupó (Gn. 36:40, 1 Cr. 1:51).

JETLA *Ver* Itlá.

JETRO El padre de Séfora, la esposa de Moisés. Por lo tanto, es más conocido como el suegro de Moisés. Moisés entró en contacto con Séfora y su padre cuando huía de Egipto (Éx. 2:11-25). Jetro se identifica desde el principio como un "sacerdote de Madián" (Éx. 2:16). Madián no era un estado-nación, sino un área ocupada por pastores nómadas. El área se encuentra al norte de Arabia, en el lado este de Aqaba. Como Israel no tenía sacerdotes en ese momento, el estatus de Jetro es algo incierto. Quizás era un sacerdote pagano que se convirtió a la adoración verdadera de Yahvé. En cualquier caso, Moisés reconoció a Jetro como un igual, adorador del mismo Dios verdadero. Fue mientras Moisés estaba con Jetro que Dios se encontró con él en la zarza ardiente (Éx. 3:1). Jetro le dio buenos consejos a Moisés cuando éste se sintió abrumado por sus responsabilidades de liderazgo. Le explicó a Moisés cómo podía tratar de manera más eficiente con la organización de las personas mientras viajaban por el desierto. Una interpretación de Nm. 10:29 entiende Hobab como otro nombre para Jetro, y en Éx. 2:18 su nombre puede ser Reuel.

JETUR El décimo hijo de Ismael (Gn. 25:15; 1 Cr. 1:31), es el antepasado de una tribu árabe con el mismo nombre (1 Cr. 5:19).

JEUEL (1) Un hombre del clan zerahita que regresó del exilio (1 Cr. 9:6). (2) Un descendiente de Adonicam que regresó con Esdras (Esd. 8:13; RVA: Jeiel).

J

JEÚS (1) El primero de los tres hijos nacidos de Esaú y Aholibama (Gn. 36:5, 14, 18). (2) El primero de los siete hijos de Bilhán d-e la tribu de Benjamín (1 Cr. 7:10) (3) Un guerrero, el segundo de tres hijos de Esec de la tribu de Benjamín (1 Cr. 8:39). (4) El tercero de los cuatro hijos de Simei, un levita (1 Cr. 23:10). (5) El primero de tres hijos nacidos del rey Roboam de Judá y Mahalat (2 Cr. 11:19).

JEÚZ Un líder en la tribu de Benjamín, fue el quinto de los siete hijos nacidos en Moab a Saharaim y su esposa Hodes, después de que Saharaim se divorció de Husim y Baara (1 Cr. 8:10).

JEWESS Un término arcaico para una mujer judía. Las traducciones modernas de la Biblia tienden a preferir entre "judía" (NVI) o "mujer judía" (NRSV).

JEZABEL La esposa extranjera de Acab, un rey de Israel del siglo noveno a.C Jezabel era la hija del rey Et-baal de Sidón. Ella era una devota adoradora del dios Baal, cuya religión promovió en Israel después de casarse con Acab. Mucha gente fue persuadida para agregar la adoración de Baal a la adoración de Yahvé, el verdadero Dios de Israel. Dios levantó a dos profetas durante este tiempo, Elías y Eliseo, quienes resistieron la usurpación de su falsa religión. Jezabel también impulsó a su esposo, quien estaba demasiado dispuesto, a actuar como un déspota en lugar de un siervo de Dios hacia su propio pueblo. 1 Reyes 21 cuenta que un terrateniente, Nabot, se negó a vender su campo al rey Acab. La negativa enojó a Acab, pero un rey israelita no podía despojar a uno de sus súbditos. Sin embargo, Jezabel venía de una casa real diferente, e instruyó a Acab cómo adquirir el campo injustamente. A pesar de que lograron condenar falsamente a Nabot de maldecir a Dios y al rey y, después de su ejecución, tomar su tierra, Dios envió a Elías a pronunciar una maldición contra la familia de Acab, incluyendo a Jezabel ("Los perros se comerán a Jezabel en el muro de Jezreel" [1 Reyes 21:23]). Jezabel vivió más que su marido, pero el juicio de Dios la alcanzó cuando un usurpador, Jehú, mató a su hijo real y luego la persiguió. Ella fue arrojada por una ventana y los perros tomaron su cuerpo (2 Re. 9:30-37).

JEZABEL Era malvada y adoradora de dioses falsos. En el NT ella se convirtió en un ejemplo de lo malvado. Apocalipsis 2:20 asocia a una mujer profetisa en Tiatira con Jezabel porque estaba desviando a la gente con su enseñanza.

JEZANÍAS Una variante del nombre Jaazanías, que significa "Yahvé escuchó", que aparece en el texto hebreo de Jer. 40:8 como "el hijo del Maacateo", que fue corregido por los traductores de la LBLA a Jaazanías, en base a 2 Reyes 25:23. El nombre también aparece en el texto hebreo de Jer. 42:1 como "el hijo de Osaías" y aparece como Jezanías en la LBLA; los traductores de la NVI y TLA lo convierten en Azarías en base a la Septuaginta y al texto hebreo de Jer. 43:2.

JEZER El tercero de los cuatro hijos de Neftalí (Gn. 46:24, 1 Cr. 7:13) y el antepasado del clan Jezerita (Nm. 26:49).

JEZER Un hijo de Galaad, uno de los clanes de Manasés (Nm. 26:30). Es el ancestro de los jezeritas. El nombre probablemente es una variante de "Abiezer" (*véase* Js. 17:2). *Véase también* Abiezer.

JEZERITAS *Véase* Jezer.

JEZÍAS *Ver* Izías.

JEZIEL Uno de los parientes de Saúl de la tribu de Benjamín que se unió a David cuando estaba en Siclag. Era miembro de una compañía de guerreros ambidiestros armados con arco y honda (1 Cr. 12:3).

JEZLÍAS *Ver* Izlias.

JEZOAR *Ver* Zohar.

JEZRAHIAH-JEZRAHIAH dirigió los coros en alegre canto para la ceremonia de dedicación del muro reconstruido en Jerusalén bajo Nehemías (Nehemías 12:42). Refiriéndose a un individuo diferente de la tribu de Isacar, este nombre hebreo se transcribe en otro lugar como Izrahías o Israías (1 Cr. 7:3).

JEZREEL **(1)** Un valle fértil que se extiende al oeste desde la ciudad norteña de Jezreel y posiblemente también al este hacia el Jordán.

Valle de Jezreel.

Esta es la ubicación del ataque de Gedeón contra los madianitas (Jue. 6:33). **(2)** Una ciudad en el territorio de Isacar a unas dieciocho millas al sudoeste del Mar de Galilea (Jos. 19:18), que se puede identificar con la moderna Zerin / Yizra'al. Esta ciudad, y probablemente el valle entero, era parte del reino de Is-boset (2 Sam. 2:9). El rey Acab tenía un palacio en esta ciudad, y desde ese momento en adelante parece haber sido un centro político de Israel. **(3)** Una ciudad no identificada en el territorio de Judá (Jos. 15:56). No está claro si la esposa de David, Ahinoam, provenía de esta ciudad o de la ciudad en Isacar (1 Sam. 25:43). **(4)** El primero de los tres hijos de Etam, un descendiente de Judá (1 Cr. 4:3). **(5)** Uno de los hijos de Oseas. El nombre al principio apunta simbólicamente al juicio sobre la dinastía de Jehú por la masacre en Jezreel (Ose. 1:4-5). En Ose. 2:22-23 este nombre es reinterpretado como una imagen de restauración, actuando tanto como la fertilidad natural del Valle de Jezreel como en el significado de Jezreel, Dios siembra.

JEZREELITA Alguien que proviene de Jezreel. Nabot (1 Re. 21:1) y Ahinoa (1 Sam. 25:43) son dos jezreelitas.

JIBSAM *Ver* Jahmai.

JIDLAF Hijo de Nahor, hermano de Abraham, con su esposa Milca (Gn. 22:22).

JIMNA, JIMNAH *Ver* Imnah.

JIMNITA *Ver* Imnah.

JINETE Los escritores del AT frecuentemente mencionan jinetes en contextos militares, casi siempre en conexión a carrozas. Como las notas de texto de la NIV indican (e.g., Éx. 14:9), la palabra hebrea para "jinete" (parash) podría también haberse traducido como "cuadriguero", pero con más probabilidad la palabra simplemente se refería a un guerrero a caballo. *Véase también* Ap. 6:1-8.

JIPHTA *Ver* Iftah.

JITHRA *Ver* Jeter.

JITHRAN *Ver* Itrán.

JIZRI *Ver* Izri; Zeri.

JOA **(1)** Hijo de Asaf, era un cronista durante el asedio de Jerusalén (2 Re. 18:18, 26, 37, Is. 36:3, 11, 22). **(2)** Un levita gersonita, hijo de Zima (1 Cr. 6:21). Fue encomendado por Ezequías para consagrar el templo junto a su hijo Edén (2 Cr. 29:12). **(3)** Un levita coreíta, hijo de Obed-Edom, y portero durante el tiempo de David (1 Cr. 26:4). **(4)** El hijo de Joacaz el escriba, fue enviado por Josías para reparar el templo (2 Cr. 34:8).

JOAB Sobrino del rey David por medio de su hermana Sarvia (1 Cr. 2:16-17). Sus hermanos eran Abisai y Asael, y su primo era Amasa, todos ellos eran importantes comandantes militares. Joab mismo fue el líder militar más famoso de todos ellos. Se convirtió en el líder del ejército de David después de ser el primero en aceptar el desafío de David de derrotar a la ciudad jebusea de Jerusalén (1 Cr. 11:4-9). Joab ganó muchas batallas impresionantes por David (2 Sam. 2:12-32; 10:1-19). A menudo veló por los intereses de David, incluso tratando de persuadir a David de que no hiciera un censo que sabía que provocaría la ira de Dios (2 Sam. 24:1-9, 1 Cr. 21:1-6). En algunas ocasiones le dio a David malos consejos, por ejemplo, aconsejándole que lleve a Absalom de vuelta a la corte (2 Sam. 14:1-33). Sin embargo, a veces actuó por su propio interés, y no por los de su rey, país o Dios. Mató a Abner, el comandante del ejército del norte, en venganza (2 Sam. 3:22-39) e incluso asesinó a su propio primo Amasa (2 Sam. 20:7-13).

Joab halló su muerte cuando apoyó a Adonías en su intento de suplantar a David. Cuando David eligió a Salomón como rey, envió a Benaía a matar a Adonías. Cuando la noticia de la muerte de Adonías llegó a Joab, huyó al tabernáculo y tomó los cuernos del

Estatuilla persa de jinete.

altar (1 Re. 1:50). Salomón ordenó a Benaía que matara a Joab, y lo hizo en el tabernáculo porque Joab se negó a salir (1 Re. 2:29-31, 34).

JOACAZ (1) Rey de Israel (r. 814-800 a.C), hijo del rey Jehú (2 Reyes 10:35). Él aparentemente no adoraba a Baal, pero no erradicó completamente la idolatría de Israel durante su reinado (2 Reyes 13:2). Durante gran parte de su reinado estuvo sujeto a los reyes arameos y tuvo un ejército míseramente pequeño (2 Reyes 13: 7). Su liberación de Aram no hizo que cambiara sustancialmente su actitud hacia Dios. (2) Hijo del rey Josías y Hamutal, se convirtió en rey de Judá en 609 a.C después de que el faraón Necao de Egipto asesinara a Josías en Meguido. Joacaz, que "hizo lo malo ante los ojos del Señor" (2 Reyes 23:32), reinó durante tres meses antes de que Necao lo tomara como prisionero a Egipto, donde murió (2 Reyes 23:29-35; 2 Cr. 36:1-4). También es conocido como Salum (1 Cr. 3:15).

J

JOACAZ El escriba del Rey Josías. Joa, su hijo, ayudó a reparar el templo (2 Cr. 34:8).

JOACIM El segundo de los hijos del rey Josías en gobernar sobre Judá (609-598 a.C), su madre era Zebuda. Él "hizo lo malo ante los ojos del Señor" (2 Reyes 23:37), y su reinado de once años se registra en 2 Reyes 23:34-24: 6; 2 Cr. 36: 4-8. Tenía veinticinco años cuando el faraón Necao de Egipto destituyó a su hermano Joacaz y lo nombró rey, cambiando su nombre de nacimiento, Eliaquim, a Joacim. Inicialmente le rindió homenaje a Egipto, pero se convirtió en vasallo de Babilonia cuando Nabucodonosor derrotó a Necao en 605 a.C Jeremías profetizó el exilio y la muerte a causa de su avaricia y opresión de los pobres (Jeremías 22:13-19). Joacim quemó el rollo de Jeremías e intentó arrestar al profeta, pero Dios lo frustró (Jeremías 36: 20-26). Sin embargo, mató al profeta Urías (Jeremías 26:20-23). Joacim ignoró el consejo de Jeremías y se rebeló contra Babilonia, por lo que Nabucodonosor respondió primero enviando pequeñas bandas militares, luego sitiando Jerusalén y capturando a Joacim. Probablemente murió en el exilio.

JOACIM Un descendiente de Sela, uno de los hijos de Judá (1 Cr. 4:22).

JOADA Un descendiente del rey Saúl y los benjamitas. Su padre era Acaz, y su hijo era Alemet (1 Cr. 8:36 [RV: Joada]). En una lista paralela se lo nombra como Jada"(1 Cr. 9:42 [RV: Jara]). *Ver también* Jada; Jara.

JOADA (1 Cr. 8:36 [RV: Joada"). *Ver también* Jara; Joada.

JOADÁN La madre del rey Amasías (2 Cr. 25:1, 2 Reyes 14:2). Aunque la Biblia no lo registra, debe haber estado casada con Joás, el padre de Amasías. Ella fue una de las tres reinas madres de Jerusalén mencionadas en la Biblia.

JOADDA *Ver* Joada.

JOADÍN *Ver* Joadán.

JOANA Un antepasado postexílico de Jesús, por lo demás desconocido, solo se menciona en Lucas 3:27 como nieto de Zorobabel, hijo de Resa y padre de Judá.

JOAQUÍN El decimonoveno de los veinte monarcas de Judá (597 a.C), era nieto de Josías y antepasado de Jesús (Mateo 1:11-12: Jeconías). Su breve reinado se registra en 2 Reyes 24: 8-17; 2 Crón. 36: 8-10. Se convirtió en gobernante a los dieciocho años y, como muchos otros miembros de su familia (tíos Joacaz y Sedequías, y el padre Joacim), "hizo lo malo ante los ojos del Señor" (2 Reyes 24:9). Reinó solo tres meses antes de ser exiliado a Babilonia por Nabucodonosor en 597 a.C Durante esta deportación Nabucodonosor exilió a muchos judíos y saqueó el templo, cumpliendo la profecía de Isaías a Ezequías más de cien años antes (2 Reyes 20:17-18). Jeremías profetizó el fin del reinado y la dinastía de Joaquín (Jeremías 22:24-30 [TM: Conías"]). Finalmente fue liberado de su encarcelamiento en 562 a.C por Evil Merodac de Babilonia (2 Reyes 25: 27-30; Jer. 52: 31-34). Las tablillas babilónicas registran las raciones de la prisión para él y sus hijos durante el exilio.

JOÁS (1) El hijo de Ocozías y rey de Judá (2 Re. 11-12, 2 Cr. 22:10-24:27). Se le describe como el único descendiente sobreviviente de Ocozías (y la línea de David) después de la purga de la línea real de Atalía (la esposa de Joram y la abuela de Joás). El sacerdote Joiada protegió a Joás en el templo hasta que cumplió siete años, el momento en que Joiada pudo organizar una rebelión contra Atalía y colocar a Joás en el trono. A Joás se le da una descripción favorable en gran parte debido a su lealtad al templo (como lo demuestra su renovación del templo) y al sacerdocio. Según el Cronista, Joás se apartó de Dios después de la muerte de Joiada. Al llegar al final de su reinado, Joás era tan débil políticamente que fue asesinado por algunos de sus propios servidores. **(2)** Una variación de "Jehoash" (el hijo de Joacaz y un rey de Israel) en 2 Cr. 25:17-24 (KJV, ESV, NRSV). (*Ver* Joás.) **(3)** Un abiezerita que vivía en Ofra y era el padre de Gedeón. Se negó a entregar a Gedeón a una muchedumbre furiosa después de que Gedeón profanó el altar de Baal (Jue. 6:11-31). **(4)** Junto con Amón, a este individuo se le confió la custodia del profeta Micaías, a quien el rey Acab ordenó poner en prisión. Puede ser el hijo de Acab que no se menciona en otra parte, o puede ser el hijo posterior de Joacaz (1 Re. 22:26). **(5)** Un descendiente de Sela que gobernó en Moab y Jasubi-Lehem (1 Cr. 4:22). **(6)** El segundo de nueve hijos de Bequer, descendiente de la tribu de Benjamín (1 Cr. 7:8). **(7)** Hijo de Semaa, fue uno de los guerreros benjamitas que apoyó a David cuando fue desterrado de la corte de Saúl (1 Cr. 12:3). **(8)** Uno de los oficiales de David, supervisó las provisiones de aceite de oliva (1 Cr. 27:28).

Una tablilla cuneiforme que registra los primeros años de Nabucodonosor, 605-595 AC, que incluye el ataque a Jerusalén en 597, cuando Joaquín y muchos judíos fueron deportados.

JOÁS Hijo de Joacaz y rey de Israel (2 Reyes 13:10-25; 14:8-16; 2 Cr. 25:17-24 [RV: "Joas"]). La Biblia lo registra como un rey infiel a Dios que siguió los pecados de Jeroboam. Tuvo un encuentro con Eliseo, quien estaba muriendo, en el que no siguió las instrucciones del profeta con cuidado y solo obtuvo una victoria parcial sobre Hazael de Aram. Él también fue a la guerra con el rey Amasías de Judá y atacó a Jerusalén, saqueando el templo y destruyendo una gran parte del muro de Jerusalén. El Cronista atribuye la derrota de Amasías a su desobediencia a Dios.

JOATAM *Ver* Jotam.

JOB Job es el personaje principal del libro que lleva su nombre. En 1:1, el lector aprende que es de Uz, muy probablemente un sitio fuera de la tierra prometida, en la región de Transjordania, conocido durante la mayor parte del período del AT como Edom. La riqueza de Job se describe en términos de la cantidad de ovejas y ganado que posee, por lo que probablemente se le sitúe en el período de tiempo durante o antes de los patriarcas Abraham, Isaac y Jacob.

Se describe a Job como un hombre "irreprensible y recto" que "temía a Dios y evitaba el mal" (1:1). En otras palabras, él es el modelo de una persona sabia cuyo carácter se describe en el libro de Proverbios. Debido a su virtud, él esperaba continuar recibiendo las recompensas que le habían llevado a contar con una familia feliz y grandes riquezas. Sin embargo, el libro relata la historia de su gran sufrimiento y pérdida, provocados no por algo que haya hecho, sino por la decisión soberana de Dios. Job tiene tres amigos que lo atacan y dialogan con él después de que lamentara su triste destino (capítulos 3-31). Ellos están convencidos de que su sufrimiento es el resultado del pecado; Job, por otro lado, cree que Dios ha cometido un error. Los tres amigos lo instan a que se arrepienta y sea restaurado, mientras que Job mismo exige una audiencia con Dios para rectificarlo (31:35-37). Dios finalmente aparece ante Job, pero en lugar de que Job rectificara a Dios, Dios pone a Job en su lugar. Dios nunca le dice a Job por qué ha sufrido; él simplemente afirma su propia gran sabiduría y poder. Job, entonces, se arrepiente debidamente, no de los pecados que le causaron su sufrimiento, sino de su creciente irritación con Dios (40:3-5; 42:1-6). Dios responde elogiando a Job y restaurando su buena fortuna.

Rara vez se menciona a Job fuera del libro que lleva su nombre. Él, junto con Noé y Daniel, son citados como ejemplos de rectitud, aunque incluso su presencia no habría salvado a la ciudad de Jerusalén del juicio de Dios por sus pecados (Eze. 14:14,20). La Epístola de Santiago cita a Job como un ejemplo de perseverancia (Sant. 5:11 [no "paciencia", como en muchas traducciones antiguas]).

JOB El nombre "Job", que aparece en el texto hebreo de Gn. 46:13, es corregido como "Jasub" en algunas versiones (NIV, NRSV, NET) siguiendo el Pentateuco samaritano, algunos manuscritos de la LXX, y los textos hebreos de listas paralelas (Nm. 26:24; 1 Cr. 7:1). *Véase también* Jasub.

JOB, LIBRO DE La interrogante del sufrimiento inmerecido ha plagado a la humanidad por todo el tiempo del que tenemos registros escritos, como lo demuestran varias composiciones literarias antiguas de Mesopotamia que se remontan a la época sumeria. Incluso hoy en día nos preguntamos por qué les pasan cosas malas a las personas buenas. El libro de Job plantea este problema en la persona de Job, un hombre piadoso e irreprochable que sufre tragedias indescriptibles. Sin embargo, la pregunta de por qué Job sufre lleva a otra pregunta aún más importante: ¿Dónde se puede encontrar sabiduría?

Esquema, Género, y Mensaje

El esquema del libro ayuda al lector a comprender su género y mensaje:

I. Prólogo en prosa: una conversación en el cielo y pruebas de Job (1:1-2:13)

II. Debate poético: ¿Quién es sabio? (3:1-42:6)
   A. Lamento de Job (3:1-26)
   B. El debate entre Job y sus tres amigos (4:1-31:40)
   C. La afirmación de sabiduría de Eliú (32:1-37:24)
   D. El discurso de Yahvé y el arrepentimiento de Job (38:1-42:6)

III. Epílogo en Prosa: Resoluciones en Bendiciones (42:7-17)

El género del libro es un debate, el tema es la naturaleza y la fuente de la sabiduría. Las diversas partes del libro contribuyen a este debate.

I. Prólogo en prosa: una conversación en el cielo y pruebas de Job (1:1-2:13). Los primeros dos capítulos presentan la mayoría de los personajes principales y la complicación de la trama. Primero en la escena está Job mismo. Es presentado como el hombre sabio perfecto: "Este hombre era irreprensible y recto; temía a Dios y rechazaba el mal" (1:1). Esta apreciación es repetida por los siguientes dos personajes principales, nada menos que Dios mismo (1:8) e incluso el oponente de Job, Satanás (1:9-10). Este último, sin embargo, cree que Job está motivado por el hecho de que recibe recompensas por su obediencia. Quítenle la familia a Job, la prosperidad y, finalmente, su salud, argumenta Satanás, y Job se derrumbará y se quejará. Sabemos quién es Dios, pero, ¿quién es este Satanás? Es poco probable que Satanás sea el diablo. Después de todo, ¿qué estaría haciendo el diablo en el cielo y por qué Dios lo escucharía? Además, el hebreo prefija el artículo definido a Satanás (hassatán), por lo que una traducción literal es "el Satán". El verbo hebreo satan significa "acusar", y así es como debemos entender el término en cuestión aquí; él es "el acusador". De hecho, el libro de Job tiene la forma de un cierto tipo de debate o disputa, una escena de la corte, y el Satanás es un ángel que toma el lugar del fiscal.

El Satanás convence a Dios para que primero le quite la familia y la riqueza a Job. Aun así, Job mantiene su inocencia y no se queja contra Dios. Insatisfecho, el Satanás va más allá y persuade a Dios de quitarle la salud a Job. Aun así, sin embargo, Job persiste en su actitud apropiada hacia Dios.

Al final del prólogo, Job, aunque está sufriendo, está en un buen lugar. Él todavía es inocente y no se ha quejado. También escuchamos hablar a los tres amigos de Job, quienes se instalan para ofrecer simpatía y consuelo. Se sientan allí con él durante siete días sin decir una palabra.

II. Debate poético: ¿quién es sabio? (3:1-42:6). El cuerpo del libro es un debate entre Job y sus amigos, compuesto como una poesía.

A. Lamento de Job (3:1-26). Job es el primero en hablar, y lo que dice desestabiliza a sus amigos. Su sufrimiento ha llegado al punto en el que quiere morir. Si bien su discurso se entiende justamente como un lamento, contrasta con los lamentos de los salmos (por ejemplo, Sal. 69). Estos últimos están dirigidos hacia Dios; Job habla de Dios, pero no a él. Los lamentos de los salmos típicamente terminan con una nota de optimismo (Sal. 88 es una excepción); el lamento de Job no.

B. El debate entre Job y sus tres amigos (4:1-31:40). El lamento de Job desencadena el debate. Después de que Job se queja de Dios, los tres amigos se sienten obligados a hablar en defensa de la integridad de Dios. El debate tiene tres ciclos, con cada uno de los tres amigos hablando por turnos, cada uno seguido de una respuesta de Job. El tercer ciclo se rompe con un discurso de Elifaz (capítulo 22) y uno breve de Bildad (capítulo 25), pero sin un discurso de Zofar. Los amigos se han quedado sin energía.

Después de todo, cada uno de los tres repite el mismo argumento básico: si pecas, entonces sufrirás; por lo tanto, si sufres, entonces debes haber pecado. Como Job estaba sufriendo, debe ser un pecador. Para escapar de su sufrimiento, necesita arrepentirse (4:7-11; 11:13-20). Job, sin embargo, sabe que no ha pecado. Pero esto le crea un problema teológico, ya que él también cree en la misma teología de retribución sostenida por los tres amigos. Es por eso que en su mente, Dios es injusto (9:21-24). En consecuencia, su solución es encontrar a Dios y presentar su caso ante él (observe nuevamente el lenguaje legal [23:2-7]).

Aunque el tema del debate es el sufrimiento de Job, el centro está relacionado con la sabiduría. ¿Quién es sabio? ¿Quién tiene la percepción correcta del sufrimiento de Job? Tanto Job como los amigos se erigen como fuentes de sabiduría y ridiculizan la sabiduría del otro (11:12; 12:1-3, 12; 13:12; 15:1-13). La pregunta "¿Quién es sabio?" domina el libro.

El debate interactivo entre Job y sus amigos termina sin resolver esta pregunta. Los amigos han repetido sus argumentos muchas veces, pero no han convencido a Job, así que callan. En el capítulo 28 Job cambia repentinamente el tono de una manera que ha desconcertado a los intérpretes durante mucho tiempo. En lugar de quejarse o afirmar su propia sabiduría, Job proclama bellamente a Dios como la única fuente de sabiduría, anticipando la conclusión. Sin embargo, esta actitud no se mantiene más allá del capítulo, ya que en los capítulos 30-31,

J

Job sufriendo, del molde del sarcófago de Junius Bassus (359 a.C).

Job vuelve a la amarga queja y las protestas de su inocencia. Al final de esta sección, él defiende su inocencia y mantiene un sentido de la injusticia de Dios. Él quiere una audiencia con Dios para corregirlo (31:35-37). Job pronto aprenderá que debe tener cuidado con lo que desea.

C. La afirmación de sabiduría de Eliú (32:1-37:24). Aquí, sorprendentemente, emerge un nuevo personaje del fondo. Eliú ha observado el debate en silencio, pero ahora se siente obligado a hablar. Él es joven y, por lo tanto, se ha limitado a la sabiduría de los ancianos, pero se ha sentido muy decepcionado. Ahora se da cuenta de que la sabiduría no es siempre una cuestión de edad, sino que viene del "espíritu de una persona" (32:8). El lector espera un nuevo argumento de este impetuoso joven, pero en cambio Job recibe otro golpe de la teología de la retribución de los tres amigos: Job sufre porque es un pecador (34:11, 25-27, 37).

Eliú representa otro tipo de persona que reclama sabiduría. Él cree que el espíritu de una persona le da sabiduría, y no la edad. Sin embargo, él viene con las mismas viejas descripciones y soluciones. Este punto de vista es criticado por el silencio; él es ignorado. Nadie responde a su opinión poco convincente.

D. El discurso de Yahvé y arrepentimiento de Job (38:1-42:6). Cuando dejamos a Job al final del capítulo 31, él había expresado su deseo de una audiencia con Dios. Ahora él obtiene su deseo. Dios aparece en un torbellino, una indicación de su disgusto, y desafía la supuesta sabiduría de Job: "¿Quién es este que oscurece mis planes con palabras sin conocimiento?" (38:2). Entonces Dios bombardea a Job con una serie de preguntas que este no puede responder, ya que él no es Dios. Dios también describe cómo él es quien distribuye y retiene poder y sabiduría a sus criaturas.

Él no abordó nunca las razones del sufrimiento de Job o la interrogante del sufrimiento en general. Ese no es el objetivo principal del libro. Él afirma su sabiduría, respondiendo así la pregunta del libro: ¿Quién es sabio? Solo Dios es sabio. ¿Cuál es la respuesta adecuada ante la sabiduría y el poder de Dios? Arrepentimiento y sumisión, y por lo tanto, Job responde dos veces (40:3-5; 42:1-6).

III. Epílogo en Prosa: Resoluciones en Bendiciones (42:7-17). El epílogo plantea una serie de preguntas interesantes para el intérprete. Después de que Job se arrepiente, Dios restaura su salud y prosperidad aún más de lo que había disfrutado al comienzo del libro. ¿Esto no estaría confirmando el argumento de los tres amigos y Eliú? Lo han estado instando todo el tiempo a que se arrepienta y sea restaurado.

Sin embargo, tal interpretación ignora un punto clave. Job no se ha arrepentido de ningún pecado que lo haya llevado a su sufrimiento en una primera instancia. No, él ha pasado esa prueba. Sin embargo, a medida que pasaba el tiempo, se había impacientado con Dios. Él nunca tomó el consejo de su esposa de "maldecir a Dios y morir" (2:9), pero sí cuestionó la justicia de Dios sin romper la relación.

Un segundo problema se produce con la declaración de Dios de que Job "ha hablado la verdad sobre mí" (42:8). ¿Acaso no fue Dios quien pasó dos capítulos criticándolo? La mejor manera de comprender este comentario es entenderlo como la afirmación de Dios, pero no de cada palabra que Job ha hablado sobre él, sino más bien de cómo Job ha respondido a Dios al final. Después de todo, él nunca había abandonado a Dios, ni siquiera en su hora más oscura.

Contexto Histórico

El libro de Job es anónimo, y no hay ningún enunciado en el libro que indique la fecha de escritura. El escenario de la historia de Job es antiguo. La ciudad natal de Job, Uz, está fuera de la tierra prometida, lo cual lleva a la conclusión de que Job mismo no era israelita. Este hecho, junto con la forma en que se describe su riqueza, sugiere un tiempo antes de que Dios redujera el pacto en relación con Abraham y sus descendientes. Sin embargo, la fecha de la historia no nos dice cuándo se escribió, y las indicaciones dentro del libro son mixtas, algunas apuntan a una fecha más antigua y otras a una fecha tardía. La datación del libro no marca una diferencia en su interpretación.

Contexto del Antiguo Cercano Oriente

El antiguo Cercano Oriente produjo una serie de composiciones que exploran el tema del sufrimiento inmerecido. Estos textos provienen de Sumer, Egipto, Ugarit y Babilonia, pero los dos que son más similares a Job provienen de Babilonia.

El primero, Ludlul bel nemeqi ("alabaré al Señor de la sabiduría"), es señalado a menudo como el Job de Babilonia. El personaje principal de la historia, Subshi-meshre-shakkan, es un sufriente que se queja de su situación porque ha sido irreprensible en su devoción a dios y rey. Siente que no se merece el sufrimiento que le ha sobrevenido. La forma del libro es un monólogo, y el enfoque está en su restauración por Marduk. Él nunca cuestiona a los dioses sobre sus problemas. La mejor estimación acerca de la fecha de su composición es a mediados del segundo milenio a.C

El segundo texto es la Teodicea babilónica, probablemente escrito alrededor de 1000 a.C Formalmente, esta composición se acerca más a Job en tanto que es un diálogo entre un sufriente y un amigo que representa la piedad ortodoxa de Babilonia. El que sufre cuestiona la justicia de los dioses. El amigo lo advierte de la blasfemia, pero al final él llega a la conclusión de que los dioses han hecho que la humanidad sea perversa.

La existencia de estos y otros textos relacionados con Job no implica necesariamente que Job haya sido directamente influenciado por ellos. Aunque la forma de diálogo de la Teodicea babilónica puede haber sugerido un vehículo literario para el autor, el hecho de que todos los pueblos en todos los tiempos y lugares luchan con el sufrimiento inmerecido es una explicación suficiente para las similitudes.

Importancia Contemporánea

Incluso hoy, las personas pueden sin pensar atribuir el sufrimiento y la pobreza de los demás a su pecado. De hecho, los que sufren suelen culparse a sí mismos y a sus acciones por sus malas circunstancias. Es cierto que la Biblia enseña que el pecado tiene consecuencias, algunas de las cuales los infractores sufren en esta vida. Pero la Biblia también es coherente en su mensaje de que a veces las cosas malas les suceden a las personas buenas y las cosas buenas les suceden a las personas malas. El libro de Job nos recuerda que no todo el sufrimiento es el resultado del pecado.

La respuesta del libro al sufrimiento no es dar una respuesta lógica a la pregunta de por qué la gente sufre, sino simplemente afirmar el poder y la sabiduría de Dios en su contra. Puede que no sepamos por qué sufrimos, pero sí sabemos que Dios está a cargo y sabe lo que hace. El NT da la respuesta definitiva de Dios ante el dolor en la vida: Jesucristo, Dios mismo, quien sufrió y murió por los pecados de su pueblo. Jesús se compara y contrasta con Job, ya que el sufrimiento de Jesús fue voluntario y se realizó en nombre de otras personas. No es de sorprenderse que la iglesia primitiva adoptara la práctica de leer el libro de Job durante la Semana Santa.

JOBAB **(1)** Un hijo de Joctán en el linaje de Sem (Gn. 10:29, 1 Cr. 1:23). **(2)** Hijo de Zera, fue rey de Edom, sucesor de Bela (Gn. 36:33-34, 1 Cr. 1:44-45). **(3)** Un rey de Madón que unió fuerzas con otros reyes cananeos para luchar contra los israelitas dirigidos por Josué y que posteriormente fue derrotado (Jos. 11:1). **(4)** Un líder en la tribu de Benjamín, fue el primero de los siete hijos nacidos en Moab a Saharaim y su esposa Hodes, después de que Saharaim se divorciara de Husim y Baara (1 Cr. 8: 9). **(5)** El último de los siete hijos de Elpaal de la tribu de Benjamín (1 Cr. 8:18).

JOCABED La esposa de Amram y la madre de Moisés, Aarón y Miriam (Éx. 6:20, Nm. 26:59). Ella no es mencionada por nombre en la narración en Éxodo 2, donde ella pone al niño Moisés en una canasta y lo impulsa flotando por el Nilo. Por la providencia de Dios y las acciones de Miriam, la hermana de Moisés, Jocabed se convierte en la niñera pagada de su hijo después de que es rescatado por la hija del faraón. Jocabed y su esposo se enumeran como ejemplos de fe en Heb. 11:23.

JOCDEAM Una ciudad que fue dada a la tribu de Judá echando a suertes durante la conquista de Canaán (Jos. 15:56). La ciudad es identificada además por dos marcadores literarios: ubicado geográficamente en la región montañosa central del sur de Judá, y agrupados dentro de un distrito administrativo de diez ciudades encabezadas por Maón (15:55). Su ubicación precisa es incierta, pero, por lo que se sabe, las otras nueve ciudades del grupo están a unas pocas millas al sur de Hebrón.

JOCNEAM La ciudad que resguardaba el extremo occidental de las tres rutas de la Vía Maris, que cruzaba el Monte Carmelo (Jocneam del Carmelo [Jos. 12:22]), situada donde el paso se abría al Valle de Jezreel. Una moderna ciudad y una gran base militar continúan atestiguando la importancia que tenía esta ubicación. Las excavaciones del sitio arqueológico han reportado veintisiete niveles, que representan casi 4.500 años de asentamiento en el sitio, comenzando ya en 3000 a.C Después de la conquista israelita, Jocneam fue asignado a los clanes meraritas de los levitas (Jos. 21:34, 1 Cr. 6:77) dentro de la región tribal de Zabulón (Jos. 19:10-11), aunque el sitio puede haber permanecido bajo control canaanita. Los restos excavados incluyen una destrucción atribuida a las conquistas del rey David, seguida por asentamientos pobres y luego dos ciudades fuertemente fortificadas que datan del siglo X al VIII a.C, durante el reino dividido.

JOCSÁN El segundo de los seis hijos de Abraham con Cetura (Gn. 25:1-2), fue el antepasado de los sabeos (descendientes de Seba) y los dedanitas (descendientes de Dedán) (Gn. 25:3), que más tarde vivió en la ciudad Raama (Gn. 10:7).

JOCTÁN Un tataranieto del hijo de Noé, Sem, él era el hijo de Heber, el hermano de Peleg, y el padre de trece hijos (Gn. 10:25-30).

JOCTEEL **(1)** Una aldea en la tierra baja (Shephelah) al occidente de Judá cedida como recompensa durante la conquista de Canaán (Jos. 15:38). **(2)** Una ciudad de los edomitas tomada por el rey Amasías, originalmente llamada "Sela" pero rebautizada como Jocteel después de su captura (2 Re. 14:7).

JODA Un antepasado postexílico de Jesús, por lo demás desconocido, sólo se menciona en Lucas 3:26 como un hijo de Joana y padre de Josec.

JOED Un antepasado de Salú, un hombre que vivió en Jerusalén durante el tiempo de Esdras y Nehemías (Neh. 11:7).

JOEL **(1)** El hijo primogénito del profeta Samuel, quien junto a su hermano, Abías, fue designado como juez por su padre, pero pervirtió la justicia y aceptó sobornos, lo que provocó que los israelitas le pidieran a Samuel un rey (1 Sam. 8:1-5; 1 Cr. 6:28, 33). **(2)** Un líder del clan de Simeón (1 Cr. 4:35). **(3)** Un rubenita (1 Cr. 5:4, 8), aunque hay algunas preguntas sobre si el Joel del v.8 es el mismo que el del v.4. **(4)** Un jefe de la tribu de Gad (1 Cr. 5:12). **(5)** Uno de los antepasados levitas de Samuel (1 Cr. 6:36). **(6)** El jefe de la tribu de Isacar (1 Cr. 7:3). **(7)** Uno de los poderosos guerreros de David (1 Cr. 11:38). **(8)** Un levita y gersonita que formaba parte de la agrupación designada por David para llevar el arca del pacto a Jerusalén (1 Cr. 15:7, 11, 17). **(9)** Un levita y un gersonita designados para el servicio del templo que, junto con su hermano Zetam, son puestos a cargo de los tesoros del templo (1 Cr. 23:8; 26:22). Él puede ser el mismo Joel que en 1 Crón. 15:7, 11, 17. **(10)** Un jefe a cargo de la mitad de la tribu de Manasés (1 Cr. 27:20). **(11)** Un levita involucrado en la purificación del templo durante el reinado de Ezequías (2 Cr. 29:12). **(12)** Uno de los hombres en el post-exilio de Judá, que se había casado con mujeres extranjeras y, a peticiones de Esdras, se comprometió a despojarlas (Esdras 10:43). **(13)** Un superintendente de Benjamín durante los días de Nehemías (Neh. 11:9). **(14)** El profeta Joel, hijo de Petuel (Joel 1:1).

JOEL, LIBRO DE Joel es el segundo de los doce Profetas Menores. El libro es bien conocido por su descripción aterradora del juicio de Dios en forma de plaga de langostas y la descripción conmovedora de ese día venidero cuando Dios derrame su Espíritu sobre todas las personas (2:28-32).

Contexto Histórico

Joel es notoriamente difícil de datar. La mayoría de los profetas tienen una introducción que asocia su profecía con los reinados de reyes específicos, pero Joel solo proporciona el nombre de su padre, Petuel. Si bien el nombre Joel aparece en otras partes de la Escritura, ninguno de estas menciones puede identificarse claramente con el profeta. Las indicaciones internas tampoco ayudan mucho. La plaga de langostas descrita en el primer capítulo fue, casi con certeza, un evento contemporáneo, pero las plagas de langostas ocurrieron en varias ocasiones, y no tenemos otra referencia sobre esta plaga en particular.

En pasajes como 1:9, 13-16; 2:15-17, que describen el templo y sus rituales, podemos descartar los tiempos en que el templo no existía (antes de mediados del siglo IX a.C y 586-515 a.C), pero incluso esta consideración no nos permite ser mucho más preciso. Los nombres de los enemigos no proporcionan ayuda (Fenicia, Filistea, Egipto, etc.) porque estos pueden ser parte simplemente de una lista de enemigos tradicionales (aunque es interesante que ni Asiria ni Babilonia se mencionen).

Dado que los Profetas Menores tienen un orden más o menos cronológico, es posible que quien organizó esta parte del canon consideró que el libro era de una fecha relativamente temprana (como Amos y Oseas, del siglo VIII a.C). Afortunadamente, el mensaje del libro no se ve perjudicado por nuestra incapacidad de fecharlo específicamente.

Consideraciones Literarias y Esquema

Joel es una colección de oráculos proféticos. Al igual que la mayoría de los libros proféticos, el libro tiene oráculos de juicio y salvación, aunque hay más oráculos de salvación que lo habitual. Existen otros puntos de vista que sostienen que el libro no es tanto una colección de oráculos, si no una liturgia del templo. Dado que una liturgia se repite una y otra vez, esta sería otra razón por la cual es tan difícil fechar el libro.

El primer capítulo describe una verdadera plaga de langostas que Joel entiende que es un juicio sobre el pueblo de Dios. El segundo capítulo también habla de una plaga de langostas, pero esta vez las langostas son una metáfora de una futura devastación causado por un ejército humano. Sobre esta base, Joel llama al arrepentimiento del pueblo y también coloca ante el pueblo una imagen de la salvación futura de Dios, que incluye el juicio de las otras naciones.

El esquema de Joel es el siguiente:

I. Una plaga de langostas en la tierra (1:1-20)
II. Una futura plaga de langostas (2:1-11)
III. El arrepentimiento del pueblo (2:12-17)
IV. Oráculos de salvación (2:18-3:21)

Mensaje Teológico

Joel usa una plaga de langostas reciente para pintar un cuadro de la devastación de los días venideros de juicio, mencionados aquí y en otras instancias de los profetas como el "día del Señor" (2:1, *ver también* Amós 5:18-20). Esta enseñanza vívida y espeluznante sobre el juicio no pretende simplemente asustar a los lectores sino alentar al arrepentimiento. Por más aterrador que parezca el discurso de Joel sobre el juicio, su discurso de una futura salvación es aún más alentador.

Joel describe el juicio de Dios como una plaga de langostas.

J

Conexiones con el Nuevo Testamento

Los lectores contemporáneos necesitan escuchar las advertencias de Joel sobre el juicio y su llamado a arrepentirse y también recibir el estímulo de su imagen de salvación. Lo más notable de este estímulo, y lo más conocido de Joel, es la promesa de Dios de derramar su Espíritu sobre todas las personas, no solo sobre los ancianos, sino también sobre los jóvenes, y no solo sobre los hombres, sino también sobre las mujeres (2:28-32). Mucho antes, el mismo Moisés dijo: "¡Ojalá todo el pueblo del Señor fuera profeta y que el Señor pusiera su Espíritu sobre ellos!" (Nm. 11:29). Joel anticipó tal día, y el día de Pentecostés fue testigo del cumplimiento inicial de este oráculo de salvación (Hec. 2:14-21).

J

JOELA El hijo de Jeroham y el hermano de Zebadías, de Gedor. Era uno de los soldados ambidiestros de la tribu de Benjamín. (Tribu de Saúl) que se unió a David en Siclag durante el período en que fue desterrado de la presencia de Saúl (1 Cr. 12:7).

JOEZER Un coreíta que se unió a David durante el tiempo que fue un fugitivo de Saúl (1 Cr. 12:6).

JOGBEHA Una ciudad en Galaad asignada por Moisés a la tribu de Gad y posteriormente fortificada (Nm. 32:35). También se menciona en conexión con la búsqueda exitosa de Gedeón de los madianitas (Jue. 8:11). El sitio está posiblemente en Jubeihat, aproximadamente a seis millas al noroeste de Amán.

JOGLI El padre de Buqui, un líder Danita elegido por Moisés para ayudar a dividir la tierra (Nm. 34:22).

JOHA (1) Un benjamita e hijo de Bería (1 Cr. 8:16). (2) Uno de los soldados élite de David, un hombre de Tiz (1 Cr. 11:45).

JOHANÁN (1) El hijo (o nieto) de Eliasib que le prestó a Esdras una habitación durante su ayuno y oración con respecto al matrimonio entre judíos y extranjeros (Esdras 10: 6). Los nombres Eliasib y Johanán son lo suficientemente comunes como para que esta persona simplemente sea un ciudadano particular. Sin embargo, si él es la misma persona que el de Neh. 12:22, entonces él es el nieto del sumo sacerdote Eliasib. Esto es significativo para la cronología de Esdras-Nehemías porque sugeriría, basado en ciertos papiros de Elefantina, que Esdras, un contemporáneo de Johanán, existe cronológicamente después de Nehemías el gobernador. También es posible, sin embargo, que la habitación o el aposento a la que se retiró Esdras obtuviera su nombre después del evento histórico y simplemente fue llamado así por el autor de Esdras. (2) Un levita y nieto de Asaf, fue uno de los porteros del templo designado por David (1 Cr. 26: 3). (3) Uno de los jefes del ejército de Josafat de Judá que era un "comandante de unidades de 1.000". Él comandaba a 280.000 hombres (2 Cr. 17:14-15). Basado en la referencia en el v.14 a "familias", él pudo haber sido un jefe tribal del ejército reclutado de Josafat en vez de un militar de carrera. (4) El padre de Ismael, que fue uno de los "comandantes de unidades de cien" que apoyó al sumo sacerdote Joiada en su destitución de la reina Atalía y la exitosa proclamación de Joás en el trono (2 Cr. 23:1). Es posible que esta sea la misma persona que en 2 Cr. 17:15. (5) Un líder efraimita que animó al ejército victorioso de Israel a liberar a sus prisioneros de guerra judaítas debido a la advertencia del profeta Obed de que Israel había cometido los mismos pecados por lo cual Judá acababa de ser castigado (2 Cr. 28:12). (6) Uno de los descendientes de Bebai nombrado entre los israelitas culpables de casarse con una esposa extranjera durante el tiempo de Esdras (Esdras 10:28). (7) El hijo de Tobías el amonita, que se opuso a Nehemías en la construcción del muro (Nehemías 6:18). Estaba casado con la hija judía de Mesulam, que había ayudado a Nehemías a construir el muro. (8) Uno de los jefes de familia sacerdotal durante el tiempo de Joiada. Él era el jefe de la familia de Amarías (Nehemías 12:13). (9) Uno de los sacerdotes que celebró la dedicación del muro de Jerusalén (Nehemías 12:42).

JOHANÁN **(1)** Un oficial del ejército que sobrevivió a la conquista de Judá por el rey Nabucodonosor (2 Re. 25:23). En Jeremías, él juega un papel importante entre el remanente de judíos que no fueron llevados al exilio. Leal a Gedalías, quien fue designado por los babilonios como gobernador de Judá en 587 a.C (Jer. 40:8), Johanán le advirtió sin éxito que Ismael tramaba un complot de asesinato (Jer. 40:13-16; 41:1-3). Después de haber salvado a un grupo de judíos de otra traición por parte de Ismael, Johanán se convirtió entonces en su líder (Jer. 41:11-18). Sin embargo, él y los judíos rescatados se negaron a obedecer la palabra de Dios revelada a través de Jeremías de que permanecieran en la tierra, al contrario, descendieron a Egipto, llevándose por la fuerza a Jeremías con ellos (Jer. 42:1-43:7). **(2)** El primogénito del rey Josías, tal vez murió tempranamente, ya que no sucedió a su padre (1 Cr. 3:15). **(3)** El quinto hijo de Elioenai, listado como un descendiente de David (1 Cr. 3:24). **(4)** Un sacerdote que sirvió en el templo de Salomón (1 Cr. 6:9-10). **(5)** Uno de varios soldados benjamitas que se unieron a David en Siclag después de que él fue allí para escapar de Saúl. Estos soldados eran conocidos por su lealtad a David (siendo de la misma tribu que Saúl) y el uso ambidiestro de armamento (1 Cr. 12:4). **(6)** El octavo de los once comandantes del ejército gadita que eran leales a David cuando fue desterrado por Saúl (1 Cr. 12:12). Estos soldados se distinguieron por sus cualidades superiores de lucha y sus extraordinarias hazañas de valentía y fortaleza (1 Cr. 12:8, 14-15). **(7)** Uno de los jefes de familias judías que regresó del exilio con Esdras, trajo consigo a 110 personas (Esd. 8:12). **(8)** Un sumo sacerdote postexílico descendiente de Eliasib mencionado en conexión con el registro oficial de sacerdotes (Neh. 12:22-23).

JOIACIM Un sumo sacerdote en Jerusalén durante el período postexílico. Según el libro de Nehemías, que registra la genealogía de su familia, él era el hijo de Josúa y el padre de Eliasib (12:10, 12, 26).

JOIADA **(1)** El sumo sacerdote que organizó la revuelta que colocó a Joás, el último heredero varón vivo de la época en la línea de David y el legítimo rey, en el trono (836-798 a.C). De acuerdo a 2 Cr 22:11, Joiada se casó con Josabet, la tía de Joás; por lo que Joiada fue el tío de Joás. Josabet salvó a Joás durante un intento de la reina Atalía, la abuela de Joás, de matar a todos los demás miembros de la familia real y asegurar su propio derecho al trono. Joiada organizó el golpe de estado utilizando a la guardia del templo, que mató a Atalía cuando ella fue a investigar el ruido que hacían los guardias y el pueblo, ya que Joiada coronó a Joás rey y le encomendó de seguir el pacto (2 Reyes 11; 2 Cr. 22-23). Es posible que Joiada sirviera como co-regente durante el resto de su vida. Según 2 Reyes 12: 2, Joás permaneció fiel a Dios todos los años que Joiada vivió. Joiada también manejó el trabajo de restauración del templo bajo el mando de Joás. Para financiar la restauración del templo, instaló una caja de recolección en el templo, recolectó el diezmo obligatorio y distribuyó este dinero a los trabajadores. También estuvo involucrado en la purga de la adoración de Baal del reino. **(2)** El padre de Benaía, que fue el líder militar de los cereteos y peleteos durante el reinado de David, el mejor de los "Treinta" de David, y el jefe de la guardia personal de David (2 Samuel 8:18; 23: 20- 23). Este Joiada podría ser la misma persona que se unió a David en Hebrón (1 Cr. 12:27). Si es así, el Cronista enfatiza su pedigrí del linaje de Aarón el sacerdote (1 Cr. 27:5). **(3)** El hijo de Benaía, que era jefe de guardaespaldas de David (2 Samuel 23:20-23), se convirtió en consejero de David después de que Ahitofel se suicidara (1 Cr. 27:34). Algunos han sugerido que este es el mismo Joiada listado como el padre de Benaía en 2 Sam. 8:18; 23:20, y que el Cronista lo identifica erróneamente como el hijo de Benaía. **(4)** Un sacerdote durante el tiempo de Jeremías que fue reemplazado por Sofonías (Jeremías 29:26).

JOIADA **(1)** Hijo de Paseah, reparó la Puerta de Jesaná (o Vieja) de los muros de Jerusalén bajo la dirección de Nehemías (Neh. 3:6 [KJV: "Jehoiada*"]). **(2)** Un sumo sacerdote postexílico e hijo de Eliasib (Neh. 12:10, 11, 22). Un hijo anónimo de Joiada, se casó con la hija de Sanbalat (un notorio opositor de la reconstrucción de Jerusalén), lo que fue una violación flagrante de la ley contra el matrimonio mixto. Posteriormente fue desterrado por Nehemías (13:28). *Ver también* Jehoiada*.

JOIARIB (1) Uno de los sacerdotes que regresaron del exilio de Babilonia y posiblemente uno de los jefes de una familia sacerdotal (1 Cr. 9:9-11). Él está en la lista como parte de la tribu de Benjamín. Puede que sea la misma persona que Joiarib en Neh. 11:10; 12:6, 19, basado en las genealogías dadas allí. (2) El jefe de una división de sacerdotes durante el tiempo de David. Era descendiente de Eleazar, uno de los cuatro hijos de Aarón (1 Cr. 24:7).

J

JOIARIB (1) Uno de los nueve hombres judíos, distinguidos por su aprendizaje, enviados por Esdras a Iddo para que les llevasen ministros para el servicio en el templo (Esd. 8:16). (2) Un descendiente de la tribu de Judá que se ofreció para establecerse en Jerusalén después del regreso del exilio en Babilonia (Neh. 11:5). (3) Un sacerdote que se estableció en Jerusalén después del exilio (Neh. 11:10; 12:6, 19). *Ver también* Jehoiarib.

JOLGORIO Festejo escandaloso. Aunque Dios con frecuencia ordena a su pueblo que se regocije, estén alegres y celebren (e.g., Dt. 16:14; Sof. 3:14), el jolgorio difiere en su exceso, actitud y asociaciones. Se conecta con la idolatría (Éx. 32:6; 1 Cor. 10:7), el orgullo (Sof. 3:11), la autoindulgencia (2 Pe. 2:13) y una actitud de Carpe diem (Is. 22:13), y está notablemente ausente del juicio de Dios (Is. 22:2; 23:7, 12; 24:8; 32:12; Sof. 2:15). La KJV usa el término "deleites" como un trabajo de la carne (Gal. 5:21) y un ejemplo de comportamiento de los gentiles (1 Pe. 4:3), donde traducciones modernas por lo general tienen "orgías" (NIV, ESV) o "ir de juerga" (NASB).

JONADAB (1) El hijo de Simea, hermano de David. Él ideó el plan que ayudó a su primo Amnón a seducir y violar a Tamar, la media hermana de Amnón (2 Sam. 13:3-5). Más tarde informó a David sobre la muerte de Amnón (2 Sam. 13:32-35). Aquí su nombre se deletrea como yonadab y yehonadab en hebreo. (2) El hijo de Recab, instruyó a sus descendientes a hacerse nómadas y no dedicarse a la agricultura ni beber vino (Jer. 35 [aquí se escribe como yonadab y yehonadab en hebreo; NVI: Jehonadab]). Aparentemente, él es Jehonadab en 2 Reyes 10, donde ayuda a Jehú en la sangrienta purga de la familia de Acab y en el exterminio de los adoradores de Baal en Samaria. *Ver también* Jehonadab. *Aparece como Jonadab en español.

JONADAB El hijo de Recab, se unió a Jehú en la purga de la familia de Acab durante el derrocamiento de Jehú. También ayudó a Jehú a matar a todos los sacerdotes en el templo de Baal en Samaria (2 Reyes 10:15, 23). Aunque históricamente no se puede verificar, aparentemente es el fundador de la comunidad recabita. Se rehusaron beber vino con Jeremías porque habían jurado seguir las instrucciones de su antepasado Jonadab de abstenerse de beber vino, construir casas, sembrar y plantar viñedos (Jer. 35 [RV: "Jonadab"; aquí se escribe el nombre como Yonadab y Yehonadab en hebreo]). El oráculo de Jeremías los usa como un ejemplo de fidelidad, mientras que él condena a Judá por su infidelidad. *Ver también* Jonadab.

JONAM, JONÁN El hijo de Eliaquim y el padre de José, él es un antepasado de Jesús, por lo demás desconocido, mencionado solo en Lucas 3:30 (con la variación ortográfica mencionada en diferentes manuscritos) como un descendiente de David a través de Natán.

JONÁS (1) Hijo de Amitai, más conocido por ser tragado por un pez grande (Jn. 1:1, 17). El libro de Jonás es único entre los Profetas Menores porque es una narración acerca de la persona de Jonás en vez de una colección de profecías. Algunos estudiosos han especulado que el libro de Nahúm es en realidad su colección de profecías. Fuera de ese libro, no se sabe casi nada sobre él. Jesús hizo una famosa alusión a Jonás estando en el vientre del pez, hablando de ello como una señal de su propia muerte (Mt. 12:39-41; 16:4). (2) El padre de Simón Pedro (Mt. 16:17).

JONÁS, LIBRO DE El libro de Jonás es mejor conocido por su "pez grande", comúnmente llamado erróneamente una ballena. Jonás es el quinto libro de los doce Profetas Menores. Los otros once libros son colecciones de oráculos proféticos, pero Jonás es una historia acerca de un profeta. En esto se parece más a los relatos de Elías y Eliseo del libro de Reyes que a un libro profético regular. Jonás cuenta la historia de un Dios misericordioso, un profeta reacio y resentido (que representa a Israel el pueblo de Dios con corazones duros) y pecadores arrepentidos.

Contexto Histórico

El libro de Jonás no nombra un autor, por lo que no podemos estar seguros de la fecha en que fue escrito. Sin embargo, podemos fechar el personaje principal del libro, Jonás, al reinado de Jeroboam II (786-746 a.C) debido a 2 Reyes 14:25, donde este profeta anticipa la expansión del reino del norte.

Durante este período, Asiria fue relativamente débil, permitiendo que el reino del norte se expandiera. Aunque no estamos seguros precisamente de cuál rey asirio aparece en el libro, podemos estar seguros de que el escenario del libro precede el rápido ascenso del enérgico Tiglat-pileser III, que comenzó su reinado en 744 a.C

Consideraciones Literarias

Jonás no es un libro profético típico. Es un relato sobre un profeta, no una colección de oráculos proféticos. El debate sobre Jonás trata de si es un relato histórico o una parábola.

A favor de la primera postura, 2 Reyes 14:25 menciona a Jonás como un profeta durante el reinado de Jeroboam II. Además, el estilo del libro de Jonás no es diferente de lo que encontramos en lo que conocemos como libros históricos del AT. Un tercer argumento apela a la referencia a Jonás de Jesús y Nínive en Mt. 12:39-40; Lc. 11:29-30.

Algunos dudan de la naturaleza histórica de Jonás por el extraordinario (como ellos dirían, increíble) relato de la permanencia de tres días del profeta en el vientre del pez grande. Otros también son escépticos ante el informe del arrepentimiento de Nínive, que no está registrado en documentos históricos asirios (*véase* Juan 3, 6-9).

En respuesta a la primera objeción, se puede decir que Dios puede hacer cualquier cosa, incluso mantener la vida de una persona en el vientre de un pez. Uno no necesita apelar a informes ficticios de balleneros de hoy en día que sobreviven a estas pruebas. Dios controla a todas sus criaturas, y si así lo deseara, Jonás puede haber sido tragado y salido sano. En respuesta a la segunda objeción, debemos admitir que sabemos muy poco sobre Asiria de la primera mitad del siglo VIII AC. Lo que sí sabemos es que la autoridad central de Asiria era débil. De hecho, deberíamos considerar la posibilidad de que el "rey de Nínive" (Jn. 3:6) fuera un fuerte líder local y no el rey de un vasto imperio, por lo tanto no es de sorprenderse que no tengamos ningún otro registro del arrepentimiento de los ninivitas.

Aun así, además de las referencias a Jonás y Nínive, el mundo del libro se presenta de una manera intencionalmente vaga. Por ejemplo, el rey asirio no se nombra. Además, el libro es un tour de force literario. Está muy estilizado. De hecho, se podría argumentar que se relata de una manera que atrae especialmente a los niños. Tenga en cuenta, por ejemplo, cómo todo es "grande", la ciudad de Nínive, el viento y la tormenta, el pez. El mensaje de la historia es una lección moral y teológica y no está vinculada a una historia redentora específica.

Un sarcófago de finales de la época romana (cerca de 300 DC) que plasma escenas de la vida de Jonás. El pez está al lado del barco, a punto de tragarse a Jonás.

Esquema

I. Acto I: Jonás huye de Nínive (1:1-2:10)
   A. Jonás a bordo del barco (1:1-16)
   B. Jonás a bordo del pez (1:17-2:10)
II. Acto II: Jonás va a Nínive (3:1-4:11)
   A. Jonás predica a Nínive (3:1-10)
   B. Jonás predica a Dios (4:1-11)

Estructura

El libro se puede dividir en dos actos principales con dos escenas en cada uno. Dios encomienda al profeta dos veces, una vez en 1:1-2 y una segunda vez en 3:1-2. Estos pasajes introducen los dos actos. En el primer acto, la primera escena ocurre a bordo del barco, y la segunda ocurre en el vientre del pez grande. El segundo acto también se divide en dos episodios. En el primero, Jonás predica y Nínive se arrepiente; en el segundo, el escenario ahora está al este de Nínive, donde Jonás está en una disputa con Dios sobre el juicio y la salvación.

Mensaje Teológico

Una de las características interesantes de Jonás es la forma en que contrasta a los gentiles y Jonás, quien aparentemente funciona como una representación de Israel. Mientras que Jonás se resiste a la voluntad de Dios, los gentiles se muestran espiritualmente sensibles. Mientras Jonás duerme durante la tormenta divinamente enviada, los marinos paganos determinan ansiosamente el propósito divino detrás de su problema. Mientras que Jonás se rehúsa y luego anuncia de mala gana la destrucción de Nínive, el rey de Nínive dirige a su pueblo (¡y hasta a los animales!) en un ritual de arrepentimiento.

De esta manera, el libro reprende a Jonás (e Israel) por su falta de sensibilidad y preocupación espiritual. El libro también ilustra la gracia de Dios hacia las naciones. Después de todo, la elección de Israel iba a ser un conducto de bendición para las naciones (Gn. 12:1-3, *véase* Isaías 42:6; 49:6). Aunque Asiria fue un horrible opresor, la gracia de Dios se muestra a tales personas. En pocas palabras, el libro de Jonás enseña que Dios no es solo el Dios de Israel. Él es el Dios de Israel, el Dios de Nínive y el Dios de todo el universo.

En relación a los gentiles, el libro de Jonás anticipa el mensaje del NT de que Dios es el Dios de todas las personas y no solo de Israel (Jn. 1:6-14). Jesús comparó su ministerio con el de Jonás (Mt. 12:38-45, Lc. 11:24-32). Cuando se le preguntó por una señal milagrosa, dijo que estaría tres días y tres noches en la tierra, así como Jonás pasó tres días en el vientre del pez grande. Los tres días y noches se refieren a su crucifixión y su resurrección. Él es "mayor que Jonás" (Mt. 12:41). Jonás era un profeta reacio que involuntariamente pasó tiempo en el vientre de un pez, mientras que Jesús voluntariamente entregó su vida para salvar a muchas personas.

JONAS *Ver* Jona; Jonás.

JONATÁN **(1)** Uno de los levitas comisionados por el rey Josafat para enseñar el Libro de la Ley del Señor a la gente de Judá (2 Crónicas 17: 8-9), que aparentemente eran parte de la reforma y restauración de Josafat del culto a Yahvé en Judá (*véase* 2 Crónicas 19: 4-11). **(2)** Una de las cabezas de una familia sacerdotal durante el sumo sacerdocio de Joiacim y el gobierno de Nehemías (Nehemías 12:18). **(3)** Un

LA CIUDAD DE NÍNIVE

funcionario a cargo de los almacenes durante el reinado de David (1 Cr. 27:25 RVC, NTV, NVI [RVA: Jonathán]).

JONATÁN **(1)** Un sacerdote que sirvió en el santuario idólatra en Dan. De acuerdo con las mejores tradiciones textuales, él era un descendiente de Moisés, aunque el TM cambia "Moisés" por "Manasés" por vergüenza a la asociación (Jue. 18:30).

(2) El hijo mayor de Saúl, el primer rey de Israel. Como tal, habría sido el heredero del trono, pero las acciones de su padre comprometieron a la dinastía (1 Sam. 13:13-14). La gran integridad de Jonatán pone en contraste la mezquindad de su padre, particularmente con respecto a David. La habilidad militar y la valentía de Jonatán fueron notables. Lideró el ejército de su padre en la victoria contra la guarnición filistea en Geba (1 Sam. 13:1-7). A pesar de que era un hijo leal, su padre paranoico lo trataba mal e incluso sospechaba que colaboraba con su enemigo David (1 Sam. 20:30-33).

Aunque David y Jonatán fueron amigos, no conspiraron contra Saúl, por lo que Jonatán ayudó a David a escapar de los planes de asesinato de su padre. De hecho, Jonatán expresó su profundo amor por David al entregarle su manto, túnica, espada, arco y cinturón, un regalo que incluso puede haber indicado su creencia de que David, y no él, debería ser el próximo rey (1 Sam. 18:4). Aun así, Jonatán se quedó con su padre hasta el final. Jonatán murió al lado de su padre mientras luchaban contra los filisteos en el Monte Gilboa (1 Sam. 31:1-3). David lamentó profundamente la pérdida de su querido amigo, cuyo amor fue "más maravilloso que el de las mujeres" (2 Sam. 1:26).

(3) El hijo de Abiatar, que era sumo sacerdote en el tiempo de David. Jonatán actuó como espía de David durante la rebelión de Absalón (2 Sam. 15:27, 36, 17:17, 20). Él y su padre se pusieron del lado de la facción de Adonías, por lo que cuando Salomón se convirtió en rey, les quitaron sus derechos del sumo sacerdocio a favor de Sadoc (1 Re. 1:42-45).

(4) Un sobrino de David que mató a un guerrero filisteo anónimo pero temible (2 Sam. 21:21; 1 Cr. 20:7). **(5)** Uno de los treinta guerreros poderosos de David (2 Sam. 23:32, 1 Cr. 11:34). **(6)** De la tribu de Judá, era descendiente de Jerameel (1 Cr. 2: 32-33). **(7)** Hijo de Uzías, fue oficial durante el reinado de David a cargo de los "almacenes en el campo, en las ciudades, en las aldeas y en las torres" (1 Cr. 27:25 [RVA: Jonathán]). **(8)** El tío de David, conocido como "consejero, un hombre de entendimiento y escriba" (1 Cr. 27:32). **(9)** El padre de Ebed, un jefe de familia que vino a Jerusalén con Esdras (Esd. 8:6).

(10) El hijo de Asael, fue uno de los cuatro hombres que se opusieron al mandato de Esdras de que los hombres se separaran de sus esposas extranjeras (Esd. 10:15). **(11)** Un (¿sumo?) sacerdote En el período posterior al exilio (Neh. 12:11). **(12)** El jefe de una familia sacerdotal en el período posterior al exilio (Neh. 12:14). **(13)** El padre de Zacarías, un músico cuando el muro de Jerusalén fue dedicado durante el tiempo de Nehemías (Neh. 12:35). **(14)** Un secretario durante el gobierno de Sedequías en cuyo hogar estuvo encarcelado Jeremías (Jer. 37:15, 20). **(15)** Un hijo de Carea que, con Johanán su hermano, juró lealtad a Gedalías, el gobernador de Judá designado por Babilonia y que era apoyado por Jeremías (Jer. 40: 8).

JONATH-ELEM-RECHOKIM *Ver* Paloma sobre robles distantes.

JONA Una transliteración de Iōna, una forma griega del nombre hebreo "Jonás", usada en Mt. 16:17 para el padre de Simón Pedro, a quien Jesús se refiere como Bariōna (lit., Bar-Jonás o "hijo de Jonás"). Algunos manuscritos griegos muestran Iōna en Jn. 1:42 (RVA: "Simón, hijo de Jonás").

JOPE Un puerto marítimo a lo largo de la costa mediterránea al sur de la ciudad moderna de Tel Aviv que utilizaron los israelitas y otros durante los períodos cubiertos por ambos Testamentos. Al igual que la mayoría de los puertos ubicados a lo largo del Mediterráneo al sur del Monte Carmelo, Jope (o Jaffa) ofrecía solo un lugar relativamente pequeño para albergar barcos. El anclaje estaba compuesto por una serie de grandes rocas que formaban un rompeolas al pie de un promontorio que se adentra en el Mediterráneo. A pesar de su pequeño tamaño, el puerto de Jope era el puerto más importante de la región hasta que Herodes el Grande completó Cesarea Marítima, alrededor del año 10 a.C, a aproximadamente cincuenta kilómetros más al norte.

La importancia de Jope se refleja en fuentes históricas antiguas, incluida la Biblia. Los textos egipcios y asirios describen la conquista de la ciudad en los siglos XV y VIII a.C, respectivamente. Jope estaba ubicado dentro del reparto tribal de Dan (Jos. 19:46) pero probablemente no estuvo bajo el control israelita al menos hasta las conquistas de David. El hijo de David, Salomón, usó Jope para importar materiales de Fenicia para el templo (2 Cr. 2:16); Jonás (1:3) abordó un barco en Jope aparentemente dirigiéndose al Mediterráneo occidental; los retornados del exilio importaron materiales de construcción a través de Jope para reconstruir el templo (Esd. 3:7), lo que indica la importancia continuada del puerto desde el tiempo de la monarquía unida hasta los períodos postexílicos. Los griegos colonizaron Jope en el período intertestamentario, y los asmoneos recuperaron el puerto para los judíos en el siglo II a.C

El NT contiene varias referencias a Jope (todas en Hechos), incluso después de que se completara Cesarea y comenzara a servir como el puerto principal de la región. La primera comunidad cristiana estuvo presente en Jope, como lo indican las historias de Pedro levantando a Tabita de los muertos (Hec. 9:36-43) y de la visión de Pedro en la casa de Simón el curtidor en Jope que lo llevó a predicar a Cornelio el centurión en Cesarea (Hec. 10:1-11:18).

Jope fue destruida durante la revuelta contra Roma en el siglo I d.C, pero continuó siendo una ciudad portuaria bajo varios gobiernos, incluyendo el romano, el árabe, el cruzado, el francés, el turco y el británico. Los británicos construyeron un ferrocarril entre Jope y Jerusalén en 1892, el primero en Palestina, para servir a los turistas y peregrinos que viajaban a Tierra Santa a través de Jope.

Las excavaciones arqueológicas en Jope han revelado al menos siete niveles de asentamiento, que datan del siglo XVII a.C hasta el siglo I d.C Las oportunidades para excavar son limitadas debido al asentamiento continuo en el sitio. Hoy Jope forma una especie de suburbio histórico y artístico de Tel Aviv, y el puerto continúa prestando servicio a pequeñas embarcaciones.

JORÁ El jefe de un clan que formaba parte del retorno temprano a Judá del cautiverio babilónico en algún momento después de 539 pero antes del año 520 a.C (Esd. 2:18).

JORAI líder de la tribu de Gad (1 Cr. 5:13).

JORAM **(1)** Un nombre alternativo para Joram, rey de Israel, hijo de Acab (851-842 a.C). **(2)** Rey de Judá (846-843 a.C), hijo de Josafa. Es probable que haya servido como co-regente con su padre al principio de su reinado. Estaba casado con Atalía, hija de Acab y Jezabel. Este matrimonio probablemente selló un tratado con Israel establecido por su padre. También se destacó por su apostasía y su incapacidad para subyugar a Edom. No se le dio el entierro honorífico tradicional reservado para los reyes (2 Reyes 8:16-24, 2 Crónicas 21:4-20). **(3)** Uno de los dos sacerdotes comisionados por el Rey Josafat para enseñar el Libro de la Ley del Señor por todo Judá (2 Crónicas 17: 8-9). *Ver también* Joram.

JORAM **(1)** Rey de Israel (851-842 a.C), hijo de Acab y Jezabel (2 Re. 3:1-3). Su reinado fue perturbado por la rebelión de Moab y Siria, dos de los estados vasallos de su padre. Fue asesinado, junto con Ocozías, rey de Judá (843-842 a.C), en la purga de Jehú de la dinastía de Omri (2 Rey. 9:14-29). **(2)** El hijo de Tou (o Toi), rey de Hamat durante el reinado de David en Jerusalén (2 Sam. 8: 9-12). En el relato paralelo, 1 Cr. 18:9-10, se lo llama Adoram (*ver también* Adoram). **(3)** Uno de los levitas a cargo del tesoro del templo (1 Cr. 26:25).

JORCOAM Hijo de Raham, descendiente de Caleb (1 Cr. 2:44 [RVA: Jorcaam]). El texto también puede ser entendido como "Jorcoam fundado por Raham", en este caso sería el nombre de una ciudad de Judá, posiblemente una variante de Jocdeam (Jos. 15:56).

JORCOÁN *Ver* Jorcoam.

JORDÁN, RÍO El río Jordán fluye a más de cien millas y es la fuente de agua más importante para Israel y Jordania en la actualidad, como lo era en los tiempos bíblicos. Los estudiosos están divididos sobre lo que significa el nombre: algunos sugieren que proviene de la raíz hebrea yrd ("bajar") o de una combinación de "Jor" (que significa río) y "Dan" la tribu; o tal vez simplemente significa río. Originalmente era la línea divisoria entre el oeste de Israel (Cisjordania) y el área de las tribus orientales (Transjordania).

El río Jordán comienza en la base del Monte Hermón y desciende unos 2.380 pies hasta el Mar Muerto. Mientras que la distancia desde el Mar de Galilea hasta el Mar Muerto es de un poco más de setenta millas, el camino serpenteante del río mide más que esa distancia. Tiene cuatro fuentes diferentes: el Hasbani y el Iyon (del Líbano), y el Banias y el Dan (desde la base del Monte Hermón). Estos se fusionan y fluyen a través del Gran Valle del Rift para vaciarse en el Mar Muerto. Inicialmente, el río se mueve rápidamente y cae a unos setecientos pies sobre el nivel del mar en veinticinco millas en el área pantanosa conocida como la Cuenca Hulah. Después de salir de la cuenca de Hulah, cae justo por debajo del nivel del mar en el Mar de Galilea en aproximadamente ocho millas. Luego sale del Mar de Galilea y caen unos seiscientos pies a medida que serpentea gradualmente a través del Valle del Jordán vaciándose en el Mar Muerto a unos 150 pies por debajo del nivel del mar. La profundidad del Mar Muerto alcanza aproximadamente 1.378 pies por debajo del nivel del mar, lo que lo convierte en el lago hipersalino más profundo del mundo. Debido a que este lago no tiene salida, se ha convertido en una fuente importante de sal y otros minerales que permanecen después de que el agua se evapora. El Mar Muerto es el segundo lago más salado del mundo, con aproximadamente un 31 por ciento de sal y altos niveles de potasa, bromo y magnesio.

Se puede hallar mucha fauna en este y a lo largo del río. De las treinta especies de peces, dieciséis son únicas. Del mismo modo, de las cuarenta y cinco especies de aves, veintitrés solo se encuentran aquí. El río Jordán tiene dos afluentes principales, el río Yarmuk y el río Jabbok, que fluyen desde las tierras altas de Jordania. Durante los últimos años, el nivel del agua del río Jordán ha seguido disminuyendo por dos razones: la falta de lluvia y el consumo humano (el 70-90 por ciento de su agua es

El actual Río Jordán.

utilizada por humanos). Los derechos del agua se han convertido en una fuente importante de disputas entre Líbano, Siria, Israel y los palestinos. En 2007, el río Jordán fue incluido por un grupo ecologista, los Amigos de la Tierra, en una lista de los cien ríos más amenazados.

El río Jordán aparece como referencia 197 veces en la Biblia, pero pocos pasajes lo describen. Génesis 13:10 menciona que el valle del Jordán estaba bien regado y que era exuberante La mayoría de las veces se menciona como un punto de cruce (por ej., Gn. 32:10 ; Jos. 3:15-17; 2 Re. 2:8, 14) o como una demarcación o límite entre áreas (por ejemplo, Nm. 34: 15; Jos. 13:7; Jue. 7:24). Jefté mató a muchos efraimitas en un importante vado del Jordán frente a Jericó (*véase* Jue. 12:5-6). Elías le dijo a Naamán que se lavara en el río Jordán y que sería limpiado (2 Re. 5:14). En el NT, Jesús y otros fueron bautizados por Juan en el río Jordán (Mt. 3:13).

J

JORIM Un antepasado de Jesús, por lo demás desconocido, solo se menciona en Lucas 3:29 como el hijo de Matat y el padre de Eliezer.

JOROBADO Al jorobado (heb. gibben) se le prohibió ofrecer una ofrenda quemada como sacerdote (Lv. 21:20). La prohibición ocurre dentro de una extensa lista de desfiguraciones que descalificaban a una persona de hacer sacrificios. Tales descendientes de Aarón aún podían comer la comida otorgada a los sacerdotes (21:22).

JOSABAD *Ver* Jozabad.

JOSABA Hija de Joram, rey de Judá (846-843 AC); hermana de Ocozías, rey de Judá; y esposa del sacerdote Joiada. Josaba salvó al niño Joás de la masacre de los hijos de Ocozías por su madre, Atalía. Josaba escondió a Joás durante seis años, hasta que Joiada le reveló y coronó como el legítimo rey de Judá (2 Reyes 11:1-12). En el relato paralelo (2 Cr. 22:11) en el NRSV, su nombre es Josabet.

JOSABET *Ver* Josaba.

JOSACAR, JOSACHAR El nombre aparece en algunos manuscritos hebreos de 2 Re. 12:21, mientras que otros manuscritos (*ver* nota al pie en NTV) dicen Jozabad. Esta variante es el resultado de un error de escritura (copia de una letra similar pero incorrecta) en una dirección u otra.

JOSADAC Un sacerdote deportado a Babilonia por Nabucodonosor (1 Cr. 6:14-15; Hag. 1:1, 12, 14; 2:2, 4; Zac. 6:11). Su padre, el sumo sacerdote Seraías, fue ejecutado por Nabucodonosor tras la caída de Jerusalén (2 Re. 25:18-21). Sin embargo, el hijo de Josadac, Josué (a veces llamado "Jesúa") regresó del cautiverio babilónico, se convirtió en sumo sacerdote y desempeñó un papel importante en la reconstrucción del templo (Esd. 3:2, 8, 5:2, 10:18, Neh. 12:26, Zac. 6:11). A Josadac también se le llama Jehosadac (por ejemplo, Hag 1:1, Zac. 6:11 NTV) y en algunas versiones en inglés Josedech (KJV).

JOSAFAT **(1)** El hijo de Ahilud fue un funcionario, un cronista, durante el tiempo de David y Salomón (2 Samuel 8:16, 20:24, 1 Reyes 4:3). **(2)** El hijo de Parúa fue un oficial en Isacar responsable de suministros en el palacio de Salomón (1 Reyes 4:17). **(3)** El cuarto rey de Judá (867-846 AC), quien llegó al trono por la muerte de su padre, Asa (1 Reyes 22:1-50, 2 Reyes 3:1-27, 2 Cr. 17: 1-21: 1). Era un buen rey que amaba a Dios, pero no era un rey perfecto. Él eliminó casi todas las formas de adoración falsa de la tierra de Judá. Entró en un tratado formal con el rey Acab de Israel y lo selló con un matrimonio entre su hijo Joram y Atalía, hija de Acab. Desde un punto de vista religioso, esta alianza no era sana, porque, aunque Josafat permaneció fiel, su hijo cayó bajo la influencia del culto de Baal favorecido por Acab y su familia. Desde un punto de vista político, Josafat era el compañero menor de esta relación (vasallo) y con frecuencia tenía que prestar su apoyo a Acab contra sus enemigos, particularmente los arameos. Aun así, Josafat hizo muchas cosas buenas agradando a Dios. Apoyó a aquellos que enseñaron la Ley de Dios (2 Cr. 17:7-9), y también promovió la justicia en la tierra al crear un sistema de jueces después de ser desafiado a hacerlo por el profeta Jehú (2 Cr. 19). También dependió de Dios durante la guerra. Cuando luchó contra una coalición entre Amón, Moab y otros lugares, predicó al ejército antes de la batalla (2 Cr. 20). Cuando apoyó a Acab en su guerra contra los arameos, fue él quien insistió en que se consultara a un profeta de Jehová (1 Reyes 22). **(4)** Un valle simbólicamente mencionado en Joel 3:2, 12 (*ver* Josafat, Valle de). **(5)** El hijo de Nimsi y el padre del rey Jehú de Israel (2 Reyes 9:2, 14).

JOSAFAT **(1)** El mitnita, fue uno de los treinta valientes de David (1 Cr. 11:43). **(2)** Uno de los sacerdotes que tocaba la trompeta durante la celebración de la llegada del arca del pacto a Jerusalén (1 Cr. 15:24).

JOSAFAT, VALLE DE Un amplio valle en el cual una asamblea de todas las naciones tomará lugar (Joel 3:2, 12). Debe equipararse con el Valle de la Decisión (Joel 3:14), el lugar donde Dios decide el destino de los pueblos del mundo. El nombre propio "Josafat" significa "Jehová juzga". Una identificación geográfica es imposible e irrelevante, ya que el nombre del valle es simplemente simbólico para el lugar del juicio divino final. La victoria del Rey Josafat en 2 Crón. 20 puede explicar en parte la expresión. Además, en 2 Crón. 19 Josafat estableció un sistema judicial en Judea.

JOSAPHAT *Ver* Josafat.

JOSAVÍA Uno de los dos hijos de Elnaam, fue uno de los valientes de David (1 Cr. 11:46).

JOSBECASA Uno de los hijos de Hemán, el vidente de David. Hemán tuvo catorce hijos y tres hijas a causa de las promesas de Dios. Josbecasa fue uno de los hombres que David comisionó para que ministrara como profeta (1 Cr. 25: 1-8)

JOSÉ **(1)** El undécimo hijo de Judá y el primero con la amada esposa de Jacob, Raquel (Gn. 30:24; 35:24). El nombre proviene de un verbo hebreo que significa "agregar", y el significado de su nombre se explica en Gn. 30:24: "Que el Señor me agregue otro hijo". Su historia comienza en Génesis 37 y continúa hasta Gn. 50, el final del libro.

José era el favorito de Jacob, por lo que Jacob "le hizo una túnica muy elegante" (37:3), aunque el significado exacto del hebreo no está claro. Mientras pastoreaba con sus hermanos, José tuvo un sueño que señalaba que un día se levantaría en prominencia por sobre ellos. Esto era demasiado para sus hermanos, por lo que decidieron, después de un poco de deliberación, arrojarlo a una cisterna y, en lugar de matarlo, venderlo a los comerciantes ismaelitas/madianitas (37:25-28).

Al llegar a Egipto, José fue vendido a Potifar, un oficial del Faraón, y luego fue encarcelado después de que la esposa de Potifar lo acusara falsamente de hacer insinuaciones sexuales (capítulo 39). Mientras estaba en la cárcel, interpretó con precisión los sueños del copero y panadero de Faraón (capítulo 40). Dos años después, fue llamado a interpretar los sueños del Faraón (capítulo 41). La capacidad de José para interpretar los sueños más sus habilidades administrativas salvó a Egipto de la hambruna, lo que resultó en su ascenso a estar "a cargo de toda la tierra de Egipto" (41:41).

Fue la hambruna lo que llevó a la familia de José a Egipto para buscar comida, lo que finalmente los condujo a su cálido reencuentro, aunque no sin algunas pruebas por parte de José (capítulos 42-45). Después de que José reveló su identidad ante sus hermanos, se reconciliaron y mandaron a llamar al anciano Jacob, que estaba esperando noticias en Canaán. Así, Jacob y sus doce hijos vivieron en Egipto, y sus descendientes fueron eventualmente esclavizados por un rey "que no había conocido a José" (Éx. 1:8).

José murió en Egipto y fue embalsamado (Gn. 50:20-26). La generación del éxodo se llevó sus huesos de Egipto (Éx. 13:19), y más tarde fue enterrado en Siquem (Jos. 24:32).

Aunque José era un hijo de Jacob, sus descendientes no se convirtieron en una de las doce tribus de Israel. En cambio, Jacob bendijo a los dos hijos de José, Efraín y Manasés, y bendijo a Efraín, el más joven por sobre el viejo Manasés, tal como el mismo Jacob había sido bendecido sobre su hermano mayor, Esaú. Aún así, el AT se refiere ocasionalmente a la casa o tribu de

José como una designación general para Israel (por ejemplo, Sal. 80:1; 81:5).

(2) El esposo de María, mencionado solo por nombre en las historias de nacimiento de Jesús en Mateo y Lucas. De acuerdo a Mt. 1:16, José es un descendiente de David, estableciendo así el linaje real de Jesús. La genealogía de Lucas (3:23-38) resta importancia a la relación de Jesús con José. En Mateo, José es receptor de varias comunicaciones divinas por medio de sueños, el anuncio de la concepción de María (1:18-25) y la instrucción de huir hacia Egipto (2:13) y el regreso a Nazaret (2:19-23). En Lucas, José lleva a María a Belén para dar a luz (2:4-7), presenta a Jesús en el templo para consagrarlo (2:21-24), y lleva a María y Jesús a Jerusalén para la fiesta de la Pascua cuando Jesús tenía doce años (2:41-52). (3) El segundo hermano de Jesús, después de Santiago (Mt. 13:55; Mr. 6:3). En algunos manuscritos (y la versión KJV en inglés), el nombre aparece como Joses. (4) El hijo de una de las mujeres que presenció la crucifixión, María, la madre de Jacobo el menor y José (Mt. 27:56; Mr. 15:40; *ver* 15:47; RV: Joses). Juan 19:25 podría estar refiriéndose a esta misma mujer como María, la esposa de Cleofás y la hermana de María, la madre de Jesús. Si este es el caso (el griego es ambiguo), entonces este José podría ser primo de Jesús.

(5) Un judío de Arimatea, un seguidor secreto de Jesús y miembro del Sanedrín, que no aceptó ejecutar a Jesús (Lc. 23: 50-51, Jn. 19:38). Le pidió a Pilato el cuerpo de Jesús, lo envolvió en lino y lo colocó en su propia tumba (Mt.27:57-60). (6) También conocido como Barsabás o Justo, fue uno de los dos hombres propuestos para tomar el lugar de Judas Iscariote entre los discípulos (Hec. 1:23). (7) También conocido como Bernabé, era un levita de Chipre que vendió su campo y trajo el dinero a los apóstoles (Hec. 4:36).

JOSEB-BASEBET *Ver* Jesobeam.

JOSEC Un antepasado postexílico de Jesús, por lo demás desconocido, solo se menciona en Lucas 3:26 como el hijo de Judá y el padre de Semei.

JOSEFO FLAVIO Historiador judío a finales del siglo I d.C (37-100 d.C). Sus escritos siguen siendo unas de las fuentes en existencia más importantes para el estudio de la antigua Judea en los tiempos de Jesús. Aunque los estudiosos cuestionan la fiabilidad de gran parte de sus escritos, constituye un recurso invaluable. Sus cuatro escritos que se conservan son: La Guerra de los Judíos, Antigüedades Judías, Vida (su autobiografía) y Contra Apión.

Siguiendo convenciones de retóricas bastante estándar en lo que respecta a la auto presentación, Josefo escribe muchas grandes afirmaciones sobre sí mismo. Como sea el caso, parece claro que provenía de una familia aristocrática, recibió una buena educación y sabía mucho sobre la cultura intelectual y sectaria judía de su tiempo. También tuvo un rol entre los líderes de la revuelta judía contra Roma hacia el final del primer siglo d.C Fue capturado por las tropas de Vespasiano, y en ese momento profetizó el ascenso de Vespasiano a la coronación. Cuando Vespasiano se convirtió en emperador, y luego de él su hijo Tito, se convirtieron en patronos de Josefo. La profecía de Josefo sirvió para las pretensiones ideológicas de su legitimidad, y para las del resto de la familia Flavia. Construyeron su legitimidad en torno a la demanda de su autoridad y prestigio en el Oriente y sus antiguas culturas.

Josefo escribió sus cuatro obras existentes bajo el patrocinio de los Flavios en Roma. En estas escrituras, él representa al pueblo judío y al judaísmo como lo más recomendable para los gentiles educados. En particular, él posiciona al judaísmo junto a las sensibilidades filosóficas-intelectuales contemporáneas como el principal camino hacia la superación moral y una vida feliz.

Josefo menciona a Jesús en Ant. 18.3.3. Los escribas cristianos posteriores que traspasaban este texto embellecieron el pasaje. Por lo tanto, no se sabe con exactitud qué escribió Josefo sobre Jesús. Josefo también relata la ejecución de Santiago, el hermano de Jesús, en Ant. 20.9.1.

JOSES (1) Una variación del nombre José en Mr. 6:3 y Mt. 13:55, en referencia al segundo hermano de Jesús, después de Jacobo (o

Santiago). (2) Una variación del nombre José en Mr. 15:40 y Mt. 27:56 (compara con Mr. 15:47), en referencia al hijo de María, madre de Jacobo y José, quien estuvo presente en la crucifixión. *Ver también* José.

JOSE *Ver* Josué.

JOSIA La traducción de la KJV del nombre Josías (Gr. Iōsias) en la genealogía de Jesús en Mateo (Mt. 1:10-11).

JOSÍAS El rey de Judá (640-609 a.C). Aunque su padre (Amón) y su abuelo (Manasés) eran malvados y adoraban dioses falsos, Josías "hizo lo que era correcto a los ojos del Señor y anduvo todo el camino de su padre David, no se apartó ni a la derecha ni a la izquierda" (2 Re. 22:2). De hecho, según 2 Reyes 21:24-23:30; 2 Crón. 33:25-35:27, nadie entre los reyes de Judá, ni siquiera Ezequías, superó a Josías en términos de su piedad.

El nombre de Josías aparece por primera vez siglos antes de que él naciera. Primera de Reyes 13:2 registra las palabras de un profeta anónimo que anunció que Josías destruiría el santuario de becerro de oro que Jeroboam I dedicó. Este altar fue construido en la segunda mitad del siglo X a.C El cumplimiento de esta profecía se registra en 2 Reyes 23:15-18.

Los profetas Jeremías (Jeremías 1:1-4; 22:13-23; 25:3; 36:2) y Sofonías (Sof. 1:1) ministraron durante el reinado de Josías y probablemente apoyaron sus reformas religiosas. El punto culminante de su reforma religiosa tuvo lugar en su decimoctavo año, cuando ordenó la purificación del templo. Hasta ese momento, el templo había albergado objetos idólatras. Durante la reparación, el sacerdote Hilcías descubrió el Libro de la Ley. La reacción a este libro sugiere que se trataba de Deuteronomio o una parte del mismo, que presumiblemente había sido suprimido por las administraciones malvadas anteriores.

Aunque fue un buen rey, Josías tuvo una triste conclusión de su vida. Fue asesinado en 609 a.C cuando intentó bloquear la marcha del faraón Necao por la costa, mientras este intentaba reforzar las fuerzas asirias en Carquemis.

JOSÍAS Un líder de un clan de la tribu de Simeón durante el tiempo de Ezequías (1 Cr. 4:34).

JOSIBÍAS El padre de Jehú e hijo de Seraías de la tribu de Simeó (1 Cr. 4:35).

JOSIFÍAS El padre de Selomit, un hombre de la familia de Bani que regresó a Judá con Esdras (Esd. 8:10).

JOSUÉ (1) El hijo de Nun y ayudante de Moisés. Josué aparece treinta y tres veces en Éxodo, Números, Deuteronomio y Jueces. Él es el personaje humano principal del libro del AT que lleva su nombre.

Como comandante militar, Josué luchó contra los amalecitas (Éx. 17:8-13). Se convirtió en el ayudante de Moisés y lo acompañó hasta el monte de Dios (24:13; 32:17). Josué también cuidaba de la tienda de reunión (33:11). Moisés envió a Josué, Caleb y otros diez como espías para explorar la tierra de Canaán (Nm. 13). En este punto, Moisés cambió además su nombre de "Oseas" a "Josué" (13:8, 16). Debido a que Josué y Caleb confiaban en que Dios ayudaría a Israel a conquistar Canaán, Dios juró que solo estos dos de esa generación rebelde entrarían a la tierra prometida (14:30). Dios también ordenó a Moisés que comisionara a Josué como su sucesor. Entonces, en presencia de todo Israel, Moisés impuso sus manos sobre Josué y lo apartó para la tarea (27:15-23).

Dios le ordenó a Moisés que fortaleciera y animara a Josué (Dt. 1:38; 3:28). Más tarde, Moisés le encargó a Josué la tarea específica de llevar al pueblo a la tierra prometida (31:7, 23). Ya que Moisés le impuso las manos y él estaba lleno del espíritu de sabiduría, los hijos de Israel acordaron obedecer a Josué (34:9).

El carácter de Josué como líder se demuestra a lo largo del libro que lleva su nombre. Entre otras cosas, Josué sirvió como un brillante líder militar (Jos. 1-12), un administrador (Jos. 13-21) y un líder religioso (Jos. 24). Él condujo a los israelitas a cruzar el Jordán y presidió la distribución de la tierra. En todo esto, Josué fue "fuerte y valiente" (1:6), tal como Dios y el pueblo lo alentaron a ser (1:6-7, 9, 18). Al final de su vida, fue llamado, como Moisés, "el siervo del Señor" (24:29). La gente sirvió a Dios durante toda la vida de Josué (Jueces 2:7).

(2) El dueño del campo en Bet Semes, donde el carro del arca se detuvo después de que volvió de la tierra de los filisteos (1 Sam. 6:14).

(3) El gobernador de Jerusalén durante el reinado de Josías (2 Re. 23:8).

(4) Un sumo sacerdote y uno de los líderes de Israel que sobrevivieron a la cautividad de Babilonia y fue autorizado por un edicto de Ciro a regresar a Jerusalén (Esd. 2:2; Neh. 7:7). Era un contemporáneo de Hageo y Zacarías. En muchas versiones de la Biblia, se le conoce como Jesúa hijo de Josadac en Esdras y Nehemías (por ejemplo, Esd. 3:2; Neh. 12:26) y Josué hijo de Josadac, en Hageo y Zacarías (por ejemplo, Hag. 1:1; Zac. 6:11) (otras versiones como DHH y TLA estandarizan su nombre a Josué hijo de Jozadak).

Junto con Zorobabel, Josué ayudó a restaurar el culto a los exiliados que regresaron (Esd. 3:2) y con el trabajo algo peligroso de reconstruir el templo (Esd. 3:8-9; 4:3; 5:2). Los sumos sacerdotes que descendieron de él están listados en Neh. 12:10, pero otros descendientes son nombrados culpables de matrimonios mixtos con mujeres extranjeras (Esd. 10:18). En el libro de Zacarías, él es el sujeto de dos visiones donde sirve como representante de Israel (Zac. 3:1-10) y como un tipo de Cristo (6:9-15).

(5) Un antepasado de Jesús en la genealogía de Lucas (Lc. 3:29).

JOSUÉ, LIBRO DE Deuteronomio termina con la muerte de Moisés y el pueblo de Israel aún en las llanuras de Moab, al este de la tierra prometida. Si bien ese libro completa la Torá, también anticipa el futuro, y ese futuro comienza con el libro de Josué. Josué cuenta la historia de la conquista y el asentamiento de la tierra.

Fecha y Autor

Josué es un libro anónimo. El Talmud representa la tradición primitiva cuando dice que Josué escribió este libro, pero esto es improbable, al menos con respecto a la forma final del libro. La frase "hasta el día de hoy", que se repite en el libro (por ejemplo, 4:9, 5:9, 6:25), indica que el tiempo separa los eventos y la composición final del libro. Algunos eruditos detectan una edición final del material durante el período en que Judá se encontraba en el exilio en Babilonia (586-539 a.C), donde el pueblo de Dios es evaluado según las leyes del Deuteronomio. Sin embargo, dado que el libro guarda silencio sobre su autoría, gran parte de esto es conjetura.

Género

El libro es una historia teológica de la conquista y el asentamiento. Tiene la intención de comunicar a las generaciones posteriores cómo Dios llevó a Israel a la posesión de la tierra con su poderosa mano, en cumplimiento del pacto abrahámico (*véase* Gn. 12:1-3). Josué celebra esta victoria, por lo que la selección de historias y el énfasis del libro implican las victorias y los logros del período. Aunque Josué no oculta el hecho de que Israel no conquistó toda la tierra en este momento, los primeros capítulos de Jueces dejarán en evidencia el hecho de que muchos cananeos permanecieron en la tierra incluso después de la muerte de Josué.

Esquema y Mensaje

El libro de Josué se puede dividir en dos partes:

I. Dios, el Guerrero Divino, conquista la tierra (1:1-12:24)
   A. Preparativos para la guerra (1:1-5:15)
   B. La batalla de Jericó (6:1-27)
   C. La batalla de Hai (7:1-8:29)
   D. Renovación del pacto en Siquem (8:30-35)
   E. El engaño de los Gabaonitas (9:1-27)
   F. La derrota de la coalición sureña (10:1-43)
   G. La derrota de la coalición del norte (11:1-23)
   H. Descripción resumida de la conquista (12:1-24)
II. Dios distribuye las tierras entre las tribus de Israel (13:1-24:33)
   A. La distribución de las tierras (13:1-21:45)

B. Las tribus del oriente regresan a su hogar (22:1-34)
C. Últimas palabras de Josué y renovación del pacto (23:1-24:33)

En la Torá, Dios se reveló a sí mismo como un guerrero que rescata a su pueblo de sus enemigos (Éx. 15:3). Incluso les dio leyes que gobernarían las guerras futuras (Dt. 7 y 20). Hoy en día estas guerras a menudo se conocen como "guerras santas" o "guerras de Yahvé", lo que indica que Israel entendió que sus victorias no se debían a su propia fuerza y sabiduría, sino a la presencia de Dios con ellos. Ciertamente, Israel participó en estas batallas, pero siguiendo las instrucciones de Dios. Cuando Israel obedeció, ganó (Jericó), pero cuando desobedeció, perdió (Hai).

El libro de Josué narra que los israelitas por mandato de Dios, bajo el liderazgo de Josué, entraron a la tierra prometida en su punto medio desde el este, justo al norte del Mar Muerto. Después de someterse a un período de preparación espiritual (1:1-5:12), derrotaron a la poderosa ciudad de Jericó y, luego de un revés devastador, la pequeña ciudad de Hai. Después de caer en una trampa, entraron en una relación de tratado con los gabaonitas.

Esto completó su conquista del territorio medio, reduciendo así las ciudades-estado canaanitas a la mitad.

Entonces los reyes de las ciudades-estado independientes de la fracción sur de la tierra se juntaron y atacaron a los gabaonitas, que estaban en una relación de tratado con Israel. Josué respondió atacando a los ejércitos del sur por fuera de sus ciudades amuralladas. Dios el guerrero les dio la victoria, dando a conocer su presencia a través de granizo letal y deteniendo el sol y la luna. En consecuencia, los reyes del norte se juntaron, y nuevamente Dios luchó para que Israel completara la conquista de la tierra. A lo largo de la narración de la conquista, el énfasis sigue siendo en Dios el guerrero, el único poder verdadero detrás de las victorias militares de Israel. Pocos lectores modernos se aventuran a seguir la segunda parte del libro (capítulos 13-24), está llena de listas de ciudades y descripciones de los límites tribales. No obstante, este material tiene una gran importancia teológica. Cuando Israel tomó posesión de la tierra, las antiguas promesas a Abraham comenzaban a realizarse. Las promesas de Dios se estaban cumpliendo. Echando las suertes, las tribus individuales recibieron su herencia específica. A medida que sus límites fueron comprobados y las ciudades en los territorios cariñosamente nombradas, las promesas abrahámicas comenzaban a concretarse. Debemos imaginar un gozo tremendo y celebración entre aquellos que vieron el cumplimiento de las promesas.

El libro de Josué termina con otra gran reafirmación del pacto (capítulo 24). Con la inminente muerte de su gran líder Josué a la vista, las tribus renovaron su compromiso de seguir a Yahvé en la nueva era.

Escena de batalla en un ortostato hitita (una piedra vertical; Tell Halaf, siglo IX a.C). El libro de Josué describe las batallas que tuvieron lugar cuando los israelitas conquistaron la tierra prometida.

Importancia que Continúa

En muchos sentidos, el libro de Josué parece extraño, incluso vergonzoso para el cristiano moderno. La descripción de Dios como guerrero e Israel comprometido en una guerra santa contra los cananeos parece demasiado cercana al genocidio sancionado divinamente como para ser comparado con el evangelio de la paz.

Pero el NT comprende que el pueblo de Dios todavía está en guerra, de hecho, una guerra mucho más peligrosa. Es una guerra contra los poderes espirituales y la autoridad, contra el mal mismo. Como tal, Dios ha dado a su pueblo armas más poderosas, armas espirituales como la fe, el amor y la palabra de Dios (Ef. 6:10-20). Los cristianos pueden entrar en esta batalla porque Jesucristo ya ha asegurado el resultado final con su victoria, descrita en términos militares en Col. 2:13-15, en la cruz. De hecho, se les dice a los cristianos que miren hacia el futuro para ver el cumplimiento de esta victoria. Apocalipsis y otros pasajes apocalípticos del NT describen el final de los tiempos como una gran batalla final, con Jesucristo dirigiendo al ejército contra todos los enemigos espirituales y humanos (Apoc. 19:11-21).

El libro de Josué es duro, pero es un recordatorio de que el Dios de la Biblia no permitirá que el mal gane el día. Dios juzgará a los que oprimen y maltratan a los demás.

JOTAM **(1)** El hijo menor de Gedeón (Jerobaal). Después de la muerte de Gedeón, Abimelec, que era su hijo con su concubina de Siquem, intentó obtener el control de Israel al ejecutar a los otros setenta hijos de Gedeón y los herederos rivales de Abimelec. Solo Jotam escapó, ocultándose. Mientras los siquemitas pronunciaban a Abimelec rey, Jotam emergió sobre el monte Gerizim y entregó un mensaje de advertencia y juicio al pueblo de Siquem en forma de una parábola de árboles y un zarzal. Su mensaje, aunque desatendido, fue vindicado tres años más tarde cuando Dios juzgó a la gente de Siquem (Jue. 9:5-57). **(2)** Hijo del rey Azarías (Uzías) y su sucesor al trono de Judá. Reinó dieciséis años e hizo "lo recto ante los ojos del Señor" (2 Re. 15:34). Fue durante el reinado de Jotam que Tiglat-pileser III (744-727 a.C), rey de Babilonia, saltó a la fama. **(3)** El segundo de los seis hijos de Jahdai, un judaita del clan de Caleb, hijo de Hezrón (1 Crónicas 2:47).

JOTBA La ciudad natal de Mesulémet, hija de Haruz (2 Re. 21:19). Ella se convirtió en la esposa del rey Manasés de Judá, y su hijo Amón sucedió al trono por la muerte de su padre. Se han expresado opiniones muy diferentes sobre la ubicación de Jotba. Algunos lo han identificado con Khirbet Jifat en la baja Galilea, en cuyo caso Manasés pudo haberse casado para fortalecer sus lazos políticos con el reino del norte de Israel.

JOTBATA Un campamento israelita entre Hor-Haggidgad y Abrona, documentado para ayudar a rastrear el viaje de la generación del desierto desde Egipto a la tierra prometida (Nm. 33:33-34). Otra referencia sugiere que tenía un suministro abundante de agua, lo cual sería apropiado para su nombre, que significa "amenidad" (Dt. 10:7). Una ubicación sugerida es Tabeh, en la costa occidental del Golfo de Áqaba.

JOYAS, JOYERÍA Piedras preciosas aparecen en visiones y teofanías en la Biblia. Los ejemplos incluyen Ezeq. 1:16; 10:1; Apoc. 4:3. Estas piedras preciosas, que son utilizadas en joyería también, eran bien conocidas por la gente en el antiguo Cercano Oriente y en la cuenca mediterránea del primer siglo.

A grandes rasgos, las joyas conocidas en la antigüedad se dividen en dos grupos: joyas cotidianas y joyería fina. Las joyas cotidianas que eran comúnmente usadas por la gente, estaban hechas de materiales como bronce, hierro y hueso. Las joyas finas, por otro lado, consistían en objetos hechos de oro o plata e incluían piedras costosas y preciosas. Las joyas eran usadas por hombres y mujeres como parte de la vestimenta. Las personas en la antigüedad también conservaban riquezas con inversiones en joyas o joyas usadas como indicadores del posicionamiento socioeconómico en la sociedad.

La mayoría de las joyas de oro tenían una chapa metálica como base. Esta chapa metálica era moldeada y/o decorada. Una forma de decoración, filigrana, involucraba soldar el cableado en un patrón sobre un fondo. Una forma posterior de decoración conocida como granulación utilizaba pequeños granos de oro como sustituto de los cables. Un método adicional de decoración de joyas fue la incrustación de piedras de colores, vidrio u otros objetos preciosos. El grabado también se usó para la decoración.

Joyería en la Antigüedad

Joyas han sido descubiertas en Babilonia, datando a partir del año 2700 a.C Ejemplos de joyas de esta época se encontraron en los cementerios de la ciudad de Ur. También se encontraron ejemplos de joyas antiguas en los cementerios de la isla de Creta, que datan del 2400 a.C Otros especímenes de joyas provienen del mundo micénico de alrededor del año 1100 a.C Joyas que datan de después de 800 a.C eran de alta calidad. Durante este período, lugares como Cnosos en Creta y ciudades como Corinto y Atenas producían hermosos trabajos en oro.

En el séptimo siglo a.C, las mejores joyas se encontraron en las Islas Griegas y en Asia Menor. Las joyas en Éfeso eran ofrecidas a la diosa Diana, pero también eran hechas para adorno personal. En el 600 a.C, las joyas se volvieron muy escasas en Grecia. Esta escasez duró por los próximos 150 años. Los arqueólogos conjeturan que los suministros de oro fueron interrumpidos por los persas.

Después de que los persas fueran derrotados durante el período clásico, se produjeron algunos de los mejores trabajos de oro. Los tesoros persas capturados y la explotación de las minas de Macedonia hicieron que el oro y las piedras preciosas y los metales fueran muy asequibles para los griegos. En consecuencia, se disponía fácilmente de joyas en el período helenístico.

Los griegos incorporaron una variedad de piedras en sus joyas: cornalina, calcedonia, amatista y escarlata, así como pequeñas perlas. Los materiales y la inspiración de los griegos para ciertos tipos de joyas provinieron de territorios recién conquistados. Las joyas del primer período del Imperio Romano se asemejaban a las notadas durante el período helenístico. En general, durante los períodos griego y romano, las joyas eran enchapadas en oro y decoradas con costosas piedras. Ciertos escritores en la antigüedad documentaban las joyas y piedras preciosas bien conocidas o costosas. Un historiador romano describió el valor de las perlas como el "más alto rango entre todas las cosas de valor". Conformemente, escribió sobre dos perlas que eran propiedad de Cleopatra, la reina de Egipto, conocida como las más grandes de la historia. El Libro egipcio de los muertos, que data de alrededor de 1500 a.C, hace mención de amuletos en forma de corazones, considerados joyas por algunos expertos. Estos amuletos estaban hechos de cornalina, lapislázuli y feldespato verde.

Las joyas del mundo bíblico eran conocidas con diferentes términos. Un aro ornamental usado por separado o varios en los brazos o en las piernas se conocían como un "brazalete". Sin embargo, este término no aparece en la Biblia. La presencia abundante de brazaletes como artefactos en las excavaciones arqueológicas es un indicador de su importancia en la vida cotidiana en el mundo bíblico. Los brazaletes eran adornos rígidos relativamente pesados. De materiales variados: bronce, hierro, plata, oro, entre otros. Los brazaletes eran de tres tipos: brazaletes, tobilleras y brazales. Eran círculos sólidos o completos o círculos con dos extremos distintos. Estos extremos tenían diseños específicos, a menudo diseñados artísticamente en forma de cabezas de animales, como las de serpientes. Los anillos también prevalecían en el mundo bíblico. Los anillos se usaban en las orejas, nariz y en los dedos de las manos y los pies. Los anillos de nariz fueron populares durante la Edad del Hierro (1200-586 a.C). También se usaban anillos en el cuello. Los anillos no solo se usaban como artículos de adorno sino también se usaban como sellos. Los broches o prendedores se usaban principalmente en la ropa y estaban hechos de madera, bronce, hierro, plata u oro.

Los amuletos eran comunes como joyas religiosas. Usados como protección divina contra el peligro, los amuletos variaban desde los simples a ornamentados. Los amuletos egipcios a menudo incorporan imágenes de serpientes o representaciones de dioses egipcios. Los amuletos del antiguo Cercano Oriente a menudo tenían menos de una pulgada de ancho. Los amuletos griegos eran coloridos y estaban hechos de piedras. También se han encontrado amuletos cristianos en forma del Cristo crucificado.

Aunque no se usaban a menudo individualmente, las cuentas eran el artículo de joyería más prevaleciente en el antiguo Cercano Oriente. Las cuentas estaban encordadas en pulseras, anillos, círculos, etc.

Joyas en la Biblia

En la Biblia se encuentran muchos artículos diferentes de joyería, incluyendo pendientes (Gn. 35:4, Éx. 35:22, Jue. 8:24-26, Job 42:11), brazaletes (Gn. 24:22,30,47, Nm. 31:50), collares (Gn. 41:42, Ezeq. 16:11, Dan. 5:29), anillos en la nariz (Gn. 24:22, 30, 47, Is. 3:21; Ezeq. 16:12), anillos (Gn. 38:18, 25; 41:42; Éx. 28:11, 21, 36; 35:22; 39:14, 30; Nm. 31:50; 1 Re. 21: 8; Est. 3:10, 12; 8: 2, 8, 10; Job 38:14; Is. 3:21; Jer 22:24; Hos 2:13; Lc. 15:22; Sant. 2:2), frontales (Éx. 13:16, Dt. 6:8, 11:18), brazaletes/pulseras (Nm. 31:50, 2 Sam. 1:10, Is. 3:20), colgantes/lunetas (Jue. 8:21, 26; Is. 3:18) y tobilleras (Is. 3:20).

Varios artículos de joyería en la Biblia tenían un significado que iba más allá de lo estético. Al principio de Génesis, se usaron brazaletes para expresar el deseo de un pacto de matrimonio. Cuando el sirviente de Abraham descubrió a Rebeca, una posible esposa para Isaac, le dio un anillo para la nariz y colocó brazaletes en sus brazos para indicar que Dios la había elegido (Gn. 24:22, 47). Los brazaletes y el anillo de la nariz pesaban más de diez siclos. Al colocar las joyas en el brazo de Rebeca, el sirviente indicó que se buscaba un contrato de matrimonio. El alto valor de las joyas representa el alto precio pagado por Rebeca.

En los comienzos del Antiguo Testamento, se usaban joyas para la adoración en el templo. La ley determinaba que el pectoral y el efod del sumo sacerdote habían de contener piedras preciosas y piedras de incrustación. Cuando Su pueblo rendía culto en su santo templo, las piedras significaban la majestad y la santidad de Dios (Éx. 25:7; 35:9).

Los amantes se halagaban mutuamente comparando rasgos físicos con artículos de joyería fina (Can. 5:14) y admirando sus joyas finas (4:9).

El pueblo de Dios es como un collar con joyas cuando Dios los reúne (Is. 49:18) y los tienen en muy alta estima como una novia adornada con joyas (61:10).

Anillos de oro con piedras preciosas (Bet Semes, siglo XIII AC)

Los autores bíblicos también desafiaron el deseo de las personas de obtener joyas con amonestaciones de buscar tener atributos piadosos y dones de Dios por sobre las joyas. La sabiduría debía ser deseada por encima de las joyas (Prov. 3:15; 8:11), hablar con conocimientos estaba por sobre el oro y las joyas (20:15), y un cónyuge piadoso muy por encima de las joyas (31:10).

Similar a los hábitos de las culturas más antiguas, los reyes israelitas y otros líderes importantes llevaban joyas de especial significado. Al igual que otros reyes de la antigüedad, Saúl usó brazaletes y una corona (2 Sam. 1:10), que tenían la intención de simbolizar realeza y competencia en asuntos militares. Dichas joyas típicamente llevaban insignias que denotaban características de identidad nacional y real. El guerrero victorioso en Apocalipsis 19 usa muchas diademas (coronas) para simbolizar su poder incomparable (19:12). Él tiene más de una corona, e incluso más de siete diademas, que es la cantidad de diademas que tiene el dragón (12:3).

En ocasiones, las joyas tienen connotaciones negativas, especialmente cuando se adquieren siguiendo las tendencias politeístas de la sociedad o se diseñan como un objeto de adoración. Incluso Jacob fue hallado enterrando sus joyas que acompañaban a sus ídolos extranjeros (Gn.

35:4). Tales instancias confieren credibilidad a las teorías de que incluso la fe hebrea temprana luchó con el politeísmo y fue infundida con sus muchos artefactos de oro. Gedeón hizo un efod con el brillante botín (anillos y colgantes) de los madianitas (Jue. 8:21). Este efod se convirtió en un objeto de adoración para los israelitas y ofendió grandemente a Dios.

Los reyes tenían anillos de sello que contenían sus propios grabados personalizados. Los grabados fueron hechos por picapedreros que trabajaban cuidadosamente las pequeñas piedras semipreciosas sobre los anillos. A lo largo del AT, se usaron anillos para hacer impresiones en documentos oficiales (Éx. 28:11, 1 Re. 21:8, Est. 8:8). Los profetas usaban anillos de sello para sellar profecías que eran de gran importancia para la nación (Is. 8:16; Jer. 32:10). Se diseñaban anillos únicos para representar el honor del patriarca de las familias importantes. De especial interés es el uso del anillo en la parábola de Jesús del hijo pródigo. El anillo fue colocado en el dedo del hijo que regresaba para mostrar la gracia radical del padre, que estaba dispuesto a unir su honor a la vergüenza de su hijo (Lc. 15:22) cuando el hijo regresó a casa.

En ciertos escritos del NT, se exhorta a las mujeres que no se adornen con joyas externas (1 Tim. 2:9, 1 Pe. 3:3), ya que esto era una señal de materialismo e inmodestia. En Apoc. 21, las joyas aparecen en la representación de Juan de la nueva Jerusalén: es una ciudad de belleza majestuosa adornada con joyas preciosas, puertas de perlas y calles de oro (21:18-21).

JOZABAD **(1)** Hijo de Somer (o "Simrit", la variante en 2 Crónicas 24:26), él, con Jozabad hijo de Simeat, asesinaron al rey Joás de Judá (2 Reyes 12:21). **(2)** Un portero coreíta, hijo de Obed-Edom (1 Cr. 26: 4). **(3)** Un comandante de Benjamín en el ejército del rey Josafat (2 Crónicas 17:18).

JOZABAD **(1)** Un oficial real que, con Jozabad, asesinó al rey Joás de Judá (2 Re. 12:21). (*Véase también* Jozacar, Jozachar.) **(2)** De Gedera, fue uno de los soldados de Benjamín que se unió a David en Siclag (1 Cr. 12: 4). **(3)** Dos guerreros de Manasés, se dice que eran líderes que comandaban a unidades de mil soldados (1 Cr. 12:20). Ellos defendieron a David contra bandas de saqueadores. **(4)** Un levita nombrado por el rey Ezequías quien ayudó a mantener el recuento de las ofrendas dadas para uso en el templo (2 Cr. 31:13). **(5)** Un destacado levita que donó ofrendas al rey Josías para la celebración de la Pascua (2 Cr. 35:9). **(6)** Un descendiente de Pasur, culpable de contraer matrimonio mixto (Esd. 10:22). **(7)** El hijo de Jesúa, él era un levita que ayudó a hacer un inventario de las ofrendas voluntarias traídas por Esdras desde Babilonia para el templo (Esd. 8:33). **(8)** Un levita culpable de matrimonios mixtos (Esd. 10:23). **(9)** Uno de los trece levitas que ayudaron a interpretar y enseñar mientras Esdras leía del Libro de la Ley de Dios a los exiliados que habían regresado (Neh. 8:7). **(10)** Un prominente levita que ayudó a supervisar la reconstrucción del templo después del exilio (Neh. 11:16). Él podría ser el mismo individuo que en Neh. 8:7.

JUAN EL APÓSTOL Juan, junto con su hermano Santiago, era hijo de Zebedeo, pescador y discípulo de Jesús. Fue llamado por primera vez a ser un discípulo cuando Jesús pasó a lo largo de la costa de Galilea (Mt. 4:21, Mr. 1:19-20, Lc. 5:10). En el barco de pesca que pertenecía a la familia de Juan había hombres contratados, lo que indica que dejó atrás un comercio de pesca rentable (Mr. 1:20). Jesús apodó a Juan y su hermano Santiago "Boanerges", que significa "hijos del trueno" (Mr. 3:17), probablemente un reflejo de su bullicioso temperamento.

El temperamento apasionado de Juan puede reflejarse en los Evangelios en su intento de confrontar la potencial oposición (Mr. 9:38-41, Lc. 9:49-50) y su deseo de traer fuego del cielo sobre aquellos que rechazaron a Jesús (Lc. 9:54). Santiago y Juan pidieron asientos de honor en el reino de Jesús (Mr. 10:37-40). Mateo aclaró este suceso al nombrar a la madre de Santiago y Juan como la que expresaba la petición, algo acorde al entorno cultural (Mt. 20:20-22). Como parte del grupo íntimo de discípulos de Jesús, junto con Santiago y Pedro, a Juan se le permitió presenciar las acciones de Jesús en ciertas ocasiones críticas: resucitar a un niño de los muertos (Mr. 5: 37-43), su transfiguración (Mt. 17: 1-2, Mr. 9:2, Lc.

9:28-30), y su agonía en el jardín de Getsemaní (Mt. 26:36-38, Mr. 14:32-34, Lc. 22:39-40).

En su relato de la Pasión de Jesús, el Evangelio de Juan destaca las acciones de un discípulo anónimo "a quien Jesús amaba". Juan es el candidato más probable. Este discípulo se apoyó en Jesús en la cena final (Jn. 13:23), se le dejó al cuidado de la madre de Jesús (19:26), llegó primero a la tumba vacía (20:2-4), reconoció primero a Jesús resucitado (21:7), fue profetizado para vivir una vida larga (21:23), y fue testigo directo de los eventos en el Evangelio (21:24).

Juan estaba entre los discípulos que se quedaron en Jerusalén en el aposento alto antes de Pentecostés (Hec. 1:13-14). Juan fue visto después de Pentecostés con Pedro en los relatos de la sanación de un mendigo lisiado (3:1-11) y los dos fueron arrestados por proclamar el evangelio (4:1-23).

Se dice que Juan es autor del Cuarto Evangelio (Jn. 21:20-24). El Evangelio de Juan fue escrito con un propósito declarado explícitamente por su autor: "Para que creáis que Jesús es el Mesías, el Hijo de Dios, y para al creer, tengáis vida en su nombre" (20:31). Este "creer" encapsula varias convicciones clave que el autor intentó transmitir. Primero, Jesús es uno con Dios como preexistente y activo en la creación (1:1-4, 10, 18). Segundo, Jesús es el Salvador mesiánico para el pueblo escogido de Dios (1:41; 11:27) y para toda la humanidad (4:42). En el Evangelio joánico, la salvación se concibe del amor de Dios (3:16), formalizada por el sacrificio de su Hijo (1:29; 3:16), y recibida por aquellos que sostienen la creencia ortodoxa en la identidad divina de Jesús (8:24) y origen (12:44; 17:21). Finalmente, el creer incluye la convicción de que Jesús es uno con Dios, expresado a través de la filiación (1:19-2:11). En el Evangelio joánico, la filiación se transmite literalmente y refuerza la certeza de que Jesús es suficiente para proporcionar la vida eterna. Las realidades mesiánicas mezcladas con la filiación distinguen a Jesús como la revelación suprema de Dios, complementando, mientras subordinan, las convicciones religiosas judías anteriores. Además del Evangelio de Juan, la tradición atribuye las Epístolas Joánicas y, en algunos casos, el Apocalipsis de Juan al apóstol Juan.

Se entiende que Juan el apóstol en su edad más avanzada tuvo una comunidad con sus propios discípulos, comúnmente conocida como la Comunidad Joánica. Dentro de esta comunidad, las enseñanzas de Juan acerca de Jesús fueron preservadas y escritas. Además, su correspondencia fue preservada: 1 Juan, 2 Juan y 3 Juan.

JUAN EL BAUTISTA Un profeta judío de la época de Jesús, era hijo de padres sacerdotales (Zacarías y Elisabet), fue ejecutado por Herodes Antipas, e identificado como "Juan" (un nombre judío común), a menudo con el título "el Bautista "o "el Baptizador", siendo este último posiblemente el título más antiguo.

Nuestras fuentes principales sobre Juan el Bautista son los Evangelios canónicos, Josefo (Ant. 18.116-19) y Hechos. Ambas fuentes tanto judías como cristianas mencionan el mensaje de Juan sobre el reino, el llamado al bautismo y su popularidad. Josefo y los Evangelios hablan de él sin que haga falta una presentación.

En los Evangelios, solo Jesús es un personaje más prominente que Juan. Es posible que los aldeanos comunes estuvieran más familiarizados con Juan que con Jesús, al menos hasta el Pentecostés.

Los Evangelios, particularmente Lucas, ponen en paralelo las historias de Juan y Jesús. Ambos tuvieron una anunciación, un nacimiento milagroso acompañado de alabanzas y la muerte de un mártir. Ambos reunieron discípulos, anunciaron el reino, denunciaron el liderazgo judío y practicaron el bautismo. Es fácil ver cómo algunos desde la periferia pudieran confundir a los dos personajes (Mr. 8:28).

Ministerio

Vestido con las prendas de profetas de pelo de camello (Mt. 3:4, *véase* 2 Re. 1:8, Zac. 13:4), el Bautista se destaca por aparecer del desierto y predicar cerca del Jordán. Él llamó a todos los oyentes a arrepentirse para preparar a Israel para el advenimiento del pacto del Espíritu. Él y su mensaje se hicieron bien conocidos, desconcertando a la élite poderosa de Jerusalén (Mr. 11:32) y cautivando a las masas (Mt. 3:5-6).

Juan el Bautista sostuvo sin vacilaciones que fue enviado para presentar al Hijo (o Elegido) de Dios, quien bautizaría con el Espíritu Santo (Jn. 1:33-34, *ver* Mt. 3:11-12 pars.). Este no fue nombrado, pero se le dijo al Bautista cómo lo conocería: "Aquel sobre quien veas al Espíritu descender y posarse sobre Él, éste es" (Jn. 1:33). Es por esto que el Bautista podía afirmar: "Y yo no le conocía" (Jn. 1:31), lo que probablemente significa que el Bautista no sabía quién era Jesús hasta que el Espíritu descendió sobre Él (1:32). Es menos probable que Juan haya querido decir que no había conocido a su primo previamente (Lc. 1:39-45). Jesús acepta (y valida) la proclamación del Bautista al comienzo de su ministerio (Mr. 1:9) y nuevamente más tarde (Lc. 16:16, Jn. 5:35, 10:41).

Después de su encarcelamiento, el Bautista parece menos seguro de su previa identificación de Jesús como el que ha de venir (Mt. 11:2-3). También se debe notar que Juan no había dispersado a sus discípulos. Después de su muerte, algunos continuaron predicando su bautismo de arrepentimiento en lugares tan lejanos como en Éfeso (Hec. 18:24-26; 19:1-7). De manera similar, la descripción final de Jesús del Bautista es ambigua. Es moderado, pero aún así elogioso (Jn. 5:32-36; 10:41) e incluso exagerado: "Entre los nacidos de mujer no se ha levantado nadie mayor que Juan el Bautista"; sin embargo, la siguiente parte de la declaración de Jesús podría interpretarse en el sentido de que el Bautista aún no era parte del reino venidero: "Sin embargo, el más pequeño en el reino de los cielos es mayor que él" (Mt. 11:11). Como todos los demás, Juan estaba confundido por el ministerio de predicación de Jesús. Jesús no estaba actuando como el Mesías que ellos estaban esperando (Lc. 7:18-20). Los Evangelios no ofrecen un veredicto final sobre el Bautista.

Mensaje

Al igual que Isaías, el mensaje del Bautista sobre la restauración del reino representaba consuelo y esperanza para aquellos que se preparaban para su llegada (Is. 40; Mr. 1:2-6) y el juicio para aquellos que no estaban preparados (Is. 41; Mt. 3:7-10; Lc. 3:7-9). El regreso del reino fue a través de un nuevo pacto, marcado por el Espíritu (Mr. 1:2-8). La purificación con agua está asociada con el reemplazo del antiguo pacto (grabado en piedra) por el nuevo (incrustado en los corazones con el Espíritu) por los profetas (Eze. 36:24-28, Jer. 31), por el Bautista (Jn. 1:31-33), por Jesús (Jn. 3:5), y por los primeros cristianos (2 Cor. 3, Heb. 9-10). Prepararse (Mt. 3:3) significaba arrepentirse y vivir en piedad y justicia como miembro del reino (Lc. 3: 10-14). Este compromiso de fidelidad renovada se marcaba con la purificación (ética) de uno mismo, simbolizada en el bautismo. Si bien las

Ícono del bautismo de Jesús por Juan el Bautista (siglo XIX d.C).

purificaciones rituales eran de cierto modo comunes dentro de la iniciación o la afiliación a un grupo, Juan el Bautista llamó a todos los que querían dedicarse a Dios a: arrepentirse, confesar sus pecados y ser bautizados (Mr. 1: 4-5).

Los Evangelios sinópticos muestran a Jesús y Juan como aliados en anunciar el reino. Se ha argumentado que el Cuarto Evangelio tiene un argumento anti-Bautista. Teniendo en consideración los elementos históricos (¿en Éfeso?), sería más exacto decir que el Cuarto Evangelio se esfuerza en aclarar el lugar del Bautista dentro de la historia de la salvación. Es subordinado de Jesús por designio divino (Jn. 1-5) y por obra (Jn. 10:41). Él era el Elías que debía venir antes de Cristo (Mt. 11:14).

J

JUAN MARCOS *Ver* Marcos, Juan.

JUAN Un nombre común en el judaísmo del primer siglo. El nombre griego Iōannēs viene del nombre hebreo Yohanan. **(1)** El padre de Matatías y abuelo de Judas Macabeo (1 Mc. 2:1), era un sacerdote en la línea de Joarib. Él es posiblemente el Joiarib mencionado en 1 Cr. 9:10; 24:7. **(2)** El Bautista o Baptizador, él era el hijo del sacerdote Zacarías y Elizabeth. (Véase Juan el Bautista). **(3)** Hijo de Zebedeo, fue un apóstol que pertenecía originalmente al círculo íntimo de los doce principales discípulos de Jesús. (*Véase* Juan el Apóstol.) **(4)** El padre de Pedro el apóstol (Jn. 1:42; 21:15-17). El Evangelio de Mateo identifica al padre de Pedro como Jonás, una variante de Juan (16:17). **(5)** Un pariente del sumo sacerdote Anás (Hec. 4:6). **(6)** Juan Marcos, un primo de Bernabé (Col. 4:10) y el hijo de María (Hec. 12:12). (*Véase* Marcos, Juan). **(7)** El anciano. Tanto 2 Juan como 3 Juan indican que su autor fue "el anciano" (2 Juan 1; 3 Juan 1). Tradicionalmente, las tres Epístolas de Juan, el Evangelio de Juan y, a veces, el Apocalipsis de Juan han sido atribuidas a Juan el apóstol. Sin embargo, la erudición moderna a menudo atribuye 2 Juan y 3 Juan, y a veces a 1 Juan, a "el anciano" Juan el anciano. **(8)** El vidente, el autor del libro de Apocalipsis (*ver* 1:1, 4, 9, 22:8). Algunos estudiosos atribuyen la autoría de Apocalipsis a Juan el apóstol, en línea con la opinión del padre de la iglesia Ireneo. Otros eruditos atribuyen la escritura de Apocalipsis a cierto Juan el anciano. El libro de Apocalipsis no aporta más información sobre el autor. Sin embargo, el autor está entre los profetas, un vidente, y su nombre es Juan, por lo tanto, Juan el vidente.

JUAN, APOCALIPSIS DE *Ver* Apocalipsis, Libro de.

JUAN, EPÍSTOLAS DE Una colección de tres cartas cortas, 1-3 Juan, lo más probable es que fueron escritas por el mismo autor y tradicionalmente se identifica con el autor del Evangelio de Juan. Las cartas fueron probablemente escritas después del Evangelio de Juan, para tratar los problemas que habían surgido en ciertas iglesias. Proporcionan evidencia de una comunidad cristiana que consistía de una red de congregaciones que surgieron de una misma procedencia y pertenecían más o menos a lo mismo. Estas cartas abordan una variedad de temas, que incluyen el amor, el compañerismo, la encarnación y expiación de Cristo, la hospitalidad, el Espíritu Santo y las advertencias contra la falsa enseñanza. 1 Juan y 2 Juan se escribieron para abordar los mismos problemas, mientras que 3 Juan, aunque probablemente haya sido escrito aproximadamente al mismo tiempo y por el mismo autor, se escribió para tratar un problema diferente, aunque no completamente ajeno.

JUAN, EVANGELIO DE Tradicionalmente aparece después de Mateo, Marcos y Lucas en el canon del NT, el Evangelio de Juan también se conoce como el Cuarto Evangelio. Debido a sus muchas características únicas, Juan se discute a menudo por separado de los otros tres Evangelios, que se agrupan como los Evangelios Sinópticos.

Autoría

Técnicamente, el Evangelio de Juan es anónimo. El autor, sin embargo, se identifica con el Discípulo Amado (21:24). A la luz del testimonio casi unánime de la iglesia primitiva de que el Cuarto Evangelio fue escrito por el apóstol Juan, el hijo de Zebedeo, y debido a que no se ha presentado ningún argumento sólido en contra de esta posición, la mayoría de los eruditos conservadores coinciden en que el Discípulo Amado es Juan el apóstol.

La evidencia de la autoría apostólica es multifacética. Primero, la evidencia externa pesa muy a favor de la mirada tradicional de que Juan el apóstol escribió este Evangelio. Existe cierta evidencia de que las páginas de título con una adscripción que identifica al autor datan de fechas muy cercanas a la época del origen de los Evangelios. Tales adscripciones pueden haber sido necesarias como un medio para distinguir entre un Evangelio del otro. Con respecto al Cuarto Evangelio, los manuscritos más antiguos lo atribuyen de manera unánime al apóstol Juan.

La evidencia de los padres de la iglesia primitiva también apoya el punto de vista tradicional. Ignacio parece haber estado familiarizado con el lenguaje del Cuarto Evangelio. Además, el Pastor de Hermas alude a ello. Justino parece ser el primer escritor ortodoxo en citar a Juan (1 Ap. 61.4-5, citando a Jn. 3:3-5). Ireneo es el primero en afirmar abiertamente la autoría joánica: "Juan el discípulo del Señor, que se reclinó sobre su pecho, publicó el Evangelio mientras residía en Éfeso en Asia" (Her 3.1.1). Esta postura la respaldan también Tertuliano y Clemente de Alejandría (c. 200 d.C). El Canon Muratoriano (180-200 d.C) nos dice que Juan fue impulsado por sus discípulos, y que Andrés tuvo un sueño de que Juan debía escribir. El silencio de Eusebio sobre la interrogante de autenticidad, autoría y canonicidad de Juan dice mucho, ya que su objetivo era abordar los casos dudosos. Considerándolo todo, hay una aceptación incuestionable hasta fines del siglo II de que el Cuarto Evangelio fue escrito por Juan el apóstol.

Ícono de San Juan el Evangelista (siglo diecinueve d.C).

En segundo lugar, la evidencia interna se corresponde con la identificación de Juan el hijo de Zebedeo como el autor, en cuanto pareciera que cumple con todos los requisitos para la autoría. Juan fue uno de los Doce y, junto con Pedro y Santiago, un miembro del círculo íntimo de los discípulos de Jesús.

Esta estrecha asociación con Pedro hace que Juan sea el mejor candidato para el Discípulo Amado. Además, la narrativa del llamado de 1:35-51, cuando se le compara con Marcos 1:16-20, respalda la identificación del discípulo anónimo con Juan. Varias alusiones personales en el Cuarto Evangelio se explican mejor si el autor es Juan el apóstol. Por ejemplo, en 1:14; 19:35 el autor sugiere que él ha sido testigo personal de Jesús. El autor proporciona detalles que sugieren que este Evangelio fue escrito por un testigo presencial, y algunos de estos detalles no sirven ningún propósito excepto para afirmar que un testigo presencial los vio o los vivió. Estos incluyen una proclividad para especificar la hora o el día de un evento (1:19-28, 29, 35, 39, 43, 2:1, 4:6, 52; 18:28; 19:14; 20:19).; el número de jarras de agua (seis) en Caná (2:6); la distancia (veinticinco o treinta estadios) que remaron los discípulos (6:19); el número de peces (153) capturados (21:11); y la distancia del barco desde la tierra en la aparición posterior a la resurrección de Jesús (21: 8, 11).

Además, el autor del Cuarto Evangelio conoce las costumbres e historia judía, así como la geografía de la Palestina del primer siglo. Esto

J

también concuerda con nuestro conocimiento de Juan el apóstol. Por ejemplo, él está al tanto de las costumbres relacionadas con la limpieza (2:6), las leyes relacionadas con el sabbat (5:10) y la Fiesta de los Tabernáculos (7:37). El escritor del Cuarto Evangelio también está familiarizado con la historia (el número de años que tardó la reconstrucción del templo [2:20]), la política judía (la actitud hacia los samaritanos [4:9]), autoridades judías (Anás y Caifás [18:13]), y la geografía de Palestina (el estanque en Betesda con cinco pórticos [5:2], el estanque de Siloé [9:7], Sicar [4: 5], las dos Betanias [1:28; 11:1, 18; 12: 1], Efraín [11:54]).

La pregunta sigue siendo por qué el apóstol Juan habría escrito anónimamente y utilizado una forma tan enigmática para identificarse a sí mismo como "el discípulo amado" (21:20; NVI: "el discípulo a quien Jesús amaba"). Es concebible que los lectores de Juan supieran su nombre y que, de acuerdo con la costumbre semítica del anonimato, Juan usó esta designación alternativa. ¿Por qué, sin embargo, en un esfuerzo por permanecer humildemente en el anonimato, elegiría una designación que aparentemente connota superioridad?

En respuesta, algunos han sugerido que Juan pudo haber usado el título con un sentido de asombro acerca de cómo Jesús lo amaba. El énfasis sería entonces por asombro: Juan, en lugar de mencionar su propio nombre, llama la atención sobre lo que le debe a Jesús. Este título también se combina con otros títulos más modestos: "otro discípulo" (18:15); "El otro discípulo" (20:2); "El hombre que lo vio" (19:35). Finalmente, otros han notado que la designación "el discípulo amado" puede haber sido simplemente un título por el cual Juan era conocido en todas las iglesias de Asia.

Además, si el apóstol Juan no es el autor del Cuarto Evangelio, entonces debemos explicar su ausencia de la narración. El hecho de no mencionar a Santiago y Juan (aparte de la referencia algo pasajera a los "hijos de Zebedeo" [21:2]) es sorprendente. Según los Evangelios sinópticos, estos hermanos son dos de los discípulos más destacados en el ministerio de Jesús. Si los lectores de Juan estaban familiarizados con Santiago y Juan y su papel general en la vida de Jesús, al no nombrarse a sí mismo, Juan podría mantener su propio papel subordinado en la narración. Juan, como testigo presencial, necesitaba mencionarse a sí mismo, ya que hacerlo ayudaría a establecer la credibilidad histórica de este Evangelio. Esta designación le permitió escribir una biografía de Cristo y no mencionarse por su nombre.

Hora y Lugar de Escritura

Aunque la conclusión es finalmente incierta, se cree ampliamente que Juan escribió el Cuarto Evangelio de Efeso un tanto tarde en el primer siglo (c. 85-95 d.C). Pareciera por 21:19, 23 que ha pasado un tiempo, y que Pedro ya ha muerto. Se ha argumentado que el Evangelio de Juan fue escrito antes de la destrucción del templo en Jerusalén en el año 70 d.C (sobre la base de referencias que sugieren que el templo todavía estaba en pie [*véase* 5:2]), pero este argumento desde el silencio no necesariamente establece el punto que intenta probar. La evidencia externa nos lleva a apoyar una fecha a finales del primer siglo. Los primeros padres de la iglesia afirmaron que Juan fue escrito al último, a instancias de sus discípulos, y que él escribió desde Éfeso.

La sugerencia de que Juan fue escrito en algún momento bien avanzado del siglo II ha sido rechazada por casi todos los eruditos. El descubrimiento de un manuscrito muy antiguo, P52 (fechado alrededor del año 125 d.C), confirma que el Cuarto Evangelio fue escrito y circulado a principios del siglo II. Copias de los Papiros Bodmer P66 y P75 establecen además que el Evangelio de Juan circulaba en Egipto ya en el año 140 d.C

Esquema

I. Prólogo (1:1-18)
II. Preparación para el ministerio de Jesús (1:19-51)
III. Ministerio Público de Jesús: Señales y Enseñanza (2:1-12:50)
IV. La última cena y el discurso de despedida (13:1-17:26)
V. Las narraciones de la pasión y la resurrección (18:1-21:25)

Propósito y Mensaje

El Evangelio de Juan establece su propósito en 20:31: "Pero estas [señales] están escritas para que ustedes crean que Jesús es el Mesías, el Hijo de Dios, y para que al creer tengan vida en su nombre". El texto griego de este versículo es relativamente ambiguo (algo que se notó desde una fecha muy temprana y ha dado lugar a cierta discrepancia entre los primeros manuscritos). Plantea la pregunta de si Juan escribió para que sus lectores lleguen a creer o que ellos continúen en su creencia. Varios académicos destacados han llegado a la conclusión de que Juan fue intencionalmente ambiguo y que escribió con ambos propósitos en mente.

El Evangelio de Juan se enfoca claramente en la persona, obra e identidad de Jesucristo. Juan tiene la intención de aclarar y afirmar exactamente quién era realmente el Mesías/Cristo/Hijo de Dios y por qué vino. Para Juan, la respuesta era evidente: Jesucristo es la manifestación física de Dios, y vino para ser crucificado.

La declaración de la tesis del Cuarto Evangelio aparece al final del prólogo inicial: "el Hijo unigénito, que es Dios" nos lo [al Padre] dado a conocer" (1:18). Juan demuestra esto al afirmar que lo que Dios es, el Verbo es (1:1); lo que hace el Padre, lo hace el Hijo (5:19); el Hijo y el Padre son uno (10:30); el Hijo habla lo que el Padre le ha dicho (8:28; 12:49; 14:10); y el Hijo está en el Padre, y el Padre está en el Hijo (14:10-11). La declaración culminante, entonces, es la proclamación de Jesús: "Cualquiera que me haya visto, ha visto al Padre" (14:9).

Muchas propuestas han expuesto varias intenciones secundarias para el Evangelio de Juan. Muchos de estos tienen cierta medida de legitimidad, aunque es difícil definirlo como viniendo directamente de la mente de Juan. Por ejemplo, se ha sugerido que el Cuarto Evangelio fue escrito para combatir una forma creciente de gnosticismo. Aunque este Evangelio tiene rastros de evidencia que respaldan esta afirmación, e incluso hay alguna evidencia externa a su favor, es difícil establecer si esta era una intención explícita de Juan. El gnosticismo como un sistema desarrollado no surgió hasta el siglo segundo. Otros han argumentado que este Evangelio fue escrito como parte de una polémica anti-judía. Una lectura cercana, sin embargo, defendería que este no era uno de los propósitos de Juan. Quizás la proposición secundaria más plausible es que el Evangelio de Juan fue escrito para complementar a los Evangelios sinópticos.

Juan y los sinópticos La relación entre Juan y los sinópticos es esencial para nuestra comprensión del Cuarto Evangelio. Que Juan sea independiente de los sinópticos es evidente en la medida que el Cuarto Evangelio tiene un conocimiento detallado de los acontecimientos más allá de los registrados en los sinópticos. Juan sabe de largos discursos después de milagros (por ejemplo, 6:26-58), una boda en Caná (2:1-11), conversaciones con Nicodemo (3:1-21) y una mujer samaritana (4:7-37), enfrentamientos repetidos con los judíos (p. ej., 8:12-59), la resurrección de Lázaro de la muerte (11:1-44), y más. Nada en los capítulos 3-5 es paralelo en los sinópticos; y del material en los capítulos 1-5, solo el ministerio de Juan el Bautista y la limpieza del templo se encuentran en los sinópticos. Comparado con los sinópticos, Juan tiene un vocabulario distinto (por ejemplo, verdad, testimonio, permanencia, amor, creer, luz, vida).

También en contraste con los sinópticos, Juan se enfoca en el ministerio de Jesús en Jerusalén, muestra a Jesús comenzando su ministerio antes del arresto de Juan el Bautista (3:22-24 [*ver* Mr. 1:14]), muestra que el ministerio de Jesús fue de mayor duración que en los sinópticos, no registra parábolas de Jesús ni la transfiguración, y apenas menciona el reino de Dios (3:3, 5; 18:36). Además, la teología de Juan y la identificación explícita de Jesús con Dios son únicos entre los Evangelios.

A pesar de las diferencias, el Evangelio de Juan refleja paralelismos significativos con los relatos sinópticos. Juan está al tanto de las tradiciones sinópticas con respecto a la unción del Espíritu (1:32-33), Juan el Bautista (1:19-34, 3:22-36), la alimentación de los cinco mil (6:1-13), y Jesús caminando sobre el agua (6:15-21). Además, el Cuarto Evangelio aparentemente intenta explicar características que son poco claro en los sinópticos. Por ejemplo, ¿por qué los discípulos siguieron a Jesús cuando vino a ellos y les dijo: "Sígueme"? Juan explica que muchos de ellos eran discípulos de Juan el Bautista, y que habían conocido a Jesús anteriormente (1:19-51). El hecho de que Jesús tuvo un ministerio extenso en Judea explica por qué las autoridades de Jerusalén estaban tan enojadas con Jesús y planeaban matarlo cuando él llegara a Jerusalén para la Pascua. El cometido central que Jesús enseñó contra el templo (*véase* Mr. 14:58; 15:29) también es explicada por Juan.

En general, parece que Juan y sus lectores conocían los sinópticos. Puede que Juan haya sido escrito para complementarlos y explicar aspectos de los relatos sinópticos que eran pocos claros. Por lo tanto, las inserciones entre paréntesis en 3:24 y 11:2 pueden haber sido pensadas para lectores que estaban familiarizados con el Evangelio de Marcos. Lo más significativo es que Juan complementa los sinópticos al presentar el significado de la persona de Jesús más allá de lo que se encuentra en los sinópticos.

Jesús en el Evangelio de Juan

La característica más significativa de Juan es la gran cantidad de contenido en Cristología. Juan tiene la intención de detallar precisamente la persona y la identidad de Cristo. La equiparación de Jesús con Dios es la base de todo el Cuarto Evangelio. En ningún otro Evangelio está Jesús tan claramente identificado como Dios. El Evangelio comienza con la afirmación de que el Verbo estaba en el principio con Dios, y que "el Verbo era Dios" (1:1). Más adelante, Tomás confiesa a Jesús como "mi Señor y mi Dios" (20:28).

Juan, sin embargo, identifica a Jesús con una amplia variedad de títulos y designaciones. Él es el Verbo (1:1, 14), el unigénito Dios (1:18), el Hijo unigénito (3:16, 18), el Hijo de Dios (1:34, 49; 11:27; 20:31), el Hijo del Hombre (3:13-14; 5:19-27), el maestro enviado por Dios (3:2), el profeta (4:19; 6:14; 7:40; 9:17), el Mesías (1:41; 4:29; 11:27; 20:31), el Rey de Israel (1:49; 6:15; 12:13), el Rey de los Judíos (19:19), el Santo de Dios (6:69), el Cordero de Dios (1:29, 36), el que viene (11:27, 12:13), el enviado de Dios (3:16-17, 34; 5:30; 7:16-18; 10:36), el Yo Soy (ver abajo), Paráclito (14:16), raboní (20:16), Señor (6:68; 20:18; 21:7), y Señor y Dios (20:28).

Tal vez el título más significativo aplicado a Jesús es la identificación de Él con el nombre divino para Dios: "Yo soy" (Gk egō eimi [*véase* Éx. 3:14]). Juan emplea esta designación en Jesús para reforzar sus afirmaciones de que puede obrar, hablar y actuar en el papel del Padre. En siete ocasiones, el "Yo Soy" es seguido por un predicado: pan de vida (6:35); luz del mundo (8:12); puerta (10:9); buen pastor (10:11, 14); resurrección y la vida (11:25); el camino, la verdad y la vida (14:6); vid verdadera (15:1, 5).

Juan también emplea la frase "Yo soy" en una construcción absoluta (es decir, sin un predicado) en paralelo para ser usado en la Septuaginta como un título para Dios. En algunas de estas ocasiones, Juan usa la construcción absoluta como un medio común de identificación (18:5-8). Sin embargo, lo más intrigante es el uso de esta designación por parte de Juan en el diálogo extenso con las autoridades judías (8:24, 28, 58). En 8:24, 28 el sentido parece incompleto, y la forma es más un título. Esto se vuelve explícito solo cuando se compara con el uso final y más significativo de este título en 8:58. En esta ocasión, la intención de Jesús no se pierde, y los judíos responden con el deseo de apedrearlo por blasfemia (8:59).

El Antiguo Testamento en el Evangelio de Juan

El Evangelio de Juan tiene solo catorce referencias directas del Antiguo Testamento, menos que cualquiera de los sinópticos. No obstante, una de las características clave del retrato de Jesús en Juan es el cumplimiento del Antiguo Testamento por Jesús, no solo como el Mesías sino también en términos de las instituciones, símbolos y festivales del judaísmo. En Jesús "lo viejo ha pasado, ha llegado ya lo nuevo"(2 Cor. 5:17). De este modo, en el Evangelio de Juan las antiguas purificaciones son reemplazadas por el vino nuevo (2:1-11), el antiguo templo por el nuevo templo (2:12-25), el nacimiento antiguo por el nuevo nacimiento (3:1-21), el agua vieja por el agua de vida (4:7-15), y la adoración en Jerusalén y Gerizim por la adoración "en el

Espíritu y en la verdad" (4:20-24). A menudo, las actividades de Jesús están fechadas en relación con una festividad. A lo largo de los capítulos 5-10, Juan afirma que Jesús ha cumplido y reemplazado las fiestas judías: el sabbat: relacionado con el trabajo (5:1-47); Fiesta de la Pascua: pan (6:1-71); Fiesta de los Tabernáculos: agua y luz (7:1-9:41); Fiesta de la Dedicación: templo (10:22-39).

Además, Juan se basa en un énfasis tipológico de Jesús. Él es el verdadero templo (2:21), el antitipo de la serpiente de bronce (3:14), el verdadero maná (6:32-35), la verdadera roca dadora de agua (7:37), y la nueva Torá (13:34) Por lo tanto, todo el Evangelio se enmarca en torno a las visitas de Jesús a Jerusalén, donde Juan presenta a Jesús como el cumplimiento de la esperanza de Israel y el centro de la vida de la nación. Además, este Evangelio está repleto de referencias a Abraham, Isaac, Jacob y Moisés. A pesar de la relativa falta de citas del Antiguo Testamento, el mensaje del Antiguo Testamento está entrelazado en la subestructura del Cuarto Evangelio.

Símbolos y el Evangelio de Juan

La manera en que Juan utiliza símbolos para transmitir su mensaje está estrechamente relacionada con la comprensión del Evangelio de Juan y el Antiguo Testamento. Por ejemplo, el agua a menudo significa vida, limpieza, descanso, renovación, lo nuevo que Jesús trae y, en última instancia, el Espíritu que da vida. Es por eso que Nicodemo debe renacer en el agua y el Espíritu (3:5). Jesús convierte el agua en vino (2: 8) y le promete agua viva a la mujer en el pozo (4:10).

Juan también le haya un sentido mayor a los milagros de Jesús que lo que parecen como fenómenos físicos. Por lo tanto, usa la designación "señales" (ver, por ejemplo, 2:11) para hacer referencia a los milagros de Jesús. Por medio de esta designación, Juan se enfoca en la importancia del milagro y no solo en el poder de Jesús. Juan nos informa que las señales de Jesús son cristológicas; ellos representan quién Él es, no solo lo que hace. Por ejemplo, a partir de la multiplicación del pan de Jesús, aprendemos que él es el dador de la vida eterna y la fuente de nuestro sustento (6:26, 27).

Ironía y Malentendido en Juan

Otra clave para entender el Evangelio de Juan está en el uso de la ironía y el malentendido. La ironía es una técnica literaria evidenciada en Juan en situaciones en que los oponentes de Jesús hacen declaraciones acerca de Él que son peyorativas, sarcásticas, etc., y sin embargo son más verídicas o significativas de lo que ellas suponen. Juan presenta tales declaraciones, pero las deja sin respuestas, suponiendo que su audiencia verá la verdad más profunda. Por ejemplo, muchos de los judíos pasaron por alto al mismo Mesías que estaban buscando (1:11, 45; 5:39-40); dicen saber de dónde es Jesús (7:27), y sin embargo se niegan a aceptar la verdad de que Él viene de Dios (7:28). El uso más famoso de la ironía aparece en la famosa frase: "¡Aquí tienen al hombre!" de Pilato (19:5).

Los malentendidos son ocasiones en las que Jesús hace una observación que es ambigua o metafórica y su compañero en la conversación responde tomando la observación literalmente, mostrando así que el significado espiritual se le ha escapado a esa persona. Juan luego explica a sus lectores el verdadero significado. Juan usa esta técnica para llevar a sus lectores a un mayor conocimiento de quién es Jesús: Dios encarnado. Ejemplos de malentendidos se encuentran en 2:19-21; 3:3-5; 4:10-15, 31-34; 6:32-35, 51-53; 7:33-36; 8:21-22, 31-35, 56-58; 11:11- 15, 23-25; 12:32-34; 13:36-38; 14:4-6, 7-9; 16:16-19.

¿Antisemitismo en Juan?

La controversia de que Juan muestra una agenda antisemita en la que el peso de la crucifixión de Jesús se coloca sobre el pueblo judío es el resultado de una lectura errónea del Cuarto Evangelio. Una lectura exhaustiva de Juan confirma que la designación "judíos" a menudo refleja el término genérico "israelitas". El término "judío" se usa en un sentido neutral en 4:22 (la salvación proviene de los judíos); 8:31; 11:45; 12:11 (muchos judíos creyeron); y 2:13; 5:1; 6:4 (fiesta de los judíos). Cuando la designación "judío" aparece en un sentido negativo en Juan, se refiere particularmente a los líderes y autoridades judías (7:13; 9:22; 19:38; 20:19).

En consecuencia, el uso del término de Juan no se basa en una degradación inherente de las personas, sino que refleja la realidad histórica del enfrentamiento de Jesús con las autoridades judías.

Que Juan, en un esfuerzo de exonerar a los romanos, no eche toda la culpa a los judíos es también evidente por el hecho de que Pilato es retratado como alguien que hace caso omiso de la justicia. Él tiene a un hombre inocente golpeado y crucificado ("No encuentro delito alguno en él" [19:6]). Juan no registra este grito del pueblo judío: "Caiga su sangre sobre nosotros y sobre nuestros hijos" (Mateo 27:25 LBLA, RVA). En consecuencia, la acusación de antisemitismo en el Evangelio de Juan es infundada.

JUAN, PRIMERA CARTA DE 1 Juan es una carta escrita para afirmarles a los cristianos la seguridad de su salvación en Cristo. La carta contrasta la verdad del evangelio original enseñado por el autor con las doctrinas heréticas de los maestros viajeros que buscaban infundir dudas y temor en las iglesias. La encarnación se toma el centro del escenario como la confesión culminante del cristianismo (1 Juan 4:2-3). El amor cristiano fluye del máximo ejemplo de amor de Dios en la muerte expiatoria de Cristo.

Género

Primera de Juan se conoce comúnmente como una carta, pero no lleva ninguna de las características tradicionales de una carta greco-romana. El autor no se presenta, los destinatarios no son nombrados, no hay un saludo de apertura o un deseo de buena salud, y no hay saludos finales. Algunos han sugerido que 1 Juan es un tratado universal, pero el contenido es demasiado específico y polémico. Primera de Juan es probablemente una carta circular destinada a la distribución general entre las iglesias asociadas con el autor.

Temas Principales

Primera de Juan repite muchos de los mismos temas que el Evangelio de Juan. La realidad histórica de la encarnación de Cristo es un tema central en 1 Juan (1:1-3). La encarnación está arraigada en la historia y no puede separarse de ese hecho fundacional. El "sacrificio expiatorio" de Cristo es otro hecho fundamental de la fe cristiana; sin embargo, no es tan simple como que Cristo murió una muerte sacrificial, sino que lo hizo "por nuestros pecados" (2:2; 4:10). El autor explica el significado de la expiación para ayudar a construir la confianza de la salvación de los cristianos que tienen luchas. En varias instancias, el autor pone especial énfasis en el perdón de los pecados que viene gracias a la sangre de Jesús. Su muerte "nos purifica de todo pecado" (1:7). Él vino para quitar el pecado y destruir la obra del diablo (3:5, 8).

El amor es otro tema resonante. Los cristianos deben amarse unos a otros de manera concreta, reflejando el amor sacrificial de Cristo (2:16-18). El amor está enraizado en Dios y finalmente se demuestra en la cruz (4:9). Nunca encontraremos lo que significa el amor si comenzamos desde el extremo humano. Debemos partir de la cruz, donde vemos el amor de Dios (4:10). El autor recuerda a sus lectores que tienen el Espíritu Santo y que no necesitan que falsos maestros les dé otra instrucción (2:20-21, 26-27). El Espíritu de Dios es el Espíritu de la verdad, que da testimonio de que Jesús es Cristo que ha venido en carne (4:2,6). Los espíritus contrapuestos deben ser probados y rechazados como "anticristo" si no confiesan a Cristo (4:3).

Primera de Juan está lleno de metáforas en relación a la familia. El autor se dirige repetidamente a sus lectores como "niños", "hermanos" y "amados". Ser "nacido de Dios" es el sello distintivo de los que son "hijos de Dios" (2:23; 3:1-3, 9-10). Los hijos de Dios se aman unos a otros y hacen lo correcto (3:10-11). La vida eterna es una posesión presente de la cual los creyentes pueden estar seguros (5:13). Aunque los falsos maestros siembran semillas de duda, el autor busca desarraigarlos. La salvación no es para aquellos que están espiritualmente iluminados sino para todos aquellos cuya fe está en la sangre de Cristo.

Características Literarias

Una de las características literarias favoritas del autor es la repetición de palabras clave. La palabra "amor" aparece más de cincuenta veces en 1 Juan. El amor es la base de la fe cristiana. El verbo "conocer" aparece aproximadamente cuarenta veces en 1 Juan. El autor tranquiliza a sus lectores acerca de su salvación al repetir lo que ya "conocen". Ellos "conocen" a Dios y no deben temer el supuesto conocimiento de los falsos maestros. El verbo "permanecer" aparece veinticuatro veces. Dios, la palabra de Dios, Cristo, la verdad, la vida, el amor y el Espíritu Santo permanecen en los creyentes. Ellos, a su vez, deben permanecer en Dios, Cristo y la luz. Por el contrario, los incrédulos permanecen en la muerte (3:14). Primera de Juan también tiene fuertes contrastes dualistas: luz/oscuridad, amor/odio, verdad/falsedad (1-2; 4:6). El dualismo de 1 Juan es similar al encontrado en los RMM, pero su carácter cristiano le da un énfasis cristocéntrico único.

Autoría

Primera de Juan y el Evangelio de Juan comparten el mismo vocabulario, estilo de escritura y muchos temas entrelazados que apuntan a un autor en común. Los primeros versículos de 1 Juan muestran una estrecha afinidad con el comienzo del Evangelio (Juan 1:1, 1 Juan 1:1). Además, las declaraciones de propósito tanto del Evangelio como de 1 Juan conciernen la fe en Cristo y recibir vida eterna (Juan 20:31, 1 Juan 5:13). Algunos estudiosos creen que el apóstol Juan es el autor, pero esto es imposible de probar en el texto mismo, ya que el autor nunca menciona su nombre. Los padres de la iglesia como Ireneo, Clemente de Alejandría y Tertuliano atribuyeron 1 Juan al apóstol. Una teoría alternativa es que las tres cartas fueron escritas por otro Juan, conocido como Juan "el anciano" (2 Juan 1; 3 Juan 1). El historiador de la iglesia Eusebio pensó que este anciano Juan, en vez del apóstol Juan, era el autor de las Cartas Joánicas. Se cree que Juan el anciano vivió en Éfeso casi al mismo tiempo que Juan el apóstol. Sin embargo, no hay pruebas irrefutables que pruebe si esta persona existió o de que haya escrito algo a las iglesias de la zona. Sin embargo, no hay nada en 1 Juan que dependa de la identidad exacta del autor. Él parece ser de edad avanzada y considera a los miembros de la iglesia como sus "hijos" (2:1, 18, 28; 3: 7, 18; 4: 4; 5:21) y "amigos" (3:2, 21; 4:1, 7, 11). Él tiene una relación cercana con ellos y muestra una genuina preocupación pastoral por el bienestar de ellos. Él afirma ser un testigo presencial de Jesús, la Palabra de vida (1:1-3).

Audiencia, Contexto Social, y Fecha

Audiencia y fecha. La audiencia era un grupo de iglesias que estaba en comunión con la iglesia del autor. Este grupo de iglesias a menudo se conoce como la Comunidad Joánica, una comunidad representada por la literatura joánica del NT (Evangelio de Juan, 1-3 Juan, Apocalipsis). No está claro si esta comunidad funcionó formalmente como tal, pero pareciera que hay una red de iglesias muy unidas asociadas con el autor. La tradición ubica estas iglesias en Efeso y sus alrededores al final del primer siglo. Como el Evangelio de Juan fue escrito en algún momento entre los años 85-95 d.C-, 1 Juan fue probablemente escrito poco después a las iglesias de Efeso y sus alrededores.

Contexto social. El contexto social exacto de 1 Juan es incierto, pero aparentemente las iglesias corrían peligro por el intento de falsos maestros itinerantes de distorsionar el evangelio predicado por el autor. Sus enseñanzas pueden haber surgido de una mala interpretación del Evangelio de Juan, pero esto es difícil de probar. Estuvieron en comunión con el autor en algún momento, pero se apartaron y trazaron su propia dirección engañosa (1 Jn. 2:18-19, 26). La audiencia ya había escuchado el mensaje del Evangelio, incluido su mandamiento de amar, y esto ya había impactado sus vidas (2:8). Ellos ya conocían la verdad del Evangelio (2:21), pero los falsos maestros comenzaron a sembrar semillas de duda. Esto explica la declaración de propósito de 1 Juan: "Les he escrito estas cosas a ustedes, que creen en el nombre del Hijo de Dios, para que sepan que tienen vida eterna" (5:13). El propósito del autor no era corregir a los herejes, ya que la carta no estaba escrita para ellos, sino mostrarles a los lectores que las afirmaciones de los falsos maestros eran falsas.

La identidad de los falsos maestros es desconocida, pero sus enseñanzas reflejan semillas de gnosticismo y docetismo y es posible que tuvieran algunas influencias judías. Las formas más avanzadas de gnosticismo y docetismo que amenazaron a la iglesia en el siglo II aún no estaban completamente desarrolladas para la época de Juan, pero ya estaban comenzando a infiltrarse ideas similares en la iglesia. Los gnósticos enseñaban una división radical entre carne y espíritu. La carne y la materia eran malas, pero el espíritu era bueno. Debido a esta falsa premisa, pueden haber malinterpretado las palabras de Jesús en el Evangelio de Juan: "Lo que es nacido de la carne, carne es; y lo que es nacido del Espíritu, espíritu es" (Juan 3:6). Un gnóstico o un docético que "nació de arriba" (*véase* Juan 3:3 NVI mg) resucitaba y se volvía "de otro mundo" y verdaderamente "espiritual". La carne era descartada como inútil y malvada. Aunque este era solo un aspecto de la enseñanza falsa, era suficiente para amenazar el núcleo mismo del evangelio de Cristo, en lo que respecta a la carne, así como también una resurrección corporal. Para los falsos maestros, Jesús solo parecía tener un cuerpo genuino de carne y sufrir y morir (docetismo), ya que la carne era malvada por naturaleza (gnosticismo). Esta noción amenazaba el corazón mismo del evangelio cristiano.

Entre los temas debatidos estaban la identidad de Cristo, el significado de su muerte expiatoria, la naturaleza de la salvación y la forma del discipulado cristiano. Los herejes decían estar sin pecado (1 n. 1:8-2:2), continuaron pecando (3:6, 8, 10), desobedecieron los mandamientos de Dios (1:6-7; 2:4-6; 5:2-3), no amaban a sus hermanos y hermanas en Cristo y sin embargo afirmaban amar a Dios (2:7-11; 3:10-18, 23; 4:7-11, 20-21), y amaban el mundo (2:15-17; 4:4-6; 5:19). Se equivocaron con respecto a la naturaleza y las obras de Cristo. Negaron que Jesús fuera el Cristo y, al hacerlo, también negaron a Dios (2:22; 5:1). Al negar a Jesús, no permanecieron en Dios (4:15, 5:5, 10, 13). Rechazaron el hecho histórico de que Cristo vino en carne (4:3). También rechazaron la expiación de Cristo

Restos arqueológicos de la antigua ciudad de Éfeso. Las iglesias en Éfeso y sus alrededores fueron la audiencia de 1 Juan.

(2:2; 3:5; 4:10; 5:6). Puede que aquellos que amenazaron a la iglesia hayan valorado el ámbito celestial y espiritual, pero despreciado la materia física de tal manera que los llevó a poner todo su énfasis en el Cristo celestial en lugar del Jesús humano, y en su propio estado "espiritual" como hijos de Dios en lugar de sus acciones cotidianas. Estaban comprometidos con una comprensión fundamentalmente diferente de la fe cristiana.

Los herejes no estaban contentos de guardarse sus ideas para sí mismos, por lo que circularon entre las iglesias con el fin de difundir sus creencias. Trataron de ganarse a las personas para que comprendieran las cosas a su manera (2:26; 4:1-3). Esto llevó a la confusión entre los creyentes que permanecieron fieles al evangelio como se proclamó desde el principio, el evangelio que había venido de testigos directos como el autor. Como resultado, estos cristianos dudaron de su salvación, dudaron si realmente conocían a Dios y a Cristo, y dudaron de que estuvieran experimentando la vida eterna. Claramente, el autor veía las enseñanzas y prácticas de los falsos maestros como una amenaza para la comprensión correcta de la verdad y para el bienestar de sus lectores.

Esquema

I. Prólogo: El Verbo de Vida Encarnado (1:1-4)
II. Caminando en la Luz (1:5-2: 2)
III. Obedeciendo sus mandamientos (2:3-11)
IV. No amen al mundo (2:12-17)
V. Una advertencia contra los anticristos (2:18-27)
VI. La esperanza de los hijos de Dios (2:28-3: 3)
VII. Nacido de Dios (3:4-10)
VIII. Amarse los unos a los otros (3:11-18)
IX. Confianza y Obediencia (3:19-24)
X. Los espíritus de la verdad y la falsedad (4:1-6)
XI. La prioridad del amor de Dios (4:7-12)
XII. Amor cristiano (4:13-5: 4)
XIII. La Verdadera Fe Confirmada (5:5-12)
XIV. Observaciones finales (5:13-21)

JUAN, SEGUNDA CARTA DE Segunda de Juan es una carta de seguimiento a 1 Juan, enviada a una de las iglesias involucradas para advertirles sobre los herejes que intentaban engañar a la gente. El anciano exhorta a la iglesia a no tener nada que ver con los falsos maestros y continuar caminando en la verdad y siguiendo el mandamiento de Dios de amarse los unos a los otros (vv. 4-6).

Género, Características Literarias, y Autoría

A diferencia de 1 Juan, 2 Juan tiene las características de una carta tradicional greco-romana. Identifica tanto al autor como a la audiencia (v. 1), transmite un saludo introductorio cristiano (v. 3) similar a las cartas de Pablo, y tiene un saludo final (v. 13). Segunda de Juan es el escrito más corto del NT.

Segunda de Juan comparte muchas características literarias con 1 Juan. El anciano trata con la misma situación histórica que la reflejada en 1 Juan. Él advierte a sus lectores de aquellos que "no reconocen que Jesucristo ha venido en carne", que han "salido al mundo" (v. 7) y no continúan en las enseñanzas de Cristo (v. 9). Él califica a estos falsos maestros como "anticristos" (v. 7). Él reitera el gran mandamiento de amor, que la iglesia ha escuchado desde el principio (vv.5-6). El anciano se goza porque encuentra a los cristianos "caminando en la verdad" (v. 4). Finalmente, él anima a sus lectores a que de veras "conozcan la verdad" (v. 1) a pesar de los esfuerzos de los impostores para confundirlos.

El autor se identifica simplemente como "el anciano" (v. 1). Esto ha llevado a algunos estudiosos a sugerir que Juan el anciano en lugar de Juan el apóstol fuera el autor. Pero, una vez más, no hay ninguna prueba irrefutable de que haya habido un Juan el anciano separado y aparte de Juan el apóstol, y mucho menos de que haya escrito algo. Juan el apóstol probablemente también era un anciano como Pedro (1 Pe. 5:1). Sin embargo, se refiere a sí mismo como "El anciano" porque su audiencia ya conoce su identidad.

Audiencia, Contexto Social, y Fecha

La audiencia es "la señora escogida y sus hijos" [NVI: "a la iglesia elegida y a sus miembros"], probablemente una metáfora de una iglesia local (v. 1 NBD). El principal propósito del anciano de escribir era advertir a sus lectores sobre los engañadores y las nefastas consecuencias de darles la bienvenida y aceptar su enseñanza: los lectores perderían la recompensa por la que trabajaban, y estarían participando con el trabajo malvado de los engañadores (vv. 8, 11). Segunda de Juan fue escrita probablemente al mismo tiempo que 1 Juan (85-95 DC).

Temas Principales

Segunda de Juan continúa con los temas principales de 1 Juan: el amor, obedecer los mandamientos de Dios, caminar en la verdad y los cristianos como "hijos". Un tema adicional es la hospitalidad. Se advierte a los lectores que no permitan que estos engañadores enseñen en su iglesia-casa (vv. 10-11). La comunión y la hospitalidad se extienden solo a aquellos que reconocen que Jesucristo ha venido en carne y hueso.

Esquema

I. Saludos (vv. 1-3)
II. Elogio (vv. 4-6)
III. Exhortación y Advertencia (vv. 7-11)
IV. Conclusión (vv. 12-13)

JUAN, TERCERA CARTA DE Tercera de Juan es una segunda carta de seguimiento a 1 Juan, enviada a Gayo para elogiarlo por extender la hospitalidad a los predicadores itinerantes de buena reputación. Tercera de Juan también elogia las acciones de Demetrio mientras condena las de Diótrefes.

Género, Características Literarias, y Autoría

Al igual que 2 Juan, 3 Juan tiene las características de una carta greco-romana, que identifica tanto al autor como a la audiencia (v. 1) y tiene una oración de apertura para la buena salud (v. 2) y saludos finales (v. 13). Tercera de Juan comparte muchas características literarias con 2 Juan: "caminar en la verdad" (v. 4), "amar en la verdad" (v. 1). Sus declaraciones finales son virtualmente idénticas (2 Juan 12; 3 Juan: 13-14). El autor se identifica a sí mismo como "el anciano" (v. 1). Las sorprendentes similitudes de lenguaje, contenido y estilo entre 2 Juan y 3 Juan indican que la misma persona escribió ambas cartas (así como 1 Juan).

Audiencia, Contexto Social, y Fecha

Tercera de Juan está dirigido a Gayo, un querido amigo del anciano (vv. 1-2, 5, 11). Se sabe que es fiel a la verdad (v. 3) y fiel en brindar hospitalidad (vv. 5-7).

El contexto social nuevamente se relaciona con los predicadores itinerantes. Estos predicadores se movían entre las iglesias a las cuales pertenecían el anciano y Gayo. Salieron "por causa del Nombre" (v. 7), tenían buena reputación, y fueron recibidos por Gayo (v. 5). Pero Diótrefes, un oponente del anciano, se negó a darles la bienvenida y excomulgó a quienes los recibieron (vv. 9-10). Es posible que Diótrefes tomara advertencias similares a las de 2 Juan 1:11 demasiado lejos al excomulgar incluso a los predicadores de buena reputación. El anciano no critica la doctrina de Diotrephes, sino su comportamiento contencioso. Demetrio era probablemente un predicador viajero y fue elogiado por el anciano (v. 12). Tercera de Juan bien pudo haber sido una carta de recomendación para Demetrio llevada por el mismo Demetrio.

Tercera de Juan fue escrita probablemente al mismo tiempo que 1-2 Juan (85-95 d.C).

Temas Principales

Al igual que 2 Juan, 3 Juan se centra en los temas del amor, obediencia a los mandamientos de Dios, caminar en la verdad, y los cristianos como "niños", pero trata con más detalle el asunto de la hospitalidad (vv.6-10).

Esquema

I. Saludos (v. 1)
II. Elogio a Gayo (vv. 2-8)
III. Condena de Diótrefes (vv. 9-10)

IV. Exhortación a Gayo (v. 11)
V. Elogio a Demetrio (v. 12)
VI. Conclusión (vv. 13-15)

JUANA La esposa de Chuza, el mayordomo de Herodes Antipas. Juana fue sanada por Jesús, ya sea de enfermedad o de estar poseída por demonios, y estuvo entre las mujeres que viajaron con Jesús durante su ministerio y le brindaron apoyo (Lc. 8:1-3). Juana probablemente presenció la crucifixión de Jesús (23:49) y observó la ubicación de la tumba de Jesús (23:55). Al regresar para ungir el cuerpo de Jesús, Juana recibió el mensaje de su resurrección y fue con las mujeres a contarles a los otros discípulos (24:9-11).

JUBAL Uno de los dos hijos nacidos de Lamec y su esposa Ada (Gn. 4:21). Se le conoce como "padre de todos los que tocan la lira y la flauta", lo que probablemente lo designa a él como el inventor de los instrumentos y como el fundador de las artes musicales.

JUBILEO *Ver* Año del Jubileo.

JÚBILO Gozo, Alegría. Júbilo no es un tema muy frecuente en gran parte de la Biblia. De hecho, la palabra "júbilo" no aparece en varios libros del Antiguo Testamento y aparece solo esporádicamente en otros. La falta de predominio de esta palabra es comprensible, ya que la mayor parte de la Biblia trata de un mundo en el que los humanos se encuentran fuera del jardín del Edén.

Antiguo Testamento. Las expresiones de júbilo más entusiastas y concentradas en el AT se encuentran en el contexto de la adoración cuando el pueblo de Dios halla júbilo en su presencia, generalmente cuando la comunidad se reúne para varias fiestas. Por lo tanto, las palabras que connotan júbilo se concentran en Deuteronomio, Crónicas, Esdras-Nehemías, Isaías y especialmente en Salmos. Como es de esperarse, podemos encontrarnos con personas regocijándose con las alegrías simples de la vida: cuando se encuentran con un pariente cercano (Éx. 4:14), cuando sus enemigos son derrotados (1 Sam. 18:6, 2 Cr. 20:27), cuando nace un niño (Jer. 20:15), al sonido de la música (Sal. 45:8), y cuando escuchan una buena palabra (Prov. 12:25). Jonás "se alegró en gran manera" (NVI: "se alegró muchísimo") porque una planta creció como una sombra sobre su cabeza (Juan 4:6). El maestro de Eclesiastés insta a sus alumnos a regocijarse en su juventud (Ecl. 11:9), y considera que es bueno estar alegres (3:12; 8:15). El vino puede alegrar el corazón de los humanos (Sal. 104:15) y la vida en general (Ecl. 10:19). Más importante aún, se alienta a los hombres a alegrar a sus jóvenes esposas (Dt. 24:5 [NVI: "hacer feliz"]) y a regocijarse con la mujer de su juventud (Prov. 5:18). Para el salmista, las "enseñanzas" de Dios son motivo de alegría (Sal. 19:8; 119:111).

Sin embargo, es mucho más común encontrar alegría y deleite en la presencia de Dios, especialmente cuando la comunidad se reúne para celebrar varias fiestas. El salmista entiende bastante bien que más que el vino o una joven esposa, es Dios quien brinda alegría a sus siervos (Sal. 86:4). Por lo tanto, los primeros llamados a regocijarse se hallan siempre en la presencia de Dios (Lev. 23:40, Dt. 12: 7, 12, 18, 14:26, 16:11, 26:11). Salmo 16:11 es un buen ejemplo: "Me darás a conocer la senda de la vida; en tu

Un músico tocando un instrumento de cuerda, en el Estándar de Ur (Mesopotamia, 2600 a.C). Jubal es considerado el inventor de tales instrumentos (Gn. 4:21).

presencia hay plenitud de gozo; en tu diestra, deleites para siempre".

Para el profeta Habacuc, incluso si las cosechas fallan y no quede nada para comer, él encuentra motivo de alegría en Dios, el único que puede traer salvación: "Con todo yo me alegraré en el Señor, me regocijaré en el Dios de mi salvación" (Hab. 3:18). Este versículo es importante porque muestra que el pueblo de Dios debe saber regocijarse más allá de las bendiciones materiales, y también porque une dos razones centrales para la alegrarse en el AT: Dios y su salvación (Sal. 9:14; 21:1). Is. 25:9; 61:10).

El profeta Zacarías anticipa un tiempo de gran alegría en que un rey justo traerá salvación a Sión (Zac. 9:9). Finalmente, la alegría real y completa solo puede existir cuando y donde reine Dios (1 Cr. 16:31; Sal. 97:1).

J

Nuevo Testamento. El tiempo de gozo y salvación anticipado por los profetas comienza su cumplimiento en el NT. Los Evangelios interpretan la profecía en Zac. 9: 9 en referencia a Jesús (Mr. 11:9-10, Lc. 19:37-38), y ya hay una fuerte nota de alegría con el nacimiento de Jesús (Mt. 2:10, Lc. 1:47, 2:10). La vida de Jesús (Lc. 10:17, Jn. 3:29) y la resurrección también evocan un regocijo intenso (Mt. 28:8, Lc. 24:52). En el Evangelio de Juan, el gozo se convierte en el resultado de una profunda comunión entre Jesús y la iglesia (Jn. 16:22; *ver también* 1 Jn. 1:3-4), y en Hechos marca la vida de la iglesia primitiva (Hec. 2:46; 8:8; 13:52; 15:3).

Pablo usa la alegría en al menos tres formas. Primero, el progreso en la fe de los hijos de Dios, particularmente aquellos a quienes Pablo condujo a Cristo, es una gran causa de gozo (1 Tes.2:19-20, *ver* Fil. 2:2). En segundo lugar, Pablo enfatiza la paradoja de que el gozo puede ser el resultado del sufrimiento e incluso la aflicción por la causa de Cristo (2 Cor. 6:10; Col. 1:24; *ver* 1 Pe. 4:13). Por lo tanto, la carta de Pablo a los filipenses, aunque escrita en circunstancias de gran sufrimiento, es también la más gozosa de todas sus cartas (Fil. 2:2; 3:1; 4:4). Tercero, el gozo es un don del Espíritu Santo (Gál. 5:22), y los verdaderos creyentes debieran tener cuidado en su caminar diario con el Señor para evitar "entorpecer" este regalo.

La última palabra sobre el gozo se encuentra apropiadamente en el libro de Apocalipsis: "Regocijémonos y alegrémonos y démosle a Él la gloria porque las bodas del Cordero han llegado, y su esposa se ha preparado" (19:7).

JUCAL Hijo de Selemías, fue oficial en la administración del rey Sedequías (Jeremías 37: 1-3). Jucal fue comisionado para convencer a Jeremías de que orara en nombre de Judá. Más tarde, Jucal formó parte de un grupo de oficiales que querían matar a Jeremías (38:1-4).

JUCAL *Ver* Jehucal.

JUDÁ **(1)** El cuarto hijo de Jacob (Gn. 35:23). El significado de su nombre es debatido, pero su madre, Lea, lo relaciona con "alabanza" (29:35). Persuadió a sus hermanos de vender a José en lugar de matarlo (37:26-27). También garantizó la seguridad de Benjamín cuando los hermanos regresaron a Egipto para comprar comida (43:1-10). A pesar de su despreciable comportamiento con su nuera Tamar (Gn. 38), la bendición de su padre incluía la promesa de la realeza (49:10). **(2)** Un levita y el antepasado de una familia que trabajó en el templo postexílico (Esd. 3:9, *véase* 2:40 RV, LBLA, NTV; NVI: Hodavías). **(3)** Un levita entre los que se casaron con una mujer extranjera (Esd. 10:23). **(4)** Hijo de Hasenuá, estaba a cargo del segundo distrito en la Jerusalén posterior al exilio (Neh. 11:9). **(5)** Un levita que había regresado del exilio bajo Zorobabel y estaba a cargo de las canciones de acción de gracias (Neh. 12:8). **(6)** Un oficial de Judá que participó en la dedicación de los muros de Jerusalén (Neh. 12:34). **(7)** Un músico y sacerdote que participó en la dedicación de los muros de Jerusalén (Neh. 12:36). **(8)** Un antepasado de Jesús (Lc. 3:30). *Ver también* Judá, Reino de; Judá, Tribu de.

JUDÁ, REINO DE También conocido como el reino del sur, el reino de Judá comenzó cuando las tribus del norte de Israel se separaron del reino de David debido a la continuación de las políticas económicas de Salomón por su hijo Roboam. Tal vez sea aún más exacto fechar el comienzo del reino al ascenso de David al trono después de la muerte de Saúl, pero previo a la consolidación de David de todas las tribus israelitas en el reino cuando capturó la ciudad jebusea de Jerusalén. Las principales fuentes históricas para el reino de Judá son 1-2 Samuel, 1-2 Reyes y 1-2 Crónicas.

La Biblia ofrece dos descripciones diferentes de Judá. La primera es la historia teológica de Judá, con su línea de reyes davídicos, los cuales son juzgados en base a su fidelidad hacia Dios. La segunda es la historia política y económica de Judá, que describe una pequeña y aislada ciudad-estado con poca influencia política y una economía que depende en gran medida de los caprichos de sus vecinos. En los siglos X y IX a.C, Judá estuvo marcado por sus conflictos continuos con Israel al norte. En el siglo VIII a.C, la dinastía de Omri de Israel ejerció una influencia considerable sobre Judá, hasta el punto de que alrededor de 845 a.C, Atalía, hija del rey de Israel, Acab, se convirtió en la disputada reina de Judá. Con el ascenso del Imperio Asirio a fines del siglo VIII a.C, Israel fue destruido (lo que resultó en una gran afluencia de refugiados del norte), y Judá se convirtió en poco más que un estado vasallo de Asiria, debiendo pagar grandes tributos a los asirios.

Poco después, el rey Ezequías se rebeló contra los asirios. Esto trajo grandes repercusiones contra Judá, incluida la destrucción de la fortaleza de Laquis y la aniquilación de la mayor parte de la población fuera de Jerusalén, pero el reino quedó intacto (al mantener a un rey en el trono).

A medida que el Imperio Asirio sucumbió al poder creciente de los babilonios, Josías pudo, por un corto tiempo, iniciar una reforma en Judá, extendiendo su poder político y las fronteras de Judá a gran parte de la tierra del antiguo reino de Israel. Por razones que no están claras, Josías intentó evitar que un ejército egipcio en avanzada se uniera a los asirios en un intento por derrotar a los babilonios, y como resultado, los egipcios obtuvieron el control del reino de Judá. Los egipcios nombraron rey a Joacim, y él permaneció fiel a Egipto a pesar de la derrota de Egipto por los babilonios. Joacim se rebeló contra los babilonios, creyendo que los egipcios acudirían en su rescate. Los babilonios vinieron, pero los egipcios no lo hicieron, y como resultado, los babilonios destruyeron la ciudad de Jerusalén en 586 a.C

La destrucción de Jerusalén terminó efectivamente con el reino de Judá, que se convirtió en una provincia de Babilonia. Después de que los persas derrotaron a los babilonios, Judá se convirtió en la provincia persa de Yehud y permaneció así durante otros doscientos años.

JUDÁ, TRIBU DE Descendientes de Judá, el cuarto hijo de Jacob. La tribu de Judá tenía especial prominencia a lo largo del AT y era a menudo un líder político y militar entre las tribus. Josué 15 describe el territorio geográfico de la tribu como la tierra entre el Mar Muerto y el Mar Mediterráneo, con una frontera al norte que es más o menos una línea recta desde el punto más nórdico del Mar Muerto, directamente al oeste del Mar Mediterráneo. De manera similar, la frontera sur es más o menos una línea recta desde el punto más meridional del Mar Muerto al oeste hasta el Mar Mediterráneo. 2 Re. 23:8 describe que Judá abarcaba el área desde Geba (alrededor de ocho millas al norte de Jerusalén) hasta Beerseba (a unas cuarenta millas al sur de Jerusalén). Siendo una tribu pre monárquica, Judá nunca se dio cuenta de sus fronteras, sino que ocupó la región de las colinas en la parte oriental de la zona descrita. Los filisteos controlaban las llanuras costeras y obstaculizaban la expansión de Judá. Ellos no fueron dominados hasta el tiempo de David.

El carácter independiente a nivel político de la tribu se destaca en el hecho de que el Cántico de Débora (Jueces 5) nombra a Benjamín (la tribu directamente al norte de Judá) como el punto más al sur de Israel. Además, Saúl nunca consolidó su autoridad sobre la tribu de Judá durante su reinado. La geografía montañosa del área favorecía este carácter independiente ya que los aislaba naturalmente del resto de Israel. La tribu de Judá tuvo una historia relativamente corta ya que incluso antes del tiempo en que David consolidó las tribus, la distinción entre la tribu de Judá y el área que más tarde se convertiría en el reino de Judá comenzaba a difuminarse. Esto fue agravado por la revuelta de Absalón, que dividió aún más el reino ideológicamente entre las tribus del norte y Judá. Finalmente, con la muerte de Salomón, la distinción de la tribu se perdió substancialmente, ya que se formaba el nuevo reino de Judá, que abarcaba las áreas tribales de Judá junto con gran parte de Benjamín, Simeón, partes del antiguo reino jebuseo (incluida Jerusalén), y algunos del reino filisteo.

JUDAEA *Ver* Judea.

JUDAÍSMO Los hábitos étnicos de los judíos en relación con su Dios. Las escrituras existentes de los antiguos intelectuales judíos a menudo enfocan estas prácticas en torno al pacto que Dios estableció con Israel y la ley que debían obedecer, lo cual define a Israel como el pueblo de Dios. *Ver también* Fiestas Judías.

J

JUDAIZANTES El término "judaizante" no aparece en la mayoría de las traducciones de la Biblia. Surge del verbo griego Ioudaizō, que significa "vivir como judío" (Gál. 2:14; *ver* Est. 8:17 LXX; Josefo, J.W. 2.463). Los judaizantes siguieron cumpliendo las prácticas judías de la circuncisión, las leyes alimentarias, el sabbat y las otras fiestas y festivales junto con su nueva fe en Jesús como el Mesías. En particular, creían que la salvación era para los judíos, y que cualquiera que quisiera experimentar la salvación necesitaba alinearse con todas las prácticas judías del AT. Muchas de estas personas vivieron en los primeros años de la iglesia, cuando la relación entre las prácticas del AT y la recién nacida era de la iglesia del NT era menos clara. Pablo, más que ningún otro, vio los peligros de este movimiento y condenó debidamente incluso al mismo Pedro cuando vio que este y otros "no seguían la verdad del mensaje del Evangelio". Pablo "le dijo a Pedro delante de todos: Si tú, que eres judío de nacimiento, dejaste a un lado las leyes judías y vives como un gentil, ¿Por qué ahora tratas de obligar a estos gentiles a seguir las tradiciones judías?" (Gál. 2:14). Los judaizantes sufrieron una derrota importante en el concilio de Jerusalén, cuando Santiago y la iglesia de Jerusalén dictaminaron que los gentiles no tenían que ser circuncidados para poder ser salvos (Hec. 15).

JUDAS El nombre Judas (griego Ioudas) es el equivalente griego del nombre hebreo Judá (Yehudá). **(1)** Uno de los hermanos de Jesús (Mt.13:55; Mr. 6:3), también conocido como Judas, autor de la carta que lleva su nombre (Judas 1). **(2)** Uno de los apóstoles identificado como Judas hijo de Jacobo (Lc. 6:16, Hec. 1:13) y Judas (no Judas Iscariote) (Jn. 14:22), probablemente la misma persona que Tadeo (Mt. 10:3; Mr. 3:18). **(3)** Un difunto revolucionario identificado como Judas Galileo (Hec. 5:37), probablemente la misma persona que Judas el Galileo de Gamala en Gaulonita, quien dirigió una rebelión en oposición a los impuestos romanos en el año 6 d.C (Josefo, Ant. 18.4; 20.102; Guerra 2.118, 433-34; 7.253). **(4)** Un residente de Damasco, conocido simplemente como Judas, que tenía una casa en la calle Derecha donde se quedó Saúl cuando estaba ciego (Hec. 9:11). **(5)** Un destacado creyente y profeta de Jerusalén, Judas llamado Barsabás (es decir, hijo del sabbat o hijo de Sabás, posiblemente un pariente de José llamado Barsabás en Hec. 1:23). Junto a Silas, fue enviado con Pablo y Bernabé para añadir un testimonio verbal a la carta a los cristianos gentiles de parte de los apóstoles y los ancianos luego del concilio de Jerusalén (Hec. 15:22, 27, 32). **(6)** Uno de los doce discípulos elegidos por Jesús, él traicionó a Jesús. *Ver* Judas Iscariote.

JUDAS ISCARIOTE Uno de los doce discípulos escogidos por Jesús (Mt. 10:4). Él es identificado de antemano como el que traicionaría a Jesús (Mr. 3:19) y se le considera como el diablo (Jn. 6:66-71). Juan atribuye además su traición hacia Jesús a Satanás (Jn. 13:2, 27), y Lucas afirma que antes de la traición, Satanás entró en Judas (Lc. 22:3). Mucho se ha escrito sobre su motivo para traicionar a Jesús, pero una simple mirada al texto bíblico revela el interés de Judas por la ganancia. Juan nota que, como tesorero del grupo, Judas robó regularmente de la caja de dinero. Su aparente preocupación por los pobres en la unción de Jesús era, en realidad, por interés propio (Jn. 12:1-8). Fue por ganancia que Judas traicionó a Jesús a los principales sacerdotes. Después de aceptar treinta piezas de plata, Judas buscó una ocasión para traicionar a Jesús, especialmente cuando no había multitud (Mt. 26:14-16, Lc. 22:3-5).

En la mesa, la noche anterior a la crucifixión, Jesús predijo su traición. Después de que los discípulos se cuestionaron quién podría ser el traidor, Jesús pronunció un infortunio sobre el traidor y señaló que hubiera sido mejor si ese no hubiera nacido. Jesús identificó a Judas como el traidor, aunque solo Judas lo entendió (Mt. 26:21-25; Mr. 14:17-21). Juan deja en claro que ninguno de los otros discípulos entendió la verdadera razón por la cual Judas estaba dejando el aposento alto (Jn. 13:28-30).

Como Judas sabía que Jesús más tarde estaría en el jardín de Getsemaní, él guío a los soldados y líderes religiosos allí (Lc. 22:48). Jesús advierte la ironía de que Judas usara un beso, un signo de amistad, para traicionarlo (Mr. 14:43-52).

Posteriormente, Judas lamentó la traición y proclamó la inocencia de Jesús a los sumos sacerdotes. Los líderes religiosos no estaban preocupados por sus remordimientos. Después de lanzar el dinero al piso, Judas se fue. Los líderes pensaron que no era lícito quedarse con el dinero, por lo que compraron un terreno para sepultura de los forasteros. Debido a que la gente sabía que con el precio de sangre se compró el "campo del alfarero", ese campo fue llamado desde entonces el "Campo de Sangre". Mateo nota esto como el cumplimiento de la profecía (Mt. 27:9-10). En cuanto a Judas, se ahorcó; cayendo de cabeza, se reventó por el medio y todas sus entrañas se derramaron (Mt. 27:3-10, Hec. 1:18).

Pedro nota que el castigo de Judas, la muerte y el abandono del cargo fueron anunciados por David en los salmos (Hec. 1:15-20). Hablando eufemísticamente, Pedro comenta que Judas fue a su propio lugar, sin duda una referencia al infierno (1:25).

JUDAS Judas, cuyo nombre es otra forma de "Judá" o "Judas" (Heb. Yehuda, Gr. Ioudas), se identifica a sí mismo como "un siervo de Jesucristo y un hermano de Santiago" (Judas 1). Debido a que el autor no da detalles sobre la identidad de este Santiago, muchos concluyen que un individuo conocido llamado Santiago debe estar presente, uno que los lectores puedan identificar fácilmente. Ciertamente se trata de Santiago, el hermano de Jesús y líder de la iglesia de Jerusalén (Sant. 1:1, Hec. 15:13, Gál. 2:9). Esto significa que es Judas el hermano de Jesús, nombrado entre los otros hermanos de Jesús en Mt. 13:55; Mr. 6:3. Los hermanos de Jesús nunca fueron mencionados como "apóstoles" en la iglesia primitiva, lo cual tendría sentido a la luz del hecho de que Judas apela a su autoridad como un "servidor" de Jesús en lugar de como un "apóstol" e implica que él no está entre los apóstoles cuyas enseñanzas cita en Judas 17. El NT no registra más detalles sobre la vida de Judas aparte de lo que podemos inferir del hecho de que los hermanos de Jesús no lo aceptaron como el Mesías durante su vida (Jn. 7: 5), y que solo después de la resurrección se convirtieron en seguidores (Hec. 1:14). Según Hegesipo, citado en Eusebio (Hist. Ecl. 3.19.1-20.6), dos nietos de Judas fueron llevados ante el emperador romano Domiciano y se les preguntó si eran descendientes de David. Pero al descubrir que eran granjeros comunes que no representaban una amenaza para Roma, los liberó "bajo advertencia".

JUDAS MACABEO Según los libros deuterocanónicos 1-2 Macabeos, Judas Macabeo fue el líder de la revuelta judía contra Antíoco IV (Epífanes), el rey seléucida de Siria, que invadió vilmente a Jerusalén después de su expulsión de Egipto. En su intento de aplastar el judaísmo, Antíoco profanó el templo, sacrificando para Zeus en él. Judas, un hijo del sacerdote asmoneo Mattathias, fue llamado "Macabeo", que significa "martillo", probablemente debido a su destreza en la batalla. El nombre paso a describir a sus compatriotas y familia. Contra todo pronóstico, Judas prevaleció contra Antíoco en 164 a.C y luego dirigió la purificación y la rededicación del templo en 25 Kislev, celebrado como Janucá.

JUDAS, CARTA DE La Carta de Judas es un modelo del enfoque cristiano para aquellos que llegan a predicar otro evangelio.

Esquema

I. Saludos (vv. 1-2)
II. Motivo (vv. 3-4)

J

III. Cómo identificar a los falsos maestros (vv.5-19)
IV. Salva a algunos (vv. 20-23)
V. Gloria a Aquel que nos guarda hasta ese día (vv.24-25)

Autoría

El autor se identifica a sí mismo como "Judas, siervo de Jesucristo y hermano de Santiago" (v.1). Él era el hermano de Jesús y el hijo menor de María y José. Solo Santiago, el hermano de Jesús (Mt. 13:55, Mr. 6: 3, Jn. 7:5, Hec. 1:14) podría ser inequívocamente identificado por tan solo su primer nombre. Tanto Santiago como Judas se hacen llamar siervos de Cristo (*véase* Sant. 1:1), no apóstoles (*véase* Rom. 1:1, Tito 1:1). Después de liderar la iglesia en Jerusalén por más de treinta años (*ver* Hec. 15), Santiago fue asesinado en 62 d.C Pablo declara que Pedro y los hermanos de Jesús viajaron juntos como misioneros y que la iglesia de Corinto los conocía (1 Cor. 9:5). Esto probablemente incluiría a Judas y a su familia. Hechos alude que Santiago nunca salió de Jerusalén. Durante el tercer hasta el quinto siglo d.C, algunos exégetas tuvieron sus dudas acerca de la cita de 1 Enoc en Judas pero la carta finalmente fue aceptada como auténtica.

Destino y Propósito

No hay indicación de un destino. Nuestra única pista es su asociación con 2 Pedro. Si 2 Ped. 3:1 se refiere a 1 Pedro, entonces la carta de Judas bien pudo haberse escrito a los mismos cristianos judíos que vivían en ciudades del Asia Menor del norte (Turquía actual).

Judas dice que comenzó a escribir una carta general de ánimo, pero tuvo que escribir esta carta debido a la situación urgente originada por la infiltración de falsos maestros en estas comunidades. Estos falsos maestros negaron a Jesucristo y convirtieron la gracia de Dios en una excusa para exceder los límites de Dios (v.4). Esta sería una acusación particularmente fuerte hacia los falsos maestros que profesaban una ley superior, pero cuyas vidas personales eran escandalosas.

Judas identificó a estos falsos maestros con una larga lista de individuos que se desviaron en el pasado, estableciendo un patrón por el cual el lector podría evaluarlos correctamente. Esto es para advertir a los creyentes en lugar de persuadir a los incrédulos. Como tal, parece duro. Sin embargo, la pasión de Judas fue ver a los creyentes mantenerse firmes, fortalecer a los indecisos y evangelizar a los falsos maestros (vv 22-23). El objetivo general era la salvación de todos.

Oponentes

Ha habido pocas conclusiones definitivas en torno a las muchas especulaciones sobre la identidad de los oponentes de Judas. La principal característica de estos falsos maestros es su estilo de vida inmoral y su tendencia a convertir la gracia inmerecida de Dios en una excusa para el libertinaje (v. 4). Algunos han sugerido que eran gnósticos, ya que algunos grupos gnósticos consideraban el mundo físico como espiritualmente irrelevante y usaban esta creencia como una excusa para la inmoralidad y el libertinaje. Pero se sabe que el gnosticismo como sistema desarrollado no existía antes del siglo II, y las características que Judas describe también eran comunes en otros grupos. Aunque es posible que estos falsos maestros fueran "proto-gnósticos" de uno u otro tipo, esta propuesta debe verse como un tanteo, y se debe tener cuidado de no (mal) interpretar la carta en base a tal hipótesis.

Temas Principales

Judas afirma claramente que la soberanía de Dios es la base para la seguridad cristiana, ya que es Dios quien guarda al creyente (vv.1, 24). Él habla en términos absolutos de la inocencia del creyente en Cristo en el día del juicio (v. 24). Por el contrario, aquellos que se adhieren a otro evangelio son desviados que violan el orden creado por Dios. La respuesta cristiana es mantenerse firme en el Evangelio y rechazar vigorosamente la enseñanza falsa. La defensa de Judas de la fe es ejemplar. Tiene un amplio conocimiento de la literatura, los mitos y las enseñanzas de sus oponentes y puede usar esto en su contra. Al igual que Pedro, le vuelve a señalar a sus lectores el testimonio de los testigos presenciales de los apóstoles (v. 3, 17), quienes predijeron tales desafíos como un problema constante que tendrían los cristianos hasta que Jesús regrese. Él insta a los creyentes a trabajar juntos para mantener la doctrina correcta, el comportamiento y una actitud de amor (vv. 20-21) y para emplear la gracia del Evangelio incluso con sus oponentes con la esperanza de su salvación (vv. 22-23). Las últimas palabras de Judas (vv.24-25) constituyen una de las doxologías más bellas y alentadoras de la Biblia.

JUDA *Ver* Judá.

JUDEA La versión helenizada y latinizada del nombre Judá. El término era usado más comúnmente en el NT en referencia a la provincia romana que comprendía gran parte del mismo territorio que la antigua tribu de Judá. Un judío era una persona con orígenes en Judea. Esta provincia se originó como resultado de la conquista romana de la zona después de la revuelta de los macabeos. Durante la vida de Jesús, Judea fue gobernada por los reyes herodianos puestos en el poder por los romanos.

JUDÍOS EN EL NUEVO TESTAMENTO En el NT, judíos (oudaioi) es un término étnico y religioso para describir a la gente de Judá. En los días de Jesús, los judíos se distinguían de los samaritanos (Jn. 4:9, 22). Gradualmente, el término comenzó a usarse más en un sentido religioso que en un sentido étnico, y ha llegado a representar a los descendientes de Abraham como un todo y a los conversos religiosos que consideran la ley y las costumbres mosaicas como el fundamento religioso inalienable para la fe y las prácticas (Mr. 7:3; Jn. 2:6).

Los Evangelios

En los evangelios sinópticos, el término "judíos" se usa principalmente en la frase "el rey de los judíos" con referencia a Jesús (Mt. 2:2, 27:11, 29, Mr. 15:2, 9, 12, 18; Lc. 23:3, 37). Nacido como el rey de los judíos, Jesús afirmó haber venido para cumplir la ley de Moisés en lugar de abolirla (Mt. 5:17). Hizo hincapié en la importancia de practicar la ley en obediencia (Mt. 7:24-27), y reprendió a los fariseos y los escribas por enseñar la ley sin llevarla a cabo (Mt. 23). Se opusieron a él, no solo porque rechazaban su afirmación de ser el Mesías, sino también porque consideraban que sus enseñanzas y prácticas desestabilizaban su status quo religioso (Mt. 12:1-8, Jn. 5:10, 11:48).

Los judíos están representados en los Evangelios tanto por la clase alta (por ejemplo, los fariseos, saduceos, escribas, jefes de los sacerdotes) como por las clases bajas (las multitudes). Por lo general, la clase alta religiosa no aceptaba las enseñanzas de Jesús y lo desafiaba haciendo preguntas o negando su autoridad (Mt. 15:1; 16:1). Las multitudes generalmente aceptaron las enseñanzas de Jesús y experimentaron su poder para sanar y otros beneficios. Los relatos sinópticos sobre la oposición de la clase alta son contrastados con la oposición generalizada a Jesús por parte de los "judíos" en general en el Evangelio de Juan. Pero Mateo y Lucas también resaltan el lamento de Jesús por las ciudades judías que no mostraban arrepentimiento (Mt. 11:20-24, Lc. 10:12-15), lo que indica que la resistencia hacia la enseñanza de Jesús era un fenómeno común entre los judíos.

Jesús respondió a los judíos incrédulos con fuerte reprensión y condena (Mt. 12:30-32; 21:33-46). Cuando Jesús sanó a un sirviente de un centurión romano y se maravilló de la increíble fe de este gentil (8:5-13), Jesús predijo que "los súbditos del reino serán arrojados afuera, a las tinieblas" debido a la incredulidad, mientras que los gentiles vendrán a comer con Abraham en el reino de los cielos (8:11-12). A pesar de la incredulidad de los judíos, se les dio primero el privilegio de escuchar el evangelio. Jesús envió a los doce discípulos, instruyéndoles que no debían ir donde estaban los gentiles o entrar en las ciudades de los samaritanos, sino que fueran a "las ovejas perdidas de Israel" (Mt. 10:6 [*véase* Rom. 1:16]).

El término judíos aparece solo cuatro veces en los sinópticos fuera de la frase "rey de los judíos", pero setenta y una veces en el Evangelio de Juan. Juan usa el término especialmente como uno técnico para referirse a aquellos judíos que fueron hostiles con Jesús y sus seguidores. Mientras que los Sinópticos se centraban en el rechazo de los líderes judíos frente a las acciones mesiánicas de Jesús, Juan se centraba en el rechazo de su enseñanza de que Él es el Hijo de Dios y que está en una relación única con el Padre. Jesús en Juan no es meramente el "uno sólo y único" (monogenēs) de Dios (1:18), sino también el que cumple lo que significa el templo y toda lo que la tradición y las costumbres judías representan. Por lo tanto, Juan describe la oposición judía hacia Jesús como mucho más extendida e intensa que en los sinópticos, presentando a los judíos como oponiéndose a la enseñanza de Jesús debido a su lealtad a la tradición judía (5:15-18; 6:41; 7:1- 2, 13; 8:31-57; 9:22; 10:31-33; 19:7-12, 38; 20:19).

Hechos y las Cartas Paulinas

J

En el libro de Hechos, el término judíos (aparece ochenta y una veces) se usa especialmente para referirse al pueblo judío que se oponía al evangelio libre de la ley de Pablo (9:23; 13:45, 50; 14:2, 4; 17:5; 18:12, 14; 20:3; 21:11; 22:30; 23:12; 24: 9).

En sus cartas, Pablo se refiere a los judíos principalmente en un sentido étnico y religioso sin dar a entender que tienen un antagonismo teológico contra el evangelio. Los judíos son por ende contrastados con los gentiles en que ellos son "el pueblo de Israel": "a quienes pertenece adopción como hijos; y la gloria divina, los pactos, la promulgación de la ley, el culto en el templo y las promesas." (Rom. 9:4). Mientras que Pablo reconoce la continuidad de la identidad judía a través de su linaje de Abraham, él distingue a los verdaderos judíos de los falsos judíos en términos del cumplimiento de la redención de Jesús. Pablo dice: "Una persona es judía si lo es internamente; y la circuncisión es la circuncisión del corazón, por el Espíritu, no por el código escrito "(2:29). Esta distinción de judíos verdaderos y falsos resuena con su distinción del verdadero Israel del falso Israel (9:6). La redefinición del grupo de israelitas espirituales es el resultado de la muerte y resurrección de Jesús según las profecías del AT. Aquellos que creen en Jesús son considerados como "hijos de Abraham" según el evangelio anunciado en Gn. 12:3 (Gál. 3:7-8).

La presentación de los judíos espirituales de Pablo se prevé en la declaración de Jesús de que los judíos que no creen en Él no son hijos de Abraham, sino más bien hijos del Diablo (Jn. 8:30-44). En 1 Juan, los hijos de Dios se definen en términos de amor en lugar del linaje étnico (3:10). Según el libro de Apocalipsis, aquellos "que dicen ser judíos" no lo son, sino que son una "sinagoga de Satanás" (2:9; 3:9). Estos pasajes muestran que la salvación se obtiene a través de la fe en Jesús y no a través del linaje étnico de Abraham, ni las observancias de la ley mosaica (Rom. 3:20-28).

Estas polémicas contra los judíos y la ley judía no necesariamente hacen que las enseñanzas del NT sean antisemitas o antijudías. Lo que el NT polemiza no es ni la nación judía ni el judaísmo, sino la incredulidad de los judíos que rechazaron a Jesús, teniendo en cuenta que Jesús es el Mesías, que ha venido a encarnarse y ha cumplido las profecías del AT.

JUDÍOS, GRUPOS Durante el tiempo de Jesús y en el par de siglos anteriores, el judaísmo no era una entidad monolítica, sino que estaba compuesta por diferentes grupos con diversas inquietudes religiosas e intereses políticos. Esta naturaleza multifacética del judaísmo ha llevado a los estudiosos a preguntarse si sería mejor hablar de judaísmos que de judaísmo. El judaísmo: ¿fue cortado de una tela entera, o era una caja de restos de tela? Quizás lo mejor es hablar del judaísmo como una entidad única, pero una que es compuesta por varias facciones con diversas creencias e intereses. Esta conclusión se justifica porque los diversos sentimientos e intereses fueron en respuesta a los mismos asuntos religiosas y políticas, como la Torá, el templo y los ocupantes extranjeros.

Los cinco partidos importantes del antiguo judaísmo fueron los fariseos, los saduceos, los esenios, los zelotes y los herodianos. Los primeros tres parecen haber surgido primero en reacción al ascenso de los reyes-sacerdotes Asmoneos a mediados del segundo y primer siglo a.C, y los otros dos en respuesta a la ocupación de Palestina por los romanos y su establecimiento de Herodes como gobernante de Israel

Fariseos

Según Josefo. La mejor fuente de información sobre los fariseos, aparte de los Evangelios en sí, es el historiador judío Josefo, quien comenta las creencias de varias facciones judías. En consideración de su audiencia romana, describe estos grupos como escuelas filosóficas judías. En sus Antigüedades, Josefo menciona un bosquejo aproximado de las creencias de los fariseos y su posición política en relación con los saduceos y la población en general.

Josefo proporciona los siguientes puntos en resumen de las creencias de los fariseos. (1) Los fariseos creían que algunas cosas son el resultado del destino, mientras que otras cosas son el resultado de la elección humana. (2) Los fariseos creían que el alma sobrevive a la muerte en un lugar de recompensa o castigo, y en la resurrección del cuerpo. (3) Además de creer en la autoridad de las Escrituras, los fariseos también tenían un cuerpo autoritario de tradición oral.

Los fariseos y los saduceos tenían una relación difícil, no solo debido a creencias religiosas diferentes sino también a aspiraciones políticas conflictivas. Josefo sugiere que los líderes judíos dieron patrocinio a un grupo u otro, o suprimieron un grupo u otro, a veces violentamente. En cuanto a la población en general, los fariseos tenían una relación mucho mejor con ellos que los saduceos, hasta el punto que cuando los saduceos fueron magistrados, tuvieron que gobernar de acuerdo a las creencias de los fariseos o la gente no los escuchaba.

En el Nuevo Testamento. En los Evangelios sinópticos, los fariseos eran uno de los grupos que se oponía a Jesús. Al parecer, los fariseos se oponían con mayor fuerza a Jesús en cuestiones relacionadas con su tradición recibida, la cual consideraban que era tan vinculante como la ley del AT. Dos de estos problemas legales se trataron de los lavados ceremoniales antes de las comidas y el trabajo en el día de reposo. Los tres evangelios sinópticos narran cómo los fariseos cuestionaron a Jesús sobre su fracaso y el de sus discípulos de seguir la tradición de los ancianos al comer con las manos "sucias", es decir, "sin lavar" (Mt. 15:1-2; Mr. 7:1-5, Lc. 11:39-41). En cuanto a interrumpir el sabbat, los fariseos confrontaron a Jesús en varias ocasiones, como cuando Jesús sanó en el sabbat (Mt. 12:9-14, Mr. 3:1-5, Lc. 6:6-11) y cuando sus discípulos recogieron el grano mientras caminaban por un campo (Mt. 12:1-8, Mr. 2:23-28, Lc. 6:1-5).

En respuesta a las acusaciones de haber quebrantado las tradiciones de los ancianos, Jesús afirmó la prioridad de la misericordia ante la necesidad humana que sustituye las leyes concernientes al día de descanso al decir que el sabbat fue hecho para los humanos, no los humanos para el sábado (Mr. 2:27), o que el Hijo del Hombre (Jesús) era el Señor del Sabbat (Mt. 12:8, Mr. 2:28, Lc. 6:5). También dijo que Dios desea misericordia, no sacrificio (Mt. 12:7).

La crítica de Jesús hacia los fariseos se concentró en cómo les negaban la misericordia a las personas por el bien de su tradición. Esto es especialmente claro en Mateo, donde la crítica de Jesús a los fariseos incluye acusaciones contra ellos por concentrarse en los detalles de la ley, pero negar la justicia y la misericordia (12:7, 23:23).

En el Evangelio de Juan, los fariseos generalmente son representados como adversarios de Jesús y también en alianza con otras autoridades judías en la conspiración para arrestar y matar a Jesús (7:32; 11:47-57). Un pasaje sugiere que estaban divididos con respecto a Jesús (9:16). Un fariseo, Nicodemo, vino a Jesús de noche (Jn. 3), defendió a Jesús delante de sus compañeros (7:50) y trajo especias para preparar el cuerpo de Jesús para el entierro después de su muerte (19:39).

Los fariseos no siempre fueron antagónicos de Jesús. De vez en cuando, estaban del mismo lado de un problema, como en el enfrentamiento de Jesús con los saduceos sobre la resurrección (Lc. 20:27-40). Nicodemo, mencionado anteriormente, fue muy comprensivo con Jesús. El apóstol Pablo se identifica a sí mismo como un fariseo con respecto a observar la ley en Fil. 3:5; Hec. 26:5, y en un enfrentamiento con las autoridades de Jerusalén en Hec. 23:6. Además, se decía que algunos de los primeros cristianos eran fariseos (Hec. 15:5).

Relación con el judaísmo rabínico. Un problema que afecta los fariseos es su relación con el judaísmo rabínico posterior. Básicamente hay dos puntos de vista sobre este asunto, y ambos implican la destrucción del templo de Jerusalén en el año 70 d.C Una de las posturas sostiene que cuando el polvo de la destrucción del templo se asentó, solo los fariseos permanecieron en pie, y el judaísmo rabínico es su herencia. La otra postura sostiene que después del año 70 d.C el judaísmo sectario desapareció, y el judaísmo rabínico emergió de una fusión de varios grupos judíos. Aunque no se puede estar seguro, pareciera que el primer punto de vista puede estar más cerca de la verdad, ya que en la Mishná, la opinión legal Saducea es contrastada con la farisea, y la farisea invariablemente se considera la correcta.

J

Saduceos

Los saduceos eran un grupo élite de judíos vinculados con el sacerdocio. Saduceo probablemente significa Hijo de Sadoc, un descendiente del sumo sacerdote Sadoc del tiempo de David. Algunos miembros de la comunidad de Qumrán también usaron el término Hijo de Zadok, refiriéndose a sí mismos, sugiriendo algún ancestro en común, o bien una identificación directa, de los saduceos y algunos miembros de la comunidad de Qumrán.

Junto con los fariseos, los saduceos eran un grupo religioso-político que buscaban el apoyo de los poderes dominantes. Es en el contexto de la relación patrón-retenedor que oímos hablar de los saduceos por primera vez. Josefo relata cómo el gobernante asmoneo Juan Hircano pasó de ser el patrón de los fariseos al de los saduceos. Cuando el fariseo Eliezer insinuó que Hircano renunciara al sumo sacerdocio debido a su linaje incierto, Hircano se enojó mucho y quiso que Eliezer fuera ejecutado. El resto de los fariseos sugirieron que simplemente fuera atado y azotado, ya que tenían una tradición de aprobar sentencias livianas. Un saduceo sugirió que aprobaron esa sentencia tan leve porque estaban de acuerdo con Eliezer en que Hircano no era apto para ser sumo sacerdote. Hircano entonces apoyó a los saduceos y abolió las leyes que los fariseos habían dado al pueblo.

Josefo da la siguiente descripción general de las creencias y relaciones de los saduceos con la población en general. (1) Los saduceos descartaban el destino; las cosas son solo el resultado de las acciones humanas. Junto con esto, Dios se mantiene al margen en lo que respecta a las acciones buenas y malas de los humanos. El bien y el mal son el resultado de las acciones humanas. (2) Los saduceos creían que el alma moría junto con el cuerpo. (3) Ellos aceptaban solo la ley escrita y no tenían una tradición oral. Algunos consideran que este último punto significa que aceptaban solamente el Pentateuco como las Escrituras, pero esto va más allá de lo que dice Josefo acerca de ellos.

Josefo continúa escribiendo que los saduceos eran tan polémicos en sus disputas con sus propios compañeros saduceos como con las personas fuera del grupo, y que no tenían en estima a sus ancianos. Tenían influencia sobre la élite, pero no tenían nada que decir con la población en general.

Los saduceos se mencionan en los Evangelios sinópticos, pero no en Juan, aunque los "principales sacerdotes" que conspiraron contra Jesús con los fariseos (por ejemplo, Jn. 11:46) eran probablemente saduceos. Los tres evangelios sinópticos narran el relato en el que los saduceos planteaban la pregunta hipotética sobre de quién sería la mujer en la resurrección si sobreviviera a siete maridos. Jesús respondió que no entendían ni las Escrituras ni el poder de Dios, y que Dios era el Dios de los vivos y no de los muertos (Mt. 22:23-33, Mr. 12:18-27, Lc. 20:27-40).

El libro de Hechos confirma que los saduceos estaban estrechamente relacionados con el sacerdocio (Hec. 4:1, 5:17), y que disputaban con los fariseos sobre la resurrección (Hec. 23:6-8).

Esenios

Los esenios son la tercera "escuela filosófica" mencionada por Josefo. La mayoría de los estudiosos consideran que los sectarios de Qumrán que produjeron los RMM eran esenios. Esto ha creado una serie de argumentos circulares, ya que los RMM se usan para confirmar la naturaleza de las creencias esenias. Dicho esto, existe evidencia creíble de que los sectarios de Qumrán eran, al menos en parte, esenios. Los esenios no se mencionan en el Nuevo Testamento ni en la literatura rabínica, pero sí aparecen en los escritos de Josefo, Filón de Alejandría y Plinio el Viejo.

Josefo delinea las creencias de los esenios de la siguiente manera: (1) Asignaban cada acontecimiento a Dios. (2) Creían en la inmortalidad del alma.

Josefo escribe extensamente sobre el modo de vida de los esenios. Vivían un estilo de vida ascético, evitaban el placer y se dedicaban a la oración. Compartían todas las cosas en común y vivían en armonía el uno con el otro. Algunos esenios evitaban el matrimonio, mientras que otros consideraban que el matrimonio y la procreación como demasiado importantes para la vida humana como para evitarlos. Ciertos esenios podían predecir el futuro e interpretar sueños. En cuanto a los sacrificios, Josefo menciona que, aunque enviaban ofrendas al templo, tenían sus propios sacrificios superiores.

Filón escribe que los esenios eran muy admirados debido a sus vidas santas, viviendo pacíficamente uno con el otro y aferrándose a la verdad. En contraste de Josefo, Filón dice que los esenios no ofrecían sacrificios, pero que mantenían sus mentes puras y santas a través del estudio.

Los esenios, como los describen Josefo y Filón, parecen similares a los sectarios de Qumrán. Los sectarios de Qumrán creían que Dios determinaba el destino de las personas (1QS 3:13-4:26). Aunque los sectarios creían en la inmortalidad del alma, así como en la recompensa y el castigo divino, esto no parece enfatizarse en sus escritos.

Zelotes

Los eruditos tienden a usar zelotes como un término general para referirse a tres grupos diferentes mencionados por Josefo: forajidos, sicarios y zelotes. Los tres grupos tienen diferentes ideologías políticas y surgieron en diferentes momentos del primer siglo. Todos pueden describirse como revolucionarios. Los forajidos estaban motivados no por una ideología religiosa o política, sino por supervivencia. Desplazados de la estructura económica tradicional de Palestina -la aldea agrícola- por los romanos, los forajidos robaban a los judíos y romanos por igual. Odiaban a los romanos porque estos los habían llevado a la pobreza por los impuestos y transformación de la economía de la agricultura basada en la subsistencia a cultivos comerciales que podrían venderse más fácilmente. (El dinero era más fácil de enviar a Roma que los cultivos).

Los otros dos grupos, los sicarios y los zelotes, lucharon contra los romanos y los colaboradores judíos por razones políticas y religiosas. Surgieron en diferentes momentos del primer siglo, y no deberían agruparse, ya que sus metodologías y objetivos eran algo diferentes.

Josefo escribe sobre lo que él llama la "cuarta filosofía", que él considera un elemento ajeno introducido a la religión y a la política de Israel, que fue iniciado en el año 6 d.C por Judas el Galileo y Sadoc el fariseo. Su lema era "No hay rey, sólo Dios", y se involucraron en una rebelión fugaz. No está claro si la cuarta filosofía debería ser una categoría que incluye a los forajidos, los sicarios y los zelotes, o si se trata de un grupo en sí mismo. En cualquier caso, Josefo deja en claro que esta cuarta filosofía es una anomalía en la historia de Israel.

Los sicarios eran un grupo de asesinos que surgieron en los años 40-50 a.C Se especializaron en mezclarse con las multitudes de Jerusalén, asesinando judíos que eran amistosos con los romanos, principalmente los ricos. El sumo sacerdote Jonathan fue una de sus víctimas. Al comienzo de la primera guerra romana, comandaron tropas judías pero fueron expulsados por otros judíos. Pasaron el resto de la guerra en Masada, llevando a cabo hazañas intranscendentes. Se suicidaron en 73-74 a.C en vez de ser capturados por los romanos. Josefo escribe que el líder de los sicarios al comienzo de la primera guerra romana fue Menahem, el hijo o nieto de Judas de Galilea Se ha especulado que el apellido de Judas Iscariote puede derivarse de sicarios, pero la etimología es incierta.

Los zelotes surgieron al comienzo de la primera guerra romana (66-70 d.C). Josefo los menciona principalmente en relación con la guerra romana y rara vez en otras secciones de sus escritos. Se trataba principalmente de personas desplazadas por la actividad romana en Galilea. Su objetivo era la aristocracia que colaboraba con Roma, los propios romanos y otros grupos revolucionarios. Uno de los discípulos de Jesús era llamado "Simón el zelote" (Lc. 6:15, Hec. 1:13), pero es probable que se trate de una referencia a su ferviente fe.

La primera guerra romana estalló cuando el procurador romano Floro saqueó el templo. Como no se hizo nada al respecto, los sacerdotes inferiores, el capitán de la guardia del templo, Eleazar y otros líderes revolucionarios decidieron acabar con el sacrificio del templo realizado en nombre del emperador. Esto esencialmente comenzó la guerra romana y dio origen a los zelotes.

Herodianos

Los herodianos se mencionan tres veces en los Evangelios. Se reporta que conspiraron, junto a los fariseos, para matar a Jesús después de que Él sanara a un hombre con una mano paralizada (Mr. 3:6). También se describen, junto a los fariseos, intentando atrapar a Jesús con respecto a la legalidad de pagar impuestos a César (Mt. 22:16, Mr. 12:13).

Los herodianos eran aristócratas que apoyaban la dinastía herodiana y a los romanos, cuyo apoyo hizo posible esa dinastía. Pareciera que había cierta superposición entre los herodianos y los saduceos; Mr. 8:15 muestra a Jesús advirtiendo a sus discípulos acerca de la levadura de los fariseos y la levadura de Herodes (algunos testigos antiguos muestra: "herodianos"), mientras que el paralelo en Mt. 16:6, 11 narra que Jesús advierte a sus discípulos acerca de los fariseos y los saduceos. Sus creencias religiosas pueden haber sido similares a las de los saduceos. Existe muy poca información sobre ellos como para sacar conclusiones sólidas. Se puede decir con seguridad, sin embargo, que los herodianos eran aristócratas pro-romanos que unieron fuerzas con los fariseos para oponerse a Jesús.

JUDIT (1) La hija de Beeri el hitita, una de las esposas cananeas de Esaú que le hicieron la vida insoportable a Isaac y Rebeca (Gn. 26:34). (2) La heroína judía del libro de los Apócrifos del AT con el mismo nombre. La historia cuenta cómo sedujo y mató a Holofernes, un general sirio que sitió su ciudad natal de Betulia, salvando a su gente.

JUECES, LIBRO DE El libro de Josué celebra la conquista de los israelitas de la tierra de Canaán mientras estaban bajo el liderazgo de Josué y la asignación del territorio a las diversas tribus de Israel. El énfasis está en el cumplimiento del pacto abrahámico y su promesa de la tierra. Josué termina con una ceremonia de reafirmación del compromiso de Israel hacia Dios (Jos. 24). Los jueces, por otro lado, comienzan con el reconocimiento de que aún queda mucha tierra por tomar de los cananeos. A medida que el libro continúa, el lector reconoce que las siguientes generaciones no perseveraron con su compromiso de seguir a Dios. En consecuencia, el período de los jueces es bien conocido como un tiempo de gran confusión y fracaso moral, espiritual y político. Aun así, también fue un tiempo en que Dios mostró su continuo amor hacia su pueblo.

El comedor y la sala de reuniones comunes en Qumrán. Los sectarios de Qumrán eran probablemente esenios.

Autor y Fecha

El libro de Jueces es anónimo. Tal vez los relatos de los jueces se transmitieron en forma oral o escrita desde el período original, pero las indicaciones en el libro apuntan a una edición del libro durante el primer periodo de monarquía, tal vez incluso durante el reinado de David. La referencia a "el cautiverio de la tierra" en Jue. 18:30-31 se debería tomar probablemente como evidencia de una edición final del libro durante el período exílico (586-539 a.C).

Género y Esquema

El libro de Jueces es una historia teológica. Relata lo que realmente ocurrió en el pasado, con el objetivo de enseñar a sus lectores ciertas lecciones sobre su Dios y su relación con él. El libro tiene la siguiente estructura:

I. Prólogo: La conquista incompleta (1:1-2:5)
II. Ciclo de Jueces (2:6-16:31)
III. Anexo: Dos historias adicionales sobre el fracaso de Israel (17:1-21:25)

Mensaje Teológico

Jueces cubre el período comprendido desde la muerte de Josué hasta el ascenso de la monarquía en Israel. Fue un período turbulento, ya que las personas no parecían estar centradas en Dios. La mayor parte del libro narra las historias de los jueces, en su mayoría líderes militares, a quienes Dios envió a Israel en aquellas ocasiones en que recurrieron a Él en busca de ayuda (Otoniel, Aod, Samgar, Débora, Gedeón, Jefté y Sansón). El libro también incluye breves menciones de jueces que no están asociados con acciones violentas contra el enemigo (Tola, Jair, Ibzán, Elón y Abdón [10:1-5; 12:8-15]), así como la historia de un intento fallido de establecer la monarquía durante este tiempo (Abimelec [capítulo 9]).

Efectivamente, las historias de los jueces que fueron libertadores tienden a seguir un patrón relativamente establecido. Comienzan con el pecado del pueblo, lo cual los lleva a ser oprimidos por una potencia extranjera. El sufrimiento de la gente los conmociona a darse cuenta de que necesitan a Dios, y recurren a Él en busca de ayuda. En tales casos, Dios responde dando a la gente un juez, o más bien un líder militar, quien luego los libera del poder de sus opresores. Sin embargo, después de un período de paz, la gente vuelve a pecar, y otro opresor toma el control.

El período de los jueces fue un momento de gran fragmentación política. El lector meticuloso observará que estos jueces no operaban en todo Israel, sino que eran líderes más o menos locales. Además, estos líderes no siempre eran ejemplos de virtud. Esto es especialmente cierto a medida que el libro pasa de líderes admirables como Débora al final del período, donde tenemos al juez Sansó, que no hace nada por la gloria de Dios o su pueblo, sino que Dios usa las acciones de su propio corazón malvado para liberar a Israel de sus enemigos, los filisteos.

Las dos historias en el anexo del libro de Jueces simplemente añaden énfasis a la imagen oscura pintada en el cuerpo del libro. Estos son dos relatos de los pecados familiares que se expanden y se vuelven tragedias nacionales. Individuos de la tribu de Levi, la tribu sacerdotal dedicada al servicio especial a Dios, desempeñan un papel particularmente negativo en el anexo.

Esta frase "en esos días, Israel no tenía rey" (17:6; 18:1; 19:1; 21:25) se repite a lo largo del anexo del libro y alerta al lector sobre uno de los principales temas del libro. ¿Quién será el líder humano del pueblo de Dios? Los jueces imperfectos y la condición fragmentaria de las tribus, así como su triste estado espiritual hacen que el lector anhele algo mejor: el ascenso de la realeza designada divinamente en Israel. Los libros de Samuel y Reyes, que siguen, narran la promesa y el fracaso final de la monarquía, lo que a su vez conducirá a la expectativa de algo aún más, el Mesías.

Importancia que Continúa

El libro de Jueces está escrito no solo para registrar eventos pasados sino también para servir como una historia que advierte a las generaciones posteriores del pueblo de Dios. A medida que la gente peca, descubren que sus vidas se vuelven cada vez más difíciles. Cuando se arrepienten, Dios se apresura a enviarles ayuda.

Tales historias fomentan una vida de obediencia y arrepentimiento, aunque, como otros libros señalan (Job y Eclesiastés), la obediencia no garantiza una vida libre de problemas.

El pecado particular de los israelitas en ese momento era su adhesión a las creencias y prácticas de aquellos a quienes debían desplazar, los cananeos. La tentación de ser como aquellos que están fuera de la comunidad de fe es todavía poderosa, y Jueces puede recordar incluso a los creyentes modernos a resistir el impulso de amoldarse a una cultura que es hostil a la fe.

JUEGOS La Biblia contiene poca información acerca de juegos no atléticos, pero la arqueología ha revelado varios tipos de juegos de mesa y juegos infantiles en Egipto, Mesopotamia y Canaán. Aunque piezas de juego reales y dados se han encontrado, falta información concerniente a las reglas de juegos. La Biblia hebrea no describe nada como los juegos griegos o romanos, pero el NT hace numerosas referencias a competencias atléticas.

Los juegos griegos se originaron como ritos funerarios que conmemoraban a héroes. La Ilíada proporciona la referencia más temprana a juegos griegos ya que describe juegos patrocinados por Aquiles en memoria de Patroclo. Los juegos se volvieron parte integral de la cultura griega, honraban a los dioses griegos y eran un elemento esencial en una educación griega. Juegos eran celebrados en cientos de festivales locales a través del Mediterráneo, pero los cuatros juegos Panhelénicos eran los más prestigiosos. Los juegos eran acompañados de una tregua sagrada y sostenidos en santuarios. Los griegos entrenaban y competían desnudos. Inicialmente, correr era la única competencia, pero para el siglo dos AD, Pausanias enumeró veinticuatro competencias, todas las cuales eran individuales. Las competencias específicas variaban de lugar en lugar, pero el evento principal incluía correr, carrera de carrozas, salto largo, lanzamiento de la jabalina, lanzamiento del disco (2 Mac. 4:14), lucha, boxeo (1 Cor. 9:26), y el pankration, que era una forma de pelea extrema. Algunos de juegos incluían competencias musicales. El premio, una corona, se otorgaba sólo para el primer lugar, y el ganador de los cuatro juegos Panhelénicos era el periodonikēs. El vencedor volvía a casa a una bienvenida de héroe, fama y regalos. Algunos ejemplos de trampa y soborno han sobrevivido, y aquellos que eran descubiertos recibían una multa.

Los Juegos Olímpicos, establecidos en el año 776 a.C., fueron los más antiguos y más prestigiosos juegos Panhelénicos. Se sostenían cada cuatro años en el complejo santuario de Zeus en Olimpia. El estadio típicamente tenía ciento ochenta y tres metros de largo, pero el de Olimpia era el más largo, alrededor de ciento noventa y dos metros de largo, debido a la tradición de que Heracles había establecido la ruta. Los restantes juegos Panhelénicos se establecieron aproximadamente doscientos años después en el siglo seis a.C. Los juegos Píticos se llevaban a cabo en el santuario de Apolo en Delfos. Los juegos Nemeos se desarrollaban en el santuario de Zeus en Argos. Los juegos Ístmicos eran administrados por Corinto en el santuario de Poseidón.

Los romanos preferían juegos de gladiadores y las cacerías de presas salvajes por sobre los juegos griegos. No obstante, los romanos tenían permitido participar en los juegos Panhelénicos. De hecho, los emperadores Tiberio y Nerón participaron. Los juegos romanos eran ampliamente populares con la gente. Para el siglo dos AD, 135 días de juegos se realizaban cada año en Roma. El Circo Máximo era el recinto más grande, permitiendo hasta doscientos mil espectadores para asistir a las carreras de carrozas. El Coliseo, el mayor anfiteatro del Imperio Romano, fue construido en el año 80 AD, financiado con botines tomados durante la Primera Revuelta Judía. Podía albergar hasta cincuenta mil espectadores para los juegos de gladiadores. Prisioneros de guerra, esclavos y criminales condenados a muerte eran obligados a pelear como gladiadores y enfrentar bestias salvajes. Los juegos de gladiadores se sostenían a través del imperio. Herodes el Grande lanzaba a los criminales condenados a animales salvajes en su anfiteatro cerca de Jerusalén para deleitar los espectadores (Josefo, Ant. 15.273-75). Pablo se refiere a pelear con animales salvajes en Éfeso (1 Cor. 15:32), aunque esto probablemente es una metáfora para sus oponentes espirituales. Los juegos estilo romano honraban a Roma y se convirtieron en un símbolo de lealtad al Imperio Romano.

Las visiones judías hacia los juegos griegos y romanos variaban. Algunos judíos, especialmente aquellos en Diáspora, abrazaban los juegos como espectadores y participantes (2 Mc. 4:9-14). Durante el reinado de Antíoco IV, algunos jóvenes judíos participaban en el gimnasio en Jerusalén. Incluso se sometían a cirugía para cubrir los signos de su circuncisión (1 Mc. 1:12-15). Herodes el Grande construyó anfiteatros, estadios e hipódromos a través del reino, y Filón de Alejandría frecuentaba los juegos. Sin embargo, los autores de 1-2 Macabeos critican a los sacerdotes por abandonar sus tareas por asistir a los juegos. Además, la asociación religiosa de los juegos llevó a muchos judíos conservadores a oponerse a ellos.

Debido a que Pablo y sus audiencias estaban familiarizados con los juegos griegos y romanos, extrajo de ellos analogías a la vida cristiana. Durante el ministerio de Pablo de dieciocho meses en Corinto, se realizaron los cercanos juegos Ístmicos. A través de referencias a entrenamiento y competencia, Pablo demuestra la necesidad para ser disciplinados, enfocados y determinados como atletas (1 Cor. 9:24-27; 2 Tim. 4:7; cf. 12:1). En contraste a la corona que ganaban los atletas griegos, los cristianos luchaban por un premio y corona eterna de justicia (1 Cor. 9:27; Flp. 3:14; 2 Tim. 4:7-8).

JUEZ El término hebreo shopet, a menudo traducido como "juez", se refiere a los oficiales que les fueron otorgados varias formas de autoridad sobre las personas. En muchos casos, es la autoridad judicial empleada para arbitrar en disputas legales (por ejemplo, Éx. 2:14, Dt. 17:9, 12, Is. 3:2). Sin embargo, la palabra hebrea, junto con las correspondientes palabras en lenguas antiguas relacionadas como el Ugarítico y Acadio, es menos restrictiva que la inglesa y legítimamente se refiere a aquellos cuya función abarca más que la impartición de justicia a tomar aquellos roles más completos, como gobernadores o regidores sobre las personas (por ejemplo, Amos 2:3; Miq. 4:14; y en particular en todo el libro de Jueces).

En el AT, Dios, como juez supremo (Gn. 18:25, Is. 33:22, San. 4:12) delegó la administración de justicia al líder designado del pueblo de Israel, inicialmente Moisés (Éx. 18:13-16); y luego, durante la monarquía, al rey gobernante (por ejemplo, 1 Re. 3:16-28); y luego, Esdras. Sin embargo, la tarea de juzgar cada asunto era demasiado ardua para un solo líder, y por eso se estableció una jerarquía judicial para aliviar la carga del gobernante (Éx. 18:21-23; *véase* Nm. 11:16-17; Dt. 1:12-17; 16:18-20; Esd. 7:25). Sorprendentemente, los gobernantes (o jueces) que gobernaron Israel durante el período narrado en el libro de Jueces casi nunca se muestran emitiendo juicios en disputas (la única excepción es Jue. 4:4). Por el contrario, generalmente se muestran superando amenazas extranjeras (Jue. 2:16).

Aunque había tribunales civiles disponibles para resolver disputas en los tiempos del NT, Pablo anima a los creyentes a evitar recurrir a ellos, y estaba a favor de resolver disputas dentro de la iglesia con la ayuda de un miembro de la iglesia reconocido con suficiente sabiduría para arbitrar (1 Cor. 6:1-8).

JUGAR *Ver* Juegos.

JUICIO DE JESÚS Antes de la crucifixión, Jesús fue sometido a un examen pre-juicio judío y a un juicio formal ante el gobernador romano Poncio Pilato.

En los Evangelios, los componentes principales de este proceso judicial son **(1)** una indagación privada conducida por Anás (Jn. 18:13-24); **(2)** un examen ante el Sanedrín (Mt. 26:57-68 // Mc. 14:53-65 // Lc. 22:54-71); **(3)** una audiencia ante Pilato (Mt. 27:11-14 // Mc. 15:2-5 // Jn. 18:29-38); **(4)** una audiencia ante Herodes Antipas (Lc. 23:6-16); y **(5)** el veredicto de Pilato (Mt. 27:24-26 // Mc. 15:15 // Lc. 23:24-24 // Jn. 19:16).

Razones para el Juicio e Historicidad

Las razones para el improvisado juicio son complejas y se enraízan en el particular ambiente socio-religioso de Jerusalén durante la Pascua. La entrada triunfal de Jesús y su demostración en el templo fueron acciones provocadoras que implicaban su autoridad mesiánica. El liderazgo judío tenía miedo de que Jesús creara un furor cuando cerca de un millón de peregrinos estaban en los alrededores de Jerusalén por la Pascua. En esta atmósfera incendiaria una declaración mesiánica incitaría disturbios y revueltas y forzaría a las autoridades romanas a intervenir militarmente, resultando en una reorganización de la autoridad entre la aristocracia judía (un miedo verbalizado en Jn. 11:47-53).

La historicidad del juicio se cuestiona en un número de frentes. ¿Realmente convocaría el sumo sacerdote a una reunión de emergencia de Sanedrín por la noche para deshacerse de Jesús? Tal vez, ¡si la situación fuese lo suficientemente desesperada! Una audiencia nocturna permitiría que Jesús fuese juzgado por las autoridades romanas a primera hora de la mañana y que se dispusiese de Jesús antes de que la mayoría de los jerosolimitanos y peregrinos estuviesen despiertos y conscientes de lo que estaba pasando. Otra objeción primaria es que no hubo testigos cristianos presentes para relatar los procedimientos, especialmente las audiencias privadas. Pero uno puede responder sugiriendo que quizás había una curiosidad desesperada entre los seguidores de Jesús y las multitudes en general acerca de lo que verdaderamente ocurrieron en los procedimientos. Además del hecho de que parte del juicio tuvo lugar en público, más información hubiese estado disponible de asistentes, guardias, miembros del consejo, e incluso simpatizantes de Jesús como Nicodemo y José de Arimatea. Nadie juró guardar secreto sobre lo que ocurrió. Lo que parece cierto es que Jesús tuvo una audiencia prejudicial con el Sanedrín y un juicio formal ante Pilato.

El Proceso Judicial

Durante el proceso judicial un número de acusaciones fueron levantadas contra Jesús. (1) Ser un falso profeta que estaba llevando a la nación por el mal camino (Mt. 27:63-64; Lc. 23:2, 14). El trasfondo de esta acusación se deriva de Dt. 13; 18, concerniente a falsos profetas y adivinos que llevaban a la nación a la idolatría y hacían falsas profecías. Este cargo se explicita en el Talmud babilonio: "Jesús fue colgado en vísperas de Pascua... va a ser apedreado porque practicaba brujería y llevaba a Israel por el mal camino" (b. Sanh. 43a [cf. 107b]). (2) Hablar contra el templo (Mt. 26:61; Mc. 14:58). Lo que es "falso" de los testigos contra Jesús no es que Jesús no haya hablado y actuado contra el templo (*véase* Mt. 23-24; Mc. 13; Lc. 21), pero su testimonio no concordaba y ellos mal interpretaron a Jesús al decir de que reconstruiría otro templo de un tipo similar al primero. (3) Prohibir el pago de impuestos (Lc. 23:2). (4) Blasfemia por decir que era el Hijo de Dios (Mt. 26:65; Mc. 14:64). (5) Reclamar ser el rey de los Judíos (Mc. 15:2; Jn. 18:33).

Según el cuarto Evangelio, Jesús inicialmente fue llevado a Anás, momento en el cual fue brevemente interrogado acerca de "sus discípulos y sus enseñanzas" (Jn. 18:19). Anás era el suegro de Caifás y había sido el sumo sacerdote anteriormente (6-15 AD). El sumo sacerdocio claramente era un cargo vitalicio, razón por la cual Anás aún recibía ese título (Jn. 18:22-23).

Jesús nuevamente fue llevado, esta vez ante Caifás, el actual sumo sacerdote. En ese momento Jesús tuvo un "juicio nocturno" ante Caifás (un acto de legalidad cuestionable, según la ley rabínica). El flujo básico de eventos incluye a Caifás conduciendo un contrainterrogatorio a Jesús (Mt. 26:59-66; Mc. 14:55-64; Lc. 22:67-71; Jn. 18:24), Jesús siendo golpeado y abusado por sus captores (Mt. 26:67-68; Mc. 14:65; Lc. 22:63-65), luego la reunión del Sanedrín al amanecer para ratificar los procedimientos de la noche anterior contra Jesús (Mt. 27:1; Mc. 15:1; Lc. 22:66-71; Jn. 18:28). Durante los procedimientos, un número de acusaciones se presentaron contra Jesús, pero el punto cúlmine fue la respuesta de Jesús al sumo sacerdote que él vería al Hijo del Hombre sentado a la derecha del Todopoderoso y viniendo en las nubes del cielo, que combina Dn. 7:13 con Sal. 110:1. La idea de que Jesús compartiría el trono divino con Dios era considerada blasfema por el sumo sacerdote y asentaba y excedía la pregunta mesiánica que se había planteado a Jesús. Los participantes de los procedimientos condenaron a Jesús como "digno para la muerte" (Mt. 26:66; Mc. 14:64).

La reunión del Sanedrín probablemente no es un segundo juicio, sino más probablemente es para el propósito de ratificar los cargos hechos contra Jesús. La decisión del Sanedrín fue que Jesús fuese entregado a Pilato (Mt. 27:2; Mc. 15:1; Lc. 23:1; Jn. 18:28) para su ejecución, ya que el liderazgo judío no tenía derecho a ejercer la pena de muerte sin aprobación oficial (Jn. 18:31). Ya que la blasfemia no era una ofensa capital bajo la ley romana. Sin embargo, la delegación enfatizó la naturaleza política del mensaje de Jesús para asegurar la pena de muerte. Ante Pilato, Jesús fue acusado de un número de ofensas, incluyendo llevar a la nación por el mal camino, prohibir el pago de impuestos al César, y decir ser un rey (cf. Lc. 23:2). Las características principales de este segmento de los procedimientos son las siguientes: (1) Jesús es acusado de hacer reclamos reales; (2) Pilato propone liberar a Jesús a la multitud judía como su rey, pero la multitud elige a Barrabás; (3) Jesús es entregado para su ejecución, antes de lo cual recibe las burlas y es despiadadamente golpeado por los soldados romanos. En todos los relatos, Pilato es retratado como débil y egoísta, y su aparente simpatía hacia Jesús nace de su habitual oposición a los diseños del sumo sacerdote.

Desde una perspectiva teológica, la narrativa del juicio demuestra que el reino de Dios viene a través de la realeza del crucificado y que Jesús es el Sirviente Sufriente de Is. 53, que fue llevado como un cordero al matadero y perforado por nuestras transgresiones.

JUICIO, DÍA DEL

Día del Juicio en la Biblia

El libro de Apocalipsis concluye con una visión terrible del juicio final. En ese día, cuando el Dios de toda la creación se siente en su gran trono blanco a dar audiencia, los muertos se levantarán y responderán por sus obras, ya sean buenas o malas (20:11-13). El registro de la conducta de cada persona aparece en libros, uno de los cuales es el Libro de la Vida (20:12-13). Cualquier persona cuyo nombre no aparezca en el Libro de la Vida es arrojado al lago de fuego (20:15).

El apóstol Pablo se refiere a este mismo evento en Hec. 17:30-31. Todos los seres humanos enfrentarán su día programado en la corte, como Dios lo certificó al resucitar a Cristo de entre los muertos. Será un día de ira, entre otras cosas, cuando se manifieste por completo la justa ira de Dios contra el pecado (Rom. 2:5). En la presencia de este Dios, Isaías se proclamó arruinado por su pecaminosidad ante aquel que es llamado "Santo, santo, santo" (Is. 6:1-5). Por lo tanto, confesamos con el autor de Hebreos, que dice: "Es [y será] algo aterrador caer en las manos del Dios vivo" (Heb. 10:31).

Muchos otros textos de las Escrituras pronostican el mismo evento: se acerca el día del juicio y nada puede detenerlo. También describen este día en términos igualmente aterradores, anticipando el fuego, la oscuridad y llanto para algunos, pero el gozo eterno y la paz para otros. Incluso los cristianos serán juzgados en este día, a pesar de la promesa de la vida eterna para todos los que creen (*ver*, Jn. 3:16, 5:24, Rom. 3: 21-24, 8:1-2, 2 Cor. 5:21). En Rom. 14:10-12 Pablo dice: "Todos estaremos delante del tribunal de Dios", y en ese momento, "cada uno de nosotros tendrá que responder por sí mismo ante Dios". Del mismo modo, en 2 Cor. 5:10 Pablo advierte: "Porque todos nosotros debemos comparecer ante el tribunal de Cristo, para que cada uno sea recompensado por sus hechos estando en el cuerpo, de acuerdo con lo que hizo, sea bueno o sea malo".

Justificación y Juicio

En estos textos existe una aparente tensión entre la promesa de la justificación, sobre la cual se sustenta toda la esperanza cristiana, y la certeza del juicio final, que incluye el juicio de los creyentes. No bastaría con restarle importancia a uno u otro, como si los escritores bíblicos no hubieran tenido la intención de uno o ambos. Estos textos dicen lo que dicen, la buena noticia no menos clara que la mala. Sin embargo, un escrutinio más cercano muestra que la tensión es meramente aparente.

Primero debemos reconocer que las Escrituras tratan la piedad como la evidencia de la regeneración y la fe salvadora. Jesús dice que un "árbol bueno", que es un discípulo genuino, da buenos frutos (Mt. 7:17). Es decir, la rectitud observable de tal discípulo superará la casuística hipócrita de los escribas y fariseos (Mt. 5:20). En el día del juicio, por lo tanto, ningún conflicto real surgirá o podrá surgir entre la tendencia general de la conducta del creyente y su posición en Cristo. Durante el transcurso de la vida, el comportamiento habitual del creyente habrá diferido fundamentalmente, aunque nunca satisfactoriamente, del de una persona perdida. En cuanto a los pecadores no arrepentidos, estos serán sentenciados a la condenación eterna debido a su falta de ley (Romanos 3:9-19). Su conducta demuestra que han rechazado el Evangelio y que merecen la ira (Heb. 2:3). Este vínculo entre la justificación y la conducta correcta explica la declaración polémica de Santiago: "Como puedes ver, se nos declara justos a los ojos de Dios por lo que hacemos y no solo por la fe." (Sant. 2:24). La justicia posicional de Abraham, asegurada por la fe en lo que Dios haría de su parte, se hizo públicamente evidente a través de su obediencia (Sant. 2:21-22).

También debemos notar los diferentes propósitos que Dios tiene al juzgar a su iglesia. Uno de los aspectos es ciertamente captar la enormidad de nuestros pecados, para que podamos reconocer adecuadamente la profundidad de su misericordia en ese día. Pero también este juicio ocurrirá para repartir las diferentes recompensas que las Escrituras anticipan para el pueblo de Dios. El texto definitivo al respecto es 1 Cor. 3:1-17, que conecta las recompensas y pérdidas del creyente con la calidad de su comportamiento dentro del cuerpo de Cristo. Algunos están construyendo sobre Cristo, la base segura, utilizando los materiales disponibles, y reciben su recompensa adecuada. Otros construyen egoístamente sobre sí mismos, con el resultado de que son salvos, "pero como quien pasa por el fuego" (1 Cor. 3:15). En ambos casos, sin embargo, la pregunta parece ser una de mayor y menor recompensa, a diferencia de salvación o condenación. Incluso en el mismo infierno, entran en juego diversos grados de sufrimiento. Según Jesús, uno puede recibir una "paliza" fuerte o leve por desobediencia, dependiendo del conocimiento previo de la voluntad del maestro (Lc. 12:47-48). El día del juicio, por lo tanto, no debe asustar a los cristianos. Jesús realmente sufrió la medida completa de la ira de Dios contra nuestro pecado. Pero este día nos recuerda que somos responsables de lo que hacemos como sus discípulos, y motiva el evangelismo que se nos ordena que practiquemos.

JUICIO FINAL *Ver* Juicio, día del.

JUICIO, PÓRTICO DEL *Ver* Justicia, Pórtico de Nota: En otras versiones: Tribunal (NVI), Salón de Justicia (NTV)

JUICIOS DE DIOS *Ver* Retribución Divina; Escatología; Juicio, día del.

JULIA Una cristiana romana a quien Pablo envió saludos (Rom. 16:15). Ella era posiblemente la esposa o hermana de Filólogo. Puede ser que ella haya estado asociada con la familia imperial, ya que muchas mujeres de la dinastía Julio eran nombradas Julia, por ejemplo, la esposa y la hija de César Augusto.

JULIO Un centurión romano del regimiento imperial que se encargó de llevar a Pablo y a otros prisioneros de Cesarea a Roma (Hec. 27:1). Julio desempeñó un papel pequeño pero providencial al mostrar amabilidad a Paul, al organizar un barco, ignorando los consejos de Pablo de no navegar en condiciones peligrosas y salvar la vida de Pablo al impedir que los otros soldados mataran a los prisioneros cuando naufragaron (Hec. 27:3, 6, 11, 42-44).

JUNCO, JUNCALES *Véase* Plantas; Caña.

JUNIA, JUNIAS Pablo menciona a Junia (junto con Andrónico) como "destacados entre los apóstoles" (Rom. 16:7 NVI). Entre los evangélicos contemporáneos, el debate ronda tanto su nombre como la descripción que hace Pablo de ella. Algunos argumentan que el nombre es propiamente Junias y, por lo tanto, masculino, o que Pablo define a esta persona como "bien conocidos entre los apóstoles". Sin embargo, es probable que el nombre sea Junia, un nombre femenino.

JÚPITER En la mitología romana, Júpiter es el dios patrono del Estado romano y la cabeza del panteón romano de los dioses. Júpiter es el dios del cielo y portador de rayos. El nombre Júpiter se deriva de deus pater, que significa dios padre. El deus es etimológicamente equivalente a Zeus, y Júpiter es el equivalente mitológico de Zeus en el panteón griego de los dioses. Júpiter no aparece en la Biblia, pero debido a la influencia de la Vulgata latina, en la Versión Estándar Americana de la Biblia (ASV) figura Júpiter en lugar de Zeus en 2 Mc. 6:2; Hec. 14:12-13.

JURAMENTOS Las obligaciones de las relaciones de las sociedades antiguas y entre los grupos sociales se reforzaban con frecuencia por medio de juramentos, y la práctica de hacer juramentos (tanto por Dios como por las personas) se atestigua en las páginas de la Biblia. El nombre de Dios se invocaba con frecuencia (Jue. 8:19, 2 Re. 2:2), pero los juramentos no se debían hacer con nombres de deidades extranjeras (Sal. 16:4). Por esta razón, cuando se rompía un juramento, el nombre de Dios era profanado (Lev. 19:12). Hacer un juramento era pedirle a Dios que atestiguara lo que se había prometido, y lo invitaba a actuar como vengador si se rompía la promesa (Gn. 31:50; 1 Sam. 12:3). Esto hacía que el juramento tomara un acto religioso, y por eso los juramentos a menudo se hacían en los santuarios y bajo la supervisión de oficiales de culto (Nm. 5:11-31, Jue. 11:11, Os. 4:15).

Las palabras de un juramento eran acompañadas por varios gestos, como poner una mano "debajo del muslo" (¿cerca de los genitales?) (Gn. 24:2; 47:29) o levantar la mano derecha al cielo (Gn. 14:22; Dt. 32:40; Ap. 10:5-6). Daniel 12:7 representa un juramento particularmente solemne, que involucra la elevación de ambas manos. Al invocar el nombre de Dios, un juramento invitaba a Dios a castigar al que rompía el juramento, como en Rut 1:17: "Así haga el Señor conmigo, y aún peor" (para una fraseología similar, *ver* 1 Sam. 3:17; 14:44; 2 Sam. 3:9). Tal juramento en el que se auto maldicen puede haber sido acompañado por el gesto de una mano en la garganta, lo que significa la pena de muerte por infracción. La gente se maldecía a sí misma si se rompía un juramento (por ejemplo, Nm. 5:22), ya sea por hacer lo que estaba mal (Nm. 5:22, 1 Sam. 19:6) o por no decir la verdad (por ejemplo, Mr. 14:71). Dos palabras hebreas se usan con respecto a los juramentos; la más fuerte puede que signifique efectivamente una "maldición". La palabra más común para jurar podría estar relacionada al número siete, debido a las ceremonias que podrían acompañar a la toma de juramento. Por ejemplo, Abraham dejó de lado siete corderos de oveja (Gn. 21:22-31).

En la Biblia, se describe a Dios como vinculándose a sí mismo mediante juramentos, especialmente en sus promesas juradas a Abraham (Gn. 22:16-18; 50:24). Este hecho es utilizado por el autor de Hebreos en un argumento diseñado para asegurar a los lectores que Dios quiso decir lo que dijo cuando hizo promesas a su pueblo (Heb. 6:13-18). La venida de Jesús cumplió los términos de ese juramento (Lc. 1:73). Así también el pacto davídico fue respaldado por un juramento divino (Sal. 89:35, 49; 110:4; 132:11), y esto fue cumplido por la entronización de Cristo en su resurrección y ascensión (Hec. 2:30-33).

Las enseñanzas de Jesús sobre los juramentos (Mt. 5:33-37) no necesariamente contradicen la legislación del AT (*véase* Lev. 19:12, Nm. 30:2, Dt. 23:21-23) sino que resaltan el verdadero corazón de Dios detrás de la legislación. Los juramentos son innecesarios, dijo Jesús, para aquellos que habitualmente dicen la verdad. Un enfático sí o un no es todo lo que se necesita. La enseñanza de Santiago 5:12 refleja lo que se encuentra en la enseñanza de Jesús sobre este tema. Esto no prohíbe todas las tomas de juramento, y ciertamente el apóstol Pablo no lo consideró como que hubiera una prohibición general de juramentos, porque en sus cartas está registrado que hace juramentos (Gál. 1:20; Fil. 1:8).

JURAR *Véase* Juramentos.

JUSAB-HESED Hijo de Zorobabel, un líder de aquellos que regresaron a Judá al final del exilio. (1 Cr. 3:20).

JUSTICIA DE DIOS Juicio realizado con justicia, que conduce a la liberación de los oprimidos (Sal. 72:1-4, Is. 30:18, Rom. 3:25). Una parte del carácter de Dios, la justicia ha de ser administrada por reyes (1 Re. 10:9) y demostrada por el pueblo de Dios (Amós 5:15). Dado que las acciones van acompañadas de la justicia de Dios, cuando las acciones de Dios son cuestionadas, se está cuestionando también su justicia (Job 27:2; 34:5, 12). La justicia de Dios es comparada a la justicia humana (Lc. 18:1-8), la principal diferencia es la relación que la justicia de Dios compromete amar (11:42). *Ver también* Justicia.

J

JUSTICIA La justicia es un tema importante en ambos Testamentos de la Biblia. El concepto incluye fidelidad, rectitud, integridad, corrección, lealtad, ser intachable, pureza, salvación e inocencia. Porque el tema está relacionado con la justificación, tiene importantes implicancias para la doctrina de la salvación (*véase también* Justificación).

Antiguo Testamento

Justicia Divina. Siendo cuidadoso para evitar imponer categorías filosóficas occidentales a textos del AT, podemos decir que la idea central de justicia es conformidad a la persona y deseo de Dios en integridad moral, equidad, rectitud, integridad y fidelidad. Detrás de los muchos y variados usos de justicia en el lenguaje dentro del AT, está la presuposición de que Dios mismo es justo en el sentido último (e.g., Esd. 9:15; Is. 45:21; Sof. 3:5). La justicia es la expresión de su santidad en relación a otros (Is. 5:16), y todos los otros matices de justicia en los textos bíblicos derivan de aquí. Él revela lo que es justo o demuestra justicia en su actividad. Los decretos y leyes de Dios son justos (Dt. 4:8; Sal 119); su deseo es justo (Dt. 33:21); sus actos son justos (Jue. 5:11; 1 Sm. 12:7; Sal. 71:24); sus juicios son justos (Sal. 7:11); y siempre juzga con justicia (Sal. 96:13). En textos del AT, la justicia divina con frecuencia se conecta con la actividad salvadora de Dios, particularmente en Salmos (e.g, Sal. 71) y en Is. 40-66. La justicia divina es mucho más amplia que la justicia deliberativa (csto es, castigar a los malvados y premiar a los justos), aunque no la incluye.

Justicia humana. En cuanto a los humanos, la justicia con frecuencia se encuentra como lo opuesto a la maldad. La justicia con frecuencia ocurre en contextos evaluativos, donde se relaciona a conducta apropiada con respecto a Dios, el orden del mundo como fue creado, la alianza o la ley (e.g., Dt. 6:25). Dios reina en rectitud y justicia (e.g., Sal 97:2), y los humanos deberían alinear su conducta con el reinado justo. La justicia puede expresarse como integridad personal con frases como "mi justicia" (2 Sm. 22:21, 25; Sal. 7:8) y "su justicia" (1 Sm. 26:23). La injusticia se encuentra en paralelo poético a la iniquidad (e.g., Jr. 22:13); los injustos están en paralelo con los malvados (Sal. 82:2).

Parece probable que la comprensión del AT de la justicia era más concreta y menos absoluta que el pensamiento típico de la mayoría de los cristianos occidentales. Una forma más absoluta de comprender la justicia puede llevarlo a uno a pensar que una persona verdaderamente justa no tiene pecado. Aunque sí existen referencia a justicia absoluta en el AT (e.g., Sal. 143:2; cf. Job 4:17; 25:4; Is. 64:6-7), hay muchas otras referencias a justicia centradas en situaciones particulares o generalizadas (e.g., Sal. 32:11; 64:10). Otra forma de desembalar esta diferencia conceptual es la útil distinción entre justicia "ordinaria" y "absoluta". La justicia ordinaria refleja el tipo de justicia que pensamos al hacer comentarios tales como "mi mujer es una mujer justa". Esto significa, tomado en la perspectiva más amplia, que su vida se caracteriza predominantemente por la justicia. Esta afirmación no es una declaración de libre de pecado, justicia absoluta. El AT ofrece ejemplos de justicia comparativa entre personas (e.g., Gn. 38:26; 1 Sm. 24:17; Jr. 3:11). La justicia absoluta es diferente de esto. Es la justicia extraordinaria que vemos en la persona y trabajo de Dios; él es justo y sin pecado, totalmente santo en sus relaciones.

Documentos judíos no canónicos del periodo intertestamentario, aunque varían ampliamente en perspectiva individual, en general afirman las visiones del AT de justicia humana y divina. En estos documentos la justicia con frecuencia se asocia a misericordia, bondad, equidad y preocupación por los pobres y es contrastada con la maldad.

En la sociedad grecorromana, la justicia era una de las virtudes cardinales y, por ende, tenía una importante influencia en la sociedad. La justicia grecorromana tenía una medida de abstracción como un tipo de norma externa, pero esta abstracción no debería oscurecer el hecho de que la justicia con frecuencia tenía un componente relacional en la literatura y vida grecorromana. Los comportamientos justos e injustos con frecuencia estaban incorporados en relaciones interpersonales. Los actos injustos no solo violaban estándares "trascendentes" de justicia, sino que también impactaban a los humanos.

Un relieve de un pescador con escamas. El uso de escalas precisas era una indicación de la honestidad y la rectitud de un comerciante.

Nuevo Testamento

Justicia ordinaria humana. El lenguaje de la justicia es más raro en los Evangelios de lo que uno podría esperar a la luz del uso en el AT y en textos judíos intertestamentarios. Estas referencias calzan con el ambiente judío: la justicia es requerida del pueblo de Dios, y la injusticia debe evitarse. La justicia es la conducta propia con respecto a Dios o la Torá (Mt. 21:32) en contraste con la maldad (Mt. 13:49). La justicia podría concebirse como propia (e.g., Lc. 18:9) y tiene su recompensa (Mt. 10:41). Mientras los términos específicos relacionados a la justicia son infrecuentes en los Evangelios, el concepto general de conformidad a la voluntad de Dios es ampliamente aparente en llamados para arrepentimiento, rectitud moral personal, misericordia y preocupación por los marginalizados. Las epístolas del NT continúan estos hilos generales del concepto. La justicia está relacionada a la conducta personal (1 Tes. 2:10; 1 Tim. 6:11; 2 Tim. 2:22; 1 Pe. 2:24) y se contrasta con la maldad (2 Cor. 6:14); se relaciona al hacer y no al saber (Rom. 2:13). Un ejemplo de justicia en el hacer es la bondad mostrada Rahab, que escondió a los espías israelitas (Sant. 2:25).

El NT señala algunas nuevas dimensiones de justicia. En el Sermón del Monte (Mt. 5-7), Jesús extiende los requerimientos de la justicia en conformidad con sus propias enseñanzas y directivas, un impresionante despliegue de autoridad. En su misión de atraer a pecadores más que a los justos (e.g., Mc. 2:17), Jesús implícitamente cuestiona la justicia de los justos. De manera similar, la justicia personal en términos de una justicia propia es negativa en el NT (Rom. 10:3; Flp. 3:6; cf. Lc. 18:9).

Justicia Divina. El NT continúa el tema de justicia del AT en lo que se relaciona a Dios mismo. Dios es justo (Jn. 17:25; Rom. 3:5; 9:14; Heb. 6:10; cf. Mt. 6:33). Sus juicios son justos (Rom. 2:5), y sus ordenes y leyes son justas (Rom 7:12; 8:4). Dios es un juez justo (2 Tim. 4:8). Su actividad salvadora es justa; él no compromete su propia justicia en justificar lo impío (Rom. 3:24-26). La justicia de Dios se contrasta con la injusticia y maldad humana (Rom. 3:5; Sant. 1:20). Ya que Dios reina sobre la creación en justicia, la conducta humana debería conformarse a ese estándar (e.g., Rom. 14:17). Jesús es mencionado como justo (Hec. 3:14; 7:52; 22:14; 1 Pe. 3:18; 1 Jn. 2:1, 29). Él cumplió con la justicia en el sentido absoluto de demostrar completa conformidad a la naturaleza y voluntad de Dios (e.g., 1 Pe. 3:18). También cumplió la justicia de Dios en el sentido de su actividad salvadora hacia los humanos (e.g., 2 Pe. 1:1).

"La justicia de Dios" y la justicia humana extraordinaria. Existe una conexión en el AT entre la justicia de Dios y su fidelidad en la actividad salvadora (e.g., Salmos; Is. 40-66). Aunque hay atisbos de justicia en relación a la actividad salvadora de Dios fuera de la Carta de Pablo a los Romanos (e.g., Mt. 5:10; 6:33), una frase técnica, "la justicia de Dios", es usada en tres textos importantes en Romanos (1:17; 3:21-22 [2×]; 10:3 [2×]). En el Evangelio, "la justicia de Dios" se revela, donde "la justicia de Dios" podría significar su justicia divina en cierto sentido, la justicia desde Dios (NIV), la actividad salvadora de Dios se relaciona a su justicia en el cumplimiento de la fidelidad de su alianza (e.g., Salmos), o una combinación de todas estas.

La justicia de Dios se discute más ampliamente en Rom 3:21: "la justicia de Dios" ahora ha sido revelada aparte de la ley mosaica, aunque el AT testifica sobre ella (cf. Rom 4 y Rom. 1:17; Gal. 3:11; Heb. 10:38). Esta justicia de Dios se clarifica en que es por fe en Jesucristo para todos, tanto judíos como gentiles. La "justicia de Dios" puede distinguirse de la justicia como parte del carácter de Dios (Rom. 3:25-26). De hecho, debe ser, porque la justicia de Dios como característica de su carácter se reveló en el AT, mientras que "la justicia de Dios" es "aparte de la ley [mosaica]" (3:21).

En Rom. 10:3, Pablo comenta que los israelitas son ignorantes de "la justicia de Dios"; ellos buscan establecer su propia justicia porque no se someten a "la justicia de Dios". Los israelitas ciertamente sabían de la justicia de Dios en términos de su carácter, juicios y expectativas para su pueblo. La falta de sumisión a "la justicia de Dios" ocurre en el contexto del rechazo judío a Jesús (e.g., 9:32-33; 10:9-13). Y Jesús es la clave para comprender "la justicia de Dios" también en los otros textos.

En Rom. 1:17 la justicia de Dios se revela en el Evangelio, que es el poder de Dios para la salvación a todos quienes confíen en Jesús (1:3-5, 16). La justicia de Dios en 3:21-22 está relacionada con Jesús (3:22, 25-26), quien como sacrificio expiatorio (3:25) permite la justificación y redención de los pecadores (3:24, 26). En Jesús nos convertimos en la justicia de Dios (2 Cor. 5:21). La justicia de Dios, entonces, es la actividad salvadora de Dios revelada y manifestada en la persona y trabajo del Señor Jesucristo, a través del cual los pecadores son justificados como inocentes y justos en Cristo.

JUSTICIA, PÓRTICO DE La edificación en el palacio de Salomón donde escuchó quejas y tomó decisiones judiciales (1 Re. 7:7 [LBLA, RVA: "Pórtico del Juicio"]). El Pórtico de Justicia estaba cubierto de cedro desde el piso hasta el techo. En la versión RVR1960, el praitōrion del gobernador romano en Juan 18:28 se traduce como "Pretorio" (NVI: "palacio"; NTV: "residencia oficial").

JUSTICIA El concepto de justicia impregna la Biblia, especialmente, aunque no exclusivamente, el AT. Los términos bíblicos claves que expresan este concepto incluyen mishpat, tsedeq/tsedaqah, yashar en el AT y el grupo de palabras dik en el NT (cuyas formas verbales y sustantivas son traducidas respectivamente como justo y justificar o sus respectivos cognados). El concepto bíblico de justicia es una encarnación de dos conceptos contemporáneos: rectitud y justicia. El primero designa el cumplimiento de la norma divina, mientras que el segundo enfatiza la conformidad con un estándar social de lo que es correcto y equitativo. Centrarse exclusivamente en lo último entorpece la correcta comprensión del concepto de justicia en el sentido bíblico. Además, la comprensión bíblica de este concepto está gravada por el uso de diferentes términos en inglés para traducir los mismos términos hebreos o griegos.

Mishpat y Tsedaqah

Mishpat abarca inherentemente la idea de activismo judicial que consiste en la disposición de criterios estándar (legislación, instrucciones, directivas) para la conducta y la adjudicación, y/o el arbitraje real entre las partes con el objetivo de determinar la culpabilidad o no, y aplicar las sanciones requeridas o absolución. Tsedaqah, por otro lado, enfatiza la norma establecida de orden justo para una conducta correcta tanto en la sociedad en conjunto como para los individuos. Mientras que mishpat enfatiza la acción que busca establecer o reforzar patrones correctos de comportamiento para el bien común, tsedaqah enfatiza la práctica (o la falta de ella) de tal norma en la sociedad, o entre individuos, o el cumplimiento de una norma por parte de un individuo.

Cuando se usan en combinación como una hendíadis (o par de palabras), estos dos términos representan un requisito inherente de conformidad con una norma establecida (ya sea en el ámbito religioso o en la sociedad civil) o el requisito de lealtad o conducta correcta entre individuos. Para la persona que se beneficia de esta norma, se aproxima a un derecho (es decir, una demanda). A la inversa, se impone un deber implícito en la persona que garantiza la conformidad con dicha norma establecida. Este hecho se aprecia mejor cuando lo consideramos con la naturaleza de pacto de los requisitos para la justicia en el mundo antiguo, en el cual ambas partes tienen tanto derechos como responsabilidades. En términos generales, este concepto también implica una buena gobernanza, que genere un orden a la vida y beneficios comunes para todos los miembros de la comunidad.

Esta idea se ejemplifica incluso en pasajes que no usan esta fraseología precisa (mishpat utsedaqah). La nuera viuda de Judá, Tamar, tenía el derecho inherente de tener un esposo (pariente-redentor) para engendrar descendencia para su difunto esposo, mientras que Judá era titular del deber de unirla en levirato a su hijo que le quedaba vivo. Cuando Judá no cumplió con su deber, Tamar lo entrampó en una relación incestuosa, de la cual ella concibió. Cuando fue condenada a morir por adulterio en un tribunal de clanes, Tamar reveló la identidad del padre de su hijo no nacido, a lo que Judá respondió diciendo: "Ella es más justa que yo, por cuanto yo no la di por mujer a mi hijo Sela" (Gn. 38:26). Es decir, ella actuó más en conformidad con la norma que él. En otro caso, Yahvé, mientras desafiaba a los judíos con respecto a su lealtad hacia Él en el contexto de un juicio de pacto, pregunta: "El hijo honra a su padre y el sirviente respeta a su señor". Si yo soy padre y su señor, ¿dónde están el honor y el respeto que merezco?" (Mal. 1:6). Es el derecho de Yahvé como padre y señor recibir honor y respeto, mientras que es el deber de ellos darle esas dos cosas.

Dios como la Origen y Modelo de Justicia

Ser justo, entonces, implica conformidad con lo que es correcto, yashar (el estándar o norma). En las Escrituras, este estándar es la voluntad y el carácter divino revelados. El cumplimiento de esto a menudo se expresa en la narración bíblica como hacer lo que es "correcto [o bueno] a los ojos del Señor" (Dt. 6:18; 12:28; 1 Re. 14:8; 22:43), mientras que su antítesis es hacer lo que es "malo a los ojos del Señor" (Jue. 2:11, 1 Re. 11:6, 14:22) o hacer lo que algunos humanos "le parece bien" (Dt. 12:8; Jue. 17:6; 21:25).

Por lo tanto, el origen de la justicia es Dios mismo. Fluye de su carácter esencial como alguien que es tanto justo como recto, cuyas acciones son sin defectos, perfectas, rectas y justas (Dt. 32:4; 1 Sam. 12:7; 2 Sam. 22:31; Job 37:23; Sal. 89:14). Dios es el legislador justo, y por ende el que establece la norma para la conducta correcta (Dt. 4:4-8, Sal. 19:7-9). Él exige justicia

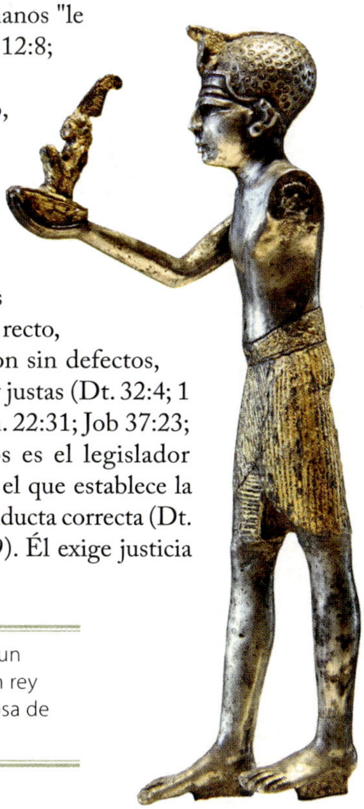

Los egipcios también buscaban un origen divino de justicia. Aquí un rey egipcio ofreciendo a Maat, la diosa de la verdad y la justicia.

J

a todas sus criaturas (*véase* Gn. 9:5-6, Éx. 21:12, 28-29). Dios también juzga con justicia (Gn. 18:25; 1 Re. 8:32; Sal. 9:4, 9; Jer. 9:24) y defiende y reivindica a los débiles y oprimidos (Dt. 10:18; Sal. 103:6). La responsabilidad de mantener la justicia en la comunidad humana, sin embargo, la delega a sus líderes, tales como los magistrados civiles o funcionarios políticos, y les exige que ejecuten esta responsabilidad con integridad, equidad e imparcialidad (Dt. 1:16-17; 16:18-20; Sal. 82: 2-4; Prov. 31:8-9; Juan 7:24; 1 Pe. 2:13-14). El requerimiento de justicia de Dios en la comunidad humana no se limita solo a sus líderes; incumbe a todos los que pertenecen a ella (Sal. 15:1-5; Mic. 6:8; Zac. 7:9; 8:17; Mt. 23:23). El ejercer la justicia requiere hacer todo lo que es esencial para lograr el orden divino implícito en la creación y explícito en la verdad revelada, para producir armonía en todas las relaciones en las que la humanidad está involucrada (divino-humano, humano-humano y humano-naturaleza). Esto tiene un doble efecto de limitar el mal y promover los beneficios de vivir justamente dentro de la sociedad humana. Por lo tanto, los frutos de la justicia se deben ver en todos los ámbitos de la vida humana, como la espiritualidad (2 Cor. 5:17-21), la moralidad y la ética (Fil. 4:8; Col. 3:5-9; Tito 2:11-13), justicia social (Éx. 22:21-24, Is. 56:1, Amós 2:6-7, Ezeq. 22:7-29, Sant. 2:1-9), y justicia económica (Amós 5:11; 8:4-6; Sant. 5:1-6), como también en el medio ambiente (Dt. 20:19-20; Sal. 96:9-13; 104:1-31; Ecles .2:5-6, Rom. 8:19-22).

Además, el desarrollo de la justicia produce (re)distribución y retribución. Por distribución se refiere a que los bendecidos materialmente compartan sus bendiciones con los necesitados (Dt. 15:1-15, Sal. 112:5-9, Prov. 28:27, Is. 58:1-11, 2 Cor. 8-9). La retribución se relaciona con la reivindicación y la liberación de los oprimidos y el juicio sobre los malvados (1 Sam. 2:7-10, Job 36:5-10, Sal. 72:4, Lc. 4:17-20). Esto está atestiguado en la experiencia bíblica de Israel (Is. 1:17-20; 5:1-9; Jer. 5:26-29; Miq. 2:1-3) como también se anticipa en el juicio final (Is. 66:24; Dan. 12:1-3; Mt. 25:31-46; 2 Tes. 1:5-10). Los reivindicados obtienen el amor y la gracia de Dios, mientras que los juzgados reciben su justicia. La justicia y el amor, por lo tanto, son los dos lados de la santidad de Dios.

JUSTIFICACIÓN La justificación es un tema importante debido a su relación con la salvación y la santificación cristiana. La palabra justificación aparece solo cinco veces en la Biblia (NVI), pero las palabras relacionadas constituyen temas importantes en ambos testamentos. Parte de la dificultad en la explicación de justificación radica en la terminología en inglés. El inglés tiene dos grupos de palabras que expresan el mismo rango conceptual para grupos de palabras singulares en hebreo y griego. Entonces, además de las palabras relacionadas con justificación, tales como "justamente", "justo" y el verbo de gran importancia "justificar", no hay discusión alguna que pueda evitar los términos "recto" y "rectitud". También se debe tener cuidado al permitir que los textos bíblicos determinen el significado de las palabras, ya que tanto la terminología de "justicia" como la de "rectitud" pueden tener connotaciones contemporáneas ajenas a los textos bíblicos.

La justificación a menudo se relaciona con un entorno legal tanto en contextos judíos como grecorromanos, con su juez, acusado, pruebas, criterios para evaluar las pruebas, los veredictos y las implicaciones de los veredictos. Esta es una buena ilustración de palabras para el término justificación y se usa en la Biblia misma. Mientras el panorama legal se extienda a asuntos cotidianos, las preocupaciones morales y éticas, y los diferentes criterios para la evaluación de pruebas, éste será un buen punto de partida para entender la doctrina de la justificación.

Justificación Común y Extraordinaria

La importancia salvífica de la justificación ha moldeado en gran medida la explicación que sigue. La justificación se ha dividido algo torpemente entre una justificación común y justificación extraordinaria, y esta última tiene una relación significativa con la doctrina de la salvación. La primera es abordada solo brevemente en los párrafos del AT y NT.

En la justificación común, las obras o acciones de una persona se juzgan de acuerdo a un estándar de justicia. Las acciones justas son juzgadas y el veredicto es "justo". Las acciones injustas son juzgadas y el veredicto que se da es "injusto". La justificación extraordinaria ocurre cuando una persona o acto injusto es juzgado y recibe el veredicto "justo" por alguna intervención sobrenatural.

La justificación común en el AT se puede describir en varios contextos: (1) en la justicia comparativa o relativa entre los humanos (por ejemplo, Gn. 38:26, Ezeq. 16:51-52); (2) en situaciones específicas o concretas con Dios como juez (p. Ej., 2 Crón. 6:23: "Condena al culpable, y haz que reciba su merecido; absuelve al inocente, y vindícalo por su rectitud." (3) en situaciones específicas o concretas con un juez humano (por ejemplo, Dt. 25:1: "Cuando surja algún pleito, las partes acudirán al tribunal para que los jueces juzguen el caso, y absuelvan al inocente y condenen al culpable."); (4) en dar justicia (por ejemplo, 2 Sam. 15:4; *ver* Sal. 82:3); (5) demostrar qué es lo correcto o adecuado (por ejemplo, Sal. 51:4; Isa. 43:9).

La justificación extraordinaria es mucho más inusual en el AT. Un posible ejemplo está en Dan. 8:14, donde en una visión el santuario es profanado y después de un tiempo "será re consagrado" o, en otros términos, "será justificado santo." Parece bastante inusual que algo impío "sea justificado" como santo. En Isa. 45:25 encontramos la promesa de que "en el Señor, todas las generaciones de Israel serán justificadas" (NTV). Otro versículo declara que el "siervo justo de Yahvé justificará a muchos, y cargará con las iniquidades de ellos." (Is. 53:11). La necesidad de una justificación extraordinaria y la deficiencia de la justificación ordinaria es clara en Sal. 143:1-2: "Oh Señor, escucha mi oración, presta oído a mis súplicas, respóndeme por tu fidelidad, por tu justicia; y no entres en juicio con tu siervo, porque no es justo delante de ti ningún viviente." (*Véase* Job 4:17; 25:4). La última frase podría traducirse como "delante de ti nadie será justificado" y es citada por el apóstol Pablo en Gal. 2:16 (*véase* Rom. 3:20).

En el NT, hay menos referencias a la justificación común que en el AT y un mayor desarrollo de la justificación extraordinaria, predominantemente en las epístolas paulinas (para conceptos similares en términos diferentes, *véase*, por ejemplo, "reino de Dios" en los Evangelios Sinópticos o "vida eterna" en el Evangelio de Juan). La justificación común en el NT se puede describir en varios contextos: (1) en una situación específica con un humano o Dios como juez y el comportamiento de una persona como el objeto del juicio (por ejemplo, Lc. 16:15; 1 Cor. 4:3-4, tal vez Lc. 10:29; 18:9-14); (2) cuando "la sabiduría se justifica", lo que significa que se reivindica por los resultados (Mt. 11:19, Lc. 7:35); (3) al ser liberados de demandas que ya no son vinculantes (Rom. 6:7; *ver* 1 Cor. 6:1); (4) al demostrarse moralmente justo en plenitud (1 Tim. 3:16, *ver* Rom. 3:4).

Pablo y la Justificación

La justificación extraordinaria en el NT es característica del apóstol Pablo. El relato de Lucas sobre el sermón de Pablo en la sinagoga de Antioquía de Pisidia concluye con un breve resumen de justificación extraordinaria (Hec. 13:38-39). Pablo proclama que el perdón de los pecados está disponible a través de Jesús. Todo aquel que cree en Jesús es justificado "de todo lo que por la ley de Moisés no pudieron ser justificados" (RV2015). El perdón de los pecados lleva al veredicto de "inocente", aun cuando los pecadores fuera de Cristo son culpables ante Dios por sus malas acciones.

En Gal. 2:16 el verbo justificar se usa tres veces: (1) "una persona no se justifica por las obras de la ley, sino por la fe en Jesucristo"; (2) "nosotros hemos creído en Cristo Jesús, para que seamos justificados por la fe en Cristo, y no por las obras de la ley"; (3) "por las obras de la ley nadie será justificado". Las declaraciones pueden ser parafraseadas en la voz activa (expresando el sujeto implícito) como de la siguiente manera: (1) Dios justifica a una persona no por obras la ley mosaica, sino por creer en Jesucristo; (2) Dios nos justificó por creer en Cristo, no por las obras de la ley de Moisés; (3) Dios no justificará a nadie por las obras de la ley mosaica.

En Gal. 2:16, Dios es el sujeto, el agente que justifica (*véase* 3:8; Rom. 3:26, 30; 4:5; 8:30, 33). La base de la justificación es la fe en Cristo, no las obras de la ley mosaica. El significado del verbo justificar puede discernirse por el contexto. Esta justificación está relacionada con el Evangelio (por ejemplo, Gál. 2:14) y con recibir el Espíritu (Gál. 3:2, 14), y el veredicto de "justos" para las personas que confían en Jesús (Gál. 2:21); *véase* 3:6, 11; 5:5; 1 Cor. 1:30; 2 Cor. 5:21). La justificación y la justicia son temas importantes en la carta de Pablo a los romanos. Al comienzo de la carta, Pablo declara que no se avergüenza del Evangelio pues es el poder de Dios para la salvación de todo el que cree. En el Evangelio se revela la justicia de Dios, una justicia que es por fe (Rom. 1:16-17). En Rom. 1:18-3:20, una sección que abunda del lenguaje de la justicia, Pablo argumenta que toda la humanidad, gentil y judía, está bajo el poder del pecado (3:10), que nadie es justo (p. Ej., 3:10-18). Todos están sometidos a la condenación (es decir, la declaración de "culpable" e "injusto" [*véase* 5:16]) en lugar de la justificación (es decir, la declaración de "inocente" y "justo"). Ningún ser humano será justificado ante Dios por las obras de la ley; la ley provee el conocimiento del pecado (3:20).

La condición resultante de esta injusticia y pecado es la ira de Dios (*ver*, Rom. 1:18). Es en esta situación, en esta triste realidad en la que todos han pecado y se encuentran apartados de la gloria de Dios, es que la justicia de Dios, la acción salvífica de Dios tan anticipada desde el AT, se revela en la persona y obra de Jesucristo (3:21; 10:3). Esta justicia es de Dios (3:22), una justicia que no está relacionada con el cumplimiento humano de la ley mosaica o la justicia propia (Rom. 3:21; 9:31-32; 10:4; Fil. 3:6, 9; *véase* Efe. 2:8-9). Esta justicia proviene de Dios por medio de la fe en Cristo (Rom. 3:22, 5:1, 9:30, 10:10, Fil. 3:9). Por poner la confianza en Cristo, Dios justifica a cada ser humano en su gracia dada libremente, mediante la cual el humano es redimido de la injusticia y pecado (Rom. 3:24).

La muerte de Jesús es el sacrificio de expiación por el cual el perdón de los pecados se consuma y se hace efectivo en los humanos cuando uno cree en el sacrificio de Jesús (Rom. 3:25). Este sacrificio demuestra la justicia de Dios (3:26) porque Él juzga justamente el pecado humano en Jesús. Al que no cometió pecado alguno, por nosotros se convirtió en pecado (2 Cor. 5:21; *ver* Rom. 5:6, 8, 1 Cor. 15:3). En misericordiosa paciencia, Dios pasa por alto pecados cometidos previamente, retrasando el cumplimiento de su justicia, para que Él pueda justificar a las personas no piadosas que creen en la persona y obra de Jesús (Rom. 3:26; *ver* 4:5). Esta justificación es de una naturaleza diferente a la justificación ordinaria al nivel humano o del tipo que se puede obtener al obedecer la ley mosaica. En esta justificación extraordinaria, Dios estima justo e inocente del pecado a los humanos, por la fe y no por las obras de la ley mosaica (3:28). Tanto los judíos como los gentiles son considerados justos bajo la misma condición: fe en Jesús (3:29-30).

Aunque la revelación de la persona y la obra de Jesús, el Mesías, era relativamente nueva al momento en que Pablo escribió su carta a los romanos, Pablo enfatiza en Rom. 4 que esta idea de justificación por fe y no por obras se remonta al antepasado de los judíos, Abraham. Citando Gn. 15:6, Pablo demuestra por las Escrituras, que la fe, y no las obras, era la base de una justificación extraordinaria: Abraham creyó en Dios, y se lo reconoció por justicia. Dios justifica a Abraham (es decir, Dios atribuye justicia a Abraham) sobre la base de la fe de Abraham en Dios. Pablo también cita gran parte de Sal. 32:1-2, un salmo davídico, para seguir demostrando la consistencia de la justificación por fe con la revelación anterior. En esta cita, el reconocimiento de la justicia fuera de las obras está relacionada con el perdón de la transgresión, donde el veredicto del culpable se convierte en "inocente". "Fue entregado a la muerte por nuestros pecados y resucitó para nuestra justificación" (Rom. 4:25). La justificación extraordinaria de los pecadores injustos conlleva un doble veredicto: inocente y justo. Tito 3:3-6 enuncia la misma doctrina de la justificación extraordinaria. La humanidad está bajo pecado cuando Jesús aparece. Dios en su misericordia salva a través de Jesús, no sobre la base de obras humanas justas. Esta acción salvífica equivale a ser justificados por la gracia de Jesús (3:7).

Santiago y la Justificación

Hay tres referencias de justificación en Sant. 2:14-26, que a primera vista parecen contradecir la justificación extraordinaria presentada por Pablo. En favor de la afirmación de que la fe sin obras es inútil (Sant. 2:20), se hacen dos preguntas: ¿No fue justificado por lo que hizo Abraham, y no fue Rahab la prostituta también justificada por lo que hizo (es decir, justificada por obras) (2:21, 25)? Sant. 2:24 lo reformula como una premisa: una persona es justificada por lo que él o ella hace, no solo por la fe. El contexto de 2:14-26 demuestra que aunque los términos "fe", "obras" y "justificación" son los mismos que los de Pablo, tienen diferentes significados para Santiago. La fe representa en este pasaje un mero conocimiento (2:19), sin ninguna implicación para la vida (2:14-18). Para Pablo, la fe es un compromiso radical de confianza que somete toda nuestra vida al señorío de Cristo, algo muy diferente a la mera creencia que Santiago describe como la fe. Las acciones u obras en el pasaje de Santiago son las manifestaciones concretas de lo quc uno cree (2:18).

Las obras en los pasajes de justificación de Pablo se oponen a la confianza en la persona y la obra del Señor Jesús. Fuera del contexto de la justificación, Pablo es un defensor de las obras debidamente relacionadas con la fe, la justicia y la santidad (por ejemplo, Efe. 2:10; 1 Tes. 1:3; *ver* Rom. 1:5; 6:1-23; 8:4; 12:1-2). La justificación también es diferente. La justificación paulina se relaciona más comúnmente con la justificación extraordinaria de declarar pecadores injustos como "inocentes" y "justos" basados en la fe en Cristo. La justificación en Santiago tiene lazos más fuertes con la justificación común, centrándose en la justicia de un acto específico en un momento específico.

Otras Observaciones Sobre la Justificación

Poco después de la era de los apóstoles, la doctrina de la justificación fue dejada de lado en muchos círculos de vida en la iglesia a favor de un sistema más moralista. Un grupo ha argumentado repetidamente durante siglos que la justificación infunde justicia en el creyente, y luego el creyente debe hacer buenas obras para completar la justificación. Esta concepción no logra diferenciar entre santificación y justificación, y también tergiversa la justificación. En la justificación, Dios declara inocente y justo al creyente, perdonando el pecado por medio del sacrificio de Cristo y e imputando la justicia de Cristo al creyente. Esto no es "ficción legal", ya que la justificación tiene aspectos pasados, presentes y futuros (Rom. 3:30; 8:30-34; Gal. 2:16; 5:5). Los creyentes han sido, están siendo y serán justificados por la fe en Cristo Jesús. Recientemente, algunos han afirmado que la justificación está relacionada exclusivamente con la inclusión de gentiles al pueblo de Dios sin "obras de la ley", marcadores de identidades raciales y nacionales (como las leyes de circuncisión o de alimentos). Entre las debilidades de este punto de vista, la clave es que tanto judíos como gentiles necesitan una justificación extraordinaria (Rom. 3:9, 19-20, 23-26, 30; 9:30-10:13; Gal. 2:15-3:14).

JUSTO **(1)** José, llamado "Barsabás", al que también llamaban Justo. Él, junto a Matías, fueron considerados para ocupar el lugar entre los apóstoles que Judas Iscariote dejó (Hec. 1:23). **(2)** Ticio (Tito en algunos manuscritos) Justo, un "adorador de Dios", con quien se alojó Pablo en su casa cerca de la sinagoga en Corinto (Hec. 18:7). **(3)** Jesús Justo, un creyente judío entre los colaboradores de Pablo que envió saludos a Colosas (Col. 4:11).

JUTA Una ciudad en la colina cerca de Hebrón asignada por sorteo a la tribu de Judá en la conquista de Canaán (Jos. 15:55). Estaba reservada para los levitas, los descendientes de Aarón (Jos. 21:16, 1 Cr. 6:59).

JUVENIL, DELICUENCIA Este término moderno hace referencia a un problema que también se encuentra en las Escrituras: jóvenes que violan la ley y son considerados incorregibles. En tiempos bíblicos, las personas eran consideradas menores siempre que vivieran bajo el techo de sus padres y, por lo tanto, estaban sujetas a ciertas responsabilidades y restricciones. Un niño desobediente seguía siendo responsabilidad de los padres y se le exigía que respetara sus reglas y disciplinas o enfrentaría una sanción grave. Contrariamente a la ley occidental moderna, los jóvenes que violaban la ley estaban sujetos a las mismas penas que los adultos. Sin embargo, si violaban la ley en relación a sus padres, particularmente si despreciaban a los padres, estaban sujetos a penas más severas (Éx. 21:15, 17, Lev. 20:9, Dt. 27:16; Prov. 20:20). El caso más serio de delincuencia juvenil en la Biblia ocurre en Dt. 21:18-21, donde se establece las consecuencias letales para un joven incorregible, rechazando por completo la dirección y la disciplina de los padres.

JUZGAR La Biblia hace fuertes distinciones entre el juicio justo y el juicio pecaminoso. Dios ordena a su pueblo a ejercer un juicio justo e imparcial, especialmente con los pobres y desamparados de la sociedad (por ejemplo, Éx. 23:1-9, Prov. 31:9, Is. 1:17), castigando las perversiones del favoritismo y el soborno (Dt. 16:19; Amós 5:12). El NT advierte contra la parcialidad (Sant. 2:1-9) y el juzgar por las apariencias externas (Jn. 7:24). Jesús denuncia el juicio egoísta e hipócrita: "No juzguen, para que no sean juzgados." (Mt. 7:1 [*véase* Lc. 6:37]). Este tipo de juicio presume superioridad moral sobre los demás (Rom. 2:1-5) y revela un corazón no arrepentido, ciego ante su propia pecaminosidad. Critica a otros por cuestiones espiritualmente disputables ("mota" [*ver* Mt. 7:3-5]), mientras que el amor cristiano difiere tales juicios a Dios (Rom. 14:1-18). Aún así, los creyentes deben confrontar el pecado en la iglesia (Mt. 18:15-17, Heb. 3:12-13, Sant. 5:19-20) y el mundo (2 Cor. 10:5), pero deben hacerlo en un espíritu de humildad y mansedumbre (Gal. 6:1) que se arrepiente de su propio pecado antes de dirigirse a los demás (Mt. 7:5).

Ostracon egipcio que contiene "Una carta a un hijo descarriado" (1145 a.C).

JUICIO

Antiguo Testamento. Existen varias palabras hebreas para "juicio", dos de ellas son importantes aquí. La palabra shepet es usada por Dios, quien trae juicio sobre los egipcios en las plagas (Éx.. 6:6, 7:4, 12:12). Ezequiel profetiza el juicio de Dios sobre Israel y otras naciones (por ejemplo, Eze. 5:10; 16:41; 25:11). La palabra también se aplica a los seres humanos, como cuando los sirios hicieron juicio sobre Israel (2 Cró. 24:24).

El sustantivo más frecuente es mishpat. Abraham se caracteriza por el uso de mishpat, juicio/justicia (Gn. 18:19). Dios por atributo es justo (Gn. 18:25); Él muestra justicia hacia el huérfano y la viuda (Dt. 10:18) y dirige a los afligidos en la justicia (Sal.25:9). En las aguas de Mara, Dios hace un juicio, una ordenanza para el pueblo (Éx. 15:25). De manera similar, los mishpatim, "juicios/ordenanzas, se convierten en ley para la vida en Israel (Éx. 21:1). Al hacer juicios judiciales, los israelitas deben ser imparciales (Lev. 19:15), y deben usar el buen juicio y la justicia en el intercambio (Lev. 19:35, Prov. 16:11). Israel será juzgado por rechazar los juicios de Dios (Eze. 5: 7-8) y adorar dioses falsos (Jer. 1:16). Los acusados de crimen irán a juicio/fallo (Nm. 35:12). Los hijos de Israel acuden a sus jueces para el juicio (Jue. 4:5). Dios llevará a cada persona a un tiempo de juicio sobre cómo ocupó su vida (Ecl. 11: 9).

Nuevo Testamento. Una palabra clave en el NT es krisis. Tiene una variedad de significados similar a mishpat. En el NT, el juicio se emite en pensamientos y palabras, así como en obras (Mt. 5:21-22; 12:36). El futuro juicio escatológico es un tema clave para Jesús (Mt. 10:15, 11:22, 24, 12:42), Pablo (2 Tes. 1:5) y otros escritores del NT (Heb. 9:27; 10:27; 2 Pe. 2:9; 3:7; 1 Jn. 4:17; Jud. 15; Apoc. 14:7). Jesús mismo será el juez (Jn. 5:22). La única forma de evitar la condena es tener vida eterna en el Mesías (Jn. 5:24).

Otra palabra clave en el NT es krima. Puede referirse a la condenación (Mt. 7:2, Rom. 3:8) o al juicio, incluyendo nuevamente el juicio escatológico (Hec. 24:25). Krima es la palabra más utilizada por Pablo. También a menudo presenta el juicio como ya se realizado (por ejemplo, Rom. 2:2-3, 5:16). En las epístolas posteriores se puede realizar juicio también (2 Pe. 2:3, Judas 4). Santiago señala que no muchos deben presumir ser maestros, porque serán juzgados más estrictamente (San. 3:1).

K

KABBON *Ver* Cabón.

KABUL *Ver* Cabul.

KAB *Ver* Cab.

KALKOL *Ver* Calcol.

KARNAIM Una ciudad en Galaad, cerca de, o es posible que también fuera conocida como Astarot-karnaim o Ashteroth-carnaim. Fue habitada por los refaítas y sometida por Quedorlaomer, rey de Elam en el tiempo de Abraham (Gn. 14:5). Amós hace un juego de palabras con el nombre de la ciudad, que significa "cuernos" y simboliza la fuerza. Los israelitas se jactan de derrotar a una ciudad cuyo nombre es sinónimo de poder militar (Amós 6:13).

KEILA **(1)** Un descendiente de Caleb (1 Cr. 4:19). **(2)** Una ciudad en las tierras bajas del territorio tribal asignada a la tribu de Judá (Jos.15:44). David defendió esta ciudad contra el ataque de los filisteos durante la temporada de trilla (1 Sam. 23:1-6). Sin embargo, cuando Dios le dijo que los habitantes lo entregarían a Saúl, él huyó de la ciudad y fue a las fortalezas en el Desierto de Zif (23:4-13). Después del exilio, la ciudad fue reconstruida. Hasabías, un oficial del distrito de Keila, ayudó a reparar las murallas de Jerusalén (Neh. 3:17-18). La ciudad se identifica con Khirbet Qila, a ocho millas al noroeste de Hebrón.

Ruinas Romanas en la antigua Kenat.

KELAÍA *Ver* Kelita.

KELITA Uno de los trece levitas que ayudó a la gente a entender la lectura de la ley por Esdras, ya sea traduciéndola al arameo o por algún otro tipo de explicación (Neh. 8:7). Kelita también firmó el pacto con Dios luego de la lectura de Esdras de la ley (Neh. 10:10), y él había tomado por esposa a una extranjera, con quien se divorció a petición de Esdras (Esd. 10:23 [identificado aquí con otro nombre, Kelaía]).

KEMUEL **(1)** Hijo de Nacor, que era hermano de Abraham, y Milca, él fue el padre de Aram y el antepasado de los arameos (Gn. 22:21). **(2)** Hijo de Siftán, un líder de la tribu de Efraín quien ayudó en la asignación de la tierra de Canaán a cada tribu (Nm. 34:24). **(3)** El padre de Hasabías, el jefe principal de los levitas durante el tiempo del rey David (1 Cr. 27:17).

KENAT Una ciudad en el extremo nororiental del territorio israelita (Galaad del este). Noba la tomó de los amorreos y le dio su nombre (Nm. 32:42). La ciudad fue conocida como Kenat tiempo más tarde cuando pasó a las manos de Aram y Gesur (1 Cr. 2:23). Kenat era la ciudad más oriental de las diez ciudades de Decápolis. Por lo general, se identifica con el Qanawat moderno.

KENOSIS Una transliteración de la palabra griega kenōsis, que significa "despojo". El uso de "Kenosis" caracteriza una parte de la carta de Pablo a los Filipenses con una semejanza a los himnos (2:5-11), en la que el apóstol dice que Cristo Jesús "se despojó a sí mismo" (v.7 LBLA, RVC). Algunos han interpretado que esto significa que Jesús renunció a algunos o todos sus atributos divinos en la encarnación (*ver* Jn. 1:14). Otros afirman que estos atributos se conservaron en una realidad "potencial". Pero probablemente es mejor considerar el contexto inmediato para el significado.

Pablo supone que el despojo de Cristo es en cierta medida una práctica comunicable: debemos meditar sobre cómo despojarnos como Cristo (Fil. 2:5). Existían dos posiciones extremas de estatus en el mundo romano: César, quien era adorado como un dios, y el esclavo, que podía ser crucificado por un capricho del maestro. Jesús, siendo superior que el primero, voluntariamente tomó el estado de este último, humillándose hasta el punto de morir en una cruz (Fil. 2:8). Puso la voluntad de Dios, nuestra salvación, por sobre la suya. Los lectores de Pablo habrían hecho una comparación inmediata con el emperador de ese tiempo, Nerón, quien de buena gana abrazó su propia deificación y vivió sólo para la satisfacción de su propio placer. Pero el deseo de ser como Dios se remonta al jardín del Edén (Gn. 3:5). Según la tradición judía y cristiana, esta ambición desmedida llevó a la caída de Satanás. Sin embargo, el Hijo no se convirtió en otra cosa, sino que se despojó de la forma o apariencia de Dios. En otras palabras, las personas no sabían que Jesús era Dios al mirarlo (*véase* Is. 53:2). Pero a Pedro, Santiago y Juan se les permitió ver la naturaleza glorificada del Hijo en la transfiguración (Mt. 17:1-9, *ver también* Jn. 1:14, 2 Pe. 1:16-21).

La reflexión poética de Pablo termina con el Padre quien puso a Jesús encima de toda autoridad, a la diestra de su trono en el cielo (Fil. 2:9-11, *ver también* Efe. 1:20-21). Aunque las personas importantes según los estándares mundanos ignoraron a Jesús durante su ministerio, descartándolo como un campesino judío de un rincón polvoriento del Imperio Romano, el apóstol sostiene que algún día se inclinarán ante la gloria de Jesús. La kenosis pretende exhortar a los cristianos a imitar la humildad de Cristo, anteponiendo las necesidades de los demás a las propias, para que también puedan participar de su gloria (*véase* Ef. 2:1-20).

KERE-KETIB *Ver* Queri y Ketiv.

KEREN-HAPUC La más joven de las tres hijas nacidas a Job después de que sus tribulaciones habían cesado y su vida había sido restaurada (Job 42:14).

KERIGMA La transliteración de la palabra griega que significa "predicación, proclamación, mensaje", "kerigma" fue acuñada como un término académico por C.H. Dodd, un catedrático del NT de la Universidad de Cambridge, en 1964. En una serie de ponencias titulada "La Predicación Apostólica y su desarrollo", Dodd observó que cuatro de las proclamaciones del mensaje del Evangelio de Pedro (Hec. 2:14-36, 38-39, 3:12-26, 4:8-15) seguían un patrón identificable. Presentan hechos básicos tal como se interpretan a través de la perspectiva eterna de la iglesia del primer siglo: (1) La era del cumplimiento profética ha iniciado. (2) Esto ha ocurrido a través del ministerio, la muerte y la resurrección de Jesús. (3) Jesús es exaltado a la diestra de Dios como el mesías de Israel. (4) El Espíritu Santo en la iglesia es el signo del poder y la gloria presente de Cristo. (5) La era mesiánica pronto se consumará con el regreso de Cristo. (6) Por lo tanto, los oyentes deben arrepentirse para recibir el perdón, el Espíritu Santo y la salvación.

Dodd siguió desarrollando sus ideas al examinar los Evangelios y descubrió que también se ajustan al patrón esencial del kerigma (esto es particularmente claro en Marcos), ocurre lo mismo en los resúmenes del Evangelio que aparecen en los escritos de Pablo y Juan. Cada uno contiene un núcleo esencial de información: el anuncio profético de Jesús, especialmente a través del ministerio de Juan el Bautista, el juicio y la crucifixión de Jesús, su entierro, su resurrección de entre los muertos, y la afirmación de estos eventos a través del testimonio de los testigos directos. Los ejemplos de kerigma se encuentran en Hechos 5:30-32; 10:34-43; 13:16-41; 17:1-4; 26:12-29; 1 Cor. 15:1-11.

Notablemente, no hay mención alguna de la enseñanza ética del NT en todos estos pasajes. Dodd fue enfático en que el kerigma se debe distinguir de la enseñanza, con lo cual se refirió a los aspectos doctrinales, éticos y apologéticos del cristianismo. Estos los entendió como apropiados para la vida y el pensamiento de aquellos ya establecidos en la fe, pero diferentes de la proclamación evangelística del kerigma, cuyo propósito es llamar a los incrédulos a la salvación en Cristo. Dicho de otra manera, el kerigma es primario, mientras que la enseñanza es secundaria; el último es efectivo solo cuando se le presenta a aquellos que ya se han arrepentido y creído.

A partir del estudio de Dodd, "kerigma" ha sido aplicado al AT también, donde se refiere a los actos salvíficos específicos de Dios, estructurados de manera similar al discurso de Esteban en el NT (Hec. 7:2-53). Los ejemplos incluyen Sal. 78; 105; 106; 135; 136.

KESED *Ver* Bondad.

KESITA bUna unidad de valor o medida ("dividir, medir"), el equivalente es desconocido, la NVI representa como "monedas de plata". Jacob compró tierras de los siquemitas por cien kesitas (Gn. 33:19; Jos. 24:32; *ver* NIV mg.). Job recibió una kesita de cada uno de sus amigos y familiares después de su restauración (Job 42:11; *ver* NVI mg.).

KETHIB *Ver* Queri y Ketiv.

KHESED *Ver* Bondad.

KIBROT HATAAVA El primer campamento de los israelitas después de irse del desierto de Sinaí (Nm. 33:16). Aquí muchos israelitas fueron sepultados después de morir a causa de una plaga enviada mientras consumían codornices provistas por Dios en respuesta a sus quejas acerca de no tener nada más que maná para comer (11:31-35). El nombre significa "tumbas de la glotonería" o "tumbas de la codicia".

KIBSAIM Una ciudad levítica en el territorio asignado a la tribu de Efraín. También fue designado como una de las ciudades de refugio (Jos. 21:22). Algunos eruditos lo identifican como la ciudad Jokmeam, que se menciona en un relato paralelo (1 Cr. 6:68). La ubicación es incierta.

KIDRON *Ver* cedrón, valle de

KIR DE MOAB *Ver* Kir; Kir Hareset.

KIR Este topónimo hebreo significa "muro". **(1)** Una fortaleza de Moab que está situada en una cima estratégica de la colina contra la cual Isaías profetizó (Is. 15:1). El nombre moderno, Kerak, se encuentra en los Targumim. Su ubicación está aproximadamente a once millas al este del Mar Muerto y dieciocho millas al sur del río Arnon. Algunos estudiosos creen que esta es la misma ciudad que Kir-hareset (2 Re. 3:25). **(2)** El nombre hebreo de una ciudad mesopotámica, Der (la palabra en acadio que significa "muro"), que está situada al este del río Tigris, en el límite entre Sumer y Elam (Persia). Esta es la ubicación de al-Badrah de hoy en día en Iraq. En el oráculo de Isaías sobre Jerusalén se muestran a Kir y Elam juntos en una formación militar contra Judá (Is. 22:6). Es el lugar desde donde los arameos emigraron a Siria. Esta migración, junto con la emigración de los filisteos desde Caftor, se compara con el éxodo de los israelitas de Egipto, todo esto declarado como realizado por Yahvé (Amós 9:7). Los descendientes de aquellos primeros inmigrantes fueron exiliados de vuelta a Kir cuando el rey Tiglat-pileser III de Asiria conquistó Damasco durante el reinado del rey Acaz de Judá (2 Re. 16:9, Amós 1:5). *Ver también* Kir-Hareset.

KIR-HARESET Este topónimo hebreo significa "Ciudad de alfarería". Aparece de varias formas en el texto hebreo: Kir Heres (Jer. 48:31, 36), Kir Hares (Is. 16:11), Kir Hareset (Is. 16:7), y Kir Haraset (2 Re. 3:25). Todas estas formas se refieren a la misma ciudad, Kir Hareset. Algunos estudiosos también identifican a Kir de Moab (Is. 15:1) con esta ciudad. Esta era una importante ciudad fortificada de Moab, posiblemente la capital. Fue mencionada por los profetas Isaías (Is. 16:7, 11) y Jeremías (Jer. 48:31) en sus palabras de juicio contra Moab. La ciudad está asociada con la ciudad moderna de Kerak, ubicada a unos ochenta kilómetros al sudeste de Jerusalén y once millas al este del Mar Muerto. Está situado en una colina estratégica rodeada de valles empinados. El rey Joram de Israel, el rey Josafat de Judá y el rey de Edom se unieron para combatir al rey Mesa de Moab, que se había rebelado contra el rey de Israel (2 Re. 3:5). Tuvieron éxito en derrocar a las ciudades moabitas y finalmente arrinconaron a Mesa en Kir-Hareset. Mesa intentó traspasar los sitiadores con setecientos espadachines, pero fracasó. Finalmente, ofreció a su hijo mayor, su heredero, como holocausto en la muralla de la ciudad. Debido a esto, una gran ira vino sobre Israel, y renunciaron de perseguir a Mesa y regresaron a su propia tierra (2 Re. 3:4-27). Más tarde, la destrucción de Kir-Hareset por los babilonios fue profetizada como castigo de la mano de Dios (Is. 15:1; 16:7, 11; Jer. 48:31, 36).

KIR-HERES, QUIRJERES *Ver* Kir-Hareset.

KIRIATH-ARBA *Ver* Hebrón.

KIRJATHJEARIM *Ver* Quiriat-Jearim.

KOHELET *Ver* Cohelet.

KORAZIN *Ver* Corazín.

KORO *Ver* Coro.

KOS *Ver* Cos.

L

L, FUENTE Una fuente hipotética utilizada en la composición del Evangelio de Lucas. La Hipótesis de las Cuatro Fuentes con respecto a los Evangelios Sinópticos (Mateo, Marcos, Lucas) propone que Marcos fue escrito primero, y que Lucas y Mateo hicieron uso de Marcos y otra fuente compartida (Q), mientras que cada uno también tuvo acceso a una fuente que ellos no tenían en común (designado "M" para Mateo y "L" para Lucas).

LAADA Nieto de Judá, descendiente de Sela, él fue el padre de Maresa y hermano de Er (1 Cr. 4:21).

LAADAN *Ver* Ladan.

LABÁN **(1)** El hermano de Rebeca (Gn. 24:29) y Raquel y el padre de Lea (29:16). Labán estuvo involucrado en el compromiso de Rebeca con Isaac (24:29-51), pero es mejor conocido por sus engaños y artimañas, especialmente en su trato con su sobrino Jacob (29:1-31:55). Jacob, luego de su propia astuta adquisición del derecho de nacimiento de Esaú y la bendición de Isaac, huyó a la casa de Labán en Harán, ubicada en Padán-aram. Después de su llegada, Jacob aceptó servir a Labán durante siete años para casarse con su hija menor, Raquel. Similar al engaño de Jacob a su padre ciego, Labán secretamente le dio a Jacob su hija mayor, Lea, en lugar de Raquel en su noche de bodas. Para justificar sus acciones, Labán apeló a la costumbre social de que la mayor debía casarse primero, y exigió siete años más de trabajo a Jacob para que él se casara con Raquel. **LABÁN** se caracteriza por este tipo de egocentrismo a lo largo de la narración. Continuó engañando a Jacob, sabiendo que Jacob era clave para su propia prosperidad. Jacob permaneció en la casa de Labán durante veinte años (Gn. 31:41), pero luego huyó con su familia y sus posesiones. Labán detuvo a Jacob en el camino, y los dos hicieron un pacto (31:43-54). **(2)** Uno de los lugares nombrados para identificar la ubicación donde Moisés les habló a los israelitas sobre los Mandamientos de Dios (Dt. 1:1).

LABIOS La superficie externa y suave que rodea la boca. La palabra hebrea traducida como "labio" usualmente se refiere al labio superior, que a menudo se cubría por la mano o una prenda como signo de dolor (2 Sam. 19:4). En el AT, los labios se utilizan para describir el comportamiento de la persona a la que pertenecen. Los labios a menudo son sinónimo del habla o lenguaje (Job 12:20). Por ejemplo, los labios pueden ser titubeantes (Éx. 6:30), halagadores (Sal. 12:2), engañosos (Sal. 17:1), mentirosos (Pro. 12:22), malvados (Pro. 17:4), inmundos (Is. 6:5), honestos (Pro. 16:13), veraces (Pro. 12:19), justos (Pro. 10:21) y alegres (Sal. 71:23).

LABOR DE FLORES Ornamentación arquitectónica que se asemeja a las flores de lirio que adornaban los capiteles de dos columnas de bronce fundidos en el templo de Salomón (1 Rey. 7:19, 22 RVA [NVI: "forma de lirios"). Los pilares cubiertos de lirios, llamados "Jaquin" y "Boaz", se encontraban en el pórtico del templo (1 Re. 7:21, 2 Cr. 3:17).

LABOR *Ver* Trabajo, Teología del,

LACAYO Los ejércitos antiguos usaban un gran número de lacayos o soldados de infantería (NIV: "soldado de a pie"), combinado con número más pequeños de guerreros montados. Varios pasajes bíblicos sugieren que la proporción de lacayos a carrozas y caballería fluctuaba de alrededor de diez a uno (2 Sm. 8:4) a cien a uno (2 Re. 13:7).

LACUM Una ciudad en el límite de la asignación tribal de Neftalí. Era el punto nombrado de la frontera de Neftalí que estaba más cerca del río Jordán, nombrada inmediatamente después de Adami-neceb y Jabneel (Jos. 19:33). Estaba justo al sur del Mar de Galilea.

LADÁN **(1)** Nieto de Levi, descendiente de Gersón (1 Cr. 23:7; 26:21). Ladán es a veces llamado Libni (Éx. 6:17, Nm. 3:18, 1 Cr. 6:17, 20). En 1 Cr. 23:8-9 se nombran a tres hijos de Ladán (Jehiel, Zetán y Joel), pero luego se nombran los tres hijos del hermano de Ladán, Simei (Selomit, Jaziel, Harán) y las palabras "estos fueron los jefes de las familias de Ladán". **(2)** Un descendiente de Efraín, descendiente de Tahán (1 Cr. 7:25-26).

LA ESCALERA Mientras dormía en Betel, el patriarca Jacob tuvo un sueño en el cual una "escalera" (LBLA, NTV, RVC) o "escalinata" (NVI, NBD) se extendía desde la tierra hasta el cielo. En el sueño de Jacob, los ángeles de Dios ascendían y descendían por la escalera, y Dios mismo estaba en lo alto de la escalera mientras bendecía a Jacob (Gn. 28:10-15). Jesús aludió a este incidente, asimilándose a sí mismo con la escalera del sueño de Jacob (Jn. 1:51).

LADRILLO Los ladrillos se mencionan por primera vez en la Biblia en Génesis 11:3 (la torre de Babel), que dice que "ellos usaron ladrillo en vez de piedra", una nota que suena fiel a las diferencias geográficas respecto al uso de los ladrillos. Sin embargo, en Mesopotamia los ladrillos endurecidos en fuego podían usarse para construir estructuras monumentales; miles de estas han subsistido, de hecho, algunas se han utilizado para construcciones modernas. Pero en Canaán, donde la piedra es común, era preferido el uso de la gran piedra sillar como ladrillo para las construcciones monumentales (un contraste evidente en Isaías 9:10), y la piedra no tallada era común en otras estructuras (por ejemplo, Levítico 14:40-42). El ladrillo se usaba comúnmente en las superestructuras en lo alto de los cimientos de piedra, incluyendo las estructuras de defensa como los muros de casamata (cf. Nahum 3:14, pero nótese que Nínive está presente). La ciudad Asdod de la Edad del Hierro presenta un ejemplo de esto, y el Jericó neolítico muestra muros de ladrillo, aunque estos puede que se hayan usado para la retención de líquidos. Los ladrillos estaban hechos de barro o de arcilla, a menudo mezclados con paja (Éxodo 5:7) y se podían secar al sol para propósitos rudimentarios. Elaborar ladrillos era una tarea difícil hecha para los esclavos (Éxodo 1:14; 2 Samuel 12:31). Los altares de ladrillo, como los de piedra tallada, no estaban permitidos en la adoración a Dios (Éxodo 20:24-25; Isaías 65:3).

LADRÓN *Véase* Crímenes y Castigos; Robo.

LAEL El padre de Eliasaf (Nm. 3:24). Eliasaf era el jefe del clan gersonita de los levitas, el clan que cuidaba y transportaba las cortinas que pertenecían al santuario.

LAGO DE FUEGO *Ver* Escatología; Fuego; Infierno.

LAGO DE GENESARET *Ver* Mar de Galilea.

LÁGRIMAS *Véase* Aflicción y duelo.

LAGUNA, ESTANQUE Una pequeña masa de agua quieta. Los estanques eran colecciones de agua estancada, pero también podían ser depósitos para almacenar agua (Éx. 7:19, 8:5). En Sant. 3:12, el "manantial" (DHH [NVI: "fuente"]) de agua dulce contrasta con el agua salada muestra cómo la lengua humana no debiera contradecirse alabando a Dios mientras maldice a las personas. El término "estanque" también se usa para referirse a estanques naturales (Sal. 107:35). *Ver también* Estanque.

LAHAD Un descendiente de Judá engendrado por Jahat. Los descendientes de Lahad y su hermano, Ahumai estaban entre "los clanes de los Zoratitas" (1 Cr. 4:2).

L

LAHMAM *Ver* Lajmás.

LAHMI Según 1 Cr. 20:5, Lahmi el hermano de Goliat el guitita era un filisteo que llevaba una gran asta de lanza. Lahmi y otros tres gigantes descendientes de Rafa de Gat fueron asesinados en batalla por los hombres de David. Elhanán hijo de Jair fue responsable de la muerte de Lahmi (*véase* 2 Sam. 21:18-22; 1 Cr. 20:4-8). De acuerdo a 2 Sam. 21:19, el versículo paralelo a 1 Cr. 20:5, Elhanán mató a Goliat el guitita, pero el texto no menciona a Lahmi (*ver* NVI mg). El error del copista puede haber dado lugar a la discrepancia, ya que el hebreo para "Bethlehemita [asesinó a] Goliat el Guitita" (2 Sam. 21:19) es muy similar a "[asesinó a] Lahmi hermano de Goliat Guitita" (1 Cr. 20:5).

LAIS (1) El padre de Palti, el segundo marido de Mical, hija del rey Saúl (1 Sam. 25:44; 2 Sam. 3:15). En primer lugar, Saúl le había dado Mical a David en matrimonio, y luego a Palti cuando David cayó en desgracia. **(2)** Una ciudad en el valle alto del Jordán al extremo norte de Israel, conquistada por la tribu de Dan durante el tiempo de los jueces y renombrada como Dan (Jue. 18:2, 7-10, 27-29). En Jos. 19:47 el nombre original se da como Lesem en vez de Lais. La ubicación se identifica con Tel Dan, el sitio de varios manantiales que forman las cabeceras del río Jordán. Las excavaciones muestran que el asentamiento comenzó alrededor del 3000 a.C, y un cambio repentino en la cultura material en el tiempo de los jueces refleja probablemente la conquista de la tribu de Dan.

LAISA, LAIS Una ciudad dentro del reparto tribal de Benjamín, cerca de Jerusalén, mencionada solo en Isa. 10:30 en conexión con Gallim y Anathoth. En su profecía, Isaías le dice a Laisa: "Escucha" (NVI) o "pon atención" (LBLA) anticipando nerviosamente el devastador impacto del ejército asirio que se acercaba a Jerusalén desde el norte.

LAJAI-ROI *Ver* Beer-lajai-roi.

LAJMÁS Una ciudad asignada a la tribu de Judá después de la conquista israelita de Caanán (Jos. 15:40). Lajmás estaba en la región fértil de Sefela, entre las tierras altas centrales y la costa mediterránea, en Palestina del sur. Algunas versiones (NTV, LBLA, RV1960), siguiendo una tradición manuscrita alternativa, muestran "Lahmam" en vez de "Lajmás". Es probable que la confusión en el proceso de copia del manuscrito surgiera debido a la apariencia similar de las letras hebreas samek y mem final.

LAMA *Ver* Elí, Elí, Lama Subactani.

LAMEC (1) Descendiente de Caín y el marido de dos mujeres: Ada y Zila, y por lo tanto el primer polígamo (Gn. 4:18-24). Después de matar a un hombre que lo había herido, él canta a sus esposas, jactándose de su acto violento. Él tuvo tres hijos: Jabal, el primero de los que crían animales; Jubal, el primero en tocar el arpa y la flauta; y Tubal-Caín, el primer herrero. **(2)** Descendiente de Set, hijo de Matusalén, y el padre de Noé (Gn. 5:25-31). Él profetizó que Noé traería alivio de la maldición de la tierra. Génesis registra que vivió por 777 años. Él es nombrado como un antepasado de Jesús (Lc. 3:36).

LAMENTACIONES, LIBRO DE En el orden del canon en español, Lamentaciones está en un recóndito lugar entre Jeremías y Ezequiel, probablemente debido a la tradición de que Jeremías fue su autor. En el canon hebreo, sin embargo, este libro se encuentra con los otros cinco rollos festivos (Megilloth), ya que fue utilizado en el noveno de Av, la conmemoración de la destrucción del templo en 586 a.C Aunque es breve, Lamentaciones es memorable por su poderosa expresión poética de profundo duelo por una tremenda pérdida.

Contexto Histórico

Lamentaciones es anónimo y en ninguna parte se menciona ni el autor ni el período de tiempo en el que se escribió, aunque este último, como veremos, es claro por el contenido del libro. Tradicionalmente, se cree que Jeremías es el autor. Esta conexión se remonta al menos al tiempo de la Septuaginta (c.280-100 a.C), la cual agrega una línea al principio del libro: "Y sucedió que después que Israel había sido tomado cautivo y Jerusalén había sido desolada, Jeremías se sentó, llorando, y se lamentó con esta lamentación en cuanto a Jerusalén, y dijo [...]". Esta conexión también explica el orden griego (seguido por la Vulgata latina) que colocó a Lamentaciones inmediatamente después de Jeremías (sin considerar a Baruc, un libro que no se incluye en el canon protestante). Si bien no es imposible que Jeremías haya escrito el libro, muchos lo consideran poco probable debido a un contraste en las actitudes expresadas con respecto a la destrucción de Jerusalén. En el libro que lleva su nombre, Jeremías enfatiza que, debido a su pecado, el pueblo es responsable del destino de la ciudad. En Lamentaciones, el autor anónimo es mucho más comprensivo con los habitantes de Jerusalén (pero sigue reconociendo el rol que tuvo el pecado) y cuestiona si Dios ha llevado demasiado lejos su castigo. Por supuesto, es posible que el profeta cambiara de perspectiva al pasar el tiempo. En el análisis final, es mejor recordar que en el libro no se atribuye a ningún autor. La identificación del autor no afecta la interpretación.

Por otro lado, el período de tiempo general de la composición del libro es relativamente obvio por su contenido. El libro lamenta la destrucción extendida y devastadora de Jerusalén. Si bien es cierto que el libro nunca nombra a los babilonios como los culpables, es muy probable que fueran los responsables de la destrucción que inspiró la escritura de estos lamentos. Babilonia había llegado a dominar Judá aproximadamente en 605 a.C (Dan. 1:1-2). Sin embargo, el primer rey Joacim y luego Zedequías se rebelaron contra sus gobernantes supremo, ambas veces llevando a las deportaciones al exilio (597 a.C y 586 a.C, respectivamente). La segunda ocasión fue lejos la más devastadora para el pueblo de Dios. Los babilonios no sólo los derrotaron y exiliaron a sus ciudadanos líderes, sino que también saquearon la ciudad y destruyeron el templo.

Por lo tanto, el libro fue escrito después de la terrible destrucción de Jerusalén y el desmantelamiento del templo. Las emociones expresadas son crudas y pueden entenderse mejor como las de un testigo directo. Por lo tanto, el libro probablemente fue escrito poco después del 586 a.C, cuando ocurrieron estos eventos.

Sin embargo, una postura minoritaria cree que el libro no fue escrito justo después de los

Piedras de la destrucción romana de Jerusalén en el año 70 d.C, del lado sur del Monte del Templo de Jerusalén. Lamentaciones lamenta la destrucción anterior de Jerusalén por los babilonios en 587 a.C.

acontecimientos, sino más bien en conexión con la reconstrucción del templo que tuvo lugar entre 520 y 515 a.C, después de que los exiliados regresaron a la tierra. Esta visión está motivada por un género de textos similares escritos en sumerio (ver abajo) que menciona que se realiza en un ritual de reconstrucción.

Consideraciones Literarias

El título del libro, "Lamentaciones", también nombra su género. Como los lamentos de los salmos, este libro es un grito de angustia y una expresión de pérdida. En el caso de este libro, el lamento es claramente colectivo, a pesar del hecho de que a menudo es expresado en primera persona singular (un fenómeno común en los Salmos también). Claramente, el narrador anónimo y no identificado que habla en primera persona habla por la comunidad en su conjunto. En dos ocasiones, el poeta habla a través de una personificación poética. En el capítulo 1 vemos a Jerusalén personificada como una viuda afligida, y en el capítulo 3, nuevamente, Jerusalén se personifica, esta vez como un hombre afligido.

Lamentaciones es, por lo tanto, un lamento corporativo, más específicamente, un lamento de una ciudad que transmite el dolor de la comunidad de una manera similar a los textos más antiguos escritos en sumerio. Hay cinco de estos textos, de los cuales el más famoso es la Lamentación sobre la destrucción de Sumer y Ur. Se datan alrededor de 2000 a.C, después de la caída de la gran ciudad Ur, al sur de Mesopotamia, a manos de los merodeadores. Estos textos antiguos del Cercano Oriente son formalmente similares, pero teológicamente difieren bastante, ya que infieren un mundo con muchos dioses y diosas diferentes.

Lamentaciones se compone de cinco poemas más cortos, cada uno estructurado de alguna manera relacionado con el alfabeto hebreo. Los primeros dos capítulos están escritos en un estilo acróstico: cada versículo comienza con una letra sucesiva del alfabeto (por lo tanto, cada capítulo tiene veintidós versículos, el número de letras en el alfabeto hebreo). El tercer capítulo tiene tres veces la cantidad de versículos ya que cada letra del alfabeto comienza tres versículos en una fila. Luego, el capítulo 4 pasa por el alfabeto con cada letra comenzando cada verso; el último capítulo no es técnicamente acróstico porque no está ordenado según el alfabeto, pero también tiene veintidós versículos. Se expresan emociones fuertes, pero el poeta trabaja de una manera muy ordenada para expresar el dolor de la comunidad.

Esquema

I. Lamento por y para Jerusalén (1:1-22)
II. El Señor es como un enemigo (2:1-22)
III. Hombre de Aflicción (3:1-66)
IV. El brillo se ha desvanecido para el pueblo de Dios (4:1-22)
V. Un último lamento y apelación (5:1-22)

Mensaje Teológico

Como Lamentaciones pondera apasionadamente la destrucción de Jerusalén, ve a Dios como un enemigo (2:5). Israel ha experimentado a Dios como un guerrero, ganando la victoria contra adversidades increíbles. Con solo pensar en el momento en que cruzaron el Mar Rojo o la conquista de Canaán para recordar esto. Sin embargo, aquí Dios es visto como un guerrero que está en contra de su pueblo.

Lamentaciones sí admite que Dios ha puesto su enojo contra su pueblo de esta manera a causa de su pecado (1:8, 14, 18, 3:40-42). Aun así, esta temática, aunque esté presente, no es la respuesta principal hacia el castigo de Dios. La respuesta principal es describir el horrible sufrimiento experimentado por el pueblo de Dios con la esperanza de conseguir la compasión de Dios. Curiosamente, el libro no termina con un mensaje firme de resolución, sino con una súplica bastante lamentable: "Restáuranos a ti, oh Señor, y seremos restaurados; renueva nuestros días como antaño, a no ser que nos hayas desechado totalmente y estés enojado en gran manera con nosotros" (5:21-22).

Aun así, el mensaje teológico de Lamentaciones no es puramente negativo. También hay esperanza, pero se expresa solo brevemente. En el corazón del libro (3:22-33), el poeta expresa su seguridad de que Dios no abandona a quienes acuden a él en busca de ayuda. Esta sección indica que ellos tienen la expectativa de que Dios los perdonará y los restaurará.

Conexiones con el Nuevo Testamento

Similar a los lamentos del Salterio, el libro de Lamentaciones invita a la honestidad con Dios frente al sufrimiento. Los cristianos tienen una tendencia a restar importancia a los aspectos negativos de la vida y no comunicar honestamente las luchas en oración con Dios. Si Dios tiene el control y ama a su pueblo, incluso una horrible tragedia es parte de su buen plan. Mientras esto sea cierto, Lamentaciones viene a ser un modelo de oración audaz de los justos, donde las lágrimas de dolor se comparten abundantemente.

Además, como se señaló anteriormente, Lamentaciones expresa que Dios se ha vuelto contra su pueblo como guerrero. En el pasado, él ha luchado por su gente; aquí, a causa de su pecado, él lucha contra ellos.

Pero Lamentaciones no lleva el desarrollo de este tema a un fin. Los profetas de los períodos exílico y postexílico miran hacia el futuro y ven al Guerrero Divino. Su visión no es de Dios como un enemigo de su pueblo; más bien es una visión de una intrusión futura de Dios guerrero para luchar en nombre de su pueblo (Dan. 7, Zac. 14 y Mal. 4). El NT identifica a Jesús como el Guerrero Divino que derrota a las fuerzas del mal en la cruz (Col. 2:13-15) y como el que volverá en el futuro nuevamente para la batalla final contra todos los enemigos humanos y espirituales de Dios (Apo. 19:11-21). Jesucristo es el Guerrero Divino, que lucha en representación de su pueblo contra el enemigo más poderoso de todos, Satanás.

LAMENTO Una canción de tristeza o lamento, a menudo, pero no sólo asociada con la aflicción por una muerte (11:17; Lucas 7:32); también un tipo de métrica poética utilizada en algunos poemas de lamentaciones.

LAMENTO *Véase* Pena y duelo; Arrepentimiento.

LAMENTO *Ver* Pena y Duelo; Lamentaciones, Libro de; Salmos, Libro de.

LÁMPARA, CANDELABRO A pesar de que la Biblia nunca describe las lámparas usadas por el antiguo Israel o la iglesia primitiva, la arqueología nos informa cómo eran estas. Las primeras lámparas eran pequeñas vasijas de alfarería con un borde delgado para la mecha. Algunas tenían múltiples mechas para producir más luz (Zac. 4:2). Con el tiempo, el borde se convirtió en un pico a un lado. En el período persa, se importaban desde Grecia lámparas con una reserva cubierta de aceite. Algunas lámparas, como la menorah dorada de siete brazos del tabernáculo, estaban hechas de metal. Durante la época romana se desarrollaron linternas de cerámica y metal para la iluminación exterior, reemplazando las antorchas, que habían sido usadas anteriormente (Jue. 7:16). Aquellos que buscaron a Jesús en Getsemaní portaban antorchas y linternas (Jn. 18:3).

Comúnmente se podían hallar en los hogares de familias (2 Re. 4:10; Mt. 5:15). También desempeñaron un papel importante en el tabernáculo y el templo (Éx. 25:31-39, 1 Re. 7:49), donde no sólo iluminaron sus interiores, sino que, al tener la forma de un árbol, evocaron simbólicamente recuerdos del Edén. Las lámparas pueden llevarse o colocarse en un estante o soporte. Como podían contener suficiente aceite de oliva solo para quemar por algunas horas, una mujer que se aseguraba de que "su lámpara no se apagara de noche" habría sido particularmente diligente" (Prov. 31:18).

La Biblia frecuentemente usa los términos lámpara o luz metafóricamente. Pueden simbolizar la vida (Job 18:6; 21:17; Prov. 13:9; 20:20; 24:20) o la continuación del linaje davídico (2 Sam. 21:17; 1 Re. 11:36; 15:4, 2 Re. 8:19). Jesús es la luz del mundo, que da vida espiritual (Jn. 8:12, 9:5, 12:46, *ver* 1:9, 3:19). Juan el Bautista era una lámpara que iluminaba el camino hacia el Mesías (Jn. 5:35). Los seguidores de Jesús deben brillar como luces para que el mundo pueda ver sus buenas obras y alabar a Dios (Mt. 5:14-16). La palabra de Dios es una lámpara para guiar el camino de uno (Sal. 119:105; Prov. 6:23). Dios mismo es una luz que permite a

L

las personas vivir en tiempos difíciles (2 Sam. 22:29; Job 29:3). En una de las parábolas de Jesús, las vírgenes insensatas que no prepararon suficiente aceite para mantener sus lámparas encendidas sirven como una advertencia para que las personas estén listas para el regreso de Cristo (Mt. 25:1-13).

LANA Fino cabello ondulado que forma el vellón de ovejas y cabras. Prendas de vestir exteriores eran hechas de tela tejida de lana. La laboriosa esposa de Prov. 31 "trabaja con manos ansiosas" mientras teje tela de lana (versículo 13). La blancura de la lana se usaba para describir la blancura de la nieve (Sal. 147:16), la pureza de los pecados perdonados (Is. 1:18), el cabello de los Ancianos (Dn. 7:9) y del Cristo en la visión de Juan (Ap. 1:14).

LANGOSTA Un insecto enjambrador muy conocido por sus devastadores efectos sobre la vegetación. Diez términos diferentes se emplean para describir langostas, nueve en el AT y uno en el NT. Varios pasajes en el AT emplean varios términos para langostas. A veces aparece una clara distinción en el texto entre varias especies de langostas, aunque las distinciones no siempre son aparentes en español, como lo demuestran las diversas traducciones de los términos (Lev. 11:22; Joel 1:4; 2:25). Los diversos tipos de langostas se han descrito como saltamontes, grillos, langostas, langostones, langostas pequeñas y otras langostas. Algunos sugieren que varios de los términos hebreos representan varias etapas en el ciclo de vida de una langosta. En otras ocasiones, el uso de varios términos para las langostas en el AT probablemente refleja el paralelismo hebreo, donde los términos se usan como sinónimos (Is. 33:4; Nah. 3:15-17).

El comportamiento de enjambrazón de las langostas aparece en el AT como un tropo para los grandes ejércitos humanos (Jue. 6:5; 7:12; Jer. 46:23; 51:14) y como imagen e instrumento del juicio de Dios (1 Re. 8:37 Sal. 78:46; 105:34; Amós 7:1). Las langostas destructivas fueron la octava plaga de Egipto (Éx. 10:12-14), y aparecen como una de las maldiciones por quebrantamiento del pacto en Dt. 28:38. También son notados como aceptables para la comida en Lev. 11:22 y como parte de la dieta de Juan el Bautista (Mt. 3:4; Mr. 1:6).

Algunos asumen erróneamente como inexacta o pre-científica la descripción bíblica de la cantidad de patas que tiene una langosta. Sin embargo, Lev. 11:20-23 explica claramente tanto el número total de "patas" que tienen las langostas como la distinción entre los tipos de langostas que se consideraban no limpias. Las langostas que sólo se arrastran por el suelo se consideraban inmundas, mientras que las que usan sus patas articuladas para saltar se consideraban limpias y, por lo tanto, aptas para el consumo. Por lo tanto, cuatro de sus piernas se usaban para gatear, mientras que dos se usaban para saltar.

El uso de langostas en el libro de Joel es particularmente significativo. De hecho, la interpretación que uno hace del libro de Joel depende en gran medida de la identidad de las langostas que se describen en los capítulos 1-2. Generalmente se dan tres explicaciones para la función de las langostas en Joel. Algunos intérpretes han sugerido que estas son plagas de langostas literales descritas en ambos capítulos (tales plagas eran comunes en el antiguo Cercano Oriente). Otros han argumentado que ambos capítulos se refieren a un enemigo que se acerca desde el norte, que generalmente se identifica con Babilonia. Otros sostienen que las langostas representan un futuro ejército escatológico de Dios. Sin embargo, una cuarta opción para la identidad de las langostas en Joel es más consistente con el texto y el contexto general de las Escrituras. Parece más probable que 1:4 y 2:25 describan ondas literales de plagas de langostas; sin embargo, las langostas son solo un precursor del peligro venidero, que tendrá la forma de un enemigo del norte (Babilonia).

LANZA, JABALINA Una lanza (NVI) o jabalina (LBLA) es un objeto puntiagudo con un astil. Mientras que las lanzas normalmente se usaban como armas (por ej., Job 39:23; 41:29; Jer. 50:42), los profetas de Baal usaban lanzas y espadas para cortarse a sí mismos con el fin de suscitar a su dios a la acción (1 Re. 18:28).

LANZADERA *Véase* Telar.

LAODICEA Una antigua ciudad en Asia Menor fundada por Antíoco II en el siglo III a.C y llamada así por su esposa, Laodice. Estaba ubicada en el río Lico al comienzo del valle de Meandro. Pablo y Epafras tuvieron cierto contacto con la iglesia en Laodicea (Col. 2:1; 4:13, 15-16), y Pablo probablemente envió una carta a los creyentes de ese lugar. Aunque ninguna letra con este nombre aparece en el Nuevo Testamento, Col. 4:16 les pide a los creyentes colosenses, que vivían a unas diez millas del valle de Lico de Laodicea, que compartan su carta con los laodicenses y también que "lean la carta de Laodicea". Debido a que el hereje del siglo II, Marción, creía que Efesios fue escrita para Laodicea, algunos eruditos identifican a Efesios como "la carta de Laodicea". Una Epístola apó-crifa a los laodicenses, posterior, escrita en latín, es de dudosa autenticidad. Lo más probable es que la carta genuina de Laodicea no se haya conservado desde la antigüedad.

Laodicea es también la localización de una de las siete iglesias a las cuales Juan fue instruido de enviar una carta con su visión (Apo. 1:11). El discurso específico a Laodicea reprende a los cristianos allí, probablemente por una fe comprometida que resulta en un testimonio ineficaz, y formula un llamado para que se arrepientan. Entre sus acusaciones, Juan reprende a la iglesia por ser tibia, la acusa de confiar en su propia riqueza, la describe como estando desnuda y en necesidad de ropas blancas, y alude a su ceguera que debe ser curada con ungüento para los ojos (Apo. 3:16-18).

La información histórica sobre la ciudad proporciona una idea de si los detalles metafóricos que Juan incluye en su descripción de la iglesia de Laodicea son apropiados. Mientras que Hierápolis, que se encontraba muy cerca, contaba con fuentes termales y Colosas accedía a un suministro de agua fría y corriente, la localidad de Laodicea requería que su agua entrara por un acueducto desde un manantial a varias millas de distancia. Para cuando llegaba el agua, esta estaba tibia, casi imbebible y vomitiva. Las ruinas de estos acueductos que están visibles en el área están cubiertas de depósitos minerales. Además, Laodicea fue la ciudad más rica de su región durante la época romana. Era conocida por los bancos, de modo que se reporta que incluso Cicerón se detuvo allí para cobrar giros en 51 a.C Cuando Laodicea fue destruida por un terremoto en el año 60 d.C, la ciudad era autosuficiente, dependía de su propia abundancia y rechazó la ayuda del

Los restos de tuberías de agua excavadas en la antigua Laodicea.

L

Senado romano. Laodicea fue reconocida por su industria textil, que incluía la producción de lana negra brillante que se exportaba a todo el mundo mediterráneo. Finalmente, se asocia a Laodicea con una escuela de medicina y es conocida por la especialidad de oftalmología y por su producción de ungüento para los ojos.

LAODICENSES, CARTA A LOS Colosenses 4:16 menciona "la carta de Laodicea", generalmente se entiende que fue escrita por Pablo. Ya no se conserva, y no tenemos pruebas claras de que alguna vez haya circulado entre los primeros cristianos. Varias personas aprovecharon esta oportunidad percibida de escribir su propia carta o epístola seudónima a los laodicenses, atribuyéndola a Pablo. La práctica de escribir cartas falsificadas/textos seudónimos en nombre de figuras de autoridad era común entre las culturas del antiguo Mediterráneo, incluso entre algunos cristianos primitivos.

El fragmento del Canon de Muratori (segundo o cuarto siglo d.C) hace referencia a una de esas cartas a los laodicenses y la rechaza como una falsificación herética. Se conserva una carta seudónima latina a los laodicenses, escrita entre el siglo II y el siglo IV d.C y también atribuida a Pablo. La carta, corta e intencionalmente inespecífica, acopla varias citas y alusiones a las cartas de Pablo, especialmente Filipenses.

Para algunos cristianos primitivos, la Carta a los Efesios era posiblemente conocida como "Carta a los Laodicenses".

LAODICENSES *Ver* Laodicea.

LÁPIDA *Véase* Piedra principal.

LAPIDOT Débora es identificada como "la esposa de Lapidot" (Jue. 4:4). La palabra hebrea para "esposa" también significa "mujer", y el lapid es una antorcha, quizás indicando algo del carácter de Débora.

LÁPIZ, BOLÍGRAFO *Ver* Escritura, Historia de la (Implementos y materiales de Escritura).

LAQUIS Laquis se ubicaba en las laderas de Sefela, a cincuenta kilómetros al sudoeste de Jerusalén, y controlaba el camino que se extendía desde el norte hacia el sur de la región montañosa. Usualmente se identifica con la ciudad moderna de Tell ed-Duweir, que ha sido excavada extensamente.

Antes de la monarquía. Laquis se menciona en fuentes egipcias a partir del 15 a.C Estas fuentes incluyen cartas de los reyes de Laquis. En el AT oímos sobre Laquis por primera vez en el tiempo de la conquista cuando, bajo el rey Jafia, formó parte de una alianza de cinco ciudades-estado amorreos. Josué derrotó a la alianza, mató a los reyes y destruyó totalmente las ciudades (Jos. 10:1-35, 12:11). Los arqueólogos han encontrado evidencias de ocupación cananea antes de este tiempo, y también de la destrucción de la ciudad a fines del segundo milenio antes de Cristo. Después de la conquista, Laquis fue asignada a la tribu de Judá (15:39), pero no hay evidencia arqueológica de ocupación israelita hasta el tiempo de la monarquía.

Durante la monarquía. Laquis fue la más importante de una doble fila de ciudades fortificadas que protegían los accesos occidentales a Jerusalén. Probablemente fue una de las ciudades para carros de Salomón (1 Re. 9:19; 10:26) y ciertamente fue fortificada por Roboam (2 Cr. 11:9). Amasías huyó a Laquis de una conspiración contra él en Jerusalén, pero fue perseguido y asesinado allí (2 Re. 14:19, 2 Cr. 25:27). Cuando Senaquerib de Asiria invadió a Judá en el reinado de Ezequías, asedió y capturó a Laquis, convirtiéndola en su cuartel general para sus próximas amenazas contra Jerusalén, que milagrosamente se evitaron en respuesta a la oración (2 Re. 18:13-19: 37; 2 Cr. 32:1-22, Is. 36-37). Laquis desempeña un papel importante en el lamento de Miqueas sobre las ciudades de Judá (Miq 1:13), donde está estrechamente relacionado con Jerusalén. Empleando un juego de palabras sobre la similitud entre el nombre "Laquis" y una palabra hebrea inusual que se refiere a un "equipo" de carros a caballo, Miqueas está diciendo que Laquis debe usar sus carros, posiblemente para huir, porque era allí "donde el pecado de la Hija Zion había comenzado".

El material arqueológico de este período sobre Laquis es abundante. La capa conocida como Nivel V fue probablemente destruida durante la campaña de Sisac de Egipto contra Roboam en 925 AC (2 Cr. 12:2-4); la siguiente capa, el Nivel IV, parece haber sido destruida no en una guerra sino por un desastre natural como un terremoto. En el siglo VIII a.C, Laquis (Nivel III) estaba en su mayor extensión, más rica y más fuertemente defendida, pero esta era la ciudad que Senaquerib destruyó y quemó en 701 a.C Los arqueólogos han encontrado no solo jarras con sellos del reinado de Ezequías, un pozo profundo de agua dulce, las enormes murallas dobles y la portería, sino también evidencia de la batalla, incluyendo la enorme rampa de asedio de los atacantes y la rampa más pequeña del otro lado de las murallas construidas por los defensores, el armamento de la batalla, las cenizas tendidas de tres pies de grosor y tumbas de masas.

Senaquerib estaba tan orgulloso de su victoria sobre Laquis que decoró su palacio en Nínive con vívidos bajorrelieves, los cuales se pueden ver en el Museo Británico de Londres. Estos muestran las fortificaciones de la ciudad y las máquinas de asedio posicionadas en la rampa. Mientras el ejército asirio ataca, los judíos arrojan antorchas de fuego desde los muros, solo para que los asirios los apaguen con cazos de agua. Los prisioneros, que incluían mujeres y niños, son conducidos fuera de la ciudad luego de escenas horribles de ejecución, y los objetos relacionados con la adoración de Judá son llevados como botín de guerra. Senaquerib también dejó un relato escrito de su campaña, en el que afirmó haber deportado a doscientas mil personas de la ciudad.

Cuando la ciudad fue reconstruida (Nivel II), probablemente en los días de Josías, era mucho más pequeña y menos fortificada. Resistió en contra de los babilonios por más tiempo que las demás (Jer. 34:7), pero finalmente cayó. Las cartas de Laquis son comunicaciones militares encontradas en la portería, describen el sistema de balizas utilizadas para comunicarse entre los fuertes defensivos de las colinas cuando el enemigo se acercaba.

Después del exilio. Después de que los babilonios destruyeron y quemaron la ciudad, la evidencia arqueológica sugiere que estuvo abandonada por algún tiempo. Nehemías informa que fue reubicada después del regreso del exilio (Neh. 11:30). Los restos arqueológicos de los períodos persa y helenístico indican que esta reconstrucción (Nivel I) estuvo en uso hasta el siglo II a.C

LASA Una ciudad en la frontera de los primeros asentamientos canaanitas. Lasa aparece al final de la descripción de las fronteras de Canaán, siendo precedida por Sidón en el noroeste, Gerar y Gaza en el sudoeste, y Sodoma, Gomorra, Adma y Zeboim en el sureste cerca del Mar Muerto (Gn. 10:19). La ubicación exacta de Lasa es desconocida, pero la secuencia geográfica de las ciudades anteriores indica que estaba en el extremo noreste de Canaán.

Bajo relieve asirio que representa el asedio de Laquis.

LASARÓN Una ciudad al oeste del río Jordán que Josué y los israelitas conquistaron (Jos. 12:18). La versión KJV señala que "Sarón" es una lectura alternativa para "Lasarón", basada en el texto de la Septuaginta de Jos. 12:18, que dice "rey de Afec de Sarón". Si uno acepta la lectura de la Septuaginta, entonces este versículo hace referencia a una sola ciudad y

L

el número de reyes conquistados en la lista se reduce a treinta, que difiere del total de treinta y uno señalado en Jos. 12:24. Las traducciones modernas traduce la palabra como "Sarón", sin comentarios.

LASCIVIA Seis veces la KJV traduce la palabra griega aselgeia como la descripción del comportamiento maligno de "lascivia". La NVI traduce la palabra griega en estos mismos contextos como "libertinaje" (Mr. 7:22; Gal. 5:19; Jud. 1:4), "vicios" (2 Cor. 12:21), "desenfreno" (1 Pe.. 4:3), "inmoralidad" (Efe. 4:19).

LASEA La ciudad mencionada en la narración de Lucas sobre el viaje de Pablo por mar hacia Roma (Hec. 27:8). Lasea estaba al lado sur de Creta, cerca del puerto Buenos Puertos.

LATÍNEEL idioma del Imperio Romano. Juan 19:20 reporta que el letrero en la cruz de Jesús fue escrito en latín, así como en griego y arameo (*véase* Lc. 23:38 KJV, que incluye el texto, que se encuentra en algunos manuscritos griegos, "con letras griegas, y latinas y hebraicas").

LATÓN Aleación de cobre y zinc que no se usaba ampliamente en el antiguo Cercano Oriente, aunque se encontraron algunas muestras de latón alrededor del 1500 a.C. en Gézer, a unas cuarenta millas de Jerusalén. La aleación que se usaba con mayor regularidad era el bronce, que estaba hecho de cobre y estaño. La mayoría de las veces en las que la KJV traduce "latón" probablemente se refiere al bronce o al cobre.

LAUREL Traducción en la KJV en Salmos 37:35 del término hebreo 'ezrakh, que significa "nativo". Aunque el laurel (Laurus nobilis) es una especie nativa de la región mediterránea, no existen indicios en el texto que se refieran a ese árbol en particular. La NRSV copia a la LXX en cuanto a la palabra "cedro", que se escribe de manera similar a "nativo" en hebreo. La traducción de la NASB, "árbol en su tierra nativa", representa con precisión al texto hebreo.

LAVACRO DE SALOMÓN *Ver* Mar de Bronce.

LAVADO DE PIES Una forma común de hospitalidad ofrecida a los viajeros en tiempos bíblicos. Un anfitrión ofrecía un lavatorio lleno de agua para que los pies de los huéspedes pudiesen ser limpiados al entrar a su casa. El polvoriento y seco clima de Palestina hacía el lavado de pies algo importante, ya que con frecuencia las personas caminaban por caminos de tierra sólo en sandalias. El lavado de pies era tan común que los anfitriones que no ofrecían esta expresión básica de hospitalidad y comodidad eran severamente criticados (Lc. 7:44).

Aunque una hospitalidad básica, el lavado de pies era consideraba la actividad más humilde realizada por un sirviente. Era tan humillante que los judíos no lavaban los pies de otros judíos, sino que más bien daban esta tarea a esclavos gentiles. Más frecuentemente, los viajeros simplemente lavaban sus propios pies en vez de dejar que la tarea fuese realizada por ellos (Gn. 18:4; 19:2; 43:24; Jue. 19:21; Lc. 7:44).

Ya que el lavado de pies era realizado por una persona de estatus social inferior para un superior (1 Sm. 25:41), sería impensable revertir esta norma socialmente aceptada en una cultura saturada con estatus social relativo. Así, que Jesús, un superior, realizara esta humillante tarea por sus discípulos, sus inferiores, hace su lección aún más dramática (Jn. 13:5-17). Jesús lavó los pies de los discípulos para mostrarles que ningún rol es demasiado humilde para que él demuestre la extensión de su amor (13:1). Pedro aprendió la necesidad de limpieza espiritual cuando Jesús le lavó los pies (13:8). Jesús también les enseño a sus discípulos la importancia de seguir su ejemplo en sus propias vidas lavándose los pies unos a otros (13:14). Ningún acto de servicio es demasiado humilde para los seguidores de Cristo, y nadie es demasiado grande para realizar tan humilde acción.

Algunas iglesias tempranas pueden haber tomado el ejemplo de Jesús de manera literal (1 Tim. 5:10). Las viudas parecen haber expresado su devoción lavando los pies de otros cristianos. Tales buenas acciones no deben tomarse de manera literal hoy en día y pueden expresarse figurativamente en otros actos de servicio culturalmente aceptados. Sin embargo, algunas iglesias realizan lavados de pies rituales en la actualidad.

LAVADO *Véase* Abluciones; Baño.

LAVAMANOS Un recipiente que contiene agua (RV: "fuente") utilizado en el tabernáculo y el templo. La fuente en el tabernáculo estaba sobre una base de bronce, entre la tienda de reunión y el altar de bronce (Éx. 30:18). Cada vez que los sacerdotes israelitas entraban en la tienda de reunión o se acercaban al altar de bronce, debían lavarse las manos y los pies con agua en la fuente. El no hacerlo significaba la muerte (Éx. 30:19-21). El templo de Salomón tenía diez fuentes de bronce que descansaban sobre soportes móviles de bronce (1 Re. 7:30, 38). Cada lavamanos tenía aproximadamente seis pies de diámetro y contenía unos 230 galones de agua (*véase* 1 Re. 7:31, 38 NVI mg.). El malvado rey Acaz retiró estas fuentes de sus puestos durante su reinado (2 Re. 16:17).

LÁZARO **(1)** El hermano de María y Marta y residente de Betania, su historia se narra en Jn. 11:1-44, y aparece nuevamente en Jn. 12:1-11 en una cena dada en honor a Jesús. Se describe a Lázaro como el que "Jesús ama", lo que provocó la especulación de que había que identificarlo con "el discípulo a quien Jesús amaba" (*véase* Jn. 13:23; 19:26; 20:2-3, 8; 21:7, 20-24). Cuando una enfermedad llevó a la muerte física de Lázaro, Jesús viajó a Betania y se contristó. Cuatro días después de la muerte de Lázaro, Jesús pidió a los dolientes que retiraran la piedra del sepulcro, oró y llamó a Lázaro para que saliera. Milagrosamente restaurado a la vida, Lázaro salió de la tumba aún envuelto con vendas de entierro.

Más tarde, Lázaro asistió a un banquete en honor de Jesús, donde algunos se sintieron atraídos de verlo además de a Jesús. La resurrección milagrosa de Lázaro llevó a muchos judíos a creer en Jesús. Según Eusebio, la tumba de Lázaro fue un lugar de peregrinación para los cristianos en su época, y la tradición acerca de su ubicación se deriva de una fecha más temprana.

(2) Un mendigo en una de las parábolas de Jesús (Lc. 16:19-31). Generalmente, los personajes en parábolas son creaciones literarias y permanecen sin nombre. El hecho de que tuviera un nombre, Lázaro, podría sugerir que se trataba de un personaje histórico, pero también puede haber sido nombrado para enfatizar la inversión de papeles entre el llamado Lázaro y el hombre rico sin nombre, que lo pasó por alto en la vida pero solicitó su ayuda después de la muerte.

LAZOS Anillos de tela hechos de acuerdo con las instrucciones de Dios con el propósito de sujetar las cortinas del tabernáculo. Se prescriben dos conjuntos de cincuenta pares cada uno para bordear las cortinas. Cada par de lazos opuestos debía unirse con un broche de bronce (Éx. 26:4-6, 10-11, 36:11-13, 17-18).

LAZO Una soga ajustada en un lazo con un nudo que se estira y se aprieta más a medida que se tira de ella. Una señal de muerte, se usa para la ejecución o como trampa (Job 18:10; Prov. 7:22).

LEABITAS Uno de los siete grupos de descendientes de Noé por medio de Mizraim. "Leabita" presuntamente proviene de "Lehab", su antepasado epónimo, que es conocido sólo por la referencia a sus descendientes (Gn. 10:13; 1 Cr. 1:11).

LEA La mayor de las dos hijas de Labán (Gn. 29:16) y esposa de Jacob (29:23). La descripción bíblica de Lea, cuyo nombre significa "vaca", no es del todo halagador. Su matrimonio con Jacob resultó del engaño de Labán a Jacob, quien esperaba casarse con la hija más joven y atractiva de Labán, Raquel, lo cual hizo tiempo después (29:26-28). Génesis dice explícitamente que Jacob amaba a Raquel más que a Lea (29:30). Sin embargo, Dios, porque Lea era menospreciada, abrió su matriz (29:31). Como resultado, ella dio a luz a seis de los hijos de Jacob, Rubén, Simeón, Leví, Judá, Isacar y Zabulón (35:23), y también una hija, Dina, que es el sujeto de Génesis 34. La fertilidad de Lea fue la causa del conflicto de Raquel la estéril (Gn. 29-30). Está de más decir que se plasma una tensión palpable entre las dos hermanas, quienes también cedieron a sus sirvientas a Jacob como esposas secundarias con el propósito de tener más hijos. Lea fue sepultada en la cueva de Macpela con Abraham, Sara, Isaac y Rebeca (49:30-31).

LEANNOT Según la inscripción de Sal. 88, el salmo debía interpretarse según "mahalat leannot", posiblemente una melodía musical (NTV: "El sufrimiento de la aflicción"). El significado de la frase hebrea es incierto, pero la palabra leannot aquí parece referirse a la aflicción.

LEB CAMAY Una transliteración de la frase hebrea leb qamay, que aparece sólo en Jer. 51:1. Aunque la frase es teóricamente traducible como "el corazón de los que se levantan contra mí" (ver RV), la mayoría de los comentaristas modernos reconocen aquí un nombre codificado para los Kasdim (caldeos), habitantes de la antigua Babilonia. La frase resulta de un esquema de sustitución simple, conocido como atbash, por el cual la primera letra del alfabeto se reemplaza por la última letra, la segunda letra con el penúltimo, y así sucesivamente.

LEBANA Uno de los antepasados de los siervos del templo (Nethinim) que regresaron a Jerusalén después del cautiverio babilónico bajo el liderazgo de Zorobabel en 539 a.C o poco después (Esd. 2:45; Neh. 7:48). El hecho de que muchos de los nombres en la lista sean extranjeros ha llevado a la creencia de que originalmente eran prisioneros de guerra que fueron presionados a servir en tareas subalternas asistiendo a los levitas.

LEBAOT *Ver* Bet-Lebaot.

LEBEO Uno de los doce apóstoles, según la RVA de Mt. 10:3. Otras versiones en español dicen Tadeo. La RVA, siguiendo una tradición diferente del manuscrito griego, pone a "Thad-daeus" como el apellido de Lebeo. Este apóstol es nombrado en otro lugar "Judas, hijo de Jacobo" (Lc. 6:16).

LEBO-HAMAT Probablemente asociado con la moderna Lebwe, Lebo-Hamat se encuentra en el norte del valle de Bekaa, cerca de una de las fuentes del Orontes, a unas catorce millas al noreste de Baalbek. Lebo Hamat, cuyo nombre significa "entrada de Hamat", constituyó el límite septentrional de Israel (Nm. 34:8, Ezeq. 47:15) y separó a Israel de la tierra de Hamat (2 Re. 23:33). El área desde Lebo-Hamat hasta el Wadi de Egipto o hasta el Mar de Arabia representaba a "todo Israel" (1 Re. 8:65, 2 Re. 14:25). Los doce espías israelitas fueron tan al norte como Lebo-Hamat (Nm. 13:21). Después de la conquista, las porciones de tierra que quedaban por conquistar se extendieron a Lebo-Hamat (Jos. 13:2-5). Algunas de las naciones que fueron dejadas para probar a Israel vivían en el área (Jue. 3:1-3). David hizo una campaña tan al norte como Hamat y el rey Tou de Hamat le envió regalos (1 Cr. 18:3, 9). Jeroboam II restauró más tarde los límites de Israel a Lebo-Hamat (2 Re. 14:25). El remanente de Israel se estableció en Hamat (Is. 11:11), y los gentiles de Hamat se establecieron en Israel (2 Re. 17:24).

LEBONA Esta ciudad se encuentra a unas diez millas al norte de Betel y a diez millas al sur de Siquem. Silo se encuentra a unos cinco kilómetros al sudeste. Esta ciudad sólo se menciona en Jue. 21:19, pero dado que se puede identificar con el moderno Al-Lubban, es útil para fijar la ubicación del Silo bíblico.

LECA El hijo de Er de la tribu de Judá (1 Cr. 4:21). Leca también puede ser una ciudad de la tribu de Judá.

LECA *Ver* Leca.

LECHE Un alimento básico de la dieta hebrea, la leche es una de las cosas consideradas esenciales para la vida por Jesús ben Sira, un escritor judío del período del Segundo Templo (Sir 39:26). En el antiguo Cercano Oriente, los humanos consumían la leche no sólo de las vacas, sino también de las cabras, las ovejas y hasta de los camellos (Gn. 32:15, Dt. 32:14, Is. 7: 21-22). Como no había un proceso de pasteurización o refrigeración, la leche a menudo se procesaba para crear cuajadas, queso, mantequilla o leche ligeramente agria y leche fermentada. El proceso de acidificación se realizaba dentro de la piel de un animal utilizada para contener el líquido hasta que se necesitaba (Jue. 4:19).

Con el lugar prominente que la leche tuvo en la vida del pueblo de Israel, no es de sorprenderse que aparezca en la Biblia en muchos contextos. La tierra de Canaán se describe con frecuencia como una tierra "donde fluyen la leche y la miel", una metáfora de la prosperidad y una promesa de abundantes pastizales (Éx. 3:8, Lev. 20:24, Nm. 13:27; 6:3). La leche a veces se asocia con la miel o el vino, y puede haber sido consumida en dichas combinaciones (Gn. 49:12, Is. 55:1, Joel 3:18). La leche (como el vino y la miel) es un líquido pesado que deja un regusto agradable, y puede implicar los placeres de los besos en el Cantar de los Cantares (*ver,* por ejemplo, Cant. 4:11). La ley del AT proclama: "No cocines a un cabrito en la leche de su madre" (Éx. 23:19, Dt. 14:21). Esta misteriosa prohibición probablemente se refiere a una costumbre cananea en la que se cocinaba un cabrito en la leche de su madre como parte de un ritual religioso pagano. Esta prohibición fue luego interpretada por eruditos judíos para indicar una prohibición total de comer carne y productos lácteos juntos en la misma comida, que es un aspecto importante de las regulaciones kosher. En el NT, la leche se usa metafóricamente para nutrir la enseñanza espiritual (1 Pe. 2:2). Pablo reelabora esta imagen para indicar que los creyentes, como los bebés en crecimiento, deben ir más allá de la mera leche de los principios básicos para madurar en la instrucción espiritual (1 Cor. 3:2, *véase* Heb. 5:12-13).

LECHOS En la KJV se usa esta palabra en Romanos 13:13 para referirse a la actividad sexual ilícita (NVI: "inmoralidad sexual"; NRSV: "lujurias").

LECHO *Ver* Camilla.

LEGIÓN Una división del ejército romano que constaba de aproximadamente seis mil soldados. Jesús una vez se encontró con un hombre endemoniado que, cuando se le preguntó su nombre, respondió: "Me llamo Legión, porque somos muchos" (Mr. 5:9). Jesús expulsó a los espíritus malignos del hombre y los envió a una manada de cerdos, y toda la manada, unos dos mil animales, se ahogaron (Mr. 5:1-20; Lc. 8:26-39). Cuando Pedro intentó luchar contra los que arrestaron a Jesús en el jardín de Getsemaní, Jesús le ordenó que guardara su espada, diciendo que podía tener inmediatamente doce legiones de ángeles a su disposición (Mt. 26:53).

LEGISLADOR La ley, más propiamente llamada Torá, es instrucción. En la Biblia, Moisés es retratado como el legislador por excelencia, dispensando la Torá de Dios desde el Sinaí (Éx. 20:1-17) y delegando asuntos legales a otros (18:24-26). Los Diez Mandamientos difieren de otras formas de la Torá, en que se dice que fueron escritas por "el dedo de Dios" (Éx. 31:18). Es decir, Moisés funciona como un intermediario de Dios, el verdadero legislador. A diferencia de la ley en el entorno cultural más amplio, la Torá vino a Israel con la autoridad de Dios. Sin embargo, incluso esta autoridad tuvo que ser refundida en cada generación (Dt. 29:1, Nm. 36:13).

Las instrucciones de Jesús en el Sermón del Monte incluyen la importante declaración "No piensen que he venido a anular la ley o los profetas; No he venido a anularlos, sino a darles cumplimiento" (Mt. 5:17). Aunque algunos de sus detractores lo han percibido como antinomista, Jesús asegura a sus oyentes que su enseñanza está en continuidad con la ley del AT. De hecho, la ley del AT halla su clímax escatológico en la instrucción de Jesús, quien, como Moisés, dispensa la ley desde la ladera de una montaña.

LEGUMBRES Una categoría de frijoles o guisantes comestibles que crecen en vainas cerca del suelo o en las enredaderas (2 Sam. 17:28 RV). Algunos ejemplos incluyen las lentejas y los garbanzos. En Dan. 1:12-16 la RVA usa "lentejas" para referirse a las verduras que Daniel solicita mientras está en el palacio de Nabucodonosor (Dan. 1:12-16).

LEHAB, LEHABIM *Ver* Leabitas.

LEHEM Una transliteración de la palabra hebrea (lekhem) que significa "pan" o "comida". Aunque la mayoría de las veces se traduce como una referencia al pan, la palabra hebrea también puede formar parte del nombre de un lugar, como "Jasubi-Lehem" (1 Cron. 4:22) o "Belén" (p. Ej., Rut 1:1; 1 Sam. 17:12). El último nombre, de beth ("casa") y lejem, surge de dos palabras en hebreo y literalmente significa "casa de pan".

LEHI Una transliteración de una palabra hebrea (lekhi) que significa "mandíbula". Lehi también fue un sitio en Judá donde Sansón mató a mil filisteos con la quijada de un burro. Después de la victoria de Sansón sobre los filisteos, Dios abrió la cuenca en Lehi para que Sansón pudiera saciar su sed severa (Jue. 15:9-19 [*véase* nota al pie de la NVI en el v. 17]).

LEJÍA Un fuerte agente limpiador de mineral alcalino filtrado de cenizas de madera. En algunas traducciones de la Biblia, la lejía se menciona metafóricamente junto con el jabón, un álcali vegetal mezclado con aceite, para enfatizar la insuficiencia del esfuerzo humano para erradicar la culpa ante Dios (Job 9:30 [BLP: sosa]; Jer. 2:22 [NVI: jabón]) en contraste a la habilidad de Dios para limpiar y redimir a los pecadores (Is. 1:25 NVI).

LEMUEL Un rey extranjero que es la fuente de una colección de dichos sabios que aprendió de su madre. Los refranes están registrados en el libro de Proverbios (31:1-9). Los principales temas abordados en esta enseñanza se centran en la bebida y las mujeres, dos áreas en las que eran comúnmente tentados los líderes. Los comentaristas generalmente están de acuerdo en que la designación geográfica del reino de Lemuel es Massa, una región de Arabia. Más allá de esto, poco se sabe sobre la identidad del rey.

LENGUA La palabra lengua tiene varios sentidos en ambos Testamentos. En el AT, lashon se refiere a un órgano físico (Jue. 7:5; Job 20:12; 41:1), la lengua física que crea el habla (2 Sm. 23:2; Job 6:30), y el órgano físico en referencia a individuos mientras profesan ante Dios (Is. 45:23; cf. Rom. 14:11; Flp. 2:11).

La palabra lengua frecuentemente se refiere a lenguaje (Gn. 10:5; Neh. 13:24; Is. 28:11; cf. 1 Cor. 14:21). En relación a esto, la palabra se refiere al habla como engañoso (Sal. 52:2), como lucha del habla (31:20 KJV, RSV), o como aquello que alaba a Dios (35:28). La lengua canta (Sal. 51:14) y ensalza (66:17).

La lengua es capaz de producir discursos poderosos que pueden traer vida y muerte (Prov. 18:21). Cuidar el discurso de uno es estar libre de problemas (21:23). El discurso suave y calmado es persuasivo y gana el día en vez de empeorar (25:15). El discurso halagador parece favorable, pero será ignorado al final (28:23).

El discurso de Dios es un fuego consumidor (Is. 30:27). Los mudos tendrán habla cuando todo sea corregido en el Escatón (35:6).

En el AT, la palabra lengua se usa en paralelo a varias otras palabras. El órgano físico es paralelo a los labios (Sal. 124), boca (Job 33:2; Sal. 10:7; 50:19) o garganta (Sal. 5:9, donde la lengua es la fuente de la adulación).

La palabra hebrea similar, sapah, tiene varios sentidos, entre ellos "labio" (y por lo tanto también con frecuencia la orilla o playa de un cuerpo de agua), y puede referirse a lenguaje producido por los labios. Con frecuencia es puesto en paralelo con lashon (Sal. 12:4).

En el NT, la palabra glōssa se refiere al órgano físico (Mc. 7:33-35) y al lenguaje (Hec. 2:11; 1 Cor. 14:21 [heteroglōssos]) y puede referirse al milagroso regalo de lenguas (Mc. 16:17; Hec. 2:4; 10:46; 19:6; 1 Cor. 12-14). Lucas también usa la palabra en una inusual descripción del regalo de lenguas que recayó sobre los discípulos—lenguas de fuego descansando sobre cada uno de ellos (Hec. 2:3).

Finalmente, Santiago, escribiendo en el estilo de la literatura sabia del AT, destaca que una lengua descontrolada —discurso desenfrenado— no es un indicativo de la gente de Dios (Sant. 1:26-27) y es finalmente destructivo (3:5-10). *Véase también* Impedimento del Habla.

LENGUAS, CONFUSIÓN DE *Ver* Babel; Pentecostés.

LEÓN Varias palabras hebreas en el AT se traducen como "león", más comúnmente "ari, pero también lebe" (Sal. 57:4), layish (Prov. 30:30) y shakhal (Job 10:16). Los términos kepir (Is. 31:4) y gur (Dt. 33:22) se refieren probablemente a un león joven o cachorro, aunque la diferencia precisa entre los términos no siempre es clara. El único término griego encontrado en los textos bíblicos es leōn. Los leones parecen haber vivido extensamente en todo el antiguo Cercano Oriente en los tiempos del AT, pero en el tiempo del NT parecen haber sido mucho menos comunes en el entorno natural, aunque los romanos los usaban para el entretenimiento cruel.

LEOPARDO El cuarto miembro más grande de la familia de los felinos, fácilmente reconocible por su pelaje con manchas (aunque algunos especímenes son completamente negros), este animal se encontraba a lo largo de África y el Cercano Oriente, aunque recientemente ha desaparecido del área de Palestina. Los leopardos se han adaptado a los ambientes de la selva tropical al terreno desértico. Los machos adultos pueden alcanzar más de dos metros (más una cola de casi 1 m) de longitud y pesar hasta 90 kg. Mientras que el león más grande caza en manadas, el leopardo caza sigilosamente solo. Un cazador oportunista, el leopardo vive de casi cualquier tipo de carne, pero parece preferir los antílopes medianos.

En la Biblia, el leopardo a menudo aparece en reflexiones paralelos con el león (Cant. 4:8, Oseas 13:7) o el lobo (Is. 11:6; Jer. 5:6; Hab. 1:8). La paz de la era mesiánica está simbolizada por el leopardo y la cabra echados juntos (Is. 11:6). Las visiones de Daniel (7:6) y de Apocalipsis (13:2) incluyen bestias semejantes a leopardos.

LEPRA Es importante distinguir la lepra bíblica, que era principalmente una decoloración de la piel, de la enfermedad de Hansen, lo que hoy llamamos "lepra". Los leprosos eran ritualmente impuros, por lo que se les marginaba de otros israelitas y desterraba de la presencia de Dios (Lev. 13:45-46). Eran uno de los tres tipos de personas excluidas del campamento de Israel (Nm. 5:1-4). Las personas de hoy en día rara vez establecen una correlación entre la enfermedad física y el fracaso moral, pero las personas de tiempos antiguos hacían una distinción entre lo estético y lo moral: lo feo era malo, lo bello era bueno. La deformación física del leproso habría sido percibida por muchos como una consecuencia externa de un defecto moral. Algunos creían que la lepra era el juicio de Dios por calumnia. Dios juzgó a Miriam con lepra (Nm. 12:10). Dios sanó a Naamán de la lepra por medio de Eliseo (2 Re. 5:1-14). Jesús limpió a varias personas de la lepra (Mt. 8:1-4 pars., Lc. 17:11-19). De especial importancia es su disposición a tocar al leproso, que, si no fuera por la pureza emanada del Espíritu Santo, lo hubiera vuelto impuro. Pero en cambio el leproso fue purificado.

LESEM Una ciudad Palestina del norte que más tarde se llamó Dan cuando los descendientes de este la tomaron durante la conquista de Canaán por Josué (Jos. 19:47).

LETRINA Un retrete o un lugar de desechos no dispuestos. El templo de Baal fue derribado y luego convertido en una letrina por Jehú (2 Re. 10:27), un acto definitivo que demostró la superioridad de Yahvé sobre Baal a los testigos.

LETUSEOS Los descendientes de Abraham engendrados por su esposa Cetura y su nieto Dedán, como fueron los asureos y los leumeos. El nombre tribal se deriva del nombre de su antepasado, Letus (Gn. 25:3).

LETUSIM *Ver* Letuseos.

LEUMEOS Los descendientes de Abraham engendrados por su esposa Cetura y su nieto Dedan, como fueron los asureos y los letuseos.

Pesa de bronce de estaño fundido con forma de león (siglo quinto a.C).

L

El nombre tribal se deriva del nombre de su antepasado, Leum (Gn. 25:3).

LEUMIM *Ver* Leumeos.

LEVADURA En Israel de los tiempos bíblicos, la levadura utilizada para hacer pan era un trozo fermentado de masa guardado de un lote anterior. Como la masa de pan fermentada era agregada a un nuevo lote de pan, ésta se subía debido al proceso de fermentación. Aunque la palabra "levadura" se encuentra en algunas traducciones de la Biblia, no hay evidencia clara de que el antiguo Israel estuviera familiarizado con ella.

La enseñanza bíblica a menudo ve la levadura como algo que hay que evitar. Esto puede deberse a que la fermentación estaba relacionada con la corrupción, lo que para Israel implicaba impureza. La levadura era prohibida durante la Pascua y la Fiesta del Pan sin levadura para recordarle al pueblo de Israel que salieron de Egipto deprisa, sin tiempo para que el pan subiera (Éx. 12:15-20, 39). El pan con levadura estaba prohibido en holocaustos (Lev. 2:11). Sin embargo, se permitía cuando eran traídas como primicias, una ofrenda de agradecimiento, una ofrenda de paz o como ofrenda mecida durante la Fiesta de las Semanas (Lev. 2:12; 7:13; 23:17). Esto era posiblemente porque iban a ser comidos por los fieles y los sacerdotes y no se quemarían en el altar.

En el NT, la levadura suele conservar sus connotaciones negativas. Jesús instruyó a sus discípulos que se cuidaran de la levadura, es decir, la enseñanza de los fariseos y los saduceos (Mt. 16:6-12). Pablo enseñó que el pecado de uno, como la levadura, podría corromper a los muchos (1 Cor. 5:6-8). También escribió que el legalismo pervierte el Evangelio así como la levadura fermenta todo un lote de masa (Gál. 5:9). Positivamente, Jesús comparó el crecimiento del reino de Dios con la levadura, que se extiende invisiblemente en una gran cantidad de masa (Mt. 13:33).

LEVA Un programa de reclutamiento (1 Re. 5:13 RV1960) o un pago de tributo (Nm. 31:28-41 NASB, 2 Cr. 36:3, 2 Re. 23:33 NVI) impuesto a individuos o naciones.

LEVI **(1)** Un bisnieto de Abraham, el nieto de Isaac, y el tercer hijo de Jacob con Lea (Gn. 29:34). Los hijos de Leví fueron Gersón, Coat y Merari (46:11). Los levitas israelitas descendieron de Leví. El único acto notable de Levi fue una brutal matanza para vengar el honor de su hermana Dina. Cuando Siquem "violó" a Dina (34:2), Leví y su hermano Simeón engañaron a todos los varones de la ciudad en que vivió Siquem, sugiriéndoles que podrían casarse con mujeres israelitas, como Dina, si es que primero se circuncidaban. Mientras los hombres de la ciudad sufrían el procedimiento, los dos hermanos mataron a los hombres desprevenidos (Gn. 34). Desde su lecho de muerte, Jacob maldijo a Levi y a su hermano Simeón por sus acciones (49:5-7). **(2)** El bisabuelo de José, el padre terrenal de Jesús (Lc. 3:24). **(3)** Un descendiente de David por medio de Simeón, también un antepasado de José (Lc. 3:29). **(4)** También conocido como Mateo, Leví hijo de Alfeo fue uno de los doce apóstoles de Jesús y un recaudador de impuestos por el comercio (Mr. 2:14).

LEVIATÁN Transcripción de la palabra hebrea (liwyatan) que se refiere a algún tipo de criatura marina, mencionada de diversas maneras en los pasajes del AT exaltando a Dios por su poderosa obra y poder.

Pan sin levadura.

Es posible que la palabra no se refiera a la misma criatura en cada versículo del AT en el que aparece. Salmo 104:26 puede estar describiendo una ballena; sin embargo, es probable que en gran parte del AT "Leviatán" sea el nombre propio de un monstruo marino mítico que también aparece en los antiguos mitos ugaríticos. En estos documentos, Leviatán generalmente se representa como un dragón caótico con varias cabezas y que causa estragos en el cosmos y puede ser liquidado sólo por los dioses. Basándose en este trasfondo mitológico, Sal. 74:14 alaba a Dios porque durante su obra de creación "aplastó las cabezas del Leviatán y lo dio por comida a las criaturas del desierto".

Una idea similar está presente en Job 41:1-34 (compare con 3:8). Aquí Leviatán es descrito como una criatura que ningún simple humano puede vencer o incluso mirar (41:9). Exhala fuego y humo (41:18-21), no puede ser perforado con espada o lanza (41:26), y no teme a ningún ser terrenal (41:33). Tales descripciones hiperbólicas se explican más intuitivamente en términos del trasfondo mitológico de Leviatán, usado aquí para acentuar dramáticamente el extenso poder de Dios.

Ninguno de estos pasajes implica la existencia real de la criatura descrita; por el contrario, utilizan este material para acentuar metafóricamente la autoridad única y preeminente de Dios sobre las fuerzas del caos. Leviatán, y por extensión el poder destructivo del mar, representa una amenaza más allá del control de la humanidad. Sólo Dios puede matar al "monstruo del mar", un acto que apunta al juicio final de Dios sobre la maldad de la tierra (Is. 26:20-27:1). Puede que Apocalipsis recurra a estas metáforas también, ya que solo Dios puede destruir a la bestia y al dragón de siete cabezas (12:3; 13:1; 19:20) y así traer paz a la tierra.

LEVIRATO, LEY DE LEVIRATO Una costumbre en la que el hermano de un hombre que murió sin hijos se casaba con la viuda del hombre (Gn. 38, Dt. 25:5-10). El hijo primogénito de la unión se convertía en el heredero del difunto. Si el hermano se negaba, debía participar en una ceremonia que lo liberara de su obligación. Rut 4 describe probablemente un matrimonio de levirato, aunque es Rut quien se casa con Boaz, no Naomi, que es la viuda de Elimelek. Los saduceos mencionan el matrimonio en Levirato en su intento de atrapar a Jesús con una pregunta sobre la ley (Mt. 22:23-33 pars.).

LEVITAS Una de las doce tribus de Israel, descendiente del tercer hijo de Jacob, Leví. La más pequeña de las tribus durante las andanzas en el desierto, los levitas proveían a Israel los sacerdotes que ofrecían sacrificios a Dios y a otros ministros que cuidaban el tabernáculo y su mobiliario sagrado. El término "levita" tiene un significado algo flexible, a veces se refiere únicamente a los descendientes no sacerdotales de Leví y otras veces, incluidos los sacerdotes aarónicos. Cuando se usan de la primera manera, los levitas casi siempre son retratados como ayudantes de los sacerdotes en el servicio del tabernáculo o templo.

Antiguo Testamento. La Biblia especifica constantemente que sólo los sacerdotes pueden ofrecer sacrificios a Dios y acercarse al arca y a otros objetos sagrados en el tabernáculo. Los otros levitas fueron advertidos, bajo pena de muerte, de no entrar en contacto con las cosas santas (Nm. 18:3). Divididos en tres grupos de parentesco: los coatitas, los gersonitas y los meraritas, se unieron a los sacerdotes para acampar alrededor del tabernáculo a fin de protegerlo contra cualquiera que entrara, y

Una criatura marina que se muestra en un sarcófago romano (siglo IV d.C). El Leviatán es normalmente percibido como una criatura marina.

así protegiéndose a ellos y a sus compañeros israelitas de la ira de Dios. Sus deberes incluían el desmantelamiento del tabernáculo cada vez que Israel levantaba el campamento y transportaba la tienda, el arca del pacto y otros objetos sagrados a un nuevo lugar, donde volverían a montar el tabernáculo.

Aparentemente a los levitas se les dio su dominio especial de servicio en parte debido a su diligencia en purgar el campamento de los pecadores después del episodio del becerro de oro (Éx. 32:26-29), y en parte porque en el momento del éxodo su población era más o menos equivalente a la cantidad de hombres primogénitos de todo Israel, a quienes venían a servir como sustitutos (Nm. 3:39-43).

De manera particular, los levitas no recibieron herencia alguna cuando la tierra de Canaán fue dividida. Su dispersión entre cuarenta y ocho ciudades a lo largo de Canaán y Transjordania (Nm. 35:1-8), mientras estaba vinculados a la maldición de Jacob contra Leví y Simeón por actos de asesinato y crueldad (Gn. 49:5-7), permitieron de manera positiva a los levitas representar a Dios entre las otras tribus. Al carecer de su propia tierra, dependían de sus compatriotas israelitas, que los apoyaban con sus diezmos. Los levitas a cambio dieron un diezmo de su diezmo a los sacerdotes. Durante el tiempo de David y Salomón, cuando la adoración estaba centralizada en Jerusalén, los levitas recibieron nuevos roles porque ya no era necesario transportar el tabernáculo (1 Cr. 23:2-5, 25-32). Los deberes del templo incluían la purificación de los objetos sagrados, la provisión de los panes de la proposición y harina para las ofrendas de grano, y dar agradecimiento y alabanza a Dios durante los sacrificios de la mañana y la tarde y en los festivales. Algunos levitas fueron designados como profetas y músicos (1 Cr. 25:1). Otros sirvieron al rey como guardianes, tesoreros, jueces, escribas y otros oficiales. En algunas ocasiones, los levitas eran los guardaespaldas del rey (2 Cr. 23:7).

En varias ocasiones durante la historia de Israel, ciertos levitas asumieron el papel de sacerdote a pesar de que este rol generalmente estaba reservado para los descendientes de Aarón. Jueces cuenta cómo un hombre, Micaías, contrató a un levita como su sacerdote personal. El contexto, que cuenta cómo Micaías hizo un santuario, efod y algunos ídolos, deja en claro que esto fue inapropiado, ya que tuvo lugar cuando "cada uno hacía lo que le parecía correcto" (Jueces 17: 5-12). El error de Micaías se multiplicó cuando la tribu de Dan tomó sus ídolos y efod y tomó al levita para ser su sacerdote (18:14-21). Anticipando el restablecimiento de la adoración en Israel después del exilio, Ezequiel relata que los levitas habían abandonado la adoración a Yahvé y habían llevado a la nación a adorar ídolos. Aunque ya no servirían como sacerdotes, se les permitiría realizar otras tareas en el templo. Solo los levitas descendientes de Sadoc podían servir como sacerdotes (Ezeq. 44:10-16).

Nuevo Testamento. El NT dice poco sobre los levitas. La parábola de Jesús del buen samaritano castiga tanto a los levitas como a los sacerdotes, como representantes de la religión judía, por no haber ayudado al hombre al que le habían robado y herido. El libro de Hebreos demuestra que el rol sacerdotal de Jesús es esencial porque el trabajo del sacerdocio levítico es imperfecto. También insiste en que las obras de Cristo se pueden entender solo en el contexto de los sacerdotes. Mientras que los levitas como clase son ocasionalmente retratados en forma negativa, Bernabé el levita se convirtió en un líder importante en la iglesia primitiva (Hec. 4:36).

LEVÍTICAS, CIUDADES Cuarenta y ocho ciudades fueron asignadas a los levitas en lugar de una gran herencia de tierras como las que recibieron las otras tribus de Israel (Jos. 13:1-14:5). Las ciudades se enumeran en Jos. 21:1-42; 1 Cr. 6:54-81.

Incluidas en las ciudades de las listas se encuentran seis ciudades de refugio designadas para fugitivos de represalias violentas, el deber designado al pariente masculino más cercano del difunto, en casos de homicidio sin intención (Nm. 35:6, 13-15). Sin embargo, en casos de asesinato, los límites de estas ciudades no ofrecen protección contra la pena de muerte. Las ciudades de refugio se ubicaban a ambos lados del Valle del Jordán (tres a cada lado), lo que facilitaba el acceso desde las diversas partes de la nación.

En vista de la ausencia de una asignación sustancial de territorio, se ha especulado sobre el sustento económico de los levitas. Se ha notado que, además de las ciudades levíticas, los levitas recibían de las otras tribus parcelas de tierra para pastos (Nm. 35:1-8, Jos. 14:4). Más allá de la cría de ganado (como se sugiere en los textos antes mencionados), los levitas se apoyaban con ofrendas de las otras tribus (Nm. 18:21-32, Dt. 18:1-5). Es posible que se hayan recibido ofrendas adicionales al ser incluidos con "los forasteros, los huérfanos y las viudas" como destinatarios del diezmo (Dt. 14:27-29; 26:13).

La razón declarada para excluir a los levitas de una mayor herencia de tierra es su designación como siervos en el santuario, ayudantes del sacerdocio de Aarón (Nm. 18:24, Dt. 10:8-9, Jos. 18:7). Como tal, Dios mismo es su "herencia". Esta comprensión viene a expresarse en el reclamo divino a los levitas como el "primogénito" entre las tribus de la nación, un sustituto de la demanda divina del primogénito, humano y animal, de cada hogar israelita (Nm. 3:11-13, 40-42). Otra posible explicación, aunque menos prominente en el AT, es la dispersión de Leví como consecuencia de la afinidad de su ancestro epónimo por la violencia (injusta), retratada así en la bendición de Jacob (Gn. 49:5-7). La referencia es a la parte de Leví en las hostilidades contra la casa de Hamor (Gn. 34:25-31).

LEVÍTICO, LIBRO DE El título "Levítico" significa "asuntos concernientes a los levitas", la tribu sacerdotal de Israel. Por lo tanto, temas tales como las leyes de rituales y sacrificio que tratan sobre los alimentos, las enfermedades de la piel, el añublo y el incesto son prominentes. Aunque resulta difícil tener en cuenta la línea narrativa en medio de todas las leyes, los israelitas aún se encontraban deambulando por el desierto, y uno de los eventos más notables de este período es la consagración de los sacerdotes y los levitas. La mayoría de estos temas son ajenos y aparentemente irrelevantes para las audiencias contemporáneas. Sin embargo, como ejemplo, el sacrificio y el sacerdocio no son sólo conceptos teológicos fundamentales en el AT, sino que también son importantes para entender el NT, donde Jesús es proclamado como el máximo sacrificio y el máximo sacerdote. Es imposible comprender esta enseñanza del NT por completo sin entender la teología de Levítico.

AUTOR Y FECHA

Levítico es el tercer libro del Pentateuco, por lo que los temas de autor y fecha son los mismos que los del Génesis. (*Ver* Génesis, Libro de).

GÉNERO Y ESTRUCTURA

Si bien gran parte del contenido de Levítico es legal, el lector no debe perder de vista el hecho de que la historia narrativa continúa y enmarca la ley. Los primeros versículos describen a Dios

Un altar de incienso con cuernos de Meguido. Levítico describe varios tipos de sacrificios y ofrendas.

L

hablando desde el tabernáculo a Moisés en el desierto. De hecho, tres capítulos (8-10) narran eventos en el desierto, pero incluso estos están relacionados con el tema central del sacerdocio, ya que los capítulos 8-10 describen la consagración de los sacerdotes y los levitas, así como la primera rebelión sacerdotal.

Esquema

I. Leyes de sacrificios (capítulos 1-7)
II. La consagración y el primer pecado del sacerdocio (capítulos 8-10)
III. Leyes para proteger la limpieza ritual (capítulos 11-16)
IV. Código de Santidad (capítulos 17-27)

Mensaje Teológico

La mayoría de las leyes de Levítico se refieren a la adoración del Dios santo de Israel, que está presente en el campamento. Dos frases se repiten a lo largo del libro. Primero, muchas de las leyes encuentran su motivación en la afirmación "Yo soy el Señor tu Dios" (18:2, 4, 5; 19:3-4, 10; 20:7).

La segunda es la proclamación y exigencia de Dios "Sed, pues, santos, porque yo soy santo" (11:45; 19:2; 20:26). El libro de Levítico enseña, por lo tanto, que Dios está separado del mundo presente, y que sólo aquellos que son librados también de la mancha del pecado pueden entrar en su presencia. Esto funciona en tres áreas: el sistema de sacrificios, el sacerdocio y la pureza.

Levítico describe cinco sacrificios (capítulos 1-7): el holocausto, la ofrenda de cereal, la ofrenda de paz, la ofrenda por el pecado y la ofrenda por la culpa. La descripción de estos sacrificios se centra en la ejecución más que en el significado, por lo que los lectores de hoy en día deben incluir ciertas conjeturas para entender el significado de estos sacrificios para quienes los realizaban.

No obstante, es bastante claro que hay tres funciones principales en estos sacrificios: expiación, regalo y comunión. La ofrenda quemada, por ejemplo, enfatiza la expiación. Cuando el pecado ha roto la relación de pacto con Dios, una persona puede ofrecer un holocausto para expiar o restaurar la relación. La ofrenda de cereal es un regalo para Dios el rey. De hecho, la palabra hebrea para "ofrenda de grano" se traduce más literalmente como "tributo". Finalmente, con la ofrenda de comunión (u ofrenda de paz), vemos la tercera función importante del sacrificio: la comunión. Después de todo, en realidad el sacerdote y los fieles se comen gran parte de este sacrificio. En otras secciones del Pentateuco, vemos que se ofrece más de un tipo de sacrificio al mismo tiempo. El pecado y los sacrificios de culpa, como el holocausto, enfatizan la expiación y la restauración de la relación del pacto.

Dios es santo, separado del presente mundo pecaminoso, y los sacerdotes viven y ministran en su dominio. Ellos también son santos o apartados. Vemos esto incluso en la vestimenta que se les da cuando son consagrados. La tela es similar a la del tabernáculo en sí. Muchas de las leyes están dirigidas a los sacerdotes mismos. Deben ser santos porque su trabajo es preservar la santidad del campamento. La historia del pecado de Nadab y Abiú (capítulo 10) ilustra la intolerancia de Dios a las irregularidades sacerdotales.

Una gran preocupación de las leyes de Levítico es la pureza del culto o la limpieza. Los alimentos (capítulo 11), el parto (capítulo 12), las enfermedades de la piel y el añublo (capítulos 13-14) y los flujos corporales (capítulo 15) son algunos de los muchos temas tratados en el libro en relación con la limpieza. Dios estaba presente en el campamento; los sacerdotes debían mantener la pureza del campo.

La razón por la cual algo o alguien se consideran limpios o puros no siempre está claro para el lector moderno. A veces, estas leyes parecen preservar un tipo de código antiguo de salud, pero claramente esta no es la explicación general. Si, por ejemplo, los animales enumerados como sucios para la comida no eran sanos, ¿por qué estas leyes alimentarias se eliminaron más tarde? Si la legislación concerniente a la enfermedad de la piel tenía que ver con la higiene, ¿por qué una persona que estaba totalmente cubierta con la enfermedad era considerada limpia? (Lev. 13:12-13).

La mejor explicación parece ser que estas leyes reflejan una serie de preocupaciones diferentes, incluida, en ocasiones, la salud, pero también el promover un sistema simbólico que proteja ciertas sustancias sagradas, como la sangre y el semen, que están estrechamente asociadas con la vida.

También trata como limpias aquellas cosas que se piensa que se ajustan a las normas de su creación, así como a las que son completas en lugar de mezclas. La función de las leyes era separar el comportamiento de los israelitas del resto del mundo. Por lo tanto, cuando el muro que separaba a judíos y cristianos fue quitado por Cristo (Gál. 3:28, Ef. 2:11-22), estas leyes ya no tenían que ser observadas.

Pensamientos Finales

Teológicamente, el libro de Levítico es importante en cuanto a sus descripciones de categorías fundamentales tales como el sacrificio, la santidad y la presencia de Dios. La complejidad que involucraba para que un israelita de esos tiempos que deseaba entrar en la presencia del Dios santo le recuerda al cristiano de estar agradecido de que Jesús se ofreció a sí mismo como un sacrificio de una vez por todas para su pueblo.

Las leyes de Levítico también demuestran el cuidado y la preocupación de Dios por su creación, no solo humana sino también animal e inerte. En ninguna parte se expresa esto con más potencia que en el capítulo 25, que extiende la idea del reposo sabático más allá de la gente a la tierra misma y más allá de un día de reposo a la semana a un año sabático cada siete años y un jubileo cada cincuenta años. Este es un tiempo de descanso, redención y restauración.

LEX TALIONIS Este es un término latino que significa "ley de retribución". El principio es que la pena debe ser igual al crimen. Como se expresa en la Torá ("ojo por ojo, diente por diente ..."; Éx. 21:24; Lev. 24:20), suena brutal, pero en realidad restringe el castigo excesivo (*ver* Gn. 4:23-24).

LEY

Terminología

La palabra "Ley", a menudo denominada "Torá", aparece 220 veces en el AT y deriva de la raíz hebraica que significa "enseñar o instruir". La ley bíblica es el conjunto de instrucciones o enseñanzas que sirven para gobernar y mantener la relación del pacto entre Dios e Israel. La relación distintiva que Israel disfrutaba con Dios no tenía paralelo en el antiguo Cercano Oriente. A diferencia de las naciones gentiles, Israel recibió de Yahvé un instrumento que describía sus expectativas de ellos, un conjunto de pautas para sostener esa relación de pacto (Dt. 4: 6-8).

Al margen del AT, la "Torá" o "Ley" a menudo se refiere a los primeros cinco libros de la Biblia, llamados el "Pentateuco" (Mt. 5: 17-18, Lc. 2:22). El judaísmo del segundo templo comúnmente hace referencia al Pentateuco de esta manera.

El término "Torá" no se limita a la práctica de culto o ceremonial, sino que abarca la ley civil y social. Además, la Torá se refiere a la palabra profética y de manera más amplia incorpora la idea de instrucción parental. La palabra hebrea Torá se emplea en una variedad de expresiones, interpretadas de diversas maneras en versiones al español: "la ley" (Dt. 1:5, 4:8, 44, 2 Re. 23:24), el "Libro de la Ley" (Dt. 28:61; 29:21; Jos. 1:8; 2 Re. 22:8), el "Libro de la ley de Moisés" (Jos. 8:31; 23:6), la "ley de Moisés" (Jos. 8:32, 1 Re. 2:3), el "Libro de la Ley de Dios" (Jos. 24:26) y la "ley del Señor" (2 Re. 10:31), todos estas expresiones indican el origen divino de las instrucciones o refuerzan la asociación de la Torá con Moisés como mediador de Israel. El AT señala que Moisés "escribió un Libro de la Ley", que fue colocado al lado del arca como referencia (Dt. 31:26) y se leyó en voz alta cada siete años, durante la Fiesta de los Tabernáculos, a toda la asamblea (Dt. 31:9-13). El libro no se menciona de nuevo hasta su descubrimiento en el templo durante el reinado del rey Josías (2 Re. 22:8). El descubrimiento del libro inició una reforma religiosa por Josías que se enfocó en la centralización de la adoración y la destrucción de ídolos.

El AT emplea una cantidad de sinónimos cercanos para "ley", que incluyen "mandamientos", "testimonio", "juicios", "estatutos", "ordenanzas", "decretos" y "preceptos". Cada uno de estos términos refleja diversos matices o aspectos particulares de la instrucción divina. Desafortunadamente, todas estas palabras, tal como se tradujeron al español, tergiversan sutilmente a la "ley" como un conjunto de reglas externas abominables que inhiben la libertad humana y requieren castigo por la desobediencia. Esta perspectiva sugiere que la obediencia a la ley divina era coaccionada por la amenaza del juicio divino. Al contrario de esta idea errónea, el pueblo de Israel se regocijaba en seguir las instrucciones de Yahvé, porque su mayor deseo era agradar y vivir en armonía con él. El pueblo de Yahvé disfrutó del privilegio de recibir la revelación divina que consistía en instrucciones que aseguraban el favor divino. Aunque la adherencia perfecta a estas instrucciones demostró ser una tarea imposible, las estipulaciones del pacto de Yahvé proporcionaron un ideal hacia el cual se esperaba que su gente progresara mientras luchaban constantemente por cumplir ese ideal. La Torá en su sentido más amplio refleja una expresión verbal del carácter, la naturaleza y la voluntad de Dios.

Tipos de Ley

En general, la Torá se puede subdividir en tres categorías: judicial, ceremonial y moral, aunque cada una de ellas puede influir o superponerse con las demás. El AT asocia la "entrega de la Torá" con el primer encuentro divino de Moisés en el Monte Sinaí (Éx. 19-23) después de la liberación de los israelitas de la tierra de Egipto, aunque existía un cuerpo de legislación consuetudinaria antes de ese tiempo (Éx. 18). Estas instrucciones hallan la expansión y elucidación en otros textos pentateucales, como Levítico y Dt. 12-24, lo cual indica que las enseñanzas de Dios fueron concebidas como el código de conducta y de adoración de Israel, no sólo para cuando deambulaban por el desierto, sino también cuando se asentaron en la tierra de Canaán después de la conquista.

Más específicamente, la palabra "ley" a menudo denota los Diez Mandamientos (o "el Decálogo", literalmente, las "diez palabras") (Éx. 34:28, Dt. 4:13, 10:4) que fueron entregados a Moisés (Éx. 20:1-17, Dt. 5:6-21). Estos mandamientos reflejan una declaración resumida del pacto y pueden dividirse en dos partes, consistentes con las dos tablas de piedra en las que se registraron por primera vez: las primeras cuatro abordan la relación del individuo con Dios, y las últimas seis se centran en las instrucciones concernientes a las relaciones humanas. A pesar de la aparente expresión simplista del Decálogo, la complejidad de estas directrices se extiende más allá de las acciones y actitudes individuales, abarcando todos y cada uno de los incentivos, seducciones y presiones que conducen a una cosa prohibida. No solo debe el individuo abstenerse de hacer lo prohibido, sino que también está obligado a practicar su bien opuesto para estar en cumplimiento.

Ley Judicial. El Libro del Pacto (Éx. 20:22-23:33), que está estrechamente relacionado con los Diez Mandamientos, sigue inmediatamente el Decálogo y puede subdividirse en ley casuística o de "casos" (21:2-22:17) y una variedad de leyes misceláneas, muchas de las cuales son apodícticas u órdenes absolutas. Las instrucciones divinas no pueden abordar un rango infinito de circunstancias; en consecuencia, las leyes casuísticas describen el proceso judicial a la luz de situaciones generales, que forman la precedencia sobre la cual se pueden hacer juicios específicos futuros. Las instrucciones apodícticas, generalmente identificadas por imperativos o formas volitivas, establecen una prohibición estricta a consecuencia de la desobediencia. El gobierno en la historia temprana de Israel giraba en torno a las decisiones autoritativas de los jueces, que declaraban un veredicto basado en la costumbre o los precedentes (Éx. 18:13-27). El énfasis moral del Decálogo y el Libro del Pacto proporciona las razones teológicas subyacentes para obedecer la ley de Dios y forma una parte importante del fundamento ético de las discusiones pentateucales y las elaboraciones de la ley.

Ley Ceremonial. La ley ceremonial o de culto incluye las instrucciones que guían la construcción y preparación del tabernáculo para la adoración combinada con las pautas levíticas que dictan la correcta ejecución del sacrificio ritual y la práctica de culto. La importancia del tabernáculo como un santuario portátil de Yahvé y su conexión integral con la promesa de Dios de habitar entre los israelitas se refuerza con la asociación del tabernáculo con la aparición de Yahvé en el Sinaí y la inauguración del pacto. El tabernáculo se convierte en el lugar donde la gente se encuentra con Dios a través de un mediador y busca el favor divino continuo a través de la purificación ritual, el sacrificio y la expiación.

Levítico describe sistemáticamente el procedimiento para la selección y sucesión sacerdotal, detalla la consagración de vasijas de culto y sacerdotes, describe las condiciones para la participación y la celebración de festivales sagrados (Lev. 16; 23-25) y aborda otras cuestiones como la blasfemia y el comportamiento sexual y la falsa profecía. Las regulaciones del sacrificio cubren las ofrendas por el pecado (6:25), las ofrendas de culpa (7:1, 7), los holocaustos (6:9), las ofrendas de grano (6:14) y las ofrendas de paz (7:11). El libro de Levítico también proporciona una amplia instrucción sobre la designación de "limpio" (consagrado) e "impuro" (profano), lo que refuerza la separación del pueblo elegido de Dios (por ejemplo, 11:46; 12:7; 13:59; 14:2, 32; 15:32-33). Los extranjeros no circuncidados eran excluidos de la participación en las asambleas sagradas de Israel.

Ley Moral. Las dificultades económicas presentaron numerosos desafíos en la sociedad israelita que se resolvieron a través de leyes relacionadas con la deuda y la esclavitud. Una serie de leyes buscaba proteger la propiedad y los derechos de aquellos en deuda con los acreedores (Éx. 22:25-27, Dt. 24:6, 10-13, 2 Re. 4:1, Amós 2:8). Aquellos que fueron esclavizados para compensar sus deudas debían ser liberados después de seis años de servicio (Éx. 21:2, 11, Dt. 15:12-18). Los bienes y las personas que eran entregados a los acreedores a menudo podían ser redimidos (Lev. 25:25-28, 47-55). Aquellos que recolectaban cosechas eran instruidos de dejar las esquinas de los campos y los remanentes de los cultivos para que recogieran espigas los pobres (Dt. 24:19-22, Rut 2:2-6). El maltrato sistemático de los marginados en la sociedad llevó a la corrupción generalizada entre los jueces, lo que enfureció a Yahvé y resultó en el exilio (Is. 1:15-17, Amós 2:6-7; 11-13). Está claro que este tipo de ley se decretó nuevamente durante el período posterior al exilio (Neh. 5:1-13; Jer. 34:8-16).

Torá en la Literatura de Sabiduría y los Profetas

La literatura de sabiduría del AT desarrolla el concepto de Torá como instrucción humana para el diario vivir, destacando el carácter dinámico de la ley y su penetración en todas las áreas de la vida. La obediencia alerta a la ley produce una conducta sabia y piadosa. En Proverbios, el hijo es amonestado por el padre a obedecer la Torá (Prov. 3:1; 4:2; 6:23), y el maestro instruye al alumno a respetar la ley (13:13) y a resistir la compañía de aquellos que no obedecen la Torá (28:4), con tal observancia resultará en las bendiciones de Dios (29:18) y respuestas a la oración (28:9). La mujer sabia se familiariza con la Torá porque la responsabilidad de la instrucción de su hogar recae en ella (31:26).

El libro de Salmos contiene tres composiciones clasificadas típicamente como Salmos de la Torá (1; 19; 119). En Sal. 1 la reflexión continua sobre la Torá se manifiesta en la prosperidad y la sabiduría de los obedientes. El Salmo 19 celebra los beneficios de obedecer la Torá, incluida la sabiduría, la alegría, la iluminación, la vida y el discernimiento moral. En un largo acróstico organizado de acuerdo con el alfabeto hebreo, Sal. 119 valoriza las actitudes, efectos y practicidad de la Torá como se ejemplifica en la vida de los fieles.

En el material profético, Torá se refiere a la enseñanza impartida en el nombre de Yahvé, ya sea por los sacerdotes o los profetas. El declive moral, manifestado por la injusticia social del liderazgo de Israel junto con la idolatría y la adoración sincretista, se atribuyó directamente al fracaso de los sacerdotes de sostener la Torá y su negligencia en instruir a la comunidad (Jer 2:8; 8:8; Ezeq. 7:26; 22:26; Oseas 8:1-12; Amós 2:4). El énfasis profético en la justicia y la rectitud como cualidades características del pueblo de Dios resalta la importancia que se le da al trato justo y equitativo (p. Ej., Is. 5:23-24; 26:1-11; 48:17-19; 58:6-9; 59:9-14). La Torá proporcionó el punto de partida autoritario en la composición de mensajes proféticos y enseñanzas, afianzando la autoridad y la autenticidad de las proclamaciones y exhortaciones proféticas a la audiencia contemporánea. En realidad los mensajes de los profetas no eran nuevos, sino que eran simplemente la adaptación y la transformación de textos del Pentateuco que la comunidad ya aceptaban como textos autorizados.

Ley Bíblica y las Fuentes del Antiguo Cercano Oriente

La ley bíblica no se desarrolló aisladamente de otros sistemas legales; más bien parece seguir patrones establecidos desde hace mucho tiempo, generalizados y estandarizados de la ley de Mesopotamia. Un número persuasivo de paralelismos entre las costumbres y las relaciones familiares abordadas en las tablillas de Nuzi y los elementos arcaicos en las narrativas patriarcales parecen sugerir que los patriarcas operaban bajo la ley hurrita. Las tablillas de Nuzi aclaran los temas de la adopción, el matrimonio y las transacciones económicas, aparentemente ejerciendo una influencia en las vidas de los primeros patriarcas del AT. Los relatos de esposa-hermana de Abram e Isaac, en los que surge la elegibilidad matrimonial de Sarai y Rebeca (Gn.12:26), así como la propuesta de Abraham de adoptar a su siervo Eliezer como heredero (Gn. 15:2-4) y cómo engendró a Ismael con Agar, la sierva de Sarai (Gn. 16), reflejan la práctica habitual descrita en estos documentos. Una amplia gama de documentos legales que regulan los procedimientos judiciales proporciona material para el análisis comparativo con textos bíblicos. Entre estos descubrimientos se incluyen una serie de colecciones de leyes, generalmente nombradas a partir del gobernante que las comisionó. Los arqueólogos han descubierto evidencias, desde el siglo XXI a.C, de dos colecciones legales sumerias que se conservan y que afirman los orígenes antiguos del gobierno social. Las Leyes del rey Ur-Nammu, registradas durante el último gran período de alfabetización sumeria (2111-2095 a.C), se conservan en copias de escribas de Nippur fechadas entre 1800 y 1700 a.C y que consisten en un fragmento y dos tablas de piedra parciales. Escritas en un formato casuístico, los textos atestiguan veintinueve estipulaciones, incluida la legislación que aborda pesas y medidas; protecciones para viudas, huérfanos y los empobrecidos; ofensas sexuales; leyes maritales; esclavitud; falso testimonio; y abusos de propiedades.

Una tabla que contiene el Código de ley sumerio de Ur-Nammu (2111-2095 a.C).

Una segunda colección de leyes sumeria que data del siglo XIX a.C, la del rey Lipit-Ishtar, el quinto gobernante de la dinastía Isin en la Baja Mesopotamia, consiste en un prólogo, treinta y ocho leyes totalmente o parcialmente restauradas, y un epílogo. Estas leyes, legadas a Lipit-Ishtar por las deidades sumerias Anu y Enlil para "establecer justicia en la tierra", representan leyes civiles que rigen las prácticas comerciales, la esclavitud, la propiedad, la familia y las lesiones accidentales de un individuo. Lo que parece ser un adicional de treinta y ocho leyes, que comprende la segunda mitad del código, ha sido destruido junto con parte del prólogo. Todas estas leyes fueron registradas en un formato casuístico.

Las Leyes de Eshnunna, escritas en acadio, consisten en dos tabletas que contienen aproximadamente sesenta leyes diferentes. La autoría y la fecha de origen siguen siendo desconocidas, pero los historiadores sugieren que esta colección de leyes, que no tiene prólogo o epílogo, fue contemporánea con el Código de Hammurabi (1728-1686 a.C). Aunque está escrito en un formato casuístico, este artefacto asigna sanciones en base al estatus social.

El Código de Hammurabi, llamado así por el sexto de los once reyes de la antigua dinastía de Babilonia, es quizás la más famosa y más completa de las antiguas colecciones de Mesopotamia. En 1902, los arqueólogos franceses descubrieron el código en una estela de diorita negra, de casi ocho pies de altura, en lo que fue la antigua Susa. Se han conservado varias copias del código. Escrito en acadio cuneiforme, la colección de leyes consta de 282 párrafos legales creados para promover el bienestar público y la causa de la justicia. El formato del código, que incluye un prólogo, un epílogo y una categoría de maldiciones por desobediencia y bendiciones para la obediencia, refleja fielmente la estructura del libro de Deuteronomio. El formato casuístico aborda las leyes que rigen el orden público y el derecho privado individual. Las penas prescritas por delitos capitales, de los cuales había treinta, eran duras y a menudo crueles, incluían la mutilación corporal, los castigos múltiples y el castigo vicario. Las consecuencias de represalia por la protección de la propiedad privada eran excepcionalmente crueles, en forma de tortura o multas excesivas. A menudo, los que se presumen culpables eran arrojados al río; la supervivencia indicaba inocencia, mientras que el ahogamiento demostraba culpa. Una característica predominante fue la lex talionis (la ley de represalia, o medida por medida), por la cual se imponía una pena correspondiente contra el delincuente en función del delito. Por ejemplo, si un niño era asesinado, se requería la muerte del hijo del delincuente. Los delitos capitales incluían el robo de propiedad y el adulterio. Contrario a la ley bíblica, el código de Hammurabi hizo una provisión financiera para la pérdida de vidas, mientras que en el AT el valor de la vida era inconmensurable.

El argumento del silencio sugiere que, en ausencia de un código de derecho bíblico completo, las instrucciones y estipulaciones legales en el texto bíblico consisten principalmente en anexos de enmiendas, es decir, adiciones e innovaciones a leyes ya existentes. Por ejemplo, la discusión sobre el divorcio en Dt. 21 describe la ejecución de un documento sin dar detalles sobre el contenido o la forma de dicho documento. El pasaje también menciona un "libro de divorcio" aún no descubierto. La ausencia de material legal sobre el derecho comercial y de negocios, así como detalles sobre herencia y otros temas comunes, apuntan a un cuerpo más amplio de leyes no escritas que reflejan normas sociales preexistentes. Por lo tanto, la sociedad israelita estaba en deuda con sus predecesores mesopotámicos por su implementación de la ley como medio de proteger a los ciudadanos, y por muchas disposiciones legales que eventualmente fueron adaptadas por el texto bíblico.

El Carácter de la Ley Bíblica

Aunque la ley israelita fue de alguna manera influenciada por los códigos legales de otras culturas antiguas del Cercano Oriente, la ley bíblica conservó una identidad distinta centrada en la relación entre Yahvé y su pueblo escogido. La ley en el AT se presenta no como una instrucción secular sino como un pronunciamiento divino, recibiendo su autoridad como una expresión de la voluntad divina. La totalidad de la instrucción divina se origina en Dios, y él es a la vez autor y el que garantiza el pacto con su pueblo. El pueblo de Israel, entonces, deben responder ante Dios por sus acciones y no sólo frente a un cuerpo legislativo o gobernante humano. La voluntad del israelita se entrega por completo a la voluntad de Dios a tal grado, que cada aspecto de la vida de un individuo está inextricablemente conectado con las enseñanzas divinas. Dios asigna las estipulaciones y los requerimientos de la ley a todo el cuerpo colectivo de Israel. La responsabilidad de que haya fidelidad al pacto no reside únicamente en el liderazgo de la comunidad; más bien, es compartida por cada

L

individuo en la comunidad, cuya doble función incluye garantizar tanto la ejecución justa de la justicia en la comunidad como la observancia personal de la ley. Las instrucciones de Dios se proclaman públicamente y se aplican por igual a todos los estratos sociales sin distinción, aparte de las directrices específicas concerniente a los esclavos.

La Torá se convierte en el corpus de enseñanza dirigido a toda la comunidad. El propósito didáctico de la ley es evidente por las cláusulas de motivos anexadas a muchas de las instrucciones apodícticas y casuísticas que explican los razonamientos éticos, religiosos o históricos de la fidelidad al pacto. El objetivo pedagógico sirve para apelar a la conciencia israelita como un medio para motivar la obediencia. Además, la enseñanza de que la humanidad se crea en semejanza divina refuerza la sacralidad de la vida humana como una preocupación fundamental de la ley. Predominan los valores religiosos en lugar de los económicos, eliminando la pena de muerte para todos los delitos contra la propiedad. La culpabilidad individual predomina en el corpus bíblico, aboliendo la noción de castigo vicario promovido en la legislación extrabíblica. Cada ofensor paga las consecuencias de su comportamiento. Cada persona, creada por Dios y que goza de igual estatus que todos los demás, recibe un trato justo y equitativo.

La Ley y el Nuevo Testamento

La significancia contemporánea de la Torá se reconoce en el NT por la declaración de Jesús de que su encarnación sirvió para cumplir la ley (Mt. 5:17). Él afirma la legitimidad continua de la ley (Mt. 5:19) y apela a que la ley es la autoridad gobernante para la práctica y el comportamiento apropiados (Mt. 12:6, 42, Lc. 4:1-11, Mr. 7:9- 12; 10:17-19).

La relación entre el Evangelio y la ley en ambos Testamentos demuestra una continuidad mucho mayor que la que muchos cristianos reconocen. Los teólogos del pacto afirman que la ley mosaica describe un "pacto de obras", que funciona de manera diferente al "pacto de gracia" del NT, mientras que los dispensacionalistas a menudo enseñan que la gracia sustituye y anula las demandas de la ley. La naturaleza condicional del pacto mosaico difiere del pacto abrahámico, en que la promesa incondicional del pacto abrahámico sugiere que las bendiciones prometidas a Abraham y su descendencia se realizarían no por la obediencia humana, sino por la fidelidad divina (Gál. 3:15-27). El pacto mosaico, o pacto de ley, no es contrario a las promesas de Dios (Gál. 3:21); en cambio, Dios por gracia entró en relación con el pueblo de Israel, los redimió de Egipto, y luego les dio la ley para que respondieran en humilde obediencia a su obra redentora. Por lo tanto, la ley mosaica proporcionó a través de un mediador una manera para que Dios se revelara a Israel. En consecuencia, la idea de que la religión israelita era legalista es errónea. No enseñaba que uno podía ganar la salvación "obedeciendo la ley"; más bien, un individuo entraba al pacto con Dios por gracia. Cuando Dios estableció el pacto con su pueblo, él perdonó sus pecados. Él no exigió un cierto nivel de logro como un requisito previo para entrar a esa relación, ni tuvo Israel que obedecer la ley a la perfección para alcanzar la salvación. En cambio, el acuerdo del pacto instituyó un medio de perdón a través del sistema de sacrificios, haciendo que la eliminación de la barrera del pecado estuviera disponible para las personas. La obediencia de Israel a la ley fue en respuesta al trabajo misericordioso y redentor de Dios. La ley y el pacto fueron complementarios.

Las discusiones en curso exploran la interrogante sobre la relevancia de la ley para los cristianos de hoy. Muchos eruditos de siglos pasados, como Martín Lutero, afirmaron que el creyente es librado completamente de la ley de Moisés, incluido sus requerimientos morales. La ley de AT es vinculante sólo en la medida en que concuerde con el NT y refleja la ley natural. Juan Calvino, por otro lado, sostuvo que las leyes morales del AT son obligatorias para el creyente, y afirma que esta es la función principal de la ley. El sentido de Calvino de cumplir con la ley moral no compromete el mensaje de gracia, porque al mantener la ley moral, a diferencia de la ley ceremonial o civil, no se obtiene la salvación, sino que forma la respuesta aceptable del creyente a la gracia de Dios. Otros eruditos de la reforma sugirieron que la ley fue abolida con la venida de Cristo y, como resultado, si bien las normas morales permanecen vigentes, las leyes ceremoniales se han cumplido con la venida de Cristo. Aunque las sanciones originalmente establecidas para la desobediencia ya no son efectivas, mantener la ley moral refleja el resultado apropiado de una vida vivida en el Espíritu de Dios. Ver también Diez Mandamientos; Torá.

LEY CEREMONIAL *Ver* Ley.

LEY ROMANA *Ver* Romana, Ley.

LEY, ADMINISTRACIÓN DE LA *Ver* Sistemas Tribunales; Jueces; Sanedrín.

LÍBANO

Geografía y economía. El Líbano bíblico es la región que consta de dos cadenas montañosas paralelas al norte de Israel, cuyas fronteras son muy similares a las de Líbano de hoy en día. La cordillera que va del sur al suroeste se llama "Líbano", y la cordillera que va de norte al noreste: "Anti-Líbano" (es decir, "todo el Líbano hacia el este" [*véase* Jos. 13:5]). Entre las dos cadenas se encuentra el Valle del Líbano, donde estaba la ciudad de Baal-gad (Jos. 11:17, 12:7). En el extremo sur está el Monte Hermón, donde los picos nevados probablemente dieron lugar a su nombre, que en hebreo significa "ser blanco" (Jer. 18:14). Las referencias bíblicas probablemente tienen en vista el Monte Líbano (Jue. 3:3), con una elevación de diez mil pies. Históricamente, la región no era tan próspera como las ciudades costeras de Fenicia, aunque era bien conocida por su industria maderera. Los frutos (Sal. 72:16), el vino (Oseas 14:7), las aguas que fluyen (Can. 4:15) y los animales (Can. 4:8) se describen efusivamente en el Antiguo Testamento. La región marca el límite norte de la tierra prometida (Dt. 1:7, 3:25, 11:24, Jos. 1:4, 9:1), que Josué nunca conquistó (Jos. 13:5; Jue. 3:1-3). Más tarde, Salomón parece haber construido ciudades allí (1 Re. 9:19, 2 Cr. 8:6).

La evidencia arqueológica indica que los árboles encontrados en la región, como el pino, el ciprés y el cedro, fueron muy solicitados desde la época del Bronce Medio (2200-1550 a.C) hasta el período bizantino (324-638 d.C) para el uso en la construcción de edificaciones y barcos (*véase* Ezeq. 27:5). El rey de Tiro envió madera de cedro desde los bosques del Líbano para construir el templo en Jerusalén (1 Re. 4:33, 5:6-10, 2 Re. 14:9, 2 Cr. 2:8-16; Can. 3:9). Cuando el bosque perteneció al rey de Persia, él autorizó que se enviara madera de cedro para la construcción del segundo templo (Esd. 3:7).

Uso metafórico de "Líbano". El uso metafórico del término "Líbano" es importante para la presente discusión, particularmente en el AT, donde el término aparece más de setenta veces (el nombre no aparece en el NT). Primero, asociado con las cadenas montañosas de la región, el Líbano evoca imágenes de gloria, fertilidad y abundancia. Por ejemplo, la alta elevación le da a Líbano el sentido de majestad y gloria (Is. 35:2; 60:13; *ver* 2 Re. 19:23), que se equipara con la gloria de Jerusalén (Is. 60:13; Ezeq. 17:3, 22, *ver* Is. 10:34, Zac. 11:1) y de Israel restaurado (Zac. 10:10-11, *ver* Jer. 22:6). Las nieves que se derriten, además de la lluvia anual, aseguran la abundancia y la fertilidad (Sal. 104:16; Canta. 4:15; Jer. 18:14; ver Sal. 72:16). La gloria del Líbano está vinculada con Sarón, Basán y Carmelo en el territorio de Israel (Isa. 2:13, 35:2, ver Isa. 33:9, Nah. 1:4). En segundo lugar, de todos los árboles coníferos en el bosque del Líbano, los cedros reciben la mayor atención y se han utilizado con regularidad para indicar estatura y belleza. Por ejemplo, su dulce olor describe el encanto de un Israel renovado (Cnt. 4:11; Oseas 14:7), y su magnificencia nos recuerda a uno de los hermosos árboles del Edén (Sal. 104:16; Ezeq. 31:9, 16). Estos imponentes árboles de hoja perenne son una imagen apropiada de la humanidad. Los justos son comparados con un cedro del Líbano (Sal. 92:12-15); las piernas del novio son tan nobles como los cedros (Can. 5:15); e incluso reyes, tanto davídicos (Is. 14:8, Ezeq. 17:3) como extranjeros (Is. 10:34, Ezeq. 31:3-18), y sus súbditos (Jue. 9:15) son comparados con los cedros del Líbano. Muy a menudo, son símbolos de entidades políticas

L

(Is.m 2:13, 40:16), como Judá (Ezeq. 17:3), Asiria (Ezeq. 31:3) y Tiro (Ezeq. 27:5).

En tercer lugar, Líbano, y su bosque, se utiliza para representar imágenes negativas. Por ejemplo, todas sus glorias y riquezas combinadas no son suficientes para una ofrenda de sacrificio a Dios (Is. 40:16). La esterilidad del Líbano es el resultado del juicio de Dios (Is. 33:9). Los oráculos proféticos a menudo se asocian con Líbano. La tala o marchitamiento de los árboles más selectos se menciona como juicio contra los orgullosos (Is. 2:13, 33:9, Ezeq. 31:15, Nah. 1:4), contra la nación perversa de Tiro (Ezeq. 27:1-9) y Judá (Jer. 22:6-7).

En cuarto lugar, las tradiciones exegéticas que resultan de la riqueza metafórica del Líbano se encuentran en la literatura judía posterior. Por ejemplo, basado en la raíz (lbn) del término "Líbano", que significa "ser blanco", los rabinos lo interpretaron para referirse al templo, ya que blanquea el pecado de Israel (b. en Yoma 39a). La dulce fragancia de los cedros en el Líbano (Oseas 14:6) hace que los intérpretes la relacionen con el olor de la juventud de Israel exhalado en el día final (b. Ber. 43b).

LIBERACIÓN, AÑO DE Se refiere al séptimo año, en el cual la ley fue leída en el Banquete de Tabernáculos y las deudas fueron canceladas (Dt. 15:1-9; 31:10-13). El jubileo fue otro año de liberación porque los esclavos fueron liberados y las propiedades que habían sido vendidas se revirtieron a sus dueños originales (Lv. 25:25-33, 54; 27:24). El NT usa lenguaje evocador del año de liberación y jubileo para hablar del trabajo redentor de Jesús (Rom. 6:17-23; 8:1-4; Col. 2:13-14; Heb. 2:14-15).

LIBERACIÓN, LIBERTADOR La liberación provee alivio o escape de una situación perjudicial o del prospecto de circunstancias adversas. Existen muchos términos en la Biblia que expresan este pensamiento, tales como "salvar", "rescatar", "redimir", "liberar", "sacar", "escapar", "vengar", "vindicar", "preservar", "dar protección legal", así como "libertar". La liberación puede venir de Dios o seres humanos y puede ser de aflicción física temporal o de naturaleza espiritual.

El principal ejemplo de liberación en el AT es el éxodo, la liberación de Dios a Israel desde Egipto. La grandeza de esta liberación proviene de varios factores: (1) lo extremo de la circunstancia de Israel, sometido a esclavitud de largo plazo en una de las superpotencias del mundo antiguo; (2) La extensión del poder de Dios que se exhibe en las diez plagas sobre Egipto y el paso seguro de Israel a través del Mar Rojo; (3) El cumplimiento de una promesa a Abraham, comenzado el proceso de dar la tierra a sus descendientes; (4) Su lugar fundacional en la tradición y días santos de Israel (Pascua). Este evento llega a ser el principal componente de la cláusula de trasfondo histórico del pacto y un recordatorio de la fidelidad del pacto. (ej. Éxodo 20:2; Levítico 22:33; 23:43; Números 15:41; Deuteronomio 4:20; 6:12; 20:1; Josué 24:5-7, 17; Jueces 6:8; 1 Reyes 9:9; Jeremías 34:13; Ezequiel 20:10; Daniel 9:15). Cuando Jeremías profetiza acerca del exilio babilónico y el posterior retorno del mismo, lo describe en la forma de, o como sobrepasando el éxodo (Jeremías 16:14-15).

El NT continúa con el tema del éxodo en que la muerte y resurrección de Jesús, la fundación para la salvación, coincide con la celebración de la Pascua. Esto constituye liberación en el sentido que toda la humanidad está en esclavitud frente al poder del pecado y sujeta a pena de muerte. La muerte y resurrección de Jesús proveen la posibilidad de liberación, usualmente llamada "salvación", del poder del pecado y la muerte (1 Corintios 15:51-57; Gálatas 1:4; Colosenses 1:13; 1 Tesalonicenses 1:10).

A través de la Biblia, Dios provee libertadores y es un libertador (Jueces 3:15; 2 Samuel 22:2; 2 Reyes 13:5; Salmos 40:17). El NT prefiere el término "Salvador", aplicándolo a Dios el Padre y a Jesucristo.

LIBERALIDAD La liberalidad es la característica de ser generoso, la disposición a dar de las posesiones de uno para ayudar a los demás. Se relaciona tanto con la cantidad del regalo como a la actitud del dador: cuando el regalo consiste en una cantidad proporcionalmente grande (2 Cr. 31:5; 2 Cor. 8:2), y el dador ofrece el regalo libre y alegremente (Dt. 15:10, 2 Cor. 9:7). La liberalidad es una característica de Dios (San. 1:5) y de los justos (Sal. 37:21, 26, 2 Cor. 9:13).

LIBERTAD

Libertad Humana y Libertad Divina

El concepto de libertad tiene tres aspectos, el primero siendo el legal o forense. Somos libres para ver televisión, visitar Alabama y coleccionar estampillas. En otras palabras, podemos hacer estas cosas porque no hay una ley que lo prohíba, y no hay fuerzas que nos lo impidan. El segundo aspecto es potencial, por el cual somos libres de hacer algo si realmente podemos hacerlo, aparte del tema de la legalidad. En este sentido, uno es libre de levantar cinco kilos, pero no cuatro mil quinientos kilos. El tercer aspecto es psicológico, que quiere decir que las personas son libres si pueden decidir por sí mismos, inafectados por fuerzas que lisa y llanamente deciden qué piensan y desean. La mayoría de las personas, por lo tanto, disfrutan de bastante libertad, definida esta de tres maneras. Pueden hacer todo tipo de cosas y son mentalmente estables. Sin embargo, la libertad humana es relativa, no absoluta. No somos Dios.

La libertad de Dios difiere de la nuestra en los tres niveles antes descritos. Primero, Dios hace las reglas (forense). Segundo, Él tiene el poder para hacer todo lo que quiera (potencial). Él siempre reina y nunca está sujeto a nadie ni nada. Igualmente, tercero, aunque Dios no puede violar sus propios principios lógicos, no hay fuerzas externas que determinen lo que Él hace y piensa (psicológico). En consecuencia, Dios es absolutamente libre y nosotros, los seres humanos, no. Carecemos del poder y conocimiento de Dios y debemos vivir de acuerdo a sus reglas. De hecho, incluso nuestros pensamientos y deseos están formados por factores externos, todos los cuales son trazables a Dios mismo. Él nos moldea en el vientre materno y ordena soberanamente nuestras experiencias de vida, las mismas que afectan nuestros deseo y carácter (Sal. 139). Así, nuestros tipos de personalidad y preferencias se nos asignan por circunstancias, y actuamos sobre ellos de una manera medianamente determinante. Por supuesto, los escritores bíblicos no consideran estos factores como operando coercitivamente, de manera que realmente no tomamos decisiones en lo que aprobamos, decidimos y nos convertimos. De lo contrario, Dios no se molestaría en revelarse a sí mismo y a su voluntad para nuestras vidas. No somos agentes rígidamente pre programados; pero nuevamente, no tenemos el mismo tipo de libertad que Dios.

Libertad y Determinismo

Algunos críticos del teísmo bíblico pueden quejarse de que un poco de determinismo, en este sentido, recorre un largo camino hacia despersonalizar al ser humano. Si vivimos en el mundo cristiano, la preocupación es, debemos franca y únicamente referirnos a las causas previas de nuestras acciones e ignorar sus supuestas razones, ya que esas causas amenazan con anular todas las otras consideraciones. Pero algún tipo de determinismo juega un rol en cualquier visión de mundo que permite el comportamiento humano ser fallidamente predecible. Un surco poco profundo sigue siendo un surco en el que estamos, y no hay visión de mundo posible que pueda evadir esta realidad de experiencia. Es más, algunas visiones de mundo no dejan espacio alguno para la libre elección humana, incluso en el sentido cualificado que implica el cristianismo. El materialismo (o naturalismo) calzaría en esta descripción porque reduce todos los eventos, incluyendo los mentales, a procesos físicos implacables. Dentro de ese sistema, los seres humanos no tienen elección sobre sus actos de la misma manera que el hierro no elige oxidarse. No es un golpe contra la visión de mundo que conlleve algún tipo de determinismo; la cuestión es, más bien, si deja espacio para algo más.

En un sentido, sin embargo, los escritores bíblicos nos interpretan a todos como esclavos. Vivimos bajo el inmediato (no final) reinado del pecado y la muerte y lo hemos hecho desde los eventos en Gn. 3. Josué presupone este tipo de problema al decirle a los israelitas: "No son capaces de servir al Señor", sin importar los votos para hacerlo (Js. 24:19). En Sal. 51:5, David confiesa: "Seguramente, yo era pecaminoso al nacer, pecaminoso desde el momento en que mi madre me concibió". Por consiguiente, Jeremías

L

dice: "El corazón es engañoso por sobre todas las cosas y está más allá de toda cura. ¿Quién lo puede entender?" (Jr. 17:9). Uno podría argumentar que el cautiverio de la humanidad por el pecado es un tema de trasfondo de todo el AT e incluso una de sus lecciones generales. El apóstol Pablo, sin embargo, realmente utiliza la institución humana de la esclavitud para ilustrar lo desesperada que es la condición del pecador fuera de Cristo (Rom. 5-6). El no creyente, aunque capaz de elegir no hacer el mal en un caso en particular, no puede ser justo ante Dios. El creyente aún puede elegir pecar —de este lado de la gloria— pero no lo hará habitualmente y sin arrepentimiento. Utilizando los términos introducidos anteriormente, podríamos decir que las personas no regeneradas carecen de la libertad potencial y psicológica para agradar consistentemente a Dios. Ellos no desearán hacerlos, y no tendrán éxito, cualesquiera sean sus deseos transitorios. El creyente disfruta de ambos tipos de libertades, relativas a la persona perdida, pero no absolutamente. La glorificación misma puede consolidar y consolidará el cambio.

Libertad Religiosa

Finalmente, la visión cristiana de la salvación requiere que afirmemos libertad "religiosa", que es una idea legal. No apoyamos leyes que empujan a las personas hacia las iglesias y fuera de las mezquitas y templos, porque creemos que los adultos deben hacer estas elecciones voluntariamente. De hecho, uno no puede recibir a Cristo de otra forma, porque una decisión bajo coacción no involucra verdadera confianza en él y confianza en lo que promete. Aún más, la Biblia dice que Dios mismo capacita al creyente para creer en Cristo, y lo hace a través de la prédica de su palabra (Rom. 10:14-15; 1 Cor. 1:21; Ef. 2:1-10). La obligación no tiene lugar en este marco, dada su intención de manipular lo que efectúa el Espíritu Santo. Sólo en el día del juicio, Dios impondrá su voluntad a la humanidad de manera coaccionada (Flp. 2:10-11). Así, aunque cada persona tiene el deber de obedecer las leyes de Dios (Rom. 1-2) y aunque rechazar a Cristo agrava la culpa del pecador (Heb. 2:2-3), no tenemos garantía bíblica para creer que la iglesia tiene la bendición de Dios para evangelizar con cargas burocráticas y fusiles.

LIBERTAD DIVINA La Biblia presenta a Dios como un ser máximamente libre. Él no tenía necesidad que crear nada en lo absoluto y no hay criatura que lo pueda constreñir. Salmos 115:3 proclama: "Nuestro Dios está en los cielos y puede hacer lo que le parezca". Proverbios 21:1 pone incluso a los reyes bajo el poder de Dios, por lo que sus corazones hacen lo que Él determina y no al revés. No hay fuerza que pueda amenazar el amor de Dios por nosotros en Cristo Jesús (Romanos 8:38-39). Dios siempre reina y ninguna persona o circunstancia puede reinar sobre Él, tal como se enfatiza a través del lenguaje real y la simbología del libro de Apocalipsis. En ese sentido, Dios disfruta de un tipo único de libertad. Sólo Él es perfecto en conocimiento, poder y bondad, y como tal sólo Él puede siempre hacer lo que le plazca, sin el impedimento de debilidades u obstáculos. Él nunca improvisa cambiando de un "plan A" a un "plan B" a la luz de circunstancias cambiantes. Él responde a algún tipo de influencia sólo cuando su plan soberano así lo requiere.

Esta imagen de la libertad de Dios incluye tres elementos distintos: (1) Él tiene una mente y deseos propios, (2) Él puede hacer lo que le plazca, sin restricciones de terceros y (3) tiene el poder de lograr lo que sea que Él se proponga. Sin embargo, su libertad no incluye el desafiar las leyes de la lógica, ni siquiera el desear hacerlo. De ese modo, Dios no puede desear o hacer el mal. No puede causar daño sin sentido, celebrar la injusticia o subordinar su propia gloria por un bien menor. Por una razón similar, Dios no puede hacer círculos cuadrados, causar que dos sea igual a tres o hacer una roca tan grande que ni Él pudiese levantar. Desde un punto de vista lógico, estas acciones involucran detenerse y avanzar simultáneamente, o girar a la derecha y a la izquierda al mismo momento teórico. Dios no puede ejecutar estas hazañas, porque son lógicamente imposibles. Principios idénticos explican por qué Dios no puede intentar cambiar su propia naturaleza, con el fin de dejar de ser omnisciente, todopoderoso o moralmente perfecto. Él no puede perder las características que lo hacen ser Dios, porque el hacerlo sería absurdo.

Dios no puede fallar o llegar a ser esencialmente privado de libertad. No obstante, el mundo se ve distinto desde nuestra perspectiva humana. Nosotros vemos a un Dios que se ha puesto a sí mismo en una posición de fracaso y oposición al darnos una mente propia. Él debe improvisar los caminos de la historia, porque nosotros deseamos el mal y hacemos lo que Él prohíbe. Dios podría intervenir en cualquier momento y "ganar" rotundamente por medio de la fuerza bruta, sin embargo, Él juega de acuerdo a reglas autoimpuestas y, por lo tanto, sufre contratiempos ocasionales. Pareciera que nosotros limitamos sus opciones al negarle el permiso para entrar a nuestros corazones y cambiarnos. Consecuentemente, Dios se frustra y se queja de nosotros a través de sus profetas y apóstoles. Esta imagen de Dios proviene de nuestras experiencias con otros seres humanos y de cómo pensamos que las relaciones genuinas deben ser. Estas incluyen el dar y recibir, por lo que Dios debe tragarse una gran porción de sinsentido y maldad de nuestra parte. Este recuento pareciera ser correcto, porque interpreta la libertad de Dios en la forma de cero-suma usual: donde Él se puede mover libremente, nosotros no podemos, y viceversa. Así es como funciona la vida diaria, por lo que esperamos que nuestra relación con Dios sea similarmente competitiva.

Sin embargo, los escritores bíblicos ofrecen una imagen menos extrema. Por una parte, no nos dan razón alguna para creer que nosotros disfrutamos del mismo tipo de libertad que Dios, como se describe anteriormente. Todo tipo de factores han condicionado lo que deseamos y enfrentamos muchos obstáculos que no podemos remover, aunque así lo quisiéramos. El fracaso siempre es una opción para nosotros. Consecuentemente, nuestras voluntades no son objetos inamovibles que se encuentran con la irresistible fuerza de los decretos de Dios. Él es absolutamente libre, nosotros somos relativamente libres. Por lo tanto, ambas voluntades, la suya y la nuestra, no se encuentran simplemente a mitad de camino. Al mismo tiempo, la Biblia también nos recuerda que Dios no es el único agente libre en el universo, rodeado de legiones de autómatas, algunos en el cielo, algunos en el infierno y otros aquí en la Tierra. Somos nosotros y no Dios quienes hacen el mal, y sus exhortaciones hacia nosotros no son meras formalidades. Él ejerce su voluntad soberana sobre nosotros, al usar medios no coercitivos que no podemos entender y que la Biblia no intenta explicar. Dios tiene toda la libertad de acción del universo y nunca se retracta porque nosotros decidamos no avanzar. Él es siempre decidido y siempre logra lo que se propone hacer a través nuestro. Él es raramente obedecido, sin embargo, nunca se opone soberanamente.

LIBERTAD, LIBERACIÓN Un tema recurrente en ambos Testamentos que implica libertad de la esclavitud. Dios valora la libertad y espera que su gente viva de una manera que exhiba y promueva este valor. El evento del éxodo (Éx. 12:31-14:31) se menciona a menudo para alentar al pueblo de Dios a vivir de una manera que fomente la libertad (por ejemplo, Éx. 22:21; Lev. 25:10; Dt. 10:17-19, *véase* Ezeq. 46:17). Seguir los preceptos de Dios se considera caminar en libertad (Sal. 119:45). Jesús explica su ministerio en términos de la liberación de Dios (Lc. 4:16-20, *ver* Gál. 5:1). La libertad no se valora por el bien propio sino por la libertad de seguir a Dios (Lev. 25:42, Rom. 14:7-8, 1 Cor. 6:12-20). Vivir en libertad debe incluir vivir una vida de amor por los demás (1 Cor. 8:9; 10:29).

LIBERTADES CIVILES Protección de las libertades de un individuo frente a las restricciones del gobierno, como la libertad de expresión, prensa, religión y asamblea (cf. la Declaración de Derechos en la Constitución de Estados Unidos). Aquellos que luchan por estos derechos a menudo los sitúan en una ideología liberal, por lo que consagran la autonomía individual en vez del colectivismo. Sin embargo, la cosmovisión cristiana establece mejor estas libertades y evita idolatrar al ser. Dado que Dios manda a las autoridades civiles como sus representantes terrenales a restringir el mal y administrar justicia (Romanos 13:1-7; Tito 3:1; 1 Pedro 2:13), solamente Jesucristo reina como Señor y como juez de los vivos y los muertos (2 Corintios

L

5:10). Las libertades civiles tienen que ver, por lo tanto, con aquellos asuntos de la consciencia que un gobierno debería dejárselo a los individuos y a Dios (Hechos 4:19; 5:29). Esto incluye la manera, o si es que, ellos lo adoran (libertad religiosa) y reflejan la imagen divina en la que ellos fueron creados (libertad de expresión; cf. Génesis 1:26). Por ende, al violar las libertades civiles un gobierno comete un pecado mayor que la restricción de la autonomía personal: asume el oficio de Cristo.

LIBERTOS *Ver* Hombres libres; Sinagoga de los.

LIBIA Hay diferentes palabras hebreas que se traducen como "Libia". Los escritores clásicos usaban "libio" para referirse a cualquier africano, con excepción de los egipcios. En la Biblia, a Libia a veces se le llama Fut (RVA: Phut) (Gn. 10:6, Ezeq. 27:10). Los libios sirvieron en el ejército de Egipto y Etiopía (2 Cr. 12:3; 16:8; Nah. 3:9). Ezequiel profetizó que Libia (RVA: Chub) y otras naciones serían destruidas (Ezeq. 30:3-5). Una de sus ciudades fue Cirene, hogar de Simón, a quien obligaron a llevar la cruz de Cristo (Mt. 27:32, Mr. 15:21, Lc. 23:26). Los libios estuvieron presentes en el sermón de Pedro en el día del Pentecostés (Hec. 2:10).

LIBIO *Ver* Libia.

LIBNA (1) Una ciudad en Sefela conquistada por Josué (Jos. 10:29) y luego asignada a la tribu de Judá (Jos. 15:42). Sin embargo, más tarde se menciona como una de las ciudades levíticas asignadas a los hijos de Aarón (Jos. 21:13, 1 Cr. 6:57). La ciudad se rebeló contra el gobierno de Judea bajo el reinado de Joram (2 Re. 8:22), pero estuvo nuevamente bajo el control de Judea durante el reinado del rey Ezequías cuando fue atacado por el rey asirio Senaquerib (2 Re. 19: 8; Is. 37:8). Libna se menciona por última vez como la ciudad natal de la esposa del rey Josías, Hamutal, la madre de ambos, Joacaz (2 Re. 23:31) y Sedequías (2 Re. 24:18; Jer. 52:1). Ningún otro texto antiguo menciona a Libna, y la identificación de su ubicación exacta es difícil. Se han identificado tres Tells diferentes con Libna bíblica (Tell es-Safi, Tell Judeidah y Tell Bornat); sin embargo, los tres han sido cuestionados. En la actualidad, su identificación sigue siendo incierta. (2) Un lugar no identificado donde los israelitas acamparon cuando andaban errantes en el desierto (Nm. 33:20-21).

LIBNI (1) Un hijo de Gersón y nieto de Leví. Simei era su hermano, y Jahat era su hijo (Éx. 6:17, 1 Cr. 6:20). (2) Un hijo de Mahli y bisnieto de Leví (1 Cr. 6:29).

LIBNITAS Descendientes de Libni, hijo de Gersón y nieto de Leví (Nm. 3:21, 26:58).

LIBRE ALBEDRÍO Algunas traducciones bíblicas usan el término "libre albedrío" para describir un acto voluntario o de mutuo propio (e.g., Jn. 10:18 GW, MSG; 2 Cor. 8:3 NLT, RSV; Flm. 14 NASB, RSV). Las ofrendas de libre albedrío eran hechas voluntariamente más que por necesidad. En un sentido teológico, el "libre albedrío" se refiere a la habilidad de la humanidad para hacer elecciones aparte de la predeterminación o compulsión de la voluntad de Dios. Por lo tanto, juega un rol importante en discusiones acerca de la predestinación y soberanía divina. En debates teológicos y filosóficos, el libre albedrío frecuentemente es contrastado con elección o destino. En juego en tales discusiones si los humanos son libres para actuar aparte de, o incluso contrariamente a, la voluntad de Dios; si Dios y su voluntad son afectado por las elecciones humanas y que responsabilidad tienen los humanos sobre las consecuencias de sus decisiones. Véase también Elección; Libertad; Ofrenda de Libre Albedrío; Teología de Apertura.

LIBRO DE LA VIDA La frase "libro de la vida" aparece ocho veces en la Biblia (Salmos 69:28; Filipenses 4:3; Apocalipsis 3:5; 13:8; 17:8; 20:12, 15; 21:27). Esta imagen puede originarse a partir de la práctica de la conservación de registros genealógicos o del registro de ciudadanos en el que los nombres de los individuos se anotaban. Algunas personas han sugerido que se trata de un registro figurativo de todo lo vivo, del que los que no son salvos serán borrados con el tiempo. No obstante, es más probable que la frase exprese metafóricamente la omnisciencia de Dios, que conoce a todos los que Él ha predestinado para la vida eterna. En Salmos 69:28 el hecho de ser "borrados" del Libro de la Vida probablemente se refiere al destino en el que se experimenta una muerte terrenal prematura (cf. Éxodo 32:32-33). Pero como esto es aplicado para los enemigos de Dios, también conlleva en sí los matices de la condenación eterna. La promesa hecha para aquellos que lo superan no serán borrados del Libro de la Vida, lo que les asegura su victoria final (Apocalipsis 3:5; cf. Juan 5:24-25). En el juicio final, aquellos cuyos nombres no estén escritos en el Libro de la Vida estarán destinados a la separación eterna de Dios en el lago de fuego (Apocalipsis 20:12-15). El uso final de esta frase que dice "el libro de la vida del Cordero" señala que el registro le pertenece a Cristo, que fue el que pagó el precio de la redención para todos aquellos que se encuentran anotados en el libro (Apocalipsis 21:27). Para revisar frases y conceptos similares, *ver* Salmos 9:5; 51:1; 139:16; Isaías 4:3; Daniel 7:10; 12:1; Malaquías 3:16; Lucas 10:20; Hebreos 12:23.

LIBRO DE LOS DOCE El Libro de los Doce (de aquí en adelante se le llamará LD) consiste en los libros proféticos que comúnmente son mejor conocidos como los Profetas Menores: Oseas, Joel, Amós, Abdías, Jonás, Miqueas, Nahum, Habacuc, Sofonías, Hageo, Zacarías y Malaquías. La colección comprende el octavo "libro" de los Profetas (Antiguos Profetas: Josué, Jueces, Samuel, Reyes; Profetas Posteriores: Isaías, Jeremías, Ezequiel, LD) conocido en hebreo como Nebi'im, que es el segundo de las tres divisiones de la Biblia en hebreo (junto con la Ley [Torá] y las Escrituras [Ketubim]).

Antigua Atestación yEstudio Moderno

Es muy bien sabido que en las tradiciones antiguas de los tiempos de Ben Sirá hasta Jerónimo (aproximadamente en el 200 a.C. hasta el 400 d.C.) se daba fe sobre considerar a los Profetas Menores como una sola entidad. Esto puede deberse a la longitud comparable del corpus con las profecías de Isaías, Jeremías y Ezequiel y que permitía que las escrituras calzaran juntas en un solo rollo. Además es muy probable que la unidad del LD no fuese sólo algo práctico, sino que también algo homilético. Las enseñanzas de Ben Sirá registradas en el libro de Sirac muestran que el LD refleja un mensaje colectivo de "esperanza segura": "Que los huesos de los Doce Profetas transmitan nueva vida desde donde yacen, porque estos dieron alivio a la gente de Jacob y entregaron esperanza segura" (49:10). El LD era una voz de apoyo y estímulo para la gente exiliada que enfrentaba una cantidad de desafíos para su fe y futuro.

Leer a los Profetas Menores como una unidad en vez de verlos como doce mensajes proféticos independientes es una disciplina en crecimiento respecto a los estudios bíblicos y teológicos. Aunque se acepta que el LD es una historia literaria compleja, lo que atrae el interés interpretativo particular es la forma final de la composición. Los eruditos también notaron que el orden de las doce escrituras en el MT difiere de la del LXX como también de la suposición en el Qumrán (4Q76). Esto origina un albergue de posibles explicaciones para las diferencias, pero para la mayoría esto no socava el valor de la lectura de los trabajos como un todo, dado que respalda la importancia del análisis de la secuencia deliberada del MT para la interpretación teológica.

Elementos Unificadores

Una variedad de elementos unificadores amarran a estos trabajos proféticos entre sí. Los vínculos cronológicos, intertextuales y teológicos que aparecen a lo largo del LD respaldan el mensaje de esperanza segura que se desarrolla dentro de un movimiento tópico general desde el juicio hasta la restauración.

Cronología. Un progreso cronológico equitativamente claro a través del LD se extiende desde el siglo VIII a.C. hasta por lo menos el siglo VI a.C. (si no es más a fondo en el periodo persa) cuando uno viaja desde Oseas hasta Malaquías. Seis de los libros ofrecen sobrescritos históricos que relacionan las escrituras individuales con los reinados de los reyes particulares de Israel y Judea. De esta manera, Oseas, Amós y Miqueas están vinculados con el siglo VIII, Sofonías con el siglo VII y Hageo junto con Zacarías tienen que ver con finales del siglo VI. De los seis trabajos que no tienen sobrescritos, cuatro parecen estar al tanto de estos marcadores históricos del LD. Si el libro de Jonás se empareja con el profeta que trabajó en Israel durante el reinado de Jeroboam II (2 Reyes 14:25), entonces encaja apropiadamente cerca de sus contemporáneos Oseas, Amós y Miqueas. Nahum y Habacuc se refieren respectivamente a la caída anticipada de Asiria (siglo VIII) y al origen de Babilonia (siglo VII), lo que se ajusta con su ubicación entre Miqueas y Sofonías. Malaquías finaliza el LD dentro del período persa (539-331 a.C.) y hace un llamado a la nación sobre la vida apropiada y la adoración en el templo reconstruido. Joel y Abdías son los dos trabajos que carecen de sobrescritos históricos que parecen estar dentro del LD más expresamente por razones contextuales y temáticas que por motivos cronológicos.

Teología e intertextualidad. Al observar una cantidad de vínculos verbales y teológicos a lo largo del LD no sólo se explica la ubicación de los libros de Joel y Abdías (y los otros libros que no poseen sobrescritos históricos), sino que también solidifica el LD como un todo literario cohesivo. A nivel general, el LD recorre desde el pecado hasta el juicio y la restauración. Oseas y Malaquías sirven como sujetalibros para el LD, ya que sus mensajes representan imágenes sobre el matrimonio y el divorcio. Miqueas 3:12 existe como el centro literario y teológico de esta progresión porque reprende a las autoridades de Israel por liderar a las personas con desobediencia, lo que significó la destrucción de Jerusalén y del templo (la crisis del punto de inflexión para la generación exiliada). Poniendo en riesgo la simplificación excesiva, también vale la pena notar el intercambio geográfico que existe en la primera mitad del LD (Oseas hasta Miqueas) que funciona como el foco de cada trabajo que se alterna entre los reinos del norte y del sur. Esto incluso continúa apareciendo dado que Nahum aborda al enemigo del norte (Asiria) y Habacuc se refiere al del sur (Babilonia).

El contexto literario y teológico más amplio del LD proporciona un trasfondo hacia los vínculos observables a un nivel micro. Por ejemplo, mientras que la mayoría sospecha que Joel fue escrito en el período persa, su ubicación después de Oseas y antes de Amós es deliberada. El libro de Oseas termina con un llamado de arrepentimiento que Joel actualiza, continúa y amplifica. Posteriormente, Jonás repite el llamado de arrepentimiento de Joel al reciclar la esperanza de que Dios haya transigido entonces en el juicio, que se ejemplifica irónicamente en el mundo de los gentiles (Joel 2:14 // Jonás 3:9). Además, el final del libro de Joel hace un paralelo impactante con el principio y final de Amós (Joel 3:16, 18 // Amós 1:2; 9:13). Por consiguiente, Amós también lleva al lector hacia Abdías cuando menciona a Edom, que es el tema de Abdías como un todo (Amós 9:12).

Existen temas fáciles de encontrar que se tejen a través de los trabajos individuales del LD que revelan los beneficios interpretativos sólidos respecto al estudio del corpus como un todo. Algunos ejemplos de dichos temas teológicos incluyen el día del Señor, la fertilidad, las bendiciones del pacto en la tierra y los asuntos de teodicea (que se basan en el uso del LD de Éxodo 34:6-7).

LIBROS La típica palabra hebrea para "rollo" es seper (Éxodo 17:14; Números 5:23; Deuteronomio

Un manuscrito de papiro.

17:18). El término posterior megillah también puede referirse a un rollo (Jeremías 36:6; Ezequiel 3:3). En unas pocas ocasiones, megillah se combina con seper y se traducen como "rollo" (Salmos 40:7; Jeremías 36:2; Ezequiel 2:9).

La LXX traduce comúnmente la palabra hebrea seper (rollo) con la palabra griega biblion ("rollo" o "libro"), y el Nuevo Testamento usa la misma palabra. Cuando Pablo le escribió a Timoteo para pedirle que le llevara los pergaminos, él también solicitó que trajera ta biblia, "los libros" (2 Timoteo 4:13; NVI: "rollos"). Las versiones en español a menudo son inconsecuentes con la manera en que se traduce el término hebreo seper o la palabra griega biblion.

Libros y rollos en la antigüedad. Durante los tiempos del Antiguo y Nuevo Testamento, los dos materiales más comunes para escribir los antiguos libros o rollos eran los papiros y los pergaminos. Los papiros estaban hechos del tallo de la caña del papiro que crecía abundantemente en Egipto y en los alrededores del Mediterráneo. Dos capas finas del mesocarpio se colocaban en ángulo recto y se presionaban unidas, entonces las láminas u hojas se pegaban juntas para formar un rollo. El otro tipo común de material para escribir, el pergamino, estaba hecho de cuero ya raspado y estirado.

El texto se escribía en columnas en el pergamino o papiro, y el rollo se desenrollaba y se rebobinaba cuando la persona leía las columnas. La primera edición de Jeremías sobre la profecía fue escrita en un pergamino (Jeremías 36). El pergamino también era el material común utilizado para escribir documentos en el Qumrán. Los rollos hechos de pergamino eran más caros que los que estaban fabricados con papiro.

De hecho, es anacrónico cuando las traducciones en español se refieren a un rollo como un "libro". Un "libro" con páginas (u hojas) que se amarra por el costado no apareció hasta mucho después del siglo III a.C. Este nuevo tipo de medio para escribir se le llamó "códice" y su origen es muy probable que venga de las tabletas de madera cubiertas con cera que se amarraban juntas. Las hojas de papiro o pergamino posteriores se doblaban y se cosían juntas para formar un "libro de notas" personal y económico. Las cartas y las notas a menudo se escribían en este tipo de libro temprano.

En el mundo romano el códice más antiguo que contenía obras literarias data del siglo I d.C. En 1930 el coleccionista estadounidense Chester Beatty adquirió un grupo de manuscritos de papiro griego en el mercado de antigüedades. La colección contenía fragmentos de siete códices pertenecientes al Antiguo Testamento (Génesis, Números, Deuteronomio, Isaías, Jeremías, Daniel, Ester, Eclesiastés) y tres del Nuevo Testamento (los Evangelios junto con Hechos, las Epístolas Paulinas y Apocalipsis). Estos importantes códices fueron copiados en los siglos II y III d.C.

Al parecer como el códice de papiro era más barato de producir, la iglesia cristiana temprana optó por usarlo y lo hizo popular. No se han encontrado códices entre los Manuscritos del Mar Muerto. Los rollos siguieron siendo el medio dominante para los libros bíblicos en el mundo judío hasta el siglo X d.C. Solamente los rollos de Torá se usan en las sinagogas actuales. (*Ver también* Implementos de Escritura y Materiales).

Libros Mencionados en la Biblia

La Biblia hace referencia a una gran cantidad de libros distintos que existieron en tiempos y lugares variados. Por desgracia, estos libros extrabíblicos no perduraron, pero los autores de las Escrituras sabían de su existencia y puede que los hayan citado o usado dentro de la narración de la historia bíblica. A continuación se muestra una lista de obras literarias no bíblicas que se mencionan en la Biblia.

• El libro del pacto (Éxodo 24:7; 2 Reyes 23:2, 21; 2 Crónicas 34:30).

• El libro de la ley (Deuteronomio 30:10; 31:26; Josué 1:8, 8:34; 2 Reyes 22:8; Gálatas 3:10). También se le llama el libro de la ley de Moisés (Josué 23:6; cf. Marcos 12:26) y el libro de la ley de Dios (Josué 24:26).

• El libro de las guerras del Señor (Números 21:14). Algunas citas textuales de esta fuente pueden incluir Números 21:14b-15, 17-18, 27-30.

• El libro de Jaser (Josué 10:13; 2 Samuel 1:18). Este texto contenía el lamento de David para Saúl y Jonatán (2 Samuel 1:19-27) y probablemente la afirmación de Josué (Josué 10:12).

• El rollo de Josué (Josué 18:9).

• El libro de las crónicas de Salomón (1 Reyes 11:41).

• El libro de las crónicas de los reyes de Israel (1 Reyes 14:19). Esta fuente se menciona dieciocho veces en 1-2 Reyes.

• El libro de las crónicas de los reyes de Judá (1 Reyes 14:29). Este rollo se menciona quince veces en 1-2 Reyes.

• Los registros genealógicos de los reinos del rey Yotán de Judá y del rey Jeroboán de Israel (1 Crónicas 5:17).

• El libro de los reyes de Israel y Judá (1 Crónicas 9:1; 2 Crónicas 27:7).

• El libro de los reyes de Israel, que incluye las crónicas de Jehú el hijo de Jananí (2 Crónicas 20:34). Este puede que sea el mismo que el libro de los reyes de Israel y Judá en 1 Crónicas 9:1 (ver ESV, NRSV).

• El libro de las crónicas del rey David (1 Crónicas 27:24).

• El libro de las crónicas del vidente Samuel (1 Crónicas 29:29).

• El libro de las crónicas del profeta Natán (1 Crónicas 29:29; 2 Crónicas 9:29).

• El libro de las crónicas del vidente Gad (1 Crónicas 29:29).

• La profecía de Ajías el silonita (2 Crónicas 9:29).

• La profecía del vidente Iddo (2 Crónicas 9:29).

• Los libros del profeta Semaías y del vidente Iddo (2 Crónicas 12:15).

• Los relatos del profeta Iddo (2 Crónicas 13:22).

• El libro de los reyes de Judá e Israel (2 Crónicas 16:11). Este incluye información sobre el reinado de Ezequías en la visión del profeta Isaías hijo de Amoz (2 Crónicas 32:32).

• La historia del libro de los reyes (2 Crónicas 24:27).

• Las actas de los reyes de Israel (2 Crónicas 33:18).

• Las crónicas de los videntes (2 Crónicas 33:19).

• El registro genealógico de aquellos que fueron los primeros en regresar (Nehemías 7:5).

• El libro de las crónicas (Nehemías 12:23). Este contenía información genealógica y posiblemente otro material histórico sobre los exiliados que retornaron.

• El libro de las crónicas de los reyes de Media y Persia (Ester 10:2; cf. Ester 2:23; 6:1; Esdras 4:15).

• El libro de la vida (Salmos 69:28; Filipenses 4:3; Apocalipsis 3:5; 13:8; 17:8; 20:12, 15; 21:27; cf. Éxodo 32:32-33; Salmos 139:16).

• El libro de la verdad (Daniel 10:21).

• El libro de memorias (Malaquías 3:16).

LICAONIA Los viajes misioneros de Pablo lo llevaron a pasar por esta región sur-central en Asia Menor donde se encuentran las ciudades Listra y Derbe (Hec. 14:6-22; 18:23; 19:1).

LICAONIANOS *Ver* Licaonia.

LICIA Provincia romana en el suroeste de Asia Menor donde Pablo y sus acompañantes abordaron un barco de Alejandría que iba a Roma (Hec. 27:5-6).

LIDA Esta ciudad, llamada "Lod" en el Antiguo Testamento, se encuentra a mitad de camino entre Jerusalén y Jope, en la planicie costera. Un asentamiento de los hijos de Benjamín se menciona en Neh. 11:35 durante el reasentamiento. En la única referencia del NT a la ciudad, Lucas señala que fue en Lida que Pedro visitó y sanó a Eneas, un paralítico que había estado postrado en cama por ocho años (Hec. 9:32-34). El testimonio de este milagro dio como resultado una gran conversión al Señor (9:35).

LIDIA (1) Una "vendedora de telas púrpura" "de la ciudad de Tiatira" que creyó y fue bautizada cuando Pablo llegó a Filipos en su segundo viaje misionero (Hec. 16:14). Lucas registra que Lidia "adoraba de Dios", una designación que usa en otros lugares solo en Hec. 18:7. La descripción es similar al "temeroso de Dios", que se aplica generalmente a devotos seguidores gentiles del Dios judío (Hec. 10:2; 17:17).

Pablo compartió el evangelio con Lidia y sus compañeras en un lugar de oración cerca de un río. Dios "abrió su corazón para que recibiera lo que Pablo decía" (Hec. 16:14), y Lidia se volvió la primera cristiana nombrada convertida en Europa. Lidia invitó después a Pablo y a sus acompañantes a quedarse en su casa (16:15), indicando que ella era una mujer con ciertos recursos. Pablo, Lucas y el resto del grupo misionera parecen haberse quedado en la casa de Lidia hasta que dejaron Filipos (16:40). La ciudad natal de Lidia, Tiatira, a más de doscientas millas de Filipos, es el hogar de una de las siete iglesias de Apocalipsis (Apo. 2:18-29).

(2) Una región al oeste de Asia Menor, mencionada en Jeremías y Ezequiel en estrecha relación con Cus y Fut (Jer. 46:9; Ezeq. 27:10; 30:5).

LIDIOS *Ver* Lidia.

LIEBRE La palabra hebrea 'arnebet en Lv. 11:6; Dt. 14:7 variadamente se traduce como "conejo" (NIV) o "liebre" (NRSV, ESV, RSV, NET, NLT). Como los conejos, a los que están relacionadas, las liebres parecen rumiar su comida, aunque no es así. Israel tiene varias especies nativas.

LIGA Una alianza o pacto. "Liga" aparece con mayor frecuencia en la versión del inglés, la KJV (por ejemplo, Jos. 9:6-16; 2 Sam. 3:12-13; Dan. 11:23), y ninguna vez en la NVI, donde la preferencia es: "tratado", "pacto", "trato", "acuerdo".

LIGURE Una joya colocada en la tercera hilera del pectoral del sumo sacerdote (Éx. 28:19, 39:12). Las traducciones más recientes usan el término "jacinto".

LIKHI Descendiente de Manasés hijo de José, Likhi era el tercer hijo de Semida (1 Cr. 7:19), un jefe del clan de Manasés (Jos. 17:2, 1 Cr. 7:10).

LILIZ *Ver* Criaturas de la noche, Monstruo Nocturno.

LIMOSNA Provisión para los extremadamente necesitados. Las limosnas proporcionan lo que es esencial para la supervivencia humana, como la comida, ropa y refugio (1 Tim. 6:8). De las tres expresiones principales de la piedad judía y de los primeros cristianos, que incluían la oración y el ayuno (Mt. 6: 1-18), dar a los desposeídos, literalmente "la práctica de la misericordia", era la más apreciada y parecía haber sido ampliamente practicada (Tob. 12: 8; 2 Clem. 16: 4). Lo rabinos con el tiempo legislaron en contra de la limosna

El río Crenides cerca de Filipos. el sitio tradicional donde el apóstol Pablo se encontró con Lidia, la comerciante de tela púrpura.

L

extrema, fijando un límite de 20 por ciento de los bienes de uno (Tal. B. Ketut. 50a; compárese con 1 Cor. 13:3). El elemento inherente de la misericordia sugiere que los necesitados no necesariamente se merecen la dádiva. Jesús fundamentó la práctica en la atención plena de la misericordia de Dios hacia los bendecidos con excedentes (Mt. 5:7), pero advirtió contra dar para el reconocimiento público (6:1-4). Los mendigos se reunían alrededor del templo, apelando a la caridad de los peregrinos (Hch. 3:1-10). La iglesia primitiva tomó la iniciativa de cuidar a los indigentes, particularmente los huérfanos y las viudas, una práctica que Santiago, el hermano de Jesús, le pidió a Pablo que mantuviera en el sector no judío de la iglesia, algo que el apóstol estaba feliz de hacer, incluso recaudando dinero para los necesitados en Jerusalén (Gal. 2:10, 2 Cor. 9: 1-5 [*véase* Sant.1:27]). Un fondo comunal era recolectado en la sinagoga local (m. Peah 8: 7). Las trompetas eran sopladas en días de ayuno como recordatorio (Tal. B. Ber. 6b, Tal. B. Sanedrín 35a, compárese con Mt. 6: 2). La iglesia primitiva dirigía la mayor parte de sus donaciones a los pobres (Tertuliano, Apología 39.6).

Antigua piedra kudurru de Babilonia en la que se registra el obsequio de una tierra con sus fronteras definidas cuidadosamente.

LIMPIADOR La KJV y la NRSV usan esta anticuada palabra inglesa "fuller" donde la NIV usa "lavandero" (2 Re. 18:17; Is. 7:3; 36:2; Mal. 3:2). El término se deriva de un igualmente antiguo verbo transitivo que se refiere a fieltrar lana a través de golpearla. Otras traducciones hacen una distinción entre el proceso de "lavado" designado por una forma de este verbo hebreo y el proceso de "batanado" que solo aparece en hebreo como sustantivo. *Véase también* Campo del Lavandero.

LINAJE Este término se usa en Lucas 2:4 ("familia de David" RVA, LBLA) para referirse al descenso familiar de David a José. El término griego, patria, en español es traducido solamente "la Ciudad de David".

LINÁLOES Árboles fragantes vistos por Balaam en una visión de Dios (Nm. 24:6 RVA). Versiones más recientes acortan el término a "áloe".

LINDEROS Piedra limítrofe (KJV: "punto de referencia"; NRSV: "límite de propiedad"; la palabra hebrea gebul literalmente significa "límite") que es usada como objeto para marcar las fronteras de propiedad. Las piedras limítrofes debían permanecer en su lugar por generaciones (Deuteronomio 19:14). Mover una piedra limítrofe era una ofensa grave; los que movían la piedra eran maldecidos en el mismo aliento que aquellos que deshonraban a sus padres y aquellos que llevaban por mal camino a los ciegos (Deuteronomio 27:16-18).

La literatura de la sabiduría habla encarecidamente en contra de aquellos que movían las piedras limítrofes. Job cita este acto como una señal de la depravación humana (Job 24:1-4). En Proverbios se afirma que Dios no permitirá que dicho acto de robo pase inadvertido (Proverbios 22:28; 23:10).

LÍNEA La palabra "línea" se usa de varias maneras en la Biblia. Más comúnmente, "línea" se refiere a la línea familiar de descendencia, que enfatiza la sucesión a través de padres e hijos (Gn. 19:32, Nm. 26:11, Dt. 25:9-10, Rut 4:18, 1 Sam. 2:31-32, 36; Esd. 2:6, 40; Sal. 89:4; Is. 48:1; Lc. 2:4). En segundo lugar, una línea es una herramienta utilizada por un artesano o un carpintero para medir la longitud (2 Cr. 4:2 RVA, Job 38:5 "Cordel o cinta de medir", Is.

44:13 "regla, cordel"); se usa metafóricamente, junto con la plomada, para referirse al juicio de Dios (Is. 28:17; 34:11"cuerda de medir o cordel").

Una línea de batalla es una formación de soldados preparados para un conflicto inminente (1 Sam. 17:2 "tropa, orden de batalla, filas para la batalla", 8, 2 Cr. 13:3 "tropa, batalla, orden de batalla"). Una línea es también una cola (Rut 4:4) o un límite (Sal. 16:6 "cuerdas"), e incluso un estándar de comportamiento (Gál. 2:14). Finalmente, es un cordón físico o cordel (Jos. 2:18, Ezeq. 40:3 RV), como un anzuelo (Mt. 17:27).

LINO Una planta con un solo tallo delgado y amarillento que crece entre 30 y 90 centímetros de alto con flores de color azul vibrante. El lino era una cosecha común y valiosa, ya que su tallo fibroso podía ser secado, pelado y luego tejido para producir lino fino. El lino es uno de los textiles conocidos más tempranamente. El aceite de linaza se extraía de la semilla de lino. La plaga de granizo destruyó la cosecha de lino en Egipto (Éx. 9:31), y Rahab escondió a los dos espías enviados por Josué bajo tallos de lino que había colocado a secar en el techo (Js. 2:6). Como cualquier material de origen vegetal de la antigüedad, el lino se volvía quebradizo y se rompía fácilmente al quemarse. Por tanto, la descripción de las cuerdas en los brazos de Sansón como "lino carbonizado" antes de su asesinato de los filisteos con una mandíbula de burro (Jue. 15:14-15). La descripción de la "esposa de carácter noble" retrata a una esposa prudente que busca "lana y lino" (Prov. 31:13). El profeta Isaías habla de la destrucción de Dios de Jerusalén en términos de una cosecha de lino destruida, causando así "la desesperación de aquellos que trabajan con lino peinado" (Is. 19:9).

LINO Tipo de tela tejida con fibras de la planta de lino. Común en Palestina y conocido por su fuerza, frescor y notable blancura, el lino servía para muchos usos, especialmente en el tabernáculo (Éx. 25-28; 35-36; 38-39). Tanto la gente rica como la gente común usaban ropa de lino, pero los linos más finos los usaban los ricos (Is. 3:23, Ezeq. 16:10, Lc. 16:19, Apoc. 18:12, 16). En tiempos del Nuevo Testamento, los judíos usaban extensamente los sudarios funerarios de lino, como en el entierro de Jesús (Mt. 27:59, Mr. 15:46, Lc. 23:53, Jn. 19:40, 20:5-7).

LINO Un cristiano romano, con Pudente y Claudia, quienes envían saludos transmitidos por Pablo (2 Tim. 4:21). Según Ireneo (Haer, 3.3.3) y Eusebio (Hist., Ec., 3.2), este Lino fue el primer obispo de Roma por doce años después de los apóstoles, ordenado por Pedro y Pablo para ese oficio, precediendo a Clemente.

LINTERNA En Juan 18:3 el destacamento de soldados y guardias de los jefes de los sacerdotes y fariseos llevaban dos artefactos para iluminar cuando arrestaron a Jesús de noche en el jardín de Getsemaní. La diferencia entre la linterna y la antorcha, es que la primera incluía algo para proteger su fuego de los elementos.

LIRA *Ver* Música, Instrumentos, Danza.

LIRIO DEL PACTO Aparentemente un término musical de significado incierto que aparece en los títulos de Sal. 60 ("lirio"); 80 ("lirios"). Más precisamente, es "lirio del testimonio" (NTV, RVR1995; NVI: "lirio del pacto"). Es posible que las dos palabras se lean independientemente una de la otra: "Lily. Testimonio".

LIRIO Planta floreciente apreciada por los hebreos por sus hermosas flores. Las decoraciones de lirio estaban en el templo como parte de las imágenes del jardín que vinculaban el templo con el jardín de Edén (1 Re. 7:19, 22, 26). El lirio es prominente en la poesía del Cantar de los Cantares (Cant. 2:1-2, 5:13, 6:2-3), y Dios lo usó para representar la futura prosperidad de Israel (Oseas 14:5). Jesús aludió a la belleza y la existencia sin preocupaciones de los lirios, cuando alentaba a los oyentes a no preocuparse por la ropa (Mt. 6:28, Lc. 12:27).

LISANIAS El gobernante de Abilene, una tetrarquía romana adyacente a la provincia de Siria, cuando comenzó el ministerio público de Juan el Bautista (Lc. 3:1). Poncio Pilato, Herodes (Antipas) tetrarca de Galilea, y Felipe tetrarca de Iturea y Traconitis fueron contemporáneos de Lisanias.

L

LISIAS Un tribuno romano que proporcionó una escolta militar para transportar a Pablo a Cesarea para comparecer ante el gobernador Félix (Hec. 23:23-25). Lisias envió una carta a Félix explicando los motivos del arresto. Posteriormente, Félix suspendió el juicio sobre el caso de Pablo hasta que Lisias llegó a Cesarea (Hec. 24:22).

LISTRA Una ciudad de Licaonia a cien millas al norte del Mediterráneo en la Turquía de hoy en día. En el primer viaje misionero, Pablo y Bernabé huyeron a las ciudades de Listra y Derbe (y sus alrededores) para evadir la ejecución en Iconio (Hec. 14:1-6). En Listra, sanó a un cojo, causando revuelo cuando la gente del pueblo supuso que Pablo y Bernabé eran dioses, Bernabé era Zeus y Pablo era Hermes. Después de rechazar su adoración, Pablo y Bernabé evangelizaron al pueblo (Hec. 14:7-17). Más tarde, el pueblo fue persuadido por algunos judíos de Antioquía e Iconio para ponerse en contra Pablo y Bernabé, por lo que apedrearon a Pablo (Hec. 14:18-19). Después de que Pablo se recuperó, los dos hombres se fueron a Derbe (Hec. 14:20). Paul volvió a Listra en el segundo viaje, esta vez circuncidando a Timoteo, quien luego se unió a su equipo.

LITERAS Una silla o sillón portátil sostenido por postes horizontales y cargado por porteadores para transportar a un solo pasajero en una procesión pública. Isaías describe un tiempo futuro cuando personas de todas las naciones viajarán a Jerusalén en literas y otros medios vehiculares para adorar a Dios (Is. 66:20 RVA [NTV: "carretas"]).

LITERATURA HERMÉTICA Escritos asociados con la deidad greco-egipcia, Hermes Trismegisto, que era una combinación de Hermes (el dios griego de la elocuencia y la ciencia) y Thot, un dios egipcio de la luna y escriba de los dioses, cuyo título, que significa "el tres veces más grande", se agregó al nombre. El Corpus hermeticum consiste en diecisiete tratados filosófico y teológicos, principalmente atribuidos al dios mismo, quien frecuentemente es citado instruyendo a su hijo. Estos textos fueron probablemente escritos primeramente en griego a partir del siglo dos al siglo cinco AD. El manuscrito conocido más antiguo contiene tratados 1-14 y es probablemente del siglo once AD. Numerosas referencias y citas de trabajos herméticos perdidos se encuentran en los padres de la iglesia y otros hallazgos importantes provienen de Nag Hammadi. El Corpus hermeticum alguna vez se pensó que era anterior a Platón, pero ahora se ve como un desarrollo posterior de ideas platónicas, estoicas, neo-pitagóricas y algunas judías. La literatura es relativamente abstracta en general y persisten preguntas acerca de si el movimiento existió principalmente como escuela de pensamiento o también incluía su propia comunidad de culto. Aunque no hay evidencia de dependencia literaria, los textos son relevantes para estudios del NT porque iluminan el ambiente cultural que rodeaba la historia de la iglesia temprana y la composición del NT.

La literatura hermética tiene afinidades con la literatura paulina y joánica al igual que con trabajos gnósticos. Respecto de expresiones religiosas compartidas con el NT, Dios es llamado "luz y vida" (Corp. herm. 1.12; 13.18-19; cf. Jn. 1:4, 9) y aparece la idea de renacimiento (palingenesia) (Corp. herm. 13; cf. Jn. 3:3; Tit. 3:5; 1 Pe. 1:23), al igual que aparecen las ideas de salvación individual y bautismo. Pero la muerte no viene a través del pecado (Corp. herm. 1.20; cf. Rom. 5:12) y se rechaza la idea de la encarnación (Corp. herm. 4.9). También aparecen similitudes con ideas cosmológicas encontradas en la literatura gnóstica: dualismo entre espíritu y materia, creación del mundo material como un trágico error, el cuerpo físico como malo y la salvación del mundo empírico a través del conocimiento (gnōsis).

LITERATURA SABIA La literatura sabia de la Biblia incluye a Job, Proverbios, Eclesiastés, el Cantar de los Cantares y numerosos salmos. Estos libros tienen ciertas características en común. Una de ellas es que no extraen su mensaje de los especiales trabajos redentores de Dios a largo de la historia. En estos libros hay muy poco, si es que algo, sobre la ley de Moisés: la alianza con Abraham, el sistema sacrificial, las leyes ceremoniales, Israel como un pueblo especial, la dinastía davídica o polémica contra la idolatría. En cambio los libros sabios tienden a extraer de aquello que no ha cambiado con el tiempo, como materias prácticas de la vida diaria, el hecho del sufrimiento, la inhabilidad para percibir significado y propósito sin una palabra de Dios, y el poder de la sexualidad humana. Por tanto, estos libros tienen mayor afinidad que el resto de la Biblia con los trabajos antiguos no israelitas.

LLAGA (1) Una dolorosa rotura en la piel causada por una enfermedad o herida que con frecuencia se infecta. Varios padecimientos de la piel descritos en el vocabulario hebreo pueden traducirse como "llaga": trastorno cutáneo (garab [Lv. 21:20; 22:22; Dt. 28:27]); herida húmeda (makkah teriyyah [Is. 1:6]); forúnculo, úlcera (mazor [2 Sm. 3:29; Jr. 30:13]); llaga infectada (nega' [Lv. 13:3, 5, 29]); tumor, hemorroide (tekhorim [Dt. 28:27; 1 Sm. 5:6]); enfermedad infecciosa de la piel, tradicionalmente, aunque no necesariamente correcto, traducida como "lepra" (tsara'at [e.g., Lv. 13:2-3, 8-9; 14:3, 7; Dt. 24:8; 2 Re. 5:6-7; 2 Cr. 26:9]); lesión cutánea o flemón (shekhin [Éx. 9:9-11; Lv. 13:18-20, 23; Dt. 28:35; 2 Re. 20:7; Job 2:7; Is. 38:21]); herida penetrante, verruga (yabbelet [Lv. 22:22]).

En contraste, el NT griego usa una sola raíz, helkos, para referirse a llaga, forúnculo, absceso de piel, úlcera (Lc. 16:20-21; Ap. 16:2, 11). Las llagas son significativas bajo la ley mosaica, ya que ciertos tipos lo hacen a uno ritualmente impuro y, por tanto, apartado de la vida en comunidad (Lv. 13-14).

(2) Una incomodidad física dolorosamente sensible (Gn. 34:25). (3) Un uso arcaico en antiguas versiones inglesas que describe intensa molestia o aflicción (e.g., Gn. 20:8; 41:56-57; Js. 9:24; Mt. 17:6; Hec. 20:37 KJV).

LLAMADO, LLAMAMIENTO Un llamado es la convocatoria de Dios para que vivamos nuestras vidas conforme a sus propósitos. En la creación Dios le ordenó a Adán que llenara la tierra, la sometiera y la dominara. Dios creó a Eva para que fuera la compañera de toda la vida de Adán y para que lo ayudara a concretar esta tarea (Génesis 1:28). Por lo tanto, en un sentido más amplio (universal), la noción del llamado incluye las ordenanzas que Dios estableció en la creación: trabajo (Génesis 2:15), matrimonio (2:18, 24), familia (1:28) y el descanso sabático (2:2-3).

Cuando Adán y Eva desobedecieron a Dios, ellos se apartaron de Dios (Génesis 3:6-19). Su caída trajo consigo la misma situación grave respecto a la separación de Dios con toda la humanidad. Sin embargo, esto no significó la abolición del deber humano para llevar a cabo las ordenanzas originales de la creación de Dios. Dado que Dios derrama sus bendiciones sobre todas las personas por igual (gracia común), todos los seres humanos poseen dones y oportunidades para "llenar" la tierra y "someterla". Por lo tanto, todas las personas participan en el llamado universal (Hechos 17:25-26). Esto ha llegado a llamarse como el "mandato cultural".

No obstante, la intención original de Dios era tener comunión con los seres humanos. Esto no era efectivo a no ser que Dios diera provisión para los seres humanos para que se reconciliaran con Él. En contra de este trasfondo, Dios inició su plan para redimir a las personas de su grave situación en cuanto a la separación espiritual.

El llamado general. La promesa de Dios sobre traer salvación a través de un futuro descendiente de Eva estableció la provisión para los individuos (por ejemplo, Adán, Abel, Set, Noé) para ser "llamados" para tener una relación de favor con Él (Génesis 3:15). La primera vez en la que este llamado se hace explícito es cuando Dios llama a Abram para que deje su país y se marche a una tierra que Dios le mostraría (11:32-12:1). Dios prometió que Abram se convertiría en el padre de una nación (12:2-3). En respuesta al llamado de Dios y de su promesa, Abram le creyó a Dios, por lo que fue reconocido como justo (15:6). El llamado de Abram fue implícitamente doble. Primero, fue un llamado general para reconocer a este Dios como el verdadero Dios y ceder a su señorío.Segundo, implicaba un llamado específico para dejar su país y viajar hacia uno nuevo.

L

Muchas generaciones después, Dios nombró a Moisés para que guiara a estos descendientes de Abraham y los sacara de Egipto, donde vivieron por cuatrocientos años. El acto que Dios realizó para liberarlos de la esclavitud en Egipto también simbolizaba la redención del cautiverio del pecado (Éxodo 20:2). Dios había llamado a las personas por medio de un pacto para que ellos fueran su propio pueblo especial, para que le sirvieran como un reino de sacerdotes y como una nación santa (19:5-6). Este fue un llamado para guardar sus vidas para Dios al vivir conforme a sus mandamientos. Este llamado general fue más que una convocatoria verbal; también fue el medio que Dios usó para que su pueblo existiera (Oseas 11:1).

En el Nuevo Testamento se señala la existencia de un llamado general a todas las personas que creen en Cristo (Mateo 11:28; Hechos 17:30) que se vuelve efectivo en aquellos que Dios ya ha escogido (Mateo 22:14; Hechos 13:48; Efesios 1:4-5). En esta última, que los teólogos la identifican como el "llamado efectivo", es lo que Pablo alude cuando él dice: "Porque a los que antes conoció, también los predestinó para que sean hechos conforme a la imagen de su Hijo, para que él sea el primogénito entre muchos hermanos. Y a los que predestinó, también los llamó; y a los que llamó, también los justificó; y a los que justificó, también los glorificó" (Romanos 8:29-30). Por lo tanto, este es un llamado soberano.

Llamados particulares. Dios le ha otorgado a cada individuo cristiano un conjunto de dones particulares y hace un llamado para que cada uno use esos dones de diversas maneras para servirle (1 Pedro 4:10). Estos llamados incluyen la profesión, lugar de residencia, si la persona está casada o soltera, el involucramiento en la vida pública y el servicio en la iglesia local. En el Antiguo Testamento, Dios bendijo a Bezalel y "lo ha llenado del espíritu de Dios y le ha dado sabiduría, inteligencia, ciencia y dotes artísticas" (Éxodo 35:31-32) para embellecer el tabernáculo. En la parábola de los talentos, Jesús enseña que Dios nos ha hecho a cada uno representantes de lo que sea que Él nos encomiende; debemos ser hábiles en cuanto al uso de nuestros dones y buscar oportunidades para utilizarlos al servicio de Él (Mateo 25:14-30). El deseo es un factor importante para el discernimiento del llamado particular de uno (Salmos 37:4). El llamado particular de uno es progresivo, que se desarrolla a través de las distintas estaciones de nuestras vidas (Efesios 2:10; 1 Corintios 7:20, 24). Ningún llamado es más "sagrado" que otro a los ojos de Dios.

LLANTA El término usado por la KJV en 1 Reyes 7:33 para una palabra hebrea que se refiere a la parte de la rueda soportada por los rayos. Versiones más recientes traducen la palabra como "buje".

LLANURA, TIERRA BAJA *Ver* Shefelah.

LLAVES DEL REINO Las llaves del reino representan el poder y la autoridad confiada a Simón Pedro por Jesús inmediatamente después de la confesión de fe de Pedro (Mt. 16:16). Jesús le dijo: "Te digo que tú eres Pedro [petros], y sobre esta roca [petra] edificaré mi iglesia, y las puertas del Hades no prevalecerán contra ella" (Mt. 16:18). Es en este punto que Jesús le dice a Pedro: "Te daré las llaves del reino de los cielos; todo lo que ates en la tierra será atado en el cielo, y todo lo que desates en la tierra será desatado en los cielos"(16:19). Los católicos romanos han interpretado estas llaves, junto con este simbolismo de desatar y atar, para referirse a una autoridad especial en el perdón de los pecados y en las prácticas de penitencia y absolución dadas al apóstol Pedro, y por extensión a la institución del Papado como su heredero espiritual. Los protestantes generalmente han interpretado que este poder involucra a los apóstoles en general, o incluso a toda la iglesia (*ver* 18:18). El simbolismo de las llaves se usa normalmente en la Biblia para referirse a un medio de entrada. Jesús se dirige a Pedro en particular en Mt. 16:19, no a los apóstoles como un todo, ya que el "tú" es singular en el texto griego. Quizás la mejor manera de entender esta frase es interpretarla en su contexto original de algo que Pedro tenía que hacer en el establecimiento inicial de la iglesia del NT. Significativamente, se le da a Pedro un rol iniciático sin paralelo en la difusión del

Evangelio. Pedro es el que asume el liderazgo en la reunión de oración de la sala superior en Hechos 1 y también en el proceso de encontrar un apóstol para reemplazar a Judas Iscariote. Pedro es el portavoz de los apóstoles en el día de Pentecostés (Hec. 2), así como en los eventos posteriores que involucran a la iglesia de Jerusalén (Hec. 3-5). Pedro (junto con Juan) baja a Samaria para examinar a los nuevos creyentes en Samaria y para ser el medio humano a través del cual recibirían el Espíritu (Hec. 8:14-17). Pedro es la persona en que Dios confió para tenderle la mano a Cornelio, el primer converso gentil (Hec. 10-11). En cada paso del camino, Pedro es a quien Dios usaba para abrir la puerta a nuevos grupos de personas en la difusión del Evangelio.

LLAVES Las llaves a menudo simbolizan el poder y la autoridad en la Biblia. Como tal, generalmente están asociadas con el gobierno de los reyes. Isaías predice que Dios otorgará a Eliaquim "la llave de la casa de David", cuyo poder para abrir y cerrar pertenece al rey de Israel (Is. 22:20-25). En Apo. 3:7 Jesús aplica esta profecía a sí mismo: Él tiene la autoridad suprema para abrir o cerrar el reino de Dios. Sin embargo, también confiere las llaves del reino de los cielos a Pedro cuando confiesa a Jesús como el Mesías, el Hijo viviente de Dios (Mt. 16:16-19, *véase* 18:18). Por lo tanto, Jesús le da a la iglesia un poder terrenal para "atar y desatar" lo cual es análogo a su gobierno en el cielo. *Ver también* Llaves del Reino.

LLEVAR LUTO, DE LUTO, LUTO *Ver* Aflicción y duelo.

LLUVIA En una sociedad agrícola con un clima impredecible como Israel, la lluvia era de importancia primordial. Dos periodos lluviosos eran esperables por año, en febrero/marzo y en octubre/noviembre, y estas estaciones eran críticas en la producción de buenos cultivos. De este modo, las lluvias regulares formaban una parte significativa de la promesa de Dios de una tierra buena y fértil para su pueblo (Lv. 26:4). La plegaria de Salomón reconoce la naturaleza condicional de esta promesa: la lluvia se retendría de una nación pecadora, pero se daría a un pueblo perdonado y obediente (1 Re. 8:35-36).

La lluvia también podía enviarse como juicio, en particular en el relato de la inundación, donde Dios envía la lluvia para destruir todas las cosas vivas sobre la faz de la Tierra (Gn. 7:4), y en el relato del Éxodo, donde la lluvia acompaña el granizo y los truenos en la séptima plaga (Éx. 9:23).

Ya que la lluvia está más allá de todo control humano, naturalmente se convirtió en un símbolo de la soberanía de Dios tanto como bendición y como maldición. Un llamativo ejemplo de esto se encuentra en 1 Reyes 17-18, cuando ocurrieron tres años de sequía hasta que la confianza de Elías en Dios se vio reivindicada sobre los profetas de Baal, y la lluvia fluyó. La efectividad de las plegarias de Elías, primero para que hubiese sequía y luego para que lloviese, es sostenida en el NT como un ejemplo para los creyentes (Sant. 5:17-18).

LLUVIA TEMPRANA *Véase* Lluvia.

LO DEBAR Una ciudad que se encuentra justo al este del río Jordán. Los eruditos han sugerido que Debir, mencionado en la asignación tribal a Gad (Jos. 13:26), puede ser la misma ciudad (el hebreo aquí para "de Debir" se deletrea con las mismas consonantes que el hebreo para "Lo Debar"). Mefiboset se estaba quedando en Lo Debar en la casa de Maquir, hijo de Amiel, cuando David buscaba mostrar bondad a un miembro de la familia de Saúl después de la muerte de este. Convocado por David,

Figura tallada en mármol de San Pedro (Toscana, siglo XIV d.C). Muchas representaciones de Pedro lo muestran sosteniendo llaves.

L

Mefiboset viajó hacia el sudoeste de Jerusalén y se estableció allí, "porque siempre comía en la mesa del rey" (2 Sam. 9:1-13).

Mientras David y sus hombres huían de Absalón durante la rebelión de Absalón, llegaron a Mahanaim, en las cercanías de Lo Debar, donde Maquir, hijo de Amiel, vino con Sobi, hijo de Nahas, de Rabá de los amonitas (actual Ammán, Jordania) y Barzilai el galaadita de Rogelim para ofrecer a los fugitivos cansados una gran variedad de provisiones (2 Sam. 17: 27-29). El reino del norte más tarde conquistó Lo Debar en una batalla no registrada, lo que llevó a una alegría impía y orgullo que Amos criticó (Amós 6:13).

La ubicación precisa de Lo Debar sigue siendo incierta. Los eruditos han sugerido un sitio del Valle del río Jordán, aproximadamente a diez millas al sur del Mar de Galilea. Esto colocaría a Lo Debar aproximadamente a sesenta millas al noreste de Jerusalén y cuarenta y cinco millas al noroeste de Ammán, en el extremo norte del territorio asignado a Gad.

LO-AMMI Una transliteración de la frase hebrea "no es mi pueblo" (lo "ammi), el nombre del tercer hijo de Gomer y Oseas (Oseas 1:9). Si bien este nombre simboliza una sorprendente reversión de la relación de Israel con Dios, un mensaje de esperanza sigue luego de esta declaración, prometiendo que el nombre del niño sería cambiado a "Ammi", "mi pueblo" (Oseas 2:23). *Ver también* Lo-Ruhama.

LOBO Un carnívoro salvaje (especie Canis lupus) que vive y caza en manadas. La Biblia se refiere por separado a perros, zorros, chacales y hienas. Lobos se reportaron tan tarde como los 1.900 en las regiones israelitas del Carmelo y Galilea, y en las Escrituras el lobo (hebreo ze'eb; griego lykos) destaca como un depredador salvaje (Gn. 49:27; Jr. 5:6; Sof. 3:3). En el NT, lobos aparecen solo para simbolizar peligro para los cristianos (Mt. 7:15; 10:16; Lc. 10:3; Jn. 10:12; Hec. 20:29).

LOBÚLO LARGO DEL HÍGADO *Ver* Lomo.

LOD Un pueblo benjamita (1 Cr. 8:12) en la región nororiental de las llanuras filisteas de Judá, a once millas al sureste del puerto de Jope. Fue una de las muchas ciudades repobladas por judíos que regresaron del exilio en Persia después del cautiverio en Babilonia (Esd. 2:33; Neh. 7:37; 11:35). Ubicada en la intersección de una importante ruta de comercio internacional norte-sur y un camino de este-oeste que conducía a Jerusalén, Lod fue rebautizada como Lida en tiempos del NT. Pedro sanó al paralítico Eneas en Lida (Hec. 9:32-34).

LOGIA Una palabra griega que significa "palabras", "dichos", "expresiones". En los estudios del NT se refieren a tres ideas separadas. El primer uso de este término en referencia a Cristo nos viene del padre de la iglesia primitiva Eusebio, quien cita una obra de Papías llamada "Exposición de la Logia del Señor". Esto es concurrente con el uso general del término, que se refiere a las expresiones generales o los dichos de Jesús. Estos dichos se encuentran en el NT, específicamente en los Evangelios. El segundo uso del término se refiere a los dichos de Cristo que se piensan que eran originales y que, por lo tanto, se encuentran en el documento Q hipotético, analizado entre los eruditos modernos como una fuente de los Evangelios de Mateo y Lucas. Un tercer uso del término es en referencia a dos documentos encontrados en Oxirrinco en Egipto. Estos documentos contienen pequeños dichos con la introducción: legei Iēsous ("Jesús dijo"). De los dos documentos, un total de ochenta y cuatro líneas se han conservado parcialmente. Aproximadamente la mitad de los dichos han sido identificados con dichos paralelos a los Evangelios. Se ha argumentado que estos documentos formaban parte del documento Q. También es posible que estos documentos sirvieron como material de origen para el Evangelio de Tomás. Debido a la falta de pruebas, su relación oficial con los Evangelios del NT y otros textos sigue siendo incierta.

LOGOS Término griego que significa "pa-labra", un título dado a Jesucristo que indica su naturaleza divina preexistente y su identidad como la revelación culminante de Dios (Jn. 1:1, 14; 1 Jn. 1:1; Apo. 19:13).

Contexto Filosófico y del Antiguo Testamento

El trasfondo del concepto de Logos es complejo. Tiene raíces tanto en la filosofía griega (estoicismo) como del Antiguo Testamento. Ambos probablemente influyan en cierto grado en el uso del término en el NT, pero ninguno es decisivo. El NT sigue su propio camino al definir el Logos. El Logos está adaptado para encajar en el contexto único del NT y redefinido en una persona histórica, Jesús de Nazaret.

En el pensamiento estoico, Logos era la Razón, el principio racional impersonal que gobierna el universo. El estoicismo entendía el Logos como la fuerza omnipresente utilizada por Dios para crear y sustentar el mundo. Logos mantiene los intrincados mecanismos del mundo unidos. Filón, un filósofo helenista judío, enseñaba que el Logos era el ser humano ideal y primario del que derivaban todos los demás seres humanos.

Aunque el trasfondo estoico del Logos probablemente tenga al menos alguna influencia sobre el uso del NT, el AT probablemente tenga una influencia más directa. El Logos en el AT está estrechamente relacionado con la tradición de la Sabiduría (Prov. 8). La sabiduría es personificada como el "artífice maestro" al lado de Dios durante la creación (8:30). De manera similar, la Sabiduría fue "establecida desde la eternidad, desde antes que existiera el mundo" (8:23 NVI). La sabiduría, como el Logos del NT, afirma la preexistencia y la participación en la actividad creativa de Dios.

La descripción del AT de la Palabra de Dios como el agente de la creación es quizás una influencia aún más directa (Gn. 1). La frase "En el principio" (Jn. 1:1) claramente hace eco a la introducción del relato de la creación (Gn. 1:1). La frase repetida "Y Dios dijo" en Gn. 1 ilustra cómo Dios es tan poderoso que crea simplemente llamando a la creación a la existencia. La Palabra de Dios es el poderoso agente de la creación (Sal 33:6). En resumen, la Sabiduría y la Palabra de Dios son ambos agentes activos en la creación.

La Palabra de Dios es en gran medida una fuerza impersonal en Gn. 1, pero desarrolla más características personales en Is. 55:9-11. La Palabra personificada de Dios es enviada por Dios para cumplir un propósito divino específico que no fallará (v. 11). También regresa a Dios, quien lo envió, después de cumplir su misión (v. 11). La Palabra de Dios funciona como su discurso personal y efectivo, ya que revela la perfecta voluntad de Dios. Al igual que la Sabiduría, la Palabra de Dios está personificada y revela la voluntad de Dios a la humanidad, cumpliendo su propósito divinamente encomendado. La Palabra de Dios como se ejemplifica en Is. 55 probablemente tenga la influencia más directa sobre el uso del Logos en el NT.

Uso en el Nuevo Testamento

Los académicos debaten cuál de los conceptos mencionados es la influencia principal para el uso de Logos en el NT. Quizás cada uno tenga, al menos, cierto grado de influencia, pero, lo que es más importante, cada uno está adaptado y modificado para ajustarse al contexto cristológico único del NT. El NT sigue su propio camino al definir el Logos; se define en la persona histórica de carne y hueso de Jesús de Nazaret (Jn. 1:14, 1 Jn. 1:1, Apoc. 19:13).

Lo que es una fuerza impersonal en el estoicismo y en el AT se vuelve profundamente personal en el NT. De manera similar a la Razón estoica, toda la creación es creada por y a través del Logos (Jn. 1:3) e incluso él la mantiene unida (Col. 1:16-17). Pero a diferencia de la Razón estoica, el Logos del NT no es un principio metafísico abstracto sino la persona histórica Jesucristo. Y a diferencia de la Sabiduría personificada, que fue creada por Dios (Prov. 8:22-25), el Logos del NT existe eternamente como Dios y estaba "con" Dios en el principio (Jn. 1:1-2). Mientras que la Sabiduría está presente con Dios y es uno de sus atributos, el Logos del NT es Dios como la Segunda Persona de la Deidad. Además, la Palabra de Dios en la narración de la creación del Génesis es en gran medida una fuerza impersonal mediante la cual Dios crea el universo, mientras que Jesús es el agente personal de la creación (Jn. 1:3; Col. 1:16-17).

L

Finalmente, aunque la Palabra de Dios de Isaías es el discurso eficaz de Dios que lleva a la acción y cumple su propósito, sigue siendo impersonal. El lenguaje del NT es notablemente similar al de la Palabra de Dios de Isaías, ya que Jesús es "enviado" por el Padre a hacer su voluntad (Jn. 4:34) y completa la obra que Dios le ha encomendado (Jn. 17:4). Pero mientras que la Palabra de Dios en Isaías sigue siendo una personificación, el Logos del NT se refiere a una persona histórica real, el Señor Jesucristo encarnado. La Palabra adquiere una humanidad de carne y hueso en Jesús y es el mensaje de revelación único y personal de Dios. Jesús predicó la Palabra con su boca, promulgó la Palabra con sus acciones y encarnó la Palabra en su persona. "El Verbo se hizo carne y habitó entre nosotros" (Jn. 1:14).

LOIDA La devota abuela materna judía cristiana de Timoteo. Pablo elogia su fe como un legado tanto para su hija Eunice como para su nieto (2 Tim. 1:5).

LOMO En la KJV la “grasa que recubre los lomos” describe el lóbulo superior o “cobertura” de ese órgano, que está reservado junto a los riñones y la grasa en estos y otros órganos viscerales para ser quemados sobre el altar como alimento para Dios (por ejemplo, Éxodo 29:13; Levítico 3:10 [NVI: “lóbulo del hígado”]). En un texto dentro de la KJV “caul” denota unas diademas (Isaías 3:18) y en otra la cobertura o envoltura del corazón (el pericardio) para ser desgarrado por Dios, que se enfurece como una madre osa a la que le roban sus cachorros (Oseas 13:8).

LOMOS Anatómicamente, "lomos" se refiere a la cintura y la parte inferior de la espalda. En la NVI, el término se refiere principalmente a partes de animales sacrificados (Lev. 3:4, 10, 15, 4:9, 7:4). Generalmente, cuando la RV usa "lomos", la NVI prefiere "cintura". Se usaba cilicio alrededor de esta parte del cuerpo para simbolizar el luto (Gn. 37:34; 1 Re. 20:31-32) y se colgaba una espada aquí. (2 Sam. 20:8). Una prenda hecha para el área del lomo, a veces referida como un taparrabos (Job 12:18), era comparable a la ropa interior (Éx. 28:42). La expresión "ceñir los lomos" es un modismo para la preparación (Job 38:3, Prov. 31:17, Lc. 12:35, Ef. 6:14 RV) y una metáfora para la preparación no física (1 Pe. 1:13 RV), ya que el cinturón se usaba en la cintura (cerca de los lomos) y las prendas se metían en el cinturón para el trabajo, el movimiento rápido y la batalla (Éx. 12:11, 1 Rey. 18:46, Nah. 2:1). "Lomos" también puede referirse a los genitales (1 Re. 12:10 RV [NVI: "cintura"]; Jer. 30:6 RV [NVI: "caderas"]) o es parte de un modismo que denota descendencia (Gn. 35:11; 46:26 KJV).

LONGÁNIMO *Ver* Paciencia.

LO-RUHAMA Una transliteración de la frase hebrea "no compadecida", o "no amada" (lo 'rukhamah), aparece en Oseas. 1:6 como el nombre dado por Dios al segundo descendiente de Gomer y Oseas, una hija. El nombre de Lo-Ruhama indica el estado peligroso del reino del norte ante Dios en el tiempo previo al exilio. Esta compasión conlleva la connotación de la compasión maternal de Dios por Israel, ya que en otras instancias de la raíz de este nombre se traducen como "compasión" y "útero". Significativamente, en Oseas 2:23 Dios cambia su nombre "No amada" a "Amada", mostrando su compasión, la cual está en peligro, pero es perdurable hacia Israel. *Ver también* Lo-Ammi.

LOTÁN El primero de los siete hijos de Seir el Horeo (Gn. 36:20; 1 Cr. 1:38), él era un líder de clan de los horeos (Gn. 36:29). La hermana de Lotán fue Timna (Gn. 36:22), la antepasado de los amalecitas con Elifaz, hijo de Esaú (36:12).

LOTO Mencionada solo una vez, la planta de loto en la Biblia es una planta acuática lo suficientemente amplia como para ocultar a un mamífero grande y herbívoro (tal vez un hipopótamo) que se esconde en su sombra (Job 40:21-22).

LOT Sobrino de Abraham (Gn. 11:27-14:16) y residente de Sodoma (18:16-19:38). Cuando Dios llamó a Abraham para ir a Canaán y dejar a su familia, Él aun así se llevó a Lot consigo. Sin embargo, Lot resultó ser una carga para su tío en varios aspectos. Las tensiones surgieron entre sus pastores, por lo que Abraham amablemente permitió que Lot eligiera su tierra primero. Lot seleccionó el área fértil cerca de Sodoma, justo al sur del Mar Muerto, donde se estableció. Cuando Lot, su familia y sus bienes fueron capturados en batalla por el rey Quedorlaomer de Elam y sus tres aliados, Abraham rescató a su sobrino, derrotó a la coalición y restauró el hogar completo de Lot.

Cuando se le advirtió acerca de las intenciones de Dios de destruir a Sodoma, Abraham intentó convencer a Dios de que no destruyera la ciudad si es que allí encontraba diez personas dignas de elogio. Presumiblemente, los esfuerzos de Abraham se basaron en su deseo de proteger a Lot, que residía allí. Aparentemente, ni siquiera se hallaron diez personas justas en la ciudad, pero antes de que la ciudad fuera destruida, dos ángeles fueron enviados para advertir a Lot y su familia. Cuando llegaron los mensajeros, Lot no les permitió pasar la noche en la plaza del pueblo, para protegerlos de los hombres de Sodoma. Todos los hombres de la ciudad rodearon la casa de Lot y exigieron que llevaran a los invitados para que pudieran tener relaciones sexuales con ellos. En cambio, Lot les ofreció a sus dos hijas. Sin embargo, los ángeles golpearon a los sodomitas afuera con ceguera, lo que frustró sus esfuerzos, entonces dejaron a Lot, sus invitados y sus hijas tranquilos.

A la mañana siguiente, los ángeles sacaron a Lot, a su esposa e hijas de la ciudad, y luego Dios derramó azufre y fuego desde el cielo sobre Sodoma y Gomorra. La esposa de Lot se negó a prestar atención a la advertencia del ángel, y cuando se volvió para mirar, se convirtió en una columna de sal. Las dos hijas de Lot, temiendo que no podrían casarse, emborracharon a su padre, cometieron incesto y quedaron embarazadas; así Lot se convirtió en el padre (y abuelo) de Moab y Ben-Ammi, antepasado de los amonitas (Gn. 19:37-38). Jesús usó el ejemplo de Lot, su esposa y la ciudad de Sodoma para ilustrar cómo vendrá el reino de Dios (Lc. 17:28-32). Los pecados de Lot en relación a sus hijas son aparentemente ignorados en 2 Pe. 2:7, donde se le llama "justo Lot".

LUB *Ver* Libia.

LUBIM En la versión de KJV de Nah. 3:9, un nombre para el pueblo de Libia (NVI: "Libia"; RV2015: "Libios"). El oráculo de Nahum contra Nínive, la capital de Asiria, nos recuerda la destrucción de Tebas. Si los aliados fuertes como Fut y Libia no pudieron rescatar a Tebas, entonces Nínive no sería inexpugnable (Nah. 3:8-11).

LUCAS El autor del tercer Evangelio y el libro de Hechos; compañero de trabajo, amigo leal y acompañante habitual de Pablo en sus viajes misioneros; y de profesión, médico.

Aunque Lucas no fue testigo directo del ministerio terrenal de Jesús (Lc. 1:1-4), el uso del pronombre "nosotros" indica que estuvo presente en algunos de los eventos críticos de la expansión misionera de la iglesia primitiva (Hec. 16:10-17; 20:5-15; 21:1-18; 27:1-28:16). Lucas es mencionado en las cartas de Pablo, siendo identificado como un "querido amigo" y "médico" (Col. 4:14) y, por inferencia, como un gentil (Col. 4:11). También le dio apoyo a Pablo durante sus encarcelamientos en Roma (2 Tim. 4:11; Fil. 24).

Lucas fue un experto historiador. Su entrenamiento médico de observación precisa y diagnóstico le sirvió para componer tanto una biografía de Jesús como la narrativa histórica de Hechos. Estos libros juntos contribuyen más de una cuarta parte del NT, más que cualquier otro escritor.

Las características distintivas de sus textos revelan algo de él como persona. Tenía gran interés en las personas tanto ricas como pobres, hombres y mujeres, respetables y marginados, ancianos y niños. Este interés sirvió para demostrar que en el Evangelio se estaba cumpliendo las promesas del AT. Por lo tanto, todo tipo de personas estaban entrando al reino de Dios a través de la predicación apostólica de la palabra de Jesús.

También fue un hábil apologista y diplomático que demostró que la fe cristiana no era una amenaza para la ley y el orden de los Romanos.

L

LUCAS, EVANGELIO DE

Tema

El Evangelio de Lucas ha sido tradicionalmente conocido como el Evangelio que retrata a Jesús como el hombre perfecto que vino a traer la salvación a toda la humanidad (2:32; 3:6; 4:25-27; 9:54; 24:47). Este enfoque temático se capta en el uso frecuente de las palabras "evangelio" o "buenas nuevas" (1:19, 2:10, 3:18, 4:18, 43, 7:22, 8:1, 9:6; 16:16; 20:1) y "salvación" (1:69, 71, 77; 3:6; 19:9). En contraste, la palabra "salvación" no aparece ni en el Evangelio de Mateo ni en el Evangelio de Marcos. El autor resume acertadamente el enfoque del tercer Evangelio en Lucas 19:10: "Pues el Hijo del Hombre vino a buscar y salvar a los que están perdidos".

Autoría, Destinatario(s), Fecha

El autor de este Evangelio también escribió el libro de los Hechos (*véase* Lc. 1:1-4, Hec. 1:1-3). Estos dos libros comprenden casi un tercio del NT. Lucas no es nombrado directamente como el autor de este Evangelio, pero la iglesia primitiva se lo atribuyó, así como el libro de los Hechos. El autor de Hechos se incluyó en los pasajes "nosotros" de ese libro (Hec. 16:10-17; 20:5-15; 21:1-18; 27:1-28:16). De acuerdo con estos pasajes, el narrador era un acompañante de Pablo. Esto armoniza con otras Escrituras en las cuales Pablo identificó a Lucas como uno de sus compañeros de trabajo (Col. 4:14; 2 Tim. 4:11; Fil. 24). Lucas acompañó a Pablo en parte de su segundo viaje misionero (Hec. 16:10-17) y en su viaje a Roma cuando el apóstol experimentó un naufragio en la isla de Malta (Hec. 27-28). Incluso después de que algunos de los otros misioneros abandonaron a Pablo, Lucas permaneció a su lado para atender sus necesidades (2 Tim. 4:11). Aparentemente, Lucas era un médico gentil (Col. 4:14). Esto explicaría por qué describió las enfermedades con tanta precisión.

Lucas dirigió su Evangelio a Teófilo, quien posiblemente era un mecenas o funcionario del gobierno y, sin duda, un creyente y seguidor de Cristo. Su nombre significa "amante de Dios".

Aunque Teófilo fue el destinatario directo, sin duda Lucas tenía en vista una audiencia más amplia.

La datación del Evangelio de Lucas depende de la fecha atribuida al libro de Hechos, que fue escrito después del relato del Evangelio (*véase* Lc. 1:1-4, Hec. 1:1). En su Evangelio, Lucas describe la destrucción de Jerusalén como un evento futuro (Lc. 21). Esto implica que el Evangelio fue escrito antes del año 70 d.C Además, Hechos fue escrito probablemente antes de la muerte de Pablo, ya que el apóstol todavía estaba vivo en Roma al final de ese relato (Hec. 28:30). Tradicionalmente se sostiene que Pablo fue ejecutado durante su segundo encarcelamiento en Roma alrededor del año 67 d.C (2 Tim. 4: 6). Dejando tiempo para los viajes y el ministerio de Pablo entre su primer y segundo encarcelamiento romano dataría la escritura de Hechos alrededor del año 63 d.C Mientras Pablo estaba preso en Cesarea, Lucas habría tenido un período de dos años para entrevistar a testigos y fuentes de investigación con el fin de escribir su relato anterior (Hec. 24:27). Esto situaría la escritura del Evangelio de Lucas alrededor del año 60 d.C, en Cesarea o Roma.

Ícono de Lucas (siglo decimonoveno d.C).

Propósito

Lucas es único entre los escritores de los Evangelios al declarar su propósito al comienzo de su escritura. Él les informa a sus lectores que usó varias fuentes disponibles para él cuando escribió su Evangelio. Estas fuentes fueron escritas por "testigos presenciales y servidores de la palabra" y ya estaban siendo transmitidas a otros (1:2). Lucas sostiene que investigó a fondo estas fuentes y recabó de ellas la información que luego puso en un "relato ordenado" (1:3). El propósito de Lucas era instruir a Teófilo en "plena seguridad" acerca de los eventos que rodeaban la vida y el ministerio de Jesús el Mesías (1:4). Los datos cronológicos proporcionados en 1:1-4; 2:1; 3:1-2 refuerzan este propósito.

Más allá de sus instrucciones específicas para Teófilo, el contenido de este Evangelio revela que Lucas tenía una audiencia universal en mente. Aunque es probable que su audiencia incluía judíos, parece estar escribiendo principalmente para gentiles (2:32; 3:6; 4:25-27; 9:54; 24:47). Las siguientes observaciones lo elucidan: explica la ubicación y los nombres de lugares que hubieran sido de conocimiento común para los judíos (8:26; 21:37; 23:51; 24:13); localiza el ministerio de Juan en el reinado del César Romano (1:5; 2:1); usa palabras que los gentiles entenderían, como "maestro" en lugar de "maestro" o "rabino" (3:12; 6:40; 7:40; 8:49; 9:38; 10:25; 11:45; 18:18; 19:39; 21:7; 22:11); usualmente cita la Septuaginta, la traducción griega de las Escrituras Hebreas (2:23-24; 3:4-6; 4:4, 8, 10-12, 18-19; 10:27; 18:20; 19:46; 20:17, 28, 37, 42 - 43; 22:37). Lucas busca mostrar que la vida, la muerte y la resurrección de Jesús son de hecho el cumplimiento de las promesas de Dios a Israel, pero la salvación que ha logrado es para todas las personas de todas partes.

Narrativa de Lucas

Infancia de Jesús. Los académicos han elogiado la excelencia literaria, la sensibilidad histórica y la preocupación social de Lucas, quien registra más información sobre el nacimiento y los primeros años de Jesús que cualquiera de los otros Evangelios canónicos. El relato comienza unos cuatrocientos años después de los últimos eventos del AT con el ángel del Señor anunciando a Zacarías el nacimiento de Juan el Bautista, el precursor del Mesías (1:11). Seis meses después, el ángel Gabriel anuncia a María el nacimiento de Jesús, el heredero del trono de David que "reinará sobre el pueblo de Jacob para siempre" y cuyo "reinado no tendrá fin" (1:26, 31-33). Históricamente, Lucas relaciona el nacimiento de Jesús con el reinado de César Augusto y su ministerio al gobierno de Tiberio César (2:1; 3:1). Su interpretación de estos eventos es que Dios ha preparado la salvación "a la vista de todos los pueblos" (2:30-31) y "todo mortal verá la salvación de Dios" (3:6). En estos primeros capítulos, el narrador vincula la humanidad de Cristo y su propósito de salvación a Adán (3:23-38). Sin embargo, la humanidad de Jesús está cuidadosamente equilibrada con su deidad. El término "Señor" se usa diecinueve veces en referencia a Dios al comienzo del Evangelio, pero también se aplica a Cristo en 2:11. En el anuncio de Gabriel a María, el niño es llamado "el Hijo del Altísimo" (1:32). También fue reconocido como tal por demonios (4:34, 41; 8:28), por el mismo Jesús (10:22; 22:70) y por Dios el Padre (3:22; 9:35).

El escritor también enfatiza el ministerio del Espíritu Santo al revelar que personajes clave como Juan el Bautista, María, Isabel, Zacarías, Simeón y Jesús se llenaron con el poder del Espíritu (1:15, 35, 41, 67; 2:25-27; 3:16, 22; 4:1, 14, 18; 24:49).

Ministerio de Jesús en Galilea. En los capítulos 4-9, Lucas narra el ministerio de Jesús en Galilea. Sus primeros milagros y ministerio sirven como credenciales mesiánicas que corroboran su autoridad y mensaje, demostrando que Él es el Mesías y que en Él, el reino de Dios se ha acercado (1:33; 4:40-43; 6:20; 7:28; 8:1, 10; 9:2, 11, 27, 60, 62). La oración es una disciplina que Jesús practica desde el comienzo de su ministerio hasta el fin (3:21; 5:16; 6:12; 9:18; 29; 22:32, 40-42). La popularidad inicial del Mesías se ve contrarrestada por los celos y la creciente oposición, especialmente por parte de las instituciones religioso (4:28-30, 36-37, 5:15, 20-22, 26, 6:11, 7:16, 30, 39). En estos primeros capítulos, Jesús hace el llamamiento de sus discípulos y comienza a prepararlos para las implicaciones verdaderas de lo que significará seguirlo (5:1-11, 27; 6:12-16).

Viaje de Jesús a Jerusalén. En 9:51-19:27, Lucas registra un extenso relato del viaje de Jesús desde Galilea hacia Jerusalén. Esta sección contiene varias parábolas y narraciones que no se encuentran en ninguno de los otros Evangelios. A lo largo de esta sección, las narrativas, milagros y parábolas apuntan a un Mesías que vino expresamente a buscar y salvar a los perdidos, especialmente los desamparados, los desfavorecidos y aquellos fuera del establecimiento judío, como los samaritanos, las mujeres, los niños, los pecadores más notorios. y los pobres. Lucas registra más acerca de la visión de Jesús sobre el dinero y las cosas materiales que cualquier otro libro del NT. El gozo y la salvación caracterizan el ministerio del Mesías (1:14; 8:13; 10:17, 21; 13:17; 15:5, 9, 32; 17:15-16; 19:37). Pero las instituciones en Israel, particularmente los fariseos, rechazan sus afirmaciones (4:28-29; 5:21-24, 30; 6:7-11; 7:30, 39; 8:36-37; 9:7-9, 53; 10:25, 29; 11:15 - 16, 37 - 53; 13:31; 14:1; 15:1; 16:14). A medida que aumenta el rechazo y la oposición, Él comienza a revelar a sus seguidores su muerte próxima y los llama a un compromiso cada vez mayor con su propósito y su persona (9:22-26, 57-62; 10:1-3; 14:25-35).

Muerte y Resurrección de Jesús. Una vez que Jesús llega a Jerusalén, el escenario está listo para la presentación oficial del rey a la nación (19:28-44). Pero en lugar de aceptar alegremente al Mesías, los líderes de la nación cuestionan vehementemente sus afirmaciones (19:39; 20:1 2, 19, 20, 27). Jesús llora sobre la ciudad (19:41) y anuncia su juicio futuro y su futuro en gloria (21:6-36). Lucas finaliza su narración del ministerio de Jesús al registrar los eventos que conducen a la muerte del Mesías: la traición de Judas (2:1-6), la Última Cena (22:7-23), el arresto de Jesús (22:47-53), la negación de Pedro (22:54-62), la crucifixión de Jesús, y finalmente su muerte y sepultura (23:26-56). Sin embargo, este final injusto y trágico es vencido por la gloriosa resurrección de Jesús (24:1-12). Solo Lucas registra la conversación posterior a la resurrección en el camino de Emaús, donde Jesús se revela a los dos discípulos y posteriormente explica su victoria sobre la muerte (24:25-26, 45-49). El relato se cierra con la ascensión del Mesías al cielo (24:50-53), preparando al lector para la secuela que continúa en el libro de Hechos (Hec. 1:1-5).

Esquema

I. El Prólogo (1:1-4)
II. El nacimiento y la infancia de Jesucristo (1:5-2:52)
III. Juan prepara el camino para Cristo (3:1-4:13)
IV. El ministerio del Hijo del hombre en Galilea (4:14-9:50)
V. El Hijo del Hombre se enfrenta al rechazo en su camino a Jerusalén (9:51-19:27)
VI. El Ministerio del Hijo del Hombre en Jerusalén (19:28-21:38)
VII. La Pasión del Hijo del Hombre (22:1-23:56)
VIII. La Resurrección del Hijo del Hombre (24:1-53)

LUCIFER Algunas traducciones (por ejemplo, KJV del inglés), siguiendo a la Vulgata, lo traducen como "Lucifer" (latín "Portador de luz") el epíteto del rey de Babilonia en Isa. 14:12 (NVI: "lucero de la mañana"). Originalmente, el término se refería a Venus (el "reluciente"), que aparece como uno de los objetos más brillantes en el cielo nocturno. En la teología cristiana medieval Isa. 14:3-23 fue interpretado (a la luz de Luc. 10:18) como una historia de la figura llamada "Satanás" o "el diablo" en el NT y en un puñado de textos del AT. Como resultado, el nombre "Lucifer" se aplicó a esta figura.

LUCIO **(1)** Lucio de Cirene está entre los profetas y maestros que oyeron el llamado del Espíritu Santo mientras adoraban en la iglesia de Antioquía. Él es uno de varios creyentes que ayuna, ora y impone sus manos sobre Pablo y Bernabé para consagrar su partida al primer viaje misionero de Pablo (Hec. 13:1-3). **(2)** Un pariente o compatriota de Pablo que agrega saludos a la iglesia romana en la carta que Pablo escribe a esa iglesia desde Corinto (Rom. 16:21).

Varios padres de iglesia han intentado equiparar a ambos hombres con el apóstol Lucas.

LUD Hijo de Sem (Gn. 10:22; 1 Cr. 1:17); en formato plural, Ludim" o Ludeos, se refiere a un pueblo descendiente de Cam, hijos de Mizraim (Gn. 10:13, 1 Cr. 1:11). Posiblemente se trata de dos pueblos distintos, o de lo contrario los ludeos podrían ser los lidios de Asia Menor (como creía Josefo), o Ludbu de Asiria, o una tribu no identificada del norte de África. El testimonio mixto de las Escrituras hace imposible una identificación decisiva. Algunos pasajes los asocian con naciones africanas (Gn. 10:13, 1 Cr. 1:11, Jer. 46:9, Ezeq 30:5), otros con pueblos de Mesopotamia (Gn. 10:22; 1 Cr. 1:17), y otros con ambos (Is. 66:19, Ezeq 27:10). Es posible también que con el tiempo el grupo haya migrado de un área a otra.

Los profetas del AT consideraron a los Ludeos como guerreros que eran hábiles arqueros (Is. 66:19, Jer. 46:9, Ezeq. 27:10). Por algunos periodos se aliaron con Tiro (Ezeq. 27:10) y Egipto (Jer. 46:9, Ezeq. 30:5). Ezequiel proclamó que serían juzgados junto con Egipto, e Isaías que serían incluidos entre las naciones para atestiguar la gloria de Dios.

LUDIM, LUDEOS *Ver* Lud.

LUGAR AMPLIO *Ver* Lugar Espacioso.

LUGAR ESPACIOSO Un espacio amplio, abierto, ya sea en la ciudad o en el campo, con frecuencia usado como una figura para la liberación. Dentro de una ciudad un lugar espacioso (NKJV, ESV: "espacio amplio") proporcionaba espacio para asambleas o proclamaciones (e.g., Est. 4:6 ASV). En el campo, proporcionaba espacio para vivir y establecerse (Job 36:16). La Biblia con frecuencia retrata a Dios como proporcionando el espacio (cf. Gn. 26:22), permitiendo a su pueblo residir en seguridad y libres de angustia (2 Sm. 22:20; Sal. 18:19).

LUGAR SANTÍSIMO *Ver* Santo de los Santos.

LUGAR SANTO Una de las dos partes principales en el tabernáculo de Israel, el lugar santo albergaba varios objetos sagrados, incluyendo un candelabro, la mesa de pan consagrado y el altar del incienso (Éx. 25:23-39; 30:1-10; Heb. 9:2-3). Una cortina especial en el lugar santo separaba esta habitación del sanctasanctórum, que contenía el arca de la alianza, protegiendo así este último de la profanación (Éx. 26:33).

LUGARES ALTOS En el AT, los "lugares altos" eran lugares de adoración, probablemente llamados así porque las cumbres de los cerros eran los lugares preferidos para tales altares (aunque se ofrecen explicaciones alternativas). No implican la presencia de una edificación de templo, sino más bien pueden consistir simplemente de altares al aire libre y pueden asociarse a otros objetos religiosos tales como piedras sagradas y símbolos de fertilidad (1 Re. 14:23). En la única descripción que tenemos de la apariencia de los lugares altos, son despreciados como "ordinarios" (Ez. 16:16).

Antes de que Israel entrase en la tierra de Canaán, tales altares eran centros de religión pagana de la fertilidad, la adoración de los Baals. Los israelitas fueron instruidos a destruir todos los altares (Nm. 33:52; Dt. 33:29). Ellos fracasaron en el cumplimiento y, aunque no todos los lugares altos israelitas tenían origen cananeo, parece ser que muchos sí. Tal vez por su trasfondo cananeo y la presencia continuada de algunos adoradores cananeos en medio de Israel, los lugares altos, mientras teóricamente se convertían en lugares de adoración de Yahveh para Israel (2 Re. 17:32; 18:22; 2 Cr. 33:17), eran lugares donde esta adoración era corrompida por asociaciones y prácticas paganas incluso hasta el punto de sacrificios de niños (Jr. 7:31) y prostitución (si esto debe tomarse literalmente en Ez. 16:16; 43:7). La adoración de Yahveh en estos altares se volvió indistinguible de la adoración a Baal (2 Re. 17:11; 23:5) y algunos fueron específicamente erigidos para dioses extranjero (1 Re. 11:7; Jr. 32:35). Mientras tal vez deliberadamente no llamado un "lugar alto", el altar que Elías reparó en el Monte Carmelo se convirtió en un punto focal para llamar al fin de tal sincretismo (1 Re. 18).

Los lugares altos tenían sacerdotes para oficiar en sus rituales, aunque frecuentemente no de la línea de Aarón (1 Re. 12:31; 2 Re. 17:32; 23:5).

Los libros de Samuel no parecen comentar negativamente en la adoración de Yahveh en los lugares altos. En 1 Sm. 9:12-25 hay un relato del sacrificio del profeta Samuel en un lugar alto, y es en un lugar alto que Saúl encontró una banda profética y recibió el Espíritu del Señor tras su ungimiento por parte de Samuel (10:5-13).

Incluso antes de la construcción del templo en Jerusalén, Salomón recibió un comentario negativo por su sacrificio en lugares altos (1 Re. 3:3). En la época de Salomón, el lugar alto en Gabaón, donde se erigió el tabernáculo, se consideraba el más importante de los lugares altos (1 Re. 3:4; 2 Cr. 1:3). Para el(los) autor(es) de 1-2 Reyes, la adoración continuada en los lugares altos era una constante fuente de frustración. Está claro que, tras la construcción del templo en Jerusalén, por lo menos, consideraron que toda adoración sacrificial debería centralizarse en Jerusalén.

Incluso algunos de los mejores reyes decepcionantemente fracasaron en remover los lugares altos (1 Re. 15:14; 22:43; 2 Re. 12:3; 14:4; 15:4, 35). Los únicos reyes que lograron la remoción de lugares altos fueron Ezequías (2 Re. 18:4) y Josías (23:4-20). Se ha considerado de manera general que la instrucción de Deuteronomio concerniente "al lugar que el Señor tu Dios elegirá entre todas tus tribus para poner su Nombre" (Dt. 12:5) requería la centralización de toda la adoración, y que esta agenda es la ideología que actúa como hilo conductor del(los) autor(es) de 1-2 Reyes (cf. el uso de "Nombre" en 1 Re. 3:2). Mientras las palabras de Deuteronomio son capaces de ser entendidas de una forma que permitía múltiples lugares donde Dios podría poner su nombre en cualquier momento, el tabernáculo con su arca simbolizando la presencia aliancista de Dos podía estar en un solo lugar, y la corrupción que caracterizaba a los altares locales significaba que la despiadada abolición de todos los altares locales era la única forma de avanzar para un rey fiel como Josías.

Miqueas 1:5 compara Jerusalén (probablemente con referencia particular al templo) a un lugar alto por su infidelidad y corrupción.

LUHIT Una ciudad al este del Mar Muerto, región de Moab, por la cual pasaron los moabitas fugitivos, como se profetizó en Is. 15:5; Jer. 48:5. La ubicación es incierta y se menciona en conjunto con Zoar, una ciudad en el extremo sur del Mar Muerto.

LUJURIA, LASCIVIA Lascivia se relaciona con un comportamiento sexual vergonzoso. Entre las traducciones, la palabra "lascivia", o uno de sus cognados, ocurren con mayor frecuencia en Ezequiel (16:27, 43, 58, 22:9, 11,

Vista aérea del lugar alto en Dan

23:21-49) y Oseas (2:10). En estos contextos, la lascivia está asociada con la prostitución y el adulterio. Tiene un doble sentido en muchos de los pasajes: (1) metafóricamente, describe a la nación de Israel rompiendo el pacto con Yahvé al dedicarse a la idolatría de las naciones vecinas; (2) literalmente, describe a los individuos de Israel realizando actos sexuales vergonzosos que a menudo acompañan a la adoración pagana.

LUJURIA En culturas modernas, la lujuria típicamente se asocia con permitirse fantasías sexuales ilegítimas. En las Escrituras, sin embargo, la palabra "lujuria" a veces se usa para traducir palabras griegas y hebreas que tienen un amplio rango de significados. "Lujuria" puede referirse a una pasión excesiva (es decir, idólatra) que gobierna el corazón de uno, ya sea que uno actúe o no sobre él. Después de que Moisés condujo a los hijos de Israel en el desierto por un tiempo, se cansaron del maná que Dios estaba proporcionando y comenzaron a "anhelar" las delicias que habían disfrutado en Egipto. Su deseo desmedido de carne los hizo enojarse y quejarse con Moisés (Nm. 11:4-9). El deseo se convirtió en idolatría cuando se transformó de un deseo legítimo a una demanda.

La Biblia distingue entre la tentación, que apela al deseo de uno (1 Cor. 10:13), y la lujuria, que toma cautivos los afectos y la imaginación de uno, esclavizando a una persona. "Cada uno es tentado, cuando de su propia concupiscencia es atraído y seducido. Entonces la concupiscencia, después que ha concebido, da a luz el pecado; y el pecado, siendo consumado, da a luz la muerte" (Sant. 1:14-15). Hay buenos deseos que se convierten en pecados, pero también hay deseos que son intrínsecamente pecaminosos. Jesús identificó como adulterio el anhelo interno de tener al cónyuge de otra persona, porque los afectos y la imaginación han sido secuestrados por el deseo de satisfacción emocional y sexual fuera del contexto legítimo del matrimonio (Mt. 5:28). Por el Espíritu, debemos mortificar deseos desmesurados (Gál. 5:16-18).

LUNA El satélite natural de la Tierra. Su diámetro es un poco más de una cuarta parte de la Tierra. Como resultado de orbitar la Tierra, su apariencia varía de una luna llena (totalmente brillante) a una luna nueva (totalmente oscura) cada 29.5 días. Este ciclo ha influido en los calendarios a lo largo de la historia de la humanidad.

El antiguo calendario judío estaba ligado a las fases de la Luna, con los meses comenzando con cada luna nueva. La luna nueva se celebraba con múltiples ofrendas (Nm. 28:11-15). Los días festivos se calculaban a partir de la luna nueva.

La Luna ocupa un lugar destacado en la profecía. En el día del Señor, el Sol y la Luna se oscurecerán (p. Ej., Joel 2:10). Si bien la mayoría de las culturas antiguas del Cercano Oriente adoraban a la Luna, a Israel se le prohibió tal adoración (Dt. 4:19).

El relato de la creación de la luna registrada en Gn. 1:16 no menciona la Luna por su nombre. Esto está conforme al tono general de la historia de la creación, en la que Dios, casi de manera incidental, crea las cosas que fueron adoradas por las culturas contemporáneas.

LUNÁTICO En Mt. 17:15 la RV traduce el verbo griego selēniazetai como "es lunático" para describir a un niño afligido por demonios. La palabra griega literalmente significa "ser afectado por la Luna" y está etimológicamente vinculada a la creencia de que las fases de la Luna provocan ciertas aflicciones mentales o espirituales. Varias versiones modernas prefieren las traducciones de la palabra griega que denotan una condición epiléptica (por ejemplo, NVI: "le dan ataques";

Texto astronómico cuneiforme que registra las observaciones de la luna nueva (Uruk, siglo III a.C).

LBLA: "es epiléptico"), como sugiere el contexto (Mt. 17:14-21; Marcos 9:14-29).

LUNETA Joyería fabricada en forma de media luna (del hebreo saharon) que usaban los reyes de Madián y sus camellos (Jueces 8:21,26 ESV, NASB) y algunos israelitas infieles (Isaías 3:18). La forma de luna nueva de la medialuna puede señalar que este símbolo tuviera una relevancia astrológica.

LUZ DEL MUNDO El Evangelio de Juan presenta las enseñanzas de Jesús durante el Festival de los Tabernáculos (7:14-8:59). Durante este festival, se instalaban cuatro candelabros muy grandes en la corte de mujeres en el templo para proporcionar luz para bailar durante toda la noche (m. Sukkah 5:2). En el mismo lugar, Jesús dijo: "Yo soy la luz del mundo". El que me sigue no andará en tinieblas, sino que tendrá la luz de la vida "(Jn. 8:12; *ver* Mr. 12:41-44). La Mishná nota que durante este festival "no había un patio en Jerusalén que no estuviera iluminado" (m. Sucá 5:3). Jesús extiende el alcance de la luz al "mundo". Quizás alude a Isaías, quien profetizó que incluso los gentiles, que viven en la oscuridad, verán una gran luz (Is. 9:1-2, citado como cumplimiento de profecía en Mt. 4:14-16). En el Sermón del Monte, Jesús aplica el mismo epíteto, "luz del mundo", a sus discípulos, que son comparados con una ciudad iluminada en un monte (Mt. 5:14). Jesús probablemente describe una luz interna, el efecto de un corazón purificado, que él yuxtapone con el "brillo" externo de los escribas y los fariseos (Mt. 6:1-2).

Lámpara de aceite de la era Herodiana.

LUZ **(1)** Una ciudad cuyo nombre cananeo fue cambiado por Jacob a "Betel" debido a la teofanía del sueño que tuvo allí en su camino a Padánaram (Gn. 28:19; 35:6; 48:3; *véase también* Jos. 16:2; 18:13; Jue. 1:23). **(2)** Una ciudad construida en territorio hitita por un residente cananeo de Betel (Luz, mencionada anteriormente) que fue preservada por los israelitas que la atacaron durante la conquista (Jue. 1:22-26). No está claro si el territorio hitita mencionado en este pasaje estaba al norte en Siria o Líbano, o en un enclave hitita en la región montanosa de Palestina.

LUZ Científicamente, la luz se puede describir como radiación electromagnética, que exhibe cualidades de tanto ondas como partículas, viajando a 186.282 millas por segundo desde una fuente de luz, como el sol o una lámpara. En contraste, el pensamiento mediterráneo antiguo presupone que la luz, una especie de fuego y constituyente fundamental de la materia, emana del ojo humano como un rayo; y para algunos, la intensidad de su resplandor y luminosidad depende de la moralidad y la orientación del corazón del vidente. Incluso hoy en día, muchos europeos temen el "mal de ojo", esto es cuando una persona podría maldecir a otros seres humanos al simplemente mirarlos. Jesús se refiere al mal de ojo que emana de un corazón malvado (Mr. 7:22 [NVI: "envidia"]; *véase también* Gál. 3:1). Las experiencias contemporáneas de esta reversión aparentemente contra intuitiva de la realidad empírica son la percepción común de ser observado desde atrás (voltearse y ver que, efectivamente, ese era el caso), la pantalla luminosa de la imaginación, sueños al cerrar uno los ojos y expresiones tales como el "ojo que lanza muerte" de Shakespeare.

Jesús se apropia de esta suposición popular en aras de su argumento: "El ojo es la lámpara del cuerpo". Si tus ojos están sanos, todo tu cuerpo estará lleno de luz "(Mt. 6:22). Otra forma de traducir el verso es "Si el ojo está enfocado, todo tu cuerpo estará iluminado". En el contexto más amplio, Jesús está exhortando a los discípulos a apartar los ojos de Mamón (riqueza convertido en ídolo) y mirar hacia el trono de Dios, donde está su verdadero tesoro (Mt. 6:19-24).

Él afirma que solo aquellos con corazones puros verán a Dios (Mt. 5:8). Pablo habla de los "ojos de tu corazón" (Efe. 1:18), que son abiertos por el Espíritu

Santo, un fenómeno que experimentó en el camino a Damasco, que irónicamente lo llevó a la ceguera temporal de sus ojos para ver a Cristo, que estaba a la diestra del Padre en el cielo (Hec. 9:1-19; 2 Cor. 3:7-18). La Biblia no requiere que la luz se limite ni a la perspectiva científicamente objetiva ni a la experimentalmente subjetiva; se apropia del fenómeno para elucidar una realidad más profunda de la creación y Dios, la posibilidad de ver la luz más allá de la luz.

Dios comienza su creación con la luz, que precede a la creación del sol, la luna y las estrellas, y en todas las Escrituras es un bien no calificado (Gn. 1:3-5, 15-18, Éx. 10:23, 13:21). El regalo de la luz es más difícil de apreciar en un mundo que funciona con electricidad. En el mundo antiguo, la gente raramente viajaba de noche y por lo general se acostaba poco después de la puesta de sol. La única luz en el hogar era una pequeña lámpara de aceite colocada en un soporte, que quemaba aceite de oliva que era costoso. La luz es un sinónimo bíblico de vida (Job 3:20, Jn. 8:12). Ver la luz significa vivir (Sal. 49:19, *ver también* Job 33:30). Por el contrario, la oscuridad es a menudo un símbolo de adversidad, desastre y muerte (Job 30:26, Is. 8:22, Jer. 23:12, Lam. 3:2). La muerte se asemeja a la extinción de una llama (Prov. 13:9; Sir. 22:11). Al principio, Dios venció la oscuridad caótica cuando creó la luz, y finalmente la propia gloria de Dios reemplazará a la luz en la tierra y los cielos nuevos (Apoc. 21:23-25). Por lo tanto, no es de sorprenderse que Dios a menudo se asocie con la luz (Sant. 1:13-18).

Juan, que ofrece quizás las más profundas meditaciones sobre la luz, afirma que Dios es luz (1 Jn. 1:5). El predicado se apropia de la belleza intrínseca de la luz, una cualidad que atrae los corazones de las personas hacia el autor de la belleza. Para el apóstol, la luz representa la verdad y significa la voluntad de Dios en oposición al engaño del mundo (Jn. 1:9, 12:46). La luz representa la pureza y expresa la santidad de Dios en oposición a la injusticia del mundo (Jn. 3:19-21). La luz es donde está Dios, y se irradia desde el lugar de comunión entre Dios y su creación (Jn. 1:7). *Ver también* Luz del mundo.

LXX La abreviatura común para la Septuaginta, una traducción griega temprana del AT. La tradición dice que la Septuaginta fue compilada inicialmente por setenta y dos ancianos en setenta y dos días; por lo tanto, la denominación de LXX, el número romano para "setenta" -el número más cercano a setenta y dos- es una abreviación apropiada. *Ver también* Septuaginta.

M

M Designación para una fuente hipotética utilizada en la redacción del Evangelio de Mateo. De acuerdo con la Hipótesis de las Cuatro Fuentes de la composición de los Evangelios Sinópticos (Mateo, Marcos, Lucas), Marcos escribió primero, y Lucas y Mateo usaron Marcos, compartían otra fuente en común (Q) y tenían otras fuentes únicas para cada uno de ellos (M y L).

MAACA (1) El cuarto hijo de Nacor, hermano de Abraham con la concubina Reuma (Gn. 22:24). (2) La esposa de David que dio a luz a Absalón, ella era la hija de Talmai, rey de Gesur (2 Sam. 3:3, 1 Cr. 3:2).

(3) La madre de Abías, segundo rey de Judá, también identificada como la hija de Absalón (1 Re. 15:2 [LBLA: Abisalom, una variante de Absalón; *véase* NTV mg.]) Y la esposa de Roboam (2 Cr. 11:20-21). En 2 Cr. 13:2 ella es identificada también como la madre de Abías, pero aquí aparece como descendiente de Uriel de Guibeá, probablemente para evitar una referencia negativa a Absalón. Ella también se menciona como la abuela del tercer rey de Judá, Asa. Asa derrocó a su abuela porque adoraba dioses falsos (1 Re. 15:10; 2 Cr. 15:16).

(4) El padre de Aquis, el rey de Gat, durante el reinado de Salomón (1 Re. 2:39). (5) La concubina de Caleb, la madre de Seber y Tirhana (1 Cr. 2:48). (6) En un texto difícil y poco claro, Maaca es mencionada como la esposa de Maquir, un descendiente de Manasés (1 Cr. 7:14-16). Algunas versiones traducen el pasaje de una manera en que se hace referencia a una segunda Maaca como la hermana de Maquir (por ejemplo, NTV), pero este no es el mejor entendimiento del pasaje. (7) La esposa de Jeiel, descendiente de Benjamín (1 Cr. 8:29; 9:35). (8) La madre de Hanán, uno de los hombres valientes de David (1 Cr. 11:43). (9) La madre de Sefatías, un oficial en el reinado de David (1 Cr. 27:16).

(10) Una región mencionada en conexión con Guesur y otros lugares al noreste del Mar de Galilea (Jos. 12:5; 13:11, 13; 2 Sam. 10:6, 8; 1 Cr. 19:7), hogar de los Macatitas o Maacateos (Dt. 3:14). Los otros hijos de Nacor y Reuma (Teba, Gaham, Tahas), como Maaca (Gn. 22:24), dieron sus nombres a lugares en lo que hoy es Líbano y Siria. Maaca, la esposa de David y madre de Absalón, también provenía de esta región (2 Sam. 3:3, 1 Cr. 3:2).

MAACHA, MACATITAS, MAACATEOS *Ver* Maaca.

MAADÍAS *Ver* Moadías.

MAAI Uno de los músicos que tocó durante la dedicación del muro de Jerusalén en el tiempo de Nehemías (Neh. 12:36).

MAALA (1) Una de las cinco hijas de Zelofeha. Pidieron a Moisés una provisión especial que les permitiera recibir la herencia de su padre en la tierra prometida porque no tenían hijos (Nm. 26:33; 27:1-11; 36:11). Una vez en la tierra, las hijas renovaron su petición ante Josué, y se les dio una asignación entre los hermanos de su padre dentro de la tribu de Manasés (Jos. 17:3). (2) Un hijo o hija de Hamolequet, un descendiente de Manasés (1 Cr. 7:18).

MAARAT Una aldea montañosa en el territorio tribal de Judá (Jos. 15:59).

MAAREH-GEBA *Ver* Gibea.

MAASÍAS, MAASEÍAS **(1)** Un levita reclutado para tocar la lira en la procesión del arca del pacto a Jerusalén (1 Cr. 15:18, 20). **(2)** El hijo de Adaías, fue un comandante militar que pactó con Joiada para sacar a Atalía del poder y colocar a Joás (2 Cr. 23:1). **(3)** Un oficial del rey Uzías que ayudó a organizar el ejército en divisiones (2 Cr. 26:11). **(4)** El hijo de Acaz que fue asesinado por Zicri el Efraimita (2 Cr. 28:7). **(5)** Un oficial enviado por el rey Josías para reparar el templo (2 Cr. 34: 8). **(6)** Un descendiente de Jesua (Esd. 10:18) que figura entre los culpables de casarse con mujeres extranjeras durante el tiempo de Esdras.

(7) Un descendiente de Harim (Esd. 10:21) figura entre los culpables de casarse con mujeres extranjeras durante el tiempo de Esdras. **(8)** Un descendiente de Pasur (Esd. 10:22) figura entre los culpables de casarse con mujeres extranjeras durante el tiempo de Esdras. **(9)** Un descendiente de Pahat-Moab (Esd. 10:30) figura entre los culpables de casarse con mujeres extranjeras durante el tiempo de Esdras. **(10)** El hijo de Ananías y el padre de Azarías, quien ayudó a reparar el muro de Jerusalén (Neh. 3:23). **(11)** Uno de los líderes que acompañaron a Esdras mientras leía la ley (Neh. 8:4). **(12)** Uno de los trece levitas que interpretaron la ley para el pueblo (Neh. 8:7). **(13)** Uno de los líderes que firmó el pacto de Esdras (Neh. 10:25). Esta podría ser la misma persona que Nº 9 u 11.

(14) El hijo de Baruc, se nombra entre los primeros residentes de Jerusalén después del exilio (Neh. 11:5). **(15)** Un antepasado benjamita de Salu (Neh. 11:7). **(16)** Uno de los trompetistas sacerdotales que tocaron para dedicar los muros de Jerusalén (Neh. 12:41). Podría ser la misma persona que los números 6, 7 u 8. **(17)** Un sacerdote involucrado en la dedicación del templo (Neh. 12:42). Podría ser la misma persona que los números 6, 7 u 8. **(18)** El padre del sacerdote Sofonías (Jer. 21:1; 29:25; 37:3). **(19)** El padre del profeta Sedequías (Jer. 29:21). **(20)** Hijo de Salum, fue portero del templo (Jer. 35:4). Él podría ser la misma persona que el Nº 18.

MAASÍAS El abuelo de Baruc, el escriba de Jeremías (Jer. 32:12), y de Seraías, el principal camarero del rey Sedequías de Judá (Jer. 51:59).

MAAT Un antepasado postexílico de Jesús, por lo demás desconocido, se menciona sólo en Lc. 3:26 como el hijo de Matatías y padre de Nagai.

MAAZ El primer hijo de Ram y nieto de Jerameel (1 Cr. 2:27).

MAAZÍAS **(1)** Un sacerdote al que David asignó los últimos veinticuatro puestos en el orden sacerdotal de servicio (1 Cr. 24:18). **(2)** Uno de los oficiales que sellaron el pacto con Dios después de la lectura de la ley por Esdras (Neh. 10:8).

MACABEOS De la palabra aramea que significa "martillo", el término "Macabeos" se identifica con el movimiento de liberación nacional judía a mediados del segundo siglo a.C encabezado por Judas, hijo del sacerdote asmoneo Matatías. Macabeo era el apodo de Judas, que se le había dado presumiblemente debido a su destreza en la batalla. El término también se refiere a los libros deutero-canónicos de 1-2 Macabeo, que proporcionan perspectivas históricas y teológicas sobre el período, y a los libros posteriores 3-4, que tratan sobre temas completamente diferentes. *Ver también* Judas Macabeo.

MACAZ Una ciudad en el segundo distrito administrativo de Salomón (1 Re. 4:9), una de las cuatro ciudades en las cuales Ben-Decar era el oficial. Cada oficial suministraba alimentos y provisiones para el rey y su familia durante un mes al año.

MACBANAI Uno de los once comandantes del ejército gadita que desertaron a Saúl para apoyar a David antes de convertirse este en rey (1 Cr. 12:13).

MACBANAY *Ver* Macbanai

MACBENA El hijo de Seva y el hermano de Gibea en la genealogía de Judá (1 Cr. 2:49). El nombre también podría referirse a un lugar en las colinas de Judea al sur de Hebrón, pero la identificación precisa es incierta.

MACEDA Una ciudad en las laderas al oeste de la región montañosa de Judea que ocupa un lugar destacado en el relato de la conquista de Israel al sur de Canaán. Después de la batalla en Gabaón en la que el Sol se detuvo (Jos. 10:12-13), Josué y el ejército israelita persiguieron a la coalición enemiga desde las colinas hasta Maceda (10:10), una de las ciudades de Canaán gobernada por un rey (12:16). Después de la batalla, Josué mató a los cinco reyes amorreos confederados en una ceremonia en una cueva de Maceda, donde buscaron refugio (10:16-27). El ejército de Israel acampó allí antes de conquistar la ciudad (10:21, 28). Maceda estaba en las cercanías de Laquis (15:37-41), pero su ubicación exacta es incierta.

MACEDONIA El territorio que une los Balcanes con la península griega. Aunque sus fronteras cambiaron a lo largo de su historia, Macedonia se situaba al norte de Tesalia y Grecia continental, al este de Epiro y al oeste de Tracia. Su topografía está dominada por montañas y planicies costeras a lo largo del Golfo de Termaico y la costa norte del Mar Egeo. El nombre Macedonia proviene de una palabra griega que significa "altos" o "habitantes de las tierras altas".

Cultura e Idioma

Étnicamente, los macedonios estaban compuestos por varios grupos, incluidos los dorios, ilirios y griegos. Los macedonios estaban relacionados con los griegos, pero eran distintos. Hesíodo, un antiguo poeta griego (del 700 a.C), describió a Macedonia como un "primo" de los griegos. Para otros escritores griegos primitivos, los macedonios eran "bárbaros". Alejandro I (r. 498-454 a.C) abrazó la conexión griega con Macedonia al alegar descendencia del héroe Heracles. Después de que un tribunal determinara que sus afirmaciones eran ciertas, se le permitió participar en los Juegos Olímpicos, un honor reservado solo para los griegos. Los macedonios y los griegos tenían creencias religiosas similares, ya que ambos adoraban a los doce dioses olímpicos de manera similar. De hecho, el Monte Olimpo se encuentra en Macedonia. Obras de arte de macedonia ilustraron estas creencias religiosas en común, ya que expresaban temas de la mitología griega.

El idioma macedonio era un dialecto griego con numerosos préstamos lingüísticos del frigio e ilirio. Para combatir el efecto divisivo del hecho de que hubiera numerosos dialectos griegos, incluido el macedonio, Alejandro Magno se expresaba y difundió el koiné, o griego común. De hecho, el uso del griego koiné por Alejandro fue el factor más importante para que el NT se escribiera en griego.

Aunque Macedonia había estado al margen de Grecia geográficamente y culturalmente, los macedonios y los griegos compartían mucho en cuanto al idioma, la cultura y la religión. Especialmente desde la época de Filipo II (359-336 a.C), los macedonios adoptaron la educación y la filosofía griegas. Alejandro Magno, un estudiante del filósofo griego Aristóteles, fue el producto de una cultura combinada greco-macedonia. A través de sus conquistas, Alejandro extendió su mezcla de cultura greco-macedonia, también conocida como helenismo, a través del este, donde la gente hablaba griego koiné, adoraba dioses griegos, imitaba la arquitectura griega, construía ciudades al estilo griego, educaba a sus hijos en gimnasios, y reexaminaban el mundo a través de la filosofía griega. Las diferencias entre los macedonios y los griegos se atenuaron aún más por la exposición a culturas mucho más distintivas como Egipto y Mesopotamia. En el NT, "griego" era más una designación cultural (Jn. 12:20; Hec. 14:1) que una designación de nacionalidad (Hec. 20:2). Incluso los judíos podían ser "griegos".

Historia

Según Herodoto, alrededor de 650 a.C Pérdicas I, el primero en la lista de reyes de macedonia, estableció la dinastía Argéada, que duró hasta Alejandro Magno. Durante las invasiones persas (alrededor del año 480 a.C), los macedonios cooperaron con los persas, pero también proveyeron suministros en secreto a los griegos. Sin embargo, sería a través de los macedonios que los griegos se vengarían contra los persas. Filipo II uniría primero a las ciudades-estado griegas rivales en la batalla de Queronea en 338 a.C Después del asesinato de Filipo, Alejandro dirigió una de las mayores campañas de la historia para conquistar el imperio persa por completo, que se extendía desde Egipto hasta la India (1 Mac. 1:1-7). Como Alejandro no tenía heredero, después de su muerte, el extenso imperio macedonio se disolvió en una guerra civil entre las facciones lideradas por sus antiguos generales. En última instancia, el gobierno de Macedonia y Grecia recayó en Antípatro hasta su muerte en 319 a.C Años de conflicto derivaron en el establecimiento de la dinastía Antigónida, que duró hasta la invasión romana. Filipo V ganó la primera guerra macedonia (212-205 a.C) contra Roma, pero las posteriores guerras con Roma llevaron a Macedonia a dividirse en cuatro repúblicas en el año 168 a.C (1 Mac. 8:5). Veinte años más tarde, Roma anexó a Macedonia, y en 146 a.C, Roma convirtió a Grecia en un protectorado administrado desde Macedonia. Durante las guerras civiles de Roma, muchas de las batallas se libraron en Grecia y Macedonia. Por ejemplo, en la batalla de Filipos en el año 41 a.C, Octavio derrotó a Bruto y Casio, los asesinos de Julio César. En 27 a.C, Octavio, más tarde conocido como Augusto, convirtió a Macedonia en una provincia senatorial y la separó de Acaya. En 15 d.C, Tiberio juntó a Macedonia, Acaya y Moesia en una gran provincia imperial. Sin embargo, en el año 44 d.C, Claudio volvió a separar a Macedonia de Acaya y las convirtió en provincias senatoriales. Este era el estado político cuando Pablo viajó por "Macedonia y Acaya" durante sus viajes misioneros (Hec. 19:21, Rom. 15:26, 1 Tes. 1:7).

MACEDONIA DURANTE EL TIEMPO DE PABLO

Los Viajes de Pablo

Desde el momento en que Pablo recibió su visión de un hombre macedonio llamándolo a proclamar el Evangelio (Hec. 16:9), Macedonia desempeñó un papel importante en los viajes de Pablo y la iglesia primitiva. Él estableció tres iglesias allí y les escribió tres cartas (Filipenses y 1-2 Tesalonicenses). Varios de los compañeros de Pablo eran macedonios, incluidos Sópater, Aristarco, Segundo y Jasón (Hec. 17:4-7; 20:4). En la correspondencia de Pablo, él habló de Macedonia, al menos, dieciséis veces en seis letras diferentes. Respondiendo al llamado macedonio durante su segundo viaje misionero, Pablo llegó a Filipos, que era "una ciudad principal de la provincia de Macedonia, una colonia romana" (Hec. 16:12). Allí llevó a Lidia, la primera convertida europea conocida, al evangelio. Después de expulsar un espíritu maligno de una esclava, Pablo y Silas fueron encarcelados, y llevaron al carcelero filipense y a su familia al evangelio (Hec. 16:16-40). Lidia y la iglesia de Filipos apoyaron generosamente el ministerio de Pablo y la iglesia en Jerusalén (Rom.15:26-27, 2 Cor. 8:1-5, Fil. 4:15-17).

Pablo luego viajó por la pavimentada Via Egnatia a Tesalónica, donde estableció una

M

iglesia compuesta por "algunos" judíos y un "gran número" de griegos y mujeres líderes (Hec. 17:4). Permaneció allí al menos tres días de reposo antes de que la oposición lo condujera a Berea (17:1-9), donde muchos examinaron las Escrituras y aceptaron con más entusiasmo el evangelio (17:11). De Berea, salió de Macedonia para Atenas y Corinto en Acaya. Pablo luego regresó a Macedonia durante su tercer viaje misionero (20:1-6).

MACEDONIOS *Ver* Macedonia.

MACELOT El décimo lugar de campamento de los israelitas después de abandonar el Monte Sinaí (Nm. 33:25-26). Dado que su significado ("asambleas") es el mismo que para Kehelathah (Nm. 33:22-23), algunos han sugerido que son el mismo lugar.

MACHBANI *Ver* Macbanai

MACHIR, MAQUIRITAS *Ver* Maquir.

MACHNADBAI *Ver* Macnadebai.

MACNADEBAI Un descendiente de Binúi, él se encuentra entre los israelitas que despidieron a sus esposas extranjeras durante las reformas post-exilio de Esdras (Esd. 10:40).

MACNADEBAY *Ver* Macnadebai.

MACPELA Una cueva en Hebrón comprada por Abraham como lugar de sepultura para su esposa Sara (Gn. 23). Macpela se convirtió en el sitio de sepultura de la mayoría de los patriarcas y sus esposas. Abraham y Sara, Isaac y Rebeca, y Jacob y Lea fueron sepultados en la misma cueva (Gn. 49:31). Al instaurar este sitio de entierro familiar en Canaán, Abraham marcó a Canaán como el hogar ancestral para los futuros israelitas, a diferencia de Ur o Harán, donde su familia había vivido antes. En la época de Jesús, una estructura enorme de sesenta pies de alto fue erigida sobre la cueva, aparentemente por Herodes el Grande. Todavía intacto, este edificio se ha utilizado a través de los años como un monumento judío, una iglesia de los cruzados y ahora una mezquita musulmana. Seis cenotafios (tumbas representativas) predominan en el interior del edificio, que conmemora a los patriarcas y sus esposas originalmente enterrados en la cueva de abajo.

MACTES En Sof. 1:11 la RVA transcribe la palabra hebrea maktesh como el nombre de un distrito en o cerca de Jerusalén. La palabra significa "mortero"; por lo tanto algunas versiones lo traducen como el nombre "Mortero" (LBLA, NBLH, TLA, PDT), mientras que la NVI describe el área como "Barrio del Mercado".

MADAI En la Tabla de las Naciones (Gn. 10:2, ver también 1 Cr. 1:5, una genealogía de los tres hijos de Noé que refleja naciones y lenguas posteriores), Madai es el tercero de los siete hijos de Jafet. Él es considerado como el antepasado de los medos, un pueblo que vivió en la meseta iraní.

MADAI Uno de los hombres israelitas culpables de contraer matrimonio mixto con mujeres extranjeras durante el tiempo de Esdras (Esd. 10:34).

MADERA DE GOFER (MADERA RESINOSA) La madera que muchas versiones bíblicas identifican como usada para construir el arca de Noé. "Gopher" es una transliteración de la palabra hebrea goper, encontrada sólo en Gn. 6:14. La NIV lo presenta como "ciprés", reconociendo que el significado del hebreo es incierto. Otras traducciones sugeridas incluyen "pino", "cedro", "abeto", "junco" y "sauce".

MADERA DE SHITTIM *Véase* Acacia.

MADIAN *Ver* Midiam, Madianitas.

MADMANA (1) Un lugar en el Neguev, la región más al sur de Judá (Jos. 15:31). Algunos prefieren traducir el nombre como "cerro de excremento". Sin embargo, hay una conexión probable con el nombre personal "Madmana" de 1 Cr. 2:49, y es improbable que a una persona se le dé un nombre con ese significado (*véase también* Madmén; Madmena). Jos. 19:5 pone una ciudad, Bet Marcabot ("casa de los carros"), en una lista donde uno se esperaría a Madmana; por lo tanto, es probable que el nombre de esta ciudad haya cambiado. La ciudad podría ser identificada con Khirbet umm Deimneh de hoy. (2) El hijo de Saaf y nieto de Maaca, la concubina de Caleb (1 Cr. 2:49).

MADMÉN Una ciudad moabita de ubicación incierta (Jer. 48:2). Aparece en un oráculo contra Moab y emplea un juego de palabras cuando afirma que Madmén será "silenciada" (del verbo hebreo damam). Algunos creen que está relacionado con la palabra hebrea que significa "cerro de excremento", y que su referencia real es a la ciudad moabita Dimón. *Ver también* Madmana; Madmena.

MADMENA Un lugar cuyo nombre ha sido relacionado etimológicamente con la palabra hebrea para "cerro de excremento". La ciudad se menciona en una descripción profética, no real, de un ataque asirio contra Jerusalén (Is. 10:31). Aunque los asirios avanzan, acercándose tanto a Jerusalén como a Madmena, Dios los detiene antes de que puedan tomar Jerusalén. *Ver también* Madmana; Madmén.

MADÓN Una ciudad mencionada como parte de la coalición cananea del norte contra Josué dirigida por Jabín, rey de Hazor (Jos. 11:1). Josué derrotó a esta coalición, y el rey de Madón, Jobab, aparece en la lista de los que fueron derrotado por los israelitas (Jos. 12:19). Su ubicación exacta es incierta.

MADRE Aunque se caracteriza esencialmente por gestar a la descendencia, una madre se asocia con mucho más en la Biblia. Especialmente prominentes son las formas características en que una madre se relaciona con sus hijos: ella atiende sus necesidades (1 Tes. 2:7), vela por su bienestar (1 R. 3:16-27), los consuela (Sal. 131:2) y los instruye (Prov. 1:8; 31:1).

La maternidad se tiene en gran estima. Tener un hijo es una ocasión para regocijarse (Gn. 4:1, Sal. 113:9). Una madre virtuosa y trabajadora es alabada tanto por sus hijos como por su esposo (Prov. 31:28). La Biblia describe tanto a una madre coronando a un rey (Cant. 3:11) como también sentándose al lado de su trono (1 Re. 2:19). La muerte de una madre trae tristeza extrema (Gn. 24:67, Sal. 35:14). Además, las promesas de Dios a menudo se asocian con el nacimiento de un niño (por ejemplo, Gn. 3:15, 12:2-3, Jue. 13:3, Is. 7:14). María es bendecida entre las mujeres como la madre de Jesucristo (Lc. 1:42-45). Finalmente, la Biblia protege la dignidad de una madre como lo hace la del padre. La ley exige honor y reverencia tanto para el padre como para la madre (Éx. 20:12; Lev. 19:3; Dt. 5:16) y condena a muerte a los que hieren o maldicen a cualquiera de los padres (Éx. 21:15, 17; Lev. 20:9).

También existe una gran preocupación de que los hijos adultos velen por el bienestar de sus padres como una forma de honrarlos. David hace provisiones para sus padres cuando huye de Saúl (1 Sam. 22:3-4). Jesús condena a los fariseos y los escribas por tomar los recursos que debieran ser de sus padres y ofrecerlos como un regalo a Dios (Mt. 15:4-6). Incluso el acto final de Jesús en la cruz es de asegurar el bienestar de su madre al definir su relación con el Discípulo Amado como madre e hijo (Jn. 19:26-27). Por otro lado, Jesús deja en claro que la preocupación por la familia está subordinada al discipulado hacia él (Mt. 10:37, Mr. 3:35, Lc. 14:26).

La palabra "madre" también conlleva sentidos simbólicos o metafóricos. A veces, la "madre" es un ejemplo adecuado de otras cosas o personas similares, como Babilonia la Grande como madre de prostitutas y abominaciones terrenales (Ap. 17:5). En la analogía extendida entre el matrimonio de Oseas y la relación de Dios con Israel, a la nación se la llama "madre", y sus habitantes son sus "hijos" (Oseas 2:4; 4:5; *ver* Is. 50:1; 50:12). La imagen de una madre también puede referirse a una gran ciudad (2 Sam. 20:19; Gál. 4:26).

MAESTRO DE ESCUELA En Gal. 3:24-25 la KJV traduce la palabra griega paidagōgos como “maestro de escuela”, refiriéndose a la función de la ley del AT como un custodio, guardián o tutor para preparar a una persona para la salvación por fe en Cristo a través crear conciencia de la santidad y justicia de Dios y un acompañante sentido de necesidad personal. El término fue usado para un esclavo en un hogar grecorromano cuya tarea era acompañar al niño a la escuela y guiar su conducta hasta que fuera mayor de edad y tomara las responsabilidades de un hombre.

MAESTRO/AMO La palabra en español "maestro" traduce varias palabras hebreas y griegas. A continuación, algunos ejemplos destacados. En el AT, 'adon, cuando no se refiere a Dios, se traduce como "amo" (por ejemplo, Gn. 24:14). A menudo se refiere a alguien que está por encima de los siervos. Baal es a la vez el nombre personal de una deidad canaanita y un término genérico para "amo". Se usa en referencia al amo de los siervos o al esposo en un hogar (por ejemplo, Éx. 21:3 LBLA). Las palabras hebreas rab y sar a menudo se combinan con otras palabras para referirse a "grande" o "jefe", como en "jefe [rab] de los magos" (Dan. 4:9). En el NT, "rabbi" ("mi rab"), tomado del arameo, se usa para referirse a Jesús y denota su papel como maestro y amo (Jn. 4:31). La palabra griega kyrios es más o menos equivalente a la palabra baal del AT y se refiere a alguien que tiene completa autoridad (Mt. 6:24). Los discípulos de Jesús usan epistatios cuando se dirigen a él como su líder y maestro (Lc. 5:5, 8:24). Didaskalos se refiere a un maestro, pero también tiene la connotación más importante de "amo" que se atribuía a los maestros en el mundo antiguo (Mt. 9:11, 10:25).

MAGADÁN Una región probablemente en el lado occidental del Mar de Galilea. Jesús fue allí después de alimentar a los cuatro mil (Mt. 15:39 [RVA: "Magdalá"]). Sin embargo, el relato paralelo en Marcos nombra el lugar donde Jesús y sus discípulos viajaron como Dalmanuta (Mr. 8:10). La ubicación exacta es desconocida.

MAGBIS Un lugar en Judá o posiblemente en territorio Benjamín de una ubicación desconocida. Esdras 2:30 menciona que 156 exiliados de este lugar regresaron del cautiverio babilónica bajo el liderazgo de Zorobabel.

MAGDALÁ Ubicada a cuatro millas al norte de Tiberías, era un centro de pesca y para barcos que estaba en la costa occidental del Mar de Galilea alrededor del siglo I d.C Su nombre griego era "Taricheae". "Magdalá" aparece solo en la traducción de la RVA de Mt. 15:39, donde otras versiones optan por la traducción más adecuada: "Magadán". María Magdalena (María de Magdalá) fue uno de los seguidores más cercanos de Jesús (Mt. 27:55-56, Jn. 20:1).

MAGDALENA *Ver* Magdalá; María.

MAGDIEL Uno de los jefes de Edom (Gn. 36:43; 1 Cr. 1:54). Magdiel es probablemente el nombre de una tribu edomita también.

MAGIA *Ver* Adivinación y Magia.

MAGISTRADO Funcionario del gobierno con roles administrativos o judiciales. En el AT, la NVI y otras traducciones modernas usan el término "magistrado" para traducir palabras arameas en Esdras 7:25 y Dan. 3:2-3 que denotan una posición de liderazgo con un rol en la administración de la justicia. En el NT, estas versiones de la Biblia usan el término exclusivamente en Lucas-Hechos,

Un mosaico de un barco de Magdalá (primer siglo d.C).

principalmente para los líderes en Filipos, ante quienes Pablo y Silas son acusados en Hechos 16 (*véase también* Lc. 12:58). La KJV también usa el término en Jue. 18:7; Lc. 12:11; y Tito 3:1 para referirse a gobernantes o jueces.

MAGNÍFICAT Las primeras palabras de la traducción latina (Magnificat anima mea Dominum) del cántico de María (Lc. 1:46-55) que celebra la humillación de los orgullosos por parte de Dios y su vindicación de los humildes. Se parece a la canción del AT de Ana (1 Sam. 2:1-10). Tres manuscritos latinos le atribuyen el Magníficat a Elizabet en lugar de a María.

MAGOG *Ver* Gog y Magog.

MAGOR-MISABIB Después de ser castigado como un falso profeta por el sacerdote Pasur, Jeremías lo llama "Magor-Misabib", que significa "terror por todas partes" (Jer. 20:1-6). Dado que el sacerdote personifica los pecados de Judá así como la resistencia de los judíos en el mensaje de Dios a través de Jeremías, él también representa los castigos que vendrán no solo a él sino a todos los judíos.

MAGOS Según Mt. 2:1-12, "Magos del Oriente" visitaron a Jesús después de su nacimiento. No está claro qué edad tenía Jesús en este momento, y algunos han propuesto que la visita se realizó cuando tenía dos años, basándose en la orden de Herodes de matar a todos los niños de Belén menores de dos años (Mt. 2:16). La tradición de que la visita había ocurrido poco después del nacimiento de Jesús (reflejada en la celebración de la Epifanía el 6 de enero) y la tradición artística de representar a los magos junto a los pastores de Lc. 2:8-20 no puede confirmarse en los relatos bíblicos. Los magos visitaron a Jesús en una casa (Mt. 2:11), no en una posada o establo (*véase* Lc. 2:7). Los magos aparecen sólo en Mt. 2:1-12, y los pastores sólo en Lc. 2:8-20. Las historias contrastantes de magos y pastores probablemente representen los intereses teológicos distintivos de Mateo y Lucas. La historia de los magos y sus regalos evoca a Sal. 72:10; Is. 60:6.

La palabra "magos" no sugiere ni filósofos sabios en el sentido greco-romano ni los reyes de representaciones artísticas posteriores, sino más bien los sabios de la sabiduría oriental. Quienquiera que fueran, los magos eran observadores de los cielos. Sobre la base de la descripción de Mateo del conocimiento de los magos de la Escritura Hebrea (Mt. 2:5-6), algunos han sugerido que los magos eran judíos de Mesopotamia. El número y los nombres de los magos no se mencionan en Mateo, pero la tradición les ha asignado tantos nombres (Melchor, Gaspar, Baltasar) como el número. La tradición de que haya tres sabios tal vez se deriva de los tres regalos mencionados en Mat. 2:11, pero probablemente esta inferencia no haya sido la intención del evangelista.

En otras partes del NT, el sustantivo griego magos y el verbo relacionado mageuō tienen la connotación negativa de hechicería y magia (Hec. 8:9-11; 13:6, 8).

MAGPÍAS Uno de los líderes laicos que selló el pacto reafirmado de Dios con Judá después del restablecimiento de la ley y la reconstrucción del muro de Jerusalén (Neh. 10:20).

MAHALALEEL *Ver* Mahalalel.

MAHALALEL **(1)** Un patriarca nombrado en Gen. 5 entre los descendientes de Adam (cf. 1 Cr. 1:2). Fue engendrado por Cainán en la cuarta generación después de Adán; tenía 65 años cuando engendró a Jared, y vivió hasta los 895 años (Gn. 5:12-17). En Lc. 3:37, la forma griega del nombre es Mahalaleel (RVA: Maleleel". **(2)** El padre de Sefatías y descendiente de Judá por medio de Fares (Neh. 11:4).

MAHALAT LEANNOT *Ver* Mahalat.

MAHALAT **(1)** Nieta de Abraham e hija de Ismael quien se casó con Esau (Gn. 28:9). En Gén. 36:3 se le nombra "Basemat." **(2)** Una esposa del rey Roboam. Ella era hija de Jerimot, el hijo de David, junto con Abihail (2 Cr. 11:18). **(3)** Un término de significado incierto encontrado en las superscripciones de Sal. 53; 88. El término es probablemente una instrucción musical o coreográfica. En Sal. 88 el término es seguido por le'annot (que puede significar "infligir" o "cantar") y puede indicar un tipo de rito de lamentación, un tipo de actuación receptiva de dos grupos o un rito completo de aflicción.

MAHALA *Ver* Maala.

MAHALI *Ver* Mahli.

M

MAHANAIM Esta ciudad, cuyo nombre significa "dos campamentos", fue nombrada por Jacob cuando se reunió con los ángeles de Dios justo después de su encuentro con Dios en Peniel (Gn. 32:2). Luego de la conquista y el asentamiento, Mahanaim fue localizado en la frontera de Gad y Manasés y fue apartada como una ciudad levítica (Jos. 13:26, 30; 21:38). Sirvió como capital para el hijo de Saúl Is-boset hasta que su asesinato conllevó a la unificación del reino de David (2 Sam. 2:8, 12, 29). David buscó refugio allí cuando era perseguido por Absalón y Absalón lo usó como su cuartel general cuando luchaba contra su hijo (2 Sam. 17:24, 27; 19:32). Salomón lo hizo la sede de uno de sus distritos administrativos (1 Re. 4:14). Situado al este de Jordania y al norte de los ríos Jaboc, su ubicación precisa permanece incierta. En el Cantar de los Cantares 6:13 la mujer le pregunta al hombre por qué la mira como en el "baile de Mahanaim", que se traduce mejor como "baile de dos campos de guerra". Cualquiera sea la traducción, el contexto deja en claro que ella se está refiriendo al hecho de que él no puede quitarle los ojos de encima.

MAHANÉ-DAN Este nombre, que literalmente significa el "campamento de Dan", aparece sólo en el libro de Jueces (13:25; 18:11-13). Está situado al oeste de Quiriat-jearim, entre Zora y Estaol. Es el lugar donde seiscientos guerreros danitas acamparon durante su migración antes de llegar a la casa de Micaía en la región montañosa de Efraín y también donde el espíritu del Señor "comenzó a agitar" a Sansón. Es posible que este nombre se haya utilizado sólo para los campamentos de Danita que se encontraban en el territorio de Judá.

MAHARAI Descendiente de Zera y uno de los treinta hombres valientes de David. Fue uno de los dos poderosos guerreros de Netof, a menos de diez millas al sur de Jerusalén (2 Sam. 23:28-29; 1 Cr. 11:30). La división de Maharai de veinticuatro mil soldados estaba de servicio en el décimo mes del año (1 Cr. 27:13).

MAHAT **(1)** Descendiente de Leví por medio de Coat y Amasai, y también un antepasado de Hemán el músico (1 Cr. 6:35). **(2)** Descendiente de Leví por medio de Coat y Amasai, trabajó como supervisor levítico bajo Conanías y Simi para reabrir el templo durante el reinado del rey Ezequías (2 Cr. 29:12; 31:13).

MAHAZIOT Uno de los catorce hijos de Hemán el vidente, que eran levitas apartados para ministrar en el templo con música (1 Cr. 25:1, 4-6, 30).

MAHER-SALAL-HAS-BAZ Un nombre cuya traducción precisa es disputada, pero significa algo cercano a "Pronto al saqueo, presto al botín". Dios le ordenó a Isaías que le diera este nombre a uno de sus hijos como parte de una profecía de que Judá pronto sería liberado de la amenaza siro-efraimita (Is. 8:1-4). Específicamente, la profecía le aseguró a Judá que este giro de los acontecimientos ocurriría antes de que Maher-Salal-Has-Baz pudiera hablar. Esta profecía lidiaba con la misma amenaza que en Is. 7 pero agregó la seguridad de que la liberación prometida se llevaría a cabo rápidamente. La profecía se cumplió cuando Asiria saqueó Efraín en 733 a.C y conquistó Damasco en 732 a.C Por lo tanto, el nacimiento de Maher-Salal-Has-Baz puede fecharse con cierta confianza en 734 a.C

MAHLI **(1)** Nieto de Leví, hijo de Merari, y hermano de Musi. Él era el jefe de un clan levita (Éx. 6:16-19, Nm. 3:17-20). El hijo de Mahli, Eleazar, murió sin hijos (1 Cr. 23:21-22). **(2)** Un bisnieto de Leví, él era el hijo de Musi (1 Cr 6:47, 23:23) y sobrino del Mahli de Éx. 6:16-19; Nm. 3:17-20.

MAHLÓN El primer esposo de Rut la Moabita (Rut 4:9). Cuando la hambruna impactó a Judá, Mahlón viajó con su familia a Moab en busca de comida (1:1-2). Allí Mahlón tomó a Ruth como su esposa, pero murió después de vivir unos diez años en Moab (1:4-5). El segundo marido de Rut, Boaz, mantuvo el nombre y la propiedad de Mahlón al tomar a Rut como su esposa y tener un hijo en nombre de Mahlón (Rut 4:10, 17; *véase* Dt. 25:5-6).

MAHOL El padre de Hemán, Calcol y Darda. Sus hijos fueron hombres sabios de renombre (Salomón fue alabado como superior a la sabiduría de ellos [1 Re. 4:31]). Algunos sugieren que el título "hijos de Mahol" puede referirse a los miembros de una asociación de músicos o un grupo de bailarines del templo. No era inusual observar sabiduría profética en los músicos (1 Sam. 10: 5, 2 Re. 3: 15-19, 1 Cr. 25:1-6).

MAINÁN Un ancestro de Jesús, por lo demás desconocido, mencionado solo en Lc. 3:31 como el hijo de Matata y el padre de Melea.

MAÍZ En la KJV se usa la palabra "maíz" para traducir una variedad de palabras que se refieren a los cultivos de cereal como el trigo y la cebada. En estas ocasiones, en la NVI se usa típicamente la traducción "grano" (por ejemplo, Génesis 27:28; Deuteronomio 16:9; Marcos 2:23; etc.). *Ver también* Grano.

MAJADA En KJV, una pastura o tal vez redil (1 Sm. 24:3; 2 Sm. 7:8; 1 Cr. 17:7). *Véase también* Redil.

MAJALEB Un sitio en Aser según Jos. 19:29 NTV. Sin embargo, hay problemas del texto asociados con este nombre. Esta lectura se basa en la Septuaginta, mientras que el hebreo dice mekhebel. Además, la comparación con Jue. 1:31 sugiere que este sitio es el mismo que el de Ahlab.

MAJAVITA Una designación que indica que Eliel, uno de los treinta hombres valientes de David, era de Mahava (1 Cr. 11:46).

MAL El mal es incuestionablemente real desde la perspectiva bíblica, pero el origen y la naturaleza del mal permanecen un misterio. La Biblia está repleta con referencias al mal, comenzando con la tentación y la caída (Gn. 3) y el precio que cobró en la existencia humana. Los humanos no sólo sufren interior y recíprocamente, sino también ahora se encuentran desesperanzados e irremediablemente inclinados al mal. La Biblia es el desarrollo de la historia de la redención a través de la muerte sacrificial de Cristo, la batalla constante en la vida de los creyentes contra el poder del mal, y la eventual conquista del mal por parte del poder divino conferido al Cristo resucitado, que debe venir como el gobernante cósmico.

Esto se sienta incómodamente con la afirmación fundamental en la Biblia: la bondad inherente de la creación. Esto se ilustra magistralmente en el relato de la creación del Génesis, donde el Creador repetidamente pronuncia, al final de cada día, que lo que había creado era "bueno" (hebreo tob significa "bueno" en el sentido estético y moral). El mundo, sin embargo, cayó bajo la maldición del pecado humano y, una vez constituido, está ahora bajo el gobierno del malvado (1 Jn. 5:19) y ansiosamente espera su redención (Rom. 8:19-23).

Aunque no se narra en la Biblia, es una inferencia probable que el origen del mal data de antes que de la existencia humana. Antes de la tentación de la primera pareja humana, el tentador (hebreo satan, "acusador", es un agudo recordatorio de la traicionera naturaleza de la tentación, ya que el mismo tentador actuaría como el acusador de aquellos que cayeron ante sus mentiras) y sus seguidores tuvieron su propia experiencia trascendental: ellos arriesgaron su privilegio de servir a Dios separándose ellos mismos para establecer su propio reino. Que Dios permita persistir a este reino de fuerzas oscuras hasta el final de la historia es un misterio en sí mismo.

A pesar de su influencia sobre la humanidad, el mal ha sido severamente golpeado ya que ha confrontado el poder divino manifestado en la cruz. De hecho, Él no tuvo oportunidad de desafiar el poder real. La esencia del mal está en su naturaleza parasítica. El mal no crea; sólo destruye. El mal saca su poder del bien absoluto, mientras ejerce su dominio sobre los seres humanos fracasados a través de condenarlos contra el estándar perfecto establecido por Dios. Acusa a los seres humanos de estar mal, pero nunca les dice cómo estar bien. Diagnostica una enfermedad terminal sin ofrecer una cura. Satanás logró su influencia sobre la humanidad a través de una confabuladora distorsión de la verdad de Dios.

La crucifixión de Cristo y su resurrección marcaron el golpe decisivo contra el poder del mal y la muerte. El Evangelio es la declaración de que el mal finalmente se encontró con el poder superior en la muerte expiatoria del Cristo sin pecado. La mentira ha quedado expuesta. El Cristo resucitado liberó a los seres humanos de su servidumbre al pecado y la muerte. A pesar de esto, el mal persistirá debido a la arrogancia del malvado, que jura nunca someterse a la autoridad de Dios. De hecho, la actividad del malvado sólo aumentará hacia el final de la historia, hasta el punto en el que presentará un rival para el Cristo por venir. Contra la segunda venida de Cristo (griego parousia) estará la venida (parousia) del sin ley. No sólo se enfrentará contra Cristo, sino que también se presentará como la alternativa para Cristo, calzando con el título "anticristo" (anti, "a cambio de, en lugar de" al igual que "contra"). Pero eventualmente esta congregación contra Dios será en vano. Satanás será permanente e irrevocablemente aplastado y lanzado al "lago de fuego", destinado al olvido.

MALALEL *Ver* Mahalaleel.

MALAQUÍAS, LIBRO DE Malaquías es una de las últimas voces proféticas en el AT. Es probable que por esta razón sea el último de los doce Profetas Menores, el último libro en todo el AT, al menos en el orden de los libros en español. En el canon hebreo concluye la segunda de tres partes de la Biblia hebrea, los Nebiim o los Profetas.

Dado que el profeta proviene del período posterior al juicio del exilio, es triste ver que aborda el pecado del pueblo y, por lo tanto, amenaza con emitir más juicios. Curiosamente para el cristiano, el libro termina con la promesa de que Elías vendrá antes de ese gran día de juicio, una promesa que los autores del NT ven cumplida en la persona de Juan el Bautista, cuyo ministerio viene como un preludio de la aparición de Jesucristo (Mt. 3, Mr. 1:1-8, Lc. 3, Jn. 1:19-34).

Contexto Histórico

La introducción del libro (1:1) nombra a Malaquías como el medio por el cual Dios se dirige a su pueblo. El hecho de que el profeta se identifique por su nombre y no por lugar de nacimiento o parentesco ha llevado a algunos a sugerir que "Malaquías" no es el nombre real de una persona sino que se refiere simplemente a "mi mensajero", que es el significado en hebreo. Ser Mensajero es un tema del libro, ya que la profecía más tarde promete un futuro mensajero que preparará el camino para la venida del Señor (3:1; 4:5). Sin embargo, dado que el resto de la profecía bíblica trata de identificar sus oráculos con una persona en particular, lo mejor es pensar en "Malaquías" como el nombre de una persona real. La introducción también carece de un indicador histórico, por ejemplo, los nombres de los reyes durante cuyo reinado el profeta tuvo su ministerio. No obstante, las indicaciones internas apuntan al período persa, probablemente en algún momento entre los años 475-460 a.C, antes del trabajo de Esdras y Nehemías.

Consideraciones Literarias y Esquema

La introducción describe el contenido del libro como "una profecía" y "la palabra del Señor". Los contenidos del libro apoyan esta identificación del género, ya que el autor presenta cargos contra el comportamiento religioso y ético del pueblo de Dios y también espera el futuro día del juicio, que trae la redención de los fieles.

La estructura de la profecía se basa en una serie de debates o desafíos dirigidos a las personas pecaminosas de Dios. Los seis debates tienen una estructura común. Dios comienza afirmando una verdad sobre la naturaleza de su relación con su pueblo. En el segundo debate (1:6-2:9), por ejemplo, Dios afirma que Él es el amo y padre de los sacerdotes y pregunta por qué lo tratan con desprecio (1:6). La respuesta viene en forma de una pregunta, en este caso "¿De qué manera hemos tratado tu nombre con desprecio?" (1:6). Dios luego responde enumerando las formas en que lo han hecho. Seis de esos debates están enmarcadas por una introducción que anuncia el oráculo y por una conclusión en la que Dios exige la observancia de la ley y anuncia la venida futura de Elías:

I. Sobrescrito: La profecía de Dios por medio de Malaquías (1:1)
I. Disputa sobre el amor de Dios por su pueblo (1:2-5)
II. Disputa sobre el desprecio que los sacerdotes muestran hacia Dios (1:6-2:9)
III. Disputa sobre el quebrantamiento del pacto de Israel (2:10-16)
IV. Disputa sobre la justicia de Dios (2:17-3:5)
V. Disputa sobre el arrepentimiento (3:6-12)
VI. Disputa sobre las palabras duras contra Dios (3:13-4:3)
VII. Conclusión: cumplir la ley, estar atentos a Elías (4:4-6)

Mensaje Teológico

Como es típico de los profetas bíblicos, el pacto está en el centro de la proclamación profética de Malaquías. Se citan tres pactos en particular: el pacto con Leví (2:8), el pacto de los padres (2:10) y el pacto de matrimonio (2:14). El pueblo de Dios ha violado estos pactos. Dios los ama de una manera especial, pero no devuelven ese amor. Su pecado rompe su relación de pacto; es por eso que el profeta les advierte de la posibilidad de un juicio futuro. Aun así, Dios también es un redentor, por lo que Malaquías también presenta una visión de restauración futura. Él prevé un día en que Dios intervendrá en el mundo, llevando la victoria a aquellos que obedecen las leyes de Dios y el castigo a aquellos que no lo hacen (3:1-5; 4:1-6).

Conexiones con el Nuevo Testamento

Malaquías desafía al pueblo de Dios actual a examinar sus vidas y preguntar si su comportamiento coincide con su creencia. ¿Los cristianos reconocen el amor de Dios hacia ellos (1:2-5)? ¿Honran y respetan a Dios como deberían (1:6-2:9)? ¿Honran sus compromisos relacionales, particularmente aquellos bajo el pacto del matrimonio (2:15-16)? Estos son solo algunos de los temas que el antiguo profeta plantea para la reflexión y la aplicación en el cristianismo de hoy en día.

Marcos comienza su Evangelio con una cita que combina Mal. 3:1 con Isa. 40:3, anunciando el mensajero que precederá la venida del Señor. En el último capítulo de Malaquías, este mensajero se identifica con Elías, que precederá al Señor en el día de la victoria y el juicio. Juan el Bautista cumple el rol, lo que implica que Jesús es el Señor que trae la victoria y el juicio. Jesús mismo más tarde identifica a Juan como Elías, cuyo papel anunciador se anticipa en Malaquías (Mt. 11:7-19, *ver* Lc. 7:18-35). Por lo tanto, las esperanzas futuras del libro de Malaquías encuentran su cumplimiento en los Evangelios.

MALAQUITA De color verde, la malaquita es un carbonato básico de cobre. Un mineral significativo de cobre, este mineral pule bien y se utiliza especialmente como una joya o para hacer diversos elementos ornamentales. Malaquita era uno de varios tipos diferentes de piedras en el pavimento de mosaico del palacio real del rey Jerjes (Asuero) (Est. 1:6 [NVI: "pórfido"; RV: "mármol rojo"]).

MALCAM **(1)** Descendiente de Benjamín, fue el cuarto de siete hijos nacidos a Saharaim por su esposa Hodes después de haberse divorciado de Husim y Baara y era jefe de familia (1 Cr. 8:9-10 [RVA: "Malcham"]). Malcam nació en la tierra de Moab (1 Cr. 8:8), ya sea durante el tiempo cuando Moab estaba subordinado a Israel (*véase* 2 Sam. 8:2, 2 Re. 3:5) o durante un tiempo de paz (*ver* Rut 1; 1 Sam. 22:3-4). **(2)** El nombre aparece en otra parte como un objeto de idolatría de Judá (Sof. 1:5 [NIV: "Moloc"; RVA: "Milcom"]) y puede ser simplemente una variante de ortografía de "Milcom" (por lo tanto, en LBLA), dios de los amonitas (1 Re. 11:5, 33, Jer. 49:1, 3, *véase* Amos 1:15, donde el término hebreo es traducido como "[su] rey" [NVI]).

MALCAM, MOLOC *Ver* Milcom.

MALCHIAS *Ver* Malquías

M

MALCHIEL, MALQUIELITAS *Ver* Malquiel.

MALCO Siervo del sumo sacerdote a quien Pedro le cortó la oreja la noche del arresto de Jesús en Getsemaní (Jn. 18:10). El nombre significa "rey", y puede haber sido un siervo principal del sumo sacerdote. Los cuatro Evangelios mencionan que uno de los discípulos de Jesús le cortó la oreja al siervo del sumo sacerdote. Solo Juan informa que el esclavo se llamaba "Malco" y que Pedro era el perpetrador, y solo Lucas informa que Jesús sanó su oreja (Lc. 22:51). Mientras Pedro estaba parado afuera del juicio de Jesús, un pariente de Malco que también era un siervo del sumo sacerdote acusó a Pedro de estar con Jesús en el jardín (Jn. 18:26).

MALDICIÓN Expresión de furia humana en respuesta al dolor o ira divina generada por la desviación de la ley de Dios (Deuteronomio 27:9-26). Cristo redimió a los pecadores de la maldición de la ley (Gálatas 3:13). *Ver también* Bendición y Maldición.

MALDITO Estar maldito significa estar sujeto a juicio de Dios. "Maldición" se usa para traducir varias palabras hebreas y griegas. La palabra hebrea 'arur aparece repetidamente en Dt. 27:15-26; 28:16-19, pasajes que amenazan las consecuencias tanto para la tierra como para sus habitantes si estos desobedecen las estipulaciones del convenio. Jeremías a menudo advertía de la desolación de la tierra como resultado de los actos detestables de la gente. Un término hebreo relacionado, kherem, indica ceder a la ira divina y destrucción de aquellos que están en oposición a Dios (Jos. 6:17; 7:1; 1 Sam. 15:21). La raíz hebrea qll tiene las mismas connotaciones. Ser colgado de un árbol era parte de la maldición de Dios (Dt. 21: 22-23). Este juicio también podría aplicarse a la tierra (2 Re. 22:19). Pablo empleó el término griego anatema, que indica el objeto de una maldición (Ga. 1:8; comparar Ro. 9:3). Esta palabra se usa en la Septuaginta para traducir ambos 'arur y kherem. Pablo también usó el término griego epikataratos en Ga. 3:10-13, citando a Dt. 27:26; 21:23 en su argumento para evitar que los gálatas regresen a observar la ley. Todos los humanos están bajo el juicio de Dios, pero Jesús se hizo maldito por nosotros.

Algunas narraciones del Antiguo Testamento describen la muerte colgados de árbol para aquellos que eran enemigos del pueblo de Dios y cuyo juicio estaba asegurado (Jos. 10:26, 2 Sam. 18:9-10). El carnero atrapado en el matorral que sirvió como sustituto de Isaac (Gn. 22:13) es quizás una ilustración del acto sustitutorio de Jesús en la cruz (*véase* 1 Pe. 2:24).

MALHECHORES En Lucas 23:32-33, 39 la RVA traduce la palabra griega kakourgos como "malhechor", refiriéndose a dos "criminales" (NVI) crucificados junto a Jesús. En Mateo y Marcos los dos se conocen como lēstai ("bandidos, ladrones"). Esta era una manera peyorativa en la que los romanos se referían a los rebeldes o insurrectos, como delincuentes comunes. Al igual que Barrabás, estos dos probablemente fueron arrestados como parte de una rebelión contra el gobierno romano (Mr. 15:7).

MALICIA Maldad, odio o malas intenciones (Nm. 35:20; Mr. 7:22; Ef. 4:31; 1 Pe. 2:1). La malicia caracteriza las vidas de aquellos que están bajo la ira de Dios (Rom. 1:29), pero para los creyentes en Cristo, la malicia es algo del pasado (Tito 3:3).

MALOTI Hijo de Hemán (vidente del Rey David), fue el jefe de una sección de músicos del tabernáculo durante el reinado de David. Él y sus hermanos estaban bajo la dirección de su padre con címbalos, arpas y liras al servicio de la casa de Dios (1 Cr. 25:4, 26).

MALQUÍAS **(1)** Antepasado del músico Asaf (1 Cr. 6:40). **(2)** Descendiente de Aarón, fue el líder de una división sacerdotal durante el reinado de David (1 Cr. 24:9). **(3)** Antepasado de Pasur, que vino a Jeremías con un pedido del rey Sedequías (Jer. 21:1). **(4)** Antepasado de Adaías, que regresó a Jerusalén después del exilio (1 Cr. 9:12; Neh. 11:12). **(5)** Descendiente de Paros, él envió lejos a su esposa extranjera durante las reformas de Esdras (Esd. 10:25). **(6)** Descendiente de Harim, él envió lejos a su esposa extranjera durante las reformas de Esdras (Esd. 10:31). **(7)** Hijo de Harim, reparó una sección de la muralla de Jerusalén y la Torre de los Hornos (Nehemías 3:11). **(8)** Hijo de Recab, gobernador del distrito de Bet Haquerem, reparó la Puerta del Estiércol del muro de Jerusalén (Neh. 3:14). **(9)** Uno de los orfebres que reparó parte del muro de Jerusalén (Neh. 3:31). **(10)** Uno de los líderes que estuvo con Esdras cuando leyó la ley de Moisés a la gente (Neh. 8:4) **(11)** Un sacerdote que firmó el pacto de Esdras después del exilio (Neh. 10:3). **(12)** Un sacerdote que cantó durante la dedicación del muro (Neh. 12:42). Algunas de estas referencias pueden hablar de la misma persona.

MALQUIELITAS *Ver* Malquiel.

MALQUIEL Nieto de Aser (Gn. 46:17; 1 Cr. 7:31) y el antepasado de los Malquielitas (Nm. 26:45).

MALQUIRAM El segundo hijo del rey Joaquín (Jeconías) de Judá, que fue llevado al exilio babilónico en 597 a.C (1 Cr. 3:18).

MALQUISÚA El hijo del rey Saúl y Ahinoam (1 Sam. 14:49, 1 Cr. 8:33, 9:39). Fue derrotado y asesinado en el Monte Gilboa durante una batalla con los filisteos (1 Sam. 31:2, 1 Cr. 10:2).

MALQUISÚA *Ver* Melchi-sua.

MALTA Una isla de importancia estratégica a unos 100 kilómetros al sur de Sicilia, en el Mar Mediterráneo, Malta era famosa en tiempos antiguos por los naufragios. Es la ubicación del naufragio de Pablo en su camino a Roma para el juicio (Hec. 28:1). Después del naufragio, Pablo estuvo atrapado en la isla durante tres meses y fue atendido por los residentes de la isla. Aquí Pablo fue mordido por una víbora, pero no sufrió efectos nocivos. Hoy la Bahía de San Pablo es la ubicación aceptada del naufragio.

MALUC **(1)** Bisabuelo de Etán, uno de los músicos levitas nombrados por David para ministrar en el tabernáculo (1 Cr. 6:44). **(2, 3)** Dos de los que fueron culpables de casarse con mujeres extranjeras en el tiempo de Esdras (Esd. 10:29, 32). **(4, 5)** Dos de los que firmaron la renovación del pacto con Nehemías (Neh. 10:4, 27). El primero de ellos puede ser el mismo sacerdote mencionado en Neh. 12:2 (*ver* Nº 6). **(6)** Uno de los sacerdotes y levitas que regresó con Zorobabel y Josué (Neh. 12:2). En Neh. 12:14, la familia de Maluc está incluida entre las familias sacerdotales del tiempo del sumo sacerdote Joiacim. La forma de escribirlo "Melicú" (*ver* 12:14 LBLA, NTV mg.) puede

Bahía de San Pablo, Malta.

que sea un error transcripcional (la Septuaginta muestra Malouch ["Malluch"] y la Qere sugiere Mclicha [RVA]).

MALUCH, MELICÚ *Ver* Maluc.

MALVA Una planta, probablemente una especie del género Atriplex, más comúnmente conocida como salicornias. Es un arbusto grande y tupido que crece en suelos arenosos y salados. La planta mucilaginosa tiene muchos usos medicinales. Aunque "malva" se encuentra en Job 30:4 (LBLA [NVI: "hierba amarga"]), esta referencia es más probable que sea a otra planta (Atriplex halimus L.) conocida como verdolaga. Esta planta se ajusta mejor a la descripción de una planta de pantano recolectada para alimento por los pobres durante los tiempos de hambrunas. La NRSV sigue la Septuaginta insertando "malva" en Job 24:24 en una comparación de flores que se desvanecen para los injustos. La mayoría de las otras traducciones siguen al hebreo y leen "todo los demás. " Mientras que la NRSV traduce Job 6:6b como "¿tiene algún sabor el jugo de las malvas?". la mayoría de las traducciones toman la palabra relevante para referirse a la clara de un huevo. *Ver también* Verdolaga.

MAMMÓN Una transliteración de la traducción griega del sustantivo arameo mamōnas, que significa "riqueza" y se traduce por la NVI como "riquezas" o "riquezas mundanas" (Mt. 6:24, Lc. 16:9, 11, 13) Solo Jesús usa el término en la Biblia. Como la iglesia primitiva retuvo el arameo, es probable que la palabra misma conserve su significado. Jesús advierte: "No podéis servir a Dios y a Mammón [NTV:"al dinero"]" (Mateo 6:24 RVA). En este caso, Mammón se coloca en paralelo con Dios, lo que sugiere que ha asumido la importancia de un ídolo. Como todos los dioses falsos, Mammón promete placer a los fieles, pero finalmente los esclaviza. Sin embargo, Jesús también usa el término en un sentido más amplio, "riqueza mundana", donde no es necesariamente posesivo y puede ser dominado y redireccionado astutamente para avanzar en el reino de Dios (Lc. 16:9, 11).

MAMRÉ Un sitio cerca de Hebrón donde se asentó Abraham (Gn. 13:18; 14:13; 18:1). Su ubicación se identificó en asociación con "grandes árboles". Abraham adquirió una zona de entierro en Macpela, que se describe que está en las cercanías de Mamré (23:17, 19; 25:9; 49:30; 50:13), donde varios patriarcas y matriarcas fueron sepultados. Más tarde, Isaac vivió en el área (35:27). Un hombre llamado Mamré ayudó a Abraham a derrotar a una coalición de reyes orientales (14:24); tal vez el sitio fue nombrado por él. Hoy los arqueólogos identifican a Mamré con Haram Ramet el-Khalil, a dos millas al norte de Hebrón.

MANADA Un grupo de animales domesticados. En el AT, una manada (baqar; generalmente ganado y/o bueyes) frecuentemente se distingue de un rebaño (tso'n; ovejas y/o cabras), y los israelitas frecuentemente tenían ambos (Dt. 15:19). De una manada, un israelita podía tomar un animal para comer (Gn. 18:7) o sacrificar (Lv. 1:2-3). En el NT, la palabra griega comúnmente traducida como "manada" (agelē) se usa sólo para cerdos (Mt. 8:30; Mc. 5:11; Lc. 8:32). Un "rebaño" (poimēn) está compuesto de ovejas y cabras.

MANAÉN Uno de los profetas y maestros de la iglesia de Antioquía. Su nombre es una traducción griega del nombre hebreo "Menahem". Manaén fue "criado con" Herodes Antipas el tetrarca (Hec. 13: 1). Se ha sugerido que los niños criados como compañeros de príncipes reales eran descritos y retenían este título de adultos. Como conocía a Herodes, Manaén pudo haber servido como fuente de información para la redacción del Evangelio de Lucas (*véase* Lc. 3:19-20; 9:7-9; 13:31; 23:7-12). Un Manaén anterior era un conocido esenio de Herodes el Grande (padre de Herodes Antipas) quien predijo el ascenso de Herodes el Grande a la monarquía (Josefo, Ant. 15.373-79).

MANAHAT (1) Un hijo de Sobal y descendiente de Seir el horeo (Gn. 36:23, 1 Cr.1:40). (2) Una ciudad o pueblo al que los habitantes de Geba (los benjamitas del clan de Aod) fueron llevados al exilio (1 Cr. 8:6).

MANAHEM El hijo de Gadi, fue el decimosexto rey (747-737 a.C) del reino del norte,

Israel. El ascenso de Manahem al poder estuvo marcado por la violencia y la crueldad. Su predecesor, Salum, hijo de Jabes (también un usurpador del trono), había reinado solo un mes en Samaria cuando Manahem subió de Tirsa y lo mató. Manahem luego atacó brutalmente la ciudad de Tifsa, donde "abrió el vientre a todas las mujeres embarazadas" (2 Re. 15:16).

El reinado de diez años de Manahem fue "malo ante los ojos del Señor" (2 Re. 15:18). Habiendo alcanzado el trono en el año treinta y nueve de Azarías de Judá (c 747 a.C), siguió los pecados de sus predecesores. Tiglat-pileser III (Pul) de Asiria invadió Israel durante el reinado de Manahem, pero Manahem pudo evitar la toma del poder e incluso "fortalecer el reino bajo su mando" pagando mil talentos de plata al rey asirio (2 Re. 15:19), que recaudó imponiendo impuestos a los hombres ricos de Israel. Manahem murió de muerte natural, y su hijo Pekaía lo sucedió como rey. *Véase* 2 Re. 15:13-22.

MANAHETITAS Dos medias tribus calebitas: una mitad del antepasado Sobal y la otra mitad de Salma (1 Cr. 2:50-54).

MANANTIAL Una salida a la superficie de agua subterránea, una buena fuente de agua. Ya que el agua era escasa en el antiguo Oriente Próximo, la ubicación de manantiales determinaba las actividades humanas (cf. Gn. 24:13; Js. 15:19; Jue. 7:1; Cant. 1:14). Debido a su efluvio perenne, los manantiales también son llamados "aguas vivas" (Jr. 2:13 ESV). Dios aplica la imaginería de la confiabilidad de un manantial a sí mismo (Jr. 17:13), y Jesús compara el incesante flujo del manantial con el Espíritu dador de vida que mora dentro del creyente (Jn. 4:10-14; 7:38).

MANÁ Pan celestial milagroso que Dios derramó para que los israelitas comieran cuando vagaban por el desierto (Éx. 16:1-35). La palabra maná proviene probablemente de la frase hebrea man hu' ("¿Qué es?"), Que refleja la desconcertada respuesta de los israelitas ante la provisión de gracia de Dios (Éx. 16:15). Fue el resultado de una capa de rocío que cayó en el campamento por la noche y se evaporó por la mañana, dejando copos muy finos parecidos a la escarcha en el suelo (Éx. 16:14; Nm. 11:9). El maná era blanco como la semilla de cilantro y sabía cómo obleas hechas con miel y aceite de oliva (Éx. 16:31; Nm. 11:8). Podía ser machacado para que quedara como una masa y luego ser hervido o horneado (Nm. 11:8). Dios envió una nueva provisión de maná cada día para probar si los israelitas confiaban en él en la provisión (Éx. 16:4). Fue diseñado para pudrirse con el fin de evitar que las personas acumulen su propio suministro en lugar de confiar en Dios (16:19-20). A los israelitas se les permitió recolectar maná durante seis días, pero no aparecía en el suelo en el día de reposo. Para prepararse para el día de reposo, se reunía el doble en el sexto día, que milagrosamente duraba hasta el sabbath (16:5, 23-26).

Los arbustos de tamarisco en la región del Sinaí secretan una savia estacional, rica y similar a la miel que finalmente se cristaliza y cae en la tierra y se llama "maná" hasta el día de hoy. Sin embargo, este fenómeno natural no explica por completo o coincide con la tradición bíblica. El maná bíblico era verdaderamente un milagro.

MANASÉS **(1)** Hijo de José y nieto de Jacob. Él fue el primogénito de José, pero Jacob bendijo a Efraín su hermano en lugar de Manasés (Gn. 48:13-20). José recibió una doble porción por sobre sus hermanos porque las dos tribus de Israel trazaron su ascendencia a través de sus dos hijos. Conforme a la bendición de Jacob, la tribu de Efraín eclipsó a la tribu de Manasés (*véase* Manasés, Tribu de).

(2) El decimocuarto rey de Judá (698-642 a.C), su gobierno fue tan malo que aseguró la condenación de su reino (2 Re. 20:21-21:18, 2 Cr. 32:33-33:20). El relato de su reinado en 2 Reyes se centra exclusivamente en la perversidad de su liderazgo y las consecuencias negativas que derivaron de su reinado. Muchos reyes promovieron o toleraron la adoración de deidades paganas, pero sólo Manasés se asocia con la práctica del sacrificio de niños, ofreciendo a su propio hijo (2 Re. 21:6). Él "derramó tanta sangre inocente que inundó a Jerusalén de un extremo a otro" (2 Re. 21:16). Tal pecado provocó una fuerte reacción de parte de Dios, quien anunció que "limpiaría a Jerusalén como se limpia un plato, limpiándolo y volviéndolo boca abajo" (2 Re. 21:13).

Curiosamente, 2 Crónicas, un trabajo histórico posterior al exilio, expande nuestro conocimiento sobre este rey para incluir el relato de su conversión al final de la vida. Esta historia está ausente de 2 Reyes porque ese libro cuenta la historia del pueblo de Dios para explicar por qué estaban en el exilio. El cambio de vida de Manasés ocurrió cuando sus gobernantes asirios, enojados por una ofensa no especificada, lo arrastraron a su capital con un gancho en la nariz. Debido al cambio de corazón de Manasés, Dios bendijo el resto de su reinado, aunque Dios no revirtió el juicio de destrucción que sus pecados provocaron contra Judá (Jer. 15:4).

(3) Un israelita, descendiente de Pahat-moab, culpable de casarse con una mujer extranjera durante el tiempo de Esdras (Esd. 10:30).

(4) Un israelita, descendiente de Hasum, culpable de casarse con una mujer extranjera durante el tiempo de Esdras (Esd. 10:33).

MANASÉS, TRIBU DE Una de las doce tribus de Israel. Junto con Efraín, se remonta a José en lugar de a Jacob. Manasés y Efraín fueron los dos hijos de José, cada uno de los cuales recibió una porción tribal (lo que resultó en que José obtuviera una doble porción) junto con los hijos de Jacob (Gn. 48). Al mismo tiempo, Manasés, el hermano mayor, perdió su primogenitura contra Efraín cuando Jacob cruzó sus manos y puso su mano derecha sobre Efraín cuando daba la herencia. Esto sigue la tradición en Génesis de que el hijo menor suplante al mayor. El estatus exacto de la tribu de Manasés es complejo, pero está claro que Manasés y Efraín fueron rivales por su estatus y poder durante la temprana monarquía del reino del norte. De acuerdo con las descripciones de la tierra en el libro de Josué, Manasés habría obtenido el territorio tribal más grande. También de manera única tuvo tierras a ambos lados del río Jordán, lo que pudo haber contribuido a que Manasés fuera una de las tribus menos unificadas en Israel. Muchas de las ciudades más importantes del reino del norte estaban ubicadas en Manasés, incluyendo las ciudades capitales de Siquem y Samaria y las principales ciudades militares de Meguido y Jezreel.

MANASESITAS Miembros de la media tribu de Manasés (Dt. 4:43; Jos. 16:9; 17:12; *véase* Dt 29:8; 2 Re. 10:33; 1 Cr. 26:32).

MANCHA Defecto físico en un animal de sacrificio que lo hace ser inaceptable para la ofrenda al Señor (Levítico 22:17-25) o defecto físico en un sacerdote que no lo hace ser apto para llevar a cabo ciertas funciones sacerdotales (Levítico 21:17-24). En el Nuevo Testamento, Cristo es el cordero de sacrificio hecho una sola vez y para siempre que no tiene mancha o defecto. En Cristo, los cristianos son presentados ante Dios como santos y sin manchas (Efesios 5:27; Colosenses 1:22; Hebreos 9:14; 1 Pedro 1:19).

MANCHA Un defecto o imperfección causando que una persona u objeto sea impuro para el culto de alguna manera. Algunas manchas blancas o rojizas en el cuerpo de una persona podrían indicar una enfermedad infecciosa de la piel, haciendo a un israelita ritualmente impuro (Lv. 13). Sólo los animales sin defectos eran ofrendas aceptables a Dios (Éx. 12:5; Nm. 19:2; Dt. 17:1). Figuradamente, los seguidores de Cristo deben estar "sin mancha", moralmente puros y así calificados para el compañerismo con Dios (2 Pe. 3:14) y una iglesia pura, libre de "mancha o arruga o cualquier otra imperfección" (Ef. 5:27). Jesús "se ofreció a sí mismo sin mancha a Dios" (Heb. 9:14), el sacrificio perfecto por el pecado como "un cordero sin mancha o defecto" (1 Pe. 1:19).

MANDAMIENTOS, DIEZ Los Diez Mandamientos también se identifican como el Decálogo, significando las "Diez Palabras". Estos mandamientos son parte de la literatura legal de la Biblia revelada por Dios al pueblo de Israel. Son las palabras de la alianza (Éx. 34:28) y definen la relación de alianza entre Yahveh e Israel. Algunas leyes bíblicas son condicionales y escritas en el estilo de jurisprudencia, que emplea un formato personalizado "si... entonces" (gran parte del Éxodo 21:2-22:17; Dt. 21:18-19; 22:6-9; 23:21-25; 24:10-12). Otras leyes son presentadas en términos absolutos "deberás..." o "no deberás..." (Éx. 22:18-23:19). Este último formato en segunda persona caracteriza los Diez Mandamientos (Éx. 20:1-17; Dt. 5:6-21).

Los Diez Mandamientos fueron revelados en el Monte Sinaí después del éxodo de Egipto y antes de la conquista de la tierra (Éx. 20:1-17). Estas leyes fueron replanteadas con alguna variación a una segunda generación de israelitas aproximadamente treinta y ocho años después en Moab, al este del río Jordán (Dt. 5:1-5). Porque la generación posterior al éxodo se rehusaba a creer en Dios y entrar en la tierra, ellos experimentaron la ira de Dios, que trajo su muerte durante un periodo de treinta y ocho años. Dios entonces renovó su alianza con la generación siguiente e hizo preparaciones para que ellos entraran en la tierra prometida (Dt. 2).

Los Diez Mandamientos son precedidos de una extraordinaria manifestación de Dios (Éx. 19) que acentúa su carácter asombroso. Esta teofanía reveló al Dios trascendente, que dirige su palabra a su pueblo desde los cielos como el Gran Rey. En este punto en la historia redentora, Israel se establece como una nación independiente, y el rol mediador de Dios es confirmado (Éx. 9:9). La declaración de la ley divina no significa ausencia de gracia. La gracia de la redención en el éxodo precede el establecimiento de la ley en Sinaí. Tanto en el Éxodo como en el Deuteronomio, el decálogo es precedido por la declaración de Dios: "Yo soy el Señor, tu Dios" (Éx. 20:2; Dt. 5:6) para subrayar la importancia de la relación.

En Deuteronomio, los Diez Mandamientos funcionan dentro de la estructura total de protectorado usada por Moisés para organizar el libro. La estructura es común en el antiguo Oriente Próximo, y los materiales bíblicos tienen cierta similitud con los tratados heteos. En los tratados de protección, los sirvientes (vasallos) están obligados a cumplir la voluntad del rey (estado protector), que se refleja en Dt. 4:44-11:32. Como en Éxodo, el Decálogo del Deuteronomio (5:6-21) es un resumen de la voluntad de Dios.

El Decálogo contiene principalmente mandamientos negativos. Hay dos mandamientos positivos, aquellos que ordenan el respeto del Sabbat (Éx. 20:8; Dt. 5:12) y honrar a los padres (Éx. 20:12; Dt. 5:16). Los mandamientos varían en extensión, estilo y contenido. Algunos mandamientos incluyen declaraciones motivacionales o explicativas. Los primeros cuatro mandamientos del Decálogo se refieren a la relación de los humanos con Dios, y los restantes seis se refieren a las relaciones entre humanos, especialmente con compañeros en la alianza.

El Decálogo es la base para comprender todas las leyes del AT. Los profetas usaron los Diez Mandamientos como base para apelar a la nación. Con frecuencia, el mensaje profético de los Profetas Mayores y Menores es una exposición del fracaso de Israel en conformarse a la voluntad de su Gran Rey declarada en la ley junto con un llamado a regresar a sus formas de gracia.

MANDRÁGORA Una planta de la familia de las solanáceas, común en toda el área mediterránea. En la antigüedad se creía que era un afrodisíaco y una ayuda para lograr la concepción. Esto se puede ver en la negociación entre Raquel y Lea por las mandrágoras encontradas por Rubén (Gn. 30:14-15). Raquel evidentemente deseaba las mandrágoras como una cura para su infertilidad, pero la narración es clara de que la infertilidad de Raquel se supera más tarde sólo a través de la intervención de Dios (30:22). Las mismas asociaciones también se encuentran en la referencia a la fragancia de las mandrágoras en Cant. 7:13, que es la única otra referencia bíblica a las mandrágoras.

MANGO En Dt. 19:5 la KJV traduce la palabra hebrea 'ets como "mango", una palabra arcaica que se refiere al mango de un hacha o arma.

MANGO La empuñadura de un hacha (Dt. 19:5 NRSV) o espada (Jue. 3:22) o el cerrojo de una puerta (Cant. 5:5). Las fuentes móviles para el templo tenían cuatro mangos (1 Re. 7:34).

MANO Adicionalmente a su más obvio significado anatómico, "mano" puede referirse también al dedo (Gn. 41:42), la muñeca (Gn. 24:22) o todo el brazo (2 Re. 5:18).

Usos simbólicos. La Biblia da testimonio de muchas referencias simbólicas. Llevarse una mano a la boca es indicación de silencio (Job 21:5). Ponerla sobre la cabeza de uno es un gesto de tristeza y luto (2 Sm. 13:19). Aplaudir expresa alegría (Sal. 47:1) o escarnio (Job 27:23). Levantar una o ambas manos es un gesto que acompaña un juramento (Dt. 32:40), bendición (Lv. 9:22), oración o adoración (Sal. 28:2; 63:4). Sacudir la mano de uno indica desafío (Is. 10:32) o escarnio (Sof. 2:15). Los judíos en tiempos de Jesús se lavaban las manos antes de una comida para limpieza ritual (Mt. 15:2), mientras que Pilato se lavó sus manos para señalar su inocencia (Mt. 27:24).

La imposición de manos se asocia con muchos significados diferentes en distintos contextos en la Biblia. Su significado simbólico en el contexto de sacrificio, sin embargo, se sigue debatiendo. La idea de la transferencia de la culpa del oferente, que es explícita en el caso del chivo expiatorio en Lv. 16:21-22, no se aplica fácilmente a la imposición de manos en el contexto de sacrificio. La imposición de manos, por ejemplo, es parte de una ofrenda de compañerismo, un sacrificio que tiene poca relación con la expiación del pecado. Esto ha llevado a alguno académicos a plantear la idea de que por la imposición de manos sobre el animal el oferente adquiere los méritos de sacrificio o se asegura de que el sacrificio intencionado para una ofrenda específica será usado solamente para ese propósito. La imposición de manos también se asocia con un contexto no sacrificial: el mandato para una tarea específica. Moisés impuso las manos sobre Josué al nombrarlo líder del pueblo de Israel (Nm. 27:18-23). De la misma manera, los israelitas eran instruidos a imponer sus manos sobre los levitas (Nm. 8:10). También es a través de la imposición de manos que Saúl y Bernabé fuesen señalados como misionarios a los gentiles (Hec. 13:2-3). También se asocia con la sanación milagrosa (Mt. 9:18) y el regalo del Espíritu Santo (Hec. 8:17-19). (*Véase también* Imposición de Manos).

Usos idiomáticos y figurativos. El término "mano" forma numerosas expresiones idiomáticas en la Biblia, algunas de las cuales fueron traspasadas a lenguas europeas a través de traducciones de la Biblia. Los siguientes son algunos ejemplos seleccionados: "Ponerse manos a la obra" significa "comenzar" (Dt. 12:7; Lc. 9:62); "tener mano blanda" es sinónimo de negligencia o descuido (Js. 10:6); "esconder o enterrar la mano en el plato" es descriptivo del goloso (Prov. 19:24): "poner la vida de uno en las manos de uno" significa arriesgar la vida (1 Sm. 19:5); "llenar las manos" significa consagrar (Éx. 32:29; NIV: "apartar"). La frase "mano de Dios" o "mano de Yahveh" puede denotar pestilencia (1 Sm. 5:6; 6:3, 5). Un uso similar de "mano de [un dios]" como enfermedad se encuentra también en fuentes ugaríticas y acadias.

Varios usos figurados de la mano ocurren en la Biblia. La mano con frecuencia connota poder o fuerza. Cuando los hombres de Hai se dieron cuenta de su dilema, no tenían "mano" para huir (Js. 8:20). También, los israelitas fueron ordenados llevar regalos de acuerdo a su "mano" a la Fiesta de los Tabernáculos (Dt. 16:17). El salmista reprende a los israelitas por olvidarse de la "mano" de Dios que los redimió de su opresor (Sal. 78:42). La mano es a veces sinónimo de "lado". La "mano" del camino se refiere al costado del camino, y la "mano" un río se refiere a sus riberas. Usada por sí sola, "mano" puede indicar un lugar, como en Dt. 23:12-13, donde los israelitas son ordenados designar "una

Una Impresión de mano de Khirbet El-Kom.

mano" fuera del campamento para letrina. La mano puede usarse metonímicamente para la persona. En ese sentido, la penalidad ejercida "de la mano" o "a la mano" del transgresor (Gn. 9:5; Ez. 33:8). Finalmente, "la mano derecha" connota una posición de prestigio y prominencia. La preferencia de Jacob por Efraín, el segundo hijo de José, se expresó por su imposición de su mano derecha (Gn. 48:13). Yahveh ordenó al rey mesiánico sentarse a su derecha (Sal. 110:1). Jesús dijo, refiriéndose a sí mismo: "Verán al Hijo del Hombre sentarse a la derecha del Poderoso y venir sobre las nubes del cielo" (Mt. 26:64; Mc. 14:62).

MANO IZQUIERDA *Ver* Izquierda.

MANOA El padre de Sansón (Jue. 13:24; 16:31). La historia de Sansón en Jueces comienza con la presentación de su padre, Manoa, un danita de Zora, cuya esposa era estéril (13:2). Un ángel del Señor se le aparece a la esposa de Manoa, que no tiene nombre en toda la narración, y declara que tendrá un hijo y que debe ser criado como nazareo. Manoa solicita que el Señor envíe a este "hombre" nuevamente, lo cual hace. Manoa y su esposa finalmente se dan cuenta de la identidad del ángel del Señor después de que ha desaparecido en las llamas de su sacrificio (13:9-21).

MANOJO Un atado de grano. En el AT, los israelitas fueron ordenados a abstenerse de recuperar un manojo olvidado de grano del campo (Dt. 24:19), sino más bien dejarlo como provisión, junto con otros restos agriculturales (Dt. 24:20-22; Lv. 19:10), para los desposeídos de los márgenes de la sociedad. Rut se beneficia de esa provisión (Rut 2:1-23), y Job se queja de aquellos que retienen esa ofrenda (Job 24:10). Los manojos también aparecen en uno de los sueños de José (Gn. 37:7).

MANOS, IMPOSICIÓN DE *Véase* Imposición de Manos.

MANSEDUMBRE, HUMILDAD La cualidad de anteponer los intereses de los demás. La mansedumbre es susceptible a las connotaciones de inferioridad (1 Sam. 9:21). El término a menudo se aplica a los socialmente inferiores (mujeres, esclavos, eunucos, niños), que adquirieron una función de servicio en el hogar. Los griegos y los romanos sabían por su mitología que el orgullo (hybris) era un defecto humano fundamental (ver el mito de Dédalo e Ícaro). Pero su opuesto, la mansedumbre, no era especialmente elogiada, por lo que la mayoría de las personas seguían un curso intermedio. Pero Dios eliminó cualquier sentimiento de inferioridad y, por lo tanto, la necesidad de un curso intermedio, al empoderar la mansedumbre de dos grandes siervos. Esta virtud bíblica se atribuye primero a Moisés (Nm. 12:3) y luego a Jesús (Mt. 11:28-30, 2 Cor. 10:1). Antes de redimir a Israel de la esclavitud, Dios liberó a Moisés de la oscuridad en el desierto. Él estaba en directo contraste con la arrogancia del Faraón (Éx. 10:3). En varias ocasiones, Moisés puso los intereses del pueblo de Dios antes que los suyos (por ejemplo, Éx. 32:30-34; 33:12-14). Pablo ofrece una narración similar sobre el Hijo de Dios, que tomó la forma de un siervo; y después de haber sido burlado, sufrió la muerte más humillante, en una cruz. Pero Dios lo resucitó de la muerte y lo sentó a su diestra (Fil. 2:5-11). Los lectores del apóstol habrían hecho una comparación inmediata con Nerón, quien presumió su propia deificación. Los primeros seguidores de Jesús se distinguieron al hacer que la humildad fuera fundamental para la vida cristiana (por ejemplo, Fil. 2:1-5, 1 Tes. 2:6-8, San. 1:21). Jesús pronunció la bendición sobre todos los que son mansos, aquellos que desean lo mejor de Dios para todas las personas, incluso sus enemigos, y les prometen que heredarán la tierra para la cual él y Moisés trabajaron (Mt. 5:5; 7:12; *véase* Dt. 8:2; Sal. 37:11) En contexto, la mansedumbre adquiere el sentido del poder controlado. A través de Isaías, Dios prometió un día apartado para humillar a los arrogantes y levantar los espíritus de los humildes (Is. 2:11-12).

MANSIÓN La noche de su arresto, Jesús les prometió a sus discípulos que se iba a "preparar un lugar" para ellos. Les aseguró que la "casa de su Padre" tenía mucho espacio. En Jn. 14:2 la RV1977 traduce el término griego monē como "mansiones". En la Vulgata latina, el término

M

griego se traduce mansio, que significa "morada" o "hogar". Los traductores de la RV1977 interpretaron el término como "mansión". es decir, un "lugar de residencia". Hoy, sin embargo, la palabra "mansión" se refiere a una casa grande y elaborada y, por lo tanto, puede ser engañosa como una traducción de monē. Por lo tanto, Jesús les prometió a sus discípulos que prepararía lugares eternos para que vivieran con él, y por lo tanto se puede traducir mejor como "viviendas" o "habitación", como en las traducciones modernas.

MANTO Una prenda externa (generalmente "capa", "prenda" o "túnica" en la NVI). Entre los objetos que Acán robó del botín en Jericó había un manto (Jos. 7:21). Los autores bíblicos a veces usaban la palabra "manto" figurativamente en la literatura poética (Sal. 89:45 NVI; Is. 59:17; 61:3; Heb. 1:12 LBLA). El manto de Elías es el más prominente en la Biblia. Elías puso su manto sobre Eliseo para indicar que Eliseo sería su sucesor (1 Re. 19:16, 19). Más tarde, tanto Elías como Eliseo usaron el manto de Elías para separar el río de Jordán (2 Re. 2:8, 13-14). *Ver también* 1 Re. 19:13.

MANUSCRITO Técnicamente, cualquier documento escrito a mano, incluyendo registros, cartas y Escrituras. El término comúnmente se refiere a copias de documentos bíblicos hechos antes de la invención de la imprenta. Los manuscritos que se conservan del AT están en forma de rollos; Los NT están en forma de códice (libro).

MANZANA, MANZANO La palabra hebrea tappuakh se suele traducir como "manzana (árbol)", aunque algunos han sugerido otros frutos, argumentando que la manzana no se introdujo en tierras bíblicas hasta después del período del Antiguo Testamento.

En Cantar de los Cantares, se dice que el hombre es un manzano entre los árboles del bosque (Cant. 2: 3). Él proporciona sombra para la mujer, la que participa del fruto del árbol. Más adelante en el mismo libro, bajo el manzano es también el lugar donde se hacen el amor; la mujer dice que el hombre la despierta bajo el manzano (Cant. 8: 5). El manzano se destaca entre todos los otros árboles por su fruto y su aroma. En la poesía amorosa proporciona un entorno ideal para la intimidad debido a su sombra y las insinuaciones de fecundidad (fertilidad). En Cantares 2: 5, las manzanas se mencionan junto con las tortas de pasas como alimento que sostendrán a la mujer en su acto sexual, por lo que sirven como una especie de afrodisíaco. En un pasaje igualmente sensual (Cant. 7: 8), se dice que el aliento de la mujer huele a manzana, lo que implica que es agradable estar cerca cuando el hombre la besa.

Excluidas las referencias a la "la niña de mis ojos", el manzano se menciona fuera del Cantar de los Cantares sólo en Joel 1:12 y Prov. 25:11. En Joel 1:12, el manzano figura entre los árboles que serán destruidos en el contexto del juicio de Dios. En otras palabras, la fertilidad de los huertos y bosques desaparecerá. Proverbios 25:11 compara las palabras pronunciadas en el momento correcto con las manzanas doradas en una canasta de plata, una combinación muy deseable. *Véase también* Niña de mis ojos.

MAÑANA El período del día que comienza al amanecer y que a menudo se describe como un tiempo de gran actividad, como para embarcarse en un viaje (Gn. 44:3), iniciar una batalla (Jue. 9:33), ofrecer sacrificios (Amos 4:4), comenzar a trabajar (Mt. 20:1) y reunirse con Dios (Éx. 34:2-4; Mr. 1:35; *ver* Sal. 55:17). La mañana es un tiempo de alegría (Sal. 30:5), aunque algunos pueden expresar esta alegría más fuertemente que otros (Prov. 27:14).

MAOC El padre de Aquis, el rey de la ciudad filistea de Gat, quien le facilitó a David y su familia un santuario durante su huida de Saúl (1 Sam. 27:2). Maoc es llamado "Maaca" en 1 Re. 2:39.

MAÓN (1) Hijo de Samai, él era un descendiente de Caleb y una esposa anónima. Maón también se identifica como el padre de Bet-sur (1 Cr. 2:45), lo cual significa que él era el antepasado de la gente de Bet-sur o el fundador de esa ciudad. Maón también puede tener un significado colectivo para la gente de Maón que fundó la ciudad de Bet-sur. (2) Una de las ciudades pertenecientes a la tribu de Judá (Jos. 15:55), ubicada a nueve millas al sur de Hebrón. Se ha identificado como Tell Main hoy. El esposo de Abigail, Nabal, residió allí (1 Sam. 25:2). David se escondió de Saúl en el desierto de Maón (1 Sam. 23:24-25).

MAONITAS Un grupo de personas incluidas en una lista de opresores de Israel durante el tiempo de los jueces (Jue. 10:12). Este puede ser el mismo grupo que los meunitas, al pueblo que los hijos de Simeón desposeyeron durante el reinado del rey Ezequías de Judá (1 Cr. 4:41), y contra quienes el rey Uzías combatió con éxito (2 Cr. 26:7). Algunos estudiosos y traductores, siguiendo la Septuaginta, enmiendan el texto a "Madianitas".

MAQUERONTE Una fortaleza situada a cuatro millas al este del Mar Muerto, Maqueronte no aparece en las Escrituras, pero el historiador judío Josefo lo menciona como el lugar donde Herodes Antipas encarceló y decapitó a Juan el Bautista (Ant. 18.119; cf. Mt. 14:1-12). Está situada en una altura prominente entre el valle Zarqa Ma'in y el de Heidan. Originalmente fortificado por el rey asmoneo Alejandro Janneo y destruido por los romanos en el siglo I a.C, la fortaleza fue reconstruida por Herodes el Grande, quien continuó utilizando el sitio, al igual que su hijo Antipas. Maqueronte es identificado con las ruinas cerca de la aldea moderna de Mukawir. Los restos excavados datan de los primeros siglos a.C y d.C, así como a la destrucción final romana en el año 72 d.C

MAQUI De la tribu de Gad de la generación del desierto, fue el padre de Geuel, uno de los doce espías enviados por Moisés para explorar Canaán (Nm. 13:15).

MAQUIR (1) El hijo mayor de Manasés y nieto de José (Jos. 17:1). Él fue el padre de Galaad, Peres y Seres (Jos. 17:3; 1 Cr. 7:16) y una hija que no se nombra (1 Cr. 2:21). Sus hijos fueron "criados sobre las rodillas de José" (Gn. 50:23), un modismo para la adopción legal y los derechos de herencia. Esto coloca al clan Maquirita, que dirigía Maquir (Nm. 26:29), en Egipto y bajo la casa de José. Maquir tenía un hermano, Asriel (1 Cr. 7:14), y una esposa, Maaca (1 Cr. 7:16). Después de ayudar a las otras tribus israelitas en la conquista de Canaán (Nm. 32:39-40), los descendientes de Maquir capturaron Galaad de Transjordania, que Moisés había asignado anteriormente a Maquir (Dt. 3:15). En la Canción de Débora, Maquir es nombrada en una lista geográfica de las tribus cuando salen a la batalla de Sísara (Jue. 5:14). Maquir aparece en la lista (después de Efraín-Benjamín y antes de Zabulón, Isacar y Neftalí), donde figuraría Manasés normalmente. (2) El hijo de Amiel de Lo Debar y descendiente de Manasés. El hijo de Saúl, Mefiboset, vivía en su casa (2 Sam. 9:4-5). Maquir también trajo camas, tazas, vasijas y comida para apoyar a David y su pueblo durante el tiempo de la rebelión de Absalón (2 Sam. 17:27-29).

MAQUIRITAS *Ver* Maquir.

MAR DE ARABÁ *Véase* Mar Muerto.

MAR DE FUNDICIÓN La enorme fuente de bronce que fue colocada en el atrio del templo de Salomón (1 Re. 7:23-26, 2 Cr. 4:2-6 RVA, JBS [NVI mg.: "Mar de metal fundido"]). Tenía aproximadamente quince pies de diámetro, siete pies y medio de altura, y cuarenta y cinco pies de circunferencia. Existe una discrepancia en los textos bíblicos en cuanto a la cantidad de agua que podía contener, pero probablemente era entre diez y quince mil galones. Estaba colocado sobre doce toros de fundición, tres de ellos orientados al norte, oeste, este y sur. Estaba ornamentado en el exterior con figuras de toros y calabazas. Los eruditos estiman que estando vacío habría pesado entre veinticinco y treinta toneladas.

Funcionalmente, el mar de fundición servía como una fuente para que los sacerdotes se lavaran (2 Cr. 4:6), pero la mayoría de los eruditos están convencidos de que se le atribuía un valor simbólico aún mayor. En todo el antiguo Cercano Oriente, se concebía que los dioses hubieran obtenido grandes victorias sobre las aguas primitivas. El Dios de Israel se describe de esta manera también en el AT, especialmente en el Salterio (Sal. 29:3, 10; 65:7; 74:13; 77:16; 89:9; 93:3-4; 104:7). La presencia del mar de fundición en el atrio del templo habría recordado a los fieles la soberanía de Dios sobre el mar, las fuerzas de la naturaleza y sobre todas las naciones (*ver* Sal. 65:7).

M

MAR DE GALILEA Un gran lago de agua dulce en la región Galilea del norte de Israel que mide aproximadamente veintiún kilómetros de largo por trece kilómetros de ancho y tiene entre veinticuatro y cuarenta y seis metros de profundidad. Debido a su forma de arpa, el AT lo llama "Mar de Cineret" que proviene de la palabra hebrea para "arpa" (Nm. 34:11; Dt. 3:17; Js. 13:27; 19:35). También es llamado "Lago de Genesaret", que deriva de la exuberante Planicie de Genesaret cercana (Mt. 14:34), y el Mar de Tiberíades, que proviene del nombre de la ciudad más prominente a sus orillas (Jn. 6:1; 21:1).

El Mar de Galilea se ubica aproximadamente noventa y seis kilómetros al norte de Jerusalén y es alimentado por el río Jordán. Está rodeado de cumbres montañosas y acantilados, excepto en el lado sur, donde el río Jordán sale de él. Estas cumbres forman un valle y permiten fuertes, frecuentes e inesperadas tormentas cuando los vientos mediterráneos soplan por las laderas del oeste y se arremolinan sobre el mar. Jesús demostró su poder sobre la naturaleza al calmar esas violentas tormentas (Mt. 14:22-33; Mc. 6:45-51; Jn. 6:16-21).

El Mar de Galilea poseía una gran industria pesquera, que proporcionaba la ubicación ideal para que Jesús llamara a sus primeros discípulos—Pedro, Andrés, Santiago y Juan que eran pescadores (Mc. 1:16-20). Gran parte del ministerio de Jesús en los Evangelios Sinópticos ocurrió en pueblos alrededor del Mar de Galilea. El Mar de Galilea proporcionaba una abundancia de imágenes de pesca (Mt. 13:48) y lecciones sobre el discipulado. Su costa puede haber proporcionado una ubicación conveniente para la alimentación de los cinco mil (Mt. 14:13-21; Mc. 6:35-44; Lc. 9:10-17; Jn. 6:1-13). Tras la resurrección de Jesús, sus discípulos brevemente retornaron a sus redes de pesca en este lago, teniendo como resultado la milagrosa captura de 153 peces (Jn. 21:11).

MAR DE JAZER Un cuerpo de agua mencionado en Jr. 48:32 (NASB, KJV) durante el oráculo de Jeremías contra Moab, tal vez un pequeño lago o embalse asociado a la ciudad bíblica de Jazer. El modificador "mar de" es considerado un error de escriba y está ausente en algunos manuscritos hebreos (cf. Jr. 48:32 con Is. 16:8-9, lo que se refleja en algunas traducciones [NIV, NRSV]).

Mar de Galilea.

MAR DE LA PLANICIE *Véase* Mar Muerto.

MAR DE LAS CAÑAS *Véase* Mar Rojo, Mar de las Cañas.

MAR DE SAL *Véase* Mar Muerto.

MAR MUERTO El gran lago salado al sur del río Jordán. La Biblia se refiere a este lago como Mar Salado (Números 34:12 RVR1969, LBLA), Mar de Arabá (Josué 3:16) y Mar Oriental (Ezequiel 47:18), pero no como el Mar Muerto. Josefo lo llamó lago Asfaltitis. El Mar Muerto tiene una longitud de 42 millas y un ancho de 11 millas. Ubicado en las profundidades del Valle del Jordán, la orilla del Mar Muerto es el punto más bajo en la Tierra, alrededor de 1.385 pies bajo el nivel del mar, y sus aguas son las segundas más saladas del mundo.

Sólo el lago Assal en Yubuti es más salado. El Mar Muerto se compone por más de un 30% de sal, mientras que el Mar Mediterráneo sólo tiene un 4%. Debido a su alto contenido de sal, nada vive en el Mar Muerto, a excepción de organismos microscópicos. No obstante, Ezequiel profetizó que sus aguas serán dulces y llenas de vida (47:8-10). El Mar Muerto es alimentado por el río Jordán, arroyos tales como el Arnon y el Zered, y esteros tales como el En Gedi, pero el agua sólo se escapa a través de la evaporación.

Numerosos eventos bíblicos e históricos ocurrieron alrededor del Mar Muerto. La esposa de Lot se convirtió en un pilar de sal cuando Sodoma y Gomorra fueron destruidas. Desde el Monte Nebo, Moisés miró hacia el Mar Muerto. David se escondió de Saúl en las grutas de En Gedi. Los romanos sitiaron la fortaleza de Herodes en Masada. Los rollos de Qumrán (RMM) fueron encontrados en grutas a lo largo de su orilla noroeste. Debido a las demandas modernas por agua dulce, el nivel de agua del Mar Muerto ha bajado significativamente.

MAR ORIENTAL Algunas traducciones modernas se refieren al Mar Muerto como el "mar oriental", en contextos donde marca el límite oriental del territorio israelita (Ez. 47:18; Jl. 2:20; Zac. 14:8 ESV, NRSV, NASB, MSG).

MAR ROJO, MAR DE LAS CAÑAS El Mar Rojo separa la Península Arábica (hacia el norte y el este) del continente africano a lo largo de sus aproximadamente dos mil quinientos kilómetros de largo. En su extremo sur, el Mar Rojo conecta con el Océano Indico a través del Golfo de Adén. En su extremo norte, el Mar Rojo se divide en los golfos de Suez y Áqaba, que rodean la Península del Sinaí en ambos lados.

En puntos altos del poder político (1 Re. 9:26; 22:48), los israelitas controlaron un puerto del Mar Rojo en Ezión-geber en el Golfo de Áqaba (cerca del moderno Eliat). Mantener y usar este puerto requería no solo la cooperación de los vecinos fenicios del norte, constructores de barcos, sino también la subyugación o cooperación de los edomitas que ocupaban la larga ruta terrestre entre Ezión-geber y patria israelita. De acuerdo con 1 Reyes 9:26-28, fue de Eazión-geber que Salomón envió barcos por "oro de Ofir" (1 Cr. 29:4).

Tal vez la aparición más conocida del Mar Rojo (heb. yam sup) en la Biblia es en la historia del éxodo de Egipto y el milagroso cruce del Mar Rojo por parte de los israelitas (Éx. 14:17-15:21). Según muchos testimonios, el cruce combina múltiples versiones anteriores de la historia, que como resultado hacen que a veces sea difícil de comprender lo que se describe en la narración. Las aparentemente sencillas referencias geográficas al "Mar Rojo" se encuentran en el centro de varios debates sobre la interpretación de la historia.

Primero, ¿qué cuerpo de agua cruzaron los israelitas? El nombre Mar Rojo deriva de la traducción LXX (erythra thalassa) de yam sup, un término hebreo que probablemente no significa "mar rojo". Referencias a yam sup en la Biblia indican ya sea el Golfo de Suez (Nm. 33:10-11) o el Golfo de Áqaba (e.g., 1 Re. 9:26), aunque no, como en su uso moderno, el gran cuerpo de agua que se extiende hacia el Golfo de Adén. Al intentar determinar qué cuerpo de agua los israelitas cruzaron en Éxodo 14:17-15:21, debemos buscar evidencia más allá del nombre del mar por sí mismo. La imagen se complica por el hecho de que el texto compuesto no identifica consistentemente el Mar Rojo (a veces prefiriendo simplemente "el mar"); parece haber informes contradictorios acerca de si el mar se partió y, por tanto, de la cantidad de agua presente en el lugar de cruce.

Segundo, ¿cuál es el significado de yam sup? Para complicar el tema más aún, ha habido una discusión del significado etimológico de yam sup. Apuntando a un aparente cognado egipcio (twf), un número de estudiosos han argüido que el hebreo sup significa "caña", y que yam sup no es el nombre de un gran cuerpo de agua salada (las costas del Mar Rojo moderno no tienen cañaverales), sino de un humedal en la región del Bajo Nilo (tal vez la rama Pelusiac más oriental del delta del Nilo). Esta teoría toma en consideración el hecho de que Éx. 15 (según muchos, el recuento más antiguo del evento, al igual que uno de los textos más antiguos de la Biblia) no hace referencia a la partición del mar y tiene la (tal vez dudosa) ventaja de requerir algo menos que un milagro: los israelitas escapan de los egipcios cruzando un pantano, en el cual las cuadrigas del ejército persecutor quedaron atrapadas. Otra propuesta es interpretar sup no como "rojo" o "caña" sino como el cognado hebreo sop, "final". En este punto de vista, los israelitas cruzaron un mar que era ya sea "la zona fronteriza" (esto es, un límite geográfico entre Egipto y Canaán) o, en una perspectiva más mitológica, "el mar del fin/de la extinción".

MARALA Una ciudad fronteriza en el territorio de Zabulón (Jos. 19:11 [RVA: Merala]). Su ubicación es en el Valle de Jezreel, probablemente al norte de Meguido.

MARANATA Pablo usa este término en 1 Cor. 16:22 (RVA, ver NIV mg.) al concluir esa carta. Maranata está formada en realidad por dos palabras arameas, marana tha, que significa "Nuestro Señor, ven." Algunos sugieren que el término debe dividirse como maran atha, lo que significaría "Nuestro Señor ha venido". Esta frase también ocurre en los textos de los primeros cristianos la Didache (10.6) dentro de un contexto litúrgico. Las sugerencias sobre cómo dividir y así traducir el término se deciden principalmente sobre una base contextual. Dos pasajes similares sugieren que la esperanza escatológica puede ser un factor clave. Cerca del final de Apocalipsis, el autor escribe: "Ven, Señor Jesús" (Apoc. 22:20). Además, Pablo, hablando de la Cena del Señor, se refiere a proclamar la muerte del Señor "hasta que Él venga" (en 1 Cor. 11:26). Ambas referencias están en griego, pero sugieren el aspecto futuro de la esperanza del cristiano primitivo por el regreso de Cristo, lo cual concuerda con la traducción de "Maranata" como "Ven, oh Señor". El uso de una fórmula aramea indica una referencia temprana a Jesús de una manera normalmente reservada para Dios.

MARA Que significa "amargo", este nombre es elegido por Noemí después de la muerte de su esposo y sus hijos. A su regreso a Belén, ella solicita que la gente la llame "Mara" porque Dios le amargó la vida (Rut 1:20-21).

MARA Un campamento israelita en el desierto de Sur (Éx. 15:23) al que llegaron después de un viaje de tres días luego de que los israelitas cruzaran el Mar Rojo (Nm. 33:8). El nombre significa "amargo" y describe el agua amarga y salobre que se encuentra allí. Los israelitas se quejaron contra Moisés a causa del agua, y Dios le ordenó que arrojara un árbol en el agua, lo que lo hacía dulce y bebible. La ubicación exacta de Mara es debatida y no se puede establecer con certeza.

MARCO Versiones españolas de la Biblia usan la palabra "marco" para traducir una variedad de términos hebreos en el AT, la mayoría de los cuales se refieren a un tipo de soporte estructural. Puede referirse a un marco hecho de madera de acacia y revestido de oro que soportaba el tabernáculo en el desierto (Éx. 26:15-29); la "armazón" utilizada para llevar utensilios para el templo (Nm. 4:10, 12); los marcos para los bordes o paneles laterales de las plataformas usadas para transportar las palanganas del templo (1 Re. 7:28-36); y otros objetos. El término también se usa para el cuerpo humano, ya sea en su fragilidad (Job 17:7; cf. Is. 58:11) o en su complicado diseño (Sal. 139:15).

MARCOS En Col. 4:10; Fil. 24; 1 Pe. 5:13, la RV usa este nombre para traducir Markos, que de otro modo se traduciría como "Marcos" (primo de Bernabé, compañero de trabajo de Pablo y Pedro, y probable autor del Evangelio que lleva su nombre).

MARCOS, EVANGELIO DE El Evangelio es una narración a paso acelerado y llena de acción que retrata a Jesús como el poderoso Mesías e Hijo de Dios, quien sufre y muere como siervo del Señor, el precio de rescate por los pecados. El propósito de Marcos es proporcionar un relato autoritativo de las "buenas nuevas" acerca de Jesucristo y alentar a los creyentes a seguir el ejemplo de Jesús al permanecer fieles a su llamado a través de la persecución e incluso el martirio. Marcos 10:45 es un versículo temático: "Porque ni aun el Hijo del Hombre vino para ser servido, sino para servir, y para dar su vida en rescate por muchos".

Estructura Narrativa (Trama) y Temáticas Principales

La narración de Marcos se puede dividir en dos partes principales. La primera mitad de la historia demuestra que Jesús es el poderoso Mesías y el Hijo de Dios (1:1-8:26); la segunda mitad revela que el rol del Mesías es sufrir y morir como sacrificio por los pecados (8:27-16:8).

Mesías e Hijo de Dios. A diferencia de Mateo y Lucas, Marcos no comienza con una historia del nacimiento de Jesús, sino que va directamente a su ministerio público. Como en los otros Evangelios, Juan el Bautista es el "mensajero" que prepara el camino para el Mesías (*ver* Is. 40:3; Mal. 3:1). Juan predica un bautismo de arrepentimiento para el perdón de los pecados y anuncia al "más poderoso", el Mesías, que vendría después él (1:7). Cuando Jesús es bautizado por Juan, el Espíritu desciende sobre él, empoderándolo para el ministerio. Después de su tentación (o prueba) por Satanás en el desierto, Jesús regresa a Galilea y pone en marcha su ministerio, proclamando las "buenas nuevas" (Evangelio) que dice que "el tiempo se ha cumplido y el reino de Dios se ha acercado" (1:15).

Durante su ministerio en Galilea, Jesús demostró una autoridad extraordinaria en la enseñanza, sanación y exorcismo. Él llama a los pescadores en su ocupación, y ellos dejan caer todo y lo siguen (1:16-20). Él se atribuye autoridad para perdonar los pecados (2:10) y la autoridad sobre el mandamiento del día de reposo (2:28). Él revela poder sobre las fuerzas naturales, calma el mar (4:35-41), camina sobre el agua (6:45-52), y alimenta grandes multitudes con pocos panes y peces (6:30-44; 8:1-13). La gente se quedaba "maravillada" y "asombrada" (un tema principal en Marcos) por la enseñanza de Jesús y milagros, y su popularidad aumentaba.

La autoridad y la aclamación de Jesús provocan la oposición de los líderes religiosos de Israel, que estaban celosos de su influencia. Los escribas y fariseos lo acusan de afirmar la prerrogativa de Dios (2:7), de asociarse con pecadores indeseables (2:16), de quebrantar el día de reposo (2:24), y de echar demonios afuera con poderes de Satanás (3:22). Ellos conspiran para matarlo (3:6). Un sentido de misterio y temor rodea la identidad Jesús. Cuando él calma el mar, los discípulos se preguntan, "¿Quién es este?" (4:41), y el rey Herodes se pregunta si Él podría ser Juan el Bautista resucitado de los muertos (6:16). Lo que suma a este sentido de misterio es lo que se ha llamado el "secreto mesiánico". Jesús silencia a los demonios que lo identifican como el Mesías y ordena a los que él sana a no contarle a nadie lo ocurrido. Este secretismo no es, como algunos han afirmado, un recurso literario inventado por Marcos para explicar la vida no mesiánica de Jesús; más bien, es el intento de Jesús de calmar las expectativas mesiánicas inapropiadas y definir su misión mesiánica en sus propios términos.

El rol del Mesías de sufrir y morir. El momento crucial en la narración está en 8:27-33, cuando Pedro, como representante de los discípulos, declara que Jesús es el Mesías. La autoridad que Jesús ha demostrado hasta ese punto confirma que él es el agente de salvación de Dios. Sin embargo, Jesús asusta a los discípulos al anunciar que su tarea mesiánica es ir a Jerusalén para sufrir y morir. Pedro lo reprende, pero Jesús responde: "¡Quítate delante de mí, Satanás! ... no tienes en mente las cosas de Dios, sino las cosas de los hombres" (8:33). Jesús lograría la salvación no por derrotar a los ocupantes romanos, sino ofreciendo su vida como un sacrificio por los pecados.

En la segunda mitad del Evangelio, Jesús viaja a Jerusalén tres veces, prediciendo que será arrestado y muerto (8:31-32; 9:31; 10:33-34). Los discípulos demuestran repetidamente orgullo, ignorancia y torpeza espiritual (8:33; 9:32-34; 10:35-41), y Jesús les enseña que quien quiera ser el primero debe convertirse en el último (9:35); que para liderar, uno debe servir (10:45) y que ser discípulos de Jesús requiere tomar la cruz y seguirlo (8:34).

Cuando va a Jerusalén, Jesús juzga simbólicamente a la nación al limpiar el templo de los mercantes (11:15-17) y al maldecir una higuera (que representa a Israel), que posteriormente se marchita (11:12-14, 20-21). Se involucra en controversias con los líderes religiosos (capítulos 11-12) y les enseña a los discípulos que Jerusalén y el templo serán destruidos (capítulo 13). Judas Iscariote, uno de los discípulos de Jesús, lo traiciona. Jesús es arrestado y llevado a juicio ante el Sanedrín judío, que lo halla culpable de blasfemia. Ese concilio entrega a Jesús al gobernador romano Pilato, quien accede a su crucifixión (capítulos 14-15).

La escena de la crucifixión en Marcos es oscura y solitaria. Jesús es abandonado por sus seguidores, injustamente condenado, golpeado por los soldados y burlado por todos. Aparentemente abandonado incluso por Dios, Jesús clama desde la cruz: "Dios mío, Dios mío, ¿por qué me has desamparado?" (15:34).

Sin embargo, el lector sabe a estas alturas en la historia que la muerte de Jesús no es la tragedia que parece. Este es el medio de Dios para lograr la salvación. Después de la muerte de Jesús, el velo del templo se rasga, abriendo un nuevo camino hacia la presencia de Dios. El centurión romano en la cruz clama: "¡Verdaderamente este hombre era el Hijo de Dios!" (15:39). La muerte del Mesías no es una derrota; es un sacrificio expiatorio por los pecados. Tres días después, Jesús resucita de entre los muertos, tal como lo predijo. Cuando las seguidoras mujeres de Jesús llegan a la tumba, el ángel anuncia: "¡Él ha resucitado! Él no está aquí "(16:6). Jesús el Mesías ha convertido la tragedia en victoria y ha derrotado al pecado, a Satanás y a la muerte.

Características Literarias

Marcos escribe con un estilo semítico duro caracterizado por detalles coloridos y un efecto dramático. Él enfatiza las acciones de Jesús en lugar de la enseñanza extendida. Por su duración, el Evangelio de Marcos registra más milagros y menos enseñanza que los otros Evangelios. La afición del autor por el término "inmediatamente" (euthys) y el uso del tiempo presente del griego histórico dan a la narración un estilo de paso acelerado, vívido y realista.

Una de las técnicas literarias favoritas de Marcos es la intercalación, un método que se asemeja a la preparación de un emparedado, mediante el cual un episodio es interrumpido por otro, y donde los dos se interpretan mutuamente. Un ejemplo de esto es la limpieza del templo, que está entre las maldiciones y el marchitamiento de la higuera (11:12-25). Ambos episodios representan simbólicamente el fracaso espiritual de Israel y su juicio venidero. Otras intercalaciones aparecen en 3:20-35; 5:21 - 43; 6:7-30; 14:53-72.

Marcos también es aficionado a los grupos de tres o tríadas. Tres escenas en botes ilustran la falta de fe y comprensión de los discípulos (4:35-41; 6:45-52; 8:14-21). En tres ciclos de eventos, Jesús predice su muerte y luego enseña a sus discípulos acerca del liderazgo de servicio (8:31-38; 9:31-37; 10:32-45). En el Discurso del Monte de los Olivos, Jesús les dice tres veces a sus discípulos que estén alertas (13:33, 35, 37), y luego tres veces los encuentra durmiendo en Getsemaní (14:37, 40, 41). Pedro niega a Jesús tres veces (14:68, 70, 71), y se mencionan tres intervalos de tres horas durante la crucifixión (15:25, 33, 34). Estos y otros mecanismos literarios dan color a la narración de Marcos y llevan la historia adelante.

Autoría

La tradición de la iglesia primitiva identifica al autor de este Evangelio como Juan Marcos, hijo de María (Hec. 12:12), primo de Bernabé (Col. 4:10), compañero misionero de Pablo y

Bernabé (Hec. 13:5), y compañero posterior de Pedro (1 Pe. 5:13). La tradición de la Iglesia afirma que Marcos se convirtió en el intérprete de Pedro mientras trabajaba con él en Roma y puso por escrito la versión del Evangelio de Pedro.

La mayoría de los estudiosos consideran que Marcos fue el primer Evangelio escrito y piensan que Mateo y Lucas usaron a Marcos como una de sus fuentes.

Audiencia, Entorno de Vida, y Fecha

La audiencia específica del Evangelio de Marcos es incierta, aunque la tendencia del autor a explicar las costumbres y los términos judíos sugiere un público principalmente no judío (gentil). Marcos también proporciona a veces equivalentes en latín para los términos griegos. Esto concordaría con la tradición de la iglesia de que el Evangelio fue compuesto por Juan Marcos en Roma y estaba destinado a la iglesia romana.

Un entorno y público romanos también encajarían bien con el tema de la fidelidad en medio del sufrimiento que circula en la historia de Marcos. Muchos eruditos ubican el origen del Evangelio de Marcos en Roma a mediados de los 60 d.C, en el contexto de la persecución del emperador Nerón a los cristianos. Marcos escribe para animar a sus lectores a soportar el sufrimiento por el Evangelio, tomar sus cruces y seguir a Jesús: "porque ni aun el Hijo del hombre vino para que le sirvan, sino para servir y para dar su vida en rescate por muchos" (10:45).

Esquema

I. La preparación del Hijo de Dios (1:1-13)

II. El ministerio de autoridad del Hijo de Dios en Galilea y sus alrededores (1:14-8:26)
- A. La autoridad de reino del Hijo de Dios (1:14-3:12)
- B La familia de los discípulos del Hijo de Dios y los que están afuera (3:13-6:6)
- C. La misión del Hijo de Dios (6:7-8:26)

III. El sufrimiento del Hijo de Dios como Siervo del Señor (8:27-16:8)
- A. La confesión de Pedro y el Mesías siervo (8:27-10:52)
- B. El Hijo de Dios se enfrenta a Jerusalén (11:1-13:37)
- C. Clímax: la muerte del Hijo de Dios (14:1-15:47)
- D. Resolución: la resurrección del Hijo de Dios (16:1-8)
- E. Apéndice (16:9-20)

MARCOS, JUAN Evidencia patrística identifica a Juan Marcos (Marcos) como el autor del segundo Evangelio. La casa de la madre de Marcos, María, servía como un lugar para que los primeros cristianos en Jerusalén se reunieran y oraran (Hec. 12:12). Marcos siguió a su primo Bernabé de Jerusalén a Antioquía y se unió a Bernabé y Pablo en su primer viaje misionero (Hec. 13:5), trabajando con ellos en Chipre. Cuando partieron hacia la parte continental de Asia Menor, Marcos regresó a Jerusalén (13:13). Más tarde, cuando Pablo y Bernabé desearon regresar a las iglesias que habían establecido, Bernabé quiso llevar a Marcos otra vez, pero Pablo se opuso debido a la deserción previa de Marcos (Hec. 15:38). Pablo y Bernabé difirieron tan acentuadamente en este punto que se separaron, con Bernabé y Marcos trabajando en Chipre, mientras que Pablo y Silas viajaron a otra parte. El NT no dice nada más de Marcos durante diez años. Aparentemente, el desacuerdo anterior se resolvió, ya que Marcos estuvo más tarde presente con Pablo en Roma y recibió la recomendación de Pablo a la iglesia de Colosenses (Col. 4:10). Pablo también habla positivamente del uso de Marcos en el ministerio (2 Tim. 4:11). Es bastante probable que Marcos se asociaba con Pedro durante este mismo período en Roma (1 Pe. 5:13).

MARDOQUEO (1) Primo de Ester, de la tribu de Benjamín, vivía en la provincia persa de Susa debido a la deportación judía en el exilio de Babilonia (Est. 2:5-7). Después de que los padres de Ester murieron, Mardoqueo asumió un rol paternal en la crianza de la niña, y con el tiempo desempeñó un papel influyente en el ascenso inicial de Ester al protagonismo y en la liberación de los judíos de la muerte inminente de la mano de Amán. Mardoqueo también alertó al rey Jerjes (Asuero) de una posible amenaza en su vida, lo que resultó en su propia exaltación. **(2)** Uno de los judíos exiliados que regresaron a su hogar (Esd. 2:2; Neh. 7:7).

MARDUC Marduc elevó su estatus para convertirse en la deidad principal del panteón babilónico que comenzaba en el segundo milenio antes de Cristo. La epopeya babilónica Enuma Elish recuerda a la creación y triunfo final de Marduc sobre otras deidades dentro del panteón babilónico (en particular, la diosa primordial Tiamat), y al hacerlo, lo describe como la deidad principalmente responsable de la creación del universo. Marduc (o Merodac, la forma hebrea del nombre) se menciona una sola vez en la Biblia, en Jer. 50:2, que anuncia la inminente invasión y derrota de Babilonia por parte de una nación del norte. Marduc también forma parte de los nombres de los reyes de Babilonia Evil-erodac (2 Re. 25:27, Jer. 52:31) y Merodac-baladán (2 Rey. 20:12 [el texto hebreo y la RVA muestra "Berodach-baladán"], Is. 39:1), además de ser el origen de Mardoqueo (Ester 2:5).

MARESA **(1)** Hijo de Caleb (1 Cr. 2:42) que puede haber dado su nombre a la ciudad llamada con este nombre (*ver* N° 2). **(2)** Maresa figura en la lista de las ciudades en las laderas occidentales de Judá (Jos. 15:44) y se identifica hoy como Tell Sandahanna, una milla al sur de Beth Guvrin. Fue fortificado por Roboam (2 Cr. 11:8). Zera, un líder de guerra etíope, avanzó hasta Maresa pero fue rechazado por el rey Asa en el Valle de Sefata, cerca del sitio (2 Cr. 14:9-10). Maresa era la ciudad natal de Eliezer, hijo de Dodava, un profeta que habló en contra de Josafat (2 Cr. 20:37). Se menciona en un oráculo profético de Miqueas (1:15) como una ciudad que experimentará la destrucción. **(3)** El hijo de Laada en la tribu de Judá (1 Cr. 4:21).

MARFIL Artefactos de marfil de la Edad del Cobre, y tardías edades de Bronce y Hierro, al igual que los de los períodos grecorromanos y bizantinos, se han encontrado en el Levante. Este material procedía de colmillos de elefantes y colmillos o dientes de hipopótamos africanos y asiáticos o de Egipto. Se cree que manadas de elefantes deambulaban por Siria hasta la Edad de Hierro. El marfil también era comprado en otras localidades (2 Cr. 9:17, 21). Los objetos de marfil eran artículos de lujo y símbolos de riqueza (1 Re. 22:39; Am. 3:15; 6:4) y eran considerados de gran belleza (cf. Cant. 5:14; 7:4). El hueso también era un medio para algunos objetos finos, pero más frecuentemente para artículos utilitarios como punzones, alfileres, husos circulares y mangos.

Hallazgos de la Edad de Cobre de Beerseba (c. 3300 AC) incluyen figurines masculinos y femeninos hasta de 33 cm de alto. Placas de la tardía Edad de Bronce (1550-1200 a.C.) representando fiestas y escenas militares se encontraron en Megido. Desde la Edad de Hierro, Samaria ha proporcionado numerosos hallazgos de marfil, incluyendo muebles, incrustaciones y esculturas de querubines y Senaquerib lista elementos similares entre el botín de su campaña en el año 701 a.C. En períodos posteriores se encuentran menos artefactos de marfil (pero nótese Ap. 18:12).

MARGINADO En el AT, el concepto de ser un marginado típicamente se refiere a Israel (Jer. 30:17), de haber sido esparcidos (Is. 11:12, Sal. 147:2) y más tarde reunidos (Is. 27:13; Miq. 4:6, Sof. 3:19). Pablo retrata a Israel marginado como las ramas arrancadas del buen olivo (Rom. 11:17). El ministerio de Jesús se caracteriza por ser uno de los marginados de la sociedad, en el cual el Mesías acogía a los leprosos y a otras personas socialmente

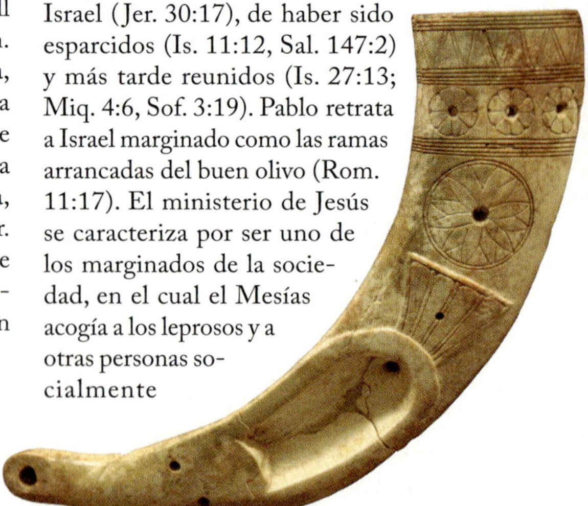

Marfil inciso de un diente de hipopótamo (Megido, 1300-1200 aC)

marginadas. Jesús mismo es considerado un marginado, que no tenía residencia propia y no era bienvenido en Jerusalén ni en su propia ciudad (cf. Jn. 1:11).

MARI Mari (Tell Hariri moderna), ubicada en Siria, fue excavada primero por André Parrot (comenzando en 1933) y luego por Jean-Claude Margueron (comenzando en 1979). El sitio parece haber sido un centro altamente significativo para la actividad política y comercial. Muestra evidencia de extensos proyectos de construcción e ingeniería (incluyendo un muro circular alrededor de la ciudad y canales de riego bien desarrollados, así como numerosas estructuras reales y sagradas), y se han desenterrado más de veinte mil textos acadios allí. El sitio parece haber estado habitado desde el período de la I Dinastía I (2950-2750 a.C), por una población humana continua hasta alrededor de 1760 a.C, cuando la ciudad fue destruida por Hammurabi. Después de eso, hay evidencia de ocupación periódica (incluyendo pequeñas aldeas durante los períodos asirio y seléucida), pero nada que se acercara al alcance y la riqueza de Mari como lo había sido antes del siglo dieciocho a.C Dada la muy temprana ocupación del sitio, Mari proporciona muy poca evidencia directa relacionada con la historia del antiguo Cercano Oriente durante gran parte del período bíblico. Sin embargo, los archivos de Mari proporcionan una gran cantidad de información útil sobre la economía y la administración de esa región en particular durante el período de la antigua Babilonia (aproximadamente 2000-1500 a.C). Por lo tanto, se podría argumentar que los descubrimientos de Mari nos permiten vislumbrar la vida política, económica y religiosa en Mesopotamia en algún momento de la época de los patriarcas, y tal vez incluso antes.

En su mayor parte, los archivos de Mari comprenden textos económicos y administrativos, aunque las cartas personales también están bien documentadas, junto con varios textos literarios y religiosos y los fragmentos de unos pocos tratados.

Los textos económicos y administrativos reflejan la acumulación y disposición de materias primas en Mari. Estos incluyen catálogos de gastos en comida, bebidas, metales y telas, así como la recepción de diversos productos de otros lugares, a menudo de naturaleza diplomática. Entre estos textos económicos están las tabletas

Restos del palacio de Zimri-Lim en Mari.

que describen los costos incurridos para el mantenimiento del harén real, al menos durante los reinados de Yasmah-Addu (1982-1775 a.C) y Zimri-Lim (1775-1761 a.C). Esto se ha tomado como una indicación de que el reino pudo haber estado bajo algún grado de presión militar, por lo que la protección de la familia real era una preocupación imperiosa durante ese período. Además de estas preocupaciones económicas, se han identificado numerosos textos que detallan los censos de los militares y la población general, así como las listas de campos y la producción esperada de granos y copias de juramentos tomados por un gran número de mujeres de acuerdo con su estatus social.

Las cartas personales descubiertas en Mari son en relación principalmente con cuestiones diplomáticas y administrativas, aunque también constituyen una rica reserva de nombres personales e información, así como datos sobre la conducta de la vida cotidiana, lo que los convierte en una clase de textos altamente significativos por derecho propio. Curiosamente, varias categorías de correspondencia no han sido encontradas, aunque ciertamente se hubieran esperado en un lugar tan rico y significativo como Mari. La falta de estos documentos probablemente sea atribuible a la acción evasiva tomada por los sirvientes de Zimri-Lim poco antes de la caída de la ciudad o a que los sirvientes de Hammurabi los hayan retirado inmediatamente después. Estos incluyen la correspondencia de Hammurabi y los reyes de Alepo, así como los duplicados de los documentos enviados a la cancillería real durante el reinado de Zimri-Lim.

Muchos documentos de tratados que se sabe que han existido por otras fuentes aún no se han rescatado en Mari, aunque todavía se conserven algunos de esos textos. Entre ellos se encuentra un tratado roto de mala manera entre Zimri-Lim e Ibal-pi-el II de Eshnunna (cuarto año de Zimri-Lim) y un primer borrador ("pequeña tableta") de un tratado entre Mari y Babilonia (contra Elam).

Los textos literarios no están particularmente bien atestiguados entre los documentos de Mari, aunque hay algunos ejemplos de lo que se podría decir que son composiciones literarias.

MARÍA **(1)** La María más importante del NT es la madre de Jesús, que queda embarazada por el Espíritu Santo cuando aún era virgen. En contraste con la narrativa del nacimiento de Mateo, donde el énfasis recae sobre José, Lucas se enfoca en María. El Evangelio de Lucas presenta a María como a quien Dios envía al ángel Gabriel (1:26-27). Gabriel anuncia que María será la madre del Mesías del linaje de David, quien reinará sobre la casa de Jacob y tendrá una relación única padre-hijo con Dios. María responde con humilde obediencia como "sierva del Señor" (1:29-38). Cuando visita a su pariente Elisabet, María irrumpe con el Magníficat, una canción que alaba a Dios por cuidar a los humildes, humillar a los poderosos y recordar su pacto con Abraham (1:46-55).

Después del nacimiento de Jesús y la visita de los pastores, María "atesoraba todas estas cosas y las reflexionaba sobre ellas en su corazón" (2:19). Un anciano, Simeón, anuncia que aunque Jesús será una luz de revelación para los gentiles y la gloria de Israel, María estará profundamente afligida, y su alma sería atravesada por una espada (2:35). Este es el primer indicio en el Evangelio de Lucas de que el hijo de María, el Mesías, sufriría. En el único episodio de la infancia de Jesús en el Evangelio, María regaña a su hijo por quedarse en el templo mientras su familia viajaba de regreso a Galilea (2:48). En el Evangelio de Lucas, María es una mujer humilde y obediente que reflexiona profundamente sobre sus experiencias en torno al nacimiento de Jesús y se preocupa mucho por él también. Más allá de las narraciones del nacimiento, María no figura como un personaje prominente en los Evangelios. En el Evangelio de Juan, Jesús le habla severamente a su madre cuando ella quiere que realice un milagro antes de que llegase su "hora" (2:4); sin embargo, en la crucifixión, María está presente, y Jesús la pone al cuidado del Discípulo Amado (19:25-27). Las tradiciones posteriores acerca de la concepción inmaculada de María, la virginidad perpetua, su carencia de pecado y los roles como co-mediadores de la salvación y respondedora de oraciones no se enseñan en la Biblia. **(2)** Otra María mencionada en los Evangelios es la hermana de Marta, quien es elogiada por Jesús por no ocuparse de las tareas domésticas como lo hace Marta, sino que sentada a los pies de Jesús, y "escuchaba lo que Él decía" (Lc. 10:39-40). A esta misma María se la menciona en otra ocasión como la que "derramó perfume sobre los pies del Señor y los secó con sus cabellos" (Jn. 11:1-2; *ver* 12:1-8). Los Evangelios Sinópticos registran un evento similar en el cual una mujer, sin nombre, unge los pies de Jesús (Lc. 7:36-50) o su cabeza (Mt. 26:6-13, Mr. 14:3-9). Con la excepción de Lucas, parece que Juan, Mateo y Marcos están registrando el mismo evento. En cada uno de estos tres, Jesús asocia la unción con la preparación de su cuerpo para el entierro.

(3) María Magdalena hace una breve aparición durante el ministerio de Jesús, y Lucas la describe como aquella que había sido curada de siete demonios (Lc. 8:2). Es bastante improbable que ella sea la mujer "pecaminosa" de la narración anterior (7:37-50), una asociación que ha dado lugar a la creencia errónea de que María Magdalena era una prostituta. Ella fue la primera en presenciar la tumba vacía (Jn. 20:1). Del mismo modo, ella fue la primera en ver al Señor resucitado y se le ordena ir y contarles a los discípulos acerca de su resurrección (Jn. 20:11-18, *ver* Mt. 28:1, Mr. 16:1-6, Lc. 24:1-10). Ella está presente para la crucifixión (Mt. 27:56) y el entierro del cuerpo de Jesús (Mt. 27:61).

(4) María, la madre de Santiago y José (Mt. 27:56, Mr. 15:40), es una de las otras dos Marías que, como María Magdalena y María, la madre de Jesús, aparecen en la crucifixión. Ella podría ser la misma persona que la del Nº 5.

(5) María, la esposa de Cleofás (Jn. 19:25), es la segunda de las otras dos Marías que, como María Magdalena y María, la madre de Jesús, aparecen en la crucifixión. Ella podría ser la misma persona que la del Nº 4.

(6) Otra María que es la madre de Juan Marcos, a cuya casa va Pedro después de escapar de la prisión (Hec. 12:12).

(7) En Rom. 16:6, Pablo envía saludos para María, quien "trabajó muy duro" por la iglesia en Roma.

MARINA *Ver* Flota; Barcos, Marineros, y Navegación.

MARINERO *Véase* Barcos, Marineros y Navegación.

MARINO *Ver* Barcos, Marineros, y Navegación.

MARISCAL En Jer. 51:27 la profecía habla de un tipsar que liderará a las tropas contra Babilonia. La versión del inglés NRSV interpreta esta palabra como "mariscal" (NVI: "general"; NTV: "comandante"; RVA: "capitán").

MAROT Una ciudad en las tierras bajas (Sefela) de Judá. En su juicio profético contra Samaria y Jerusalén, Miqueas habla de Marot, cuyo nombre suena como la palabra hebrea para "amargo", como retorciéndose de dolor (Miq. 1:12) y bajo el ataque de enemigos hasta en la puerta de Jerusalén. Puede ser la misma ciudad que Maarat (Jos. 15:59).

MARRÓN No es uno de los colores comunes dentro de la Biblia y se puede apreciar en una representación extraña. Este color aparece una sola vez en la descripción de unos caballos (Zacarías 1:8), aunque en algunas traducciones se usa "alazán" (NRSV, NASB) o "manchado" (KJV). *Ver también* Colores.

MARSENA Uno de los siete oficiales de alto rango bajo el rey Jerjes (Asuero) quien le aconsejó que se alejara de la reina Vasti debido a su negativa al mandato del rey de presentarse al banquete (Est. 1:14).

MARSOPA *Ver* Cuero.

MARTA La hermana de María y Lázaro, que vivía en Betania (Jn. 11:1-2). En Lucas 10:38-42 y Juan 12:1-8 se describe a Marta como interesada sólo en preparar y servir comida a su invitado, Jesús. Como tal, se contrasta con María, que pasa su tiempo con Jesús. En Lucas 10, Marta incluso trata de conseguir que Jesús le pida a María que se una a ella para terminar el trabajo necesario. Jesús, sin embargo, declara que Marta está "preocupada y molesta por tantas cosas" (v. 41) y que las acciones de María son más aconsejables. En otro relato (Jn. 11:1-44), María y Marta le dicen a Jesús que su hermano, Lázaro, está enfermo. Jesús retrasa el viaje a Betania para demostrar la gloria de Dios, lo que resulta en la resurrección de Lázaro de entre los muertos.

Al enterarse de la llegada eventual de Jesús, Marta sale a su encuentro y cuestiona la duración de su viaje. En su diálogo, Jesús confirma la fe de Marta en él (Jn. 11:27), pero antes de que Jesús realizara el milagro, ella experimenta dudas.

MARTES, COLINA DE Una colina rocosa en Atenas, cerca de la Acrópolis, también conocida como el Areópago. Marte era el dios romano de la guerra; Ares era su equivalente griego. Areópago significa "colina de Ares". Se menciona el cerro como el lugar donde Pablo respondió las preguntas planteadas por los filósofos atenienses (Hec. 17:19), aunque la mayoría de las traducciones contemporáneas usan "Areópago", que también se refiere al tribunal moral supremo en Atenas. No está claro si Pablo realmente habló desde la colina, pero lo cierto es que se estaba dirigiendo al concilio.

MARTILLO Tres diferentes palabras hebreas se traducen como "martillo", probablemente indicando que se usaban varios tipos de martillos en el antiguo Israel. La función exacta de cada uno no está completamente clara, y las referencias a cada uno de ellos es algo vaga. Jueces 5:26 se refiere a un "martillo de trabajador" (hebreo halmut).

Jueces 4:21; 1 Re. 6:7; Is. 44:12; Jr. 10:4 mencionan un martillo con el cual uno entierra clavos o estacas de tiendas, posiblemente refiriéndose a un mazo (hebreo maqqebet). El tercer tipo, mencionado en Is 41:7; Jr. 23:29; 50:23, es un martillo usado para alizar y aplastar piedras (hebreo pattish). Complicando nuestra comprensión de martillos encontramos la LXX, que típicamente usa la misma palabra genérica para traducir varios términos.

El hebreo a veces también sugiere que las palabras pueden ser intercambiables (cf. Jue. 4:21 con 5:26). Los martillos probablemente eran hechos de piedra en los períodos iniciales y posteriormente tanto de piedra como de metal con mango de madera.

MARTILLO En Prov. 25:18 la RV traduce la palabra hebrea mepits como "martillo", refiriéndose a un "mazo" (NBD, NBLH, NVI) o "maza" (LBLA, BLP).

MÁRTIR La palabra en español "mártir" deriva de la familia de palabras griegas que incluye los sustantivos martys, martyrion y martyria, implicando los términos testigo y testimonio. El campo de significado para martys varía desde un testigo legal u observador de un evento o acto (Mt. 18:16, Mr. 14:63, Lc. 24:48, Hec. 7:58, 2 Cor. 13:1, 1 Tim. 5:19, Heb. 10:28) a una persona cuyo testimonio de Jesús resulta en sufrimiento o muerte (Hec. 22:20; Apo. 17:6; *ver* 6:9; 20:4). La palabra se usa a lo largo de Hechos para referirse a los apóstoles como testigos de la resurrección y el evangelio (por ejemplo, 1:8, 2:32, 3:15, 5:32, 10:39). En Apocalipsis, la palabra martys lleva la connotación de morir por el testimonio de uno (2:13; 11:3-7; 17:6; *ver* 6:9).

Jesús se presenta como el máximo testigo o mártir (Apo. 3:14). Los que siguieron el ejemplo de Jesús pagaron con sus vidas y fueron avergonzados a los ojos de la sociedad. Sin embargo, en Apocalipsis los mártires reciben una posición de honor, una posición más cercana al trono de Cristo (7:9-17). *Ver también* Testigo.

MASA La masa es mencionada tanto literal como figuradamente en textos bíblicos. Los israelitas trajeron masa sin levadura en su huida de Egipto (Éx. 12:34). Jesús compara el crecimiento del reino de Dios a la levadura extendiéndose a través de un pedazo de masa (Mt. 13:33; Lc. 13:20-21). En contraste, Pablo usa la misma imagen de palabra para hablar de la extensión del pecado (1 Cor. 5:6; Gal. 5:9). *Véase también* Rom. 11:16.

MASADA Una meseta rocosa, cuyo nombre significa "fortaleza de montaña", que se eleva a una altura de unos trescientos metros y tiene una parte superior plana que abarca unas veinte acres. Se encuentra en la costa occidental del Mar Muerto, a diez millas al sur de En-Guedi. Josefo afirma que Jonatán el sumo sacerdote fue quien construyó la fortaleza allí en primer lugar (J.W. 7.285). Pero fue durante el reinado de Herodes I (37-4 a.C) cuando se llevó a cabo una importante fortificación, probablemente como lugar de refugio (J.W. 7.280-300). Lo que se conoce años después de la muerte de Herodes es que los sicarios (fanáticos judíos) se apoderaron de la guarnición romana en el año 66 e hicieron ampliaciones (por ejemplo, baños rituales, una sinagoga) y alteraciones (por ejemplo, mejora de la defensa) a la mansión-palacio. En el año 73 d.C, antes de que los romanos traspasaran la fortaleza militar por medio de una rampa de asedio construida, la mayoría de los habitantes judíos se habían quitado la vida en una muerte auto-impuesta (J.W. 7.252-425).

MASAH Un lugar en el viaje hacia el Monte Horeb (Sinaí) donde los israelitas se quejaron contra Dios porque no tenían agua. Moisés llamó al lugar Masah ("prueba") y Meriba ("discusión") debido a sus quejas (Éx. 17:7). Sin embargo, siguiendo la dirección de Dios, Moisés golpeó la roca en Horeb, y el agua fluyó. Todas las referencias posteriores a Masah en el texto bíblico tratan sobre este incidente (Dt. 6:16, 9:22, 33:8, Sal. 95:8). Las referencias posteriores a Meriba, sin embargo, se refieren a otro incidente (por ejemplo, Nm. 20:13, 24, Dt. 32:51, 33:8). *Ver también* Meriba.

MASAI Un sacerdote que regresó del cautiverio de Babilonia para vivir en Jerusalén (1 Cr. 9:12). Es posible que él sea la misma persona que Amasai (Neh. 11:13).

MASAL **(1)** Una ciudad levítica en el territorio tribal de Aser (1 Cr. 6:74). El nombre también se muestra como "Miseal" (RVA) o "Misal" (Jos. 19:26; 21:30). **(2)** Un término técnico para un proverbio, parábola, acertijo o símil, masal se usa para el título hebreo del libro de Proverbios (Mishle). La palabra proviene de una raíz hebrea que significa "comparar, representar", "ser como".

MASAY *Ver* Masai.

MASCARÓN Una figura ornamental fijada a la proa de un barco para decoración o como protección del peligro. Durante su viaje a Roma, Pablo viajó en barco alejandrino con un mascarón que representaba a los dioses Castor y Pólux (griego Dioskouroi [Hec. 28:11]). En el arte contemporáneo egipcio, los barcos de las gentes del mar (incluyendo a los filisteos bíblicos) son representados con mascarones de aves.

MAS El hijo de Aram, descendiente de Sem (Gn. 10:23). La Septuaginta y el relato paralelo en 1 Cr. 1:17 muestran "Mesec" . *Ver también* Mesec.

MASORA Un sistema rabínico de reglas que rigen la copia y lectura de la Biblia en hebreo. En la Biblia hebraica, hay notas marginales, la Masora Parva ("pequeña masora") y la Masora Magna ("gran masora"). Ambos contienen información valiosa para leer la Biblia hebrea.

MASQUIL La clasificación de trece salmos (Sal. 32; 42; 44-45; 52-55; 74; 78; 88-89; 142). Todos están asociados con "autores" (David, los hijos de Coré, Asaf, Hemán y Etán) (*ver también* superscripción). Incluyen lamentos individuales y comunitarios, salmos de la realeza, instrucción y salmos de tipo mixto, pero ninguno es himno de alabanza. La raíz de masquil se refiere a la comprensión o habilidad. Hay dos puntos de vista principales en cuanto a su significado. Ya

La fortaleza de la montaña de Masada en el desierto de Judea.

M

que se relaciona con "hacer prudente", el masquil puede ser meditativo o instructivo. O masquil puede ser una designación de que se requieren músicos expertos para una ejecución adecuada.

MASRECA La ciudad de Samla, un rey de los edomitas que reinó en lugar de Hadad de Avit (Gn. 36:36, 1 Cr. 1:47). La ubicación de Masreca dentro de Edom es desconocida; la ciudad aparece sólo en el registro de los reyes "que reinaron en la tierra de Edom antes de que los israelitas tuvieran rey" (Gn. 36:31, 1 Cr. 1:43).

MASSA Uno de los doce "príncipes", hijos de Ismael, mencionado en Gn. 25:14; 1 Cr. 1:30, progenitores de tribus que evidentemente se asentaron en el norte de Arabia. Aunque estos son los únicos dos lugares donde el nombre aparece con certeza en el AT, es posible que en Prov. 31:1, la palabra traducida "oráculo" debería entenderse más bien como el topónimo "Massa", lo que resulta en la siguiente redacción: "los dichos de Lemuel, rey de Massa, el cual su madre le enseñó". El orden de las palabras en el versículo da credibilidad a esta traducción, así como el hecho de que la tribu de Massa está atestiguada en fuentes extrabíblicas antiguas del Cercano Oriente (atestiguadas ya en el siglo VIII a.C en textos acadios). Si esta lectura es correcta, entonces también es posible que la misma palabra en Prov. 30:1 debe traducirse también como un nombre tribal: "Los dichos de Agur, hijo de Jaqué de Massa". Esto también estaría acorde con el hecho de que la sabiduría israelita era parte del movimiento de sabiduría internacional mayor en el mundo antiguo. Algunos estudiosos han sugerido que los dichos contenidos en Prov. 30-31 están en consonancia con un origen en un contexto cultural tribal árabe.

MÁSTIL La palabra "mástil" ocurre en una ocasión en NIV, en Is. 30:17 (NET: "asta"; NASB: "bandera"), donde se sostiene como una imagen de la aislación que los israelitas que huyen dejarán en como secuela.

MÁSTIL Un poste vertical estructural en un barco velero que soporta el aparejo y las velas. Hecho de madera fuerte (Ezeq. 27:5), los mástiles deben estar firmemente unidos (Is. 33:23) para que funcionen.

MATACANDELAS Instrumento dorado usado en el servicio del tabernáculo y el templo (Éx. 25:38; 37:23; Nm. 4:9; 2 Cr. 4:22 NTSV [NIV: "recortador de mecha"]). Asociado específicamente con el candelabro (1 Re. 7:50), eran un tipo de tijeras usadas para recortar las mechas de lámparas y remover o deshacerse de la parte quemada de las mechas. A veces eran hechos de bronce (2 Re. 25:14; Jr. 52:18); difieren de las "pinzas" (Is. 6:6) usadas para tomar carbón desde el altar.

MATÁN **(1)** Un sacerdote de Baal en Jerusalén que fue asesinado en el ataque de Joiada contra Atalía reina de Judá (2 Re. 11:18, 2 Cr. 23:17). **(2)** El padre de Sefatías, oficial del rey Sedequías durante el tiempo de Jeremías (Jer. 38:1).

MATANA Sitio de campamento de los israelitas en el desierto (Nm. 21:18-19). El primer campamento después de que Dios proveyó agua de pozo en Ber. La mayoría de los eruditos entienden que Matana es un nombre de lugar moabita. El contexto sugiere que la ubicación está al este del Jordán, posiblemente Khirbet el-Medeiyineh, a unas doce millas al sureste de Madaba.

MATANÍAS **(1)** Un tío del rey Joaquín. El rey Nabucodonosor de Babilonia puso por rey a Matanías sobre Judá y cambió su nombre a Sedequías (2 Re. 24:17). **(2)** Hijo de Micaías y descendiente de Asaf, fue uno de los primeros levitas en volver a asentarse en la tierra de Judá después del exilio de Babilonia (1 Cr. 9:15; Neh. 11:17, 22; 12:8, 35) **(3)** Uno de los catorce hijos del músico Hemán, fue elegido para ministrar en el templo con música (1 Cr. 25:4, 16). **(4)** Ancestro de Jahaziel, hijo de Zacarías (2 Cr. 20:14). **(5)** Un levita que trabajó para reabrir el templo durante el tiempo de Ezequías (2 Cr. 29:13). **(6, 7, 8, 9)** Cuatro hombres, descendientes de Elam, Zatu, Pahat-Moab y Bani, quienes fueron culpables de casarse con mujeres extranjeras durante el tiempo de Esdras (Esd. 10:26, 27, 30, 37). **(10)** Un portero después del regreso de los israelitas del cautiverio (Neh.

12:25). **(11)** Abuelo de Hanán, un asistente de los que estaban a cargo de los almacenes del templo bajo Nehemías (Neh. 13:13). Él podría ser el mismo Matanías que en 1 Cr. 9:15; Neh. 11:17, 22; 12:8, 35.

MATÁN Nombrado en la lista de la genealogía de Mateo de Jesús como el hijo de Eleazar y el padre de Jacob (Mt. 1:15).

MATANZA DE LOS INOCENTES *Véase* Inocentes, Matanza de.

MATAT **(1)** El abuelo de José, el padre terrenal de Jesús (Lc. 3:24). **(2)** Hijo de Leví y padre de Jorim, descendiente de David por medio de Leví y antepasado de José, el padre terrenal de Jesús (Lc. 3:29).

MATATÁ Descendiente de Hasum que fue culpable de casarse con una mujer extranjera, durante el tiempo de Esdras (Esd. 10:33).

MATATA Ancestro de Jesús, por lo demás desconocido, mencionado sólo en Lc. 3:31 como nieto de David, el hijo de Natán y el padre de Mainán.

MATATÍAS **(1)** El hijo de Amos y el padre de José, era un antepasado de Jesús (Lc. 3:25). **(2)** El hijo de Semei y el padre de Maat, fue un antepasado de Jesús (Lc. 3:26). **(3)** Un sacerdote durante el período intertestamentario que se rebeló contra Antíoco Epífanes (1 Mac. 2). Uno de los hijos de Matatías fue Judas Macabeo, cuya purificación del templo (2 Mac. 10:1-8) se conmemora en Janucá.

MATENAI **(1, 2)** Descendientes de Hasum y Bani que fueron culpables de casarse con mujeres extranjeras durante el tiempo de Esdras (Esd. 10:33, 37). **(3)** El jefe de familia de los sacerdotes de Joiarib cuando Joiacim era sumo sacerdote (Neh. 12:19).

MATEO, BIBLIA DE Una traducción antigua de la Biblia en inglés de John Rogers. Esta Biblia se completó en Amberes y se publicó en 1537. Rogers usó el seudónimo de "Tomás Mateo" y basó gran parte de su trabajo en la Biblia de Tyndale y la Biblia de Coverdale.

MATEO, EVANGELIO DE

Autor

Aunque estrictamente hablando es anónimo, el primer Evangelio siempre ha sido conocido como "según Mateo", y no existe evidencia de que alguna vez haya circulado sin este nombre. El autor es tradicionalmente el apóstol Mateo, un ex recaudador de impuestos (9:9). Marcos (2:14) y Lucas (5:27) lo identifican como "Leví", probablemente un antiguo nombre. Esto puede ser consolidado por las notables referencias al dinero en el primer Evangelio: las parábolas del siervo despiadado (18:23) y del salario diario de los obreros (20:1), el soborno pagado a los guardias en la tumba para hacer que mintieran (28:12), y la devolución de las treinta monedas de plata de Judas (27:5). Estas historias, únicas de Mateo, relacionan la moralidad del dinero de una manera inequívoca, señalando los propios intereses de la vida pasada de Mateo. El Evangelio de Mateo aparece primero en casi todos los documentos existentes que dan fe al Nuevo Testamento, y fue considerado el Evangelio prominente de la iglesia primitiva. Es el Evangelio más citado por los primeros Padres de la Iglesia. De los cuatro Evangelios, Mateo está más orientado hacia una audiencia judía.

Ícono de Mateo (siglo XIX d.C).

M

Fuentes

Una lectura rápida de los Evangelios revela que los primeros tres, Mateo, Marcos y Lucas (los Evangelios sinópticos), comparten bastante del mismo material. Sin embargo, cada uno tiene su propia colección y orden de eventos, que reflejan sus propios énfasis teológicos. Esto nos beneficia bastante: al examinar las diferencias entre los tres Evangelios, no sólo vemos diferentes facetas de Jesús, sino que también podemos discernir y filtrar las idiosincrasias de cada escritor. Si Mateo registra un evento más tarde en su Evangelio, debe haber una razón consistente con sus propósitos.

La mayoría de las investigaciones actuales sostienen que Marcos fue escrito primero y proporcionó material tanto para Mateo como para Lucas. Mateo tiende a suavizar el griego "rudo" de Marcos; también comprime muchas de las historias, y en algunos lugares "arregla" pasajes de Marcos que podrían parecer poco claros u ofensivos. El material de Marcos usado por Mateo generalmente es narrativa de la vida de Jesús.

Mateo y Lucas también contienen material similar que no se encuentra en Marcos, el llamado material Q ("Q" es del alemán Quelle, que significa "fuente"). No hay documento de Q que se haya conservado. Si alguna vez existió, podría haber representado una tradición oral. El material de Q en Mateo tiene un fuerte contenido de ética como el Sermón del Monte, muchas de las parábolas y el Discurso del Olivar. Además, Mateo y Lucas contienen material único para sus propios Evangelios: M en Mateo, L en Lucas. El material M incluye las narraciones del nacimiento y la infancia, algunas de las historias sobre la muerte y la resurrección de Jesús, y algunas de las parábolas.

El uso de Marcos (quien no era un apóstol) por el apóstol Mateo no es tan sorprendente como puede parecer. Papías informó que Marcos escribió las reminiscencias de Pedro, un miembro del círculo íntimo de Jesús y el líder del grupo apostólico. Seguramente Mateo no tendría ningún problema en usar el Evangelio de Marcos como punto de partida para el suyo.

Fecha

Es difícil determinar la fecha de los Evangelios. Si Mateo tomó algunos textos de Marcos, entonces la fecha de Marcos y cuánto tiempo hubiera tomado en circular y llegar hasta Mateo son importantes en la discusión. El primer uso convincente de Mateo por un autor externo es Ignacio, a principios del siglo II. Esto ubica a Mateo en el período comprendido entre principios de los años 60 y principios de los 90.

La evidencia interna incluye, como en la mayoría de la literatura del NT, la relación de Mateo con la destrucción de Jerusalén en el año 70 d.C Si Mateo escribió después de esta fecha, podríamos esperar ver esto reflejado en algunos pasajes, especialmente en el Discurso del Olivar, la profecía de Jesús de la guerra judía. La mención de una ciudad siendo quemada por retribución en 22:7 es lo suficientemente ocasional para implicar que Mateo no sabía que esto le ocurriría a Jerusalén. También hay muchas referencias al templo que podrían haber ameritado una mención de su posterior pérdida.

La mención del impuesto del templo en 17:24 es importante. Antes del año 70 d.C, pagando los impuestos se apoyaba al templo judío y mostraba solidaridad con Israel. Después de AD 70, los ingresos se desviaron al templo de Júpiter en Roma. A los judíos se les exigió que siguieran pagando bajo coacción y lo consideraron un apoyo a la idolatría. Si esto hubiera ocurrido en el mundo de Mateo, probablemente habría explicado este punto crítico a sus lectores.

Los argumentos para una fecha tardía incluyen las referencias a la iglesia (entre los escritores de los Evangelios, solo Mateo usa el término ekklēsia), posiblemente indicando un interés en el orden de la iglesia que se desarrolló más tarde; las tensiones históricas entre la iglesia y los judíos, que sólo alcanzaron su punto máximo en el año 85 d.C; y la idea de una fecha más tarde para Marcos. Para algunos, el relato de las predicciones de Jesús sobre la destrucción de Jerusalén de Mateo es tan vívidas que éste tendría que haber sido escrito después. Muchos consideran que la teología de Mateo es tan sofisticada que hace evidente una fecha posterior.

La evidencia externa incluye la tradición de la iglesia primitiva de que Mateo fuera escrito temprano, aunque parte de esta inclinación es que Mateo fue escrito en primer lugar entre los sinópticos. Aún así, una fecha temprana para Mateo parece ser la mejor, aunque la evidencia dista mucho de ser concluyente.

Estructura

Los hitos literarios de Mateo no necesariamente se alinean con sus temas, lo que lo convierte en una estructura rica y compleja que es difícil de describir. Las siguientes son algunas de las estructuras que los académicos han propuesto.

Por discurso. Mateo tiene cinco secciones claras de los discursos de Jesús, separados por una frase final que dice así: "cuando Jesús terminó de decir estas cosas" (7:28; 11:1; 13:53; 19:1; 26:1). Los cinco discursos se alternan con narrativas relacionadas a las obras de Jesús. Estos discursos no deben considerarse como sermones intactos y registrados; son compilaciones de las enseñanzas de Jesús reunidas por Mateo. Los paralelos en los otros Evangelios de este material difieren: algunos de ellos están juntos como Mateo lo tiene, pero gran parte de ellos están dispersos entre otros relatos. Mateo organizó su material en tipos de historias y tipos de ministerio de Jesús. Al principio, Jesús es el maestro ético; más tarde, él es el orador severo que advierte a Israel de un juicio inminente.

Por línea narrativa. Otra de las estructuras propuestas tiene relación con la línea narrativa del Evangelio. Mateo usa dos veces la frase final "desde entonces Jesús comenzó a..." (4:17; 16:21). Pero estas dos instancias, particularmente 16:21, están en el medio de la línea narrativa y no pueden considerarse marcadores estructurales literarios de importancia. Es probable que Mateo use esta frase para notificar a sus lectores sobre una nueva fase de la historia, y posiblemente sobre un nuevo enfoque en el ministerio por parte de Jesús.

Por geografía. Este concepto gira en torno a la geografía y el movimiento de Jesús desde su nacimiento, a lo largo del ministerio en Galilea, alrededor de Galilea y en Jerusalén.

Esquema

El siguiente esquema ofrece una organización temática del Evangelio de Mateo:

I. Los inicios milagrosos de Jesús (1:1-4:11)
II. Enseñanzas éticas y milagros (4:12-10:42)
III. Confrontación y reacciones (11:1-16:20)
IV. El Mesías debe sufrir (16:21-20:28)
V. Jesús se atribuye Autoridad y recibe alabanza (20:29-25:46)
VI. La muerte de Jesús (26:1-27:66)
VII. La Resurrección de Jesús (28:1-28:20)

I. Los inicios milagrosos de Jesús (1:1-4:11). La genealogía y la infancia de Jesús muestran que él es el cumplimiento de la profecía del AT. Su bautismo demuestra este cumplimiento; sus cuarenta días de prueba en el desierto lo identifican con Israel.

II. Enseñanzas éticas y milagros (4:12-10:42). Esta sección comienza con un cambio geográfico, cuando Jesús regrese a Galilea. Habiendo instruido a sus discípulos, los envía como una extensión de su propia misión.

III. Confrontación y reacciones (11:1-16:20). Esta sección también involucra un cambio geográfico. Jesús primero es cuestionado por los discípulos de Juan, luego por los fariseos, y finalmente por la gente en su propia ciudad. Las preguntas son resueltas con la confesión de Pedro.

IV. El Mesías debe sufrir (16:21-20:28). Esta es la tercera sección que comienza "desde entonces Jesús comenzó a" Jesús les explica a sus discípulos que morirá a manos de los judíos, pero resucitará en el tercer día. Esta sección incluye la transfiguración y muchas parábolas sobre el juicio y la recompensa. El clímax está al final, cuando Jesús declara que ha venido a "dar su vida en rescate por muchos".

V. Jesús se atribuye autoridad y recibe alabanza (20:29-25:46). Otro desplazamiento geográfico ocurre, Jesús y sus discípulos se alejan de Jericó. Jesús reconoce el título "Señor, Hijo de David", limpia el templo y discute con los fariseos acerca del origen de su autoridad. Las parábolas hacen referencia a la filiación y

M

las respuestas a la autoridad. Los fariseos intentan entrampar a Jesús. Jesús enseña acerca de la autoridad, luego reprende a los fariseos. El Capítulo 24 describe las consecuencias del rechazo definitivo de la autoridad. El clímax es la parábola de las ovejas y las cabras.

VI. La muerte de Jesús (26:1-27:66). El Evangelio de Mateo tiene una intensidad incorporada hasta la narrativa de la pasión. Esta sección se construye nuevamente dentro de sí misma, desde la unción de Jesús en Betania hasta el silencio cuando la tumba está cerrada y sellada.

VII. La resurrección de Jesús (28:1- 28:20). Los relatos de las apariciones de la resurrección y posterior a la resurrección son breves pero significativos y contienen varios detalles que no se encuentran en los otros sinópticos.

Las Contribuciones Únicas de Mateo

Entre las contribuciones únicas de Mateo están su genealogía de Jesús (que difiere significativamente de la de Lucas); la narración del nacimiento / infancia en 1:18-2:23, que incluye el relato del ángel que se le apareció a José, los magos del este, la matanza de los inocentes y la huida a Egipto; la Gran Comisión, donde Jesús ordena a sus seguidores "id, pues, y haced discípulos de todas las naciones, bautizándolos en el nombre del Padre y del Hijo y del Espíritu Santo" (28:19); y el Sermón del Monte (capítulos 5-7), el bloque más grande de las enseñanzas de Jesús en el NT (Mateo contiene grandes bloques de las enseñanzas de Jesús en los otros discursos también).

Uso del Antiguo Testamento

El uso de Mateo del AT es notable. A Mateo le interesa mostrar a Jesús como el cumplimiento del AT y la historia de salvación de Dios. Esto se puede ver en las llamadas frases de cumplimiento (1:22-23; 2:15, 17-18, 23; 4:14-16; 8:17; 12:17-21; 13:35; 21:4-5; 27:9-10, *ver también* 2:5-6; 13:14; 26:54, 56, y 3:3; 22:31-32), así como en las porciones de narrativa del libro, particularmente en la declaración radical de 26:56: "Todo esto ha sucedido para que se cumplan las Escrituras de los profetas".

Mateo apela inmediatamente al AT al recontar la genealogía de Jesús. Él divide la historia de Israel en tres épocas: la primera culmina en David, la segunda con el exilio, claramente dos de los puntos de inflexión más significativos en la historia de Israel, la tercera en Jesús, el Cristo.

La cita "De Egipto llamé a mi hijo" (2:15), de Ose. 11:1, es un excelente ejemplo del compromiso de Mateo con el cumplimiento. El pasaje en Oseas claramente no está anticipando este versículo, pero Mateo emplea esta breve oración para identificar a Jesús como el cumplimiento de Israel y usa el retorno de Egipto de la sagrada familia para ilustrar los paralelismos en la vida de Jesús con la experiencia de los judíos. El uso de Mateo del AT aquí, y en general, sigue las convenciones interpretativas antiguas, particularmente judías.

Mateo contiene una serie de citas del AT que no se encuentran en los otros sinópticos. Estos aparecen generalmente como acotaciones del propio Mateo; sus propias reflexiones, por así decirlo, y no son las palabras de Jesús. Mateo claramente ve la relación entre Jesús y el AT en ambas direcciones: Jesús es el cumplimiento total del AT, y el AT trata profundamente por señalar el camino hacia Jesús.

Luego, Mateo aplica pasajes del AT a la vida de Jesús: Jesús es el hijo de la virgen en Is. 7:14 (Mt. 1:22-23), el que viene de Belén para gobernar Israel en Miq. 5:2 (Mt. 2:5-6), y el hijo que llamó a salir de Egipto en Ose. 11:1 (Mt. 2:15); la matanza de niños refleja la caída de Judá observada en Jer. 31:15 (Mt. 2:17-18); y Jesús es la gran luz sobre Zabulón y Neftalí de Is. 9:1-2 (Mt. 4:13-16).

La Relación de Jesús con los Líderes Judíos

El Evangelio de Mateo es casi generalmente negativo hacia los líderes religiosos, incluso cuando los pasajes paralelos no reflejan este antagonismo (compare Mt. 23:37 con Lc. 13:31). Mateo registra a muchos grupos de líderes: maestros de la ley (escribas), fariseos, saduceos, sumos sacerdotes y ancianos; a menudo combina términos, siendo su combinación favorita "escribas y fariseos". Mateo describe a los fariseos como los más hostiles hacia Jesús, identificándolos como una "generación de víboras" (3:7).

Sin embargo, el Evangelio de Mateo está lejos de ser una obra antijudía. Jesús es el cumplimiento del AT; fue enviado "sólo a las ovejas perdidas de Israel" (15:24); la gente alaba al Dios de Israel por sus demostraciones de sanación. El punto de Mateo es que son los líderes de Israel y los que rechazan a su Mesías quienes se están juzgando a sí mismos.

MATEO El autor por tradición del primer Evangelio y uno de los doce apóstoles (Mt. 10:3). Mateo trabajó para el gobierno de Herodes Antipas como funcionario del departamento de impuestos. Esta era una posición de responsabilidad que habría requerido de una buena educación, fluidez en griego y arameo, llevar cuentas y contabilidad. Tenía residencia en Capernaum, un pueblo de pescadores de Galilea, que estaba en el transitada camino de Via Maris, lo que garantizaba un lucrativo ingreso de las tarifas cobradas por los bienes de los viajeros que pasaban (Mt. 9:9). Recaudadores de impuestos, aunque ocupaban cargos de responsabilidad, no eran respetados de ninguna manera por sus compatriotas judíos. De hecho, los fariseos consideraban a los recaudadores de impuestos de la misma manera que los pecadores como una clase despreciada (Mt. 9:11, 11:19, Mr. 2:16, Lc. 7:34, 15:1). Debido a que Mateo estaba trabajando para una administración esencialmente dominada por los romanos, la mayoría de los judíos lo habrían tildado de traidor de los intereses nacionales de Israel.

Solo el primer Evangelio lo llama "Mateo" (que significa "regalo de Dios"). Marcos y Lucas se refieren a él como "Leví" (Mr. 2:14, Lc. 5:27). Él fue llamado por Jesús a ser un discípulo mientras trabajaba en la cabina de impuestos. Las palabras "sígueme", que Jesús le habló en esa ocasión, son la única conversación registrada entre los dos hombres. Después de su llamado, invitó a Jesús a su casa y ofreció un banquete en su honor. En esa ocasión invitó a muchos de los suyos, un acto que indignó las sensibilidades morales de los fariseos, que criticaron a Jesús por ello (Mr. 2:15-17). Mateo y aquellos que eran como él (por ejemplo, Zaqueo [Lc. 19:1-10]) son una vívida demostración de la prioridad de la gracia en la salvación.

MATHITÍAS, MATATÍAS **(1)** Un levita a cargo de hornear el pan de ofrenda para el templo (1 Cr. 9:31). **(2)** Un levita que acompañó el arca del pacto desde la casa de Obed-Edom hasta Jerusalén (1 Cr. 15:18, 21; 16:5). **(3)** Un hijo de Jedutún, también un levita, que realizó servicio musical en el templo (1 Cr. 25:3, 21). **(4)** Un descendiente de Nebo que fue culpable de casarse con una mujer extranjera durante el tiempo de Esdras (Esd. 10:43). **(5)** Uno de los trece líderes que se pararon con Esdras mientras leía el Libro de la Ley públicamente (Neh. 8:4).

MATHUSALA *Ver* Matusalén.

MATÍAS El apóstol elegido para reemplazar a Judas Iscariote (Hec. 1:15-26). Después de la muerte de Judas, Pedro pidió a los aproximadamente 120 creyentes en Cristo que designaran a otro apóstol, uno que había estado con los apóstoles desde el momento del bautismo de Jesús por Juan hasta la ascensión de Jesús. La elección de un nuevo apóstol cumpliría las palabras de David acerca de Judas (*ver* Sal. 69:25; 109:8b). Después de orar por la guía de Dios, los creyentes echaron suertes, y Matías fue elegido en lugar de otro candidato, "José, llamado Barsabás (al que también llamaban Justo)" (v. 23).

MATRED La hija de Mezaab y la madre de Mehetabel, que era la esposa del Rey Hadad (algunos manuscritos dicen "Hadar") de Edom (Gn. 36:39, 1 Cr. 1:50). Sin embargo, la Septuaginta y muchas traducciones en latín identifican a esta persona como el padre de Mehetabel.

MATRI El clan de Matri, de la tribu de Benjamín, fue escogido echando suertes cuando Samuel estaba seleccionando un rey para Israel. El clan había incluido a Cis, el padre de Saúl (1 Sam. 10:21).

MATRIMONIOS Ceremonias que marcan la entrada en matrimonio. En la Biblia, los matrimonios inician la formación de nuevos hogares con la bendición de la familia y comunidad.

M

Antiguo Testamento

En el AT, los matrimonios eran importantes para los patriarcas y para Israel porque se esperaba que la nueva pareja produjese hijos para ayudar a cumplir la alianza de Abraham (Gn. 12:2; 17:6; 22:15-18; Rut 4:11-13; Is. 65:23). Herederos eran también la certeza de que el nombre del hombre permaneciese eternamente en Israel, tanto es así que si un hombre fallecía sin descendencia, su hermano estaba obligado a casarse con la viuda y producir hijos en su nombre (Gn. 38:8; Dt. 25:5-10). Además, los matrimonios aseguraban que las propiedades se mantuviesen dentro de la familia y tribus y también que se transfieran de manera ordenada de una generación a la siguiente (Nm. 36:1-12; Rut 4:5; Sal. 25:13).

Múltiples esposas se permitían en el AT (Gn. 30:26; Dt. 21:15; 1 Sm. 1:2; 2 Sm. 5:13; 1 Re. 11:3), al igual que múltiples concubinas, que tenían posición oficial en el hogar, aunque por debajo de las esposas. Los matrimonios generalmente se asociaban con un hombre públicamente tomando a una esposa; adquiría concubinas con menos fanfarria (Gn. 16:1-3; 30:3-5; Jue. 19:1, 3).

Los matrimonios del AT incluían ciertos elementos distintivos. El novio o su padre pagaba el precio de la novia, o dote, al padre de la novia (Gn. 34:12; Ex. 22:16-17; 1 Sm. 18:25). El novio tenía un rol más central que la novia. Él salía de una habitación o tienda para reclamar a su esposa (Sal. 19:5; Jl. 2:16), quien, en el caso de una boda real, puede haber ido en procesión hacia él (Sal. 45:13-15). Ambos, el novio y la novia eran adornados (Cant. 3:11; Is. 49:18; 61:10; Jr. 2:32); la mujer también iba velada (Gn. 24:65; 29:23, 25; 38:14, 19; Cant. 4:1, 3; Is. 47:1-3). Su matrimonio era la ocasión de mucho regocijo y fiesta (Gn. 29:22; Jr. 7:34; 16:9; 25:10; 33:11) y duraba siete días (Gn. 29:27; Jue. 14:17). El evento principal era su unión sexual (Is. 62:5), que ocurría en la primera noche (Gn. 29:23; Rut 4:13). A menos que ella haya sido una viuda, se suponía que la novia era virgen en su noche de bodas y evidencia de su virginidad, una tela manchada de sangre, era retenida como prueba (Dt. 22:13-19). La virginidad era esencial a una mujer que no había estado casada antes; una mujer que había sido violada o de otra manera se había involucrado en relaciones sexuales prematrimoniales era considerada deshonrada e incasable a cualquiera que no fuese el hombre con el que había tenido relaciones (Dt. 22:21; 2 Sm. 13:1-20). La importancia de esto apoya el valor de impacto del libro de Oseas (*véase* especialmente 1:2), una metáfora extendida que presenta a Israel como una prostituta, sin embargo, perseguida por Yahveh como su esposo.

Nuevo Testamento

El NT continúa testificando a muchas de estas tradiciones matrimoniales, significativamente incluyendo la reunión de la comunidad (Mt. 22:2; Jn. 2:1-2) en alegre celebración (Mt. 9:15; Mc. 2:19; Lc. 5:34; Jn. 2:9-10). Las fiestas de matrimonio podían ser asuntos fastuosos (Mt. 22:4; Jn. 2:6-10) con protocolos acerca de asientos (Lc. 14:8-10) y vestuario (Mt. 22:11-13; Ap. 19:7-9).

En el NT, estas y otras costumbres matrimoniales del siglo uno ilustran aspectos del reino de los cielos. La parábola de la fiesta de matrimonio (Mt. 22:1-14) contrasta a los huéspedes invitados (líderes religiosos corruptos en Israel) que ignoraron las invitaciones de matrimonio del rey y asesinaron a sus sirvientes con aquellas personas, buenas y malas, reunidas de las calles (los oprimidos) que tomaron su lugar. Su voluntad de asistir se califica sólo por el hecho de venir ataviados con vestimentas de matrimonio, que por inferencia fueron provistas por el mismísimo rey (Ap. 19:7-8)

La parábola de las diez vírgenes (Mt. 25:1-13) juega con la comprensión que los matrimonios ocurrían no a una hora específica, sino cuando el novio estaba listo. Su disponibilidad estaba determinada, entre otras cosas, por la disponibilidad de una vivienda para su nueva novia. En Cafarnaúm del siglo uno esto habría sido una habitación o habitaciones construidas en la isla de su padre, un complejo multifamiliar que rodeaba un patio interior; la misma imagen se encuentra detrás de Juan 14:2-4. La parábola, identificando al Hijo del Hombre como el novio, ilustra que mientras su venida en gloria es cierta, su momento es desconocido. Por lo tanto, la fiesta nupcial debía estar vigilante y preparada.

En otros lugares, Jesús es específicamente nombrado el novio preparándose para casarse con su novia, la iglesia (2 Cor. 11:2; Ef. 5:25-27, 31-32). La fiesta matrimonial de Canaán (Jn. 2:1-11), que da comienzo al ministerio público de Jesús, señala antes de tiempo la cena matrimonial del Cordero, que augura la era escatológica (Ap. 19:7-9). La imagen cúlmine de Dios con su pueblo (Dt. 16:13-16; Mt. 1:23; Jn. 1:14) es una boda magnífica (Ap. 21:2, 9) entre Cristo y la nueva Jerusalén.

MATRIMONIO Una relación íntima, exclusiva, un pacto de por vida entre un hombre y una mujer en la que se establece una nueva familia.

Teología de Matrimonio

La base bíblica para el matrimonio se registra en Gn. 2:18-24, que establece una serie de puntos importantes relacionados con el matrimonio. Primero, en Gén. 2:18 Dios resalta la primera deficiencia expresada dentro de la creación: el hombre está solo. La solución a la soledad del hombre no se encuentra entre los animales (un hecho demostrado por la cuidadosa búsqueda expresada al hacer que el hombre nombre a cada uno de ellos) sino en una criatura creada específicamente para abordar el problema de su soledad: la mujer. Ella es creada a partir de su "costilla" (una mejor traducción es "lado"), por lo que se parece más a él que a ninguno de los animales. A pesar de esto, ella no es un clon, sino un complemento para él. Ella es descrita como una "ayuda idónea para él", que destaca su cumplimiento de la insuficiencia que Dios había identificado previamente.

En segundo lugar, el papel de la esposa no se limita a proporcionar una forma de cumplir con el mandato de llenar la tierra (teniendo hijos), porque el problema identificado en Gn. 2:18 no se puede reducir a esto solamente. El AT establece que los seres humanos son relacionales y sociales, y que el aislamiento no es bueno, esto es aparte de las consideraciones relacionadas con la maternidad. De hecho, cuando el matrimonio se emplea como metáfora de la relación entre Dios y su pueblo (ver más abajo), puede conceptualizarse por completo, independiente de la noción de procreación, lo que sugiere que no se debe considerar el último como el objetivo principal del matrimonio.

Tercero, Gn. 2:23 describe la relación entre el hombre y la mujer en términos que recuerdan fuertemente a la fórmula tradicional de parentesco utilizada con referencia a los miembros de la familia en otras partes del AT: "hueso de mis huesos y carne de mi carne" (cf., por ejemplo, Gn. 29:14, Jue. 9:2, 2 Sam. 5:1, 19:13-14, similar a la expresión moderna "sangre de mi sangre", *véase también* Mt. 19:5; Ef. 5:31). Aunque "estar unidos" (otras traducciones usan "allegarse") y "una sola carne" se entiende con frecuencia que se refieren a la unión sexual, esta no es la única implicación, ni la principal, de las palabras. Gn. 2:24 expresa la unificación del esposo y la esposa como la antítesis de que el hombre deje a su padre y a su madre. Estos términos ("dejar" o "abandonar", "unir" o "allegar") se usan en otras partes en contextos de pacto. "Allegar, prenderse, apegarse" se usa generalmente para las personas en el sentido de aferrarse a otras en afecto y lealtad (Gn. 34:3; Rut 1:14; 2 Sam. 20:2; 1 Re. 11:2). También se usa con frecuencia para decir que Israel se aferre a Dios (Dt. 10:20; 11:22; 13:5; 30:20; Jos. 22:5; 23:8). "Abandonar" se utiliza para quebrantar los pactos (Dt. 12:19; 14:27; 29:25; Jer. 1:16; 2:13, 17, 19; 5:7; 16:11; 17:13; 19:4; 22:9). El verbo también aparece en el contexto de divorcio matrimonial en Prov. 2:16-17; Is. 54:6; 62:4.

La implicación de Gn. 2:24 es que el hombre estaba anteriormente "unido" a sus padres en una relación familiar, pero cuando se casa, la relación de pacto con sus padres queda anulada por la nueva relación con su esposa. Por lo tanto, al establecer la relación de pacto del matrimonio, el hombre y la mujer forman una nueva unidad familiar (se convierten en "una sola carne", que es paralela a la fórmula de parentesco expresada más plenamente en Gn. 2:23). Es notable que Gen. 2 defina así a una familia como esposo y esposa; una familia se forma antes de que nazcan los niños. Además, el énfasis en la prioridad de la relación entre el esposo y la esposa es

M

particularmente sorprendente, considerando la importancia de honrar a los padres (Éx. 20:12, Dt. 5:16) y la naturaleza claramente patrilocal de la herencia por la cual los hijos permanecerían en la casa de los padres después del matrimonio y finalmente heredan una parte de ella, pero las hijas se irían de la casa de sus padres para estar con sus maridos.

En cuarto lugar, la descripción de la mujer como "ayudante" del hombre no puede usarse sólo para demostrar si el papel de la esposa era subordinado o superior al de su esposo. Aunque el término se usa a menudo en otros lugares como descripción de Dios, también se usa para ayudantes subordinados, y otras indicaciones contextuales determinan el estatus relativo del ayudante, aparte del uso del término mismo.

Matrimonio en el Antiguo Testamento

La Biblia presenta pocos requisitos formales legales, litúrgicos o de culto para el matrimonio (mientras que existen leyes específicas para el divorcio), aunque sí registra algunos detalles de matrimonios específicos a partir de los cuales se puede obtener cierta información sobre las prácticas matrimoniales. Los matrimonios a menudo se establecían a través de un acuerdo entre los padres del esposo y los de la esposa o entre el esposo y los padres de la que sería su esposa (por ejemplo, Gn. 24; 38:6), pero parece haber cierta variedad, con ejemplos de un hombre que elige a su propia esposa (p. ej., Judá en Gn. 38:2) o instancias cuando se busca el consentimiento de la mujer (p. ej., Gn. 24:8, 58). El requisito de un certificado formal de divorcio (Dt. 24:1, 3), junto con ejemplos de contratos de matrimonio del antiguo Cercano Oriente, son evidencia posible de que el matrimonio dentro de Israel requería certificación, aunque no hay una confirmación explícita de esto en el AT o en Israel antes del período rabínico. Los matrimonios registrados en el T solían incluir fiestas de variable duración (Gn. 29:22; Jue. 14:12), se acompañaba a la novia a su hogar en una procesión festiva que incluía música y canto (Sal. 78:63; 7:34; 16:9), y se pronunciaba una bendición sobre la novia para que ella pudiera tener muchos hijos (Gn. 24:60; Rut 4:11). Dt. 22:15 sugiere que la evidencia de la virginidad de la novia era retenida por la familia de la esposa para protegerse contra las falsas acusaciones de un esposo que buscaba el divorcio.

Otro aspecto del matrimonio que parece haber sido normativo pero no legislado era el pago de un mohar, o "precio de la novia" (Gn. 34:12; Éx. 22:16; 1 Sam. 18:25), así como la provisión de una dote (1 Re. 9:16). El primero era un pago hecho por la familia del novio a la familia de la novia, el último una cantidad dada por el padre a su hija. Típicamente, pareciera que el primero excedía al último en valor. El precio de la novia, al menos en tiempos más tarde, funcionaba como un seguro si la esposa se divorciaba.

La Biblia no impone ninguna restricción de edad específica a los casados, lo que indica que la práctica del AT probablemente no difería significativamente de la de otras naciones en el antiguo Cercano Oriente, donde se consideraban que las niñas estaban listas para el matrimonio una vez que habían alcanzado la pubertad o la edad de doce años, y los niños generalmente eran un poco mayores. Se imponían restricciones sobre la elegibilidad de los cónyuges, y en general los matrimonios eran endógamos: los cónyuges eran elegidos dentro del clan, tribu o nación (por ejemplo, Gn. 24:1-9; 27:46-28:5; Dt. 7:3, que prohíbe el matrimonio con algunos, pero no todos, los extranjeros, y Dt. 21:10-14, que permite a los guerreros israelitas tomar esposa entre las prisioneras de guerra). Si bien hubo excepciones a esta restricción (por ejemplo, Moisés se casó con un madianita, Betsabé se casó con un hitita, Boaz se casó con Rut, una moabita), en tiempos posteriores la restricción se daba con una sanción legal bajo Esdras y Nehemías (Esd. 9:2, 12; Neh. 13:25; cf. Lc. 14:26; 18:29).

A pesar de la probabilidad de que muchos matrimonios en el AT y en el antiguo mundo en general fueran acordados, la noción del amor romántico como un ideal para el matrimonio y un motivo para elegir al cónyuge era claramente conocida e incluso considerada como deseable. Esto se refleja en la aprobación dada al amor romántico en Cantar de los Cantares, así como en historias como la de Jacob (Gn. 29:18, *ver también* Jue.14:1-3, 1 Sam. 18:20).

Socialmente, el matrimonio era de particular importancia para una mujer en el mundo antiguo, ya que su bienestar generalmente dependía de su lugar dentro de la casa de su padre o su marido. Debido a que la herencia se transmitía por la descendencia masculina, las mujeres sin conexión con la casa de un hombre estaban en un estado muy frágil. La herencia en sí misma también era un tema importante en el mundo antiguo, por lo que se colocó un gran valor no solo en el matrimonio, sino también en tener hijos (en particular, varones [*véase también* Primogénito]). Asociado con estas funciones sociales del matrimonio en el antiguo Israel, está el hecho de que el AT permite y registra varios casos de poligamia (siempre poligamia, nunca poliandria). Esto proporcionaba seguridad social a las viudas (*ver también* Ley de Levirato, Matrimonio en Levirato) y ayudaba a garantizar la herencia de descendencias. Cabe señalar, sin embargo, que ni el aspecto de bienestar del matrimonio ni la aceptación relacionada de la poligamia se basa en el fundamento bíblico del matrimonio en Gn. 2 y, en consecuencia, la poligamia no refleja el ideal bíblico para el matrimonio. La importancia fundamental de la relación matrimonial también se destaca por la severidad de las penas por adulterio (por ejemplo, Éx. 20:14, Dt. 5:18, 22: 22-24, *ver también* Adulterio).

Matrimonio en el Nuevo Testamento

Jesús refuerza la importancia del matrimonio, enfatizando su origen divino y su naturaleza de ser para toda la vida (Mt. 19:6, Mr. 10:9), así como su inviolabilidad (Mr. 10:2-12). A la luz de esto, la afirmación de Jesús de que en la resurrección no habrá matrimonio es sorprendente (Mt. 22:30). Aunque Jesús no ofrece ninguna explicación de por qué no habrá matrimonio después de la resurrección, es probable que la necesidad fundamental identificada en algunos aspectos (1 Cor. 7:4; Ef. 5:21) refleje algunas facetas asimétricas de la relación entre Cristo y la iglesia en otros (Ef. 5:22-33). Los cristianos deben casarse dentro de la iglesia (2 Cor. 6:14-18, aunque este pasaje no está restringido al matrimonio); sin embargo, aquellos que están casados con no creyentes no deben buscar el divorcio, sino que deben permanecer fieles a sus cónyuges por el bien del cónyuge y sus hijos (1 Cor. 7:10-16). El NT hace referencia a algunas de las costumbres matrimoniales de esos tiempos, incluyendo compartir un banquete (Mt. 22:2-12, Lc. 12:36, Jn. 2:1-11), la expectativa de que los invitados estén vestidos adecuadamente (Mt. 22:11-12), y una procesión al hogar del novio (Mt. 25:1-13, Lc. 12:35-38).

Matrimonio: Uso Simbólico

El matrimonio se usa figurativamente en ambos Testamentos. La relación entre Dios y su pueblo se describe con el lenguaje de matrimonio (Is. 62:4-5, Jer. 2:2). Al usar dicho lenguaje, los profetas enfatizan la intimidad y la unidad inherente a la relación entre Dios y su pueblo elegido, así como también la devastadora traición cuando el pacto se rompe. El uso de la metáfora del matrimonio se extiende así al uso del lenguaje del divorcio para describir el trato que Dios da a Israel que le fue infiel (Jer. 3:8), y la noción de adulterio y promiscuidad se equipara con la adoración de dioses extranjeros (Ezeq. 16:23). El matrimonio del profeta Oseas es en sí una representación gráfica de la relación de Dios con su pueblo y, en particular, su falta de fe; sin embargo, también ofrece la anticipación de un nuevo pacto, uno en el que Dios declara que: "Me llamarás 'esposo mío'; en vez de 'mi señor'" (Oseas 2:16). El uso metafórico del matrimonio para representar la relación entre Dios y su pueblo también refleja la creencia implícita en la naturaleza asimétrica de la relación entre marido y mujer en el mundo antiguo. El NT identifica principalmente a la iglesia como la novia y a Cristo como el esposo al usar el lenguaje del matrimonio figurativamente (por ejemplo, Ef. 5:22-33). Al hacerlo, el NT afirma la deidad de Cristo al representarlo explícitamente en el lugar ocupado por Dios en el uso del simbolismo del matrimonio por el AT. Jesús usa el matrimonio en su enseñanza parabólica sobre el reino de Dios (Mt. 22:2-14; 25:1-12), así como en referencia a sí mismo como novio cuando explica el comportamiento de sus discípulos (Mr. 2:19- 20, Lc. 5:34-35). Apocalipsis representa el regreso de Cristo como el momento del matrimonio entre la novia y el novio (Apo. 19:7; 21:9).

M

MATRITAS *Ver* Matri.

MATRIZ La RV traduce cinco veces la palabra hebrea rekhem (útero) como matriz (Éx. 13:12, 15, 34:19, Nm. 3:12, 18:15).

MATTATHÍAS *Ver* Matatías.

MATUSALÉN Al morir a los 969 años de edad, es el ser humano más antiguo que se registra en la Biblia. Vivió antes del diluvio y era hijo de Enoc y padre de Lamec (Gn. 5:25-27). Él es recordado más tarde en las Escrituras en la genealogía de apertura de Crónicas (1 Cr. 1:3) y en la genealogía de Jesús en Lucas (Lc. 3:37).

MAYORDOMO Interpretación de la KJV y RSV de la palabra hebrea mashqeh, que es el término usado para referirse al copero del faraón (como se aprecia en la mayoría de las versiones modernas) que, junto con al panadero, fue encarcelado por el faraón y fue atendido en ese tiempo por José (*ver* Génesis 40). *Ver también* Copero.

MAZAROT Una transliteración de un término hebreo poco claro, mazzarot, que se encuentra en Job 38:32. Las diversas formas en que se puede entender incluyen un nombre propio de una constelación (LBLA Mg), una referencia a los doce signos del zodíaco (RVA) y un término genérico para una constelación o estrellas (NVI).

MAZO Los mazos eran usados en la guerra y en la cacería (2 Samuel 23:21; Job 41:29). Isaías describe a los asirios como un garrote en la mano de Jehová (Isaías 10:5; *ver también* Jeremías 51:20). Aquellos que arrestaron a Jesús cargaban palos (Mateo 26:47).

MAZO Se usa con un mortero, una herramienta redondeada de madera o piedra utilizada para moler o pulverizar una sustancia (Prov. 27:22). Ver también Mortero.

MEAH, TORRE DE Una de las torres en el muro de Jerusalén nombradas en la descripción de Nehemías de la dedicación del muro reconstruido (Neh. 3:1, 12:39). "Meah" es la transliteración de la RVA de la palabra hebrea me'ah, que significa "cien". Por lo tanto, otras versiones identifican la estructura como la "Torre de los Cien" (NVI, LBLA).

MEBUNAI Un husatita, él era uno de los treinta guerreros más valientes de David (guerreros de élite, 2 Sam. 23:27). Probablemente sea la misma persona que Sibecai (un Husatita, del clan Zeraíta), que reemplaza a Mebunai en listas paralelas (1 Cr. 11:29, 27:11) y también es la traducción en la NTV de 2 Sam. 23:27. Él estaba al mando de una división de veinticuatro mil hombres que sirvieron al rey David.

MECONA Una ciudad en la parte sur de Judá, entre Siclag y Rimón a la que los exiliados regresaron y se reasentaron (Neh.11:28).

MEDAD Un anciano israelita que, junto con Eldad, profetizó en el campamento del desierto cuando el Espíritu reposó sobre ellos. Debido a que esto ocurrió afuera del tabernáculo, Josué le pidió a Moisés que los reprendiera (Nm. 11:26-27).

MEDAN El tercero de los seis hijos de Abraham con su concubina Cetura (Gn. 25:2; 1 Cr. 1:32), es el antepasado de una tribu árabe de la cual poco se sabe.

MEDEBA Una ciudad moabita y territorio circundante en Transjordania. Nm. 21:30 la menciona como un sitio que Sehón, rey de los amorreos, había arrebatado de los moabitas, el cual fue derrotado e incorporado a Israel y entregado a la tribu de Rubén (Jos. 13:9, 16). Más tarde en la historia se reporta como un área de preparación del ejército del rey de Maaca, que había sido contratado para apoyar a Hanún de Ammón en su lucha contra David (1 Cr. 19:7). Isaías hace referencia a esto en un oráculo contra Moab (Is. 15:2). También se menciona en la Piedra Moabita del siglo IX a.C (líneas 8, 30) como habiendo sido liberado de Israel por

Mesa, rey de Moab. Se identifica con el sitio arqueológico Madaba (o Madeba).

MEDIA TRIBU En la Biblia el término "media tribu" describe la porción de la tribu de Manasés que se asentó en el lado este del río Jordán (e.g., Js. 18:7; 22:1). Una porción de la tribu de Manasés también recibió tierra en el lado oeste del río Jordán, y la Biblia usa el término para distinguir entre ambas porciones. El término también se puede referir ya sea a la tribu de Efraín o Manasés ya que son la descendencia de la tribu de José.

MEDIADOR Alguien que sirve como facilitador de la reconciliación entre dos partes. El papel de un mediador era tomado por diferentes individuos y cargos en el AT, como cuando Abraham intercede por Sodoma y Gomorra (Gn. 18:22-32), Moisés le pide a Dios que perdone a Israel (Éx. 32:31-32) , y los israelitas le ruegan a Moisés para que hable con Dios en su nombre (Éx. 20:19). Además, los jueces, profetas, reyes y sacerdotes asumieron funciones de intermediarios a veces. La mediación funciona bidireccionalmente: de Dios a los humanos y de los humanos a Dios. Los profetas son esencialmente el primer tipo de mediadores (de Dios para los humanos), mientras que los sacerdotes adquirieron, en su mayoría, la segunda función (de los humanos hacia Dios).

En el NT, el papel de mediador se le da a Cristo, ya que solo Él, como Dios encarnado, está calificado para ello ("un solo mediador entre Dios y los hombres" [1 Tim. 2:5]). Esto implica que, en la medida que la reconciliación entre la humanidad pecaminosa y un Dios santo sea concebible, solo Cristo puede facilitar esa mediación.

Hebreos desarrolla una teología de la mediación al comparar a Cristo con los ángeles, Moisés y los profetas, declarando que Cristo es superior a cada uno de ellos en todos los aspectos. Hebreos dice que Cristo es el mediador de un nuevo y mejor pacto (8:6, 9:15, 12:24). Muchos pasajes del NT presentan a Cristo participando en el ministerio profético mientras proclama e interpreta la voluntad de Dios para el mundo perdido. Su trabajo sacerdotal consiste no sólo en darse a sí mismo como el máximo sacrificio sino también en interceder por los humanos ante Dios y dar la "bendición sacerdotal" desde su morada celestial. La mediación de Cristo debe ser apreciada en términos tanto de quién es Él como de qué ha hecho. El misterio eterno que rodea a Cristo es su persona encarnada (Dios-hombre) y su muerte expiatoria (limpiando toda culpa). A lo largo del período patrístico y movimiento escolástico que le siguió, la reflexión teológica sobre Cristo se canalizó al significado de la encarnación, enfatizando el estatus único de Cristo como Dios verdadero y verdadero humano que hace posible la obra redentora. En comparación, los reformadores protestantes pusieron la obra salvífico y mediación de Cristo a la delantera de su teología. La tradición reformada desarrolló el papel de mediador de Cristo en tres maneras: profeta, sacerdote y rey.

MEDICINA *Ver* Enfermedades y anormalidades físicas.

MÉDICO *Ver* Enfermedades y anormalidades físicas.

MEDIO SHEKEL Impuesto pagado en marzo para la mantención del templo, particularmente los sacrificios (Mt. 17:24-27 [NIV: "impuesto templar de dos dracmas"]; cf. Josefo, Ant. 18.312). La ley requería que cada hombre mayor de veinte años diera medio shekel (Éx. 30:13-16). Nehemías fijó el impuesto anual, pero a un tercio de shekel (Neh. 10:32). Las cantidades establecidas en la ley y en el ciclo de Nehemías eventualmente fueron combinadas. Incluso los judíos que vivían en Diáspora pagaban el impuesto (Filón, Embajada 156; Let Aris. 40).

Los shekels plateados como estos se usaron para pagar el impuesto del templo.

MEDIODÍA La mitad del día (1 Re. 18:26-27; 20:16; 2 Re. 4:20; Neh. 8:3; Job 5:14; Sal. 55:17; Is. 16:3; Jer. 6:4; 20:16; Amos 8:9; Hec. 10:9; 22:6; 26:13), en cuyo punto el sol está o se encuentra cerca de su meridiano y se sirve la comida del mediodía (Gn. 43:16).

MEDIODÍA Un término general para referirse al segmento medio de las horas de luz; mediodía. "Mediodía" aparece siete veces en el AT (Dt. 28:29; 1 Re. 18:29; Sal. 91:6; Can. 1:7; Is. 59:10; Jer. 15:8; Sof. 2:4).

MEDIR, CAÑA DE Fabricada a partir de tallos altos como de bambú que crecen en áreas pantanosas, esta herramienta, de aproximadamente tres metros de largo, era utilizada por los constructores para medir objetos. Se usa para medir el templo en la visión de Ezequiel (Ezeq. 40-42) y en el libro de Apocalipsis para medir el templo y la nueva Jerusalén (Apoc. 11:1; 21:15).

Vara de medir.

MEDIR, MEDIDA *Ver* Pesos y Medidas.

MEDIR, VARA DE *Ver* Medir, Caña de.

MEDITACIÓN En el AT, la meditación se centra principalmente en la voluntad de Dios, repitiendo verbalmente los mandamientos de Dios: uno "en su ley medita de día y de noche" (Sal. 1:2). A Josué, Dios le dice: "Procura que nunca se aparte de tus labios este libro de la ley. Medita en él de día y de noche, para que actúes de acuerdo con todo lo que está escrito en él. Así harás que prospere tu camino, y todo te saldrá bien" (Jos. 1:8). El mandamiento presupone que el conocimiento transformador debe introducirse en el horizonte de la conciencia y permanecer allí. El fruto de dominar una técnica meditativa no es la revelación de los misterios más profundos de la realidad, como lo es en otros sistemas religiosos, sino que es la respuesta llena de gracia de Dios a la obediencia sincera. Ser un profeta no era una auto denominación sino una vocación. En el primer siglo, la meditación se había convertido en parte de la oración. Los esenios permanecían en silencio durante una hora antes de recitar sus oraciones (Josephus, J.W. 2.128, 130, 133). Para mantener el enfoque (lo que los últimos rabinos llaman kavanah), los hombres judíos usaban filacterias y borlas. Las filacterias son pequeñas cajas de cuero atadas al antebrazo izquierdo y a la frente durante la oración (*ver* Let. Aris. 158-159). Dentro de las cajas había copias del Shema (Dt. 6:4-9; 11:13-21; Éx. 13:1-10, 11-16) escritas en pergamino. Las borlas eran azules y estaban sujetadas a las cuatro esquinas de una capa (Nm. 15:37-39, Dt. 22:12). Jesús usó borlas (Mt. 9:20; 14:36). Pablo exhorta a sus lectores a meditar no sólo sobre la humildad del ministerio histórico de Jesús, sino también a reflexionar sobre el Cristo exaltado (Fil. 2:5, 3:15, 19, 4:2, Col. 3:2).

MEDITERRÁNEO, MAR La mayor masa de agua que divide Europa y África, que se extiende hacia el este desde el Océano Atlántico a más de dos mil millas hasta la costa occidental de Israel. El Mediterráneo está

EL MAR MEDITERRÁNEO EN EL TIEMPO EN QUE PABLO VIAJÓ A ROMA

casi completamente rodeado de tierra. Aunque en algunos lugares este mar tiene un ancho de seis o setecientos millas, tiene sólo nueve millas de ancho en el estrecho de Gibraltar, que da acceso del Mediterráneo al Océano Atlántico. Las masas de agua relacionadas incluyen el río Nilo en Egipto, que desemboca en el Mediterráneo, y los mares Adriático y Egeo, adyacentes al norte. El Mediterráneo está punteado con miles de islas. Algunas son notables (Chipre, Creta, Malta, Sicilia, Cerdeña, Córcega), mientras que otras son muy pequeñas. Situado entre Medio Oriente, Europa y África, el Mar Mediterráneo posibilitó una vía de intercambio más rápido entre estas tres grandes masas de tierra. Las ciudades notables en las Escrituras en, o cerca del Mediterráneo, incluyen Alejandría, Cesarea, Jope, Tiro, Sidón y Tarso. La gran ciudad de Roma estaba a treinta kilómetros tierra adentro del mar.

El Mar Mediterráneo (conocido como el Gran Mar, el Mar Occidental y el Mar de los Filisteos) desempeña un rol importante para Israel en ambos Testamentos. Es considerado como el límite occidental para la herencia de Israel (Dt. 11:24; Jos. 1:4) y por lo tanto da forma al límite de Judá (Jos. 15:12, 47). Además, en Jos. 9:1 la costa mediterránea es vista como el territorio de los reyes paganos antes de la conquista. Más adelante en el mismo libro, Dios les da a los israelitas la tierra de las naciones que Él ha destruido, desde el Jordán hasta el Mar Mediterráneo (23:4). El profeta Joel declara que Dios obrará en favor de Israel; luchará por ellos y alejará a sus enemigos hacia todas las direcciones, incluido el oeste hacia el mar Mediterráneo (Joel 2:20).

En el NT, el Mar Mediterráneo se menciona en Hechos, donde Lucas relata la historia de cuando Simón Pedro se hospedó con Simón el curtidor en Jope, que está "junto al mar" (10:6,

32). Y luego en Hechos, Lucas narra el camino del barco que llevó a Pablo a Roma, un viaje por el Mediterráneo desde Cesarea y pasando por Mira, Gnido, Creta, Malta (después del naufragio en una tormenta), Siracusa, Regio, Puteoli y Tres Tabernas (las dos últimas están en Italia) antes de concluir en Roma (27:1-28:14).

M

MÉDIUM Una persona que sirve como una vía para comunicarse con los muertos (más comúnmente llamado hoy "psíquico"). En el AT, este término casi siempre se combina con "espiritista". La ley entregada a los israelitas por Moisés compara al patrón de estos practicantes con una prostituta (Lev. 20:6). La práctica contamina a los contratan (Lev. 19:31), haciéndolos detestables para Dios (Dt. 18:11-12), y la ley prescribe la excomunión de la comunidad (Lev. 20:6) y apedrearlos hasta la muerte (Lev. 20:27) como castigo por tales actos. Tal actividad se considera característica de otras naciones (Dt. 18:11-12; Is. 19:3) y, por lo tanto, inapropiada para los israelitas. Los profetas se burlan de los médiums y preguntan: "¿Acaso tienen que consultar a los muertos acerca de los vivos?" (Is. 8:19), y los acusan de dar falsas profecías (Jer. 27:9-10).

De acuerdo con esta dominante actitud negativa hacia ellos, Saúl expulsa a los médiums y espíritas de Israel (1 Sam. 28:3). Sin embargo, cuando Saúl busca una palabra profética acerca de su inminente encuentro con los filisteos y no puede recibir uno de Dios por los medios habituales, pide un médium (28:5-7). Disfrazándose, viaja a Endor, donde le pide al médium que consulte al difunto profeta Samuel (28:8-11). De forma reacia, ella levanta a Samuel, quien pronuncia una palabra de juicio a Saúl sobre su derrota y muerte a manos de los filisteos (28:12-19). Luego, la médium mata un ternero engordado, prepara una comida y se la sirve a Saúl y sus hombres (28:24-25).

MEDOS, MEDIA Media era un país ubicado al sur del mar Caspio, al este del río Tigris y los montes Zagros, al oeste de Partia y al norte de Elam. La parte norte del país moderno de Irán ocupa la misma área, aunque en el apogeo del poder de los medios, el reino incluía partes de la actual Iraq y Turquía. La ciudad más conocida era Ecbatana. Los habitantes de Media, los medos, vivían en las estepas y eran conocidos entre los países vecinos por sus excelentes caballos.

Historia de Media. Un pueblo llamado Madai, un grupo indo-ario descendiente de Jafet, dio nombre a la región (Gn. 10:2). Históricamente, Media aparece en la escena en los registros del monarca asirio Shalmanasar III, quien afirma haber invadido a los medos en el siglo noveno a.C Otros monarcas asirios enumeraron a los medos entre los pueblos que pagaban tributo e intercambiaban con el Imperio Asirio. La relación entre los dos países nunca fue del todo amistosa, y los monarcas asirios Tiglat-pileser III (744/727 a.C) y Sargón II (721-705 a.C) invadieron los medos y adjuntaron a la fuerza partes del país al Imperio Asirio y les hizo pagar tributo. Estas provincias subyugadas fueron sin duda las partes de los medos a las que Sargón II envió a algunos de los exiliados después de que conquistó el reino del norte de Israel en 722/721 a.C (2 Re. 17:6; 18:11).

Después de Sargón II, Senaquerib continuó manteniendo a los medos en sumisión. Sin embargo, los medos no fueron derrotados. Se hicieron más poderosos, y en una alianza con los escitas y los babilonios se rebelaron contra sus gobernantes asirios. En 614 a.C, Assur, una de las capitales de Asiria, fue capturada por los medos. Ciáxares, el líder de los medos, se unió a Nabopolasar, el líder de los babilonios, y juntos capturaron Nínive (612 a.C) y Harrán (610 a.C). Esto puso efectivamente fin al Imperio Asirio y puso las partes del norte del previo imperio bajo el control de Media. Nabucodonosor, el hijo de Nabopolasar, se casó con la hija de Ciáxares, celebrando así la alianza.

Media finalmente fue conquistada por Ciro II, quien hizo de Media una provincia del imperio persa y agregó "Rey de los medos" a sus títulos. Los medos siguieron siendo una cultura importante como parte del Imperio Persa, y la identificación dual de persas y medos permaneció vinculada al imperio (Est. 1:19; Dan. 5:28). El poder combinado de Media y Persia se convirtió en el imperio dominante hasta el ascenso y la conquista de los griegos bajo Alejandro Magno (332 a.C).

Media en la Biblia. Los medos y los media figuran más prominentemente en los libros bíblicos de Daniel y Ester. Daniel comenzó su exilio y alcanzó la fama bajo los babilonios, pero terminó su carrera profética bajo el gobierno del Imperio Medo-Persa. Tanto Daniel como otros profetas previeron este cambio de gobierno y la contribución de los medos en la conquista de Babilonia (Is. 13:17, 21:2, Jer. 51:11, 28, Dan. 5:28). La importancia de la contribución de los medos a la cultura y la gobernanza del nuevo imperio se manifiesta en el hecho de que el gobernante medo-persa Darío fuera llamado "el medo" en Dan. 11:1 debido a su ascendencia mixta (*ver* Dan. 9:1). De hecho, la idea de que una ley establecida no podía ser cambiada ni siquiera por el propio rey (*véase* Est. 1:19) parece ser una contribución de Media al imperio y fue la herramienta política utilizada por los enemigos de Daniel para que lo arrojaran a la guarida de leones (Dan. 6:8, 12).

Muchos de los judíos exiliados de Judá decidieron instalarse en Media en lugar de regresar a Judá, y una parte de su historia se relata en el libro de Ester. Ester 1:3 señala que "los oficiales del ejército de Persia y Media" estaban entre los presentes en una gran fiesta de Asuero (Jerjes I). De manera similar, en Est. 1:14, los consejeros más cercanos al rey son catalogados como "nobles de Persia y de Media", lo que indica la unidad de los dos países y la mezcla cultural entre los altos funcionarios. Lo mismo ocurría con las mujeres de alto rango en la tierra (Est. 1:18). Judíos de Media que reconocían el idioma de Media que hablaba el discípulo lleno del Espíritu se mencionan en Hec. 2:9. Por lo tanto, aunque el país había dejado de ser una potencia dominante en el mundo, su idioma y cultura todavía estaban presentes durante el período del NT.

MÉDULA Tejido graso suave que están dentro de los huesos, se considera representativo de los alimentos más selectos (Sal. 63:5; Is. 25:6). La metáfora de la médula húmeda connota vigor y salud (Job 21:24). La médula (RVA) para los huesos se utiliza como un símil para el refrigerio (LBLA, NTV) o fortaleza (NVI) que resulta de temer a Dios y apartarse del mal (Prov. 3:8). El escritor de Hebreos describe el poder penetrante de la palabra de Dios para juzgar los pensamientos y las intenciones del corazón con la metáfora de dividir las articulaciones de la médula (4:12).

MEFAAT Una ciudad entre Ammón y Moab. Originalmente una ciudad amorita que era parte del territorio de la tribu de Rubén (Jos. 13:18), luego fue asignada a los levitas meraritas (Jos. 21:37, 1 Cr. 6:79). Durante el tiempo de Jeremías, la ciudad estaba bajo jurisdicción moabita (Jer. 48:21).

MEFIBOSET **(1)** Hijo de Jonatán y nieto de Saúl, quedó cojo a la edad de cinco años cuando su nodriza lo dejó caer cuando huía después de enterarse de las muertes de Saúl y Jonatán (2 Sam. 4:4). Su nombre más correcto sería "Merib-baal" (1 Cr. 8:34), pero los libros de Samuel usualmente cambian los nombres combinados con ba'al ("amo" [quizás originalmente refiriéndose a Yahvé]) a bosheth ("vergüenza"). Debido a su pacto con Jonatán (1 Sam. 20:15), David organizó para que Mefiboset viviera en el palacio con él y le restauró sus propiedades (2 Sam. 9). Más tarde, él lo libró de la ejecución de los descendientes de Saúl (2 Sam. 21:7) cuando abordó a la hambruna causada por el asesinato de algunos gabaonitas por parte de Saúl.

Durante la rebelión de Absalón, el mayordomo de Mefiboset, Siba, se reunió con David y le dio provisiones, afirmando que Mefiboset creía que la rebelión haría que el trono le fuera devuelto (16:1-4), lo que daría como resultado que David entregara las tierras a Siba. Pero Mefiboset fue uno de los primeros en encontrarse con David a su regreso, y afirmó que Siba lo había engañado (19:24-30). Samuel no resuelve sus contradictorios testimonios, tal vez para reflejar la información disponible para David, quien luego dividió las tierras entre ellos. **(2)** Un hijo de Saúl, nacido de su concubina Rizpa, y uno de los siete descendientes de Saúl ejecutados por David para evitar la hambruna causa de las acciones de Saúl contra los gabaonitas (2 Sam. 21:8-9).

MEGUERATITA Un habitante de Mequer. Hefer, uno de los valientes de David, es descrito como un megueratita (1 Cr. 11:36). La ubicación de Mequer no se conoce, pero algunos estudiosos piensan que el nombre debería estar más bien asociado con Maaca (*véase* 2 Sam. 23:34).

M

MEGUIDO Una ciudad importante en el norte de Israel que custodia un paso estratégico del camino internacional conocido como Via Maris, que conectaba Egipto y Mesopotamia. Su ubicación explica por qué era tan grande y el sitio de muchas antiguas batallas. Se identifica con Tell el-Mutesellim y ha sido objeto de excavaciones arqueológicas.

La investigación arqueológica revela que ya era una ciudad fortificada en la Edad del Bronce Antiguo (3300-2200 a.C), con señales de asentamiento que datan del período neolítico (7500-4000 a.C). Fuentes históricas mencionan la ciudad por primera vez en una inscripción del faraón Thutmosis III en el siglo XV antes de Cristo. Meguido era parte de una coalición de ciudades cananeas que intentaron expulsar la influencia egipcia de la región.

Meguido aparece por primera vez en la Biblia cuando Jos. 12:21 menciona a su rey como uno de los muchos derrotados por los israelitas (presumiblemente como parte de la coalición del norte). Jos. 17:11 dice que era parte de Manasés, aunque no fue conquistada hasta más tarde (Jue. 1:27). La canción de Débora lo describe encontrándose cerca de la ubicación de una batalla entre Israel y los cananeos (Jue. 5:19). No tenemos el relato de la toma de posesión de Meguido por parte de los israelitas, pero sabemos que Salomón (siglo X a.C) tomó control de ella y la fortificó junto con Hazor y Gezer. Está enlistada en el quinto distrito administrativo de Salomón (1 Re. 4:12).

Los oficiales de Jehú hirieron al rey Ocozías de Judá, quien huyó a Meguido, donde murió (2 Re. 9:27). El rey asirio Tiglat-pileser III conquistó partes del norte de Israel a mediados del siglo VIII a.C y creó una nueva provincia de su imperio, Magiddu. En 609 a.C, el rey Josías de Judá murió allí tratando de evitar que los egipcios bajo Necao apoyaran a los asirios contra Babilonia (2 Re. 23:29, 2 Cr. 35:22).

La zona alrededor de Meguido comenzó a llamarse "Har Meguido" ("montaña de Meguido"). En griego esto se convirtió en "Armagedón", y en Apo. 16:12-16 se asocia con la batalla final entre las fuerzas de Dios y las fuerzas del mal.

MEGUIDO, VALLE DE En la RV, un nombre para la "llanura de Meguido" (NVI) en el Valle de Jezreel (Zac. 12:11). *Ver también* Meguido.

MEHARA Un lugar asociado con los sidonios y parte del territorio que Josué no conquistó (Jos. 13:4). El hebreo, me'arah, puede entenderse como "cueva" o "desde Araj" (NVI, NBD) o "Megará" (TLA). La Septuaginta muestra "antes de Gaza".

MEHETABEL **(1)** La esposa del rey Hadad (Hadar) de Edom (Gn. 36:39, 1 Cr. 1:50). Ella era la hija de Matred y descendiente de Mezab. **(2)** Un antepasado del falso profeta Semaías, el cual era contemporáneo de Nehemías (Neh. 6:10).

Tell el-Mutesellim, el sitio de antiguo Meguido.

MEHIDA Uno de los antepasados de los siervos del templo (Nethinim) que regresaron a Jerusalén después del cautiverio babilónico bajo el liderazgo de Zorobabel en 539 a.C o poco después de eso (Esd. 2:52; Neh. 7:54). El hecho de que muchos de los nombres en la lista sean extranjeros ha llevado a la creencia de que originalmente eran prisioneros de guerra que fueron presionados para servir en tareas serviles mientras ayudaban a los levitas.

MEHIR Descendiente de Judá, hijo de Quelub y el padre de Estón (1 Cr. 4:11).

MEHOLATITA Un habitante de Mehola, atribuido a Adriel, el esposo de la hija de Saúl, Merab (1 Samuel 18:19; 2 Sam. 21:8).

MEHUJAEL Un descendiente de Enoc y un antepasado de Lamec. Él era el hijo de Irad y el padre de Metusael (Gn. 4:18). Algunos estudiosos identifican el nombre como una variante de "Mahalalel" (Gn. 5:12-17 [RVA: "Mahalaleel"]).

MEHUMÁN Uno de los siete asistentes personales del rey persa Jerjes (Asuero), a quien mandó traer a la reina Vasti a su banquete (Est. 1:10). Trabajaba con el harén, era un eunuco.

MEHUNIM *Ver* Meunim.

MEJARCÓN Un arroyo ("aguas de Yarkon") en el territorio de Dan (Jos. 19:46). La ubicación exacta es desconocida, pero el arroyo está probablemente a lo largo de las orillas de Nahr el-'Auja, cuatro millas al norte de Jope y entre el Mediterráneo y Aphec, la ciudad cerca de las cabeceras, que está a unas nueve millas de la costa.

MELANCOLÍA Tanto el AT como el NT usan varias palabras que caen en la categoría de melancolía. La melancolía puede sentirse en diferentes grados, de acuerdo a la severidad de las circunstancias. Asimismo, puede expresarse de muchas maneras, tales como llanto o lloriqueo (Jr. 4:8; Jl. 1:18), contratando plañideras profesionales (Jr. 9:17; Mc. 5:38), rompiéndose la ropa (2 Sm. 13:19), usando tela de saco (2 Sm. 3:31; Jr. 4:8), sentarse en polvo y cenizas (Job 2:8; Lc. 10:13), tirándose polvo sobre la cabeza (Job 2:12), ayunando (Est. 4:3), afeitándose la cabeza o la barba (Job 1:20; Jr. 41:5) y golpeándose el pecho (Is. 32:12; Lc. 18:13).

Debido al pecado y la maldición, no se puede escapar del dolor y la melancolía es apropiada. Aunque las personas pueden responder de manera negativa, la melancolía puede ser una parte positiva del arrepentimiento, desarrollando el carácter (2 Cor. 7:10-11) o demostrando simpatía por otros (Rom. 12:15) en respuesta a sus dificultades. La realidad del dolor destaca la alegría y anticipación del regreso de Cristo (Jn. 16:19-22; Ap. 21:4; cf. Jr. 31:13).

Aunque la melancolía puede venir primero por las circunstancias o amenaza de castigo, es un componente importante del arrepentimiento; como arrepentimiento por una ofensa puede llevarlo a uno a cambiar el comportamiento.

MELATÍAS Un gabaonita que trabajó en la reconstrucción de los muros de Jerusalén con Nehemías (Neh. 3:7).

MELEA Un ancestro de Jesús, por lo demás desconocido, mencionado solo en Lc. 3:31 como el hijo de Mainán y el padre de Eliaquim.

MELECH *Ver* Melec.

MELEC Un descendiente de Saúl (1 Cr. 8:35, 9:41). Era hijo de Micaía, nieto de Merib-baal, y un bisnieto del hijo de Saúl, Jonatán.

MELICÚ *Ver* Maluc.

MELITA *Ver* Malta.

MELQUI Dos antepasados diferentes de Jesús, por lo demás desconocidos. **(1)** El hijo de Jana y el padre de Leví (Lc. 3:24). **(2)** El hijo de Adi y el padre de Neri (Lc. 3:28).

MELQUISEDEC Un individuo misterioso al que se le hace referencia dos veces en el AT y una vez en el NT. Su nombre y descripción también aparecen en los MMM. En Gn. 14:18-20, Melquisedec es un sacerdote de El Elyon (Dios Altísimo), posiblemente una referencia al dios cananeo El, pero aquí se usa como un título para Yahvé. Se dice que es de "Salem", que podría ser una forma abreviada de llamar a "Jerusalén". Melquisedec le trae pan y vino a Abram, lo bendice y recibe una décima parte del botín de Abram que este había adquirido de su exitosa campaña militar contra los reyes orientales. El oráculo real de Sal. 110 contiene una declaración de que el rey davídico será un sacerdote para siempre, "según el orden de Melquisedec" (v. 4). Esta frase es luego aplicada a Jesús por el autor del libro de Hebreos para enfatizar la superioridad del sacerdocio de Jesús sobre el sacerdocio levítico. En Heb. 7:1-17 Melquisedec es descrito como el "rey de la justicia" y el "rey de la paz" (v. 2); se dice que nació "sin padre, sin madre" y se describe como alguien que ha existido eternamente, por lo que se parece al Hijo de Dios (v. 3). Esta descripción se basa no sólo en Gen. 14 y Sal. 110 sino también en la descripción de Melquisedec como una figura celestial que aparece también en el MMM (11Q13). Si bien la identidad y la función de Melquisedec siguen siendo un misterio, los tres pasajes bíblicos hacen referencia a él para proclamar las obras de Dios.

MELSAR En Dan. 1:11, 16 la RVA traduce la palabra hebrea meltsar como un nombre propio, "Melsar". Otras versiones tempranas hacen lo mismo (Teodoción, Luciano, Siriacas, Vulgata). Sin embargo, las traducciones modernas toman nota del prefijo del artículo definido y traducen la palabra hebrea en consecuencia como un nombre común: "un guardia" (NVI), "el asistente" (LBLA), "el mayordomo" (LBLA).

MEMORIAL En la Biblia, la palabra "memorial" se usa en dos sentidos primordiales. En primer lugar, puede referirse a algo consignado a provocar el recuerdo en un devoto. Los israelitas erigieron un monumento de piedras como monumento conmemorativo para recordarles a sus descendientes que Dios había detenido el flujo del río Jordán (Jos. 4:7). De manera similar, la fiesta de la Pascua se llevaba a cabo en memoria de la liberación de Dios para los israelitas (Éx. 12:14 RVA). Dios podía incluso hablar de su nombre como memorial (Éx. 3:15 RVA).

En segundo lugar, un memorial puede ser un acto de adoración por el cual Dios recuerda favorablemente a un adorador y su ofrenda (Lev. 5:12, Hec. 10:31). Las porciones Memoriales eran quemadas delante de Dios durante las ofrendas de cereal (Lev. 2:1-2) y ciertas ofrendas por el pecado (5:11-13); el resto de estas ofrendas eran consumidas por los sacerdotes. En el NT, Dios consideró que las oraciones y los donativos de Cornelio a los pobres eran una ofrenda memorial (Hec. 10:4).

MEMPHIS, MENFIS Una ciudad egipcia que ya no existe, ubicada a unas quince millas al sudoeste de El Cairo. Era el sitio de los palacios de la mayoría de los faraones mencionados en la Biblia. "Memphis" es el nombre griego de la ciudad, y, con la excepción de Ose. 9:6 (mōp), la ciudad recibe el nombre "Nof" (nōp) en el AT, aunque muchas traducciones modernas usan el nombre griego en todas partes. Notablemente, ambos Jer. 46:14-19 y Ezeq. 30:13-19 profetiza contra la ciudad y predice su destrucción. Históricamente, Egipto e Israel tenían una relación bastante tumultuosa, pero las invectivas particulares de Jeremías y Ezequiel pueden haber estado relacionadas con la negativa de Memphis para unirse al reino del sur en su rebelión contra los babilonios. Al menos una de las profecías de Jeremías después de la destrucción de Jerusalén se dirige a algunos judíos que se habían establecido en Memphis (Jer. 44:1). Memphis era también el centro del culto Apis, que adoraba la imagen de un toro. Algunos estudiosos han intentado relacionar la historia del becerro de oro en Ex. 32 a este culto en particular, pero las conexiones parecen dudosas.

MEMUCÁN Uno de los siete oficiales de alto rango del rey Jerjes (Asuero) quien le aconsejó que se alejara de la reina Vasti por su negativa al mandato del rey de presentarse en el banquete (Est. 1:14). Memucán fue el portavoz del grupo (Est. 1:16, 21).

MENE, MENE, TEKEL, PARSIN En la fiesta del Rey Belsasar en el libro de Daniel surgió una aparición de mano y escribió una inscripción misteriosa en la pared. De acuerdo con el texto arameo, se lee mene 'mene' teqel uparsin (Dan. 5:25). Solo Daniel pudo identificar a Dios como la fuente del mensaje, leer la escritura y descifrar su significado (Dan. 5:24-28). En la versión griega antigua de Daniel, la inscripción difiere en la redacción (mene no se repite), el orden (mane phares thekel), la posición (aparece al comienzo de la historia) y la interpretación.

Como resultado de esta evidencia de versiones antiguas y la dificultad intrínseca del texto arameo, la frase es un tema de mucho debate.

Los eruditos han notado que cada una de las palabras se asemeja a una unidad de peso (cf. la mina y el siclo bíblicos). El griego antiguo ordena estos en orden descendente (un prs es la mitad de una mina, y un siclo unoquincuagésimo de una mina). La frase puede haberse referido originalmente a una sucesión de reyes de poder decreciente (comenzando con Nabucodonosor), en cuyo caso la interpretación de Daniel en el texto bíblico (arameo) difiere un tanto del sentido original del enigma. En este escenario, el texto arameo ha cambiado el orden de los términos para que parsin, que suena como "Persas", sea el último.

MENI Una deidad pagana (Heb. meni, que significa "reparto, porción, destino") adorado junto con el dios Gad (Heb. Gad, que significa "fortuna") por los israelitas apóstatas (Is. 65:11). El nombre de este dios del destino se traduce como "Destino" en muchas de las versiones modernas, mientras que la RVA traduce la palabra hebrea como "ese número"

MENORÁ Un candelero, principalmente el candelabro de siete brazos construido inicialmente para usarse en el tabernáculo (Éx. 25:31-39) y colocado frente a la cortina interior que protegía el arca del pacto (27:21). La menorá tiene las decoraciones de un almendro y, como árbol en medio del lugar donde Dios da a conocer su presencia a los humanos, es para recordarle a Israel el jardín del Edén. La menorá debía permanecer encendida las veinticuatro horas del día (Lev. 24:1-4). Es el símbolo central del festival judío de luces, Janucá.

MENPLEASER En Ef. 6:6; Col. 3:22, la RVA traduce la palabra griega anthrōpareskos como "los que quieren agradar a los hombres", una persona que busca agradar a otras personas en lugar de a Dios.

MENSAJERO La palabra "mensajero" en hebreo es mal'ak, y en griego angelos. En ambos casos, la palabra puede significar mensajeros humanos o seres divinos llamados "ángeles". Los ángeles son mensajeros de Dios. En 2 Cor. 12:7 Pablo menciona un "mensajero de Satanás"; no está claro si esto es un ángel o un ser humano. Los profetas también pueden ser considerados mensajeros de Dios (Hag. 1:13). De hecho, el nombre del profeta Malaquías, autor del último libro del AT, significa "mi mensajero". Pablo llama a los cristianos "mensajeros [NVI: "enviados"] de las iglesias" (2 Cor. 8:23). La palabra "evangelista" (Gk. Euangelistēs) se basa en dos términos griegos, eu ("bueno") y angellō ("anunciar"), y por lo tanto se refiere a un mensajero que trae buenas noticias. Por lo tanto, cualquier cristiano que trae el evangelio de Cristo es un ángel humano, en una misión de Dios.

MENSAJEROS Al carecer de nuestras tecnologías modernas de comunicación,

Dintel de piedra con una menorá (sinagoga en Eshtemoa, siglo III-IV d.C).

M

los mensajeros eran esenciales en el antiguo mundo. Ellos llevaban mensajes para los oficiales reales (2 Crónicas 30:6-10; Ester 3:13-15) y también novedades sobre los campos de batalla (Jeremías 51:31). Los sistemas oficiales de mensajeros existían tanto en Persia como en el Imperio Romano, pero se limitaban a la correspondencia oficial. Por lo tanto, Pablo envió sus cartas con individuos particulares o colegas del ministerio (Filipenses 2:25; Colosenses 4:7; 1 Tesalonicenses 3:2).

MENTA Una de las hierbas mencionadas en la condenación de Jesús de los maestros de la ley y los fariseos por lo que fallaron en hacer (Mt. 23:23, Lc. 11:42). Jesús señaló cómo habían diezmado sus especias, pero descuidó los asuntos más importantes de estar en una buena relación con Dios, como la justicia, la misericordia y la fidelidad.

MENTE El proceso o resultado de la percepción; la cosmovisión de uno, la actitud, el pensamiento y la opinión (Lc. 24:45; 1 Cor. 14:4; Fil. 4:7; Apo. 13:18; 17:9). La mente percibe, ordena y controla cómo entendemos nuestro lugar en el mundo. Abrazando todos los instrumentos de los sentidos, la memoria y el intelecto, la mente constituye la persona interna, el corazón o el sentido del yo, y por lo tanto en parte contrastante con el cuerpo (1 Cor. 2:16). Sin embargo, la Biblia no intenta explicar la relación entre la mente y el cerebro, que es una cuestión de debate científico, psicológico, filosófico y teológico actual. Como fuerza, la mente dirige el cuerpo para bien o para mal.

Al comienzo de su argumento en Romanos, Pablo afirma que Dios entregó los seres humanos pecaminosos a una mente corrompida, lo que los esclavizó a los pensamientos y conductas degradantes (1:28-32). Esta corrupción no está confinada al individuo; es una visión del mundo que es hostil frente a Dios (12:2). Pero a través de la fe y la gracia, Dios llama a los seres humanos perdonados y redimidos a ser transformados por la renovación de sus mentes (12:2). Habiendo rechazado la mente o el pensamiento de Dios, lo redescubrimos y vivimos de acuerdo a ella. Sin embargo, Pablo se refiere no sólo a la mente de los individuos sino también a la mente comunitaria (forma de pensar) del cuerpo de Cristo, la iglesia (*ver* 1 Cor. 1:10).

La mente, entonces, no es tanto un soliloquio, sino como una conversación. No es autónomo, sino que se desencadena por el pensamiento de Dios (Cristo) o Satanás (ver, por ejemplo, Efe. 2:1-3). Estos moldeadores de visión del mundo ocupan dos esferas distintas (conflictivas). Dios y Satanás no se asocian en nuestra percepción. Aunque nuestras mentes no son autónomas, podemos ejercer cierto control sobre nuestros pensamientos. Esto trae un elemento de libertad humana en el proceso de santificación. El Evangelio invita a los cristianos a comenzar una conversación con el Espíritu de Cristo; Con el tiempo, como una expresión del discipulado, esta conversación transforma cómo los cristianos dan sentido a la realidad.

MENUHOT Nombre de un clan que desciende de Judá o el nombre del lugar de su morada (1 Cr. 2:52). Algunas traducciones modifican el texto para equiparar este nombre con los Manahatitas mencionados en 1 Cr. 2:54 (RVA: "Manahetitas").

MEONENIM, CAMPIÑA DE En Jue. 9:37 la RVA hace de me'enenim, una palabra hebrea que significa "adivinos" (Dt. 18:10, 14; Miq. 5:12), un nombre propio, "Meonenim". En el hebreo, este versículo no tiene la palabra "campiña"; más bien, tiene una especie de árbol, 'elon ('roble'). Muchas versiones modernas traducen la frase como "Encina de los Adivinos" (NVI), "Roble de los adivinos" (NTV) u "Cedro de los Adivinos" (PDT), mientras que el NRSV transcribe la frase completa como el nombre "Elonmeonenim". *Ver también* Árbol de adivinos.

MEONOTAI Descendiente de Judá, hijo de Otoniel y padre de Ofra (1 Cr. 4:13-14).

MERAB La mayor de las dos hijas de Saúl (1 Sam. 14:49). Cuando Saúl la ofreció a David como para desposarla, David dudó porque su familia y su clan eran poco distinguidos (1 Sam. 18:17). Merab se casó con Adriel de Mehola. La hija menor de Saúl, Mical, se enamoró de

David, y Saúl la ofreció como esposa a David en un extraño plan para matarlo. Los hijos de Merab con Adriel fueron entregados por David para ser ejecutados por los gabaonitas porque Saulo transgredió un acuerdo hecho entre ellos y Josué (2 Sam. 21:8, *ver* Jos. 9).

MERAÍAS Un sacerdote postexílico bajo el sumo sacerdote Joiacim (Neh. 12:12). Era contemporáneo de Esdras y Nehemías (Neh. 12:26), por lo que su ministerio puede fecharse a mediados del siglo V a.C

MERAIOT **(1)** Un sacerdote que fue antepasado de Azarías, que desempeñó el rol de sumo sacerdote en el templo de Salomón (1 Cr. 6:6-10). Él también es un antepasado de Esdras (Esd. 7:3). **(2)** Un sacerdote que era hijo de Ahitob y padre de Sadoc (1 Cr. 9:11; Neh. 11:11). **(3)** Una familia sacerdotal del segundo templo durante el sumo sacerdocio de Joiacim en el siglo V a.C (Neh. 12:15).

MERALA *Ver* Marala.

MERARI El más joven de los tres hijos de Leví (Gn. 46:11). Sus descendientes, junto con los guersonitas y los coatitas, se convirtieron en uno de los tres clanes de los levitas que tenían la responsabilidad de transportar el tabernáculo en el desierto y cuidar el templo.

MERARITAS Descendiente de Merari, hijo de Leví, los meraritas fueron uno de los tres principales clanes levitas. En el desierto guardaban y transportaban los marcos de madera y las columnas del tabernáculo. A diferencia de los coatitas, que llevaban los objetos sagrados del tabernáculo en la espalda, a los meraritas se les permitía usar carros. Acampaban en el lado norte del tabernáculo (Nm. 3:35). En Canaán se establecieron entre los rubenitas, los gaditas y los zabulonitas (Jos. 21:7). Cuando David organizó los tres clanes de Leví para el servicio en el templo, los meraritas sirvieron con los coraitas como cantores y porteros (1 Cr. 6:44; 26:19). El cronista advierte la participación de los meraritas en las reformas religiosas tanto de Ezequías como de Josías (2 Cr. 29:12; 34:12), y el libro de Esdras señala que un contingente de meraritas acompañó a Esdras a Jerusalén (8:18-19).

MERATAIM Una referencia figurativa a Babilonia en el oráculo de Jeremías contra Babilonia (Jer. 50:21). El nombre, que significa "doble rebelión", es una referencia peyorativa de que Babilonia es dos veces más rebelde que las otras naciones rebeldes. Paralelo a Merataim en este versículo está el nombre "Pecod", que significa "castigo". Ambos nombres para Babilonia en Jer. 50:21 son recursos retóricos que indican el juicio inevitable sobre Babilonia y por lo tanto se puede decir con bastante certeza que no fueron nombres de lugares reales.

MERCADER, COMERCIANTE Alguien que vende con fines de lucro, ya sea de puerta en puerta o en una tienda. "Mercader" o "comerciante" se usa peyorativamente en muchas de las traducciones de 2 Cor. 2:17 para describir a aquellos que buscan una compensación por compartir la palabra de Dios. El Mensaje emplea mercader para ventas desagradables (Mt. 6:7, Ap. 21:8).

MERCADO DE OVEJAS *Véase* Puerta de las Ovejas.

MERCADO El espacio público en una ciudad establecido para el comercio y las reuniones públicas; además, una zona reconocida por su comercio. Las ciudades de Antigua Palestina llevaban a cabo negocios en la puerta de la ciudad, incluyendo la designación de las tropas (2 Cr. 32:6) y la celebración de asambleas religiosas (Neh. 8:1). El puerto fenicio de Tiro fue etiquetado como el "mercado de las naciones" (Is. 23:3), donde se intercambiaban numerosos bienes, tales como trabajos en metal, marfil, telas finas, especias y ganado, con las naciones vecinas (Ezeq. 27:12-23).

Para el tiempo del NT, Herodes el Grande había reconstruido muchas ciudades palestinas con un mercado central al estilo griego, o ágora, donde jugaban los niños (Mt. 11:16, Lc. 7:32), se reunían los jornaleros (Mt. 20:3), y los líderes religiosos se vinculaban (Mt. 23:7; Mr. 7:4; 12:38; Lc. 11:43; 20:46). En las pequeñas aldeas de Galilea, Jesús sanó a las personas enfermas

M

en los mercados (Mr. 6:56). Pablo sufrió por las multitudes y magistrados hostiles en los mercados griegos de Filipos y Tesalónica (Hec. 16:19; 17:5), mientras que en Atenas el mercado era su lugar de predicación para el público y curiosos filósofos (Hec. 17:17-18). Jesús reprendió a los vendedores en los tribunales del templo de Jerusalén por imitar un mercado (Juan 2:16), y Pablo aseguró a los corintios que pueden comer carne de procedencia desconocida que se vende en el mercado (1 Cor.10: 25).

MERCANTE Aquellos que obtienen ganancias vendiendo o comercializando. Durante el período bíblico esto requería extensos viajes (Prov. 31:14). Los fenicios eran famosos por su comercio marítimo (Eze. 27: 1; Plinio el Viejo, Nat. 5.66-67). El comercio, el motor principal de la economía romana, se vio facilitado en gran medida por la construcción de un extenso sistema de caminos y la disminución de la piratería. Los romanos comerciaron con los chinos a través de la Ruta de la Seda. Una industria particularmente grande fue el de especias y los aromáticos (*véase* Cant. 3:6). Nardo, el aceite fragante que María vierte sobre los pies de Jesús, se deriva de una raíz que crece en las montañas del norte de la India (Jn. 12:3). Pero, paradójicamente, el mercantilismo no era un oficio muy respetado. Se suponía que los miembros del Senado romano y sus familias no participaban en el comercio (aunque muchos lo hicieron en secreto). Eran los "nuevos ricos" y tenían fama de ser despiadados y codiciosos. El profeta Oseas reprende a los mercaderes que usan balanzas fraudulentas (Ose. 12:7). Santiago reprende a los comerciantes por su presunción y su arrogancia sobre los viajes y las ganancias futuras (San. 4:13-16). El trato de Jesús con los mercaderes es sorprendentemente neutral (Mt. 13:45).

MERCENARIO Un trabajador que se contrataba para trabajos temporales ("mercenario" se usa en la KJV, mientras versiones más recientes usan "hombre/trabajador contratado, obrero"). Podía ser un período de tiempo tan breve como un solo día. En el AT hay advertencia contra la opresión de los mercenarios, ya que estaban entre los socialmente desamparados (Dt. 24:14-15; Mal. 3:5). Jesús dijo una parábola acerca de trabajadores contratados a través de un día, todos

Restos arqueológicos del mercado (el foro, o ágora) en Tesalónica.

los cuales recibieron el salario de un día, para enseñar el enfoque asociado a la gracia de Dios en la recompensa de sus sirvientes (Mt. 20:1-16). En otras partes, el mercenario se convierte en una metáfora para "pastores" despreocupados motivados por su propio interés (Jn. 10:11-15).

MERCURIO En Hechos 14:12, la RVA usa "Mercurio", el nombre romano para el dios mensajero griego Hermes, con quien confundieron a Pablo cuando él y Bernabé predicaron en Listra y Pablo sanó a un cojo.

MERED Un descendiente de David y el segundo de los cuatro hijos de Esdras, se casó con Bitia (hija de Faraón) y también con una mujer de Judá (1 Cr. 4:17-18). Cada esposa le dio varios hijos.

La Estela de Merenptah

MEREMOT **(1)** Hijo de Urías, fue sacerdote durante el tiempo de Esdras y Nehemías, que pesó los vasos de plata, oro y del templo que se llevaron de vuelta después del exilio (Esd. 8:33), ayudó a reconstruir los muros de Jerusalén (Neh. 3:4, 21), y atestiguó la renovación del pacto (Neh. 10:5). **(2)** Un sacerdote que regresó del exilio con Zorobabel (Neh. 12:3). **(3)** Un israelita que despidió a su esposa extranjera durante las reformas de Esdras (Esd. 10:36).

MERENPTAH Este importante faraón de la decimonovena dinastía de Egipto no se menciona en la Biblia. Sin embargo, él es muy importante porque erigió una estela que contiene la primera mención del pueblo "Israel" fuera de la Biblia. Merenptah fue el decimotercer hijo de Ramsés II (el faraón de fecha tardía del éxodo). Debido a la gran longevidad de su padre, llegó al trono más tarde en la vida y tuvo que enfrentar una revuelta por todos lados. Primero hizo campaña en Canaán contra sus ciudades (Ascalón, Gézer, Yanoam, así también contra el pueblo de "Israel") alrededor de 1207 a.C colocó un relieve que representa esta campaña en la pared del templo de Karnak en Tebas (ciudad moderna de Luxor) y erigió su estela que menciona a Israel por su nombre dentro de su inscripción. Esta y otras evidencias arqueológicas de presencia egipcia en Canaán en (lo que a menudo se llama) el período de los jueces presenta dificultades, no insuperables, para aquellos que interpretan un fecha temprana del éxodo. La datación de la estela de Merenptah (hacia 1207 a.C) y la evidencia egipcia en Canaán se ajustan bien a los que sostienen un éxodo tardío (hacia 1250 a.C).

MERES Uno de los siete oficiales de alto rango bajo el rey Jerjes (Asuero) que le aconsejó que se alejara de la reina Vasti debido a su negativa al mandato del rey de aparecer en el banquete (Est. 1:14).

MERIBA CADES En Ezeq. 47:19 muchas versiones modernas traducen las palabras hebreas meriboth qadesh en la frase "me meriboth qadesh" como el nombre de un lugar, por ej. en la NVI:

"oasis de Meriba Cades" (LBLA y NTV: "aguas de Meriba de Cades"). La RVA traduce la frase como "aguas de las rencillas; desde Cades" (pero *véase* Nm. 20:13, Dt. 32:51). La referencia es a la ciudad de Cades Barnea. *Ver también* Cades, Cades Barnea.

M

MERIBA Meriba ("contienda") es otro nombre para Masah ("prueba"), un lugar en el viaje hacia el Monte Horeb (Sinaí) donde los israelitas se quejaron contra Dios porque no tenían agua; Moisés golpeó la roca en Horeb, y el agua fluyó (Éx. 17:7). Las referencias posteriores a Meriba se refieren a un incidente similar en Cades después de que los israelitas habían viajado desde Horeb (Nm. 20:13, 24; 27:14; Dt. 32:51; 33:8; Sal. 81:7; 95:8 ; 106:32). En esta ocasión, Moisés y Aarón, al sacar agua de la roca, fallaron en honrar a Dios como santo, y por eso se les negó la entrada a Canaán. *Ver también* Masa; Meriba Cades.

MERIB-BAAL Hijo de Jonatán y nieto de Saúl (1 Cr. 8:34, 9:40). Este nombre (con un significado disputado que hace referencia al dios Baal, posiblemente "el que resiste a Baal") fue cambiado más tarde en 1-2 Samuel por "Mefiboset" (que posiblemente significa "el que difunde vergüenza"). *Ver también* Mefiboset.

MERODAC-BALADÁN El rey de Babilonia en 721-710 a.C, Merodac-baladán fue un caldeo que más tarde dirigió dos revueltas babilónicas contra el rey asirio Senaquerib. También envió emisarios al rey Ezequías de Judá (Is. 39:1). El Imperio Neo-Asirio había dominado Babilonia durante casi medio siglo. Aunque hubo sentimientos pro asirios en algunas ciudades, los pueblos de Babilonia no estaban unificados. Algunos babilonios, caldeos y arameos se opusieron a Asiria. Merodac-baladán ocupó el trono durante nueve meses en 703 a.C y con el apoyo elamita regresó en el 700 a.C, sólo para ser derrotado por Asiria. La comunicación de Merodac-baladán con Ezequías probablemente comenzó durante su breve control de Babilonia. Ezequías se había rebelado contra Asiria antes de que Senaquerib ascendiera al trono en 704 a.C; por lo tanto, Merodac-baladán estaba explorando una posible alianza con Ezequías contra Babilonia. Al ver esto como una falta de confianza en Dios, Isaías condenó a Ezequías y profetizó que sería Babilonia la que destruiría a Judá. En 2 Re. 20:12, el Texto masorético lee "Berodac-Baladán" (similar a "Merodac", la forma hebrea de "Marduc"), pero varios testigos hebreos, griegos, arameos y latinos concuerdan con la lectura en Is. 39:1.

MERODAC *Ver* Marduc.

MEROM, MERÓN Las aguas cercanas a la ubicación de un ataque sorpresa de Josué a una gran coalición de reyes cananeos bajo el rey Jabín de Hazor que se habían reunido para combatir a los israelitas (Jos. 11:1-7). La ciudad también se menciona en los anales de Tutmosis III, Ramsés II y Tiglat-pileser III. La identificación tradicional de la ciudad con la moderna Meiron es debatida. Otra posibilidad es la sugerencia del gran montículo cananeo, Tell el-Khirbeh, que está al este de Hazor.

MERONOTITA Un residente de Meronot. Esto se aplicaba a Jehedías, pastor de los burros de David (1 Cr. 27:30), y Jadón, un restaurador postexílico de los muros de Jerusalén (Neh. 3:7). Aparentemente, estaba asociado con Mizpa.

MEROZ Una ciudad mencionada en el Cántico de Débora (Jue. 5:23) cuyos habitantes fueron condenados por el ángel del Señor por no haber participado en la batalla, liderada por Débora y Barac, contra Sísara. Ha habido mucha especulación sobre su ubicación. Algunos sugieren Khirbet Marus, al noroeste de Hazor; Madón (Jos. 12:19); o (Simron-) Merón (Jos. 11:5; 12:20), pero ninguno de estos sitios es probable. Lo mejor que se puede decir es que estaba ubicado en algún lugar del valle de Jezreel o cerca de él.

MESA De la palabra latina tabula (tablón), mesa al principio denotaba cualquier superficie plana, pero especialmente una de madera o piedra usada para escribir (Éx. 20:2-17). Los Diez Mandamientos fueron originalmente inscritos en dos mesas de piedra. Eventualmente, mesa en ese sentido fue reemplazado por tableta (*véase* Tableta).

Las mesas se usaban para comer, trabajar y exhibir objetos: mesas domésticas (Jue. 1:7; 1 Sm. 20:29), mesas del templo de Yahveh (2 Cr. 4:8; Ez. 40:39-43) o de dioses paganos (Is. 65:11), la "mesa del Señor" (Mal. 1:7, 12), y la mesa para el pan de la Presencia en el santuario (Éx. 25:23-30; 1 Re. 7:48; Heb. 9:2).

Las mesas encontradas en el Oriente Próximo por lo general no tenían más de 45 centímetros de alto. La mayoría estaban hechas de madera (2 Re. 4:10), pero los ricos tenían mesas de piedra decorada. Era un gran honor ser invitado a comer en o recibir comida de la mesa del rey (2 Sm. 9:7, 10-13; 1 Re. 2:7; 4:27; Dn. 1:5). La costumbre de los ricos de reclinarse en divanes alrededor de una mesa baja (Am. 6:4; cf. 3:12) se hizo común en tiempos del NT. Aunque comer en una mesa era costumbre (Lc. 22:21; Hec. 6:2), comer bajo la mesa era para perros y los despreciados (Jue. 1:7; Mt. 15:27; Mc. 7:28; Lc. 16:21). Los cambiadores de dinero usaban mesas como puesto donde intercambiaban dinero (Mt. 21:12; Mc. 11:15).

De manera figurada, "mesa" se usaba para representar la comida en la que se servía. En el antiguo Oriente Próximo, comer con otros expresaba íntimo compañerismo y confianza, sin embargo, Jesús compartió compañerismo de mesa con Judas (Lc. 22:21). En la Mesa del Señor (esto es, Comunión, Eucaristía), Jesús es el anfitrión, que nos invita a recordarlo mientras comemos (1 Cor. 10:21; 11:23-26). La imaginería de una mesa de banquete de acción de gracias se usa para retratar las provisiones de Dios para su pueblo (Sal. 23:5; 78:19).

MESA **(1)** El rey de Moab que, junto con su padre, Quemós-melec, fue un vasallo del reino del norte de Israel durante los reinados de los reyes israelitas del norte Omri, Acab, Ocozías y Joram (c.885- 840 a.C). Cuando Acab murió, Mesa se rebeló contra el hijo de Acab, Ocozías, reteniendo el tributo anual de cien mil corderos y la lana de cien mil carneros (2 Re. 3:4-5). Ocozías murió después de un breve reinado y fue reemplazado por su hermano Joram, quien alistó al rey Josafat de Judá para ayudarlo a atacar a Moab y volver a someterlo (2 Re. 3:7).

En el relato de 2 Reyes 3, Joram y Josafat atacaron y derrotaron a Moab por completo, pero Mesa lo sitió en la ciudad de Kir-Hareset. Mesa no pudo escapar, por lo que sacrificó a su propio hijo a la vista en la muralla de la ciudad para apaciguar a su dios, Quemós. Este sacrificio disgustó a los ejércitos de Israel y Judá, y se marcharon a casa. Mesa consideró esto como la liberación divina de Quemós debido a su sacrificio, y erigió una estela, conocida como la Piedra Moabita, con una inscripción moabita que describe la ocasión:

Yo (soy) Mesa, hijo de Quemós- [. . .], rey de Moab, el dibonita -mi padre gobernó Moab durante treinta años, y yo reiné después de mi padre, - (quién) hizo este lugar alto para Quemós en Qarhoh [. . .] porque me salvó de todos los reyes e hizo que yo triunfase sobre todos mis adversarios. En cuanto a Omri, rey de Israel, oprimió a Moab muchos años (lit., días), porque Quemós estaba furioso con su tierra. Y le sucedió su hijo y además dijo: "Derrotaré a Moab". En mi época habló, pero yo triunfé sobre él y su casa, ¡mientras que Israel ha perecido para siempre! (Ahora) Omri ocupó la tierra de Medeba, y (Israel) vivió en ella durante su tiempo y la mitad del tiempo de su hijo (Acab), cuarenta años; pero Quemós vivió allí en mi tiempo. (Líneas 1 a 9, traducción del inglés: W. F. Albright en ANET)

(2) Un líder de la tribu de Benjamín, él era el tercero de siete hijos nacidos en Moab a Saharaim y su esposa Hodes, después de que Saharaim se había divorciado de Husim y Baara (1 Cr. 8:9). **(3)** El hijo primogénito de Caleb y un bisnieto de Farez de la descendencia de Judá (1 Cr. 2:42). **(4)** Un lugar o región en Arabia del norte. Los hijos de Joctán (tatara-tatara-nieto del hijo de Noé, Sem) vivieron entre Mesa y Sefar en la costa norte de Arabia (Gn. 10:30).

MESA, INSCRIPCIÓN DE, ESTELA DE MESA *Ver* Moabita, Piedra.

MESAC El nombre babilónico que le fue dado a Misael por el jefe de los oficiales de Nabucodonosor, Aspenaz, como parte de un intento de convertirlo en un oficial babilónico

(Dan. 1:7). Junto con Abednego y Sadrac, él era un compañero judaíta de Daniel. Más tarde, los tres compañeros fueron designados como administradores de la provincia de Babilonia (2:49). Después de ser acusados de no adorar a los dioses de Nabucodonosor, fueron arrojados al horno de fuego. Ellos se mantuvieron a salvo gracias a un cuarto "hombre", quien tenía la apariencia de un "hijo de los dioses" (3:25). Después, los tres fueron promovidos (3:8-30). El nombre "Mesac" probablemente significa "el que es lo que Aku [el dios de la luna] es", tal vez dado a Misael en un intento de imitar su nombre israelita.

MESEC **(1)** El sexto de los siete hijos de Jafet (Gn. 10:2, 1 Cr. 1:5). Listados en la Tabla de las Naciones, los descendientes de Jafet habitaban en Asia Menor, y el nombre de Mesec se otorga a una región de allí. En Sal. 120:5 Mesec se coloca en paralelo con Cedar, tal vez para traer a la mente la idea de un pueblo lejano y hostil. Mesec y Tubal están vinculados como socios comerciales (de esclavos y utensilios de bronce) con Tiro (Ezeq. 27:13), y ambos son mencionados como parte del reino de Magog, gobernado por Gog (38:2; 39:1). **(2)** Un nieto de Sem, el ancestro y la tribu aramea que lleva el nombre del anterior (1 Cr. 1:17). En Gn. 10:23, la mayoría de las versiones de la Biblia siguen el texto hebreo al representar su nombre como "Mas" (*ver* LBLA mg.). Está incluido en la Tabla de las Naciones como el ancestro epónimo de un grupo tribal sirio, posiblemente asociado con el Monte Masius (Tur Abdin), cerca del nacimiento del río Eufrates en el norte de Mesopotamia, o con Acadio Mashu, y las montañas del Líbano y Anti-Líbano de la Epopeya de Gilgamesh.

MESELEMÍAS Un levita coreíta que era hijo de Core y padre de Zacarías (1 Cr. 9:21; 26:1-2, 9). Él fue un guardián del tabernáculo durante el reinado de David. Su nombre puede ser equivalente a "Selemías" (1 Cr. 26:14, ver nota al pie NVI) y "Salum" (1 Cr. 9:17, 19, 31; Esd. 2:42; Neh. 7:45) y podría referirse a la misma persona.

MESEZABEL **(1)** Un antepasado de Mesulam, quien hizo reparaciones en Jerusalén bajo la dirección de Nehemías (Neh. 3:4). **(2)** Uno de los "jefes del pueblo" (Neh. 10:14) que selló el pacto con Dios luego de la lectura pública de la ley por Esdras (10:21). Esta podría ser la misma persona que el padre de Petaías, el representante de los judíos ante el rey persa (11:24).

MESHECH *Ver* Mesec.

MESIÁNICO, SECRETO En varias ocasiones, Jesús ordenó a los demonios o individuos que se abstuvieran de anunciar su identidad o dar a conocer un milagro que Él realizó. Estas órdenes de guardar silencio se encuentran en Lucas y Mateo, pero con mayor frecuencia en Marcos (1:25, 34, 44, 3:12, 5:43, 7:36, 8:26, 30, 9:9). Considerando que Jesús vino a revelarse como el verdadero Mesías de Israel, estas prohibiciones contra la proclamación pública de su identidad y ciertos milagros que realizó son desconcertantes. Esta característica en el Evangelio de Marcos ha sido llamada el "secreto mesiánico". Los siguientes son algunos ejemplos:

Marcos 1:24-25: Jesús silenció a un espíritu maligno que lo identificó como el "Santo de Dios".

Marcos 1:34: Jesús prohibió a los demonios hablar porque sabían quién era (ver también 3:12).

Marcos 1:44: Jesús ordenó a un leproso a quien sanó que no le dijera a nadie.

Marcos 5:43: Jesús ordenó a los presentes en la sanación de la hija de Jairo que no se lo dijeran a nadie.

Marcos 7:36: Después de sanar a un hombre sordomudo, Jesús ordenó a los presentes que no se lo dijeran a nadie.

Marcos 8:30: Cuando Pedro confesó que Jesús era el Cristo, Jesús le ordenó que no se lo dijera a nadie.

Marcos 9:9: Después de la transfiguración, Jesús ordenó a Pedro, Santiago y Juan que no le dijeran a nadie lo que habían visto hasta después de su resurrección.

Se han propuesto varias explicaciones con respecto al motivo detrás del secreto mesiánico, como muchos lo llaman, y las órdenes de guardar silencio. Una de las interpretaciones, propuesta por William Wrede en 1901 en su libro El Secreto Mesiánico, intentaba explicar por qué Jesús no fue aceptado como el Mesías durante su ministerio terrenal. Wrede argumentó que Jesús nunca se concibió a sí mismo como el Mesías. Más bien, la iglesia primitiva lo designó como tal después de la resurrección. Por lo tanto, Marcos, escribiendo para la iglesia, dio forma a su Evangelio, insertando estos pasajes para hacer parecer que Jesús enseñó en privado a los discípulos que Él realmente sí era el Mesías, a pesar de que prohibiera esta proclamación en público. Otros han propuesto que Marcos estaba en realidad tratando de suavizar las afirmaciones de que Jesús fuera el Mesías.

Sin embargo, hay mejores explicaciones de por qué Jesús a veces instruía a las personas que no transmitieran su identidad o hablaran de un milagro que realizó. En cada caso o contexto, el motivo del silencio es probablemente ligeramente diferente. Una explicación frecuente es que Jesús no quería alentar falsas expectativas mesiánicas. Muchos judíos imaginaban al Mesías como una figura política y/o militar que libraría a la nación de sus opresores gentiles. La mayoría de los judíos no esperaban ni recibían a un Cristo que fuera a sufrir. Desde la perspectiva de Dios, elogiarlo como Mesías mientras rechazaran o ignoraran sus planes de redención hubiera sido contraproducente para su propósito. A la luz de esto, algunos intérpretes sostienen que el velo de secreto se levantó a medida que Jesús se acercaba a la Semana de la Pasión (Mr. 10:47-48; 12:6-7; 14:62).

Un segundo motivo para el silencio, con respecto a los casos en que los demonios proclamaban su identidad, era que Dios había elegido soberanamente a hombres y mujeres para que fueran sus testigos, no los espíritus malvados. Incluso en los casos en que las declaraciones demoníacas acerca de Jesús eran correctas, su propaganda seguramente sesgaría el carácter del mensaje y dificultaría su recepción.

En tercer lugar, Jesús retenía más revelaciones de su identidad y poder mesiánico de aquellos que rechazaban sus afirmaciones (Mt. 13:16; Mr. 4:24-25).

Cuarto, los milagros a veces conjuraban el tipo equivocado de fe. Las multitudes buscaban milagros sin comprender al Mesías (Mr. 1:32-38, Jn. 6:2, 14-15, 26).

Quinto, a veces las prohibiciones de Jesús de identificarlo eran desobedecidas, y en la mayoría de los casos el mandamiento a quedarse callado no impedía el asombro y la maravilla de lo que había sucedido (Mr. 1:27, 45; 5:42; 7:36-37). Esta incapacidad de guardar silencio con respecto a quién era Jesús y lo que hizo reforzaba la singularidad de su identidad y enfatizó cuán notable era el Mesías y sus milagros.

Finalmente, una reacción demasiada ferviente hacia Jesús ponía en peligro su propósito de completar su ministerio terrenal de acuerdo a los tiempos de Dios. Esto está claramente señalado en el Evangelio de Juan (2:4, 7:6, 8, 30, 8:20, 12:23, 27, 13:1, 16:32, 17:1). Jesús necesitaba proclamar plenamente su mensaje a la nación y preparar a sus discípulos antes de su muerte (Mr. 1:38). Un arresto prematuro y un juicio habrían arruinado este propósito.

MESÍAS La palabra en español "mesías" deriva del verbo hebreo mashakh, que significa "ungir". La contraparte griega de la palabra hebrea para "mesías" (mashiakh) es christos, que en español es "Cristo".

Antiguo Testamento

En las traducciones de la Biblia al español, la palabra "mesías" ("el ungido") ocurre raramente en el AT. En el AT, los reyes, profetas y sacerdotes eran "ungidos" con aceite como una forma de consagrarlos o apartarlos para sus respectivas funciones. Los profetas y los sacerdotes ungían a los reyes de Israel (1 Sam. 16:1-13, 2 Sam. 2:4, 7). Samuel ungió a Saúl (1 Sam. 9:16; 10:1; 15:1) y David (1 Sam. 16:12-13). Más tarde, el profeta Natán y el sacerdote Sadoc ungieron a Salomón, el sucesor del rey David (1 Re. 1:34). La palabra "ungir" aparece incluso antes, en el libro de Jueces, en una parábola que cuenta que Abimelec se convertía en rey (Jue. 9:7-15). En

M

1-2 Samuel y Salmos, el rey es llamado a veces "el ungido del Señor" (1 Sam. 16:6, 24:6, 26:9, Sal. 2:2, 18:50, 20:6). La unción de sacerdotes ocurre muy temprano en la tradición israelita, en la cual Aarón y sus hijos son consagrados para el servicio sacerdotal (Éx. 28:41, 30:30). En Nm. 35:25 el sumo sacerdote es ungido con "aceite santo". Los objetos sagrados para ser usados en el tabernáculo también eran ungidos (Éx. 29:36, 30:26, Lev. 8:10-11). En cuanto a la unción de los profetas, Dios le ordenó a Elías que ungiera a Eliseo como su sucesor (1 Re. 19:16). El profeta Isaías también afirmó ser ungido para su obra de proclamación (Is. 61:1-2).

La expectativa de un "mesías" o "ungido" surgió de la promesa dada a David en el pacto davídico (2 Sam. 7). A David se le prometió que de su simiente Dios levantaría un rey que reinaría para siempre en su trono. Las esperanzas de un rey tan ideal comenzaron con Salomón y se desarrollaron aún más durante el declive (cf. Is. 9:1-7) y especialmente después del colapso del reino davídico.

La dura realidad del exilio impulsó a Israel a tener la expectación de que Dios gobernara de esa manera. Varios salmos reflejan el deseo de que un hijo ideal de David llegara a gobernar, librando a Israel de su difícil situación de opresión. Por lo tanto, en Sal. 2 Dios declara que su hijo (v. 7), que es el ungido del Señor (v. 2), recibirá "las naciones [como herencia tuya], y como posesión [tuya] los confines de la tierra" (v. 8). Dios promete que "los gobernarás con un cetro de hierro; las harás pedazos como a vasijas de barro" (v. 9, ver nota al pie de la NVI).

En Sal. 89 el salmista anhela el establecimiento del reino de David porque Dios está "enojado con tu rey ungido" (v. 38). Más tarde, el salmista le suplica a Dios: "Por amor a tu siervo David, no le des la espalda a tu ungido" (Sal. 132:10). En la literatura posterior al exilio, Zorobabel, por ejemplo, parece ser visto como una figura mesiánica. Hablando de Zorobabel y Josué, el ángel dice: "Estos son los dos ungidos que están al servicio del Señor de toda la tierra" (Zac. 4:14).

Apócrifa y Seudoepigrafía

En la literatura apocalíptica se puede hallar una figura similar a un mesías marcando el inicio del reino de Dios, derrocando los poderes malvados actuales que oprimen al pueblo de Dios. En 1 Enoc, el "hijo del hombre" (46.1-3) es una figura ungida (52.6) que juzgará a los reyes y los poderosos desde su trono celestial y defenderá la causa de los fieles (46.4-8; 62.5).

En 2 Baruc, "mi ungido" (39.7; 40.1) reinará sobre el remanente en un lugar elegido por Dios (40.2). Finalmente, en un texto judío no apocalíptico, Salmos de Salomón, el autor espera la liberación de los opresores romanos y de la corrupta dinastía asmonea por parte del "Señor Mesías" (18.7): "Mira, Señor, y levanta para ellos su rey, el hijo de David, para gobernar sobre tu siervo Israel" (17.21). Estos textos confirman la diversidad de las expectativas mesiánicas del primer siglo. Sin embargo, la esperanza más común se centraba en el "Mesías davídico", el rey venidero de la descendencia de David que establecería justicia y rectitud y reinaría para siempre en el trono de David.

Nuevo Testamento

Jesús muestra gran reticencia al usar el título de "Mesías". En los Evangelios sinópticos casi nunca lo afirma explícitamente. Los dos pasajes sinópticos claves donde Jesús acepta el título son en sí enigmáticos. En la versión de Marcos de la confesión de Pedro (8:29), Jesús no afirma explícitamente la declaración de Pedro: "Tú eres el Mesías". Sino que continúa hablando del sufrimiento del Hijo del Hombre.

Más tarde, el sumo sacerdote Caifás le pregunta a Jesús en su juicio: "¿Eres tú el Cristo, el Hijo del Bendito?" (Mr. 14:60). En Marcos 14:62, Jesús responde explícitamente con "Yo soy", mientras que en Mt. 26:64, él usa la frase más enigmática de: "Tú lo has dicho". Jesús luego se describe a sí mismo como el Hijo del Hombre exaltado que se sentará a la diestra de Yahvé.

Sin duda, Jesús evitaba el título porque corría el riesgo de comunicar una comprensión inadecuada del reino y su rol mesiánico. Aunque el Mesías nunca fue una figura puramente política en el judaísmo, en general se esperaba que destruyera a los enemigos de Israel y asegurara sus fronteras físicas. Salmos de Salomón describe al futuro "hijo de David" como alguien que "destruirá a los gobernantes injustos" y "purgará a Jerusalén de los gentiles que la pisotearán hasta la destrucción" (Sal. 17.21-23). Para distanciarse de tal manera de pensar, Jesús nunca se refiere a sí mismo como "hijo de David" o "rey de Israel/de los judíos" como lo hacen otros personajes en los Evangelios (Mt. 12:23; 21:9, 15; Mr. 10:47; 15:2; Jn. 1:49; 12:13; 18:33). Cuando Jesús fue confrontado por un grupo de judíos que querían convertirlo en tal rey, él se opuso a ellos (Jn. 6:15).

En Marcos 12:35-37, Jesús también redefine los entendimientos tradicionales del hijo de David en su breve discusión sobre Sal. 110:1: Él es algo más que un simple hijo humano de David. Combinando la afirmación implícita de Jesús de que él es el Mesías en Marcos 8:30 con su enseñanza acerca del Hijo del Hombre en 8:31, vemos que Jesús es un Mesías que tenía que "padecer muchas cosas y ser rechazado por los ancianos, los principales sacerdotes, y los escribas" (8:31) y a través de quien vendrá la redención (10:45). Jesús vino no para vencer a las legiones romanas, sino para traer la victoria sobre Satanás, el pecado y la muerte.

En el libro de Hechos, Pedro reafirma la mesianidad de Jesús al concluir su sermón: "Por lo tanto que todos en Israel sepan sin lugar a dudas, que a este Jesús, a quien ustedes crucificaron, ¡Dios lo ha hecho tanto Señor como Mesías! " (2:36 [cf. 5:42, 9:22]).

Dado que en ese momento era evidente que por medio del sufrimiento y la muerte, Jesús el Mesías, efectuaría la salvación, ya no había riesgo de que los judíos malinterpretasen la mesianidad de Cristo. Sin embargo, Él todavía es un libertador y salvador como el ungido del Señor del AT, pero Él produce esta salvación a través de medios inesperados (3:18-20). Además, Jesús es ahora el rey mesiánico ascendido y exaltado en el estilo de Sal. 110:1 (*véase* Hec. 2:34-36), que predijo durante su ministerio terrenal (Mr. 14:62). La realidad del estatus mesiánico exaltado de Jesús es tan dominante en el pensamiento cristiano primitivo que el título Christos se convierte en un sinónimo de "Jesús" o se usa en combinación con "Jesús". Y, de hecho, los primeros seguidores de Jesús después de la resurrección se conocen como Christianoi (Hec. 11:26).

MESILEMOT **(1)** El padre de Berequías (2 Cr. 28:12), uno de los líderes de Efraín que se enfrentaron al ejército israelita en cuanto a la esclavización de la gente de Judá y Jerusalén a quienes habían hecho prisioneros. **(2)** Un sacerdote que fue el padre de Mesulam y Azai e hijo de Immer (1 Cr. 9:12 ["Mesilemit"]; Neh. 11:13).

MESOBAB Uno de los jefes de la tribu de Simeón que tomó el pastizal cerca de Gedor despojando a los hamitas y los meunitas durante los días del rey Ezequías (1 Cr. 4:34-41).

MESOBAÍTA Posiblemente un título de Jaasiel, uno de los valientes de David (1 Cr. 11:47 [RVA: "Mesobia"]). Algunas versiones (NVI, NTV) enmiendan el texto para concordar con la lectura en 1 Cr. 18: 3: "de Sobá".

MESOPOTAMIA La región fértil de los valles del Tigris y el Éufrates, limita al norte con las montañas Taurus y al este con las montañas Zagros (moderna Iraq). La región se extiende desde Turquía hasta el Golfo Pérsico.

La parte norte de esta región es Aram Naharaim ("Aram de los dos ríos"), a menudo llamada "Mesopotamia" en algunas traducciones de la Biblia (*ver* Gn. 24:10, Dt. 23: 4, Jue. 3:8, 1 Cr. 19:6 LBLA, RV1995, TLA). Abraham, Sara y su familia eran originalmente arameos de Ur del sur de Mesopotamia (Gn. 25:20, Dt. 26:5, *véase* Hec. 7:2).

Más tarde, Abraham y su familia se mudaron a la ciudad de Harrán, al norte de Mesopotamia (Gn. 11:31). Uno de los límites de la tierra que Dios le prometió a Abraham era el río Éufrates (Gn. 15:18). El ejército del rey David luchó contra un ejército arameo de Mesopotamia (1 Cr. 19:6, *ver* Sal. 60:1 NVI). Más tarde, Judá fue llevado al exilio en Babilonia, situado en Mesopotamia en el río Éufrates (2 Re. 24:14). Lucas señala que los residentes de Mesopotamia

LOS VIAJES DE ABRAHAM EN LA TIERRA DE MESOPOTAMIA

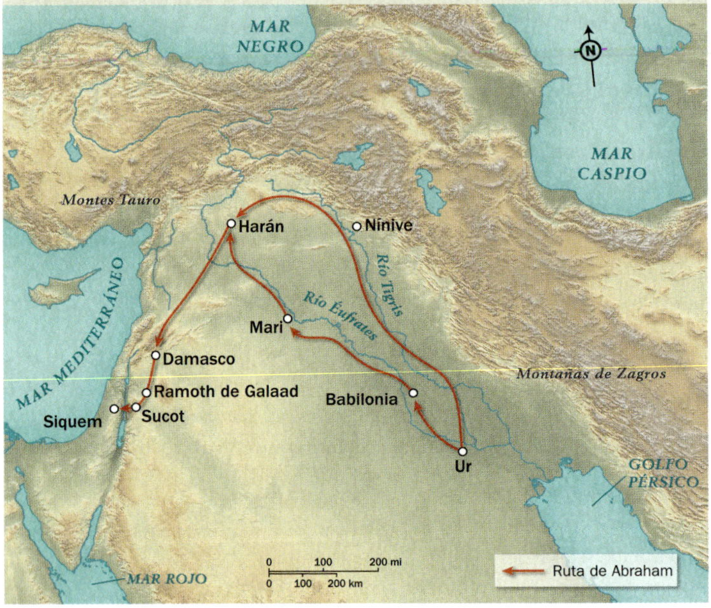

estuvieron presentes el día de Pentecostés (Hec. 2:9).

MESULAM **(1)** El padre de Azalía y el abuelo de Safán, el secretario del rey Josías (2 Re. 22:3). **(2)** Un hijo de Zorobabel (1 Cr. 3:19). **(3)** El jefe de un clan de la tribu de Gad que residía en Basán (1 Cr. 5:13). **(4)** Un hijo de Elpaal, un Benjamita (1 Cr. 8:17). **(5)** El padre de Salú, un líder del clan Benjamita que vivió en Jerusalén después de regresar del exilio (1 Cr. 9:7; Neh. 11:7). **(6)** Hijo de Sefatías, era un líder de un clan benjamita que vivía en Jerusalén después de haber regresado del exilio (1 Cr. 9:8). **(7)** El padre de Hilcías, él era un miembro de la línea sacerdotal de Sadoc (1 Cr. 9:11). **(8)** El padre de Jazera y el hijo de Mesilemit, él era un miembro de la línea sacerdotal de Sadoc (1 Cr. 9:12). **(9)** Un descendiente de Coat nombrado por el rey Josías para supervisar las reparaciones del templo (2 Cr. 34:12). **(10)** Uno de los líderes enviados por Esdras para procurar que los levitas sirvan en el templo posterior al regreso del exilio (Esd. 8:16). Él fue uno de los cuatro hombres que se opusieron al llamado de Esdras de divorciarse de mujeres extranjeras (10:15) y probablemente también fue el hijo de Bani enlistado como uno de los que se casaron con una mujer extranjera (10:29). **(11)** El hijo de Berequías ayudó a reparar los muros de Jerusalén (Neh. 3:4, 30). Su hija se casó con el hijo de Tobías, Johanán (Neh. 6:18). **(12)** El hijo de Besodías ayudó a reparar la Puerta de Jesana como parte de la reconstrucción de Jerusalén por Nehemías (Neh. 3:6). **(13)** Uno de los siete hombres que se pararon a la izquierda de Esdras durante la lectura del Libro de la Ley a la gente de Jerusalén (Neh.8:4). **(14)** Un sacerdote que, junto a Nehemías, otros sacerdotes y jefes del pueblo, selló la renovación del pacto después del regreso del exilio (Neh. 10:7). **(15)** Un jefe del pueblo de Jerusalén que selló la renovación del pacto después del regreso del exilio (Neh. 10:20). **(16)** El jefe de la casa sacerdotal de Esdras durante el tiempo del sumo sacerdote Joiacim (Neh. 12:13). **(17)** El jefe de la casa sacerdotal de Ginetón durante el tiempo del sumo sacerdote Joiacim (Neh. 12:16). **(18)** Un portero que vigilaba los almacenes de las puertas de Jerusalén en el tiempo del sumo sacerdote Joiacim (Neh. 12:25). **(19)** Un líder de Judá que participó en la procesión en la ceremonia de dedicación de los muros reconstruidos de Jerusalén (Neh. 12:33).

MESULEMET La hija de Haruz (de Jotbah), ella era la esposa del rey Manasés y la madre de Amón, quien se convirtió en rey cuando tenía veintidós años (2 Re. 21:19).

METHEGAMMA Un término de significado incierto en 2 Sam. 8:1 que describe la conquista de David contra los filisteos. La mayoría de las traducciones simplemente transcriben el término hebreo como "Methegamma", quizás sugiriendo que era el nombre de un lugar. Por el contrario, la LBLA se arriesga con la traducción de "ciudad principal", como si fuera la "capital". En 1 Cr. 18:1 "Gat" reemplaza a "Methegamma", lo que sugiere que Gat se había convertido en la principal ciudad filistea. Literalmente, "Methegamma" significa algo así como "brida de la madre", tal vez usando una figura de una brida como herramienta para exigir sumisión.

METUSAEL Un descendiente de Caín, él era el bisnieto de Enoc y el padre de Lamec (Gn. 4:18 [RVA: "Methusael"). Algunos eruditos consideran que "Metusael" es una variante de "Matusalén", el hijo de Enoc y el padre de Lamec en el linaje de Set (Gn. 5:21, 25).

MEUNIM Uno de los hombres cuyos descendientes figuran como siervos del templo después del retorno del exilio en Babilonia (Esd. 2:50 [LBLA: "Mehunim"], Neh. 7:52). *Ver también* Meunitas.

MEUNITAS Un pueblo transjordano que fue destruido y desposeído por clanes israelitas de la tribu de Simeón que buscaba pastizales para sus rebaños cerca del área de Gedor durante el reinado de Ezequías (1 Cr. 4:41). El nombre puede derivarse del nombre de la ciudad "Ma'an" (o "Maón"), que está a unas doce millas al sudeste de Petra. Los meunitas también se incluyen en la lista de pueblos de Filistea que Dios ayudó al rey Uzías a someter (2 Cr. 26:7 [RVA: "Ammonitas"]). Los descendientes de Meunim se enumeran como siervos del templo, de los que regresaron a Jerusalén después del exilio (Esd. 2:50; Nehemías 7:52). La designación aquí puede referirse a los sirvientes que tal vez eran de la ciudad de Maón o, alternativamente, a los descendientes de los meunitas que fueron tomados cautivos.

Una Mezuzá judía moderna.

MEZAAB El abuelo de Mehetabel, la esposa del rey Hadad (Hadar) de Edom (Gn. 36:39, 1 Cr. 1:50). Alternativamente, algunos consideran que el nombre indica una ubicación (que significa "aguas de oro") que fue el hogar de Matred, el padre de Mehetabel. Si "Mezaab" es el nombre de un lugar, tal vez se pueda identificar con Dizahab (Dt. 1:1).

MEZUZÁ Término hebreo para las jambas laterales de la puerta de la ciudad o los postes de la puerta de una edificación (Jue. 16:3; 1 Sam. 1:9; 1 Re. 6:33). La sangre del cordero pascual se aplicaba a las jambas de las puertas de cada residencia israelita en Egipto (Éx. 12:7). A los israelitas se les ordenó que escribieran los mandamientos de Dios en sus corazones y en los postes de sus puertas (Dt. 6:1-9). Más tarde, este mandato fue tomado literalmente, y los mandamientos de Dios se fijaban a los postes de la puerta. En la tradición judía posterior, el término se refiere a una pequeña caja de vidrio o metal, colocada en la jamba de la derecha, que contiene pequeños rollos de pergamino con las palabras del Shemá (Dt. 6:4-9; *véase* 11:13-21) escrito en ellos. Un pergamino mezuzá fue encontrado en Qumrán.

MIAMIM *Ver* Mijamín.

MIBHAR Hijo de Hagrai, era uno de los treinta valientes de David (1 Cr. 11:38). En 1 Cr. 11:38 el hebreo dice mibkhar ben- hagri ("Mibhar hijo de Hagrai"); el texto paralelo, 2 Sam. 23:36, muestra un error al copiar del hebreo: mitsobah bani haggadi ("de Soba, Bani Gadita").

MIBSAM (1) El cuarto de los doce hijos de Ismael, ancestros de tribus árabes (Gn. 25:13; 1

M

Cr. 1:29). (2) Miembro de la tribu de Simeón, él era el hijo de Salum y el padre de Misma (1 Cr. 4:25).

MIBZAR (1) Un jefe edomita y su clan (Gn. 36:42; 1 Cr. 1:53). (2) Mibzar puede ser también el nombre de un lugar, identificado como el emplazamiento de Mabsara en el norte de Edom o Bosra en Moab (Gn. 36:33, Amos 1:12). El nombre significa "ciudad fortificada" (*ver* Sal. 108:10).

MICA, MICAÍA (1) Un hijo del nieto de Saúl, Mefiboset (2 Sam. 9:12), también llamado "Micaía" (1 Cr. 8:34, 9:40). (2) El padre de Matanías, un levita (1 Cr. 9:15; Neh. 11:17; 11:22). (3) Un levita que selló el pacto con Dios luego de la lectura de la ley por Esdras (Neh. 10:11).

MICAEL, MIGUEL (1) El padre de Setur, un líder de la tribu de Aser que fue enviado con otros once para explorar Canaán (Nm. 13:13). (2) El jefe de un clan de la tribu de Gad (1 Cr. 5:13). (3) Un antepasado de Micael en 1 Cr. 5:13 (1 Cr. 5:14). (4) Un antepasado de Asaf, un líder de adoración durante el tiempo de David (1 Cr. 6:40). (5) Hijo de Israhías, que era jefe de la tribu de Isacar (1 Cr. 7:3). (6) Un descendiente de Benjamín por medio de Bería (1 Cr. 8:16). (7) Un líder militar de la tribu de Manasés. Él y su unidad de mil hombres desertaron a David en Siclag (1 Cr. 12:20). (8) El padre de Omri, oficial de la tribu de Isacar (1 Cr. 27:1). (9) Un hermano del rey Joram de Judá, a quien Joram llevó a la muerte después de asegurar el trono (2 Cr. 21:1-4). (10) El padre de Zebadías, un hombre que acompañó a Esdras desde Babilonia a Jerusalén (Esd. 8:8). (11) Uno de los pocos seres angelicales cuyos nombres se identifican en la Biblia. La Escritura se refiere a Miguel como "uno de los principales príncipes" (Dan. 10:13), un "gran príncipe" (Dan. 12:1) y un "arcángel" (Jud. 1:9), lo que indica que Miguel es un líder de alto rango de otros ángeles (Apo. 12:7).

MICAÍA, MIQUEAS El nombre "Miqueas" está relacionado con los nombres "Mica/ Micaías," "Micaía," "Micael," and "Micayahu." El significado de todos estos nombres hace referencia a la incomparabilidad del Dios de Israel ("¿Quién es cómo Yahvé" /Dios?"). (1) Un hombre de la región montañosa de Efraín del período de los jueces (Jue. 17-18), también llamado "Micayahu", en Hebreo (Judg. 17:1, 4). Es irónico en esta historia que un hombre cuyo nombre señala la incomparabilidad de Yahvé es retratado como un ladrón y como alguien que estableció un santuario de culto idólatra (Jue. 17:1-5). Esta historia ilustra gráficamente cómo en el tiempo de los jueces "cada uno hacía como mejor le parecía" (Jue. 17:6). (2) Hijo de Mefiboset (Merib-baal) y bisnieto de Saúl de la tribu de Benjamín (1 Cr. 8:34; 9:40), también llamado "Mica" (2 Sam, 9:12). (3) El hijo primogénito de Uziel y descendiente de Coat de la tribu de Leví (1 Cr. 23:20; 24:24-25). (4) El hijo de Simei y el padre de Reaías de la tribu de Rubén (1 Cr. 5:5). (5) Un profeta de Moréset en las tierras bajas de Judea (Jer. 26:18; Miq. 1:1). Contemporáneo de Isaías, profetizó a finales del siglo VIII a.C, durante los reinados de Jotam, Acaz y Ezequías. (6) El padre de Abdón (Acbor), que fue uno de los enviados a Hulda por el rey Josías para consultar sobre el Libro de la Ley (2 Cr. 34:20). Él también es llamado "Micaías" (2 Re. 22:12).

Miqueas, Libro de-Miqueas, el sexto de los Profetas Menores, presenta un poderoso

Una representación cristiana medieval del arcángel Miguel (Estambul, Turquía).

mensaje de juicio y salvación. El libro contiene varios pasajes memorables, incluido un dramático llamado a la justicia, la misericordia y la humildad (6:6-8).

Contexto Histórico

La introducción (1:1) sitúa el trabajo del profeta durante los reinados de los reyes de Judá: Jotam (758-743 a.C), Acaz (733-727 a.C) y Ezequías (727-698 a.C). No sabemos cuán avanzado en el reinado de Jotam y del reinado de Ezequías deben ubicarse el comienzo y el final de su ministerio. El padre de Jotam, Uzías, había llevado a Judá a un nivel alto de prosperidad que no había sido visto desde los tiempos de Salomón, al igual que su homólogo del norte, Jeroboam II. Sin embargo, el éxito externo fue acompañado por la debilidad espiritual, por lo que tanto el norte como el sur comenzaron a desenvolverse a diferentes ritmos durante el ministerio de Miqueas, aunque el reinado de Ezequías demostró ser una inyección espiritual en el brazo del debilitado Judá.

Israel y Judá disfrutaron de expansiones y prosperidad a mediados del siglo VIII a.C, debido en parte, al menos, a la debilidad de Asiria. Todo eso cambió con el surgimiento del poderoso Tiglath-pileser III (744-727 a.C). Él fortaleció a Asiria en casa y luego expandió sus límites. Acaz fue el rey que apeló a Tiglat-pileser III para que lo ayudara contra sus adversarios del norte, Peka de Israel y Rezín de Damasco. El resultado final fue la incorporación de Siria al Imperio asirio y el sometimiento de Israel y, finalmente, Judá. De hecho, durante la vida de Miqueas, los asirios, bajo Salmaneser V y Sargón II, tomaron el reino del norte, exiliaron a sus habitantes y lo incorporaron a su imperio (722 a.C). Judá permaneció independiente pero pagó tributos pesados. Durante este período, Judá bajo Ezequías casi perdió su independencia cuando otro rey asirio, Senaquerib, atacó a Judá en 701 a.C en respuesta a la alianza del rey de Judea con Marduk-Baladan de Babilonia. Debido a la fe de Ezequías, Dios salvó a Judá por el momento. La inscripción también nombra a Miqueas como autor de los oráculos recogidos en el libro. Su nombre significa "¿quién es como Yahvé?" Su ciudad natal era Moréset, a unos veinticinco kilómetros al suroeste de Jerusalén. Él es mencionado una vez fuera de este libro, en Jer. 26:17-19. Cuando el rey Joacim quiso matar a Jeremías, algunos ancianos evocaron la memoria de Miqueas, quien predicó cosas difíciles durante el reinado de Ezequías. Ese rey no mató a Miqueas; se arrepintió, y el reino se salvó.

Consideraciones Literarias y Esquema

Miqueas es una colección de oráculos proféticos de juicio y salvación. La estructura es difícil de seguir. Ocasionalmente, se puede inferir la configuración cronológica de oráculos particulares, pero su orden en el libro no va acorde a la cronología. Sin embargo, parece que los textos se agrupan en dos rondas de juicio seguidas por oráculos de salvación, que pueden describirse más o menos de la siguiente manera:

I. Sobrescrito (1:1)
II. Primera ronda de juicio y oráculos de salvación (1:2-5:15)
   A. El juicio de Dios sobre la apostasía y el pecado social en Samaria y Judá (1:2-3:12)
   B. Palabra de esperanza de Dios en Israel (4:1-5:15)
III. Segunda ronda de juicio y oráculos de salvación (6:1-7:20)
   A. La disputa de Dios con Israel (6:1-8)
   B. El reproche de Dios por los pecados sociales de Israel (6:9-16)
   C. El profeta lamenta la condición de Israel (7:1-7)
   D. Salmos de esperanza y alabanza (7:8-20)

Miqueas, como su contemporáneo más conocido, Isaías, era un maestro de la poesía hebrea. Empleaba paralelismos estrechos, imágenes vívidas e impresionantes juegos de palabras (el oráculo en 1:8-16 es un ejemplo particularmente convincente).

M

Mensaje Teológico

Miqueas fue comisionado para llevar un mensaje de juicio a su generación. Ellos habían pecado y merecían castigo. En los oráculos de Miqueas se puede encontrar un uso de lenguaje legal, ya que él fue enviado por Dios para presentar un caso contra aquellos que habían violado la ley del pacto (*ver* 1:2; 6:1-5). Él habla en contra de los líderes civiles (3:1-3) y religiosos (2:6-11; 3:11).

Sin embargo, como con muchos profetas, después del mensaje de juicio de Miqueas viene uno de esperanza en la forma de oráculos de salvación. Entre estos, 5:1-2 señala que las promesas hechas a David no son nulas, sino que se realizarán en el futuro.

Conexiones del Nuevo Testamento

Miqueas dirigió su mensaje a su generación, pero los autores del NT reconocieron que tenía una importancia continua para la situación de ellos. Por ejemplo, Mt. 2:5-6 se refiere a Miq. 5:2 en referencia a Jesús, que era un gobernante parecido a David nacido en Belén.

MICAÍAS **(1)** Hijo de Imla, él era un profeta leal que contradijo a los falsos profetas y predijo la muerte del rey Acab, por lo cual él fue encarcelado (1 Re. 22; 2 Cr. 18). Su comisión y visión de la sala del trono de Dios son similares a las de Isa. 6. **(2)** El padre de Acbor (Abdon), que fue uno de los enviados a Hulda por el rey Josías para preguntar sobre el Libro de la Ley (2 Re. 22:12). Él también es llamado "Micha" (2 Cr. 34:20). **(3)** La madre del rey Abías de Judá (2 Cr. 13:2 NVI mg.), También es llamada "Maaca" (1 Re. 15:2; 2 Cr. 11:20). **(4)** Uno de los cinco oficiales enviados por el rey Josafat para enseñar en las ciudades de Judá (2 Cr. 17: 7). **(5)** Un antepasado del músico de Asaf, Zacarías, quien participó en la dedicación del muro de Jerusalén (Neh, 12:35). **(6)** Uno de los sacerdotes que tocaban trompetas en la dedicación del muro de Jerusalén (Neh. 12:41). **(7)** Hijo de Gemarías y nieto de Safán, fue oficial del rey Joacim, quien informó que Baruc leía los oráculos de Jeremías a otros oficiales del rey (Jer. 36:11-13).

MICAL La hija menor de Saúl (1 Sam. 14:49) y esposa de David. Saúl usó el ofrecimiento de sus hijas en matrimonio para tratar de matar a su joven rival David. Saúl ofreció a su hija mayor, Merab, a David a cambio de su ayuda en la lucha contra los filisteos. La esperanza de Saúl era que David muriera en la batalla contra los filisteos. Pero David objetó, y Saúl se la entregó a Adriel de Mehola. Cuando Saúl se enteró de que su hija menor, Mical, amaba a David, se la ofreció a él. Cuando David dijo que no podía pagar el precio de la novia, Saúl sustituyó cien prepucios de filisteos por dinero, con la esperanza de que David perdiera la vida en el intento de obtenerlos. Sin embargo, David tuvo éxito y se casó con Mical, estableciendo así un vínculo con la casa real, una relación que lo ayudó en el futuro en su intento de convertirse en rey de las tribus del norte (2 Sam. 3:13-16).

MICAL amaba a David en un principio de su relación, incluso obrando en su nombre contra su padre (1 Sam. 19:11-17). Pero nunca estuvo claro si David la amaba, y después de que David huyó de la presencia de Saúl, este se la entregó a Paltiel (1 Sam. 25:44). Cuando David se convirtió en rey del norte, se vio obligada a regresar a él (2 Sam. 3:13-16). Ella mostró su desprecio por David después que él bailara ante el arca del pacto (2 Sam. 6:16-23). Por esto, Dios no le permitió tener hijos.

MICA *Ver* Micaías.

MICLOT **(1)** Un benjamita y descendiente de Jeiel que vivía en Gabaón, él era el padre de Simea/Simeam (1 Cr. 8:32; 9:37-38). **(2)** El oficial principal bajo Dodai en la segunda división mensual del ejército de David, él era responsable de una división de veinticuatro mil hombres (1 Cr. 27:4).

MICMÁS Esta ciudad (la moderna Mukhmas) y su ciudad hermana, Gueba, se encontraban en una de las rutas desde el valle del Jordán hasta la meseta central de Benjamín. Aunque una bifurcación del Wadi Qilt separaba las dos ciudades, había un "paso" que cruzaba el valle profundo (1 Sam. 13:23). Cuando Isaías describe el avance de los asirios hacia Jerusalén, emerge esta característica geográfica (Is. 10:28-29). También se evidencia en una narración sobre la incursión de los filisteos en las profundidades del territorio israelita en los días iniciales de la monarquía de Saúl. Los filisteos tenían un puesto de avanzada en Gueba; Saúl comandaba las fuerzas israelitas en Micmás, al otro lado del paso hacia el noreste; y Jonatán estaba en Guibeá de Benjamín, al sur de Gueba (1 Sam. 13:2-3). Saúl no atacó a los filisteos desde Micmás, ya que cruzar el paso por debajo de Gueba habría puesto en peligro a sus tropas. En cambio, el ataque de Jonatán expulsó a los filisteos de Gueba. Sin embargo, se reagruparon en Micmás, expulsaron las fuerzas de Saúl y despacharon a las tropas de asalto (1 Sam. 13:16-18). Para retomar este importante ubicación, Jonatán y su escudero salieron de Guibeá, descendieron al Wadi, treparon al otro lado y atacaron, conquistaron el puesto de avanzada y persiguieron a los filisteos (1 Sam. 14:1-23).

MICMETAT La sección más al norte de la frontera entre Efraín y Manasés (Jos. 16:6; 17:7). Probablemente se encuentra al este de Siquem, pero la ubicación exacta es disputada.

La zona alrededor de Micmás.

También es incierto si el nombre se refiere a un asentamiento o una zona geográfica.

MICNÍAS Uno de los músicos levitas que acompañaron el arca del pacto cuando David lo llevó de la casa de Obed-Edom a Jerusalén (1 Cr. 15:18, 21).

MICRI Un miembro de la tribu de Benjamín del tiempo posterior al exilio, antepasado de Ela (1 Cr. 9:8).

MICTAM Un título hebreo de significado incierto que se encuentra en la inscripción de seis salmos atribuidos a David (Sal. 16; 56-60). Las sugerencias que han surgido conectan el título con palabras hebreas como "oro" y "expiación". La Septuaginta traduce el título como "inscripción" (griego stēlographia), sugiriendo que el hebreo debe leer lo mismo (*véase* Is. 38:9). Estos salmos pueden haber sido inscritos en estelas en el templo.

MIDIAM, MADIANITAS Midiam (o Madián) era uno de los hijos que tuvo Abraham con su esposa Cetura (Gn. 25:1-2). Justo antes de morir, Abraham deja todo a Isaac y envía a Madián y sus hermanos lejos "a la tierra del oriente" (25:5-6). La narración bíblica lo considera el progenitor de los madianitas, que habitaba lo que ahora es el sur de Jordania y el norte de Arabia Saudita. Las relaciones entre los israelitas y los madianitas en los siguientes siglos son generalmente conflictivas. La experiencia de Moisés es la excepción: después de huir de Egipto, Moisés llega a Madián, se casa con una mujer madianita y tiene una relación amistosa con Jetro, su padre (también llamado Reuel), que también era sacerdote (Éx. 2-3). Jetro incluso acompaña a los israelitas durante parte de sus andanzas por el desierto y le da consejos a Moisés para guiar a la gente (Éx. 18).

El resto de las referencias a los madianitas en el AT son en gran parte antagónicas. En Génesis, los comerciantes que compraron a José de sus hermanos y lo llevaron a Egipto son madianitas (37:25-36). (A los comerciantes también se les conoce como ismaelitas en la misma narración, y bien podría ser que el término "ismaelita" se refiere tanto a los ismaelitas propiamente tal, como también para denotar a los pueblos nómadas árabes en general; *véase también* Jue. 8:22-24) En Números, los madianitas se unen a los moabitas para tratar de detener el avance israelita de sus territorios, contratando a Balaam para que maldijera (Nm. 22-24). Aunque este intento falla, porque Dios no permitiría que Balaam maldijera a los israelitas, las relaciones sexuales idólatras entre los israelitas y los madianitas incitan a Dios a colocar una plaga sobre su propio pueblo (Nm. 25). Una de las últimas instrucciones de Dios a Moisés antes de su muerte es hacer la guerra contra los madianitas para vengarse por haber causado que los israelitas pecaran (Nm. 31). Por otro lado, cuando los israelitas continúan su ciclo de pecado en la tierra prometida, Dios los entrega a otras naciones, incluidos los madianitas (Jue. 6-9). Las victorias israelitas sobre Madián, que les fueron dadas por Dios, se celebran en varios pasajes posteriores en el AT (Sal. 83:9, Is. 9:4, 10:26, Hab. 3:7).

MIDÍN Una ciudad en la zona desértica del territorio asignado a la tribu de Judá (Jos. 15:61). El Códice Alejandrino de la Septuaginta muestra "Madon".

MIDRÁS Comentario Rabínico sobre la Biblia hebraica, ya sea el texto o un evento bíblico. "Midrás" (pl. "Midrashim") es un nombre derivado del verbo darash, que significa "buscar" o "investigar". "Midrás" puede referirse al comentario de un solo pasaje, como un midrás en Gn. 1, o a toda una colección de midrashim, como la Genesis Rabbah. También puede referirse al proceso por el cual los antiguos rabinos interpretaban las Escrituras. El midrás rabínico busca respuestas teológicas y halájicas a las preocupaciones contemporáneas; por lo tanto, se trata de la aplicación de las Escrituras a diversos aspectos de la vida.

Midrás Rabínico

El Midrás usa las Escrituras para interpretar las Escrituras y usa la Biblia como un libro completo y unificado. Aunque el contexto no se ignora por completo, el midrás yuxtapone versículos de toda la Biblia hebraica para iluminar un texto dado o ilustrar un punto. Los versos se combinan para elucidar un tema que el texto sugiere de forma implícita o explícita. Dentro de este sistema de Escritura que interpreta la Escritura, el Pentateuco ocupa el lugar de honor como el centro del testimonio bíblico. En el midrás rabínico, los Profetas y los Escritos a menudo no tienen voces independientes separadas del Pentateuco, sino que cumplen una función de apoyo.

A veces, la yuxtaposición de versículos que ocurren en el midrás parece arbitraria, pero este no es el caso. Un conjunto de reglas midráshicas, middot, rige cómo se usarán los versículos de las Escrituras y cómo se formará la argumentación. Con el tiempo, las reglas se volvieron más elaboradas, pero su declaración más temprana se atribuye al rabino Hillel antes del año 70 d.C en el Talmud de Babilonia. Él enumera siete reglas:

1. Argumento de menos significativo a más significativo, y viceversa.
2. Argumento por analogía cuando las Escrituras usan expresiones idénticas.
3. Una declaración en un versículo se aplica a todos los versículos relacionados temáticamente.

4. Igual que el principio en el número tres, pero derivado de dos versículos, no solo uno.
5. Argumento de general a particular, y viceversa.
6. Argumento de una expresión similar encontrada en otro pasaje.
7. Argumento del contexto.

Las reglas rabínicas de la interpretación de las Escrituras son similares a las reglas de la retórica helenística y el argumento legal romano y, por lo tanto, reflejan la influencia helenística y romana.

El midrás rabínico se puede caracterizar ampliamente como de halajá (desarrollo de reglas para la observancia del día de reposo, pureza ritual, sacrificio, etc.) y de hagadá (teológico, ético, y todo lo que no se clasifique como halajá). Algunos cuerpos del midrás rabínico exploran un libro de la Biblia más o menos versículo por versículo, y otros son por tópicos. Algunas obras midráshicas son de naturaleza homilética; preservan material de sermones de los servicios de la sinagoga.

Midrás en la Biblia

Aunque las grandes compilaciones del midrás son rabínicas y son posteriores a la Biblia, el material midráshico también puede ser encontrado mucho antes. El midrás tiene sus orígenes en la Biblia. El ejemplo más claro es Crónicas, que en muchos aspectos es un midrás sobre Samuel y Reyes. En Qumran encontramos literatura que puede clasificarse como Escritura reescrita, como el Rollo del Templo, el libro de los Jubileos y el Génesis Apócrifo, que tienen características midráshicas. Los Pesharim de Qumran también son midráshicos, aunque de una naturaleza menos sofisticada que el midrás rabínico posterior, y parecen emplear el middot.

El NT contiene ejemplos de material midráshico. Las enseñanzas de Jesús en los Evangelios incluyen algo de material midráshico. En Lc. 4:16-21, Jesús lee del rollo de Isaías e interpreta que el pasaje se aplica a sí mismo. Jesús está entregando un petikhah, una breve exposición sobre un texto bíblico fuera del sermón principal de la sinagoga. Al debatir con los saduceos sobre la resurrección, Jesús da un comentario midráshico a Éx. 3:6 (Lc. 20:27-40). El apóstol Pablo se involucra con en el midrás aún más explícitamente: por ejemplo, él aplica Dt. 25:4, que habla sobre no ponerle bozal al buey mientras esté trillando, a la idea de que un ministro es digno de recibir el pago por la obra (1 Cor. 9:9; 1 Tim. 5:18). Pablo está argumentando de menor a mayor en su aplicación de la Torá a su situación contemporánea.

El midrás más extendido en el NT es el libro de Hebreos. Por ejemplo, en Heb. 1-2 el escritor aplica numerosas citas del Salterio a Jesús para mostrar que él es más grande que los ángeles. En Heb. 4 el escritor, a través de una interpretación de Sal. 95:11, realiza un midrás sobre entrar en el reposo de Dios, mediante el cual él aplica el reposo de Dios de su trabajo (Gn. 2:2) a los cristianos que entran en ese reposo debido a la incredulidad de Israel en el desierto. Parece que el autor está formando un argumento por analogía al relacionar Gn. 2:2 con Sal. 95:11.

Se puede demostrar que los judíos emplearon técnicas midráshicas en su interpretación de las Escrituras siglos antes de que se crearan las primeras compilaciones rabínicas del midrás. Vemos estas técnicas en los Pesharim de Qumran, las escrituras de Filón y en el NT. Los rabinos utilizaron técnicas de interpretación establecidas desde hace tiempo y las hicieron más sofisticadas. La diferencia entre los de Qumran, el cristiano antiguo y la interpretación rabínica de la Escritura era el énfasis. Para los de Qumran, toda la Escritura tenía que hablar de su comunidad, que era la comunidad verdadera y de creyentes en el fin de los días. Para los cristianos, toda la Escritura tenía que hablar de Jesús y de la salvación que Él trajo. Para los rabinos, todas las Escrituras ratificaban la Torá y la obediencia a esa Torá como el centro de la vida judía.

MIEDO DE ISAAC Un término que Jacob aplicó a Dios en Gn. 31:42. "Miedo de Isaac" se encuentra en paralelo con "el Dios de mi padre" y "el Dios de Abraham" (cf. Gn. 32:9). La palabra "miedo" en estos casos conlleva el sentido de "pavor" o "terror". *Véase también* Éx. 15:16; Dt.

2:25; 1 Cr. 14:17. Con referencia a Dios, *véase* 1 Sm. 11:7.

MIEDO El miedo, como aparece en las Escrituras, es una respuesta que va desde el respeto y reverencia al pánico total o terror absoluto.

Miedos Propios e Impropios

Existen tanto miedos adecuados, piadosos como miedos impropios, pecaminosos. Por una parte, Dios nos ha dado la habilidad de responder adecuadamente a miedos percibidos. Cuando José escuchó que Arquelao reinaba en Judea, él "tuvo miedo" de ir allí con María y Jesús (Mt. 2:22), y Dios lo dirigió para que fuera a Nazaret en cambio. Por otra parte, las Escrituras nos dan muchos ejemplos de personas que estaban sobrepasadas por miedo pecaminoso. Después de que Adán había pecado, escuchó a Dios viniendo al jardín y dijo, "Tenía miedo… así que me escondí" (Gn. 3:10). Abraham temía por su vida, por lo que pretendió que Sara era su hermana (Gn. 20:2). El rey Saúl desobedeció la orden explícita de Dios porque "tuvo miedo de los hombres" (1 Sm. 15:24). El miedo puede ser pecaminoso por sí mismo o porque conduce a otras respuestas pecaminosas.

Dios comprende nuestra lucha con el miedo pecaminoso y sabe que necesitamos a alguien más fuerte que nuestros miedos: Dios mismo. David dice: "Cuando tengo miedo, pongo mi confianza en ti" (Sal. 56:3). Finalmente, nuestra esperanza está en Jesucristo, que vino a "liberar a todos aquellos que han vivido su vida esclavizados por su miedo a la muerte" (Heb. 2:15). El autor de Hebreos continúa diciéndonos cómo debemos experimentar esta victoria a través de Cristo: "Porque no tenemos un sumo sacerdote que sea incapaz de empatizar con nuestras debilidades, sino que tenemos uno que ha sido tentado de todas las formas, al igual que nosotros —sin embargo, no pecó. Acerquémonos entonces al trono de gracia de Dios con confianza, para que podamos recibir misericordia y encontrar la gracia para ayudarnos en nuestros momentos de necesitad" (Heb. 4:15-16).

Pablo pregunta: "¿Quién [o, podríamos agregar 'qué'] nos separará del amor de Cristo? ¿Lo harán los problemas o las dificultades o la persecución o la desnudez o el peligro o la espada?" (Rom. 8:35) y entonces da su clásica respuesta: "Ya que estoy convencido que ni la muerte ni la vida, ni los ángeles ni los demonios, ni el presente ni el futuro, ni ningún poder, ni la altura ni la profundidad, ni nada más en toda la creación, será capaz de separarnos del amor de Dios que está en Jesucristo nuestro Señor" (8:38-39). La realidad de un Dios amante y soberano descarta cualquier posibilidad de que su pueblo alguna vez se encuentre en una situación fuera de su amor y control. Para el creyente, "Sabemos que en todas las cosas Dios trabaja para el bien de aquellos que lo aman, que han sido llamados de acuerdo a su propósito" (8:28).

Temor de Dios

Hay un dicho popular que dice: "El temor de Dios es el único miedo que elimina a todos los otros". Dios quiere liberar a las personas de todos los miedos equivocados para que puedan tener a la única persona que vale la pena temer: Dios mismo. Jesús advirtió, "Pero yo les mostraré a quien deben temer: Teman a él que, una vez que su cuerpo ha muerto, tiene la autoridad para lanzarlos al infierno. Sí, le digo, témanle a él" (Lc. 12:5). De hecho, el único miedo apropiado mencionado más de cien veces en las Escrituras es el apropiado temor de Dios. El autor del libro del Eclesiastés concluye su lucha para encontrar significado y propósito en la vida con estas palabras: "Ahora todo ha sido escuchado; aquí está la conclusión del asunto: teman a Dios y guarden sus mandamientos, porque este es el deber de toda la humanidad" (12:13).

El marco de referencia de Dios. ¿Qué puede hacer por nosotros el adecuado temor de Dios? La respuesta del libro de los Proverbios es que el apropiado temor de Dios es básico para todo lo demás en la vida: "el temor de Dios es el comienzo del conocimiento" (1:7) y "el temor del Señor es el principio de la sabiduría" (9:10). Toda área de la vida debe vivirse bajo la dirección de Dios y para su gloria, y sin un adecuado temor de Dios, vivir una vida agradable a Dios se hace imposible. Tener un apropiado temor de Dios significa ver y responder a toda circunstancia diaria de la vida desde el marco de referencia de Dios. Es este adecuado temor de Dios que involucra capturar un atisbo de la vida como realmente es y especialmente de Dios como es en toda su gloria y esplendor, que la da a las personas la fuerza y el coraje necesarios para pasar por todas las experiencias difíciles de la vida. Aunque existen muchas preguntas sin responder respecto de las varias tragedias y dificultades que experimentamos, la vida no comienza a tener sentido hasta que una persona tiene un vistazo de quién es Dios y cómo él está trabajando tras bambalinas en los eventos históricos y mundiales. Nadie puede ir lejos en su relación con Dios aparte del apropiado temor de Él. En cambio, "el temor del Señor es una fuente de vida" (Prov. 14:27) que nos fortifica y nos sostiene.

Conocer y buscar a Dios. ¿Cómo se ve el temor de Dios? Proverbios 9:10. "El temor del Señor es el comienzo de la sabiduría y el conocimiento del Santo Ser es comprender", coloca "temor" y "conocimiento" en paralelismo potencial. Aparentemente, conocer a Dios y temerle son uno y lo mismo, como dos caras de una moneda describiendo la misma realidad. De manera similar, no temerle a Dios es simplemente otra forma de decir que una persona no lo conoce. No es de sorprender que temer a Dios o ser un "temeroso de Dios" es una de las descripciones estándar para ser un seguidor de Dios (Hec. 10:2). En un sentido, tener un adecuado temor de Dios es simplemente una forma de describir cómo uno está en una apropiada relación con Dios. Las Escrituras son claras en que para los impíos, o incluso para el creyente desobediente, existe un temor en el sentido de terror o pánico al contemplar la aproximación del juicio de Dios (Heb. 10:27, 31). Pero el creyente debería tener confianza en el amor de Dios y en la suficiencia de la expiación de Cristo, para que este miedo negativo se encuentre fuera de lugar. Para el creyente, el temor del Señor es un asombro respetuoso y reverencial de la gloria y majestad de Dios, que lleva inevitablemente a una vida cambiada. Este tipo de miedo positivo debería involucrar una búsqueda positiva de Dios y un nuevo deseo de agradarlo, combinado con un nuevo temor de desagradarlo. Proverbios es también muy explícito acerca de este aspecto purificador de temor de Dios: "A través del temor de Dios se evita la maldad" (16:6).

Tener un apropiado miedo de Dios tiene una cualidad constante, momento a momento en una manera similar a la que un cónyuge o padre naturalmente piensa en otros de la familia y se pregunta cómo están. Mientras que la persona malvada no busca al Señor, y "en todos sus pensamientos no hay espacio para Dios" (Sal. 10:4), lo opuesto es cierto para aquellos que temen a Dios: ellos regularmente e inevitablemente se encuentran a sí mismos pensando en Dios, reflexionando acerca de Él, respetándolo, buscando su ayuda y sustento, valorando su visión de las cosas y activamente buscando agradarlo y obedecerlo en todo lo que hacen. Temer a Dios quiere decir que confiamos en Él más de los que confiamos en nosotros mismos o a cualquier otra cosa. Temer a Dios es decidir por (Prov. 1:29 habla de aquellos que "eligieron no temer a Dios") y vivir un constante compromiso de darle a Dios el lugar que merece en nuestras vidas. Como nos dice Pablo, "continúen trabajando por su salvación con temor y temblando" (Flp. 2:12). Una persona que ha llegado a temer al Señor nunca es la misma después.

MIEL Una de las cosas que hace de Israel una "buena tierra" (Gn. 43:11; Dt. 8:7-10; Prov. 24:13), la miel es un alimento dulce producido por las abejas o derivado de las flores y tiene la cualidad de nunca echarse a perder (Sal. 19:10; Prov. 27:7; Ez. 3:1; Ap. 10:9). El salmista compara la palabra de Dios a la miel más dulce (Sal. 119:103) y los sabios comparan las palabras de una adúltera a la miel (Prov. 5:3). La expresión bíblica "tierra de leche y miel" se refiere a tierra cultivada, que era ideal para el libre crecimiento de flores y pastura (e.g., Éx. 3:8; Lv. 20:24; Nm. 13:27). Juan el Bautista incorporaba miel salvaje, junto con langostas, a su dieta, tal vez como forma de evitar diezmos al templo, que eran impuestos sobre la comida cultivada, pero también para demostrar la provisión de Dios, incluso en el desierto (Mt. 3:4-7).

MIEMBROS Un concepto teológicamente significativo para el apóstol Pablo. Él usó la palabra griega melos ("miembro" o "parte del cuerpo")

M

en dos contextos. Primero, Pablo identificaba a los cristianos como miembros del cuerpo de Cristo (Rom. 12:4-5, 1 Cor. 12:27, Ef. 5:30). Así como todos los miembros del cuerpo humano son críticos para su funcionamiento, todos los cristianos, ya sea que parezcan importantes o no, son críticos para el funcionamiento de la iglesia (1 Cor. 12:12-27). Segundo, Pablo habló de los miembros del cuerpo como instrumentos que podían presentarse para bien o para mal (Rom. 6:13, 19; Col. 3:5). Entre los no cristianos, estos miembros albergan las "pasiones pecaminosas" (Rom. 7:5) y la "ley del pecado" dentro de los miembros que pueden hacer prisionero incluso al cristiano (7:23).

MIFKAD, PUERTA DE *Ver* Inspección, puerta de la.

MIGDAL-EDER Un lugar donde Jacob acampó después de abandonar Betel y finalmente llegar a su hogar cerca de Hebrón. El nombre significa "torre del rebaño", una frase familiar de Miq. 4:8 (LBLA, NVI). Si el lugar es el mismo, la línea paralela lo identifica como la "Fortaleza de la hija de Sión" y, por lo tanto, se debería ubicar más precisamente cerca de Jerusalén.

MIGDAL EL Esta ciudad fortificada, cuyo nombre significa "torre de dios/Dios", estaba en el territorio asignado a la tribu de Neftalí (Jos. 19:38). La ubicación es probablemente en Galilea del norte.

MIGDAL-GAD Esta ciudad fortificada, cuyo nombre significa "torre de Gad", se encontraba en la Sefela (área de tierras bajas) cerca de Laquis y era parte del territorio asignado a la tribu de Judá (Jos. 15:37).

MIGDOL Este nombre está asociado a varios lugares diferentes. La ubicación de cada uno de estos sitios es incierta y no se puede descartar la posibilidad de que algunos de ellos se refieran a la misma ubicación. Sin embargo, dado que la palabra hebrea migdol, que significa "torre" o "fortaleza", se convirtió en un préstamo lingüístico egipcio utilizado como nombre de lugar para varias estaciones militares en la frontera de Egipto, es probable que varias ubicaciones estén designadas con este nombre. La correspondencia encontrada en Tell el-Amarna se refiere a Migdol, pero no a su ubicación precisa.

(1) Una ciudad ubicada en la ruta del éxodo. En Éx. 14:2; Nm. 33:7 dice que está cerca del lugar donde los israelitas acamparon antes de cruzar el Mar Rojo. El narrador bíblico menciona a Migdol junto con Baal Zefón para ayudar al lector a localizar a Pi-hahirot. Sin embargo, la ubicación de todos estos sitios es disputada, e incluso la ruta que los israelitas tomaron para salir de Egipto es tema de mucha controversia. Migdol debiera estar en la región oriental del delta del Nilo, pero el sitio exacto es incierto. Para conocer la ubicación de este Migdol, los eruditos han propuesto Tell el-Her, Tell el-Maskhuta y la antigua fortaleza de Serapeum. Sin embargo, Tell el-Her estaría demasiado al norte como para encajar con las narrativas bíblicas del éxodo (aunque puede identificarse con el Migdol de Jer. 44:1; 46:14; o Eze. 29:10 [*ver abajo*]), y Serapeum estaría demasiado al oeste. **(2)** Un lugar principal de residencia de los israelitas en el Bajo Egipto a fines del siglo VII y principios del VI a .C. (Jer. 44:1; 46:14). Su ubicación es incierta, y es posible que sea idéntica al Migdol de Éx. 14:2; Nm. 33:7. **(3)** Una ubicación en el norte de Egipto. Eze. 29:10 se refiere a ésta junto con Sevene (NVI: "Asuán") como extremos geográficos de las fronteras de Egipto, con Sevene siendo utilizado para el punto del sur y Migdol para el extremo norte opuesto. Este Migdol puede ser el Magdolos mencionado en el Itinerarium Antonini (un registro del tercer siglo d.C de las estaciones y las distancias a lo largo de los caminos del Imperio Romano), a unas doce millas de Pelusium, pero su identificación es incierta.

MIGRÓN Una ciudad o región (1 Sam. 14:2; Is. 10:28) en el territorio de Benjamín. Saúl y seiscientos de sus soldados acamparon allí, afuera de Guibeá, al noreste de Jerusalén, cuando se enfrentaron a los filisteos. Esta área se describe como estando al sur de Micmás. La ciudad en Isaías se describe como estando entre

Ajat y Micmás, o al norte de Micmás. Si Migrón se refiere una región, el problema está resuelto.

MIJAMIN **(1)** Un sacerdote coetáneo de David a quien se le asignó el sexto de veinticuatro puestos en el orden sacerdotal de servicio (1 Cr. 24:9). **(2)** Un sacerdote que regresó del exilio con Zorobabel (Neh. 12:5). **(3)** Uno de los sacerdotes que firmaron la renovación del pacto después de la lectura pública de la ley por Esdras (Neh. 10:7). **(4)** Uno de los israelitas (no un sacerdote o levita) que aceptaron divorciarse de sus esposas extranjeras a las órdenes de Esdras (Esd. 10:25).

MIJO Un grano redondo pequeño adecuado para el consumo humano y, a menudo, preparado como pan plano (Ezeq. 4:9) o combinado con varios otros granos. También se puede usar como forraje para el ganado. Las especies de mijo incluyen Panicum miliaceuem y Setaria italica.

MILAGROS Debido a que las Escrituras ven a todas las cosas como providencialmente dispuestas y sustentadas por el poder soberano de Dios en todo momento (Heb. 1:3), los milagros no son aberraciones en un universo más bien cerrado y mecánico-autónomo. Los milagros tampoco son crudas demostraciones de divinidad diseñadas para vencer el prejuicio o la incredulidad y para convencer a la gente de la existencia de Dios (Mr. 8:11-12). Menos aún son trucos ingeniosos de conjuro que implican algún tipo de engaño que puede explicarse de otra manera sobre una base puramente científica. Más bien, Dios en su sabiduría infinita a veces hace cosas inusuales y extraordinarias para llamar la atención hacia sí mismo y su actividad. Los milagros son actos divinos ordenados por Dios que nos alertan dramáticamente de la presencia de su gloria y poder y avanzan sus propósitos de salvación en la historia de la redención.

Terminología

Los escritores bíblicos describen los milagros con varios términos, tales como "señales", "maravillas" y "milagros" (o "poderes"), que pueden tener diversas connotaciones. Como sugiere la palabra "señal", los milagros divinos son significativos y deberían hacernos pensar más profundamente sobre Dios de una manera que vaya más allá del mero asombro o curiosidad (Éx. 4:30-31; Jn. 2:11). No todas las señales de Dios son milagrosas. Algunas se dan como parte de su orden del mundo natural (Gn. 1:14) o como un estímulo a la fe de que Dios hará lo que Él ha dicho (por ejemplo, el arcoíris en Gn. 9:8-17; la sangre del cordero de la Pascua en Éx. 12:13). (*Ver también* Señal)

A menudo, junto con las señales están las "maravillas" (Jer. 32:21, Jn. 4:48, 2 Cor. 12:12). Si la descripción de los milagros como "señales" indica una apelación al intelecto, la de "maravillas" apunta a las emociones. Los milagros evocan asombro y temor ante quien los realizó. La palabra del NT "milagro" lleva el significado del poder y, por lo tanto, apunta a la fuente sobrenatural de estos eventos (Lc. 10:13, Hec. 8:13).

Milagros en la Biblia

Antiguo Testamento. En el AT, los milagros no se distribuyen de manera uniforme, sino que se encuentran en mayor número en tiempos de gran significancia redentora, como el éxodo y la conquista de Canaán. Los milagros se realizaron también durante períodos de apostasía, como en los días de los profetas del siglo IX: Elías y Eliseo. Lo común de ambas épocas es la poderosa demostración de la superioridad de Dios sobre las deidades paganas (Éx. 7-12, 1 Re. 18:20-40).

Nuevo Testamento. En el NT, los milagros a menudo son actos de compasión, pero lo más importante es que atestiguan el estatus de exaltación de Jesús de Nazaret (Hec. 2:22) y el poder salvífico de su palabra (Heb. 2:3-4). En los Evangelios sinópticos revelan la venida del reino de Dios y la conquista del dominio de Satanás (Mt. 8:16-17; 12:22-30; Mr. 3:27). Señalan a la persona de Jesús como el Mesías prometido del AT (Mt. 4:23; 11:4-6). Juan muestra una preferencia por la palabra "señales", y su Evangelio se estructura en torno a ellas (Jn. 20:30-31). Según Juan, las señales que Jesús realizó fueron tales que sólo el que mantenía en una relación única con el Padre como el Hijo de Dios pudo hacerlas.

M

Milagros y fe. Así como el escepticismo arraigado es dañino para la fe, también lo es la ingenuidad, ya que aunque las señales y maravillas son manifestaciones de Dios, los falsos profetas también los realizan "para engañar, de ser posible, aun a los elegidos" (Mt. 24:24). Los cristianos deben ejercitar el discernimiento y no ser desviados por tales impostores (Mt. 7:15-20). La relación entre los milagros y la fe no es tan directa como a veces se supone. Los milagros no necesariamente producen fe, ni la fe necesariamente produce milagros. Los milagros tenían la intención de provocar la fe que conduce a la vida eterna (Jn. 20:31), pero no todos los que los vieron creyeron (Jn. 10:32). Además, Jesús consideraba que una fe que descansaba únicamente en el milagro mismo era precaria (Mr. 8:11-13; Jn. 2:23-25; 4:48), aunque era mejor que no se tuviera nada de fe (Jn. 10:38). La fe que salva debe encontrar su fundamento en la persona de Jesús como el Hijo de Dios.

También está claro que aunque Jesús siempre alentó la fe en aquellos que acudieron a él en busca de ayuda (Mr. 9:23), y que deliberadamente limitó sus poderes milagrosos en presencia de la incredulidad (Mr. 6:5), muchos de sus milagros fueron realizados en aquellos que no ejercieron o no pudieron ejercer la fe (Mt. 12:22; Mr. 1:23-28; 5:1-20; Lc. 14:1-4).

El hecho de que Jesús realizara milagros nunca fue un problema; más bien sus oponentes disputaron la fuente de su poder (Mr. 3:22). Los argumentos sobre su identidad debían resolverse apelando no a los milagros sino a la palabra de Dios (Mt. 22:41-46).

La Función de los Milagros. Los relatos de milagros funcionan de manera simbólica y profética. Por lo tanto, la maldición de la higuera era profecía del juicio venidero (Mr. 11:12-21). La sanación inusual en dos etapas del ciego de Betsaida simboliza la comprensión incompleta de Pedro del mesianismo de Jesús (Mr. 8:22-33).

El elemento milagroso del ministerio de Jesús tiene un significado escatológico, apuntando al orden de las cosas en la era venidera. Por ejemplo, los milagros de la naturaleza (Mr. 4:35-41) esperan la redención de la creación en sí, que actualmente está sujeta a la frustración y la decadencia (Rom. 8: 0-21); los milagros de sanación apuntan a un día en que la enfermedad y la deformidad serán abolidas (Ap. 21:4); y los milagros en que los muertos son resucitados anticipan un tiempo en que la muerte misma ya no existirá (Ap. 20:14; 21:4). Desde esta perspectiva, los milagros son un anticipo agradable de un futuro mucho más glorioso.

MILALAI Miembro de uno de los coros que Nehemías organizó para dar gracias a Dios durante la ceremonia para dedicar el muro reconstruido de Jerusalén (Neh. 12:36). Milalai, uno de los asociados de Sedequías, tocó un instrumento musical durante esta procesión, que fue dirigida por Esdras el escriba.

MILANO REAL En Dt. 14:13 la KJV presenta la palabra hebrea ra'ah como "milano real", refiriéndose a un ave designada como impura para el consumo israelita. El milano real es un ave de presa; la segunda ave nombrada en la KJV de Dt. 14:13, el "milano" era un ave de presa diferente. La NIV presenta el nombre de la primera ave de Dt. 14:13 como "milano real" y el segundo como "milano negro". La lista de aves detestables en Lv. 11:13-19 no incluye el ave llamada "milano real" en la KJV.

MILANO Un ave rapaz de mediano tamaño de la familia del halcón (Accipitridae, *ver* Is. 34:15 [NVI: buitre; DHH: gavilanes]). Tres términos hebreos hacen referencia a varias especies. Los milanos pueden capturar presas pequeñas, pero generalmente se alimentan de carroña. Todas estas especies se consideran impuras (Lev. 11:14; Dt. 14:13).

MILCA (1) La esposa de Nacor, el hermano de Abraham (Gn. 11:29). Ella era la abuela de Rebeca, esposa de Isaac (Gn. 24:24). Esta antepasado de Rebeca es importante para la narración ya que era necesario que la esposa de Isaac no fuera cananea sino más bien uno de los parientes de Abraham (Gn. 24:3-4). (2) Una de las hijas de Zelofehad. Después de apelar a Moisés, estas hijas recibieron la herencia de su padre y establecieron el precedente de que, en ausencia de un hijo, la propiedad de un hombre va a sus hijas (Nm. 27:7-8).

MILCOM El dios nacional de los amonitas, que aparece tanto en la Biblia como en las inscripciones amonitas, incluyendo la inscripción de la ciudadela de Amman del siglo IX a.C

En el TM "Milcom" aparece solo tres veces (1 Re. 11:5, 33, 2 Re. 23:13), pero las traducciones griegas antiguas también lo tienen en 2 Sam. 12:30; 1 Re. 11:7; 1 Cr. 20:2; Jer. 49:1, 3; Amós 1:15; Sof. 1:5. Esta diferencia puede explicarse por el hecho de que el hebreo original no tenía vocales, y la palabra mlkm podían vocalizarse como milkom, el nombre de la deidad amonita transcrita como "Milcom" (BLP, NVI Mg.: "Milcón"), o malkam, que significa "el rey de ellos". Determinar la lectura correcta en cada uno de estos casos es difícil, pero la presencia de los sacerdotes en Jer. 49:3 argumenta fuertemente que debería leerse como "Milcom" allí y en 49:1. Esta lectura también es probable en Amós 1:15; Sof. 1:5, y al menos es posible en 2 Sam. 12:30 (*ver* NIV mg.); 1 Cr. 20:2. Aunque la NVI usa "Moloc" para referirse tanto a Molec como a Milcom, la evidencia sugiere que estas son dos deidades con diferentes sitios de adoración (*ver* 2 Re. 23:10, 13) y diferentes cultos. Solamente Molec estaba asociado con el sacrificio de niños. La adoración de Milcom fue introducida en Israel por Salomón y persistió hasta la reforma de Josías.

MILCÓN *Ver* Milcom.

MILENIO El milenio es un período de mil años relacionado con el regreso de Cristo descrito en Apoc. 20. Sin embargo, las dificultades para interpretar este pasaje, combinadas con preguntas acerca de cómo este período encaja con otros eventos en la historia de la redención, han resultado en puntos de vista bastante diferentes. Los premilenaristas creen que el regreso de Cristo será antes del milenio, y los postmilenialistas creen que su regreso será después del milenio. El amilenialismo, tomado literalmente, es la creencia de que no hay un milenio, aunque sería más exacto decir que los amilenialistas niegan la clase de milenio literal asociado con el premilenarismo o el postmilenialismo. Todos estos puntos de vista representan un intento de organizar las diversas profecías relevantes de la Escritura en un sistema coherente, pero cada uno lo hace de una manera diferente. El asunto central implica ver cuál enfoque hace el mejor trabajo y por lo tanto es más fiel a las Escrituras.

Premilenialismo. La clave distintiva del premilenialismo es que Cristo regresa para establecer su reino milenario. Dado que este milenio es una obra directa de Dios, es una edad de oro, totalmente diferente de cualquier otra cosa experimentada previamente en la tierra. Muy literalmente, "El lobo vivirá con el cordero,...y un niño pequeño los guiará" (Is. 11:6). El premilenarismo dispensacional se ha convertido quizás en la visión principal aquí, con su marcada distinción entre Israel y la iglesia. Dios trabajaba activamente con Israel en la era del AT, pero cambió su atención a la iglesia en la edad de la iglesia. Al regreso de Cristo, Dios volverá a centrar su atención en una tribulación y un milenio orientados hacia los judíos, cumpliendo las profecías restantes del AT hechas a Israel. Los premilenaristas históricos, por otro lado, no comparten esta clara distinción entre Israel y la iglesia, sino que se ven a sí mismos como en continuidad con la iglesia primitiva en su visión de una futura edad de oro inaugurada por Cristo.

Postmilenialismo. El postmilenialismo ha tenido un seguimiento significativo durante la mayor parte de la historia de la iglesia, pero en los últimos años se ha convertido en una visión minoritaria. Aquí la idea es que Dios construirá gradualmente su iglesia durante un milenio antes del regreso de Cristo. Este enfoque se basa en algo más que simplemente la idea del progreso humano; normalmente, hay una gran visión del poder transformador sobrenatural del Evangelio según el cual "la tierra será llena del conocimiento del Señor como las aguas cubren el mar" (Is. 11:9). El milenio aquí es una edad de Plata que implica avances del Evangelio sin precedentes en todo el mundo. Los postmilenialistas están divididos sobre si este es literalmente un período de mil años y si ya ha comenzado.

Amilenialismo. Los amilenialistas creen en un tipo diferente de milenio. Hay dos tipos diferentes de amilenialistas. Algunos creen que aquellos que reinan con Cristo en Ap. 20 son creyentes en esta vida presente que experimentan la intimidad de la presencia de Cristo, como se describe en textos tales como Ap. 3:20: "Entraré y cenaré con él, y él conmigo". Otros amilenialistas creen que este período de mil años de reinado con Cristo involucra específicamente a los creyentes difuntos que actualmente están reinando con Cristo en el estado intermedio entre la muerte y el regreso de Cristo. Aquí, el milenio no es la edad de oro del premilenarista, ni es la edad de plata del postmilenialista; es vida espiritual en el presente.

M

Resumen. Varios factores orientan a las personas hacia una visión u otra. Aquellos que se aproximan a las Escrituras más literalmente tienden a ser premilenialistas, mientras que aquellos que lo abordan con mayor actitud receptiva al lenguaje figurado y al simbolismo tienden a ser postmilenialistas y amilenialistas. Aquellos que les dan mayor peso a las potenciales profecías del AT no cumplidas tienden a ser premilenialistas, mientras que aquellos que les dan mayor peso a las enseñanzas explícitas de Jesús y los apóstoles en el NT tienden a ser postmilenialistas y amilenialistas. Sin embargo, el factor decisivo puede ser uno de personalidad, especialmente de cómo uno mira hacia el futuro. Aquellos que son más pesimistas (las cosas empeoran cada vez más) tienden a ser premilenialistas, mientras que aquellos que son más optimistas, especialmente en el sentido de centrarse en el poder de Dios para transformar este mundo presente, tienden a ser postmilenialistas. Los amilenialistas se enfocan en otros temas, y no son indebidamente pesimistas ni optimistas.

En cada uno de estos puntos de vista diferentes, hay sin duda al menos un núcleo de verdad que debe ser considerado y construido en una comprensión adecuada de la obra de Dios en este mundo presente y en el reino por venir. *Ver también* Apocalipsis, Libro de.

MILETO Un puerto en la costa suroeste de Asia Menor (actual Turquía), a unas treinta y cinco millas al sur de Éfeso. Pablo y sus compañeros navegaron hacia Mileto en su tercer viaje misionero (Hec. 20:15). Desde Mileto, él convocó a los ancianos de la iglesia de Éfeso para despedirse de ellos antes de partir hacia Jerusalén (20:17-38). Después de una posterior visita, Pablo le informa a Timoteo que había dejado a su compañero enfermo Trófimo en Mileto para convalecer (2 Tim. 4:20).

Mileto de la antigüedad fue coloreado por influencia cretense, hitita y cariana antes de su prominencia como una de las doce ciudades jónicas griegas en los siglos VII y VI a.C La filosofía occidental antigua tiene sus raíces en Mileto con los filósofos pre-socráticos de esa época. Mileto estuvo dos veces bajo control persa en los siglos siguientes, hasta que Alejandro Magno tomó la ciudad en 334 a.C, y se convirtió en un próspero puerto helenístico. Mileto se convirtió en parte de la provincia romana de Asia Menor en 133 a.C Cuando Pablo visitó en el año 51 d.C, sus cuatro puertos ya habían comenzado a llenarse de sedimento, lo que disminuiría en gran medida el uso de ellos. A pesar de los esfuerzos de restauración en curso, era inútil como puerto en el siglo VI d.C Hoy Mileto es una ruina bien preservada de interés histórico a cinco millas hacia el interior, muy similar a su ciudad compañera de Éfeso al norte.

MILLA Una medida romana de mil pasos (1.618 yardas, no exactamente las 1.760 yardas de la milla moderna) y a menudo indicada por hitos en los caminos (Mt. 5:41).

MILO Este nombre, que significa "llenar" en hebreo, hace referencia a varios lugares o estructuras en el AT. **(1)** Una parte de las fortificaciones de defensa de Jerusalén, cuya construcción aparentemente comenzó después de que David conquistó la ciudad (2 Sam. 5:9; 1 Cr. 11:8 [NTV: "terraplenes", pero vea NTV mg.]). Su naturaleza exacta y su ubicación en Jerusalén están en disputa. Se ha propuesto que era una estructura adosada sobre la cual se construyeron las casas, o que era una plataforma que conectaba el Monte del Templo y la ciudadela de David llenando el valle que los separaba.

La finalización o la reconstrucción del Milo fue uno de los proyectos de construcción de Salomón, aunque también es posible que el Milo de Salomón fuera una estructura separada (1

Re. 9:15, 24; 11:27). Salomón puso a Jeroboam, que más tarde se convirtió en el primer rey del reino del norte, a cargo de este proyecto (1 Re. 11:27-28). Además de reparar muros rotos y edificar torres, Ezequías incluyó el fortalecimiento del Milo en sus preparativos para el asedio de Senaquerib (2 Cr. 32:5).

(2) La casa de Milo, donde Joás de Judá fue asesinado, puede ser parte de la estructura en Jerusalén (2 Re. 12:20 [NVI: "Bet Miló"]), pero esto no es seguro.

(3) Bet Milo ("casa de Milo") era una fortaleza o ciudad cerca o una parte de Siquem (Jue. 9:6, 20). Aunque el nombre hebreo es casi idéntico al de 2 Re. 12:20, es probable que sean lugares distintos.

MIMBRE *Ver* Cálamo.

MINAS Y MINERÍA Dada la gran cantidad de la historia humana cubierta por los relatos de las Escrituras, es difícil analizar por completo la historia completa de la minería. Las técnicas y la tecnología involucradas avanzaron extensamente a lo largo de los años; por lo tanto, sería necesario traer a la discusión una historia completa de metales y metalistería para que sea completamente exhaustiva. La discusión aquí será inevitablemente breve y enfocada.

Referencias Bíblicas

Sólo hay una clara referencia a la minería en la Biblia, en Job 28:1-11: "El hombre pone fin a las tinieblas y hasta los límites más remotos escudriña la roca que está en lobreguez y densa oscuridad. Abren minas lejos de lo habitado, olvidado por el pie; suspendidos se balancean lejos de los hombres" (vv. 3-4). Este pasaje describe la forma típica de túnel que a menudo se encuentra en la antigua minería. Incluido dentro del texto de Job 28 hay varios tipos de metales y minerales que eran extraídos, incluyendo hierro, oro, plata, cobre y zafiros. También se conocía el estaño y el bronce, y el estaño era probablemente el último en ser usado por sí mismo, a pesar de su uso en la fabricación de bronce. La mayoría de las piedras preciosas mencionadas en las Escrituras aparecen en el pectoral del sumo sacerdote y en los cimientos de la nueva Jerusalén. También hay una lista de piedras preciosas mencionadas en Ezeq. 28:13, pero estos replican en gran medida los mencionados en el pectoral del sumo sacerdote (Éx. 28:17-21).

Métodos

La gente en la antigüedad tenía dos métodos de extracción de minerales. El primero incluía encontrar mineral cerca de la superficie y seguir el pozo de depósitos en la medida de lo posible. Las minas de cobre de este estilo se han encontrado en Egipto, específicamente en las regiones del norte. Las herramientas utilizadas eran piquetas y azadas. Los pozos en sí eran comparables a un ataúd en tamaño, lo que permitía poco movimiento. Si el mineral era demasiado duro para romperse, se encendía fuego en el pozo para calentar y enfriar el mineral, haciéndolo más quebradizo. Las obras se extendían hasta los doscientos pies. Después de ser quebrado, el mineral se pasaba en cestas a la superficie, donde se trituraba y se separaba. Este trabajo era hecho casi en su totalidad por esclavos que trabajaban de día y noche hasta que la muerte los llevara, en ese momento otros esclavos los reemplazaban. Se han encontrado restos de sus chozas en Serabit el-Khadim en la península del Sinaí.

Las minas más infames fueron dirigidas por los griegos. Lavrio era un verdadero campo de concentración operado por los atenienses para saciar sus ansias de plata. Conocido por los escritos antiguos, se dice que Lavrio es el lugar de muerte de unos treinta mil esclavos que fueron capturados en diversas guerras y batallas que emprendía la ciudad-estado griega. Estos esclavos eran principalmente propiedad de griegos ricos que los arrendaban a los propietarios de las minas. Al parecer se prefería a los niños pequeños para el trabajo de mineros debido a que eran más pequeños y por lo tanto cabían mejor dentro de los pozos.

Las obras tenían casi cuatrocientos pies de profundidad y aproximadamente el ancho de un ataúd. También hay evidencia de esclavitud forzada en minas por sentencia penal que se atribuye hasta el siglo quinto d.C Las referencias sobre persecuciones religiosas mencionan que las víctimas penalizadas eran enviadas a las minas. Esto habría sucedido durante todo el período romano y podría haber sido el destino de algunos cristianos primitivos.

El lavado de estaño y oro también es evidenciado desde la antigüedad. Se han descubierto bateas en Troya y Assur que parecen haber tenido esta función, aunque poco se sabe de esta forma de minería. La extracción en superficie la utilizaban los romanos, pero este método requería grandes cantidades de agua para lavar la capa superior y, por lo tanto, no se usaba con frecuencia. El mineral de hierro también se extraía de los meteoritos, pero debido a su escasez, se consideraba un metal precioso y rara vez se usaba.

Minas

Cobre. La ubicación geográfica de las minas antiguas no siempre es fácil de precisar. Se han encontrado varias minas de cobre en la península del Sinaí, que se encuentra entre Egipto y Palestina. Timna y Faynan son dos de las minas más recientes en este lugar para atraer la atención arqueológica. Estas minas yacían cerca de las fronteras de Israel: Faynan, más cerca del Mar Muerto, y Timna, más cerca del Mar Rojo. Está claro que el cobre de estas minas se extrajo durante la última etapa de la Edad de Hierro I (1200-1000 a.C), o el tiempo de los jueces. Estas minas están en territorio edomita; por lo tanto el comercio con el enemigo vecino se dispersó en el mejor de los casos, pero es posible que este cobre fuera al Imperio asirio como un artículo comercial o como tributo.

La isla de Chipre también ha sido explotada a lo largo de la historia por su mineral de cobre. Hasta hace poco, se pensaba que la mayor parte de la extracción había ocurrido bajo los imperios de Grecia y Roma. Sin embargo, se han encontrado minas y sitios de fundición de cobre en la isla. Estas minas datan de la Edad del Bronce Medio, o justo antes de la época de los patriarcas. También hay pruebas escritas halladas en Egipto de que se comerciaba cobre entre Chipre y Egipto durante el tiempo en que se pensaba que los israelitas habían estado en Egipto. Además, la investigación de las rutas comerciales y la tecnología de barcos y embarcaciones marinas han incrementado la comprensión del comercio generalizado en la región mediterránea. Para los egipcios, el Nilo servía como un puerto perfecto para conectarse con otros puertos marítimos, incluidos los de Chipre y la costa de Israel. El cobre fue el único metal utilizado para herramientas y armas durante el tercer y cuarto milenio antes de Cristo. No fue hasta alrededor del 2300 a.C que el bronce comenzó a aparecer en la región de Palestina, probablemente como resultado de la influencia siria. El cobre, sin embargo, era todavía necesario, ya que el bronce es una aleación de cobre y estaño.

Estaño. La ubicación de las minas de estaño es difícil de determinar para el período previo. Hay grandes depósitos de estaño en lo que ahora es Afganistán, y algunos eruditos argumentan que esta era

Entrada a una mina de cobre en Timna.

en un principio la fuente de mineral de estaño para la región bíblica. Esta fuente habría dependido de una ruta de comercio terrestre bastante extensa para llevar el mineral al Mediterráneo. Tales rutas no eran desconocidas, y lo más probable es que existieran. Un naufragio descubierto por los arqueólogos en la actual Turquía también proporciona evidencia del comercio marítimo de dichos minerales. El barco llevaba una gran carga de lingotes de cobre y estaño que se cree que provenían del actual Afganistán. Este envío se fecha a alrededor de 1350 a.C También se han encontrado depósitos de estaño en Anatolia, al norte de Israel; sin embargo, actualmente no se sabe si estos depósitos fueron explotados por la gente de la antigüedad. La única otra fuente para el estaño era el sur de España, al que podían acceder a través de las rutas comerciales de los fenicios.

Oro. Egipto y, más ampliamente, el norte de África han sido conocidos a lo largo de la historia por tener grandes depósitos de oro que han sido explotados durante milenios. Además, los imperios asirio y babilónico facilitaron el comercio con algunas partes de la India, permitiendo que el oro de esa región fuera accesible en Israel. El oro también se extraía en Arabia, y las referencias bíblicas incluyen Havila (Gn. 2:11), Ofir (1 Re. 10:11) y Seba (Sal. 72:15). Ofir se desconoce aún; sin embargo, lo más probable es que se encuentre en algún lugar a lo largo del Mar Rojo, como lo indica Salomón al enviar una flota a Tarsis por medio de Ofir desde Ezión-geber (1 Re. 9:26, 2 Cr. 9:21, 20:36). Ezión-geber está asentada en el Mar Rojo, lo que sugiere que las naves de Salomón posiblemente circunnavegaron África para llegar a Tarsis en el sur de España (Ezeq. 27:12).

Hierro y plata. Ha habido cierta discusión sobre la fuente de Dt. 8:9, en el cual se menciona a Palestina como "una tierra donde las rocas son de hierro". Palestina en sí misma no tiene una fuente legítima de mineral para ser extraído. Sin embargo, existe la posibilidad de que Líbano estaba incluida en esta descripción. Se sabe que el Líbano tiene considerables depósitos de hierro. Sin embargo, el hierro no se usó mucho hasta los siglos XII al XI a.C Anteriormente el hierro era muy costoso y difícil de conseguir y, por lo tanto, se utilizaba principalmente para joyería y un número limitado de armas. Sin embargo, una vez que la tecnología para convertir el hierro en acero se hizo ampliamente conocida, sus usos aumentaron dramáticamente. La primera pieza de acero hallada en Palestina data del siglo XI a.C, pero el acero no se usó ampliamente hasta el siglo X a.C, con el surgimiento de la monarquía unida.

Bajo las condiciones económicas de la monarquía, el hierro, el acero, el bronce, la plata y el oro eran vistos a menudo. Los artículos de oro y plata, aunque mencionados frecuentemente en la narración bíblica, han sido pocos en número en hallazgos arqueológicos. Las grandes acumulaciones de oro y plata en el templo probablemente fueron llevadas a Asiria o Babilonia después de las invasiones de estos imperios. Parece que la plata, principalmente en forma de lingotes, era el método de pago preferido de ese tiempo. Se ha encontrado un gran tesoro de plata en Estemoa, en el sur de las Colinas de Hebrón, que data de ese período.

Como se señaló anteriormente, los griegos extraían plata en Lavrio. También se postula que ya en el período de los fenicios se extraían grandes cantidades de plata y se comercializaban en el sur de España. Además de la plata, el sur de España tenía grandes cantidades de hierro, plomo y estaño.

Turquesa. Serabit el-Khadim ha sido identificada como una ubicación de la minería egipcia. Aquí los arqueólogos han encontrado grandes operaciones mineras para la datación de turquesa mucho antes de la época de los patriarcas. Estas minas habrían estado en uso durante el período de la estadía de los israelitas en Egipto, y se han encontrado inscripciones de letras del alfabeto cananeo (en lugar de jeroglíficos egipcios) en el sitio. Además, se han hallado aparatos de fundición y moldeo de cobre en esta región, pero se sospecha que la industria del cobre se dedicó estrictamente a fabricar las herramientas apropiadas para extraer la turquesa. Los egipcios usaban y codiciaban mucho la turquesa por su color azul. Se encuentra en las primeras tumbas egipcias, que carecen de otros objetos preciosos como el oro o la plata.

MINA *Ver* Pesos y Medidas.

MINERALES Y METALES La Biblia contiene muchas referencias a minerales y metales. Los minerales pueden abarcar una amplia gama de temas, por lo tanto, el enfoque aquí será en los minerales valiosos como piedras ornamentales y metales preciosos y útiles. El oro se menciona en la Biblia desde el principio, en el jardín de Edén (Gn. 2:11) y al final se muestra como componente de las calles de la nueva Jerusalén (Apo. 21:21). Entre los metales mencionados en las Escrituras se encuentran el oro, la plata, el bronce, el cobre, el estaño, el plomo y el hierro. Las piedras preciosas y minerales también aparecen en las Escrituras, a menudo se usan para adornar objetos, como el pectoral del sumo sacerdote (Éx. 28:15-21). Estos materiales serán discutidos aquí en el orden cronológico de aparición.

Cobre

El cobre fue el primer metal que se usó para las herramientas agrícolas simples y las armas. Fue utilizado ya a mediados del cuarto milenio a.C, pero no fue de uso generalizado hasta aproximadamente 3300 a.C Se han encontrado minas de cobre en la península del Sinaí en lugares como el valle de Timna y Faynan y también extensamente en la isla de Chipre, que suministraba cobre a los imperios egipcio, griego y romano.

Las referencias al cobre dentro de la Biblia son pocas. Varios pasajes hablan sobre los orígenes básicos del cobre, como la recolección de mineral o el proceso de fundición (Dt. 8:9, Job 28:2, Ezeq. 22:18, 20, 24:11). Varios pasajes del NT reconocen la presencia de monedas de cobre acuñadas como dinero (Mt. 10:9, Mr. 12:42, Lc. 21:2). El cobre puro, sin embargo, era difícil de usar, aunque podía combinarse con estaño para hacer que la aleación sea de bronce.

Bronce

El uso del bronce, una mezcla hecha de cobre y estaño, en tierras bíblicas data de alrededor de 2300 a.C El bronce, en comparación con el cobre puro, es más fácil de trabajar y tiene una duración más larga. Se puede trabajar con martillo y yunque o verter en un molde. Tiene las mismas aplicaciones disponibles para el cobre; por lo tanto, se utilizaba para hacer todas las herramientas y armas que estaban hechas de cobre. El bronce fue ampliamente utilizado durante el segundo milenio a.C, abarcando el período bíblico desde Abraham hasta los jueces, y su uso continuó a medida que las materias primas estaban disponibles. Era el metal de elección hasta que llegó la tecnología avanzada de herrería.

La primera referencia bíblica al bronce se encuentra en Gn. 4:22, en la cual se nos dice que Tubal-Caín forjó herramientas en bronce y hierro. Luego se menciona el bronce en su uso en el tabernáculo construido en el desierto. Entre los objetos de bronce incluidos se encontraban los muchos broches de bronce y las bases para la construcción de la tienda (Éx. 26:11, 37; 27:10-11, 17-19).

El altar y todos sus utensilios estaban hechos de, o revestidos con, bronce (27:1-8). Dios también instruyó a Moisés que hiciera una vasija de bronce para lavar (30:18). Moisés también hizo una serpiente de bronce y la colocó sobre su báculo cuando los israelitas fueron afectados con una abundancia de serpientes venenosas (Nm. 21:9). Sansón estaba atado con cadenas de bronce (Jue. 16:21), y Goliat llevaba armadura y portaba armas de bronce (1 Sam. 17:5-6). Salomón usó una gran cantidad de bronce en su construcción del templo (2 Re. 25:16), y había bronce en la estatua con la que Daniel soñó (Dan. 2:32, 35). Muchos de los profetas usaron el bronce como una forma de hablar de algo que debía ser fuerte o fortalecido por Dios (Is. 45:2, Jer. 1:18, Ezeq. 40:3).

Hierro y Acero

El hierro se encontraba originalmente en los meteoritos y, por lo tanto, era escaso y se usaba como un metal precioso. Después de encontrar una fuente permanente de mineral de hierro, el hierro comenzó a ser usado en algunas áreas alrededor de 1200 a.C Aumentó en popularidad con el tiempo, y alrededor de 1000 a.C, o aproximadamente la época de la monarquía unida, se utilizaba ampliamente. Los comerciantes fenicios estuvieron muy activos durante este tiempo, y habían traído mucho hierro de las minas del sur de España. Alrededor del siglo X a.C, la tecnología para convertir el hierro en acero mediante el enfriamiento y la carbonización del metal se convirtió en algo común. No se han encontrado muchos sitios productores de hierro en Palestina, y no se han localizado depósitos de la materia prima. Se han encontrado sí depósitos de hierro entre los ríos Jordán y Éufrates, pero se desconoce si las personas de la antigüedad sabían de estos depósitos.

Una vez que se conoció la tecnología para convertir el hierro en acero, ambos se volvieron altamente valorados. Al mismo tiempo, es posible que el cobre se haya vuelto más difícil de obtener debido a un cambio en las rutas comerciales internacionales. El primer instrumento de acero que se desenterró en Palestina fue una piqueta encontrada en la Alta Galilea, del siglo XI a.C Una de las primeras referencias al hierro en las Escrituras es su uso por los cananeos para hacer carros (Jos. 17:16, 18). Esto habría sido un uso temprano del metal en el período I de la Edad de Hierro (1200-1000 a.C).

Además, se dice que la lanza de Goliat, que era tan grande como el rodillo de un telar, tenía una cabeza hecha de hierro (1 Sam. 17:7). El milagro de Eliseo de hacer flotar una cabeza de hacha prestada (2 Re. 6:6) muestra el valor continuo del metal. En sus últimos días, David acumuló hierro entre los bienes para dar a Salomón para usar en la construcción del templo (1 Cr. 22:14; 29:2), Salomón utilizó más tarde estos materiales con la ayuda de Huram-Abí (2 Cr. 2:13-14). Ezequiel discute el valor económico del hierro en el contexto del comercio (Ezeq. 27:12, 19), y Daniel lo usa como una metáfora para discutir la fortaleza (Dan. 2:40-41). El NT reconoce el valor del hierro al hablar del cetro de hierro de Cristo (Apoc. 2:27; 19:15).W

Estaño

El estaño se usó en un inicio principalmente para producir la aleación del cobre y bronce. El estaño no se usaba en su forma pura hasta bien entrado el período romano, e incluso entonces era raramente usado por sí mismo. Las fuentes de estaño en el mundo antiguo se debaten actualmente. El estaño de grandes depósitos en Tarsis en el sur de España (Ezeq. 27:12) estaba disponible gracias a comerciantes fenicios. El estaño también se encuentra en grandes depósitos en Anatolia, pero actualmente no se sabe si estos depósitos ya habían sido descubiertos y utilizados durante los tiempos bíblicos. Una tercera opción es el Afganistán actual. Los arqueólogos han descubierto en la Turquía moderna los restos de un barco naufragado, que data del año 1350 a.C, que transportaba diez toneladas de lingotes de cobre y alrededor de una tonelada de lingotes de estaño. Estos lingotes posiblemente se originaron en el área del Afganistán actual y tenían como destino las rutas comerciales del Mediterráneo. El estaño sólo se menciona cuatro veces en las Escrituras, siempre dentro de una lista de otros metales (Nm. 31:22, Ezeq. 22:18, 20, 27:12).

Plomo

El plomo se usó temprano en la historia humana, pero sus aplicaciones fueron pocas. Habría

Los materiales utilizados para hacer esta máscara funeraria de oro del faraón Tutancamón (siglo XIV a.C) incluyen: oro macizo, lapislázuli, turquesa, cornalina, cuarzo y obsidiana.

M

sido extraído con cobre y mineral de plata y luego extraído como subproducto. Los romanos lo usaron para diversos implementos, especialmente vasos de vino. Se le hace referencia nueve veces en la Escritura, ya sea en una lista o en referencia a su peso. Las dos únicas veces que se menciona como un objeto es cuando Job cita un instrumento de escritura de plomo (Job 19:24), y cuando Zacarías tiene la visión de una mujer sentada en la canasta con una cubierta de plomo (Zac. 5:7, 8).

Oro y Plata

Codiciado durante gran parte de la historia humana, el oro y la plata han sido explotados por los humanos por su valor ornamental. Los usos prácticos de estos metales en el entorno bíblico se limitaron principalmente a su valor económico y ornamental. Las joyas de oro y plata se utilizaban como forma de pago y se acuñaron en monedas durante la época greco-romana. Los objetos de oro son relativamente escasos en los hallazgos arqueológicos, principalmente porque la mayoría de los artículos de oro habrían sido parte de un gran tesoro llevado como tributo o botín. La plata aparece en el registro arqueológico con mayor frecuencia; en Estemoa se encontró un notable tesoro de plata en forma de bulto (*véase* 1 Sam. 30:26-28). Esta plata se ha fechado al tiempo del reino de Judá, después de que el reino del norte de Israel había caído. La plata en forma de trozo crudo probablemente se usaba como pago monetario, a pesar de que aún no se había acuñado en monedas. El oro en el mundo antiguo provino principalmente de Egipto y el norte de África. La Biblia menciona a Havila como una tierra de oro (Gn. 2:11), así como a Ofir (1 Re. 9:28), pero se desconoce la ubicación exacta de ambos lugares. La plata se extraía en el sur de España, junto con otros metales, y se llevaba al área a través del comercio marítimo. Los atenienses del período clásico también fueron conocidos por sus vastas operaciones mineras de plata.

La plata y el oro se mencionan repetidamente en el AT en referencia a sus usos en el comercio y su valor económico. En particular, los israelitas pidieron a sus vecinos egipcios que les dieran artículos de oro y plata justo antes de que dejaran Egipto (Éx. 3:22). El tabernáculo estaba considerablemente adornado con estos dos metales, al igual que el templo construido por Salomón. Se dice que Salomón hizo a la nación tan rica que la plata se consideraba tan abundante como la piedra (1 Re. 10:27). Tal vez los artículos de plata más notorios dentro de las Escrituras son los que se le pagaron a Judas por su traición a Jesús (Mt. 26:15).

Piedras Preciosas

Se usaron piedras de diversos orígenes en Palestina y sus alrededores. La Biblia hace pocas referencias a su uso. Al igual que el oro y la plata, fueron utilizados principalmente por su valor ornamental. Su escasez hizo que tuvieran un muy alto precio. Una excepción notable es la turquesa. Los faraones egipcios estaban fascinados con la turquesa, y la extrajeron extensamente en la península del Sinaí. Los restos de varias minas de color turquesa se han encontrado con distintivos cananeos, lo que indica la presencia de esclavos cananeos que trabajaban en las minas egipcias. También había una línea de fuertes a lo largo de la frontera norte del Imperio egipcio, usado probablemente para proteger los intereses por la turquesa de los faraones. También se encontraron piedras preciosas en Siria, donde los comerciantes fenicios pueden haberlas traído de otras partes del mundo conocido.

Éx. 28:17-21 describe doce piedras incrustadas en el pectoral usado por el sumo sacerdote israelita. Doce piedras también aparecen en los cimientos de la nueva Jerusalén (Apo. 21:19-20). Ezequiel usa nueve de estas mismas doce piedras para describir el adorno del rey de Tiro (Eze. 28:13). La Biblia usa el término general "piedras preciosas" para denotar un tesoro de riquezas, como la propiedad de Salomón (1 Re. 10:10).

MINIAMÍNM **(1)** Un levita en los días de Ezequías (2 Cr. 31:15). **(2)** Una familia de sacerdotes en el tiempo de Nehemías, durante el sumo sacerdocio de Joacim (Neh. 12:17). **(3)** Un sacerdote en el tiempo de Nehemías que participó en la dedicación del muro de Jerusalén (Neh. 12:41).

MINIMALISMO Un enfoque escéptico hacia el valor histórico del AT. Los académicos que toman este enfoque a menudo se hacen llamar "minimalistas". Los minimalistas creen que las narraciones históricas del AT son en su mayoría ficticias e invenciones de novelistas judíos de los períodos persa o helenístico. Según este enfoque, el AT contiene poca información valiosa sobre la historia antigua, por lo que si un evento del AT debe ser aceptado como histórico, debe ser verificado por evidencia que no pertenezca a la Biblia. Los minimalistas (aunque no los arqueólogos mismos) prefieren los restos de material arqueológico a la evidencia textual, suponiendo que de alguna manera es más objetivo. Sin embargo, la evidencia arqueológica, incluso más que la evidencia textual, implica una interpretación subjetiva de su importancia y significado. Además, no es razonable limitar la investigación de la historia antigua a la arqueología cuando se conservan restos materiales tan limitados y nuestro conocimiento del pasado antiguo depende en gran medida de la evidencia textual. La mayoría de los eruditos evitan tales posiciones radicales, pero el minimalismo ha hecho notar su presencia en el estudio del AT.

MINISTERIOS DEL NUEVO TESTAMENTO Estas funciones de la iglesia son posiciones de liderazgo dadas por Dios dentro de la iglesia primitiva, diseñadas para darle estructura y dirección. Algunos de estos puestos tienen una relevancia que persiste hasta el día de hoy; otros son importantes principalmente para comprender el desarrollo histórico de la iglesia.

La idea de una estructura definida para el liderazgo de la iglesia es de Dios. Aunque la igualdad de todos los creyentes es un principio bíblico (el sacerdocio de todos los creyentes en 1 Pe. 2:5, 9), Dios también ha elegido dar ciertos dones espirituales de liderazgo (Rom. 12: 8) o administración (1 Cor. 12:28) a un número limitado dentro de la iglesia, no universalmente para todos. Pablo hace una serie de preguntas retóricas en 1 Cor. 12:29: "¿Son todos apóstoles? ¿Son todos profetas? ¿Son todos maestros? ¿Hacen todos milagros?", donde la respuesta esperada en cada caso es claramente: "no, no todos tienen todos los dones". Los creyentes también reciben instrucciones específicas de "obedecer a sus dirigentes y someterse a ellos" (Heb. 13:17, NVI, LBLA) y respetar a aquellos que "los guían y amonestan en el Señor" (1 Tes. 5:12). El plan de Dios es claramente que haya líderes específicos. Al mismo tiempo, el NT no siempre responde todas nuestras preguntas ni detalla cada detalle en esta área del liderazgo de la iglesia. Las funciones más importantes en la iglesia del NT incluyen las siguientes:

Apóstol. Los apóstoles formaron la estructura de liderazgo más antigua e importante. Jesús, al principio de su ministerio, "llamó a sus discípulos y escogió a doce de ellos, a los que nombró apóstoles" (Lc. 6:13). La palabra "discípulo" (mathētēs) significa "estudiante" o "aprendiz" e indica el papel de estos originalmente doce durante el ministerio terrenal de Jesús. Después de la muerte y resurrección de Jesús, estos mismos individuos (ahora menos Judas Iscariote) fueron típicamente llamados "apóstoles" (apostolos [lit., "enviados"), a quienes se les confió el poder y la autoridad de Cristo como oficial representantes de Él. Pablo describe el papel fundamental de esta función en Ef. 2:20. El poder y autoridad de ellos no tuvieron paralelo en el desarrollo histórico de la iglesia. Algunas otras observaciones completan nuestra comprensión de esta función. Primero, hay referencias ocasionales (pero limitadas) a círculos más amplios de apóstoles en el sentido de que otras personas son "enviadas" por Dios para un ministerio específico. Por lo tanto, aparentemente se describe a Bernabé como un apóstol junto a Pablo (Hec. 14:14), y se describe a Santiago el hermano de Jesús como un apóstol (Gál. 1:19). Sin embargo, Hec. 1:21-22 detalla las calificaciones usuales para un apóstol: "hombres que estaban con nosotros todo el tiempo mientras viajábamos con el Señor Jesús, desde el día en que Juan lo bautizó hasta el día en que fue tomado de entre nosotros". Por lo tanto, el apostolado, especialmente entendido en sentido estricto, se limita a testigos oculares originales de entre la primera generación de creyentes, y esta función no ha continuado.

Profeta. La función de profeta (prophētēs) es otro de los fundamentales en el momento del establecimiento de la iglesia (Ef. 2:20). Agabo es descrito como un profeta (Hec. 21:10), y Pablo asume que hubo profetas en la iglesia en Corinto (1 Cor. 12:29). Aunque este es un tema controversial, muchos creen que esta función ya no continúa en la actualidad.

M

Anciano/presbítero. La función del anciano o del presbítero (presbyteros) es una de las más comunes en la iglesia. Esta función se basa en el modelo de ancianos de la sinagoga judía. Pablo y Bernabé nombraron ancianos en cada iglesia desde su primer viaje misionero (Hec. 14:23). Santiago instruye a los enfermos que llamen a los ancianos de la iglesia para orar por ellos (Sant. 5:14). La mejor descripción del trabajo para los ancianos está en 1 Tim. 5:17, donde hay dos énfasis principales: primero, dirigir los asuntos de la iglesia, y segundo, predicar y enseñar. Los ancianos aparentemente siempre funcionaron en pluralidad en las Escrituras, nunca como líderes solos.

Supervisor/obispo. La función del supervisor u obispo (episkopos) se menciona en Fil. 1:1, así como en 1 Tim. 3:2; Tito 1:7 en las listas de cualificaciones. Aunque en el segundo o tercer siglo el oficio de supervisores/obispo se había convertido en una sola función de supervisor que presidía a varios ancianos, esto no era cierto en el NT, donde aparentemente estos dos nombres eran nombres diferentes para la misma función. Varios pasajes indican esta relación. En Hec. 20:17 Pablo llama específicamente a los "ancianos" de la iglesia, sin embargo, en Hec. 20:28 se refiere a ellos como "supervisores".

De manera similar, en Tito 1:5-9 Pablo le dice a Tito que "nombre ancianos en cada ciudad", pero luego aparentemente se refiere a ellos como "supervisores". Pedro hace lo mismo en 1 Pe. 5:1-2, donde los describe primero como "ancianos" y luego como "supervisores". La clave para entender esta relación es ver que el término "anciano" proviene de su herencia judía y refleja las cualificaciones para esta función (alguien que es mayor y más maduro), mientras que el término "supervisor" proviene de un origen griego y se refiere más a la descripción de su puesto (deben supervisar y asumir la responsabilidad del liderazgo).

Diáconos. Los diáconos proporcionan un ministerio práctico y activo en la iglesia local. Curiosamente, el pasaje clásico de esta función, Hec. 6:1-6, nunca usa el sustantivo "diácono" (diakonos) en sí. En cambio, se usan otras formas de esta palabra: "sirvamos las mesas" (diakoneō [v. 2]) y "el ministerio [lit., "servicio"] de la palabra" (diakonia [v. 4]). Este grupo de palabras se usa con frecuencia para referirse al servicio no religioso, como la preparación de la comida de Marta (Lc. 10:40) o en referencia a un sirviente o asistente en una de las parábolas de Jesús (por ejemplo, Mt. 22:13). Originalmente, el término "diácono" simplemente significaba "siervo". En el desarrollo de la iglesia del NT, gradualmente se convirtió en un término técnico usado para referirse a una función específica, como en el saludo de Pablo en Fil. 1:1 y en la lista de cualificaciones en 1 Tim. 3:8-13. El entendimiento estándar de los diáconos dentro de la estructura de la iglesia del NT es que ayudaban a los ancianos/supervisores de maneras prácticas (probablemente en el modelo de los siete hombres de Hec. 6).

Pastor. Los pastores, sorprendentemente, aparecen sólo una vez en la mayoría de las traducciones al español, en Ef. 4:11, donde Pablo describe cómo Cristo "dio... los pastores y maestros." Aunque el nombre "Pastor" (poimēn), aparece en este sentido de líder de iglesia sólo aquí, el verbo "pastorear" (poimainō) también aparece en Hec. 20:28; 1 Pe. 5:2. Este rol de pastoreo está asociado con los ancianos/supervisores. Vemos esto en el discurso de Pablo a los ancianos de Éfeso en Hec. 20, donde los llama "ancianos" (v. 17) y "supervisores" (v. 28) y les dice cómo deben ser "pastores de la iglesia de Dios" (v. 28). Pedro hace lo mismo en 1 Pe. 5:1-2, donde los llama "ancianos" (v. 1) y luego los llama "supervisores" y les dice cuiden como pastores el rebaño de Dios" (v. 2).

Maestro. Los maestros se mencionan entre aquellos con diversos dones espirituales en 1 Cor. 12:28-29 y están conectados con los pastores en Ef. 4:11, aparentemente como una sola función combinada.

Evangelista. Los evangelistas se mencionan en la lista de individuos especialmente dotados en Efe. 4:11, en relación con Felipe el evangelista en Hec. 21:8, y como parte de la descripción del trabajo de Timoteo en 2 Tim. 4:5 ("haz el trabajo de un evangelista").

MINISTRO, MINISTERIO En el NT, la palabra más común que se usa para "ministro" es diakonos (por ej. 2 Cor. 3:6), y para "ministerio", diakonia (por ej.1 Cor. 16:15 [NVI: "a servir"]). Estas palabras funcionan como términos genéricos para que los escritores de NT describan toda la gama de ministerios realizados por la iglesia. Pueden describir ya sea un ministerio especial realizado por un funcionario oficial (1 Cor. 3:5) o uno realizado por cualquier creyente (Ap. 2:19). En la iglesia primitiva, el ministerio no se basaba en las jerarquías institucionales sino en los servicios prestados (1 Tim. 3:1-13).

El ministerio de Jesús. La mentalidad de la iglesia fluye a partir del camino en el cual Jesús concibió su ministerio. Él describió su patrón de ministerio como el de servicio (Mt. 20:28, Mr. 10:45, Jn. 13:4-17). Por lo tanto, llamó a sus discípulos a seguir un modelo de liderazgo en la nueva comunidad que no los elevaba por encima de los demás (Mt. 20:20-28, 23:8-12, *ver* 1 Pe. 5:3). El ministerio de Jesús proporciona el paradigma para el ministerio de la iglesia. Los escritores del NT describen el triple ministerio de Jesús como la predicación, la enseñanza y la sanación (Mt. 4:23, 9:35, Mr. 1:14, 21-22, 39, Hec. 10:36-38). Los discípulos llevaron a cabo el ministerio terrenal de Jesús por el poder del Espíritu. Ellos también se dedicaron a predicar, enseñar y sanar (Mt. 10:7-8; 28:19-20).

El ministerio de la iglesia. La iglesia, debido a que es el cuerpo de Cristo, continúa con estas responsabilidades ministeriales. En 1 Pe. 4:10-11 hay un resumen de los ministerios generales de la iglesia, que incluyen hablar la Palabra de Dios y servir. Como un sacerdocio de creyentes (Éx. 19:4-6, 1 Pe. 2:5, 9, Apoc. 1:5-6), los miembros individuales se responsabilizaron de cumplir las diversas tareas de servicio. Por lo tanto, todos los cristianos están llamados a ministrar (Rom. 15:27; Fil. 13; 1 Pe. 2:16). Incluso cuando un miembro se desviaba, era responsabilidad de otro creyente confrontar a esa persona rebelde y, si era necesario, involucrar a otros en el cuerpo para ayudar (Mt. 18:15-20).

Aunque el ministerio era responsabilidad de todos los creyentes, había personas con experiencia especial a quienes Cristo y la iglesia apartaron para roles de liderazgo particulares (Ef. 4:11-12). Cristo apartó a Apolos y a Pablo para ministerios especiales (1 Cor. 3:5; Ef. 3:7). La iglesia convocó a funcionarios especiales para llevar a cabo ministerios específicos. Por ejemplo, la iglesia primitiva nombró a siete personas para servir las mesas (Hec. 6:2). Designaron a algunos para llevar la ofrenda de ayuda recaudada para los cristianos de Jerusalén (2 Cor. 8:19, 23). Como funcionarios especiales, Pablo, Apolos, Timoteo, Tito, los ancianos, así como otros, aceptaron la responsabilidad de enseñar, predicar y sanar a toda la iglesia. Todos los ministerios de la iglesia, ya sea realizados por creyentes en general o por algún funcionario especialmente designado, se basaron en los dones recibidos de Dios (Rom. 12:1-8, 1 Cor. 12:4-26). Dios les dio a los individuos las habilidades necesarias para realizar obras de servicio (Hec. 20:24; Ef. 4:11; Col. 4:17; 1 Tim. 1:12; 1 Pe. 4:11). El NT, sin embargo, deja en claro que cuando se trata de la relación y el estado espiritual de uno ante Dios, todos los cristianos son iguales. Sin embargo, la desigualdad está en la diversidad de dones y talentos. Pablo identifica algunos dones dados a personas para puestos especiales: apóstoles, profetas, evangelistas, pastores y maestros (Ef. 4:11). La descripción aquí es de los roles especiales del ministerio que Cristo llama a ciertas personas a cumplir empleando los dones que se les han otorgado. Los que cumplen estos roles no abarcaban todo el ministerio de la iglesia, sino que equipaban al resto del cuerpo para ministrar (Ef. 4:12-13). Nadie puede jactarse de los dones que se les han dado, porque esos dones fueron dados para ministrar a otros (1 Cor. 4:7). Por lo tanto, los dones llevan al servicio y, a su vez, el servicio da como resultado el liderazgo.

Se vuelve responsabilidad de aquellos que lideran el equipar a otros para el ministerio. Cuando otros están equipados para el ministerio, ellos a su vez ministran y edifican todo el cuerpo (Ef. 4:15-16, 2 Tim. 2:1-2). El objetivo

M

de todo ministerio, según Pablo, es construir una comunidad de creyentes hasta que todos alcancen la madurez en Cristo (Rom. 15:15-17, 1 Cor. 3:5-4: 5; Ef. 4:12- 16; 1 Tes. 2:19-20).

MINIT Una de las veinte ciudades amonitas conquistadas por Jefté, tal vez marcando el límite al norte de su campaña (Jue. 11:33). De acuerdo con Ezeq. 27:17, Israel y Judá adquirieron trigo de Minit para comerciar con Tiro. El padre de la iglesia Eusebio localizó Minit en el centro de Transjordania entre Rabat-Amón y Hesbón.

MINI Una de las tres naciones (las otras son Ararat y Asquena) llamadas por Dios para atacar a Babilonia como el juicio de Dios contra ella (Jer. 51:27). La mayoría de los estudiosos identifican a Mini con los manneos, un pueblo ubicado en el área al sur del lago Urmía, al noreste del valle del Tigris-Éufrates.

MIRA La ciudad capital (actualmente Dembre) de la provincia romana de Licia, en la costa sur de Asia Menor (con su ciudad portuaria Andriaca, la actual Andraki). Pablo se cambió de barco aquí cuando iba camino a Roma (Hec. 27:5). El obispo de Mira del siglo IV, Nicolás, más tarde fue venerado como Santa Claus.

MIRÍADAS Una palabra derivada del griego myrias, que significa "diez mil". "Miríadas" a veces se usa inexactamente en las traducciones griega y español para referirse a un gran número, a menudo de seres angélicos (por ejemplo, Heb. 12:22; 5:11).

MIRIAM **(1)** La hermana de Moisés y Aarón, y la única hija que se conoce de Amram y Jocabed (Nm. 26:59). Después de que Jocabed pusiera al niño Moisés en una canasta y colocara ésta en el río Nilo, Miriam siguió la canasta hasta que la hija del faraón la descubrió, y ella rápidamente se ofreció a su madre para ayudar a cuidar al niño (Éx. 2:4-10). Miriam, a quien se le conoce como una "profetisa" (Éx. 15:20), dirigió a la figura central israelita en el equipo de liderazgo de Moisés durante el éxodo (Miq. 6:4). Junto con Aarón, ella fue a oponerse al liderazgo de Moisés, aparentemente debido a su matrimonio interracial con una mujer cusita (Nm. 12:1). El resultado final fue que Dios causó que ella se volviera leprosa, por lo que tuvo que ser expulsada del campamento por siete días. Ella fue sanada debido a la oración de intercesión de Moisés. Ella murió y fue sepultada en Cades (Nm. 20:1). **(2)** Descendiente de Esdras de descendencia de Judá (1 Cr. 4:17).

MIRMA Un líder en la tribu de Benjamín. Él fue el último de siete hijos nacidos en Moab a Saharaim y su esposa Hodes, después de que Saharaim se había divorciado de Husim y Baara (1 Cr. 8:10).

MIRRA La resina del género Commiphora, la mirra, se origina en el sur de Arabia y Somalia. Los israelitas valoraban la mirra por sus fragantes propiedades cosméticas y antisépticas, como conservante y para embalsamar (Gn. 37:25; Est. 2:12; Sal. 45:8; Prov. 7:17; Can. 3:6). Poco después del nacimiento de Jesús, la mirra fue un valioso regalo de los magos (Mt. 2:11); a su muerte, la mirra mezclada con vino era una poción imbebible que se le dio mientras Él colgaba en la cruz (Mr. 15:23).

MIRTO *Ver* Plantas.

MISAEL **(1)** Hijo de Uziel y primo de Moisés y Aarón, sacó del campamento a sus primos Nadab y Abiú, que murieron ya que ofrecieron fuego no autorizado delante de Dios (Éx. 6:22; Lev. 10:4). **(2)** Uno de los líderes que acompañaron a Esdras mientras leía la ley (Neh. 8:4). **(3)** El nombre hebreo de uno de los acompañantes de Daniel, también llamado por el nombre babilónico "Mesac" (Dan. 1:6-7, 11, 19, 2:17).

MISAM El segundo de los tres hijos de Elpaal, de la tribu de Benjamín. Construyeron "Ono y Lo, con las aldeas vecinas" (1 Cr. 8:12).

MISEAL Una ciudad levítica en el territorio asignada a la tribu de Aser, situada cerca de la cima del Carmelo (Jos. 19:26; 21:30). En 1 Cr. 6:74 es llamada "Masal".

MISERICORDIA Detrás de la traducción en español de "misericordia" se encuentran diversas palabras bíblicas en hebreo (khesed, khanan, rakham) y en griego (charis, eleos, oiktirmos, splanchnon). Estas palabras también se traducen como "amor", "compasión", "gracia", "favor", "bondad", "bondad amorosa", etc., dependiendo del contexto. Por lo tanto, es mejor optar por un enfoque conceptual del significado de "misericordia".

La Misericordia de Dios

La misericordia como parte del carácter de Dios. La misericordia es una característica distintiva de la naturaleza de Dios. Dios es llamado "Padre de misericordias" (2 Cor.1:3 LBLA [NVI: "Padre misericordioso"]). Dios es "rico en misericordia" (Ef. 2:4, *ver* 2 Sam. 24:14, Dan. 9:9). La misericordia de Dios se demostró en su fidelidad en el pacto con su pueblo (1 Re. 8:23-24; Miq. 7:18-20). Dios redimió a los israelitas oprimidos de la esclavitud bajo el Faraón por su misericordia, que se conmovió cuando escuchó los gemidos y las peticiones de ayuda. Aquí, el reavivamiento de la misericordia de Dios hacia los israelitas se describió en términos de recordar su pacto con Abraham, Isaac y Jacob (Éx. 2:23-25). La misericordia es una manifestación de la fidelidad de Dios a su pacto. Por lo tanto, la misericordia de Dios para con su pueblo del pacto nunca cesa (Sal. 119:132; 103:17). Dios tiene soberanía absoluta al elegir a las personas a quienes quiere mostrar misericordia. Una expresión clásica aparece en Éx. 33:19: "Tendré misericordia del que tendré misericordia, y tendré compasión de quien tendré compasión". Pablo citó esto para explicar la soberanía de Dios al elegir a Jacob como receptor de la misericordia de Dios (Rom. 9:13-15). La misericordia de Dios no puede ser adquirida por el esfuerzo o el deseo humano (Rom. 9:16). Dios ordenó incluso a los israelitas que no mostraran misericordia a los cananeos debido a su corrupción e idolatría (Dt. 7:2).Se usan diversas imágenes para describir la misericordia de Dios. Dios es comparado con un padre amoroso que tiene compasión de sus hijos (Jer. 31:20; Mal. 3:17). "Como un padre con sus hijos, tierno y compasivo con los que le temen. Pues él sabe lo débiles que somos; se acuerda de que somos tan sólo polvo" (Sal. 103:13-14). La compasión de Dios también se compara con la de una madre lactante que alimenta a su bebé en su pecho (Is. 49:15). Las imágenes del padre amoroso y la madre amorosa reflejan de cerca el corazón de la misericordia de Dios hacia su pueblo elegido. Dios es especialmente misericordioso con los necesitados, los débiles, los afligidos y los oprimidos (Éx. 2:23-24; Sal. 123:2-3; Is. 49:13; Heb. 4:16). Dios es llamado "un padre para los huérfanos" y "defensor de viudas" (Sal. 68:5). Los pecadores apelan a la misericordia de Dios cuando piden perdón (Sal. 51:1). "Ten piedad de mí" es una forma común de expresión cuando el salmista suplica a Dios por su perdón (Sal. 41:4, 10; 51:1). La misericordia de Dios también se muestra en su acto de salvación y bendición (Éx. 15:13, Dt. 13:17-18, Jue. 2:18, Ef. 2:4-5).

La misericordia de Dios en la historia redentora. La historia redentora es una sucesiva demostración de la misericordia de Dios hacia su pueblo escogido. Fue por la misericordia de Dios que Él tomó la iniciativa de salvar a los seres humanos caídos (Gn. 3:15). La muerte era la pena prevista para Adán y Eva (Gn. 2:17), pero Dios predicó las buenas nuevas de misericordia que el descendiente de la mujer aplastaría algún día la cabeza de la serpiente. En Apo. 20:2 esa serpiente antigua del jardín del Edén es identificada como "el diablo, o Satanás", cuya cabeza fue aplastada por Jesucristo en la cruz y es encadenado "por mil años" por el Mesías venidero y será "arrojado al lago de fuego y azufre" (Apo. 20:2, 10). A pesar del juicio de Dios sobre Caín, el primer asesino, Dios mostró misericordia al ponerle una marca para que nadie lo matara (Gn. 4:15). Como el salmista confiesa más tarde, Dios se muestra a sí mismo como el Dios misericordioso que "no nos trata conforme a nuestros pecados ni nos paga según nuestras maldades" (Sal. 103:10).

Noé y su familia fueron salvados del juicio del diluvio debido a la misericordia especial de Dios hacia ellos (Gn. 6:8). Inmediatamente después de que Dios confundió las lenguas de los seres humanos debido a que ellos lo desafiaron (Gn. 11:1-9), Dios mostró misericordia sobre Abram, "un arameo errante" (Dt. 26:5), y lo designó para ser el padre de su pueblo elegido (Gn. 12:1-3). La elección de Jacob se originó únicamente por

M

la misericordia de Dios, como lo señaló Pablo al citar las Escrituras: "A Jacob amé, pero a Esaú aborrecí" (Rom. 9:13). El éxodo es también la evidencia más clara de la demostración de misericordia de Dios hacia su pueblo elegido (Éx. 2:23, 25). No fueron salvados por su propia justicia sino por la misericordia de Dios sobre el pueblo del pacto, que sufría bajo la esclavitud de la esclavitud de Faraón. La misericordia de Dios alcanzó su clímax cuando envió a su único Hijo, Jesucristo, a salvar a los pecadores (Rom. 5:8). Es por la misericordia de Dios que somos salvos, no por nuestra justicia (Tito 3:5).

La Misericordia de Cristo

Jesucristo vivió una vida llena de misericordia. Él es, en cierto sentido, la manifestación corporal de la misericordia de Dios. Jesús expresó profunda misericordia cada vez que veía a los enfermos y los perdidos. Los escritores de los Evangelios describen las demostraciones de misericordia de Jesús cuando sanó a los ciegos, a los cojos, a los sordos, a los leprosos, a los endemoniados y a los muertos (Mt. 9:36; 14:14; 20:34; 1:41; 5:19; 6:34; 8:2; Lc. 7:13; Jn. 11:33). Jesús tuvo especial compasión por las multitudes, que no tenían un líder espiritual, y las comparó con "ovejas sin pastor" (Mt. 9:36). El ministerio de sanación y evangelismo de Jesús fue motivado por su profunda misericordia y compasión hacia las personas con necesidad física y espiritual (Lc. 4:16-21, *ver* Is. 61:1-2). Cada vez que los enfermos apelaron a su misericordia, Jesús nunca se negó a entregarla (Mt. 15:22; 17:14-18). Por ejemplo, sanó a los dos hombres ciegos que suplicaron por su misericordia (Mt. 20:30-34). Cuando un leproso, arrodillado ante él, suplicaba su misericordia, Jesús lo tocó (arriesgando su propia inmundicia de acuerdo a la ley) y lo sanó (Mt. 8:2-3). Cuando un centurión pidió la misericordia de Jesús hacia su siervo enfermo, él estuvo dispuesto a ir y sanar al hombre enfermo (Mt. 8:5-13). La misericordia de Jesús despertó especialmente cuando vio personas que lloraban por los muertos, y hasta derramó lágrimas (Jn. 11:33-35). Cuando Jesús vio a una viuda que lloraba por su hijo muerto durante una procesión fúnebre, la consoló y tuvo compasión de ella y dio vida a su hijo (Lc. 7:12-15).De acuerdo con Heb. 2:17-18, Jesús se convirtió en "un misericordioso y fiel sumo sacerdote" para expiar los pecados de su pueblo. También se le compara con el sumo sacerdote que puede empatizar con nuestras debilidades porque "ha sido tentado en todo como somos" (Heb. 4:15). Su obra como sumo sacerdote en la tierra fue resaltada en términos de su ministerio de misericordia hacia su pueblo. Como la misericordia de Dios, la misericordia de Jesús fue mostrada en sus acciones de salvación (Lc. 19:10, Ef. 5:2, 1 Tim. 1:14-16, Tito 3:4-7), de bendición (Mr. 10:13, 16), y de perdón (Mr. 2:10; Lc. 23:34). La experiencia personal de Pablo lo llevó a confesar: "Él nos salvó, no por las acciones justas que nosotros habíamos hecho, si no por su misericordia" (Tito 3:5). El carácter de Jesús de misericordia se manifestó más vívidamente en la cruz cuando oró por el perdón de los soldados que lo habían crucificado y las multitudes que lo maldecían (Lc. 23:33-37).

Respuesta Humana a la Misericordia de Dios

¿Cuál es la respuesta adecuada ante la misericordia y la compasión de Dios? Dios espera que los creyentes muestren el mismo tipo de misericordia hacia otras personas. Uno de los mejores ejemplos es la parábola del siervo despiadado (Mt. 18:23-35). El foco central de esta parábola está en el siervo despiadado, a quien el rey muestra una tremenda misericordia, pero que se niega a mostrar un poco de misericordia hacia su compañero siervo. La parábola concluye con la declaración del rey de que no se mostrará misericordia a aquellos que no muestran misericordia y perdón a los demás. Por lo tanto, una actitud de perdón es requerido para los creyentes, quienes han recibido una misericordia inconmensurable de parte de Dios cuando perdonó sus pecados en el momento del arrepentimiento. El Padrenuestro también incluye el perdón de los creyentes como algo inseparablemente vinculado al requerimiento de perdón de Dios (Mt. 6:12). Jesús afirma esta idea en una declaración posterior: "Si perdonas a los que pecan contra ti, tu Padre celestial te perdonará a ti. Pero si te niegas a perdonar a los demás, tu Padre no perdonará tus pecados "(6:14-15). La misericordia es una de las ocho bendiciones en las Bienaventuranzas: "Bienaventurados los misericordiosos, porque ellos recibirán misericordia" (Mt. 5:7). La respuesta de Jesús a los fariseos críticos revela que nuestra vida misericordiosa debe preceder a nuestra vida religiosa (9:13). Según la parábola del buen samaritano (Lc. 10:25-37), el verdadero vecino es el que muestra misericordia a los afligidos. Su conclusión, "Ve y haz lo mismo" (10:37), requiere que los creyentes muestren misericordia hacia sus vecinos que sufren. En el juicio final, los justos se caracterizan por sus vidas de haber mostrado misericordia a los hambrientos, a los sedientos, a los extraños, a los desnudos, a los enfermos y a los encarcelados (Mt. 25:37-40). En Lc. 6:36, Jesús resume la ley de la misericordia: "Sed misericordiosos, así como vuestro Padre es misericordioso". Según Santiago, "el juicio sin misericordia será hecho con aquel que no hiciere misericordia"; sin embargo, "la misericordia triunfa sobre el juicio" (Sant. 2:12-13). Y según los profetas, una vida despiadada es característica de las personas sin Dios (Is. 13:18, Jer. 6:23, 21:7, 50:42, Amós 1:11-12). Es por la misericordia de Dios que los creyentes pueden perseverar durante tiempos de sufrimiento (2 Cor. 4:1). Su oración es el canal a través del cual se atrae la misericordia de Dios. Por lo tanto, el escritor de Hebreos exhorta a los creyentes a "Acerquémonos confiadamente al trono de la gracia para recibir misericordia" (Heb. 4:16).

MISGAB Un término hebreo que generalmente se entiende como un "fuerte" o "fortaleza". Algunas traducciones lo muestran como un nombre propio en Jer. 48:1 (RVA), en una lista paralela a dos ciudades en Moab ubicadas aproximadamente a nueve millas al este del extremo norte del Mar Muerto.

MISHNÁ La Mishná es una compilación de la ley oral judía tradicional. Es la culminación de la tradición judía pre-rabínica y el documento fundador del judaísmo rabínico pos bíblico. Está escrito en un estilo del hebreo que se desarrolló a partir del hebreo bíblico, conocido como Hebreo Mishnaico. La tradición rabínica atribuye la formación de la Mishná al rabí Yehudá el Patriarca alrededor del año 200 d.C. Él lo recopiló a partir de la tradición oral previa, así como la tradición contemporánea de él. Mishná es una palabra hebrea, y ha sido interpretada de varias maneras. Podría significar "segundo", "estudio" o "instrucción". Por lo tanto, podría enfatizar el modo de instrucción mediante el cual los alumnos aprendían la Mishná, o podría ser una referencia al hecho de que Mishná es el segundo después de la Torá, el Pentateuco.

Torá Oral. La Mishná es el núcleo de la Torá Oral. El judaísmo rabínico tradicional tiene una Torá dual. La primera parte de la Torá dual es el Pentateuco, y la segunda es la literatura rabínica, especialmente la Mishná y el Talmud, pero también, en cierta medida, el Tosefta y el midrash rabínico (*véase también* Midrash). Tradicionalmente, el judaísmo rabínico enseña que Dios le dio dos Torás a Moisés en el Sinaí: la Torá escrita (el Pentateuco) y la Torá Oral. Eventualmente, la Torá Oral fue escrita. Por lo que se produjeron la Mishná y otra literatura rabínica temprana. La Torá Oral puede considerarse como paralela al Pentateuco o como la interpretación autorizada del Pentateuco. En cualquier caso, es tan autoritario como el Pentateuco. Podemos ver tal actitud hacia la tradición recibida, "la tradición de los ancianos", en los Evangelios, como cuando los fariseos preguntan a Jesús por qué sus discípulos, que estaban comiendo con las manos sucias, no siguen la tradición de los ancianos (Mr. 7:1-5).

Estructura y contexto histórico. La Mishná se divide en seis "órdenes", que a su vez se dividen en una serie de subdivisiones llamadas "tratados", generalmente relacionadas por tema con el orden al que pertenecen (*ver* tabla 3). La más extensa de las órdenes es Teharot, que comprende un cuarto de la Mishná. Esto resalta el objetivo de la Mishná, que es promulgar una forma de vida por la cual todo Israel sea puro. Los otros tratados explican cómo cada área de la vida debe regularse con todo en su lugar apropiado. En la Mishná, la santidad que caracteriza al templo y su servicio se aplica a todos los aspectos de la vida de Israel. El cielo y la tierra son vistos como traídos a la armonía a través del cumplimiento de las leyes de la Mishná en la vida.

Tabla 3. Órdenes de la Mishná

Orden	Título	Traducción del Título	Contenidos
I	Zera'im	Semillas	Leyes relacionadas con la agricultura.
II	Mo'ed	Festividades	Leyes sobre los festivales según el calendario lunar.
III	Nashim	Mujeres	Leyes relacionadas con los contratos matrimoniales, los votos de las mujeres, las presuntas adúlteras, el divorcio, el compromiso, etc.
IV	Neziqin	Daños y Prejuicios	Leyes que cubren la interacción social cotidiana, como el comercio, bienes inmuebles, etc., así como sanciones por daños y perjuicios causados por animales, otras personas, etc. También habla sobre los tribunales y las penas impuestas por diversos delitos.
V	Qodashim	Santidades	Leyes que tratan sobre los sacrificios de diversos tipos, así como la matanza y el consumo de animales no destinados al sacrificio. Otros temas incluyen: ser primogénito (tanto de los animales como de las personas), el mobiliario del templo, las ofrendas de la gente pobre, etc.
VI	Teharot	Purificación	Leyes que abarcan las purezas e impurezas de todo tipo.

La Mishná es un documento que representa un ideal ahistórico. Representa la vida israelita tal como debe ser vivida en relación con Dios. La Mishná no tiene una introducción que lo sitúe en la historia. Simplemente comienza declarando los juicios de orden para entender la necesidad de la Mishná para el judaísmo rabínico. La Mishná fue requerida después de la revuelta de Bar Kokhba, que tuvo lugar en el segundo cuarto del siglo II d.C Como castigo por la revuelta, el emperador Adriano expulsó a los judíos de Jerusalén y la convirtió en una ciudad de gentiles. Después de este golpe devastador, desapareció cualquier posibilidad realista de reconstruir el templo. Esta fue una de las mayores crisis posibles. ¿Cómo podría Israel ser un pueblo santo ante Dios sin templo y sin esperanza de construir uno? La Mishná afirma poderosamente que Israel, a través de una existencia totalmente santificada en todas las esferas de la vida, puede seguir siendo ese pueblo santo ante Dios.

M

La Mishná y la biblia. La Mishná rara vez cita la Biblia, y el material que contiene citas bíblicas generalmente se considera como adiciones posteriores. Aunque algunas de las secciones de la Mishná parecen ser paráfrasis bíblicas, esto no significa que la Mishná sea un cuerpo de interpretación bíblica. De hecho, gran parte de su material parece ser independiente de la Biblia, y otra parte del material la contradice.

La Mishná es una compilación que incluye enseñanzas tradicionales mucho más antiguas, y como tal, contiene material atribuido a los fariseos, con el cual la Mishná encaja bien. Sería un error ver el judaísmo rabínico que comenzó con la Mishná como una continuación del judaísmo farisaico representado en el NT. Hay una ruptura decisiva entre el judaísmo farisaico y el judaísmo rabínico posterior, ya sea con la destrucción del templo en el año 70 d.C o con la expulsión de los judíos de Judá después de la revuelta de Bar Kokhba, siendo esta última más probable.

MISIA Una región del norte de la provincia romana de Asia en el noroeste de Asia Menor, actualmente Turquía. Pablo ingresó a Misia desde Galacia en su segundo viaje misionero. Cuando el Espíritu Santo impidió su acceso hacia el norte a Bitinia, se dirigió a través de Misia hasta la ciudad portuaria de Troas, donde una visión le indicó que navegara a Macedonia (Hec. 16:6-10). Regresó a Troas (Hec. 20:6; *ver* 2 Cor. 2:12; 2 Tim. 4:13) y Asón, otra ciudad portuaria de Misia (Hec. 20:13-14). Su tercer puerto marítimo, Adramitena, fue el origen del barco utilizado en la primera etapa del viaje de Pablo a Roma (Hec. 27:2). El apóstol Juan escribe una carta a la iglesia de Pérgamo en Misia, instruyéndoles a arrepentirse de su adhesión a la falsa enseñanza (Ap. 1:11; 2:12-17).

MISIÓN La palabra "misión" fue acuñada por los jesuitas en el siglo XVI para referirse a la venida de la Divinidad al mundo, reflejando una formulación trinitaria particular. Los jesuitas usaron el término "misión" para describir al Padre, quien envía al Hijo, quien envía el Espíritu Santo, quien envía a la iglesia al mundo como un agente de redención y reconciliación. En pocas palabras, los jesuitas concibieron la misión como el envío. Ese término bíblico "enviar" (por ej., Gk. Apostellō) describía la naturaleza fundamental de la iglesia como enviada por Dios al mundo con un propósito específico, animado por el Espíritu Santo para cumplir su tarea dada por Dios, como una señal e instrumento del reino de Dios. Inicialmente, los jesuitas emplearon el término en el contexto tanto de la conversión de los paganos (los que no reconocían al Dios de la Biblia) como el de la reconversión de los protestantes al catolicismo romano.

La noción bíblica de la misión afirma que Dios es un Dios que envía (Lat., Missio Dei), que ama tanto al mundo que envió a su Hijo al mundo para redimirlo (p. Ej., Jn. 3:16), y cuyo Hijo luego envía al Espíritu Santo como Consejero (Gk. paraklētos [p. Ej., Jn. 16:5-7]) y guía para que la iglesia pueda cumplir su propósito. La misión (envío), por lo tanto, expresa tanto el corazón de Dios como la naturaleza de la iglesia en el mundo.

El Rol del Idioma y Cultura

Funcionalmente, la misión es compartir las buenas nuevas de Jesucristo en palabra y obra cruzando fronteras culturales y lingüísticas, sin otorgar a ningún idioma o cultura en particular una posición superior en la economía divina. La Biblia cuenta la historia de la misión de Dios al ofrecer a los seres humanos una relación de pacto consigo mismo. El erudito misionero sudafricano David Bosch sugiere que el misionero en el AT es Dios mismo, mientras que el NT presenta varios misioneros significativos, con Jesús y sus discípulos como ejemplos más ilustrativos. De hecho, se puede decir que el NT es en sí mismo un documento de misión, ya que fue escrito por personas activamente involucradas en la misión (por ejemplo, Pablo, Lucas). Bíblicamente, la misión cristiana implica una cierta perspectiva del lenguaje y la cultura mediante la cual todos los idiomas y culturas se relativizan a la luz de Cristo, sin que ningún lenguaje o cultura tenga acceso privilegiado a Dios, porque Dios se comunica por medio de cada idioma y cultura en particular. Así, por ejemplo, los coreanos, zulúes, camboyanos, quechuas y suecos tienen el mismo acceso a Dios a través de su propio idioma y cultura, y ninguno de ellos está obligado a adoptar otro idioma o cultura, como el hebreo, el griego o el inglés, para conocer y adorar a Dios

La importancia de la paridad de idiomas y culturas en todo el mundo como medios del Evangelio se ejemplifica bíblicamente en el relato del concilio de Jerusalén, donde el apóstol Pablo confrontó a los judíos cristianos que habrían hecho de la Torá y la circuncisión la prueba de fuego de la fe auténtica en Jesucristo (Hec. 15). Pablo argumentó firmemente en contra de aquellos que buscaban exigir a los nuevos cristianos que adoptaran prácticas ceremoniales judías del AT para unirse al cuerpo de Cristo. La relativización del lenguaje y la cultura es tan crucial para la misión cristiana que las Escrituras registran que Pablo reprendió a Pedro por buscar hacer que los cristianos gentiles siguieran las costumbres judías (Gál. 2:14). Exigir a los seguidores de Cristo que adopten tradiciones ceremoniales judías (u otras) (por ejemplo, la circuncisión) haría inútil la gracia de Cristo, burlándose de la cruz (Gál. 2:21), ya que Cristo libera a los seres humanos dentro de su propio idioma y cultura. En pocas palabras, las personas debían convertirse en seguidores de Jesucristo sobre la base de su propio idioma y cultura (griega o no) en lugar de seguir otra tradición. Según el relato bíblico, ningún idioma o cultura es demasiado profano para comunicar las buenas nuevas de Jesucristo.

Misión como Envío

Bíblicamente, el envío implica alguien que envía, el enviado y un mensaje. El que envía es el agente que inicia la entrega del mensaje. Al enviado se le ha otorgado la autoridad para entregar, de palabra y obra, el mensaje del que envía. El mensaje se refiere al contenido en palabras y hechos que comparte el agente (por ej., misionero) del que envía. La autoridad del que envía se invierte en el mensajero, tanto que el mensajero (esto es, el misionero) representa al que envía directamente. En términos más generales, el término bíblico "envío" aparece en ambos Testamentos, y ocurre en contextos mundanos que no están relacionados con la mi-sión de Dios (missio Dei), así como en textos que están explícitamente relacionados con la misión. En el AT, el término hebreo shalakh, que aparece en varias formas más de ochocientas veces, se refiere a enviar las intenciones de una figura de autoridad, a menudo un rey, juez u otra persona de alto rango. Un ejemplo sería Dios, como una demostración de su autoridad, enviando a Adán fuera del jardín (Gn. 3:23). El acto de enviar expresa la intención del que envía. La misión de Dios tal como se presenta en el AT se comunica claramente en Gn. 12:1-3 (en lo que se conoce como el pacto abrahámico), donde Dios le dice a Abraham que abandone su país, guiado por Dios, para ser una bendición para todo el mundo. Después de la desobediencia continua de Israel, Dios promete enviarles un salvador (Is. 19:20), una declaración que los cristianos interpretan como presagio del nacimiento y el ministerio de Jesucristo.

En el NT, los términos griegos para "enviar" y sus variaciones ocurren más de doscientas veces, apareciendo en textos tales como "Los envío como ovejas en medio de lobos" (Mt. 10:16); "Como el Padre me envió a mí, yo los envío a ustedes" (Jn. 20:21); y "Jesús envió a dos de sus discípulos" (Mr. 11:1). La gente suele suponer que hay un texto de la Gran Comisión, Mt. 28:18-20, que resume la orden bíblica para la misión. Sin embargo, hay varias "grandes comisiones" en los Evangelios, que podrían entenderse mejor como "últimas comisiones". Cada escritor del Evangelio registra su propia versión de la última comisión, reflejando sus propósitos teológicos dentro de los contextos particulares en los cuales escribe su relato. Las últimos comisiones aparecen en Mt. 28:16 - 20; Mr. 16:14-20; Lc. 24:44-47; Jn. 20:19-23.

La estrategia interpretativa más responsable con respecto a estos pasajes es leerlos dentro del contexto más amplio de cada narración del Evangelio en lugar de leerlos como textos individuales (es decir, textos de prueba) desconectados de su contexto más amplio. Es decir, una teología fiel de la misión implica en parte dejar que el texto se interprete a sí mismo a través del estudio de todo el relato del Evangelio. De lo contrario, uno puede dejar de entender la noción bíblica de la misión en su totalidad. Por ejemplo, Lc. 24:47 anuncia que "en su nombre [Cristo] se predicará el arrepentimiento para el perdón de los pecados a todas las naciones, comenzando desde Jerusalén", que enfatiza la necesidad de confesión, perdón y redención (aspectos verticales de la misión). Sin embargo, uno podría malinterpretar el Evangelio de Lucas si uno entendiera la misión únicamente a través de las palabras de Lc. 24:44-47, el aspecto vertical (espiritual), mientras se pasa por alto Lc. 4:16-30, versículos que anuncian la misión de Jesús de liberar cautivos y dar vista a los ciegos, reflejando la naturaleza horizontal (social) de la misión. En el Evangelio de Lucas, la misión se caracteriza por ser tanto vertical (es decir, llamar al arrepentimiento y al perdón), como horizontal (es decir, buscar la justicia sociopolítica). Según el Evangelio de Lucas, entonces, tanto los aspectos verticales como los horizontales deben estar presentes en la misión.

Misión y Misiones

Vale la pena notar la diferencia entre los términos "misión" (singular) y "misiones" (plural). Mientras que "misión" se refiere al acto singular de Dios, quien envía a su Hijo, quien envía el Espíritu Santo al mundo, "misiones" se refiere a las agencias y organizaciones específicas en la historia y de la actualidad que han buscado llevar a cabo esa misión de Dios. Solo hay una misión (missio Dei), con varias misiones que apuntan a cumplir esa singular misión a través del tiempo y el espacio. Generalmente, las misiones se dividen en misiones denominacionales y de fe. Las misiones denominacionales, como las de iglesias católicas, bautistas, metodistas, luteranas o presbiterianas, envían misioneros con el apoyo financiero de la denominación. Las misiones de fe, como los traductores de Biblia Wycliffe, Operación Movilización, o SIM (Serving in Mission, formalmente Sudán Interior Mission), requieren que los misioneros sirvan en misión por fe, ya sea yendo a donde Dios los llame sin tener apoyo financiero previo o recabar el apoyo financiero de amigos e iglesias antes de partir para su región de servicio prevista.

Conclusión

Finalmente, hay dos lecciones importantes del relato bíblico de la misión. Primero, Pablo y los otros discípulos, mientras trataban de comunicar el Evangelio de las buenas nuevas a personas en particular, buscaron mantener la unidad de las iglesias a pesar de su diversidad cultural y lingüística (p. Ej., Ef. 4:4-7). Esto significa que una perspectiva bíblica de la misión considera que la cultura y el lenguaje son canales y no obstáculos para la comunicación del Evangelio. Segundo, Pablo y los discípulos nunca comenzaron misiones, sino que establecieron iglesias. Dado que la misión implica el movimiento a través de las fronteras culturales y lingüísticas, los primeros seguidores de Cristo estaban en movimiento, con la convicción de que el Espíritu Santo los guiaría, dirigiría y protegería hasta que Cristo regresara.

MISMA **(1)** Un hijo de Ismael, el antepasado de una tribu árabe (Gn. 25:14, 1 Cr. 1:30). **(2)** El hijo de Mibsam, un descendiente de Simeón (1 Cr. 4:25-26). Los nombres "Mibsam" y "Misma" aparecen en las listas de descendientes de Ismael y Simeón, lo que sugiere una relación previa entre las tribus, que tal vez ocurrió cuando el territorio de Simeón se extendió hacia el sur (1 Cr. 1:29-30; 4: 25, 38-43).

MISMANA Uno de los valientes de David, fue uno de los hombres de Gad que unieron fuerzas con David en Siclag (1 Cr. 12:10).

MISPAR Uno de los líderes que regresaron del exilio en Babilonia con Zorobabel (Esd. 2:2). En la lista paralela, el nombre aparece como "Misperet" (Neh. 7:7).

MISPERET *Ver* Mispar.

MISRAÍTAS Un clan de descendientes de Judá, de la familia de Quiriat-Jearim (1 Cr. 2:53), fueron antepasados de los zoratitas y de los estaolitas. El nombre indica que eran residentes de Misra, pero no se sabe nada de la ubicación.

MISREFOT-MAIM Un límite del territorio de los sidonios (una ubicación posiblemente en la frontera moderna entre Israel y el Líbano).

Josué persiguió al rey Jabín de Hazor hasta este punto cuando la coalición cananea había salido contra los israelitas en las aguas de Merom (Jos. 11:8). Aunque aún estaba por ser conquistada al final de la vida de Josué, el área delimitada por Misrefot-maim debía incluirse en la herencia de Israel (Jos. 13:6).

M

MISTÉRICAS, RELIGIONES Las religiones mistéricas fueron sectas secretas que se hicieron populares durante la era del NT que proveía a los iniciados la oportunidad de desarrollar una relación cercana con una divinidad con la esperanza de asegurar una vida futura más bendita. Los misterios prometían que la deidad elegida proporcionaría protección especial y privilegios para los iniciados. Estas religiones eran populares en el mundo greco-romano porque proporcionaban un encuentro religioso más experiencial que el de los cultos religiosos tradicionales del Imperio Romano. También ofrecían una teología de la salvación más definida y brindaban esperanza para vencer al destino. Además, las religiones de misterio creaban lazos sociales muy unidos entre los iniciados. Había dos tipos principales de religiones mistéricas: griega y oriental (las siguientes listas son representativas, no exhaustivas).

Mistéricos Griegos

Estos cultos de misterio eran originarios de Grecia y fundacionales para todas las demás religiones mistéricas.

Eleusinos. Los misterios Eleusinos estaban entre los misterios griegos más antiguos y famosos. Los iniciados iban a Eleusis, cerca de Atenas, para celebrar el culto a la fertilidad de Deméter (la diosa griega del grano). Se creía que Deméter proporcionaba cosechas abundantes y una vida futura próspera para sus iniciados.

Andania. Andania estaba en el sudoeste del Peloponeso, y sus misterios estaban dedicados a Deméter, Hermes, Apolo y otros. Las Reglas de los Misterios de Andania es una inscripción que describe algunas de las características públicas de la religión, que incluía la toma de juramentos, el uso de ropas especiales, salmodía, el canto, los sacrificios, una procesión y un banquete sagrado.

Cabiros. Estas deidades fueron adoradas en varios lugares alrededor del Mar Egeo. En general, los Cabiri eran considerados como deidades protectoras y eran populares entre los marineros. La adoración de Cabiros incluía bailes rituales, sacrificios de animales y un rito único de confesión de pecados.

Dionisíacos (Baco). Estos eran misterios ampliamente difundidos que se encuentran principalmente en Asia Menor y las islas griegas. Sus ceremonias de iniciación incluían actividades de éxtasis con promiscuidad sexual, beber vino y comer carne cruda de animales. El culto apelaba especialmente a las mujeres, que desempeñaron un papel importante en el culto dionisíaco.

Mistéricos Orientales

Estas religiones, que tuvieron sus orígenes en el Cercano Oriente, se desarrollaron en los misterios griegos y se hicieron populares a lo largo del Imperio Romano a medida que la gente se fascinaba cada vez más con las tradiciones religiosas extranjeras que eran en ocasiones, exóticas.

Osiris e Isis. Estos misterios fueron importados de Egipto y se convirtieron en las deidades no griegas más populares durante la era del NT.

Osiris era el señor del reino de la muerte y el hermano/esposo de Isis. Isis se hizo conocida como Serapis en el mundo griego. Se pensaba que Osiris era un dios salvador con poderes curativos y que a menudo se lo comparaba con Zeus. Isis era considerada una diosa madre en el mundo helenístico y a veces se identificaba con Deméter y Afrodita. La historia de Apuleyo sobre el iniciado Lucio relata una ceremonia privada en los misterios de Isis y Osiris. En esta narrativa, después de cruzar el inframundo, Lucio cambia de estar en la oscuridad a estar en la luz y se describe como "nacido de nuevo".

Atis. Esta religión mistérica provino de Frigia en Asia Menor y se centró en Cibeles y su joven amante, Atis. La religión se hizo conocida por sus extravagantes seguidores llamados "Galos", que se castraban para ser eunucos de la Gran Madre (Cibeles). El culto también era conocido por su matanza ritual de un toro (esta práctica era conocida como el taurobolio) y el empapamiento de los iniciados en la sangre del toro.

Mitra. Este misterio adoraba al dios persa Mitra (también llamado "Mitras"), que era un guerrero de la verdad y la justicia. El culto se centró en la astrología y prometía formas secretas de controlar las fuerzas celestiales y así controlar el destino de uno. El mitraísmo puede que haya sido sólo accesible a los hombres y fue popular entre marineros, soldados y funcionarios del gobierno. Los rituales mitraicos a menudo incluían pruebas de coraje. De hecho, la religión mitraica era simbolizada por el asesinato de un toro. El culto también incluía una comida en la que los iniciados tomaban pan y vino y recitaban ciertas fórmulas.

Cristianismo y Mistéricos Orientales

El cristianismo era similar a las religiones mistéricas de varias maneras: (1) Mantenían una doctrina de la salvación por medio de la elección personal. (2) Sus miembros participaban en ceremonias de purificación. (3) Promovían el igualitarismo y la unidad. (4) Incorporaban una comida sagrada en las ceremonias de adoración. (5) Incluían imágenes de resurrección.

El cristianismo era diferente de las religiones mistéricas de varias maneras: (1) la iniciación en las mistéricas era muy reservada, mientras que la iniciación cristiana era un evento público. (2) Las religiones mistéricas prometían la salvación del destino y los terrores del Más allá, mientras que el cristianismo prometía la salvación del pecado por medio de Cristo. (3) Los mistéricos a menudo promovían la muerte y la resurrección en relación con el ciclo de la naturaleza, mientras que el cristianismo promovía una verdadera resurrección para sus seguidores. (4) Los lavados mistéricos eran para purificarse en la iniciación, mientras que el bautismo cristiano era la iniciación misma. (5) Los mistéricos generalmente eran costosos y, por lo tanto, sólo para la élite, mientras que el cristianismo invitaba a todos a participar. La popularidad de las religiones mistéricas durante la era del NT revela que muchas personas se sentían frustradas con las religiones romanas tradicionales. El deseo de ellos de tener una relación personal con una deidad benevolente que podía proporcionarles la salvación en el Más allá y la esperanza perdurable en la vida actual es revelador. Por lo tanto, no es de sorprenderse que el mensaje del cristianismo haya sido recibido y aceptado por tanta gente durante los primeros siglos de la era cristiana. La proclamación del cristianismo del "misterio de Cristo" (Col. 4:3) era el misterio más grande de todos.

MISTERIO Un misterio implica conocimiento que se revela a algunos pero que se oculta a otros. Nada es misterioso para Dios (Heb. 4:13), y sólo Él entiende el propósito total de su voluntad (Job 38:1-40: 24; Is. 46:10), pero también condesciende para revelar partes de su voluntad a aquellos que Él elige (Jn. 16:15).

Una forma en que Dios revela tales misterios en el AT es a través de los sueños y su interpretación. Esta es la dinámica puesta en marcha en Dan. 2, donde Dios revela secretos al rey Nabucodonosor a través de imágenes crípticas. El significado de estas imágenes permanecen ocultas, sin embargo, hasta que "el misterio fue revelado a Daniel en una visión" (v. 19). Una vez revelados, los sueños detallan los planes de Dios para el futuro de su reinado.

Un relieve de un altar asociado con la religión mistérica de Cibeles y Atis. El relieve muestra a Cibeles entronizada, con su mano apoyada en el hombro de Atis.

De manera similar, las parábolas de Jesús dan a conocer el carácter y el futuro del reino venidero de Dios a sus siervos elegidos, al mismo tiempo se lo oculta a los que están fuera del círculo (Mt. 13:18-23). Pablo, en contraste, usó el "misterio" para referirse a la revelación del plan de Dios para la redención de la humanidad, es decir, la inclusión de gentiles dentro de "Israel" (Rom. 11:25). Este plan, anunciado en el AT pero oculto en lo esencial, se reveló recién en la muerte y resurrección de Jesucristo (Rom. 16:25; Ef. 1: 9; 1 Tim. 3:16; *ver* 1 Pe. 1:10-12). El mensaje del Evangelio es, por lo tanto, la revelación de este misterio, la proclamación de la verdad acerca de Jesucristo, ahora hecha pública al mundo (Ef. 3:3-9).

MITANI Ubicado en el norte de Mesopotamia y Siria, este reino de ciudades-estado hurritas confederadas parece haberse formado alrededor de 1550 a.C y alcanzó su apogeo en el período de Amarna, actuando como una intersección para mercaderes y mensajeros de Egipto, los hititas, los asirios, y otros. No se menciona en la Biblia y cayó antes de 1245 a.C La capital, Wassukanni, se encontraba probablemente en Tell Fakhariyah. La cultura hurrita es importante para entender la antigua Canaán: se cree que algunos nombres personales bíblicos derivan del lenguaje hurrita (por ejemplo, "Samgar"), y entre las ciudades de Mitani estaba Nuzi, donde los hallazgos muestran notables paralelismos culturales con las narrativas patriarcales.

MITAN *Ver* Mitnita.

MITCA Uno de los lugares donde acamparon los israelitas en el desierto, entre Tara y Hasmona (Nm. 33:28-29).

MITILENE Un puerto importante y ciudad turística de la época romana (Mitilíni de la actualidad) en la costa oriental de la isla de Lesbos, en el mar Egeo, en la costa noroeste de Asia Menor. Mitilene era una parada en el viaje de regreso de la tercera campaña misionera de Pablo (Hec. 20:14).

MITNITA Un residente de Mitan, describiendo a Josafat, uno de los valientes de David (1 Cr. 11:43). La ubicación de la residencia de Josafat es desconocida.

MITRA Interpretación en la KJV de dos palabras hebreas diferentes: migba'a, que es la diadema o un solideo que no sea como el de un sumo sacerdote (por ejemplo, Éxodo 28:40; Levítico 8:13) y pe'er, que es un tocado (Isaías 3:20) o turbante (Ezequiel 44:18).

MITRA, MITRAÍSMO Una religión mistérica del Imperio Romano, popular entre los soldados. Las creencias y prácticas del mitraísmo, que eran secretas por naturaleza y no tenían cuerpo de escrituras, sólo pueden reconstruirse a partir de evidencia arqueológica y fuentes secundarias. Gran parte de la información sobre el culto se deriva de las escrituras de personas externas que comentan sobre la secta y sus seguidores. La creencia en el dios Mitra se originó en Persia, donde fue venerado en la religión zoroástrica como mediador del dios de la luz, Ahura Mazda. En el momento en que la adoración de Mitra se extendió por todo el Imperio Romano, ocupó un nicho que lo distinguió de la adoración de los típicos dioses romanos.

Mientras que la mayoría de los dioses tenían templos públicos y su culto eran una sociedad profundamente integrada, el culto a Mitra tuvo lugar en estructuras subterráneas o cuevas (llamadas mitreos) y se emprendía por razones de salvación personal, aunque su popularidad entre algunos soldados probablemente alentó a otros militares a participar. Cada mitreo contenía una pintura o escultura de una imagen específica, la tauroctonía, que mostraba a Mitra en el lomo de un toro sagrado, listo para clavar un cuchillo en su cuello. Había siete niveles de iniciación: Corax (cuervo), Nymphus (novio), Miles (soldado), Leo (león), Perses (persa), Heliodromus (emisario solar) y Pater (padre). En el pasado, se pensaba que a las mujeres se les prohibía participar, pero eso ahora es un tanto disputado.

La evidencia del mitraísmo aparece en el siglo I d.C y continúa hasta el siglo IV, cuando la prohibición del paganismo por Teodosio I puso fin a la práctica oficial en el ejército. Esto llevó al mitraísmo a un declive irreversible. Los historiadores han descubierto que el culto a Mitra es particularmente interesante debido a algunos sorprendentes paralelismos con el cristianismo. Mitra se asoció con el dios del sol, cuyo nacimiento se celebraba el 25 de diciembre, que los cristianos más tarde adoptaron como el cumpleaños de Cristo. Los partidarios del mitraísmo compartían una comida sagrada como parte de la adoración, similar a las fiestas de amor del cristianismo primitivo, y ambos consideran que un sacrificio es central en su teología. Los primeros líderes cristianos incluso acusaron al mitraísmo de imitar malvadamente al cristianismo. Si bien existen algunas similitudes superficiales, es poco probable que ninguno de los grupos tenga una influencia real en el otro.

MITRA Sombrero usado por los obispos en la iglesia occidental de la Edad Media. Los dos puntos de este sombrero simbolizan las lenguas de fuego del Pentecostés, que vinculan al obispo con la autoridad apostólica. En el AT, la RVA se refiere al turbante usado por el sumo sacerdote como una mitra (por ejemplo, Éx. 28:4, Lev. 8:9). *Ver también* Turbante.

MITRÍDATES **(1)** El tesorero de Persia en el tiempo de Ciro negoció la devolución de los vasos del templo de Ciro a Sesbasar, uno de los líderes clave del regreso a Jerusalén después del exilio (Esd. 1:8). **(2)** Un oficial persa (aparentemente ubicado en Siria), pero durante el reinado de Artajerjes I (464-424 a.C) fue parte de una conspiración que trató de bloquear la reconstrucción de la ciudad de Jerusalén (Esd. 4:7).

MIZA El más joven de los cuatro hijos de Reuel y nieto de Esaú y su esposa Basemat, él y sus hermanos fueron los primeros jefes de Edom (Gn. 36:13, 17; 1 Cr. 1:37)

MIZAR Mencionada solo en Sal. 42:6, esta montaña estaba probablemente en las faldas del Monte Hermón. Alternativamente, la palabra hebrea mits'ar podría entenderse como un adjetivo, de modo que la frase aquí también podría traducirse como "pequeña montaña".

MIZPA Significa "atalaya" y es el nombre de varios sitios en la Biblia. En algunas versiones de la Biblia, el nombre también aparece como "Mizpe." **(1)** Junto con "Galaad", es un nombre dado al montón de piedras que conmemoraban el pacto hecho entre Jacob y Labán (Gn. 31:48-49). **(2)** Una región cerca del monte Hermón que fue ocupada por los heveos (Jos. 11:3). **(3)** Una de las ciudades que ocupa la región de Sefela, o planicie costera, enumerada en Josh. 15:38-39. **(4)** El lugar donde los israelitas se reunieron en reacción a la amenaza militar de Amón e hicieron de Jefté su líder (Jue. 10:17; 11:11). Pudo haber sido el hogar de Jefté y puede ser el mismo lugar mencionado en Gn. 31:49. Desde Mizpa, Jefté e Israel atacaron a los amonitas. Mizpa se convirtió en el lugar donde Jefté cumplió su promesa mal concebida (Jue. 11:34). Esta ubicación es probablemente la misma que Ramat Mizpa en el territorio de Gad (Jos. 13:26). **(5)** Un sitio en Moab donde David hizo que sus padres se quedaran, con la autorización del rey de Moab (1 Sam. 22:3). **(6)** Una ciudad de la asignación tribal de Benjamín. Está listada entre Beerot y Cafira y parece haber estado cerca de Gabaón y Ramá (Jos. 18:26, 1 Re. 15:22, Neh. 3:7). De los diversos lugares que

Estatua romana de Mitra matando al toro (siglo II d.C).

llevan el nombre "Mizpa", la ubicación de los benjamitas tiene la mayor importancia bíblica. Los hombres de Israel se reunieron aquí para decidir cómo lidiar con el comportamiento de los benjamitas hacia la concubina del levita (Jue. 20:1-3; 21:1-8). Fue también aquí que Samuel convocó al pueblo de Israel para orar y renovar su relación con Dios después de que los filisteos le devolvieran el arca del pacto (1 Sam. 7:5-6). Como resultado, cuando los filisteos atacaron, Dios los hizo entrar en pánico, e Israel tuvo la victoria. Samuel visitaba regularmente a Mizpa para juzgar a los israelitas (1 Sam. 7:16). Además, Saúl fue presentado a Israel como su rey en Mizpa (1 Sam. 10:17).

Tomadas en conjunto, estas referencias muestran la importancia religiosa y cívica del sitio para la joven nación. Después de la división del reino, Mizpa se convirtió en parte del reino del sur de Judá. El rey Asa de Judá fortificó Mizpa contra el rey Baasa de Israel con materiales utilizados en la fortificación de Baasa en Ramá (1 Re. 15:16-22). Mizpah se convirtió en un importante centro cívico una vez más después de la destrucción de Jerusalén por Nabucodonosor y los babilonios en 587/586 a.C Gedalías, el gobernador designado por Babilonia de la región conquistada, estableció su centro de gobierno en Mizpa (2 Re. 25:23-25). La importancia de Mizpa es conmemorada por Judas Macabeo en el período intertestamentario (1 Mac. 3:46).

La ubicación del Mizpa Benjamita se debate hoy, con dos posibles sitios posibles: Nebi-Samwil está aproximadamente a cuatro millas y media al norte de Jerusalén, y Tell en-Nasbeh, el sitio más probable, está aproximadamente a ocho millas al norte de Jerusalén.

MIZPE *Ver* Mizpa.

MIZRAIM El segundo de los cuatro hijos de Cam y nieto de Noé (Gn. 10:6; BLP: "Egipto"). Mizraim, al igual que sus hermanos, Cus, Fut y Canaán, es nombrado como el progenitor de personas que vivían en el norte de África o Palestina. Cuando sus descendientes se establecieron en Egipto, "Mizraim" se convirtió en la palabra hebrea común para Egipto como un reino y para los egipcios como pueblo. La relación entre Mizraim y Cam se refleja en los salmos, que a veces se refieren a Egipto como la tierra o las tiendas de Cam (Sal. 78:51; 105:23, 27; 106:22).

MNASÓN Un hombre de Chipre que vivía en Jerusalén y que fue uno de los primeros creyentes y recibió a Pablo y sus acompañantes de viaje al final de la tercera campaña misionera de Pablo (Hec. 21:16).

Tell en-Nasbeh, a probable ubicación de Mizpa en Benjamin.

MOAB

La Geografía de Moab

Territorio indiscutible. Moab se sitúa casi con exactitud entre los valles Arnón y Zered al este del Mar Muerto. El Arnón es el desfiladero más profundo de Jordania (mil setecientos pies) y tiene dos millas de ancho en el lado superior. Sirvió como un límite natural al norte para la geopolítica de Moab, a pesar de que la nación con frecuencia expandió su control más al norte. El cañón eventualmente se divide en cuatro bifurcaciones, "los arroyos [NTV:"barrancos"] del Arnón" (Nm. 21:14-15 LBLA). El Zered al sur es el único río en Jordania que constituyó una frontera política permanente.

La elevación promedio de Moab es de unos treinta y doscientos pies, con algunas montañas que se acercan a los cuatro mil pies. Moab recibe considerablemente más lluvia (dieciséis pulgadas por año) que las franjas orientales de Israel, ya que la humedad se acumula por el húmedo valle del Jordán y por el Mar Muerto y los vientos predominantes del oeste. La franja de tierra cultivable es estrecha, porque el terreno junto al Valle del Rift es escarpado. Las ciudades en Moab fueron mencionadas entre los lugares que eran aptos para el ganado de las dos, y una y media tribus asentadas en Transjordania (Nm. 32:1-4).

La meseta y llanuras de Moab. Cuando mishor hace referencia a la meseta de Moab, siempre tiene el artículo definido en hebreo (Dt. 3:10, 4:43; Jos. 13:9, 16, 17, 21; Jer. 48:8, 21). La meseta comienza donde terminan las laderas de Galaad y se extiende hacia el sur hasta la quebrada de Arnón. La frontera del desierto hacia el este fluctúa un poco, dependiendo de si son años húmedos o secos. La elevación promedio es de unos dos mil seiscientos pies, con una precipitación promedio de catorce a dieciséis pulgadas. En el período bíblico, los principales contendientes por el control de esta región eran los moabitas y las israelitas. Los moabitas consideraban la meseta parte de su territorio, su límite norte se extendía a las estribaciones de Galaad.

Las "llanuras ['arebot] de Moab" (Nm. 22:1; 26:3; 31:12; 33:48-50; 36:13; Dt. 34:1; Jos. 13:32) podrían referirse a la esquina sureste del valle del Jordán, bajo la meseta que está frente a Jericó. Sin embargo, debido a que la preposición hebrea 'al, usada repetidamente en los pasajes de Números, puede significar "arriba", podría referirse a las llanuras "arriba" del Jordán frente a Jericó, en otras palabras, parte de la meseta. Esto tiene más sentido a la luz de los eventos que se desarrollaron mientras los israelitas estaban acampados allí. Ambas expresiones son indicativas de que el nombre de Moab estaba vinculado a territorios más allá de los límites estrictamente políticos.

La Historia de Moab en la Biblia

Origen de los moabitas. Después de la destrucción de Sodoma y Gomorra, las hijas de Lot decidieron continuar la línea familiar acostándose con su padre (Gn. 19:30-38). El hijo de la hija mayor se llamaba Moab. Según la etimología en la Septuaginta, el nombre en hebreo significa "de mi padre" (Gn. 19:37).

El éxodo y la conquista. La canción de Moisés hace referencia a los líderes de Moab entre los que Israel se enfrentaría (Éx. 15:15). Así como los israelitas tuvieron que desviarse de Edom (Nm. 20:14-21), también pueden haber esquivado el territorio geopolítico de Moab, desplazándose en cambio a lo largo del camino del desierto hacia el este (Nm. 21:10-20; Dt. 2:8-9; Jue. 11:18; *ver también* Dt. 2:29) , hasta que llegaron al territorio que Sehón, rey de los amorreos, había capturado anteriormente de los moabitas (Nm. 21:21-26). Esta es la meseta (Heb. Mishor) al norte de Arnón (Dt. 2:36) que se extiende a Amón (Jos. 13:10). La ciudad capital de Sehón era Hesbón en la meseta (mishor) (Jos.13:21). Después de derrotar a los amorreos, los israelitas acamparon en las "llanuras de Moab" (Nm. 22:1; 33:48-50), donde permanecieron hasta cruzar el río Jordán. Lo más probable es que descendieran al Valle del Jordán para no poner en peligro su seguridad.

Asustado por esta multitud, el rey de Moab y los ancianos de Madián llamaron a Balaam para que maldijera a los israelitas (Nm. 21-24).

M

En cambio, Balaam pronunció cuatro conjuntos de bendiciones sobre Israel, y en el final Balaam habló de una "estrella... de Jacob" que "aplastaría la frente de Moab" (Nm. 24:17). Debido a que los moabitas se negaron a recibir a los israelitas y contrataron a Balaam, los moabitas, junto con los amonitas, fueron excluidos de la asamblea del Señor por diez generaciones (Dt. 23:3-6). El versículo inmediatamente anterior a este pasaje excluye a los nacidos de matrimonios prohibidos, lo cual podría ser la razón para especificar a Moab y Ammón.

La meseta (mishor) fue asignada a las tribus de Rubén y Gad (Nm. 32:34-38, Jos. 13:8-9). La presencia de ellos permitió a los israelitas mantener el control en la región, un hecho que sería significativo unos tres siglos después (Jue. 11:26). Cuando los israelitas se prepararían para entrar a la tierra, Moisés reiteró el pacto en las llanuras de Moab (Nm. 36:13; Dt. 29:1). Cuando llegó el momento de que muriera Moisés, subió al monte Nebo desde las llanuras de Moab hasta la cima del Pisga, y después de su muerte, los israelitas lo lloraron allí durante treinta días (Dt. 34:1-8).

Los jueces durante la monarquía. Durante el período de los jueces, los moabitas avanzaron hacia el norte por el Arnón y hasta Jericó. Cuando Aod mató a Eglón, los moabitas fueron expulsados y sometidos a Israel durante ochenta años (Jue. 3). Sin embargo el respiro fue temporal, debido a la repetitiva apostasía de parte de los israelitas. Se pusieron a adorar a los dioses de los pueblos que les rodeaban, entre ellos a los dioses de los moabitas (Jue. 10:6). En algún momento durante el período de los jueces, las relaciones entre Israel y Moab fueron lo suficientemente amistosas como para que la familia de Elimelec pudiera refugiarse allí durante la hambruna en Judá (Rut 1). Cuando todos los hombres de la familia murieron, Rut la moabita se convirtió a la adoración de Yahvé (Rut 1:16), lo que significaba que ella podía ser parte de la congregación de Israel, superando la restricción en Dt. 23:3-6.

El hijo de Rut era Obed, el padre de Isaí, el padre de David (Rut 4:21). Este vínculo familiar con Moab puede explicar por qué David buscó refugio para su padre y su madre en Moab en los oscuros días cuando huía de Saúl (1 Sam. 22:1-4). David estaba apelando a un enemigo nacional al hacer esto, ya que Saúl había estado luchando contra los moabitas junto con los amonitas, los edomitas y los filisteos desde que se había convertido en rey (1 Sam. 14:47). La complejidad creada por David como resultado de esta combinación de lealtades familiares y continuas preocupaciones nacionales es evidente en sus acciones posteriores como rey.

Cuando derrotó a los moabitas, los sometió brutalmente, reduciéndolos a un reino vasallo (2 Sam. 8:2-12). El reinado unido continuó controlando la meseta de Moab, lo que se evidencia en las ciudades señaladas en el censo de David; llegó por medio de la tribu de Gad a la ciudad de Aroer en la Quebrada de Arnón (2 Sam. 24:5). Salomón construyó lugares de adoración para los dioses de sus esposas, entre ellos Quemós, "el dios detestable de Moab" (2 Re. 23:13). Como resultado, Dios eliminó todo, menos el reino del sur de Judá de la dinastía davídica, y la meseta de Moab quedó bajo el control del reino del norte durante más de medio siglo. La Piedra Moabita, descubierta en el siglo XIX d.C en Dibón, indicaba que Omri, rey de Israel, conquistó la meseta de Medeba y restableció las conexiones con la tribu de Gad. Esto continuó hasta casi el final del reinado de Acab. Aunque la Piedra Moabita indica que Mesa se rebeló durante el reinado de Acab, el texto bíblico lo pone después de la muerte de Acab. La revuelta provocó una alianza entre Joram y Josafat para someter a Moab (2 Re. 3:4-27).

Los profetas y después del exilio. Moab es objeto de intensos reproches por parte de varios profetas (Is. 15-16, 25:10, Jer. 48, Eze. 25:8-11, Amós 2:1-3). El juicio venidero de Moab se describe en términos nefastos, igualando el final de Moab al de Sodoma y Gomorra (Sof. 2:9). Aun así, Dios declara: "Restauraré el bienestar de Moab en los postreros días" (Jer. 48:47). Moab será humillado junto con Edom y los filisteos por la palabra del Señor (Sal. 60:8; 108:9). Después del regreso del exilio, los moabitas se encontraban entre aquellos con quienes los israelitas se casaron (Esd. 9:1; Neh. 13:1; *véase* Dt. 23:3-6).

MOABITA, PIEDRA La piedra moabita (también conocida como Estela de Mesa o Inscripción de Mesa) es una estela basáltica negra bastante grande (de aproximadamente 3,5 pies de alto, 2 pies de ancho y 14 pulgadas de grosor) con una inscripción del rey moabita Mesá del siglo IX a.C Esta inscripción dedicatoria de treinta y cuatro líneas escritas en un alfabeto similar al hebreo antiguo alaba a Quemós, la deidad principal de Moab, por varias victorias pero principalmente por la liberación del rey Acab de Israel alrededor del 849 a.C Debido a que la estela cita otros eventos que ocurren más tarde en el reinado de Mesa, lo más probable es que se elaboró entre 840 y 830 a.C La inscripción dice que la estela fue colocada en Qarhoh en el "lugar elevado erigido para Quemós".

Charles Clermont-Ganneau escuchó historias sobre esta estela de los árabes locales, pero el reverendo F.A. Klein, un prusiano que trabajaba para la Sociedad Misionera de la Iglesia en Jerusalén, la encontró en Dibán (aproximadamente a cincuenta millas al sur de Ammón) en agosto de 1868. Al darse cuenta de la importancia de este descubrimiento, los líderes tribales árabes rompieron la estela, esperando vender sus piezas por más dinero. Aparentemente, algunos árabes que trabajaban para Clermont-Ganneau pudieron hacer un borrador en papel maché de la inscripción antes de que se dañase. La mayoría de las piezas fueron posteriormente recuperadas y re ensambladas, y en 1873 la estela fue transportada al Museo del Louvre en París.

La inscripción corrobora y complementa el relato de la batalla entre Israel y Moab registrada en 2 Re. 3:4-27. Sin embargo, en el relato bíblico, no es Quemós quien da la victoria a Mesa, sino Yahvé quien le da la victoria a Joram, el hijo de Acab. Los israelitas terminaron la batalla y regresaron a casa después de que Mesa ofreciera a su hijo mayor a Quemós en las murallas de la ciudad.

MOABITA Una mujer de Moab. El término se usa en algunas traducciones de la Biblia principalmente para describir a Rut, la nuera de Noemí y esposa de Booz (Rut 2:2, 6, 21; 4:5, 10), pero también describe a Simrit, la madre de Jozabad (2 Cr. 24:26). *Ver también* Moab.

MOADÍAS Ancestro de un clan de sacerdotes durante el tiempo del sumo sacerdote Joiacim (Neh. 12:17). Algunos identifican el nombre con Maadías (Neh. 12:5; p. Ej., NVI).

MODERACIÓN Evitar excesos o extremos (Ecl. 5:10; Eze. 16:47). La Biblia generalmente condena la riqueza excesiva y el ascetismo extremo (Pro. 30:8, 1 Tim. 5:21). Pablo se apropia de una de las cuatro virtudes cardinales de los estoicos, "decoro", que se relaciona con la moderación en la comida, la bebida, el sexo y el ejercicio, lo que lleva a la cordura (1 Tim. 2:9, 15).

MOFADOR Una persona que muestra desprecio por otro a través de insultarlos con palabras o acciones. Proverbios contiene muchas advertencias acerca de los mofadores y con frecuencia contrasta al mofador con el hombre sabio o hijo sabio. El mofador se rehúsa a escuchar

La Piedra Moabita.

o ser disciplinado, en cambio la persona sabia busca la sabiduría y responde a la disciplina. El término hebreo lets con frecuencia es traducido por MIV como “burlador”. A los mofadores se les asocia con los últimos días en 2 Pe. 3:3. Sin embargo, mofarse no siempre es descrito como malo. Dios es caracterizado como un mofador de malhechores en un número de pasajes bíblicos (e.g., Sal. 2:4; 59:8).

MOHO En Lev. 13-14 la misma palabra hebrea, tsara'at, se usa para una enfermedad de la piel y un brote de moho en telas o casas. Cuando se encontraba moho, un sacerdote realizaba un ritual que involucraba la cuarentena (13:50; 14:38), el tratamiento o la eliminación del área infectada (13:54-56; 14:40-42) y la limpieza ritual (13:58; 14:49-53). Sin embargo, si el moho se extendía, la tela o la casa tenían que ser destruidas (13:52; 14:45).

MOHOSO En Jos. 9:5, 12 se traduce la palabra hebrea niqqudim como "mohoso", que describe el pan de los gabaonitas, el cual hacía parecer que habían recorrido una gran distancia para encontrarse con los israelitas (Jos. 9:5, 12 [RVA: "Mohoso"; NVI: "duro"]).

MOISÉS, LEY DE *Ver* Ley; Pentateuco.

MOISÉS, LIBROS DE *Ver* Pentateuco.

MOISÉS Moisés desempeñó un papel de liderazgo en la fundación de Israel como un "reino de sacerdotes y una nación santa" (Éx. 19:6). De hecho, la narración del Éxodo a Deuteronomio es la historia de Dios que usa a Moisés para fundar la nación de Israel. Comienza con el relato de su nacimiento (Éx. 2) y termina con el relato de su muerte (Dt. 34). La influencia e importancia de Moisés se extiende mucho más allá de su tiempo de vida, como demuestra la Escritura posterior.

Los Descendientes de Abraham en Egipto

El libro de Génesis prepara el camino para la historia de Moisés y la fundación de Israel. Después de relatar la creación del mundo y la caída en el pecado, el libro finalmente describe la elección por parte de Dios de Abraham como el padre de los descendientes que Él convertiría en "una gran nación" y la cual traería bendición al mundo (Gn. 12:1-3). Sin embargo, ya en el final de Génesis, los descendientes de Abraham se habían ido a Egipto para sobrevivir a una hambruna devastadora. Aunque tenían una buena relación con el gobierno egipcio, se expresa la esperanza de que Dios eventualmente los restituiría a la tierra prometida (Gn. 50:24-26).

Muchos años pasan entre el final del libro de Génesis y el comienzo de Éxodo. La población israelita había crecido desde tener el tamaño de la familia (setenta personas aprox.) hasta alcanzar el tamaño de la nación. Por miedo, los egipcios habían comenzado a oprimirlos. De hecho, el tamaño de la población israelita les preocupaba tanto que el faraón instituyó un decreto que ordenaba la muerte de todos los bebés varones nacidos de los israelitas

La Vida de Moisés antes del Éxodo

Moisés nació en un tiempo peligroso, y en conformidad con el decreto de Faraón, no debería haber sobrevivido mucho después de su nacimiento. Él nació de Amram y Jocabed (Éx. 6:20). Evadiendo el decreto de Faraón, Jocabed colocó al bebé Moisés en una cesta de juncos y lo hizo flotar río abajo. Este acto parece desesperado, pero hay historias similares del Cercano Oriente (el relato del nacimiento de Sargón, un rey acadio), y era tal vez una forma de poner al niño en peligro en manos de Dios. Dios guió la canasta río abajo y hasta la presencia de nada menos que la hija de Faraón (Éx. 2:5-6), quien, a insistencia de la hermana de Moisés, contrató a Jocabed para que cuidara al niño. Cuando el niño creció, la hija de Faraón le dio un nombre hebreo, "Moisés", que suena como el verbo hebreo mashah, que significa "sacar" (Éx. 2:10). Esta asombrosa historia de supervivencia de Moisés al nacer le informa a Israel de años más tarde que su salvador humano fue realmente proporcionado por su salvador divino.

Las adaptaciones cinematográficas modernas de esta historia muestra la educación de Moisés en la casa de Faraón, pero la Biblia en sí guarda silencio con respecto a este período de su vida (aunque hay una referencia a la educación egipcia de Moisés en Hec. 7:22, *véase* Heb 11:24). El siguiente gran episodio hace referencia a cómo él defendió a un trabajador israelita que estaba siendo golpeado por un egipcio (Éx. 2:11-25). En el proceso de rescatar al israelita, Moisés mató al egipcio. Aparentemente, su relación con la casa del gobernante no lo salvaría del castigo, así que cuando se hizo evidente que era sabido de que él era el asesino, huyó de Egipto y terminó en Madián, donde se convirtió en miembro de la familia de un sacerdote principal madianita, Jetro, casándose con su hija Séfora.

El territorio de Madián se describe vagamente en la Biblia, tal vez porque su gente eran pastores de ovejas nómada. Se les encontraba a menudo alrededor del Golfo de Aqaba y, a veces, más al noreste del río Jordán. La pregunta es si la tienda de Jetro y el Monte Sinaí estaban en la península del Sinaí o en el lado oriental de Aqaba en lo que es hoy Arabia Saudita.

Aunque Moisés buscaba una forma de regresar a Egipto, Dios tenía planes diferentes. Un día, mientras Moisés estaba cuidando sus ovejas, Dios se le apareció en la forma de una zarza ardiente y le comisionó que regresara a Egipto y condujera a su pueblo a la libertad. Moisés expresó renuencia, y entonces Dios reticente alistó a su hermano mayor, Aarón, para que lo acompañara como su portavoz.

Legado y Fechas

El Nuevo Testamento honra a Moisés como el siervo de Dios, pero también señala que Jesús es uno que supera con creces a Moisés como mediador entre Dios y el pueblo (Hec. 3:17-26; Heb. 3).

La fecha de Moisés es motivo de controversia ya que el texto bíblico no nombra a los faraones de la historia. Muchos lo datan hasta el siglo XIII a.C y lo asocian con Ramsés II, pero otros toman 1 Re. 6:1 al pie de la letra y lo fechan a fines del siglo XV a.C, tal vez durante el reinado de Thutmosis III.

MOLADA Una ciudad en el Neguev cerca de Beerseba. Primero se asignó a Judá (Jos. 15:26) y se describe como parte de la tierra cerca de la frontera de Edom. Más tarde, se le asignó a Simeón como parte de su herencia que estaba dentro del territorio de Judá (Jos. 19:2). La ciudad fue ocupada nuevamente por israelitas que regresaron del exilio (Neh. 11:26). La ciudad se menciona en un óstracon encontrado en Horvat 'Uza, pero su ubicación es incierta. Algunos identifican Molada con Malata, la ubicación edomita que Herodes Agripa I usó como refugio. Los dos sitios sugeridos con más frecuencia son Tell el-Milh (al sudeste de Beerseba, entre Arad y Beerseba) y Khirbet Kuseifeh (doce millas al este de Beerseba).

Un relieve que representa a Moisés recibiendo la ley, del sarcófago de Agape y Crescentianus (330-360 d.C).

MOLID Descendiente de Judá, él era hijo de Abisur y Abihail (1 Cr. 2:29).

MOLINO, PIEDRA DE MOLINO Uno de los diferentes tipos de implementos de piedra utilizados para moler el grano, generalmente a mano. Esta tarea a menudo se realizaba a diario, por lo que el sonido de los molinos que molían el grano se convirtió en un símbolo de la vida normal (Jer. 25:10; Apo. 18:22). Las mujeres (Mt. 24:41) o los siervos (Éx. 11:5) generalmente usaban molinos, o los presos, como Sansón (Jue. 16:21), podían ser encomendados para realizar esta mundana tarea. Los molinos a menudo eran tan pequeños que sólo una persona los usaba. Aparentemente, el molino manual más antiguo incluía una piedra cóncava inferior hecha de basalto u otra piedra dura (Job 41:24). La persona que molía frotaba una segunda piedra de molino más pequeña, en forma de barra (Jue. 9:53) hacia adelante y hacia atrás con la parte inferior para moler el grano. Los molinos posteriores tenían dos losas circulares, y el usuario giraba la piedra superior mediante una clavija de madera unida como asa. Los molinos más grandes también se usaban en operaciones comerciales. Se colocaba un gran cono invertido doble bien labrado en una piedra inferior en forma de cono. Un par de personas o animales hacían rotar la piedra superior empujando postes en las cuencas. Las referencias a arrojar grandes piedras de molino en el mar (Mt. 18:6, Apo. 18:21) probablemente se refieren a una piedra de molino superior grande.

Piedras de Molino de la antigua Israel.

MOLOC Hay muchas preguntas sobre la identificación de Moloc. En general, se cree que Moloc era un dios de los amonitas (1 Re. 11:5). Moloc ha sido asociado durante mucho tiempo con la práctica del sacrificio de niños, basada en varias referencias a la deidad dentro de la Biblia. Por ejemplo, Levítico asocia el sacrificio de niños con la adoración de Moloc y establece la pena capital para cualquiera que practicara dichos actos (18:21; 20:2-5). A Josías se le acredita la destrucción del altar (Tofet) de Moloc en el valle de Ben-hinom, para que nadie pudiera sacrificar a niños para Moloc allí (2 Re. 23:10-13).

El texto bíblico hace referencia a la profanación de Tofet. No se sabe exactamente qué era Tofet, pero la palabra hebrea probablemente significa "quemar", lo que sugiere que era un incinerador o un altar formado especialmente. No se sabe si este incinerador tenía sólo fines religiosos o si tuvo otros usos, como por ejemplo un horno para la cocción de cerámica. Jer. 19 registra que Jeremías pronunció un oráculo en la Puerta de los Alfareros contra Tofet y el valle de Ben-hinom. En este oráculo, el dios que se adora es Baal en lugar de Moloc; sin embargo, la ubicación aún se asocia con el sacrificio de niños. El hecho de que la puerta en la que Jeremías da el oráculo se llama la "Puerta de los Alfareros" sugiere que este pudo haber sido el lugar donde trabajaban los alfareros, en cuyo caso habría sido necesario un horno cercano para cocer la cerámica. ¿Podría ser este Tofet? Jer. 7:31 ofrece más evidencia de que Tofet y el Valle de Ben-hinom fueron usados para el sacrificio de niños.

Existe cierto debate sobre la terminología de "pasar por el fuego" (RVA, LBLA, NBLH), que es una traducción más literal del texto hebreo que "sacrificó" de la NVI (*véase* 2 Re. 16:3; 23:10). Algunos eruditos atribuyen esta frase a las fuentes cananeas y cuestionan si se refiere a ofrecer el sacrificio con fuego o hacer que el sacrificio se queme simbólicamente al pasar al niño por el fuego. Debe notarse, sin embargo, que la terminología "pasar por el fuego" no se usa exclusivamente en la Biblia para referirse al sacrificio de niños (*véase* 2 Cr. 28:3).

La arqueología ha demostrado que los cananeos a menudo realizaban sacrificios de niños, lo que se evidencia en grandes parcelas de entierro con muchos niños cerca de centros religiosos. Dentro del panteón cananeo, el dios Malik está bastante bien atestiguado. Malik era el dios del fuego y uno que exigía sacrificio humano. Los nombres "Malik" y "Moloc" tienen la misma raíz semítica, y es posible que el AT haya cambiado "Malik" por "Moloc" para reflejar disgusto mezclando el nombre correcto con la vocalización hebrea para la palabra "vergüenza".

Varios reyes de Israel son acusados no sólo de adorar a Moloc, sino también de participar en el sacrificio de niños y ser un patrón del dios. Salomón es acusado de adorar a Moloc y construir un lugar alto para Moloc (1 Re. 11:5-7, 33). Este lugar alto es quizás el Tofet que Josías profana (2 Re. 23:10). Acaz se registra sacrificando a uno de sus hijos en el fuego (2 Re. 16:3), al igual que Manasés (2 Re. 21:6).

MOLOCH Una variante del nombre de la deidad canaanita "Moloc" (Amos 5:26 RVA, Hec. 7:43 RVA).

MONEDAS Piezas de metal estampadas con una impresión particular, que se usaban como medio de intercambio. Desde tiempos inmemoriales las personas usaban animales, granos u otros productos básicos para hacer trueques (Oseas 3:2), pagar impuestos (1 Samuel 8:15) o como una medida de riquezas (Job 1:3). Gracias a la sustitución de piezas de metales preciosos más pequeños y más fáciles de cargar surgieron ventajas obvias. Con el tiempo las personas utilizaban metales preciosos como la plata o el oro junto con productos básicos (Génesis 20:14-16) y luego estos se reemplazaron (37:28) como medios de pago. Dicho metal pasa por un proceso de refinación, pero se podía entregar en cualquiera de sus formas (anillos, barras, lingotes, polvo) con tal de que tuviera el peso adecuado. Por medio de los estándares locales e internacionales se desarrolló una regulación del pesaje y posteriormente el concepto se volvió más popular hasta que se emplearon piezas de metales preciosos claramente estampados, estándares y autorizados: las monedas.

En el Antiguo Testamento. La acuñación de monedas puede que haya comenzado a finales del siglo VIII a.C., y con el tiempo se difundió a lo largo del mundo conocido. Las primeras monedas al parecer se elaboraron en Asia Menor por medio del uso del electro, que es una aleación natural de oro y plata.

Cuando los persas tomaron el poder de gran parte del antiguo Cercano Oriente en el siglo VI a.C., el uso de las monedas se propagó, por lo que las monedas persas llegaron a la tierra de la Biblia. Al final de la Biblia hebrea se hace mención a grandes cantidades de monedas persas llamadas "dáricos" (1 Crónicas 29:7; Esdras 8:27), que también se traduce como "dracmas" (NASB) o "drams" (KJV) (Esdras 2:69; Nehemías 7:70-72). Estos dáricos se estamparon con la semejanza de Darío el Grande (521-486 a.C.) y se acuñaron con oro y de vez en cuando con plata. Cerca de la misma época, las tetradracmas de plata (cuatro monedas de dracma) provenientes de Atenas llegaron a las costas occidentales del Mediterráneo. Las imitaciones locales de esta moneda se estamparon con las letras "YHD" para representar la provincia de Judá.

En el Nuevo Testamento. Las monedas aparecen una docena de veces en el Nuevo Testamento; algunas poseen raíces helénicas, mientras que otras provienen de los períodos del gobierno asmoneo o romano.

Durante muchos siglos después de que Alejandro Magno conquistara el antiguo Cercano Oriente (siglo IV a.C.), en Judea comenzaron a circular monedas con las imágenes de Alejandro o de sus sucesores seléucidas o ptolemaicos. En particular, los siclos de plata provenientes de las ciudades portuarias fenicias de Tiro y Sidón tuvieron gran fama por mucho tiempo. También llamado "estatero", el siclo o la moneda equivalente a cuatro dracmas que Pedro recuperó de la boca de un pez (Mateo 17:27) puede que haya sido dicha moneda de Tiro. Muchas o el total de las treinta monedas de plata que los sacerdotes jefes le dieron a Judas por engañar a Jesús (Mateo 26:15; 27:3) probablemente eran siclos de Tiro, ya que esta fue aceptada como moneda circulante en el templo de Jerusalén y

M

los sacerdotes puede que hayan tenido un buen abastecimiento de estas.

Después de que los soberanos helénicos perdieran el control de Judea durante la rebelión liderada por una familia macabea o asmonea en el siglo II a.C., los judíos pudieron acuñar sus propias monedas por primera vez. Al parecer Juan Hircano I (134-104 a.C.) tuvo el honor de producir la primera moneda judía, él fue hijo de Simón y sobrino de Judas Macabeo. El modesto leptón de bronce de Simón, o prutah, tiene una inscripción a un lado y en el otro dos cornucopias y una fruta de granada. El uso de dichos símbolos agrarios puede que concretaran dos propósitos: representar la fertilidad de la tierra que Dios le había dado a su pueblo y como ayuda para los judíos para evitar la representación de personas en las monedas, que fue lo que los griegos y los romanos posteriormente hicieron.

Durante este período los judíos devotos eludían dichas imágenes para ayudar a cumplir el segundo mandamiento (Éxodo 20:4), para prescindir de imágenes grabadas. Alejandro Janneo el hijo de Hircano I (103-76 a.C.) acuñó grandes cantidades de tipos distintos de leptones de bronce, que aún se pueden encontrar en la actualidad en las excavaciones en Israel. Estas monedas circularon por muchos años, probablemente también durante el ministerio de Jesús. Por lo tanto, las dos moneditas que Jesús le recomendó a la viuda que donara para los fondos del templo (Marcos 12:42; Lucas 21:2) puede que también hayan sido leptones de Alejandro Janneo. El leptón diminuto, que por lo general era más pequeño que diez centavos y sólo valía 1/400 de un siclo, también se menciona en Lucas 12:59.

También es posible que el leptón ya mencionado no haya sido acuñado por Alejandro Janneo, ya que los gobernadores, incluyendo al rey judío Herodes el Grande (40-4 a.C.), también acuñaron una gran cantidad similar de moneditas de bronce. A pesar de que no fuera conocido por su devoción, Herodes evitó las representaciones humanas en sus monedas. En gran parte, sus hijos hicieron lo mismo al igual que los procuradores romanos posteriores (incluyendo a Poncio Pilato [que gobernó entre el 26 y el 36 d.C.]), que lideraron Judea antes de la revuelta en el año 66 d.C.

Sin embargo, otras monedas romanas, como el denario de plata que fue acuñado afuera de Judea, claramente no eludió la representación humana. La solicitud de Jesús respecto a una moneda con la imagen e inscripción del César (Mateo 22:15-22) se refiere al denario. El denario en los tiempos de Jesús puede que haya representado al emperador Tiberio (r. 14-37 d.C.) o incluso a Augusto (r. 27 a.C.-14 d.C.), cuyas monedas puede que aún estuvieran en circulación. Los denarios de plata llegaron a representar el sueldo diario de un obrero común, así como se muestra claramente en la parábola de los viñadores (Mateo 20:1-16). El denario también se menciona en muchos otros pasajes, aunque los traductores modernos a veces usan una expresión más interpretativa ("dos monedas de plata" para "dos denarios" en Lucas 10:35; "el salario de un año" para "trescientos denarios" en Marcos 14:5).

Aunque muchas de las referencias discutidas anteriormente contienen términos específicos que se pueden identificar con monedas conocidas por la historia, en otros casos esto no es posible. A veces se mencionan términos generales que significan "monedas" o "piezas de moneda", así como en la ocasión en la que Jesús desparramó las monedas de los cambistas de monedas (Juan 2:15), o términos más bien comunes para la plata que aparecen con frecuencia y que a menudo se traducen como "dinero" (Mateo 28:12; Lucas 9:3) o "plata" (Hechos 3:6; 1 Pedro 1:18) como también "monedas de plata" (Mateo 27:3 GW).

Monedas acuñadas por diversos emperadores romanos.

MONO En la lista de lujos que los barcos de Salomón trajeron de Tarsis, la NVI traduce la última palabra, tukki, como "mandril" (1 Re. 10:22; 2 Cr. 9:21). Una posible alternativa es "mono" (JBS, NBD), probablemente refiriéndose al pequeño mono verde de cola larga que algunas veces se conservaba como mascota en el mundo antiguo. Algunas traducciones modernas presentan la palabra como "pavo real" (NTV, LBLA, TLA).

MONSTRUO MARINO *Véase* Dragón.

MONTAÑAS, MONTES Las montañas, tanto literal como metafóricamente, juegan un papel muy importante en la historia bíblica, la religión y la teología. Las personas son moldeadas por la geografía del lugar en el que viven, y este fue también el caso con los israelitas. Las montañas, como permanentes e inamovibles, forman barreras y fronteras naturales (Jos. 15), protegen de los invasores (Jue. 6:2, Sal. 125:2), sirven como lugares de refugio (Gn. 14:10; 19:17; 1 Sam. 14:22), y proporcionan bases para lanzar ataques (Jue. 4:14; 9:36). A menudo, en la Biblia, las imágenes de las montañas se usan para describir a Dios como eterno y como un refugio fuerte (Sal. 36:6; 90:2; 121:1-2; 125:2).

Pero las montañas también son lugares misteriosos. En el mundo religioso del antiguo Oriente Próximo se pensaba que los dioses vivían o se daban a conocer en las montañas, portales, por así decirlo, entre el cielo y la tierra. El jardín del Edén era considerado por Ezequiel como estando ubicado en "el santo monte de Dios" (Ezeq. 28:13-14).

Dios misteriosamente se revela a sí mismo en una llama de fuego a Moisés en el Monte Horeb (Éx. 3), y luego, desde esa misma montaña, Dios da la ley en medio del trueno, el fuego y el humo; a las personas no se les permitió acercarse a la montaña para que no murieran (Éx. 19). Moisés tiene otra teofanía en la misma montaña (Éx. 33:17-34:8), y Elías tiene un encuentro muy del estilo de Moisés allí con Dios también (1 Re. 19).

Debido a esta asociación entre dioses y montañas, era la norma construir templos para deidades en las cimas de las montañas. Por lo tanto, el templo en Jerusalén está construido en el Monte Sión, que es también el lugar donde Abraham estuvo preparado para sacrificar a Isaac (Gn. 22:2, 2 Cr. 3:1). Por lo tanto, esta montaña es la "monte del Señor" (Gn. 22:14), el monte de la "heredad" de Dios (Éx. 15:17), su "monte santo" (Sal. 48:1). Incluso los planos para el tabernáculo y los templos fueron dados en las cimas de las montañas (Éx. 25:40, 26:30, 27:8, 2 Sam. 24:18-25, 1 Cr. 21:18-22:1; 28:11-12; Eze. 40:1-2; Ap. 21:10). No se debe pasar por alto que la tradición legal y la tradición litúrgica de Israel está asociada con los montes, el Sinaí y el Sión (Jerusalén).

No es de extrañarse entonces, que las montañas desempeñen un papel tan significativo en el NT y en la vida de Cristo. En la cima de una montaña muy alta, el diablo tienta a Jesús a adorarlo (Mt. 4:8-10). Jesús proclama la ley del reino desde un monte (5:1). En una montaña, Jesús decide revelar a sus discípulos su verdadera gloria en la transfiguración (17:1). Después de su resurrección, Jesús hace que sus discípulos se encuentren con Él en la montaña, desde donde hace su declaración de autoridad y da la Gran Comisión (28:16-20). Pero Jesús y los autores del NT también "reubican" el lugar donde la gente se puede encontrar con Dios, cuando antes podía ser en cualquier lugar definido, como en un monte u otro lugar, ahora debía ser en el espíritu humano y en la iglesia (Jn. 4:21-24; Heb. 12:22-23).

MONTE BAAL-HERMÓN La cumbre más alta en el territorio tradicional de Israel, que pertenecía por asignación a Manasés (1 Cr. 5:23). *Ver también* Baal-hermón..

MONTE DE AMALEC Una región de montañas en el territorio asignado a la tribu de Efraín (Jue. 12:15 RVA [NVI: "región montañosa de los amalecitas"]).

MONTE de Gidgad El nombre de la decimoséptima ubicación en la que los Israelitas acamparon en el viaje desde Egipto a la tierra prometida (Nm. 33:32-33). Aunque la palabra hebrea khor significa "cueva", la LXX traduce la frase como "montaña de Gidgad". Esta ubicación es llamada "Gudgoda" en Dt. 10:7. El Pentateuco Samaritano lee "Hor Haggudodah". Era el destino siguiente tras la muerte de Aarón, quien falleció en "Mosera". La ubicación exacta sigue siendo incierta.

M

MONTE DE LA CORRUPCIÓN *Ver* Corrupción, Colinas de la.

MONTE DE LA REUNIÓN *Ver* Monte del Concilio.

MONTE DE LAS BIENAVENTURANZAS El sitio del Sermón del Monte de Jesús (Mt. 5-7, *véase* Lc. 6:17-49). El monte no se identifica específicamente en los Evangelios, pero por tradición se ubica en Cuernos de Hattin (su antiguo nombre, "Eremos", significa "solitario" en griego), una colina cerca de Capernaúm, en la costa noroeste del Mar de Galilea.

MONTE DE LOS AMORREOS Una región de montañas a la que los israelitas avanzaron después de alejarse de Horeb (Dt. 1:7, 20 RVA [NVI: "región montañosa de los amorreos"]). Esto era parte del territorio asignado a Judá y Efraín.

La Iglesia de las Bienaventuranzas, con vistas al sitio tradicional del Sermón del Monte.

MONTE DE LOS OLIVOS Una cadena de cumbres de aproximadamente dos millas de extensión que van de norte a sur al este de Jerusalén. También puede referirse a los dos picos del medio de éstos directamente al este del templo. Cedrón y Getsemaní se encuentran al pie del monte. Fue llamado así por la gran cantidad de olivos que había en la antigüedad.

David lloró aquí por la traición de Absalón (2 Sam. 15:30). Aquí se posó la gloria del Señor después de alejarse Jerusalén (Ezeq. 11:23). El Señor volverá al Monte de los Olivos (Zac. 14:4). Algunas veces Jesús pasaba la noche allí (Lc. 21:37). Él usualmente se apartaba a Getsemaní, al pie de este monte (Jn. 18:2). Por lo tanto, en la noche antes de su juicio, Jesús y los discípulos fueron al Monte de los Olivos (específicamente Getsemaní) después de salir de la habitación superior (Mt. 26:30), y fue allí donde ocurrió la traición de Judas.

La entrada triunfal de Jesús comenzó en el Monte de los Olivos (Mt. 21:1), y conversó sobre el futuro allí (Mt. 24:3). Después de su resurrección, Jesús reunió e instruyó a sus discípulos en el Monte de los Olivos antes de ascender al cielo (Hec. 1:12).

MONTE DEL CONCILIO En una burla profética contra el rey de Babilonia se dice que él presume que ascenderá al "monte del

concilio" (Is. 14:13; *véase* DHH: "monte donde los dioses se reúnen" [RV1977: "monte de la reunión"]). El monte del concilio es el monte sagrado donde, según la mitología babilónica, los dioses se congregan.

MONTE DEL VALLE La ubicación incierta de Zeret-sahar, un pueblo moabita cerca de Hesbón y Dibón en Transjordania asignado a Rubén (Jos. 13:19, NVI: "la colina del valle"). El término sugiere un monte que está en o cerca del Valle del Jordán, tal vez en la costa oriental del Mar Muerto.

MONTE EFRAÍN *Ver* Efraín, Territorio-montañoso de.

MONTE HERES *Ver* Heres.

MONTE HERMÓN *Ver* Hermón, Monte.

MONTE HOR **(1)** La montaña donde Aarón falleció y fue enterrado (Nm. 20:22-29; 33:37-39; Dt. 32:50). En Dt. 10:6 es llamado "Mosera" (que significa "reprimenda"), probablemente debido a su pecado anterior, Aarón muere allí (cf. Nm. 20:24; Dt. 32:51).

Hor es siempre mencionado como "Hor la montaña", sugiriendo que era una importante montaña en el área. Josefo identifica el Monte Hor con Jebel Nebi Harun ("Monte de Aarón"), cerca de Petra. Sin embargo, esta ubicación es dudosa porque, a 1.463 metros de altura, es demasiado alto para que haya ocurrido el entierro de Aarón a "la vista de toda la comunidad" (Nm. 20:27) y se ubica en medio del territorio edomita más que en los límites de Edom como asevera Nm. 20:23. Un candidato más probable es Jebel Madurah, cerca de Cades (Dt. 10:6), aunque la certeza absoluta no es posible. **(2)** Una montaña marcando el límite norte de Israel (Nm. 34:7-8), probablemente una de las cumbres norte de la cordillera libanesa cerca de la costa mediterránea (posiblemente Hermón).

MONTE HORN *Ver* Hor, Monte.

MONTE NEBO *Ver* Nebo.

MONTE SINAÍ *Ver* Sinaí, Monte.

MORADA DE LOS MUERTOS *Ver* Muerte; Tumba; Hades; Infierno; Abismo; Sheol.

MORAL, DECLIVE El curso moral del mundo se mueve simultáneamente en dos direcciones. El estado de inocencia moral en el que Dios creó a la humanidad se perdió en la caída (Gn. 3), y desde entonces, el pecado, la muerte y la corrupción han reinado sobre toda la humanidad (Rom. 5:12). En el tiempo de Noé, el mundo declinó tanto moralmente que Dios tuvo que aniquilar a casi toda la raza humana (Gn. 6-8), y la Biblia predice que el pecado tendrá un incremento similar antes del regreso de Cristo (1 Tim. 4:1; 2 Pe. 3).

A pesar de esta degeneración moral, el reino que Cristo inauguró en su primera venida (Mr. 1:15) progresará continuamente en la renovación de la creación hasta la consumación (Mt. 13:31-33). Los nuevos cielos y la tierra ya han irrumpido en la edad presente con la resurrección de Cristo, que ahora está gobernando a la diestra del Padre (Hec. 2:33). Por lo tanto, la era sujeta a la muerte está desapareciendo, y aquellos en Cristo se renuevan diariamente (1 Cor. 7:31, 2 Cor. 4:16). El Espíritu Santo representa el pago inicial de las riquezas que les esperan en la redención final (Ef. 1:14).

MORASTI, DE Alguien que reside en Moréset, refiriéndose al profeta Miqueas (Jer. 26:18; Miq. 1:1 RVA). *Véase también* Moréset, Moréset-gat.

MORE **(1)** Un árbol o un valle que fue un punto de parada en el viaje de Abraham desde Harán (Gn. 12:6). Si la frase hebrea en cuestión ('elon moreh) se traduce como "árbol de More", el árbol sería un roble o terebinto. En este árbol, cerca de la ciudad de Siquem, Abraham construyó un altar a Dios (Gn. 12:7). Algunas traducciones, especialmente la RVA (probablemente siguiendo la Septuaginta), traducen esta ubicación geográfica como el "valle de Moreh". En Dt. 11:30 Esta ubicación geográfica es un marcador para ayudar a ubicar las montañas Ebal y Gerizim. Hay varias otras menciones de árboles en el AT en las proximidades de Siquem, incluidos los lugares donde Jacob enterró a sus

M

ídolos (Gn. 35:4) y donde Josué estableció un marcador que conmemora la historia de los israelitas (Jos. 24:26). En Jue. 9 dos árboles diferentes se mencionan cerca de Siquem. **(2)** Una colina cerca de donde Gedeón atacó y derrotó a los madianitas (Jue. 7:1). La ubicación exacta de este monte es incierta.

MORÉSET, MORÉSET-GAT Una ciudad en las laderas al suroeste de Jerusalén, cerca de Laquis y aproximadamente a medio camino entre Jerusalén y el Mediterráneo. Es el lugar de nacimiento del profeta del siglo octavo a.C Miqueas (Jer. 26:18; Miq. 1:1). En su lamento por las ciudades de esta región, Miqueas dice que Laquis le dará a Moréset "regalos de despedida" (Miq. 1:14; aquí la ciudad se llama "Moréset-gat"), una alusión metafórica a un Jerusalén paternal dando regalos de boda a su hija al marcharse ella a vivir con su esposo. Existe una posible referencia a Moréset en las cartas de Tell-al-Amarna, y el sitio más probable es el moderno Tell Judeideh, donde se han encontrado restos arqueológicos de este período.

MORIAH La montaña a la cual Dios le ordenó a Abraham a ir y sacrificar a Isaac (Gn. 22: 2). La única otra vez que se menciona una montaña con este nombre es en 2 Cr. 3:1, como la ubicación del futuro templo. Existe cierto debate sobre si estas dos referencias señalan la misma ubicación. Por ejemplo, si Abraham iba a la zona bien arbolada cerca de Jerusalén, ¿por qué iba a recoger madera de Beerseba? Tales preguntas llevan a algunos a sugerir que son dos lugares diferentes con el mismo nombre, mientras que otros sugieren que 2 Crónicas establece una conexión entre el lugar de la famosa prueba de fe de Abraham y la ubicación del templo por razones teológicas. También surgen preguntas sobre el significado preciso del nombre, pero la mayoría cree que el nombre está relacionado con el verbo hebreo "ver" o "proporcionar", lo que sugiere una conexión con el nombre que Abraham da a la ubicación: "El Señor Provee"(Gn. 22:14).

MORTAJA Una tela usada para envolver un cuerpo para el entierro, a diferencia de un entierro en féretro, que no era la costumbre en el Israel bíblico (aunque *véase* Gn. 50:26 en el uso del féretro en Egipto). La prisa con la que el cuerpo de Ananías fue "envuelto" (Hec. 5:6) sugiere amortajamiento con prendas de uso diario. En otros casos, el cuerpo era lavado (Hec. 9:37), preparado con especias y cuidadosamente envuelto con tiras de lino, y una tela se colocaba sobre el rostro (Jn. 11:44; 19:40).

MORTERO **(1)** Un recipiente ahuecado que se asemeja a un cuenco, usualmente hecho de piedra o posiblemente de arcilla. El mortero, junto con el mazo, se usaba para moler, triturar o mezclar sustancias en la preparación de alimentos. La comida se colocaba en el mortero y se molía con el mazo. Esta es la herramienta que los israelitas usaron en el desierto para procesar el maná (Nm. 11:8). El mortero era un aparato doméstico común requerido para preparar alimentos para el consumo, y su función era tan conocida que se empleaba en metáforas bíblicas (Pro. 27:22). **(2)** Un agente aglutinante utilizado en la construcción de ladrillo de barro (Éx. 1:14; Nah. 3:14). El barro más común utilizado en esta construcción era el barro en bruto, pero también se usaba el alquitrán (Gn. 11:3). *Ver también* Pilón.

MOSA **(1)** Un descendiente de Judá, él era el segundo de los tres hijos de Caleb y su concubina Efa (1 Cr. 2:46). **(2)** Un benjamita que era descendiente del rey Saúl, él era el hijo de Zimri y el padre de Bina (1 Cr. 8:36-37; 9:42-43).

MOSERA, MOSEROT Un lugar donde acamparon los israelitas durante el tiempo que anduvieron vagando en la ruta del desierto (Nm. 33:30-31). Es el lugar donde Aarón murió y fue sepultado (Dt. 10:6). Las formas hebreas del singular (moserah) y plural (moseroth) del nombre, que se usan en la Biblia, dan como resultado la variante de la escritura en español. Su ubicación es desconocida, pero es probable que esté cerca del Monte Hor (Nm. 33:38).

MOSTAZA Una planta cultivada para sus semillas (molido para especias y prensado para aceite). La variedad en Palestina, a pesar de ser de rápido crecimiento y capaz de alcanzar diez pies de altura, tenía las semillas más pequeñas de plantas conocidas hasta ese entonces. Jesús usó la planta de mostaza en una parábola para simbolizar el crecimiento del reino de Dios (Mt. 13:31-32) y la semilla para simbolizar la fe (17:20).

MOTA En algunas traducciones más antiguas, "mota" se refiere a un pequeño trozo de materia extraña que las traducciones más modernas suelen traducir como "astilla" o "paja". Aparece tres veces en cada uno de los relatos paralelos de Mt. 7:3-5; Lc. 6:41-42. Allí Jesús está advirtiendo a los seguidores que se concentren en lidiar con sus propias deficiencias principales ("tronco" o "vigas") antes de enfocarse en las fallas menores de los demás ("motas" o "astillas").

MOZA, DONCELLA La traducción de la RVA para una niña, una mujer soltera o virgen, o una criada. Se usan al menos cinco palabras hebreas para referirse a tales mujeres. Betulah se refiere a una virgen soltera o una joven que no ha tenido experiencia sexual (Gn. 24:16, Job 31:1, Éx. 22:16-17). Si es que un hombre se acostaba forzosamente con una mujer así, se esperaba que se casara con ella (Dt. 22:13-19). Cuando David era viejo, se le buscó una virgen para que estuviera a su lado y lo abrigara (1 Re.1:2). Israel como nación se identifica como una joven virgen (Jer. 31:4). El segundo término es 'amah, traducido como "esclava", "sirvienta", "siervas", o "criada" (Gn. 20:17; Éx. 2:5). El tercero es shipkhah, que hace referencia a una sierva que tiene un parentesco cercano a su amo (Gn. 29:24). El cuarto es na'arah, que se traduce como "moza" (Est. 2:4 [NVI: "joven"]) o "doncella" (Est. 4:4 [NVI: "criada"]; Rut 2:23) El quinto es 'almah, que se traduce como "muchacha" (Éx. 2:8), "virgen" (Is. 7:14), o "doncella" (Prov. 30:19 [NVI: "mujer"]). En el NT, varias palabras griegas se traducen a veces como "doncella" o "virgen" en la RVA. Parthenos se refiere alguien "virgen", hombre o mujer (Mt. 1:23, Hec. 21:9, Apoc. 14:4). Pais generalmente significa "niña", "moza" o "niño" (Lc. 8:51, 54). Paidiskē se refiere a una "siervos", "sirvienta" o "criada" (Marcos 14:66; Lucas 12:45). La palabra korasion se refiere a una "muchacha" o "niña" (Mt. 9:24-25). Nymphē se refiere a una "esposa " o "novia" (Lc. 12:53; Apoc. 21:2).

MOZ Una ciudad en el territorio asignado a la tribu de Benjamín (Jos. 18:26). Se han encontrado vasijas de cerámica con el nombre de "Moza" en Jericó y otros sitios, lo que sugiere que alguna vez fue un centro prolífico para la producción de cerámica. La ubicación es la moderna Qaluniya, a cuatro millas al noroeste de Jerusalén.

MUDEZ La incapacidad o la opción de no hablar (Sal. 38:13; Is. 56:10). La ley mosaica dice que Dios hace que las personas sean mudas o les permite hablar (Éx. 4:11). La mudez puede ser un juicio divino, como cuando Zacarías no

Mortaja funeraria egipcia con una foto de Osiris.

podía hablar después de cuestionar el mensaje del ángel (Lc. 1:20). Los profetas anticipan un tiempo de inversión, cuando "la lengua del mudo [gritará] de júbilo" (Is. 35:6). Jesús sana al menos a dos personas mudas (Mt. 9:32-34; 12:22-24). En ambos casos, la condición es causada por la posesión demoníaca. Es irónico cómo el Siervo Sufriente, aquel que lleva el juicio de Dios, se vuelve mudo ante sus acusadores (Is. 53:7, Mt. 26:63, 27:12, 14, Hec. 8:26-35). Pablo afirma que los ídolos son "mudos", mientras que el Espíritu de Dios habla a través de los creyentes (1 Cor. 12:2-3).

MUDO *Véase* Mudez.

MUEBLES En las culturas antiguas del Oriente Próximo, la forma en que uno decoraba la casa no era un tema tan esencial como podría serlo en climas más fríos. La casa servía una función más utilitaria de proporcionar refugio por la noche y un lugar donde comer. Por lo tanto, los muebles eran de naturaleza muy utilitaria y los fondos se invertían en otros esfuerzos. Una habitación de huéspedes tendría escasas piezas de muebles, incluyendo un lugar para sentarse y trabajar, una lámpara y una cama (2 Re. 4:10). Individuos más pobres habrían dormido en el suelo, envueltos en un manto, para algunos, las camas podían ser bastante elaboradas. La arqueología ha descubierto evidencia de camas de marfil, madera y oro y Og tenía una cama hecha de hierro (Dt. 3:11).

De hecho, Amós castigó a la aristocracia del norte por sus camas de marfil (Am. 6:4). Algunos muebles servían los múltiples propósitos de ser una cama, un sofá y un asiento para comer (Gn. 47:31; 1 Sm. 9:25).La palabra traducida como "mesa" en el AT a veces se refiere a una pieza de cuero extendida en el suelo. Esto permitía que la mesa se transportase con facilidad ya que podía ser recogida y acarreada en la bestia de carga, incluso sirviendo como morral de cierta forma para llevar equipamiento doméstico. En la medida de los israelitas se volvieron más urbanos, la mesa tomó la forma de una gran alfombra tejida o una plancha de madera o metal, todavía cercana al suelo. Con tales mesas, las sillas se hicieron necesarias. Las lámparas tenían diferentes formas. La más común era una vasija de arcilla abierta por arriba con una mecha colocada en aceite para quemar. El segundo tipo de lámpara era el candelero. Estos podían ser de un solo palo o los más conocidos candelabros de muchos palos como la menorah. Cercanamente relacionado a la lámpara estaba el brasero, usado para calentar la casa o una habitación en el invierno (Jr. 36:22). Los hogares frecuentemente contenían un arcón de almacenamiento hecho de madera para guardar las cosas valiosas. El arcón por lo general se dividía en compartimientos y podía accederse a su contenido a través de un panel lateral o a través de la tapa superior. Existe evidencia arqueológica de una variedad de tales contenedores, incluyendo canastos, barriles, jarros y casquetes.

Los muebles también tenían una dimensión sagrada cuando eran parte de una habitación o construcción ritual. El tabernáculo y el templo contenían numerosos muebles. Aunque cada pieza de mueble en los recintos sagrados parece haber tenido una pieza acompañante en la casa común, las piezas sagradas por lo general eran construidas de materiales preciosos con la intención de expresar su santidad y pureza. La mesa de los panes desplegada en el arco triunfal de Tito mide sólo treinta centímetros de alto, muy similar a las mesas que se sabe formaban parte de la vida y cultura hebrea, aunque estaba cubierta de oro. El arca de la alianza, el altar del incienso y los candelabros dorados tenían la intención de expresar que el templo era la casa de Dios. Eran de tipo similar a los muebles hogareños, aunque claramente de mayor valor e importancia.

En la era del NT, un hogar judío hubiese estado amoblado de manera muy similar a los de la época del AT, aunque esto variaría dependiendo de qué tan helenizados estuviesen los dueños y cuánto dinero tuviesen. Excavaciones arqueológicas muestran que ciertos hogares de esa era tenían bancos incorporados en los muros e incluían salas de vapor y otras amenidades diseñadas para el placer de los dueños. Los griegos y romanos generalmente se reclinaban alrededor de una mesa baja tendidos en "divanes" colocados contra la mesa.

MUERTE DE CRISTO *ver* cristo y cristología; cruz, crucifixión; jesucristo.

MUERTE La muerte es comúnmente definida como el fin de la vida física, donde cesan los procesos biológicos normales asociados con la vida (tales como la respiración). Sin embargo, esta definición no abarca adecuadamente los matices asociados con la muerte en la Biblia.

El Comienzo de la Muerte

La muerte es introducida en la Biblia como la penalidad por transgredir la prohibición de comer el fruto del árbol del conocimiento del bien y el mal, un contraste con Mesopotamia, donde la muerte era parte del diseño divino de los seres humanos. En Génesis 2:16-17, Dios le dice al primer hombre: "Porque el día que de él [fruto del árbol] comieres, ciertamente morirás". Las consecuencias de comer proveen una base útil para discutir la naturaleza de la muerte desde una perspectiva bíblica.

Primero, como es aparente desde la narración subsecuente, ni el hombre ni la mujer experimentan una muerte física/biológica inmediatamente después de comer el fruto. De este modo, Génesis 2-3 refleja la común noción bíblica de que la muerte se refiere sólo a la muerte biológica, apuntando al aspecto más significativo de la muerte, que encarna la desvinculación y separación de la fuente de la vida, que es Dios. El punto es presupuesto por Jesús cuando ofrece vida a aquellos que están muertos (Juan 5:24) y por Pablo cuando proclama que antes de Cristo, todos estaban muertos en sus pecados y transgresiones (Efesios 2:1, 5). Esto también se refleja en el castigo común, prescrito en el Pentateuco, donde los ofensores eran separados del pueblo (Génesis 17:14; Éxodo 12:15, 19; 30:38; cf. Génesis 9:11; Éxodo 9:15). En Génesis 2-3, la muerte llega con la pérdida del acceso al árbol de la vida en el jardín. Biológicamente, el primer hombre y la primera mujer podrían continuar viviendo por un tiempo fuera del jardín, sin embargo, su destino es sellado cuando son expulsados del jardín y de la comunión íntima con el Creador que habían disfrutado allí.

Segundo, la fuerte implicancia de Génesis 2:16-17, es que los seres humanos, como fueron creados originalmente, no estaban sujetos a la muerte *(ver también* Romanos 5:12; 6:23; 1 Corintios 15:21). Esto no significa que fueran inmortales en el mismo modo que Dios (cf. 1 Timoteo 6:16), sino que eran contingentemente inmortales: ellos no estaban sujetos a la muerte, más bien eran sostenidos por su relación con el Dios dador de la vida, a través de la provisión del árbol de la vida (Apocalipsis 2:7; 22:2, 14). Una vez que fueron separados de la fuente de la vida, la sobrevino la muerte.

No obstante, el recuento de la llegada de la muerte en Génesis 3 nos dice un poco acerca de cómo la muerte afectaba a los animales, ya que la Biblia presenta consistentemente un enfoque predominantemente humano. Mientras que Eclesiastés 3:21 habla de la ignorancia humana sobre el destino de humanos y animales después de la muerte, es poco lo que se dice de la materia. Similarmente, no queda completamente claro si la muerte es introducida como un castigo por el pecado sólo para los humanos (y si los animales podrían haber muerto antes de la caída)

Relieve de la pared de una tumba mostrando una procesión funeral y los deudos (Egipto, 1550 –1292 a.C).

o si se percibía que los animales compartían la inmortalidad antes de la caída.

La Muerte en el Antiguo Testamento

La muerte es frecuentemente descrita negativamente a través del AT. Aparte de su presentación inicial, como castigo divino por el pecado, es presentada como aquello que es terrorífico y que busca y devora la vida (Salmos 18:4-5; 55:4; Proverbios 30:15-16; Habacuc 2:5). Para el autor de Eclesiastés, la muerte es aquello que finalmente socava todo valor posible que la vida podría tener (ej. Eclesiastés 9:3). En el AT, la tragedia de la muerte es lo que resulta en la separación de Dios (como se señala arriba en el contexto de Génesis 2-3) y del pueblo. Por ejemplo, los Salmos frecuentemente citan la finalidad y profundidad de los efectos de la muerte (ej. Salmos 6:5; 88:5; 115:17; cf. Isaías 38:18). Incluso aquellos pocos pasajes que parecen presentar la muerte más positivamente (ej. Job 3:13, 17), sirven finalmente para subrayar las pésimas circunstancias de la vida del orador, en lugar de cualquier estado bendito de los muertos (para una similar idea en el NT, *ver* Apocalipsis 9:6).

No obstante, el AT describe la muerte como el fin natural de la vida y una buena muerte, como la que llega sólo después de una vida larga y próspera. Por lo tanto, se dice que Abraham (Génesis 25:8), Isaac (Génesis 35:29) y Job (Job 42:16-17) tuvieron una larga vida antes de morir. Es más, algunos pasajes señalan que la persona se está "reuniendo con su pueblo", sugiriendo alguna forma de reunión con generaciones previas en la muerte, presumiblemente en el Seol, a pesar de que el estado y ubicación de la muerte nunca son explicados. Isaías puede incluso incorporar la idea de la muerte dentro del lenguaje que se utiliza para describir el mundo futuro ideal (Isaías 65:20).

Aunque no hay leyes relativas a la forma en la que los cuerpos de los muertos deben ser manejados, todos los indicadores descriptivos muestran que la sepultura estaba normativa, a menudo en un sepulcro familiar o un lote (ej. Génesis 23; cf. 1 Reyes 13:22). De hecho, la importancia de una sepultura apropiada aparece en el comentario de Eclesiastés, que dice que un niño abortado es mejor que alguien que vive una larga vida, pero que no recibe sepultura (Eclesiastés 6:3) y en la presentación que los profetas hacen de aquellos que no han sido sepultados, como malditos (Jeremías 8:2; 14:16; 16:4).

Vida Después de la Muerte en el Antiguo Testamento

La creencia en alguna forma de existencia después de la muerte era común en muchos lugares del mundo antiguo. En Egipto, un conjunto elaborado de creencias en relación al estado de aquellos que han muerto, incluía la posibilidad de una existencia continua, que aún podría sobrepasar lo que alguien pudo haber experimentado antes de la muerte (aunque una oportunidad tal como esa, era una expectativa razonable sólo para las clases altas, mientras que la población general tenía probablemente expectativas modestas de la naturaleza de su existencia en la vida después de la muerte). A modo de contraste, las creencias mesopotámicas describían una vida después de la muerte mucho más oscura y problemática para todos, a excepción de aquellos pocos cuyas vidas y muertes eran lo suficientemente bendecidas para asegurarles algún grado de comodidad después de la muerte. Para los demás, había poca esperanza de tener alguna experiencia positiva luego de morir.

No obstante, el AT tiene poco que decir del estado de aquellos que han muerto. En el mundo antiguo, la creencia común en alguna forma de existencia continua más allá de la muerte biológica sugiere que en la ausencia de información contraria en la Biblia, el pueblo de Israel probablemente asumía que algún aspecto de la persona persistía más allá de la muerte. Es más, hay pistas de que este podría ser el caso, tal como la aparición de la sombra de Samuel a través de la bruja de Endor (1 Samuel 28), el escape de Enoc (Génesis 5:24) y Elías (2 Reyes 2:11) de la muerte, la revivificación del cuerpo lanzado sobre los huesos de Eliseo (2 Reyes 13:21) y expresiones usadas para referirse a la muerte tales como "reunido con su pueblo" (Génesis 25:8, 17;

35:29; 49:29; Números 27:13; Deuteronomio 32:50; cf. Génesis 47:30; Deuteronomio 31:16).

Se pensaba que los muertos (algunas veces mencionados con el término repa'im, "sombras/espíritus de los muertos") habitaban en el Seol, generalmente descrito como estar bajo la tierra (ej. Ezequiel 31:14). Más allá de esto, hay expectativas proféticas en que Dios destruirá finalmente a la muerte (ej. Isaías 25:8) y en que Dios no se complace en la muerte de nadie (Ezequiel 18:23, 32).

Muerte en el Nuevo Testamento

El NT continúa y, en algunos lugares, se explaya en la visión negativa de la muerte presentada en el OT. La noción de que la muerte es una consecuencia y un castigo por el estado pecaminoso que encarcela a toda la humanidad, es declarada enfáticamente (ej. Rom. 3:23; 6:23) y reforzada por la noción de que, aunque estén biológicamente vivos, los humanos pecaminosos están muertos en su pecado y, por lo tanto, son incapaces de revivirse a sí mismos (Efesios 2:1). La muerte, de acuerdo a Pablo, es el último enemigo (1 Corintios 15:26) y aún así morir es ganancia (Filipenses 1:21-24), porque anuncia el estar con Cristo, lo que según explica Pablo, es "mucho mejor" que estar vivo en este cuerpo, en este mundo.

Un factor central tanto para el mensaje de la Biblia, como para la significancia de la muerte en la Biblia, es la muerte del Mesías, el Hijo de Dios. La muerte de Jesús proporciona la base para contrarrestar las consecuencias de la rebelión original de la primera pareja en contra de Dios (2 Corintios 5:21). Como consecuencia, Pablo podría escribir la misma muerte de Jesús destruyó a la muerte (2 Timoteo 1:10). Además, la vida que Jesús ofrece –la vida eterna– está disponible para el creyente en el presente (Juan 3:36; 5:24), antes del tiempo cuando la muerte sea abolida completamente, de tal modo que Jesús podría afirmar que todos aquellos que creyeran en Él, vivirán aunque mueran (Juan 11:25-26).

El NT se expande, de alguna manera, en los detalles relacionados al estado de los muertos del AT. Por una parte, la existencia de una vida después de la muerte es presentada claramente. Además, la parábola del hombre rico y Lázaro (Lucas 16:19-31) refleja un entendimiento más profundo de la existencia de distinciones entre aquellos que han muerto, de modo que se dice que el hombre rico está sufriendo en el Hades (Gr. hadēs, usado en la Septuaginta para traducir el heb. she'ol del AT), mientras que Lázaro está lejos, con Abraham y siendo consolado. Pese a que hay peligro en leer demasiado entre líneas una parábola, el detalle parece reflejar algo del entendimiento expandido de la vida después entre algunos en el día de Jesús.

El NT hace varias referencias a una "segunda muerte" (Apocalipsis 2:11; 20:6, 14; 21:8; cf. Judas 12).

La expresión se refiere al estado de juicio eterno bajo la ira de Dios, una muerte de la cual no habrá escape. Pero aquellos que se mantengan fieles a Cristo, no experimentarán esta segunda muerte (Apocalipsis 20:6) y en su lugar de habitación con Dios, la nueva Jerusalén, la muerte no existirá más (21:4).

MUJER

Antiguo Oriente Próximo

El Antiguo Oriente Próximo era una cultura dominada por hombres, por lo tanto, las mujeres eran marginadas y tratadas más o menos como propiedad. Noten, por ejemplo, la pregunta de Boaz "¿A quién pertenece esa joven mujer?" (Rut 2:5). Las mujeres, por supuesto, producían hijos, y ese poder era preciado. Las mujeres también eran aptas para realizar varias tareas mundanas, pero no eran entrenadas para la guerra o educadas para servir en la corte real. Su rol en la sociedad era subordinado y secundario.

En la Épica de Gilgamesh, el salvaje y poderoso Enkidu se encontró con una "mujer sabia" que lo sedujo. A partir de ahí, Enkidu fue domesticado y debilitado. Ella lo convirtió en un hombre civilizado. En la leyenda ugarítica de Danil, este era infeliz porque no tenía hijos. Con la bendición de los dioses se casó con Hurriya, y tuvo hijos e hijas. Así, los hijos satisficieron a Danil tanto como satisficieron a la mujer.

Pero el poder para reproducirse, que reside en el vientre de la mujer, también era misterioso

M

y parecía pertenecer a la misma categoría que otras fuerzas de la naturaleza, tal como el renacimiento de la vida en primavera tras un invierno estéril. Así, el mundo antiguo estaba lleno de diosas con gran poder. Estas diosas a veces también tomaban características masculinas, tal como demostrar grandes proezas de guerra; esto es especialmente cierto de Anat en la mitología cananea.

A lo largo de la estadía de Israel en la tierra prometida, hubo una corriente subterránea de adoración a la diosa estilo cananeo. En el período de los jueces, los israelitas adoraban a la diosa Asera (Jue. 6:25). Llevado por el mal camino por sus esposas, Salomón también adoró a la diosa (1 Re. 11:1-8). El "culto a la fertilidad" incluía sexo ritual en lugares de adoración. Este evento ocurrió en el templo de Yahveh. Gran parte de esto parece haber sido sexo homosexual (2 Re. 23:7).

Creación de la Mujer

En la Biblia, la mujer se encuentra por primera vez junto al hombre en Gn. 1:26-28. Dios creó al "hombre" en plural, hombre y mujer, y les ordenó reproducirse, poblar la tierra y dominarla. Ser creado hombre y mujer es puesto en paralelo con ser creado a la imagen de Dios. En el antiguo Oriente Próximo, tal vez el rey se pensaría como la imagen de Dios. Pero en el Génesis, no sólo es el primer hombre la imagen de Dios, sino que la primera mujer participa de esta imagen también. Esto es impensable en el mundo antiguo, y sugiere una dignidad y valor inigualable al género femenino.

El Génesis registra que la raza humana cayó a través de la instrumentalidad de un hombre y una mujer, y la serpiente. La serpiente se acercó a la mujer, no al hombre. La mujer fue convencida por la serpiente y comió del fruto prohibido. Le dio parte de este a su esposo, quien también comió, sin decir palabra. Así, la mujer puede culparse en parte por la caída de la raza. Adán fue condenado porque "escuchó a [su] esposa" (Gn. 3:17). Su juicio, por escuchar a la serpiente, fue dolor al parir y un deseo por un esposo que gobernase sobre ella (Gn. 3:16). Los parámetros exactos de este juicio no son claros, pero parece ser que su deseo será por la posición de liderazgo y será perpetuamente frustrado.

A través del resto del Génesis, este juicio no parece desarrollarse como se espera. En cambio, los hombres se muestran deseando a la mujer. Jacob estuvo dispuesto a trabajar siete años para obtener a la hermosa Raquel como esposa, y cuando fue engañado para casarse con su hermana, Lea, estuvo dispuesto a trabajar otros siete años por ella (Gn. 29:16-30). Y las mujeres explotan a los hombres y su deseo de lograr lo que desean, en efecto, dominándolos. Las hijas de Lot tramaron para obtener lo que querían de él (19:30-38), y Tamar manipuló el deseo de Judá (38:13-26).

Reproducción

Con frecuencia en la Biblia, las mujeres son motivadas por su deseo de tener hijos. Raquel exigió a Jacob, "¡Dame hijos o moriré!" (Gn. 30:1). Se veía a sí misma en competencia con su hermana, Lea, en este respecto (30:8). El "fruto del vientre" es una recompensa, y como si fuesen flechas, el carcaj del hombre está lleno de ellas (Sal. 127:1-5). Nótese también la beatitud del Sal. 128:3: "Tu esposa será como una fructífera vid dentro de tu hogar; tus hijos serán como brotes de olivo alrededor de tu mesa".

En el Génesis, la capacidad reproductiva de las niñas esclavas está a disposición de sus dueños. Así, las sirvientas de Raquel y Lea se convirtieron en madres sustitutas para un número de sus hijos (Gn. 30:3-10). Sara también se sintió frustrada por su incapacidad para concebir, por lo que entregó a Hagar a Abraham. El resultado fue gran agitación familiar, resultando finalmente en la expulsión de Hagar e Ismael, que era hijo de Abraham.

En un comienzo, Dios unió a un hombre y una mujer como marido y mujer. Pero pronto esta idea fue corrompida, y Lamec, un hombre del linaje de Caín es acreditado con el primer matrimonio polígamo (Gn. 4:19). Aunque los patriarcas (como Jacob) tenían más de una esposa, el descontento y conflicto hogareño son lo que se destaca de estas historias, tal como con Hagar. En el NT, un anciano debe ser, literalmente, un "hombre de una sola mujer" (1 Tim.

3:2; ESV, KJV: "el esposo de una mujer"), es decir, monógamo.

En la Biblia, las mujeres son descritas como teniendo un número de relaciones sexuales diferentes con los hombres. Había esposas, que tenían la relación más cercana y tenían los mayores privilegios. Estaban las concubinas, que no eran esposas, pero estaban ligadas a un solo hombre. La mayor desviación de la norma de la creación fue la institución del harem, por medio de cual un rey tomaba para sí un número indeterminado de consortes. La ley de Moisés restringía esta práctica (Dt. 17:17).

Legislación

La Torah contiene significativa legislación acerca de las mujeres. Las hijas de Zelofehad discutían que su padre murió sin hijos, por lo que en Canaán ellas estaban desheredadas. Dios estuvo de acuerdo y decretó que en Israel las hijas heredarían tierra en ausencia de hijos. Sólo si no hubiese hijos o hijas la tierra pasaría a otros parientes (Nm. 27:1-11).

Cuando un hombre hacía un voto, debía cumplirlo, pero el voto de una mujer joven estaba supeditado a su padre. Si él permanecía en silencio, el voto se sostenía, pero si él expresaba desaprobación, entonces ella quedaba liberada del voto. Si ella estaba casada, su marido regía sus votos, pero si estaba divorciada, entonces no había hombre responsable sobre ella, y su voto era tratado como el de un hombre (Nm. 30:1-16).

Las relaciones sexuales también estaban reguladas por la ley de Moisés, en la medida que el acto hacía a ambas partes impuras (Lv. 15:18). Ambos debían bañarse y permanecían impuros hasta el atardecer. El periodo menstrual de la mujer también la volvía impura durante una semana. Todo aquello sobre lo que ella se sentase o acostase quedaba impuro, al igual que cualquiera que tocase estas cosas. Debía lavarse y ofrecer sacrificio para estar limpia nuevamente (15:18-31).

Si un hombre descubría en su noche de bodas que la novia no era virgen, él podía acusarla públicamente. Si los padres de ella proporcionaban evidencia de que sí había sido virgen, entonces el hombre era severamente castigado por mentir y no se le permitía divorciarse (de otro modo, era simplemente necesario escribir una carta de divorcio para ella [Dt. 24:1]). Si su virginidad no podía ser probada, era condenada a muerte por apedreamiento (Dt. 22:13-21).

En caso de violación de una virgen comprometida, si ocurría en la ciudad, tanto el violador como la víctima eran apedreados, ya que aparentemente ella había fracasado en pedir ayuda y por tanto asumía la ley, la relación había sido consensual. Si ella era violada en el campo, sólo el hombre era muerto. Pero si violaban a una mujer que no tenía compromiso, debía casarse con ella sin posibilidad de divorcio (Dt. 22:23-29).

Números 5:11-31 trata los casos donde un marido sospechaba que su esposa había sido infiel—esto es, un asunto de celos maritales. Lo que no se podía probar, era dejado para que Dios lo castigara.

El Estatus de las Mujeres

En la Biblia, las mujeres a veces reciben dignidad más allá de lo esperado en una procedencia del antiguo Oriente Próximo. Hagar es la única mujer en toda la literatura de Oriente Próximo que dio su nombre a una deidad (Gn. 16:13). En Jue. 4:4, Débora "juzgó" a Israel (a pesar de que la NIV diga "guiado", el verbo hebreo subyacente indica "juzgado", como en NRSV). Incluso como juez, sin embargo, ella no dirigió al ejército contra el enemigo general Siserá; Barac lo hizo. Pero Barac no estaba dispuesto a cumplir su misión a menos que Débora fuese con él (4:8). Así, Dios se aseguró de que el prestigio por matar a Siserá recayese en una mujer, Jael (4:9, 21). Otra mujer destacada fue Hulda, a quien los sacerdotes recurrían por orientación cuando la ley fue redescubierta (2 Re. 22:14).

Muchas historias bíblicas presentan heroínas. El poderoso Faraón fue perjudicado por dos parteras en su intento por destruir a Israel (Éx. 1:15-21). Rut, la mujer moabit, dio su nombre a un libro que relata su viaje de Moab a Israel, incluyendo su famoso juramento de lealtad (Rut 1:16-17). Ester también fue una valiente mujer cuyo libro lleva su nombre. Las heroínas son

M

especialmente prominentes en los Evangelios, y las mujeres allí tienen la distinción de ser las primeras testigos del Señor resucitado. La narrativa del nacimiento de Lucas está ampliamente organizada alrededor de María. Priscila (con su esposo) enseñaron y ayudaron a formar la iglesia temprana (Hec. 18:26). Pablo lista a muchas mujeres en Rom. 16, llamándolas "diaconisa", "compañera trabajadora" e incluso, posiblemente, "apóstol".

En ocasiones, las Escrituras representan a las mujeres como una tentación para los hombres. Eva le dio el fruto a Adán (Gn. 3:6). En el desierto los israelitas adoraron a dioses moabitas en conjunto con actividades sexuales (Nm. 25:1-9). Posteriormente, los israelitas se casaron con mujeres cananeas, llevando directamente a la adoración de sus ídolos (Jue. 3:6). Betsabé fue una tentación para David, y esto dio comienzo a una serie de eventos que mancharon su vida, su carrera como un hombre a la medida del corazón de Dios. Salomón amó a muchas mujeres extranjeras, que lo volvieron hacia sus dioses. Tras el exilio, los israelitas fueron amonestados por Nehemías que depusieran a sus esposas extranjeras para que la historia no se repitiese (Neh. 13:26).

Cantar de los Cantares

El Cantar de los Cantares, mientras reconoce el gran poder de la sexualidad para mover a las personas a actuar en contra de sus mejores intereses, sin embargo, retrata el amor en una luz positiva. El amor entre un hombre y una mujer se muestra en el Cantar de los Cantares no primariamente para generar hijos. La descendencia no es un tema en la gran canción de amor de la Biblia. Más bien, las relaciones entre marido y mujer descansan en cimientos más profundos, aquellos del disfrute sexual y deseo. En palabras del esposo de Ana, Elcana: "¿No significo yo más para ti que diez hijos?" (1 Sm. 1:8).

En Gn. 3:16, Dios pronuncia un juicio sobre la mujer que su "deseo" será por su esposo, pero que él será su dueño. La palabra hebrea para "deseo" aparece solo una vez fuera del Génesis en Cant. 7:10, donde la mujer dice que el "deseo" de su amante es por ella. Esto parece ser una referencia directa a Gn. 3:16. Así, en Cantar de los Cantares el juicio sobre la mujer se devuelve y revierte en amor. En Cantar de los Cantares es el rey quien esta cautivado en el amor y, por tanto, sometido (7:5). ¡Él no lo querría de ninguna otra manera!

Por lo tanto, la sexualidad es celebrada en el Cantar de los Cantares. Que prueba ser una gran tentación a los hombres en otras partes es mostrado como parte esencial de la buena creación de Dios, no obstante, una faceta potente y peligrosa de la vida. Las mujeres no existen simplemente para producir hijos; ellas son compañeras y disfrutan con sus amantes, disfrutando juntos de esa parte en particular de la creación de Dios que requiere que ambos sexos exploren.

Imaginería

Las mujeres y el matrimonio se usan en la Biblia como imagen de cosas espirituales. Pablo escribe que el amor marital refleja la relación de la iglesia con Cristo (Ef. 5:32-33). Un hombre debería amar a su esposa como Cristo amó a la iglesia. El Apocalipsis retrata el clímax de la historia humana en la figura de dos mujeres: la novia de Cristo, adornada con los justos actos de su esposo (19:7-8), y la prostituta de Babilonia, ebria en la sangre de los santos (17:5-6). La consumación de la era es cuando una es juzgada y la otra entra a su eterna dicha marital.

El libro de Proverbios también separa la humanidad en dos grupos, simbolizados por dos mujeres jóvenes. A lo largo del camino de la vida, el joven escucha las voces de la Estupidez femenina (9:13-18) y la Sabiduría femenina (1:20-33) llamándolo. La Estupidez es encarnada en la tentación de carne y hueso de la mujer inmoral (7:6-27), en cambio la Sabiduría femenina tiene su contraparte al final del libro en la detallada descripción de la mujer virtuosa (31:10-31). Allí, la mujer temerosa de Dios es colocada como un premio mayor a la riqueza terrenal —la mayor bendición del sabio.

Pablo usa a dos mujeres de la historia sagrada para ayudar a explicar su Evangelio de la ley contra la gracia. Hagar, la mujer esclava, representa la alianza mosaica en Sinaí, y la Jerusalén terrenal. Esto es, una mentalidad de esclavitud que fútilmente intenta ganarse el favor de Dios por trabajos de la ley. Sara era una mujer libre, y su hijo era el hijo prometido, que representa la Jerusalén celestial, una nueva alianza, y libertad de los requerimientos de la ley (Gal. 4:21-31). Nuevamente, dos mujeres simbolizan dos caminos y dos pueblos, uno siendo esclavos y otro siendo el pueblo libre de Dios.

Gobierno de la Iglesia

Durante gran parte de la historia cristiana, los roles de las mujeres en la iglesia han sido comparables a su rol en la cultura general. Las mujeres participaban poco en la vida institucional de la sociedad, y la iglesia no era diferente. Un número de textos bíblicos puede usarse para apoyar la marginalización de las mujeres como líderes. Por ejemplo, en el AT, el culto era administrado por una casta sacerdotal, y ninguna mujer fue alguna vez un sacerdote de Yahveh. En el NT, las iglesias locales eran supervisadas por un grupo de ancianos. Los ancianos eran descritos por Pablo como hombres, el esposo de una sola mujer, que eran aptos para enseñar y que administraban bien sus propias familias (1 Tim. 3:1-7). Inmediatamente antes de esta descripción, Pablo señala que las mujeres no debían enseñar o tener autoridad sobre los hombres (1 Tim. 2:9-15). Las mujeres eran el compañero "más débil" (1 Pe. 3:7). Por tanto, el rol subordinado de la mujer a través de la historia de la iglesia tiene cierta justificación bíblica.

Sin embargo, en la medida que las mujeres participan cada vez más en la vida institucional de la sociedad, el valor normativo de los textos antes mencionados ha sido cuestionado, y otros textos han presentado para proporcionar una concepción bíblica alternativa del rol de las mujeres en la iglesia. Tal vez 1 Tim. 2:12 es sólo contrario a la enseñanza de una herejía específica, y el verbo griego traducido como "asumir autoridad sobre" (authenteō) puede referirse a un tipo específico de conducta autoritaria o dominante. Como se señala con antelación, en Rom. 16, Pablo considerar a las mujeres como líderes en la iglesia. Ya que es verdad que en Cristo no hay hombre o mujer (Gal. 3:28), ¿hasta dónde se extiende esto? El desafío de hoy para las iglesias es decidir estos asuntos a la luz de todas las Escrituras más que en unos pocos textos de prueba.

MULADAR, ABONO *Ver* Estiércol.

MULA El cruce de una yegua y un burro macho. Aunque generalmente son estériles, las mulas eran posesiones preciadas en el mundo bíblico por su versatilidad y prestigio. Como objetos de lujo, eran la montura preferida por los reyes y príncipes israelitas durante la primera monarquía (2 Sam. 13:29; 18:9; 1 Re. 1:33, 38, 44; 18:5). La conexión entre las mulas y la realeza también ha sido atestiguada por los reyes de Mari en el siglo XVIII a.C

No se sabe cómo los israelitas adquirieron las mulas. El mestizaje está prohibido en Lev. 19:19. La presencia de híbridos en el antiguo Israel puede indicar que los israelitas no siguieron esta ley o que adquirieron mulas de sus vecinos a través del comercio o el tributo.

MULTITUD MIXTA Esta frase traduce el término hebreo 'ereb en Éx. 12:38 (LBLA [NVI: "gente de toda laya"]), que se refiere a varios pueblos de ascendencia no israelita que acompañaron a estos últimos en el éxodo de Egipto. Existe cierta ambigüedad en el texto bíblico en cuanto al carácter moral de este grupo. La mayoría de las traducciones presentan el término de forma neutral y ven el pasaje como una referencia a la redención de Dios que se extiende más allá de las fronteras étnicas. Otros traducen el término más peyorativamente como "gentuza" y consideran que este grupo es la misma "gentuza" de Nm. 11:4. El término 'ereb también ocurre en Neh. 13:3, refiriéndose a las personas excluidas de Israel a causa de su "ascendencia extranjera" (NTV [NIV: "se habían mezclado con extranjeros"]) como parte de las reformas de Nehemías. *Ver también* Gente Mezclada.

MUNDO En griego clásico, "mundo" (kosmos) comunicaba la idea que el universo externo es un sistema bien ordenado. En uso griego temprano, el término se usaba en referencia a tipos específicos de ordenes sociales, como el orden en que se sientan los remeros (Homero, Odisea 13.77), el orden de los soldados (Homero, Ilíada 12.225), y los estados políticamente bien ordenados como Esparta (Heródoto, Hist. 1.65).

Mundo Creado

M

En el AT, la noción de "mundo" creado se alejaba de la comprensión griega específicamente en que la creación nunca es vista como una entidad independiente controlada por un impersonal orden universal. Más bien, el universo, por lo general descrito con la frase "los cielos y la tierra" (Gn. 1:1; 2:1, 4; Sal. 113:6; Jr. 10:11) o a veces el "todo" o "todas las cosas" (Sal. 103:19; Jr. 10:16), es siempre comprendido en relación a su creador: "Aquel que creó los cielos, él es Dios; aquel que modeló e hizo la tierra, él la fundó; no la creó para que estuviera vacía, sino que la formó para que estuviese habitada—él dice: 'Yo soy el Señor y no hay otro'" (Is. 45:18). Aquí, el "mundo" ("tierra") se refiere a los elementos materiales que componen el planeta (*véase también* Jr. 32:17; Zac. 12:1) y la suma total de todo el universo (cf. Hec. 17:24). Incluso en el relato de la creación en Gn. 1:1-2:4, donde muchos de los elementos del mundo físico se mencionan (aguas, firmamento, estrellas, etc.), la intención principal del relato es transmitir que Dios es Señor sobre todas las cosas porque es el Creador. Con frecuencia estos elementos creados que componen el mundo no son alabados por su propia belleza inherente, sino como testimonio a la majestad, supremacía y omnipotencia del Creador (Sal. 8; 19:1-6; 33:6-9). En Sal. 148:3-6 los elementos dentro del orden natural (kosmos) son instruidos a alabar a Dios: "Alábenlo, sol y luna; alábenlo, todas las estrellas brillantes. Alábenlo, ustedes los más altos cielos y ustedes agua sobre los cielos. Déjenlos alabar el nombre del Señor, porque a su orden fueron creados, y él los estableció para siempre jamás; él emitió un decreto que nunca caducará".

Aunque no proporciona una descripción comprensiva, el AT a veces se refiere a cómo el mundo fue construido como un todo. La "bóveda" (Gn. 1:6-20 [RSV: "firmamento"]) del cielo separa las agua de arriba de las agua de abajo (que son contenidas por el cuidado soberano de Dios [Gn. 1:7; 7:11; 49:25]), y esta área o habitación descansa sobre "pilares" (Job 26:11). A veces la tierra es descrita como un disco con el santuario como punto central (Jue. 9:37; Ez. 38:12), que descansa sobre pilares (Job 9:6). Existe un inframundo, del cual no hay retorno (Job 10:21); sin embargo, el AT no se compromete en este tipo de especulación respecto del inframundo, como es evidente en la tradición grecorromana.

La Tierra y sus Habitantes

El término "mundo" transmite otros matices en la Biblia. Con frecuencia se refiere a los habitantes de la tierra o el lugar de la vida humana: "Él gobierna el mundo en rectitud y juzga a las personas con equidad" (Sal. 9:8 [cf. Sal. 96:13; 98:9]); o: "¡Acérquense, ustedes naciones, y escuchen; pongan atención, ustedes, gentes! ¡Dejen a la tierra escuchar, y todo lo que hay en ella, el mundo, y todo lo que de él!" (Is. 34:1). También, en los Evangelios "mundo" se usa de esta manera: "¿Qué bien es para alguien ganar todo el mundo, sin embargo, perder su alma?" (Mc. 8:36). Mateo 4:8 se refiere a todos

El mapa del mundo de Cosmas Indicopleustes (siglo VI dC) muestra una masa de tierra rectangular rodeada por el océano, con un paraíso en el extremo derecho (este).

los reinos del mundo. También la expresión "venir al mundo" (Jn. 1:9; 3:19), "en el mundo" (Jn. 1:10; 2 Cor. 1:12), y "dejar este mundo" (1 Cor. 5:10) puede entenderse como referente a la esfera de la vida humana.

Cultura Impía y Visión de Mundo

"Mundo" también se refiere a algo más que el mundo material o la humanidad en general; puede referirse a todo el sistema de valor cultural u orden mundial que es hostil hacia Dios. El "mundo" es una forma bíblica común de referirse a la visión y estilo de vida impío del mundo que caracterizaba la vida humana en su rebelión contra el Creador. El curso del mundo es profundamente afectado por humanos caídos, a través de quienes la muerte entró en el mundo y los gobierna (Rom. 5:12). Por lo tanto, Pablo puede declarar que "todo el mundo" se ha vuelto culpable ante Dios (Rom. 3:19), e incluso el mundo creado se ve afectado por tal rebelión (8:20-22). Pablo especialmente conecta "este mundo" con "esta era" (1 Cor. 3:19; 5:10; Ef. 2:2 NET), que Dios ha juzgado (Rom. 3:6). Juan declara que Satanás es el "príncipe de este mundo" (2 Cor. 4:4 ESV, NRSV, NASB), que puede cegar individuos a la verdad y que anima la rebelión humana (Ef. 2:2). En este sentido, Dios y el mundo están estrictamente separados: "¿No saben que amistad con el mundo significa enemistad contra Dios? Por lo tanto, cualquiera que elige ser un amigo del mundo se convierte en enemigo de Dios" (Sant. 4:4). Debido a este llamado a una relación exclusiva con Dios, los creyentes son mandados a resistir e incluso confrontar al mundo. Los seguidores de Cristo no deben ser cautivados por la filosofía o las "fuerzas espirituales elementales de este mundo" (Col. 2:8, 20), ya que, como dice Pablo, "el mundo ha sido crucificado a mí, y yo al mundo" (Gal. 6:14).

Pero es el mundo el que designa la ubicación y objeto de la actividad salvadora de Dios. De hecho, Dios envió a su Hijo al mundo para reconciliarlo consigo mismo (2 Cor. 5:19). Jesús, el Cordero sacrificial de Dios, "se lleva los pecados del mundo" (Jn. 1:29). Por amor a este mundo, Dios envió a su Hijo (Jn. 3:1), no a juzgarlo, sino a salvarlo: "Dios no envió a su Hijo al mundo para condenar al mundo, sino para salvar el mundo a través de él" (Jn. 3:17).

Aunque los creyentes viven en el mundo (1 Cor. 5:10; Flp. 2:15) y deben relacionarse con el mundo, finalmente no son de este mundo (Jn. 17:14). Permaneciendo en Cristo, los creyentes son capaces de demostrar en el mundo la creencia y práctica del nuevo mandamiento del amor (Jn. 13:34; 15:9). Por lo tanto, lo cristianos deben mantener una distancia crítica del sistema del mundo: "No amen el mundo ni nada en el mundo. Si alguien ama al mundo, el amor por el Padre no está en él. Porque todo en el mundo—la lujuria por la carne, la lujuria por los ojos y el orgullo de la vida—no viene del Padre sino del mundo" (1 Jn. 2:15-16 [cf. Sant. 1:27; 4:4]). Los creyentes deben evitar el poder seductor del mundo y no abandonarse a él; deben seguir a su Señor en la proclamación del proyecto de Dios de reconciliar al mundo consigo mismo a través de la muerte y resurrección de Jesucristo (2 Cor. 5:18).

MUPIM El octavo de los diez hijos de Benjamín (Gn. 46:21). En Nm. 26:39 el nombre de este hijo aparece como "Sufam" (LBLA, RV, NTV) o "Sufán" (NVI, NBD).

MURALLA ANCHA En Nehemías 3:8; 12:38 a una sección del muro de la ciudad reconstruida de Jerusalén se le llamó la "Muralla ancha". El nombre ahora también se usa para aludir al muro de veintitrés pies de ancho del siglo VIII a.C. que al parecer fue construido por Ezequías (2 Crónicas 32:2-5; Isaías 22:10), y que se encontró en una excavación durante 1970.

MURCIÉLAGO En los tiempos antiguos al murciélago se le clasificaba como ave (como una "cosa voladora") en vez de mamífero. En las leyes alimentarias del Antiguo Testamento, a los murciélagos se les consideraba impuros (Levítico 11:19; Deuteronomio 14:18). Por lo tanto, es apropiado que a los ídolos de Israel los dejen de lado como a los murciélagos cuando la nación huye a los lugares grandes y tenebrosos como el hogar de los murciélagos (Isaías 2:20-21). Existen alrededor de treinta especies diferentes de murciélagos en Israel, de los que algunos comen insectos y otros frutas, pero la palabra hebrea ('atallep) no hace distinción entre ellos.

MURMURAR Murmurar, musitar o susurrar. Según Isaías, cuando los médiums y espiritistas hablan, "susurran y murmuran" (Is. 8:19).

MURO DIVISORIO La NIV presenta la palabra griega mesotoichon en Ef. 2:14 como "muro divisor" (KJV: "muro del medio"). Dentro de la infraestructura del templo había un muro de un metro y medio. Esta balaustrada separaba la corte de los gentiles de las cortes interiores y el santuario en el templo de Jerusalén. Debido a que el muro es un símbolo poderoso de separación entre gentiles y judíos, la declaración del NT de que este muro ha sido derrumbado es retóricamente significativa (Ef. 2:14; cf. 1 Mac. 9:54). Cristo ha, simbólicamente, derrumbado el muro divisor con su muerte. Judíos y gentiles ahora son iguales en su acercamiento a Dios.

Una dificultad en esta interpretación de Ef. 2:14, sin embargo, es que el "muro divisor" en el templo aún estaba en pie hasta la destrucción del templo en el año 70 AD. Parece preferible ver la referencia al "muro divisor" como una formulación ad hoc coherente al contexto de Ef. 2:14. El escritor continúa con el tema de la casa/templo dividido en 2:19 y se refiere al "templo santo" en 2:21. Fueron las actitudes resueltas y exclusivas actitudes de los judíos que separaron judíos de gentiles y crearon una barrera entre ellos. Esta barrera social habría estado íntimamente asociada con algunos de las demarcaciones de límites usadas por los judíos para separarse de los gentiles.

MURO Las murallas formaban parte importante de la fortificación de las antiguas ciudades israelitas como círculo exterior de defensa. El término hebreo khel podría indicar fosos, muros de piedra o terraplenes de tierra rodeando una ciudad. En descripciones poéticas de Sion la seguridad de la ciudad estaba indicada por sus murallas (Is. 26:1).

MURO, ÁNGULO DEL En 2 Cr. 26:9; Neh. 3:19-20, 24-25 se hace referencia al "ángulo" (hebreo miqtsoa') del muro de Jerusalén (NRSV: "el Ángulo"; KJV: "el giro del muro"). No se refiere a una esquina principal del muro sino tal vez a una proyección o hendidura en el curso de la muralla.

MUROS Los muros eran arquitectura de defensa necesaria que rodeaba una fortaleza o ciudad (e.g., Dt. 3:5; Js. 2:15; 1 Sm. 31:10). A diferencia de la cerca de piedra que protegía los viñedos, huertos o jardines (Prov. 24:31; cf. Ecl. 10:8), los muros eran construidos de ladrillos sin cocer y realzado con características como un glacis (terraplén), muros de contención secundarios, fosos secos y torres. Para inicios de la temprana Edad de Bronce (3300-2200 a.C.), algunas ciudades fueron fortificadas con muros de dos capas, soportado en medio por un glacis.

Dos tipos de muros han sido descubiertos en Palestina: muros de casamata y muros sólidos. Los muros de casamata consistían en dos muros paralelos unidos por un muro corto lleno de escombros en intervalos regulares, formando una serie de casamatas. Tras la era salomónica, sin embargo, las principales fortificaciones eran muros sólidos que eran compensados-añadidos, con secciones proyectantes y retrocedientes construidas en

Muralla de piedra que sostiene las paredes del Bronce Medio (1850 aC) parcialmente destapada en Ashkelon, Israel.

la cara del muro para darle una mejor defensa contra arietes y escaleras.

MÚSICA, INSTRUMENTOS, DANZA La Biblia a menudo hace referencia a canciones, música, sonidos e instrumentos musicales y baile. Podemos inferir varios detalles sobre los instrumentos a partir de sus descripciones en la Biblia, así como de hallazgos arqueológicos y otros textos antiguos. Las referencias del NT a la música son escasas; el material del AT puede complementarse con recursos antiguos del Cercano Oriente, de Egipto, Canaán/Israel, Ugarit y Mesopotamia.

Música

Estilo. Lo más probable es que la música de Israel sonaba muy parecida a la de sus vecinos. Esta conjetura se ve particularmente fortalecida por los hallazgos en Ugarit, una ciudad en la costa siria frente a Chipre. Estos hallazgos, más o menos des la época de los jueces, mencionan algunos de los mismos instrumentos musicales encontrados en la Biblia, algunos de los cuales han sido descubiertos por los arqueólogos. El estilo de la poesía es muy similar al Cántico de Débora (Jue. 5). Líricamente, algunas de las descripciones y títulos usados por los cananeos para Baal son aplicados por Israel a Yahvé, para afirmar que Él es el verdadero Dios que posee estos atributos. Dadas estas similitudes en el texto, el estilo poético y la instrumentación, es muy probable que la música de Israel sonara muy parecida a la de sus vecinos. Aún así, hay cierta evidencia de estilos regionales. La dirección de interpretar los salmos "según la gittith" (superscripción a Sal. 8; 81; 84) puede referirse al estilo de Gat, y se proponen interpretaciones regionales similares para otras instrucciones en los salmos.

Letras. La parte lírica de las canciones de Israel exhibe su ritmo y estructura deliberada. La estructura planificada más obvia es el acróstico alfabético, donde el poeta o compositor de canciones compone uno o más versículos que comienzan con letras sucesivas del alfabeto hebreo. Pero los salmos exhiben muchas otras estructuras que involucran simetrías y equilibrio, como mitades iguales, líneas centradas, patrones simétricos de longitud de estrofa y otras características. Las líneas en sí por lo general demuestran el equilibrio entre sus partes, con números similares de compases o sílabas acentuadas. Varios poemas de lamento exhiben un patrón particular conocido como metro qina, que presumiblemente también se ajusta a una plantilla musical.

Actuación. La actuación de los salmos era, al menos en algunas ocasiones, acompañada de múltiples instrumentos y se realizaba en coro para alcanzar el volumen necesario para las reuniones de la comunidad, que no tenían otros medios para amplificar. En general se presume, aunque no se sabe, que todos los miembros del coro entonaban melodía en vez de partes. Es muy posible que hayan integrado actuaciones solistas e interludios musicales. De la poesía de los salmos, observamos diferentes voces que hablan. Es decir, en algunos casos, escuchamos la voz del rey, o de la gente en general, o un funcionario que se dirige a la audiencia, o una voz que habla sacerdotal o proféticamente, incluso las palabras de Dios mismo. Esto es muy sugerente de que la actuación pública puede haber llevado a diferentes cantantes al primer plano en diferentes momentos. También hay poemas que emplean un estribillo repetido, lo que sugiere una actuación antifonal, y otros en los que los sacerdotes o personas en Jerusalén toman partes diferentes de las de los adoradores que van llegando. Si bien la actuación exacta de estas canciones es especulativa, estos elementos cierta pompa, al menos para el entorno de la comunidad. David era responsable de establecer las órdenes musicales de Israel para el templo, con músicos profesionales con responsabilidades rotativas (1 Cr. 16; 25).

Figura egipcia tocando el arpa de piso (1330 a.C).

M

Instrumentos

Cuerdas. El instrumento más frecuentemente mencionado es el kinnor, una lira, también conocida como arpa. La caja de resonancia del arpa se encuentra en la base, desde la cual se levanta un cuello recto o curvo en un ángulo agudo, de modo que las cuerdas que van de la caja al cuello son de diferente longitud. La lira tiene dos montantes y un travesaño en la parte superior, desde donde las cuerdas de longitud similar se extienden hasta la caja de resonancia. El kinnor-lira tenía de ocho a diez cuerdas (basado en los hallazgos acadios y ugaríticos y descripciones judías) y se podía tocar con una púa o con la mano. El "arpa" de David era una lira de este tipo. El "arpa" que se menciona en el NT (1 Cor. 14:7; Ap. 5: 8; 14:2; 15:2) probablemente también era una lira. Otra lira del AT, o tal vez un arpa, el nebel, complementaba la kinnor-lira. La tradición judía sobre las cuerdas implica que producía un sonido más bajo. La nebel-lira se menciona con más frecuencia con otros instrumentos, aunque ocasionalmente también se menciona solo. Otro instrumento de cuerda mencionado tres veces, el 'asor, puede haberse tratado de un arpa o un decacordio (Sal. 33:2; 92:3; 144:9). En Sal. 45:8; 150:4 se menciona "las cuerdas", que pueden referirse a algo más que los instrumentos de cuerda específicamente mencionados en la Biblia. El mundo antiguo también tenía laúdes, un instrumento con un cuello largo y recto, con trastes como una guitarra u ukelele, procedente de una pequeña caja de resonancia.

Percusión. Panderos, címbalos y castañuelas o sonajeros son algunos de los instrumentos de percusión mencionados en la Biblia. El pandero, también conocido de Egipto y Ugarit, era un tambor de mano, como una pandereta pero sin cascabeleos metálicos. El pandero acompaña la danza y puede haber sido utilizado por los bailarines (Éx. 15:20, Jue. 11:34, 1 Sam. 18:6). Los címbalos pueden haber sido emparejados o individuales, pero no es seguro si estos últimos eran platillos suspendidos o platillos de dedo, eran de cuatro a seis pulgadas de diámetro. En 2 Sam. 6:5 hay mención de otro instrumento de percusión, mena'an'im (la raíz de esta palabra significa "sacudir"), tal vez "sistros" (NVI) o "castañuelas" (LBLA) (aunque la RV lo presenta como "flautas"). Los sistros egipcios eran pequeños instrumentos metálicos bifurcados con tres barras transversales deslizantes que tenían extremos enganchados. Los arqueólogos también han encontrado sonajeros hechos de cerámica, con bolas de cerámica adentro. Las castañuelas eran pequeños palmeros unidas con una cuerda. Israel probablemente tenía todo esto, aunque es difícil saber a cuáles se hace referencia en 2 Sam. 6:5. El címbalo se menciona una vez en el NT (1 Cor. 13:1), aunque no es musicalmente agradable en ese contexto.

Instrumentos de viento y trompas. El AT da fe tanto de los cuernos de animales, con mayor frecuencia llamados shopar, como de trompetas de metal, o khatsotserah (Nm. 10:2-10). El NT se refiere a una trompa con una palabra utilizada para traducir ambos términos del AT (salpinx). El mundo antiguo tenía ambos: flautas y chirimías. Las chirimías tienen un ensanche similar a una campana en el extremo, mientras que la vara de una flauta es recta hasta el final. Lo que probablemente es una chirimía de doble caña se traduce frecuentemente como "flauta" (1 Sam. 10:5; 1 Re. 1:40; Is. 5:12; 30:29; Jer. 48:36. No está claro si el instrumento mencionado en Gn. 4:21; Sal. 150:4 comúnmente traducido como "flauta" es un instrumento de viento de madera o de cuerda. El NT también menciona una flauta o instrumento de caña (Mt. 11:17, 9:23, 1 Cor. 14: 7, Ap. 18:22) que podría tocarse para bailar o para el duelo.

Simplicidad y complejidad. Los instrumentos como los cuernos, trompetas y algunos instrumentos de percusión no se usaban sólo para hacer música. El soplido del cuerno de carnero o la trompeta se podía usar para hacer sonar la alarma, convocar a una asamblea o en preparación para un anuncio. Aarón debía llevar campanas de metal en el dobladillo de su túnica cuando entraba al lugar santo (Éx. 28:33-35). Algunos de los instrumentos de percusión pueden haber sido utilizados para mejorar la danza y mantener el ritmo más que para hacer música para cantar. Las cuerdas eran los instrumentos principales para acompañar el canto, aunque no necesariamente iban acompañadas de una canción.

Algunos textos asirios manejan la afinación y reproducción de música con anotaciones técnicas. A partir de las designaciones de las cuerdas y las instrucciones de afinación, podemos inferir que sus escalas utilizaban siete notas como en la octava moderna (siete notas más una repetición). Los apuntes para afinar instrumentos de cuerda sugieren que las afinaciones produjeran escalas diferentes. La teoría musical, entonces, no estaba ausente del todo. Muchas de las representaciones pictóricas de músicos de Egipto y Mesopotamia incluyen múltiples instrumentos que se tocan juntos (*ver* las instrucciones de Nabucodonosor en Dan. 3:5, 7, 10, 15 y la celebración de David en 2 Sam. 6:5). Estos no son simplemente varios objetos que hacen de ruidos, aunque las reuniones comunitarias requerirían volumen. Por el contrario, muestran una sensación de comprensión de qué instrumentos se complementan bien entre sí. Si bien el canto del antiguo Cercano Oriente sin duda incluía los cánticos, el canto con múltiples instrumentos sugiere algo más melodioso que el mero canto intercalado con el rasgueo de un laúd. Esta música podía ser diseñada para adaptarse a diferentes estados de ánimo, para calmar, celebrar, llorar, adorar. Es razonable indicar que la música que acompaña a los salmos refleja la amplia gama de emociones mencionadas en el texto.

Danza

La danza mencionada en la Biblia suele ser festiva y positiva y se combina con el canto o la interpretación de instrumentos musicales. Dicha danza puede ocurrir en cualquier ocasión feliz, pero se menciona más a menudo en relación a la victoria o la adoración (por ejemplo, Éx. 15:20, Jue. 11:34, 1 Sam. 18:6). Las mujeres de Silo "salen a tomar parte en las danzas" (Jue. 21:21) en un festival anual, lo que implica algún tipo de baile popular. El baile de la hija de Herodes era probablemente erótico (Mt. 14:6; Mr. 6:22), y el baile de los israelitas alrededor del becerro de oro probablemente también estaba cargado de sensualidad (Éx. 32:19).

MUSITAS *Ver* Musi.

MUSI Un levita, el segundo hijo de Merari (Éx. 6:19, Nm. 3:20, 1 Cr. 6:19, 47, 23:21, 23, 24:26, 30), él es el antepasado de los Musitas, una familia Levítica (Nm. 3:33; 26:58).

MUTH-LABBEN Un término en el sobrescrito de Sal. 9. Algunas traducciones transcriben el término hebreo (LBLA, RVA, NBLH), pero otras traducen la frase, "Muerte del Hijo" (NVI, NTV). El término es probablemente una referencia a un estilo musical o melodía.

MUTILADO Varias palabras hebreas y griegas que se refieren a la mutilación corporal se traducen como "mutilado" o algunas veces como "lisiado" o "cojo". En el antiguo Israel tales defectos físicos hacían a los levitas inelegibles para el servicio sacerdotal (Lev. 21:16-23); y en los animales, considerados como no aptos para el sacrificio (22:22). En la época de Jesús, los mutilados estaban al margen de la sociedad porque su condición se consideraba una señal del desprecio de Dios hacia ellos. Por lo tanto, el ministerio público de Cristo escandalizó al establecimiento judío de su época porque sanó y se asoció con parias sociales como los mutilados. En una de sus parábolas, los "pobres y los manco, los ciegos y los cojos" (Lc. 14:21 LBLA) eran de ser llevados al banquete, y el anfitrión rechazaría a los invitados que se excusaron para no asistir.

N

NAALAL Una ciudad levítica, una de las cuatro dadas a los levitas de la asignación tribal de Zabulón (Jos. 21:35). Naalal también aparece en Jos. 19:15, donde se enumera como una ciudad ubicada dentro de los límites asignados de Zebulón, y en Jue. 1:30, que establece que Zabulón no pudo expulsar a los ocupantes cananeos de la ciudad. Las posibles ubicaciones del sitio incluyen Tell el-Beida, que se encuentra en la planicie de Esdraelón, y Tell en-Nahl, que se encuentra en la planicie de Acco. Tell en-Nahl es comúnmente la ubicación preferida, aunque está fuera de los límites tradicionales de las tierras de Zebulón.

Relieve de un guerrero sirio (Hadatu, Siria, siglo IX a.C). Naamán fue un comandante militar sirio (2 Re. 5).

NAAMA **(1)** La hija de Lamec y Zila y la hermana de Tubal-Caín, el forjador de bronce y herrero mencionado en la genealogía de Caín (Gn. 4:22). **(2)** La madre del rey Roboam de Judá y, por lo tanto, una de las muchas esposas de Salomón. Los textos la describen como amonita (1 Re. 14:21, 31, 2 Cr. 12:13). **(3)** Una ciudad situada en las tierras bajas de Judá, cerca de Laquis, pertenecía a la tribu de Judá (Jos. 15:41).

NAAMÁN **(1)** Nieto de Benjamín y el fundador de los naamitas (Nm. 26:40, 1 Cr. 8 4, *ver* Gn. 46:21). **(2)** Un comandante militar sirio sanado de lepra después de seguir de forma reacia la orden de Eliseo de sumergirse siete veces en el río Jordán (2 Re. 5). Jesús se refirió a Naamán como un modelo de la fe (Lc. 4:27). **(3)** Un descendiente del benjamita Aod, era un jefe de familia (1 Cr. 8:6-7).

NAAMATITE La afiliación tribal de Zofar, uno de los tres amigos de Job (Job 2:11; 11:1; 20:1; 42:9), mejor identificado con la tribu Sabeos del mismo nombre al sur de Arabia.

NAAM Hijo de Caleb, hijo de Jefone, pertenecía a la tribu de Judá y figuraba en la genealogía de Judá (1 Cr. 4:15).

NAAMITAS Un clan descendiente de Naamán de la tribu de Benjamín, presente en el momento del segundo censo en el desierto (Nm. 26:40).

NAARA **(1)** Una de las dos esposas de Asur, el padre de Tecoa; ella dio a luz a cuatro hijos (1 Cr. 4:5-6). **(2)** Una ciudad cerca de Jericó, en la frontera de Efraín (Jos. 16:7 [RVA: "Naarat"]), probablemente la misma ciudad que Naarán (1 Cr. 7:28). Por lo general, se identifica con Tel el-Jisr.

NAARAI Uno de los guerreros de élite de David, hijo de Ezbal (1 Cr. 11:37). Se le conoce como Paarai en 2 Sam. 23:35.

NAARÁN, NAARAT *Ver* Naara.

NAASÓN El hijo de Aminadab, padre de Salmón, y antepasado de David y Jesús (Rut 4:20, 1 Cr. 2:10-11, Mt. 1:4, Lc. 3:32). Fue un jefe tribal de Judá en el éxodo (Nm. 2:3; 7:12-17; 10:14), cuñado de Aarón (Éx. 6:23 [RV1977: "Nahsón"]) y un ayudante en el censo conducido por Moisés y Aarón (Nm. 1:7).

NABAL Un adinerado terrateniente de Carmel, Nabal, áspero y malo, estaba casado con la bella e inteligente Abigail. Nabal trató a David despectivamente, a pesar de que David había protegido a los pastores y las posesiones de Nabal. Abigail intercedió para evitar que David vengara el insulto. Cuando Nabal oyó, aparentemente murió por la conmoción, por lo que David tomó a la virtuosa Abigail como su esposa (1 Sam. 25:2-42).

NABAT El padre de Jeroboam, el primer rey del reino del norte de Israel. Su nombre aparece sólo en la frase "Jeroboam hijo de Nabat" y sirve para distinguirlo de Jeroboam II.

NABATEOS Un grupo de personas semíticas que habitaban en un territorio al sur del Mar Muerto, en la frontera con Judea. El terreno y el clima los obligó a convertirse en expertos en el control del agua en la agricultura. La primera mención probable de este grupo es del 312 a.C junto con Antígono, quien oprimió a la capital nabatea, Petra. El libro de 2 Macabeos registra los reyes de los nabateos (árabes) y las referencias de Aretas I (2 Mac. 5:8). En 40 a.C, Herodes el Grande, cuya madre era nabatea, escapó a Petra porque los partos atacaban a Jerusalén. Más tarde, Herodes Antipas se casó con la hija de Aretas IV, pero posteriormente se divorció de ella para casarse con Herodías. Es este Aretas IV a quien Pablo hace referencia cuando describe su escape por la muralla en una canasta en Damasco (2 Cor. 11:32).

Moneda de Aretas IV, rey de los Nabateos (c. 9 a.C-AD40).

NABONIDO El último rey de Babilonia (r. 555-539 a.C), Nabonido era un devoto adorador del dios de la Luna, Sin, lo cual enfurecía a los sacerdotes de Marduk, dios principal de Babilonia. Pasó diez años en Teima, dejando a su hijo Belsasar como regente en representación en Babilonia. Nabonido no se menciona en la Biblia.

NABOPOLASAR Nabopolasar fue un caldeo que estableció el Imperio Neo-babilónico, que duró hasta la caída de Babilonia en el 539 a.C Él comenzó su revuelta contra Asiria en 626 a.C Cuando los medos atacaron la ciudad asiria Assur en 615 a.C, Nabopolasar ayudó al final. Una coalición continuó durante varios años, derrotando a las capitales de Asiria mientras se retiraban al oeste. Asiria recurrió al faraón Necao de Egipto en busca de ayuda. Necao tomó Gaza, luchó contra Josías en Meguido (2 Re. 23:29-30), y avanzó a Carquemis. El hijo de Nabopolasar, Nabucodonosor, derrotó a Egipto en 605 a.C, el mismo año en que Nabopolasar murió.

NABOT Un Jezrelita de Samaria, poseía una viña cerca del palacio del rey Acab en Jezreel. Como Acab deseaba tener este viñedo, le pidió a Nabot que lo vendiera o se lo cambiara. Nabot se negó, siguiendo la ley de la herencia (Lev. 25:23). Acab, malhumorado, informó esto a su esposa, Jezabel, quien logró matar a Nabot por la calumnia de los falsos testigos. Después de la muerte de Nabot, Acab tomó posesión de la viña. El profeta Elías predijo el juicio de Acab y Jezabel por esta acción, el cumplimiento de lo cual vino cuando la sangre de Acab fue lamida por perros en Jezreel, y el descendiente de Acab, Joram, fue dado por muerto en este mismo viñedo (2 Re. 9:22-26), y ya que Jezabel se encontró con un final violento cuando los perros lamieron su sangre (2 Re. 9:33-37).

NABUCODONOSOR El rey de Babilonia de entre 605 al 562 a.C La información sobre su vida y reinado proviene de la Biblia, así como de fuentes babilónicas antiguas. Nabucodonosor tuvo muchos logros militares y políticos. El material a continuación se enfoca principalmente en aquellos que iluminan el texto bíblico.

El padre de Nabucodonosor, Nabopolasar, era un jefe tribal caldeo (de habla aramea) del extremo sur de Babilonia (cerca de lo que hoy es el Golfo Pérsico). En 626 a.C se rebeló contra Asiria, que durante muchos años tuvo a Babilonia en subyugación en estatus de vasallo. En 612 a.C, los babilonios, junto con los medos, derrotaron a la capital asiria, Nínive. Los remanentes del ejército asirio huyeron a la región alrededor de Harán en el norte de Siria bajo el liderazgo de Asurubalit. En 609 a.C, el faraón Necao de Egipto intentó reforzar al ejército asirio, pero los babilonios los derrotaron en la batalla de Carquemis. En este punto, Babilonia heredó lo que era el Imperio Asirio, que incluía a Siria y el reino del norte de Israel. En 605 a.C Nabopolasar murió por causas naturales, y su hijo Nabucodonosor lo sucedió como rey.

En el mismo año, según Dan. 1:1-3, Nabucodonosor "sitió" a Jerusalén. El verbo hebreo (tsur) podría indicar un asedio militar o simplemente una coacción diplomática. Cualquiera sea el caso, el rey judío pro-egipcio, Joiacim, no tuvo más remedio que rendirse, entregando al rey de Babilonia las vasijas del templo y también a rehenes políticos de la familia real, incluyendo a Daniel y sus tres amigos.

En 597 a.C, Joacim se rebeló contra Nabucodonosor. Para cuando el ejército babilonio se movilizó e inició el largo camino hacia Jerusalén, Joacim había sido reemplazado por su hijo Joaquín. La ciudad de Jerusalén fue tomada. Joaquín, junto con muchos líderes, incluido el sacerdote Ezequiel, fueron llevados al exilio en Babilonia. Nabucodonosor luego colocó en el trono al tío de Joaquín, que tomó el nombre de Sedequías.

Sin embargo, en 586 a.C, incluso Sedequías presumió que se rebelaría contra Nabucodonosor. Esta vez Nabucodonosor derrotó a Jerusalén, y mató a los hijos de Sedequías, les sacó los ojos y lo llevó a Babilonia. También destruyó gran parte de la ciudad, incluido el palacio, las paredes y el templo. El libro de Lamentaciones registra la reacción horrorizada de los fieles a la destrucción de la ciudad. Desterró a muchos de los principales ciudadanos, pero dejó a la mayoría de la gente en la tierra bajo el liderazgo de Gedalías, un gobernador nacido en Judea. Jeremías registra el relato de las atrocidades posteriores de un insurgente, Ismael (Jer. 40:7-41:15). El asesinato de Ismael de Gedalías y el asesinato de los soldados de Babilonia en Jerusalén llevaron a otra incursión babilónica a Judá en 582 a.C Nabucodonosor murió en 562 a.C Fue sucedido por su hijo Amel-Marduk (conocido en la Biblia como Evil-merodac [2 Re. 25:27]). El retrato más íntimo de Nabucodonosor proviene de Dan. 1-4. Después de llevar a Daniel y a los tres amigos en cautiverio, los entrenó para el servicio real. Daniel se convirtió en un consejero de confianza del rey. Al final, fue Daniel quien le enseñó al rey y no al revés. Es dudoso que Nabucodonosor alguna vez haya adorado al Dios verdadero exclusivamente, pero llegó a reconocer el gran poder y la sabiduría de Yahvé.

NABUSAZBÁN *Ver* Nebusazbán.

NACER DE NUEVO *Ver* Nuevo Nacimiento; Regeneración.

NACIMIENTO Los nacimientos en el antiguo mundo tenían que ver con el dominio de la mujer. La mujer que daba a luz a menudo recibía

Una inscripción cilíndrica de Nabucodonosor, rey de Babilonia (605-560 a.C).

la asistencia de matronas en el proceso de parto (Génesis 35:17; 38:28; Éxodo 1:15-20). Aunque estaba prohibido trabajar en los días sabáticos, la ley judía les permitía a las matronas asistir a las mujeres en el proceso de parto durante los días sabáticos porque el parto era visto como la salvación de una vida.

Muchas mujeres utilizaban un taburete de nacimiento (Éxodo 1:16). Al recién nacido a menudo lo lavaban con agua, lo restregaban con sal y lo arropaban (Ezequiel 16:4; Lucas 2:7, 12). En el Antiguo Testamento las mujeres debían pasar por un rito de purificación después de dar a luz (Éxodo 13:2, 20; 34:20; Levítico 12:6-8; Lucas 2:22-24). Esta purificación duraba cuarenta días después del nacimiento del hijo y ochenta días tras el nacimiento de una hija, y concluía con el sacrificio de una ofrenda en holocausto y una ofrenda por el pecado.

Dar a luz era un hecho valorado y las mujeres que eran consideradas infértiles a menudo enfrentaban una gran vergüenza (1 Samuel 1:10-11; Lucas 1:25). La tradición judía suscitó una conexión adicional entre el parto y el carácter de una mujer. Por ejemplo, la muerte en el parto era una amenaza para la mujer que no seguía la ley. El dolor en el trabajo de parto era asociado con el pecado de Eva (Génesis 3:16) y, por el contrario, la ausencia de dolor era interpretada como una señal de que la mujer era particularmente justa. Según Josefo, cuando Moisés nació su madre no sufrió dolores y el Protoevangelio de Santiago indica lo mismo sobre María cuando dio a luz a Jesús.

El proceso del trabajo de parto implicaba un riesgo significativo tanto para la mujer como para el bebé. Los cálculos varían en cuanto a la tasa de mortalidad para los bebés, pero se cree que hasta el 50 por ciento de los niños no sobrevivía más allá de los cinco años, donde muchos perdían la vida durante la primera semana fuera del vientre. Las apuestas conservadoras sitúan la tasa de muerte para las madres alrededor del 5 por ciento. Las tasas de muerte durante el parto eran mayores en las mujeres griegas, que a menudo se casaban más jóvenes que su contraparte judía y con frecuencia sufrían complicaciones en el parto por su juventud.

En la Biblia a veces se utiliza el lenguaje del nacimiento como una metáfora espiritual. En Juan 3:3-6 Jesús instruye a Nicodemo sobre la necesidad del nacimiento espiritual cuando le explica que debe nacer de nuevo. En Romanos 8:22 Pablo describe toda la creación como si se experimentara el dolor de parto mientras se espera la redención y en Gálatas 4:19 él dice que sufre dolores de parto por segunda vez con los gálatas porque él anhela la formación de Cristo en ellos.

NACIMIENTO VIRGINAL La designación tradicional de "nacimiento virginal" se refiere a la concepción sobrenatural de Jesucristo por el Espíritu Santo, aparte de las relaciones sexuales. Técnicamente, uno debería hablar de una "concepción virginal", ya que Jesús fue concebido virginalmente, pero nació normalmente. El "nacimiento" virgen es considerado por algunos teólogos como el medio por el cual se preservan las dos naturalezas Jesucristo: su humanidad proviene del hecho de que nació de la virgen María, mientras su deidad procede de la realidad de que Dios fue su padre y que fue concebido por el Espíritu Santo. El posterior Credo de los Apóstoles formula este asunto de la siguiente manera: Jesucristo "fue concebido por el Espíritu Santo y nacido de la Virgen María". Aquí, se discuten tres aspectos del nacimiento virgen: (1) el nacimiento virgen e Is. 7:14; (2) el nacimiento virgen en el NT; (3) la historicidad del nacimiento virgen.

Isaías 7:14. Isaías 7:14 lee, "La virgen concebirá y dará a luz un hijo, y lo llamará Emmanuel" (ESV). Dos hechos clave están involucrados en la profecía de Isaías. Primero, ¿debería la palabra hebrea 'almah ser traducida como "virgen" o como "joven mujer"? Aunque el término hebreo no necesariamente quiere decir virgen, sino sólo una mujer joven en edad de casarse, el término griego parthenos usado en la LXX de Is. 7:14 y citado en Mt. 1:23 tiene connotaciones más fuertes de virginidad. Segundo, ¿cuándo se cumplió Is. 7:14? Muy probablemente el texto del AT fue parcialmente cumplido en tiempos de Isaías (con referencia al hijo sin nombre del Rey Acaz o al hijo de Isaías, Maher Salal Has

Baz [Is. 8:1]), pero encontró su cumplimiento final en Jesús, como señala Mt. 1:23.

Nuevo Testamento. Las narrativas de la infancia registradas n Mt. 1-2 y en Lc. 1-2 proporcionan una línea argumental para la concepción virginal de Jesús: (1) María era una virgen comprometida con José (Mt. 1:18; Lc. 1:27, 34; 2:5); (2) se descubrió que estaba embarazada mientras estaba comprometida con José, una concepción producida por el Espíritu Santo (Mt. 1:18-20; Lc. 1:35; cf. Mt. 1:18-25; Lc. 1:34); (3) sólo después del nacimiento de Jesús, María y José tienen relaciones (Mt. 1:24-25). Aunque no hay nada en estas narrativas como la unión hipostática formulada en el posterior credo de la iglesia, es claro que Mateo y Lucas de alguna manera asocian la deidad y humanidad de Jesús con su concepción virginal. Otros textos del NT son considerados por algunos como posibles referencias al nacimiento virgen. Juan 1:14 establece que "la Palabra se hizo carne", lo que ciertamente destaca las dos naturalezas de Jesús—deidad y humanidad—pero no menciona explícitamente el nacimiento virginal. Pablo hace algo similar en Rom. 1:3 ("El Hijo [de Dios], quien en su vida terrenal era un descendiente del David"), Gal. 4:4 ("Dios envió a su Hijo, nacido de una mujer"), y Flp. 2:6-11 (Jesús existió en forma de Dios, pero tomó apariencia humana). Más allá de estos pasajes, no se dice o alude mucho más acerca del nacimiento virgen en el NT.

Historicidad. Dos consideraciones importantes indican que el nacimiento virginal de Jesús fue un evento histórico y no una leyenda mítica. Primero, la simpleza de las descripciones de las narrativas del nacimiento en Mateo y Lucas, en comparación con los detalles fantásticos encontrados en relatos contemporáneos de nacimientos sobrenaturales grecorromanos y judíos, hablan de la autenticidad de los documentos del NT. Por ejemplo, uno puede citar el nacimiento sobrenatural de Alejandro Magno en fuentes griegas y de Noé en fuentes judías extrabíblicas. Adicionalmente, detalles secundarios como la mención del padre de Ana, Fanuel (Lc. 2:36), no agregan nada significativo al relato y, por tanto, parecen ser información realista por parte de un testigo presencial. Segundo, las coincidencias entre Mateo y Lucas respecto del nacimiento virginal de Jesús dan testimonio de su historicidad.

En conclusión, mientras el NT no contiene información extensiva acerca del nacimiento virginal de Jesús, hay evidencia suficiente para soportar su historicidad.

NACIONES *Ver* Gentiles.

NACÓN Ubicado entre Baala de Judá (Quiriat Jearim) y Jerusalén, la "era de Nacón" se menciona en el relato en que David transportaba el arca del pacto a Jerusalén (2 Sam. 6:6). Allí Uza extendió su mano para sostener el arca y fue herido por Dios por su irreverencia. Nacón puede ser el nombre de un lugar o el nombre del propietario de la era. Se identifica como la era de Quidón en el relato paralelo en Crónicas (1 Cr. 13:9).

NACOR **(1)** Un descendiente de Sem, él era el hijo de Serug, padre de Taré y abuelo de Abraham (Gn. 11:22-25). **(2)** El hijo de Taré y el hermano de Abraham y Harán (Gn. 11:26). Nacor se casó con Milca, la hija de Harán, su hermano difunto (Gn. 11:28-32). Cuando Abraham se dirigió al oeste hacia la tierra de Canaán (Gn. 12:1, 4), Nacor permaneció en la ciudad de Harán. Con su esposa, Milca, Nacor engendró a ocho hijos, y engendró otros cuatro con su concubina, Reúma (Gn. 22:20-24). Betuel, uno de los hijos que Nacor tuvo con Milca, engendró a Rebeca, quien se convirtió en la esposa de Isaac, el hijo de Abraham (Gn. 24:15, 67). Las relaciones entre la rama oriental de la familia de Nacor y la rama occidental de Abraham aparentemente cesaron cuando Labán, el nieto de Nacor, tuvo un conflicto con Jacob, el nieto de Abraham, en el cual Labán invocó al Señor (Dios de Abraham) y al dios de Nacor para que juzgara entre los dos partes (Gn. 31:53). **(3)** "La ciudad de Nacor" es una ciudad en el noroeste de Mesopotamia, donde el criado de Abraham se encuentra con Rebeca en el pozo (Gn. 24:10). "Nacor" puede ser el nombre de la ciudad, o puede ser que el texto se refiera a la ciudad donde alguna vez vivió Nacor (NTV, PDT).

NADAB **(1)** El primogénito de Aarón (Éx. 6:23). Sirvió en el sacerdocio con su padre y su hermano Abiú (Éx. 24:1). Lev. 10 señala que Nadab y Abiú ofrecieron fuego prohibido con el incienso. Dios posteriormente los destruyó con fuego. Como Nadab y Abiú no tuvieron hijos, Eleazar e Itamar, los otros dos hijos de Aarón, sirvieron en su lugar (1 Cr. 24:1-2). **(2)** El hijo de Jeroboam se convirtió en rey de Israel después de la muerte de su padre en el segundo año del rey Asa de Judá (1 Re. 14:20; 15:25). Nadab hizo el mal, como lo hizo su padre, en su reinado de dos años. Baasa, de la tribu de Isacar, lo asesinó y reinó en su lugar (1 Re. 15:25-28). **(3)** Un hijo de Samai y el padre de Seled y Apaim (1 Cr. 2:28-30), de la tribu de Judá. **(4)** Un hijo de Jehiel, su hermano Ner fue el abuelo del rey Saúl (1 Cr. 8:29-33).

NAFAT-DOR *Ver* Nafot Dor.

NAFIS Un descendiente de Ismael, el hijo que Abraham tuvo con Agar. Él aparece en las genealogías de Gn. 25:15; 1 Cr. 1:31. Sus descendientes fueron derrotados por las tribus israelitas orientales antes de la conquista (1 Cr. 5:19).

NAFOT DOR Esta expresión significa "tierras bajas o alturas de Dor". Aparece en Jos. 11:2; 12:23; 1 Re. 4:11. Dor era una ciudad importante en la costa norte de Israel, a unos ochenta kilómetros al suroeste de Hazor y al sur de la frontera con los fenicios. Yacía dentro del territorio tribal del occidente de Manasés (Jos. 17:11).

NAFTUITAS Descendientes de Cam mencionados dos veces en la Biblia, ambos en genealogías (Gn. 10:13, 1 Cr. 1:11). Se remontan desde Cam hasta "Mizraim", que es la palabra hebrea para "Egipto". Esto parece sugerir un origen en el norte de Egipto (el delta del Nilo). "Naftuita" podría contener el nombre del dios egipcio Ptah, cuya ciudad sagrada era Memfis, en la zona del delta del Nilo.

NAG HAMMADI Una ciudad en Egipto cerca de la ubicación de un descubrimiento arqueológico de 1945 en el que se encontraron numerosos textos cristianos gnósticos, incluyendo obras como el *Evangelio de Tomás*, el *Apócrifo de Santiago*, el *Evangelio de la Verdad*, el *Evangelio de Felipe*, el *Diálogo del Salvador,* el *Apocalipsis de Pedro*, y muchos otros. Nag Hammadi se encuentra a más de trescientas millas al sur de El Cairo a lo largo del río Nilo. Un grupo de campesinos egipcios encontraron trece manuscritos de papiro en la base de un acantilado, y contenían un total de más de cincuenta obras diferentes. Casi todos estos escritos son de naturaleza gnóstica cristiana, aunque algunos, como la República de Platón, no lo son. Los manuscritos, fechados en el siglo IV d.C, están escritos en copto (un idioma egipcio, escrito utilizando un alfabeto griego adaptado) y están en forma de códice (libro). Actualmente se encuentran en el Museo Copto de El Cairo.

GNOSTICISMO

Comúnmente conocida como la Biblioteca de Nag Hammadi, este conjunto de textos ha arrojado una gran cantidad de luz sobre los primeros movimientos gnósticos cristianos que estuvieron presentes durante el segundo al cuarto siglo d.C y más tarde. Mientras que algunos padres de la iglesia primitiva proporcionaban comentarios y críticas del gnosticismo en sus propias obras, el descubrimiento de Nag Hammadi ha brindado la oportunidad de ver de primera mano los escritos y el pensamiento de este movimiento, que muchos de los primeros líderes cristianos marcaron como herético. El término "gnosticismo" se deriva de la palabra griega que significa "conocimiento" (gnōsis). Los gnósticos, entonces, eran aquellos que ponían énfasis en el conocimiento, a menudo de naturaleza secreta u oculta. El conocimiento que salva, de acuerdo con los sistemas de creencias gnósticos, viene por revelación desde un reino trascendente. Esta revelación está típicamente disponible a través de un revelador que viene a mostrarle a la gente el verdadero conocimiento de Dios y de sí mismo, los dos de los cuales a menudo se entrelazan, ya que los gnósticos consideran que el verdadero ser es de origen divino. La salvación del uno mismo incluye regresar al mundo divino del que proviene. Por lo tanto, en las versiones cristianas del gnosticismo, Jesús es retratado

N

como el revelador de este conocimiento oculto necesario para la salvación, el regreso de uno a su origen divino. El movimiento gnóstico no se limitó al cristianismo, ya que los gnósticos con frecuencia adaptaron sus mitos para hacerlos compatibles con otras religiones con las que entraron en contacto.

El Evangelio de Tomás

Entre los escritos encontrados en Nag Hammadi, el *Evangelio de Tomás* es el más conocido. Contiene una colección de 114 dichos atribuidos a Jesús. A diferencia de los Evangelios del NT, el *Evangelio de Tomás* no contiene material narrativo; Jesús no realiza milagros ni curaciones, ninguno de sus viajes se describe, y no hay relato de la pasión o resurrección. En cambio, contiene sólo una lista de los dichos de Jesús, con la respuesta o pregunta ocasional de sus discípulos. Esto ha llevado a algunos a concluir que el Evangelio de Tomás es similar en género al documento Q hipotético, que puede haber sido una fuente para el Evangelio de Mateo y el Evangelio de Lucas. Sin embargo, incluso Q incluye supuestamente cierto material narrativo (por ejemplo, Mt. 4:1-11//Lc. 4:1-13, Mt. 8:5-13//Lc. 7:1-10).

Muchos de los dichos en el Evangelio de Tomás tienen paralelos en los Evangelios del NT, que incluyen los siguientes:

> Jesús dijo: "Muchas veces deseasteis escuchar estas palabras que os estoy diciendo sin tener a vuestra disposición a alguien a quien oírselas. Días llegarán en que me buscaréis (y) no me encontraréis." (Ev. Tom. 38, cf. Jn. 7:32-36).

> Jesús dijo:" A quien insulte al Padre, se le perdonará; y a quien insulte al Hijo, (también) se le perdonará. Pero quien insulte al Espíritu Santo no encontrará perdón ni en la tierra ni en el cielo." (Ev. Tom., 44; cf. Mt. 12:31-32; Mr. 3:28-30; Lc. 12:10)

> Jesús dijo: "Mostradme la piedra que los albañiles han rechazado; ésta es la piedra angular" (Ev. Tom. 66, cf. Mr. 12:10-11).

Debido a estas similitudes, ha surgido la pregunta sobre la relación entre el *Evangelio de Tomás* y los *Evangelios del NT*. Algunos han sugerido que, de hecho, el Evangelio de Tomás es el más antiguo de todos los Evangelios. Esta afirmación ha sido rechazada por la abrumadora mayoría de los eruditos, que han concluido que el Evangelio de Tomás refleja un desarrollo posterior de los dichos de Jesús que se han formado en gran parte por el deseo de reflejar las ideas gnósticas. La fuerte teología gnóstica que prevalece en el Evangelio de Tomás está expuesta, por ejemplo, en los dichos 83 y 84:

> Jesús dijo: "Las imágenes se manifiestan al hombre, y la luz que hay en ellas permanece latente en la imagen de la luz del Padre. Él se manifestará, quedando eclipsada su imagen por su luz".

> Jesús dijo: " Cuando contempláis lo que se os parece, os alegráis; pero cuando veáis vuestras propias imágenes hechas antes que vosotros —imperecederas y a la vez invisibles—, ¿cuánto podréis aguantar?" (Ev. Tom. 83-84)

Evangelios Apócrifos y Apocalipsis

Hay otros evangelios apócrifos entre las obras encontradas en Nag Hammadi. El Evangelio de la verdad no pertenece al género de evangelios per se, más bien su título refleja la afirmación del texto de que cuenta las "buenas nuevas" de la obra salvífica de Jesús, aunque esto sea desde la perspectiva del gnosticismo primitivo. El Evangelio de Felipe trata principalmente con el tema de los sacramentos dentro de una comprensión gnóstica de la existencia humana después de la muerte física. En el Evangelio de María hay un diálogo entre Jesús resucitado y sus discípulos, que es seguido por María Magdalena recibiendo una revelación especial del Salvador.

Además de los Evangelios, los textos de Nag Hammadi incluyen varios apocalipsis, incluidos el Apocalipsis de Pablo, el Primer Apocalipsis de Santiago y el Segundo Apocalipsis de Santiago, el Apocalipsis de Adán y el Apocalipsis de Pedro. Estos generalmente pretenden dar cuenta de una revelación recibida por alguna figura conocida, especialmente un apóstol (por ejemplo, Pedro, Santiago, Pablo). Ninguna de estas obras se consideran relatos de los apóstoles reales; más bien, fueron escritos de manera seudónima.

NAGAI Un antepasado postexílico de Jesús, por lo demás desconocido, mencionado sólo en Lc. 3:25 (RVA: "Naggai") como el hijo de Maat y el padre de Esli.

NAHALIEL Lugar donde se detuvieron los israelitas al otro lado del Jordán poco antes de entrar a la tierra prometida (Nm. 21:19). Su nombre significa "torrente de El [Dios]" o "palmeral de Él". Se le ha identificado con Wadi Wala, que desemboca en el río Arnón desde el norte, o con Wadi Zarqa Ma'in, que desemboca en el Mar Muerto.

NAHAMANÍ Un líder de los judíos que regresó a Judá con Zorobabel después del exilio (Neh. 7:7).

NAHAM El hermano de la esposa de Hodías, de la tribu de Judá (1 Cr. 4:19).

NAHARAI Uno de los treinta valientes de David, se le describe como Beerotita y escudero de Joab (2 Sam. 23:37, 1 Cr. 11:39), el comandante del ejército de David.

NAHAS **(1)** El rey amonita que atacó la ciudad israelita de Jabes de Galaad en la fase temprana del reinado de Saúl y luego fue derrotado por el nuevo rey israelita (1 Sam. 11). Nahas (lit., "serpiente") avanzó contra Jabes de Galaad y exigió humillar a Israel arrancándoles el ojo derecho a todos en la ciudad como condición para terminar con el asedio. Una copia de 1 Samuel de Qumran incluye material adicional que también se encuentra en las Antigüedades de Josefo. Estas versiones agregan que Nahas ya había arrancado el ojo derecho de todos los israelitas en la región, excepto los siete mil hombres en Jabes de Galaad. Afortunadamente para ellos, como atestiguan todas las versiones, Saúl respondió levantando un ejército y derrotando a Nahas y a los amonitas. El Nahas que está aliado con David en textos posteriores (2 Sam. 10:2; 17:27) bien puede ser el mismo rey. **(2)** El padre de Abigail y Sarvia (2 Sam. 17:25), hermana (¿hermanastra?) de David (1 Cr. 2:13-16). Aparentemente, él murió, y su viuda se casó con el padre de David, Isaí.

NAHAT **(1)** Un descendiente de Esaú, uno de los hijos de Reuel (Gn. 36:13, 1 Cr. 1:37). Uno de los clanes de los edomitas deriva su nombre de este Nahat (Gn. 36:17). **(2)** Un levita en la genealogía en 1 Cr. 6:26. Él podría ser la misma persona que Toa (1 Cr. 6:34) y Tohu (1 Sam. 1:1). **(3)** Un inspector levita en el tiempo de Ezequías (2 Cr. 31:13).

N

NAHBI Un espía de la tribu de Neftalí, uno de los doce enviados por Moisés para hacer un reconocimiento de la tierra prometida (Nm. 13:14).

NAHÚM, LIBRO DE El séptimo de los Profetas Menores, Nahúm, es notable por su poesía poderosa y su contundente mensaje. El profeta se gloría en el juicio venidero de Dios sobre Asiria. Después de todo, la caída de Asiria traería alivio para Judá. El enfoque de Nahúm en el juicio divino sobre Asiria ha planteado la interrogante de si sigue siendo relevante aún para los lectores modernos (*ver* "Conexiones del Nuevo Testamento" más abajo).

Contexto Histórico

Nahúm, como muchos libros proféticos, comienza con un sobrescrito que incluye una atribución de autoría: "El libro de la visión de Nahúm de Elcos" (1:1b). Desafortunadamente, Nahúm es desconocido en otras partes de la Biblia. De hecho, su ciudad natal de Elcos no se localiza con certeza y se ha asociado con sitios en Mesopotamia cerca de Nínive, Israel del norte y Judá. El nombre "Nahúm" en hebreo significa "compasión". Aunque a simple vista sus palabras muestran poca compasión, su entusiasmo por la futura derrota de Asiria proviene de la compasión que siente por su propia gente.

A pesar de que se puede decir bien poco sobre Nahúm como persona, se sabe más sobre el período en el que recibió su visión. La profecía prevé la caída de Asiria, en particular la ciudad de Nínive. Dado que Nínive cayó en 612 a.C, la visión debe ser fechada antes de ese momento. Por otro lado, 3:8-10 recuerda la caída de la ciudad egipcia de Tebas, que cayó ante el rey asirio Asurbanipal en 664 a.C Por lo tanto, el libro surge del tiempo entre 664 y 612 a.C Si se lee 1:12 como indicación de que Asiria no se ha visto debilitado aún, entonces el libro debe ser fechado antes del 630 a.C

Contexto Histórico del Antiguo Cercano Oriente

El libro habla de eventos del siglo VII a.C Desde al menos mediados del siglo VIII a.C, Asiria había sido la potencia dominante en el Cercano Oriente. Bajo el liderazgo militar efectivo de Tiglat-pileser III (744-727 a.C), Salmanasar V (726-722) y Sargón II (721-705 a.C), los asirios incorporaron a Siria y al reino del norte de Israel como parte de su imperio y sometió a Judá a pagos de tributos. Esta política continuó bajo Senaquerib (704-681 a.C), Asarhaddón (680-669 a.C) y Asurbanipal (668-627). Sin embargo, Asurbanipal, aunque comenzó en una posición poderosa, se encontró con que el imperio comenzaba a debilitarse hacia el final de su reinado. Fue probablemente durante el reinado de Asurbanipal que Nahúm escribió acerca de la caída de Nínive.

El cumplimiento de esta expectativa vino en la forma de una Babilonia resurgente bajo el liderazgo de Nabopolasar, un jefe caldeo que asumió la realeza de Babilonia. Comenzó su insurrección en 626 a.C, pero no fue hasta 612 a.C que él, con el fuerte apoyo de los medos, tomó la ciudad de Nínive. Un pequeño contingente de asirios sobrevivió e intentó reagruparse en Harán, pero fueron completamente derrotados en 609 a.C en Carquemis, a pesar de la ayuda del faraón Necao de Egipto.

Consideraciones Literarias

El sobrescrito utiliza tres términos que ayudan a describir el género: "libro", "visión" y "oráculo". Que la profecía es un "libro" apunta a orígenes literarios en vez de orígenes orales de la obra. Si bien muchos libros proféticos comienzan como sermones, Nahúm tiene todas las características de una composición literaria. Que la profecía es una "visión" no sólo recalca la orientación futura de su mensaje, sino que también resalta el uso de la forma de visión del evento que habla de los eventos futuros como si estuvieran sucediendo en el presente (p. Ej., 2:3-10). La palabra traducida como "oráculo" también apunta a la orientación futura del libro. Dado que aparece tanto en otros lugares como también aquí en contextos que prevén las acciones de Dios como guerrero contra naciones extranjeras, la palabra puede indicar más precisamente el carácter del libro como un "oráculo de guerra" u "oráculo contra una nación extranjera".

Un relieve asirio que representa el asedio de Laquis. Nahúm predice juicio contra Asiria por su destrucción de Israel.

Esquema

I. Sobrescrito (1:1)
II. Himno a Dios, el Guerrero Divino (1:2-8)
III. El Guerrero Divino juzga y salva a su pueblo (1:9-2:2)
IV. La visión de la caída de Nínive (2:3-10)
V. La burla del león (2:11-13)
VI. Ay, Oráculo contra Nínive (3:1-3)
VII. La burla de la hechicera y ramera (3:4-7)
VIII. Burla histórica contra Nínive (3:8-10)
IX. Insultos adicionales contra Nínive (3:11-15c)
X. La burla de Langostas (3:15d-17)
XI. Canto final de la muerte (3:18-19)

Mensaje Teológico

Nahúm anticipa proféticamente la caída de Nínive. Históricamente, la ciudad fue derrotada por una coalición de babilonios y medos. Nahúm, sin embargo, entiende que la causa real de la caída de Nínive y el rescate de Judá no es otro más que Dios mismo. El libro comienza con un himno que alaba a Dios como un guerrero que "se venga de sus adversarios" (1:2-8). El resto del libro especifica que el guerrero se enfrentará a Nínive.

Conexiones con el Nuevo Testamento

Nahúm no se cita ni una sola vez de forma directa en el NT. De hecho, al principio puede ser difícil ver la relevancia de un libro relacionado con la caída de una ciudad antigua. Sin embargo, el NT también describe a Dios como un guerrero que lucha contra las fuerzas del mal. Jesucristo toma la batalla contra los "poderes y autoridades", enemigos espirituales. Él gana esta batalla al morir en la cruz (para un ejemplo de un texto que usa lenguaje militar en referencia a la muerte de Cristo, *ver* Col. 2:13-15). Además, los textos apocalípticos del NT (*véase* Ap. 19:11-21) anticipan el regreso de Cristo como un guerrero que acabará con todo mal. El libro de Nahúm es un testigo de la guerra de Dios contra el mal, que continúa hasta la última victoria al final de los tiempos.

NAÍN Naín se encuentra justo al norte del Monte Moré; al suroeste estaba Sunem. Cuando Jesús le devolvió la vida al hijo de una viuda, la multitud declaró que se había levantado un profeta (Lc. 7:11-17), en recordatorio de la restauración de Eliseo del hijo de la mujer sunamita (2 Re. 4).

NAIOT Un sitio en o cerca de Ramá en la región de colinas central de Benjamín. El profeta Samuel vivía en Ramá, aproximadamente a seis millas al norte de Jerusalén. Samuel y David huyeron de Saúl a "Naiot en Ramá", tal vez una sección de la ciudad o una casa de instrucción en Ramá, o incluso un campamento de pastores cercano donde Samuel supervisaba una comunidad profética (1 Sam. 19:18-20:1).

NAPHIS *Ver* Nafis.

NARCISO Los creyentes de la casa de Narciso se mencionan en los saludos de Pablo en Rom. 16:11. La frase "los de la casa de Narciso" se refiere a los esclavos y libertos o libertas de Narciso, mientras que la frase "que son del Señor" especifica aquellos que eran cristianos. Los siervos de la casa de Narciso que se convirtieron en cristianos formaron una iglesia en Roma. Otras iglesias de casas mencionadas por Pablo en estos saludos finales incluyen las de Priscila y Aquila. Pablo no especifica si Narciso mismo era cristiano.

NARDIN *Véase* Nardo.

NARDO Un perfume o pomada de alta calidad y fragante, también conocido como nardo puro. El nardo se incluye entre los elementos fragantes usados metafóricamente por el amante en el Cantar de los Cantares para describir a su amado (Can. 4:13-14). Mr. 14:3 y Jn. 12:3 hacen referencia a un mismo incidente, la unción de Jesús en Betania unos días antes de la crucifixión, y enfatizan el alto valor monetario del nardo.

NARIZ En la mayoría de las versiones de la Biblia solo se menciona en el AT, a menudo se hace referencia a la nariz en el contexto de las joyas, ya que los anillos en la nariz para las mujeres eran un adorno fino en la antigua cultura

N

hebrea (Gn. 24:47; Ezeq. 16:12), en algunos casos indicativos de extravagancia (Is. 3:16-24). Otras veces, un grupo más fuerte dirigiría a un grupo más débil usando un gancho o un lazo en la nariz (2 Re. 19:28, 2 Cr. 33:11, Job 40:24).

La palabra hebrea para nariz, 'ap, podía usarse metafóricamente para enfado, al igual que los hispanohablantes podrían decir que una persona enojada "tiene vapor saliendo de su nariz." Por lo tanto, en la NVI "[él] se enojó" puede traducir la frase hebrea "[su] nariz se quemó" (Gn. 30:2; Jue. 10:7). El mismo término hebreo también puede referirse a las fosas nasales. La NVI utiliza la traducción "fosas nasales" varias veces en el AT, a menudo en poesía, generalmente en relación con la respiración (Gn. 2:7, 7:22, 2 Sam. 22:16 [*véase* Sal. 18:15]; Job 27:3) o como una fuente de humo (2 Sam. 22:9 [*véase* Sal. 18:8], Job 41:20).

Los hebreos también usaban 'ap para referirse a toda la cara, normalmente cuando una persona se inclinaba boca abajo. En tales casos, "se inclinó rostro en tierra" traduce la frase hebrea "se inclinó con las fosas nasales ['appayim] hacia la tierra" (Gn. 19:1; 1 Sam. 25:41).

NASALES, FOSAS *Ver* Nariz.

NATÁN (1) David consultó al profeta Natán cuando tuvo la idea de construir de un templo para albergar el arca (2 Sam. 7). Sin consultar a Dios, Natán respaldó a David en este proyecto loable, sugiriendo que en la opinión del profeta el proyecto era tan obviamente correcto (reconociéndolo como lo hizo el reinado supremo de Dios sobre la nación) que no había necesidad de preguntarle a Dios.

Sin embargo, un inesperado rechazo divino vino esa misma noche. Fue necesario un discurso divino, uno largo por estándares narrativos bíblicos (doce versículos), para explicar el desconcertante rechazo divino. El problema con el proyecto era que no era el momento adecuado (2 Sam. 7:11; *ver* 7:1), porque David todavía tenía batallas que pelear.

Natán reaparece en la narración bíblica en 2 Sam. 12, enviado por Dios para reprender a David por tomar a Betsabé (se alude a esta confrontación en el sobrescrito del Sal. 51). Estas intervenciones de Natán llegaron en los puntos más altos y bajos de David. La parábola de Natán sobre la "corderita" hizo que David se incriminara y pronunciara su propia sentencia. David, en su arrepentimiento inmediato, fue perdonado (v. 13), pero el resto de su reinado fue el desenlace del castigo pronunciado por Natán: "La espada jamás se apartará de tu casa" (v. 10). Natán predijo la muerte del hijo nacido de la unión ilícita (v. 14). Más tarde, Dios envió un mensaje a través de Natán que un segundo hijo, Salomón, iba a ser llamado "Jedidías" ("amado por el Señor") (v. 25, ver nota al pie de la NVI). Natán, en complicidad con Betsabé, se puso de parte de Salomón en la competencia por el trono (1 Re. 1). Natán y el sacerdote Sadoc ungieron a Salomón como rey en Gihón (1 Re. 1:45). También tuvo un rol en la ordenación de los levitas por parte de David (2 Cr. 29:25). Natán es el reputado autor de un libro de crónicas sobre el reinado de David (1 Cr. 29:29) y la historia acerca de Salomón (2 Cr. 9:29).

Presumiblemente, el Natán de 1 Re. 4:5 es el profeta, cuyo hijo Azarías estaba a cargo de los oficiales del distrito de Salomón. Zabud, otro hijo, era sacerdote (aquí se refiere a un ministro principal) y consejero personal (*véase* el rol de Husai en 2 Sam. 15:37) bajo Salomón. Se menciona "la casa de Natán" como aún siendo

Mosaico que representa la unción de Jesús con nardo, en la iglesia de San Lázaro de Betania.

prominente en el período posterior al exilio (Zac. 12:12). **(2)** Hijo de David, nacido en Jerusalén (2 Sam. 5:14, 1 Cr. 3:5, 14: 4), está en la genealogía de Jesús (Lc. 3:31). **(3)** El padre de Igal, uno de los treinta valientes de David (2 Sam. 23:36). **(4)** Un Judaita, hijo de Atai y padre de Zabad (1 Cr. 2:36). **(5)** El hermano de Joel, uno de los valientes de David (1 Cr. 11:38). **(6)** Uno de los líderes reclutados por Esdras para buscar levitas dispuestos a regresar a Jerusalén (Esd. 8:16). **(7)** Uno de los hombres que fueron culpables de tomar una esposa extranjera durante el tiempo de Esdras (Esd. 10:39).

NATANAEL Hay al menos siete y tal vez hasta diez personas diferentes con el nombre "Natanael." **(1)** El hijo de Zuar y jefe de la tribu de Isacar mientras vagaban por el desierto fue elegido para ayudar a Moisés con el censo israelita (Nm. 1:8; 2:5; 7:18, 23; 10:15). **(2)** El hermano mayor del rey David, el cuarto hijo de Isaí (1 Cr. 2:14). **(3)** Un trompetista levita que era parte del grupo que llevó el arca del pacto a Jerusalén (1 Cr. 15:24). **(4)** El padre del escriba Semaías, un levita que registró los nombres de los levitas (1 Cr. 24:6). Él podría ser la misma persona que el Natanael de 1 Cr. 15:24. **(5)** Un portero levita, descendiente de Asaf, hijo de Obed-Edom (1 Cr. 26:4). Él podría ser la misma persona que el Natanael de 1 Cr. 15:24. **(6)** Un oficial enviado por el rey Josafat para enseñarles el Libro de la Ley a la gente de Judá (2 Cr. 7:17). **(7)** Un levita durante el reinado de Josías que celebró la Pascua con grandes ofrendas (2 Cr. 35:9). **(8)** Un sacerdote enumerado entre los que se habían casado con esposas extranjeras (Esd. 10:22). **(9)** El jefe de una familia sacerdotal durante la gobernación de Nehemías (Neh. 12:21). **(10)** Un músico que tocó en la dedicación del muro de Jerusalén (Neh. 12:36). Él podría ser la misma persona que el Natanael de Neh. 12:21.

NATANAEL Uno de los discípulos de Jesús, mencionado sólo por nombre en Jn. 1:45-49; 21:2. Él era de Caná de Galilea (21:2), donde Jesús transformó el agua en vino. Natanael se mostró inicialmente escéptico ante las afirmaciones de Felipe acerca de Jesús porque Jesús era de Nazaret (1:45-46), pero su escepticismo se convirtió en creencia cuando Jesús, quien llamó a Natanael un "verdadero israelita, en quien no hay falsedad", demostró conocimiento milagroso de dónde Natanael había estado sentado antes de conocer a Jesús (1:47-49). Natanael rápidamente declaró su fe en Jesús. Como resultado de la fe dispuesta de Natanael, Jesús le prometió que sería testigo del trabajo salvífico de Jesús y de la transformación milagrosa de la relación rota entre Dios y la humanidad (Jn. 1:50). Natanael fue uno de los primeros discípulos en ver al Jesús resucitado (Jn. 21:1-4).

Es muy probable que Natanael sea la misma persona que Bartolomé (Mt. 10:3, Mr. 3:18, Lc. 6:14, Hec. 1:13), dado que Juan nunca menciona a Bartolomé y los Evangelios Sinópticos nunca mencionan a Natanael, y que los evangelios Sinópticos enumeran el nombre de Bartolomé directamente después del de Felipe, mientras que Juan relaciona a Natanael y Felipe en su narración.

NATÁN-MELEC Un oficial que vivía en el templo de Jerusalén y cuya habitación estaba muy cerca de un objeto utilizado para adorar al sol. El rey Josías lo sacó del templo durante su reforma (2 Re. 23:11).

NATIVIDAD DE CRISTO *Ver* Jesucristo.

NATIVO(S) Como un adjetivo, "nativo" se refiere a nacer o ser originario de un lugar en particular (Gn. 24:7; 31:13; Nm. 22:5). Como sustantivo, se refiere a aquellos que nacieron en o son habitantes originales de un lugar en particular. Varias versiones de la Biblia se refieren a la gente local de Malta, donde Pablo se detuvo en su viaje a Roma, como "nativos" (Hec. 28:4, RV2015, DHH [Gr. bar-baroi, que significa "bárbaros, extranjeros"]). Otras versiones usan "isleños" (NVI), "habitantes" (LBLA) o "habitantes de la isla" (NTV).

NATURAL Cuando Dios completó su trabajo en la creación, Él pronunció que todo lo que había hecho era "muy bueno" (Gn. 1:31). El mundo estaba funcionando armoniosamente y, lo más importante, los humanos que Dios había creado a su propia imagen vivían en una relación libre de pecado con Él. En cierto sentido, este universo antes de la caída representa su estado "natural". El mal y el sufrimiento entran en la creación como elementos fundamentalmente ajenos. Sin embargo, por la desobediencia de Adán y Eva (Gn. 3), lo que era antinatural se ha vuelto natural. "El pecado entro en el mundo por un hombre, y la muerte por el pecado, así también la muerte se extendió a todos los hombres, porque todos pecaron" (Rom. 5:12). Por esta razón, Dios envió a su Hijo a morir en una cruz y resucitar, para redimir a su pueblo del estado antinatural (contra la voluntad revelada de Dios [*véase* Rom. 1:20-27]) pero a la vez natural (innato y predominante [cf. Rom. 6:19]) de pecaminosidad.

NÁUFRAGO Persona cuya embarcación se hundió y que ha varado en tierra por un largo período. En su juicio ante Porcio Festo, Pablo apela para que sea juzgado por las cortes imperiales en Roma (Hechos 25:11-12). En Hechos 27:6-28:11 se narra parte de la historia del viaje de Pablo en el que espera para ser juzgado. Pablo, un centurión y varios soldados romanos, como también una cierta cantidad de otros prisioneros, viajaban en un barco que cargaba grano, pero esta embarcación quedó atrapada en una terrible tormenta. De esta manera, se concretó la advertencia profética de Pablo. El barco con el tiempo quedó varado en un banco de arena en la isla de Malta, donde el oleaje le da un golpe poderoso y deja en pedazos la embarcación, lo que obliga a los pasajeros a nadar hasta la costa usando restos del naufragio. Allí los pasajeros y tripulantes permanecieron como náufragos por tres meses y se sustentaron a través de la generosidad del oficial en jefe de la isla, Publio. Pablo sanó a muchos enfermos en Malta durante este tiempo. En 2 Corintios 11:25 Pablo menciona que en su ministerio experimentó tres naufragios.

"Náufrago" también se considera una traducción muy antigua para la palabra griega adokimos, que en la NVI se interpreta de forma variada como "depravada" (Romanos 1:28), "descalificado" (1 Corintios 9:27), "reprobadas" (2 Timoteo 3:8), "incapaces" (Tito 1:16) y "no vale nada" (Hebreos 6:8). También se usa para aludir a aquellos que "fallan la prueba" respecto a que Jesucristo vive en ellos (2 Corintios 13:5-7). En cada instancia la palabra describe a aquellos que viven de una manera contraria al Evangelio.

NAÚN En Lc. 3:25, la traducción de la BLP del nombre griego de Nahum (Naoum), un antepasado de Jesús.

NAVAJAS Muchos ejemplos de navajas con afiladas hojas cortantes para remover el cabello han sobrevivido de Israel antiguo. Debido a lo afilado de las hojas, la navaja era una metáfora apropiada para el poder destructivo de la lengua (Sal. 52:2).

Comúnmente se hace referencia en la Biblia a las navajas en relación al voto nazirito (Nm. 6:5), que separaba a una persona como consagrada a Dios. Una forma en la que se simbolizaba esa consagración era en la negativa para permitir que una navaja se acercara al cabello de la cabeza. Siguiendo a la realización del voto, la cabeza podía volver a afeitarse (Nm. 6:18). Sansón nació bajo el voto nazirito (Jue. 13:5) y disfrutaba de gran fuerza mientras mantuviese el voto. Cuando Dalila hizo afeitar la cabeza de Sansón, el voto fue roto y la presencia de Dios lo abandonó (Jue. 16:19-20).

En otras circunstancias, el afeitarse era parte necesaria de los rituales de limpieza de la comunidad israelita (Lv. 14:8-9), aunque los sacerdotes eran obligados a no afeitarse (21:5). El rey asirio y su ejército se describen como una navaja que rasurará el pueblo de Israel (Is. 7:20). La imagen indica la purificación del pueblo a través de la experiencia de la derrota y el exilio.

Una navaja de bronce de Egipto (1550–1070 a.C).

NAVE Comúnmente, se refiere a la larga sala central de una iglesia en forma de cruz donde se sienta la congregación. Algunas versiones de la Biblia usan el término para referirse a la sala central del templo de Jerusalén entre el vestíbulo y el lugar santísimo (1 Re. 6:3, 5, 17, 33; 7:21; Eze. 41:1-2 NVI, LBLA, NBD). En la NTV dice "entrada del templo" en la mayoría de estos pasajes. La RVA usa la palabra "naves" en 1 Reyes 7:33 en un sentido arcaico, refiriéndose a los "bordes" (NTV) de una rueda.

NAVIDAD Feriado que marca el nacimiento de Jesucristo en Belén de Judea aproximadamente en el año 4 a.C. (Mateo 1:18-2:12; Lucas 2:1-20).

A pesar de que Navidad se celebra el 25 de diciembre en Occidente y en Oriente el 6 o 7 de enero de manera alternativa, ningunas de estas fechas están establecidas en las Escrituras. De hecho, en la descripción de los pastores en los campos con sus rebaños estos discuten sobre el tema, dado que en Judea dicha actividad no ocurre por lo general en los meses de invierno.

El 25 de diciembre se celebró por primera vez como el nacimiento de Jesús en el Cronógrafo del 354, que es un documento romano también conocido como el Calendario de Filócalo, que incorpora una referencia más antigua que data del 336. Cerca del solsticio de invierno, el 25 de diciembre posee una significancia pre cristiana: la observación del nacimiento de Mitra, una deidad persa del sol que data del siglo VI a.C., y el término del festín de las Saturnales (17-24 de diciembre), que era un festival agrario procaz. Se cooptó como práctica de la natividad de Jesús a principios del siglo IV cuando Constantino hizo que el cristianismo fuera una religión conocida en el Imperio Romano. Él esperaba facilitar la transición de las prácticas paganas al cristianismo al difundir un nuevo significado sobre las festividades existentes. La palabra "Christmas" (Navidad) apareció por primera vez en 1038 en el inglés antiguo, Cristes Maesse, que significa "Día del Festival de Cristo". Sin embargo, para el siglo XVII los aspectos paganos de la Navidad ya habían superado la devoción bíblica. El exceso de carnavales era dominante, y los puritanos se opusieron incondicionalmente al feriado por generaciones.

A pesar de que nuestras costumbres navideñas modernas poseen raíces europeas identificables, su apariencia y popularización en Estados Unidos tiene que ver más bien con una función de los cambios sociológicos en el siglo XIX en Nueva York. El árbol de navidad, por ejemplo,

Vista aérea de la Iglesia de la Natividad en Belén. La tradición dice que esta iglesia está construida sobre el sitio donde nació Jesús.

pese a su origen alemán, fue introducido como primera instancia a través de la literatura, y para la década de 1830 rápidamente se estableció como una herramienta atractiva que ayudaba a domesticar un escandaloso feriado celebrado en la calle. Santa Claus evolucionó gracias a la clase mercante de los Knickerbockers y con el tiempo tomó una forma reconocible en el poema de 1822 de Clement Clarke Moore "Una Visita de San Nicolás".

N

NAZAREO Tanto los hombres como las mujeres podían hacer el voto de nazareo (Nm. 6: 1-21), consagrándose a Dios y absteniéndose de todos los productos de vid, evitando el contacto con los cadáveres y dejar crecer sus cabellos. Las dos primeras estipulaciones obligan a separarse de las condiciones que reflejan la decadencia y la corrupción, lo cual es claramente una ofensa a la santidad de Dios (*véase* Amos 2:11-12). El pelo largo era signo del voto, símbolo del poder de Dios (Jue. 16:17).

Tocar inadvertidamente un cadáver interrumpía el voto. La rededicación requería afeitarse la cabeza y ofrecer sacrificios de pecado y holocaustos, junto con una ofrenda de culpa por haber profanado algo santo (Lev. 5:14-19). El voto podía durar toda la vida, como lo fue para Sansón (Jue. 13:7) y Samuel (1 Sam. 1:11), o simplemente podía ser por un período de tiempo (Hec. 18:18; 21:24). En el último caso, el voto se terminaba con la presentación de las ofrendas por el pecado, la ofrenda quemada y las ofrendas de paz, afeitando y quemando el cabello en el tabernáculo.

Un individuo podía hacer el voto por voluntad personal, o podía ser impuesto por otros. La mayoría de los ejemplos bíblicos encajan en la última categoría. El ángel del Señor declaró que Sansón sería un nazareo durante toda su vida, aunque Sansón despreciaba la santidad del voto en casi todos los sentidos (Jue. 13-16). Ana dedicó a Samuel de por vida (1 Sam. 1:11). Aparentemente, Juan el Bautista también fue entregado a estas condiciones por la palabra del ángel Gabriel (Lc. 1:15).

NAZARET, NAZARENO En el primer siglo, Nazaret era un pequeño pueblo en la parte más al sur de la Baja Galilea, a medio camino entre el mar de Galilea y el mar Mediterráneo. Estaba cerca de Gat-hefer, el lugar de nacimiento de Jonás, el profeta de los gentiles (2 Re. 14:25), y Séforis, una de las tres ciudades más grandes de la región. No muy lejos estaba la Via Maris, el gran camino que unía Mesopotamia con Egipto y, en última instancia, la red comercial que unía India, China, Asia Central, el Cercano Oriente y el Mediterráneo. El pueblo estaba situado a 1.150 pies sobre el nivel del mar, con vistas desde arriba del Valle de Jezreel, la ladera del monte aterrazada para la agricultura. Un nazareno podía mirar hacia el sur a la gran llanura de Esdraelón, al oeste del Monte Carmelo en la costa mediterránea, al este hasta las cercanías del Monte Tabor, y al norte hasta el nevado Monte Hermón. La comunidad, cuya población puede haber promediado alrededor de los quinientos, subsistía de la agricultura. Los recursos de capital incluían las almendras, granadas, dátiles, aceite y vino. (Las excavaciones han localizado celdas abovedadas para el almacenamiento de vino y aceite, así como prensas de vino y recipientes de jarras de almacenamiento). Nazaret parece haber estado deshabitada desde el siglo octavo al segundo a.C, hasta que fue reubicada durante el reinado de Juan Hircano (134-104 a.C), probablemente por un clan davídico de veteranos del ejército. La afirmación de que el padre adoptivo de Jesús, José, era un descendiente de David y un residente de Nazaret es por lo tanto plausible (Mt. 1:20, Lc. 2:4-5). Hoy Nazaret es la ciudad árabe más grande de Israel.

Aunque el ministerio de Jesús no tuvo éxito en Nazaret, él y sus seguidores fueron llamados "nazarenos" (Mr. 1:24, 10:47, Jn. 18:5, 7, Hec. 2:22, 3:6, 24:5). Los descendientes de la familia de Jesús continuaron viviendo en el área por siglos. El epíteto "nazareno" se usaba probablemente como un insulto. Natanael no estaba impresionado por el origen de Jesús de Nazaret (Jn. 1:46). La aldea no se menciona en el AT. Algunos incluso dudaron de su existencia, hasta 1962, cuando el nombre del lugar "Nazaret" fue descubierto en una inscripción de la sinagoga en Cesarea Marítima.

NEA Una ciudad dentro de las fronteras tribales de Zabulón (Jos. 19:13).

NEÁPOLIS Puerto de mar de la ciudad más grande de Filipos, en la costa del mar Egeo. Pablo, después de recibir una visión, partió con sus acompañantes a Macedonia. Durante el viaje, pasaron por Neápolis (Hec. 16:11) antes de viajar aproximadamente diez millas a Filipos. Su llegada a Neápolis marca la primera entrada de Pablo a Europa.

NEARÍAS **(1)** Un líder de la tribu de Simeón durante el reinado de Ezequías que ayudó a expulsar a los amalecitas restantes del Monte Seir (1 Cr. 4:42). **(2)** Uno de los cuatro hijos de Semaías, un descendiente de David (1 Cr. 3:22).

NEBAIOT **(1)** El nombre del primogénito de Ismael (Gn. 25:13, 28:9, 36:3, 1 Cr. 1:29) y una tribu árabe mencionada en fuentes cuneiformes. **(2)** El lugar desde donde se recogerían los carneros, mencionado en el contexto de futuras bendiciones para Jerusalén (Is. 60:7).

NEBAI Uno de los líderes que selló el pacto con Dios después de la lectura pública de la ley por parte de Esdras (Neh. 10:19).

NEBALAT Un pueblo en el extremo occidental de la región montañosa de Efraín que los miembros de la tribu de Benjamín repoblaron después del exilio en Babilonia (Neh. 11:34). El sitio aparentemente se identifica con Beit Nabala (Horvat-Nevalat), ubicado aproximadamente a veintidós millas al noroeste de Jerusalén y cuatro millas al noreste de Lod, cerca del borde de la planicie costera.

NEBAYOT *Ver* Nebaiot.

NEBO **(1)** El Monte Nebo se encuentra en Abarim, unas cordilleras al noroeste de Moab que separa la llanura de Transjordania del Valle del Jordán. Nebo generalmente se identifica con una montaña moderna del mismo nombre que se encuentra a cinco millas al noroeste de Madaba y está a más de cuatro mil pies de altura. Esta fue la montaña a la que Dios ordenó a Moisés ascender para obtener una vista de la tierra prometida antes de morir (Dt. 32:48-52; 34:1). En un día despejado, ofrece una vista espectacular. En el período inmediatamente posterior a la entrada a la tierra, el área fue controlada por los rubenitas (Nm. 32:3, 38). Más tarde, se menciona como un lugar prominente en la tierra de Moab (Jer. 48:1, 22). (*Véase también* Abarim.) **(2)** El dios Nebo era considerado el hijo del dios principal de Babilonia, Marduk, y él era el dios de la sabiduría y la escritura. Él era por lo tanto el dios patrono de los escribas (Is. 46:1). **(3)** Nebo figura como antepasado de siete hombres que se casaron con mujeres extranjeras durante el período posterior al exilio (Esd. 10:43). **(4)** La ciudad natal de cincuenta y dos hombres que regresaron del exilio de Babilonia (Esd. 2:29).

N

NEBO-SARSEQUIM Un oficial babilonio identificado en Jer. 39:3. La división y el significado de los nombres en la lista se disputan. Algunas versiones consideran "Nebo" (Heb. Nebu) como la segunda mitad del nombre de Samgar, y leen esta parte de la lista como "Nergal-sarezer, Samgar-nebo, Sarsequim el Rabsaris" (LBLA, RV) La NVI y otras (ver NTV, NBD) en cambio leen el hebreo como dos nombres, con un nombre de lugar y un título: "Nergal Sarezer de Samgar, Nebo Sarsequín, un oficial principal".

NEBUCADRETSAR *Ver* Nebucodonosor.

NEBUSAZBÁN El oficial principal del rey Nabucodonosor de Babilonia (605-562 a.C), fue uno de varios oficiales babilónicos que ordenó la expulsión de Jeremías del patio durante la caída de Jerusalén en 586 a.C (Jer. 39:13 [RVA: "Nabusazbán"]).

NEBUZARADÁN Un oficial de Babilonia, "capitán de la guardia" (2 Re. 25:11), que aparece en el texto bíblico en la caída de la ciudad de Jerusalén en 586 a.C A Nebuzaradán se le atribuye el arrasamiento completo del templo, las estructuras de la ciudad y las defensas de Jerusalén (2 Re. 25:8-10). También llevó a muchos de los ciudadanos notables al exilio y dejó a los pobres atrás (2 Re. 25:11-12). Siguiendo instrucciones de Nabucodonosor, Nebuzaradán trató bien a Jeremías (Jer. 39:11-14). Nebuzaradán regresó a la tierra de Judá unos años más tarde y llevó a otros 745 cautivos al exilio (Jer. 52:30).

NECAO Necao II fue el tercer faraón de la dinastía XXVI de Egipto (r. 610-595 a.C). En 609 a.C, Necao lideró al ejército egipcio a lo largo de Siria-Palestina para aportar ayuda al imperio asirio que se desmoronaba en Harán contra los invasores babilonios. El objetivo de Necao era consolidar el poder egipcio sobre la región desde Egipto hasta el Éufrates. Mientras Necao viajaba por el territorio israelita, el rey Josías de Judá condujo a su ejército a enfrentarse a Necao y forzó una batalla cerca de Meguido (2 Re. 23:29-35; 2 Cr. 35:20-36:4; *ver* Jer. 46:2). Necao había advertido a Josías que sólo estaba de paso, pero la batalla avanzó y Josías fue asesinado. Tres meses más tarde, después de que los ejércitos egipcio y asirio no tuvieran éxito en la batalla, Necao convocó al hijo de Josías, Joacaz, a Ribla en Siria y lo sustituyó, llevándolo al exilio en Egipto. En su lugar, Necao renombró al hijo mayor de Josías, Eliaquim, llamándolo "Joacim", y lo colocó en el trono de Judá. Esto hizo que Judá se convirtiera en un vasallo de Egipto, y Necao le exigió a Joacim un pesado tributo de oro y plata. Cuatro años más tarde, Necao dirigió otra vez al ejército egipcio en batalla contra Babilonia en Carquemis y poco después en Hamat, ambas fueron graves derrotas para Necao. Poco después Nabucodonosor estaba haciendo campaña en Palestina, y Joacim cambió su apoyo (y su lealtad vasalla) de Egipto a Babilonia. Necao II pudo evitar que Nabucodonosor y el ejército babilónico invadieran Egipto, pero nunca llegó más al este que Gaza desde ese momento en adelante.

NECEB En Jos. 19:33 la RVA toma "Neceb" como un nombre de lugar en la descripción de la asignación tribal otorgada a Neftalí: "de Allón-saananim, y Adami-neceb y Jabneel". La mayoría de las versiones modernas tratan a Adami y Nekeb como dos partes de un nombre: Adaminéqueb (NVI) o Adami-neceb (LBLA, NTV). Adami Neceb es identificada como una ciudad o pueblo entre el Mar de Galilea y el Monte Tabor. Su ubicación precisa es incierta.

NECODA **(1)** Uno de los antepasados de los siervos del templo (Netinim) que regresaron a Jerusalén después del cautiverio de Babilonia bajo el liderazgo de Zorobabel (Esd. 2:48; Neh. 7:50). El hecho de que muchos de los nombres en la lista sean extranjeros ha llevado a la creencia de que originalmente eran prisioneros de guerra que fueron presionados a servir en tareas serviles mientras ayudaban a los levitas. **(2)** El antepasado patronímico de una familia que no pudo establecer su ascendencia israelita después del exilio (Neh. 7:62).

NECÓ *Ver* Necao.

NEDABÍAS Uno de los hijos del rey Joacín (Jeconías) de Judá, que fue llevado al exilio de Babilonia (1 Cr. 3:18).

NEFEG **(1)** Un levita, uno de los tres hijos de Izhar, que era hermano de Amram, el padre de Moisés (Éx. 6:21). **(2)** Un hijo de David nacido de una esposa anónima durante el tiempo que reinó desde Jerusalén (2 Sam. 5:15, 1 Cr. 3:7, 14:6).

NEFILIM La palabra hebrea nefilim aparece sólo en Gn. 6:4; Nm. 13:33. Algunas traducciones muestran la palabra como "gigantes". Literalmente, significa "los caídos". Algunos estudiosos han considerado que los Nefilim son descendientes de las uniones entre los "hijos de Dios" y las "hijas de los humanos", pero también es posible que el escritor distinguiera entre los Nefilim y los hijos de aquellas uniones que se convirtieron en los "héroes de la antigüedad" y "hombres de renombre" (Gn. 6:4). Se suponía que los descendientes de los Nefilim vivieron también después del diluvio (Dt. 2:10-11, 20-23; Jos. 14:15; 15:13-14; 2 Sam. 21:16-22; 1 Cr. 20:6-8). Como toda la raza humana, a excepción de Noé y su familia, fue destruida en el diluvio, estos descendientes que vivieron en Canaán en el momento del éxodo descendieron muy probablemente por medio de Cam, uno de los hijos de Noé (Gn. 10:8-20).

NEFTALÍ El cuarto hijo de Israel (Jacob) y el progenitor de la tribu que lleva su nombre. Él era el segundo hijo sustituto de Raquel, que fue engendrado por su sierva Bilha (Gn. 30:7-8).

NEFTALÍ, TRIBU DE La tribu descendiente de Neftalí, hijo de Jacob y Bilha. Esta tribu se estableció en el norte de Israel, al este de Aser y al sur de Dan, no lejos del Mar de Quinéret (Mar de Galilea). Se señala que, al igual que otras tribus, no logró expulsar completamente a los cananeos de su territorio designado, lo que contribuyó a las dificultades que experimentó la nación después del fallecimiento de la generación de Josué (Jue. 1:33). Neftalí tiene una historia tranquila en las Escrituras, pero se menciona en la profecía de Is. 9:1-7, que es citada por Mateo en relación con el ministerio de Jesús en Galilea (Mt. 4:12-17). Ezequiel también describe un área de tierra asignada para Neftalí en su visión del templo (Eze. 48:3-4).

NEFTOA Manantial de agua que formaba parte del límite geográfico al norte de la tribu de Judá (Jos. 15:9) y parte del límite geográfico al sur de la tribu de Benjamín (18:15). El manantial está a unas pocas millas al noroeste de Jerusalén.

NEFUSIM Una persona enlistada entre los que regresaron del cautiverio babilónico con Zorobabel (Esd. 2:50; Neh. 7:52). En algunas traducciones al español, el nombre se deletrea de manera diferente en Esdras y en Nehemías (por Ej., RVA, NVI, LBLA).

NEFUSÍN, NEFISESIM *Ver* Nefusim.

NEGINAH, NEGINOTH Una transliteración de una palabra hebrea (singular y plural) que aparece en el sobrescrito de varios salmos (Sal 4, 6, 54-55, 61, 67, 76). Mientras que la RVA transcribe el término en estas superscripciones del salmo como "Neginah, Neginoth" (pero cf. Hab. 3:19 RVA), las versiones más modernas, como la NVI, entienden que significa "instrumentos de cuerda". En varios otros pasajes el término en hebreo se refiere a una canción de burla o de mofa (Job 30:9; Sal. 69:12; Lam. 3:14).

NEGOCIANTE En 2 Crónicas 9:14 en la KJV se interpreta la partícula del plural hebreo tarim como "chapmen" (negociante), que es una palabra inglesa arcaica para "mercaderes" (NVI) o "comerciantes" (NRSV).

NEGRO Palabra usada comúnmente para denotar el color de los objetos. Un cielo sin sol es "negro" (Éxodo 10:15; 1 Reyes 18:45; Apocalipsis 6:12). Algunas aves (Levítico 11:13, 14) y caballos (Zacarías 6:2, 6; Apocalipsis 6:5) están asociados con ese color. Dependiendo del contexto, el color negro puede representar muerte, juicio y el mal. La oscuridad que precede la muerte de Jesús es de especial importancia (Marcos 15:33 pars.). Sin embargo, cuando se describe el cabello, el color también puede indicar la belleza juvenil (Cantares 5:11). *Ver también* Colores.

NÉGUEB *Ver* Neguev.

NEGUEV Esta región árida, cuyo nombre a veces se traduce como "el sur", se extiende desde Judá hasta el Golfo de Aqaba e incluye el Desierto de Parán. Abraham e Isaac vivían en la parte norte del Neguev (Gn. 20:1; 24:62). Parte de las andanzas por el desierto de Israel tuvo lugar en el Neguev (Nm. 13:17), y se encontraron con los amalecitas allí (Nm. 13:29). Josué conquistó esta región y se la asignó a Judá y Simeón (Jos. 10:40; 15:21; 19:8). Cuando David llevó a cabo redadas contra los guesuritas, los gezritas y los amalecitas, les dijo a los filisteos que estaba atacando el Neguev (1 Sam. 27:10). El Neguev también se menciona en textos poéticos y proféticos (Sal. 126:4, Is. 21:1, 30:6, Jer. 13:19, 17:26, Zac. 7:7).

NEHELAM, NEHELAMITA Este nombre está asociado con Semaías, un falso profeta en la Babilonia de los días de Jeremías (Jer. 29:24-32). No está claro si Nehelam es un apellido o un nombre de lugar. Semaías había enviado una carta al sacerdote Sofonías, criticándolo por no reprender a Jeremías por sus profecías negativas. En respuesta, Jeremías pronunció el juicio de Dios contra Semaías y sus descendientes. *Ver también* Semaías.

NEHEMÍAS (1) El hijo de Hacalías fue un prominente líder del pueblo de Dios en el período posterior al exilio (Neh. 1:1-7:73;

N

8:9-10; 10:1-13:31). Regresó a Jerusalén desde la capital persa, Susa, para reconstruir el muro de Jerusalén y reforzar la moral de sus ciudadanos. Antes de su regreso a Jerusalén, Nehemías trabajó como copero del rey de Persia, Artajerjes. Hay tres reyes con ese nombre durante la historia del Imperio Persa, pero los eruditos generalmente están de acuerdo en que Nehemías trabajó para Artajerjes I (464-424 a.C). El trabajo del copero era importante. El rey necesitaba contar con un confidente cercano para servirle su bebida, ya que el envenenamiento era un riesgo ocupacional de los reyes antiguos.

Un contrato de la época de Artajerjes I, rey de Persia durante el tiempo de Nehemías.

Aunque se encontraba en una posición de poder en Persia, Nehemías se entristeció profundamente al escuchar las condiciones en las que estaba Jerusalén de parte de su hermano Hanani. En particular, las paredes de la ciudad fueron derribadas y sus puertas fueron quemadas. Si bien podemos suponer que la condición en la que estaban las puertas fue el resultado de las redadas babilónicas en la ciudad décadas antes (587/586 a.C), es posible, aunque no es demostrable, que un evento más tardío fue la causa.

Cualquiera sea el caso, Nehemías no pudo ocultar su dolor al servir a Artajerjes. Artajerjes, por lo tanto, le otorgó permiso para regresar a Jerusalén y velar por la restauración de la ciudad. El rey nombró a Nehemías gobernador de la provincia persa de Yehud (Judá) y regresó a Jerusalén en el vigésimo año del rey (445 a.C). Aunque Nehemías tenía el apoyo del rey persa, los habitantes de la tierra y sus líderes, especialmente Sanbalat, hicieron todo lo posible para socavar sus esfuerzos. Estas personas eran samaritanos del norte, descendientes de matrimonios entre la gente del norte y aquellos a quienes los asirios obligaron a emigrar después de su derrota del reino del norte de Israel en 722 a.C A pesar de esta oposición, Nehemías dirigió exitosamente al pueblo en sus esfuerzos por reconstruir las murallas. Al hacerlo, mostró grandes habilidades de liderazgo y valentía.

Aunque no se mencionan a menudo juntos, el trabajo de Nehemías en Jerusalén se superpone con el de Esdras. Ambos hombres estaban apasionadamente preocupados por la integridad y la fidelidad de las personas. Ambos, en diferentes momentos, se enfrentaron a hombres judíos que se divorciaron de sus esposas y se casaron con mujeres paganas. Nehemías los obligó por la fuerza a divorciarse de estas esposas extranjeras por temor a que las esposas guiaran a sus maridos judíos a adorar a dioses falsos. Nehemías trabajó mucho, y Dios lo bendijo a él y a sus esfuerzos de muchas maneras. Aun así, el relato de la obra de Nehemías termina en una racha de problemas continuos ya que la gente seguía pecando (Neh. 13).

(2) Un hombre que regresó a Jerusalén desde Babilonia junto con Zorobabel en 539 a.C (Esd. 2:2). **(3)** El hijo de Azbuc, gobernador de una mitad del distrito de Bet-sur, ayudó a reconstruir los muros y las puertas de Jerusalén bajo la dirección de Nehemías, hijo de Hacalías (Neh. 3:16).

NEHEMÍAS, LIBRO DE Nehemías, hijo de Hacalías, es una de las figuras más vívidas en la historia del AT. Él es apasionado y agresivo; él trabaja duro para lograr los objetivos que Dios ha establecido para él. Él no tolera los pecados de los demás y lucha frente a los obstáculos que la gente pone en su camino. En muchos sentidos, él es un estudio en contraste con Esdras, su contemporáneo cercano. Cuando Esdras descubre el pecado entre sus compañeros de Judea, se saca el pelo. Cuando Nehemías encuentra el mismo problema, él saca el cabello de los pecadores.

Los libros de Esdras y Nehemías fueron originalmente una misma composición, que no fue dividida en dos partes hasta la Edad Media. Por lo tanto, muchos temas, como la fecha y la autoría, se describen en la introducción del artículo sobre el libro de Esdras. Aquí las conclusiones se mencionarán para facilitar la referencia, pero la evidencia se presenta en el artículo sobre Esdras. Los detalles adicionales a continuación son relevantes para el estudio de Nehemías en particular.

Consideraciones Literarias

Autor y fecha. Esdras-Nehemías es una composición anónima que alcanzó su forma actual en algún momento entre 400 y 300 a.C

Género y Esquema. Esdras-Nehemías es una historia teológica, un libro que pretende comunicar lo que realmente sucedió en el espacio y el tiempo, pero es selectivo, con el propósito de mostrar cómo Dios estaba obrando en su pueblo en el período posterior al exilio. Sin embargo, como historia teológica en el AT, Esdras (y Nehemías) son únicos en el sentido de que contienen las memorias de Esdras y Nehemías, tal como se detalla en el primer bosquejo a continuación. La estructura del libro de Esdras sólo tiene sentido cuando se combina con el libro de Nehemías, ya que originalmente eran uno solo. El esquema puede explicarse en base a sus fuentes, de la siguiente manera:

I. Una revisión histórica (Esd. 1-6)
II. Memorias de Esdras, Parte 1 (Esd. 7-10)
III. Memorias de Nehemías, Parte 1 (Neh. 1-7)
IV. Memorias de Esdras, Parte 2 (Neh. 8-10)
V. Memorias de Nehemías, Parte 2 (Neh. 11-13)

O puede ser explicado en base a su contenido:

I. Zorobabel y Sesbasar dirigen al pueblo en la reconstrucción del templo (Esd. 1-6)
II. Esdras dirige al pueblo restableciendo la ley (Esd. 7-10)
III. Nehemías dirige al pueblo en la reconstrucción del muro de Jerusalén (Neh. 1:1-7:3)
IV. Renovación, Celebración, Problemas Restantes (Neh. 7:4-13:31)

Mensaje Teológico

El libro comienza con Nehemías sirviendo como el copero del rey Artajerjes de Persia. Nehemías escucha un angustioso informe de su patria ancestral en Judá y siente el llamado a regresar a Jerusalén. Al recibir permiso de Artajerjes para regresar a Judá, llega con la intención de construir las murallas de la ciudad, completando así la reconstrucción física de la ciudad. A pesar de los esfuerzos de los grupos y provincias vecinas para bloquear sus esfuerzos, los judíos bajo el liderazgo de Nehemías fueron notablemente exitosos en el cumplimiento de su tarea. En esto, el pueblo de Dios post-exílico seguramente debe haber reconocido que las profecías de salvación en Isaías, Jeremías y Ezequiel estaban llegando a su cumplimiento.

El libro de Nehemías también registra el liderazgo de Esdras al guiar a la gente a reafirmar su compromiso con Yahvé y su ley. Ellos confiesan su pecado. Uno podría pensar en la muralla física que Nehemías construyó no sólo como protección sino también como un medio de separación física de los gentiles. Además, entonces, el restablecimiento de la ley de Dios por parte de Esdras serviría como una separación espiritual de los gentiles que no tienen la ley.

Incluso con todo el éxito, el libro de Nehemías termina en el capítulo 13 con una nota de decepción. Nehemías relata los esfuerzos extenuantes que los fieles, bajo su liderazgo, han hecho para enmendarse con Dios, pero muchas personas persistieron en su pecado.

Importancia Contemporaria

Esdras narra dos regresos: primero bajo Zorobabel y Sesbasar para reconstruir el templo, y segundo bajo Esdras para restablecer la ley. En la primera parte, el libro de Nehemías se enfoca en un tercer regreso bajo Nehemías para construir las murallas y así completar la reconstrucción física de la ciudad. El liderazgo de Nehemías proporciona un modelo alternativo de liderazgo al de Esdras. Nehemías es más asertivo y exigente. No es que un modo de liderazgo sea correcto o incorrecto; el líder cristiano contemporáneo que busca en Esdras y Nehemías un modelo de liderazgo debería estudiar la situación para saber cuál es la que mejor logrará los propósitos de Dios. Además, el propósito de construir los muros era una cuestión de defensa militar, pero también era una cuestión de separación. Es cierto que Cristo rompe el muro de separación entre judíos y gentiles (Efe. 2:14-18), pero el NT también reconoce que los cristianos (ya sea judíos o gentiles) deben llevar vidas santas y distintivas.

Sorprendentemente, el libro de Nehemías no termina con una sensación de plenitud, o un sentimiento de misión cumplida. En el último capítulo nos encontramos con Nehemías en oración por el continuo pecado del pueblo, recordándoles a los lectores contemporáneos que el arrepentimiento no es un acto de una vez, sino un estilo de vida.

NEHILOTH La transliteración de la RVA de una palabra de significado incierto que ocurre en el sobrescrito de Sal. 5. La mayoría de las versiones modernas traducen la palabra como "flautas" (NVI).

NEHUM Un líder que regresó con Zorobabel del exilio en Babilonia (Neh. 7:7). Él podría ser la misma persona que Rehum de Esd. 2:2.

NEHUSTA La madre del rey Joaquín (2 Re. 24:8). Ella era la hija de Elnatán, de Jerusalén. Fue llevada a Babilonia con su hijo cuando Nabucodonosor conquistó Jerusalén en 597 a.C (2 Re. 24:15; Jer. 29:2). Es probable que ella sea la que se menciona en Jer. 13:18.

NEHUSTÁN En 2 Re. 18:4 el nombre dado a la serpiente de bronce que Moisés hizo durante las andanzas por el desierto. En uno de los muchos incidentes en los que los israelitas se quejaron contra Moisés, Dios envió serpientes venenosas contra el pueblo (Nm. 21:4-9). Cuando confesaron su pecado y le pidieron a gritos a Moisés que los ayudaran, Dios le ordenó que hiciera la serpiente de bronce y la erigiera en un poste. Cualquiera que lo mirara viviría. Aparentemente, este objeto se guardó y se conservó a lo largo de los siglos, ya que aún existía en tiempos del rey Ezequías. Al ser una reliquia sagrada, se había convertido en un objeto de idolatría. El rey lo destruyó como parte de sus reformas espirituales.

NEIEL Una ciudad en la frontera oriental de la tierra asignada a Aser (Jos. 19:27). La mayoría identifica a Neiel con Khirbet Yanin, ubicado aproximadamente a nueve millas al oeste de Akkó, cerca de donde la Llanura de Akko abre paso a las colinas de Galilea.

NEMUEL **(1)** El primero de los tres hijos de Eliab, un rubenita. Sus hermanos, Datán y Abiram, se rebelaron contra Moisés y Aarón y murieron en la rebelión de Coré (Nm. 26:9). **(2)** Un hijo de Simeón y el antepasado epónimo de los Nemuelitas (Nm. 26:12, 1 Cr. 4:24). En Gn. 46:10; Éx. 6:15 su nombre es "Jemuel".

NEMUELITAS *Ver* Nemuel.

NEPHTALIM Una variante de la escritura de "Neftalí" utilizada en la RVA (Mt. 4:13, 15, Ap. 7:6). "Nephthalim" transcribe la escritura griega del nombre hebreo.

NER **(1)** El padre de Abner, general y primo de Saúl (1 Sam. 14:50-51, 2 Sam. 2:8, 1 Cr. 26:28). **(2)** El abuelo de Saúl (1 Cr. 8:33, 9:39).

NEREO Un individuo a quien saluda el apóstol Pablo en Rom. 16:15. "Nereo y a su hermana" son nombrados inmediatamente después de Filólogo y Julia, por lo que pueden haber sido hijo e hija de esta pareja. Los tres nombres eran comunes para los siervos en Roma, especialmente para los esclavos al servicio del emperador, por lo que la familia pudo haber sido siervos o libertos y libertas.

NERGAL-SAREZER La traducción hebrea del nombre del oficial babilónico Nergal-sharusur ("que Nergal proteja al rey"), que se sentó en la puerta de Jerusalén (Jer. 39:3, 13), se casó con la hija de Nabucodonosor, y más tarde asesinó a su cuñado, asumiendo el trono de Babilonia en los años 559-556 a.C.

NERGAL Una deidad sumeria de Cuta, una ciudad aproximadamente a veinte millas al noreste de Babilonia. Un dios del inframundo, Nergal está asociado con la hambruna, la muerte súbita y el fuego. La literatura acadia identifica a Nergal con Erra y designa a Ereshkigal, la hermana de Inanna/Ishtar, como consorte. En el AT, el nombre de la deidad aparece como parte del nombre de un oficial de Babilonia, Nergal-Sarezer, en Jer. 39:3, 13. Nergal se considera un ídolo importado al reino del norte por medio de la gente de Cut (2 Re. 17:30).

Una moneda romana que representa al emperador Nerón.

NERÍAS El padre de dos hombres que asistieron al profeta Jeremías. Seraías era un oficial del estado mayor del rey que acompañó al rey Sedequías de Judá a Babilonia para entregar un oráculo de Jeremías (Jer. 51:59-64). Baruc era el escriba de Jeremías y su asistente personal (Jer. 32:12, 16; 36: 4, 8, 14, 32; 43:3, 6).

NERI Un ancestro de Jesús, por lo demás desconocido, mencionado sólo en Lc. 3:27 como el hijo de Melqui y el padre de Salatiel.

NERÓN El emperador romano en los años 54-68 d.C es ampliamente considerado como uno de los emperadores más despiadados. Tras la muerte del emperador Claudio en el año 54 d.C, Nerón fue coronado como gobernante a la edad de diecisiete años. En el año 59 d.C ordenó que mataran a su madre, una medida que tomó como resultado de su constante intervención en asuntos políticos. Ella sería uno de los muchos miembros de familia y asociados cercanos que fueron asesinados por Nerón.

Un enorme incendio destruyó una porción significativa de Roma en el año 64 d.C, y muchos ciudadanos creían que el fuego había sido ordenado por el emperador. El propio Nerón, sin embargo, culpó a los cristianos por el fuego, y adoptó una agenda de persecución contra ellos, ejecutando a muchos de ellos de manera extremadamente horripilante. Algunas tradiciones tempranas cristiana sostienen que los apóstoles Pedro y Pablo murieron en esta ola de violencia.

Debido en gran parte al creciente despotismo de Nerón, sus propios soldados se rebelaron finalmente contra él, y este se suicidó en el año 68 d.C Poco después de la muerte de Nerón surgió el rumor de que no había muerto sino que había huido a los partos, uno de los archienemigos de Roma. Otro rumor se extendió que, de hecho, sí había muerto pero que había resucitado; este mito se conoce como Nerón redivivus.

A pesar de que Nerón no aparece explícitamente en el NT, su trasfondo se vislumbra significativamente. Estaba reinando cuando Pablo, quien estaba en juicio ante el gobernador romano Festo, solicitó que su caso fuera presentado ante el emperador (Hec. 25). No sabemos si Nerón escuchó alguna vez la apelación de Pablo, ya que el final de Hechos deja abierto este tema (*véase* Hec. 28). La Carta de 1 Pedro puede haber sido escrita durante o poco después de la persecución de Nerón a los cristianos en Roma, considerando la referencia de que la carta fue escrita desde Babilonia (1 Pe. 5:13), lo cual probablemente funcionaba como un código para Roma. El recuerdo de la persecución neroniana está inmerso en el libro de Apocalipsis, que contiene varias imágenes y conceptos alusivos a Nerón, la más notable de las cuales aparece en los capítulos 13 y 17. En Ap. 13, el mito de Nerón redivivus se repite en el regreso milagroso a la vida de una de las cabezas de la bestia, a quien se le da después el poder de "hacer guerra" contra los cristianos. Ap. 17 indica que la bestia simboliza el Imperio Romano, con sus cabezas representando a los emperadores que exigían ser adorados.

NERVIO Un resistente tejido estructural que se encuentra en el cuerpo y conecta los músculos a los huesos; es sinónimo con tendón o ligamento. Es simbólico de la intrincada y maravillosa naturaleza de la creación de Dios (Job 10:11; 40:17). La frase "nervios de acero" (Is. 48:4 ESV, NRSV, NASB) connota terquedad y rebelión contra Dios por parte de Israel. Pablo habla de "nervios" respecto del cuerpo de Cristo y sus varios miembros (Col. 2:19).

NETAÍM Un lugar, junto a Gedera, donde los descendientes del hijo de Judá, Sela, trabajaban como alfareros (1 Cr. 4:23). La RVA no lo toma como un nombre de lugar, sino que traduce el hebreo como "en medio de plantíos".

N

NETANÍAS **(1)** Un músico de entre los "hijos de Asaf", que tocó arpas, liras y címbalos durante el tiempo de David (1 Cr. 25:2, 12). **(2)** Un levita enviado por el rey Josafat durante el tercer año de su reinado, junto con otros ocho levitas, cinco oficiales reales y dos sacerdotes, para enseñar el Libro de la Ley a las ciudades de Judá (2 Cr. 17:8) **(3)** El padre de Jehudí (Jer. 36:14), que fue enviado por los príncipes de Judá como su intermediario con el profeta Jeremías. **(4)** El padre de Ismael, un oficial militar que asesinó a Gedalías, el gobernador de Judea designado por los babilonios (2 Re. 25:23-25; Jer. 40:8, 14-16; 41:1).

NETHINEOS Una de las cinco clases en Israel asignadas a la tarea del servicio en el templo. Fueron designados como ayudantes de los levitas (Esd. 8:20). El nombre "Nethineo" (NTV: "sirvientes del templo", RVA: "Nethineos") viene de una palabra hebrea que significa "dar", lo que probablemente indica que fueron entregados al servicio del templo. Las dieciocho referencias a los nethineos son postexílicas, aunque la Escritura remonta sus raíces al tiempo de David (Esd. 8:20). Otros intentos de asociar sus orígenes con Moisés, Josué y el exilio babilónico carecen de evidencia textual. Además, su estrecha asociación con los hijos de los siervos de Salomón (Esd. 2:58; Neh. 7:60; 11:3), y la aclaración específica entre paréntesis de su papel como "ministros de la casa de Dios" (Esd. 7:24), junto con la posterior desaparición de ellos del texto, sugiere que fueron designados para un propósito definido, relacionado con el templo.

Ellos habitaron en las casas y las ciudades de Judá después del exilio babilónico (1 Cr. 9:2), aparecieron en la lista del censo en Esd. 2, fueron solicitados por Esdras (Esd. 8:17-20), y ayudaron en la reconstrucción del muro (Neh. 3:26-31). También respondieron a las reformas de Nehemías (Neh. 7:46-56). Se les asignaron preparativos de vivienda cerca del templo mientras estaban en servicio activo (Neh. 3:26) y estaban exentos de impuestos (Esd. 7:24).

La aparición de nombres extranjeros entre sus descendientes sugiere la posibilidad de una derivación extranjera. Además, Nehemías específicamente señala que ellos no estaban entre los elegidos para repoblar Jerusalén después del exilio, sino que vivían en las ciudades de Judá y tenían inspectores designados sobre ellos (Neh. 11:3, 21).

NETOFATITAS Descendientes de Caleb (1 Cr. 2:54), los netofatitas eran residentes de Netofa (Neh. 12:28; *ver* 2 Sam 23:28-29).

NETOFA Una ciudad y la región circundante en la región montañosa de Judá. Netofa se asocia con Belén y probablemente estaba cerca (1 Cr. 2:54; Neh. 7:26). Netofa se identifica generalmente con la moderna Khirbet Bedd Faluh (tres millas y media al sureste de Belén), donde un manantial que está cerca, 'Ain en-Natuf, probablemente conserva el nombre. Dos de los valientes del rey David eran de Netofa (2 Sam. 23:28-29). Varios de los que regresaron del exilio eran de Netofa (Esd. 2:22), y algunos de los levitas se establecieron allí (1 Cr. 9:16; Neh. 12:28).

NEZIA Uno de los antepasados de los siervos del templo (Nethineos) que regresaron a Jerusalén después del cautiverio babilónico bajo el liderazgo de Zorobabel en 539 a.C o poco después (Esd. 2:54; Neh. 7:56). El hecho de que muchos de los nombres en la lista sean extranjeros ha llevado a la creencia de que ellos eran originalmente prisioneros de guerra que fueron forzados a servir en tareas serviles mientras ayudaban a los levitas.

NEZIB Una ciudad, cuyo nombre significa "guarnición" o "puesto", ubicada en Sefela (tierras bajas) de Judá, mencionada solo en Jos. 15:43 en una lista de ciudades en la asignación tribal de Judá. Generalmente se identifica con el moderno Khirbet Beit Nesib, aproximadamente a nueve millas al este de Laquis y siete millas al noroeste de Hebrón.

NIBHAZ El nombre hebreo de la deidad elamita Ibnahaz. Los aveos deportados crearon una imagen de Nibhaz, y de otra deidad elamita, Tartak, para rendirles adoración en Samaria (2 Re. 17:31).

NIBSÁN Una de las seis ciudades en el desierto de Judea asignadas a la tribu de Judá (Jos. 15:62). Nibsán podría identificarse con Khirbet el-Maqari, ubicado aproximadamente a seis millas al sudoeste de Qumran.

NICANOR Uno de los siete que fueron elegidos para ayudar a distribuir alimentos a las viudas en la iglesia de Jerusalén (Hec. 6:1-6). En la literatura extrabíblica, Nicanor era también el nombre de un líder militar que luchó contra Judas Macabeo (2 Mac. 8) y el de un gobernador de Chipre (2 Mac. 12:2).

Representación italiana de Nicodemo sosteniendo el cuerpo de Cristo, por Stefano Maderno (siglo XVI d.C).

NICODEMO Nicodemo es mencionado cinco veces por su nombre en las Escrituras y sólo en el Evangelio de Juan. Era fariseo y miembro del concilio gobernante de los judíos (el Sanedrín), y la mayoría de lo que sabemos sobre él proviene de Juan 3. Fue a conversar con Jesús por la noche, presumiblemente para evitar ser descubierto mientras tenía un trato amistoso con Jesús. A diferencia de sus colegas, Nicodemo reconoció la autoridad de Dios en Jesús por los milagros. Sin embargo, Nicodemo no logró entender la verdadera naturaleza de las cosas espirituales (3:4-9) que Jesús le explicó posteriormente (3:11-21). Jesús notó que dado que Nicodemo era un maestro en Israel, él debería entender tales cosas (3:10).

Más tarde, Nicodemo mostró una disposición compasiva hacia Jesús cuando los gobernantes de los fariseos se organizaron para ponerse en contra de Jesús. Nicodemo notó que la ley prohibía la condenación antes del examen, y los otros líderes le reprocharon que defendiera a Jesús (Jn. 7:50-52).

Luego, después de la crucifixión de Jesús, Nicodemo ayudó a José de Arimatea a preparar y sepultar el cuerpo de Jesús (Jn. 19:38-42). El testimonio de Nicodemo antes de este tiempo había sido silencioso o menos abierto frente al concilio, y esta acción más abierta en el entierro puede dar testimonio de su conversión al discipulado de Jesús.

NICOLAÍAS Los nicolaítas se mencionan exclusivamente en Ap. 2:6, 15. En el primer texto, Cristo elogia a la iglesia de Éfeso por odiar las prácticas de los nicolaítas como él lo hace. En el segundo texto, Cristo llama a la iglesia de Pérgamo a arrepentirse por tolerar a algunos de los que se atienen a la enseñanza Nicolaías. Allí, él compara a los nicolaítas con el grupo Balaam/Balak, que instaba a las personas a la combinación impía de comer carne sacrificada a los ídolos y la inmoralidad sexual. Sabemos poco más sobre este grupo. Algunos padres de la iglesia primitiva lo relacionaron con la perversión de las enseñanzas de Nicolás (Hec. 6:5), pero esto no se ha demostrado.

NICOLÁS Uno de los siete judíos helenísticos cristianos elegidos para distribuir comida a las pobres viudas helenísticas de la iglesia de Jerusalén a fin de desocupar a los doce apóstoles para que continuasen su ministerio de enseñar la palabra de Dios (Hec. 6:1-6; ESV, NRSV: "Nicolaus"). Nicolás era un prosélito

N

(convertido) al judaísmo de Antioquía. Al igual que los otros seis, Nicolás fue elegido porque estaba "lleno de fe y del Espíritu Santo". Algunas tradiciones de la iglesia identifican a Nicolás con la secta herética de los nicolaítas, mencionada en Ap. 2:6, 15 (Ireneo, Haer. 1.26.3; Eusebio, Hist. Ecl. 3.29.1-3). Esta conexión es dudosa, sin embargo, y puede haber surgido por la similitud de los nombres.

NICOLAUS *Ver* Nicolás.

N

NICÓPOLIS El nombre de al menos nueve ciudades en toda la región del Mediterráneo y más allá, una de las cuales es Emaús, cerca de Jerusalén y Betfage en Judea. Hay una mención de una ciudad llamada Nicópolis en las Escrituras, probablemente una referencia a Nicópolis en la costa occidental de Grecia. Pablo le señaló a Tito que tenía la intención de pasar el invierno en Nicópolis, y le pidió a Tito que lo visitara allí (Tito 3:12).

NIDO La imagen de un nido de aves implica seguridad dada por Dios (Dt. 32:11; Sal. 104:17; Ezeq. 31:6), pero ningún "nido" hecho por manos humanas protege del juicio de Dios (Jer. 49:16; Obad. 4; Hab. 2:9). Los exiliados intercambian lugares de "anidación" con los pájaros del desierto (Is. 34:11, Jer. 48:28), pero Jesús no tenía ningún "nido" (Mt. 8:20).

NIEBLA Los escritores bíblicos usan la niebla o neblina en sentido figurado para referirse a algo que se desvanece. Aunque Dios disiparía los pecados de los israelitas "como la neblina de la mañana" (Is. 44:22), también habló del inconstante amor de ellos que era como niebla (Ose. 6:4). Santiago describió la vida humana misma como una niebla que aparece por un momento y luego se desvanece (Sant. 4:14). La palabra también ocurre en un sentido literal para describir el agua que surgía de la tierra en el tiempo de Edén (Gn. 2:6 [vapor] RVA, LBLA), y en otra instancia, "niebla" representa la naturaleza de la ceguera (Hec. 13:11).

NIEVE Aunque no es un evento normal en Palestina, la nieve era común en las regiones más altas del área, notablemente el Monte Hermón y las montañas de El Líbano, que con frecuencia tienen nieve todo el año. Figurativamente, la nieve se refiere a pureza (Sal. 51:7), gloria divina (Mt. 28:3) y palidez en el color de piel (Éx. 4:6).

NIGELLA SATIVA Un tipo de semilla en la KJV en Is. 28:25, 27 (NIV: "comino"; NRSV: "eneldo") y en Ez. 4:9. La palabra hebrea en Ezequiel (kussemet) es diferente a la de Isaías (qetsakh) y en realidad denota un tipo de grano (NIV, NRSV: "espelta"), no una semilla.

NIGER El segundo nombre de Simeón, un líder de la iglesia en Antioquía (Hec 13:1). Traducido literalmente del latín como "negro", probablemente significa que Simeón era descendiente del norte de África y designado "Niger" por su piel oscura. Era común observar a personas de piel oscura, particularmente en las partes norteafricanas del Imperio Romano. Su inclusión como uno de los "profetas y maestros" de la iglesia de Antioquía indica que la iglesia tenía una identidad multinacional y multiétnica. Tal vez la percepción consciente de que las naciones se unían para adorar a Cristo motivaba el ánimo de las continuas actividades misioneras de Pablo. Algunos estudiosos han sugerido que este individuo y el Simón de Cirene mencionado en Mr. 15:21 son la misma persona.

NIGROMANCIA La práctica de adivinación de consultar con los muertos. Junto con otras formas de adivinación, hechicería y magia, la nigromancia está estrictamente prohibida en Dt. 18:9-13. Un ejemplo de nigromancia, sin embargo, se registra en 1 Sam. 28, donde el rey Saúl, desprovisto de cualquier palabra de Dios debido a la repetida desobediencia del rey, persuade a un "médium" para que muestre a Samuel de entre los muertos una guía.

NILO El río Nilo es parte vital de Egipto y fue fundamental para la vida y la cultura de los antiguos egipcios. Las inundaciones anuales comenzaban a fines de junio o agosto, inundando la tierra con agua, dejando limos ricos en nutrientes y eliminando las sales del suelo. Las inundaciones anuales convertían al valle del Nilo en una región fértil, especialmente adecuada para el cultivo de cereales. Las inundaciones del Nilo también reponían los pantanos, un importante hábitat para peces y aves, y otro recurso importante para los antiguos egipcios. Debido a la escasez de precipitaciones anuales en la región, la agricultura era prácticamente imposible fuera de las llanuras de inundación del Nilo. Por lo tanto, los patrones de asentamiento egipcios tendían a adherirse al río. Sin embargo, las fluctuaciones en los niveles de inundación del Nilo podían traer devastación. Una inundación inusualmente baja significaría rendimientos de cosecha pobres para el año, y una inundación inusualmente alta podía destruir hogares, ganado y propiedades. Se alude a tales variaciones en los niveles de inundación como la causa de los siete años de hambre que se presagió en el sueño del faraón en Gn. 41:1-4, 17-21.

El Nilo se origina de tres afluentes principales. El Nilo Azul y el Atbara se originan en Etiopía, mientras que el Nilo Blanco transporta sus aguas desde el lago Victoria en el norte de Tanzania. Los tres ríos convergen antes de la quinta de las seis cataratas, o rápidos, en el Nilo. Estas cataratas, enumeradas de norte a sur, actuaban como una barrera natural contra las incursiones hostiles del sur.

El Nilo fluye de sur a norte, pero un viento predominante a lo largo del Nilo fluye de norte a sur. Estos dos factores significan que el transporte al norte de las cataratas, donde el Nilo está en calma durante aproximadamente 530 millas, era posible en ambas direcciones. Los viajeros pueden flotar sin una vela, usar la corriente para llevarlos hacia el norte (río abajo), o utilizar los vientos dominantes mediante el uso de la vela para viajar hacia el sur (río arriba). En jeroglíficos egipcios, el viaje hacia el norte se ilustraba a través del símbolo de un barco con una vela doblada y un remo de dirección, mientras que el viaje hacia el sur se mostraba como un barco con su vela desplegada.

Para los antiguos egipcios, el Valle del Nilo se entendía como dos mitades. El "Alto Egipto" se refería a la parte del Nilo al sur del delta del Nilo, mientras que el "Bajo Egipto" se refería al delta del Nilo. Los antiguos egipcios orientaban su mundo con respecto al Nilo, no, como lo hacen los modernos, por las direcciones de la brújula.

El Nilo se menciona con frecuencia en la Biblia, especialmente con respecto a José y Moisés, pero también dentro de las profecías de Isaías, Jeremías, Ezequiel, Amós y Zacarías. Aparte de la referencia mencionada en Gn. 41, el Nilo también se menciona como el río en el que Faraón ordenó arrojar a los niños israelitas, lo que llevó a que

El Río Nilo.

Moisés flotara fortuitamente a los brazos de la hija del faraón (Éx. 1:22; 2: 3, 5-6, 10, Hec. 7:22). Están asociadas con el Nilo también varias plagas (Éx. 4:9; 7:15-24; 8:3-11, 20; 17:5; Sal. 78:44-45). En 2 Re. 19:24, Senaquerib se jacta de secar las corrientes de Egipto. Las referencias proféticas al Nilo ocurren en Is. 7:18; 19:5-8; 23:3, 10; Jer. 46:7-8; Ezeq. 29:3-10; Amos 7:8; 9:5; Zac. 10:11.

NIMRIM Aguas que se "secan" en los oráculos contra Moab en Is. 15:6; Jer. 48:34. La ubicación de las aguas sería al este del Mar Muerto, en la tierra de Moab. Una posibilidad puede ser la corriente de Wadi en-Numeira al sureste, en la que se encuentran las ruinas de la antigua ciudad de Numeira. Sin embargo, Nimrim puede estar vinculado al nombre de Tell Nimrin, una antigua ciudad al noreste del Mar Muerto y una milla al suroeste de Bet-nimra.

NIMROD Nimrod se describe con más detalle que cualquier otro individuo en la Tabla de las Naciones en Gn. 10. Uno de los hijos de Cus, era un guerrero y conocido como un "poderoso cazador" (Gn. 10:8-9; 1 Cr. 1:10). También fundó ocho ciudades en Babilonia y Asiria, regiones que se convirtieron en archienemigos de Israel (Gn. 10:10-11). En el tiempo del exilio, los asirios destruyeron Israel, y los babilonios destruyeron a Judá, pero Miqueas prometió la redención de Asiria y "la tierra de Nimrod" (Miq. 5:6).

El nombre de Nimrod probablemente proviene de una palabra hebrea que significa "rebelarse". Se han hecho varios intentos para identificar a Nimrod con figuras de otras fuentes antiguas del Cercano Oriente, ya sea Mesopotamia (para mantener la conexión asiria y babilónica) o egipcia (para mantener la conexión con Cus y África). Sin embargo, ninguno de estos es concluyente.

NIMSI Aparentemente el abuelo de Jehú, el undécimo rey del reino del norte de Israel. Jehú es llamado "hijo de Nimsi" (1 Re. 19:16, 2 Re. 9:20) e "hijo de Josafat, hijo de Nimsi" (2 Re. 9:2, 14). Tal vez Nimsi era más conocido que Josafat, por lo que es más fácil identificar a Jehú con su abuelo.

NINFAS La anfitriona de una iglesia de casa mencionada en los saludos finales de Pablo en Colosenses, junto con "los hermanos que están en Laodicea" (Col. 4:15). Como Pablo señala que la casa es de Ninfas, probablemente ella era viuda, pero también es posible que ella fuera soltera o casada. Siendo ella la única de su iglesia a quien Pablo se dirige personalmente, ella también pudo haber sido la cabeza de la iglesia de casa. El género de Ninfas ha sido debatido, ya que algunos manuscritos griegos dicen que la casa le pertenece a "ella" (autēs), mientras que otros dicen que es "de el" (autou). Sin embargo, el respaldo del manuscrito para el pronombre femenino generalmente se considera mejor.

NÍNIVE Una ciudad asiria cerca de la actual Mosul en Iraq, se menciona por primera vez en la Biblia en Gn. 10:11-12. Se convirtió en la capital del Imperio Asirio durante el reinado de Senaquerib (705-681 a.C). Debido a la amenaza de Asiria durante finales del siglo VIII y VII a.C, Nínive fue el blanco de los oráculos proféticos que predijeron su caída (Nahum; Sof. 2:13) y es el escenario de la historia profética de Jonás. La ciudad fue saqueada y destruida por los medos y los babilonios en 612 a.C

NINIVITAS Los habitantes de la ciudad de Nínive. Su arrepentimiento en respuesta a Jonás (Juan. 3:5) se convirtió en un emblema de la respuesta adecuada ante la predicación de Jesús, y son representados en el juicio final condenando la generación mala que demanda señales del tiempo de Jesús (Mt. 12:39-42//Lc. 11:29-32).

NIÑA DE MIS OJOS Este modismo en español y en hebreo (literalmente, "el hombre pequeño del ojo", referencia a un alumno) designa una cosa de valor para el espectador. Dios valora y protege a Jacob (Dt. 32:10) y a la ciudad de Jerusalén (Zac. 2: 8). El salmista desea ser "la niña de los ojos" de Dios (Sal. 17: 8) y disfrutar de la seguridad de los malvados. En las exhortaciones del padre al hijo en Proverbios, se insta al hijo a guardar la ley como la "niña de sus ojos" (Prov. 7: 2).

NIÑO *Ver* Familia.

NIPPUR El sitio de la antigua ciudad de Nippur está aproximadamente a setenta millas al sur de Bagdad, a orillas del río Eufrates. El sitio fue explorado y excavado por primera vez a fines del siglo XIX bajo el patrocinio de la Universidad de Pensilvania. A lo largo de los años, el sitio también ha sido explorado por equipos patrocinados por el Instituto Oriental de la Universidad de Chicago y las Escuelas Americanas de Investigación Oriental.

Situada en la frontera entre Sumer y Acad, la ciudad era considerada por los sumerios como una de las ciudades más sagradas. Era el sitio del templo de Enlil (el Ekur), la deidad principal del panteón sumerio, del cuarto milenio. El templo de Inanna también se encontraba en Nippur. Aunque la ciudad nunca se consideró una capital, su prominencia religiosa otorgó prestigio a cualquier gobernante que obtuviera el control de la misma. Además, Nippur era un centro de actividad de escribas. El sitio ha producido la mayoría de las tabletas inscritas en el idioma sumerio. Los tipos de textos atestiguados incluyen documentos literarios, legales, administrativos y económicos.

La ciudad experimentó el desarrollo en etapas en su larga historia. Enmebaragesi, un gobernante sumerio, construyó el templo de Enlil en el cuarto milenio. Bajo la dinastía Sargónide y la Tercera Dinastía de Ur en la segunda mitad del tercer milenio antes de Cristo, el templo se convirtió en el objeto de los esfuerzos de construcción de la realeza. Bajo la supervisión de Ur-Nammu se añadió una estructura de tres niveles (ziggurat) al templo de Enlil. A pesar del cambio de enfoque en la veneración religiosa a Marduk en el siglo XVIII a.C bajo los auspicios de la antigua dinastía babilónica, Nippur se mantuvo como un sitio sagrado bajo cuidado y desarrollo. Durante el segundo milenio a.C, la ciudad pasó a manos de los Casitas, que construyeron allí un palacio. La ciudad y el palacio fueron abandonados en el siglo XIII a.C, muy probablemente debido a los ataques elamita. Bajo el control asirio y el patrocinio de Asurbanipal, se llevó a cabo una importante restauración en el siglo VII a.C En la última parte del primer milenio antes de Cristo, la ciudad continuó prosperando bajo el control de los primeros babilonios, y luego los persas. En el período de la hegemonía helenística, Nippur fue el foco de actividad en la construcción bajo los auspicios de los partos; la ciudad, incluyendo el ziggurat y el templo de Enlil, estaba fortificada. Poco se sabe del destino de la ciudad más allá del siglo III d.C Después del siglo VII d.C, en el período de expansión islámica en la región, el sitio finalmente fue abandonado.

NISÁN Un nombre babilónico por el cual los israelitas postexílicos se referían a lo que antiguamente se llamaba "Aviv", el mes del éxodo y la Pascua. Corresponde aproximadamente a finales de marzo hasta principios de abril. *Ver también* Aviv.

NISROC El dios del rey Senaquerib de Asiria (704-681 a.C), en cuyo templo Senaquerib fue asesinado por dos de sus hijos (2 Re. 19:37; Isaí. 37:38). No existe tal deidad en las fuentes asirias, lo que hace que la identidad de Nisroc sea muy problemática, con sugerencias tales como Ninurta, Enlil y Nusku.

NO CIRCUNCIDADO *Véase* Circuncisión.

NO, NO-AMÓN El antiguo nombre de la ciudad egipcia identificada por los griegos como Tebas. "No" significa "ciudad", por lo que el nombre significa "Ciudad de [el dios] Amón". El nombre hebreo completo "No-amón" aparece solo en Nah. 3:8. En otras partes, la ciudad se le llama "No" (Jer. 46:25; Ezeq. 30:14-16). La mayoría de las versiones en español traduce el nombre como "Tebas" en todas estos casos, aunque en Nah. 3:8 la RV tiene "la habitada No" (*ver* JBS: "No-amón"; RVA: "No-amón").

Situada en el Nilo, a unas cuatrocientas millas al sur del Mediterráneo, Tebas alcanzó su mayor esplendor durante el Imperio Nuevo (1550-1070 a.C) y el surgimiento de la Dinastía XVIII de Egipto, que se originó en Tebas. Se construyeron magníficas tumbas y templos reales en toda la ciudad. Después de la muerte de Ramsés IX (c. 1070 a.C), Tebas ya no estaba directamente conectada con la familia real, y su importancia disminuyó. La dinastía XXV

(760-656 a.C) experimentó un resurgimiento de la importancia de la ciudad y un crecimiento considerable, cuando Tebas era reverenciada por los reyes sudaneses de la dinastía Cusita que adoraban a Amón.

Tebas fue saqueada por el ejército asirio en 663 a.C y sufrió redadas de los persas en 525 y 343 a.C Los profetas Jeremías (46:25), Ezequiel (30:14-16) y Nahum (3:8) pronunciaron juicio contra Tebas, una ciudad que personificaba el orgullo y resistencia a Dios por parte de Egipto. *Ver también* Tebas.

N

NOADÍAS **(1)** El hijo de Binui, un levita de la época de Esdras, fue uno de los responsables de contar los regalos para el templo al regreso de los israelitas bajo Esdras (Esd. 8:33). **(2)** Una profetisa, ella fue una de las personas que trataron de intimidar y desalentar a Nehemías en sus esfuerzos de reconstrucción en Jerusalén (Neh. 6:14).

NOBA **(1)** Un descendiente de Manasés que conquistó Kenat (Nm. 32:42). **(2)** La ciudad anteriormente llamada Kenat (moderna Qanawat) lleva el nombre de su nuevo conquistador (Nm. 32:42). **(3)** Una ciudad ubicada cerca de Jogbeha, ambas fueron usadas como puntos de referencia para indicar una ruta nómada tomada por Gedeón (Jue. 8:11). Este Noba puede ser el mismo sitio que el Nº 2; de lo contrario, su identificación es incierta.

NOB Una aldea ubicada a poco más de una milla al norte de Jerusalén, hogar principalmente de familias sacerdotales. David se detuvo allí brevemente durante su huida inicial de Saúl y recibió ayuda del sacerdote principal de allí, Ahimelec. Desafortunadamente, uno de los pastores de Saúl, Doeg el edomita, observó este encuentro e informó al rey. Saúl convocó a la familia de Ahimelec, y cuando Ahimelec reconoció sus acciones, el rey ordenó la ejecución de los sacerdotes. Sin embargo, sus propios sirvientes israelitas se negaron a hacer esto, por lo que Doeg llevó a cabo los asesinatos. Un joven sacerdote, Abiatar, escapó y se refugió con David (1 Sam. 21-22).

NOCHE Dios creó y llamó a la oscuridad "noche" (Gn.1:5). Los escritores del AT asociaban la noche con los comportamientos aberrantes, temor, sufrimiento, tristeza y terror (Sal. 6:6; 30:5; 42:3; 77:2; 91:5), pero también sabían que Dios trabajaba toda la noche para liberar a su pueblo (Éx. 12:29-32; Dt. 16:1). La noche también se asocia con lo secreto y el peligro, como se ve en el éxodo israelita (Éx. 12:31) y la huida de la sagrada familia a Egipto (Mt. 2:14). En tiempos del AT, la noche se dividía en tres vigilias, cuatro en el mundo romano del NT. A menudo se elegía la noche para resaltar la actividad divina (Mt. 2:12, 22; Hec. 5:19; 12:6-7), pero también sirvió para describir la traición de Judas a Jesús como un acto de oscuridad espiritual (Jn. 13:30). Figurativamente, la noche se usa para referirse a esta edad presente (Rom. 13:12), y las personas del mundo "son de la noche" (1 Tes. 5:5). "No habrá noche" en el cielo y la tierra nuevos (Ap. 21:25; 22:5).

NODAB Uno de los cuatro grupos de personas contra el cual tres tribus israelitas hicieron la guerra en 1 Cr. 5:19. Nodab es una tribu en el norte de Transjordania que puede estar relacionada con la tribu ismaelita de Abdeel. En esta guerra, que 1 Crónicas dice que fue durante el reinado de Saúl, se enfrentan Rubén, Gad y Manasés contra los agarenos, Jetur, Nafis y Nodab.

NOD Después de matar a Abel, Caín es desterrado a la tierra de Nod, cuyo nombre crea un juego de palabras con nwd, el verbo hebreo para "deambular" (Gn. 4:16). Nod es más un destino que un lugar (*ver* 4:12, 14). Como Adán antes que él (3:24), a Caín se le niega la seguridad del lugar y se lo exilia "al este del Edén", una frase que simboliza el destierro de Dios. Israel entendió que el desalojo de las tierras era el castigo más severo (*véase* Lev. 26:27-32). La Septuaginta erróneamente traduce el nombre como "Naid", lo cual es una corrupción de las letras hebreas.

NODRIZA En tiempos bíblicos, las madres de alto estatus usaban nodrizas para alimentar y cuidar a los niños (Éx. 2:7, 2 Sam. 4: 4, 2 Re.

11:2). Por el contrario, las mujeres de estatus inferior amamantaban a sus propios hijos (1 Sam. 1:23; 1 Re. 3:21). La nodriza de Rebeca, Débora, se quedó con ella hasta la edad adulta (*véase* Gn. 24:15). La dignidad de su entierro sugiere que ella era un miembro querido de la familia (Gn. 35:8). Noemí se preocupó por el hijo de su nuera, aunque esto no necesariamente implicaba amamantar al niño (Rut 4:16), ya que los abuelos pueden haber desempeñado un papel importante en la crianza de los hijos. Isaías juega con la dimensión social de la lactancia y el cuidado de los niños cuando le dice a Israel: "Y mamarás al pecho de los reyes" revirtiendo los roles esperados (Is. 60:16, *ver* 49:23).

NOÉ **(1)** El octavo descendiente enumerado en la línea de Set y el nieto de Matusalén, Noé fue usado por Dios para preservar la raza humana en el diluvio. Su nombre significa "descanso", elegido porque su padre, Lamec, creía que Dios usaría a su hijo para descansar del trabajo diario de la vida que resultó de la caída (Gn. 5:29). Enoc era su bisabuelo, y como él, se describe a Noé como alguien que "anduvo con Dios" (Gn. 6:9; *ver* 5:22, 24). Él fue el padre de Sem, Cam y Jafet.

Su historia se cuenta principalmente en Gn. 6-9. Debido a la gran maldad de la raza humana, Dios decidió destruirlos. Pero Noé halló gracia a los ojos de Dios, por lo que Dios le ordenó que construyera una nave grande según sus instrucciones y que tomara provisiones para su familia, así como para los representantes seleccionados de la vida animal. Noé obedeció diligentemente, y su familia fue preservada de esta manera a pesar de la catástrofe que les siguió. La tierra fue repoblada a partir de ellos (Gn. 10), y Noé recibió varias directivas para el gobierno del mundo postdiluviano, a menudo referido como el pacto de Noé (Gn. 9:1-17). La historia personal de Noé termina con el curioso episodio de él emborrachándose y, posteriormente, maldiciendo a un hijo de Cam por una ofensa que Cam cometió, cuya naturaleza se describe solo como ver "la desnudez de su padre" (Gn. 9:22 LBLA, RVA). Su edad en el momento de su muerte se dice que era de 950 años.

Noé se menciona otras dos veces en el AT. Dios cita su promesa de que las "aguas de Noé" nunca más destruirían la tierra para afirmar su fidelidad al pacto con Israel (Is. 54:9), y en otro texto agrupa a Noé junto con Job y Daniel como aquellos que se salvarían por su justicia, pero no la obediencia de Israel (Ezeq. 14:14, 20). En el NT, Jesús cita las condiciones de los días de Noé como representativo de las condiciones en el momento de su venida (Mt. 24:37-38, Lc. 17:26-27). Pedro menciona a Noé dos veces, una para referirse a los espíritus de los que perecieron en el diluvio (1 Pe. 3:20) y otra para usar a Noé como un ejemplo de la capacidad de Dios de liberar a su pueblo (2 Pe. 2:5). Heb. 11:7 enumera a Noé como un héroe de la fe. **(2)** Una de las cinco hijas de Zelofehad. Su petición de una parte de la propiedad de su padre fallecido ayudó a establecer un precedente para la ley de herencia en el antiguo Israel (Nm. 27:1-11, *véase* Jos. 17:1-6). Cuando llegó el momento de que las hijas de Zelofehad se casaran, se emitió un nuevo decreto según el cual la tierra heredada no debía pasar de tribu en tribu (Nm. 36).

NOEMÍ Una mujer de Judá, cuyas fortunas familiares son el foco de atención del libro de Rut. Su nombre significa "agradable", pero cuando las circunstancias se volvieron difíciles, pidió que la llamaran Mara ("amarga"). Mientras su familia vivía en Moab por un tiempo para escapar de la hambruna, ella se convirtió eventualmente en la suegra de Rut. Ella y Rut regresaron a su ciudad natal de Belén después de la muerte de su esposo y sus hijos. Noemí hizo arreglos para el eventual matrimonio de Rut con Booz, que proporcionó la redención de la propiedad de su familia.

NOFA Un lugar que se incluye en un poema sobre la conquista de los amorreos por los israelitas en sus viajes en el lado oriental del Jordán (Nm. 21:30). Este sitio marcaba el límite de la conquista. La ubicación se sabe que está en Moab, pero se desconoce dónde exactamente. Existe cierta discrepancia entre la ortografía del nombre en diferentes versiones de la Biblia hebrea.

NOGA Un hijo de David nacido de una esposa anónima durante el tiempo que él reinó desde Jerusalén (1 Cr. 3:7; 14:6), sin embargo, su ausencia en una lista similar y más antigua en 2 Sam. 5:13-16 plantea preguntas acerca de si su nombre es el resultado de un error textual.

NOHA Según 1 Cr. 8:2, el cuarto hijo de Benjamín, aunque su nombre no está en la lista de los hijos de Benjamín en Gn. 46:21.

NOMBRAMIENTO El acto de darle un término específico de identificación a alguien o algo. El nombramiento es una característica notable de la narración bíblica. Desde el principio, Dios ordena y estructura la creación nombrando las cosas que Él hace, desde los elementos de la naturaleza hasta la humanidad (Gn. 1:5, 10, 5:2). Como su gobernante representante, Adam tiene el privilegio de nombrar a los animales (1:27-28; 2:19-20). Más tarde nombra a su esposa, tanto como un ser y como persona (2:23; 3:20). Eva, a su vez, nombra a Set después de perder a Abel por la furia asesina de su hermano Caín (4:25). Con el nombramiento de personas, lo que es notable es que en cada caso el nombre se elige claramente por una razón: el nombre tiene significado para la persona, revelando algo significativo sobre el carácter, el rol o el destino.

Las narraciones patriarcales de Génesis son notables en este respecto. En Gn. 17, tanto Abram como Sarai reciben cambios de nombre, y pasan a tener los nombres más conocidos de "Abraham" y "Sara". No se da ninguna explicación particular en el caso de ella, pero "Abraham" se explica en términos de la promesa de Dios de darle numerosos descendientes, un "padre de muchos" (17:5). Más adelante en la conversación, Dios decreta que el nombre del hijo prometido será "Isaac". El nombre significa "él se ríe", y se elige inicialmente en respuesta a la risa de Abraham ante la idea de tener un hijo en su vejez (17:17, 19). Cuando nace Isaac, Sara lo describe como la risa de una alegre sorpresa (21:6-7). Pero cuando Ismael se involucra en una "risa" menos inocente acerca de Isaac, se convierte en la ocasión de la expulsión de Ismael junto con su madre (21:8-14). En la siguiente generación, Esaú es nombrado por su apariencia peluda y roja, algo que será importante en una ocasión posterior (25:25; 27:5-23). El nombre de su hermano gemelo es a la vez más simbólico y más sugerente de su carácter, como reconoce el propio Esaú (25:26; 27:34-36).

El NT también tiene sus casos de nombramientos notables. Los apóstoles expresan aprecio por el espíritu edificante de un creyente llamado "José" llamándolo "Bernabé", que significa "hijo de consolación" (Hch. 4:36). Del mismo modo, Jesús marca el reconocimiento de Simón de su identidad llamándolo "Pedro" (Aram, Cepha, Gr. Petros, ambos significan "roca"). Jesús mismo es el ejemplo supremo de que se le ha dado un nombre significativo (Mt. 1:20-21), aunque debe notarse que su nombre hebreo, "Josué" (yehoshua', "Yahvé salva/es salvación"), era común en la cultura judía. Esta es la razón por la que otros generalmente se refieren a él por una frase descriptiva, como "Jesús de Nazaret" o "Jesús, que se llama Mesías".

Los lugares también reciben nombres, a menudo como resultado de algún encuentro con Dios. Jacob le da el nombre "Betel" al lugar donde Dios habló con él por vez primera (Gn. 28:16-19). Los nombres que Moisés da a algunos lugares de las andanzas por el desierto son trágicamente indicativos de la desobediencia frecuente de Israel durante ese tiempo (Éx. 17:1-17, Nm. 11:3-5, 18-20, 31-34).

NOMBRES DE DIOS Los nombres de Dios que se dan en la Biblia son un medio importante de revelación acerca de su carácter y obras. Los nombres provienen de tres fuentes: Dios mismo, aquellos que se encuentran con Él en el registro bíblico y los autores bíblicos. Este artículo hace referencia a los nombres que aparecen en el AT principalmente, aunque se hará referencia al NT cuando sea útil.

En la Biblia, el significado de los nombres es a menudo de importancia y apunta al carácter de la persona nombrada. Como es de esperarse, esto es especialmente cierto para Dios. Los nombres que se da a sí mismo siempre son una forma de revelación; los nombres que los humanos le dan a Dios son a menudo una forma de testimonio.

N

Yahvé: El Señor

Pronunciación. Incuestionablemente, para la revelación del AT, el nombre más importante es "(el) Señor". En las Biblias en español, este representa el nombre declarado por Dios a Moisés en la zarza ardiente ("Yo soy el que soy" [Éx. 3:13-15]) y el término relacionado utilizado en otros lugares del AT; en hebreo, este término consta de las cuatro consonantes YHWH y, por lo tanto, se conoce como Tetragramatón ("cuatro letras"). El hebreo no cuenta las vocales como parte de su alfabeto; en tiempos bíblicos uno simplemente escribía las consonantes de una palabra y el lector suministraba las vocales correctas al conocer el vocabulario, la gramática y el contexto. Sin embargo, para evitar quebrantar el mandamiento en el Decálogo que prohíbe el mal uso del nombre de Dios (Éx. 20:7, Dt. 5:11), los judíos dejaron de pronunciarlo. En consecuencia, hoy nadie sabe su correcta pronunciación original, pero la mejor evidencia disponible sugiere que es "Yahvé", la cual se ha convertido en la pronunciación convencional (considere la palabra hebrea "aleluya", que en realidad es "alelu-Ya", por lo tanto, "alabado sea el Señor"). En la antigua tradición judía, "Adonai" ("mi Señor") se sustituía por "Yahvé". De hecho, cuando el hebreo finalmente desarrolló un sistema de anotación vocálica, en lugar de las vocales para "Yahvé", se indicaban las vocales de "Adonai" cada vez que YHWH aparecía en el texto bíblico, como recordatorio.

Combinando las consonantes YHWH con las vocales de "Adonai" se produce algo así como "Yehowah", que es el origen del conocido (pero erróneo y no existente) "Jehová". Las Biblias en español comúnmente usan "SEÑOR" (letras mayúsculas pequeñas) para "Yahvé" y "Señor" (letras regulares) para "Adonai", lo cual distingue a las dos.

Significado. Más vital que el asunto de la pronunciación de YHWH es la interrogante de su significado. Parece que hay dos opiniones principales. Uno ve a YHWH como denotando la auto existencia eterna, en parte porque es sugerido por la gramática de Éx. 3:14 (las palabras "Yo soy" usan una forma del verbo hebreo que sugiere no tener principio ni fin) y en parte porque ese es el significado que Jesús aparentemente le atribuye en Jn. 8:58. La otra opinión, sugerida por el uso, es que YHWH indica presencia dinámica, activa y divina: Dios está presente de una manera especial para en representación de alguien (por ejemplo, Gn. 26:28; 39:2-3; Jos. 6:27; 1 Sam. 18:12-14). Esta idea también aparece en el episodio de la zarza ardiente (Éx. 3:12) cuando Moisés protesta por su incompetencia para enfrentarse a Faraón, Dios le asegura su presencia, una realidad notada con otros profetas (1 Sam. 3:19; Jer. 1:8).

Quizás los mejores puntos de referencia para entender el significado de YHWH son las propias proclamaciones de Dios. Además de Éx. 3:13-15, al menos otros dos pasajes en Éxodo entregan el comentario de Dios (por así decirlo) sobre el significado de su nombre. Uno importante es Éx. 34:5-7. Un pasaje clave en la teología propia del antiguo Israel, sus temas hacen eco en la Escritura del AT (Nm. 14:18-19, Sal. 103:7-12, Jon. 4:2). Lo sobresaliente de los textos citados es que todos dicen algo notable acerca de la gracia de Dios. Esto encaja, ya que la revelación de Éx. 34:5-7 se da en el contexto de la renovación del pacto después del incidente del becerro de oro. Moisés invoca el nombre de Dios en el texto de Números para evitar el juicio catastrófico cuando los israelitas se niegan a entrar en la tierra prometida. El texto del Salmo retoma este tema y lo conecta con la revelación de Dios acerca de sus caminos para el pueblo elegido. Jonás, notablemente, afirma que la misma gracia se extiende incluso hacia una malvada ciudad gentil como Nínive.

Otro pasaje de este tipo es Éx. 6:2-8. Aquí Dios reafirma su propósito redentor para el Israel en cautiverio, a pesar del hecho de que el primer encuentro de Moisés con Faraón no había ido bien. Dios le asegura al profeta que ha recordado su pacto con los patriarcas, a quienes dice que no lo conocían como "Yahvé", lo que probablemente significa que los patriarcas no lo experimentaron en el modo o carácter que sus descendientes lo harían en el evento del éxodo (aunque también es posible traducir el hebreo aquí como una pregunta retórica con una idea afirmativa: "¿Y en verdad, no me di a conocer a ellos con mi nombre Yahvé?"). Luego, Dios procede a describir la experiencia redentora en su plenitud: liberación de la esclavitud, aceptación en una relación de pacto y posesión de la tierra prometida para sus antepasados (vv.6-8). La afirmación está hecha con esta declaración entre paréntesis: "Yo soy el Señor" (vv. 2, 8). Un propósito declarado de esta obra redentora es que Israel pueda llegar a comprender esto (v. 7) Es importante tener esto en cuenta ya que uno de los temas centrales de Éxodo como libro es la identidad del Dios de Israel. Esta preocupación incita a Moisés a preguntar por el nombre de Dios en la zarza ardiente (3:13), y este desprecio por el Dios de los hebreos esclavizados hace que Faraón sea despectivo en su primer encuentro con Moisés y Aarón (5:2). Moisés pregunta con la preocupación de un buscador y recibe una de las declaraciones más profundas de la identidad de Dios en la Biblia. Faraón pregunta con el desprecio de un burlador y recibe una de las demostraciones más poderosas de la identidad de Dios en la Biblia (las plagas). El contraste es sorprendente e instructivo. El significado del nombre de Dios, entonces, se revela tanto en las obras como en las palabras, y su propósito es que no sólo su gente sino todos los pueblos puedan llegar a comprender quién es Él. Otra declaración majestuosa en el libro de Éxodo (9:13-16) lo deja aún más en claro.

Basado en este patrón de uso, el nombre "Yahvé" parece significar especialmente la presencia activa de Dios para bendecir, liberar o ayudar a su gente. Cuando esta presencia está ausente, no hay éxito, victoria, protección o paz (Nm. 14:39-45, Jos. 7:10-12, Jue. 16:20, 1 Sam. 16:13-14). El mensaje de que Dios no sólo está sino que también está presente para salvar y liberar puede ser la verdad más importante comunicada en el AT, y es natural ver su encarnación máxima en la persona y obra de Cristo (Is. 7):14; *ver* Mt. 1:21-23).

Nombre usado en combinación. El nombre "Yahvé" también se usa en combinación con otros términos. Después de que Dios concede una victoria militar a Israel sobre los amalecitas, Moisés nombra un altar conmemorativo "Jehová-nisi", que significa "el Señor es mi estandarte" (Éx. 17:15). En la visión del templo de Ezequiel, Jerusalén se llama "Jehová-sama", que significa "el Señor está allí" (Eze. 48:35). Una expresión familiar es "el Señor de los ejércitos", que generalmente es comparable a la expresión "comandante en jefe" utilizada en la cultura estadounidense (*véase* 1 Re. 22:19-23).

Elohim

Este es el primer término para Dios que se encuentra en la Biblia, justo en el versículo inicial. Es un término más genérico, que denota la deidad en contraste con los humanos o los ángeles. Elohim es una forma plural; los términos singulares "El" y "Eloah" se usan ocasionalmente, particularmente en textos poéticos. "El" es un término común en el mundo bíblico; de hecho, es el nombre del padre de Baal en la religión cananea. Esto puede explicar por qué la Biblia comúnmente usa la forma plural, para distinguir al único Dios verdadero, el Dios de Israel, de sus rivales paganos. Otros explican la forma plural como un "plural de majestad" o "plural de intensidad", aunque no está claro exactamente lo que esto significaría. Algunos ven el fundamento de la revelación del NT de la Trinidad (Gn. 1:26-27; 11:6 7; *véase* Jn. 17:20-22), pero esto es poco probable. La forma plural también puede servir simplemente como un sustantivo común, refiriéndose a las deidades paganas (Éx. 12:12), a los ángeles (Sal. 97:7, probablemente), o incluso a las autoridades humanas (Éx. 22:28, posiblemente).

"El" también ocurre en combinación con otros términos descriptivos. El más conocido es "El Shaddai", que significa "Dios Todopoderoso" (Gn. 17:1). El significado preciso de "Shaddai" es incierto, pero parece tener la noción de "grande/poderoso". Agar, angustiada, atrapada, consolada y aconsejada por el personaje misterioso en un pozo, llama a Dios "El Roi". que significa "el Dios que me ve" (Gn. 16:13). Una de las expresiones más exaltadas para describir a Dios es "El Elyon", que significa "Dios Altísimo". Este título parece tener una referencia particular a Dios como dueño y amo de la creación (Gn. 14:18-20).

N

Adonai

Señalado anteriormente, esta palabra común que significa simplemente "(mi) señor/maestro" se usa regularmente en lugar del nombre personal de Dios revelado a Moisés en Éx. 3:14. Y en el AT de la mayoría de las Biblias en español, esto se indica imprimiendo "Señor" en lugar de "SEÑOR" (usando letras mayúsculas pequeñas). Sin embargo, "Adonai" se usa para referirse a Dios en algunos casos dignos de ser mencionados, como la visión excelsa de Isaías de Dios exaltado en Isa. 6 y la profecía de Emanuel en Isa. 7:14. Con el tiempo, este se convirtió en el término preferido para referirse a Dios, y la Septuaginta reflejó esto al usar la palabra griega kyrios ("Señor") para Yahvé. Esto hace que la facilidad con la que los escritores del NT transfieren el uso del término a Jesús (por ejemplo, 1 Cor. 12:3) sea una fuerte indicación de su cristología.

NON *Ver* Nun.

NOPH El nombre hebreo de Memfis, una importante ciudad egipcia (Is. 19:13; Jer. 2:16; 44:1; 46:14, 19; Ezeq. 30:13, 16). *Ver también* Memfis.

NORORIENTE *Ver* Euroclidón.

NORTE, PUERTA Una puerta del templo mencionada por Ezequiel en su visión de Jerusalén (Ezeq. 8:3, 14, 40:20, 23, 35, 44, 44:4; 46:9; 47:2). Es parte del atrio interno del recinto del templo. Esta puerta también se menciona en 1 Cr. 26:14 en la lista de porteros del templo.

NORTE *Ver* Direcciones.

NOVIA En los Testamentos de las Escrituras, el matrimonio se usa para ilustrar la relación entre Dios y su pueblo elegido. Isaías y Jeremías representan a Israel como la novia de Jehová, a veces para enfatizar su amor por ella, a veces para lamentar su infidelidad con Él. Isaías dice que Jehová estará complacido un día por Israel "como un novio que se regocija por su novia" (Isaías 62:5; cf. 61:10). Jeremías expresa la desilusión de Dios respecto a que su novia (Israel) ha perdido su primer amor por Él e incluso lo ha olvidado (Jeremías 2:2, 32). Oseas utiliza esta metáfora en reiteradas ocasiones para proclamar el amor eterno de Jehová por su esposa adúltera, es decir, el pueblo de Israel (Oseas 1-3).

En el Nuevo Testamento, la iglesia se convierte en la novia de Cristo, así como aparece tanto en las cartas de Pablo como en el libro de Apocalipsis (Apocalipsis 21:2, 9; 22:17). Pablo compara explícitamente a la iglesia con una novia en Efesios 5, donde el amor de Cristo por su iglesia establece un ejemplo para los esposos comunes: ellos deben amar a sus esposas así "como Cristo amó la iglesia", es decir, en sacrificio (v. 25). En Apocalipsis la iglesia se adorna a sí misma con actos de justicia por el bien de Cristo, su novio (19:6). Continuando con la lectura de Apocalipsis, la nueva Jerusalén en sí se convierte en la "novia" de Cristo, que es habitada por la gente salvada, o sea, la iglesia (21:9-10).

La metáfora de la "novia" se comunica poderosamente en estos contextos por los deberes que se presuponían en los antiguos matrimonios. Los esposos debían guiar, proteger y proveer para sus esposas y Dios hace esto de una manera perfecta para su pueblo. Él los guía sin peligro afuera de Egipto, a través del desierto y hacia la victoria en batalla. Ellos son bendecidos por su fidelidad y Dios se enfurece lentamente a pesar del adulterio que cometieron en su contra. Cuando su gente necesita a un salvador, Él provee al Mesías el novio, que por medio de él entrega perdurable perdón, paz y descanso. Por otro lado, la iglesia debe honrar a su Esposo Salvador, que encuentra en ella obediencia, que es la belleza más grandiosa.

NUBES

Nubes y teofanía. Baal el dios de la tormenta ocupaba un lugar central en la religión cananea y así también la nube, especialmente la nube de lluvia, que era considerada como una manifestación prominente de la presencia divina. En los textos de Ugarit, Baal es descrito como el "jinete en la nube".

En el Antiguo Testamento se representa al Dios de Israel en términos similares, o sea, montado en una nube (Jueces 5:4; Isaías 19:1; Salmos 18:11-12; 68:4; 104:3) y como el creador y remitente de nubes: "¡Pídanle al SEÑOR que llueva en primavera! ¡Él es quien hace los nubarrones y envía los aguaceros! ¡Él es quien da a todo hombre la hierba del campo!" (Zacarías 10:1 ESV [*ver también* 1 Reyes 18:44; Salmos 135:7; 147:8; Proverbios 8:28; Isaías 5:6; Jeremías 10:13]). El juicio divino es representado como una tormenta oscura (Isaías 30:30; Lamentaciones 2:1; Nahum 1:3; Zacarías 1:15). En su burla hacia el rey de Babilonia, Isaías le atribuye la intención arrogante de ascenso cuando menciona "la cresta de las más altas nubes", es decir, el lugar donde reside Dios (Isaías 14:14).

N

En diversos puntos cruciales Dios manifestó su presencia entre los israelitas en forma de una nube: en el desierto (el "pilar de nube" de Éxodo 13:21 y en otras partes), en el monte Sinaí (Éxodo 19:9; 24:15), en el tabernáculo (Éxodo 40:34), en el templo de Jerusalén (1 Reyes 8:10) y a menudo en las visiones de Ezequiel (por ejemplo, Ezequiel 1:4; 10:3).

En el Nuevo Testamento se sigue mencionando la imagen de la nube como una manifestación de la presencia divina en la historia de la transfiguración (Mateo 17:5; Marcos 9:7; Lucas 9:36) y también en las representaciones de Jesús como un jinete en las nueves en Mateo 26:64; Apocalipsis 14:14 (*ver* Daniel 7:13). Una nube ocultó a Jesús cuando él ascendió (Hechos 1:9), y los creyentes serán envueltos por las nubes cuando él regrese (1 Tesalonicenses 4:17; Apocalipsis 11:12).

Nubes en la naturaleza. En varios textos bíblicos se describen las nubes en la tierra de Israel, que provienen del oeste y del Mar Mediterráneo (1 Reyes 18:14; Lucas 12:54).

Las nubes permanecen en el punto más alto del cielo (Job 35:5; Jeremías 51:9). Las personas creían que estas liberaban su lluvia cuando estaban llenas (Eclesiastés 11:3). Las nubes se asociaban con los arcoíris (Génesis 9:13; Apocalipsis 10:1).

NUBES, PILAR DE *Ver* Columna de Fuego y Nube.

NUBIA El reino africano justo al sur de Egipto, junto al río Nilo sobre la cuarta catarata. Aunque se conoce como Cus en toda la Biblia hebraica, algunos historiadores se refieren a esta región como Nubia, y algunas versiones de la Biblia en español siguen a los historiadores y de vez en cuando usan el término "Nubia" para designar el reino de Cus. *Ver también* Cus, Cusitas.

NUCLEARES, ARMAS Aunque las armas nucleares nunca se mencionan como tal en la Biblia, la proliferación de tales armas después de la Segunda Guerra Mundial y especialmente durante la época de la Guerra Fría llevaron a algunos intérpretes bíblicos a especular que su uso está implícito en varios pasajes proféticos, como en Ezeq. 38-39; Mal. 4:1; Zac. 14:12; 2 Oed, 3:10; Ap. 8:7.

NUERA Esposa del hijo de alguien. Pares escriturales de suegro/a-nuera incluyen a Taré/Sarai (Génesis 11:31), Judá/Tamar (Génesis 38:11, 16, 24; 1 Crónicas 2:4), Noemí/Rut (Rut 1:6, 7, 8, 22; 2:20; 4:15), Noemí/Orfa (Ruth 1:6, 7, 8) y Elí/esposa de Finees (1 Sam. 4:19).

El AT es categórico al regular la conducta de los suegros hacia sus nueras, prohibiendo cualquier comportamiento sexual entre ellos (Levítico 18:15; 20:12; Ezequiel 22:11). El relato dramático de los esfuerzos hechos por Tamar, la nuera viuda de Judá, por concebir a través de su suegro, gira en torno a este punto, ya que él le había negado sus derechos de matrimonio levirato (Génesis 38:6-27).

Por lo demás, la expectativa bíblica es que una nuera tenga una relación filial cercana con sus suegros. Noemí se refiere a sus nueras como "mis hijas" (Rut 1:11,12, 13) y el juramento de Rut hacia ella es frecuentemente adoptado en ceremonias de matrimonio modernas (Rut 1:16-17). En su enojo contra Israel, Dios se refiere a las hijas y nueras similarmente (Oseas 4:13-14). De hecho, la rebelión de una nuera en contra de su suegra es considerada como una imagen de impiedad (Miqueas 7:6; Mateo 10:35; Lucas 12:53).

NUEVA JERUSALÉN Ezequiel y Apocalipsis visualizan una nueva Jerusalén y usan imágenes similares para describirla y para enfatizar la presencia de Dios en la ciudad (Ezeq. 48:30-35, Ap. 21:1-22:5). Según Apocalipsis, el trono de

Dios, el Cordero y el río de vida están presentes en la nueva Jerusalén, que desciende del cielo, está hecha de oro y cristal, está adornada con joyas y tiene la forma de un cubo. Solo aquellos con nombres en el libro de la vida del Cordero habitarán en la ciudad (Ap. 21:27). La ciudad representa un nuevo orden espiritual (Gál. 4:25-26, Heb. 12:22). *Ver también* Escatología; Jerusalén.

NUEVO "Nuevo" básicamente tiene tres sentidos en la Biblia: (1) el comienzo de un ciclo de tiempo como la luna nueva, el comienzo del mes; (2) fresco, prístino o sin uso; (3) anteriormente desconocido o que recientemente comenzó a existir. A menudo, los dos últimos sentidos se superponen y se vuelven difíciles de distinguir. En ciertos casos, se enfatiza el segundo sentido, y la edad real no es de primordial importancia: grano nuevo (Lev. 23:16), vino nuevo (Jos. 9:13), cuerdas nuevas (Jue. 15:13), carro nuevo (1 Sam. 6:7), manto nuevo (1 Re. 11:29), vasija nueva (2 Re. 2:20) y tumbra nueva (Mt. 27:60). El tercer sentido a menudo se asocia con el tiempo de la restauración final: Dios hará algo nuevo (Is. 43:19), hará un nuevo pacto (Jer. 31:31) y creará un cielo nuevo y una tierra nueva (Is. 65:17).

La Biblia otorga una alta prioridad a las nuevas obras que Dios realiza, ya que hay pocas esperanzas de que las personas sean capaces de hacer algo nuevo (*véase* Ecle. 1:9-10). Estas nuevas obras se contrastan con las antiguas. Hay continuidad entre ellas ya que lo primero establece una base para lo segundo, pero también hay discontinuidad ya que lo segundo supera a lo primero. Por lo tanto, Dios hará un nuevo (mejor) pacto (Jer. 31:31; Heb. 8:13), un corazón nuevo (mejor) (Ezeq. 36:26), una nueva (mejor) creación (2 Cor. 5:17), y un nuevo (mejor) cielo y tierra (Is. 65:17; Ap. 21:1).

NUEVO NACIMIENTO Una de las muchas imágenes de salvación que usa la Biblia es un nuevo nacimiento. Pedro alaba a Dios porque "nos ha hecho nacer de nuevo a una esperanza viva mediante la resurrección de Jesucristo de entre los muertos" (1 Pe.1:3). En su conversación con Nicodemo, Jesús declara: "El que no nace de nuevo no puede ver el reino de Dios" (Jn. 3:3). Continúa explicando que este acto de nuevo nacimiento es obra del Espíritu (Jn. 3:5-8). Estas cosas que Jesús dice, Dios las había prometido en el AT (Ezeq. 36:25-27). Pablo usa un lenguaje similar cuando afirma que Dios "nos dio vida con Cristo aun cuando estábamos muertos en pecados" (Ef. 2:5). Debido a nuestra rebelión pecaminosa contra Dios, la humanidad está espiritualmente muerta. Dios el Padre hace vivos a los que están espiritualmente muertos, por la obra del Espíritu mediante la resurrección de Jesús. Este nuevo nacimiento es el punto de partida para la transformación moral del creyente. *Ver también* Regeneración.

NUEVO PACTO *Ver* Pacto.

NUEVO TESTAMENTO La colección de veintisiete libros y cartas que, junto con el AT, constituyen la Biblia cristiana. El NT contiene relatos de la vida y el ministerio de Jesucristo, la historia de la expansión de la iglesia primitiva y cartas a individuos e iglesias cristianas. El nombre "Nuevo Testamento" se deriva del "nuevo pacto" entre Dios y la humanidad instituido por Jesucristo (Lc. 22:20) a través de su crucifixión expiatoria y confirmado a través de su posterior resurrección. En el año 397 d.C, los libros del NT fueron formalmente adoptados por el tercer Concilio de Cartago. Antes de su aprobación oficial, la lista canónica fue sugerida por Atanasio en su trigésimo novena carta pascual, fechada en el año 367 d.C, aunque estos mismos libros habían estado en circulación en la iglesia primitiva durante muchos años. *Ver también* Formación de la Biblia y Canon.

NÚMEROS, LIBRO DE Números toma su nombre a partir de dos capítulos fundamentales (1; 26), donde se lleva a cabo un censo, o para ser más precisos: un registro militar de los israelitas mientras viajaban por el desierto. Pero hay mucho más que decir de Números. Es la cuarta parte de las cinco partes de la Torá y, al igual que Éxodo y Levítico que van antes, presenta la ley en el contexto de una narración de los viajes en el desierto. Es en Números que leemos el relato de uno de los más devastadores de todos los eventos en la narrativa de viajes, el episodio de los espías enviados a la tierra prometida, pero esta historia es solo el ápice de un tema de queja que parece una reacción constante del pueblo de Israel en el período de desierto.

Autor y Fecha

Vea la discusión en el artículo sobre Génesis. El libro de Números es la cuarta parte del Pentateuco, por lo que los asuntos de autor y fecha son los mismos que los del Génesis (*ver* Génesis, Libro de; Pentateuco).

N

Género y Esquema

El libro de Números se compone de varios tipos diferentes de literatura. Tiene leyes, relatos históricos, oraciones, profecías, itinerarios en el desierto y más. En gran medida, sin embargo, el libro puede describirse, de manera similar a Éxodo y Levítico, como la ley inserta en una narrativa de historia teológica. La sección inicial, 1:1-10:11, se refiere al primer día del segundo mes de las andanzas por el desierto al vigésimo día del segundo mes del segundo año y se ambienta en el desierto de Sinaí. En ese momento y en ese lugar, Dios establece la comunidad para su larga travesía. No se dan fechas exactas para el material en 10:12-21:9, pero narra el viaje en algún momento de los cuarenta años que la gente pasó en el desierto. Luego, 21:10-36:13 presenta los cinco meses durante el cuadragésimo y el último año de las andanzas, habla de los preparativos finales para el traslado a la tierra prometida, y describe geográficamente el viaje de Cades a Moab. Sin embargo, el bosquejo del libro que lleva al lector al corazón de su mensaje teológico se basa en los dos registros militares que se encuentran en los capítulos 1 y 26.

I. El pecado y juicio de la primera generación (1:1-25:18)
II. La esperanza de la segunda generación (26:1-36:13)

Relieve de los mercenarios nubios (Deir el-Bahari, 1470 a.C).

Mensaje Teológico

El libro comienza con un registro militar de todos los hombres de Israel que tienen veinte años o más. También hay una descripción del campamento del desierto, cuya estructura se asemeja a la de un campo de guerra. El tabernáculo, el hogar simbólico de Dios en la tierra, se coloca en el medio del campamento, similar a la posición del líder de la guerra. El tabernáculo, la tienda de Dios, es rodeado de manera inmediata por sus tropas más leales, los levitas, y luego el resto del ejército, las otras tribus de Israel. Las palabras militaristas que Moisés pronuncia en las mañanas de la marcha cuando el arca del pacto toma la delantera, confirman que el vagar por el desierto se concibe como una larga marcha hacia la batalla (Nm. 10:35).

Aunque liderados por una columna de humo durante el día y una columna de fuego por la noche, los israelitas se rebelan continuamente y dudan del poder y la preocupación de su Dios. Por lo tanto, la primera parte del libro (capítulos 1-25) es una historia de pecado y juicio. La gente está constantemente protestando contra la provisión de Dios en el desierto (por ejemplo, capítulo 11).

Los líderes laicos y sacerdotales se rebelan contra Moisés, el líder designado por Dios (capítulos 12 y 16-17). El ápice de esta rebelión se encuentra en la historia de los espías en los capítulos 13-14. Aquí, doce espías, uno de cada tribu, son enviados a la tierra prometida antes que el resto de la gente. Cuando regresan, vienen con buenas y malas noticias. La buena noticia es que la tierra es hermosa y rica en recursos; la mala noticia es que está poblada por naciones "más fuertes que nosotros" (13:31). Las últimas noticias hacen que el pueblo entre en pánico, mostrando su duda de la capacidad de Dios para darles la tierra pese a ese obstáculo humano. Por esta rebelión, Dios los condena a cuarenta años en el desierto. De esa generación original, sólo a Josué y Caleb, los dos espías fieles, se les permitiría entrar en la tierra, porque incluso Moisés en una ocasión diferente ha demostrado su impaciencia con su amo divino (20:1-13).

Cuarenta años fueron suficientes para que la generación inicial muriera y la siguiente generación madurara. La historia de la segunda generación comienza con la entrega de su registro militar en el capítulo 26. A partir de este punto, comienzan los preparativos para la entrada a la tierra. Las batallas preliminares se encuentran con victorias, y se proclaman leyes que anticipan la entrada de los israelitas en una nueva situación. Con la esperanza, sin embargo, surgen preguntas. ¿Será esta nueva generación realmente más fiel que la anterior?

En Números, el lector nota la involucración constante de Dios con su pueblo pecador. Dios no los deja morir allí. De hecho, incluso después de la transgresión narrada en el episodio de espionaje, Dios permanece fiel y protege a su pueblo de las amenazas, incluida las del rey Balac de Moab, que contrata al profeta Balaam para maldecirlos (cap. 22-24).

Importancia que Perdura

El libro de Números continúa la narración de las andanzas por el desierto. A pesar de las demostraciones de poder y protección de Dios, la gente duda de su habilidad para mantenerlos a salvo, por lo que se quejan repetidamente e incluso se rebelan contra Él. Como resultado, Dios los castiga, condenando a esa generación (con la excepción de los fieles Josué y Caleb) a morir en el desierto y no entrar en la tierra prometida. El libro de Hebreos (3:1-4:13) les recuerda a los lectores cristianos estos eventos y hace una comparación entre ellos y la generación del desierto. Los cristianos, después de todo, son peregrinos en esta tierra y están viajando hacia la tierra prometida, en este caso el cielo. La lección del libro de Números es confiar en Dios y no quejarse y rebelarse como lo hicieron los israelitas. Este libro, entonces, es un estímulo para confiar en Dios en las luchas de la vida. Por el lado positivo, el libro de Números también narra el surgimiento de la generación más joven, la generación que, bajo el liderazgo de Josué, entraría a la tierra prometida.

NUNC DIMITTIS El título en latín dado al salmo de alabanza recitado por Simeón en Lc. 2:29-32. La frase proviene de la traducción Vulgata de 2:29 y significa, literalmente, "permite que... se vaya" (NVI: "ya puedes despedir"), que es la primera parte de la acción de gracias de Simeón al ver la "consolación de Israel" (2:25).

NUN Descendió de Efraín, Nun fue el padre de Josué, el sucesor de Moisés (Éx. 33:11; Neh. 8:17).

NUZI Un centro provincial y administrativo de la tierra conocida como Arraphe, de fines del segundo milenio a.C La población de Nuzi parece haber sido predominantemente hurrita. Fue gobernada por los mitanni durante al menos parte de su existencia. El sitio está ubicado a menos de quince millas de la actual Kirkuk en Iraq y es mejor conocido por las casi cuatro mil tabletas cuneiformes que se han desenterrado de allí.

Los textos descubiertos en Nuzi provienen de archivos administrativos y familiares, entre los más importantes se encuentra el de Apil-Sin (1767-1749 a.C). Están escritos en un dialecto acadio influenciado por los hurritas y transmiten una gran cantidad de información sobre la estructura social de Nuzi, especialmente sus componentes políticos, económicos, legales y militares. De ellos aprendemos que el rey de Arraphe era un vasallo de Mitanni, y que se encontraba en la cima de una escala social que incluía a la reina y las concubinas, terratenientes, hombres de negocios con obligaciones militares, ciudadanos particulares más ricos, funcionarios gubernamentales y un gran clase de amos y esclavos (incluidos prisioneros de guerra y ciudadanos particulares que se vieron obligados a venderse como esclavos debido a su pobreza; en ocasiones, estos "esclavos" parecen haber logrado acumular considerables fortunas personales a pesar de su posición). Las mujeres parecen haber tenido una posición social algo más alta en Nuzi que en otros lugares en el antiguo Cercano Oriente. Podían participar en transacciones inmobiliarias y a veces se les extendían protecciones significativas en los documentos legales. Otra información legal y económica importante proviene de la que se conoce como la tableta de adopción, tableta de arrendamiento y tableta de fraternidad. Estas tabletas crearon importantes ficciones legales con el objetivo de adquirir tierras por adopción, transacción o herencia entre ciudadanos que de otro modo no estarían relacionados. Junto con estos, también se han descubierto contratos matrimoniales, proporcionando información valiosa adicional sobre esas prácticas. Por ejemplo, los contratos matrimoniales indican que los matrimonios eran legalmente arreglados por padres o hermanos, se pagaban dotes a las novias y se pagaban precios de novia a las familias. Además, indican que a los maridos a veces se les prohibía tomar una segunda esposa, y que si se permitían esposas posteriores, los hijos de la novia original seguían siendo los herederos principales del marido.

Tabletas de Nuzi que enumera las raciones de cebada dadas a los hurritas y sus animales (1500-1400 a.C).

Inicialmente, el descubrimiento de estos textos generó un gran interés entre los eruditos bíblicos debido a las formas en que parecían confirmar una serie de diferentes prácticas atestiguadas en la Biblia hebrea durante el período patriarcal. Entre estos están la adopción de Eliezer de Damasco por Abraham cuando no tenía hijos (Gn. 15:2), la serie de negociaciones sobre el matrimonio entre Isaac y Rebeca (Gn. 24), y la práctica del matrimonio en levirato (libro de Rut).

La investigación más reciente, sin embargo, ha indicado que estas costumbres también se reflejan claramente en todo el antiguo Cercano Oriente durante el segundo y primer milenio a.C, a menudo con paralelismos más claros que los reflejados en Nuzi. Por lo tanto, la evidencia de Nuzi no ha demostrado ser un caso tan claro de influencia directa como algunos habían supuesto. Sin embargo, no es como si estos hallazgos posteriores hubieran negado los aparentes paralelos con Nuzi, y el mejor curso de acción por el momento es claramente una postura de confianza cautelosa en los datos como ampliamente sugestivos de fiabilidad histórica.

O

OBAL Uno de los hijos de Joctán, descendiente de Sem, hijo de Noé (Gn. 10:28). El nombre aparece como Ebal en 1 Cr. 1:22 (*ver* NIV mg).

OBED **(1)** El hijo de Booz y Rut (Rut 4:13-17), abuelo del rey David y ancestro de Jesucristo (Mt. 1:5, Lc. 3:32). **(2)** Hijo de Eflal y padre de Jehú, descendiente de Judá por medio de Fares (1 Cr. 2:37-38). **(3)** Uno de los valientes del rey David (1 Cr. 11:47). **(4)** Uno de los porteros coraitas del templo del rey Salomón (1 Cr. 26:7). **(5)** El padre de uno de los comandantes militares del sacerdote Joiada (2 Cr. 23:1).

OBED-EDOM **(1)** "Obed-edom geteo", en cuya casa dejó David el arca durante tres meses después de que la muerte de Uza causara que David temiera llevársela a Jerusalén. La bendición de la casa de Obed-edom llevó a David a reconsiderarlo (2 Sam. 6:10-12, 1 Cr. 13:13-14, 15:25). Algunos eruditos sugieren que él fue uno de los muchos filisteos al servicio de David (los geteos en 2 Sam. 15:18-19 ciertamente son extranjeros). Geteos es, sin embargo, un término para cualquiera de un pueblo llamado Gat, y la ciudad natal de Obed-edom puede no ser Gat de Filistea (por ejemplo, Gat-rimón [Jos. 21:24- 25]).

Ni 2 Sam. 6 ni 1 Cr. 13 menciona algo que indicara que él era un levita, pero se le asigna un pedigrí levítico en otro lugar y designa portero/guardia (1 Cr. 15:18, 24; 16:38; 26:15) o cantante/arpista (1 Cr. 15:21; 16:5). Bajo la división levítica de los porteros, Obed-Edom aparece como teniendo ocho hijos, "porque Dios había bendecido a Obed-edom" (1 Cr. 26:4-5), con la bendición divina manifestada en numerosos descendientes. Esta es una clara alusión a la bendición de Dios de la casa de Obed-edom por ser un hogar temporal del arca (1 Cr. 13:14). **(2)** El oficial a cargo de los utensilios del templo en el reinado de Amasías (2 Cr. 25:24).

OBEDIENCIA Un concepto central en ambos Testamentos para comprender la forma en que la gente de Dios responderá a él. Dios desea la obediencia de su pueblo, en contraste con la simple palabrería (Is. 29:13; Mt. 15:8; Mr. 7:6) o la conformidad con los rituales religiosos (Oseas 6:6; Miq. 6:6-8) Cuando Saúl desobedeció a Dios al sacrificar parte del botín de su victoria contra los amalecitas, Samuel el profeta respondió: "Obedecer es mejor que los sacrificios y el prestar atención que el sebo de carneros" (1 Sam. 15:22).

En el AT, la obediencia a menudo se expresa en términos de guardar (Heb. shamar [por ejemplo, Éx. 34:11]) o hacer (Heb. 'asah [por ejemplo, Lev. 18:4]) los mandamientos de Dios; otras veces, la obediencia se expresa como escuchar (Heb. shama') la voz de Dios (Éx. 19:5 RVA, LBLA), así como un estudiante es obediente al escuchar la voz de un maestro (Prov. 5:13 RVA, LBLA). Cuando Dios estableció el pacto de Moisés con los israelitas, ordenó que obedecieran las leyes establecidas en el pacto. Si obedecían fielmente sus leyes, Dios los bendeciría (Dt. 28:1-13); si ellos no eran fieles, los maldeciría (Dt. 28:15-68). La historia subsiguiente de Israel narra tristemente la desobediencia del pueblo elegido de Dios y la resultante destrucción por la que pasaron (2 Re. 18: 9-12, 2 Cr. 36:11-21), a pesar de que Dios advirtió repetidamente al pueblo por medio de sus profetas que esta destrucción vendría si no se apartaban de su maldad (por ejemplo, Is. 1:19-20, Jer. 11:1-8).

En el NT, el enfoque cambia de la obediencia de la ley de Moisés a la obediencia a Jesucristo. La Gran Comisión contiene las instrucciones de Jesús para sus propios discípulos de hacer discípulos, enseñándoles a "obedecer" (Gr. Tēreō) lo que Cristo había ordenado (Mt. 28:19-20). El amor de los discípulos de Jesús hacia Él los llevaría a obedecer sus mandamientos (Jn. 14:15, 21-24, 1 Jn. 5:3, 2 Jn. 6), y la obediencia de los discípulos, a su vez, los haría permanecer en el amor de Jesús (Jn. 15:10). Pablo instruye a los niños a obedecer a sus padres y a siervos a "obedecer" a (Gk. Hypakouō) sus amos en obediencia a Cristo (Ef. 6:1, 5-6; Col. 3:20, 22).

El NT también trata la obediencia perfecta de Cristo a Dios el Padre como una cualidad que se debiera imitar (Fil. 2:5-13) y como el fundamento para la salvación (Rom. 5:19). Ya que son sólo "los que obedecen a la ley los que serán declarados justos" (Rom. 2:13), y todos han pecado (Rom. 3:23), "Al que no conoció pecado, hizo pecado por nosotros, para que nosotros fuésemos hechos justicia de Dios en él." (2 Cor. 5:21).

OBELISCO Una piedra sagrada o vertical, también llamada "columna" (Heb. Matsebah). Estos objetos a menudo están asociados con prácticas de culto y ceremonias para hacer pactos. Jacob erigió un pilar en conmemoración del sitio donde Dios se le apareció en una teofanía (Gn. 28:18-22; 35:14). Cuando Jacob y Labán hicieron un pacto, el pilar actuó como testigo entre ellos (Gn. 31:45-52). Del mismo modo, cuando Moisés descendió de la montaña después de la teofanía en el Sinaí, erigió doce columnas junto con un altar (Éx. 24:4-8). Esto es consistente con la imagen arqueológica del período de la Edad del Hierro II (1000-586 a.C) en Arad, donde se encontró un pequeño templo con dos pilares y altares de incienso.

Estos también fueron objetos condenados por la religión israelita, asociados con postes de Aserá, imágenes y altares (Éx. 34:13, Lev. 26:1, Dt. 7:5, 12:3, 16:22). El levantamiento de estos por reyes posteriores también se cita como causa del exilio, probablemente porque algunos comenzaron a adorarlos (2 Re. 17:10).

OBESIDAD Los israelitas antiguos promedio no eran obesos, debido a su dieta diaria y trabajo duro. La obesidad, sin embargo, no se consideraba una condición de salud. Era un símbolo de estatus, un signo de opulencia y nobleza. Por lo tanto, en la Biblia también fue un símbolo de la bendición de Dios para su pueblo. La figura de la gordura en Is. 10:27, por ejemplo, no implica la autosuficiencia de los israelitas, sino que recuerda cuán bien Dios los ha alimentado (*ver* Is. 5:27). Pero la acumulación de grasa puede llevar a un espíritu rebelde. El pueblo de Israel "engordó" y "abandonó al Dios que le hizo" (Dt. 32:15; cf. Job 15:27; Jer. 5:28; Sal. 73:7; 119:70). La caracterización del rey moabita Eglón como un hombre gordo presagia su asesinato en la narración (Jue. 3:12-30). El símbolo de su riqueza y poder lo hizo vulnerable al ataque sorpresa de un asesino zurdo.

OBIL Un ismaelita a cargo de los camellos de David (1 Cr. 27:30).

OBISPO Traducción muy antigua de la palabra griega episkopos, que en la NIV se traduce como capataz. La palabra aparece cinco veces en el Nuevo Testamento (Hechos 20:28; Filipenses 1:1; 1 Timoteo 3:2; Tito 1:7; 1 Pedro 2:25).

La palabra episkopos fue usada en el mundo greco-romano para describir a una amplia variedad de oficiales financieros, políticos y religiosos. La LXX utiliza la palabra para describir a las autoridades sacerdotales (2 Reyes 11:18), los inspectores de templo (2 Reyes 12:11) y a los oficiales militares (Números 31:14; 2 Reyes 11:15), entre otros roles. En los Manuscritos del Mar Muerto se evidencia a un oficial (en hebreo mebaqqer) similar a un capataz en el Nuevo Testamento. Casi cualquiera que tuviera deberes de mando y de vigilancia podía ser llamado capataz en las antiguas escrituras greco-romanas y en las judías precristianas.

Los capataces aparecen por primera vez en el Nuevo Testamento en Hechos 20:28. El contexto de este versículo trata sobre el discurso de despedida de Pablo a los ancianos de la iglesia efesia, encargándoles que vigilen cuidadosamente el bienestar de la iglesia. Una comparación de Hechos 20:17 y 20:28 muestra que la palabra "anciano" (presbyteros) y "capataz" (episkopos) son términos básicamente intercambiables (las dos están explícitamente equiparadas en Tito 1:5-7). El capataz en Hechos 20:28 está específicamente armado con el Espíritu Santo para gobernar (pastor), que es el mismo trabajo que tienen los ancianos (por ejemplo, Hechos 14:23; 15; 16:4; 1 Tesalonicenses 5:12-13; 1 Timoteo 5:17; Tito 1:5-9; 1 Pedro 5:5). Esta función de pastor tiene que ver principalmente con la protección de la iglesia de los falsos maestros que Pablo conocía y que van a entrometerse para distorsionar la verdad de la palabra de Dios una vez que él se haya ido (Hechos 20:29-31). Aunque los capataces no se mencionan específicamente en Efesios 4:11, la idea de pastorear el rebaño de Dios es uno de los regalos que Jesucristo le dio a la iglesia para su edificación.

En Filipenses 1:1 Pablo se dirige a la iglesia de Filipos y hace una distinción entre el cuerpo total de los santos y los roles del capataz y del diácono.

En 1 Timoteo 3:2 y en Tito 1:7 se encuentra la mayor información sobre los roles de los capataces, mientras que en 1 Timoteo 3:1 se describe el oficio de la vigilancia. El trabajo del capataz es definido más bien en términos de las virtudes en vez de los deberes específicos (1 Timoteo 3:2-7; Tito 1:7-9). En este aspecto, las cualificaciones para los capataces son bastante similares a las listas estándares de virtudes que aparecen en la literatura greco-romana contemporánea. El capataz debe tener un carácter moral espectacular, autocontrol en todas las áreas de la vida, ser un cristiano experimentado y un buen líder en su propio hogar. No obstante, dos deberes cristianos específicos se destacan en las listas bíblicas: enseñar y refutar el error (1 Timoteo 3:2; Tito 1:9). Estas dos habilidades son especialmente importantes en las Epístolas Pastorales porque la falsa enseñanza es una amenaza particularmente persistente para las iglesias. Los capataces también deben disciplinar a los miembros descarriados de la iglesia (1 Timoteo 5:20; 2 Timoteo 3:16; 4:2). Aunque es complicado suscitar distinciones difíciles y rápidas entre las diversas enseñanzas y los roles de autoridad que se mencionan en el Nuevo Testamento, un capataz está llamado principalmente a vigilar, proteger y enseñarle a la iglesia con capacidad oficial.

Finalmente, en 1 Pedro 2:25 Jesucristo es nombrado el "Pastor y Guardián" de todos los cristianos. Jesús es el paradigma por el cuidado amoroso y la protección de la iglesia que todos los subpastores (capataces/obispos) están llamados a emular.

Existe evidencia de que en la iglesia temprana algunos (como Clemente de Roma) veían a un capataz de igual manera que a un anciano. A principios del siglo II, otros (como Ignacio) argumentaban que los capataces eran las figuras principales en una jerarquía detallada de la iglesia, como también eran sucesores directos de los apóstoles.

OBJETO OBSCENO Una traducción contemporánea específica (MSG) de dos términos hebreos (tame' y sheqets) que de otro modo se traduciría en "cosa abominable" o algo similar (p. Ej., tame' en Lev. 7:21 [NVI: "algo detestable"]; sheqets en Isa. 66:17). En este caso, se refiere a criaturas sucias o que no son kosher, que nadan, vuelan o pululan de acuerdo con las descripciones en Lev. 11:10-23. En términos más generales, los objetos obscenos pueden entenderse como cosas abominables ante Dios, incluidos los ídolos en general (Dt. 29:17; 32:16; 2 Re. 23:13, 24; Esd. 9:1; Is. 57:8, 10; Jer. 7:30; 16:18; 32:34; Dan. 11:31; 12:11); postes de Aserá (1 Re. 15:13; 2 Re. 23:6; 2 Cr. 15:16) y las columnas de Baal (2 Re. 3:2).

OBJETOR CONCIENZUDO Persona exenta del servicio y entrenamiento militar en base a convicciones religiosas profundamente arraigadas que están en contra de la participación en guerras.

El llamado de Jesús a "no resistir al que es malo" y a "presentarle la otra mejilla" (Mateo 5:39; Lucas 6:29-36) establece el caso más claro de objeción concienzuda para los cristianos. Jesús también bendijo a los pacificadores

(Mateo 5:9), ordenó amar al enemigo y al prójimo (Mateo 5:44; 22:39; Marcos 12:31) y se rehusó a construir su reino por la fuerza (Juan 6:15; 18:36). Más allá de la violencia, la guerra puede violar la consciencia del cristiano porque a menudo requiere de la decepción y cultiva el miedo, odio, avaricia y orgullo, ya sea por razones de carácter individual, nacional, ético o de otro tipo.

Por el contrario, los cristianos están obligados a obedecer a las autoridades civiles (Romanos 13:1-6; Tito 3:1; 1 Pedro 2:13-14), cuyo cargo en las Escrituras se reserva para los que tienen derecho a blandir la espada (Romanos 13:4). Algunos argumentan que estos versículos permiten u obligan a los creyentes a luchar cuando son llamados a cumplir el deber. Además, este mundo pecaminoso puede que necesite del amor al prójimo al momento de recurrir a la violencia para protegerlos. Si los cristianos disfrutan de las libertades y del bienestar que los militares defienden, ¿acaso ellos no deberían también contribuir por medio del combate en el caso que la guerra sea justa?

Sin embargo, si Jesús condena la violencia, el objetor concienzudo puede acudir a la afirmación de Pablo: "Es necesario obedecer a Dios antes que a los hombres" (Hechos 5:29; cf. 4:19). Existen muchas formas de resistencia sin violencia, por lo que los objetores concienzudos puede que aún quieran defender su país por medio del servicio militar o en otras partes a través de roles en los que no combatan.

OBLACIÓN La "oblación" de la traducción RVA (que significa "ofrenda") es engañosa para un lector moderno. La ofrenda de la que se habla se prepara con harina, aceite de oliva e incienso. Las traducciones modernas lo traducen a "ofrenda de cereal". Las instrucciones estrictas se encuentran en Lev. 2; 6:15-23.

OBLACIÓN Una traducción de la RVA (aproximadamente treinta veces) de la palabra hebrea qorban, un término muy general y algo vago para decir "ofrenda" (que es otra traducción que la RVA usa para qorban). En algunos casos, la RVA usa el término "oblación" para traducir otra palabra hebrea que generalmente se traduce en otras versiones como una "ofrenda de grano" (minkhah).

OBOT Un sitio en el viaje de los israelitas hacia Canaán, una de sus últimas paradas antes de llegar al Valle de Zered en la frontera con Moab. Situada entre Punon e Ije-abarim en Transjordania (Nm. 21:10-11; 33:43-44), su ubicación se ha perdido.

OBSERVADORES DE ESTRELLAS *Véase* Astrólogo.

OBSTINADO Este término se usa dos veces en KJV, ambas denotando un sentido en que los individuos están llenos de su ganancia personal o importancia (Tit. 1:7; 2 Pe. 2:10; cf. Gn. 49:6). La NIV traduce la palabra griega (authadēs) de manera diferente en cada aparición (dominante y arrogante). Lo más relevante, un supervisor no debe tener esta característica personal (Tit. 1:7), pero es una característica personal de falsos maestros (2 Pe. 2:10).

OCIOSO Una descripción de una forma de vivir considerada inapropiada para las personas de Dios. Aparece seis veces en el AT y seis veces en el NT, este adjetivo por lo general se usa en conexión con el habla. En Is. 58:13 "palabras ociosas" involucra vivir para agradarse a uno mismo en vez de a Dios. En el libro de Job, Zofar acusa a Job de "habla ociosa" cuando considera que Job se está burlando de Dios (Job. 11:3). En Dt. 32:47 Moisés le asegura a Israel que las palabras que les ha declarado no son palabras ociosas, sino que son su vida. Pablo denuncia el discurso ocioso, incluyendo el chisme (1 Tim. 5:13) y los testimonios espirituales que glorifican al hablante en vez de a Dios (Col. 2:18). La palabra también se usa en las Escrituras para denunciar la haraganería y fracasar en trabajar para proveer por las necesidades físicas de uno (Prov. 31:27; Ecl. 10:18; 11:6; 1 Tes. 5:14; 2 Tes. 3:6-13).

OCOZÍAS **(1)** Ocozías se convirtió en el octavo rey del reino del norte de Israel después de que su padre, Ajab, muriera en la batalla (1 Re. 22:40). Reinó solo dos años (852-851 a.C.) e "hizo lo malo ante los ojos de Jehová", sirviendo y adorando a Baal (22: 51-53). Ocozías murió después de una caída a través de la ventana del piso superior, pero no antes de ser reprendido por el profeta Elías por haber consultado a Baal-zebub, el dios de Ecrón, sobre la recuperación de su herida (2 Re. 1: 2-17). Debido a que no tenía heredero, su hermano Joram heredó el trono (1:17).

(2) Ocozías, hijo de Joram, se convirtió en el sexto rey de Judá alrededor del 843 a.C. Durante su reinado de un año recibió el consejo impío de su madre, Atalía. Él fue un rey que "hizo lo malo ante los ojos de Jehová" (2 Re. 8:27). Se convirtió en un aliado del rey Joram de Israel contra el rey Hazael de Aram, pero ambos fueron asesinados en la revuelta de Jehú (8:28-29; 9:16-29).

OCRÁN El padre de Pagiel, que fue el jefe tribal de Aser durante las andanzas por el desierto (Nm. 1:13, 2:27, 7:72, 77, 10:26). *Ver también* Pagiel.

ODED **(1)** El padre del profeta Azarías, que ministraba al rey Asa de Judá (2 Cr. 15:1). Oded se identifica como el profeta en el texto hebreo de 2 Cr. 15:8, que aparentemente omitió el nombre de Azarías, pero se reinserta en algunas traducciones. **(2)** Un profeta en el tiempo del rey Peka de Israel y el rey Acaz de Judá ayudó a persuadir al ejército de Israel para que devolviera a los prisioneros y el botín que se tomó de Judá (2 Cr. 28:9-15).

ODIO Un sentimiento de animosidad, una disposición hacia la hostilidad, rechazo o favoritismo negativo.

El odio es tan antiguo como el conflicto entre Caín y Abel o como la rebelión de Satanás. Muchas historias involucran odio y animosidad entre personas (e.g., Gn. 37:4; 2 Sm. 13:22). Además de los humanos odiarse unos a otros, las personas odian a Dios y lo que es moralmente recto (Éx. 20:5; Dt. 5:9; 7:10; 32:41; Sal. 68:1; 81:15; 120:6). Sin embargo, es correcto odiar el pecado (Sal. 97:10; 101:3; Prov. 8:13), como hace Dios (Sal. 5:6; Prov. 6:16-19; Is. 61:8; Ap. 2:6) aunque no recibe placer en la muerte de los malvados (Ez. 18:23; 33:11). Los dos grandes mandamientos se oponen a la tendencia del odio llamándonos a amar a Dios completamente y amar a nuestro prójimo como a nosotros mismos (Lv. 19:18; Dt. 6:5; 10:12; Mt. 22:37; Mc. 12:33; Lc. 10:27). Lo contrario también se ordena: no deberíamos odiar a nuestro prójimo (Lv. 19:17) ni siquiera odiar a nuestro enemigo, sino más bien hacer el bien y orar por nuestros enemigos (Éx.23:4-5; Prov. 25:21; Mt. 5:44; Lc. 6:27; cf. Dt. 10:19). Las acciones odiosas no son necesariamente motivadas por sentimientos de odio, como un padre que no le da el necesario castigo a su hijo se dice que lo trata con odio (Prov. 13:24).

Respecto de un crimen de odio, el tema principal es la intención, esto es, si un accidente hubiese ocurrido o si un asesinato era cometido a propósito, "con malicia premeditada" (Nm. 35:20). El odio era un criterio de intencionalidad y debía establecerse por múltiples testigos por ambas partes involucradas. Tener odio no obtenía mayor castigo o lo hacía un peor crimen; el odio significaba que era un crimen porque era intencional (Dt. 4:42; 19:4, 6, 11; Js. 20:5).

Respecto al matrimonio, en un matrimonio polígamo había peligro de un tratamiento preferencial: una esposa amada y una odiada. La ley prohíbe reducir el cuidado de una esposa en favor de la otra (Éx. 21:10) y protege los derechos del primogénito incluso si nace de la esposa odiada (Dt. 21:15-17). El odio puede expresarse por cualquiera de las dos partes restringiendo las relaciones conyugales. Esto probablemente está detrás de la descripción en Gn. 29:31 del odio de Jacob por Lea (a veces traducida como "desamor").

El rechazo, el favoritismo o preferencia pueden llamarse "odio", como en el caso de la esposa no preferida en un matrimonio polígamo, en la no elección de Esaú para continuar la línea de la alianza (Mal. 1:2-3; Rom. 9:13) o en no tener más amor por Cristo que por cualquier otra cosa (Mt. 6:24; Lc. 14:26; Jn. 12:25).

OESTE *Véase* Direcciones.

OFEL Todo o parte de la Ciudad de David al sur de la ubicación del templo. En hebreo, este nombre siempre aparece con el artículo definido ("el Ofel"), generalmente junto a un muro fortificado. Jotam construyó el muro de Ofel (2 Cr.

27:3). Cuando Manasés reconstruyó el muro exterior de la ciudad de David, al oeste de la fuente de Gihón, rodeó el Ofel (2 Cr. 33:14). Los siervos del templo que vivían en Ofel (Neh. 3:26; 11:21) repararon la pared opuesta a la Puerta de Agua al este y la torre sobresaliente, y los hombres de Tecoa trabajaron desde la torre sobresaliente hasta la muro de Ofel (Neh. 3:27).

En el siglo I d.C, "el Ofel" hacía referencia a un lugar cerca del templo (Josefo, Guerras. 5.145). En el lenguaje contemporáneo, Ofel es sinónimo de toda la Ciudad de David, el espolón que limita al este con el Valle de Cedrón, al norte con el Monte del Templo y al oeste con el Valle Central o Tiropeón. Llega a un punto en el sur donde se encuentran los valles Cedrón e Hinom.

O

OFENSA Ya sea un pecado o una fechoría (a menudo en la NVI) o una causa de tropiezo (generalmente en otras versiones). En la primera categoría, a veces "ofensa" y "pecado" traducen palabras hebreas similares (Job 10:14; 13:23; Sal. 59:3). Aquellos que violan la ley cometen una ofensa (Dt. 19:15; 21:22; Hec. 25:8), pero el término puede tener un sentido más relacional (1 Sam. 25:28; Prov. 17:9; 19:11). En la segunda categoría están aquellas ofensas que "hacen tropezar a la gente" al ofenderlos; tales ofensas a menudo no son intrínsecamente incorrectas. Por lo tanto, Jesús y su enseñanza fueron una ofensa (por ejemplo, Mt. 13:57, 1 Pe. 2:8), y los cristianos pueden ofender a los hermanos y hermanas más débiles participando en actividades que están permitidas dentro de la libertad cristiana (Rom. 14:20; 1 Cor. 10:32).

OFICIOS Y PROFESIONES Un oficio o profesión es el trabajo o negocio habitual que una persona desempeña para ganarse la vida. En tiempos bíblicos, la posición familiar o social determinaba con frecuencia el oficio. Esto era particularmente cierto para los oficios vinculados a la tierra, como la siembra de cultivos y la crianza de animales, ya que la tierra en el antiguo Israel se traspasaba dentro de la tribu, normalmente de padres a hijos (Jos. 14:9, Ezeq. 46:18). Algunas veces las hijas también recibían una parte de la herencia familiar (Jos. 17:6). La mayoría de las personas ganaban su sustento gracias a la tierra de su familia, y los que no tenían tierra eran contratados para trabajar por un salario (Dt. 24:14). Un hijo normalmente aprendía su oficio de su padre (Gn. 47:3, 2 Re. 4:18, Mt. 4:21) y continuaba en ese oficio a menos que lo llamaran al servicio de Dios (1 Re. 19:19-21; Jer. 1:5; Mt. 4:22).

Cicerón, quien escribía aproximadamente en los tiempos del NT, consideraba que los oficios tales como el de los recaudadores de impuestos, los obreros y los pescadores eran vulgares. Por el contrario, profesiones tales como maestro, médico y comerciante al por mayor eran más honorables, mientras que el propietario de la tierra ejercía la profesión más respetable y rentable (Of. 1.42)

Agricultura y Cultivo

La agricultura es el oficio más antiguo registrado en la Biblia, cuando el primer hombre fue llamado a trabajar y mantener el jardín (Gn. 2:15). Incluso después del exilio del Edén a causa del pecado, Adán trabajó la tierra para comer, al igual que Caín, su primogénito (Gn. 3:17-18; 4:2). Los primeros capítulos de la Biblia establecen un vínculo fundamental entre el "hombre" ('adam) y el "suelo" ('adamah). Después del diluvio, Noé se estableció como un "labrador de la tierra" ('ish ha'adamah) plantando una viña (Gn. 9:20). El rey Uzías "amaba la tierra" ('oheb 'adamah), por lo que empleó a gente para trabajar en sus campos y viñedos (2 Cr. 26:10).

Dios demostró su compromiso de pacto con Isaac al bendecirlo con una cosecha increíble (Gn. 26:12), y prometió prosperar los cultivos de Israel si la gente le obedecía (Dt. 28:4), y maldecir el fruto de su tierra si desobedecían (Dt. 28:18). El ideal del AT era que todos vivieran "bajo su propia parra y su propia higuera" (1 Re. 4:25; Miq. 4:4). De acuerdo con Prov. 28:19, el que labra su tierra diligentemente tendría abundante comida.

Las parábolas de Jesús frecuentemente empleaban imágenes agrícolas que hubieran sido fácilmente comprensibles en la Palestina del primer siglo, donde muchas personas eran agricultores (*ver* Mr. 4:1-9; 12:1-11) y algunos eran dueños de tierras (Hec. 4:34). Las personas que vivían alrededor de Jerusalén en ese momento se dedicaban a la agricultura, el cultivo del suelo y la cría de ganado (Let. Aris. 107-112).

Pastoreo y Caza

El pastoreo de animales es el segundo oficio más antiguo registrado en las Escrituras (después de la agricultura), y la cría de rebaños y ganado continuó siendo una de las profesiones más comunes e importantes a lo largo de los tiempos bíblicos. Abel es el primer "pastor de ovejas" en la Biblia (Gn. 4:2 LBLA). Varias generaciones más tarde, Jabal fue pionero en el estilo de vida de pastoreo nómada (Gn. 4:20). Los patriarcas eran pastores (Gn. 47:3), al igual que Moisés (Éx. 3:1), David (1 Sam. 17:34) y muchos otros en el AT. Josefo confirmó que "alimentar ovejas era el empleo de nuestros antepasados de las épocas más antiguas" (Ag. Ap. 1.91). Mientras que los hombres solían trabajar como pastores y pastores, el oficio también podía extenderse a las mujeres, como Raquel, cuyos padres eran dueños de ovejas (Gn. 29:9). Los pastores estuvieron presentes en el nacimiento de Jesús (Lc. 2:8-20), y la enseñanza de Jesús sugiere que el pastoreo era un oficio común en Palestina (*ver* Mt. 18:12; Jn. 10:1-30).

Muchas personas en tiempos bíblicos cazaban, ya sea para comer, como deporte o por protección. El primer cazador registrado es Nimrod, "un poderoso cazador delante del Señor" (Gn. 10:9). Ismael era "un experto arquero" (Gn. 21:20 NVI), mientras que Esaú era "diestro cazador, hombre del campo" que llevaba de vuelta caza salvaje para la comida (25:27-28). El nombre de Poqueret-hazebaim, incluido en la genealogía de los siervos de Salomón en Esd. 2:57, refleja que su oficio era el de un "cazador de gacelas" (*véase* 1 Re. 4:23).

Constructores y Artesanos

Caín fue la primera persona en la Biblia en construir una ciudad (Gn. 4:17), y su descendiente Tubal-Caín fue el primer metalurgista (4:22). Nimrod construyó varias ciudades (10:11-12), y el comienzo del reino de Nimrod fue Babel (10:10), donde la gente se reunía para construir una ciudad con ladrillos (11:3). Los constructores en Mesopotamia usaban ladrillos cocidos y asfalto, mientras que los constructores israelitas generalmente preferían la piedra y el mortero, que eran más fáciles de encontrar. Después de la muerte de José, Israel fue reclutado para trabajos forzosos en Egipto, lo que implicaba construir ciudades de ladrillo y mortero (Éx. 1:11).

El papel de los artesanos en la construcción del tabernáculo fue particularmente significativo. Bezalel y Aholiab fueron "hábiles artesanos en toda clase de labores y diseños" facultados por Dios para trabajar en el tabernáculo (Éx. 35:35). Se dedicaron a "toda clase de artesanías", incluidos el trabajo artístico del metal, la albañilería, la carpintería y el tejido (Éx. 31:4-5; 38:23).

Los reyes en Israel a menudo encargaban importantes proyectos de construcción (1 Re. 12:25; 15:22; 16:24; 2 Cr. 26: 9; Josefo, Guerra 1.401-2). Trabajaron en el palacio de David carpinteros y canteros (2 Sam. 5:11). Salomón reclutó a los obreros para construir el templo y también empleó a cargadores, canteros, artesanos y capataces para supervisar el trabajo (1 Re. 5:13-18). Después del exilio en Babilonia, muchos israelitas participaron en la reconstrucción del templo y del muro de Jerusalén, que había sido destruido (Esd. 3:8; Neh. 4:16-18). Estos proyectos, dirigidos por Zorobabel y Nehemías, emplearon a albañiles, carpinteros y otros trabajadores (Esd. 3:7).

A Jesús se le conoce como un tektōn (Mr. 6:3) y como el hijo de un tektōn (Mt. 13:55), tektōn es usualmente traducido como "carpintero" por versiones en español. Sin embargo, estudios recientes han demostrado que Jesús probablemente fue un constructor, no un carpintero en el sentido moderno del término. En la Septuaginta, la palabra tektōn típicamente traduce una palabra hebrea, kharash, usada ampliamente para referirse a los artesanos que trabajan con piedra, madera o metal.

Músicos

El primer músico registrado en las Escrituras es Jubal, "padre de todos los que tocan la lira y la flauta" (Gn. 4:21). Los músicos desempeñaban una variedad de roles en la antigua sociedad, como lo hacen hoy en día. Cantantes e instrumentistas eran empleados para celebrar ocasiones festivas, a menudo para proporcionar acompañamiento para bailar (Gn. 31:27, Lc. 15:25), para aliviar a los enfermos o angustiados (1 Sam. 16:16), y para expresar lamentación (Job 30:31).

Los músicos desempeñaron un papel importante en la dirección del pueblo de Dios en la adoración. El "director de música" se menciona en los títulos de cincuenta y cinco salmos y Hab. 3:19. El músico más famoso en las Escrituras es David, "salmista de Israel" (2 Sam. 23:1 Guerras), que tocaba el arpa (1 Sam. 16:18) y escribió o inspiró al menos setenta y tres salmos canónicos. Salomón también fue un notable compositor y amante de la música (1 Re. 4:32). David designó a muchos levitas como cantantes y músicos para dirigir a Israel en adoración (1 Cr. 15:16; 23:5). Los músicos tocaban liras, arpas, címbalos y trompetas (2 Cr. 5:12).

Gobierno, Política, y Ejército

Previo a la monarquía, no había funciones gubernamentales formales. Bajo Moisés, un grupo de setenta ancianos en Israel sirvieron como líderes y oficiales, y estos hombres debían llevar a cabo los decretos de Moisés y juzgar a la gente en la mayoría de los asuntos (Éx. 18:20-22; Nm. 11:16). Después de la muerte de Josué, Dios levantó a jueces para rescatar a Israel de enemigos extranjeros y liderar el pueblo (Jue. 2:16) hasta el tiempo de Samuel, cuando Saúl fue hecho rey (1 Sam. 11:15).

Los reyes en Israel empleaban a varios oficiales. En 2 Sam. 8:16-18, Joab aparece primero entre los oficiales de David, lo que sugiere que el jefe del ejército era el segundo en autoridad después del rey. Bajo Salomón, el líder del ejército es llamado "comandante en jefe" (1 Re. 4:4). El gabinete real incluía varios asesores clave, entre ellos el cronista, el secretario y el "confidente" del rey (*véase* 2 Sam. 16:16). El AT no especifica las funciones precisas de estos funcionarios. El cronista estaba entre los puestos gubernamentales más altos y actuaba como un consejero real. En hebreo, mazkir ("cronista") es un sustantivo cognado del verbo zkr ("recordar"), lo que sugiere que este funcionario podría haber manejado y preservado registros públicos (2 Re. 18:18; Is. 36:22). La principal tarea del secretario o escriba del rey (soper) era escribir (sapar) los documentos oficiales del estado (2 Sam. 8:17), y él aconsejaba al rey y también proporcionaba supervisión financiera (2 Re. 12:10). Los cronistas y secretarios eran aparentemente educados y multilingües, como lo era el administrador del palacio (2 Re. 18:18, 26). Los oficiales de Salomón incluían a los inspectores del palacio y del trabajo forzado, así como a los gobernadores que abastecían la casa del rey (1 Re. 4:6-7). El AT menciona a los coperos en el gobierno de Israel y en otras administraciones (Gn. 40:1, 1 Re. 10:5, Neh. 1:11). El copero servía como catador de vino de la realeza; él protegía al rey de ser envenenado y tenía acceso directo al monarca.

En el Imperio Romano, el emperador era el gobernante absoluto (1 Pe. 2:17), y el senado era el que le seguía en autoridad. Los procónsules tenían autoridad judicial y militar sobre provincias más grandes (Hec. 18:12), los prefectos (gobernadores) administraban provincias más pequeñas (Mt. 27:2), con tetrarcas sobre un cuarto de provincia (Lc. 3:1). Los cristianos en los tiempos del NT participan en el servicio civil. Erasto era el tesorero en Corinto (Rom. 16:23), y puede ser el mismo Erasto conmemorado en una inscripción de este período que ocupó el cargo de edil. El procónsul Sergio Paulo (Hec. 13:7); Manaén, un amigo cercano de Herodes Antipas (Hec. 13:1); y los miembros de la casa de César (Fil. 4:22) también eran líderes públicos cristianos.

Comercio y Economía

Desde los primeros tiempos, las personas han intercambiado bienes y propiedades. Cuando Abraham compró el campo de Efrón, su plata se midió en "moneda corriente entre los comerciantes" (Gn. 23:16), lo que sugiere que existía un sistema reconocido de comercio público durante el tiempo de los patriarcas. Los comerciantes de productos básicos como las especias viajaban por rutas de caravanas entre el sur de Arabia y Egipto, y estos comerciantes a menudo adquirían esclavos en el camino (Gn. 37:28). Salomón empleó comerciantes reales para comprar y vender bienes (1 Re.10:28).

En el primer siglo, los judíos se dedicaron ampliamente a la vida económica como terratenientes, artesanos, negociantes, comerciantes, banqueros y esclavos. Varios de los discípulos de Jesús fueron pescadores (Mt. 4:18). Lucas era un médico, un profesional educado y respetable (Col. 4:14). Lidia era una vendedora de tela púrpura (Hec. 16:14). Pablo, Aquila y Priscila trabajaban fabricando tiendas de campaña (Hec. 18:3). En el Imperio Romano, el comercio y la religión pagana a menudo se entremezclaban. Los comerciantes a menudo formaban gremios comerciales, donde la membresía a veces requería un compromiso religioso y moral. En Éfeso, los plateros y artesanos en oficios relacionados obtenían ganancias significativas a través de sus conexiones con el culto local a Artemis (Hec. 19: 24-27).

Jesús frecuentemente pasaba tiempo con recaudadores de impuestos, como Leví (también llamado "Mateo") (Mt. 9:9, Mr. 2:14). Los recaudadores de impuestos eran un grupo despreciado porque a menudo se enriquecían aprovechando el sistema de impuestos romano, que les permitía cobrar una comisión por los impuestos recaudados (Lc. 19:2, 8). La parábola de los talentos de Jesús hace referencia a los banqueros que ofrecían intereses sobre los depósitos recaudados (Mt. 25:27), y Ap. 3:17-18 alude al hecho de que Laodicea era un centro financiero con un importante sistema bancario.

Sirvientes y Esclavos

En el AT, 'ebed designa con frecuencia a un esclavo o sirviente, cuya ocupación implica trabajar ('abad) como subordinado. Algunos sirvientes tenían posiciones muy importantes en la casa de su amo (Gn. 24:2), mientras que muchos se esforzaban en trabajos pesados (Job 7:2). Los israelitas no debían esclavizar a sus parientes, pero podían tomar esclavos de otras naciones. Israelitas compatriotas que se hacían pobres podían servir como jornaleros, pero debían ser librados junto con sus hijos en el Jubileo porque Dios había sacado a Israel de la esclavitud egipcia y ellos pertenecían a Dios como sus siervos (Lev. 25:39- 46).

Los esclavos en el mundo romano eran propiedad como los bienes o el ganado, poseídos por otro (Dio Chrysostom, 2 Serv. Lib. 24). A diferencia de las prácticas modernas de esclavitud, la raza no jugaba ningún factor en la institución romana de la esclavitud. Los esclavos eran secuestrados y vendidos en los tiempos del NT (1 Tim. 1:10; Ap. 18:13), pero la mayoría de los esclavos lo eran por nacimiento. El esclavo más prominente en el NT es Onésimo, por quien Pablo intercede con su amo, Filemón (Fil. 10, 16). Los esclavos creyentes debían obedecer a sus amos terrenales como "esclavos de Cristo" (Ef. 6:5-6), pero el NT enfatizaba la igualdad de esclavos y libres en Cristo (Gál. 3:28). Pablo se hizo llamar a sí mismo un "siervo [doulos] de Cristo Jesús" (Rom. 1:1).

Servicio Religioso

La mayoría de los israelitas dedicados al servicio religioso profesional eran levitas (Nm. 3:12), incluyendo a Moisés, Aarón y los sacerdotes en la línea de Aarón (Éx. 6:19-20, 35:19). Los sacerdotes ofrecían sacrificios a Dios en nombre del pueblo (Heb. 5:1). Bajo la dirección de los sacerdotes, a los levitas se les encargó cuidar el tabernáculo y su mobiliario (Nm. 1:49, 1 Cr. 23:32) y llevar el arca del pacto (1 Cr. 15:2). Fueron apartados para servir en la presencia de Dios (Dt. 18:7) y para dirigir al pueblo a la adoración (2 Cr. 5:12). Además, los sacerdotes a menudo desempeñaban un rol importante de asesoramiento para los reyes de Israel (2 Sam. 8:17; 1 Re. 4:5; 2 Re. 12:2).

En Israel, la gente iba a videntes y profetas para consultar a Dios (1 Sam. 9:9), porque ellos recibían y comunicaban la palabra de Dios (2 Sam. 24:11; Jer. 37:6). Algunas veces los individuos son mencionados como profetas, y otras veces se menciona a los profetas como un grupo organizado (1 Sam. 19:20, 1 Re. 22:6).

El NT hace referencia a una serie de oficios ministeriales (1 Cor. 12:28; Ef. 4:11; 1 Tim. 3:1-12). No todos los ministros eran pagados, aunque los maestros y predicadores tenían el derecho de "vivir del evangelio" (1 Cor. 9:14-15; *ver* 1 Tim. 5:17). Los apóstoles fueron aquellos enviados por Jesús como sus representantes. El término apostolos se refiere particularmente a los doce apóstoles que estuvieron con Jesús durante su ministerio terrenal y que fueron testigos de su resurrección (Hec. 1:21-22). Pablo se refirió a sí mismo como un apóstol (Gál. 1:1, 1 Cor. 1:1), y llama a Epafrodito y a otros "mensajeros" (apostoloi) de las iglesias (2 Cor. 8:23; Fil. 2:25). Los profetas tienen el don espiritual de la profecía y hablan para fortalecer, alentar y consolar a la iglesia (Hec. 15:32, 1 Cor. 14:3). Los supervisores (también llamados "ancianos" o "pastores") son líderes calificados que enseñan, pastorean y ejercen autoridad en la iglesia (1 Tim. 3:1; 1 Pe. 5:2). Los evangelistas y misioneros proclaman el evangelio y buscan ganar conversos para Cristo (Hec. 21:8, 2 Tim. 4:5). Aquellos ministros que son fieles al evangelio merecen apoyo (3 Jn. 8).

O

OFIR **(1)** Se nombra dos veces cuando se enumeran las naciones con sus homónimos etimológicos, él es un descendiente de Sem (Gn. 10:29, 1 Cr. 1:23). **(2)** La tierra nombrada para las personas descendientes de Ofir (#1), se menciona con mayor frecuencia con respecto a las iniciativas económicas de diferentes reyes, especialmente las que involucran oro. Juntos, el Rey Salomón y el Rey Hiram de Tiro en Fenicia enviaron barcos desde el puerto de Ezión-geber en el Mar Rojo a Ofir y llevaron de vuelta 420 (2 Crónicas reporta 450 talentos) talentos de oro (1 Re. 9:26-28; 2 Cr. 8:18). El informe sobre la visita de la reina de Saba a Salomón dice que los barcos de Salomón e Hiram llevaron oro de Ofir junto con plata, marfil, simios y pavos reales cada tres años (1 Re. 10:11; 2 Cr. 9:10). Josafat también construyó una flota de barcos mercantes que tenía la intención de enviar a Ofir, pero naufragaron en el puerto y nunca zarparon (1 Re. 22: 48-49). La contribución de David a la construcción del templo (que su hijo Salomón debía construir) incluía tres mil talentos de oro de Ofir (1 Cr. 29:4).

Claramente, el producto más importante de Ofir fue su oro. El libro de Job se refiere dos veces al oro de Ofir. Elifaz el temanita anima a Job a deshacerse de su oro de Ofir (que Elifaz implica que tiene un lugar equivocado en el corazón de Job) para que pueda estar bien con Dios. Elifaz dice que Dios debería ser el único oro de Job (Job 22:24). Job nota que la sabiduría no se puede comprar con el oro de Ofir (28:16). El Salmo 45 describe una ceremonia de boda y una fiesta donde la novia lleva el oro de Ofir (v. 9). En un oráculo contra Babilonia, el profeta Isaías dice que Dios hará que los humanos sean más escasos que el oro de Ofir después de que Dios los castigue (Is. 13:12).

No hay indicación clara en la Biblia sobre la ubicación de Ofir. Muchos eruditos lo ubican en algún lugar de Arabia; sin embargo, hay pocos o ningún puerto que pueda coincidir con la lista de exportaciones, especialmente las exportaciones de animales de 1 Reyes. Hay respaldo de la antigüedad (Josefo) y también apoyo lingüístico más contemporáneo que sugieren que Ofir pudo haber estado en la costa oeste de la India o Sri Lanka, los que tenían extensos centros comerciales durante el siglo X a.C.

OFNI Una ciudad asignada a la tribu de Benjamín, mencionada sólo en Jos. 18:24. Se enumera entre las ciudades de la porción este de Benjamín, entre Quefar-haamoni y Geba. Es probable que Ofni aún sobreviva como el Jifna moderno, ubicado a dos millas y media al noroeste de Betel. Josefo menciona la ciudad bajo el nombre Gofna (Guerras 3.55).

OFRA **(1)** Un descendiente de Judá, engendrado por Meonotai (1 Cr. 4:14). **(2)** Una ciudad en Benjamín (Jos. 18:23), más tarde mencionada como un destino de invasores filisteos (1 Sam. 13:17). Se identifica con el moderno Taybeh, a unas veintidós millas al norte de Jerusalén. **(3)** Una ciudad en Manasés asignada al clan de Abiezer (Jos. 17:2). Gedeón, hijo de Joás abiezerita, estaba bajo el terebinto en Ofra cuando fue llamado por primera vez por el ángel del Señor, para quien edificó luego un altar (Jue. 6:11, 24). Gedeón más tarde colocó en Ofra el efod de oro que se convirtió en una trampa para él y su familia; posteriormente fue enterrado allí (Jue. 8:27, 32). Ofra es también el sitio del asesinato de los setenta hijos de Jerobaal (Gedeón) por su despiadado medio hermano, Abimelec (Jue. 9:5). *Ver también* Bet-le-afra

OFRENDA DE CULPA *Véase* Sacrificio y Ofrenda.

OFRENDA DE LIBRE ALBEDRÍO Apareciendo aproximadamente veintidós veces en el AT, este término se refiere a sacrificios presentados a Dios no por prescripción o compulsión externa, sino por una motivación desde el corazón del oferente. Algunos ejemplos son las contribuciones que los israelitas hicieron para construir el tabernáculo (Éx. 35:29; 36:3), regalos para el primer templo (2 Cr. 31:14), regalos para la construcción del segundo templo (Esd. 2:68). Estos regalos podían ser ofrendas monetarias o animales. El concepto de ofrenda de libre albedrío puede estar detrás de las enseñanzas de Pablo de dar en las cartas corintias.

OFRENDA PARA LOS SANTOS Acción iniciada por el apóstol Pablo para ayudar a los cristianos pobres en Judea. Para Pablo, esto expresaba el núcleo del Evangelio: la unidad de los judíos y gentiles en Cristo y las naciones que se acercan al Dios de Israel. Pablo alude esto en Romanos 15:25-32; 1 Corintios 16:1-4; 2 Corintios 8-9; y posiblemente en Gálatas 2:10. Pablo les da instrucciones a las iglesias predominantemente gentiles para que apartaran fondos para que él se los llevara a los cristianos judíos en Jerusalén. Hacer esto expresa las donaciones sacrificiales a otros de Cristo. Al participar en esta práctica, especialmente en medio de la adversidad y al entregar la abundancia relativa personal para igualar la situación material de otros cristianos que tenían menos, se manifiesta la gracia salvadora de Cristo en la obra de los donantes (2 Corintios 8-9). Pablo no separa dichos actos materiales de gracia de otras acciones asociadas con la salvación de Cristo.

Para Pablo, esto también promulga la salvación del tiempo final de los gentiles, cuando ellos marchan hacia Jerusalén y traen sus bienes para los judíos (cf. Isaías 2:1-4; 60:3-16; 61:5-6; 66:20; Hageo 2:7). Para Pablo, los gentiles ahora se relacionan con los judíos como iguales. Dado que ellos llegaron para participar en las bendiciones definitivas del Dios de Israel al ser introducidos a Israel, ellos deben servir a los judíos con la necesidad de socorro (Romanos 15:27). Esto expresa la unidad y la conexión real entre los gentiles y los judíos en Cristo. No sabemos con certeza si los cristianos judíos de Jerusalén aceptaban dinero, ya que algunos consideraron que Pablo había rechazado al Dios de Israel en su marginalización de la ley.

OFRENDAS *Ver* Sacrificios y Ofrendas.

OG Un rey amorreo de Basán, un área al noreste del Mar de Galilea (Dt. 4:47). Og fue uno de los últimos de los de Refaím, un pueblo de gigantes (Dt. 3:11; 4:47). Mientras los israelitas se preparaban para entrar en la tierra prometida, Og los atacó en Edrei, pero los israelitas lo derrotaron y se apoderaron de su tierra (Nm. 21:33-35), que finalmente se asignó a la media tribu de Manasés (Dt. 3:13). Las derrotas de Og y el vecino rey amorreo Sehón por parte de Israel fueron citadas como evidencias de la fidelidad de Dios (Neh. 9:22; Sal. 136:19-20).

OHAD Uno de los hijos de Simeón y los nietos de Jacob que fueron a Egipto a vivir con José (Gn. 46:10). Se convirtió en el antepasado de un clan que lleva su nombre (Éx. 6:15).

OHEL Un descendiente lejano de David y un hijo o descendiente cercano de Zorobabel (1 Cr. 3:20).

OÍDO Un órgano para la audición y un símbolo de comprensión y obediencia. La vida común la sociedad antigua descansaba en la palabra hablada tanto como, si no más que, en la palabra escrita. Por esta razón, el oído representa más que una parte del cuerpo. El oído simboliza entendimiento (Is. 64:4). Dos veces el libro de Job compara el discernimiento de las palabras del oído a la lengua saboreando la comida (Job 12:11; 34:3). El oído también simboliza la voluntad de obedecer (Dt. 29:4) o desobedecer (Prov. 28:9). Debido a la asociación del oído con la obediencia, la aplicación de sangre o aceite al oído derecho era un acto de consagración en la adoración de Israel (Éx. 29:20; Lv. 14:14, 17). También al Dios se le adscriben oídos de manera figurada (Sal. 18:6; 94:9). Al obediente, Dios lo escucha compasivamente (2 Cr. 7:15); y para el desobediente, Dios hace oídos sordos (Dt. 1:45). A veces, las noticias de calamidad tienen la intención de hacer hormiguear los oídos de Israel (1 Sm. 3:11; 2 Re. 21:12; Jr. 19:3). En otras partes, la ironía de la adoración de ídolos se ilustra a través de ídolos que tienen oídos, pero no pueden escuchar (Sal. 115:6; 135:17). Jesús repetidamente llama a aquellos que tienen oídos a oír (Mt. 11:15; Mc. 4:9; Lc. 8:8). Este llamado también se repite al final de cada mensaje a las siete iglesias de Asia (Ap. 1:18-3:22). El apóstol Pablo le advierte a Timoteo acerca de quienes tienen "comezón" en los oídos, aquellos que encuentran maestros para apoyar sus propias falsas nociones (2 Tim. 4:3-4).

OJO DE UNA AGUJA *Véase* Aguja.

OJO El órgano de percepción visual. El ojo es la lámpara del cuerpo, de manera que alguien que tiene ojos en buenas condiciones o sanos puede experimentar la luz, pero alguien que tiene ojos deficientes, experimenta sólo oscuridad (Mt. 6:22-23). Ojos brillantes significan vigilancia y buena salud (1 Sm. 14:27-29; Sal. 38:10), mientras que tiene ojos débiles significa pobre visión, con frecuencia debido a edad avanzada (Gn. 27:1; 48:10; 1 Sm. 3:2). La ceguera puede curarse abriendo los ojos (Is. 35:5; Jn. 9:14), aunque Pablo estaba ciego incluso con sus ojos abiertos (Hec. 9:8). Levantar los ojos es mirar alrededor o mirar hacia algo (Gn. 13:10; 18:2; Jn. 11:41). Girar los ojos de algo es ya no mirarlo (Sal. 119:37; Cant. 6:5; Is. 22:4). Algo oculto a la vista es desconocido (Nm. 5:13; Job 28:21; Lc. 19:42), pero ocultar los ojos de algo es ignorarlo (Is. 1:15; Ez. 22:26; cf. Lv. 20:4). La expresión "ante los ojos" significa que un evento ha ocurrido en presencia de otros y ellos lo han atestiguado.

Los ojos son una parte importante del cuerpo (1 Cor. 12:16-21). Un ojo defectuoso descalificaba a un sacerdote para ciertas tareas (Lv. 21:17-20). Un ejército conquistador con frecuencia le sacaba los ojos del enemigo derrotado (Jue. 16:21; 2 Re. 25:7), haciéndolos inefectivo en batallas (1 Sm. 11:2). Destruir los ojos de Israel es el primero entre muchos castigos listados por romper la alianza de Dios (Lv. 26:16). Pablo testifica que los gálatas se preocupaban suficiente por él para sacarse sus ojos para dárselos a él (Gal. 4:15). La importancia de los ojos destaca la importancia de la demanda de Jesús de sacárselo si hace que uno tropiece (Mt. 5:29; 18:9).

Percepción e iluminación. Abrir los ojos es un tema que recorre ambos Testamentos. A veces, abrir los ojos simplemente se refiere a hacerse consciente de información previamente desconocida. Puede ser en este sentido que los ojos de Adán y Eva se abren, ya que se hacen conscientes de su desnudez (Gn. 3:7). Este mismo tipo de apertura ocurre cuando Dios revela un pozo a Hagar (Gn. 21:19), cuando Balaam ve al ángel del Señor parado en su camino (Nm. 22:31), y cuando los discípulos en camino a Emaús reconocen a Jesús (Lc. 24:31). Este sentido se extiende hacia el reino espiritual, de manera que los ojos se usan de manera figurada como el principal órgano de percepción espiritual. Abrir o iluminar los ojos en este sentido implica uno de los siguientes: (1) permitir entender una verdad espiritual en la ley de Dios (Sal. 119:18), pronunciación profética (Nm. 24:3) o por el Espíritu de Dios (Ef. 1:18); o (2) guiar a alguien al arrepentimiento o la conversión (Hec. 26:18). Estos ojos espirituales también pueden estar cegados o cerrados, evitando el arrepentimiento de la persona (Is. 6:10; Mt. 13:13; cf. 2 Cor. 4:4).

Los ojos no sólo le permiten a uno percibir el mundo, sino que también ayudan a otros a percibir la persona. David tiene ojos hermosos, destacando su atractiva apariencia (1 Sm. 16:12). Lea tiene ojos débiles, una característica que se contrasta a la hermosa apariencia de

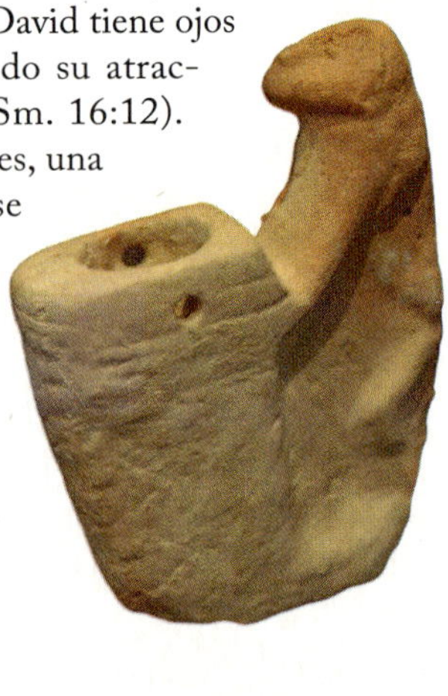

Tubo Kohl, recipiente de piedra caliza que contiene cosméticos para los ojos (siglos XV y XIV a.C).

su hermana Raquel (Gn. 29:17). Un ojo pródigo revela un espíritu generoso (Prov. 22:9). Ojos altivos revelan arrogancia (Sal. 18:27; Prov. 6:17), al igual que ojos que son exaltados (Sal. 131:1; Prov. 30:13). Los ojos pueden revelar la piedad de uno por otra persona (Ez. 16:5), pero en la administración de justicia, los ojos no tienen permitido piedad o escatimo, significando que la ley será ejecutada en su máxima extensión (Dt. 7:16; Ez. 5:11). Los ojos que se burlan de un padre o una madre revelan a una persona que los desprecia (Prov. 30:17).

Dirección y evaluación. Los ojos también sirven como símbolo de dirección, cuidado y vasto conocimiento. Ya que los ojos le permiten a uno ver, ayuda a establecer el curso adecuado a seguir, física (Nm. 10:31) o espiritualmente (1 Jn. 2:11). El hecho de que los ojos de Dios están siempre sobre la tierra de Israel demuestra su cuidado por ella (Dt. 11:12). Igualmente sus ojos están siempre sobre los justos, listo para ayudarlos (Sal. 34:15). Especialmente en la literatura apocalíptica, los muchos ojos de las criaturas vivientes son símbolos de la omnisciencia de Dios (Ez. 1:18; Ap. 4:6), mientras los ojos de Dios en general son símbolos de su consciencia (1 Re. 9:3; Jr. 32:19; Am. 9:8; Heb. 4:13).

Finalmente, los ojos se asocian con evaluación. Los ojos de Dios con frecuencia representan su favor o desaprobación (Gn. 6:8; Dt. 21:9; 2 Re. 10:30). Aquellos que se evalúan a sí mismos a sus propios ojos con frecuencia son llevados por el mal camino, porque los ojos pueden llevar a lujuria pecaminosa (Nm. 15:39; Dt. 12:8; Jue. 17:6; Prov. 3:7; 1 Jn. 2:16).

OLIMPAS Un creyente de la iglesia de Roma al que Pablo saluda (Rom. 16:15). El nombre masculino es de otra manera desconocido. Las palabras relacionadas pertenecen a la morada de los dioses griegos en el Olimpo o los Juegos Olímpicos.

OLIVOS, DISCURSO DE LOS El Discurso de los Olivos es el sermón de Jesús que predice la Guerra Judía, la destrucción del templo, la caída de Jerusalén en el año 70 d.C y la venida del Hijo del Hombre para juzgar y salvar. Se encuentra en los Evangelios sinópticos (Mt. 24:1-25:46; Mr. 13:1-37; Lc. 21:5-36). El nombre deriva del Monte de los Olivos, con vistas a Jerusalén y al templo, el lugar donde Jesús enseñó a sus discípulos este material.

Los tres sinópticos colocan el discurso luego de las escenas de confrontación frente al liderazgo judío. El relato de Mateo es el más dramático. Jesús reprende a los escribas y fariseos en Mt. 23, culminando con la acusación de que son responsables de "toda la sangre justa que ha sido derramada sobre la tierra" (v. 35). Hace una pausa para lamentarse por Jerusalén, luego declara que el templo, la cual Él llama la casa "de ustedes", queda desolada. Al marcharse, los discípulos comentan sobre las piedras del recinto del templo. Jesús entonces predice la destrucción total del templo. Esto indicará que el Hijo del Hombre vendrá con poder y gran gloria (Mt. 24:30) en el juicio del Israel apóstata.

Jesús usa el lenguaje apocalíptico para describir los eventos venideros: terremotos, hambrunas, traiciones, señales en el sol, la luna y las estrellas. Estos son como los dolores del parto. Los cristianos enfrentarán persecución. Serán llevados ante las autoridades, pero el Espíritu Santo les indicará qué decir. Serán ejecutados y odiados por todas las naciones. Falsos profetas y falsos mesías surgirán e intentarán llevar a los elegidos por el mal camino. El mandato de Jesús que se repite es que los discípulos estén alertas, ya que nadie sabe el tiempo, ni siquiera el Hijo. Sin embargo, será posible saber cuándo se acerque el momento, tal como se puede predecir la llegada del verano al observar la higuera.

Mateo añade tres parábolas al final del discurso sobre la preparación y la recompensa: las diez vírgenes, los talentos, las ovejas y las cabras. Las vírgenes no estaban preparadas cuando llegó el novio y fueron excluidas del banquete. Los talentos fueron confiados a los sirvientes por un hombre que se iba de viaje. Cuando regresó, recompensó a los que habían invertido sabiamente. La última parábola es una adaptación de Ezeq. 34:11-31, un pasaje mesiánico donde Dios juntará a sus ovejas dispersas. Jesús se declara a sí mismo como el que juzga entre las ovejas. En Ezequiel, las ovejas son juzgadas por sus pecados: embarrar el agua, pisotear la comida, golpear a las ovejas débiles. Conforme a sus enseñanzas éticas extendidas en el Sermón del Monte, Jesús juzgará incluso las omisiones del cuidado apropiado de los demás: no alimentar a extraños, no visitar a los que están en prisión. El mensaje es claro: los discípulos deben estar preparados para el regreso de Jesús en cualquier momento, usando sus dones con prudencia y tratando a los más pequeños entre nosotros con cuidado.

Algunos dicen que Jesús está respondiendo a dos preguntas de los discípulos: "¿Cuándo sucederá esto (la destrucción del templo)?" Y una pregunta completamente separada: "¿Cuál será la señal de tu (segunda) venida?" Pero aquí solo se registra a Jesús hablando del templo, y después de la reprensión de los fariseos, está claro que Él habla de juicio en relación a los líderes judíos. Lucas lo aclara en su franca sustitución: donde Mateo (24:15) y Marcos (13:14) registran "cuando veas... la abominación de la desolación" Lucas (21:20) escribe, "cuando vean a Jerusalén rodeada de ejércitos", una clara referencia al año 70 d.C Mateo (24:28) insinúa la misma idea:" Donde esté el cadáver, allí se reunirán los águilas [quizás del emblema romano]" (LBLA Mg.). Ninguna de los tres relatos parece contemplar respuestas a dos preguntas separadas.

OLIVOS, MONTE DE LOS *Ver* Monte de los Olivos.

OLLA DE CARNE La traducción de la KJV de la frase hebrea sir habbasar en Éx. 16:3 (NIV: "ollas de carne"; NRSV: "olla de carne"), donde los israelitas se quejan acerca de no tener una olla de carne como tenían en Egipto. El término se refiere a una olla (por lo general de metal) usada para cocinar carne, pero ha evolucionado, hoy refiriéndose a un lugar de lujosa o hedonista gratificación física.

OLLA DE CLARIFICACIÓN *Véase* Crisol.

OLLA DE FUNDICIÓN *Véase* Crisol; Cerámica.

OLLA DE REFINADO *Véase* Crisol.

OLOR Se usa en la frase "olor suave" (NVI: "aroma grato") como una forma antropomórfica de expresar la aprobación de un sacrificio por parte de Dios (por ejemplo, Lev. 1:9, 13, 17, Nm. 15:3, 7, 10).

OLVIDO, TIERRA DEL La tumba o el lugar del Más allá. Al acercarse a la muerte, el salmista pregunta si Dios puede ser alabado por los muertos, y si las maravillas y la liberación de Dios se pueden reconocer en la tumba (Sal. 88:10-12).

OMAR Nieto de Esaú por medio de su hijo Elifaz (Gn. 36:11; 1 Cr. 1:36). Uno de los clanes de los edomitas deriva su nombre de este Omar (Gn. 36:15).

OMBLIGO Una palabra hebrea peculiar para decir "ombligo", shor, aparece tres veces en el AT. En Cant. 7:2, el personaje masculino nombra el ombligo de su amante entre los atributos físicos que elogia. En Prov. 3:8 shor (NVI: "cuerpo") probablemente se usa en sentido figurado para referirse al cuerpo que recibe nutrición. En Ezeq. 16:4 shor se usa para referirse al cordón umbilical (LBLA: "cordón del ombligo"). Otra palabra hebrea, tabbur, que aparece en Ezeq. 38:12 (*también* Jue. 9:37) y traducido como "centro" en la NVI, se podría traducir mejor como "ombligo", relacionándolo así a una antigua tradición del Cercano Oriente que veía la montaña donde habita una deidad como el "ombligo" o nexo entre el cielo y la tierra. En este verso, entonces, el Monte Sión de Jerusalén, donde Dios habitaba entre su pueblo, sería referido como el "ombligo de la tierra".

OMEGA *Ver* Alfa y Omega.

OMNIPOTENCIA Un atributo de Dios relacionado con su infinitud, la omnipotencia es el atributo de tener todo el poder. Este atributo se expresa cada vez que las Escrituras señalan a Dios como "todopoderoso" (Heb. Shadday). En las Escrituras, el Dios omnipotente está relacionado con el Dios eterno, Dios como el creador de todas las cosas y Dios como sustentador de toda la creación y la vida. Nada está más allá del poder de Dios para actuar y llevar a cabo, y lo que Dios hace está en conformidad con su propia naturaleza y voluntad. En el NT, la omnipotencia se observa con la palabra "todopoderoso" (pantokratōr) en 2 Cor. 6:18; Ap. 1:8; 4:8; 11:17; 15: 3; 16:7, 14; 19:6, 15; 21:22. Estos contextos señalan a Dios como soberano y eterno, frecuentemente señalado con la expresión joánica de Dios como el "que es, y que era, y que ha de venir" (Ap. 1:8).

OMNIPRESENCIA La palabra en español deriva del latín omnis ("todo") y praesens ("presente"). Aunque no se encuentra en las Escrituras, el término describe con precisión una perfección divina. Dios está siempre en su totalidad presente en todas partes, pero separado de su creación (Gn. 1, 1 Re. 8:27, Sal. 139:7-12, Jer. 23:23-24, Heb. 4:13). Este atributo debe distinguirse del panteísmo, que enseña que Dios es todo, es decir, que Dios y el mundo material son uno y lo mismo. La omnipresencia de Dios es un gran consuelo para aquellos que lo buscan, pero es desconcertante para quienes desean evitarlo (Job 34:21-22; Sal. 139:7; Amós 9:1-4; Jon. 1:3). Aunque en varios momentos Dios eligió localizar su presencia con el propósito de revelarse, siempre permaneció trascendental (1 Re. 8:27). Aunque se dice que los perdidos son quitados de la presencia de Dios (2 Tes. 1:9), incluso en el lago de fuego, en realidad están separados de su misericordia, gracia y perdón, no su presencia esencial (Job 26:6; Heb. 4:13; Ap. 14:10; 20:11-14).

OMNISCIENCIA La palabra en español deriva del latín omnis ("todo") y sciens ("conocimiento"). Aunque no se encuentra en las Escrituras, el término describe con precisión un atributo exclusivamente divino. Dios tiene perfecto conocimiento infinito de sí mismo y de todo lo real y posible (1 Sam. 23:8-13; Job 37:16; Sal. 33:13-15; 139:2-6, 11-12; 147:5; Prov. 15:3; Isa. 40:14; 46:10; Dan. 2:22; Mat. 11:21-23; Jn. 21:17; Hec. 15:18; 1 Cor. 2:10-11; Heb. 4:13, 1 Jn. 3:20). La omnisciencia de Dios es eterna, abarca todas las cosas pasadas, presentes y futuras. Incluye el conocimiento completo de todas las elecciones humanas, la ocurrencia de todos los eventos y la superación de todas las contingencias.

OMRI La historia de Omri se encuentra en 1 Re. 16:16-17, 21-28. Sin contar a su rival Tibni (que nunca fue rey), Omri fue el sexto rey de Israel (882-871 a.C), lo que convirtió a su hijo Acab en el séptimo. Omri gobernó durante seis años en Tirsa y luego construyó la ciudad de Samaria y se mudó allí. Su reino era estable y próspero. Él hizo que Acab se casara con Jezabel, una princesa de Tiro, forjando una alianza matrimonial con Fenicia. Acab, a su vez, casó a su hija con un rey de Judá, cimentando una paz duradera después de años de guerra. La dinastía de Omri duró casi cincuenta años, después de una sucesión de reinados breves. Acab y su descendencia se conocen como "Casa de Omri". Omri es mencionado en la Piedra Moabita: "Omri era el rey de Israel, y oprimió a Moab durante muchos años" (línea 5), y un siglo después de su muerte, la tierra de Israel era llamada por los asirios "tierra de Omri". Sin embargo, 1 Reyes lo despacha en apenas diez versos con la afirmación de que hizo más maldad que todos los anteriores. Él es acusado de continuar el culto de Jeroboam. Pero quizás el aspecto más pecaminoso de su reinado fue el matrimonio de su hijo con Jezabel, una fanática adoradora de Baal. Por lo tanto, estaba ella en condiciones de influenciar a Israel para que no adorara exclusivamente a Yahvé. Por lo tanto, la Biblia considera que los de la Casa de Omri son los principales responsables de la adoración a Baal apoyada por el estado en Israel.

ON **(1)** El hijo de Pelet de la tribu de Rubén (Nm. 16:1). Él fue uno de los líderes israelitas que se rebelaron contra Moisés y Aarón al cuestionar su rol de liderazgo. Números 16 no menciona su nombre nuevamente a pesar de que los otros rebeldes son mencionados repetidamente; por lo tanto, no está claro si fue consumido por el fuego (como un castigo de Dios) junto con los otros líderes que se rebelaron. Curiosamente, en la genealogía de Rubén no aparece su nombre (Nm. 26:5-9). **(2)** Una ciudad en Egipto cerca del Cairo de la actualidad. "On", que es el nombre griego y hebreo de la ciudad, se conoce más a menudo por su otro nombre, "Heliópolis". On se menciona en conexión con la esposa de José, Asenat, que era la hija de Potifera, el sacerdote

LA UBICACIÓN DE ONO

de On (Gn. 41:45; 46:20). En un lamento contra Egipto, Ezequiel nombra a On como una de las ciudades que serán llevadas al cautiverio (Eze. 30:17).

ONAM **(1)** Hijo de Sobal y nieto de Seir el horeo. Los horeos habitaban en Edom antes de los descendientes de Esaú (Gn. 36:23, 1 Cr. 1:40). **(2)** Descendiente de Judá y Fares, hijo de Jerameel, el padre de Samai y Jada (1 Cr. 2:26, 28).

ONÁN Uno de los hijos del patriarca Judá. Él estaba obligado a engendrar un hijo con la viuda de su hermano, Tamar, según la costumbre del matrimonio en levirato (Gn. 38:8). Al practicar lo que parece ser una forma de anticonceptivo, Onán se abstuvo de impregnar a Tamar al derramar "su semen en el suelo", y así Yahvé lo mató por su incumplimiento de su obligación hacia su hermano muerto (Gn. 38:9-10).

ONESÍFORO Un discípulo cristiano de los tiempos iniciales quien, en el contexto de la exhortación de Pablo a Timoteo de no avergonzarse del evangelio o de sus "cadenas" (2 Tim. 1:8, 16), es elogiado como un ejemplo digno de imitación (1:16-18). Onesíforo (su nombre significa "portador de ganancias") es encomendado por buscar con diligencia y valentía a Pablo en la prisión y por sus muchos actos de bondad hacia Pablo y la iglesia de Éfeso. La oración de Pablo por la misericordia de Dios no se dirige a Onesíforo, sino a su casa, lo que sugiere que no estaba con ellos al momento de escribir (1:16; 4:19).

ONÉSIMO Un esclavo fugitivo que pertenecía a Filemón, amigo del apóstol Pablo y converso. Filemón era un hombre de importancia, celebraba una iglesia en su hogar colosense. Cuando probablemente intentaba incorporarse a la gran población de Roma, Onésimo se puso en contacto con Pablo durante el encarcelamiento de este y se convirtió a la fe (Fil. 10). A pesar de que él fue de ayuda para Pablo, el apóstol lo envió de regreso a Filemón para arreglar las cosas. Pablo suplicó a Filemón de aceptar a Onésimo como un hermano en Cristo. Onésimo acompañó a Tíquico a Colosas para entregar la carta de Pablo a esa iglesia (Col. 4:9) y para presentarse él mismo y la carta personal de Pablo a Filemón. Aunque el resultado de esta solicitud no se conoce con certeza, la tradición sugiere que Onésimo se convirtió en un obispo de la iglesia primitiva.

ONO Una ciudad dentro de la planicie costera de Palestina, Ono yacía aproximadamente a treinta millas al noroeste de Jerusalén en la moderna Kefr 'Ana. La ciudad estaba dentro de la asignación tribal de Benjamín. De acuerdo con 1 Cr. 8:12, Semed, un descendiente de Benjamín, construyó Ono, Lod, y las aldeas circundantes. Esdras y Nehemías enumeran a los hombres que regresaron del exilio: Lod, Hadid y Ono en 725 y 721 respectivamente (Esd. 2:33; Neh. 7:37). Sanbalat y Gesem, los oponentes de Nehemías, intentaron cuatro veces atraer a Nehemías a "una de las aldeas en la llanura de Ono", pero Nehemías se percató de su plan de herirlo y se negó a ir (Neh. 6:1-4).

OPROBIO Dicho tradicional o popular usado para mostrar desdén. Se puede emplear como burla o como un ejemplo preeminente de algo malo, algo que está en ruinas (1 Reyes 9:7; Joel 2:17).

ORACIÓN Se debe hacer una distinción entre las diversas apariciones de las palabras "orar" y "oración" en la mayoría de las traducciones de la Biblia y la connotación moderna de las mismas palabras. En el AT, las principales palabras hebreas traducidas como "orar" y "oración" (palal y tepillah) se refieren al acto de presentar una petición o solicitud ante Dios. Normalmente, no se refieren a los otros elementos que hoy consideramos que se incluyen en el acto de orar, como la alabanza o la acción de gracias. Es el mismo caso en el NT, donde las principales palabras griegas traducidas como "orar" y "oración" (proseuchomai y proseuchē) también denotan específicamente realizar una petición o solicitud a Dios. Pero otras palabras e interpretaciones en ambos Testamentos también se traducen como "orar" y "oración", y este artículo abordará el concepto más amplio, que incluye la alabanza, acción de gracias, petición y confesión, en lugar del significado más restringido de los términos particulares en hebreo y griegos (*ver también* Alabanza, Acción de Gracias, Adoración).

Estatua sumeria de un adorador orando (c. 2400 a.C).

Antiguo Testamento

En el AT no hay lenguaje o entendimiento comparable a las formas modernas de hablar de la oración como una conversación o diálogo. La oración no implica mutualidad. La oración es algo que los humanos le ofrecen a Dios, y la situación nunca se revierte; Dios no ora a los humanos. Comprender esto preserva la distinción apropiada entre el Dios soberano y el sujeto que ora. Por lo tanto, las oraciones en el AT son reverenciales. Algunas oraciones del AT tienen introducciones extendidas, como la que se encuentra en Neh. 1:5, que pareciera que amontona nombres para Dios. Estas deben ser vistos como instancias no de pretensión u ostentación, sino más bien como la creación de una especie de "zona de amortiguación" en reconocimiento de la distancia entre el Creador y la criatura. En el NT, compare el mismo fenómeno en Efe. 1:17. Muchas de las oraciones en el AT se establecen explícitamente en un contexto de pacto. Dios no le debe nada a sus criaturas, pero Dios ha jurado ser fiel a aquellos con quienes ha hecho un pacto. Por lo tanto, muchas oraciones del AT apelan específicamente al pacto como una motivación tanto para aquellos que oran como para que Dios responda (1 Re. 8:23-25; Neh. 1:5-11; 9:32; Sal. 25:10-11; 44:17-26; 74:20; 89:39-49). En libros postexílicos como Esdras, Nehemías y Daniel, una característica importante en las oraciones registradas es el uso de las Escrituras precedentes, orando las palabras de Dios (muchas veces del pacto) devuelta hacia Él (en el NT, *ver* Hec. 4:24-30). Además, la cercanía engendrada por la relación de pacto entre Dios y su pueblo era única en el antiguo contexto del Cercano Oriente. Así que Moisés puede maravillarse.

"¿Qué nación grande hay que tenga un dios tan cerca de ella como está el Señor nuestro Dios siempre que le invocamos?" (Dt. 4:7).

La oración debe hacerse de un corazón que es recto para con Dios. No hay garantía de que Dios escuche cada oración (Sal 66:18, Prov. 1:28, Is. 1:15, 59:2). En gran parte, la "rectitud" que Dios requiere en la oración es "un corazón contrito y quebrantado" (Sal. 51:17; *ver* Isaías 66:2).

Aunque varios pasajes hablan sobre la oración en el contexto del sacrificio (por ej., Gn. 13:4), sorprendentemente se pone poco énfasis en la oración en los textos legales sobre el sacrificio en el Pentateuco, sin prescripciones para los tipos de oración o las palabras que han de decirse en relación con los sacrificios. Curiosamente, sin embargo, en contextos posteriores, tal vez postexílicas, donde no hay templo y, por lo tanto, no hay sacrificio, encontramos textos como Sal. 141:2, donde el peticionario le pide a Dios que acepte la oración como si fuera una ofrenda de incienso y la ofrenda de la tarde (*véase* Prov. 15:8; en el NT, *ver* Ap. 5:8).

Una presuposición de la oración en el AT es que Dios escucha la oración y, de hecho, puede responder y efectuar el cambio que se solicita. La oración no se trata principalmente de cambiar el estado psicológico o el corazón de la persona que ora, sino más bien se trata de que Dios puede cambiar las circunstancias de la persona que ora.

Hay una honradez sorprendente, algunos incluso dirían descaro, evidente en muchas oraciones del AT. Jeremías se lamenta de que Dios ha engañado tanto a la gente (Jer. 4:10) como a Jeremías mismo (20:7) y se queja de la justicia de Dios (12:1-4). Job se encuentra, por así decirlo, en el rostro de Dios y exige que el Todopoderoso responda sus preguntas (Job 31:35-37). El salmista acusa a Dios de haber roto sus promesas del pacto (Sal. 89:39). Si bien es cierto que Dios, hasta cierto punto, reprende a Jeremías y Job (Jer. 12:5, Job 38-42), no los ignora ni los descarta. Esto parecería, en última instancia, para fomentar tal honestidad y audacia por parte de aquellos que oran.

Literalmente, los relatos de las oraciones en las narraciones sirven para proporcionar caracterizaciones de los que oran. Las oraciones registradas de personas como Abraham, Moisés, Ana, Esdras y Nehemías demuestran su verdadera piedad y humildad ante Dios. Por el contrario, la oración de Jonás registrada en Jon. 2, en su contexto narrativo, delata una cierta hipocresía por parte del profeta reacio.

Nuevo Testamento

La representación de la oración en el NT es en gran parte consistente con la del AT, pero hay avances importantes.

Jesús les dice a sus discípulos que se dirijan a Dios como "Padre" (Mt. 6:9, cf. Rom. 8:15, Gál. 4:6). Aunque los estudios recientes han demostrado que "Abba" no es el equivalente de nuestro "papá", expresa una cierta intimidad que va más allá de lo que prevalecía en ese momento, pero también conserva un elemento de reverencia. Dios no es sólo "Padre", sino "Padre nuestro que está en los cielos" (Mt. 6:9). Incluso Jesús se dirige a Dios como "Padre Santo" (Jn. 17:11), "Padre justo" (Jn. 17:25) y "Padre, Señor del cielo y de la tierra" (Mt. 11:25). Y Pablo, como se mencionó anteriormente, usa una zona de amortiguación, rara vez en sus epístolas usa la palabra "Padre" por sí mismo, sino que se refiere a "Dios nuestro Padre" (por ejemplo, Rom. 1:7) y frecuentemente usa la frase "el Dios y Padre de nuestro Señor Jesucristo" (Rom. 15:6, 2 Cor. 1:3, 11:31, Ef. 1:3, cf. Ef. 1:17, Col. 1:3). Dios es nuestro Padre, pero aún así Él es un Padre ante quien se arrodilla reverentemente (Ef. 3:14).

La oración a Dios ahora debe hacerse en el nombre de Jesús (Mt.18:19-20, Jn. 14:13, 15:16, 16:23-26). Si bien existe cierto debate sobre el matiz exacto de esta idea, parece claro que, como mínimo, las oraciones en el nombre de Jesús deben ser unas que Jesús afirmaría y sean conforme a su carácter sagrado y voluntad expresada. En esencia, le está diciendo a Dios que la oración que se está ofreciendo es una que Jesús aprobaría.

También se le puede orar a Jesús (Jn. 14:14), y tal devoción a Él en la iglesia primitiva es evidencia de que se le considera una deidad. Sin embargo las instancias de esto en el NT son raras, y generalmente son exclamativas o retóricas (Hec. 7:59; 1 Cor. 16:22; Ap. 22:20).

La norma parece ser que la oración debe ser hecha al Padre, por el nombre de Jesús.

A diferencia de todo lo anterior en el AT, Jesús les dice a sus seguidores que oren por sus enemigos (Mt. 5:44). Jesús y sus seguidores sirven de ejemplo (Lc. 23:34, Hec. 7:60).

El Espíritu Santo desempeña un rol vital en las oraciones. Es por medio de Él que podemos clamar, "Abba, Padre" (Rom. 8:15, Gál. 4:6). El Espíritu mismo intercede por nosotros (Rom. 8:26). Nuestra oración debe hacerse en el Espíritu (Ef. 6:18, Jud. 20, posiblemente 1 Cor. 14:15). Jesús alienta la oración ferviente e incluso continua o reiterada (Lc. 18:1-8), pero no la oración llamativa o repetitiva (Mt. 6:5-8).

Jesús se convierte en el modelo de oración. Ora ante decisiones importantes (Lc. 6:12-13) y en relación a puntos importantes de crisis (Mt. 14:23, 26:36-44, Lc. 3:21, 9:29, Jn. 12:27). Él ofrece oraciones que no son respondidas (Lc. 22:41-44) y oraciones que sí lo son (Heb. 5:7). Incluso cuando les dice a sus discípulos que siempre oren y no se desanimen (Lc. 18:1 [que también es el significado de la frase que a veces se toma demasiado literal: "oren sin cesar" en 1 Tes. 5:17 NVI)], Él mismo lucha en oración (Lc. 22:41-44; Heb. 5:7). Él ha orado por sus discípulos (Jn. 17, Lc. 22:32), e incluso ahora, en el cielo, Él todavía intercede por nosotros (Heb. 7:25). De hecho, nuestra intercesión ante el trono de Dios es válida porque la suya lo es (Heb. 4:14-16).

ORÁCULOS Declaraciones divinas dadas a la humanidad que pueden ser sin previa solicitud (Is. 7:3-9, Hag. 1:2-11, Zac. 12:1) o como respuesta a una pregunta (2 Re. 8:8). Era una práctica común en todo el antiguo Cercano Oriente buscar los pronunciamientos de las deidades e identificar lugares donde las personas sagradas podían consultar a las deidades (por ejemplo, el santuario de Apolo en Delfos). Cuánto tiempo transcurría entre la transmisión de un oráculo y su inscripción es incierto. Las inscripciones del contexto del entorno del Cercano Oriente atestiguan que los mensajes recibidos de una deidad a menudo se transcribían inmediatamente después de la recepción, con el nombre del profeta adjunto.

Recepción y Entrega de los Oráculos

La palabra hebrea massa' (que deriva de nasa', "levantar, tomar, cargar"), se traducía variadamente como "oráculo" (Is. 17:1; 19:1; 21:1; 30:6), "carga" (Is. 17:1 JBS, RVA), o "profecía" (Prov. 30:1; 31:1 RVA), se usa en este sentido figurado principalmente en el lenguaje profético (Prov. 30:1; 31:1 son las excepciones) para referirse a las declaraciones de amenaza contra Israel (Hab. 1:1; Zac. 12:1; Mal. 1:1), sus vecinos (Is. 13:1; 14:28; 15:1; Nah. 1:1), o un individuo (2 Re. 9:25, 2 Cr. 24:27). Aunque la palabra en sí se utiliza con poca frecuencia, la actividad profética de entregar pronunciamientos divinos prevaleció a lo largo de la historia de Israel, adquiriendo prominencia durante la monarquía y cesando al comienzo del período intertestamentario.

Sacerdotes, jueces (Dt. 17:9) y profetas (1 Sam. 9:9) podían ser los destinatarios y proveedores de oráculos divinos, aunque a medida que los deberes de estos oficios se fueron diferenciando más con el tiempo, la entrega de oráculos se volvió más del área del profeta (2 Re. 22:11-14, Jer. 21:2). Algunos oráculos hallados en el AT se atribuyen a no israelitas (Balaam [Nm. 22-24], Agur [Prov. 30:1], Rey Lemuel [Prov. 31:1]). A los israelitas se les ordenó buscar a Yahvé (Is. 55:6; Oseas 10:12), y ellos (Is. 9:13) y sus líderes (Jer. 10:21) fueron condenados tanto por no hacerlo como por su respuesta desdeñosa frente a un oráculo profético una vez que era entregado, fuera solicitado (Ezeq. 33:30-32) o no (Zac. 7:12).

A menudo se buscaba a los profetas para obtener un oráculo (1 Sam. 9:9, 2 Re. 3:11, 22:13) durante tiempos de crisis o necesidad. Tales oráculos eran para beneficio de un individuo (Éx. 18:15, 2 Re. 8:8) o de la nación (1 Re. 22:5, 2 Re. 3:11, 2 Cr. 18:6) y eran buscados por plebeyos (Gn. 25:22; Éx. 18:15; Ezeq. 33:30), ancianos (Ezeq. 14:1-3; 20:1; *véase también* 8:1), la realeza (1 Re. 14:5; 22:5-8, 2 Re. 22:18, 2 Cr. 26:5), oficiales del ejército (Jer. 42:1-3) y extranjeros (2 Re. 8:7; Is. 14:32). La respuesta profética a la solicitud de oráculo no era automática. La entrega de un oráculo después de una solicitud podía ser inmediata (Jer. 37:17), con demora de un período de tiempo prolongado (Jer. 42:7 [diez días]), o el profeta podía negarse a entregar un oráculo (Jer. 23:33; Ezeq. 14:1). Un oráculo anterior podía ser reemplazado (Isa. 38 [compare v. 1 con vv. 4-6]). Se podían utilizar diversas mercancías para el pago, incluida la plata (1 Sam. 9:7-8), la comida (1 Re. 14:3) y los artículos extranjeros (2 Re. 8:7-9).

Los oráculos se podían pronunciar públicamente en varios lugares, incluido el palacio (2 Re. 20:4-5), el templo (Jer. 7:2, 26:2), las puertas de la ciudad (1 Re. 22:10; 2 Cr. 18:9), a un lado del camino (1 Re. 20:38-43), o privadamente a individuos, incluyendo la realeza (Jer. 37:17), funcionarios (Is. 22:15) y extranjeros (Jer. 39:15-17). Hay varias menciones en las Escrituras de oráculos que no son parte del registro canónico (por Ej., 2 Cr. 24:27).

Los pronunciamientos oraculares pueden ser breves (1 Re. 17:1) o extensos (los libros de Nahum y Malaquías), y consistían en una variedad de géneros, incluida la sátira (Is. 44:9-20), parábola (2 Sam. 12:1-14), y lamento (Jer. 9:20, Ezeq. 19, Amós 5:1), para producir el efecto retórico deseado. Las fórmulas proféticas introductorias o conclusivas oraculares "así dice el Señor" y "declara al Señor" hacen eco de la terminología del mensajero de la cultura más amplia, en la cual los mensajeros que pronunciaban proclamaciones públicas en nombre de la persona quien los comisionó, utilizaban una introducción similar "así dice x" (2 Cr. 36:23). De esta manera, el profeta presentaba un oráculo como el mensaje de Dios a las personas, no el suyo.

Israel nominal fue condenado por buscar declaraciones de dioses falsos (2 Re. 1:3-4, 6, 16, 2 Cr. 25:15, Oseas 4:12), nigromancia (Is. 8:19) y no consultar al verdadero Dios de Israel (Sof. 1:6). Los falsos profetas también podían afirmar haber recibido comunicación de Dios (Dt. 13:1-11; 18:20; Ezeq. 13), pero eran acusados de entregar su propio mensaje sin sanción divina (Jer. 23:34-39; 28; Lam. 2:14; Eze. 13), alejando al pueblo del verdadero Dios para adorar a los dioses falsos (Dt. 13:1-11) y pronunciando oráculos para disfrutar del placer (Miq. 2:11) y ganancia (Jer. 6:13-15; 8:10-12) personal.

A menudo las Escrituras simplemente notan que un profeta recibió una "palabra del Señor" (Jer. 1:2; Oseas 1:1; Joel 1:1; *ver* Is. 14:28; Hab. 1:1) sin indicar explícitamente el medio por el cual el pronunciamiento divino fue recibido. El testimonio profético menciona tanto ver (Is. 1:1; 13:1; Amós 8:1; Hab. 1:1) como oír (Ezeq. 1:24-25, 28) la comunicación divina, pero lo que en realidad sucedía con el profeta no es fácil de determinar. Las referencias al Espíritu que viene sobre un individuo (Nm. 11:25, 24:2, 1 Sam. 10:6, 10, Ezeq. 8:1, 11:5, 37:1) apuntan a algún tipo de intervención divina que se apoderaba de la conciencia del profeta de tal manera que prepara al profeta para una revelación de Dios.

Se sabía que los profetas tenían experiencias extáticas o visionarias que los marcaban al operar bajo influencia divina. Además, varios de los profetas (Is. 20, Jer. 13:1-11, Ezeq. 5:1-4) representaban las demostraciones (señales-actos) como parte de su ministerio de oráculo. Estas experiencias extáticas y acciones peculiares ofendían a muchos de sus contemporáneos (2 Re. 9:11; Jer. 29:26; Hos. 9:7). Estos fenómenos se concentraron alrededor de las dos grandes crisis que enfrentó Israel: la desaparición del reino del norte en el 722 a.C y del reino del sur en el 586 a.C Habiendo recibido la advertencia de que el juicio nacional era inminente, estos profetas fueron llevados a aumentar su predicación con dramatizaciones con el fin de transmitir de manera más persuasiva a la audiencia la urgencia de prestar atención a su mensaje (Ezeq. 12:8-11).

Tipos de Oráculos

Los críticos de las formas han identificado tres tipos principales de oráculos proféticos: oráculos de salvación, de juicio y de arrepentimiento. El primero se divide en subcategorías: oráculos de salvación individual (1 Re. 17:8-16) y oráculos de salvación comunitaria (1 Sam. 7:3-15). Los profetas, sin embargo, no estaban estrechamente vinculados a las formas tradicionales, y demostraron una gran creatividad en la modificación de las formas para adaptarlos a su estilo personal y la situación que tenían ante sí.

Estos diversos tipos de oráculos no fueron pronunciamientos arbitrarios; se fundaron en la relación de pacto de Israel con Yahvé (Jer. 34:18). Los profetas sirvieron como fiscales del pacto, y sus oráculos eran parte del caso de la acusación en nombre de Yahvé contra el pueblo. El comportamiento, ya sea de un individuo o de la nación, se evaluaba a la luz de las exigencias del pacto. Así también, la respuesta de Yahvé, fuera juicio o salvación, fue expresada en términos de su fidelidad al pacto(s) que hizo con Israel.

Los oráculos de salvación anunciaban la liberación y restauración gloriosa de Yahvé, principalmente en respuesta a la catástrofe del 586 a.C (Ezeq. 11:16-21; 36:24-38; 37:15-28; Amós 9:11-15; Sof. 3:14-20), y podían incluir en el pronunciamiento salvífico la destrucción del enemigo (Sof. 3:19). A menudo comienzan con la fórmula "en ese día" (Amós 9:11; Miq. 4:6), enfocando la atención de Israel en un tiempo futuro cuando todos sus enemigos serían sometidos y las bendiciones del pacto serían establecidas y disfrutadas por la comunidad redimida.

Los oráculos del juicio generalmente se presentaban con una interjección, a menudo traducida al español como "ay", seguida de un discurso formal y una acusación acompañada de un anuncio del castigo que se infligiría (Is. 1:4; 5:8, 11, 18, 20, 21, 22; Jer. 22:13; Ezeq. 34:2). Estos oráculos podían tomar la forma de una demanda. En Is. 1:2 "el cielo y la tierra" son convocados como testigos, remontándose a Deut. 30:19; 31:28; 32:1, donde estos elementos de la naturaleza fueron invocados por Moisés para ser testigos del pacto de Dios con Israel. Algunos oráculos declaran explícitamente que se ha presentado un caso contra el pueblo (Is. 3:13; Jer. 2:9; Oseas.4:1; 12:2; Miq. 6:1-2).

Los oráculos de arrepentimiento llaman al destinatario específicamente al arrepentimiento y al compromiso con el pacto para evitar la destrucción (Is. 31:6; Jer. 4:1; Ose. 12:6).

Medios de los Oráculos

Varios objetos fueron sancionados por ser usados en el discernimiento de la voluntad de Dios. Las Escrituras guardan silencio sobre muchos de los detalles con respecto a la manipulación de estos objetos, pero la validez de su uso para discernir la voluntad divina no se cuestiona. Los misteriosos Urim y Tumim, dos objetos parecidos a piedras que se conservan en el pectoral del sumo sacerdote, parecen haber sido utilizado para dar una respuesta de "sí o no" (Éx. 28:30; Lev. 8:8; Dt. 33:8; 1 Sam. 14:41), aunque a veces no había respuesta (1 Sam. 28:6). El efod, una especie de delantal de lino de dos piezas o túnica usado por los sacerdotes debajo del pectoral (Éx. 28:4, 6, 1 Sam. 23:9-12, 1 Sam. 30:7-8, pero nota que Samuel estaba usando uno mientras ayudaba al sumo sacerdote Eli [1 Sam. 2:18], y David, cuando conducía la procesión que devolvía el arca del pacto a Jerusalén [2 Sam. 6:14]), también fue presionado al servicio para discernir la voluntad de Dios. Otro método, el echar las suertes, está rodeado de misterio. Este método se usó para determinar el chivo expiatorio en el Día de la Expiación (Lev. 16:8-10), el culpable en la pérdida en Hai (Jos. 7:14), la adjudicación de las tierras de Canaán (Jos. 14-19; 21), asignaciones sacerdotales en el templo (1 Cr. 24:5; 25:8; 26:13), residencia en Jerusalén en la comunidad posterior al exilio (Neh. 11:1), el día en que masacrarían a los judíos en Persia según lo planeado por Amán (Est. 3:7, 9:24), y la división de la ropa del Mesías (Sal. 22:18, cf. Jn. 19:24).

Oráculos contra las Naciones Extranjeras

Un grupo especial de oráculos son aquellos dirigidos a los enemigos históricos de Israel, comúnmente conocidos como "oráculos contra las naciones [extranjeras]". Los bloques de estos oráculos se encuentran en Amos 1-2; Is. 13- 23; Jer. 46-51; Ezeq. 25-32 y los libros completos de Nahum y Abdías. Estos oráculos eran dirigidos a una nación extranjera específica (la audiencia putativa) pero eran escuchados por Israel. Durante el tiempo en que la concepción de deidad de la mayoría de las personas estaba ligada a una tierra específica, estos oráculos sostenían que Yahvé era soberano sobre toda la tierra, y que sus propósitos incluían a toda la humanidad.

Todas las naciones hacen su voluntad. Estos oráculos debían entenderse en el contexto de la infidelidad de Israel hacia Yahvé y su fútil dependencia del apoyo de las naciones extranjeras. Los oráculos demostraban que Yahvé derribaría a todo lo que era altivo y ordenaría los eventos para que solo Él fuera alto y exaltado en el día de su venida. Aquellas naciones que maldijeran a Israel serían maldecidas (Gn. 12:1-3, 27:29).

Uso en el Nuevo Testamento

En el NT, "oráculo" (Gr. Logion) aparece cuatro veces, siempre en plural (logia [NVI: "palabras"]). Se refiere a la ley mosaica (Hec. 7:38) y porciones no especificadas de revelación (Rom. 3:2, Heb. 5:12, 1 Pe. 4:11).

O

ORATORIA, ORADOR La oratoria es un discurso formal en público; un orador es una persona experta en pronunciar un discurso. La oratoria clásica floreció en el siglo V a.C en Atenas, cuando intelectuales itinerantes, conocidos como sofistas, entrenaron a los alumnos en el arte del discurso persuasivo. El filósofo griego Platón desdeñó a los sofistas como charlatanes más interesados en ganar dinero y ganar argumentos que en presentar la verdad. Él y su sucesor Aristóteles ensalzaron la razón y la virtud sobre la mera persuasión en la retórica. Los romanos admiraron y enseñaron la oratoria griega a sus jóvenes, que necesitaban hablar persuasivamente en los tribunales y las asambleas públicas. El orador romano Cicerón hizo hincapié en las habilidades necesarias para una oratoria efectiva: la correcta selección de palabras y construcción de oraciones, gestos practicados y modulación vocal, emoción apropiada, ingenio y encanto, junto con una memoria prodigiosa y un amplio conocimiento de la historia y la ley. La oración especializada se destaca especialmente en los escenarios griegos y romanos del apóstol Pablo.

Pero incluso en el AT, el "hábil orador" es parte del sistema de apoyo de Judá (Is. 3:3 KJV). Moisés censura su inadecuación como portavoz de Dios debido a su falta de elocuencia (Éx. 4:10). Antes del apostolado de Pablo, Pedro quien no tuvo educación se convirtió en un orador efectivo del Evangelio para su audiencia judía (Hec. 2:14-40; 3:12-26; 4: 8-13), mientras que la defensa oratoria del judío griego Esteban sobre las Escrituras hebreas siendo cumplidas en Cristo irritaron tanto al Sanedrín que lo apedrearon (Hec. 7:2-57).

Pablo perora el Evangelio a las culturas griegas paganas del Imperio Romano. En Atenas, sus discursos despiertan el interés de los filósofos (Hec. 17:17-20). Él cita poetas griegos en su oración en el Areópago (17:22-31). En Éfeso, las oratorias de Pablo sobre el reino de Dios (19:8-9) ponen en peligro el comercio de ídolos, antagonizando a los artesanos locales. Una oratoria por el secretario de la ciudad calma y dispersa a la multitud descontrolada que se había formado (19:35-40). Pablo usa la oratoria en su defensa legal ante el gobernador Félix (24:10-21) y en su intento de persuadir al rey Agripa de la verdad y la razonabilidad del

El orador romano Cicerón.

Evangelio (26:2-29). Pero las habilidades de discurso de Pablo no son admiradas por todos (2 Cor. 10:10), y Pablo mismo desdeña la llamada sabiduría de aquellos que valoran tal elocuencia (1 Cor. 1:18-22; 2 Cor. 10:5; 11:6). Él enfatiza que su mensaje no es una cuestión de habilidades oratorias ingeniosas y confiadas, sino que son enseñadas por el Espíritu Santo y fortalecidas por Dios (1 Cor. 2:1-4, 13; 4:20).

ORDENACIÓN El acto de elección y nombramiento para puestos de liderazgo y servicio dentro de las comunidades religiosas.

Antiguo Testamento. En el AT, las partes que reciben tal nombramiento incluían a reyes y otros líderes del pueblo (1 Sam. 9), los sacerdotes de Aarón (Éx. 29) y los levitas (Nm. 8).

La iniciativa divina respalda la elección de un rey. Dios expresa favor por un candidato a través de los profetas (1 Sam. 9:16, 1 Re. 11:30-38), quienes tienen un rol en ceremonias expresivas de tal nombramiento. Un componente esencial del procedimiento es la unción de la persona designada con aceite (1 Sam. 10:1, 1 Re. 19:16). Una consecuencia de tal elección y establecimiento es la recepción de un espíritu de Dios, lo que lleva, en un caso, a actos de profecía (1 Sam. 10:10-13).

La iniciativa divina también respalda el nombramiento de individuos (Moisés [Éx. 3:7-22], Josué [Nm. 27:15-23], los varios jueces [Jue. 3:15, 6:11-24]) para el liderazgo de Israel aparte de los cargos de la realeza. En tales casos dentro del AT, la comunicación de Dios puede venir directamente (en el caso de Moisés) o a través de la agencia de otro ser humano (Moisés comunica la intención divina a Josué) o un ser angélico (Jue. 6:11-24). En el caso de Josué, Moisés pone sus manos sobre él como una expresión de elección divina (Nm. 27:22); la acción reconoce que un espíritu de Dios ha venido sobre Josué (27:18).

Moisés oficia la ordenación de los primeros sacerdotes (Aarón y sus hijos [Lev. 8:6-9:24]) del culto sacrificial israelita. La unción con aceite, la aplicación de sangre de un animal santificado y el ponerse vestimentas sacerdotales son parte del ritual de la ordenación.

La elección de los levitas como asistentes de los sacerdotes de Aarón, sustitutos de la ofrenda requerida de todos los varones primogénitos de Israel, proviene de Dios (Nm. 8:5-22). La imposición de manos por los ancianos acompaña la consagración de los levitas (Nm. 8:10), lo que les permite hacer uso de los accesorios santificados del culto sacrificial.

Nuevo Testamento. En el NT, la iniciativa de Jesús respalda el nombramiento de los discípulos (Mt. 10:1-8, Mr. 3:13-19, Lc. 6:12-16). Los discípulos y/o ancianos presiden la designación de otras partes en puestos de liderazgo y servicio en la comunidad de fe. Tales actos de ordenación narrados cubren nombramientos de una variedad de tareas dentro del NT. Estas tareas incluyeron la de elegir un apóstol para reemplazar a Judas Iscariote (Hec. 1:15-26), la distribución de alimentos (6:1-6) y llevar el Evangelio a destinos específicos (13:1-3).

Los medios para recibir dirección en cuanto a la elección incluyen la oración (Hec. 13:1-3), y echar las suertes (1:24-26). Además, la combinación de la oración y el ayuno dentro del contexto de la adoración puede convertirse en la ocasión para recibir la orientación del Espíritu Santo (13:1-3). Una declaración resumida sobre la selección de ancianos en Hec. 14:23 concuerda con 13:1-3, donde se enumera la oración y el ayuno como los medio para el discernimiento. También se observa el uso del criterio de la comunidad para encontrar siervos llenos del Espíritu Santo y sabiduría (6:1-6). Por lo tanto, la capacidad de la comunidad para reconocer las cualidades específicas se alista en el proceso de elección.

La imposición de manos puede marcar la comisión de individuos para tareas específicas (Hec. 13:3). En otro lugar, la misma acción, junto con un acto de profecía, se realiza para otorgar "dones" a los individuos (1 Tim. 4:14). La mención de "dones" (sanación, consejo, lenguas, etc.), junto con la especificación de ciertas funciones dentro de la comunidad de fe (profetas, apóstoles, maestros, etc.), ocurre en Rom. 12:6-8; 1 Cor.12:27-30; Ef. 4:11. Estos pasajes ofrecen una extensión de la lista de funciones y tareas descritas en las narrativas mencionadas anteriormente. Los tres pasajes exhortan a la comunidad a reconocer la diversidad de talentos dentro de la comunidad y a emplear esos dones de manera apropiada. Estos dones incluyen los de sanación, milagros, ayudar a otros y hablar en idiomas desconocidos. Las funciones y cargos mencionados incluyen las de profeta, apóstol y maestro. La colocación de tales dones y funciones en estos pasajes sugiere, por supuesto, que el don apropiado acompañaría la capacidad de realizar tales funciones en la designación de un individuo.

Resumen. Aunque existen diferencias entre el AT y el NT en los roles prescritos por nombramientos y sus consiguientes habilidades, la continuidad en ambos cuerpos de literatura se encuentra en la expresión de la iniciativa de Dios, el otorgamiento de un espíritu de empoderamiento y la práctica de la imposición manos en actos de ordenación.

O

ORDENANZA Una observación establecida por Dios, a menudo se da como un recuerdo por generaciones, una conmemoración, se trata siempre de un mandamiento o un edicto que debe llevarse a cabo, señalada porque el pueblo de Dios es un pueblo de pacto, una declaración perpetua de cómo quiere Dios que su pueblo se relacione con él.

Antiguo Testamento

En el AT, el uso de la palabra "ordenanza" para traducir ciertas palabras hebreas varía según las traducciones al español. Dado que "ordenanza" se relaciona con la ley, a menudo se menciona junto a los mandamientos y estatutos, sin una clara distinción de los significados (Dt. 7:11).

En el AT de la NVI, la palabra "ordenanza" es la traducción de estas palabras hebreas: (1) *khuqqah* ("estatuto, decreto"), al menos veintitrés veces en Éxodo, Levítico, Números y Ezequiel; (2) *khoq* ("acción, estatuto, decreto"), dos veces en Éxodo; y (3) *mishpat* ("juicio, justicia"), al menos cinco veces en los libros históricos, Salmos y Ezequiel.

El término hebreo khuqqah se usa en todos los casos menos uno con 'olam para señalar una "ordenanza perpetua" en la LBLA. Este término se refiere a la Pascua y la fiesta de los Panes sin Levadura (Éx. 12-13). El aceite para el candelabro perpetuo se conoce como un estatuto perpetuo (Éx. 27:21), como también lo son las instrucciones para el Día de la Expiación (Lev. 23:31) y la limpieza ceremonial para el hombre que trabaja con las cenizas de la novilla (Nm. 19:10). Otras leyes, más específicas, se consideran estatutos perpetuos. Estos incluyen, por ejemplo, la restricción del vino para los sacerdotes (Lev. 10:9), la restricción del día de reposo en el día de la expiación (Lev. 16:31) y la ofrenda de cereal (Ezeq. 46:14).

El término hebreo khoq también se usa en conjunción con 'olam en Éx. 12:24; 30:21, lo cual es traducido como "ley perpetua" por la NVI. Se señala que la Pascua es una ordenanza perpetua y la purificación ritual de los sacerdotes también una ordenanza perpetúa.

El término hebreo mishpat, a menudo traducido como "juicio", también se traduce en la NTV como "ordenanza". En estos casos, se observan edictos como el de la división equitativa del botín (1 Sam. 30:25) y los edictos de David (2 Cr. 8:14).

Los levitas afirman que Israel ha pecado contra los mishpatim de Dios (Neh. 9:29), y los sacerdotes juzgarán según las ordenanzas de Dios (Ezeq. 44:24).

Nuevo Testamento

En el NT, la RVA (3x) y la LBLA (1x) traducen dikaiōma ("regulación, requisito") como "ordenanza", y ambas también traducen diatagē ("lo que se ordena") como "ordenanza"; adicionalmente, la RV traduce paradosis ("tradición") y ktisis ("autoridad humana") como "ordenanza" una vez cada palabra. La NTV, RV y LBLA traducen dogma ("ordenanza, comando") en Efe. 2:15 como "ordenanza". Estos términos parecen referirse al edicto de Dios para su pueblo, sus mandamientos que deben ser obedecidos. La NVI no traduce ningún sustantivo como "ordenanza" en el NT.

Teología Cristiana

En la teología cristiana, el uso de la palabra "ordenanza" no es muy diferente. Denota una observancia ordenada por Dios dada como un mandato para que su pueblo lo cumpla como un pueblo de pacto.

Los protestantes generalmente reconocen dos ordenanzas en el NT: el bautismo y la Cena del Señor (Comunión, Eucaristía). Las características comunes que las identifican se relacionan con la ordenación por Cristo de visualizar su obra en la vida de los creyentes y la iglesia y la participación de ellos en Él. (*Ver también* Sacramento).

Bautizo. El concepto de bautismo se encuentra en cinco palabras griegas diferentes, los sustantivos baptisma ("sumergirse, hundirse"), baptismos ("lavado, limpieza, sumergirse"), y baptistēs ("bautista"), y el verbos baptizō ("sumergir, hundir, lavar") y baptō ("hundir"). Los significados de estas palabras se han debatido a lo largo de la historia de la iglesia, pero todos ellos parecen denotar una acción de sumersión o inmersión.

El bautismo cristiano ciertamente está arraigado en los bautismos de Juan, Jesús y los apóstoles. En el libro de Hechos, los discípulos simplemente continúan bautizando a los que se arrepentían, como lo habían hecho desde el inicio del ministerio de Jesús (Jn. 4:2). Los que recibieron el bautismo no mostraban asombro; la expresión parece ser un paso natural posterior al arrepentimiento. La conexión con el judaísmo, sin embargo, no está clara. El judaísmo estaba saturado de rituales de purificación con agua y lavados. Estos lavados eran similares a los bautismos. Mientras que los lavados judíos eran perpetuos, solo el bautismo de judíos prosélitos era un rito de una sola vez. No está claro cuándo comenzó el bautismo de prosélitos o cómo se desarrolló. Puede que ya haya estado en lugar en el tiempo de Jesús. Más tarde, el Talmud habla de ello, pero no se menciona en el AT y no parece hallarse en la literatura del Segundo Templo. Así como se hacían limpiezas en los rituales del AT, también el bautismo de prosélitos fue una limpieza preparatoria del candidato prosélito. Sin embargo, el bautismo de prosélitos antes del tiempo de Jesús tiene poca evidencia. Además, Juan no parece haber buscado un ritual para los gentiles.

Otros han propuesto que Juan estaba en continuidad con una práctica de Qumran. Los dos eran muy similares (aunque el rito de Qumran era perpetuo). En Qumran, la purificación bautismal y el arrepentimiento se dirigen al Mesías (Qumrán era una comunidad escatológica). Sin embargo, puede ser que esto, así como los bautismos de Juan, Jesús y los apóstoles, se derivó de fuentes (¿comunes?) que ahora se desconocen.

Para Juan, el bautismo también es un signo de arrepentimiento y limpieza en preparación. Juan es el precursor del Mesías, y como tal su enfoque también es escatológico. Juan lleva su enfoque inmediatamente al Mesías y atrae a la comunidad israelita a reconocer, recibir, escuchar y seguir al Mesías. Con esto como el significado del bautismo de Juan, es sorprendente encontrar a Jesús viniendo a él para ser bautizado. Aunque Jesús no tiene necesidad de limpieza y preparación, se bautiza en solidaridad con el mensaje de Juan y su pueblo. Cuando Jesús es bautizado, aparentemente marca el inicio del reino cuando el Espíritu viene sobre él y el Padre lo reafirma. A partir de entonces, Jesús nota que el reino "se ha acercado" en su presencia.

Jesús bautiza al menos a algunos de los discípulos (Jn. 3:22), aunque se señala que son los discípulos los que regularmente bautizaban (Jn. 4:2). Sin duda, este bautismo hizo referencia a la limpieza y la preparación, ya que el Mesías estaba presente. Aparentemente, el bautismo de los discípulos de Jesús fue disminuyendo, ya que los cuatro evangelistas no hicieron más referencias.

En el día de Pentecostés, el arrepentimiento y el bautismo con respecto al Mesías son comenzados por los apóstoles después de la resurrección. Esto es de acuerdo con el mandato de Jesús previo a la ascensión de hacer discípulos por medio del bautismo y la instrucción (Mt. 28:19-20). Este bautismo comandado por Jesús debe hacerse "en el nombre" de las tres personas de la Trinidad. El primer credo bautismal era "Jesús es el Señor", y puede haber incluido una triple pregunta sobre la creencia en el Padre, el Hijo y el Espíritu. El bautismo pos resurrección simboliza la limpieza; la inundación en el agua simboliza esta purificación efectuada en la muerte y resurrección de Cristo, "sepultados juntamente con él para muerte por medio del bautismo" (Rom. 6:4).

Siempre se asumía que el creyente pasaba por el bautizo (Hec. 2:38, 22:16, Rom. 6:3-4, 1 Pe. 3:21). Nunca se le habría ocurrido a la iglesia primitiva dicotomizar la salvación y el bautismo como se hace a menudo hoy en día. La excepción se puede ver en los escritos de Pablo, donde enfatiza el kerygma sobre el acto del bautismo (1 Cor. 1:17). Para Pablo, la línea divisoria es la predicación del Evangelio para ser recibido por la fe, pero él apela perpetuamente al bautismo a sus lectores.

Algunos han enfatizado demasiado el bautismo al verlo como la entidad salvífica. Hec. 10:47 aplica para Cornelio y su familia la recepción permanente del Espíritu antes del bautismo. Esta recepción del Espíritu es luego comparada por Pedro con el don original del Espíritu en el Pentecostés (Hec. 11:15). Aunque sería imprudente inferir la doctrina de la mera secuencia de eventos narrativos, el pasaje en Hec. 10 al menos muestra la no necesidad de la secuencia del bautismo para unirse a Cristo. Esto es promulgado solo por la operación del Espíritu.

En todos los casos del NT, los candidatos al bautismo son aquellos que han llegado al arrepentimiento, y siempre son adultos. No hay referencia directa al bautismo de infantes. Algunos en la iglesia han asumido el bautismo de infantes en contextos familiares, que se cree que son especialmente efectivos para lidiar con el pecado original. Pero en general, el testimonio bíblico parece indicar que el bautismo es para creyentes que se han arrepentido. Debido a que generalmente las figuras de autoridad del NT dirigen el bautismo, surgió un consenso general de que solo el obispo de la iglesia debe dirigir el bautismo. Ignacio llama solo al obispo para ministrar ambas ordenanzas. La tradición de que el bautismo fuera dirigido por un funcionario ordenado por la iglesia se mantiene en gran parte hoy en día, aunque no hay ningún edicto en las Escrituras.

Con respecto al modo, Didaché llama a la inmersión en aguas con corriente como el método preferido, siendo las aguas tranquilas la segunda opción. Si esas aguas no están disponibles para la inmersión, entonces se permite un derramamiento triple. En la historia de la iglesia, aquellos que priorizan el símbolo de la limpieza utilizan el método de rociadura. En cualquiera de estos casos, si es que se puede discernir cosa alguna del modo de bautismo de las Escrituras, se trataría de sumergir en las aguas ("subió del agua" [Mt. 3:16]; "salieron del agua" [Hec. 8:39]). (*Ver también* Bautismo, Bautismo infantil).

La Cena del Señor. La ordenanza de la Cena del Señor también se conoce como la Mesa del Señor, la Comunión y la Eucaristía. La Cena del Señor es una conmemoración de la muerte de Cristo. Al compartir el pan y la copa, se recuerda la procedencia de la salvación efectuada en el sacrificio de la cruz. La mayoría de los cristianos evangélicos consideran que el pan y la copa representan simbólicamente el cuerpo y la sangre de Cristo. Otras tradiciones cristianas afirman que el pan y la copa se transforman en el cuerpo y la sangre reales de Cristo (transubstanciación) o que el cuerpo y la sangre reales de Cristo están presentes junto al pan y la copa (consubstanciación).

La narración de la Última Cena de Jesús se encuentra en Mt. 26:26-29; Mr. 14:22-25; Lc. 22:15-20; 1 Cor. 11:23-26. Esta comida, tal como se registra en los Evangelios, es la comida del pacto celebrada en vista de la ratificación del nuevo pacto que pronto se cumpliría ("esta copa es el nuevo pacto en mi sangre" [Lc. 22:20]). Jesús instituyó la cena la noche antes de la crucifixión. La Última Cena de Jesús con los apóstoles en la sala superior también observa la redención pasada efectuada en la Pascua en esa fatídica noche en Egipto. Observa la presente obra de Cristo como la cena del pacto. Anticipa la cena mesiánica en el escatón. Así como el pan y la copa con Jesús en su Última Cena estaban relacionados con la comida de la Pascua, así también la iglesia primitiva la celebraba con los ágapes. La fraternidad de la iglesia contenía los ágapes, donde se daba el pan antes o después de la comida y la copa luego del pan. Pero en el siglo segundo, el pan y la copa adquirieron un sentido más litúrgico, separados de los ágapes.

Mucho de lo que sabemos acerca de la Cena del Señor viene por la discusión de los problemas en la iglesia de Corinto. Lo que la Cena del Señor más buscaba fomentar, la unidad en torno a la cruz de Jesucristo, fue negada. Se desconoce la injusticia precisa en Corinto, pero probablemente se trataba de que los ricos oprimieran a los pobres excluyéndolos o negándoles los alimentos. La respuesta del apóstol es que si ellos no sabían comer en la misma moderación con todos los estratos socioeconómicos del cuerpo, que deberían comer en casa ("¿No tenéis hogares para comer y beber?" [1 Cor. 11:22]). (*Ver también* Última Cena, Cena del Señor.)

OREB Y ZEEB Líderes madianitas a quienes los efraimitas dieron muerte. Después de que Gedeón y sus trescientos soldados habían derrotado milagrosamente al ejército madianita, Gedeón ordenó a los efraimitas que cortaran a los madianitas que huían en el río Jordán. Los efraimitas tuvieron éxito y capturaron a Oreb y Zeeb, a quienes mataron en la roca de Oreb y en el lagar de Zeeb, respectivamente (Jue. 7:19-25). Más tarde, Gedeón afirmó que el asesinato de Oreb y Zeeb por los efreimitas fue mayor que sus propios logros en la batalla (Jue. 8:1-3). *Ver también* Sal. 83:11; Is. 10:26.

ORÉN Hijo de Jerameel, primogénito de Hezrón, de la tribu de Judá (1 Cr. 2:25).

ORFA La viuda de Quelión (*ver* Rut 4:10). Junto con Rut, ella era una nuera moabita de Noemí. Después de que el esposo y los hijos de Noemí murieron, Noemí convenció a Orfa de que permaneciera en Moab en lugar de regresar con ella a Belén. De este modo, Orfa es un personaje que contrasta a Rut, quien decidió quedarse con Noemí.

ÓRGANO **(1)** En traducciones más antiguas, varios instrumentos musicales (Gn. 4:21, Job 21:12, 30:31, Sal. 150:4 RVA). **(2)** Una estructura biológicamente diferenciada dentro de un organismo que realiza una tarea o actividad específica (por ejemplo, hígado, riñón, estómago, intestino). El Pentateuco a menudo da instrucciones explícitas para la disposición o el tratamiento de los órganos durante los sacrificios (por ejemplo Éx. 12:9; 29:13; Lev. 1:9, 13; 3:3; 7:3; 9:14; Dt. 18:3). En algunas traducciones del NT, los órganos se incluyen en las metáforas del cuerpo de la iglesia (1 Cor. 12:12, 18-19). **(3)** Genitales femeninos o masculinos (Nm. 5:21, 22, 27, Dt. 23:1, 25:11).

ORGULLO El orgullo humano quita a Dios del centro de la vida y se exalta a sí mismo, atribuyéndose a sí mismo el honor que le corresponde a Dios. Por lo tanto, el orgullo es un acto de rebelión contra Dios. Varias listas de vicios incluyen el orgullo (Prov. 6:16-19, Mr. 7:20-22, Rom.1:28-31, 2 Tim. 3:2-4 RV). Tanto Santiago como Pedro, al exhortar a los cristianos a acercarse a Dios y unos a otros con humildad, citan este proverbio: "Dios se opone a los soberbios y da gracia a los humildes" (Sant. 4:6; 1 Pe. 5:5; *ver* Prov. 3:34).

El orgullo destruye tanto a los individuos como a las naciones. Destruyó a personas como los reyes Uzías (2 Cr. 26:16), Ezequías (2 Cr. 32:25-26) y Herodes (Hec. 12:21-23). El orgullo también destruye las naciones. Derribó a Israel (Jer. 13:17; Oseas 7:10; Amós 6:1-3, 8). Isaías da una descripción clásica del orgullo de Israel (Is. 2:6-22). Dios destruyó a Asiria por su orgullo (Is. 10:12-19). El orgullo también fue la perdición de otras naciones, como Babilonia (Jer. 50:29-32), Egipto (Ezeq. 31:10-12, 32:12) y Moab (Jer. 48:29). Dios aborrece el orgullo (Prov. 16:5, *ver* Ezeq. 16:50) y su respuesta es derribarlo (Prov. 15:25; 16:18; Job 22:29).

ORILLO Una banda en cada lado de un rollo de tela, tejida de manera de evitar el deshilachado. En Ex. 26:4; 36:11 la KJV traduce la palabra hebrea qatsah como "orillo", refiriéndose al borde final de la cortina del tabernáculo.

ORIÓN El nombre griego de una gran constelación que representa a un poderoso guerrero armado. La misma constelación puede haber sido vista como una representación celestial del dios Osiris por los egipcios. Las Escrituras afirman que el Señor es el creador de todas las constelaciones, incluso el reverenciado Orión (Job 9:9, 38:31, Amós 5:8).

ORNAMENTOS TINTINEANTES Tobilleras de plata y oro, listadas entre los lujos en la KJV de Is. 3:18 (NIV: "brazaletes"). Estas cadenas usadas sobre los tobillos, probablemente decoradas con campanas, tintineaban cuando las mujeres caminaban. La remoción por parte de Dios de estas, junto con otros adornos ostentosos (Is. 3:18-23), representa su promesa de humillar a aquellos en Judá que habían oprimido a los pobres.

ORNÁN Un nombre alternativo para "Arauna" que se encuentra en el hebreo de Crónicas (*ver* 1 Cr. 21:15, 18, 20-25, 28, 2 Cr. 3:1) y traducido como tal en la RV1977, RVC, NVI y LBLA. Otras versiones (NTV) armonizan con "Arauna" como se muestra en 2 Sam. 24:16-25. *Ver también* Arauna.

O

ORO BATIDO *Ver* Oro Martillado.

ORO MARTILLADO El oro a veces era martillado en láminas delgadas para enchapar otras superficies. Esta técnica se usó para varias terminaciones del templo, incluyendo el altar y el santuario interior (1 Re. 6:20-35) y también para ídolos (Is. 40:19). El oro martillado también podía ser transformado en objetos como candelabros (Éx. 25:18) o escudos (1 Re. 10:16-17).

ORO *Véase* Minerales y Metales.

ORONTES, RÍO El río Orontes (Nahral-Asi) nace en el valle de Al Biqa en Líbano y fluye por Siria hasta el sur de Turquía. Recibe el nombre de un dios del río griego de Siria, el Orontes se extiende por 250 millas. En la antigüedad, el río era conocido por las rutas comerciales que lo seguían. Entre las ciudades del Valle de Orontes se encontraban Kadesh-on-the-Orontes, Riblah, Emessa, Hamath, Alalakh y Antioch-on-the-Orontes. El valle a menudo se usaba para campañas militares. La famosa batalla de Cades (hacia 1274 a.C) se desató a lo largo del Orontes.

Fundada por Seleuco I (hacia el año 300 a.C), la ciudad de Antioquía se encontraba a dieciséis millas de donde se conecta el delta del Orontes con el mar Mediterráneo. Su puerto, conocido como Seleucia Pieria, permitía el transporte de carga hacia y desde Antioquía. El apóstol Pablo adoptó la iglesia de Antioquía como su iglesia madre durante sus tres viajes misioneros, frecuentemente usando su puerto para viajar (Hec. 13:4; 14:26; 15:39-41).

ORTIGA Una planta silvestre con hojas de bordes dentados cubiertas de vellos o espinas finas que provocan ardor en la piel cuando se tocan. Este y otros términos similares ("hierba", "espina", "cardo") se usan en las Escrituras, especialmente en referencia a la desolación y el abandono de los lugares anteriormente habitados después de su juicio y destrucción. Es difícil identificar con precisión el significado de los términos botánicos hebreos en las Escrituras, y varias palabras hebreas se traducen como "ortiga" en diferentes versiones en español. La NVI usa "ortiga" solo una vez, traduciendo la palabra hebrea qimmos, en asociación con las espinas y zarzas que invadirían la desolada Edom (Isa. 34:13). Otra palabra hebrea, kharul, se traduce como "ortiga" en varias versiones (NTV, LBLA, RV), aunque se representa como "maleza", "espinos" o "espinas" en otros (Job 30:7; Prov. 24:31; Sof. 2:9 NVI, NBD, PDT).

ORUGA La palabra "oruga" a veces se usa para traducir varias palabras hebreas en las versiones en inglés de la Biblia, aunque en muchos o en todos estos casos es poco probable que se trate de unas verdaderas orugas (las larvas de las mariposas y de las polillas). La palabra hebrea gazam (Amós 4:9; Joel 1:4; 2:25 [NVI: "langostas"]) es muy probable que se refiera a "oruga". La raíz verbal por la cual se forma este sustantivo significa "devorar", y esta criatura en su descripción posee capacidades de gran poder destructivo. Se dice que las orugas devoraban higueras y olivos y destruían viñedos, por lo que dejaban rastros de devastación a su paso. Es posible que las orugas hayan ocasionado tal daño, pero es más probable que las criaturas que se aluden sean realmente langostas o saltamontes en una etapa particular de su ciclo de vida.

En la KJV, muchos otros términos hebreos se interpretan como "oruga", que en la modernidad se cree que aluden con precisión a las langostas en diversas etapas de su ciclo de vida o posiblemente a distintas especies de langostas. *Ver también* Langosta.

ORUGA Traducción en la KJV en Joel 1:4; 2:25; Nahum 3:15-16 para la palabra hebrea yeleq, que se refiere a una especie sin alas, a una oruga/langosta que se arrastra. En Salmos 105:34; Jeremías 51:14, 27 en la KJV se interpreta la palabra como "oruga". *Ver también* Langosta.

ORUGA Una oruga peluda destructiva o, en América del Norte, la larva de una polilla en particular. Aunque varias traducciones siguen la RVA al usar esta palabra para traducir gazam (Joel 1:4, 2:25; Amos 4:9), gazam es en realidad una de las muchas palabras hebreas para la langosta, posiblemente refiriéndose a una etapa particular de desarrollo.

OSAÍAS **(1)** El padre de Jezanías, uno de los oficiales de ejército que recibieron consejo de Jeremías al contemplar su huida a Egipto (Jr. 42:1). Jezanías es llamado "Azarías" en Jr. 43:2. **(2)** Un hombre asignado para liderar a la mitad de los líderes de Judá en la procesión en la ceremonia de renovación de Esdras y Nehemías (Neh. 12:32).

OSCURIDAD En el comienzo de la creación, la oscuridad "sobre la faz del abismo", no es un principio primordial de caos a ser combatido por Dios (como es sugerido algunas veces), sino que es simplemente algo que se prepara para su creación de la luz en Génesis 1:3. El "temor de una grande oscuridad" que vino sobre Abram mientras dormía (Génesis 15:12), era un indicador de la recepción de una misteriosa revelación divina, que incluye una manifestación de Dios en la forma de un horno humeante y una antorcha de fuego (15:17). De igual forma, los negros nubarrones y densa oscuridad que envolvían al Monte Sinaí (Deuteronomio 4:11; 5:23; Salmos 18:7-10) eran una señal de la presencia de Dios y que también lo ocultaban de la vista de los israelitas.

Una plaga de oscuridad fue infligida sobre Egipto, como preludio a la liberación del éxodo (Éxodo 10) e hizo de la oscuridad una señal y símbolo del juicio de Dios. En la enseñanza profética, el Día del Señor que vendrá en juicio sobre Israel y las naciones es un día de "oscuridad y tinieblas" (Joel 2:2, 31; Amós 5:18-20; Sofonías 1:14-15). Los impíos serán arrojados a la oscuridad (Proverbios 4:19; Isaías 8:22). Jesús utilizó metáforas como éstas al referirse al castigo en el infierno (ej. Mateo 22:13; 25:30).

La vida moral de un creyente implica apartarse de las obras de la oscuridad (Efesios 5:8-11; 1 Tesalonicenses 5:4-8). La oscuridad se asocia con el Seol y la muerte (ej. Job 10:21; 17:13), llegando a ser, además, una metáfora de una situación de angustia, especialmente frente al peligro de muerte (Salmos 107:10, 14). En contraste, la disipación de la oscuridad es una metáfora de la ayuda salvadora de Dios en Isaías 9:2: "El pueblo que andaba en la oscuridad ha visto una gran luz" (cf. Isaías 10:17). Esa salvación incluirá la provisión de un futuro gobernante davídico (Isaías 9:6-7), de modo que la venida de Jesús es el amanecer de la luz (Juan 1:5; 12:35). Este rico trasfondo del AT da contexto al período de tres horas y media de oscuridad, que ocurrió cuando Jesús colgaba de la cruz (Mateo 27:45). Esto comenzó en la hora sexta, esto es el mediodía, y señaló que el día del juicio estaba tomando lugar mientras Jesús sufría en el lugar de los pecadores (cf. Amós 8:9).

OSEAS En Rom. 9:25, la traducción en la KJV de Hōsēe, el nombre griego del profeta Oseas.

OSEAS Uno de los primeros profetas en tener sus oráculos reunidos en un libro, ejerció el ministerio durante aproximadamente cuarenta años en Israel (c. 760-720 AC), comenzando en el reinado de Jeroboam II (c. 784-748 a.C.) y tal vez extendiéndose más allá de la caída de Israel en 722 AC. Era el hijo de Beeri, pero aparte de su familia inmediata poco se sabe de su vida. No es mencionado en ninguna otra parte de la Biblia y la información biográfica dada acerca de él al comienzo del libro de Oseas (1:1-2:1; 3:1-5) es confusa.

Dios le Dios a Oseas el bizarro mandato de casarse con una prostituta para simbolizar la relación de Dios con su pueblo infiel, Israel. Él obedeció y se casó con Gomer, quien luego le dio dos hijos, Jezreel ("Dios Siembra") y

Lo-Ammi ("No Mí Pueblo"), al igual que una hija, Lo-Ruhama ("No Perdonada"). El nombre de Jezreel tenía la intención de advertir a Israel que Dios juzgaría a la casa real de Jeroboam II por la sangre derramada en el Valle de Jezreel por su bisabuelo Jehú (2 Re. 9:36-37; 10:6-7, 11). El nombre de "Lo-Ruhama" significaba que Dios ya no perdonaría a Israel, y el nombre "Lo-Ammi" significaba que Dios no consideraría más a Israel su pueblo. La importancia de estos nombres se ve en los temas de siembra (Os. 2:23; 8:7; 10:12), Dios mostrando piedad (2:1, 4, 23; 14:3) e Israel como el pueblo de Dios (2:1, 23; 4:6, 8, 12; 11:7) reaparecen a través del libro de Oseas. El texto explicita que Oseas era el padre de Jezreel, pero no aclara la identidad del padre de Lo-Ruhama y Lo-Ammi, sugiriendo que Gomer puede haber regresado a su antigua profesión tras el nacimiento de Jezreel. Dios también le ordena Oseas a traer de vuelta a la mujer sin nombre y amarla, lo que presumiblemente se refiere a Gomer después de que había abandonado a su esposo (3:1-5).

OSEAS, LIBRO DE "Ve y cásate con una prostituta" son las primeras palabras que el profeta Oseas escucha de Dios en el libro de Oseas (1:2 NET). Su trágico matrimonio con Gomer provee una analogía para la relación de Dios con su pueblo Israel. Dios ama, confronta, ruega, se enoja y busca reconciliarse en este libro que contiene palabras de juicio y esperanza.

El libro de Oseas es uno de los doce profetas menores, pero entre estos libros Oseas es preeminente. Es el más largo y aparece primero canónicamente y es uno de los primeros libros proféticos en ser escritos. La poesía emotiva retratando el sufrimiento por el trauma de su relación rota con su pueblo es difícilmente igualada en otra parte de las Escrituras.

Trasfondo Histórico

El primer versículo ubica el libro en los reinados de Jeroboam II de Israel (784-748 a.C.) y Uzías (769-733 a.C.), Jotam (758-743 a.C.), Acaz (733-727 a.C.) y Ezequías (727-698 a.C. de Judá. Es difícil señalar en qué momento del reinado de Jeroboam II Oseas comenzó su ministerio y que tan avanzado el reinado de Ezequías sirvió. Los académicos por lo general datan el ministerio de Oseas entre 760 y 720 a.C.

Durante el reinado de Jeroboam, Israel expandió sus límites (2 Re. 14:25, 28) debido a la debilidad relativa de sus dos tradicionales enemigos del norte, Asiria y Aram. Esta expansión llevó la prosperidad económica para las clases superiores, pero opresión para las clases inferiores, lo que fue condenado por el profeta Amos. Poco después de la muerte de Jeroboam, Tiglat-piléser III llegó al trono de Asiria en el año 744 a.C., y mientras las influencias asirias comenzaron a crecer en Israel, la estabilidad política de la nación declinó. Los reinados de los últimos gobernantes de Israel se caracterizaron por el caos, ya que seis reyes gobernaron sobre Israel en menos de una generación (2 Re. 15:8-31; 17:1-6). El hijo de Jeroboam, Zacarías, fue asesinado por Salum que fue asesinado por Manahem, que fue sucedido por su hijo Pekaía, que fue asesinado por Peka, y que fue asesinado por Josué, quien fue exiliado por Asiria.

Relieve que representa al rey asirio Tiglath Pileser III, durante cuyo reinado profetizó Oseas.

Los oráculos de Oseas por lo general se enfocan en el reino norte, con más de cuarenta referencias a "Israel" repartidas a través de libro (e.g., 1:4-6), pero la tribu de Efraín también es mencionada más de treinta veces (e.g., 4:17; 5:3, 5). Como la tribu más influyente del norte, Efraín con frecuencia es usado como sinónimo de Israel, pero algunas de las referencias a Efraín pueden deberse al hecho de que Asiria conquistó y exilió la mayoría de Israel en el año 733 a.C., Efraín fue todo lo que quedó hasta la destrucción en 722 AC.

Esquema

I. Ambiente histórico (1:1)
II. La familia de Oseas (1:2-2:1)
III. La familia de Dios (2:2-23)
IV. Dios llama a Oseas para traer de regreso a Gomer (3:1-5)
V. El primer conjunto de mensajes (4:1-11:11)
VI. El segundo conjunto de mensajes (11:12-14:9)

Mensaje

El mensaje del libro de Oseas es de Dios: su voz domina el libro, ya sea hablándole al profeta o a la nación entera. Mientras que los marcadores del discurso de Dios se concentran en los tres primeros capítulos (1:2, 4, 6, 9; 2:1, 13, 16, 21; 3:1), claramente Dios está hablando en gran parte del resto del libro (4:1; 11:11). La perspectiva de Oseas en primera persona aparece explícitamente sólo mientras narra cómo Dios le ha dicho que vaya y traiga de regreso a su esposa, Gomer (3:1-5). Oseas puede estar hablando cómo la nación está llamada a regresar a Dios (6:1-3; 14:1-3) o estos llamados pueden provenir del pueblo. Dios también usa citas del pueblo para ilustrar su punto (8:2; 9:7; 10:3).

La comisión inicial de Dios a Oseas de que se case con la prostituta Gomer sirve como marco sobre el que colgar el contenido del libro. El principal mensaje de Dios es que el pueblo de Israel ha sido infiel a la alianza que habían establecido inicialmente en Sinaí después de liberarlos de la esclavitud en Egipto. Dios había dicho que sería su Dios e Israel sería su pueblo (Éx. 6:7), así que habían hecho una alianza que el pueblo prometió obedecer (24:1-8). Al igual que el corazón de Oseas ha sido roto por la infidelidad de su esposa, el de Dios ha sido devastado por el comportamiento adúltero de Israel. Gomer da a luz a tres hijos: Jezreel ("Dios Siembra"), Lo-Ruhama ("No Perdonada") y Lo-Ammi (No Mí Pueblo). El nombre de cada niño tiene significado en el libro: "Jezreel" porque Dios juzgará a la casa de Jeroboam por la sangre derramada por su bisabuelo Jehú en el Valle de Jezreel (*véase* 2 Re. 9:36-37; 10:6-7, 11); "No Perdonada" porque Dios ya no tendrá misericordia de la nación; "No Mi Pueblo" porque él ya no es su Dios y ellos ya no son su pueblo. Estos temas de la siembra (Os. 2:23; 8:7; 10:12), Dios mostrando misericordia (2:1, 4, 23; 14:3) e Israel como el pueblo de Dios (2:1, 23; 4:6, 8, 12; 6:11; 11:7) reaparecen a través del libro.

El libro circula a través de patrones de acusación, castigo y esperanza. Dios acusa a su pueblo de ser infiel a la alianza. Esta infidelidad toma dos formas principales: adoración de ídolos extranjeros y confianza en naciones extranjeras. A pesar de su compromiso de seguir las leyes de Dios, ellos han descaradamente rotos los dos primeros mandamientos: no tener otros dioses y no hacer ídolos (Éx. 20:3-4). El primer gobernante del reino norte de Israel, Jeroboam I, había construido dos becerros de oro, uno en Dan y otro en Betel (1 Re. 12:25-33), parecidos al hecho por Aarón en el desierto (Éx. 32:4). Los becerros de Jeroboam han sobrevivido más allá del reinado de Jeroboam II y contribuyeron a la apostasía de Israel durante todo el período de la monarquía del norte. El libro de Oseas específicamente condena la adoración de becerros (8:5-6; 10:5), que incluso tomó la forma de besar los becerros (13:2). La idolatría de Israel también involucraba consultar bloques de madera en vez de a Dios (4:12), uniéndose a ídolos (4:17), construyendo ídolos de plata u oro (8:4) y hacer sacrificios a ídolos (10:5).

Debido a que Dios quiere que Israel esté exclusivamente comprometido a Él, les ha prohibido hacer tratados con otras naciones (Éx. 34:12, 15; Dt. 7:2; 23:6). El libro de Oseas describe su desobediencia a su mandato en sus relaciones con Asiria y Egipto. Dios los acusa de depender de Asiria (Os. 5:13; 7:11; 8:9; 12:1) y declara que los becerros que adoran serán exiliados a Asiria (10:6), y Asiria se convertirá en su rey (11:5). Dios le recuerda a Israel la liberación de Egipto en el pasado (2:15; 11:1; 12:13; 13:4), condena su dependencia en Egipto en el presente (7:11, 16; 12:1) y proclama que Él regresará a Egipto en el futuro (8:13; 9:3, 6; 11:5). El "regreso a Egipto" debe interpretarse como no geográficamente, pero de manera figurada, como un regreso a la esclavitud y el exilio, que serán realizados por Asiria primero en el año 733 a.C. y finalmente en el año 722 a.C.

Los pecados de Israel provocan la ira de Dios (5:10; 8:5; 13:11) y lo impulsan a declarar que castigará a su pueblo (1:4; 2:13; 4:9; 5:2, 9; 8:13; 9:7, 9; 10:10). El castigo enviado por Dios apunta específicamente al rey de Israel, pero es difícil tener certeza de a cuál. La casa Jehú es el sujeto de la primera condena real (1:4-5), que puede referirse al asesinato de Zacarías, el hijo de Jeroboam II (2 Re. 15:8-10). El rey es llamado a escuchar el juicio porque le concierne (Os. 5:1). Algunos de los reyes de Israel ya han caído (7:7), que puede referirse al período de inestabilidad monárquica tras Jeroboam II. Eventualmente, el rey de Israel será totalmente desconectado (3:4; 10:3, 7, 15; 13:10), lo que ocurrió en el año 722 a.C., cuando Asiria destruyó la capital, Samaria.

En medio de la acusación y castigo, el libro también incluye palabras de esperanza, específicamente que Israel volverá a su Dios, y su relación será restaurada. Tres veces el pueblo es llamado a regresar a Dios: en el comienzo (2:14-23), en el medio (6:1-3) y al final del libro (14:1-3). Dios ve a su pueblo no sólo como su esposa, sino también como sus hijos (11:1-4) y promete que debido a su compasión su ira cesará (11:8-9) y Él guiará a sus hijos en su regreso a sus hogares (11:11). En un giro sorprendente, inmediatamente después de decirle a Oseas que le dé a los tres niños nombres que signifiquen enjuiciamiento (1:4-9), Dios declara que Israel será llamado los "hijos del Dios viviente" y los nombres de los niños cambian a "Ammi" (Mí Pueblo) y "Ruhama" ("Misericordia") (1:10-2:1 NET). Dios también promete que el pueblo de Israel será tan numeroso como las arenas de la playa (1:10), recordando su promesa a Abraham (Gn. 22:17).

La imaginería paternal como marital del libro de Oseas aparece en otras partes de las Escrituras. Mientras en Oseas la línea "fuera de Egipto llamé a mi hijo" (11:1) se refiere a Dios sacando a sus "hijos" de la esclavitud egipcia, Mateo muestra como también describe eventos tempranos en la vida de Jesús cuando su familia huyó a Egipto (Mt. 2:15). Jeremías gráficamente describe los pecados de Judá como adulterio y falta de fe (Jr. 3:1-25). Pablo compara la relación entre un esposo y su esposa a aquella de Dios y la iglesia (Ef. 5:23-24). El libro del Apocalipsis concluye a través de la descripción de cómo los residentes de la nueva Jerusalén serán adornados como una novia para su esposo, y serán su pueblo y el será su Dios (Ap. 21:2-9; 22:17).

OSO El único término hebreo que se usa para este animal en la Biblia es jamelgo. Se refiere a un oso pardo sirio (Ursus syriacus), que fue visto por última vez en la tierra de Israel a principios del siglo XX d.C. En la Biblia, el oso por lo general va emparejado con el león (1 Samuel 17:34-37; Proverbios 28:15; Lamentaciones 3:10; Oseas 13:8; Amós 5:19) y se cree que es peligroso especialmente cuando es despojado de sus cachorros (2 Samuel 17:8; Proverbios 17:12; Oseas 13:8). La imagen del "oso" también se ocupa en las visiones apocalípticas (Daniel 7:5; Apocalipsis 13:2) y en las descripciones del mismo Dios (Lamentaciones 3:10-11; Oseas 13:8; cf. Amós 5:19). De una manera irónica el oso es emparejado con una vaca en Isaías 11:7, y su función es ser un agente de juicio divino en 2 Reyes 2:24.

OSTIA En la antigüedad, la antigua ciudad de Ostia estaba situada en la desembocadura del río Tíber, a menos de veinte millas al suroeste de Roma. Era un puerto romano ubicado en una de los mayores caminos romanos. Los buques que descargaban en Ostia entregaban mercancías a sus grandes almacenes. En el apogeo de su existencia comercial, la ciudad estaba densamente poblada. Con el tiempo, Ostia se convirtió en el principal puerto de la Roma imperial. Su puerto, desarrollado en el siglo I d.C, tendía a encenagarse, por lo que era una estación de paso a lo largo del río en vez de un puerto viable. Los mismos sedimentos que hicieron de Ostia un puerto inutilizable, lo preservó como una ruina arqueológica, la cual fue descubierta en el siglo XX.

OSTRACA Ostraca (el plural de ostracon) son tiestos con escritos sobre ellos. Se han encontrado significativas colecciones en Samaria, Laquis y Arad. Aportan a la apreciación de los contextos culturales e históricos de las monarquías tardías de Israel y Judea.

OTNI Uno de los hijos de Semaías, incluido entre las familias de los porteros levitas (1 Cr. 26:7).

OTONIEL (1) El hijo de Cenaz y sobrino de Caleb (o posiblemente el hermano de Caleb). A petición de Caleb, Otoniel derrotó a los habitantes de Quiriat-sefer, y como resultado recibió a la hija de Caleb Acsa como esposa (Jos. 15:16-19; Jue. 1:13-15). Otoniel también sirvió como el primer juez de Israel, liberando al pueblo de las manos de Cusán-risataim, el rey de Aram-naharaim (Jue. 3:7-11). Israel vivió cuarenta años en paz, lo cual terminó con la muerte de Otoniel. Un nombre de clan en la genealogía de Heldai el netofatita, un oficial militar (1 Cr. 27:15).

Una antigua inscripción copta escrita en un óstracon.

OVEJA Un animal domesticado y limpio para el culto que representaba la riqueza y sustento de muchos en tiempos bíblicos. Mencionado más que cualquier otro animal en la Biblia, las ovejas eran críticas para la economía rural del antiguo Israel, con el animal mismo y la lana que produce sirviendo como una de las medidas de la prosperidad de una persona (1 Sm. 25:2; Ez. 27:18). Las ovejas fueron útiles a lo largo de la historia de Israel, especialmente en el periodo patriarcal (Gn. 46:32), proporcionando leche para beber (Dt. 32:14), lana y cuero para vestuario (Job 31:20; Heb. 11:37) y coberturas de carpas (Éx. 26:14), y carne para comer (Dt. 14:4).

Por lo general, los corderos machos desde ocho días de edad (Lv. 22:27) y las ovejas de un año servían como ofrendas sacrificiales a Dios variadas: la celebración de Pascua (Éx. 12:5), ofrendas quemadas (Lv. 1:10), ofrendas de pecado (Lv. 5:6), ofrendas de culpabilidad (Lv. 5:15), y ofrendas de compañerismo (Lv. 3:6), aunque el primogénito del rebaño pertenecía a Dios (Éx. 13:12). Sus colas grasas eran la porción preciada de la oveja que se ofrecía en ofrendas quemadas (Lv. 3:9).

Naturalmente gentiles y sumisas (Jr. 11:19), las ovejas están predispuestas a perderse fácilmente o dejarse engañar (Is. 53:6; Mt. 9:36). Debido a que las ovejas son animales sociales que se reúnen en grupos, un pastor puede fácilmente guiar a un gran rebaño. La indefensión del animal contra aquellos que les robarían el abrigo o demandarían su vida se representa en Is. 53:7. Para proteger las ovejas contra los depredadores, un pastor proporcionaba un área protegida, o redil, que puede ser una cueva o cercado de piedras. Una relación única existía entre el pastor y las ovejas: el pastor conocía a cada animal por nombre, y las ovejas podían reconocer la voz del pastor (Jn. 10:1-11). Las ovejas, por lo tanto, sirven como metáfora apropiada al pueblo de Dios (Sal. 100:3), sugiriendo que el pueblo de Dios es inocente y totalmente dependiente de su pastor para dirección y protección divina (Mt. 12:11; Lc. 15:4). Jesús promete que ninguna sola oveja puede ser tomada de la mano de su Padre (Jn. 10:29). Aunque las ovejas de Dios deambulan, "el Pastor y Supervisor de sus almas" restaura (1 Pe. 2:25).

En una farsa, los falsos profetas son descritos como vestidos "en piel de oveja", un símbolo de inocencia, y aparentando ser miembros del rebaño de Dios (Mt. 7:15). En contraste, los verdaderos discípulos que deben acudir a las ovejas—el pueblo perdido de Israel (9:36; 10:6)—ahora son enviados como ovejas entre lobos (10:16-19), pero están aptamente protegidos.

Jesús es representado como el Cordero de Dios (Jn. 1:29; Ap. 5:6; cf. Is. 53:7), proporcionado por Dios por los pecados del mundo, el cumplimiento final del cordero Pascual anual (Éx. 12; 1 Cor. 5:7). Jesús es el buen pastor de todas las ovejas, y él profundamente demuestra su compromiso y amor por las ovejas: "El buen pastor entrega su vida por sus ovejas" (Jn. 10:11).

ÓXIDO La corrosión del metal. Se usa metafóricamente en la Biblia para ilustrar la naturaleza transitoria de los tesoros terrenales. Jesús advierte contra almacenar tesoros sobre la tierra, donde la polilla y el óxido destruyen (Mt. 6:19 ESV, NRSV, NASB). Ezequiel usa el óxido como una imagen de la duradera plaga del pecado, comparando la maldad de las personas a la corrosión encostrando una cacerola que ni siquiera el fuego puede remover (Ez. 24:6, 12). Santiago combina estas ideas y advierte a los ricos que la corrosión de su oro y plata dará testimonio contra ellos, comiéndose su piel como fuego (Sant. 5:3). Debido a que Santiago está trabajando en metáforas, el hecho de que el oro y la plata no se oxiden no debe distraer de su mensaje: el óxido simboliza la destrucción de los bienes terrenales que amenaza con destruir a aquellos que dependen de ellos.

OZEM **(1)** El sexto hijo de Isaí y hermano de David (1 Cr. 2:15). **(2)** Un judaita, uno de los hijos de Jerameel, el primogénito de Hezrón (1 Cr. 2:25).

OZÍAS En Mt. 1:8-9 la transcripción de la RVA del nombre griego Ozías, refiriéndose al rey Uzías en la genealogía de Jesús.

OZNI El antepasado de los Oznitas, un clan en la tribu de Gad que se contó en el segundo censo del desierto (Nm. 26:16).

OZNITAS *Ver* Ozni.

P

P *Ver* Hipótesis Documentaria

PAARAI Uno de los treinta valientes de David, su nombre egipcio significa "el sirio", y se le llama "el arbita" (2 Sam. 23:35). El nombre paralelo en 1 Cr. 11:37 reemplaza la "p" por la "n" y la "r" por la "z", resultando en "Naarai hijo de Ezbai".

PABELLÓN, PÉRGOLA Una carpa o toldo grande o algo que se asemeja a una cubierta de este tipo; también, una sección identificada por separado de un edificio, posiblemente parcialmente separada. En español, la palabra "pabellón" transmite una sensación de fastuosidad o grandeza, y sólo la usan dos veces un número importante de traductores: en Job 36:29 como metáfora de la expansión de las nubes que cubren a Dios, y en Jer. 43:10 para referirse a un toldo para el trono real. Algunas versiones usan "pabellón" para traducir varias palabras hebreas diferentes con los siguientes significados: caseta (2 Sam. 22:12, 1 Re. 20:12, 16, Sal. 31:20, Is. 4:6) tienda (2 Sam. 6:17; Sal. 27:5; Dan. 11:45); estructura arquitectónica alta (Eze. 16:24, 25, 31, 39); cubierta de tela, a veces específicamente refiriéndose a una tienda de boda ceremonial judía, o chuppah (Sal. 19:5; Is. 4:5); la sección femenina de una tienda de campaña (Nm. 25:8); columnata o patio (1 Cr. 26:18); camino cubierto (2 Re. 16:18).

PABLO Un Fariseo comisionado por Jesucristo para predicar el Evangelio a los gentiles. Su nombre judío era "Saúl" (Hec. 9:4; 13:9), pero prefería usar su nombre romano, especialmente cuando firmaba sus cartas. En realidad, "Pablo" era su apellido. Los ciudadanos romanos tenían tres nombres; el apellido era el nombre de familia, llamado el "cognomen". No conocemos el primer y el segundo nombre romano de Pablo, pero su apellido se deriva del latín Paulus (Sergio Paulo, el procónsul de Chipre, tenía el mismo apellido [13:7]). La mayoría de las personas eran conocidas y llamadas por su apellido porque la identidad grupal era más importante en el mundo mediterráneo del primer siglo que el reconocimiento individual. Por ejemplo, al hablar públicamente, Pablo no usaba sus auto designaciones favoritas, "apóstol de los gentiles" o "siervo de Cristo Jesús"; en cambio, se identificaba como judío, ciudadano de Tarso, educado bajo Gamaliel (21:39; 22:3). Su identidad social estaba incrustada en su origen étnico, su nacimiento, su religión. Sin embargo, incluso esas categorías no pueden describir adecuadamente a Pablo. Él era judío, pero también ciudadano romano. Tarso era su hogar (11:25-26), pero afirmó que fue criado en Jerusalén. Hablaba arameo pero escribía en griego. Él fue una vez un fariseo, pero luego predicó un evangelio libre de circuncisión a los gentiles. En muchos aspectos, Pablo es un enigma. ¿Quién era él? ¿Qué es lo que él cree? ¿Por qué creía que tenía que abandonar su vida anterior del judaísmo para convertirse en apóstol de los gentiles? ¿Por qué es uno de los principales contribuyentes del NT a pesar de que no era un seguidor del Jesús histórico?

La Vida de Pablo

Pablo como un fariseo converso. Pablo vivió la primera mitad de su vida como un fariseo. Los fariseos eran una secta judía que enfatizaba la obediencia a la ley de Dios como el medio para mantener la santidad. Prácticamente todos los judíos creían que debían obedecer la ley, pero lo que hacía únicos a los fariseos era su énfasis en aplicar todos los mandamientos, incluso aquellos destinados sólo a los levitas y sacerdotes, a todos los judíos. Por ejemplo, a los sacerdotes se les exigía que mantuvieran ciertos rituales de lavarse las manos antes de comer (Lev. 22:1-9, cf. Éx. 30:19-21; 40:31-32). Por lo que los fariseos extendieron estos requisitos a todo Israel para mostrarle a Dios cuán serio se tomaban el obedecer la ley (Mr. 7:3-4). La obediencia era crucial para la bendición de Dios; la desobediencia traía la maldición de Dios. Por lo tanto, los fariseos establecieron muchas tradiciones, yendo más allá de la letra de la ley, para garantizar el cumplimiento. Hasta qué punto seguía el pueblo judío el ejemplo de los fariseos es debatido, pero ciertamente le parecía a la gente que nadie era más celoso de Dios y su ley que los fariseos: un celo que los obligaría a unirse a la lapidación de ofensores evidentes (Lev. 24:14, Hec. 7:58). Como fariseo, el celo de Pablo por la ley lo llevó a perseguir a los judíos cristianos, no sólo en Jerusalén sino también fuera de Israel, en lugares como Damasco (Hec. 8:3; 9:1-3; 22: 4-5; 1:13-14, Fil. 3:6). Ni Pablo ni Lucas explican lo que los fariseos encontraban objetable sobre este movimiento judío conocido como "el Camino". De hecho, el maestro de Pablo, Gamaliel, aconsejó al Sanedrín que ignorara a los miembros del Camino y no les causara problemas (Hec. 5:34- 39), un consejo que obviamente no fue tomado por Pablo. Tal vez fue la reputación de Jesús como un infractor de la ley o el hecho de que había muerto una muerte maldita de acuerdo a la ley lo que convenció a Pablo para encarcelar a los discípulos de Jesús (Dt. 21:23). Cualquiera sea la razón, Pablo vio su papel como perseguidor de la iglesia como la prueba definitiva de su inocencia bajo la ley (Fil. 3:6).

Después de que Cristo se apareció a Pablo en el camino a Damasco, todo cambió: su vida, su misión, su cosmovisión (Hec. 9:3-30). Pablo dejó el fariseísmo e inmediatamente comenzó a predicar el evangelio (Gál. 1:11-17). Aquellos a quienes persiguió eran ahora amigos. Su celo por la ley fue reemplazado por su celo por Cristo. Fue una reversión radical. El rumor se extendió rápidamente: "El que antes nos perseguía ahora predica la fe que procuraba destruir" (Gál. 1:23). ¿Por qué el cambio repentino? Algunos piensan que es lo que Pablo vio, el Mesías glorificado, lo que cambió su perspectiva. La resurrección de Cristo convirtió la maldición de la cruz en una bendición, la muerte en la vida, la vergüenza en honor. La aparición de Cristo (Cristofanía) fue una revelación, un apocalipsis, un evento del fin del mundo para Pablo. Las cosas viejas pasaron;

PQ

Un camino romano en Tarso, la ciudad natal de Pablo.

todo se volvió nuevo (2 Cor. 5:17). Lo que se dividía bajo la antigua ley: judíos y gentiles, hombres y mujeres, esclavos y libres, se une en Cristo. Otros estudiosos enfatizan que lo que Pablo escuchó durante la Cristofanía cambió el curso de su vida. Pablo interpretó la comisión de Cristo, "Ve, predica a los gentiles", como un llamado profético, tal vez incluso cumpliendo la visión de la salvación del mundo en el fin de los tiempos de Isaías (Is. 49:1-7; Gál. 1:15-16). Por lo tanto, el impulso de Pablo hacia el oeste para llevar el evangelio a las costas (España) fue por diseño divino (Rom. 15:15-24). Dios le encargó a Saulo, el fariseo de los judíos, que se convirtiera en Pablo, el apóstol de los gentiles, porque "ha llegado el fin de los tiempos" (1 Cor. 10:11).

Ministerio de Pablo. Según nuestras mejores estimaciones, Pablo pasó cerca de treinta años predicando el Evangelio de Jesucristo (34-67 d. C.), un ministerio que puede dividirse aproximadamente en tres décadas. La primera década de su ministerio (34-46 d.C) ha sido llamada los "años silenciosos", ya que tenemos pocos detalles de Hechos o de las Epístolas Paulinas sobre sus actividades. Por ejemplo, sabemos que predicó en Damasco por un tiempo y pasó un tiempo en Arabia (un total de tres años [Gál. 1:17-18]). Hizo un viaje rápido a Jerusalén para encontrarse con Pedro y Santiago, el hermano de Jesús. Luego regresó a casa a Tarso, evidentemente predicando allí durante varios años, hasta que Bernabé lo llevó a Antioquía en Siria para ayudar con el ministerio de esta congregación mixta de judíos y gentiles (Hec. 9:26-30; 11:25-26). En la segunda década de su ministerio (46-59 d.C), Pablo pasó la mayor parte de su vida viajando, un ministerio itinerante de predicación del evangelio y la plantación de iglesias desde Chipre hasta Corinto. Durante la mayor parte de la tercera década (59-67 d.C), Pablo ministraba el evangelio desde la prisión, pasó más de dos años encarcelado en Cesarea, otros dos o tres años en una prisión romana (Hechos termina allí), libre por un breve tiempo (¿dos años?) antes de su arresto final y encarcelamiento en Roma, donde, de acuerdo con la tradición de la iglesia, fue ejecutado.

Durante su ministerio itinerante, Pablo viajó por caminos romanos que lo llevaron a ciudades libres (Éfeso, Tesalónica, Atenas) y colonias romanas (Antioquía de Pisidia, Iconio, Listra, Derbe, Troas, Filipos, Corinto). La fundación de iglesias en los centros urbanos le dio a Pablo más oportunidades para el ministerio y para su trabajo de fabricación y reparación de tiendas. Viajar dentro de las fronteras del Imperio Romano también proporcionó una mejor oportunidad de protección como ciudadano. Al principio, Pablo y Bernabé cubrieron territorio familiar: Chipre (región de origen de Bernabé) y Anatolia (región de origen de Pablo). Luego, con viajes sucesivos, Pablo y otros compañeros misioneros se ramificaron a Asia Menor, Macedonia y Acaya. Algunas de las ciudades que visitó Pablo eran pequeñas y provinciales (Derbe, Listra); otros eran grandes ciudades de gran comercio económico e intelectual (Éfeso, Corinto, Atenas). En medio de tal diversidad cultural, Paul encontró oídos receptivos entre una variedad de grupos étnicos: galos, frigios y licaonios, griegos, romanos y judíos. Previamente, los conversos gentiles de Pablo habían adorado a muchos dioses (locales, étnicos e imperiales), habían ofrecido sacrificios en muchos santuarios y templos, y se habían unido a todas las festividades religiosas (a menudo con prácticas inmorales e impías). Después de creer en el evangelio, las iglesias predominantemente gentiles de Pablo se apartaron de sus formas idólatras para servir al "Dios vivo y verdadero" (1 Tes. 1:9). La dedicación exclusiva de ellos a un solo Dios llevó rápidamente a problemas económicos y políticos, tanto para los conversos de Pablo como para sus ciudades de residencia. No más ofrendas para dioses patronos, no más apoyo para las sinagogas locales o el culto imperial: los conversos de Pablo a menudo fueron perseguidos por su nueva fe por las asociaciones religiosas locales (¡hacedores de ídolos!) Y los líderes cívicos cortejando el favor de los romanos (Hec. 17: 6-9; 19:23-41; Fil. 1:27-30; 1 Tes. 2:14-16). De hecho, Pablo a menudo fue expulsado de la ciudad como un alborotador que predicaba un mensaje que amenazaba tanto el modo de vida judía como la romana (Hec.

16:19-24, Fil. 3:17-4:1). No es de extrañarse que las actividades de Pablo finalmente lo llevaran a una prisión romana. Era solo cuestión de tiempo antes de que su reputación como "infractor de la ley" lo atrapara (Hec. 21:21). Pero eso no detuvo a Paul. Ya sea como prisionero o como hombre libre, Pablo proclamó el evangelio de Jesucristo hasta el día de su muerte.

El Evangelio de Pablo

Las fuentes del evangelio de Pablo. Pablo ministró toda su vida sin contar con el beneficio de los Evangelios literarios. La mayoría de los eruditos piensan que el primer Evangelio, Marcos, fue escrito cerca el tiempo en que Pablo fue martirizado. Ya que Pablo no fue un discípulo de Jesús y probablemente nunca lo escuchó hablar o presenciar su ministerio terrenal, ¿cómo sabía Pablo qué predicar? ¿De dónde sacó Pablo su evangelio? Pablo mencionó cuatro fuentes. Primero, recibió tradiciones orales sobre Jesús de otros cristianos (1 Cor. 15:1-7). Para él, escuchar de los que siguieron a Jesús lo que sucedió durante la Cena del Señor era lo mismo que recibirlo del Señor (1 Cor. 11:23). Segundo, las Escrituras hebraicas fueron una fuente importante del evangelio de Pablo (Hec. 17:2). Iluminado por el Espíritu Santo, Pablo vio el evangelio proclamado en la ley (Rom. 10:6-8) y predicho por los profetas (15:12). Tercero, además de la Cristofanía en el camino a Damasco, Pablo experimentó revelaciones de Cristo como epifanías del evangelio (Hec. 18:9-10, 26:18). Esto le dio a Pablo la autoridad para afirmar que recibió su evangelio preeminentemente de Cristo (Gál. 1:1, 16, 2:2). Cuarto, Pablo vio las experiencias de la vida como un recurso para el evangelio (2 Cor. 12:7-10). Cuando Pablo le tomaba sentido a lo que le ocurría, compartía estas ideas con sus conversos como prueba de que "Cristo habla por medio de mí" (2 Cor. 13:3-4). De hecho, las formas de Pablo de hacer el evangelio debían enseñarse en todas las iglesias como la verdad del Evangelio (1 Cor. 4:17), porque en lo que concernía a Pablo, el evangelio de Jesucristo era el evangelio según Pablo.

La muerte y resurrección de Jesucristo. El centro del evangelio de Pablo es la muerte y la resurrección de Jesús. La esencia de lo que predicó fue "Jesucristo, y a éste crucificado" (1 Cor. 2:2). Además, la resurrección de Cristo es indispensable para el evangelio que Pablo proclamó. Sin la resurrección, argumenta Pablo, la fe en Cristo sería vana porque los creyentes aún estarían muertos en sus pecados sin esperanza de vida después de la muerte: la resurrección de sus cuerpos (1 Cor. 15:13 19). Al explorar el centro, Pablo usó varias metáforas extraídas de la vida cotidiana para explicar el significado de la obra de Cristo en la cruz. Pablo usó términos legales tales como "justificación"/"justicia", "ley" y "condenación" cuando explicó cómo los pecadores son justificados por la fe en Cristo. Pablo describió las implicaciones de la muerte de Cristo en términos religiosos, usando palabras como "sacrificio", "pecado", "propiciación"/"-expiación" (NVI: "sacrificio de expiación") y "templo", lo que tendría sentido para tanto judíos como gentiles. También tomó prestadas palabras del mundo del comercio, tales como "redención", "compra" y "esclavo", especialmente cuando enfatizó la obediencia de Cristo, de Pablo y de todos los creyentes. Incluso usó términos militares para describir cómo Dios convirtió a los enemigos en amigos a través de la cruz: la "reconciliación" que vino a través de la "victoria" de la muerte de Cristo cuando "desarmó" a los "poderes".

Pablo también se basó en gran medida en la teología judía para aclarar la obra de Dios en Cristo Jesús. Pablo era un monoteísta pero le atribuía un estatus divino a Jesús (Fil. 2:6). Pablo creía que Israel era el pueblo elegido de Dios, pero sostenía que sus conversos gentiles eran los elegidos, llamándolos el "Israel de Dios" (Gál. 6:16). Pablo afirmó que la ley era santa, pero argumentó que la santidad provenía sólo del Espíritu que mora en nosotros (Rom. 7:12; 1 Tes. 4:7-8). Pablo creía que la aparición del Mesías traería el fin del mundo, pero esperaba la parusía ("aparición" de Cristo) al final de los tiempos. En otras palabras, la persona y la obra de Cristo formaron el lente a través del cual Pablo interpretó la Biblia y dio sentido al mundo. De hecho, el evangelio de Pablo se construyó sobre la base de la doctrina judía, la tradición de Jesús y la experiencia religiosa.

Una forma de vida. Para Pablo, el evangelio era más que un conjunto de creencias; era una forma de vida. Creer en Cristo Jesús no sólo implicaba aceptar su muerte sacrificial como expiación por el pecado, sino que también significaba seguir a Cristo al tomar su cruz, una vida de sacrificio. Pablo creía que experimentaba la cruz de Cristo cada vez que sufría dificultades, cada vez que era perseguido, cada vez que sufría una pérdida (Fil. 3:7-11). Y fue en la vida crucificada donde Pablo encontró el poder de la resurrección (3:12-21). El evangelio fue el paradigma divino para vivir. Lo que le sucedió a Cristo es lo que le sucedió a Pablo, y lo que le sucedió a Pablo es lo que les sucederá a todos sus conversos. "Sed imitadores de mí", escribió, "como también yo lo soy de Cristo" (1 Cor. 11:1). De hecho, Pablo creía que todos los cristianos se amoldaban continuamente a la imagen del Hijo de Dios (Rom. 8:29). Estaba convencido de que Dios terminaría lo que había comenzado: el perfeccionamiento de sus conversos hasta el día del regreso de Cristo y la resurrección de cada creyente (Fil. 1:6, 3:21). Lo único que sus conversos necesitaban para imitar a Cristo era el poder que mora en su Espíritu (el Espíritu Santo), el ejemplo de la vida de Pablo y una carta de su apóstol de vez en cuando.

Cartas de Pablo

Pablo envió cartas a iglesias e individuos para informar a sus conversos de su situación, ofrecer apoyo, responder preguntas y abordar los problemas que surgían mientras él estaba ausente. Hay trece cartas de Pablo en el NT. Nueve fueron escritas a iglesias o grupos de iglesias (Romanos, 1 y 2 Corintios, Gálatas, Efesios, Filipenses, Colosenses, 1 y 2 Tesalonicenses) y cuatro a personas (1 y 2 Timoteo, Tito, Filemón).

Pablo el apóstol. En la mayoría de sus cartas, Pablo se encontraba en defensa: defendiendo su apostolado, defendiendo su itinerario, defendiendo su evangelio. Evidentemente, los oponentes de Pablo cuestionaban si Pablo merecía ser llamado "apóstol", ya que no había seguido al Jesús histórico y solía perseguir a la iglesia (1 Cor. 15:8-9). Según Hechos, cuando los primeros cristianos decidieron reemplazar a Judas Iscariote como uno de los doce apóstoles, establecieron el siguiente criterio: el candidato debe haber sido un seguidor de Jesús desde su bautismo hasta su ascensión (Hec. 1:21-22). Dos hombres fueron calificados; uno fue elegido por sorteo divino, lo que implica que sólo podía haber doce.

¿Acaso la decisión de la iglesia primitiva de reconocer sólo doce apóstoles define el apostolado de una vez por todas? Pablo no pensó eso. Reconoció el significado de los Doce, pero creía que también había otros apóstoles: Bernabé, Santiago, el hermano de Jesús, y él mismo (1 Cor. 15:5-9, Gál. 2:8-9). Pablo sabía que había falsos apóstoles causando problemas en las iglesias (2 Cor. 11:13), algunos incluso llevaban "cartas de recomendación" (2 Cor. 3:1). Pero sólo aquellos que habían visto al Cristo resucitado y que fueron comisionados por él para predicar el evangelio eran apóstoles legítimos (1 Cor. 9:1-2). Los signos del apostolado se hacían evidentes cuando se cumplía la comisión de: plantar

Un manuscrito griego que contiene las cartas de Pablo, abierto en Romanos 3 (c. AD 1107).

iglesias y dispensar el Espíritu (2 Cor. 3:2, 12:12, Gál. 3:5). De todas las personas, los conversos de Pablo no deberían haber cuestionado jamás la autoridad de su apóstol. Ellos eran la prueba de su apostolado.

Aunque Pablo nunca mencionó esto, el hecho de que él envió cartas es evidencia de su apostolado. Pablo creía que la obediencia de los conversos gentiles era su responsabilidad, una confirmación de su llamado (Rom. 15:18-19). Así que envió cartas para asegurarse de que mantenían las tradiciones que él les había enseñado (1 Cor. 11:2). A veces, todo lo que sus lectores necesitaban era un pequeño estímulo para seguir el buen trabajo (la mayoría de 1 Tesalonicenses y 2 Timoteo son exhortaciones para seguir haciendo lo que estaban haciendo) o una explicación más detallada de lo que ya sabían (Efesios, Filipenses, 1 Timoteo, Tito). Muchas veces, Pablo envió cartas para resolver problemas graves dentro de sus iglesias. Por ejemplo, algunos de los gálatas se sometieron a la ley y fueron circuncidados (Gál. 4:21; 5:2-7). Algunos de los Colosenses estaban involucrados en prácticas extrañas de ascetismo y adoración de ángeles (Col. 2:16-23). Algunos de los tesalonicenses habían dejado de trabajar para ganarse la vida (2 Tes. 3:6-15). Y, lo peor de todo, los corintios estaban plagados de todo tipo de problemas: bandos, pleitos, incesto, prostitutas, idolatría. Algunos de los corintios también defendían ideas teológicas falsas, como negar la resurrección (1 Cor. 15:12). Otras iglesias tenían problemas para entender la teología de Pablo también. Por ejemplo, los tesalonicenses estaban confundidos acerca de la vida después de la muerte, el fin de los tiempos y el regreso de Cristo (1 Tes. 4:13-18; 2 Tes. 2:1-12), y los romanos necesitaban, entre otras cosas, instrucciones sobre el papel de Israel en los últimos días (Rom. 9:1-11:32). El hecho de que Pablo se sintiera obligado a enviar su carta más larga, cargada con algunos de sus argumentos teológicos más sofisticados, a la iglesia en Roma, que él no inició, ni había visitado, dice mucho sobre la forma en que Pablo vio la autoridad de su apostolado. Debido a que él era el apóstol de los gentiles, Pablo operó como si fuera el mentor de todas las iglesias con miembros gentiles.

Unidad de la iglesia. Pablo creía en la unidad de la iglesia. De hecho, usó varias metáforas para ayudar a sus lectores a ver por qué era importante que un solo Señor y una sola fe formaran una sola iglesia. Él describió la iglesia como un templo (1 Cor. 3:16-17), una familia (Ef. 2:19) y un cuerpo, su metáfora favorita (1 Cor. 12:12-27). Advirtió de profanar el templo con enseñanza divisiva y comportamiento inmoral (1 Cor. 3:1-6:20). Reprendió a sus hijos cuando se negaron a obedecerlo como su padre (1 Cor. 3:14-21) o madre (Gál. 4:19-20). Y, más que cualquier otra analogía, Pablo comparó a la iglesia con un cuerpo humano que podía ser mutilado por el prejuicio y amenazado por la enfermedad (1 Cor. 11:17-34). Para él, un cuerpo desmembrado era un cuerpo profano; una iglesia separada significaba que Cristo era divido (1 Cor. 1:10-13). Las diferencias étnicas, religiosas, sociales, políticas, geográficas y económicas que se evidencian en uno de los más diversos grupos de personas en el mundo mediterráneo del primer siglo hicieron que la visión de Pablo de una iglesia unificada pareciera un sueño imposible. Sin embargo, el apóstol de los gentiles creía que la unidad del cuerpo de Cristo era indispensable no sólo para su misión sino también para el Evangelio de Jesucristo (Ef. 4:1-6). Entonces él recogió una ofrenda de ayuda entre sus conversos gentiles para ayudar a los judíos pobres en Jerusalén (Rom. 15:26-27). Les enseñó a los maestros a tratar a sus esclavos como si fuesen hermanos (Fil. 16). Y solicitó a Romanos que financiara su viaje misionero a España (Rom. 15:24). En lo que respecta a Pablo, el evangelio derribó cada muro que divide a la humanidad porque todas las personas necesitan salvación en Cristo (Efesios 2: 14-18).

Conclusión

Pablo fue fabricante de carpas, misionero, escritor, predicador, maestro, teólogo, evangelista, mentor, profeta, obrador de milagros, prisionero y mártir. La historia de su vida se lee como la historia de tres hombres diferentes: un devoto fariseo, un viajero sin cansancio, un escritor ambicioso. Él conocía las Escrituras mejor que la mayoría de las personas. Él vio más del mundo que la mayoría de los mercaderes. Escribió algunas de las cartas más largas conocidas de ese momento. Para sus conversos, él era un amigo fiel. Para sus oponentes, era un alborotador irreprimible. Pero, según Pablo, él no era más ni menos que el hombre a quien Dios había llamado por medio de Jesucristo para llevar el Evangelio hasta los confines de la tierra.

PACIENCIA La paciencia es un atributo moral que Dios posee y que los humanos pueden poseer. El que tiene paciencia deja pasar el tiempo mientras mantiene una disposición positiva, a menudo frente al sufrimiento (Hab. 3:16, 2 Tim. 3:10-11, Sant. 5:10), como lo implica la traducción de la RVA: "sufrido" (Prov. 14:29 LBLA: "lento para la ira"). Las Escrituras hablan universalmente de la paciencia como una cualidad admirable y asocia la paciencia con otras virtudes, como la paz interior (Sal. 37:7), la sabiduría (Prov. 19:11), la persuasión (Prov. 25:15), la humildad (Ecle. 7:8) y la bondad (Rom. 2:4, 1 Cor. 13:4).

Numerosos pasajes alaban la paciencia de Dios. Los humanos prueban (Isa. 7:13) y muestran desprecio por (Rom. 2:4) la paciencia de Dios, a veces al rehusarse a ser pacientes con los demás aunque ellos mismos han recibido la misericordia de Dios (Mt. 18:23-35). Sin embargo, Dios muestra su paciencia al otorgarles la vida eterna mediante la fe en Cristo (1 Tim. 1:16). De hecho, Dios ha retrasado pacientemente la destrucción del mundo porque es compasivo y quiere que todos lleguen al arrepentimiento (2 Pe. 3:9). La paciencia de Dios es evidente incluso para aquellos que están destinados a la destrucción (Rom. 9:22, 1 Pe. 3:20).

Así como Dios es paciente, le imparte paciencia al cristiano a través de su Espíritu Santo (Gál. 5:22). Al igual que Abraham, los profetas y cualquier agricultor, los cristianos deben mostrar paciencia, teniéndola con la gente tanto dentro como fuera de la iglesia (Ef. 4:2; 1 Tes. 5:14-15) mientras esperan ansiosamente el regreso de Cristo (Heb. 6:12-15; Sant. 5:7-10). Aquellos en el liderazgo cristiano deben modelar la paciencia y alentar a los demás con paciencia (2 Tim. 3:10; 4:2).

PACIFICADORES Aquellos que aportan descanso, armonía y bienestar a su entorno. Jesús pronuncia bendiciones sobre los pacificadores y promete que Dios los llamará sus hijos (Mt. 5:9, ver también Rom. 14:19, Heb. 12:14). Debemos hacer las paces con Dios, otras personas y el resto de la creación. Dentro del contexto del Sermón del Monte, los medios para la paz son el amor y el perdón (Mt. 5:39).

PACTO DE SAL Las ofrendas de grano se sazonaban con la "sal del pacto" (Levítico 2:13). El incienso sagrado debía tener sal (Éxodo 30:35). Las porciones de ofrenda para los sacerdotes y levitas se les entregaban como "un pacto perpetuo, sellado en mi presencia, con sal" (Números 18:19). La cualidad generalizada de la sal (o el hecho de que la sal sobrevivía en el fuego sacrificial) simbolizaba la eternidad del pacto y aseguraba la carga de Jesús para los creyentes como "sal" (Mateo 5:13).

PACTO El pacto es uno de los conceptos más significativos dentro del material bíblico que afecta nuestro entendimiento de Dios, su relación con su pueblo (pasado, presente y futuro) y la estructura y mensaje de su palabra. Dado que el concepto del pacto no sólo es una idea únicamente bíblica, la literatura comparativa del mundo de las Escrituras ha enriquecido nuestro entendimiento de la naturaleza y función del pacto. En este artículo se recalca el concepto y el género del pacto y se muestra un resumen de los pactos bíblicos principales.

Terminología

La definición de "pacto". ¿Qué es un pacto (del hebreo berit)? En la mayoría de los diccionarios se señala que es un acuerdo/convenio o una concertación. Aunque existe cierta incertidumbre respecto a la etimología de berit, las dos derivaciones etimológicas más comúnmente sugeridas son la forma acadia burru, que se refiere al establecimiento de una situación legal por un testimonio con un juramento, o bittu del acadio, que a menudo se traduce como "atar, amarrar". La palabra contraparte del Nuevo Testamento es diathēkē, que se define como una "disposición legal de bienes personales". De una manera interesante, este término del Nuevo Testamento se usa en referencia a la iniciativa de una persona que establece los términos y provisiones de la relación, que mantiene pactos unilaterales del Antiguo Testamento. En algunos diccionarios del Antiguo Testamento se menciona la raíz de "pacto" con la raíz para la palabra "comer", por lo que se asocia el pacto con un pacto alimentario.

Si el concepto de atadura representa mejor la terminología del pacto, entonces el pacto es algo que ata en conjunto partes u obliga a una parte a tener un vínculo con otra. Aunque existen implicaciones legales asociadas con el pacto, el aspecto relacional del pacto no debería ignorarse. Un pacto se entiende mejor como una relación con legalidades relacionadas. Por ejemplo, el matrimonio es un pacto que establece y define una relación. Esto quizás explique por qué Dios escogió del ámbito de las relaciones entre humanos la metáfora del pacto para establecer y comunicar su intención en las relaciones divinas y humanas. El concepto de una relación de pacto entre Dios y las personas se desarrolla de forma única en el material bíblico.

Algunos pactos se llevaban a cabo entre personas con el mismo estatus (tratados de paridad); otros se realizaban entre un maestro y un sirviente (tratados de señorío), entre naciones, entre clanes y entre un esposo y su esposa (Malaquías 2:14). "Cortar un pacto" a cualquier nivel de sociedad implicaba tener un compromiso formal en una relación. Los tratados hititas ilustran detalles de los compromisos de pacto que incluyen un registro de negociaciones, formulaciones de términos, una afirmación que el acto del pacto realmente ocurriera y la clausura de negociaciones con ratificaciones solemnes de los términos. La relación de pacto más significativa en el material bíblico es aquel entre Dios y la humanidad. La singularidad de la relación de pacto de Israel con Jehová en contraste con todas las naciones adyacentes se estableció en base a Deuteronomio 32:8-9. Aunque Jehová le entregó a las naciones su herencia, Él escogió a Israel para encargarse de su cuidado; Él estableció una relación con la nación independiente de y antes de la asociación de la nación con su tierra. Esta fue una aplicación única del pacto que iba en contra de la prevaleciente forma de pensar semítica, en la que se vinculaban las deidades con territorios geográficos específicos en primer lugar y los habitantes de aquellas zonas eran considerados solo en un sentido secundario. Los creyentes particulares del Antiguo Testamento celebraban su relación con Jehová y lo proclamaban como el Dios universal sin igual (Éxodo 15; 1 Samuel 2; Isaías 40).

Jebel Musa ("la montaña de Moisés") es el lugar tradicional del monte Sinaí, donde Moisés recibió el pacto.

Otros términos clave. Además del grupo de palabras de la terminología respecto a "pacto", hay muchos otros términos clave que completan nuestro entendimiento sobre este importante concepto.

"Juramento" es un término usado sinónimamente con "pacto" y sirve en ocasiones para describir el momento en el que se hace un pacto. El juramento enfatiza la responsabilidad y obligación asociadas con la relación (Deuteronomio 29:19). El juramento lo pueden aceptar ambas partes (Génesis 26:28) o solamente una (Ezequiel 17:13).

La palabra "testimonio" se refiere a los contenidos de las dos tabletas de piedra (Éxodo 31:18) que Dios le entregó a Moisés en el monte Sinaí. El arca del pacto también se le identifica con la frase "arca del testimonio" (Éxodo 26:34; 30:6; 31:7 KJV, ESV). El testimonio en el contexto del pacto alude a las obligaciones de la nación comprometidas con Jehová.

El término "palabra" se puede entender en conexión con la comunicación del pacto. La conquista de la tierra (una promesa del pacto) es vista como una representación de la palabra de Dios (Deuteronomio 9:5 KJV). Las frases "confirmar el pacto" (Deuteronomio 8:18 KJV) y "confirmar la promesa" (Deuteronomio 9:5 KJV) son ideas paralelas dentro del concepto general del pacto. La segura "palabra del SEÑOR" para David en 2 Samuel 7:4 se puede contrastar con las palabras inútiles de la nación al momento de realizar un pacto con Dios (Oseas 10:4).

Torah es un término hebreo relacionado con el pacto. Los términos berit y torah se encuentran en una estructura paralela en Salmos 78:10. La organización vinculante entre Dios y su pueblo se basa básicamente y se regula en las instrucciones de su palabra. La frase el "libro de la ley" (2 Reyes 22:8) posee las mismas implicaciones del pacto que la frase "tablas del testimonio" (Éxodo 31:18 ESV, NASB). Dios condenó severamente al sacerdocio por engañar a las personas, lo que significó que se alejaran de la ley (Malaquías 2:5-8) y básicamente se desviaran en su relación con Él.

Khesed es otro término hebreo que se usa con frecuencia en relación al pacto. Definido como "lealtad inalterable del pacto", también se entiende como gracia, piedad, amabilidad, bondad amorosa. Khesed es aquella característica de Dios que hace que Él actúe de manera constante y fielmente en cuanto a las obligaciones autoimpuestas en las relaciones del pacto a pesar del fracaso o éxito de la otra parte. El khesed de Dios nunca dejará de existir (Lamentaciones 3:19-21) porque Él mantiene el pacto y la piedad (Deuteronomio 7:9, 12). La lealtad de Dios hacia David se declara en el relato de 2 Samuel 7:14-15 y se celebra en Salmos 89:14, 24, 28, 33-34, 49. En cambio, las personas son condenadas por su falta de lealtad (Oseas 4:1).

Frases comunes. La frase más común sobre el pacto es "cortar un pacto". Dos posibles prácticas yacen detrás de esta frase. La primera refleja una práctica en Mesopotamia y en Siria, donde se cortaba un pacto en una tableta con una herramienta filosa. Esto puede que sea de cierto modo similar con lo que se menciona en Éxodo 31:18, donde se dice que las dos tabletas de piedra fueron "escritas por el dedo mismo de Dios". La segunda práctica detrás de esta frase es el corte de los animales de sacrificio. Partir por la mitad a los animales era parte del pacto que Abraham hizo en Génesis 15:9-18. En una situación en la que se corrompió el pacto Dios le dice a Israel que Él los trataría como el becerro que ellos cortaron cuando llevaron a cabo su pacto (Jeremías 34:17-19). Un acuerdo también se describe como hacer un pacto (2 Samuel 23:5), establecer un pacto (Génesis 9:12) y confirmar un pacto (Éxodo 6:4).

La fidelidad y lealtad en un pacto se expresan con diversas frases. "Mantén un pacto" exhorta a las partes a vigilar, guardar, ejercer fidelidad con los términos de la relación establecida (Éxodo 34:7). "Guardar un pacto" implica la demostración de la fidelidad del pacto en su cuidado y cumplimiento (Génesis 17:9-10; Éxodo 19:5; NVI: "cumple con mi pacto"). Dios es obviamente fiel al guardar el pacto (Deuteronomio 7:9-12). "Recuerda un pacto" expresa más que sólo un ejercicio mental, especialmente cuando Dios es el sujeto de la acción verbal al recordar. Cuando Dios recuerda un pacto, Él actúa con resolución e intervención (Génesis 8:1; 19:29; 30:22; Éxodo 2:24).

La infidelidad en el pacto se expresa con las frases "invalidar" (Levítico 26:14-16; Jeremías 11:10; 31:32; 33:20-21), "no ser fiel" (Salmos 78:37), "violar" (Deuteronomio 17:2; Josué 7:11, 15; 23:16) y "apartarse" (Jeremías 22:9; cf. Deuteronomio 29:25; 1 Reyes 19:10, 14).

El Género Del Pacto

Ahora nos concentraremos en la forma, contenido y función de un pacto o en el género del pacto. Existe evidencia de una forma de acuerdo común que las personas del antiguo Cercano Oriente usaban para controlar las relaciones entre las naciones y tribus. Esta evidencia data del tercer milenio a.C. y deriva de los textos literarios que se descubrieron en el antiguo Cercano Oriente. Las contribuciones más útiles para esta discusión provienen de los hititas (1400-1200 a.C.), los asirios (800-600 a.C.) y los babilonios. A partir de esta evidencia, somos capaces de identificar cuatro acuerdos del antiguo Cercano Oriente.

1. El *acuerdo entre tribus* era un tratado legal realizado entre las tribus y clanes por diversos propósitos como la compra de tierras, comercio o coexistencia pacífica. Los acuerdos hechos en este formato eran de igual manera vinculantes para ambas partes. Un posible ejemplo bíblico es el acuerdo que hubo entre Abraham y Abimelec en Génesis 21:22-34 o entre Abimelec e Isaac en Génesis 26:28.

2. El *acuerdo de paridad* era un tratado hecho entre los reyes y príncipes que eran iguales a los ojos del otro. Este acuerdo implicaba una participación mutua, así como se ilustra en la relación financiera establecida entre el rey Salomón y el rey Hiram de Tiro en 1 Reyes 5:1-12.

3. El *acuerdo de señorío* se establecía entre dos partes: una inferior y otra superior. El énfasis distintivo del tratado recaía en la parte superior, o sea, el soberano. En este acuerdo, el soberano le concede ciertas provisiones al vasallo, pacta defenderlo en casos de ataque y permite a la vez la existencia de la nación del vasallo. Además, el soberano tiene derecho a tomar tributo del vasallo cuando quiera. El vasallo, por su parte, acepta tener una posición de servidumbre, pero no de esclavitud. Los vasallos honran al soberano con tributos y bienes materiales.

Existen seis partes básicas del formato de este tratado. Muchos eruditos creen que la forma del acuerdo de señorío ha influenciado la estructura del libro de Deuteronomio.

(a) El tratado comienza con el preámbulo que identifica al autor/originador del acuerdo (cf. Deuteronomio 1:1-6a; 5:6a, 23-27).

(b) La segunda parte es el prólogo, que contiene un resumen de la relación pasada entre el vasallo y el soberano l elaborada con un formato "Yo y tú" (cf. Deuteronomio 1:6b-3:29; 2:7; 4:32-38). El propósito de esta sección es revisar los actos previos de benevolencia que el soberano le demostró al vasallo. La fidelidad del soberano hacia el vasallo puede que inculque cierta medida de confianza para iniciar esta relación. En los tratados hititas a menudo había una ideología ética de gracia que caracterizaba el prólogo y servía como una base de solicitud para la obediencia. Los hititas demostraban una medida de apreciación por los vasallos conquistados y los trataban con dignidad al permitirles soberanía limitada. Los asirios operaron con una ética de poder que motivaba la obediencia al momento de amenazar con el desmembramiento, tortura e incluso la muerte. Jehová le exigió a Israel en base a la gracia de la redención (Éxodo 20:8-11; Deuteronomio 5:12-15) y el privilegio de la revelación (Deuteronomio 4:12; cf. Romanos 3:2).

(c) Las estipulaciones son la tercera parte de la forma del tratado. Estas son las expectativas del soberano para el vasallo (cf. Deuteronomio 4:1-23; 6:4-7:2; 10:12-22; 12-26). En las estipulaciones se solicita que el vasallo sea leal en tiempos de guerra, que regrese con lealtad a los refugiados políticos y que no murmure en contra del soberano ni de su reino. El corazón de la estipulación en Deuteronomio es la petición que dice "ama al SEÑOR tu Dios con todo tu corazón y con toda tu alma y con todas tus fuerzas" (6:5), que es uno de los versículos más importantes del Antiguo Testamento.

(d) El depósito y la lectura pública del tratado tienen la siguiente división. En esta sección se le ordena al vasallo colocar el tratado en su santuario y leer públicamente el documento de una a cuatro veces por año (cf. Deuteronomio 10:1-5; 31:9-13). Una lectura regular estaba diseñada para conservar las estipulaciones ante el vasallo para producir respeto por el soberano.

(e) En la parte siguiente, una lista de testigos, por lo general los dioses, están llamados a guardar el pacto y a castigar a cualquiera que lo quebrante (cf. Deuteronomio 30:19-20).

(f) La parte final del tratado es una sección de bendición y maldición. Esta sección contiene una lista de premios potenciales por la fidelidad y posibilidades atroces de retribución por las violaciones del pacto (cf. Deuteronomio 28-29).

4. El *tratado real de cesión*, usado tanto en la literatura bíblica como secular, es de alguna manera similar al acuerdo de señorío. La característica distintiva es que la obligación de la cesión no yace en el vasallo, sino que más bien en el soberano que debe proteger los derechos del vasallo. En este formato la maldición va dirigida hacia una tercera parte que se oponga al vasallo o al soberano si es que actúa con deslealtad con el vasallo.

Pactos en la biblia

Tipos de pacto. El material sobre la forma del pacto, contenido y estructura entra en juego cuando se intenta interpretar los pactos principales que se registran en la Biblia (la de Noé, Abraham, Moisés, David y los posteriores). Las discusiones iniciales por lo general giran en torno a que si estos pactos son condicionales o incondicionales. Aunque hay mérito en esta discusión, los pactos también deberían entenderse a la luz de qué parte es la que carga la obligación del tratado. Así como se detalló arriba, la obligación del acuerdo de señorío recae en el vasallo para que concrete las expectativas del soberano. En el tratado de cesión la obligación yace en el soberano para que cumpla las promesas del acuerdo que le hizo al vasallo. Existe un sentido de condicionalidad e incondicionalidad en ambas formas de tratado.

En base a esto, el pacto mosaico se entiende más correctamente a la luz del tratado de señorío. Este pacto hecho en el monte Sinaí estableció a Israel como una nación de pacto. Jehová nunca pretendió crear una relación con Israel sobre la base de este pacto. Más bien, Él escogió esta forma de pacto como el medio para regular su relación con Israel: la nación que Él acababa de redimir con misericordia. El pacto mosaico aborda cada aspecto de la vida israelita de tal manera que los cargos proféticos contra las transgresiones de la nación eran consideradas violaciones del pacto.

El pacto abrahámico y davídico son más bien como una cesión. En el pacto abrahámico Jehová se obliga a sí mismo a regalarle a Israel tierras, semillas y bendiciones (Génesis 12-17). El hecho de partir por la mitad a los animales en Génesis 15:9-20 se asemeja a una ceremonia de corte de pacto en la que Jehová, en forma de un brasero de fuego, camina en medio de los animales y se impone ante los términos del pacto. En el pacto davídico (2 Samuel 7; Salmos 89), Jehová se compele a sí mismo a proveerle a David y a sus descendientes un rey y un reino. El nuevo pacto lo menciona por primera vez Moisés en Deuteronomio 30:6 y luego se desarrolla más extensamente en Jeremías 31:31-33 y en Ezequiel 36. Los eruditos debaten sobre la naturaleza de este pacto y las promesas asociadas con este. Algunos lo definen como una cesión y hablan de esto en términos incondicionales, mientras que otros lo ven como un pacto administrativo. El nuevo pacto anticipa un cambio en el corazón del vasallo que básicamente conserva la ley. En las Escrituras del Antiguo Testamento esto acontece en conexión con la ocupación de Israel de la tierra en un tiempo futuro.

Posiciones de liderazgo del pacto. Además de los acuerdos sumamente específicos del pacto hechos con Dios en el Antiguo Testamento que definen y regulan la vida y futuro de Israel, Dios establece tres posiciones de liderazgo que son clave para la nación: profeta, sacerdote y rey (Deuteronomio 17-18). Su conexión con el pacto es evidente por el hecho de que su origen y función se detallan en el libro del pacto de Deuteronomio.

Dios proveyó un profeta (Deuteronomio 18:9-22) para la nación para que no aprendieran las abominaciones de los cananeos ni de las naciones adyacentes. Dios deseaba la integridad espiritual para su pueblo y estableció al profeta como su portavoz para hablar cuando Él lo ordenaba (Deuteronomio 18:18-20). El profeta debía ser un israelita digno y que tuviera un patrón de semejanza con Moisés (Deuteronomio 18:18-19). Los profetas que escribieron y los que no a menudo llamaban a Israel para que volviera a ser fiel con el pacto. Ellos hicieron esto por medio del uso de terminología legal para ilustrar las violaciones del pacto, por lo que establecieron litigios del pacto en contra de ellos. Isaías 1 es un caso hecho por Dios que va en contra de la nación. En este litigio Dios es juez, jurado y abogado.

El sacerdote (Deuteronomio 17:8-13; 18:1-8; 33:8-11) tenía una función triple dentro de la comunidad del pacto. Él era un mediador del pueblo ante Dios y de Dios para el pueblo. Esta función particular del sacerdocio era amplia y abarcaba mucho de su trabajo. El sacerdote era un maestro que buscaba a través de la torah resoluciones para los desacuerdos ocurridos entre las partes (cf. Jeremías 18:18). También vale la pena destacar que la enseñanza del sacerdote precedía el sacrificio. Finalmente, él era un ministerio de sacrificio. El sacerdote guiaba a Israel en la adoración y sacrificio, y les daba instrucciones en cuanto a qué era puro e impuro (Levítico 13-15).

El rey también era una provisión del pacto (Deuteronomio 17). El señorío no era una acomodación divina para el deseo de Israel (1 Samuel 8), sino que más bien era parte del plan del pacto en general de Dios revelado a Abraham (Génesis 17:16). La promesa del señorío se reitera en Génesis 35:11; 49:10. El deber del rey implicaba la administración del reinado en base a la palabra de Dios (Deuteronomio 17:18-20; cf. Proverbios 29:4, 14).

El pacto en el Antiguo Testamento. El pacto es un tema dominante que le da coherencia a la estructura del Antiguo Testamento y distingue la historia de Israel. La frase "historia del pacto" se puede usar para describir la literatura bíblica en la que se narran los eventos y episodios de la vida israelita. Es un macrogénero que caracteriza las narrativas históricas del Antiguo Testamento. Aunque este enorme corpus literario de narrativa histórica comparte una perspectiva del pacto, los libros particulares dentro del corpus narrativo se destacan por la atención que estos les dan a diversos aspectos de la relación del pacto. Por ejemplo, en Génesis 12-50 se desarrollan las promesas del pacto de la semilla y bendición por medio de una cantidad de subgéneros como las genealogías y las historias familiares. Josué, por otro lado, aborda diversos subgéneros militares para narrar la tensión que existía entre la promesa de la ocupación de la tierra y la responsabilidad de Israel sobre esta. La historia del pacto es una presentación realista de las tensiones asociadas con la relación del acuerdo entre Jehová y la nación de Israel.

Finalmente, los salmos tienen una conexión directa con el pacto en el que se enfatiza su adoración. El Salmo 119 (especialmente vv. 57-64) está lleno de términos del pacto que se relacionan con la palabra de Dios (testimonios, leyes, juramentos, juicios). El avance hacia el lugar de adoración designado por el pacto se refleja en los Salmos Graduales.

El pacto en el Nuevo Testamento. Aunque el tema del pacto es menos generalizado en el Nuevo Testamento, su importancia cristológica es profunda. En el Nuevo Testamento se destaca el relevante rol mesiánico de Cristo en relación con los pactos. Pablo hace referencia del nuevo pacto en los dos libros de Corintios (1 Corintios 11:25; 2 Corintios 3:6). Cada celebración de la Cena del Señor nos recuerda que la sangre derramada de Cristo es la sangre del nuevo pacto. El nuevo pacto se corta en conexión con o en base a su muerte, entierro y resurrección (1 Corintios 11:25). El autor del libro de Hebreos pone de manifiesto una atención detallada a cómo funciona el nuevo pacto en contraste con el antiguo pacto mosaico. El escritor explica que Jesús es el garante de un mejor pacto (7:22; 8:6-7). Finalmente, Pablo señala que ahora somos considerados ministros del nuevo ministerio del pacto (2 Corintios 3:6).

PADÁN-ARAM El "campo" o "llanura" de Aram era una región del noroeste de Mesopotamia. En Génesis se asocia con Aram-naharaim (24:10 [que significa "Aram de los dos ríos"]), "la ciudad de Nacor" (24:10), los arameos (25:20), Harán (27:43), y "la tierra de los orientales" (29:1). Padán-aram era el hogar de Betuel, sus hijos Labán y Rebeca (la esposa de Isaac), y las hijas de Labán, Lea y Raquel (las esposas de Jacob), y fue el lugar de nacimiento de todos los hijos de Jacob, excepto Benjamín (Gn. 25:20; 28:2-7; 35:26; 46:15).

PADÓN Uno de los antepasados de los siervos del templo (Netinim) que regresaron a Jerusalén después del cautiverio babilónico bajo el liderazgo de Zorobabel en 539 a.C o poco después (Esd. 2:44; Neh. 7:47). El hecho de que muchos de los nombres en la lista sean extranjeros ha llevado a la creencia de que originalmente eran prisioneros de guerra que fueron presionados a servir en tareas serviles mientras ayudaban a los levitas. El nombre también se encuentra en un óstracon de Arad.

PADRE *Véase* Familia; Dios.

PADRES APOSTÓLICOS Una variedad de escritos cristianos probablemente del primero al tercer siglo d.C. En vista de su fecha temprana y la asociación conjeturada de sus autores con los apóstoles, los eruditos comenzaron a etiquetar estos escritos como los "Padres Apostólicos". Algunos de estos escritos gozaron de una inmensa popularidad en varias partes de la iglesia primitiva. Muchos de los primeros cristianos consideraban algunos de estos como Sagrada Escritura. Muchos de ellos encontraron lugares en códices antiguos con escritos del Nuevo Testamento. Se consideran de los primeros escritos cristianos existentes, producidos alrededor o poco después de las escrituras del Nuevo Testamento. Constituyen un recurso invaluable para estudiar el cristianismo poco después del período de los apóstoles. Con respecto a la Biblia, ofrecen a los estudiosos una evidencia temprana de cómo los diferentes primeros cristianos vieron y manejaron los escritos de nuestra Biblia. Si bien atestiguan la importancia o incluso el estado de las escrituras de muchos de nuestros escritos bíblicos, también son testigos de un estado similar para otras escrituras entre los cristianos antiguos, escritos no incluidos dentro del canon protestante de las Escrituras. Los contenidos tradicionales de los Padres Apostólicos son los siguientes:

1 Clemente. Una larga carta enviada por "la iglesia de Dios que reside en Roma a la iglesia de Dios que mora en Corinto". Más tarde, las tradiciones cristianas identifican al autor como un tal Clemente, supuestamente el tercer obispo de Roma después de Pedro. Esto parece poco probable, sin embargo, porque el tipo de obispo concebido por la tradición posterior no existía en Roma hacia fines del primer siglo, cuando 1 Clemente fue escrito por un autor desconocido. Muchos otros escritos cristianos tempranos presentan o son (falsamente) atribuidos a este Clemente también. Aparentemente, las noticias llegaron a Roma que algunos de los hombres más jóvenes en la congregación corintia habían usurpado la autoridad de los líderes establecidos más antiguos. La carta insta a los corintios a evitar los celos y someterse a sus líderes establecidos. A menudo utiliza pasajes del Antiguo Testamento y de varios escritos del Nuevo Testamentos, incluidas algunas de las cartas de Pablo. También cita el Libro de Sabiduría de Salomón (un escrito en los libros apócrifos), además de otra escritura desconocida para nosotros ahora. Muchos cristianos primitivos llegaron a tener en gran estima a 1 Clemente. Algunos lo consideraron como Escritura.

2 Clemente. Un breve sermón sobre Is. 54:1 desde mediados del siglo II d.C. por un autor desconocido, aunque la tradición posterior se lo atribuye a Clemente. Alienta a los cristianos a la resistencia y el arrepentimiento para que puedan disfrutar de la vida eterna y experimentar la resurrección. Se basa en numerosos escritos que el autor consideraba sagrados para persuadir a la audiencia: Isaías, Ezequiel, una escritura desconocida y algunas palabras de Jesús. Muestra conocimiento de Mateo, Lucas, 1 Corintios, Efesios y posiblemente Santiago, Hebreos y 1 Pedro. Varios dichos de Jesús que despliega se conservan mejor en el Evangelio de Tomás y el Evangelio de los egipcios.

Cartas de Ignacio. Una colección de siete cartas a diferentes iglesias y a Policarpo por el obispo Ignacio a principios del siglo II d.C. cuando lo llevaban a Roma para su ejecución. Comúnmente hace hincapié en los peligros de la enseñanza falsa, la unidad de la iglesia sólo en el obispo y el valor y la necesidad de su inminente martirio. Los eruditos tradicionalmente entienden que Ignacio se ocupó principalmente de las tendencias docéticas y judías en sus advertencias contra los falsos maestros. Él confió en gran medida en Pablo, especialmente como un mártir modelo que compartió los sufrimientos de Cristo y cuyo martirio benefició a la iglesia, pero, a diferencia de 1 Clemente, sacó poco del Antiguo Testamento. Parece cierto que usó Mateo, 1 Corintios y Efesios. Existe evidencia mínima para su uso de Lucas, mientras que los ecos de otras cartas paulinas (Romanos, Gálatas, Filipenses, Colosenses y 1 Tesalonicenses) son comunes, al igual que los paralelos con 1 Clemente, 2 Clemente y Pastor de Hermas. Aún no está claro si tales ecos y paralelos demuestran conocimiento literario o simplemente tradiciones generalizadas derivadas de esos documentos.

Carta de Policarpo a los Filipenses. Ignacio fue mentor de Policarpo, que murió como mártir a mediados del siglo II, después de haber servido como obispo durante cuarenta años. Policarpo escribió esta carta, la única de sus escrituras que sobrevivió, a los Filipenses en respuesta a su pedido de una discusión sobre la rectitud y un problema con cierto anciano. Él enfatiza la conexión entre el comportamiento correcto y las creencias correctas. Se basó en gran medida en varias escrituras del Nuevo Testamento, especialmente de las epístolas paulinas. También parece haber considerado que 1 Clemente tenía el mismo estatus de autoridad que las cartas de Pablo.

Martirio de Policarpo. Una escritura de fecha desconocida que describe el martirio de Policarpo. Policarpo, un anciano, debe ser ejecutado a menos que renuncie a Cristo. Según la versión, Policarpo responde de manera famosa: "Durante ochenta y seis años he sido su sirviente y no me ha hecho nada malo. ¿Cómo puedo blasfemar a mi Rey que me ha salvado? "(Mart. Pol. 9: 3). La mayoría o la totalidad del registro, es claramente legendario. También describe explícitamente la muerte de Policarpo a través de la perspectiva de la muerte de Jesús como se representa en los Evangelios.

Didaché. Esta escritura, cuyo título significa "enseñanza", data de mediados del siglo I a mediados del siglo II. Posiblemente proviene de un grupo temprano de cristianos que lucharon con la forma de mantener la ley judía como parte de su seguimiento de Jesús. Discute las "dos formas" de la vida y de la muerte; el bautismo y la Cena del Señor (aunque se centra en la naturaleza purificadora del agua y sin mencionar las palabras de institución de Jesús o su muerte sacrificial); y la necesidad de resistencia para la salvación al final. Los eruditos debaten si el Evangelio de Mateo usó el Didaché.

Epístola de Bernabé. Un escrito de mediados del siglo II d.C., atribuido falsamente al compañero de viaje de Pablo, Bernabé. Lucha con una cuestión común de los primeros cristianos: cómo relacionar la nueva acción de Dios en Cristo con las Escrituras judías y la relación de Dios con los judíos. Especialmente al dedicarse a una práctica greco-romana de larga data de interpretar alegóricamente escritos sagrados, Bernabé argumenta que el Antiguo Testamento siempre señaló "realmente" a Jesús y a los cristianos. Las leyes nunca debieron mantenerse literalmente, e Israel perdió su pacto con Dios porque malinterpretó las leyes, se entregó a la idolatría y fue desobediente. La epístola también enfatiza la naturaleza urgente del tiempo presente y la necesidad de que los cristianos perduren y vivan correctamente para experimentar la salvación final. Al igual que Judas en el Nuevo Testamento, el autor cita el trabajo pseudoepigráfico de 1 Enoc. También cita y usa como Escritura la Sabiduría de Salomón, 4 Esdras y varias escrituras desconocidas. Muchos cristianos primitivos también consideraron a Bernabé como Escritura y lo usaron como tal.

Pastor de Hermas. Un extenso apocalipsis cristiano temprano del siglo II d.C. en Roma.

Lucha contra los problemas del pecado pos bautismal, las posibilidades de arrepentimiento y las relaciones de los ricos y los pobres. Se enfoca particularmente en observar los mandamientos de Dios y el autocontrol y no contiene mucha especulación teológica acerca de Cristo. El Espíritu Santo y los ángeles asumen muchas de las funciones de Cristo. Raramente usa directamente el Antiguo Testamento, aunque se hace eco constantemente de la tradición judía de sabiduría. Similar a Bernabé, muchos cristianos primitivos lo trataban como una escritura sagrada.

Epístola a Diogneto. Una breve disculpa para los cristianos del segundo o tercer siglo, que también enfatiza los aspectos tangibles de la piedad cristiana y el servicio hacia los demás.

Fragmentos (libro) de Papías. Fragmentos de las escrituras ahora perdidas de Papías, un líder cristiano temprano importante contemporáneo con Policarpo. Nos dan algunas de las primeras reflexiones cristianas sobre la autoría y la composición de Mateo y Marcos, así como sobre los pensamientos sobre el milenio. Papías menciona su preferencia por la "voz viva" de los testigos presenciales de Jesús en oposición a los escritos de los que no lo fueron. Por lo tanto, participa en una susceptibilidad común del antiguo mediterráneo sobre la autenticidad de las fuentes.

PADRES, PATERNIDAD *Ver* Familia.

PAFOS Una ciudad romana reconstruida por Augusto y situada en la costa suroeste de la isla de Chipre. Pablo y Bernabé viajaron al nuevo Pafos, donde se encontraron con el mago judío Elimas (Barjesús) y convirtieron al oficial romano Sergio Paulo a la fe en Jesús (Hec. 13:6-13).

PAGANO *Véase* Gentiles.

PAGANO Un término peyorativo para aquellos que siguen a deidades que no sean el verdadero Dios. El sustantivo se usa para describir a las personas que practican un comportamiento indeseable (Is. 2:6, Mt. 6:7, 1 Cor. 10:20, 12:2) y quienes son considerados modelos improbables para avergonzar a los creyentes (Mt. 5:47; 1 Cor. 5:1). También se usa para referirse a las personas a quienes los creyentes debiesen apuntar a Dios a través de su comportamiento ejemplar (1 Pe. 2:12) o evitar completamente (Mt. 18:17). El adjetivo se usa para describir sacerdotes impíos (2 Re. 23:5; Sof. 1:4), naciones (Lam. 1:10, Amós 7:17), o comportamiento (1 Cor. 10:7).

PAGIEL El hijo de Ocrán, fue el líder tribal de Aser durante las vagancias por el desierto. Él ayudó a Moisés durante la toma de registro militar (Nm. 1:13), y él dirigió a Aser cuando la tribu se marchaba de Sinaí junto con el resto de Israel (Nm. 10:26). Pagiel se menciona en la descripción del diseño del campamento (Núm. 2:27), y él es quien presenta la ofrenda de Simeón para el santuario (Nm. 7:72, 77).

PAHAT-MOAB El jefe de un clan que fue parte del retorno temprano a Judá del cautiverio babilónico en algún momento entre 539 y 520 a.C (Esd. 2:6; Neh. 7:11). El mismo clan envió a Elieoenai y doscientos hombres en los tiempos de Esdras, alrededor del año 458 a.C (Esd. 8:4). Ocho miembros de este clan fueron declarados culpables de contraer matrimonio con mujeres extranjeras (Esd. 10:30). Pahat-moab también aparece en la lista como uno de los que sellaron la renovación del pacto liderado por Esdras (Neh. 10:14).

PAI La capital de Edom durante el tiempo de Hadad (1 Cr. 1:50), aunque el nombre de la ciudad se da como "Pau" en Gn. 36:39. La NVI usa "Pau" en ambos versículos. *Ver también* Pau.

PAÍS ORIENTAL Los israelitas asociaban el este con el sol naciente (la misma palabra hebrea, mizrakh, los describe a ambos), el desierto (Dt. 1:1; Os. 13:15), vientos abrasadores (Is. 27:8; Ez. 17:10; Os. 13:15; Jon. 4:8), sabiduría (1 Re. 4:30; Job 1:3; cf. Mt. 2:1) y, junto con el país occidental, todo el mundo (Zac. 8:7). El país oriental es una amplia extensión que abarca desde el medio del Éufrates al Arabia del Norte (Gn. 29:1; Nm. 23:7; Jue. 6:3, 33; 7:15). Abraham envió a los hijos de sus concubinas allí (Gn. 25:6).

PAJA Trozos cortados de tallos de trigo o cebada usado como comida animal (Gn. 24:25;

Jue. 19:19; 1 Re. 4:28; Is. 11:7; 62:25). Los químicos de la paja usados en la manufactura de ladrillos los hacen más compactos y previene grietas (Éx. 5:7, 10-13, 16, 18). La paja es altamente inflamable y es usada en imágenes del juicio de Dios (Is. 5:24; 1 Cor. 3:12-13).

PALA Una herramienta con una hoja plana rectangular utilizada para colocar carbón en tiestos o remover cenizas del altar (Éx. 27:3; Jr. 52:18).

PALABRA "Palabra" se usa en la Biblia para referirse al discurso de Dios, oral, escrito o en forma encarnada. En cada uno de estos usos, Dios desea darse a conocer a su pueblo. La comunicación de Dios es siempre personal y relacional, ya sea cuando habla para crear cosas (Gn. 1) o para dirigirse directamente a un individuo (Gn. 2:16-17; Éx. 3:14). Los profetas y los apóstoles recibieron la palabra de Dios (Dt. 18:14-22; Jn. 16:13), parte de la cual fue proclamada pero no registrada. La mayor revelación en este respecto es la persona de Jesucristo, que es llamado la "Palabra" de Dios (Jn. 1:1, 14).

El foco principal de este artículo es la forma escrita de la palabra de Dios, la Biblia. El salmista declaró que la palabra de Dios era un objeto externo de esperanza y confianza que provee luz y dirección (Sal. 119), y Jesús declaró que la palabra era verdad (Jn. 17:17). La palabra es particularizada e íntimamente conectada con Dios mismo por medio de frases clave como "tu palabra", "la palabra de Dios", "la palabra del Señor", "palabra sobre Cristo" y "palabra de Cristo" (Rom. 10:17; Col. 3:16). Nuestra comprensión de la palabra es informada por una variedad de términos y contextos en el canon de las Escrituras, una colección de los cuales se encuentra en el Salmo 119.

Teología de la Palabra

Desde la perspectiva de muchos teólogos sistemáticos, la palabra de Dios se define con varias etiquetas esenciales. La palabra es la especial revelación de Dios a los humanos, específicamente, verdad comunicada de Dios a sus criaturas humanas a través de intervención sobrenatural, incluyendo una divulgación de su mente y voluntad, sus atributos y sus planes redentores. Esta palabra revelada es inspirada. La inspiración es un acto del Espíritu Santo de Dios por el cual él supervisaba a los autores bíblicos para que compusiesen los libros canónigos de las Escrituras. La inspiración es verbal y plenaria en que se extiende a cada parte de la Biblia e incluye las elecciones de palabras usadas por los autores.

La palabra de Dios nunca se equivoca, libre de errores en cada tema abordado, e infalible, verdadera en cada tema abordado. El epicentro de la inspiración, sin errores e infalible es el manuscrito original y no las traducciones. Una traducción es confiable cuando refleja precisamente el significado de los originales inspirados (Mt. 5:18; cf. Jn. 10:35; 17:17; 2 Tim. 3:16; 2 Pe. 1:21). Y finalmente, la palabra es autoritaria. Porque la Biblia es la palabra inspirada de Dios confiablemente compuesta en los originales sin error, es vinculante hacia las personas en su relación con Dios al igual que en sus relaciones con otros seres humanos. La autoridad bíblica deriva del carácter eterno del autor divino y el contenido revelador de las Escrituras.

Salmo 119

Un texto clave en el AT ensalzando la palabra es el Salmo 119 (cf. Sal. 1; 19). El escritor glorifica a Dios, su palabra y su dirección divina a su pueblo por medio de un formato acróstico que cubre el tema de meditación de la Torah. Ocho sinónimos se usan para la "palabra" en el salmo. Los ocho son traducidos en NIV como "palabras" (versículo 57), "promesa" (versículo 58), "estatutos" (versículo 59), "órdenes" (versículo 60), "ley" (versículo 61), "leyes" (versículo 62), "preceptos" (versículo 63) y "decretos" (versículo 64).

El vocabulario de palabra del Sal. 119 nos informa que Dios ha iluminado la oscuridad de nuestra existencia con la luz de su palabra para darse a conocer a nosotros. El salmo también nos instruye que la palabra es la voluntad de Dios. Cuando Dios iluminó nuestra oscuridad, mostró el camino de la libertad para nosotros con su palabra. Se describió a sí mismo, definió la rectitud, declaró su amor, anunció sus promesas, y emitió sus advertencias. Finalmente, el vocabulario establece la autoridad de su palabra en nuestras vidas. Direcciones, mandamientos, leyes, cargos, y voluntad divina resuenan con el sonido de la autoridad. La palabra de Dios es una proclamación autoritaria de Dios hacia nosotros que debe obedecerse, que debe buscarse, que no puede ser ignorada.

Finalmente, el Sal. 119 realiza una conexión íntima entre el contenido de la palabra, las cosas dichas, y el autor de las cosas dichas. Esta conexión nos permite comprender mejor la "Palabra" como la persona de Jesucristo en Juan 1. El desarrollo progresivo de los versículos 1-2 del Sal. 119 conecta íntimamente con la ley de Dios, sus estatutos y él, al que buscamos con todo el corazón. Los versículos 89-96 enfatizan la durabilidad y eternidad de la palabra de conformidad con el carácter eterno de Dios. En el versículo 114, el autor establece un paralelo entre Dios como refugio con colocar esperanza en su palabra. En el texto hebreo "tú" y "tu palabra" van juntos. En los versículos 137-144 el autor alinea un Dios justo con una palabra justa. De acuerdo a los versículos 105, 130, 135 Dios y la palabra de Dios producen luz. La cualidad dadora de luz de la palabra y del Señor es proclamada en el versículo 93. Así como debe temerse al Dios, también a su palabra (versículos 63, 120).

La Palabra de Dios

El tema de la palabra en el Salmo 119 continúa y se clarifica en el NT acentuando la conexión íntima entre la palabra de Dios y el mismo Dios. La "Palabra" de Dios es el eterno Señor Jesucristo (Jn. 1:1; 1 Jn. 1:1-4), que tomó cuerpo y sangre para que pudiésemos ver la gloria del Dios eterno. La gloria soberana de Cristo como la Palabra de Dios se retrata en la visión de Juan en Ap. 19:13. Como la palabra de Dios, Jesucristo finalmente nos da nuestras vidas (Jn. 1:4; 6:33; 10:10), sostiene nuestra vida (Jn. 5:24; 6:51, 54; 8:51) y finalmente entrega un juicio justo respecto a nuestras vidas (Jn. 5:30; 8:16, 26; 9:39; cf. Mt. 25:31-33; Heb. 4:12).

PALABRERÍA, VANA En 1 Tim 1: 6, la RVR interpreta la palabra griega mataiologia como "vana palabrería", que versiones más recientes traducen como "discusiones inútiles" (NVI, NBD, DHH), "discusiones tontas" (TLA) o "debates sin sentido" (NTV). Pablo advierte a Timoteo contra los que se han apartado de la fe y se han apartado de este tipo de discurso.

PALACIO DEL BOSQUE DEL LÍBANO Un edificio construido por Salomón como parte del complejo del palacio. Era un edificio grande y separado que posiblemente sirvió como sala de recepción real. Las dimensiones eran de veinticinco por cincuenta metros (1 Re. 7:2-5). El nombre deriva de sus pilares de cedro, importados del Líbano y construidos para parecerse a un bosque. El texto hebreo registra cuatro filas con quince pilares, mientras que la Septuaginta registra tres filas.

PALACIO En el AT, se mencionan muchos palacios, pero el primero de importancia es el de Faraón, cuando Abraham pasó una temporada en Egipto (Gn. 12:15). Cuando los hijos de Israel se mudaron a Egipto a causa de la hambruna, no sabían que José estaba a cargo del palacio (Gn. 41:40; 45:16; Hec. 7:10). Más tarde, incluso el palacio de Faraón fue invadido por las plagas enviadas por Dios sobre Egipto (Éx. 8:3, 24).

El rey Hiram de Tiro envió madera de cedros y carpinteros a David para que le construyera una casa (2 Sam. 5:11). Más tarde, a David le fastidió que él mismo viviera en un palacio mientras que el arca de Dios estaba en una tienda de campaña. Esto llevó a David a prepararse para construir el templo después de consultar con Natán (2 Sam. 7:2-29).Se da una discusión incluso más extensa sobre el palacio de Salomón. Este tardó trece años en completarse y fue construido con madera de los cedros del Líbano. Tenía 150 pies de largo, 75 pies de ancho y 45 pies de alto, con cimientos de piedra labrada de alta calidad, columnas de cedro y soportes de vigas. Desde la base hasta el techo, los lados fueron cortados con piedra cincelada de alta calidad. Había una sala del trono con cedro del piso al techo. Había habitaciones diseñadas de manera similar para Salomón y para la hija de Faraón (1 Re. 7:1-12). El relato del tremendo trabajo y costo del palacio y el templo se proporciona en 1 Re. 9:10-23. Más tarde, Salomón decoró extensamente el interior del palacio con oro (1 Re. 10:16-22). Eventualmente, el rey de Babilonia tomó estos tesoros del palacio real y lo incendió (2 Re. 24:13; 25:9).

En el NT, la palabra griega basileios se usa una vez en referencia a un palacio, cuando Jesús nota que, en contraste con Juan el Bautista, aquellos que visten ropa suave y tienen estilos de vida lujosos viven en palacios reales (Lc. 7:25). El hogar del gobernador romano (praitōrion) se conoce como palacio en algunas traducciones (por ejemplo, Jn. 18:28, 33; 19:9 NVI). Juan explica que los judíos en realidad no entraron en el pretorio, para no ser contaminados para participar en la celebración de Pascua (Jn. 18:28). Otras referencias del NT notan el palacio de Herodes donde Pablo estaba bajo guardia (Hech. 23:35) y el de César donde Pablo pudo haber sido encarcelado en Roma (Fil. 1:13). El testimonio de Pablo aparentemente era bien conocido allí, y algunos de sus guardias se convirtieron al cristianismo (Fil. 1:13, 4:22).

PALAL El hijo de Uzai, trabajó en la reconstrucción de los muros de Jerusalén en el tiempo de Nehemías (Neh. 3:25).

Un modelo del palacio de Herodes en Jerusalén.

PALANQUÍN *Ver* Carruaje.

PALA Una vara con una paleta ancha y plana en un extremo. En el AT, la "pala" es una traducción al español ocasional de varias palabras hebreas que se refieren a herramientas manuales. Las ocurrencias específicas incluyen un implemento de excavación o una pala (Deut. 23:13), tablones de trillar (2 Sam. 24:22, 1 Cr. 21:23), y una vara para golpear las espaldas de los necios (Prov. 26:3).

PALESTINA

Terminología

La palabra "Palestina" se deriva del nombre de uno de los Pueblos del Mar (Heb. Pelishtim) que emigró a la región costera del sur de la Creciente Fértil desde una o más de las regiones costeras del Mediterráneo (*ver* Filisteos).

La palabra "Palestina" se ha utilizado a veces para referirse a un área tan pequeña como esta región costera suroccidental (que a veces funciona como sinónimo de "Filistea") y tan grande como la tierra a ambos lados del río Jordán, incluida el Neguev en el sur.

La mayoría de las versiones en español de la Biblia no mencionan a "Palestina", aunque en la RVA la palabra hebrea peleshet (usualmente traducida como "Filistea" o "Filisteos") se traduce como "Palestina" o "Filistea" en Éx. 15:14; Isa. 14:29, 31 y como "Palestina" en Joel 3:4.

Otras designaciones de esta región dentro de la Escritura incluyen "Canaán" (Gn. 10:19, Jos. 22:9), "la tierra" (Gn. 13:17; Jos. 2:1), "la tierra de Canaán" (Gn. 17:8; Nm. 13:2), "la tierra de los hebreos" (Gn. 40:15), "la tierra que Él prometió en juramento...". (Gn. 50:24, Dt. 6:23), en varias combinaciones y orden "la tierra del cananeo, hitita, del amorreo, del ferezeo, del heveo y del jebuseo"(Éx. 3:17; 13:5, 23:23), "la tierra del Señor" (Jos. 22:19), "la tierra de Israel" (1 Sam. 13:19, Ezeq. 47:18) y "al occidente del río Éufrates" que estaba "más allá del río" desde la perspectiva de aquellos que se encontraban en Persia (Esd. 4:10; Neh. 2:7). Compare también "las tribus de Israel" (2 Sam. 24:2; Ezeq. 47:13), "Israel y Judá" (2 Sam. 5:5; 2 Cr. 30:6), y "de Dan hasta Beerseba" (Jue. 20:1; 1 Re. 4:25).

En el NT, este territorio generalmente se designa por referencia a las provincias de Judea y Galilea (Mt. 2:22, Jn. 7:1), que a veces se mencionan con la Decápolis (Mt. 4:25) y Samaria (Hec. 9:31; *véase* Lc. 3:1).

Fronteras y Tamaño

Fronteras. Palestina se encuentra en la parte suroeste de la Creciente Fértil (es decir, el oeste de Iraq, Siria, Líbano, Jordania e Israel). Se encuentra al noreste de la cuenca del río Nilo y al oeste-suroeste de las cuencas de los ríos Tigris y Éufrates. En general, está delimitado por Líbano al norte, el Mar Mediterráneo (= el Mar, el Gran Mar o el mar occidental) al oeste, Wadi el-Arish (= el río de Egipto, el Arroyo de Egipto) al suroeste, la península del Sinaí en el sur, y la Transjordania en el este (Gn. 15:18; Nm. 34:3-7, 11-12; Dt. 1:7; 11:24; 34:2 Jos. 1:4; 11:16; 2 Re. 24:7). Cuando Transjordania se considera parte de Palestina (véase Dt. 34:1), el límite oriental es el desierto sirio (sirio-árabe). En varios textos bíblicos, el límite noreste de esta región es "el gran río, el Eufrates" (Gn. 15:18, Dt. 1: 7, 11:24, Jos. 1:4, 1 Cr. 5:9, cf. 2 Sam. 8:3).

Tamaño. Debido a la soltura en el uso del término "Palestina", es difícil hablar con precisión del área de tierra que se le designa. Palestina al oeste del río Jordán es de aproximadamente seis mil millas cuadradas, similar a la superficie terrestre del estado de Hawai en EE.UU.

Una descripción de "toda la tierra" vista por Moisés incluía tanto el Neguev como Galaad, parte de la Transjordania (Dt. 34:1-3). En el AT, el Neguev se incluye regularmente como una de las regiones de la tierra en el lado oeste del Jordán (Dt. 1:7, Jos. 10:40, 11:16, Jer. 17:26). La unidad de la tierra a ambos lados del Jordán se refleja en textos que se centran en la herencia de tierra de Israel (Dt. 3:12-17), ciudades de refugio (Nm. 35:14, Jos. 20:7-8). y victorias militares (Jos. 12:1-8; 24:8-13).

El área terrestre de Palestina aumenta considerablemente si se incluyen estas áreas, ya que la región de Transjordania tiene aproximadamente 4,000 millas cuadradas, mientras que el Neguev es de aproximadamente 4,600 millas cuadradas.

Regiones Topográficas

La actividad sísmica frecuente, el aumento y la disminución de la masa de tierra, y los depósitos de la inundación y el recogimiento de los mares produjeron siete regiones topográficas actuales en Palestina.

Planicie costera. La planicie costera es el terreno fértil que limita con el Mediterráneo, aunque la costa en sí consiste en playas, dunas, humedales y acantilados.

La parte sur de la planicie costera era habitada por los filisteos (con las ciudades costeras de Gaza, Asquelón y Asdod). Yendo hacia al norte del río Yarkon, pasamos por la llanura pantanosa de Sarón y la llanura de Dor. En el norte, las colinas se elevan cerca de Carmelo y se extienden hacia el oeste hasta las tierras altas centrales. Al norte del cordón de montes de Carmelo se encuentran las llanuras de Aco, Aser y las costas de Fenicia (incluidos Tiro y Sidón).

Región Montañosa. La región montañosa se encuentra entre, y corre paralelo a, la planicie costera al oeste y el Valle del Jordán al este. Las colinas, crestas, mesetas y valles de la región montañosa son el escenario de la mayoría de las narrativas del AT.

La región montañosa está dividida por el valle de Jezreel, que se extiende de este a oeste desde el valle del Jordán hasta la bahía de Aco (bahía de Haifa), al norte de Carmelo.

La región montañosa al sur del Valle de Jezreel se llama "tierras altas centrales", que consiste en las colinas accidentadas y rocosas de Samaria en el norte (como el Monte Gerizim y el Monte Ebal) y la más árida (e históricamente, menos pobladas) región de colinas de Judea en el sur. Las colinas más altas de esta área superan los tres mil pies.

En las Escrituras, la región montañosa del sur (o partes de ella) se llama "la región montañosa de Judá/Judea" (Jos. 11:21, Lc. 1:39) y "la región montañosa de Betel" (Jos. 16:1; 1 Sam. 13:2), mientras que la región montañosa (o partes de ella) del norte (Samaria) se llama "la región montañosa de Israel" (Jos. 11:21), "la región montañosa de Neftalí" (Jos. 20:7) y, con mayor frecuencia, "la región montañosa de Efraín" (Jos. 17:15; Jue. 2:9; 1 Re. 4:8).

La región montañosa al norte del Valle de Jezreel consta de dos partes, la Baja y la Alta Galilea, dividida por la falla a través de la cual corre el arroyo Esh-Shaghur. La Baja Galilea tiene cuencas fértiles y colinas a unos dos mil pies sobre el nivel del mar. Más al norte está la Alta Galilea, con colinas que promedian unos tres mil pies. Forman una transición a las montañas del Líbano, que se encuentran al norte.

El Sefelá ("tierra baja" o "piedemonte") es la región de colinas moderadas y onduladas entre quinientos y mil pies sobre el nivel del mar entre la región de colinas de Judea y la planicie costera. Estas colinas antiguamente estaban cubiertas de árboles de sicómoro y proporcionaban a los judíos protección contra un ataque del oeste.

Valle de Jezreel. El valle de Jezreel a menudo se equipara con la llanura de Esdraelón, aunque algunos distinguen la cuenca de la falla (Esdraelón) del valle del rift (Jezreel). En su lado oeste, esta fértil llanura comienza al norte de Carmelo en la costa, moviéndose hacia el este hasta el valle del Jordán. Las tierras altas centrales se encuentran al norte (Galilea) y al sur (Samaria) de esta llanura.

El suelo fértil de esta cuenca baja era valioso para la agricultura. Los comerciantes y los ejércitos regularmente pasaban por esta gran llanura, y era a menudo el lugar de conflictos militares (*véase* Jue. 6:33, 1 Sam. 29:1, 11, Oseas 1:5).

Valle del Jordán. El Valle del Jordán (también conocido como el Valle del Rift de Jordania o el Rift del Mar Muerto) comienza cerca de la base del Monte Hermón en el norte (9.232 pies). Moviéndose hacia el sur, la grieta continúa hacia el Valle de Hula, a través del cual el río Jordán desemboca en el Mar de Galilea (Mar de Genesaret, Lago Kineret). El Mar de Galilea tiene aproximadamente doce millas de largo y cinco millas de ancho, ubicado dentro de una zona de colinas y valles.

El río Jordán serpentea hacia el sur, fluye a través de una profunda garganta y cae a tres mil pies antes de llegar al Mar Muerto (también llamado "el Mar de Arabá" [Dt. 4:49; Jos. 3:16] y "el mar Salado" [Nm. 34:3, 12; Jos. 15:2, 5 RV1960, LBLA]), el lugar más bajo de la tierra. En su punto más bajo, el Mar Muerto está a más de 2.600 pies bajo el nivel del mar.

El Valle del Jordán se eleva a medida que uno continúa hacia el sur desde el Mar Muerto (cuarenta y ocho millas de largo y ocho millas de ancho) a través de la árida Arabá (*véase* Is. 33:9, Zac. 14:10) hasta el Golfo de Áqaba.

El término "Arabá" generalmente se usa para referirse a la extensión de la grieta al sur del Mar Muerto, aunque en un momento de la historia del antiguo Israel se refería a una región que incluía el Valle del Jordán entre el Mar de Galilea y el Mar Muerto, tanto en el este (Dt. 3:17; Jos. 12:1-3) como en el oeste (Dt. 11:30; Jos. 11:2; Ezeq. 47:8) a orillas del río Jordán.

Transjordania. La región de Transjordania se encuentra al este del valle del Jordán y al oeste del desierto sirio (siro-árabe). Tres ríos principales atraviesan esta región, cada uno fluyendo de este a oeste. Los ríos Yarmuk (Yarmuk) y Jaboc (Zarqa) desembocan en el río Jordán, mientras que el río Arnon (Wadi el-Mujib) desemboca en el Mar Muerto.

En el antiguo Israel, las regiones de Transjordania, de norte a sur, incluían Basán (Karnaim), al norte del río Yarmuk; Galaad, al sur de Yarmuk; Amón, la región de la actual Amán, al sureste de Galaad; Moab, al sur del río Arnón; y Edom, al sur de Wadi el-Hesa (Río de Zered [*véase* Nm. 21:12, Dt. 2:13-14]).

La captura del territorio perteneciente a Sihón entre los ríos Jaboc y Arnón fue un evento significativo en la historia del antiguo Israel (Nm. 21:24, Jos. 12:1-2).

Aunque Transjordania a menudo se excluye de "Palestina", hubo momentos en la historia bíblica en que la tierra a ambos lados del Jordán se consideraba una sola. Por ejemplo, "La otra media tribu de Manasés, los rubenitas y los gaditas" recibieron su herencia tribal al oriente del Jordán (*véase* Jos. 13:8-32). Habitaron Basán, Galaad y la tierra de los amorreos (*véase* Dt. 3:12-17; 34:1; Jue. 20:1).

De acuerdo con 2 Sam. 8, David estableció el control sobre Moab (vv.2, 12), el valle de Beqaa ("a lo largo del río Éufrates" [v. 3 NTV]), Aram (v. 6; vv. 12-13 TM), Amón y Amalec (v. 12), y Edom (v.14; vv. 12-13 Septuaginta, siríaco, véase 1 Cr. 18:2-13).

En las Escrituras, la región central de colinas de Transjordania es llamado a veces "la región montañosa de Galaad" (Gn. 31:21, 23, 25, Deut. 3:12). La región elevada del sur en Edom se llama "la región montañosa de Seir" (Gn. 36:8-9, Dt. 2:5).

Neguev. El Neguev (Negueb) tiene la forma de un triángulo invertido con su punta en la ciudad sureña de Eilat (Elat) cerca del bíblico Ezión-geber (*véase* 1 Re. 9:26). Limita al norte con la región montañosa de Judea, al oeste con el Sinaí y al este con el valle de Arabá (que se encuentra a lo largo de la grieta al sur del Mar Muerto).

El Neguev es un área extremadamente seca, donde la mayor cantidad de lluvia se concentra en las secciones norte (doce pulgadas anuales) y occidental (diez pulgadas anuales), y la menor en el Valle de Arabá (dos pulgadas anuales). Es un lugar de dunas de arena, desierto rocoso y colinas marrones que aumentan en altura a medida que uno avanza hacia el Sinaí.

Aunque el Neguev se describe como "tierra de dificultades y angustias, de leones y leonas, de víboras y serpientes voladoras" (Is. 30:6), también era un lugar de pozos y manantiales, además de las ciudades y pueblos tales como como Beerseba (Jos. 15:21-32, 2 Sam. 24:7).

Península del Sinaí. La península del Sinaí tiene aproximadamente veintitrés mil millas cuadradas. Se compone principalmente de llanuras, mesetas y colinas (la más alta de las cuales es Jebel Yiallaq, a 3.656 pies), con una costa a lo largo del Mediterráneo de 145 millas.

El río más largo de la región es el Wadi el-Arish, que se extiende 155 millas hacia el norte desde el centro de Sinaí hasta el Mediterráneo. Las actividades de Israel en el desierto del Sinaí a menudo se mencionan en el Pentateuco (por ejemplo, Éxo. 19:1-2, Nm. 1:1, 9:5).

El desierto de Sinaí se distingue del desierto de Sin (Éx. 16:1) y el desierto de Parán (Nm. 10:12). Otras áreas áridas dentro de la Península del Sinaí incluyen el Desierto de Zin (Nm. 34:3), el Desierto de Sur (Éx. 15:22) y el Desierto de Etam (Nm. 33:8).

Clima

El clima de Palestina consiste en una estación seca y calurosa de junio a agosto y una estación húmeda de mediados de octubre a mediados de abril. Es común que la estación húmeda consista en dos períodos distintos de fuertes lluvias, uno al comienzo y otro hacia el final de este período (cf. "lluvias de primavera y otoño" [Dt. 11:14; Joel 2:23; Sant. 5:7]). Dos temporadas de transición de aproximadamente seis semanas cada una unen las estaciones húmedas y las secas. Una se produce entre principios de septiembre y finales de octubre, y la otra entre principios de abril y mediados de junio. Las temperaturas promedio en toda la región van desde 46.5-55 grados (Fahrenheit) en enero (el mes más frío y el más húmedo en Palestina) hasta 71.5-93 (Fahrenheit) grados en agosto.

La mayoría de las lluvias en Palestina ocurren cuando los sistemas de tormentas ciclónicas (unos veinticinco por año) llevan el aire caliente del norte de África hacia el este sobre el Mediterráneo, chocando con el aire más frío de Europa y Asia. A medida que las nubes se mueven sobre la tierra, la precipitación cae más pesada en el lado oeste de las colinas, dejando el lado este de las colinas con menos lluvia.

Por lo general, las precipitaciones son más intensas en las áreas del norte de Palestina, las regiones más cercanas al Mediterráneo y en Transjordania. El área alrededor del Mar Muerto es extremadamente seca, con una evaporación que excede la precipitación. Por el contrario, las tierras altas del norte tienen cuarenta pulgadas de lluvia anual. En Palestina, la precipitación también puede tomar la forma de nieve (*véase* 2 Sam. 23:20; Prov. 25:13) y, de manera significativa, de rocío (*véase* Jue. 6:37-40; Cant. 5:2). El rocío proporciona humedad para la agricultura, especialmente en la planicie costera, las tierras altas centrales y el valle de Jezreel.

Durante las temporadas de transición, los vientos desecantes (a veces llamados vientos de siroco) traen aire cálido del desierto desde el este (y en ocasiones desde el sur), elevando la temperatura y disminuyendo la humedad relativa en toda Palestina. Estos vientos a menudo traen polvo fino del desierto. Los efectos son más onerosos en el Valle del Jordán. Las referencias a un viento oriental en las Escrituras son comunes (Gn. 41:6; Oseas 13:15; Jon. 4:8; *véase también* "viento del sur" en Job 37:17; Lc. 12:55).

Caminos

Dos vías principales pasaban por Palestina: "el Camino del Mar", o vía Maris (cf. Is. 9:1; Mt. 4:15), y "Camino real" (cf. Nm. 20:17; 21:22). El Camino del Mar se dirigía al norte desde Egipto a través de la planicie costera, dirigiéndose al este por el Valle de Jezreel. Desde este punto se bifurcaba en tres direcciones: al noroeste por medio de Fenicia, al norte, hacia Damasco, y al este para unirse al Camino real. El camino real era una ruta transjordana que pasaba desde el Golfo de Aqaba en el sur (*véase* Dt. 2:8) a través de Edom, Moab, Galaad y Basán hasta Damasco en el norte.

Los mercaderes y los ejércitos usaron estas carreteras para pasar por Palestina, mientras que el tráfico local a menudo usaba caminos este-oeste para moverse por toda el área.

PALESTINA En Éx. 15:14; Is. 14:29, 31 la RVA traduce la palabra hebrea peleshet como "Palestina", refiriéndose a Filistea.

PALIZA *Ver* Azotar.

PALMERAS, CIUDAD DE *Ver* Jericó.

PALMERAS Muchas especies están incluidas bajo esta designación general. La palmera datilera a menudo alcanza una altura de ochenta pies, pero más comúnmente de cuarenta a cincuenta pies. Comienza a dar fruto seis a ocho años después de ser plantada y continúa siendo productivo por un siglo. Su tronco es recto y alto y termina en una corona de plumas verde esmeralda. Sus hojas tienen a menudo unos seis metros de largo y susurran melodiosamente con la brisa. Jericó era la "Ciudad de las Palmeras" (Jue. 1:16, 3:13 NVI mg.). La palabra griega phoinikē ("Fenicia" [Hec. 11:19; 15:3]) probablemente

Palmera

se deriva de la palabra griega para "palmera" (phoinix). En Sal. 92:12 la prosperidad de los justos se asocia a la palmera. Los santos glorificados serán vestidos con túnicas blancas y con ramas de palma en sus manos como un signo de victoria y paz (Ap. 7:9). *Ver también* plantas.

PALMO Una unidad de largo usando el ancho de la palma en la base de los dedos, tal vez 7,5 a 9 centímetros. Se usó para medir elementos en el tabernáculo (Éx. 25:25), el templo de Salomón (1 Re. 7:26) y el templo de Ezequiel (Ez. 40:5, 43) o metafóricamente para la brevedad de la vida (Sal. 39:5).

PALMO Una unidad de medida basada en el ancho de una mano abierta, el equivalente a medio codo, nueve pulgadas o veintidós centímetros (Éx. 28:16; 39:9; 1 Sm. 17:4; Ez. 43:13). De modo más general, se refiere al largo entre dos límites (Éx. 23:26; Is. 23:15).

PALOMA La paloma bravía (hebreo yonah; griego peristera) fue domesticada a través del antiguo Oriente Próximo y usada para llevar mensajes mucho antes del periodo romano. Se reproduce prolíficamente, y su instinto hogareño la hace regresar prontamente a su palomar (Is. 60:8; Os. 11:11) o al edificio o grietas donde anida (Jr. 48:28). Israel también tiene tres especies de tórtola (hebreo tor; griego trygōn), una de las cuales migra en verano (Cant. 2:12; Jr. 8:7).

En Israel, la paloma se consideraba limpia como alimento y designada para sacrificio, frecuentemente como el sustituto de la persona pobre para un cordero (Gn. 15:9; Lv. 1:14; 5:7, 11; 12:6, 8; 14:22, 30; 15:14, 29; Nm. 6:10; Mt. 21:12; Mc. 11:15; Lc. 2:24; Jn. 2:14, 16). La paloma se menciona por primera vez en las Escrituras cuando Noé envía a una paloma del arca (Gn. 8:8-12). En el NT, la paloma es una imagen de pureza (Mt. 10:16) y también simboliza al Espíritu Santo (Mt. 3:16; Mc. 1:10; Lc. 3:22; Jn. 1:32), pero en Cantar de los Cantares, donde la amada, y en particular los ojos de la amada son comparados a palomas (1:15; 2:14; 4:1; 5:2, 12; 6:9) también puede connotar fertilidad.

La paloma es también, sin embargo, triste (Is. 38:14; 59:11; Ez. 7:16; Nah. 2:7), vulnerable (Sal. 74:19) y fácil de engañar (Os. 7:11). Cuando se asusta, huye a lugares solitarios (Sal. 55:6; Is. 60:8), que tal vez agrega interés al hecho de que el nombre de Jonás literalmente significa "paloma".

PALOMA SOBRE ROBLES DISTANTES Esta frase (hebreo yonat 'elem rekhoqim), encontrada sólo en el título del Sal. 56, se ha entendido de diversas maneras. La mayoría de los intérpretes la consideran el título de una canción al ritmo de la cual deben cantarse las palabras (cf. NIV). intérpretes tempranos conectaban esta frase con otra parte del título que se refiere a David siendo detenido por los filisteos. Así, la LXX la traduce como "para las personas muy alejadas del santuario". Careciendo de solución, algunas versiones transliteran (KJV, NASB, NAB) u omiten (TEV) la frase.

PALOMAS Las palomas mensajeras, junto con las tórtolas, se ofrecían como sacrificios (Lev. 1:14). Abram fue instruido para llevar tanto una tórtola como un pichón de paloma como parte de la ofrenda en una ceremonia de pacto (Gn. 15:9). La gente pobre podía sustituir dos palomas o tórtolas por animales más grandes (Lev. 5:7; 12:8; 14:22). En otros lugares, se ofrecían palomas o tórtolas después de períodos de impureza ritual, como las que resultaban del parto o la lepra (Lev. 12: 6, 14:30, 15:14, 29, Nm. 6:10). Después del nacimiento de Jesús, sus

Paloma

padres hicieron la ofrenda de dos pájaros para la purificación de María según lo prescrito en Lev. 12:7-8 (Lc. 2:24).

Mientras que los animales más grandes eran sacrificados y cortados en pedazos, las palomas y las tórtolas eran muertas retorciéndoles la cabeza y luego abiertas, aunque no completamente divididas (Lev. 1:15-17). Del mismo modo, Abram no cortó las aves que él ofreció junto con los animales más grandes (Gn. 15:10).

PALTIEL **(1)** Un jefe tribal de Isacar que participó en la división de la tierra (Nm. 34:26). **(2)** El hijo de Lais, de Galim, a quien Saúl entregó a Mical cuando la tomó de David (1 Sam. 25:44, llamada "Palti" en algunas versiones). Él la siguió entre lágrimas cuando Is-Boset la devolvió a David (2 Sam. 3:15-16).

PALTITA Uno de los guerreros de élite de David, así se le designa a Heles (2 Sam. 23:26), aunque en 1 Cr. 11:27 aparece la variante "Pelonita".

P Q

PALTI Una forma abreviada del nombre hebreo "Paltiel". **(1)** Hijo de Rafú de Benjamín, fue uno de los exploradores que le dieron a Moisés un informe negativo sobre los habitantes de Canaán (Nm. 13:9). **(2)** El hijo de Lais de Galim que perdió a su esposa Mical, a quien Saúl le había dado (1 Sam. 25:44 [NVI: "Paltiel"]), debido a un contrato de matrimonio previo que Saúl había hecho con David que involucraba un precio de novia de cien prepucios filisteos (2 Sam. 3:13-16).

PAN ÁCIMO Cualquier tipo de pan hecho sin un agente leudante para hacerlo subir. Desarrolló valor simbólico tras el éxodo (Éx. 12:17-20). La levadura se convirtió en un símbolo de pecado y fue retirada de las casas durante las fiestas como un recordatorio físico de la necesidad de eliminar el pecado de la vida de uno. El pan ácimo era también la única forma aceptable de pan para ofrecerse en sacrificio o ser colocado en el tabernáculo (Éx. 25:30; Lv. 6:17). *Véase también* Levadura.

PAN DE LA PRESENCIA Doce hogazas de pan sin levadura que debían estar en continua exhibición (se reemplazaban cada sabático) en el lugar santo del santuario (Éxodo 25:30; Levítico 24:8). Las hogazas debían colocarse en dos hileras de seis sobre la mesa de oro puro construida para el lugar santo. El pan simbolizaba el pacto entre Dios y su pueblo, con un énfasis específico que yacía probablemente en su provisión y sustento. El nombre "pan de la Presencia" (literalmente "pan del rostro") se origina por la gran cercanía en la que ellos se encontraban ante la presencia de Dios en el santuario. Dada su naturaleza santa, solo los sacerdotes tenían permitido consumirla (Levítico 24:5-9; 1 Samuel 21:1-6; Mateo 12:4 pars.; Hebreos 9:2).

PAN Generalmente hecho de grano, se sabe que la existencia de este alimento básico data de los días prehistóricos, siendo mencionado en las literaturas más vetustas de la humanidad. Aunque por lo general se elaboraba con trigo, se podía hacer de cualquier clase de grano y también de algún tipo de poroto o lenteja. El término hebreo lekhem se usa por primera vez en Génesis 3:19 (*ver* KJV) y se encuentra a lo largo de la Biblia. En la NVI se usa la palabra "pan" más de 250 veces.

Para hacer pan, el grano debe molerse hasta obtener harina, se mezcla con sal y agua, se amasa y se hornea. A la mayoría de los panes les agregan levadura para añadir sustancia. Como es un alimento básico, se convirtió en un símbolo de hospitalidad (Nehemías 13:1-2; Mateo 14:15-21) y las personas en comunidad comían juntos (Hechos 2:42). El pan era considerado como un regalo de Dios, por lo que se trataba con especial deferencia. El pan sin levadura era un requisito durante los festines de la Pascua y en la mayoría de las ocasiones tenía que ver con la adoración a Dios. El "pan de la Presencia" (KJV: "pan de la proposición"), que representaba a las doce tribus de Israel en el templo, estaba hecho sin levadura (Éxodo 25:30) con una harina especial y los sacerdotes lo comían con cuidado.

El pan era una parte tan básica de la vida que a menudo se usaba en las Escrituras para representar los aspectos diarios de la vida y las necesidades más básicas de las personas. Durante los días de Moisés y de los israelitas cuando caminaron por el desierto, Dios les proporcionó un pan especial, el maná, que ellos tomaban y recogían cada día, lo que demuestra el cuidado consistente de Dios por ellos mientras viajaban (Éxodo 16). Jesús usó el pan en la Oración del Señor para representar la petición a Dios sobre cubrir nuestras necesidades básicas (Mateo 5:11), y él se llamó a sí mismo el "pan de vida" para demostrar que él es el único que "da vida al mundo", que es nuestro sustento definitivo (Juan 6:33-35). Durante este intercambio con los judíos sobre el pan de vida, Jesús presagia lo que ocurriría en la Última Cena con sus discípulos, lo que sugiere que los creyentes deben "comer [su] carne" (representada con el pan) y "beber [su] sangre" (representada con el vino) (Juan 6:53-59; cf. Lucas 22:19). Adicionalmente, el pan era usado de manera simbólica para representar aquellas cosas que estaban presentes en el día a día (Salmos 127:2; 80:5; Proverbios 4:17; 20:17).

PANDERETA *Véase* Timbrel.

PANDILLAS La palabra "pandilla" aparece rara vez en las traducciones españolas de la Biblia (e.g., Jue. 11:3 NIV; 1 Re. 11:24 NLT), pero otros términos de significado similar —un grupo de personas reunidas bajo una alianza común para lograr un propósito, frecuentemente malicioso— ocurre a través de las Escrituras. Más prominentes son los grupos de saqueadores que roban (Os. 7:1) y saquean (1 Sm. 30:15-16). Generalmente, estos grupos son de fuera de Israel (e.g., 2 Re. 13:20; 24:2), aunque David tiene su propia "pandilla de saqueadores" (1 Cr. 12:18), y Job acusa a Dios de sitiarlo con sus "tropas" (Job 19:12), usando la misma palabra hebrea (gedud). Job pierde su propiedad a grupos de saqueadores como esos (Job 1:15, 17). Oseas compara las acciones de los sacerdotes a merodeadores en emboscada (Os. 6:9). Las bandas que rodean y amenazan la vida del salmista (Sal. 22:16; 86:14) también pueden considerarse pandillas. La palabra hebrea allí ('edah) también describe a los seguidores de Coré que se oponen a Moisés (Nm. 16:5). En Egipto los israelitas eran forzados a trabajar en pandillas (1 Re. 9:21). En el NT, grandes grupos frecuentemente amenazan a Jesús (Lc. 4:29-30) y sus seguidores (Hec. 14:19; 16:22; 21:17). Pero con la excepción de aquellos de los jefes de los sacerdotes liderados por Judas (Mt. 26:47; Mc. 14:43; Lc. 22:47; Jn. 18:3) y la pandilla de cuarenta hombres judíos que se unieron en juramento para matar al apóstol Pablo (Hec. 23:12-13), estos grupos no parecen lo suficientemente organizados para calificar como pandillas.

PANFILIA Una pequeña provincia romana en la costa sur de Asia central Menor (moderna Turquía). Panfilia era una llanura plana de aproximadamente ochenta por veinte millas. Los judíos de esta región estuvieron presentes en el Pentecostés (Hec. 2:10). Su capital, Perga, fue la primera entrada de Pablo a Asia Menor en su primer viaje misionero con Bernabé (13:13). Después de viajar hacia el norte para predicar el Evangelio en las ciudades de Licaonia, regresaron a Panfilia, predicando en Perge y navegando desde la ciudad portuaria de Atalia (14:25). Pablo y Bernabé se separaron por su desacuerdo sobre Juan Marcos, que los había abandonado en Panfilia (15:38). *Véase también* Hec. 27:5.

PANNAH El significado del término hebreo pannag es incierto. Aparece sólo en una lista de artículos que Israel y Judá intercambiaron con Tiro (Ezeq. 27:17). La RVA lo interpreta como una ubicación, "Pannah". Traducciones más recientes han entendido el término como un tipo de grano o producto de grano (RV1995: "trigos de... Panag") o tal vez un alimento preparado (NVI: "pasteles"; LBLA: "tortas").

PANTALONES (HOSEN) En Dn. 3:21 la KJV traduce un término arameo de significado incierto, petash, como "pantalones" (NIV: "pantalones de vestir"). Dado el contexto, el término claramente se refiere a una prenda de vestir. "Hosen" es una palabra arcaica para "pantalones" (cf. alemán Lederhosen).

PANTALONES En la KJV se refiere a las prendas de lino que usaban los sacerdotes israelitas (NVI, NRSV: "calzoncillos"). Las prendas cubrían la piel "desde la cintura hasta el muslo" (Éxodo 28:42). Muchos creen que los pantalones sacerdotales eran dos prendas separadas, o sea, una para cada pierna (así como lo indica la palabra en inglés "breeches"). Era una orden usarlos para el servicio en el tabernáculo (Levítico 6:10; 16:4) y en el templo en la visión de Ezequiel (Ezequiel 44:18).

PANTANO Un pedazo de tierra húmeda que generalmente se encuentra cerca de la desembocadura de un río o en el borde de un lago (Job 8:11; 40:21; Ezeq. 47:11).

PAÑUELO Una tela para secarse la transpiración del rostro. Las personas de Éfeso usaban pañuelos que habían tocado a Pablo para curar condiciones de los enfermos y exorcizar espíritus malignos (Hec. 19:12). La misma palabra griega (soudarion) se usa para los paños faciales mortuorios de Lázaro y Jesús (Jn. 11:44; 20:7) y para la tela usada por el sirviente malvado para guardar su moneda en la parábola de los diez talentos (Lc. 19:20).

PAÑUELOS En Ezeq. 13:18, 21 en la KJV traduce el plural de la palabra hebrea mispak-hah como "pañuelos", traducido como "velos" en la mayoría de las versiones modernas. El Señor profetiza a través de Ezequiel contra ciertas falsas profetisas entre los exiliados de Israel que practicaban la adivinación y la hechicería atando pulseras de tela a las muñecas de las personas y colocándoles velos sobre sus cabezas. Estos "pañuelos" o "velos" se describen como trampas por las cuales atrapan a las personas. Ezequiel predice que Dios rasgará sus velos y librará a su pueblo de sus garras (Ezeq. 13:21).

PAPEL *Ver* Escritura, Historia de la (Implementos y materiales de Escritura)

PAPIRO *Ver* Escritura, Historia de la (Implementos y materiales de Escritura)

PARÁBOLAS La palabra "parábola" se usa para hablar de una forma literaria particular que se comunica indirectamente por medio del lenguaje comparativo, a menudo con el propósito de desafiar al oyente a aceptar o rechazar una nueva forma de pensar sobre un asunto en particular. Las parábolas usualmente incorporan imágenes concretas y accesibles de la vida cotidiana de la audiencia, y a menudo son concisas y mordaces, mencionando sólo los detalles relevantes para una comparación efectiva. Sin embargo, cualquier intento de definir el término "parábola" de una manera clara y concisa es complicado por el hecho de que tanto la palabra hebreo (mashal) como la griega (parabolē), usualmente traducidas por la palabra en español: "parábola" tienen connotaciones mucho más amplias. Por ejemplo, en el AT mashal puede hacer referencia a proverbios (Prov. 1:1), acertijos (Ezeq. 17:2), enunciados proféticos (Nm. 23:7, 18, 24:3, 15, 20, 21, 23) y dichos (1 Sam. 10:12); de manera similar, en el NT parabolē hace referencia a proverbios (Lc. 4:23), acertijos (Mr. 3:23), analogías (Mr. 7:17) y más. Por lo tanto, no hay una definición integral de parábolas acordada por los eruditos bíblicos, y muy poco de lo que se ha dicho de las parábolas de manera general es aplicable a cada parábola.

Parábola en la Biblia

Aunque no está designado con la palabra hebrea mashal, la historia de los árboles (Jue. 9:7-15) y la historia de la corderita (2 Sam. 12:1-4) pueden considerarse parábolas. Como muchas parábolas, la historia sobre la corderita relatada por Natán impulsa a que su audiencia, en este caso David, condene las acciones de un personaje en la parábola antes de confrontar el hecho de que el personaje y su conducta son simbólicos del mismo David. La parábola es el medio usado para provocar la auto condenación de su público. Aunque Jesús no es el único que habla parábolas en el mundo antiguo, los Evangelios narran numerosas parábolas dentro de sus enseñanzas. Las principales parábolas de Jesús se enumeran en la Tabla 4. La diversidad de formas representadas en esta lista es sorprendente. Algunas de las parábolas consisten en comparaciones cortas y relativamente simples que carecen del desarrollo de una trama significativa. Esto es cierto, por ejemplo, de las parábolas de la semilla de mostaza, la levadura, el tesoro escondido y la perla. Cada uno de estos ofrece un simple símil para explicar alguna característica del reino de Dios, un tema frecuente en las parábolas de Jesús, y puede incluir una oración adicional de aclaración.

Tabla 4. Principales Parábolas de Jesús

Parábola	Referencia
Constructores sabios y necios	Mt. 7:24-27; Lc. 6:46-49
El sembrador y las tierras	Mt. 13:3-8, 18-23; Mr. 4:3-8, 14-20; Lc. 8:5-8, 11-15
Hierbas malas	Mt. 13:24-30, 36-43
Semilla de mostaza	Mt. 13:31-32; Mr. 4:30-32; Lc. 13:18-19
Levadura	Mt. 13:33; Lc. 13:20-21
Tesoro escondido	Mt. 13:44
Perla	Mt. 13:45-46
Red	Mt. 13:47-50
Ovejas perdidas	Mt. 18:12-14; Lc. 15:4-7
El deudor que no perdona	Mt. 18:23-35
Trabajadores en el viñedo	Mt. 20:1-16
Dos hijos	Mt. 21:28-32
Labradores malvados	Mt. 21:33-44; Mr. 12:1-11; Lc. 20:9-18
Banquete de boda	Mt. 22:2-14
Siervo fiel y sabio	Mt. 24:45-51; Lc. 12:42-48
Diez vírgenes	Mt. 25:1-13
Talentos	Mt. 25:14-30; Lc. 19:12-27
Ovejas y cabras	Mt. 25:31-46
Crecimiento de la semilla	Mr. 4:26-29
Prestamista	Lc. 7:41-47
Buen samaritano	Lc. 10:30-37
Amigo en necesidad	Lc. 11:5-8
Necio rico	Lc. 12:16-21
Higuera estéril	Lc. 13:6-9
Él último lugar	Lc. 14:7-14
Gran banquete	Lc. 14:16-24
Costo del discipulado	Lc. 14:28-33
Moneda perdida	Lc. 15:8-10
Hijo perdido (pródigo)	Lc. 15:11-32
Administrador astuto	Lc. 16:1-8
El hombre rico y Lázaro	Lc. 16:19-31
Viuda persistente	Lc. 18:2-8
Fariseo y recaudador de impuestos	Lc. 18:10-14

Las parábolas tales como el buen samaritano y el hijo pródigo, por otro lado, son significativamente más largas, contienen tramas desarrolladas y presentan varios personajes centrales. Las historias de este tipo pueden usar los personajes como ejemplos de comportamiento que se deben imitar o evitar, como en la parábola del fariseo y el recaudador de impuestos. Tales parábolas pueden permanecer abiertas en un intento de forzar a los oyentes a tomar una decisión sobre lo que debería suceder (la higuera estéril), o pueden incluir una explicación clara y concluyente que no deje dudas sobre cómo la audiencia debe cambiar su creencia o comportamiento como resultado de la enseñanza de la parábola (el prestamista). El grado en que cada una de estas parábolas se dirige directamente a la audiencia deseada y al tema previsto puede variar enormemente. Por ejemplo, aunque la parábola del necio rico aborda directamente el tema de la riqueza material, el anonimato del hombre rico en la historia no condena abiertamente a ningún miembro en particular de la audiencia de Jesús. Alternativamente, una parábola puede tratar un tema que difiere de lo pretendido y esperar que el oyente transfiera la lección a otro tema. Este es el caso de la parábola de las hierbas malas, que habla explícitamente sobre la agricultura. No obstante, cuando los discípulos buscan una explicación de esta parábola, Jesús indica que se debe entender que habla de la característica del reino de los cielos, por la cual los hijos del reino y los hijos del maligno se entremezclan en el mundo hasta el final de la era, cuando los hijos del malvado serán separados para enfrentar un juicio ardiente (Mt. 13:36-43).

Otras parábolas, como la de la oveja perdida, giran en torno a una pregunta central planteada a los oyentes. Al preguntar "quién de ustedes" se comportaría de la manera descrita, la parábola anticipa una respuesta negativa que afirma que nadie actuaría de la manera detallada en la parábola. La NVI con frecuencia inserta la frase "supongamos que uno de ustedes" en los lugares donde aparece la pregunta introductoria "quién de ustedes" en el griego.

Propósito de las Enseñanzas de Jesús en las Parábolas

Está bastante claro que Jesús usaba regularmente parábolas en su enseñanza, pero su razón para hacerlo es menos evidente. La declaración algo desconcertante de Jesús en Mr. 4:10-12 indica que sus parábolas tienen el doble propósito de revelar y ocultar el secreto del reino, pero uno podría preguntarse cómo es que las parábolas realizan ambas funciones simultáneamente. Si el objetivo del lenguaje comparativo es aclarar un concepto o idea que es difícil, entonces ciertamente las parábolas de Jesús funcionan de esta manera. A través de las imágenes de palabras simples, accesibles y concretas que son sus parábolas, Jesús revela muchas características y aspectos del reino de Dios, que en el mejor de los casos es un enigma para su audiencia. Al hablar a la multitud, aunque a veces de manera exagerada, sobre las cosas que ellos conocen, como la agricultura, los banquetes, el horneado y otros elementos de la vida cotidiana, Jesús expande la comprensión de lo que ellos no saben. Sin embargo, la cualidad de las parábolas de ser indirectas bloquea simultáneamente la comprensión espontánea y, por lo tanto, requiere que la audiencia se involucre en una reflexión adicional para asegurarse de que realmente han comprendido lo que se enseña. Del mismo modo, la habilidad de abordar un tema por medio de pasos sigilosos por detrás da como resultado parábolas que inicialmente ocultan su verdadero propósito de convencer a los oyentes de una nueva forma de pensar o comportarse de tal manera que la convicción que deben inducir viene como un golpe sorpresa al final.

Interpretación de Parábolas

Interpretación a lo largo de los siglos. A lo largo de la historia de la iglesia hasta el siglo XIX, las parábolas fueron ampliamente interpretadas por medio del método alegórico. Es decir, todos los detalles superficiales de las parábolas eran identificados como símbolos de alguna verdad espiritual más profunda. Un ejemplo clásico de alegorización es la interpretación de Agustín de la parábola del buen samaritano, en la que interpreta los detalles superficiales del texto de acuerdo con ecuaciones alegóricas (*ver* tabla 5). Las interpretaciones alegóricas de la misma parábola por otros cristianos, sin embargo, no siempre coincidían con las mismas interpretaciones de los símbolos. Por esta razón, la mayoría de los eruditos hoy rechazan la excesiva alegorización de Agustín y de otros a lo largo de la historia de la iglesia. Sin embargo, la pregunta de ¿cuántos detalles en una parábola, si los hay, deberían de interpretarse alegóricamente? sigue siendo central en la interpretación de las parábolas. Por ejemplo, en la parábola de la semilla de mostaza, ¿son la semilla de mostaza y la planta que produce alegorías de los comienzos discretos pero resultados manifiestos del reino? Si es así, ¿qué pasa con el hombre y las aves que también se mencionan en la parábola? ¿Son símbolos de una verdad espiritual más profunda de tal manera que el hombre debe equipararse con Dios, o están incluidos solo para aumentar la enseñanza de la parábola de manera tal que los pájaros simplemente resaltan el tamaño extremo del árbol en el cual la semilla ha crecido?

Tabla 5. Interpretación alegórica de Agustín del Buen Samaritano

Elemento de la Parábola	Equivalente Alegórico
El hombre	Adán
Jerusalén	La ciudad celestial
Jericó	La Luna (un símbolo de mortalidad)
Los ladrones	El diablo
Golpes al hombre	Persuadiéndolo de que peque
Sacerdote y Levita	El sacerdocio del AT
Samaritano	Cristo
Vendar la herida	Refrenar el pecado
Aceite	Alivio de la esperanza
Animal	Encarnación
Posada	Iglesia
Posadero	Apóstol Pablo

El trabajo del erudito alemán Adolf Jülicher a fines del siglo XIX ha afectado ampliamente la interpretación de la parábola desde ese momento. Jülicher afirmó que las parábolas no son alegorías y, por lo tanto, no deben interpretarse alegóricamente en absoluto. En cambio, argumentó que las parábolas tienen sólo un punto principal, normalmente una declaración general y religiosa. Desde Jülicher, los intérpretes continúan debatiendo cuánto de una parábola es significativo y cuántos puntos de correspondencia se pretenden. Opiniones más recientes han postulado que Jülicher fue demasiado lejos al mantener una distinción estricta entre parábola y alegoría, y muchos intérpretes creen que los elementos alegóricos están presentes en las parábolas, donde tal vez los personajes principales en una parábola sean los candidatos más probables para una interpretación alegórica. Esta renovada receptividad a las características alegóricas en las parábolas se debe en parte al reconocimiento de que los Evangelios registran la propia tendencia de Jesús de ofrecer interpretaciones alegóricas de sus parábolas cuando sus discípulos preguntan sobre su significado. Esto se ve más claramente en la parábola del sembrador y las tierras, que incluye detalles como las semillas, pájaros, el sol y espinas. Jesús revela que la semilla debe ser interpretada como el mensaje acerca del reino, las aves representan al maligno, el sol es representativo de la persecución a causa del Evangelio, y las espinas indican preocupaciones y riquezas (Mt. 13:18-23)

Pautas para interpretar parábolas. En general, es mejor reconocer que no todas las parábolas son idénticas, y que uno debe considerar varias posibles estrategias interpretativas antes de determinar qué enfoque se ajusta mejor a una parábola dada. No obstante, algunas pautas generales para la interpretación de parábolas incluyen las siguientes:

1. Los personajes y las tramas dentro de las parábolas son creaciones literarias y no son históricas. La parábola de la oveja perdida no es un registro histórico de un cierto pastor cuyas ovejas se perdieron. No se emitió ninguna invitación real para el gran banquete como en la parábola. Más bien, en una parábola, el oyente es llevado a un mundo narrativo controlado por el narrador y, por implicación, no necesita detalles que el hablante no proporcione. Por lo tanto, no importa si el propio pastor tuvo la culpa de la pérdida de las ovejas, y la elección de los alimentos puestos ante los invitados al banquete es intrascendente.

2. Las parábolas a menudo siguen el principio de énfasis del final. Los intérpretes deben considerar cuidadosamente cómo termina la parábola al determinar el significado que la parábola pretende transmitir. A veces se incluye una conclusión explicativa de la parábola y puede ser útil para dirigir al lector hacia el tema que realmente se está abordando. Este es el caso en la parábola de los dos hijos, en la cual la explicación final de Jesús identifica a los recaudadores de impuestos y las prostitutas como aquellos que estaban entrando al reino antes que aquellos que habían recibido el mensaje profético de Juan pero que no lo habían aceptado.

Los estudios recientes sobre parábolas que reflejan asuntos planteados por dos campos

Escenas de la parábola del hijo pródigo en vidrieras diseñadas por Carl Almquist (Iglesia Nikolai, Örebro, Suecia, siglo XIX d.C).

de estudio, respectivamente conocidos como críticos de la forma y críticos de la redacción, probablemente cuestionan la precisión de tales declaraciones finales así como cualquier comentario introductorio a las parábolas que también se pueden presentar en el texto del Evangelio. Muchos eruditos preguntan si, y en qué medida los escritores de los Evangelios hicieron cambios a las parábolas que registran. Se preguntan si es posible discernir el contexto y las circunstancias originales en las que Jesús transmitió sus parábolas, o si los detalles del contexto original habían sido olvidados para el momento en que los evangelistas escribieron. ¿Podría ser que los comentarios introductorios y finales incluidos en algunas parábolas no sean auténticos del ministerio de Jesús sino que reflejen los problemas que surgieron en la iglesia primitiva? A pesar de las dudas de algunos, los académicos más conservadores han presentado argumentos por la continua confiabilidad de los relatos de los Evangelios acerca de la enseñanza de Jesús incluyendo las declaraciones introductorias o finales asociadas con sus parábolas.

3. Buscar el uso de los símbolos del AT en las parábolas de Jesús. Las parábolas de Jesús y las parábolas registradas en otra literatura rabínica están repletas de figuras e imágenes similares. Reyes, banquetes, bodas, agricultores, deudores y más aparecen con frecuencia; tal vez se convirtieron en una reserva de imágenes para ser usadas en historias en el mundo antiguo. Si tales detalles aparecen en una parábola, el intérprete debe considerar enérgicamente si se pretende algún significado alegórico donde una figura real representa a Dios, un hijo representa al pueblo de Dios, y un banquete indica un tiempo de juicio o recompensa.

4. Los intérpretes deben tener extrema precaución con respecto a la enseñanza doctrinal extraída de una parábola, particularmente si tal doctrina no puede ser confirmada por la enseñanza teológica que se encuentra en una porción de la Escritura que no son parábolas. Por ejemplo, de la parábola del hombre rico y Lázaro, ¿se puede concluir que pueden ocurrir conversaciones entre los muertos que residen en el infierno y los que residen en el cielo? Del mismo modo, ¿debería uno aprender que es posible que un humano fallecido sea devuelto a la vida con un mensaje de Dios? Estos temas doctrinales parecen estar fuera del alcance de la enseñanza prevista por la parábola, y no se puede encontrar respaldo de estas ideas en otros textos bíblicos.

5. En reconocimiento de la naturaleza indirecta de la comunicación en las parábolas, algunos intérpretes preguntan si el significado de una parábola puede representarse en un lenguaje proposicional. En otras palabras, ¿puede el significado de una parábola expresarse en un lenguaje que no sea de parábolas, o se pierde algún componente necesario cuando uno cambia la forma? De manera similar, ¿es posible que las personas que han escuchado la historia del buen samaritano sean sacudidas repetidamente por la fuerza de confrontación que fue central en su recepción inicial? Las imágenes de samaritanos y levitas no solo son extrañas para el oyente moderno, sino que la familiaridad con la historia que ha resultado ya que se vuelve a contar a lo largo del tiempo ha domesticado la parábola de modo tal que los detalles que debían impresionar y sorprender son ahora previsibles y predecibles . De esta manera, ¿hay parábolas que son como bromas que se han repetido tantas veces que uno se ya es inmune contra el remate? Debido a estas preocupaciones sobre la incapacidad de los oyentes de hoy de escuchar realmente la parábola tal como debía ser escuchada, algunos intérpretes pueden considerar cómo se podría refundir con imágenes comunes a la audiencia actual y contarla de nuevo de tal manera que los oyentes experimente el sorprendente giro que sintieron las audiencias iniciales.

PARÁCLETOS Jesús se refiere al Espíritu Santo como el "Parácletos"- cuatro veces en el Evangelio de Juan (14:16,26; 15:26; 16:7) (NVI, LBLA, RVA: "Consolador"; NTV: "Abogado"). La palabra griega (paraklētos) es difícil de traducir y tiene connotaciones de "consolador", "consejero" o "defensor". El Parácletos es enviado tanto por el Padre (14:26) como por el Hijo (15:26; 16:7). Jesús indica que el Espíritu Santo es "otro defensor" (14:16), lo que implica que el Espíritu de alguna manera continúa el trabajo de Jesús. El Parácletos hace esto al hacer tres cosas por los creyentes, las cuales todas son necesarias porque Jesús va al Padre (14:3): el Parácletos vive con y en el creyente (14:16-17), enseña a los creyentes todas las cosas (14:26), y les recuerda a los creyentes todo lo que Jesús dijo (14:26). Pero la actividad del Parácletos no se limita a los creyentes, porque él también "convencerá al mundo de pecado, de justicia y de juicio" (16:8). Como el Espíritu de la verdad, el Parácletos revela el pecado del mundo, su falta de rectitud y su estado bajo el juicio de Dios. La misma Palabra griega se aplica a Jesús en 1 Jn. 2:1. Cuando los creyentes pecan, "tenemos Abogado (Intercesor) [paraklētos] para con el Padre, a Jesucristo, el Justo".

PARAÍSO El paraíso es un lugar de bendición asociado con la presencia de Dios. La palabra proviene de una antigua raíz iraní que significa un recinto amurallado y llegó a referirse a un entorno de jardín. En la Biblia, la palabra "paraíso" se remonta al jardín del Edén cuando la vida era tal como Dios la había creado originalmente, antes de que el pecado la estropeara, y mira hacia adelante cuando algún día Dios lo volverá a recrear en el cielo nuevo y la nueva tierra. Jesús le dijo al ladrón en la cruz: "En verdad te digo hoy estarás conmigo en el paraíso" (Lc. 23:43). Pablo probó esto cuando "fue arrebatado al paraíso" (2 Cor. 12:4). Jesús promete: "Al vencedor le daré a comer del árbol de la vida que está en el paraíso de Dios" (Apoc. 2:7).

PARALELISMO *Ver* Poesía.

PARÁLISIS Jesús y los apóstoles curaron a muchos afligidos por parálisis (Mt. 4:24; 8:5-13; 9:2-7; Mr. 2:3-11). Lc. 5:18, 7:2-10, Jn. 5:5-7, Hec. 8:7, 9:34). La parálisis, afecta a los centros motores del cerebro o la médula espinal, y se caracteriza por la pérdida extrema de la habilidad de movimiento. Siempre es grave, generalmente irreversible, y generalmente de inicio repentino.

PARÁLISIS *Ver* Enfermedades y anormalidades físicas.

PARÁN El desierto al que viajaron los israelitas después de marcharse del desierto de Sinaí (Nm. 10:11-12). La ubicación nunca se menciona explícitamente, pero se puede inferir de algunas de las descripciones del viaje por el desierto de los israelitas. Es una región desértica al sur de Judá, al oeste de Edom, y al norte de Sinaí, dentro de la región conocida como el Neguev. Este es el lugar desde el cual Moisés envió espías para explorar la tierra prometida (Nm. 13:3). Posteriormente regresaron al desierto de Parán en Cades (Nm. 13:26), dándonos una referencia geográfica cerca de Cades. Otras referencias al desierto de Parán confirman esta ubicación. Gn. 21:21 especifica el

La Región de Parán.

PQ

Desierto de Parán como el lugar al que Abraham desterró a Ismael, y las referencias específicas a Egipto y Beerseba aclaran su ubicación entre los dos. *Ver también* 1 Re. 11:18.

PARÁ Un sitio que aparece solo una vez en la Biblia, en la lista de ciudades asignadas a la tribu de Benjamín (Jos. 18:23). Pará aparentemente se identifica con Khirbet Abu Musarrah (Ein Fara), ubicada aproximadamente a cinco millas al noreste de Jerusalén, en el desierto entre la región montañosa central y el Valle del Rift. El nombre "Pará" significa "novilla" o "vaca", lo que tal vez sugiere que el sitio, bendecido con un manantial, se usó para pastar ganado.

PARBAR La transliteración de un término hebreo raro que se refiere a una columnata. El Cronista lo enumera como uno de los lugares donde los porteros del templo estaban desplegados (1 Cr. 26:18 [NVI: "patio"]). El significado y el origen de la palabra han sido debatidos durante mucho tiempo. Las sugerencias han variado desde una palabra de origen persa, que significa "tribunal abierto" hasta una asociación con la "entrada de la casa" de 2 Re. 23:11 (NVI: "entrada al templo"). Otra sugerencia es que es un pórtico con columnatas ubicado al oeste del templo.

PARED INTERMEDIA *Ver* Muro de Enemistad.

PARIENTE CERCANO En el AT, un pariente dentro de una asociación de familias que juntas forman un clan (por ejemplo, Lev. 25:48-49). Algunas veces traducido como "hermano israelita", "compatriota" o "pariente" (Lev. 25:25, 35, 47-48, pero no 25:14-15), es más literal decir que un pariente es un "hermano" que tiene ciertas responsabilidades de ayudar a otro de sus parientes en tiempos difíciles, especialmente cuando una porción de la tierra del clan está involucrada (*ver* Jos. 13:24-31). La mayor responsabilidad recae sobre el pariente más cercano, el go'el, el "pariente redentor" (Rut 4:1-8 [NVI 1986]; *véase* Job 19:25; NVI: "redentor").

Cuando los tiempos económicos difíciles fuerzan a un pariente a vender alguna propiedad (o más bien arrendarla [*véase* Lev. 25:15-16]), el pariente redentor debe redimir lo que se ha vendido, conservando así la tierra dentro del clan (25:25). El pariente más pobre puede entonces trabajar para el pariente redentor para pagar la deuda, aunque la relación de ambos individuos seguirá siendo la de hermanos y no se convierten en un amo y un esclavo (25:39-46). Si un hombre pobre se vende a sí mismo a un clan ajeno, un pariente debería comprarlo para que pueda trabajar dentro de su propio clan (25:47-49). El pariente redentor también tiene el deber de vengar la sangre de un pariente asesinado (Nm. 35:21).

El rol de un pariente-redentor en la sociedad israelita se muestra en el libro de Rut. Booz, un pariente de Noemí, y su nuera enviudada Rut se reúnen con el pariente redentor para hablar sobre la adquisición de la tierra del difunto esposo de Rut, el hijo de Naomi, Mahlón. Aunque en primer lugar el pariente redentor acepta redimir la tierra (Rut 4:1-4), cambia de parecer cuando Booz señala que junto con la tierra debía tomar a Rut y la responsabilidad de mantener el nombre de Mahlón (Rut 4:5-6, *ver* Dt. 25:5-10). Como el siguiente en la línea, Booz adquiere la tierra, a Rut, y la responsabilidad de mantener el nombre de Mahlón en la propiedad (Rut 4:7-10).

Dios, que posee toda la tierra (Lev. 25:23-24) y que ve a todo Israel como su clan (Sal. 74:2), acepta el rol de redentor (go'el) (p. Ej., Sal. 19:14; Is. 41:14; 43:14).

PARIENTE-REDENTOR *Ver* Pariente cercano.

PARIENTES, PARENTELA Como adjetivo, "parientes" es la descripción de estar relacionado con alguien por la sangre, y en sentido figurado, tener una relación cercana con algo o alguien; como sustantivo plural, se refiere a los parientes. El término se usa en algunas traducciones de la Biblia para expresar las relaciones familiares de diversos tipos.

PARMASTA Uno de los diez hijos de Amán, que fueron asesinados por los judíos durante el reinado del rey persa Jerjes (Asuero), que les había concedido permiso para "destruir, matar y exterminar" a sus enemigos (Est. 8:11). A pedido de Ester, el rey ordenó colgar los cadáveres de Parmasta y sus hermanos en exhibición pública (9:7-14).

PARMENAS Uno de los siete hombres elegidos para ayudar a distribuir alimentos a las viudas en la iglesia de Jerusalén (Hec. 6:1-6). La tradición sugiere que fue uno de los setenta discípulos enviados por Jesús (*ver* Lc. 10:1), obispo de Soli en Chipre y mártir en Filipos.

PARNAC Uno de los líderes tribales de Zabulón, su hijo fue elegido para ayudar a asignar las tierras cananeas antes de la conquista (Nm. 34:25).

PAROS El jefe de un clan que formaba parte de los que retornaron temprano a Judá del cautiverio babilónico en algún momento entre 539 y 520 a.C (Esd. 2:3; Neh. 7:8). El mismo clan envió a Zacarías y 150 hombres en el tiempo de Esdras alrededor del 458 a.C (Esd. 8:3). Siete miembros de este clan fueron declarados culpables de contraer matrimonio con extranjeras (Esd. 10:25). Paros también aparece en la lista como alguien que selló la renovación del pacto liderado por Esdras (Neh. 10:14). Él es también el padre de Pedaías, uno de los constructores de la muralla (Neh. 3:25).

PÁRPADOS DE LA MAÑANA En Job 41:18 esta frase es la presentación de la KJV de la frase hebrea 'ap'appe shakhar, describiendo los ojos de Leviatán (NIV: "rayos de amanecer"; NRSV: "párpados del amanecer").

PARSANDATA Uno de los diez hijos de Amán, que fueron asesinados por los judíos durante el reinado del rey persa Jerjes (Asuero), que les había concedido permiso para "destruir, matar y exterminar" a sus enemigos (Est. 8:11). A pedido de Ester, el rey ordenó colgar los cadáveres de Parsandata y su hermano en exhibición pública (9:7-14).

PARSIN *Ver* Mene, Mene, Tekel, Parsin.

PARTERA Durante el parto, una mujer se ponía en cuclillas sobre un taburete para el parto, y una partera a menudo ayudaba en el proceso de parto (*ver también* Taburete). Si se trataban de mujeres mayores que eran parientes o amigas de la madre, sus deberes incluían: cortar el cordón umbilical, limpiar al bebé, frotarlo con sal (aún se desconoce su propósito) y envolver al bebé en pañales (Eze. 16:4). Una partera le aseguró a Raquel que tendría un parto seguro de su hijo (Gn. 35:17), y otra determinó el primogénito de los gemelos al atarle un hijo rojo (Gn. 38:27-30). Faraón instruyó a dos parteras a matar a todos los niños varones de las mujeres hebreas. Se negaron por temor a Dios y fueron recompensadas con sus propias familias (Éx. 1:15-22).

PARTOS Los descendientes de la tribu de Parnos. Declararon la independencia del dominio seléucida y ascendieron al poder bajo el reinado del rey Mitrídates I (r. 171-138 a.C). En su apogeo, el Imperio parto se extendía desde el río Éufrates hasta el valle del Indo. Los jinetes partos eran conocidos por haber forzado la salida de los restantes del imperio de Alejandro de Persia y por haber aplastado al ejército romano en Carras en el 53 a.C Un motivo específico para esta última, la cual fue una derrota histórica y humillante, fue la táctica específica utilizada por la caballería parta de fingir retirada y luego usar arcos y flechas para lanzar el famoso "disparo parto". Los romanos nunca los conquistaron, pero los persas sasánidas derrocaron al Imperio Parto en el año 224 d.C En Hec. 2:9 se menciona a los judíos partos como estando presentes en Jerusalén el día del Pentecostés.

PARÚA El padre de Josafat, que fue uno de los hombres a cargo de proporcionar a la corte del rey Salomón provisiones para un mes del año (1 Re. 4:17).

PARUSÍA La palabra griega parousia se usa con frecuencia en el NT para referirse a "la venida del Señor", cuando los creyentes "seremos arrebatados [o 'raptados']... a recibir al Señor en el aire" (1 Tes. 4:15, 17). Literalmente, parousia significa "presencia" o "llegada" y se usaba en referencia a los visitantes dignatarios. *Ver también* Segunda Venida.

PARVAIM El lugar que proveía oro para adornar el templo de Salomón (2 Cr. 3:6). La ubicación, tal vez en algún lugar de Arabia, es desconocida. Uno de los MMM (1QapGen ar 2:23) muestra a Parvaim como el hogar de Enoc.

PASAC El primero de los tres hijos de Jaflet de la tribu de Aser (1 Cr. 7:33).

PASAS O UVAS SECAS Estaban entre los alimentos prohibidos a los nazireatos (Nm. 6:3). La referencia a pasas en el Cantar de los Cantares 2:5 indica una creencia en sus cualidades afrodisíacas. En otras partes, las pasas aparecen muchas veces como alimento básico, con frecuencia presionando en bizcochos o tortitas que son fáciles de transportar (1 Sm. 25:18) y proporcionan energía rápidamente (1 Sm. 30:12). Los bizcochos de pasas también eran utilizados como ofrendas de culto a otros dioses (Os. 3:1).

PQ

PASCUA La celebración cristiana que conmemora la resurrección de Jesús de los muertos. "Pascua" sólo aparece una vez en la Biblia, en la traducción de la KJV de la palabra griega pascha en Hec. 12:4. Esta palabra griega aparece veintinueve veces en el NT y siempre se refiere a la Pascua judía, aunque en inglés y en otros idiomas modernos el término "Pasch" o "Pascha" se ha trasladado para referirse al festival cristiano. La Pascua encuentra sus raíces en la Pascua judía porque la pasión de Cristo ocurrió en esa época y porque Jesús se asocia íntimamente con el cordero pascual (Jn. 1:29; 1 Cor. 5:7). No se sabe mucho acerca de la Pascua en el siglo uno aparte de lo que dice el NT de la fiesta de Pascua/Pascha.

En el siglo dos surgió un problema sobre la fecha del festival de Pascha. La Controversia de los Decimocuartos involucraban a aquellos que querían celebrar Pascha en el catorce de Nisan, según el calendario judío (la palabra quartodeciman significa "catorce"), contra aquellos que comenzaron a celebrar Pascha el domingo tras la Pascua judía. La controversia continuó con intensidad variable, e incluso hoy en día la ortodoxia oriental observa Pascha de acuerdo al calendario juliano, mientras los católicos romanos y protestantes calculan la fecha para la Pascua en base al calendario gregoriano.

El nombre "Pascua" no se encuentra hasta el año 725 AD, en un trabajo por un monje inglés, el Beda el Venerable. En De temporum ratione ("En la Estimación del Tiempo"), él relata que la palabra "Pascua" proviene del nombre en inglés antiguo para abril, "Eosturmonath", que a su vez recibe el nombre en honor a la diosa anglosajona Eostre.

PASCUA La celebración y conmemoración de la protección de Dios de los primogénitos israelitas durante la plaga final en Egipto en Éx. 12:29-50. *Ver también* Festivales.

PASCUAL Formado por "Pascha" (una versión latinizada de Pesaj, el término hebreo para "Pascua"), este adjetivo se relaciona con la Fiesta de la Pascua. Más comúnmente, el adjetivo se usa en relación con el cordero ofrecido como sacrificio en la víspera de la fiesta. El cordero macho de un año sin manchas se asa (Éx. 12:5, 8-9, pero *vea* Dt. 16:7, donde se menciona la cocción como alternativa) y se come con pan sin levadura y hierbas amargas. La Fiesta de la Pascua, combinada con la de los Panes sin levadura, se establece por iniciativa divina para conmemorar el "paso" de familias Israelitas que Dios permitió mientras los primogénitos egipcios eran golpeados, la cual fue la plaga final para asegurar la libertad de los israelitas de Egipto (Éx. 12:23-28).

Más allá de la institución del rito en Éx. 12:1-27 y sus alrededores inmediatos, el AT se refiere a la fiesta en Nm. 9:1-14 (permiso para una observancia secundaria de la fiesta para aquellos que se encontraban impuros o en un viaje durante el primero); Jos. 5:10-12 (celebración en Gilgal); 2 Cr. 30:1-27 (Israel y Judá celebran la fiesta según el mandato de Ezequías); 2 Re. 23:21-23//2 Cr. 35:1, 18-19 (reinstitución del festival como parte de la reforma religiosa bajo Josías); Esd. 6:19-22 (Celebración de la Pascua después de la dedicación del templo recién construido por los retornados del exilio en Babilonia).

PASDAMIM La ubicación incierta de una victoria israelita sobre los filisteos. Allí, Eleazar, uno de los valientes de David, tomó una posición para obtener la victoria (1 Cr. 11:13, *ver* 2 Sam. 23:9). Lógicamente, Pasdamim se habría ubicado en algún lugar a los pies de las montañas entre Judá y Filistea.

PASEAH **(1)** Un hombre judaíta de Reca, él era uno de los tres hijos de Estón (1 Cr. 4:12). **(2)** Uno de los antepasados de los siervos del templo (Netinim) que regresaron a Jerusalén después del cautiverio babilónico bajo el liderazgo de Zorobabel en 539 a.C o poco después (Esd. 2:49; Neh. 7:51). **(3)** El padre de Joiada, quien ayudó a reparar la Puerta de Jesaná (Neh. 3:6).

PASIÓN Un término usado para referirse al sufrimiento y la muerte de Jesús. Las referencias a la pasión están atestiguadas tanto en las escrituras cristianas canónicas como en las extra canónicas. La mayoría de los estudiosos concuerdan en que la primera narración sobre Jesús por parte de la comunidad cristiana fue una versión de la narrativa de la pasión. Las primeras referencias existentes a esta tradición se encuentran en las cartas de Pablo (1 Cor. 2:2, Gál. 3:1). Los eruditos postulan que una narrativa continua de la pasión circulaba en las iglesias primitivas, precediendo al Evangelio de Marcos.

Los cuatro Evangelios del NT emplean un gran porcentaje de su texto en los eventos de la pasión. Algunos estudiosos hablan de los Evangelios como "narraciones de la pasión con una larga introducción". Los eventos de pasión comenzaban con la celebración de la Pascua, la Última Cena. El nuevo significado de la Pascua dirigía el enfoque hacia el sufrimiento y el próximo sacrificio de Jesús. La agonizante oración de Jesús en Getsemaní unía la Pascua con su sufrimiento (Mr. 14:23-24, 36; Jn. 18:11). Su posterior traición, arresto, juicio, palizas y burlas se narran en detalle en los Evangelios. La pasión tiene su clímax en la crucifixión. Los Evangelios registran diferentes detalles de la escena de ejecución, dependiendo de las audiencias a las que van dirigidos. Sin embargo, los cuatro representan el mismo cargo de ejecución (Mt. 27:37, Mr. 15:26, Lc. 23:38, Jn. 19:19).

PASO ESCORPIÓN *Véase* Acrabim.

PASTELES Traducción en la KJV de la palabra hebrea ma'akhal en Génesis 40:17 (NVI: "repostería"; NRSV: "manjares").

PASTO El producto alimenticio normal del ganado en tiempos bíblicos, el pasto consistía de varios tipos de plantas de crecimiento rápido que cubrían la tierra (Nm. 22:4; 1 Re. 18:5). Varios tipos de pasto eran nativos de Israel, incluyendo pastos de corta vida que surgían durante la temporada de lluvias y morían poco tiempo después, al igual que pastos de más larga vida de las dunas. Pasto seco o paja no parece haber sido cosechado, pero debía ser removido antes de que surgiera un nuevo brote (Prov. 27:25). Las varias palabras para "pasto" también puede indicar otra vegetación, parte de la cual era adecuada para pastar y alguna de las cuales incluso se usaba para consumo humano (Gn. 3:18; Mt. 13:26).

Debido a sus raíces poco profundas, el pasto crece rápido y se marchita pronto. Esa fugacidad proporciona una metáfora adecuada para la mortalidad humana (Sal. 90:5-6; Is. 40:6; 1 Pe. 1:24), en contraste con la permanencia de la palabra de Dios. También ilustra el efímero éxito del malvado (Sal. 92:7), en contraste con la seguridad del justo. El pasto es el indicador más rápido de cambios en las condiciones de crecimiento, y así también es un barómetro de la bendición de Dios sobre su pueblo (Sal. 72:16). El pasto es considerado la planta más mundana, de poco valor, sin embargo, incluso esta planta es valorada por Dios, que se dice que viste el pasto con el esplendor de los lirios (Mt. 6:28-30).

PASTOR Los pastores eran personas que cuidaban ovejas y cabras por su carne y leche, para vestir y para sacrificios. El pastoreo era parte integral de la vida y un símbolo potente en la cultura israelita, reflejado en las representaciones bíblicas de Abel (Gn. 4:2), Moisés (Éx. 3:1), David (1 Sm. 16:11) y Jesús (Lc. 2:8-20; Jn. 10:11, 14).

Un pastor podía cuidar su propio rebaño (Gn. 30:37-43). Hijos (Gn. 37:2), hijas (Gn. 29:6, 9) o empleados (Gn. 13:7; 1 Sm. 25:7; Lc. 17:7) podían asumir la tarea. Con el desarrollo de la agricultura y el cultivo de granos, los pastores fueron marginalizados (nótese que era el hijo menor de Isaí, David, quien cuidaba las ovejas [1 Sm. 16:11-13]) e incluso despreciados (Gn. 46:34). Los pastores podían vivir en aldeas, pastoreando diariamente a su rebaño hacia y desde tierra arable cercana (Gn. 29:7-14). Una vez que todo el campo de pastoreo había sido consumido, los pastores guiaban su rebaño a pasturas suficientemente lejanas del pueblo para no permitir el regreso diario. Entonces vivían una existencia semi nómade, vagando cuando se necesitaban nuevas tierras de pastoreo y agua (Gn. 37:12; cf. Is. 13:20). Los pastores construían cercados provisionales a partir de los materiales disponibles (piedras, arbustos) o usaban una cueva y permanecían con el rebaño durante la noche (Gn. 31:40; Cant. 1:8; Lc. 2:8).

Las herramientas de un pastor incluían una vara tipo porra utilizada para guiar al rebaño y repeler predadores y ladrones (Gn. 31:39; Is. 31:4; Miq. 7:14) y como herramienta para separar el rebaño (Lv. 27:32; Jr. 33:13); un cayado o bastón para recuperar a las ovejas descarriadas y heridas (Ez. 34:16; Zac. 11:7); una honda y algún tipo de bolsa (1 Sm. 17:40); e incluso perros (Job 30:1). Un pastor era responsable por cualquier pérdida en el rebaño y debía pagar restitución (Gn. 31:39; Éx. 22:10-13).

El rol vital del pastoreo en la cultura del antiguo Oriente Próximo naturalmente llevó a usos metafóricos del término para referirse tanto a autoridades civiles (Nm. 27:17; 1 Re. 22:17; Is. 44:28; Ez. 34:1-19) como a deidades (Gn. 48:15; 49:24; Sal. 23:1; 78: 52), tanto en Israel como en los pueblos vecinos.Tanto el éxodo (Éx. 15:13, 17; Sal. 78:52-55, 71-72) y el regreso del exilio babilonio (Sal. 44:11-23; Jr. 23:1-8; 31:8-14) son retratados en términos pastorales como Yahveh pastoreando su pueblo a pasturas seguras. En el NT, Jesús se llama a sí mismo el "buen pastor" (Jn. 10:1-16), y la metáfora se extiende a los líderes de la iglesia que deben imitar al buen pastor en su provisión y protección del pueblo de Dios (Hec. 20:28; 1 Pe. 5:1-3).

PASTOR Los pastores proveen supervisión espiritual para el pueblo de Dios. En griego, la misma palabra, poimēn, se usa tanto para "pastor de ovejas" como para "pastor espiritual de personas", de modo que todas las referencias en las Escrituras a pastores y ovejas deben estudiarse juntas. En definitiva, Jesús es el "gran Pastor de las ovejas" (Heb. 13:20) y el "Pastor y Guardián de sus almas" (1 Ped. 2:25), entonces todo, desde Sal. 23 a la historia del buen pastor de Jesús (Jn. 10) son modelos a seguir relevantes para un pastor. En el NT, esta responsabilidad se confió a líderes llamados y dotados. Por ejemplo, Pedro está llamado a "cuidar" (Gk. Poimainō, "pastorear") las ovejas de Jesús (Jn. 21:16). Esta responsabilidad se otorga a los ancianos/supervisores efesios en Hec. 20:17, 28 y a los ancianos/supervisores en 1 Ped. 5:1-2. Dios advierte de la maldición de "pastores que no saben entender" (Is. 56:11), que "no buscan al Señor" (Jer. 10:21), y que esparcen las ovejas (Jer. 23:1). Una de las mayores bendiciones de Dios es darle a su pueblo pastores según su propio corazón para guiarlos "con conocimiento y con inteligencia" (Jer 3:15).

PASTOR, VAQUERO Versiones españolas generalmente usan el término "pastor" o "vaquero" al referirse a aquellos que cuidan del ganado, prefiriendo el término "pastor" cuando se visualiza el cuidado de ovejas. Los pastores por lo general son trabajadores contratados que protegen el ganado de sus empleadores y llevan a la manada a áreas de pastoreo. En al menos dos instancias bíblicas (Gn. 13:7-8; 26:20), discusiones surgían entre pastores. Amos es mencionado como un pastor en algunas traducciones (7:14 KJV, NRSV).

Este fragmento de una pintura de la tumba muestra a los pastores llevando ganado ante el dueño, Nebanum.

PASTORALES, CARTAS PASTORALES

Las cartas de 1 Tim., 2 Tim. y Tito se conocen como las Cartas Pastorales (o Epístolas Pastorales). Este nombre refleja que estas cartas están dirigidas a personas que sirven con responsabilidades pastorales. Podrían llamarse mejor "cartas misioneras", ya que Timoteo y Tito estaban sirviendo en entornos misioneros. Pero el nombre tradicional "Pastorales" se ha utilizado desde el siglo XVIII.

Autoría. Desde el siglo XIX, muchos eruditos han cuestionado la autoría paulina de estas cartas por varias razones. En primer lugar, los críticos de la autoría de Pauline enfatizan las diferencias en vocabulario y estilo de las otras Cartas Paulinas. De hecho, las pastorales sí incluyen cierta terminología que las separa del resto de los Paulinos. Sin embargo, los argumentos basados en el vocabulario y el estilo son algo subjetivos. Algunos que favorecen la autoría paulina sugieren el posible uso de un secretario como motivo de las diferencias de estilo en las Pastorales. Otros sugieren que las pastorales son simplemente demasiado cortas como para dar importancia al vocabulario o a los estudios de estilo.

Una segunda razón para cuestionar la autoría paulina tiene que ver con el hecho de que las cartas abordan elementos desconocidos hasta el siglo segundo. Los críticos sugieren que la herejía refutada en las cartas y las características organizativas de las iglesias asociadas con las Pastorales se ajustan mejor al siglo II que cuando Pablo vivía. La herejía en las Pastorales tiene tendencias gnósticas, y se sabe que el gnosticismo no se desarrolló completamente hasta el siglo segundo. Por lo tanto, algunos han sugerido que las cartas no se escribieron en el primer siglo. Sin embargo, los problemas en las pastorales pueden reflejar elementos de gnosticismo sin implicar que la herejía se había desarrollado por completo. Los argumentos sobre la organización de la iglesia parecen perder el énfasis de estas cartas. Pablo sí escribió sobre las funciones de la iglesia, como el de los diáconos y anciano, pero su enfoque parece estar en los dones y el carácter de los individuos en posiciones de liderazgo de la iglesia, más que en describir la función de las funciones. El libro de Hechos demuestra que el puesto de anciano existía en al menos algunas de las iglesias paulinas (14:23; 20:17). Por lo tanto, la autoría paulina no se descarta por estos argumentos.

Los eruditos también cuestionan la autoría paulina de estas cartas debido a las diferencias doctrinales propuestas. Alegan que las pastorales no enfatizan las doctrinas paulinas claves. Además, a veces en las Pastorales, el autor parece argumentar a favor de que se defienda un cuerpo existente de enseñanza (1 Tim. 4: 6), lo cual, se argumenta, refleja un marco de tiempo posterior. Sin embargo, los argumentos de Pablo a menudo son impulsados por el contexto de la audiencia a la que está escribiendo, y afirmar saber lo que Pablo habría escrito parece altamente especulativo.

Finalmente, los eventos de las Pastorales no encajan con los viajes de Pablo descritos en Hechos. Quienes se oponen a la autoría

UBICACIONES DE ÉFESO Y CRETA

PQ

paulina de las Pastorales sugieren que la discrepancia está relacionada con un escritor del siglo II. Los que defienden la autoría paulina de estas cartas sugieren que Pablo fue liberado del encarcelamiento de Hechos 28 y luego encarcelado nuevamente en Roma. Por lo tanto, las referencias a los viajes de Pablo no pueden incluirse en la descripción de la vida de Pablo en Hechos porque ocurrieron en una fecha posterior.

Los eruditos que se oponen a la autoría paulina de estas cartas abogan por la autoría seudónima, normalmente por un asociado de Pablo en algún momento del siglo segundo. La iglesia primitiva, sin embargo, normalmente se oponía a la aceptación de escrituras seudónimas en el NT. No es necesario apelar al seudónimo en cuanto a las Pastorales si es que Pablo fue liberado de su primer encarcelamiento en Roma y luego encarcelado allí nuevamente.

PQ

Audiencia. Estas cartas están dirigidas a los compañeros de Pablo, Timoteo y Tito, mientras estaban en Éfeso y Creta, respectivamente. Pablo animó a Timoteo a detener las falsas enseñanzas en Éfeso (1 Tim. 1:3-4), y 1 Timoteo está llena de palabras de aliento para que Timoteo instruyera a la gente en Éfeso sobre la forma de vida y creencias correctas (3:14-15; 4:11; 6:2). La Segunda Carta a Timoteo se enfoca más en Timoteo y su ministerio que la primera carta (2 Tim. 1:6-8, 13; 2:1; 4:1-2). Se le escribió a Tito para ayudar al compañero de Pablo a nombrar a ancianos y arreglar las cosas en Creta (Tito 1:5).

En cada una de las Pastorales, Pablo animó e instruyó a sus amigos a ser fieles en el ministerio que se les había encomendado.

PASTOS Un espacio abierto donde los pastores cuidaban ovejas, cabras o ganado (Joel 1:18) o donde los burros salvajes (Job 39:8) o los ciervos (Lam. 1:6) pastaban. Los mejores pastos era abiertos, tranquilos y pacíficos (1 Cr. 4:40), pero podían ser el resultado de la destrucción de Dios (Is. 32:14). Por el contrario, los buenos pastos representaban la restauración de Dios (Eze. 34:14) o a Dios mismo (Jer. 50:7).

PASUR **(1)** Un sacerdote, hijo de Immer, del tiempo de Jeremías. Como el "oficial principal en la casa del Señor", puso al profeta en un cepo (Jer. 20:1-6). Jeremías pronunció una profecía contra él y lo rebautizó como "Magor-misabib" ("Terror en todas partes"). **(2)** Jeremías también menciona a Pasur, hijo de Malquías, quien no es identificado como sacerdote cuando es presentado en Jer. 21:1. Fue enviado por el rey Sedequías para alentar al profeta a suplicar a Dios por ayuda durante el asedio de Babilonia. En Jer. 38:1 él es parte de un grupo que arresta a Jeremías. **(3)** Jer. 38:1 también menciona a Pasur como el padre de Gedalías. Gedalías no es el gobernador del mismo nombre. Pasur aquí podría ser posiblemente uno de los dos hombres anteriores, pero no estamos seguros. **(4)** El antepasado de una familia de sacerdotes (que posiblemente se identifica con uno de los anteriores), que suman 1.247, que regresaron de Babilonia a Judá con Zorobabel justo después de que Ciro, el rey persa, emitiera un decreto que permitía el regreso de los exiliados (Esd. 2:38; Neh. 7:41). Seis hombres de su familia eran culpables por los matrimonios mixtos con mujeres extranjeras durante el tiempo de Esdras (Esd. 10:22). **(5)** Un hombre, tal vez parte de la familia del sacerdote mencionado en Jer. 20:1-6, pero no el Pasur original, quien firmó la renovación del pacto liderado por Esdras (Neh. 10:3).

PATÍBULO La palabra hebrea para "árbol" ('ets) se traduce como "patíbulo" en el libro de Ester en varias versiones (e.g., ESV, NRSV, NASB; NIV: "vara"), indicando una estructura sobre la cual los criminales eran ejecutados ahorcándolos por el cuello hasta morir. Hamán y sus diez hijos son colgados en el patíbulo de veintitrés metros (cincuenta codos) de alto. Esta medida de altura puede haber incluido el monte sobre el cual estaba el patíbulo.

PATIO DE LA GUARDA, PATIO DE LA PRISIÓN Sector en el palacio real en Jerusalén que se usaba para la retención de prisioneros. Jeremías estuvo ahí durante el asedio de Jerusalén (Jeremías 32:2, 38:6). En la KJV se interpreta la frase hebrea khatser hammattarah como "corte de la prisión", mientras que en versiones más recientes se traduce como "patio de la cárcel" (RVC) o "patio de la guardia" (NVI).

PATMOS Una pequeña isla en el mar Egeo, a treinta y siete millas de Mileto. Estando bajo el gobierno romano, fue utilizada como un lugar de exilio político. Alrededor de 95-97 d.C Juan el Vidente fue exiliado a la isla, donde escribió el libro de Apocalipsis: "Yo, Juan... estaba en la isla de Patmos por causa de la palabra de Dios y del testimonio de Jesús "(Ap. 1:9). Según la tradición, Juan se comunicó con Dios en una cueva, que existe hasta el día de hoy y se llama la "Santa Cueva de la Revelación".

PATRIARCA El jefe masculino de una familia. El AT describe a la nación israelita como una familia extendida que desciende de una línea de ancestros comunes, los patriarcas Abraham, Isaac y Jacob (también llamado "Israel" [*véase* Gn. 32:28]). Cada uno de los hijos de Jacob (o sus nietos Efraín y Manasés) dio por tradición su nombre a una de las tribus que formaban el pueblo israelita. El NT aplica el término "patriarca" a individuos de las generaciones desde Abraham (Heb. 7:4) a sus doce bisnietos (Hec. 7:8) y, en un caso, al rey David del siglo X (Hec. 2:29). En el AT, el término "patriarca" no se utiliza, aunque el concepto de Abraham, Isaac y Jacob como padres nacionales se expresa con frecuencia, como en Éx. 3:15, que se refiere al Dios de Israel como "el Señor, el Dios de vuestros padres, el Dios de Abraham, el Dios de Isaac y el Dios de Jacob".

La Biblia considera a los patriarcas como los destinatarios originales de las promesas de Dios, como en Dt. 6:10, que habla de "la tierra que [Dios] juró a tus padres, a Abraham, Isaac y Jacob, que te daría". Del mismo modo, Rom. 15:8 habla de los patriarcas como los destinatarios de las promesas de Dios. La referencia a David como patriarca en Hec. 2:29 también tiene en vista su rol como receptor de una promesa divina. La terminología de la paternidad nacional se aplica particularmente a los antepasados anónimos de la generación del éxodo (Jos. 24:6, 1 Re. 8:21) y a la línea de los reyes judaita e israelita, como en 2 Cr. 25:28, donde se dice que Amasías fue sepultado "con sus padres" (RV1977, LBLA) (es decir, sus predecesores de la realeza) en Jerusalén. De hecho, se dice que la muerte de varios reyes descansará "con sus padres" (cf. Lc. 16:22, donde Lázaro es llevado a Abraham cuando muere).

Los patriarcas son los más significativos en la Biblia para explicar los orígenes nacionales israelitas (descendencia de los patriarcas), la posición israelita en la tierra de Canaán (la tierra prometida a los patriarcas), los orígenes de la religión israelita ("el Dios de la padres"), y la naturaleza de la muerte (ir a estar con los padres).

Los Patriarcas y la Historia

La cronología implícita de la Biblia ubica a Abraham a mediados del segundo milenio a.C, en la Edad del Bronce Medio. Una fecha más precisa depende del controversial problema de fechar el éxodo de Egipto. La fecha tradicional del éxodo en el siglo XV a.C coloca a los patriarcas en los últimos siglos del tercer milenio a.C, basados en la tabulación de los períodos de vida reportados en la Biblia y anclados a la fecha del templo de Salomón dada en 1 Re. 6:1. Un cálculo reciente data el nacimiento de Abraham a 2166 a.C Una fecha inferior para el éxodo (en el siglo trece a.C) a su vez disminuye la fecha de Abraham. Debido a que pertenecen a la historia de una sola familia, es difícil fechar las historias patriarcales basadas en registros históricos extrabíblicos y hallazgos arqueológicos. Cuando Abraham y sus descendientes interactúan con figuras de prominencia internacional, no tienen nombre (los faraones anónimos de Egipto), tienen nombres reales genéricos (Abimelec) o son desconocidos en los registros históricos extrabíblicos (los muchos reyes nombrados en Gn. 14:1-2) Por el contrario, la historia bíblica del período monárquico de Israel y Judá nombra a varios reyes mesopotámicos y egipcios conocidos a partir de inscripciones de fecha segura.

A la luz de esta dificultad metodológica, algunos han examinado el mundo cultural de las narraciones patriarcales e intentaron relacionar las costumbres atestiguadas en las historias con las conocidas a partir de fuentes externas documentables. En particular, los defensores de este enfoque han buscado conexiones entre las costumbres pertenecientes al matrimonio y la familia representadas en las tabletas Nuzi (siglo

XV a.C), que se piensan que reflejan costumbres más tempranas en la base de sus similitudes con los textos hallados en Mari (siglo XVIII a.C). Ciertas conductas de los patriarcas, incluido el uso de prácticas de culto que se sabe que han sido condenadas en los textos bíblicos del primer milenio a.C, sugieren que las narrativas patriarcales son un reflejo auténtico del comienzo del segundo milenio antes de Cristo. Por otro lado, las narrativas patriarcales contienen cierta información inconsistente con una fecha del comienzo del segundo milenio, notablemente la presencia de los filisteos (Gn. 21:22-34), quienes no aparecieron en la región hasta el siglo XII a.C La historia cultural de las narrativas patriarcales sigue siendo controvertida.

La Importancia de los Patriarcas

Además de las interrogantes históricas tratadas anteriormente, una cosa es clara: para los israelitas del primer milenio antes de Cristo que escribieron, editaron y leyeron el libro de Génesis, los patriarcas eran de gran interés e importancia.

Para los autores bíblicos, el Dios de Israel era el "Dios de los padres", y la religión israelita se entendía como una relación especial entre Dios y la nación que comenzó con los famosos antepasados. Las historias patriarcales explicaron otros "hechos" sociales observables en la Edad del Hierro de Israel. La relación entre los israelitas y los edomitas alternaba entre paz y hostilidad. Lingüística, cultural y geográficamente, los dos pueblos estaban estrechamente conectados, por lo que no es de sorprenderse que las historias bíblicas sobre Jacob (o Israel) y Esaú (o Edom) muestren una relación fraternal que reflejara la rivalidad regional posterior de sus descendientes. Se pueden hacer observaciones similares con respecto a los ismaelitas (descendientes del hermano de Isaac), los moabitas y los amonitas (ambos descendientes del sobrino Lot de Abraham) y los madianitas (de Abraham a través de su esposa Cetura). Otros grupos locales, como los filisteos, no se incorporan a la familia extendida patriarcal, reflejando con precisión el origen de esta población y su cultura fuera de la tierra de Palestina. Las historias patriarcales explican la fundación de varios sitios de culto importantes. Por lo tanto, las historias patriarcales sirvieron para organizar el mundo social y geográfico de los israelitas, que fueron apreciadas como su historia nacional.

Dentro del propio Israel, el estado y las relaciones de varias tribus se correspondían con la descripción de los ancestros patriarcales del mismo nombre. La especial prominencia de los levitas, los judaítas y los efraimitas se explica por las historias que se centran en las hazañas de Leví, Judá y José (el padre de Efraín). La presentación de las tribus como provenientes de doce hermanos de cuatro madres diferentes refleja la compleja paridad política y la disparidad de las "doce tribus". Además de la estructura de doce tribus, otros grupos israelitas menos prominentes son conocidos de la Biblia. "Maquir" es un grupo prominente en Jue. 5:14 (uno de los primeros textos bíblicos), donde se pone de pie de igualdad con las otras tribus. Sin embargo, en la representación "patriarcal" de Israel de doce tribus, Maquir pierde importancia y es nombrado como hijo de Manasés (una tribu no mencionada en la lista de Jue. 5) en Gn. 50:23. Presumiblemente, los dos textos representan distintas concepciones de qué grupos eran más importantes en la sociedad israelita de sus respectivos tiempos. Para el autor de Jue. 5, Maquir fue uno de los principales grupos en Israel; para el autor de Gn. 50:23, Maquir era menos importante que Manasés.

Fuera de Génesis, los nombres de Abraham e Isaac generalmente aparecen sólo en la fórmula "Abraham, Isaac y Jacob". El nombre de Jacob o Israel, en contraste, se usa regularmente para designar al pueblo de Israel, como lo son los nombres del hijo de Jacob: Judá (para la parte sur del país) y su nieto Efraín (para la parte norte). El nombre de Isaac se usa dos veces en Amos 7:9, 16 para referirse a una entidad que aparentemente está al norte, los "lugares altos de Isaac".

PATRIMONIO Aquello que se da o es designado como una posesión duradera o lote, a veces como recompensa. "Patrimonio" es la traducción común en la KJV en muchas instancias donde versiones más modernas leen "herencia" (e.g.,

Jr. 2:7; Jl. 2:17; Miq. 2:2). A veces "patrimonio", que es más abstracto que "herencia" se prefiere en versiones modernas para hablar ampliamente de recompensa, ya sea por piedad (Sal. 61:5; Is. 54:17; 58:14) o por impiedad (Job 20:29; 31:2). En otras ocasiones, se elige "patrimonio" cuando el objeto en cuestión es humano (Sal. 94:5; 127:3; Is. 47:6; Jr. 50:11) o cuando la naturaleza duradera del objeto es prominente (Sal. 135:12; 136:21-22).

PATROBAS Un creyente de la iglesia de Roma al que Pablo saluda (Rom. 16:14). El nombre masculino puede ser una forma abreviada de "Patrobios", que significa "vida de/del padre".

PATROS Una región asociada con Mizraim (Egipto) en Is. 11:11; Jer. 44:1, 15; Ezeq. 29:14; 30:14. Lo más probable es que sea el Alto Egipto (por eso la NTV lo traduce como Etiopía), la región al sur de Mizraim (Bajo Egipto). El nombre egipcio para la "tierra del sur" se refiere al área entre Memfis y Asuánn y es filológicamente similar a "Patros".

PATRUSEOS Descendientes de Cam y Mizraim y que están vinculados a los filisteos (Gn. 10:14, 1 Cr. 1:12).

PATUSIM *Ver* Patruseos.

PAULO, SERGIO *Ver* Sergio Paulo.

PAU Una ciudad en Edom, fue el hogar de Hadad, el rey edomita que sucedió a Baal-hanán en el trono (Gn. 36:39, 1 Cr. 1:50). Su nombre griego en la Septuaginta es Phogōr, que también se traduce como "Peor" (Nm. 23:28, Dt. 3:29), pero estos son lugares diferentes.

PAVOS REALES "Pavos reales" es una traducción tradicional del último artículo de la lista de lujos que los barcos de Salomón trajeron de Tarsis (1 Re. 10:22; 2 Cr. 9:21 [por ejemplo, LBLA, RVC, NTV]). Sin embargo, una traducción más probable de la palabra hebrea tukki es "mandriles" (NVI) o "mono" (NAB). Todos los demás artículos provienen de África, pero los pavos reales provienen de Asia. La RVA también usa "pavo real" para traducir renanim en Job 39:13, pero probablemente se traduzca mejor como "avestruz", como en la NVI.

PAZ, OFRENDA DE *Ver* Sacrificio y Ofrenda.

PAZ La palabra "paz" tanto en el AT (*shalom*) como en el NT (*eirēnē*) describe principalmente algo sano y completo. Era una forma de saludo común en ambos Testamentos, y muchos cognados de palabra de shalom todavía se usan entre los hablantes de lenguas semíticas como saludos diarios. Siguiendo la convención helenística de la escritura de cartas, pero con una mayor apreciación por su significado distintivamente cristiano, casi todas las cartas en el NT incluyen "paz" en sus secciones iniciales o finales.

El concepto de paz en la Biblia, sin embargo, va más allá de las nociones comúnmente sostenidas de paz como la ausencia de conflicto y la existencia de cooperación entre las partes. La Biblia presenta la paz como el estado de realización del plan de Dios, el cumplimiento de su promesa para su pueblo en la tierra. Aunque la paz entre individuos, grupos de personas y naciones no está ausente del concepto bíblico, se pone un claro énfasis en la paz entre los humanos y Dios. De hecho, alcanzar la paz a nivel individual está más ligado a la relación de uno con Dios que a su estado psicológico interno.

Antiguo Testamento. La cosmovisión bíblica sostiene que este mundo es un lugar quebrantado y defectuoso, un estado apartado de shalom, que debe ser restablecido para asegurar la paz. En el AT, el contexto primario en el que se restablece la paz es el sistema de sacrificios. La "ofrenda de paz" (shelamim; NVI: "ofrenda de compañerismo") requiere la matanza de animales y el derramamiento de sangre. En tanto que el sacrificio de animales es doloroso y costoso, también lo es el quebrantamiento de la relación apropiada entre los humanos pecadores y el Dios santo.

Otra dimensión importante para restaurar la paz es a través del Mesías venidero. Que el Mesías designado divinamente vendría algún día e instituiría la paz en este mundo atribulado se encuentra en muchas profecías del AT y es particularmente vital para la teología de Isaías. Con mucho poder simbólico, el epíteto mesiánico en Isa. 9:6 termina con "Príncipe de la paz". La promesa de que este rey mesiánico establecería la paz en la tierra fue un elemento central de la esperanza que Israel sostuvo en innumerables crisis. En uno de los pasajes más apasionados y poderosos en el AT, Isa. 53 dice que una figura, a menudo llamada el Siervo Sufriente, surgirá para tomar el pecado y la culpa del pueblo de Dios sobre sí mismo y traerles paz (vv. 5-6).

Nuevo Testamento. Para los cristianos, todas estas profecías apuntan a la persona y la función de Jesucristo. Significativa en sus alusiones escatológicas, tanto Zacarías como Simeón mencionan la paz en sus declaraciones de que la venida anticipada del Mesías acababa de ocurrir justo frente a ellos (Lc. 1:79, 2:29). En el nacimiento de Jesús, los ángeles proclaman la venida del Príncipe de la Paz (Lc. 2:14). Esto resuena bien con la afirmación de que Cristo es nuestra paz (Ef. 2:14-15).

Es importante que la paz mediada por los sacrificios en el AT sea proporcionada directamente por Jesús en los Evangelios, como para sanar a los enfermos y consolar a los oprimidos. Él incluso ordena paz ante disturbios naturales (una tormenta). Jesús específicamente indica que dará paz a aquellos que lo siguen. Él saluda a sus discípulos invocando la paz ("Paz para ustedes"), haciendo eco a la costumbre judía de ese tiempo, pero sin duda con una realidad mucho más grande y más poderosa en mente. Al final, sin embargo, el precio de la verdadera paz fue la vida de Cristo. La paz entre Dios y los humanos se rompió debido a la rebelión de parte de los humanos y la consiguiente ira divina. Dado que la pena del pecado y la separación de Dios es la muerte (Rom. 6:23), reparar la relación rota sería muy costoso. En algunos de los pasajes con más carga teológica (Rom. 5:8-11, 2 Cor. 5:18-21, Col. 1:20-22, Ef. 2:14-17), Pablo argumenta que Dios, quien era la parte ofendida en esta violación de la relación, tomó la iniciativa de restaurar la relación, sorprendentemente, dejando a su Hijo como ofrenda de paz. Por lo tanto, el ministerio evangélico en el que se llama a Pablo y a todos los discípulos es el ministerio de la reconciliación: restauración de la paz.

La "teología de la paz" explorada arriba tiene inmensas implicaciones para la vida cristiana. En cierto sentido, la paz es la culminación de las ricas bendiciones otorgadas al creyente. La paz es un regalo divino (Jn. 14:27; 16:33; Rom. 5:1). Es la respuesta de Dios a la oración (Fil. 4:7). Lo que sirve de armadura para los cristianos es el evangelio de la paz (Ef. 6:15). Dios es un Dios de paz (1 Tes. 5:23), y Cristo es nuestra paz (Ef. 2:14-15). La paz es lo que Cristo dejó para sus discípulos (Jn. 14:27; 16:33).

PEAJE *Véase* Recolector de Impuestos; Impuestos; Tributo.

PECA *Véase* Mota.

PECADO DEL BECERRO DE ORO *Ver* Becerro de Oro.

PECADO Existen pocos temas más prominentes en la Biblia que el pecado; casi no es posible encontrar una página en la que el pecado no sea mencionado, descrito o retratado. Como demuestra el siguiente estudio, el pecado es una de las fuerzas impulsoras de toda la Biblia.

El Pecado en la Biblia

Antiguo Testamento. El pecado entra en la historia bíblica en Gn. 3. A pesar del mandamiento de Dios al contrario (2:16-17), Eva come del árbol del conocimiento del bien y del mal bajo la incitación de la serpiente. Cuando Adán se unió a Eva comiendo del fruto, su rebelión fue completa. Intentaron cubrir su culpa y vergüenza, pero las hojas de higuera eran inadecuadas. Dios los confrontó y no se dejó impresionar por sus intentos de echarse la culpa mutuamente. El juicio cayó pesadamente sobre la serpiente, Eva y Adán; incluso la creación misma se vio afectada (3:17-18).

En medio del juicio, Dios dejó claro de dos formas muy específicas que el pecado no tenía la última palabra. Primero, Dios crípticamente prometió colocar hostilidad entre los descendientes de la serpiente y los de la mujer (Gn. 3:15).

Aunque la serpiente infligiría un severo golpe a la descendencia de la mujer, los descendientes de la mujer derrotarían a la serpiente. Segundo, Dios reemplazó la inadecuada cobertura de las hojas de higuera con pieles de animales (3:21).

La implicación es que la muerte de los animales funcionaba como un sustituto para Adán y Eva, cubriendo su pecado.

En Gn. 4-11 los desastrosos efectos del pecado y la muerte son plenamente visibles. Ni siquiera el cataclísmico juicio de la inundación fue capaz de erradicar la maldad del corazón humano (6:5; 8:21). Los humanos se reunieron en rebelión en la torre de Babel en un esfuerzo por crear un nombre para sí mismo y frustrar la intención de Dios de que ellos se repartieran por el mundo (11:1-9).

En un sentido, el resto del AT descansa sobre este tema: ¿Cómo un Dios sagrado satisfará su ira contra el pecado humano y restaurará su relación con los seres humanos sin comprometer su justicia? La respuesta corta es: a través de Abraham y su descendencia (Gn. 12:1-3), quien eventualmente se multiplicó en la nación de Israel. Después de que Dios los redimió de su esclavitud en Egipto (Éx. 1-15), los llevó a Sinaí para hacer una alianza con ellos que estaba basada en la obediencia (19:5-6). Un componente central de esta alianza era el sistema sacrificial (e.g., Lv. 1-7), que Dios proporciona como medio de lidiar con el pecado. Además de los sacrificios regulares hechos por el pecado durante el año, Dios separa un día al año para expiar los pecados de Israel (Lv. 16). En este Día de Expiación, el sumo sacerdote tomaba la sangre de una cabra en el sanctasanctórum y la rociaba en el trono de la misericordia como una ofrenda. Después tomaba una segunda cabra y confesaba "todas las inequidades del pueblo de Israel, y todas sus transgresiones, todos sus pecados, poniéndolos en la cabeza de la cabra y enviándola al desierto... La cabra cargará con todas las inequidades a una región estéril; y la cabra deberá ser liberada en el desierto" (Lv. 16:21-22 NRSV). Con el objetivo de que el santo Dios resida con su pueblo pecaminoso, extensas disposiciones debían hacerse para permitir el compañerismo.

A pesar de estas disposiciones, Israel repetida y persistentemente rompió esta alianza con Dios. Incluso en los puntos más altos de la prosperidad bajo el reinado de David y su hijo Salomón, el pecado plagaba al pueblo de Dios, incluyendo a los mismos reyes. David cometió adulterio y asesinato (2 Sm. 11:1-27). Salomón tuvo cientos de mujeres y concubinas extranjeras, que alejaron su corazón de Yahveh y lo dirigieron hacia otros dioses (1 Re. 11:1-8). Una vez que la nación se dividió en dos (Israel y Judá), el pecado y sus consecuencias se aceleraron. La idolatría se volvió desenfrenada. El resultado fue el exilio de la tierra (Israel en 722 a.C., Judá en 586 a.C.). Pero Dios se rehúso a rendirse con su pueblo. Prometió levantar un sirviente que sufriría por los pecados de su pueblo como una ofrenda de culpa (Is. 52:13-53:12).

Después de que el pueblo de Dios regresó del exilio, las esperanzas permanecían altas de que las grandes promesas proféticas, incluyendo la remisión final de los pecados, estaban cerca. Pero la desilusión se asentó prontamente a medida que los regresados permanecían bajo la opresión extranjera, el templo reconstruido no era más que una cáscara del templo de Salomón, y no había dónde encontrar un rey davídico. Al poco tiempo, el pueblo de Dios había regresado a sus

Un relieve del sarcófago de Junius Bassus (d. 359 dC) que representa el pecado y la caída de Adán y Eva.

antiguas costumbres, alejándose de él. Incluso los sacerdotes, que estaban encargados de la administración del sistema sacrificial que lidiaba con el pecado del pueblo, fracasaron en la apropiada realización de sus funciones (Mal. 1:6-2:9).

Nuevo Testamento. Durante los siguientes cuatrocientos años de silencio profético, el ansia porque Dios finalmente erradicara los pecados del pueblo creció. Finalmente, cuando la concepción y nacimiento de Jesús se anunciaron, se reveló que Él "salvaría a su pueblo de sus pecados" (Mt. 1:21). En los días anteriores al ministerio público de Jesús, Juan el Bautista preparó el camino para Él, "predicando un bautismo de arrepentimiento para el perdón de los pecados" (Lc. 3:3). Si bien tanto Adán como Israel fueron hijos desobedientes de Dios, Jesús probó ser un Hijo obediente por su fidelidad a Dios ante la tentación (Mt. 2:13-15; 4:1-11; 26:36-46; Lc. 3:23-4:13; Rom. 5:12-21; Flp. 2:8; Heb. 5:8-10). También fue el Sirviente Sufriente que entregó su vida como rescate por muchos (Mc. 10:45; cf. Is. 52:13-53:12). En la cruz, Jesús experimentó la ira de Dios que el pueblo de Dios justamente se merecía por su pecado. Con su justicia totalmente satisfecha, Dios estaba libre para perdonar y justificar a todos aquellos que se identifican con Cristo por fe (Rom. 3:21-26). Lo que ni la ley ni la sangre de toros y cabras pudo hacer, Jesucristo lo hizo con su propia sangre (Rom. 8:3-4; Heb. 9:1-10:18).

Después de su resurrección y ascensión, los seguidores de Jesús comenzaron a proclamar la "buena noticia" (evangelio) de lo que Jesús hizo y llamando a la gente, "Arrepiéntanse y sean bautizados, cada uno de ustedes, en el nombre de Jesucristo para el perdón de sus pecados" (Hec. 2:38). Mientras la gente comenzaba a experimentar el perdón de Dios, eran tan transformados que perdonaban a aquellos que habían pecado contra ellos (Mt. 6:12; 18:15-20; Col. 3:13). Aunque los creyentes continúan luchando con el pecado en esta vida (Rom. 8:12-13; Gal. 5:16-25), el pecado ya no es su dueño (Rom. 6:1-23). El Espíritu Santo los empodera para luchar contra el pecado mientras esperan por el nuevo cielo y la nueva tierra, donde no habrá pecado ni maldición (Rom. 8:12-30; Ap. 21-22).

Como incluso este breve estudio de la historia bíblica desde el Génesis al Apocalipsis demuestra, el pecado es un aspecto fundamental de la trama de la Biblia. El pecado genera el conflicto que impulsa la narrativa bíblica; es el "problema" fundamental que debe ser resuelto para que se completen los propósitos de Dios en la creación.

Definición y Terminología

Definición de pecado. Aunque ninguna definición puede captar completamente la amplitud y profundidad del concepto del pecado, parece mejor considerar el pecado como un fracaso a conformarse a la ley de Dios en pensamiento, sentimiento, actitud, palabra, acción, orientación o naturaleza. En esta definición debe recordarse que la ley de Dios es una expresión de su carácter santo y perfecto, de modo que el pecado no sólo es una violación de una ley interpersonal, sino más bien es una ofensa personal contra el Creador. El pecado no puede limitarse a acciones. Deseos (Éx. 20:17; Mt. 5:27-30), emociones (Gn. 4:6-7; Mt. 5:21-26), e incluso nuestra naturaleza caída como seres humanos (Sal. 51:5; Ef.2:1-3), pueden también ser pecaminosos.

Terminología. La Biblia utiliza docenas de términos para hablar del pecado. Clasificarlos ordenadamente no es fácil, ya que existe suficiente superposición en el significado y uso de varios de ellos. Sin embargo, la mayoría de ellos recae dentro de una de las siguientes categorías.

1. Personal. El pecado es un acto de rebelión contra Dios como creador y gobernador del universo. En vez de reconocer la auto-revelación de Dios en la naturaleza y expresar gratitud, la humanidad tontamente adora a la creación y no al Creador (Rom. 1:19-23). El abundante amor, gracia y misericordia que Dios le muestra a la humanidad hace su rebelión aún más sorprendente (Is. 1:2-31). Otra forma de expresar la naturaleza personal del pecado es impía o impiedad, que se refiere a la falta de devoción a Dios (Sal. 35:16; Is. 9:17; 1 Pe. 4:18).

2. Legal. Una variedad de palabras retrata el pecado en términos jurídicos. Palabras tales como "transgresión" e "infracción" retratan el

pecado como la violación de un mandamiento específico de Dios o el cruce de un límite que Dios ha establecido (Nm. 14:41-42; Rom. 4:7, 15). Cuando los individuos hacen cosas que son contrarias a la ley de Dios, son considerados inicuos o injustos (Is. 10:1; Mt. 5:45; Rom. 3:5). Romper la alianza con Dios es descrito como violar sus estatutos y desobedecer sus leyes (Is. 24:5). El resultado es culpa, un estatus legal objetivo que está presente cuandoquiera que se viola la ley de Dios sin importar si el individuo subjetivamente se siente culpable.

3. Moral. En el sentido más básico, el pecado es malo, lo opuesto a lo que es bueno. Por lo tanto, el pueblo de Dios debe odiar el mal y amar lo que es bueno (Am. 5:14-15; Rom. 12:9). De manera similar, las Escrituras contrastan la rectitud y la maldad (Prov. 11:11; 12:6; 14:11). Uno también podría incluir aquí el término "inequidad", que se usa para hablar de perversidad o deshonestidad (Sal. 51:2; 78:38; Is. 59:2). Se hace mención frecuente de la inmoralidad sexual como una desviación especialmente grave del camino de Dios (Nm. 25:1; Rom. 1:26-27; 1 Cor. 5:1-11).

4. De culto. De manera que una persona pudiese acercarse a un Dios santo, ese individuo debía estar en un estado de pureza ante él. Aunque una persona podía volverse impura sin pecar necesariamente (e.g., una mujer menstruando era impura pero no pecaminosa), en algunos casos el término "impuridad" claramente se refiere a un estado de pecado (Lv. 20:21; Is. 1:25; Ez. 24:13). Lo mismo es válido para el término "sucio". Aunque con frecuencia es usado en Levítico para hablar de impureza ritual, en otras partes claramente hace referencia a acciones o estados pecaminosos (Sal. 51:7; Prov. 20:9; Is. 6:5; 64:6).

Metáforas

Además de términos específicos usados para el "pecado", la Biblia usa varias metáforas o imágenes para describirlo. Las siguiente cuatro están dentro de las más destacadas.

Errar el tiro. Tanto en hebreo como en griego, dos de las palabras más comunes para "pecado" tienen el sentido de errar el tiro. Pero esto no significa que el pecado sea reducido a un error o descuido. El punto no es que una persona simplemente yerre el tiro de lo que Dios requiere; en cambio, es que él o ella están apuntando al blanco totalmente equivocado (Éx. 34:9; Dt. 9:18). Sin importar si errar la marca es intencional o no, el individuo sigue siendo responsable (Lv. 4:2-31; Nm. 15:30).

Alejarse del camino. El pecado como un alejamiento del camino de Dios es especialmente prominente en la literatura sabia. Se realizan contrastes entre el camino de los justos y el camino de los malvados (Sal. 1:1, 6; Prov. 4:11-19). La sabiduría es retratada como una mujer que llama a las personas a seguir sus caminos, pero engaña a aquellos que la ignoran o se alejan de su camino (Prov. 9:1-18). Aquellos que no siguen los caminos de Dios eventualmente son destruidos por su propia maldad (Prov. 11:5; 12:26; 13:15).

Adulterio. Ya que la relación de Dios con su pueblo es descrita como un matrimonio (Is. 62:4-5; Ez. 16:8-14; Ef. 5:25:32), no es sorprendente que la Biblia describa su infidelidad como adulterio. El matrimonio del profeta Oseas con una mujer adúltera vívidamente retrata la infidelidad de Israel hacia Yahveh (Os. 1-3). Cuando los israelitas persiguen otros dioses, Yahveh los acusa de adulterio espiritual en términos extremadamente gráficos (Ez. 16:15-52). Cuando los cristianos se unen a una prostituta o participan en idolatría, ellos también comenten adulterio espiritual (1 Cor. 6:12-20; 10:1-22).

Esclavitud. El pecado es retratado como un poder que esclaviza. Los profetas clarifican que la esclavitud de Israel a poderes extranjeros es, realmente, una imagen de su mayor esclavitud al pecado (Is. 42:8; 43:4-7; 49:1-12). Pablo establece un punto similar al referirse a aquellos que no conocen a Cristo como esclavos del pecado, incapaces de hacer algo que agrade a Dios (Rom. 6:1-23; 8:5-8). El pecado es un poder cósmico que es capaz de usar incluso la ley para atrapar a las personas en su trampa (Rom. 7:7-25).

Alcance y Consecuencias

El pecado no viaja solo; trae consigo un gran equipaje. Aquí, brevemente, examinamos su alcance y consecuencias.

Alcance. La mancha del pecado se extiende sobre parte del orden creado. Como resultado del pecado de Adán, la tierra fue maldita para resistirse a los esfuerzos del hombre a cultivarla, produciendo espinas y cardos (Gn. 3:17-18). La tierra prometida es descrita como gimiendo bajo el peso del pecado de Israel y necesitando un descanso sabático (2 Cr. 36:21; Jr. 12:4); Pablo aplica el mismo lenguaje a toda la creación también (Rom. 8:19-22).

El pecado afecta todo aspecto del individuo: mente, corazón, voluntad, emociones, motivos, acciones y naturaleza (Gn. 6:5; 8:21; Jr. 17:9; Rom. 3:9-18). A veces esta realidad es referida como "depravación total". Esta frase no significa que las personas sean tan pecaminosas como pueden ser, sino que cada aspecto de sus vidas está contaminado por el pecado. Como descendiente de Adán, cada persona entra al mundo como un pecador que luego peca (Rom. 5:12-21). El pecado también contamina las estructuras sociales, corrompiendo la cultura, el gobierno, las naciones y los mercados económicos, para nombrar solo algunas.

Consecuencias. Ya que los dos mandamientos principales son amar a Dios y amar al prójimo como a uno mismo (Mt. 22:34-40), tiene sentido que el pecado tiene consecuencias tanto a nivel vertical como horizontal. Verticalmente, el pecado resulta en muerte física y espiritual (Gn. 2:16-17; Rom. 5:12-14). Hace a la humanidad culpable en la corte la ley de Dios, nos convierte en los enemigos de Dios, y nos somete a la justa ira de Dios (Rom. 1:18; 3:19-20; 5:6-11). A nivel horizontal, el pecado causa conflicto entre individuos y daña las relaciones de todo tipo. Crea desconfianza, celos y egoísmo que infecta incluso las relaciones más cercanas.

Conclusión

Ningún tema es más desagradable que el pecado. Pero una adecuada comprensión del pecado es esencial para entender el Evangelio de Jesucristo. Como lo expresa el puritano Thomas Watson, "Hasta que el pecado no sea amargo, Cristo no será dulce".

PECADO IMPERDONABLE *Véase* Pecado, Imperdonable.

PECADO, IMPERDONABLE Jesús se refiere a un pecado imperdonable o inexcusable en la controversia de Beelzebú en los Evangelios Sinópticos (Mt. 12:31-32; Mc. 3:28-30; Lc. 12:10). Después de que Jesús exorcizó a un demonio de un hombre sordomudo, los fariseos lo acusaron de realizar este milagro con el poder de Beelzebú. Jesús primero respondió diciendo, "Si Satanás expulsa a Satanás, está dividido contra sí mismo. ¿Entonces cómo puede sostenerse su reino?". (Mt. 12:26). Su punto es que es por el poder del Espíritu de Dios y del Reino de Dios que él puede lograr este milagro. Jesús continúa esta aseveración diciendo, "Cada tipo de pecado y calumnia es perdonada, pero la blasfemia contra el Espíritu no se perdonará. Cualquiera que hable contra el Hijo del Hombre será perdonado, pero quien hable contra el Espíritu Santo no será perdonado, ya sea en esta era o en la era por venir" (Mt. 12:31-32). En contexto, el pecado imperdonable es atribuir el trabajo del Espíritu Santo al poder de Satanás.

La pregunta que muchas personas hacen y temen es si un cristiano puede cometer el pecado imperdonable. La respuesta parece ser no, en que este era un cargo específico contra los fariseos que estaban atribuyendo la fuente de poder equivocada a la sanación de Jesús. En otras palabras, estaban blasfemando contra el Espíritu de Dios al sugerir que era un poder demoníaco el que Jesús usaba para realizar este milagro. Por tanto, el tema parece ser específico al evento histórico más que una advertencia general que continuaría para siempre.

PECADOR Una persona que fracasa en lograr los estándares de santidad y justicia de Dios. Un descendiente de Adán, infectado con una naturaleza pecaminosa, toda la humanidad calza con esta definición (Sal. 14:3; Rom. 3:10). En términos bíblicos, "pecador" también puede usarse como contraste a los santurrones que no ven su propia pecaminosidad. En este sentido, un pecador es alguien que es humilde ante Dios y que reconoce su necesidad por la gracia de Dios (Lc. 5:30-32; 18:10-14). *Véase también* Pecado.

PECHOS En la RVA, la palabra para referirse a los "pechos" (Ezeq. 23:21, Lc. 23:29, Ap. 1:13) (cf. Lc. 11:27 [NVI: "...que te amamantaron")]).

PECOD Una región aramea cerca de la desembocadura del río Tigris en el sur de Babilonia. Fue una de las regiones babilónicas usadas por Dios para traer juicio sobre Jerusalén a causa de su pecado, lo que resultó en la destrucción de Judá (Ezeq. 23:23). Jeremías había profetizado antes que Pekod fue designado para ser atacado y destruido debido a su parte en el castigo al pueblo de Dios durante ese tiempo (Jer. 50:21).

PECTORAL DEL SUMO SACERDOTE Funda de nueve pulgadas cuadradas tejida con el mismo material colorido que un efod. Tenía adherido a los costados anillos de oro para que pudiera estar firmemente amarrado al efod con cuerdas de oro en la parte de arriba y cuerdas azules en la parte inferior. En la parte frontal tenía incrustado cuatro filas de doce piedras preciosas y en cada una tenía grabado el nombre de las tribus de Israel, que estaban montados en engastes de oro. Dado que cargaba el Urim y Tumim por el que Dios reveló sus juicios para Israel, a veces se le llamaba el "pectoral del juicio" (NRSV; NVI: "pectoral para impartir justicia"). Al llevarlo puesto, el sumo sacerdote representaba los nombres de todas las tribus cada vez que él entraba en la presencia de Dios, y que él traería los juicios o anunciaría la voluntad de Dios para el pueblo. Este término se menciona veintitrés veces en el Éxodo (principalmente en los capítulos 28; 35) y dos veces en Levítico.

PEDAEL El hijo de Amiud de la tribu de Neftalí (Nm. 34:28), fue uno de los líderes a quienes Dios le dijo a Moisés que designara para dividir la tierra de Canaán entre los israelitas.

PEDAÍAS **(1)** El padre de Joel, oficial de la media tribu de Manasés durante el reinado de David (1 Cr. 27:20). **(2)** El abuelo materno del rey Joacim de Judá (2 Re. 23:36). **(3)** Uno de los hijos del rey Joaquín de Judá, que fue llevado al exilio babilónico en 597 a.C (1 Cr. 3:18). De acuerdo con 1 Cr. 3:19, Pedaías fue el padre de Zorobabel, un importante gobernante postexílico. Otros pasajes (Esd. 3:2, 8, Hag. 1:1) nombran al hermano de Pedaías, Salaltiel, como el padre de Zorobabel, tal vez sugiriendo un matrimonio en levirato (Dt. 25:5-10). **(4)** El hijo de Faros, fue un constructor del muro de Jerusalén en el tiempo de Nehemías (Neh. 3:25). Este puede ser el mismo Pedaías que se paró en la plataforma con Ezra durante su lectura de la ley (Neh. 8:4). **(5)** Un antepasado de Salú, un benjamita que fue reubicado en Jerusalén durante el tiempo de Nehemías (Neh. 11:7). **(6)** Un levita a quien Nehemías puso a cargo de los almacenes del templo (Neh. 13:13).

PEDASUR El padre de Gamaliel, que fue el líder tribal de Manasés durante las vagancias en el desierto (Nm. 1:10; 2:20; 7:54, 59; 10:23). *Ver también* Gamaliel.

PEDERNAL Una piedra muy dura que, debido a su tendencia natural a romperse en piezas afiladas, frecuentemente se usaba para herramientas o armas. Al menos dos veces la Biblia registra que pedernal se utiliza para circuncidar a alguien: Séfora con el hijo de Moisés, y Josué con los no circuncidados que se preparaban para entrar en la tierra prometida (Éx. 4:25; Js. 5:2-3). La roca desde la que manó agua durante la travesía en el desierto de los israelitas era pedernal (Dt. 8:15 NRSV [NIV: "piedra dura"]) y Sal. 114:8 dice que el pedernal fue transformado en una fuente. Al comisionar a Ezequiel, Dios dice que su frente será más dura que pedernal, esto es, que no se afectara por la testarudez de sus oyentes (Ez. 3:9). Zacarías compara los corazones de la gente a pedernal ya que no están dispuestos a obedecer los mandamientos de Dios (Zac. 7:12).

PEDIR PRESTADO La práctica de pedir prestado o prestar algo era estrictamente regulada en el antiguo Israel. La gente podía prestar dinero con intereses a extranjeros, pero el dinero prestado a otros israelitas era considerado como un acto caritativo y no se podía pedir interés en esto (Levítico 25:35-37; Deuteronomio 23:19-20). Aunque la ley israelita incluía un sistema de cancelación de deudas cada siete años, la expectativa era que las deudas se saldaran normalmente antes de este periodo, ya que pedir prestado sin un reembolso era una acción hecha por una persona malvada (Salmos 37:21). Otras leyes regulaban un sistema de restitución relacionado con el perjuicio de la propiedad prestada (Éxodo 22:15).

El hecho de pedir prestado algo ocurría desde una posición de extrema necesidad y no para fines comerciales. En parte, esto ocurría por la relación percibida entre el deudor y el acreedor: el que debía dinero se convertía en algo parecido a un sirviente (Proverbios 22:7). Aquellos que hipotecaban sus tierras y hogares durante los tiempos de hambruna estaban obligados a enviar a sus hijos e hijas para que sirvieran como esclavos (Nehemías 5:2-5). En contraste, la libertad de pedir prestado algo era considerado como una señal de la bendición de Dios (Deuteronomio 15:6; 28:12).

En la era del Nuevo Testamento, pedir prestado y prestar eran actos que se llevaban a cabo con mayor libertad, como también para fines comerciales y en casos de uso inmediato así como se señala en varias de las parábolas de Jesús (por ejemplo, Mateo 25:14-30; Lucas 16:1-9). Jesús dio instrucciones sobre prestar generosamente sin esperar a cambio un reembolso (Mateo 5:42; Lucas 6:33-35), aunque este asunto no se aborda desde la perspectiva del prestatario en el Nuevo Testamento.

PEDRO, PRIMERA CARTA DE La Primera Carta de Pedro es un manual conciso diseñado para preparar a la comunidad cristiana a vivir fiel y sabiamente como una minoría que enfrenta una comunidad y un gobierno cada vez más hostiles.

Esquema

I. Saludos (1:1-2)
II. Quiénes somos en Cristo (1:3-2:10)
III. Cómo debemos comportarnos para ser como Cristo (2:11-3:12)
IV. Cómo debemos enfrentar una comunidad hostil (3:13-5:11)
V. Despedida (5:12-14)

Autoría

La carta está escrita por Pedro, apóstol y líder de los doce discípulos originales de Jesús, quienes estuvieron con Jesús durante todo su ministerio desde su bautismo hasta su ascensión (Hec. 1:21-22).

El estilo del griego del autor está muy bien desarrollado como para provenir de un pescador galileo. Al principio, Pedro había asombrado a los oyentes que no podían explicar su elocuencia, dado que no había tenido un entrenamiento rabínico formal (Hec. 4:13, *véase* Lc. 2:46-47). Los ejemplos de hojalatero (John Bunyan), zapateros (William Carey) y adolescentes (C. H. Spurgeon), por no mencionar a autores sobresalientes en su tercer idioma (Joseph Conrad), que escriben con estilos refinados son suficientes para confirmar cualquier duda sobre la capacidad de Pedro.

El autor se describe a sí mismo como "anciano como ellos" y "testigo de los sufrimientos de Cristo" (5:1), hablando en primera persona del singular (2:11; 5:1, 12-13). Él está con Juan Marcos (5:13), y la carta está escrita "con la ayuda de" Silvano/Silas (5:12), quien pudo haber servido como escriba o memorialista de Pedro.

Varias autoridades del siglo II informan que Pedro ministraba en Roma, por intervalos de hasta veinticinco años antes de su ejecución por Nerón en el año 65 d.C Los lectores de Pedro sufrían varias pruebas y abusos (5:9), aunque no se menciona ninguna amenaza a la iglesia de Roma. Por lo tanto, es difícil fechar 1 Pedro, aunque debe haberse escrito entre el año 50 d.C y el 64 d.C Si 2 Pe. 3:1 indica una carta posterior a la misma comunidad, como parece probable, una fecha más cercana a 64 sería a.C más creíble.

Destinatarios

La carta está dirigida "A los expatriados, de la dispersión en el Ponto, Galacia, Capadocia, Asia y Bitinia, elegidos" (1:1). "Esparcidos" es un término usado por la Septuaginta para referirse a la dispersión de los judíos que se originó con el exilio babilónico y es tomado como tal en el NT (Jn. 11:52, Sant. 1:1). "Extranjeros" fue la palabra utilizada para designar personas que no eran ciudadanos romanos (1 Pe. 2:11).

Los eruditos han diferido en cuanto a si Pedro se dirigía a una comunidad predominantemente judía o gentil. Las alusiones extensas al AT a lo largo de la carta, con referencia particular al éxodo, la Pascua, el siervo sufriente de Isaías, Sal. 34, y Proverbios, asumen que los lectores tienen un buen conocimiento de las tres secciones del AT. Por otro lado, Pedro también habla de su anterior "ignorancia" (1:14), de la "la vida vacía que heredaron de sus antepasados" (1:18), y de los paganos que piensan que es extraño que no continúen con su antiguo estilo de vida pagano (4:3-4). Todas sus citas son del AT en griego.

Las cinco áreas enumeradas se ubicaron en lo que hoy es el centro y el norte de Turquía. El orden podría reflejar la ruta del mensajero. Pablo había ministrado en algunas de estas regiones (Galacia y Asia), y los judíos de Capadocia, Ponto y Asia estaban en Jerusalén antes cuando Pedro predicó su sermón del Pentecostés (Hec. 2:9). El emperador Claudio (año 41 a 54 d.C) estableció colonias romanas en estas cinco áreas. La política romana era de extender el imperio estableciendo ciudades como centros de cultura, gobierno y comercio romanos. Esto a menudo implicaba la deportación forzada de comunidades enteras. En el año 49 d.C, Claudio expulsó a los judíos de Roma porque "los judíos causaban disturbios constantemente bajo la instigación de Cresto" (Suetonio, Claud. 25.14-15). Hay buenas razones para pensar que esto puede indicar el tipo de disturbios también vistos en los años siguientes en Filipos (Hec. 16:20-21), Tesalónica (Hec. 17:1-9), Corinto (Hec. 18:12-17) y Éfeso (Hec. 19).

Pedro no nombra a ningún miembro de la comunidad a la que está escribiendo, ni hay ningún indicio de que alguna vez haya estado allí. Estas regiones fueron pobladas por romanos como parte de un programa de Colonización romana. Como tal, los cristianos que no eran ciudadanos romanos se encontraban en una posición muy vulnerable. La amenaza aquí proviene de gentiles, no de otros judíos (2:12). No hay mención de falsos maestros u otras divisiones internas..

Pedro escribe desde "Babilonia" (5:13), probablemente una palabra en código para "Roma" (*véase* Ap. 17:5, 9). Las referencias a Babilonia aquí y a la diáspora en 1:1 actúan como topes diseñados para trazar el paralelo entre la experiencia actual de la iglesia y la de los judíos durante el exilio ("pruebas de fuego" [4:12]; cf. Dan. 1- 6).

Estatua de Pedro en Capernaum.

Temas Principales

Pedro dice que todo se trata de la gracia (5:12). La identidad del cristiano se basa en la persona y obra de Jesús (1:2). Sus sufrimientos son un modelo de lo que se espera que los cristianos soporten (1:11, 19; 2:21-25; 3:1-18; 4:12-17; 5:1), por lo que sus lectores deberían ver esto como algo normal. Este sufrimiento también es un proceso de refinamiento y prueba (1:6-7; 5:8-10). Cumple el plan de Dios tal como se revela en las Escrituras (1:10-12, 23-25); así uno puede estar seguro de que detrás de todas esas experiencias permanecen los propósitos de Dios (1:2-3, 20-21; 3:18-22; 4:19; 5:6-7). Las cosas no están fuera de control, sino que conducen a la consecución de la salvación para muchos (1:5, 9). Jesús ha triunfado sobre todos los poderes y autoridades que podrían estar temerosamente alineados contra su pueblo (3: 18-22) (ver Descenso al Hades). Al igual que Noé y los que están en el arca, el pueblo de Cristo será salvados de todos los eventos a un resultado de gozo (1:6, 8).

El conocimiento de las Escrituras (1:10-12, 23-25) equipa a los que están siendo santificados para que comprendan correctamente lo que está sucediendo y así teman a Dios, cuyo juicio se acerca (1:17; 3:6; 5:5, 7), en lugar de temerle a las personas. El creyente debe buscar primero la aprobación de Dios al darse cuenta de los ojos vigilantes de aquellos que buscan una razón para una acusación (2:12; 3:1, 17; 4:14-19). Esto implica aplazar el estilo de vida pagano (2:1, 11) e iniciar la obediencia (1:2, 14-16; 3:1-17). Pedro estudia los comportamientos más necesitados de atención: autocontrol, particularmente en la forma en que los cristianos hablan cuando se los provoca (2:22-23; 3 4, 9-11), y la vida familiar, particularmente cuando una mujer está casada con un esposo amenazante e incrédulo (3:1-6). Se advierte a los maridos cristianos que establezcan un contraejemplo conociendo y honrando a sus esposas (3:7). Es especialmente importante que los creyentes sean vistos como sumisos ante las autoridades gubernamentales (2:13-17) y a sus amos (2:18-20). Dentro de la iglesia, un liderazgo sólido (5:1-4) respaldado por una nueva generación de jóvenes respetuosos (5:5) es esencial. A lo largo de todo esto, Pedro señala al lector la obra santificadora del Espíritu Santo (1:2).

Pedro argumenta firmemente que la respuesta apropiada ante la injusticia y la persecución es la gracia dada como ha sido recibida de Jesús. La defensa del cristiano es el Evangelio. Al igual que Job, el modo de resistencia del creyente es presentar la integridad de un estilo de vida santo, redimido, sacerdotal (3:15-16). Uno soporta mediante la fe informada en el Evangelio y por fidelidad al Dios trino, que cumple sus promesas (1:9, *véase* Hab. 2:4). El resultado queda en las manos de Dios (5:6-7).

PEDRO, SEGUNDA CARTA DE La Segunda Carta de Pedro es un modelo del enfoque cristiano para aquellos que son tentados a seguir otro evangelio.

Esquema

I. Saludos (1:1-2)
II. Poner la gracia de Dios en acción (1:3-11)
III. Recuerda el fundamento de tu fe (1:12-21)
IV. Rechaza a los falsos maestros (2:1-22)
V. Sobre esta fundamento, mira hacia el futuro (3:1-18)

Autoría y Fecha

El autor se identifica como "Simeón" Pedro, usando la escritura hebrea del nombre (1:1 LBLA, NTV mg., cf. Hec. 15:14). Él es "siervo y apóstol de Jesucristo" (1:1; ver Rom. 1:1; Tito 1:1; Sant. 1:1; Jud. 1) y testigo ocular de su transfiguración (1:16-18; *ver* Mr. 9:2). Habla afectuosamente de Pablo como un colega (3:15). Él basa su argumento en contra de los falsos maestros en las Escrituras y su propio testimonio, así como el de los otros testigos oculares (1:16; *ver* 1 Pe. 5:1) de la obra de Jesús. Se refiere (3:1) a una carta anterior que escribió a la misma gente, probablemente una referencia a 1 Pedro.

Algunas autoridades del siglo II informan que Pedro ministraba en Roma, de forma discontinua hasta alcanzar veinticinco años antes de su ejecución por Nerón en el año 65 d.C Aquí habla de su propia ejecución inminente, recordando las palabras de Jesús para él. (1:14, ver Jn. 21:19). Habla de haber tomado medidas para asegurar que su testimonio estuviera disponible después de su muerte, lo que puede ser una alusión al Evangelio de Marcos, como nos dicen los escritores cristianos posteriores.

Hacia el final del siglo II algunos dudaron de la autenticidad de 2 Pedro. Varias obras aparecieron en el siglo II que decían ser de Pedro. La iglesia primitiva era muy consciente del uso de falsificaciones escritas con los nombres de los apóstoles para difundir enseñanzas falsas (incluso durante sus vidas [*véase* 2 Tes. 2:2]). Parece que 2 Pedro no fue tan ampliamente conocido ni usado como 1 Pedro, pero la iglesia primitiva afirmó y defendió la autenticidad de ambas cartas.

Destinatarios

La carta no da ninguna indicación de su destinatario más que la referencia a una carta anterior en 3:1. Si esta carta anterior fue 1 Pedro, entonces 2 Pedro habría sido enviado a las mismas comunidades (Ponto, Galacia, Capadocia, Asia y Bitinia [según 1 Pe. 1:1]). Esta posibilidad se ve respaldada por el uso similar de las tradiciones relacionadas a Noé y Enoc en ambas cartas. Sin embargo, 1 Pedro no da ninguna indicación de que Pedro haya tenido un contacto personal con sus destinatarios, mientras que 2 Pedro sí (1:16). Dadas las extensas alusiones a las tradiciones judías que no se encuentran en el AT, podemos concluir que Pedro estaba escribiendo a los cristianos judíos, quienes tenían un gran interés en estas tradiciones.

Relación con la Epístola de Judas

Segunda de Pedro 2 y Judá 4-21 son extraordinariamente similares no sólo en contenido y redacción sino también en su orden. Los académicos han especulado sobre cuál autor utilizó el trabajo del otro o si ambos usaron una fuente en común. No contamos con la evidencia necesaria para responder la pregunta. Lo que sí sabemos es que ambas cartas interactúan fuertemente con las tradiciones asociadas con 1 Enoc.

Estas tradiciones de Enoc difieren de las enseñanzas de los fariseos y los saduceos. Fueron aceptados como auténticos y autorizados al menos por la comunidad de Qumrán/Esenios (*véase* CD-A 6:1-6; Jub. 1.1-9; 4.17-19). Mientras que Judas (14-15) cita 1 En. 1.9 directamente, 2 Pedro solo habla de estas historias.

Según las tradiciones de Enoc, la salvación era para Israel, quienes eran étnicamente puros, que observaban rigurosamente las especificaciones para la adoración y el estilo de vida establecidos en estas revelaciones pseudoepigráficas. Si bien esta tradición esperaba un día de juicio similar al enunciado en las Escrituras, difería con el evangelio cristiano en su comprensión de los orígenes del pecado y el mal (las personas son inicialmente víctimas, no perpetradores) y del camino de la salvación (respetar rigurosamente las reglas de Enochic). El Hijo del Hombre (de Dan. 7:13-14) es Enoc (1 En. 71), no Jesús. No hay lugar allí para un Mesías crucificado cuya muerte expía el pecado, para abandonar las leyes alimentarias y los sacrificios del AT, o la aceptación de gentiles no circuncidados en la asamblea.

2 Pedro y Judas tratan, en los términos más energéticos, con falsos maestros que profesan basar su enseñanza en revelaciones fraudulentas (2 Pe. 1:16, Jud. 1:8) y que niegan a Jesús como Señor. Esta tradición se centró en gran medida en el sacerdocio de Sadoc y la necesidad de restaurar un templo puro. La polémica de Pedro y Judas establece amplias conexiones entre la falsa enseñanza y toda clase de corrupción e inmundicia que descalificaría tal sacerdocio (2 Pe. 2:2, 10, 13, 15, 19, 22; *ver* 1 Pe. 2:1-10; Jud. 8, 11-13, 16).

Las similitudes entre las dos cartas probablemente sean el resultado de la confluencia de los dos autores de alguna manera. Sabemos que Pedro y su familia viajaban en el trabajo misionero, al igual que los hermanos de Jesús (1 Cor. 9:5). No sabemos dónde estaba Judas cuando se escribió alguna de estas cartas. La urgencia que provocó la carta de Judas también se refleja en 2 Pedro. La iglesia se enfrentaba a la persecución física en Roma, así como a estos falsos maestros que buscaban alejar a los creyentes judíos de Jesús. Mientras tanto, el control romano de Judea se estaba desmoronando.

Temas Principales

La Carta Segunda de Pedro se enfoca primero en la obra de Dios en Cristo, que salva a los que creen en Jesús (1:3). Esta fe se basa en el conocimiento de Dios y de Jesús (1:2) y es una respuesta al llamado del evangelio. Dios le ha dado al creyente todo lo necesario para vivir de una forma piadosa, para soportar y para discernir la verdad del error a fin de morir seguro de no haber sido engañado (1:4).

Pedro fundamenta esa seguridad en las Escrituras (1:19-21), en el testimonio de los testigos oculares de Jesús (1:12-16), incluyéndose a sí mismo, y en los escritos del apóstol Pablo, a quien Jesús había dado sabiduría para este propósito (3:15-16). Uno desarrolla certeza en la fe no sólo al referirse a estas fuentes sino también al poner la fe en práctica (1:5, 10, 15). La fe está arraigada en la historia, no en "fábulas ingeniosamente inventadas" (1:16). En consecuencia, Pedro expresa su pasión de ver que su relato ocular será accesible para la próxima generación (1:14-15).

Habla claramente de las "Escrituras" como un cuerpo identificable de textos escritos por instigación del Espíritu Santo (1:20-21) y coloca los escritos de Pablo en el mismo nivel (3:16). Con esto, Pedro implica que su carta debe ser recibida con la misma autoridad y utilidad.

Los falsos maestros suponen un reto permanente para el pueblo de Dios. La doctrina y el comportamiento son productos el uno del otro (2:1-3).

A Pedro le preocupa particularmente que sus lectores no piensen que la demora de Jesús en aparecer es prueba de que los testigos apostólicos estaban equivocados (3:3-4). Jesús no ha regresado, porque si Él lo hiciera, eso terminaría con todas las oportunidades de que los incrédulos puedan escuchar el evangelio y ser salvos (3:9). Dios es misericordioso y paciente y está llamando a su pueblo a que refleje su carácter dando a las personas la oportunidad de ser salvos. Su paciencia es la salvación (3:15). La misión del evangelio, por lo tanto, proporciona la segunda motivación para que el creyente practique la fe (3:11-16) y no duden.

Segunda de Pedro termina desafiando a los creyentes a crecer constantemente en el conocimiento y la gracia de Cristo (3:17-18).

PEDRO Simón Pedro es el más conocido y el que se representa de manera más vívida de los doce discípulos de Jesús. El nombre "Pedro" significa "roca" en griego. En algunos textos bíblicos, también se le llama "Cefas", que es la palabra aramea para "roca" (*ver* esp. Jn. 1:42). A pesar de los altibajos de la vida espiritual de Pedro, Dios lo pudo usar como el apóstol fundamental para el establecimiento de la iglesia del Nuevo Testamento. Pedro conoció a Jesús inmediatamente después del bautismo de Jesús, cuando el hermano de Pedro, Andrés, escuchó la identificación de Jesús por parte de Juan el Bautista como el Cordero de Dios (Jn. 1:35). En el estilo misionero clásico, "Andrés encontró primero a su hermano Simón y le dijo: "Hemos encontrado al Mesías (es decir, el Cristo)" (Jn. 1:41). El llamado oficial de Pedro al ministerio tuvo lugar más tarde, cuando él estaba pescando en el Mar de Galilea y Jesús emitió la bien conocida invitación "Venid en pos de mí, y os haré pescadores de hombres" (Mt. 4:19).

Pedro fue el principal portavoz de los discípulos en Cesarea de Filipo cuando Jesús les preguntó: "¿Quién dice la gente que es el Hijo del Hombre?" (Mt. 16:13). Pedro respondió: "Tú eres el Cristo, el Hijo del Dios viviente", una visión que le dio Dios el Padre (16:16-17). Jesús le prometió: "Yo te digo que tú eres Pedro [petros], y sobre esta roca [petra] edificaré mi iglesia, y las puertas del Hades no prevalecerán contra ella" (16:18). Sin embargo, Pedro se convirtió casi de inmediato en una "piedra de tropiezo" para Jesús cuando reprendió a Jesús por decir que debía ir a Jerusalén y sufrir muchas cosas y morir (16:21-22). Otro gran fracaso de Pedro fue su triple negación de Jesús después de que Jesús le había advertido: "Esta misma noche, antes de que el gallo cante, me negarás tres veces" (Mat. 26:34). Afortunadamente, hubo lágrimas de arrepentimiento, y Pedro fue perdonado y restaurado después de la triple pregunta de Jesús ("¿Me amas?" [Jn. 21:15-19]).

La muerte y resurrección de Jesús, así como la entrega del Espíritu Santo en el día de Pentecostés, tuvieron efectos estabilizadores en Pedro. Después de la ascensión de Jesús, Pedro ejerció un liderazgo principal entre los otros discípulos durante las reuniones de oración en la sala superior y la elección del reemplazo de Judas (Hec. 1). Pedro claramente fue el vocero público de los apóstoles en el día de Pentecostés y un rol clave en el establecimiento de la iglesia en Jerusalén (Hec. 2-5), al recibir a los primeros conversos samaritanos (Hec. 8:14-25), y al recibir a Cornelio como el primer converso gentil (Hec. 10-11). Después de la liberación milagrosa de Pedro de la prisión en Hec. 12, él esencialmente desaparece de la historia registrada. Para el tiempo del concilio de Jerusalén (Hec. 15), Pedro reapareció brevemente, pero para ese tiempo había sido reemplazado por Santiago como el líder de la iglesia de Jerusalén. Al parecer, Pedro continuó viviendo como misionero (1 Cor. 9:5), específicamente "para los de la circuncisión" (Gál. 2:7-8), por el resto de su vida. Sin embargo, Pedro aún era humano, y en una ocasión Pablo le dio una intense reprimenda (Gál. 2:11-21).

Durante sus viajes, Pedro indudablemente visitó a los destinatarios de su última carta, 1 Pedro (y posiblemente 2 Pedro) en el norte de Asia central Menor (las regiones de "Ponto, Galacia, Capadocia, Asia y Bitinia" [1 Pe. 1:1], posiblemente Corinto (1 Cor. 1:12; 3:22), y, al menos para el final de su vida, Roma misma. Según la tradición, Nero lo mató entre los años 64 y 68 d.C, aparentemente al ser crucificado boca abajo (*véase* Jn. 21:18-19). La vida de Pedro es una vívida ilustración de la lucha del cristiano por la fe, la provisión misericordiosa de Dios y la intercesión de Jesús en su nombre ("Yo he orado por ti, para que tu fe no falle" [Lc. 22:32]).

PEKA El decimoctavo rey de Israel. Llegó al poder asesinando a Pecaías y fue asesinado por Oseas. Puesto que se le asignan veinte años de gobierno (2 Re. 15:27), es posible que realmente comenzara a gobernar parte de Israel como rival de Menahem antes de consolidar su poder asesinando a Pekaía, ya que su único gobierno de Israel fue desde 735 hasta 733 a.C

Después de tomar poder sobre todo Israel, Peka formó una coalición con el rey Rezín de Siria, y atacaron a Judá (2 Re. 15:37). Isaías profetizó a Acaz de Judá que la amenaza de Rezín y Peka sería evitada, y que tanto Siria como Israel (Efraín) serían conquistados por Asiria (Is. 7). Esto se cumplió cuando Tiglat-pileser III conquistó Siria e invadió parte de Israel (2 Re. 15:29).

PEKAÍA Rey de Israel (r. 737-735 a.C) después de su padre, Menahem, durante la monarquía dividida. Reinó sobre Israel durante dos años desde Samaria, comenzando en el año cincuenta del reinado del rey Azarías de Judá (2 Re. 15:22-23). Se sabe que Pekaía hizo lo malo ante los ojos del Señor de la misma forma que Jeroboam (2 Re. 15:24). Fue asesinado en el palacio real en Samaria por uno de sus principales oficiales, Peka, que entonces reinó en su lugar (2 Re. 15:25).

PELAÍAS **(1)** Uno de los sietes hijos de Elioenai (1 Cr. 3:24) en la línea de Judá. Él era un descendiente del rey David que vivió después del exilio. **(2)** Un levita que firmó la renovación del pacto con Dios después de la lectura de la ley por Esdras (Neh. 10:10). Fue uno de los trece levitas que ayudaron a la gente a entender la lectura de la ley hecha por Esdras, ya sea traduciéndola al arameo o mediante algún otro tipo de ponencia (Neh. 8:7).

PELATÍAS **(1)** Uno de los líderes de los descendientes de Simeón que, durante el reinado del rey Ezequías, atacaron con éxito un asentamiento de amalecitas en el monte Seir (1 Cr. 4:42-43). **(2)** Uno de los veinticinco hombres a quienes Ezequiel profetizó en contra porque "tramaban crímenes y hacían planes malvados" en Jerusalén (Eze. 11:1-13). Pelatías murió durante la entrega de la profecía de Ezequiel. **(3)** Un hijo de Hananías y un nieto de Zorobabel (1 Cr. 3:21). **(4)** Uno de los líderes que sellaron un pacto de la comunidad durante el gobierno de Nehemías (Neh. 10:22).

PELEG Hijo de Eber, hermano de Joctán y padre de Reu, vivió 239 años (Gn. 10:25; 11:16-19; 1 Cr. 1:19). Él era un descendiente directo de Noé a través de Sem y un antepasado del patriarca Abraham (1 Cr. 1:25). Está incluido en la genealogía de Jesús en Lucas (Lc. 3:35).

Se observa que la tierra fue dividida en el tiempo de Peleg (Gn. 10:25, 1 Cr. 1:19). La palabra hebrea traducida como "dividida" es un juego con el nombre "Peleg", teniendo ambas la misma raíz hebrea. Esta interesante declaración ha sido interpretada de diversas maneras. Puede ser una referencia a la división de idiomas en la torre de Babel (Gn. 11:1-9), la expansión de los descendientes de Noé después del diluvio ("de éstos fueron divididas las gentes en la tierra después del diluvio" [Gn. 10:32]), o algo más de referencia desconocida. Esta es probablemente una referencia al resultado de la torre de Babel, notada como un evento significativo en el registro de Génesis.

PELET (1) Un descendiente de Rubén y el padre de On, que se destaca por su papel en la rebelión contra Moisés (Nm. 16:1). (2) Hijo de Jonatán, hijo de Jada, y descendiente de Judá por medio de Fares (1 Cr. 2:33).

PELET (1) Un judaíta, hijo de Jahdai (1 Cr. 2:47). (2) Una ciudad en Judá (Bet-pelet) cerca de la frontera edomita (Jos. 15:27; Neh. 11:26). (3) Un pariente benjamita de Saúl, que fue uno de los valientes de David en Siclag (1 Cr. 12:3).

PELETEOS Un grupo, posiblemente de origen filisteo, que sirvieron como tropas unidas a David y separadas del ejército principal (2 Sam. 20:7). Siempre se los menciona en compañía de los cereteos. Pueden haberse originado de la banda que David formó a su alrededor en Siclag (1 Sam. 27:8), ya que están asociados con hombres de Gat en 2 Sam. 15:18. Como unidad especial, estaban bajo el mando de Benaías (2 Sam. 8:18; 20:23). Su lealtad a David es evidente por su servicio al sofocar las rebeliones de Absalón (2 Sam. 15:18) y Saba (2 Sam. 20:7) y más tarde para asegurar la sucesión de Salomón al trono (1 Re. 1:38, 44).

PELICANO El tipo de pelícano con el que está más familiarizado Israel, el pelícano blanco, pasa por unas pocas semanas en el otoño y siempre se queda cerca del agua que contiene peces. Esto hace dudosa la traducción de la NASB de la palabra hebrea qa'at como "pelícano" en Sal. 102:6; Is. 34:11; Slf. 2:14, ya que estos versículos se refieren a una criatura que habita desiertos y ruinas. El significado de esta palabra hebrea es incierto, pero puede referirse a algún tipo de búho (como lo indica la NVI). Ciertamente es un ave inmunda (Lev. 11:18; Dt. 14:17).

PELLA Una ciudad que durante los tiempos del NT se encontraba en la región de Decápolis de Siria, dos millas al este del río Jordán, en lo que hoy es la nación moderna de Jordania. Pella no se menciona explícitamente en los Evangelios, pero estaba muy cerca de varias de las otras ciudades de la Decápolis donde Jesús y sus discípulos viajaron y ministraron (Mt. 4:24-25; 8: 28-34; Mr. 5:1-20; 7:31-37; Lc. 8:26-39). Algunas de estas narraciones evangélicas enfatizan la fuerte presencia de gentiles en la región, aunque los judíos también residían allí. Eusebio y Epifanio, dos autores cristianos del siglo IV d.C, afirman que algunos de los miembros de la comunidad cristiana judía en Jerusalén huyeron a Pella alrededor de la época de la guerra judía del año 66-73 d.C

PELONITA Esta palabra aparece en 1 Cr. 11:27, 36; 27:10 refiriéndose a una ubicación conectada con dos personas, Helesy Ahías. La palabra hebrea, peloni, tiene un significado

Restos arqueológicos de una iglesia bizantina en Pella.

incierto y probablemente se refiere a la afiliación tribal desconocida de un individuo o a un lugar desconocido. Por lo tanto, en otros contextos, la misma palabra hebrea se traduce como "cierta" (1 Sam. 21:2), "tal y tal" (2 Re. 6:8), o "fulano" (Rut 4:1 RVA [NVI: "amigo mío"]). El término similar "Paltita", utilizado para describir a Helez en 2 Sam. 23:26, probablemente sea un intento de corregir este término confuso por el nombre de una tribu conocida.

PELUSIUM Una importante ciudad egipcia fortificada mencionada en un oráculo contra Egipto en Eze. 30:15-16. Pelusium estaba ubicado en la frontera noreste de Egipto (el moderno Tell el-Farama) y era el punto común de entrada a Egipto, lo que hacía que su ubicación fuera estratégica para defenderse de los invasores. La ciudad era conocida por su buen vino y fortificaciones militares (Eze. 30:15). Según el historiador griego Herodoto, Pelusium fue donde el ejército asirio bajo Senaquerib fue derrotado por un ataque de ratones de campo. Los relatos bíblicos atribuyen la derrota de Senaquerib al ángel del Señor (2 Re. 19:35//Is. 37:36), pero tanto los ratones como el ángel del Señor pueden referirse a una plaga en algunos casos (p. Ej., 2 Sam. 24:15-16), lo que lleva a algunos a ver ambas relatos como referencias al mismo evento histórico.

PENA DE MUERTE Asesinato sancionado por el gobierno de un perpetrador de una ofensa grave. La representación bíblica de la pena de muerte implica el concepto como una institución ordenada por Dios relacionada con el valor de la humanidad y la recompensa necesaria por la corrupción o asesinato de ese ideal (Génesis 9:6).

Métodos de pena de muerte. Los métodos de pena de muerte que se mencionan en las Escrituras son varios.

El método más común era apedrear (Levítico 24:16; Número 15:32-36; Deuteronomio 13:1-10; 17:2-5), y esto requería que los testigos principales para la acusación fueran los primeros en recoger las piedras en contra del acusado. Quemar a una persona era un acto extraño, pero era obligatorio llevarlo a cabo para ciertos crímenes sexuales (Levítico 20:14). En la historia de Judá y Tamar, antes de conocer la verdadera naturaleza de su embarazo, Judá ordenó que su nuera muriera quemada afuera de la ciudad (Génesis 38:24). En ocasiones, el método de castigo implicaba la ejecución con un arma: Finees empaló a un israelita y a su amante madianita con una lanza para mitigar la ira de Dios y detener una plaga (Números 25:7-8); los cananeos bajo el kherem (orden divida de destrucción total) serían heridos por el filo de la espada (Deuteronomio 13:15) y Dios ordenó que todo aquel que tocara el monte Sinaí recibiera el impacto de flechas (Éxodo 19:13). La decapitación parece que ha sido puesta en práctica por crímenes cometidos contra la realeza, aunque no existen mandatos respecto a esto (2 Samuel 16:9; 2 Reyes 6:31-32). Otras formas de pena de muerte incluían el empalamiento o colocar a la persona en estacas de madera (Esdras 6:11; Ester 2:23). Aunque algunos creen que esto era una manera para colgar a la persona, por medio de la evidencia arqueológica y del entendimiento de las culturas de la época se sugiere que el empalamiento era el castigo que se usaba con mayor probabilidad. Finalmente, los romanos adoptaron el castigo de la crucifixión que ellos habían aprendido en Cartago y lo aplicaban con vigor a aquellos culpables de insurrección (Lucas 23:13-33).

Ofensas consideradas para la pena de muerte. En cuanto a Israel, la lista de ofensas que se consideraban merecedoras de la pena de muerte se enfocaban principalmente en las interrelaciones humanas, aunque unos pocos crímenes en la lista sí implicaban la violación de las estipulaciones del pacto que tenían que ver con la relación directa de la persona con Dios. De este último grupo, se incluían los crímenes como la brujería y la adivinación (Éxodo 22:18; Levítico 20:27; Deuteronomio 18:20), la profanación del sabático (Éxodo 31:14-17), la idolatría (Levítico 20:1-5) y la blasfemia (Levítico 24:14-16; Mateo 26:65-66). En estas leyes uno ve la expresión de la ira de Dios y los celos por su posición en las vidas de aquellos que afirman pertenecerle a Él. Los mandatos en los que se exigía la muerte en respuesta a algún tipo de corrupción del ideal humano abarcaban actos como el costo de la vida de una persona, aberraciones sexuales y relaciones familiares. Todo aquel que cometía un asesinato (Éxodo 21:12), ponía la vida de otro en riesgo al dar un falso testimonio en un juicio (Deuteronomio 19:16-21) o esclavizaba erróneamente a una persona (Éxodo 21:16) podía considerarse como el sacrificio de la vida de alguien. Las aberraciones sexuales que eran consideradas dignas de la muerte incluían los actos sexuales de bestialidad, incesto y homosexualidad (Éxodo 22:19; Levítico 20:11-17), violaciones (Deuteronomio 22:23-27), adulterio (Levítico 20:10-12) y tener relaciones sexuales extramaritales (Levítico 21:9; Deuteronomio 22:20-24). El grupo final de las relaciones familiares se aplicaba principalmente a la burda rebelión de los niños en contra de sus padres (Deuteronomio 21:18-21).

A veces, el justo se enfrentaba a la pena de muerte por sus creencias. Por ejemplo, a manos del gobierno los santos fieles a Dios eran cortados en dos (Hebreos 11:37 [a través de una tradición judía se puede señalar que el profeta Isaías murió de esa manera]), apedreados (Hechos 7:58-59) y decapitados (Marcos 6:27; Hechos12:2). En otras ocasiones, se intentaba imponer la pena de muerte, pero Dios intervenía. A modo de ejemplo, los castigos que Dios previno fueron los ataques de los leones (Daniel 6), ser quemado en un horno ardiente (Daniel 3), ser arrojado por un acantilado (Lucas 4:29-30) y ser apedreado (Hechos 14:19).

La pena de muerte en la actualidad. Persisten muchas opiniones en cuanto a si es adecuado seguir practicando la pena de muerte en la era moderna. Para algunos, los pasajes en los que se expresa una orden relacionada con dichos tipos de castigo son descriptivos en cuanto a lo que estaba ocurriendo o caen en el principio de una cultura que ya no existe, por lo que sus leyes no son relevantes. De hecho, pocas personas en la actualidad impondrían la pena de muerte por los mismos crímenes que Israel castigaba con la muerte. Para estos individuos, la pregunta tiene que ver entonces si las Escrituras, en las que se mandaba la pena de muerte en los tiempos en que se escribió, permiten la pena de muerte hoy en día. Aquellos que son consistentes admitirán que si no existe un mandato que lo solicite, también se debe admitir que no hay un mandato que prevenga su uso.

Por otro lado, existen aquellos que discuten respecto a que la persona no puede directamente aplicar las leyes del Antiguo Testamento a la situación actual, el principio expresado, particularmente como tiene relación con el valor de la humanidad se exige la continuación de la pena de muerte al menos en respuesta a los crímenes crueles que involucran el costo de la vida de un individuo, ya sea literalmente por medio del asesinato o de una manera más figurativa (que es tan real) como una violación. Para estas personas, es relevante que los requisitos de la pena de muerte precedan la manifestación de la ley (Génesis 9:6). Dado que el estatus de la humanidad ante los ojos de Dios no se ha alterado, tampoco se ha visto afectado su método prescrito al momento de tratar con aquellos crímenes acontecidos; aquí el principio requiere de la práctica (Romanos 13:4).

No es fácil entregar respuestas, pero estas son importantes. El texto bíblico en sí por lo general pone en la balanza el pago esperado por los pecados que sean dignos de la penalidad de muerte con expresiones de gracia (Génesis 4:15; Josué 6:22-23). Además, uno debe tener en cuenta la perfecta sabiduría de Dios y de la ejecución de su ira absolutamente justificada en contraste con los conocimientos imperfectos de la humanidad y de las disparidades que a veces se formulan en los escenarios de las cortes modernas. Encontrar el equilibrio entre mantener una cosmovisión bíblica que busca de manera adecuada la justicia y una que sea regulada por la gracia es lo suficientemente difícil en cuanto a las relaciones interpersonales; cuando esto se sitúa en la gran dimensión de la sociedad como un todo, las interrogantes son incluso más relevantes e incluso aún más complicadas de responder. *Ver también* Crímenes y Castigos.

PENIEL, PENUEL (1) Un lugar, y más tarde una ciudad, en el río Jaboc, a unos ocho kilómetros al oeste del Jordán. El nombre "Peniel" (NVI: "Penuel"), que significa "rostro de Dios", fue dado a este lugar por Jacob después de que luchó allí con "un hombre" y luego dijo que había visto a Dios "cara a cara" (Gn. 32:22-32). Cuando Gedeón estaba persiguiendo a los madianitas, la gente de Peniel se negó a proporcionar comida a sus hombres, y cuando regresó, destruyó su torre y mató a los hombres (Jue. 8:8-9, 17). La fortificación de esta ciudad fue uno de los primeros actos de Jeroboam como rey de Israel (1 Re. 12:25). **(2)** Un descendiente de Judá y el padre de Gedor (1 Cr. 4:4). **(3)** Un descendiente de Benjamín y uno de los hijos de Sasac (1 Cr. 8:25). **(4)** El padre, por lo demás desconocido, de la profetisa Ana de la tribu de Aser, mencionado sólo en Lc. 2:36 (muchas versiones muestran el nombre de "Fanuel").

PENIEL *Ver* Penuel.

PENINA Una de las dos esposas de Elcaná (1 Sam. 1:2, 4). Cuando la familia fue a la casa de Dios para los sacrificios anuales, ella provocó a su rival, Ana, que no tenía hijos. En su tristeza, Ana oró por un hijo, y cuando "el Señor se acordó de ella", nació Samuel (1 Sam. 1:1-20).

PENTAPOLIS Las cinco principales ciudades filisteas: Gaza, Ascalón, Asdod, Ecrón y Gat, que fueron el locus de la cultura y el poder filisteo. Estas ciudades estaban ubicadas a lo largo de la costa del Mediterráneo y ligeramente hacia el interior y controlaban las principales rutas comerciales.

PENTATEUCO El corpus bíblico conocido como el Pentateuco consiste en los primeros cinco libros del AT: Génesis, Éxodo, Levítico, Números y Deuteronomio. La palabra "Pentateuco" proviene de dos palabras griegas (penta ["cinco"] y teuchos ["estuches de rollos, libro"]) y es una designación atestiguada en los primeros Padres de la iglesia. La colección también se conoce comúnmente como los "Cinco Libros de Moisés", "la Ley de Moisés" o simplemente la "Ley", que refleja el nombre tradicional judío "Torá", que significa "ley" o "instrucción". La Torá es la primera de las tres secciones principales que componen la Biblia hebraica (Torah, Nebiim, Ketubim [Ley, Profetas, Escritos]); así, tanto para las tradiciones judías como para las cristianas, representa la introducción a la Biblia como un todo, así como su fundamento interpretativo.

Los nombres en español para los libros del Pentateuco provienen de la Vulgata latina, que se basa en la Septuaginta griega. Estas denominaciones son principalmente descriptivas de su contenido. Génesis deriva de "generaciones" u "origen"; Éxodo significa "salir"; Levítico representa el servicio sacerdotal (Levítico); Números se refiere a los censos tomados en el libro; y Deuteronomio señala la "segunda ley" debido a la repetición de Moisés de los mandamientos de Dios (*ver* Dt. 17:18). Las designaciones hebreas se derivan de las palabras de apertura en cada libro. Bereshit (Génesis) significa "al principio"; Shemot (Éxodo), "[estos son] los nombres"; Wayyiqra' (Levítico), "y él llamó"; Bemidbar (Números), "en el desierto"; y Debarim (Deuteronomio), "[estas son] las palabras".

Referirse al Pentateuco como "Torá" o la "Ley" refleja la recepción culminante de los mandamientos de Dios en el Monte Sinaí, que habían de gobernar la vida y el culto de Israel en la tierra prometida, incluyendo su viaje para llegar allí. Sin embargo, llamar al Pentateuco la "Ley" puede ser un tanto engañoso porque hay relativamente pocos pasajes que simplemente enumeran un conjunto de mandamientos, y todos los pasajes de la ley se establecen dentro de una amplia narrativa. El Pentateuco es una gran historia que comienza desde una dimensión universal con la creación del cosmos y termina en las llanuras de Moab a medida que el lector anticipa el cumplimiento del plan de Dios para redimir a un mundo caído a través de su pueblo elegido. Los libros ofrecen cualidades y contenidos distintivos, pero también dependen intrínsecamente entre sí, ya que la narración permanece ininterrumpida a lo largo de los cinco volúmenes. Génesis termina con la familia de Jacob en Egipto, y, aunque habrían pasado muchos años, allí es donde comienza Éxodo. Levítico describe la vida de culto en el tabernáculo (construido al final de Éxodo) e incluso comienza sin un sujeto claro ("Y llamó a..."), que requiere que el lector suministre "al Señor" del último versículo de Éxodo. Números comienza con un relato de los hombres de la batalla de Israel mientras la nación se preparaba para abandonar el Sinaí, y Deuteronomio es el discurso de despedida de Moisés a la nación en la cúspide de la tierra prometida.

Autoría y Composición

Aunque el Pentateuco es técnicamente una obra anónima, la tradición judía y cristiana atribuye su autoría a Moisés, la figura principal de la historia desde el Éxodo hasta el Deuteronomio. Los argumentos para atribuir la autoría del Pentateuco a Moisés provienen de evidencia interna dentro de ambos Testamentos. Que Moisés es responsable de al menos partes del Pentateuco es sugerido por referencias a su actividad literaria explícita reflejada dentro de la narrativa misma (Éx. 17:14, 24:4, 34:28, Nm. 33: 2, Dt. 31:9, 22, 24), si es que no está implícito en varias fórmulas literarias tales como "el Señor le dijo a Moisés" (por Ej., Éx. 39:1, 7, 21, Lev. 4:1, 11:1, 13:1; Nm. 1:1; 2:1). La autoría de Moisés recibe apoyo de los libros históricos, que usan términos como "el Libro de la Ley de Moisés" en varias formas y referencias en la historia preexílica (Jos. 8:30-35, 23:6, 2 Re. 14:6), así como en la historia posterior al exilio (por Ej., 2 Cr. 25:4; Esd. 6:18; Neh. 13:1). Los mismos títulos son utilizados por los autores del NT (por Ej., Mr. 12:26, Lc. 24:44, Jn. 1:45), incluso refiriéndose al Pentateuco simplemente con el nombre "Moisés" en varios puntos (por Ej., Lc. 16:29; 24:27; 2 Cor. 3:15).

Aunque contemos con estos ejemplos, el texto no declara explícitamente en parte alguna que Moisés es responsable de la compilación completa del Pentateuco o que lo escribió con sus propias manos. Más bien varios factores apuntan que fue escrito por alguien en un tiempo posterior: se menciona la muerte y el entierro de Moisés (Dt. 34), se hace referencia a la conquista de Canaán como si ya hubiese ocurrido (Dt. 2:12), y hay evidencia de que los nombres de las personas y los lugares fueron actualizados y explicados para las generaciones posteriores (por ejemplo, "Dan" en Gn. 14:14, cf. Jos. 19:47, Jue. 18:28b-29). En base a estos factores, es razonable creer que el Pentateuco sufrió una alteración editorial, ya que se conservaba dentro de la vida judía y tomó su forma final después de la vida de Moisés.

Durante el último siglo, la hipótesis documental ha dominado la discusión académica sobre la composición del Pentateuco. Esta teoría la concretó Julius Wellhausen en su Prolegómenos de la Historia de Israel a fines del siglo XIX y postula que el Pentateuco se originó a partir de una variedad de fuentes antiguas derivadas de distintos autores y períodos que han sido transmitidos y unificados a través de un largo y complejo proceso. Tradicionalmente, estos documentos se identifican como J, E, D y P. La fuente J es un documento escrito por el "Yahwista" (en alemán, Jahwist) en Judá alrededor del 840 a.C y se llama así porque el nombre "Yahvé" se usa con frecuencia en su texto. La fuente E significa "Elohista" debido a su preferencia por el título divino "Elohim" y fue compuesta en Israel alrededor del año 700 a.C La fuente D hace referencia a "Deuteronomio", porque refleja material encontrado en ese libro; fue compuesto en algún momento de cuando se llevó a cabo la reforma de Josías en 621 a.C El documento P refleja el material en el que los sacerdotes estarían interesados en el período posterior al exilio, aproximadamente en 500 a.C Esta teoría y sus formas conexas se derivan de la preocupación académica sobre varias características literarias como el uso de nombres divinos; dobletes y duplicaciones del texto; patrones de estilo que se observan, terminología y temáticas; y supuestas discrepancias en hechos, descripciones y perspectiva geográfica o histórica.

Varias teorías documentales de composición han florecido durante el último siglo de los estudios del Pentateuco y todavía tienen muchos adeptos. Sin embargo, la falta de acuerdo académico sobre las fechas y el carácter de las fuentes y el surgimiento de otros enfoques literarios del texto hacen que muchos estudiosos conservadores y liberales cuestionen la precisión e incluso el beneficio interpretativo de las teorías de las fuentes. Además, si las observaciones literarias usadas para crear distinciones de fuentes pueden explicarse de otras maneras, entonces la Hipótesis Documental se ve significativamente perjudicada.

En su formato canónico, la narrativa del Pentateuco combina la prosa artística, la poesía y la ley para contar una historia dramática que abarca miles de años. Uno podría dividir la historia en seis secciones principales: la historia primitiva (Gn. 1-11), los patriarcas (Gn. 12-50), la liberación de Egipto (Éx. 1-18), el Sinaí (Éx. 19:1-Nm 10:10), viaje por el desierto (Nm. 10:11-36:13), y la despedida de Moisés (Dt.).

Historia Primitiva (Gn. 1-11) Génesis se puede dividir en dos partes según el tema tratado: el origen de la creación y el llamado de la humanidad, la caída y el castigo (capítulos 1-11), y el origen de una familia que se convertiría en el conducto de salvación y bendición de Dios para el mundo (capítulos 12-50).

La historia primitiva comprende esencialmente los primeros once capítulos del Génesis, que termina con la genealogía de Abraham en 11:26. Estrictamente hablando, en 11:27 comienza la sección patriarcal con la sexta instancia de la fórmula toledot encontrada en Génesis, haciendo referencia al padre de Abraham, Taré. La frase hebrea "elleh toledot" ("estas son las generaciones de") aparece en once lugares en Génesis y refleja un marcador estructural intencional que se puede usar para dividir el libro en distintos episodios (2:4; 5:1; 6:9 ; 10:1; 11:10; 11:27; 25:12; 25:19; 36:1; 36:9; 37:2).

Génesis, tal como la conocemos, exhibe dos relatos de la creación distintas en sus dos primeros capítulos. Aunque los académicos críticos sostienen que los diferentes relatos reflejan historias contradictorias y autores diferentes, es igualmente oportuno reconocer que las dos historias varían en estilo y contenido porque intentan lograr diferentes objetivos. El primer relato, 1:1-2:3, es una visión artística, poética, simétrica y "celestial" de la creación de un Dios trascendental, que llamó la creación a la existencia. En el segundo relato, 2:4-25, Dios está involucrado inmanentemente con la creación, ya que está presente en un jardín, sopla vida a las narices de Adán, dialoga y resuelve problemas, forma a Eva a partir del costado de Adán y entrega advertencias y órdenes. Ambas perspectivas son fundamentales para proporcionar una visión precisa de la interacción de Dios con la creación en el resto de las Escrituras.

A medida que uno progresa a través de los capítulos 1-11, la historia cambia rápidamente de ser lo que Dios había establecido como "muy bueno" a transformarse en discordia, pecado y vergüenza. El Capítulo 3 refleja la "caída" de la humanidad cuando Adán y Eva pecan al comer del árbol prohibido en desobediencia directa a Dios. La serpiente engaña astutamente a la primera pareja, y así los tres incurren en las maldiciones de Dios, que se extienden a generaciones ilimitadas. El pecado que rompe la relación vertical entre Dios y la humanidad conduce intrínsecamente a una lucha horizontal entre los humanos. El pecado y la desunión en la tierra sólo se intensifican a medida que uno avanza de la historia de asesinato de Caín y Abel en el capítulo 4 al diluvio en los capítulos 5-9. La violencia, el mal y el desorden han invadido la tierra tanto que Dios envía un diluvio para

Pergamino manuscrito de la Torá (sinagoga Ramhal, Acre, Israel, c. 1740 d.C).

aniquilar a todos los seres vivos, salvo un hombre justo y su familia, junto con un arca llena de animales. Dios hace el primer pacto registrado de la narrativa bíblica con Noé (6:18), prometiendo salvarlo de la inundación mientras ordena a Noé que construya un arca y recoja alimentos para sobrevivir. Noé cumple todo lo que Dios ha ordenado (6:22; 7:5), y Dios recuerda su promesa (8:1). Esta es la historia de salvación prototípica para el resto de las Escrituras.

El Capítulo 9 refleja un nuevo comienzo para la humanidad y todos los seres vivos cuando el mandato de la creación: "Sean fructíferos y multiplíquense; llenen la tierra y sométanla", presentada por vez primera en 1:28, se vuelve a exponer junto con el recordatorio de que la humanidad está hecha a la imagen de Dios (1:27). Llevar la imagen implica nuevas responsabilidades y estipulaciones en la era postdiluviana (9:2-6). Habrá enemistad entre los seres humanos y los animales, los animales son ahora alimentos apropiados, y sin embargo, la vida será especialmente reverenciada. Dios aún exige responsabilidad por el derramamiento de sangre justo y discriminado y las buenas relaciones, como lo ha demostrado en el diluvio, pero ahora renuncia a esta responsabilidad para dársela a la humanidad. A cambio, Dios promete que nunca más destruirá toda carne, y pondrá el arcoíris en el cielo como un recordatorio personal. Al igual que el pacto con Noé en 6:18, el pacto posdiluviano involucra a la humanidad cumpliendo órdenes (9:1-7) y Dios recordando su pacto (9:8-17), especialmente calificado "eterno" (9:16).

El comentario primitivo sobre la condición pecaminosa incesante de la humanidad (por ejemplo, 6:5; 8:21) queda confirmado cuando Noé se emborracha y se desnuda y su hijo Cam (padre de Canaán) lo avergüenza al no ocultar la negligencia de su padre. En lugar de multiplicar, llenar y someter la tierra como Dios lo quiso, la humanidad colabora para hacerse un nombre por sí mismos construyendo una especie de escalera hacia el cielo dentro de una ciudad especial (11:4).

Dios frustra tales planes arrogantes dispersando a la gente por la tierra y confundiendo sus lenguajes. Expresada en una estructura quiástica ordenada, la historia de la torre de Babel demuestra que Dios condescendió (11:5) para enderezar las cosas con la humanidad.

Patriarcas (Gn. 12-50)

Aunque la historia primitiva es fundamental para comprender el resto de la Biblia, en Génesis más espacio está dedicado a las figuras patriarcales Abraham, Isaac, Jacob y José. En general, la narración abrahámica abarca los capítulos 12-25, la historia de Isaac sirve como transición al ciclo de Jacob de los capítulos 25-37, y la narración de José termina el libro de Génesis en los capítulos 37-50.

La transición de la historia primitiva a los patriarcas (11:27-32) revela cómo Abraham, el padre de Israel, se mueve desde el este y se instala en Harán mientras la familia se aventura a establecerse en Canaán. En Harán, Abraham recibe el llamado del plan redentor de Dios, que reverbera a lo largo de las Escrituras. Dios lo bendecirá con tierra, lo hará una gran nación, le otorgará un favor especial, y lo usará como un cauce de bendiciones para el mundo (12:1-3). En 11:30 está la indicación de que la esterilidad de la esposa de Abraham (Sara) se relaciona con la esencia de las magníficas promesas de Dios. Cómo uno se vuelve grande en nombre y número, asegura el territorio enemigo, y ha de bendecir a todos los pueblos sin un descendiente se convierte en la pregunta apremiante de la narrativa abrahámica. El intercambio entre la fe de Abraham en Dios y sus intentos de conseguir el cumplimiento del pacto colorea toda la narración que lleva al capítulo 22. Es allí donde la fe de Abraham se pone a prueba cuando Dios le pide que sacrifique al hijo prometido, Isaac. Abraham pasa la prueba de fe de Dios, y se proporciona un carnero para ocupar el lugar de Isaac. Este pacto eterno que fue previamente sellado por el símbolo de la circuncisión se adquiere de manera climática para las generaciones futuras a través de la obediencia ejemplar de Abraham (22:16-18; cf. 15:1-21; 17:1-27).

Las historias patriarcales que siguen muestran que las promesas abrahámicas se renuevan con las generaciones posteriores (*véanse* 26: 3-4; 28: 13-14) y sobreviven a diversas amenazas para

PQ

su cumplimiento. La historia de Isaac sirve principalmente como un puente al ciclo de Jacob, ya que él existe principalmente como un personaje pasivo en relación con Abraham y Jacob.

El engaño, la lucha, la rivalidad y el favoritismo caracterizan la narración de Jacob, como el primero ejemplificado en los empujones que daban los gemelos en el útero de Rebeca (25:22). Jacob suplanta a su hermano gemelo, Esaú, por la bendición y el derecho de nacimiento del primogénito. Huye a Padán-aram (norte de Mesopotamia), se casa con dos hermanas, toma a sus sirvientas como concubinas, y tiene once hijos, seguidos de una pelea con su suegro. La lucha de Jacob por la bendición de Dios que comenzó con Esaú llega a un punto crítico en su encuentro de lucha con Dios en Peniel. En última instancia, Jacob sale victorioso y recibe la bendición de Dios y un cambio de nombre, "Israel" ("uno que lucha con Dios"). A lo largo de la historia de Jacob, Dios muestra su fidelidad al pacto abrahámico y reitera las promesas a Jacob, sobre todo en Betel (cap. 28 y 35). La lucha interpersonal de la vida de Jacob está por lo tanto, envuelta en un mensaje de reconciliación no solo con Esaú (cap. 33) sino, en última instancia, con Dios. El lector aprende de los episodios de la vida de Jacob que, aunque Dios obra a través de la vida de las personas débiles y fracasadas, sus promesas para Israel permanecieron seguras.

Aunque Jacob y su familia ya vivían en Canaán, Dios tiene la intención de que se muden a Egipto y se conviertan en una nación poderosa antes de realizar su conquista de la tierra prometida (*véase* 15:13-16). La historia de José explica cómo la familia termina en Egipto al final de Génesis. José es especialmente amado por su padre, lo que provocó celos significativos de sus hermanos, que lo venden a algunos nómadas y crean la coartada de que ha sido asesinado por una bestia salvaje. José termina en la casa de Faraón y finalmente se convierte en su principal funcionario. Cuando el hambre golpea a Canaán años más tarde, los hermanos de José van a Egipto a comprar comida de la corte real, y José les revela su identidad en una emotiva reunión. Toda la familia de Jacob se muda a

LA RUTA DE JOSÉ A EGIPTO

Egipto para vivir un tiempo en prosperidad bajo el cuidado de José. La historia de José ilustra la relación misteriosa de la decisión humana y la soberanía divina (50:20).

Liberación de Egipto (Éx. 1-18)

Génesis muestra cómo Abraham se convierte en una gran familia. El éxodo muestra cómo esta familia se convierte en una nación esclavizada, liberada y luego cómo se les enseñó los caminos de Dios. Aunque pareciera que Éxodo continúa una fascinante historia del pueblo escogido de Dios, en realidad es la identidad y el poder de Dios lo que toma el centro del escenario.

Han pasado muchos años desde que la familia de José llegó a Egipto. La buena situación de los hebreos en Egipto también había decaído a medida que su multiplicación y fecundidad durante el período intermedio como Dios le había prometido a Abraham (Gn. 17:4-8) se convirtió en una amenaza nacional para los egipcios. La familia de Abraham pasará un tiempo en la esclavitud egipcia antes de ser liberada con muchas posesiones en sus manos (*véase* Gn. 15: 13-14).

En el libro de Éxodo, el drama del sufrimiento y la salvación sirve como un medio para la revelación de Dios a un solo hombre, Moisés. Moisés es un israelita del destino incluso desde su nacimiento, ya que providencialmente se salva de la muerte infantil y asciende al poder y la influencia en la casa del Faraón. Moisés nunca pierde su pasión por su propia gente, y mata a un egipcio que estaba golpeando a un compañero hebreo. Moisés huye a la oscuridad en el desierto, donde se encuentra con Dios y su llamado para sacar a su pueblo de Egipto y a la tierra prometida (3:7-8; 6:8). Como en los días de la salvación de Noé, Dios ha recordado su pacto con los patriarcas y ha respondido a los gemidos de su pueblo en Egipto (2:24; 6:4-5; *véase* Gn. 8:1). Dios se revela a sí mismo, y su nombre personal "Yahvé" ("Yo soy"), a Moisés en la gran teofanía de la zarza ardiente en el Monte Horeb (Sinaí), el mismo lugar donde más tarde recibiría la ley de Dios. Moisés duda de su propia habilidad para llevar a cabo la tarea de enfrentarse a Faraón y liderar el éxodo, pero Dios predice que muchas señales y prodigios asombrosos no sólo harán posible el escape, sino que también revelarán la poderosa naturaleza de Dios a los hebreos, Egipto, y presumiblemente el mundo (6:7; 7:5).

Esta promesa de crear una nación con su pueblo a través de la liberación se expresa sucintamente en la clásica fórmula del pacto que haya significado en el resto del AT: "Os tomaré por mi propio pueblo, y seré vuestro Dios" (6:7) Ejerciendo un gran poder sobre la naturaleza y, a veces, incluso la decisión humana, Dios "endurece" el corazón de Faraón y envía diez plagas para demostrar su favor hacia su propio pueblo y la ira contra su nación enemiga. La décima plaga sobre el primogénito de todos en Egipto proporciona el contexto para la Pascua, ya que Dios perdona a los primogénitos de Israel en respuesta a la colocación de sangre de sacrificio en las jambas de sus casas. Faraón persiste en el intento de alcanzar a los israelitas en el desierto, donde el poder de Dios culmina al separar el Mar Rojo (o Mar de los Juncos). Los israelitas pasaron con éxito, pero el ejército egipcio se ahogó en su persecución. Este es el gran evento de salvación del AT.

La canción de alabanza por la liberación de Dios (15:1-21) rápidamente se convierte en gritos de gemidos en los setenta días que le siguieron al éxodo cuando la gente de la nación, quejándose de sus circunstancias en el desierto, demuestra rápidamente su confianza transitoria en el que los había salvado (Éx. 15:22-18:27). Cuando las personas se enfrentaron a la escasez de agua y comida, su fe en el cuidado de Dios se vuelve superficial, y se volvieron contra Moisés. Aunque las marcas especiales de la protección de Dios han sido evidentes en el desierto con las columnas de nubes y fuego, el ángel de Dios, la provisión del maná y codorniz, agua de la roca y el liderazgo de Moisés, la nación continuamente falla las pruebas de confianza y obediencia hacia Dios (16:4; *ver* 17:2; 20:20). Sin embargo, Dios continúa persistiendo con su pueblo a través del liderazgo de Moisés.

Sinaí (Éx. 19:1-Nm. 10:10)

La mayor parte de la narración del Pentateuco se lleva a cabo en el Monte Sinaí. Es allí donde Israel recibe la legislación nacional y las prescripciones para el tabernáculo, el sacerdocio, fiestas y festivales, y otras demandas de pacto para vivir como pueblo elegido de Dios. La estadía de once meses en el Sinaí lleva al lector bíblico por la mitad del Pentateuco, que cubre aproximadamente la última mitad del Éxodo, todo el Levítico y el primer tercio de Números, antes de que la nación abandonase este sitio sagrado y permanezca en el desierto. Varias secciones clave del Pentateuco recaen en la historia del Sinaí: el Decálogo (Éx. 20:1-17), el Libro del Pacto (Éx. 20:22-23:33), las indicaciones para el tabernáculo (Éx. 25-3), la construcción del tabernáculo (Éx. 35-40), el manual sobre la adoración ritual (Lev. 1-7) y el Código de santidad (Lev. 17-27). Los eventos y las instrucciones en el Sinaí son fundamentales para la experiencia religiosa israelita y reflejan el tercer pacto eterno que Dios establece en el Pentateuco, esta vez con Israel, donde el día de reposo es la señal (Éx. 31:16; pacto del arco iris/de Noé [Gn. 9:16] y el pacto abrahámico/de circuncisión [Gn. 17:7, 13, 19]). Las funciones de profeta y sacerdote se desarrollan más claramente en esta porción del Pentateuco. Moisés ejemplifica la doble función profética de representar a la gente cuando habla con Dios y, a su vez, a Dios cuando habla con la gente. El sacerdocio se les otorga a Aarón y a sus descendientes en Éxodo y se inaugura en una de las pocas secciones narrativas de Levítico (Lev. 8-10). La entrega de la ley, el arca, el tabernáculo, el sacerdocio y el día de reposo son todos parte de la intención de Dios de darse a "conocer" a Israel y al mundo, que es un tema constante en Éxodo (ver, por ejemplo, 25:22; 29:43, 46; 31:13).

La estadía de los israelitas en el Sinaí comienza con una de las teofanías más importantes de la Biblia: Dios habla en voz alta al pueblo (Éx. 19-20) y luego es visto como un fuego consumidor (Éx. 24). Después de comunicar los Diez Mandamientos ("diez palabras") directamente a la gente (Éx. 34:28, Dt. 4:13, 10:4), Moisés media el resto de las obligaciones detalladas que gobernarán la vida futura de la nación. El pacto se ratifica ceremonialmente (Éx. 24), y los israelitas se comprometen a cumplir todo lo que se ha dicho. Dios espera que Israel sea una nación santa (Éx. 19:6) con quienes pueda morar, pero Moisés desciende del Sinaí sólo para descubrir que los israelitas ya habían violado la esencia del Decálogo al fabricar un becerro de oro para adorarlo como lo que los rescató de Egipto (Éx. 32). Esto pone el futuro y llamado de Israel en peligro, pero Moisés intercede por su pueblo, y Dios gentilmente promete preservar la nación y cumplirla en su misericordia, aunque al mismo tiempo castigue a los culpables. Esto se convierte en un prototipo de la relación de Dios con su pueblo en el futuro (Éx. 34:6-7). Éxodo termina con la consagración del tabernáculo y el descenso de la presencia de Dios allí. Con la tienda de adoración en orden, el sacerdocio y sus rituales fueron establecidos oficialmente. Levítico refleja las instrucciones divinas de cómo un pueblo pecaminoso puede vivir de forma segura en cercanía a Dios. La vida santa implica lidiar con el pecado y minimizar la necesidad de expiación, purificación y restitución. El sistema de sacrificio y adoración establecido en Levítico se basa en una cosmovisión de orden, perfección y pureza que debe caracterizar a las personas a las que se les ordena: "Sed santos porque yo, el Señor vuestro Dios, soy santo" (Lev. 19:2; cf. 11:44-45; 20:26). Con estas reglas en lugar, los israelitas pueden hacer los preparativos finales para partir del Sinaí y avanzar en su viaje. Nm. 1-10 abarca un período de diecinueve días de actividades en los que los israelitas comienzan a enfocarse en desposeer a sus enemigos. Estos capítulos reflejan un censo de hombres de guerra, la prioridad de la pureza, la dedicación del tabernáculo y la observancia de la Pascua antes de comenzar la conquista de Canaán.

Viaje por el Desierto (Nm. 10:11-36:13)

El resto del libro de Números que cubre los capítulos 11-25 relatan los diversos eventos que muestran la falta de confianza de la generación del éxodo en Dios. Los capítulos 26-36 revelan una sección más positiva por la cual una nueva generación se prepara para la conquista. En la tercera sección de Números es enmarcada por episodios que involucran los derechos de

LA RUTA DE JOSÉ A EGIPTO

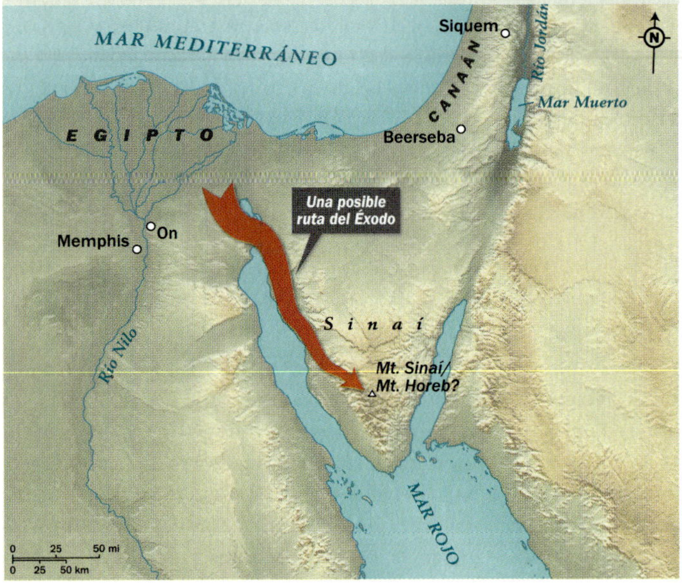

herencia de las hijas de Zelofehad (27:1-11; 36:1-13), está claro que la historia se va enfocando en la futura posesión de la tierra.

Después de la partida de Sinaí, la narración consiste en una serie de quejas israelitas en el desierto. Los israelitas se han cansado del maná e irónicamente anhelan la comida de Egipto, que recuerdan como: pescado, frutas y verduras gratis. Habiendo olvidado las dificultades de la vida en esclavitud, por la cual habían clamado a Dios, ahora la nación clama por un estilo de vida antiguo. Moisés se siente tan abrumado por las quejas de las personas que Dios le da setenta ancianos, quienes, para ayudar a soportar la carga del liderazgo, recibirán el mismo espíritu profético dado a Moisés.

En los capítulos 13-14 se envían a doce espías desde Cades Barnea para estudiar Canaán, pero la falta de fe de la gente para adquirir la tierra de las personas poderosas resulta costosa. Este ejemplo final de desconfianza mueve a Dios a castigar y purificar a la nación. La generación incrédula morirá en el desierto durante un período de cuarenta años de deambulación.

El descontento en el desierto implicaba no sólo la comida y el agua, sino también el estatus de liderazgo. El hermano y la hermana de Moisés resienten su relación especial con Dios y desafían su autoridad exclusiva. Más tarde, el sumo sacerdocio especial de Aarón se ve amenazado ya que otra familia levítica (Coré) compite por la preeminencia. A través de una secuencia de señales y maravillas, Dios deja en claro que Moisés y Aarón tienen roles exclusivos en los asuntos de Dios. Debido a las muertes relacionadas con la rebelión de Coré y los bastones infructuosos que representan a las tribus de Israel, la preocupación de la nación por la extinción repentina en presencia de un Dios santo se apacigua a través del pacto eterno del sacerdocio otorgado a la familia de Aarón (cap. 18). Él y los levitas, a costa de sus propias vidas y como parte de su servicio sacerdotal, serán responsables de mantener el tabernáculo puro de invasores.

Incluso después de la rebelión y el castigo significativo de la gente, Dios continúa demostrando su fidelidad a su palabra. La esperanza se restaura para la nación cuando las promesas de bendición abrahámicas se repiten de la boca de Balaam, un vidente de Mesopotamia. Los israelitas algún día serán numerosos (23:10), disfrutarán de la presencia de Dios (23:21), serán bendecidos y protegidos (24:9) y tendrán un líder real (24:17). Esta maravillosa experiencia en la cima de la montaña de esperanza para la generación del éxodo se ve contrarrestada trágicamente por un evento aún mayor de apostasía en la escena posterior. Recordando el incidente del becerro de oro, cuando el jolgorio pagano en el campamento había frustrado la interacción de Moisés con

Dios en el Sinaí, la apostasía en el tabernáculo desvirtúa los oráculos de cumplimiento del pacto de Balaam. La fornicación con mujeres moabitas no sólo une a la nación con un dios extranjero, sino que también traiciona la santidad de Dios en su lugar de morada. Si no fuera por el celo de Finees, el nieto de Aarón, quien pone fin al pecado, la plaga resultante podría haber terminado con la nación. Por su acción justa, Finees recibe un sacerdocio eterno y asegura un futuro para la nación y el linaje sacerdotal de Aarón.

En el capítulo 26, un segundo censo de hombres de guerra indica que la antigua generación de éxodos incrédulos había muerto oficialmente (excepto Josué y Caleb), y Dios estaba procediendo con un pueblo nuevo. Dios desposee a los enemigos de la nueva generación; restablece los límites tribales de la tierra; restablece las reglas concernientes a la adoración, el servicio y el derramamiento de sangre; y coloca a Josué a la cabeza del liderazgo. Los capítulos 26-36 no mencionan muertes ni rebeliones ya que la nación termina su viaje con optimismo en Moab, justo al este de la tierra prometida.

Despedida de Moisés (Deuteronomio)

Aunque uno podría razonablemente seguir con los libros históricos al final de Números, nos perderíamos de mucho si se pasara por alto el libro de Deuteronomio. Deuteronomio presenta los discursos de Moisés como sus últimas palabras a una nación al borde de Canaán. Los discursos de Moisés se entienden mejor como sermones que motivan a su pueblo a abrazar el pacto del Sinaí, amar a su Dios y elegir la vida sobre la muerte y las bendiciones sobrevenidas (30:19). Moisés repasa la experiencia del desierto desde el Monte Horeb/Sinaí (capítulos 1-4) y recapitula las expectativas de Dios para una vida legal en la tierra (capítulos 5-26). El código del pacto se registra en un rollo, se designa como el "Libro de la Ley" (31:24-26), y debe ser leído y reverenciado por el futuro rey. Finalmente, Moisés lidera la nación en la renovación del pacto (capítulos 29-32) antes de que el libro termine con un relato de su muerte (capítulos 33-34), incluyendo tributos tales como "desde entonces, no ha vuelto a surgir en Israel un profeta como Moisés, a quien el Señor conocía cara a cara" (34:10).

Deuteronomio refleja que la verdadera fidelidad al pacto se logra a partir de un corazón justo para Dios. Si hubo dudas previas sobre la esencia de respetar el pacto, Moisés elimina eso en Deuteronomio con el uso frecuente de términos emotivos. Amar a Dios implica comprometerse solamente con Él y despreciar ídolos y dioses extranjeros. Los Diez Mandamientos (capítulo 5) no son una lista de requisitos anticuados; reflejan el gran Shema con las palabras "Amarás al Señor tu Dios con todo tu corazón, con toda tu alma y con todas tu fuerza. Y estas palabras que yo te mando hoy, estarán sobre tu corazón" (6:5-6). Dios desea un amor inigualable de la nación, no una religiosidad fría y superficial.

La obediencia de los israelitas generará una bendición material y espiritual, mientras que la desobediencia termina en la pérdida de ambos. Aunque Moisés recomienda encarecidamente la obediencia del pacto, y la nación participa en una ceremonia de renovación del pacto (capítulo 27), está claro que en el futuro los israelitas dejarán de cumplir con sus obligaciones del pacto y sufrirán las consecuencias (29:23; 30:1-4; 31 16-17). Sin embargo, Moisés anticipa un día en que el mandato de los corazones circuncidados (10:16) se cumplirá por el poder de Dios mismo (30:6). En el futuro surgirá un nuevo rey de la nación (17:14-20) y un profeta como Moisés (18:15-22). Deuteronomio así subraya el alcance de la propia devoción de Dios a sus promesas patriarcales a pesar de la naturaleza pecaminosa de su pueblo.

Durante gran parte de la mitad y finales del siglo XX, Deuteronomio ha recibido una gran cantidad de atención por su aparente parecido en estructura y contenido con los antiguos tratados hititas y asirios. Los estudiosos debaten el grado de similitud, pero es posible que el Deuteronomio refleje un tratado soberano-vasallo entre Israel y Dios muy parecido al formato común entre las naciones en el antiguo Cercano Oriente. Aunque la investigación comparativa de este tipo puede ser productiva para la interpretación, es prudente ser conservador al delinear paralelos directos, ya que el Deuteronomio no es un documento legal sino más bien una narración dramática de la interacción redentora de Dios con el mundo.

PENTATEUCO SAMARITANO La versión samaritana de los primeros cinco libros del AT (la Torá). La historia de este documento es separada de la historia de la Biblia hebrea. Es importante que varía significativamente de la versión hebrea en ciertos pasajes, incluyendo un fuerte rechazo el templo de Jerusalén (en favor del templo samaritano). Las versiones tempranas del texto probablemente datan del siglo uno a.C., el más actual de los textos existentes es del siglo diez a.C. Algunos pequeños fragmentos de un Pentateuco proto-samaritano han sido encontradas entre MMM.

PENTATEUCO SAMARITANO *Ver* Samaritano, Pentateuco.

PENTECOSTÉS El término griego para el Festival de Semanas del AT descrito en Lev. 23:15-22. Recibe este nombre porque se celebra cincuenta días después de la Pascua (Gr. Pentēkostē significa "quincuagésimo"). El Festival de las Semanas era una importante fiesta de peregrinación que conmemoraba el final de la cosecha de granos. Por lo general, la temporada de cosecha comenzaba la semana de la Pascua y continuaba durante cincuenta días hasta el Festival de las Semanas. Hay varias referencias no bíblicas al Pentecostés, todas ellas aluden al Festival de las Semanas, sugiriendo que esta era una palabra común en griego (*ver* Tob. 2:1; 2 Mac. 12:32; Josefo, Ant. 3.252; Guerras 2.42) El primer uso del NT de la palabra ocurre en Hec. 2:1. Hay pocas dudas de que el uso que hace Lucas del "Pentecostés" se refiere al Festival de las Semanas. Pablo menciona en 1 Cor. 16:8 que tiene la intención de permanecer en Éfeso hasta el Pentecostés, pero no da ninguna explicación de lo que quiere decir con "Pentecostés". Este documento paulino temprano sugiere que para los cristianos, Pentecostés era una fecha establecida que no necesitaba explicación. Con qué frecuencia y en qué medida se celebraba el Festival de las Semanas en los primeros siglos está abierto para un considerable debate. El Festival de las Semanas perdió gradualmente gran parte de su significado agrícola y adquirió un significado más religioso, especialmente porque la gente de la ciudad dependía menos del ciclo agrícola para su alimentación. Para el autor de Hechos, el capítulo 2 probablemente esté relacionado con el tema de la cosecha de Joel. Basado en las citas de Lucas de Pedro, quien usa a Joel extensamente en su explicación de la entrega del Espíritu, parece ser que en Hechos Lucas quiso vincular los eventos del Pentecostés con el comienzo del "día del Señor" o el comienzo del escatón. Esto coincidiría con el motivo de la cosecha del festival, especialmente porque conmemoraba el comienzo del final de la cosecha. Los judíos contemporáneos todavía celebran Pentecostés conmemorando la entrega de la ley en el Sinaí y el comienzo de la comunidad israelita.

Un manuscrito del Pentateuco Samaritano (siglo XIII d.C).

PEOR Una montaña en Moab, en el área del Monte Nebo. Esta ubicación se deriva de Nm. 24:2, que menciona que la vista desde Peor permite vislumbrar las llanuras de Moab. No se ha identificado ninguna ubicación precisa. En Nm. 23 Peor es el sitio de los pronunciamientos de bendición de Balaam sobre Israel, inspirados por Dios. En otros lugares (Nm. 23:3, 5, 18, Sal. 106:28), Peor se asocia con la apostasía y la práctica religiosa ilícita (la adoración de Baal de Peor).

PERAT El lugar donde se ordenó a Jeremías que enterrara su cinturón y dejar que se arruinara, como una metáfora de la inutilidad de Jerusalén (Jer. 13:3-7). Aunque el lugar es incierto, varias traducciones de la Biblia lo identifican con el río Éufrates, mientras que otros lo ven mucho más cerca de Jerusalén (asociado con la ciudad de Pará en Jos. 18:23).

PERAZIM *Ver* Baal Perazim.

PERDICIÓN La palabra griega traducida en algunas versiones como "perdición" (apōleia) generalmente significa "destrucción" (como se traduce en la NVI). Ocasionalmente, sin embargo, se asocia con Seol como un lugar para los muertos. De hecho, donde los textos hebreos de Proverbios y Job leen "Seol" y "Abadón", la traducción griega dice "Hades" (hadēs) y "Destrucción" (apōleia) (por ejemplo, Prov. 15:11; 27:20; Job 26:6, cf. Job 28:22). Además, el autor de Apocalipsis finalmente personifica el lugar de apōleia como la persona Apolión, rey del Abismo (9:11). A menudo se dice que las personas malvadas están "caracterizadas por" y, en consecuencia, "destinadas" a la perdición. Por ejemplo, en el texto griego de Isaías, los habitantes de Edom son llamados el "pueblo que he condenado a la destrucción total" y los líderes impíos de Israel "hijos de perdición" (34:5; cf. Sal. Sol. 2.31, 3.11). De manera similar, Pablo considera que los individuos endurecidos son vasos de ira divina, "preparados para destrucción" (Rom. 9:22), y Pedro asegura a su audiencia que la destrucción que pende sobre los falsos profetas no se ha dormido (2 Pe. 2:3). Dos figuras en particular se conocen tradicionalmente como un "hijo de perdición": Judas, que traicionó a Cristo (Jn. 17:12, NVI: " aquel que nació para perderse"), y el hombre sin ley (2 Tes. 2:3, NVI: "hombre de maldad"), a menudo identificado como el anticristo. Además, en Apocalipsis se dice que la bestia sobre la cual se sienta la ramera de Babilonia sube del abismo sin fondo sólo para finalmente proceder hacia la destrucción (17:8,11). En el uso popular de hoy en día, "perdición" a menudo significa la condenación eterna de los malvados, o el lugar de destrucción final para ellos.

PERDIZ Israel tiene varias especies autóctonas de perdices que pertenecen a diferentes hábitats, incluyendo la perdiz griega, el francolín ventrinegro y la perdiz desértica. Prefieren correr que volar, y cuando se sienten amenazadas, a menudo se agachan inmóviles en el suelo, bien camuflados. En la antigüedad eran una fuente abundante de huevos y carne, por lo que la comparación de David de sí mismo, huyendo de Saúl, con una perdiz siendo perseguida es fácil de entender (1 Sam. 26:20). Sin embargo, la comparación de Jeremías de los hábitos de anidación de la perdiz con "los que acaparan riquezas en forma injusta" (Jer. 17:11) presenta más dificultades. Las perdices no incuban huevos que no ponen, y no hay evidencia independiente de una antigua creencia de que sí lo hicieran. Una sugerencia plausible es que este versículo se refiere a las perdices que crían polluelos que no empollaron (lo que señala la versión ESV); una perdiz griega hembra a veces cuida de un gran número de polluelos de varias nidadas, algunos de los cuales la abandonarán cuando la creciente bandada se separe.

PERDÓN Contrario al uso común de la palabra "perdón", que está altamente influenciado por el interés moderno en la psicología, el concepto bíblico identifica el perdón como un tema teológico a ser comprendido en categorías relacionales. Bíblicamente hablando, perdonar está menos relacionado con cambiar sentimientos (emociones) y más relacionado a una real restauración de una relación. Es acerca de corregir un error, un proceso que es a la vez costoso y doloroso. Para capturar el sentido bíblico, la palabra inglesa "pardon" (perdón) puede ser más útil.

Terminología

Principalmente, Dios perdona removiendo la culpa del transgresor y por lo tanto liberándolo de la penalidad merecida. El término kipper del AT habla de la cobertura del pecado (Dt. 21:8; Sal. 78:38; Jr. 18:23) y su uso en conexión con sacrificio significa la idea de expiación. Como salakh, comunica exclusivamente el perdón de Dios a los humanos (Nm. 30:5; Am. 7:2). El término nasa' se refiere a una remoción de culpa, Dios levantando la carga del pecado del pecador (Éx. 32:32; Nm. 14:19), pero también puede usarse del perdón entre humanos (Gn. 50:17).

En el NT, verbos como aphiēmi (sustantivo aphesis) y apolyō connotan la idea de enviar lejos o liberar, en cambio (epi)kalyptō expresa la idea de cubrir. Otros términos, como paresis ("pasar por sobre" [Rom. 3:25]), extienden aún más la idea del perdón de Dios: la deuda queda cancelada; Dios está ejercitando su paciente amor. El término preferido de Pablo es charizomai, que subraya la relación cercana entre gracia y perdón (Rom. 8:32; Ef. 4:32; Col. 2:13; 3:13).

Perdón de Dios

El perdón expresa el carácter del Dios misericordioso, que ávidamente perdona a los pecadores que confiesan sus pecados, se arrepienten de sus transgresiones y lo expresan a través de acciones apropiadas. El perdón nunca es un tema de derecho humano; es exclusivamente una graciosa expresión del cuidado amoroso de Dios. La necesidad humana por el perdón se deriva de acciones surgidas de su naturaleza caída. Estas acciones (o falta de ellas), ya sea deliberadas o casuales destruyen la relación de las personas con Dios y no puede ser restaurada sólo por la indulgente misericordia de Dios (Ef. 2:1).

Bajo la alianza mosaica, el pecado colocaba a los ofensores bajo la ira de Dios entre los impíos. El rescate de este destino podía obtenerse sólo del perdón de Dios, que se lograba a través del arrepentimiento y el sacrificio. Aunque el sacrificio era necesario para expresar verdadero arrepentimiento, es un error considerarlo un pago que podía comprar el perdón de Dios (1 Sm. 15:22; Prov. 21:3; Ecl. 5:1; Os. 6:6). El perdón de Dios permanece como su regalo libre e inmerecido.

Aunque el sistema sacrificial se acabó o, más bien, se completó con Cristo (Heb. 10:12), las enseñanzas del NT continúan reconociendo condiciones para el perdón. Ya que el perdón restaura relaciones, el ofensor permanece involucrado y debe desear la restauración (Lc. 13:3; 24:47; Hec. 2:38). Dios no otorga su perdón sin consideración de la parte infractora.

Jesús expresa esto más claramente en la parábola del hijo pródigo (Lc. 15:11-24). El hijo se rebela contra su padre, despilfarra su riqueza y viola su relación. El padre gracioso y amante permanece dispuesto a restaurar la relación, pero la reunión no ocurre hasta que el hijo reemplaza la rebelión con arrepentimiento; entonces, antes de que pueda expresar su tristeza, el ansioso padre lo recibe de vuelta a una relación restaurada. Dios permanece libre para perdonar o no, pero los pecadores pueden estar seguros del perdón restaurador de relaciones de Dios cuando lo buscan con arrepentimiento. El perdón que Dios otorga es completo y restaura cosas a una situación "como antes" (cf. Sal. 103:12; Jr. 31:34), un punto que el hijo mayor en la parábola (Lc. 15:25-32), que ejemplifica pretensión de superioridad moral religiosa, no comprende.

Perdón Humano

La descripción bíblica del perdón entre humanos está enraizada en esta comprensión teológica y articula una clara analogía entre el perdón divino y humano. La relación humana con Dios proporciona un patrón para su relación unos con otros (Mt. 5:23-24; 6:12, 14-15). Ellos perdonan porque han sido perdonados (Lc. 7:41-47; Col. 3:13). Si, o cuando, su perdón de otros permanece ausente, este cuestiona o incluso arriesga su propia relación con Dios (Mt. 18:22-35).

Nuevamente, ya que el perdón es un asunto teológico, la persona perjudicada permanece obligada a trabajar por la restauración de su relación, incluso si el infractor no se arrepiente.

El perjudicado debería buscar reconquistar al ofensor al mostrarle misericordia y ansia de perdonar como se aprendió de Dios (Rom. 12:19-20). No existe fórmula para este perdón inspirado por Dios y no hay límite para su fervor. Jesús enfrenta la sugerencia de Pedro que de la oferta de perdón podría agotarse con una negativa inequívoca (Mt. 18:21-22). El ofendido debe ofrecer su perdón cada vez que el ofensor lo pida (Lc. 17:3-4).

Más radical es el mandato bíblico de perdonar al enemigo. El NT con frecuencia sigue la antigua noción común de Oriente Próximo que los enemigos son expresiones de deidades extranjeras, que su propio dios desea destruir. Por lo tanto, era inimaginable que Israel (o Yahveh) perdonara al dios pagano (e.g., Sal. 137:8-9). Jesús transforma este pensamiento y vuelve el perdón un deber cristiano (Mt. 5:43-48; cf. Rom. 12:20).

PERDÓN El perdón (*véase* Nm. 14:19) se refiere más a la disposición de la parte perjudicada, mientras que el perdón se refiere a la remisión de las consecuencias legales del ofensor. Tanto las personas (por E.j., 2 Cr. 30:18) y las injusticias (por E.j., Éx. 23:21) pueden ser perdonadas. En casi todas las referencias bíblicas al perdón, Dios es la fuente del perdón; Sin embargo, en un caso notable, Saúl le pide perdón a Samuel después de desobedecer la palabra del Señor por medio de Samuel (1 Sam. 15:24-25). Frecuentemente en la Biblia, las personas buscan el perdón de Dios (por ejemplo, Éx. 34:9, 2 Re. 5:18, Amós 7:2). Dado el carácter de Dios, esto es razonable, ya que "[Dios] es generoso para perdonar" (Is. 55:7).

PEREA El nombre griego para la región al este del río Jordán y Samaria, al sur de la Decápolis (moderna Jordania). En el NT se le conoce como peran tou Iordanou ("más allá del Jordán" o "la región al otro lado del Jordán") (Mt. 4:25; 19:1; Mr. 3:8; 10:1). Los judíos de Galilea a menudo se desviaban por Perea cuando viajaban a Judea para evitar a Samaria (Jn. 4:3-4, 9). Era parte del reino de Herodes el Grande, asignada a su hijo Herodes Antipas, quien también gobernó Galilea como un rey subordinado del Imperio Romano en la época de Jesús. La fortaleza de Herodes en Macaerus (sur de Perea) es la ubicación probable del encarcelamiento y decapitación de Juan el Bautista (Mr. 6:17-28). Jesús viajó por medio de Perea (Mt. 19-20) para llegar a Jerusalén para su Semana de la Pasión.

PERECEDEROS Cosas que pueden deteriorarse o que se descomponen con el tiempo o por la exposición a las condiciones climáticas. Otro término, usado en la RVA, es "corruptible". En el NT, las cosas que son perecederas se contrastan con las cosas de Dios, que son eternas y santas (1 Cor. 15:42, 50-54; 1 Pe. 1:18, 23).

PEREGRINAJE Un viaje a un sitio religioso. En los tiempos bíblicos, Jerusalén era un destino destacado de la peregrinación, como lo implica la ley de la centralización del culto en Dt. 12:13-14. Varios de los profetas prevén una edad futura en la que las naciones viajan a Jerusalén para recibir instrucción (por ejemplo, Is. 2; Miq. 4).

Jesús hizo varias peregrinaciones a Jerusalén en relación con las principales fiestas judías. Sus padres lo llevaron a Jerusalén para la Pascua, como era de costumbre (Lc. 2:41-42). Como adulto, Jesús continuó haciendo este viaje. Los tres viajes de Jesús a Jerusalén registrados en el Evangelio de Juan son la principal evidencia de la tradición de que su ministerio duró tres años (Jn. 2:13; 5:1; 12:1). Jesús también viajó a Jerusalén para la fiesta de las tiendas (Jn. 7:10) y la Fiesta de la Dedicación (Jn. 10:22).

El viaje final de Pablo a Jerusalén, que concluyó en su arresto, fue con el propósito de asistir a la fiesta judía de Pentecostés allí (Hec. 20:16). Este festival también fue responsable de la presencia de muchos extranjeros en Jerusalén en los días de la iglesia primitiva (Hechos 2: 1).

En un sentido más amplio, y especialmente en algunas traducciones al español más antiguas, la peregrinación puede referirse a un período de residencia fuera de la propia patria (estadía). Este uso recuerda el prominente tema bíblico del peregrinaje, que pertenece a los patriarcas (Génesis 47: 9), Moisés (Hechos 7:29), los israelitas (Deuteronomio 10:19), así como a varias otras figuras bíblicas. En el NT, este aspecto de la experiencia israelita (*ver* Hebreos

11:13) se aplica a Jesús (Mateo 8:20, Lucas 9:58) y, en sentido figurado, a las comunidades cristianas (Filipenses 3:20). ; 1 Pedro 2:11).

PERES El hijo que Maquir tuvo con su esposa, Maaca; él era de la tribu de Manasés (1 Cr. 7:16).

PERES-UZA Significa "un estallido contra Uza", un lugar a lo largo del camino entre Quiriat-jearim y Jerusalén. Mientras David llevaba el arca del pacto a Jerusalén, la procesión de adoración fue detenida después de que Uza extendió su mano para sujetar el arca cuando los bueyes que tiraban de ella en un carro tropezaron y Dios lo mató por su conducta inapropiada (2 Sam. 6:8; 1 Cr. 13:11). El estallido de Dios ocasionó el nombre del sitio.

PEREZA La persona perezosa o "haragana" (NIV) es un tema recurrente en el libro de Proverbios. La palabra hebrea, 'atsel, ocurre catorce veces en Proverbios y en ninguna otra parte del AT. La persona haragana está en contraste con la persona diligente y recta, ejemplificando la estupidez estando poco dispuesta a tomar responsabilidad por la auto-provisión. Esto a veces es establecido de manera exagerada: "¡Un haragán entierra sus manos en el plato; ni siquiera lo llevará a su boca!" (Prov. 19:24). Los haraganes son retratados como indulgentes en dormir en exceso (6:9), inventando excusas para la inactividad (22:13), y exasperando a aquellos que dependen de ellos (10:26). Finalmente, los modos del haragán resultan en privación auto-impuesta (13:4; 20:4; 24:33-34). Irónicamente, los haraganes creen que son sabios (26:16; cf. 14:12).

Una preocupación generalizada por la ociosidad y apatía se encuentra en los libros de sabiduría (Prov. 10:4; Ecl. 10:18) y en las cartas de Pablo (1 Tes. 5:14; 2 Tes. 3:6-7). En este último, la ociosidad es asociada dos veces con ser "entrometido" (2 Tes. 3:11; 1 Tim. 5:13), revelando el impacto negativo que la ociosidad tiene en una comunidad (la ociosidad lleva al chisme, produciendo división y conflicto).

Además de la ociosidad física, Heb. 6:12 advierte sobre la pereza espiritual, que socava la fe. Jesús advierte de la indiferencia ante la aparición del Hijo del Hombre, reflejada en su condenación del despilfarro de los "talentos" de uno en el intertanto (Mt. 25:14-30 NIV mg.).

PERFECTO La palabra "perfecto" se usa para traducir los términos hebreo y griego para la integridad ritual y moral. En el texto bíblico, los términos "totalidad", "completo" y "maduro" están relacionados con "perfecto". A menudo, "perfecto" transmite el sentido de algo que llega a su fin y, por lo tanto, su "compleción" o "perfección".

El AT describe un animal o un cultivo que está destinado para la ofrenda de sacrificio como "sin mancha", "completo" o "perfecto" (Heb. tamim). Aunque no se traduce como "perfecto" en la NVI, el término tamim aparece con frecuencia en contextos cúlticos de la adoración de Israel (por ejemplo, Éx. 12:5, Lev. 1:3, 10, 3:1, 6, 4:3). Ni los animales perfectos ni los sacerdotes con defectos físicos se consideraban aptos para el servicio en el templo debido a su falta de plenitud (Lev. 21:16-23; 22:17-25). La integridad misma reflejaba la santidad de Dios por medio de la integridad física (*véase* Lev. 10:3).

Figurativamente, el término tamim (o tam) se refiere a la integridad del corazón y se aplica a la acción o conducta humana, donde describe el caminar sin culpa delante de Dios (Noé [Gn. 6:9]; Abraham [Gn. 17:1; cf. Dt. 18:13], Job [Job 1:1]). El camino de Dios se describe como "perfecto" (2 Sam. 22:31), como es su conocimiento (Job 37:16), y Sal. 19:7 narra cómo la "ley del Señor es perfecta, que restaura el alma". Por lo tanto, la perfección o santidad de Dios debe reflejarse en el pueblo de Dios: "Habla a toda la congregación de los hijos de Israel y diles: 'Seréis santos porque yo, el Señor vuestro Dios, soy santo'" (Lev. 19:2).

En el NT, "perfecto" puede referirse a algo de más alto nivel (Sant. 1:17, 25) o a un adulto completamente "maduro" (Efe. 4:13). "Hacer perfecto" a menudo aparece con matices de culto. En Hebreos, Cristo, nuestro sumo sacerdote, se "perfecciona" mediante el sufrimiento (2:10) y se hace eternamente "perfecto" (7:28). El amor de Dios alcanza la "perfección" cuando los creyentes obedecen la palabra de Dios: "El que guarda su palabra, en él verdaderamente el amor de Dios se ha perfeccionado" (1 Jn. 2:5). Cuando "perfecto" aparece en las cartas del NT tal como se aplica a los humanos, la idea no es de perfección ética por grados, sino que transmite una sensación de totalidad de corazón, que no se divide, ante Dios. La noción de "perfección" en español contemporáneo transmite la idea de "impecabilidad", pero la idea bíblica se refiere más a algo que es "completo" o "entero". Para que algo sea "perfecto" significa que cumple su diseño previsto: una casa es "perfecta" si tiene cuatro paredes y un techo y puede proporcionar refugio.

PERFUME, PERFUMADORES Se usaban perfumes fragantes como aceite de unción (Éx. 30:22-33), incienso (Éx. 30:34-38), ayudas para hacer el amor (Est. 2:12; Pro. 7:17; Cant. 1:12-14; 5:5), para perfumar la ropa y suavizar la piel (Rut 3:3; Sal. 45:8; Ezeq. 16:9), y en los entierros (2 Cr. 16:14; Jn. 12:7). Se echaba aceite perfumado en los pies o en la cabeza de los invitados de banquetes (Mt. 26:7, Lc. 7:38, Mr. 14:8, Jn. 12:3). Se hallaban entre aquellos presentes en el éxodo (Éx. 30:25, 35), los perfumadores comisionados hacían aceite de santuario e incienso (Éx. 37:29, 1 Cr. 9:30). Uno de esos perfumadores, Hananías, es nombrado en Neh. 3:8.

PERGAMINO *Ver* Escritura, Historia de la (Implementos y materiales de Escritura)

PÉRGAMO La tercera de las siete iglesias en Apocalipsis, Pérgamo es alabada por su fidelidad y reprendida por tolerar un pecado atroz en medio de ella (2:12-17). Pérgamo fue llamado "el trono de Satanás" debido al altar prominente de Zeus en la acrópolis.

PERGAMOS *Ver* Pérgamo.

PERGE Una ciudad greco-romana principal de Panfilia a ocho millas de la costa sur de Asia Menor cerca del río Cestro, con una ciudad portuaria de Atalia. Las ruinas arquitectónicas que se conservan atestiguan la belleza y la riqueza de Perge. Su deidad patrona era Artemisa (Diana). En su primera campaña misionera, Pablo pasó por Perge en su salida (Hec. 13:13-14 [en ese momento Juan Marcos se separó de ellos]) y predicó allí en el retorno (14:25).

PERIDA *Ver* Peruda.

PERÍODO INTERTESTAMENTARIO El nombre dado al período histórico entre el Antiguo y Nuevo Testamento (siglo cinco a.C. - siglo uno AD). También se conoce como el período del Segundo Templo. El primer templo judío, completado por Salomón alrededor del año 960 a.C., fue destruido por los babilonios en

Restos arqueológicos del altar de Zeus en Pérgamo.

el año 587/586 a.C. El segundo templo, completado por Zorobabel en el año 516 a.C. (y expandido posteriormente por Herodes el Grande), fue eventualmente destruido por los romanos en el año 70 AD. El período Intertestamentario es aproximadamente entonces el período desde el regreso de los exiliados babilonios al amanecer de la era cristiana.

El exilio de los israelitas a Babilonia marca un punto de inflexión en la historia de la redención. Antes de esta experiencia el pueblo de Dios fue constantemente tentado para alabar a otros dioses. Durante el exilio, la mayoría parece haber abandonado su fe. Sólo un pequeño remanente alguna vez regresó a la tierra prometida.

Ellos reconstruyeron la ciudad de Jerusalén. La Torá se volvió su constitución, pero las expectativas de los profetas bíblicos no se cumplieron. Cuando el templo se abrió, no hay mención de una presencia visible de Dios. La tradición rabínica posteriormente observaría que "después de los profetas posteriores, Ageo, Zacarías y Malaquías habían muerto, el Espíritu Santo se fue de Israel" (b. Yoma 9b), implicando que Dios había caído en silencio. Sin embargo, el canon hebreo cierra ofreciendo la esperanza de perdón y restauración (cf. 2 Cr. 7:14).

Durante este período hubo significantes comunidades judías en Persia, Babilonia y Egipto. Formaron asambleas o "sinagogas" como centros de la comunidad y fe judía. Los judíos en Egipto construyeron un templo en Asuán, en la isla de Elefantina. En sus cartas declararon que este templo había existido antes de los días de Cambises (fines del siglo seis a.C.).

Fueron particularmente desafiados por la adoración de ídolos, la amenaza de persecución y las dificultades de observar las leyes de separación, especialmente las leyes de alimentación y la prohibición de matrimonios mixtos. Tenemos escasa literatura judía extra canónica del período persa. Sí tenemos una serie de historias, difíciles de datar, que recuerdan la época de Jeremías (Carta de Jeremías) o Daniel (Susana; Bel y el dragón; Plegaria de Azarías; Canción de los tres hombres jóvenes). *Véase* Apócrifa; Antiguo Testamento.

Gobierno griego (333-63 a.C.)

Tras derrotar a los persas en la Batalla de Issos (333 a.C.), Alejandro Magno barrió a través de Palestina de camino a Egipto. Su muerte temprana (323 a.C.) llevó a una serie de guerras entre sus cuatro generales. Eventualmente, Seleuco controló Babilonia y gobernó desde Siria a India, mientras Ptolomeo fue declarado Faraón (301 a.C.) y gobernó Palestina desde Egipto.

Los ptolemaicos desarrollaron una cultura fuertemente griega en Egipto. Alejandría se convirtió en un centro mundial a aprendizaje. Ptolomeo II Filadelfos (r. 287-247 a.C.) patrocinó

Excavaciones arqueológicos en la Isla Elefantino, donde una comunidad judía residió durante el Período Intertestamentario.

la traducción de la Torá al griego. Esto coincidió con la traducción gradual del resto de las Escrituras hebreas (la Septuaginta). Bajo los ptolemaicos, los judíos colonizaron Galilea, evitando Samaria y reclamando el norte para "Israel".

Los judíos en Egipto lucharon para ganar igualdad y respeto por sus tradiciones. Algunos simplemente abandonaron sus distintivos judíos. Otros intentaron ganar respeto a través de sabias empresas comerciales. Algunos judíos ingresaron a la academia e intentaron explicar las tradiciones judías usando las categorías y valores de los filósofos griegos, minimizando sus diferencias (Carta de Aristeas; Oráculos Sibelinos, libro 3). Otros argumentaron por la prioridad y superioridad de la tradición judía, declarando que el aprendizaje griego y egipcio podía trazarse a la revelación de Dios a través de Moisés y los patriarcas. Cualquier intento de mantener rigurosamente los distintivos de la fe judía y la observancia de la ley de Moisés permaneció como la agenda de una pequeña minoría (cf. 3 Macabeos; Adiciones a Ester).

Durante el siglo tres a.C. las tensiones entre los seléucidas y los ptolemaicos crecieron y los judíos en Palestina se vieron involucrados en estas intrigas. El sumo sacerdote Simón II (219-196 AC) solía pagar los impuestos provinciales a Ptolomeo de sus propios medios.

Jesús ben Sirá (falleció en 175 a.C.) tenía una escuela en Jerusalén. Señalaba a sus estudiantes la sabiduría de las Escrituras judías en vez de filosofía griega. Tiempo después del año 117 a.C. su nieto tradujo su trabajo al griego (el libro del Eclesiástico).

La familia de Tobías, que se oponía a Nehemías, se había vuelto rica y poderosa y se casó con la familia del sumo sacerdote. Cuando el hijo de Simón, Onías, se convirtió en sumo sacerdote, se rehusó a pagar el impuesto de Ptolomeo. Así que José Ben Tobías, sobrino de Onías, pagó el impuesto y ganó el contrato para recolectar los impuestos de Judá. Su hijo menor, Hircano, presentó una mejor oferta que su padre y de esa manera comenzó una disputa familiar. José trabajaba para los seléucidas mientras Hircano permanecía leal a Ptolomeo.

Tras una serie de guerras los seléucidas derrotaron a los ptolemaicos (198 a.C.). Un flujo constante de judíos migró a Egipto. Inicialmente, Antíoco III (r. 221-187 a.C.) emitió un decreto otorgando ciertos privilegios a los judíos y financió las reparaciones necesarias de Jerusalén a causa de las guerras. Tras su derrota por los romanos (190 a.C.), su hijo Antíoco se convirtió en rehén romano, y debió pagar un gran tributo. Decidió saquear el templo de Jerusalén. Murió en Babilonia mientras saqueaba el tiempo de Bel. Seleuco IV (r. 187-175 a.C.) envió a su hijo a Roma a cambio de su hermano Antíoco e hizo otra redada en el templo de Jerusalén por fondos. En 175 a.C. Antíoco derrocó a su hermano y tomó el trono como Antíoco IV Epífanes ("Dios hecho visible").

En algún momento durante este período comenzaron a aparecer trabajos declarando ser los escritos de Enoc y Noé. Según estos trabajos, las naciones gentiles estaban empoderadas por demonios operando a través de ídolos. La religión y cultura gentil surgieron de sus engaños. Dios le había revelado a Enoc y Noé los secretos necesarios para contrarrestar estos engaños. Esto involucraba la adopción de un calendario distintivo de 364 días. En la medida que se desarrolló esta tradición, otros trabajos aparecieron que incorporaban estas ideas en una relectura de las Escrituras. Tanto el libro de los Jubileos (c. 168-150 a.C.), que cita los escritos de Enoc y Noé como auténticos, y el Rollo del Templo declaran ser una segunda revelación entregada a Moisés en el Monte Sinaí, una revelación para los justos elegidos de los últimos días. Otros libros han sido pasados a Abraham, Jacob y, eventualmente, Leví. Mientras Israel había fracasado en mantener "la primera ley", este cuerpo de revelación declaraba habilitar a los elegidos para interpretar la ley correctamente, sobrevivir el juicio inminente y tomar posesión de toda la tierra.

Alrededor de esta misma época escuchamos del surgimiento de los "piadosos" (Hasidim) indicando un amplio giro de corazón y una búsqueda de Dios (1 Mac. 2:42; 7:12-18). Las historias adicionales contenidas en 1 Esdras pueden reflejar algunas de las preocupaciones del momento. La dificultad estaba en distinguir el buen camino entre tantas voces competitivas.

Los Hasmoneos (168-63 a.C.)

Cuando Antíoco IV tomó el trono (175 a.C.), Jasón, hermano del sumo sacerdote Onías III, le ofreció dinero al rey para volverse sumo sacerdote a cambio y para declarar a Jerusalén una ciudad griega. El rey aceptó, y cuando Onías III falleció, su hijo Onías IV huyó a Egipto, donde, inspirado por la profecía de Is. 19:19 construyó el templo de Leontópolis.

Los tobíades y la mayoría de la nobleza judía más rica, incluyendo muchos sacerdotes, estaban profundamente comprometidos con la cultura griega, educando a sus hijos en el gimnasio griego, que involucraba desnudez y homosexualidad y hacer ofrendas a Zeus. Esto ampliamente ofendía a los judíos que estaban enfocados en volver Israel al favor de Dios.

Ezequiel había declarado que sólo hombres que descendían de Sadoc podían oficiar como sacerdotes (Ez. 40:46). Menelao le ofreció al rey más dinero y reemplazó a Jasón. Desde este punto en adelante, el cargo de sumo sacerdote estaría a la venta. Menelao no era descendiente de Sadoc y su nombramiento fue ampliamente reconocido como corrupción. Comenzó a vender vasijas del templo para reunir dinero.

Mientras tanto, Antíoco se había embarcado en dos intentos fallidos por conquistar Egipto (170 y 168 a.C.) y había saqueado el templo de Jerusalén por fondos. Mientras estaba lejos, Jasón, creyendo que Antíoco había muerto, atacó a Menelao e intentó recuperar el sumo sacerdocio. Antíoco había sido humillado delante de sus tropas cuando Roma le ordenó dejar Egipto y estaba en problemas financieros. Así que cuando, a su regreso, surgieron disturbios en Jerusalén, tomó medidas excesivas. Tras su partida se retomaron los disturbios y decidió poner fin al judaísmo.

Profanó el templo sacrificando cerdos a Zeus en el altar (cf. Dn. 9:27). Las Escrituras fueron prohibidas. Los padres que circuncidaban a sus hijos eran ejecutados junto con el niño. Su crueldad y excesos están registrados en macabro detalle en 1-2 Macabeos (especialmente 2 Mac. 7).

Los oficiales del rey comenzaron a forzar a los ciudadanos a ofrecer sacrificios a Zeus. Cuando llegaron al pueblo de Modein, un sacerdote, Matatías, de la familia de Hasmon, mató a los oficiales del rey y a aquellos que les habían obedecido y huyó con sus cinco hijos. Se derivó una revuelta y dentro de tres años los seléucidas fueron derrotados. Tomó veinte años más establecer un estado judío independiente (20 de octubre de 142 a.C.).

Tras la muerte de Matatías, su hijo Judas (apodado "Macabeo", que quiere decir "el martillo") lideró la revuelta. Jerusalén fue recapturado y el templo limpiado (164 a.C.), evento que aún se celebra en la Fiesta de Janucá (de las Luces). Cuando Antíoco murió luchando contra los persas, los seléucidas restauraron la libertad judía y ejecutaron a Menelao. El nuevo rey, Demetrio, intentó designar a Alcimo como sumo sacerdote. Las hostilidades se intensificaron, y Judas, que había finalizado un tratado con Roma, murió en batalla (c. 160 a.C.). Su hermano, Jonatán, no un sadoquita, lo sucedió y se volvió sumo sacerdote (152 a.C.). La primera mención del historiador judío Josefo de los esenios, los fariseos y los saduceos ocurre durante su reinado.

Los saduceos eran predominantemente sacerdotes que, mientras abogaban por sus propias interpretaciones de la ley, estaban incrementalmente más preocupados con el poder y el dinero. Rechazaban la predestinación en favor del libre albedrío humano y negaban la existencia de los ángeles y la resurrección.

Los fariseos basaban su interpretación de la ley en las tradiciones de sus antepasados, que declaraban podían trazarse hasta la ley oral dada por Dios a Moisés en el Monte Sinaí. Aceptaban la predestinación, los ángeles y la resurrección corporal. Provenientes de clases medias y bajas, los fariseos tenían apoyo popular y eran activos en la enseñanza de la ley en sinagogas.

Desde el descubrimiento de los Manuscritos del Mar Muerto, ha crecido un consenso académico que identifica la secta de Qumrán como parte del grupo llamado "esenios" por Josefo, Filón y Plinio. Como tal, sus raíces pueden trazarse a los exiliados judíos en Damasco

(CD-A 6:4) que adoptaron enseñanzas de la literatura temprana de Enoc e ingresaron en lo que ellos llamaron la "nueva alianza" para arrepentirse y vivir correctamente por la ley. Bajo el liderazgo de uno llamado "Maestro de la Rectitud", regresaron a Judea tras la toma hamonea de Jerusalén.

Inicialmente, muchos, como el autor del Apocalipsis Animal (1 En. 90:9-19), veían la revuelta hasmonea como la intervención de Dios. El nombramiento de Jonatán como sumo sacerdote produjo dos fuertes reacciones. Los saduceos y fariseos competían por el favor de los hasmoneos, mientras los esenios declaraban al sumo sacerdocio hasmoneo ilegítimo y abandonaron la adoración en el templo.

Cuando Jonatán fue asesinado (142 a.C.), su hermano Simón tomó su lugar, y la libertad judía del control seléucida se estableció finalmente. En septiembre del año 140 a.C. el liderazgo judío decretó que Simón tendría control total del judaísmo, incluyendo la decisión final en todos los temas concernientes a la correcta observación de la ley (1 Mac. 14:25-47). Grupos que siguiesen cualquier otra interpretación de la ley enfrentarían su sanción. No está claro qué tan rigurosamente usó estos poderes.

Entre los esenios, el grupo que seguía al Maestro de la Rectitud sufrió divisiones internas, y el "Hombre de la Mentira" llevó a un número significativo a dar la espalda y "alejarse del Camino" (*véase* 1QpHab 2:1-4; 5:6-12; 10:6-9; CD-B 20:10-15).

El acto de uniformidad de Simón estaba diseñado para unir a los judíos fieles contra aquellos que habían abandonado la fe e ido hacia los griegos, pero los fieles judíos no se unieron. El sumo sacerdote tuvo que tomar partido. Aquellos que disentían estaban obligados a vivir en el "desierto" político.

En el año 134 a.C. los seléucidas invadieron Judea, y Simón fue asesinado. El sumo sacerdocio pasó a su hijo Juan Hircano I (135-104 a.C.), que hizo la paz con los seléucidas. Capturó Samaria (129 a.C.), destruyó el templo samaritano y forzó a los samaritanos a adoptar el estilo de vida judío. Parece haber extendido mayor tolerancia dentro del judaísmo, pero se oponía a los fariseos.

Fue durante este período que los esenios fueron capaces de establecer sus instalaciones en Qumrán. Allí académicos recolectaron, copiaron y compusieron libros que posteriormente se convertirían en los Pergaminos del Mar Muerto. Esta biblioteca contenía todos los libros del AT (con la probable excepción de Ester). Trabajos atribuidos a Enoc, Noé, Leví y los patriarcas al igual que los Jubileos y el Rollo del Templo constituían un segundo cuerpo de revelación escrita. Había trabajos que decían ser comentarios inspirados sobre las Escrituras, himnos posiblemente escritos por el Maestro de la Rectitud y reglas gobernando el estilo de vida y adoración comunal. También encontramos copias de Eclesiástico y Tobías. El Testamento de Moisés y Salmos de Salomón, aunque no se encontraron entre los MMM, pueden buenamente haberse originado en grupos influenciados por esta tradición.

Qumrán era un centro para la educación y entrenamiento esenio. También actuaba como algo parecido a un Sanedrín en el exilio. Los esenios creían que el exilio no había terminado y su forma de mantener la ley era el único camino de salvación. Vehementemente se oponían a los fariseos y saduceos.

Los idumeos eran descendientes de Esaú, conocidos en el AT como edomitas. Los árabes nabateos se habían adentrado en su territorio al sureste de Judea y los habían expulsado. En el año 164 d.C. Judas Macabeo se había opuesto a su avance (1 Mac. 4:61). Ahora apelaban por aceptación dentro de los límites sur de Judea y Juan Hircano aceptó, con la condición de que se convirtieran al judaísmo.

Cuando el hijo de Juan, Aristóbulo I (104-103 a.C.,) se volvió sumo sacerdote, se hizo nombrar rey al igual que sumo sacerdote. Extendió el gobierno hasmoneo hacia Galilea.

Entre los trabajos judíos de la época, el libro de Judit presenta los aprietos de israelitas piadosos bajo la apariencia de la mujer piadosa. Rociado con humor e ironía, retrata el horror del poder gentil contra la sabiduría y belleza de una mujer que logra decapitar a su enemigo. El libro de Baruc hace eco de gran parte del Eclesiástico, pero es difícil de fechar. El libro de 1 Macabeos fue escrito para defender los reclamos de la dinastía hasmonea. Cuenta la historia de eventos durante los años 200-135 a.C. Jasón de Cirene luego escribió una historia para refutar los reclamos hasmoneos mientras aún celebraban los logros de la familia en liberar a los judíos de la dominación griega. Posteriormente su trabajo sería resumido y aparecerían en 2 Macabeos, enfocándose íntimamente en las guerras macabeas (175-162 a.C.).

Los fariseos se opusieron al siguiente rey, Alejandro Janneo, también conocido como el rey Jonatán (r. 103-76 a.C.). Cuando apareció ebrio en el templo, la multitud le arrojó limones y él envío sus tropas, resultando en una masacre (Josefo, Ant. 13.372-73). Crucificó a ochocientos fariseos, asesinando a sus familias ante sus ojos. Cuando murió, su esposa, Alejandra Salomé (r. 76-67 a.C.), apoyó a los fariseos y fue más conciliadora hacia los samaritanos. Su hijo mayor, Hircano II, se convirtió en sumo sacerdote. Los saduceos apoyaron a su hijo menor, Aristóbulo II, que se reveló y reclamó el trono y el sumo sacerdocio. En este punto, la lucha entre fariseos y saduceos se convirtió en una guerra abierta.

Busto de un general pompeyo Romano, quién trajo a Siria bajo el dominio Romano. (decimoséptimo siglo AD)

Gobierno romano (63 a.C. al nacimiento de Jesús)

Tras contratiempos iniciales, Hircano II obtuvo el apoyo de Antípater, gobernador de Idumea. Antípater era un hombre ambicioso, bien colocado entre los romanos. Pidió ayuda al rey árabe Aretas, y juntos derrotaron a Aristóbulo II en el año 65 a.C. Cuando el general romano Pompeyo derrotó al último rey seléucida y volvió a Siria una provincia romana, Aristóbulo e Hircano fueron a él. Pompeyo apoyó a Hircano y los partidarios de Aristóbulo fueron finalmente sacados del templo (63 a.C.). Sacerdotes fueron asesinados en la lucha. Aristóbulo y sus partidarios fueron llevados a Roma como prisioneros. Así termino el estado judío independiente establecido por los macabeos en el año 142 a.C. Pompeyo entonces ordenó la limpieza del templo y la restitución de los sacrificios y el sacerdocio. Hircano II sirvió como sumo sacerdote hasta su muerte (40 a.C.).

El Imperio Romano pronto entró en un período de guerra civil y la república finalizó, con Julio César derrotando a Pompeyo (48 a.C.). Justo a tiempo, Antípater e Hircano cambiaron de bando y apelaron a César para que perdonara su inicial alianza a Pompeyo, lo cual hizo. Antípater fue designado procurador de Judea e Hircano II fue confirmado como sumo sacerdote. Antípater designó a su hijo Herodes como gobernador de Galilea, posición en la que rápidamente tuvo que lidiar con un bandido, Ezequiel, que aterrorizó el área. Con la derrota de estos criminales (46 a.C.), Herodes ganó el favor del pueblo galileo.

La administración general de Palestina cayó bajo el gobierno del gobernador de Siria, Sexto Julio César. En el año 46 a.C., Hircano llevó a Herodes a juicio ante el Sanedrín en un intento por limitar su poder para intervenir en el estilo de vida y ley judía, pero el gobernador sirio intervino y el sumo sacerdote tuvo que desistir. Herodes entonces trasladó su administración a Damasco. De regreso en Roma, habiendo asesinado a Julio César (44 a.C.), Casio estableció su centro de operaciones en Damasco y prometió hacer a Herodes rey de Judea a cambio de su apoyo contra el heredero de César, Octavio. En el año 42 a.C., Marco Antonio derrotó a Casio. Mientras tanto, Herodes mantuvo la ley y el orden en Judea, por lo cual el pueblo estaba genuinamente agradecido, pero continuó luchando con el Sanedrín, que hizo intentos infructuosos para hacerlo remover.

En el año 40 a.C. Persia tomó la oportunidad presentada por las guerras civiles de Roma para invadir Judea, aliándose con el último hasmoneo, Antígono. Herodes huyó mientras Antígono fue llevado a Persia. Herodes regresó a Palestina en el año 38 a.C. con tropas romanas y rápidamente capturó Galilea y Jerusalén. Con la ejecución de Antígono, se terminó la dinastía hamonea. Herodes entonces se casó con Mariamna, la sobrina de Antígono, esperando que esto le diese cierta legitimidad como rey de Judea y le ganase el favor popular. Los fariseos continuaron rechazándolo como un colaborador no judío de los romanos. Cuando el último heredero masculino de la dinastía hasmonea falleció (25 a.C.), la suegra de Herodes, Alejandra, obligó a Herodes a nombrar a su hijo de dieciséis años, Aristóbulo, como sumo sacerdote. Después de que el niño se ahogase en la piscina de Herodes, Alejandra hizo llevar a Herodes ante Marco Antonio para enjuiciarlo. Fue exonerado.

Cuando Octavio y Marco Antonio fueron a guerra, Herodes quedó en el medio. Los enemigos de Herodes, con el apoyo de Cleopatra, atacaron, pero fueron repelidos. Con la derrota de Marco Antonio y la muerte de Cleopatra, Herodes fue a Rodas a asegurarle a Octavio (César Augusto) su lealtad y fue nuevamente confirmado como rey de Judea. A su regreso, acusó a su esposa de adulterio, y ella fue rápidamente ejecutada, seguida rápidamente por su madre.

Herodes luego entró en una racha constructora de enormes proporciones que se extendió más allá de los límites de Judea, intentando impresionar tanto a sus súbditos como a César. Construyó templos para César y también comenzó a trabajar en una masiva renovación y reconstrucción del templo de Jerusalén. Mientras sus esposas e hijos comenzaron a posicionarse a sí mismos para heredar el trono, se volvió temeroso de que lo asesinaran e hizo ejecutar a gran parte de su familia. Herodes murió el año 4 a.C. Su ejecución de infantes masculinos de Belén (Mt. 2:16-18) fue uno de los últimos actos de su reinado, consistente con sus cada vez más desesperados intentos por mantener el trono.

Relieve asirio que representa perros de caza (645-635 a. C.).

PERJURIO Un delito por el cual alguien hace un juramento con la intención de engañar. Puede referirse a jurar por dioses falsos (Jer. 7:9) o hacer un falso juramento (Zac. 8:17). Se convierte en un delito doble, incluyendo la mentira inicial junto con el juramento, que amplifica la mentira. Un juramento se usa a menudo para afirmar el testimonio relacionado con otros crímenes y el trato con la propiedad, y estaba destinado a llegar al corazón de la verdad. El perjurio ha sido considerado un crimen muy serio desde las primeras civilizaciones y está condenado en la Biblia (Prov. 19:9; Mal. 3:5; 1 Tim. 1:10).

PERRO Muchos creen que los perros eran despreciados en el antiguo Israel. Son descritos como carroñeros dentro y fuera de las ciudades (Sal. 59:6, 14; Ap. 22:15). Ser devorado por perros era considerado una maldición aliancista (1 Re. 14:11; 16:4; 21:23; 2 Re. 9:10; cf. 1 Re. 21:19). El "salario de un perro" (ESV, NASB; hebreo mekhir keleb) es figurativamente usado para expresar los salarios de los prostitutos masculinos del templo (Dt. 23:18). La imagen de un perro regresando a su propio vómito se usa para describir a alguien que repite pecados (Prov. 26:11).

PERSECUCIÓN Las palabras "perseguir" y "persecución" se refieren al acto de perseguir

PQ

y atribular injustamente a alguien. Los términos ocurren principalmente en el NT, donde típicamente se refieren a la persecución de los seguidores de Jesús. La persecución adopta diversas formas, como acusaciones legales falsas, encarcelamiento o ejecución.

Persecución a lo largo de la Biblia. Dentro del NT, las palabras en español "perseguir" y "persecución" son, con algunas excepciones, traducciones del verbo griego diōkō o el sustantivo relacionado diōgmos. Sin embargo, diōkō también puede significar simplemente "buscar, seguir", como cuando el objeto de la persecución es la justicia o la paz (Rom. 9:30; 1 Tim. 6:11; 2 Tim. 2:22; 1 Pe. 3:11). El término se usa en este mismo sentido en la Septuaginta (Gn. 14:15; Dt. 16:20; 19:6; 2 Sam. 22:38). Las palabras griegas fueron traducidas al español como "perseguir" o "persecución" cuando los traductores pensaron que el contexto también mostraba una aflicción injusta. La palabra hebrea correspondiente radap comparte este significado. En este sentido de aflicción injusta, la persecución ocurre en toda la Biblia. El ejército egipcio persigue al pueblo de Israel hacia el Mar Rojo (Éx. 14:8; Neh. 9:11). En dos ocasiones, la gente quiere apedrear al profeta Moisés (Éx. 17:3-4, Nm. 14:10). Saúl persigue a David (1 Sam. 23:25, 24:14, 26:18). Saúl mata equivocadamente a los gabaonitas por un sentimiento de patriotismo (1 Sam. 21:1-2). Jezabel mata a los profetas de Dios (1 Re. 18:13). El profeta Urías es matado (Jer. 26:23), y el profeta Jeremías es encarcelado (Jer. 38:6-9). Mostraron fuerte oposición contra Isaías, Ezequiel y otros profetas, lo que sugiere persecución (2 Cr. 36:16, Is. 1:2-6, Ezeq. 2:3-4, 3:7-9, Hec. 7:52). Daniel es echado a los leones (Dan. 6:16).

El decreto de un rey permite la ejecución de todos los judíos por cumplir las leyes de Dios por encima de las órdenes del rey, lo que indica hostilidad religiosa pagana (Est. 3). La hostilidad pagana es demostrada por las muertes posteriores de muchos judíos en la persecución religiosa descrita en 1 Macabeos y en las revueltas del primer siglo en Egipto descritas por el filósofo judío Filón de Alejandría.

Persecución en el Nuevo Testamento. En el NT, la persecución comienza con el encarcelamiento y decapitación de Juan el Bautista (Mr. 6:16-18; Josefo, Ant. 18.116-19). Jesús es acusado por las autoridades religiosas y finalmente es juzgado y ejecutado por Pilato. Las autoridades religiosas azotan más tarde a los apóstoles de Jesús por enseñar acerca de Él (Hec. 5:40). El discípulo Esteban es acusado por testigos falsos, juzgado y ejecutado por lapidación (7:59-60). En ese momento, Saulo (Pablo) de Tarso arrastra a hombres y mujeres de la iglesia de Jerusalén a la prisión por la autoridad de los principales sacerdotes. Saulo los golpea, y en su ejecución daba sus votos contra ellos (8:3, 22:4, 5, 19, 26:10).

Después de esto, Herodes ejecuta al discípulo de Jesús, Santiago (12:2). Saulo (Pablo) se convierte, y luego sufre amenazas, palizas, lapidación y prisión (Hec. 13:50, 14:5, 19, 16:22-35, 24:27, 2 Cor. 11:23-25). Los discípulos en Macedonia y Acaya sufren; algunos discípulos de habla hebrea sufren encarcelamiento y confiscación de propiedades; y algunos discípulos en Asia Menor mueren como mártires (2 Cor. 1:6, 1 Tes. 1:6-7, Heb. 10:34, Ap. 2:8-13). La persecución pagana a los cristianos continuó por casi tres siglos, a veces mucho más severamente, de acuerdo con los registros compilados por Eusebio (Hist. Ecl. 2.25; 3.17-19, 32-33; 4.8, 13, 15; 5.1-2; 6.1, 4, 41-42; 8.2-3, 7-13). La persecución era esporádica, a menudo comenzaba con calumnias o acusaciones legales. Ocurría en varias regiones, y sufrían especialmente los líderes. Los registros de persecuciones se conservaron al azar.

Jesús dice que debemos amar y hacer el bien a nuestros enemigos y orar por los que nos persiguen (Mt. 5:44, Lc. 6:27). Mientras estaba siendo crucificado, Jesús ora por consiguiente, "Padre, perdónalos" (Lc. 23:34; *ver* Hec. 7:60). Preparándose para el arresto, Jesús advierte a sus discípulos que oren para evitar la tentación, y Él mismo ora (Mt. 26:41). Tanto Jesús como Pablo dicen que los creyentes serán perseguidos (Mt. 24:9, 1 Tes. 3:4, 2 Tim. 3:12), pero Dios da fortaleza en la persecución (Hec. 14:22; 2 Cor. 12:10).

PERSEVERANCIA El estado de permanecer fiel a Dios a la luz de la revelación dada a las personas en su etapa particular de la historia redentora. La perseverancia siempre ha requerido una confianza continua en Dios, la obediencia a sus mandamientos y la confianza en su provisión misericordiosa.

Antiguo Testamento. En el AT, la perseverancia está relacionada con la relación de pacto que Dios tuvo con su pueblo. Abraham fue el modelo por excelencia de la perseverancia, ya que fue fiel en la espera de que Dios le proporcionara el heredero que se le había prometido. Israel tuvo que perseverar permaneciendo fiel a su pacto con Dios, lo que significaba ser obediente a sus mandamientos y decretos. Sin embargo, en la historia posterior de Israel, la nación carecía de perseverancia y fidelidad y, a menudo, se alejaba de Dios para adorar a los dioses de otras naciones. De hecho, la extención de la historia de Israel, según los profetas, era que Israel había fracasado miserablemente en perseverar en las promesas del pacto y por lo tanto había incurrido en el juicio de Dios (por ejemplo, Neh. 9:6-37; Ezeq. 20:1-39; Dan. 9 4-19).

Nuevo Testamento. En los Evangelios, Jesús es el máximo ejemplo del israelita fiel y también ofrece muchas exhortaciones sobre la perseverancia a la luz del naciente reino de Dios. Jesús persevera cuando Satanás lo prueba en el desierto (Mt. 4:1-11, Mr. 1:12-13, Lc. 4:1-13). Las parábolas del crecimiento advierten sobre aquellos que no perseveran en la recepción de la palabra (p. Ej., Lc. 8:15). La resistencia bajo la coacción de las pruebas escatológicas es también el medio por el cual uno gana su vida (Mt. 10:22, 24:13, Mr. 13:13, Lc. 21:19). En su discurso de despedida en el Evangelio de Juan, Jesús exhorta a sus discípulos a morar en Él como las ramas permanecen enraizadas a una viña o corren el riesgo de ser cortadas (Jn. 15:1-11). En el transcurso de sus cartas, Pablo tiene mucho que decir acerca de perseverar en la fe en Cristo. Pablo considera que la "perseverancia" (hypomonē) es una de las cualidades cardinales de un creyente (Rom. 5:3-4; 1 Tes. 1:3; 2 Tes. 1:4; 8:25; 1 Tim. 6:11; Tito 2:2). Hay un sentido en el cual Dios mismo le da perseverancia al creyente (Rom. 15: 5; Col. 1:11; 2 Tes. 3:5). Pablo ofrece algunas advertencias severas sobre la apostasía y la caída (Rom. 11:21-22, 1 Cor. 10:1-12, Gál. 5:4), pero también agrega que los cristianos experimentan una sensación de seguridad porque Dios es "fiel" y mantendrá a los creyentes "sin culpa" en el día de Cristo Jesús (1 Cor. 1:8-9, Fil. 1:10, 1 Tes. 3:13, 5:23). Pablo también escribe que nada en la creación puede separar a un creyente del amor de Dios en Jesucristo (Rom. 8:31-39).

Las Epístolas Generales proporcionan aún más enseñanzas sobre la perseverancia. Santiago elogia la virtud de la perseverancia que conduce a la madurez (1:3-4) e insta a su audiencia a soportar así como Job soportó los sufrimientos (5:11). Judas escribe que los creyentes deben esforzarse por "mantenerse en el amor de Dios" al mismo tiempo que reconocen que Dios mismo "evitará que caiga" (vv 21, 24). El libro de Hebreos se basa en el tema de la perseverancia y la resistencia, con declaraciones clave sobre "no nos escurramos" (2:1) y la exhortación de que "corramos con perseverancia la carrera que tenemos por delante" (12:1)

El libro de Apocalipsis se enfoca fuertemente en perseverar a la luz de la persecución y las dificultades. En las cartas a las siete iglesias hay una promesa repetida de las bendiciones que aguardan a los que "vencieron", lo que significa perdurar en la fe (2:7, 11, 17, 26, 3:5, 12, 21; 21:7). Las iglesias de Asia Menor son amonestadas corporativamente a permanecer fieles hasta el punto de la muerte (2:10) y a la luz del juicio venidero (14:12). Se hacen tres llamados a la resistencia paciente (1:9, 13:10, 14:12). En Apocalipsis, la perseverancia significa aferrarse al testimonio de Jesús (12:17; 17:6; 19:10; 20:4).

Resumen. La enseñanza bíblica sobre la perseverancia intenta equilibrar la soberanía divina y la responsabilidad humana. Las advertencias de apostasía y las promesas de seguridad están entrelazadas de tal manera, que no comprometen la gracia y justicia de Dios.

PERSIA Antes del ascenso del Imperio Persa aqueménida a mediados del siglo VI a.C, la tierra natal persa (Fars) estaba al este de Mesopotamia, dentro y más allá de los montes Zagros. La historia de los persas y sus gobernantes antes de su surgimiento en la historia bíblica, griega y mesopotámica sigue siendo poco conocida, pero es probable que hayan llegado a la meseta iraní de Asia central alrededor del

año 1000 a.C, aproximadamente en la época del surgimiento del Israel monárquico en el Levante mediterráneo.

Los primeros relatos persas de su propia historia datan del período aqueménida (la inscripción Behistún), cuando los persas adaptaron la escritura cuneiforme mesopotámica (semítica) para su propio idioma indoeuropeo. Incluso con las antiguas inscripciones persa, las historias griegas de las guerras greco-persas (preeminentemente la de Herodoto) siguen siendo la fuente literaria más rica de información sobre los persas. Las primeras referencias conocidas de los persas (y de los estrechamente relacionados medos) en fuentes cuneiformes datan del reinado del rey asirio Salmaneser III (de mediados del siglo IX a.C). Aunque los términos "Persia" y "Persa" siguieron utilizándose en varios sentidos (político, étnico, lingüístico) desde ese período hasta el presente, este artículo se centra en el Imperio aqueménida, que se superpone con los períodos exílico y postexílico de la historia bíblica.

Ciro el Grande

Como entidad política, los persas aparecen en la antigua historia del Cercano Oriente alrededor del 550 a.C, cuando el líder persa Ciro II ("el Grande") derrotó a los medos (otro pueblo iraní al que los persas habían estado sometidos) y se apoderaron de su capital en Ecbatana, junto con su tesoro real. Ciro afirmó ser descendiente de una línea de reyes aqueménidas que se remonta a la segunda mitad del siglo VII a.C y fue fundada por Ciro I ("de Anshan"). El término "aqueménida" se refiere a un antepasado de Aquemenes aún más lejano, y posiblemente legendario, que supuestamente vivió alrededor del 700 a.C Ciro luego se volvió hacia el territorio del rey de Lidia (griego) Creso en el moderno oeste de Turquía, que conquistó con la caída de Sardis y la derrota de Creso alrededor del 546 a.C Las ganancias territoriales de Ciro en Anatolia seguirían siendo parte del Imperio Persa hasta la época de Alejandro Magno.

Después de esta campaña occidental, que prepararía el escenario para dos siglos de rivalidad greco-persa, Ciro regresó a Mesopotamia, donde marchó contra el Imperio neobabilónico de Nabonido, aprovechándose que entre Nabonido y los habitantes de Babilonia había una riña (Nabonido había eliminado polémicamente las imágenes de Marduk de su lugar legítimo en Babilonia).

Es en este punto que la historia del Imperio Persa se cruza dramáticamente con la historia bíblica, ya que la captura de Ciro de la capital, Babilonia, en el otoño de 539 a.C, se produjo sólo medio siglo después de que el rey neobabilónico Nabucodonosor II saqueara Jerusalén y exiliara a los habitantes de élite del reino del sur de Judá a Mesopotamia, incluido un grupo que fue llevado a Babilonia. Al igual que los sacerdotes de Marduk (la principal deidad babilónica), quien en la inscripción del cilindro de Ciro elogió a Ciro por librarlos del impío Nabonido y restaurar la adoración apropiada de Marduk en Babilonia, la Biblia hebrea habla con cariño de Ciro como el restaurador de los judíos del exilio. Fue Cyrus, según 2 Cr. 36:23; Esd. 1:2-4, quien ordenó que un grupo de judíos regresara a su tierra natal y restableciera su capital,

Jerusalén, y el templo de su deidad, Yahvé. Is. 45:1 habla de Ciro como el "ungido" de Yahvé y sugiere una relación personal e íntima entre el rey y el Dios de Israel.

En términos de la periodización bíblica de la historia israelita, el edicto de Ciro marcó el final del período exílico y el comienzo de lo que los eruditos modernos llaman el "período persa" de la historia israelita y judía. En base a la evidencia de la Biblia y el Cilindro de Ciro, el rol de Ciro como defensor de los "derechos humanos" y la "tolerancia religiosa" a veces ha sido exagerado por los lectores modernos que han atribuido anacrónicamente valores modernos al antiguo monarca. Ciro pudo haber actuado en ambos casos con motivaciones que eran más propagandísticas que piadosas. La fuerte presencia de fuerzas amigas en Yehud (Judá) sirvió a las ambiciones de Ciro en Egipto, que su hijo Cambises procedió a conquistar en el 520 a.C En el curso de esta campaña, Cambises mostró tanto respeto por la religión egipcia local como Ciro mostró hacia el Yahvismo judío. El sucesor de Cambises, Darío, encargó al erudito egipcio Udjahorresnet regresar a su tierra y revivir sus instituciones culturales y religiosas; esta misión a menudo se ha comparado con la de Esdras en Yehud. En resumen, las políticas persas hacia los judíos y su religión, aunque percibidas como iluminadas por los autores bíblicos, probablemente se entiendan mejor como aplicadas en general a varios pueblos, especialmente cuando esto fomentó los intereses imperiales de los persas.

Darío el Grande y sus Sucesores

Como se mencionó anteriormente, Ciro fue sucedido por su hijo Cambises II, que conquistó Egipto antes de su muerte en 522 a.C Darío sucedió a Cambises por una intriga del palacio en la que él surgió por sobre el hijo de Ciro, Bardiya (también conocido como Esmerdis o Gaumata). Las circunstancias de la sucesión de Darío siguen sin estar claras en varios aspectos. No pertenecía a la línea real, sin embargo, en sus propios monumentos insiste en que fueron sus rivales los que fueron usurpadores y que él era el legítimo heredero del trono. Bajo Darío ("el Grande"), el Imperio aqueménida alcanzó su mayor extensión geográfica.

Organizó el imperio en veintidós distritos administrativos, o "satrapías", y construyó una vasta red de carreteras y ciudades. Las tierras del Israel bíblico cayeron en una gran satrapía conocida como "Más allá del río" o "Trans-Éufrates" (ver, por Ej., Esd. 4:10). Darío es recordado en la Biblia como quien renovó la orden de Ciro de reconstruir el templo de Jerusalén. El decreto de Darío está representado en Esd.- 6:1-15. Como resultado de su atención en el asunto, el templo se completó durante su reinado, en 515 a.C (Esd. 6:15). Daniel 5:31 retrata a Darío ("el medo", no "el persa"; *véase también* Dan. 9:1, que reafirma la etnia mediana de Darío al hacer de él el hijo, no el padre, de Asuero/Jerjes), no a Ciro, como el vencedor de Babilonia (aunque es Belsasar, no Nabonido, quien pierde su reino).

Darío fue sucedido por su hijo Jerjes, quien en 481 a.C dirigió un gran ejército por el Bósforo hacia Grecia. Fue rechazado por una serie de derrotas y fue asesinado en 465 a.C Ni Jerjes ni sus sucesores lograron expandir el imperio más allá del logro de Darío. La Biblia menciona a Jerjes (Asuero) en Esd. 4:5-6 y alude a él en Dan. 11 2. Artajerjes aparece en los libros de Esdras y Nehemías (por ejemplo, Esd. 4:7, Neh 2:1); sin embargo, la identificación de esta figura es controvertida, ya sea Artajerjes I (464-424 a.C), Artajerjes II (405-359 a.C) o incluso Artajerjes III (359-338 a.C). Además, se debate si Esdras y Nehemías fueron contemporáneos (es decir, que vivían bajo el mismo rey Artajerjes), y cuál de ellos precedió al otro en su misión. Además, no está claro a partir de las versiones antiguas si el rey en el libro de Ester debiese ser Jerjes (Asuero) o Artajerjes I (como lo indica la Septuaginta).

El Imperio aqueménida cayó en 330 a.C, durante el reinado de Darío III, a quien Alejandro Magno derrotó decisivamente en Gaugamela en el año 331 a.C

PÉRSIDA Una mujer incluida entre las personas a quienes Pablo saluda en Rom. 16 (v. 12). Pablo la describe como amada (NVI: "mi querida hermana"), probablemente refiriéndose al afecto generalizado por ella debido a su arduo trabajo en el Señor.

PERSONA DE CRISTO *Ver* Cristo y Cristología; Jesucristo.

PERSONALIDAD *Ver* Antropología; Humanidad; Mente.

PERUDA Ancestro de una familia que era parte de los "siervos de Salomón" (Esd. 2:55; Neh. 7:57 [allí se deletrea "Perida"]) y regresó con Zorobabel alrededor del 539 a.C Poco se sabe acerca de este grupo, excepto de que probablemente realizaban funciones menores en el templo, ya que se agrupan con los "siervos del templo" (*ver* Netinim). El nombre del grupo sugiere que se formó durante el período de Salomón, aunque podría haber sido llamado así porque Salomón construyó el primer templo.

PQ

PERVERSO Un sinónimo en español de "malvado", "perverso" sirve como una traducción de varias palabras hebreas y griegas que describen algo o alguien que se desvía de lo que es bueno, justo o recto. En Proverbios, donde "perverso" ocurre con mayor frecuencia, la perversidad está relacionada con la maldad (2:12), lo torcido (8:8), el mal (8:13) y el engaño (17:20).

Por el contrario, se contrasta con la rectitud (3:32), la justicia (8:8), lo justo (10:31-32) y lo intachable/íntegro (11:20; 19:1; 28:6). "Perverso" era un adjetivo moral que no describía simplemente a individuos. Un corazón puede ser perverso (Sal. 101:4), como lo puede ser una lengua y su discurso (Prov. 10:31-32, Hec. 20:30 NVI). Ambos Testamentos pueden incluso hablar de una "generación perversa" (Dt. 32:20, Mt. 17:17, Hec. 2:40 NASB).

PESEBRERA *Véase* Establo.

PESEBRE Un contenedor o cuenca que contiene el alimento para animales de granja domesticados, como ganado, ovejas o caballos (Prov. 14:4; RV: "granero"). Job habla de un pesebre en relación a un buey salvaje, preguntando: "¿Pasará la noche en tu establo?" (Job 39:9), lo que implica que los pesebres sólo se usan para animales domesticados.

Isaías lamenta la porfía de Israel, a diferencia del burro, que conoce su "pesebre de su amo" (Is. 1:3). A falta de una habitación en la posada, María envolvió a Jesús en paños y lo colocó en un pesebre poco después de su nacimiento (Lc. 2:7). Cerca de allí, los ángeles les dijeron a los pastores que Cristo el Señor había nacido en Belén, y que la señal para ellos sería un bebé envuelto en pañales acostado en un pesebre (2:12). Viajaron a Belén y encontraron a Jesús tal como habían dicho los ángeles (2:16).

PESHITTA Una traducción siria de la Biblia y una de las primeras versiones de la Biblia en existencia. El término peshitta significa "simple" y probablemente se refiere al hecho de que esta fue una traducción común y no fue diseñada para uso académico. Esta Biblia era la Biblia oficial de la iglesia siríaca, y de acuerdo con el canon siríaco no contenía 2 Pedro, 2-3 Juan, Judas ni Apocalipsis.

PESOS Y MEDIDAS Es difícil imaginar un mundo sin sistemas metrológicos consistentes. Las estructuras básicas de la sociedad, desde la economía a las leyes, requieren métodos uniformes y exactos para medir tiempo, distancias, pesos, volúmenes y demás. En el mundo de hoy, los avances tecnológicos

Una vaca alimentándose de un pesebre.

permiten a las personas medir varios aspectos del universo con increíble exactitud—de nanómetros a años luz, miligramos a kilogramos. El sistema metrológico empleado en tiempos bíblicos abarca los mismos conceptos que nuestros sistemas actuales: peso, distancia linear y volumen o capacidad. Sin embargo, los sistemas de pesos y medidas empleados en tiempos bíblicos no eran tan precisos o uniformes como las unidades modernas usadas hoy en día.

Habín sistemas de pesos y medidas preexistentes en los contextos circundantes tanto autores del AT como del NT y, por tanto, seriamente influyeron en los sistemas empleados por la nación israelita al igual que por los escritores del NT. Había gran variación entre los diferentes estándares usados de mercader en mercader (Gn. 23:16), ciudad a ciudad, región a región, periodo a período, a pesar del mandamiento de usar escalas y pesos honestos (Lv. 19:35-36; Dt. 25:13-15; Prov. 11:1; 16:11; 20:23; Ez. 45:10). Es más, inconsistencias y contradicciones existen dentro de los registros escritos al igual que entre especímenes arqueológicos. Además, diferencias significativas se encuentran entre las medidas pre y postexílicas en los textos bíblicos, y un intento por fusionar capacidad seca y volúmenes líquidos complica aún más el tema. Esto era de esperarse, especialmente cuando consideramos las inconsistencias modernas—por ejemplo, 1 pinta de líquido US = 0,473 litros, mientras 1 pinta seca US = 0,550 litros. Todos los equivalentes modernos dados a continuación son aproximaciones e incluso las mejores estimaciones tiene un margen de error de + 5 por ciento o más.

Peso

Los pesos en tiempos bíblicos eran llevados en una bolsa o cartera (Dt. 25:13; Prov. 16:11; Miq. 6:11) y eran piedras, por lo general talladas en varias formas de animales para su fácil identificación. Sus lados o base plana estaban inscritos con el peso asociado y unidad de medida. Miles de artefactos históricos, que difieren por cantidades significativas, han sido descubiertas por arqueólogos y, por tanto, han complicado seriamente el trabajo de determinar equivalentes modernos exactos.

Beka. Aproximadamente 1/5 onza o 5,6 gramos. Equivalente a 10 gerahs o ½ shekel santuario (Éx. 38:26). Usada para medir metales y bienes como el oro (Gn. 24:22).

Gerah. 1/50 onza o 0.56 gramos. Equivalente a 1/10 beka, 1/20 shekel (Éx. 30:13; Lv. 27:25).

Litra. Aproximadamente 12 onzas, o 340 gramos. Una medida de peso romana. Usada dos veces en el NT (Jn. 12:3; 19:39). El precursor de la moderna libra británica.

Mina. Aproximadamente 1 ¼ libra o 0,56 kilogramos. Equivalente a 50 shekels. Usada para pesar oro (1 Re. 10:17; Esd. 2:69), plata (Neh. 7:71-72) y otros bienes. El profeta Ezequiel redefinió la medida adecuada: "El shekel debe consistir en 20 gerahs. Veinte shekels más veinticinco shekels más quince shekels equivalen a una mina" (Ez. 45:12).

Antes de esta redefinición, había discutiblemente 50 shekels por mina. En la parábola de Jesús de los sirvientes, él describe al amo confiándole a sus sirvientes cantidades variadas—10 minas, 5 minas, 1 mina—implicando un valor monetario (Lc. 19:11-24), probablemente de oro o plata. Una mina era equivalente al salario de tres meses para un trabajador.

Pim. Aproximadamente 1/3 onza o 9,3 gramos. Equivalentes a 2/3 shekel. Referido sólo una vez en las Escrituras (1 Sm. 13:21).

Shekel. Aproximadamente 2/5 onza o 11 gramos. Equivalente aproximadamente a 2 bekas. El shekel es la unidad básica de medida de peso en la historia israelita, aunque su peso real varió significativamente en diferentes momentos históricos. Ejemplos incluyen el "shekel real" (2 Sm. 14:26), el "shekel común" (2 Re. 7:1) y el "shekel santuario", que equivalía a 20 gerahs (e.g., Éx. 30:13; Lv. 27:25; Nm. 3:47). Porque era una medida para pesar plata u oro, el shekel

Siclos de plata acuñados por los judíos durante la primera revuelta contra los romanos (66-73 d.C).

Tabla 6. Pesos y Medidas Bíblicas y sus Equivalentes Modernos

Hebreo/Griego Peso	Equivalente bíblico	Equivalente US	Equivalente métrico
Beka	10 gerahs; ½ shekel	1/5 onza	5,6 gramo
Gerah	1/10 beka; 1/20 shekel	1/50 onza	0,56 gramo
Litra		12 onza	340 gramo
Mina	50 shekels	1 ¼ libra	0,56 kilogramo
Pim	2/3 shekels	1/3 onza	9,3 gramo
Shekel	2 bekas; 20 gerahs	2/5 onza	11 gramo
Talento	60 minas	75 libras	34 kilogramo
Medidas lineales			
Codo	6 anchos de mano	18 pulgadas	45,7 centímetro
Día de viaje		20-25 millas	32-40 kilómetro
Ancho de dedo	¼ ancho de mano	¾ pulgada	1,9 centímetro
Ancho de mano	1/6 codo	3 pulgadas	7,6 centímetro
Milion		1 milla	1,6 kilómetro
Braza	1/100 estadio	5 pies 11 pulgadas	1,8 metro
Caña/vara		108 pulgadas	274 centímetro
Día de viaje de Sabbat	2.000 codos	¾ milla	1,2 kilómetro
Palmo	3 anchos de mano	9 pulgadas	22,8 centímetro
Estadio	100 braza	607 pies	185 metro
Capacidad			
Cab	1 gomer	½ galón	1,9 litro
Choinix		¼ galón	0,9 litro
Coro	1 homer; 10 efas	6 bushels; 48,4 galones	183 litro
Efa	10 gomer; 1/10 efa	3/5 bushel; 6 galones	22,7 litro
Homer	10 efa; 1 cor	6 bushels; 48,4 galones	183 litro
Koros		10 bushels; 95 galones	360 litro
Gomer	1/10 efa; 1/100 homer	2 cuartos de galón	1,9 litro
Satón	1 Seah	7 cuartos de galón	6,6 litro
Seah	1/3 efa; 1 satón	7 cuartos de galón	6,6 litro

Volumen líquido			
Bat	1 efa	6 galón	22,7 litro
Batos		8 galón	30,3 litro
Hin	1/6 bat; 12 logs	1 galón; 4 cuartos de galón	3,8 litro
Log	1/72 bat; 1/12 hin	1/3 cuarto de galón	0,3 litro
Metretes		10 galones	37,8 litro

funcionaba como unidad monetaria común en el mundo del NT.

Talento. Aproximadamente 75 libras o 34 kilogramos. Equivalente aproximadamente a 60 minas. Varios metales se pesaban usando talentos: oro (Éx. 25:39; 37:24; 1 Cr. 20:2), plata (Éx.38:27; 1 Re. 20:39; 2 Re. 5:22) y bronce (Éx.38:29). Este probablemente deriva del peso que un hombre podía cargar.

Medida Lineales

Las medidas lineales se basaban en medidas naturales fácilmente disponibles tales como la distancia entre el codo y la mano o entre el pulgar y el dedo pequeño. Aunque conveniente, este método de medición dio surgimiento a significativas inconsistencias.

Codo. Aproximadamente 18 pulgadas o 45,7 centímetros. Equivalente a 6 anchos de palma. La medida bíblica estándar de distancia lineal, como el shekel, es la medida estándar de peso. La distancia desde el codo a la punta de los dedos estirados. Usada para describir altura, ancho y largo (Éx. 25:10), distancia (Jn. 21:8) y profundidad (Gn. 7:20).

El uso del codo es antiguo. Para unidades de conversión modernas simples y aproximadas, hay que dividir el número de codos por dos para los metros y luego multiplicar el número por tres para llegar a los pies.

1 codo = 2 brazas = 6 anchos de palma = 24 anchos de dedo

Día de viaje. Una medida aproximada de distancia equivalente a 20 – 25 millas o 32 – 40 kilómetros. Varios pasajes hacen referencia a viajes de uno o múltiples días como descripción de la distancia entre dos puntos: "un día de viaje" (Nm. 11:31; 1 Re. 19:4), "un viaje de tres días" (Gn. 30:36; Éx. 3:18; 8:27; Juan. 3:3), "siete días" (Gn. 31:23), y "once días" (Dt. 1:2). Después de visitar Jerusalén por la Pascua, lo padres de Jesús viajaron por un día (Lc. 2:44) antes de notar que él no estaba con ellos.

Ancho de dedo. El ancho de un dedo o ¼ ancho de una palma, aproximadamente ¾ de pulgadas o 1,9 centímetros. El ancho de un dedo fue la medida base del sistema metrológico bíblico para medidas lineales. Usado una vez en las Escrituras, para describir los pilares de bronce (Jr. 52:21).

Ancho de palma. Aproximadamente 3 pulgadas o 7,6 centímetros. Equivalente a 1/6 codo o 4 anchos de dedo. Una pequeña medida de largo, por tanto, comparada con la brevedad de la vida humana (Sal. 39:5). También el ancho de la orilla de la mesa de pan (Éx. 25:25) y grosor del Mar de bronce (1 Re. 7:26).

Milion. Traducido "milla" en Mt. 5:41. Transliteración griega de la medida romana mille passuum, "mil pasos".

Braza. Aproximadamente 5 pies 11 pulgadas o 1,8 metros. Una unidad griega de medida. Probablemente la distancia entre las puntas de los dedos estirados. Usada para medir la profundidad del agua (Hec. 27:28).

Caña/Vara. Aproximadamente 108 pulgadas o 274 centímetros. También es un término general para un instrumento de medición más que una distancia lineal específica (Ez. 40:3, 5; 42:16-19; Ap. 11:1; 21:15).

Día de Viaje de Sabbat. Aproximadamente ¾ de milla o 1,2 kilómetros (Hec. 1:12). Aproximadamente 2.000 codos.

Palmo. Aproximadamente 9 pulgadas o 22,8 centímetros. Equivalente al ancho de tres palmas y ½ codo. La distancia desde el pulgar estirado a la punta del dedo pequeño. El largo y anchos del pectoral de los sacerdotes (Éx. 28:16).

Estadio. Aproximadamente 607 pies o 185 metros. Equivalente a 100 brazas. Usada en la medición de largas distancias (Mt. 14:24; Lc. 24:13; Jn. 6:19; 11:18; Ap. 14:20; 21:16).

Área de Tierra

Semilla. El tamaño de un pedazo de tierra podía medirse en cuánta semilla se requería para plantar el campo (Lv. 27:16; 1 Re. 18:32).

Yugo. Los campos y tierra se medían usando medios lógicos disponibles. En tiempos bíblicos, esto significaba la cantidad de tierra que un par de animales en yunta podía arar en un día (1 Sm. 14:14; Is. 5:10).

Capacidad

Cab. Aproximadamente ½ galón o 1,9 litros. Equivalente a 1 gomer. Mencionado sólo una vez en las Escrituras, durante el asedio de Samaria (2 Re. 6:25).

Choinix. Aproximadamente ¼ de galón o 0,9 litros. Una medida griega, mencionada solo una vez en las Escrituras (Ap. 6:6).

Coro. Aproximadamente 6 bushel (48,8 galones o 183 litros). Equivalente al homer y a 10 efas. Usado para medir volúmenes secos, particularmente de harina y granos (1 Re. 4:22; 1 Re. 5:11; 2 Cr. 2:10; 27:5; Esd. 7:22). En la LXX, coro también es una medida de volumen líquido, particularmente aceite (1 Re. 5:11; 2 Cr. 2:10; Esd. 45:14).

Efa. Aproximadamente 3/5 bushel (6 galones o 22,7 litros). Equivalente a 10 gomers, o 1/10 homer. Usada para medir harina y granos (e.g., Ex. 29:40; Lv. 6:20). Isaías profetizó un tiempo de reducido rendimiento agricultor, cuando un homer de semilla produciría sólo un efa de grano (Is. 5:10). El efa era equivalente en tamaño al bat (Ez. 45:11), que comúnmente se usaba para medir líquidos.

Homer. Aproximadamente 6 bushel (48,4 galones o 183 litros). Equivalente a 1 coro o 10 efas. Usada para medir volúmenes secos, particularmente de varios granos (Lv. 27:16; Is. 5:10; Ez. 45:11, 13-14; Os. 3:2). Esto es probablemente una medida natural de lo que un burro puede cargar, en el rango de 90 kilogramos. Puede haber existido una conexión directa entre capacidad y valor monetario, dado en Lv. 27:16: "cincuenta shekels de plata por un homer de semilla de cebada". Una deducción lógica de capacidad y costo basada en equivalencias conocidas podría verse similar a esto:

1 homer = 1 mina; 1 efa = 5 shekels; 1 gomer = 1 beka

Koros. Aproximadamente 10 bushels (95 galones o 360 litros). Una medida griega de grano (Lc. 16:7).

Gomer. Aproximadamente 2 cuartos de galón o 1,9 litros. Equivalente a 1/10 efa, 1/100 homer (Ez. 45:11). Usada por Israel en la medición y recolección de maná en el desierto (Éx. 16:16-36) y, por tanto, aproximadamente equivalente a la razón diaria de una persona.

Satón. Aproximadamente 7 cuartos de galón o 6,6 litros. Equivalente a 1 seah. La medida de harina en la parábola de Jesús sobre el reino de los cielos (Mt. 13:33; Lc. 13:21).

Seah. Aproximadamente 7 cuartos de galón o 6,6 litros. Equivalente a 1/3 efa o 1 satón. Usada para medir harina, granos, semillas y otros bienes secos (e.g., 2 Re. 7:1; 1 Sm. 25:18).

Volumen Líquido

Bat. Aproximadamente 6 galones o 22,7 litros. Equivalente a 1 efa, que comúnmente medía capacidad seca. Usado en la medición de agua (1 Re. 7:26), aceite (1 Re. 5:11), y vino (1 Cr. 2:10; Is. 5:10).

Batos. Aproximadamente 8 galones o 30,3 litros. Una transliteración griega de la palabra hebrea bath (véase arriba). Una medida de aceite (Lc. 16:6).

Hin. Aproximadamente 4 cuartos de galón (1 galón o 3,8 litros). Equivalente a 1/6 bat y 12 logs. Usada para medir agua (Ez. 4:11), aceite (Ez. 46:5), y vino (Nm. 28:14).

Log. Aproximadamente 1/3 cuarto de galón o 0,3 litros. Equivalente a 1/72 bat y 1/12 hin. Mencionado 5 veces en las Escrituras, especialmente usado para medir aceite (Lv. 14:10-24).

Metretes. Aproximadamente 10 galones o 37,8 litros. Usado en la medición de agua en la fiesta de matrimonio (Jn. 2:6).

PESTE Interpretación de la NVI y de la mayoría de las traducciones modernas de la palabra hebrea shiddapon. El término se refiere a la destrucción de la cosecha ocasionada por vientos calientes que provienen del desierto este de Palestina.

La palabra "peste" acompaña otros términos (por ejemplo, "hongo"), lo que denota cosas desfavorables que surgieron en la tierra de Israel como resultado de la desobediencia del pueblo (por ejemplo, Deuteronomio 28:22; 1 Reyes 8:37; Amós 4:9). La KJV usa el término arcaico "tizoncillo".

PESTILENCIA En Éx. 9:3, la RVA traduce la palabra hebrea deber como "pestilencia", que se refiere a una enfermedad (TLA), peste (DHH) o plaga (NTV, NVI) en el ganado. "Murrain" se deriva del francés morir, "morir". La Septuaginta representa la palabra hebrea como "muerte" (thanatos). La palabra hebrea generalmente describe la enfermedad humana, y solo aquí y en Sal. 78:50 se aplica a los animales.

PESTILENCIA Una plaga o epidemia generalizada que ocasiona la muerte. En la mayoría de los casos, la peste se presenta como un juicio divino. Una de las diez plagas fue una peste en el ganado; todo el ganado egipcio en los campos murieron, pero ninguno de los de Israel (Éx. 9:1-7). Después de que David numeró a la gente, tuvo la opción de tres castigos; setenta mil personas murieron en tres días de pestilencia (1 Cr. 21:12).

En Sal. 91:3, 6, Dios protege de la pestilencia, aunque "caigan mil a tu lado y diez mil a tu diestra" (91:7). En la dedicación del templo, Salomón oró para que Dios escuchara a los que oran humildemente, incluso en tiempos de pestilencia. Dieciocho veces en el AT aparece el término en la tríada de espada, hambre y pestilencia; esta tríada aparece junto con uno de los jinetes de Apocalipsis (6:8).

PETACA Un contenedor usado para diversos líquidos. El término "petaca" (hebreo pak) ocurre tres veces en la NIV (1 Sm. 10:1; 2 Re. 9:1, 3 [ASV: "vial"]), refiriéndose a un pequeño contenedor de líquido, frecuentemente perfume. En estos casos, la petaca contenía aceite para ungir a un rey.

Otras versiones inglesas (RSV, ESV) también usa "petaca" para presentar la palabra hebrea baqbuq (Jr. 19:1, 10 [NIV, "frasco"]), que es un contenedor más grande que el pak y el alabastros griego (Mt. 26:7; Mc. 14:3; Lc. 7:37), un frasco de alabastro que normalmente tenía un contenido precioso. Tanto el baqbuq como el alabastros se quebraron en narrativas bíblicas: el primero como señal de la inminente destrucción de Jerusalén, y el último para ungir a Jesús.

PETAÍAS **(1)** El líder del decimonoveno de las veinticuatro divisiones sacerdotales durante el reinado de David (1 Cr. 24:16). **(2)** Un levita que renunció a su esposa extranjera coincidiendo con la persuasión de Esdras (Esd. 10:23).

Además, es probable que sea el mismo levita que participó en la ratificación del pacto (Neh. 9:5, 38). **(3)** El hijo de Mesezabeel en la descendencia de Judá, actuó como intermediario entre el rey de Persia y el pueblo de Jerusalén (Neh. 11:24).

PETICIÓN *Ver* Oración.

PETOR El hogar de Balaam el vidente, contratado por Balac, rey de Moab, para maldecir a los israelitas (Nm. 22:5, Dt. 23:4). Petor está ubicado en la parte alta de Mesopotamia, en la orilla occidental del Éufrates, podría identificarse con Tell Ahmar, a dieciocho millas al sur de Carquemis.

PETRA Una gran ciudad situada a unos ochenta kilómetros al sur del Mar Muerto. La "Ciudad Roja y Rosa" se encuentra en el fondo de una cuenca natural rodeada de acantilados. La entrada era usualmente por Siq, una fisura estrecha y zigzagueante en los cerros.

Petra es considerada una de las maravillas del mundo por su belleza, arquitectura helenística, construcciones esculpidas en las montañas e ingeniería hidráulica. Petra pudo haber sido la fortaleza edomita Sela (2 Re. 14:7), pero en el primer siglo fue la capital del reino nabateo, que rivalizaba con los asmoneos y Herodes.

PETUEL El padre de Joel el profeta según la inscripción en Joel 1:1. El nombre posiblemente significa "Dios libera/visión de Dios" o "joven de Dios". En la Septuaginta aparece como "Batuel".

PEULLETHAI Un portero y el octavo hijo de Obed-Edom, que había sido bendecido por Dios por albergar el arca del pacto. Con sus hermanos, Peultai fue posicionado en el almacén junto a la Puerta Sur de Jerusalén (1 Cr. 26:5, 15).

PEULTAI *Ver* Peullethai.

PEZ, PESCA Los peces constituyen parte del orden creado por Dios (Gn. 1:26), entregados a la humanidad para gobernar (Gn. 1:28) y para comer, aunque algunos eran considerados impuros (aquellos sin aletas o escamas [Lv. 11:9-12]). Los pescados componían una parte importante de la dieta de los antiguos israelitas durante gran parte de su historia. Comieron pescado durante su época en Egipto y lo ansiaron en el desierto (Nm. 11:5). Una vez en Canaán, pudieron obtener peces del Mar de Galilea, el río Jordán y el Mar Mediterráneo. Jerusalén incluso tenía una puerta llamada la "Puerta del Pescado" (Neh. 3:3; Sof. 1:10), tal vez nombrada por un mercado de peces ubicado cerca de ella en la ciudad. Nehemías señala que hombres de la ciudad costera de Tiro importaban pescado para vender en Jerusalén (Neh. 13:16). El pescado traído de tan lejos probablemente había sido preservado, tal vez por salado, ahumado o secado. Los Evangelios contienen muchas referencias a la pesca, ya que Jesús ministraba cerca del Mar de Galilea y tenía pescadores entre sus seguidores.

Dada la importancia de los peces y la pesca, es tal vez sorprendente que la Biblia en ninguna parte nombre tipos específicos de pescado. Uno simplemente lee que un "pez enorme" se tragó a Jonás (Juan. 1:17), o que Jesús multiplico "peces pequeños" para alimentar a la multitud (Mc. 8:7-9). Estos peces pequeños eran probablemente sardinas, atrapadas en gran cantidad en el Mar que Galilea y preservadas por salado. Otros peces nativos comunes incluyen un pez pan, la tilapia (hoy "pescado de San Pedro" de la historia de Mt. 17:24-27); un tipo de carpa, el barbel; y el pez nativo de mayor tamaño, el pez gato, prohibido para los judíos observantes por su falta de escamas.

En contraste, en ambos Testamentos uno puede encontrar claras indicaciones de cómo se pescaban los peces. Grandes criaturas marinas podían ser alanceadas o arponeadas (Job 41:7), pero usualmente los pescadores usaban anzuelo e hilo o uno de varios tipos de redes (Is. 19:8; Hab. 1:15). Jesús envió a Pedro a pescar con anzuelo e hilo (Mt. 17:27). Pedro y su hermano Andrés también usaban una red lanzada (Mt. 4:18-

Las Ruinas de Petra.

diámetro lanzada desde la orilla o desde un bote. La red se abría como un paracaídas y se hundía rápidamente, atrapando los peces bajo ella. Un sistema de cuerdas cerraba la red a medida que se recogía. Los discípulos de Jesús pescaron 153 peces con una red así (Jn. 21:6-11). Los pescadores profesionales también usaban una red de arrastre, el tipo más común de red usado en la antigüedad (*véase* Red de Arrastre). Finalmente, también usaban una red de enmalle o trasmallo, una red de pie frecuentemente extendida entre dos botes. Esta red estaba compuesta de cinco secciones, cada una de 30 metros de largo. Esta red tenía tres capas, dos capas más finas a cada lado de una más gruesa y central. Cuando los peces nadaban dentro de la red, empujaban una de las capas más finas hacia la más pesada y quedaban enredados al voltearte e intentar escapa. Los pescadores entonces arrastraban las redes, desenredaban los peces y repetían el proceso, comúnmente entre diez a quince veces durante una noche. La historia en Lc. 5:1-11 refleja el uso de redes de enmalle, con pescadores en dos botes trabajando duro durante la noche. Los antiguos pescadores comerciales por lo general debían trabajar de noche porque los peces podían ver los hilos de las redes durante el día.

PEZUÑA Una pezuña hendida, junto con la masticación del bolo alimenticio, es la marca distintiva de animales puros (comestibles) en Lv. 11:2-8; Dt. 14:4-8.

PHALEC *Ver* Peleg.

PHALLU *Ver* Falú.

PHARA *Ver* Furá.

PHARES, FERES *Ver* Fares.

PHARESITAS *Ver* Fares.

PHARNACH *Ver* Parnac.

PHAROS *Ver* Paros.

PHASEA *Ver* Paseah.

PHICOL *Ver* Ficol.

PHOCHERETH-HASSEBAIM *Ver* Poqueret-hazebaim.

PHÚA *Ver* Fuvá.

PHUTEOS *Ver* Futitas.

PHUT *Ver* Fut.

PIBESETH *Ver* Bubastis.

PI-BESET *Ver* Bubastis.

PIE El pie humano es mencionado en la Biblia literal (e.g., Éx. 21:24; Lv. 14:14; Lc. 8:29) y figurativamente (e.g., Prov. 4:27; Mt. 18:8; 1 Cor. 12:15), y la palabra "pie" también se usa para representar la base de una montaña o cerro (e.g., Éx. 19:12; Js. 18:16).

El calzado común era la sandalia, que cubría sólo las suelas. Debido a que los caminos por lo general eran muy polvorientos y sucios, los pies debían lavarse con frecuencia. En sentido figurado, un rey conquistador colocaba su pie en el cuello del líder conquistado, simbolizando dominio (Js. 10:24). Por lo tanto, colocar a alguien bajo el pie de uno representaba dominio total (Sal. 110:1; 1 Cor. 15:25). "Sentarse a los pies" de una persona indicaba una voluntad de aprender o servir a un maestro (Lc. 10:39; Sant.

Relieve Asirio de un Pescador (siglo séptimo BC)

2:3). "Caer a los pies" mostraba una postura de humildad (1 Sm. 25:24). El lavado de pies era un acto de hospitalidad (Lc. 7:44) y una muestra de humildad (Jn. 13:4-15) demostrada a un huésped de honor. Colocar un pie en un lugar a veces sugería que la persona o personas tomaban posesión de él (Dt. 1:36; 11:24). Los "pies de Dios" representan la salvación del pueblo de Dios (Zac. 14:4).

PIEDAD Realizar los deberes necesarios en cuanto a lo divino (Lat. Pietas), "devoción a Dios" (1 Tim. 2:2, 10; 3:16; 4:7-8; 6:3, 5-6, 11; 2 Tim. 3:12, Tito 2:12, 2 Pe. 1:3, 3:11, cf. 1 Tim. 1:9, 3:4, 8, 11, 5:4, 2 Tim. 2:16, Tito 2:2, 7). La piedad se superpone con el temor de Dios en Job (4:6; 15:4; 22:4). En el mundo grecorromano, el término significa devoción personal en respuesta al temor de lo divino o, en una práctica más amplia, mostrar respeto cultural por las deidades. También hay un componente intelectual en la piedad, el que tiene "opiniones correctas" o conocimiento sobre los dioses, como afirma Epicteto (Ench. 31). Lucas equipara la piedad con los conceptos bíblicos de temor y rectitud (Hec. 10:2, 22).

PIEDAD Apiadarse de alguien es sentir o expresar compasión hacia esa persona. De los dos principales verbos hebreos traducidos como "piedad", khus describe una actitud de bondad misericordiosa hacia una persona (Dt. 25:12), y khamal se refiere a salvar a alguien de algo negativo (Lam. 2:2). Cuando khus y khamal aparecen en la misma oración, la NVI generalmente los traduce como "tener lástima" y "compadecerse", respectivamente (por ejemplo, Dt. 13:8, Ezeq. 7:4). La palabra en griego eleeō también se puede traducir como "tener misericordia" (Lc. 17:13 LBLA), mientras que splanch-inizomai representa gráficamente la compasión (Lc. 10:33), como splanchna, palabra de la cual se deriva splanchnizomai, es el término griego para "intestinos" (Comparar con la frase en español: "Mi corazón está contigo").

Muy a menudo, cuando aparece "piedad" en la Biblia, lo que se discute es la falta de piedad. Los israelitas no debían mostrar lástima por los cananeos (Dt. 7:16) ni debían compadecerse de los que violaban la ley mosaica (Dt. 19:21; 25:11-12). Dios advirtió repetidamente a los israelitas que no les mostraría compasión cuando los juzgara (Is. 9:17, Jer. 13:14, Eze. 7:4). Sin embargo, Dios expresa lástima (Ezeq. 16:5-6, Zac. 8:14-15), particularmente a través de Jesucristo (Mt. 18:27, Mr. 9:22, Lc. 17:13-14) y Cristianos (1 Jn. 3:17).

PIEDRA ANGULAR Piedra arquitectónica importante, que da origen a sus usos figurativos. Los usos arquitectónicos se refieren a un toque final o a una piedra de cimiento. Las grandes piedras entrelazadas usadas para unir los ángulos de una construcción para tener estabilidad se remataban con una piedra angular o "cabeza del ángulo" (1 Pedro 2:7 KJV, NRSV). La piedra de cimiento para esquinas era importante para soportar el peso y posiblemente para establecer las líneas de los muros. Los cananeos que precedieron a Israel al parecer llevaban a cabo una enorme ceremonia cuando colocaban una piedra de cimiento, que pudo haber incluido el sacrificio humano. También se ha sugerido que el término se refiere a una piedra pivote. Esta importante piedra era una roca fuerte que tenía una depresión en la superficie que servía para sujetar una jamba, que giraría en este punto para abrir y cerrar. A menudo las piedras de cimiento eran inscritas o cubrían objetos de valor y simbólicos que se depositaban en la construcción. En Job 38:4-6 se representa figurativamente a Dios colocando los cimientos y piedras angulares de la tierra. Las referencias de las piedras angulares en Salmos 118:22; Isaías 28:16; Zacarías 10:4 se consideran mesiánicas. Zacarías esperaba con ansias al gobernador de Judá de la era mesiánica. En la profecía de Isaías la piedra angular del cimiento es un material precioso y sirve para asegurar una línea verdadera o cuadrada. Así como un buen muro con piedras alineadas, aquel que cree no traicionará a los demás. Pedro compara la iglesia con la creencia, con piedras vivas construidas alrededor de Cristo, con piedras angulares (1 Pedro 2:4-6). En Salmos 118 se destaca una ironía: una piedra rechazada al comienzo en el proceso de construcción es elegida por Dios para ser el remate de la esquina, que es una metáfora que Jesús emplea seis veces en el Nuevo Testamento (Mateo 21:42; Marcos 12:10; Lucas 20:17; Hechos 4:11; Efesios 2:20; 1 Pedro 2:7). *Ver también* Cabeza del Ángulo.

PIEDRA DE MOLINO *Ver* Molino, Piedra de Molino

PIEDRA DE ROSETTA Una estela egipcia ptolemaica que data de principios del siglo dos a.C., que contiene el mismo pasaje en tres idiomas: demótico y jeroglíficos (dos lenguajes egipcios) y griego clásico. Descubierta en 1799, eventualmente ayudó a los estudiosos a descifrar y comprender los jeroglíficos. Trabajaron a partir de los dos idiomas ya conocidos en la piedra, demótico y griego clásico, para aprender sobre los jeroglíficos. El estudioso británico Thomas Young y el estudioso francés Jean-François Chapollion fueron claves en la explotación de la estela multilingüe para este descubrimiento.

PIEDRA FIGURADA En Lv. 26:1, algunas versiones (NASB, RSV, NRSV, ESV) usan "piedra figurada" para traducir la frase hebrea 'eben maskit, refiriéndose a un ídolo de piedra tallada como oposición a uno de metal fundido. La KJV tiene "imagen de piedra", la NIV "piedra tallada". En el AT, Dios prohíbe la fabricación o adoración de tales ídolos y ordena a los israelitas destruir todas las "imágenes talladas e ídolos fundido y demoler todos sus sitios altos" (Nm. 33:52) de los cananeos. En Ez. 8:12 maskit se usa de una imagen de animales impuros siendo adorados en habitaciones secretas en el templo.

PIEDRA PRINCIPAL En la NVI "piedra principal" aparece dos veces (Zacarías 4:7, 10). En Zacarías 4:7 se usa la frase ha'eben haro'shah, que significa "la piedra más alta". En Zacarías 4:10, en la NVI se interpreta ha'eben como otra referencia para piedra principal, aunque en la mayoría de las demás traducciones se entiende esto como el peso que suspende desde una plomada. *Ver también* Piedra Angular.

PIEDRA SÁRDICA Piedra roja preciosa. Es una de las joyas que aparece en el relato del pectoral del sumo sacerdote (Éxodo 28:17; 39:10), como también en la "cubierta" (similar al pectoral del sumo sacerdote) para el rey de Tiro, que es representado como un sacerdote que sirve en el jardín del templo del Edén (Ezequiel 28:13 NRSV). En el libro de Apocalipsis, Dios, que se sienta en el trono, tiene la apariencia de una cornalina (4:2-3), y la cornalina es una de las piedras preciosas que están incrustadas en los muros de la nueva Jerusalén (21:20).

PIEDRA Un clúster mineral cúmulo mineral o roca. Aunque el término "roca" y "piedra" ocasionalmente son utilizados como sinónimos, roca por lo general se refiere a una gran formación geológica como un precipicio, cueva, saliente o lecho de roca, mientras que piedra se prefiere cuando la roca es lo suficientemente pequeña para ser moldeada o manejada por seres humanos. Piedra también puede funcionar como un adjetivo, refiriéndose a un material hecho de rocas, o como verbo, refiriéndose al lanzamiento de piedras.

Las rocas y piedras se encontraban naturalmente en el suelo (Job 8:17; Sal. 91:12; Is. 5:2; Mc. 5:5; Lc. 3:8). Podían ser apiladas o amontonadas como signo de desgracia (Js. 7:26; 8:29; 2 Sm. 18:17), como un marcador o memorial (Gn. 31:46-50) o como altar (Éx. 20:25). Una sola roca o piedra también podía usarse para marcar un lugar (Gn. 28:22; 35:14, 20; 1 Sm. 7:12), especialmente piedras verticales (Dt. 27:2-8; Js. 4:3-9). Piedras grandes también podían usarse para cubrir un pozo (Gn. 29:2-3) o para sellar una cueva o tumba, tal como la tumba de Lázaro (Jn. 11:38-39) y de Jesús (Mt. 27:60; Mc. 16:3-4).

La piedra su usaba como material de construcción, particularmente para el templo (1 Re. 5:15-18; 1 Cr. 2:22; Esd. 5:8; Ag. 2:15; Mc. 13:1-2). Las piedras se usaban en los cimientos de un edificio y para la piedra angular o toque final (1 Re. 5:17; Jr. 51:26; Is. 28:16), al igual que para los muros (Hab. 2:11). El Salmo 118:22 se refiere metafóricamente a la piedra rechazada por los constructores convirtiéndose en la piedra angular. En el NT, esto es interpretado como refiriéndose a Jesús (Mt. 21:42; Mc. 12:10; Lc. 20:17; Hec. 4:11; 1 Pe. 2:7; cf. Ef. 2:20). La piedra también podía funcionar como material de escritura (Js. 8:32), tal como las tablillas en las cuales los Diez Mandamientos fueron inscritos

(Éx. 24:12; Dt. 9:9-11; 1 Re. 8:9; cf. 2 Cor. 3:3, 7). La piedra también era tallada, aunque en Sinaí los israelitas reciben instrucciones de no usa piedras cortadas o "vestidas" al construir un altar (Éx. 20:25; cf. Js. 8:31). La frase "piedra tallada" se refiere específicamente a ídolos, ya que la piedra era un material usado para hacer ídolos falsos (Lv. 26:1; cf. Dt. 4:28; 29:17; 2 Re. 19:18; Is. 37:19; Ap. 9:20); el término piedra en sí puede, por lo tanto, ser usado para referirse a un ídolo, especialmente en la frase "madera y piedra" (Jr. 3:9; Ez. 20:32). Las piedras eran usadas como armas o instrumentos de destrucción, ya sea lanzadas por mano (Nm. 35:17, 23) o lanzadas con una honda (Jue. 20:16; 1 Sm. 17:40, 49-50; Prov. 26:8). El verbo apedrear se refiere al lanzamiento de piedras a un individuo, que típicamente funcionaba como un método oficial de ejecución (Éx. 19:13; 21:28-29; Dt. 21:20-21; 1 Re. 21:13-15; Jn. 8:5; Hec. 7:58-59).

Las frases "piedras preciosas" y "piedras costosas" se refieren a gemas (2 Sm. 12:30; Est. 1:6; Is. 54:12; 1 Cor. 3:12). Gemas eran usadas como muestra de riqueza o honor (1 Re. 10:2, 10-11; 2 Cr. 32:27; Ez. 27:22) y para decoración (1 Cr. 3:6; Ap. 17:4; 18:16). Las dos piedras en el efod del sumo sacerdote y las doce piedras preciosas en su pechera representaban las doce tribus (Éx. 25:7; 28:9-12, 17-21), un simbolismo igualado en los doce tipos de piedras preciosas que adornaban los cimientos de la nueva Jerusalén (Ap. 21:19-20).

Rocas y piedras con frecuencia se usan como metáforas o comparaciones (e.g., duro como roca, quieto como una piedra). Pueden representar algo que es común (1 Re. 10:27; Job 5:23; Mt. 3:9; 4:3), fuerte (Job 6:12), duro (Job 38:30; 41:24), pesado (Éx. 15:5; Prov. 27:3), inmóvil (Éx. 15:16) o inamovible (Zac. 12:3). Un "corazón de piedra" describe insensibilidad (Ez. 11:19; 36:26). Una "escollo", que literalmente es una piedra que hace que uno tropiece (Is. 8:14), se usa en el NT como una metáfora para un obstáculo a la fe en Jesús (Rom. 9:32-33; 1 Pe. 2:8).

PIEDRAS PRECIOSAS *Ver* Joyas, Joyería; Minerales y Metales.

Animal skin used for storing liquids

PIEL **(1)** Piel humana: La piel del rostro de Moisés estaba brillante (Éx. 34:29-30, 25). Ciertas enfermedades de la piel eran consideradas ritualmente impuras y requerían ser examinadas por un sacerdote (Lv. 13). Job sufría de una enfermedad de la piel (Job 2:7; 7:5). El término "piel" se usa de manera proverbial (Job 19:20; Jr. 13:23) y metafórica (Miq. 3:2-3). **(2)** Piel animal: Las pieles de animales eran usadas en una variedad de formas en la vida diaria y en rituales sacrificiales. Pieles de animales curtidas se usaron para cubrir las manos y cuello de Jacob (Gn. 27:16). Pieles de carneros y de cabras se usaron en la construcción del tabernáculo (Éx. 25:5; 35:7). Pieles procesadas de animales se usaban como contenedores para almacenar líquidos como vino (1 Sm. 1:24; 2 Sm. 16:1; Neh. 5:18; Mt. 9:17), agua (Gn. 21:14), y leche (Jue. 4:19). Pieles con frecuencia eran quemadas al exterior en sacrificio (Éx.29:14; Lv. 4:11; 8:17), con algunas excepciones (Lv. 7:8). **(3)** Piel de planta: Cualquier cosa producida por una parra, incluso la piel de las uvas, era prohibido como alimento para aquellos con el voto nazireato (Nm. 6:4).

PIEL DE CABRA Mencionada dos veces en NIV, la piel de cabra sirve para disfrazar a Jacob como su hermano y así él recibe la bendición de Esaú de su anciano padre, Isaac (Gn. 27:16). En el libro de Hebreos, las pieles de cabra son nombradas como las prendas de vestir de individuos previamente perseguidos por la fe (Heb. 11:37).

PIELES DE TEJÓN *Ver* Cuero.

PIERNA Exceptuando las patas de la mesa en Éx. 25:26, las piernas en la Biblia pertenecen a animales, personas, estatuas o criaturas angelicales. Dios da instrucciones para la dispensación ceremonial de las piernas de los animales (Éx. 12:9, Lev. 1:9, 13, 4:11, 8:21, 9:14) o su rol en la distinción de los animales limpios de los impuros (Lev. 11:21-23). La carne de pierna es una porción de elección para los invitados (1 Sam. 9:22-24). Las piernas de los humanos, estatuas o ángeles personifican la fuerza (1 Sam. 17:6, Sal. 147:10, Dan 2:33, 10:6, Apo. 10:1), debilidad (Dt. 28:35; Prov. 26:7, Dan. 5:6; Hab. 3:16), inmodestia (Is. 47:2) o sensualidad (Cant. 5:15; 7:1). Los soldados romanos les rompían las piernas a las personas que estaban siendo crucificadas para acelerar su muerte (Jn. 19:31-33).

Un edificio dedicado a la mención de Poncio Pilato.

PIEZA DE HOMBRO Dos tiras que se unen a la parte frontal y posterior del efod sacerdotal (Éx. 28:7, 12, 27; 39:4, 7, 18, 20). Dos piedras preciosas se unían a ellos, cada una grabada con los nombres de seis tribus de Israel. Servían como recordatorio del pueblo de Dios.

PIEZAS DE DINERO, ORO, PLATA "Pieza de dinero" traduce la palabra hebrea qesitah en la LBLA de Gn. 33:19; Jos. 24:32; Job 42:11 (NVI: "monedas de plata"), una moneda de valor desconocido, así como la palabra griega statēr en la versión RVA de Mt. 17:27 (NVI mg.: "moneda que equivale a cuatro dracmas"). Aunque el oro rara vez se menciona como moneda (2 Re. 5:5, Sal. 119:72), la plata es común (por ejemplo, Gn. 20:16, Zac. 11:13), continuando en el período del NT (Mt. 26:15). *Ver también* Monedas.

PI-HAHIROT Un sitio donde Dios instruyó a los israelitas a acampar después de que partieron de Egipto (Éx. 14:2). Este es el lugar donde el faraón y su ejército los alcanzaron y desde donde cruzaron el mar (Éx. 14:9, Nm. 33:7-8). Pi-hahirot se describe como ubicado entre Migdol y el Mar Rojo y cerca de Baal-zefón. Esto coloca el sitio en el límite oriental del Bajo Egipto. El sitio es desconocido para la arqueología moderna.

PILAR En el antiguo Israel y las culturas circundantes se usaban pilares en todo tipo de construcciones arquitectónicas, desde casas sencillas (Prov. 9:1) hasta palacios (Sal. 144:12) y templos (Jue. 16:29; 1 Re. 7:15-22). Una de las características distintivas de la arquitectura doméstica israelita era la división de la planta baja de la casa en dos, tres o cuatro habitaciones divididas por filas de pilares. Dichos pilares yacían sobre cimientos de piedra que a menudo se mantenían incluso cuando el resto del edificio había sido destruido, lo que permitió a los arqueólogos modernos identificar muchos restos de casas con pilares.

Los pilares de piedra se usaron en el culto religioso en el antiguo Israel, como los que erigió Jacob (Gn. 28:18, 22; 35:14). Un pilar también podía conmemorar un pacto (Gn. 31:45, Éx. 24:4, Jos. 24:26, 2 Cr. 34:31) o una tumba (Gn. 35:20). En historias posteriores, los pilares son vistos de manera negativa, como en 2 Re. 18:4, donde se le atribuye a Ezequías la destrucción de los pilares de Aserá como parte de una amplia reforma religiosa (*véase también* Jer. 43:13). Los arqueólogos han descubierto pilares de culto en el templo de Tell Arad, entre otros lugares.

El templo de Salomón en Jerusalén incorporó dos pilares muy decorados, Jaquín y Boaz (1 Re. 7:21), hechos de bronce e informó que tenían 18 codos de altura y 12 codos de circunferencia, con una altura adicional de 5 codos (7.5 pies) incluyendo el capitel (1 Re. 7:16, *ver* 2 Re. 25:17).

Cuando Jerusalén cayó ante los babilonios en el 586 a.C, las columnas de bronce fueron destruidas y su bronce fue llevado a Babilonia (2 Re. 25:13).

En la cosmología antigua se pensaba que la tierra y los cielos estaban sostenidos por pilares (Job 9:6, 26:11, Sal. 75:3).

En el NT, el pilar se usa como una metáfora para los líderes en la iglesia (Gál. 2:9) o la iglesia misma (1 Tim. 3:15).

PILATO, PONCIO Poncio Pilato fue el quinto gobernador romano de Judea. Presidió el juicio de Jesús, finalmente lo sentenció a muerte. Basado en el relato de Josefo, fue designado para su cargo en el 26 o 27 d.C y el gobernador de la provincia vecina de Siria lo sacó del mismo diez años después (c. 37 d.C) después de que él manejara mal un enfrentamiento con un grupo de fanáticos religiosos en Samaria. Varias debacles previas que involucraron a Pilato son reconocidas por Josefo y Filón, posiblemente incluyendo el evento mencionado en Lc. 13:1, donde se le dice a Jesús acerca de "los galileos cuya sangre Pilato había mezclado con la de sus sacrificios". En un caso, Pilato ofendió a los judíos introduciendo a los estándares militares de Jerusalén imágenes del emperador. En otra ocasión, Pilato ofendió a la población cuando construyó un acueducto para abastecer de agua a Jerusalén, ya sea porque tomó dinero del templo para financiar el proyecto o porque el acueducto corría por un cementerio, convirtiendo su agua en un lugar impuro según la ley judía. Si bien la intención de Josefo es presentar el gobierno de Pilato como tumultuoso, y los Evangelios están preocupados de restar importancia a su papel en el juicio de Jesús en relación con el de los líderes judíos, su larga permanencia sugiere que en general fue un gobernador exitoso y que su gobierno era uno de relativa tranquilidad sobre lo que a veces era una población volátil en Judea. El rol de Pilato en el juicio de Jesús se menciona en los cuatro Evangelios. Como gobernador de Judea, poseía el poder de ejecutar criminales, un poder negado a las autoridades judías que arrestaron e iniciaron los cargos contra Jesús.

Los Evangelios presentan a Pilato interrogando a Jesús principalmente sobre sus actividades políticas, reflejando el hecho de que el interés de Pilato en el juicio no era religioso o teológico, sino que se basaba en su preocupación por mantener el orden en su provincia. La tendencia general de los relatos de los Evangelios es minimizar la culpabilidad de Pilatos en la muerte de Jesús. Según el Evangelio de Mateo, la esposa de Pilato le dijo que Jesús era un hombre inocente (27:19), y Pilato más tarde negó la responsabilidad por la muerte de Jesús y se lavó públicamente las manos para expresar su propia inocencia (27:24). De acuerdo con Lc. 23:4, 14, 22; Jn. 19:6, Pilato declaró que no había encontrado ningún cargo contra Jesús. Eventualmente, Pilato capituló porque la multitud se estaba volviendo violenta (Mt. 27:24) y porque implícitamente amenazaron con difamar a Pilato al decir que no estaba manteniendo el orden del Imperio Romano: "Si pones en libertad a ese hombre, no eres amigo de César" (Jn. 19:12). Lc. 23:12 informa que Pilato se hizo amigo de Herodes Antipas como resultado de haberle referido el caso sobre la base de que Jesús era un galileo y, por lo tanto, sujeto a Herodes.

Pilato es mencionado en 1 Tim. 6:13 como la audiencia de una "buen testimonio" dado por Jesús. Este versículo sugiere que el juicio de Jesús ante Pilato fue visto por la iglesia primitiva como el modelo para los enfrentamientos posteriores entre los cristianos y las autoridades gobernantes, una situación previamente predicha por el mismo Jesús (Mt. 10:18).

Pilato es conocido no sólo del NT, sino también de Josefo, Filón, el historiador romano Tácito, y de una inscripción descubierta en 1961 en Cesarea que identifica a Pilato como "prefecto" de Judea. Este término técnico tiene connotaciones de autoridad militar y es más específico que el término más amplio del NT: "gobernador" (Gr. Hēgemōn).

PILDAS Uno de los ocho hijos nacidos del hermano de Abraham, Nacor, de la esposa de Nacor y su sobrina Milca (Gn. 22:20-22). Era sobrino de Abraham y hermano de Betuel, el padre de Rebeca.

PILHA Uno de los signatarios del acuerdo hecho por los israelitas en respuesta a la lectura pública de Esdras de la ley (Neh. 10:24).

PILJÁ *Ver* Pilha.

PILOTO El que dirige un barco, especialmente en aguas poco profundas. El piloto del barco que transportaba a Pablo a Roma influyó en la decisión de zarpar desde Buenos Puertos por Fenice, en contra de la advertencia de Pablo (Hec. 27:11). Santiago 3:4 se refiere al poder del piloto para dirigir una gran nave con un pequeño timón. Algunas traducciones al español dicen "piloto" en Ezeq. 27:8, 27-29, pero dado que el término hebreo correspondiente (khobel) se refiere en otro lugar a un marinero en general (Juan. 1:6), no puede denotar la tarea más bien especializada de pilotear en este texto.

PILTAI El jefe de la familia sacerdotal de Moadías (Neh. 12:17). Moadías volvió a Judea con Zorobabel (12:5), y Piltai vivió en Judea en la generación siguiente.

PIM *Ver* Pesos y Medidas.

PINÁCULO Una característica arquitectónica del templo en Jerusalén. La palabra se encuentra en algunas traducciones de Is. 54:12 (NVI: "almenas"), en la fantástica descripción de una ciudad construida con piedras preciosas. La palabra hebrea aquí se deriva de la palabra para "sol" (shemesh), lo que sugiere que lo que está a la vista es la parte más alta de la muralla, la parte que brilla a la luz del sol. En el NT, en la historia de la tentación de Jesús por el diablo, el diablo coloca a Jesús en el pináculo del templo (Mt. 4:5, Lc. 4:9 [NVI: "parte más alta"]) y lo tienta a lanzarse desde allí. Esto se refiere probablemente no a la azotea del templo de Herodes, sino a la esquina sureste del patio exterior, un punto que se encuentra muy por encima del valle de Cedrón por debajo.

PINÓN Uno de los once jefes edomitas, descendientes de Esaú, enumerados en Gn. 36:41; 1 Cr. 1:52.

PINO *Ver* Plantas.

PINTADAS, CÁMARAS *Véase* Cámaras Pintadas.

PINTO Una diversificación en el color, sea moteado o manchado. Probablemente, el color subyacente era gris. El término es usado en las versiones NVI, TLA y RVC, para referirse a caballos en Zacarías 6:3,6 (NTV y LBLA los menciona como "tordos").

PINTURA Un polvo mineral negro extremadamente fino utilizado como cosmético alrededor del ojo para aumentar su tamaño aparente. La práctica de pintarse los ojos tenía como objetivo resaltar la belleza o demostrar estatus. En 2 Rey. 9:30, la reina Jezabel "pintó sus ojos" (LBLA) cuando escuchó que Jehú, el nuevo rey de Israel, venía hacia ella, probablemente como un intento de afirmar su condición de reina. Desde el punto de vista del narrador, el maquillaje probablemente simboliza la autoridad insustancial y fugaz de Jezabel. Jeremías pregunta a la ciudad ramera de Jerusalén, diciendo: "¿Para qué te maquillas los ojos?" (Jer. 4:30 NBD), y Ezequiel le dice a Judá-Israel: "Para ellos te bañaste, te pintaste los ojos y te ataviaste con adornos" como una adúltera se prepara para su amante" (Ezeq. 23:40 LBLA).

PINZAS Instrumentos de oro puro entre los artículos del tabernáculo y el equipamiento del templo (1 Re. 7:49; 2 Cr. 4:21). Se asocian con el candelabro. En Is. 6:6, un serafín usa pinzas para tomar el carbón ardiente desde el altar.

PIONERO Los hebreos usa la palabra archēgos para resaltar a Jesús como el "iniciador" de la salvación y la fe (Heb. 2:10; 12:2; LBLA: "autor"). El mismo término griego se usa en la frase "autor de la vida" en Hec. 3:15 y se traduce como "Príncipe" en Hec. 5:31. *Ver también* Autor, Autor de la Vida.

PIRÁMIDES Tumbas monumentales con una base cuadrada y cuatro lados triangulares que se inclinan hacia un único ápice que originalmente se construía para los reyes egipcios. Los eruditos creen que las pirámides simbolizan la colina primitiva que surgía de las aguas del caos durante la creación del mundo. También se cree que sus lados inclinados representan los rayos del sol, lo que refleja la relación de los egipcios con el dios del sol Amón. La construcción de las pirámides requería de una enorme visión, planificación, organización y habilidad. Su construcción reflejaba gobiernos centrales fuertes y poderosos reyes que tenían un gran control sobre las personas y los recursos.

La mayoría de las pirámides se construyeron durante el período del Imperio Antiguo (la Era de la Pirámide, hacia el 2687-2190 a.C). Las primeras pirámides, construidas por Zoser, eran escalonadas y rodeadas por un complejo de otras edificaciones. Al comienzo de la Cuarta Dinastía, las pirámides dieron paso a las verdaderas pirámides con lados rectos, y el complejo de la pirámide se estandarizó, que consistía de una pirámide con cámara funeraria, un templo del valle, una calzada y un templo funerario. Después del período del Imperio Antiguo, las pirámides se redujeron en tamaño y aparecieron con tumbas privadas también. Durante la dinastía de Nubia (760-715 a.C), la pirámide se convirtió nuevamente en la forma favorita de una tumba real. Curiosamente, no hay mención en la Biblia de las estructuras gigantescas de Egipto, a pesar de que las pirámides deben haber sido vistas en Egipto contemporáneo. En los apócrifos, las pirámides se mencionan en 1 Mac. 13:27-29 en relación al espléndido monumento construido por Simón Macabeo en memoria de sus padres y hermanos.

PIRATÓN, PIRATONITA Piratón es una ciudad situada en Efraín, en un área también asociada con los amalecitas (Jue. 12:15), a unos seis kilómetros al suroeste de Siquem (moderna Naplusa). Ha sido identificado con la Farata moderna. Dos piratonitas se mencionan en la Biblia: el juez Abdón (Jue. 12:13-15) y Benaía, uno de los valientes de David (2 Sam. 23:20, 1 Cr. 11:31, 27:14). Piratón podría aparecer también en una lista de ciudades fortificadas en 1 Mac. 9:50.

PIRA Una pila de madera u otro material combustible colocada deliberadamente, particularmente, aunque no necesario, para el ritual funerario donde los cadáveres eran quemados. En el AT, las piras se mencionan en un tono triunfal como el destino de los enemigos de Dios e Israel (Is. 30:33, Ezeq. 24:9).

PIREAM El rey de Jarmut (Jos. 10:3), fue uno de los cinco reyes amorreos alistados por Adonisedec de Jerusalén para atacar a los gabaonitas, que eran aliados de los israelitas. Josué vino en su ayuda, matando a Piram y los demás en Maceda.

PIRRO El padre de Sópater de Berea, por lo demás desconocido, (Hec. 20:4).

PISGA Una montaña o cresta al noreste del Mar Muerto. La región al otro lado del río desde

Pirámide en Giza, Egipto.

Jericó se describe como "al pie de las laderas del Pisga" (Dt. 3:17; 32:49; Jos. 12:3). Pisga hace referencia a la misma ubicación que el Monte Nebo. En Dt. 34:1 Moisés "ascendió de las llanuras de Moab al monte Nebo, a la cima del monte Pisgá", desde donde pudo observar toda la tierra prometida antes de su muerte.

PISIDIA Una región montañosa en el centro de Asia Menor (moderna Turquía). Pablo pasó por Pisidia en su primer viaje misionero, en su ruta a Antioquía de Pisidia (Hec. 13:14). Esta Antioquía no estaba realmente en Pisidia, pero fue llamada así debido a su proximidad y para distinguirla de otras ciudades del mismo nombre. Pablo pasó nuevamente por Pisidia en la vuelta de su primer viaje (Hec. 14:24).

Debido a su terreno montañoso, la extensión limitada a la cual la región había sido helenizada y posteriormente romanizada, y la reputación de los habitantes en la antigüedad por los robos, muchos comentaristas han sugerido que Pablo se refiere a sus viajes en Pisidia en 2 Cor. 11:26, donde dice: " me he visto en peligros de ríos, en peligros de ladrones".

PISÓN Uno de los cuatro ríos (con Gihón, Tigris y Éufrates) que se bifurcaba desde el río que fluye desde Edén (Gn. 2:10-11). El Pisón recorría la tierra de Havila. Ninguno de los dos nombres puede identificarse con una ubicación conocida en la actualidad. Sin embargo, Pisón puede haberse referido a un río conocido por los israelitas, ya que el contexto contiene nombres de varios otros lugares identificables.

PISPA Un descendiente de Aser y el hijo de Jeter (1 Cr. 7:38 [NRSV: "Pispa"]), él está entre los últimos descendientes de Aser enumerados por el Cronista.

PITÓN Y RAMSÉS Ciudades de abastecimiento construidas por los israelitas cuando fueron esclavos egipcios (Éx. 1:11). Se han propuesto varios sitios arqueológicos en el delta del Nilo. Ramsés se identifica como un asentamiento israelita (Gn. 47:11) o punto de partida del éxodo de Egipto (Nm. 33:3).

PITÓN El origen de este término está en el Himno de Homero a Apolo, que data del siglo VII a.C "Pitón" era el nombre de la serpiente mítica que vivía en Delfos (Pythos). Según el mito, Pitón intentó matar a la madre de Apolo, la esposa embarazada de Zeus, para evitar que diera a luz a Apolo. Más tarde, Apolo cazó y mató a Pitón y asumió la autoridad de oráculo que él tenía en Delfos. Se creía que Apolo tenía el poder de otorgarles a los individuos la capacidad de predecir el futuro; por lo tanto, el término "Pitón" se asoció con aquellos que poseen el don de la profecía. Típicamente, tales individuos enunciaban sus mensajes proféticos con la boca cerrada, por lo que se hicieron conocer como ventrílocuos. Por casi mil años, la gente viajó a Delfos para pedir consejo a la sacerdotisa Pitonisa, quien presidió el oráculo y se suponía que otorgaba profecías en el espíritu de Apolo.

"Pitón" aparece en el texto griego de Hec. 16:16 describiendo a una mujer joven con un "espíritu de adivinación" (pneuma pythōna [NTV: "espíritu que le permitía adivinar el futuro"]). Este espíritu le dio la capacidad de predecir el futuro, lo cual fue explotado por sus maestros con fines de lucro. Cuando Pablo y sus compañeros llegaron a Filipos, la muchacha los encontró y los identificó como verdaderos profetas que proclamaban el camino de Dios.

Ella continuó siguiéndolos por muchos días, identificándolos repetidamente como siervos del Dios Altísimo. Eventualmente, Pablo se enojó y exorcizó al espíritu maligno que la poseía. Pero cuando los maestros de la niña se dieron cuenta de que peligraba su fuente de ingresos, mandó a que detuvieran a Pablo y Silas y los llevaran ante las autoridades en el mercado. Allí incitaron a la multitud contra Pablo y Silas, donde fueron golpeados y encarcelados, pero luego fueron rescatados milagrosamente por Dios.

"Pitón" también aparece en algunas de las primeras traducciones al español de las Escrituras en Lev. 20:27; Dt. 18:11; 1 Sam. 28:7-8; 1 Cr. 10:13; Is. 29:4, traduciendo la palabra hebrea 'ob, que significa "médium". Todavía se usa hoy en día para referirse a la adivinación por medio de poder demoníaco. La conexión exacta de este término con la serpiente del mismo nombre es incierta.

PITÓN Nombrado dos veces en las genealogías de Saúl (1 Cr. 8:35, 9:41), un tataranieto de Saúl descendencia del hijo de Saúl, Jonatán.

PIZCA *Véase* Punto.

PLACA **(1)** Un recipiente poco profundo para almacenar alimentos. **(2)** Una pequeña placa de metal grabada con las palabras "Santidad al Señor" y pegada al frente del turbante del sumo sacerdote como un recordatorio de la santidad requerida por Dios (Éx. 28:36). **(3)** Láminas de metal que Eleazar había formado a partir de los incensarios de 250 hombres en la rebelión de Coré que fueron consumidos por el fuego de Dios. Las láminas estaban superpuestas sobre el altar como una señal que advertía a los israelitas que solo los descendientes de Aarón podían quemar incienso delante de Dios (Nm. 16:35-40).

PLACENTA/SECUNDINAS La placenta dispensada después de un nacimiento, cuyo consumo alude a las consecuencias de la desobediencia a las estipulaciones del convenio (Dt. 28:57)

PLAGAS Las plagas desatadas contra Egipto (Éx. 7:1-11:10) le demostraron a Faraón (Éx. 9:14), a los israelitas (Éx. 10:2) y a "toda la tierra" (Éx. 9:16; Rom. 9:17) el control soberano de Dios sobre la naturaleza en defensa de su pueblo del pacto. Tanto la programación como la intensidad de las plagas indican que estos no fueron fenómenos naturales aleatorios. El desarrollo de toda la serie de plagas habría tomado al menos nueve meses. Muchas de las plagas atacaron la multiplicidad de deidades egipcias (Éx. 12:12). Toda el agua se volvió roja como la sangre (Éx. 7:17-21 [para la expresión idiomática, *véase* Joel 2:31]), y hubo muerte en el Nilo, irónicamente considerada el alma de Osiris, dios del inframundo. Hapi era dios del Nilo, responsable de los desbordamientos que depositaban tierra fértil en las tierras de cultivo. Las ranas desafiaron a Heket, una deidad de la fertilidad, abriéndose paso en la habitación del Faraón. El ganado era sagrado; Hator fue representada como una vaca con el disco solar entre sus cuernos. Los forúnculos en humanos y animales significaban que los magos egipcios no podían pararse ante Moisés, posiblemente un ataque contra los sacerdotes, que debían ser intachables. Las tinieblas cubrían todo Egipto (Éx. 10:21-22), una afrenta directa a Re, el dios del sol. La oscuridad y la muerte de los primogénitos fueron ataques especialmente fuertes porque el sol era la deidad principal, y el faraón era su representante terrenal. Hay ecos en las Escrituras de estas plagas, ya que Dios usó los fenómenos naturales para llevar el castigo a su gente errada, y prefiguran las devastaciones escatológicas del Apocalipsis.

PLANCA Uno de los implementos de cocina usados para preparar ofrendas de grano para Dios (Lv. 2:5 [KJV: "sartén"]). Era una superficie plana para freír, distinta del "sartén" (Lv. 2:7 [KJV: "sartén"]). *Véase también* Lv. 6:21; 7:9.

PLANTAS Las plantas aparecen en la Biblia desde el relato de la creación en Génesis hasta Apocalipsis. Dios ordenó a la tierra que produjera plantas de diversos tipos, y produjo "la tierra vegetación: hierbas que dan semilla según su género y árboles que dan fruto con su semilla en él, según su género" (Gn. 1:11-12).

Los libros de Génesis e Isaías tienen la mayor cantidad de referencias a plantas. Solo ocho de los sesenta y seis libros de la Biblia no hacen referencia alguna a plantas (Lamentaciones, Filipenses, Colosenses, 1-2 Timoteo, Tito, Filemón, Judas). El Pentateuco tiene la mayor cantidad de referencias, seguido por los doce libros históricos.

Los Profetas Mayores tienen un gran número, pero los doce Profetas Menores tienen pocas. En el NT, Mateo y Lucas tienen el mayor número de referencias a las plantas. Los escritores bíblicos a menudo usaban nombres generales para las plantas. A veces estos nombres no son más específicos que "árbol", "hierba" o "grano". En otros casos, un nombre específico, como "maíz", se refiere a un amplio espectro, como todo tipo de granos. En las traducciones, las plantas bíblicas pueden llevar los nombres de plantas nativas de diferentes partes del mundo hoy en día, pero eso no significa que sean necesariamente el mismo tipo de planta. Además, las plantas que se encuentran en Palestina hoy en día no estaban necesariamente presentes en los tiempos bíblicos. Por lo tanto, no podemos estudiar las plantas bíblicas simplemente sobre la base de la vida botánica de Palestina en la actualidad. Estos factores conducen a una variedad de traducciones al español de ciertas plantas y árboles en la Biblia.

Flores

Las flores son la parte de una planta que lleva las semillas que contienen los órganos reproductivos. En Palestina, las flores crecían principalmente en campos abiertos durante la primavera. Las temperaturas cálidas de primavera y las lluvias de invierno se combinaban para producir hermosas flores. Las flores podían tener diferentes nombres en diferentes lugares. (*Ver también* Flores.)

Lino. La planta de lino fue cultivada por los egipcios (Éx. 9:31) y por los cananeos (Jos. 2:6). Las fibras del tallo de los linos se usaban para hacer telas de lino (Prov. 31:13). Sus finas fibras se usaban para iluminar (Is. 42:3). El plural pishtim en hebreo se usa en varios pasajes para telas de lino o vestiduras de lino (Lev. 13:47-48, Jer.13:1, Ezeq. 40:3, cf. Ap. 15:6).

Lirio. La palabra hebrea traducida como "lirio" abarca una amplia gama de flores. El lirio de agua era una flor favorita en Egipto y se usó para la decoración en el templo de Salomón (1 Rey. 7:19, 22, 26). En el NT, la palabra griega krinon, que algunas traducciones muestran como "lirio", es probablemente un término general que se refiere a flores silvestres hermosas (Mt. 6:28, Lc. 12:27 [TLA: "flores"]). Aquí Jesús usó la forma en que los lirios del campo crecen para enseñar una lección espiritual sobre la ansiedad (Mt. 6:28, Lc. 12:27).

Rosa. La misma palabra hebrea se traduce como "azafrán" en Is. 35:1 y "rosa" en Cant. 2:1. Había varios tipos de rosas en Palestina. Azafrán era probablemente el apellido de esta flor. Era una flor de primavera con largos tubos florales amarillos sombreados con manchas moradas.

Cañas

Papiro, Enea. El mismo término hebreo se traduce como "papiro" (Éx. 2:3, Job 8:11, Is. 18:2, 35:7) en la NVI y "junco" en la LBLA (Éx. 2:3). El junco, o papiro, era una planta alta y esbelta que crecía a lo largo de las orillas del río Nilo a una altura de hasta trece pies. Proporcionaba el material más antiguo conocido para hacer papel y cubrir los marcos de los barcos (Is. 18:2). Este material también se usó para hacer la canasta en la cual Moisés fue colocado en el Nilo (Éx. 2:3).

Cañas. Varias palabras hebreas se traducen como "caña". Las plumas se hicieron con tallos de caña. Las cañas fueron utilizadas por los soldados que golpearon y se burlaron de Jesús (Mt, 27:29, Mr, 15:19). Fue con una larga caña que la esponja empapada en vinagre fue ofrecida a Jesús en la cruz (Mt. 27:48). El término hebreo para la especia calamus, que proviene de una caña, también se traduce a veces como "caña" (Is. 19:6; 35:7).

Espinas

Varias palabras hebreas se traducen como "zarza", "brezo" o "espinas" (Is. 55:13, Eze. 28:24, Miq. 7:4). En el NT, dos palabras se traducen como "espinas" o "zarzas" (akantha; skolops). Todos estos términos generalmente se refieren a arbustos con espinas puntiagudas, corredoras y un enredo de una masa de vegetación (Jue. 9:8-15, Lc. 6:44). Las espinas podían crecer y ahogar las cosechas cultivadas (Lc. 8:7). Después de la caída, Dios maldijo la tierra para que produjera espinas, zarzas y zarzas (Gn. 3:18).

"Espina" o "espinas" se usan figurativamente para el juicio en el AT (Gn. 3:18, Éx. 22:6, Nm. 33:55, Jos. 23:13, Jue. 2:3, Job 5:5; Sal. 58:9; Is. 7:23). Una corona de "espinos" fue colocada en la cabeza de Jesús durante su juicio para ridiculizar su pretensión de ser rey (Mt. 27:29). A Pablo le fue dado una "espina" en la carne de parte de Dios -quizás alguna dolencia física- para evitar que se volviera presuntuoso (2 Cor. 12:7).

Árboles

Acacia. El árbol de acacia, que está disponible en el Sinaí, tiene una madera dura conocida por su durabilidad. La madera de acacia se usó en la construcción del arca del pacto (Éx. 25:10), las varas para mover el arca (25:13), porciones del tabernáculo (26:15-37) y partes del altar del holocausto (38:1, 6).

Almendro. El almendro era común en Palestina en el tiempo en que Jacob enviaba comida de Egipto. Los hermanos de José le dieron su fruto como un regalo (Gn. 43:11), lo que puede implicar que no era común en Egipto. El bastón de Aarón llevaba almendras maduras (Nm. 17:8). El almendro fue utilizado por los israelitas como una plantilla para que los grabadores decoraran las copas del candelabro de oro (Éx. 25:33; 37:19-20). El árbol se usa figurativamente para describir la vejez (Ecle. 12:5), ya que desde lejos sus flores blancas tienen la apariencia de cabello blanco.

Manzano. El manzano proporciona buena sombra, fruta dulce, belleza y fragancia (Can. 7:8; 8:5; Joel 1:12). Se usó figurativamente para la hermosura y amor compartido entre amantes (Can. 2:3, 5). Las "manzanas de oro" en Prov. 25:11 posiblemente se refiere a cidras, membrillos, naranjas o albaricoques con hojas doradas y plateadas o a representaciones artísticas de frutas en oro en columnas.

Retama/arbusto. Aunque es traducido en la RVA como "enebro", la palabra hebrea rotem (Job 30:4; Sal. 120:4) se presenta en la mayoría de las versiones como " retama" (LBLA) o "árboles de retama" (NTV). La palabra probablemente se refiere a una especie de arbusto que crecía en los desiertos árabes. Elías descansó debajo de este tipo de árbol mientras huía de Jezabel (1 Re. 19:4-5).

Cedro. Lo árboles de cedro crecieron en la vertiente occidental del Líbano (2 Re. 19:23, Is. 2:13, 37:24). El cedro es una madera aromática con un olor y sabor distintivo. Era valorado como material de construcción (Esd. 3:7), usado para la limpieza ritual (Lev. 14:4, Nm. 19:6), y se menciona figurativamente como un símbolo de fortaleza (Sal. 92:12).

Ciprés. La NTV y LBLA identifican la madera utilizada para el arca de Noé como ciprés (Gn. 6:14), aunque algunas otras versiones (por ejemplo, la RVA) la identifican como madera de gofer. Junto con otros tipos de árboles, el ciprés es un símbolo de la tierra fértil (Is. 41:19), y está asociado con Líbano (Is. 60:13) y Chipre (Ezeq. 27:6).

Ébano. El ébano es una madera negra pesada derivada de varias especies de árboles. Su albura es blanca y de menor valor, pero los troncos son lo suficientemente grandes como para dejar bloques de madera de corazón negro de dos pies de diámetro y diez o más pies de largo. El ébano fue uno de los productos que Dedán comercializó con Tiro (Ezeq. 27:15).

Almendro

Higuera. La higuera aparece primero en Gn. 3:7, donde Adán y Eva cubrieron su desnudez con hojas de higuera. La higuera es altamente valorada por su dulce fruto (Jue. 9:11), y los israelitas se quejaron de no tener higos en el desierto (Nm. 20:5). Los higos eran una de las cosas que los espías israelitas traían a la gente de la tierra prometida para mostrar que la tierra era buena (Nm. 13:23; *ver* Dt. 8:8). Un símbolo de morar en paz y seguridad era que cada persona tuviera una higuera (1 Re. 4:25, 2 Re. 18:31, Is. 36:16, Miq. 4:4, Zac. 3:10). El saqueo, la inutilidad y el marchitamiento de la higuera son simbologías del juicio (Sal. 105:33; Jer. 5:17; 8:13; Oseas 2:12; Amós 4:9). El favor y el juicio de Dios se mencionan figurativamente como buenos higos e higos malos, respectivamente (Jer. 24:1-3, 5, 8, 29:17). La higuera también se usó figurativamente para Israel como nación (Oseas 9:10). Los higos se usaban medicinalmente como cataplasma (2 Re. 20:7; Is. 38:21). Jesús maldijo una higuera porque llevaba frutos (Mt. 21:19-21; Mr. 11:13), y su parábola de la higuera infructuosa muestra la importancia de cultivar y fertilizar la tierra donde se plantaban los higos (Lc. 13:6 -9).

Abeto. Este árbol de hoja perenne se menciona ocasionalmente junto al ciprés y el enebro (Is. 41:19), particularmente como uno de los árboles del Líbano (60:13). La RVA usa el término "abeto" para el árbol que la NVI traduce como "pino" (por ejemplo, Oseas 14:8).

Enebro. Este árbol conífero de hoja perenne (Oseas 14:8) se describe como uno de los árboles principales del Líbano (Is. 60:13; *ver* 41:19; 55:13). Suministraba tablas y madera para puertas y marcos (1 Re. 6:15, 34), y sus madera se usaban para vigas y travesaños de las casas (1 Re. 5:8, 2 Cr. 2:8) y para la construcción naval (Ezeq. 27:5). Mientras que la NVI utiliza el término "enebro" en estos versículos, la RVA usa "abeto", y algunas otras versiones usan "ciprés" (NVI) o "haya" (JBS).

Mirtos. Este era un arbusto nativo común y de elección en Palestina (Is. 41:19; 55:13). Crecía a una altura considerable (Zac. 1:8, 10) y era uno de los árboles utilizados en la Fiesta de los Tabernáculos (Neh. 8:15). Los mirtos tienen hojas fragantes de color verde oscuro con flores blancas estrelladas y bayas oscuras comestibles.

Roble Varias palabras hebreas se traducen comúnmente como "roble" o "terebinto". Estas generalmente señalan a árboles grandes y fuertes, reflejado en la PDT que lo traduce como "gran árbol". La palabra 'elon se usa con referencia al roble de Moré al que Abraham viajó (Gn. 12:6), el robledo de Mamre donde Abraham se asentó y Dios se le apareció (Gn. 13:18; 14:13; 18:1), el roble de Saanan bajo el cual Heber armó su tienda (Jos. 19:33; Jue. 4:11), el roble de los adivinos (Jue. 9:37) y el roble de Tabor (1 Sam. 10:3). Otras palabras para "roble" o "terebinto" incluyen 'elah (Gn. 35:4), 'ellah (Jos. 24:26), 'ayil (Is. 1:29) y 'allon (Gn. 35:8).

Olivo. Los olivos son árboles pequeños, redondos, con hojas delgadas de color verde grisáceos y pequeñas flores de color crema que florecen en mayo. Las aceitunas se comen como fruta, pero la mayor parte de la cosecha en tiempos bíblicos se usaba para el aceite de oliva. El olivo se menciona por primera vez en Génesis 8:11, que describe una paloma que lleva una hoja de olivo a Noé en el arca.

El olivo fue una de las bendiciones de la tierra prometida (Dt. 6:11; 8:8). Crecía en las laderas de las montañas donde había suficiente tierra. Las raíces de los olivos se extendían ampliamente para obtener nutrientes de las laderas rocosas, por lo tanto, los árboles estaban a menudo bien separados y solo daban fruto después de unos cuarenta a cincuenta años. Se usaba madera del olivo para los postes y las puertas del templo, así como para los querubines, y se usaba aceite de oliva para la lámpara que se encendía delante del tabernáculo (Éx. 27:20; Lev. 24:2). El aceite también era medicinal (Mar. 6:13, Lc. 10:34, Sant. 5:14). Pablo identifica a los gentiles como un "ramas de un olivo silvestre" que fueron injertados en el olivo cultivado, los judíos (Rom. 11:17-18, 24).

Palma. La palma de la Biblia es la palmera datilera, la única palma de los tiempos bíblicos que producía fruto. Se describe como floreciente (Sal. 92:12) y alta (Cant. 7:7). Las mejores especies de este árbol crecieron en Jericó (Dt. 34:3), En Gedi, y a lo largo de las orillas del río Jordán.

Las ramas de las palmeras se llevaban en la Fiesta de los Tabernáculos (Lev. 23:40). Las multitudes usaron ramas de palmas para recibir a Jesús en su entrada triunfal a Jerusalén (Mt. 21:8, Jn. 12:13). Los discípulos levantarán sus ramas como un símbolo de victoria al final de la era (Ap. 7:9).

Pino. Un árbol de hoja perenne que aparece en la NVI solo en Is. 44:14. Aparece más a menudo en otras traducciones, pero la NVI típicamente las traduce como "enebro" o "abeto".

Plátano. El plátano (RVA: "castaño") se menciona dos veces en la Biblia. En Gn. 30:37, Jacob usa ramas de plátano, junto con ramas de álamo y almendro, para crear un rebaño moteado. En Eze. 31: 8, los plátanos se comparan con los cedros del Líbano, una metáfora de Asiria.

Granada. Este es un árbol pequeño, cuyo fruto tiene una cáscara gruesa, muchas semillas y pulpa roja. Es parte de la familia del mirto. Su fruto se usaba para producir vino con especias (Cant. 8:2). Los espías israelitas trajeron granadas para mostrar que la tierra prometida era fecunda y buena (Nm. 13:23, Dt. 8:8). El marchitamiento de este y otros árbol era una señal de juicio (Joel 1:12).

PQ

Álamo. Los álamos crecían junto a las corrientes de agua (Job 40:22; Is. 15:7; 44:4; RVA, LBLA: "sauces"). Los judíos exiliados, quienes estaban demasiado tristes para cantar, colgaron sus arpas en los álamos (Sal. 137:2). En 2 Sam. 5:23-24; 1 Cr. 14: 14-15, el término hebreo baka' se traduce de varias formas, tales como "álamos" (NTV), "balsameras, NBLH" (LBLA), "morales" (RVA, JBS) y "árboles de bálsamo" (NVI, TLA, DHH, NBD); el tipo exacto de árbol o planta es incierto.

Sicómoro. El sicómoro-higuera es uno de los mejores árboles de las tierras bajas de Palestina. Alguna vez hubo abundancia de ellos (1 Re. 10:27, 2 Cr. 1:15). Este árbol, que no puede resistir las heladas (Sal. 78:47), produce higos pequeños y redondos que tienen poco sabor. El profeta Amós era un cultivador de sicómoros (Amós 7:14). Este árbol comúnmente alcanza una altura de unos cincuenta pies y tiene un tronco enorme que produce madera valiosa (1 Re. 10:27; Is. 9:10). El sicómoro-higuera era plantado comúnmente junto a los caminos por su sombra (Lc. 19:4).

Árbol del conocimiento del bien y del mal. Este árbol es llamado así porque podía hacer que los humanos tuvieran conocimiento del bien y del mal (Gn. 3:5), pero no de acuerdo al temor del Señor (Prov. 1:7). Era bueno para comer (Gn. 2:9). La naturaleza del árbol es desconocida.

Sauce. Como los álamos, los sauces crecían junto a las corrientes de agua (Ezeq. 17:5). Sus ramas fueron usadas para hacer las cabinas para la Fiesta de los Tabernáculos (Lev. 23:40).

Vides

Hay tres palabras hebreas para las vides. (1) La palabra gepen se usa para las vides cultivadas. Bajo la vid cultivada está gepen hayyayin, literalmente, "vid de vino" (Nm. 6:4; Jue. 13:14), traducida como "vid" (LBLA, NTV, NVI); gepen sadeh, "vid silvestre" (2 Re. 4:39); y gepen sedom, "vid de Sodoma" (Dt. 32:32). (2) La palabra soreq se traduce como "vides escogidas" (Is. 5:2; Jer. 2:21) y "la mejor cepa" (Gn. 49:11).

Podría tratarse de una especie de uva roja, valorada y brillante. Según la tradición rabínica, estas uvas eran dulces y casi sin semillas. (3) La palabra nazir (Lev. 25:5, 11) se traduce diversamente como "viñas no cultivadas" (NVI, NBD), "vides no podadas" (NTV, RVC) y "vid consagrado" (JBS). La vid sin podar puede haberse referido a los mechones sin cortar de un Nazareo. La palabra griega para vid es ampelos (Mr. 14:25, Lc. 22:18, Ap. 14:18). Jesús se llamó a sí mismo la "vid verdadera" (Jn. 15:1), y en la cena final dijo que no bebería de "este fruto de la vid" hasta la era venidera (Mt. 26:29). La palabra griega staphylē, traducida como "uva" (Mt. 7:16, Lc. 6:44, Ap. 14:18), se refiere a las uvas de la vid. Habrá racimos de la vid de la tierra que serán cosechados al final de la era (Ap. 14:18).

El AT testifica cuánto dependía Palestina de las vides y de sus productos para la vida. La gente se regocijaba con el vino producido de sus uvas (Jue. 9:13, Sal. 104:15). Los israelitas las echaron en falta en el desierto (Nm. 20:5), aunque se dirigían a una tierra con viñas que no plantaron (Dt. 6:11; 8:8; Jos. 24:13). Los nazareos no debían comer de la vid, "ni siquiera las semillas o pieles" (Nm. 6:4, *véase* Jue. 13:14). La bendición de Judá por parte de Jacob incluía una parte especial de la tierra con muchas viñas (Gn. 49:11).

Incluso la tierra más pobre podía ser cultivada para viñedos (2 Re. 25:12; Jer. 52:16). Los viñedos se plantaban con gran cuidado y requerían de mucha atención. Por lo tanto, el viñedo de una persona perezosa podía identificarse fácilmente (Prov. 24:30-31). Los viñedos eran vallados y regados regularmente (Is. 5:2, 27:2-3, Mt. 21:33). Al comienzo de la primavera, las plantas debían ser podadas cortando las ramas muertas e infructuosas (Lev. 25:3-4; Is. 5:6), las cuales eran juntadas y quemadas (Jn. 15:6). A medida que las uvas maduraban, eran protegidas contra los zorros (Can. 2:15) y jabalíes (Sal. 80:12-13). La temporada de cosecha de la vid era un momento de alegría (Is. 16:10), y se dejaba a los pobres espigar (Lev. 19:10, Jue. 8:2, Is. 17:6).

Figurativamente, "cada uno bajo su parra" significaba seguridad nacional, protección y paz (1 Re. 4:25; Miq. 4:4; Zac. 3:10). Plantar viñedos y vivir para comer de sus productos significaba una larga y estable estancia pacífica en la tierra (2 Re. 19:29; Sal. 107:37; Isa. 65:21; Ezeq. 28:26). Por el contrario, plantar una vid y no comer de su producción era una tragedia y podía ser un signo de la desaprobación de Dios (Dt. 20:6, 28:30; Amós 5:11). El fracaso de la vid era un signo de la ira de Dios (Sal. 78:47; Joel 1:7; Hab. 3:17). Jesús usó la vid en algunas de sus parábolas: una higuera sin fruto en una viña (Lc. 13:6-9), obreros en la viña (Mt. 20:1-16), y vino nuevo en odres viejos (Mt. 9:17).

Particularmente significativo fue la designación de Jesús como la vid verdadera y su Padre como el viñador (Jn. 15:1). Todos los creyentes están en un vínculo con Jesús, la vid verdadera, si permanecen en Él (Jn. 15:4). En la Última Cena, el fruto de la vid simbolizaba la sangre expiatoria de Cristo (Mt. 26:27-28), y se ha convertido en el vino sacramental del servicio de la comunión cristiana (1 Cor. 11:25). Cristo sólo beberá nuevamente del fruto de la vid con todos los creyentes en el reino venidero (Mt. 26:29).

Vegetales, Hierbas, y Plantas Aromáticas

Bálsamo. Esta resina (Heb tsori), que tiene un olor distintivo, fue traída de Galaad por los ismaelitas en su camino a Egipto (Gn. 37:25). Probablemente era medicinal, ya que Jeremías se refiere figurativamente a sus propiedades medicinales como un sedante cuando se aplica sobre una herida (Jer. 8:22; 46:11; 51:8). Se vendía a los viajeros en pequeñas cajas de hojalata como el "Bálsamo de Galaad" (*véase* Ezeq. 27:17).

Frijoles. Común y valioso para la comida, los frijoles se cocinaban mientras estaban verdes en las vainas o después de secarse. Los frijoles secos eran trillados y aventados como cereales y otros granos. Los frijoles se mencionan dos veces en la NVI (2 Sam. 17:28; Ezeq. 4:9).

Cálamo. Una especia de olor dulce (Heb. Qaneh) hecha de una caña del mismo nombre, pero comúnmente conocida como "bandera dulce". El término hebreo se traduce de diversas maneras en la NVI como "caña" (Is. 19:6; 35:7), "Cálamo" (Cant. 4:14, Ezeq. 27:19), "tallo" (Gn. 41:5, 22), "cálamo aromático" (Is. 43:24), y "dulce cálamo" (Jer. 6:20). La RV algunas veces la traduce como "caña aromática" (Is. 43:24). Sus hojas tienen un olor dulce distintivo. Cuando se arrugan, transmiten un delicioso olor a jengibre. El cálamo era importado para ser usado en adoración (Jer. 6:20).

Comino. La palabra hebrea qetsakh (Is. 28:25, 27) se traduce también como "eneldo" (LBLA, DHH, NBD), "comino negro" (NTV) y "neguilla" (RVA, JBS). Como se describe Is. 28:25-27, la planta se golpeaba suavemente para liberar las semillas, que se usaban como condimento.

Casia. La corteza, los brotes y las hojas de este árbol producen un ingrediente fragante usado para el aceite de la santa unción (Éx. 30:24). Casia era una de las mercancías que los danitas y griegos intercambiaban con Tiro (Ezeq. 27:19).

Canela. Esta especia se usó junto con otras para hacer el aceite de la unción (Éx. 30:23). Era una especia valiosa (Cant. 4:14) usada como perfume (Prov. 7:17). En Apocalipsis es uno de los productos lucrativos de Babilonia la Grande (18:13).

Cilantro. Una hierba con un olor fragante, el cilantro se originó en todo el Mediterráneo y se cultivó extensamente. El maná del desierto era como semilla de cilantro (Éx. 16:31, Nm. 11:7).

Pepino. Cultivados en Egipto, los pepinos (Heb. Qishuah) eran uno de los alimentos que los israelitas anhelaban mientras estuvieron en el desierto (Nm. 11:5). Los campos de pepino, o quizás el melón (Heb. Miqshah), se mencionan en Is. 1:8; Jer. 10:5.

Comino. El comino se refiere a la semilla de la hierba Cuminum cyminum, que era plantada y trillada (Is. 28:25, 27). Sus semillas aromáticas se usaron para dar sabor. Los fariseos diezmaban el comino (Mt. 23:23).

Eneldo. La palabra griega anēthon aparece una vez en el NT (Mt. 23:23) y se traduce como "eneldo" (NVI, LBLS, RVA) o "anís" (RV1995, DHH). El eneldo es una hierba perenne que crece en un pequeño cultivo de jardín. Los escribas y los fariseos diezmaban con eneldo (Mt. 23:23). La ley pedía el diezmo de "todo el producto del grano que rinda tu campo cada año" (Dt. 14:22), pero los fariseos, al insistir en los detalles de esta ley, ignoraron asuntos más importantes.

Hiel. Esta planta amarga estaba asociada con el veneno (Dt. 29:18; Jer. 9:15 RV1995). Se usa figuradamente para describir el sufrimiento (Lam. 3:5, 19) y el juicio de Dios (Jer. 8:14 RV1977). En Mt. 27:34, la hiel es mezclada con el vino ofrecido a Jesús en la cruz.

Flor de alheña. Esta es una planta leñosa floreciente con tallos cortos, más pequeños que un árbol. Sus flores apuntan hacia arriba, y tiene flores blanquecinas de olor dulce que crecen en matas densas (Cant. 1:14; 4:13). Sus flores se usaban para teñir el cabello, las uñas y los dedos. También se usaba para hacer agradables perfumes aromáticos.

Melón. Una fruta grande de la familia de las calabazas, el melón (Heb. 'Abattiakh) se menciona una vez en la Biblia como una de las cosas que los israelitas anhelaban de Egipto mientras deambulaban por el desierto (Nm. 11:5).

Menta. Una planta fragante con flores blancas o rosadas densas, se usa para dar sabor a los alimentos. Los judíos la dispersaban en el piso de las casas y en las sinagogas por su agradable olor. Jesús dijo que los fariseos diezmaban todo, incluso la menta, pero ignoraban asuntos más importantes de la ley (Mt. 23:23, Lc. 11:42).

Azafrán. En la antigüedad, los segmentos de la corola de la flor de azafrán se usaban para perfumar los salones de banquetes. El tipo mencionado en la Cant. 4:14 probablemente era importado a Palestina desde la India.

Ajenjo. El significado de la palabra hebrea la'anah, tradicionalmente traducida como "ajenjo", no está clara, pero probablemente se refiere a una sustancia amarga (Dt. 29:18; Prov. 5:4; Jer. 9:15; 23:15 Lam. 3:15, 19; Amós 5:7; 6:12; *ver* Gr. Apsinthos en Ap. 8:11). Podría ser identificado con varias especies de hierbas en Palestina que tienen un sabor amargo.

Grano

Cebada. Este grano era comúnmente cultivado por los judíos (Lev. 27:16; Rut 2:17) y era una de las bendiciones de la tierra prometida (Dt. 8:8). Era usado para cocer pan, principalmente entre los pobres (Jue. 7:13, 2 Re. 4:42). Rut fue a Jerusalén durante la cosecha de la cebada (Rut 1:22, 2:23). Fue con panes de cebada y dos peces que Jesús alimentó a los cinco mil (Jn. 6:9, 10).

Trigo. La palabra hebrea más común para "trigo" es khittah (Gn. 30:14, Éx. 9:32, Rut 2:23, Job 31:40, Sal. 147:14, Cant. 7:2). La palabra hebrea, bar a veces se traduce como "trigo" (Jer. 23:28 NVI), pero más comúnmente se traduce como "grano" (Sal. 72:16, Prov. 11:26, Joel 2:24, Amós 5:11) La palabra griega para "trigo" es sitos. El trigo es una planta anual que crece alrededor de tres pies de alto. Sus granos son duros cuando se secan y son fáciles de almacenar en graneros (Gn. 41:49; Mt. 3:12). Aunque el grano se usaba para alimentos, era importante retener algunos para la siembra (Gn. 47:24). Palestina produjo trigo de buena calidad y en grandes cantidades (Sal.81:16; 147:14). Las taras (Gr. Zizanion) se parecían mucho al trigo, pero en realidad era una hierba mala. Cuando el tiempo de la cosecha estaba cerca, los trabajadores eliminaban cuidadosamente la cizaña de entre el trigo (Mt. 13:25-40).

PLATA BATIDA *Ver* Plata Martillada.

PLATA MARTILLADA La plata martillada se usaba de manera similar al oro para decoración de objetos menos valiosos. Jeremías 10:6-10 describe su uso como parte de un vano intento por cubrir la inutilidad de los ídolos.

PLATA Un metal precioso usado en el mundo antiguo y en la Biblia como una medida de riqueza (Gn. 13:2) y un medio de intercambio (Dt. 2:28). El acuñado de monedas no comenzó hasta finales del AT, así que los cientos de referencias bíblicas a monedas anteriores eran a plata. Los pueblos antiguos usaban animales, granos y otros bienes para hacer trueque (Os. 3:2) o pagar impuestos, pero sustituirlos por pequeñas piezas de metal precioso más fáciles de manejar tenía obvias ventajas, y la plata servía como un medio estándar de intercambio en la tierra de la Biblia. La plata debía ser extraída y purificada antes de servir como un objeto de valor. El mineral de plata era triturado, lavado, colado y calentado para eliminar materiales indeseados (escoria), un proceso que se usaba para simbolizar la purificación espiritual (Sal. 66:10; Ez. 22:18:22). Los herreros luego daban forma a la plata refinada (u oro o bronce) en piezas puras de metal que funcionaban como dinero (Gn. 23:15-16), botín de guerra (2 Sm. 8:11), joyería (Gn. 24:53), artículos domésticos (2 Tim. 2:20), y otros objetos deseados. Estos otros objetos incluían trompetas (Nm. 10:2) e implementos usados en la adoración de Dios (Éx. 26:19-25) o artículos para adoración ilícita o pagana (Jue. 17:4; Hec. 19:24). La Biblia señala que el valor y la estabilidad de la plata son transitorios a la luz de la eternidad (1 Cor. 3:12-13; Sant. 5:3).

PLÁTANO La traducción de la palabra hebrea 'ermon en la mayoría de las versiones modernas en español (RVA: "castaños"; RV2015: "castaños"). El plátano generalmente crece junto a los ríos, y a menudo tiene la corteza descascarillada. El Imperio Asirio se asemeja a un plátano debido a su fuerza y belleza (Eze. 31:8), y Jacob usa sus ramas en su engaño con los rebaños de Labán (Gn. 30:37). *Ver también* Castaño; Plantas.

PLATERO Un metalurgista que crea objetos a partir de plata y a veces oro, bronce o hierro (2 Cr. 2:7). Las referencias del AT traducidas como "platero" se basan en la palabra hebrea para "fundidor, refinador" (tsorep) con "plata" como modificador (Jue. 17:4; Is. 40:19) o implicado por contexto (Prov. 25:4; Jr. 10:9). En el NT, el único platero (del griego argyrokopos) es Demetrio de Éfeso (Hec. 19:24), un líder gremial que hacía altares honrando a Artemisa. Reconociendo que el evangelio amenazaba su negocio, incitó una revuelta contra Pablo.

PLATO (DISH) Vasija pequeña, generalmente utilizada para contener líquidos. Ejemplos bíblicos incluyen el plato de oro que cada tribu israelita ofrece en la dedicación del tabernáculo (Números 7), una vasija de oro del templo (1 Crónicas 28:17), y el plato en el que Jesús unta el pan antes de entregarlo a Judas, señalando la identidad de quien lo traicionaría (Juan 13:26). En 2 Reyes 21:13 Dios, hablando a través de los profetas, dice que destruirá Jerusalén y expulsa a Judá de la tierra como quien limpia un plato. Proverbios 26:15 dice que el perezoso mete su mano en el plato, pero le pesa llevarse el bocado a la boca. Limpiar sólo el exterior de un plato, mientras se deja sucio el interior, es una metáfora para cómo los fariseos se preocupaban más de la pureza ritual que de tener corazones puros (Mateo 23:25-26; Lucas 11:39-41).

PLENITUD DEL TIEMPO Esta expresión aparece en Gal. 4:4; Ef. 1:10 NRSV (aunque con variaciones en el griego: chronos en el primero, kairos en el último). En Gal. 4 el contexto sugiere que Dios envió a Cristo en el momento más oportuno. En Ef. 1 la expresión es más apocalíptica y ansía la ocasión cuando ocurra la plenitud. Allí designa la totalidad de la era desde la venida de Cristo a la culminación final de todas las cosas. En Efesios, la plenitud está a la vez presente y esperando la venida final cuando Cristo regrese y finalice su reinado. Dos factores parecen haber hecho del momento de la encarnación de Cristo y la subsecuente comisión de la iglesia para proclamar el Evangelio "hasta el fin de la tierra" (Hec. 1:8) el momento más oportuno de la historia. Primero fue la conquista romana del mundo mediterráneo y subsecuente establecimiento de la Pax Romana ("paz de Roma").

Como resultado, viajar era a la vez muy accesible y relativamente seguro. Segundo, fue el establecimiento del griego como lengua común. De hecho, judíos de habla griega residían en casi cada ciudad principal del mundo romano. Ambos factores hacían del mundo romano del siglo uno de los lugares más oportunos en la historia humana para viajeros como Pablo y Silas para recorrer la región mediterránea y proclamar el Evangelio.

Otros factores también contribuyeron a la madurez de la era. Entre ellos estaba la pesada nube de expectación entre los judíos en Palestina esperando un liberador mesiánico que los liberaría de la opresión romana.

PLENITUD Generalmente, la idea de plenitud en la Biblia implica compleción. Con frecuencia el término se ha aplicado a Jesús, que es considerado como la plenitud de la humanidad. Pablo escribe que Dios estaba "complacido de tener toda su plenitud residiendo en él" (Col. 1:19). De manera similar, Pablo dice que en Cristo "la plenitud de la Deidad vive en forma corporal" (Col. 2:9). No sólo se considera a Jesús como la plenitud de Dios, pero también aquellos que lo siguen se considera que tienen la oportunidad de experimentar la plenitud de Dios (Col. 2:10; Ef. 3:19; 4:13). Más aún, Pablo enfatiza la necesidad para que el Evangelio sea predicado en plenitud (Col. 1:25).

PLÉYADES Las Pléyades (las Siete Hermanas) forman una constelación de siete estrellas que la Biblia siempre enumera junto con Orión, otro cúmulo de estrellas que aparece muy cerca en el cielo nocturno. Job 9:9 y Amós 5:8 mencionan las Pléyades y Orión como productos de la artesanía de Dios y evidencia de su poder creativo. Job 38:31 agrega el detalle interesante de que están "atadas" unidas por Él. En el mito griego, Orión persiguió a siete hermanas (las Pléyades) durante cinco años, y Zeus transformó a Orión y a las hijas en estrellas justo antes de atraparlas.

PLOMADA Un cable con una pesa colgada a uno de los extremos, para medir la verticalidad, utilizado en construcción en la antigüedad. Aparece en cinco pasajes del AT, una plomada mide la rectitud y es señal del compromiso de Dios con la renovación. En Amos 7:7-9 una plomada en la mano de Dios comunica su juicio. En Zac. 4:10 una plomada en la mano de Zorobabel trae regocijo (NVI: "toque final"). Una plomada señala el acto de limpieza de Dios en 2 Rey. 21:13. Una plomada en Isa. 28:17; 34:11 es la rectitud y justicia, así como la desolación y el caos. Mientras señaliza un final, una línea de plomada también indica un nuevo comienzo.

POBRE EN ESPÍRITU En la Biblia, los "pobres" también pueden ser considerados "mendigos", describiendo a aquellos en un estado extremo de privación, indigentes, completamente dependientes de otros para su supervivencia (Éx. 23:11; Is. 14:30, Lc. 16:20). Jesús pronuncia la bendición sobre los "pobres en espíritu" y afirma que poseen el reino de los cielos (Mt. 5:3, cf. Lc. 6:20). El calificador "en espíritu" invita a los discípulos a ver a Dios como su proveedor misericordioso y, a su vez, extender esa misericordia a los demás (Mt. 6:1-4).

POBRE, HUÉRFANO, VIUDA En conjunto: "pobre", "huérfano" y "viuda" se mencionan 280 veces en la NVI, evidencia de la preocupación particular de Dios por los necesitados. "Pobre" es un término general para aquellos que están físicamente empobrecidos o espiritualmente debilitados. En términos bíblicos, "pobre" incluiría a la mayoría de huérfanos y viudas, aunque no todos los pobres eran huérfanos o viudas. Con más de 170 referencias a los "pobres" en la NVI, los escritores bíblicos enfatizan la preocupación de Dios por los pobres. Esto se resume mejor en Deuteronomio: "Siempre habrá algunos que serán pobres en tu tierra, por eso te ordeno que compartas tus bienes generosamente con ellos y también con otros israelitas que pasen necesidad" (15:11).

Los Pobres

Antiguo Testamento. Todas las secciones del Antiguo Testamento (incluida la Torá, los Profetas Mayores, los Profetas Menores y la literatura de la sabiduría) contienen instrucciones y advertencias sobre el tratamiento de los pobres. Parte de los diezmos y las ofrendas debían reservarse para las necesidades de los pobres (Dt. 14:28-29; 26:12-13). La ley establecía disposiciones específicas que permitían a los pobres de la tierra recolectar de los campos que no habían plantado o cuidado (Lev. 19:9-10; 23:22). Que Boaz haya permitido a Rut espigar es un ejemplo de esto (Rut 2:7-8, 15, 23).

Se favorecía a los que eran amables con los pobres (Job 29:12; 30:25; 31:16; Sal. 112:9; Prov. 19:17; 22:9; 28:8, 27; Is. 58:5-7; Jer. 22:16). Inversamente, aquellos que no se preocupaban por los pobres eran advertidos firmemente (Prov. 21:13; Ezeq. 16:49; Amós 8:4-9).

El AT a menudo advierte contra la opresión de los pobres, con el énfasis añadido de que Dios es el defensor de ellos (2 Sam. 12:3-4; Job 20:19; Sal. 109:16; 140:12; Prov. 14:31; 23:11; Is. 3:14). Si una persona pobre hacía un voto, se proporcionaban regulaciones específicas para evitar una prenda de una cantidad injusta y evitar que la prenda se mantuviera por demasiado tiempo (Lev. 27:8; Dt. 24:12). Los israelitas que fueron contratados como trabajadores porque estaban empobrecidos debían ser tratados con justicia y no como esclavos (Lev. 25:39-42, Dt. 24:14-15). Los pobres debían ser juzgados justamente, sin mostrar favoritismo ni opresión debido a su situación (Éx. 23:3, 6, 30:15, Lev. 19:15, Job 34:19, Sal. 49:2, Is. 10:2).

Además, los pobres no debían ser ignorados en el año sabático o el año de jubileo. Durante el año sabático, a los pobres y necesitados de la tierra se les permitía recolectar alimentos de la tierra, incluidos los campos, olivares y viñedos (Éx. 23:11). Si un hombre se empobrecía y se veía obligado a vender su tierra, y si no era redimido por un miembro de la familia, la tierra sería devuelta al hombre durante el año de jubileo (Lev. 25:25-30). Además, si un hombre se viera obligado a someterse a ser un trabajador contratado, sería redimido en el año jubileo (Lev. 25:47-54).

Nuevo Testamento. El NT continúa con la atmósfera de bondad, sin opresión hacia los pobres y aquellos en necesidad que se encuentran en el AT. La iglesia del NT estuvo marcada por una generosidad tan real y desinteresada que sus miembros vendían sus propias posesiones y se las compartían "con todos, según la necesidad de cada uno" (Hec. 2:45). Los pobres debían ser tratados con generosidad, y las necesidades debían abordarse cada vez que se descubrían (Mt. 19:21, Lc. 3:11, 11:41, 12:33, 14:13, 19:8, Hec. 6:1; 9:36; Rom. 15:26; Gál. 2:10).

La bondad hacia los pobres era considerada como una manifestación natural del amor de Dios. Varios escritores del NT consideraban que la falta de preocupación y bondad hacia los pobres en la vida del creyente era razón para cuestionar la autenticidad de la fe de esa persona (Sant. 2:15-16, 1 Jn. 3:17-18). Además, debido a la encarnación de Cristo, en la que Dios todopoderoso eligió vivir con la humanidad, los escritores del NT prohibieron expresamente las distinciones entre los creyentes en base a la riqueza material y, más específicamente, el favoritismo hacia los ricos (1 Cor. 11:20-22; Fil. 2:1-8; Sant. 2:1-4).

Huérfanos

Otras instrucciones bíblicas específicas sobre personas necesitadas se refieren a personas sin padres y especialmente a aquellos que no tienen padre. A estos individuos se les llama "huérfanos de padre". Al igual que con las provisiones para los pobres, la opresión de huérfanos o los que no tenían padre estaba estrictamente prohibida (Éx. 22:22; Dt. 24:17; 27:19; Is. 1:17; 10:1-2; Zac. 7:10).

Además, a menudo se menciona a Dios como el proveedor y amparo del huérfano (Dt. 10:18, Sal. 10:14, 18, 68:5, 146:9, Jer. 49:11). Jesús prometió no dejar a sus seguidores como "huérfanos", lo que implica que no los dejaría sin protección (Jn. 14:18). En una de las declaraciones más claras de cómo la creencia cristiana se manifiesta, Santiago declara: "La religión pura y sin mancha delante de Dios nuestro Padre es esta: atender a los huérfanos y a las viudas en sus aflicciones, y conservarse limpio de la corrupción del mundo " (Sant. 1:27). (*Ver también* Sin padre.)

Viudas

Como las viudas se encuentran sin sus maridos y, por lo tanto, son similares a los huérfanos en vulnerabilidad y necesidad, son beneficiarios de disposiciones especiales en ambos Testamentos. La opresión estaba prohibida (Éx. 22:22), las provisiones debían darse de manera similar a la de los pobres y huérfanos (Dt. 24:19-21), y se daban amplias advertencias a aquellos que negaran la justicia a las viudas (Dt. 27:19). Jesús resucitó al hijo de una viuda de la muerte (Lc. 7:14-15), un milagro especialmente necesario porque ella carecía de provisión después de la muerte de su único hijo. El apóstol Pablo dio reglas específicas a Timoteo con respecto a quién debía de ser incluido en la lista de viudas para recibir alimento diario: debían tener más de sesenta años y haber sido fieles a sus maridos (1 Tim. 5:9). En el libro de Apocalipsis, una ciudad desolada sin habitantes se describe acertadamente como una "viuda" (18:7). (*Ver también* Viuda.)

POBREZA *Ver* Pobre, huérfano, viuda.

PODER Un sinónimo de "fuerza". "Poder" a menudo traduce las palabras hebreas koakh o 'az o la palabra griega dynamis, que denotan fortaleza o fuerza. La palabra hebrea yad ("mano") también puede denotar poder cuando se usa para hablar del dominio de un gobernante (por ejemplo, 2 Re. 17:7 [LBLA: "mano de Faraón"; NVI: "poder de Faraón"])

Aunque los humanos tienen un grado de poder, Dios es omnipotente, todopoderoso (Jer. 32:17). Él utilizó su gran poder para crear el mundo (Jer. 51:15, Rom. 1:20, Ap. 4:11). También ha mostrado su poder a través de otros actos poderosos, como la liberación de los israelitas de Egipto (Éx. 14:31, Dt. 9:26). La literatura de la sabiduría exalta el poder de Dios (Job 9:4; Sal. 20:6; 66:3; 147:5), como lo hacen los profetas (Isa. 40:10; Jer. 27:5; Dan. 2:20; Nah. 1:3) y las cartas del NT (1 Cor. 6:14, Ef. 1:18-21, Col. 2:10). Dios continúa mostrando su poder a través del Evangelio (Rom. 1:16), no sólo al rescatar a los creyentes de sus pecados (1 Cor. 1: 24-25) sino también al empoderarlos para vivir vidas santas (2 Cor. 4:7).

El Espíritu Santo ha actuado y continúa actuando como el agente del poder de Dios (Jue. 14:6; 1 Sam. 16:13; Hec. 1:8). Así como el Espíritu Santo ha hecho muchas señales y maravillas poderosas a través de Jesús y los apóstoles (Hec. 10:38, Rom. 15:18-19), Él otorga el renacimiento a cada cristiano a través de su poder (Gál. 4:29). El Espíritu Santo también fortalece a los cristianos con poder "para que por fe Cristo habite en sus corazones" (Ef. 3:17).

POESÍA Aproximadamente un tercio del AT es poético. La poesía es una forma más elevada de hablar y escribir que la prosa. Es una desviación de los patrones normales de expresión y exhibe un alto grado de atención al artificio literario. En la poesía, el cómo se dice algo es tan importante como lo que se dice. La poesía emplea varios recursos poéticos y convenciones que son menos frecuentes o están completamente ausentes del habla común. Entre estos se incluyen: el acróstico, inclusión, quiasmo, concisión, paralelismo y el uso intensivo de imágenes (ver también Acróstico).

La poesía hebrea también emplea la gama completa de figuras del habla, incluida la metáfora, simetría, sinécdoque (que sustituye una parte por el entero o viceversa, como "zarpar" o "esperar la sangre"), la animeria (sustituir una parte del habla por otro, como "deja que lo seco aparezca"), merismo (el todo expresado con dos opuestos, como "día y noche"), antropomorfismo, personificación (Que "los ríos batan las manos" [Sal. 98:8]), y así sucesivamente.

Inclusión y Quiasmo

La inclusión (o inclusio) es un mecanismo estructurador mediante el cual una unidad de texto comienza y termina con la misma o una palabra o frase muy similar. Por lo tanto, el material incluido está delimitado y definido como una unidad de texto. Por ejemplo, Cant. 2:8-17 comienza con: "¡Ay, oigo que viene mi amado! Viene saltando por las montañas, brincando por las colinas. Mi amante es como una gacela veloz o un ciervo joven", y termina: "¡Ven conmigo, mi amor! Sé como una gacela, o como un venado joven sobre los montes de especias". Esta apertura y cierre con la misma metáfora confina el material adjunto como una unidad de texto. Otro ejemplo es la forma en Prov. 1:2-7 que (LBLA) comienza y termina con las palabras "sabiduría", "instrucción" y "inteligencia/conocimiento", que delinea estos versículos como un bloque de texto. El quiasma (o quiasmo) es una forma de organizar el material por el cual la segunda mitad de un texto es una imagen espejo de la primera mitad. "El día de reposo se hizo para el hombre, y no el hombre para el día de reposo" (Mar. 2:27 pars.) Se puede diagramar como A/B/B'/A'. Se han propuesto quiasmos cada vez más elaborados para diversas partes de las Escrituras, con muchos elementos en cada lado. La narrativa del diluvio, el ciclo de Abraham, el libro de Rut, y aún más pueden haberse escrito en una estructura quiástica.

Concisión e Imaginería

Una de las características de la poesía hebrea es su brevedad; dice mucho con pocas palabras. Una forma de lograr esto es mediante el uso de imágenes. "El Señor es mi roca" (Sal. 18:2) comprime volúmenes de teología en una sola imagen, por lo que requiere mucha menos verbosidad que si el concepto hubiera sido expresado sin imágenes. Sin embargo, la compensación es que se requiere más del lector. El lector debe preguntarse: "¿Cómo es el Señor como una roca?" Y completar el espacio en blanco.

Esto también se aplica a otras formas en que la poesía es sucinta, por ejemplo, su tendencia a dejar de lado las partículas y palabras conectivas. Por ejemplo, "El Señor es mi pastor / nada me faltará" (Sal. 23:1) deja fuera una conjunción necesaria entre las dos frases, que el lector debe proporcionar. ¿Es "El Señor es mi pastor, tarde o temprano nada me faltará"? "El Señor es mi pastor, aun así no necesitaré nada". O "El Señor es mi pastor, por lo tanto, no necesitaré nada". El lector debe decidir la asociación correcta entre las dos líneas porque la conjunción se deja deliberadamente fuera del versículo. Así, la poesía compromete al lector y debe leerse lenta y cuidadosamente.

Paralelismo

La característica más reconocible de la poesía bíblica es el fenómeno del paralelismo. Este es el contrapeso a la concisión. Mientras que la poesía está diseñada para decir mucho con pocas palabras, estas palabras ocurren en pares de líneas, de las cuales la segunda lleva el pensamiento más allá. Por ejemplo, "¿Por qué se sublevan las naciones / y los pueblos traman cosas vanas?" (Sal. 2:1).

Obviamente, las "naciones" son paralelas a los "pueblos" y "sublevan" con "traman cosas vanas". La línea A y la línea B expresan en esencia el mismo pensamiento con diferentes palabras, y lo expresan de la misma manera. Esto se llama paralelismo sinónimo. "La mano negligente hace pobre: / mas la mano de los diligentes enriquece" (Prov. 10:4). En este verso, los elementos paralelos son opuestos: negligente y diligente, pobreza y riqueza. Esto se llama paralelismo antitético. A veces, la segunda línea completa el pensamiento de la primera línea, formando un paralelismo complementario: "Espera, oh Israel, en el Señor / desde ahora y para siempre" (Sal. 131:3). Cuando un símbolo se establece en paralelo con la cosa simbolizada, este es el paralelismo emblemático: "Como el ciervo brama por las corrientes de las aguas, / así clama por ti, oh Dios, el alma mía " (Sal. 42:1). A veces, la línea B sigue la línea A en el tiempo, formando un paralelismo secuencial: "clamé al Señor, / y Él me responde desde su santo monte" (Sal. 3:4). Cuando la línea B sigue lógicamente a la línea A, este es el paralelismo consecuente: "En paz me acostaré y así también dormiré, / porque sólo tú, Señor, me haces habitar seguro." (Sal. 4:8). Tradicionalmente, cuando la relación entre las líneas no encajaba en ninguna categoría definida, el paralelismo se denominaba sintético.

POETA Las obras de dos poetas griegos (Hec. 17:28) le proporcionan a Pablo expresiones para este discurso en Hec. 17:24-31 en Atenas. Las palabras iniciales de los Fenómenos de Arato y una paráfrasis del Himno a Zeus de Cleantes aluden a una verdadera y noble nota de devoción espiritual. Pablo toma esta alabanza y devoción ofrecida por los poetas griegos a sus dioses – desconocidos o ficticios y se la otorga al único Dios verdadero, a quien declara al pueblo de Atenas como creador, sustentador, gobernante, padre y juez.

POLIGAMIA *Ver* Matrimonio.

POLILLA La polilla aparece en toda la Biblia como un agente de destrucción (por ejemplo, Sal. 39:11; Mat. 6:19), a menudo de vestiduras (Job 13:28; Isa. 50:9; 51:8), ilustrando la fugacidad de la humanidad y las cosas terrenales. En su juicio sobre Efraín, Dios se compara con una polilla (Os. 5:12). Sin embargo, en un caso, la polilla misma es víctima de la destrucción (Job 4:19), y en otro su delicado "capullo" alude a su fragilidad (Job 27:18).

POLLO Ave taciturna que anida y que por lo general tiene plumas marrones y negras y una cresta carnosa en su cabeza. Jesús es el responsable de haber mencionado directamente a los pollos en la Biblia. En este caso se refiere a una metáfora: que las alas de Jehová proveen protección para su pueblo (Éxodo 19:4; Deuteronomio 32:11; Rut 2:12; Salmos 17:8; 91:4). De la misma manera que una gallina reúne a sus pollitos, así también desea Jesús que su pueblo se agrupe (Mateo 23:37; Lucas 13:34).

PÓLUX Uno de los hijos gemelos del dios Zeus, el otro es Castor, quienes adornaban la insignia de la proa de la nave que transportaba a Pablo a Roma (Hec. 28:11).

POLVO El término en hebreo es 'apar ("tierra suelta, polvo"), que se relaciona con el término hebreo para "tierra" cultivable ('adamah [Gn. 3:19]) y "tierra" ('erets [Gn. 13:16]). Estos términos son tan cercanos semánticamente para ser intercambiables (cf. 1 Sm. 4:12; 2 Sm. 1:2 con Js. 7:6; Ez. 27:30). En el AT, la imaginería de polvo se usa para ilustrar nociones de cantidad y abundancia (Nm. 23:10; 2 Cr. 1:9; Job 27:16; Sal. 78:27; Is. 40:12; Zac. 9:3).

Este inventario de imaginería se aplica a la aniquilación (2 Sm. 22:43), a la futilidad (Sof. 1:17), a la humillación (Is. 25:12) y al luto (Is. 2:10; Ap. 18:19). En el AT, 'apar por sí sola se usa figuradamente más de sesenta veces para referirse a juicio. Así, "morder el polvo" (Sal. 72:9) es una señal de subyugación. Lo opuesto es "sacudir el polvo", una señal de repudio (Is. 52:2; Mt. 10:14; Mc. 6:11; Lc. 9:5; 10:11; Hec.13:51). Es este uso figurado de "polvo" que facilita el uso teológico de 'apar. Yahveh actúa para humillar, degradar, destruir y "abatir" en el polvo (Is. 25:12); y él también restaura, "levantando" para remover la vergüenza (1 Re. 16:2; Sal. 113:7). La significancia de 'apar es poderosamente retratada en la creación de los humanos. Mientras los animales fueron hechos de la "tierra", la humanidad surge de un material más refinado, el polvo ('apar [Gn. 2:7]). En un juego de palabras etimológico, el "humano" ('adam) se levanta del "humus" ('adamah; cf. Sal. 103:14; Job 4:19).

La muerte viene cuando Dios retira el "aliento de vida" de los humanos (cf. Gn. 2:7), haciendo que la persona de pie se colapse de regreso a la tierra como "polvo molido" (cf. Sal. 90:3; 104:29; 146:4). La vida humana es frágil, dependiente y transitoria. Este es el argumento del maestro y también la razón que acentúa la muerte como el final inevitable tanto de la vida humana como animal (Ecl. 3:18-20). Sin embargo, Daniel sabe que "multitudes que duermen en el polvo de la tierra despertarán" (Dn. 12:2).

PONCIO PILATO *Ver* Pilato, Poncio.

PONER ARREOS A El término "poner arreos a" aparece tres veces como verbo en el contexto de restricciones para bueyes y caballos (Job 39:10; Jr. 46:4; Miq. 1:13) y una vez para la lengua humana (Sal. 50:19)- En la KJV el término también se usa como sinónimo para armadura (1 Re. 20:11; 22:34; 2 Cr. 9:24; 18:33).

PONTO La mitad oriental de la provincia dual romana de Ponto y Bitinia. Ponto era la región noreste de Asia Menor (moderna Turquía), al norte de la provincia de Galacia, en la costa sur del Mar Negro. Su dinastía persa bajo Mitrídates VI terminó con la conquista romana por Pompeyo en 63 a.C El cristianismo se extendió temprano en Ponto: los judíos de Ponto estuvieron presentes en el Pentecostés (Hec. 2:9); La primera carta de Pedro se dirige a los creyentes en Ponto (1 Pe. 1:1). Pablo trabajó y viajó con Aquila (esposo de Priscila), un nativo de Ponto (Hec. 18:2).

La Ubicación y el Terreno de Pontus Favorecieron su Próspera Economía Comercial

POQUÉRET-HAZEBAIM Ancestro de una familia que pertenecía a los "siervos de Salomón" (Esd. 2:57; Neh. 7:59) y regresó a Jerusalén y Judá desde Babilonia con Zorobabel y otros alrededor del 539 a.C Poco se sabe sobre este grupo, excepto que probablemente realizaron tareas menores en el templo, ya que se agrupan con los "siervos del templo" (*ver* Netinim). El nombre del grupo sugiere que se formaron durante el período de Salomón, aunque podrían haber sido llamados así porque Salomón construyó el primer templo.

PORATA Uno de los diez hijos de Amán, que fueron asesinados por los judíos durante el reinado del rey persa Jerjes (Asuero), quien les había concedido permiso para "destruir, matar y aniquilar" a sus enemigos (Est. 8:11). A pedido de Ester, el rey ordenó que los cadáveres de Porata y sus hermanos se colgaran en exhibición pública (9:7-14).

PORCIO FESTO *Ver* Festo.

PORCIÓN La palabra "porción" se usa para traducir varias palabras hebreas que denotan una parte dada en una variedad de cosas, como la carne sacrificada (Éx. 29:26), los alimentos especiales (Ester 2:9), la comida (Prov. 31:15), el botín (Gn. 14:24) y la tierra (Jos. 14:4). Además, a menudo se usa figurativamente.

El pueblo elegido de Dios se identifica como la porción de Dios (Dt. 32:9; Sal. 119:57). Para los levitas, que no recibieron herencia, Dios es su porción (Nm. 18:20). Decir que alguien tiene una porción en o con otra persona es una expresión idiomática de membresía en la comunidad de esa persona. Seba dijo en rebelión: "No tenemos parte con David" (2 Sam. 20:1 NVI). Las tribus transjordanas construyeron un altar como testimonio de su fe porque les preocupaba que las tribus de Cisjordania pudieran decir más tarde: "No tenéis porción en el Señor" (Jos. 22:27 LBLA). Cuando Pedro se negó a permitir que Jesús le lavara sus pies, Jesús le dijo: "Si no te lavo, no tendrás parte conmigo" (Jn. 13:8). La literatura de la sabiduría a menudo designa lo que nos ha tocado a cada uno en la vida como la porción de uno (Job 20:29, Sal. 17:14, Ecle. 3:22, 5:18, 9:9, Sab. 2:9).

PÓRFIDO **(1)** Un filósofo del siglo III y fuerte opositor del cristianismo. Sus escritos anticristianos influyeron a críticos posteriores del cristianismo, pero se han conservado solo en fragmentos. **(2)** Una piedra roja o púrpura. En Est. 1:6 constituye parte del pavimento mosaico sobre el cual Jerjes (Asuero) puso "sofás de oro y plata" durante su fiesta propagandística de siete días.

PORTERO En las versiones más antiguas de la Biblia, la traducción de las palabras que significan "guardián" (por Ej., 2 Sam. 18:26, 2 Re. 7:10-11, 1 Cr. 9:17-18, Esd. 2:42, Jn. 10:3); también "portero" (Mr. 13:34 [NVI: "el que está en la puerta"]).

PORTERO Sacerdotes levitas servían como porteros (*véase* 2 Cr. 34:9), responsables de recolectar dinero de los impuestos censales israelitas y regalos sacrificiales para ser usados en la mantención del templo (2 Re. 12:10; 22:4; 23:4; 25:18; Jr. 52:24). Los porteros también tenían la tarea de restringir la entrada al templo para preservar su pureza (2 Cr. 23:19). Los sacerdotes levitas fueron asignados como porteros responsables para aspectos del transporte del arca de la alianza (1 Cr. 15:23-24). El trabajo de portero aparentemente era de bajo prestigio, como indica el Sal. 84:10 cuando contrasta la excelencia de servir como un humilde portero en el templo de Dios con el mal de residir cómodamente en las tiendas de personas malvadas.

En otras partes de la Biblia, eunucos protegen la puerta del palacio del rey persa (Est. 2:21). En Jn. 18:16-17, mientras Caifás interroga a Jesús, Pedro permanece afuera de la corte del sumo sacerdote, donde una jovencita, que es responsable de permitir el paso de las personas hacia la corte y llevar mensajes a las autoridades sacerdotales, vigila. *Véase también* Guardián.

PÓRTICO En el AT, un área cubierta frente a la entrada de un edificio. "Pórtico" no es más que la traducción de una palabra hebrea ('elam) que también puede referirse al pórtico de la arquitectura clásica, a menudo con una columnata. También puede indicar un vestíbulo, pasillo o pasaje entre las entradas externas e interiores de un edificio. Dependiendo de la preferencia del traductor, estas palabras en español se usan de manera intercambiable (*ver* 1 Re. 6:3; 7:6-8, 12, 19, 21; 1 Cr. 28:11; 2 Cr. 3:4; 8:12; 15:8; 29:7, 17; Ezeq. 8:16; 40; 44:3; 46: 2, 8; Joel 2:17). En el NT, "pórtico" (stoa) se usa cuatro veces en ciertas traducciones como referencia específica a un pórtico o columnata (Jn. 5:2; 10:23; Hech. 3:11; 5:12 [NVI: "columnata"] *En español aparece como Pórtico). En otros lugares, es más generalmente sinónimo de una entrada, puerta de entrada o patio delantero (Mt. 26:71 [pylōn]; Marcos 14:68 [proaulion]).

P Q

PÓRTICO *Ver* Arco.

POSADA La palabra "posada" aparece dos veces en la mayoría de las versiones de la Biblia (NASB, NRSV, NKJV, ESV, HACSB, NET): en el relato del nacimiento de Jesús (Lc. 2:7) y en la parábola del buen samaritano (10:34).

La primera es con probabilidad un error de traducción, ya que el término griego (katalyma) probablemente se refiere no a un hotel del siglo uno (Belén era demasiado pequeño para tener una posada), sino ya sea a un "caravasar" (lugar donde se detienen las caravanas) o a una "habitación de huéspedes" en una residencia privada (cf. Mc. 14:14; Lc. 22:11; así NIV).

Debido a las multitudes asociadas con el censo, José y María se vieron obligados a abandonar alojamientos humanos e ir a un área reservada para animales; el recién nacido Jesús fue colocado en un comedero (pesebre). La "posada" en la historia del buen samaritano (Lc. 10:30-37) representa un término griego diferente (pandocheion) y probablemente se refiere a una posada caminera. El samaritano llevó al hombre herido allí para su recuperación.

POSADERO Alguien que posee, administra o sirve como anfitrión en una posada. La única referencia directa a un posadero en el AT es en una traducción aramea (Targum) de Js. 2:1 que designa a Rahab como tal (cf. Josefo, Ant. 5.8, 30). El posadero (griego, pandocheus) de Lc. 10:35 fue pagado por el buen samaritano para cuidar de la victoria de ladrones junto al camino de Jerusalén a Jericó. Ningún posadero (sólo la "posada" o "habitación de huéspedes") se menciona en el relato de la natividad de Lc. 2:4-7.

POSESIÓN DEMONÍACA Los Evangelios enumeran la posesión entre las enfermedades que Jesús y sus discípulos (y posteriormente los apóstoles) curaron (ej. Mateo 4:24). Mientras el NT no ofrece una teoría explícita acerca de la posesión demoníaca o un recuento de cómo ésta difiere de enfermedades con causas no demoníacas, los Evangelios son ricos en descripciones del sufrimiento de quienes son poseídos por demonios. Los demonios causaban mudez (Mateo 9:32-33; Lucas 11:14), ceguera (Mateo 12:22) y convulsiones (Mateo 17:15; Lucas 4:35; 9:42), así como también síntomas que en la modernidad se asocian con varias formas de enfermedad mental, incluyendo extraños arrebatos verbales (Mateo 8:28-34; Lucas 4:34).

La historia del endemoniado gadareno es especialmente problemática (Lucas 8:26-39). El endemoniado (endemoniados, de acuerdo a Mateo 8:28) no vestía ropas, vivía en las afueras de su ciudad entre las tumbas, aullaba, se cortaba a sí mismo con piedras y gritaba bajo el control de demonios. Era capaz de romper las cadenas que ponían en su cuerpo para restringirlo. Muchos endemoniados que aparecen en los Evangelios son hombres, pero la posesión demoníaca también afectó a mujeres (Mateo 15:22-28).

Los Evangelios no describen el comienzo de la posesión demoníaca. Además de estas descripciones de posesión demoníaca, las percepciones registradas de los contemporáneos de Jesús ofrecen una idea de cómo ésta era entendida en la antigüedad. Algunos pensaban que Juan el Bautista estaba poseído por un demonio (Mateo 11:18; Lucas 7:33) porque "no comía ni bebía" – es decir, él adhería a una dieta y estilo de vida extremadamente ascéticos. Se pensaba que Jesús obtenía su poder para expulsar demonios de una colusión con Beelzebú (Marcos 3:22). En el Evangelio de Juan, en contraste con los Evangelios Sinópticos, la habilidad de Jesús para sanar lleva a sus contemporáneos a la conclusión opuesta, que no está poseído por demonios (Juan 10:20-21). En cambio, el cargo de posesión demoniaca en el Evangelio de Juan se deriva de la percepción de que las enseñanzas religiosas de Jesús eran heterodoxas (Juan 8:48-52). Pablo también correlaciona la herejía con influencia demoníaca (1 Timoteo 4:1).

Es importante notar que en el NT la posesión demoníaca es casi siempre descrita como una terrible aflicción. La idea de utilizar el poder de un demonio para beneficio propio, que era ampliamente extendido en la Antigüedad y la Edad Media, no es un enfoque mayor en el NT, a pesar de que se refleja en la historia de la muchacha que era poseída por un espíritu de adivinación (Hechos 16:16) y en casos en los que los contemporáneos de Jesús atribuían (falsamente) su poder sanador a una posesión demoníaca.

POSESIÓN DEMONÍACA *Ver* Demoníaca, Posesión.

POSTEXÍLICO Este término significa "después del exilio". El período posterior al exilio comenzó con el decreto del emperador persa Ciro en el año 539 a.C, el cual permitió a los judíos regresar a su tierra del cautiverio babilónico (Esd. 1:1-4). A los retornados se les conoce como la comunidad postexílica y el período como el período del Segundo Templo, ya que fue en esta época que el templo fue reconstruido.

POTAJE Este término se usa en la RVA para referirse a una crema de verduras que generalmente se prepara con lentejas, frijoles y guisantes. Esaú renunció a su derecho de nacimiento por esta comida humilde y común preparada por Jacob (Gn. 25:29-34). Eliseo convirtió un estofado malo en una comida sana, sirviéndola a los hijos de los profetas (2 Re. 4:38-41). En Hageo, el potaje es una de las cosas que se usan en una ilustración sobre la santidad versus la impureza (Hag. 2:12).

POTE DE AGUA *Véase* Frasco de Agua.

POTENTATADO Uno que posee un gran poder y autoridad. El término se usa para referirse a Dios en 1 Tim. 6:15 de la RVA, y la misma palabra griega, dynastēs, se usa para los seres humanos en posiciones de poder o autoridad (Lc. 1:52, Hec. 8:27).

POTESTADES La traducción de la RVR1960 de la palabra griega doxai, que significa "glorias", en dos pasajes similares (2 Pe. 2:10; Judas 1:8). Las "potestades", de las cuales los malvados hablan en contra, aparentemente son seres angelicales de algún tipo (NVI: "seres celestiales"; LBLA: "majestades angélicas").

POTIFAR El funcionario real del Faraón que compró a José como esclavo de los mercaderes ismaelitas (Gn. 37:36). Cuando Potifar vio que Dios le estaba dando a José un gran éxito en sus actividades, le confió a José la administración de todas sus posesiones.

La esposa de Potifar se aprovechó de la independencia de José y se le insinuó sexualmente en reiteradas ocasiones, pero José permaneció fiel a su maestro, incluso hasta el punto de huir de la esposa de Potifar (Gn. 39:12). Potifar arrojó a José a la prisión cuando su esposa mintió y dijo que había sido José, y no ella, quien había sido el agresor (Gn. 39:16-20).

POTIFERA Un sacerdote en la ciudad egipcia de On (más conocida como Heliópolis, "ciudad del sol" [*véase* Jer. 43:13]), su nombre significa "aquel a quien Ra [el dios del sol] ha dado". se convirtió en el suegro de José cuando su hija, Asenat, fue dada en matrimonio a José por el Faraón (Gn. 41:45), y luego fue el abuelo de sus hijos, Manasés y Efraín (Gn. 41:45; 46:20).

POZO A diferencia de un manantial, un pozo permite acceso a agua subterránea a través de un hueco que ha sido cavado en la tierra. Los pozos comúnmente son profundos y revestido con piedras o ladrillos cocidos para estabilidad, frecuentemente cubierto con una piedra pesada para evitar la explotación. En un ambiente árido, los pozos eran invaluables para la comunidad. Aquí, se daba agua al ganado y se sostenían conversaciones (Gn. 24:10-27; 29:1-14; Jn. 4:6-8). Figurativamente, el pozo es un amante (Cant. 4:15), adúltero (Prov. 23:27), y una ciudad (Jr. 6:7). Los pozos comúnmente eran nombrados (Gn. 21:25-31 [Beerseba, "pozo de un juramento"]) y con frecuencia se peleaba por ellos (Gn. 21:25-30; 26:18).

Tres tipos de "encuentros en pozos" pueden leerse en las Escrituras: (1) ser humano con deidad (Gn. 16:7-14), (2) clan con clan (26:20), y (3) hombre y mujer (29:1-14). Este último se volvió ampliamente desarrollado como una escena de compromiso que incluía elementos estándar: la llegada de un extraño (= otredad), reunión (= lazo); anuncio paterno (= hospitalidad) e invitación doméstica (= aceptación) (*véase* Rebeca [Gn. 24]; Jacob y Raquel [Gn. 29:1-14]; Moisés y Séfora [Éx. 2:15-22]).

El encuentro de Jesús con la mujer samaritana (Jn. 4:1-42) extrae muchos aspectos de un encuentro en el pozo: divino (Jesús) con humano (la mujer), judío y samaritano, un viajero, territorio extranjero (es decir, hostil), refrigerio, anuncio, invitación y más. Sin embargo, ahora el pozo de Jacob (4:6) sirve como presentación de sí mismo como el novio que ella había estado buscando (4:26). El pozo del patriarca se convierte en un símbolo de salvación, al igual que el agua se convierte en una metáfora de transformación (4:14-15).

Lo que podría haber sido otro conflicto de "nacionalidad de pozo" (Jn. 4:9, 11-12 [cf. Gn. 26:20: "Esek = argumento"]) fue elevado a conversión de "agua viva" (Jn. 4:10, 13-15 [cf. Gn. 16:14: "Beer Lahai Roi = pozo del Viviente que me ve"]). Su súplica "Venga, vea a un hombre" (Jn. 4:29) resuena a un "marginado" anterior, Agar, quien exclamó, "ahora he visto a El que me ve" (Gn. 16:13).

Bien a menudo identificado como el pozo de Jacob, conservado en el monasterio ortodoxo griego en el moderno Nablus.

POZO DE JACOB En este lugar, Jesús le pidió a una mujer samaritana algo de beber (Juan 4:7). La tradición asocia el pozo con el campamento de Jacob cerca de Siquem (Génesis 33:18). Hoy en día, a menudo se lo identifica como Bir Ya'qub ("el pozo de Jacob"), cerca del sitio de la antigua Siquem.

POZO DEL DRAGÓN *Véase* Pozo del Chacal.

PRADO Una zona exuberante de pastizales o un terreno llano cerca de un río. La RVA usa el término en Gn. 41:2, 18, donde se hace referencia a la hierba larga y delgada cerca de las orillas del río Nilo, así como en Jue. 20:33 en referencia a los "prado de Gabaa". Las traducciones modernas usan la traducción "prado(s)" cuando se refieren a un lugar agradable y cubierto de césped (Is. 44:4; Jer. 25:37; *véase* Ose. 9:13), a menudo como metáfora de la bendición de Dios. Aunque esta palabra puede referirse a un lugar donde los animales pastan (Sal. 65:13; Is. 30:23; Ose. 4:16), es usada con mucha menos frecuencia en las Escrituras que la palabra "pastizales".

PRECIO DE LA NOVIA *Ver* Dote.

PRECOGNICIÓN En la teología sistemática, la "precognición" por lo general se refiere a la doctrina que Dios sabe todas las cosas, eventos y personas antes de que existan u ocurran y que este conocimiento ha sido suyo por toda la eternidad. Ninguna única palabra hebrea en el AT corresponde al término español; el concepto se expresa más bien a nivel fraseológico u oracional. En el NT, el verbo griego proginōskō y el sustantivo prognōsis se traduce como "saber de antemano" y "precognición", respectivamente. Recientemente en círculos evangélicos ha habido un intenso debate acerca de si la precognición y omnisciencia se enseñan en los textos bíblicos.

Antiguo Testamento

En narrativas del AT, especialmente en el Pentateuco, hay numerosas instancias que indican algunas limitaciones al conocimiento de Dios en general y a su precognición en particular. Dios parece sorprenderse un poco por lo malvada que se ha vuelto la humanidad antes de decidir enviar el diluvio (Gn. 6:5). Dios baja y descubre que los habitantes de Babel han comenzado a construir una torre y considera cómo detener la actividad (11:5-7). Dios baja para verificar si el clamor que ha llegado a sus oídos acerca del pecado de Sodoma y Gomorra es realmente tan malo como indican los reportes (18:20-21). Dios prueba a Abraham ordenándole ofrecer a Isaac en sacrificio y cuando Abraham comienza a hacerlo declara que sabe que Abraham realmente le teme (22:1-18).

Con frecuencia, narrativas como estas son consideradas por los teólogos como casos de antropomorfismo, declaraciones hechas acerca de Dios que hablan de Él como si tuviera características humanas —en este caso, conocimiento limitado. Y ciertamente hay muchas otras narrativas en el Pentateuco que parecen dar la imagen opuesta. Dios le pregunta a Caín dónde está su hermano Abel, aunque aparentemente ya sabe la respuesta (Gn. 4:9-10). Dios le relata a Abraham el curso que seguirá la historia de Israel durante los siguientes cientos de años (15:13-16). Dios parece estar en un juego de ajedrez a tiempo real con el Faraón, pero realmente Dios conoce todos los movimientos que Él y el Faraón harán antes de que comience el juego (Éx. 3:19-22; 4:21-23; 7:1-5).

Dada esta información, tal vez la mejor explicación para lo que ocurre en estos textos no es que el narrador bíblico esté utilizando el antropomorfismo, sino que Dios se está acomodando tanto a los personajes en la narrativa como al narrador de las historias. Esto es, en esta etapa de la historia reveladora, Dios aun no se ha revelado como completamente omnisciente y clarividente del futuro en su totalidad. En el mundo conceptual de antiguo Oriente Próximo, las deidades regularmente eran retratadas como interactivas—deliberando, investigando, descubriendo, tomando decisiones y así sucesivamente. Dios, por lo tanto, bien puede haberse acomodado a un ambiente mayor en su revelación a los patriarcas y narradores bíblicos tempranos.

Cualquiera sea el caso, revelaciones bíblicas posteriores ciertamente parecen presentar a Dios como totalmente omnisciente y clarividente. "La Muerte y la Destrucción están abiertas frente al Señor, ¡cuánto más los corazones de los hombres!" (Prov. 15:11). Antes de que las palabras lleguen a nuestras lenguas, Dios las conoce completamente (Sal. 139:4). Nunca nadie ha tenido que mantener a Dios informado o proveerle consejo (Is. 40:13-14). No hay límites para su comprensión (Sal. 147:5). El Dios de Israel desafía a todos los ídolos y a todos los otros dioses a una competencia de precognición: si es que son capaces, déjenlos decir qué es lo que pasará, como hace Yahveh (Is. 42:9; 44:6-8; 48:3-8). Sólo Dios da a conocer el final desde el principio (Is. 46:10) y lo ha estado haciendo desde tiempos antiguos (Hec. 15:17-18). Dios conocía a Jeremías mucho antes de que fuese un feto (Jr. 1:5). Nuestras oraciones no hacen a Dios finalmente consciente de nuestra situación; Él ya sabe cuáles son nuestras necesidades (Mt. 6:8). De hecho, Dios responde a nuestras oraciones antes de que sean realizadas (Is. 65:24). "Nada en toda la creación está oculto a la vista de Dios. Todo está descubierto y a plena vista" ante sus ojos (Heb. 4:13).

Nuevo Testamento

Una pregunta exegética especialmente importante para el NT involucra el significado preciso de las palabras griegas antes mencionadas, proginōskō (saber de antemano) y prognōsis (precognición). La pregunta concierne a si estas dos palabras en su contexto son meramente términos cognitivos, indicando simplemente que Dios sabe las cosas antes de que ocurran o si estos términos son términos volitivos y/o afectivos. Esto es, ¿indican predeterminación y/o pre amor? ¿Son términos que tienen básicamente el mismo significado que "elección" y "predestinación"?

Dando crédito a esta posición está el hecho de que en algunos pasajes donde ocurren estas palabras hay otras palabras que definitivamente se refieren a que Dios desea que pasen cosas. En Hechos 2:23, Pablo declara que Jesús fue entregado a quienes lo crucificarán por el "plan deliberado de Dios y su precognición". El versículo escasamente puede significar que Dios decidió hacer esto porque ya sabía que iba a pasar. Más bien, los términos "plan deliberado" y "precognición" actúan unidos para transmitir la idea única del completo control de Dios, planificación y soberanía en la muerte de Jesús. Igualmente, en 1 Pe. 1:20 la palabra no quiere decir que el Hijo era simplemente "preconocido" antes de la fundación del mundo, sino más bien que fue "elegido" (NIV), "destinado" (NRSV), "pre ordenado" (KJV).

En Rom. 11:2, Pablo establece que Dios no ha rechazado a "su pueblo, al cual Él preconocía". Nuevamente, es difícil leer esto como siendo sólo cognitivo. Más bien, el uso del término parece implicar algún tipo de "precognición" afectiva, un "colocar su amor en" (cf. Dt. 7:7-8), una elección. Es importante notar que el texto dice que Dios preconocía no cosas, sino personas. Por una parte, Dios preconocía a la gente que alguna vez existiría, pero en este pasaje la precognición se refiere a personas en particular. Y la precognición más probablemente toma su sentido de la palabra "saber" en el AT, que en numerosas ocasiones se refiere a la relación de reconocimiento y amor entre Dios y su pueblo.

De la misma manera, en Rom. 8:29 "aquellos a quienes Dios preconocía también los predestinó", "preconocía" nuevamente parece ser un término volitivo afectivo, esto es, "aquellos en quienes Dios colocó su amor". Que quiere decir que Dios sabía cómo estas personas responderían al Evangelio y luego los eligió para ser excluidos por pasajes como Rom. 9:11-12, donde los propósitos de Dios en la elección no se determinan por las acciones de las personas. Finalmente, en 1 Pe. 1:1-2 los "elegidos" a quienes Pedro les escribe son elegidos de acuerdo a la "precognición de Dios"; no que Dios preconociera cosas acerca de ellos, pero que Dios los preconocía a ellos. Esta comprensión de los términos en contexto parece preferible.

PREDECESOR Un soldado que va delante del ejército principal como explorador o heraldo que viaja delante de una delegación política para anunciar la llegada a la ciudad de una figura importante como un rey. En el libro apócrifo Sabiduría de Salomón, "predecesor" se usa para describir avispas devastadoras que envía Dios frente al ejército de Israel mientras invade la tierra prometida para conquistarla (Sab. 12:8).

La única instancia de "predecesor" en el NT es Heb. 6:20. Aquí la palabra se usa para describir la entrada de Jesús en el sanctasanctórum celestial por virtud de su muerte sacrificial. Como predecesor, Jesús entra en la compleción de la presencia de Dios en nombre de todos quienes confían en él.

Aunque la palabra específica no se utiliza, el concepto de predecesor es claramente visible en el ministerio de Juan el Bautista. Los profetas del AT hablaron de un mensajero (Mal. 3:1; cf. 4:5-6) y heraldo (Is. 40:3-9) que vendría anunciando la salvación y el establecimiento del reino de Dios en la tierra previo a la venida del Mesías. El NT claramente indica que Juan el Bautista es este heraldo (Mt. 3:1-12; 11:10; Mc. 1:2-8; Lc. 1:76; 3:1-18; *véase* Jn. 1:6-8, 19-34). Usando el lenguaje de los profetas, los Evangelios describen el ministerio de Juan como uno de preparación al ministerio de Jesucristo, una preparación se enfoca principalmente en arrepentimiento personal y corporativo. Las vívidas prédicas de Juan y su ministerio efectivo llevaron a que fuese confundido con el Mesías (Lc. 3:15-16). Juan deja en claro que él es simplemente el predecesor (Jn. 1:20, 23), el que viene a "preparar el camino para el Señor" (Is. 40:3; cf. Mal. 3:1), el Señor que acompañará la entrada del reino de Dios en plenitud.

PREDESTINACIÓN El término "predestinación" significa "determinar o decidir algo de antemano". Una forma del verbo griego proorizō ("determinar de antemano") aparece seis veces en el NT (Hec. 4:28; Rom. 8:29, 30; 1 Cor. 2:7; Efe. 1:5, 11). Es prácticamente sinónimo del concepto de predeterminación y está estrechamente relacionado con la precognición divina (Hec. 2:23; Rom. 8:29; 1 Pe. 1:1-2, 20). Varias Escrituras indican que Dios el Padre es el que predestina (Jn. 17:6-10; Rom. 8:29; Efe. 1:3-5; 1 Pe. 1:2).

Los objetos específicos de la predestinación son los humanos, los ángeles y el Mesías. Estas predeterminaciones divinas ocurrieron antes de la creación del mundo y fueron motivadas por el amor de Dios (Efe. 1:4-5). Con respecto a los humanos, esto significa que en la eternidad pasada, Dios determinó que algunos individuos serían los destinatarios de su salvación. Sin embargo, esta determinación no excluye la necesidad de elección, responsabilidad y fe del ser humano. La decisión de predestinar a algunos individuos para la salvación no se basó en nada bueno o malo de los receptores, sino únicamente porque a Dios le ha placido y es de acuerdo a su propósito santo, sabio y eterno (Is. 46:10; Hec. 13:48; Rom. 11:33).

La Predestinación como Parte del Plan más Amplio de Dios

El alcance del plan de Dios. La predestinación es una parte del plan eterno de Dios que abarca todo (Is. 40:13-14, Rom. 11:34; Efe. 1:11). Varios términos expresan el plan de Dios. Entre estos se encuentran su "decreto" (Sal. 2:7), "propósito eterno" (Efe. 3:11), "previo conocimiento" (Hec. 2:23) y "voluntad" (Efe. 1:9, 11). El plan de Dios involucra todas las cosas que suceden, incluyendo eventos importantes e insignificantes, causas directas e indirectas, cosas designadas y cosas permitidas. Por lo tanto, abarca el bien y el mal (Sal. 139:16, Prov. 16:4, Is. 14:24-27, 22:11, 37:26-27, 46:9-10, Hec. 2:23, 4:27-28; Efe. 1:11; 2:10). La inclusión del mal en el plan de Dios no significa que aprueba, autoriza o comete un mal moral. El apóstol Juan enfatiza que Dios es luz y que no hay oscuridad en Él (1 Jn. 1:5). Él es absolutamente santo y no puede ser acusado de cometer pecado (Hab. 1:13). Al abordar el tema del plan y el propósito de Dios, los autores bíblicos tienen cuidado de distinguir entre la causalidad divina y la responsabilidad humana. Ambos caen bajo el alcance del plan de Dios. Hay certeza divina sobre lo que sucederá, pero los agentes morales nunca están obligados a cometer mal (*ver* Hec. 4:28, Rom. 9:11, 1 Cor. 2:7, 11:2, Heb. 2:5, 10-16; 1 Pe. 1:2, 20, 2 Pe. 3:17). Por ejemplo, cuando Lucas se refiere al error más grande de la justicia en la historia del mundo, la crucifixión de Cristo, él indica que fue predestinado por Dios, pero la bajeza moral del acto se atribuye a "hombres malvados" (Hec. 2:23). La naturaleza dual de tales eventos se refleja acertadamente en la declaración de José a sus hermanos que lo vendieron a la esclavitud: "Es verdad que ustedes pensaron hacerme mal, pero Dios transformó ese mal en bien" (Gn. 50:20 NVI).

Mientras que el plan integral de Dios se relaciona con su control soberano sobre todas las cosas, la predestinación parece estar restringida principalmente a ciertas decisiones divinas que afectan a los humanos, a los ángeles y al Mesías (Isa. 42:1-7, Hec. 2:23; 1 Tim. 5:21, 1 Pe. 1:20, 2:4). Con referencia a los humanos, Pablo declara: "En Él asimismo participamos" (Efe. 1:11). Algunos estudiosos limitan la predestinación a esas cosas "en Él", vinculando así esta obra de Dios con su propósito en la salvación. Otros argumentan que la siguiente frase, "que hace todas las cosas conforme al designio de su voluntad", demuestra que todas las cosas caen bajo el alcance del propósito controlador y guía de Dios (Efe. 1:11). Parece mejor ver la frase "en Él" como indicando la esfera en la que los creyentes son elegidos y el término "predestinado" como un aspecto crucial del plan mayor de Dios.

Precognición divina y elección. Algunos teólogos sostienen que la elección y la predestinación se basan meramente en la precognición de Dios de aquellos que creerán en él. Aunque Dios seguramente conoce a todos los que creerán, el término "precognición" connota mucho más que simplemente saber con anticipación quién llegará a la fe. Significa que Dios ha elegido soberanamente conocer a algunos individuos de una manera tan íntima que lo movió a predestinarlos a la vida eterna (Rom. 8:29). Mientras que el término "elección" se refiere a la elección soberana de Dios de esos individuos, la "predestinación" mira hacia el objetivo de esa selección. Tanto la predestinación como la elección ocurren en la eternidad pasada (Efe. 1:4-5).

El propósito de la predestinación. Mientras que la elección se refiere a la elección de individuos por parte de Dios, la predestinación se fija en el propósito y el objetivo de esa elección. Los creyentes del NT son designados como elegidos por Dios y designados para la vida eterna (Hec. 13:48; Efe. 1:4). El propósito expreso es que sean adoptados como sus hijos (Efe. 1:5) y, como hijos amados, se conviertan "conforme a la imagen de su Hijo" (Rom. 8:29). La idea es que aquellos a quienes Dios ha elegido están predestinados en vista del propósito que Él desea cumplir en ellos, el de convertirse en sus hijos, que son conformados a la imagen de su Hijo. El propósito final de este plan es glorificar a Dios (Efe. 1:5-6, 11-12).

PQ

Predestinación y Reprobación

En su plan, Dios ha elegido a algunos individuos, naciones, grupos y ángeles para cumplir propósitos especiales, lo que implica que otros individuos, naciones, grupos y ángeles no han sido seleccionados para esos mismos fines (2 Tes. 2:13; 2 Tim. 2:10, 1 Pe. 1:2). Con respecto a la elección de Dios en la salvación, esto ha llevado a algunos teólogos a argumentar que aquellos que no son elegidos para la salvación son elegidos por defecto para la condenación eterna.

Sostienen que la predestinación se aplica no sólo a las personas a quienes Dios planea salvar, sino también a aquellos a quienes no planea salvar (Prov. 16:4; Mt. 26:23-24; Rom. 9:10-13, 17)-18, 21-22; 2 Tim. 2:20; 1 Pe. 2:8; 2 Pe. 2:3, 9; Jud. 4; Ap. 13:8; 20:15). Esto a veces se llama "reprobación". La creencia en los conceptos combinados de elección y reprobación ha sido llamada "doble predestinación". Mientras que algunos eruditos en la historia de la iglesia han argumentado que Dios es tan activo en la determinación del reprobado como lo es con los elegidos, otros han señalado que la condena de Dios de la no elección se basa únicamente en el pecado e incredulidad de ellos. Existe una distinción real en el nivel de implicación divina con respecto al destino de una clase en comparación con la otra. Dios no parece tener la misma relación con cada evento o cosa en su creación. El grado de causalidad divina en cada caso es diferente. La Escritura reconoce una diferencia entre el trabajo directo de Dios y su voluntad permisiva. En esta postura, Dios elige directamente a algunos para que sean salvados; sin embargo, Él no elige a los otros para que sean condenados, sino que los deja pasar, lo que les permite seguir su propio camino y, finalmente, sufrir el justo castigo que merecen sus pecados.

Cualquiera que sea el punto de vista que uno adopte, parece que la Escritura no enseña la reprobación de la misma manera que enseña la predestinación que conduce a la vida eterna. Mientras que la asignación a la muerte eterna es un acto judicial que toma en cuenta el pecado de una persona, la predestinación a la vida eterna es puramente un acto de gracia y misericordia soberana de Dios que no tiene en cuenta ninguna acción de los elegidos. Llevar la enseñanza de la reprobación al extremo amenaza con ver a Dios como caprichoso, lo cual claramente no es bíblico (1 Jn. 1:5).

Predestinación y Responsabilidad Humana

Dios no estaba de ninguna manera obligado o moralmente movido a elegir o predestinar a alguien a la vida eterna. Su determinación de no elegir a todos no afecta de ninguna manera su carácter santo y justo (Rom. 9:13). Por el contrario, la justicia exigiría que todos reciban el castigo que merecen por sus pecados (Rom. 3:23; 6:23). Por lo tanto, la predestinación de algunos para que llegasen a ser como su Hijo requería que Dios ejerciera gracia y misericordia al proveer para la limpieza de sus pecados, lo cual logró mediante el sacrificio de su Hijo amado, Jesucristo (Hec. 2:23).

El plan predeterminado de Dios no obliga a las personas a responder de manera predeterminada, ya sea para aceptarlo o rechazarlo. En el primer caso, el pecador es atraído por Dios hacia sí mismo, pero también debe elegir confiar en Cristo (Jn. 6:37, 44). Incluso en la intervención radical de Dios en la vida de Saulo en el camino a Damasco, donde el llamado divino era abrumador, a Saulo se le dio la oportunidad de responder positiva o negativamente. En el caso de aquellos que se dirigen al juicio eterno, el obrar de Dios no es fatalista o mecanicista en el sentido de que una persona que quiera elegir a Dios, pero el plan predeterminado de Dios no permita tal respuesta. Por el contrario, todos están invitados a venir a Cristo (Mt. 11:28; Jn. 3:16).

El apóstol Juan aclara: "El que viene a mí, de ningún modo lo echaré fuera" (Jn. 6:37 [*véase* Mateo 11:28]). Los que no vienen a Dios se niegan a hacerlo por su propia voluntad (Mt. 23:37, Jn. 5:40). No son simplemente incapaces de acercarse a Dios, sino que no están dispuestos a hacerlo (Jn. 5:40; 6:65; Rom. 3:11). El NT enseña que Cristo murió por sus pecados (Jn. 3:16), les advierte suplicante a que se arrepientan, y cita sus transgresiones como la razón de su condena (1 Pe. 2:8, 2 Pe. 2:21-22; Jud. 8-16). Cuando se consideran todos los aspectos del problema, de hecho hay un misterio que se encuentra fuera de los límites de nuestra comprensión con respecto al obrar soberano de Dios y la elección humana.

PREDICACIÓN En la iglesia primitiva, la predicación a menudo se llevaba a cabo en un contexto misionero (por ejemplo, Hec. 10:34-43). Una impresionante variedad de palabras se usa para describir la predicación a los incrédulos, incluyendo las siguiente: "evangelizar" (euange-lizomai [Hec. 8:4, 12, 25, 35, 40]), "anunciar" (anangello [Hec. 20:20]]), "Proclamar" (kēryssō [Hec. 8:5]), y "persuadir" (peithō [Hec. 19:8, 26]). La predicación a los creyentes también tuvo lugar, en un contexto de adoración. Este artículo destaca el último contexto.

Influencias en la Predicación

Desde su inicio, un componente central del culto cristiano fue la proclamación pública de una palabra de Dios. No está clara qué forma adoptó la predicación cristiana primitiva en la asamblea de adoración. Sin embargo, tres elementos parecen ser los más influyentes en su desarrollo: la práctica de la profecía, las prácticas de la sinagoga y la tradición de la retórica greco-romana.

Profecía. La práctica de la profecía en la asamblea pública parece ser una forma temprana de predicación. Pablo hace referencia a los profetas que hablan en la iglesia en Corinto (1 Cor. 11-14). La profecía era tal forma de comunicación en la cual una palabra de Dios, una revelación, era compartida y la iglesia era edificada (1 Cor. 11:4-5; 14:1, 3-5, 26, 29-31, 39). Otros en la comunidad de adoración ponían el mensaje profético a prueba para verificar su veracidad (1 Cor. 14:29; cf. 1 Tes. 5:19-22; 1 Jn. 4:1-3).

Un par de indicaciones conducen a la conclusión de que la profecía estaba más relacionada con la predicación que con hablar en lenguas. Por un lado, los fieles podían comprender lo primero pero necesitaban un intérprete para lo segundo. Por otro lado, la función de la profecía era la exhortación (parakaleō [1 Cor. 14:4-5]). "Exhortación" (paraklēsis) es el término más completo de Pablo para la proclamación pública (por ejemplo, 1 Tes. 2:3-4). Es por eso que Pablo advierte a los fieles que no se interrumpan el uno al otro en el proceso de profecía (1 Cor. 14:29-31). La práctica de la profecía influyó en la forma que tomó la predicación cristiana temprana.

Sinagoga. Otro elemento que influyó en la predicación cristiana primitiva fue la sinagoga. Parece bastante probable que la predicación cristiana temprana fluyera de las prácticas de las sinagogas judías. En la sinagoga, el patrón era la lectura de las Escrituras seguida de comentarios (Lc. 4:14-30, Hec. 13:15-41).

Estos dos componentes, la profecía y la lectura y exposición de las Escrituras en la sinagoga, desempeñan el papel más importante al influir en la forma de la predicación cristiana primitiva. De qué manera lo hicieron sigue siendo incierto. Los primeros creyentes pueden haber fusionado las dos prácticas en el culto cristiano.

Los cristianos judíos, que solían asistir a la sinagoga, tomaron la práctica de leer e interpretar las Escrituras y la adoptaron en el contexto del culto en las iglesias de las casas, junto con la tradición judía de profetizar. Por lo tanto, la práctica de profetizar se fusionó con la práctica de leer y exponer las Escrituras para crear una forma más sistemática de proclamación. La exposición de la Escritura también puede haber ayudado a juzgar la validez de una profecía en particular. Sin embargo, los criterios para verificar la verdad de una profecía eran más amplios que las Escrituras solamente; también se medían en función al estilo de vida (Mt. 7:15-20, 21-23) y cómo la profecía se alineaba con las doctrinas establecidas de la iglesia (1 Cor. 14:29, 37, 1 Jn. 4:1-3).

Retórica Greco-Romana. Un tercer componente que influyó en la predicación cristiana primitiva fue la retórica clásica de los griegos y los romanos. Las enseñanzas de la retórica saturaron la cultura y la educación de aquellos días. Sin embargo, el grado en que penetró en la cultura cristiana del primer siglo sigue siendo incierto. Las cartas de Pablo muestran una familiaridad con la retórica greco-romana, y de ahí, uno puede suponer que su influencia afectó la práctica de la predicación hasta cierto punto.

Los Sermones y su Contenido

El NT no contiene un sermón completamente desarrollado en el contexto de un culto público. Los eruditos creen, sin embargo, que el sermón de Pablo a los ancianos en Éfeso es una buena representación de su predicación porque contiene una teología y un vocabulario que hacen eco de sus enseñanzas en sus cartas a varias iglesias (Hec. 20:17-35). Las cartas de Pablo también señalan probablemente lo que predicaba a los creyentes. Sus cartas tienen una cualidad oral en ellas y eran leídas en las asambleas (Col. 4:16, 1 Tes. 5:27). Por lo tanto, las cartas de Pablo nos dan una idea de cómo era la predicación cristiana temprana.

Otro tema importante relacionado con la predicación cristiana temprana implica el contenido de lo que se predicaba y si debe hacerse una clara distinción entre kerygma y didachē. C. H. Dodd ha definido la predicación cristiana primitiva como una proclamación para

PQ

Sinagoga excavada en Gamla, Israel (siglo I d.C). El comentario bíblico en las sinagogas influyó en la predicación cristiana.

los no creyentes. El término que él usa para describirlo es kerygma. Para él, la predicación era un mensaje de evangelización acerca del evangelio de Dios proclamado a los no cristianos. La enseñanza, didachē, se mantenía distinta y era una advertencia ética (paraklēsis) entregada a los cristianos. Sin embargo, las cartas de Pablo no contienen tal distinción entre los dos. Pablo vincula su predicación del evangelio de Dios con su apelación (paraklēsis) a la iglesia (cf. 1 Tes. 2:2-3 con 2 Cor. 5:19-20). Es decir, Pablo continúa anunciando las buenas nuevas a las iglesias junto con exhortaciones para encarnar esa buena noticia en la vida de los destinatarios. Tanto el kerygma como el didachē encarnaban el contenido de la predicación cristiana primitiva.

Cameo mostrando al emperador Claudio vistiendo una corona de laurel, que se entregaba como premio para celebrar victorias.

PRE-EXÍLICO Este adjetivo denota la historia de Israel previo al exilio babilónico (587/586 a.C), especialmente los profetas y los acontecimientos de los siglos noveno, octavo y séptimo a.C

PREEXISTENCIA DE LAS ALMAS Históricamente, la teología cristiana se ha esforzado por explicar el origen del alma del ser humano individual. El problema se complica por la influencia de la filosofía griega (Platón, por ejemplo, expresó una preferencia por la preexistencia del alma), una falta de unanimidad o incluso un interés explícito en los materiales bíblicos, y la influencia en esta cuestión de otros temas teológicos, tales como la antropología teológica (abordando la difícil cuestión de la definición del alma) y la doctrina del pecado.

Algunos han afirmado que las almas humanas fueron creadas por Dios en algún momento en el pasado distante, y que se infundieron en el cuerpo de cada individuo en el momento de la concepción. Este punto de vista puede contrastarse con el creacionismo, lo cual se refiere aquí, en un sentido limitado, la teoría de que Dios crea el alma del individuo en el momento en que el cuerpo de ese individuo llega a existir (es decir, en la concepción o después) y con el traducianismo, el enfoque de que los padres humanos del individuo propagan el alma de su hijo justo cuando están propagando su cuerpo. Entre los defensores importantes de la preexistencia del alma se encuentran Orígenes (segundo al tercer siglo d.C), Johannes Scotus Eriugena (siglo IX d.C) y Julius Müller (siglo XIX d.C). Sin embargo, la teoría nunca ha ganado un fuerte apoyo en las principales tradiciones cristianas, que típicamente la han visto como indebidamente moldeada por nociones no cristianas de dualismo y han favorecido el creacionismo o el traducianismo.

PREMIO Un premio para el vencedor en los juegos griegos. El juez que asignaba el premio en los juegos daba una corona literal, una guirnalda de laurel, olivo o pino. Estas coronas corruptibles, codiciadas por los atletas de Grecia y Roma (1 Cor. 9:24-25), se contrastan con el uso que Pablo le da a "premio" (Gr. brabeion) como una metáfora de la recompensa celestial no perecedera por el carácter cristiano (Fil. 3:14). Otra palabra griega a veces traducida como "premio" (harpagmos) se refiere a "algo de qué aferrarse" (Fil. 2:6 LBLA, y NVI). Cristo lo consideró un acto de usurpación para reclamar igualdad con Dios, porque tal igualdad era su derecho inherente. Cristo no consideraba la igualdad con Dios como una cosa a la cual aferrarse con avidez, sino que prescindía de sus derechos.

PRENDA La práctica de dar y tomar prendas como garantía de préstamos era común en el antiguo Cercano Oriente, incluido Israel. Un ejemplo notable es el de Judá, quien entregó en prenda su sello y cuerda, así como su báculo, a Tamar hasta que pudiera regresar y pagar con un cabrito de las cabras del rebaño (Gn. 38:17-20). Tomar una prenda se reconocía como una alternativa al interés que se le exigía a los deudores (Éx. 22:25-26). Los pobres probablemente no tenían los medios para pagar intereses, y era ilegal exigirlo a los pobres o de su propia familia (Lev. 25:35-38; Dt. 23:19). Dar algo en prenda les daba a los pobres una oportunidad de pedir prestado.

La práctica estaba muy regulada en un intento de proteger a los pobres de la sociedad. Algunas cosas no debían tomarse como prendas porque eran necesarias para la vida. Por ejemplo, una muela de molino de arriba no podía tomarse en prenda debido a su necesidad en el procesamiento de alimentos (Dt. 24:6). Algunas vestimentas eran aceptables como prenda, pero las de una viuda estaba exenta (Dt. 24:12-13, 17), y los transgresores de esta regla eran condenados por los profetas (Eze. 18:7, 12, Amós 2 8). Dar una prenda o ser garantía de una deuda en nombre de otra persona no siempre se consideraba prudente y podía dar como resultado pérdida a menos que se tomaran medidas inmediatas (Pro. 6:1-5; 22:26).

PRENDAS ENVOLVENTES Los infantes recién nacidos eran envueltos en tiras de tela para mantenerlos limpios y tibios y para ayudar a sus miembros a crecer adecuadamente. María demostraba su cuidado maternal por el bebé recién nacido Jesús envolviéndolo en telas (Lc. 2:7, 12). Ezequiel se refiere a esta práctica al hablar del cuidado de Dios por el rescatado Israel (Ez. 16:1-7).

PRENSA DE VINO Un aparato mecánico que extrae jugo de las uvas para hacer vino. Las prensas de vino en el antiguo Israel eran talladas de roca firme para formar una superficie plana para aplastar. Consistían en un par de cubas cuadradas o circulares acomodadas en diferentes niveles y conectadas por un canal.

La cuba en la cual las uvas son aplastadas (gat) estaba a mayor altura y era más grande que su contraparte más profunda (yeqeb) hacia la cual fluía el jugo de la prensa. La prensa vino a continuación, una invención griega del siglo seis a.C. Un extremo de la viga se aseguraba a un muro, el otro era cargado con piedras, y los canastos de uvas colocados debajo. Incluso tras la invención de la prensa de viga, sin embargo, aplastar las uvas bajo los pies descalzos se prefería tanto en la época del AT como en el NT debido a la calidad del producto obtenido.

La temporada de vendimia era una ocasión gozosa acompañada de celebraciones, fiestas, gritos y regocijo mientras los miembros de la familia aplastaban las uvas. Así, la imaginería de una prensa de vino desbordando con vino nuevo con frecuencia se presenta como una bendición divina (Prov. 3:10; Jl. 2:24), y la falta de vino nuevo de una prensa es una imagen de juicio divino (Job 24:11; Jr. 48:33; Jr. 48:33; cf. Is. 16:10).

Como una metáfora basada en el aplastamiento de las uvas en las cubas, la prensa de vino connota la destrucción divina y el juicio. En Joel 3:13 la imagen del poderoso ejército de Dios aplastando al enemigo está acomodada en el lenguaje del vinatero aplastando uvas. El flujo abundante de las prensas se compara con la grandeza de la maldad de las naciones. Isaías 63:3 compara un Dios enjuiciador a un aplastador solitario de una prensa de vino, y el jugo de la prensa con sangre. Esto se comprende mejor contra el trasfondo de que normalmente el aplastamiento es un trabajo comunitario. El aplastador solitario transmite la idea de que Dios es el único juez de las naciones. La metáfora de la prensa de vino para el juicio es usada climáticamente en Ap. 14:19-20; 19:15, donde la prensa de vino se identifica con la ira divina y el juicio con derramamiento de sangre. En Eclo. 33:17, sin embargo, la prensa de vino es usada como una metáfora positiva connotando el aprendizaje de la Torah.

La prensa de vino y el vino aparecen en varias partes del libro de Jueces, sin embargo, en cada una hay un giro literario. Gedeón fue presentado como trillando trigo en una prensa de vino para esconderlo de los madianitas (6:11). Zeeb, el general madianita fue muerto en la prensa de vino de Zeeb (7:25). Gedeón calmó la ira de los efraimitas haciendo referencia a vino abiezerita (8:2). Una fiesta de la vendimia marcó el comienzo del fin para Abimelec (9:27). Finalmente, el secuestro de las mujeres de

Siloh ocurrió durante una fiesta de la vendimia (21:20-22).

PREPARACIÓN, DÍA DE LA Los cuatro Evangelios se refieren al día de la preparación (paraskeuē) como el día de la crucifixión de Jesús. Según Mr. 15:42, el día de la preparación era "la víspera del día de reposo", es decir, el viernes (*véase* Lc. 23:54). Al final del primer siglo, paraskeuē se había convertido en un término técnico que significaba "Viernes" (Did. 8.1; cf. Mart. Pol. 7.1).

El referente preciso del día de la preparación en Jn. 19:14 se discute, ya que la frase griega paraskeuē tou pascha se ha traducido como "el día de la preparación para la Pascua" (LBLA, NVI). Jn. 19:31 declara que el día de la preparación fue seguido inmediatamente por el sábado, que colocaría la crucifixión de Jesús el viernes y su cena final (Jn 13:2) el jueves de Pascua (*ver* Mt. 26:18).

Sin embargo, Jn. 18:28 declara que los líderes judíos estaban preocupados de "poder comer la Pascua", lo que sugiere que Jesús fue crucificado en la Pascua. En este verso, "la pascua" (pascha) puede referirse a la fiesta continua de los panes sin levadura, o puede ser que los judíos hayan preparado pero no hayan comido la pascua a primera hora de la mañana siguiente. A pesar de todo, los Evangelios claramente registran que Jesús fue crucificado el viernes, día de la preparación.

PREPUCIO El capullo (prepucio) es removido del órgano reproductor masculino, generalmente de infantes (Gn. 21:4; Lv. 12:3), en una operación ceremonial, circuncisión. Otras culturas antiguas que practicaban este rito incluyen a Egipto, Judá, Edom, Amón y Moab (Jr. 9:25-26). De manera similar, los sacerdotes egipcios cortaban el prepucio y lo dejaban colgar libremente.

La arqueología muestra que los guerreros sirios practicaban la circuncisión alrededor del año 3000 a.C., pero la circuncisión de volvió central para la fe judía. El rito se prestaba para una poderosa metáfora de "circuncisión de corazón", que designa a un corazón comprometido en vez de testarudo (Dt. 10:16; cf. Lv. 26:41; Dt. 30:6; Jr. 4:4). Sin embargo, el evitar la circuncisión en la cultura helénica llevó a los judíos a "esconder" su circuncisión a través de una cirugía de restauración (1 Mac. 1:15; 1 Cor. 7:18; Josefo, Ant. 12.237-41). *Véase* Circuncisión.

PRESAGIO Una señal que se lee o interpreta para determinar un mensaje divino, generalmente para evitar algún mal o predecir el futuro. La lectura de presagios era una práctica muy común en Mesopotamia y se conoce en diferentes formatos. Una de esas prácticas era la aruspicina que es el examinar de las entrañas

Placa de encuadernación de marfil que representa la crucifixión de Cristo (siglo X d.C), que ocurrió el día de la preparación.

P Q

de un animal sacrificial. Otras formas incluían la astrología, la observación de nacimientos anormales (teratoscopia) y la observación del comportamiento del agua cuando se vierte sobre el aceite (lecanomanía).

Ezeq. 21:21 toma nota de algunas de estas prácticas. En general, los autores bíblicos prohíben la lectura de presagios porque Dios usa la institución de los profetas para dar a conocer sus propósitos (Amós 3:7). Si bien la mayoría eran prohibidas, algunas formas parecen estar presentes en la Biblia. Jacob usó la copa para adivinar (Gn. 44:5) y parece haber estado practicando lecanomancia. El Urim y Tumim también tenían un propósito similar (1 Sam. 14:41).

PRESBÍTERO, PRESBITERIO *Ver* Anciano.

P Q

PRESENCIA DE DIOS La presencia de Dios es uno de los temas más importantes de la Biblia. En el corazón de la adoración a Dios y tener una relación con Él está el experimentar su presencia. Temas relacionados tales como el poder y la gloria de Dios también están interconectados inextricablemente a su presencia.

Registro de arúspice de la antigua Mesopotamia en una tableta de arcilla, que muestra una anomalía de los intestinos de una oveja (segundo milenio a.C).

Antiguo Testamento

La historia bíblica comienza con la humanidad experimentando y disfrutando de la presencia de Dios de una manera muy personal, mientras Dios camina con Adán y Eva en el jardín. Sin embargo, Adán y Eva pronto desobedecen a Dios y son expulsados del jardín y lejos de la presencia íntima y cercana de Dios (Gn. 3:22-24). A lo largo del resto de las Escrituras, Dios despliega su plan para restaurar esta relación perdida, una relación que se centra en su presencia.

Aunque Dios hace conocer su presencia a Abraham, Isaac y Jacob en Génesis, es en Éxodo que la presencia de Dios se vuelve aún más central en la historia. Cuando Dios llama por primera vez a Moisés, él promete su poderosa presencia, declarando: "Yo estaré contigo" (Éx. 3:12). El poder de la presencia de Dios se revela cuando Dios guía y protege a los israelitas en huida en la forma de una columna de nube durante el día y una columna de fuego por la noche (13:21-22). La presencia de Dios también juega un papel crítico en la relación formal de pacto que Dios establece con Israel en el Monte Sinaí (Éx. 19). En el corazón del pacto hay una declaración triple de Dios: "Yo seré su Dios"; "Vosotros seréis mi pueblo"; "Haré mi morada en medio de vosotros" (*véase* Éx. 6:7, Lev. 26:11-12). Siguiendo su promesa de habitar en medio de ellos, Dios luego le da a la gente instrucciones explícitas sobre cómo construir el tabernáculo, el lugar donde Él morará (Éx. 25:8-9). A lo largo de los últimos capítulos de Éxodo, la gloria de Dios está claramente asociada con su presencia (33:12-23; 40: 34-38); de hecho, la presencia y gloria de Dios son casi sinónimas.

La presencia de Dios reside en el tabernáculo hasta que Salomón construye el templo en Jerusalén (1 Re. 6-7). En ese momento, la presencia y la gloria de Dios llenan el lugar sagrado del templo y habitan allí. Sin embargo, durante los siguientes cuatrocientos años, Israel y Judá abandonaron repetidamente a Dios y se volvieron a adorar a los ídolos. La gente se niega repetidamente a arrepentirse y escuchar a los profetas de Dios. Finalmente de este modo, su pecado idólatra y terribles injusticias sociales expulsan a Dios de en medio de ellos. Ezeq. 8-10 describe este evento sombrío y trascendental en el que la gloria y la presencia de Dios se alejan del templo. En poco tiempo, como advirtieron los profetas, los babilonios capturaron Jerusalén y destruyeron tanto la ciudad como el templo vacío. Es importante recordar que cuando el templo fue reconstruido más tarde durante el tiempo de Esdras y Nehemías, la presencia y la gloria de Dios no regresaron para llenar el nuevo templo. Por lo tanto, desde la partida de Dios en Ezeq. 10 hasta la llegada de Jesucristo, los judíos viven sin la poderosa presencia de Dios habitando en medio de ellos.

Aunque los profetas habían advertido a Israel y Judá que perderían la presencia de Dios como parte del juicio inminente, también prometieron una restauración poderosa y gloriosa de la presencia de Dios en el futuro mesiánico. Además, tanto Ezequiel como Joel prometen que Dios realmente pondría su Espíritu directamente dentro de su pueblo (Ezeq. 36:26-28; Joel 2:28). Ya no se limita al santo de los santos en el templo, bajo el nuevo pacto, la presencia de Dios realmente moraría en cada uno de los suyos.

Nuevo Testamento

En el NT, la venida de Jesús se identifica claramente como la nueva manifestación de la presencia de Dios que se predijo en los profetas (Mt. 1:22-23; Jn. 1:14). Por tal motivo la entrada de Jesús en el templo es muy significativa, porque señala el regreso de la presencia de Dios al templo después de una ausencia de más de seiscientos años (Mt. 21:12-17, Jn. 2:12-24). Irónicamente, en el templo, Jesús encuentra sólo hostilidad y adoración hipócrita; la presencia de Dios es rechazada una vez más.

Después de la muerte y resurrección de Jesús, el Espíritu Santo desciende sobre sus seguidores, llenándolos con la poderosa presencia de Dios (Hec. 2:1-13), cumpliendo así las profecías de Ezequiel y Joel. Esta nueva presencia de Dios no viene a habitar en el templo; más bien, viene sobre los creyentes para habitar dentro de ellos de una manera mucho más personal y relacional.

Cuando la historia bíblica llega a su culminación al final del libro de Apocalipsis, Dios declara: "¡Aquí entre los seres humanos, está la morada de Dios! Él acampará en medio de ellos, y ellos serán su pueblo; Dios mismo estará con ellos y será su Dios" (21:3). La historia ha completado un ciclo completo: Dios ha restituido a su pueblo al jardín y ha venido a habitar en medio de ellos para que puedan disfrutar eternamente de su maravillosa presencia.

PRESERVACIÓN DE LOS SANTOS *Ver* Perseverancia; Seguridad del creyente.

PRESIÓN DE GRUPO Una fuerza que influye en las acciones y actitudes de uno hacia la conformidad con las exhibidas por los miembros del círculo social de uno. La Biblia describe la presión de grupo como una realidad de la vida social, haciendo énfasis en cuáles círculos uno elige imitar. Algunos pasajes anuncian el uso positivo de la presión de grupo (Prov. 27:17; 1 Cor. 4:16; Heb. 6:12), mientras que otros advierten sobre su potencial para mal influenciar (Sal. 1; Prov. 1:10-19; Mt. 16:6). Aunque la presión de grupo puede servir de excusa para una mala decisión (por ejemplo, Gn. 3:12; Éx. 32:21-24), esto no quita la responsabilidad de elegir sabiamente (Jos. 24:14-15).

PRÉSTAMO Un préstamo, aunque a menudo involucra dinero, puede ser cualquier cosa que una parte le preste a otra parte sin renunciar a la propiedad. Los préstamos se consideran como una forma de provisión a los necesitados dentro de una comunidad (Dt. 15:7). Aunque acumular deudas no es deseable (Dt. 15:6, Prov. 22:7), los préstamos están permitidos e incluso exigidos, aunque con regulaciones que mitigan parte del riesgo. Una prenda puede servir como garantía para ayudar a garantizar que el préstamo se reembolse y luego se devuelve al momento del reembolso (Ezeq. 18:7; 33:15). La prenda es opcional (Ezeq. 18:16), pero cuando se compromete, el artículo debe pertenecer al deudor y no ser provisto por otra parte (Prov. 22:26). Cuando se espera recibir una prenda, uno no debe entrar a la casa del prójimo, sino que debe esperar afuera (Dt. 24:10-11). Un artículo necesario para el sustento de una persona no es una prenda adecuada (Dt. 24:6, Job 24:3). Si el prestatario es pobre y utiliza un manto como prenda, el prestamista debería permitir que la persona lo use para abrigarse por la noche (Éx. 22:26, Dt. 24:12-13, Amós 2:8).

Hacer préstamos es un medio para proveer al prójimo en necesidad y no tiene la intención de ser un medio para aumentar la riqueza de uno. Cuando se hace un préstamo entre israelitas, no se exige ningún interés (Éx. 22:25; Lev. 25:35-38; Dt. 23:19; Neh. 5:7), pero sí se permite el interés cuando se presta a un extranjero (Dt. 23:20). Se espera que alguien cuyo caminar es irreprochable y que hace lo correcto preste dinero sin interés (Sal. 15:1-5; Prov. 28:8). En Deuteronomio se alienta a la comunidad a prestar libremente a los vecinos necesitados para que se satisfagan todas las necesidades dentro de la comunidad y la comunidad disfrute de las bendiciones de Dios, que escucha el clamor del necesitado (15:7-11).

Si bien se espera que los préstamos se paguen, el objetivo de un préstamo no es la devolución sino la provisión. Por lo tanto, los préstamos no deben durar mucho tiempo. Cada séptimo año se espera que todos los acreedores anulen los préstamos hechos a sus compañeros israelitas como parte del tiempo de Dios para cancelar deudas (Dt. 15:1-2).

PRESTAR *Ver* Banca; Intereses; Préstamo.

PRESUNCIÓN *Ver* Orgullo.

PRETORIANA, GUARDIA El guardaespaldas de élite que permanecía en Roma por los emperadores, comenzando por Augusto. Empezó con nueve cohortes de aproximadamente quinientos hombres cada uno, crecieron hasta dieciséis cohortes de mil hombres bajo Vitelio. Domiciano mantuvo diez cohortes, o aproximadamente diez mil hombres, que luego se convirtieron en el estándar. Cada cohorte era dirigida por una tribuna y dividida en seis centurias, cada uno dirigida por un centurión. La guardia fue abolida en el año 312 después de que Constantino derrotara a Majencio.

Durante la era julio-claudiana (27-68 d.C), los deberes de la guardia eran principalmente ceremoniales; servían como guardia para el emperador en su palacio en Roma y también en ocasiones estatales. Los guardias pretorianos cumplían mandatos más cortos que los soldados del ejército romano, los legionarios (dieciséis versus veinticinco años), y disfrutaban de sueldos mayores y uniformes más espléndidos.

Cuando Pablo fue puesto bajo arresto domiciliario en Roma después de haber apelado a César, tenía un soldado que lo protegía (Hec. 28:16). A menudo los pretorianos tenían el deber de proteger a los prisioneros. Pablo relata en la Carta a los Filipenses que debido a su encarcelamiento, la causa de Cristo se había conocido por "toda la guardia pretoriana" (Fil. 1:13 LBLA [NVI: "guardia de palacio"]).

PRETORIO La residencia oficial de un gobernador romano, comandante militar u oficial. En los relatos de los Evangelios, el pretorio de Poncio Pilato en Jerusalén es el lugar donde ocurrieron algunos de las golpizas, las burlas y audiencias de Jesús (Mt. 27:27-31, Mr. 15:16-20, Jn. 18 28-19:15). La ubicación precisa del pretorio de Jerusalén es incierta. Algunos lo identifican con la Fortaleza Antonia, en el extremo norte del área del templo, mientras que otros han llegado a la conclusión de que era el palacio de Herodes el Grande en la parte occidental de la ciudad. Pablo fue retenido en el pretorio de Cesarea por dos años mientras esperaba juicio (Hec. 23:33-26:32). El término también podía usarse para la guardia pretoriana, las tropas personales de César. Este parece ser el significado en Fil. 1:12-13, donde Pablo (probablemente escribiendo desde el encarcelamiento en Roma) dice: "De manera que mis prisiones han sido célebres en Cristo en todo el pretorio [praitōrion], y a todos los demás".

PRIMERA LLUVIA *Véase* Lluvia.

PRIMERO Y ÚLTIMO *Véase* Alfa y Omega.

PRIMEROS FRUTOS Los productos de maduración más temprana de la cosecha (Éx. 23:16; Neh. 10:35) o, más generalmente la porción de mayor calidad de cualquier producto o bien manufacturado (Nm. 15:20).

Los primeros frutos de la cosecha son un símbolo y presagio de la bendición de Dios. Así, Dios ordena que ocurran sacrificios en los cuales "lo mejor de los primero frutos" se le ofrecen en agradecimiento y alabanza (Éx. 34:26; cf. Lv. 23:17; Dt. 26:2). El mismo principio aplica a los bienes manufacturados (Dt. 18:4) y todos estos eventos están acompañados por fiestas y festivales (Éx. 23:16). Tal adoración ceremonial adquiere renovada importancia en el regreso del exilio, donde estaban conectadas al gobierno mundial de Dios y su reclamo sobre su primogénito (Neh. 10:35-37; cf. Éx. 13:2-16).

Pablo usa este trasfondo del NT para describir metafóricamente la resurrección, la "cosecha" final de Dios en la tierra. Jesucristo, por virtud de su resurrección de la muerte, es "el primer fruto de aquellos que se han quedado dormidos" (1 Cor. 15:20; cf. Rom. 8:29). La resurrección de Cristo es la garantía de una abundante cosecha por venir, en la cual aquellos unidos a Jesús serán igualmente levantados a vida en abundancia. Por lo tanto, hay un orden en dos partes para una sola cosecha de resurrección: "Cristo, el primer fruto; luego, cuando sea el momento, aquellos que le pertenecen" (1 Cor. 15:23).

Además, ya que la resurrección de Jesús ya ha ocurrido, lo creyentes, que están sellados con Cristo a través de "los primeros frutos del Espíritu", disfrutan ahora de un anticipo de una vida abundante por venir (Rom. 8:23; cf. 2 Cor. 1:22; 5:5). Los creyentes por lo tanto son incentivados a vivir como aquellos que han renacido por fe, "que podamos ser un tipo de primero frutos de todo lo que Él creó" (Sant. 1:18). De manera similar, Pablo a veces usa el término "primeros frutos" para describir a los primeros conversos en una región (Rom. 16:5; 1 Cor. 16:15 KJV), simbolizando la expectativa de un ministerio fructífero y el indicio de la salvación mundial.

PRIMO Hijo de un tío o tía. En el catolicismo romano se enseña que María la madre de Jesús es una virgen perpetua, por lo que no tuvo más hijos después de él. Desde esta perspectiva, los "hermanos" y "hermanas" de Jesús que se mencionan en el Nuevo Testamento se consideran como sus primos (Mateo 13:56; Marcos 6:3; ver también Hermanos y Hermanas de Jesús).

PRIMOGÉNITO El primer niño nacido a una pareja casada. En el AT más comúnmente se refiere al primer hijo varón, sobre quien recaían privilegios especiales. El AT describe algunos de los privilegios asociados a ser el primero hijo varón: él recibiría una doble porción de la herencia (un privilegio codificado en la ley en Dt. 21:17), la bendición paterna (Gn. 27; 48:17-19) y otros ejemplos de favoritismo (Gn. 43:33). La importancia adscrita al primogénito también está testimoniada en el requerimiento legislativo que el primogénito—persona, animal y producto—pertenece a Yahveh (Lv. 27:26; Dt. 15:19; y de personas, nótese Nm. 3:12-13), así recalcando su primacía sobre Israel.

En algunas culturas de Oriente Próximo, la dedicación del primogénito a la deidad se manifiesta de forma sacrificial (cf. 2 Re. 3:27; Miq. 6:7). Algunos sugieren que esta idea se refleja en el AT, aunque 1 Sm. 1:11 indica que en Israel se puede haber entendido una forma alternativa de dedicación. Sin embargo, Yahveh proporcionaba una alternativa redentora a través del sacrificio (Gn. 22; cf. Nm. 3:12-13).

El lenguaje "primogénito" se usa también figurativamente en el AT. Se usa sobre Israel como el primogénito de Yahveh en Éx. 4:22-23, en donde el fracaso del Faraón para liberar al primogénito de Yahveh resulta en la destrucción de los primogénitos de Egipto. Dios también declara que el rey David es su primogénito en Sal. 89:27, destacando el favor especial que disfrutaría. El lenguaje "primogénito" también puede usarse figurativamente para describir cualquier cosa que recibe una porción mayor, como "el primogénito de la Muerte" en Job 18:13 (NRSV) y "el primogénito de los pobres" en Is. 14:30 (NRSV).

De modo un tanto sorprendente, Dios no se adhiere a la significancia de la primogenitura, frecuentemente otorgando su favor a aquellos que no son primogénitos: Abel sobre Caín, Isaac sobre Ismael, Jacob sobre Esaú, José y Judá sobre Rubén, Efraín sobre Manasés, Moisés sobre Aarón, David sobre sus hermanos y Salomón sobre Adonías.

El NT presupone una comprensión de la significancia del primogénito. Jesús específicamente es identificado como el primogénito de María (Lc. 2:7, 23). Sin embargo, la descripción va más allá de las meras nociones de la primogenitura humana cuando Jesús es descrito como "primogénito de toda la creación" (Col. 1:15) y "primogénito entre los muertos" (Col. 1:18; cf.

Ap. 1:5). Estas expresiones, en línea con el uso figurativo del lenguaje "primogénito" en el AT, expresa el lugar de privilegio de Jesús tanto en la creación como en la nueva creación.

PRINCESA La palabra hebrea sarah y la construcción hebrea bat-melek se traducen como "princesa". La palabra sarah ("princesa, dama real, reina"), la forma femenina de sar ("príncipe"), aparece cinco veces en el AT; se refiere a las damas de la corte (Jue. 5:29, 1 Re. 11:3, Ester 1:18, Is. 49:23) o se usa metafóricamente para referirse a Jerusalén (Lam. 1:1). Las setecientas esposas de Salomón eran princesas (1 Re. 11:3). La expresión bat-melek (literalmente, "hija de un rey") se aplica a la hija de un rey (Dan. 11:6; Sal. 45:9), la esposa de un rey (Sal. 45:13), y la mujer que lideraba en Judá (Jer. 43:6).

P Q

PRINCIPADOS Uno de los nombres dados a las realidades espirituales que fueron creadas por Dios en Cristo pero que ahora están corrompidas. Pablo dice que son estos "principados" (Gr. Archē), no "carne y sangre", los que forman la verdadera oposición hacia los cristianos (Efe. 6:12 RVA). Los sinónimos que aparecen en varias traducciones de la Biblia son "gobernadores", "autoridades", "poderes", "espíritus malvados", "potencias invisible" (Rom. 8:38; Efe. 3:10; 6:12; Col. 1:16).

PRÍNCIPE DE LA VIDA *Ver* Autor, Autor de la vida.

PRÍNCIPE: En el AT, muchas palabras hebreas se traducen como "príncipe", de las cuales todas se pueden traducir también como, por ejemplo, "jefe", "capitán", "líder", "gobernante". Estas palabras generalmente llevan connotaciones de dominio, liderazgo y nobleza y no necesariamente se refieren a los descendientes masculinos directos de un rey o una reina sentados. Por lo tanto, Sof. 1:8 distingue entre príncipes e hijos del rey. En el NT, la palabra griega archōn corresponde a "príncipe", pero también se traduce como "gobernante". La misma palabra y el mismo concepto usado con las autoridades humanas se extienden al reino sobrenatural. Por lo tanto, Miguel, el protector angelical de Israel en la visión de Daniel, es un "príncipe" (Dan. 12:1). En los Evangelios, Satanás es llamado el "príncipe de este mundo" (Jn. 12:31; 14:30; 16:11) y también el "príncipe de los demonios" (Mt. 9:34; 12:24; *ver también* Efe. 2:2). Isaías llama al Mesías "Príncipe de Paz" (Is. 9:6), y Jesús es llamado "Príncipe y Salvador" (Hec. 5:31). Dios es llamado el "Príncipe de los príncipes" en Dan. 8:25.

PRINCIPIO Y FIN *Ver* Alfa y Omega.

PRISCA, PRISCILA *Ver* Aquila y Priscila.

PRISIÓN, PRISIONERO

Encarcelamiento de Delincuentes

Al comparar la sociedad moderna con la de los tiempos bíblicos, es importante reconocer lo que es distintivo de las prisiones en muchas sociedades modernas. Las cárceles cumplen múltiples funciones, incluida la imposición de encarcelamiento como castigo por los delitos cometidos, la segregación de delincuentes peligrosos de la población en general, la disuasión de que se cometan delitos mediante la imposición de un incentivo negativo y la rehabilitación de los delincuentes para que eventualmente puedan reinsertarse a la sociedad. En muchos casos en que la ley moderna impone el encarcelamiento como la pena por el delito, la ley antigua y bíblica imponía sanciones económicas (como multas), castigos físicos (palizas) y la pena capital (muerte). Además, muchas de las referencias bíblicas a prisiones y prisioneros involucran lo que en la sociedad moderna se consideraría encarcelamiento político en vez de criminal.

La historia de José presenta prominentemente una prisión egipcia. José fue encarcelado injustamente por el delito de acosar a la esposa de su amo (Gn. 39:19-20), mientras que sus compañeros fueron encarcelados por el crimen no especificado de ofender al rey (40:1). Como ilustra esta historia, las sentencias no tenían una duración predeterminada, y la liberación dependía de la buena voluntad del rey (Gn. 40:13), una situación en la que Pablo también se encontró cientos de años más tarde durante la época de los romanos (Hec. 24:27). Cuando José encarceló a sus hermanos, fue por presunción de culpa por el delito de espionaje (Gn. 42:16). En la época romana, en cambio, ciertos presos tenían derecho a ser juzgados eventualmente, si no es que se hacía de manera inmediata (Hec. 25:27; *véase también* 16:37). El encarcelamiento también podía ser impuesto por no pagar una deuda (Mt. 18:30). José mantuvo a Simeón en prisión como garantía de que sus hermanos cumplirían un acuerdo previo (Gn. 42:19, 24). Además de las mazmorras especializadas, los presos también pueden ser confinados en las casas (Jer. 37:15, Hec. 28:16) y fosas (Zac. 9:11).

Encarcelamiento Político

En algunas historias bíblicas, individuos son encarcelados por lo que hoy describiríamos como razones políticas o ideológicas. Sansón fue encarcelado por los filisteos en represalia por los estragos que había causado en su tierra y, probablemente, para evitar nuevos incidentes (Jue.16:21). Mientras estaba en prisión, Sansón fue esclavizado. Varios reyes israelitas y judíos fueron encarcelados por sus señores mesopotámicos por ofensas que van desde no pagar impuestos a la sublevación, incluyendo Oseas (2 Re. 17:4), Joaquín (2 Re. 25:27-29), Manasés (2 Cr. 33:11) y Sedequías (Jer. 52:11). En algunos casos, el encarcelamiento de tales élites fue brutal e implicó tortura (2 Cr. 33:11; Jer. 52:11), aunque más tarde se liberó a Joaquín de la prisión y se le permitió vivir su cautiverio con cierta comodidad (2 Re. 25:27-29).

En el NT, las personas también fueron encarceladas por tales crímenes. Barrabás fue encarcelado por el gobierno romano de Judea por participar en una insurrección (Mr. 15:7). Saulo de Tarso encarceló a varios cristianos, aparentemente sin lo que hoy reconoceríamos como una ofensa criminal (Hec. 8:3). Pedro fue encarcelado por Herodes con fines políticos (Hec. 12:4). Pablo y Silas fueron encarcelados por perturbar la paz de Filipo (Hec. 16:23).

Encarcelamiento de Profetas

Un caso especial de los encarcelamientos políticos son los encarcelamientos de los profetas. Desde el punto de vista de los escritores bíblicos, los profetas eran encarcelados por decir la verdad a una persona en el poder que no quería escucharla. Desde el punto de vista de aquellos en el poder, encarcelar a los disidentes era una forma elemental de suprimir las opiniones que podían socavar el régimen. En algunos casos, el encarcelamiento de disidentes o alborotadores era el preludio de una ejecución (Juan el Bautista y Jesús). La práctica del encarcelamiento en lugar de la ejecución inmediata puede reflejar la actitud ambivalente de los gobernantes hacia los profetas controversiales: no se les podía permitir moverse libremente en la sociedad, pero tenían algún estatus o derecho como profeta que impedía su ejecución. En algunos casos, los profetas lograban enfrentarse a un rey sin ser castigados, sugiriendo que había un cierto nivel de tolerancia hacia ellos incluso cuando no apoyaban el poder de la realeza, una tolerancia que podría haber contribuido al uso de la prisión en lugar de la ejecución.

Acab encarceló a Micaías hijo de Imla después de que él entregó un oráculo desfavorable (1 Re. 22:27). Del mismo modo, Asa encerró a Hananí el vidente (2 Cr. 16:10). Estos reyes probablemente esperaban que dicho tratamiento forzara mejores noticias en el futuro. Jeremías (Jer. 37:15) y Juan el Bautista (Mr. 6:17) también fueron encarcelados por entregar mensajes no deseados a aquellos en el poder.

Significado Teológico

En ambos Testamentos, la liberación de la prisión es un símbolo de la salvación de Dios. El tema es prominente en los salmos, como por ejemplo en Sal. 146:7: "El Señor libera a los prisioneros" (*ver también* Sal. 68:6; 107:10; 142:7). En Hec. 12:7, Pedro es liberado de prisión por un mensajero enviado divinamente. Pablo escribió varias cartas desde la prisión y se identificó como un prisionero de Cristo (Efe. 3:1, Col. 4:10, 2 Tim. 1:8, Fil. 1). Algunos textos hacen referencia a una prisión en términos mitológicos que confina espíritus o Satanás (1 Pe. 3:19, Ap. 20:7).

PROCLAMACIÓN *Ver* Kerigma; Predicación.

P Q

PROCÓNSUL El gobernador nombrado por el Senado de una provincia romana (NBD: "gobernador"). El procónsul supervisaba asuntos civiles, judiciales y militares en la provincia. Sergio Paulo fue procónsul de Chipre (Hec. 13:7) y Galión de Acaya (Hec. 18:12). El secretario de la ciudad en Éfeso calmó un disturbio antes de que se extendiera a la jurisdicción de la corte y el procónsul (Hec. 19:38).

PRÓCORO Uno de los siete hombres elegidos para ayudar con la distribución de alimentos en la iglesia de Jerusalén (Hec. 6:1-6). La tradición sugiere que estuvo entre los setenta discípulos enviados por Jesús (*ver* Lc. 10:1), que era el escriba de Juan al escribir el Cuarto Evangelio, un obispo de Nicomedia y un mártir en Antioquía.

PROCURADOR El gobernador de una provincia imperial romana, también llamado "prefecto". El prefecto o procurador recaudaba impuestos, supervisaba asuntos judiciales y comandaba tropas militares auxiliares. Poncio Pilato fue prefecto de la provincia de Judea desde aproximadamente el 26 al 36 d.C (Mt. 27:2). El título fue cambiado a "procurador" a mediados del primer siglo. Pablo fue encarcelado en Cesarea bajo Félix, procurador de Judea en 52-60 d.C (Hec. 23:24-24: 26). Félix fue sucedido por Porcio Festo (Hec. 24:27), quien aprobó la petición de Pablo de apelar ante el César (25:12).

PRÓDIGO, HIJO La parábola del hijo pródigo (o "derrochador") es narrada por Jesús a continuación de las parábolas de la oveja perdida y la moneda perdida, en la que el personaje que es dueño pierde algo de valor y se regocija al encontrarlo nuevamente (Lc. 15). De manera similar, la parábola del hijo pródigo se centra principalmente en la misericordia y el perdón del padre. En esta parábola, el menor de dos hijos solicita su parte de lo que el padre les dejará como herencia. El padre se lo concede, y el hijo, después de mudarse a un país distante, lo derrocha en los placeres de este mundo. Con su herencia agotada y la tierra sufriendo una severa hambruna, el hijo se vuelve dependiente de su nuevo trabajo, que es alimentar a los cerdos, para su sustento. Desesperado por estar en esta humilde posición, el hijo decide volver a casa y enfrentar a su padre, quien, en un sorprendente giro de los acontecimientos, se regocija con el regreso de su hijo perdido. Sin embargo, durante la fiesta que celebra su regreso, el hermano mayor siente envidia porque él ha sido fiel y nunca ha recibido tal honor.

La parábola es una alegoría sobre el ministerio de Jesús, en el que el padre representa a Dios mismo, el hermano menor representa a los pecadores y recaudadores de impuestos a quienes Jesús ministra, y el hermano mayor representa a los líderes religiosos que rechazan el ofrecimiento de gracia gratuita de Dios para los pecadores quienes se arrepienten y regresan a Dios. Es significativo que la parábola quede abierta, y que el hermano mayor no haya dado una respuesta. El padre declara su amor por ambos hijos y afirma al hijo mayor que "todo lo que tengo es tuyo". Queda por verse ahora si él elegirá dar la bienvenida al pródigo y unirse a la fiesta en el reino de Dios. La oferta de salvación de Dios sigue siendo una invitación abierta.

PROFANAR Presentar algo ritual o moralmente impuro y, por lo tanto, inadmisible ante la santidad de Dios (Éxodo 20:25; Levítico 18:24; Hebreos 12:15; cf. Números 35:23).

PROFANO Lo opuesto a lo sagrado. Algo que es profano se vuelve impío, corrompido y ritualmente inútil (Ezeq. 22:26). *Ver también* Limpio, Puro.

PROFECÍA, PROFETAS

El Fenómeno de la Profecía

Un profeta es un mensajero de Dios, una persona en quien Dios confía su mensaje para un individuo o a una nación. De hecho, el último libro en el AT se llama "Malaquías", que significa "mi mensajero". Isaías escuchó a Dios preguntar: "¿A quién enviaré?", Y clamó: "¡Envíame!" (Is. 6:8). Un buen patrón para entender el fenómeno son Moisés y Aarón. Moisés debía decirle a Aarón qué decir, y Aarón lo decía. "Entonces el Señor le dijo a Moisés: 'Mira, yo te hago como Dios para Faraón, y tu hermano Aarón será tu profeta'" (Éx. 7:1).

PROFETAS como Isaías estaban enterados de lo que sucedía en el cielo, donde se tomaban decisiones que controlan el curso de la historia humana. Micaías describe cómo ha visto a Dios en compañía del ejército celestial ponderando sobre cómo tentar a Acab a su muerte (1 Re. 22:13-23). Todos los demás "profetas" en la corte de Acab eran falsos, ya que no tenían conocimiento de los eventos más allá del conocimiento humano, como sólo lo pueden tener los verdaderos profetas. Solo aquellos que han tenido un encuentro con Dios de esta manera, pueden hablar como un agente de la corte celestial.

Por cada verdadero profeta en Israel, hubo muchos falsos profetas. Moisés estableció pautas para distinguirlos. Los verdaderos profetizan de acuerdo con la religión revelada. Si un profeta contradice la ley, por ejemplo, y llama a Israel a adorar a otro dios, este no es un verdadero profeta (Dt. 18:20). Además, si un profeta predice algo que no sucede, ese también es un falso profeta (Dt. 18:21-22). Sin embargo, estos criterios no son mecánicos y automáticos. A veces, un profeta puede parecer que contradice la revelación anterior (Jer. 26:11), y algunas veces el juicio que se había predicho es evitado por el arrepentimiento nacional (Jonás 4). Además, a veces Dios puede probar a las personas con un falso profeta que hace una predicción verdadera (Dt. 13:1-3).

Los verdaderos profetas ocasionalmente exhibían un comportamiento extraño. Saúl, mientras perseguía a David, fue poseído de repente por el Espíritu de Dios y se acostó desnudo día y noche, profetizando. Esto hizo que la gente se preguntara si Saúl era ahora uno de los profetas (1 Sam. 19:24). Incluso en el mundo antiguo, los profetas se consideraban un tanto locos (2 Re. 9:11; Jer. 23:9; 29:26; Oseas 9:7). El fenómeno que experimentaban se conoce como "éxtasis". La práctica de hablar en lenguas en la iglesia del NT también parece haber sido un comportamiento extático. Pablo señala que los que observaban llamaban a los practicantes "locos" (1 Cor. 14:23). En el Pentecostés, algunos observadores pensaron que los apóstoles estaban ebrios. Pedro respondió que no estaban ebrios, sino que tenían el Espíritu sobre ellos (Hec. 2:15-21).

La palabra "profeta" se refiere a alguien que anticipa el futuro. Por supuesto, muchas personas no pueden aceptar la noción de profecía real y, por lo tanto, consideran toda profecía como una ilusión. O el texto fue escrito después del hecho, o fue redactado en términos tan generales que no es un milagro que se haya cumplido, o de lo contrario fue una suposición afortunada. Sin embargo, el texto en sí mismo quiere ser leído como una profecía real, y los cristianos antes de la edad moderna lo leían como tal. Después de todo, rechazar los elementos sobrenaturales en la Biblia conduce finalmente a rechazar la resurrección de Cristo.

Sin embargo, el cristiano moderno no debe enfocarse en la parte predictiva del mensaje de los profetas hasta tal punto en que se descuide el elemento de "anunciar". Anunciar es el ministerio principal de los profetas: llamar a la gente a la misericordia y la justicia, a la obediencia a la ley y la fidelidad a Dios. Los cristianos que creen en la Biblia deben tomar en serio las predicciones sobre el futuro, pero aún más los desafíos sobre el presente.

Los Libros de Profecía en el Antiguo Testamento

El AT de Biblias católicas y protestantes se organiza prácticamente en torno a la traducción griega del AT, la Septuaginta. Por lo tanto, Daniel es considerado un libro profético, y los profetas están separados de los libros históricos por los libros poéticos. Sin embargo, la Biblia hebraica tiene una organización diferente. Tiene sólo ocho "libros" de profecía, divididos en los Primeros profetas y los Últimos Profetas. Los Primeros Profetas son Josué, Jueces, Samuel y Reyes. Por tradición, Samuel es quien escribió Jueces. Los libros de 1 Samuel y 2 Samuel forman un rollo, al igual que 1 Reyes y 2 Reyes. El libro de Samuel lleva el nombre del profeta, y Reyes es en gran medida sobre Elías y Eliseo. Los cuatro Primeros Profetas son testigos del cumplimiento de las sanciones del pacto, desde la entrada de los israelitas en la tierra prometida hasta su expulsión de ella.

Por lo general, cuando los cristianos hablan de los profetas, se refieren a los Últimos Profetas, además de Daniel. En las Biblias católicas y protestantes hay cuatro Profetas principales: Isaías, Jeremías, Ezequiel y Daniel; y doce Profetas menores: Oseas, Joel, Amós, Abdías, Jonás, Miqueas, Nahum, Habacuc, Sofonías, Hageo, Zacarías y Malaquías. Muchos otros profetas ministraron en Israel pero no tienen ningún rollo que lleve su nombre. Por lo tanto, los enumerados anteriormente se pueden llamar los "profetas escritores".

Isaías. El libro de Isaías conserva los sermones del profeta que ministró durante el tiempo cuando Ezequías era rey de Judá, el reino del sur. Isaías vio a Jerusalén rodeada por el ejército asirio y le aseguró al rey que Dios libraría a su pueblo. Ese mensaje de salvación es el tema general del libro, una salvación de alcance universal y centrada en la figura del Siervo Sufriente. Isaías afirma que este siervo de Dios sería herido y "cortado de la tierra de los vivientes" (Is. 53:8) y que a través de esto traería sanidad y salvación a su pueblo. Él vería esto y haría a muchos justos (Isaías 53).

El NT hace referencia a Isaías con más frecuencia que a cualquier otro profeta, siempre para demostrar que las verdades del evangelio de Jesucristo fueron reveladas por adelantado por el profeta. Por ejemplo, Pablo cita a Is. 1:9 en su argumento de por qué los judíos habían rechazado el evangelio (Rom. 9:29). Cuando Jesús se retiró a la zona de Zabulón y Neftalí, Mateo dice que este acto cumplió Is. 9:1-2 (Mt. 4:15-16). Jesús mismo cita a Is. 53:12, "[Él] fue contado con los perversos", y afirma que fue escrito acerca de él (Lc. 22:37). Él hace lo mismo con Is. 61:1-2 (Lc. 4:18-21).

Jeremías. El libro de Jeremías pone por escrito palabras del profeta emías, quien ministraba al del reino de Judá y vivió la ción de Jerusalén, con su y el pueblo de Dios siendo forzados al exilio y al cautiverio. Él ve la debilidad y la impotencia del pacto que Dios hizo con su pueblo para despertar amor y fidelidad en sus corazones hacia Él. Según Jeremías, lo que la gente necesita principalmente es un nuevo pacto, uno que no sea externo y escrito en tablas de piedra, sino interno, escrito en sus corazones. Necesitan un cambio de personalidad para convertirse en un tipo diferente de personas por completo. Esto es lo que Jeremías predice que sucederá en la era venidera después de que su tiempo de cautiverio haya terminado (Jer. 31:31-40). El NT identifica este nuevo pacto con el evangelio de Jesús (Heb. 8:8-12), asegurado por su sangre (Heb. 10:16-17). Este es el nuevo pacto que Jesús anuncia a sus discípulos cuando comparte la Última Cena con ellos (Lc. 22:20).

Ezequiel. El libro de Ezequiel comienza donde Jeremías termina y continúa desde la destrucción de Jerusalén hasta los primeros años del cautiverio babilónico. Como Jeremías, Ezequiel ve el fracaso del antiguo pacto. Él compara a Israel con una mujer casada que viola su pacto matrimonial en cada paso (Ezeq. 16). El profeta también prevé una transformación futura del carácter del pueblo de Dios. "Además, os daré un corazón nuevo y pondré un espíritu nuevo dentro de vosotros; quitaré de vuestra carne el corazón de piedra y os daré un corazón de carne. 'Pondré dentro de vosotros mi espíritu y haré que andéis en mis estatutos, y que cumpláis cuidadosamente mis ordenanzas'". (Ezeq. 36:26-27). Esto se ilustra gráficamente en Ezeq. 37,

Estatuas de los profetas Daniel, Ezequiel, Jeremías e Isaías (Skara Domkyrka, Suecia).

donde se le dice al profeta que profetice a un valle de huesos secos, y mediante la predicación de la palabra de Dios, el grupo de muertos cobra vida y se convierte en un vasto ejército, no de esqueletos, sino de guerreros revitalizados. Esta es una visión de lo que sucederá cuando Dios haga un pacto eterno con ellos y habite con ellos para siempre (Ezeq. 37:26-27). Pablo cita esto en 2 Cor. 6:16 y argumenta: "Somos el templo del Dios viviente". La última parte de Ezequiel describe un gran templo, uno más grande que la vida, que Pablo interpreta como la iglesia. Por lo tanto, Ezequiel anticipa la predicación del evangelio, llevando la vida espiritual a un gran grupo de creyentes, entre los cuales Dios mismo habitará.

Daniel. El libro de Daniel no es un libro profético por género, pero gran parte de éste está dedicado a predecir el futuro, por lo que en las Biblias católicas y protestantes se coloca entre Ezequiel y los Profetas Menores. La profecía llama al pueblo al arrepentimiento y advierte del juicio sobre ellos debido a su pecado. Daniel hace lo contrario: los llama a perseverar como santos, aunque que las naciones malvadas los opriman, hasta el fin de los tiempos, cuando serán vindicados. Daniel consuela a los fieles que sufren debido a los pecados de las naciones.

Los doce. Los doce Profetas Menores siguen una secuencia prácticamente cronológica (con algunas excepciones notables). Oseas, Amós y Miqueas datan del ascenso de Asiria como el gran poder que amenazaba a Israel y Judá. Nahum, Habacuc y Sofonías datan del final de la dominación asiria y del ascenso de Babilonia. El exilio en Babilonia se omite, y los últimos tres -Hageo, Zacarías y Malaquías- se escribieron después de la restauración de los judíos a la tierra de Judá. Joel, Abdías y Jonás son difíciles de datar con certeza.

Leídos como un solo libro, los Profetas Menores cuentan una historia de la constancia y fidelidad de Dios a pesar de que todo lo demás en el mundo cambia. Comienzan con las doce tribus intactas y gozando de prosperidad en la tierra. En Judá, hay un rey en el trono de David. Pero al final, la mayoría de las tribus se pierden, la monarquía ya no existe, Jerusalén y el templo han sido destruidos, y los judíos están bajo del talón de los poderes extranjeros. Después de todo eso, Dios les dice, casi como moraleja de toda la historia del AT: "Yo, el Señor, no cambio; por eso vosotros, oh hijos de Jacob, no habéis sido consumidos. Desde los días vuestros padres os habéis apartado de mis estatutos y no los habéis guardado. Volved a mí y yo volveré a vosotros" (Mal. 3:6-7). Explorado profundamente en los Profetas Menores es el día del Señor, el clímax y el desenlace de la historia, en el que finalmente se cumplirán todas las palabras de los profetas (*véase* Joel y Sofonías). Al lector se le da, como una imagen de este día, una visión del arrepentimiento de una generación de ninivitas en la predicación de Jonás y del juicio final que caerá sobre esa ciudad según lo describe Nahum.

El NT cita a los Profetas Menores con mucha más frecuencia que cualquier libro de profecía, excepto Isaías. Pedro recurre a Joel 2:28-32 para explicar el derramamiento del Espíritu en el día de Pentecostés (Hec. 2:17-21). Santiago cita a Amós 9:11-12 para demostrar que la salvación siempre fue pensada tanto para los gentiles como para los judíos (Hec. 15:16-17). Pablo cita Hab. 2:4 para argumentar que la justicia delante de Dios viene por medio de la fe (Rom. 1:17; Gál. 3:11). Jesús dice que, como Jonás, volverá a la tierra de los vivos después de tres días (Mt. 12:38-41).

Profecía en el Nuevo Testamento

En el período del NT hubo una serie de profetas. Juan el Bautista pudo señalar a Jesús y proclamarlo como el Cordero de Dios, que quita los pecados del mundo (Jn. 1:29). Ágabo el profeta predijo una hambruna y, más tarde, el arresto de Pablo (Hec. 11:28; 21:10-11).

Pablo enumera los "dones del Espíritu" (1 Cor. 12:4-11), que incluyen la profecía y varios fenómenos que evocan el estado extático de los profetas del AT. Pablo advierte a los corintios que no se excedan en ese tipo de cosas y que sean maduros (1 Cor. 14:19-20). Cerca del final de su vida, en una de sus últimas cartas, habla de la profecía como normativa en la iglesia, particularmente al establecer un cuerpo de ancianos autorizado para gobernar y especialmente para predicar el evangelio (1 Tim. 1:18; 4:14). Pedro establece una conexión entre el ministerio de los profetas del AT y la proclamación del evangelio de Jesucristo (1 Pe. 1:10-12). El evangelismo parece ser el modo normativo para la profecía de hoy: profetizando por medio del llamamiento a las personas a darles la espalda a su pecado e ir hacia Jesús, y predecir hablando de su regreso y el juicio final.

Por lo tanto, todos los cristianos tienen el mandato de profeta, incluso si nunca participan en el estado de éxtasis experimentado por los corintios. La grandeza de un profeta radica en cuán claramente el profeta señala a Jesús. Juan el Bautista fue el más grande de los profetas del NT en esa medida, pero cualquier cristiano de este lado de la cruz y la resurrección puede proclamar el evangelio aún más claramente. Por lo tanto, el ministerio profético de cualquier cristiano es mayor que el de Juan (Mt. 11:11).

PROFETISA Se mencionan cinco profetisas en el AT: Míriam (Éx. 15:20), Débora (Jue. 4-5), Hulda (2 Re. 22:14-20, 2 Cr. 34:22-28), la esposa de Isaías (Is. 8:3), y Noadía (Neh. 6:14). Que ellas ejercieran esta función parece haber sido completamente legítimo. La culpa de Miriam no era por profetizar, sino más bien, como Aarón, por estar celosa de Moisés (Nm. 12). Débora era juez y profetisa a la vez (Jue. 4:4), y aunque la narración sugiere que era incongruente para ella involucrarse en una guerra violenta, no hay ninguna crítica al hecho de que ella profetizara. Los relatos de Hulda la tratan como a cualquier otro profeta, mientras que el problema con Noadía en Neh. 6:14 no era que ella fuera una mujer, sino que ella, junto con algunos profetas varones, era una mentirosa.

Las mujeres que profetizan falsamente son condenadas (Ezeq. 13:17), pero Joel promete que en los últimos días, cuando Dios derrame su Espíritu, tanto hombres como mujeres profetizarán verdaderamente (Joel 2:28-29).

De manera similar, en el NT, Pedro reconoce que la promesa de Dios por medio de Joel se cumplió en el don del habla profética tanto en las mujeres como en los hombres en Pentecostés (Hec. 2:18); y Pablo, reconociendo que las mujeres profetizaban públicamente en la congregación, sólo se preocupa por la manera en que lo hacen (1 Cor. 11:5). La profetisa Ana proclama al bebé Jesús como el Mesías (Lc. 2:36-38), Lucas informa que las cuatro hijas solteras de Felipe el evangelista también profetizan (Hec. 21:8-9). La única profetisa falsa en el NT es la figura apocalíptica de Jezabel en Ap. 2:20.

PROFUNDIDADES Además de las profundidades del océano, el texto bíblico se refiere a las profundidades de la tierra (Salmos 63:9) y del sepulcro (86:13). Los diferentes términos que se traducen como "profundidades" son utilizados para representar figurativamente la incomprensibilidad (Job 11:8), omnipotencia, omnipresencia y omnisciencia de Dios (Salmos 95:4), situaciones calamitosas y angustiantes (Salmos 30:1; 88:6; 130:1), muerte y muerte inminente (Salmos 71:20; Proverbios 9:18) y lugares ocultos, tales como el vientre de la madre (Ps. 139:15). *Ver también* Profundo, Lo.

PROFUNDIDADES DEL ABISMO En algunas versiones en inglés (NRSV, NLT) se usa esta designación para traducir en Apocalipsis la palabra griega abyssos, que en la NVI se traduce de manera distinta como "abismo" (Lucas 8:31; Apocalipsis 9:1, 2, 11; 11:7; 17:8; 20:1, 3) y en una ocasión como "mundo de los muertos" (Romanos 10:7). Puede referirse por lo general a un lugar para los muertos (Romanos 10:7), pero a menudo indica un ámbito temporal de tormento y encarcelamiento para demonios cuyo destino final es el lago de fuego (Apocalipsis 20:7-10). *Ver también* Abismo.

PROFUNDO, LO (Heb. tehom; Gr. abyssos) se refiere al mar profundo o a las profundidades del mar, en particular al mar primitivo que se entiende existía antes del trabajo creativo de Dios, que trajo orden al estado caótico inicial del mundo (Génesis 1:2) y que recuperó la tierra cuando la creación fue revertida en el diluvio (Génesis 7:11; 8:2). El término hebreo está relacionado etimológicamente con la diosa babilónica primitiva que, de acuerdo al mito de la creación en el texto mesopotámico conocido como el Enuma Elish, fue acribillada por el dios Marduk y de cuyo cadáver se formó el universo. A pesar de esto, no hay indicios de que el término tal como es usado en la Biblia haya sido asociado de alguna forma con la deidad babilónica, particularmente debido a que la raíz en sí misma fue usada también en Ugarit y Ebla para referirse a "lo profundo".

A pesar de que en el AT no importan las ideas mitológicas y religiosas asociadas con lo profundo desde Mesopotamia, lo profundo, sin embargo, a menudo representa un lugar de alguna forma ominoso, un aterrorizante lugar de caos (ej. Salmos 148:7; Jonás 2:5), a veces simbólicamente representando las profundidades de la desesperación (Salmos 71:20). Aún así el AT afirma el completo control y soberanía de Dios sobre lo profundo (Salmos 33:7; 77:16; 135:6; Isaías 51:10). En otros pasajes, sin embargo, el término puede simplemente referirse a la fuente de manantiales y parece reflejar un abundante suministro de agua (Deuteronomio 8:7; Salmos 78:15).

En el NT, lo profundo (o el abismo) es presentado como un lugar de muerte (Romanos 10:7) o una prisión para demonios (Lucas 8:31; Apocalipsis 9:1-11) de donde se levanta la oposición a Dios. Apocalipsis continúa también con la visión de que el mar profundo es un lugar de oscuridad y oposición a Dios con el pronunciamiento de que, en el nuevo cielo y nueva tierra, no habrá mar alguno (Apocalipsis 21:1).

PROGRAMAS DE BIENESTAR Agencias gubernamentales establecidas para distribuir dinero, vales, cobertura médica y otras necesidades a aquellos necesitados que califican para tales distribuciones de acuerdo a las rúbricas establecidas por el gobierno. Los programas de bienestar como los conocemos hoy en día son creaciones modernas de estados seculares y no aspectos del mundo bíblico o antiguo Oriente Próximo. La Biblia, sin embargo, significativamente enfrenta el complejo tema de la pobreza y la responsabilidad de Israel con los pobres.

El AT enfatiza la responsabilidad de Israel con los pobres, especialmente compañeros israelitas, pero también extranjeros de estadía en Israel (Éx. 22:25; Lv. 25:25, 35; Rut 2:10). Debido a las bendiciones otorgadas a ellos por Dios, los israelitas eran ordenados para ser personalmente generosos con los necesitados (Lv. 25:36-38; Dt. 15:7-13). Debían dejar cosecha en sus campos, viñedos y huertas para que los pobres pudieran recogerla (Lv. 19:9-10; Dt. 24:19-22; Rut 2:2-3, 7-11). Aquellos que ayudaban a los pobres tenían prometidas bendiciones (Prov. 19:17; 22:9; 28:27).

Los poderosos no debían oprimir a los pobres haciéndoles préstamos usureros (Lv. 25:36-38) o esclavizándolos indefinidamente (Lv. 25:39-42; Dt. 15:12; 24:14-15). La opresión era una ofensa grave porque Dios había sacado a Israel de la opresión de Egipto (Éx. 22:21; 22:9, Sal. 72:4, 12-14; Prov. 22:16; Jr. 22:17-19; Ez. 18:5-9; 22:29-31; Am. 4:1-3).

Particularmente en Proverbios, Israel es advertido contra comportamientos que provoquen pobreza, influyendo la pereza (6:6), holgazanería (10:4), negligencia de disciplina (13:18; 20:13), amar el sueño (20:13), amar el placer (21:17), beber en exceso y la glotonería (23:21) y persecuciones vacías (28:19).

El NT construye y expande en las admoniciones del AT sobre el tratamiento de los pobres. Dar a los pobres sigue siendo un imperativo (Hec. 2:45; Rom. 12:13; Sant. 2:15; 1 Jn. 3:17), pero debe hacerse sin fanfarria (Mt. 6:2-3; Mc. 12:38-40). La generosidad debe ser de corazón e independiente de los medios (Lc. 21:2-4; 2 Cor. 8:1-5), pero no bajo coacción (2 Cor. 8:8-9; 9:7). Los cristianos son llamados a asumir responsabilidad por ellos mismo (2 Cor. 11:9; Ef. 4:28; 2 Tes. 3:7-11) y sus familias (1 Tim. 5:8, 16).

PROHIBICIÓN *Ver* Maldito; Anatema; Guerra Santa.

PRÓJIMO En el AT, "prójimo" se deriva del verbo "asociar con". Este es un vínculo importante ya que varios tipos de relaciones son fundamentales para el tema del prójimo. Dependiendo del contexto, un vecino puede ser un amigo (2 Sam. 13:3), un rival (1 Sam. 28:17), un amante (Jer. 3:1) o cónyuge (Jer. 3:20). Sin embargo, "prójimo" define esencialmente a alguien que vive y trabaja cerca, aquellos con responsabilidades éticas compartidas, en vez de ser un miembro de la familia (Prov. 3:29). Eventualmente, "prójimo" adquirió el significado más técnico de "miembro del pacto" o "compañero israelita" (="hermano" [Jer. 31:34]). La literatura legal prohíbe dar falso testimonio contra el prójimo (Dt. 5:20) ni codiciar la casa, el animal, el siervo o la esposa de un vecino (Dt. 5:21). Están prohibidos el fraude, el robo o la retención al prójimo (Levítico 19:13; Sal. 15: 3). Estas son las estipulaciones negativas. La ética teológica que surge de Lev. 19 son culminantes: ética, política, social y económicamente. Positivamente, los israelitas deben juzgar a su prójimo con justicia (Lev. 19:15), amar a sus prójimos como a ellos mismos (19:18). Incluso el extranjero residente debe estar protegido por estas virtudes morales centrales (Lev. 19:33-34, *véase* Éx. 12:43-49).

Cuando el NT aborda el tema, no es de sorprenderse que sea Lev. 19:18 el cual se cita rutinariamente. Cuando se le preguntó sobre el mayor mandamiento, Jesús cita a Lev. 19:18 como la contraparte horizontal de amar al Señor (Mat. 19:16-30). La pregunta de un abogado a Jesús, "¿Quién es mi prójimo?" Provoca la parábola del buen samaritano (Lc. 10:29). Jesús enseña que extender la misericordia es más importante que convenientemente definir al "prójimo". El prójimo es cualquiera que uno conozca que tenga necesidades: judío, gentil o samaritano (Lc. 10:25-37). La ley judía llegó a definir al "prójimo" en términos puramente legales dentro del judaísmo. Jesús abarcó los límites de la responsabilidad de uno, desafiando el particularismo del judaísmo, denunciando el amor prejuiciado e incluyendo a los no judíos. Más allá de los grupos "dentro" o "fuera", los creyentes ahora deben orar por sus enemigos (Mt. 5:43-48). La obra de la misión continúa expandiendo los límites sociales, políticos y económicos. La realidad del AT de las relaciones todavía está vigente, pero el "prójimo" en el NT ahora da prioridad a los creyentes (Rom. 13:8-10; 15:2; Gál. 6:10; Efe. 4:25; Sant. 2:8).

PROMESA No aparece en el AT un término técnico para "promesa", pero su concepto está presente en todas las Escrituras. Dios despliega la historia de la redención empleando la idea de promesas. Los escritores del NT afirman repetidamente que Jesucristo ha cumplido las promesas de Dios del AT (por ejemplo, Lc. 24:44-48, 1 Cor. 15:3-8).

Antiguo Testamento

Las promesas en el AT están estrechamente relacionadas con la historia de la salvación. En cada etapa de la historia de la redención, Dios entregó un nuevo mensaje acerca de la redención, generalmente en la forma de un pacto. Inmediatamente después de la caída de la humanidad, Dios reveló primero su plan de salvación: la promesa de que la simiente de la mujer finalmente aplastaría la cabeza de la serpiente (Gn. 3:15). Después del diluvio, Dios hizo un pacto con Noé, prometiendo que nunca más destruiría la tierra con un diluvio (Gn. 8:21-9:17).

Lo más notable es la promesa que Dios hizo a Abraham, Isaac y Jacob (Gn. 12:1-3; 13:14-17; 17:4-8; 22:17-18; 26:1-5; 28:13-15). Dios llamó a Abraham para darle tres bendiciones específicas: la tierra, los descendientes y ser el canal de bendición entre las naciones. Como una señal de su promesa, Dios hizo un pacto de circuncisión con Abraham y sus descendientes (17:10-14). Con Isaac (26:1-5) y Jacob (28:13-15), Dios reafirmó repetidamente la promesa hecha a Abraham. En el momento del éxodo y más tarde del asentamiento en Canaán, la promesa de Dios a Abraham se cumplió parcialmente multiplicando a sus descendientes en millones y dándoles la tierra prometida.

En el Monte Sinaí, Dios hizo otro pacto con los israelitas. En este pacto, Dios prometió que serían su "especial tesoro" entre las naciones si lo obedecían y guardaban su pacto (Éx. 19:5). Las bendiciones especiales de Dios se pronunciaron para que ellos fueran "un reino de sacerdotes y una nación santa" (19:6). Para este propósito, Dios les dio los Diez Mandamientos, que se convirtieron en el estándar religioso y ético para su pueblo del pacto (20:1-17). En el libro de Deuteronomio, además, las promesas de Dios se hicieron en forma de bendiciones para los que obedecían y maldiciones para los que desobedecían (Dt. 28). Más tarde, estos se convirtieron en los criterios por los cuales se juzgaba a los reyes de Israel para determinar si habían vivido una vida en obediencia.

En concordancia con 2 Sam. 7:11-16, Dios hizo un pacto eterno con David, prometiendo la permanencia de la casa, el reino y el trono de David. En este pacto también se prometió que su descendencia edificaría la casa del Señor. El pacto davídico se cumplió parcialmente en el tiempo de Salomón, quien como rey edificó la casa del Señor, el primer templo en Jerusalem (1 Re. 8:15-25). Más tarde, en el período de los profetas clásicos, cuando la esperanza en el trono davídico peligraba, la permanencia del trono y reino davídico reapareció en forma de profecía mesiánica (Jer. 23:5-8; Ezeq. 37:24-28). Esta promesa finalmente se cumplió con la venida de Jesucristo como descendencia de David (Mt. 1:1-17).

La historia de Israel muestra que aunque la nación quebrantaba repetidamente los pactos de Dios, Él permanecía fiel a ellos. De acuerdo con Nm. 23:19, las promesas de Dios son absolutamente confiables: "Dios no es hombre, para que mienta, ni hijo de hombre para que se arrepienta ¿Lo ha dicho Él, y no lo hará? ¿ha hablado, y no lo cumplirá?" La confiabilidad de las promesas de Dios resulta de su carácter inmutable (Sal. 110:4; Mal. 3:6-7). Dios todopoderoso tiene el poder de cumplir sus promesas (Is. 55:11). Cuando Josué terminó de conquistar la tierra de Canaán, confesó que Dios era fiel en guardar todas sus promesas a sus antepasados (Jos. 21:45; 23:14-15). Josué mismo fue testigo de que confiar en las promesas de Dios es un asunto de vida o muerte. Aquellos que no habían confiado en su promesa de darles la tierra de Canaán perecieron en el desierto, pero a los que habían confiado en su promesa se les permitió entrar en ella (Nm. 14:1-35).

Nuevo Testamento

El mensaje central del NT es que las promesas de Dios en el AT se cumplen con la venida de Jesucristo. Las numerosas fórmulas de citas de Mateo son evidencia de esta temática. En Luc. 4:16-21, Jesús pronuncia el cumplimiento de la promesa de Isaías (sobre el ministerio del Mesías [Is. 61:1-3]) en su propia vida. El libro de Hechos declara específicamente que el sufrimiento y la resurrección de Jesús y la venida del Espíritu Santo son el cumplimiento de las promesas del AT (2:29-31; 13:32-34). La identidad de Jesús tanto como descendiente de David (Hec. 13:23) como profeta al igual que Moisés (Hec. 3:21-26, *véase* Dt. 18:15-18) también se considera como el cumplimiento del AT.

El parecer de Pablo sobre las promesas de Dios se resume en esta declaración: "Pues tantas como sean las promesas de Dios, en Él todas son 'sí'" (2 Cor. 1:20). De acuerdo con Rom. 1:2-3, Pablo considera el Evangelio como el mensaje que Dios "ya había prometido por medio de sus profetas en las Santas Escrituras acerca de su Hijo". En Rom. 4 la fe de Abraham se describe en términos de su confianza en las promesas de Dios, lo que conduce a su justicia. Él se presenta como nuestro modelo de fe en las promesas de Dios. La famosa frase "según las Escrituras" en 1 Cor. 15:3-4 es, en cierto sentido, entendido por Pablo como el cumplimiento de las promesas de Dios con respecto a la muerte y resurrección de Cristo.

En el libro de Hebreos, el concepto de promesa juega un papel importante. En Heb. 6 Abraham es presentado como el hombre ejemplar que confió en la promesa de Dios. El autor exhorta a los cristianos hebreos a seguir el modelo de confianza de Abraham en la promesa de Dios (6:12-20). El autor también afirma que el nuevo pacto de Jesús es superior al anterior porque su ministerio es "establecido sobre mejores promesas" (8:6). En Heb. 11 la fe de los mayores santos del AT es aclamada en términos de su fe en las promesas de Dios.

En el NT, Dios hace nuevas promesas basadas en la obra de Cristo, incluida la resurrección final y la segunda venida de Cristo (Jn. 5:29, 11:25-26, 1 Cor. 15:48-57, 2 Cor. 4:14; 1 Tes. 4:13-18). Además, el mensaje del Evangelio se presenta como múltiples promesas, que incluyen la vida eterna, la plenitud de la vida en Cristo, el perdón de los pecados, la vida en el Espíritu Santo, la paz de Dios, el conocimiento de Dios y la alegría de Dios (Mt. 28:18-20; Jn. 3:16; 10:10; 14:16; 27; 16:20-24; 17:25-26; Fil. 4: 4-9; 1 Jn. 1:9).

Promesas Humanas

Las Escrituras contienen muchos casos de personas que hacen promesas a otras personas. Por ejemplo, Abraham hizo promesas al rey de Sodoma y a Abimelec (Gn. 14:22-24; 21:22-24). Los espías israelitas le hicieron una promesa a Rahab (Jos. 2:12-21). La gente también hace promesas a Dios: Jacob, Jefté, Ana y los exiliados que regresaron (Gn. 28:20-21; Jue. 11:29-40; 1 Sam. 1:11-20; Neh. 10:28-29). Las promesas humanas suelen ir acompañadas de un juramento (Gn. 14:22; 21:24; Dt. 6:13; Jos. 2:12-14) o la declaración de una maldición en caso de incumplimiento (Rut 1:17; 1 Sam. 14:24; 2 Sam. 3:35; 1 Re. 2:23). Es imperativo mantener la promesa que uno hace a un ser humano o a Dios (Nm. 30:1-2, Sal. 50:14). En Mal. 2:14-16, el divorcio se considera como una ruptura del juramento entre marido y mujer. En tiempos del AT, la gente tenía miedo de las maldiciones que caían sobre ellos cuando rompían una promesa. La Biblia advierte sobre el peligro de hacer falsas promesas, ya que al hacerlo se producirían el pecado y el juicio (Lev. 19:12, Dt. 23:21, Zac. 8:17). Es un axioma de la literatura de la sabiduría que uno no debe hacer promesas precipitadas o a la ligera (Prov. 20:25, Ecle. 5:1-7), y Jesús prohíbe tomar cualquier juramento debido a la posibilidad de su incumplimiento (Mt .5:33-37).

PROPICIACIÓN *Ver* Expiación

PROPICIATORIO El propiciatorio, o "tapa de la expiación" (NTV), era la cubierta del arca del pacto en el tabernáculo y el lugar de expiación de Israel (Éx. 25:21). Estaba hecho de oro puro, cuarenta y cinco pulgadas de largo y veintisiete pulgadas de ancho (25:17). Sobre el propiciatorio había dos querubines de oro, uno en cada extremo (25:18-20). Allí, Dios habló con Moisés (Nm. 7:89). Al entrar al Santo de los Santos, el sacerdote debía quemar incienso sobre el propiciatorio; de lo contrario, enfrentaría el juicio y moriría (Lev. 16:13). En el Día de la Expiación, la sangre del toro y la cabra era rociada en el propiciatorio.

En el NT, el término griego hilastērion se usa para el propiciatorio mismo (Heb. 9:5) y para el "sacrificio de expiación" o "propiciación" (Rom, 3:25), cuya sangre se goteaba en el propiciatorio. En Rom. 3:25 Cristo mismo es identificado como el hilastērion, el sacrificio de expiación por nuestros pecados.

PROPIEDAD Ambos Testamentos proclaman: "La tierra es del Señor, y todo lo que hay en ella" (Sal. 24:1, 1 Cor. 10:26). Solo el Señor y el Creador del universo pueden legítimamente reclamar propiedad de cosa alguna, ya sea física, espiritual o moral

(Job 41:11). Por lo tanto, "Toda buena dádiva y todo don perfecto descienden de lo alto, donde está el Padre que creó las lumbreras celestes".

Él es inclusive el propietario de los mismos seres humanos. En una visión bíblica, Dios por sí mismo ejerce la propiedad. La humanidad, en cambio, ejerce la administración de lo que se le dio.

La escritura guía y regula las relaciones respecto a la propiedad. Mientras las personas sólo ejercen un rol de administración, ellos nunca deben tomar de manera errónea o envidiar lo que Dios les ha confiado a otros. Por lo tanto, Dios ordena, "No robarás" (Éx. 20:15) y "No codiciarás" (20:17). El libro de Proverbios explica cómo disponer sabiamente de los bienes propios (Prov. 3:9, 10, 11:25, 22:9), como lo hace la parábola de los talentos de Jesús (Mt. 25:14-30). Numerosos pasajes enseñan que la "propiedad" humana debería ganarse a través del trabajo, en lo posible (Jer. 29:5-7, 2 Tes. 3:10). Las personas deben reconocer sus posesiones como regalos de Dios con dádivas a los pobres (Efe. 4:28) y a los líderes designados por Dios, tanto seculares como cristianos: "Den al César lo que es del César y a Dios lo que es de Dios" (Mr. 12:17 [cf. Rom. 13:6; 1 Tim. 5:18]).

De hecho, la Biblia completa puede leerse como el drama del dueño divino relacionándose con sus mayordomos humanos. En la creación, Dios les encarga al jardín a Adán y Eva para que "lo cultivaran y lo cuidarán" (Gn. 2:15), confiando así toda la creación al cuidado humano. En la desobediencia abusan de su mayordomía, al igual que sus descendientes. En la caída, la humanidad pierde los beneficios de Dios en el paraíso (Gn. 3); Él deshereda a sus mayordomos infieles. El resto de la Escritura relata cómo Dios redime a un pueblo para sí mismo, adoptando a los desheredados de nuevo en su hogar. Él comienza prometiendo a Abraham que su descendencia, Israel, poseerá una tierra, Canaán (Gn. 17:8), que será una especie de paraíso nuevo (Éx. 3:8). Los israelitas conquistan el territorio, pero con el tiempo demuestran ser administradores infieles. Después de romper el pacto de Dios, pierden la tierra en el exilio.

La parábola de Jesús del terrateniente en Mt. 21:33-44 es básicamente una versión encapsulada de esta gran historia bíblica. Ambos llegan a su clímax cuando Dios envía a su Hijo, Jesucristo. Él viene a "recomprar" a su pueblo de sus pecados como el único siervo fiel (Mr. 10:45), incluso llegar hasta la muerte en una cruz (Fil. 2: 8). Jesús paga por la adopción de su elegido con su sangre, por lo que ahora los creyentes participan de la propiedad de Dios sobre todas las cosas. "Todo es de ustedes...el mundo, la vida, la muerte, lo presente o lo por venir, todo es de ustedes, y ustedes son de Cristo, y Cristo es de Dios" (1 Cor. 3:21-23).

PROPIEDAD *Ver* Herencia; Posesión.

PROSÉLITO Un converso gentil a la religión de los judíos. El proselitismo es el proceso mediante el cual un gentil accedía al monoteísmo judío, concurría con la crítica judía de la ética pagana y la idolatría, aceptaba las obligaciones de la ley mosaica y entraba en la nación de Israel. En la Septuaginta, la palabra griega prosēlytos traduce la palabra hebrea ger ("extranjero") setenta y siete veces. La palabra puede denotar extranjeros residentes (Lev. 19:10; 24:16) e incluso israelitas (Éx. 22:21; Lev. 19:34; Dt. 10:19). Es común traducir proselitos como "convertidos" porque en el siglo I d.C en general tenían ese significado en las inscripciones, en el NT (Mt. 23:15, Hec. 2:11, 6:5, 13:43), Filón (Sueños 2.273, Espec. Leyes 1.51, 308, QE 2.2), y la Septuaginta (por ejemplo, Éx. 12:48-49; Dt. 1:16; Ap. 93:6; 145:9; Jer. 7:6; Eze. 14:7; Zac. 7:10; Mal. 3:5).

En las regulaciones rabínicas posteriores, se le requería a los conversos hacer un sacrificio y someterse al bautismo y la circuncisión. Pero esto no era necesariamente uniforme en el judaísmo del período del Segundo Templo o incluso en la época rabínica. Por ejemplo, Filón afirma que lo que hacía a un prosélito no era la circuncisión sino la sumisión a Dios, "porque el prosélito es aquel que circuncida no su incircuncisión sino sus deseos y placeres sensuales y las otras pasiones del alma" (QE 2.2). De manera similar, Josefo narra una historia acerca de la conversión del rey Izates de Adiabene, a quien se le dan dos puntos de vista diferentes sobre si necesitaba ser circuncidado para adorar al Dios de Israel o para ser "ciertamente judío" (Ant. 20.34-48)). Es bastante probable que muchos de los conversos al cristianismo provengan de rangos de prosélitos y temerosos de Dios. Se sentían atraídos por el cristianismo porque podían adorar al Dios de Israel mediante la fe en Jesucristo sin adoptar la religión y la nacionalidad de Judea.

PROSTITUCIÓN La prestación de servicios sexuales a cambio de pago. Las referencias bíblicas a la prostitución es quizás organizado de mejor manera bajo tres títulos: prostitución común o secular, prostitución de culto o sagrada y prostitución como metáfora.

Prostitución Común o Secular

Este tipo de prostitución se menciona en el AT por la palabra hebrea zonah y sus derivados (aunque algunos argumentan que en ocasiones la palabra podría referirse a la infidelidad sexual en general) y en el NT por el término griego pornoē. Entre las prostitutas bien conocidas en la Biblia están Rahab (Jos. 2:1-21), la madre de Jefté (Jue. 11:1), Dalila (Jue. 16:1), y las dos mujeres en la corte de Salomón (1 Re. 3:16-28). (Aunque la tradición a menudo identifica a María Magdalena como prostituta, no se hace referencia a ella de esta manera en la Biblia).

Aunque no existe una prohibición explícita y absoluta de la prostitución en las leyes del Pentateuco, existen restricciones importantes. Ningún padre debe causar o permitir que su hija se convierta en prostituta (Lev. 19:29). A los sacerdotes no se les permitía casarse con prostitutas (Lev. 21:7, 14), aunque esto parece implicar un estándar menos estricto para la población en general. La hija de un sacerdote que se hacía prostituta debía ser quemada en el fuego (Lev.

21:9), pero no se hace tal declaración para los israelitas en general. Las ganancias de la prostitución no pueden usarse para el pago de los votos (Dt. 23:18).

Si bien la prostitución no estaba prohibida de manera absoluta, fue objeto de una severa desaprobación y desprecio en la sociedad israelita (Gn. 34:31; Jue. 11:1-2). El libro de Proverbios advierte severamente a los jóvenes que no recurran a las prostitutas (Prov. 6:26; 7:10; 23:27; 29:3), pero estas advertencias también dan evidencia de que la prostitución, aunque despreciable, fue tolerada en cierta medida. Esta actitud hacia la prostitución concuerda con la del contexto más amplio del antiguo Cercano Oriente, aunque los códigos legales de otras civilizaciones de Mesopotamia restringían y reglamentaban la prostitución en lugar de prohibirla directamente. En el NT, Pablo se refiere particularmente al problema espiritual involucrado en una relación sexual con prostitutas (1 Cor. 6:15-16). Sorprendentemente, sin embargo, Jesús incluye prostitutas arrepentidas entre los ciudadanos del reino de Dios (Mt. 21:31-32).

Prostitución de Culto o Sagrada

La NTV en varios lugares muestra el término "prostituta del templo" (Gn. 38:21-22; Dt. 23:17; 1 Re. 14:24; 15:12; 22:46; 2 Re. 23:7; Oseas 4:14). Esta es una traducción de las palabras hebreas qadesh (masc.) Y qedeshah (fem.), que provienen de la palabra qadosh, que significa "santo". Tradicionalmente se ha entendido que se refiere a las prostitutas que prestaban sus servicios en conexión con un templo o santuario. Los pagos se destinaban a los tesoros del templo, y los actos sexuales tenían la intención de motivar a los dioses y diosas a imitarlos, asegurando a su vez la fertilidad de la tierra y los cultivos fructíferos. Esto se consideraba que estaba en sintonía con las prácticas de los antiguos cultos orientales de fertilidad. En los estudios más reciente, esta comprensión tradicional ha sido desafiada en dos puntos.

Primero, muchos eruditos han encontrado poca o ninguna evidencia de que la prostitución al servicio del templo fuera concebida como que estimulara actividad similar entre los dioses, ya sea en Israel o en el mundo del Cercano Oriente. En segundo lugar, aunque qedeshah ciertamente se refiere a una prostituta al servicio del templo, es menos seguro de que qadesh se refiriera a un hombre prostituido; simplemente puede referirse al personal de culto masculino sin referencia a la actividad sexual. Cualquiera sea el resultado del debate, las leyes del Pentateuco prohíben absolutamente la prostitución en relación con el templo o santuario. Dt. 23:17-18 parece indicar que una de las motivaciones para que las mujeres ofrezcan favores sexuales al servicio del templo era para pagar un voto, pero claramente condena la práctica.

Prostitución como Metáfora

Ya en los textos legales del Pentateuco, el pecado de renunciar a Yahvé, el Dios de Israel, para servir y adorar a otros dioses se asimilaba a la prostitución (Éx. 34:15; Lev. 17:7; 20:5-6; Nm. 15:39; Dt. 31:16). Pero la analogía se vuelve especialmente acentuada en los libros de los profetas, que contienen más de la mitad de las referencias del AT a la prostitución. Hablando por medio de Jeremías, Dios le dice a Israel: "Bajo todo árbol frondoso te echabas como ramera" (Jer. 2:20). En la idolatría, Israel ni siquiera se "sonroja de vergüenza", sino que tiene la "mirada desvergonzada de una prostituta" (Jer. 3:1-3).

Ezequiel representa a Israel y Judá como prostitutas que "derramaron" sus favores a los dioses que pasaban (Ezeq. 16:15). De hecho, Dios se queja de que Israel actuó aún peor que una prostituta, ¡pues no cobrabas nada!... A todas las rameras les dan regalos, pero tú dabas regalos a todos tus amantes" (Ezeq. 16:31-34). Oseas, a quien Dios ordenó que se casara con una mujer adúltera en un extravagante acto de amor, reflejando el amor de Dios por los israelitas, compra y redime a su esposa de su prostitución (Oseas 3:1-5). A veces, otras naciones también se identifican metafóricamente como prostitutas, como Tiro (Is. 23:15-17), Nínive (Nah. 3:4) y Babilonia (Ap. 17:1, 15-16; 19:2).

PROTECCIÓN AMBIENTAL El mundo antiguo no sabía de término como "calentamiento global" o "volverse ecológico". Sin embargo, la Biblia contiene muchas ideas que apoyan la conciencia ambiental actual. Dios creó un mundo que es bueno (Gn. 1:31), y enlista a aquellos que creó a su imagen para gobernarlo (1:27-28).

Aunque algunos han entendido las palabras como "dominar" y "someter" en Gn. 1:28 (KJV, ESV, NRSV) para apoyar la explotación excesiva de los recursos de la tierra, el contexto descarta esa noción. Por el contrario, Dios crea un mundo ordenado del vacío y el desorden (1:2) y su intención es que quienes llevan su imagen "trabajen y cuiden de" el jardín que Él les ha dado (2:15). Parece necesario, entonces, que "dominar" y "someter" no respaldan la tiranía, sino más bien un gobierno benévolo que imite lo que inició el Creador y continúa haciendo (Gn. 8:21, 22; Sal. 65).

Otro tema bíblico instructivo es la tarea de Israel de cuidar de la tierra que Dios les da (Dt. 11:11-15). Esto significa que los israelitas deben observar ciertas limitaciones respecto de la tierra y sus cosechas (Éx. 23:10; Lv. 19:23-25; 25:1-22). Además, está el tema del amor al prójimo (Mt. 22:37-39; Flp. 2:3).

Algunos creen que el ambientalismo no es apoyado por las Escrituras porque las Escrituras no indican que una crisis ecológica terminará el mundo. Sin embargo, sigue siendo cierto que generaciones presentes y futuras pueden sufrir grandemente debido a los excesos perpetrados en el presente. El cuidado de la creación es amor al prójimo.

PROVERBIOS, LIBRO DE

Propósito

El prefacio del libro de Proverbios (1:1-7) introduce su intención de hacer que su lector se vuelva sabio. Aunque los discursos del libro (cap. 1-9) son las instrucciones de un padre para su hijo, el prefacio amplía la audiencia para incluir tanto a los "simples" (1:4) como al "sabio" (1:5). El prefacio también informa al lector que la sabiduría comienza con el temor al Señor, lo que indica que la sabiduría es más que un consejo práctico. La sabiduría es una verdad teológica.

Contexto Histórico

El primer versículo de Proverbios asocia el libro con "Salomón hijo de David, rey de Israel" (1:1). Salomón fue el rey de un Israel unificado en el siglo X a.C, y su asociación con la sabiduría es bien conocida en los libros históricos (1 Re. 3, 4:29-34, 10:1-13, 2 Cr. 1 y 9:1-12). Aunque Proverbios claramente atribuye grandes secciones del libro a Salomón (particularmente 10:1-22: 16; 25:1-29:27), también reconoce a otras manos en la producción del libro. Primero, 25:1, al asociar a Salomón con los siguientes proverbios, también se menciona la actividad de los escribas de "los hombres de Ezequías", un rey de Judea de finales del siglo octavo y principios del siglo VII a.C Segundo, 22:17-24: 34 está vinculado a un grupo conocido como "los sabios" (*ver* 22:17; 24:23). A continuación, veremos que esta sección es comparable con la literatura proverbial del antiguo Egipto. Finalmente, hay refranes de dos reyes extranjeros, Agur (30:1) y Lemuel, respectivamente (31:1).

En resumen, Salomón es la fuente del libro de Proverbios. Creó y recopiló proverbios, iniciando así la colección. Después de Salomón, otros proverbios se agregaron a la colección, incluidos algunos propios (25:1). No sabemos con precisión cuándo el libro llegó a su forma final, aunque fue antes de que se cerrara el canon del AT.

Contexto del Antiguo Cercano Oriente

En 1 Re. 4:29-30 se dice que la sabiduría de Salomón sobrepasa a la de "los orientales", así como a "la sabiduría de Egipto". Tal afirmación puede ser un cumplido sólo si la sabiduría más amplia del Cercano Oriente tenía alguna medida de validez. Una vez que se reconoce el mérito de la antigua sabiduría del Cercano Oriente, no nos sorprendería ver alguna medida de similitud entre ciertos proverbios y la sabiduría de fuera de Israel. La comparación más famosa es entre los treinta "dichos de los sabios" en Prov. 22:17-24:22 y los treinta capítulos de las Instrucciones egipcias de Amenemope. Este último está fechado antes del tiempo de Salomón y contiene instrucciones similares a Proverbios.

Un ejemplo es la instrucción "No muevas el lindero antiguo" en Prov. 23:10 y la admonición similar en Amenemope 7.12. Más recientemente, las conexiones entre Proverbios y los antiguos proverbios del Cercano Oriente se han ampliado para incluir no solo otros textos de instrucción del antiguo Egipto sino también literatura proverbial sumeria y especialmente aramea (particularmente de Ahiqar). Parece que los fieles en Israel reconocieron que incluso los paganos observantes podían tropezar con verdades sobre cómo funciona la creación de Dios. Aun así, los fieles en Israel no reconocerían a sus homólogos egipcios como "sabios", incluso cuando quizás estuvieran inspirados por sus ideas sobre el funcionamiento del mundo. Después de todo, ellos no tenían "temor al Señor" y no abrazaban la Sabiduría (ver abajo).

Entorno Social

Los proverbios del libro bíblico parecen provenir de diferentes sectores de la sociedad israelita. No es de sorprenderse, teniendo en cuenta el rol de Salomón y los "hombres de Ezequías", que varios proverbios se originaran y tuvieran su uso principal en la corte real (23:1-3). Aun así, otros proverbios se originan en la vida de la aldea de la sociedad agraria (10:5). Cuando estos últimos se encuentran en partes del libro atribuidas a Salomón, puede que él sea el coleccionista en vez del creador.

Texto

La traducción griega de Proverbios tiene diferencias significativas con respecto a los principales textos hebreos, particularmente en su esquema. Mientras que algunos estudiosos ven esto como evidencia de dos ediciones diferentes del libro, otros argumentan de manera más plausible que el texto griego es una traducción muy libre que refleja la filosofía estoica y el pensamiento midráshico judío. Las traducciones modernas al español, por lo tanto, se basan en los antiguos textos hebreos.

Consideraciones Literarias

Estructura. El libro de Proverbios se puede esquematizar de más de una manera. Como se señaló anteriormente, el libro contiene rúbricas que indican diferentes autores, y sobre esta base el libro se puede dividir de la siguiente manera:

1:1 Salomón, para todo el libro
10:1 Salomón, para 10:1-22:16
22:17 El sabio (*vease también* 24:23), para 22:17-24:34
30:1 Agur, para 30:1-33
31:1 Lemuel, para 31:1-9

Reconociendo que 1:1 es una inscripción para todo el libro, y que 1:1-7 es un preámbulo seguramente añadido al final del proceso de recopilación para describir el propósito de todo el libro, nos encontramos con la siguiente estructura:

Título escrito (1:1)
Preámbulo (indicando el propósito) (1:2-7)
Proverbios salomónicos (10:1-22:16; 25:1- 29:27)
Dichos de los sabios (22:17-24:34)
Dichos de Lemuel (30:1-33)
Poema para la mujer virtuosa (31:10-31)

A gran escala, la percepción estructural más interesante es que los capítulos 1-9 contienen discursos extensos, mientras que los capítulos 10-31 contienen los proverbios per se (*ver* "Género" a continuación). Los discursos en los primeros nueve capítulos tienen el siguiente bosquejo:

El preámbulo (1:1-7)
Evita las asociaciones malvadas (1:8-19).
No te resistas a la sabiduría (1:20-33)
Los beneficios del sendero de la sabiduría (2:1-22)
Confía en Yahvé (3:1-12)
Alabando la sabiduría (3:13-20)
La integridad de la sabiduría (3:21-35)
Abrace la sabiduría (4:1-9)
Manténgase en el camino correcto (4:10-19)
Guarde su corazón (4:20-27)
Evite a las mujeres promiscuas (parte 1) (5:1-23)
Admoniciones de sabiduría: préstamos, pereza, mentira, y otros temas (6:1-19)
El peligro del adulterio (6:20-35)

Evite a las mujeres promiscuas (parte 2) (7:1-27)
La autobiografía de la sabiduría (8:1-36)
Varios dichos de sabiduría (9:7-12)

La segunda parte del libro (cap. 10-31) parece tener una estructura más aleatoria, con los proverbios individuales moviéndose de un tema (pereza, autoridad parental, riqueza y pobreza, habla, etc.) a otro sin orden aparente. Algunos comentaristas recientes han intentado descubrir una estructura profunda del material, pero no han logrado convencer a una amplia audiencia. Como veremos a continuación (en "Mensaje teológico"), el hecho de que los discursos preceden a los proverbios tiene una importancia teológica importante.

Género. Proverbios es un libro de sabiduría. En la superficie, la sabiduría bíblica parece ser un consejo práctico sobre cómo vivir la vida. ¿Cómo se navega por las dificultades para alcanzar el éxito, definido como una vida feliz, próspera y productiva? En muchos sentidos, es similar al concepto moderno de inteligencia emocional. No se trata tanto de conocer hechos sino más bien de una habilidad para vivir, decir lo correcto y hacer lo correcto en el momento correcto.

Pero una lectura cuidadosa del libro demuestra que la sabiduría es más profunda que las lecciones prácticas de la vida. La sabiduría implica desde el comienzo una dimensión teológica. Como se explica más detalladamente a continuación, uno no puede ser sabio a menos que uno tenga una relación adecuada con Dios. Después de todo, " El principio de la sabiduría el temor de Jehová" (1:7).

Como un libro que enseña sabiduría, Proverbios encaja en una categoría de literatura que incluye a Job y Eclesiastés, así como varios salmos (por ejemplo, Salmo 1, 49, 73).

Tableta cuneiforme sumeria que contiene las instrucciones de Shurupak a su hijo Ziusudra, parte de una colección de proverbios sumerios desde 2400 a.C.

Dentro del libro de Proverbios descubrimos dos tipos dominantes de literatura: el discurso y el proverbio per se.

El discurso es el género principal de los capítulos 1-9. Estos son discursos extensos, generalmente de un padre a un hijo (p. Ej., 1:8-19), pero ocasionalmente de Sabiduría a todos los jóvenes que estén pasando (1:20-33). Tanto el padre como la Sabiduría alientan a sus oyentes a permanecer en el sendero de la sabiduría, que conduce a la vida, y a evitar la locura, que conduce a la muerte. La mayoría de los discursos de Proverbios comienzan con una exhortación que convoca al oyente a prestar atención y a menudo les da una motivación para hacerlo. Le sigue una lección (aviso, por ejemplo, la extensa enseñanza sobre relaciones sexuales adecuadas en los capítulos 5-7). Una conclusión generalmente habla sobre las consecuencias de oír o no oír la lección.

La mayor parte de la segunda parte, capítulos 10-31, son proverbios per se, aunque hay formas más largas, como el poema para la mujer virtuosa (31:10-31). El proverbio es un dicho corto (típicamente una línea paralela de dos partes) que proporciona una observación, advertencia o estímulo con respecto a cierto tipo de comportamiento. Un ejemplo es la observación en 10:4: "Las manos ociosas conducen a la pobreza; las manos hábiles atraen riqueza". Aunque este proverbio simplemente hace una observación, implícitamente ofrece ánimo para vivir con diligencia a fin de evitar la pobreza.

El proverbio como género no afirma la verdad universal. Mientras que algunos proverbios siempre son verdaderos en virtud de su vínculo con una ley que siempre es verdadera (por ejemplo, 30:20, que refleja el mandamiento de no cometer adulterio), el proverbio en sí no pretende ser siempre verdadero. Los proverbios

PQ

son verdaderos sólo si se aplican en el momento correcto y en la situación correcta. Es por eso que encontramos proverbios contradictorios como 26:4 y 26:5, donde el consejo de no contestar a un necio es seguido inmediatamente por el consejo de responder a un necio. La persona sabia debe leer la situación para saber cuál de estos dos proverbios es aplicable.

La naturaleza circunstancial de los proverbios también es típicamente cierta en observaciones como la de 10:4, mencionada anteriormente. No siempre es cierto que las personas perezosas se vuelven pobres o que los trabajadores arduos se vuelven ricos. Los primeros podrían heredar una fortuna, mientras que a los últimos se les puede destruir su duro trabajo por una catástrofe natural.

Para utilizar los proverbios correctamente, los lectores y usuarios de proverbios deben reconocer la naturaleza circunstancial de las afirmaciones de verdades de un proverbio. Después de todo, los proverbios mal utilizados son inútiles (26:7) e incluso peligrosos (26:9).

Otro mal uso común de un proverbio implica las "recompensas" y "castigos" descritos en relación con el comportamiento inteligente y necio. Estas no son promesas. En cambio, son el resultado más probable de un curso de acción particular, en igualdad de condiciones. Por lo tanto, el consejo de "Instruye al niño en el camino correcto" les dice a los padres cuál es la mejor ruta para llegar a un fin deseado (22:6). Si lo hacen, es probable que sus hijos no se aparten del camino de la sabiduría. Pero no hay garantía. Otros factores pueden llevar al niño a descarriarse.

Estilo. El libro de Proverbios es poesía (*ver* Imágenes, poesía). Utiliza lenguaje figurado para transmitir su mensaje. Quizás la imagen más intrigante del libro es la de la Sabiduría (*ver* abajo). La poesía de Proverbios también usa juegos de sonidos y el formato de acróstico (31:20-31) (*ver* Acróstico).

Mensaje Teológico

Temor al Señor. Según Proverbios, nadie puede ser sabio sin tener la relación adecuada con Dios (1:7). Esta relación se caracteriza por el "temor". Este temor no es horror, más bien es respeto. El punto es que la persona sabia debe entender que Dios, y nadie más, está en el centro del universo, que Dios es más importante que cualquier ser humano. Después de todo, Dios creó el mundo (3:19-20; 8:22-31), por lo que es importante conocer el lugar de uno ante el Creador para comprender cómo funciona el mundo.

Sabiduría y Necedad. La naturaleza relacional de la sabiduría como con el "temor al Señor" se enseña de otra manera intrigante. En 1:20-33; 8:1-36; 9:1-6 el lector se encuentra con una mujer, Sabiduría, que invita a todos los jóvenes (los lectores) a cenar. Tal invitación supone una relación íntima. La ubicación de la casa de la Sabiduría en "lo más alto de la ciudad" (9:3) refleja la ubicación del templo e indica que la Sabiduría representa la sabiduría de Yahvé, incluso el mismo Yahvé. Por otro lado, en 9:13-18 otra mujer necia emite una invitación rival. Su hogar también está en "lo más alto de la ciudad" (9:14), lo que indica que también representa a un dios, pero en su caso los dioses falsos de las naciones. En el capítulo 9, el lector debe decidir con quién cenar, Sabiduría (Yahvé) o Necedad (dioses falsos). Por lo tanto, la sabiduría y la necedad no son sólo prácticas, sino también categorías teológicas. Alguien que actúa sabiamente se comporta como un verdadero adorador del verdadero Dios, mientras que alguien que actúa neciamente se está comportando como un idólatra.

Conexiones con el Nuevo Testamento

La Carta de Santiago tiene muchas conexiones interesantes con Proverbios. Describe "la sabiduría que desciende del cielo" (3:17) y hace referencia a una serie de temas proverbiales. En términos de esto último, la extensa enseñanza sobre el habla es notable (3:1-12). Sin embargo, la conexión más sorprendente del NT con Proverbios proviene de la asociación entre Jesús y la Sabiduría, particularmente como se describe en Prov. 8. Juan 1 describe a Jesús como la Palabra en un lenguaje que evoca a la Sabiduría, y está conectado con la Sabiduría en

Mt. 11:19; Col. 1:15-20; Ap. 3:14. No es que la Sabiduría sea una profecía de Jesús, pero el NT asocia esta figura de la sabiduría de Yahvé con Jesús porque en Él "están escondidos todos los tesoros de la sabiduría y del conocimiento" (Col. 2:3).

PROVIDENCIA La palabra "providencia" proviene de la palabra latina providentia, que significa "previsión". Sin embargo, el uso teológico moderno del término no se refiere a la previsión o el conocimiento previo en sí, sino a cómo Dios continúa sosteniendo y guiando su creación. No hay un solo término ni en el AT ni en el NT que se traduce como "providencia". La única vez que el concepto aparece en la NVI (Job 10:12) es con la palabra hebrea (peqqudah) que usualmente se traduce como "cuidado", "cargo" o "supervisión". La divina providencia no proviene de una sola palabra, sino de numerosas declaraciones en la Biblia que hablan de la continua supervisión de Dios de su mundo. Los datos bíblicos pueden organizarse mejor bajo cuatro encabezados: orden creado, historia mundial, historia de salvación e historia individual. Sin embargo, estos encabezados no son discretos; se cruzan constantemente.

Orden Creado

La Escritura testifica en numerosas ocasiones la supervisión continua de Dios de su creación. Los salmos desempeñan un rol especial aquí. Como ha recalcado un comentarista, no hay letras de naturaleza en los salmos, sólo admiración y admiración por cómo Dios dirige su mundo. Dios cuida activamente la tierra y la riega, hace crecer la hierba, planta árboles y se asegura de que estén bien regados (Sal. 65:9; 104:14, 16). Dios trae oscuridad a la tierra y le dice al sol cuándo ponerse y cuándo salir (Sal. 104:19-20). Dios es el encargado que se asegura de que todos los animales sean alimentados (Sal. 104:27). Cada nacimiento de cada criatura viviente es considerado como una nueva obra creada de Dios, y Él constantemente renueva la faz de la tierra (Sal. 104:30).

Dios cubre la tierra de nieve y tiende una capa de hielo (Sal. 147:16). Cuando la nieve y la escarcha se derriten, es porque Dios lo ordenó por su palabra y envió brisas para hacer fluir las aguas disueltas (Sal. 147:18). El granizo, la nieve, las nubes y los vientos tormentosos obedecen las órdenes de su Amo (Sal. 148:8). Dios ordena que la mañana se ilumine y mantiene la nieve y el granizo en depósitos, listos para ser desplegados en el día de la batalla (Job 38:12, 22-23). Las olas del mar rugen porque Dios las mueve (Jer. 31:35). Dios incluso habla de estar en una relación de pacto con su creación (Jer. 33:20, 25). En el NT encontramos que Jesucristo mismo sostiene "todas las cosas por la palabra de su poder" (Heb. 1:3). En él "todas las cosas subsisten" (Col. 1:17).

Historia Mundial

Lo que sucede en el escenario mundial está bajo el control soberano de Dios. Si las naciones están dispersadas por el mundo y hablan diferentes idiomas, es porque Dios lo hizo así (Gn. 11:1-9). Dios determina si las naciones son bendecidas o maldecidas (Gn. 12:3). Dios es quien ha repartido la herencia de cada nación y ha establecido sus límites (Dt. 32:8). Yahvé es el Dios de Israel, que es su posesión especial, pero también ha designado deidades para que otras naciones les adoren (Dt. 4:19 [evidentemente dioses falsos, pero aún bajo la soberanía de Yahvé]). Él juzga el mundo y hace justicia para los pueblos, frustra los planes de las naciones, forma los corazones de todas las personas, reina sobre las naciones y las guía (Sal. 9:8; 33:10, 15; 47:8; 67:4). Es por la sanción de Dios que los reyes reinen, y el corazón de un rey es como el curso de las agua, que Dios puede redirigir según Su voluntad (Prov. 8:15; 21:1). Dios "hace lo que Él quiere con el ejército del cielo y con los habitantes de la tierra" (Dan. 4:35). Todos los tronos, poderes, gobernantes y autoridades "fueron creados por medio de él y para él" (Col. 1:16). Dios está trabajando activamente para traer a todo el universo y todos los pueblos y naciones bajo una sola cabeza, su Hijo, Cristo Jesús (Efe. 1:10).

Historia de Salvación

En de la historia mundial, Dios también ha obrado a través de un pueblo en particular, los israelitas, para lograr sus propósitos redentores. Al José explicarle a sus hermanos que a pesar de que el plan que ellos desarrollaron en su contra tenía una intención maligna, Dios tomó transformó ese mal en bien para que se "preservara la vida de mucha gente" (Gn. 50:20); probablemente no se dio cuenta cuán alineadas sus palabras estaban – e incluso resumían – la historia de la redención. Dios tomó el daño que los hermanos de José pretendieron hacer y lo usó para cumplir las promesas que le había hecho años antes a Abraham con respecto a lo que le sucedería a sus descendientes (Gn. 12:1-3).

En los primeros capítulos de Éxodo, la soberanía de Dios sobre las "fuerzas de la naturaleza" intersecta con la liberación de los israelitas de las plagas que Él envió contra los egipcios.

Por supuesto, Dios había levantado a Faraón con el único propósito de mostrar su propia gloria en la victoria sobre Faraón y "todos los dioses de Egipto" (Éx. 9:16, 12:12, cf. Rom. 9:17).A lo largo de la historia posterior de Israel, Dios demuestra su cuidado providencial para los israelitas. Los judíos regresan de su cautividad en Babilonia porque Dios levantó a Ciro, a pesar de que Ciro no lo reconocía (Is. 44:28-45:13), con el propósito de emitir el decreto que les permitiría regresar. Incluso en las narrativas en las que no se menciona el nombre de Dios, como el libro de Ester, hemos de entender que Dios dirige la acción, y ciertamente el narrador quiere que conectemos el relato del origen de la fiesta de Purim ("suertes") Con la idea de que "la suerte está echada en el regazo, pero todas las decisiones son del Señor" (Prov. 16:33).

En el NT, el acto que asegura nuestra redención, la crucifixión de Jesús, no es un acontecimiento imprevisto de la cual Dios saca lo mejor; más bien, la muerte de Jesús es lo que Él mismo "estaba a punto de cumplir" (Lc. 9:31 LBLA [NVI: "estaba por llevar a cabo"]). Nadie le quita la vida a Jesús; él la entrega por su propia voluntad (Jn. 10:18). Jesús incluso le da instrucciones a Judas Iscariote en la noche de su traición (Jn. 13:27). Lo que sucede en la crucifixión es conforme al "plan determinado y el previo conocimiento de Dios" (Hec. 2:23) y con lo que su "poder y voluntad habían determinado que sucedería" (4:28).

Historia Individual

Jesús promete que para aquellos que buscan el reino de Dios, "todas estas cosas les serán añadidas" (Mt. 6:33). Si Dios alimenta a las aves del cielo y viste las hierbas del campo, hará mucho más para alimentarnos y vestirnos (Mt. 6:26, 30). De hecho, "sabemos que Dios dispone todas las cosas para el bien de quienes lo aman, [a] los que han sido llamados de acuerdo con su propósito." (Rom. 8:28).

PROVINCIA Un territorio geográfico cuyo gobernanza local está subordinada a un imperio gobernante, ya sea por una autoridad civil o el poder militar. En el AT, el rey de Israel, Acab, supervisaba las provincias (1 Re. 20:14-15, 17, 19), como lo hicieron los reyes persas (Ester 4:11). Judá era una provincia del Imperio Persa cuando el Rey Ciro permitió el regreso de los exiliados (Esd. 2:1; 4:15; Neh. 1:3). En el NT, las provincias del Senado romano eran gobernadas por procónsules designados anualmente (Hec. 13:7; 18:12); Las provincias imperiales romanas en la frontera fueron gobernadas por militares. Judea era una provincia imperial bajo el control directo de un gobernador o procurador designado por el emperador.

PROVOCACIÓN Burla, fastidiar, incitación, fomento; el promover o despertar la ira (Dt. 32:19, 27; 1 Sam. 1:16; 1 Re. 15:30; 21:22; 2 Re. 23:26; Neh. 9:18, 26; Job 17:2: 95:8, Prov. 27:3, Jer. 32:31, Ezeq. 20:28, Oseas 12:14, Heb. 3:8, 15).

PTOLOMEOS Una linaje de reyes helenísticos que gobernaron sobre los principales segmentos del antiguo Cercano Oriente después de la muerte de Alejandro Magno y antes del surgimiento del Imperio Romano. La dinastía fue iniciada por Ptolomeo I después de la muerte de Alejandro en el año 323 a.C, y surgió de un conflicto entre los generales de Alejandro acerca de cómo debía administrarse la sucesión a su trono. La línea ptolemaica controlaría eventualmente la parte sur de lo que había sido el reino de Alejandro. Su poder legal y administrativo estaba centrado en Egipto, y estaban en continuo conflicto con la línea seléucida por el control de "Siria y Fenicia", hasta que finalmente los seléucidas ganaron terreno en el año 200 a.C

Tabla 7. Los Reyes Ptolomeos

Años (BC)	Reyes
305 -283/2	Ptolemeo I Sóter
283 -246	Ptolemeo II Filadelfo
246 -221	Ptolemeo III Evergetes
221-204	Ptolemeo IV Filopator
204 -180	Ptolemeo V Epífanes
180 -145	Ptolemeo VI Filometor

Administración. Administrativamente, el reino ptolemaico estaba rígidamente centralizado, con un rey todopoderoso que se presen-taba a sí mismo como un "salvador" o "manifestación divina" y gobernaba el territorio de la nación como su "propiedad" personal. El imperio estaba compuesto por unidades administrativas individuales, cada uno de las cuales fue gobernada por oficiales militares, políticos y económicos, y el principal funcionario gubernamental del imperio era el ministro de economía y finanzas.

Además de los monopolios estatales de la tierra y la producción agrícola, la riqueza del estado ptolemaico se basaba en un sistema tributario amplio y controlado estrictamente que empleaba intermediarios privados ("agricultores tributarios") como medio para extraer la mayor riqueza posible de la población. Este sistema delegaba a miembros relativamente ricos de la población para recaudar una cantidad específica de impuestos de un área en particular y les permitía a los agricultores tributarios quedarse con los excedentes.

En documentos históricos. Quizás la información histórica más detallada y concreta relacionada con la administración de Palestina durante este período de tiempo proviene de los Papiros de Zenón. Este archivo, descubierto en Egipto en 1915, documenta los viajes del ministro de Finanzas de Ptolomeo II, Zenón, en la administración de sus obligaciones en el período de enero de 259 a febrero de 258. El viaje de Zenón lo puso en contacto con al menos un judío rico y próspero bajo el gobierno ptolemaico, Tobías. Él vivió en Araq el-Amir y, en general, se cree que fue descendiente de Tobías, mencionado en el AT como un opositor de las reformas de Esdras y Nehemías. Josefo también menciona a este Tobías en el Romance de Tobías (Ant 12,154-236 [*ver* 12.160]), que relata la carrera política del hijo de Tobías, José y sus descendientes, así como sus interacciones con la familia del sumo sacerdotal de Onías. Según Josefo, las luchas políticas internas que surgieron entre los hijos de José serían responsables del incremento de los conflictos persistentes entre el pueblo judío durante el período seléucida posterior.

También prominente entre los documentos relacionados con el dominio ptolemaico sobre Palestina está la Carta de Aristeas, que describe la traducción del Pentateuco en griego (la Septuaginta) a las órdenes de Ptolomeo II Filadelfo. Si bien gran parte de la Carta de Aristeas es indudablemente de naturaleza legendaria, la afirmación básica de que partes del AT se tradujeron del hebreo al griego temprano

Monumento dedicado en honra a Ptolomeo VI.

en el período helenístico parece confirmarse por copias fragmentarias y citas de tales obras que datan de la primera parte del siglo tercero a.C Aristeas afirma haber estado presente en la corte cuando Ptolomeo, a instancias de su bibliotecario, Demetrio de Falero, comenzó los preparativos para la copia de la ley judía en griego. Aristeas relata cómo él mismo aprovechó la oportunidad para solicitar la emancipación de más de cien mil judíos que habían sido esclavizados desde la época de Ptolomeo I. También describe los regalos prodigados al pueblo judío y Jerusalén por Ptolomeo, así como las circunstancias específicas de la traducción de la Septuaginta. Según Aristeas, los sumos sacerdotes seleccionaban a seis escribas de cada una de las doce tribus de Israel, que llevaban una copia de la Torá a Alejandría y completaban la traducción, que se terminó en setenta y dos días y luego era aprobada por todas las personas judías del reino. Cualesquiera que hayan sido los eventos reales, este proyecto de traducción proporcionó a los judíos que vivían fuera de Judea una versión más accesible de la Escritura, que no había estado disponible para ellos anteriormente.

PQ

PÚA *Ver* Fuvá.

PUÁ **(1)** Una de las parteras hebreas bendecida por Dios por negarse a obedecer el mandato de Faraón de ejecutar a todos los recién nacidos hebreos varones (Éx. 1:15-22). **(2)** Nieto de Jacob, fue uno de los cuatro hijos de Isacar que se establecieron en Egipto (Gn. 46:13, Nm. 26:23, 1 Cr. 7:1). **(3)** El hijo de Dodo y el padre de Tola, que fue juez en Israel después de Abimelec (Jue. 10:1). *Ver también* Fuvá

PUBLICANO En la RVA, el término utilizado para referirse a los recaudadores de impuestos empleados por los romanos para ayudar a recaudar impuestos en las provincias. *Ver también* Recaudador de Impuestos.

PUBLIO El funcionario principal de la isla de Malta, donde el barco de Pablo naufragó camino a Roma. Publio (Gr. Poplios) recibió al grupo por tres días, y Pablo sanó a su padre de fiebre y disentería (Hec. 28:7-8).

PUDENTE Un amigo y colaborador del apóstol Pablo a quien nombra en su última carta, junto con Eubulo, Lino, Claudia y todos los hermanos quienes envían saludos a Timoteo desde Roma (2 Tim. 4:21).

PUEBLO DE DIOS El concepto de pueblo de Dios en la Biblia se remonta a sus orígenes en Génesis 12. Después de la dispersión de la humanidad por diseño divino en el capítulo anterior, Dios elige a Abraham como antepasado de una nación. Dios concede a Abraham promesas de protección, crecimiento en el número de descendientes y una tierra natal para sus descendientes y contempla un flujo de bendición para las naciones a través de la simiente de Abraham. La promesa de numerosos descendientes fructifica en Éx. 1, hasta el punto de que los israelitas son percibidos como una amenaza por los egipcios. En Éxodo, Dios comienza a referirse a los descendientes de Abraham como su pueblo (3:7; 6:7; 7:16; 18:1). Debían de ser un "reino de sacerdotes" y una "nación santa" (19:5-6), apartados de otras naciones. La reunión de la gente en el Sinaí, a la vista de Moisés, es un momento importante en el establecimiento de la comunidad, un momento marcado por la conclusión de un pacto (Dt. 5:2; 9:10-11).

Los Profetas primeros, sin embargo, cuentan una historia de deterioro en la relación. Israel y sus reyes constantemente recurren a la adoración de otras deidades (Jue. 2:11-23, 1 Re. 11:1-8), rechazando a Dios como rey y señor supremo (1 Sam. 8:19). Después del reinado de Salomón y debido a los actos de idolatría de Salomón, la nación se divide en dos (1 Re. 11:1-13). En última instancia, ambas entidades políticas, debido a su persistencia en la apostasía, sufren la desaparición (2 Re. 23:24-27).

En respuesta a la apostasía de Israel, los Profetas Últimos conciben una distinción entre la entidad nacional que es Israel y un "verdadero pueblo de Dios", uno que permanece en la fidelidad del pacto (por Ej., Is. 11:11, 16; Amós 5:15; 1:10-11). Los profetas, por lo tanto, ven dentro de la nación un remanente que recibe el perdón y se convierte en el objeto de la restauración nacional en el período posterior al exilio (Hag. 1:2-15, Zac. 8:1-23). La fidelidad del pacto del remanente está marcada por la pasión por la justicia y la justicia para los pobres y oprimidos (Is. 11:1-5, Amós 5:11-15).

El espíritu de restauración y redención se traslada al NT (Rom. 11:1-10). Los Evangelios presentan a Jesús como uno que reúne a un pueblo perdido (Mt. 15:24, Lc. 2:25, Jn. 1:31), redirigiéndolos de la manera correcta (1 Pe. 2:10). Empleando una serie de metáforas (el cuerpo de Cristo, una novia, la casa de Dios, el rebaño de Dios) para describir al pueblo de Dios, la iglesia, el concepto de un remanente fiel (el verdadero Israel) persiste. Por lo tanto, Pablo habla de una "circuncisión del corazón" (no sólo de la carne) que marca a uno como un verdadero descendiente de Abraham (Rom. 2:25-29; 4:1-25). Similar a como se entiende el remanente en los Profetas Últimos, la iglesia de Jesucristo se caracterizará por su preocupación por la fidelidad al pacto (Heb. 8:7-13), la rectitud y la búsqueda de la justicia para los pobres (Sant. 2:1-7).

PUEBLO DE LA TIERRA Esta frase (Heb.: 'am ha'arets) ocurre aproximadamente cincuenta veces en el AT en singular y unas quince veces en plural ("pueblos de la tierra"). Superficialmente, la frase parece referirse simplemente a los habitantes de cualquier ubicación geográfica en particular. Sin embargo, en las últimas décadas ha habido mucha discusión sobre si la frase podría tener un significado más limitado o técnico. Algunas de las sugerencias son que la frase se refiere a (1) un consejo nacional gobernante; (2) la élite, aristocrática, influyente, clase alta; (3) los segmentos más pobres y sin tierra de la sociedad; (4) la gente común, que no son de la élite gobernante, aunque ellos aún podían contar con tierras; (5) ciudadanos libres y propietarios; (6) habitantes del campo poco sofisticados versus habitantes refinados de la ciudad; (7) aquellos que son ritualmente impuros y menos piadosos.

Si bien hay ciertas justificaciones para algunas de estas propuestas, especialmente para el plural ("pueblos"), es posible que, en su mayor parte, estén excesivamente presionadas. Dado que las antiguas sociedades del Cercano Oriente eran patriarcales y en gran parte dominadas por los hombres, parece seguro sugerir que en aquellos contextos donde la toma de decisiones, el juicio y/o la actividad militar se basan en la "pueblo de la tierra", un grupo de hombres, libres y dueños de tierras están a la vista. Cuando Abraham negoció con Efrón el hitita para un plan de sepultura para su esposa difunta, Sara, frente al "pueblo de aquella tierra" (Gn. 23), podemos suponer que el grupo estaba compuesto por ciudadanos que regularmente presenciaban tales transacciones.

Varios intentos de golpe o luchas por el poder parecen presuponer que el "pueblo del país" era capaz de portar armas (2 Re. 11:13-20; 21:24; 23:30; 25:19). En 2 Re. 24:14; 25:12 se hace referencia a los " más pobre del país", y el uso del adjetivo indica que la frase "pueblo de la tierra" era en sí misma insuficiente para denotar a las clases más pobres. En Jer. 1:18; 37:2; 44:21 el "pueblo de la tierra" puede ser un grupo separado de los funcionarios mencionados en esos pasajes. Aparte de estos pasajes, todos los usos preexílicos de la frase parecen referirse simplemente a los habitantes en general.

Los libros postexílicos de Esdras y Nehemías, así como el libro apócrifo 1 Esdras, con una excepción (Esd. 4:4), usan el plural, "pueblos de las tierras" (en la NVI se traduce de forma variada como la "gente del país", "pueblos vecinos"). En estos casos, la frase se usa para indicar a los diversos pueblos no judíos en la provincia de Judea que demostraron, en varias ocasiones, ser hostiles a los judíos que regresaban del exilio en Babilonia.

Algunos de los judíos que regresaron también se casaron con estos grupos, algo que Esdras y Nehemías consideraban una abominación porque podía llevar a la idolatría. Probablemente se debe a esta situación postexílica que los fariseos hayan empleado posteriormente el uso peyorativo de la frase "gente de la tierra" para referirse no a los gentiles, sino a los judíos que consideraban, según sus normas, ritualmente impuros y por lo tanto, ignorantes de la ley mosaica. Es posible que haya una ecuación virtual hecha entre la "gente de la tierra" y los "pecadores". La frase no ocurre en el NT, pero la actitud hacia aquellos a quienes los fariseos consideraban ritualmente impuros se evidencia en numerosas ocasiones (por Ej., Jn. 7:49).

PUEBLO *Véase* Ciudades y Vida Urbana.

PUEBLOS ESCITAS Un grupo étnico que habitaba las costas norte y este del Mar Negro. El término también se usa de manera más general para referirse a pueblo nómades que montaban a caballo, pastoreaban ovejas y ganado y se movían de una pastura estacional a otra en las estepas del Mar Negro hasta lo que es ahora el sur de Rusia. Con frecuencia eran empleados como militares mercenarios por poderes del Oriente Próximo.

Los pueblos escitas son mencionados en la literatura asiria, babilonia, persa y griega desde el siglo siete a.C. hasta el siglo uno d.C., después del cual parecen desaparecer de la historia. Algunos estudiosos bíblicos tempranos asocian a los pueblos escitas con la nación montada a caballo que traería la destrucción desde el norte (Jr. 4:29; 5:15-17; 6:22-26; 50:41-42; Sof. 1:2-18), aunque estudiosos más recientes normalmente identifican esta amenaza con los babilonios.

Los pueblos escitas eran reconocidos por su salvajismo, caricaturizados como groseros y duros, y tratados con desprecio por los forasteros. La palabra griega skythizō significa "beber sin moderación" y también "afeitar la cabeza" porque los pueblos escitas tenían la práctica de cortar el cuero cabelludo de sus enemigos. Josefo los describe como "poco mejores que bestias salvajes" (Ag. Ap. 2.269).

Los pueblos escitas con mencionados en 2 Mac. 4:47; 3 Mac. 7:5; 4 Mac. 10:7. La única referencia a ellos en el NT es en Col. 3:11, donde son asociados con barbaros. No existe evidencia de un problema en particular con los pueblos escitas en Colosas, pero Pablo desea señalar que no hay lugar en la iglesia para desprecio racial, étnico o social.

PUERCO *Ver* Cerdo.

PUERRO Un vegetal pariente de la cebolla por el que los israelitas clamaron durante sus andanzas por el desierto. A pesar de que Dios proporcionó maná para los israelitas, ellos comenzaron a quejarse por la falta de variedad en su dieta, señalando que en Egipto habían comido muchos tipos diferentes de alimentos, incluyendo los puerros (Nm. 11:4-6).

PUERTA CENTRAL Una puerta de Jerusalén mencionada en Jer. 39:3. Los oficiales del rey de Babilonia se sentaron en esta puerta durante la captura de Jerusalén. La puerta se localizaba probablemente en la muralla original de la ciudad de David antes de que la se expandiera hacia el norte. Una puerta de la Edad de Hierro fue encontrada en las excavaciones de la Colina de Ofel, tal vez la Puerta Central de Jeremías. El incidente en la puerta hace referencia al mensaje anterior que Jeremías tenía para Sedequías cuando profetizó que el rey de Babilonia y los caldeos se reunirían en el centro de la ciudad (Jer. 21:4).

PUERTA DE BENJAMÍN Puerta ubicada en la parte noreste de Jerusalén. Jeremías intentó marcharse del territorio de Benjamín durante el

Puerro

asedio babilónico de Jerusalén, pero lo apresaron en esta puerta (Jeremías 37:13). Se le debería asociar con la puerta del Pueblo ("puerta principal de la ciudad" [Jeremías 17:19]). La "puerta de Benjamín" puede que sea el nombre posterior para la puerta de Efraín.

PUERTA DE CABALLO Una puerta de Jerusalén. El texto bíblico describe la puerta como ubicada en la muralla este de la ciudad en el lado sureste del precinto del templo (Neh. 3:28; Jr. 31:40) y una puerta que daba acceso al complejo real (2 Re. 11:16; 2 Cr. 23:15). Algunos creen que había dos Puerta de Caballo. Sin embargo, es posible que sea una puerta, ubicada en el muro este de la ciudad que llevaba al complejo real donde habrían estado los establos, justo al sureste del precinto del templo.

PUERTA DE LA CÁRCEL *Ver* Puerta de la Guardia.

PUERTA DE LA ESQUINA Puerta en Jerusalén ubicada en el extremo occidental de la ciudad, que protegía el valle transversal de este a oeste. El rey Joás de Israel derrotó a Amasías y destruyó el muro de la ciudad entre la puerta de Efraín y la Puerta de la Esquina (2 Reyes 14:13; 2 Crónicas 25:23). Uzías reconstruyó la puerta con torres defensivas (2 Crónicas 26:9). La Puerta de la Esquina es el límite en el extremo oeste de la futura Jerusalén (Jeremías 31:38; Zacarías 14:10).

PUERTA DE LA FUENTE Una puerta de Jerusalén ubicada en la punta sur de la Ciudad de David. Fue restaurada por Nehemías (Neh. 2:14; 3:15; 12:37). Durante la inspección de Nehemías del muro, fue imposible para su montura pasar. La puerta recibe su nombre ya sea por que lleva al manantial de En Rogel o que fuera el lugar donde se ubican varios canales de agua que irrigaban los jardines del rey.

PUERTA DE LAS OVEJAS Una puerta de Jerusalén restaurada por Nehemías (Neh. 3:1, 32; 12:39). Se ubicaba al lado noreste de la ciudad. En tiempos del NT una gran piscina, llamada Betesda, fue construida cerca de la Puerta de las Ovejas, donde Jesús sanó a un hombre cojo en Sabbat (Jn. 5:1-9). Hoy, esta puerta tiene un moderno mercado de ovejas, posiblemente una tradición de tiempos antiguos. En Juan 10, Jesús se identifica como la puerta para las ovejas; aquellos que entran por él son verdaderas ovejas, pero todos los demás son ladrones y asaltantes.

PUERTA DE MUSTER *Ver* Puerta de la Inspección.

PUERTA DEL ESTIÉRCOL Una puerta de Jerusalén ubicada en la esquina suroccidental que llevaba al Valle de Hinom. La puerta fue restaurada por Nehemías (Neh. 3:13). En tiempos del NT era conocida como la Puerta de los Esenios (Josefo, J.W. 5.145). La puerta se llamaba "Puerta del Estiércol" probablemente porque llevaba al vertedero de la ciudad. Dios instruyó a Jeremías a profetizar la destrucción de Jerusalén desde la Puerta del Tiesto (Jr. 19:2), posiblemente la misma que la Puerta del Estiércol.

PUERTA DEL GUARDIA Una puerta de Jerusalén mencionada sólo en Neh. 12:39. Debería estar asociada con la corte de los guardias (cf. Jr. 32:3; 33:1; 37:14-21; 38: 6-28; 39:12-18). Basado en los relatos del encarcelamiento de Jeremías y la procesión de Nehemías, esta puerta estaba entre el precinto del palacio real y el Monte del Templo.

PUERTA DEL PESCADO Una puerta de Jerusalén en el muro al norte del Monte del Templo se menciona por primera vez en la reconstrucción de Manasés del muro de Jerusalén (2 Cr. 33:14). Basándose en textos y en la arqueología, la puerta debe haber estado ubicada hacia el noroeste del templo en el Monte Moriá. Recibe su nombre a partir de la ruta natural de intercambio que venía del norte hacia la ciudad desde la cresta de Bet Horón, que venía de la costa.

PUERTA ENTRE LOS DOS MUROS Una puerta de Jerusalén ubicada en la parte sureste de la ciudad. Es por esta puerta que Sedequías huye del ataque de Nabucodonosor en Jerusalén (2 Re. 25:4; Jr. 39:4; 52:7). La puerta estaba ubicada cerca de los jardines del rey y, por lo tanto, hubiese mirado hacia el extremo sur del Valle del Cedrón.

PUERTA ESTE (1) Una de las puertas del patio exterior del templo en la entrada principal hacia el mismo (1 Cr. 26:14; Ez. 40:5-16; 42:15). Los porteros de la Puerta Este eran responsables por las ofrendas de buena voluntad (2 Cr. 31:14). En una visión profética, Ezequiel ve la gloria del Señor salir de la Puerta Este (Ez. 10:19). En visiones posteriores, Ezequiel ve la gloria de Dios regresando (43:1-2) y a un río fluyendo hacia afuera de la Puerta Este (47:1). Según Ez. 44:1-3, ya que Dios entró al templo por la Puerta Este, sólo el príncipe podía hacer lo mismo. (2) Una de las puertas que se abrían hacia el patio interior del templo. Puede abrirse en el Sabbat y Luna Nueva (Ez. 46:1-8). (3) Una de las entradas a través del muro hacia Jerusalén (Neh. 3:29).

PUERTA LA HERMOSA Puerta en el templo de Herodes donde Juan y Pedro sanaron a un hombre cojo (Hechos 3:2, 10; NVI: "puerta llamada Hermosa"). Este nombre solamente aparece una vez en el Nuevo Testamento, por lo que se deben hacer conjeturas respecto a su identificación y ubicación por medio de otros nombres. Otras dos puertas del templo que se conocen por otras fuentes históricas son las candidatas más probables para la puerta Hermosa: la Puerta Dorada o Puerta de Nicanor. Josefo describe una hermosa puerta ubicada en el este del templo, conocida en la actualidad como la Puerta Dorada. La Puerta de Nicanor es probablemente la puerta que se describe en el libro de Hechos.

Su construcción fue financiada por un poderoso judío de Alejandría. Puede que la puerta esté ubicada en el lado este de la corte de mujeres hacia la corte de los gentiles o en el lado oeste de la corte de mujeres en la entrada de este lugar.

PUERTA Relieves egipcios del siglo diecinueve a.C. muestran puertas de ciudades en Siria-Palestina. Puertas arqueadas se encontraron en el segundo milenio a.C. Una puerta (hebreo petakh) frecuentemente con postes laterales, un poste superior (dintel) y un umbral. La puerta del templo estaba hecha de madera de enebro (1 Re. 6:34). Los laterales y dinteles de las puertas (hebreo mashqop) se mencionan en la historia del éxodo (Éx. 12:7, 22-23).

Las puertas separaban un espacio externo e interno. En la historia del diluvio del AT, el arca tenía una puerta (petakh; Gn. 6:16). Dios cerró la puerta detrás de aquellos dentro del arca (Gn. 7:16), separándolos del mundo exterior.

En el mundo grecorromano, las puertas representaban puntos de inflexión. Jano, el Dios romano de las puertas (latín ianua), evitaba que el mal entrase en la casa. Jano tenía dos caras, una mirando al interior y otra hacia el exterior. Los romanos llamaron un mes por Jano, Januarius, en el cambio de año, como una puerta entre el pasado y el futuro.

En Mateo, una puerta (thyra) separaba a los no preparados de los preparados en el reino de la vida (Mt. 25:10-12). Igualmente, la vida y la destrucción se separaban por una puerta o reja (Mt. 7:13-14; Lc. 13:24). El NT registra a Jesús refiriéndose a sí mismo como "la puerta" (Jn. 10:1-9 ESV, NASB; NIV: "reja") y, a su vez, de pie junto a la puerta de la preparación por (Mt. 24:33; Mc. 13:29) y en compañerismo con (Ap. 3:20) sus seguidores.

PUERTA SUPERIOR Una de las puertas del templo en Jerusalén. La KJV la llama la Puerta Alta. Aparentemente también era llamada la Puerta Superior de Benjamín (Jr. 20:2). Su ubicación es incierta, pero aparentemente miraba al norte (Ez. 9:2). Segundo Crónicas 27:3 y 2 Reyes 15:35 la identifican con una puerta que reconstruyó Jotam, pero 2 Crónicas 23:20 sugiere que esta (o una puerta de nombre similar) llevaban al palacio del rey.

PUERTA Un punto controlado de entrada hacia un área de otra manera cerrada como una ciudad (Gn. 34:24; Sal. 122:2; Hec. 9:24), un campamento (Éx. 32:26-27), la corte del tabernáculo (Éx. 35:17), un palacio (2 Re. 11:19), el área del templo (Jr. 36:10; Ez. 40), una prisión (Hec. 12:10) o casa (Hec. 10:17).

En el AT, la puerta de la ciudad tiene un rol central en los aspectos militares, económicos, judiciales, políticos y religiosos de la vida. Un componente clave del sistema de defensa de una ciudad, consistía en una puerta fortificada con barras (Jue. 16:3; Sal. 107:16; Nah. 3:13) que mantenía afuera a ejércitos invasores mientras también servía como punto de salida y regreso para el ejército de la ciudad (2 Sm. 18:4; cf. Dios el guerrero entrando en Sal. 24:7-8). La puerta también podía servir como la ubicación donde se entregan noticias de batallas (1 Sm. 4:18; 2 Sm. 18:24). La destrucción de la puerta de la ciudad por lo general significaba la destrucción de la ciudad (Is. 24:12).

En la vida económica de la ciudad, la puerta actuaba como lugar de comercio (Gn. 23; 2 Re. 7:1) y música (Lam. 5:14). En la entrada a las puertas de la ciudad, los ancianos se reunían diariamente para escuchar casos y dictar sentencia (Job 29:7; Prov. 24:7). Junto con los ancianos, puede haber testigos adicionales (Rut 4:1-11; Sal. 69:12). Para casos criminales, la puerta también era el lugar donde se ejecutaba la sentencia (Dt. 17:5; 22:24). Así, la puerta era un lugar donde las personas acudían a obtener justicia (2 Sm. 15:2-4; Is. 29:21; Am. 5:15). La puerta puede tener un asiento reservado para el rey (2 Sm. 19:8) al igual que para los oficiales del rey (Est. 2:19-21; 3:2-3). La puerta de la ciudad también puede contener altares a varios dioses (2 Re. 23:8; cf. Hec. 14:13).

Una ciudad puede tener más de una puerta (Jr. 17:19), cada una con un nombre diferente. Por ejemplo, cuando Nehemías determina reconstruir el muro y las puertas de Jerusalén, se menciona la Puerta de Valle, la Puerta del Excremento, y la Puerta de la Fuente (Neh. 2:11-17) al igual que la Puerta de las Ovejas (3:1) y la Puerta Vieja (3:6).

Algunas referencias a puertas se refieren a aquellas del área del templo (Ez. 44; 46; Sal. 100:4; 118:19-20). En Ez. 48 el área del templo debe tener doce puertas, cada una nombrada por una tribu de Israel (Ez. 48:30-35; cf. Ap. 21:12-25). El profeta Jeremías proclama la palabra del Señor desde la(s) puerta(s) de la ciudad (Jr. 17:19-27) y la(s) puerta(s) del templo (7:1-4).

En el NT, Jesús levanta al hijo muerto de una viuda en la puerta del pueblo (Lc. 7:11-17) y sana a un hombre cojo cerca de la Puerta de las Ovejas (Jn. 5:1-15). Pedro sana a un hombre inválido cerca de la puerta del templo (Hec. 3:1-10). Jesús menciona puertas en sus enseñanzas, incluyendo un llamado a entrar por la puerta angosta de la vida (Mt. 7:13-14) y su parábola de las ovejas y la puerta, en la cual Jesús se refiere a sí mismo como la puerta (Jn. 10:1-18). *Véase también* Puertas de la Ciudad.

PUERTA VIEJA *Ver* Jesana, Puerta de.

PUERTAS DE JERUSALÉN Y EL TEMPLO Las Puertas de Jerusalén y el Templo han variado durante la historia. Las puertas por lo general recibían nombres que representaban su función, actividad o dirección de viaje. La mayor parte de lo que sabemos sobre puertas durante el AT deriva de la inspección de Nehemías y la descripción de la ciudad destruida.

Jerusalén tenía varias puertas durante el período del AT. En el muro este estaba la Puerta de Fuente. Justo al sur de esta puerta estaba la Puerta del Tiesto que posteriormente

Un modelo de la puerta de la Edad de Bronce media en Dan.

se convertiría en la Puerta del Excremento. En la esquina suroeste estaba la Puerta del Valle. En el muro norte estaban la Puerta de Efraín (posteriormente llamada "Puerta del Medio") y posiblemente la Puerta del Pescado.

Las puertas que se asociaban con o cercanas al templo eran la Puerta de Reunión, la Puerta de Caballo, la Puerta de la Guardia y la Puerta del Agua (posiblemente también llamada "Puerta Este"), la puerta del templo mirando al norte, Puerta Nueva, Puerta de Caballo y la Puerta superior de Benjamín.

Josefo narra diez puertas asociadas con el templo: cuatro en el muro norte, cuatro en el sur y dos en el este. La puerta que llevaba a la corte de las mujeres puede haber sido la Puerta Hermosa (Hec. 3:2), y la puerta entre la corte de las mujeres y la corte de Israel probablemente era la Puerta de Nicanor.

La Puerta Todi estaba en el norte; la Puerta de Coponio (Puerta de Barclay), el Arco Wilson y la Puerta de Warren estaban en el oeste. El lado sur del Montículo del Templo tenía dos puertas grandes: la Puerta Doble y la Puerta Triple. Josefo menciona solo dos puertas de la ciudad: la Puerta de los esenios y la Puerta Gennath.

PUERTAS DE LA CIUDAD En el antiguo mundo, las puertas eran fundamentales para las defensas de una ciudad. Las puertas por lo general eran el punto más débil en los muros de una ciudad y, por lo tanto, a menudo eran el foco de ataque para los asedios de los ejércitos. Para que una ciudad fuera fuerte, debía tener puertas resistentes porque los muros masivos no eran suficientes.

En excavaciones realizadas en la era del Antiguo Testamento se descubrieron los cimientos de puertas con multicámaras muy elaboradas, que tenían múltiples niveles de defensa. Asimismo, dado que las puertas eran el punto de ingreso de una ciudad, la gente hacía afirmaciones sobre su poder y suntuosidad. Por ende, las puertas de las ciudades poderosas a menudo estaban detalladamente decoradas con la intención de mostrarles a todos los visitantes el esplendor y la fortaleza que poseían. En las puertas se controlaba el ingreso y la salida a una ciudad y, por ende, se convirtió en un sustento.

Aquel que controlaba las puertas dominaba la ciudad. En algunos casos las puertas de las ciudades israelitas se cerraban durante los sabáticos con el fin de prohibir el transporte de cualquier bien comercial. Por lo general, las puertas de la ciudad se cerraban y eran vigiladas durante la noche por protección. Las puertas de la ciudad también eran el lugar donde se llevaban a cabo las cortes judiciales como también se recolectaban los impuestos. En Jeremías 38:7 se señala que el rey sostuvo una corte en una de las puertas de Jerusalén. Cuando los profetas del Antiguo Testamento arremetían contra la injusticia, ellos a menudo se referían a las puertas de la ciudad como el lugar para hacer justicia. Por ejemplo, el profeta Amós gritó: "¡Odien el mal y amen el bien! Hagan que impere la justicia en los tribunales" (Amós 5:15 NVI).

Por lo tanto, la frase común del Antiguo Testamento "sentarse a la puerta" implicaba que la persona controlaba la ciudad. Que un enemigo tomara "posesión de la puerta" o se "sentara a la puerta" significaba que este había capturado la ciudad y que en ese momento presidía una corte y dominaba la ciudad. En la descripción de la caída de Jerusalén a manos de los babilonios, Jeremías afirmó: "entraron todos los demás príncipes del rey de Babilonia, y acamparon en la puerta central" (Jeremías 39:3).

Las puertas de la ciudad simbolizaban el punto crítico de la defensa de una ciudad como también el lugar en el que se gobernaba y donde se administraba la justicia (o injusticia). Por lo tanto, las puertas de la ciudad se convirtieron en parte de los temas proféticos principales que aparecen a lo largo de las Escrituras. Parte de la promesa de Dios a Abraham en respuesta a su fidelidad cuando este ofreció a Isaac es que sus descendientes "conquistarán las ciudades de sus enemigos" (Génesis 22:17 NRSV).

El profeta Jeremías se paró en una entrada en Jerusalén y proclamó a la gente que si ellos dejaban de profanar el sabático al traer productos de comercio a través de las puertas durante aquel día, entonces Dios establecería a un rey davídico para que se sentara a la puerta. Sin embargo, Jeremías advierte que si ellos persisten en violar el sabático en la puerta, entonces Dios los juzgaría al remover a su rey de la puerta y lo quemaría (Jeremías 17:19-27). Los profetas declararon, para el futuro, que la situación respecto a las puertas sería muy diferente. Cuando Isaías mira el futuro mesiánico de Jerusalén, él describe un tiempo cuando "las puertas de tu ciudad siempre estarán abiertas", lo que implica un tiempo de absoluta paz y seguridad (Isaías 60:11).

Asimismo, las puertas figuran de manera prominente en la visión de Ezequiel sobre el futuro del templo y la ciudad de Dios (Ezequiel 40-48). Las puertas poseen un rol significativo en el libro de Nehemías, que combina diversos temas presentes en Isaías y Jeremías. Después del exilio, cuando Nehemías retorna y reconstruye los muros y las puertas de Jerusalén, él tenía que cerrar bien las puertas y vigilar de noche (7:3), lo que señalaba que el tiempo de la promesa de Isaías aún no llegaba. Asimismo, Nehemías se ve obligado a cerrar las puertas en el sabático para que las personas desobedientes acataran la prohibición del transporte de bienes comerciales durante aquel día (13:19). Claramente, esto tampoco fue la culminación de la profecía de Ezequiel.

En el Nuevo Testamento, las puertas siguen teniendo una importancia simbólica. Cuando Pedro escapa milagrosamente de prisión, la puerta de hierro de la ciudad "se abre por sí sola" (Hechos 12:10), lo que al parecer implica que las puertas cerradas de la ciudad no pueden detener la poderosa propagación del evangelio. Por otro lado, en un dramático rechazo del evangelio, cuando los judíos tomaron por la fuerza a Pablo y lo sacaron a rastras del templo para matarlo, Lucas agrega un detalle estremecedor: "e inmediatamente se cerraron las puertas" (Hechos 21:30).

Esto probablemente simboliza de modo terminante el rechazo del oficial judío por el evangelio. En contraste, en Apocalipsis 21 se traza una imagen del futuro cuando la mismísima presencia de Dios en la ciudad elimina toda necesidad de tener un templo. En la visión de Juan sobre Jerusalén se incluyen doce puertas de la ciudad (al igual que en Ezequiel). Además, en la culminación de Isaías 60:11 y en contraste con la Jerusalén de Nehemías, las puertas de la nueva Jerusalén permanecerán eternamente abiertas (Apocalipsis 21:25).

PUESTOS Este término aparece dos veces en la NVI (NRSV: "sillas"; NET: "asientos") como referencia a los lugares para sentarse para aquellos que vendían palomas cuando Jesús limpiaba el templo (Mateo 21:12; Marcos 11:15). La palabra griega subyacente (kathedra) hace referencia a un asiento o silla (cf. Mateo 23:3, donde el término griego se usa como el "asiento de Moisés"). "Puestos" aparece en la KJV en Ezequiel 27:6, donde se traduce la palabra hebrea qeresh, mientras que en las traducciones modernas en inglés se usa la palabra de ese versículo para referirse a la cubierta de un barco.

PUL El documento bíblico y los documentos cuneiformes concuerdan en que esta era una denominación alternativa para el rey asirio Tiglat-pileser III (744-727 a.C). Pul se menciona por primera vez en una campaña en Samaria durante el reinado de Manahem y, posteriormente exigiéndole tributo a él (2 Re. 15:19, 1 Cr. 5:26). *Ver también* Tiglat-pileser III.

PÚLPITO Una estructura sobre la cual un predicador se para, o se para por detrás, mientras pronuncia un sermón (Neh. 8:4 RVA [NVI: "plataforma"]). Según el período de tiempo y el estilo, un púlpito puede haber sido una caja, una plataforma elevada o un soporte alto y estrecho que contenía las notas del orador.

PUNÓN Uno de los puntos de parada de los israelitas mientras vagaban por el desierto (Nm. 33:42-43). El sitio se identifica generalmente con la moderna Khirbet Feinan en el Wadi Arabah, un área famoso en la antigüedad por ser un distrito minero del cobre. Se extraía mineral en este sitio desde el período Calcolítico (4500-3500 a.C), luego en el período del Bronce inicial (3500-2250 a.C) y la Edad del Hierro (1200-586 a.C), hasta el período romano.

Esto está avalado arqueológicamente por la presencia de numerosas minas de cobre y sitios de fundición. Durante el período del AT, muchos de estos lugares probablemente pertenecieron a los edomitas, ya que el área estaba en la antigua Edom. Curiosamente, el incidente en el que Moisés hace una serpiente de bronce es colocado aproximadamente en el mismo tiempo en que los israelitas se detuvieron allí (Nm. 21:4-9).

PUNTO La RSV y REB usan "punto" para traducir la palabra griega keraia en Mt. 5:18 (NIV: "la letra más pequeña"), donde Jesús dice que ni siquiera la parte más pequeña de una letra de la ley perecerá.

PUNZANTE *Ver* Aguijón.

PUNZÓN Herramienta usada para hacer agujeros en objetos. En los tiempos bíblicos, este instrumento pudo haber sido fabricado de piedra, hueso o metal. Uno de los usos de esta herramienta en tiempos antiguos incluía la perforación de orejas (Éxodo 21:6; Deuteronomio 15:17). Aquellas perforaciones se las hacían a los sirvientes para marcarlos como esclavos permanentes.

PUREZA, PURIFICACIÓN Los conceptos de pureza y purificación son en gran parte desconocidos para los lectores occidentales modernos de la Biblia. Estos términos a menudo aparecen en contextos de culto y se utilizan para referirse a la pureza física, ritual y ética. Se usan frecuentemente en el proceso necesario para restaurar a alguien a un estado de pureza para que él o ella pueda volver a participar en actividades rituales (Lev. 22:4-7). Estos términos son culturales y teológicos, que sirven para restringir actos y comportamientos mediante limitaciones definidos; por lo tanto, en su uso antiguo tienen poco que ver con las nociones modernas de higiene (por ejemplo, enfermedades que pudieran ser contraídas de un cerdo [Lev. 13], las ventajas médicas de lavarse [Lev. 15], poner en cuarentena a un leproso [Lev. 13]). Aunque algunos han intentado relacionar las reglas de pureza con simples eventos físicos, estos fundamentos médicos modernos no logran explicar la gama de prohibiciones ni hallar respaldo explícito en el texto.

Antiguo Testamento

La ley de Moisés. Según Lev. 10:10, era el deber de los sacerdotes "distinguir entre lo santo y lo profano, y entre lo puro y lo impuro" y enseñar a la nación de Israel la diferencia entre los dos. Dios requería que su pueblo observara los ritos de purificación cuando se dirigían a su presencia para adorarlo. La pureza ritual tenía la intención de enseñar la santidad de Dios y la pureza moral; por lo tanto, los rituales de purificación servían para preparar a las personas para acercarse a Dios (Éx. 19:10, Nm. 8:15). Estas reglas y ritos fundamentales se describen en la ley mosaica.

Dos secciones principales de la Torá describen la pureza ritual y las leyes de la purificación:

Wadi Punón, cerca del sitio de la ciudad de Punón.

Lev. 11-15 y Nm. 19. Aquí la necesidad de purificación resultaba del contacto directo o indirecto con cualquiera de una serie de procesos naturales, incluido el parto (Lev. 12:1-8), la enfermedad de cutáneas (Lev. 13:1-14:32), flujos de los órganos genitales (Lev. 15:1-33), cadáveres de ciertos animales (Lev. 11:1-47) y cadáveres humanos (Nm. 19:1-22). Aunque tanto la duración de la impureza como el rito de purificación para cada una de estas condiciones difieren, hay tres características distintivas de la impureza ritual: (1) las fuentes de impureza ritual generalmente eran naturales y en cierto modo inevitables; (2) no era necesariamente pecaminoso contraer estas impurezas; (3) estas condiciones transmiten una pérdida temporal de pureza ritual.

Aunque el flujo sexual, el contacto con huesos y cadáveres y la contracción de enfermedades eran fuentes de impureza, eran inevitables en el curso normal de la vida. Los israelitas estaban obligados a reproducirse (Gn. 1:28, 9:7), y ellos, junto con sus sacerdotes, estaban obligados a enterrar a sus muertos (Lev. 21:1-4). Por lo tanto, muchas de estas impurezas eran inevitables y, aunque no se animaba a realizarlas, no eran necesariamente pecaminosas. Además, estas condiciones expresaban una pérdida temporal de pureza. Todas las impurezas descritas en Lev. 11-15 y Nm. 19 no eran permanentes y tenían ritos específicos de purificación. Estos ritos incluyen lavados (un hombre que tenía una descarga esperaba siete días y luego se lavaba la ropa y se bañaba para estar limpio [Lev. 15:13]), ofrendas (después del nacimiento de un niño, una madre tenía que esperar un cierto período y luego traía ciertas ofrendas para ser limpiada "de su flujo de sangre" [12:7-8]), y otros procedimientos (un hombre "leproso" que era sanado tenía que pasar por una ceremonia elaborada para ser declarado limpio [14:4-20]; una casa "plagada" pasaba por un proceso similar [14:48-53]). La última instancia de limpieza era el Día de la Expiación, que requería sangre como agente purificador: "[El sacerdote] con el dedo rociará con sangre el altar siete veces. Así lo santificará y lo purificará de las impurezas de los israelitas" (16:19).

Una última característica de la pureza ritual es que era muy gradual; es decir, había varios grados de impurezas. La impureza por un cadáver era especialmente grave y altamente contagiosa. Uno podía contraer impureza por un cadáver a través del contacto directo, la proximidad (estar en la misma tienda que un cadáver [Nm.19:14]), o simplemente tocando el hueso o la tumba de un ser humano (19:16). El individuo que contraía la impureza por un cadáver podía contaminar otros objetos e individuos. Las impurezas mayores también exigían un mayor tiempo de purificación (siete días en lugar de uno). A diferencia de las impurezas mayores, las impurezas menores duraban solo hasta la puesta del sol y no eran contagiosas. Los individuos podían contraer impurezas menores por contacto con cadáveres sucios (ya sea al tocar [Lev. 11:24, 27] o llevar [Lev. 11:25, 28]), con alguien profanado por la impureza de cadáver (Lev. 22:4, 6; Nm. 19:22), una persona o casa enferma (Lev. 13:45-46; 14:46-47), o flujo ya sea de un hombre o una mujer (Lev. 15:5-11, 19-23, 26-27). La duración de las impurezas menores era de solo un día ("hasta la tarde" [Lev. 11:24-25, 27-28, 39-40]), y uno se purificaba bañándose o lavándose la ropa.

Los Profetas y las Escrituras. Fuera de la ley mosaica, los términos de "pureza" y "purificación" son mucho menos comunes; sin embargo, a veces se toman figurativamente para describir el pecado. La pérdida de pureza se usa figurativamente para señalar las transgresiones. Por ejemplo, el término técnico para "impureza menstrual" se usa en sentido figurado para ilustrar el pecado de Israel: "Sión extendió sus manos; no tiene quién la consuele... Jerusalén se ha vuelto cosa impura entre ellos." (Lam. 1:17); y en Ezeq. 36:17, "Cuando los israelitas habitaban en su propia tierra, ellos mismos la contaminaron con su conducta y sus acciones. Su conducta ante mí era semejante a la impureza de una mujer en sus días de menstruación".

No era la purificación ritual lo que en definitiva le importaba a los profetas, sino más bien el perdón de Dios que purificaba a las personas del pecado. Por lo tanto, la purificación es una figura del perdón de Dios; Dios dice: "Vuestras manos están llenas de sangre. Lavaos, limpiaos, quitad la maldad de vuestras obras de delante de mis ojos; cesad de hacer el mal". (Is. 1:15-16). Dios promete limpieza en los pasajes clave de Ezequiel: "Entonces os rociaré con agua limpia y quedaréis limpios; de todas vuestras inmundicias y de todos vuestros ídolos os limpiaré." (Ezeq. 36:25; *ver* 36:33); "No se contaminarán más con sus ídolos, ni con sus abominaciones, ni con ninguna de sus transgresiones; sino que los libraré de todos los lugares en que pecaron y los limpiaré". (37:23).

Aunque hay "gente que se tiene por pura, pero no está limpia de su inmundicia" (Prov. 30:12), sólo Dios puede prometerles: "Los limpiaré de toda la maldad que cometieron contra mí, y perdonaré todas las iniquidades con que pecaron contra mí y con las que se rebelaron contra mí." (Jer. 33:8). Dolorosamente consciente de su pecado con Betsabé, David clama: "Lávame por completo de mi maldad, y límpiame de mi pecado". "Purifícame con hisopo, y seré limpio". "Crea en mí, oh Dios, un corazón limpio" (Sal 51:2, 7, 10).

Nuevo Testamento

En el NT, la idea de la pureza ceremonial como un elemento importante en la vida judía aparece en Jn. 11:55; Hec. 21:23; 24:18. Pero al igual que en los profetas, la noción de pureza se aplica a una vida vivida en devoción incondicional hacia Dios. Un individuo se purifica al obedecer la verdad (1 Pe. 1:22). Santiago describe el arrepentimiento en términos de pureza: "Pecadores, limpiad las manos; y vosotros los de doble ánimo, purificad vuestros corazones". (Sant. 4:8); y describe el ayudar a los que están en angustia como la clase de piedad genuina que "Dios nuestro Padre acepta como pura e sin mancha" (Sant. 1:27).

PURGARUN proceso de purificación, limpieza o eliminación. Un término hebreo subyacente, ba'ar, significa "quemar" y se usa para describir la eliminación de personas o cosas malvadas (como ídolos) de Israel (Dt. 13:5; 2 Re. 23:24 [*véase* taher en 2 Cr. 34:3]). "Purgar" a veces se usa para traducir la idea de expiación (Dt. 21:9).

PURGATORIO En la enseñanza de la Iglesia Católica Romana, el purgatorio es donde las almas de los elegidos se purifican después de la muerte para estar preparados para el cielo. Aunque son salvados por el sacrificio de Jesús, su santificación puede ser incompleta. Si es así, el fuego del purgatorio los perfecciona y los prepara para entrar en la presencia de Dios. En 1999, el Papa Juan Pablo II confirmó que el purgatorio es una condición de existencia más que un lugar.

El purgatorio es un producto del escolasticismo medieval. Los piadosos vivieron sus vidas en un ciclo continuo de pecado, confesión sacramental, absolución sacerdotal, penitencia y gracia. La penitencia cumplía el castigo temporal requerido para el perdón de los pecados mortales. Aquellos que morían quedando en deuda de penitencia podían cumplir con sus obligaciones en el purgatorio. También proporcionaba un medio para limpiar a los fieles que se habían marchado de sus pecados veniales.

El Purgatorio no se describe formalmente en las Escrituras, pero se infiere de las siguientes fuentes: una tradición de oraciones en nombre de los muertos derivada de la déutero-canónica 2 Mac. 12:46; la implicación de la posibilidad del perdón en la era venidera en Mt. 12:32; la descripción de la prueba de las obras de uno por fuego en 1 Cor. 3:11-15.

Las iglesias griega y latinas aclararon el concepto durante el Concilio de Florencia en 1438. Además de los textos bíblicos, ellos reflexionaron en la tradición de la iglesia, que había incluido oraciones por los muertos desde sus primeros días. Ellos razonaron que dado que las almas en el cielo y en el infierno no podían beneficiarse de tal oración, debe haber almas en un tercer estado que sí podían hacerlo.

También consideraron la enseñanza de los padres de la iglesia. Los padres griegos tenían puntos de vista diferentes sobre los conceptos que, en conjunto, parecían apoyar el purgatorio, pero que individualmente eran variados. Dionisio y Epifanio enfatizaron las oraciones por los muertos; Basilio el Grande mencionó la detención de los fieles después de la muerte; y Gregorio de Nisa habló de un crisol de fuego purificador después de la muerte. Por el contrario, los padres latinos Ambrosio, Agustín y Gregorio Magno expusieron más explícitamente los conceptos fundacionales de un purgatorio ardiente entre la muerte y el cielo.

El Concilio de Florencia no fue decisivo con respecto al purgatorio, y finalmente la iglesia griega rechazó la doctrina. La iglesia latina, sin embargo, afirmó el purgatorio en el Concilio de Trento en 1563 e incluyó entonces la obligación de los fieles de interceder por las almas en el purgatorio mediante oraciones, celebraciones eucarísticas, obras de caridad, indulgencias y obras de penitencia.

PURIM El festival establecido después de la liberación de los judíos en todo el imperio persa durante la época de Ester. El nombre proviene de pur, "la suerte" (Est. 3:7) echada por Hamán para determinar el día en que los judíos serían destruidos. Aunque la suerte se echaba originalmente con fines malvados, siguiendo las reversiones del libro, llegó a designar la celebración. "Purim" está en plural porque se dedicaron dos días a los eventos que revirtieron el decreto de Hamán. *Ver también* Festivales.

PURO, PUREZA Un Dios santo anhela un pueblo santo. Él describió a la nación de Israel como santa (cf. Éxodo 19:5-6), pero Dios también quería que ellos tuvieran vidas santas y crecieran cada vez más santos. La santidad se presentaba, en parte, al conservar la ley; una parte importante de la ley era el concepto de la pureza.

Antiguo Testamento

Dado que Israel podía ser santa sólo al purificarse, no es sorprendente que la primera mención de la ley prohibiera alimentos y estuviera acompañada por un mandamiento para que el pueblo de Dios fuera santo (Éxodo 22:31). Tampoco es inesperado el hecho cuando Dios explica las leyes sobre los alimentos puros e impuros, y Él le dice dos veces a los israelitas que "sean santos, porque yo soy santo" (Levítico 11:44-47). La pureza (del hebreo tahor) no alude a la buena higiene y tampoco es sinónimo de moralidad, ya que una persona podía ser impura, pero a la vez justa. La impureza le permitía al creyente del Antiguo Testamento vivir una vida santa y ser cada vez más santo porque "yo soy el Señor quien los hace santos" (NVI: "Yo soy el SEÑOR, que los santifica", Levítico 20:8; cf. 21:8, 15, 23; 22:9, 16, 32; 31:13). Antes de considerar cómo la pureza de ritual conllevaba la santidad, deberíamos resumir las leyes de la pureza en sí.

Leyes de la pureza. La impureza va en conjunto con cuatro canales: la sexualidad (por ejemplo, la secreción nocturna, menstruación, parto), la dieta (por ejemplo, comer cierto tipo de animales), la enfermedad (por ejemplo, enfermedades a la piel, mildiu) y la muerte (es decir, tener contacto con animales o cadáveres de personas). Las impurezas acontecían de forma natural y eran inevitables en el curso de la vida (por ejemplo, la menstruación), pero eran toleradas porque no representaban un peligro para la persona o para la comunidad mientras se abordaran de inmediato. Otras impurezas debían ser evitadas a toda costa o si no significaban graves consecuencias para la persona y la comunidad.

Impurezas toleradas. Las impurezas toleradas se pueden seguir dividiendo de menor a mayor. Las impurezas menores implicaban

El buitre es uno de los animales que los israelitas consideraban impuros.

P Q

tocar el cadáver de un animal o tocar a alguien con una impureza mayor. Las impurezas menores no tenían relación con que la persona fuera contagiosa y el asunto se podía abordar con simpleza. Las impurezas mayores implicaban tocar un cadáver humano, tener una enfermedad a la piel o experimentar una secreción nocturna o la menstruación. Con esto, la persona se "contagiaba", por lo que la purificación requería más tiempo y era necesario realizar un sacrificio.

Para estar puro, el contaminante debía removerse y esto se llevaba a cabo de distintas maneras. Las impurezas toleradas se eliminaban por medio de la limpieza (al bañarse, lavar la ropa y rociarlas con agua). Lo que no podía lavarse debía quitarse físicamente, ya sea por medio del entierro o había que echar a la persona del campamento (por ejemplo, el chivo expiatorio; Levítico 16:20-22).

La pureza tomaba tiempo; por lo general mientras más grave era la impureza, mayor era el tiempo necesario y podía implicar desde un día para aquellos que tocaban el cadáver de un animal hasta ochenta días tras el nacimiento de una hija. Algunas impurezas toleradas requerían sacrificios y con esto había que rociar la sangre del animal por un costado del altar y derramarla en la base (Levítico 5).

Las acciones en rituales podían acontecer en los sacrificios. Por ejemplo, una persona que había sido sanada de una enfermedad contagiosa a la piel debía llevarle dos aves vivas y puras al sacerdote. Se mataba a una de las aves y su sangre se mezclaba con agua, que luego se rociaba en la persona. La otra ave se hundía en la mezcla de sangre y agua y se liberaba, por lo que simbolizaba la eliminación de la impureza. En el ritual del novillo rojo (Números 19), se utilizó una combinación de agua y cenizas para purificar a aquellos que habían tocado un cadáver.

Impurezas que debían evitarse. A diferencia de las impurezas toleradas que no podían evitarse, ciertos objetos y acciones estaban completamente fuera de límites para el pueblo santo de Dios. Una violación intencionada conllevaba consecuencias más graves, incluso ser "cortado" de la comunidad. Aunque no es exactamente claro qué significaba ser cortado (puede que se trate de excomunión, pena de muerte, vulnerabilidad ante una muerte definitiva, pérdida de progenie o separación con los ancestros tras la muerte), la amenaza era de mal agüero.

La impureza prohibida se originaba cuando la persona comía alimentos que Dios declaró fuera de límites. Toda la carne debía dejar de sangrar por completo antes de ser comida (Génesis 9:3-4; Levítico 17:10-14; Deuteronomio 12:16, 23). Los animales comestibles de la tierra debían rumiar y tener pezuñas divididas (Levítico 11:3; Deuteronomio 14:6), mientras que las criaturas acuáticas debían tener escamas y ambas aletas (Levítico 11:9; Deuteronomio 14:9). La mayoría de las aves se aceptaban como alimento (las excepciones se mencionan en Levítico 11:13-19; Deuteronomio 14:11-18), así también la mayoría de los insectos (Levítico 11:20-23; Deuteronomio 14:19-20) y algunos animales que se arrastran (Levítico 11:29-31, 41-42). Otras impurezas prohibidas incluían lo que se podría identificar sin problemas como actos pecaminosos.

La inmoralidad sexual (Levítico 18:6-25), la idolatría (20:2-5), recurrir a adivinos (20:6) y asesinar (Números 35:33-34) ensuciaba a las personas y la tierra. Si dichas ofensas no se "purificaban", Dios los juzgaría, ya sea por medio de un desastre natural (Isaías 24:1-13) o del exilio (Isaías 64:6-7; Miqueas 2:10). Razones por la que las leyes existen. ¿Por qué Dios declaró que ciertas cosas son puras y otras impuras? Algunas personas sugieren que la distinción es arbitraria; las reglas fueron entregadas como una prueba de obediencia. Otros discuten que la audiencia original conocía los motivos que para nosotros están perdidos en la actualidad.

Aun así, otros creen que Dios estaba protegiendo a su pueblo de la enfermedad. Es cierto que algunos tipos de carne que se preparan inadecuadamente pueden transmitir enfermedades, pero no todas las leyes se pueden explicar de esta manera. Hay quienes creen que Dios identificó cosas como puras porque estas representaban un estado de normalidad (por ejemplo, los peces por lo general se impulsan con sus aletas, por lo que aquellos que carecían de aletas son anormales y, por ende, impuros).

Desde un punto de vista relacionado las cosas puras o impuras se consideran en base a lo que simbolizaban. Entonces, por ejemplo, Dios identificaba los objetos como impuros si estaban asociados con la muerte (por ejemplo, los buitres, los cadáveres) porque Él está a favor de la vida. Nuevamente, aquí es difícil explicar todas las leyes si se apela a la normalidad o al simbolismo.

Pureza y santidad. Dado que no hay posibilidad de saber con certeza la razón por la que Dios escogió estas leyes particulares, nosotros podemos ver cómo estas fueron una ayuda para que su pueblo fuera santo.

Primero, gracias a estas leyes fue posible tener acceso al santuario, donde la santidad se podía expresar y desarrollar. La ley de Moisés contiene recordatorios reiterados y severos para aquellos que son impuros porque estos no pueden "ir al santuario" (Levítico 10:10; 12:4; 15:31; Números 19:13,20). Solo los puros podían acercarse a un Dios santo y participar en rituales en los que se demostraba y desarrollaba su santidad.

Segundo, estos rituales también fomentaban la santidad al enseñarles a los israelitas sobre la impureza. Los vecinos de Israel asociaban la impureza con demonios, pero Dios señaló que tiene que ver con la impureza de los israelitas y no con una actividad demoníaca, que evitaba que esa persona tuviera una vida santa.

Tercero, estas leyes de la pureza les enseñaron a los israelitas sobre el Dios santo, que ellos debían imitar. De hecho, si las experiencias inocentes y las buenas en su defecto prevenían que ellos se asociaran con Él, Dios entonces es increíblemente santo. Estas leyes también reforzaban la autoridad de Dios sobre cada aspecto de sus vidas. Él determinaba el momento en el que ellos podían ir al santuario, pero también lo que ellos podían comer y cuándo ellos podían tener relaciones sexuales. Estas leyes también servían como recordatorio para Israel porque fue este mismo Dios quien proporcionó una manera para purificarse y, por ende, ser santos. La purificación era costosa y humilde, pero era posible, y era entregada como un regalo benévolo de Dios.

Cuarto, una consecuencia muy práctica de estas leyes fue mantener separados a los israelitas de sus vecinos. Los israelitas no sólo debían evitar las prácticas paganas (por ejemplo, realizar rituales asociados con el luto por los muertos; Levítico 19:27), sino que ellos también tenían que eludir el contacto social con sus vecinos paganos. Las leyes concernientes a lo que se podía comer y la manera en que los animales eran sacrificados los ayudaría a discernir eso. Dios estaba preocupado de que su pueblo no se corrompiera a causa de sus vecinos (cf. Deuteronomio 7:1-6; 14:1-3).

Nuevo Testamento

La purificación ceremonial se menciona en los primeros capítulos de los Evangelios. María tuvo que someterse a los rituales necesarios de purificación después del nacimiento de Jesús (Lucas 2:22-24), y Jesús "purificó" a la gente de la lepra al instruirles que llevaran a cabo los rituales mosaicos de purificación (Mateo 8:2-4; Marcos 1:40-42; Lucas 5:12-14; 17:11-19; cf. Mateo 10:8; 11:5; Lucas 4:27; 7:22). En una de sus confrontaciones con los fariseos, Jesús hizo una señal sobre la divergencia en que estas leyes se estaban practicando. Él anunció: "Nada que venga de afuera puede contaminar a nadie. Lo que contamina a la persona es lo que sale de ella" (Marcos 7:15), a lo que Marcos añade una explicación: "Con esto Jesús estaba diciendo que todos los alimentos son 'limpios'" (7:19). La visión de Pedro respecto a la azotea en Hechos 10 refleja esta misma perspectiva, al igual que la decisión de la iglesia en cuanto a la conversión de los gentiles (Hechos 15) y los comentarios de Pablo para la iglesia en Roma (Romanos 14:14, 20-21). En el Nuevo Testamento se identifica a la iglesia como el pueblo santo de Dios, que es llamada a ser santa porque Él es santo (1 Pedro 1:16). Aun así, la santidad requiere de la pureza, que ahora se manifiesta más bien en lo ético que en lo físico.

Por ello, la persona se vuelve impura al realizar acciones pecaminosas como la mentira (1 Tesalonicenses 2:3) y el libertinaje (Efesios 4:19) en vez de, por ejemplo, tocar a un cadáver. En el Antiguo Testamento, toda Israel fue declarada santa, pero debía experimentar esa santidad en el día a día. La pureza acontecía por medio de acciones de rituales como el sacrificio y la limpieza, con la ayuda de un sacerdote. Así mismo ocurre en el Nuevo Testamento, aunque ahora el sacrificio es la ofrenda definitiva de Cristo en la cruz (Hebreos 9:13-14; 1 Juan 1:7), como así también se puede realizar en las aguas del bautismo (Efesios 5:26; 1 Pedro 3:21) con la asistencia de Jesús el gran sumo sacerdote y el sacerdocio de creyentes (2 Corintios 7:1; Hebreos 4:14; Santiago 4:8; 1 Pedro 1:22). Una vez purificados, los creyentes pueden llevar vidas en santidad y ser cada vez más santos. A pesar de que los Testamentos difieren en las causas y soluciones para la impureza, ambos coinciden en que un pueblo santo siempre ha sido la meta de Dios, y que esa pureza es un medio para alcanzar esa finalidad.

PÚRPURA Debido a que el tinte púrpura era caro, la tela púrpura representaba la riqueza (Prov. 31:22; Lc. 16:19; Hec. 16:14; Ap. 18:16) y la autoridad (Jue. 8:26; Dan. 5:7), especialmente la realeza (Lam. 4:5, cf. Mr. 15:20, Jn. 19:2-5). En el tabernáculo, el templo y las vestimentas sacerdotales, el púrpura a menudo se combinaba con el azul, escarlata o carmesí, que también eran símbolos de riqueza y poder (Éx. 26:1; 28:4-15, 33; Nm. 4:6-12; 2 Cr. 3:14). *Ver también* Colores.

PUR *Ver* Purim.

PUTA *Véase* Prostitución.

PUTIEL El suegro del sacerdote Eleazar y abuelo de Finees (Éx. 6:25).

Q

Q Tradicionalmente, los eruditos entienden que Q es el material común entre Mateo y Lucas que no aparece en Marcos. La abreviatura "Q" representa la palabra alemana Quelle ("fuente"). Las teorías sobre Q surgieron mientras los eruditos luchaban con el Problema Sinóptico: ¿cómo explicamos las similitudes entre Marcos, Mateo y Lucas desde un punto de vista histórico? Q se convirtió en una de las fuentes hipotéticas más importantes en la Hipótesis de Dos Fuentes común: Marcos fue escrito primero; Tanto Mateo como Lucas usaron independientemente Marcos y Q. Esto es llamado a veces la Hipótesis de las Cuatro Fuentes, cuando se toma en cuenta el material original exclusivo de Mateo (conocido como M) y el adicional material fuente de Lucas (conocido como L). Por lo tanto, Q proporciona una explicación de origen común históricamente plausible para las similitudes entre Mateo y Lucas en los lugares donde difieren de Marcos.

Las enseñanzas y los dichos de Jesús comprenden la mayor parte del material Q que es tradicionalmente aceptado. Q fascina a muchos, ya que supuestamente es un escrito sobre Jesús anterior a algunos de nuestros Evangelios canónicos. Las manipulaciones de Q, especialmente la postulación de múltiples etapas tempranas de la misma, funcionan prominentemente en algunas de las representaciones de eruditos del cristianismo primitivo.

Sin embargo, muchos estudiosos aún siguen siendo escépticos sobre la existencia de Q o la posibilidad de que la reconstruyamos con suficiente precisión.

QERI Y KETIV Estos términos hebreos, que significan (respectivamente) "lo que se lee" y "y está escrito", son un elemento de la Masora Parva (notas marginales en la Biblia hebrea generadas por los escribas rabínicos), que aborda las dificultades u otros asuntos de interés en el texto del AT. En lugar de cambiar el texto consonántico, la corrección propuesta (Qeri) se escribió al margen de la Biblia hebrea, y sus puntos vocálicos se inscribieron debajo de la palabra no corregida (Ketiv).

La intención era que el Qeri se leyera automáticamente. Las correcciones incluyen formas inusuales y arcaicas, ortografía defectuosa, palabras ofensivas y palabras que provocan lecturas impías. Ciertas palabras eran siempre leídas en vez de ser escritas (Qeri Perpetuo), por ejemplo, yhwh, que tiene puntos y se lee 'adonay ("mi Señor"). Debido a la frecuencia en que aparecen, estas no están indicadas en los márgenes.

QUEBAR El río o canal babilónico donde Ezequiel recibía visiones (Ezeq. 1:1, 3:15, 10:15, 43:3). Probablemente es la bifurcación del río Éufrates que fluía desde Babilonia al sudeste cruzando la región de Nippur antes de volver a juntarse con el Éufrates cerca de la antigua Uruk.

QUEBRANTAHUESO Un término usado en algunas traducciones más antiguas para referirse a un ave de rapiña inmunda, enlistada junto al águila y el águila pescadora, las cuales se les prohibía a los israelitas consumir como alimento (Lev. 11:13; Dt. 14:12 RV1977). El término hebreo subyacente y algo incierto, peres, se suele traducir como "buitre" en traducciones más modernas.

QUEDORLAOMER Un rey de Elam durante el tiempo de Abram. Él y otros tres reyes vencieron a cinco reyes que se rebelaron contra el gobierno de Quedorlaomer, derrotándolos en el Valle de Sidim, una tierra baja llena de asfalto en el extremo sur del Mar Muerto. Cuando Abram oyó que su sobrino Lot había sido capturado en la batalla, partió con sus hombres y persiguió a Quedorlaomer, y finalmente rescató a Lot y el botín que las fuerzas de Quedorlaomer habían tomado (Gn. 14:1-16).

QUEFAR HAMONÍ Una ciudad asignada a la tribu de Benjamín (Jos. 18:24). Algunos sugieren que Khirbet Kefr'Ana, que está a unas tres millas al norte de Betel, es el sitio de Quefar Hamoní, pero la ubicación es cuestionada.

QUEFAR-HAAMONI *Ver* Quefar Amoní.

QUEFIRÁ *Ver* Cafira.

QUEFIRIM La versión LBLA (mg.) la llama una ciudad en el llano de Ono donde Sambalat y Guesén le dijeron a Nehemías que se reunieran (Neh. 6:2). Otras versiones traducen el hebreo kepirim en este verso como "una de las aldeas".

QUEIVÁN El nombre de la deidad babilónica que Amós llamaba un "dios astral" (Amós 5:26 NVI). El término acadio hace referencia al planeta Saturno. El hebreo del MT, kiyyun ("Quiyún" [LBLA, NVI, NBD]), parece reflejar el reemplazo intencional del escriba de la vocalización original por las vocales de la palabra hebrea "abominación". Algunas versiones traducen la palabra como "pedestal". "(LBLA [pero vea la nota a pie de página]), vinculándolo a la raíz hebrea kun, que significa "ser firme, estable, seguro, duradero".

QUELAL Un descendiente de Pahat-Moab, este israelita despidió a su esposa extranjera durante las reformas postexílicas (Esd. 10:30).

QUELIÓN Un efrateo de Belén y uno de los dos hijos de Elimelec y Nocmí. Quelión y su hermano, Mahlón, se casaron con mujeres moabitas, Ruth y Orfa, durante el tiempo que permanecieron en Moab debido a una hambruna. Quelión y Mahlón murieron en Moab (Rut 1:1-5).

QUELIÓN *Ver* Quilión.

QUELUB **(1)** Hermano de Súa y el padre de Mehir, un miembro de la tribu de Judá (1 Cr. 4:11). **(2)** El padre de Ezri, estaba a cargo de los trabajadores que cultivaban las tierras del rey David (1 Cr. 27:26).

QUELUBAY Nombre dado al hijo de Hesrón en 1 Crónicas 2:9 (KJV, RSV), que por lo demás se le identifica como Caleb en 1 Crónicas 2:18, 42.

QUELÚHI Un descendiente de Bani que despidió a su esposa extranjera durante las reformas postexílicas (Esd. 10:35).

QUELÚHI *Ver* Queluhi.

QUELUJÍ *Ver* Queluhi.

QUEMOS Dios de los moabitas (Números 21:29; Jeremías 48:46). La evidencia bíblica es una de las fuentes más importantes de información sobre Quemos y la religión moabita. Salomón construyó un altar para Quemos (1 Reyes 11:7), que luego fue destruido por Josías como parte de sus reformas (2 Reyes 23:13). En el juicio de Jeremías sobre las naciones, él condena al pueblo de Moab y Quemos (Jeremías 48). La evidencia extrabíblica relevante respecto a Quemos se encuentra fundamentalmente en la Piedra Moabita, que es una estela del siglo IX a.C. en la que se conmemora la victoria del rey Mesha contra Israel.

QUENAANA **(1)** El padre de Sedequías, un falso profeta durante el reinado del rey Acab (1 Re. 22:11, 24; 2 Cr. 18:10, 23). **(2)** Hijo de

Bilhán, fue uno de los "guerreros poderosos" en la tribu de Benjamín (1 Cr. 7:10).

QUENAANA *Ver* Quenaná.

QUENANI Un levita en los días de Nehemías, que se unió al liderazgo de Israel en la lectura del Libro de la Ley, la confesión pública y la alabanza (Neh. 9:4).

QUENANI *Ver* Quenaní.

QUENANÍAS (1) Un jefe de los levitas durante el reinado del rey David, él dirigía el canto y a los músicos que participaron en llevar el arca del pacto desde la casa de Obed-Edom a Jerusalén (1 Cr. 15:22, 27). (2) Un levita de los izharitas que junto sus hijos fueron asignados como oficiales y jueces en los asuntos exteriores del templo (1 Cr. 26:29).

QUENANÍAS *Ver* Conanías.

QUENITAS, QUENEOS, CENEOS Un clan cuyo nombre probablemente se relaciona con una palabra aramea que significa herrero. Eran un grupo nómada probablemente especializados en herrería. La tierra de los quenitas estaba incluida en la promesa del pacto de Dios a Abraham (Gn. 15:19). El suegro de Moisés era quenita y sacerdote de Madián (Jue. 1:16, Éx. 3:1), sugiriendo algún tipo de relación entre las dos cosas.

Los quenitas desempeñaron un papel como aliados de Israel desde el período de Moisés hasta el tiempo de los jueces y la monarquía. Balaam, quien no era israelita, profetizó el fin y el cautiverio de los quenitas (Nm. 24:21-22). Jael, la mujer que mató a Sísara al clavar una estaca en sus sienes, era la esposa de un quenita que se había separado de su pueblo (Jue. 4:11, 17).

Los quenitas vivían con los amalecitas durante el tiempo de Saulo, pero debido a que los quenitas habían mostrado misericordia a los israelitas durante el éxodo, Saúl les permitió partir antes de atacar y derrotar a los amalecitas (1 Sam. 15:6). Los quenitas también se mencionan durante el tiempo en que David vivía entre los filisteos (1 Sam. 27:10; 30:29).

Los quenitas fueron incluidos en la genealogía de David, como parte de la tribu de Judá (1 Cr. 2:55). El área geográfica extendida de las viviendas de los quenitas y los habitantes individuales de los quenitas que se separaron y se asociaron con varios pueblos respaldan la sugerencia de que estas personas eran herreros itinerantes que conservaban su identidad separada y no eran completamente absorbidos por otros pueblos.

QUERÁN Un descendiente de Seir, horeo, fue el cuarto hijo del jefe de clan Disón (Gn. 36:26, 1 Cr. 1:41).

QUERIOT HEZRÓN Una o quizás dos ciudades en el sur de Judá (Jos. 15:25). Algunos eruditos identifican Queriot y Hezrón como ciudades distintas. De todas maneras, este Queriot no debe confundirse con Queriot de Moab. Si es que es una localidad separada.

QUERIOT Una ciudad fortificada en Moab (Jer. 48:24, 41; Amós 2:2). Está enlistada en la Piedra Moabita como una ciudad con un santuario sagrado para Quemos. Queriot puede ser considerado sinónimo de Ar, la antigua capital de Moab.

QUERIT Un arroyo o wadi al este del río Jordán donde el profeta Elías encontró refugio del rey Acab y Jezabel después de que profetizó una sequía. En este arroyo bebía agua, y los cuervos le llevaban comida (1 Re. 17:3-7). Después de que el Querit se secó, Elías fue a Sarepta y se quedó con una viuda allí. Posibles ubicaciones que han propuesto para Querit incluyen el Wadi Qelt sobre Jericó y el Wadi Yabis, pero no hay consenso.

QUEROS Uno de los antepasados de los siervos del templo (Nethinim) que regresaron a Jerusalén después del cautiverio babilónico bajo el liderazgo de Zorobabel en 539 a.C, o poco después (Esd. 2:44; Neh. 7:47). El hecho de que muchos de los nombres en la lista eran extranjeros ha llevado a la creencia de que eran originalmente prisioneros de guerra que fueron presionados para servir en tareas menores mientras ayudaban a los levitas. El nombre también se encuentra en un ostracon de Arad.

QUERUBÍN, ANGELITO "Cherubim" en inglés (del hebreo kerubim) es la forma plural de "cherub" en inglés (del hebreo kerub), que es una criatura alada divina y que al parecer es diferente a un (o a cierto tipo de) ángel. Los eruditos no están seguros del significado original de la palabra, pero es probable que esté relacionada con un concepto que signifique "guardián" o "mediador". Los querubines se mencionan como ayudantes alrededor del trono de Dios o en algunos casos como porteros, que protegen el camino hacia la presencia de Dios.

Dios colocó querubines en la entrada del jardín del Edén para protegerlo después de que expulsó a Adán y Eva de ahí (Génesis 3:24). En este sentido, el jardín del Edén era un prototipo del templo, donde la presencia de Dios podía sentirse. Posteriormente, según las instrucciones de Dios, las personas construyeron querubines de oro y los pusieron a cada lado del propiciatorio en el arca del pacto, que fue el lugar donde Dios declaró: "Yo me reuniré allí contigo [Moisés]" (Éxodo 25:18-22). Las decoraciones del tabernáculo y el posterior templo de Salomón incorporaron obras de arte con representaciones de querubines (Éxodo 26:1, 31; 1 Reyes 6:23-29; 7:29, 36; 8:6-7; 2 Crónicas 3:14).

En Isaías 37:16 se describe a Dios sentado en medio de las alas de los querubines y en Salmos 18:10 se le representa volando sobre las alas de querubines.El profeta Ezequiel hace una descripción extensa de "cuatro criaturas vivas" que vuelan alrededor del trono de Dios (1:4-21). Posteriormente, el profeta identifica estas mismas criaturas, pero se refiere a ellas como querubines (10:1-22). *Ver también* Arca del Pacto.

QUERUB Un lugar desconocido en Babilonia desde el cual algunos exiliados regresaron a Judá en 539 a.C, o poco después, algunos de los cuales figuran como incapaces de demostrar ascendencia israelita (Esd. 2:59; Neh. 7:61).

QUESALÓN Una ciudad ubicada en el lado norte del monte Jearim que marcaba parte del límite del territorio de la tribu de Judá (Jos. 15:10). Está asociado con la moderna Kesla, a unas diez millas al oeste de Jerusalén.

QUESIL Una ciudad en la sección sur de la asignación de Judá (Jos. 15:30) pero habitada por al menos algunos de los hijos de Simeón, cuyo territorio estaba en medio de Judá (1 Cr. 4:30). En listas parecidas, el nombre se muestra como: Betul (Jos. 19:4) o Betuel (1 Cr. 4:30). En contexto, se ubica entre Eltolad y Horma, lo que indica una ubicación al este de Beerseba.

QUESO El queso y otros productos lácteos pertenecían a una parte básica de la dieta en los tiempos bíblicos. Las personas elaboraban queso a partir de la leche de cabra (la más rica), oveja o ganado de vacuno (2 Samuel 17:29). En Job 10:10 se menciona el cuajo en la producción de queso, y 1 Samuel 17:18 ejemplifica que incluso el queso suave era fácil de transportar.

QUESULOT Una ciudad en la frontera del territorio de Isacar, al oeste del monte Tabor (Jos. 19:18). Zabulón ocupó las colinas al noroeste. Se identifica con el moderno Iksal, cuatro millas al sur de Nazaret. El nombre es una variante de "Quislot Tabor" (Jos. 19:12).

QUEVÉ *Ver* Cilicia; Coa.

QUEZIB Una ciudad en el sur de Canaán, donde la hija de Shua dio a luz a Sela, el tercer hijo de Judá (Gén. 38:5). Kezib es probablemente lo mismo que Akzib.

QUIDÓN La era donde Uza cayó muerta después de tocar el arca del pacto (1 Cr. 13:9). Aparece como "Nacón" en el pasaje paralelo (2 Sam. 6:6).

QUIJADA Las quijadas humanas y de animales son empleadas figurativa y literalmente. En Ramat Lejí (Colina de la quijada), Sansón usa una quijada de burro que aún estaba fresca para matar a un grupo de filisteos y convertirlos en "asnos" / "montones" (Jueces 15:15-17, *véase* la nota al pie de la NVI).

Tanto los garfios como los frenos se colocan en las quijadas (Job 41:2; Ezequiel 29:4; 38: 4; Is. 30:28), y los enemigos son golpeados en la quijada (Sal. 3:7). Elihu ve la angustia de Job cuando Dios lo convence desde "las fauces de la angustia" (Job 36:16), y Agur habla de las quijadas "armadas con cuchillos" para devorar a los pobres (Proverbios 30:14).

QUILEAB El segundo de los seis hijos de David que nació en Hebrón. Él fue el primogénito de David y Abigail, la viuda de Nabal de Carmel (2 Samuel 3:3 [la Septuaginta lo llama Daluia]). Él es llamado Daniel en otra lista de los hijos de David (1 Cr. 3:1). Él no es mencionado entre los hijos que discutieron sobre el sucesor de David.

QUILMAD El nombre significa "lugar de comercio" o "mercado". Quilmad era un lugar o región que comerciaba con Tiro (Ezeq. 27:23). Algunos eruditos creen que los escribas copiaron el nombre hebreo incorrectamente, y que debía ser enmendado para referirse a la ciudad de Kullimeri (en el norte de Mesopotamia) o enmendado para leer "todo Media".

QUIMAM Hijo de Barzilai el Galaadita. Después de la derrota de Absalón por parte de David, Barzilai se encontró con David cuando cruzaba el Jordán. David quería recompensar a Barzilai por proporcionarle comida y equipo y lo invitó a venir a vivir a Jerusalén.

Barzilai rechazó la invitación por motivos de edad, pero solicitó que David se llevara a su hijo Quimam (2 Sam. 19:31-40; RVA: Chimham). David estuvo de acuerdo y tomó a Quimam para que pudiera recompensar la lealtad de Barzilai a través de él.

QUIMHAM *Ver* Quimán.

QUINTAL Un veinteavo de una tonelada (cuarenta y cinco kilogramos). Esta unidad, en griego talantiaios, aparece en Ap. 16:21 (RSV, REB; NIV: "cien libras"). Varias otras unidades ocurren en múltiplos de cien (shekels y, con menos frecuencia, talentos, bekas, cors y bats [Esd. 7:22]); estos son números aproximados en vez de "quintales" exactos.

QUÍO Enorme isla en la que hay montañas cubiertas de nieve dentro del Mar Egeo que está alejada de la costa de Asia Menor al oeste de Esmirna. Al terminar su tercera campaña misionera, el barco donde iba Pablo se detuvo en la costa de Quío en su ruta desde Mitilene hacia Samos (Hechos 20:15). El jefe de la ciudad de la isla también se llamaba Quío.

QUIRIAT BAAL Significa "ciudad de Baal". Este es un nombre alternativo para la ciudad de Gabaón Quiriat-Jearim (Jos.15:60; 18:14). *Ver también* Quiriat-Jearim.

QUIRIAT *Ver* Quiriat-Jearim.

QUIRIATAIM **(1)** Una ciudad levítica en el territorio tribal de Neftalí (1 Cr. 6:76). Fue una de las ciudades de refugio. En la lista paralela de ciudades (Jos. 21:32) se identifica como Cartán. La ubicación es desconocida.

(2) Una ciudad en el territorio de Rubén, al este del río Jordán (Jos. 13:19), que los rubenitas habían tomado de los amorreos (Nm. 32:37) y se asentaron antes de cruzar el Jordán para participar en la conquista de la tierra. Durante el exilio, el rey Mesa de Moab retomó el control de la ciudad (Jer. 48:1, 23; Ezeq. 25:9). Posiblemente se identifica también como Save-quiriataim, mencionado en el relato de la invasión de Quedorlaomer (Gn. 14:5).

QUIRIAT-ARBA *Ver* Hebrón.

QUIRIAT-ARIM Una ciudad a la que los habitantes regresaron después del exilio (Esd. 2:25 [NIV: Quiriat-Yearín]). La forma usual del nombre es "Quiriat-Jearim", que aparece en el relato paralelo de Neh. 7:29. *Ver también* Quiriat-Jearim.

QUIRIAT-HUZOT Una ciudad moabita a la que fueron Balán y Balac rey de Moab, quien sacrificó vacas y ovejas para incitar a Baal a maldecir a los israelitas (Nm. 22:39).

QUIRIAT-JEARIM Esta ciudad, cuyo nombre significa "ciudad de bosques", también se conoce como Quiriat-arim (Esd. 2:25 [NVI: Quiriat Yearín]), Balá (Jos. 15:9), Balá de Judá (2 Sam. 6:2), y Quiriat Baal (Jos. 15:60; 18:14). Es una de las ciudades de los gabaonitas, que engañó a Josué para que entrara en un tratado de paz (Jos. 9:17).

Esta ciudad era parte de la herencia asignada a la tribu de Judá (15:9). La tribu de Dan acampó en Quiriat-jearim cuando salió a buscar su herencia (Juc. 18:12).

Después de ser devuelto por los filisteos, el arca del pacto permaneció aquí durante veinte años hasta que David la trasladó a Jerusalén (1 Sam. 6:21-7:2). Cuando David intentó por primera vez reubicar el arca de Quiriat-Jearim a Jerusalén, Uza fue herido de muerte porque tocó el arca, ya que se movió incorrectamente (2 Sam. 6:1-8).

El fiel profeta Urías, contemporáneo de Jeremías, era de Quiriat-jearim (Jer. 26:20). Los exiliados de Quiriat-jearim volvieron de la cautividad de Babilonia con Zorobabel (Neh. 7:29). Los romanos construyeron un puesto de avanzada sobre las ruinas y acuartelaron a la Décima Legión allí.

PQ

QUIRIAT-JUSTO *Ver* Quiriat-huzot.

QUIRIAT-SANA Una ciudad en la región montañosa entre las que heredaron la tribu de Judá. Este nombre de lugar puede ser un nombre alternativo o un error inadvertido de un escriba (es decir, una dittografía con la ciudad precedente en la lista, Dana) de Keriath Sepher, también conocido como Debir (Jos. 15:49).

QUIRIAT-SÉFER Un nombre alternativo para la antigua ciudad de Debir (Jos. 15:15-16; Jue. 1:11-12). Otra forma (posiblemente debido al error del escriba), Quiriat-sana, hace referencia a la misma ciudad (Jos. 15:49).

QUIRINIO-PUBLIO Sulpicio Quirinio (hacia el año 50 aC-21 d.C) fue un exitoso comandante militar y político romano, mejor conocido por realizar un censo mencionado al principio de la narración del nacimiento de Cristo en Lc. 2:2. Los historiadores antiguos, incluidos Tácito, Estrabón y Josefo, escribieron sobre Quirinio, por lo que se sabe bastante sobre su carrera. Sin embargo, toda esta información presenta un problema histórico cuando es comparada con los relatos de los Evangelios.

El nacimiento de Jesús ocurre durante el tiempo de Herodes el Grande (Mt. 2:1, Lc. 1:5), pero sólo el relato de Lucas menciona que Quirinio realizó un censo como gobernador de Siria antes de la muerte de Herodes. Todos los demás relatos conocidos ubican este censo en el año 6/7 d.C, unos diez años después de la muerte de Herodes.

Durante siglos se han realizado varios intentos para resolver el problema, pero sin evidencia adicional, ninguna de las soluciones son concluyentes. Se hicieron las siguientes sugerencias: (1) El censo comenzó durante el reinado de Herodes, pero finalizó cuando Quirinio era gobernador de Siria. (2) "Quirinio" es un error textual, y Lucas originalmente escribió acerca de otro gobernador en 2:2.

Los adherentes a esta teoría suelen citar a Tertuliano (Mr. 4.19), pero ningún manuscrito de Lucas apoya esto. (3) Quirinio fue gobernador de Siria dos veces, realizando un censo en los días de Herodes y uno en el 6/7 d.C La antigua inscripción Lapis Tiburtinus podría apoyar esto. (4) "Primer" (Gr. Prōtē) en Lc. 2:2 debería traducirse como "antes", lo que hace que el censo de Lucas fuera "antes de que Quirinio fuera gobernador".

Sin embargo, algunos gramáticos no están de acuerdo. (5) "Gobernador" (hēgemoneuōn) en Lc. 2:2 es ambiguo; por lo tanto, Quirinio debe haber tenido algún tipo de cargo que justificara la mención en Lucas. Esta apelación requiere más evidencia.

QUIRIOT *Ver* Queriot.

QUISI Un levita, descendiente de Merari (1 Cr. 6:44). El nombre es una forma alternativa de Cusaías. Era el padre de Etán, un cantante levítico bajo Hemán (1 Cr. 15:17). *Ver también* Cusaías.

QUISIÓN Una ciudad en el territorio de la tribu de Isacar (Jos. 19:20) asignada a los gersonitas, uno de los clanes de los levitas (Jos. 21:28). En una lista paralela de ciudades levíticas, se le nombra como "Cedes" (1 Cr. 6:72). El sitio está al suroeste del Mar de Galilea y al oeste del río Jordán, pero se desconoce su ubicación exacta.

QUISLEU El noveno mes en el calendario judío post-exílico (Neh. 1:1, Zac. 7:1). Quisleu normalmente equivale a los meses de noviembre-diciembre en el calendario gregoriano. El nombre del mes aparentemente deriva del Kislimu babilónico.

QUISLEV *Ver* Quisleu.

QUISLÓN De la tribu de Benjamín, el padre del jefe tribal Elidad, quien fue uno de los líderes designados para dividir la tierra por heredad (Nm. 34:21).

QUISLOT-TABOR *Ver* Quesulot

QUISÓN *Ver* Cisón.

QUITIM Según Gn. 10:4; 1 Cr. 1:7, los Quitim eran los descendientes de Javán, junto con Elisa, Tarsis y Rodanim. La mayoría de las traducciones dicen Quitim, y algunas lo tratan como el nombre de un individuo (en las versiones en inglés: ESV, NASB, NKJV).

Elisa se identifica con la isla de Chipre, Tarsis con la costa de España, y los Rodanim podrían referirse a la isla de Rodas. Los Quitim están asociados con el puerto de Kition (Lárnaca moderno) en Chipre. Kition fue un puerto fenicio durante el reinado de Salomón. Las referencias bíblicas hablan de las tierras costeras (Jer. 2:10, Ezeq. 27:6) y de la tierra de Quitim (Is. 23:1, 12 [NVI: "tierra de Chipre"]).

Eran pueblos del mar compitiendo por el comercio en el Mediterráneo durante el segundo milenio antes de Cristo. Balaam (Nm. 24:24) los veía como una amenaza militar. Durante el primer milenio antes de Cristo, la designación pasó a referirse a los griegos en general. Los eruditos de Qumran que escribieron 1QpHab y 1QM identificaron el Quitim de Dan. 11:30 (NVI mg.) con los romanos, evocando su derrota de los griegos.

QUITÍN *Ver* Quitim.

QUITLÍS Una ciudad en el reparto tribal de Judá cerca de Laquis (Jos. 15:40). Situado en el suroeste de Sefela (es decir, el área de tierras bajas), se desconoce su ubicación precisa.

QUITLIS *Ver* Quitlís.

QUITRÓN Una ciudad en el territorio tribal asignado a Zabulón (Jue. 1:30). Los israelitas no expulsaron a los habitantes, por lo que los cananeos vivieron entre ellos, pero fueron sometidos a trabajos forzados. Probablemente sea la misma ciudad que Catat.

QUIÚN *Ver* Quiyún.

QUIYÚN *Ver* Queiván.

QUMRÁN-KHIRBET Qumran es un sitio arqueológico a unas quince millas al este de Jerusalén en la orilla noroeste del Mar Muerto. Aunque se había realizado un breve trabajo arqueológico en el sitio antes de 1951, Qumrán habría permanecido en la oscuridad si no fuera por el descubrimiento de los MMM de la Cueva 1 en 1947. Las primeras excavaciones no conectaron los rollos de manera concluyente con el sitio arqueológico.Los arqueólogos comenzaron a hacerlo cuando se desenterraron potes grandes y en forma de tambor idénticos a los que contenían los rollos encontrados en la Cueva 1 en el sitio.

Mientras los eruditos continuaban estudiando los rollos, ellos reconocieron que una comunidad como la descrita en los rollos encajaría muy bien en el complejo que los arqueólogos habían descubierto. Qumrán tiene una gran sala para reuniones y comidas comunitarias, así como una sala de escritura completa con tinteros.

Lo más convincente es cómo la cerámica con forma de tambor encontrada en Qumrán que podía vaciarse fácilmente sólo con un cucharón o un cazo se ajusta a las reglas de la Carta Halájica (en la Carta Halájica, ver Manuscritos del Mar Muerto) sobre la contaminación ritual de vasijas puras cuando se vertía líquido de un recipiente puro a un recipiente impuro. Se han encontrado numerosos cazos en Qumrán por los cuales los líquidos podían moverse de un recipiente a otro sin producir un flujo continuo entre los recipientes.

Otra evidencia que vincula a Qumrán con los MMM es la descripción de Plinio el Viejo de los esenios que viven en el área de lo que puede ser Qumrán. Esta evidencia debe ser considerada críticamente, ya que Plinio escribió algún tiempo después de que la comunidad de Qumrán fuera destruida. También implica igualar a los qumranitas con los esenios, que los estudiosos cuestionan cada vez más. Los arqueólogos sostienen diferentes posiciones con respecto a Qumrán. Algunos afirman que Qumrán son los restos de una propiedad romana. Otros dicen que son los restos de un fuerte o un centro comercial. Algunos estudiosos interpretan la evidencia arqueológica sin considerar los MMM. Puede ser que los rollos hayan influido indebidamente en la forma en que los arqueólogos interpretan a Qumrán. Sin embargo, algunas de las cuevas en las que se encontraron los rollos están casi orgánicamente conectadas con Qumrán y sólo se pueden acceder a través de Qumrán, por lo que es natural usar lo uno para interpretar lo otro.

R

RA El principal dios egipcio, se creía que había creado el universo y había sido el primer faraón. Su templo se ubicaba en Tebas. En jeroglíficos egipcios con frecuencia se lo representa como un disco que simboliza el sol.

RAAMA **(1)** Un hijo de Cus y el padre de Seba y Dedán (Gn. 10:7; Cr. 1:9). **(2)** Junto con Sabá, un socio comercial árabe de Tiro para especias, piedras preciosas, y joyas (Eze. 27:22). Inscripciones encontradas en Sabá indican que Raama estaba ubicada en el lugar de la ciudad moderna de Najrán en Yemen, aunque una fuente antigua la ubica como la ciudad de Raamá en el Golfo Pérsico.

RAAMIAH Un exiliado retornado registrado en el libro de genealogía de Nehemías (Neh. 7:7). Probablemente es la misma persona llamada Reelaías en Esdras 2:2.

RAAMSÉS *Véase* Ramesés.

RABÁ **(1)** Una ciudad en las montañas de Judá (Jos. 15:60). **(2)** La ciudad capital de los amonitas, ubicada aproximadamente a treinta y siete kilómetros al este del río Jordán, donde hoy se encuentra la ciudad moderna de Amán. Una ciudad rica debido a su posición preeminente en la principal ruta de intercambio desde Arabia, en el sur; a Damasco, en el norte. Rabá fue el lugar de la magnífica cama del Rey Og (Dt. 3:11). La ciudad estaba compuesta de dos partes: la "ciudad de las aguas" y la "ciudad real" (2 Sm. 12:26-27 KJV). Bajo el liderazgo de David, los israelitas tomaron posesión de Rabá. Fue durante este asedio que murió

UBICACIÓN DEL RABBAH

Urías el Heteo (2 Sm. 12:29-31). Pronto después de la división del reino, Rabá recuperó su independencia. Jeremías y Amós profetizaron la destrucción de Rabá, pero la profecía de Jeremías también incluye la promesa de su restauración (Jr. 49:2-6; Am. 1:13-15).

RABBAH *Véase* Rabá.

RABBI Un título aplicado a maestros y otras posiciones respetables, que literalmente significa "mi maestro". Para la era del NT, el término se usaba en un sentido más específico para referirse a los maestros de la ley mosaica.

En el NT el título es utilizado sólo en los Evangelios de Mateo, Marcos y Juan, y es comúnmente utilizado para referirse a Jesús. En el Evangelio de Marcos los discípulos llaman a Jesús "Rabbi" tres veces (Mc. 9:5; 11:21; 14:45). En el Evangelio de Mateo, sólo Judas llama a Jesús "Rabbi" y sólo en el contexto de su traición (Mt. 26:25, 49). El título se utiliza más ampliamente en el Evangelio de Juan por individuos tales como Natanael y Nicodemo, al igual que por el grupo de los discípulos (Jn. 1:38, 49; 3:2; 4:31; 6:25; 9:2; 11:8). El título transmite el respeto de un pupilo hacia su maestro e indica la naturaleza de la relación entre Jesús y sus seguidores.

Otros también eran llamados Rabbi, incluyendo Juan el Bautista y algunos de los fariseos (Jn. 3:26; Mt. 23:7). Aunque los fariseos consideraban este título un honor, Jesús instruyó a sus discípulos a no dejar que se dirigiesen a ellos como Rabbi y reconocer solo a un maestro, Cristo (Mt. 23:8, 10). *Véase también* Rabboni.

RABBIT Una ciudad correspondiente a la tribu de Simeón en Jos. 19:20. Esta es probablemente la misma ciudad conocida en otras partes como Daberat (1 Cr. 6:72), ubicada en la región del Monte Tabor.

RABBONI Una forma aramea del título, más comúnmente encontrado "rabbi", que significa "mi maestro" o "mi profesor". Rabboni se encuentra solo dos veces en el NT, y en ambas ocasiones se usa como apelativo directo, refiriéndose a Jesús. En Marcos 10:51 (NASB, NKJV) el ciego Bartimeo utiliza el título cuando le pide a Jesús que le devuelva la vista, y en Juan 20:16, María Magdalena lo utiliza para saludar a Jesús al reconocerlo. Es posible que "rabboni" fuese una forma enaltecida de apelativo, transmitiendo un gran honor o una relación personal más cercana que "rabbi". *Véase también* Rabbi.

RABSACES Un préstamo lingüístico asirio en el hebreo, designa a uno de los tres oficiales enviados por el rey Senaquerib de asiria al rey Ezequías de Judá cuando los asirios invadieron Jerusalén en 701 a.C. (2 Re. 18-20; cf. Is. 36-37). Además de los otros dos oficiales —Thartán (liter., "comandante en jefe"; NIV: "comandante supremo") y Rab-saris (liter., "eunuco en jefe"; NIV: "alto funcionario")— el Rabsaces (liter., "copero en jefe"; NIV: "comandante de campo"), que podía comunicarse de manera efectiva en el lenguaje de Judea, abiertamente desafió a Ezequías (2 Re. 18:23-25) y humilló al pueblo (18:27-37).

RAB-SARIS Un oficial de alto rango asociado con las cortes asirias y babilonias. Rab-saris en hebreo significaría "eunuco en jefe", pero este título es probablemente una transliteración del acadio, que significa "uno que se para junto al rey" (NIV: "alto funcionario"). Los Rab-saris tenían un importante poder político, como se indica en relatos del AT.

Un Rab-saris fue enviado con la delegación asiria al rey Ezequías (2 Re. 18:17), otro fue incluido con la corte babilonia en la puerta de Jerusalén (Jr. 39:3), y un tercero ayudó en la liberación de Jeremías de prisión (Jr. 39:13). En Dn. 1, Aspenaz, el Rab-saris de la corte de Nabucodonosor (NIV: "jefe de sus oficiales de la corte"), fue responsable de llevar a Daniel y sus compañeros al palacio del rey y de asignarles sus nombres babilonios.

RACA Un término abusivo que probablemente deriva de la palabra aramea que significa "vacío" o "inútil" y tiene el sentido de "tonto" o "bueno para nada". En Mt. 5:22, Jesús condena a aquellos que llamen a su hermano o hermana "Raca", comparando este abuso verbal con el acto de asesinato.

RACAL Un pueblo en Judá que recibió una parte en el saqueo de la victoria de David sobre los amalecitas (1 Sm. 30:29). En el LXX este pueblo es llamado Carmel.

RACAT Una ciudad fortificada correspondiente a la tribu Neftalí (Js. 19:35). Tradicionalmente se pensaba que Racat estaba ubicada en el sitio de Tiberíades, pero es más probable que haya estado algunos kilómetros más al norte, en el lugar de Khirbet el-Quneitireh, cerca de la costa oeste del Mar de Galilea.

RACHAB *Véase* Rahab.

RACHAL *Véase* Racal.

RACÓN Una ciudad correspondiente a la tribu de Dan (Js. 19:46). La ubicación más probable para la ciudad de Racón es en Tell er-Reqqeit, nueve kilómetros al norte de Joppe y no lejos de la boca del río Yarkon en la costa del Mediterráneo.

RADAI El quinto hijo de Isaí, fue uno de los hermanos mayores de David (1 Cr. 2:14).

RAEDURA En Lam. 3:45 la RVA traduce la palabra hebrea sekhi como "raedura", refiriéndose a los sobrevivientes de la destrucción de Jerusalén. Las versiones más recientes traducen el término con palabras similares, como "escoria" (NVI) y "basura" (NTV). En 1 Cor. 4:13, la RVA usa "desecho" para traducir la palabra griega peripsēma (NVI: "basura"; NTV: "desperdicio"), que Pablo usa para describir cómo el mundo ve a los cristianos.

RAFA **(1)** El quinto hijo de Benjamín (1 Cr. 8:2), omitido de la lista en Gn. 46:21. **(2)** Ya sea el ancestro de muchos de los enemigos filisteos de David (2 Sm. 21:15-22; 1 Cr. 20:4-8) o, posiblemente, una descripción de su raza, indicando su gigantesco tamaño.

RAFAEL Un guardián levítico e hijo de Semaías (1 Cr. 26:7).

RAFÚ Padre de Palti, el benjamita que fue elegido como uno de los doce espías para inspeccionar la tierra de Canaán (Nm. 13:9).

RAGUEL *Véase* Ragüel.

RAHAB **(1)** Una mujer asociada con la conquista cuya historia es relatada en Jos. 2. Dos soldados israelitas entraron a Jericó y fueron directamente al burdel más cercano (Jos. 2:1). Allí, ellos se "tendieron" (el significado literal de shakab, que la NIV traduce como "se quedaron") con Rahab. Estaban en una misión de reconocimiento bajo el mando de Josué, como precursores de la invasión. El rey de Jericó exigió que Rahab le entregara a los espías. Ella mintió y envió a los perseguidores en una pista falsa, permitiendo que escapasen los israelitas. Su justificación por este acto fue que ella, y todo Canaán, sabían que el Dios de Israel estaba con ellos y seguramente destruiría Jericó. Les pidió a los espías que perdonaran a su familia. Lo que prometieron hacer si ella marcaba su ventana con un cordón rojo, lo que ella hizo.

Estas acciones identificaron a Rahab con Israel y con el Dios de Israel, convirtiéndola, por así decirlo, en una israelita de facto. Así, sus trabajos la justificaron ante Josué y salvaron a su familia (Sant. 2:25). Aunque los ciudadanos de Jericó creían en la venida del juicio, solo la fe de Rahab la motivó a cambiar sus lealtades. De este modo, su fe la salvó (Heb. 11:31). El cordón rojo en la ventana la conecta con la historia de la Pascua, cuando el ángel de la muerte pasó sobre las casas israelitas marcadas con sangre de cordero. Las fuerzas de Josué pasaron sobre la casa de Rahab, porque tenía la marca. Ella se encuentra en la genealogía de Jesús (Mt. 1:5).

(2) Un monstruo mitológico especialmente asociado con el océano que representaba las fuerzas naturales del caos en el mundo. Muchos estudiosos creen que Rahab es idéntico al Leviatán cananeo. En el AT, Yahveh pelea con Rahab en el proceso de terminar con el caos y crear el mundo. Rahab es representado como un pobre oponente (Job 9:13; 26:12; Sal. 89:10; Is. 51:9). Más adelante, Egipto a veces es igualado con el monstruo Rahab (Sal. 87:4; Is. 30:7), aunque no existe relación histórica entre los dos. La NKJV translitera el hebreo en Is. 30:7 como un nombre propio, Rahab-Hem-Shebeth, pero la mayoría de las versiones lo traducen con

la frase "Rahab el Hacedor de Nada" (NIV) o "Rahab el que se queda sentado" (ESV, NRSV).

RAHAM Hijo de Sema, descendiente de Caleb, en la tribu de Judá. Raham es el padre de Jorcaam (1 Cr. 2:44)

RAÍZ La palabra "raíz" aparece en un sentido literal en Job 30:4, pero ordinariamente se usa en un sentido figurado. Su connotación más relevante se refiere a la base o centro de un tema o de la vida de uno (Job 28:9; Prov. 12:3; Is. 14:30). También, por analogía, significa aquello que da vida a una planta (Mt. 13:6; Rom. 11:17). Cuando aparece cerca del agua, las raíces simbolizan prosperidad (Job 29:19; Ez. 31:7), incluso en una bendición del Señor (Job 8:17; Jr. 17:8).

El término a veces indica la parte más baja o profundidad (Job 36:30). También puede implicar la idea de origen, como en la amargura o el mal (Dt. 29:18; 1 Tim. 6:10; Heb. 12:15), o la causa de un asunto (Job 19:28).

Frecuentemente, la palabra se usa para describir algo establecido, como en un reino (Sal. 80:9, 15; Is. 27:6; 37:31; 40:24; Jr. 12:2). Enfatiza positivamente aquello que es seguro (Prov. 12:3, 12) o negativamente aquello que es desarraigado o destruido (1 Re. 14:15).

También la palabra raíz puede hacer referencias a los descendientes de una familia (Jue. 5:14; Sal. 80:15), finalmente apuntando al Mesías por venir (Is. 11:1, 10; 53:2; Ap. 5:5; 22:16) como el heredero por el cual la dinastía se completa.

RAM **(1)** Un hijo de Hezrón y el padre de Aminadab, fue un antepasado de David (Rut 4:19; 1 Cr. 2:9-10) y se menciona en la genealogía de Jesús por parte de Mateo (Mt. 1:3-4). **(2)** El hijo primogénito de Hezrón, hijo de Jerameel (1 Cr. 2:25). Su tío es el Ram de 1 Cr. 2:9-10. **(3)** Jefe de la familia de Elihú, el joven que furiosamente compite con Job y sus tres amigos (Job 32:2).

RAMÁ Esta palabra hebrea, que indica un "lugar alto", es usada para nombrar varias ubicaciones en el antiguo Israel. **(1)** Un pueblo en Benjamín (Js. 18:25), posiblemente ubicado en el lugar de la ciudad moderna de Er-Ram, 8 kilómetros al norte de Jerusalén, o 4 kilómetros más al norte que Ramallah. Ramá se ubicaba cerca de las ciudades de Gabaón y Mizpa y cercana al eventual límite entre Israel y Judá. Era un lugar de descanso en la ruta hacia el norte (Jue. 4:5).

Cuando el Rey Baasa de Israel invadió Judá, convirtió a Ramá en su base, fortificando la ciudad para controlar el acceso norte hacia Jerusalén (1 Re 15:17). Después, Baasa fue forzado a dejar su posición, el Rey Asa de Judá desmanteló las fortificaciones y usó los materiales para reforzar las ciudades de Gabaa y Mizpa (15:22). Tras volver del exilio, algunos de los benjamitas volvieron a asentarse en Ramá (Neh. 11:33). Se dice que la tumba de Raquel estaba cerca de Ramá, y el lugar se asocia con su duelo por sus hijos en la profecía de Jeremías (Jr. 31:15). Algunos estudiosos creen que Ramá de Benjamín fue también el lugar de nacimiento de Samuel (*véase* Nº 2).

(2) Lugar de nacimiento y de sepultura de Samuel (1 Sm. 1:19; 25:1), también llamada Ramataim de Zofim (1:1 NIV mg.), situada en el país montañoso de Efraín. Ramá fue el hogar de Samuel durante su tiempo como juez de Israel, y allí él construyó un altar a Dios (7:17). Fue en Ramá que los ancianos israelitas fueron a ver a Samuel para exigir un rey (8:4-5). Más tarde, cuando David huyó de la casa de Saúl, fue a Ramá a buscar consejo de Samuel y encontrar refugio del rey.

La ubicación de Ramá es incierta. La dificultad para identificarla como Ramá de Benjamín (*véase* arriba) es la conexión con el territorio de Efraín (1 Sm. 1:1), aunque tanto Er-Ram como Ramallah son ubicaciones posibles. Otra ubicación sugerida es Beit Rima, que está en las montañas de Efraín, alrededor de 18 kilómetros noroeste de Bethel, aunque la distancia desde el hogar de Saúl en Gabaa (25 kilómetros) arroja dudas sobre esto (*véase* 9:1-6).

(3) Una ciudad en el límite de Aser (Js. 19:29). **(4)** Una ciudad amurallada en Neftalí (Js. 19:36). **(5)** Una ciudad de Simeón (Js. 19:8; 1 Sm. 30:27). **(6)** Un nombre alternativo para Ramot-Guilead (2 Re. 8:28-29; 2 Cr. 22:5-6).

RAMAT DEL NEGUEV *Véase* Ramat.

RAMAT DEL SUR *Véase* Ramá; Ramat.

RAMAT NEGUEV *Véase* Ramá; Ramat.

RAMAT Otra forma de "Ramá" (indicando una "colina" o "lugar elevado"), utilizada en el nombre de tres lugares en el AT. **(1)** Ramat-Lehí ("colina de la mandíbula") es el lugar donde Sansón derrotó a mil filisteos, golpeándolos con una mandíbula de burro (Jue. 15:17). **(2)** Ramat-Mizpa pueblo correspondiente a la tribu de Gad (Js. 13:26), ubicada entre Hesbón y Betonim. **(3)** Ramat del neguev fue un pueblo dado a los Simeonitas dentro de la asignación tribal de Judá (Js. 19:8)

RAMATAIM DE ZOFIM *Véase* Ramataim.

RAMATAIM El hogar de los padres de Samuel en el país montañoso de Efraín (1 Sm 1:1), aunque también llamado Ramá (1 Sm. 1:19). Puede ser Rentis (Arimatea en el NT [Mt. 27:57]), alrededor de 29 kilómetros de Joppe.

RAMATITA Un nativo de una de las ciudades llamadas Ramá. Simei el ramatita era el responsable de supervisar los viñedos de David (1 Cr. 27:27).

RAMAT-LEHÍ *Véase* Ramat.

RAMAT-MIZPA, RAMAT MIZPÉ *Véase* Ramat.

RAMERA El término "ramera", usado especialmente en la KJV, RSV y NASB, puede referirse a prostitutas cúlticas que servían en el templo o mujeres que proveían servicios sexuales por ganancias monetarias. La NIV usa el término "ramera" solo una vez, en Oseas 4:14, como sinónimo de "prostituta". *Véase también* Prostitución.

RAMESES La ciudad y región egipcia colonizadas por José y su familia, "la mejor parte de la tierra" (Gn. 47:11). Este fue posteriormente el lugar desde donde los israelitas salieron de Egipto (Éx.12:37; Nm. 33:3, 5). También es el nombre de una de las dos ciudades de aprovisionamiento que los israelitas fueron obligados a construir en Egipto (Éx. 1:11).

RAMÍA Un hijo de Paros, él fue uno de los israelitas que se casó con mujeres extranjeras durante el periodo de exilio (Esd. 10:25).

RAMOT GALAAD Una ciudad de refugio ubicada en el territorio cisjordano de Gad (Dt. 4:43; Js. 20:8; 21:38). El rey Acab de Israel invitó al rey Josafat de Judá a aliarse con él para recuperar Ramot Galaad de los arameos. En la batalla subsiguiente, Acab fue mortalmente herido (1 Re. 22; 2 Cr. 18). Después de que el rey Joram, hijo de Acab, fuese herido en Ramot Galaad, los representantes de Eliseo fueron hasta allá para ungir a Jehú como rey de Israel (2 Re. 8:25-9:13). Ramot Galaad es comúnmente identificada con Tell Ramith, una pequeña fortificación aproximadamente cuatro kilómetros al sur de Ramá en el norte de Jordania, cerca de la frontera con Siria.

RAMOT *Véase* Remet.

RAPAZ En la KJV este término se usa tanto para significar "cazar por comida" o "tomar presa" (Gn. 49:27; Sal. 22:13; Ez. 22:25, 27) y como sustantivo con el significado de "presa tomada para comida" (Nah. 2:12).

RAPHA Un descendiente de Saúl, hijo de Bina y padre de Elasa (1 Cr. 8:37). Una versión alternativa del nombre, Rephaía, se encuentra en 1 Cr. 9:43.

RAPTO La palabra rapto (del latín raptura) describe a los cristianos siendo "atrapados" para encontrar el Señor en la segunda venida (1 Tes. 4:17). Esto parece seguir inmediatamente después de la resurrección de los muertos. Pablo afirma que aquellos que se han "dormido" se levantarán primero (4:15), luego los vivos serán atrapados con ellos en las nubes y se encontrarán con el Señor en el aire.

Los futuristas no están de acuerdo en el momento del rapto. Los pretribulacionistas sostienen que el rapto ocurre antes de que comience la gran tribulación, ahorrándole a la Iglesia el trauma de ese periodo. Los semitribulacionistas lo ubican en el punto medio de la tribulación. Estas dos tendencias ven una segunda venida en dos partes: primero, Cristo regresa en secreto para remover a su iglesia; luego, él regresa de forma visible al final de la tribulación. Los postribulacionistas ven a la iglesia permaneciendo durante todo el periodo, protegida de la ira de Dios pero experimentando una persecución intensa de parte del mundo.

RAQUEL Una hija de Labán (Gn. 29:6); una esposa de Jacob (29:28); madre de José y Benjamín (35:24). Raquel es mejor conocida por su tumultuosa relación con su esposo, Jacob, quien, después de conocer a la hermosa pastora, acepta trabajar durante siete años para su padre, Labán, para podere casarse con ella. Jacob, sin embargo, recibe a la hija mayor de Labán, Lea, en su noche de bodas y debe trabajar para Labán otros siete años por Raquel. Génesis 29-30 registra la tensión entre ambas esposas de Jacob mientras se enzarzan en una competencia de maternidad por el amor de su esposo. Claramente, el objeto del amor de Jacob, Raquel, da a luz a dos de sus doce hijos, José y Benjamín. Fuera del Genesis, Raquel es mencionada en Rut 4:11 y 1 Sm. 10:2, y en Jr. 31:15 y es citada en el NT en Mt. 2:18.

R

RAS SHAMRA *Véase* Ugarit.

RASTROJO El muñón de varios granos cultivados como trigo, avena y cebada que sobresale de la tierra después de la cosecha. Mientras eran esclavos en Egipto, Israel era obligado a usar rastrojo para hacer ladrillos (Éx. 5:12), una tarea excesivamente difícil. El rastrojo se quema muy rápidamente (Jl. 2:5; Nah. 1:10) y es de escaso valor, de allí su uso en las Escrituras como una imagen de la destrucción total por igual del mal y los malhechores por parte de Dios (Éx. 15:7; Is. 47:14; Ab. 18; Mal. 4:1). *Véase también* Ahechadura; Paja.

RATA Un roedor que es uno de los animales impuros (Lv. 11:29). Una plaga de ratas fue enviada contra los filisteos que capturaron el arca de la alianza (1 Sm. 6:5).

RATONES *Ver* Ratón.

RATÓN Palabra hebrea, 'akbar, que hace referencia a ratas, ratones y pequeños roedores semejantes. Estos son inmundos (Lev. 11:29, Is. 66:17). Los filisteos ofrecieron cinco roedores de oro como ofrenda de culpa durante una plaga de roedores (1 Sam. 6).

RAYAR *Véase* Flagelo.

REAÍA **(1)** Un hijo de Sobal y padre de Jahat de la tribu de Judá (1 Cr. 4:2). **(2)** Un descendiente de Rubén. **(3)** Uno de los ancestros de los sirvientes del templo (Netineos) que regresaron a Jerusalén después del cautiverio Babilonia bajo el liderazgo de Zorobabel en el año 539 a.C., o pronto después (Esd. 2:47; Neh. 7:50). El hecho de que muchos de los nombres de la lista sean extranjeros ha llevado a la creencia que eran originalmente prisioneros de guerra presionados para servir y realizar trabajos menores mientras asistían a los levitas.

REAL, CAMINO Esta importante ruta comercial del Cercano Oriente comenzaba en Heliópolis, Egipto, y atravesaba la Península del Sinaí hasta Aqaba (a orillas del Mar Rojo). Luego se dirigía derecho hacia el norte hasta Damasco (por el lado de Transjordania), terminando en Resafa en la parte superior del río Éufrates. Era crucial para el comercio de Edom, Moab, Amón y Siria. Algunas de las ciudades más importantes a lo largo de esta ruta comercial fueron Heliópolis (Egipto), Clysma (moderna Suez), Eilat,

Restos del antiguo camino Real en Jordania.

Aqaba, Medeba (moderna Madaba), Rabá / Filadelfia (moderna Amán), Gerasa, Bozrah, Damasco y Tadmor. Se menciona tres veces en la Biblia (Nm. 20:17, 19, 21:22), generalmente se refiere a la ruta principal a través de Moab y Amón.

REAL, JARDÍN Este jardín, cerca de "la puerta entre los dos muros" de Jerusalén (2 Re. 25:4) y el estanque de Siloé (Neh. 3:15), fue utilizado por el rey Sedequías y su ejército para escapar de las fuerzas de Babilonia (2 Re. 25:4; Jer. 39:4; 52:7).

REBA Uno de los cinco reyes de Madián que murieron cuando Moisés dirigió a los israelitas a ejecutar la venganza de Dios sobre los madianitas por atraer a los israelitas a adorar a Baal (Nm. 31:8). En Js. 13:21 los reyes son llamados "príncipes aliados con Simón", el rey amonita derrotado junto a ellos.

REBAÑO En la Biblia, rebaño generalmente consiste en manadas de ovejas o cabras o una combinación de ambas. Los rebaños eran criados a través de la época de la Biblia y eran una importante fuente de alimento, vestuario y riqueza económica. Eran ampliamente adaptables tanto al estilo de vida nómade de los patriarcas como a la cultura más sedentaria del siglo uno AD. Ambos animales proporcionaban carne, leche, queso, lana y cuero para los pueblos de Palestina. Como se evidencia por el gran número de veces que la palabra "rebaño" aparece en la Biblia, los rebaños eran parte importante de la vida. Por lo general, era la tarea de los niños cuidar el rebaño y protegerlo de depredadores, como hacía David cuando cuidaba de los rebaños de su padre (1 Sm. 17.34:37). En el NT, Jesús metafóricamente se llama a sí mismo el "buen pastor" (Jn. 10:11). Los cristianos al cuidado de un pastor también se identificaban como rebaño (Hec. 20:28; 1 Pe. 5:2).

REBECA La hija de Betel, sobrino de Abraham, (Gn. 24:15); esposa de Isaac (24:67); madre de Esaú y Jacob (25:25-26). Rebeca es presentada como una hermosa virgen que está dispuesta a servir a otros (la sirvienta de Abraham) y seguir el plan de Dios (casarse con Isaac).

Cenotafio de Rebeca, ubicado en la tumba de los patriarcas sobre la cueva de Machpelah en Hebrón.

Como la madre de Isaac, Rebeca es estéril, pero tras las plegarias de intercesoras de Isaac, queda embarazada de mellizos, veinte años después de su matrimonio (25:20-21, 24-26). De acuerdo al Gn. 25, Rebeca ama a su hijo menor, Jacob, mientras que Isaac ama al mayor, Esaú. Rebeca conspira para proporcionarle a Jacob la bendición paterna que le corresponde al hijo mayor disfrazando a Jacob como Esaú para que Isaac inconscientemente bendiga a su hijo menor (27:5-17). En respuesta, Esaú trama matar a Jacob y Rebeca es forzada a enviar a Jacob a la casa de su hermano, Labán (27:42-28:5).

REBEKAH *Véase* Rebeca.

REB-MAG El título de NergalSaréser, un oficial del rey babilonio Nabucodonosor. El título aparentemente deriva del acadio rab-mügi, un término desconocido (rab significa jefe y aparece en otros títulos babilonios). Junto con varios otros oficiales, el Reb-mag (NIV: "alto funcionario") fue el responsable de administrar la rendición de Jerusalén a los babilonios y por liberar al profeta Jeremías de la custodia babilonia bajo las órdenes de Nabucodonosor (Jr. 39:3-13).

R

RECA El hogar de Kelub y sus descendientes, que eran parte de la tribu de Judá (1 Cr. 4:12).

RECAB **(1)** Uno de los comandantes de Saúl, hijo de Riñón, él y su hermano Vana asesinaron al hijo de Saúl, Esboce y le llevaron su cabeza a David. Contrario a sus expectativas al realizar este acto, David hizo ejecutar a los hermanos (2 Sm. 4). **(2)** Padre o ancestro de Jomada, que acompaño a Jehú a Samaria cuando destruyó la casa de Acab y lo asistió en destruir a los adoradores de Baal (2 Re. 10). **(3)** Padre de Maquias, un oficial que reparó una de las puertas de Jerusalén (Neh. 3:14).

La identificación de Recab en 1 Cr. 2:55 es incierta. La "casa de Recab" (TNIV; cf. ESV, NRSV, NASB ["casa de Recab"]; NIV: Recabitas) o Beth Recab (NIV mg.; cf. GW) puede referirse a un lugar, persona o ambos. Aquí, la "casa de Recab" se asocia a los quenitas. *Véase también* Recabitas.

RECABITAS Una familia, o tal vez una orden, que trazaba su linaje hacia atrás hasta Jonadab (2 Re. 10; llamado Jonadab en Jr. 35 [NASB, NRSV, KJV]), un quenita hijo o descendiente de Recab (véase 1 Cr. 2:55), y eran, como Jonadab, fervorosos por el Señor. Cuando Nabucodonosor invadió Judá, los recabitas huyeron a Jerusalén para escapar. De acuerdo a la tradición, Jonadab ordenó a su familia vivir en carpas, evitar la agricultura y abstenerse del alcohol. Jeremías probó su compromiso ordenándoles beber vino, lo cual ellos se rehusaron a hacer. Jeremías usó su obediencia hacia su antepasado como una lección objetiva para la desleal Judá (Jr. 35). *Véase también* Recab.

RECEM Un descendiente de Manasés en tercera generación y uno de los dos hijos de Peres (1 Cr. 7:16; GW, NCV identifican a su padre como el hermano de Peres, Seres; en la versión hebrea y muchas versiones inglesas el texto es ambiguo). En la versión NRSV, el nombre aparece como Rekem.

RECHAB *Véase* Recab.

RECHINAR DE DIENTES El acto de hacer crujir o chirriar los dientes juntos. La frase se usa frecuentemente en el AT como una expresión de enojo. Con mayor frecuencia los malvados rechinan sus dientes hacia los justos (Sal. 35:16; 37:12; 112:10; Lam. 2:16). En las enseñanzas de Jesús, el rechinar de dientes se asocia con un lugar de castigo futuro, especialmente en el Evangelio de Mateo (8:12; 13:42, 50; 22:13; 24:51; 25:30). En el NT, el rechinar de dientes frecuentemente se asocia con un lugar de oscuridad exterior, donde hay llanto. En este caso, el rechinar de dientes puede ser una expresión de rabia y por tanto una negativa continúa a arrepentirse. En el contexto de castigo, la imagen puede también expresar futilidad ante el juicio.

RECOGIDA La ley mosaica prohibía a los granjeros cosechar las siembras —por lo general granos, uvas o aceitunas— en las orillas y esquinas de sus tierras, repasar los sembradíos o recoger lo que caía al piso (Lv. 19:9-10). Esta prohibición era un medio de proveer para los pobres y extraños entre la gente y para aquellos que no poseían tierras, que tenían permitido recoger o juntar lo que los cosechadores dejaban atrás (Rut. 2:6-9). Los profetas usaban la recogida figurativamente para representar la destrucción (Is. 17:5; Jr. 6:9; Miq. 7:1).

RECOLECTOR DE IMPUESTOS En el Imperio Romano, los recolectores de impuestos (KJV: "publicanos") eran utilizados para ayudar a recaudar los impuestos en las provincias. Las personas competían por el trabajo de recolector de impuestos, y eran compensadas a través de la recolección de más de lo requerido por ley de las personas. Los recolectores de impuestos eran odiados por los judíos como ambiciosos por las excesivas ganancias que cosechaban. También eran contados como traidores porque trabajaban para los romanos. En el NT, los recolectores de impuestos con frecuencia se asocian a gentiles y pecadores (Mt. 5:46-47; 11:19; 21:32).

Jesús fue criticado por los líderes judíos por comer con "cobradores de impuestos y pecadores" (Mt. 9:11). Jesús dio la bienvenida y enseñó a cobradores de impuestos (Lc. 5:29; 15:1). Mateo, uno de los discípulos de Jesús, era recolector de impuestos (Mt. 10:3). Zaqueo era un "jefe de recolector de impuestos", lo que probablemente indica que era contratado por los romanos para recolectar impuestos sobre un área específica, y él supervisaba a otros que hacían la recolección (Lc. 19:2).

RECONCILIACIÓN La restauración de una relación de un estado de hostilidad a uno de paz. Como tal, el concepto es mucho más común que el número de referencias específicas podría sugerir. La Biblia habla de reconciliación en tres niveles: (1) Dios y la humanidad; (2) seres humanos unos con otros; y (3) Dios y la creación.

Dios y la Humanidad

La necesidad de reconciliación entre Dios y la humanidad comienza cuando Adán y Eva se rebelan ante Dios. Lo que ha sido una relación de intimo compañerismo se vuelve una de miedo y desconfianza cuando el pecado de Adán y Eva trae el juicio de Dios (Gn. 3:14-19). Pero en medio del juicio está la críptica promesa de un descendiente de la mujer que aplastará a la serpiente y terminará el distanciamiento entre Dios y la humanidad (3:15). El resto del AT proporciona atisbos de cómo será la reconciliación. Dios entrega al sistema de sacrificio como un medio para lidiar con el pecado y restaurar el compañerismo con él (Lv. 1-7; 16). A pesar del pecado de Israel, Dios busca la reconciliación con Israel como un marido persigue a una mujer caprichosa (Os. 1-3). La esperanza de reconciliación de Israel con frecuencia se expresa en términos de un deseo de paz. Aunque la bendición de Aarón le pide a Dios darle paz a su pueblo en el presente (Nm. 6:24-26), el pueblo de Dios aspira al día en que la alianza de paz se establecerá a través del Sirviente Sufriente y anunciada a los confines de la tierra (Is. 52-54).

Lo que es ampliamente insinuado en el AT se establece explícitamente en el NT. Pablo en particular explica cómo los creyentes se reconcilian con Dios y las consecuencias de esa reconciliación. Dios, no la humanidad, ha tomado la iniciativa. Aunque nosotros somos los pecadores sujetos a la ira de Dios, alienados de Dios y enemigos en pensamiento y acción, Cristo murió por nosotros (Rom. 5:6-11; Col. 1:21). Como el último Adán, Cristo ha eliminado la barrera que nuestra rebelión pecaminosa ha creado entre Dios y la humanidad al recibir el castigo por nuestro pecado. De esta manera, la reconciliación es un regalo que Dios le ofrece a la humanidad (Rom. 5:11), no algo que debemos hacer para apaciguar a Dios. Porque Dios nos ha reconciliado con él a través de Cristo, Él nos ha confiado el ministerio de la reconciliación (2 Cor. 5:19). Usando a su pueblo como embajadores, Dios apela a la humanidad para que se reconcilien a través del trabajo de Cristo, quien, aunque sin pecado, Dios hizo pecar por nosotros "para que en Él pudiéramos convertirnos en la justicia de Dios" (2 Cor. 5:20-21). El propósito de la reconciliación de Dios es presentar al creyente "sagrado a su vista, sin mancha y libre de acusación" (Col. 1:22). El resultado de la reconciliación es la alegría que proviene de estar en paz con Dios (Rom. 5:1-2, 11). En vista de aquello, el saludo frecuente de Pablo en sus cartas, "gracia y paz", adquiere un nuevo significado como su deseo de que los creyentes experimenten la realidad de su reconciliación con Dios.

Seres Humanos Unos con Otros

La reconciliación entre Dios y la humanidad hace posible que las personas verdaderamente se reconcilien unas con otras. Incluso la hostilidad natural entre judíos y gentiles ha sido superada por el trabajo de Cristo. A través de la cruz, Cristo "destruyó la barrera, el muro divisorio de la hostilidad, apartando en su carne la ley con sus órdenes y normas" (Ef. 2:14-15). Como resultado, judíos y gentiles se han unido en un solo cuerpo como conciudadanos del reino de Dios y ahora están en pie en igualdad ante Dios (Ef. 2:16-22).

Como evidencia de estar reconciliados por Dios, los creyentes son llamados a perseguir la reconciliación con otros: "Si es posible, en todo lo que dependa de ustedes, vivan en paz con todos" (Rom. 12:18). Buscar la reconciliación con otros es tan importante que Jesús advierte a sus seguidores que no hacerlo puede provocar una brecha en su fraternidad con Dios. Es por eso que en el Padre Nuestro las personas rezan, "Perdona nuestros pecados, porque también nosotros perdonamos a todos quienes han pecado contra nosotros" (Lc. 11:4). Ya que Dios nos ha perdonado por nuestra rebelión en su contra, debemos perdonar a otros que nos han agraviado (Col. 3:13). Incluso se le instruye a los creyentes que deben buscar la reconciliación con otros antes de entran a la presencia de Dios (Mt. 5:23-24).

Dios y la Creación

Basándose en la esperanza profética del AT, el NT también habla de reconciliación cósmica. A través de Cristo, Dios está complacido "de reconciliarse con todas las cosas, ya sea en la tierra o en el cielo, haciendo la paz a través de su sangre, derramada en la cruz" (Col. 1:20). Por esto, Pablo no quiere decir la salvación para todos, sino que el trabajo reconciliador de Jesús es el medio por el cual Dios restaura el orden creado a la paz. Aunque el pecado del primer Adán trajo una maldición a la Creación, Cristo, como el último Adán, ha traído la paz que culminará en nuevos cielos y una nueva tierra libre de los efectos del pecado y la muerte (Is. 65:17; Ap. 21-22). Es allí que Dios vivirá con su pueblo por siempre en perfecta armonía (Ap. 21:2-5).

RECUBRIR En el antiguo Cercano Oriente, el recubrimiento hacía que una superficie (generalmente una pared o piso) fuera lisa, protegida, atractiva o impermeable (Lev. 14:42, Dan. 5:5). El recubrimiento podía estar hecho de arcilla, que se aplicaba húmedo y se dejaba endurecer al sol. También podía

Ilustración de una red de arrastre.

estar hecho de piedra caliza triturado y calentado o yeso.

RED DE ARRASTRE Una red de pesca extendida en el agua y arrastrada a tierra. La red de arrastre, o de cerco, era uno de los métodos más populares y efectivos de pesca en la era pre moderna. La red podía medir hasta 304 metros de largo y seis metros de profundidad en el centro, estrechándose en los extremos. Un equipo de hasta dieciséis hombres navegaba con la red de arrastre a una ubicación deseable. La mitad del equipo saltaba al agua y tiraba un extremo de la red a la playa. El bote navegaba alejándose y de regreso a la orilla, estirando la red en un arreglo en forma de U. La otra mitad del equipo tiraba el otro extremo de la red hasta la playa con su captura de diferentes tipos de peces. El equipo luego clasificaba los peces (Mt. 13:47-51), conservando los peces "buenos" (aquellos que se podían comer) y descartando los "malos" (aquellos sin aletas o escamas [Lv. 11:9-12]) antes de repetir el proceso avanzando por la costa. Al final del día las redes eran extendidas para remendarlas y secarse (Ez. 26:5, 14; 47:10).

REDENCIÓN La palabra inglesa para "redención" (atonement) proviene de la palabra anglosajona "onement" o "unidad" con la preposición inglesa "at" o "en"; por lo tanto, quedaría como "at-onement" o "en unidad". De alguna manera esta palabra tiene más en común con la idea de reconciliación que con nuestro concepto moderno de expiación que, teniendo esta "unidad" como resultado, se enfatiza en vez de la idea de cómo la unidad es obtenida por alguien que "redime" por el o los errores cometidos. La redención, en la teología cristiana, tiene que ver con cómo Cristo alcanzó esta "unidad" entre Dios y la humanidad pecadora.

La necesidad de redención proviene de la separación que se da entre Dios y la humanidad por el pecado. En ambos Testamentos existe un entendimiento de que Dios se distanció de sus criaturas por la razón de su rebelión. Isaías le contó a las personas de Judá: "Son las iniquidades de ustedes las que han creado una división entre ustedes y Dios" (59:2). Y Pablo habla de cómo nosotros fuimos los "enemigos de Dios" (Romanos 5:10). Entonces la redención es el medio creado por Dios para llevar a cabo la reconciliación. La redención es requerida a causa de la santidad y justicia de Dios.

Antiguo Testamento

En el Antiguo Testamento, el sistema de sacrificios era el medio por el que los pecados se redimían, la pureza de los rituales se restauraba, se perdonaban las iniquidades y por la que una relación amigable entre Dios y la persona que ofrendaba el sacrificio se restablecía. Moisés le dijo a los israelitas que Dios les concedió la sangre de los animales sacrificados "para redimirse en el altar; por medio de la sangre misma se hace expiación por la vida" (Levítico 17:11). En esencia, este es el principio básico por el que se opera para alcanzar la expiación en el Antiguo Testamento; la ofrenda de la sangre de un animal muerto en lugar de la vida del que hace la ofrenda. Sin embargo, han existido importantes debates en el campo académico en los que se discute si esta es una representación precisa del entendimiento de los antiguos israelitas respecto a la redención.

El significado de "redimir". Primero, existe un desacuerdo sobre la precisión del significado de la palabra hebrea kapar ("redimir"). Entre las sugerencias más populares se pueden encontrar las siguientes: cubrir, remover, limpiar, apaciguar, enmendar, redimir o rescatar, perdonar y apartar/desviar. Recientemente, en una teoría muy influyente se dice que la redención tiene poco o nada que ver con el individuo en sí que hace la ofrenda, sino que sirve sólo para purificar el tabernáculo o templo y los muebles en su interior de las impurezas que permanecen en estos a causa del pecado de la comunidad. En esta teoría, aunque sea probable su veracidad en cuanto a lo que se afirma, se restringen innecesariamente los efectos de la expiación del tabernáculo y de los muebles. Existen, de seguro, textos en los que se menciona específicamente que la redención se lleva a cabo para el altar (ejemplos: Éxodo 29:36-37; Levítico 8:15). No obstante, la afirmación que más se repite en gran parte de los textos de Levítico y Números es que la expiación se realiza para la persona que ofrenda (ejemplos: Levítico 1:4; 4:20, 26); el resultado de la expiación es el perdón del pecado para el que lleva su ofrenda. En cuanto a lo que se refiere el significado preciso de la palabra kapar, puede ser que algunos de los significados sugeridos tengan algo en común y que un concepto en particular sea más prevalente en algunos pasajes, así como otras acepciones en otras partes.

Por otro lado, también existen debates sobre la importancia del que ofrenda y que pone su mano sobre la cabeza del animal sacrificado (ejemplo en Levítico 1:4; 3:2). Esto se ha entendido tradicionalmente como una identificación del que ofrenda con el sacrificio y una transferencia de los pecados de la persona al sacrificio. Esto hace poco se ha discutido y, en cambio, el argumento que se dice es que solamente significa que el animal sí pertenece al que ofrenda, que por ende tiene el derecho a ofrendarlo. No obstante, esto una vez más es exageradamente restrictivo; debería verse por el contrario como algo complementario a lo que tradicionalmente se ha entendido por este acto. De hecho, en el rito del Día de la Expiación, cuando el sacerdote coloca sus manos sobre la cabra, confiesa el pecado de Israel y su maldad, por lo que al hacer esto se dice que los transfiere a la cabeza de la cabra (Levítico 16:21). Esto al parecer afirma la exactitud del entendimiento tradicional. El sacrificio, por lo tanto, es visto mejor como algo sustituto: toma el lugar del que ofrenda y muere en su lugar.

La relación entre Dios y el que ofrenda. Segundo, dado que la palabra kapar tiene que ver con el perdón de los pecados, surge la pregunta por el efecto exacto que esto tiene en la relación entre Dios y el que hace la ofrenda. La pregunta aquí es si se trata de un efecto de expiación o de propiciación. ¿La ofrenda expía el pecado, lo limpia, lo borra o lo remueve? ¿O lo propicia la persona a quien se le ofrece el sacrificio? En otras palabras, ¿esto apacigua y aplaca a Dios para que la amenaza de la ira de Dios sea removida? Por un lado, la distinción parece artificial; quizá sea lógico que la expiación naturalmente dé como resultado la propiciación. Por otro lado, la tendencia actual de negar que Dios pudiera ser posiblemente un Dios de ira hace que la pregunta sea irrelevante. De todas maneras, tanto en contextos religiosos como no religiosos, existen con certeza pasajes donde algo así como “apaciguar” o “pacificar” parezca ser apropiado en cuanto a la palabra kapar (Génesis 32:20; Éxodo 32:30; Números 16:46-47; 25:1-13; 1 Samuel 3:14). El efecto de la expiación es que los pecados sean quitados y perdonados, y que calme a Dios.

En conjunto con este último punto, también es importante destacar que existe una cantidad de lugares donde se dice que Dios realiza el kapar, es decir, que Dios es el que lleva a cabo la redención. En Deuteronomio 21:8 se hace un llamado a Dios para que, literalmente, “redima [NVI: “acepta esta perdón”] a su gente, su pueblo, a Israel”. En Deuteronomio 32:43, Dios “redimirá la tierra y su gente”. En Salmos 65:3 (ESV) se afirma que Dios “nos perdona por nuestras transgresiones” (ESV). Ezequías ora en 2 Crónicas 30:18, “Que el SEÑOR, que es bueno, nos perdone [redima] a todos”. En Salmos 78:38 (ESV), se dice que Dios ha “perdonado” a Israel por su iniquidad. En Salmos 79:9 (ESV) se le pide a Dios que “nos perdone por nuestros pecados en su nombre”. En Isaías 43:3 kapar se traduce como “rescate” y Dios le dice a Israel que Él les dio “Egipto para rescatarlos”. En Ezequiel 16:63, Dios declara que Él “realizará la redención” por todos los pecados que Israel ha cometido. Es probable que en la mayoría de estos pasajes la palabra “redimir” sea entendida como un sinónimo de “perdonar”. Sin embargo, como muchos comentaristas han notado, por lo menos en alguno de estos pasajes se piensa que Dios está siendo llamado para tomar o está asumiendo el rol de sumo sacerdote para perdonar los pecados de las personas. Es importante recordar la declaración de Dios en Levítico 17:11 que le ha dado a los israelitas la sangre de los animales sacrificados para que puedan redimir sus pecados. La redención, sin importar cómo se conciba o se lleve a cabo, es un regalo que Dios le concedió amablemente a la gente del pacto.

Esto conlleva a considerar un pasaje que es particularmente relevante, Isaías 52:13-53:12.

R

En este texto una figura que se refiere a "sirviente mío [del SEÑOR]" (52:13) se describe como alguien que "tomó nuestro dolor y aguantó nuestro sufrimiento" (53:4). Él fue "traspasado por nuestras rebeliones" y "molido por nuestras iniquidades" (53:5). "El SEÑOR hizo recaer sobre él la iniquidad de todos nosotros" (53:6). Y luego dice: "Pero el SEÑOR quiso quebrantarlo y hacerlo sufrir" y que "el SEÑOR ofreció su vida en expiación [NASB: "ofrenda de culpabilidad"]" (53:10). Existen muchos problemas en relación a la interpretación adecuada de esta "Canción del Sirviente" (como se le suele llamar), y uno de ellos es que el término traducido como "ofrenda de culpabilidad" debería realmente pensarse en las líneas de la ofrenda de culpabilidad descritas en el libro de Levítico (5:14-6:7; 7:1-10). Pero si el entendimiento tradicional cristiano de este pasaje es correcto, entonces tenemos una imagen del mismo Dios que asume un rol de sacerdote y que perdona los pecados de su gente al colocar las iniquidades y pecados en su sirviente, una figura considerada por Jesús y los apóstoles en el Nuevo Testamento como el mismísimo hijo de Dios, Jesucristo.

Nuevo Testamento

La relación entre los Testamentos.Cuando uno lee el Nuevo Testamento, deberían considerarse para empezar cuatro puntos muy importantes.

Primero, la ira de Dios contra el pecado y los pecadores es tan sólo una consideración en el Nuevo Testamento como en el Antiguo Testamento. Dios aún considera que los pecadores e injustos son sus "enemigos" (Rom. 5:10; Col. 1:21). La ira y el castigo les espera a aquellos que no confiesan que Jesucristo es el Señor (Juan 3:36; Rom. 2:5; Efesios 2:3). La expiación es el medio para evitar esta ira.

Segundo, la salvación es una promesa para aquellos que vienen a Dios por fe en Jesucristo, pero aún persiste un problema en cuanto a cómo Dios puede, al mismo tiempo, ser "justo" y aún así también ser el que "justifique" a los pecadores y los declare justos (Rom. 3:26). Dios simplemente no declarará pecadores para que sean justificados a no ser que su propia justicia también se mantenga. La expiación es el método por el que Dios es tanto justo como el justificador.

Tercero, así como revisamos en el Antiguo Testamento que, en el fondo, Dios es el que perdona, que también en el Nuevo Testamento Dios es el que provee el medio para la expiación. Es por medio de Su amable iniciativa que la redención es posible. Si la muerte de Jesús es el medio por el que la expiación es alcanzada, entonces es el mismo Dios que "presentó a Cristo como sacrificio para la redención" (Rom. 3:25). Fue Dios en sí el que "amó tanto al mundo para entregar a su Hijo unigénito" (Juan 3:16). El mismo Dios "envió a su Hijo para que fuera ofrecido como sacrificio por el perdón de nuestros pecados" (1 Juan 4:10). Dios "no escatimó ni a su propio Hijo, sino que lo entregó por todos nosotros" (Rom. 8:32). Además, Cristo en sí no fue una víctima involuntaria; él estaba activamente involucrado en concretar la redención con su muerte (Lucas 9:31; Juan 10:15-18; Hebreos 9:14).

Cuarto, el sacrificio de expiación del Hijo fue necesario porque, en el fondo, los sacrificios del Antiguo Testamento no podían proveer un verdadero y necesario acto de redención: "ya que es imposible que la sangre de los toros y de los machos cabríos quite los pecados" (Hebreos 10:4).

Representaciones del Trabajo de Cristo sobre la Redención

Últimamente se ha vuelto común referirse a diferentes "imágenes" o "metáforas" de la redención que aparecen en el Nuevo Testamento. Esto es comprensible a cierto nivel, pero desde otro punto de vista hay algo errado sobre esto. Entonces, por ejemplo, cuando los autores del Nuevo Testamento hablan de Cristo como un sacrificio por el pecado, no es del todo claro que ellos pretendan que el lector lo tome como una metáfora. Por el contrario, Cristo realmente es un sacrificio, ofrecido por Dios el Padre, para limpiar los pecados y cargar en su propio cuerpo la pena que debió haber llevado el pecador. El sacrificio de Cristo tiene una conexión orgánica con el sistema de sacrificios del Antiguo Testamento, como el "sacrificio final, absoluto". El autor de Hebreos no hubiese considerado esto como una metáfora. De hecho, existe un mejor caso en el que, desde su perspectiva, Cristo era el sacrificio real y que todas las instancias de sacrificio en el Antiguo Testamento fueron metáforas (Hebreos 10:1). Entonces, a medida que revisamos las distintas representaciones de Cristo en su trabajo de la redención en el Nuevo Testamento, algunas de estas nociones es mejor categorizarlas como imágenes o metáforas, mientras que a otras quizá sea mejor describirlas como una "faceta" de o una "ventana" sobre la redención. También se debería considerar que las representaciones individuales no excluyen otras y en algunos casos coinciden.

t Rescate. En algunos pasajes del Nuevo Testamento se habla sobre la muerte de Cristo como un pago por rescate para liberarnos (Mateo 20:28; Marcos 10:45; 1 Timoteo 2:6; Hebreos 9:15). La misma palabra en griego traducida como "rescate" en estos pasajes se presenta como "redimir" o "redención" en otros versículos (Efesios 1:7; Colosenses 1:14). Otras formas de la misma palabra también se traducen como "redimir" o "redención" en Gálatas 3:13-14; 4:5; Tito 2:14; Hebreos 9:12; 1 Pedro 1:18-19; Apocalipsis 14:3. Un sinónimo cercano a estas palabras se usa en Apocalipsis 5:9; 14:4, cuando se refiere a cómo Cristo "pagó" con su sangre a las personas. En la mayoría de estos casos, la imagen tiene que ver con esclavos que han sido rescatados, redimidos o comprados en el mercado de esclavos. A veces esto se refiere a una visión "económica" de la expiación, aunque esta etiqueta parece un poco burda, usar la expresión de compra no es una comodidad, sino que tiene que ver con que las vidas humanas están a expensas de la propia vida y sangre de Cristo. Hacerse la pregunta de a quién se le pagó el rescate es probablemente tomar y llevar lejos esta imagen. No obstante, aquellos que son rescatados son a su vez redimidos de una vida de esclavitud al pecado y a la ley.

t Portador de maldición. En Gálatas 3:13-14, que se consideró anteriormente, también existe una imagen de Cristo como el que soportó la maldición de la ley en nuestro lugar. El lenguaje utilizado es particularmente impactante porque en vez de mencionar que Cristo aguantó la maldición, Pablo dice que Cristo se convirtió en "una maldición". Esta es una manera especialmente contundente de expresar que Cristo tomó por completo en su propia persona la maldición que en realidad era para nosotros.

t Portador de pena. Estrechamente relacionado con el "portador de maldición", esta representación muestra a Cristo como el que ha soportado las consecuencias legales de nuestros pecados, consecuencias que debimos haber sufrido; más bien, como Cristo soportó la pena, ahora se nos declara como justos y ya no estamos sujetos a condenación. Esta idea respalda gran parte de la argumentación que Pablo usa en Rom. y en Gálatas, y esto también intercepta con otra de las representaciones. Algunos pasajes característicos de esta imagen son Rom. 3:24-26; 4:25; 5:8-21; 8:32-34; Gálatas 3:13-14; Efesios 2:15. Esto también es lo que se debería entender en la descripción de Pablo acerca de la muerte de Cristo como "el justo por el injusto" en 1 Pedro 3:18 (NASB, NET), como también en 2 Corintios 5:21, donde Pablo declara que Cristo se ha convertido en "pecado por nosotros" para que podamos convertirnos en la "justicia de Dios".

t Propiciación. Hay cuatro pasajes donde la NVI usa "redención" o "redimir" en la traducción para reflejar ya sea el verbo griego hilaskomai o los sustantivos relacionados hilastērion o hilasmos. Este es el grupo de palabras que la LXX usa con regularidad para traducir el verbo hebreo kapar y los sustantivos relacionados. Ha existido mucho debate en cuanto a la precisión del significado de la palabra en estos cuatro textos del Nuevo Testamento, particularmente si se refiere a "expiar" ("quitar la culpa") o a "propiciar" ("apaciguar" o "desviar la ira"). Los mejores argumentos están a favor de "propiciar"; al menos, el concepto de propiciación está implícito en expiación. Nosotros debimos haber sufrido la ira a causa de nuestros pecados, pero Jesucristo fue quien sufrió en nuestro lugar. Aunque no se usa la palabra específicamente, esto es lo que se entiende también en aquellos pasajes donde se dice que Cristo murió "por nuestros pecados" (1 Corintios 15:3), "dio su vida por nuestros pecados" (Gálatas 1:4), "llevó nuestros pecados" (1 Pedro 2:24) o que su sangre fue derramada "para el perdón de nuestros pecados" (Mateo 26:28; cf. Efesios 1:7).

t Pascua. En 1 Corintios 5:7 Pablo declara que "Cristo, nuestro cordero de Pascua, ha sido sacrificado". Aunque la Pascua no ha sido tradicionalmente considerada como un sacrificio por el pecado (aunque muchos eruditos argumentarían que fue así), al menos deberíamos reconocer un concepto de sustitución en juego que usa Pablo acerca de la idea de la Pascua. Un cordero murió para tomar el lugar del primogénito. El Evangelio de Juan parece tener el mismo significado. En la primera parte del Evangelio, Jesús es proclamado como el "Cordero de Dios, que quita el pecado del mundo" (Juan 1:29). Y luego en su relato de la pasión de Jesús, Juan narra que su crucifixión fue precisamente al mismo tiempo que el sacrificio de los corderos de Pascua (Juan 19:14).

t Sacrificio. Ya se ha abordado este tema en otras representaciones anteriores, pero es importante reconocer el significado de este concepto en el Nuevo Testamento, y especialmente en el libro de los Hebreos. Aquí, Cristo es representado tanto como sacrificio y como sumo sacerdote que ofrece el sacrificio (2:17; 7:27; 9:11-28; 10:10-21; 12:24). Jesús vino no como algunos discuten para demostrar la inutilidad del sistema de sacrificios, sino que para ser el "sacrificio final, absoluto" dentro de ese sistema "para expiar los pecados del pueblo" (2:17).

Por supuesto, no es sólo la muerte de Cristo lo que asegura nuestra redención. Toda su vida terrenal, como también su resurrección y su trabajo de intercesión celestial, también deben ser reconocidos. Pero con respecto a la obra de expiación en sí, la vida terrenal de Cristo, su "obediencia activa" sin pecado, es lo que lo califica para ser el sacrificio perfecto. Su resurrección es la demostración de la aceptación de Dios del sacrificio de Cristo (él "resucitó para nuestra justificación" [Rom. 4:25]). Pero fue particularmente su muerte la que proporcionó la expiación por nuestros pecados.

REDENCIÓN, REDENTOR La idea de la redención era bien conocida en la antigüedad. Más que una simple noción de salvación, la redención hablaba tanto de la gracia del redentor como de la salvación de los redimidos. Los textos clásicos usan la palabra griega apolytrōsis (redención) para articular el pago de rescate hecho para liberar a un esclavo, cautivo de guerra, o alguien sentenciado a muerte. El grupo de palabras basado en el término griego lytron (rescate) transmite la idea de pago por liberación. La palabra hebrea correspondiente padah es un término comercial enraizado en la idea de transferencia de propiedad.

Antiguo Testamento

La experiencia del éxodo dio a la idea de redención un significado religioso. La conmemoración de este evento redentor incluía la dedicación del primogénito a Yahveh (Éx. 13:12-13). Además, Israel en sí mismo, el hijo primogénito de Dios (Éx. 4:22), fue redimido por Yahveh —lenguaje que Isaías eligió para describir a Abraham (Is. 29:22). Como el tema de la redención continuó ampliándose, la redención de Dios vino a incluir la salvación de los problemas de Israel (Sal. 25:22). La redención incluía la totalidad de la situación humana, no solo el destino eterno (o la nueva era por venir).

Otro término hebreo, ga'al, generalmente relacionado al pariente-redentor. En el caso de una persona que había vendido propiedades debido a pobreza o incluso entrado en la esclavitud para pagar una deuda, un pariente podía convertirse en redentor al recomprar la propiedad (Lv. 25:25-28) y/o comprado la libertad de la esclavitud (25:47-49). El libro de Rut lo describe, detallando la relación entre la empobrecida Rut y Boaz, el pariente-redentor. Los profetas y los salmos aplican este entendimiento a la forma en la que Dios redime a Israel (Is. 43:1-3; Sal. 19:14; cf. Job 19:25). Dios, sin embargo, no le paga rescate a nadie (Is. 52:3-4); sino que Él provoca la redención por su propio poder (45:13).

El Mesías esperado, prometido a través de los profetas, se convertirá en la expresión suprema del amor redentor de Dios. Cuando la continua rebelión del pueblo contra Dios finalmente rompe el pacto con Moisés, el juicio de Dios los envía al cautiverio y exilio en Babilonia. Ahora, sin lugar ni identidad, su única esperanza para un futuro era que Dios rescatara a su pueblo y restaurara la alianza con ellos. Este deseo por la redención de Dios creció durante el exilio. En la medida que aumentaron las persecuciones durante el, así llamado, periodo intertestamentario (un periodo de aproximadamente cuatrocientos años entre el AT y el NT), las anteriores promesas proféticas se convirtieron en una verdadera esperanza mesiánica. Dios enviará al Mesías como redentor para rescatar a su pueblo de la opresión griega y romana.

Nuevo Testamento

El NT defiende el tema de la redención (*véase* Lc. 4:18-19). Cuando Jesús vino, enseñando que él redimiría a su pueblo de la esclavitud del pecado (Jn. 8:34-36), habló de sí mismo como el rescate por muchos (Mt. 20:28 // Mc. 10:45). La teología de la cruz de Pablo acentuó la misma conexión entre pecado, esclavitud y el rescate de Jesús. Él vio a las personas como vendidas en esclavitud por el pecado (Rom. 6:17; 7:14) y redimidas por el sacrificio de Jesús (3:24). La idea cristiana de rescate siguió la idea contemporánea aceptada de que las personas sentenciadas a muerte (Rom. 6:23) pueden ganar su vida de vuelta si un redentor la compra con un rescate (Col. 1:13-14). La predominancia de apolytrōsis en el NT, comparada a la literatura griega común del periodo subraya su significado para una temprana conceptualización cristiana.

Sin reflexionar sobre a quién debe pagarse el rescate, lo cual fue convertido en un tema por teólogos y filósofos posteriores, los autores del NT destacan la sangre de Jesús como el pago del rescate (e.g., Ef. 1:7; Heb. 9:12; cf. Ap. 5:9). El énfasis en el NT permanece en la necesidad de redención, la gracia del redentor, y los efectos de la redención. El rescate de Cristo transfiere a los redimidos de una esfera de influencia a otra, o más bien, de un dueño a otro. Incomparable a los comúnmente conocidos rescates mundanos, que consistían en medios monetarios y permanecían externos al redentor mismo (1 Pe. 3:18-19), Jesús sustituye su propia vida por la vida de aquellos que redime (antilytron hyper [1 Tim. 2:6]). Dios aún así no pagó rescate a alguien, sino que lo causó por su propio poder.

La noción del AT que la redención apunta a la participación de Dios en el presente, permitiendo una experiencia histórica de salvación, cumple también la concepción del NT. Esto se ve más claramente en la ética teológica de Pablo. La nueva propiedad lograda por la redención de Jesús permite un nuevo tipo de vida para ser vivida en libertad de la esclavitud del pecado (1 Cor. 6:20; Gal. 5:1). Más que un tema de ética, sigue el énfasis de Jesús de una experiencia "ya pero no aún" de la presencia de Dios. La redención es prueba de la presencia del Espíritu (Rom. 8:1-17).

Aunque la redención está presente, la plenitud de la misma está en el futuro (Rom. 8:18-23), cuando el redentor completará todo en uno (1 Cor. 15:28; Col. 1:19-20). Contrario a concepciones helenísticas de la redención, que esperan redención desde el cuerpo, Pablo espera redención del cuerpo. La redención escatológica de Dios es universal; restaura la relación entre creación y le Creador (Col. 1:21-23; Ef. 1:7-10).

REDES Las redes, probablemente fabricadas con fibra de hilo hechas de corteza de árboles y anudadas juntas se usan en el AT principalmente en las guerras o por personas que cazan/atrapan (literal y figurativamente) (Job 18:8; 19:6; Sal. 10:9; Prov. 29: 5; Lam. 1:13; Ezeq. 12:13; 17:20; 19:8; 32:3; Oseas 5:1; 7:12; Miq. 7:2) y para atrapar animales silvestres y aves (Prov. 1:17, Isa. 51:20, Ezeq. 13:20). Los métodos para atrapar a las presas, incluidos a los humanos, implicaban cavar y cubrir un pozo con una red en la que la presa caería y quedaría atrapada (Sal. 9:15; 35:7; 57:6; 140:5; 141:10); por lo tanto, en Sal. 9:15, "Se hundieron las naciones en el hoyo que hicieron; en la red que escondieron fue atrapado su pie". También se hace referencia al uso de redes para pescar en el AT, aunque éstas son más limitadas (Ecle. 9:12; Isa. 19:8; Ezeq. 47:10; Hab. 1:15-17). En Hab. 1:15-17 las redes (kherem) y las mallas (mikmeret) se convierten en objetos simbólicos de idolatría, ya que satisfacen las necesidades de los usuarios que a su vez les ofrecen sacrificios de gratitud. En el NT, las redes se mencionan solo en conexión con la pesca (Mt. 4:18-21; 13:47; Mr. 1:16-19; Lc. 5:2, 4-9; Jn. 21:6, 8, 11).

REDIL Un redil es un recinto usado para confinar ganado, ya sea en áreas habitadas (Nm. 32:16) o en campo abierto (1 Sm. 24:3). Varias palabras griegas y hebreas describen ese tipo de recintos y puede traducirse como "redil". Dependiendo del contexto, estas palabras también pueden traducirse como "muro", "pastura", "patio" o simplemente "habitación". El uso de la palabra española "redil" es, por tanto, un tema de contexto más que de una terminología específica en los lenguajes bíblicos originales.

En referencia, la función protectora de los rediles, Jesús se refiere a sí mismo como la puerta de un redil (Jn. 10:1, 9, 16), que protege a su rebaño de bandidos. Los pastores pueden haber usado rediles especialmente de noche. En varias ocasiones, los profetas del AT hablan de Israel como un rebaño, y de la tierra de Israel como su "redil" o "pastura", de manera que la reunión de exiliados israelitas es comparada al pastor reuniendo a sus animales en su redil. (*Ver* Jr. 23:3; Miq. 2:12).

REELAÍAS Un líder de los retornados que volvieron de Babilonia a Judá con Zorobabel (Esd. 2:2). Es llamado "Raamías" en Neh. 7:7.

REFAÍAS **(1)** Un descendiente de David a través de Zorobabel (1 Cr. 3:21). **(2)** Un líder simeonita durante el reinado de Ezequías (1 Cr. 4:42). **(3)** Un poderoso guerrero descendiente de Isacar (1 Cr. 7:2). **(4)** Un descendiente de Saúl (1 Cr. 9:43), también llamado Rafa (1 Cr. 8:37). **(5)** El hijo Hur, él era el gobernante de la mitad de un distrito de Jerusalén que reparó una sección del muro después del exilio (Neh. 3:9).

REFAÍM, VALLE DE Un valle al sudoeste de Jerusalén, marcando parte de la frontera entre Judá y Benjamín (Js. 15:5; 18:16). Después de que David se convirtió en rey y tomó Jerusalén, los filisteos dos veces acamparon en el Valle de Refaím para atacar la ciudad; en ambas ocasiones fueron derrotados por David (2 Sm. 5:18; cf. 2 Sm. 23:13; 1 Cr. 11:15; 14:9). Isaías 17:5 hace referencia a cosechar granos en este valle.

REFAÍTA *Véase* Refaitas.

REFAÍTAS Un grupo de gentes también llamados anaceos (Dt. 2:11 [NRSV: anaceos]). Son descritos como gigantes (Dt. 3:11) que hicieron que los espías de Moisés se sintieran como saltamontes en comparación, y son asociados con los nephilim antediluvianos (Gn. 6:4; Nm. 13:33). Así, la KJV con frecuencia traduce el término como "gigantes" (e.g., Dt. 2:11; Js. 12:4).

REFIDIM La ubicación del último campamento israelita en su éxodo desde Egipto antes de llegar al Monte Sinaí (Éx. 17:1, 8; 19:2; Nm. 33:14-15). Aquí, las quejas de sed de los israelitas dieron como resultado el milagro del agua brotando de la roca después de que Moisés la golpeó con su cayado. La queja llevó a

Valle de Refaím.

R

que Moisés llamara el lugar Massah (prueba) y Meribah (controversia). En Refidim, los israelitas bajo Josué también repelieron un ataque amalecita, con el éxito dependiendo de las manos levantadas de Moisés, sostenidas por Aarón y Hur (Éx. 17:8-16). Wadi Feiran es la ubicación tradicional remontándose a tiempo bizantinos, aunque también se sugiere comúnmente Wadi Refayid en el sudoeste del Sinaí.

REFINAR En metalurgia, separar el metal puro de las impurezas. El proceso del refinado se usa de manera figurada en la Biblia refiriéndose a Dios purificando a su pueblo del pecado (Jr. 9:7; Zac 13:9; Mal. 3:3).

REFORM La traducción en varias versiones de la Biblia (e.g., KJV, NASB, ESV) de la palabra griega diorthōsis, que aparece en el NT solo en Heb. 9:10, donde describe ya sea el "nuevo orden" (NIV) en el cual el trabajo de Cristo deja de lado las antiguas regulaciones legales para acercarse a Dios o el proceso de establecerlo.

R

REFUGIO Un puerto que permite el seguro anclaje para botes (Gn. 49:13; cf. Sal. 107:30). *Véase también* Buenos Puertos.

REFUGIO *Véase* Caseta.

REFUGIO, CIUDAD DE *Véase* Ciudades de Refugio.

REGALO(S), ENTREGA DE La entrega de regalos en la Biblia tiene varios matices. Puede referirse a regalos de buena voluntad u ofrendas de paz dadas a un amigo o pariente (Prov. 18:16; 21:14). Así, cuando Jacob busca hacer la paz con su hermano Esaú, él envía regalos a su hermano antes de encontrarse con él (Gn. 32:13; 33:10). Igualmente, cuando Abigail intercede con David en nombre de Nabal, ella le da un regalo a David (1 Sm. 25:27).

EZEQUIEL 46:17 ilustra que algunos regalos están regulados si provienen de una herencia. Existen varias referencias en el NT a los regalos de una iglesia local a otra (Hec. 11:30; 1 Cor. 16:3; 2 Cor. 8:12, 20; 9:5; Flp. 4:17). La entrega de estos regalos tiene un efecto positivo tanto para aquellos que los necesitan como para aquellos que los otorgan.

Los regalos son una parte tradicional de los arreglos matrimoniales en la Biblia. Así, Siquem solicita conocer el precio de la novia y regalo cuando pide a Dina como su esposa (Gn. 34:11-12). Igualmente, el Faraón entrega una ciudad capturada como dote para el matrimonio de su hija con Salomón (1 Re. 9:16).

Los regalos son parte integral de honrar a otro como hospitalidad y al acercarse a alguien para un servicio. Israel instruye a sus hijos para llevarle regalos al Faraón cuando vayan a comprar comida (Gn. 43:11). Es costumbre llevar regalos a un hombre de Dios o profeta al pedir consejo o perspicacia profética (1 Sm. 9:7; 1 Re. 13:7; 2 Re. 5:15; 8:8-9). La gente le lleva regalos a Salomón cuando piden audiencia con él (1 Re. 10:25). Adicionalmente, los regalos son parte del proceso de establecer un tratado (1 Re. 15:19; 2 Re. 16:8; 20:12).

Por supuesto, los regalos pueden usarse para fines innobles también. David le envía un regalo a Urías en un esfuerzo por cubrir su propio pecado (2 Sm. 11:8).

Los sacrificios de todo tipo son concebidos como un regalo a la deidad con la intención de buscar su favor o hacer restitución por el pecado (Lv. 22:18; Nm. 31:52). Incluso las ofrendas obligatorias y la tierra dedicada son consideradas regalos bajo la noción de que Dios, como el creador, posee todo (Ez. 45:16; 48:12, 20). Esta idea de dar regalos a Dios demuestra el costo involucrado en acercarse a la deidad. De manera interesante, los sacerdotes y levitas que se asocian con los sacrificios son descritos como regalos de Dios al resto de las gentes (Nm. 18:6-7).

Las intenciones tras el regalo son importantes a Dios. Jesús declara que uno no puede entregar regalos a Dios y simultáneamente aferrarse a discordias con otro en la fe comunitaria (Mt. 5:23-24). Jesús ordena que el agradecimiento a Dios sea seguido por el sacrificio prescrito (Mt. 8:4). Sin embargo, una negativa a ayudar a otros no debería ocultarse detrás de una dedicación ostentosa a dar regalos a Dios (Mt. 15:5; Mc. 7:11). Igualmente, Jesús advierte contra ser excesivamente legalista acerca regalos y sus beneficios (Mt. 23:18-19).

En un nivel fundamental, la entrega de regalos tiene su origen en la graciosa naturaleza de Dios. Dios es el dador de todos los buenos regalos (Sant. 1:17). Le da hijos a las madres (Gn. 30:20). Una buena vida y recompensa por el trabajo también son regalos de Dios (Ecl. 3:13; 5:19). Jesús se describe a sí mismo como un regalo de Dios (Jn. 4:10). Igualmente, el Espíritu Santo es un regalo de Dios (Hec. 1:4; 2:38; 11:17) y no puede comprarse con dinero (Hec. 8:20). El regalo del Espíritu Santo es otorgado a los judíos y gentiles por igual (Hec. 10:45).

Tanto la gracia como la salvación son regalos de Dios (Rom. 5:15-17; 6:23; Ef. 2:8; 3:7; Heb. 6:4; 1 Pe. 3:7). Finalmente, los regalos espirituales son parte de los buenos regalos de Dios (Rom. 1:11). Estos regalos tienen la intención de ayudar a la iglesia de manera que nada necesario para el ministerio falte en el cuerpo de Cristo (Rom. 12:6; 1 Cor. 1:7; 7:7; 1 Tim. 4:14; 2 Tim. 1:6; 1 Pe. 4:10). Todos los regalos son gobernados por el mayor regalo, el amor (1 Cor. 13:2; 14:1).

REGEM Un descendiente de Caleb e hijo de Jahdai (1 Cr. 2:47).

REGEM-MELEC Probablemente el nombre, aunque posiblemente el título, de un emisario enviado por el pueblo de Betel a los sacerdotes y profetas para determinar si ayunar en el quinto mes, probablemente para conmemorar la destrucción del templo y Jerusalén por los Babilonios, aun se requería ya que el nuevo templo estaba cerca de ser completado setenta años más tarde (Zac. 7:2-3).

REGENERACIÓN En el sentido más básico, la regeneración se refiere a Dios dándole nueva vida a alguien o algo. Aunque la palabra "regeneración" no aparece en NIV, el concepto está abundantemente presente en una variedad de términos e imágenes, especialmente aquellas de nuevo nacimiento, nueva vida, nuevo ser, nuevo corazón y nueva creación. El concepto bíblico de regeneración se aplica tanto a individuos como a creación.

Individuos. Por la rebelión de Adán en el jardín, la humanidad se sumergió en la muerte espiritual (Rom. 5:12-14). Requiriendo nada menos que Dios impartiendo nueva vida a una persona puede superar esta condición. La clásica expresión de esta verdad se encuentra en la conversación de Jesús con Nicodemo (Jn. 3:1-21). Según Jesús, entrar en el reino de Dios requiere volver a nacer, que él mismo explica como "nacer de agua y el Espíritu" (Jn. 3:3-5). La descripción de Jesús

Intercepta el lenguaje de Ez. 36:25-27, donde Dios promete rociar agua limpia sobre su pueblo y poner su Espíritu dentro de ellos.

Pablo también atribuye la regeneración al trabajo del Espíritu cuando él dice que Dios "nos salvó a través del lavado de renacimiento y renovación por el Espíritu Santo, que vertió sobre nosotros generosamente a través de nuestro Salvador Jesucristo, para que, habiendo sido justificados por su gracia, podamos convertirnos en herederos teniendo la esperanza de la vida eterna" (Tit. 3:5-7). El trabajo renovador del Espíritu es el aspecto inicial de la experiencia de salvación de una persona, pero está muy ligado con varios otros aspectos del trabajo de Dios en el creyente, como la justificación, la herencia y la vida eterna. La transformación que comienza con la regeneración es tan profunda que Pablo se puede referir a ella como un acto de "nueva creación" en el cual la persona que lo experimenta es, en un sentido muy personal, una persona enteramente nueva (2 Cor. 5:17).

Además de hacer una persona espiritualmente viva, el acto de Dios de la regeneración coloca dentro del creyente una nueva disposición u orientación hacia la fe en Cristo y la obediencia a él. Aquellos que han nacido de Dios creen que Jesús es el Cristo (1 Jn. 5:1), aman a Dios y a otros (4:7-11), y no continúan en pecado (3:9). Dios hace vivos a los pecadores no solo para demostrar la riqueza de su gracia (Ef. 2:4-7), sino también para que ellos puedan "hacer buenas obras, que Dios preparó por adelantado para que nosotros hiciéramos" (2:10).

Creación. El trabajo de Dios de la regeneración se extiende más allá del individuo a la creación entera. Jesús se refiere a la consumación de los planes de Dios como "la renovación [palingenesia, 'regeneración'] de todas las cosas" (Mt.19:28). Por el pecado de Adán, la creación fue puesta bajo una maldición (Gn. 3:17-19). Hasta el día de hoy, la creación se lamenta bajo esa maldición (Rom. 8:19-22). Pero en el AT, Dios prometió renovar el orden creado (Is. 65:17; 66:22). La muerte y resurrección de Jesús son el cumplimiento inicial de esta regeneración cósmica (Mt. 27:51-53; 1 Cor. 15:20-23), pero su plenitud espera el nuevo cielo y tierra (Ap. 21-22). La regeneración del individuo y la creación son inseparables. Dios imparte nueva vida espiritual a su pueblo elegido para que ellos respondan en fe y obediencia a él. El mismo poder regenerativo que trae a la vida al creyente un día renovará toda la creación para hacerla un lugar adecuado para que viva el pueblo regenerado de Dios. *Véase también* Nuevo Nacimiento.

REGIMIENTO *Véase* Cohorte Augusta; Cohorte; Cohorte Italiana.

R

REGIO Una ciudad portuaria de influencia griega en el estrecho de Mesina, en el extremo sur de Italia, frente a Sicilia (actual Reggio di Calabria). El barco de Pablo atracó ahí una noche camino a Roma (Hch. 28:13). Fue la última parada antes de atracar en Puteoli y embarcarse por tierra a Roma.

REGISTRADOR Un oficial de la corte israelita que representa al rey en materias políticas y financieras. Joa, hijo de Asaf, fue registrador para el rey Ezequías y lo representó en negociaciones con el Rabsaqué, que representaba al rey asirio (2 Re. 18:18-37; Is. 36:3-22). Más tarde, otro registrador, también llamado Joa, representó el rey Josías en la planificación para reparar el templo (2 Cr. 34:8).

REGISTRO En KJV, "registro" se refiere a un registro genealógico de nombres (Esd. 2:62; Neh. 7:5, 64). En NIV y otras traducciones modernas, es usando en el sentido verbal de registrar en registros formales (Sal. 87:6), como en un censo (Lc. 2:3, 5).

REGLA DE ORO Un término moderno para la máxima de Jesús "Hagan a otros lo que ustedes desearían que les hicieran a ustedes" (Mt. 7:12; cf. Lc. 6:31). Jesús enfatiza este punto estableciendo que su práctica involucra tanto a la Torá como a los Profetas, los cimientos de la cultura judía (Mt. 7:12). El alto valor del oro connota el valor extremo de este principio regente para la interacción humana.

REGRESO DE CRISTO *Véase* Escatología; Milenio; Parusía; Segunda Venida.

REHAB-HEM-SHEBETH *Véase* Rehab.

REHABÍAS El hijo de Eliezer, nieto de Moisés y líder levítico (1 Cr. 23:17; 24:21; 26:25).

REHÉN Un prisionero tomado para ser usado como ventaja para negociación o para ayudar en el control de la población derrotada después de un conflicto. Joás de Israel tomó rehenes tras derrotar al Rey Amasías de Judá (2 Re. 14:3-14; 2 Cr. 25:23-24).

REHOB **(1)** Padre de Hadad-ezer, rey de Soba (2 Sm. 8:3; 12). **(2)** Uno de los levitas que firmó el pacto realizado en días de Nehemías (Neh. 10:11). **(3)** Una región geográfica alcanzada por espías israelitas (Nm. 13:21), que marcaba el límite norte de la tierra de Canaán (cf. Beth-rehob en Jue., 18:28; 2 Sam. 10:6). **(4)** Dos pueblos en el territorio de Aser, uno en la frontera norte y el otro en la llanura de Aco. Uno de ellos fue entregado a los levitas (Js. 21:31), y el otro permaneció bajo control canaanita durante largo tiempo (Jue. 1:31). **(5)** Una ciudad ocho kilómetros al sur de Beth Shan, frecuentemente mencionada en fuentes egipcias, pero no en la Biblia.

REHOBOAM Hijo de Salomón, fue el primer rey de Judá (928-911 a.C.) después de que las diez tribus del norte se separaron para formar un reino aparte.

La madre de Rehoboam, Naamá, una mujer ammonita (1 Re. 14:21), contribuyó a que su padre se volviera adorador de dioses extranjeros. Por esta razón, el reino unido de Israel no sobrevivió al reinado de Salomón. Después de su muerte, la tribu de Judá inmediatamente proclamó rey a Rehoboam, pero las diez tribus del norte impusieron condiciones en su aceptación de su liderazgo. Salomón había oprimido equivocadamente a las tribus del norte, y quería alivio de su hijo. Escuchando el consejo de sus contemporáneos en vez de sus más sabios asesores mayores, Rehoboam se rehusó e incluso se jactó de que aumentaría su trabajo e impuestos. Es así como ellos lo rechazaron como rey y nombraron a Jeroboam como su rey (1 Re. 12:1-24). Al principio, Rehoboam declaró la guerra contra el norte, pero se detuvo cuando el profeta Semaías le dijo que fallaría por el juicio de Dios (2 Cr. 11:1-4). Volvió al sur y fortificó su frontera (2 Cr. 11:5-12). Rehoboam, como su padre, se involucró en falsa adoración, y Dios permitió que fuera derrotado y el templo saqueado por el rey Sisac de Egipto. Sin embargo, se arrepintió y por ello no fue totalmente destruido (2 Cr. 12).

REHOBOT El nombre Rehobot puede significar ya sea "plazas" o "lugar espacioso". **(1)** En la Tabla de las Naciones, Rehobot Ir es nombrada como una de las cuatro ciudades construidas por Nimrod (Gn. 10:11), quien era un "poderoso cazador ante el Señor" (Gn. 10:9). Puede referirse a un distrito de Nínive más que a una ciudad independiente. **(2)** Uno de los pozos cavados por Isaac. Isaac cavó dos pozos antes en el Neguev pero los perdió frente a los "pastores de Gerar" (Gn. 26:20), que reclamaron que el agua era de ellos. Su tercer pozo en la región lo llamó Rehobot, diciendo, "Ahora el Señor nos ha dado espacio" (Gn. 26:22). **(3)** "Rehobot junto al río (¿Éufrates?)" ("Rehobot ha-Nahar") es listado como el hogar de Saúl, que reemplazó a Samla como rey de Edom (Gn. 36:37 // 1 Cr. 1:48). Este nombre de lugar puede referirse a una región o ciudad específica.

REHOBOT IR *Véase* Rehobot.

REHUM **(1)** Un líder levita que regresó con Zorobabel a Jerusalén después del exilio (Esd. 2:2; Neh. 12:3 [cf. Neh. 7:7, donde Nehum es probablemente la misma persona]). **(2)** Un comandante identificado como uno "de los enemigos de Judá y Benjamín" (Esd. 4:1) cuya oferta de ayuda a Zorobabel fue rechazada. Él, junto a Simsai, escribieron una carta a Artajerjes pidiéndole comandar la continuación de la construcción del templo, lo que hizo (Esd. 4:6-24). **(3)** Hijo de Bani, ayudó en la reconstrucción del muro de Jerusalén bajo la dirección de Nehemías (Neh. 3:17). Es probablemente la misma persona que Rehum de Esd. 2:2; Neh. 12:3. **(4)** Uno de los líderes que firmó la renovación del pacto en la época de Esdras y Nehemías (Neh. 10:25). Es probablemente la misma persona que Rehum de Esd. 2:2; Neh. 12:3.

REI Un hombre que permaneció leal a David cuando Adonías intentó usurpar el trono (1 Re. 1:8).

REINA DE LOS ETÍOPES *Ver* Candace.

REINA DE SABA *Ver* Sabeos; Saba, Reina de.

REINA DEL CIELO El título que Jeremías usa en referencia a una diosa que se adora en Judá (Jer. 7:18; 44:17-19, 25). Este título fue otorgado a varias diosas importantes en el antiguo Cercano Oriente, y como Jeremías evita

Un egipcio haciendo una ofrenda a la diosa cananea Anat, la Reina del Cielo.

usar su nombre, la identidad exacta de la diosa es incierta. De acuerdo con Jeremías, los aspectos de su adoración incluían hornear pasteles a su imagen, ofrecer sacrificios y derramar ofrendas de bebidas. Todos estos son reconocidos como elementos de la adoración a la diosa babilónica Ishtar, pero identificarla como la "Reina del Cielo" de Jeremías no está exenta de problemas. En particular, Jer. 44 hace referencia a Judá y Egipto, que no fueron las ubicaciones principales de Ishtar, lo que sugiere que una de las diosas cananeas, Anat o Astarté (Astarot), podría ser más probable, ya que también fueron adorados en Egipto.

REINA El miembro femenino de mayor rango de una casa real. En el libro de Ester, la posición de reina, aunque tenue, se muestra como una de influencia sobre el rey (capítulo 7) y sobre la nación (1:16-20). Una reina también puede asociarse con una extraordinaria belleza (Est. 2:2-17, Cant. 6:8-9, Ezeq. 16:13). La participación de una reina en el gobierno con el rey varía en diferentes pasajes. La expectativa es que la reina Ester se presente ante el rey solo si es que es convocada (Est. 4:11), mientras que la reina del rey Belsasar ingresa al salón de banquetes para aconsejar al rey (Dan. 5:10-12). En Neh. 2:6 la reina de Persia está sentada en un trono junto al rey.

La reina de Saba ("Reina del Sur" en Mt. 12:42; Lc. 11:31) está involucrada en política exterior y prueba la sabiduría del rey Salomón antes de que los dos líderes intercambien regalos de la realeza (1 Re. 10:1-13); 2 Cr. 9:1-12). Otras reinas extranjeras mencionadas en las Escrituras incluyen a la esposa de Faraón Tahpenes (1 Re. 11:19) y a Candace de Etiopía (Hec. 8:27).

En algunos pasajes, el título de reina no se le atribuye a la esposa sino a la madre del rey, a quien se le llama la "reina madre" (1 Re. 15:13; 2 Re. 10:13; 2 Cr. 15:16). Jer. 13:18; 29: 2). Por lo tanto, a Jezabel se le menciona no como reina, sino sólo por su nombre o como la esposa del rey (por ejemplo, 1 Re. 16:31; 21:5-7; *véase* Herodías en Mateo 14:3). Aunque nunca fue llamada una reina en la Biblia (probablemente porque era usurpadora), Atalía, la madre del rey Ocozías (que había sido asesinada por Jehú), reinó como reina de Judá durante aproximadamente seis años (842-836 a.C; 2 Re. 11; 2 Cr. 22:10-23:21). Ella aseguró el trono matando a muchos de la familia real. La única excepción fue Joás, un hijo pequeño de Ocozías, salvado por su nodriza, Josabeth.

Después de seis años, el sacerdote Joiada ejecutó un golpe exitoso para sacarla del trono y poner en el trono a Joás, un hijo sobreviviente de Ocozías, de siete años.

El término "reina" también aparece en textos proféticos en referencia a otros dioses (la "Reina del Cielo" en Jer. 7:18; 44:15-24) y a la ciudad de Babilonia (Is. 47:5-7).

REINO DE DIOS El reino de Dios es un tema principal en la Biblia. Si bien el tema está mayormente desarrollado en el NT, su origen es el Antiguo Testamento, donde el énfasis recae en la realeza de Dios. Dios es el rey de Israel (Éx. 15:18, Nm. 23:21, Dt. 33:5, Is. 43:15) y de toda la tierra (2 Re. 19:15, Sal. 29:10; 99:1-4; Is. 6:5; Jer. 46:18). Yuxtapuesto al concepto del reinado actual de Dios como rey, se encuentran las referencias a un día en que Dios se convertirá en rey de su pueblo (Is. 24:23, 33:22, 52:7, Sef. 3:15, Zac. 14:9). Este énfasis en la realeza de Dios continúa a lo largo de la historia del judaísmo y adquiere un significado especial en el apocalipticismo judío y su anticipación del reino de Dios en la era venidera, que abandona toda esperanza por la historia presente. Solamente al final de la era vendrá el reino de Dios. Esta idea del reino de Dios se desarrolla aún más en el NT.

Los Evangelios Sinópticos

En los Evangelios sinópticos, la frase "el reino de Dios" aparece más de cien veces en Marcos, Lucas y Mateo (donde "reino de los cielos" es sinónimo de "reino de Dios"). Tres puntos de vista han sido argumentados con respecto a si el reino de Dios estaba presente en el ministerio de Jesús y hasta qué punto. En otras palabras, ¿cómo debemos interpretar la frase "reino de Dios" en los sinópticos? Los tres puntos de vista son: la escatología consistente, la escatología realizada y la escatología inaugurada.

Escatología Consistente. Albert Schweitzer, un erudito bíblico de finales del siglo XIX, popularizó por primera vez la escatología consistente. Aquí, "consistente" significa consistente con el judaísmo apocalíptico de los días de Jesús, que interpretaba el reino de Dios como algo que vendría en el futuro. El judaísmo en el tiempo de Cristo dividió la historia en dos períodos: esta era del pecado, donde reina el pecado, y la era venidera, en la que se espera que el Mesías traiga el reino de Dios a la tierra. Schweitzer concluyó que una comprensión apocalíptica del reino era fundamental no sólo para las enseñanzas de Cristo, sino también para la comprensión de su vida. Por lo tanto, Schweitzer sostuvo que Jesús creía que era su vocación convertirse en el próximo Hijo del Hombre. Inicialmente, Jesús reveló este secreto mesiánico sólo a Pedro, Santiago y Juan. Más tarde, Pedro se lo contó al resto de los Doce. Judas contó el secreto al sumo sacerdote, quien lo usó como motivo para la ejecución de Jesús (Mr. 14:61-64, *ver* Dan. 7:13).

De acuerdo a Schweitzer, cuando Jesús envió a los doce en una misión para proclamar el reino venidero de Dios, no esperaba que regresaran. Los doce eran los "hombres de violencia" (Mt. 11:12) que provocarían la tribulación mesiánica que anunciaría el reino. Mientras que previamente algunos eruditos creían que uno podía esperar pasivamente el reino, Schweitzer creía que la misión de Jesús estaba diseñada para provocar su venida. Cuando esto no sucedió, Jesús determinó dar su propia vida en rescate por muchos (Mr. 10:45) y así hacer que viniera el reino.

Según Schweitzer, Jesús tomó el asunto en sus propias manos al precipitar su muerte, esperando que esto fuera el catalizador para que Dios hiciera que la rueda de la historia llegara a su clímax: la llegada del reino de Dios. Pero, dijo Schweitzer, que Jesús estaba equivocado de nuevo, y murió en la desesperación. Entonces para Schweitzer, Jesús nunca fue testigo de los albores de la era venidera; estaba en un futuro lejano, separado de la edad presente.

Por el lado positivo, Schweitzer señala que el mensaje de Jesús está enraizado en el judaísmo apocalíptico del primer siglo y su concepto del reino de Dios. Esta conexión sigue siendo fundamental para una comprensión adecuada de la profecía bíblica y los Evangelios hoy en día. Por el lado negativo, el uso selectivo de Schweitzer de la evidencia y el rechazo de la historicidad de gran parte de la tradición evangélica dio como resultado una perspectiva sesgada sobre las dimensiones actuales de la escatología de Jesús.

Escatología Realizada. En contraste con la escatología futurista, donde el reino de Dios espera una consumación final al término de la historia, la escatología realizada considera que el reino de Dios ya se completó en la persona y la misión de Jesús. Los aspectos futuristas de la enseñanza de Jesús se reducen al mínimo, y su lenguaje apocalíptico se ve como un símbolo de verdades teológicas.

La persona más responsable de abogar por esta postura es el académico británico C. H. Dodd. En su libro de 1935 Parábolas del Reino se centró en las enseñanzas de Jesús que anunciaban la llegada del reino con su venida. Por ejemplo, en Lucas 11:20, Jesús dice: "Pero si yo por el dedo de Dios echo fuera los demonios, entonces el reino de Dios ha llegado a vosotros" (*véase* Lc. 17:21; Mt. 13). La escatología se convierte en una cuestión de la experiencia presente más que en algún tipo de evento futuro. El reino ha llegado completamente en el ministerio mesiánico de Jesús.

La mayoría de los intérpretes han criticado la escatología realizada de Dodd por ignorar las enseñanzas de Jesús que apuntan a una futura consumación del reino (por ejemplo, Mt. 24-25, Mr. 13). Cuando se consideran todas las enseñanzas de Jesús, la escatología futurista equilibra la escatología realizada. Sin duda, el reino llegó con Jesús, pero el mismo Jesús enseñó que la historia aún aguarda una realización final. El reino de Dios está en ambos sentidos: "ya" y "todavía no", lo que nos lleva al tercer punto de vista de la relación entre el reino de Dios y el ministerio de Jesucristo.

Escatología Inaugurada. El tercer punto de vista, la escatología inaugurada, se relaciona comúnmente con el teólogo suizo del siglo XX Oscar Cullmann. Al igual que otros antes que él, Cullmann entendió que la noción judía de los dos periodos representaba un contexto importante para entender el mensaje de Jesús.

Según el judaísmo, la historia se divide en dos períodos: esta era del pecado y la era venidera (es decir, el reino de Dios). Para los judíos, el advenimiento del Mesías resultaría en la transición del primer periodo al último. En otras palabras, el judaísmo veía los dos tiempos como consecutivos. Según Cullmann, Jesucristo anunció que el fin de los tiempos, el reino de Dios, había llegado dentro de la historia (*véase* Mr. 1:15 pars., Especialmente Lc. 4:43, 6:20, 7:28, 8:1, 10; 9:2, 11, 27, 60, 62; 10:9, 11; 11:20; 13:18, 20; 16:16; 17:20-21; 18:16-17, 24-25, 29, Hec. 28:31). Sin embargo, otros pasajes sugieren que, aunque la era venidera ya había llegado, aún no estaba completa. Espera la segunda venida para su total realización (Lc. 13:28-29, 14:15, 19:11, 21:31, 22:16, 18, 23:51, Hec. 1:6). De ahí que el adjetivo "inaugurado" caracteriza esta escatología. Dicho punto de vista es dominante en el NT (*ver*, por ejemplo, Hec. 2:17-21, 3:18, 24, 1 Cor. 15:24, 1 Tim. 4:1, 2 Tim. 3:1; Heb. 1:2; 1 Jn. 2:18). Entonces, para la escatología inaugurada, las dos eras son simultáneas: la era por venir existe en medio de la presente edad. Por lo tanto, los cristianos viven entre las dos eras hasta la parusía (segunda venida de Cristo).

R

Podemos analizar los datos en los Evangelios Sinópticos con respecto a los aspectos "ya/no todavía" concernientes al reino de Dios de esta manera: Marcos, probablemente el primer Evangelio escrito, registra la declaración programática de Jesús en 1:15: "El tiempo se ha cumplido, el reino de Dios se ha acercado". Marcos, junto con Lucas y Mateo, continúan demostrando que los milagros, las enseñanzas, la muerte y la resurrección de Jesús inauguraron el reino de Dios. Sin embargo, también está claro en Mateo, Marcos y Lucas que la manifestación final del reino aún no ha sucedido.

Podemos recurrir a Luke como representativo de los tres sinópticos. El Evangelio de Lucas indica que el reino estaba presente para Jesús (Lc. 7:28; 8:10; 10:9-11; 11:20; 16:16; 17:20-21), pero que también esperaba la segunda venida para su finalización (6:20-26; 11:2; 12:49-50, 51-53; 13:24-30; 21:25-29; 22:15-18, 30). El mismo aspecto de dualidad del reino pertenece al segundo volumen de Lucas, el libro de Hechos. El reino estaba presente en el ministerio de Jesús y ahora a través de sus discípulos (Hec. 1:3; 8:12; 19:8; 20:25; 28:23-31), pero no se completará hasta que Cristo venga nuevamente (1:6; 14:22).

El Evangelio de Juan

El Evangelio de Juan tiene solo tres referencias al reino de Dios. A Nicodemo, Jesús le dijo que necesitaba nacer de nuevo para entrar al reino de Dios (3:3-5). Sin embargo, el reino de Jesús no es de naturaleza mundana, sino espiritual (18:36). Aunque el Evangelio de Juan contiene tanto el aspecto presente ("ya") como el aspecto futuro ("todavía no"), el enfoque está claramente en el presente. Esta es la razón por la cual muchos eruditos califican al Cuarto Evangelio como el Evangelio de la Escatología Realizada. Este énfasis en el "ya" se puede ver en Juan de las siguientes maneras: (1) La vida eterna o entrada al reino de Dios puede ser una posesión presente (3:5-6, 36; 6:47, 51, 58; 8:51; 10:28; 11:24-26). (2) La promesa escatológica de la condición de hijo se le otorga al creyente en Jesús ahora (1:12-13; 3:3-8; 4:14). (3) La resurrección general ya ha comenzado (5:25). (4) El Espíritu, el regalo del fin de los tiempos, reside actualmente en los creyentes (7:37-39; 14:15-31; 15:26-27; 16:5-16; 20:22-23). (5) El juicio final está determinado por la respuesta actual de uno a Jesús (3:19; 5:22-24, 27, 30-38; 9:38; 12:31-33). (6) El espíritu del anticristo ya ha entrado en la escena mundial para oponerse a Cristo (6:70; 13:2, 27). (7) La muerte de Jesús en la cruz parece absorber algunos elementos de las aflicciones mesiánicos o aspectos de la tribulación. En otras palabras, la pasión de Jesús fue donde se libró la guerra santa del fin de los tiempos, y su muerte y resurrección comenzaron el final de las fuerzas del mal (15:18-16:11).

Por otro lado, el Evangelio de Juan también incluye algunos aspectos típicos del futuro ("todavía no") de la escatología. Por ejemplo, aún se espera la resurrección futura (5:26-30). Del mismo modo, se alude a la futura segunda venida de Cristo (14:1-4; 21:22). Es cierto, sin embargo, que el aspecto "ya" del reino de Dios parece eclipsar la perspectiva "todavía no" en el Cuarto Evangelio.

Literatura Paulina

La frase "reino de Dios" y/o "reino de Cristo" aparece doce veces en las escrituras de Pablo.

Texto	Descripción del Reino	Tiempo Verbal
Rom. 14:17	reino de Dios	presente
1 Cor. 4:20	reino de Dios	presente
1 Cor. 6:9-10	reino de Dios (2x)	futuro
1 Cor. 15:24	reino de Cristo/ Dios	presente futuro
1 Cor. 15:50	reino de Dios	futuro
Gal. 5:21	reino de Dios	futuro
Efe. 5:5	reino de Cristo/ Dios	futuro
Col. 1:13	reino del Hijo	presente
Col. 4:11	reino de Dios	presente
1 Tes. 2:12	su reino [de Dios]	futuro
2 Tes. 1:5	reino de Dios	futuro

Del cuadro surgen tres observaciones: (1) El reino de Cristo/Dios está en ambas formas, presente y futuro, ya aquí y aún no completo. Esto es consistente con los Evangelios y Hechos. (2) Cristo y Dios son, al menos en dos ocasiones, intercambiados, lo que sugiere la igualdad de estatus entre ellos (*véase* Efe. 5:5, Apoc. 11:15, 12:10). (3) En 1 Cor. 15:24 encontramos la descripción más precisa de la relación exacta entre los reinos de Cristo y Dios: el reino mesiánico provisional comenzado en la resurrección de Cristo un día dará paso al reino eterno de Dios. Dicho reino temporal está atestiguado en el judaísmo apocalíptico y puede servir de base para Apo. 20:1-6. Para Pablo, entonces, el orden de la historia sería el siguiente:

Esta edad → Reino mesaico temporal → Era venidera (reino de Dios)

Hebreos y las Epístolas Generales

Hebreos y las Epístolas generales continúan el tema de los aspectos "ya /todavía no" del reino.

Hebreos. Las siguientes ideas del judaísmo del Segundo Templo asociadas con la llegada del reino de Dios son consideradas por el autor de Hebreos como cumplidas en la primera venida de Cristo: (1) la aparición del Mesías de los últimos días indica el comienzo del reino de Dios (1:2; 9:9-10); (2) las grandes tribulaciones/aflicciones mesiánicas que se esperaba que ocurrieran en relación con el advenimiento del Mesías están aquí ahora (2:5-18; *véase* 5:8-9; 7:27-28; 10:12; 12:2); (3) el derramamiento del Espíritu Santo ha ocurrido (6:4-5); (4) la manifestación del sumo sacerdote escatológico al final de la historia ha tomado lugar en Jesús (7:26-28), quien también ha establecido el nuevo pacto de los últimos días (8:6-13). Compare las declaraciones anteriores en Hebreos con la mención explícita de ese autor de la presencia del reino de Dios en 12:18-28. Y, sin embargo, el reino de Dios aún no está completamente aquí. La iglesia continúa sufriendo las aflicciones mesiánicas, como se evidencia en la mezcla del sufrimiento de la gran tribulación de Jesús con las aflicciones de los cristianos de ese entonces (2:5-18; 3:7-4:6; 5:7-6:12; 10:19-39; 12:1-2; 13:11-16). Además, las exhortaciones para perseverar en la fe que se enfatizan en el libro de Hebreos (2:1-4; 3:7-4:13; 5:11-6:12; 10:19-39; 12:14-29) son un tema conocido en la literatura apocalíptica judía y cristiana.

Las Epístolas Generales. El mensaje principal de Santiago es que los últimos días están aquí (1:2, 5:3) y con ello los problemas mesiánicos (1:2-12; 5:1-12). Por lo tanto, los creyentes deberán soportar fielmente las grandes tribulaciones hasta la segunda venida de Cristo. Pero hay dos indicaciones de que Santiago también enseña que el reino de Dios ha iniciado en medio de la gran tribulación. Primero, los cristianos experimentan incluso ahora la cualidad escatológica del gozo (Sant. 1:2-3, *ver* Joel 2:21-27). En segundo lugar, los cristianos también comparten el don de la sabiduría del fin de los tiempos (Sant. 1:5-8).

Primera de Pedro es similar a Santiago en cuanto a su escatología inaugurada. Por lo tanto, la iglesia sufre los problemas mesiánicos/gran tribulación (1 Pe. 1:6, 11; 3:13-17; 4:12-19; 5:1-9). Sin embargo, la era venidera/reino de Dios ha penetrado en medio de esta era, como lo demuestra el gozo escatológico y el poder protector de Dios que trae (1:5-6).

Segunda de Pedro parece acentuar el aspecto "todavía no" del reino de Dios. Por lo tanto, el reino de Dios aún espera ser ingresado (1:11), se ve obstaculizado por la apostasía del fin de los tiempos (2 Pe. 2), y ha sido pospuesto (3:1-10). Sin embargo, el aspecto "ya" del reino no está del todo ausente. Esto se evidencia por el hecho de que la transfiguración de Cristo en la montaña fue una muestra del poder venidero y la gloria de la era venidera, una gloria revelada a los discípulos en la montaña y ahora comunicada a todos los creyentes (1:16-19). Judas se dedica a alertar a los cristianos sobre la realidad a la cual pertenecen en la guerra santa del final de los tiempos (vv. 3, 20-23), como se puede ver en su lucha contra la falsa enseñanza de la apostasía del final de los tiempos (vv. 5-19). Sin embargo, debido a que los creyentes poseen el don escatológico del Espíritu Santo, prevalecerán para entrar completamente en el reino de Dios (v. 20).

Las Cartas de Juan dan fe de la superposición de las dos eras, es decir, la escatología inaugurada. Por lo tanto, por un lado, el espíritu del anticristo está aquí (1 Jn. 2:18; 2 Jn. 7), junto con la falsa enseñanza que reproduce (1 Jn. 2: 20-29; *véase* 2-3 Jn.); pero, por otro lado, la comunidad joánica tiene la unción del final de los tiempos del Espíritu Santo, que guarda a los creyentes del mal y el engaño (1 Jn. 2:20-21; 3:1-10). Además, los cristianos actualmente tienen vida eterna por medio de Cristo, una de las bendiciones del reino de Dios (1 Jn. 5:11-13).

Apocalipsis

Los aspectos "ya/todavía no" del reino de Dios se manifiestan en Apocalipsis de la siguiente manera: el reino de Dios ya iniciado en el cielo, pero aún no se ha presentado en la tierra. Con respecto a lo primero, está claro al ver 1:9; 5:1-14; 12:1-6 que la muerte y la resurrección de Jesús inauguraron el advenimiento del reino de Dios en el cielo. Por lo tanto, Jesús sufrió obedientemente las aflicciones mesiánicas en la cruz y fue elevado a la gloria celestial, triunfante sobre la gran tribulación. Allí en el cielo, Cristo reina como el Señor invisible sobre todo (incluido César). Pero está claro que el reino de Dios aún no ha descendido a la tierra en Apocalipsis por dos realidades presentes. Primero, a pesar de que Jesús ha sobrellevado la gran tribulación/aflicciones mesiánicas, sus

La Transfiguración de Cristo por Meister des Universitäts-Altars (siglo XVI d.C). La transfiguración fue una muestra del poder y la gloria venidera en el reino de Dios.

seguidores continúan enfrentando muchas pruebas (capítulos 6-18).

No hay liberación para ellos de tal aflicción hasta el regreso de Cristo en gloria (capítulo 19). La única excepción posible a esto es la protección divina de los 144.000 (cap. 7 y 14). Segundo, el reino de Dios no ha aparecido en la tierra; ese evento espera la parusía (cap. 20 [asumiendo que la interpretación premilenial de ese capítulo es la lectura más viable]). En todo esto, parece que las aflicciones mesiánicas/gran tribulación son los medios divinos para purgar la tierra en preparación para la llegada futura del reino mesiánico temporal (capítulo 20). Después del reinado de mil años de Cristo en la tierra, este reino mesiánico temporal dará paso al reino eterno de Dios y su nueva tierra y nuevo cielo (cap. 21-22). Sin embargo, debe reconocerse que las interpretaciones de los capítulos 20-22 varían mucho, dependiendo de si se adopta una perspectiva premilenial, amilenial o postmilennial.

Conclusión

Los datos anteriores parecen confirmar que la descripción más adecuada de la relación entre las dos eras y el reino de Dios que informa al NT es la escatología inaugurada: con la primera venida de Cristo, el reino de Dios/la era venidera ha iniciado, pero no será hasta la segunda venida de Cristo que la era venidera/reino de Dios será completa. La iglesia por lo tanto vive entre los tiempos. Es decir, la era por venir ha penetrado en esta era presente, y es solo a través del ojo de la fe que uno puede ahora percibir la presencia del reino de Dios.

REINO DIVIDO Después de los reinos de David y Salomón, que habían mantenido juntas a las tribus de Israel, en una unión frágil, el reino se dividió entre el norte y el sur en el año 931 a.C. (1 Reyes 11 – 12). Las razones para la división se dan por la infidelidad de Salomón (11:1-13) y las expectativas irracionales de su hijo Roboam (12:1-15). Detrás de todo esto subyace una larga historia de rivalidad entre las tribus.

Manteniendo el nombre de "Israel" (también conocido como "Efraín"), las diez tribus tuvieron una sucesión inestable de reyes por doscientos años hasta el 722 a.C., cuando los asirios llevaron el reino a su final con la deportación y el programa de restablecimiento.

El reino de Judá al sur (con una tribu de Benjamín bastante más débil) mantuvo una línea davídica de reyes hasta su remoción y la destrucción de la capital, Jerusalén, por mano de los babilonios en el año 586 a.C.

REJA ALTA *Véase* Reja Superior.

REJA, REJILLA "Reja" (KJV) o "rejilla" (otras versiones) es el término utilizado para la "red de bronce" del altar del tabernáculo de ofrendas quemadas. La rejilla tenía anillos en las esquinas que tenían palos para llevar. *Véase* Éx. 27:4; 35:16; 38:4-5, 30; 39:39.

RELÁMPAGO, RAYO Las referencias a los rayos cumplen un papel importante en varias representaciones teológicamente valiosas de Dios. Dios es soberano sobre toda la creación y, por lo tanto, tiene el control del rayo. Como uno de los siervos de Dios, los rayos obedecen sus órdenes (por ejemplo, Job 36:32; 37:15; 38:24-25; Sal. 18:12-14; 135:7). El relámpago también está llamado a alabar a Dios (Sal. 148:7-8). El uso de Dios del rayo contra sus enemigos (Éx. 9:23-24; 2 Sam. 22:13-15; Sal. 78:48; 144:6) forma parte de la imagen del AT de Dios como guerrero. (Las obras de arte de otras civilizaciones antiguas del Cercano Oriente muestran a sus deidades haciendo la guerra a sus enemigos y sosteniendo rayos en sus manos, listos para arrojarlos a la tierra).

Varias teofanías (apariciones de Dios) van acompañadas de rayos (Éx. 19:16, 20:18). En otras teofanías visionarias, el rayo se usa para describir la apariencia de las criaturas asistentes de Dios o para describir la propia apariencia de Dios (Ezeq. 1:4, 13-14; Dan. 10:6; Mt. 24:27; Lc. 9:29; 17:24). Los juicios de Dios se describen como acompañados por un rayo o como un relámpago (Oseas 6:5, Zac. 9:14, Apoc. 4:5, 8:5, 11:19, 16:18).

RELIGIÓN La palabra religión, como se usa hoy en día, se refiere a diferentes sistemas de adoración y a los distintos principios teológicos fundamentales que sostienen a esos sistemas. Hay tantos sistemas de adoración como deidades en el mundo. En el sentido que el cristianismo tiene una deidad que adorar, un sistema de adoración relacionado con él, y un conjunto de principios fundamentales establecidos para exteriorizar esa adoración, se puede decir que es una religión. Aquí la objeción para muchos radica en que identificar el cristianismo como una religión puede restar valor a su exclusividad y clasificarlo simplemente como una entra las muchas religiones del mundo. Sin embargo, esta objeción es probablemente exagerada. La palabra religión es ciertamente utilizada en las Escrituras, y el cristianismo es referido como una religión en un sentido positivo.

La palabra griega comúnmente traducida como religión en el NT es thrēskeia. Se usa en referencia al cristianismo, pero también al judaísmo y otras formas de adoración. Mientras Pablo entrega su defensa frente a Agripa (y Festo), él señala que no ha hecho nada digno de culpa, porque fue Dios quien cambió su corazón acerca de Jesús como el Mesías. Antes de eso, había caminado en el camino más estricto, como un fariseo, en la religión judía (Hec. 26:5). Mientras Pablo habla de la herejía colosense, él instruye a los creyentes no quedarse atrapados en la adoración (thrēskeia) de los ángeles, una parte de la compuesta religión falsa que amenazaba a la iglesia colosense (Col. 2:18). Santiago anota que si una persona dice ser religiosa pero no controla su lengua, la religión de esa persona es inútil (Sant. 1:26). La religión que es la verdadera religión, siendo pura e inmaculada, es actuar con compasión hacia aquellos más desamparados, cuidando de los huérfanos y las viudas en su sufrimiento, y caminar en una correcta ética bíblica (1:27). En cuanto a otros sistemas religiosos en las Escrituras, Dios consistentemente advierte a los hijos de Israel sobre falsas religiones de naciones, adoración de deidades tales como Baal y Quemos. Siempre hubo tentación para los israelitas de derivar a esas religiones o para reformar el judaísmo para ser como ellas. En el mundo del NT, las religiones eran múltiples y variadas, y a los cristianos se les advierte contra todas las formas de falsa adoración.

Dios continuamente advirtió a Israel que no participara en otras religiones para adorar a otros dioses, como baal, representado por esta figura de bronce de un neumático (1400-1200 a.C).

RELINCHO Un aullido característico de un caballo (*véase* Jer. 8:16). Se usa en sentido figurado en Jer. 5:8 (*véase* 13:27) para describir la lujuria de Judá.

REMALÍAS Padre de Péqah, quien fue primer oficial del Rey Pekaía y lo asesinó para volverse rey de Israel (2 Re. 15:25-16:5).

REMANENTE El concepto de un remanente o una "teología del remanente" son frecuente en las Escrituras. Aunque aparece en una amplia variedad de textos y contextos, la idea central del concepto de remanente o teología del remanente es que en el medio de lo que parecería la apostasía total y el consecuente juicio terrible y/o destrucción, Dios siempre tiene un pequeño grupo leal que cumple lo prometido y trabaja para traer la bendición.

Antiguo Testamento

Alusiones tempranas a la idea de remanente se introducen en el libro del Génesis. Noé y su familia (Gn. 6-9) son los remanentes que se salvan durante la inundación, cuando todas las otras gentes son destruidas por el juicio. Asimismo, en Gn. 45:6-7 José declara antes sus hermanos, "Durante dos años ya ha habido hambruna en la tierra, y por los próximos cinco no habrá ni arado ni cosecha. Pero Dios me ha enviado delante de ustedes para preservarlos, un remanente en la tierra y salvar sus vidas por una gran liberación". El tema remanente aparece en varias otras partes en el AT. Por ejemplo, cuando Elías se queja a Dios de que él es el único fiel que queda, Dios lo corrige señalando que ha mantenido un remanente de siete mil fieles en medio de la apostasía nacional (1 Re. 19:10-18).

Sin embargo, es en los profetas del AT que el tema del remanente florece completamente. La palabra hebrea para "remanente" (she'ar, she'erit) aparece más de cien veces en los libros proféticos. Los profetas proclaman que, ya que Israel/Judá ha roto la alianza y se rehúsa a arrepentirse y volver a Dios, vendrá el juicio. Este juicio toma la forma de terribles invasiones extranjeras y destrucción, seguidas del exilio de la tierra. Es así como, el reino del norte, Israel, es destruido y exiliado por los asirios en el año 722 a.C., y el reino del sur, Judá, es destruido y exiliado por los babilonios en el año 587/586 a.C. Sin embargo, los profetas también anuncian esperanza y restauración más allá del juicio. Declaran que muchos serán destruidos en el juicio, pero no todos. Profetizan que un remanente sobrevivirá, y que Dios obrará a través del remanente para traer bendiciones y restauración. Por lo general, el remanente se identifica como aquellos que van al exilio pero que, asimismo, esperan volver a la tierra. El restablecimiento del remanente con frecuencia se conecta con la inauguración de la era mesiánica.

Nuevo Testamento

El tema del remanente continúa en el NT, pero no es tan preeminente en el NT como lo es en los profetas del AT. El término remanente no aparece en los Evangelios, aunque la idea está implicada en varios textos. Así, en Mateo 7:13-14 Jesús establece, "Ya que amplia es la reja y ancho el camino que lleva a la destrucción, y muchos entran a través de ella. Pero pequeña es la reja y angosto el camino que lleva a la vida, y solo pocos lo encuentran". Igualmente, en Mateo 22:14 Jesús resume su parábola precedente al decir, "Muchos están invitados, pero pocos son elegidos".

En Rom. 11, Pablo es mucho más explícito. No solo usa el término remanente, sino que en Rom. 11:2-5 conecta su argumento específicamente a la idea de remanente en 1 Re. 19:18 ("He reservado para mí a siete mil"). Pablo está señalando las similitudes entre la apostasía en Israel en 1 Re. 19 y el rechazo paralelo al Mesías por parte de Israel en la época de Pablo. En ambos casos, la nación ha rechazado la palabra de Dios y su plan de salvación. En ambas situaciones, aunque la nación como un todo ha rechazado a Dios, Dios mantiene un remanente fiel. Pablo subraya que el remanente se establece por gracia de Dios. Por tanto, en Rom. 11:5, Pablo explica, "Así también, en este momento existe un remanente elegido por gracia". En la iglesia temprana, ese remanente consistía en judíos cristianos como el mismo Pablo. Y en el grado en que la iglesia como un todo heredó las promesas de Israel, podría incluirse en la categoría de remanente (vuelva a verse Rom. 11:11-24; cf. 1 Pe. 2:5-10; Ap. 7; 14). De hecho, Pablo espera que la conversión de los gentiles a Cristo pueda poner celosos a sus compatriotas judíos para que "retomen" a su Mesías (en Rom. 11, cf. vv. 11-12 con vv. 25-36). En ese caso, Israel nacional se convertiría en el remanente espiritual por primera vez en la historia de Israel, porque "todo Israel" se salvaría. Esto es, Israel nacional e Israel espiritual serían uno.

Otra forma de comprender la idea del remanente como se desarrolla a través de la Biblia es usar una ilustración de un reloj de arena (esto es, ancho, angosto, ancho). Así, Dios había creado al mundo para que tuviera compañerismo con él, solo para ser rechazado por su creación. Para rectificar este problema, Dios llama a Abraham desde el paganismo para que le haga un nuevo pueblo, Israel, para adorar a Dios y declararlo a las naciones. Sin embargo, desafortunadamente Israel desobedece la ley de Dios al igual que las naciones del mundo lo había desobedecido al adorar a otros dioses. Pero el propósito de Dios no se frustra por eso, ya que eleva un remanente, unos pocos fieles que permanecen leales a Yahveh (e.g., Elías y los posteriores retornados de Israel). Sin embargo, para el final del AT las esperanzas de Israel descansan sobre un individuo, el Mesías, que volverá los corazones de los judíos a Dios y convertirá a las naciones de la tierra al único Dios verdadero. Resulta, entonces, que el rechazo de Dios por parte de

Israel en el AT en realidad ayuda a realizar el plan de Dios estrechando su enfoque, culminando en la expectación de un Mesías. Pero con el advenimiento de Jesucristo, el enfoque de Dios ahora se amplía, comenzando con los apóstoles (el comienzo del remanente en el NT), extendiéndose para incluir a la iglesia (el reemplazo de Israel, aunque solo sea temporalmente), y abarcando el mundo un día (que completará la revelación de Dios).

REMEROS, REMAR *Véase* Barcos, Marineros y Navegación.

REMEROS Personas, a menudo esclavos, que ayudaban a navegar un barco remando. Ezequiel se refiere a los remeros en su lamento por la ciudad de Tiro (Ezeq. 27:8).

REMET Un pueblo en la asignación tribal de Isacar (Js. 19:21), probablemente el mismo que Ramot (1 Cr. 6:73) y Jarmut (Js. 21:29).

REMMONMETHOAR El nombre en KJV para una ciudad levítica en la frontera de la tribu de Zabulón (Js. 19:13). La NIV y otras versiones traducen el nombre como Rimón y methoar como el verbo girar (puede ser voltear). La misma ubicación es llamada Rimono en 1 Cr. 6:77 y Dimna en Js. 21:35. Por lo general se identifica con la moderna Rummanah, nueve kilómetros al norte de Nazaret.

R

REMOLINO El profeta Elías, al final de su carrera terrenal, fue llevado con vida en un remolino al cielo (2 Re. 2:11). La palabra hebrea para "remolino" (se'arah) también describe un fenómeno atmosférico en Ez. 1:4, la "tormenta de viento", la impresión temprana que tuvo el profeta del querubín de carroza voladora, sobre la cual Dios estaba entronizado. Así, Dios se comunica de manera especial con estos dos profetas en el remolino/tormenta de viento; en ambos casos, este encuentro inició un evento climácico en sus ministerios proféticos: el de Elías terminó y el de Ezequiel comenzó. La misma palabra hebrea se usa cuando Dios le habla a Job: "Entonces el Señor le respondió a Job desde el remolino [se'arah]" (Job 38:1; 40:6 NRSV [NIV: "tormenta"]). Dios aparece a veces en viento y tormenta (e.g., Sal. 77:18; Is. 66:15; Jr. 23:19; Nah. 1:3).

RENDICIÓN DE CUENTAS *Ver* Edad de responsabilidad.

RENFÁN La traducción LXX (del griego Raiphan) de la palabra hebrea para Saturno (kiyyun). Amos acusa a los israelitas de adorar a esta deidad, lo que contribuye a la decisión de Dios de enviarlos al exilio (Am. 5:26). Esteban cita este versículo en Hechos 7:43.

REPHA Un descendiente de Efraín (1 Cr. 7:25).

RÉPROBO En Romanos, Pablo argumenta que la condición previa necesaria para que cualquiera crea, es la elección soberana de Dios, ya que el corazón humano está contra Dios. Fe en Cristo confirma que uno ha sido elegido. Los israelitas que endurecieron sus corazones y rechazaron a Jesús lo hicieron por sus corazones réprobos, probando que no eran elegidos (Rom. 9:11-13). Los que han sido rechazados por Dios y destinados para enfrentar el justo precio del pecado son réprobos (Rom. 9:18).

Un buque de guerra asirio de la época de Senaquerib (700-692 aC), cuyos constructores y remeros probablemente eran fenicios.

REPROCHE Un reproche es una expresión de vergüenza o injuria basada en cierto comportamiento o circunstancias. En contexto, el reproche puede involucrar una o más de las siguientes expresiones: comportamiento de dudosa reputación, circunstancias vergonzosas o perjudiciales, una palabra de reproche, y el deshonor o vergüenza traído por el reproche. El sabor emocional de la palabra reproche se ve en términos usados en los contextos de reproche: escarnio, desgracia, desprecio, deshonor, vergüenza, provocación, injuria, maldición, terror, proverbio, refrán. Nuevas circunstancias pueden eliminar un reproche.

• *Descrédito.* Deficiencia moral es una causa para reprimenda o acusación. La persona que esté exenta de reproches o fuera de reproche, es la de mayor estatura moral, poseyendo integridad que previene una acusación. Muchos usos del NT caen en esta categoría al proporcionar criterios para un cargo (1 Tim. 3:2; 5:14; Tit. 1:6).

• *Circunstancias vergonzosas.* En muchos pasajes, estas son resultado del castigo de Dios, pero no siempre. Nahas amenazó con arrancar el ojo derecho a cada uno de los hombres de Jabes-Galaad para traer desgracia (reproche) a Israel (1 Sm. 11:2).

• *Palabra dicha.* El reproche hablado puede ser una reprimenda confrontacional por comportamiento de dudosa reputación. En la mayoría de las ocurrencias en el AT es un dicho despectivo, como un refrán, burlándose de la persona y sus circunstancias. También puede ser una provocación o desafío, como cuando enemigos reprochan a Dios (2 Re. 19:4).

• *Deshonor o vergüenza.* Cuando se enfatiza este aspecto, la traducción con frecuencia es desgracia. Puede enfatizar el deshonor demostrado por otros o la vergüenza sentida por la persona desgraciada.

REPTILES

Terminología. La categoría científica moderna de los reptiles (vertebrados de sangre fría que respiran aire) no tiene un equivalente preciso en el vocabulario bíblico. Los hebreos describieron las criaturas por su forma de moverse, como "cosas reptantes" (zakhal [Dt. 32:24; Miq. 7:17]), "cosas rastreras" (remes [Gn. 1:25-26]), y "cosas pululantes" (sherets [Gn. 7:21]). Todos estos términos, que probablemente se superponen, incluían tanto a reptiles como animales pequeños.

Nakhash (e.g., Gn. 3) el término común más general para serpientes y otros reptiles. Términos más raros son tannin (traducido como serpiente en Éx. 7:9, pero que más frecuentemente significa un dragón mítico) y sarap (usado, por sí solo o calificando a nakhash, de las serpientes de fuego en Nm. 21:6, 8; Is. 14:29; 30:6). En griego, herpeton (Hec. 10:12; 11:6; Rom. 1:23; Sant. 3:7) incluye serpientes y lagartos, mientras la palabra genérica para serpientes es ophis (e.g., Mt. 7:10).

Además de estos términos generales. Las Escrituras mencionan los siguientes: (1) el cocodrilo (liwyatan) encontrado en Egipto e Israel y a veces retratado en poesía como un monstruo mitológico (Job 3:8; 41:1; Sal. 74:14; 104:26; Is. 27:1); (2) una variedad de lagartos, que probablemente incluyen gecos, lagartijas y camaleones (Lv. 11:29, 30; Prov. 30:28); (3) una variedad de serpientes venenosas, incluyendo la cobra o áspid (Dt. 32:33; Rom. 3:13), y la víbora (Is. 59:5; Hec. 28:3).

Aunque las tortugas son comunes en el Medio Oriente, la traducción de KJV de la palabra hebrea tsab como tortuga en Lv. 11:29 es casi seguramente una equivocación. Sin embargo, ya que en Israel se encuentran al menos ochenta tipos de reptiles, la identificación precisa más allá de eso es difícil.

Reptiles en la Biblia. La serpiente es una imagen importante en las Escrituras. Es una serpiente la que tienta a Adán y Eva (Gn. 3:1; 2 Cor. 11:3); y en la primera promesa de la salvación Dios dice que la semilla de la mujer aplastará la cabeza de la serpiente (Gn. 3:15). De ese momento en adelante, la serpiente es condenada a arrastrarse sobre su estómago y comer polvo (Gn. 3:14; Is.65:25).

Todas las criaturas rastreras eran impuras en la ley del AT (Lv. 11:29-31). Aunque algunas serpientes del Medio Oriente no son venenosas, el AT siempre retrata las serpientes como dañinas además de impuras (Dt. 8:15; 32:24, 33; Job 20:14, 16; Ecl. 10:8, 11; Isa. 30:6; Am 5:19; Mt. 7:10; Lc. 11:11). Porque el veneno estaba asociado con la lengua de la serpiente, la serpiente era una símbolo de discurso mentiroso y traicionero así como de peligro físico (Gn. 49:17; Sal. 58:4; 140:3; Prov. 23:32; Is. 14:29; Jr. 8:17; 51:34; Mt. 23:33; Ap. 9:19), astucia (Mt. 10:16), y degradación (Miq. 7:17). Que las serpientes quedarán inofensivas era considerado un signo de intervención divina (Sal. 91:13) y de la era mesiánica (Is. 11:8; Lc. 10:19; Mc. 16:18). Pablo y Juan identifican la serpiente en el Edén con Satanás y esperan su total destrucción en los últimos días (Rom. 16:20; Ap. 12:9-17; 20:2-3).

Serpientes aparecen tres veces en milagros bíblicos. Primero, el cayado de Aarón se transformó en una serpiente que, cuando los magos del Faraón replicaron la proeza, devoró a las serpientes de los magos (Ex. 7:10-15; cf. 4:3-4). Esto debió haber impresionado mucho más al Faraón porque la serpiente era un símbolo del poder faraónico. Segundo, cuando Dios envía serpientes venenosas para castigar a los israelitas, que se arrepintieron, Dios le dijo a Moisés que pusiera una serpiente de bronce en un palo; cualquiera que mirase a la serpiente de bronce (que solo mucho después se convirtió en objeto de idolatría) era salvado (Nm. 21:6-9; 2 Re. 18:4). Esta prefiguraba la cruz, en la cual Cristo se convirtió en una maldición por nosotros (Jn. 3:14; 1 Cor. 10:9; Gal. 3:10). Tercero, Pablo fue mordido por una serpiente y no sufrió daño alguno (Hec. 28:3-6).

REPUTACIÓN Un informe circulante de las acciones de uno que se consideran para indicar carácter. Proverbios 25:9-10 advierte contra traicionar una confianza porque esa acción daría como resultado un mal informe del que uno no puede escapar (e.g., Js. 6:27; Est. 9:4). De acuerdo al AT, la reputación motiva a Dios. En Éx. 32:9-14 Moisés convence a Dios de cambiar de opinión acerca de la destrucción de los israelitas apelando a lo que el informe de una acción como esa generaría entre los egipcios. La reputación también es importante en el NT. Una buena reputación es necesaria para un supervisor de la iglesia de Dios (1 Tim 3:7). Aunque una reputación no siempre indica un carácter intachable (Ap. 3:1; cf. 1 Cor. 4:5).

REQUEM **(1)** Uno de los cinco reyes de Madián derrotado por las fuerzas israelitas lideradas por Moisés (Nm. 31:8; Js. 13:21). Flavio Josefo asocia su ciudad con Petra. **(2)** Descendiente de Caleb (1 Cr. 2:43-44). **(3)** Una ciudad en la herencia de Benjamín, probablemente en el lado occidente (Js. 18:27). *Véase también* Recem.

RESA Ancestro desconocido de Jesús del período post-exilio mencionado por Lc. 3:27 como el hijo de Zorobabel y el padre de Yojanán.

RESCATE Un pago realizado para rescatar un esclavo, librar a un cautivo, o liberar a un criminal del castigo.

En el AT, los esclavos podían ser liberados por un rescate (Lv. 19:20), y cierto tipo de criminales son excluidos del rescate (Nm. 35:31-32), implicando que otros podían ser rescatados para escapar de su castigo. Rescate también se usa más ampliamente para incluir nociones de expiación (Éx. 30:12) y como un sinónimo cercano para redención (Jr. 31:11 NASB, NRSV, KJV). Rescate con frecuencia se usa metafóricamente para describir las acciones salvadoras de Dios en nombre de su pueblo (Is. 43:3; 50:2; Jr. 31:11; Os 13:14), rescatándolos de sus enemigos o de individuos (Job 5:20; Sal. 55:18), salvándolos de la muerte. En estos casos, el énfasis está en el rescate efectuado, no en el precio pagado.

En el NT, rescate se usa para describir la labor expiativa de Cristo. Jesús describe su propio propósito: "El Hijo del Hombre no vino a ser servido, sino a servir, y a dar su vida como rescate por muchos" (Mc. 10:45 // Mt. 20:28). Pablo usa el mismo lenguaje: "Cristo Jesús, que se entregó como rescate de todas las gentes" (1 Tim. 2:5-6). El autor de la Carta a los Hebreos describe el efecto de este rescate: "Él ha muerto como rescate para liberarlos de los pecados cometidos bajo su primera alianza" (Heb. 9:15). Las tres referencias indican que el precio pagado por el rescate es la vida de Jesús, entregado a la muerte en la cruz. Cada uno de los significados literales de "rescate" tiene su equivalente metafórico: la muerte de Cristo nos libera de nuestra esclavitud al pecado y la muerte (Rom. 6:6), nos libera de nuestro cautiverio hacia la ley (7:4-6), y paga el precio del castigo merecido por nuestros pecados (3:25-26). El rescate no fue pagado al Diablo, y se comprende mejor como la satisfacción del propio juicio de Dios (Rom. 6:23).

RESEF (1) Un descendiente de Efraín (1 Cr. 7:25). (2) Dios canaanita mencionado en las tabletas encontradas en Ras Shamra/Ugarit, pero no mencionado en la Biblia.

RESÉN Una ciudad fundada por Nimrod en Asiria, entre Nínive y Cala (Gn. 10: 12). Posiblemente se ubica cerca de las ruinas de Hamam Ali en la ribera derecha del río Tigris, doce kilómetros al sur de Nínive.

RESERVA Un lugar para guardar grandes cantidades de agua. Algunas reservas eran construidas sobre la superficie, donde el público pudiese acceder a ellas. Cisternas, que son tanques de retención revestidos de yeso, se construían bajo tierra. El agua de lluvia era desviada hacia cisternas desde los techos de las casas. Isaías menciona una reserva en uno de sus sermones (Is. 22:11).

RESIDENCIA Residencia puede referirse a un lugar ("construcción, residencia" [e.g., Éx. 15:17; Hec. 7:46]) o una acción ("residir" [e.g., 1 Sm. 2:29]). Mientras residencia caracteriza la residencia de personas (Gn. 27:39; Nm. 24:21; Prov. 24:15; Is. 32:18; Hab. 1:6; Sof. 3:6-7), el santuario de Dios, donde reside el arca de la alianza (Éx. 25-26; Sal. 132:8), se describe como su residencia entre el pueblo (Éx. 15:13, 17; Lv. 15:31; 26:11; 1 Sm. 2:29, 32; 1 Cr. 9:19; Zac. 2:13). Tanto el tabernáculo (2 Sm. 7:6; 15:25; 1 Cr. 16:1) como el templo (2 Cr. 31:2; 36:15; Sal. 84:1; 132:5; Ez. 3:12; Miq. 1:2-3) se describen así. Un santuario para los necesitados y oprimidos (Sal. 27:5; 31:20; 68:5), también es un puesto desde el cual Dios observa la tierra (Sal. 33:14; 132:6-9). Dios mismo puede ser descrito como una "residencia" en la cual las personas buscan refugio (Sal. 90:1; 91:9; Ez. 37:27).

El Deuteronomio, tal vez en un esfuerzo por eliminar cualquier idea equivocada de la omnipresencia de Dios o en reacción a la destrucción del primer templo, describe el santuario como la "residencia para su Nombre" (Dt. 12:11; 14:23; 16:2, 6, 11; 26:2; cf. 1 Re. 8:29; Is. 18:2-7; Jr. 7:12), mientras Reyes y Crónicas (1 Re. 8:30, 39, 43, 49; cf. 1 Cr. 17:5; 2 Cr. 6:21, 30, 33, 39; 30:27) mantienen que la residencia de Dios está en el cielo, no en la tierra. Como confiesa Salomón, ni siquiera los cielos pueden contener a Dios, mucho menos un templo (1 Re. 8:27; cf. Sal. 74:7; Jr. 25:30). Algunos profetas y escritos se refieren a Jerusalén, la ubicación del ahora destruido templo, como la "residencia de Dios" (e.g., Esd. 7:15; Jr. 31:23; Lam. 2:6), mientras otros prefieren el "lugar de residencia del Nombre de Dios" (e.g., Neh. 1:9; Is. 18:7).

El amigo de Job, Bildad, identifica la residencia de una persona malvada como una caracterizada por calamidades (Job 18:5-21), mientras Job, que quiere hacer su declaración de inocencia ante Dios, lamenta su inhabilidad para localizar la residencia de Dios (23:3).

Jesús es descrito en el Evangelio de Juan como la Palabra (logos) de Dios que residía o "tabernaculaba" (skēnoō) entre los humanos (Jn. 1:14). Pablo describe a los creyentes como gimiendo a la espera de ser vestidos con su "residencia celestial", por la cual adquieren inmortalidad (2 Cr. 5:2-4), y dice que están siendo construidos en una residencia del Espíritu de Dios (Ef. 2:22). Este último sentimiento es compartido en el Apocalipsis, que dice que la nueva ciudad de Dios no necesitará templo físico porque Dios y el Cordero mismos son el templo, residiendo entre la gente (21:3, 22; cf. 1 Cor. 3:16-17).

RESIDENTE TEMPORAL *Véase* Extranjero.

RESINA *Véase* Bedelio; Goma, Resina de Goma.

RESISTENCIA *Véase* Tolerancia; Perseverancia; Constancia.

RESTITUCIÓN Un acto de restauración en el cual se brinda compensación a cuenta de una pérdida por parte de la persona responsable de la misma. Como parte fundamental de la vida comunitaria, la restitución protege contra la pérdida de la propiedad de uno debido al descuido o traición de un vecino. La palabra hebrea es por lo general un verbo y por ende se traduce como "hacer restitución", con la raíz de esta palabra (shlm) llevando la connotación completar algo o alguien.

Como parte de la vida económica, la restitución se ordena por directa o indirectamente causar que alguien más pierda sus posesiones. Un ladrón debe hacer restitución (Éx. 22:3). La persona que cava un foso y lo deja es responsable por el buey o burro de un vecino que cae en dicho foso (21:33-34; cf. 22:6). Cuando no está claro quién es responsable por la pérdida, los jueces deben decidir (22:7-15). Si la parte responsable no puede determinarse o encontrarse, no se requiere retribución. Requerir retribución falsamente en sí mismo requerirá retribución para quien ha sido falsamente acusado. La función de la retribución es ayudar a proteger el sustento de uno (ganado, cultivos) de la pérdida causada por el descuido o malevolencia de otra persona en la comunidad que en otro caso no tendría obligación de ayudar.

La restitución apunta a restaurar lo que se perdió con un reemplazo igual (un buey por un buey en Éx. 21:36) y puede involucrar igualar monetariamente el valor (21:34). Sin embargo, en el caso de robo, la restitución debe ser mayor al valor. Esos casos pueden involucrar devolver el doble, el cuádruple o el quíntuple del valor de lo que fue robado (22:1, 7), incluso hasta el punto se venderse uno mismo para pagar la deuda (22:3). De esta manera, la restitución también puede funcionar como un disuasorio, especialmente contra el robo. La restitución no es lo mismo que la retribución, ya que la meta no es castigar sino disuadir acciones dañinas y fomentar la restauración entre ambas partes. La respuesta de Jesús al uso retributivo de Lv. 24:19-20 (ojo por ojo, diente por diente), vea Mt. 5:38-39.

En Nm. 5:5-8 y Lv. 6:1-7, acciones contra los vecinos de uno cuentan como actos contra Dios, de esa forma, requiriendo una restitución adicional, un quinto del valor de la propiedad perdida, a ser entregada a los sacerdotes junto con una ofrenda de culpa. De esta forma, la restitución opera no solo para restaurar la propiedad perdida, sino también para restaurar a la parte culpable frente a Dios.

RESTOS El espeso, meloso sedimento al fondo de los odres de vino añejo (a veces "posos" en la KJV, RSV). El término se usa negativamente en referencia al juicio de aquellos que beberán completamente de la copa de la ira de Dios (Sal. 75:8; Is. 51:17) o para simbolizar la holgazanería o complacencia (Jr. 48:11; Sof. 1:12). Sólo una vez se usa de manera positiva, para simbolizar la abundante provisión de Dios para su pueblo (en Is. 25:6 [NIV: "vino añejo"; KJV, RSV: "posos"]).

RESUELTO, RESOLUCIÓN Resolución es la cualidad de firmeza o estabilidad. Pablo le dijo a los Colosenses que estaba muy complacido de ver su disciplina y resolución en la fe (Col. 2:5 [KJV: "resolución"]). El término también es utilizado en 2 Pe. 3:17 KJV, advirtiendo a los lectores no alejarse de su resolución. Una persona resuelta es firme en su fe y tiene cimientos sólidos que no pueden ser sacudidos. En la NIV, "resuelto" es una cualidad del espíritu de uno (Sal. 51:10), corazón (Sal. 57:7; 108:1; 112:7), modos (Sal. 119:5; Prov. 4:26), o mente (Is. 23:6). Pedro asegura a sus lectores que Dios los hará "fuertes, firmes y resueltos" (1 Pe. 5:10).

RESURRECCIÓN La resurrección de Cristo es el evento fundacional de la fe cristiana. Pablo va tan lejos como a decir que si Cristo no hubiese resucitado, entonces la fe cristiana es fútil y los cristianos deben ser compadecidos más que todos los demás (1 Cor. 15:17-19). La posición culminante de la resurrección en las narrativas de los cuatro Evangelios proporciona el mismo entendimiento. Cristo vino no meramente a morir, como algunos afirman, sino a conquistar a la muerte. La resurrección da significado "de Dios" a todo lo que hizo Cristo antes de su muerte, y establece todo lo que vendrá como una garantía de las promesas escatológicas de Dios. Sin la resurrección, Jesús habría sido solo otro "profeta esperanzado" que tuvo una trágica muerte de campesino en Jerusalén. Sin embargo, en la situación actual, evidenciado por la resurrección, él es el Hijo de Dios. De acuerdo al

NT, la resurrección es el grito triunfal de que Dios en realidad vino a visitar a su creación y a conquistar el poder del pecado y la muerte.

Antiguo Testamento

La esperanza de la resurrección es pobremente testimoniada en el AT, especialmente en las secciones tempranas. Se hacen referencias a la muerte que parecen indicar que los muertos no han dejado de existir, pero eso pasajes se refieren (a lo sumo) a la muerte como una existencia no-viva en las sombras (Job 26:5; Sal 88:10; Ez. 32:21).

Cuando textos tempranos del AT sugieren que ciertos individuos experimentan vida eterna, lo hacen escapando completamente a la muerte. Enoc (Gn. 5:24) caminó con Dios y simplemente fue llevado, mientras Dios dramáticamente levantó a Elías en una carroza de fuego (2 Re. 2:11). El intento de Saúl en Endor de reanimar de la muerte a Samuel para recibir su consejo (1 Sm. 28:3-14) habla más sobre la superstición y desobediencia de Saúl que sobre la fe de Israel en la vida después de la muerte.

Algunos textos proféticos del AT insinúan hacia una restauración corporal de vida más allá de la tumba. Es una promesa no de resurrección de la muerte a la vida para el individuo sino del amor incesante de Dios el Israel corpóreo que finalmente resulta en la redención de su pueblo de las garras de la muerte (Os. 6:1-3; 13:14). Aunque estos textos son difíciles de separar de la visión de Israel de una restauración nacional post-exilio, como en la visión del valle de los huesos secos (Ez. 37:1-14), sí indican un creciente sentido de esperanza en que Dios restaurará a Israel a una vida renovada en su presencia tras la muerte. Una tendencia similar puede estar detrás de Job 14:14, donde Job, tras afirmar la finalidad de la muerte individual (14:12), aun levanta la pregunta de una posible vida después de la muerte. La base para esta noción descansa en la afirmación que el Dios viviente, misericordioso redentor de Job, tiene el poder sobre la muerte y le permitirá a Job ver la vida después de la muerte (Job 19:25-26; cf. Sal. 16:10).

Daniel 12:2, que en apariencia es una completa enseñanza sobre la resurrección individual, aun se queda corto como comparación benéfica a las enseñanzas de Jesús. Aunque los fariseos (junto a un cierto número de intérpretes modernos que buscan bases para la resurrección individual en el AT) posteriormente usaron este texto como prueba para su resurrección individual, su contexto, (Dn. 11) claramente sugiere una lucha entre naciones, a las cuales Dios eventualmente le revelará su juicio final. Dios reivindicará a su pueblo. No obstante, el lenguaje del AT de despertar eterno a una nueva realidad, buena o mala, abre la puerta a una más profunda reflexión sobre el propósito eterno de Dios y cómo se relaciona con la experiencia humana más allá de la muerte.

Periodo Intertestamentario

Las especulaciones del periodo intertestamentario retratan un amplio conjunto de influencias filosóficas que afectaron el pensamiento del judaísmo del segundo templo. Los saduceos conservadores, que pueden haber aceptado solo la Torá como Escritura, entendieron Sheol (el país o la residencia de los muertos) como un lugar de sueño eterno y, por ende, negaban la resurrección (cf. Ecl. 17: 27-28; 30:17; Hec. 23:8). Otros grupos, tales

La tumba del jardín, una de las ubicaciones sugeridas (aunque menos probables) para el entierro y la resurrección de Jesús.

como los fariseos y los esenios, fueron, en mayor o menor grado, influenciados por el pensamiento helenístico sobre la relación entre espíritu y materia. La falta de unidad entre estos grupos, especialmente los fariseos, creó una plétora de comprensiones acerca de la resurrección. Algunos, influenciados por la idea platónica de que el alma/espíritu es inmortal y será liberado en la muerte del cuerpo, volvieron las reflexiones sobre la vida después de la muerte en un tema de inmortalidad (4 Mac. 14:5; 18:23). Otros parecen haber afirmado una resurrección física pero restringida solo a Israel o a los justos remanentes del mismo. Esta perspectiva posterior fácilmente conectaba con la visión de que todos se levantarían, los injustos para el castigo, los justos para la recompensa y bienaventuranza. Se hace imposible, por ende, determinar en qué grado las reflexiones cristianas durante el primer siglo, influenciaron a escritores judíos más que viceversa. Sociológicamente hablando, los cristianos tempranos eran una de las muchas ramas del judaísmo desarrollándose en ese periodo. Como los Evangelios parecen sugerir, ellos interactuaban, tal vez especialmente, con los fariseos.

R

Nuevo Testamento

El relativo silencio del AT en el tema de la resurrección señala un marcado contraste con la posición central que sostiene en el NT. Los cuatro Evangelios construyen su retrato narrativo del ministerio de Jesús hacia este evento culminante, y Jesús mismo arguyó contra la visión de los saduceos (Mc. 12:18-27). Más allá de las narrativas de los Evangelios, Pablo convierte la resurrección en el corazón mismo de la fe cristiana (1 Cor. 15); los hebreos entienden la resurrección como parte de las enseñanzas cristianas elementales (Heb. 6:1-2); Santiago juega con la palabra "levantar" al explicar la conexión entre la fe y la fuerza de vida (Sant. 5:15); Pedro ve la resurrección como la base de la esperanza cristiana (1 Pe. 1:3); El Apocalipsis detalla la calidad de la vida resucitada (Ap. 21-22). En síntesis, cada parte del NT afirma la realidad de la resurrección después de la muerte. Es la evidencia culminante de que el reino de Dios ahora reside entre la gente. Dios trae vida; la muerte ya no tendrá la última palabra.

Los Evangelios. Los Evangelios entregan cuatro relatos de levantamiento de la muerte. Estrictamente hablando, estas no son resurrecciones sino resucitaciones. Las personas en cuestión no son levantadas a la vida eterna sino, más bien, traídas de vuelta a la vida en sus circunstancias históricas; posteriormente volverán a morir. Los Evangelios entrelazan el levantamiento de la hija de Jairo con la sanación de la mujer hemorrágica (Mc. 5:21-43 pars.) subraya la conexión conceptual entre la vida y la presencia de Dios. El judaísmo del siglo uno se había vuelto insolvente y no podía ayudar a la mujer cuyo sangrado hacía imposible adorar a Dios. Ahora, sin embargo, la vida podía restaurarse después de la muerte. Incluso el líder del centro de adoración, que no podía hacer nada para ayudar a la mujer, ahora veía a su propia hija levantada de entre los muertos.

El levantamiento del hijo de la viuda de Nain (Lc. 7:11-17) indica de manera similar que los días del profeta Elías han vuelto (1 Re. 17:8-24). Dios nuevamente visitaba a su pueblo y traía vida después de la muerte. De forma más espectacular, el levantamiento de Lázaro tras cuatro días en la tumba (Jn. 11:1-44) habla directamente sobre el poder de Dios para traer vida desde la muerte en conexión con la comprensión del AT de la vida del más allá. El énfasis en los cuatro días en la tumba, junto con el pronunciamiento de Jesús sobre sí mismo como "resurrección y vida" y su aplicación del nombre revelador de Dios ("Yo soy") a sí mismo, hace destacar a este evento como anticipación de lo que pronto se completará. Eso mismo es cierto para el despliegue de poder en la muerte de Jesús, cuando las tumbas se abren y muertos se levantan (Mt. 27:51-53).

Las cartas de Pablo. Las enseñanzas de Pablo sobre la resurrección se anclan en la escatología y viceversa. La finalidad de la muerte, introducida por la desobediencia de Adán, es ahora superada por Cristo a través de su resurrección (1 Cor. 15:21-22). La resurrección de Cristo evidencia que Dios ha terminado el reinado de la muerte; anuncia la inminente venida del fin, un tiempo en el que todos los que son de Cristo serán levantados de la misma manera, y la muerte no será más (15:23-24).

Aunque a veces Pablo usa el lenguaje del cuerpo, alma y espíritu, él nunca cae presa de un dualismo platónico que separa el alma del cuerpo, declarando que solo muere el cuerpo mientras el alma permanece inmortal (1 Tim. 6:15b-16a). Más bien, siguiendo el pensamiento hebraico, entiende la resurrección como una transformación total de la persona entera, comparándolo a lo que le pasa a la semilla cuando es puesta en la tierra. Esta debe morir antes de que surja algo completamente nuevo (1 Cor. 15:36). La promesa de la resurrección es la promesa de que el humano marcado para la muerte que es enterrado, en el momento de resurrección, será transformado y adecuado para vivir eternamente en la presencia de Dios. Lo que ahora es predecible se hará impredecible (1 Cor. 15:42-44). Para Pablo, esto no se trata de deshacerse de la materia (el cuerpo) que es creado por Dios, sino sobre la restauración de Cristo de lo que Adán destruyó (1 Cor. 15:49). Es la misma comprensión expresada en Ap. 21:1-5a, donde Juan profetiza la transformación del cielo y la tierra cuando Dios restablezca su relación de alianza con su pueblo.

Resumen. Aunque las presentaciones de la resurrección de Jesús de los Evangelios varían en algunos detalles (probablemente debido a propósito y audiencia), todas tratan el evento como el centro teológico de la narrativa del Evangelio. La historia de la resurrección lanza el trabajo escatológico de Dios y abre la puerta, como muestran las apariciones post-resurrección, para una conexión entre la historia de Jesús y la historia de la Iglesia. Es el cimiento tanto para la Gran Comisión (Mt. 28:18-20) y para Pentecostés (Lc. 24:49). Todas las personas de todas las naciones ahora pueden conocer al Cristo vivo.

El filósofo Aristóteles, autor de un tratado sobre retórica.

RETÓRICA La retórica es el proceso por el cual las personas influencian a otras para el bien a través del uso del lenguaje, imágenes, símbolos y metáforas. Aristóteles (384-322 a.C.) definió la retórica como el descubrimiento de los medios de persuasión disponibles en una situación dada. Quintiliano (c. 35-95 d.C.) definió la retórica como una buena persona hablando bien. La retórica es el estudio de cómo otros son influenciados para el bien. El retórico dirige a otros hacia creencias y acciones nobles que les permiten alcanzar sus metas de mejor manera y mejoran la vida de la comunidad en la que viven.

Los estudiosos bíblicos reconocen que la retórica es inherente a las Escrituras. La retórica trata con el descubrimiento y enfrentamiento de preocupaciones, temas y problemas en un ambiente en particular. Cada libro de la Biblia está escrito para un contexto y público específicos. Por lo tanto, los autores, intencionalmente o no, sistemáticamente o no, usan la retórica para comunicar su mensaje.

Sin embargo, por la declaración de Pablo en Corintios algunos concluyen que Pablo y las Escrituras se oponen a la retórica. Pablo escribe, "Vine a ustedes en debilidad… Mi mensaje y mi prédica no fueron palabras sabias y persuasivas, pero con una demostración del poder del Espíritu, para que su fe no descanse en la sabiduría humana, sino en el poder de Dios" (1 Cor. 2:3-5).

Por una parte, Pablo se opone a la retórica de sus oponentes, que se enredan en sofistería y utilizan la retórica solamente para buscar estatus y reconocimiento. Por otra parte, Pablo está bien

R

versado en los principios de la retórica grecorromana y sus usos, pero en una forma diferente y con otros motivos. Su retórica está templada por el mensaje evangélico más que por las expectativas de la audiencia o preocupaciones por el estatus. El mensaje del amor de Dios determina los parámetros de la retórica de Pablo.

Desde finales de la década de 1960, los estudiosos han utilizado la disciplina de la retórica para estudiar textos bíblicos. El criticismo retórico permite a los estudiosos explorar más profundamente las características únicas de un texto. El criticismo de forma identificó la forma "pura" de un texto, pero no podía ver su particularidad. Abstraía los textos, separándolos de su contexto histórico y audiencia. Inicialmente usado como forma para acerca un texto más a su contexto histórico y sociológico, el criticismo retórico ahora se enfoca principalmente en las dimensiones sincrónicas e intrínsecas de un texto. Aunque la meta interpretativa del criticismo retórico no es buscar un significado particular para un texto, tampoco sostiene que un texto pueda significar lo que sea que el intérprete o lector quiera que signifique. Las restricciones interpretativas del criticismo retórico se limitan por la forma del texto y su contenido en su contexto. Así, el criticismo retórico es un estudio de textos que busca identificar las formas en que ese texto influencia al lector en un ambiente en particular.

Debido a que la retórica es un medio para descubrir formas de influenciar a otros para el bien, también puede servir como herramienta hermenéutica para estudiar textos bíblicos. Estos dos usos caen bajo un paraguas de propósito más amplio. En su sentido más completo, la retórica es un recurso empleado en la búsqueda del conocimiento de la verdad. La retórica está más cómoda cuando involucra una fuente heurística para asistir en descubrir la verdad y el entendimiento, no para distorsionarlos. La retórica no posee una realidad independientemente propia, sino que existe imbuida en la realidad de la verdad y el conocimiento. Stanley Fish, un importante estudioso retórico, compara la retórica con un médico. Es el trabajo del médico diagnosticar un problema en particular en una situación particular y prescribir el mejor curso de acción a tomar para esa persona. Esa es la tarea de la retórica.

RETRIBUCIÓN DIVINA La palabra retribución se refiere a "dar lo que se debe", usualmente en respuesta al mal. La retribución es una importante doctrina teológica cuya importancia es desmentida por el escaso uso del término en las traducciones en inglés (ESV 2×; NIV 6×; NRSV 9×). La retribución es impulsada por la convicción teológica de que el orden moral se construye en el tejido del mundo (Salmos 7:14-16; Proverbios 26:27). Esta brújula moral está garantizada por la supervisión de Dios, que imparte justicia en el juicio y premia al justo, no sólo en el nivel humano-humano, sino que también en el nivel divino-humano (2 Corintios 9:6; Gálatas 6:7). Esta ecuación bíblica asegura que (1) la vida no es sobrepasada por el caos moral, (2) las acciones humanas afectan el futuro, (3) el mundo es moralmente uniforme y (4) la revancha humana debe ser evitada (Levítico 19:17-18; Mateo 16:27; Romanos 12:19). Con la comunidad humana en perspectiva, los mandamientos de Dios están destinados a instruir y guiar. No es sorprendente que se encuentren referencias a la retribución en toda la literatura bíblica: legal (Deuteronomio 28), narrativa (Números 16), poética (Salmos 18:20; 94:15), sapiencial (Proverbios 11:24-25) y profética (Habacuc 2:2-20).

Esta justicia poética permea al AT, en el juicio y exilio de Adán y Eva (Génesis 3:8-24), en la sentencia y revancha de sangre de Caín (Gen. 4:15, 24) y en el diluvio y aniquilación mundial (Génesis 6-9) (cf. Éxodo 21:20-21; Deuteronomio 30:15-20; Josué 7; Amós 3:14-15; Miqueas 2:1-3). Dichos relatos revelan a un Dios soberano, que actúa como un agente externo que exige castigo a la luz de sus intenciones para la creación. Para Israel, la retribución es el ejercicio de los derechos legales de Yahveh en un intento de restaurar la comunión del pacto (Levítico 26:40-45). A pesar de que existen serias tensiones –a veces los impíos prosperan y los inocentes sufren– esto no altera el gran esquema de la Escritura (Job 33; Jeremías 12:1-4). En algunos escenarios, sólo la vida después de la muerte traerá completa justicia y recompensa (Salmos 49:5-15; Dan. 12:2; Mateo 25:31-46; Apocalipsis 22:1-5). No obstante, la sabiduría profunda abraza el misterio y comprende los límites de la acción humana (Génesis 50:19-20; Santiago 1:5).

Mientras que la noción de consecuencia puede ser muy fuerte, el concepto de correspondencia es útil para comprender el concepto de retribución. Los juicios de Dios revelan: (1) una correspondencia entre acto y efecto, (2) responsabilidad de conocer la ley, (3) una deuda que necesita resolución/restitución y (4) un castigo que recrea elementos del pecado en sí mismo. Los roles de Dios como guerrero divino, juez y rey, proclaman su gobierno universal y lo preservan de todo aquel que se burle o desafíe su autoridad real (Génesis 3:14-19; Deuteronomio 7:10; 1 Samuel 24:19; 2 Samuel 12:11-12; Salmos 149; Proverbios 15:25; Miqueas 5:15; 1 Cor. 16:22; Gal. 1:8-9; 2 Tesalonicenses. 1:5-10).

Las razones de Dios para la retribución se centran en la desobediencia y la injusticia, mientras sus propósitos son esencialmente restauradores y de progreso. La retribución es una aplicación de la santidad de Dios que purifica al mundo para su reino de paz. De este modo, la venganza y la liberación trabajan juntas (Nahúm 1:2, 7). Paradójicamente, la retribución da esperanza a la humanidad caída por el pecado reconocido y no reconocido, anticipando el triunfo de la justicia (Salmos 58:11). La retribución provee de racionalidad y estabilidad a la humanidad, promueve la resolución en la crisis y fomenta la esperanza, un precursor del juicio definitivo ante el trono de Dios el Rey.

RETRIBUCIÓN *Véase* Retribución Divina.

REÚ Descendiente de Sem, hijo de Péleg, padre de Serug y ancestro de Abraham y Jesús (Gn. 11:18-21; 1 Cr. 1:25; Lc. 3:35).

REUEL **(1)** Hijo de Esaú con su esposa Basemat (Gn. 36:4; 10, 13, 17; 1 Cr. 1:35, 37). **(2)** Padre o/y tal vez abuelo de Séfora, esposa de Moisés, también conocido como Jetro (Éx. 2:18; Nm. 10:29). (Véase también Jetro). **(3)** Ancestro de Mesulam, un benjamita que vivió en Jerusalén durante el periodo post-exilio (1 Cr. 9:8). **(4)** Padre de Eliasaf, un gadita que fue líder en la época de Moisés (Nm. 2:14 [citado como "Deuel" en muchos manuscritos; cf. Nm. 1:14]).

REÚMA Concubina de Nacor, el hermano de Abraham (Gn. 22:24).

REUNIÓN, FIESTA DE LA *Véase* Festivales.

REVELACIÓN DE DIOS Dios es el todopoderoso, omnisciente, moralmente perfecto creador del universo; y nosotros somos sus criaturas—nada menos, pero tampoco nada más. Por lo tanto, existe una distancia inimaginable entre Dios y nosotros; y este hecho ha llevado a algunos teólogos a desesperar de saber cualquier cosa sobre él por seguro, ni siquiera que él en realidad tenga estos atributos de deidad. Podría parecer, además, que algunos textos bíblicos alientan esa visión. En Salmos 92:5 se reconoce la distancia: "¡Qué grandes son tus obras, Oh Señor, qué profundos tus pensamientos!". El Salmo 145: 3 dice que "nadie puede penetrar" la grandeza de Dios. De acuerdo al Sal. 147:5, "Grande es nuestro Señor e inmenso su poder; su comprensión no tiene límite". En el Sal. 139:6, David intenta comprender la perfecta perspicacia de Dios y concluye, "Ese conocimiento es demasiado maravilloso para mí, demasiado elevado para que yo lo alcance". La doxología de Rom. 11:33-36 exulta la excepcionalidad de Dios: "¡Oh, la profundidad de las riquezas de la sabiduría y conocimiento de Dios! ¡Qué insondables sus juicios e inescrutables sus caminos!". En Is. 55:9, Dios dice, "Como los cielos son más altos que la tierra, así son mis caminos más altos que los suyos y mis pensamientos más elevados que los suyos". Basándose en estos pasajes y otros, y sabiendo lo que generalmente debe implicar la diferencia entre creador y criatura, uno podría sospechar que no podemos saber nada de sustancia sobre Dios.

De hecho, sin embargo, los escritores bíblicos cuentan una historia diferente, siendo prudentemente optimistas acerca de los prospectos teológicos. Por una parte, ellos señalan nuestras limitaciones como criaturas y la trascendencia de Dios, como se ve con anterioridad.

R

No podemos comprender totalmente a nuestro Creador. Nunca lo haremos, incluso si a través de eones de eternidad. Dios siempre tendrá algo más que mostrarnos sobre sí mismo, más de los que podemos aprender y adorar. En ese sentido, los escritores bíblicos son prudentes acerca de lo que la teología puede comprender. Por otra parte, debemos ser capaces de aprender algunas cosas sobre Dios; de otra manera, las Escrituras mismas no existirían, ya que nos dicen sobre Dios y mucho más además. La omnipotencia divina, por tanto, incluye la habilidad de producir en nosotros una adecuada comprensión teológica. Siempre nos apoyamos en Dios, y nadie lo entiende por completo aparte de su iniciativa. Él permanece soberano sobre este evento, como con cualquier otro. Pero Dios se nos ha dado a conocer en dos formas generales, de acuerdo a las Escrituras.

Revelación General y Especial

Primero, los escritores bíblicos esperan que cada uno de nosotros comprenda algo de la naturaleza de Dios, basados en lo que se llama "revelación general". La revelación general opera de una manera transmitida, por así decir, confiando en experiencia común y habilidad dada por Dios de darnos a conocer su existencia y naturaleza. Todos vemos los cielos que "declaran la gloria de Dios" (Sal. 19:1). Pablo argumenta que cada persona puede detectar las "cualidades invisibles" de Dios, su "poder eterno y naturaleza divina", en lo que él ha creado, así que no tenemos excusa para teología y comportamiento decadente (Rom. 1:20). La ley de Dios está "escrita en [nuestros] corazones" (Rom. 2:15), para que comprendamos lo que le debemos y a nosotros. Aunque Dios no ha hablado directamente a cada nación, "él no se ha dejado sin testimonio"; él le ha mostrado a todos los pueblos "bondad a través de dar[les] la lluvia de los cielos y cosechas en sus temporadas" (Hch. 14:17). Podemos aprender algunas cosas sobre Dios de las fuentes que se nos dan, y, por ende, somos responsables de la conducta correcta en relación a ellas. Sin embargo, la revelación general carece del detalle y aseguramiento de lo que se llama una "revelación especial".

La revelación especial difiere de la revelación general en que tiene un público objetivo. Transmite información sobre Dios, los seres humanos, y nuestro mundo que no pueden deducirse de la experiencia diaria, ampliamente accesible. Jesús sufrió por nuestros pecados. Nuestra confianza en su muerte en la cruz nos salvará. Dios es una Trinidad de Padre, Hijo y Espíritu Santo, aunque hay un solo Dios. Cristo volverá en poder y gloria para juzgar a todas las naciones. Podemos pensar en Dios como nuestro Padre celestial, una deidad moralmente perfecta que se preocupa por la persona individual. El Espíritu Santo nos ayuda en nuestra debilidad mientras nos preguntamos cómo rezar. Dios es siempre soberano, incluso sobre los hechos malvados de los seres humanos y el sufrimiento que ellos causan. Estos son puntos esenciales de la doctrina cristiana. Sin embargo, no podemos substanciar ninguno de ellos al observarnos cuidadosamente a nosotros mismos o los hechos o la historia. De hecho, a veces nuestros propios pensamientos nos llevan a resistir estás aseveraciones porque conllevan grandes misterios. Uno puede fácilmente (pero equivocadamente) equiparar "no comprendo esto" con "esto es falso". Así, nuestro conocimiento de estas doctrinas descansa sobre la voluntad de Dios de hablar y nuestra disposición para escuchar lo que él dice, con humildad y confianza, sin tener respuestas para todas nuestras preguntas. El vehículo para este tipo de conocimiento se llama "revelación especial".

Toda revelación es "especial", simplemente porque no podemos saber nada sobre Dios aparte de lo que él quiera divulgarnos. Sin embargo, los teólogos usan el término técnico "revelación especial" para capturar la idea de que Dios ha revelado algunas materias de doctrina sólo a personas específicas, con la expectativa de que ellos predicarán estas verdades a otros a quienes Dios requiera. Estas materias doctrinales incluyen las aseveraciones dadas con anterioridad concernientes a la naturaleza de Dios, su actitud hacia los seres humano, el plan de salvación, entre otras. Así, la Biblia es la revelación especial por excelencia; asimismo, las predicaciones de los profetas, Jesús, y luego sus apóstoles elegidos (por presentarlas en orden cronológico) son revelaciones especiales. Por supuesto, ya que no tenemos acceso a enseñanzas proféticas y la vida y palabras de Jesús fuera de las Escrituras, esta última es nuestra única fuente de revelación especial. No podemos ahora ver y escuchar a Jesús como lo hicieron observadores del siglo uno, pero lo encontramos como la Palabra encarnada a través de la inerrante palabra escrita de las Escrituras. La teología, por lo tanto, concierne a lo que la Biblia dice acerca de Dios, la humanidad, Cristo y demás, y parece una revelación general, si acaso, meramente para corroborar o ilustrar lo que substancian las Escrituras. Asimismo, las promesas de Dios de bendecir la prédica de su verdad adjuntan una revelación especial más que lo que uno podría recoger de otras fuentes (Is. 55:11).

La Biblia como Revelación Especial

La Biblia está sola en revelar quién Dios es y lo que lo complace. Su contenido exacto fue ordenado por Dios a través de inspiración. Las Escrituras son "respiradas por Dios" (2 Tim. 3:16), habiéndose producido cuando las personas "hablaban desde Dios mientras eran guiados por el Espíritu Santo" (2 Pe. 1:21). Consecuentemente, aunque profecías ocurren en las iglesias del NT (1 Cor. 14), no son recibidas como las incuestionables enseñanzas de los profetas del AT, Jesús o sus apóstoles. Más bien, los observadores deben sopesar cuidadosamente lo que dicen los profetas (1 Cor. 14:29). Juan advierte expresamente sobre falsas profecías en las iglesias: "Queridos amigos, no crean a todo espíritu, sino prueben a los espíritus para ver si son de Dios, porque muchos falsos profetas han salido al mundo" (1 Jn. 4:1). Estos hechos deberían llevarlo a uno a ser cauto al usar frases como "Dios me dijo que…" y en urgir a otros cristianos a actuar en base a las sensaciones privadas de alguien de ser guiado por el Espíritu, ausente de una razón objetiva para hacerlo. Las profecías dadas por el Espíritu Santo hoy deberían involucrar la aplicación de verdades bíblicas a desafíos y oportunidades presentes. El mismo principio se aplica a impulsos subjetivos del Espíritu Santo. Deberían aplicar la doctrina recibida sin revisarla y deben siempre ser probados por la iglesia.

Los sesenta y seis libros de la Biblia fueron escritos por personas reales, viviendo en un contexto histórico concreto, usando lenguaje ordinario. Sin embargo, su intención es hablar de cosas celestiales y de un Dios sagrado. En consecuencia, los teólogos enfrentan el desafío de "ver a través" de las aseveraciones figurativas y formas artísticas de la Biblia las verdades que transmiten, pero sin llegar a abstracciones inútiles. La mayoría de las personas que leen el libro del Éxodo asumen que Dios no tiene un "brazo" real que estirar (6:6) o un "rostro" que uno pueda ver y vivir (33:23). Pero Moisés eligió estas palabras para revelar algo acerca de Dios, y, así, debemos preguntarnos qué tan lejos va la analogía y en qué grado baja a nuestro nivel de comprensión humano. Sabemos que Dios de alguna manera debe "hablarnos de manera más simple", usando nuestro propio lenguaje, incluso al darnos declaraciones históricas y teológicas que tengan contenido real. Balancear estas dos realidades—la "alteridad" de Dios y lo terrenal de lo escrito, palabras humanas que lo revelan—es la delicada tarea de la exégesis.

El intérprete también debe negociar los diversos tipos de literatura encontrados en la Biblia, especialmente aquellos que parecen más ajenos a nuestras formas de comunicar. Nuestros propios documentos (por lo general) no presentan las elaboradas imágenes del Apocalipsis o las estructuras de la poesía hebrea encontrada en los Salmos, y no vivimos en el mundo del siglo uno. Por tanto, para leer correctamente las Escrituras, debemos convertirnos en personas culturalmente instruidas, para ver nuestros textos a través de ojos de Oriente Próximo y Grecorromanos. Estos campos son estudiados con cuidado, en base a suposiciones de que las formas literarias de la Biblia eran habituales para su propio periodo. No eran completamente extrañas para sus audiencias originales. Así, pueden volverse menos extrañas para nosotros; y ya que la Biblia es completamente humana al igual que completamente divina, leer sus páginas a través de los lentes culturales apropiados nos dará acceso a lo que el Espíritu dice a las Iglesias.

Limitaciones Humanas

Un análisis de revelaciones generales y especiales debería considerar los llamados efectos no éticos del pecado—esto es, los efectos que el pecado tiene sobre nuestra habilidad para razonar y aprender. Los seres humanos fueron creados a imagen de Dios (Gn. 1:26-27), teniendo la capacidad para interactuar con su Creador. Ellos guardan un "parecido familiar" con Dios, no obstante su materialidad y finitud. Pero cuando Adán y Eva pecaron, se corrompieron a sí mismos y a sus descendientes, tanto que Pablo puede describirlos como siendo esclavizados por el pecado y la muerte (Rom. 5-6). Desde la caída, los escritores bíblicos han proclamado la ceguera de los seres humanos a las cosas de Dios. Todas las personas están "bajo el poder del pecado", y "no hay nadie que comprenda" (Rom. 3:9-11). En Ef. 2:1-3 Pablo describe a los pecadores impenitentes como estando "muertos en [sus] transgresiones y pecados", de manera que persiguen "deseos y pensamientos" carnales. Incluso alguien tan naturalmente calificado como Nicodemo, no es capaz de ver quien es Jesús más allá del poder soberano del Espíritu Santo (Jn. 3:1-15). Los seres humanos caídos no ven lo que deben ver y no comprenden lo que deben comprender. Incluso pueden decir en sus corazones, "No existe Dios" (Sal. 14:1).

Los seres humanos no tienen una visión intelectual de 20/20, y nuestros deseos son corruptos. En consecuencia, no nos beneficiamos de la auto-revelación de Dios como hizo Adán, sin mencionar al cristiano glorificado que sabe completamente (1 Cor. 13:12). En algunos casos, el pecador no quiere reconocer las revelaciones de Dios y, así, no las percibe. El pecado habitual y la innovación doctrinal pueden "sellar" la conciencia como un hierro, haciendo a los "mentirosos hipócritas" impermeables a enseñanzas sólidas (1 Tim. 4:2). Aunque los cielos declaran la gloria de Dios, y aunque "en estos últimos días Él nos ha hablado a través de su Hijo" (Heb. 1:2), los seres humanos caídos no comprenderán estas verdades. Sin embargo, son responsables antes Dios por las invalidantes heridas del pecado son autoinfligidas. Incluso los demonios de las Escrituras, que adecuadamente identifican a Jesús, retroceden ante lo que claramente perciben (Mt. 8:29; Mc. 3:11; 5:7), como hacen los fariseos que le atribuyen el trabajo de los Espíritus a Beelzebú (Mt. 12:22-32). En estos casos, la dificultad no es cognitiva, sino afectiva. El carácter se transforma en destino espiritual.

En el mundo abundan puntos de vista religiosos, cada uno afirmando revelar cómo funciona y qué constituye la buena vida. También es poco probable que cada uno de ellos sean sólo declaraciones falsas y ninguna verdadera. Por el contrario, los mayores rivales de la cristiandad ganan algunos conversos, podemos asumir, a través de incluir partes de verdad y enfrentando una necesidad humana percibida. El islam no está equivocado en su rechazo al politeísmo y la idolatría. El budismo está en lo correcto en su creencia de que el sufrimiento levanta preguntas filosóficas claves. Sin embargo, deberíamos evitar decir que Dios en realidad ha revelado algo de su naturaleza a través de estas fuentes, como si su existencia fuera un subconjunto de la revelación general. Pablo puede notar la religiosidad de los atenienses e ilustrar un punto citando uno de sus poetas (Hechos 17:22, 28), pero su polémica general deja en claro que ve sus ideas como respuestas equivocadas a la revelación general. Similares observaciones se aplicarían a cultos que mezclan algo de ortodoxia, basada en las Escrituras, con error suficiente para pervertir el todo. Dios no está hablando indistintamente a través de ellos; sino que ellos están usando incorrectamente lo que él ha dicho a través de los escritores bíblicos. En este sentido, por tanto, la Biblia esta sola como la única palabra de Dios.

REVERENCIA Relacionada de manera cercana al honor y respeto y con frecuencia traduciendo la palabra hebrea y griega para "miedo", la reverencia se dirige principalmente hacia lo sagrado o divino, como el santuario de Dios (Lv. 19:30; 26:2), el templo (Sal. 5:7), el nombre de Dios (Ap. 11:18), Dios mismo (Dn. 6:26; Mal. 2:5), y sus mensajeros, el ángel del Señor (Js. 5:14), y Pedro (Hec. 10: 25). La reverencia hacia Dios motiva comportamiento que lo honra, tal como gobernanza (Neh. 5:15), sumisión mutua (Ef. 5:21), pureza (2 Cor. 7:1) y obediencia (Col.

3:22). Es una actitud de adoración aceptable (Heb. 12:28), conectada con la humildad (Jr. 44:10), que puede persuadir a los no-creyentes (1 Pe. 3:2).

REVERENCIA Movimiento físico que transmite deferencia, una inclinación, hacia alguien que ocupa un puesto de mayor autoridad. En la Biblia, hacer reverencias implica caer en tierra e inclinar la cabeza hacia abajo (1 Sam. 24:8, 28:14, 2 Sam. 1:2, 14:4, 1 Cr. 21:21). Tal acción se considera apropiada cuando se llega a la presencia de un rey o alguien que tenga autoridad real (Gn. 43:28; Ester 3:2-5), y se puede realizar cuando se acepta un regalo real (2 Sam. 16:4) o al agradecer una solicitud concedida (2 Sam. 14:22). Los reyes pueden hacer reverencia en presencia de alguien de mayor autoridad, como cuando Saulo se inclina ante Samuel (1 Sam. 28:14).

REY, CASA DEL TESORO DEL *Ver* Casa de los libros

REY, CRISTO El NT comienza con la afirmación de que Jesús es el "hijo" o descendiente del rey David, presuponiendo la importancia de la narrativa bíblica sobre los reyes de Israel para entender el Evangelio (Mt. 1:1, 6, *ver también* Rom.1:3 y 2 Tim. 2:8). El epíteto también crea un conflicto casi inmediato con Herodes el Grande (Mt. 2:1-2), quien recibió el título de "Rey de los judíos" por el senado romano en el 40 a.C, a pesar de que no era judío. Herodes intenta, sin éxito, matar al rey infante, pero finalmente Jesús es ejecutado por el prefecto romano Poncio Pilato como "Rey de los judíos" (Mt. 27:37 pars.).

Contextos greco-romanos y judíos

El conflicto entre el rey y el niño es paralelo de alguna manera a un tema greco-romano más extenso. Virgilio, en su Cuarta Bucólica, presenta una visión de una época dorada donde asistirían al nacimiento de un niño rey. (Los cristianos en la Edad Media interpretaron su poema como una profecía del nacimiento de Cristo.) La amenaza sobre la vida de Jesús también se parece al relato de Heródoto sobre Ciro: el rey Astiages tuvo una visión en su sueño que los magos interpretaron como una profecía que su nieto gobernaría en su lugar eventualmente. Le ordena a Harpago, su sirviente más fiel, que tome al niño varón "adornado para su muerte" y lo mate. Sobrellevado por sus emociones, Harpago empeña y le entrega el niño a un pastor de vacas, Mitradates, a quien se le ordena que ponga al niño "en la parte más desolada de las montañas". Cuando la esposa de Mitradates ve la belleza del niño, suplica por su vida y crea un plan para reemplazar a su hijo muerto por Ciro. Luego crían a Ciro como su propio hijo, pero bajo un seudónimo (Herodoto, Hist. 1.107-30). Curiosamente, el profeta Isaías se refiere a Ciro como el "Mesías" o "ungido" del Señor (Is. 45:1), un rol excepcionalmente positivo para un rey no israelita. Por el poder de Dios, Ciro librará a los exiliados (Is. 45:13).

En el Antiguo Testamento, Dios promete a David, el rey de Israel, un reino eterno para su "descendencia" (2 Sam. 7:12-16). Después del fin de la monarquía davídica, los profetas reiteraron la promesa en visiones de la salvación futura de Dios (Is. 55:3; Ose. 3:5; Amós 9:11; Miq. 4:8; 5:1-5 [citado en Mt. 2:5-6]; Zac. 3:8). Para el primer siglo, "hijo de David" se había convertido en un título mesiánico popular, que

El filósofo Aristóteles, autor de un tratado sobre retórica.

hacía referencia a un guerrero que liberaría a los judíos de la opresión romana y establecería un reino eterno. Aunque no se lo consideraba como un ser sobrenatural, algunos decían que el Mesías davídico no tendría pecado, y gobernaría con perfecta sabiduría, justicia, misericordia y poder, de manera diferente comparado a sus predecesores. Restauraría las antiguas divisiones tribales y reagruparía a la diáspora, los judíos que vivían fuera de Judea y Galilea. Las naciones (no judías) les rendirían homenaje (*ver* Salmos de Salomón).

Reinado de Jesús

El énfasis popular de los judíos de un derrocamiento violento de Roma probablemente explica por qué en los Evangelios Jesús mismo no enfatiza su realeza en su ministerio, excepto el cumplimiento explícito de la profecía de Zacarías de un rey humilde que cabalgaría a Jerusalén sobre un asno (Mt. 21:1-9 comparar con Zac. 9:9, *ver también* Is. 62:11). Sin embargo, después de su resurrección y las instrucciones finales a sus discípulos, Jesús asciende a la diestra del Padre (Lc. 24:50-51, Hec. 1:6-11, 2:33-36), una ceremonia de coronación profetizada en los salmos (Sal. 2; 110). Actualmente reina desde el cielo (Apo. 1:5; *ver* Mt. 28:18), pero regresará para hacer explícita su autoridad en la tierra, lo que incluye impartir justicia (2 Tes. 1:5-12) Sin embargo, su gobierno está presente en las vidas de aquellos que le obedecen y dondequiera que se manifieste el Espíritu Santo. A través de su ministerio, el Dios de Israel se acerca para ejercer nuevamente poder soberano en nombre del pueblo de Dios.

Para los cristianos, solo Jesús es Señor y Salvador (Fil. 3:20). Pablo presenta a Jesús como el "Salvador de todos los hombres" (1 Tim. 4:10). Este título era dado a los emperadores romanos. (El preámbulo de un decreto del consejo de la provincia de Asia describe a Augusto como "el padre que nos da vidas felices, el salvador de toda la humanidad").

La iglesia occidental ha mantenido en gran parte una distinción entre dos esferas de autoridad: política y eclesiástica. Osio, obispo de Córdoba (296-357 d.C), le escribió al emperador Constancio: "Dios dejó en sus manos el Imperio; a nosotros nos confió las cosas que son de la Iglesia. No se nos permite ejercer gobierno terrenal; y a usted, señor, no se le autoriza quemar inciensos". Pablo afirma el rol continuo del gobierno a pesar del señorío general de Jesucristo, quien prefirió hablar del reino de Dios, una teocracia restaurada que incorpora y trasciende el pacto davídico (Rom. 13:1-7, *véase* Jn. 18:36). Pero este proceso comienza una deslegitimación de todas las demandas contradictorias de autoridad y conducirá a su completa retirada. Por esta razón, el reino de Dios no puede separarse de los conflictos políticos, económicos y religiosos que tuvieron lugar en la Palestina romana en el primer siglo y dondequiera que ocurran conflictos similares en la actualidad.

REY, ESTANQUE DEL Un lugar en Jerusalén mencionado por Nehemías (Neh. 2:14), puede que sea lo mismo que el estanque de Sela, también conocido como Siloé (3:15).

REY, REINO Un reino representa la realidad y el alcance del dominio o gobierno de un rey (Gn. 10:10, 20:9, Nm. 32:33, 2 Re. 20:13, Est. 1:22). Algunos reinos eran relativamente pequeños; otros fueron esfuerzos coordinados para conquistar el mundo entero. Por ejemplo, había aproximadamente cincuenta millones de personas bajo la Pax Romana ("paz romana", el imperio consolidado) durante el reinado de Augusto. Los demógrafos estiman que la población mundial en el primer siglo fue de aproximadamente 250 millones. Por lo tanto, aproximadamente una quinta parte de la población mundial estaba bajo la autoridad de un solo rey (César). El Imperio Romano (reino) alcanzó su mayor extensión bajo el dominio de Trajano (98-117 d.C), alrededor de dos millones de millas cuadradas.

Autoridad y poder. Un reino presupone la monarquía, el gobierno de un individuo, una autoridad humana. (La Biblia tiene poco que decir sobre la democracia; esa forma de gobierno fue desarrollada por los griegos, pero una mentalidad predominantemente imperial dominaba el contexto del mundo bíblico). Aunque los reyes sólo tienen tanta autoridad como la que sus ejércitos y la población en general les permiten, de todas maneras ejercen un poder casi absoluto, que invita ya sea a la humildad profunda o arrogancia. La arrogancia real, desafortunadamente, es la temática principal que caracteriza a los reyes en la Biblia (por ejemplo, Dan. 3). Cayo Octavio (más tarde Cayo Julio César Octaviano), el sobrino nieto de Julio César, gobernó como emperador desde el año 31 a.C hasta el 14 d.C El senado romano lo declaró "Augusto" (Lat. Augusta) el 13 de enero del año 27 a.C "Augusto" se convirtió en un título que tuvieron todos los emperadores reinantes, excepto Vitelio. El título significa "reverenciado o el augusto", connotando cualidades sobrehumanas. Los reyes egipcios, griegos y romanos eran venerados de forma rutinaria como dioses. A modo de analogía, incluso la Biblia presenta a Dios como rey (Sal. 5:2; 10:16; 44: 4).

Un reino puede visualizarse como una serie de círculos concéntricos, comenzando por el trono, que es el asiento del gobierno y juicio de un rey, luego el tribunal y la "clase de soporte" de burócratas y ayudantes (por ejemplo, escribas, recaudadores de impuestos) y luego irradiando hacia fuera están los sujetos, animales y las posesiones de la tierra (*ver* Dt. 17:18; Est. 1:14; Mt. 2:3). El rey generalmente se asociaba con las clases altas: él proporcionaba la paz y protección, y a cambio ellos ofrecían su lealtad y una porción de su riqueza. Latifundismo, la división de propiedades agrícola en grandes propiedades permitió a los reyes recompensar a los partidarios políticos y castigar a sus enemigos (Mt. 14:1-12 pars.). Los indefensos y marginados a menudo se encontraban fuera de este cómodo acuerdo, sin posesiones. Cuando amenazaron con cambiar el orden político, fueron violentamente aplastados (*ver* Mt. 11:7-12).

Realeza y religión. El reino y la religión estaban entrelazados, de modo que el rey a menudo era sumo sacerdote o tenía influencia directa sobre el sacerdocio. Salomón hizo que Sadoc, un fiel seguidor de su padre, David, se convirtiera en sumo sacerdote. Sus descendientes se mantuvieron en el cargo hasta la crisis seléucida (1 Re. 2:26-27, 35; 4:4). Herodes el Grande y Poncio Pilatos seleccionaron sumos sacerdotes de entre las familias aristocráticas en Jerusalén. El capital principal de un reino lo formaban las posesiones de las tierras y los ingresos de los impuestos. Los reyes también tomaban censos de las personas con fines impositivos. Generalmente ellos tenían la libertad de cobrar impuestos por cualquier cosa que se encontrara dentro o que pasara por su reino. Herodes Antipas gravaba a los pescadores por usar el Mar de Galilea (*ver* Mt. 9:9-12).

Originalmente, Dios quiso que Israel fuera gobernado como una teocracia, gobernada por el único y verdadero Dios viviente (pero vea Gn. 17:6, Dt. 17:14-20). Israel iba a ser un "reino de sacerdotes" (Éx. 19: 6), pero el pueblo exigía un rey (1 Sam. 8:1-22). A pesar de haberles concedido su petición, Dios permaneció como Rey por sobre el rey e incluso retuvo la propiedad de la tierra (Lev. 25:23, 42, 55). El rey israelita no era más que el virrey de Dios, con autoridad delegada. Con pocas excepciones, la mayoría de los reyes de Israel y Judá fueron corrompidos por la autoridad y la riqueza y olvidaron a Dios (1 Sam. 13:13-14; 15:28; Mt. 14:6-11). Pero Dios hizo un pacto con David, para que uno de sus descendientes se convirtiera en un corregente en una teocracia restaurada, el reino de Dios (2 Sam. 7:1-29; Sal. 89:3; 132:11). En contraste con los descendientes más inmediatos de David, este rey que venía regresaría a Jerusalén humildemente y montado en un asno (Zac. 9:9, *ver* Is. 62:11). Los Evangelios presentan a Jesucristo como este rey (Mt. 21:1-9 pars.). Aquellos que son igualmente humildes heredarán la tierra con él (Mt. 5:5).

REY, VALLE DEL *Ver* Save (valle de Save)

REYES, LIBROS DE Estos libros formaban originalmente un solo libro y se dividieron por primera vez en libros separados en la Septuaginta. El libro de Reyes relata la historia de Israel desde el tiempo de Salomón (hacia 970 a.C) hasta la destrucción de Jerusalén en 586 a.C Reyes continúa la narración de 2 Samuel, con 1 Re. 1:1-2:11 concluyendo la historia de David. El libro tiene muchas referencias a David (ver las promesas hechas a David en 2 Sam. 7:1-17, 1 Re. 8:14-26), y la profecía hablada en libros anteriores alcanza su cumplimiento sólo en Reyes (p. Ej., Profecía contra Jericó [Jos. 6:26; 1 Re.

16:34] y contra la casa de Elí [1 Sam. 2:27-36; 3:11-14; 1 Re. 2:27]), mostrando que en realidad es parte de una obra histórica más grande que comienza en Josué y termina en 2 Reyes.

Autoría y Fecha

El libro de Reyes es anónimo. Sin embargo, desde el mismo texto, podemos deducir una situación probable para su composición. El final de Reyes narra la historia de la destrucción de Jerusalén (hacia 586 a.C) y el comienzo del exilio babilónico, siendo el último evento narrado (la liberación de Joaquín para comer con el rey de Babilonia) con fecha aproximada de 560 a.C Por lo tanto, Reyes tal como los conocemos no podrían haber sido compuestos antes de estos eventos. Es poco probable que el libro haya sido escrito después del exilio; de lo contrario, el autor se habría referido al regreso a Jerusalén. Esto pone la fecha de la composición de Reyes en el período en que Judá estaba en el exilio babilónico y probablemente entre 560 y 539 a.C

Sin embargo, partes del libro fueron claramente escritas antes del exilio. El autor de Reyes recurrió a una variedad de fuentes, tres de las cuales se mencionan explícitamente en el texto (aunque ninguna perdura hoy): "el libro de los hechos de Salomón" (1 Re. 11:41), "el libro de la historia de los reyes de Israel "(1 Re. 14:19), y" el libro de la historia de los reyes de Judá "(1 Reyes 14:29). Estas referencias explícitas a las fuentes dirigen al lector a información no proporcionada en Reyes, dejando abierta la posibilidad de que se hayan usado aún más fuentes. El libro de Crónicas sugiere que los profetas que participaron activamente en los reinados de los diversos reyes de Judá e Israel fueron fuentes del autor de Reyes (por ejemplo, 2 Cr. 9:29 enumera los profetas Natán, Ahías e Iddo como fuentes para la historia de Salomón). Por lo que la Biblia misma nos dice que se usaron múltiples fuentes para componer Reyes, y que algunas de estas fuentes provienen de los profetas de Dios. No es de extrañarse que en la tradición judía, la sección de la Biblia de la que forma parte Reyes haya sido llamada los "Profetas Anteriores".

Algunos eruditos creen que una primera edición de Reyes fue escrita antes del exilio y puede haber aparecido durante el reinado del rey Josías (hacia el 609 a.C). Josías es una figura importante en la historia: su nacimiento es profetizado (1 Re. 13: 2) con trescientos años de anticipación, y él restaura la verdadera adoración, haciendo realidad el ideal establecido por David (2 Re. 22:2, 23:25). Las reformas religiosas de Josías pueden haber sido originalmente el clímax de esta primera edición de Reyes, con esperanza de que Josías fuera quien cumpliera las promesas davídicas y se escribió para apoyar sus reformas. Después del exilio, este libro pre-exílico se actualizó a la luz de la apostasía de los reyes posteriores de Judá para explicar que la destrucción de Jerusalén resultó de los pecados de estos reyes (por ejemplo, 2 Re. 24:3). Esta segunda edición de Reyes es lo que vino a ser el libro canónico de Reyes tal como lo conocemos.

Género

El género de Reyes es claramente el de la historiografía (escritura histórica), ya que presenta un relato del pasado de Israel. Reyes es un logro literario extraordinario. Antes de su composición, no había nada que se pudiera llamar "escritura histórica" en el mundo antiguo. Ya que la escritura de Samuel-Reyes precede la historiografía griega, muchos estudiosos la consideran la primera historia escrita.

Al considerar Reyes como historia, debemos recordar que no es historia como la escribiríamos hoy. El autor tenía razones principalmente teológicas para su selección de material, y en ocasiones se refiere a la causalidad divina con exclusión de cualquier factor humano. Por ejemplo, 2 Re. 15:37 dice que Dios envió a los reyes de Aram e Israel contra Judá, pero no hace ningún comentario sobre las razones políticas del ataque (tales razones seguramente habrían existido). Por el contrario, la historiografía moderna se centraría únicamente en las razones humanas de un evento y excluiría cualquier posible causalidad divina. De esta manera, Reyes no está a la altura del estándar de la escritura histórica como se practica hoy en día, aunque sí es un ejemplo de texto de historia antigua.La historia contenida en Reyes ha sido corroborada con material extra bíblico en muchas formas y encaja bien en un contexto histórico general antiguo del Cercano Oriente. Por ejemplo, los nombres de muchos de los reyes a los que se hace referencia en el libro también se han encontrado en antiguas fuentes asirias. Reyes, sin embargo, no está alineado con lo que sabemos sobre la historia del antiguo Cercano Oriente, y algunos ajustes son necesarios para que encajen con las otras evidencias.

Sin embargo, si se tiene en cuenta la naturaleza parcial de la evidencia arqueológica y el reconocimiento de la selectividad del autor de Reyes, la desconfianza radical de su historia no se justifica, ya que demuestra ser bastante confiable.

Estilo

Reyes está escrito brillantemente y contiene algunas de las historias más memorables de la Biblia. Aunque es una escritura histórica, Reyes, como cualquier otra buena novela, contiene tanto personajes redondos (por ejemplo, Acab) como planos (por ejemplo, Omri). Su argumento es convincente ya que cuenta la historia de la monarquía en Israel desde su apogeo bajo Salomón en toda su gloria hasta la pérdida del reino, ya anticipado en 1 Re. 9:6-9. Comienza como una historia sobre una nación bajo el poder de Dios, pero se convierte en la trágica historia de dos naciones que continuamente se alejan de su Dios solo para finalmente ser juzgadas por él.

El Plan del Libro

Reyes da cuenta de cada uno de los reyes de Israel y Judá, señalando cuándo comenzó a reinar, su edad al ascenso, la duración de su reinado, el nombre de su madre y una evaluación de su reinado. La evaluación de cada rey no está relacionada con la economía o el éxito militar; más bien, se juzga si los reyes "hicieron lo malo a los ojos del Señor" o "hicieron lo que era correcto a los ojos del Señor", según su fidelidad a Dios y la pureza de la adoración de la nación. El indicador para juzgar a los reyes es la ley del Deuteronomio. Según Deuteronomio, Dios debe ser adorado sólo en el "lugar que el Señor escoja" (Dt. 12:26, *ver también* vv. 5, 11, 14, 18), haciendo que el culto en otros santuarios sea ilegítimo. La adoración apropiada de Dios es sin el uso de ayudas tales como imágenes (por ejemplo, becerros [1 Re. 12: 28-30] o serpientes [2 Re. 18:4]) o postes, pilares de piedra, etc. Deuteronomio influyó fuertemente en Reyes y se cita varias veces (por ejemplo, 1 Re. 11:2, 2 Rey. 14:6). De hecho, el libro de la ley encontrado durante el reinado de Josías (2 Re. 22:8) parece ser una forma del libro de Deuteronomio (como lo demuestra el carácter de las reformas). Debido a esta influencia, los libros de Deuteronomio a 2 Reyes son ampliamente conocidos como la Historia Deuteronomista.

Temas

Confianza absoluta en Dios. La principal preocupación de Reyes es la adoración apropiada y la fidelidad hacia Dios. David estableció el estándar de tener un corazón "dedicado por entero al Señor" (1 Re. 15:3) y es la vara de medir por la cual todos los reyes del sur son juzgados. Por lo tanto, Salomón es comparado con David cuando Salomón se aparta de Dios (1 Re. 11: 4), y cuando Ezequías confía en Dios, se le compara con David (2 Re. 18:3). En el norte de Israel, Jeroboam y Acab son los modelos del rey corrompido. Jeroboam es conocido por establecer becerros de oro (1 Re. 12:28) en el norte de Israel para ser usado en la adoración de Yahvé, y Acab es infame por su promoción del culto a Baal en Israel (1 Re. 16: 30-33). En Reyes, cuando se evalúa a los reyes de Israel, a menudo se dice que participan de los pecados de Jeroboam (2 Re. 10:31) o que se les juzga por hacer "como lo hizo Acab, rey de Israel" (2 Re. 21:3; *véase también* 8:18, 27; 21:3). Esta apostasía culmina en la destrucción del reino del norte por Asiria en 722 a.C (2 Re. 17).

El compromiso exclusivo con Yahvé resultaba en que la adoración a otros dioses pasaba a ser el peor pecado de los reyes israelitas, y sus fortunas estaban conectadas a sus políticas con respecto a la adoración de Yahvé. A lo largo de su historia, Reyes contrasta los temas de la apostasía y la reforma religiosa. Comenzando con Jeroboam, la mayoría de los reyes son apóstatas y no adoran debidamente. Cuatro reyes de Judea (Asa, Josafat, Amasías y Azarías) emprenden algunas reformas religiosas, pero no alcanzan el ideal. Casi al final de la historia, dos reyes de Judea cumplen el ideal: Ezequías y Josías. Sin embargo, después de sus reformas, el próximo rey vuelve a una apostasía aún mayor, trayendo el juicio de Dios sobre la nación.

El cumplimiento de la palabra profética. Los profetas son prominentes en la historia de Reyes, tanto los profetas famosos (Isaías, Elías, Eliseo) como los anónimos (por ejemplo, 1 Re. 13) desempeñaban roles importantes como portadores de la palabra profética de Dios. Muchas profecías a corto plazo se cumplen dentro de la historia de Reyes (por ejemplo, 1 Re.13:11-32), donde el lector puede percibir un patrón de profecía y cumplimiento que ayuda a estructurar la historia de Reyes. La forma en que se cumple una profecía es a menudo sorprendente (ver la profecía de 1 Re. 20:42 y su cumplimiento en 1 Re. 22:34-35). La predicción del nacimiento y la reforma de Josías siglos antes vinculan el comienzo de Reyes con uno de los eventos más significativos casi al final del libro. Esto muestra cómo los eventos históricos están a merced del Señor de la historia y su palabra profética.

Conexiones con el Nuevo Testamento

A lo largo de la historia de Reyes, el reino del sur de Judá tiene reyes davídicos en el trono hasta el exilio (en comparación con el reino del norte de Israel, que cambió de dinastías diez veces). Sin embargo, la destrucción de Jerusalén parece terminar con la dinastía davídica. ¿Se cumplirán en algún momento las promesas hechas a David? El párrafo de conclusión al final de Reyes, que describe a Joaquín, el último rey del linaje de David, liberado de la prisión y autorizado a comer con el rey de Babilonia, es mesiánico y reserva esperanza de que las promesas hechas a David se cumplan. Joaquín representa la esperanza para la liberación futura de Israel y del mundo. En 2 Rey. 25:28 se cuenta cómo el nuevo rey de Babilonia "le [Joaquín] habló con amabilidad y lo puso en un asiento de honor por encima a la de los demás reyes que estaban con él en Babilonia". Aquí, la palabra hebrea para "Asiento de honor" es literalmente la palabra para "trono". ¡Por lo tanto, Reyes termina con un hijo de David en el trono! Las promesas a David siguen intactas. El linaje de Judá sobrevive, y un pequeño brote comenzó a brotar del tronco de David, que culminará en el mismo Mesías. La promesa de que un hijo de David gobernaría nunca se cumplirá nuevamente, excepto en Jesucristo, que ahora está a la diestra del trono de Dios y volverá algún día.

Esquema

I. La monarquía unida: el reinado de Salomón (1 Re. 1:1-11:25)
II. La división del reino (1 Re. 11:26-14:31)
III. Los reinos divididos de Israel y Judá (1 Re. 15:1-16:22)
IV. La Dinastía de Omri y el Culto a Baal en Israel y Judá (1 Re. 16:23-2 Re. 12)
V. Los reinos divididos de Israel y Judá (2 Re. 13-16)
VI. La caída de Israel (2 Re. 17)
VII. El Reino de Judá solo (2 Re. 18-23)
VIII. La caída de Judá (2 Re. 24-25)

RÉZEF Una ciudad conquistada por lo asirios y utilizada en una carta de su rey para advertirle a Ezequías de un destino similar (2 Re. 19:12; Is. 37:12; cf. 2 Re. 18:33-34). Textos asirios mencionan esta ciudad y a sus gobernantes en 839-673 a.C. Era probablemente la capital provincial asiria en la ruta de Harrán a Palmira, al sur del Éufrates en la moderna Rusa'feh.

REZIA El tercero de los tres hijos de Ula de la tribu de Aser (1 Cr. 7:39).

REZIA *Ver* Rizia.

REZÍN **(1)** El rey de Siria que en 733 a.C., acompañado por el Rey Reka de Israel, invadió Judá y amenazó Jerusalén durante el reinado del rey Acaz de Judá. Ignorando el consejo del profeta Isaías, Acaz enlistó el apoyo del rey Tiglat-pileser III de Asiria. *Ver* 2 Re. 15:37-16:9; Is. 7:1-9. **(2)** Uno de los ancestros de los sirvientes del templo que volvió a Judá desde el cautiverio Babilonio bajo el liderazgo de Zorobabel en 539 a.C., o poco después (Esd. 2:48; Neh. 7:50).

REZÓN El nombre, o posiblemente el título, de un oficial del rey Hadad-ezer de Soba. Él dejó

Soba para dirigir una banda de rebeldes para tomar el control de Damasco y convertirse en el gobernante de Siria y un adversario de Salomón (1 Re. 11:23-25).

RIBAI Padre de Itai, uno de los soldados de élite de David, un benjamita que vivía en Gabaa (2 Sm. 23:29; 1 Cr. 11:31).

RIBBAND En Nm. 15:38 la KJV traduce la palabra patil como "ribband", refiriéndose a un "cordón" azul (NIV, NRSV) o "hilo" (NET) unido a borlas en las esquinas de prendas israelitas.

RIBLA **(1)** Una ciudad siria ubicada en la ribera este del río Orontes. La ciudad moderna de Riblah está en la misma ubicación. Ribla es el lugar de destitución de dos reyes de Judá. Después de reinar solo tres meses después de la muerte de su padre, Jehú, Joacaz fue hecho prisionero por el faraón Necao, encadenado en Riblah y deportado a Egipto (2 Re. 23:29-34). Doce años después, Sedequías fue castigado por rebelión por el rey Nabucodonosor, y sus hijos junto con el jefe de los sacerdotes y otros oficiales fueron ejecutados en Riblah, que el rey babilonio estaba usando como base (2 Re. 25:6-7, 18-21; Jr. 39:5-6; 52:9-10, 26). **(2)** Una ciudad no identificada del límite este de Israel, cerca de Aîn (Nm. 34:11).

RIENDAS La traducción de la KJV de las palabras hebreas (kilyah; khalats) que pueden significar una parte anatómica ("riñones"; "entrañas") o figurativas ("corazón") de los humanos. Aparece una vez en el NT, traduciendo la palabra griega nephros (Ap. 2:23). La variedad de traducciones NIV refleja el significado principal de esta palabra en hebreo como: "riñón" (Job 16:13); "cintura" (Is. 11:5), "corazón" (Job 19:27), "espíritu" (Sal. 73:21), "ser secreto" (Sal. 139:13; Prov. 23:16), y "mente" (Jr. 17:10).

RIFAT Hijo de Gomer (Gn. 10:3; 1 Cr. 1:6), bisnieto de Noé y hermano de Askenaz y Togarma. En 1 Cr. 1:6 algunas versiones (RSV, NRSV, NASB) dan el nombre de Difat, una lectura alternativa. La confusión de escritura probablemente surge de la apariencia similar de las letras hebreas resh y dalet.

RIMÓN **(1)** Que significa granada, es un nombre común para lugares, tanto por sí solo como en combinación. Hay asentamientos con ese nombre en las tribus de Judá, Simeón, Zabulón, Dan y Manases (Js. 15:32; 19:7-45). Uno de los lugares de descanso durante el período errante de Israel, Rimón Peres, llevaba su nombre (Nm. 33:19-20). Durante la guerra civil de Israel en Gabaa, un remanente benjamita de seiscientos hombres se refugió en la "roca/peñón de Rimón" (Jue. 20:45). (*Véase también* Remmonmethoar). **(2)** El padre de los asesinos de Isboset, un gabaonita de Beerot (2. Sm. 4:2-6). **(3)** Una deidad aramea (y babilonia), el dios de la lluvia (2 Re. 5:18).

RIMÓN, ROCA DE *Véase* Rimón; Sela.

Rimón, donde huyeron los Benjamitas (Juez 20:45) después de la batalla en Gibeah.

RIMÓN-PERES *Véase* Rimón.

RIÑONES "Riñones" es la traducción literal del término hebreo kelayot (siempre en plural). El sentido literal se halla más comúnmente en referencias a una parte del cuerpo de un animal de sacrificio (por ejemplo, Éx. 29:13, 22; Lev. 3:4, 10, 15; 4:9; 7:4; 8:16, 25; 9:10, 19; Is. 34:6). Los riñones generalmente debían ser quemados, junto con la grasa, y eran reconocidos como la mejor parte del animal. El término griego para "riñón", nephros, aparece solo una vez en el NT, Apo. 2:23, donde su uso se ajusta al uso en el AT. Debido a que los riñones se encuentran en las profundidades del cuerpo, la referencia a las lesiones que afectan a los riñones enfatiza su gravedad (por ejemplo, Job 16:13; Lam. 3:13). Cuando se usa en humanos, "riñón" se refiere comúnmente a la mente, en paralelo con leb ("corazón"), que corresponde mejor a las nociones modernas de "mente" e incluso "conciencia" (*ver* Sal. 7:9; 26:2; Jer. 11:20; 17:10; 20:12). En varios pasajes, los riñones se identifican entre los órganos que Dios examina para juzgar o evaluar a una persona (Sal. 7:9; Jer. 11:20; 17:10).

R

RÍOS ÉUFRATES Y TIGRIS Los dos ríos entre los cuales se ubica Mesopotamia ("entre ríos"). El Éufrates y el Tigris se originan en las montañas de la Turquía moderna y corren a través de Siria e Iraq, cada uno por más de mil seiscientos diez kilómetros, antes de encontrarse y vaciarse en el Golfo Pérsico. Como en la actualidad, ambos ríos daban vida a muchos pueblos, corriendo a través de grandes centros de la civilización antigua.

El Éufrates y el Tigris se mencionan juntos sólo una vez en la Biblia (Gn. 2:10-14), donde son dos de los cuatro ríos que surgen del jardín del Edén. El Éufrates mismo figura prominentemente en la narrativa bíblica. También es conocido como "el gran río" o simplemente "el río". Además de su rol en Gn. 2, frecuentemente se menciona como el límite de la tierra que Dios le prometió a Abraham y su descendencia (Gn. 15:18; Js. 1:4), una tierra que Israel adquirió durante la monarquía unida (2 Sm. 8:3; 1 Re. 4:24). El rey Josías encontró su muerte aquí en la batalla de Karkemish en el año 605 a.C. (2 Cr. 35:20-27; cf. Jr. 46:1-10). El Éufrates también actúa como símbolo del pasado idólatra de Israel (Js. 24:2-3) y como un símbolo de libertad del exilio (Is. 11:15; 27:12). En el NT, el Éufrates es el lugar donde se dirigen los cuatro ángeles (Ap. 9:14) y donde el sexto ángel derrama su bol. Además, el Tigris aparece en solo un lugar en la Biblia (Dn. 10:4), donde Daniel recibe una visión en su ribera. Algunos disputan la validez de esta ocurrencia porque ciertos manuscritos (esto es, la Peshitta) reemplazan aquí "Tigris" con "Éufrates".

RÍOS Y VÍAS FLUVIALES

Ríos en la Cosmología

Génesis 2:10-14 describe el jardín en el Edén como la fuente de un río sin nombre que, subsecuentemente se dividía en cuatro "cabeceras": el Pisón, el Gihón, el Tigris y el Éufrates. Esta descripción desafía cualquier intento por localizar la presunta ubicación del Edén en términos de geografía histórica. El Tigris y el Éufrates no divergen de una fuente común, en cambio convergen antes de vaciarse en el Golfo Pérsico. Además, el Gihón, sí debe ser identificado con el manantial del mismo nombre en Jerusalén (1 Re. 1:45), se encuentra a ciento de kilómetros de distancia del Tigris y el Éufrates. El Pisón es desconocido fuera de esa mención. Si, como han sugerido varios comentaristas desde la antigüedad, el Gihón y el Pisón deben identificarse con otros grandes ríos de la misma clase e importancia que el Tigris y el Éufrates (el Nilo, el Ganges, etc.), entonces esto confundiría más aún cualquier intento por comprender Gn. 2:10-14 en términos de geografía histórica. La imagen de cuatro ríos emanando desde el jardín primordial y dividiéndose antinaturalmente de una fuente común es testimoniada en el arte del Cercano Oriente, especialmente en murales del siglo dieciocho a.C. que ilustran la investidura de Zimri-Lim. En esta imagen, dos diosas están de pie en un jardín paradisíaco, custodiado por míticas criaturas tipo esfinge (cf. los querubines en Gn. 3:24), sosteniendo vasijas de las que fluyen cuatro ríos.

En su visión de la restaurada tierra de Israel, Ezequiel ve un gran río emanando del templo en Jerusalén, fluyendo hacia el desierto de Judea y, finalmente, transformando el Mar Muerto en agua dulce (Ez. 47:1-12). A lo largo de las riberas del río, Ezequiel ve pescadores y arboles de frutos permanentes. De manera similar, la visión de la nueva Jerusalén en Ap. 22:1-2 describe un río del "agua de la vida" fluyendo a través de la ciudad y regando arboles que dan fruto cada mes. En ambos casos, las visiones se inspiran en la noción de que Jerusalén es el centro de culto y religioso del mundo y, por lo tanto, dotan a su manantial—geológicamente hablando, de un cuerpo de agua insignificante—con significancia cosmológica. Fue tal vez este mismo impulso que llevo al autor de Gn. 2:13, probablemente uno proveniente de Jerusalén, a mencionar a Gihón en la misma categoría que el Tigris y el Éufrates.

En Sal. 89:25, en el contexto de un poema que describe la adopción del rey davídico como hijo divino, se describe a Dios como prometiendo "poner su mano sobre el mar, su mano derecha sobre los ríos". Como el mar, un símbolo de caos cósmico en la mitología antigua del Cercano Oriente, los ríos representan una fuerza que es superada por el guerrero divino y luego puesta bajo sometimiento de su representante humano, el amado rey. En esta conexión, es significativo que el éxodo—en muchas formas un momento fundacional de la religión israelita—incluyó la partición tanto de un mar (Éx. 14:21-22) como de un río (Js. 3:16; Sal. 114:3) y el subsecuente paso de los israelitas sobre tierra seca. Esta liberación creadora de un pueblo, a su vez, es comparable al relato de la creación en Gn. 1, donde el Dios Creador hace retroceder las aguas para preparar un espacio de tierra seca habitable para la humanidad (vv. 9-10). En la mitología ugarítica, Yam, el dios del mar, también recibía el epíteto "juez río", subrayando la conexión cosmológica entre mar y río. Como veremos, los oráculos proféticos del juicio divino, especialmente cuando va dirigido contra la civilización basada en el río de Egipto, con frecuencia recapitulan el tema del Dios de Israel peleando contra el río.

El Río Nilo

El Nilo (del hebreo ye'or) es alimentado por dos tributarios principales: el Nilo Blanco, que comienza en el lago Victoria, el Nilo Azul, que comienza en Etiopía. Con más de seis mil quinientos kilómetros, es el río más largo del mundo. La antigua civilización egipcia dependía completamente del flujo del Nilo y de su inundación anual (el "regalo del Nilo") para la irrigación de cultivos. Incluso hoy en día, la tierra arable a lo largo del Nilo está confinada en algunos lugares a un área no mayor a unos cuantos kilómetros desde la ribera.

Dada la dependencia de la civilización egipcia del Nilo, especialmente de su inundación anual y el consecuente depósito de sedimento, no es de sorprender que el río figurara prominentemente en su mitología y religión. Particularmente, la historia de la muerte y levantamiento de dios Osiris estaba conectada al flujo y reflujo anual del gran río. La inundación anual es impresionante aun hoy en día; una impresión antigua puede verse en Am. 9:5, donde el profeta apela a la subida y caída del Nilo para describir el juicio divino de fundición de la tierra.

Dos de las plagas enviadas por Dios sobre los egipcios tuvieron lugar en el Nilo, un entorno apropiado para una confrontación entre el Dios de Israel y el faraón egipcio, él mismo una representación de panteón egipcio. En Ez. 29:3 el Dios de Israel le dice al faraón, "Yo estoy contra ti, Faraón rey de Egipto, tú, gran monstruo recostado entre tus arroyos. Tú dices, 'el Nilo me pertenece; lo hice para mí'". Ya que el Nilo era tal vez el símbolo natural o ambiental preeminente de la cultura egipcia, la aserción de control del Dios de Israel de ese río se habría entendido como una inequívoca muestra de soberanía. Al momento del nacimiento de Moisés, el Nilo era un lugar de extinción para los israelitas, porque el faraón había mandado que cada niño nacido a los hebreos fuese arrojado al Nilo (Éx. 1:22). Irónicamente, Moisés fue salvado cuando su madre lo puso en el Nilo en un canasto cubierto de brea, donde fue encontrado por la hija real del Faraón, que había venido al Nilo a bañarse (2:3, 5).

Dios le dijo a Moisés que confrontara al Faraón en el Nilo (Éx. 7:15), y la primera plaga que Dios infligió a los egipcios consistió en volver al Nilo en sangre, causando la muerte de sus peces y haciendo que el agua fuese inadecuada para beber. Los egipcios se vieron obligados a cavar pozos a lo largo de sus riberas (7:20-21). La segunda plaga involucró la multiplicación de las ranas en el Nilo, hasta el punto de ser una gran inconveniencia (8:33).

Isaías continúa el tema del castigo de Dios a los egipcios atacando al Nilo: "Las aguas del río se secarán, y el lecho estará abrasado y seco. Los canales tendrán mal olor; los arroyos de Egipto menguarán y se secarán. Los cañaverales y juncales se marchitarán, también las plantas a lo largo del Nilo" (Is. 19:5-7). El pasaje continúa subrayando la importancia del Nilo como fuente de irrigación y pesca y la devastación resultante de que el Nilo no se inunde como se espera. En otros textos, donde el énfasis está puesto en las mejores fortunas de Egipto, el poder de Egipto es simbolizado por el poderoso Nilo: "¿Quién es este que se levanta como el Nilo, como ríos de aguas crecientes? Egipto surge como el Nilo... Ella dice, 'Me levantaré y cubriré la tierra; destruiré ciudades y sus gentes'" (Jr. 46:7-8).

R

El Río Éufrates

El Éufrates es el más oriental de los dos grandes ríos de Mesopotamia (junto con el Tigris [ver a continuación]), la tierra "entre los ríos". Como se menciona con anterioridad, el Éufrates era uno de los cuatro ríos fluyendo del jardín del Edén, de acuerdo a Gn. 2:14. A lo largo del Éufrates se ubicaban las antiguas ciudades de Carchemish, Emar (Tell Meskene), Mari, Babilonia y Ur. El Éufrates recorre más de dos mil setecientos kilómetros de noroeste a sudeste, comenzando en las montañas del este de Turquía antes de juntarse con el Tigris y entrar en el Golfo Pérsico.

En la Biblia, el Éufrates representa el límite norte del territorio otorgado a Abraham (Gn. 15:18; *véase también* Éx. 23:31). David extendió su territorio hasta el Éufrates cuando peleó con el rey arameo Hadadézer (2. Sm. 8:3), y así las dimensiones de Israel en su auge bajo Salomón se describen como controlando todos los reinos "desde el río Éufrates hasta la tierra de los filisteos, hasta la frontera con Egipto [esto es, el límite sur del reino]" (1 Re. 4:21).

Además de su significancia como límite político, el Éufrates marcó un importante límite cultural en el pensamiento israelita. Abraham y su familia son recordados por haber venidos desde "más allá del río Éufrates" (Js. 24:2). El exilio se describió como una dispersión "más allá del río Éufrates", una expresión que subraya completo despojo de la tierra propia de Israel (1 Re. 14:15). Interesantemente, las culturas del este del Éufrates compartían la noción de que el río marcaba un límite mayor, como es evidente de la convención entre los neo-asirios y los persas de referirse a las tierras del oeste por el nombre "Más allá del río" o "Trans-Éufrates" (acadio: eber-nari; arameo: abar nahara). Este era el nombre de la provincia que abarcaba la tierra de Israel en el tiempo de Esdras (*ver* Esd. 4:10). Isaías usó la asociación entre el Éufrates y los imperios mesopotámicos cuando comparó al rey de Asiria con las poderosas aguas del río (Is. 8:7). El Éufrates figura prominentemente en el Apocalipsis, donde restringe el castigo del norte, un castigo liberado por Dios cuando seca el río, permitiendo a "reyes del este" cruzar (Ap. 9:14; 16:12).

El Río Tigris

Junto con el Éufrates, el Tigris (Heb. khiddegel) era uno de los dos ríos de la antigua Mesopotamia. El Tigris está al este del Éufrates y corre sobre un curso aproximado de 1.850 kilómetros de noroeste a sudeste, finalmente uniéndose con el Éufrates y vaciándose en el Golfo Pérsico. En la antigüedad, las ciudades de Calaj, Nínive y Ashur se encontraban a lo largo del Tigris. El Tigris es mencionado dos veces en la Biblia: primero, como una de las cuatro cabeceras emanando del jardín del Edén (Gn. 2:14) y, segundo, como la ubicación de la experiencia visionaria de Daniel (Dn. 10:4).

El Río Jordán

El Jordán (Heb. yarden) corre hacia el sur desde el Valle de Jule hacia el Mar de Galilea (también conocido como Mar de Teberíades; actualmente lago Genesaret) y de allí a través de un valle fluvial ("el valle del Jordán" [*ver* Gn. 13:10]) al Mar Muerto. A lo largo de su curso de aproximadamente 242 kilómetros, desciende dramáticamente desde una elevación de casi 60 metros en el Valle de Jule hasta una elevación de 210 metros bajo el nivel de mar en el Mar de Galilea y luego incluso más abajo a una elevación de 422 metros bajo el nivel del mar en el Mar Muerto. Apropiadamente, el nombre Jordán se relaciona con la palabra hebrea yarad ("bajar").

En la historia del éxodo y conquista, el río Jordán marcaba el límite de la "tierra prometida", a pesar del hecho que dos y media tribu recibieron sus herencias en el lado este del río (la Cisjordania [*véase* Nm. 32:32; 34:12, 15]). Para aquellos que vivían en la tierra de Israel, el río marcaba el límite entre ellos y lo que llamaron "el otro lado del Jordán" (del hebreo 'eber hayyarden [Nm. 32:19; Dt. 1:5]).

En el AT, varias historias memorables están situadas cerca del Jordán. Además del dramático cruce del Jordán de Josué (Js. 3:1-17), los "vados del Jordán" eran ubicaciones estratégicas y fue allí que los galaaditas asesinaron a cuarenta y dos mil efraimitas mientras intentaban volver a su territorio en el lado oriental del Jordán (Jue. 12:5). Elías instruyó a Naamán, el leproso general arameo, que se bañara siete veces en el Jordán para sanar su condición (2 Re. 5:10). Cuando los compañeros de Eliseo quisieron construir refugios para ellos, fueron al Jordán, donde sabían que encontrarían abundante vegetación y varas (2 Re. 6:2; cf. Zac. 11:3). Cuando uno de ellos dejó caer un hacha de hierro de cabeza en el agua, Eliseo hizo que flotara a la superficie (2 Re. 6:6-7).

En el NT, el Jordán fue el lugar del ministerio de Juan el Bautista (Mt. 3:5-6; Mc. 1:5; Lc. 3:3). Juan 1:28 especifica que estaba en la ribera este (también Jn. 3:26; 10:40). Fue en las aguas del Jordán que Juan bautizó a aquellos que iban a él, incluso a Jesús (Mt. 3:13; Mc. 1:9; Lc. 3:21).

Tributarios del Jordán

Al sur del Mar de Galilea, el río Jordán es alimentado por varios tributarios. El río Yarmuk se une al Jordán justo al sur del lago, drenando la región bíblica de Basan hacia el este. El Wadi Far'ah se une al Jordán desde el oeste, a medio camino entre el Mar de Galilea y el Mar Muerto, y drena el montañoso país de Efraín. Casi al otro lado del Wadi Far'ah, el bíblico río Jaboc (Wadi Zarqa) entra al Jordán desde el este. En tiempos bíblicos, el Jaboc era el límite del territorio amonita (Nm. 21:23-24). El río Arnon (Wadi Mujib) no es un tributario del Jordán, entra al Mar Muerto desde el este, opuesto a Ein Guedi.

El río Jordán.

Era un límite entre los moabitas y los amorreos (Nm. 21:13).

El Wadi de Egipto

En un cierto número de textos el "wadi de Egipto" (o "arroyo de Egipto") representa el límite sur del territorio israelita. Algunos intérpretes antiguos entendieron esto como referencia a la rama Pelusiac del delta del río Nilo, mientras que estudiosos modernos favorecen el río Habesor, más al este, en el Israel actual. Además de la Biblia, textos asirios también se refieren al Wadi de Egipto. En 733 a.C., Tiglat-pileser III erigió una estela de la victoria allí, tal vez para anunciar a los egipcios la extensión al sur del territorio que reclamaba para Asiria.

Varios pasajes bíblicos se refieren al río Sihor como el que marcaba el límite entre Egipto y el territorio israelita (Js. 13:3; 19:26; 1 Cr. 13:5; Is. 23:3; Jr. 2:18).

El Río Orontes

Aunque no se lo menciona en la Biblia, el Orontes marcaba un importante límite internacional en el mundo bíblico. El Orontes comienza en el Valle de la Becá en el actual Líbano, luego fluye hacia el norte entre el Líbano y la Cordillera del Antilíbano antes de girar bruscamente hacia el oeste para vaciarse en el Mar Mediterráneo. A lo largo del Orontes está el reino de Hamat (*véase,* e.g., 2 Sm. 8:9; 2 Cr. 8:3; Jr. 39:5). Porque corría a través de un valle que era una arteria de viaje de norte a sur, el Orontes era un permanente foco de interés estratégico y muchas batallas importantes se desarrollaron en o cerca del Orontes. En 1274 a.C. el faraón egipcio Ramsés II peleó con el rey hitita Muwatalli II en la Batalla de Qadesh. En 853 a.C. el rey asirio Salmanasar III fue desafiado en Qarqar (o Karkar) en el Orontes por una coalición encabezada por Hadadézer de Damasco e incluyendo al rey Acab de Israel.

RIQUEZA Y MATERIALISMO Tanto el AT como el NT ven la riqueza como el resultado final de la bendición de Dios (Prov. 10:22). Abraham muestra la actitud correcta al rehusarse a aceptar botín del rey de Sodoma, reconociendo a Dios como la única fuente de sus riquezas (Gn. 14:23). La riqueza de Salomón fue vista como el favor de Dios (1 Re. 3:13). Bienestar y comodidad se dice que están presentes en el hogar de "quienes temen al Señor" (Sal. 112:1-3). Sin embargo, el éxito material por sí solo no necesariamente es una indicación de la aprobación de Dios, ni la pobreza es un signo de la desaprobación de Dios. Fundamentalmente, ni la pobreza ni la riqueza pueden superficialmente ligarse al favor o desaprobación divina.

Visión balanceada. La Biblia articula una visión balanceada de la riqueza. Advierte contra tener una actitud arrogante al fracasar en reconocer que la fuente de la riqueza es Dios (Dt. 8:17-18). Hay peligro en confiar en las riquezas (Sal. 52:7; 62:10). A los ricos se les encarga no ser arrogantes, y fijar sus esperanzas no en riquezas inciertas, sino más bien en Dios (1 Tim. 6:17-18). El amor por el dinero es descrito como la raíz de todos los tipos de males (1 Tim. 6:9-10) y es, por lo tanto, extremadamente difícil para una persona rica entrar en el reino de Dios (Mt. 19:24). La estupidez del materialismo, hacer de las riquezas el centro de la vida de uno, es mostrado en la parábola del granjero rico (Lc. 12:15-21). En vez de avaricia monetaria, el espíritu de satisfacción se felicita, porque incluso si hay deficiencias a nivel material, uno aún tiene al Señor (Lc. 12:15; Flp. 4:11; Heb. 13:5). Las posesiones materiales deberían ganarse correctamente; se requiere esfuerzo y diligencia (Gn. 3:19; Prov. 10:4). Obtener riquezas a través de la deshonestidad y las ganancias mal habidas son denunciadas y condenadas (Prov. 11:26; 13:11; Jr. 17:11; Miq. 6:12).

Perspectiva centrada en Dios. La riqueza y posesiones materiales deben ser vistas de una perspectiva centrada en Dios. Dios es el proveedor de todo; por tanto, deberíamos confiar en Él para nuestras necesidades diarias (Mt. 6:25-34; Lc. 11:3). La confesión de Job en un momento de pérdida, "El Señor lo dio y el Señor lo ha quitado; sea alabado el nombre del Señor", demuestra una admirable actitud a emular (Job 1:21). Dios es el dueño de todas las cosas, y nosotros somos simples administradores de la riqueza de Dios. Debemos recordar que algún día deberemos rendir cuentas por el uso de nuestras riquezas (1 Cor. 10:31). Jesús nos enseña a buscar primero el reino de Dios, más que estas bendiciones materiales (Lc. 12:31-33). Cualquier cosa que nos distrae de servir a Dios debería ser evitada. No podemos servir tanto a Dios como a Mamón (Mt. 6:24). Nuestros tesoros deben estar en el cielo, lo que significa que nuestro foco debería estar en temas pertenecientes al reino: "Donde está tu tesoro, también estará tu corazón" (Lc. 12:32-34).

Responsabilidad y generosidad. Con la posesión de riquezas viene el deber de dar generosamente a aquellos necesitados (Prov. 11:24; 28:27). La prosperidad se entrega como un medio para hacer el bien; por tanto, debemos ser ricos en buenas acciones (1 Tim. 6:18). Aunque es un deber de la comunidad de la alianza hacerse cargo de los necesitados en el AT, todavía enfatiza el corazón voluntario (Dt. 15:5-11). En 2 Cor. 9:7, Pablo presenta el principio de dar en el NT: "Cada uno de ustedes debe dar lo que ha decido dar en su corazón, no reticentemente o bajo coacción, pues Dios ama a un dador alegre". No debería ser una exacción sino un regalo voluntario (9:5).

El cristiano debería emular a Jesús: "Aunque era rico, sin embargo, por [nuestro] bien se hizo pobre, para que [nosotros] a través de su pobreza pudiéramos volvernos ricos" (2 Cor. 8:9). Por lo tanto, las ofrendas materiales a Cristo no deberían ser una carga (1 Cor. 9:11). La donación sacrificial es una expresión de amor al Señor (2 Cor. 9:12). También genera acciones de gracias a Dios de aquellos que la reciben (2 Cor. 9:11). La riqueza terrenal también debiese ser usada para propósitos evangelizadores (Lc. 16:8). Si somos fieles en el uso del dinero, podemos ser confiados con las riquezas espirituales del reino (Lc. 16:12-13). Aunque las riquezas no tienen valor eterno en sí mismas, su uso adecuado tiene consecuencias eternas (Lc. 12:33; 1 Tim. 6:19). Una de las calificaciones de un supervisor de la iglesia es estar libre del amor al dinero, y un diácono no debe perseguir ganancias deshonestas (1 Tim. 3:3, 88). Un buen nombre debe elegirse por sobre las riquezas (Prov. 22:1). Santiago condena como actitud pecaminosa favorecer a

Casa judía rica en Jerusalén.

los ricos por sobre los pobres. El amor no preferencial es la respuesta al favoritismo perjudicial (Sant. 2:1-9).

RIQUEZAS *Véase* Riqueza y Materialismo.

RISA En la Biblia, "reírse" rara vez denota una respuesta al humor. Lo más prominente en las Escrituras es la risa por desprecio o la burla. Los animales y humanos pueden reírse del peligro (Job 5:22; 39: 7; Prov. 31:25). Dios se ríe de aquellos que se le oponen (Sal. 2:4; 37:13; 59:8), y la Sabiduría se ríe de aquellos que la ignoran (Prov. 1:26). Las personas pueden convertirse en el hazmerreír de otros (Éx.32:25; Lam. 3:14). Se rieron de Jesús y lo ridiculizaron (Mt. 9:24, Mr. 5:40, Lc. 8:53).

La risa es prominente en toda la narrativa del nacimiento de Isaac. Tanto Abraham (Gn. 17:17) como Sara (18:12) se rieron cuando escucharon que Isaac nacería de ellos en su vejez. Cuando Isaac, cuyo nombre significa "él se ríe" (*ver* 17:19 NVI mg.), nació, Sara habló de la risa que Dios le había dado y que otros tendrían (21:6).

Además, los escritores bíblicos a menudo contrastan la risa con el duelo. En tales casos, la risa representa sentimientos de felicidad o alegría (Ecle. 3:4, Lc. 6:21, 25, San. 4:9).

RISATÁYIM Que significa "doble maldad", este apelativo se adjunta al nombre de Kusán, rey de Mesopotamia (Aram Naharáyim). El pueblo de Israel lo sirvió durante ocho años antes de que Otoniel, hijo de Quenaz, primero de los jueces, los liberara (Jue. 3:8-9) *Véase también* Kusán-Risatáyim.

RISSA Una parada en la travesía israelita por el desierto (Nm. 33:21-22). El nombre puede significar "gota de rocío", "lluvia" o "ruinas". Es probablemente un nombre antiguo para el oasis de Sharma, al este del Golfo de Áqaba.

RITMA Una parada en la travesía israelita por el desierto (Nm. 33:18-19). El nombre puede significar "planta de retama". Probablemente se ubica al este del Golfo de Áqaba, donde hay un valle llamado Er-Ratame, que podría estar relacionado.

RITUAL *Véase* Sacrificio y Ofrenda; Adoración.

RIVALIDAD ENTRE HERMANOS La lucha por la supremacía entre hermanos. Las características comunes de este topos incluyen las siguientes: (1) el hermano menor triunfa sobre el hermano mayor (Isaac le gana a Ismael [Gn. 21:8-12]; Moisés le gana a Aarón y Miriam [Nm. 12:1-10]); (2) el favorito del padre pierde frente al otro, con frecuencia el favorito de la madre (Jacob prevalece sobre Esaú [Gn. 25-27]; Abel, el favorito del Padre celestial, pierde ante Cain [Gn. 4:8]); (3) la rivalidad entre hermanos con frecuencia termina en fratricidio (Caín asesina a Abel [Gn. 4:8]; Absalón mata a Amnón [2 Sm. 13:28-29]); (4) el fratricidio en la rivalidad entre hermanos por lo general ocurre en el campo (Caín matando Abel; Absalón asesinando a Amnón; José y sus hermanos [Gn. 37]; cf. la parábola de Joab colocada en labios del sabio tecoita [2 Sm. 14:6]). La prohibición en el Deuteronomio de la subversión de los derechos hereditarios del primogénito (Dt. 21:15-17) parece ser un intento genuino para lidiar con el perenne problema de la rivalidad entre hermanos en la comunidad de la alianza de Israel, que con frecuencia era gatillada por los favores especiales mostrados al hermano menor por sobre el/los mayor(es). In el NT la parábola del Hijo Pródigo es un ejemplo bien conocido de la rivalidad entre hermanos (Lc. 15:11-32).

RIZPA La concubina del rey Saúl, con quien tuvo dos hijos, Armoni y Mefi-boset. Aparece por primera vez cuando Isboset acusa a Abner de tener relaciones sexuales con ella—una insinuación por pretensiones reales—lo que Abner niega (2 Sm. 3:7-10). Vuelve a aparecer en el episodio que relata el sacrificio de sus dos hijos y sus cinco sobrinos en Gabaón como expiación por la supuesta brutalidad de Saúl contra los gabaonitas —el remedio de David para una hambruna de tres años (2 Sm. 21:1-14). La valiente acción de Rizpa contra la profanación de sus cuerpos por parte de animales carroñeros y aves impulsa a David a ordenar la recuperación de los huesos de Saúl y sus hijos desde Cisjordania y su digna sepultura en la tumba de Quis (su ancestro) en Gabaa. La valentía de Rizpa al proteger los cuerpos de los muertos se asemeja a la de los hombres de Jabes-galaad (1 Sm. 31:8-13), el elogio que David hace a estos últimos (2 Sm. 2:5-7) no se extiende a Rizpa.

ROBAR *Véase* Robo.

ROBLE DE LOS ADIVINOS *Ver* Encina de los Adivinos.

ROBLE DE TABOR Un punto de referencia reconocible en el territorio de Benjamín (NVI: "encina de Tabor"; RVA: "campiña de Tabor"). Fue la segunda de tres paradas que Samuel le instruyó a Saúl que hiciera en un viaje a Gilgal confirmando su elección por parte de Dios como rey de Israel (1 Sam. 10:1-8). Allí, Saúl se encontró con tres hombres que viajaban a Betel, confirmando la profecía de Samuel.

ROBO La adquisición de la propiedad de otro por fuerza o amenaza. Este crimen era perpetrado por bandidos (Os. 7:1), con frecuencia a través de una emboscada (Jue. 9:25). En la parábola de Jesús y el buen samaritano, el ataque de los ladrones deja a la víctima medio muerta (Lc. 10:30). La prohibición del octavo mandamiento contra el hurto (Éx. 20:15; Dt. 5:19) ciertamente incluye el robo, que es expresamente condenado en Lv. 19:13. El AT no distingue el robo del hurto, que es realizado con sigilo y engaño, probablemente porque la toma ilegal de los bienes de otro era vista como un crimen civil y el énfasis legal estaba puesto en la restitución de propiedad junto con una compensación por aflicción, que variaba de acuerdo al elemento robado y servía a modo de disuasivo a los ladrones (Éx. 22:1, 4; Lv. 6:1-7). Si no es posible restituir lo robado, el criminal podría ser vendido como esclavo para pagar la deuda (Éx. 22:3). Si la violencia del robo diese como resultado lesión o lesiones, se aplican las leyes concernientes a daños corporales (Éx. 21:23-25; Lv. 24:19-20). De hecho, bajo ciertas condiciones, la ley considera al ladrón lesionado como la víctima y no el perpetrador de la violencia (Éx. 22:2-3). Los dos hombres crucificados con Jesús son tradicionalmente descritos como "ladrones" (Mt. 27:38; Mc. 15:27), aunque en este caso la palabra griega (lēstēs) probablemente se refiere a rebeldes o insurreccionistas (NLT: "revolucionarios"). Esta era la manera de las autoridades romanas de caracterizarlos como criminales comunes en vez de luchadores por la libertad.

Dios declara su odio por el robo, contrastando con la justicia (Is. 61:8). El robo es frecuentemente un ejemplo de injusticia, especialmente cuando se perpetra contra los pobres (Is. 10:2; Ez. 22:29). Rescatar a una víctima de un robo es requerido como una acción justa (Jr. 21:12; 22:3), una por la cual Dios mismo merece ser alabado (Sal. 35:10). Dios se describe a sí mismo como la víctima de un robo cuando acusa a Israel de robarle al retenerle su diezmo. (Mal. 3:8-9).

El griego tiene dos palabras para distinguir entre quienes roban (lēstēs) y quienes hurtan (kleptēs). En el NT, el robo aparece principalmente como metáfora. Jesús lo usa para representar a falsos profetas (Jn. 10:1, 8), su propio saqueo de la casa de Satanás (Mt. 12:29; Mc. 3:27) y en referencia a Jr. 7:11, aquellos que buscan ganancia económica en el templo (Mt. 21:13; Mc. 11:17; Lc. 19:46).

ROBO *Véase* Crímenes y Castigos; Hurto.

ROCA DE SEPARACIÓN *Véase* Sela-hama-lecot.

ROCA DIVISORIA *Ver* Sela Hammahlekoth.

ROCA En el AT, la "roca" (sela', tsur) es una imagen de inaccesibilidad y, asimismo, de refugio del peligro (Is. 7:19), pero las rocas no proporcionarán refugio en el día de la ira de Dios (Is. 2:10, 19, 21; Ap. 6:15-16). Una gran roca que proporciona la sombra necesaria (Is. 32:2) es una variación sobre el tema de la protección. Por extensión, la imagen se aplica a Dios mismo en poesía (e.g., 2 Sm. 22:2; Sal. 31:3 en ambos casos en paralelo a "fortaleza"). Dios como la "roca" es el objeto de confianza (2 Sm. 22:3). Esta cualidad es un aspecto de su incomparabilidad: "¿Y quién es la roca sino nuestro Dios?" (2 Sm. 22:32).

Repetidas referencias en el AT al incidente en Nm. 20 en el cual Dios hacer salir agua de la roca en el desierto (e.g., Dt. 8:15; Neh. 9:15; Sal. 78:16) forman el trasfondo para la identificación tipológica que hace Pablo de Cristo con esta piedra (1 Cor. 10:4). El agua de la roca fue un "trago espiritual" que apuntaba hacia realidades espirituales posteriores de la Cena del Señor.

Isaías 8:14 vuelve a lo que es generalmente una imagen positiva de la protección de Dios en una imagen negativa de destrucción ("una roca que los hace caer"). Este verso, junto con Is. 28:16; Sal. 118:22, está tras los dichos de "piedra" de Jesús (e.g., Lc. 20:18; NIV: "piedra"), Pablo (Rom. 9:33; NIV: "piedra"), y Pedro (1 Pe. 2:8) en el cual Jesús es descrito como la roca en la que la gente tropieza en incredulidad.

En el NT, "roca" (Gr. petra) como los sólidos cimientos de una casa (como en la parábola de Jesús en Mt. 7:24-25) es la idea tras algo que Jesús dijo a Simón, a quien llamó "Pedro" (Gr. petros): la confesión de Pedro de Jesús como "el Mesías, el Hijo del Dios vivo" sería la base indestructible de la iglesia que Jesús construiría (Mt. 16:16-18).

ROCÍO Pequeñas gotas de agua que se condensan desde el aire caliente sobre objetos fríos. Ya que, desde mayo a octubre, llueve poco o nada en Palestina, el rocío que se asienta allí naturalmente debido a su cercanía con el Mar Mediterráneo, es crítico para la tierra y lo que sea que crezca allí. Por otra parte, es muy caluroso durante el verano, aunque las temperaturas bajan rápidamente durante las noches debido a las brisas que vienen del mar. Al enfriarse el aire y entrar en contacto con plantas y otros objetos, el rocío toma el lugar de la lluvia al proveer de la hidratación que se necesita. La petición de Gedeón a Dios en relación al vellón demuestra cómo el rocío cubría todo, con el vellón representando una señal específica de parte Dios (Jueces 6:37-40). El rocío es usado simbólicamente en la Biblia para representar la bendición (Génesis 27:28; Salmos 133:3; Oseas 14:5; Miqueas 5:7) y refrigerio de Dios (Is. 18:4).

RODANIM *Véase* Rodanitas.

RODANITAS Descendientes de Javán, listado en la cronología adámica de Israel (Gn. 10:4; 1 Cr. 1:7). La mayoría de las traducciones leen Rodanim y algunas tratan esta palabra como el verdadero nombre de un individuo (e.g., ESV, NASB, NKJV). Basado en derivación de nombre solamente, Rodanim podría considerarse el progenitor del pueblo de Rodas; sin embargo, la variante de nombre Dodanim (*véase* KJV) cuestiona está asociación, aunque la variante puede deberse a un error de escribas. *Véase también* Dodanim.

RODAS Isla del Mediterráneo de más de 1.300 kilómetros cuadrados, con una ciudad capital también llamada Rodas en el extremo noreste. La isla se extiende hacia Creta desde el extremo sudoeste de Asia Menor en la ruta marítima principal entre los puertos egeos y fenicios. En la antigüedad, los habitantes de Rodas tomaron ventaja de su ubicación para jugar un influyente rol económico y político. En el lamento de Ezequiel por Tiro se menciona a Rodas como su socio comercial (Ez. 27:15). Rodas se convirtió en una destacada república griega después de Alejandro y construyó el Coloso de Rodas (terminado en 292 d.C.), una estatua de Apolo (Helios), el dios del sol, cuyo culto estaba centrado en la isla. A causa de una deslealtad, los romanos impulsaron a Delos para obstaculizar el alza de Rodas, dejando la isla como un complejo de aprendizaje y ocio para la época en que Pablo se detuvo allí en su último viaje (Hch. 21:1).

RODE La sirvienta que recibió a Pedro en la reja del jardín después de haber sido milagrosamente liberada de prisión, donde esperaba ser juzgada por Herodes (Hec. 12:13). Rode aparentemente estaba involucrada en la reunión de oración en la casa de María, la madre de Juan Marcos. En vez de abrir la puerta cuando Pedro golpeó, Rode se emocionó y corrió de regreso a la reunión de oración. Cuando anunció que Pedro estaba en la puerta, el grupo no le creyó, pero cuando insistió, salieron y lo encontraron.

ROEDORES Una palabra hebrea ('akbar) cubre ratas, ratones y roedores pequeños similares, que a veces formaban plagas (1 Sm. 6), El AT también menciona comadrejas tipo roedores (kholed [a veces traducido como rata o topo rata]), damanes (shapan), y conejos o liebres ('arnebet). Todos estos animales eran impuros porque "plagan", y los damanes y conejos también parecían rumiar su comida. La presentación, en algunas traducciones, de qippod como "erizo" o "puercoespín" es probablemente incorrecta (Is. 14:23; 34:11 NRSV; Sof. 2:14 ASV), como también la traducción de tanshemet (Lv. 11:30) y khepor (Is. 2:20) como topo (Israel no tiene topos). Los murciélagos, como criaturas voladoras, estaban agrupados con las aves impuras. Ningún roedor es mencionado en el NT.

ROGELIM La ciudad natal en Cisjordania de Barzilai galaadita (2 Sm. 19:31). El significado del nombre, "pisadores", puede indicar la industria local. Posiblemente se ubicaba en Tell Barsina o Zaharet's Soq'ah.

ROHGA Hijo de Semer de la tribu de Aser (1 Cr. 7:34).

ROJO El color de la sangre, el rojo es, por ello, el color utilizado para simbolizar el pecado (Is. 1:18) y es el color del caballo cuyo jinete trae la guerra sobre la tierra (Ap. 6:4). *Véase también* Colores.

ROLLO Las referencias a "libros" en las narrativas bíblicas indican de manera más apropiada a papiros, esto es, libros en rollo, hechos de papiro, pieles curtidas de oveja u cabra (como la mayoría de los MMM) o pergamino (pieles con los pelos removidos y frotadas para limpiarlas) (2 Tim. 4:13). Eran desenrollados para leerlos (Lc. 4:17, 20) y podían ser cerrados con sello de cera (Ap. 5:1). Las limitaciones físicas del largo de los rollos probablemente afectaron el tamaño de los libros bíblicos. Casi invariablemente, solo se escribía de un solo lado, lo que hace a Ez. 2:9-10 y Ap. 5:1 excepcionales. *Véase también* Libros; Implementos y Materiales de Escritura.

ROLLO *Véase* Pergamino.

ROLLOS DEL MAR MUERTO Los Rollos del Mar Muerto (RMM) fueron descubiertos por primera vez en 1947 por un pastor beduino en una gruta cerca de Khirbet Qumrán (*ver* Qumrán). Durante años siguientes, otras diez grutas fueron encontradas por los beduinos (Grutas 4, 11) y arqueólogos (Grutas 2, 3, 5, 6, 7, 8, 9, 10). Las grutas son numeradas de acuerdo al orden en el que fueron encontradas: la Gruta 1 fue encontrada primero, la Gruta 11 al final. Los rollos están principalmente escritos en hebreo, pero hay también un número de ellos en arameo y unos pocos en griego. Hay miles de fragmentos de más de 900 rollos. Algunos de los rollos están virtualmente completos, mientras otros están en pequeños fragmentos más pequeños que una estampilla de correo.

Los rollos son nuestro testimonio manuscrito más temprano, tanto del AT hebreo como del NT griego. Ellos nos dan un atisbo de las creencias de una secta judía, a pesar de estar compuestos de miembros del partido judío conocido como los esenios y nos ayudan a entender el desarrollo del idioma hebreo.

La Biblia en los Rollos del Mar Muerto

Aproximadamente el 20% de los RMM son manuscritos bíblicos, con data desde mediados del siglo III a.C. a mediados del siglo I d.C. Esto significa que los manuscritos bíblicos encontrados en Qumrán son más antiguos que nuestros previos testimonios manuscritos del AT hebreo, por alrededor de mil años (aunque hay algunos manuscritos de los siglos intermedios; ver más abajo, "Otros Rollos del Desierto de Judea"). Los fragmentos del NT griego son los testimonios griegos más antiguos, pero el AT griego,

Fragmento del rollo del Mar Muerto 1Q28a, la Regla de la comunidad o Regla mesiánica.

en contraste con el hebreo, tiene testimonios relativamente continuos durante los siglos. La brecha de siglos entre los testimonios existentes del texto hebreo, se explica por la práctica judía de destruir los manuscritos bíblicos una vez que están desgastados.

Alrededor de un tercio de los manuscritos bíblicos encontrados en Qumrán son muy cercanos a aquellos de mil años después, cuando la evidencia para el AT hebreo se retoma. Estos manuscritos son llamados "proto-Masotéricos", ya que generalmente se ajustan al Texto Masotérico (TM), la Biblia de los rabinos y a la Biblia de la cual las traducciones modernas del AT son generalmente hechas.

Entre los manuscritos bíblicos restantes, algunos parecen contener textos similares a la Septuaginta (LXX) y al Pentateuco Samaritano. Otros manuscritos tienen lecturas únicas, mientras que otros se ajustan a la LXX en una parte y al TM en otra, y así sucesivamente. La evidencia del texto del AT, correspondiente al tiempo del siglo II, pareciera ser un texto uniforme, ya que los rabinos escogían el texto recibido y suprimían las lecturas que presentaban variantes. Los fragmentos griegos encontrados en Qumrán, parecen reflejar una edición del texto hacia el texto en hebreo; debido a que estos fragmentos revisados en griego están fechados al siglo I a.C., podemos ver que antes del siglo II d.C., los rabinos tenían un texto bíblico estándar desde el cual ellos trabajaban.

Los rollos bíblicos de Qumrán incluyen todos los libros del AT hebreo, a excepción de Ester. Nunca sabremos si la ausencia de Ester en Qumrán se debe a que no era visto como un libro inspirado o, más bien, a un accidente de la historia. Estadísticamente, basado en el número de rollos de los diferentes libros de la Biblia encontrados, los sectarios de Qumrán favorecían a Deuteronomio (más de 30 rollos), Isaías (22) y Salmos (aproximadamente 40 rollos).

Los salmos en Qumrán son especialmente interesantes. Algunos de los rollos contienen salmos que no se encuentran en el Salterio, como se preservan en la Biblia rabínica, mientras que el orden de algunos rollos de salmos es diferente.

De los rollos sectarios (ver la próxima sección), podemos entender los contenidos del canon bíblico en Qumrán. Parte de la literatura sectaria en Qumrán indica que los qumranitas tenían un canon similar al del judaísmo rabínico. La mayoría de los enunciados acerca de lo canon en Qumrán se refieren a la ley de Moisés y a los profetas. Otro enunciado en la Carta Ha- lakhic, divide el canon en cuatro partes: Torá, los Profetas, David y las Crónicas. No podemos asumir que los sectarios de Qumrán consideraran todos los rollos en las grutas como Escritura canónica.

Rollos Sectarios

Aparte de los textos bíblicos, los RMM contienen documentos a través de los cuales los sectarios de Qumrán organizaban su comunidad, orientándose entre ellos mismos hacia el mundo exterior y declaraban sus metas. Esta es una categoría más bien fluida; por lo que parte de la literatura que no ha sido aún incluida en esta categoría, podría fácilmente serlo.

El Reglamento de la Comunidad. Este texto se encuentra en varias revisiones en algunas de las grutas, pero la principal copia, virtualmente completa, pertenece la Gruta 1 (1QS). En general, el reglamento de la comunidad discute el propósito de la comunidad de Qumrán, los requisitos para ingresar, quien puede consumir alimentos y bebidas puras, así como castigos para infracciones. Gran parte del reglamento hace referencias al momento en que un iniciado puede ser contado dentro de la comunidad, "los Muchos", así como las responsabilidades del iniciado hacia los líderes, especialmente los "hijos de Sadoc".

Hay algunas secciones dirigidas al Instructor, o el sabio, que enseña al resto de la comunidad de sectarios, el entendimiento dual de la humanidad que está predestinada para ser hijos de luz o hijos de oscuridad. El instructor debe enseñar y examinar a la comunidad en su progreso, para que puedan "caminar perfectamente". Una característica interesante del Reglamento de la Comunidad, es que los sectarios deben mantener su conocimiento oculto del exterior. Ellos eran una comunidad separada de la mayoría de la sociedad y tenían una gran preocupación por la pureza de sus miembros, tanto moral como ritual.

El Documento de Damasco (Fragmentos Sadoquitas). Este texto fue encontrado en las Grutas 4, 5 y 6. También se encontró una versión en la Guenizá de El Cairo en Egipto. El Documento de Damasco discute acerca de la comunidad sectaria más grande, a la que aparentemente la comunidad de Qumrán pertenecía. La primera sección del documento es conocida como "La Admonición". Esta discute cómo Israel consistentemente no siguió a Dios, lo que eventualmente llevó a la destrucción del primer templo. Los sectarios son el remanente del verdadero Israel, una planta que Dios hizo crecer desde Israel y Aarón (CD-A 1:5-7).

El Documento de Damasco es un recurso para la reconstrucción de la historia de los sectarios. Dentro de la Admonición se incluyen interpretaciones escriturales al estilo midrash, en las cuales los sectarios aplican la Biblia a ellos mismos, como a sus adversarios. La segunda sección, conocida como "las Leyes", contiene leyes para los miembros de la secta, cubriendo todo desde la observación del Sabbath, hasta los testimonios en la corte. En otras palabras, presenta una visión integral de la vida en comunidad, según lo previsto en la ley sectaria, que es a veces, marcadamente diferente de lo que conocemos sobre la ley rabínica. Algunas discusiones se han llevado a cabo concerniente al rol que Damasco tiene en este documento, ya que se dice que los sectarios están en exilio en Damasco. Académicos antiguos interpretaron esto como un movimiento real a Damasco, pero basados en investigaciones más actuales, "Damasco" es considerada como una palabra en código para "Qumrán".

El Rollo de la Guerra. Existen siete copias del Rollo de la Guerra, una de la Gruta 1 (1QM) y seis de la Gruta 6. El Rollo de la Guerra es dirigido al Instructor y es esencialmente un manual de batalla para conducir la batalla final futura entre los hijos de luz y los hijos de oscuridad. Los hijos de luz derrotan a sus enemigos y finalmente todo tipo de maldad es vencida. El resultado de la batalla final, en la que los hijos de luz vencen a sus enemigos, ha sido predestinado por Dios. El Rollo de la Guerra utiliza tácticas de batalla ancestrales para describir a los diferentes batallones de tropas en el ejército de los hijos de luz. Se describen numerosos detalles relacionados al despliegue de los sacerdotes, así como de la pureza ritual de los soldados, incluyendo el hecho de evitar la desnudez en los campamentos, porque los ángeles acampaban con ellos. Los estandartes descritos en el Rollo de la Guerra tienen frases escritas en ellos, tales como "Ofrenda de Dios", en vez de imágenes, para así evitar romper el mandamiento en contra de hacer imágenes. La mitad posterior de este texto está compuesta por himnos de guerra que son cantados durante el retorno al campamento, canciones que maldicen a los hijos de Belial, y así sucesivamente.

La Carta Halájica. La Carta Halájica (4QMMT) es una carta escrita por un líder de la comunidad de Qumrán a los sacerdotes en el templo de Jerusalén. Algunos creen que el autor de esta carta era el propio Maestro de Justicia (un líder antiguo, quizás fundador de la secta de Qumrán, que era considerado un intérprete autoritario de la Torá y los Profetas), sin embargo, no hay suficiente evidencia para determinar exactamente quién la escribió. La carta enumera más de 20 puntos de desacuerdo concernientes a la conducta ritual en el servicio del templo. Algunas diferencias se relacionan con que, si el verter líquido de un contenedor puro a uno impuro contamina al puro, si los ciegos y/o sordos pueden participar en servicio del templo y si es que los sacerdotes involucrados en los ritos de purificación con la vaquilla roja y la ofrenda por el pecado debían ser purificados antes del anochecer, o esperar hasta la mañana para limpiarse. Invariablemente, los qumranitas tenían un Halajá más estricto (leyes que gobiernan los sacrificios, pureza ritual, observación del Sabbath, etc.) que el que tenían los sacerdotes en el templo de Jerusalén.

La Carta Halájica nos da un raro atisbo de la comunidad antes de que condenen a los sacerdotes de Jerusalén a completa reprobación. A pesar de que hay duras advertencias para los sacerdotes de Jerusalén, la reconciliación y redención son posibles si siguen el Halajá de los qumranitas. Esta carta contrasta con la mayoría de los demás textos literarios encontrado en Qumrán, en los cuales los enemigos de los qumranitas son los hijos de oscuridad y están condenados a destrucción. Además, en otros textos sectarios, los qumranitas deben odiar a sus enemigos y ocultar de ellos su conocimiento.

Algunos académicos rabínicos han comparado la Carta Halájica con la Mishná. Existen similitudes entre el Halajá de los qumranitas y el de los saduceos. Esto ha llevado a que algunos académicos concluyan que había un grupo de saduceos en Qumrán. Esto es plausible y advierte, completamente y sin crítica, contra la identificación de los qumranitas con los esenios.

Otra Literatura

Los RMM contienen variados tipos de literatura, demasiados para discutir aquí. Esta sección del artículo examinará primariamente la literatura exegética –la interpretación de las Escritura – además de una breve mención al Rollo de Cobre.

Los Tárgumes y la Escritura reescrita. Los Tárgumes son traducciones en arameo de libros de la Biblia hebrea. Además de ser una traducción, un Targúm ofrece algunas interpretaciones explicativas de la Biblia hebrea. Existen fragmentos de un Targúm de Levítico, así como fragmentos de dos Tárgumes de Job encontrados en Qumrán. Los rollos de Qumrán también contienen dos reelaboraciones de Génesis: Jubileos y el Apócrifo de Génesis. Primera de Enoch y el Libro de los Gigantes son, de algún modo, gigantescas expansiones de Génesis.

Pesharim. Los Pesharim son una forma única de comentarios bíblicos encontrados en Qumrán. Los académicos los han nombrado tras el uso literario del término hebreo pesher ("interpretación"), para presentar material interpretativo. El Pesher cita una porción de la Escritura, incluye una derivación de la palabra pesher y da una interpretación del texto escritural. El conocimiento académico acerca de los Pesherim y su técnica exegética es inmenso. La línea de investigación más fructífera involucra examinar las similitudes entre los Pesharim y la interpretación que Daniel hace de la escritura en el muro, en Daniel 5:25-28. El término pesher y su antigua palabra hebrea cognada, pathar, son usados en relación a las interpretaciones de sueños de Daniel y José (en Daniel y Génesis, respectivamente).

Generalmente, la academia ha considerado que existen dos tipos de Pesharim en Qumrán: los continuos y los temáticos. Los Pesharim continuos interpretan libros de la Biblia, usualmente uno de los profetas, verso a verso, mientras que los Pesharim temáticos se organizan en torno a un tema en particular. Los Pesharim operan en el entendimiento de que la comunidad de Qumrán es el remanente de Israel al final de los días y que las Escrituras se están cumpliendo en relación con la comunidad. Las Escrituras hablan acerca de ellos y los Pesharim son interpretaciones inspiradas a través de los cuales uno aprende el verdadero significado del texto escritural. Los profetas hablaron parcialmente y el Maestro de Justicia enseñó a la comunidad de Qumrán el verdadero significado del texto bíblico que el profeta no comprendió (1QpHab 7:1-14).

Los Pesharim son útiles en la reconstrucción de la historia de la secta de Qumrán, porque interpretan las Escrituras a la luz de la propia experiencia de la comunidad. Los Pesharim hablan en un lenguaje codificado, en el cual se asignan mayormente nombres en código a personas y grupos específicos, por lo que reconstruir la historia de la comunidad de Qumrán a partir de los Pesharim es un trabajo educado de conjeturas. Los Pesharim (indicados con la letra "p") son señalados de acuerdo a la gruta en la que fueron encontrados y el libro bíblico que comentan. De ese modo, por ejemplo, "1QpHab" se refiere al Pesher acerca de Habacuc encontrado en la Gruta 1.

El Rollo de Cobre. El Rollo de Cobre, llamado así por el material de que está hecho, es una lista de tesoros del templo y sus ubicaciones escondidas a lo largo de Palestina. El propósito de este rollo es un misterio, pero es valioso por las revelaciones que provee de la historia del idioma hebreo.

Teología de la Secta de Qumrán a la Luz de los Rollos

Tal como se ilustra en la literatura de la secta, fueron tres los puntos teológicos fundacionales para los qumranitas: (1) pureza ritual, (2) dualismo determinístico y (3) la comunidad como centro de la profecía.

Los qumranitas eran un grupo sacerdotal profundamente preocupado de la pureza ritual. Su estricta forma de vida aseguraba que la pureza ritual se mantendría. Esto era importante por al menos tres razones. Primero, ellos eran el verdadero remanente del sacerdocio sadoquita. Debían permanecer aptos para el servicio en el templo cuando Dios lo restaurase. Segundo, había ángeles adorando en medio de ellos. A fin de seguir siendo dignos de participar en la adoración con ángeles, debían ser ritualmente puros. Tercero, los ángeles también estarían con ellos en la batalla final. Esta batalla sería religiosa en naturaleza, por lo tanto, la pureza ritual era importante para participar en ella.

Los qumranitas tenían una visión dualista, viendo al mundo dividido entre dos campos: los hijos de luz y los hijos de oscuridad. Estos dos grupos estaban predestinados por Dios, ya sea para redención y bendición, o para condenación y destrucción. Dios ha predeterminado que estos dos grupos estarán en una lucha constante hasta un conflicto final del cual, los hijos de luz saldrían victoriosos y sobrevendría una era mesiánica donde Israel sería completamente restaurado.

Conectada con su dualismo y a la creencia en la predestinación estaba la creencia qumranita de que su comunidad era el centro de la literatura profética. Su comunidad estaba en el corazón de lo que estaba tomando lugar en el final de los días.

Historia de la Secta de Qumrán a la Luz de los Rollos

La comunidad estaba formada por un grupo de sacerdotes sadoquitas desvinculados, que perdieron poder cuando los asmoneos asumieron el sumo sacerdocio; los asmoneos no provenían de una familia que fuera considerada legítima por los qumranitas y no seguían un Halajá lo suficientemente estricto. El grupo estuvo relativamente sin dirección, por alrededor de veinte años, hasta que surgió un líder carismático que los animó y les dio dirección. En esta etapa inicial, a pesar de que las relaciones entre los qumranitas y el sacerdocio de Jerusalén eran tensas, sus diferencias no eran irreconciliables. Durante este tiempo se escribió la Carta Halájica. Las cosas se tornaron para peor cuando el "Sacerdote Impío" confrontó y presumiblemente atacó al Maestro de Justicia de Qumrán en el Día de la Expiación (los qumranitas seguían un calendario diferente al de sus adversarios).

Otro de los enemigos de los qumranitas, junto al Sacerdote Impío, era el "Hombre de Mentiras" que rechazó el entendimiento que la secta tenía de la ley. El Pesher de Habacuc llama traidores a ambos enemigos, por lo que eran personas de las que, probablemente, los qumranitas esperaban apoyo. De este punto en adelante, los qumranitas se polarizaron cada vez más en relación a sus rivales en Jerusalén y sus metas cambiaron desde el reformar el templo de Jerusalén, al mantener su propia pureza de culto mientras esperaban el fin de los días, cuando Dios los ayudaría a destruir a sus enemigos y los restablecería como la cabeza de un nuevo templo. Aparentemente, este desarrollo comenzó a tomar más tiempo del que ellos esperaban (1QpHab 7). Las alusiones históricas en los Fragmentos Sadoquitas y los Pesharim, describen a un grupo que estuvo activo durante el período asmoneo y que, al igual que los fariseos y saduceos, estaba involucrado en la política de aquel entonces.

Los Rollos del Mar Muerto y los Primeros Cristianos

A pesar de que la academia afirmó tempranamente que fragmentos del NT fueron encontrados en Qumrán, este no es el caso. Se ha probado que lo que se pensaba eran fragmentos del NT, son fragmentos de la Septuaginta y del Primer Libro de Enoc. Pese a las aseveraciones de que Jesús era el Maestro de Justicia, los textos en los que dichas afirmaciones se basan, están fechados antes de la era cristiana. Siendo ese el caso, existen similitudes entre el grupo descrito en los RMM y los primeros cristianos. Ambos se centraban en una persona que enfrentó oposición, en un caso, el Maestro de Justicia y en el otro, Jesús de Nazaret. Ambos vieron a su grupo como un factor fundamental para la culminación de la era mesiánica, ya sea a través del grupo en sí mismo, o en el retorno de Jesús, para el cristianismo primitivo. Tanto los sectarios de Qumrán como los primeros cristianos eran mesiánicos. Los sectarios de Qumrán creían en dos mesías, uno davídico y uno sacerdotal, ambos por venir en el futuro. Los primeros cristianos creían en Jesús como el Mesías, que vino y vendrá otra vez a juzgar y restaurar todas las cosas.

Otros Rollos del Desierto de Judea

A raíz del descubrimiento de los RMM, los arqueólogos recorrieron las grutas del Desierto de Judea cercanas al Mar Muerto y encontraron más rollos. También excavaron en Masada, en la década de 1960, y encontraron rollos allí. Aparte de Masada, los dos sitios más significativos para el descubrimiento de rollos fueron Wadi Murabba'at y Nahal Hever. Los rollos bíblicos encontrados en estos sitios son significativos porque son proto-Masotéricos. Estos rollos bíblicos están fechados desde fines del siglo I d.C. a principios del siglo II d.C. y representan un tiempo en el que el judaísmo rabínico y la Biblia rabínica llegaron a ser dominantes, en contraste a los rollos que no son proto-Masotéricos encontrados en Qumrán, que representan otras ramas de la Biblia hebrea.

Todos los rollos bíblicos encontrados en Masada son anteriores al año 73 d.C., cuando el sitio cayó en manos de los romanos. Los arqueólogos encontraron allí fragmentos de un rollo de Deuteronomio, dos rollos de Levítico, dos rollos de Salmos y un rollo de Ezequiel. En Wadi Murabba'at, los arqueólogos encontraron un rollo de los Profetas Menores, relativamente intacto, así como los fragmentos de un rollo de la Torá e Isaías. En Nahal Hever se descubrieron de un rollo de Salmos y fragmentos de Génesis y Números. Un rollo dc los Profetas Menores en griego también fue encontrado en Nahal Hever. Esto es significativo porque el rollo en griego es muy similar a la Biblia rabínica. Pese a que los judíos llegaron a rechazar la Septuaginta, una antigua traducción al griego de la Biblia hebrea que los cristianos adoptaron, encontraron que era necesario de igual forma contar con una traducción en griego. Los rollos de Nahal Hever y Wadi Murabba'at son previos al 132-135 d.C., el tiempo de la rebelión de Bar Kojbá.

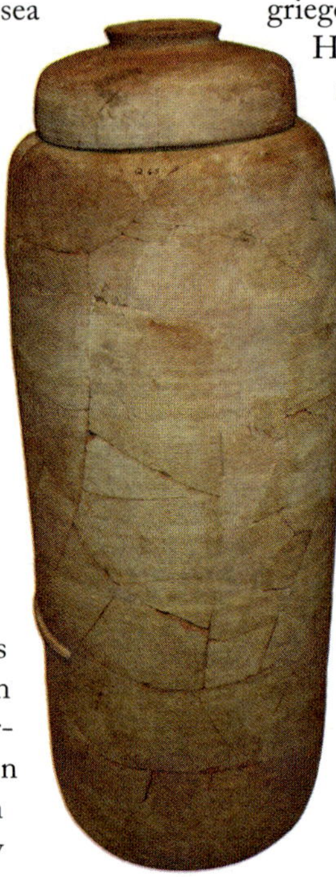

El rollo del Mar Muerto fue descubierto en una jarra como esta.

Aparte de contar con rollos bíblicos, Nahal Hever era rico en material que da atisbos de la vida social y política de la antigua Palestina. En la Gruta de las Cartas, los arqueólogos encontraron un archivo de una mujer judía, Babatha, que incluye un contrato marital (ke-tubah), un documento que discute cómo deben ser los cuidados hacia su hijo y así sucesivamente Los detalles del material en el archivo de Babatha conforman lo que conocemos era requerido por la ley judía en la literatura rabínica antigua. En la Gruta de las Cartas también se encontraron cartas desde y para Simón Bar Kosiba (conocido famosamente como Simón bar Kojba), el líder de la Segunda Rebelión Judía en contra de Roma. A partir de estas cartas es posible saber que Bar Kosiba era un judío religioso, que celebraba los festivales judíos a pesar de que había una guerra en curso, discutiendo, por ejemplo, sobre las provisiones para la Fiesta de los Tabernáculos. Los hallazgos en Masada y en Nahal Hever nos dan una idea de la motivación religiosa de gran parte de la actividad revolucionaria, ya que los revolucionarios que

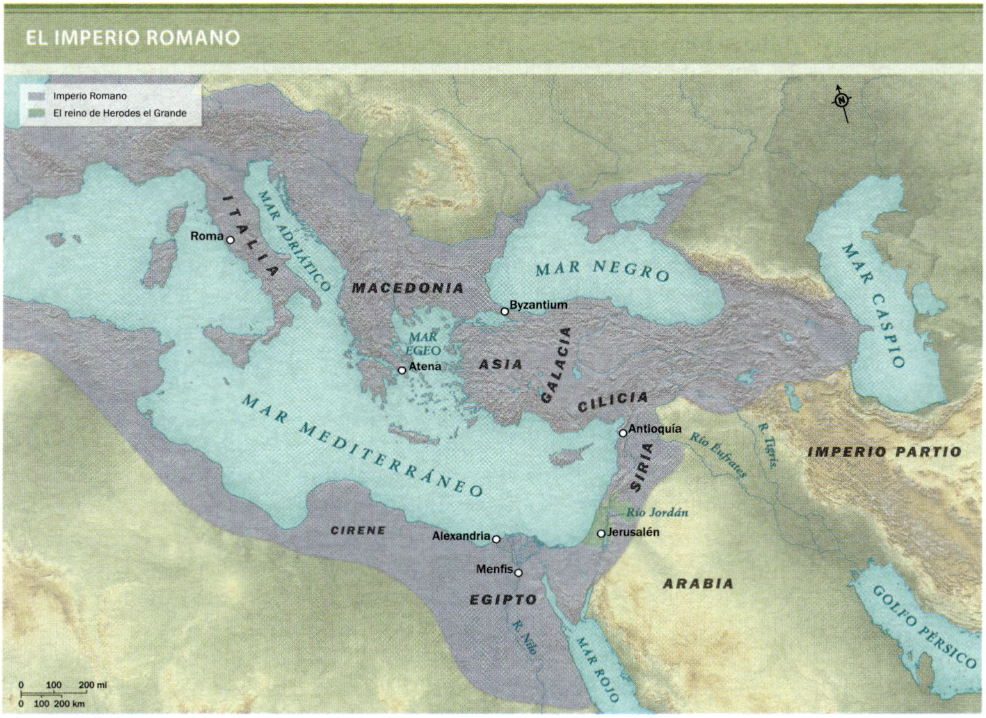

se escondían en estos lugares, llevaban textos bíblicos consigo.

ROMA, IMPERIO ROMANO Los orígenes históricos de la cristiandad deben ser comparados a la historia, creencias, y cultura judía en Palestina y el este del Mediterráneo, pero también deben compararse con el más amplio mundo grecorromano que era política y militarmente dominado por el Imperio Romano.

De la República al Imperio

Roma comenzó como una ciudad-estado, pero pronto se convirtió en un imperio transcontinental alcanzando partes de Europa, África y Asia. Roma emergió como la fuerza más dominante en el Mediterráneo después de derrotar a Cartago en la Segunda Guerra Púnica (218-201 a.C.). De ahí en adelante, Roma comenzó a expandir su control y poder sobre varias ciudades-estado helénicas en el este, incluyendo Macedonia, Iliria y Asia Menor. Para mediados del siglo uno a.C., Roma también había conquistado o anexado Siria, Palestina, Egipto, Cirene, Galia, España, África del Norte y Armenia.

La transición de la República Romana al Imperio Romano se desarrolló bajo los emperadores romanos, comenzando con Julio César (110-44 a.C.), quien, tras cruzar el río Rubicón y derrotar a Pompeya, fue proclamado dictator perpetuus ("dictador perpetuo"). El periodo tras el asesinato de Julio César (44 a.C.) fue uno de agitación política en el que Roma es dañada por una serie de guerras civiles. La primera fue entre Octavio y Antonio contra los asesinos de César, Bruto y Casio. Su punto cúlmine fue la Batalla de Filipos (42 a.C.), ganada por los antiguos aliados de Julio César. La segunda fue entre Octavio y Antonio, donde Antonio y Cleopatra fueron derrotados en la Batalla de Accio en 31 a.C., dejando a Octavio como indiscutido líder de Roma.

A Octavio se le confirió el nombre honorífico de "Augusto" por el senado. Su reinado (31 a.C. – 14 a.C.) marcó un periodo de consolidación, reorganización y renovación del Imperio Romano. Augusto se embarcó en una política imperial de racionalización fiscal, desarrolló un asentamiento constitucional para Roma, centralizó su autoridad militar sobre las numerosas provincias, y deificó a Julio César. Escritores y artistas de la época proclamaron el reinado de Augusto como un periodo de paz y seguridad sin precedentes, paz de guerras civiles y seguridad de las tribus germánicas del norte y el Imperio Parto en el este. La adoración del emperador se volvió más frecuente, especialmente en el este romano, aunque Augusto no la permitía en Roma.

Lo más significativo acerca de Augusto es que fue dentro de su reinado que esencialmente comenzó el Imperio Romano. Él era el emperador al momento del nacimiento de Jesús (Lc. 2:1). Fue bajo Trajano (98-117 a.C.), sin embargo, que el Imperio Romano se expandió a su área más grande, abarcando partes de Bretaña y Persia.

Emperadores (14-98 a.C.)

Tiberio, un heredero adoptivo de Augusto, reinó entre los años 14-37 a.C. Fue un general militar altamente exitoso, pero como emperador es recordado más bien como un ser triste y melancólico. Tiberio incluso se autoexilió por un tiempo, dejando al prefecto pretoriano Sejano a cargo hasta que finalmente lo hizo ejecutar por traición. Fue durante el reinado de Tiberio que Jesús realizó su ministerio en Palestina.

Tiberio fue sucedido en el trono por su nieto adoptivo, Calígula, que reinó entre los años 37-41 a.C. Calígula era hijo del popular general romano Germánico, quien murió en Antioquía en el año 19 a.C. Las fuentes históricas no están favorablemente dispuestas a Calígula, que es recordado como un tirano malévolo proclive al auto-engrandecimiento y la perversidad sexual. En 39/40 a.C., Calígula se alejó de la política imperial que permitía la adoración del emperador en el este y la veneración de emperadores muertos en Roma, y con frecuencia aparecía vestido como un dios en público y demandaba adoración como un dios vivo.

Durante este periodo, derrocó a Herodes Antipas, el tetrarca de Galilea y Perea, bajo sospecha de estar relacionado con Partia (Flavio Josefo, Ant. 18.7). Calígula también ordenó que su estatua fuese colocada en el sanctasanctórum en el templo de Jerusalén (Philo, Embajada 203).

R

Relieve en el Arco de Tito que muestra a los soldados romanos llevando los vasos del templo como parte del botín tomado de Jerusalén.

Petronio, el gobernador de Siria, sabiendo que un hecho así llevaría a la guerra civil, se rehusó a cumplir la orden y apeló a Calígula que revirtiera la orden. En respuesta, Calígula envió a Petronio una orden de cometer suicidio. Afortunadamente, noticias del asesinato de Calígula por una conspiración involucrando a la guardia pretoriana y senadores llegó a Petronio primero.

Claudio, el tío de Calígula, reinó en los años 41-54 a.C., y su gobierno es definido por numerosas obras públicas, un reordenamiento del sistema judicial, una tórrida serie de matrimonios, la conquista de Bretaña, y un número de intentos de golpes de estado por parte del senado romano. En el año 49 a.C., él expulsó a los judíos de Roma por disputas sobre un cierto "Chrestus", presumiblemente Cristo (cf. Hec. 18:2). Nadie está seguro de si Claudio fue asesinado o murió de viejo, pero permaneció en agudo contraste a los brutales excesos de Calígula y Nerón.

Nerón, hijastro de Claudio, reinó en los años 54-68 a.C. El periodo temprano de su gobierno se vio marcado por iniciativas culturales y esfuerzos diplomáticos. Los años posteriores, en contraste, se distinguieron por su tiranía y auto-engrandecimiento.

Hubo una revuelta judía contra Roma en Judea (66-70 a.C.) durante el reinado de Nerón, y Vespasiano fue enviado a pacificar el territorio. De acuerdo a fuentes antiguas, Nerón acusó a los cristianos de iniciar el incendio de Roma en el año 64 a.C. y los sometió a crueles castigos, incluyendo la crucifixión, ser lanzados a animales salvajes, y ser quemados vivos. Fue probablemente en este período que los apóstoles Pedro y Pablo fueron martirizados en Roma. Nerón fue eventualmente declarado enemigo público por el senado romano y se suicidó antes de poder ser capturado en el año 68 a.C. Surgió una leyenda de "Nerón redivivus", conforme a la cual muchos esperaban o temían que Nerón no hubiese muerto, sino que había huido a Partia y volvería a Roma para destruirla (Sib. Or. 4.119-124; 5.137-141, 361-396), y esto presumiblemente está detrás de la imaginería de Ap. 13:3; 17:8-11.

El suicidio de Nerón creó un vacío de poder en Roma, y el año 69 a.C. vio nada menos que cuatro emperadores ascender al trono: Galba, Otón, Vitelio y, finalmente, Vespasiano. Galba era gobernador de Hispania Tarraconense y fue invitado a convertirse en emperador por el senado, pero fue asesinado por la guardia pretoriana después de que fueron sobornados por el pretor, Otón.

Otón mismo se suicido después de que sus fuerzas fueran destruidas por Vitelio, comandante de las legiones del Rin. Vitelio se convirtió en emperador, pero fue fiscalmente irresponsable y asesinó a muchos de sus rivales. Las legiones en el Danubio, Egipto, Siria y Judea declararon emperador a Vespasiano y marcharon sobre Roma. Vespasiano controlaba los suministros de trigo a Roma desde Egipto y tenía fuerzas superiores. Las fuerzas de Vitelio fueron derrotadas en Bedriacum y Vitelio pasó a la clandestinidad, pero eventualmente fue muerto en Roma. Vespasiano fue declarado emperador por el senado y así comenzó la dinastía Flavia, la que restauró el orden después del caos de la guerra civil.

La dinastía Flavia gobernó entre los años 69-96 a.C. Vespasiano (r. 69-79) consolidó el imperio después de su año de conflicto e instituyó nuevos impuestos, tales como el fiscus judaicus, un impuesto de indemnización de guerra colocado sobre todos los judíos y pagado al templo de Júpiter en lugar del impuesto del templo de Jerusalén. Vespasiano fue sucedido por su hijo Tito (r. 79-81 a.C.) y Domiciano (r. 81-96 a.C.). Cuando Vespasiano navegó a Roma desde Judea, Tito quedó a cargo del asedio a Jerusalén, el cual completó y celebró en un triunfo en Roma en el año 72 a.C.

El triunfo es conmemorado en el Arco de Tito, que representa soldados romanos llevando las vasijas del templo a Roma como parte del botín tomado. Posteriormente, escritores romanos consideraron a Domiciano como un tirano malévolo y malicioso (e.g., Tácito, Suetonio), pero esto es probablemente una exageración causada en parte por un deseo de destacar la grandeza de los emperadores venideros Nerva y Trajano. Fue probablemente durante el reinado de Domiciano que algunos cristianos en Asia Menor eran perseguidos por no adorar al emperador, como representa el libro del Apocalipsis.

Tabla 8. Emperadores romanos

Texto	Descripción del Reino
31 a.C. - 14 d.C.	Augusto
14 – 37 a.C.	Tiberio
37 – 41 a.C.	Calígula
41 – 54 a.C.	Claudio
54 – 68 a.C.	Nerón
68 – 69 a.C.	Galba
69 a.C.	Otón
69 a.C.	Vitelio
69 – 79 a.C.	Vespasiano
79 – 81 a.C.	Tito
81 – 96 a.C.	Domiciano
96 – 98 a.C.	Nerva
98 – 117 a.C.	Trajano

Militar

Expediciones militares expandieron el control de Roma por territorios extranjeros y resguardaban sus fronteras de incursiones, más amenazadoramente de tribus germánicas al este del río Rin y al norte del río Danubio y de los Imperio Parto (= neo-persas) al este del río Éufrates. Una legión romana consistía en aproximadamente seis mil hombres, incluyendo la caballería. Bajo Tiberio, había veinticinco legiones estacionadas a lo largo del imperio: ocho en el Rin, tres en España, dos en Egipto, cuatro en Siria, dos en África, y seis en la región del Danubio. En términos de estructura de mando, las legiones estaban bajo el control de ciertos comandos regionales por parte de hombres de rango consular, incluyendo dos en el Rin, uno en España, uno en Siria y tres en los Balcanes (Tácito, Ann. 4.5). Estos se encontraban entre las personas más poderosas fuera de la familia gobernante y podía ser un poder en las sombras o contendores al trono en tiempos de guerra civil. Una legión se dividía en diez cohortes comandadas por un legado, por lo general de rango senatorial. Unidades de cien hombres eran dirigidas por centuriones, y el servicio en una legión era entre veinte a veinticinco años. Al ser reclutado un soldado hacía un juramento de lealtad al emperador (sacramentum) que se renovaba anualmente. En tiempos de paz, los soldados romanos podían realizar un número de tareas civiles relacionadas a impuestos, proyectos de construcción y vigilancia.

Los centuriones son mencionados en varias ocasiones en el NT (e.g., Mt. 8:5; Mc. 15:39; Hec. 10:1; 21:32; 27:1). Se menciona una "legión" de demonios que oprimían al gadareno endemoniado (Mc. 5:9), y Jesús hace referencia a la posibilidad de que el Padre le enviara "legiones" de ángeles (Mt. 26:53). La terminología militar es muy aparente en las cartas de Pablo, donde se refiere a armadura de combate (Rom. 13:11-13; 2 Cor. 6:7; Ef. 6:10-18), compara el compromiso con Cristo al servicio militar (2 Tim. 2:4), se refiere a sus compañeros como "soldados" o "compañeros soldados" (Flp. 2:25; Flm. 2; 2 Tim. 2:3), y compara la remuneración ministerial a un soldado que se le paga su salarium (1 Cor. 9:7).

Cultura y Religión

Una de las principales razones para el ascenso y dominación de Roma, militar y culturalmente, fue su capacidad para absorber a otros pueblos, e incluso otros dioses, en su circunscripción y panteón. Su panteón en continuo desarrollo, la aplicación del estado de derecho, y fuerza militar superior hicieron de Roma lo que fue: un crisol de todas las culturas y un romanizador de otras culturas.

La sociedad romana estaba muy estratificada, pero la movilidad social, hacia arriba y hacia abajo, era posible. Riqueza, matrimonio, educación y hazañas militares eran las principales formas de avance social. La clase senatorial representaba a la rica nobleza de Roma y proporcionaba la primera cohorte de administradores civiles y militares. La clase ecuestre (o "caballeros", como son llamados a veces) eran un grupo mayor de ciudadanos romanos un poco menos ricos. Los decuriones eran miembros de consejos civiles en ciudades provincianas que frecuentemente actuaban como magistrados y eran líderes de comunidades locales. Los plebeyos representaban la ciudadanía de Roma en general, quienes, hasta la época de Tiberio, tenían cierto poder en la elección de oficiales. Finalmente, estaban los hombres liberados, que eran ex esclavos por lo general relacionados con su antiguo dueño y también esclavos que eran considerados como poco más que propiedades.

Las religiones de la antigua Roma se enfocaban en el numen, el bastante impersonal poder divino asociado a ciertas localidades. Desde el siglo tres a.C., las deidades griegas habían sido asimiladas y romanizadas, así es como Zeus se convirtió en Júpiter, y Vesta se identificaba con Hestia. La Colina Capitolina estaba coronada por un templo que fue dedicado a Júpiter, Minerva y Juno alrededor del año 500 a.C. Estos eran los principales dioses de Roma, aunque otros fueron agregados al panteón a medida que los romanos conquistaban otros pueblos y adoptaban sus dioses. Otros dioses recibieron importantes honores, como la diosa Pax, personificación de la paz (basada en la diosa griega Irene); Vespasiano construyó y dedicó un templo en su honor en Roma en el año 75 a.C. El emperador romano era el Pontifex Maximus y gran sacerdote supremo de Roma y el imperio. A mediados y fines del siglo uno a.C., la religión que crecía más rápidamente era el culto imperial, la adoración de (por lo general) emperadores romanos fallecidos. Este culto se volvió popular en ciudades del este del Mediterráneo, donde la adoración de gobernantes era común, pero era vista por Roma con indiferencia.

Religiones y filosofías de todos los confines del mundo conocido eventualmente llegaron a Roma. Ritos y religiones egipcias ganaron seguidores, el mitraísmo ganó aceptación dentro de los rangos militares y entre los sirvientes públicos; el judaísmo llegó a Roma probablemente con la delegación asmonea enviada en el año 139 a.C., y la cristiandad llegó a Roma probablemente entre fines de los 30 y principios de los 40 del primer siglo a.C. a través de peregrinos judíos que visitaron el este y a través la inmigración de Judea a Roma. Muchos intelectuales romanos lamentaron el hecho de que tantas supersticiones extranjeras hubiesen llegado a Roma, y que las gentes de Roma las encontraran más atractivas que su propia religión estatal. La religión romana estaba ampliamente controlada por el estado a través de un calendario establecido y el nombramiento de sacerdotes y vírgenes vestales. Era practicada en público y en los hogares. Como tal, la vida religiosa está totalmente entrelazada con la vida social y política. La religión romana engendró la necesidad de los ciudadanos de actuar con pietas, el respeto por las obligaciones de uno hacia los dioses, y con religio, que designaba los escrúpulos apropiados y ritos en la presencia de dioses.

Resumen

El nacimiento de la iglesia y el crecimiento del cristianismo tuvieron lugar dentro del contexto social, religioso y cultural más amplio del mundo grecorromano. Las políticas y poder del Imperio Romano proporcionaron el trasfondo para el nacimiento de Cristo (Lc. 2:1), y ya que Roma se consideraba el centro del mundo, era necesario que Pablo mismo testificará allí a Jesucristo (Hec. 19:21). El trasfondo histórico, literario y cultural de Roma forma un importante trasfondo para el NT y deberían ser estudiados junto con la historia y literatura del judaísmo durante el tiempo de Jesús y los apóstoles. Aunque los romanos eran la principal amenaza para la supervivencia de los cristianos en el mundo antiguo, después de la conversión de Constantino en el siglo cuatro a.C., se convirtieron en el medio principal por el cual el cristianismo se expandió al resto de Europa y el oeste de Asia. *Véase también* Ley Romana.

ROMAMTI-ÉZER Un músico levítico y descendiente de Hemán en el período de David (1 Cr. 25:4).

ROMANA, LEY Para comprender las personas y eventos del NT, es importante tener al menos un superficial entendimiento de la ley romana. Roma tenía poder absoluto sobre sus gentes y vasallos desde el tiempo de su fundación (c. 750 a.C.) hasta el colapso del imperio (c. 500 d.C.); así, su entendimiento de ley tenía influencia en niveles filosóficos y pragmáticos.

La ley romana era notable por la forma detallada y sucinta en que se trataban los casos. La ley romana era principalmente una ley de carácter privado; esto es, era una ley enfocada en relaciones entre personas. Los padres de familia eran figuras significativas en la ley y costumbres romanas. Tenían gran poder sobres sus esposas, hijos y esclavos. El precedente también jugaba un rol importante en la ley romana, con fórmulas y estilos legales ritualizados como componentes clave. En general, las partes determinan el resultado entre ellas con la ayuda de un árbitro. Solo cuando ese arbitraje ha sido infructuoso, o al final del arbitraje cuando deben realizarse pasos contractuales, se traía a un jurista. Los juicios públicos eran más un caso de oratoria y debate que de discusión y procedimiento legal.

Ciudadanía romana. Gran parte de la ley y actividad romana dependía del estatus de los participantes. La ciudadanía romana en sí misma traía consigo un estatus de privilegio en términos de leyes, propiedad y gobernanza. La ciudadanía y los derechos relacionados a ella variaban, dependiendo de la clase de la persona. Las personas nativas que vivían en territorios conquistados por Roma, ciudadanos de estados clientes de Roma, y aliados de Roma podían recibir una forma limitada de ciudadanía romana tal como el Derecho Latino, que le permitía propiedad de tierras, derechos de matrimonio, y ciertos derechos en materias de castigo y detención. Los derechos de las mujeres variaron con el tiempo; sin embargo, a las mujeres nunca se les otorgaron todos los derechos de los ciudadanos, ya que no podían votar o tener un cargo. Ellas podían, sin embargo, tener propiedades. Los esclavos eran considerados propiedad y tenían solo ciertos derechos muy limitados otorgados de acuerdo a estatuto. Ellos podían, esencialmente, ser tratados de cualquier manera considerada apropiada por sus dueños. A pesar de esto, un esclavo liberado recibía una forma de ciudadanía romana. Todos los esclavos liberados por dueños romanos automáticamente recibían una ciudadanía romana limitada. La ley de los magistrados es aplicada a los extranjeros enfocados en tres áreas de interés: derecho mercantil, encontrar una forma de aplicar la ley romana a sociedades extranjeras y el sentido propio del procurador de igualdad de condiciones y justicia.

Pablo era un ciudadano romano de nacimiento (Hec. 22:28), aunque dado su linaje, esta ciudadanía habría sido similar a la del Derecho Latino. Él sacó ventaja de su ciudadanía en numerosas ocasiones durante sus viajes misioneros a través de la limitación de castigo y a través de una apelación al César (Hch. 22:24-29; 25:10-12). Existe poca información acerca de cómo las personas podían documentar su ciudadanía, aunque indudablemente algún tipo de documento oficial habría servido para ese propósito.

Hogar y familia. Como se menciona anteriormente, el padre de familia tenía prácticamente poder absoluto en ese ámbito. En relación a esto, las instrucciones de Pablo y Pedro a las varias iglesias sobre las relaciones en el hogar presentan un marcado contraste con la cultura en la que se expresaban (*véase* Ef. 5:21; Col 3:18-4:1; 1 Pe. 2:18-3:7). Como los judíos, los romanos consideraban a la familia como el elemento central de su sociedad. Lo que ocurría en la familia era una expresión de los valores centrales de la sociedad. Para que la iglesia otorgara la libertad que otorgó a las mujeres y otros (Gal. 3:28) habría sido difícil de aceptar para muchos en la cultura. Es más, Pablo en muchos lugares parece llamar a la moderación en las expresiones cristianas de libertad para no causar mala reputación para la comunidad cristiana.

Historia y jerarquía. Sobre la jurisprudencia romana, el sistema pasó por numerosas fases de desarrollo durante los períodos de la república y el imperio. Durante el período de la república (753-31 a.C.), la ley civil fue el principal foco de desarrollo. La ley romana, como otros sistemas antiguos, originalmente adoptó el principio de personalidad: las leyes del Estado se aplicaban solo a los ciudadanos. Los extranjeros no tenían derechos en sus cortes a menos que estuviesen protegidos por un tratado. Gradualmente, un código legal más generalizado se desarrolló en Roma que se aplicaba a todos, y para el periodo del imperio, esas perspectivas de ley estaban bien establecidas. Esto podría explicar el tratamiento

R

diferente recibido por Pablo (y otros) en relación a si eran ciudadanos o no.

Los procuradores y prefectos eran gobernadores apuntados por Roma sobre Judea después de la remoción de Arquelao en el año 6 a.C. y sobre toda Palestina a la muerte de Herodes Agripa. Gobernadores como Poncio Pilato eran el poder más alto en su provincia, pero respondían ante el legado que podía reemplazarlos y, finalmente, del César, quien podía desautorizarlos. Tenían que dar su consentimiento a cortes legales más bajas antes de que una sentencia de muerte pudiese llevarse a cabo. Debido a la posición más baja que tenían los no ciudadanos, el gobernador con frecuencia los sacrificaba rápidamente para mantener la paz y evitar disturbios. El tratamiento de Jesús por parte de Pilato parece caer en esa categoría.

En general, disputas entre miembros del mismo estado súbdito eran resueltas por las cortes propias de ese estado de acuerdo a su propia ley, en cambios disputas entre provinciales de estados diferentes o entre provinciales y romanos eran resueltas por la corte del gobernador aplicando estos principios.

Religión. Ya que Roma no tenía un culto centralizado, los romanos no ejecutarían a alguien simplemente por motivos religiosos. En cambio, se necesitaba una percepción de revuelta política, y los cargos debían ser específicos (Mt. 27:12; Jn. 18:29). Debido a que la ley romana y los juicios eran un tema más de oratoria y razón que de maniobras legales y vacías, no es sorprendente que tanto Pilato como Félix permitieran tanto margen en el interrogatorio de Jesús y Pablo (Jn. 18; Hch. 24).

ROMANOS, CARTA A La Carta a los Romanos es una escrito enviado por Pablo desde Corinto a las iglesias hogares en Roma. La carta es única de varias maneras. Es la más larga de todo el epistolario paulino, lo que explica por qué aparece primero en el catálogo del NT (las cartas de Pablo están acomodadas de acuerdo a su extensión, de más larga a más corta, y divididas en dos grupos: a iglesias y a individuos). Romanos es una de las últimas cartas que Pablo escribió mientras era un hombre libre. Poco después de enviarla, Pablo viajó a Jerusalén, donde fue arrestado y, subsecuentemente, pasó varios años en prisión en Cesarea y Roma. Romanos es una de dos cartas enviadas por Pablo a iglesias que él nunca había visitado (la otra es Colosenses, una iglesia comenzada por Pablo a través de un de sus misionarios asociados, Epafrás). Pero lo que distingue a romanos del resto de las cartas es lo siguiente: es la única carta de Pablo enviada para establecer contacto con una iglesia que él no comenzó. Ya que la producción de cartas era algo costoso, ¿por qué envió Pablo esta, su carta más larga, a un grupo de personas que no conocía? Parece perfectamente razonable que Pablo enviara cartas para resolver problemas entre sus propios conversos mientras estaba ausente, pero parece extraño que enviase un extenso y sofisticado argumento teológico (con varias advertencias) a un grupo de iglesias hogar que no lo conocían, mucho menos habían pedido su consejo. ¿Por qué lo hizo?

El Propósito de Pablo

Roma y España. Pablo establece su propósito para enviar romanos al comienzo y hacia el final de la carta. Al principio, él explica por qué no ha visitado Roma, aunque quería venir para "impartirles un regalo espiritual para fortalecerlos" y "que pudiese tener una cosecha entre ustedes, al igual que he tenido entre otros gentiles" (1:11-13). Las intenciones de Pablo son reveladoras. Él cree que ya que Dios lo ha llamado para ser el apóstol de los gentiles (1:1), es su deber impartir regalos espirituales a las iglesias con miembros gentiles, así como sumar a su número a través de la conversión de gentiles en la región correspondiente. En otras palabras, aunque Pablo nunca había visitado Roma o participado en comenzar o guiar a la iglesia romana hasta este punto, él cree que es responsable por ella en virtud de su llamado. Por lo tanto, como ha sido incapaz de realizar el trabajo de un apóstol yendo a ellos, envía una carta a las iglesias hogares romanas (15:14-16). Pero esta no es la única razón tras romanos. Al final de la carta, Pablo pide a los cristianos de Roma apoyar su próxima misión a España (15:22-29) y orar a Dios para que lo proteja en su visita a Jerusalén, ya que espera problemas al llegar (15:30-32).

El pedido de apoyo financiero de Pablo es un poco inusual. Solo unas pocas iglesias lo ayudaron financieramente (Filipos y probablemente Antioquía), y, según sabemos, él no pidió esa ayuda (Flip. 4:15-17; 2 Cor. 11:9). Él prefería mantenerse trabajando (1 Cor. 9:6.18; 2 Tes. 3:7-10). En días de Pablo, el dinero venía con restricciones; los clientes estaban obligados a "obedecer" a sus patrones—un arreglo que Pablo encontraría intolerable. Así que, a la luz de la práctica de Pablo de la autosustentación, ¿por qué pidió a las iglesias hogares de Roma su ayuda con su planeada misión a España? Y si ese fuera su principal propósito al escribir, ¿por qué envío una carta tan larga conteniendo argumentos que parecen tener poco que ver con su petición? Una simple carta pidiendo ayuda hubiese sido suficiente. Además de alejarse de su práctica generalizada de auto sustentación, ¿por qué le pediría ayuda a la iglesia romana? ¿Por qué no escribir a iglesias que el mismo había comenzado pidiendo ayuda? Pablo había terminado de recolectar recientemente una ofrenda de asistencia de sus iglesias para ayudar a los pobres en Jerusalén. ¿Por qué no recolectó fondos adicionales (o usó parte del dinero) para extender sus esfuerzos misioneros a España? Si él estaba dispuesto a estar endeudado con alguien, ¿por qué no dejar que fuese a sus propios conversos (especialmente los filipenses)? En efecto, parece haber más tras la carta de Pablo que una petición de asistencia financiera. Aparentemente, las razones de Pablo para escribir romanos van más allá de los propósitos establecidos.

Las iglesias romanas. La relación de Pablo con las iglesias hogares de Roma puede haber sido de mayor involucramiento de lo que se presumía. Al final de la carta, Pablo saluda al menos a cinco iglesias hogares, mencionando a varios individuos (16:5, 10-11, 14-15). Es una larga lista de nombres, especialmente en comparación a otras epístolas paulinas. Estas son personas a las que Pablo conocía muy bien, no solo Prisca y Áquila (cf. Hec. 18:2; 1 Cor. 16:19), sino también Epeneto, Amplias y Stachîs, a quien Pablo llama "mi querido amigo" (16:5-9) además de Andrónico, Junia y Herodión, que son llamados "mis parientes" (16:7, 11; NIV: "mis compañeros judíos"). Él incluso se refiere a un miembro de la iglesia como "una madre para mí" (16:13). Pablo también sabía de los problemas en Roma (14:1-15:13) y se sentía obligado a aclarar lo que otros estaban diciendo de él en Roma (3:8). En otras palabras, Pablo y la iglesia romana no eran extraños. Él no escribió la carta romana para presentarse para pedir ayuda. Aunque el apóstol de los gentiles nunca había visitado Roma, Pablo y la iglesia de Roma se conocían. Él obviamente tenía muchos amigos entre ellos; varios eran líderes clave (un grupo al que Pablo estaba intentado agregar a Febe [16:1-2]). Tal vez la influencia de Pablo en la iglesia era tan significativa se sintió obligado a escribir la carta romana por la misma razón que envío las otras cartas: necesitaban su ayuda para resolver sus problemas. En particular, los judíos cristianos no se llevaban bien con los gentiles cristianos—situación a la que Pablo se había enfrentado varias veces antes—lo que el apóstol enfrenta en la última mitad de su carta (9:1-15:13). Pero si esa es la razón principal para Romanos, ¿cuál es el propósito de la primera mitad de la carta—un extenso y sofisticado argumento teológico concerniente al a justicia de Dios que parece tener poco que ver con la división étnica entres los cristianos romanos?

Teología. Ya que romanos contiene el más claro y sustantivo argumento teológico de todas las cartas de Pablo, los estudiosos se preguntan por qué la escribió. Algunos han pensado que Pablo intentaba poner sus creencias en papel antes de enfrentar tiempos peligrosos en Jerusalén. Otros argumentan, basados en la petición de Pablo de ayuda financiera, que Romanos es una versión condensada de su evangelio—una carta como "esta es una prédica para que puedan apoyarme". Recientemente, estudiosos han estado enfatizando la correlación entre los capítulos 1-8 y 9-16. Es decir, la primera parte de romanos es la base teológica sobre la cual Pablo construye su argumento para una iglesia unificada amenazada por divisiones étnicas, sociales y económicas. Pero, ¿cuál es la evidencia de conflicto étnico en la carta a los romanos? Primero que todo, cuando Pablo saluda a iglesias hogares, el agrupamiento de nombres revela que "las personas similares tienden a reunirse" Las personas de apellido judío aparecen juntas (16:1-7), separadas de aquellas de apellidos esclavos (16:8-10a), y distinguidas de aquellas de nombres griegos de alto estatus (16:14-15). Esto se conforma a la demografía de la ciudad del siglo uno, donde los judíos eran segregados de sus vecinos y los pobres vivían juntos en la parte menos deseable de Roma. El debate contencioso sobre la comida y el calendario entre los "débiles" y los "fuertes" revela fallas que se conforman a divisiones étnicas y sociales dentro de la iglesia: débiles = judíos, fuertes = gentiles (14:1-15:13). En cierto punto, Pablo incluso señala a sus lectores gentiles haciendo una advertencia específica sobre ignorar las raíces judías de su fe (11:13-24). Con estos temas en mente, los estudiosos ven cómo Pablo concentra sus advertencias sobre conflicto étnico con el argumento teológico de 1:1-8:39. De hecho, romanos es una carta pastoral con un propósito teológico.

Esquema

- I. Introducción (1:1-17)
  - A. Saludo (1:1-7)
  - B. Agradecimiento y plegaria (1:8-15)
  - C. Tesis: la justicia de Dios por fe (1:16-17)
- II. La justicia de Dios por fe (1:18-8:39)
  - A. Juicio de Dios contra la impiedad y la injusticia (1:18-3:20)
  - B. La justicia de Dios en Cristo por fe (3:21-5:11)
  - C. Preguntas acerca de la justicia de Dios en Cristo por fe (5:12-8:39)
- III. Vivir justamente por fe (9:1-15:13)
  - A. ¿Qué pasa con Israel? (9:1-11:36)
  - B. Presenten el cuerpo como sacrificio (12:1-21)
  - C. Someterse a Dios (13:1-14)
  - D. Acéptense unos a otros (14:1-15:13)
- IV. Conclusión (15:14-16:27)
  - A. El propósito de Pablo (15:14-33)
  - B. Saludo final (16:1-27)

El Argumento de Pablo

El punto principal de la carta de Pablo a los romanos es que la justicia de Dios ha sido completamente revelada en Cristo Jesús. De acuerdo a Pablo, esta es la "buena nueva" (Evangelio) para judíos y gentiles. De hecho, toda la carta es la explicación de Pablo de por qué cree que esta nueva revelación de la justicia de Dios en Cristo es una buena noticia para todas las gentes, incluso sus semejantes. Pero, ¿qué quiere decir Pablo por "la justicia de Dios"? ¿Está hablando de cómo Dios hace a los individuos justos por fe en Cristo? O ¿está defendiendo la forma de Dios de salvar al mundo, diciendo que Dios es justo al traer la salvación para todas las personas a través del Evangelio? ¿La frase "rectitud de Dios" quiere decir "justificación personal que viene de Dios" o "la justicia de Dios"? Lo que

El foro Romano, el centro de la antigua Roma.

hace el significado de Pablo incluso más confuso para hablantes del español es que una palabra griega (dikaiosynē) puede traducirse de tres maneras: "rectitud", "justicia" o "justificación". Así, están aquellos que argumentan que Pablo enfatiza la rectitud personal—esto es, cómo una persona puede estar bien con Dios. Otros, sin embargo, sostienen que Pablo argumenta por su evangelio como una innegable demostración de la justicia de Dios—esto es, cómo el carácter de Dios como un Dios justo se revela a través de la salvación del mundo por Cristo (no solo hijos de Abraham, no solo hijos de Adán, sino toda la creación). Los diferentes énfasis tienen diversas implicaciones para el argumento de Pablo.

El juicio de Dios contra la impiedad y la injusticia (1:18-3:20). Veamos, como ejemplo, la visión de Pablo sobre la ley y cómo funciona en la primera parte de Romanos (1:18-3:20). Algunos consideran 3:20 como el clímax de esta parte del argumento, donde Pablo asigna un propósito a la ley: definir el pecado. De acuerdo a esta línea interpretativa, Pablo cree que Dios dio la ley para mostrar la necesidad de Cristo en la humanidad. Ya que nadie es capaz de cumplir toda la ley, especialmente aquellos a quienes se les ha dado, los judíos, entonces "todos han pecado y no han satisfecho la gloria de Dios" (3:23). La implicación, por supuesto, es que Dios dio la ley para que revelara a la gente la incapacidad de Israel para que reconociera su necesidad de una justicia que depende no de la obediencia sino en el libre regalo de Dios a través de Cristo. Pero hay dos problemas con este enfoque: Pablo se siente ofendido por la idea de que Dios le dio la ley a los israelitas para causar que "tropezaran para caer" (11:11-12), y también sostiene que ellos eran los que habían guardado las leyes (¡gentiles!), probando que "los realizadores de la ley serán justificados" (2:13-14 NASB, NKJV). En otras palabras, la ley es el regalo de Dios a Israel que debe darle una ventaja cuando trata de justicia (3:1-2). Pero los judíos desobedecieron a Dios (2:17-24), incurriendo en su ira (justo como los gentiles [1:18-32]). Así que Pablo argumenta que Dios está en lo correcto al castigar a los israelitas (al igual que a los gentiles) por su desobediencia (2:1-12): "Habrá problemas y angustia para cada ser humano que haga el mal: primero para los judíos, luego para los gentiles" (2:9). En otras palabras, 1:18-3:20 no es sólo un argumento por la universalidad del pecado (que ni judíos ni gentiles negarían) sino también una justificación de la revelación de la justa ira de Dios contra toda impiedad y desobediencia, incluso por el pueblo judío. Pablo está señalando la justicia de Dios al enfatizar su castigo imparcial del pecado.

Pero es aquí donde el interlocutor (un hipotético opositor a Pablo) podría presentar una objeción: Pero nosotros los judíos tenemos una alianza con Dios, consistente en leyes y promesas de Dios. Dios prometió bendecir a los hijos de Abraham y nos dio la ley—con todas las prescripciones para sacrificios y expiación—para lidiar con el pecado. Escaparemos de la ira de Dios porque Dios es fiel incluso cuando nosotros no". Aunque el interlocutor de Pablo no usa estas palabras, esta es la base del argumento que Pablo pone en boca de su oponente imaginario en 3:1-8. El interlocutor esencialmente dice, "Si nuestro pecado revela la justa ira de Dios, entonces Pablo está diciendo que nuestra desobediencia sirve su propósito. ¿Por qué deberíamos ser juzgados como pecadores?" En otras palabras, ¿cuál es el punto de una alianza si el pueblo elegido de Dios no está mejor que los paganos en el día del juicio? Pero este es exactamente el punto que Pablo sostendrá por dos motivos. Primero, ¿quién dice que el pueblo elegido no tiene una ventaja en la preparación para el día del juicio (un argumento que retomará en 9:1-11:32)? Segundo, ¿quién dice que la ley de Dios es el único requisito de la alianza (pregunta a la que responde en 3:21-5:21)? A lo largo de toda la carta a los romanos, Pablo sostiene dos ideas aparentemente contradictorias en tensión: el cumplimiento de las promesas de Dios en la alianza con Abraham no está supeditado a la obediencia de Israel (Dios es fiel) y no cada descendiente de Abraham cumplirá las promesas de la alianza con Dios (solo aquellos que creen como Abraham). La razón para esta tensión es que un nuevo tipo de justicia ha sido revelado aparte de la ley (aunque predicho por la Ley y los Profetas), cumpliendo el requerimiento principal de la alianza. Aquellos que la justicia de Dios se encuentra en Cristo heredarán las promesas de Dios a Abraham, ya sean judíos o gentiles. Por tanto, los seguidores de Cristo son los hijos de Abraham, los hijos de la alianza, justificados por fe, no por ley. Todo esto es por diseño divino, lo que Pablo llama "predestinación".

La justicia de Dios en Cristo por fe (3:21-5:11). Según Pablo, los sacrificios prescritos por la ley solo aplazaron la ira de Dios. "En su tolerancia él había dejado los pecados cometidos previamente sin castigar" (3:25).

Por otra parte, la muerte sacrificial de Jesús, un despliegue público de la justicia de Dios, expía los pecados de judíos y gentiles "en el momento presente" (3:25-30). Para describir la justificación de la muerte de Cristo como un acto de redención, Pablo usa la palabra técnica "propiciación" (v. 25 [NIV: "sacrificio de expiación"]), que tiene dos significados: ya el justo requerimiento de Dios fue "satisfecho" por la sangre de Cristo o la ira de Dios fue "calmada" por la sangre de Cristo. De cualquier forma, en este punto podríamos haber esperado que Pablo explicara cómo la muerte de Cristo satisfizo los requerimientos de la ley al ofrecer un sacrificio perfecto (similar al argumento de hebreos). En cambio, él enfatiza el rol de la fe en esta nueva revelación de la justicia de Dios: tanto la fe (fidelidad) de Jesús y la fe de aquellos que creen en él (frase frecuentemente traducida como "fe en Jesucristo" también puede significar "fidelidad de Jesucristo" [3:22, 26]). Esto permite dos cosas a la vez: hace la justicia de Dios disponible para los gentiles al igual que para los judíos porque se basa en la fe ("¿Es Dios sólo el Dios de los judíos? ¿No es él el Dios de los gentiles también? Sí, de los gentiles también" [3:29]), y eleva el rol de la fe sobre trabajos de la ley en la historia de la alianza de Dios con Israel ("Porque sostenemos que una persona se justifica por fe aparte de por los trabajos de la ley" [3:28]). En otras palabras, al privilegiar la fe por sobre los trabajos de la ley, Pablo ha hecho un camino para que los gentiles realicen las promesas que Dios le hizo a Abraham y ha establecido el requerimiento supremo de la alianza abrahámica para los judíos. Es por esto que los estudiosos dicen que 4:1-25 (la interpretación de Pablo de la alianza de Dios con Abraham) es crucial para su argumento por la justicia de Dios en Cristo.

Abraham fue el primer gentil converso de Dios. Esto es, Abraham era un caldeo sin circuncidar cuando Dios estableció su alianza con el padre de Israel. Para Pablo, la secuencia de la historia es esencial para su argumento. En 4:3 él cita Gn. 15:6, "Abraham creyó en Dios, y se le acreditó a él como justicia", y señala que la justicia de Dios fue "acreditada" o "reconocida" al patriarca por su fe mientras aún estaba sin circuncidar (Rom. 4:10-12). Abraham creyó la promesa de Dios de hacerlo el padre de muchas naciones, aunque no tenía un hijo. Fe en la promesa de Dios es lo que hizo justo a un hombre sin circuncidar. Más aun, por su fe se cumplió la promesa de Dios: Abraham no solo se convirtió en el padre de Israel, se convirtió en el padre de todas las naciones (gentiles) que tienen fe como Abraham. ¿Y qué tipo de fe es esa? Es una fe de resurrección —una que cree que Dios da vida a los muertos, no solo entrañas muertas y un útero muerto, sino también a un hombre muerto (4:16-25). Así que la justicia de Dios es "reconocida" por "aquellos que creemos en él que levantó a Jesús, nuestro Señor, de entre los muertos. Fue liberado por sobre los muertos por nuestros pecados y levantado a la vida para nuestra justificación" (4:24-25). Fe en la promesa de Dios es el requisito de la bendición de la alianza. Porque si la alianza se basara en el trabajo de la ley, entones Israel sería el único beneficiario de la gracia de Dios y las promesas que Dios hizo a Abraham—de que él sería el padre de muchas naciones—quedarían vacía (4:13-15). "Por lo tanto, la promesa viene por fe, para que pueda ser por gracia y pueda garantizarse a todos la descendencia de Abraham—no solo a aquellos que son de la ley sino a aquellos que son de la fe de Abraham. Él es el padre de todos nosotros" (4:16).

La muerte y resurrección de Jesús cambió todo. Volvió a los enemigos de Dios en amigos. Trajo paz a aquellos que merecían la ira de Dios. En la muerte de Cristo, Dios ama a los impíos. En la resurrección de Cristo, la esperanza entabla amistad con los desesperados.

Cuando Pablo explica las ventajas de la justicia de Dios en Cristo en 5:1-11, se lee como una versión condensada de todo lo que está bien con el evangelio según Pablo. Su tríada favorita se encuentra allí: fe, esperanza, amor. Emplea sus metáforas preferidas para explicar el significado del sacrificio de Cristo: justificación y reconciliación. Escribe sobre la salvación en todo sentido: pasado, presente y futuro. De hecho, el resto del argumento en 5:12-8:39 es la explicación de Pablo de lo que quiere decir en estos pocos versículos, retomando temas levantados al inicio de su carta—el problema del pecado, la ley y la justicia de Dios.

Preguntas acerca de la justicia de Dios en Cristo por fe (5:12-8:39). Pablo otra vez comienza con la condición humana: la ley del pecado y muerte reina en el mundo por causa de Adán. Pero donde falló el primer Adán, el segundo Adán (Cristo) ha tenido éxito: por su obediencia, la gracia reina eternamente a través de su justicia (5:12-21). ¿Cómo se aplica esta justicia a creyentes en Cristo, especialmente gentiles sin ley? El pecado fue crucificado con Cristo para que los creyentes puedan ser esclavos de la justicia, liberados de las ataduras del pecado (6:1-23). Es más, los creyentes han sido liberados de la ley, un regalo espiritual y sagrado que el pecado utilizó para despertar la carne, logrando la muerte (7:1-25). Lo que la ley no podía hacer (traer vida) por la debilidad de la carne, Dios hizo al enviar a su Hijo en carne humana para condenar al pecado, traer la justicia/rectitud requerida por la ley, y proporcionar su Espíritu para permitir a los creyentes tener una vida resucitada (8:1-27). Este ha sido el plan de Dios desde el comienzo (predestinación): él tendrá un pueblo (elección) como Jesucristo (justificación), que compartirá su resurrección (glorificación). Y lo que Dios comienza, lo termina. Nada puede frustrar los planes de Dios. Su amor es demasiado grande; su poder es irreprimible (8:28-29). Ya que es Dios quien justifica a los "elegidos", no hay cargo que se pueda levantar contra ellos (8:33).

El Consejo de Pablo

La conclusión del argumento de Pablo —los creyentes en Cristo no pueden hacer nada para comprometer el amor de Dios por ellos como sus "elegidos"—trae a la mente el problema del rechazo del Evangelio por parte de Israel (9:1-11:32). Si Pablo cree que las promesas de Dios son irrevocables, ¿no debería lo mismo aplicarse a Israel? Si la justicia de Dios se encuentra en Cristo, ¿qué significa esto para los judíos que no creen en Jesús? ¿Su incredulidad socava la fidelidad de Dios? Esto era más que un problema teológico para Pablo. Temas étnicos amenazaban con dividir la iglesia de Roma. Evidentemente, los creyentes gentiles estaban mostrando una actitud arrogante hacia miembros judíos de la iglesia (11:13-24), despreciando sus restricciones dietéticas y la observancia de Sabbat (14:3-6). Tal vez la notoria reputación de Pablo como un infractor de la ley (3:8) agregaba combustible al fuego del conflicto étnico y envalentonaba a los creyentes gentiles a menospreciar las sensibilidades judías con confianza petulante, especialmente en un lugar como Roma, donde las tensiones entre judíos y gentiles eran prevalentes. O, tal vez Pablo no tenía nada que ver con ello; el menosprecio de los gentiles hacia los judíos y sus formas era un infortunado subproducto de una discusión por la inclusión gentil: la ley ya no definía la justicia (¿Quién necesita a los judíos y sus leyes?). Cualquiera fuese la causa, el rechazo del Evangelio por parte de Israel junto con los problemas históricos entre judíos y gentiles era un tema delicado que requería una respuesta con matices detallados por parte de Pablo (9:1-11:32), estableciendo su consejo para los hogares iglesia que debían aprender a llevarse bien unos con otros (12:1-15:13).

¿Qué pasa con Israel? (9:1-11:36). Pablo usa la idea de Isaías del remanente fiel para explicar cómo las promesas de Dios a Abraham se cumplen a pesar de la desobediencia de Israel (9:27-11:10). En este caso, los desobedientes de Israel son hechos más evidentes por su negativa a creer en el evangelio según Pablo (10:5-21). Porque prefieren una justicia propia (una justicia de tipo judío), el celo por la ley los ha vuelto ignorantes de la justicia de Dios en Cristo (9:30-10:4). Pero, ¿la incredulidad judía compromete la fidelidad de Dios, poniendo en peligro la promesa de Dios a Abraham? No, según Pablo, no cada descendiente de Abraham hereda las bendiciones de la alianza (e.g., Ismael y Esaú [9:6-26]). Así que, si los gentiles están injertados en el árbol de los descendientes de Abraham por fe, y los judíos que niegan la justicia de Dios en Cristo son ramas quebradas del árbol de la promesa. ¿Quiere esto decir que Dios se ha dado por vencido con Israel (11:11-24)? No, porque Pablo cree que "Israel ha experimentado un endurecimiento en parte" (11:25). Eventualmente, los corazones de los judíos se ablandarán al Evangelio, porque estarán celosos de las bendiciones de la alianza de Dios extendidas a los creyentes gentiles y, "todo Israel se salvará" al final; las ramas naturales cortadas del olivo volverán a ser injertadas en el árbol familiar de Abraham (11:11-15,24-32). Aquí Pablo invierte las expectativas escatológicas de los judíos de que los gentiles serán salvados antes del final del mundo por sus celos de las bendiciones de Dios para su pueblo, Israel (Is. 19:23-25; 49:6-7). Al final, entonces, la misericordia de Dios triunfa sobre la desobediencia (ya sea judía o gentil) porque "los regalos de Dios y su llamado son irrevocables" (Rom. 11:29).

Presenten el cuerpo como sacrificio (12:1-21). Debido a la misericordia de Dios con judíos y gentiles, Pablo llama a las iglesias hogares de Roma a sacrificarse por la causa de Cristo (12:1-2). ¿Qué significa la rendición de la vida? Significa mantener bajo control la autoestima excesiva (12:3) y afirmar la diversidad del cuerpo de Cristo, satisfaciendo las necesidades de todos los miembros, y sobreponiéndose al mal con bien, evitando la venganza, ayudando enemigos y sometiéndose a la ley romana (12:4-13:7). El amor es la clave a esta vida de sacrificio, en la cual el creyente lleva al Señor Jesucristo como armadura de justicia, sabiendo que el día de salvación se acerca (13:8-14). Mientras tanto, los creyentes deben aceptarse unos a otros "al igual que Cristo los aceptó, para traer alabanza a Dios" (15:7). De hecho, para Pablo, Cristo es el ejemplo supremo de sacrificio porque él "no se complació a sí mismo" sino que tomó los pecados de los circuncisos y los incircuncisos (15:3-9).

Acéptense unos a otros (14:1-15:13). Así, ya que Cristo era un sirviente de judíos y gentiles, tanto más deberían creyentes en Cristo judíos y gentiles servirse unos a otros. Los miembros judíos de la iglesia romana deberían dejar de juzgar a los creyentes que comen carne, beben vino y reconocen cada día como un día sagrado (14:1-12). Los miembros gentiles deberían dejar de desfilar su libertad para comer y beber lo que ellos quieran (14:13-23): "Si tu hermano o hermana está angustiado por causa de lo que tú comes, entonces no estás actuando con amor. No destruyas con tu comer a alguien por quien Cristo murió" (14:15). Sobre estas áreas grises, cada persona debería operar de acuerdo a sus propias convicciones ante Dios (14:22-23). Pero cuando se reduce a obligaciones de compañerismo, Pablo los alienta a tener "la misma actitud mental unos con otros que Cristo Jesús tuvo" (15:5). Así la innocua petición de Pablo de las iglesias hogares segregadas puede revelar una estrategia unificadora: "Salúdense unos con otros con un beso sagrado" (16:16).

ROPA La ropa no sólo tiene la función utilitaria de proteger el cuerpo de los elementos (1 Timoteo 6:8; Santiago 2:15-16), sino que también tenía una cantidad de funciones en base a lo social, como identificar el estatus del portador (Santiago 2:2-3) y expresar valores culturales como la modestia y la belleza. La gama completa de estas funciones se testifica en la Biblia, y la ropa poseía un rol simbólico prominente en diversos textos. La evidencia en relación a las prendas israelitas y otras ropas antiguas proviene no sólo de la Biblia, sino que también de los bajorrelieves, decoraciones en cerámico, marfil inciso y, de extensión limitada, fragmentos textiles recuperados en excavaciones arqueológicas.

En las tierras bíblicas la mayoría de las prendas estaban hechas de lana de ovejas o cabras. Los artículos más caros (como la ropa de los sacerdotes y aristócratas) estaban elaborados de lino, que era una tela que se fabricaba con la fibra de esa planta. Otros objetos, como las sandalias, cinturones y ropa interior estaban hechos de cuero. La ley bíblica prohibía la mezcla de fibras de lana y lino en las ropas de los israelitas (Deuteronomio 22:11).

R

Artículos de Vestuario

En la Biblia se puede identificar un número específico de artículos de ropa. A través de imágenes egipcias y mesopotámicas se sugiere que en los tiempos del Antiguo Testamento cada nación era conocida por una vestimenta distintiva o peinado. Alguna noción de cómo era percibida la vestimenta israelita, por lo menos la de la realeza, puede que derive de la representación del rey del norte Jehú (842-814 AC) y de su comitiva en el Obelisco Negro de Salmanasar III. En esta imagen los israelitas son representados vistiendo sombreros ligeramente puntiagudos, calzados en punta y mantos con flecos.

En la Israel del Antiguo Testamento, los hombres usaban una ropa interior o taparrabos que se sujetaba con un cinturón. Este taparrabos podía estar hecho de lino (Jeremías 13:1) o cuero (2 Reyes 1:8). Encima de esto llevaban una vestidura o túnica de lana que tocaba los tobillos. La vestimenta de José, tradicionalmente interpretada como su "túnica de diversos colores" (Génesis 37:3 KJV, así también en la LXX), tal vez se describe mejor no por ser colorida sino que por tener "mangas largas" (ver también 2 Samuel 13:18 NASB). Las prendas correspondientes que usaban las mujeres eran similares en apariencia, aunque eran lo suficientemente distintas porque el travestismo estaba prohibido (Deuteronomio 22:5).

Por encima de las túnicas las personas vestían capas (Éxodo 22:25-26), fajas (Isaías 22:21) y mantos (1 Reyes 19:19). Una faja de lino hecha a mano era un objeto comerciable (Proverbios 31:24), mientras que un cinturón de cuerda era considerado un sustituto pobre (Isaías 3:24). Tanto Elías como Juan el Bautista usaron cinturones de cuero (2 Reyes 1:8; Mateo 3:4; Marcos 1:6).

La vestimenta característica de la élite era un traje real (del hebreo me'il) a menudo decorado elegantemente, de mangas amplias y holgado. Esta prenda la usaban los sacerdotes (Éxodo 28:4), la nobleza, los reyes y otros miembros de alto rango dentro de la sociedad israelita, como Samuel (1 Samuel 15:27-28), Jonatán (1 Samuel 18:4), Saúl (1 Samuel 24:4), David (1 Crónicas 15:27), Tamar la hija de David (2 Samuel 13:18) y Esdras (Esdras 9:3).

En el Nuevo Testamento, la vestidura interior era una túnica (chitōn) y la exterior era una capa (himatión). Esta distinción yace detrás de la famosa instrucción de Jesús: "Si alguien te quita la capa, deja que se lleve también la túnica" (Lucas 6:29 ESV). En el Evangelio de Juan se habla sobre la túnica que le quitaron a Jesús en el momento de su muerte, que era una sola pieza hecha sin costuras (Juan 19:23).

El calzado consistía en sandalias de cuero que se amarraban con tiras (Juan 1:27). Las personas se quitaban las sandalias como señal de respeto ante la presencia divina (Éxodo 3:5; Josué 5:15). El intercambio de calzado también tuvo un rol en la formalización de varios asuntos legales (Rut 4:7-8; ver también Deuteronomio 25:9).

Funciones Especiales de la Vestimenta

Según el relato de Génesis, los primeros humanos vivieron inicialmente sin usar prendas o sin sentir la vergüenza por la desnudez (Génesis 2:25). Después de haber comido del fruto prohibido del árbol del conocimiento del bien y el mal, Adán y Eva se dieron cuenta de que estaban desnudos, por lo que elaboraron prendas hechas de hojas (3:7). Posteriormente, Dios hizo "ropa de pieles" para Adán y su esposa (3:21). La importancia de esta historia y el significado de las prendas divinamente hechas tienen una larga historia de interpretación que data de la antigüedad. Sin embargo, claramente la historia ilustra que una función básica de la vestimenta es cubrir la desnudez, que se convierte en el tema principal que luego sería representado otra vez en la historia de Noé y sus hijos (9:21-23).

La estratagema de Rebeca para asegurar el nacimiento de su hijo Jacob implicaba disfrazarlo con las ropas de su hermano Esaú (Génesis 27:15; ver también el uso que Saúl le dio a un disfraz en 1 Samuel 28:8). Esta historia ilustra la manera en la que una cultura particular, donde los individuos eran dueños de una cantidad limitada de ropa, según los estándares modernos, consideraba las prendas como una extensión de la identidad de un individuo. De la misma manera, Jacob fue engañado para que creyera que uno de sus propios hijos estaba muerto, por lo que se basó en la identificación de un artículo de ropa (Génesis 37:31-33). Que Isaac haya podido detectar el aroma distintivo de Esaú en su ropa también puede señalar la infrecuencia con la que las vestiduras se cambiaban y se lavaban (Génesis 27:27; ver también Mateo 10:10). La ropa se asociaba tan de cerca con su dueño que una prenda podía usarse como colateral o promesa, aunque la ley bíblica regulaba esta práctica por razones humanitarias (Éxodo 22:26). Dado que tal vez la producción de ropa era una labor intensiva, elaborar prendas para alguien a veces era considerado como un acto de intimidad o una expresión de amor, por lo que las descripciones de este aspecto en cuanto a la ropa en la Biblia son bastante enternecedoras (*ver* 1 Samuel 2:19; Hechos 9:39). Cuando la vestimenta se desgastaba, esta se descartaba y se reemplazaba (Salmos 102:26; Isaías 51:6; Lucas 12:33). Durante los cuarenta años en el desierto, las prendas y el calzado de los israelitas no se desgastaron como provisión especial para ellos (Deuteronomio 8:4; 29:5; Nehemías 9:21).

La ropa no sólo era un emblema de la identidad de una persona, sino que también de su oficio. Por lo tanto, cuando la autoridad de Elías fue transferida a su discípulo Eliseo, este recibió la capa o manto de su maestro (2 Reyes 2:13-14; *ver también* Isaías 22:21). Los ejemplos de esta función se multiplican cuando se considera la importancia de la vestimenta al simbolizar el rol de los sacerdotes en la antigua Israel (por ejemplo, Éxodo 29:5-9; 39:27-31). La historia de Tamar ilustra que el estatus de ciertas mujeres era expresado a través de sus ropas, por lo que esto incluía a las prostitutas (Génesis 38:15) y a las viudas (Génesis 38:14, 19).

Estatua funeraria de Roma de una mujer usando una túnica (chitōn) y una capa (himatión) (del siglo I d.C.).

Los textos bíblicos revelan un lenguaje gestual rico relacionado con la ropa. En diversos registros bíblicos, extender la punta de la prenda sobre una mujer aparece como un acto de cortejo o ritual de matrimonio (Rut 3:9; Ezequiel 16:8). Regalar prendas era una manera de honrar y enaltecer al receptor (Génesis 45:22; Jueces 14:12; Ezequiel 16:10; Daniel 5:7), incluyendo la investidura de la realeza (Salmos 45:8; 93:1; 104:1). Los guardias que torturaron a Jesús antes de la crucifixión aclararon su estatus como "rey" al ponerle un traje púrpura de la realeza (Lucas 23:11; Juan 19:2-3). Sujetar a alguien de la ropa, especialmente de la basta, significaba una súplica (1 Samuel 15:27-28; Zacarías 8:23; Marcos 5:27-28). Rasgar las prendas propias era una manera de expresar desespero o arrepentimiento (Génesis 37:29; Josué 7:6; Jueces 11:35) o como manifestación de una protesta especialmente fuerte (Números 14:6; Mateo 26:65; Hechos 14:14). En algunos casos, rasgar la ropa iba en conjunto con vestirse con arpillera y cenizas, lo que implicaba un grado mayor de humillación personal o de luto (Génesis 37:34; 2 Samuel 3:31; 2 Reyes 19:1; Mateo 11:21; en Jonás 3:8 los animales también se incluyen, tal vez por un efecto cómico). En dichas ocasiones también se retiraba el calzado y los sombreros (2 Samuel 15:30; Isaías 20:2; Ezequiel 24:17).

Una cierta cantidad de estas costumbres se pueden entender en términos de correlación de la desnudez con la vergüenza y el arroparse con honor. A los cautivos militares a menudo los desnudaban como una forma de humillación (Lamentaciones 4:21; Ezequiel 23:10; Amós 2:16). En Lucas 8:27 Jesús se encuentra con un hombre poseído por un demonio que no residía en una casa y que tampoco llevaba

R

ropa. En este caso, la carencia de vestimenta representa en absoluta medida la degradación humana.

Las prendas sirven simbólicamente para referirse a atributos como la justicia y salvación (Job 29:14; Salmos 132:9; Isaías 61:10), la resurrección (1 Corintios 15:53-54; 2 Corintios 5:2-4), la gloria y honor (Job 40:10), la unión con Cristo (Romanos 13:14; Gálatas 3:27), la compasión y otras virtudes (Colosenses 3:12; 1 Pedro 5:5) y la pureza (Apocalipsis 3:18).

ROS El séptimo de los diez hijos de Benjamín (Gn. 46:21). El nombre no aparece en las otras genealogías de Benjamín (Nm. 26:38-40; 1 Cr. 7:6-12), lo que lleva a algunos a sugerir que Ehi y Ros en Gn 46:21 son el resultado de un escriba copiando mal el nombre "Ahiram".

ROSA, ROSA DE SARÓN *Véase* Flores; Plantas.

ROSETONES *Véase* Filigrana.

R

ROSTRO Las referencias bíblicas al rostro son tanto literales como metafóricas. La palabra hebrea para "rostro" (paneh) ocurre frecuentemente en el plural en el AT (más de 2.100 veces), y puede expresar las numerosas características del rostro, el de Dios, humano, animal y objetos inanimados. También puede describir una superficie, tal como "el rostro de la tierra" (Gn. 2:6 KJV) o "el rostro de la profundidad" (Gn. 1:2 KJV).

El concepto de rostro debe comprenderse en términos de expresiones emocionales diversas y relaciones sociales estratificadas del mundo social bíblico. Este era un mundo de honor y vergüenza, lealtad y traición. Donde la persona moderna habla de empoderamiento personal, la persona bíblica pensaba en restauración social. La vida era equivalente a aceptación social. En el mundo bíblico de fuerte solidaridad corporativa, el rostro era la parte más importante del cuerpo de una persona. Las personas no se "contactaban" meramente; más bien, rostros se comprometían unos con otros. Rostro era sinónimo con persona (e.g., Lv. 19:32, donde "los envejecidos/ancianos" literalmente quiere decir "los rostros de los envejecidos/ancianos"). El rostro esencialmente describe las relaciones interpersonales.

Presencia y no presencia son señaladas en las expresiones "ocultando el rostro de" (Sal. 27:9) y "viendo el rostro de" (Gn. 32:20 KJV). Estas denotan cualidades de relación a través de aceptación o rechazo, especialmente a superiores. "Ver el rostro de alguien" que es un dignatario es ser otorgado una audiencia real (Gn. 44:23). Sin embargo, no era costumbre mostrar un rostro triste en la presencia de un rey (Neh. 2:2). Una persona podía tratar de ocultar su identidad, ya que "rostro" marca una expresión pública del carácter y posición social de uno.

Literalmente "caer en el rostro" (Ez. 1:28; Lc. 5:12) muestra humildad y homenaje hacia un superior. La intención personal o determinación se muestra en expresiones "colocar el rostro contra/hacia" (Ez. 35:2) y "volver el rostro" (2 Re. 20:2). Deshonra e insolencia se expresan con un "rostro caído" (Gn. 4:6; NIV: rostro "abatido"; cf. Gn. 40:7). Golpear el rostro puede ser un acto que humilla (Jn. 18:22), como con la mutilación o tener el rostro sucio (Lv. 21:18; 2 Sm. 19:4-5). Por contraste, hablar "cara a cara" (Éx. 33:11) no sólo muestra respeto, sino que además trata a otro como un igual social. Reflejando emociones ricas, un rostro puede ser "alegre" (Prov. 15:13), "encendido" de agonía (Is. 13:8), "rojo de lágrimas" (Job 16:16) y cubierto de "vergüenza" (Sal. 69:7).

"Rostro" puede usarse como metonimia (esto es, sustitución) para la presencia de una persona. Significativamente, el rechazo de Dios por una persona o grupo puede expresarse por ellos quedando ocultos de su rostro (Gn. 4:14 KJV) o como Dios ocultando su rostro de ellos (Is. 54:8, Miq. 3:4; cf. Sal. 22:24). Aquellos en oración desconsolada preguntan por qué Dios ha ocultado su rostro (Job 13:24) o por cuánto tiempo (Sal. 13:1). Igualmente, Dios actúa contra personas cuando coloca su rostro contra ellos (Lv. 17:10; 26:17).

Los creyentes esperan el día cuando podrán ver a Dios "cara a cara" (1 Cor. 13:12), habiendo recibido el regalo final de la aceptación de Dios.

RUBÉN Rubén era el hijo mayor de Jacob y Lea. En hebreo, su nombre es un juego de palabras sobre "el Señor ha visto mi miseria" (Gn. 29:32), en referencia a los problemas que sintió Lea al no estar enamorada de su marido. Jacob le quitó sus privilegios como primogénito porque Rubén se acostó con la sirvienta de Raquel, Bilha (Gn. 35:22; 49:3-4). Cuando los diez hijos de Jacob conspiraron para matar a su hermano José, Rubén intentó proteger a José sugiriendo que fuese colocado en una cisterna. Rubén se sintió muy afectado cuando sus hermanos vendieron a José a mercaderes madianitas (Gn. 37:22, 29).

RUBÉN, TRIBU DE La tribu descendiente de Rubén, hijo mayor de Jacob y Lea. Moisés permitió a los rubenitas, los gaditas y la media tribu de Manasés tomar como su herencia la tierra al este del río Jordán, siempre y cuando ayudaran a las otras tribus a conquistar Canaán (Nm. 32). Cuando estos tres grupos construyeron un altar, el resto de Israel se les acercó para luchar hasta que quedó claro que no estaban erigiendo un nuevo lugar para adorar sino un lugar de conmemoración (Js. 22).

RUBENITA *Véase* Rubén, Tribu de.

RUBICUNDO Un tono rojizo. El término es usado para describir la piel o tal vez el cabello (1 Sm. 16:12; 17:42 NASB, NET, NRSV, KJV; NIV: "brillante de riqueza"; Cant. 5:10; Lam. 4:7; *véase también* Gn. 25:25). Cuando se usa al hablar de piel, indica salud.

RUDA Una hierba (Ruta graveolens) sujeta a diezmo y mencionada en Lc. 11:42 (Gr. pēganon), la ruda se usaba para saborizar, y por su valor medicinal.

RUECA Vara unida a una rueda giratoria (también llamada "huso"). La habilidad en su utilización es una marca de una excelente esposa (Proverbios 31:19), pero también es usada en la maldición de David sobre Joab y su familia por el asesinato de Abner (2 Samuel 3:29). En el texto posterior, David pide que entre los descendientes de Joab nunca falte un hombre que maneje el huso (LBPH; trabajo para mujeres). Aquí, la RVR1960 sigue a la LXX, que entiende que la palabra hebrea pelek se refiere a un báculo y no a la rueca.

RUEDA No hay menciones de rueda en el NT, mientras en el AT se describen cuatro tipos de ruedas. Incluyen una rueda de alfarero, una rueda de carroza, una rueda para procesar granos, y la rueda referida en la teofanía de Ezequiel. La rueda de alfarero era un aparato simple para producir alfarería que fuese simétrica y fuerte. Jeremías observó a un alfarero trabajar con una rueda alfarera (Jr. 18:3). Las ruedas de carroza pueden haber sido inventadas por los sumerios y eran parte común de la guerra durante gran parte del AT. Estas ruedas eran sólidas, hechas de dos o tres planchas de madera unidas con clavijas de madera o en un ensamblaje más común de rueda con radios. Se favoreció el ensamblaje con radio en la medida que se desarrolló la tecnología del metal (Éx. 14:25). Este tipo de rueda también funcionaba en el templo para sostener las fuentes (1 Re. 7:30-33). Ruedas también eran usadas para moler el grano y así separar la cáscara del grano, para moler el grano en harina y extraer aceite de las aceitunas (Is. 28:28). Hay muchas especulaciones acerca de las especificaciones de las ruedas fantasmales en las visiones de Ezequiel, que incluyen una enigmática descripción de una rueda intersectando a otra rueda (Ez. 1:15-16). Es claro a partir de esta descripción que las ruedas tienen la intención de guiar un vehículo que puede ir en cualquier dirección instantáneamente, pero nada más se sabe de ellas.

RUEDAS REDONDAS En Is. 3:18 la KJV traduce la palabra hebrea saharon ("luna, medialuna") como "rueda redonda", que, como la traducción KJV del mismo término en Jue. 8:21, 26 reconoce, servían de ornamento usado tanto por personas y camellos. La NET traduce el término como "ornamentos en forma de medialuna" (NIV: "collares medialuna"; NRSV: "medialuna").

RUFO Uno de los dos hijos de Simón de Cirene, que fue reclutado para cargar la cruz de Jesús (Mc. 15:21). Un hombre llamado Rufo" es saludado por Pablo en Rom. 16:13, y puede ser la misma persona. La igualación de los dos es más probable si el Evangelio de Marcos fue escrito para una audiencia romana.

RUHAMA *Véase* Lo-ruhama.

RULO En Ez. 30:21 la KJV traduce la palabra hebrea khittul como "rulo", refiriéndose a un "entablillado" (NIV) o vendaje (NRSV).

RUMA El pueblo natal de Zebuda, madre de Joacim (2 Re. 23:36). El nombre significa "lugar elevado". Una mención por parte de Josefo lo ubica en Galilea pero su ubicación exacta es desconocida; puede ser Aruma, cerca de Siquem (Jue. 9:41) o Khirbet Rûmeh, cerca de Nazaret.

RUT Era una mujer moabita que, durante el turbulento periodo de los jueces, se casó con una familia israelita que había emigrado a Moab, al este del Mar Muerto, debido a la hambruna en Israel. Al comienzo de su historia, su marido, suegro y cuñado habían muerto. Así, ella y su suegra, Noemí, regresaron a Israel, específicamente a Belén.

Camino a Belén, Noemí le informó a sus nueras, Rut y Orfa, que sería difícil conseguir maridos para ellas y les urgió a volver a casa. Orfa, con lágrimas en los ojos, regreso a Moab, pero Rut estaba decidida a ir con su suegra y hacer de su familia, país y Dios el de ella también (Rut 1:16-18).

Al volver, Rut tuvo que recoger de los campos para alimentarse ella y Noemí (cf. Lv. 19:9-10; 23:22). Un rico terrateniente, Boaz, se apiadó de ella y se aseguró de que tuviese suficiente para comer.

Noemí urgió a Rut para que revelara sus sentimientos por Boaz yendo a la era donde él dormía después del trabajo y se acostara a su lado. Rut hizo esto para indicarle a Boaz que ella quería casarse con él. Él la felicitó, llamándola una "mujer de carácter noble" (Rut 3:11 [cf. Prov. 31:10-31]). Boaz era pariente de Noemí, y la ley requería que un pariente cercano se casara con la viuda y le diera un heredero para la familia (Dt. 25:5-10; *véase también* Gn. 38).

Sin embargo, surgieron complicaciones porque existía un pariente más cercano que debía tener la primera opción para casarse con Rut. Este pariente sin nombre declinó la oferta de Boaz de reconocer su precedencia, abriendo un camino para que Boaz se casara con Rut.

La unión produjo un descendiente, un niño, Obed. Este fue el abuelo de David. Así, el NT menciona a Rut como un ancestro de Jesucristo (Mt. 1:5).

RUT, LIBRO DE El Libro de Rut acontece durante el período de los jueces. El libro de los Jueces selecciona historias que ilustran las dificultades del período entre Josué y el surgimiento de monarquía, particularmente en el periodo anterior a David. Rut, sin embargo, proporciona una historia de esperanza en medio del sufrimiento.

El contexto histórico de Rut es señalado en diversas versiones de la Biblia por su ubicación justo después del libro de los Jueces. En la Biblia hebrea, este se ubica después de Proverbios, tal vez sugiriendo que el libro nos proporciona la imagen de una mujer virtuosa (cf. Prov. 31:10-31), y en el comienzo del Megilloth, o rollos festivos, ya que el libro era importante para la celebración de la Fiesta de las Primicias en el judaísmo temprano.

Género

El libro de Rut, como aquellos que lo preceden, tiene la forma de historia teológica. Sin embargo, esta historia se basa no en grandes eventos nacionales sino en la historia de una sola familia. El libro tiene un estilo y trama simple, pero considerable suspenso y drama.

Esquema y Estructura

I. Noemí regresa a Belén con Rut (1:1-22)
II. Rut conoce a Boaz (2:1-23)
III. Rut y Boaz en la era (3:1-18)
IV. Boaz se casa con Rut (4:1-12)
V. Su descendencia, terminando con David (4:13-22)

I. Noemí regresa a Belén con Rut (1:1-22). La historia comienza tristemente con la muerte de tres hombres, Elimelec y sus dos hijos, que se habían trasladado de Belén a Moab. Sus muertes dejan a sus esposas como viudas. La mujer de Elimelec, Noemí, y sus dos nueras moabitas, Rut y Orfa, entonces comienzan el viaje de vuelta a Belén.

Noemí se ha vuelto amargada con la pérdida, cambiando su nombre de "Noemí" ("agradable") a "Mara" ("amargo"). Ella alienta a sus dos nueras a volver a casa porque su futuro en Belén parece sombrío. Orfa regresa, pero Rut se queda con su suegra y renuncia a su procedencia moabita pagana, proclama a Yahveh y se asocia con Israel.

II. Rut conoce a Boaz (2:1-23). Boaz es presentado ahora como un rico terrateniente y parientes de Elimelec. Cuando Rut sale a espigar los restos de la cosecha, lo hace en los campos de Boaz. Esta es la primera de muchas "coincidencias" que señalan la providencia de Dios. Ella llama la atención de Boaz, quien se asegura de que esté a salvo y de que tenga una buena cantidad de comida. Noemí le revela a Rut que él es uno de los parientes más cercanos y un redentor de la familia.

III. Rut y Boaz en la era (3:1-18). Noemí entonces toma cartas en el asunto e impulsa a Rut que suba donde Boaz mientras está celebrando la cosecha. Le da instrucciones a Rut de que espere a que Boaz haya terminado de comer y beber y esté dormido en la era. Rut entonces va a él, se acuesta con él y destapa sus "pies", muy probablemente un eufemismo para genitales. Cuando él despierta, ella le pide que extienda sus mantas sobre ella, en esencia pidiéndole que se case con ella. Él no toma ventaja de ella, pero la complementa por haber ido con él en vez de perseguir a los hombres jóvenes del pueblo. Boaz virtuosamente admite que hay un redentor de la familia incluso más cercano que él, por lo que Boaz debe lidiar con él primero.

IV. Boaz se casa con Rut (4:1-12). Boaz se encuentra con el redentor de la familia, cuyo nombre no es dado pero cuyos derechos sobre Rut son mayores a los Boaz. Él sí quiere redimir la tierra de Elimelec, pero cuando se le dice que esto implica casarse con Rut, se rehúsa. Las costumbres no son claras en este punto, pero parece ser que, si él hubiese pagado para redimir la tierra y luego casado con Rut, serían los descendientes de ella en vez de él quien se beneficiaría de la transacción. Boaz, sin embargo, no comparte su vacilación y se casa con Rut.

V. Su descendencia, terminando con David (4:13-22). El libro termina con una nota celebratoria. Boaz y Rut tiene un hijo, Obed. Este nacimiento es seguido por una genealogía mostrando que Obed no es otro que el padre de Isaí y abuelo de David.

Data, Autoría y Propósito

Aunque el libro de Rut claramente acontece en el período de los jueces, no hay mención de la época de su composición o autoría.

Muchos estudiosos datan a Rut tardíamente en la historia de Israel. Detectan una polémica de este libro dirigida a los libros de Esdras y Nehemías. Estos últimos presentan una dura política contra el mestizaje con gentiles (Esd. 10; Neh. 13:23-27). Por otra parte, Rut presenta la imagen de una devota mujer moabita cuyo amor sacrificial rescata una familia israelita del olvido y lleva a la gloria de la monarquía de David.

Sin embargo, Rut no tiene el tono de una polémica. También, puede decirse que Rut no contradice a Esdras y Nehemías en el tema del mestizaje con gentiles. Rut, en esencia, se convierte en una israelita a través de su devoción hacia Yahveh. Esdras y Nehemías no están preocupados de líneas de sangre; les preocupan las mujeres que puedan llevar a Israel a adorar falsos dioses.

Escena de la cosecha de la tumba de Menna, que muestra a dos mujeres que se asoman en el campo.

R

Una fecha pre-exílica es más probable al considerar lo que parece ser un importante propósito del libro. El libro termina con una genealogía del Rey David. El hijo que Rut le da a Boaz es un ancestro, nada más ni nada menos, del Rey David, con quien termina la genealogía. La unión entre Boaz y Rut es el resultado de la divina providencia (véase "Mensaje Teológico" a continuación), y esta providencia lleva al futuro rey de Israel. Así, el mensaje implícito es que Dios estaba controlando los eventos que llevaron a David. Sabemos de los libros históricos que David habría sido considerado un usurpador para quienes consideraban a un descendiente de Saúl como el legítimo heredero. El libro de Rut puede haber tenido un propósito contemporáneo de apoyar el reclamo de David del trono demostrando que era el resultado de intervención divina.

Aunque los mejores argumentos favorecen una temprana fecha pre-exílica, la pregunta permanece abierta.

Mensaje Teológico

Aunque ningún evento sobrenatural o milagros puntúan el libro de Rut, el lector atento termina sabiendo que la mano de Dios dirigió los eventos de esta historia tan directamente como aquellos de la historia del éxodo de Egipto. El libro de Rut es una historia de la providencia de Dios narrada de una manera extremadamente sutil. Cuando el narrador dice, "Tal y como resultó, [Rut] estaba trabajando en un campo que le pertenecía a Boaz" (2:3), el significado es que Rut misma no sabía la importancia de su acción. Dios la estaba guiando hacia la liberación.

El libro también narra una historia de una no israelita (gentil), Rut misma, que se une al pueblo de la fe. En esto, debemos ver un anticipo del cumplimiento de la promesa de Dios a Abraham de que sus descendientes serán una bendición para todas las naciones de la tierra (Gn. 12:3).

Finalmente, la historia de Rut puede ser una historia familiar, pero esta familia conduce a grandes cosas en Israel. La supervivencia de Rut finalmente lleva al nacimiento de David, una de las figuras más importantes de la historia bíblica. De esta manera, el autor dice que David fue un regalo divino a Israel. Por supuesto, los lectores cristianos reconocen que Rut es nombrada posteriormente en la genealogía de uno que es el descendiente más importante de David, Jesucristo (Mt. 1:5).

Significado contemporáneo

A primera vista, el significado duradero del libro de Rut parece estar conectado a una ilustración de las virtudes fundacionales de la lealtad, bondad y generosidad. Rut es un ejemplo de lealtad al quedarse con su suegra, Noemí. Boaz ejemplifica la bondad y la generosidad en comparación con el "guardián-redentor" sin nombre (4:1-12). Por las acciones virtuosas de estos personajes, la historia termina felizmente. De hecho, el libro alienta a sus lectores a actuar positivamente hacia otros. Sin embargo, esa lectura no sondea toda la riqueza del libro.

Como se menciona anteriormente, el libro sutilmente describe cómo Dios trabaja tras bambalinas para sacar a Rut y Noemí de una situación extrema a una situación bendecida. El libro informa a sus lectores que Dios trabaja en las vidas de personas ordinarias para lograr grandes cosas.

S

SAAF (1) Un descendiente de Judá a través de Jahdai (1 Cr. 2:47). **(2)** Un descendiente de Judá a través de Caleb y su concubina Maaca. Fue el "padre" (fundador) del pueblo de Madmana (1 Cr. 2:49; cf. Js. 15:31).

SAALABÍN Uno de los pueblos asignado a la tribu de Dan bajo Josué (Js. 19:42). Es probablemente el mismo pueblo que Saalbín (Jue. 1:35; 1 Re. 4:9), actual Selbit, ubicado veinticuatro kilómetros al noreste de Jerusalén.

SAALBÍN Una ciudad mencionada en Jue. 1:35 como uno de los tres lugares donde los amorreos resistieron a la tribu de Dan. Los amorreos evitaron que los danitas se movieran hacia la planicie desde las montañas. Los amorreos nunca fueron expulsados de Saalbín, pero posteriormente fueron oprimidos a trabajos forzados. Fue también una de las cuatro ciudades bajo la autoridad de Ben-Deker, un gobernador de distrito de Salomón. Salomón tuvo doce gobernadores de distrito responsables de aprovisionar a la casa real desde sus territorios asignados. Puede también ser Saalbón, lugar de origen del poderoso hombre de David, Eliaba.

SAALBÓN El lugar de origen de Eliaba, uno de los poderosos guerreros de David (2 Sm. 23:23; 1 Cr. 11:33). Probablemente es el mismo pueblo que Saalabín y Saalbín.

SAALBONITA *Véase* Saalbón.

SAALIM Una región en el territorio de Efraín donde Saúl buscó al burro perdido de su padre (1 Sm. 9:4). El nombre es probablemente identificado con Saalabín (Js. 19:42) o Saalbín (Jue. 1:35; 1 Re. 4:9).

SAARAIM (1) Un pueblo ubicado estratégicamente en la región de Sefalá, en el camino principal de Filistea a Jerusalén (Js. 15:36). No todos están de acuerdo, pero los estudiosos recientemente lo han identificado con Khirbet Qeiyafa, en la cima de un monte bordeando el Valle de Ela, treinta y dos al suroeste de Jerusalén (1 Sm. 17:52). Excavadores recientemente han descubierto dos rejas aquí, una característica correspondiente al pueblo de nombre hebreo. **(2)** Un pueblo correspondiente a Simeón en el Neguev (1 Cr. 4:31). Posiblemente se puede identificar con Saruhén (Js. 19:6) y Silim (Js. 15:32), que aparecen en listas paralelas.

SAASGAZ Eunuco del rey Asuero a cargo de las concubinas en el segundo harén. Este harén estaba designado para aquellas que ya habían pasado una noche con el rey, en oposición a las vírgenes que esperaban su turno (Est. 2:14).

SÁBANA La descripción del objeto que cayó del cielo ante Pedro sobre el cual estaban los animales impuros (Hec. 10:11, 16; 11:5). También es la descripción de un objeto cubriendo a las naciones que Dios removerá, a veces descrito como un velo (Is. 25:7).

SABAOTH Este término ocurre en KJV, aparece en Rom. 9:29; Sant. 5:4 (NIV: "Todopoderoso"). En ambos casos, la palabra griega (sabaōth) es una transliteración del término hebreo tseba'ot. Esta palabra aparece aproximadamente quinientas veces en el AT y es traducida de formas variadas. Entre las traducciones, la NIV es prácticamente única en traducirlo como "Todopoderoso", pero al hacerlo continúa la práctica de LXX. La mayoría de las traducciones lo expresan como "hueste" o "ejércitos". El pensamiento subyacente es que el Dios de Israel es "Yahveh de las huestes" o "Yahveh de los ejércitos" (una frase que aparece aproximadamente 280 veces), el Dios que comanda todos los ejércitos, tanto del cielo, como la tierra.

El término se asienta en la comprensión israelita de Dios como un guerrero (Éx. 15:3) que lucha junto a y por Israel contra sus enemigos (guerra santa). Al hacerlo, él comanda los ejércitos de los cielos (ángeles) tanto como los soldados israelitas. También es importante notar que cuando Israel abandona a su Dios para servir a otras deidades, "Yahveh de los ejércitos" se convierte en el comandante invisible de los enemigos de Israel (e.g., los asirios, los babilonios) para luchar contra Israel (*véase*, e.g., Is. 7:18-20).

SABÁTICO, AÑO El año sabático era parte de un patrón más amplio de seis periodos de trabajo seguidos por uno de descanso. Dios instituyó un séptimo año de descanso (Éx. 23:10-11; Lv. 25:1-7; Dt. 15:1-17), llamándolo un "Sabbat de descanso" (shabbat shabbaton), un término también utilizado respecto del Sabbat semanal (Éx. 31:15; 35:2; Lv. 23:3) y el Día de la Expiación (Lv. 16:31; 23:32). Este año era ecológicamente beneficioso, proporcionando descanso a la tierra, ya que los israelitas no podían sembrar semillas, podar viñas, o cosechar. No existe indicación en los libros históricos de que la ley realmente se practicara, y cuando los israelitas fueron al exilio, la tierra finalmente tuvo su descanso sabático (2 Cr. 36:21).

El año sabático tenía implicaciones sociológicas. Debido a que la tierra no era cosechada, los pobres podían aprovecharse de lo que fuera que produjese. Era un año para cancelar deudas y liberar esclavos, que no debía ser liberados con las manos vacías. Estas instrucciones se basaban en un paradigma de redención: al igual que los israelitas eran esclavos en Egipto y Dios los redimió, así debían liberar esclavos y proveerlos. Aquellos que tenían los medios no debían rechazar préstamos esenciales sólo porque venía el séptimo año. Estas prácticas habrían evitado que los israelitas desarrollaran una clase baja permanente. El séptimo año también era un tiempo para la lectura pública y societaria de la Torá durante la Fiesta de las Primicias (Dt. 3:10-13).

Relieve asirio imaginando a su dios luchando junto a ellos (Nimrud, 865–860 aC). El término hebreo "Sabaoth" se basa en la idea de Dios como un guerrero.

S

SABBAT El pueblo de Dios debía observar el Sabbat en el séptimo día de cada semana a través del descanso del trabajo diario regular. Se introduce explícitamente por primera vez en Éx. 16:23-30, donde Dios provee dos veces más maná para los israelitas en el desierto en el sexto día para que puedan disfrutar su provisión para ellos en el séptimo día sin tener que juntarlo ese día.

El comando del Sabbat está incorporado en los Diez Mandamientos (Éx. 20:8-11). La motivación dada en el Éxodo para observar el Sabbat es el hecho de que Dios creó al mundo en seis días y descansó en el séptimo (cf. Gn. 2:2-3) —por ello a veces se lo considera una "ordenanza de la creación". El descanso de Dios era su goce de un mundo que cumplía sus expectativas y, de ahí, la celebración semanal puede esperar por un tiempo cuando el mundo, nuevamente, disfrute de ese "descanso". En Dt. 5:12-15 la motivación es dada como la creación de un evento nuevo, la redención de Israel de la esclavitud en Egipto.

La semana, marcada por su Sabbat, se asocia de manera cercana con la Luna Nueva como un cuarto del ciclo natural (1 Cr. 23:31; Is. 1:13). Las gentes de Mesopotamia observaban un festival lunar shabbatu, pero no sabemos de otro pueblo independiente de Israel que observe un Sabbat semanal. El Sabbat es una observancia comunitaria más que individual, incluyendo incluso "cualquier extranjero residiendo en sus pueblos" (Éx. 20:10; Neh 13:15-22), un signo de la alianza de Dios con Israel (Éx. 31:13-17; Is. 56:6).

Aunque la adoración religiosa no es prominente en los mandatos del Sabbat en el AT, debía haber una reunión de las gentes de Dios ese día con ofrendas especiales (Lv. 23:3; Ez. 46:3-5), y era un día cuando una visita a un profeta era más probable (2 Re. 4:23). Salmos 92 se identifica como un salmo para el Sabbat.

El término Sabbat o "descanso sabático" también puede aplicarse a días especiales, tales como el Día de la Expiación, que no cayó en el séptimo día (Lv. 16:31). En una extensión del sistema sabático, la tierra debía disfrutar de un descanso sabático cada siete años (Lv. 25:4-7).

Para la época del NT, reuniones regulares eran sostenidas en las sinagogas locales en el Sabbat dondequiera que residiera un número suficiente de judíos observantes. Jesús ofendió sensibilidades farisaicas con respecto a la observancia del Sabbat, usándolo para aliviar el sufrimiento humano y presentándose como el verdadero representante de la humanidad, para quien el Sabbat estaba designado (Mt. 12.1-13; Jn. 5:9-10). La curación en el día del Sabbat atrajo la atención a la realización de los propósitos creativos y redentores de Dios para el mundo.

El escritor de Hebreos trata el Sabbat como un anticipo del descanso final que Dios proporciona a aquellos que perseveran en la fe y obediencia (Heb. 4:1-11).

Pablo considera la victoria de Jesús como liberadora "respecto de festivales religiosos, una celebración de la Luna Nueva o un día de Sabbat" (Col. 2:16 [cf. Gal. 4:10]). Algunos cristianos entienden esto como rechazando la continuidad de principio del Sabbat de un descanso semanal. Otros lo entienden en una manera similar a los comentarios de Jesús a las restricciones farisaicas impuestas en el día y ven una continuidad de la observancia del Sabbat, tal vez con un cambio de día, para hacerlo una celebración de la resurrección del Señor en el primer día de la semana.

SABBAT, CAMINATA DEL DÍA DEL Una caminata o trayecto del día del Sabbat describe la distancia máxima que un judío fiel podía caminar en el día del Sabbat sin ser culpable de violar el cuarto mandamiento, que prohíbe trabajar en el Sabbat (Éx. 20:8-11). Esta expresión es usada una sola vez en las Escrituras (Hec. 1:12) para describir la distancia desde la ciudad de Jerusalén al Monte de los Olivos. Tradicionalmente, los rabinos judíos consideraban que la caminata del día del Sabbat no debía superar un kilómetro o dos tercios de una milla.

La idea de una caminata del día del Sabbat ilustra la mentalidad del legalismo judío en temas donde la Escritura calla. Por una parte, los rabinos judíos tenían una preocupación potencialmente legítima de hacer los principios de la palabra de Dios prácticos y aplicables para la persona común en la vida diaria. Por otra parte,

S

con frecuencia terminaban tomando decisiones arbitrarias que no tenían garantía bíblica. Incluso peor, como señaló Jesús, estos líderes judíos con frecuencia se preocupaban con los pequeños detalles de la ley y "descuidaban los asuntos más importantes de la ley—justicia, misericordia y fidelidad" (Mt. 23:23) o, en este caso, en la ordenanza positiva de hacer del Sabbat un día santo.

SABEOS Un nombre para personas de tres antiguos reinos descendientes de Cam (Gn. 10:6-7; 1 Cr. 1:9) y conocido en el mundo antiguo por su oro, incienso y cultura mercantil (Sal. 72:10; Is. 60:6; Ez. 27:22). El nombre "sabeos" podía aplicarse a personas de cualquiera de estos tres pueblos. Primero, y más prominentemente, está el pueblo sur arábico de Saba. Ubicado en el actual Yemen, este puede ser el reino de la famosa Reina de Saba, quien visitó a Salomón (1 Re. 10:1-13; 2 Cr. 9:1-12). Estos sabeos también son mencionados por el profeta Joel (Jl. 3:8). Segundo, se cree que, a lo largo de las rutas de intercambio del norte, otro grupo de personas del mismo nombre puede haber emergido en la vecindad de Medina. Algunos creen que estos son los sabeos que atacaron a los hijos de Job (Job 1:15). También son mencionados en combinación con Tema o Dedán (Job 6:19; Ez. 38:13). El tercer grupo de sabeos, puede haber sido una colonia comercial de los sabeos sur arábico. Estas personas son conocidas por el hebreo seba' (no sheba'). Su reino estaba ubicado cruzando el Mar Rojo en la actual Eritrea y Etiopía. Se desea oro tanto de Saba como de Seba en el salmo real (Sal. 72:10). Dios le ofrece a Seba y sus vecinos un rescate por su pueblo (Is. 43:3). Más adelante, Isaías se refiere a estos sabeos como personas "altas" (Is. 45:14). Una referencia final a los sabeos africanos puede encontrarse en Ez. 23:42, donde un posible error de escriba provoca que algunos prefieran "sabeanos" (saba'm) sobre la palabra similar para "borracho" (soba'im).

SABETAI Un levita del periodo postexílico involucrado en el decreto de Esdras contra tener esposas extranjeras (Esd. 10:15). La significancia del verso está en disputa, pero parece que Sabetai y otros nombrados en el verso representan a un partido disidente. Probablemente se están oponiendo no al divorcio, sino más bien a la laxitud del plan sugerido para llevarlo a cabo. Probablemente también es la misma persona que apoyó la norma de Esdras (Neh. 8:7; 11:16).

SABIDURÍA, SABIO En el AT, la sabiduría (*khokmah*) es una característica de alguien que logra un alto nivel de conocimiento, habilidad técnica y experiencia en un dominio en particular. Se refiere a la habilidad que ciertos individuos tienen para el buen juicio en la administración de asuntos de Estado (José en Gn. 41:33; David en 2 Sm. 14:20; Salomón en 1 Re. 3:9, 12, 28). También puede referirse a las habilidades navegacionales que usan los marineros al maniobrar un barco a través de aguas difíciles (Sal. 107:27). Asimismo, la sabiduría incluye las habilidades particulares de un artesano (Éx. 31:6; 35:35; 1 Cr. 22:15-16). En todos estos casos, sabiduría involucra la pericia que una persona adquiere para lograr una tarea en particular. En estas instancias, "sabiduría" es un término éticamente neutral, o al menos no se enfatiza su dimensión. Los sabios son aquellos que han dominado un cierto conjunto de habilidades en su área de experiencia.

La singularidad de la literatura del AT (Job, Proverbios, Eclesiastés, etc.) es que destaca la dimensión moral de la sabiduría. Aquí "sabiduría" se refiere a desarrollar experiencia en negociar las complejidades de la vida y manejar esas complejidades en una forma moralmente responsable que honre a Dios y beneficie a la comunidad y al individuo. Aunque una definición concisa es difícil de precisar, uno puede lograr una mejor comprensión de la sabiduría investigando dos dimensiones importantes: sabiduría como visión de mundo y las características de una persona que se considera sabia.

Sabiduría como Visión de Mundo

La sabiduría describe una visión de mundo, una forma particular de percibir a Dios, la humanidad y la creación. El Dios de los sabios es Señor soberano. Pero su comprensión de la soberanía se manifiesta de manera diferente a la descrita por la Torah o por los profetas. A lo largo de todo el AT, Israel frecuentemente

S

atestiguó el trabajo de Dios a través de poderosos actos de liberación, conquista y protección. Dios orquestó estos monumentales actos de salvación. La sabiduría, sin embargo, mira de manera diferente la soberanía de Dios. Hace pocas referencias a los poderosos actos de Dios.

Para los sabios de Eclesiastés, el mundo es el anfiteatro del misterio de Dios. Dios está activo en la creación, pero sus modos son inescrutables (3:11; 6:10-12; 7:13-14). Dios es distante (5:2), pero abarca esta distancia cuando los humanos reciben y disfrutan de regalos ordinarios de amistad, comida y familia que él otorga para sostener la vida (2:24-26; 3:12-13; 5:18-20; 9:7-10).

Para el sabio de Proverbios, Dios está presente en las rutinas de la vida diaria. Dios está involucrado en las interacciones que ocurren entre las personas (15:22; 27:5-6, 9-10, 17). Dios trabaja a través de las buenas y malas experiencias de la vida, emplea lenguaje humano para realizar sus propósitos, y usa la riqueza material e incluso la pobreza en el servicio de madurar a su pueblo.

Poema de la sabiduría mesopotámica de la biblioteca de Asurbanipal, rey de Asiria.

En el mismo reino donde los individuos creen que ejercen el mayor control —los pensamientos y planes humanos—Dios establece una presencia (Prov. 16:1, 9). Exactamente cómo Dios lo hace, el sabio no lo dice; más bien, el sabio asume que la soberanía divina y la actividad humana existen juntas de maneras inexplicables.

Desde la visión de Dios a la visión de humanos, la sabiduría enfatiza una perspectiva particular. La visión mundial de la humanidad coloca gran confianza en lo que los humanos pueden lograr. La sabiduría afirma que los individuos son capaces de hacer elecciones sabias y demostrar comportamiento responsable. Al hacerlo, tales personas tendrán vidas sanas, prósperas y exitosas (Prov. 9:1; 14:1, 11). Debido a que valoran la habilidad y comprensión humana, los sabios usan todos los recursos a su disposición para descubrir los medios para llevar una vida exitosa. Utilizan las fuentes de la cultura a su alrededor al igual que sus propios recursos internos.

Otra dimensión a sondear en la visión de mundo de la sabiduría es el importante rol que juega la creación. Vivir en armonía con el orden del universo trae longevidad, riqueza y buena fortuna. Cuando los individuos integran sus vidas con el orden de la creación, el éxito es el resultado; descuidar el orden trae fracaso. Sin embargo, los sabios a veces son acusados de poseer una visión demasiado mecánica de dicho orden: los sabios, se dice, creen en un mundo programado automáticamente para hacer prosperar al piadoso y castigar al perverso. Tal visión percibe al mundo como operando un sistema rígido de recompensas y castigos. Es cierto que algunas de las enseñanzas de la sabiduría parecen reflejar esta visión de mundo (Prov. 26:27). Sin embargo, aunque los sabios desarrollaron planes y estrategias por las cuales vivir, ellos no creían en un orden creado que

S

operaba mecánicamente. Los sabios sí tienen un interés en descubrir ciertos patrones predecibles de experiencias, pero el orden subyacente a las experiencias de la vida no es uno de producir destinos (21:30-31). Los sabios luchan no tanto con el concepto de un orden rígido sino con la persona de Dios. Una dialéctica existe entre el orden predecible de la creación y el trabajo libre de Dios. La sabiduría no busca dominar la vida, sino navegarla. Los sabios se dirigieron a sí mismos y otros a través de las experiencias de la vida, buscando no dominar, sino asumir responsabilidad. Esta es la visión de mundo fundamental de la sabiduría.

Características de los Sabios

¿Quién es sabio? Primero, los sabios son aquellos involucrados en un permanente proceso de desarrollo de carácter. Ellos manifiestan las virtudes de la rectitud, la justicia y equidad (Prov. 1:3; 2:9). La encarnación de estas virtudes culmina en la descripción de la mujer de carácter noble en la conclusión de Proverbios (31:10-31). Ella exhibe autocontrol, paciencia, cuidado, diligencia, disciplina, humildad, generosidad, honestidad, y temor del Señor (cf. Sant. 3:13-18). Ella es el epítome de la sabiduría en su madurez y el modelo que todos deberían emular.

Segundo, los sabios saben el valor de las palabras y cómo usarlas. Saben cuándo hablar, qué decir y cómo decirlo (Job. 29:21-22; Prov. 15:23; 25:11; Ecl. 3:7; 12:9-10). La sabiduría y los sabios otorgan un gran poder a las palabras.

Tercero, los sabios daban gran importancia a las relaciones y a las interacciones con otros. La persona sabia es aquella que está abierta al dar y recibir de las relaciones (Prov. 27:5-6, 17, 19). Esa persona desarrolla la humildad necesaria para recibir corrección y criticismo de otros. Escuchar las críticas y cambiar el comportamiento equivocado son integrales para la sabiduría (3:1-11). Los sabios aprecian el criticismo profundo porque les ayuda a vivir una vida más productiva (15:12). La sabiduría es, finalmente, relacional.

Cuarto, la persona sabia desarrolla el arte del discernimiento (Prov. 1:2, 4-6). El sabio está equipado con la habilidad del pensamiento crítico. La cualidad de la sabiduría misma invita a la reformulación y re-pensamiento de ideas. Los sabios no están interesados en respuestas fáciles (26:4-5). Proverbios 16:1-9 lanza una llave inglesa a los engranajes convencionales de la sabiduría, declarando que, aunque los humanos hacen sus planes, Dios tiene la última palabra. Tanto Job como Eclesiastés compiten frente a frente con las creencias convencionales, sondeando más profundamente en las complejidades de la vida y la relación entre lo humano y lo divino. Aquí no existen las respuestas fáciles. Por el contrario, los tontos no usan sus facultades mentales. Ven la sabiduría como una mercancía, un tema de aprender ciertas técnicas, aceptar ciertas creencias y memorizar unos cuantos proverbios (17:16). Los sabios, sin embargo, saben que la sabiduría involucra el arte del pensamiento crítico y la interacción con otros.

Quinto, y más fundamental, la persona sabia toma un enfoque hacia la vida centrado en Dios. La literatura sabia afirma: "El temor de Dios es el comienzo de la sabiduría" (Prov. 9:10; cf. Prov. 1:7; Job 28:28; Ecl. 12:13). Que este sea el paso inicial en el proceso de alcanzar sabiduría significa que alguien que erra en este paso no puede avanzar en el camino hacia la sabiduría. El temor del Señor es a la sabiduría lo que las letras del alfabeto son a formar palabras. Los sabios obtienen sabiduría a través de estar en una relación con el Señor (Prov. 3:5-8). El temor del Señor es el comienzo al igual que la culminación de la sabiduría.

La sabiduría es una cualidad altamente valorada, superior a la fuerza y el poder (Prov. 25:15; Ecl. 9:13-16) y uno debe buscarla diligentemente (Prov. 2:1-5). Sin embargo, al final, la sabiduría es un regalo que sólo Dios puede otorgar (Prov. 2:6-8; 1 Re. 3:9).

SABTA, SABTAH Tercer hijo de Cus (Gn. 10:7: Sabtah; 1 Cr. 1:9: Sabta). Puede tentativamente identificarse con Shabaka (r. 712-698 AC), un faraón de Etiopia de la Dinastía XXV de Egipto y antecesor de Shabataka (r. 705-690 AC), conocido como Sabteca en la Biblia.

SABTECA Quinto hijo de Cus (Gn. 10:7; 1 Cr. 1:9). Puede tentativamente identificarse con Shabataka (r. 705-690 AC) faraón de Etiopía de la Dinastía XXV de Egipto y sucesor de Shabaka (r. 712-698 AC), conocido como Sabta en la Biblia.

SACABUCHE Un instrumento medieval de metal, el antecesor de lo que hoy en día es el trombón. La palabra aparece en la KJV en Dn. 3:5, 7, 10, 15, probablemente una transcripción equivocada de la palabra aramea sabbekha'. El instrumento al que realmente se refiere Daniel es más probablemente una gran arpa siria de siete cuerdas con un tono rico y oscuro, aunque existe cierta evidencia de que podría ser una pequeña arpa de mano. La NIV lo traduce como "lira", y otras versiones como "trigón" (NRSV, RSV, NASB, ESV). Era usada la "banda" babilonia del rey Nabucodonosor para seducir a las personas a adorar la imagen de oro que él había instalado. *Véase también* Trigón.

SACADO DE LOS OJOS Esta práctica brutal efectivamente ponían fin a la carrera militar de una persona, incluso si sólo se realizaba en un ojo (1 Sm. 11:2; cf. 4Q51 10; Josefo, Ant. 6.71). También podía ser punitivo (2 Re. 25:7; 4 Mac. 5:30). La pérdida de ambos ojos lo volvía a uno dependiente o esclavo, ya que sólo se podían realizar los trabajos más simples (así con Sansón [Jue. 16:21]). Sacar los ojos también se refiere figurativamente a esclavizar o engañar a alguien (Nm. 16:14) y a las medidas severas a tomar frente al propio pecado de uno (Mt. 5:29; 18:9).

SACAR **(1)** Padre hararita de Ajiam, uno de los poderosos guerreros de David (1 Cr. 11:35). Es nombrado como Sarar en 2 Sm. 23:33. **(2)** Uno de los ocho hijos de Obed-edom (1 Cr. 26:4).

SACERDOCIO DE CRISTO El sacerdocio de Cristo es una de sus tres funciones. Jesús ejerce su función sacerdotal al ofrecerse a Dios como sacrificio (por Ej., Heb. 2:17, 9:14-28) e intercediendo continuamente por los santos (Jn. 17:6-24; Rom. 8:34; Heb. 7:25; 9:24). La obra sacerdotal de Cristo ocupa un lugar prominente en la teología de la Epístola a los Hebreos, basada en gran parte en la reflexión de Sal. 110.

SACERDOCIO DE LOS CREYENTES En el sentido más básico, un sacerdote es mediador entre Dios y la humanidad. Aunque hay indicios en Gn. 1-2 de que Adán y Eva desempeñaron un papel sacerdotal en el jardín, cuando el AT habla del sacerdocio, con frecuencia se refiere a aquellos que participan en el servicio del tabernáculo o templo bajo el pacto mosaico. Pero antes de la institución formal del pacto mosaico, Dios le ordenó a Moisés que le dijera al pueblo de Israel: "Si ahora ustedes me son del todo obedientes, y cumplen mi pacto, serán mi propiedad exclusiva entre todas las naciones. Aunque toda la tierra me pertenece, ustedes serán para mí un reino de sacerdotes y una nación santa" (Éx. 19:5-6). Dios tiene la intención de que todo Israel sea un conducto de su presencia a un mundo perdido y rebelde. El resto del Pentateuco indica que Israel debía hacer esto de tres maneras:

(1) practicar la ley de Dios como un ejemplo de su santidad; (2) proclamar las obras poderosas de Dios como testimonio de su poder; (3) preservar la palabra de Dios como una demostración de su fidelidad. Esto, entonces, era la responsabilidad de cada israelita individual y corporativamente como pueblo.

A medida que transcurre el AT, Israel claramente no cumple con esta alta vocación. Pero el profeta Isaías espera un día en que los redimidos de Dios "serán llamados sacerdotes del Señor y ministros de nuestro Dios" (Is. 61:6). Esto sucederá como resultado del personaje ungido por el Espíritu que trae buenas nuevas a los pobres y el año favorable del Señor (Is. 61:1-4). Jesús afirma que su vida, ministerio y muerte son el cumplimiento de esta promesa (Lc. 4:16-21), lo que sugiere que ahora es el momento en que se puede decir acertadamente que el pueblo de Dios son "sacerdotes del Señor".

Esta conclusión se confirma en 1 Pe. 2:4-10. En medio de varias citas y alusiones a pasajes del AT, Pedro toma el lenguaje de Éx. 19:6 cuando les dice a los creyentes: "Vosotros sois linaje escogido, real sacerdocio, nación santa, pueblo adquirido para posesión de Dios, a fin de que anunciéis las virtudes de aquel que os llamó de las tinieblas a su luz admirable" (v. 9). Lo que Israel no pudo ser debido a su persistente rebelión contra Dios, los creyentes sí lo son. Pero los

S

creyentes no son un real sacerdocio porque de alguna manera son mejores que Israel; son un real sacerdocio porque están unidos a Jesucristo. Pedro enfatiza esto cuando antes en el pasaje se refiere a los creyentes como piedras vivas siendo "edificados como casa espiritual para un sacerdocio santo, para ofrecer sacrificios espirituales aceptables a Dios por medio de Jesucristo" (v. 5). Debido a que Jesús es el gran sumo sacerdote que ofreció su propia sangre por los pecados de su pueblo (Heb. 9:11-14), los creyentes deben "ofrecer continuamente mediante El, sacrificio de alabanza a Dios, es decir, el fruto de labios que confiesan su nombre. Y no os olvidéis de hacer el bien de la ayuda mutua porque de tales sacrificios se agrada Dios" (Heb. 13:15-16).

Hay al menos tres ramificaciones prácticas del sacerdocio de los creyentes. Primero, cada creyente debe ser un canal a través del cual la presencia y el carácter de Dios se den a conocer en este mundo. Segundo, todo lo que hace el creyente, incluso para comer y beber, debe hacerse para reflejar el carácter y la gloria de Dios (1 Cor. 10:31; Col. 3:17). Tercero, cada creyente tiene un papel que desempeñar en el avance del reino de Dios.

Estatua de Aarón, primer sumo sacerdote, por Nicolás Cordier (Capilla de la Basílica de Santa María Maggiore, siglo XVII d.C).

SACERDOTE JEFE *Ver* Aarón; Levitas; Sacerdotes.

SACERDOTES Un sacerdote es un ministro de cosas sagradas que representa a Dios ante las personas y a las personas ante Dios. El AT identifica sacerdotes de Yahvé y sacerdotes de otros dioses e ídolos. El único sacerdote pagano que el NT menciona es el sacerdote de Zeus de Listra, quien quería ofrecer sacrificios a Pablo y Bernabé, a quienes la multitud confundió con deidades (Hec. 14:13). Todas las demás referencias del NT se basan en la enseñanza del AT acerca de los sacerdotes de Yahvé.

Antiguo Testamento

La historia bíblica temprana registra a los jefes de los clanes ofreciendo sacrificios por sus familias (Gn. 12:7-8, 13:18, 22, 31:54, 46:1). Aunque los patriarcas realizaban estos deberes, nunca son llamados "sacerdotes"; los únicos sacerdotes de esa época que se mencionan son extranjeros como Melquisedec, el sacerdote egipcio de On, y Jetro, el suegro de Moisés (Gn.14:18, 41:45, 50; 46:20; Éx. 3:1; 18:1). Mientras que todos los israelitas podían ser llamados "un reino de sacerdotes y una nación santa" (Éx. 19:6), un sacerdocio distintivo salió a la luz cuando Dios instruyó a Moisés a preparar ropa sacerdotal especial para Aarón y sus hijos (Éx. 28). El sumo sacerdote se distinguía de los demás por llevar ropa más magnífica. Al no usar sus ropas especiales mientras servían en el tabernáculo, los sacerdotes incurrían en la culpa y morían (Éx. 28:43). Al ser ungidos, los sacerdotes se santificaban como el tabernáculo y su mobiliario, y así se distinguían de sus compatriotas (Lev. 8-9). Su estatus santo debía ser mantenido escrupulosamente, ya que esto era esencial para servir a la congregación y asegurarse de que no morirían debido a su contacto cercano con Dios. Su función principal era ministrar ante Dios ofreciendo sacrificios para que el lugar santo y el pueblo pudieran ser purificados.

También debían vivir vidas santas como ejemplo para otros, evaluar y tratar la inmundicia entre las personas, discernir la voluntad de Dios por medio del Urim y Tumim, pronunciar las bendiciones de Dios y enseñar los preceptos y las leyes de Dios (Lev. 10:10-11; Nm. 6:22-27; Dt. 33:8-11).

Como otros levitas, los sacerdotes no recibieron tierra en Canaán, ya que Dios era su herencia. En pago por sus servicios, los sacerdotes recibieron una porción de los sacrificios y un diezmo del diezmo dado por los israelitas para el sustento de los levitas.

La Biblia constantemente afirma que los sacerdotes debían provenir de la tribu de Leví, pero no siempre está claro si todos los levitas o solo los descendientes de Aarón podían servir como sacerdotes. Algunos textos (particularmente de Éxodo a Números) indican que sólo aquellos de la línea de Aarón calificaban para ser sacerdotes (Ezeq. 40:46 lo reduce a los descendientes de Sadoc), y que todos los demás levitas, aunque eran más santos que las otras tribus, no lo hicieron. Otros pasajes indican que los levitas a veces servían como sacerdotes, aunque algunos contextos indican que este servicio era inapropiado. Por ejemplo, un levita sirvió como sacerdote a Miqueas y luego a los danitas (Jue. 17:7-13; 18:19-20). Visto de manera más positiva, Samuel, un levita de Efraín (1 Cr. 6:16, 27) que sirvió a Elí cuando era joven, también actuó como sacerdote.

Después de la división del reino, Jeroboam I rechazó las instrucciones bíblicas específicas sobre el sacerdocio al erigir santuarios a ídolos de becerros en Dan y Betel y nombró como sacerdotes a quienes no eran levitas (1 Re. 12:31; 13:33; 2 Cr. 11:15). Aparentemente, las preocupaciones políticas lo llevaron a dejar el reino del norte fuera del culto en el templo de Jerusalén. Como resultado, muchos levitas y sacerdotes se mudaron a Jerusalén.

Esdras registra que 341 levitas y 4.289 sacerdotes regresaron a Jerusalén después del exilio (Esd. 2:36-42). En consonancia con la práctica anterior, los sacerdotes ofrecieron sacrificios a Dios y se les unieron los levitas en la reconstrucción del muro y la enseñanza de la ley a la gente. Isaías tiene una comprensión más amplia del sacerdocio, ya que anticipa que Israel traerá pueblos de otras naciones como una ofrenda a Dios e indica que algunos de ellos servirían como sacerdotes y levitas (Is. 66:19-21).

Nuevo Testamento

En los tiempos del NT muchos sacerdotes ejercían el poder religioso y civil como líderes de los saduceos y los esenios. Algunos sacerdotes, como Zacarías, fueron retratados como hombres justos (Lc. 1:5-6). Se dice que otros habían llegado a la fe en Jesús (Hec. 6:7). Apoyando el rol asignado por Moisés, Jesús regularmente requería a aquellos a quienes sanaba que se presentaran ante el sacerdote. Aun así, la mayoría de las referencias del Evangelio a los sacerdotes subrayan su oposición al ministerio de Jesús y el papel que desempeñaron en su juicio y crucifixión. Esta oposición continuó después de la resurrección, cuando los sacerdotes desafiaron el testimonio de los apóstoles. Cuando Pedro y Juan proclamaron que un mendigo lisiado había sido sanado por el poder de Jesús, los sacerdotes y otros los encarcelaron, los interrogaron y les prohibieron hablar en el nombre de Jesús (Hec. 4:1-20). El Sanedrín cuestionó a Esteban acerca de los cargos de blasfemia y de hablar en contra del templo y la ley mosaica (6:11-7:1). Saulo (Pablo) recibió una carta de autoridad del sumo sacerdote para arrestar a los cristianos (9:1-2). Más tarde, como seguidor de Jesús, fue juzgado ante Ananías, quien lo acusó ante Félix (24:1), y un grupo más amplio de sumos sacerdotes que lo acusó ante Festo (25:1-3).

Hebreos destaca de manera única cómo el sacerdocio de Jesús superaba al sacerdocio del AT. Los sacerdotes del AT presentaban ofrendas por el pecado, pero sus sacrificios debían repetirse regularmente, mientras que Jesús, el sumo sacerdote fiel y misericordioso, ofreció un sacrificio que no necesitaba repetirse más y que estaba a la disposición de todos en todo momento. Jesús también superó a los sacerdotes Aarónicos porque primero necesitaban ofrecer sacrificios por sus propios pecados, en cambio Él nunca pecó. Además, dado que él se ofreció como sacrificio perfecto a sí mismo, todas las personas, no sólo los sacerdotes, pudieron acercarse a Dios.

El NT desarrolla la idea de un sacerdocio de todos los creyentes tomando el concepto de que Israel sería un reino de sacerdotes y transfiriéndolo a la iglesia (1 Pe. 2:4-9, *véase* Éx. 19:6). Reflejando la visión bíblica general del sacerdocio, los creyentes ofrecen sacrificios espirituales a Dios, representan a Dios ante el mundo al revelar sus obras de salvación y representan al mundo ante Dios a través de la oración. En el NT, el sacerdocio de los creyentes es corporativo; nunca se menciona expresamente una función sacerdotal en la iglesia.

SACO *Véase* Bolsa.

SACRAMENTO Los sacramentos han sido practicados desde el comienzo de la historia de la iglesia, aunque no siempre fueron conocidos por ese término. La palabra latina sacramentum era usada con regularidad para referirse a dinero apartado como una promesa o para el juramento de lealtad tomado por un soldado entrando al servicio, y sus connotaciones teológicas se desarrollaron mucho después de la era del NT. El nuevo sentido de la palabra combinaba sus dos significados originales, identificando ciertos rituales como separando a los cristianos por un juramento de lealtad y proveyéndoles un signo o promesa de que Dios mantendría sus promesas para con ellos. Los protestantes reconocen dos sacramentos expresamente instituidos por Cristo—el bautismo y la Cena del Señor—el primero identificado como un rito único de iniciación a la iglesia, el segundo como un rito repetido regularmente que une a los creyentes y sirve para su crecimiento. Los católicos romanos oficialmente aceptan cinco más: confirmación, confesión, extremaunción (últimos ritos), orden (ordenación sacerdotal) y matrimonio. Comprendiendo el término en su sentido más amplio, algunos han identificado hasta treinta sacramentos diferentes.

Desde Agustín, los sacramentos han sido comprendidos como signos externos y visibles de unas gracias interna y espiritual conferida a aquellos que los reciben. La divergencia radica en las explicaciones de cómo los sacramentos benefician a sus receptores. Los católicos romanos comprenden que los sacramentos en sí mismos están dotados con poderes que confieren gracias salvadora mientras el individuo no se resista y los ritos sean realizados por un sacerdote ordenado. Los protestantes rechazan la idea de que los sacramentos tienen poderes inherentes, insistiendo en que la fe es necesaria para que ellos tengan el beneficio. La visión reformista es que la gracia es otorgada por la bendición de Cristo y el trabajo del Espíritu Santo a través de los sacramentos al ser recibidos en la fe. Los luteranos están de acuerdo en que la fe debe estar presente. Aun así, coinciden con los católicos en que los sacramentos confieren gracias salvadora, aunque no están de acuerdo con que el poder está en los elementos, asignándoselo en cambio al poder de la palabra de Dios proclamada cuando son dispensados. Los seguidores de Zuinglio y los anabaptistas negaron que los sacramentos fuesen un instrumento de gracia, sosteniendo que son un signo y sello de gracias ya recibida. Benefician a los creyentes solo por el fortalecimiento de su fe y dándoles la oportunidad para obedecer las órdenes de Jesús.

Algunos se rehúsan a usar la palabra "sacramento" porque no aparece en la mayoría de las versiones de la Biblia, prefiriendo llamar al bautismo y la Cena del Señor "ordenanzas" porque fueron ordenados por Cristo. Sin embargo, este uso de la palabra "ordenanza" tampoco se encuentra en las Escrituras. Ambos términos fueron aplicados después de la era del NT, y ambos patrocinan verdades positivas. Como la palabra latina sacramentum significaba, los cristianos proclaman su lealtad a Jesucristo siendo bautizados y tomando parte de la Cena del Señor. Al hacerlo también demuestran obediencia a sus comandos. Los ritos benefician a los creyentes a través de recordarles el trabajo que Jesús realizó en su nombre y de su unidad con la iglesia que él estableció. A través de ellos se fortalece la fe, y los creyentes pueden experimentar la gracia que Dios le ha extendido libremente a aquellos que él ama. *Véase también* Ordenanza.

SACRIFICIO Y OFRENDA Las palabras "sacrificio" y "ofrenda" con frecuencia se usan de manera intercambiable, pero “ofrenda” se refiere más generalmente a un regalo, mientras que “sacrificio” indica un regalo consagrado para un ser divino. En hebreo bíblico “sacrificio” se iguala más estrechamente con una ofrenda de paz. Todos los otros “sacrificio” son referidos como regalos. Los sacrificios eran ofrecidos para honrar a Dios, agradeciéndole su bondad. Más importante, permitían a las personas estar bien con Dios expiando sus pecados. Considerando que el pecado altera el compañerismo que Dios desea tener con la gente y enciende su ira, el sacrificio restaura la relación.

Antiguo Testamento

Las ofrendas del AT incluían cereales (ya sea el grano entero, molido en harina o mezclado con otros elementos), líquidos (vino, aceite o agua), y animales (o partes de ellos, como la sangre y grasa). Aunque la Biblia reconoce que otros pueblos del Oriente Próximo tenían sus propios ritos sacrificiales, los rechaza como indignos del Dios de Israel. El pueblo de Dios, por lo tanto, fue instruido en cómo sacrificar adecuadamente en Sinaí. Aun así, se registra la ocurrencia de ofrendas y sacrificios antes de que fuera dictada la ley.

Antes de la ley. Caín y Abel trajeron la ofrenda más temprana. Contrario a la interpretación común, la ofrenda de Caín no fue rechazada porque no incluía sangre; la palabra hebrea para los regalos de los hermanos, minkhah, por lo general denota una ofrenda de granos. Una mejor conclusión es que Caín solo trajo parte de su producto (no hay mención de los mejores frutos), mientras que Abel trajo lo mejor de los mejor (las porciones de grasa del primogénito del rebaño).

Inmediatamente después de la inundación, Noé construye un altar y presenta la primera ofrenda quemada que se menciona en la Biblia (Gn. 8:20). Que este (y otros sacrificios) fueran recibidos como un “aroma agradable” indica que Dios los aprobaba o aceptaba. Es significativo que inmediatamente después de la ofrenda, Dios hizo una alianza con Noé y sus descendientes y cada criatura viviente. Los sacrificios están cercanamente relacionados a relaciones de alianza, como puede verse en la historia de Abraham representando una ceremonia de alianza en Gn. 15 y Israel recibiendo muchas instrucciones acerca del sacrificio mientras estaban en Sinaí (cf. Gn. 31:43-54).

Leyes sacrificiales en el Levítico. Las leyes sacrificiales se encuentran a lo largo del Pentateuco, la mayoría estando en Lv. 1-7. Como Levítico esclarece, Israel comprendía el sacrificio como teniendo un número de propósitos diferentes. Era un medio de llevar un regalo a Dios, de expresar comunión con él y otros en la comunidad, para consagrar algo o alguien al uso de Dios y para lidiar con la impureza o pecado personal. Estas ideas son desarrolladas en las descripciones de los diferentes sacrificios que Israel debía traer a Dios. En general, los sacrificios estaban compuestos de animales limpios criados por quien hacía la ofrenda o de grano o vino producido por la persona. En algunos casos, la ofrenda estaba conectada con la capacidad económica de la persona, a una persona más pobre se le permitiría presentar palomas o incluso cereal si no podían acceder a un cordero o cabra para una ofrenda de pecado (Lv. 5:6-13). En todos los casos, solo lo mejor—lo que “no tenía defecto”—debía ofrecerse.

Sacerdotes como mediadores. Tres partes estaban involucradas en el sacrificio: el adorador, el sacerdote y Dios. El adorador—la persona que había pecado o se había hecho impuro de alguna manera—traía un animal a Dios, ponía una mano sobre este y luego lo mataba. Si la muerte del animal representa la muerte merecida por el adorador debido al pecado o si el pecado es transferido al animal que lo alberga no está claro. El sacerdote servía como mediador que ofrecía la sangre del sacrificio a Dios y, en muchas instancias, quemaba todo o parte de la ofrenda. En respuesta la ofrenda, Dios, que gentilmente había dado el sistema sacrificial para que aquellos que habían pecado pudiesen ser restaurados a su compañía, perdonaba a la persona. De manera única en el mundo antiguo, los sacrificios israelitas no eran considerados actos mágicos que podían manipular a Dios para actuar a favor del adorador. Presentar un sacrificio impropio, exhibiendo además una conducta o motivo impropio daba como resultado el rechazo.

Tipos de sacrificio. El Levítico introduce cinco tipos principales de sacrificio: el 'olah (1:1-17; 6:8-18), el minkhah (2:1-16; 6:14-23), el shelamim (3:1-17; 7:11-36), el *khatta't* (4:1-5:13), y el *'asham* (5:14-6:7). La mayoría de ellos enfocados en impureza o pecado. El adorador que traía ese tipo de ofrenda no tenía permitido comer nada de ella, ya que era completamente entregada a Dios. Incluso cuando los sacerdotes podían comer parte del sacrificio, su porción era "presentada" ante Dios, indicando que le pertenecía.

1. El *'olah*, o sacrificio quemado, es el sacrificio básico del AT en conexión con la expiación del pecado (Lv. 1:4). Cuando se ofrecía correctamente, era aceptado como "un aroma agradable al Señor". El adorador traía un animal macho (toro joven, oveja, cabra, paloma o pichón joven) sin mancha, posaba una mano sobre este y luego lo mataba. Después de que el sacerdote rociara parte de la sangre en el altar, el resto era quemado.

Relieve hitita de un hombre que lleva un animal para ser sacrificado (siglo VIII a.C).

2. El *minhhah* era simplemente un regalo u ofrenda. La palabra hebrea es frecuentemente usada para un regalo dado a otra persona o un tributo a un gobernante. Cuando se usa en referencia a un sacrificio, por lo general es representado como una "ofrenda de grano" o "ofrenda de alimento". Un minkhah puede, ocasionalmente, incluir carne o grasa (Gn. 4:4; Jue. 6:18:21). Considerado "un aroma agradable al Señor", consistía en grano molido o harina fina mezclada con aceite e incienso y era presentado cocido o crudo. Parte de la ofrenda era quemada como una "porción conmemorativa", el resto era dado a los sacerdotes (Lv. 2:1-3). Generalmente iba acompañado de una ofrenda bebestible—vino vertido en el altar. Las ofrendas de grano con frecuencia complementaban ofrendas quemadas u ofrendas de compañerismo. El pan de la proposición puede haber sido considerado una ofrenda de grano.

3. El *shelamim* (NIV: "ofrenda de compañerismo") tradicionalmente ha sido llamado "ofrenda de paz", ya que el término está relacionado con shalom. Esta ofrenda muy probablemente indicaba que el adorador estaba en paz con Dios y con otros; todas las relaciones del adorador eran enteras. Clasificado en tres tipos, podía utilizarse para expresar agradecimiento, para significar cumplimiento de una promesa o simplemente para denotar el deseo propio de llevar una ofrenda a Dios libremente. Solo aquellos que hacían una promesa estaban obligados a ofrecer shelamim; las otras formas eran absolutamente opcionales. El adorador traía un animal, macho o hembra (buey, oveja o cabra) sin mancha, posaba una mano sobre su cabeza y lo mataba. El sacerdote rociaba su sangre en los costados del altar y quemaba la grasa que rodeaba a los órganos principales. Se describe como "un aroma agradable al Señor".

Esta ofrenda significativamente reconoce la relación de alianza existente entre aquellos que la comparten. Dios recibió las partes grasas, el sacerdote oficiante recibe el muslo derecho, los otros sacerdotes el pecho y el resto es compartido por los miembros de una familia, clan, tribu o algún otro grupo. De acuerdo a Levítico, una ofrenda de agradecimiento debía ser comida en el día que era ofrecida, y una ofrenda de promesa o de libre decisión podía comerse en hasta dos días. Todo lo que no fuese comido en ese periodo de tiempo debía ser quemado.

S

4. El *khatta't*, u ofrenda de pecado, expiaba el pecado de un individuo o de la nación y limpiaba los elementos sagrados en el tabernáculo que habían sido corrompidos por el pecado. Ya que una ofrenda de pecado podía purificar la impureza ceremonial y moral, las personas impuras debido al parto, enfermedades de la piel, descargas corporales y demás también las traían (Lv. 12-15).

El tipo de animal sacrificado y el ritual de sacrificio variaban de acuerdo al ofensor y la ofensa. Si un sacerdote o toda la congregación habían pecado, se sacrificaba un toro y su sangre era rociada ante el velo del tabernáculo y en el altar de incienso en el lugar sagrado. El resto era quemado, sin dejar nada para comer. Los líderes que pecaban sacrificaban un macho cabrío. Su sangre era rociada en el altar de bronce y el resto era dado a los sacerdotes. Un plebeyo llevaba y mataba una cabra hembra o un cordero, el sacerdote rociaba su sangre sobre los cuernos del altar, la grasa era quemada para Dios y el resto era entregado a los sacerdotes. Una persona pobre podía llevar dos palomas o pichones, y los muy pobres podían llevar una ofrenda de grano. Esta diferenciación aparentemente indicaba que los pecados de algunos miembros de la comunidad tenían consecuencias más serias que los de otros. Aquellos en contacto más cercano con el tabernáculo lo contaminaban a un nivel más profundo, requiriendo un sacrificio más costoso. Los pobres no eran requeridos a lleva más de lo que podían costear.

5. El *'asham*, o ofrenda de culpa, proporcionaba compensación por los pecados. Un carnero sin mancha era sacrificado, su sangre rociada en el altar, sus partes grasas, riñones e hígado eran quemados. El resto era entregado a los sacerdotes. Además, el valor de lo que se había sustraído más un quinto de su valor debían entregarse a la persona agraviada o a los sacerdotes.

Altares. Según el Levítico, solo el sacerdote aarónico podía manejar la sangre u otras partes del sacrificio traídas al altar del tabernáculo. Aun así, a lo largo de la historia de Israel otros altares sacrificiales fueron construidos. Mientras algunos de ellos eran ilegalmente usados para prácticas sincréticas, otros fueron construidos por órdenes de Dios (Js. 8:30-35; Jue. 6:25-26). Algunos de estos altares eran utilizados por sacerdotes haciendo rondas para que personas de diferentes áreas pudiesen hacer sacrificios a Dios (1 Sm. 7:17). Otros eran utilizados por individuos que no eran sacerdotes y sin embargo querían llamar el nombre del Señor o hacer sacrificios para comidas comunitarias. Los altares solitarios eran principalmente utilizados para ofrendas quemadas y de paz, aunque también eran conocidas las ofrendas de granos y bebestibles. Las ofrendas de pecado y culta eran ofrecidas solo en el tabernáculo o el templo.

Tiempos y propósitos. El AT regula un número de ocasiones diferentes en las cuales debían realizarse sacrificios regulares. Se presentaban ofrendas quemadas cada mañana y atardecer (Éx. 29:38-41; Nm. 28:1-8). Ofrendas adicionales eran sacrificadas durante el Sabbat y la luna nueva (Nm. 28:9-15). Sacrificios especiales era traídos para celebrar los festivales importantes del año (Nm. 28:16-29:39), particularmente el Día de la Expiación (Lv. 16). Los sacrificios también podían acompañar peticiones de protección o liberación o en respuesta a la liberación de Dios. Así, ofrendas quemadas y de compañerismo podían ser llevadas junto con plegarias de que Dios pusiera fin a una plaga (2. Sm. 24:18-25). El rey David llevó ofrendas quemadas y ofrendas de compañerismo cuando el arca de la alianza fue devuelta después de ser capturada por los filisteos (2 Sm. 6:1-19).

Altar de cuatro cuernos reconstruido en Beerseba.

También podían realizarse sacrificios para consagrar personas o cosas para una tarea especial. Cuando se consagró el tabernáculo, se trajeron ofrendas especiales durante doce días seguidos (Nm. 7). Más adelante, ofrendas de compañerismo, quemadas y de granos fueron sacrificadas cuando se dedicó el templo (1 Re. 8:62-64). Ofrendas de pecado se presentaban cuando se ordenaban los sacerdotes (Lv. 8-9). Los que completaban una promesa de dedicación como nazireato traían sacrificios a Dios para poder volverse otra vez miembros normales de la congregación (Nm. 6:9-21). Ofrendas de compañerismo con frecuencia acompañaban el anuncio o instalación de un rey (1 Sm. 11:14-15; 1 Re. 1:9, 25).

Aunque el sistema sacrificial tenía la intención de acercar a los israelitas a la compañía de Dios, en ciertos momentos su mal uso los separó de él. Cuando su pueblo demostraba más interés en el ritual de sacrificio que en obedecer las instrucciones de Dios, ellos fueron corregidos (1 Sm. 15:13-22; Jr. 7:21-28). Cuando el pueblo de Israel era culpable de confundir la adoración de Yahveh con cultos cananeos de la fertilidad, Dios envió profetas para advertirles (Is. 1:11-16; Am. 4:4-5).

Declaraciones proféticas denunciando ritos sacrificiales apuntaban al mal uso de los sacrificios más que a su existencia. Jeremías y Ezequiel eran tan positivos acerca de la adoración sacrificial que ellos esperaban un tiempo en el que esta se restablecería a su forma pura (Jr. 17:26; Ez. 43:18-27; 46:1-24).

Nuevo Testamento

El NT indica que el sistema sacrificial del AT aun tenía lugar a comienzo del siglo uno d.C. Siguiendo las instrucciones dadas en Levítico, María llevó un sacrificio al templo en Jerusalén para poder purificarse después de dar a luz a Jesús (Lc. 2:21-24; cf. Lv. 12:3, 8). María y José habrían sacrificado y comido un cordero pascual durante su peregrinaje anual a Jerusalén para celebrar la Fiesta de Pascua. No se registra si Jesús siempre fue con ellos, pero sí los acompañó a la celebración de Pascua cuando tenía doce años. Es seguro asumir que en ese momento y después de crecer, Jesús tomó parte en los sacrificios cuando visitó Jerusalén para celebrar las fiestas.

Los discípulos de Jesús asisten a varias fiestas con él. Además, después de su resurrección ellos frecuentemente iban al templo a rezar en el momento que se hacían los sacrificios. Incentivado por los líderes de la iglesia de Jerusalén, Pablo fue al templo a unirse y pagar por los ritos de purificación de algunos hombres que habían hecho una promesa, tal vez para servir como nazireatos (Hec. 21:23-26). Más tarde testificó ante Félix que él había regresado a Jerusalén para traer regalos a los pobres y presentar ofrendas en el templo (24:17). Aunque los creyentes gentiles estaban eximidos de estas prácticas (15:1-29), los creyentes judíos tempranos claramente no veían contradicción entre creer en el evangelio de Jesucristo y participar en rituales sacrificiales. Probablemente continuaron con la devoción judía hasta la destrucción del templo en el año 70 d.C., cuando cesaron los sacrificios en el templo.

Aun así, los cristianos rápidamente llegaron a la comprensión de que la muerte de Cristo era el sacrificio final que completaba el sistema del AT. Varios autores del NT consideran la naturaleza de la muerte de Cristo y metafóricamente la comparan a los sacrificios del AT, pero el escritor de hebreos lo desarrolla en mayor detalle. De acuerdo a hebreos, el sistema sacrificial era meramente una sombra que apuntaba a Jesús. Aunque la sangre de animales no podía lidiar con los pecados adecuadamente, el sacrificio de Jesús sí podía (Heb. 10:1-10). Jesús regularmente se identificaba como el cordero sacrificial cuya sangre purifica a la humanidad del pecado (Jn. 1:29, 36; Rom. 8:3; 1 Cor. 5:7; Ef. 5:2; 1 Pe. 1:19; 1 Jn. 1:7; Ap. 5:6, 12; 7:14; 12:11; 13:8). Su sacrificio es considerado una conciliación que aparta la ira de Dios (Rom. 3:25; 1 Jn. 2:2).

El fin del sistema sacrificial del AT no significa que aquellos que vienen a Dios a través de Jesucristo ya no traigan sacrificios. En vez de ofrendas de animales y granos, se deben hacer sacrificios espirituales (1 Pe. 2:5). Emulando a su Salvador, los seguidores de Cristo deberían ofrecerse a sí mismos como sacrificios vivos, dedicados a Dios (Rom. 12:1). Esto implica que todo lo hecho en esta vida podría considerarse un sacrificio. Simplemente creer en el Evangelio nos hace una ofrenda aceptable a Dios (Rom. 15:16). Trabajar en aras del Evangelio, o tal vez el martirio, pueden ser vistos como una ofrenda bebestible (Flp. 2:17). El autor de hebreos identifica tres tipos de sacrificio que pueden ofrecer los creyentes: alabanza, buenas acciones y compartir con los necesitados (13:15-16). En línea con el último de estos puntos, Pablo cuenta el regalo enviado por la iglesia Filipense como una ofrenda fragante que agrada a Dios (Flp. 4:18).

SADOC **(1)** Hijo de Ajitob, y descendiente de Aarón (1 Cr. 6:1-15, 53), era un sacerdote en tiempos de David y se volvió sumo sacerdote en la época de Salomón. Inicialmente, Sadoc es mencionado junto al sumo sacerdote Abiatar (2 Sm. 8:17). Ambos hombres sirvieron como espías para David, cuando Absalón, el hijo del rey, tomó Jerusalén durante una guerra civil. Los hijos del sacerdote, Ahimaas y Jonatán, eran corredores reportando a David. Hacia el final de la vida de David, Abiatar apoyó a Adonías para rey, así que cuando Salomón se convirtió en rey, fue sacado del sumo sacerdocio.

Sadoc ungió a Salomón como rey y se convirtió en el único sumo sacerdote, cumpliendo una palabra profética pronunciada contra la casa de Elí años antes (1 Re. 2:35; cf. 1 Sm. 2:27-36). En su visión de un templo futuro, Ezequiel con frecuencia hace referencia a la línea sacerdotal de Sadoc (Ez. 40:46; 43:19; 44:15; 48:11). **(2)** Un de otro modo desconocido descendiente de David nombrado en la genealogía de Jesús en Mateo (Mt. 1:14).

SADOCITA La línea sacerdotal de Sadoc (KJV: "hijos de Sadoc"; cf. Ez. 40:46; 44:15). Ezequiel 48:11 los llama sus "fieles" sacerdotes, en contraste con los levitas que tomaron el mal camino. *Véase también* Sadoc.

SADRAC El nombre babilonio dado a Ananías ("Yahveh es misericordioso conmigo") por el oficial jefe de Nabucodonosor, Aspenaz, como parte de un intento por convertirlo en un oficial babilonio (Dn. 1:7). Es uno de los compañeros judíos de Daniel, junto con Abednego y Mesac. Los tres, posteriormente, fueron nombrados administradores sobre la provincia de Babilonia (2:49). Después de ser acusados de no adorar a uno de los dioses de Nabucodonosor, los hombres fueron lanzados al horno ardiente. Son mantenidos a salvo por un cuarto "hombre", que se ve como un "hijo de los dioses" (3:25). Después, los tres son promovidos (3:8-30). Sadrac probablemente significa "mandamiento de Aku" (dios de la luna).

SADUCEOS Una de las tres facciones judías, ellos no creían en la resurrección de los muertos o en ángeles ni espíritus (Hec. 23:8). Conocidos como la aristocracia del sacerdocio, los saduceos dominaban el Sanedrín, incluyendo el sumo sacerdocio (Hec. 5:17). Estaban comprometidos con la Torá, pero no con la tradición oral farisea. *Véase también* Partidos judíos.

SAF Un descendiente de los gigantes (NIV: "descendientes de Rafa") de los filisteos. Saf murió en batalla por mano de Sibecai el husatita, un soldado del rey David (2 Sm. 21:18). En 1 Cr. 20: 4 es llamado Sipai.

SAFÁN **(1)** El hijo de Azalía, fue secretario del rey Josías. La lectura de Safán del Libro de la Ley, que Hilcías, el sumo sacerdote, había encontrado recientemente, para el rey Josías finalmente llevó a una radical reforma religiosa en Judá (2 Re. 22:3-20; 2 Cr. 34:8-28). Los hijos de Safán, Ajicam (2 Re. 22:12; Jr. 26:24), Elasa (Jr. 29:3) y Gemarías (Jr. 36:10-12), al igual que su nieto a través de Ajicam, Gedalías (Jr. 39:14; 40:11; 41:2), aparecen prominentemente en el libro de Jeremías. **(2)** Padre de Jaazanías, un líder de Israel que fue culpable de abominaciones contra el Señor (Ez. 8:11).

SAFAT **(1)** El delegado de la tribu de Simeón entre los doce espías enviados por Moisés para explorar Canaán (Nm. 13:5). **(2)** Padre del profeta Eliseo (1 Re. 19:16, 19; 2 Re. 3:11; 6:31). **(3)** Un descendiente de David a través de Semaías (1 Cr. 3:22). **(4)** Un líder de la tribu de Gad (1 Cr. 5:12). **(5)** El oficial del rey David a cargo de "los rebaños en los valles" (1 Cr. 27:29).

S

SAFAT El segundo más alto líder de la tribu de Gad (1 Cr. 5:12), posiblemente durante el periodo de Jotam y Jeroboam II (1 Cr. 5:17).

SAFENAT-PANÉAJ La forma hebrea del nombre egipcios que se le dio a José cuando fue "puesto a cargo de toda la tierra de Egipto" (Gn. 41:41, 45). Aunque variadamente traducido como Josefo ("revelador de secretos" [Ant. 2.91]) y académicos posteriores, el significado del nombre es incierto.

SAFIR Uno de los pueblos incluidos en el lamento de Miqueas (Miq. 1:11). Miqueas dice que sus residentes serán guiados al cautiverio en vergonzosa desnudez. Su ubicación es desconocida.

SAFIRA Safira y su esposo, Ananías, murieron como resultado de ocultar parte de las ganancias de la venta de una propiedad de la comunidad temprana de creyentes.

SAGE Padre de Jonatán, uno de los poderosos guerreros de David (1 Cr. 11:34). Era un hararita, de una ubicación desconocida. En la lista paralela es llamado Samma (2 Sm. 23:33).

SAGRARIO Un lugar de adoración de importancia local, con frecuencia carece de la aprobación de los autores bíblicos. La traducción "sagrario" implica un juicio hacia lo ilícito del lugar de adoración, incluso cuando el término hebreo tiene un valor neutral: "sagrario" representa "santuario" (miqdash [Is. 16:12]), "casa" (bayit [Is. 44:13]), "room" (kheder [Ez. 8:12]), "casa de dios" (bet 'elohim [Jue. 17:5]) y "montañas" (heharim [Ez. 18:6, 11]). En cada caso, estos términos pueden referirse a lugares de adoración lícitos; la distinción es contextual más que lexical. En otros casos, "sagrario" no refleja el vocabulario hebreo de adoración ilícita: los "lugares altos" (bamot [2 Re. 23:8]; Beth bamot [1 Re. 12:31]; ramah [Ez. 16:24]). Jueces 17:5 describe un altar casero en el antiguo Israel. Hechos 19:24 se refiere a la fabricación de altares a Artemisa en Éfeso del siglo uno.

SÁHAR Una palabra hebrea que significa "amanecer" que aparece en el nombre del pueblo Zéret-Sáhar (NASB, ESV: Zereth-shahar; KJV: Zerethshahar), que era parte de la asignación a la tribu de Rubén bajo Josué (Js. 13:19).

SAHARAIM Un descendiente de Benjamín (1 Cr. 8:8). El texto bíblico nombra a nueve de sus hijos, siete de los cuales nacieron de su esposa Hodes después de que se divorció de Husim y Baara.

SAHAZUMA Un pueblo en la frontera de la asignación tribal de Isacar (Js. 19:22 [KJV: Shahazimah]). Algunos estudiosos creen que la palabra hebrea puede en realidad representar tanto un pueblo como una designación topográfica. La ubicación del pueblo es incierta.

SAKÍA Un líder de la tribu de Benjamín, fue el sexto de siete hijos nacidos en Moab a Saharaim y su esposa Hodes, después de que Saharaim se había divorciado de Husim y Baara.

SAL Un compuesto mineral cristalizado, con frecuencia extraída del Mar Muerto, usado con la comida para saborizar y preservar (Job 6:6) y medicinalmente para frotar sobre infantes (Ez. 16:4). Debía agregarse sal a las ofrendas de granos para representar la alianza (Lv. 2:13).

Restos de vegetación incrustados de sal en el borde del Mar Muerto, que es una fuente importante de sal y productos minerales.

Así como la sal sobrevive al fuego sacrificial, así afronta la alianza las dificultades de la vida. En el siglo uno, la sal era conocida como preservante, sazonador y fertilizante. Todos estos usos pueden estar detrás de la declaración de Jesús a sus discípulos que ellos eran "la sal del mundo" (Mt. 5:13), indicando que eran importantes para el bienestar del mundo.

SAL, ALIANZA DE *Véase* Pacto; Pacto de Sal.

SAL, VALLE DE Una ubicación aparentemente en el Valle del Rift cerca del extremo sur del Mar Muerto, destacada por su importante concentración de sal. Numerosas batallas citadas en las Escrituras tuvieron lugar allí, por lo general entre los ejércitos de Judá y Edom, los pueblos que vivían a ambos lados del valle (2 Sm. 8:13; 2 Re. 14:7; 1 Cr. 18:12; 2 Cr. 25:11; Sal. 60 título; *véase también* Gn. 14:3).

SALÁ En el NT griego (cf. KJV, RSV), dos personas diferentes en la genealogía de Jesús hecha por Lucas. **(1)** El padre de Boaz (Lc. 3:32 ESV, NRSV, NIV mg.), en otros textos llamado Salmón (Rut 4:21; Mt. 1:4-5) y Salma (1 Cr. 2:11 NASB, NRSV, KJV). **(2)** El padre de Heber (Lc. 3:35 KJV), en otras partes también llamado Sala en (Gn. 10:24; 11:12-15; 1 Cr. 1:18, 24).

SALAF Padre de Hanún, que reparó una de las secciones de la Puerta de los Caballos en el muro de Jerusalén, bajo la dirección de Nehemías (Neh. 3:30).

SALAI Un descendiente de la tribu benjamita que regreso del exilio para reasentarse en Jerusalén (Neh 11:8). Algunas versiones también escriben el nombre del sacerdote en Neh. 12:20 "Sallai", pero NIV lo escribe "Salú".

SALAMINA La primera parada de la travesía de Pablo y Bernabé hacia la isla de Chipre (Hec. 13:5). Ubicada en la costa este de Chipre, Salamina fue una importante ciudad comercial grecorromana con una importante población judía.

SALANGANA La palabra hebrea para salangana, sus, puede incluir también golondrinas y vencejos. Como ellos, las salanganas son voladoras rápidas y ágiles que anidan bajo cornisas. Aparte de una especie de vencejo, todas las aves de ese tipo que se encuentran en Israel son migratorias (Jr. 8:7). Los llamados de las salanganas incluyen gorjeos y gritos agudos (Is. 38:14).

SALARIO Pago por contratar los servicios de otro, con frecuencia pagado diariamente. La Biblia se refiere al salarios en conexión con varias ocupaciones, incluyendo el trabajo agrícola (Gn. 29:15; 30:27-29; Zac. 11:12; Mt. 20:1-16; Jn. 4:36), artesanos (1 Re. 5:6; Is. 46:6), soldados (2 Cr. 25:6; Ez. 29:18-19; 1 Cor. 9:7), prostitutas (Os. 9:1; Miq. 1:7), sacerdotes (Jue. 18:4; Nm. 18:31), enfermeras (Ex. 2:9), e incluso las bestias de carga (Ex. 22:15; Zac. 8:10; 1 Tim. 5:18). Los profetas recibían pago por sus servicios (Am. 7:12), aunque tarde en el AT y la tradición del período del Segundo Templo consideraron el pecado de Balaam como profecía por encargo (Dt. 23:4; Neh. 6:12-13; 13:2; 2 Pe. 2:15; Jds. 11). En el NT, el concepto de trabajo asalariado se extiende a los líderes de la iglesia y los apóstoles (Lc. 10:7; 1 Cor. 3:8; 1 Tim. 5:18).

Tras muchas referencias en el NT a salarios está el término latino denarius (griego dēnarion) una pequeña moneda de plata equivalentes al salario de un día (como en Mt. 20:2). Así, en Mc. 6:37 "más de los salarios de medio año" (NIV) traduce lo que en griego es "dos cientos denarii" (NRSV) (*véase también* Mc. 14:5), y el precio de las mercaderías en Ap. 6:6 muestra una inflación masiva respecto del salario diario o denario. Además del pago de salarios en dinero, la Biblia testimonia el pago de salarios en especies, incluyendo esposas (Gn. 29:17), ganado (Gn. 30:32), alimento (Nm. 18:31; 1 Sm. 2:5) y, en el caso de los soldados, en botín (Ez. 29:19). Varios textos consideran el pago justo de salarios como un elemento básico de justicia social y, a la inversa, la retención del salario como una maldad. Deuteronomio 24:15 ordena al empleador pagar a los trabajadores los salarios "diariamente antes del atardecer, porque son pobres y cuentan con ello" (cf. Lv. 19:13; Job 7:2). Igualmente, Mal. 3:5 denuncia a aquellos que defraudan los salarios de los trabajadores (cf. Gn. 31:2), una posición continuada en el

S

NT (Rom. 4:4; Sant. 5:4). La recompensa de la justicia y el castigo de la maldad se describen como un salario, como en Rom. 6:23: "El salario del pecado es la muerte". Proverbios 10:16 dice, "El salario de los justos es la vida, pero las ganancias del malvado son el pecado y la muerte" (cf. Prov. 11:18; Is. 65:7; 2 Pe. 2:13).

SALATIEL Listado como un descendiente del Rey Jeconías de Judá en 597 a.C. antes de que el rey fuera llevado al exilio babilonio (1 Cr. 3:17). Con más frecuencia es recordado como el padre de Zorobabel, un importante líder judío en el período postexílico temprano (Esd. 3:2, 8; Ag. 1:1). En 1 Cr. 3:17-19 aparece como el tío de Zorobabel, sugiriendo un matrimonio levirato (Dt. 25:5-10). Salatiel está listado en la genealogía de Jesús (Mt. 1:12; Lc. 3:27).

SALA Una palabra antigua usada en tres ocasiones en la RVA para referirse a una sala o área en una estructura física: donde se encontraba Eglón, el gobernante obeso de Moab, cuando estaba tranquilo por sí solo justo antes de ser empalado por Aod (Jue. 3:20-25); el lugar en el lugar alto al cual Samuel trajo a Saúl y a su siervo para una comida con una treintena de invitados (1 Sam. 9:22); una habitación exterior designada o pórtico en los planos que David le dio a Salomón para el templo de Jerusalén (1 Cr. 28:11).

SALCA Una ciudad a lo largo del límite de la media tribu de Manasé que previamente fue gobernada por el rey Og de Basán (Dt. 3:10; Js. 12:5; 13:11; 1 Cr. 5:11). En la actualidad esta ciudad se identifica como Salkhad, ubicada al este del Jordán.

SALÉKET Una puerta en Jerusalén asignada a las familias de Supim y Hosa para cuidar (1 Cr. 26:16). La puerta estaba "en el camino superior", que llevaba desde la Puerta de Saléket a la Puerta Oeste del templo.

SALEM En Gn. 33:18 la KJV translitera la palabra hebrea shalem como el nombre de un lugar, Salem. Versiones más recientes entienden la palabra cono un adverbio que quiere decir "a salvo". Por ende, por ejemplo, la NIV tiene "llegó a salvo" versus la versión KJV "llegó a Shalem".

SALEM Una versión abreviada y probablemente arcaica de "Jerusalén". Melquisedec fue rey de Salem (Gn. 14:18; Heb. 7:1-2). El nombre Salem significa "paz".

SALICORNIA *Véase* Malva.

SALIM Un lugar mencionado en referencia a Enón, donde Juan realizó sus últimos bautizos (Jn. 3:23). Su ubicación es debatible, con varios temas a considerar. Primero, se cree que Juan comenzó en el sur y se movió hacia el norte a lo largo del Jordán. Segundo, antiguos padres de la iglesia escribieron que estaba ocho millas romanas al sur de Scythopolis. Tercero, una ubicación que se ajuste al texto debe ser abundante en presencia de agua. De las varias posibilidades, no hay acuerdo por ninguna.

SALISA La tierra de Salisa fue una de las áreas en la cual Saúl buscó a los asnos perdidos de su padre (1 Sm. 9:4). La ubicación del área es incierta, aunque la tierra de Salisa puede estar conectada a Baal-Salisa (2 Re. 4:42). *Véase también* Baal Salisa.

SALIVA *Véase* Escupo, Baba.

SALMA **(1)** Padre de Boaz (1 Cr. 2:11; NIV: Salmón) y un ancestro de David, está en la genealogía de Jesús. También es llamado Salmón (Rut 4:20-21) y Salá (Lc. 3:32; NIV: Salmón). (*Véase también* Salá; Salmón). **(2)** Hijo de Hur y padre/fundador de Belén (1 Cr. 2:51, 54).

SALMAI Uno de los ancestros de los sirvientes del templo (netineo) que volvió a Jerusalén después del cautiverio babilonio bajo el liderazgo de Zorobabel en el año 539 a.C. o poco después (Esd. 2:46; Neh. 7:48). El hecho de que muchos de los nombres de la lista sean extranjeros ha llevado a creer que originalmente fueron prisioneros de guerra presionados a servir para realizar tareas serviles mientras asistían a los levitas. El nombre es Samlai en algunas versiones, la diferencia se debe a lecturas variantes en el texto hebreo.

SALMÁN Un líder cuyas fuerzas "devastaron Bet-Arbel en el día de la batalla" (Os. 10:14). La conquista de Salmán de este lugar desconocido se encuentra en la profecía de Oseas como un ejemplo del juicio por venir sobre el reino del norte. Algunos sugieren que Salmán es una forma abreviada de Salmanasar, el nombre de varios reyes asirios. Otros identifican a Salmán con Salamanu, un rey moabita de una inscripción antigua.

SALMANASAR El nombre de un número de reyes asirios, sólo dos de los cuales parecen tener significación bíblica directa. Salmanasar III luchó contra una coalición de reyes sirios que supuestamente eran apoyados por Acab de Israel, en la batalla de Karkar en el año 853 a.C. Salmanasar III posteriormente exigió tributo de Jehú, un rey israelita, alrededor del año 841 A.C. La sumisión de Jehú a Asiria se registra en una inscripción del Obelisco Negro de Salmanasar III. Salmanasar V fue hijo del rey asirio Tiglat-pileser III. En el año 721 a.C., Salmanasar V conquistó Samaria, la capital del reino del norte de Israel, porque Oseas no pagó tributo a Asiria (2 Re. 17:3-6). El reino de Salmanasar V probablemente fue terminado en un violento golpe de estado liderado por Sargón II.

SALMISTA El autor de cualquiera de los salmos. Este término está especialmente asociado con David, a quien se menciona en muchas versiones de la Biblia como "el dulce salmista de Israel" (2 Sam. 23:1 [NVI: "dulce cantor de Israel"]) y se menciona en el título de setenta y tres salmos.

SALMÓN El padre de Boaz y ancestro de David y Jesús. Su escritura inglesa deriva de Rut 4:21 (heb. salmón) y Mt. 1:4-5 (gr. Salmōn), pero variantes de escritura se encuentran en 1 Cr. 2:11 (heb. salma'); Rut 4:20 (heb. salmah); y Lucas 3:32 (gr. Sala).

SALMONE Actualmente Cabo Sidero, el promontorio que apunta hacia el norte en el extremo este de la isla de Creta, Pablo pasó navegando por allí camino a Roma en un intento por evitar vientos desfavorables (Hec. 27:7).

SALMOS, LIBRO DE Una colección de 150 poemas. Forman el himnario del período del AT, usado en la adoración pública. Salmos contiene canciones de diferentes longitudes, tipos y fechas. El primer salmo (Sal. 90) se atribuye a Moisés (mediados del segundo milenio a.C), mientras que el contenido de Sal. 126 y Sal. 137 apuntan a los últimos períodos del AT (mediados del primer milenio a.C). Continúan siendo utilizados como recursos para los cultos públicos y para la devoción privada.

Contexto Histórico

La mayoría de los salmos tienen un título. En el texto hebreo, este título constituye el primer verso, mientras que las traducciones al

Estatua de Basalto de Salmanasar III.

S

español lo muestra antes del primer verso. Los títulos varían. Muchos nombran a un autor (por ejemplo, David [Sal. 3], Asaf [Sal. 77], hijos de Coré [Sal. 42]), mientras que otros proporcionan información sobre el género (p. Ej., Cántico de ascenso gradual [Sal. 120-134]), sintonizar (p. ej., "No destruyas" [Sal. 75]), Para el día de reposo (Sal. 92) y una circunstancia que conducía a la composición (Sal. 51). La información en el título da pistas sobre cómo se escribieron los salmos y cómo se incorporaron a una colección final.

Composición

Como ya se ha mencionado, los títulos de los salmos a menudo dan indicios de autoría y ocasionalmente nombran las circunstancias que llevaron a la redacción del salmo. Un buen ejemplo es Sal. 51, donde el título dice: "Al director musical. Salmo de David, cuando el profeta Natán fue a verlo por haber cometido David adulterio con Betsabé". El título conecta el salmo con los eventos registrados en 2 Sam. 11-12 y sugiere que David escribió la canción en respuesta a su pecado y al enfrentamiento de Natán.

Aunque sólo un puñado de los salmos tiene un título tan histórico, es probable que la mayoría de los salmos se hayan compuesto en respuesta a alguna circunstancia específica que haya alentado al autor a escribir. Curiosamente, sin embargo, los salmistas no hablan de la circunstancia específica en el salmo mismo. El Salmo 51, por ejemplo, encaja perfectamente con la situación que el título describe en el sentido de que expresa culpabilidad hacia Dios y pide perdón, pero en ningún lugar habla específicamente sobre el adulterio. Los salmistas lo hacen intencionadamente porque escriben la canción no como un monumento a un evento, sino como una oración que otros que han tenido experiencias similares aunque no idénticas pueden hacer uso de ellas después. Por lo tanto, Sal. 51 se ha utilizado como una oración modelo para muchos penitentes, ya sea que hayan pecado como David o de otra manera. La mayoría de los himnos modernos tienen un trasfondo similar. John Newton, por ejemplo, se inspiró para escribir "Amazing Grace" por el asombro que sintió en su conversión al cristianismo, de la malevolencia de ser un traficante de esclavos. Sin embargo, cuando lo escribió, quería que otros lo cantaran como reflejo no de su conversión, sino de las suyas.

Colección

Los salmos fueron compuestos durante un período de mil años. Por lo tanto, pareciera que el libro de Salmos fue una colección que fue creciendo hasta que llegó a su fin en un tiempo desconocido entre la escritura de los dos Testamentos.

En 1 Cr. 16:7-36 podemos vislumbrar cómo funcionaba el proceso. El texto describe a David entregando una composición musical al músico levítico Asaf y sus asociados. Es probable que los sacerdotes conservaran una copia oficial del libro de Salmos en el lugar santo (el templo mientras estuvo en pie). Los salmos, después de todo, fueron los himnos del antiguo Israel. Su función principal era de un libro corporativo de oración, aunque ciertamente podían usarse en devociones privadas (observe la oración de Ana en 1 Sam. 2:1-10 y su relación con el Sal. 113).

Organización y Estructura

Los salmos no están organizados de ninguna manera aparente que explique el orden de todos los salmos. No están organizados en términos de género, autoría, fecha de composición o duración. Sólo hay una declaración sobre la organización, que se encuentra en Sal. 72:20: "Aquí terminan las oraciones de David, hijo de Isaí". A la luz de este comentario, es sorprendente que varios salmos davídicos aparezcan en secciones posteriores (Sal. 101; 103; 108-110; 122; 124; 131; 133; 138-145). La mejor explicación es que en un punto Sal. 72 concluía los salmos davídicos, pero que luego hubo una reorganización antes de que el orden canónico se cerrara permanentemente.

Varias teorías contemporáneas intentan encontrar alguna estructura profunda del libro, pero lo mejor es abstenerse de especular con respecto a la estructura general. No obstante, algunas características estructurales son obvias.

Primero, la división de los Salmos en cinco libros parece reflejar la división quíntuple del Pentateuco:

I. Libro 1 (Sal. 1-41)
II. Libro 2 (Sal. 42-72)
III. Libro 3 (Sal. 73-89)
IV. Libro 4 (Sal. 90-106)
V. Libro 5 (Sal. 107-150)

Cada libro termina con una doxología. Tal asociación intencional con el Pentateuco prestaría apoyo a la atribución de autoridad del Salterio. Aunque estas son oraciones a Dios, también son la palabra de Dios.

Segundo, dentro del Salterio hay subcolecciones. Es decir, hay salmos que se incorporaron al libro no individualmente sino en grupo. El grupo más conocido es el de los Salmos de la Ascensión Gradual (Salmos 120-134), probablemente llamado así porque los fieles cantaban mientras subían (ascendían) al Monte del Templo durante una de las festividades religiosas anuales en Jerusalén.

En tercer lugar, parece que los salmos se colocan intencionalmente al principio y al final del libro para que sirvan de introducción y conclusión. Los Salmos 1-2 sirven como una introducción que alerta al lector sobre los dos temas importantes de la ley y el mesías. El Salmo 1 pronuncia una bendición sobre aquellos que aman la ley de Dios. Los salmos, después de todo, son una conversación íntima y personal con Dios. Uno debe estar del lado de los piadosos para entrar en un espacio textual tan santo, así como uno debe ser piadoso para entrar a los recintos del templo. Después de que el lector entra, el Salmo 2 proporciona un encuentro con Dios y su ungido (Mesías). Al final del libro, los últimos cinco salmos (Sal. 146-150) constituyen una tremenda doxología de alabanza.

Esto lleva a la observación final sobre la estructura. Los salmos de lamento predominan al principio del libro, pero dan lugar a himnos de alabanza hacia el final. Es casi como si uno entrara al Salterio llorando y lo dejara alabando. De hecho, el Salterio pone al lector en contacto con Dios y, por lo tanto, transforma al lector de estar triste a estar con alegría.

Portada de libro de marfil que muestra a David dictando los Salmos (siglos X-XI d.C).

Consideraciones Literarias

Género. Los salmos individuales pueden identificarse como canciones, oraciones o poemas. Específicamente, son poemas líricos (que expresan las emociones del poeta), a menudo dirigidos a Dios, y se componen para ser acompañados musicalmente. Aunque las categorías se superponen, se pueden reconocer siete tipos diferentes de salmos, siendo los tres primeros los más comunes.

• *Lamento.* El grupo más grande de salmos son los lamentos, que se caracterizan por la expresión de emociones infelices: tristeza, decepción, enojo, preocupación. Los que lamentan piden a Dios que los salve, aunque a veces se quejan de las acciones de Dios hacia ellos (Sal. 42:9-10). Algunos lamentos contienen peticiones de perdón (Sal. 51), mientras que otros afirman la inocencia de cualquier fechoría (Sal. 26). Algunos lamentos contienen incluso maldiciones dirigidas hacia los enemigos que intentan dañar al salmista (Sal. 69:19-28). La mayoría de los lamentos terminan alabando a Dios o reafirmando la confianza en Dios (Sal. 130:7-8). Por lo general, la razón del cambio de

S

luto a regocijo no se da, pero Sal. 77 señala la razón como el recuerdo de los grandes actos de salvación de Dios en el pasado (vv. 10, 16-20). Un salmo, Sal. 88, lamenta pero no da el giro nunca, permaneciendo en el pozo de la desesperación. Sin embargo, incluso aquí tenemos un rayo de esperanza en el hecho de que el que se lamenta todavía le está hablando a Dios.

• *Acción de gracias.* Cuando Dios responde un lamento, la respuesta es una acción de gracias. Los salmos de acción de gracias son muy similares a los himnos (ver abajo), pero citan un problema anterior que Dios ha abordado. El Salmo 30 alaba a Dios por restaurar la buena fortuna y la salud del salmista después de haber sufrido debido a su previa arrogancia que lo llevó a olvidar a Dios (vv.6-7).

• *Himnos.* Los himnos son salmos de alabanza pura dirigidos a Dios. Los salmistas a menudo piden que otros se unan a su adoración a Dios (Sal. 100).

• *Remembranza.* Mientras que muchos salmos evocan recuerdos de las acciones de Dios en el pasado (como el lamento en Sal. 77 evoca el éxodo), ciertos salmos se centran en repasar las acciones de Dios en el pasado. El salmo 136 es uno de los ejemplos más memorables. Como un salmo litúrgico, recita una acción divina ("[Dios] hundió en el Mar Rojo al faraón y a su ejército" [v. 15]) seguido de una respuesta congregacional ("Su gran amor perdura para siempre").

• *Confianza.* Estos salmos se definen por su estado de ánimo de confianza tranquila en Dios incluso en medio de problemas. A menudo presentan una imagen reconfortante de Dios. La imagen de Dios como un pastor en Sal. 23 o como madre en Sal. 131 son buenos ejemplos.

• *Sabiduría.* Algunos salmos meditan en la ley (Sal. 1:119) o tienen intereses similares a los de la literatura de la sabiduría, como Job, Proverbios y Eclesiastés (Sal. 49:73).

• *Realeza.* Varios salmos alaban a Dios como rey (Sal. 47) o al rey humano como su agente (Sal. 20-21) o ambos (Sal. 2).

Estilo. Los salmos son poemas, por lo que su estilo se caracteriza por el uso del paralelismo y el lenguaje figurativo. La poesía también es distintiva por sus líneas cortas. Un poeta mete mucho significado en muy pocas palabras. Por lo tanto, es importante reducir la velocidad y reflexionar sobre un salmo para poder maximizar sus efectos. Además de la brevedad de las expresiones, el paralelismo y el lenguaje figurativo, los poetas crean interés al usar otras herramientas literarias. Los salmistas usan estos mecanismos poéticos no sólo para informar el intelecto de sus lectores sino también para estimular su imaginación y despertar emociones. (*Ver también* Acróstico, Imágenes, Poesía.)

Mensaje Teológico

Aunque los salmos no son ensayos teológicos, los lectores pueden aprender sobre Dios y su relación con Dios a partir de estos poemas. El libro de Salmos es algo así como una galería de retratos de Dios, usando imágenes para describir quién es y la naturaleza de nuestra relación con Él. Algunos ejemplos incluyen a Dios como pastor (Sal. 23), rey (Sal. 47), guerrero (Sal. 98) y madre (Sal. 131), y la lista puede ampliarse considerablemente. Cada una de estas imágenes arroja luz a la naturaleza de Dios y también la naturaleza de nuestra relación con Dios. Después de todo, los salmos antes mencionados describen explícita o implícitamente al pueblo de Dios como ovejas, súbditos, soldados y niños.

Conexión con el Nuevo Testamento y la Actualidad

Jesús mismo llama la atención sobre los Salmos como un libro que anticipó su sufrimiento y glorificación venidera (Luc. 24:25-27, 44). Los Evangelios reconocieron que el celo de Jesús por Dios se expresaba muy bien en Sal. 69:9 (Jn. 2:17). Estando en la cúspide de su sufrimiento en la cruz, Jesús pronunció las palabras que se encuentran en Sal. 22:1 (Mat. 27:46). Los escritores del NT también vieron que Jesús era el cumplimiento del pacto que prometía que un hijo de David tendría un trono eterno (2 Sam. 7:16). En consecuencia, los salmos de realeza (por ejemplo, Sal. 2; 110) a menudo se aplicaron a Jesús, que es el Mesías (el Cristo, "el ungido").

Hoy leemos los Salmos no sólo como un antiguo testimonio de la obra venidera de Cristo, sino también, como dijo Juan Calvino, como un espejo de nuestras almas. Los salmos fueron escritos para los adoradores que les siguieron con alegrías y problemas similares, aunque no idénticos. Los salmos deberían convertirse en modelos de nuestras oraciones.

SALOMÉ Marcos pone a Salomé dentro de la lista de mujeres que observaron la crucifixión de Jesús (Mc. 15:40), quienes siguieron y cuidaron a Jesús en Galilea (15:41) y quienes intentaron ungir el cuerpo de Jesús (16:1). Mateo 27:56 puede hablar de ella como "la madre de los hijos de Zebedeo", quien le pidió a Jesús que honrara a sus hijos (Mt. 20:20-21). Aunque de dudosa exactitud, varias fuentes extrabíblicas relacionan a Salomé con María, José o Zacarías. Adicionalmente, Josefo la identifica como la hija de Herodías (Mt. 14:6-11; Mc. 6:22-28) por este nombre.

SALOMÓN Como el hijo y sucesor de David, Salomón reinó cuarenta años sobre el reino unido de Israel (c. 971-931 a.C.). Extensos relatos de este reinado se proporcionan en 1 Reyes 1:11; 2 Cr. 1-9. Salomó, el segundo hijo nacido a Betsabé, fue marcado al nacer como "amado por el Señor" (2 Sm. 12:24-25 NIV mg.). Sucedió a su padre como rey, aunque no era el hijo mayor vivo de David (1 Re. 2). La construcción del templo es la pieza central de los relatos bíblicos del reinado de Salomón.

Es común dividir el reinado de Salomón en dos mitades iguales (1 Re. 1-10; 11), con Salomón volviéndose apóstata debido a la influencia de esposas extranjeras (1 Re. 11). Los capítulos tempranos, sin embargo, no son completamente elogiosos. La "sabiduría" de Salomón al lidiar con Joab y Simei fue vengativa y despiadada (2:6, 9). En 1 Re. 3:1 su palacio es mencionado antes que el templo (¿por qué tenía precedencia en la mente de Salomón?). Dedicó siete años al templo, pero prodigó trece años a su propia casa (6:38; 7:1). Detrás de la imagen de su excesiva riqueza y lucrativo comercio de caballos están las (ignoradas) prohibiciones de Dt. 17:14-17. Su matrimonio egipcio y su acudir a lugares altos (1 Re. 3:1-4) presagian su abierta apostasía (11:1-8). En conjunto, Salomón demostró ser una triste decepción.

En Crónicas los reinados de David y Salomón son vistos como complementarios, tal que Salomón completó lo que David había preparado. Salomón necesitaba los planes y

Dibujo del templo de Salomón.

S

provisiones de David (1 Cr. 28-29), pero David necesitaba que Salomón realmente construyera el templo. Al igual que David llevó el arca a Jerusalén, Salomón la transfirió al templo (2 Cr. 5). David organizó a los oficiales del culto (1 Cr. 22-27), pero Salomón los instaló (2 Cr. 8:14-15). Crónicas da una imagen del reinado de Salomón que es muy diferente a las que se encuentra en Reyes. No hay competencia por la sucesión (cf. 1 Re. 1-2), no hay apostasía, y no hay levantamiento de adversarios (cf. 1 Re. 11:14-40). Salomón disfrutó del apoyo de todo Israel durante todo su reinado. Sin embargo, esto no necesariamente debe verse como un blanqueamiento de Salomón. La verdadera explicación es que el enfoque de Crónicas es casi exclusivamente en Salomón como constructor del templo. El cronista también estaba consciente de las falencias de Salomón (como se da a entender en 2 Cr. 9:29; 10:4-15).

La disolución inmediata del reino unido tras la muerte de Salomón no puede culparse simplemente por el inepto reinado de su hijo Roboam (1 Re. 12). Las políticas de Salomón ponen una excesiva carga económica en el norte (4:7-19). Su conscripción a trabajos forzados (5:13-18) y la venta de veinte ciudades en Galilea a Hiram de Tiro (9:10-14) fueron resentidas. El levantamiento de una serie de adversarios, incluyendo Jeroboam, fue el juicio divino (11:9-13). El profeta Ahías favoreció a Jeroboam (11:29-39). El profeta Semaías previno la invasión militar de Roboam hacia el norte (12:21-24). Las tribus del norte querían alivio de las duras políticas de Salomón ("Tu padre puso un pesado yugo sobre nosotros" [12:4]). Roboam no estuvo dispuesto (¿no podía?) a comprometerse. La muerte de Salomón se informa en 1 Reyes 11:41-43, pero frecuentes alusiones a él continúan (e.g., 12:2, 4, 6, 9), ya que fueron sus duras políticas las que precipitaron la división.

Salomón es en gran parte responsable por el libro de Proverbios (Prov. 1:1; 10:1; 25:1). El sobrescrito de Cantar de los Cantares (Cant. 1:1) asocia el libro con Salomón y es referido un número de veces dentro de él (1:5; 3:7-11; 8:11-12). Él no es, sin embargo, el amante descrito. El libro de Eclesiastés a veces se atribuye a él, dado que el autor se describe a sí mismo como "hijo de David, rey en Jerusalén" (Ecl. 1:1). La reputación de sabiduría, riqueza y programas de construcción del autor también sugiere la figura de Salomón (1:12-2:11). Los matrimonios de Salomón son usados como ilustración en un sermón contra los matrimonios extranjeros en Neh. 13:26. En el NT, la riqueza y sabiduría de Salomón son aludidas en las enseñanzas de Jesús (Mt. 6:29; 12:42). También es mencionado en relación al templo (Jn. 10:23; Hec. 3:11).

SALOMÓN, CANCIÓN DE *Véase* Cantar de los Cantares, Libro del.

SALOMÓN, PÓRTICO DE Una magnífica estructura techada de ciento ochenta y dos metros de largo, que estaba detrás de la pared este del templo de Herodes, similar a una estoa griega. Jesús enseñó aquí durante la Fiesta de la Dedicación (Jn. 10:22-23). También se conocía como la Columnata de Salomón (NIV) o Pórtico (NRSV) debido a las múltiples columnas que componen su arquitectura y la errónea creencia de que databa de tiempos de Salomón. Aparecía prominentemente en las reuniones de la iglesia temprana (Hec. 3:11; 5:12).

SALÓN Una habitación grande, por lo general en un palacio o templo (1 Re. 6:3). El salón, o habitación principal, en el templo de Salomón estaba rodeado de habitaciones laterales más pequeñas (1 Re. 6:5), tenía puertas de entrada enmarcadas con madera de olivo (1 Re. 6:33) y paneles de junípero decorado con oro (2 Cr. 3:5). El salón del trono de Salomón se llamaba "Salón de Justicia" (1 Re. 7:7). La reina Ester esperó fuera del salón del rey, o habitación del trono, por una audiencia con el rey persa (Est. 5:1). Una habitación de banquete real u oficial es un salón (1 Sm. 9:22; Est. 7:8; Cant. 2:4; Dn. 5:10; Mt. 22:10).

En la KJV, el palacio del gobernador o praetorium, donde Jesús fue llevado tras su arresto es identificado como un salón (Mt. 27:27; Mc. 15:16) o salón de sentencia (Jn. 18:28, 33; 19:9), al igual que el patio donde Pedro por primera vez niega a Jesús (Lc. 22:55) y el palacio de

Herodes Agripa, donde Pablo es mantenido bajo vigilancia (Hec. 23:35). Cuando Pablo ya no podía predicar en la sinagoga de Éfeso, tenía discusiones diarias en el salón de lectura de Tirano (Hec. 19:9).

SALTERIO Una colección de salmos, generalmente programados para el canto y/o lectura devocional. A menudo, los salmos en un salterio están adornados con dibujos para inspirar al lector. El libro bíblico de los Salmos a veces se conoce poéticamente como el Salterio.

SALÚ **(1)** Hijo de Mesulam de la tribu de Benjamín, se reasentó en Jerusalén tras el exilio babilonio (1 Cr. 9:7; Neh. 11:7). **(2)** Un sacerdote que regresó con Zorobabel y Jesúa después del exilio (Neh. 12:7). Es llamado Sallai en algunas versiones de Neh. 12:20.

SALÚ Padre de Zimri, un hombre que fue ejecutado por Finees, el sacerdote, porque llevó a una mujer midianita a su familia (Nm. 25:14).

SALUD El concepto de salud es traducido por no menos de doce palabras diferentes en la Biblia, incorporando las dimensiones física, social y espiritual de la vida. Tal vez el término bíblico más inclusivo para salud sea la palabra hebrea shalom, frecuentemente traducida como "paz", que abarca las esferas privada (salud, entereza, prosperidad, liberación) y pública (amistad, ausencia de guerra) de la vida, con el sentido básico de entereza y bienestar (e.g., Lv. 26:6; Nm. 6:26; Sal. 7:4; 29:11; Prov. 14:30; Lam. 3:17). Shalom es la presencia y favor de Dios hacia su gente, que comparten estas gracias con sus vecinos (Mt. 10:13; Jn. 14:26-27).

Físicamente, una persona sana disfruta entereza del cuerpo (Sal. 73:4; Dn. 1:15), sin tener sobrepeso (Jue. 3:17). Juan el mayor le desea a Cayo "buena salud" (hygiainō) en 3 Jn. 2. Otra cualidad es una mente sana, la habilidad de producir beneficios para otros y superar la pérdida y el sufrimiento. La opresión y la pobreza dificultan el bienestar. La salud también es un alegre sentimiento de restauración tras una enfermedad (Is. 38:16). El adjetivo griego hygiēs ("entero", "sano") y el relacionado al verbo hygiainō ("estar entero/sano") se usan comúnmente de los resultados de sanación en los Evangelios (e.g., Mt. 12:13; 15:31; Lc. 5:31; 7:10; Jn. 5:9, 11).

Las Escrituras presuponen un componente espiritual de la salud (Sal. 38:3; Prov. 3:7-8). Aunque los Evangelios distinguen entre enfermedad y opresión demoníaca, la línea no es tan gruesa como encontramos en los trabajos de Hipócrates (c. 460-370 a.C.), el padre de la medicina occidental, quien argumenta que las enfermedades tienen orígenes naturales. Los Evangelios inequívocamente niegan el bienestar total sin reconciliación entre el Creador y la creación, fuente y derivación, Dios y ser humano.

SALUDOS

Costumbre de Saludos en Tiempos Bíblicos

Conocemos las costumbres de saludo en tiempos bíblicos de narraciones de saludos e instrucciones sobre ellos.

En el hebreo bíblico, la frase generalmente traducida como "saludar" es literalmente "preguntar por el bienestar de alguien [shalom]" (e.g., Éx. 18:7; 2 Sm. 20:9 [cf. el saludo inglés "How are you?", ¿Cómo estás? en español]). En algunas instancias, vemos personas "bendiciéndose" unas a otras como forma de saludos: "Justo cuando estaba terminando de hacer la ofrenda, Samuel llegó, y Saúl salió a saludarlo [lit., "bendecirlo"]" (1 Sm. 13:10). Rut 2:4 proporciona un ejemplo de palabras que se intercambiaban entre individuos en tal saludo: "Justo cuando Boaz llegó de Belén y saludó a los cosechadores, '¡El Señor esté con ustedes!' '¡El Señor lo bendiga!', respondieron". La fórmula había cambiado poco para el siglo uno AD, cuando Gabriel le dijo a María: "¡Saludos, muy favorecida!" (Lc. 1:28). Lucas informa que "María quedó sumamente perturbada por sus palabras y se preguntó qué tipo de saludo sería este" (1:29), aunque la fuente de su consternación no es clara, ya que el saludo del ángel se aproxima mucho al de Boaz. Tal vez este sea el punto: el ángel estaba hablando en un vernáculo distintivamente "de sonido bíblico", que incitó las preocupaciones de la joven mujer del siglo uno AD.

Pablo con frecuencia instruye a los receptores de sus cartas que se saluden unos a otros

S

con un "beso santo" (Rom. 16:16; 1 Cor. 16:20; 2 Cor. 13:12; 1 Tes. 5:26; *véase también* 1 Pe. 5:14). Trágicamente, un beso como saludo fue la señal por la cual Judas Iscariote traicionó a Jesús (Mt. 26:48-49). Otros ejemplos de saludos con un beso incluyen Gn. 29:11, 13; 33:4; 45:15; Éx. 4:27; 18:7; 2 Sm. 20:9; Prov. 7:13. En otros casos, besos se intercambiaban como despedida (Gn. 31:28, 55; 48:10; 50:1; Rut. 1:9, 14; 1 Sm. 20:41; 2 Sm. 19:39; 1 Re.19:20; Hec. 20:37). Jesús le enseñó a sus discípulos a ser generosos con sus saludos; después de todo, incluso los paganos saludarán a sus hermanos y hermanas, pero un cristiano debe extender sus saludos incluso más allá del limitado círculo de parentesco (Mt. 5:47). Al entrar a una casa, Jesús enseñó, sus discípulos debían saludar a sus habitantes (Mt. 10:12). En otras ocasiones, sin embargo, Jesús dijo a sus discípulos de evitar los saludos por el camino en el interés de llegar rápidamente a su destino (Lc. 10:4).

Saludo y Rango Social

En los ejemplos anteriores de Rut 2:4 y Lc. 1:28, el saludo es iniciado por la persona de estatus superior. Boaz era un rico terrateniente saludando campesinos, y Gabriel era un ángel importante saludando a una joven mujer soltera. Una analogía puede extraerse a otra norma social, la noción de que era apropiado para la persona de mayor jerarquía bendecir a la de menor: "Sin dudas el menor es bendecido por el mayor" (Heb. 7:7). En otra parte de la Biblia, se menciona la práctica opuesta, cuando Jesús critica a los maestros de la ley y a los fariseos porque, entre otros honres, "aman ser saludados con respeto en el mercado y ser llamados 'Rabí' por otros" (Mt. 23:7). Cuando Pablo fue a Roma, los creyentes de la ciudad viajaron alrededor de sesenta y cuatro kilómetros para encontrarlo y saludarlo en el camino a la ciudad (Hec. 28:15), así otorgándole los honores debidos a un dignatario viajante en la antigüedad (cf. Mc. 9:15; 1 Tes. 4:17).

Saludos Epistolares

Como las cartas modernas, la correspondencia antigua comenzaba con un saludo (Hec. 15:23; 23:26; Sant. 1:1) (*véase* Encabezamiento). En particular, Pablo usaba el saludo al comienzo de sus epístolas como una ocasión para la elaboración teológica adicionalmente a su uso como la identificación del escritor y los receptores de la carta. Para culminar sus cartas, Pablo frecuentemente anexaba saludos dirigidos individualmente, al igual que saludos en nombre de amigos con los que había enviado la carta (Rom. 16:3-16; 1 Cor. 16:19-21; 2 Cor. 13:12-13; Flp. 4:22-23; Col. 4:10-15; 2 Tim. 4:19-21; Tit 3:15; Flm. 1:23; *véase también* Heb. 13:24; 1 Pe. 5:13; 2 Jn. 13; 3 Jn. 14).

SALUM **(1)** Un descendiente de Judá a través de Sismai (1 Cr. 2:40-41) **(2)** Un descendiente de Simeón (1 Cr. 4:25). (3) Un descendiente de Leví a través de Sadoc (1 Cr. 6:12-13). Es el ancestro de Esdras (Esd. 7:2). **(4)** Un hijo de Neftalí (1 Cr. 7:13 [en algunas MT y en manuscritos LXX "Silem", como aparece en NIV]). **(5)** Un coraita, el guardián principal de la puerta bajo David (1 Cr. 9:17-19, 31)- Después del exilio babilonio, sus descendientes continuaron con el rol de guardián de la puerta (Esd. 2:42; Neh. 7:45). **(6)** El hijo de Jabes, conspiró contra el Rey Zacarías, último de la línea de Jehú y lo asesinó, cumpliendo la profecía. Salum tomó el trono y gobernó sobre Israel durante un mes (2 Re. 15:10-15).

(7) El marido de la profetiza Hulda, era guardián de las vestiduras del templo (2 Re. 22:14-20). **(8)** Un hijo del Rey Josías (1 Cr. 3:15), gobernó con el nombre de Joacaz durante tres meses hasta ser depuesto por el Faraón Necao (2 Re. 23:31-34). Jeremías profetizó que Salum moriría en el exilio porque fracasó en defender la causa de los necesitados y continuar las reformas de su padre (Jr. 22:11-17). **(9)** Un tío del profeta Jeremías (Jr. 32:7). **(10)** Un guardián de la puerta conocido por el profeta Jeremías (Jr. 35:4). **(11)** Un guardián de la puerta que se casó con una mujer extranjera y juró encerrarla cuando fue confrontado por Esdras (Esd. 10:24).

(12) Un descendiente de Bani que se casó con una mujer extranjera y juró encerrarla al ser confrontado por Esdras (Esd. 10:42). **(13)** Padre de Ezquías, un líder efrateo (2 Cr. 28:12). **(14)** El hijo de Halojes, fue el gobernante de medio distrito de Jerusalén quien, con ayuda de sus hijas, ayudó a reconstruir el muro de Jerusalén después de volver del exilio (Neh. 3:12). **(15)** El hijo de Coljoze, que fue el "gobernante del distrito de Mizpa" y ayudó a reconstruir el muro de Jerusalén tras volver del exilio (Neh. 3:15 [la mayoría de los manuscritos lo presentan como Salún, al igual que NIV]).

SALÚN El hijo de Coljoze y "gobernante del distrito de Mizpa". Él realizó la construcción de la Puerta de la Fuente y el muro de la Piscina de Siloam durante los esfuerzos de reconstrucción del muro liderados por Nehemías (Neh. 3:15). Algunos manuscritos lo escriben Salum.

SALUTACIÓN Muchas de las cartas o epístolas en la Biblia incluyen salutaciones consistentes en expresiones de buena voluntad del remitente hacia el receptor. Salutaciones pueden encontrarse al principio y al final de las epístolas del NT. Aunque las salutaciones en sí mismas no son un invento de las epístolas del NT, la forma ha sido adaptada en esta literatura para expresar explícitamente contenido cristiano teológico.

La forma más sencilla de salutación encontrada en el NT es, simplemente, "Saludos", que aparece en Sant. 1:1, así como en la carta enviada de Jerusalén a Antioquía (Hec. 15:23) y la carta de Claudio Lisias a Félix (Hec. 23:26). *Véanse también* los ejemplos de correspondencia secular en Esd. 4:17; 7:12; Dn. 4:1.

La mayoría de las cartas que llevan el nombre de Pablo comienzan con el saludo "Gracia y paz a ustedes en nombre de Dios nuestro Padre y del Señor Jesucristo" (Rom. 1:7) o una leve variación del mismo (1 Cor. 1:3; 2 Cor. 1:2; Ef. 1:2; Flp. 1:2; Col. 1:2; 1 Tes. 1:1; 2 Tes. 1:2; Tit. 1:4; Flm. 3). La salutación en Gal. 1:3-5 es una expansión teológica de la salutación estándar de Pablo. Las salutaciones en 1 Tim. 1:2 y 2 Tim. 1:2 incluyen "Gracia, misericordia y paz".

La salutación de las cartas petrinas es "Que tengan gracia y paz en abundancia" (1 Pe. 1:2; 2 Pe. 1:2). También encontramos salutaciones en 2 Juan 2; Judas 2; Ap. 1:4-5. Hebreos, 1 Juan y 3 Juan no comienzan con salutaciones.

En un número de casos, los comentarios de saludo funcionan como cierre de la carta, cerca de su final, con frecuencia en conexión con saludos individuales. *Véase* Rom. 16:20; 1 Cor. 16:21-24; 2 Cor 13:14; Gal. 6:18; Ef. 6:23-24; Flp. 4:23; Col. 4:18; 1 Tes. 5:28; 2 Tes. 3:16-18; 1 Tim. 6:21; 2 Tim. 4:22; Tit 3:15; Flm. 25; 1 Pe. 5:14.

SALVACIÓN El término "salvación" es el más amplio utilizado para referirse a las acciones de Dios para resolver la difícil situación traída por la pecaminosa rebelión de la humanidad y sus consecuencias. Es uno de los temas centrales de toda la Biblia, atravesando desde el Génesis hasta el Apocalipsis.

Antiguo Testamento

En muchas partes del AT, la salvación se refiere a ser rescatado de problemas físicos más que espirituales. Temiendo la posibilidad de retribución de parte de su hermano Esaú, Jacob ora, "Sálvame, te ruego, de la mano de mi hermano Esaú" (Gn. 32:11). Las acciones de José en Egipto salvaron a muchos de la hambruna (45:5-7; 47:25; 50:20). Con frecuencia en los salmos, individuos oran por la salvación de enemigos que amenazan su seguridad o vida (Sal. 17:14; 18:3; 70:1-3; 71:1-4; 91:1-3).

Relacionados a este uso, hay lugares donde la nación de Israel y/o su rey fueron salvados de sus enemigos. El ejemplo definitivo de esto es el éxodo, a través del cual Dios liberó a su pueblo de su esclavitud en Egipto, culminando en la destrucción del Faraón y si ejército (Éx. 14:1-23). Desde ese punto en adelante en la historia de Israel, Dios repetidamente salvó a Israel de sus enemigos, ya sea a través de un juez (e.g., Jue. 2:16; 3:9), un rey (2 Re. 14:27), o incluso un pastor (1 Sm. 17:1-58).

Pero estos ejemplos de liberación nacional tenían un profundo componente espiritual también. Dios no salvó a su pueblo del peligro físico como un fin en sí mismo; era el medio necesario para su plan de salvarlos de sus pecados. El AT reconoce la necesidad de salvación del pecado (Sal. 39:8; 51:14; 120:2), pero, como evidencia el NT, no proporciona una solución final (Heb. 9:1-10:18). Uno de los lugares en los que la salvación física y espiritual se unen más claramente es en Is. 40-55, donde el exilio

S

de Judá y el profetizado regreso se ven como la manifestación física del mucho más fundamental exilio espiritual que resultó del pecado. Para enfrentar esa realidad mucho mayor, Dios anuncia el día en que el Sirviente Sufriente, de una vez y para siempre, se llevaría los pecados de su pueblo (Is. 52:13-53:12).

Nuevo Testamento

Como en el AT, el NT tiene lugares donde la salvación se refiere a ser rescatado de una dificultad física. Pablo, por ejemplo, habla de ser salvado de varios peligros físicos, incluyendo la ejecución (2 Cor. 1:8-10; Flp. 1:19; 2 Tim. 4:17). En medio una fiera tormenta, los discípulos de Jesús claman, "¡Señor, sálvanos! ¡Nos vamos a ahogar!" (Mt. 8:25). Pero mucho más prominentes son los lugares en el Evangelio y Hechos donde la sanación física es descrita con el verbo sōzō, usado para hablar de salvación del pecado. La curación de la mujer con hemorragia (Mc.5:25-34), el hombre ciego a la vera del camino (Lc. 18:35-43), e incluso el hombre poseído por un demonio (Lc. 8:26-39), solo por nombrar algunos, son descritos con el verbo sōzō. El mismo verbo, sin embargo, también se usa para referirse a Jesús perdonando los pecados a alguien (Lc. 7:36-50) y a su misión de salvar a los perdidos de sus pecados (Lc. 19:10). Ese tipo de superposición es un anticipo de la salvación holística (física y espiritual) que se completará en el nuevo cielo y la nueva tierra (Ap. 21-22). Las Epístolas del NT dan extensas descripciones de cómo el trabajo de Jesucristo salva a las personas de sus pecados (véase a continuación).

Componentes

En varios pasajes (e.g, Rom. 5:1-11; Ef. 2:1-10; Tit. 3:4-7) "salvación" es claramente un término que resume la totalidad de los que Dios ha hecho por su pueblo en y por Cristo. La salvación es un trabajo tan rico y multifacético de Dios que requiere una variedad de términos para realizar su culminación. "Regeneración" se refiere a la nueva vida que Dios imparte, llevando a la persona de la muerte espiritual a la vida espiritual (Jn. 3:3-8; Ef. 2:4-7; Tit. 3:4-7). "Justificación" habla de Dios declarando a una persona inocente en su corte legal en base a la muerte sacrificial de Cristo y su vida de perfecta obediencia (Rom. 3:21-5:12; Gal. 2:14-21). "Expiación" describe el pago de Jesús por el pecado y el consecuente perdón (Rom. 3:21-26; Heb. 2:17). "Redención" captura la realidad de Dios pagando el precio para sacar a su pueblo de la esclavitud del pecado hacia la libertad del Espíritu (Gal. 4:1-7; 5:1). "Reconciliación" se refiere a rebeldes y enemigos acérrimos en amigos (Rom. 5:10-11; 2 Cor. 5:18-21; Col. 1:20-22). La "adopción" extiende esa realidad en la sorprendente verdad que Dios hace a aquellos quienes reconcilia, no solo sus amigos, sino sus hijos e hijas (Rom. 8:14-25; Gal 4:1-7). En la "santificación" Dios separa a su pueblo para propósitos especiales y progresivamente los cambia en la imagen de Cristo (1 Cor. 1:30 ESV, NRSV, NASB; cf. Rom. 8:29). El componente final es la "glorificación", cuando Dios culmine el trabajo de salvación otorgándole a su pueblo cuerpos resucitados, removiendo hasta la última mancha del pecado, la muerte y la maldición y los coloque en un nuevo cielo y nueva tierra (Rom. 8:30; 1 Cor. 15:35-57; Ap. 21-22).

Preposiciones de Salvación

Otra forma en que la Biblia completa la naturaleza de la salvación es a través de varias preposiciones conectadas a ella. Las preposiciones en la siguiente lista están dentro de las más significativas.

De. Ya que la idea básica de la salvación es el rescate del peligro, no es sorprendente que las Escrituras describan aquello de los creyentes se salvan. David clama a Dios, "Sálvame de mis transgresiones" (Sal. 39:8). La salvación del pecado es posible solo a través de Jesús, porque es él quien "salvará a su pueblo de sus pecados" (Mt. 1:21). Reflexionando en el trabajo de Jesús en la cruz, Pablo afirma que por la muerte sacrificial de Cristo los creyentes son salvados de la ira de Dios (Rom. 5:9-10). Al mismo tiempo, la crucifixión y resurrección de Jesús salvaron a la gente de su esclavitud al pecado (Rom. 6:1-11). Como resultado de estas y otras cosas de las que Cristo salvó a las personas, en el día de Pentecostés, Pedro exhorta a su audiencia a ser salvados "de esta generación corrupta" (Hec. 2:40). Así, el testimonio unánime de las Escrituras es que los creyentes han sido salvados de su pecado y sus consecuencias.

A/hacia. Los creyentes son salvados no meramente de algo; son salvados a/hacia ciertos estados o condiciones. Considerando que alguna vez fueron esclavos, los creyentes han sido ahora salvados "hacia la libertad y gloria de los hijos de Dios" (Rom. 8:21 [cf. Gal. 5:1]). A través de la cruz, Dios "nos ha rescatado del dominio de la oscuridad y nos ha traído hacia el reino de los Hijos que ama" (Col. 1:13). Otra forma de establecer esta realidad es hablar de la paz a la que los creyentes han sido llevados como resultado del trabajo de Cristo en su nombre (Jn. 14:27).

Por. Las Escrituras frecuentemente utilizan la preposición "por" para expresar el instrumento de salvación. Establecido de manera negativa, "No es por espada o lanza que salva el Señor" (1 Sm. 17:47). En el sentido más amplio, los creyentes son salvados de sus pecados por el Evangelio (1 Cor. 15:1-2). Más específicamente, la salvación es por la gracia de Dios (Ef. 2:5, 8). La preposición "por" también puede expresar el agente de salvación. Una característica distintiva de Israel era que era salvado de sus enemigos por Dios (Dt. 33:29; Is. 45:17). Eso mismo es lo que se quiere decir cuando las Escrituras hablan de Dios salvando a su pueblo por su mano derecha (Sal. 17:7) o su nombre (Sal. 54:1).

A través. El consistente testimonio de la Biblia es que la salvación viene a través de la fe (e.g., Ef. 2:8-9). A través de la fe, los creyentes han sido justificados (Rom. 3:22; 5:1-2) y hechos hijos de Dios (Gal. 3:26). No es justicia basada en la ley lo que importa, "sino aquello que es a través de la fe en Cristo" (Flp. 3:9). Las notables acciones del pueblo de Dios a lo largo de la historia han sido logradas por la fe (Heb. 11:1-40).

En. Especialmente en los escritos de Pablo, los varios componentes de la salvación (ver el punto anterior) son modificados con la frase "en Cristo" o "en él". Los creyentes son elegidos (Ef. 1:4), redimidos (Ef. 1:7), justificados (Gal. 2:17), y santificados (1 Cor. 1:2) en Cristo. De hecho, Dios ha bendecido a los creyentes "en los reinos celestiales con cada bendición espiritual en Cristo".

Con. Muchos de los componentes de la salvación que experimentan los creyentes se han dicho que ocurren "con Cristo". Los creyentes están unidos con Cristo en su muerte, entierro y resurrección (Rom. 6:4-11; Gal. 2:20). Con Cristo, los creyentes han sido hechos vivos, levantados, y sentados en los reinos celestiales (Ef. 2:4-6; Col. 2:13). Debido a su unión con Cristo, los creyentes comparten su herencia (Rom. 8:16-17; Gal. 3:29; 1 Pe. 1:4). Incluso la vida misma de los creyentes se dice que está actualmente "escondida con Cristo en Dios" (Col. 3:3).

Tiempo de Salvación

La Biblia habla de salvación en los tiempos pasado, presente y futuro. Apuntando a una experiencia definitiva en el pasado, Pablo dice a los creyentes que "en esta esperanza fuimos salvados" (Rom. 8:25). Pero también puede hablar de sí mismo y otros creyentes como aquellos "que están siendo salvados" (1 Cor. 1:18; 2 Cor. 2:15), apuntando al proceso que es continuado. Solo unas cuantas oraciones después asegurándole a los creyentes que ya han sido justificados (Rom. 5:1-2), aun puede decir que los creyentes serán "salvados de la ira de Dios" a través de Cristo (Rom. 5:9-10).

El uso de estos tres tiempos verbales refleja la dinámica "ya pero todavía no" de la salvación. A través de la obediencia, muerte, resurrección y ascensión de Jesús, Dios ha rescatado a su pueblo de sus pecados. Pero la completa realización de todos los beneficios de la salvación, deben esperar aún el regreso de Cristo y el establecimiento de un nuevo cielo y una nueva tierra (Ap. 19-22).

Conclusión

Sin una apropiada comprensión de la difícil situación de la humanidad como resultado de su rebelión, el énfasis repetitivo de la Biblia en la salvación tiene poco sentido. Ya que el pecado es el problema más grande de la humanidad, la salvación es la necesidad más grande de la humanidad. Dado el largo, ancho y profundidad de lo que Dios ha hecho para salvar a su pueblo de sus pecados a través de Jesucristo, no es de sorprender que el autor de hebreos pregunte, "¿Cómo escaparemos si ignoramos una salvación tan grande?" (2:3).

SALVACIÓN INFANTIL *Véase* Edad de Responsabilidad; Salvación.

SALVADOR En el mundo grecorromano el título "salvador" (sōtēr) con frecuencia era atribuido a deidades. Llevaba consigo el sentido de rescate y preservación de sujetos de un dios particular. La LXX también utiliza el término, a veces refiriéndose a Dios como Salvador (especialmente en los Profetas), y a veces refiriéndose a liberadores como los jueces.

En el NT, Dios también es llamado Salvador (Lc. 1:47). Él rescatará a su pueblo del pecado. En el nacimiento de Jesús, el ángel anuncia que el nacido será un "Salvador, que es el Mesías [Cristo], el Señor" (Lc. 2:11 NRSV).

Los samaritanos creían en Jesús como el Salvador (Jn. 4:42). Pedro conectó la exaltación y majestad de Cristo a su trabajo salvador (Hec. 5:31). En el pensamiento de Pablo, Cristo es Salvador del cuerpo y es, también, el modelo para una relación esposo-esposa (Ef. 5:23). También para Pablo, el creyente debe anticipar el regreso de este ahora exaltado Salvador (Flp. 3:20). De especial importancia son las frecuentes referencias a "Dios nuestro Salvador" (e.g., 1 Tim 1:1), "Cristo Jesús nuestro Salvador" (e.g., Tit 1:4), u otra fórmula similar. Juan señala que el Padre ha enviado al Hijo para ser el Salvador del mundo (1 Jn. 4:14).

SAMA **(1)** Uno de cuatro jefes en Edom que eran hijos de Reuel y nietos de Esaú a través de su esposa Basemat (Gn. 36:13, 17; 1 Cr. 1:37). **(2)** Tercer hijo de Isaí, padre de David (1 Sm. 16:9; 17:13). También es llamado Simea (2 Sm. 13:3, 32) y Simei (1 Cr. 2:13 [KJV: Sima]; 20:7). **(3)** El hijo de Age el ararita, él era uno de "los Tres", entre los poderosos guerreros de David. Valerosamente defendió un campo contra los filisteos (2 Sm. 23:11-12). Probablemente también es el padre de Jonatán, uno de "los Treinta", entre los poderosos guerreros de David (2 Sm. 23:32-33). **(4)** Uno de "los Treinta" entre los poderosos guerreros de David, él procedía de Harod (2 Sm. 23:25). También es llamado Samot (1 Cr. 11:27) y Samhut (1 Cr. 27:8).

SAMA Un descendiente de Aser a través de Zofa (1 Cr. 7:37), era uno de varios "jefes de familia, hombres escogidos, valientes guerreros y líderes destacados" (7:40) de esta tribu.

SAMA Uno de los poderosos guerreros de David, junto con su hermano Jeiel (1 Cr. 11:44). Eran hijos de Hotam el aroerita.

SAMAI **(1)** Primer hijo de Onam y el padre de Nadab y Abisur, en la tribu de Judá (1 Cr. 2:28). **(2)** Hijo de Requem y padre de Maón, en la tribu de Judá (1 Cr. 2:44-45). **(3)** Hijo de Mered y la hija del faraón, Bitia, y hermano de Miriam e Isba (1 Cr. 4:17-18).

SAMARIA Samaria era la ciudad capital del reino norte de Israel. Después de la caída de la dinastía de Jeroboam I, y los reinados de Baasá, Elah y Zimri, el centro de gobierno del reino del norte se movió de Tirsa a Samaria durante el gobierno de Omri (r. 882-871 a.C.), el primer rey de la tercera dinastía del norte de Israel. Él construyó una nueva capital y la llamó "Samaria", basado en "Semer", el nombre de la persona de quien compro el cerro en el cual se construyó (1 Re. 16:24).

Samaria fue la capital de reino del norte de Israel hasta que cayó ante los asirios bajo Sargón II en el año 721 a.C., cuando deportó a la mayor parte de su población a otras áreas del imperio asirio (2 Re. 17:6). De acuerdo a los anales de Sargón, él mejoró la ciudad y la pobló con personas deportadas de otros países que conquistó. El informe de la caída de Samaria en 2 Re. 17:24 en general concuerda con esto. La población de Samaria adoraba su propio Dios y también al Dios de Israel.

En el periodo persa, Samaria era gobernada por un gobernador designado, Sanbalat el horonita. El libro de Nehemías relata los planes de Sanbalat para evitar que los exiliados retornados construyeran los muros de Jerusalén. En el tiempo de Herodes el Grande, la ciudad de Samaria fue reconstruida y llamada Sebaste.

Además de ser el nombre de la ciudad capital de reino del norte de Israel, Samaria era el nombre del reino del norte mismo. El reino del norte siempre fue política y económicamente más próspero que Judá.

La Biblia dice que Samaria cayó como resultado de su adoración de otros dioses y levanta el "pecado de Jeroboam" (1 Re. 16:31), el establecimiento de becerros dorados en Betel y Dan como rivales al templo de Jerusalén, es su pecado principal. En Os. 8:6, un pronunciamiento de juicio contra el becerro dorado de Betel, el becerro es llamado el "becerro de Samaria". Todos los reyes del norte, incluso Jehú (r. 842-814 AC), que era relativamente fiel a Yahveh, no removieron los becerros dorados. 2 Reyes 17:8-23 contiene un catálogo de varias formas en las cuales el reino del norte fue infiel a Yahveh. En general, los profetas declaran el juicio de Dios sobre Samaria. Por ejemplo, Oseas pronuncia juicio sobre Samaria por pecados morales y éticos (7:1-7).

En el NT, Samaria es la región entre Galilea y Judea a la cual los judíos evitaban viajar. Para esta época, ya había habido gran enemistad entre los judíos y los samaritanos por siglos. Lucas pone a Samaria en la lista de regiones en las cuales los discípulos de Jesús serían testigos (Hec. 1:8). Las ruinas arqueológicas de Samaria se encuentran doce kilómetros al noroeste de la ciudad moderna de Nablus. La ciudad de Sebastia se ubica allí hoy en día. Véase también Samaritanos.

SAMARITANOS De acuerdo a la Biblia, los samaritanos eran los descendientes de los pueblos que Sargón II estableció en Samaria después de conquistarla y a los israelitas del norte (*véase también* Samaria). Como tal, no eran realmente judíos ni tampoco gentiles. Aunque existe una secta religiosa samaritana, es una equivocación igualar a los samaritanos de la Biblia con uno de los sectarios en cada instancia. Los samaritanos rara vez son mencionados en el AT; por ejemplo, 2 Re. 17:29 reporta que los samaritanos adoraban a los dioses que trajeron de sus países de origen en lugares altos que construyeron.

El NT menciona a los samaritanos. La historia de la mujer en el pozo en Juan 4, describe a Jesús ministrando a una samaritana. En este pasaje aprendemos (Jn. 4:9) que judíos como Jesús no comían o bebían del mismo recipiente que un samaritano ya que creían que los haría ritualmente impuros [*véase* NET: "Porque los judíos no usaban nada en común con samaritanos"]. Uno de los principales puntos de desacuerdo entre judíos y samaritanos es destacado en este pasaje: los samaritanos creían que el Monte Guerizín era el lugar de veneración elegido por Dios, no Sión. También se alude aquí a la creencia samaritana en un "regresado" (arameo: taheb), que guiará a los samaritanos al arrepentimiento y restablecerá la adoración apropiada. En Jn. 8:48 los oponentes a Jesús levantan un cargo contra él, preguntándole si no es en realidad un samaritano y está poseído por un demonio.

En los Evangelios Sinópticos, los samaritanos son representados variadamente siendo incluidos en el ministerio de Jesús (Lc. 9:52) o excluidos del mismo (Mt. 10:5). En otras partes en los Evangelios, los samaritanos son usados como antítesis por la cual Jesús acusa a sus oyentes por no seguir a Dios todo lo bien que deberían. Su audiencia judía no habría dejado pasar el punto en su parábola cuando un samaritano prueba ser un vecino más compasivo que el sacerdote o el levita (Lc. 10:25-37), o cuando Jesús cura a diez leprosos y solo uno, un samaritano, vuelve para alabar a Dios y agradecer (17:16). Dado el énfasis de Lucas en la naturaleza inclusiva del Evangelio, su mención de los samaritanos de maneras tan positivas destaca este énfasis.

En el Libro de Hechos, Lucas continúa usando a los samaritanos como un ejemplo de en qué forma el Evangelio es para todos. Pedro y Juan, después de confirmar que Samaria había recibido y respondido a la palabra, predicaron en los pueblos de los samaritanos (Hec. 8:14-25).

Los estudiosos no están claros acerca de cuándo judíos y samaritanos se convirtieron en dos grupos religiosos diferentes, pero probablemente esto ocurrió cuando Juan Hircano destruyó el templo samaritano en el Monte Guerizín en el año 128 a.C. Aunque había tensiones antes de eso, como es evidente en Nehemías y Josefo, antes de la destrucción de si templo la brecha no era infranqueable.

Los samaritanos existen hoy en día y tienen las siguientes creencias básicas: (1) Hay un solo

S

Dios. (2) Moisés fue el último y mayor de los profetas. (3) Los cinco libros de Moisés son las únicas Escrituras autorizadas. (4) El Monte Guerizín es el lugar elegido de Dios. (5) Habrá un día de juicio y recompensa. (6) El "regresado", el Taheb, aparecerá.

Reconstruir las creencias de los samaritanos antes del siglo cuatro a.C. es difícil porque todo lo que tenemos antes de eso son escasas declaraciones de fuentes ajenas y restos arqueológicos. Los restos arqueológicos de una sinagoga samaritana en la isla griega de Delos incluyen inscripciones con dedicatorias fechadas de finales del siglo tres o principios del siglo dos a.C. y del siglo dos al siglo uno a.C. Estas inscripciones mencionan a aquellos que adoran en el Monte Guerizín.

SAMGAR Un juez de Israel (Jue. 3:31; 5:6), aparentemente un extranjero (cf. Jael [Jue. 4:17; 5:6]). Su nombre probablemente es Hurrian y aparece en textos de Nuzi. Su apelativo "hijo de Anat" puede indicar su lugar de nacimiento (Bet-Anat en Galilea [Js. 19:38]) o ser un título conectado a la deidad cananea Anat, tal vez con connotaciones militares. Los filisteos que Samgar asesinó con una aguijada de bueyes (un palo largo con punta de metal) tal vez no fueran propiamente filisteos, sino más bien otro pueblo del mar.

SAMGAR-NEBO Posiblemente un oficial del rey babilonio Nabucodonosor. De acuerdo al texto hebreo, él, junto con otros oficiales babilonios, tomaron su asiento en la puerta del medio de Jerusalén durante el asedio (Jer. 39:3 NRSV). Algunas versiones, incluyendo NIV, han comprendido correctamente este nombre como un malentendido en el pasaje. Se puede entender Samgar-nebo como un nombre propio, pero basados en expresiones acadias paralelas, Samgar es más probablemente un título asociado con el nombre anterior. Samgar debería entenderse entonces como el nombre de una localidad (NIV: Nergal-sarezer de Samgar) o un título (NET: Nergal-sarezer, quien era un alto oficial). *Véase también* Nebo-Sarsekim.

SAMHUT El comandante de la quinta división del ejército del rey David (1 Cr. 27:8). Puede ser la misma persona que Sama el harodita (2 Sm. 23:25) y Samot el harodita (1 Cr. 11:27), haciéndolo uno de los poderosos guerreros de David. Su designación como un izrajita es poco clara.

SAMIR **(1)** El primer pueblo nombrado dentro de paisaje montañoso de la asignación tribal de Judá (Js. 15:48). Su ubicación es incierta, aunque algunos han sugerido sitios aproximadamente a veinticuatro kilómetros al suroeste de Hebrón. Los dos siguientes pueblos en la lista, Jatir y Soco, se sabe que estaban en esa área general. **(2)** Un pueblo en el paisaje montañoso de Efraín (Jue. 10:1-2). Fue el hogar y sitio de entierro del juez Tola, que era descendiente de Isacar. Algunos estudiosos colocan el pueblo cerca de Samaria, pero esta identificación es incierta. **(3)** Un descendiente de Leví a través de Miqueas (1 Cr. 24:24).

SAMLA Un rey temprano de Edom de la ciudad de Masreca (Gn. 36:36-37; 1 Cr. 1:47-48).

SAMLAI *Véase* Salmai.

SAMOS Una importante isla montañosa con una ciudad capital del mismo nombre (que significa altura o montaña), en el Mar Egeo al suroeste de Éfeso. Centro naval y cultural (y lugar de nacimiento de Pitágoras), Samos aparentemente tenía una gran población de judíos hacia el siglo dos a.C. (cf. 1 Mac 15:15-24). Hacia el fin de su tercera campaña misionera, el barco de Pablo pasó cerca o se detuvo en (gr. paraballō, un término náutico que significa "acercarse, llegar, navegar a") Samos en camino a Mileto (Hec. 20:15).

SAMOT Un harorita, era uno de "los Treinta" entre los poderosos guerreros de David (1 Cr. 11:27). También es llamado "Sama el harodita" (2 Sm. 23:25) y Samhut (1 Cr. 27:8).

SAMOTRACIA Una pequeña isla en el noreste del Mar Egeo, al sur de Tracia. Con un pico a más de mil seiscientos metros sobre el nivel del mar, Samotracia ("la altura/montaña de Tracia") es la más alta de todas las islas egeas y un claro punto de referencia navegacional. En su segunda campaña misionera, el barco de Pablo pasó la noche en Samotracia camino a Neápolis (Hec. 16:11), y puede haberse detenido allí en su tercera campaña.

SAMSERAI Un descendiente de Benjamín a través de Jeroham (1 Cr. 8:26). Era uno de muchos "cabezas de familia, jefes que están en la lista de su genealogía" (1 Cr. 8:28), que vivió en Jerusalén.

SAMÚA **(1)** El representante de la tribu de Rubén entre los doce espías enviados por Moisés para explorar la tierra prometida (Nm. 13:4). **(2)** El primero de once hijos nacidos a David mientras reinó en Jerusalén (2 Sm. 5:14; 1 Cr. 3:5 [Simea NIV mg]; 14:4). **(3)** Padre de Abda, un levita quien se reasentó en Jerusalén en el periodo postexílico (Neh. 11:17). **(4)** El líder de una familia sacerdotal en el período de Esdras (Neh. 12:18).

SAMUEL Samuel supervisó la transición del periodo de los jueces al período monárquico. Él fue el último juez (1 Sm. 7:6, 15-16; cf. 8:1 NIV mg.). También fue un sacerdote (2:18) y funcionó como un profeta (3:20).

La historia de su vida comienza cuando su madre, Ana, desesperadamente rezó a Dios que abriera su vientre estéril. La situación en Israel no era buena. Elí, el sumo sacerdote, era incompetente y espiritualmente insensible. Incluso confundió sus plegarias sinceras con los balbuceos de un borracho (1 Sm. 1:12-16). En respuesta a sus plegarias y a su voto de dedicar su futuro hijo como nazireato (cf. Nm. 6:1-21), Dios abrió su vientre y nació Samuel. Al nacer, fue comprometido al servicio de Yahveh en el tabernáculo.

Samuel era muy distinto de los malvados hijos de Elí, Hofní y Finehás. Mientras ellos robaban de los sacrificios y dormían con mujeres que servían en el tabernáculo, Samuel "estaba sirviendo ante el Señor" (1 Sm. 2:18). La narrativa incluso contrasta a Samuel con Elí en que este último era insensible y no fue capaz de reconocer que Dios le hablaba a Samuel una noche (1 Sm. 3).

Tiempo después de la muerte de Elí, Samuel se encontró a sí mismo en posición de liderazgo como un juez de Israel (1 Sm. 7). Dios lo utilizó para infligir una seria, pero no definitiva, derrota a los filisteos. Después Samuel instaló una piedra llamada "Eben-ezer" ("piedra de la ayuda") para conmemorar el evento.

El pueblo, sin embargo, sentía que Israel necesitaba un líder central más fuerte para expulsar a los filisteos de su tierra, así que pidieron a Samuel que ungiese a un rey sobre ellos (1 Sm. 8:5). Esto preocupó y enojó a Samuel, que lo tomó como una afronta personal, y en realidad era más seriamente un insulto contra Dios. El pueblo debería haber confiado en Dios para proporcionar la victoria sobre los filisteos. Aun así, Dios dirigió a Samuel para que ungiera a un rey sobre la gente, y Saúl fue elegido.

Después de este evento, Samuel ya no fue un juez sobre Israel, pero fue un sacerdote y un profeta. Como tal, dirigió a la gente en un ritual de renovación de la alianza por el cual reafirmaron su alianza a Dios, el rey celestial, aunque ahora tenían un rey terrenal (1 Sm. 12).

Como parte de sus deberes, Samuel actuaba como conciencia del Rey Saúl. Él confrontó a Saúl en numerosas ocasiones cuando el rey eligió seguir su propio camino en vez de obedecer los comandos de Yahveh (1 Sm. 13; 15). Saúl decepcionó profundamente a Dios y a su representante, Samuel. En consecuencia, Dios comisionó a Samuel que ungiera al siguiente rey, incluso antes de la muerte de Saúl. En Belén, Dios dirigió a Samuel para que ungiera a David como futuro rey de Israel.

Samuel falleció y fue enterrado en Ramá antes de que el reinado de David se hiciera realidad (1 Sm. 25:1). Incluso en la muerte, la historia de Samuel no termina. Hacia el final de la vida de Saúl, Dios cortó la comunicación con él. Desesperado por controlar el resultado de una batalla con los filisteos, Saúl mostró su perversidad espiritual al consultar a un nigromante. Este último llamó a Samuel de los muertos (1 Sm. 28) y Samuel anunció la muerte de Saúl.

Samuel es recordado como un importante y fiel líder espiritual, comparado favorablemente, incluso con Moisés (Jr. 15:1; Hec. 13:20; Heb.

S

11:32). Es honrado como un profeta cuyas palabras anticiparon la venida de Jesucristo (Hec. 3:24).

SAMUEL, LIBROS DE Los libros de Samuel cuentan la historia de cómo comenzó la monarquía en Israel y cómo fue subsecuentemente asegurada bajo el reino de David. Casi toda la historia de David es contada en Samuel, incluyendo la promesa que le hizo Dios de una dinastía. Esta promesa se convirtió en semillero clave para la esperanza mesiánica en AT, que encuentra su cumplimiento en Jesús como hijo de David (Mt. 1:1).

Género y Propósito

Samuel es parte de un bloque de textos que corren de Josué a Reyes (excluyendo a Rut), que es conocido en la Biblia hebrea como los Profetas Anteriores. Este bloque ofrece un relato más o menos continuo de la vida de Israel en la tierra prometida desde su entrada bajo Josué hasta su exilio después de la captura de Jerusalén por los babilonios (2 Re. 25).

Cualquier evaluación del género y propósito de Samuel debe considerar su relación con estos textos circundantes, aunque también debería reconocer el elemento distintivo de Samuel mismo.

En lo más simple, Samuel es un trabajo de prosa narrativa que cuenta la historia de cómo comenzó la monarquía en Israel y fue asegurada bajo el reinado de David después del fracaso de Saúl, aunque contiene un importante número de poemas. Aunque la escritura histórica contemporánea no se haría de la misma manera, ya que Samuel apunta hacia las formas en las que Dios está activo a través del tiempo, Samuel ciertamente ofrece un testimonio de este crucial periodo en la historia de Israel. No es la historia completa del periodo, ya que su testimonio concierne a un conjunto de temas en particular, y ese testimonio es relatado a través de los propósitos de Dios para Samuel, Saúl y David. Pero esta observación es vital para apreciar que Samuel no es solo la historia de cómo llegó la monarquía a Israel sino específicamente un examen teológico de la misma. Esta explora cómo Dios estaba trabajando, cumpliendo la esperanza de un reino que había sido expresada en Jue. 17-21, mientras también daba esperanzas de que el exilio no era el final de sus propósito para Israel en su conjunto y los reyes de la línea de David en particular. No debemos pensar en estos libros como una seca pieza de escritura histórica, ya que un elemento importante es que el relato de esta historia debería entretener y atrapar a aquellos que la leen o (más probablemente) la escuchan. Sabiendo que Dios ha actuado en el pasado por su pueblo y que estas acciones continuaron siendo importantes no es suficiente; el entusiasmo que esto debiese generar también debía ser aparente en la habilidad con que se relata la historia.

Esquema

I. El surgimiento de Samuel (1 Sm. 1-7)
II. El nacimiento de la monarquía (1 Sm. 8-12)
III. Reinado temprano de Saúl y rechazo (1 Sm. 13-15)

Relieve que muestra a los Pueblos del Mar capturados, que incluían a los filisteos (Templo de Ramsés III, Egipto, siglo XII aC). Los filisteos eran a menudo oponentes de los israelitas, como en 2 Sam. 5.

IV. Larga narrativa de rivalidad: David y Saúl (1 Sm. 16-2 Sm. 1)
   A. El ungimiento de David y su llegada a la corte (1 Sm. 16-17)
   B. David en la corte de Saúl (1 Sm. 18-20)
   C. David como un forajido en Judá (1 Sm. 21-26)
   D. David en territorio filisteo y la muerte de Saúl (1 Sm.27-2 Sm. 1)

V. Breve narrativa de rivalidad: David e Isboset (2 Sm. 2:1-5:5)

VII. Primer resumen del reinado de David (2 Sm. 5:6-8:18)

VII. Narrativa de la corte de David (2 Sm. 9-20)
   A. David acepta a Mefi-boset (2 Sm. 9)
   B. La Guerra con Amnón y el pecado de David (2 Sm. 13-19)
   C. Larga narrativa de rebelión: Absalón contra David (2 Sm. 13-19)
   D. Breve narrativa de rebelión: Seba contra David (2 Sm. 20)

V. Segundo resumen del reinado de David (2. Sm. 21-24)

Composición

Autoría y fuentes. Los libros de Samuel son anónimos, y cualquier evaluación de su autoría debe partir de este hecho básico. Existe una tradición en el Talmud (b. B. Bat. 14b; 15a) que asocia el libro con Samuel, Natán y Gad, presumiblemente concluyendo que los libros de Samuel constituyen la fuente mencionada en 1 Cr. 29:29. Pero esta referencia es sólo para informar sobre la vida de David y, por tanto, es improbable que se refiera a todo Samuel. Ya que la muerte del propio Samuel se registra en 1 Sm. 25:1, el título del libro en nuestra tradición (en LXX los libros de Samuel son los primeros dos libros de Reinos, que continúan con Reyes) es improbable que se refiera a autoría. En cambio, es más probable que un autor posterior unido a un rango de materiales fuente pueda ofrecer un testimonio coherente sobre los orígenes de la monarquía.

Por algún tiempo, las principales fuentes de Samuel parecen haber sido identificadas, estas incluyen una serie de tradiciones de Siloh concernientes al final de la casa de Elí y al surgimiento de Samuel (1 Sm. 1:1-4:1a), una narrativa arca (2 Sm. 4:1b-7:1; 6), tradiciones concernientes a Saúl y el origen de la monarquía (1 Sm. 7:2-15:35), una historia del surgimiento de David (1 Sm. 16:1-2 Sm. 5:5), una narrativa de sucesión (2 Sm. 9-20), y un apéndice de Samuel (2 Sm. 21-24). Dentro de este análisis, la ubicación de 2 Sm. 5:6-25 y 2 Sm. 7:1-8:17 permanecen poco claras, pero el pensamiento general era que las fuentes estaban más o menos ordenadas una después de la otra en secuencia cronológica. Pero la probabilidad de esta conclusión ha sido rebatida recientemente porque las varias secciones de los libros están claramente conscientes de la información en otras partes, de manera que el todo está realmente bien integrado. Además, los límites reales de las fuentes permanecen inciertos. Un efecto desafortunado de la teoría de fuentes es que tienden a minimizar ciertas partes del libro, especialmente 2 Sm. 21-24, como si fuese menos importantes, mientras que estudios recientes han demostrado que están íntimamente integradas al resto del libro, uniendo temas desarrollados en otras partes mientras que demuestran la integridad estructural de Samuel como un todo.

Samuel es probablemente el producto final de varias etapas de material recolectado, en vez de ser el producto de fuentes que se han mantenido intactas, pero aún es un trabajo unificarlo. Posiblemente el material más antiguo sea la colección de poemas más largos en 1 Sm. 2:1-10; 2 Sm. 1:17-27; 22:1-23:7, todos los cuales se basan en temas y lenguajes comunes y comentan sobre la naturaleza de la monarquía. Los bloques de inicio y cierre forman los sujeta libros, alzando la esperanza de la monarquía (1 Sm. 2:1-10) y luego comentando cómo el rey debe someterse al reinado de Dios (2 Sm. 22:1-23:7). En el poema central (2 Sm. 1:17-27), David lamenta la muerte de Saúl y Jonatán. Es probable que estos poemas fueran incorporados a las historias acerca de Samuel, Saúl y David en el siglo nueve a.C., pero fueron luego cuidadosamente colocados para comentar sobre las historias y aun así también para comentar sobre ellos.

S

Más ediciones deben haber continuado hasta los tiempos de Ezequías, a fines del siglo ocho a.C. Más adelante, más o menos el conjunto de Samuel como lo conocemos fue incluido en los Profetas Anteriores, probablemente durante el exilio. Lo importante de notar es que el libro de Samuel es un conjunto cuidadosamente compuesto y no simplemente una recolección de fuentes.

Recursos literarios. Evidencias sobre la naturaleza de la composición del libro se pueden ver en cómo emplea ciertos recursos literarios a lo largo del conjunto. Dos que deben ser mencionados son la forma en la que el texto juega con la cronología narrativa y emplea la repetición en varias formas. El juego con la cronología narrativa significa que, aunque el desarrollo del libro es ampliamente cronológico (moviéndose desde los orígenes de la monarquía al periodo posterior del reino de David), no todos los elementos están registrados en su verdadera secuencia cronológica, ya que en ciertos puntos otros factores eran más importantes. Opcionalmente, en ciertos puntos diferentes líneas narrativas son puestas en relación cronológica unas con otras, más notablemente en la comparación de las ubicaciones de David y Saúl en 1 Sm. 27-2 Sm. 1. Un simple ejemplo de relacionar material fuera de su secuencia cronológica ocurre en 1 Sm. 26:12, donde se dice que Dios habría causado que los soldados de Saúl se durmieran para que David pudiese entrar en el campamento de Saúl solo después de que David había llegado hasta Saúl, aunque claramente los soldados deben haber ya estado dormidos.

En otros puntos, los quiebre con la secuencia cronológica abarcan distintas historias sobre David. Por ejemplo, en 2 Sm. 5:17-8:14 se encuentran cuatro relatos sobre David, dos en los que supera al enemigo (5:17-25; 8:1-14) y dos asociados con eventos en Jerusalén y la adoración pública (6:1-7:29). Ya que 7:1 nos indica que el deseo de David de construir un templo vino después de que Dios lo había liberado de todos sus enemigos, se entiende que los eventos del capítulo 7 deben haber ocurrido después de aquellos de 8:1-14. Aquí, acomodar el material para destacar el tema de la adoración pública era más importante que colocarlo en secuencia cronológica.

Esta misma sección también demuestra el uso de la repetición. Ya que, 5:17-25 relata dos derrotas casi idénticas de los filisteos en las cuales David debe confiar en Dios, mientras que las victorias en 8:1-14 se dice dos veces que ocurrieron porque Dios le daba la victoria de David dondequiera que fuese (8:6, 14). De manera similar, tanto en 6:1-23 y 7:1-29 dependen sobre el interés en el arca y, por ende, se interpretan mutuamente. Otras repeticiones a gran escala incluyen dos anuncios de la venida de la monarquía (1 Sm. 2:10, 34), dos anuncios del final de Elí y su familia en el santuario de Siloh (1 Sm. 2:27-36; 3:10-14), y dos veces en que David no mata a Saúl (1 Sm. 24; 26). En una cultura oral, esas repeticiones no son evidencia de mala composición, sino que son una herramienta crucial para enfatizar los temas centrales que se están desarrollando. Además, variaciones en cada repetición son una herramienta para incrementar el interés de la audiencia, mostrando que los autores de Samuel estaban interesados tanto en dar testimonio histórico como en entretener a su audiencia.

Texto

Existe un acuerdo general de que el texto de Samuel presenta más que una justa parte de dificultades, algo que puede verse en las, con frecuencia, diferencias significativas entre el texto hebreo recibido (texto masorético) y las primeras traducciones, especialmente la principal traducción griega (LXX). Por ejemplo, en 1 Sm. 17, la edición mejor considerada de la LXX carece de los versículos 12-31, 50, 55-58, e incluso en material compartido es, a veces, significativamente más corta. Existe consenso de que la versión griega resuelve un número de anomalías, pero, ¿es porque los textos masoréticos han sido expandidos o porque la LXX ha sido abreviada? Además, tres significativos manuscritos de Samuel se encontraron en el Corán. Aunque dos de ellos son solo fragmentarios, uno cubre porciones significativas de Samuel. Aunque las porciones en disputa de 1 Sm. 17 están ausentes, hay ciertos puntos donde parece apoyar la versión LXX y otras donde coincide con los textos masoréticos, a su vez presentando temas propios.

Es claro, por tanto, que hay temas complejos involucrados en determinar el texto de Samuel, y se debe evitar tomar una posición doctrinaria y permitir que cada punto se resuelva en sus propios méritos. Al mismo tiempo, las dificultades no deberían ser magnificadas más allá de lo razonable, ya que grandes secciones del texto pueden establecerse con certeza razonable, y para todos los problemas, los textos masoréticos permanecen como una guía confiable. Uno podría sugerir en el caso de 1 Sm 17, por ejemplo, que el texto LXX representa un intento temprano de enfrentar dificultades aparentes en la narrativa (especialmente la cuestión de cuándo Saúl conoce a David) que, sin embargo, fracasa en notar que no todo en Samuel es narrado exactamente en orden cronológico. Sin embargo, cualquiera que compare diferentes traducciones de Samuel (e.g., NIV y NRSV) notara variaciones y debería hacer buen uso de los comentarios en ese punto.

Temas Centrales

El reinado de Dios. La monarquía se encuentra en el centro de Samuel. Pero, aunque se ocupada de la historia de los primeros dos reyes de Israel (Abimélek en Jue. 9 es una aberración y probablemente solo una figura local), coloca su historia dentro del marco del reinado de Dios. Sin importar qué autoridad pudiera reclamar un rey de Israel, siempre estuvo sujeta a la autoridad mayor de Dios. De hecho, Samuel dejó en claro que Dios no necesitaba un rey, sino que eligió la monarquía como medio por el cual se demostraría su propio reinado.

Una forma importante en la que se demuestra el reinado de Dios es a través del tema de reveses de fortuna, en los cuales los poderosos son derribados y los débiles levantados. Esto se anuncia en el Cántico de Ana (1 Sm. 2:4-8) y es luego demostrado cuando Dios remueve a la corrupta familia de Elí de su posición de poder en el santuario de Siloh (2:27-36; 4:1-18). Por otra parte, Samuel mismo adquiere prominencia, aunque no tenía posición de poder. Saúl, de la misma manera, aunque miembro de una familia relativamente rica (9:1-2), sabía que él no era alguien que tuviera poder inmediato (9:21), pero aun así fue alzado para ser rey por Dios. Sin embargo, cuando él, al igual que Elí antes, se volvió corrupto y se aferró al poder en vez de someterse a Dios, fue removido para poder ser reemplazado (15:28-29).

David también provenía de posición humilde como el hijo menor de su familia (1 Sm. 16:11), pero a diferencia de Elí y Saúl, él no tomaría poder para sí mismo. De hecho, dos veces rechazó matar a Saúl cuando tuvo la oportunidad (1 Sm. 24; 26) y castigó a aquellos que declararon poder ejercer violencia en su nombre (2 Sm. 1:11-16; 4:9-12). Incluso cuando más adelante David pareció haber perdido todo frente a Absalom, él se aferró al hecho de que sólo podía reinar mientras tuviese el apoyo de Dios (2 Sm. 15:25-26). Esto, de hecho, es un tema central en 2 Sm. 7 cuando David quería construir un templo para Dios, porque ahí se deja en claro que David no puede actuar sin la autoridad de Dios, y que sus descendientes tendrán autoridad mientras ellos también se sometan a Dios (2 Sm. 7:11b-15). Las canciones finales de David (22:1-23:7) dejan en claro que el rey no tiene ninguna autoridad aparte de Dios.

Monarquía. La monarquía en Israel está íntimamente relacionada al tema del reinado de Dios. La posibilidad de la monarquía surge por primera vez en el Cántico de Ana (1 Sm. 2:10) y es confirmada por el hombre de Dios que anuncia el juicio contra la familia de Elí (2:34). Ambas referencias ocurren antes de que los ancianos de Israel pidieran un rey a causa del fracaso de los hijos de Samuel (8:1-9), indicando que la petición de un rey no tomó a Dios por sorpresa. Además, indica que la auténtica monarquía en Israel solo podía ser aquella iniciada por Dios.

La historia del ascenso de Saúl al trono debe ser leída en luz de esto. Aunque el movimiento humano hacia la monarquía surge de la petición de los ancianos por un rey (1 Sm. 8:4-9), aun era el caso que Saúl sólo podía convertirse en rey por la decisión de Dios. Aunque 1 Sm. 8-12 con frecuencias ha sido separado en supuestas

S

fuentes contrapuestas, es mejor leerlo como el texto unificado y notar que la voz del narrador no es equivalente a ninguno de los otros personajes que hablan a través de él. Cuando el texto es comprendido de esta manera, es posible apreciar que la monarquía era parte de los propósitos de Dios para Israel, pero tenía que seguir su modelo. Los reyes en Israel podían prosperar sólo si se sometían al reino superior de Dios. Fue el error de Saúl no reconocerlo. David, aunque cometió errores terribles, siempre entendió esta verdad, y sus canciones finales (2 Sm. 22:1-23:7) lo reflejan. David aprendió lo que Saúl nunca pudo: el poder nunca es algo que se tome; más bien puede solo ser aceptado como un regalo de la gracia de Dios para usarse para sus propósitos.

Conexiones al Nuevo Testamento

La importancia de los libros de Samuel para el NT es mucho mayor que sus cinco citas directas (Hec. 13:22; Rom. 15:9; 2 Cor. 6:18 [2×]; Heb. 1:5) podrían indicar. El tema de la monarquía y la promesa asociada hecha a David en 2 Sm. 7 son fundamentales para la esperanza mesiánica a través del AT y son tomadas en el NT. Incluso cuando el NT cita otros textos del AT (tales como Sal. 2) en referencia a Jesús, sigue siendo el libro de Samuel que está detrás de la cita. Además, el NT frecuentemente indica que Jesús era un hijo de David (e.g., Mt. 1:1). Aunque aquellos textos no citan directamente a Samuel, claramente aluden al mismo por la promesa de Dios de que el trono de David sería establecido por siempre (2 Sm. 7:16). El ministerio de Jesús trasciende al de David en todo sentido, pero no podemos entender su ministerio aparte de David y de la promesa de Dios a este último.

SANACIÓN DIVINA *Véase* Sanación.

SANACIÓN La restauración a la completa salud de alguien que ha estado enfermo o herido. La Biblia hace algunas breves referencias a intentos "médicos" estándar para sanar a las personas. Por ejemplo, Jeremías menciona un bálsamo de Galaad (Jr. 8:22; 46:11), e Isaías ordena que se aplique una "cataplasma de higos" a un forúnculo en el rey Ezequías (Is. 38:21). Pero los tratamientos médicos en el mundo bíblico eran primitivos y frecuentemente basados más en la superstición que en la comprensión. Antes del advenimiento de la medicina moderna, la mayoría de las heridas y enfermedades eran bastante serias; tratamientos y terapias rara vez eran efectivas. La mayoría de las sanaciones mencionadas en la Biblia, por lo tanto, son de naturaleza milagrosa y asociada al empoderamiento divino.

Antiguo Testamento. En el AT, las ocurrencias de milagros de sanación, al igual que otros milagros, no se distribuyen de manera pareja a través de la historia de Israel, pero en cambio se concentran en dos períodos de tiempo: el del éxodo y el de Elías y Eliseo (1 Re. 17-2 Re. 13). Durante estas dos eras, los milagros en general, y la sanación en particular, autentificaban a los profetas y líderes de Dios y autentifican las palabras de Dios emitidas por estos profetas y líderes.

Los profetas del AT, Jeremías en particular, frecuentemente usan imaginería de heridas y enfermedad para describir la apostasía y la terrible situación espiritual de Israel y Judá. En sus primeros veintinueve capítulos, mientras Jeremías lamenta el hecho de que las personas de Judá se han vuelto hacia otros dioses y se rehúsan a arrepentirse, él regularmente utiliza imaginería de enfermedad y heridas. Él declara que Israel/Judá está herido y/o enfermo, pero que no hay sanación para ellos, sólo juicio. Pregunta, por ejemplo: "¿No hay un bálsamo en Galaad?... ¿Por qué entonces no hay sanación para la herida de mi gente?" (Jr. 8:22). Este tema se repite en el libro (8:15; 10:19; 14:19; 15:18).

En Jr. 30-33, sin embargo, Jeremías se vuelve hacia la gloriosa restauración que traerá el Mesías venidero. Parte de esta gloriosa restauración, declara Jeremías, será una drástica reversión de una época de enfermedad sin sanación (que simboliza el pecado y el desafío) a una época caracterizada por la sanación y la salud. Por ejemplo, en 30:12-15 Dios usa la enfermedad física y heridas en su imaginería para describir la seria e incurable enfermedad espiritual de Jerusalén. Sin embargo, en crudo contraste a declaraciones como estas, en los pasajes siguientes Dios mira hacia el futuro mesiánico y proclama: "Pero yo restauraré su salud y sanaré sus heridas" (30:17). Isaías usa imaginería similar, pero la expande a través del sufrimiento y las heridas (esto es, la muerte) del Mesías por venir (Is. 53:4-5).

Nuevo Testamento. En los Evangelios, la sanación es un componente significativo del ministerio de Jesús. Aunque los profetas usaban la imaginería de enfermedad/sanación principalmente en un sentido metafórico para describir la condición espiritual de Israel y Judá, Jesús realmente cumple sus profecías figurada y literalmente. Esto es, no sólo sana Jesús a las personas espiritualmente, proveyendo perdón y restauración a la entereza, sino que también frecuentemente sana a las personas físicamente (ceguera, lepra, parálisis, etc.), irónicamente cumpliendo profecías figurativas de manera literal. La palabra griega para "salvar" (sōzō) también puede significar "sanar", agregando así a esta idea dual de sanación literal que también es figurativa de salvación espiritual. Por ejemplo, cuando Jesús se gira hacia la mujer sangrante que lo toca con fe, él le dice, "Tú fe te ha sanado [sōzō]" (Mc. 5:34). Aquí la palabra sōzō puede indicar su sanación física (su sangrado se había detenido) o sanación espiritual (perdón de los pecados y liberación del juicio).

Jesús frecuentemente sana personas durante su ministerio en la tierra. Sus actos de sanación lo autentifican como el cumplimiento de específicas profecías mesiánicas del AT y también destaca el hecho de que viene con gran poder, un poder que lo identifica con el Señor, el gran sanador en el AT. Adicionalmente, las acciones sanadoras de Jesús anuncian y caracterizan el ingreso del reino de Dios, subrayando que en la consumación final del reino toda enfermedad (al igual que la ceguera, la lepra, la cojera, etc.) será eliminada. Este tema continúa al final del libro del Apocalipsis con Juan retratando el árbol de la vida creciendo a ambos lados del río del agua de la vida. Las hojas de este árbol, concluye Juan, "son para la sanación de las naciones" (22:1-2).

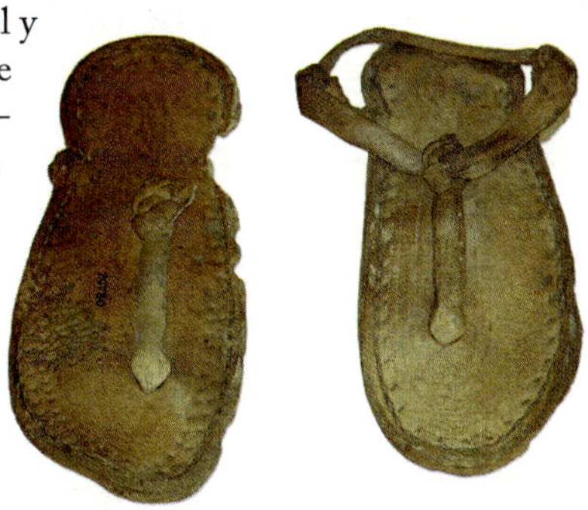

Sandalias de un niño, excavadas en una casa en El-Amarna, Egipto (1550–1096 aC)

SANBALAT El gobernador de Samaria, quien se resistió a los esfuerzos de Nehemías por reconstruir las murallas de Jerusalén. Él y sus asociados (Tobías y Gesem) apelaron al rey persa, pero finalmente no tuvieron éxito (*véase* Neh. 2:10, 19; 4:1-7; 6:1, 2, 5, 12, 14). Incluso después, Nehemías depuso a uno de los hijos del sacerdote Joiada por ser yerno de Sanbalat (13:28). El nombre Sanbalat es acadio, significa "Sin [el dios de la luna] da vida", llevando a algunos a pensar que su familia desciende de un mestizaje entre un israelita y alguien traído al norte por los asirios después del año 722 a.C. Sabemos por inscripciones posteriores (e.g., los Papiros de Elefantina y los papiros de Wadi Daliyeh) que su familia siguió siendo políticamente importante en Palestina durante el periodo intertestamentario.

SANDALIAS, ZAPATOS En tiempos antiguos, el calzado en general consistía en sandalias, una suela plana construida de cuero, madera o pasto apelmazado asegurada al pie con tiras de cuero. Los soldados y dignatarios tenían coberturas de los pies más sustanciales que las personas comunes (cf. Ef. 6:15). Las sandalias eran comunes y baratas; su calidad y presencia o ausencia eran indicadores de estatus social (Ez. 16:10; Lc. 15:22). Los prisioneros iban descalzos (2 Cr. 28:15; Is. 20:2-4), y quienes estaba de luto también iban descalzos (2 Sm. 15:30; Ez. 24:17). Uno se ponía sandalias en preparación para un viaje (Éx. 12:11; Mc. 6:9; Hec. 12:8). Moisés y Josué recibieron instrucciones de quitarse las sandalias cuando estuvieron en terreno sagrado (Éx. 3:5; Js. 5:15). La transferencia de sandalias de una persona a otra sellaba una transacción de propiedad (Rut 4:6-10; cf. Sal. 60:8), mientras

S

que quitarle las sandalias a un hombre que rehusaba casarse con la viuda de su hermano era una ceremonia de desgracia (Dt. 25:9-10).

El sirviente más bajo en una casa le quitaba las sandalias a los huéspedes y lavaba sus pies, como Jesús demostró a sus discípulos (Jn. 13:5; cf. 1 Sm. 25:41; Lc. 7:38). Juan el Bautista no se consideraba digno de la humilde tarea de desatar las sandalias de Jesús (Mt. 3:11; Mc. 1:7; Hec. 13:25).

SÁNDALO, MADERA DE SÁNDALO Un tipo de árbol usado para construir las gradas del templo de Salomón (2 Cr. 9:11). Lo importaban desde Ofir (2 Cr. 9:10) y Líbano (2 Cr. 2:8). Es el mismo árbol que a veces aparece como "Brasil" o "madera de Brasil" (1 Re. 10:11-12). Algunos sugieren que el sándalo sea el clavero, pero su identidad se mantiene desconocida.

SANEDRÍN El organismo rector judío en Jerusalén que tuvo un rol en la ejecución de Jesús y la persecución de la iglesia temprana. La palabra griega para este organismo synedrion, con frecuencia se traduce como "consejo", y en fuentes antiguas diferentes a la Biblia la palabra no denota a una autoridad regidora en específico, sino es más bien utilizada para diferentes consejos ciudadanos o regionales. Sin embargo, en el NT la palabra se refiere al Consejo en Jerusalén encabezado por el sumo sacerdote, encargado por las autoridades romanas de mantener el orden entre las personas judías. De acuerdo a la tradición judía, Moisés instituyó el Sanedrín a petición de Dios, para que sus miembros pudieran liderar a la nación como los ancianos elegidos de Dios (*véase* Nm. 11:16-17). Más adelante la tradición dice que Esdras volvió a reunir al Sanedrín tras el exilio.

En el siglo uno a.C., el Sanedrín funcionaba como la más alta autoridad judicial de la nación de Israel (lo que clarifica a Mt. 5:22). El Sanedrín tenía miembros de los saduceos y fariseos, junto a otros prominentes miembros del sistema judío. En el Evangelio de Marcos se describe como compuesto de "el sumo sacerdote, todos los sacerdotes en jefe, los ancianos y los maestros de la ley" (Mc. 14:53).

Como la autoridad más alta representando al sistema religioso en Israel, el Sanedrín, bajo el sumo sacerdote Caifás, tuvo un papel prominente en el conflicto final que llevó a la crucifixión de Jesús. Juan indica que el Sanedrín, y Caifás en particular, conspiraron para matar a Jesús justo después del levantamiento de Lázaro de entre los muertos (Jn. 11:45-53). Caifás expresó el miedo a que la autoridad del Sanedrín fuese usurpada si Jesús continuaba ganando popularidad a través de sus milagros, y también que el mesías gatillaría un contragolpe opresivo por parte de los gobernadores romanos.

Después de que Jesús fuera apresado en el jardín de Getsemaní, el Sanedrín lo juzgó bajo el cargo de blasfemia usando falsos testimonios, y parte de los Evangelios también dicen que los acusadores dijeron que Jesús prometió destruir el templo y volver a construirlo en tres días, tomando sus palabras como una amenaza literal contra el templo (Mt. 26:58-68; Mc. 14:53-65; Lc. 22:63-71; *véase también* Jn. 18:13-27). El Sanedrín era incapaz de llevar a cabo la sentencia de muerte que exigía el cargo de blasfemia, sin embargo, y por eso se vieron obligados a llevar a Jesús ante las autoridades romanas para lograr el resultado deseado.

Cuando Jesús fue llevado ante Pilato, ellos presentaron su cargo como proclamarse ser el "Rey de los judíos", de ese modo acomodando el cargo para hacerlo parecer un revolucionario en vez de un maestro religioso con quien el Sanedrín estaba en desacuerdo (Mt. 27:11-14; Mc. 15:2-5; Lc. 23:2-7; Jn. 18:29-38). El hombre que arregló el entierro de Jesús, José de Arimatea, se dice que era miembro "del Consejo" (Mc. 15:43), pero Lucas señala rápidamente que José "no había consentido con su decisión o acción" respecto de la suerte de Jesús (Lc. 23:51).

Tras la muerte y resurrección de Jesús, el Sanedrín intentó suprimir el naciente movimiento cristiano, arrestando a Pedro y Juan y haciéndolos golpear por predicar sobre Jesús (Hec. 4:1-21). El Sanedrín también ordenó a los apóstoles "no hablar en el nombre de Jesús" (5:40). Pablo, tras ser arrestado, fue llevado ante el Sanedrín para que pudieran determinar su crimen, y él, inteligentemente, usó el desacuerdo entre saduceos y fariseos acerca de la resurrección de los muertos para perturbar la asamblea (23:1-9). Luego ellos planearon matarlo (23:12-22).

SANGRE La palabra para "sangre" en la Biblia (en hebreo dam; en griego haima) se usa literal y metafóricamente. "Sangre" es un término bíblico importante para comprender los límites de pureza y los conceptos teológicos. La sangre es un símbolo de ritual dominante en la literatura bíblica.

En el uso antiguo judío, greco-romano, y cristiano temprano la sangre tenía una connotación tanto positiva como negativa. La sangre se usaba en ritos de sacrificio y de purificación, y estaba intrínsecamente conectada con la menstruación, el sacrificio animal y la culpabilidad legal. Entre las propiedades físicas de la sangre está la coagulación, el cambio en el estado líquido de la sustancia (Apocalipsis 16:3-4), y cuando se tiñe algo (Apocalipsis 19:13). La sangre puede simbolizar el orden moral en términos de culto, ley y poder.

Antecedentes Judíos

La sangre tuvo un rol principal en el sistema judío de sacrificios. La sangre del sacrificio se trasladaba con cuidado y se aplicaba al sacrificador. Este tratamiento de ritual proporcionaba un contacto indirecto entre la persona que iba a ser purificada y el altar. Un ejemplo de dicho tratamiento, pero de manera indirecta, se ve en el rito de purificación que implica la presencia de un par de aves. Un ave es masacrada en presencia de la persona impura y la otra que sobrevive se hunde en la sangre del animal masacrado para salpicar a la persona con esa misma sangre. El contacto indirecto, por lo tanto, se establece entre la persona impura y el ave que vive. Cuando se liberaba posteriormente al ave, las impurezas de la persona se iban junto con el animal (Levítico 14:6-7, 49-53).

Las ofrendas para el pecado seguían un concepto similar de contacto indirecto. En el Yom Kipur, el Día de la Expiación celebrada anualmente, el sumo sacerdote realiza una serie de ofrendas para el pecado (Éxodo 30:10; Levítico 16:3-19). Las ofrendas para el pecado asimismo se usaban para consagrar los altares (Éxodo 29:35-37; Levítico 6:23; Ezequiel 43:18-27). El uso de un animal en sacrificio para la limpieza de los altares significaba un contacto indirecto entre el altar y el animal de sacrificio cuando la sangre del animal se desparramaba en los cuernos y se vertía en el abrevadero que está en la base del altar. De esta manera el animal recibía la impureza. La sangre tenía un efecto indirecto entre la pureza de la persona y el sacrificio recibido o el altar.

Antecedente Greco-Romano

La sangre tenía un rol crucial en el sacrificio ritualista para la antigua cultura griega y fue incorporada también en las posteriores culturas (greco-romanas. Se usaba en los rituales de juramento y servía como un agente de purificación en la práctica de la religión griega. Ambas personas y santuarios pasaban por procesos de purificación de sangre. El uso de utensilios especiales para manejar la sangre demostraba la relevancia de la sustancia en la tradición griega y los rituales en los que se llevaba a cabo.

Los cultos de misterio en el mundo greco-romano contenían una amplia gama de entendimiento soteriológico respecto a la sangre. En este entendimiento, la función de purificación de la sangre era el concepto más prominente relacionado con la sangre en el uso del culto del misterio. Hablando de manera general, la sangre era considerada como un agente literal de purificación. Sin embargo, dentro del mitraísmo, por ejemplo, la sangre tenía una función simbólica y beneficiaba al iniciado del culto.

Uso en el Antiguo Testamento

El uso de la sangre en el Antiguo Testamento es predominantemente negativo. La primera mención directa de la sangre en el texto bíblico involucra un homicidio (Génesis 4:10). A partir de ese momento, el derramamiento de sangre humana se convierte en un asunto principal (Génesis 9:6). Otros asuntos relacionados con la sangre incluían las prohibiciones alimentarias de sangre (Levítico 17:10-12), temas de pureza como el flujo de sangre en la menstruación (Levítico 15:19-24) y la sangre como parte de

S

los ritos religiosos como la circuncisión (Génesis 17:10-11; Éxodo 4:24-26).

En Levítico 17:11 aparece la afirmación central dentro del Antiguo Testamento en cuanto al rol importante de la sangre en el sistema de sacrificios: "La vida de una criatura yace en la sangre". La sangre se recolectaba de todos los animales de sacrificio y esa sangre se vertía sobre el altar (Levítico 1:5).

El pacto con Abraham fue sellado con un ritual de compromiso (Génesis 15:10-21). Moisés selló el pacto entre los israelitas y Dios con un ritual de sangre en el que un joven israelita entregó becerros jóvenes entre otros sacrificios como ofrendas de comunión (Éxodo 24:5). Moisés leyó las palabras del Libro del Pacto y salpicó la sangre de los becerros sobre las personas al mismo tiempo que decía: "Esta es la sangre del pacto que el SEÑOR hace con ustedes al darles todas estas cosas" (Éxodo 24:7-8).

Durante la observancia de la Pascua en los tiempos del éxodo, la sangre se colocaba en los costados y en la parte superior de los marcos de las puertas de los hebreos (Éxodo 12:7). No sólo los altares eran salpicados para consagrarlos con sangre, sino que los sacerdotes también. Aarón y sus hijos eran consagrados por medio de la aplicación de sangre en el lóbulo de la oreja derecha, en el pulgar de la mano y del pie y la salpicadura de sangre y aceite en sus prendas (Éxodo 29:20).

En el Día de la Expiación, el sumo sacerdote ingresaba al lugar santísimo y rociaba sangre en el propiciatorio para buscar la redención por los pecados de las personas (Levítico 16:15). Cada vez que una situación religiosa implicaba el uso de sangre, se puede hablar de un ritual, ceremonia o rito. El rito de la circuncisión asimismo era una ceremonia de sangre (Génesis 17:10-11; Éxodo 4:24-26). La tradición rabínica revela que durante las ceremonias de circuncisión las Escrituras se leían con un énfasis en la sangre. Un ejemplo de esto es una narración que se encuentra en Ezequiel 16:6: "Yo pasé junto a ti y, al verte tan sucia y llena de sangre, te dije: ¡Estás viva!".

Uso en el Nuevo Testamento

Muchos eventos en la pasión de Cristo incluyen referencias de sangre. Durante la Última Cena, Jesús redefinió la última copa de la Pascua: "porque esto es mi sangre del nuevo pacto, que es derramada por muchos, para el perdón de los pecados" (Mateo 26:28). Judas traicionó "sangre inocente" (Mateo 27:4), y el dinero que recibió por su traición se le conocía como "precio de sangre" (Mateo 27:6). En el juicio de Jesús, Pilato se lavó las manos y declaró: "Soy inocente de la sangre de este hombre" (Mateo 27:24).

El apóstol Pablo escribió que los creyentes están justificados por la sangre de Cristo (Romanos 5:9). Esta justificación o postura justa con Dios se llevó a cabo a través del sacrificio de sangre de Cristo (Romanos 3:25-26; 5:8). El escritor de Hebreos destacó el rol instrumental de la sangre porque trae el perdón (Hebreos 9:22). En la representación de la comunidad ideal de Cristo, los mártires en el libro de Apocalipsis se sitúan muy cerca del trono de Dios porque "ellos lo vencieron [Satanás] por la sangre del Cordero y por la palabra que ellos proclamaron; siempre estuvieron preparados para entregar sus vidas y morir" (12:11). La sangre del Cordero, Cristo, es el agente efectivo aquí y a lo largo del Nuevo Testamento, que trae consigo el contacto indirecto entre el pecador y Dios.

Observaciones Teológicas

Cuando se usa la frase "sangre de Cristo", los eruditos debaten si esto se refiere a la muerte de Cristo o la vida de Cristo que emana desde su cuerpo. Bajo el antiguo pacto, cuando mataban a un animal como parte del sistema de sacrificios, se derramaba sangre animal. Los eruditos se preguntan si el derramamiento de sangre animal era un indicio de que la vida había terminado o si la vida del animal ahora era liberada desde su cuerpo y era presentada como una ofrenda para Dios.

De esta misma manera, cuando Cristo murió en la cruz y su sangre fluyó, ¿se trataba de una señal sobre el término de su vida o de la liberación desde su cuerpo con el fin de ser presentado como una ofrenda para el Padre? Los eruditos que respaldan la segunda idea afirman que las referencias del Antiguo Testamento sobre la sangre son fuentes de vida (Génesis 9:4; Levítico 17:1; Deuteronomio 12:23) que se aceptan en el Nuevo Testamento. Aunque la muerte de Cristo fue desafortunada, el énfasis yace en su vida que fue liberada con el propósito de traer salvación.

Los eruditos que respaldan la primera idea, que es el punto de vista tradicional, señalan que la enorme cantidad de veces en las que la palabra "dam" se usa en el Antiguo Testamento tiene una connotación negativa relacionada con la muerte o la violencia. Por consiguiente, cuando los hebreos escucharon la frase "sangre de Cristo", se les vino a la mente una correlación con la muerte más que con la vida. De hecho, en Hebreos 9:14-15 se relaciona la "sangre de Cristo" con su muerte como si fuera un rescate.

SANGRE, CAMPO DE *Ver* Aceldama.

SANGUIJUELA Un animal chupasangre mencionado en Prov. 30:15. El proverbio dice metafóricamente que la sanguijuela tiene dos hijas, que gritan: "¡Dame! ¡Dame!".

SANO JUICIO Estar en su sano juicio es estar cuerdo. Después de que Jesús exorciza a los demonios llamados "Legión", el hombre anteriormente poseído se sienta a los pies de Jesús, completamente cuerdo, ya no está descontrolado (Mc. 5:15; Lc. 8:35). Pablo utiliza el término (Gr. sōphroneō) para contrastar la cordura con la locura (1 Cor. 5:13).

SANSANA Un pueblo entregado a Judá en la parte sur de su territorio (Js. 15:31). Existe la posibilidad de que también sea conocido como Hazar-susa (Js. 19:5) y Hazar-susim (1 Cr. 4:31) debido a su ubicación en la lista de ciudades con Siclag. Su ubicación precisa es desconocida.

SANSÓN El último juez de Israel cuya historia se encuentra en el Libro de los Jueces (la historia de la judicatura de Elí y Samuel se encuentra en 1 Samuel). El período de los jueces fue un tiempo de confusión espiritual, depravación moral y fragmentación política. La situación se hizo cada vez peor a medida que el tiempo avanzó en los Jueces, y la época de Sansón fue la peor de todas. Sansón no hizo nada, salvo satisfacer sus propios deseos y lujuria. A él no le preocupaba Dios, ni su familia o su nación. Incluso así, Dios lo utilizó para liberar a Israel a pesar de su pecado.

La madre de Sansón no había tenido hijos. Un ángel le anunció que tendría un niño, pero debía consagrarlo nazireato, un estatus santo especial. Números 6:1-21 describe las reglas por las cuales debe vivir una persona así, incluyendo no beber vino, no cortarse el cabello o tener contacto con nada muerto. (*Véase también* Nazireato). Cuando Sansón creció, no parecía especialmente interesado en observar los requerimientos nazireatos o incluso en actuar como un buen israelita. Contra los deseos de sus padres, incluso se casó con una mujer filistea (Jue. 14). Camino al matrimonio, tomó miel del cadáver de un león, rompiendo así el voto nazireato. También se le ocurrió un acertijo y apostó con sus padrinos filisteos que no podían resolverlo. Cuando lo hicieron (porque obligaron a su esposa a revelarles la respuesta), el mató a treinta filisteos para robar sus ropas para pagar la deuda. Esta historia establece un patrón para las siguientes historias de Sansón persiguiendo sus propios deseos y, cuando se frustraba, mataba filisteos o destruía sus propiedades. Sansón hacía esto para sus propios fines; Dios lo usaba para debilitar a los filisteos.La historia culminante es más de lo mismo. Sansón tomó a otra mujer filistea, Dalila.

Ella lo molestó para que revelara el secreto de su gran fuerza. Al principio, él la engaño dos veces diciendo que su fuerza disminuiría si fuese amarrado con "siete cuerdas frescas" (Jue. 16:7) o si ella tejía las siete trenzas de su cabello (16:13-14), ambas cosas que hizo, sin efecto. Finalmente, él cedió ante su persistencia y le dijo su secreto. Dalila entonces cortó su cabello, volviéndolo impotente. Después de que Sansón fue capturado, fue puesto en exhibición en el templo filisteo. Él oro por la fuerza para derribar el templo sobre las cabezas de los filisteos, y Dios se lo otorgo. "Así mató a muchos más filisteos cuando murió que mientras vivió" (16:30). Pero incluso este acto no fue realizado para la gloria de Dios, sino para "vengarse de

S

los filisteos por sus dos ojos" (16:28), que los filisteos le habían sacado. Incluso así, el libro de los Hebreos señala a Sansón como un ejemplo de fe, tal vez refiriéndose no a la su fe personal, sino al hecho de que Dios lo usó para impulsar sus propósitos de salvación (Heb. 11:32).

SANTASANCTÓRUM La estructura principal del tabernáculo y posteriormente del templo consistía de dos habitaciones, el lugar santo y el sanctasanctórum, este último también conocido como el "Lugar Más Santo" (Éx. 26:33-35; 1 Re. 6:19-21). El arca de la alianza se ubicaba en esta habitación, a la que entraba el sumo sacerdote una vez al año en el Día de la Expiación (Lv. 16).

SANTIFICACIÓN

Santificación y Santidad

En el sentido bíblico, la palabra "santificación" se relaciona directamente con las palabras hebreas y griegas para "sagrado" (qadosh y hagios, respectivamente). Uno incluso puede argüir que "hacer santo" sería preferible a "santificación" para subrayar la naturaleza entre estos términos. En las Escrituras, los términos españoles tales como "sagrado"/"santidad", "consagrar"/"consagración" y "santificar"/"santificación"/"santos" expresan cognados de qadosh/hagios.

A pesar de frecuentes énfasis por muchos escritores de que "sagrado" habla de separación y que "ser sagrado" significa "ser apartado", los términos bíblicos son relacionales y hablan primariamente de pertenencia. "Ser sagrado" (santificado) significa "pertenecer a Dios"; separación sigue sólo como la exclusividad que esta relación demanda.

Qadosh es el adjetivo de Dios. El carácter de Dios define el significado de "sagrado", no al revés. Sagrado, entonces, no puede reducirse a nociones religiosas de pureza (y/o exclusividad), sino que debe comprenderse a la luz de la completa expresión del carácter y la voluntad de Dios. Mientras otros adjetivos tales como "grande", "majestuoso" y "poderoso" también pueden describir a humanos, Dios exclusivamente determina el significado del adjetivo qadosh (hagios). "Sagrado" no tiene significado aparte de Dios. Los humanos (y las cosas) se hacen sagrados solo en la medida que pertenecen a Dios. Por ejemplo, una mesa ordinaria dedicada a Dios se convierte en una mesa sagrada. Las personas pertenecientes a Dios son personas sagradas. Diferentes de otros espíritus, el Espíritu Santo pertenece a Dios y expresa su presencia exclusivamente (cf. Is 6:3; 52:1).

Por consiguiente, santidad y presencia divina están íntimamente ligadas. Dios abre la puerta a su presencia, permitiendo la santificación (Jn. 17:18; 1 Cor. 1:2; Heb. 10:10), y llama a su pueblo a no violar su presencia relacional (2 Cor. 7:1; 2 Tim. 2:21; Heb. 12:14). La santificación, entonces, no es tanto una cualidad intrínseca "uno u otro" (otorgada o no otorgada) como es una cualidad relacional "más o menos" basada en la presencia dinámica de Dios. Puesto de otra forma, la perspectiva bíblica sobre la santidad se resiste a ser reducida a una dicotomía meramente "sagrado versus profano" y tampoco puede reducirse a una simple declaración (¡otorgada!) o a una lista específica de requerimientos piadosos (síes y noes).

Antiguo Testamento

La gradación del sacerdocio del AT en niveles de santidad que permitían entrada y servicio en menores y mayores intensidades de presencia de Dios destaca más aun esta calidad dinámica de lo sagrado. Aunque todas las personas de Israel eran sagradas (pertenecientes a Dios), los sacerdotes disfrutaban de un mayor grado de santidad que el israelita ordinario. Dentro de los rangos de los sacerdotes, el sumo sacerdote pasaba por rituales más estrictos de consagración (Éx.29:1-8, 20-21; Lv. 8:7-24; 21:13-15), ya que sólo él podía servir en la más intensa presencia de Dios (Lv. 16:1-17). Menos sagrados eran aquellos del linaje aarónico, nacidos con defectos físicos. Aunque suficientemente santos para comer de la mayoría de las ofrendas sagradas, ellos no podían servir en el altar (Lv. 21:16-23).

Los israelitas promedio poseían un menor nivel de santidad que los levitas y sacerdotes, pero podían, como individuos, adquirir mayores niveles de santidad a través de la obediencia (Lv. 11:44-45; Nm. 15:40-41). Además, votos especiales, como el de los nazireatos, aumentaban la calidad promedio de santidad de los israelitas. El voto nazireato (Nm. 6:1.21) no le transfería estatus sacerdotal a cualquier persona, pero sí elevaba la santidad de uno a un nivel comparable durante el período de dedicación.Esta conexión dinámica entre presencia divina y santificación se hace más evidente en los profetas. Ellos eran "hombres santos"porque estaban dotados del espíritu divino, y como el nivel de ese don variaba de profeta en profeta, así variaba su efectividad como mensajeros de Dios. Los falsos profetas aun llevaban el nombre, pero su falta de devoción al Dios de Israel causaba que su mensaje no fuera preciso (e.g, Jr. 6:13-14).

Nuevo Testamento

La relación dinámica entre presencia divina y santidad se traslada directamente en el NT al uso de hagiasmos (y sus cognados). Aunque los Evangelios rara vez usan vocabulario de "santificación", la permanente polémica de Jesús contra los fariseos, que habían transformado su religiosidad (santidad) en una cuestión meramente de comportamiento llamativo, plantea lo mismo. La correlación de Juan de la santificación de Jesús como el Hijo de Dios con la experiencia de los discípulos del empoderamiento del Espíritu (Jn. 10:34-38; 17:17-19) indica lo mismo. La santificación no puede separarse de propósito y envío (20:21-23) y no puede reducirse a un proceso de aprendizaje conductas "cristianas" específicas. Esto, una vez más, sigue el patrón delineado en Hechos; fue la efusión del Espíritu que permitió a los discípulos vivir una vida cristiana, que requería el poder dinámico y creativo de la presencia de Dios (Hec. 1:8; 2:1-21).

La conversión de Pablo ejemplifica esta estrecha relación entre presencia divina y santificación (santidad). Al no alcanzar la experiencia de Dos que esperaba de cumplir la ley, Pablo encontró el acceso a Dios que prometía la ley en Cristo. Esto lo volvió en un teólogo del Espíritu que se enfocaba en la calidad relacional de la presencia de Dios. En el vernáculo de Pablo la "presencia divina", expresada a través del lenguaje de santidad o santificación, deriva del trabajo relacional de Espíritu Santo. Consecuentemente, la santificación se centra en profundizar la relación entre Dios y el cristiano imbuido del Espíritu. La santificación como un proceso de "aprendizajes" éticos surge sólo como un derivado; la ética es un subproducto de la presencia divina, no al revés. El antídoto a los vicios de la carne (Gal. 5:18-21) no es contrastar listas de virtudes del Espíritu, sino más bien un fruto, el producto o resultado de vivir en la presencia de Dios (Gal. 5:22-23).

Para Pablo, posesión del Espíritu era sinónimo con ser un cristiano (Rom. 8:9). Su preocupación involucraba la intensidad de la presencia del Espíritu. El Espíritu podía ser apenado y su presencia aplacada— una situación devastadora para el poder y santidad del cristiano (Ef. 4:30; 1 Tes. 5:19).

SANTIFICAR *Véase* Dedicar, Dedicación; Santo; Santificación.

SANTO DE ISRAEL Un título descriptivo enfatizando la naturaleza santa de Dios y su especial relación con su pueblo, Israel. El título ocurre treinta y dos veces en el AT en 2 Reyes, Salmos, Isaías y Jeremías. Como una designación predilecta en el libro de Isaías, el título ocurre doce veces en los capítulos 1-39 y catorce veces en los capítulos 40-66.

SANTO ESPÍRITU *Véase* Espíritu.

SANTO La santidad es un atributo de Dios y de todo aquello que es adecuado para asociación con él. Solo Dios es intrínsecamente santo (Ap. 15:4). Dios el Padre es santo (Jn. 17:11), al igual que el Hijo (Hec. 3:14), mientras "Santo" es la designación característica del Espíritu de Dios (Sal. 51:11; Mt. 1:18). El nombre de Dios es santo (Lc. 1:49), al igual que sus brazos (Sal. 98:1), caminos (Sal. 77:13) y palabras (Sal. 105:42).

En referencia a Dios mismo, la santidad puede indicar algo acerca de su singularidad y se asocia con atributos como su gloria (Is. 6:3), rectitud (Is. 5:16), y celoso, esto es, su adecuada preocupación por su reputación (Js. 24:19).

El lugar de residencia de Dios es el cielo (Sal. 20:6), y "santo" actúa en algunos contextos como un equivalente virtual para celestial (11:4).

S

El trono de Dios es santo (47:8) y los ángeles que lo rodean son "santos" (89:5; cf. Mc. 8:38).

Un corolario de la santidad de Dios es que debe ser tratado como santo (Lv. 22:32), esto es, honrado (Lv. 10:3), adorado (Sal. 96:9) y temido (Is. 8:13). Mientras "santo" a veces se dice que significa "apartado", este no parece ser su significado central, aunque es una noción asociada (Lv. 20:26; Heb. 7:26). La santidad, aplicada a personas y cosas, es un concepto relacional. Ellos son (explícita o implícitamente) santo "para el Señor" (Éx.28:36), nunca "de" algo.

La representación simbólica del palacio celestial de Dios, el tabernáculo (Éx. 40:9) y posteriormente el templo (1 Cr. 29:3) y todo lo asociado a ellos es santo. Y también los medios por los que el pueblo de Dios en el AT puede simbólicamente acercarse a Dios. Para que Dios comparta su presencia con algo o alguien más, ellos también deben ser santos (Lv. 11:44-45; Heb. 12:14).

El sistema de adoración del AT involucraba la distinción entre impuro y puro y entre común y santo y los medios de efectuar la transición a un estado de pureza o santidad (Lv. 10:10). Las personas, los lugares y elementos pueden ser santificados a través de un proceso de consagración o santificación ya sea por la presencia purificadora de Dios (Éx.3:5) o por actos rituales (Éx.19:10; 29:36).

La santidad puede ser un atributo de lugares marcados por la presencia de Dios (Éx.3:5; Sal. 43:3). Igualmente, momentos particulares, especialmente el día del Sabbat (Éx.20:8) son declarados santos. El pueblo fiel de Dios es descrito como santo (Éx. 19:6; 1 Pe. 2:9). En el AT, esto es verdad de todo el pueblo de Dios en un nivel y de individuos particulares en otro. Así, reyes (Sal. 16:10), profetas (2 Re. 4:9) y los sacerdotes en particular (Lv. 21:7) son declarados santos. Mientras el AT da testimonio de cierta tensión entre la santidad colectiva de Israel y la santidad particular de sus líderes designados (Nm. 16:3), estos últimos debían actuar como modelos y facilitadores de la santidad de Israel.

El profeta Zacarías visualiza un tiempo cuando las distinciones entre santo y común carecerán de significado (Zac. 14:20-21). Mientras vestigios de un lenguaje simbólico de la santidad permanece en el NT (e.g., la "ciudad santa" en Mt. 27:53) después de la muerte y resurrección de Cristo el NT ya no opera con la santidad simbólica del AT. Más bien, este lenguaje es apropiado para explicar lo que implica la verdadera santidad en las vidas del pueblo de Dios (Rom. 12:1; Ef. 2:21).

Todos los cristianos son santos ("santos" [griego hagioi] significa "los santos" [e.g., Rom. 1:7]), incluyendo en cierto sentido los miembros de la familia de un creyente (1 Cor. 7:14). La santidad del pueblo de Dios es a la vez definitiva, por virtud del trabajo salvador de Cristo (Heb. 13:12) y progresiva, para provocar y empoderar a través de su Espíritu Santo, viviendo santa y justamente (Rom. 6:19; 1 Tes. 4:7-8). Tanto la iniciativa divina como la actividad humana con respecto a la santidad puede verse en textos tales como Lv. 20:8; Heb. 10:14. El objetivo de la disciplina cristiana es que podamos compartir la santidad de Dios (Heb. 12:10).

SANTOS Usado en referencia al pueblo de Dios en el AT y el NT, la palabra hebrea qadosh (e.g., Sal. 16:3) y la palabra griega hagios (e.g., Hec. 9:13; 2 Cor. 1:1) enfatizan ser señalado o consagrado. La raíz hebrea también se utilizaba para designar a prostitutas de culto (qadeshah) como "consagradas", aunque en las Escrituras este uso es relativamente infrecuente (e.g., Gn. 38:21; Dt. 23:17). Otra palabra hebrea a veces traducida como "santo" es khasid (e.g., 1 Sm. 2:9; Sal. 30:4; 31:23 KJV), que enfatiza la fidelidad y devoción a Dios. En términos bíblicos, entonces, los santos de Dios son aquellos que él ha designado como pertenecientes a él y que viven en fidelidad a él. No son necesariamente notados por su santidad excepcional o acciones meritorias. Por ende, Pablo coloca "sus santos" en paralelo con "todos los que han creído" (2 Tes. 1:10 NRSV). La Biblia habla de los santos como necesitados (Rom. 16:2; 2 Cor. 8:4; 9:1, 12) y perseguidos (Ap. 13:7), pero también como llamados a resistir (Ap. 13:10) y ofrecer ayuda, especialmente a otros santos (Rom. 12:13; Gal 6:10; 1 Tim. 5:10). Los santos son los receptores de la fe (Jds. 1:3), de la gracia (Ap. 22:21), y de equipamiento especial para el ministerio en

S

la iglesia (Ef. 4:12) y la oración (Ap. 5:8, 8:3-4). Como aquellos que pertenecen al Señor, los santos serán levantados para la vida eterna (Jn. 6:39; 1 Cor. 15:22-23).

Santo, sin embargo, ha derivado en un título dado a cristianos de mérito excepcional, beatificados o canonizados por la Iglesia Católica Romana. La necesidad de canonización y beatificación surgió de la doctrina católica de la veneración, invocación e intercesión de los santos (ver Agustín, Quaest. Hept. 2.94; Faust 20.21) y está conectado con la doctrina católica de la "comunión de los santos" (una frase extraída del Credo de los Apóstoles), que incluye creyentes en el cielo, en la tierra y en el purgatorio, reconociéndolos como santos en el sentido general por virtud de ser redimidos y apartados para compañía con Dios.

Estas doctrinas sugieren que tal como Pablo, por ejemplo, solicitó las plegarias de la iglesia en la tierra (Rom. 15:30; 2 Cor. 1:11), así también las plegarias por parte de los miembros de la iglesia en el cielo pueden solicitarse. La canonización, entonces, públicamente establece que personas puede saberse ciertamente que están en el cielo y puede pedírseles apropiadamente interceder por la iglesia en la tierra.

Los protestantes, basados en la intercesión única de Jesucristo (1 Tim. 2:5), excluyen la invocación de santos celestiales como innecesaria e injustificada. Ellos además no encuentran bases en las Escrituras para la doctrina del purgatorio. Por ende, el entendimiento de los protestantes de la comunión de los santos se enfoca en los creyentes en la tierra, quienes, "estando unidos unos a otros en el amor, tienen comunión en los regalos y gracia de unos y otros y están obligados a la realización de esas tareas, públicas y privadas, para conducir a su bien mutuo, tanto dentro como fuera del hombre" (Confesión de Fe de Westminster 28.1).

SANTUARIO Un lugar apartado para la adoración. En la Biblia, un santuario es un lugar consagrado para Dios o para ídolos.

SAPO Con una excepción (Ap. 16:13), cada mención de sapos en la Biblia se hace en conexión con la segunda gran plaga registrada en Éx. 8:1-15. Esta plaga es recordada en Sal. 78:45; 105:30. Los sapos eran tan numerosos y estaban tan extendidos que no había escapatoria de ellos; incluso saltaban en las camas de los egipcios y utensilios de cocina.

Esta plaga puede haber estado dirigida contra la diosa egipcia sapo de la fertilidad, Heket (esposa de Jnum, guardián del Nilo, quien fue golpeado por la primera plaga). Es notable que, como con las primeras dos plagas egipcias (el Nilo ensangrentado, los sapos), en Ap. 16:12-13 tres espíritus sapo demoníacos aparecen después de que otro gran río es golpeado, el Éufrates. Así, incluso esta excepción sigue el patrón del éxodo.

SAQUEO Propiedad o personas tomadas por individuos después de ganar una batalla. El saqueo podía incluir personas o cualquier cosa de valor para los captores. El saqueo se diferencia a veces del botín en que el botín es tomado por la nación victoriosa como un derecho de conquista, mientras que el saqueo es tomado por soldados individuales. *Ver también* Botín.

SARA La esposa de Abraham, el padre de Israel y el pueblo elegido de Dios. De este modo, Sara es una matriarca (madre) de Israel junto con Rebeca y Raquel. Cuando es presentada, su nombre es dado como Sarai, pero Dios lo cambia a Sara (al mismo tiempo que el nombre de Abram es cambiado a Abraham [Gn. 17:15-16]). Ambos nombres significan "princesa". La significancia del cambio puede ser sutil, ya que Sarai es una versión semítica oriental de semítico occidental Sarah, indicando su transición de Mesopotamia a la tierra prometida.

De acuerdo al Gn. 11:29-30, Sarai se casó con Abram antes de entrar a la tierra prometida. El pasaje también anuncia que ella era estéril. Ya que una parte esencial de las promesas divinas a Abram es que será el padre de una gran nación, la carencia de descendencia es considerada un problema e impulsa gran parte de la trama de la narrativa (especialmente Gn. 12-26).

En breve, la inhabilidad de Sarai para concebir es un obstáculo al cumplimiento de la promesa y una amenaza a la fe de Abram. Por ende, cuando una hambruna los obliga a ir a Egipto para sobrevivir, él le dice a su esposa

S

que mienta sobre su estado diciendo que es su hermana. Aunque es verdad que ella es su media hermana, la declaración es una mentira porque esconde la parte más importante de su relación con ella y pone a la matriarca en peligro (Gn. 12:10-20; 20:12).

La fe de Abraham (la narrativa no revela el pensamiento de Sarah excepto tal vez en Gn. 18:10-15, cuando ella se ríe ante la idea de dar a luz en su vejez) en la capacidad de Dios para cumplir su promesa fluctúa y, ciertamente, no llega a una posición consistente de confianza incluso justo antes del nacimiento de Isaac (Gn. 20). De hecho, actuando por miedo e intentando producir un heredero, Abraham toma una concubina, Hagar, quien da a luz a Ismael. La relación de Sara con Hagar es problemática (Gn. 16), y Sara la trata duramente y eventualmente hace que Hagar e Ismael sean expulsados de su campamento (21:8-21).Eventualmente, a avanzada edad, Sara da a luz a Isaac, el hijo de la promesa (Gn. 21:1-7). Sara no es mencionada en la historia de la "atadura de Isaac", el foco otra vez puesto en la fe de Abraham. Sara fallece primero que Abraham y este le compra una parcela a Efrón el heteo para enterrarla (Gn. 23), la primera porción de la tierra prometida poseída por gente de promesa. Esta ubicación cerca de Hebrón se convirtió en el lugar de entierro de Abraham y otros patriarcas.

Posteriormente, la literatura del AT frecuentemente mira a Abraham como patriarca, pero solo Is. 51:2 explícitamente menciona a Sara en su rol de cofundadora del pueblo de Dios. Ella también es mencionada en el NT, junto con Abraham, como a través de quien Dios cumple la promesa de un hijo (Rom. 4:19; 9:9; Heb. 11:11). En 1 Pe. 3:6, Sara es presentada como de la sumisión de esposa porque obedece a Abraham y se refiere a él como su señor (probablemente una referencia a la versión griega de Gn. 18:12).

SARAF Hijo de Sela, hijo de Judá, él junto a Joás, gobernó en Moab y Jasubí-léhem (así NIV; NRSV toma el verbo como indicando que se casó con Moab), tal vez durante el reinado de David o Salomón, cuando Israel tuvo control de esa área (1 Cr. 4:22).

SARAI Un descendiente de Binúi que estaba entre los culpables de casarse con mujeres extranjeras (Esd. 10:40).

SARAI *Véase* Sara.

SARDIS Una ciudad de la antigua provincia romana de Asia, estaba ubicada

La cueva de Machpelah en Hebrón, el sitio tradicional de la tumba de Sara. Este edificio, conocido como la tumba de los patriarcas, se alza sobre la cueva.

UBICACIÓN DE SAREPTA

una piedra preciosa naranjo-rojiza que adorna la coraza de Aarón (Éx. 28:17; 39:10) y el rey de Tiro (Ez. 28:13). La última es una piedra preciosa usada en la imaginería gemológica del trono de Dios y es la sexta piedra fundacional en el muro de la nueva Jerusalén (Ap. 4:3; 21:20).

SAREPTA Un pequeño pueblo sidonio (Lc. 4:26 KJV) donde una viuda sirvió a Elías una comida con todo lo que le quedaba en su hogar (1 Re. 17:7-24). Su fe y las milagrosas provisiones de Dios para ella a cambio durante los tres años de hambruna son contrastadas con la falta de fe de los israelitas. En el Día del Señor, Dios promete que los exiliados de Israel serán capaces de extender el borde occidental hasta este pueblo (Ab. 20).

SARETÁN Una ubicación mejor conocida por su asociación con el cruce del río Jordán por parte de los israelitas. Josué 3:16 indica que el Jordán "se amontonó en una ruma" en un pueblo llamado "Adán", que se dice estaba cerca de Saretán y a una "gran distancia" de donde los israelitas verdaderamente cruzaron. Varias ubicaciones se han propuesto como la posición precisa de Saretán, tanto al este como al oeste del Jordán. El pueblo se menciona en 1 Re. 4:12 como en la vecindad de Bet-Seán, bajo Jezreel, y en 1 Re. 7:46; 2 Cr. 4:17 como la ubicación en la planicie de Jordán, donde Hiram hacía moldes en arcilla para construir el templo.

aproximadamente a ochenta kilómetros de Éfeso, en la moderna Turquía. Durante el siglo seis a.C, Sardis estaba entre las ciudades más ricas y poderosas del mundo. Su prominencia sin embargo estaba en relativa declinación en siglos posteriores. En el año 17 a.C. un severo terremoto destruyó la ciudad, aunque fue rápidamente reconstruida dentro de la década. La iglesia en Sardis está dentro de las siete iglesias mencionadas en el libro del Apocalipsis (Ap. 1:11). El mensaje a ella refleja una iglesia complaciente que descansa sobre sus logros pasados (Ap. 3:1-6).

SARDIUS La versión de KJV para la palabra hebrea 'odem (NIV: cornalina) y la palabra griega SARDION (NIV: rubí). La primera es

SAREZER **(1)** Hijo de Senaquerib, rey de Asiria. Él y su hermano, Adramelec, asesinaron a su padre "mientras adoraba en el templo de su

S

dios Nisrok" varios años después de que se retiró del asedio de Jerusalén. Sarezer y Adramelec escaparon a Ararat y Asarhaddón tomó el trono de Asiria (2 Re. 19:37; Is. 37:38).

Registros antiguos confirman que Senaquerib fue asesinado por un hijo, pero mencionan sólo a un atacante. **(2)** Un hombre que las personas de Betel enviaron, junto con Regem-Melecm, en tiempos de Zacarías a preguntarle por las prácticas de adoración de Dios (Zac. 7:2). Interpretaciones alternativas del texto hebreo harían de Sarezer uno de los que envió a quienes fueron a preguntar y no uno de los enviados.

SARGENTO En hechos 16:35, 38 la KJV traduce la palabra griega rabdouchos como sargento, refiriéndose a los (policías) oficiales enviados a liberar a Pablo y Silas de prisión.

SARGÓN El tercer gobernante del imperio neo-asirio, Sargón II (r. 721 – 705 a.C.) tomó el crédito por la derrota de Samaria por parte de su predecesor en el año 722 a.C. y adelantó las políticas de Tiglat-pileser III. Gran parte de su reinado estuvo marcado por guerra. Sus tres campañas occidentales llegaron hasta Egipto. Alrededor del año 714 a.C., Egipto incitó a Asdod y otros a rebelarse contra Asiria. Isaías le advirtió a Ezequías en contra de confiar en Egipto. El rol de Ezequías en la rebelión es incierto, pero parece haber escuchado la advertencia de Isaías. En la tercera campaña de Sargón, el año 712 a.C., capturó Asdod (Is. 20:1) y otras ciudades, hoy en la Franja de Gaza. Subsecuentemente, él derrotó a Babilonia en el año 710 a.C. y removió a Marduk-Baladan, quien posteriormente se rebeló contra Senaquerib.

SARID El primer pueblo en la lista en la descripción limítrofe de la porción de tierra de Zabulón mencionado en Js. 19:10-12. Desde este punto lejano, los límites continuaban al oeste, este y norte. Respaldo para Tel Shadud como la ubicación de la bíblica Sarid existe tanto filológicamente en manuscritos LXX como arqueológicamente a través de vestigios que muestran niveles adecuados de ocupación.

SARÓN *Véase* Sharón.

SARPULLIDO Enfermedad a la piel ocasionada por la inflamación de los folículos del cabello. El sarpullido es la sexta plaga enviada por Dios sobre los egipcios (Éxodo 9:8-12), que es descrita como "úlceras purulentas" que provocan dolor. Este sarpullido, junto con las otras plagas, muestra el poder de Jehová para que su nombre sea declarado en toda la tierra (6:1-7; 9:16).

Como es una enfermedad contraída por la piel, un sacerdote examinaba el sarpullido para determinar si alguien que la padece es ritualmente puro o impuro (Levítico 13:18-23). En una ocasión, Dios escuchó las oraciones del rey Ezequías y sanó el sarpullido que lo afligía (2 Reyes 20:7; Isaías 38:21). El sarpullido es utilizado como una de las maldiciones del pacto por desobediencia (Deuteronomio 28:27, 35).

SARPULLIDO Interpretación de la KJV para la palabra hebrea 'aba'bu'ot que aparece en Éxodo 9:9-10 (RSV, LBLA: "furúnculos"; NVI, NRSV: "llagas").

SARSEQUIM *Véase* Nebo-Sarsequim.

SARTÉN En Lv. 2:7; 7:9 la KJV traduce la palabra hebrea markheshet como "sartén", haciendo referencia a una vasija usada para cocinar la ofrenda de cereal o hervir carne. Versiones más recientes lo traducen como "asadera" (NIV, NRSV, NET). Otro tipo de asadera, makhabat, se traduce como "plancha" (Lv. 2:5; 6:21; 7:9).

SARTÉN Un recipiente de bronce u oro con un mango, usado la adoración en el tabernáculo y en el templo. En la Biblia se mencionan tres usos: llevar carbones encendidos para prender fuegos para sacrificios, actuar como receptáculo para mechas usadas del candelabro e incienso quemado. El primer uso era común en una época sin fósforos. El tercer uso, con frecuencia traducido como "incensario", requería incienso en polvo para quemarse sobre carbones ardientes.

SARTÉN Un utensilio de cocina típicamente hecho de arcilla y, con menor frecuencia, de metal (Ezeq. 4:3), se usaba para cocinar ofrendas de grano (Lev. 2:7, 7:9, 1 Sam. 2:14), servir el pan (2 Sam. 13:9), hervir las ofrendas sagradas (2 Cr. 35:13), o cocinar carne (Miq. 3:3). Mil sartenes de plata tomadas por Nabucodonosor desde Jerusalén fueron recuperados del tesoro persa y devueltos por Ciro a Sesbasar, príncipe de Judá (Esd. 1:9).

SARUCH *Véase* Serug.

SARUHÉN Una ciudad simeonita dentro del territorio tribal de Judá, ya que Simeón no recibió una asignación tribal aparte (Js. 19:6). En pasajes paralelos, el lugar es llamado Silhim (asignado a Judá en Js. 15:32) y Saaraim (1 Cr. 4:31).

Textos egipcios mencionan Saruhén como el primer baluarte de los hicsos después de su expulsión de Egipto en el siglo dieciséis a.C. Saruhén ha sido identificada con Tell el-Far'ah (sur) y Tell Abu Hureirah/Tel Haror, pero la primera es demasiado pequeña para el asedio de tres años descrito en textos egipcios, y la última es ahora identificada más seguramente con Gerar. Una sugerencia reciente más viable es identificar Saruhén con el gran sitio de Tell el-'Ajjul.

SARVIA La madre de Joab, Abisai y Asael, los primeros dos se dice que eran hombres cercanos a David en sus campañas y el tercero se dice que era rápido como gacela (2 Sm. 2:18). Se dice que era hermana de David, lo que daría cuenta de la cercanía de sus hijos con David (1 Cr. 2:16). Se la menciona solo en referencia a sus tres hijos, cuyo padre no se nombra.

SASAC Un descendiente de Benjamín (1 Cr. 8:14) a través de Bería (NIV, KJV) o Elpaal (RSV, ESV). Tuvo once hijos (1 Cr. 8:14).

SASAI Uno de los descendientes de Binúi que estaban dentro de los culpables de casarse con mujeres extranjeras (Esd. 10:40).

SATÁN La palabra hebrea satan significa "acusador" o "adversario". Pasajes en el AT le conceden figuras humanas y divinas aplicando la justicia o impidiendo propósitos, con frecuencia en nombre de Dios (e.g., Nm. 22:22; 1 Re. 11:14). El satan aparece en Job 1-2 y Zac 3 como un miembro del consejo celestial responsable de acusar y procesar. En documentos posteriores judaicos del segundo templo y cristianos, satan aparece como el nombre propio del principal ser maligno divino. *Véase también* Diablo, Demonios.

SATÁN, SINAGOGA DE Una metáfora usada para describir a los persecutores judíos de la iglesia en Esmirna (Ap. 2:9) y en Filadelfia (3:9).

SÁTIRO En mitología griega y romana, los sátiros eran dioses silvestres asociados a la ebriedad y libertinajes sexuales y caracterizados con una mezcla de características humanas y caprinas (o equinas). Siguiendo el ejemplo de LXX y la Vulgata, algunas traducciones españolas más antiguas traducen el sustantivo sa'ir ("macho cabrío") como "sátiro" o "demonio".

En varios casos, el contexto sugiere la traducción "cabra", sin connotación de la entidad mitológica (Is. 13:21; 34:14). En dos casos, el contexto involucra la adoración de falsos dioses (Lv.17:7; 2 Cr. 11:15; y, con una pequeña enmienda textual, posiblemente 2 Re. 23:8). En tales casos, la traducción "ídolo caprino" puede ser una forma apropiada de evitar el anacronismo introducido al utilizar los términos derivados del griego "sátiro" o "demonio" en la traducción del texto hebreo.

SATISFACCIÓN En Nm. 35:31-32 la KJV traduce la palabra hebrea koper como "expiación", refiriéndose al "rescate" (NIV, NRSV, NET) que es rechazado como un sustituto por la pena de muerte por asesinato.

SÁTRAPA El título oficial de un gobernador gubernamental bajo la soberanía del rey de Persia. A estos gobernadores se les confiaba las provincias del Imperio Persa. De acuerdo a Dn. 6:1, Darío nombró a 120 de ellos en todo el imperio. Aparecen en los libros de Esdras, Ester y Daniel. La KJV traduce el término hebreo ('akhashdarpan) como "príncipe" o "teniente".

SAUCES, RIACHUELO DE LOS; SAUCES, UADI DE LOS *Véase* Arabim.

SAÚL (1) El primer rey de Israel (1 Sm. 9:1-2 Sm. 1:27; 1 Cr. 9:35-10:14). Por miedo a sus

S

enemigos los filisteos, como también descontento por los malvados hijos de Samuel, el pueblo de Israel le pidió a Samuel un rey como tenían todas las otras naciones (1 Sm. 8). Aunque Dios y Samuel expresaron descontento con la petición del pueblo, Dios dirigió a Samuel para que ungiera a Saúl como rey. La reticencia inicial de Saúl a hacer público su rol y su vacilación para confrontar a los filisteos inmediatamente no son signos de humildad, sino que son un temprano ejemplo del tipo de desobediencia a Dios y a su profeta, Samuel, que eventualmente traería sobre él la gran ira de Dios.

El primer fracaso significativo de Saúl, sin embargo, ocurre antes de una batalla con los filisteos, mientras él y su ejército están acampados en Gilgal (1 Sm. 13). Antes de iniciar la batalla había que ofrecer sacrificios. Samuel el sacerdote, sin embargo, llegó tarde. Saúl se puso nervioso porque sus tropas estaban desertando, así que sacrificó a los animales. Cuando Samuel llegó, confrontó a Saúl. Después de todo, con Dios del lado de uno, un gran número de tropas era innecesario. Saúl demostró con sus acciones una falta de confianza en Dios. Por esto, Samuel anunció que él no fundaría una dinastía de reyes (13:13-14).

Poco tiempo después, Saúl demostró su desobediencia en otro importante aspecto de la guerra. Tras la victoria, el rey debió haber ofrecido inmediatamente todo el botín a Dios. Además, si el enemigo entraba en el territorio, todos los cautivos debían ser asesinados (*véase* Guerra Santa). Sin embargo, después de derrotar a los odiados amalecitas, (cf. Éx. 17:8-16; Dt. 25:17-19), Saúl se quedó con las ovejas y no ejecutó personalmente al rey Agag, su líder (1 Sm. 15). Por esto, Samuel anunció la decisión de Dios de removerlo del reinado y ungir a otro rey (15:26).

En ese momento, Samuel ungió a David, pero David no se convirtió en rey inmediatamente (1 Sm. 16:1-13). Durante un tiempo, David entró al servicio de Saúl (16:14-23). Nunca fue la intención de David remover por la fuerza a Saúl del trono (1 Sm. 24; 26), pero Saúl se volvió intensamente celoso de este popular joven. De hecho, Saúl era un hombre profundamente plagado de problemas mentales, tal vez depresión y paranoia, incluso antes del conflicto con David. Sus celos también lo pusieron en conflicto con su valiente hijo, Jonatán, que tenía una profunda amistad con David. Saúl expulsó a David de la corte y luego gastó mucha de su energía en perseguirlo y matarlo. Sin embargo, no tuvo éxito.

Eventualmente, Dios abandonó a Saúl. Fue derrotado y muerto por los filisteos en la batalla del Monte Gilboa (1 Sm. 31), David lamentó su muerte y la de su amigo, Jonatán (2 Sm. 1).

(2) Otro nombre para el apóstol Pablo (*véase* Pablo).

SAULITA Un descendiente de Shaúl, hijo de Simeón. El clan saulita era uno de los cinco clanes de Simeón (Nm. 26:12-14).

SAULITAS Descendientes o partidarios del Rey Saúl.

SAVE El término significa "plano" y es usado en Gn. 14:17 para designar el lugar donde Abram se encontró con los reyes de Salem y Sodoma ("El Valle de Save, esto es, el Valle del Rey"). Ya que el Valle del Rey también es mencionado en 2 Sm. 18:18 (donde Absalón erigió un monumento), parece probable que el "Valle de Save" se refiera a un lugar de confluencia de los valles de Hinom, Tiropeón y Cedrón, justo al sur de Jerusalén. *Véase también* Save Quiriataim.

SAVE QUIRIATAIM Esta ubicación transjordanas, mencionada en Gn 14:5, más probablemente se refiere a una planicie cerca de la ciudad de Quiriataim, que es mencionada en las inscripciones de la Piedra Moabita (línea 10) y puede identificarse con Khirbet el-Qureiyeh, ubicada nueve kilómetros al oeste de Madaba en la orilla de Wadi 'Uyum edh-Dhib. *Véase también* Quiriataim.

SYTHOPOLIS *Véase* Bet-shán.

SEAL Un descendiente de Bani, Seal fue un israelita que volvió a Jerusalén con Esdras y fue encontrado culpable de casarse con una mujer extranjera cuando Esdras quiso purgar a Israel de la influencia externa (Esd. 10:29).

SEARÍAS Un descendiente de Benjamín y Saúl. Searías era uno de los seis hijos de Azel (1 Cr. 8:38; 9:44).

SEAR-JASUB El hijo de Isaías, quien Dios mandó al profeta que lo llevara a ver al Rey Acaz (Is. 7:3). Sear-Jasub es un nombre simbólico y un mensaje al temeroso rey. Significa "[solo] un remanente retornará". Existe ambigüedad en "retornará", que podría indicar un regreso físico o arrepentimiento. El nombre es una garantía a Acaz de que él no tiene nada que temer de la alianza extranjera: solo un remanente de los ejércitos de Aram e Israel volverá a casa, o podría significar que solo un remanente se volver a Dios en la fe.

SEBA **(1)** Hijo de Cus (Gn. 10:7; 1 Cr. 1:9; cf Is. 43:3). **(2)** Un reino localizado en las modernas Eritrea y Etiopía. Las personas de Seba eran nombradas como sabeos (junto con las gentes de dos reinos descendientes de Ham). Presentes de Saba y Seba son requeridos en Sal. 72:10 como parte de la bendición del rey por parte de Dios. *Véase también* sabeos.

SEBA **(1)** Un descendiente de Cam, un hijo de Raama (Gn. 10:7; 1 Cr. 1:9). **(2)** Un descendiente de Sem, un hijo de Joctán (Gn. 10:28; 1 Cr. 1:22). **(3)** Un descendiente de Abraham a través de Quetura, la esposa del patriarca en la ancianidad (Gn. 25:3; 1 Cr. 1:32). **(4)** Un pueblo o villa entregada a los simeonitas dentro de la asignación tribal de Judá (puede ser un nombre alternativo para Beerseba; Js. 19:2).

(5) Un benjamita, hijo de Bicri, quien lideró una revuelta contra David (2 Sm. 20) en las postrimerías de la rebelión de Absalón. Joab persiguió a Seba a la ciudad de Abel Bet Maaca donde fue muerto por sus habitantes, y así la ciudad no fue asediada. **(6)** La región hecha famosa por su reina que visitó a Salomón para probar su sabiduría (1 Re. 10:1-13; 2 Cr. 9:1-12; véase también Job 6:19; Sal. 72:10, 15; Is. 60:6; Jr. 6:20; Ez. 27:22, 23; 38:13); la región se ubica en el sudoeste de Arabia (actual Yemen). **(7)** Un gadita de la época de Jotam, rey de Judá, y Jeroboam, rey de Israel (1 Cr. 5:13).

SEBA Un pozo cavado por los sirvientes de Isaac (Gn. 26:33). Su nombre ("juramento" o "siete") y el de su pueblo Beerseba ("pozo del juramento" o "pozo de los siete"), conmemoraba un juramento (cf. Gn. 21:31; 26:26-33).

SEBA, REINA DE Una reina que vino a Jerusalén a visitar a Salomón (1 Re. 10; 2 Cr. 9; cf. Mt. 12:42). Seba probablemente se ubica en el sudoeste de Arabia (actual Yemen). *Véase también* Sabeos.

SEBAM Un pueblo en Cisjordania entregado a las tribus de Rubén y Gad por Moisés (Nm. 32:3; Sibma en Js. 13:19). La referencia a Sibma en Nm. 32:38 es probablemente el mismo pueblo, reconstruido por los gaditas, y Sebam puede en realidad ser una alteración del nombre original Sibmah. Se había convertido en un pueblo moabita para la época de Jeremías e Isaías y aparentemente era conocida por sus exuberantes vides y frutas de verano (Is. 16:8; Jr. 48:32). *Véase también* Sibma.

SEBANÍAS **(1)** Uno de varios músicos sacerdotales designados por David para soplar trompetas en la procesión del arca de la alianza (1 Cr. 15:24). **(2)** Un levita que lideró la adoración pública durante las reformas de Esdras (Neh. 9:4-5). **(3, 4)** Dos levitas nombrados en Neh. 10:10, 12. **(5)** Un sacerdote que firmó la alianza en Neh. 10:4, posiblemente llamado "Sechanías" en Neh. 12:3.

SEBARIM Una ubicación nombrada en la batalla de Hai (Js. 7:5). Literalmente significa "lugares rotos", el nombre puede referirse a un terreno quebrado a pocos kilómetros al sudeste de Hai. Muchas traducciones simplemente transliteran la palabra hebrea como el nombre de este lugar, pero NIV la traduce como "canteras de piedra".

SEBATH El undécimo mes del año de acuerdo al calendario babilonio (aproximadamente febrero/marzo). *Véase* Zac. 1:7.

SEBER Un descendiente de Judá a través de Caleb (1 Cr. 2:48). Seber y tres hermanos nacieron de la concubina de Caleb, Maaca.

SEBNA Sirvió como alto funcionario del rey Ezequías y como uno de sus intermediarios (2 Re. 18:18; 19:2; Is. 36:3; 37:2). Fue criticado por Isaías (Is. 22:15-25).

SEBUEL *Véase* Subael.

SECACA Uno de los seis pueblos desiertos heredados por Judá tras la entrada inicial de los israelitas en la tierra prometida (Js. 15:61). Se cree que está alrededor de Betania cerca del Mar Muerto, pero la ubicación exacta es debatida.

SECANÍAS **(1)** Un descendiente de David y Hananías (1 Cr. 3:21-22). **(2)** Un sacerdote cuya familia fue asignada al servicio del templo durante la época de David (1 Cr. 24:11). **(3)** Uno de los sacerdotes que distribuían ofrendas voluntarias durante la época de Ezequías (2 Cr. 31:15). **(4)** El ancestro de un grupo familiar que volvió del exilio con Esdras (Esd. 8:3).

(5) El cabeza de familia de un grupo que retornó del exilio con Esdras (Esd. 8:5). **(6)** Hijo de Jehiel, sugirió que él y otros hombres culpables de casarse con mujeres extranjeras hicieran una alianza para mandarlas lejos (Esd. 10:2). **(7)** Padre de Semaías, uno de los hombres que ayudaron a Nehemías en la reconstrucción del muro de Jerusalén (Neh. 3:29). **(8)** El suegro de Tobías, un hombre que se oponía a Nehemías (Neh. 6:18). **(9)** Uno de los sacerdotes que volvieron del exilio con Zorobabel (Neh. 12:3).

SECRETARIO Un trabajador calificado y entrenado en la escritura que preparaba registros, copias y cartas. Los escritores antiguos, incluyendo los autores de cartas bíblicas, usaban secretarios (Rom. 16:22), que trabajaban a partir de notas para crear borradores, re trabajando el material hasta que el autor estaba satisfecho. *Véase también* Copista.

SECTA Un grupo o facción con creencias y practicas distintivas. El autor de Hechos usa "secta" (gr. hairesis) para referirse a los saduceos, los fariseos y cristianos, sin connotaciones peyorativas (Hec. 5:17; 15:5; 24:5, 14; NIV: "partido" en 5:17; 15:5). Pablo usa el término de manera más crítica (e.g., Gal. 5:20).

SECÚ Un lugar entre Ramá y Gabaa donde Saúl inquirió por Samuel y David (1 Sm. 19:22). Secú era conocido por su gran pozo. Su ubicación es debatida.

SECUESTRO Este crimen se menciona al menos dos veces en el AT (Éx. 21:16, Dt. 24:7) y una vez en el NT (1 Tim. 1:10 [NVI, "traficantes de esclavos"]). Es posible, sin embargo, que el crimen también se haya previsto, o incluso tal vez una preocupación principal, en el octavo mandamiento (Éx. 20:15, Dt. 5:19). La palabra traducida como "robar" allí es la misma que se traduce como "secuestro" en Éx. 21:16; Dt. 24:7. El hecho de que los siete mandamientos anteriores involucran crímenes capitales le da crédito a esta sugerencia anterior. Robar posesiones materiales no sería un crimen capital, pero el robo de personas sí.

SEDA En la antigüedad, la seda era importada al mundo mediterráneo desde el Lejano Oriente y, por ende, era un bien de lujo. El secreto de su

Inscripción en una tumba excavada en la roca en Silan, cerca de Jerusalén (siglo VII aC). El texto dice que la tumba es la del "mayordomo real", que quizás sea Sebna, el funcionario criticado por Isaías (Isaías 22: 15–16) por construir una tumba demasiado conspicua.

manufactura era celosamente protegido hasta la Edad Media. Existe una sola mención cierta de la seda en la Biblia, en Ap. 18:12 (griego sirikos).

Algunas traducciones inglesas más antiguas del AT se refieren a la seda, pero la palabra hebrea (shesh) probablemente se refiere a un tejido de lino. La palabra griega de la que deriva la palabra e "seda" (cf. latín sericus) vino a las lenguas clásicas como un préstamo del mundo semita a través del cual pasaba la ruta terrestre del comercio de la seda y probablemente se remonta a la palabra china para "seda", por la cual los chinos mismos eran conocidos entre los geógrafos clásicos (Sēres).

SEDEQUÍAS **(1)** El hijo de Quenaana, era uno de los cuatrocientos profetas que falsamente anunciaron que Dios daría el éxito al rey Acab y rey Josafat en sus campañas militares propuestas contra Ramot de Galaad (1 Re. 22:11). Recibió la oposición del profeta Micaías, hijo de Imla. **(2)** Hijo de Maasías, fue un falso profeta durante el período de Jeremías. Jeremías profetizó que él, junto a otro falso profeta, Acab, serían entregados al rey Nabucodonosor, quien lo mataría (Jer. 29:21). **(3)** El hijo de Hananías era un oficial de la corte en tiempos de Jeremías (Jr. 36:12). Estuvo presente para la lectura del pergamino de Jeremías. **(4)** Uno de los oficiales que selló el acuerdo de la alianza postexílica del pueblo (Neh. 10:1 [KJV: "Zidkijah"]). Su nombre aparece segundo al de Nehemías, lo que implica cierta importancia.

(5) El último rey de Judá. Llamado Matanías al nacer, era el hijo menor de Josías y Hamutal (2 Re. 24:18; Jr. 1:3). Sedequías fue rebautizado cuando Nabucodonosor lo colocó en el trono y lo hizo jurar una alianza ante Dios (2 Cr. 36:13). Tenía veintiún años de edad cuando se le entregó el trono, después de que Nabucodonosor depuso a su sobrino Joacim. Gobernó nueve años, y luego se rebeló contra Nabucodonosor y hubo guerra por dos años. También se rehusó a seguir la dirección del profeta Jeremías (2 Cr. 36:12). Fue considerado "malo a los ojos del Señor", junto con todos los partidos gobernantes de sacerdotes y oficiales durante su reinado.

SEDEUR Padre de Elisur, que fue el líder tribal de Rubén durante el vagabundeo por el desierto (Nm. 1:5; 2:10; 7:30, 35; 10:18).

SEDICIÓN Conducta o discurso que conduce a la gente a rebelarse contra su gobierno establecido. Ezequías se rebeló contra el rey de Asiria (2 Re. 18:7), y Sedequías se rebeló contra el rey de Babilonia (2 Re. 24:20). Después Ciro decretó que los exiliados judíos debían regresar a Jerusalén y reconstruir su templo, los locales se resistieron enviando cartas maliciosas al gobierno persa. Estas identificaban a los judíos como un pueblo rebelde que sería una amenaza si se les permitía persistir (Esd. 4:15). Cuando los fariseos le preguntaron a Jesús si los judíos debían pagar impuestos al César, estaban intentando engañarlo. Su apoyo al impuesto lo alienaría de la gente, mientras que su oposición lo convertiría en un instigador de sedición. Jesús superó en astucia a su trampa política (Mt. 22:15-22).

SEERA Hija de Berías y descendiente de Efraín, ella construyó Baja y Alta Bet-Horón al igual que Uzen-Seera (1 Cr. 7:24).

SEFAM Un pueblo fronterizo al costado este de la tierra prometida (Nm. 34:10). Su ubicación exacta es incierta.

SEFAR Un pueblo usado como demarcación por los descendientes de Joctán (Gn. 10:30). La mayoría de los estudiosos han argüido que es el pueblo conocido por nosotros como Zafar, a lo largo de la costa del Océano Índico.

SEFARAD La única mención bíblica del lugar llamado Sefarad es en Ab 1:20, en un pasaje en el cual el profeta promete la restauración de varias entidades exiliadas de Israel. Entre ellas, "los exiliados de Jerusalén que se encuentran en Sefarad poseerán los pueblos de Neguev". Esta ubicación es desconocida de otro modo, aunque inscripciones certifican la existencia de sátrapas persas (provincias) en Asia Menor (Sardis) y Media con nombre similares. La tradición postbíblica identifica Sefarad con España, de manera que las comunidades judías de la Península

S

Ibérica han sido tradicionalmente descritas como sefardíes o judíos sefardíes.

SEFARVAIM Una demarcación para dos ciudades, ambas llamadas Sippar, en lados opuestos del Éufrates. Los residentes de las ciudades son llamados sefarvitas (2 Re. 17:31). Sippar de Shamash y Sippar de Annunitu tenían grandes templos para los dioses babilonios del sol Shamash y las diosas Ishtar y Anunit. Exiliados de estos dos pueblos fueron traídos para reasentarse en Samaria después de que los asirios conquistaron las tribus del norte de Israel (2 Re. 17:24, 31; 18:34; 19:13). El ejército asirio provocó a los habitantes de Jerusalén con sus gestas sobre estas ciudades (Is. 36:19; 37:13). El lugar arqueológico actual es Abu Habbah, que ha producido muchos hallazgos.

SEFARVITAS *Véase* Sefarvaim.

SEFAT Una ciudad cananea destruida por los israelitas tras la muerte de Josué (Jue. 1:17) y rebautizada "Horma". *Véase también* Horma.

SEFATÍAS **(1)** El quinto de seis hijos nacidos a David mientras reinó en Hebrón (2 Sm. 3:4; 1 Cr. 3:3). Su madre era Abital. **(2)** Un benjamita que desertó de Saúl a David en el período anterior a que David fuera rey (1 Cr. 12:5). **(3)** El hijo de Maaca, fue un oficial tribal en representación de Simeón durante los tiempos de David (1 Cr. 27:16). **(4)** Uno de los hijos del rey Josefat quien recibió valiosos regalos al morir su padre. Fue su hermano sin embargo, Jehoram, quien heredó el reino (2 Cr. 21:2). **(5)** Hijo de Matán quien, junto con otros tres, conspiró para arrojar a Jeremías en una cisterna (Jr. 38:1). **(6)** Padre de Mesulam, quien volvió del exilio a Jerusalén con Sesbasar tras el exilio (1 Cr. 9:8). **(7)** El líder de un clan que fue parte del temprano regreso a Judá del cautiverio babilonio en el año 539 a.C. o cerca de esa fecha (Esd. 2:4; Neh. 7:9). **(8)** Ancestro de una familia que pertenecía a los "siervos de Salomón" (Esd. 2:57; Neh. 7:59) y que regresó con Zorobabel en el año 539 a.C. o cerca de esa fecha. Poco se sabe de este grupo, excepto que probablemente realizaban tareas serviles en el templo, ya que están agrupados con los "sirvientes del templo" (véase netineos). El nombre del grupo sugiere que fueron formados durante el periodo de Salomón, aunque pueden haber recibido el nombre porque Salomón fue quien hizo construir el primer templo. **(9)** Ancestro de Ataías de Judá que se reasentó en Jerusalén en tiempos de Esdras y Nehemías (Neh. 11:4).

SÉFER Una montaña en la cual los israelitas acamparon durante su travesía por el desierto (Nm. 33:23-24 [KJV: Shapher]). Aparece entre Celata y Harada en la lista de sitios visitados, pero su ubicación es incierta.

SEFO El cuarto de cinco hijos de Sobal, un temprano líder edomita (Gn. 36:23). En algunas versiones de la Biblia (e.g., KJV, NASB, NRSV), es llamado "Sefi" en 1 Cr. 1:40.

SÉFORA La hija de Reuel (Jetro), el sacerdote madianita para el que trabajaba Moisés. Se convirtió en la esposa de Moisés, dándole dos hijos, Gersón y Eliezer. Séfora discutió con Moisés sobre la necesidad de la circuncisión, llamando a Moisés un "novio de sangre" (Éx. 4:25).

Ella fue enviada de vuelta a Madian antes de que Moisés volviese a Egipto, pero posteriormente se quedó con los israelitas migrantes hacia la tierra prometida (18:2-5). Existe mucha especulación acerca de si Séfora era la mujer etíope que era la fuente de la oposición de Miriam y Aarón a Moisés (*véase* Nm. 12:1).

SÉFORIS Una acrópolis a 288 metros sobre el nivel del mar y a casi un kilómetro de Nazaret. Séforis es tradicionalmente considerado como el lugar de nacimiento de María, la madre de Jesús. Después de que fuerzas romanas destruyeran Séforis en el año 4 a.C., fue hermosamente reconstruida por Herodes Antipas y se convirtió temporalmente en la capital de Galilea y Perea. Josefo la llamó "ornamento de toda Galilea" (Ant. 18.27). Séforis tenía un foro, la residencia real de Antipas, un teatro con cuatro mil asientos, obras hidráulicas, y otras estructuras típicas de una ciudad provincial significativa. Aunque Séforis no es mencionada en la Biblia, su proximidad a Nazaret ha alimentado la especulación académica de que la familia de Jesús conocía la ciudad y posiblemente estuvo involucrada en su construcción.

S

SEFUFÁN Un descendiente de Benjamín y ancestro del clan sufamita (Nm. 26:39). Algunos manuscritos hebreos dan el nombre "Supim" (así la NIV), que es seguido por el Pentateuco Samaritano y la Vulgata Latina. *Véase también* Supim, sufamitas.

SEGUB (1) Hijo menor de Jiel. Su vida, y la de su hermano Abiram, se perdieron cuando Jiel reconstruyó los cimientos y puertas de Jericó, cumpliendo la maldición pronunciada por Josué (1 Re. 16:34; Js. 6:26). **(2)** Hijo de Hesrón y padre de Jair (1 Cr. 2:21-22).

SEGUNDA MUERTE Un nombre del castigo eterno para los no creyentes en el infierno. En Ap. 20:14 el lago de fuego es descrito como la segunda muerte. De acuerdo con 21:8, "los cobardes, los no creyentes, los viles, los asesinos, los sexualmente inmorales, aquellos que practican las artes mágicas, los idolatras y todos los mentirosos—serán consignados al lago de fuego de sulfuro ardiente. Esta es la segunda muerte." Los creyentes tienen la gloriosa promesa que no serán dañados por la segunda muerte (2:11) porque "la segunda muerte no tiene poder sobre ellos" (20:6). *Véase también* Infierno.

SEGUNDA VENIDA El regreso persona de Jesús a la tierra al final de la historia. Tres términos griegos son principalmente usados en el NT para describir este evento: parousia, apokalypsis y epiphaneia. La palabra parousia significa "presencia" o "llegada" y era usada en tiempos antiguos para describir la llegada de un gobernante o rey (e.g., Mt. 24:3, 27, 37, 39; 1 Cr. 15:23; 1 Tes. 3:13; 4:15; 5:23; 2 Tes. 2:1, 8; Sant. 5:7-8; 2 Pe. 3:4, 12; 1 Jn. 2:28). El término apokalypsis se refiere a un "desvelamiento" o "revelación" de Jesucristo al final de la era (Rom. 2:5; 1 Cr. 1:7; 2 Tes. 1:7; 1 Pe. 1:7, 13; 4:13; cf. Ap. 1:1).

La palabra epiphaneia habla de una "aparición" o "manifestación" y se refiere a la aparición visible y terrena de Jesús (2 Tes. 2:8; 1 Tim. 6:14; 2 Tim. 4:1, 8; Tit. 2:13). Jesús claramente predijo su segunda venida en su Discurso de los Olivos: "Entonces aparecerá el signo del Hijo del Hombre en el cielo. Y entonces todos los pueblos de la tierra llorarán al ver al Hijo del Hombre viniendo sobre las nubes del cielo, con poder y gran gloria" (Mt. 24:30). Jesús usa la palabra "venir" en su discurso para hablar de su regreso (Mt. 24:39, 42-44, 46; 25:19, 27, 31). El regreso de Jesús también es predicho por ángeles (e.g., Hec. 1:11) y apóstoles (Flp. 3:20; Hec. 3:20-21; 1 Cr. 11:26; Heb. 9:28). El NT describe ciertos eventos que precederán la venida de Jesús. Habrá guerras, hambrunas, terremotos y otras perturbaciones cósmicas (Mt. 24:6-8, 29). Los creyentes serán perseguidos y odiados

Vista aérea de las excavaciones en la ciudad helenística de Séforis.

S

(Mt. 24:9-13, 21-22). Muchos creyentes antiguos se alejarán de la fe (Mt. 24:10-13; 1 Tim. 4:1; 2 Tim. 3:1-5; 2 Pe. 3:3-4). Habrá falsos mesías y falsos profetas que engañarán a muchos a través de signos y milagros (Mt. 24:11, 23-26). El "hombre de ilegalidad" (a veces mencionado como el anticristo) será revelado (2 Tes. 2:1-12). Además, el Evangelio será predicado a todas las naciones (Mt. 24:14). Aunque la venida de Jesús es segura, su tiempo exacto es incierto en el sentido de que no puede ser predicha. Jesús mismo dijo, "Pero acerca de ese día u hora nadie sabe, ni siquiera los ángeles en el cielo, ni el Hijo, solo el Padre" (Mt. 24:36 [cf. Hec. 1:7; 3:21; 2 Pe. 3:4, 8-9]). Cuando Jesús regrese, su retorno será visible para todos, como "un rayo que viene del este es visible en el oeste" (Mt. 24:27). La última trompeta anunciará su venida en asombroso poder y gran gloria con sus ángeles sagrados (Mt. 16:27; 24:30-31; 25:31; 1 Cor. 15:52; 1 Tes. 3:13; 4:16; 2 Tes. 1:7; 2:8; Judas 14). Su venida también será repentina e inesperada, "como un ladrón en la noche" (1 Tes. 5:1-2; *véase también* Mt. 24:37-39, 43-44; 2 Pe. 3:10; Ap. 16:15). Jesús vendrá otra vez por muchas razones. Él levantará a los muertos (Jn. 5:28-29; 1 Cor. 15:22-23, 52; 1 Tes. 4:16) y separará los malvados de los justos (Mt. 24:40-41; 25:31-32). Él transformará los cuerpos de los creyentes en cuerpos gloriosos y resucitados (1 Cor. 15:51-53; Flp. 3:20-21), reunirá a sus seguidores con él (1 Tes. 4:17; 2 Tes. 2:1) y premiarlos por su fidelidad (Mt. 16:27; 24:46-47; 1 Tes. 2:17p; 2 Tim. 4:8; 1 Pe. 5:4; Ap. 22:12). El sufrimiento de los creyentes será reemplazado con la alabanza del Señor (2 Tes. 1:7; 1 Pe. 1:7; 4:13) y la completa experiencia de salvación (Heb. 9:28).

Por contraste, el segundo advenimiento de Jesús significa ira para los malvados (Mt. 24:51; Rom. 2:5; 2 Tes. 1:8-9; Jds. 15; Ap. 20:11-15) y destrucción de los enemigos de Dios (1 Cor. 15:25-26; 2 Tes. 2:8; Ap. 19:11-21; 20:7-10). Ya que su venida es inminente pero su momento es incierto, los creyentes deberían esperar ansiosos su regreso (1 Cor. 1:7; 11:26; 16:22; Flp. 3:20; Sant. 5:7-8; Ap. 22:20). Permanecer observantes y listos consiste en mantenerse fielmente comprometidos en hacer lo que Jesús instruyó (Mt. 24:46; 25:14-30; 1 Jn. 2:28), incluso si significa sufrimiento (Mt. 24:13; 1 Pe. 1:6-7). Los creyentes son llamados a vivir una vida santa e inocente en anticipación a conocer a Jesús cara a cara (1 Tes. 3:13; 5:23; 1 Tim. 6:14; 1 Pe. 1:13; 2 Pe. 3:11-14; 1 Jn. 2:28-29; 3:2-3).

La promesa del regreso de Jesús es una motivación para la misión (2 Tim. 4:1-2; 2 Pe. 3:12) y obediencia (Ap. 22:7, 12, 17). Es, en breve, la "bendita esperanza" del creyente (Tit. 2:13).

SEGUNDO DISTRITO, SEGUNDO CUARTO *Véase* Barrio nuevo.

SEGUNDO Uno de los muchos compañeros de viaje de Pablo en su tercera campaña misionera, mencionado solo en Hec. 20:4. Segundo, (junto con Aristarco, de Tesalónica, pueden haber estado entre los "representantes de las iglesias" que acompañaban los regalos recolectados para Jerusalén (2 Cor. 8:16-24; *véase también* Hec. 24:17; Rom 15:25-26).

SEGURIDAD DEL CREYENTE La seguridad y resistencia de la salvación de un cristiano. Los teólogos a través de los siglos han debatido sobre si la salvación puede perderse, pero diversas líneas argumentativas tomadas de las Escrituras apoyan la enseñanza de que la salvación es, por su propia naturaleza, eterna.

Elección y Gracia

Pasajes sobre la elección divina revelan que aquellos que llegan a la fe lo hacen no meramente por elección personal, sino que, en última instancia, porque han sido elegidos por Dios (Ef. 1:4). Dios atrae a quienes él elige, y ellos responden a su llamado (Jn. 6:37, 44, 65). Si los creyentes genuinos pudiesen perder su salvación, implicaría que el propósito y plan de Dios en su elección han sido inefectivos, una idea que contradice las Escrituras (Jn. 6:39).El apóstol Pablo sostiene que la salvación es otorgada por Dios como un regalo de su gracia (Rom. 3:24; 6:23; Ef. 1:7; 2:8-9).

Este regalo libremente otorgado no puede ser merecido o ganado. No es entregado o retenido en base al carácter moral de una persona, sin importar qué tan noble o malvada sea, y nunca es ameritado o perdido a través de cualquier cosa que la persona hace, sin importar qué tan buena o mala sea la acción. Más bien es otorgado por algo que está dentro de la naturaleza de Dios, su carácter misericordioso, su propósito y su libre elección.

La salvación permanece debido a las mismas perfecciones que Dios no puede cambiar (Mal. 3:6; Sant. 1:17). Aunque la salvación es otorgada por la gracia de Dios, la fe es el medio por el cual se recibe (Rom. 3:21-25). Sin embargo, la fe no es un trabajo y nunca se dice que gane la gracia de Dios (Ef. 2:8). Las buenas acciones son evidencia de una vida que ha experimentado la gracia de Dios.

Renacimiento y Vida Eterna

Las Escrituras revelan que la salvación es impartida a través de la regeneración o renacimiento. Jesús la describe como "volver a nacer" (Jn. 3:3, 7). Pablo utiliza un concepto relacionado cuando escribe que somos salvados "a través del lavado del renacimiento" (Tit 3:5). Pedro enseña esencialmente lo mismo: "Él nos ha dado vida nueva" (1 Pe. 1:3). La vida que es impartida es "eterna" (Jn. 3:16; 10:28; 17:2; Rom. 6:23). Pablo sostiene que los regalos y el llamado de Dios son irrevocables (Rom. 11:29). Así, no existe noción en las Escrituras que un seguidor regenerado de Cristo alguna vez haya vuelto atrás, ni la vida eterna se transforma en algo temporal. Al rezarle al Padre, Jesús señala que los creyentes son un regalo del Padre al Hijo, y que ninguno de ellos se perderá (Jn. 17:2, 12). La perdición de Judas Iscariote claramente era parte del plan soberano de Dios (Jn. 17:12, Hec. 1:16).

Protección del Creyente

El Espíritu Santo se dice que sella o es el sello de los creyentes. Pablo escribe: "Al momento de creer, fueron marcado en él con un sello, el Espíritu Santo prometido" (Ef. 1:13). Esto se refiere a la propiedad y protección divina otorgada al creyente, que ha recibido "el Espíritu como un depósito", garantizando que Dios terminará el trabajo que comenzó (2 Cor. 5:5; Flp. 1:6).

Jesús enseñó la misma verdad acerca de la seguridad del creyente: "Nadie los arrebatará de mi mano. Mi Padre, quien me los ha dado, es más grande que todos; nadie puede arrebatarlos de la mano de mi Padre" (Jn. 10:28-29). Pedro declaraba esta misma confianza cuando escribió que el creyente esta escudado a través de la fe "por el poder de Dios" (1 Pe. 1:5). Uno de los argumentos más poderosos sobre la seguridad del creyente se encuentran en Rom. 8:38-39: "Ni la muerte ni la vida, ni los ángeles ni demonios, ni el presente ni el futuro, ni cualquier poder, ni la altura ni la profundidad, ni nada más en toda la creación podrá separarnos del amor de Dios que está en Cristo Jesús nuestro Señor". Algo más grande que Dios sería necesario para arrebatarle la salvación a aquellos a quienes él se las ha otorgado. No todos los cristianos creen que la Biblia enseña seguridad eterna, citando pasajes que parecen implicar que un individuo salvado puede perderse otra vez y sufrir el juicio eterno, probablemente refiriéndose a la severa pero temporal disciplina de Dios dirigida hacia sus hijos pecadores o hacia aquellos que se alejan de la fe porque meramente profesaban ser creyentes (Mt. 13:20-21, 24-30; Jn. 15:6; 1 Cor. 11:30-32; 2 Cor. 11:13-15; 2 Tim. 4:10, 14; Heb. 6:4-9; 10:26-31; 2 Pe. 2:1; 22; 1 Jn. 2:19; 5:16; 2 Jn. 9; Ap. 2:5, 16).

Pero aquellos que defienden la doctrina creen que estos pasajes no contradicen esta enseñanza; ellos meramente revelan que Dios propone lograr este trabajo con la cooperación del creyente (1 Jn. 5:4; Ap. 2:7, 11, 17, 26; 3:5, 12, 21).El escritor a los Hebreo, que establece algunas de las más severas advertencias en el NT, no obstante, sostiene que Dios es "capaz de salvar eternamente", y que sus lectores no pertenecían a aquellos que "retrocedieron y, por tanto, están perdidos" (Heb. 7:25; 10:39 NRSV). Judas asevera que Dios es capaz de presentar al creyente "sin falta" ante su presencia (Jds. 24). Esencialmente, esto es lo que Jesús dice en Juan 10:28-29: "Ellos nunca perecerán" (cf. 17:12). La pérdida de una oveja impugnaría el poder y el carácter de Dios, quien no solo salva por gracia, sino que nos cuida por su gracia y en su gracia (Rom. 5:2).

S

SEHARÍAS Uno de los seis hijos de Jeroham, era descendiente de Benjamín y un jefe y cabeza de la familia. Vivió en Jerusalén (1 Cr. 8:26).

SEHÓN El rey amorreo de Hesbón, quien se oponía al paso de los israelitas por su territorio en su viaje desde Egipto a Canaán (Nm. 21:21-22; Dt. 2:26-29). Moisés le informó a Sehón que los israelitas se quedarían en la carretera y pagarían por cualquier comida o bebida que necesitaran en el camino. Pero Sehón se rehusó y reunió a sus tropas para pelear contra Israel en el desierto (Nm. 21:23). Los israelitas derrotaron a Sehón y tomaron las ciudades y pueblos del reino (21:24-25).

SEIR, MONTE "Seir" significa "peludo" y deriva de la vellosidad de Esaú (Gn. 25:25) o de la boscosa naturaleza de la montaña. Está ubicado al sur del Mar Muerto. Aunque alguna vez fue ocupado por los horeos (Gn. 14:6), Yahveh otorgó el Monte Seir a los descendientes de Esaú (Dt. 2:4-12). Así, se utiliza en literatura bíblica y extrabíblica para referirse a Edom (2 Cr. 20:10-33). El sentido de seguridad de los edomitas, que surge de la altura y escabrosidad del Monte Seir, junto a su hostilidad contra Judá los volvió un objetivo constante de diatribas proféticas (Is. 63:1-7; Jr. 49; Ez. 35:2-15; Ab. 1).

SEIRÁ El punto de encuentro para Israel después de que Ehúd asesinase al Rey Eglón de Moab (Jue. 3:26). Fue desde aquí que Ehúd sopló el cuerno para reunir a las tribus para expulsar a los invasores extranjeros. La ubicación exacta es desconocida, pero se cree que está en las montañas de Efraín, cerca de las fronteras de Benjamín.

SELA La palabra hebrea sela' puede designar una altura rocosa o acantilado (*véase también* Roca), pero también es usado como nombre propio, "Sela" implicando algún tipo de "fortaleza de roca". **(1)** Una ciudad fortaleza en Edom que el rey Amasías capturó y renombro como Jocteel (2 Re. 14:7). Se encuentra cerca de Buseirah (bíblica Bosra) en Jordania actual.

(2) Un sitio en territorio amorreo (Jue. 1:36) de ubicación desconocida. **(3)** Una ciudad en territorio moabita (Is. 16:1), tal vez el mismo lugar mencionado en Jue. 1:36. **(4)** Sela-hama-lecot, en el Desierto de Maón, es el lugar donde Saúl dejó de perseguir a David y fue a encontrarse con los filisteos (1 Sm. 23:24-28). (*Véase* Sela-hama-lecot). **(5)** Sela de Rimón (NIV: "roca de Rimón [granada]"), en el de-sierto del territorio de Benjamín, al este de Gabaa; tal vez la gran cueva a dos kilómetros al este de Gabaa. Seiscientos benjamitas huyeron hacia allá para escapar de los israelitas (Jue. 20:45-47; 21:13). **(6)** Sela aparece en Is. 42:11, pero es difícil saber si indica un lugar de residencia escarpado (cf. Jr. 48:28) o tal vez se refiere al sitio en 2 Re. 14:7 o Is. 16:1.

SELA **(1)** Hijo de Arfaxad y padre de Heber (Gn. 10:24; 11:12-15; 1 Cr. 1:18, 24), quien Lucas (siguiendo a la LXX) llama Sala (KJV) y aparece en lista como el nieto de Arfaxad, hijo de Cainán, y padre de Heber en la genealogía de Jesús (Lc. 3:35). **(2)** Tercer hijo de Judá y una mujer cananea (Gn. 38:2-5; 46:12; 1 Cr. 2:3; 4:21) y tocayo de clan selanita (Nm. 26:20). **(3)** El nombre de la piscina (o estanque) en Jerusalén mejor conocida como Siloam (Neh. 3:15 NRSV, NIV mg; cf. Jn. 9:7).

SELAH Aunque la palabra hebrea selah aparece setenta y una veces en Salmos y tres veces en el libro de Habacuc, su significado permanece poco claro. La mayoría, sin embargo, concuerda con que representa un tipo de instrucción para adoradores. La LXX lo considera un interludio musical; otros lo ven como instruyendo a los adoradores a repetirse, mientras que otros sugieren la traducción "por siempre" (cf. Vulg.). Los que buscan el significado de la palabra en su etimología sugieren que dirige a los adoradores a cantar o tocar más fuerte o a orar.

SELA-HAMA-LECOT Una quebrada o barranco en el desierto de Maón, al sur de Hebrón y Zif en Judá, donde Saúl persiguió a David hasta que fue informado de una invasión filistea por un mensajero (1 Sm. 23:28). El nombre significa "roca de divisiones" (también "roca de separación" [NIV mg.] or "Roca de Escape" [NRSV]) y actualmente se conoce como Wadi Malaqi. El paisaje circundante está en la región montañosa, con la quebrada cortando a través de ella.

SELANITAS Un clan descendiente de Sela contado en el segundo censo en el desierto (Nm. 26:20; cf. 1 Cr. 9:5 NIV). *Véase también* Silonita.

SELEC Un amonita listado entre los famosos treinta guerreros de David (2 Sm. 23:37; 1 Cr. 11:39).

SELED Uno de los hijos de Nadab, descendiente de Jerameel, murió sin tener descendencia (1 Cr. 2:30).

SELEF El segundo de los trece hijos de Joctán, un descendiente de Sem (Gn. 10:26; 1 Cr. 1:20).

SELEMÍAS **(1)** Un levita del clan coraita que fue elegido para cuidar la Puerta Este del santuario durante el reinado de David (1 Cr. 26:14). También es llamado "Meselemías" (1 Cr. 26:1-2). **(2, 3)** Dos descendientes de Binúi que juraron divorciarse de sus esposas extranjeras durante las reformas de Esdra (Esd. 10:39-41). **(4)** Un sacerdote y uno de tres hombres que Nehemías designó para supervisar los depósitos del templo y la distribución de diezmos entre los sacerdotes (Neh. 13:13). **(5)** El hijo de Abdeel y uno de los tres hombres comandados por el Rey Joacim de Judá para arrestar a Baruc y Jeremías (Jr. 36:26). **(6)** El padre de Ananías, que realizó reparaciones a un segmento del muro de Jerusalén (Neh. 3:30). **(7)** El hijo de Cusi, padre Netanías y ancestro de Jehudí (Jr. 36:14). **(8)** El padre de Jehucal (o Jucal) (Jr. 37:3; 38:1). **(9)** El hijo de Hananías y el padre de Iriya, el capitán de la guardia que arrestó a Jeremías (Jr. 37:13).

SELEMOT **(1)** El primero de tres hijos de Simei, era un levita que era el líder de una familia en el clan de Guersón (1 Cr. 23:9). **(2)** El primer hijo de Izhar de la familia Coathitas (1 Cr. 24:22). Es llamado Selomit en 1 Cr. 23:18.

SELES El tercero de los cuatro hijos de Helem, de la tribu de Aser (1 Cr. 7:35).

SELEUCIA La ciudad puerto de Antioquía, en el norte de Siria, fundada por Seleuco I Nicátor el año 301 a.C. En el año 64 a.C., Pompeyo la hace una ciudad libre. Pablo y Bernabé se embarcaron en su primer viaje misionero en Seleucia (Hec. 13:4). Aunque la ciudad no es nombrada directamente, Pablo navegó hacia o desde Seleucia en otras ocasiones (14:26; 15:39).

SELÉUCIDAS

El Imperio Seléucida

Los seléucidas eran una línea de reyes helénicos que gobernaron sobre grandes segmentos del antiguo Oriente Próximo tras la muerte de Alejandro Magno y antes del surgimiento del poder romano en esa región. La dinastía fue iniciada por Seleuco I después de la muerte de Alejandro en el año 323 a.C., y surgió del conflicto entre los generales de Alejandro sobre cómo debería ser administrada la sucesión al trono. La línea seléucida eventualmente controlaría la porción oriental de lo que había sido el reino de Alejandro. Su poder legal y administrativo se centraba en Babilonia, y estaban en permanente conflicto con la línea ptolemaica por el control de Siria y Fenicia. Los seléucidas finalmente se impusieron en esa región bajo el liderazgo de Antíoco III, el año 200 a.C. Ellos controlaron Palestina hasta la rebelión macabea y la llegada de la Dinastía Asmonea (*ver* tablas 9 y10).

Table 9. Reyes Seléucidas

Años a.C	Rey
223 - 187	Antíoco III
187 - 175	Seleuco IV Filopátor
175 - 164	Antíoco IV Epífanes
164	Lisias (vicerregente)
163 - 162	Antíoco V Eupátor
162 - 150	Demetrio I Sóter
150 - 145	Alejandro Balas
145 - 140	Demetrio II
138 - 129	Antíoco VII Evergetes
129 - 126	Demetrio II
126 - 96	Antíoco VIII Grifo
111–99	Antíoco IX Eusebio
95–87	Demetrio III Eucarios

La administración seléucida estaba centrada en la persona del rey, que afirmaba ser descendiente de Alejandro Magno y Apolo. El culto real fue institucionalizado bajo Antíoco III y, junto con la adoración del Zeus Olímpico como la deidad imperial suprema, parecen haber sido intencionados como una influencia unificadora sobre las varias regiones y grupos de personas del imperio. Económicamente, el reino seléucida parece haber estado compuesto de cuatro niveles administrativos, con tipos variables de responsabilidad administrativa, delineados de la siguiente manera: (1) el rey, que tenía control sobre exportaciones e importaciones, gasto público y el acuñado de dinero; (2) el gobernador regional (sátrapa), quien era responsable de salvaguardar los ingresos de cada provincia, incluyendo producción e impuestos; (3) la polis (ciudad), que tenía derecho a ganancias provenientes de propiedades e impuestos empresariales; y (4) el ciudadano privado, quien acumulaba fondos de tierras y cargos por intereses.

El Gobierno Seléucida sobre Palestina

Tempranamente en el periodo seléucida, los judíos de palestina parecen haber disfrutado de un tratamiento relativamente favorable de parte de sus gobernadores helénicos. Esto es claro a partir de los edictos de Antíoco III, quien otorgó considerable riqueza y desgravación a habitantes de Jerusalén y otorgó a las personas judías gran libertad religiosa y asistencia. Tal vez más importante, Antíoco les ofreció a los judíos el derecho a vivir "de acuerdo a las leyes de sus padres", por ende otorgándoles un estatus autónomo o semiautónomo dentro del reino. De esta manera, Antíoco fue capaz de ganarse el favor de sus nuevos súbditos, siguiendo el derrocamiento del gobierno ptolemaico. Desgraciadamente, este tratamiento favorable no continuó durante gran parte del control seléucida en Palestina. En lo concerniente a los asuntos judíos, los desarrollos más significativos del periodo seléucida ocurrieron como consecuencia de los así llamados edictos religiosos decretados durante el reinado de Antíoco IV (167 a.C.). Los estudiosos están divididos sobre las razones para los edictos en sí, aunque la naturaleza esencial de los decretos, al igual que una serie de eventos que surgieron a partir de ellos, se comprenden bastante bien. De acuerdo a 1 Mac 1:41-50, Antíoco decretó que todos sus súbditos deberían abandonar sus religiones y prácticas étnicas y reemplazarlas con varias prácticas paganas o enfrentar la ejecución por su deslealtad. En Jerusalén, el santuario fue re-dedicado al Zeus Olímpico, se instituyo la prostitución sacra, y se ofrecieron sacrificios impuros (2 Mac. 6:2-7).

Además de eso, un "sacrilegio desolador" fue erigido en el altar de ofrendas quemadas el día quince de kislev (noviembre/diciembre) (1 Mac. 1:54). En respuesta a estas acciones por parte de Antíoco, un movimiento de resistencia judía surgió bajo el liderazgo de Judas Macabeo y sus hijos (1 Mac. 2; 2 Mac. 5) y pronto comenzó a atraer el apoyo de judíos conservadores en el área circundante.

S

Este movimiento de resistencia tuvo éxito en retomar Jerusalén (1 Mac. 3:10-4:35) e instituyó una serie de procedimientos para la limpieza del templo y el renacimiento de la religión centrada en el Torá entre la población judía de la ciudad. Esto culminó en la rededicación del templo a Yahveh, a no más de tres años de la erección del sacrilegio desolador de Antíoco, y la institución de Janucá como un festival perpetuo en honor a esos eventos (1 Mac. 4:36-59). Aunque el Imperio Seléucida eventualmente retomaría el control sobre la ciudad de Jerusalén, las últimas décadas de su administración fueron un período de considerable conflicto y agitación interna.

Esas circunstancias tuvieron un efecto significativo sobre las fortunas de la población judía que vivía bajo el control seléucida, y de hecho, los miembros de la familia macabea fueron capaces de ganar para ellos y su gente una nueva medida de independencia y autogobierno. Al hacerlo, lograron establecer una dinastía propia, aunque bajo la influencia y protección de la línea seléucida, dentro de Judea (*ver* Tabla 10).

Table 10. Los gobernadores macabeos (asmoneos) de Judea

Años (a.C)	Rey
152 - 142	Jonatán
142 - 134	Simón
134 - 104	Juan Hircano
104 - 103	Aristóbulo I
103 - 76	Alejandro Janneo
76 - 67	Salomé Alejandra
67 - 40	Hircano II y Aristóbulo II
40 - 37	Antígono Matatías

Durante este tiempo, los asmoneos fueron capaces de explotar su posición como aliados militares deseables para los varios reclamantes al trono seléucida y comenzaron a acumular autoridad política y religiosa en sus propias manos de una manera sin precedentes entre los líderes del pueblo judío. Junto a esto, los asmoneos jugaron con el deseo de la emergente república romana de competir con los seléucidas por el control de Siria y Palestina y, por ende, ganaron mayor prestigio y seguridad en sí mismos. Al pasar el tiempo, sin embargo, la línea asmonea también cayó en un patrón de lucha y conflicto interno con otros grupos influenciales, particularmente de un punto de vista religioso conservador. Este proceso es descrito en gran detalle por Josefo en Antigüedades judías. El control seléucida sobre Judea y la región más amplia a lo largo de la costa este del Mediterráneo continuó hasta mediados del siglo uno a.C., cuando tropas romanas, bajo la dirección de Pompeyo, tomaron el control de Jerusalén tras un asedio de tres meses.

SELLADOR, SELLAR *Ver* Calafateador, Calafatear.

SELLO En el mundo bíblico, los documentos eran sellados con arcilla o con cera (1 Re. 21:8; Job 38:14; Neh. 9:38; Jr. 32:10; Ap. 5:1). La integridad de un sello era asegurada a través de la impresión de una imagen en la sustancia blanda, que luego se endurecía y retenía la imagen única del sello del remitente. Los registros arqueológicos dan testimonio de esta práctica en la forma de bulas (las impresiones mismas, que sobreviven largo tiempo después de que los documentos se han desintegrado) al igual que de un gran número de sellos, que con frecuencia eran tallados (Éx. 28:11; 39:6; Ecl. 38:27; 45:11) en piedras semipreciosas o cilindros de roca.

El sello único de una persona estaba íntimamente identificado con el dueño y podía ser usado como anillo o pendiente (véase Gn. 38:18; Ester 8:8; Cant. 8:6). Además de documentos, tenemos registros del sellado de cuevas (Mt. 27:66; cf. Dn. 6:17; 2 Mac. 2:5) y bolsas (Job 14:17; Tob. 9:5). En la literatura apocalíptica, los sellos son usados para ocultar profecías del futuro (Dn. 12:4) y para marcar humanos como pertenecientes a Dios (Ap. 7:3-8).

SELLO Un anillo con un sello inscrito sobre él. Un anillo de sello denotaba autoridad y honor. Colocada en la parte frontal del anillo había una piedra dura o semipreciosa con una inscripción de sello tallada invertida. El sello sobre el anillo servía como el timbre oficial o firma de un individuo y podía probar autenticidad. Por ejemplo,

S

un documento real no se consideraba legítimo a menos que estuviese estampado con el sello del rey. La prueba de atestiguamiento de un contrato también era confirmada estampando el sello de las partes involucradas en el documento u objeto. Un sello también podía utilizarse para cerrar un documento estampando una pequeña porción de arcilla ("bulla") sobre el documento. Un sello podía llevar el nombre de su dueño y/o varios decorados. Algunos motivos comunes incluían temas egipcios como escarabajos o discos solares con alas, animales como leones y toros, y patrones de plantas incorporando plantas importantes o simbólicas como el loto, el papiro o la granada. Para ocurrencias en la Biblia, *véase* Gn. 38:18; 41:42; Éx. 28:36; Est. 3:10.

SELOMI El padre de Ahiud, que era el representante de la tribu de Aser entre aquellos enlistados por Moisés para otorgar subvenciones de tierra en Canaán (Nm. 34:27).

Un anillo de sello con el nombre "Thutmose" inscrito en jeroglíficos

SELOMIT **(1)** La esposa de un egipcio cuyo hijo fue apedreado por blasfemia en el campamento israelita después de una discusión (Lv. 24:11). **(2)** La hija de Zorobabel (1 Cr. 3:19). **(3)** El primer hijo de Izhar de la familia Coathitas (1 Cr. 23:18). También es llamado Selomot, que parece ser un nombre de familia. **(4)** El hijo de Zicri, junto a su familia fue responsable de una porción de los tesoros del templo en la época de David (1 Cr. 26:25-26, 28). **(5)** El cuarto de cuatro hijos nacidos a Roboam y Maacá (2 Cr. 11:20). **(6)** El líder de una familia que volvió con Esdras después del exilio babilónico (Esd. 8:10).

SELUMIEL El hijo de Zurisadai, fue el líder de la tribu de Simeón durante la travesía por el desierto. Ayudó a Moisés en el enrolamiento militar (Nm. 1:6). Es mencionado en la descripción del plano del campamento (2:12). Es quien presentó la ofrenda de Simeón en el santuario (7:36, 41) y es mencionado como un líder de Simeón cuando la tribu salió de Sinaí junto con el resto de Israel (10:19).

SEM Hijo mayor de Noé (Gn. 9:24; 10:21) y el hermano de Yam y Jafet. Él y su esposa estaban entre los ocho sobrevivientes de la inundación (6:6-9). Es el padre de los semitas, ancestro de los hebreos (Gn. 11:10-14), y en el linaje del Mesías (Lc. 3:36).

SEMA **(1)** Un pueblo en el territorio de Judá (Js. 15:26). Algunos han argüido que es el mismo pueblo que Seba, dependiendo de la traducción (Js. 19:2). **(2)** Un individuo en la tribu de Judá, del clan de Caleb (1 Cr. 2:43-44). **(3)** Un rubenita (1 Cr. 5:8). **(4)** Un benjamita que era el jefe de familia en la ciudad de Ajalón y es conocido por entregar hombres a Gat (1 Cr. 8:13). Más tarde es mencionado como Simei (1 Cr. 8:21). **(5)** Uno de los que estuvo a la derecha de Esdras al leer la ley a los israelitas (Neh. 8:4).

SEMAA Un gabaatita, padre de Ahiezer y Joás de Benjamín, guerreros que se unieron a David en Siclag cuando fue exiliado de la presencia de Saúl (1 Cr. 12:3).

SEMAÍAS **(1)** Profeta que entregó la palabra de Dios al rey Roboam acerca de Jeroboam (1 Re. 12:22-24; 2 Cr. 11:2-4) y la causa de la invasión por parte del rey Sisac de Egipto (2 Cr. 12:5, 7). También registró los eventos del reinado de Roboam (2 Cr. 12:15). **(2)** Un individuo de Judea y descendiente de Zorobabel (1 Cr. 3:22). **(3)** Un individuo que ayudó en las reparaciones postexílicas del muro de Jerusalén (Neh. 3:29), posiblemente la misma persona del #2. **(4)** Un jefe simeonita, padre de Simri (1 Cr. 4:37). **(5)** jefe rubenita, hijo de Joel (1 Cr. 5:4) **(6)** Un levita merarita en tiempos de Nehemías, el hijo de Hasub (1 Cr. 9:14; Neh. 11:15). **(7)** Un levita descendiente de Jedutún y padre Obadías (1 Cr. 9:16). **(8)** Un levita coatita en tiempos de David, jefe de los hijos de Elizafán (1 Cr. 15:8,

S

11-15). **(9)** Un levita y escriba en tiempos de David, el hijo de Natanael (1 Cr. 24:6). (10) levita coraita, el primogénito de Obed-Edom (1 Cr. 26:4, 6-7). **(11)** Uno de los levitas enviados por el rey Josafat a enseñar la palabra de Dios a la gente (2 Cr. 17:8). **(12)** Un levita que ayudó a limpiar el templo en tiempos de Ezequías, un descendiente de Jedutún (2 Cr. 29:14). **(13)** Uno de seis levitas que asistieron en la distribución de ofrendas libres en tiempos de Ezequías (2 Cr. 31:15). **(14)** Uno de los líderes levitas que dieron una generosa ofrenda de Pascua en tiempos de Josías (2 Cr. 35:9). **(15)** Un descendiente de Adonicam que volvió a Judá con Esdras (Esd. 8:13). **(16)** Uno de los líderes enviado por Esdras para reclutar levitas (Esd. 8:16). **(17)** Un descendiente de Harim, era un sacerdote que se había casado con una mujer extranjera y juró divorciarse de ella (Esd. 10:21). **(18)** Un descendiente de Harim, era un israelita que se había casado con una mujer extranjera y juró divorciarse de ella (Esd. 10:31). **(19)** Un falso profeta contratado por Tobías y Sanbalat para desacreditar a Nehemías (Neh. 6:10). **(20)** Uno de los sacerdotes que sellaron la alianza con Nehemías (Neh. 10:8) y volvió del exilio con Zorobabel (Neh. 12:6).

(21) Un líder presente en la dedicación del muro de Jerusalén (Neh. 12:34). **(22)** Un músico presente en la dedicación del muro de Jerusalén (Neh. 12:36). **(23)** Un músico levita presente en la dedicación del muro de Jerusalén (Neh. 12:42). **(24)** Un descendiente de Asaf, era el abuelo del sacerdote Zacarías (Neh. 12:35). **(25)** El padre del profeta Urías (Jr. 26:20). (26) Un falso profeta nehelamita contra quien Jeremías profetizó el castigo de Dios (Jr. 29:31). **(27)** Padre de Delaías, un oficial del rey Joacim y contemporáneo de Jeremías (Jr. 36:12).

SEMANA SANTA A veces llamada "Semana de la Pasión", la Semana Santa es la que precede al Domingo de Pascua y conmemora los eventos de la última semana del ministerio de Jesús. Comienza con el Domingo de Gloria, recordando la entrada de Jesús en Jerusalén (Jn. 12:13).

El Jueves Santo deriva del latín mandatum ["mandamiento"]) y recibe ese nombre porque Jesús le da "un nuevo mandamiento" a sus discípulos (Jn. 13:34): ámense los unos a los otros. Los servicios del Jueves Santo con frecuencia incluyen ceremonias del lavado de pies (cf. Jn. 13:4) y la Eucaristía (cf. Mt. 26:26-29).

El Viernes Santo es un recordatorio del día en que Jesús fue crucificado (Jn. 19:18). Los servicios este día son sombríos. Con frecuencia la música es sólo voces, sin acompañamiento. Las cruces pueden cubrirse con tela negra y los procedimientos se caracterizan por un tono fúnebre.

El Sábado Santo marca el tiempo de Jesús en la tumba. El luto dura hasta el atardecer, momento en el que puede celebrarse la Vigilia, el primer servicio de Pascua.

El Domingo de Pascua es el Día de la Resurrección (Jn. 20:1-9), el servicio más alegre de la iglesia cristiana. Se hacen sonar las campanas y se grita "¡Aleluya!". En la iglesia temprana, el Domingo de Pascua era el día en el que se realizaban bautizos.

SEMANA Una semana significa un grupo de siete, con mayor frecuencia un grupo de siete días marcados por el Sabbat en el último día. La semana sirve como un importante recordatorio de la actividad creativa de Dios (Éx. 20:11). El primer día de la semana prominentemente marca la resurrección del Jesús (cf. Mt. 28:1; Mc. 16:9; Lc. 24:1; Jn. 20:1; Ap. 1:10). Una semana también describe un período completo de tiempo, como se usa en la interpretación de Daniel de la profecía de Jeremías respecto al regreso del exilio (Dn. 9:24-27).

SEMAQUÍAS Uno de los hijos de Semaías está listado junto a Eliú como dentro de los capaces hombres de los porteros de Coraitas (1 Cr. 26:7).

SEMARÍAS **(1)** Uno de los poderosos guerreros de David que se le unieron en Siclag (1 Cr. 12:5). **(2)** El hijo de Roboam y Abihail (2 Cr. 11:19 [KJV: "Samarías"]). **(3, 4)** Dos hombres casados con mujeres extranjeras en tiempos de Esdras que juraron divorciarse de ellas (Esd. 10:32, 41).

SEMARÍAS (se traducirá cuando se llegue a la definición correspondiente en el original).

S

SEMBLANTE Expresión o apariencia de una persona. En algunas traducciones se usa regularmente la palabra "semblante" (KJV 53×; NRSV 20×), mientras que en otras prácticamente no aparece (ESV dos veces; NIV una vez). "Semblante" se usa para traducir típicamente la palabra hebrea paneh ("rostro"). Cuando se usa en conjunto con ciertos verbos, esta palabra forma frases idiomáticas: "decayó su semblante", que denota ira (Génesis 4:5); "se postró sobre su rostro", que es un gesto de respeto (Génesis 17:3); "cubrir el rostro", que es una señal de tristeza (2 Samuel 19:4). La bendición sacerdotal recurre a Dios para que "muestre su rostro" hacia su pueblo, lo que significa aprobación divina. Cuando Dios "oculta" su rostro, la aprobación desaparece (Deuteronomio 31:18).

SEMBRADOR Un granjero o uno que planta semillas esparciéndolas. Un oficio muy común en tiempos bíblicos, con frecuencia se usaba metafóricamente para referirse a las recompensas naturales de vivir vidas en santidad o en pecado, o de cosechar lo que se ha sembrado (Prov. 11:18; 2 Cor. 9:6; Gal. 6:7). Jesús contrató al "sembrador" con el "cosechador" para ilustrar las diferentes responsabilidades que tiene los individuos al participar en la "cosecha" de Dios (Jn. 4:36). También usó este ejemplo en una de las parábolas más famosas para ilustrar las varias respuestas de las personas a la palabra de Dios (Mt. 13:1-9 parcial).

SEMEBER Rey de Zeboim durante la época de Abraham (Gn. 14:2). Era uno de cinco reyes cananeos que formaron una alianza contra una coalición de cuatro reyes de Oriente Próximo. Además de saquear, la coalición secuestraba personas, incluyendo a Lot, el sobrino de Abraham. Abraham exitosamente recapturó lo saqueado y a las personas.

SEMED Un descendiente de Benjamín a través de Elpaal (1 Cr. 8:12). "Construyó Ono y Lod con sus aldeas circundantes". Estas ciudades están separadas por ocho kilómetros en la planicie costera del Mediterráneo. Algunos antiguos manuscritos escriben el nombre como Semer.

SEMEI Un ancestro post-exílico de Jesús, desconocido excepto por su mención en Lucas 3:26 como el hijo de José y el padre de Matthathías.

SEMEJANZA La palabra "semejanza" se usa en varios contextos. En 2 Reyes 16:10, el rey Acaz quería tener el parecido y el diseño exacto del altar de Damasco, lo que indica una réplica física. En 2 Cr. 4:3, "que se parecían a bueyes" (RVA, NVI: "figuras de bueyes") es una referencia física. En las visiones de Ezequiel, la palabra "como" se refiere a similitudes visuales (Ezeq. 1). Isaías 13:4 habla de "un ruido en los montes, como el de una gran multitud", refiriéndose a una similitud auditiva. El concepto fundamental, sin embargo, se encuentra en Gn. 1:26: "Hagamos a los seres humanos a nuestra imagen, a nuestra semejanza".

Esto anuncia el alto estatus de los humanos como el pináculo de la creación de Dios (también Gn. 5:1-2). Gn. 5:3 dice que Adán engendró a Set "a su imagen y semejanza", empleando ambas palabras que se encuentran en 1:26. El significado preciso de esto ha sido muy debatido. Tres cosas deben ser notadas. En primer lugar, la expresión "Hagamos" versus "Que haya..." implica un aspecto personal. Se refiere a la capacidad humana de relacionarse con Dios en adoración y obediencia a su palabra (2 Cor. 4:4, Efe. 4:24).

En segundo lugar, la palabra "semejanza" describe a los seres humanos no simplemente como representativos de Dios, sino figurativo. La humanidad es el representante visible y corporal del Dios invisible y sin cuerpo. En tercer lugar, el estar hechos en la semejanza/imagen de Dios aparta a los seres humanos de todo lo demás que Dios ha hecho. Se enfatiza la supremacía y singularidad de la humanidad.

SEMER **(1)** El hombre que vendió una montaña en el centro norte de Israel al rey Omri. La montaña, ubicada a once kilómetros de Siquem, se convirtió en la nueva capital de Israel. Omri llamó a la ciudad Samaria, por el vendedor (1 Re. 16:24), tal vez como condición de la venta. **(2)** Un levita y descendiente de Merari (1 Cr.

S

6:46). (3) Un descendiente de Aser (1 Cr. 7:34), también llamado Somer.

SEMIDA Un descendiente de Galaad de la tribu de Manasés y el ancestro de los semidaítas (Nm. 26.32; Js. 17:2; 1 Cr. 7:19).

SEMIDAÍTAS Un clan descendiente de Semida, un galaadita de la tribu de Manasés contado en el segundo censo en el desierto (Nm. 26:32).

SEMILLA DE CILANTRO Nativa del sector del Mediterráneo, y que se le equipara con el maná en forma y por su color blanco (Éxodo 16:31; Números 11:7). Se usaba con fines culinarios y médicos. Las semillas de esta planta tienen el tamaño de un grano de pimienta y tienen un aroma placentero, pero potente. El cilantro ha servido para sazonar los alimentos alrededor del Mediterráneo desde por lo menos el 1550 AC y se usaba como un medicamento para mejorar la digestión y el sueño.

SEMIRAMOT (1) Uno de los levitas en tiempos de David asignados para tocar el arpa (1 Cr. 15:18, 20; 16:5). (2) Uno de los levitas asignados por Josafat para enseñar la ley en las ciudades de Judá (2 Cr. 17:8).

SEMITA El término semita no aparece en el texto bíblico, pero refleja el nombre usado por los descendientes del hijo de Noé, Sem, "semitas" (*ver* Gn. 10:21-31). El término es usado ahora para referirse a esas personas que hablan una de las lenguas semíticas, hoy principalmente los judíos y los árabes, pero en tiempos antiguos los acadios, los amorreos, los babilonios, los fenicios y también los cananeos. Los estudiosos están de acuerdo en que la inclusión de personas en Gn. 10 bajo la rúbrica semita no se justifica con un criterio lingüístico. Las características comunes de los lenguajes de los asirios, arameos y hebreos, que los marcan como miembros de una familia, los separan de los semitas lidios (Lud) y elamitas, cuyos lenguajes carecen completamente de relación. La base para la inclusión de los babilonios, fenicios y cananeos—estos son considerados hamíticos (Gn. 10:10, 15-19) —entre los semitas son principalmente lingüísticas, aunque afinidades políticas y culturales también son consideradas. Las características comunes de los idiomas semíticos incluyen el inventario fonético proto-semítico del cual todos los idiomas semíticos desarrollaron sus sistemas fonéticos: una raíz trilateral, la ausencia del pronombre neutro, sistema verbal aspectual, uso de pronombres enclíticos, sintaxis de verbo primero (el orden de verbo primero del acadio es indiscutidamente el resultado de influencia sumeria), y así sucesivamente. Basándose en la forma del verbo perfectivo, las lenguas semíticas se dividen en semíticas orientales (acadio y eblaíta) y semíticas occidentales, que incluyen la subfamilia semítica del norte, que a su vez incluye el hebreo y otros lenguajes cananeos.

SEMUEL La presentación más fonética del nombre hebreo traducido como "Samuel" (siguiendo la LXX), que significa "Dios escuchó". Como la NIV, muchas versiones usan esta transcripción para Semuel, el hijo de Amiud, que fue el representante de la tribu de Simeón entre aquellos enlistados por Moisés para asignar subvenciones de tierra en Canaán (Nm. 34:20).

Los restos del palacio del rey Acab, hijo de Omri, en la ciudad de Samaria, construido en la colina que se compró a Semer.

S

SEN Samuel colocó una piedra conmemorativa a Dios entre Sen y Mizpa y la llamó Ebenezer (1 Sm. 7:12). Este es el único lugar donde se menciona Sen, probablemente una referencia a un farallón rocoso que parece "dientes", como implica el nombre.

SENAA El nombre de familia de un gran grupo de exiliados que regresaron a Jerusalén con Zorobabel, de otra forma desconocidos (Esd. 2:35; Neh. 7:38).

SENADO *Véase* Sanedrín.

SENAQUERIB Un rey de Asiria (r. 705 – 681 a.C.) asumió el trono tras la muerte de su poderoso padre, Sargón II, que había solidificado el Imperio Asirio, incluyendo la incorporación del reino norte de Israel (722 AC). Muchos estados vasallos eligieron este momento de transición para rebelarse contra Asiria, incluyendo a Ezequías de Judá, que dejó de pagar tributo. Senaquerib respondió movilizando a su ejército a Judá en 701 a.C., un momento de crisis registrado en 2 Re. 18:13-19:37; 2 Cr. 32:1-23; Is. 35:1-37:38.

Al principio, Senaquerib tuvo éxito contra Judá, incluso tomando Laquis y Azeca, ciudades que custodiaban la entrada a Jerusalén. La derrota de la primera es retratada en relieves que han sido descubiertos de los restos de un palacio asirio. Cuando Senaquerib avanzó hacia Jerusalén, sin embargo, el profeta Isaías alentó a Ezequías a mantenerse resuelto y a no rendirse. La Biblia registra que Dios evitó la victoria asiria. Después de escuchar rumores de un ejército egipcio que se acercaba, los asirios retrocedieron y luego experimentaron lo que parece ser una plaga que mató a 185.000 soldados. Senaquerib luego se retiró del campo. Su vida terminó un tiempo después cuando fue asesinado por sus dos hijos.

Relieve que muestra a Senaquerib alzando una mano para saludar a su padre, Sargón II.

SENAZAR Listado como uno de los descendientes de Rey Jeconías de Judá, antes de que el rey fuese llevado al exilio en Babilonia en el año 597 a.C. (1 Cr. 3:18). Intentos por identificarlo con Sesbasar, posterior gobernador de Judá (Esd. 1:8, 11; 5:14, 16), están errados. *Véase* Sesbasar.

SENE El precipicio sur en el valle frente a Micmas (Wadi es-Suweinit) que Jonatán pasó camino a la guarnición filistea que allí se encuentra. Estaba ubicado entre la guarnición filistea de Micmas y el campamento de Saúl en Gueba. El precipicio opuesto a Sene se llamaba Bozez (1 Sm. 14:4).

SENIR El nombre amorreo para el Monte Hermón (Dt. 3:9 [KJV: Shenir]). Muy probablemente designa la más prominente de las tres cúspides centrales en el Monte Hermón. También era conocido como Sirion por los

S

sidonios. El Monte Hermón en sí era conocido por muchos santuarios de adoración a Baal.

SENSIBLE La KJV usa "sensible" en 2 Cr. 13:7 para traducir la frase hebrea rak-lebab, que significa débil de corazón, tímido (NIV: indeciso), y en Ef. 4:32 para traducir la palabra griega eusplanchnos, que significa compasivo.

SENSUAL La palabra sensual se refiere a lo que se experimenta a través de los sentidos, virtuosamente (Prov. 24:13; Cant. 2:3) o no virtuosamente (Col. 2:23; 1 Tim. 5:11). Dios hizo una creación sensual, agradable a la vista y al tacto (Gn. 2:9; 3:6). La honestidad es comparada con un beso (Prov. 24:26), sin embargo, el mismo beso puede engañar (Gn. 27:26) y traicionar (Lc. 22:48). La creación de Dios es radiante (Job 31:26), y sus ángeles lanzan su esplendor en el extranjero (Ap. 18:1).

SENÚA *Véase* Hasenúa.

SEÑOR

Antiguo Testamento

La palabra hebrea para "Señor", yhwh (generalmente pronunciado "Yahweh"), aparece más de 6.800 veces en el AT y está en todos los libros, excepto por Eclesiastés y Ester. "Yahvé" es el nombre personal de Dios y se revela como tal en Éx. 3:13-14. Dios le dice a Moisés que declare a los israelitas en Egipto que "YO SOY me ha enviado a ustedes" (3:14). El hebreo de "YO SOY" connota ser activo; el Señor es el que está allí para su pueblo y, en el libro de Éxodo, lo hace a través de eventos milagrosos (14:13-14). Esto demuestra la estrecha relación entre el nombre y el carácter de una persona en el mundo antiguo. Yahvé es el que está con su pueblo (Éx. 3:12, 6:2, 4, Is. 26:4).

Aunque el nombre divino es usado antes del éxodo (Gn. 12:1; 15:1), no fue sino hasta el tiempo de Moisés que Dios reveló su significado redentor. No obstante, el nombre divino se usa en Génesis en contextos donde la inmanencia de Dios es evidente. En Gn. 3:8 "el Señor Dios... se paseaba en el huerto al fresco del día. "Además, el Señor hace un pacto con Abraham (Gn. 12; 15; 17), y el Señor guarda su pacto por mil generaciones (Dt. 7:9). Más tarde en la historia de Israel, Miqueas, de cara a los que adoran a otros dioses, asegura al pueblo de Israel que Yahvé es distinto de todos los demás, y que andarán en su nombre porque algún día actuará para hacer justicia para todos (Miq. 4:3-5).

El nombre divino aparece también como una forma de dirigirse a Dios en varias oraciones a lo largo del AT (Gn. 15:2, 8, Éx. 5:22, 2 Sam. 7:18, 2 Re. 6:17), esto es más notablemente en los salmos, donde ocurre más de doscientas veces. En los salmos, una forma abreviada del nombre se ve a menudo en una exclamación de alabanza, hallelu yah, "alabado sea Yah [vé]" (por ejemplo, Sal. 149:1; 150:1). Es interesante notar el origen de la pronunciación de yhwh como "Jehová". Para evitar romper el tercer mandamiento, contra el uso indebido del nombre de Dios, los judíos piadosos no pronunciaban el nombre divino yhwh, sustituyéndolo por la palabra 'adonay' ("mi Señor"). En la época medieval, los eruditos judíos añadieron vocales al texto consonántico de la Biblia hebrea para ayudar en la pronunciación correcta. Para yhwh, usaron las vocales de 'adonay', que, cuando se pronuncia, crea un nombre desconocido para los autores bíblicos, "Jehová".

En el período posterior al exilio, la denominación "Yahvé" aparece con mucha menos frecuencia, siendo reemplazada por adonay (hebreo) o kyrios (griego). Este último se usa para Yahvé más de seis mil veces en la Septuaginta.

En la literatura helenística kyrios se usa para describir varios dioses y diosas. Los emperadores romanos también eran llamados kyrios, a menudo con implicaciones de deidad. Algunos sostienen que los primeros cristianos emplearon el título polémicamente para referirse a Cristo, el verdadero kyrios. Un claro ejemplo se encuentra en Fil. 2:11, donde se dice que toda lengua confesará que "Jesucristo es el Señor" (*véase* 1 Cor. 8:5-8). Kyrios también se usaba de manera no religiosa para referirse al "amo" de un esclavo y como un término de respeto para dirigirse a alguien de un estatus superior ("señor"). Pedro se dirige a Jesús como "señor" cuando lava los pies de Pedro (Jn .13:6).

S

Nuevo Testamento

En el NT, la mayoría de las apariciones de "Señor" (kyrios) ocurren en Lucas-Hechos y en las escrituras de Pablo, quizás debido a la predominancia de audiencia helenística de estos textos, quienes conocían bien sus connotaciones greco-romanas. Al igual que Pablo, el uso de "Señor" en los textos de Lucas podría señalar la deidad de Jesús. En la narración de Lucas del nacimiento, Elizabet se pregunta por qué "la madre de mi Señor debería venir a mí" (Lc. 1:43; *ver* 7:19; 10:1).

En Hec. 1:21 el nombre "Jesús" está precedido por la forma definitiva de "Señor", que refleja una denominación confesional frecuentemente repetida en Hec. 15:11, 20:35, 2 Cor. 1:2. Según algunos, si es que Mateo pretende una connotación divina al usar el término "Señor", es más indirecto. Por ejemplo, en Mt. 4:7 Jesús cita a Dt. 6:16, donde "el Señor" es Yahvé y no Jesús (*ver* Mt. 9:38). Hay ocasiones en Marcos donde "señor" parece apuntar a Yahvé, aunque pareciera figurar en un sentido no religioso. En Marcos 2:28, Jesús afirma que "el Hijo del Hombre es Señor incluso del sábado" (NVI). Como el sábado pertenece a Yahvé y recae bajo su autoridad soberana (Éx. 20:8-11), es bastante probable que los lectores de Marcos ahora atribuyan ese dominio al Hijo del Hombre. Esto no difiere de su autoridad para perdonar pecados (Mr. 2:10), que, como los escribas lo señalan con razón, es algo que solo Yahvé puede hacer. A la luz de estos usos, uno no puede evitar pensar que el uso del término en Marcos 11:3, en la entrada triunfal, también tiene un significado divino.

En Juan, hay ejemplos tanto del uso no religioso de "señor", como una forma reverente de dirigirse a alguien (5:7, 9:36), y el sentido religioso, divino, particularmente después de la resurrección (20:28; 21:7).Es bastante probable que los cristianos judíos, incluso antes de Pablo, consideraran a Jesús como alguien que comparte la divinidad de Yahvé. En su carta a los corintios, una congregación de habla griega, Pablo usa la expresión maranata (1 Cor. 16:22), una transliteración griega de una frase aramea que significa "¡Señor, ven!" Este término era probablemente parte de una primera liturgia judía cristiana.

Además, hay lugares donde Pablo se refiere a Jesús simplemente como "el Señor", lo que sugiere una comprensión común de la denominación entre los primeros cristianos (Rom. 14:6, 1 Cor. 3:5). Además de Fil. 2:11, Pablo expresa la divinidad de Jesús aludiendo a Dt. 6:4, el Shemá, en 1 Cor. 8:6: "Sin embargo, para nosotros no hay más que un solo Dios, el Padre, de quien todo procede y para el cual vivimos; y no hay más que un solo Señor, es decir, Jesucristo, por quien todo existe y por medio del cual vivimos".

En el libro de Apocalipsis, el estatus divino se atribuye a Jesús. Mientras que en la visión de Dios en Apocalipsis 4 se usa el título de Dios (4:8, 11), al final del libro aparece la invocación "Ven, Señor Jesús" (22:20; *ver* 22:21). Para Pablo, un componente particularmente importante del señorío de Jesús es su resurrección, a través de la cual se convierte en "el Señor de los muertos y de los vivos" (Rom. 14:9; ver 1:4), y su regreso marca el "Día del Señor", que en el AT era el día de Yahvé (1 Tes. 5:2; *ver* 5:23). Precisamente cómo pueden los cristianos judíos atribuir tal estatus a Jesús y, sin embargo, mantener un monoteísmo estricto sigue siendo un tema de considerable debate. ¿Está Cristo incluido en la identidad de la Deidad, o es una figura intermediaria (de la cual el Judaísmo del Segundo Templo tenía muchas) que posee un estatus casi divino? Si Jesús es una figura intermediaria, entonces su autoridad para hacer aquello que sólo Yahvé puede (como perdonar pecados y desempeñar roles que originalmente se referían a Dios) sugiere una identificación muy cercana entre Yahvé y el mismo Jesús. *Ver también* Nombres de Dios; YHWH.

SEÑOR DE LOS EJÉRCITOS *Ver* Nombres de Dios.

SEÑOR ES MI ESTANDARTE *Ver* Jehová Nisi.

SEÑOR ES PAZ, SEÑOR ES SHALOM *Ver* Jehová Salom.

SEÑOR ESTÁ PRESENTE *Ver* Jehová Sana.

S

SEÑOR, CENA DEL La cena conmemorativa instituida por Jesucristo durante la celebración de la Pascua (Mt. 26:26 pars.) antes de su crucifixión. Mientras estaba con sus discípulos, Jesús tomó el pan, lo partió y dijo: "Tomen y coman; esto es mi cuerpo" (Mt. 26:26). Después de esto, bebió vino, dio gracias, y luego se los dio y dijo: "Esto es mi sangre del pacto, que es derramada por muchos para el perdón de los pecados" (Mateo 26:28).

Después de la muerte y resurrección de Jesús, el partimiento del pan y el beber vino en su memoria se convirtió en un símbolo principal del cristianismo (1 Cor. 11:26). El apóstol Pablo tuvo cosas duras para decir a la iglesia de Corinto por celebrar inapropiadamente la Cena del Señor, porque algunos pasaron hambre mientras otros se emborracharon (1 Cor. 11:17-26), y por lo tanto el punto de la muerte del sacrificio de Jesús se perdió. *Ver también* Cena, Última.

SEÑOR, DÍA DEL Otro nombre para el domingo. Este término nos recuerda que este día pertenece al Señor y debe usarse para su honor y gloria. El término en sí se usa una sola vez en las Escrituras, donde Juan menciona que él estaba en el Espíritu "en el día del Señor" cuando Cristo lo comisionó para que escribiera el libro de Apocalipsis (Apoc. 1:10). No se proporcionan en la Escritura mayores detalles específicos ni de manera clara sobre la identificación de este día o cómo se observaba. Nuestra comprensión de este término y cómo encaja con otros pasajes de las Escrituras aborda tres temas separados.

Un día especial. Primero, ¿deberían los cristianos de hoy celebrar algún día de la semana de una manera especial? Al menos algunos creyentes a lo largo de la historia han creído que es posible ver todos los días de la semana como igualmente especiales, considerando que "este es el día que el Señor ha hecho; regocijémonos y alegrémonos en Él" (Sal. 118: 24 LBLA). Pablo considera la observancia de días especiales para la adoración como un área de libertad cristiana: "algunos piensan que un día es más sagrado que otro; mientras otros creen que todos los días son iguales. Cada uno esté convencido en su propia mente" (Rom. 14:5).

El mismo principio se encuentra en Col. 2:16: "Por lo tanto, no permitan que nadie los condene por lo que comen o beben, o porque no celebran

Fresco de la Cena del Señor (Sant'Angelo in Formis, Capua, Italia, 1100 d.C).

S

ciertos días santos ni ceremonias por luna nueva ni los días de descanso". Sin embargo, la mayoría de los cristianos han concluido que la expresión "el día del Señor" señala claramente un día específico durante la semana en que el Señor debe ser adorado de una manera especial.

Un día específico. Segundo, ¿qué día de la semana deberíamos celebrar de una manera especial? ¿Cuándo es el día del Señor? Para los creyentes del AT, la respuesta es clara: es el último o el séptimo día de la semana. En la Biblia, tanto la idea de una semana de siete días como la separación del séptimo día se basan finalmente en el relato de la creación en Gn. 2:1-3. Este principio del sabbat está codificado en los Diez Mandamientos, que indican que el sabbat debe ser santo al requerir que las personas y sus animales no participen en trabajo (Éx. 20:8-11, Dt. 5:12-15). La observancia del séptimo día, o sabbat, continúa entre los judíos de hoy en día. Más recientemente, otros grupos, como los Adventistas del Séptimo Día y los Bautistas del Séptimo Día, han sentido el peso de esta evidencia del AT y han continuado observando el sábado como el día apropiado para la adoración. Sin embargo, la práctica de la iglesia primitiva ha convencido a la mayoría de los cristianos para que se reúnan para la adoración el primer día de la semana. Dos pasajes clave de las Escrituras respaldan esta conclusión. En Hechos 20:7 la iglesia se había reunido para la Cena del Señor específicamente "en el primer día de la semana", y en 1 Cor. 16:2, Pablo instruye a la iglesia de Corinto para que recojan una ofrenda específicamente "el primer día de cada semana" (presumiblemente durante las reuniones semanales locales). Por lo tanto, la mayoría de los cristianos han concluido que ya no están bajo la observancia del sábado como el séptimo día de la semana (*ver* Rom. 14:5; Col. 2:16), y ahora deben adorar en honor a la resurrección de Jesús "en el primer día de la semana" (Mt. 28:1 pars.).

Un día sagrado. Tercero, ¿cómo deberíamos celebrar este día? Los Puritanos y otros a lo largo de la historia de la iglesia han considerado el domingo como el Sábado Cristiano. En otras palabras, hicieron el cambio del séptimo día de la semana en el Antiguo Testamento al primer día de la semana en la edad de la iglesia, pero creían que todas las reglas y regulaciones del AT para el sábado seguían siendo vinculantes para los creyentes en la actualidad. Sin embargo, la mayoría de los cristianos hoy aceptan el domingo como el "Día del Señor", cuando adoran en la forma del NT y no bajo la letra de la ley ceremonial del AT, con su enfoque principal de descansar o no trabajar. Bajo el sistema del AT, no existía el concepto de que las personas se reunieran semanalmente para el culto en comunión.

La adoración del AT giraba en torno a varias fiestas anuales y festivales donde la gente se reunía en el templo central en Jerusalén unas pocas veces al año. La idea de los cultos de adoración semanales surgió sólo más tarde, durante el cautiverio de Babilonia, con la instauración de la sinagoga judía. Por lo tanto, la mayoría de los cristianos han concluido que el domingo ya no es un sabbath del AT transpuesto, sino el Día del Señor del NT y consecuentemente debe celebrarse como tal, como cuando "se dedicaban a las enseñanzas de los apóstoles, a la comunión, al partimiento del pan y a la oración" (Hec. 2:42).

SEÑOR, ORACIÓN DEL, PADRE NUESTRO Esta oración, se encuentra en Mt. 6:9-13; Lc. 11:2-5 pero no es nombrada como tal (*ver también* Did. 8.2, que sigue la versión de Mateo), es una versión de la oración judía de Qaddish revisada en torno al tema del reino de Dios y es un modelo paradigmático de la oración dada por Jesús a sus seguidores.

Jesús y la Oración

La oración era un elemento clave de la piedad judía y la devoción a Dios. Era una parte importante de las reuniones en sinagogas, festivales anuales, adoración en el templo y recitaciones diarias de las palabras de la ley. Se recuerda a Jesús retirándose a lugares solitarios y desolados para los momentos de oración (Mr. 1:35; 6:46), y la oración más conmovedora en el jardín de Getsemaní (Mr. 14:32-42 pars.).

El tiempo de Jesús en el desierto fue probablemente un tiempo de oración y también de ayuno (Mr. 1:12-13 pars.). Además del Padre nuestro, otra oración de Jesús celebra la revelación de Dios a los discípulos después de su corta misión itinerante (Mt. 11:25-26 // Lc. 10:21). El evangelista Lucas enfatiza a Jesús en la oración más que cualquier otro escritor de los Evangelios.

El Evangelio de Lucas describe a Jesús orando en su bautismo (3:21), antes de elegir a los Doce (6:12-13), antes de la confesión de Pedro del Mesías (9:18), en su transfiguración (9:28-29), antes de su enseñanza de la Oración del Señor (11:1), por Pedro (22:32) y dos veces estando en la cruz (23:34, 46). Jesús también enseñó mucho sobre la oración, sobre cómo sus discípulos deben o no orar y cómo mostrar devoción genuina en la comunidad del reino sin hipocresía (Mr. 11:24-25; Mt. 5:44 // Lc. 6:28; Mt. 6:5-8; Lc. 11:5-13; 18:1-14; 21:36). En el Cuarto Evangelio, las oraciones de Jesús destacan la naturaleza única de la relación entre el Padre y el Hijo (Jn. 11:41-42; 12:27-28). La oración de Jesús por los discípulos al estilo de los sumos sacerdotes se relaciona con su preservación y el rol del Espíritu Santo en sus vidas (17:1-26). Una característica distintiva de las oraciones de Jesús es que se dirige a Dios con la palabra aramea abba ("padre"), y esto se hizo común en la adoración cristiana primitiva (Rom. 8:15; Gál. 4:6).

La Oración del Señor: Mateo y Lucas

La oración del Señor adopta distintas formas en Mateo y en Lucas (*ver* tabla 11). Las diferencias entre las dos oraciones podrían atribuirse a que Jesús enseñaba dos versiones diferentes. Lo más probable es que tanto Mateo como Lucas conocían la oración de una fuente en común (escrita u oral), y la versión de Mateo es una elaboración más litúrgica de la versión más corta y más "original" de Lucas. De alguna manera, las cosas se complican por el hecho de que los escribas cristianos posteriores tenían una propensión a armonizar las dos oraciones y, a veces, las enmendaban en sus respectivos manuscritos. Ambas oraciones concuerdan en que (1) Dios es el Santo Padre, (2) el reino está aún por llegar en su plenitud, (3) los seguidores de Jesús dependen de Dios para sus provisiones diarias, (4) los seguidores de Jesús dependen de Dios para el perdón, (5) lo cual se hace recíproco en el perdón de los demás, e incluye (6) la súplica de que Dios no los deje caer en la tribulación final.

S

Table 11. Reyes Seléucidas

Mateo 6:9-13	Lucas 11:2-4
Padre nuestro que estás en los cielos,	Padre,
santificado sea tu nombre,	santificado sea tu nombre,
venga tu reino,	venga tu reino.
hágase tu voluntad así en la tierra como en el cielo.	
Danos hoy el pan nuestro de cada día.	Danos hoy el pan nuestro de cada día.
Y perdónanos nuestras deudas,	Y perdónanos nuestros pecados,
Como también nosotros hemos perdonado a nuestros deudores,	Así como nosotros perdonamos a los que pecan contra nosotros.
Y no nos dejes caer en tentación,	Y no nos dejes caer en tentación,
mas líbranos del mal.	
Porque tuyo es el reino y el poder y la gloria para siempre jamás. Amén. [añadido en algunos manuscritos tardíos; ver NVI mg.]	

La Oración del Señor: Las Peticiones

La oración se puede dividir en una serie de peticiones. Primero, la petición dirigida a Dios como Padre y santificador propio. Dios es invocado como Padre, y su nombre representa tanto su carácter de padre amoroso como su autoridad como maestro sobre toda la creación. La oración es teocéntrica, y dice literalmente "que tu nombre sea santificado", la cual es una

S

súplica de que la santidad de Dios se haga cada vez más evidente. La Oración del Señor no es una especie de lista de "cosas que quiero", sino más bien un estallido de alabanza que expresa la esperanza de que la bondad y la divinidad de Dios serán reconocidas por todos.

La segunda petición es que Dios finalmente establezca su reino. El "reino de Dios" se parece más al reinado, mandato o gobierno de Dios. Se lo menciona raramente en el AT (por ejemplo, Dan. 2:44; Obad. 21); es mucho más prominente el tema de Dios como "rey". En muchos de los salmos, Dios ya es rey de Israel y de las naciones (por ejemplo, Sal. 93-99) y, sin embargo, los profetas podían esperar el día en que Yahvé se mostraría de nuevo como rey precisamente a través de la liberación de Israel por su parte, que sería la máxima expresión del poder de un rey (por ejemplo, Is. 52:7, Zac. 14:9).

Molde de pan utilizado para crear un diseño en el pan antes de hornearlo (siglo I d.C). La Oración del Señor incluye una petición de pan diario.

La oración por la venida del reino de Dios es una oración para que Dios establezca su reinado o gobierno en su manifestación final y completa en la tierra. Aunque el reino estaba parcialmente presente en el ministerio de Jesús en virtud de sus exorcismos y sanidades (por ejemplo, Mr. 1:15, Lc. 11:20), aún aguarda su consumación final. La versión de Mateo pone "en la tierra como en el cielo" y podría indicar una visión milenaria del reino como suplantación de los reinos terrenales, lo que resulta en la transformación de la era actual. La petición no promueve el deseo de escaparse del mundo, sino que apunta hacia su eventual redención y transformación mediante el glorioso poder del cielo que se vuelve en realidad sobre la tierra.

La tercera es la petición para la provisión diaria de necesidades físicas. La petición del "pan diario" ve a Dios como proveedor y cuidador de su pueblo. En otras partes del Sermón del Monte/Llano, Jesús predica la dependencia de Dios como una forma de escapar de la preocupación y la tentación de la riqueza y el dinero (Mt. 6:25-33//Lc. 12:22-34). El pan era un símbolo poderoso para el sustento y la vida (por ejemplo, Prov. 22:9, Lam. 2:12, Jn. 6:35, 48, Sir. 29:21, 34:25). La petición supone que Dios está interesado en los aspectos más mundanos de la existencia humana, y que él provee lo que se necesita, no siempre lo que se quiere. Dios sostiene a su pueblo en su hora de necesidad como prueba de su cuidado paternal y compasión.

La cuarta es la petición de perdón divino en conexión con el perdón mutuo dentro de la comunidad de seguidores de Jesús. La oración no le pide a Dios que perdone a las personas que luego a su vez perdonan a los demás; más bien, es a la inversa, la oración implica que Dios perdona de la misma manera que los humanos se perdonan unos a otros (Mateo) o sobre la base de que los humanos se perdonan unos a otros (Lucas). El rol del perdón mutuo dentro de la comunidad del nuevo pacto lo explica claramente Pablo en Colosenses: "Sean comprensivos con las faltas de los demás y perdonen a todo el que los ofenda. Recuerden que el Señor los perdonó a ustedes, así que ustedes deben perdonar a otros". (Col. 3:13).

Quinta es la petición para ser escatimado de la tribulación escatológica y la malevolencia de Satanás. La palabra peirasmos podría significar "prueba", "juicio", "tentación" o incluso "tribulación" u "ordalía". La oración podría constituir una súplica de ayuda ante las pruebas personales y las luchas en la vida del creyente y en el caminar del discipulado (por ejemplo, 1 Cor. 10:13; San. 1:2), o podría indicar una petición para evitar la prueba escatológica que precederá el final y establecimiento completo del reino de Dios (por ejemplo, Mr. 14:36, 38, Apo. 3:10). De importancia, lo que se teme en esta oración no es que se experimente el peirasmos sino que se sucumba a él: el miedo al fracaso. Además, la oración pide el ser librados de ho ponēros, "mal" o (probablemente) "el maligno" (*ver* Mt. 5:39), es decir, el diablo o Satanás. Dios prueba a su pueblo para fortalecerlos y probar su fidelidad, mientras que Satanás tienta a las personas para someterlas y destruirlas. Esta oración reconoce la fragilidad y la impotencia del estado humano frente a la maldad humana, espiritual y cósmica. La oración busca la liberación del mal en el reinado venidero del reino escatológico de Dios.

La Oración del Señor: La Teología

El marco teológico, la exhortación ética y las dinámicas sociales creadas o presupuestas por la oración son las siguientes:

Primero, Dios es el Padre de los seguidores de Jesús. Esto es axiomático en los Evangelios y se repite en la oración cristiana que se dirige a Dios el Padre como "Abba" (Rom. 8:15, Gál. 4:6).

En segundo lugar, se le atribuye una importancia general al reino de Dios como el contexto en el que se lleva toda oración. La tensión de la oración, la realidad misma de las necesidades y la amenaza de peligros continuos, existe solo porque el plan de Dios de restaurar a Israel y renovar la creación todavía no se ha puesto en pleno efecto. El reino de Dios ha irrumpido en el mundo a través de la obra del Hijo de Dios y la entrega del Espíritu Santo, y todavía espera una consumación final, cuando Dios sea "el todo en todos" (1 Cor. 15:28) y finalmente tome posesión del mundo para sí mismo. La oración presupone el "ahora" y el "todavía no" de la acción salvífica de Dios y equilibra las oraciones de triunfo y lamento a la luz de las tentaciones actuales y la futura victoria de Dios.

Tercero, en esta oración la salvación no sólo es espiritual (entendida como ir al cielo cuando uno muere) sino también involucra el bienestar físico de una persona y las relaciones saludables dentro de la comunidad de creyentes. Así como Dios está preocupado por las necesidades físicas humanas, también deberían estarlo los humanos con sus semejantes. Si los seres humanos perdonan, entonces Dios también los perdona. Las relaciones humanas deben reflejar los valores del cielo y la visión del reino.

Cuarto, el orden mundial existe actualmente en subyugación parcial a poderes malvados opuestos al gobierno de Dios, que es simplemente parte de la situación terrible de "esta era". La oración presupone una cosmovisión apocalíptica caracterizada por dualismo (Dios/Satanás, bien/mal, presente/futuro, etc.), la necesidad de enfrentar y perseverar contra el mal, y la intervención divina para corregir el orden mundial y reemplazarlo por el reino de Dios.

Quinto, el discipulado involucra una variedad de rasgos y características. Esta oración representa al discípulo confiando y exhibiendo fe en el propósito y plan de Dios. La oración supone que los discípulos se aferran a Dios en dependencia de Él para sus necesidades cotidianas. La oración asume que los discípulos tratan de imitar a Dios para reflejar la bondad, el amor, la santidad y la paz en sus respectivas comunidades. La oración también advierte a sobrellevar las pruebas y a persistir (no sólo repetir) en la disciplina de la oración.

Sexto, aunque la oración no tiene una cristología explícita, se puede hallar implícitamente. Parece estar implicado que Jesús es el mediador entre el Padre y los discípulos, y que Él posee un papel importante en la manifestación final del reino. Después de todo, a los discípulos de Jesús se les ha prometido un lugar especial en el reino y una relación especial con el Dios de Israel.

Resumen

La Oración del Señor ha permanecido como un elemento común en la vida devocional de los seguidores de Jesús por dos milenios porque es simple, memorable, conmovedor y, sin embargo, profundo. No es la oración de un grupo selecto; pertenece a todos los que claman a Dios como Padre y ven el camino a Dios en Jesucristo, el Señor exaltado y el Mesías de Israel. Como las enseñanzas de Jesús tienen un significado inconmensurable para la vida, la fe, la praxis y el servicio de sus seguidores, esta oración resume un tema de la misión de Jesús: Dios como rey y el amor de Dios por su propio pueblo.

S

SEÑOR, PROVEERÁ *Ver* Jehová Jireh.

SEÑORA ESCOGIDA POR DIOS *Ver* Dama escogida.

SEOL En el AT, un lugar en el submundo al que estaban destinados todos los muertos. La palabra hebrea she'ol generalmente se traduce como "la tumba" en versiones modernas de la Biblia, incluyendo NIV. Seol aparecen en el AT más frecuentemente en canciones y plegarias (la Canción de David [2 Sm. 22:6]; la Plegaria de Ana [1 Sm. 2:6]; muchas referencias en Salmos), al igual que en los libros de la sabiduría de Job y Proverbios. Los antiguos israelitas visualizaban el cosmos como compuesto de tres reinos distintos: el cielo, el reino de lo divino; la tierra, el reino de la humanidad y la creación de Dios; y Seol, un lugar bajo la tierra y los mares, el mundo de los muertos (Job 11:8; 26:5-7).

El Reino de los Muertos

En el AT, Seol no es un lugar de juicio o de la ira de Dios, sino más bien reino que albergaba a aquellos que habían muerto. Seol era el gran ecualizador en el AT, ya que se pensaba que estaba habitado no solo por las masas, sino también por los ricos y poderosos (Job 3:19; Is. 5:14; 14:9, 11), los guerreros más valientes (Ez. 32:21), los justos (Gn. 37:35; Is. 38:10; Sal. 30:3, 9), los malvados (Nm. 16:30, 33), de hecho, todos (Sal. 89:48; Ecl. 9:10). Aunque Seol en sí no es un lugar de juicio, está conectado a la ira de Dios en el AT. La consecuencia del juicio airado de Dios es, con frecuencia, un temprano descenso a Seol (Nm. 16:30; 1 Re. 2:6; Job 24:19; Sal. 31:17; Is. 38:10; Ez. 31:17). La muerte prematura es el resultado de la ira y juicio de Dios en el AT, no el descenso a Seol, que en sí mismo es inevitable.

Las descripciones de Seol no ocurren en narraciones en tercera persona o en material legal, pero se encuentran solo en discurso en primera persona a lo largo del AT. Además, Seol nunca es descrito detalladamente, pero es referido solo ocasionalmente. Similar a las descripciones en otras culturas del Oriente Próximo, las descripciones de Seol en textos bíblicos lo ubican en las más lejanas profundidades de la tierra (Job 11:8; 26:6-13; Sal. 139:8) y los mares (Ez. 31:15; Jon. 2:4), en contraste con los cielos. Seol es descrito como un submundo acuático (Sal. 69:1-2, 13-15; Jon. 2:6), un lugar de oscuridad (Job 17:13; Sal. 88:3, 6, 12), de silencio (Sal. 6:5; 31:17; Is. 38:18), con rejas a su entrada (Is. 38:10; Jon 2:7). Por contraste, Seol también es descrito como un lugar de paz (1 Re. 2:6; Job 21:13), un lugar donde pueden ocurrir saludos y conversaciones (Is. 14:9), donde uno puede reunirse con un ser querido que ya había muerto (Gn. 37:35).

Seol es un lugar donde la plenitud de la alegría en la vida ya no puede cumplirse, porque uno no puede adorar a Dios en Seol (Sal. 6:5; Is. 38:18-19). De hecho, el libro Eclesiastés alienta a sus lectores, "Como tú alimento con gozo... Disfruta la vida con tu esposa, a quien amas... Porque en el reino de los muertos [Seol]... no hay trabajo ni planificación ni conocimiento ni sabiduría" (9:7-10). De manera similar, el libro del Eclesiástico en los textos apócrifos establece que uno debe disfrutar completamente la vida terrenal, porque no hay placeres en Seol (14:16). Job, sin embargo, ve Seol como una alternativa positiva a sus tragedias, y se imagina a Seol como un lugar pacífico donde las luchas terrenales dan paso al descanso, incluso para los malvados (Job 3:1-19).

Seol con frecuencia es personificado junto con la figura de la Muerte, particularmente en la literatura profética y Proverbios. Retratos de Seol por lo general son sinónimos con aquellos de la Muerte y combinan las representaciones iconográficas del dios de la Muerte (Motu) en el antiguo Oriente Próximo. Seol es retratado como un monstruo de mandíbulas formidablemente grandes (Is. 5:14) y manos agarradas (Sal. 89:48; Os. 13:14), usando plagas y flagelos para matar a sus víctimas (Os. 13:14), al igual que insidias y trampas (2 Sm. 22:6; Sal. 116:3) para satisfacer su insaciable apetito (Prov. 1:12; 27:20; 30:16; Cant. 8:6; Hab. 2:5).

Seol no es, sin embargo, un lugar fuera de la autoridad y el poder de Yahveh. De hecho, es un lugar abierto a la visión de Dios (Job 26:6) y dentro del alcance de la mano de Dios (Am. 9:2). El reino de Seol está bajo el ámbito de la autoridad de Dios, y quienes residen allí no están separados de la presencia de Dios: "Si subo a los cielos, tú estás allí; si hago mi cama en las profundidades [Seol], tú estás ahí" (Sal. 139:8).

Sin embargo, el AT mantiene que la vida de fe de uno se ve alterada en Seol. De acuerdo al Sal. 6:5, "Entre los muertos nadie proclama tu nombre. ¿Quién te alaba desde la tumba [Seol]?" Y, de hecho, "aquellos que bajan al foso no puede esperar tu fidelidad" (Is. 38:18). Estos textos implican que, aunque la presencia de Yahveh permanece con aquellos que residen en Seol, los muertos son incapaces de responder en alabanza y confianza de Dios como lo hacían en vida.

El Más Allá y la Resurrección

La creencia en el Más Allá era común en el antiguo Oriente Próximo. Por ende, es notable que el AT sea tan restringido en la esperanza que ofrece para la vida después de la muerte. La mayoría de los textos del AT afirman que nadie vuelve de Seol (Job 7:9; Is. 38:10, 18; cf. Eclo. 48:5). Sin embargo, el asunto permanece abierto. La ilimitada soberanía de Dios es reconocida en la plegaria de Ana: "El Señor trae la muerte y hace la vida; él lleva a la tumba [Seol] y levanta" (1 Sm. 2:6). Así, Yahveh tiene el poder de levantar a la gente de Seol, pero si elegirá hacerlo es una pregunta sin respuesta en el AT.

Pistas de la resurrección de la tumba pueden encontrarse en el uso metafórico de Seol en los salmos y la literatura profética para representar grave lucha y pecado de la que el salmista o israelita recibe sanación y liberación: "Yo libraré a este pueblo del poder de la tumba [Seol]; los redimiré de la muerte. ¿Dónde, oh muerte, están tus plagas? ¿Dónde, oh tumba [Seol], está tu destrucción?" (Os. 13:14 [*véase también* Job 14:13; Sal. 16:10-11; 30:2-3; 49:13-15; 86:13; Jon. 2:3]). Sin embargo, no está claro si estos textos retratan la salvación después de que el descenso a Seol ha ocurrido o, más bien, la liberación de Yahveh se experimenta como una protección ante el descenso a Seol en primero lugar. Pistas más fuertes hacia una resurrección corporal provienen de las narrativas en las cuales las plegarías de Elías y Eliseo resultan en la resurrección de los muertos (1 Re. 17:17-24; 2 Re. 4:17-37).

Cuando el AT fue traducido al griego para los lectores judíos helenizados, Seol fue traducido como Hades, importado un concepto griego similar de submundo al texto bíblico. El NT usa las palabras "Hades" e "infierno" de manera intercambiable; sin embargo, la distinción entre la tumba y el infierno se mantiene. La tumba es simplemente un lugar al que todos estamos destinados, como era Seol. Así, no es hasta el NT que la firme conceptualización de un lugar de castigo eterno, al igual que un lugar de recompensa eterna, surgen. La literatura judía escrita entre el AT y el NT demuestran una esperanza mayor en la resurrección, pero estos textos en general se asemejan al uso de Seol en el AT como simplemente una residencia de los muertos. No es hasta la venida de Cristo que la resurrección de los muertos se transforma de un tenue destello de esperanza a una resplandeciente promesa en la Biblia.

SEORIM Líder de la cuarta unidad de sacerdotes de David (1 Cr. 24:8).

SEPARACIÓN La separación se refiere al período ritual de impureza durante la menstruación (Lv. 12:2, 5; 15:20, 25-26) o a la separación voluntaria de un comportamiento de otra manera aceptable, como en el voto nazireato (Nm. 6). Este último es una consagración personal del individuo por un determinado período de tiempo; la persona reingresa a la vida diaria solo tras un sacrificio ritual.

SEPELIO El sepelio puede referirse a un ritual, preparación del cuerpo o al entierro.

Ritos de sepelio. El Génesis en particular usa algunas frases predecibles: "murió en buena vejez, luego de haber vivido muchos años, y fue a reunirse con sus antepasados/ pueblo" (25:8; 35:29; 47:30; 49:33; cf. Job 14:10). En la muerte de Abraham (Génesis 25:8), esta "reunión" no se refiere en realidad a su sepelio, ya que ocurre entre el momento de su muerte y el entierro; Abraham tampoco fue enterrado con sus ancestros (cf. Números 20:26 [Aarón]; Deuteronomio 32:50 [Moisés]). Esta expresión idiomática alude al reencuentro con nuestros ancestros en el mundo de los muertos. Con nociones comunitarias, la

S

frase también señala los elementos del entierro familiar (de manera similar, "para reunirte con tus antepasados" [Números 27:13]; "se reunió con sus ancestros" [Jueces 2:10]).

En el obituario de Jacob él "encogió" sus pies y luego "fue a reunirse" con sus antepasados (Génesis 49:33 KJV). Esta es una imagen rica porque él se había "reunido" con sus hijos (cf. 49:1). Esta expresión también se usa para colocar los restos humanos en un lugar de entierro colectivo para la familia (Jueces 2:10; 2 Reyes 22:20; cf. Jeremías 25:33).

En los libros genealógicamente sensibles de Reyes y Crónicas se usa una fórmula para los reyes: "X descansó con sus ancestros y fue enterrado en Y". Aquí, "Y" puede denotar un lugar como la Ciudad de David (1 Reyes 2:10; 11:43; 14:31; 2 Crónicas 16:13-14). Los autores se alejan de esta fórmula para describir la profanación de la persona, como Jezabel; los perros la consumieron con la excepción de su cráneo, manos y pies (2 Reyes 9:37; cf. 1 Reyes 21:23-24).

Jacob y José fueron embalsamados con la especialización egipcia. El embalse preservaba a una persona más holística por medio del uso de fluidos especiales y envoltorios por setenta días (Génesis 50:2-3, 26). La muerte por lo general implicaba el sepelio inmediato, incluso para los criminales (Deuteronomio 21:1-9, 22-23; 1 Reyes 13:24-30). Afuera de Israel, la inclusión de utensilios de sepultura (por ejemplo, jarrones, tiestos de cocina, cuencos y joyería) con el difunto era un indicio del estatus de la persona y de las necesidades en el más allá. Los profetas del Antiguo Testamento prohibían ciertas prácticas de duelo como la automutilación (Levítico 21:1-6; cf. Amós 6:6-7).

En el Nuevo Testamento, el entierro podía incluir un tratamiento con especias por razones de olor y de purificación (Lucas 23:56; Juan 19:40). El cuerpo, colocado en un banquillo (mishkab quiere decir "lugar de descanso"), se cubría con envolturas y una toalla facial especial (Juan 11:44). El respeto familiar era necesario para demostrar la aflicción con lamentos (Hechos 8:2; cf. 1 Reyes 13:29-30; Jeremías 9:17-22).

Ubicación específica. En el Antiguo Testamento, el sepelio se llevaba a cabo en cementerios, tumbas huecas, tumbas de roca tallada o en cuevas naturales. Los ricos conseguían lugares para el sepelio para su posteridad (Génesis 23:3-20). A mediados y a fines de la Edad del Bronce (2200-1200 AC) se excavaron ejemplos en Jericó, Gedeón y Hazor. En un proceso conocido como entierro secundario, se trasladaban los restos más antiguos a un almacén en la parte posterior de la cueva para despejar un espacio para el nuevo cadáver (cf. Mateo 8:21-22). Raquel fue la única a la que no enterraron en una cueva en Macpela (Génesis 35:19-20). Su "pilar de piedra" puede que sea un túmulo de roca, en el que el cuerpo es sepultado debajo de un montículo de piedras. Por medio de los puntos de referencia conocidos, como los árboles, se identificaban las tumbas de los demás (Génesis 35:8 [Débora]; 1 Samuel 31:11-13 [Saúl]). Los lugares en la Edad del Hierro I (1200-1000 a.C.) podían marcar territorios tribales (Jueces 8:32), como los huesos de José en Siquem (Josué 24:32). A través de los sitios de la Edad del Hierro II (1000-586 a.C.) se identificaban

Caja de hueso del antiguo Israel (osario) que fue encontrada cerca de Jerusalén.

las tumbas reales de los reyes en sus capitales o en zonas ancestrales, como un jardín especial o Samaria (2 Reyes 21:18, 26; 13:13). De hecho, se encontró una inscripción cerca de Cedrón que nombra a su dueño, Sebna (Isaías 22:15-16). Dichas tumbas a menudo incluían un vertedero para cadáveres. Aquí, los huesos más viejos se colocaban al igual que los cadáveres más recientes en un banquillo por encima del vertedero. A los pobres por lo general los consignaban a los cementerios públicos. En el periodo helénico (332-53 AC) se usaban las tumbas huecas. Pasando por una entrada inclinada para acceder a la cámara de entierro, las tumbas huecas a menudo contenían nichos (kokhim) perpendiculares para cada cuerpo. Estas tumbas eran comunes en la planicie costera y en lugares como Dor, Gézer y Laquis.

En el período intertestamentario, las estructuras elaboradas y el arcosolio eran construidos por encima o al lado de la entrada, como la tumba de Jasón en el suroeste de Jerusalén. Los lóculos eran un segundo tipo de cavidad que poseían una cámara central y tres kokhim extendidos. En el período herodiano se utilizaba una entrada estratégica protegida con una piedra rodante de cuatro a cinco pies de diámetro, como la que se empleó para Jesús. Durante el periodo romano (37 a.C.-d.C. 367) se usaban sarcófagos de piedra (literalmente significa "tragón de carne"), y estos mismos se han descubierto en excavaciones en Beth She'arim y en Jerusalén. Posteriormente, los huesos se colocaban en osarios (cajas para huesos) después de la descomposición del cadáver en el nicho de entierro.

SEPTUAGINTA La Septuaginta (abreviada LXX) es la traducción griega de la Biblia hebrea que también contiene composiciones griegas originales que datan aproximadamente de los años 300 – 200 a.C. La Septuaginta (y la subsecuente abreviación) recibe su nombre de la tradición, cada uno de setenta y dos estudiosos tradujeron el texto al griego, y cuando se comparan todos los textos, se encuentra que son idénticos (ver Cartas de Aristeas). De hecho, sin embargo, no existe un lugar o período de origen para la LXX. Su historia traductológica es diversa, compleja y fluida y la edición final no se estableció incluso en tiempos de Jesús. Las ediciones actuales atestiguan de diferentes estilos interpretativos. Los más confiables manuscritos tempranos de la LXX contienen los libros del AT Protestante junto con varios libros deutero-canónicos, incluyendo la Sabiduría de Salomón, Eclesiástico, Judit, macabeos y Tobías. Para los cristianos, la mayor importancia de la LXX es que era la Biblia usada por la mayoría de los autores del NT. Por ejemplo, Pablo usa la LXX al citar la Torá en muchas ocasiones diferentes. También es significativo el hecho de que la LXX en realidad precede a muchas de las ediciones actuales de los Textos masoréticos (la Biblia hebrea). También es importante que existen varias instancias donde el texto de LXX se asemeja más a los de los MMM que a los textos masoréticos. La LXX es una traducción bastante distante del hebreo, pero ocasionalmente aclara cómo estos traductores comprendieron la biblia hebrea.

SEPULCRO La traducción KJV de las palabras hebreas y griegas referentes a tumba. Las tumbas se encuentran a lo largo de ambos testamentos. El primer sepulcro registrado es la cueva en la que Abraham enterró a su esposa, Sara (Gn. 23:20). El más notable es el sepulcro en el que fue enterrado Jesús, proporcionado por José de Arimatea (Mt. 27:59-60). Estos sitios funerarios podían tomar diversas formas: cuevas naturales, cámaras cavadas en la roca o pilas de piedras.

SER INTERIOR, PERSONA INTERNA La frase petrina "ser interior" (literal, "persona oculta del corazón" [1 Pe. 3:4]) es casi idéntica a la frase paulina "persona interna". Existen tres referencias a la persona interna en los escritos de Pablo. Dos de ellas claramente se refieren a un cristiano en oposición a un no cristiano (2 Cor. 4:16; Ef. 3:16); uno es poco claro (Rom. 7:22). En vez de importar el significado de las primeras dos hacia Romanos 7:22, deberíamos buscar el significado semántico más amplio de la frase. Son los aspectos inmateriales de la humanidad —mente, espíritu— en distinción de la persona exterior, que se consume (2 Cor. 4:16). En esta esfera interna el Espíritu Santo hace su renovación y trabajo salvador (Ef. 3:16). Por

S

lo tanto, debemos distinguir entre "persona interna" y "nueva persona" (Ef. 4:24; Col. 3:10), que parece tener un sentido soteriológico, porque lo primero también puede ser corrompido, vano y alienado de la vida de Dios (Ef. 4:18).

SERA Hija de Aser y nieta de Jacob (Gn. 46:17; Nm. 26:46; 1 Cr. 7:30).

SERAFINES Los serafines aparecen en Is. 6:2, 6. El profeta ve a Dios en su trono y sobre él vuelan los serafines. Tienen seis alas: con dos cubren sus rostros, con dos cubren sus pies y con dos vuelan. La palabra hebrea sarap significa quemar; por ende, los serapim son los quemantes (cf. sarap en Nm. 21:6, 8; Dt. 8:15; Is. 14:29; 30:6 en referencia a serpientes venenosas). Son rayos vivientes y sus gritos de "Santo, Santo, Santo" son el fragor del trueno, que hacen temblar el templo celestial y lo llenan de humo.

SERAÍAS **(1)** Un secretario real en la corte de David (2 Sm. 8:17; es llamado Seba en 2 Sm. 20:25, Sausa en 1 Cr. 18:16 y "Sisa" en 1 Re. 4:3). **(2)** Hijo de Tanjumet el netophatita, era uno de los oficiales del ejército de Judea que se unió al gobernador apuntado por Babilonia, Gedalías en Mizpa (2 Re. 25:23; Jr. 40:8). **(3)** Segundo hijo de Quenaz y hermano de Otoniel, su hijo era Joab, "el padre del Valle de Carisim". *Véase* Valle de Carisim. **(4)** Un simeonita, hijo de Asiel y padre de Jehú (1 Cr. 4:35). **(5)** Hijo de Azarías y padre de Josadac, un descendiente de Aarón (1 Cr. 6:14). Un sumo sacerdote ejecutado en Ribla por Nabucodonosor (2 Re. 25:18-21; Jr. 52:24-27). **(6)** Un ancestro de Edras, el escriba (Esd. 7:1). **(7)** Uno de los regresados a Jerusalén con Zorobabel (Esd. 2:2). **(8)** Uno de los sacerdotes que selló la renovación postexílica de la alianza con Nehemías (Neh. 10:2) **(9)** Un sacerdote y descendiente de Hilcías, era un supervisor en la casa de Dios (Neh. 11:11). **(10)** Uno de los veintidós "líderes de los sacerdotes" (Neh. 12:7) que acompañaron a Zorobabel y Jesúa fuera del exilio (Neh. 12:1). **(11)** Hijo de Azriel, era uno de los oficiales del rey Joacim que fue enviado a arrestar a Jeremías y Baruc (Jr. 36:26). **(12)** El hijo de Nerías y hermano de Baruc (Jr. 32:12), fue un oficial que fue con el rey Sedequías al exilio en Babilonia. Jeremías le entregó un pergamino que contenía su profecía de la destrucción de Babilonia y le ordenó leerlo en voz alta y luego hundirlo con una piedra en el Éufrates, simbolizando la caída de Babilonia.

SEREBÍAS **(1)** Un levita enviado a acompañar a Esdras (Esd. 8:18). Serebías era uno de los doce hombres confiados con portar el tesoro del templo a Jerusalén (8:24). Puede ser la misma persona mencionada en Neh. 10:12 y 12:24. El Serebías contemporáneo a Esdras que asistió con la interpretación de la ley (Neh. 8:7) y la adoración pública (Neh. 9:4-5), también es probablemente la misma persona mencionada en Esdras 8:18. **(2)** Un levita que regresó con Zorobabel (Neh. 12:8).

SERED El primero de los tres hijos de Zabulón (Gn. 46:14; Nm. 26:26).

SEREDITA Uno de los tres clanes de los descendiente de Zabulón, contado en el segundo censo en el desierto (Nm. 26:26)

SERES El hijo de Maquir y Maacá y nieto de Manasés (1 Cr. 7:16).

SERES VIVOS, CRIATURAS VIVAS Una creación animada de Dios. La primera referencia a una criatura viva se encuentra en Génesis 1:20, donde Dios crea la vida marina en masa. De esta manera, las criaturas vivas son diferenciadas de la vida vegetal e inanimada. Como con todos los seres vivos, las criaturas vivas en la tierra debían reproducirse con los de su clase (1:24). La humanidad pertenece a la categoría de ser vivo, pero es a la vez distinta en virtud de haber sido creada a la imagen de Dios. Esto es evidente en la participación más personal de Dios en la creación de la humanidad y en la autoridad dada a los humanos sobre el resto de los seres vivos (1:26-27; 2:19). Después del diluvio, Dios hace un pacto único, uno que está con todas las "criaturas vivas" y no sólo con la humanidad (9:10-16). También hay referencias a extraños "seres vivientes" que parecen ser ángeles. Esta designación puede indicar que los seres son parte de la creación de Dios, pero no eran parte del orden creado sujeto a la categorización y autoridad de la humanidad (Ezeq. 1:5-22, Apoc. 6:1-7, 7:11).

SERGIO PAULO Procónsul romano en la isla de Chipre en la época del primer viaje misionero de Pablo (Hec. 13:7). Descrito como un hombre inteligente e interesado en la fe cristiana, él llamó a Pablo y Bernabé para escuchar su mensaje. Uno de sus asistentes, Elimas, intentó de disuadirlo de creer y fue subsecuentemente maldecido por Pablo y cegado como castigo de Dios (13:8-11). Este oficial romano de alto rango fue el primer converso del primer viaje misionero de Pablo cuando vio el milagro del juicio. Lucas, sin embargo, enfatiza el rol de la enseñanza de los apóstoles en su conversión (13:12).

SERMÓN DE LA MONTAÑA El Sermón de la Montaña es el sermón inaugural de Jesús en el Evangelio de Mateo (5:1-7:29), que establece el programa del Reino de Dios para las personas de Dios. Si este fue un sólo sermón pronunciado en una sola ocasión o la compilación de Mateo sobre las enseñanzas de Jesús es incierto. El Evangelio de Lucas tiene un sermón similar (6:17-49), que puede o no ser el mismo evento (a veces llamado el "Sermón en la Planicie" debido al versículo 17, aunque puede ser simplemente un "lugar plano" en el mismo monte descrito por Mateo).

El relato de Lucas es similar al de Mateo en varios puntos: las mismas bienaventuranzas acerca de los pobres, los hambrientos y los perseguidos; misma enseñanza acerca de amar a los enemigos, volver la otra mejilla, no juzgar, la Regla de Oro; misma ilustración acerca de remover la brizna del ojo, buenos árboles produciendo buenos frutos y hombre sabio construyendo la casa sobre roca. Por supuesto, hay muchas diferencias en la versión de Lucas: aflicciones pronunciadas sobre los ricos, los saciados y los distinguidos; la importancia de dar; advirtiendo a los ciegos que guían a los ciegos; cómo estudiantes se vuelven maestros. En Lucas, Jesús entrega su sermón a los doce discípulos recién elegidos al igual que a una multitud más amplia (Lc. 6:12-20), "Benditos son ustedes…". En Mateo, Jesús se dirige a la multitud (incluyendo a los discípulos) reunidos alrededor de él por los milagros que había realizado (Mt. 4:24-5:1) —noten la tercera persona, "Benditos son los pobres de espíritu…". Finalmente, el relato de Mateo tiene más material único que el de Lucas: bienaventuranzas respecto de los puros de corazón, pacificadores y dolientes; preguntas acerca de la justicia de los escribas y fariseos; la importancia de obedecer la Ley y los Profetas; enseñanzas acerca del asesinato, adulterio, divorcio, venganza, juramentos, la entrega de limosnas, oración, ayuno,

Iglesia de las Bienaventuranzas, en el sitio tradicional del Sermón del Monte.

S

preocupación; ilustraciones de sal y luz, perros y cerdos, peces y piedras, rejas anchas y angostas, lobos en piel de oveja.

Que Mateo comience la historia del ministerio temprano de Jesús con este sermón es significativo: él quiere que sus lectores vean a Jesús como el rabbi que más sabe acerca del Reino de Dios en el cielo que cualquier escriba o fariseo.

Las Bienaventuranzas

Con las primeras palabras del sermón, comúnmente conocido como las Bienaventuranzas, Jesús desafía la sabiduría tradicional de que los pobres, los hambrientos, y los mansos eran maldecidos. En cambio, Jesús clama que sus oyentes son bendecidos (estos pobres, hambrientos y mansos galileos) porque el reino celestial viene a aquellos que necesitan a Dios. No es de sorprender que estas ideas subversivas están envueltas en paradojas: los pobres son ricos en el reino; los hambrientos están satisfechos con justicia; los mansos heredan la tierra prometida; los afligidos son consolados; los perseguidos encuentran alegría en su tribulación. Son puros de corazón; son pacificadores. Estos son el tipo de gente que Jesús llama "la sal de la tierra" (Mt. 5:13). Ellos son "la luz del mundo" (v. 14) porque revelan el trabajo glorioso de Dios en sus vidas. Ellos son cómo se ve el reino del cielo en la tierra.

Todo esto puede sonar como lo opuesto de lo que era enseñado en la Torá, donde se decía que las bendiciones materiales eran un signo del favor divino para el obediente y la enfermedad y muerte solo venían a quienes desobedecían a Dios (Dt. 30:1-20). Pero Jesús declara que él no está ignorando la Ley y los Profetas. En cambio, su intención es observar la Ley y los Profetas mejor que nadie, especialmente los escribas y los fariseos, a quienes Jesús acusa de derogar la ley porque han perdido el corazón de los mandamientos (Mt. 5:17-20; cf. 23:23-24).

Amor a Dios y al Prójimo

El Sermón de la Montaña parece ser una exposición de dos grandes mandamientos enfatizados por Jesús: amor a Dios (6:1-34; Dt. 6:5) y amor al prójimo (5:21-48; Lv. 19:18). En particular, Jesús desafía a los expertos de la ley—los escribas y los fariseos—respecto a su justicia.

¿Los expertos observan la ley en lo que se refiere a amar a su prójimo? Ellos dicen: "No matarás" (citando el Decálogo) y "cualquiera que mate será puesto a juicio" (citando su tradición). Pero según Jesús, ellos rompen el mandamiento y su tradición cuando llaman a alguien "tonto". Su indignación no es justa; de hecho, los condena al infierno y los previene de adorar a Dios (5:21-26). Ellos dicen: "No cometerás adulterio" (otra vez citando el Decálogo) y "quienquiera que se divorcie de su esposa, que le dé un certificado de despido" (citando Dt. 24). Pero Jesús cree que el mandamiento es roto cuando un hombre desea a una mujer; por lo que les advierte a los hombres que tomen medidas drásticas al lidiar con ojos y manos, los instrumentos del deseo (5:27-30). Incluso acusa los maridos de practicar y promover el adulterio serial cuando abusan de las mujeres al tratarlas como objetos, intentando justificar su conducta egoísta apelando a la disposición de divorcio en la ley de Moisés (5:31-32). Los escribas y fariseos también hacen juramentos para cubrir falsos juramentos (5:33-37). Odian a sus vecinos cuando buscan vengarse de sus enemigos, deseando solo ayudar a sus amigos (5:38-47). En cambios, Jesús enseña que cuando se trata del reino celestial, los hijos de Dios deben replicar las cualidades del Padre celestial (5:48): desafiando la injusticia (falta de rectitud) a través del amor, auto sacrificio y misericordia (volviendo la otra mejilla, regalando ropa, ayudando a los enemigos, rogando por los perseguidores). Cuando se trata de amar al prójimo, esta justicia es perfecta.

Ciertamente los escribas y los fariseos no pueden ser acusados de no amar a Dios, porque sus estándares de santidad son considerados los más altos de todos. Sin embargo, de acuerdo a Jesús, sus actos de santidad no son para el beneficio de Dios, sino por el suyo propios (6:1). Cuando ellos dan a los pobres, es una demostración ostentosa designada para la aprobación social (6:2-4). Cuando ellos oran, es para los ojos humanos, no para los oídos de Dios (6:5). Cuando ayunan, quieren que todos

S

sepan que lo hacen (6:16). Jesús, por otra parte, cree que los actos de santidad son solo para los ojos de Dios. Den en secreto; oren en privado; disfracen el ayuno (6:3-4, 6-13, 17-18). De esta manera, una persona está guardando sus tesoros en el cielo. Los que buscan la aprobación humana reciben su recompensa en la tierra, donde los tesoros son temporales (6:1-2, 5, 16, 19-21). De hecho, los esclavos de Mamón se preocupan por cosas que no perduran (dinero, comida, vestuario). Aquellos que buscan el reino de los cielos, por otra parte, no ansían por nada. Ellos sirven al amo que alimenta gorriones y alimenta los campos de pastos con flores (6:24-34). Dios sabe lo que los buscadores del reino necesitan antes de que lo pidan, que es porque ellos oran por la venida del reino, porque la voluntad de Dios se haga en la tierra como en el cielo (6:8-13). En vez de juzgar a los otros, los buscadores del reino perdonan a sus deudores (7:1-5). Son librados del maligno porque hacen peticiones a un Padre que solo da buenos regalos (7:7-11). Los buscadores del reino tratan a otros como ellos mismos quieren ser tratados porque saben que la Ley y los Profetas se resumen en estos dos mandamientos: ama a Dios y ama a tu prójimo (7:12).

La Reja Angosta

El sermón termina con una invitación. Dos rejas se abren ante los oyentes de Jesús. Una es ancha, y muchos entran por ese camino—un sendero ancho que lleva a la destrucción. Es el camino de los fariseos y los escribas. La otra reja es angosta, y pocos entran por ella, aunque lleva a la vida—el camino de la justicia, de acuerdo a Jesús (7:13-14). Existen dos tipos de profetas, dos tipos de árboles, dos tipos de constructores (7:15-27). Los falsos profetas hacen malos árboles; los que les escuchan son tontos. Los verdaderos profetas producen buenos frutos; los que les escuchan son personas sabias que construyen sus vidas sobre la roca de las palabras de Jesús—un Sermón en la Montaña.

Serpiente de bronce encontrada en un templo madianita.

SERPIENTE ARDIENTE *Ver* Serpiente de Bronce.

SERPIENTE CORNUDA También conocida como víbora cornuda del desierto, una serpiente venenosa (Cerastes cerastes) encontrada en África del Norte, la Península del Sinaí, Israel y Arabia. Su nombre proviene de sus protuberancias cornudas sobre cada ojo. Unas pocas versiones presentan el término hebreo shepipon como "serpiente cornuda" en Gn. 49:17 (NASB, REB), aunque la mayoría lo traduce como "víbora".

SERPIENTE DE BRONCE Recordatorio temprano y tangible de la bondad de Dios cuando rescató a su pueblo de los pecados (NVI: "serpiente de bronce"). Mientras deambulaban por el desierto, la tierra de Edom yacía en el camino de los israelitas. Estos solicitaron permiso para pasar por Edom, algo que los edomitas se negaron rotundamente (Números 20:14-21). Obligados a rodear Edom y alejarse mucho de su ruta, los israelitas comenzaron a quejarse una vez más (Números 21:4-5; *ver también* Éxodo 15:22-24; 16:1-3; 17:1-7). Dios respondió al enviar serpientes venenosas que mataron a muchas personas (Números 21:6). Cuando las personas admitieron su pecado y le rogaron a Moisés que le orara a Dios en representación de ellos, Dios le ordenó a Moisés que hiciera algo extraño: debía construir una serpiente y colocarla en un poste. "Y cuando alguna serpiente mordía a alguien, si miraba a la serpiente de bronce, seguía con vida" (21:9).

Este supuesto episodio insignificante y estrambótico en la historia israelita reaparece dos veces en la Biblia. El buen rey Ezequías destruyó la serpiente de bronce durante la purificación de la tierra de Judá por la adoración a la idolatría. El autor de Reyes explica que la serpiente, que llegó a llamarse "Nehustán", se había

S

convertido en un ídolo, dado que los israelitas habían estado prendiendo inciensos para ella (2 Reyes 18:4).

Jesús también hace mención de la serpiente de bronce en su famoso diálogo con Nicodemo. Al hablar de su muerte inminente, Jesús le explica a Nicodemo que él, el Hijo del Hombre, debe ser levantado de la tierra "así como Moisés levantó la serpiente en el desierto" (Juan 3:14). Aquellos que creen en Jesús tendrán vida eterna porque él fue levantado, es decir, crucificado (*ver* Juan 12:32-34). La referencia de Jesús acerca de la serpiente de bronce enfatiza la sencillez de la salvación por medio de Cristo. Así como los israelitas necesitaron solamente mirar a la serpiente de bronce y confiar en la provisión de Dios para la salvación de la muerte física, así también es para aquellos que mueren en sus pecados: sólo tienen que mirar el sacrificio perfecto de Jesucristo y creer en la provisión de Dios para la salvación de la muerte espiritual.

SERPIENTE DE FUEGO *Véase* Serpiente Venenosa.

SERPIENTE DE LATÓN *Véase* Serpiente de Bronce.

SERPIENTE La serpiente (nakhash) inicialmente aparece en Gn. 3:1, dotada de la sabiduría y la capacidad de hablar. El dirigirse a Eva, intencionalmente cambia la orden positiva de Dios de comer de todos los árboles del jardín, con una excepción, a una prohibición comprensiva y luego procede a contradecir a Dios y promete que comer hará a Adán y Eva "como Dios, conociendo el bien y el mal" (3:5). Mientras que una identificación específica de la serpiente no se da en este punto, la maldición pronunciada contra la criatura (Gn. 3:14-15) tiene implicaciones trascendentales (cf. Rom. 16:20). Para el siglo uno a.C. y d.C., la serpiente estaba conectada con la malvada figura de Satán, el diablo, el gran dragón. Esta conexión se articula de manera más comprensiva para la comunidad cristiana en Ap. 12:9-15; 20:2. Eva reconoció sus ardides engañosos (Gn. 3:13), un punto que tanto Jesús (Jn. 8:44) como Pablo (2 Cor. 11:3) refuerzan.

Las serpientes mortales eran habitantes reconocidos y temidos del gran y terrible desierto (Dt. 8:15) mientras los israelitas caminaban hacia la tierra prometida. Cuando la gente hablaba contra Dios y contra Moisés, Dios envió serpientes ardientes a morder a las gentes (Nm. 21:6-9). La acción de Moisés al elevar una serpiente de bronce sobre el poste sirvió como un paradigma para la referencia de Jesús sobre levantar al Hijo del Hombre (Jn. 3:14) y la necesidad de la creencia en el improbable prospecto de un Mesías crucificado. Posteriormente, esta serpiente de bronce se transformó en un objeto de adoración y Ezequías la destruyó (2 Re. 18:4). Debido a que las serpientes eran tan peligrosas, su veneno era una figura para el mal totalmente destructivo (Sal. 140:3).

Isaías 27:1 cambia la esfera de actividad de la desolación del desierto a aguas tumultuosas: "En ese día, el Señor castigará con su espada—su fiera, gran y poderosa espada—Leviatán la serpiente deslizante, Leviatán la serpiente enrollada; él matará al monstruo del mar". El mismo motivo es evidente en Sal. 74:13-14, que declara que Dios rompió las "cabezas" de los monstruos del agua y aplastó las "cabezas" de Leviatán (cf. Gn 3:15). La "serpiente huyente" de Isaías también aparece en Job 26:12-13, que describe a Dios cortando a Rahab en pedazos y atravesando a la "serpiente deslizante". Alrededor de la figura central de la serpiente, una criatura de tierra, hay visiones acuosas del mítico y sombrío Leviatán, un monstruo marino, y Rahab, todo lo que representa a una criatura opuesta por Dios. Es probable que esta malévola figura cósmica esté al acecho, bajo la superficie de las aguas infestadas de cocodrilos de Job 41, un sutil pero poderoso cierre a la competencia con la que comenzó el libro; aunque Job no pudo contener al Leviatán, Dios lo hace.

Los motivos recurrentes en estos pasajes eran también parte de las mitologías de culturas colindantes al antiguo Israel. El Enûma Elish (una historia babilonia de la creación) representa la violenta batalla entre la diosa Tiamat y el dios Marduk que involucró serpientes-monstruo y dragones rugientes. Más cercano a la cultura israelita, en el mito cananeo de Baal y Anat, leemos que Anat afirmó aplastar la serpiente chueca con siete cabezas. Al igual que serpientes y figuras relacionadas en el texto bíblico ocasionalmente cruzaban los límites flexibles entre el bien y el mal, en el contexto cultural más amplio del antiguo Oriente Próximo la serpiente servía como metáfora para un vasto complejo que incluía vida, fertilidad y sabiduría, al igual que caos y muerte.

Para la comunidad cristiana recibir el Apocalipsis de Juan, "el gran dragón, esa antigua serpiente" (20:2), presentaba una poderosa metáfora. Sabia, astuta, rápida, seductora y aterradora, había estado en oposición a Dios en el ancestral conflicto entre el bien y el mal, la realidad del cual se había expresado atravesando límites culturales y una parte del mismo envolvía a la iglesia en el Imperio romano de la antigüedad tardía. Incluso si su derrota no era instantánea; la "cabeza" de la serpiente, golpeada por la muerte y resurrección de Jesucristo, sufriría un golpe final; el mal cósmico sería final y completamente derrotado para lograr los propósitos de Dios. *Véase también* Serpiente Venenosa.

SERPIENTE VENENOSA Cuando los israelitas se quejaron en el desierto, Dios envió "serpientes venenosas [lit., "ardiente"; hebreo serapim]" que mordían a la gente (Nm. 21:4-9; cf. KJV: "serpientes de fuego"). En respuesta a la plegaria de Moisés en nombre de ellos, Dios ordenó a Moisés hacer una sarap y ponerla en un poste; las personas que la miraran vivirían. Moisés hizo una serpiente de bronce. Debido a que las personas adoraban a la serpiente de bronce, Ezequías la destruyó (2 Re. 18:4). Jesús comparó la serpiente de bronce levantada en el desierto al Hijo del Hombre siendo levantado (Jn. 3:14). Desde una perspectiva humana, tanto la serpiente como el mesías crucificado eran improbables objetos de fe.

"Serpiente Quemante" aparece en Dt. 8:15 (NIV: "serpientes venenosas"); el aspecto quemante puede referirse al veneno. Isaías empleó la imagen de una serpiente venenosa "voladora" en referencia al sucesor de Acaz (Is. 14:29 KJV; NIV: "disparada"). Serapim aparece en la visión de Isaías de las criaturas aladas sobrenaturales sobre el trono de Dios; una traía un carbón ardiente para tocar los labios de Isaías (Is. 6:2-6). *Véase también* Serafín.

SERUG Un bisabuelo de Abraham, era el hijo de Reu, el padre de Nacor y un ancestro de Jesús (Gn. 11:20-23; 1 Cr. 1:26; Lc. 3:35). Como otros nombres en la ascendencia de Abraham, formas personales y de nombres de lugares similares a este ocurren en antiguos textos extrabíblicos.

SERVICIO La Biblia habla de servicio en sentido general y espiritual. Los humanos con frecuencia son retratados sirviendo a otros humanos, como un esclavo sirviendo a un amo, un trabajador sirviendo a su empleador, un cortesano sirviendo al rey, o una nación sirviendo a otra. En Génesis, cuando Dios coloca al hombre en el jardín "para trabajar" la tierra, la palabra hebrea es 'abad, que también significa "servir" (2:15). Cuando se usa del reino espiritual, servicio indica la adoración de Dios, los dioses, ídolos o cosas creadas. Israel fue llamado específicamente fuera de Egipto para servir a Yahveh—esto es, para adorarlo. A través de su historia, los israelitas fueron regularmente exhortados a elegir entre servir a Yahveh o a otros dioses (e.g., Js. 24:15).

Cuando se usa de Dios, el servicio con frecuencia incluye la realización de rituales específicos. En tiempos del AT estos incluían ofrecer sacrificios, realizar deberes como cuidar del tabernáculo, cantar y alabar a Dios y celebrar los festivales señalados. El NT retrata a la gente sirviendo a Dios predicando el Evangelio, ayunando y orando, y satisfaciendo las necesidades de otros. Los autores del NT, aunque creen firmemente que solo Dios debe ser adorado, afirmaron la deidad de Jesús a través de continuamente animar a la gente a servirlo. El Servicio de Dios incluye lo que hacemos cuando nos reunimos como comunidad de fe, lo que hacemos en privado y lo que hacemos en público mientras lo hagamos para el Señor.

SERVIDUMBRE Las personas derrotadas podían ser puestas bajo servidumbre o esclavitud. Las personas empobrecidas podían venderse a sí mismas como sirvientes para proveer a sus

S

familias. El AT mandaba que aquellos esclavos con contrato fueran liberados después de seis años o en el Año de Jubileo (Éx. 21:1-11; Lv. 25:39-55; Dt. 15:12-18).

SESAC Un nombre en código para Babilonia que aparece sólo en Jr. 25:26; 51:41. La palabra es el resultado de una simple estrategia de sustitución, llamada atbash, donde la primera letra del alfabeto hebreo es reemplazada por la última, la segunda por la penúltima y así sucesivamente.

SESAI Uno de tres líderes anacenos (con Ahimán y Talmai), mencionado primero en el relato de la misión de los espías israelitas a la tierra prometida en la región alrededor de la ciudad de Hebrón (Nm. 13:22). Uno de los espías, Caleb, los sacó de la región (Js. 15:14). Sin embargo, deben haber retomado el área porque también son descritos como siendo sacados del área por hombres de Judá después de la muerte de Josué (Jue. 1:10).

SESÁN Hijo de Isi y padre de Ahlai, su hija (1 Cr. 2:34-35). Está en la lista de la genealogía de Judá (1 Cr. 2:31) entre los descendientes de Jerahmeel.

SESBASAR Un líder temprano de la comunidad postexílica que regresó del cautiverio babilonio a Jerusalén pronto después de que Ciro, el persa, emitió un decreto que les permitía regresar (aprox. 539 a.C.). Aunque judío, tenía nombre persa. Fue comisionado por Ciro para llevar las vasijas del templo tomadas por Nabucodonosor (Dn. 1:2) de vuelta a Jerusalén y para reconstruir el templo (Esd. 1:8, 11). Al volver, Sesbasar supervisó la construcción de los cimientos del templo (Esd. 5:16), pero luego la construcción se detuvo por un tiempo y el templo no estuvo completamente terminado hasta 515 a.C.

Esdras 1:8 se refiere a él como el "príncipe de Judá", un título que ha llevado a mucha especulación. Sin embargo, es dudoso que pertenezca a la línea davídica (intentos por conectarlo a Senazar de 1 Cr. 3:18 están equivocados). Su título más preciso era "gobernador" (Esd. 5:14), nombrado por Ciro sobre la provincia de Judá (Yehud).

SET Una transcripción más fonética del nombre hebreo de otra manera escrito como Seth (basado en la transliteración de la LXX). Esta forma es usada en el discurso de Balaam, que menciona a las "personas de Set" como paralelo poético a Moab (Nm. 24:17; NRSV: Setitas).

SETAR Uno de los siete oficiales bajo el rey Jerjes (Asuero), que le aconsejaron encerrar a la reina Vasti porque se rehusó a obedecer la orden del rey de presentarse ante el banquete (Est. 1:14).

SETAR-BOZENAI Un oficial persa que intentó obstaculizar la reconstrucción del templo con Tatenai, el gobernador persa de las tierras al este del Éufrates (Esd. 5:3, 6; 6:6). Posteriormente fue ordenado a ayudar con la obtención de suministros para el proceso de reconstrucción debido al decreto de Darío.

SETENTA AÑOS Setenta años representa la integridad o perfección (siendo un múltiplo de siete y diez, que ambos representan la integridad o completitud). El número es una forma figurativa de describir el cumplimiento de un decreto divino, tal como la duración del juicio sobre Tiro (Is. 23:15-17).

Nabucodonosor destruyó Jerusalén en el año 586 a.C., y el decreto de Ciro para permitir a los exiliados volver a sus hogares data de 539 a.C. Por ende, el período de exilio fue de aproximadamente cuarenta y siete años. El profeta Jeremías, sin embargo, predice el período de exilio con la cifra "setenta años" (Jr. 25:11-12; 29:10). En el Libro de Daniel, Daniel parece no haber comprendido lo que significaba esta profecía (Dn. 9:2), y se le revela que su cumplimiento requeriría siete veces ese número, o 490 años (9:20-24). La profecía original de dos valores figurativos, por lo tanto, vuelve a ser multiplicada por otro siete figurativo, que aparentemente define el calendario apocalíptico hasta el final del mundo.

Otra forma de considerar los "setenta años" de Jeremías se encuentra en 2 Cr. 36:21. Allí, como en Daniel, el número se relaciona a 490 años. A diferencia de Daniel, sin embargo, esta cifra de 490 años corresponde al pasado y no al futuro. El argumento del Cronista es que la ley de Moisés requería que la tierra debía quedar en barbecho una vez cada siete años (*ver* Ex. 23:10-11). Ya que Israel no había obedecido esta orden en toda su permanencia, la tierra había acumulado setenta años de Sabbat, que entonces Dios impuso sacando a su pueblo por setenta años.

SETENTA SEMANAS La referencia a setenta "semanas" (o "sietes") en Dn. 9:24-27 es una de las más intrigantes profecías para descifrar. Las "semanas" aquí es casi seguro que sean semanas de años en vez de días, y por tanto se refieren a siete unidades de siete años, o 490 años. El tema crítico involucra la naturaleza y cumplimiento de la profecía. Un enfoque ve la profecía como abarcando desde el año 455 a.C. (el decreto de Artajerjes de reconstruir Jerusalén) hasta el año 33 a.C. (la muerte de Cristo), con la semana restante de los siete años refiriéndose al periodo de futuro de la gran tribulación. Otro enfoque a Dn. 9:24-27 ve la profecía extendiéndose desde el año 605 a.C. (el oráculo de Jeremías contra Jerusalén) hasta el año 164 d.C. (la restauración de Judas Macabeo del templo de Jerusalén). Ninguna de las dos interpretaciones, sin embargo, está libre de problemas. La primera parece artificial (¿deberían contarse los años bisiestos?). La segunda en realidad no suma 490 años. Por lo tanto, otra interpretación cree que el número no se refiere a un número literal de años, sino que es más bien simbólico.

SETH El tercer hijo de Adán y Eva, Seth era visto como un reemplazo dado por Dios por el asesinado Abel (Gn. 4:25-26). Su nombre (hebreo shet) es un juego de palabras sobre "Dios me ha otorgado [shat] otro hijo", sugiriendo que él será un nuevo cimiento para la humanidad.

SETITAS *Véase* Seth.

SETO En agricultura, una barrera protectora colocada alrededor de un viñedo para facilitar el crecimiento. Un seto divino puede rodear a un individuo (Job 1:10) o una nación (Is. 5:5-7), permitiendo la prosperidad. La remoción de un seto tiene consecuencias (Job 1:11-19; Is. 5:5-7). También describe la colocación de un obstáculo que enreda a un individuo (Job. 3:23; Os 2:6; cf. Miq. 7:4).

SETUR Uno de los doce israelitas enviados "a explorar la tierra de Canaán" (Nm. 13:2). Setur era el delegado de la tribu de Aser (Nm. 13:13).

SEUDOEPIGRAFÍA Seudoepigráficos (pl., "Seudoepigrafía") es un libro que pretende haber sido escrito por alguien que no es su autor real, a menudo un personaje histórico famoso. Antiguos autores judíos y cristianos produjeron numerosos textos seudoepigráficos atribuidos a figuras bíblicas de ambos Testamentos. Una gran colección de textos del período del Segundo Templo se conoce como Seudoepigrafía, o Seudoepigráficos del AT (por ejemplo, 1 Enoc, Jubileos, Salmos de Salomón, Testamentos de los Doce Patriarcas). Otra colección de textos de la iglesia primitiva se denomina a menudo Seudoepigráficos del NT o Apócrifa (por ejemplo, Hechos de Pablo, Evangelio de María, Protoevangelio de Santiago). Sin embargo, el término "seudoepigráfico" abarca una amplia gama de literatura difícil de caracterizar en términos de características comunes. La seudoepigrafía bíblica puede ser un libro canónico autorizado para algunas comunidades (por ejemplo, Sabiduría de Salomón, 4 Esdras) o puede no alcanzar dicho estatus. En cuanto al género, la seudoepigrafía incluye narraciones, historias, testamentos, apocalipsis, poemas, evangelios y epístolas. Lo que une este cuerpo de literatura es un interés común pero diversamente interpretado en personajes o historias bíblicas. Cuando se reduce a estos términos, los límites de la categoría son amplios y porosos. *Ver también* Seudoepigrafía, Seudonimia

SEUDOEPIGRAFÍA, SEUDONIMIA Un recurso literario mediante el cual un autor escribe bajo un nombre que no es el suyo (un seudónimo) o se asigna un libro deliberadamente a un autor ficticio (seudoepigrafía). En el caso de la práctica judía en la antigüedad, el nombre prestado era generalmente el de algún famoso del pasado que lo valía (por ejemplo, Enoc, Esdras), con el objetivo de reafirmar las credenciales del libro al que se adjuntaba el

S

nombre. Este es un fenómeno común en los Apócrifos (p. Ej., 2 Esdras, Baruc, Epístola de Jeremías). Es aún más común en la gran colección de textos del Segundo Templo ahora conocida como Seudoepigrafía (p. Ej., 1 Enoc, Salmos de Salomón, Testamentos de los Doce Patriarcas). (*Ver también* Seudoepigrafía)

Los eruditos continúan debatiendo la moralidad de la seudonimia y si es apropiado que un libro seudónimo sea colocado dentro del canon de la Escritura. Algunos justifican el uso de seudónimos como una mera estrategia estilística o lo explican como una convención culturalmente aceptada. Otros le dan un giro positivo al fenómeno, y así, por ejemplo, afirman que en las Epístolas Pastorales, los discípulos letrados de Pablo intentaban aplicar sus ideas a situaciones nuevas que se desarrollaban en los años posteriores a su muerte. Algunos argumentan que tal engaño por una buena causa es legítimo, ya que le permitió obtener una audiencia para la enseñanza ortodoxa. Otros rechazan totalmente la seudoepigrafía, considerándola un poco mejor que el engaño y la falsificación, y por lo tanto indigna de la literatura considerada como inspirada por Dios. El último enfoque parece ser más consistente con una visión superior de las Escrituras.

Durante los últimos doscientos años, algunos estudiosos han identificado una serie de libros bíblicos como seudónimos, especialmente Daniel en el AT, y en el NT seis cartas en el corpus de Pablo: Efesios, Colosenses, 2 Tesalonicenses y las Epístolas Pastorales. (1-2 Timoteo, Tito), junto con 2 Pedro y Judas.

Antiguo Testamento

Ciertamente, una marca de las obras judías apocalípticas es la seudonimia, y el libro de Daniel es a menudo visto por académicos críticos como una excepción a esta regla. Sin embargo, es difícil ver cómo el nombre "Daniel" hubiera servido para dar al libro del AT que lleva su nombre la autoridad deseada, lo cual es una motivación principal para adjuntar un seudónimo.

Aparte del libro en sí, no sabemos esencialmente nada acerca de este Daniel, a quien se describe como alguien que vivió en Babilonia durante el exilio. En el libro de Ezequiel tenemos dos referencias de Daniel (Ezeq. 14:14, 20). En este pasaje, el profeta dice que cuando la tierra peca contra Dios, "aunque Noé, Daniel y Job estuvieran allí, su justicia los salvaría solo a ellos". Está, además, la referencia adicional en Ezeq. 14:16 a "estos tres hombres", obviamente refiriéndose a los mismos tres hombres. Ezequiel habla de estos tres hombres como

Una réplica de la mesa de trabajo de un escriba de Qumran, que muestra los instrumentos utilizados durante la escritura. La seudoepigrafía era un recurso literario utilizado por algunos escritores antiguos.

personificaciones de la rectitud, pero el hecho de que esta figura de Daniel se coloque entre dos personas de la antigüedad (Noé y Job) sugiere que él también es una figura de la antigüedad, no un contemporáneo de Ezequiel.

Ezequiel 28:3 se burla del rey de Tiro: "¿Acaso eres más sabio que Daniel? ¿Acaso conoces todos los secretos?". Aquí "Daniel" (el texto hebreo en Ezeq. 28:3 en realidad dice "Daniel") es obviamente una figura proverbial de sabiduría, y esto implica que puede haber sido bien conocido en Tiro y por lo tanto bien podría haber sido sirofenicio. De hecho, hay una figura de "Daniel" mencionada en la literatura ugarítica (antes de 1200 a.C). Por otro lado, el Daniel del libro de Daniel no es un patriarca como Enoc, Noé y Job, ni tampoco es una figura famosa como Esdras o el asistente de un profeta, como Baruc fue para Jeremías. Daniel es conocido sólo por el libro que lleva su nombre. En otras palabras, la motivación habitual que explica el uso de un seudónimo no se aplica al libro canónico de Daniel. Además, en el cierre y la clausura del libro (Dan. 8:26; 12:4) no es una mera estrategia necesaria al usar como seudónimo el nombre de un hombre que supuestamente vivía en la época de Ciro.

Más bien, la clausura significa que gran parte del contenido de los capítulos posteriores del libro se entenderá sólo cuando los eventos predichos comiencen a ocurrir en el futuro, siendo que el libro coloca a Daniel (su presunto autor) en el siglo VI a.C

Nuevo Testamento

Las epístolas Pastorales. Con respecto a las Epístolas Pastorales, las tres cartas afirman ser escritas por el apóstol Pablo (1 Tim. 1:1, 2 Tim. 1:1, Tito 1:1). Al tratar de determinar el tiempo de composición en la cronología del ministerio de Pablo, deben fecharse cerca del final de su vida (en el caso de 2 Tim., tal vez poco antes de su muerte) y después del cierre del libro de Hechos, que concluye con la llegada del apóstol a Roma (Hec. 28). En su carta a los Romanos, Pablo anticipa una futura misión a España (Rom. 15:23-29), pero las Epístolas Pastorales insinúan que él regresó al este. Éfeso y Creta son las supuestas ubicaciones de sus compañeros de trabajo Timoteo y Tito (ver 1 Tim. 1:3, Tito 1:5). Sobre esta suposición, estas cartas surgen de una nueva misión allí y un segundo (y último) encarcelamiento. El hecho de que Hechos no dice nada sobre esto no es evidencia en contra de la suposición.

No es necesario ver los arreglos eclesiásticos mundanos de las Epístolas pastorales como inconsistentes con un modelo carismático de liderazgo en otras cartas paulinas (nótese el discurso a los "supervisores y diáconos" en Fil. 1:1). Lo sabemos por Hec. 14:23; 20:17-38 que Pablo designaba ancianos en las iglesias que él fundaba. Las diferencias teológicas entre las Epístolas pastorales y las primeras composiciones paulinas no deben ser exageradas. El énfasis puesto sobre "la fe" y "enseñanza sana" es exactamente lo que podría esperarse si Pablo anticipaba su inminente retiro de la escena.

La otra alternativa es la teoría de que después de la muerte de Pablo, los miembros de una escuela paulina (¿Timoteo? ¿Lucas? ¿Onésimo?) continuaron suministrando cartas bajo su nombre, tratando asuntos de la iglesia contemporánea disfrazados de Pablo, esperando garantizar el legado del gran apóstol. Algunos eruditos llegan incluso a afirmar que un admirador de Pablo combinó fragmentos genuinos de Pablo dentro de un marco ficticio. La lista más temprana de las cartas de Pablo es la de Marción (c. AD 140), y él no menciona las Epístolas pastorales. Esa omisión se puede explicar de varias maneras. Sin embargo, no hay evidencia de que alguien en la iglesia primitiva (ortodoxa o heterodoxa) que conocía las cartas dudara de su autenticidad.

Efesios y Colosenses. Existe cierta incertidumbre textual con respecto a las palabras "en Éfeso" en Efe. 1:1, haciendo posible que la carta fuera originalmente una carta circular escrita por Pablo a más de una iglesia. La carta no menciona a nadie por su nombre, excepto a Tíquico (Efe. 6:21), quien llevó la carta (tal vez a diferentes iglesias a su vez). Esto es suficiente para explicar su orientación más general que algunas otras cartas paulinas, y cualquier supuesto "desarrollo" teológico no está más allá de los límites

S

probables de la mente expansiva de Pablo (por Ej., su enseñanza sobre la iglesia). El uso de la fórmula "en Cristo" en Efesios no es sustancialmente diferente de cómo Pablo lo maneja en otra parte. La estructura doble de la carta de exposición doctrinal seguida de instrucción práctica se ajusta a un patrón epistolar paulino común. De hecho, F. F. Bruce se refiere a esta carta como "la quintaesencia del Paulinismo".

De varias maneras, Colosenses y Efesios comparten una perspectiva común. La falsa enseñanza proto-gnóstica cristiana judía combatida en Colosenses no se menciona en otras cartas paulinas, pero puede haber sido una variante local de Colosas. La carta se atribuye explícitamente a Pablo, tanto al principio como al final (Col. 1:1; 4:18). Los argumentos sobre la autoría basados en el estilo y el vocabulario inusual son notoriamente evasivos e inconclusos. La alta cristología de las dimensiones cósmicas en Col. 1:15-20; 2:9-10, 15 también está presente en las cartas indiscutibles de Pablo *(véase* Fil. 2:9-11).

La relación obvia de Colosenses con la pequeña carta a Filemón (por ejemplo, Col. 4:9, 17, *ver* Fil. 2, 12) es uno de los argumentos más fuertes a favor de la autoría paulina de la primera. Cualquier teoría de seudoepigrafía hace que Col. 4:7-17 se vuelva, con sus muchos nombres, en fantasía y en invención libre con poco propósito real. Además, podríamos preguntarnos por qué un autor posterior eligió escribir bajo el nombre de Pablo en una iglesia que Pablo mismo no fundó.

Segunda de Tesalonicenses. Algunos consideran que el calendario futurista provisto en 2 Tes. 2:1-12 va más allá de Pablo, y el fin del mundo aún no se encontraba a la vista, porque el escritor enseña que ciertas cosas tienen que suceder antes del regreso de Cristo, mientras que en 1 Tes. 4:13-5:11 Pablo tiene un final más cercano a la vista. En ambas cartas, sin embargo, el apóstol está tratando de amortiguar el tipo equivocado de entusiasmo apocalíptico. En 2 Tesalonicenses, está claro que Pablo conoce una tradición de las enseñanzas de Jesús sobre el futuro, como la que se encuentra también en Marcos 13, por lo que no hay nada irracionalmente "tardío" en los puntos de vista expresados.

La superposición sustancial de material entre 1 Tesalonicenses y 2 Tesalonicenses no es evidencia de las labores de un discípulo e imitador posterior de Pablo. Es muy irónico que algunos estudiosos sugieran que 2 Tesalonicenses no es una carta genuina de Pablo: la carta misma condena una carta falsa supuestamente de él que afirma que el día del Señor ya ha pasado (2 Tes. 2:2), y la carta original incluía un saludo final escrito por la mano de Pablo mismo (2 Tes. 3:17).

Segunda de Pedro y Judas. En cuanto a 2 Pedro, no era tan conocida como 1 Pedro en la iglesia primitiva, y algunos (según Orígenes) dudaron en aceptarla. Su autor afirma ser un testigo de la transfiguración (2 Pe. 1:16-18). Tales alusiones personales no se atribuyen necesariamente a un escritor posterior que se esforzaba por demostrar que él era Simón Pedro. La conexión evidente de 2 Pe. 1:14 con lo que se registra en Juan 21 no prueba que el escritor dependiera de ese capítulo. Los notables paralelismos entre 2 Pedro y Judas muestran que uno es dependiente del otro, aunque los estudiosos no muestran unanimidad sobre qué carta fue primera. No podemos descartar que Pedro usara y adaptara las escrituras de un líder menos prominente como Judas. Judas hace uso de libros apócrifos, pero ni los argumentos en contra del tipo particular de falsa enseñanza en Judas ni los que se encuentran en 2 Pedro requieren una datación del siglo II (post-apostólico).

SEVA **(1)** El secretario de David (2 Sm. 20:25), también conocido como Seraías (2 Sm. 8:17), Sisa (1 Re. 4:3), y Savsa (1 Cr. 18:16). **(2)** El padre de Macbená y Gibea e hijo de Caleb a través de su concubina Maaca (1 Cr. 2:49).

SEVENE Llamada Asuán en la NIV y mencionada en profecías contra Egipto, esta villa del sur de Egipto (hoy en día Asuán) se ubica en la ribera este del Nilo, justo al norte de la primera catarata del Nilo, en el límite sur del antiguo Egipto (Ez. 29:10; 30:6). Asuán era valorada por sus canteras de granito, cuyas piedras eran llamadas “sienita”. El destino Sevene estaba íntimamente ligado al de la cercana Isla Elefantina.

SEXO PREMATRIMONIAL Y EXTRAMATRIMONIAL A diferencia de los ascetas que consideran lo físico como inferior a lo "espiritual" y los hedonistas interesados que reducen el sexo a una mercancía física, las Escrituras tienen una alta percepción del acto sexual. Sin embargo, el acto sexual fue creado como un acto de intimidad entre un hombre y una mujer dentro de una relación matrimonial (Gn. 2:24). El matrimonio implica entregar toda la persona -cuerpo, alma y espíritu- a otra persona (del sexo opuesto) a través de un pacto formal ratificado por Dios. La desnudez simboliza la vulnerabilidad y la transparencia completa. El pacto crea las condiciones para que la confianza y la intimidad crezcan. El sexo es un acto por el cual los dos celebran esta unión espiritual a través de la unión física.

Mientras en ciertos contextos culturales y tiempos, Dios condescendió para permitir variaciones de la monogamia, incluyendo la poligamia y la toma de concubinas (esposas secundarias, por ejemplo, Gn. 30:3-6, 18), estas nunca fueron el estándar creado por Dios para las relaciones sexuales, que es una relación heterosexual monógama entre un hombre y una mujer (Gn. 2:24). Pablo informa a los solteros que es mejor casarse que arder con deseo sexual (1 Cor. 7:8-9).

Por implicación, el matrimonio es el contexto apropiado para satisfacer el deseo sexual de uno. Tener sexo fuera del contexto del matrimonio es inmoralidad sexual, ya que uno no ha brindado total lealtad emocional, social, económica y personal a su pareja. La voluntad de Dios es que cada uno lo honre evitando la inmoralidad sexual y ejerciendo autocontrol sobre el cuerpo propio. La inmoralidad sexual sin arrepentimiento trae el juicio divino (1 Tes. 4:3-7; Heb. 13:4). *Ver también* Sexo, Sexualidad.

SEXO, SEXUALIDAD Cuando Dios crea a los humanos, los pronuncia "muy buenos/hermosos" (Gn. 1:31). Están diseñados para ser magníficos despliegues visuales del carácter de Dios (1:26-27). La sexualidad humana está originalmente establecida en un contexto de sobrecogedora belleza. El primer mandamiento de Dios es reproducirse y extender este paraíso a través de la tierra (1:28). La sexualidad humana no es simplemente un mecanismo de reproducción. Desde el inicio se ha tratado de complementación, sin la cual existe soledad (2:18).

Aunque la Biblia no define la distintividad masculina y femenina en ningún detalle, sí defiende que existen distinciones entre los géneros. Comportamientos que confunden a los géneros son explícitamente condenados (Dt. 22:5; 1 Cor. 6:9; 11:4-16).

Las relaciones sexuales homosexuales (Lv. 18:22; 20:13; Rom. 1:24-27; 1 Cor. 6:9; 1 Tim. 1:10) y las relaciones sexuales con animales (Éx. 22:19; Lv.18:23; 20:15-16; Dt. 27:21) son violaciones del orden creado por Dios.

Desnudez

La "desnudez" está confinada a los genitales y nalgas (Éx. 20:16; Is. 20:2-4; Ez. 23:18, 29; Nah. 3:5) y, después de la caída, es un sinónimo de vergüenza (Gn. 3:7-10; 1 Sm. 20:30; Is. 47:3; Jer. 13:26; Miq. 1:11; Nah. 3:5; Ap. 3:18; cf. Rom. 1:23-24; 1 Cor. 12:23-24). Los pechos de una mujer son reconocidos como eróticos (Prov. 5:19; Ez. 23:3, 21) pero no vergonzosos. Dios mató animales para cubrir la desnudez (Gn. 3:21). Finalmente, cuando el pecado y la muerte son removidos y el cuerpo levantado, los redimidos no tendrán vergüenza y estarán vestidos solo con su justicia (Ap. 19:5-9).

Exponer la desnudez es una acción utilizada para humillar enemigos (2 Sm. 10:4-5; 1 Cr. 10:9; Is. 47:3). Jesús es desnudado (Mt. 27:28, 35-36). Violar la desnudez de otro incluye tocar o ver (Dt. 25:11) y produce extrema infamia personal (Lv. 18:6-19 NASB; Hab. 2:15-16). Es un acto de gracia cubrir la desnudez de otro (Is. 58:7; Ez. 18:7, 16). Incluso hablar o reírse de la exposición inapropiada trae deshonor (Gn. 9:21-23). El principio general de pureza (Lv. 18:24).

Matrimonio y Adulterio

Aunque dañado por el pecado, el matrimonio continúa siendo la máxima relación humana involucrando intimidad, privacidad y libertad. El

S

matrimonio es definido como una alianza—un contrato presenciado y aplicable, no solo una promesa hecha en privado. La pareja se separa de sus padres para convertirse en "una carne" (Gn. 2:24). Una vez que el contrato de matrimonio ha sido convenido, la pareja está casada. No pueden consumar el matrimonio hasta que los compromisos económicos de contrato han sido entregados (Mt. 1:18; 25:1-13). Esto se celebra con una fiesta. Jesús usa esta costumbre como una analogía para su partida y regreso (Jn. 14:1-3).

Pablo ordena a los esposos amar a sus esposas (Ef. 5:25-33; cf. Gn. 24:67; 29:20: 1 Sm. 1:5; Ecl. 9:9; Cant. 8:6-7). En ninguna parte de la Biblia se le ordena a una esposa amar a su esposo, aunque las mujeres mayores deberían enseñarles a las mujeres menores a hacerlo (Tit. 2:3-4). El amor es la responsabilidad del esposo. El amor es una orden que puede ser obedecida, no solo un sentimiento placentero sobre el cual uno no tiene control. El modelo de amor de esposo es Jesús entregando su vida por su pueblo.

El éxtasis de hacer el amor es celebrado en el erótico Cantar de los Cantares, que ofrece la esperanza de tal placer marital incluso ahora. El axioma del matrimonio son unos celos justos (cf. Éx. 20:5; 34:14; Nm. 5:14, 30; Prov. 6:34).

El primer año de matrimonio es especialmente importante y está protegido con la exención del servicio militar (Dt. 20:7; 24:5).

Cuando un hombre muere sin un heredero masculino, las posesiones de su viuda de esa parte de los bienes familiares pueden resultar en que ella se case con un hombre de otra familia y así enajenando esa tierra. Esto puede resolverse ya sea por la injusticia del desalojo o por medio de un matrimonio levirato. El pariente masculino más cercano del marido muerto debe casarse con la viuda, y sus hijos entonces heredarán el nombre del hombre muerto y el título de la tierra (Dt. 25.5-10; cf. Gn. 38; Rut).

Las concubinas son esposas de familias pobres, esclavas o cautivas y sus matrimonios están protegidos (Éx. 21:7-9; Dt. 21:11-14).

La violación de una mujer casada constituye adulterio por parte del violador, no la víctima. Sexo consensual con una mujer casada es adulterio de las dos partes. La violación de una mujer soltera es tratada como fornicación, sin culpa para la mujer. Su padre tiene la opción de dejarla casarse con el hombre o recibir una compensación financiera significativa (Éx. 22:16-17; Dt. 22:23-27). El padre de la mujer tiene el derecho a tomar el dinero y rechazar el matrimonio. Acusar falsamente a una mujer de adulterio es un crimen (Dt. 22:13-21).

La prostitución es una forma extrema de adulterio o fornicación y está totalmente prohibida (Lv. 19:29; Dt. 23:17). Bajo la nueva alianza, esta advertencia es destacada por la realidad del regalo del Espíritu Santo transformando a cada creyente en un templo del Señor (1 Cor. 6:15-20).

Originalmente, el matrimonio entre hermanos está implicado (Gn. 4:17, 26; 5:4). Abram se casó con su medio hermana, Sarai (Gn. 20:12; cf. Gn. 11:29; Nm. 26:59). La alianza mosaica en Sinai prohíbe el matrimonio entre relaciones de sangre más cercanas a primos hermanos y a la familia política (Lv. 18:6-30; cf. 2 Sm. 13; 1 Cor. 5:1).

La poligamia ocurre pronto después de la caída (Gn. 4:19-24). Nunca se prohíbe explícitamente en la Biblia, pero es enfrentada por la ley del AT para restringir mayor injusticia y daño. Siempre es vista como menos que satisfactoria (cf. Gn. 29-30; 1 Sm. 1:6; 2 Sm. 13; 1 Re. 1-2; 11). En el NT,

Lámpara de relleno de terracota en forma de un hombre y una mujer reclinados en un sofá (griego, 120–70 aC)

la monogamia es obligatoria para aquellos que lideran la iglesia (1 Tim. 3:2, 12; Tit 1:6). (*Véase también* Sexo Prematrimonial y Extramarital).

Autocontrol y Pureza

La violación de la pureza sexual es una decisión del corazón (Ez. 23:11; Mt. 5:28). El concepto bíblico de la lujuria implica más que solo la excitación física. Implica un fuerte deseo/codicia por (cf. Sant. 1:14-15) algo que uno no tiene derecho a adquirir. Esto establece tanto la necesidad para autocontrol (Tit. 2:5-6) y la disponibilidad de opciones apropiadas (1 Cor. 7:2, 5, 9). La masturbación no es mencionada en la Biblia (Gn. 38:9 es acerca del fracaso para cumplir el levirato). El tema crítico es la lujuria.

La mala conducta sexual nunca es responsabilidad de la víctima (Dt. 22:25). Sin embargo, por razones de seguridad personal al igual que por preocupación mutua, la familia de Cristo debe practicar la modestia en el vestir (1 Tim. 2:9) y considerar cómo fortalecerse unos a otros en vez de poner obstáculos en el camino de unos y otros. Dios siempre provee al creyente con lo necesario para resistir la tentación y hacer la elección correcta (1 Cor. 10:13). Consecuentemente, un aspecto significativo del rol de cada padre es enseñar a sus hijos sabiduría sexual piadosa antes de que se enfrenten a esos desafíos (cf. Prov. 1-9).

El evangelio nos requiere ver la sexualidad desde una perspectiva más amplia. La reproducción también ocurre a través de la prédica del evangelio, llamando una nueva vida y nuevas personas (Mt. 28:18-20). Este evangelio puede dividir familias (Lc. 12:53). La soltería no es barrera a la capacidad de uno de cumplir la orden de multiplicarse y llenar la tierra (Is. 56:3-8). En tiempos de sufrimientos puede ser mejor permanecer soltero (1 Cor. 7, esp. v. 26). Esto también es un regalo de Dios (1 Cor. 7:7), otorgado para equiparlo a uno para cumplir la comisión del evangelio.

SHADDA Una transliteración de parte de la expresión hebrea ʻel shadday (Gn. 17:1; 28:3; 35:11; 43:14; 48:3; Ex. 6:3; Ez. 10:5), traducida como "Dios Todopoderoso", siguiendo la traducción de la Vulgata. No existe consenso entre los estudiosos sobre la traducción o su significado preciso.

SHARÓN "Sharón" se refiere a la Llanura de Sharón (e.g., Hec. 9:35). La planicie costera, una de las secciones norte-sur en las cuales Palestina puede dividirse al norte del Neguev, es la característica geográfica más oriental de estas franjas. El Mar Mediterráneo está al oeste de la planicie costera y las estribaciones del Sefela hacia el este. La planicie costera es llamada la Llanura de Sharón una vez que se extiende al norte del río Yarkon. La Llanura de Sharón está dividida por dos crestas de kurkar (piedra arenisca local) que corren de norte a sur. Al norte, hacia el Monte Carmelo, la llanura se angosta y virtualmente desaparece en el promontorio de Haifa. Se ensancha más hacia el norte, pasado Acre y hacia el Líbano. La Llanura de Sharón tenía bosques de robles y Pistacia palaestina durante la antigüedad, pero fue deforestado durante el Imperio Otomano. Nuevos bosques han sido replantados desde la instalación del moderno estado de Israel.

SHARÓN, LLANURA DE *Véase* Sharón.

SHARONITA Uno que saluda desde Sharón. En la Biblia sólo Sitrai, uno de los líderes de David, lleva esta designación (1 Cr. 27:29).

SHAÚL **(1)** De "Rehobot junto al Río", sucedió a Samlá como rey de Edom y precedió a Baal-Hanán (Gn. 36:37-38; 1 Cr. 1:48-49). **(2)** Un hijo de Simeón por una mujer cananea (Gn. 46:10; Éx. 6:15; Nm. 26:13) que fue un ancestro del clan saulita (Nm. 26:13) y padre de Sallum (1 Cr. 4:24-25). **(3)** Un descendiente de Leví a través de Uzías (1 Cr. 6:24).

SHEFELAH La palabra hebrea shepelah, traducida como "tierras bajas" o "laderas", generalmente se refiere a los cerros bajos inmediatamente al oeste del terreno montañoso de Judea, aunque en dos ocasiones indica una característica topográfica similar en las proximidades de los cerros del oeste de Galilea (Js. 11:2, 16). La región actuaba como franja de protección entre la ubicación segura del terreno montañoso y las potencias extranjeras en la planicie costera.

S

El Shefelah de Judea es cortado por cinco valles de este a oeste que proporcionan acceso al interior. Cuatro de estos valles, Ajalón, Soreq, Ela y Laquis aparecen prominentemente en confrontaciones significativas en la historia de Israel.

SHEKINAH La palabra hebrea shekinah se refiere a la presencia continua de Dios en el mundo, como está retratada en la Biblia. Aunque la palabra shekinah no aparece en la Biblia, está relacionada al verbo hebreo shakan, generalmente traducido como "residir", y al sustantivo bíblico hebreo mishkan, usualmente traducido como "tabernáculo, residencia, carpa". Solo el uso bíblico de estos términos se discute a continuación.

La Biblia presenta a Dios actuando en el mundo que él creó. Dios a veces habla con la gente, como cuando Él habla al profeta Moisés desde la zarza ardiente (Éx. 3:1-6). Dios acompaña a la nación de Israel en su viaje fuera de Egipto, con su presencia representada por pilares de nube y fuego (13:21-22; 14:19-24). De una nube que cubría el Monte Sinaí, Dios le habló a la nación de Israel, entregando los Diez Mandamientos (19:9-20:22).

La Biblia concibe de esas entradas en el mundo no como una negación de la trascendencia y gobierno de Dios sobre el mundo, sino como afirmar el poder de Dios (Sal. 115:5-8). Aquellos que niegan la voluntad o poder de Dios para actuar de esta manera naturalmente desacreditarán la posibilidad de dichos eventos. Sin embargo, ese tipo de negación es un juicio filosófico y teológico, no un juicio histórico. (Para una mayor discusión sobre las acciones de Dios en el mundo, *véase* Teofanía).

En el Monte Sinaí, Dios le dice a Moisés que haga un santuario, donde Dios residirá continuamente entre su pueblo, Israel (Ex. 25:8). El santuario es llamado "tabernáculo", y es una estructura de carpa.

El santuario o tabernáculo es construido, la nube de la presencia de Dios lo cubre y la gloria de Dios lo llena (40:34-35). El término shekinah se refiere a la presencia de Dios, como se encuentra, por ejemplo, en este tabernáculo. La nube de la presencia de Dios se alza cuando el tabernáculo debe ser movido para otro día de viaje a través del desierto y vuelve a bajar después (Éx. 40:36-38; Nm. 9:15-23).

Siglos más tarde, Salomón construye un templo en Jerusalén para reemplazar el tabernáculo portátil como el santuario de Dios. La nube de la gloria de Dios llena el templo (1 Re. 8:10-13). Siglos después de eso, el profeta Ezequiel tiene una visión en la que ve la gloria de Dios dejar el templo debido al pecado de la nación de Israel y vislumbra la inminente destrucción del templo (Ez. 10-11). El templo es destruido, luego reconstruido, y finalmente vuelto a destruir en el año 70 a.C.

En el NT, la presencia de Dios en el tabernáculo es

El Shefelah.

comparada a la presencia de Dios en Jesucristo. El Evangelio de Juan comienza con referencias literarias al Gn. 1, donde Dios crea el mundo simplemente a través de la palabra. Juan dice que la Palabra creadora de Dios estaba "con Dios" y "era Dios", ya que la Palabra de Dios es distinta de Dios, incluso mientras Dios mismo está presente en su palabra (Jn. 1:1-3). Juan continúa diciendo que esta Palabra divina se hizo carne y residió entre nosotros (1:14). La palabra griega para "residir" es skēnōō, que con frecuencia tiene el significado de residir en una carpa (skēnē). La idea es que justo como Dios había venido antes a residir en el tabernáculo, la Palabra divina había venido ahora a vivir en la carne humana. Esta interpretación es confirmada en las siguientes palabras, que los discípulos habían visto "su gloria". Esta es una alusión a la gloria de Dios, que típicamente había descansado en el tabernáculo, y que Juan dice fue revelada en los milagros de Jesús (e.g., 2:11).

SHEMA, EL Shema es la transliteración de la palabra hebrea que significa "escuchar" (shema'), la primera palabra de Dt. 6:4: "Escucha, Oh Israel: El Señor nuestro Dios, el Señor es uno". El texto que comienza con este versículo es, por ende, llamado el Shema. El Shema enfatiza la unidad de Dios y la obligación de amarlo y es la plegaria más importante del judaísmo. Se recita dos veces al día y comienza una lectura bíblica semanal que incluye Dt. 6:4-9; 11:13-21; Nm. 15:37-41. Estos pasajes de la Torá enfatizan el monoteísmo y la centralidad de los mandamientos.

Jesús llamó al Shema el mandamiento más grande (Mc. 12:29-30; Mt. 22:37-38; Lc. 10:27) y lo invocó al enseñar su unidad con el Padre (Jn. 10:30). Pablo después expandió el Shema para incluir a Jesús (1 Cor. 8:6).

SHEMINITH Un término musical cuyo significado está en debate (1 Cr. 15:21; Sal. 6:1; 12:1). Algunos arguyen que se refiere a los tonos bajos de una voz masculina en contraste a los tonos sopranos de una voz femenina, referida por el término "alamoth". Otros han argumentado que se refiere a una escala musical o posiblemente a un instrumento de ocho cuerdas. Este término fue traducido en tiempos tempranos como "por la octava", lo que no apoya decisivamente a ninguno de los dos argumentos.

SHIBOLET La palabra hebrea usada por las fuerzas de Jefté en Jue. 12:6 para identificar a las tropas efrainitas que escapaban, que lo pronunciarían como Sibolet. El significado de la palabra es incierto y probablemente irrelevante a los eventos narrados en Jue. 12, pero puede significar "espiga de maíz" o "agua corriente".

SHIGGAION Una de las clasificaciones en los sobrescritos de los salmos, aparece solo en Sal. 7 (cf. Hab. 3:1). Su significado es incierto. El significado raíz parece relacionarse a "errar" o "deambular". Musicalmente, podría significar que la melodía subía y bajada en la escala. También se ha interpretado como "ferviente", sugiriendo un lamento apasionado. *Véase también* Shigionoth.

SHIÓN Un pueblo en Isacar (Js. 19:19). Se reporta por autoridades tempranas que se ubica cerca del Monte Tabor.

SHITTIM (1) Un lugar en la ribera este del Jordán, opuesto a Jericó (Nm. 25:1). El nombre significa "acacias". En Shittim, aunque Dios los había protegido de Balac y Balaam, los israelitas cometieron inmoralidad e idolatría con mujeres extranjeras. El juicio resultante sólo terminó cuando Finees mató a un hombre israelita y a una mujer midianita mientras estaban juntos (Nm. 25). Durante el resto de la estancia de Israel en Shittim, se hizo un censo de la nueva generación (Nm. 26), y Moisés le enseñó a la gente (Nm. 28 – Dt. 33). Tras la muerte de Moisés, Josué envió espías de Shittim a Jericó (Js. 2:1). Israel luego dejó Shittim por la tierra prometida (3:1). Siglos más tarde, Miqueas urgió a Israel a recordar su trascendental viaje "de Shittim a Gilgal" (Miq. 6:5). (2) Un valle mencionado en Joel 3:18 NRSV (NIV: "valle de acacias"), probablemente cerca de Jerusalén.

SHOFAR Un instrumento hecho de cuerno de animal (más comúnmente carnero) que tenía tres notas como máximo. La palabra hebrea shopar la mayoría de las veces es traducida como

S

"trompeta" o "cuerno". Tenía muchos usos y era con frecuencia utilizado para señalizar a la tropa en tiempos de guerra (Js. 6:4; Jue. 3:27) y para reunir a las personas para ceremonias cívicas o religiosas (Éx. 19:13; 2 Sm. 15:10). También tiene connotaciones escatológicas en relación al día del Señor (Joel 2:1).

SHOSHANNIM EDUTH El título del Salmo 80 incluye la instrucción "con la melodía de 'Los Lirios de la Alianza'", aparentemente en referencia a un acompañamiento musical. Varios salmos están prefijados con títulos que incluyen shoshannim ("lirios" [Sal. 45; 69; 80]) y shushan 'edut ("lirio de la alianza" [Sal. 60]).

SHOSHANNIM Una transliteración de la palabra hebrea para "lirios". La palabra aparece en los títulos de Sal. 45; 69; 80 (el título del Sal. 60 usa el singular, shushan). Probablemente se refiere a un instrumento musical en forma de lirio o a una melodía. Algunos estudios de la palabra sugieren una referencia específica a un instrumento de seis cuerdas. La misma palabra en hebreo es traducida como "lirios" en Cant 2:16; 4:5; 5:13; 6:2; 7:2.

SHOWBREAD *Véase* Pan de la Presencia.

SHUR, DESIERTO DE Una región desértica y tal vez un lugar específico en la Península de Sinaí al este de lo hoy se conoce como el Canal de Suez. Hagar viajaba por Shur cuando se encontró con un ángel del Señor (Gn. 16:7). Abraham se asentó entre Cades y Shur antes de decirle a Abimélek que Sara era su hermana (20:1). Los descendientes de Ismael también se asentaron en esa área (25:18). Moisés guió a los israelitas hacia la naturaleza de Shur (NIV: Desierto de Shur) después de que huyeron de Egipto y cruzaron el Mar Rojo (Éx.15:22). Ambos, Saúl y David, viajaron a través de Shur persiguiendo enemigos amalecitas (1 Sm. 15:7; 27:8).

Shofar siendo soplado

SHUSHAN EDUTH *Véase* Lirio de la Alianza; Shoshannim; Shoshannim Eduth.

SIAHA Uno de los ancestros de los sirvientes del templo (netineos), quienes volvieron a Jerusalén tras el cautiverio babilonio bajo el liderazgo de Zorobabel en el año 539 a.C., o en una fecha cercana (Esd. 2:44; Sia en Neh. 7:47). El hecho de que muchos de los nombres en la lista sean extranjeros ha llevado a la creencia de que originalmente eran prisioneros de guerra que fueron obligados a servir para realizar tareas serviles mientras asistían a los levitas.

SIBECAI Uno de los soldados de élite de David. Es llamado un "husatita", probablemente indicando que venían de un pueblo al sudoeste de Belén. Es destacado por matar a un gigante filisteo llamado Saf (asumiendo que Rapha significa "gigante") en Gob, que está probablemente en la región de Gezer (2 Sm. 21:18; cf. 1 Cr. 20:4 [aquí el gigante es llamado Sipai]). Puede aparecer en la lista de los hombres de David como Mebunai en 2 Sm. 23:27 (NET, NASB), pero aparece como Sibbecai en 1 Cr. 11:29. También comando la división militar durante el octavo mes (1 Cr. 27:11).

SIBMA Uno de los pueblos de Cisjordania asignado por Moisés a la tribu de Rubén (Js. 13:19), que los desarrolló junto con un número de otros (Nm. 32:38) cerca de territorio amonita y moabita. El pueblo es retratado en los oráculos de Isaías y Jeremías contra Moab, siendo conocido por sus vides, que serían destruidas por el orgullo e insolencia de Moab (Is. 16:8-9; Jr. 48:32). Sibma ha sido identificado con el moderno Khirbet Uyun Musa, aproximadamente treinta y dos kilómetros al sudoeste de Amán. *Véase también* Sebam.

S

SIBRAIM En la versión de Ezequiel de los límites idealizados de Israel, el límite norte corre hacia el oeste desde el Mar Mediterráneo hasta Sibraim (que se encuentra entre Damasco y Hamat) (Ez. 47:16). La ubicación exacta no puede identificarse con certeza.

SICAR Un pueblo de Samaria donde Jesús pidió de beber a una mujer samaritana mientras ella sacaba agua del pozo de Jacob (Jn. 4:5). Sicar es comúnmente identificado como la aldea moderna de Askar en la cima del Monte Ebal y opuesta al Monte Guerizín. Sicar está a cerca de un kilómetro y medio de la antigua Siquem. La región está saturada de manantiales subterráneo, lo que la convierten en un lugar conveniente de detención para viajeros cansados y sedientos (Jn. 4:6). Jacob aparentemente entregó esta porción de tierra a su hijo José (Gn. 48:22; Jn. 4:5), y eventualmente se convirtió en la ciudad más importante de Samaria.

SICARIOS *Véase* Asesinos.

SICLAG Un pueblo en el Neguev de Judá, originalmente entregado a Simeón durante el asentamiento de Canaán (Js. 15:31; 19:5). Este pueblo fue subsecuentemente tomado por los filisteos, sólo para ser enfocado después como el pueblo entregado a David por Aquis, rey de Gat (1 Sm. 27:6). David y sus seiscientos hombres se quedaron en Siclag por un año y cuatro meses. Durante este tiempo, David y sus hombres se unieron a Aquis en batalla contra Saúl.

Mientras David y sus hombres estaban con Aquis, Siclag fue sobrepasado, saqueado y quemado por merodeadores amalecitas (1 Sm. 30:1). David rápidamente atrapó a los amalecitas y salvó a los habitantes de Siclag. Siclag es también el lugar donde Saúl recibió la noticia de la muerte de Saúl (2 Sm. 1:1-4). Siclag se dice que fue reasentado bajo Nehemías tras el cautiverio babilonio (Neh. 11:28). La arqueología moderna ha propuesto varias posibles excavaciones de Siclag, pero ninguna ha demostrado concluyentemente ser el Siclag bíblico.

SICLO *Véase* Monedas; Pesos y Medidas.

SICÓMORO El árbol de sicómoro del texto bíblico no tiene relación con los sicómoros del Oeste. En cambio, el sicómoro era un tipo de higuera que producía frutos y como tal era plantada en huertos y cosechada por sus productos (Sal. 78:47; Am. 7:14). Aparentemente era un árbol muy común en Israel y era un buen recurso para los pobres, tanto para comida como madera (1 Re. 10:27; Is. 9:10). La referencia más famosa a un sicómoro en la Biblia es el que Zaqueo trepa para poder ver a Jesús al pasar (Lc. 19:4). *Véase también* Vestidor de Árboles de Sicómoro.

SICUT La palabra hebrea sikkut en Amos 5:26 ha sido tradicionalmente interpretada como Sicut, el nombre de una oscura deidad astral en el panteón acadio, pero recientemente esta igualación se ha demostrado insostenible. La palabra hebrea es mejor comprendida como el sustantivo que significa "estela" o "piedra vertical". La traducción NIV "santuario" se basa en LXX (la NIV mg tiene "Sicut tu rey"). Dios reprocha a los israelitas en Samaria por erigir una estela de su rey para adoración.

SIDIM En este valle, los reyes de cinco ciudades aliadas (Sodoma, Gomorra, Admá, Zeboyim y Zóar) esperaron el acercamiento de invasores (Gn. 14:3, 8, 10). Este término parece haber sido asignado a un tramo amplio y aplanado, a veces de ancho considerable, cercado por cada lado por una definida cadena montañosa.

SIDIM Una de las ciudades fortificadas asignadas a Neftalí (Js. 19:35). Se ha identificado con Chattin, una ciudad moderna, ocho kilómetros al noroeste de Tiberíades.

SIDÓN *Véase* Tiro y Sidón.

SIEMBRA El proceso de plantar semillas. Debido a que el antiguo Israel era una sociedad agrícola, este concepto es usado en muchas metáforas bíblicas (Mt. 13:3; Lc. 12:24; 1 Cor. 15:36-37).

SIERVO Un siervo masculino, a menudo considerado parte de la casa (Éx. 20:17; 21:26), casi siempre mencionado en conjunto con la sierva. *Ver también* Esclavo, Sirviente.

S

SIETE IGLESIAS DE ASIA Las destinatarias del libro del Apocalipsis: Éfeso, Esmirna, Pérgamo, Tiatira, Sardis, Filadelfia y Laodicea. Las siete se ubicaban en la provincia romana de Asia, en la actualidad oeste de Turquía.

SIETE PALABRAS DE LA CRUZ Los siguientes son siete últimos dichos de Jesús, dichos mientras estaba en la cruz.

"Padre, perdónalos, porque no saben lo que hacen" (Lc. 23:34). Esta plegaria para que el Padre perdone a sus enemigos y ejecutores en realidad fue respondida por su propia muerte que hizo posible el perdón.

"En verdad te digo, hoy estarás conmigo en el paraíso" (Lc. 23:43). Esta promesa le ofrecía el paraíso—un lugar de vida, descanso, paz y compañerismo con Dios—al criminal arrepentido que estaba siendo crucificado junto a Jesús.

"'Mujer, aquí tienes a tu hijo'... 'Aquí tienes a tu madre'" (Jn. 19:26-27). Ya que para este momento, se presume que, José había muerto, Jesús, como el hijo mayor, era ahora responsable del cuidado de su madre. Él lo hace encomendándosela a "el discípulo que él amaba".

"Dios mío, Dios mío, ¿por qué me has abandonado?" (Mt. 27:46; Mc. 15:34). Jesús citó el Sal. 22:1, una plegaria del rey David, que estaba sufriendo injustamente. Como el definitivo sufriente justo, Jesús también confiesa sus sentimientos de abandono por Dios.

"Tengo sed" (Jn. 19:28). Jesús probablemente pidió un trago para poder decir las últimas palabras como también para cumplir las Escrituras. Aquí alude al Sal. 22:14-15; 69:21.

"Está terminado" (Jn. 19:30). El sujeto tácito, que podría entenderse como "eso" se refiere a su trabajo redentor, "terminado" quiere decir "pagado en su totalidad", y el tiempo verbal del verbo griego indica una acción que ha sido completada, pero tiene resultados persistentes. El trabajo del Hijo está terminado—ahora y para siempre.

"Padre, en tus manos encomiendo mi espíritu" (Lc. 23:46). El trasfondo es el Sal. 31:4-5. Jesús anticipó el compañerismo restaurado con el Padre y se confió a sí mismo al cuidado del Padre.

SIFI El padre de Ziza, de la tribu de Simeón (1 Cr. 4:37).

SIFMITA La designación de nacimiento de Zabdi (1 Cr. 27:27), a quien David puso a cargo de las bodegas de vino. Es probablemente una referencia al pueblo de Sefam, que era probablemente un pueblo montañés en el borde este de Judá.

Ruinas en Laodicea, una de las siete iglesias en el libro de Apocalipsis.

SIFMOT En 1 Sm. 30:28, Sifmot está en la lista de un número de localidades en la parte sur de Judá y el Neguev donde David envió botín como recompensa por hospitalidad previa (*véase* 1 Sm. 30:31). Zabdi, el "sifmita" nombrado en 1 Cr. 27:27, puede haber sido nativo de ese lugar.

SIFRA Una de las dos parteras hebreas (la otra era Fúa) que se rehusaron a obedecer el mandato del rey de Egipto de ejecutar a los hijos hombre al nacer (Éx. 1:15-22). En consecuencia, la población hebrea aumentó, y ella fue bendecida porque temía a Dios.

SIFTÁN El padre de Kemuel, que fue el representante de la tribu de Efraín entre los elegidos por Moisés para asignar subvenciones de tierra en Canaán (Nm. 34:24).

SIGIONOT Una palabra encontrada en el encabezado de la plegaria de Habacuc (Hab. 3:1), en el lugar donde un comentario estilístico puede aparecer en el título de un salmo. Su significado es incierto, pero parece ser el plural de Shiggaion (cf. Sal. 7 sobrescrito). Probablemente indica el género literario de una plegaria o estilo musical usado al cantarla. *Véase también* Shiggaion.

SIGLO VENIDERO El siglo venidero es el tiempo cuando Cristo regresará y establecerá su reino en toda plenitud y gloria. Los judíos que vivieron en los tiempos intertestamentales experimentaron grandes persecuciones y sufrimientos y miraban al futuro con esperanza y anticipación a la venidera era futura de un Mesías, con todas sus bendiciones asociadas. Tanto Juan el Bautista como Jesús señalaron cómo esta nueva era ya se había acercado con su mensaje: "Arrepiéntanse, porque el reino de los cielos está cerca "(Mt. 3:2; 4:17). Jesús enseñó que "el reino de Dios ha llegado sobre ustedes" durante su ministerio terrenal (Mt. 12:28) y prometió que cualquiera que haya nacido de nuevo puede "ver" o "entrar" al reino en ese momento (se usan los verbos en tiempo presente en Jn. 3:3,5). Al mismo tiempo, Jesús fue igualmente claro en cuanto a que el reino no había llegado en su plenitud durante toda su ministerio terrenal y ordenó a sus discípulos que siguieran mirando al futuro orando específicamente, "venga su reino "(Mt. 6:10). En consecuencia, muchos describen el reino como que "ya ha llegado" y "todavía no ha llegado" en el sentido de que el reino de Dios ya comenzó con la primera venida de Cristo, aunque la plenitud del reino todavía se encuentra en el futuro. Por lo tanto y en cierto sentido, "el siglo venidero" comenzó con el ministerio terrenal de Jesús, especialmente su muerte y resurrección. Pedro también describió la entrega del Espíritu Santo en Pentecostés como algo que pasará en "los últimos días" (Hch. 2:17), marcando así el comienzo del siglo venidero. Por consiguiente, los creyentes se encuentran viviendo en la tensión de ya estar experimentando el poder transformador de una nueva vida en Cristo y seguir viviendo en lo que la Biblia describe como "la presente época malvada" (Gálatas 1:4) bajo el poder de Satanás como "el dios de este siglo" (2 Cr. 4:4). El desafío para los creyentes es mirar hacia adelante con fe y "acumular tesoros para sí como buen cimiento para el siglo venidero" (1 Tim. 6:19), para cuando Cristo regrese y establezca su reino. *Véase también* Advenimiento, Segundo; Escatología; Segunda Venida.

SIGNO La palabra "signo" por lo general es una traducción de la palabra hebrea ʻot o la palabra griega sēmeion. Los signos son visibles, siendo comúnmente objetos, una marca, un evento o una costumbre. Además, los signos son simbólicos, apuntando a cosas no vistas. Los signos con frecuencia revelan o comparten algunas cualidades con la realidad invisible a la que señalan, y así son una señal de esa realidad. En la Biblia, los signos normalmente son causados o instituidos por Dios, y en muchos casos son milagrosos. Sin embargo, en algunos pocos casos los signos son expuesto como el trabajo de otros dioses (como en Dt. 13:1-2) o como siendo instituidos por simple diseño humano (como en Nm. 2:2). En resumen, un signo puede definirse como algo visto que señala a algo invisible, y que es instituido o creado para hacerlo por la intención de alguien.

Varios ejemplos respaldan esta definición. Observar el Sabbat es un signo del descanso de Dios después de crear el mundo (Éx. 31:15); el

S

descanso del Sabbat imita el descanso de Dios. La circuncisión es un signo de la promesa de Dios tanto a Abraham como a sus descendientes; la circuncisión es también una marca física relacionada a la fertilidad humana (Gn. 17:11). El arcoíris es un signo de la promesa de Dios de no destruir la tierra por agua y lluvia; los arcoíris aparecen solo con la lluvia (Gn. 9:13). (En el texto hebreo original, tanto la costumbre de la circuncisión y el arcoíris que aparece tras la gran inundación son llamados "signos"). Las plagas tempranas de la Pascua traen y advierten el juicio, mientras los milagros sanadores de Jesús traen y prometen bendición. Mientras los signos señalan a realidades invisibles, estas realidades no disminuyen en valor o importancia del mundo visible. En cambio, las realidades invisibles en sí mismas son finalmente expresadas en el mundo visible.

Intervención Divina

La palabra "signo" por lo general se refiere a un evento que no es plausiblemente explicado por causas naturales o humanas, pero es consistente con la intervención de Dios u otro poder divino. Un ejemplo importante de esto ocurre en el Libro del Éxodo. En Éxodo, Moisés predice cada tipo de plaga que ocurrirá y el momento de su ocurrencia. Muchas de estas plagas, como la de langostas (Éx. 10:14-15), son eventos que podrían ocurrir naturalmente. Sin embargo, la mera ocurrencia natural de tantas plagas en tan poco tiempo es bastante improbable. Es igualmente improbable que Moisés pudiese simplemente adivinar de antemano el tipo y momento de todas estas plagas.

Finalmente, una explicación meramente natural de estas plagas no demuestra ser creíble para los egipcios. Sin embargo, las plagas son consistentes con actos de intervención divina, provisto que uno no descarte esa posibilidad de antemano. Son consistentes porque Moisés da una explicación plausible de por qué Dios intervendría en ese momento, aunque Dios no había intervenido desde tiempos inmemoriales. Todas estas evidencias reunidas son consideradas suficientes para inferir que algún dios ha causado estos signos.

Los signos son retratados como eventos objetivamente conocidos. Cuando el Faraón rehúsa admitir que Moisés puede traer plagas, los propios oficiales del Faraón dicen que debería saber mejor (Éx. 10:7). Los oficiales creen en la realidad de los signos, aunque no siguen la fe de Dios o Moisés.

A lo largo de la Biblia, los signos dan evidencia de la acción e identidad directa de Dios, pero no son dados como evidencia de la existencia de Dios. La existencia de Dios debe conocerse por otros medios; por ejemplo, Pablo escribe que la existencia del Creador es "claramente visible" a partir del mundo creado (Rom. 1:20).

Milagros y Fe

Los signos milagrosos con frecuencia son dados para validar a un profeta y su mensaje. Los signos son especialmente frecuentes cuando ese mensaje profético es una alianza de Dios que tiene que ver con consecuencia de vida o muerte. Tanto la alianza mosaica (Dt. 30:15-20) y la nueva alianza con Jesús (Lc. 22:15-20; Jn. 5:24-29) advierten de vida o muerte. En el AT, los signos ocurren más prolíficamente en manos de Moisés. Los signos manifestados en nombre de Moisés son explícitamente otorgados para que las personas crean en Moisés y sigan la alianza de Dios (Éx. 4:1-9; 19:9).

Los signos ocurren incluso con mayor frecuencia y prominencia en el NT. Jesús hace caminar a los cojos, cura a los ciegos e incluso levanta a los muertos (Jn. 5:1-9; 9:1-7; 11:1-44). A través de los Evangelios, Jesús es caracterizado por realizar muchos signos, y los signos se citan como una razón para creer en Jesús (Jn. 20:30-31). Los signos son característicos del ministerio de Jesús y posteriormente del ministerio de sus apóstoles. La tradición de que Jesús produjese signos está entretejida a lo largo de los cuatro Evangelios como los tenemos, incluso en partes que con frecuencia se cree que reflejan fuentes más antiguas. El signo más importante del NT es la resurrección de Jesús, ya que esta es la validación final de Jesús por parte de Dios, y la fe cristiana pende de la verdad de la resurrección de Jesús (1 Cor. 15:1-20). Aunque los signos son dados para provocar la fe, la naturaleza y deseos humanos son tales que la creencia razonable no siempre se arraiga. Como con el Faraón, muchos otros a través del AT no creen a pesar de ver los signos (e.g., Nm. 14:11; Sal. 78:11). En los Evangelios, muchos no creerán cualquier reporte de signos milagrosos. En cambio, ellos demandan ver los signos en primera persona (Mc. 8:11-12; Jn. 4:48; 6:30; 9:27-41; 20:29) o los atribuyen a Satanás. Los signos de Pascua debían ser recordados y creídos por generaciones posteriores (Éx. 12:26-27). De manera similar, los signos realizados por Jesús tienen la intención de los evangelistas de ser creídos por los lectores que no los habían visto (Jn. 20:29-31). No se espera la fe sin cuestionamientos (Jn. 4:39-42; Hec. 17:11); sin embargo, la incredulidad ante la evidencia es visto como una falla humana (Jn. 11:37-40).

SIHOR Un río que forma parte del límite entre la tierra prometida y Egipto (Js. 13:3; 1 Cr. 13:5). Ahora se conecta al Wadi el-'Arish, que forma el borde sur de lo que era Canaán. En aquellos casos en que Sihor parece ser una referencia al Nilo (Is. 23:3; Jr. 2:18), se ha discutido que el Wadi el-'Arish alguna vez estuvo conectado al Nilo y sirve como la primera agua dulce que un viajero encontraría camino a Egipto.

SIHORLIBNAT Un río que marca el límite para Aser (Js. 19:26), que debe ser al sur del Carmelo. "Sihor" es una designación para el río, y existe cierta especulación que podría indicar que había cocodrilos en sus aguas, al igual que en el Nilo. Más comúnmente se argumenta que es el actual Nahr Zarqa, que vacía sus aguas al Mediterráneo.

SIKERÓN Un marcador limítrofe de la frontera norte de Judá hacia su extremo oeste (Js. 15:11 [KJV: Shicron]). Existía entre Eqrón y Jabneel.

SIKKUT *Véase* Queiván; Rerfán; Sucot.

SILAS Silas fue un judío cristiano, un ciudadano romano (Hec. 16:37-38), y líder de la iglesia de Jerusalén (15:22). Fue asignado al muy importante rol como emisario de la iglesia de Jerusalén a Antioquía, llevando la carta relacionada con el consejo de Jerusalén de Hechos 15. También fue un profeta (15:32). Pablo eligió a Silas para que lo acompañara en su segundo viaje misionero (15:40-41) aunque Silas era un igual a Pablo más que un subordinado como Timoteo. La presencia de Silas probablemente era una validación del evangelio de Pablo, y Silas probablemente representaba a la iglesia de Jerusalén en el trabajo misionero "paulino".

Pablo probablemente se refiere a Silas como un apóstol de Cristo en 1 Tes. 2:6. Silas predicó el evangelio a los corintios (2 Cor. 1:19) y es nombrado co-emisor de ambas cartas a los tesalonicenses. El nombre Silas es el secretario que escribió la primera carta de Pedro para el apóstol Pedro (1 Pe. 5:12-13). Silas es la forma griega del nombre hebreo o arameo Saúl; la escritura latina es Silvanus (cf. griego Silouanos en 2 Cor. 1:19; 1 Tes. 1:1; 2 Tes. 1:1; 1 Pe. 5:12).

SILEM El cuarto hijo de Neftalí (Gn. 46:24). En la mayoría de los manuscritos hebreos de 1 Cr. 7:13 es llamado Sallum.

SILEMITA Un clan descendiente de Silem y mencionado como contado en el segundo censo en el desierto (Nm. 26:49).

SILENCIO Varias palabras son traducidas con la palabra "silencio". Por lo general se usa para referirse a un acto intencional de no hablar, pero puede referirse a alguien que es pasivo (2 Re. 7:9 KJV), a la importancia de escuchar (Hec. 19:33), al proceso de dominar a un pueblo (Sal. 101:8), y figurativamente a la muerte (Sal. 94:17).

SILHI El abuelo materno del rey Josafat (1 Re. 22:42).

SILHIM Un pueblo en la parte sur de la tribu de Judá (Js. 15:32).

SILLA El rey judío Joás fue asesinado por sus oficiales "en Bet-Miló, en el camino hacia Silla" (2 Re. 12:20). Bet-Miló y Silla presumiblemente están en Jerusalén en la Ciudad de David, Silla en una elevación más baja que Bet-Miló. *Véase* Bet-Miló.

S

SILOAM Una piscina de la era bizantina en el sudoeste del Monte Ophel, cerca de Jerusalén. Siloam es mencionado tres veces en el NT (Lc. 13:4; Jn. 9:7, 11). El Túnel de Siloam es uno de los canales subterráneos (junto con el "Túnel de Ezequías") que llevan agua desde el manantial de Gihón a esta ubicación. Estos túneles son más conocidos por el descubrimiento (en 1880) de la llamada Inscripción de Siloam, que describe el término de los trabajos en esos túneles en detalle. Los eventos mencionados en esta inscripción han sido asociados de manera general con 2 Reyes 20 y 2 Crónicas 32, que describen los proyectos de construcción del Rey Ezequías, incluyendo "cómo hizo una piscina y el túnel por el cual traía el agua a la ciudad" (2 Re. 20:20) y cómo "bloqueó la salida superior del manantial de Gihón y canalizó el agua hacia el lado oeste de la Ciudad de David" (2 Cr. 32:30). La inscripción ha sido fechada a finales del siglo ocho a.C., basado en información paleográfica, y por lo general se asocia a las preparaciones para la rebelión de Ezequías contra Senaquerib en el año 701 a.C.

En el texto existente de la Inscripción de Siloam se lee lo siguiente:

... la tunelización a través. Y este fue el camino por el que se tunelizó hacia afuera. Mientras los picos aún estaban (en movimiento), cada hombre hacia su compañero trabajador, y cuando aún quedaban tres codos por tun[elar a través], la voz de un hombre [podía oír]se llamando a su compañero de grupo, porque había una fisura en la roca a mano derecha y a mano izquierda. Ahora, en el día que la tunelización (fue completada), los artesanos golpearon (la roca), cada hombre hacia su compañero trabajador, pico contra pico, y el agua fluyó del manantial hacia la piscina—una distancia de doce mil codos. La roca estaba a un [ciento de codos sobre la cabeza de los artesanos.

SILOÉ, AGUA DE Probablemente el acueducto de Siloam, que pasaba hacia el sur desde los manantiales de Guijón junto a la pendiente oeste del Valle de Cedrón y proporcionaba agua para riego. En preparación para un sitio militar, Ezequías cavó un túnel subterráneo para redirigir partes de este a la Piscina de Siloam (2 Re. 20:20). En Is. 8:6-8 "aguas de Siloé" es una metáfora para la presencia y bendición de Dios a su pueblo, que ellos rechazaron; como resultado, las "poderosas aguas del Éufrates", representando el poder de Asiria, barrerían e inundarían Judá.

SILOH Protegido el paraje montañoso de Efraín, Siloh era una ubicación segura para el tabernáculo y el arca de la alianza en los primeros siglos de la presencia de Israel en la tierra. Jueces 21:19 da una ubicación extremadamente precisa para Siloh. Estaba "al norte de Betel, al este del camino que va de Betel a Siquem, y al sur de Lebona". Esto significa que estaba centralmente ubicado en el paisaje montañoso justo fuera de la ruta interna de la cresta norte-sur.

Los israelitas establecieron su centro de adoración en Siloh después de la conquista del territorio (Js. 18:1), y fue allí que se reunió la asamblea para repartir el resto de las asignaciones tribales después de la asignación de Judá (18:8-10).

Cuando las tribus al oeste del Jordán enfrentaron la posibilidad de guerra con dos tribus y media que había vuelto a Cisjordania, Siloh era el punto de reunión central (Js. 22:9-12). La "casa de Dios" continuó estando en Siloh durante el período de los jueces (Jue. 18:31), y las festividades anuales se celebraban allí. El aparato del culto estaba ubicado en Siloh cuando Eli era el sumo sacerdote. Elcana traía a sus dos esposas, Ana y Penina, a adorar

La inscripción de Siloam.

cada año. Cuando Ana dio a luz a Samuel, ella lo dedicó a Dios en Siloh (1 Sm. 1). Debido a que los hijos de Eli abusaron de sus privilegios como sacerdotes (1 Sm. 2:14), Dios le dijo a Samuel que removería el sacerdocio de la familia de Eli. Eso es afirmado en 1 Re. 2:27; "Así Salomón removió a Abiatar del sacerdocio del Señor, cumpliendo la promesa que el Señor había hecho en Siloh sobre la casa de Eli". Dios "continuó apareciéndose en Siloh, y allí se reveló a Samuel a través de su palabra" (1 Sm. 3:21).

Cuando los filisteos acamparon en Afec, en la planicie costera, los israelitas los enfrentaron en batalla y perdieron. Viendo el arca de Dios como una caja mágica, los israelitas la sacaron de Siloh hacia la batalla, abusando de la santidad del símbolo. El arca fue capturada, y un hombre de la tribu de Benjamín corrió cerro arriba desde Afec a través del escabroso arroyo de Siloh y llegó a Siloh para anunciar la noticia (1 Sm. 4:12). Aunque no hay certeza de cuándo se destruyó el santuario de Siloh, es probable que fueran los filisteos cuando posteriormente invadieron profundamente el territorio israelita (1 Sm. 13). Sin embargo, Siloh permaneció como una ubicación significativa. Cuando el reino del norte se separó del sur, Ajías de Siloh profetizó a Jeroboam, hijo de Nebat (1 Re. 11:29-40) y posteriormente se dirigió a la esposa de Jeroboam (1 Re. 14:2-4). Jeremías le recordó a los habitantes de Jerusalén que Dios destruyó Siloh, el primer lugar de residencia para su nombre en la tierra, debido a la maldad de Israel y haría lo mismo otra vez con el templo en Jerusalén (Jr. 7:12-14; 26:6-9). Incluso el salmista notó la tragedia: "Él abandonó el tabernáculo de Siloh" (Sal. 78:60).

SILONI En Neh. 11:5 la KJV presenta la frase hebrea ben-hashiloni como "hijo de Siloni", que probablemente se refiere, al igual que en la presentación de NIV, a los descendientes del patriarca del hijo de Judá, Sela (*véase* Nm. 26:20).

SILONITA Una persona de o asociada a Siloh o al santuario de Siloh. Ajías, el profeta que predijo la remoción de diez tribus de la monarquía por Jeroboam y la muerte del hijo de Jeroboam, Abías, era un silonita (1 Re. 12:15; 15:29; 2 Cr. 9:29; 10:15). En 1 Cr. 9:5, la mayoría de las versiones siguen la versión hebrea al listar a Asaías y sus dos hijos como silonitas, aunque la NIV lo interpreta "selanitas" (cf. Nm. 26:20).

SILSA El noveno de once hijos de Zofah, de la tribu de Aser (1 Cr. 7:37).

SILVANO *Véase* Silas.

SÍMBOLO Un símbolo es aquello que representa algo más allá de sí mismo. Es por lo general algo material que representa algo inmaterial, ya sea visual o conceptualmente. La comparación implicada que presenta un símbolo es mucho más universal en asociación que la de una metáfora. La Biblia está repleta de

El cuento de Siloh.

S

símbolos, usando a una persona, lugar, número, acción, evento, objeto o imagen para señalar más allá de sí misma a la realidad. Como tal, un símbolo es un poderoso vehículo de comunicación, y es una característica común a todas las religiones. Pero un símbolo puede no siempre revelar la significancia a la que se refiere, ya que la realidad que representa puede no ser siempre aparente. Un símbolo está condicionado por la cultura, historia y contexto en el cual se sitúa y es capaz de múltiples significados. Por tanto, para apreciar completamente el significado que un símbolo connota, los intérpretes deben prestar atención cuidadosamente a sus antecedentes lingüísticos e histórico-culturales.

Ejemplos de la presencia simbólica de Dios son abundantes en la Biblia. En el AT, el arcoíris era visto como un símbolo de la promesa del pacto de Dios de preservar su ser creado (Gn. 9:13). La serpiente de bronce hecha por Moisés simbolizaba la sanación y sabiduría de Dios (Nm. 21:9). En el culto israelita el altar simbolizaba el lugar de encuentro con Dios; el arca, la presencia de Dios; y el templo, la morada santa. De manera similar, las vestimentas sacerdotales eran simbólicas, desde la cuerda al efod al turbante, que hacían al sacerdote mismo la extensión de la presencia de Dios. En el NT, la encarnación de Cristo hizo visible la presencia de Dios. Cristo no es un símbolo, porque él es la imagen de Dios. Muchos cristianos entienden que la Cena del Señor es un símbolo de la presencia de Cristo. La cruz y el pez (ichthys, que en griego es un anagrama para "Jesús Cristo, Hijo de Dios, Salvador") son dos símbolos extraordinarios, ambos representan la fe cristiana en la historia de la iglesia.

Las acciones simbólicas son comunes en la Biblia. Ciertas acciones introducen nuevo significado más allá de sus contextos inmediatos. En el AT, por ejemplo, un esclavo israelita permitía que su amo le perforara la oreja para simbolizar su total y permanente esclavitud (Éx. 21:6). Además, la entrega de un zapato simbolizaba la rendición de todos los derechos personales de herencia (Rut 4:7). En el AT, la circuncisión era un símbolo de la alianza que Dios había hecho con Abraham (Gn. 17:1-14) y de iniciación en la comunidad de la alianza (Ez. 28:10; 31:18; 32:19). En el NT, este significado simbólico es descrito por nuevas acciones. El bautismo por agua se había vuelto un símbolo ritual de la nueva alianza (Col. 2:11) y de incorporación a la comunidad cristiana (1 Cor. 12:13). Además, los mensajes proféticos eran dichos en símbolos. Los profetas realizaban acciones para revelar la voluntad y mensaje de Dios (Is. 20:2; Jr. 13; Ez. 4:1-3; Hec. 21:10-11). En el NT, los milagros de Jesús no eran simples acciones de simpatía; demostraban la venida del reino de Dios (Lc. 9:11).

SIMEA **(1)** El tercer hijo de Isaí y hermano de David (1 Cr. 2:13). Fue el padre de Jonadab (2 Sm. 13:3, 32) y Jonatán (1 Cr. 20:7). También es llamado Sima (2 Sm. 21:21) y Samma (1 Sm. 17:13). **(2)** Una variante del nombre de uno de los hijos de David, Samúa (1 Cr. 3:5; *véase* NIV mg.). **(3)** Un descendiente de Merari el levita (1 Cr. 6:30). **(4)** Un abuelo de Asaf, un levita músico del templo nombrado por David que sirvió con Hemán (1 Cr. 6:39).

SIMEAM El hijo de Miqlot en la línea familiar de Saúl (1 Cr. 9:38). En 1 Cr. 8:32 es llamado Simeah.

SIMEAT La madre ammonita de uno de los asesinos del rey Jehoás (2 Re. 12:21; 2 Cr. 24:26). El nombre de este asesino aparece como Jozabad en 2 Re. 12:21, pero como Zabad en 2 Cr. 24:26.

SIMEATITAS Descendientes de Salma, en la línea de Caleb, mencionados solo en 1 Cr. 2:55 y de origen desconocido. Algunos estudiosos han sugerido algún tipo de función musical o cúltica detrás del nombre.

SIMEI **(1)** Un benjamita y el hijo de Gera, Simei maldijo a David en el nombre del Señor cerca de Bahurim durante el escape de David de Jerusalén (2 Sm. 16:5-14). David dos veces se rehusó a ejecutar a Simei, primero en el momento de la maldición y luego, posteriormente, cuando David fue reinstalado como rey (19:23). Aunque David le había prometido a Simei que viviría con un juramento, en sus últimos días David instruyó a Salomón que lo matara. El rey Salomón le ofreció a Simei una sentencia perpetua en Jerusalén, con la muerte como castigo por huir. Simei posteriormente se fue y fue asesinado (1 Re. 2:36-46). **(2)** Un hijo de Gersón y líder del clan gersonita (Éx. 6:17; Nm. 3:18). **(3)** El hijo de Ela, el oficial de Salomón en Benjamín (1 Re. 4:18). **(4)** Segundo hijo de Pedaías (1 Cr. 3:19), era nieto del rey Joacim. **(5)** Tercer hijo de Misma, un descendiente de Simeón (1 Cr. 4:26). **(6)** El tercero de los siete hijos de Joel, un rubenita (1 Cr. 5:4). **(7)** El tercero de siete hijos de Merari, un levita (1 Cr. 6:29). **(8)** El hijo de Jahat, era un ancestro del músico de templo Asaf (1 Cr. 6:42). **(9)** El cuarto de los seis hijos de Jedutún, que sirvieron bajo él como músicos-profetas (1 Cr. 25:3). **(10)** Un ramatita encargado de las viñas de David (1 Cr. 27:27).

(11) Ayudó a su hermano Conanías, quien era el supervisor de contribuciones, diezmos y regalos al templo durante el reinado de Ezequías (2 Cr. 31:12). **(12, 13, 14)** Tres exiliados retornados que se habían casado con mujeres extranjeras y juraron divorciarse de ellas (Esd. 10:23, 33, 38). **(15)** El hijo de Cis y abuelo de Mardoqueo (Est. 2:5).

SIMEITAS Un clan sacerdotal descendiente de Simei (Nm. 3:21; Zac. 12:13).

SIMEÓN **(1)** El segundo hijo de Jacob con Lea. Junto con Leví, masacró a los hombres de Siquem por corromper a su hermana Dina (Gn. 34). Fue aprisionado en Egipto por José cuando los otros hermanos volvieron a Canaán (42:24). Es identificado en la bendición de Jacob como un hombre violento cuyos descendientes serían dispersados en Israel (49:5-7). **(2)** Uno de los ancestros de Jesús (Lc. 3:30). **(3)** Un hombre justo y devoto en Jerusalén que había recibido una visión de que sería testigo de la venida del Mesías (Lc. 2:25-35). Después de ver a Jesús, ofreció alabanza a Dios. Sus palabras con frecuencia son llamadas el Nunc Dimittis, las primeras dos palabras de su plegaria en latín ("ahora despide [a tu sirviente en paz]"). Él profetizó que Jesús estaba "destinado a causar la caída y el levantamiento de muchos en Israel, y a ser un signo del que se hablaría otra vez" (2:34). **(4)** Uno de los profetas y profesores en Antioquía junto con Bernabé y Saúl (Hec. 13:1). Es llamado "Negro", evidentemente porque era un africano de complexión oscura. **(5)** Una variante del nombre de Simón Pedro (Hec. 15:14; *véase* NIV mg.).

SIMEÓN Un descendiente de Harim, es listado entre los sacerdotes retornados del exilio que eran culpables de mestizaje con extranjeras y fueron obligados a divorciarse (Esd. 10:31).

SIMEÓN, TRIBU DE En el desierto, la tribu de Simeón acampaba entre Rubén y Gad. Los simeonitas fueron asignados a tierras dentro del territorio de Judá. Su subsecuente absorción cumplió la profecía de Jacob de la dispersión (Gn. 49:5-7).

SIMILITUD Existen dos definiciones para "similitud", ambas son arcaicas y raramente utilizadas, pero se encuentran en KJV. La primera se refiere a un recurso literario que compara dos objetos enfatizando sus similitudes (véase Os. 12:10 KJV). El segundo uso de la palabra, mucho más común en KJV, es simplemente una referencia a la semejanza entre dos personas u objetos. Un ejemplo de esto es el uso encontrado en Sal. 106:20.

SIMIO En 1 Re. 10:22; 2 Cr. 9:21 simios (heb. qof) figuran entre los exóticos lujos que los barcos de Salomón le traían una vez cada tres años desde Tarsis. Estos animales son indicativos de su inmensa riqueza. De hecho, no hay evidencia de que los simios verdaderos en el sentido moderno (que no tienen colas) fueran conocidos en el antiguo Cercano Oriente. La referencia probablemente sea para mandriles, de los que se conocen varias especies: el babuino amarillo, el babuino Anubis y el babuino sagrado o hamadryas. Todos tienen colas largas y caras largas y hacen un sonido bastante parecido al de la palabra hebrea qof. *Véase también* Babuino.

SIMÓN **(1)** Uno de los doce apóstoles originales (Mt. 10:2), también llamado Pedro. Simón Pedro era el hermano de Andrés y un pescador de profesión (Mt. 4:18). (*Véase también* Pedro). **(2)** El Zelote, uno de los doce apóstoles originales (Mt. 10:4). **(3)** Uno de los hermanos de Jesús,

S

junto con Santiago, José y Judas (Mt. 13:55; Mc. 6:3). **(4)** Un leproso que vivía en Betania. En su casa la preciosa botella de ungüento fue vertida sobre Jesús en preparación para su entierro (Mt. 26:6). **(5)** Un hombre de Cirene que llevó la cruz de Jesús camino a la crucifixión (Mt. 27:32). **(6)** Un fariseo que invitó a Jesús para una comida (Lc. 7:40). Jesús fue ungido con ungüento en su casa. Tal vez es el mismo individuo que en Mt. 26:6. **(7)** El padre de Judas Iscariote, quien traicionó a Jesús (Jn. 6:71). **(8)** Un hechicero quien creía en el Evangelio y fue bautizado. Sin embargo, se enamoró del poder milagrosos de Felipe y con la habilidad de los apóstoles para impartir el Espíritu Santo y les ofreció dinero para que le dieran esa habilidad (Hec. 8:9-25). **(9)** Un curtidor con quien Pedro se quedó en Jope antes de viajar a la casa de Cornelio (Hec. 9:43).

SIMÓN PEDRO *Véase* Pedro.

SIMÓN Un hombre con cuatro hijos en la genealogía de Judá (1 Cr. 4:20).

SIMPLE, SIMPLICIDAD En la sabiduría bíblica, la noción de una persona simple (hebreo peti) puede tener connotación negativa o positiva. Negativamente, una persona simple es equivalente al tonto proverbial ("Por la porfía de los simples los matará, y la complacencia de los tontos los destruirá" [Prov. 1:32]) y es contrastada con la persona sabia y prudente ("Los simples creen cualquier cosa, pero el prudente piensa en sus pasos" [Prov. 14:15]). De manera positiva, la persona simple depende de Dios para su protección ("El Señor protege a los simples" [Sal. 116:6 NRSV]) y está abierto a instrucción ("El despliegue de tus palabras da luz; da comprensión a los simples" [Sal. 119:130]).

SIMRAT El último de nueve hijos de Simei, de la tribu de Benjamín (1 Cr. 8:21).

SIMRI **(1)** Un ancestro de Ziza (1 Cr. 4:37). **(2)** El padre de Jediael, uno de los poderosos guerreros de David (1 Cr. 11:45). **(3)** Uno de los trece hijos de Hosa y Merari, designado como uno de los guardianes de las puertas en Jerusalén (1 Cr. 26:10). **(4)** Un levita que ayudó a consagrar el templo durante el reinado de Ezequías (2 Cr. 29:13).

SIMRIT La madre moabita de Jozabad, uno de los asesinos del rey Joás (2 Cr. 24:26). En 2 Re. 12:21, se dice que Jozabad es hijo de "Somer", una variante del nombre Simrit sin la terminación femenina.

SIMRÓN **(1)** Uno de los cuatro hijos de Isacar y un nieto de Jacob (Gn. 46:13; 1 Cr. 7:1). Era el líder epónimo de la familia simronita (Nm. 26:24). **(2)** Una ciudad cananea. Su rey se unió a otros reyes ciudadanos cananeos reunidos por el rey Jabín de Hazor contra los israelitas bajo Josué (Js. 11:1). Posteriormente fue asignado a la tribu de Zabulón (Js. 19:15). El lugar ha sido identificado con Tell Simuniya, ubicada once kilómetros al oeste de Nazaret. Su nombre aparece en los textos de execración egipcios. Es mencionado en un papiro que lista los pueblos palestinos durante el reinado de Tutmosis III en el periodo del Nuevo Imperio de Egipto.

SIMRONITAS Descendientes de Simrón que son contados en el segundo censo en el desierto (Nm. 26:24).

SIMRÓN-MERÓN Una de las treinta y una ciudades cananeas derrotadas por Josué (Js. 12:20). En Js. 11:1 solo se menciona Simrón. Simrón-Merón puede ser el nombre completo para Simrón. Sin embargo, la LXX lista a Simrón y Merón como dos pueblos distintos en Js. 12:20 y enmenda Madón a Merón en Js. 11:1.

SIMSAI Un escriba persa que vivía en Samaria durante el reinado de Artajerjes I (Esd. 4:8-9, 17, 23). Junto con el oficial persa, Rehum, envió una carta advirtiendo a Artajerjes que permitir la reconstrucción de Jerusalén cultivaría la rebelión. Artajerjes respondió, ordenando que se detuviese la reconstrucción (Esd. 4:18-22).

SIN, DESIERTO DE Una de las ubicaciones del viaje de los israelitas cuando salieron de Egipto. Su ubica entre Elim y el Monte Sinaí (Éx. 16:1; 17:1; Nm. 33:11-12) y no debe confundirse con el desierto de Zin. Alrededor de un mes después del éxodo los israelitas llegaron

S

a este lugar, donde se quejaron de hambruna, y Dios proveyó maná y perdiz para ellos (Éx. 16:4-21). La ubicación exacta del desierto de Sin no es precisa, ya que depende de la ubicación del Monte Sinaí, también desconocida.

SINAB El rey de Adma durante la época de Abraham (Gn. 14:2). Era uno de los cinco reyes cananeos que formaron una alianza contra una coalición de cuatro reyes de Oriente Próximo. Además de saquear, la coalición secuestró personas, incluyendo a Lot, el sobrino de Abraham. Abraham exitosamente recupero lo saqueado y a las personas.

SINAGOGA Una transliteración de la palabra griega synagōgē, que significa "concurrencia, asamblea, reunión". En español, la palabra "sinagoga" se refiere a una congregación judía o al lugar donde se reúne esa congregación. Las sinagogas de la era bíblica funcionaban como centro cívico y religioso para la comunidad judía.

Orígenes

El origen de las sinagogas es incierto. La más temprana evidencia arqueológica es de Egipto en el siglo tres a.C., consistente en inscripciones y una carta en papiro. La más antigua evidencia arquitectónica es de la isla de Delos en el Mar Egeo, aunque si fue construida como sinagoga o rediseñada como una no se sabe, al igual que si era judía o samaritana. Las estructuras más antiguas encontradas hasta ahora en Israel consisten en dos habitaciones en Qumrán y la sinagoga de Gamala, que data de finales del siglo uno a.C. En Cafarnaúm, la sinagoga de basalto fue construida por un centurión gentil para la comunidad en el siglo uno AD (Lc. 7:1-5).

Para ese entonces, las sinagogas estaban bien testimoniadas en Israel, otras partes del Imperio Romano y Egipto (Mt. 4:23; Lc. 4:44; Hec. 9:2; 17:10, 16-17; 18:8, 19). Las sinagogas se encontraban dondequiera que había comunidades de judíos, en ciudades y áreas rurales por igual. Especialmente en escenarios de Diáspora o ubicaciones remotas, eran el corazón de la vida judía. Varias hipótesis han sido sugeridas para dar cuenta por su aparición aparentemente repentina. Algunos creen que las sinagogas se desarrollaron durante el cautiverio babilonio como la respuesta de la comunidad exiliada a la destrucción de su templo y sistema sacrificial. A pesar de estas numerosas pérdidas, los judíos aún tenían la Torah, y desde ese punto en adelante la adoración y las plegarias basadas en la lectura y estudio de las Escrituras, lo que podía hacerse de manera local, comenzaron a ganar ascendiente.

Ruinas de la Sinagoga en Arbel.

Críticos a esta idea, sin embargo, señalan que, aunque tiene sentido, no existe evidencia directa que lo respalde.Otros piensan que la extensión del helenismo en el siglo dos a.C. precipitó una crisis de identidad entre los judíos. Por ejemplo, 1 Macabeos reporta con aflicción que algunos judíos habían abandonado la alianza y se habían agrupado con los helenistas, incluso yendo tan lejos hasta construir un gimnasio de estilo griego en Jerusalén (1:11-15). Por tanto, se piensa que las sinagogas era una forma de resistencia a los apabullantes y perversamente atractivos cambios del momento.

Más recientemente, se ha sugerido que las sinagogas fueron las sucesoras graduales de funciones que anteriormente habían ocurrido en las puertas de la ciudad. Las sinagogas del siglo uno cumplían un amplio rango de funciones para la comunidad. A lo largo de la historia anterior de Israel, sin embargo, estas mismas actividades—asamblea, legal, social, educacional y religiosa—habían ocurrido en las puertas de la ciudad (Dt. 12:15; 2 Sm. 15:2; 2 Re. 23:8; Neh. 8:1-8). La sinagoga de Gamala se ubica contra el muro este de la ciudad cerca de una probable puerta, y su ubicación podría ser evidencia del lento desarrollo de la sinagoga en la medida que las puertas de la ciudad cambiaron de instalaciones multipropósito a portales de ingreso y egreso.

Sinagogas del primer siglo

Las sinagogas del siglo uno servían como centros integrados sustentadores de la vida judía. Lecturas comunitarias y exposiciones de las Escrituras regulares, incluyendo enseñanza y discusión de la ley y transmisión de las complejas tradiciones asociadas (Lc. 4:16; Hec. 13:14-15), ocurrían allí. Aunque los ritos litúrgicos formales evolucionaron después de la destrucción del templo en el año 70 AD, las sinagogas eran lugares de oración en el siglo uno (Mt. 6:5). Las sinagogas también servían como tribunales y lugares donde los crímenes eran castigados (Hec. 22:19), al igual que lugares para comidas comunes y festivales (*véase* Hec. 6:2).

Las sinagogas eran administradas por líderes comunitarios locales, incluyendo un presidente y consejo (Hec. 13:15). Líderes de la sinagoga nombrados en el NT incluyen a Jairo (Mc. 5:22; Lc. 8:41), Crispo (Hec. 18:8), Sóstenes (Hec. 18:17). El rol del líder era presidir los servicios, actuar como juez en casos judiciales, representar a la comunidad, y frecuentemente actuar como mecenas. El consejo cumplía un rol de consejeros y ayudaba en la enseñanza. Un escriba mantenía los registros de la comunidad y enseñaba.

Las congregaciones incluían fariseos, quienes abogaban la estricta adherencia a la ley, aunque fueron regañados por Jesús por su falsa piedad (Lc. 11:42-44). Las mujeres participaban en la sinagoga junto con los hombres, y en algunos casos eran donantes financieros (cf. Lc. 8:3). Los gentiles temerosos de Dios eran bienvenidos (Hec. 17:17). En Jerusalén, las sinagogas incluían hebreos y judíos de la Diáspora (Hec. 6:1, 9).

Una sinagoga podía ser una habitación elegida en una casa o una edificación discreta. La mayoría de la mejor evidencia arqueológica es posterior al siglo uno y revela una intencionalidad más claramente religiosa en el diseño que puede haber sido característico anteriormente. Esta evidencia incluye la puerta orientada hacia Jerusalén, motivos artísticos en el templo, un nicho para los rollos de la Torah, y asientos tipo bancas perimetrales alrededor de un área central abierta.

La Sinagoga en la Biblia

Ya que las sinagogas eran instituciones con una historia documentada no anterior al siglo tres a.C., no son mencionadas en el AT. Las palabras griegas de las cuales deriva la palabra española aparecen frecuentemente en la LXX, pero siempre con una referencia general a una congregación, asamblea o reunión.

La historia rabínica (pero no las Escrituras) hacen referencia a la "Gran Sinagoga", significando un grupo de hombres que transmitían tradiciones de los profetas a los primeros profesores rabínicos. En términos generales se basa en Neh. 8-10, el cual describe la oración y acciones de los líderes judíos que pueden regresar del exilio. Las sinagogas frecuentemente fueron el lugar de las enseñanzas y ministerio sanador de Jesús. Él comenzó a predicar el reino de Dios, enseñando y realizando milagros curativos en sinagogas de Galilea (Mt. 4:23; 9:35; 12:9; 13:54; Mc. 1:21-29, 39; 3:1; 6:2; Lc. 4:15-38, 44; 6:6-11; 13:10-17; Jn. 6:59; 18:20). Posteriormente, es apóstol Pablo acostumbraba a iniciar su trabajo misionero en la sinagoga local en cada uno de sus destinos (Hec. 9:19-20; 13:5, 14-15; 14:1; 17:1, 10, 17; 18:1-8; 19:8). El último (y, desde una perspectiva del siglo veintiuno, el más controversial) uso de la palabra "sinagoga" en las Escrituras es la difícil frase "sinagoga de Satanás" (Ap. 2:9; 3:9), que debe leerse en su contexto. Esto fue escrito en respuesta a la significativa persecución en Asia Menor de las iglesias de Esmirna y Filadelfia por parte de judíos coludidos con las autoridades romanas. Falsamente acusaban a creyentes judíos y gentiles, provocándoles sufrimientos horribles. Esta frase, cuya intención era incentivar la perseverancia cristiana, implica que las iglesias en vista representaban el verdadero Israel, mientras que los acusadores eran falsos judíos. Un lenguaje similar se usó por parte de la comunidad guardiana de la alianza en Qumrán cuando, en los MMM, se refería a judíos apostatas como la "congregación de Belial" y una "asamblea de hipócritas" (1QHa 10:22; 15:34).

SINAÍ, MONTE La montaña donde Moisés se encontró con Dios y recibió la ley y las instrucciones para construir el tabernáculo. Es importante notar que Sinaí a veces es nombrado como Horeb. Estudiosos que creen que el Pentateuco está compuesto de fuentes de distintos periodos de tiempo sugieren que las fuentes J y P usaron el nombre "Sinaí" mientras que "Horeb" es usado en las fuentes E y D, pero la montaña es la misma. Sinaí aparece prominentemente en la narrativa bíblica entre el Éx. 19 y Nm. 10, mientras los israelitas acampan alrededor de la montaña.

Durante ese tiempo, Moisés sube varias veces la montaña. Primero asciende la montaña a solas cuando los israelitas inicialmente acampan alrededor de ella (Éx.19-23). Luego, Moisés junto con Aarón y los ancianos suben la montaña, seguida de otra ocasión en que subió con Josué (Éx. 24). Moisés luego asciende por cuarenta días y cuarenta noches, momento en el recibe las instrucciones para el tabernáculo. Este ascenso es arruinado para Moisés al bajar cuando encuentra al pueblo adorando un becerro dorado (Éx.32). Moisés vuelve a subir a la montaña y recibe una reiteración de la ley (Éx. 34). Todo esto culmina con el descenso de Dios de la cima de la montaña para residir dentro del tabernáculo (Éx. 40). Levítico implica que es una continuación de la ley de Moisés recibida en la montaña. Finalmente, los primeros diez capítulos de Números describen a los israelitas alejándose de Sinaí y hacia la tierra prometida. La montaña también juega un rol significativo en el libro del Deuteronomio, que repasa la narrativa anterior. Sinaí también es la ubicación de la estadía de Elías después de su encuentro sobrenatural con Dios en otra montaña, Carmelo (1 Re. 19). De manera interesante, en la narrativa de Elías los mismos elementos físicos de humo, fuego, temblor y viento se evidencian en la historia, pero Dios no se encuentra solo en pequeño susurro. Debido a que este es el lugar donde Moisés recibió la ley de Dios, una montaña con frecuencia es vista como un símbolo de la revelación de Dios (cf. Mt. 5:1-2; 17:1-2; Ap. 21:10). En Gálatas, Pablo usa Sinaí como un símbolo o tipo de la antigua alianza.

La ubicación exacta de la montaña no puede determinarse con certeza. Complica el asunto que el hecho de que el desierto y la península en la cual se encuentra la montaña también se llaman "Sinaí". Además, aunque algunos han especulado de que la montaña debe tener un volcán, dada la descripción de humo saliendo de la montaña y de los temblores (Éx. 19:16, 18), esta sugerencia es de poca ayuda específica porque muchas de las montañas en esta región en algún momento u otro fueron volcanes activos. Varias ubicaciones para la montaña han sido sugeridas. La ubicación tradicional es Jebel Musa, en la parte sur de la península. El monasterio griego ortodoxo de Santa Catalina marca este lugar. Este también es el lugar de descubrimiento del Códice Sinaítico, una de las versiones más antiguas y más completas de la Biblia. Aunque Jebel Musa es la montaña más alta en el área, varias otras montañas en su vecindad también se han sugerido. Otra ubicación posible por la cual abogan algunos estudiosos es en la parte

LA PLANICIE DE SINAR

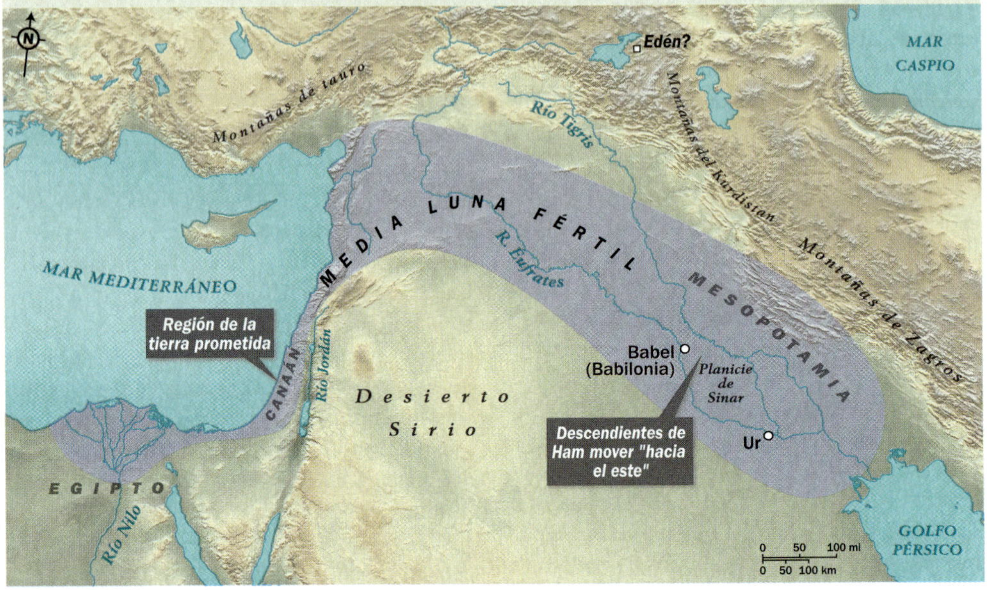

norte de la península, cerca de Cades-Barnea. Gran parte del debate acerca de la ubicación del sitio está relacionado con la cantidad de tiempo que les tomó a los israelitas ir de la ubicación donde se abrió el Mar Rojo hasta la montaña. La ubicación norte favorece un tiempo de viaje más corto, mientras que la ubicación sur favorece un viaje más largo.

SINAR, PLANICIE DE La Planicie de Sinar era la ubicación de la torre de Babel. Según el Génesis, la gente se estableció aquí después de que se movieron "al este" (Gn. 11:2 [o tal vez "desde el este" o "en el este"]). La identificación de Sinar como Babilonia (según la nota al pie de NIV en 11:2) hace probable que esta frase sea mejor representada por "al este" (NIV) o "hacia el este" (NLT). Una vez que los inmigrantes se asentaron, comenzaron a construir una torre que los ayudaría a no "ser dispersados sobre la faz de la tierra" (11:4). Cuando Dios confundió su lenguaje, ellos de hecho fueron dispersados (11:9).

La Planicie de Sinar, entonces, fue el epicentro de la civilización postdiluviana, el punto desde el cual varios grupos de personas migraron hacia afuera con sus distintos lenguajes. Esta imagen de la dispersión de la civilización desde el sur de Mesopotamia es similar a modelos seculares que proponen que la historia registrada comenzó con el pueblo y lenguaje sumerio.

SINCERIDAD La característica de estar libre de engaño o hipocresía. Las acciones sinceras fluyen de motivos auténticos y aparentes. Pablo compara la sinceridad con "pan ácimo" (1 Cor. 5:8) y con frecuencia habla de amor sincero (Rom. 12:9; 2 Cor. 6:6; 8:8). Él encarga a los esclavos ser sinceros en su obediencia a sus amos (Ef. 6:5; Col 3:22).

SINIM Isaías dice que, en el tiempo del favor de Dios, las personas vendrán de tierras lejanas, incluyendo "desde la tierra de Sinim" (Is. 49:12 KJV). Algunos han sugerido que se trata de China (latín clásico Sinae). La LXX traduce el hebreo erets sinim como la "tierra de los persas". La NIV, siguiendo los MMM (1QIsaa), enmienda el texto levemente para que lea "Aswan", el lugar en Alto Egipto.

SINITAS Los sinitas se listan dos veces entre los pueblos cananeos (Gn. 10:17; 1 Cr. 1:15), aunque no en las listas de ocurrencias frecuentes de los seis o siete naciones cananeas (*véase* Éx. 3:8; Dt. 7:1). Basados en la forma de la lista, los sinitas pueden haber vivido hacia el norte de Israel.

SINÓPTICOS, EVANGELIOS En estudios del NT, "Sinópticos" se refiere a los Evangelios de Mateo, Marcos y Lucas, que, debido a sus similitudes, pueden ser comparados lado a lado (sinóptico = viendo juntos). Aunque acuñado con anterioridad, el término "Sinóptico" no se convirtió en la referencia común a estos tres Evangelios hasta el siglo diecinueve.

La comparación sinóptica revela textos que son similares en redacción (e.g., Mt. 19:13-18 // Mc. 10:13-16 // Lc. 18:15-17), orden (e.g., Mt. 12:46-13:58 // Mc. 3:31-6:6a // Lc. 8:19-56) y material parentético (e.g., Mt. 9:6 // Mc. 2:10 // Lc. 5:20). Lo más interesante, los sinópticos coinciden en sus citas del AT incluso cuando difieren del AT hebreo en sí (compárese Mt. 3:3 // Mc. 1:3 // Lc. 3:4 a Is. 40:3). Más allá de estas similitudes, diferencias significativas prevalecen que elevan preguntas difíciles. Como, por ejemplo, ¿podría Marcos escapar cualquier referencia al Sermón del Monte (incluyendo la Plegaria del Señor), que tiene una posición tan prominente en Mateo?

Relaciones entre los tres Evangelios. Debido a estos y otros factores, han surgido múltiples teorías sobre la relación entre los tres Evangelios Sinópticos. Pero ninguna ha logrado aceptación universal. Históricamente, basándose primariamente en la declaración de Agustín, la iglesia afirmó a Mateo como el primer Evangelio, con Marcos como su síntesis y Lucas usando ambos. El crítico de texto alemán J. J. Griesbach desarrolló esta tesis de la prioridad de Mateo en su Synopsis de 1774, argumentando que Lucas fue el primero en usar a Mateo, y Marcos extraía de ambos. La hipótesis Griesbach sigue teniendo defensores.

Mateo cubre la sustancia de 97,2 por ciento de Marcos en 661 versículos, mientras que 88,4 por ciento reaparecen en Lucas. Aunque esas estadísticas podrían explicarse como Marcos combinando y resumiendo a Mateos y Lucas, de hecho, Mateo generalmente es más breve que Marcos donde cubren el mismo material. En busca de explicaciones que validen mejor la evidencia, estudiosos del NT propusieron la Hipótesis de Dos Fuentes, argumentando que Marcos escribió primero y que Mateo y Lucas extrajeron de Marcos y otra fuente desconocida (que los estudiosos llaman "Q", del alemán Quelle, que significa "fuente"). H.J. Holzmann dio crédito significativo a esta teoría en 1863, y después de la publicación persuasiva de B.H. Streeter en 1924 se volvió la teoría principal. Más que al revés, parece más fácil comprender a Mateo y Lucas como expansiones de la narrativa de Marcos, tal como sugiere la evidencia que ellos "limpiaron" el mal griego y difícil lectura de Marcos. Además, aunque Mateo y Lucas con frecuencia difieren entre sí tanto verbalmente con el orden de los eventos, rara vez están de acuerdo mutuamente contra Marcos. Esto sugiere que en la tradición triple (pasajes en los Evangelios Sinópticos), Mateo y Lucas no están tomando prestado el uno del otro, sino que están independientemente usando a Marcos.

La sugerencia de una fuente desconocida Q (que puede ser escrita u oral) probó ser necesaria para dar sentido de los acuerdos significativos entre Mateo y Lucas en material no abarcado por Marcos. Streeter sugirió adicionalmente que el material que era único de Marcos y Lucas respectivamente provenía de dos fuentes designadas como "M" y "L".

Aunque la Hipótesis de Dos Fuentes sigue siendo la teoría de trabajo preferida por la mayoría de los académicos, otros dicen que el tema está lejos de resolverse. Reconstruir de manera precisa el desarrollo de los Evangelios Sinópticos ha resultado ser extremadamente difícil. Cada Evangelio puede haber sido influenciado por una variedad de fuentes. En vez de un proceso bien definido, el proceso fue probablemente fluido, reuniendo memorizaciones comúnmente conocidas y aceptadas de dichos específicos de Jesús, recuentos repetitivos de ciertas secuencia de eventos (más cortos y más largos) que se transformaron en cadenas de tradición establecidas entre las iglesias tempranas, registros escritos hechos por discípulos como Mateo, prédicas orales de apóstoles como Pedro, posiblemente

S

recuentos de María la madre de Jesús (cf. Lc. 2:19), y otras cosas.

El Evangelio de Marcos se ha considerado históricamente una condensación escrita de las prédicas de Pedro, pero como mostró C.H. Dodd en su Apostolic Preaching and Its Development (Las prédicas apostólicas y su desarrollo) de 1936, Marcos dio forma a su Evangelio de acuerdo a un patrón apostólico común observable en los discursos en Hechos. Excepto algunas parábolas y el emocionante apocalipsis en el capítulo 13, el Evangelio de Marcos consiste casi exclusivamente de narración descriptiva que delinea el poder y propósito de Jesús, el Hijo de Dios. Marcos es kerygma, predicando acerca de Jesús. Q, o el material común a Mateo y Lucas, ausente en Marcos, consiste casi exclusivamente de material de enseñanza, dichos de Jesús. Es didachē, enseñanzas de Jesús.

Distintivos de cada Evangelio. El enfoque "sinóptico" de Griesbach de colocar estos tres Evangelios lado a lado para compararlos ha dado pie a nuevos enfoques académicos tales como críticas de redacción y ha proporcionado a los estudiantes que recién comienzan una útil forma de reconocer énfasis específicos de cada Evangelio. Como se establece con anterioridad, Marcos es una narrativa ágil ("inmediatamente" aparece nueve veces solo en el capítulo 1) con vívidos detalles pintorescos (e.g., 14:51-52). Mateo escribe para una audiencia judía. Teje su narrativa alrededor de cinco discursos didácticos principales (capítulos 5-7; 10; 13; 18; 24-25) mientras destaca la relación de Jesús con Abraham (capítulo 1), su misión hacia "la oveja perdida de Israel" (capítulos 10; 15), y su nacimiento y muerte como el "Rey de los Judíos" (capítulos 2; 27) y usando la expresión judía "reino del cielo". Lucas, mientras retrata el alcance global de la misión de Jesús relacionándolo directamente con Adán y Dios (3:38) y colocando los eventos en la historia secular (capítulo 2), revela un interés especial por los oprimidos (mujeres, pobres, niños, samaritanos), la oración (nueve plegarías), el Espíritu Santo y la alegría.

SIN SENTIDO *Véase* Tonto, Tontería.

SÍNTIQUE Una de las dos mujeres cristianas residentes en Filipos que Pablo identifica como compañeras de trabajo en el ministerio del Evangelio (Flp. 4:2-3). En respuesta a un aparente conflicto entre ella y la otra mujer, Evodia, Pablo las exhorta a vivir en armonía cristiana (Flp. 4:2).

SION Jerusalén fue retenida por los jebuseos, quienes se burlaron de las fuerzas de David. Pero David capturó la ciudad, que desde entonces llevó el título "Ciudad de David", también llamada "fortaleza de Sion" (2 Sm. 5:5-9). David la convirtió en su capital. Posteriormente, Salomón construyó allí el templo, convirtiéndolo también en el centro religioso de la nación (1 Re. 8:1-14). "Sion" (cuyo significado es incierto) a veces es una designación para la ciudad de Jerusalén. Se dice que tiene torres, terraplenes y alcázares (Sal. 48:12-13), y Jeremías profetizó su demolición (Jr. 26:18). Pero también es la designación de la montaña sobre la cual la ciudad está construida (Is. 24:23; Zac. 8:3).

Ya que el Dios de Israel tiene una relación especial con Israel y su rey, los propósitos de Dios para el mundo frecuentemente están formulados en términos del Monte Sion. Dios estableció a su rey en el Monte Sion (Sal. 2:6). El salmista alaba a Dios, que ha establecido a Sion "por siempre" (Sal. 48:1-8). Ahí se dice que reina Dios (Is. 24:23). Sin embargo, el rey en el trono de David y los habitantes de Sion pueden ser censurados por Dios y encontrados en falta (Am. 6:1). De hecho, es precisamente porque Dios se identifica con la ciudad que las personas tienen una responsabilidad particular para representar su carácter. Por lo tanto, llegó el momento en el que Sion fue, de hecho, "arado como un campo" (Miq. 3:12). Lamentaciones llora la destrucción de Sion varias veces. Después de que el pueblo de Dios pasó un tiempo en el exilio, Dios los trajo de vuelta a Sion (Sal. 126). Aunque la ciudad antigua fue nuevamente destruida por los romanos, en el NT Sion se ha convertido en un símbolo del actual lugar de residencia celestial de Dios, al que se entra por fe (Heb. 12:22), y el destino futuro de los santos (Ap. 14:1).

S

SION La KJV usa “Sion” para traducir la palabra hebrea si’on en Dt. 4:48, en referencia al Monte Hermón (NIV: Sirion); la palabra hebrea tsiyyon en Sal. 65:1, refiriéndose a Zion (NIV: Zion); y la forma griega de Zion, Siōn, en Mt. 21:5; Jn. 12:15; Rom. 9:33; 11:26; Heb. 12:22; 1 Pe. 2:6; Ap. 14:1 (NIV: Zion).

SIPAI Un gigante asesinado por Sibecai el husatita, uno de los soldados de élite de David (1 Cr. 20:4). En 2 Sm. 21:18 es llamado Saf.

SIQUEM **(1)** Un descendiente de Manasés y patriarca de familia (Nm. 26:31; Js. 17:2). **(2)** El segundo de cuatro hijos de Semida, de la tribu de Manasés (1 Cr. 7:19). **(3)** Hijo de Hamor el heveo, que era el líder del pueblo y alrededores de Siquem (Gn. 34:2; cf. Js. 24:32; Jue. 9:28). Violó a Dina, la hija de Jacob y Lea, cuyos hermanos lo mataron, a Hamor y a los hombres del pueblo y luego lo saquearon.

(4) Un pueblo crucial en el paraje montañoso de la asignación tribal de Efraín (Js. 20:7). La ubicación ha sido identificada con Tell Balata en un valle entre el Monte Ebal y el Monte Guerizín. Sequím es el primer pueblo cananeo mencionado en el libro del Génesis (12:6). Abraham acampó en el lugar cerca del roble de Moreh, y Dios se reveló allí a Abraham, dando la primera indicación de la importancia del lugar. En respuesta a la revelación de Dios, Abraham construyó un altar en Siquem. Posteriormente, Jacob se estableció en la región de Siquem y compró tierras de Hamor el heveo (33:18-19). Cuando el hijo de Hamor, Siquem, violó a la hija de Jacob, Dina, sus hermanos Simeón y Leví mataron a los hombres de la región, y los otros hijos de Jacob saquearon el pueblo de Siquem. Jacob enterró a sus dioses extranjeros en Siquem bajo el ya mencionado roble en respuesta a la revelación de Dios (35:1-4). Fue en la región general de Siquem que José posteriormente buscaría a sus hermanos y sus rebaños (Gn. 37). Israel enterraría los huesos de José allí, de acuerdo a sus deseos (50:25; Js. 24:32).

Debido a la revelación de Dios y su significancia para los patriarcas, Josué reunió a los israelitas en Siquem tras la conquista de Canaán y justo antes de su muerte para renovar la alianza (Js. 8:30-35; 24). Después de la conquista, el pueblo fue asignado a los levitas coathitas y fue una de las ciudades de refugio (Js. 20:7; 21:21; 1 Cr. 6:67). Sin embargo, en el período de los jueces, Siquem aparentemente continuaba bajo la influencia cultural y religiosa de los cananeos, como se evidencia por la presencia del templo de Baal-Berith (Jue. 9:4). Abimelec, cuya madre era siquemita, convenció a las gentes del pueblo para convertirlo en rey. Después de tres años, los siquemitas rechazaron a Abimelec y él mató a muchos de ellos y destruyó el pueblo (Jue. 9). Fue en Siquem que las diez tribus del norte tomaron la decisión de rechazar al hijo de Salomón, Roboam, e hicieron su rey a Jeroboam. Jeroboam, subsecuentemente, hizo de Siquem su capital por un período (1 Re. 12). Evidencia arqueológica indica que Siquem sufrió daños mayores durante la invasión asiria en los años 724-721 a.C. Sin embargo, el pueblo continuó siendo ocupado, y los habitantes traían ofrendas al templo en Jerusalén hasta su destrucción en el año 586 a.C. Siquem se convirtió en un centro cívico y religioso para los samaritanos. Esto colocó a Siquem en competencia con Jerusalén y es la motivación tras la pregunta de la mujer samaritana en Juan 4:5 (donde Siquem es llamado Sicar).

SIQUEMITA *Véase* Siquem.

SIRA La ubicación de un pozo o cisterna mencionada en conexión con el asesinato de Abner por Joab (2 Sm. 3:26). Es el lugar donde los hombres de Joab encontraron a Abner. La ubicación actual del pozo no es segura, pero varios pozos cerca de Hebrón han sido identificados como posibilidades.

SIRACUSA Una colonia griega en la costa este de Sicilia que eventualmente creció hasta convertirse en una ciudad rica y poderosa. Capturada por Roma en el año 212 a.C., posteriormente se volvió una colonia romana. Después del naufragio de Pablo y subsecuente estadía de tres meses en Malta, eventualmente retomó su viaje a Roma, navegando en un barco alejandrino. El barco se detuvo en Siracusa durante tres días antes de continuar el viaje (Hec. 28:11-13).

S

SIRIA El desierto sirio-arábico se ubica en el hueco de la Creciente Fértil. "Siria" se refiere a una cultura asiática semítica occidental junto con su lenguaje distintivo, siríaco. Sin embargo, Siria también era conocida como una provincia del Imperio Romano. La Antioquía siria se volvió un importante centro de la cristiandad inicial. La ciudad se ubicaba en la Antigua Ruta de la Seda, la ruta internacional de intercambio a lo largo del Mar Mediterráneo que se extendía a través del centro de Asia hacia China.

Historia

Poco se sabía acerca de la historia temprana de Siria y Palestina antes del descubrimiento de las Tablillas de Ebla, un enorme descubrimiento arqueológico de más de quince mil tablillas cuneiformes con nombres, inscripciones e historias, que datan de alrededor de 2250 a.C. y escrita en sumerio. Ebla (Tell Mardikh) se ubica junto a la ruta principal hacia Aleppo en el norte de Siria. La información de este descubrimiento sigue siendo interpretada por académicos hoy en día.

En los albores de la historia, Siria era habitada por una población ampliamente semita que resistió numerosas invasiones de otros pueblos semitas del área circundante. Los fenicios, junto con los cananeos, ingresaron al área en el tercer milenio a.C., y los hebreos y arameos en el segundo milenio a.C. En 1600 a.C. los egipcios conquistaron Fenicia y Palestina. Finalmente, bajo Tutmosis III, Siria entró bajo el protectorado egipcio.

En los siglos siguientes, tanto los heteos como los asirios intentaron invadir Siria y causaron agitación militar y política. Durante el mismo periodo, los arameos estaban lentamente estableciendo su reino en el norte y centro de Siria y parte de Mesopotamia. Para el siglo once a.C., Damasco se estableció como la capital del reino principal. Los arameos construyeron un gran templo a su dios ídolo, Hadad, en Damasco. El dialecto hablado en la vecindad de Damasco, más precisamente en las regiones de Edessa, se llamaba "siríaco".

Muchas guerras con los asirios ocurrieron en los siglos siguientes y finalmente resultaron en la derrota de los sirios alrededor del año 700 a.C. Nabucodonosor luego lideró a los babilonios a través del Valle del Orontes y derrotó a los asirios. Los babilonios gobernaron sobre Siria durante el medio siglo siguiente. Los persas, que asumieron el poder posteriormente, terminaron con el gobierno semita de Siria y establecieron su capital en Damasco.

Alejandro Magno conquistó a los persas en el año 333 a.C. Subsecuentemente, la cultura griega floreció a través de Siria, especialmente en áreas costeras. Seleuco, uno de los generales y luego sucesores de Alejandro, fundó una dinastía que dejó una gran impronta en Siria. Los seléucidas permanecieron griegos en lenguaje y cultura y ejercieron un régimen autocrático. El gobernador seléucida más destacado, desde la perspectiva judía, fue Antíoco IV Epífanes (r. 175-164 a.C.). Usando Siria, específicamente Antioquía, como centro militar, Antíoco IV intentó controlar y helenizar Palestina. Los judíos se resistieron, lo que tuvo como resultado la Revuelta Macabea e independencia judía.

Los restos de la sinagoga en Dura-Europos, Siria.

La dinastía seléucida experimentó presión por parte de los nabateos desde su reino centrado en Petra, en Jordania actual. Siria continuó declinando durante el siglo siguiente hasta la llegada de los romanos, que la convirtieron en provincia romana en el año 64 a.C. Bajo el emperador romano Adriano, Siria floreció en términos de comercio y prosperidad.

Principales Ciudades de Siria

La antigua Antioquía, más específicamente conocida como Antioquía en el Orontes, era una de las principales ciudades de Siria. Ubicada en la región costera de la antigua Siria, estaba centralmente situada a lo largo del río Orontes. La ciudad estaba en el cruce de caminos entre el Éufrates hacia el este y la costa mediterránea hacia el oeste, y entre Asia Menor hacia el norte y Palestina hacia el sur. Antioquía también estaba cercana a un puerto. En términos de caminos, uno de los principales hacia la ciudad llevaba al límite noreste hacia Berea, en cambio el camino en el límite sur de la ciudad llevaba a Daphne y Laodicea-ad-Mare.

En tiempos antiguos, el suburbio de Daphne, al sur de Antioquía, era un lugar importante debido a manantiales y templos religiosos que allí se encontraban. Ya que este suburbio estaba a una elevación mayor que Antioquía, los manantiales proveían de agua a la ciudad. Un abundante suministro de agua, debido a fuentes como los manantiales de Daphne, era una de las principales razones por las que Seleuco eligió construir la ciudad en la Planicie de Antioquía.

Edessa y Dura Europos también fueron ciudades importantes durante los dos primeros siglos AD Eddesa se ubicaba al noreste de Antioquía, en cambio Dura Europos se ubicaba al sudeste. Al este de Antioquía estaba un antiguo camino que conectaba la ciudad con Edessa, que estaba ubicada en la intersección de varios antiguos caminos que conectaban la ciudad con el área oeste de Siria y más allá.

Cristianismo temprano en Siria

Nada menos que un millón de judíos pueden haber vivido en Siria durante la primera parte del siglo uno AD. Los judíos habían sido alentados por los seléucidas para asentarse en Antioquía. Durante las guerras macabeas los judíos habían huido hacia Antioquía y Edessa. La fecha exacta del arribo de los primeros seguidores de Jesús permanece desconocida. Sin embargo, para finales del siglo dos AD, el cristianismo se había extendido a ciudades a lo largo de la antigua Ruta de la Seda y más allá. En el libro de los Hechos, una persecución es descrita siguiendo la ejecución de Esteban que dispersó creyentes en Jesús a lugares tan lejanos como Fenicia, Chipre y Antioquía (Hec. 11:19). Estos creyentes repartidos dispersaron las creencias cristianas, principalmente entre los judíos. Pero algunos de estos creyentes de Chipre hablaban también con los helenistas, lo que produjo que muchos se convirtieran al cristianismo (11:19-21). Durante los años incipientes de la cristiandad, Bernabé y Pablo residieron en Antioquía durante un año. Durante ese tiempo, los años cuarenta del siglo uno, los seguidores de Jesús en Antioquía fueron llamados "cristianos" por primera vez (11:22-26). Antioquía subsecuentemente se convirtió en la base inicial de sus viajes misioneros. Las principales rutas de intercambio de la ciudad facilitaron la expansión del cristianismo hacia el resto del mundo sirio-parlante, con Edessa convirtiéndose en otro importante centro cristiano.

El idioma y las traducciones fueron una parte importante de la extensión del cristianismo siríaco. Los primeros textos cristianos existentes en siríaco son las Escrituras y las Odas de Salomón. La Biblia siríaca es conocida como Peshitta. La cristiandad siríaca se desarrolló de manera distintiva y era manifiestamente judía en expresión.

De acuerdo a la leyenda, el apóstol Tomás extendió las noticias de Jesús hacia el Lejano Este. La tradicional visión Siria es que Tomás fue enviado por Cristo a India, donde sembró iglesias y fue martirizado a causa de Cristo.

SIRIOFENICIO Este término (griego syrophoinikissa) aparece sólo en Marcos 7:26 (cf. NIV: "nacido en la Fenicia siria") y designa a un habitante de siriofenicia. Marcos 7:26 especifica a la mujer como una siriofenicia por linaje y también la llama "griega". Mateo 15:22 llama a la misma mujer "cananea" (que corresponde

S

a la definición de los fenicios, pero también puede comprenderse como un término general incluyendo los primeros habitantes de fenicia; cf. Nm. 13:29) con el fin de destacar un contraste: esta descendiente de idólatras prototípicos (Dt. 7:1-6; Esd. 9:1) exhibió más fe que la mayoría de Israel. A la luz de los dos textos, al parecer, la mujer sería miembro de un grupo fenicio de habla griega que todavía eran reconocidos por los judíos como cananeos.

Fenicia fue llamada así por los griegos por su afamado comercio en tintura purpúreo-rojiza (griego phoinix). Fenicia, una región costera que incluía a Tiro y Sidón, había sido incorporada a la provincia romana de Siria antes de los tiempos del NT. El término siriofenicio distinguía a los fenicios de Siria de aquellos que vivían cerca de Cartago en África del Norte que eran llamados "libofenicios" (cf. Strabo, Geogr. 17.3.19). Siriofenicia fue oficialmente designado un distrito aparte dentro de la provincia de Siria en 194 AD.

SIRIÓN *Véase* Hermón, Monte.

SIRTE Dos grandes y peligrosamente poco profundas bahías del Mar Mediterráneo hacia el norte de África, hacia las cuales los marineros tenían miedo de ser empujados por la tormenta en el viaje de Pablo a Roma (Hec. 27:17). La más grande es hoy el Golfo de Sirte (o Sidra) cerca de Libia, y la más pequeña es hoy el Golfo de Gabés cerca de Túnez.

SIRVIENTE DEL SEÑOR Uno de los temas más importantes en Isaías es la promesa mesiánica de un rey davídico. Sin embargo, entremezclados a lo largo de Is. 42-53 se encuentran varios pasajes que también identifican al futuro personaje mesiánico como un sirviente, o más específicamente, el Sirviente del Señor. Con frecuencia llamados "Cantos del Siervo", cuatro pasajes en Isaías se enfocan particularmente en el venidero Sirviente del Señor (42:1-7; 49:1-6; 50:4-9; 52:13-53:12). Estos textos presentan varios aspectos importantes del Sirviente venidero. Primero, Dios declara que se deleita en su Sirviente y que pondrá su Espíritu en él. Aun más, el Sirviente establecerá justicia y rectitud, dos temas dominantes de la literatura profética asociada a la venida del Mesías. El Sirviente volverá a juntar a las gentes de Israel, pero también será una luz y una alianza a las naciones/gentiles y así proporcionará vida para todas las gentes de Dios. Irónicamente, sin embargo, y en contraste a las majestuosas imágenes davídicas del Mesías, Isaías declara que el Sirviente de Dios vendrá silente y humildemente. Asombrosamente, el Sirviente del Señor recibirá burlas y será rechazado por su pueblo, aunque lleva su pecado sufre sus inequidades. De hecho, Isaías declara, es a través del sufrimiento del Sirviente que se hallará la justicia (así, el Sirviente con frecuencia es llamado el Sirviente Sufriente). Aunque el Sirviente sufrirá mucho y será humillado, finalmente, él será elevado y exaltado.

A través de la historia se ha discutido ampliamente la identidad del Sirviente del Señor. Algunos estudiosos entienden que el Sirviente representa la nación de Israel en un sentido colectivo. Otros ven al Sirviente como una persona histórica durante la era del AT. Aun hay otros que sugieren una "visión corporativa" en la cual el Sirviente es un individuo que, no obstante, representa al grupo que dirige. Noten que en varios textos, Isaías parece referirse al Sirviente como un individuo, en cambio en Is. 49:3 parece usar "Sirviente" para referirse a la nación de Israel.

Esta discusión es similar a la perplejidad que el eunuco de Etiopía en Hec. 8:32-34 expresa a Felipe sobre la identidad del Sirviente en el cuarto Canto del Siervo (Is. 52:13-53:12). Acerca de este texto, el etíope pregunta a Felipe, "¿De quién habla el profeta, de sí mismo o de otro?". Felipe, sin embargo, no está confundido acerca de la identidad del Sirviente, y comenzando con ese particular pasaje, Felipe le explica al etíope que Jesucristo es el Sirviente, el Mesías que vendrá.

Asimismo, a través de los Evangelios hay citas de y alusiones a los Cantos del Siervo, especialmente Is. 53, así estableciendo claramente que Jesús es el Sirviente del Señor prometido. Pablo hace numerosas alusiones a Is. 53 al discutir el trabajo redentor de Cristo, y Pedro incluye el tema del Sirviente como parte fundacional del trabajo y misión de Jesús.

Sin embargo, aunque el NT presenta fuertes testimonios de que las profecías de Isaías concernientes al Sirviente del Señor fueron cumplidas por el Mesías, Jesucristo, aun hay un sentido en el que Jesús representa el ideal Israel. A diferencia de Israel, sin embargo, Jesús (el verdadero Israel) es completamente obediente, cumpliendo así muchas de las cosas que la nación en sí había fracasado en completar. En este sentido, como encontramos en Isaías, la nación de Israel puede llamarse "el Sirviente". Por otro lado, solo Jesucristo, como el perfecto e ideal Sirviente del Señor, cumple todas las profecías de Isaías de la venida de uno en los Cantos del Siervo.

SIRVIENTE SUFRIENTE *Véase* Sirviente del Señor.

SIRVIENTE *Véase* Esclavo, Sirviente.

SISA El secretario de David, también conocido como Seraías (2 Sm. 8:17), Seva (2 Sm. 20:25) y Savsa (1 Cr. 18:16). En 1 Re. 4:3, dos hijos de Sisa (Elihóref y Ahíya) son identificados como "secretarios" (del hebreo soperim) entre los oficiales de la corte de Salomón. Su inclusión en la lista de solo trece oficiales (incluyendo altos funcionarios del templo y el ejército) sugiere que estos escribas/secretarios tenían responsabilidades más grandes que simplemente leer y escribir para el rey. El hecho de que fuesen hermanos sugiere que su oficio era hereditario. Sisa mismo debe haber sido un escriba antes de ellos, similar a la posterior familia de escribas de Safán, que aparece prominentemente en varios relatos de los siglos siete y seis a.C.

SISAC Sisac fue rey de Egipto (r. 935-914 a.C.) durante los reinados de Salomón y su hijo Roboam. Le proporcionó santuario al Jeroboam, el rebelde sirviente de Salomón, quien, tras la muerte de Salomón, se volvió rey de las tribus del norte (1 Re. 11:40). No solo fue Sisac instrumental en quitarle las diez tribus del norte al hijo de Salomón, sino que también le quitó a Roboam gran parte del glorioso oro y tesoros de Salomón (1 Re. 14:25-26). Esto fue comprendido por el Cronista como un juicio directo sobre Roboam porque había abandonado la ley de Dios (2 Cr. 12:2-9). Sisac es presentado como comandante de una vasta fuerza internacional, incluyendo libios y etíopes.

SISEAR El verbo hebreo sharaq, a veces traducido como "sisear", puede también traducirse como "silbar" y tiene dos usos diferentes en las Escrituras. Puede referirse a un llamado, como cuando un pastor llama ovejas (Jue. 5:16), Dios llama a su pueblo (Is. 5:26; Zac. 10:8) o Dios llama a un enemigo como medio de juicio contra su pueblo (Is. 7:18). La palabra también y más comúnmente se refiere a una expresión de asombro o escarnio, con mayor frecuencia sobre el juicio de Dios (Jr. 49:17; 50:13; Lam. 2:15; Ez. 27:36; Miq. 6:16; Sof. 2:15). En 1 Re. 9:8 Dios declara que el templo será destruido si su pueblo desobedece y esta palabra se usa para anticipar el shock que sentirán las personas. Jeremías igualmente predijo el shock de personas que atestiguaran la destrucción de Jerusalén (Jr. 19:8).

SÍSERA **(1)** El comandante del ejército del Rey Yabín de Canaán. Sisera huyó de las fuerzas de Débora y Baraq hacia la carpa de Yael. Cuando Sisera se quedó dormido, Yael lo mató clavándole una estaca de la carpa en la cabeza (Jue. 4:1-22). **(2)** Una familia de sirvientes del templo que retornó del exilio babilonio con Zorobabel (Esd. 2:53; Neh. 7:55).

SISMAI Hijo de Eleasá, un descendiente de Jarahmeel hijo de Hezrón, de la tribu de Judá (1 Cr. 2:40).

SISTEMAS NUMÉRICOS Y SIMBOLISMO NUMÉRICO Todos los números en los idiomas originales de la Biblia están escritos con palabras, no números. Ni el sistema de escritura hebreo bíblico ni el griego koiné tenían formas distintivas numerales escritas para representar números. Las inscripciones hebreas preexílicas registran números escritos con palabras o con glifos de números hieráticos egipcios. Durante el exilio, la exposición al arameo dio como resultado la adopción de la escritura aramea para escribir hebreo, pero no hay indicaciones claras de que se haya adoptado un sistema de números arameos (como se refleja en, por ejemplo, las inscripciones de Elefantina).

S

Más tarde, el hebreo imitó el griego al asignar a las letras los valores numéricos del alfabeto y, por lo tanto, emplearlos para registrar números, aunque la práctica de asignar valores numéricos a los glifos también se atestigua en tiempos prehelénicos. En Mesopotamia, por ejemplo, la práctica de asignar valores numéricos a los caracteres de su sistema de escritura silábica parece haber existido al menos desde el siglo VIII a.C La evidencia más temprana de esta práctica en hebreo data de no antes de mediados del siglo II a.C, cuando se usaba en monedas hasmoneas.

El valor y la importancia de los números fue ampliamente reconocido en todo el mundo antiguo. Textos matemáticos sofisticados están atestiguados tanto en Mesopotamia como en Egipto, aunque no se han descubierto tales textos en el antiguo Israel. El uso de números hieráticos en Israel preexílico sugiere que el conocimiento matemático pudo haber sido importado, particularmente de Egipto. El idioma acadio adaptó de los sumerios un sistema híbrido de números sexagesimales, que usaba símbolos cuneiformes para representar números. Los números se escribían en glifos emparejados, uno representaba los valores del 1 a 9, el segundo representaba los múltiplos de 10 hasta 50. Por ejemplo, 59 se escribía combinando el glifo para 50 con el de 9. Los números más grandes se componían entonces de conjuntos de estos glifos emparejados. El impacto del sistema sexagesimal todavía se puede ver en la división de horas y minutos en sesenta partes. La mayoría de las otras culturas de Cercano Oriente, incluida la del antiguo Egipto e Israel, usaban un sistema decimal.

El sistema decimal también se usó en el mundo de habla griega, y el idioma griego, desde antes de la era del NT, había empleado letras para representar números. El uso de letras arcaicas que de otro modo habrían desaparecido del uso general por los tiempos del NT dio al alfabeto griego veintisiete letras, lo que proporcionó la base para representar los rangos 1-9, 10-90, 100-900. Los números se representaban juntando letras, de modo que el orden de las letras no era importante.

Cuando el hebreo comenzó a usar letras para representar números, se adoptó un esquema similar, aunque necesariamente se detenía en 400 porque el alfabeto hebreo tiene solo veintidós letras. Para algunos, esto sugiere que el hebreo pudo haberse apropiado del sistema del griego, pero la misma secuencia de valores en formas de contar más tempranas indican que la asociación de los valores 1-9, 10-90, 100-900 con las letras del alfabeto no era en sí misma una innovación griega.

Simbolismo Numérico

Los números a menudo se usan con un significado simbólico en la Biblia. Particularmente prominentes son los números 7 y 12, junto con variaciones escaladas por potencias de 10. Otros números ocurren frecuentemente y también parecen tener algún significado simbólico, incluyendo el 4, 40 y 1.000. Sin embargo, es pertinente una nota de advertencia, ya que existe el peligro de encontrar el simbolismo numérico donde no lo hay y de pasar por alto el significado simbólico de los números donde sí es apropiado.

Quizás la asociación simbólica más prominente en la Biblia ocurre con el número siete. En términos generales, siete denota integridad, perfección o consumación. El número primero aparece en la relato de la creación en asociación con el primer día de reposo, en el que está vinculado a finalización y descanso. Vinculadas a esto están la semana laboral, que concluye con el día de reposo, el año sabático de la tierra (Lev. 25:2-7), la duración de las principales fiestas de siete días (por ejemplo, la Pascua [véase Lev. 23:6, 34; Eze. 45:21]), incluso el número de años que Jacob trabajó por Lea y luego por Raquel (Gn. 29:15-30). La promesa de Dios de venganza completa sobre aquellos que hirieron a Caín se refleja en el uso de siete (Gn. 4:15, cf. Sal. 12:6, 79:12, Prov. 6:31, Isa. 30:26). La idea de que siete representa integridad se puede ver en las setenta naciones registradas en Gn. 10 y en la descripción de Yahvé como teniendo siete ojos (Zac. 4:10). En el NT, el uso simbólico de siete se expande: es usado por Jesús para explicar el perdón ilimitado (Mt. 18:21-22) y más ampliamente por el autor de Apocalipsis, donde se hace referencia a siete iglesias (1:4 , 11, 20), espíritus (1:4; 3:1; 5:6), candelabros de oro (1:12; 2:1), estrellas (1:16; 2:1), sellos (5:5; 6:1), ojos (5:6), ángeles (8:2, 6, 15:6, 7, 8, 16:1, 17:1, 21:9), trompetas (8:2, 6), truenos (10:3, 4), coronas (12:3), cabezas (12:3; 13:1; 17:3, 7, 9), plagas (15:6, 8; 21:9), copas de oro (15:7; 16:1; 17:1), montañas (17:9) y reyes (17:10).

De las observaciones relacionadas con el uso simbólico del número siete se desprende la manera en que su significado también se aplica a números relacionados como 7×7 = 49 (*véase* Lev. 25:8-55) y 7×10 = 70 (*véase* Éx. 24:1, 9; Jer. 25:12; 29:10; Dan. 9: 2, 24; Lc. 10:1-17). El siguiente número más significativo en asociaciones simbólicas es el doce. En el AT, la asociación principal es con las tribus de Israel, y esta asociación se desarrolla más tarde para abarcar al pueblo de Dios en su totalidad. Es probable que tal asociación se haga deliberadamente en la elección de Jesús de los doce apóstoles.

El número diez también está asociado con la práctica del diezmo, que era común en todo el antiguo Cercano Oriente. El número diez sólo no tiene un uso simbólico claro, pero cuando se usa en una potencia de diez (por ejemplo, 1.000 o 10.000), estos pueden representar cualquier cantidad grande o no numerada (vea "Números grandes" a continuación). Diez también se usa en combinación con otros valores simbólicos para expresar la misma noción simbólica enfáticamente; por ejemplo, 70 (7×10) o 77 (7×10+7) se convierten en afirmaciones enfáticas de totalidad, perfección o consumación (por ejemplo, Gn. 4:24, Mt. 18:22).

El número cuatro parece tener algún significado simbólico, tal vez debido a la enumeración típica de las cuatro direcciones cardinales, que sugiere la totalidad geográfica o cosmológica (*véase* Is. 11:12, Jer. 49:36, Zac. 6: 5). Por ejemplo, cuatro ríos parten de Edén para regar toda la tierra (Gn. 2:10-14).

El número cuarenta aparece frecuentemente en asociación con largos períodos de resistencia, como Moisés en la montaña (cuarenta días [Éx. 24:18]), el tiempo en el desierto (cuarenta años [Éx. 16:35]), el viaje de Elías a Horeb (cuarenta días [1 Re. 19:8]), el tiempo de Jesús en el desierto (cuarenta días/noches [Mt. 4:2, Mr. 1:13, Lc. 4:2]), y su tiempo con sus discípulos después de la resurrección (cuarenta días [Hec. 1:3]).

Números Grandes

Algunos estudiosos han argumentado que los números grandes en el AT presentan un problema particular en varios lugares. De acuerdo con las cifras en Nm. 1, por ejemplo, había 603.550 hombres en edad de combate, entre los que estaban en el éxodo, lo que sugiere una población total de entre uno y tres millones (sin contar el ganado). Tomado al pie de la letra, este número presenta algunas dificultades: según las estimaciones de la población egipcia, representaría una proporción muy significativa de la población total de ese país; esto es tomado en conjunto con el número de primogénitos registrado en Nm. 3:43, lo cual implica un tamaño familiar muy grande; parece difícil de reconciliar con la afirmación de que las siete naciones en la tierra de Canaán fueron más grandes que Israel (Dt. 4:38; 7:1; 9:1-2); y la logística de mover tanta gente plantea problemas significativos

Sin embargo, si la observación hecha por Faraón en Éx. 1: 9, que los hebreos eran más numerosos que los egipcios, era al menos cercano a la realidad, entonces una población de entre uno y dos millones sería apropiada.

De todas formas, se han realizado varios intentos para mitigar las dificultades percibidas al sugerir enfoques que interpretan el texto de maneras que resultan en estimaciones de población significativamente menores para los israelitas.

La palabra más grande de un solo número usada en el AT es rebabah, que se usa para representar valores grandes de más de diez mil, pero a menudo carece de precisión y se entiende mejor que se refiere a una vasta multitud innumerable (p. Ej., Sal. 3:6; 91:7; Can. 5:10). De manera similar, el número mil puede usarse retóricamente sin exigir precisión matemática (por ejemplo, 2 Pe. 3:8, el cual no debe entenderse que proporciona una ecuación matemática). Es este último número el que aparece en los pasajes difíciles de Números. La mejor solución para los problemas radica en el significado del término hebreo en cuestión, 'elep ("miles"). Varios estudiosos han

S

sugerido que 'elep también puede referirse a una unidad militar o a algún otro grupo (*véase* Nm. 1:16). Aunque los números precisos en cuestión se debaten de acuerdo a las distintas perspectivas de los tamaños de los grupos, las mejores soluciones definen el número total de israelitas en el éxodo en alrededor de treinta mil.

Gematría

La gematría es un sistema para calcular los valores numéricos de palabras asignando valores específicos a las letras de un alfabeto. Como se menciona anteriormente, la práctica se utilizaba para la anotación numérica legítima en griego y, por algunos períodos, en hebreo. A las letras se les asignaron valores basados en su orden dentro del alfabeto, a las primeras nueve letras se les asignaron los valores 1-9, a los siguientes nueve valores se les asignaron del 10-90, y a las siguientes letras se les asignaron múltiplos de 100.

Aunque la numerología de varias formas, y en particular la gematría, ha formado la base de muchos intentos equivocados de descubrir contenidos ocultos dentro del texto bíblico, parece haber usos explícitos de gematría en Ap. 13:18 y, según algunos sugieren, en Jn. 21:11. Si el número 666 es un ejemplo real de gematría, no se ha alcanzado un consenso sobre la identidad del referente.

La mayoría de los otros supuestos ejemplos de gematría en las páginas de la Biblia no son convincentes, en gran parte porque los textos donde se encuentran tales ejemplos tienen sentido sin recurrir a interpretaciones oscuras e inciertas, y en parte porque va en contra de la idea de que Dios habla para dar conocer su voluntad (por ejemplo, Dt. 29:29).

SISTEMAS TRIBUNALES Los antiguos sistemas tribunales reflejaban las necesidades, valores y estructuras de la sociedad más amplia. No es sorprendente que los sistemas tribunales en las sociedades nómadas y urbanas sean bastante diferentes. Las cortes nómadas eran más informales y se basaban más en la costumbre que en la ley. El contexto de la justicia nómada se situaba principalmente dentro de la familia y del clan. Aquellos que tenían disputas buscaban a los ancianos y a los líderes sabios para ponerles fin a los conflictos. Los sistemas tribunales urbanos usaban instituciones más fijas de jueces que estaban bajo la supervisión de sacerdotes y reyes. Incluso en un sistema urbano la corte funcionaba en base a la revisión de caso por caso y suscitaba poca o ninguna distinción entre las ofensas criminales y civiles. En los casos se trataban principalmente aspectos con un perjuicio y la compensación para ese perjuicio. El proceso básico implicaba declarar un caso ante un juez, cada parte llamaba testigos y el juez entregaba un dictamen.

Antiguo Testamento

Las cortes en la antigua Israel reflejaban características de los sistemas tribunales nómades y urbanos como también las prácticas judiciales más amplias del antiguo Cercano Oriente. En la antigua Israel un caso podía ser presidido por los ancianos, un juez, un sacerdote o el rey. Los ancianos eran las cabezas de las familias y guiaban a los ciudadanos. Ellos se sentaban en la puerta de la ciudad (Proverbios 31:23), donde escuchaban los casos (Rut 4:1-12), supervisaban las transacciones de propiedades (Génesis 23:10-20), terminaban disputas e imponían penalidades (Deuteronomio 22:18-19). Como una sociedad israelita desarrollada, los jueces eran nombrados de cada tribu y ciudad para administrar justicia (Deuteronomio 16:18). Si un caso era demasiado difícil, el juez podía transferir la coyuntura a una corte y un juez superiores (Éxodo 18:21-22). Una vez que la corte superior entregaba un veredicto los participantes y las cortes más bajas debían regirse según esa decisión (Deuteronomio 17:8-13). Los sacerdotes distinguían entre lo santo y lo común, entre lo puro y lo impuro (Levítico 10:10). Sin embargo, ellos podían juzgar todo tipo de casos, no sólo los religiosos (Deuteronomio 21:5; Ezequiel 44:23-24).

Con el establecimiento de la monarquía, el rey se convirtió en el juez superior y los ancianos y sacerdotes en jueces menores. David nombró jueces levitas de toda Israel para impartir justicia (1 Crónicas 26:29), pero él mismo también estuvo presente en algunos casos. Salomón proveyó el ejemplo por excelencia de un juicio sabio cuando el cerró el caso de dos mujeres y de un hijo (1 Reyes 3:16-28). Salomón se trasladó a la corte desde la puerta de la ciudad hasta el "Pórtico de justicia" en su palacio (1 Reyes 7:7). Josafat reformó el sistema tribunal de Judá y estableció dos cortes: una en la que se revisaban casos relacionados con Dios y otra en la que se trataban temas concernientes al rey (2 Crónicas 19:5-11).

El Antiguo Testamento no proporciona una descripción detallada de los procedimientos tribunales de los israelitas; sin embargo, entrega un destello de los procedimientos que se pueden unir con diversos pasajes. Ya sea en la puerta de la ciudad, santuario o palacio, una persona particular que ejercía como demandante iniciaba la acción judicial (Deuteronomio 25:7-8). Las partes se mantenían de pie ante el juez, mientras que este permanecía sentado (Deuteronomio 19:17). No obstante, el juez se ponía de pie para pronunciar su dictamen (Isaías 3:13). El demandante era el diablo, "acusador" o "adversario" (Salmos 109:6). La acusación se podía llevar a cabo de manera oral (Isaías 41:21) o escrita (Job 31:35-36). No existía un abogado fiscal o defensor. Cada parte llevaba su caso por cuenta propia y sus testigos. Para declarar una condena era necesario tener al menos dos testigos (Números 35:30; Deuteronomio 19:15). Los testigos eran responsables de la sentencia, que esa era la razón por la que debían arrojar las primeras piedras cuando una penalidad de ese tipo se ordenaba (Deuteronomio 17:7; Juan 8:7). Si ellos entregaban un falso testimonio, entonces enfrentaban el castigo por el crimen sobre el que testificaban. Cada parte podía mostrar evidencia física para su caso (Deuteronomio 22:13-17). Si un caso carecía de suficiente evidencia o testigos, se podía asumir un juramento o una dura prueba para dar respaldo al caso (Éxodo 22:6-10). A veces, muchos eran seleccionados para elegir a un culpable (Josué 7:14-15) o ponerle fin a la disputa (Proverbios 18:18). Después de examinar todo, el juez absolvía al inocente y condenaba al culpable (Deuteronomio 25:1). Dependiendo del crimen, la penalidad podía ser una multa, compensación, castigo corporal o incluso la muerte. La cárcel se usaba principalmente para aquellos que esperaban ser juzgados y no como un castigo. Si no había suficiente evidencia y testigos y el asesinato no se resolvía, entonces se hacía un sacrificio para declarar la inocencia de la comunidad y para expiarlos (Deuteronomio 21:1-8).

Idealmente, los jueces eran justos, honrados, imparciales y defendían al débil (Deuteronomio 16:18-20). Por desgracia, existen múltiples ejemplos de falsos testigos (Deuteronomio 19:18) y de jueces corruptos que aceptaban sobornos, corrompían la justicia y mostraban favoritismo (Éxodo 23:3, 8; Miqueas 3:11). Básicamente, Dios era el juez supremo de todos, protector del débil, justo y no hacía distinción entre las personas.

Nuevo Testamento

Durante el período del Nuevo Testamento numerosos sanedrines inferiores, o consejos, administraban la justicia en las comunidades judías. Los sanedrines inferiores consistían en veintitrés miembros, pero uno en Jerusalén, el Gran Sanedrín, consistía en un sumo sacerdote y setenta miembros compuestos por sacerdotes, escribas, ancianos y laicos de los saduceos y fariseos. El Gran Sanedrín era el cuerpo supremo legislativo y judicial, y poseía su propia fuerza policial (Hechos 5:24-26). Los romanos le concedían al Gran Sanedrín vasta autoridad sobre asuntos internos y religiosos, pero limitaban su habilidad para ejercer la pena de muerte (Juan 18:31). Las muertes de Esteban y Santiago fueron probablemente linchamientos en vez de ejecuciones formales. Claramente, el Gran Sanedrín tenía la autoridad para administrar castigo corporal (2 Corintios 11:24).

La Mishná proveía conocimiento para el procedimiento judicial del Gran Sanedrín. Sin embargo, varios de los procedimientos estaban en tensión con los descritos en los Evangelios respecto al juicio de Jesús. Los casos sólo debían presidirse durante el día, pero al menos la audiencia que enfrentó Jesús por sus cargos aconteció de noche. Los procesos judiciales contra Jesús se llevaron a cabo en el palacio del sumo sacerdote en vez de realizarse adecuadamente en la corte (Juan 18:13). Los casos más destacados

S

puede que no tuvieran audiencia el día anterior al sabático o a un festival, pero Jesús fue condenado un día viernes durante la Pascua.

Los juicios de Jesús y Pablo encajan a la perfección con lo que se conoce de la ley romana. Los soberanos romanos regionales presenciaban los casos que involucraban el orden público, pero por lo general dejaban los asuntos menores en las manos de las cortes locales. Por ejemplo, Pilato, un prefecto, quería al principio liberar a Jesús, y Galión, el procónsul de Acaya, se rehusó a escuchar los cargos contra Pablo. Dichos oficiales también podían retrasar una decisión por períodos extendidos. Esperando recibir un soborno, el procurador Félix mantuvo a Pablo por dos años sin emitir juicio (Hechos 24:26). Los oficiales romanos también tenían la discreción de enviar a los acusados a sus provincias de residencia. Pilato envió a Jesús con Herodes porque Jesús era de Galilea, y Félix inquirió sobre el hogar de Pablo en Cilicia. Cuando presenciaban un caso, el oficial romano les daba al acusado y al denunciante oportunidades para presentar sus respectivos casos y llamar a testigos. Pilato le dio a Jesús la oportunidad para defenderse y Festo explicó que "no es una costumbre romana" condenar a alguien que aún no ha enfrentado a los denunciantes y que se defendiera por sus cargos (Hechos 25:16). Como ciudadano romano, Pablo tuvo derechos en el sistema tribunal. Cuando Pablo fue encarcelado y apaleado sin juicio, él exigió una disculpa por parte de los oficiales filipenses (16:37). La ciudadanía romana de Pablo también le otorgó el derecho de recurrir al César (25:11).

Pablo esperaba que los cristianos toleraran las decisiones que se tomaban en la corte (Romanos 13:1-3), pero él también animó a los cristianos a evitar que otros cristianos enfrentaran la corte (1 Corintios 6:1-11) porque ellos deberían ser capaces de finiquitar las disputas dentro de la iglesia.

SITNA Que significa "enemistad" o "oposición", Sitna fue el nombre del segundo de tres pozos cavados por los pastores de Isaac. Este pozo, como el cavado antes de este (Esek), fue la causa de hostilidad por los derechos de agua con los pastores de Gerar, una ciudad filistea (Gn. 26:21). La ubicación actual es desconocida.

SITRAI Un saronita, está en la lista de oficiales a cargo de la propiedad de David como quien está a cargo de los rebaños de David pastando en la Llanura de Sharón (1 Cr. 27:29). Algunos manuscritos (y la tradición lectora judía) dan su nombre como Sirtai.

SITRI El tercer hijo de Uziel, un levita (Éx. 6:22).

SIVÁN Palabra persa para el tercer mes del año judío, extendiéndose desde la Luna nueva en junio a la Nueva luna en julio (Est. 8:9).

SOA Un grupo de personas mencionado en Ez. 23:23 conjuntamente con los babilonios y caldeos, junto a los igualmente desconocidos Pecod y Coa. Los tres nombres pueden corresponder a grupos tribales dentro del Imperio babilonio y algunos estudiosos conectan Soa a otro grupo, los Sutu. Ya que los tres nombres riman, es posible que uno o más de los nombres hayan sido inventados o distorsionados para formar este patrón.

SOBA Una ciudad del período monárquico de Israel, mencionada por primera vez como antagonista a Saúl (1 Sm. 14:47) y luego a David (2 Sm. 8:3, 5, 12). Los amonitas contrataron mercenarios de esta ciudad para intentar derrotar a David en una guerra de dos frentes (2 Sm. 10:6, 8 [KJV: "Zoba"]). La ciudad, situada al norte de Damasco en Siria, era una de las ciudades principales del Imperio Sirio.

SOBAB **(1)** El segundo de los tres hijos de Caleb con su esposa Azuba (1 Cr. 2:18). **(2)** Uno de los hijos nacidos a David mientras reinaba en Jerusalén (2 Sm. 5:14; 1 Cr. 3:5; 14:4). Su madre era Betsabé.

SOBAC El comandante del ejército del rey arameo, Hadadezer (2 Sm. 10:16). Él dirigió a una fuerza aramea cruzando el Éufrates, momento en el cual David lo enfrentó en batalla en Helam, donde Sobac murió (2 Sm. 10:17-19). En 1 Cr. 19:16, 18 es llamado Sofac.

S

SOBAI Un guardián de la puerta sacerdotal en el periodo postexílico temprano (Esd. 2:42; Neh. 7:45).

SOBAL **(1)** El segundo de siete hijos de Seír el horeo, era el jefe y ancestro de uno de los clanes horeos (Gn. 36:20; 1 Cr. 1:38). **(2)** Un descendiente de Caleb y el "padre de Quiriat-Jearim", tal vez refiriéndose a sus clanes (1 Cr. 2:50, 52-53). **(3)** El quinto de los cinco hijos de Judá y el padre de Reayías (1 Cr. 4:1-2).

SOBEC Uno de los líderes que selló la alianza con Dios después de la lectura pública de la ley por Esdras (Neh. 10:24).

SOBERANÍA DE DIOS Desde los intentos tempranos de los primeros apologistas de defender la fe cristiana contra los filósofos grecorromanos contemporáneos, las explicaciones de la soberanía de Dios han encontrado apoyo de las categorías platónicas, neoplatónicas y aristotélicas. Este infortunado "matrimonio" empujó a los teólogos a identificar el poder de Dios en categorías estáticas y absolutas que explicaban a Dios como inamovible e impasible. La soberanía de la voluntad de Dios debe ser perfecta y no puede verse afectada por el mundo o el sufrimiento humano. En su perfección, Dios es necesariamente apatheia (Aristóteles), más allá de la alegría o la melancolía (Platón). Esta noción llevó a teólogos medievales y reformistas a aseverar que Jesús sufría en su naturaleza humana, pero no en su naturaleza divina. Para proteger la integridad de Dios (incapacidad de corrupción), el énfasis bíblico en el involucramiento apasionado de Dios con su creación y pueblo (e.g., Is. 34:2; Sof. 3:17) fue sofocado.

La especulación cristiana sobre la soberanía de Dios siguió el principio neoplatónico de la plenitud, en el cual el universo creado es poco más que el necesario derrame de diversidad temporal. La perfección de Dios requiere la actualización ilimitada de todas las posibilidades. Para Agustín, esto quiere decir que toda experiencia humana es ejecutada en la eternidad de Dios; para Anselmo, daba un argumento ontológico para la existencia de Dios; para Abelardo, significaba que Dios no podía hacer o dejar sin hacer nada más que aquello que ha hecho; para Beza (calvinismo), la doble predestinación era un hecho; para Schleiermacher, la autoconsciencia humana tenía origen en el ser divino; para Tillich, un "Dios sobre Dios" era la base de todo ser; y podríamos agregar a muchos otros. "Soberanía", en estas delineaciones, expresa la manifestación necesaria de la perfección y poder absoluto de Dios.

El lenguaje bíblico de soberanía no es paralelo a esa lógica. Hablando ampliamente, la Biblia describe la soberanía como la autoridad divina de Dios para gobernar a su creación en general y a Israel en particular. Él es el Señor de toda la creación y el Rey de Israel. Él es todopoderoso (soberano) para lograr su propósito, que es restaurar su reino en la tierra a través de Cristo (1 Tim. 6:14-15), a quien Él le ha otorgado toda autoridad (Mt. 28:18). Más que una distante divinidad de perfección, Dios es presentado en la Biblia como comprometido de manera intensamente personal y maravillosa en los asuntos de su creación. Él permanece fuera de su creación como su supremo e infinito Creador (trascendencia), mientras permite a su amor instruir tanto su justicia como su poder (inmanencia). Él crea no por la necesidad de su perfección lo requiere, sino más bien por libertad y amor soberano. Él es a la vez protector de su posición como Señor de creación y preocupado por el bienestar de su pueblo (Dt. 6:13-19). Su soberanía demuestra su carácter moral (Éx. 15:11-18) mientras demanda amor recíproco y obediencia relacional de su pueblo.

Como soberano, Dios tiene poderes y reglas que están por encima de todos los otros poderes y gobernantes (Sal. 22:28; 103:19; Dn. 5:21). Su cuidado providencial por toda la creación exhibe su realeza amante y confirma su esencial bondad. La soberanía de Dios afirma que la vida humana tiene sentido y propósito; no nos deja solos para crear nuestra propia felicidad, ni estamos sujetos a cualquier miseria que nos oprima (1 Cr. 29:11). Más que un atributo indivisible, el poder de Dios está sujeto a su control y se expresa relacionalmente. Esta misma relacionalidad está detrás la comprensión bíblica de la voluntad de

S

Dios y su carácter inmutable (Sant. 1:17; cf. Sal. 102:25-27; Is. 40:8). Como demuestra una comparación entre 1 Sm. 15:11 con 15:29, la soberanía de Dios no incide contra su libertad para cambiar su mentalidad. Más bien, Dios permanece inmutablemente fiel y auténtico en su carácter incluso cuando los humanos prueban ser infieles y falsos (2 Tim. 2:13).

Esta cualidad relacional de la soberanía de Dios se basa en su trinidad. Su existencia es coexistencia de Padre, Hijo y Espíritu Santo. Esto convierte al amor en la marca distintiva de su soberanía. La doctrina de la trinidad salvaguarda contra la comprensión metafísica de Dios que alumbra su auto-revelación en Cristo. Opuesto al dios auto-expansivo de las especulaciones filosóficas, el Dios bíblico manifiesta su soberanía a través del Cristo auto limitado y abnegado (Flp. 2:5-11), que revela el poder absoluto de Dios como el sirviente de su amor absoluto.

SOBI Un líder amonita e hijo de Nahas que le trajo suministros a David mientras huía de su hijo Absalón (2 Sm. 17:27).

SOBORNO Objeto que se entrega para influenciar en la decisión o juicio. La ley del Antiguo Testamento prohíbe dar sobornos como un falso juramento (el inocente anunciado como culpable o viceversa) que es deliberado (Éxodo 23:8; Deuteronomio 16:19; 27:25; *ver también* Salmos 15:5). Dios, como el dador definitivo de justicia, no acepta sobornos (Deuteronomio 10:17). Los profetas condenan al pueblo de Dios por aceptar sobornos y corromper la justicia (Isaías 1:23; Amós 5:12; Miqueas 3:13). En Proverbios 6:35; 17:23 se asocia el soborno con el comportamiento ingenuo. En algunos proverbios (Proverbios 17:8; 18:16; 21:14), no obstante, se habla de una manera más positiva sobre los sobornos (o regalos). Puede que la circunstancia del regalo sea el meollo. Entregar un regalo para eludir la justicia es erróneo, pero hay algunas situaciones donde los sobornos pueden abrir puertas para buenos fines.

SOBRECOGIMIENTO, ASOMBRO Sobrecogimiento mezcla el temor con asombro, especialmente hacia Dios (Salmos 33:8 KJV). En las traducciones se utiliza "asombro" casi exclusivamente para Dios y sus acciones. En traducciones modernas se usa "asombro", "impresionante" y "alucinante" para interpretar numerosos términos hebreos y griegos.

En la Biblia nunca se registró el encuentro de una persona con Dios sin que haya sido conmovida visiblemente por la presencia imponente de Dios. El asombro es una disposición personal más que un estado emocional. Moisés ante la presencia de Dios tuvo que esconder su rostro (Éxodo 3:6) y en el caso de Isaías él declaró: "¡Ay de mí!" (Isaías 6:5).

SOBREPASAR La palabra en la RVA para "pasar" en Sal. 57:1; Is. 26:20. La palabra también se usa en Jer. 5:28 RV para referirse a los malvados que "sobrepasaron" los hechos del malo.

SOBRESCRITO Un encabezamiento aplicado al comienzo de algunos salmos. Estos sobrescritos pueden hacer referencia a personas, circunstancias históricas, aspectos musicales o clasificaciones. El significado exacto de muchos de los términos en los sobrescritos es poco claro.

Se dice que cincuenta y cinco salmos corresponden al director musical (director del coro) y también se identifican como un salmo de David, de Asaf o de los hijos de Core (e.g., Sal. 11; 44; 75). Otras personas mencionadas por nombre incluyen a Salomón, Moisés, Etán, Hemán y, posiblemente, Jedutún (Sal. 39; 62; 72; 77; 88; 89; 90; 127). Estas asociaciones no necesariamente indican autoría. Referencias históricas sugieren un trasfondo para comprender un salmo, pero no son necesariamente originales. Las clasificaciones principales son "canción" (shir), "salmo" (mizmor) y maskil (traducción incierta). Adicionalmente, pueden contener información sobre melodías, estilos o instrumentos, aunque las especificaciones son desconocidas.

SOBRINO El hijo de uno de los hermanos. Muchas versiones modernas usan el término sobrino para describir a Lot, el hijo del hermano de Abraham (Gn. 12:5; 14:12) y en Esd. 8:19 a los sobrinos de Hasabías, un descendiente del levita Merari, que regresaron a Jerusalén. La KJV usa "sobrino" en un sentido arcaico de un descendiente, generalmente refiriéndose al nieto (Jue. 12:14, Job 18:19, Is. 14:22, 1 Tim. 5:4).

SOBRIO Que evita la intoxicación o ejerce el "autocontrol" (véase Tit. 2:6 NIV). Una manera sobria de vivir se caracteriza por la vigilancia en la responsabilidad de uno ante Dios (1 Tes. 5:6, 8; cf. Tim. 4:5; 1 Pe. 1:13; 4:7; 5:8) y autocontrol dominando pasiones (Tit. 2:6) y orgullo (Rom. 12:3).

SOCÓ, SOCOH "Soko" y "Sokoh" (ESV, NRSV, NASB: "Soco" y "Socoh") son variantes de escritura del mismo nombre. En la KJV el nombre también aparece como "Shocho (h)" (1 Sm. 17:1; 2 Cr. 28:18), "Socho (h)" (1 Re. 4:10; 1 Cr. 4:18), y Shoco (2 Cr. 11:7). **(1)** Un pueblo en el Valle de Ela en las laderas de Judá (Js. 15:35), ubicada aproximadamente veinticinco kilómetros al sudoeste de Jerusalén. Situado cerca de la frontera con los filisteos, servía como punto de reunión para las tropas filisteas antes de que David luchara con Goliat (1 Sm. 17:1). Los filisteos posteriormente capturaron Socó en la época de Acaz, rey de Judá (2 Cr. 28:18). **(2)** Otro pueblo de Judá, arriba en las montañas, dieciséis kilómetros al sur de Hebrón (Js. 15:48). Roboam, hijo de Salomón, fortificó un Soco (2 Cr. 11:7), pero no es claro si es la Nº 1 o Nº 2. **(3)** Un pueblo en Efraín ubicado dieciséis kilómetros al oeste de Samaria, cerca de Vía Maris (1 Re. 4:10). **(4)** Un descendiente de Judá (1 Cr. 4:18; aunque algunos piensan que es en realidad un nombre de lugar y lo asocian con el Nº 1).

SODI Padre de Gadiel, quien fue el representante de la tribu de Zabulón entre los doce espías enviados por Moisés para explorar la tierra de Canaán (Nm. 13:10).

SODOMA Y GOMORRA Después de que Abram (Abraham) se da cuenta de que la tierra entre Betel y Hai no podía mantenerlos a él y a Lot, él sugiere que se separen. Abraham le da a Lot la opción de elegir primero, y él decide asentarse en las tierras fértiles de la planicie del Jordán en las afueras de Sodoma (Gn. 13:1-12). El texto luego describe a los habitantes de Sodoma como "malvados" y "pecando gravemente contra el Señor" (13:13). En Gn. 18, Dios revela a Abram su plan para destruir a Sodoma y Gomorra debido al "clamor contra" estas ciudades y su "grave" pecado. Dios dice, "Bajaré y veré si lo que han hecho es tan malo como el clamor que me ha llegado" (18:20). Abram ruega por Sodoma y negocia con Dios para que perdone a los justos en la ciudad.

Dos ángeles del Señor luego llegan a Sodoma para realizar la investigación de Dios, y Lot se encuentra con ellos y los invita a pasar la noche con él. Los hombres de Sodoma entonces rodean la casa y exigen que se les entregue a los visitantes para ser violados. Lot se rehúsa y ofrece a sus hijas a cambio, con la intención de proteger a los visitantes. Los mensajeros angélicos atacan a los malvados hombres de Sodoma con ceguera, y Lot, su esposa e hijas huyen de la ciudad. Dios destruye Sodoma y Gomorra con una lluvia de "sulfuro ardiente" (Gn. 19:24).

Tanto en el AT como en el NT, los nombres de las ciudades se vuelven un símbolo de advertencia contra la violencia malvada y de la airada respuesta de Dios con destrucción de fuego (Dt. 29:23; Is. 1:9; Rom. 9:29; Jds. 7). La antigua ubicación de las ciudades se encuentra bajo disputa, aunque es probable que estuviesen ubicadas cerca del Mar Muerto.

SODOMITAS Aquellos que imitaban la maldad de Sodoma, especialmente hombres que tienen relaciones sexuales con otros hombres (1 Cor. 6:9; 1 Tim. 1:10 NRSV [NIV: "aquellos que practican la homosexualidad"]). Inicialmente, el término "sodomita" se refería a los ciudadanos del pueblo de Sodoma, que junto a Gomorra, era una de las ciudades cerca del Mar Muerto destruidas por Dios por su maldad (Gn. 19:24).

SOFERET *Véase* Hasoferet.

SOFONÍAS **(1)** El sacerdote, segundo en rango al sumo sacerdote durante la caída de Jerusalén (2 Re. 25:18). Estaba operativo en días del profeta Jeremías, y como miembro del partido "patriótico" que abiertamente se oponía a Jeremías. Él y Pasur fueron enviados por el rey Sedequías a preguntarle a Jeremías por el destino de Judá, que estaba bajo ataque del rey Nabucodonosor de Babilonia (Jr. 21:1-2). Tras escuchar de Jeremías las malas noticias de un largo período de ocupación extranjera, Sofonías le leyó una carta de Semaías, preguntando por qué Jeremías no había sido reprendido y castigado (Jr. 29:24-29). Sofonías eventualmente fue llevado por Nebuzaradán a Nabucodonosor en Ribla, donde fue ejecutado (Jr. 52:27). **(2)** Un ancestro de Hemán, el coatita, un músico de templo durante el reinado de David (1 Cr. 6:36). **(3)** Un profeta durante el reinado del rey Josías de Judá (véase también Sofonías, Libro de). **(4)** El padre de Josías, en cuya casa el profeta Zacarías se encontró con tres retornados de Babilonia (Zac. 6:9-10, 14).

SOFONÍAS, LIBRO DE El libro de Sofonías es el noveno de los doce Profetas Menores. Este breve libro se mueve dramáticamente de la ira divina a la compasión divina. Sofonías es uno de los profetas ignorados, cuyo ministerio coincide con el mismo periodo de crisis del bien conocido profeta Jeremías.

Trasfondo Histórico

Sofonías no se menciona fuera de este libro, pero una información interesante se proporciona en el sobreescrito (1:1). Primero, él es presentado con una larga genealogía: "hijo de Cush, el hijo de Gedalías, el hijo de Amarías, hijo de Ezequías". Mucha atención se ha dirigido a este último nombre. Ya que la genealogía hace un esfuerzo por llegar a Ezequías, es probable que sea el rey de ese nombre (727-698 a.C.), aunque no se específica como tal. Según registros bíblicos, Ezequías fue un rey piadoso en su mayoría (2 Re. 18-20; 2 Cr. 29-32; Is. 36-39). Alguna discusión se dirige también al nombre "Cush", ya que puede señalar a Etiopía, llevando a algunos a sugerir que el padre de Sofonías era de África.

Como descendiente de Ezequías, Sofonías estaba relacionado con el rey Josías (640-609 a.C.), quien, como nota la sobre escritura, era el rey contemporáneo con esta profecía. La fecha exacta del período de la profecía de Sofonías es incierta. Josías era un reformador religioso, pero era muy joven, tenía solo ocho años de edad cuando se volvió rey. Comenzó a buscar al "Dios de su padre, David" en su octavo año como rey (2 Cr. 34:3). Pronto comenzó a purificar la tierra de idolatría. En el año dieciocho comenzó a purificar el templo (2 Cr. 34:8). Los oráculos de juicio de Sofonías se dirigen hacia el tipo de apostasía que Josías trabajaba por eliminar, lo que lleva a algunos académicos a fechar sus palabras más temprano en el reinado de Josías. Por otra parte, nadie cree que Josías fuese totalmente exitoso en su intento por purificar la religión. Sofonías podía haber profetizado en cualquier momento del reinado de Josías. Sofonías también predice que el juicio de Dios vendrá en la forma de una invasión extranjera (1:4, 10-13; 2:1). A la clara luz de la retrospectiva histórica, es mejor identificar esta herramienta sin nombre del castigo de Dios como Babilonia, a la que Dios utilizó para castigar el pecado de Judá (586 a.C.).

Consideraciones Literarias y Esquema

Sofonías es una colección de oráculos proféticos entregados por el profeta durante un período de tiempo. A pesar de sus diferentes ambientes orales originales, el libro actualmente tiene una estructura unificada reflejada en el siguiente esquema:

I. Sobreescrito (1:1)
II. Oráculos de Juicio contra Judá (1:2-2:3)
III. Oráculos contra las Naciones (2:4-3:8)
IV. Oráculos de salvación (3:9-20)

Mensaje Teológico

Como ocurre con Amos (5:18-20; 8:3-13), Joel, Isaías (2:6-22), y otros profetas, Sofonías habla de un futuro día del Señor (1:14). Este será un día de juicio, donde aquellos que han rechazado y desobedecido a Dios recibirán castigo por ello. Sofonías señala que Dios traerá su juicio retributivo contra las naciones (2:14-15) al igual que su propio pueblo (1:14-2:3). El libro enfatiza así la pecaminosidad de su pueblo (1:7-13; 3:3-5) al igual que la soberanía de Dios para llevar a cabo el castigo.

Sin embargo, Sofonías también habla de la misericordia de Dios. Dios restaurará un remanente. El remanente son aquellas personas que sobrevivirán al juicio. Ellos son purificados y serán la base de un nuevo pueblo de Dios.

Conexiones al Nuevo Testamento

Los lectores modernos deberían reflexionar en la preocupación expresada por Dios sobre la desobediencia de su pueblo. Él está particularmente enojado con aquellos que siguen falsos dioses y también con aquellos que explotan a otros para su propio beneficio.

El NT también ve que el día del Señor anticipa no sólo un juicio histórico como el de Babilonia sobre la pecaminosa Judá, sino también un juicio final sobre el pecado. Pablo con frecuencia escribe del Día del Señor, el Día de Cristo (Rom. 2:16; 1 Cor. 1:8; Flp. 1:6, 10; 2:16; 2 Tim. 4:8) y espera esa teofanía final y final vindicación de Dios en la historia. Juan describe el Dios guerrero viniendo con sus ejércitos para ejecutar el juicio (Ap. 19:11-16).

SOHAM El segundo de cuatro hijos de Jaazías, un levita del clan Merari (1 Cr. 24:27).

SOL El sol era adorado como un dios o diosa en todas las naciones alrededor de Israel en tiempos del AT, y la polémica contra la adoración solar en Dt. 4:19; 17:3; Jr. 8:2; Job 31:26-28 sugiere que esta adoración al sol también se abrió camino en Israel. En contraste, el AT avala el estatus de creación del sol (Gn. 1:16) y lo cuenta como sujeto al control de Dios (e.g., Js. 10:12-13).

En el AT, el sol con frecuencia es asociado con y símbolo de vida (e.g., Ecle. 7:11; cf. Sal. 58:8) o justicia (Sal. 19:6; Job 38:13; Mal. 4:2; cf. 2 Sm. 23:3-4). El oscurecimiento del sol se presenta como un signo de juicio, anunciando el día del Señor (Is. 13:10; Ez. 32:7; Jl. 2:10, 31; 3:15; Am. 8:9; Mt. 24:29; Mc. 13:24; Ap. 6:12; 9:2), que puede asociarse con la oscuridad que cayó durante la crucifixión (Mt. 27:45; Mc. 15:33; Lc. 23:44).

Una estela que muestra al rey asirio Shamsi-Adad adorando. La gran cruz en su pecho es un símbolo del dios sol.

SOL, RELOJ DE Un instrumento para medir el tiempo basado en la posición del sol. El reloj de sol horizontal emplea un diseño común a través de un gnomon, el elemento vertical que arroja sombra, que se posa perpendicular al plano con marcas de escala calibrada. Cuando se posiciona adecuadamente relativo al verdadero norte, la sombra indica la hora del día. Las referencias del AT (2 Re. 20:9, 11; Is. 38:8) a veces traducidas como "reloj de sol" son inferencias del hebreo, que literalmente se refiere a la sombra a través de una escalera, moviéndose paso a paso mientras progresa el día.

SOLDADO Aunque los eventos narrados en el NT ocurrieron durante un tiempo de paz en el Imperio Romano, los soldados romanos eran habituales en Judá, y aparecen en un número de historias: el centurión a cuyo sirviente sanó Jesús (Mt. 8:5-13; Lc. 7:1-10); los soldados que torturaron y ejecutaron a Jesús (Mt. 27; Mc. 15; Lc. 23; Jn. 19) y custodiaron su tumba (Mt. 28:4); el centurión Cornelio, temeroso de Dios (Hec. 10); y la guarnición romana en Jerusalén (Hec. 21:27-40). Los soldados también custodiaban prisioneros (Hec. 12:1-10; 23; 27:1-2, 31-32, 42-44; 28:16). En varios lugares Pablo escribe de trabajadores cristianos como soldados (1 Cor. 9:7; Ef. 6:10-17; Flp. 2:25; 2 Tim. 2:3-4; Flm. 1:2).

S

SOMBRA Una sombra puede referirse generalmente a sombra, oscuridad o a una sombra específica arrojada por algo; "sombra" y "fantasma" también tienen otros usos y extensiones. Tal vez porque sombra es una protección del calor y el sol, sombra y sombras son metáforas de protección (Sal. 91:1; 121:5; Is. 49:2), como en la frase "sombra de las alas [de Dios]" (Sal. 17:8; 36:7; 57:1; 63:7). Ya que las sombras cambian durante el día y desaparecen, sombra es una metáfora para brevedad, particularmente la brevedad de la vida (1 Cr. 29:15; Job 8:9; 14:2; Sal. 102:11; 109:23; 144:4), y para el cambio (Sant. 1:17 [aunque este texto tiene otras interpretaciones]). Como oscuridad, sombra a veces se refiere a un lugar para ocultarse (Job 34:22) o a tristeza o peligro (Sal. 44:19; 107:10, 14; Is. 9:2; Jr. 2:6). La "tierra de oscuridad y sombras profundas" parecen ser una referencia a la muerte (Job 10:21 ESV, NASB). Y ya que la forma de una sombra se asemeja a la silueta de lo que la arroja, sombra puede referirse a esa similitud como una copia, sin importar lo imperfecta que sea (Col. 2:17; Heb. 8:5; 10:1). Dos milagros involucraron sombras. Dios le dio a Ezequías un signo milagroso al mover hacia atrás la sombra en los escalones (2 Re. 20:9-11). Como la gente creían en el mensaje de los apóstoles trajeron a los enfermos a la Columnata de Salomón, donde eran curados cuando la sombra de Pedro caía sobre ellos (Hec. 5:12-16).

La palabra hebrea para "oscuridad profunda", tsalmawet, era vista como dos palabras por los traductores de la LXX y presentada como "sombra de la muerte" (skia thanatou). Esta palabra entró en el NT como una cita o alusión (Mt. 4:16; Lc. 1:79). Textos descubiertos aproximadamente del período de los jueces en ugarítico, un lenguaje relacionado cercanamente al hebreo, han mostrado que tsalmawet es una sola palabra, que significa "oscuridad profunda" o "penumbra". Traducciones modernas han tendido a cambiar la traducción de esta palabra, pero algunos pueden dejar "sombra de la muerte" en Sal. 23:4 por la popularidad de esta redacción tradicional.

SOMBRAS Espíritus de los muertos. En traducciones modernas de la Biblia, "sombras" es usado con más frecuencia en poesía, especialmente en paralelo a "los muertos" (e.g., Sal. 88:10; Is. 26:14 NRSV; cf. Prov. 2:18; Is. 14:9). *Véase también* Sheol.

SOMBRERO En Dn. 3:21 la KJV presenta la palabra aramea karbela' como "sombrero", refiriéndose a la cobertura de la cabeza de los tres amigos de Daniel mientras son lanzados al horno (NIV: "turbante"; NASB: "gorro").

SOMER **(1)** Padre de Jozabad, uno de los asesinos del rey Joás (2 Re. 12:21). En 2 Cr. 24:26 Jozabad se dice que es el hijo de Simrit, una variante del nombre Somer, con terminación femenina. **(2)** Un hijo de Heber (1 Cr. 7:32) de la tribu de Aser, también llamado Semer (1 Cr. 7:34 NASB, NET, NRSV, NKJV).

SOMORMUJO Ave predominantemente negra que se zambulle para cazar peces. El somormujo (del hebreo shalakh) se menciona entre las aves impuras (Levítico 11:17; Deuteronomio 14:17). La especie más común en el Medio Oriente es el somormujo de cuello blanco.

SOPA La KJV usa "sopa" para referirse a un trozo delgado o bocado de pan rasgado de una hogaza plana y mojado en un plato común de carne con caldo (cf. Rut 2:14). En su última cena con sus discípulos, Jesús moja un trozo de pan en el plato común o plato central de la fuente de Pascua y se lo da a Judas Iscariote, revelando su poca disposición a tratar a su traidor como un enemigo y exponiendo la dureza de corazón de Judas (Jn. 13:26-30). Una sopa también podía ser un bocado de la comida más sabrosa servida como plato central, ofrecido a un huésped por el anfitrión. Este acto expresa tibieza y amistad y es una muestra especial de honor en las tierras bíblicas incluso hoy.

SÓPATER Era el hijo de Pirro, era un hombre de Berea, compañero de viaje de Pablo en su tercer viaje misionero para entregar una ofrenda de las iglesias gentiles a la iglesia de Jerusalén (Hec. 20:4). Probablemente es la misma persona que Sosípater, quien envía saludos con Pablo a la iglesia en Roma (Rom. 16:21).

S

SOPORTE VITAL Cuando uno o más de los sistemas corporales vitales de una persona no funcionan sin la ayuda de la tecnología médica, los médicos y los miembros de la familia deben tomar la dolorosa decisión de continuar o finalizar el soporte vital. Algunas personas deciden por sí mismas por adelantado y registran sus deseos en un testamento en vida. Esto plantea importantes interrogantes éticas. ¿Cuándo está muerta una persona? ¿Hasta qué punto y con qué medidas se debe preservar la vida? ¿Importa la calidad de vida? Más específicamente, ¿debieran la "vida" o la "personalidad" ser definida por la capacidad de elegir? ¿Por conciencia? ¿Por función neo cortical? A la luz de estos dilemas, la relación mente-cuerpo merece una reflexión cristiana particular. De alguna manera, la mente y el cuerpo forman una criatura orgánica y unificada hecha a la imagen de Dios. La vida humana es por lo tanto de mayor valor en la creación (Gn. 1:26, 9:6). También vale la pena considerar la naturaleza física y corporal de la resurrección (1 Cor. 15). La alta consideración que tienen las Escrituras por el cuerpo parece poner en cuestionamiento los paradigmas éticos que minimizan la conveniencia de preservarla. En cualquier caso, el comienzo y el final para alguien que enfrenta decisiones médicas difíciles es la exhortación del apóstol a actuar con fe, esperanza y amor (1 Cor. 13:13).

SORDERA La condición de estar completa o parcialmente sin audición. La palabra griega kōphos puede ser usada para referirse a la inhabilidad de alguien para hablar (Mateo 9:32-33; 12:22; 15:30-31; Lucas 1:22; 11:14) o escuchar (Mateo 11:5; Mr 7:37; 9:25; Lucas 7:22). A menudo se creía que tal condición era un juicio de parte de Dios (Miqueas 7:16). Dios tiene el control sobre la sordera (Éxodo 4:11; Salmos 94:9; Prov. 20:12; Lucas 1:20). El pueblo de Dios debía ser un reflejo de su compasión hacia los sordos (Levítico 19:14). En los tiempos del NT, las deficiencias auditivas a veces eran causadas por Satanás (Marcos 9:25), pero siempre se encontraron con el poder milagroso de Jesús (Mateo 11:5; Marcos 7:32-37; 9:25). Figurativamente, la sordera es una descripción de la rebeldía espiritual del pueblo, su falta de voluntad para oír, conocer y obedecer a Dios (Salmos 58:4; Proverbios 28:9; Isaías 6:10; 29:18; 35:5; Jeremías 6:10; Ezequiel 12:2; Mateo 13:14-16; Marcos 4:10-12; Lucas 8:10; Hechos 28:26-27). Dios es descrito como sordo ante un pueblo rebelde (Deuteronomio 1:45; Salmos 28:1; 39:12), mientras que los ídolos son sordos porque carecen de vida (Deuteronomio 4:28; Salmos 115:6; 135:17; Daniel 5:23; Apocalipsis 9:20).

SOREC, VALLE DE Uno de cuatro valles principales que drenan agua de escurrimiento desde la cuenca del terreno montañoso central hacia el oeste a través de Séfela hacia

Valle de Sorec

S

las planicies costeras (los otros tres eran Ayalón, Ela y Guvrin). Las crestas entre estos valles proporcionan las rutas de acceso al terreno montañoso desde la costa. Un remanente de danitas vivía a cada lado del Valle de Sorec; sus ciudades eran Estaol, Zora y Bet-Semes. La ciudad filistea de Timna (la ciudad del primer encuentro de Sansón con una mujer filistea [Jue. 14]) estaba río abajo del Valle de Sorec. También fue la ubicación de la debacle de Sansón en los pechos de Dalila (Jue. 16:4-30). El carro tirado por vacas que devolvía el arca de la alianza del cautiverio filisteo subió por el Valle de Sorec desde Ecrón a Bet-Semes (1 Sm. 6:10-12).

SOSÍPATER Un "compañero judío" presente con Pablo durante la escritura de su carta a los romanos y cuyos saludos son expresados a la iglesia en Roma (Rom. 16:21). Tal vez es la misma persona que Sópater, quien acompañó a Pablo en su tercer viaje misionero (Hec. 20:4).

SÓSTENES **(1)** Un gobernador de sinagoga (líder) en Corinto cuando "los judíos" instigaron acciones legales contra Pablo (Hec. 18:12-17). Galión, procónsul de Corinto, las desestimó como un tema interno judío. "La multitud" (probablemente los judíos, tal vez los griegos) avergonzaron a Sóstenes golpeándolo públicamente, creyendo aparentemente que él era responsable de que perdiesen (18:17); tal vez él seleccionó o presentó los cargos. Aparentemente, Galión estaba de acuerdo con que las acciones de Sóstener eran vergonzosas, ya que no intervino. **(2)** El co-emisor de 1 Corintios (1:1). El hecho de que Pablo nombre a Sóstenes como co-emisor indica que este tenía algún rol en la composición de la carta. Es posible, pero no se ha probado, que sea la misma persona que en Hechos 18:12-17. Si es así, se había convertido en un creyente en Jesucristo, y tal vez fue a Éfeso desde Corinto a visitar a Pablo con Estéfanas, Fortunato y Acaico (*véase* 1 Cor. 16:17-18).

SOTAI Un ancestro de una familia que correspondía a los "sirvientes de Salomón" (Esd. 2:55; Neh. 7:57) y que regresó con Zorobabel en el año 539 a.C. o cerca de esa fecha. Poco se sabe de este grupo excepto que probablemente realizaban funciones domésticas en el templo, ya que se agrupan con los "sirvientes del templo" (*véase* Netineos). El nombre del grupo sugiere que fueron formados durante el periodo de Salomón, aunque pueden haber sido nombrados así porque Salomón construyó el primer templo.

SÚA **(1)** El padre cananeo de la esposa no nombrada de Judá y madre de Er, Onán y Sela (Gn. 38:2-5; 1 Cr. 2:3). Súa era de Adulam, probablemente cerca de Belén. **(2)** Reflejando una escritura diferente, "Súa" también se refiere a un descendiente femenino de Aser (1 Cr. 7:32).

SUA De acuerdo a 1 Cr. 4:11, Kelub y Sua eran hermanos entre los descendientes de Judá. Evidencia versional (griego, siríaco, latín) y en contexto más amplio (véase 1 Cr. 4:13, 15; también Jue. 1:13) sugiere que el nombre Kelub debería leerse Caleb. Por lo tanto, Sua estaría relacionado a la más conocida familia de Caleb. Poco más se sabe.

SÚA El primogénito de los once hijos de Zofa, un aserita (1 Cr. 7:36). Esta genealogía completa contrasta el carácter menor de la tribu de Aser, el hijo de Jacob con Zilpa, la sirvienta de Lea (Gn. 30:12-13).

SÚA El sexto de seis hijos de Abraham y Cetura (Gn. 25:2; 1 Cr. 1:32), la esposa que se casó con Abraham tras la muerte de Sara. Entre los hijos de Cetura, los descendiente de Jocsán y Midián figuran prominentemente en la etnografía bíblica (Gn. 25:3-4; 1 Cr. 1:32-33). El único caso posible de descendiente de Súa en la Biblia es Bildad el suhita, uno de los tres amigos de Job (Job 2:11), aunque no es seguro que esa conexión sea intencional.

SUAL **(1)** La "tierra de Sual" (hebreo 'erets shu'al) se refiere a una región no identificada en la vecindad de Ofra (1 Sm. 13:17). Varios textos mencionan uno o varios lugares llamados Hazar-Súal en Judá o Simeón (Js. 15:28; 19:3; 1 Cr. 4:28; Neh. 11:27). **(2)** El tercero de los once hijos de Zófaj, un descendiente de Aser (1 Cr. 7:36).

S

SUBAEL **(1)** Un descendiente de Leví y Guersom (1 Cr. 23:26; 26:24). Es la misma persona que Subael en 1 Cr. 24:20, por tanto, Subael no era el hijo de Guersom, sino un descendiente posterior. **(2)** Un hijo de Hemán (1 Cr. 25:4; *véase también* 25:20).

SUBURBIOS Tierra circundante o poblados más pequeños a las afueras de una ciudad o pueblo. La ASV y la KJV favorecen "suburbios" como una traducción para varias palabras hebreas representadas como tierras de pastoreo, territorios, aldeas o pueblos en las versiones más contemporáneas. *Véase* Js. 21; 1 Cr. 6:54-81.

SUCATEOS Descendientes de Caleb, una de las familias de escribas que vivían en el pueblo de Jabez, en el territorio asignado a Judá (1 Cr. 2:55).

SUCCOTH BENOTH *Véase* Sucot Benot.

SUCCOTH *Véase* Sucot.

SUCOT **(1)** Una ciudad al este del río Jordán, cerca del lugar donde el río se encuentra con Jaboc. La ciudad es identificada con Tell Deir Alla. Sucot es donde Jacob erigió refugios (Heb. sukkot) para su ganado (Gn. 33:17). Es uno de los lugares asignados a la tribu de Gad por Moisés (Js. 13:27), y sufrió la ira de Gedeón por rehusar provisiones a su banda que perseguían a los midianitos (Jue. 8:5-9, 13-17). **(2)** Una ubicación en el delta de Egipto donde los israelitas descansaron en su huida desde Egipto (Éx. 12:37; Nm. 33:5). **(3)** El nombre judío para la Fiesta de las Primicias, que conmemora el tiempo en el desierto cuando los israelitas vivían en refugios temporales (hebreo sukkot).

SUCOT BENOT Una deidad adorada por los babilonios que se reasentaron en Samaria después de la caída de Babilonia frente a Asiria en el año 689 a.C. En hebreo el nombre significa "refugios de hijas", aludiendo a la intervención de ritos sexuales en la adoración de esta deidad (*véase* 2 Re. 17:30). No se conoce deidad Babilonia con este nombre, pero puede referirse a Sarpanitu, la consorte del dios babilonio, Marduk. Otra posibilidad es que esté conectado al dios sumerio más temprano, Sakkud, que también puede ser el "Sicut" de Amos 5:26 (NIV mg.).

SUEGRA La madre del cónyuge de un individuo. Isaac se casó con Rebeca, la hija de Milca. Milca es por lo tanto la suegra de Isaac (Gn. 24:47). El ejemplo bíblico más conocido es Noemí, la suegra de Rut (Rut 1:3-4). Jesús sanó a la suegra de Pedro de una fiebre (Lc. 4:38-39). La ley prohibía a un hombre tener relaciones sexuales con su suegra (Dt. 27:23). El caos social a menudo se describía como una ruptura de las relaciones familiares, incluida la ruptura entre la nuera y la suegra (Miq. 7:6, Lc. 12:53).

SUEGRO El padre del cónyuge de un individuo. Ejemplos bíblicos incluyen a Labán, el padre de Raquel y suegro de Jacob (Gn. 29:28); Jetro, suegro de Moisés (Éx. 3:1); el suegro sin nombre del levita que intentó retrasar o prevenir que le quitaran a su hija (Jue. 19:4-8); Elí, el suegro de la esposa sin nombre de Finehas, que dio a luz a Icabod al saber de la captura del arca (1 Sm. 4:19-20); Anás, suegro de Caifás, el sumo sacerdote en tiempos de Jesús (Jn. 18:13).

SUEÑO En la Biblia, "sueño" puede referirse al sueño natural (Gn. 28:11; Jon. 1:5), desconocimiento moral, (Is. 29:10; 1 Tes. 5:6), distracción (Sal. 44:23; 121:4), e incluso muerte física (Sal. 13:3; Dn. 12:2). Comúnmente, la Biblia habla de los cristianos muertos como "dormidos" (Hec. 7:60; 1 Tes. 4:13-15). Proverbios vehementemente advierte a los lectores contra complacerse en dormir demasiado.

SUEÑOS En el mundo antiguo, los sueños frecuentemente se consideraban como el medio por el cual Dios se comunicaba con los humanos. La Biblia tiene varios ejemplos bien conocidos donde Dios habla en sueños tanto a israelitas como a no israelitas.

En Gn. 20, Abimelec, rey de Gerar, es advertido por Dios en un sueño que no tome a Sara, la esposa de Abraham, como esposa. En el sueño, Abimelec defiende su conciencia limpia, y Dios le dice que regrese a Sara a Abraham.

Dios también les habla en sueño a no israelitas en la historia de José. Primero, José es puesto en prisión con el copero y panadero real (Gn.

40). Cada hombre tiene un sueño acerca de su futuro y está perturbado por no poder interpretarlo. José, declarando que la interpretación de los sueños le pertenece a Dios, le dice al copero que su sueño es un signo que pronto será restaurado a su lugar de favor en la corte del Faraón. El sueño del panadero, aunque superficialmente similar, es un signo de que pronto será ejecutado. Ambas interpretaciones se hacen realidad pronto después.

Dos años más tarde, cuando el Faraón tiene un sueño que lo preocupa mucho, José lo interpreta como un signo de una hambruna por venir (Gn. 41). La habilidad de José otorgada por Dios para interpretar sueños y sus habilidades administrativas salva a Egipto de morir de hambre, lo que abre puertas políticas para José y pavimenta el camino para que toda su familia se traslade a Egipto.

Dos otros sueños ocurren en el Génesis, ambos soñados por Jacob. En Gn. 28:12 ve la famosa "escalera al cielo" en Betel, donde Dios reafirma su promesa de hacer sus descendientes numerosos. En Gn. 31:10-13, Jacob declara que su plan para llevarse gran parte del rebaño de Labán le vino en un sueño, pero no hay indicación de esto en la narrativa anterior (30:25-43). Dios, sin embargo, le dice a Labán en un sueño que "no diga nada a Jacob, bueno o mal" (31:24) mientras lo persigue en el territorio montañoso de Galaad.

Los sueños también son una manera de transmitir oráculos proféticos a Israel y, aparentemente, los sueños son similares a las visiones (Nm. 12:6), aunque estas últimas ocurren mientras se está despierto. Los sueños proféticos deben ser probados y los soñadores que son falsos o alejan a las personas de Dios deben ignorarse (Jr. 23:25-32; 27:9; 29:8; Zac. 10:2) o incluso muertos (Dt. 13:1-5). Dios también puede elegir retener los sueños de aquellos que lo piden. Tal es el caso con Saúl (1 Sm. 28:6). Por contraste, Dios habla con Salomón en un sueño (1 Re. 3:5, 15).

En Dn. 2, similar a la historia de José, Nabucodonosor, rey de Babilonia, tiene un sueño que nadie en su corte puede describir o interpretar. Dios revela el sueño y su significado a Daniel en una visión: la estatua en el sueño está hecha de cuatro metales diferentes, que representan reyes y su cabeza de oro es Nabucodonosor. Posteriormente, Daniel interpreta otro de los sueños del rey, este sobre un árbol enorme: el árbol es Nabucodonosor y sólo un tocón quedará de él debido a sus pecados y a su rechazo para reconocer que el "Cielo gobierna" (Dn. 4:26).

Los sueños en el AT también pueden referirse a algo inmaterial, efímero, sin sustancia (Job 20:8; Sal. 73:20; Ecl. 5:3, 7; Is. 29:8).

En la narrativa del nacimiento de Jesús en el Evangelio de Mateo, los sueños juegan un rol activo. A José se le dice que María debe concebir por el Espíritu Santo (1:20); los magos son advertidos de evitar a Herodes tras ver al infante Jesús (2:12); a José se le dice que huya a Egipto con su familia (2:12) y posteriormente que ya es seguro regresar (2:19) y asentarse en Nazaret (2:21-23). También en Mateo, la esposa de Pilato es advertida en un sueño que no tenga ninguna relación con Jesús (27:19). En Hec. 2:17, Pedro dice que los sueños serán una señal de Dios nuevamente vertiendo su Espíritu en los últimos días (citando a Jl. 2:28).

SUERTES, DADOS Posiblemente hechas de piedra o madera, aparentemente eran sacudidas o arrojadas de un recipiente para ayudar a tomar decisiones, en la suposición de que Dios(es) dirigía el resultado (Prov. 16:33). Muchos pueblos a lo largo del antiguo Cercano Oriente echaban suertes. Sorprendentemente, las fuentes disponibles no dejan en claro cómo eran exactamente las suertes y cómo las personas las echaban. La información de Mesopotamia y los términos relacionados en árabe sugieren que las suertes estaban hechas de piedra, mientras que las suertes de la antigua Sumeria aparentemente estaban hechas de madera. Las numerosas referencias a los israelitas echando suertes no dan ninguna indicación del material. Las descripciones del proceso en la Biblia incluyen los términos hebreos para "echar" (Jos. 18:6), "hacer caer" (1 Cr. 24:31 [usualmente traducido como "por sorteo"]), "ser sacudidas" (Prov. 16:33 [también traducido como "tirar"]), y "salir" (Jos. 19:1), lo que sugiere que los objetos eran puestos en algún tipo de recipiente y sacudidas hasta que la(s) pieza(s) elegida(s) por Dios saliera.

El echar las suertes era uno de los muchos métodos que los pueblos antiguos utilizaban para obtener información de Dios(es) sobre el pasado, presente o futuro. Muchas de estas prácticas, incluida la astrología, el uso de una vara adivinadora y el examen de hígados de animales, eran prohibidas para los israelitas, aparentemente porque estos buscaban sabiduría o dirección en otros (supuestos) dioses. Se permitieron algunas de esas prácticas, incluida la interpretación de los sueños o el echar las suertes.

Uno encuentra el echar las suertes en ambos Testamentos en una cantidad de situaciones diferentes. A veces, las suertes se utilizaban para descubrir la verdad sobre quién había cometido algún error en el pasado (Acán [Jos. 7:14, 18], Jonatán [1 Sam. 14:41-42]). Otras veces los israelitas echaban suertes para determinar la elección de Dios (Saúl como rey [1 Sam. 10:20-21], Matías como discípulo [Hec. 1:26]) o para dividir cosas, como las asignaciones tribales de la tierra (Nm. 26:55, 56). Las tareas y los servicios podrían determinarse echando suertes (servicio levítico en el templo [1 Cr. 26:13-16], quién viviría en la Jerusalén reconstruida [Neh. 11:1]). Los no israelitas también echaban suertes para determinar la culpa (Jn. 1:7), dividían el botín capturado en la guerra (Nah. 3:10) y determinan la mejor fecha para un evento (cuándo masacrar a los judíos [Est. 3:7; 9:24]). El concepto de que Dios dirigía el curso de los acontecimientos también llevó al uso figurado del término "suerte" como el destino de uno en la vida (Sal. 16:5; Jer. 13:25). *Ver también* Urim y Tumim.

SUF Un lugar en el desierto en las planicies de Moab donde Moisés leyó y explicó la ley a los israelitas antes de entrar en la tierra prometida (Dt. 1:1). Descrita como "al este del Jordán en el desierto—esto es, en el Arabah—enfrente a Suf", la ubicación exacta es incierta. Puede identificarse con Sufá.

SUFÁ El área en la que se ubica Vaheb, cerca del límite de Moab, próxima al valle del río Arnón y asociado con los años de la travesía por el desierto en la historia de Israel (Nm. 21:14). Contrario a la KJV, el término no debe igualarse con el Mar Rojo. Probablemente es idéntico con Suf en Dt. 1:1.

SUFAM, SUFAMITAS Sufan era el ancestro de los sufamitas, uno de los siete clanes de descendientes de Benjamín (Nm. 26:39). Su nombre puede corresponder a Mupin en la lista de los hijos de Benjamín en Gn. 46:21. Supitas y Supin son posiblemente formas alternativas del nombre del grupo, mencionadas en 1 Cr. 7:12, 15; 26:16.

SUFRIMIENTO La Biblia tiene mucho que decir acerca del sufrimiento. Mientras que en el AT el sufrimiento es de manera regular una muestra del descontento divino (Lv. 26:16-36; Dt. 28:20-68; Sal 44:10-12; Is. 1:25; cf. Heb. 10:26-31), en el NT se convierte en un medio a través del cual llegan bendiciones a la humanidad.

La Biblia con frecuencia muestra que la pecaminosidad resulta en sufrimiento (Gn. 2:17; 6:5-7; Éx. 32:33; 2 Sm. 12:13-18; Rom. 1:18; 1 Cor. 11:27-30). Los amigos de Job erróneamente creen que él ha sufrido por desobediencia (Job 4:7-9; 8:3-4, 20; 11:6). Job se defiende apasionadamente (12:4; 23:10) y en el capítulo final de su libro Dios elogia a Job y condena a sus amigos por sus acusaciones (42:7-8; cf. 1:1, 22; 2:10). El autor aclara que el sufrimiento no necesariamente es evidencia de pecaminosidad (Jn. 9:1-2). Jesús rechaza esta noción simplista del sufrimiento retributivo (Jn. 9:3; 6-7; cf. Lc. 13:1-5).

Las oraciones de gente sufriente son expresadas en los dieciséis lamentos comunales y treinta y siete individuales en el libro de los Salmos. Dentro de los lamentos los escritores describen sus problemas, expresan sentimientos, hacen peticiones y preguntas (¿Por cuánto tiempo, Señor? [13:1]; ¿Por qué me has abandonado? [22:1]) e interponen quejas contra Dios ("Mis ojos fallan, buscando a mi Dios" [69:3]), sus enemigos ("Tú nos has hecho motivo de escarnio para nuestros vecinos, y nuestros enemigos se burlan de nosotros" [80:6]), e incluso contra ellos mismos ("Soy un gusano y no un hombre" [22:6]).

S

Los escritores del NT revelan que el sufrimiento de Jesús fue profetizado en el AT (Mc. 9:12; 14:21; Lc. 18:31-32; 24:46; Hec. 3:18; 17:3; 26:22-23; 1 Pe. 1:11; refiriéndose a textos del AT como Sal 22; Is. 52:13-53:12; Zac. 13:7). El Señor Jesús es presentado como la respuesta al sufrimiento humano: (1) A través de la encarnación, El Hijo de Dios personalmente experimenta el sufrimiento humano (Flp. 2:6-8; Heb. 2:9; 5:8). (2) A través de su sufrimiento, Cristo pago el precio por el pecado (Rom. 4:25; 3:25-26), de manera que los creyentes sean liberados del pecado (Rom 6:6, 18, 22) y ayudados en la tentación (Heb. 2:18). (3) Cristo Jesús intercede por sus seguidores sufrientes (Rom. 8:34-35). (4) Cristo es un ejemplo de sufrimiento (1 Pe. 2:21; 4:1; cf. Flp. 3:10; 2 Cor. 1:5; 4:10; 1 Pe. 4:13), y aunque murió una vez por los pecados (Heb. 10:12), continúa sufriendo mientras su iglesia sufre (Hec. 9:4-5). (5) Cristo proporciona la esperanza de la resurrección (Rom. 6:5; 1 Cor. 15:20-26; Flp. 3:10-11) y una vida futura sin sufrimiento o muerte (Ap. 21:4).

Existen muchos ejemplos en el NT de creyentes sufrientes (Jn. 15:20-21; Hec. 4:3; 5:18; 7:57-60; 8:1-3; 12:1-5; 14:19; 16:22-24; 18:17; 2 Cor. 6:4-5, 8:10; Heb. 10:32; 1 Pe. 5:9; Ap. 2:10). El sufrimiento es parte del plan de Dios para su pueblo (Hec. 9:16; 1 Tes. 3:2-4) y es parte de los que significa ser un seguidor de Cristo Jesús (Hec. 14:22; Rom. 8:17; Flp. 1:29; 1 Pe. 2:21; 4:12).

Los escritores del NT mencionan los beneficios del sufrimiento, ya que se ha convertido en parte del trabajo redentor de Dios. El sufrimiento de los creyentes acompaña la proclamación y el avance del Evangelio (Hec. 5:41-42; 9:15-16; 2 Cor. 4:10-11; 6:2-10; Flp. 1:12, 27-29; 1 Tes. 2:14-16; 2 Tim. 1:8; 4:5) y resulta en la salvación (Mt. 10:22; 2 Cor. 1:6; 1 Tes. 2:16; 2 Tim. 2:10; Heb. 10:39), fe (Heb. 10:32-34, 38-39; 1 Pe. 1:7), el reino de Dios (Hec. 14:22), resurrección de los muertos (Flp. 3:10-11), y la corona de vida (Ap. 2:10). Es una parte esencial del desarrollo hacia la madurez cristiana (Rom. 5:3-4; 2 Cor. 4:11; Heb. 12:4; Sant. 1:3-4; 1 Pe. 1:7; 4:1).

El sufrimiento se asocia con conocer a Cristo (Flp. 3:10); renovación interna diaria (2 Cor. 4:16); pureza, comprensión, paciencia, amabilidad, amor sincero, discurso verdadero, el poder de Dios (2 Cor. 4:4-10); consuelo y resistencia (2 Cor. 1:6); obediencia (Heb. 5:8); bendición (1 Pe. 3:14; 4:14); gloria (Rom. 8:17; 2 Cor. 4:17); y alegría (Mt. 5:12; Hec. 5:41; 2 Cor. 6:10; 12:10; Sant. 1:2; 1 Pe. 1:6; 4:13). Otros resultados positivos del sufrimiento cristiano incluyen la perseverancia (Rom. 5:3; Sant. 1:3), carácter y esperanza (Rom. 5:4), fuerza (2 Cor. 12:10) y madurez y completitud (Sant. 1:4). El sufrimiento presente es ligero y momentáneo comparado a la gloria futura (Mt. 5:10-12; Hec. 14:22; Rom. 8:18; 2 Cor. 4:17; Heb. 10:34-36; 1 Pe. 1:5-7; 4:12-13).

A través de la Biblia, los creyentes son instruidos a ayudar a aquellos que sufren. La ley del AT proporciona principios para asistir a los pobres, los desamparados y los oprimidos (Éx. 20:10; 21:2; 23:11; Lv. 19:13, 34; 25:10, 35; Dt. 14:28-29; 15:1-2; 24:19-21). Jesús regularmente enseñaba a sus seguidores para ayudar a los pobres (Mt. 5:42; 6:3; 19:21; 25:34-36; Lc. 4:18; 12:33; 14:13, 21). Es la responsabilidad de los creyentes mostrar misericordia (Mt. 5:7; 9:13), ser generosos (Rom. 12:8; 2 Cor. 8:7; 1 Tim. 6:18), dolerse con los dolientes (Rom. 12:15), llevar las cargas de otros (Gal. 6:1-2) y visitar a los prisioneros (Mt. 25:36, 43). *Véase también* Sirviente del Señor.

SÚHAM, SUHAMITAS Suham pertenecía a la tribu de Dan. Un clan descendiente de Súham, los suhamitas, se contó en el segundo censo realizado en el desierto (Nm. 26:42).

SUICIDIO Una de las primeras personas en la Biblia que muere por su propia mano fue Saúl, el primer rey de Israel. Debido a sus celos y preocupación por la dinastía, desarrolló una personalidad cada vez más irracional. Cuando quedó claro que había perdido su batalla, Saúl cayó sobre su propia espada en vez de ser deporte para los filisteos (1 Sm. 31:4). Otro suicidio en la Biblia es cometido por Ahitofel. Era el consejero de David y Absalón cuando Absalón conspiró para usurpar el trono de su padre. El consejo de Ahiitofel, mientras lo siguiera, le traía éxito a Absalón: "El consejo que Ahitofel daba era como el que uno le pregunta a Dios" (2 Sm. 16:23). Pero cuando su consejo fue desoído, Ahitofel se fue a casa, puso su casa en orden y se colgó (2 Sm. 17:23). Tal vez, como Saúl, no quería caer en las manos de sus enemigos. Zimri también se suicida (1 Re. 16:15-19). Asesinó a Ela y tomó el reino. Pero cuando quedó claro que no tendría el patrocinio de Israel, y que Omri sería rey, prendió fuego a su propia ciudadela y se quemó con ella. Un suicidio infame el NT es el de Judas, quien, lleno de remordimiento después de la condena de Jesús, se ahorcó (Mt. 27:5).

Es destacable que Job, en todos sus sufrimientos, nunca consideró el suicidio. En cambio, maldijo el día de su nacimiento; esto es, despreció el propósito de Dios en su vida. Tal vez eso es lo más cerca que una persona sabia puede llegar al suicidio mientras mantiene su sabiduría.

SUKIENOS Una de tres tribus que lucharon en el ejército del Rey Sisac de Egipto (2 Cr. 12:3 [KJV: Sukkiims; NRSV: Sukkim]). Los libios, los etíopes y los sukienos lucharon por el Faraón cuando invadió Judá y atacó Jerusalén en los días de Rey Roboam (c. 926 a.C.).

SULAMITA Los sulamitas (KJV: Shulamite) se encuentran solo en Cant. 6:13: "¡Vuelve, vuelve, oh sulamita; vuelve, vuelve, que podamos contemplarte! ¿Por qué contemplarías a los sulamitas como en el baile de Mahanaim?". Algunos conectan el nombre con Shulmanitu, una diosa mesopotámica del amor, pero esa visión depende de identificar la Canción de Salomón como conectada a un ritual pagano, lo que es poco probable. Algunos otros, notando una asociación entre Sulam y la ciudad de Sunem, argumentan que el título se refiere a una muy conocida mujer de Sunem, posiblemente Abisag (1 Re. 1:1-4:15), la mujer que mantuvo abrigado a David en su vejez. Probablemente, el término es una forma femenina del nombre "Salomón", que como sustantivo también es shalom, que significa "paz".

SUMATITA Un clan descendiente del hijo de Caleb, Hur (1 Cr. 2:53).

SUMERIA, SUMERIO Una región geográfica en Mesopotamia al sur de la ciudad de Nippur, Sumeria es un lugar aproximadamente ciento doce kilómetros al sur de Bagdad en las riberas del río Éufrates. Sumeria constituye la porción sur de Babilonia, un área que llega hasta Sippar. Como tal, en documentos cuneiformes, Sumeria con frecuencia aparece conjuntamente con Akkad, un término que designa la parte norte de Babilonia.

El adjetivo atributivo sumerio se usa en varios textos históricos y administrativos para referirse a personas coexistiendo entre los acadios y gutis en el sur de Babilonia.

El lenguaje de los sumerios es aislado lingüísticamente; no existe ningún lenguaje relacionado conocido. El hecho de que los nombres más tempranos de lugares en Babilonia no sean sumerios sugiere que los sumerios no son originarios del área. Especulaciones basadas en documentos históricos y literarios ubica el origen de los sumerios variadamente en la región Indo y Dilmún (aproximadamente actual Qatar). Los primeros textos en sumerio ubicarían la pre-sencia del grupo en el sur de Mesopotamia para fines del cuarto milenio a.C.

Los sumerios, en las etapas más tempranas de su desarrollo político, estaban organizados como ciudades-estado, cada una bajo los auspicios de una deidad diferente del panteón sumerio. La lista de ciudades incluye Uruk, Lagash, Eridu, Kish, Larsa y Ur. Cada ciudad-estado se encontraba bajo un gobernador (ensi), representando los intereses percibidos de una deidad. Amenazas externas y competencia interna llevan al surgimiento de reyes (lugal) ejerciendo hegemonía sobre las ciudades-estado. Kish era prominente en esa capacidad a comienzos del tercer milenio a.C. Mebaragesi, un gobernante de Kish, estableció Nippur como el hogar de Enlil, una de las deidades principales del panteón sumerio. En años subsecuentes, Uruk, Lagash y otras ciudades lucharon por quitarle la hegemonía de las manos de Kish. Un gobernador semita, Sargón I de Acad, conquistó Sumeria alrededor del año 2360 a.C.; los gutis subsecuentemente

S

tomaron el control de la región. Un renacimiento sumerio, sin embargo, ocurrió bajo el liderazgo de Ur a comienzos del segundo milenio. Fue en este periodo que el complejo de templos de múltiples niveles de Ningal y Nanna, el zigurat, fue construido. Se extendió el sistema de irrigación y los logros en literatura, arte, y arquitectura alcanzaron nuevas alturas. Bajo el ojo de Shulgi, un gobernador de la época, se realizaron extensas reformas en la política administrativa y económica, fortaleciendo sustancialmente la estabilidad e influencia de sumeria. Hacia mediados del segundo milenio, la agresión elamita y el surgimiento de Babilonia trajeron el fin de la independencia política sumeria.

Existe consenso de que "Sinar" en el AT derivaba de un término acadio para "Sumeria". El uso de este término en el contexto del exilio de Israel (*véase* NIV mg. Para Is. 11:11; Dn. 1:2; Zac. 5:11), sin embargo, sugiere que se refiere a la región geográfica de Babilonia en su total (así la NIV). Connotaciones de desplazamiento, geográfico y cultural, y heterodoxia religiosa (Gn. 10:10; 11:2), desde una perspectiva israelita, se acumulan al término.

SUMISIÓN, SUBORDINACIÓN El acto de ceder o consentir a la autoridad de otro, voluntaria o involuntariamente; deferencia personal, docilidad o humildad hacia otro; convertirse en sujeto de. La sumisión incorpora la obediencia, y en ciertos usos los términos son sinónimos. Sin embargo, obediencia indica cumplimiento con direcciones o guías, mientras que sumisión describe una posición servil ante otro. La sumisión dentro de una jerarquía formalizada es subordinación, por ejemplo, la relación de Jesús con el Padre.

Las Escrituras presentan la sumisión de dos maneras: como la traducción de un número específico de términos hebreos y griegos que transmiten un aspecto del concepto y como retrato general de relaciones, por ejemplo, patriarcas y profetas ante el Señor, o demonios ante Jesús. A veces, la presentación es negativa, como en una negativa a someterse.

En el AT, el uso de la palabra sumisión (o sus derivados) en las principales versiones españolas es principalmente una función de preferencia del traductor. De hecho, en Gn. 16:9, las instrucciones del ángel a Ageo es la única instancia donde someter es el término ampliamente aceptado como la mejor traducción del hebreo subyacente. En otras partes, la NIV y por lo menos una versión mas usan formas de sumisión para traducir interpretativamente expresiones hebreas que significan lo siguiente: "volverse esclavo de" (Gn. 49:15); "servir" (2 Cr. 30:8); "tener una relación con" (Job 22:21); "rápidamente estrechar manos" (Sal. 68:31); "ceder" (Sal. 81:11); y "dar la mano a" (Lam. 5:6).

En el NT, sumisión (junto a sus derivados y, con frecuencia, "ser sujeto de") aparece solo en Lucas y las epístolas, y traduce formas provenientes de cuatro diferentes raíces griegas.

1. Dogmatizō aparece una vez: "¿Por qué... te sometes a las reglas?" (Col. 2:20). Incluye el aspecto de obligación a algo que ha sido decretado.

2. Hypeikō aparece una vez: "Obedece a tus líderes y sométete a ellos" (Heb. 13:17 NASB, NRSV). Aquí, obediencia es específicamente distinguida de la sumisión.

3. Hypotagē aparece cuatro veces con "sumisión". En Gal. 2:5; 1 Tim. 2:11; 3:4 indica la comprensión principal: posición subordinada hacia superiores; en 2 Cor. 9:13, sin embargo, se refiere a obediencia a un decreto, en este caso, confesión del evangelio.

4. Hypotassō es por lejos la raíz más significativa. Aparece casi cuarenta veces en el NT; alrededor de la mitad de estas ocurrencias pueden traducirse usando una forma de "sumisión" (o "ser sujeto de"). Se usa para transmitir la subordinación de los hijos a los padres (Lc. 2:51); demonios a los setenta y dos misioneros (Lc. 10:17, 20); pecadores a la ley de Dios o su justicia (Rom. 8:7; 10:3); gente a las autoridades gobernantes (Rom. 13:1, 5; Tit 3:1; 1 Pe. 2:13); creyentes unos a otros (1 Cor. 16:16; Ef. 5:21); esposas a sus esposos (1 Cor. 14:34; Ef. 5:22, 24; Col. 3:18; Tit. 2:5; 1 Pe. 3:1, 5); esclavos a los amos (Tit 2:9; 1 Pe. 2:18); ángeles, autoridades y poderes a Jesús (1 Pe. 3:22); creyentes a Dios (Heb. 12:9; Sant. 4:7); jóvenes a sus mayores (1 Pe. 5:5).

Algunos usos adicionales de sumisión en ciertas traducciones tienen otros significados primarios: "entregar para inspección" (Gal. 2:2 NASB); "reverencia" (Heb. 5:7 NIV, NRSV); y "apertura de mente" (Sant. 3:17 NIV),

Retratos vívidos de sumisión transmitiendo el concepto sin invocar el vocabulario específico incluyen la sumisión de Abraham a Dios (Gn. 12:1-4; 17:1-27; 21:4; 22:1-19); Moisés al arbusto ardiente (Éx. 3:1-4:17); la sumisión de Jesús al Padre (Mt. 26:39, 42, 44; Mc. 14:35-36, 39; Lc. 2:49; 22:42); la sumisión de Pablo a Jesús (Rom. 1:1; Tit 1:1); creyentes haciendo la voluntad del Padre (Mt. 12:50; 21:28-32); el hijo pródigo hacia el padre (Lc. 15:18, 21); creyentes hacia Jesús (Jn. 12:26; 14:21, 23-24; 15:10); maridos y esposas mutuamente (1 Cor. 7:3-5; 11:11); creyentes humildes unos frente a otros (Rom. 12:10; Flp. 2:3-4); y la flexión de toda rodilla ante Jesús (Flp. 2:10-13).

SUMO SACERDOTE El sumo sacerdote era el líder del clan levita que supervisaba el sistema sacrificial de Israel, ya sea directamente realizando sacrificios o supervisando a otros. Ya que no se había establecido una terminología fija, también se podía referir a él como el sacerdote ungido, jefe de los sacerdotes, cabeza de los sacerdotes o simplemente sacerdote. Era considerada la persona más santa en Israel, su posición correspondía a el lugar más santo en el tabernáculo o templo, de manera que era el único permitido tras el velo para realizar sacrificios en el Día de la Expiación (*véase* Lv. 16).

El Rol del Sumo Sacerdote

El primer sumo sacerdote de Israel fue el hermano de Moisés, Aarón, quien fue elegido por Dios e instruido en su tarea. Muchas de las instrucciones que él recibió eran coercitivas sobre todo sumo sacerdote que lo siguieran. Adicionalmente a tomar parte en la ofrenda de varios tipos de sacrificios, se requería que entrara en el tabernáculo dos veces al día para quemar incienso y atender las lámparas (Éx. 30:7-8). Una responsabilidad adicional puede haber sido colocar doce hogazas de pan en la mesa en el tabernáculo en cada Sabbat (Lv. 24:5-8; Ez. 44:16). Una vez al año, en el Día de la Expiación, el sumo sacerdote entraba en el sanctasanctórum para rociar la sangre de la cabra sacrificial en el asiento de la misericordia del arca de la alianza para expiar los pecados de su pueblo.

El sumo sacerdote debía ser particularmente cuidadoso para mantener su estatus santo (Lv. 21:10-15). Al igual que otros sacerdotes, no se le permitía tocar un cadáver, pero sólo a él se le prohibía entrar en una casa donde había un cadáver. No se le permitía volverse impuro tras la muerte de su madre o padre o rasgarse las ropas como signo de duelo. Para evitar que su descendencia fuese profanada solamente podía casarse con una virgen de su propio pueblo.

Como todo sacerdote israelita, el sumo sacerdote era ungido para su posición. Esto significaba que era apartado por Dios y empoderado para la tarea. El sumo sacerdote se distinguía de sus hermanos por su vestimenta especial (Ex. 28). Adicionalmente a la túnica de lino, faja y turbante usado por todos los sacerdotes, el sumo sacerdote normalmente usaba una pechera, un efod que contenía el Urim y el Tumim y una bata. La pechera era una bolsa hecha de hilo azul, morado o escarlata con finas tiras de oro urdidas en ella. Unidas al efod por cuatro cadenas de oro trenzado, la pechera tenía doce piedras, cada una de las cuales estaba grabada con el nombre de una tribu, de manera que el sumo sacerdote representaba a todo Israel ante Dios. El Urim y el Tumim se colocaban en la bolsa, para que el sacerdote los usara al buscar dirección especial de Dios.

El efod, hecho de los mismos materiales que la pechera, era una pieza de vestir sin mangas abrochado por un cinturón hecho del mismo material. Dos piedras de ónix, cada una tallada con los nombres de seis de las tribus de Israel, estaban colocadas en filigrana de oro y unidas a los hombros del efod. La bata, hecha de tela azul y reforzada en el cuello, probablemente se usaba bajo el efod. Campanas doradas y granadas se alternaban alrededor de su dobladillo, las campanas sonaban cuandoquiera que el sacerdote entraba en el lugar santo para que no muriese. Para distinguir su turbante que aquellos usados por otros sacerdotes, llevaba una placa dorada o condecoración, grabada para proclamar que el sumo sacerdote era "Santo para el Señor".

S

Aunque el sumo sacerdote generalmente usaba vestimentas distintivas, en el Día de la Expiación, cuando entraba en el sanctasanctórum llevaba solo una túnica, faja, ropa interior y turbante, todos de lino. Evidentemente, las ropas especiales no eran apropiadas al expiar los pecados de la nación.

El sumo sacerdote tenía un cargo hereditario originalmente ocupado por el descendiente directo de más edad del hijo de Aarón, Eleazar. Para la época de Elí, el sacerdocio evidentemente había pasado a los descendientes de Itamar. Durante el reinado de David, tanto Sadoc, un descendiente de Eleazar y Abiatar, un descendiente de Itamar a través de Elí, servían como sacerdotes. Tras la muerte de David, Salomón destituyó a Abiatar por apoyar el intento de Adonías de convertirse en rey. Desde ese momento en adelante, el sumo sacerdocio permaneció en manos de los descendientes de Sadoc, hasta el surgimiento de Antíoco Epífanes, quien vendió el sumo sacerdote al mejor postor sin importar sus conexiones genealógicas.

La muerte de un sumo sacerdote era de significancia nacional, ya que marcaba el comienzo de la titularidad de un nuevo sumo sacerdote, que recibía la ropa especial de su padre. También le daba a cualquier que hubiese huido a una de las seis ciudades de refugio por matar involuntariamente a alguien la oportunidad de regresar a casa (Nm. 32:25-28). Posteriormente los rabís concluyeron que la muerte de un sumo sacerdote de alguna forma expiaba a aquellos que habían cometido homicidio imprudencia.

El Sumo Sacerdote y los Líderes Políticos

Desde la época del primer templo existió una intima conexión entre el sumo sacerdote y el rey. Ambos eran ungidos para servir respectivamente como el principal líder espiritual de Israel y el líder político. Los reyes frecuentemente ejercían su autoridad sobre los sumos sacerdotes. Por lo tanto, Salomón, promovió a Sadoc y depuso a Abiatar. Igualmente, el Rey Joás instruyó a Joiada que reparara el templo. También era posible para un sumo sacerdote oponerse o respaldar a un gobernante. Así, Joiada depuso a Atalía y coronó a Joás como rey (2 Re. 11). El sacerdote jefe Azarías sacó a Uzías del templo cuando intentó quemar incienso por sí solo (2 Cr. 26:16-20). A finales del período del reino, cuando el rey Zedequías fue tomado cautivo en Babilonia, el sumo sacerdote Seraías, junto con sus principales asociados, también fueron llevados al exilio, donde fueron ejecutados (2 Re. 25:18-21).

Tras el exilio, cuando Israel no tenía rey, el sumo sacerdote obtuvo mayor significancia política. Durante el periodo hasmoneo, los cargos de sumo sacerdote y rey a veces se unían en una sola persona. Herodes el Grande, en tiempo romanos, elevaba y deponía sumo sacerdotes a voluntad. Tras su muerte y la remoción de su hijo del cargo, los sumo sacerdotes eran designados por los gobernadores romanos y actuaban como el intermediario principal entre los judíos y los oficiales romanos.

El Sacerdocio y la Iglesia Temprana

En el siglo uno AD, el sumo sacerdote era el principal líder social y religioso entre los judíos, presidiendo el Sanedrín, el consejo judío que juzgaba casos concernientes a la ley judía. La palabra griega usada en el NT para "sumo sacerdote", archiereus, con frecuencia aparece en plural, "sacerdotes en jefe", para incluir al actual o anterior sumo sacerdote y miembros de la aristocracia sacerdotal. Lucas se refiere a Esceva, cuyos siete hijos intentaron expulsar demonios como hacía Pablo, como un sumo sacerdote. Ya que ninguna lista de sumo sacerdotes contiene el nombre de Esceva, puede haber sido simplemente un miembro de una familia sacerdotal o término usado personalmente para incrementar su posición religiosa (Hec. 19:13-14). Tras la destrucción de Jerusalén en el año 70 AD, el cargo de sumo sacerdote desapareció completamente.

El jefe de los sacerdotes, en asociación con el Sanedrín, escribas y/o ancianos, con frecuencia se opusieron al ministerio de Jesús. El último rechazo oficial de Jesús ocurrió cuando el sumo sacerdote Caifás proclamó que un hombre debía morir para que la nación no pereciese. A través de esta proclamación, él inconscientemente "profetizó que Jesús moriría por el pueblo judío" y por otros hijos de Dios, uniéndolos así (Jn. 11:49-52). Caifás posteriormente interrogó a Jesús en persona sobre su estatus como Mesías y lo proclamó culpable de blasfemia (Mc. 14:60-64).

Tras la resurrección, sumo sacerdotes se unieron a la mayor oposición sacerdotal a los apóstoles. Así, el sumo sacerdote estaba presente cuando se tomó la decisión de silenciar a Pedro y Juan por proclamar que el pordiosero inválido había sido sanado por el poder de Jesús (Hec. 4:1-20). También tomo parte en su subsecuente arresto e interrogatorio (5:17-28). El sumo sa-cerdote interrogó a Esteban sobre cargos de que había blasfemado y habló contra el templo y la ley de Moisés (6:11-7:1). Pablo, antes de experimentar al Cristo resucitado, recibió cartas de autoridad del sumo sacerdote para arrestar cristianos (9:1-2). Pablo posteriormente fue enjuiciado ante el sumo sacerdote Ananías, quien llevó cargos en su contra ante Félix (24:1) y luego fue acusado ante Festo por un grupo más amplio de jefes de los sacerdotes (25:1-3).

El Sacerdocio de Jesús en Hebreos

Aunque otros libros del NT implican que Jesús tenía un ministerio sacerdotal, sólo el libro de Hebreos desarrolla la idea de que Jesús no solamente tiene el derecho de servir como sacerdote, sino que es el gran sumo sacerdote que reemplaza al sacerdocio del AT. Por lo tanto, es deber de todos seguir a Cristo, ya que no hay otra forma de ser perdonados del pecado y entrar en compañerismo con el Padre. El libro muestra esto en una variedad de maneras, principalmente en los capítulos 5-10. Como descendiente de Judá, Jesús no calificaba para servir como un sacerdote de la orden de Aarón. Hebreos, por lo tanto, demuestra que su servicio como sacerdote en la orden de Melquisedec por mucho supera el sacerdocio aarónico (5:6, 10; 6:20; 7:17). Ya que Melquisedec es superior a Abraham, como se ve por el patriarca llevándole diezmos al sacerdote y ya que Leví, como descendiente de Abraham, en efecto pagó diezmos a través de su ancestro, Jesús —como miembro de un sacerdocio mayor— es superior que los sacerdotes aarónicos (7:4-10). Para que Jesús sirviera como sumo sacerdote, tenía que ser "como sus hermanos en todas las formas" (2:17). Esto requería que compartiera en su humanidad haciéndose carne y sangre, aprendiendo a confiar en Dios completamente en la vida y muriendo (2:14). También significaba que sería tentado en todas las formas que los humanos lo son para que pudiese simpatizar con ellos (2:18). Sin embargo, ya que nunca cayó en la tentación, podía rescatar a la gente del pecado.

Aunque nadie elige convertirse en sacerdote, los descendientes de Aarón heredaban su rol, mientras que Jesús fue designado sacerdote por Dios con un juramento (Heb. 5:10; 7:21; cf. Sal. 110:4). Que Dios no jurara que la línea de Aarón siempre serían sacerdotes implica que un cambio es posible. Ya que Jesús recibió su sacerdocio a través de un juramento, su sacerdocio es superior al sacerdocio aarónico, y se convierte en la garantía de una mejor alianza de la que se habla en Jr. 31, y que nunca será abandonada.

Los sacerdotes del AT presentaban ofrendas repetidas y así su trabajo no podía lidiar definitivamente con el problema del pecado. Los sacrificios de los sacerdotes aarónicos debían repetirse regularmente, mientras que el sacrificio de Jesús no tuvo que repetirse. Igualmente, los sacerdotes aarónicos debían ofrecer sacrificios por sus propios pecados antes de poder ayudar a otros. Ya que Jesús nunca pecó, no tuvo esa limitación. Lo que los sacerdotes tenían que hacer diariamente por sí mismos (Heb. 7:27) y por la nación una vez al año, Cristo hizo una vez y por siempre (7:27; 9:26, 28; 10:10, 12, 14, 18).

El sacerdocio levítico podía continuar sólo mientras nuevos sacerdotes reemplazaran a aquellos retirados o muertos, pero el sacerdocio de Jesús es eterno por su vida eterna. Melquisedec se usa para ilustrar cómo esto puede ser. Pero mientras Melquisedec permanece como un sacerdote por siempre simplemente porque la Biblia no registra su genealogía o su muerte, Jesús tiene un sacerdocio permanente porque vive por siempre y por el juramento citado de Sal. 110:4: "El Señor ha jurado:… 'Tú eres un sacerdote por siempre'" (Heb. 5:6; cf. 6:20; 7:3, 17; 21).

S

No sólo Jesús es un sacerdote superior, sino que también presentó un sacrificio en un santuario celestial mayor. Los sacerdotes aarónicos servían sólo en una copia de este verdadero tabernáculo celestial, que fue erigido por Dios mismo (Heb. 8:2). Jesús no presentó la sangre de animales, que debía ofrecerse una y otra vez, sino más bien el sacrificio perfecto de sí mismo, asegurándose de que ningún otro sacrificio sea necesario. Tras convertirse en sacrificio, regresó al santuario celestial, donde aparece por siempre a la derecha de Dios como rey y mediador. Debido al trabajo de Cristo, el lugar más santo ya no está prohibido para todos, excepto para el sumo sacerdote una vez al año. Sino más bien, la cortina se ha abierto para que todo su pueblo pueda audazmente acercarse al Padre. Igualmente, el trabajo sacerdotal de Cristo se asegura de que aquellos que lo siguen pueden efectivamente ser perdonados, purificados, santificados y perfeccionados.

SUNAMITA Una persona de Sunem. En la Biblia, dos mujeres son nombradas como "la sunamita". La mujer cuyo hijo Eliseo se levantó de los muertos (2 Re. 4) es conocida solo por este nombre. Abisag, la mujer joven que mantuvo abrigado al anciano Rey David, es también identificada como "la sunamita" (1 Re. 1-2). *Véase también* Sunem.

SUNEM Sunem del territorio de Isacar (Js. 19:18) es importante en conexión con tres mujeres. Primero, fue en Sunem que Saúl, asustado de numeroso enemigos y sin tener respuesta a su petición por la guía de Dios (1 Sm. 28:4-7), decidió consultar a una médium en la cercana ciudad de Endor. La médium conjuró a Samuel, quien en una reprimenda post mortem anunció la inminente muerte de Saúl. Segundo, la hermosa sunamita Abisag mantuvo a David abrigado en su vejez (1 Re. 1:3-4, 15). Posteriormente, en un intento por usurpar el trono, el hermano de Salomón, Adonías, conspiró con Betsabé para convencer a Salomón para que le diera a Abisag en matrimonio, pero el astuto rey en cambio hizo matar a Adonías (1 Re. 2:16-25). Tercero, en Sunem, una rica pero estéril mujer proveyó a Eliseo, quien la bendijo a cambio con una concepción milagrosa. Pero después de que su hijo había crecido, murió repentinamente. Ella llamó a Eliseo después de ocurrido el hecho, y él entonces levantó a su hijo de los muertos (2 Re. 4:8.37).

SUNI, SUNITAS Suni era un hijo de Gad (Gn. 46:16). Un clan desciende de él, los sunitas; fueron contados en el segundo censo en el desierto (Nm. 26:15).

SUPERSTICIOSO Generalmente, el comportamiento supersticioso se refiere a creencias no confirmadas e irracionales en la eficacia de prácticas o eventos no relacionados para predecir el futuro, asegurar buenos resultados o evitar problemas. Sin embargo, el AT ubica las supersticiones tales como la adivinación, brujería, augurios, hechicería, médiums, espiritistas y sesiones espiritistas en la misma categoría que el sacrificio humano. Son condenadas como prácticas detestables ante Dios porque involucran apaciguar o buscar la guía y protección de ídolos o las fuerzas de la oscuridad más que del Dios vivo (Dt. 18:10-12; 27:15; 2 Re. 21:2; Esd. 9:11).

En el NT, la palabra griega a veces traducida "superstición" es deisidaimonia, que puede significar religión o superstición, dependiendo del contexto.

SUPERVISOR Alguien que supervisa. El término se usa en el AT en un sentido general para referirse a un supervisor en una posición secular (Prov. 6:7). En el NT, el término "supervisor" (Gr. Episkopos) se usa en Fil. 1:1; 1 Tim. 3:2; Tito 1:7 para describir a un funcionario de la iglesia. El supervisor a veces se equipara con el pastor y las posiciones de los ancianos en la iglesia, ya que comparten responsabilidades similares. *Ver también* Funciones en el Nuevo Testamento.

SUPIM Cada una de las tres ocurrencias de Supim están plagadas de dificultades textuales. **(1)** Uno de los hijos (siendo el otro Hupim) de Iri en la tribu de Benjamín (1 Cr. 7:12 NRSV [NIV: Supitas]). **(2)** Un hombre en la genealogía de Manasés, otra vez con Hupim (1 Cr. 7:15 [NIV: Supitas]). **(3)** Con Hosa, un guardián de la puerta asignado por lote a la Puerta Oeste y la Puerta de Sallechet en Jerusalén (1 Cr. 26:16). *Véase también* Sufam, Sufamitas.

SUR *Véase* Direcciones; Neguev.

SUR, PUERTA DEL Una puerta en Jerusalén que proporcionaba acceso a los recintos del templo desde el palacio real. En hebreo, sur significa "desviarse" o "partir". "Puerta del Sur" se usa en 2 Re. 11:6, en cambio 2 Cr. 23:5 prefiere "Puerta de los Cimientos". En esta puerta, el sacerdote Joiada dispuso soldados como seguridad durante la coronación de Jehú.

SURCO Una trinchera angosta cavada en la tierra, frecuentemente con un arado, para preparar la tierra para plantar. En la antigua Palestina un surco se hacía con un arado de madera tirado por animales o, más adelante, con un arado de madera con punta de hierro. Por ejemplo, en Job 39:9-10, Dios retóricamente le pregunta a Job si él puede controlar un buey salvaje para que haga un surco. Un surco también puede usarse como una imagen de imposición de opresión o dolor (Sal. 129:3).

SUSA Ocupada ya desde el año 4000 a.C., Susa está aproximadamente cuatrocientos dos kilómetros al este de Babilonia. El nombre hebreo para la ciudad, shushan, significa "lirio", pero el origen como tal del nombre se encuentra en el sonido similar "shush", que puede remontarse a Inshushinak, el Dios supremo de los elamitas. Susa es mencionada en Esdras, Nehemías, Ester y Daniel. Nehemías sirvió en el palacio de Artajerjes I en Susa (Neh. 1:1, 11; 2:1). Una parte sustancial del libro de Ester ocurre en Susa. Esdras 4:9-10 reporta que personas de Susa fueron deportadas por el rey asirio Asurbanipal (c. 640 a.C.), Susa fue reconstruida y eventualmente se alzó hasta su cúspide en el Imperio Persa bajo Darío (521-486 a.C.). Servía como capital junto con Persépolis, Ecbátana y Babilonia. Tras rendirse a Alejandro Magno (c. 331 a.C.), quien conquistaría todo el Imperio Persa, Susa siguió siendo significativa, pero comenzó un lento declive. Parte de su ubicación permanece ocupada por la ciudad de Shush en la provincia de Khuzistán de Iran.

SUSANA **(1)** Una mujer sanada por Jesús que apoya a él y a sus discípulos en su ministerio, probablemente tanto financieramente como a través de servicio (Lc. 8:3). **(2)** La heroína del libro de Susana, una de las adiciones a Daniel en el AT apócrifo. En la historia, ella es falsamente acusada de adulterio por dos jueces mayores y exitosamente defendida por Daniel.

SUSANITAS *Véase* Susa.

SUSI Padre de Gadi, que fue el representante de la tribu de Manasés entre los doce espías enviados por Moisés a explorar la tierra de Canaán (Nm. 13:11).

SUSTRAER En Tito 2:10 la RV1977 traduce la palabra griega nosphizomai como "sustrayéndoles", refiriéndose a la insistencia de Pablo de que los esclavos no "roban" (NVI) o "defraudan" (NRSV) a sus amos.

SUTÉLAH, SUTELAHÍTAS Sutélah era de la tribu de Efraín (1 Cr. 7:20-21 también lista a un descendiente de Sutélah con el mismo nombre). Un clan descendiente de él, los sutelahítas, se contó en el segundo censo en el desierto (Nm. 26:35-36).

SUZERANÍA, TRATADO DE SUZERANÍA *Véase* Pacto.

T

TAANAC Taanac ha sido identificada con seguridad como Tell Ta'annak, ubicada en el Valle de Jezreel, ocho kilómetros al sureste de Megido. El montículo es imponente, abarcando once acres y alzándose más de treinta metros sobre el suelo del valle.

El lugar fue explorado por Ernst Sellin entre 1902 y 1904 y por Paul Lapp en 1963, 1966 y 1968. La segunda expedición localizo restos de la temprana Edad de Bronce II – III (3000-2200 a.C.). El lugar continuó siendo ocupado a través del periodo del AT. Fue reutilizado por fuerzas árabes en el siglo once y doce AD.

Aunque no se encontraron grandes estructuras arquitectónicas, tenía muchas fortalezas y cisternas. Destacable entre las ruinas es un escondite de trece tabletas acadias datadas al siglo quince a.C. Eran cartas y listas de nombres administrativos.

Taanac es mencionado por primera vez en una inscripción en Karnak del Faraón Tutmosis III, quien la incluyó entre las ciudades conquistadas en su primera campaña hacia Asia en el año 1468 a.C. También es mencionada como derrotada por Sisac I en el año 918 a.C.

El rey de Taanac fue uno de los muchos derrotados por Josué, aunque la ciudad en sí no se dice que haya sido tomada (Js. 12:21). Mientras que al principio fue asociada con Aser e Isacar, Js. 17:11 y 1 Cr. 7:29 dice que eventualmente fue entregada a Manasés, y Js. 21:25 la lista como una ciudad de Manasés entregada a los levitas (junto con Gat-Rimón).

Durante el periodo de los jueces, Taanac fue el lugar de una importante batalla entre fuerzas lideradas por Barac y Débora y aquellas lideradas por el cananeo Siserá. Los primeros resultaron victoriosos, y esto condujo a la liberación de la opresión cananea durante un tiempo (Jue. 5:19). Durante la época de Salomón, Taanac se convirtió en la capital de uno de los distritos administrativos formados por el rey para proporcionar suministros un mes al año a la corte (Baana, hijo de Ahilud era el administrador [1 Re. 4:12]).

TAANAT SILÓ Un pueblo identificado con el moderno Khirbet Ta'na el-Fauqa, once kilómetros al sureste de Siquem. El pueblo es nombrado como parte del límite norte de la tribu de Efraín (entre Micmetat y Janoah) en Js. 16:5-9.

TÁBANO Un insecto mordedor irritante usado por Jeremías como una metáfora para Babilonia en su profecía acerca de su inminente ataque a Egipto (Jr. 46:20).

TABAOT Uno de los ancestros de los sirvientes del templo (netineos) que regresaron a Jerusalén tras el cautiverio babilonio bajo el liderazgo de Zorobabel en el año 539 a.C. o cerca de esa fecha (Esd. 2:43; Neh. 7:46). El hecho de que muchos de los nombres en la lista sean extranjeros ha llevado a la creencia de que originalmente eran prisioneros de guerra que fueron presionados al servicio para realizar tareas domésticas mientras asistían a los levitas.

TABAT Un lugar en las montañas de Galaad hacia donde huyeron los madianitas tras el ataque sorpresa de Gedeón (Jue. 7:22). La ubicación exacta es especulativa porque es dependiente de la ubicación de otros sitios que aún se debaten.

TABEEL **(1)** El padre de una persona que los reyes de Israel y Aram querían, en un intento de golpe de estado, hacer rey de Judá en lugar de Acaz (Is. 7:6). La identificación exacta de Tabeel es incierta. Es probable que la forma original de este nombre, que significaba "Dios es bueno", fue burlonamente reescrita en los textos hebreos a la de sonido similar "no es bueno". **(2)** Un oficial samaritano quien, con varios colegas (Esd. 4:7), escribió una carta al rey persa Artajerjes para persuadirlo de detener la reconstrucción de Jerusalén por los retornados del exilio.

TABERA Una ubicación cuyo nombre significa "en llamas" a lo largo de la ruta del éxodo. El nombre recuerda el enojo de Dios, que envió fuego y quemó los bordes exteriores del campamento debido a las quejas israelitas (Nm. 11:3; Dt. 9:22).

TABERNÁCULO, TIENDA DE REUNIÓN "Tabernáculo" en hebreo (mishkan) es una palabra genérica para tienda o vivienda. En el Pentateuco particularmente, tabernáculo con frecuencia se refiere a un lugar especial de residencia de Dios entre el pueblo hebreo durante su travesía por el desierto. El tabernáculo era la morada de la gloria de Dios antes de la construcción del templo de Salomón en Jerusalén. La descripción detallada del tabernáculo y su construcción comprende más de un tercio del libro del Éxodo (capítulos 25 - 40), significando su importancia teológica para la vida del pueblo de Dios antes de formar la nación-estado de Israel.

La descripción bíblica final del tabernáculo fue escrita probablemente durante el período del exilio de Israel en Babilonia (587-537 a.C.). El exilio de los israelitas fue un período de salvajismo espiritual en el cual Israel era un pueblo despojado de su santuario, aparentemente despojado de la presencia de Dios. Las vívidas descripciones del tabernáculo en el Pentateuco reflejan tanto la nostalgia por el templo e identificación con la generación en el desierto. Esta

Representación artística del tabernáculo en Sinaí.

experiencia probablemente proporcionó el ímpetu por escribir y preservar las tradiciones orales y escritas sobre el tabernáculo. Las descripciones del santuario en el desierto en los textos del AT posibilitaron una vívida recreación del tabernáculo en su mente.

T

El mandamiento detallado de Dios para construir el tabernáculo en Éx. 25-30 es parte de una narrativa dramática más extensa. Mientras Moisés está en la Montaña de Dios recibiendo las instrucciones para el tabernáculo, los hebreos se habían embarcado en un festival de juerga y adoración, ofreciendo sacrificios a un becerro de oro, construido durante la ausencia de Moisés (32:1-19).

Moisés está furioso y destroza las tabletas de los Diez Mandamientos arrojándolas al suelo, y aun así regresa a la montaña para interceder por el pueblo. Dios castiga al pueblo con una plaga, pero no lo destruye o abandona completamente, porque "el Señor, el compasivo y gracioso Dios, lento a la cólera, abundante en amor y fidelidad" (34:6) renueva la alianza con el pueblo, y Moisés nuevamente regresa de la montaña con los Diez Mandamientos (34:27-29). Éxodo 35-40 luego recuenta la cuidadosa obediencia con la cual el pueblo se adhiere a las órdenes de Dios para construir el tabernáculo, siguiendo fielmente las instrucciones proporcionadas en Éx. 25-30.

La descripción del tabernáculo dada en el texto es la de un decorado santuario dentro de una estructura de tienda ubicada en el centro mismo del campamento de Israel. De esta forma, el tabernáculo tomó el lugar de la tienda de reuniones descrita en Éx. 33:7-11, que se levantaba a las afueras del campamento. Sin embargo, los términos "tabernáculo" y "tienda de reuniones" parecen usarse como sinónimos en el Pentateuco después de que se completó la construcción del tabernáculo.

De acuerdo al texto, las dimensiones del tabernáculo son las siguientes: 45 metros de largo, 22 metros de ancho y 2 metros de alto (Éx. 27:18). Alrededor del tabernáculo había un patio exterior donde se ubicaba un altar para ofrendas quemadas, al igual que una palangana llena de agua para las purificaciones rituales de los sacerdotes. Dentro del cierre exterior del tabernáculo había un candelabro, un altar para incienso y una mesa donde se colocaba el pan de la Presencia. Dentro del templo había un segundo cierre, el sancta sanctorum, donde el arca de la alianza se colocaba bajo las alas de querubines dorados.

Varios tipos de sacerdotes estaban al cuidado del tabernáculo y sus ofrendas, utensilios y equipamiento. Aarón y sus hijos fueron ordenados como sacerdotes ministeriales, que ofrecían sacrificios a nombre del pueblo (Lv. 8-9). Los descendientes de Leví fueron asignados como asistentes de Aarón y sus hijos, divididos de acuerdo a las varias tareas en el cuidado del tabernáculo y sus pertenencias. El trabajo de los coatitas era "cuidar de las cosas más sagradas" (Nm. 4:4), llevando el altar dorado, la mesa de la Presencia, varios utensilios, y vasijas. El trabajo de los gersonitas era llevar las cortinas de la tienda, sus cuerdas, y otros equipamientos (4:21-28). El trabajo de los meraritas era llevar "los marcos del tabernáculo, sus largueros, postes y bases, al igual que los postes del patio circundante con sus bases, estacas para tiendas, cuerdas, todo su equipamiento y todo lo relacionado a su uso" (4:31-32).

Los mandamientos para la construcción del tabernáculo son paralelos a la entrega de la ley de Moisés: uno daba forma a la adoración del pueblo y el otro daba forma a la ética de vivir del pueblo. El preciso detalle de la construcción del tabernáculo enfatiza el asombroso y peligroso poder de la presencia de Dios dentro de la tienda. Tras la construcción del tabernáculo, Dios ya no habitaba en una montaña distante, sino que residía peligrosamente cerca en santa otredad. El asiduo ordenamiento de la adoración del templo proporcionó estabilidad y estructura a la estadía del pueblo en tierra extraña, que era un periodo de incertidumbre y lucha. De hecho, el tabernáculo sirvió como recordatorio tangible de la presencia de Dios y su promesa de viajar junto a su pueblo.

TABITA El equivalente arameo del nombre griego "Dorcas" (ambos significan "gacela"). Una cristiana que vivía en Jope; era bien conocida por sus buenas acciones. Se enfermó y falleció, y Pedro, habiendo escuchado la noticia, vino y la levantó de entre los muertos (Hec. 9:36-42).

TABLA DE LAS NACIONES La genealogía de los hijos de Noé en Gn. 10:1-32, que incluye no sólo individuos sino también nombres de lugares y naciones.

Contexto y propósito. La Tabla de las Naciones sigue el relato de Noé y sus hijos después de que emergieron del arca, desarrollando el tema de que a partir de estos tres hijos "vinieron los pueblos que fueron dispersados por toda la tierra" (Gn. 9:19). La historia de la torre de Babel (11:1-9), ubicada después de la Tabla de las Naciones, también continúa el tema de la dispersión de la población de la tierra, mostrando que ocurrió como un juicio de Dios. Por tanto, el propósito de la Tabla de las Naciones en Gn. 10 es para detallar cómo la familia de Noé se multiplicó y pobló la tierra como Dios quería, y también para explicar cómo esta familia eventualmente se dispersó por el mundo, consistente en muchas lenguas, tribus y naciones.

Aunque el capítulo se presenta como una genealogía de la familia de Noé, no es una genealogía lineal, listando un descendiente por generación con el principal propósito de rastrear ascendencia (como en Gn. 5; 11), sino más bien es una genealogía segmentada, listando múltiples individuos de la misma generación con el fin de identificar afiliaciones políticas, geográficas y étnicas.

Estructura y contenido. Aunque el Gn. 10 primero lista los hijos de Noé como Sem, Cam y Jafet, la genealogía en sí comienza con Jafet (versículos 1-5), luego Cam (versículos 6-20), con Sem al final (versículos 21-31). Este arreglo destaca la importancia de la línea de Sem y anuncia Gn. 11, que revela que Abram descendió de Sem. Cada sección termina con una declaración similar resumiendo cómo cada familia ha sido categorizada por sus clanes, lenguajes, territorios y naciones (10:5, 20, 31).

La Tabla de las Naciones lista catorce jaféticas, algunos del norte de Iran (Madai = Media), Turquía (Javan = Ionios), y las islas mediterráneas (Eliseo en Chipre). Entre los treintaiún descendientes de Cam hay pueblos de Etiopía (Cus), Libia (Put), Egipto (Mizraim) y Canaán. Los veintiséis semitas incluyen parte de Babilonia (Elam), Asiria (Ashur) y la Península Arábica (Joctán).

TABLA En el AT, una traducción sinónima de "tablones" utilizadas para la construcción (Éx. 27:8; 38:7; 1 Re. 6: 9, 15; Cant. 8:9; Ezeq. 27:5, 6; 41:25-26), y en el NT, una traducción alternativa de "tronco" o "viga" de madera mencionado por Jesús en comparación con una mancha de polvo (Mt. 7:3-5, Lc. 6:41-42). Los restos del naufragio de Pablo en el que él y sus compañeros de barco flotaban a salvo en Malta incluían tablones (Hec. 27:44).

TABLETAS Hojas rígidas y planas (placa, bloc o bloque) hechas de piedra, arcilla, madera y, tal vez, bronce, oro y grafito que se mencionan en la Biblia. Los sumerios producían documentos escritos y borradores en tabletas de arcilla tan tempranamente como 2500 a.C. Tres significados pueden aplicarse: (1) las tablillas de piedra, y sus reemplazos, sobre los que Dios escribió los Diez Mandamientos entregados a Moisés en el Monte Sinaí (Éx.24:12; 34:1-4, 27-29; Dt. 10:1-5; Heb. 9:4); (2) tabletas ordinarias para escritura hechas de arcilla o madera (Ez. 4:1; Lc. 1:63); (3) figurativamente, una tableta del corazón, en la cual está escrita la ley de Dios (Prov. 3:3; 7:3; Jr. 17:1; 2 Cor. 3:3).

TABOR Una montaña en Baja Galilea, al suroeste del Mar de Galilea y al norte de Cerro de Moré y el Monte Gilboa. La ubicación estratégica de Tabor y su facilidad de fortificación la llevaron a convertirse en una destacada ubicación militar a través de la historia, incluyendo su fortificación por Josefo durante la revolución judía. En Jue. 4:1-15 Débora le dice a Barac que vaya al Monte Tabor y luego dirija un ataque desde Tabor contra los hombres de Siserá, que son derrotados. En Jue. 8:18 Monte Tabor también es mencionado cuando Gedeón confronta y mata a Zeba y Zalmuna, dos reyes madianitas. Oseas usa la frase "una red extendida desde Tabor" para ilustrar su juicio contra Israel (Os. 5:1).

El "gran árbol de Tabor" (KJV: "planicie de Tabor"; NRSV: "roble de Tabor") se refiere a un lugar donde Samuel instruyó a Saúl que se encontrara con tres hombres que estaban en camino a Betel (1 Sm. 10:3). *Véase también* Roble de Tabor.

TABRET *Véase* Timbrel.

TABRIMÓN Hijo de Hezión y padre del Rey Ben-Hadad de Siria (1 Re. 15:18).

TABURETE DE NACIMIENTO Por tradición, se refiere a dos rocas gemelas en las que las matronas sentaban a las mujeres para el trabajo de parto. El término aparece una vez en la NRSV (NVI: "parto"), que es una palabra hebrea traducida ('abenayim) y que literalmente significa "dos piedras" (Éxodo 1:16). Sin embargo, la misma palabra hebrea significa "torno" en Jeremías 18:3, lo que sugiere que el entendimiento obstétrico podía ser metafórico.

TACHAS Diez veces en Éxodo la KJV traduce el plural de la palabra hebrea qeres como tachas, refiriéndose a los ganchos o broches que unían las cortinas individuales del tabernáculo en una unidad (Éx.26:6 [2×], 11 [2×], 33; 35:11; 36:13 [2×], 18; 39:33).

TACHÓN, PESADO La palabra "pesado" (NRSV, RSV, ESV) o "tachones" (KJV) aparece solamente en Job 15:26 en la descripción del escudo con el que una persona malvada "con actitud desafiante se lanza contra" Dios. Los tachones son protecciones convexas. Aquí, "pesado" o "tachones" es una traducción más bien literal de la palabra hebrea subyacente (gab), pero en algunas versiones modernas se expresa el sentido del texto al interpretar el hebreo de una manera menos literal como "resistente" (NVI, NET) o "macizo" (LBLA [que es una combinación de las palabras hebreas para "tachones" y "grueso"]).

TACMONITA Nombre de familia de Joseb-Basenet, jefe de los poderosos guerreros de David (2 Sm. 23:8). Si su ancestro Hacmoni es mencionado en 1 Cr. 27:32, entonces la forma hacmonita (2 Cr. 11:11) es probablemente correcta.

TADEO, JUDAS Uno de los doce apóstoles (Mt. 10:3; Mc. 3:18). Judas Tadeo también era llamado "Judas, hijo de Santiago" (Lc. 6:16; Hec. 1:13) o "Judas (no Judas Iscariote)", cuyas únicas palabras registradas aparecen en Juan 14:22.

TADMOR Una ciudad construida en el Desierto de Siria entre Mari y Damasco. Fue fortificada por Salomón, probablemente como parte de su control de importantes rutas de intercambio entre Palestina y Mesopotamia (2 Cr. 8:4). Algunos manuscritos hebreos leen Tamar en 1 Re. 9:18 como Tadmor (así también en NIV). El lugar fue renombrado Palmira durante el periodo helenístico y fue destruida por los romanos en el siglo tres AD.

TAHAFNEHÉS Una transliteración hebrea de un nombre de lugar egipcio para un puesto militar bordeando Sinaí (*véase* Jr. 2:16; 46:14).

Monte Tabor.

La palabra significa "la fortaleza de Penhase" o "la casa de los nubios". Penhase era un general tebeo que sofocó una rebelión en el Delta del Nilo (siglo once a.C.). Tras la destrucción de Jerusalén, un grupo de israelitas deseaba escapar a Tahafnehés. Jeremías aconsejó en contra de la idea, advirtiendo que Nabucodonosor eventualmente llegaría de Tahafnehés, y profetizando que, si el pueblo permanecía en esa tierra, Dios les otorgaría misericordia. Sin embargo, los judíos no escucharon y huyeron hacia Egipto, llevándose a Jeremías con ellos. Fue en Tahafnehés que Jeremías terminó su carrera profética (Jr. 42:19; 43:7-9; 44:1). Ezequiel también incluyó esta ciudad en su oráculo contra Egipto (Ez. 30:18 [NRSV, KJV, ESV: "Tehaphnehes"]). La ubicación de la ciudad se asocia con Daphnai (Tell Al Dafna, cerca de Lago Mazala en noreste del Delta).

TAHÁN **(1)** Tercer hijo de Efraín, ancestro del clan tahanita (Nm. 26:35). La lista paralela en 1 Cr. 7:20 lee Tahat. **(2)** Un ancestro de Josué (1 Cr. 7:25).

TAHANITAS Clan de los descendientes de Tahán, tercer hijo de Efraín (Nm. 26:35).

TAHAS Tercero de los cuatro hijos de Nacor y su concubina Reúma (Gn. 22:24).

TAHAT **(1)** Un levita, el hijo de Asir y un ancestro de Samuel (1 Cr. 6:24, 37). **(2)** Un efraimita, el hijo de Bered (1 Cr. 7:20). **(3)** Un efraimita, el hijo de Elada (1 Cr. 7:20). **(4)** Un campamento de los israelitas durante la travesía en el desierto del éxodo (Nm. 33:26-27).

TAHPENÉS Una reina egipcia cuya hermana era la esposa del rey edomita Hadad, enemigo de David y Salomón. Tahpenés destetó al hijo de Hadad (su sobrino), Guenubat, en la casa del Faraón en Egipto (1 Re. 11:19-20).

TAHREA Tercero de los cuatro hijos de Miqueas, que era un descendiente del Rey Saúl (1 Cr. 9:41). En 1 Cr. 8:35 su nombre se escribe "Tarea".

TAHTIM-HODSÍ Una de las regiones listadas en el censo de David. David envió a Joab y a sus comandantes de ejército a realizar un censo de los hombres que combatían en Israel. Después de viajar a través de Jazer, los hombres fueron a "Galaad y la región de Tahtim-Hodsí" y luego continuaron hacia Dan-Jaán y Sidón (2 Sm. 24:5-6).

TAJEAR El acto de cortar la piel en un ritual de duelo (Jr. 41:5; 47:5) o como parte de una religión pagana (1 Re. 18:28). En la NIV, se menciona como "cortarse" o "rajarse" a uno mismo.

TALENTO *Véase* Pesos y Medidas

TALITHA KOUM *Véase* Talithá Kumi.

TALITHÁ KUMI La versión de KJV y RSV de las palabras de Jesús en Marcos 5:41 a la hija de Jairo. La NIV, siguiendo una tradición manuscrita diferente, lee "Talitha koum". La frase aramea subyacente, talyetha' koumi, literalmente significa ¡Pequeña, levántate! El agregado de Marcos de "Yo te digo" al parafrasear transmite precisamente el sentido de orden. Mateo y Lucas también registran la sanación de la hija de Jairo por Jesús (Mt. 9:23-26; Lc. 8:49-56), pero sólo Marcos incluye las palabras que Jesús dijo en arameo.

TALLAR "Tallar" es picar, cortar o tallar algo. En la KJV, el término se aplica a madera para la construcción (Jr. 6:6), piedra usada para los Diez Mandamiento (Éx. 34:1, 4; Dt. 10:1, 3), roca de una cantera (2 Cr. 2:2) o ídolos (Hab. 2:13). En la NIV se aplica exclusivamente a roca y usada en paralelo con "cortar" (Is. 22:16; 51:1). La KJV también usa el término "talladores" para representar un grupo de hábiles trabajadores que cortaban madera para usarla en proyectos de construcción (NIV: "talador, leñador"). *Véase también* Trabajador de la madera.

TALMAI **(1)** Uno de tres líderes anacenos (con Ahimán y Sesai), mencionados primero en el recuento de la misión de los espías a la tierra prometida en la región alrededor de Hebrón (Nm. 13:22). Uno de los espías, Caleb, los echó de la región (Js. 15:14). Sin embargo, deben haber retomado el área porque también son descritos como siendo expulsados del área por hombres de Judá después de la muerte de Josué (Jue. 1:10). **(2)** Rey de Gesur (una región en la parte baja de los Altos del Golán), cuya hija Maaca se casó con David. El matrimonio selló una alianza política, pero Absalon, el hijo David y Maaca, huyó hacia Talmai para refugiarse después de matar al primogénito de David, Amnón (2 Sm. 3:3; 13:37; 1 Cr. 3:2).

T

TALMÓN **(1)** Un portero sacerdotal en el periodo postexílico temprano (Esd. 2:42; Neh. 7:45). Él y sus socios fueron estacionados en el este en la Puerta del Rey (1 Cr. 9:17). **(2)** Un portero sacerdotal en tiempos de Esdras y Nehemías (Neh. 11:19; 12:25).

TALMUD Etimológicamente, talmud es un sustantivo en la raíz verbal lmd, que puede significar "enseñar" o "aprender". Por ende, talmud es un sustantivo abstracto que significa "estudio" o "aprendizaje", que puede utilizarse en varios sentidos diferentes en la literatura rabínica. En algunos casos, talmud se refiere específicamente al cuerpo de instrucción recibido del antecesor de uno, y en otros casos puede usarse para referirse a las enseñanzas conjuntas de un estudioso en particular.

Más importante, sin embargo, talmud aparece como sustantivo propio refiriéndose a un cuerpo más grande de enseñanza compilado durante los siglos tres a cinco AD y que comprende los comentarios y discusiones de los Amoraim (maestros rabínicos que florecieron entre los años 200 y 500 AD.) acerca de varias enseñanzas halakic (legal) establecidas en el Mishnah (compilación de la tradición oral legal codificada alrededor del año 200 AD.). Por tanto, el Talmud es en muchos aspectos un tipo de comentario del Mishnah, aunque debe notarse que una gran cantidad de material adicional, no relacionado en ningún sentido estricto al contenido del Mishnah, ha sido incluido, particularmente en la tradición babilonia. De hecho, hay dos Talmud distintos, cada uno desarrollado en la región geográfica que le da nombre: el Talmud Babilonio (en hebreo Talmud Bavli, que ha sido ampliamente aclamado como autoritativo, casi desde su compleción) y Talmud Palestino (en hebreo Talmud Yerushalmi, también llamado Talmud de la Tierra de Israel o Talmud del Oeste).

El Talmud Babilonio es por lejos la más larga de ambas compilaciones. Como el Mishnah, se divide en seis "órdenes", cada una libremente organizada alrededor de un área legal particular o preocupación exegética. Las ordenes son designados de la siguiente manera: Zera'im ("Semillas"), Mo'ed ("Estaciones Señaladas"), Nashim ("Mujeres"), Neziqin ("Daño"), Qodashim ("Cosas Sagradas"), y Teharot ("Pureza"), y cada orden esta subdividido en varios temas más específicos. Por tanto, el Talmud Babilonio para su orden Mo'ed considera las siguientes sub secciones (tratados): Shabbat, Eruvin, Pesahim, Yoma, Sukkah, Betzah, Rosh HaShanah, Ta'anit, Sheqalim, Megillah, Mo'ed Qatan, Hagigah. En ediciones modernas, cada subsección está acomodada de manera que párrafos individuales del Mishnah son seguidos por la porción del Talmud que da forma el comentario sobre este. Para ayudar en la lectura, el material talmúdico es generalmente encabezado por la oración individual del párrafo mishnáico en cuestión.

En la tradición babilonia, el material incluido con cualquier sección particular del Mishnah es a veces más expansivo que la sección correspondiente de la tradición palestina. Al menos dos explicaciones pueden ofrecerse para este fenómeno. Primero, las academias babilonias existían mucho antes que las academias palestinas. Por esa razón, el Talmud babilonio fue redactado durante un periodo de tiempo más extendido que el palestino, y como resultado contiene más material. Segundo, ningún cuerpo independiente de literatura haggadica (narrativo, no legal) se desarrolló en Babilonia como sí ocurrió en Palestina. Por esa razón, el material haggadico ha sido incluido en el Talmud Babilonio donde puede haberse considerado innecesario en la tradición palestina.

El Talmud Palestino es más corto que el Talmud Babilonio tanto en términos de número total de páginas como en términos de material mishnaico que alude. Por ejemplo, el quinto orden del Talmud Palestino (Qodashim) ya no existe, y varias sub secciones de Mo'ed, Neziqin, y Teharot faltan de igual manera. Esto porque grandes secciones de la tradición palestina parecen haberse perdido en una etapa muy temprana del proceso de transmisión textual. Por lo tanto, la primera edición impresa del Talmud Palestino termina con el siguiente pronunciamiento: "Hasta este punto, hemos encontrado lo que se contiene en este Talmud, y nos hemos esforzado en vano por obtener las porciones faltantes".

El Talmud Babilonio personifica la tradición rabínica de rica y diversa reflexión sobre la Torah, y así en el judaísmo contemporáneo sigue teniendo incuestionable valor y autoridad para la práctica religiosa y la identidad judía.

TALÓN LEVANTADO La expresión hebrea "levantar el talón", que ocurre en el Sal. 41:9 (KJV; NIV: "volverse contra mí"), representa a un amigo que se ha vuelto enemigo. En Jn. 13:18 (*véase* NIV mg.) Jesús usa la frase para describir a quien lo traicionaría, señalando el evento como el cumplimiento de las Escrituras.

Tamarisco.

TAMAR (1) La hija política de Judá que le dio hijos gemelos, Fares y Zara, perpetuando así la familia de Judá (1 Cr. 2:4). En Gn. 38, Tamar, después de casarse con el hijo mayor de Judá, Er, y luego con su segundo hijo, Onán (ambos muertos por Dios por su maldad), debía casarse con el tercer hijo de Judá, Sela, según la costumbre israelita. Temeroso de que Sela muriese también, Judá se resistió a esta tarea e instruyó a Tamar que viviera como viuda en la casa de su padre.

Cuando Tamar vio que no se le permitiría casarse con Sela, se disfrazó como prostituta y fue abordada por Judá. Otorgándole una promesa, Judá embarazó a Tamar. Cuando se descubrió que Tamar estaba embarazada, se la acusó de actuar inescrupulosamente. Pero revelando la promesa de Judá, Tamar fue declarada por Judá como "más justa que yo" (Gn. 38:26). Tamar es posteriormente mencionada en las Escrituras en una bendición (Rut 4:12) y tiene un lugar en la genealogía de Jesús (Mt. 1:3).

(2) La hija del rey David que fue violada por su medio hermano, Amnón. La violencia ejercida con Tamar fue posteriormente vengada por su hermano, Absalón, quien mató a Amnón (2 Sm. 13). **(3)** La hermosa hija de Absalón (2 Sm. 14:27), tal vez llamada así en honor a su tía. **(4)** Una ubicación en el límite sureste de Judá (Ez. 47:18-19; 48:28). Esta puede ser Hazezón-Tamar (Gn. 14:7), que se convirtió en En Gadi (2 Cr. 20:2). *Véase también* Baal-Tamar.

TAMARISCO Un pequeño arbusto o árbol con pequeñas hojas y ramas delgadas común en las regiones desérticas y útil como sombra y madera. Abraham plantó un árbol de Tamarisco como señal de su alianza con Abimelec (Gn. 21:33). Los Tamariscos también se usaban como punto de referencia identificando las ubicaciones donde Saúl y sus oficiales se reunían durante su persecución de David (1 Sm. 22:6) y donde los huesos de Saúl y Jonatán fueron enterrados en Jabes (31:13). El fruto del Tamarisco es la posible fuente del maná que los israelitas comieron en el desierto.

TAMIZ Un implemento tipo rejilla usado en tiempos

bíblicos para separar el grado de detritos como piedrecillas (esto es, tamizar). En dos pasajes proféticos (Is. 30:28; Am. 9:9), el juicio divino contra Israel y las naciones es comparado al uso de un tamiz. Esta imagen puede compararse a varias otras descripciones del juicio divino o acciones militares en términos de agricultura (trilla en Is. 27:12; Am. 1:3; Mt. 3:12; arado en Miq. 3:12; segado en Jr. 9:22) o viticultura (podado en Is. 18:5).

TAMMUZ Una deidad babilonia. Yahneh, el Dios de Israel, reveló la extensión de la apostasía de Judá a Ezequiel en varias visiones, incluyendo una en la que ve mujeres "llorando al dios Tammuz" (Ez. 8:14). La aparentemente enigmática referencia era una clara acusación de idolatría y falta de confianza en Yahveh. En la mitología, Tammuz (Dumuzi babilonio) muere, y su esposa, la diosa Inanna, desciende al inframundo para traerlo de vuelta. En su ausencia la tierra está en aflicción y carece de fertilidad (invierno), pero su regreso trae la restauración (primavera). Las mujeres lloraban su partida en un ritual anual.

TANHUMET Un netofatita que era el padre de Seraías. El hijo era capitán de los ejércitos que permanecieron en Judá cuando Gedalías fue nombrado gobernador por los conquistadores babilonios (2 Re. 25.23; Jr. 40:8).

TANIS *Véase* Zoán.

TAÑEDOR En 2 Re. 3:15 la RVA traduce la palabra hebrea menaggen como "tañedor", muy probablemente alguien que sabía tocar el arpa, como lo indica la NTV y otras versiones modernas. Cuando uno de esos músicos tocó para Eliseo, recibió una revelación de Dios (2 Re. 3:15-19). En Mt. 9:23, la RVA usa nuevamente el término para traducir la palabra griega aulētēs, que las versiones más modernas representan correctamente como "flautista" (NVI) o "a los que tocaban flautas". Estos músicos eran contratados como enlutados profesionales para funerales.

TAPHAT Una hija del rey Salomón y esposa de Abinadab, el administrado de Salomón en Nafot-Dor, uno de los doce distritos que proveían comida y provisiones mensualmente para el hogar del rey (1 Re. 4:11).

TAPÚA **(1)** El segundo de cuatro hijos de Hebrón, un miembro del clan de Caleb (hijo de Hezrón) en la tribu de Judá (1 Cr. 2:43). **(2)** Un pueblo en el norte de Sefalá, en uno de los distritos de Judá (Js. 15:34). El pueblo moderno de Bayt Natif, al oeste de Belén se ha sugerido como su ubicación. **(3)** Un pueblo que formaba la frontera norte de Efraín (Js. 16:8). Aunque el pueblo pertenecía a Efraín, la tierra de Tapúa aparentemente pertenecía a Manasés (Js. 17:8). **(4)** Algunas versiones (e.g., NLT) enmiendan Tifsa a Tapúa, el pueblo en el territorio de Tirsa que el rey Menahem destruyó (2 Re. 15:16). Probablemente no debería ser identificado con el Tapúa de Js. 16:8 por su identificación con Tirsa en 2 Re. 15:16, que no distaría mucho de Efraín. *Véase también* Bet Tapúa; En Tapúa; Tifsa.

TARALA Una ciudad en el territorio adjudicado a Benjamín (Js. 18:27). La ubicación exacta es desconocida, pero probablemente se encontraba al noroeste de Jerusalén.

TARÉ **(1)** El padre de Abram (Abraham), Nacor y Harán (Gn. 11:24-32). Después de la muerte de Harán en Ur, Taré y su familia viajaron a la ciudad de Harán donde falleció a los 205 años de edad. Él era pagano (Js. 24:2), tal vez un adorador de la luna, porque su nombre está relacionado a la palabra hebrea para "luna", y tanto Ur como Harán son conocidos como antiguos centros de adoración lunar. Abram solo se trasladó tras la muerte de su padre (Hec. 7:4), sugiriendo que Abram, aunque listado primero entre sus hijos, no era el hijo mayor, teniendo solo setenta y cinco años a la fecha (Gn. 12:4). **(2)** Un campamento israelita en el desierto (Nm. 33:27-28).

TAREA Tercero de cuatro hijos de Micaías y en descendientes del rey Saúl (1 Cr. 8:35). En 1 Cr. 9:41 su nombre se escribe Tahrea.

TARGUM Una traducción del AT del hebreo al arameo. En el período del exilio y de allí en adelante, el arameo fue el idioma dominante en antiguo mundo del Oriente Próximo. Este es el lenguaje diario que los judíos finalmente adoptaron, y así surgió la necesidad de traducir el AT a este nuevo idioma. La forma verbal de Targum significa traducir o explicar, y en ejemplo temprano de ello tal vez se encuentra en Neh. 8:8, donde la ley fue leída a la comunidad postexílica en hebreo y "traducida" o "explicada" al pueblo. Hay numerosos Targumes que datan de antes del tiempo de Cristo hacia el periodo medieval. Como traducciones, algunos de estos Targumes también incluían material externo con la intención de explicar el texto mismo. Por ejemplo, el Targum del Pentateuco, conocido como Targum Pseudo-Jonatán, es aproximadamente dos veces el largo de la versión hebrea. Esto da testimonio de la función explicativa de la tradición targumina. Los Targumes también son un componente importante del estudio del NT, ya que nos ayudan a obtener una percepción del judaísmo en días de Jesús.

TARPELITAS En Esdras 4:9 la transliteración de la KJV del término arameo tarpelaye' en la lista de oficiales que enviaron la carta contra Jerusalén a Artajerjes. Algunas versiones modernas traducen la palabra como "oficiales" (e.g., ESV, NRSV; NIV: "administradores"), mientras otras los describen como gente de Trípolis (e.g., HCSB, MSG).

TARSIS La palabra hebrea tarshish se refiere a una piedra preciosa (NIV: topacio; Éx. 28:20: Ez. 1:16). El nombre de la piedra probablemente proviene de su lugar de origen, (*véase* Nº4, a continuación). Tarsis también es usado como nombre. **(1)** Hijo de Javán, nieto de Jafet, y bisnieto de Noé (Gn. 10:4; 1 Cr. 1:7). **(2)** Hijo de Bilhán, nieto de Jedial, y bisnieto de Benjamín (1 Cr. 7:10). **(3)** Uno de los siete príncipes de Persia y Media que tenía acceso a la presencia del rey Asuero y le aconsejó encerrar a la reina Vasti por su rechazo a obedecer la orden del rey de aparecer en el banquete (Est. 1:14).

(4) Un lugar frecuentemente mencionado en el AT. Salomón entabló una relación de intercambio con Tarsis (1 Re. 10:22 NRSV, NASB; 2 Cr. 9:21 NRSV, NASB), y es descrita como una fuente de metales preciosos como oro y plata (Jr. 10:9; Ez. 27:12). Su ubicación es desconocida, pero está asociado con islas (Sal. 72:10 NRSV, NASB) y con la huida de Jonás por barco desde Jope en el Mediterráneo (Jn. 1:3). Tanto Tartessos en el suroeste de España y la isla de Cerdeña han sido sugeridos como lugares posibles.

La frase "barcos de Tarsis" (Sal. 48:7; Is. 23:1) puede hacer referencia a una flota procedente de Tarsis o más genéricamente a un tipo de carguero mercante en buen estado para navegar. Por eso a veces es traducida por la NIV como "barcos mercantes" (1 Re. 10:22; 22:48).

TARSO La capital de la provincia romana de Cilicia y lugar de nacimiento de Pablo (Hec. 9:11; 21:39; 22:3). Cuando algunos judíos helenísticos intentaron matar a Pablo en Jerusalén, este fue enviado a Tarso por su seguridad (9:30). Bernabé, quien había sido enviado por la iglesia de Jerusalén a Antioquía, fue desde allí a Tarso buscando a Pablo, lo encontró y lo llevó de vuelta a Antioquía (11:25).

TARTAC Una deidad adorada por los avvitas, un pueblo que los asirios enviaron a reasentarse en Samaria después de que los israelitas fueran deportados (2 Re. 17:31). Tartac probablemente es una corrupción intencional del nombre Atargatis, la diosa-pez de Siria (como a veces era retratada) y consorte de Hadad.

TARTÁN El título de un alto oficial en el ejército asirio (2 Re. 18:17 NRSV), tal vez un "comandante en jefe" (ESV) o "comandante supremo" (NIV) (Is. 20:1).

TÁRTARO En mitología griega y romana, Tártaro es un lugar en el Hades o inframundo donde los malvados son enviados como castigo. El nombre Tártaro aparece en algunas versiones españolas de 2 Pe. 2:4 (e.g., HCSB; *véase* NIV mg.) basándose en una transliteración del término griego, pero la mayoría de las traducciones lo presentan como "infierno". Este versículo describe el lugar donde Dios envió a los ángeles cuando pecaron, probablemente aludiendo al aprisionamiento de ángeles en Tártaro relatado en 1 Enoc (esp. 20.2). *Véase también* Infierno.

TATENAI Un gobernador persa de las tierras al este del Éufrates durante el reinado de Darío I, como da testimonio un texto cuneiforme del año 502 a.C. En 1 Esdras 6-7, es llamado Sisinnes. Junto con Setar-Bozenai y otros oficiales, Tatenai escribió a Darío para inquirir si los judíos tenían permiso para reconstruir su templo (Esd. 5:6-17). Darío no solo ordenó permitir a los judíos reconstruir, sino que además ordenó ayudar a proveer lo que fuera que los sacerdotes requiriesen (6:1-12). Tatenai y sus asociados responsablemente siguieron las instrucciones de Darío (6:13).

TEATRO Un gran edificio o arena que alberga entretenimiento, audiencias públicas y otros eventos públicos. Aunque rara vez se menciona en la Biblia, los teatros eran un accesorio importante en la cultura grecorromana. La palabra griega theatron, de la cual se desarrolló la palabra inglesa "theater", aparece dos veces en Hec. 19:29-31, cuando los compañeros de viaje de Pablo, Gayo y Aristarco, son empujados al centro de un disturbio en el teatro de Éfeso. La única otra ocurrencia de theatron en la Biblia es en 1 Cor. 4:9, donde Pablo habla metafóricamente de los apóstoles como un "espectáculo" ante el mundo, ángeles y gente. Además, el verbo relacionado theatrizō ("avergonzar públicamente") aparece una vez en Heb. 10:33, donde el autor relata el juicio de los justos.

Los teatros llegaron a Palestina con la llegada de la cultura griega. Según Josefo, Herodes el Grande había construido tanto un teatro como un anfiteatro en Jerusalén, que aparentemente causó cierto descontento entre los líderes judíos. Pero a pesar de la idolatría, violencia y lascivia de los teatros, su influencia fue generalizada. Incluso Pablo cita de la comedia griega Thais (1 Cor. 15:33). Cada ciudad antigua de importancia tenía un teatro, al igual que muchas ciudades pequeñas. Típicamente estos eran construidos en una colina para ahorrar en costos de construcción. La mayoría eran semicirculares con asiento en terrazas y un escenario que tenía como telón de fondo una gran estructura decorada. Muchos de estos hitos antiguos aun pueden ser vistos a través de la región mediterránea.

TEBA (1) El mayor de cuatro hijos de Nacor con su concubina Reúma (Gn. 22:24). **(2)** Un pueblo perteneciente al rey Hadadezer de Zoba, de donde David tomó una gran cantidad de bronce después de derrotar al rey (1 Cr. 18:8). Algunas versiones siguen el texto hebreo, que

El teatro griego en Alejandría, Egipto.

tiene la variante del nombre Tibhath (NRSV, NASB, ESV, KJV), mientras otras sustituyen Teba (NIV, NLT).

TEBALÍAS El tercer hijo de Hosa, descendiente de Merari. Era un levita asignado para ser guardián de la puerta después del exilio (1 Cr. 26:11).

TEBAS Este pueblo es el moderno Luxor de hoy en Egipto, aproximadamente cuatrocientos ochenta y dos kilómetros al sur de El Cairo. Segunda en importancia y tamaño sólo ante Memphis, emergió primero como significativa alrededor del año 2000 a.C. Conocida como "la Ciudad" y "la ciudad de Amón" (una deidad egipcia), fue saqueada por los asirios en el año 663 a.C. (cf. Nah. 3:8, 10), y se predijo un juicio mayor (Jr. 46:25-26; Ez. 30:14-16).

TEBET El décimo mes del calendario hebreo (diciembre-enero) (Est. 2:16).

TEBEZ Una ciudad fortificada de Manasés cerca de Siquem. Después de quemar la torre de Siquem, Abimelec atacó Tebez, donde cierta mujer dejó caer su piedra de moles en su cabeza, rompiendo su cráneo e hiriéndolo críticamente (Jue. 9:50-54). Él entonces ordenó a su escudero que lo matara por miedo a que una mujer recibiese el crédito por su muerte.

TECHO *Véase* Arquitectura; Casa.

TECOA Un pueblo en el territorio de Judá aproximadamente doce kilómetros al sur de Belén, tal vez en el lugar moderno de Khirbet et Tuqu'. Tecoa se asocia con hezronitas (1 Cr. 2:24; 4:5), como el hijo de Hezrón (que era nieto de Judá) era el líder o padre de Tecoa. Jeremías 6:1 indica que estaba al sur de Jerusalén. La traducción griega de Js. 15:59 puede referirse a Tecoa en asociación con Belén. Roboam la incluyó en una línea de fortificaciones defensivas (2 Cr. 11:6).

Tecoa es el lugar de nacimiento de Ira, uno de los poderosos guerreros de David (2 Sm. 23:26). Es más conocida como el lugar de nacimiento de Amos, el pastor y cuidador de sicomoros-higueras convertido en profeta para el reino del norte de Israel (Amos 1:1; 7:14). Tecoa también era el lugar de origen de una sabia y habilidosa mujer que Joab reclutó como parte

Sitio de la bíblica Tecoa. La ciudad palestina de Tuqu 'está en el fondo.

solicitante a David para que restaurara a Absalón después de que mató a Amnón (2 Sm. 14).

TECOÍTA Una persona de Tecoa, un pueblo al sur de Belén, incluyendo a Ira el guerrero (2 Sm. 23:26), Amos, el profeta (Amos 1:1), y la sabia mujer de Joab (2 Sm. 14:1-20).

T

TEHINA Un descendiente de Judá, hijo de Estón y padre de la ciudad de Ir Nahas (1 Cr. 4:12).

TEÍSMO ABIERTO La visión de que la relación de Dios con el mundo es abierta y dinámica a medida que adapta su voluntad al libre albedrío de la humanidad. El amor es el atributo más importante de Dios, que se expresa por su compromiso con la libertad de la humanidad. El amor de Dios puede ser rechazado, pero este es el riesgo que asume para preservar el libre albedrío. Dios es omnisciente porque Él conoce exhaustivamente todo lo que se puede conocer, pero esto no incluye los actos futuros de las criaturas libres. El futuro está abierto, incluso para Dios.

El ser humano coopera con la voluntad de Dios para guiar la historia. Dios no es la máxima explicación de todo lo que sucede; las decisiones y acciones humanas también hacen una contribución importante. La historia es el resultado combinado de lo que Dios y sus criaturas deciden hacer. En lugar de percibir el curso completo de la historia humana en un momento atemporal, Dios va conociendo los eventos a medida en que ocurren. Las intenciones de Dios están sujetas a revisión en base a las acciones de sus criaturas.

Los opositores de la teología abierta sostienen que contradice las definiciones clásicas de la inmutabilidad, la omnisciencia y la omnipotencia de Dios. Los oponentes también ilustran cómo la profecía predictiva que a menudo se encuentra en las Escrituras niega la afirmación del teísmo abierto de que el conocimiento de Dios sobre el futuro no existe.

TEJEDOR, TEJIDO *Véase* Hilado y Tejido.

TEJIDO Una estera hecha de pelo de cabra (1 Sam. 19:13, 16 DHH, NVI). Esto podría ser una prenda tejida o simplemente una maraña de pelo de cabra entrelazada.

TEJÓN DE ROCA En Lv. 11:5; Dt. 14:7 la NRSV traduce la palabra hebrea shapan como "tejón de roca". El término hebreo se refiere al damán (la traducción de NIV), un mamífero del tamaño de un conejo que se encuentra en la región mediterránea; aunque parece un roedor, es un animal ungulado. *Véase también* Damán.

TEJÓN La palabra "tejón" no aparece en la NVI, pero se puede encontrar en otras traducciones: en la Biblia KJV existe una (mala) traducción de takhash que en la NVI se interpreta como "cuero duradero" (por ejemplo, Éxodo 25:5), donde también la palabra shapan se traduce como "conejo" (NRSV, NET) en vez de "damán" como se escribió en la NIV (por ejemplo, Levítico 11:5). La palabra shapan se refiere al damán sirio, que calza perfecto con la descripción de un animal herbívoro que aparece en las rocas masticando constantemente. *Ver también* Damán; Cuero.

TEKEL *Véase* Mene, Mene, Tekel, Parsin.

TEL ABIB *Véase* Tel Aviv.

TEL ASSAR Una ciudad de "el pueblo de Edén" cuya destrucción fue aludida en la carta de Senaquerib a Ezequías. La carta de Senaquerib sirve tanto como advertencia como para burlarse de Ezequías para que se inclinase hacia rendirse y alejarse de la fe en Dios (2 Re. 19:9-13).

TEL AVIV Una ciudad "cerca del río Kebar" donde Ezequiel se quedó con exiliados babilonios durante siete días. La experiencia pareció profundamente conmovedora para él: "Me senté entre ellos durante siete días—profundamente atribulado" (Ez. 3:15). La ubicación del Tel Aviv bíblico y el río Kebar son desconocidas.

TEL DAN, INSCRIPCIÓN DE En 1992 y 1994 fragmentos de una inscripción fueron descubiertos en un uso secundario en complejo de puerta israelita en Dan. Fechado en el siglo nueve a.C., el texto está en arameo y representa al rey de Damasco, cuyo dios era Hadad. Reivindica su responsabilidad en la muerte de Jehoram de Israel y Ocozías de la "casa de David". La inscripción da crédito por la muerte de estos reyes al rey de Siria, aunque el texto bíblico indica que fue Jehú (2 Re. 9:14-29). Esto no era inusual para inscripciones del antiguo Oriente Próximo; el rey de Siria puede haber pensado en Jehú como un vasallo. La inscripción sí menciona Jehú, hijo de Omri al final. Aunque se ha alegado por una minoría de académicos que "casa de David" debería leerse como "casa del amado", esta última lectura no calza en el contexto militarista.

TEL MELAH Una ubicación desconocida en Babilonia desde donde algunos exiliados regresaron a Judá en el año 539 a.C. o cerca de esa fecha, algunos de los cuales están listados como incapaces de establecer sus conexiones genealógicas con Israel (Esd. 2:59; Neh. 7:61). El nombre Tel Melah, que significa "ruina de sal", puede indicar el tipo de lugar en el que vivían en Babilonia. El geógrafo Ptolomeo lo identificó como Thelma cerca del Golfo Pérsico.

TÉLAH Un ancestro de Josué, era un efraimita, el hijo de Resef y padre de Tahán (1 Cr. 7:25).

TELAIM Una ciudad en el sur de Judá, tal vez cerca de Edom, donde Saúl llamó y numeró sus tropas antes de atacar a los amalecitas (1 Sm. 15:4). La LXX lee Gilgal, pero esto puede ser un ejemplo de la tradición de cambiar el nombre de un lugar a una ubicación más fácilmente asociada con el héroe. *Véase también* Telem.

TELARAÑA El tejido sedoso hilado por una araña como una trampa es usado como una metáfora negativa para la inconsistencia y/o entrampamiento malicioso (Job 8:14-15; Is. 59:5-6). Más generalmente, "telaraña" se refiere a una malla para enmarañar o red (Job 18:8).

TELAR Aunque el uso de los telares se extendió ampliamente en los tiempos bíblicos, las referencias bíblicas proporcionan pocos detalles, por lo que debemos confiar principalmente en la evidencia arqueológica y antropológica. Había esencialmente dos tipos de telares, el horizontal y el vertical. La horizontal era más antigua y más común. Consistía en dos vigas atadas a cuatro clavijas clavadas en el suelo. La torcedura se extendía entre ellas. El telar vertical consistía en dos vigas verticales y una horizontal. En el telar vertical, la urdimbre estaba colgada de la viga horizontal y tensada por una bola perforada de arcilla o piedra, llamada "peso del telar". A medida que la urdimbre se mantenía tensa en el telar, el hilo horizontal -la trama, o entramado- pasaba por encima y debajo de sus hilos. Esta es la imagen que surge de la historia de Sansón y Dalila. Dalila intenta tomar la fuerza de Sansón tejiendo su cabello

Telar vertical reconstruido con pesas de telar.

en la urdimbre del telar. Luego lo sujeta con un alfiler de telar (Jue. 16:13). Es probable que algunas de las piezas artísticas discutidas en Éx. 35:35 se hicieron con un telar, demostrando el talento artístico de la gente en esos días.

TELASAR *Véase* Tel Assar.

T

TELEM **(1)** Un guardián de la puerta levita, contemporáneo de Esdras, entre aquellos que se casaron con mujeres extranjeras (Esd. 10:24) y luego las envió lejos tras el cautiverio. **(2)** Una forma alternativa de "Telaim", una ciudad en el sur de Judá, cerca de la frontera con Edom (Js. 15:24). *Véase también* Telaim.

TEL-HARSA Uno de los pueblos babilonios donde los judaitas se asentaron durante el exilio (Esd. 2:59; Neh. 7:61). Los exiliados de estos pueblos salieron para volver a Judá con Nehemías (Esd. 2:1-2; Neh. 7:6). Cuando volvieron a Israel, algunos de sus residentes fueron incapaces de probar que descendían de Israel. La ubicación es desconocida, pero probablemente se encuentra al sur de la ciudad de Babilonia, entre los ríos Tigris y Éufrates.

TELL EL-AMARNA *Véase* Amarna.

TELL Un asentamiento en forma de montículo. Un tell (o tel) es el resultado de niveles sucesivos de estructuras construidas en la misma ubicación. La palabra es un componente común en nombres de lugares.

TEMA **(1)** Un hijo de Ismael (Gn. 25:15; 1 Cr. 1:30) que estaba asociado con un oasis del mismo nombre. **(2)** Una importante ciudad/oasis comercial en el norte de Arabia en el cruce de caminos de tres importantes rutas de intercambio (Job. 6:19). La ciudad es mencionada en Isaías (Is. 21:14, posiblemente concerniente a Tiglat-pileser III) y Jeremías (Jr. 25:23, tal vez en referencia a Nabucodonosor). Nabonido, el último caldeo o rey de Babilonia, hizo de la ciudad su sede central durante diez años (553-543 a.C.) y dejó a su hijo, Belsasar, para que gobernara Babilonia en su lugar (Dn. 5). El oasis se identifica como el moderno Taima, aproximadamente trescientos cincuenta y cuatro kilómetros al sureste de Aqaba.

TÉMAH Uno de los ancestros de los sirvientes del templo (netineos) que regresó a Jerusalén después de cautiverio babilonio bajo el liderazgo de Zorobabel en el año 539 a.C. o cerca de esa fecha (Esd. 2:53; Neh. 7:55). El hecho de que muchos nombres en la lista sean extranjeros ha llevado a la creencia de que originalmente fueron prisioneros de guerra y presionados al servicio realizando tareas domésticas asistiendo a los levitas.

TEMÁN **(1)** El primero de los cinco hijos de Elifaz, un nieto de Esau, un jefe entre los edomitas (Gn. 36:11; 1 Cr. 1:36). **(2)** Una ubicación en Edom (¿derivada del nombre personal?) a veces, pero sin certeza identificada con el moderno Tawilan, cerca de Petra. Era conocido como un centro de sabiduría (Jr. 49:7), y el amigo de Job, Elifaz que no debe identificarse con el Elifaz ya mencionado, era un hombre sabio de Temán (Job 2:11). Como una ciudad de Edom, Temán a veces era el objeto de oráculos de juicio (Jr. 49:20; Ez. 25:13; Am. 1:12; Ab. 9). Habacuc recuerda la marcha de Dios desde Teman, tal vez pensando en la travesía por el desierto (Hab. 3:3).

TEMANITA El nombre del clan de los descendientes de Temán o los habitantes de Temán (Gn. 36:34; 1 Cr. 1:45). Uno de los amigos de Job, Elifaz, era un temanita (Job. 2:11). Teman, en el área sur de Edom, tenía una reputación por sabiduría (Jr. 49:7).

TEMENI Un judaita, el tercero de cuatro hijos nacidos de Asur y Naara (1 Cr. 4:6).

TEMPLANZA *Véase* Autocontrol.

TEMPLO DE JERUSALÉN *Véase* Jerusalén, Templo de

TEMPLOS PAGANOS *Véase* Dioses Paganos; Lugares Altos.

TENEDOR Un instrumento doble cuyos tipos incluyen uno similar a la moderna horqueta, aquellos usados en el ritual sacrificial (1 Sm.

2:13-14), una herramienta de granja usada para aventar el grano (Is. 30:24; Jr. 15:7; Mt. 3:12; Lc. 3:17).

TENTACIÓN DE JESÚS La narrativa más enfocada de la tentación de Jesús sigue a su bautismo, pero los Evangelios no han aislado la tentación de Jesús a un solo evento. Más bien, como Marcos 8:33; Lucas 22:28, y otros textos indican, Jesús conoció tentaciones a través de su ministerio (cf. Heb. 2:18; 4:15). Referencias en el Evangelio de Juan, que no contiene relato de la tentación de Jesús en el desierto, sugieren lo mismo (Jn. 6:15; 7:1-4).

Los tres Evangelios Sinópticos colocan la narrativa de la tentación inmediatamente después del bautismo de Jesús. Discusiones sobre si este evento fue real o meramente visual, uno que Jesús describió a sus discípulos, o uno que ellos crearon en base a dichos misceláneos tras la muerte de Jesús para hacer un paralelo con Dt. 8:2, indudablemente continuará. Como los Sinópticos relatan el evento, Marcos lo reduce a un versículo (Mc. 1:13), donde Mateo y Lucas dan relatos detallados, delineando en tres actos la lucha entre Jesús y Satanás. Mateo y Lucas relatan estas acciones en secuencia diferente, posiblemente debido al interés de Lucas en Jerusalén y el templo o su deseo de usar el Sal. 106 como su guion (maná, becerro dorado, prueba de Dios [cf. Lc. 4:1-13]). Mateo retrata una progresión, culminando en un despliegue del verdadero carácter de Satanás, después de lo cual Jesús termina los ataques de Satanás y lo envía lejos con una cita clarificador de Dt. 6:13: "Adora al Señor tu Dios, y sírvelo solo a él" (Mt. 4:1-11). Opuesto al primer Adán, quien cayó en la tentación de dejar de confiar en Dios, el segundo Adán, Jesús, conquistó su tentación con una afirmación que la adoración de Dios debería permanecer sin división.

La ubicación de la tentación de Jesús al inicio de su ministerio, inmediatamente siguiendo a su bautismo, habla de la significancia del evento. Los tres Evangelios Sinópticos enfatizan que el Espíritu de Dios guió a Jesús al desierto para ser tentado por el diablo. No hay una distinción clara entre prueba y tentación; Dios usa la tentación de Satanás para probar a Jesús. La ubicación en el desierto como el terreno de prueba preparatorio para la extraordinaria usabilidad en el reino de Dios sigue el motivo del desierto que corre a través de las Escrituras (e.g., Abraham, Moisés, Israel) y coloca a Jesús directamente en el centro de la historia de la salvación de Dios. Jesús cumple la promesa mesiánica de Dios.

La esquina suroeste del Monte del Templo, a veces se sugiere como el pináculo del templo donde Satanás tentó a Jesús.

Introducir dos de las tres tentaciones a través de una afirmación de la filiación divina de Jesús le da al evento un fuerte carácter mesiánico (los dichos de Satanás son mejor comprendidos como afirmaciones [“Ya que tú eres el Hijo de Dios...”] que como preguntas [“Si tú eres el Hijo de Dios...”]). Ya que Jesús sabe que él es el Hijo de Dios, él es tentado para desobedecer por su propio beneficio (cf. Gn. 3:4-6).

Ningún lector familiarizado con las historias del AT puede dejar de notar la forma en que las tentaciones de Jesús paralelizan importantes eventos del AT. No sólo intenta el diablo tentar a Jesús para satisfacer sus necesidades personas a través del mal uso de su poder, como se hace obvio de la respuesta de Jesús al citar Dt. 8:3, pero también intenta persuadir a Jesús de desplegar un poder que replica el milagro del maná de dios en el desierto. Además, la conexión entre su primera tentación para comer lo que no debe comer y la tentación original para comer el fruto prohibido (Gn. 3) parece demasiado obvia para no verla.

La segunda tentación de Jesús en Mateo (la tercera de Lucas) retrata a Satanás llevando a Jesús al punto más alto del templo para observar desde arriba el Valle de Cedrón, donde una caída significaría la muerte segura. Desde aquí, el diablo cita el Sal. 91:11-12, dando base bíblica para su trampa. El carácter simbólico de este escenario resulta poderoso. Satanás desafía a Jesús a probar la fidelidad de Dios a su palabra en el contexto del templo. Si Jesús no puede confiar en la promesa de Dios de proteger a su pueblo incluso en el templo, entonces su misión sería vana. Nuevamente, la referencia a la tentación original, Satanás citando (mal) el propio escenario de Dios establece el escenario para el retrato de la respuesta de Jesús. A diferencia del primer Adán, Jesús desarma el esquema de Satanás exponiendo el error de confundir la promesa de Dios de proteger aquellos que tropiezan y caen con un acto deliberado y diseñado para forzar la mano de Dios. Eso sería probar (tentar) a Dios, lo cual expresamente prohíben las Escrituras (Dt. 6:16). Ya sea que la citación de Jesús de Dt. 6:16 hable directamente de su propia auto comprensión, es incierta y también improbable.

Mateo termina su relato de la tentación con Jesús sobre una alta montaña, mirando desde arriba los reinos del mundo, donde Satanás le ofrece autoridad sobre el mundo a cambio de la adoración de Jesús. No hay ninguna reflexión acerca de si estos reinos eran de Satanás para entregar, y no hay nombramiento específico de Jesús como el Hijo de Dios (aunque una sutil referencia al Sal. 2 es probablemente para hacer eco en la mente del lector [*véase* Mt. 3:17]). La referencia de Mateo a una montaña (Mt. 4:8), que Lucas no menciona (Lc. 4:5), corresponde a su motivo de montaña y funciona aquí para paralelizar la ubicación del encargo a los discípulos de Dios de llevar el reino de Dios a todas las naciones (Mt. 28:16-20), haciéndolos transferir su adoración a Dios. En vez de adorar a Satanás, Jesús conquista la tentación de Satanás y, como el segundo Adán, trae de vuelta a las naciones a adorar a Dios (Mt. 4:10).

TENTACIÓN En español, una distinción entre las palabras tentación, prueba y juicio (o tribulación) parece aparente. Sin embargo, el sustantivo griego bíblico peirasmos y el verbo peirazō traducen a estos sustantivos y los verbos relacionados, dejando solo el contexto para determinar el significado. En la comprensión de las Escrituras, la tentación se relaciona directamente con prueba o juicio.

Negativamente, las biblias españolas eligen tentación y tentar como la traducción adecuada para peirasmos y peirazō, respectivamente. El diablo, o Satanás, es el origen; el propósito es incentivar el pecado y devastar la relación humana con Dios (Mt. 4:1 parcial; 1 Cor. 7:5; Gal. 6:1; 1 Tim. 6:9; Sant. 1:13). Satanás personifica este propósito como el tentador (Mt. 4:3; 1 Tes. 3:5).

Positivamente, la palabra española prueba parece adecuada. Dios prueba a su pueblo para revelar la calidad del compromiso de su fe (Gn. 22:1; Éx. 15:25; Jue. 2:22; Gal. 4:14). Cuando Dios prueba a sus enemigos, resulta en un endurecimiento de sus corazones (Éx. 14:4). Cuando Dios prueba a su propio pueblo, puede parecer un juicio (Is. 6:9-10; cf. Mc. 6:52; Heb. 3:8; 4:7). El NT ve una conexión directa entre las palabras peirazō y dokimazō ("probar, aprobar") y usa una para explicar la otra (2 Cor. 13:5-7; Sant. 1:2-3, 12).

Neutralmente, juicio (o tribulación) traduce el significado. Las personas pueden enfrentar juicios en su camino cristiano (Hec. 20:19; 2 Cor. 8:2; Sant. 1:2, 12; 1 Pe. 1:6) que puede o no llevar al pecado (Mt. 26:41; cf. Dn. 12:10). La sexta posición de la Plegaria del Señor (Mt. 6:13 // Lc. 11:4) presupone la comprensión de que Dios es soberano sobre todas las circunstancias humanas y, por lo tanto, tiene el poder para protegernos de juicios que pueden llevar a la tentación y caída. La oración de Jesús en Getsemaní sigue la misma suposición (Mc. 14:38).

Esta interconexión en la comprensión bíblica entre tentación, prueba y juicio permite explicar algunos textos inherentemente difíciles. No puede haber una clara distinción entre tentación y prueba; Dios puede usar la tribulación de alguien como una prueba para afirmar la fe, mientras que Satanás usa lo mismo como una vía para la tentación para cometer pecado. Un excelente ejemplo del AT es el texto paralelo en 2 Samuel y 1 Crónicas que describe a David como probado por Dios (2 Sm. 24:1) y tentado por Satanás (1 Cr. 21:1) respecto a realizar un censo en Israel.

Cuando los humanos tientan/prueban a Dios, lo provocan para probar su poder (Éx. 17:1-7) al actuar como si no existiera (Sal. 14:1). La firme prohibición de Dios contra esto (Dt. 6:13-16) la expone como una violación de su relación con los humanos (Mt. 4:7; Hec. 5:9; 15:10).

TEÑIDO El arte de aplicar tinturas para colorear textiles de manera permanente. La Biblia con frecuencia habla de materiales teñidos, aunque no del proceso de teñido en sí. Mientras muchos colores de tintura se obtenían de plantas, animales y minerales, la Biblia por lo general se refiere a los colores azul, escarlata y púrpura. Estos tres colores figuraban prominentemente en el tabernáculo israelita temprano y vestuario sacerdotal (Éx. 25-28; 35-39). También se usaron en el templo del rey Salomón (2 Cr. 2:7, 14) y para la realeza (2 Sm. 1:24; Est. 8:15).

La antigua fuente del color azul, de acuerdo al Talmud, es una misteriosa criatura marina, el hilazon. La identidad exacta del hilazon es desconocida, aunque algunos judíos creen que es la única fuente verdadera para la tintura de sus chales de oración (Nm. 15:37-40).

El escarlata proviene del gusano kermes, que puede encontrarse en varios árboles de roble en Israel. Una vez secos, los huevos de la hembra o las subsiguientes larvas son aplastadas, produciendo unas pocas gotas de un rico color rojo.

El púrpura era el más valioso y caro de los tres colores debido al esfuerzo involucrado en la producción y la calidad de la tintura (cf. Lam. 4:5; Dn. 5:7; Lc. 16:19; Ap. 18:12). También llamado "púrpura de Tiro" o "púrpura imperial", la tintura provenía de la apestosa carne del murex y moluscos púrpuras. Cada espécimen producía una escasa cantidad de la preciosa sustancia púrpura. Y mientras imitaciones más baratas se produjeron eventualmente, ninguna podía rivalizar la calidad o durabilidad de la tintura que literalmente valía su peso en oro.

TEOCRACIA Una forma de gobierno que reconoce la soberanía de Dios. Dios funciona como el rey supremo en toda área de la historia bíblica, sin importar la forma de gobierno humano.

En el libro del Deuteronomio, la teocracia se indica en afirmaciones de que Yahveh es el comandante en jefe de Israel. Yahveh va por delante de la gente y pelea batallas en su lugar (1:30, 33; 3:22; 7:1, 22-24; 9:3-5; 11:23). Un pasaje importante que anticipa la monarquía prescribe que Dios elige al rey humano (17:15). Ese rey no debería llevar a la gente de vuelta a Egipto ni acumular caballos, esposas o riquezas (17:16-17). Más bien, el rey debe mantener la ley de Dios con él y debe "leerla todos los días de su vida para así aprender a venerar al Señor su Dios y seguir cuidadosamente todas las palabras de su ley… y no considerarse mejor que sus compañeros israelitas" (17:19-20).

El libro de los Jueces recuenta una serie de líderes que fracasaron en mantener el ideal teocrático del Deuteronomio. Tanto las tribus como los líderes "hicieron el mal a los ojos del

Señor" (2:11; 3:7, 12; 4:1; 6:1; 10:6; 13:1). Los capítulos finales de los Jueces dicen, "En aquellos días, Israel no tenía rey; todos hacían lo que les parecía" (17:6; 21:25; cf. 18:1; 19:1). Estos estribillos muestran que Israel necesitaba un rey humano que ayudara a las personas a hacer lo correcto (en vez del mal) "a los ojos del Señor". Israel debe mantener la teocracia para evitar la opresión extranjera.

El mismo tema está en juego en el relato del alzamiento de Saúl a la soberanía. La petición de los israelitas por un rey es problemática, no sólo porque desean ser "como todas las naciones", sino también porque desean un rey humano que fuera delante de ellos a pelear sus batallas (1 Sm. 8:5, 20). Al pedir un rey que actúe como comandante en jefe, ellos efectivamente suplantan a Yahveh y rechazan la teocracia (1 Sm. 8:7; 10:19; 12:12). De acuerdo con el Deuteronomio, Samuel explica que tanto el rey como el pueblo deben temer, servir y obedecer a Yahveh si van a experimentar bendición (1 Sm. 12:14-15, 25; cf. Dt. 17:19-20). Ya que Saúl fracasa en mantener la teocracia, Dios lo rechaza como rey (1 Sm. 13:14; 15:11, 23, 26-28, 35) y busca un hombre que cumpla su propio criterio de soberanía (13:14; cf. 15:28). Que David tiene una adecuada perspectiva de la autoridad de Dios es evidente en declaraciones como "la batalla es del Señor" (1 Sm. 17:47). David especialmente reconoce la soberanía del Dios al instalar el arca en Jerusalén y deseando construir un templo (2 Sm. 6-7), acciones que llevaron a la alianza davídica (7:4-17).

La alianza davídica es fundacional para la teología bíblica del reino de Dios. Numerosos salmos son dedicados a la soberanía de Dios (Sal. 2; 20; 21; 47; 93; 145), y profecías escatológicas revelan mucho acerca el rey/reino mesiánico (Is. 9; 11; Jr. 23; 30; 33; Ez. 37; Dn. 2; 7; 9; Miq. 5; Zac. 9; 14). El NT muestra que el reino de Dios ha llegado en parte con la primera venida de Jesús, pero espera su total consumación en la segunda venida (Mt. 3:17; 12:28; Mc. 1:14-15; Lc. 17:20-21; Hec. 1:6-8).

TEOFANÍA Una aparición de Dios. La palabra "teofanía" no se encuentra en la Biblia; sin embargo, para comienzos del siglo cuatro AD, el término había comenzado a usarse en referencia a Dios. Eusebio, obispo de Cesarea en la época, usa el término (griego theophaneia) en referencia a las apariciones de Dios a personas como aquellas relatadas en Gn. 18:1-5, 25; 32:28-30; Éx. 3:4-6; Js. 5:13-15 (Hist. eccl. 1.2.10). Este significado de "teofanía", haciendo referencia al fenómeno bíblico de la aparición de Dios, es el sentido de la palabra que aquí se considera.

TEOFANÍA es una palabra compuesta, relacionada a la palabra griega theos (por lo general traducida como dios o Dios) y phainō (con frecuencia traducida como aparecer). La Biblia dice en muchas partes Dios "apareció" (e.g., Gn. 12:7; 17:1; 18:1; 26:2, 24; 35:9; 48:3; Éx. 3:16; 4:5; Dt. 31:15). Por ejemplo, en Gn. 18:1 dice que "el Señor se apareció" a Abraham. Varios otros pasajes hablan de personas que vieron a Dios (Gn. 32:30; Éx. 24:10; Is. 6:1). Por ejemplo, Is. 6:1 dice que Isaías "vio al Señor". "Aparecer" y "ver" por lo general reflejan formas diferentes del mismo verbo hebreo.

Cercanamente relacionado a estas apariciones están las declaraciones que describen la presencia y gloria de Dios dentro de una nube y en la tienda o templo de Dios. Durante el éxodo de Israel de Egipto, "de día el Señor iba delante de ellos en una columna de nube", guiándolos (Éx. 13:21). Cuando posteriormente Moisés construye el tabernáculo o tienda de reunión, una nube la cubre, y la gloria de Dios llena el tabernáculo (40:34). Dios típicamente habla a Moisés desde el tabernáculo (Éx. 33:7-9; Nm. 1:1; 7:89).

Posteriormente, cuando el tiempo es dedicado, "la nube llenó el templo del Señor" (1 Re. 8:10). Esta nube se asocia con la gloria de Dios, y donde Dios dice que Él residirá (8:11-12). En el libro de Ezequiel, Dios abandona el templo debido a los pecados de Israel, de manera que la nube y la gloria de Dios se van (Ez. 10:4). A través de la Biblia, la presencia local de Dios se indica regularmente por el tabernáculo y posteriormente por el templo, porque este es el lugar donde todas las ofrendas se dan a Dios, y donde las personas vienen ante él.

En la Biblia, una aparición de Dios no limita a Dios a un solo lugar. Salomón dice durante la dedicación del templo que incluso los cielos no pueden contener a Dios, mucho menos el templo que Salomón ha construido (1 Re. 8:27). La omnipresencia de Dios es igualmente expresada por el salmista (Sal. 139:7-8).

Dios no siempre aparece en la misma forma en las teofanías. El ángel del Señor aparece en el fuego de un arbusto ardiente, diciendo que él es el Dios de Abraham (Éx. 3:2-6). En otras partes, el ángel del Señor es descrito como un hombre, pero luego asciende al cielo en la llama de un altar (Jue. 13:3-13, 20). Juan describe a Dios sentado en un trono (Ap. 4:1; 5:1). En otros pasajes, Dios está presente localmente y habla, sin aparecer explícitamente, lo que puede clasificarse como una teofanía (Nm. 22:9, 20; 23:16; Mc. 1:11; 9:7; Jn. 12:28).

A pesar de estas teofanías, algunos pasajes bíblicos establecen que las personas no pueden ver a Dios. Sin embargo, pueden referirse a limitaciones humanas prácticas más que a una característica inherente de Dios mismo. En el Éxodo, por ejemplo, Dios le dice a Moisés que nadie que ve el rostro de Dios puede vivir (33:20). Sin embargo, Dios luego le dice a Moisés, sin ver el rostro de Dios, "verá mi espalda" (33:23). El pasaje completo indica que Dios puede verse más completamente, pero sólo con resultados fatales. Varios pasajes del NT indican de manera similar que Dios no puede ser visto completamente (Jn. 1:18; 4:24; 1 Tim. 1:17; 6:15-16; Heb. 11:27).

Así como Dios residió en el tabernáculo, en ocasiones mostrando su gloria, el NT dice que la Palabra de Dios fue hecha para vivir en la carne (encarnada) como Jesucristo y así revelar la gloria de Dios (Jn. 1:14). Esta Palabra de Dios es la misma palabra que creó todas las cosas en Gn. 1 y, por tanto, es genuinamente Dios (Jn. 1:1-3).

TEÓFILO La persona a quien Lucas dedicó tanto su Evangelio como el libro de los Hechos (Lc. 1:3; Hec. 1:1). El nombre significa "amigo de Dios" o "amado de Dios" y era común en el mundo grecorromano. Algunos afirman que el nombre es una referencia simbólica al lector cristiano genérico, pero es más probable que Lucas estuviese dirigiendo su trabajo a un individuo específico conocido por él. El uso del título "excelentísimo Teófilo" podría indicar que era de una alta posición social, o puede simplemente ser un saludo que Lucas usa para indicar respeto o admiración.

TEOLOGÍA, BÍBLICA *Véase* Biblia, Métodos de Estudio (Teología Bíblica).

TERAPHIM Los teraphim son ídolos hogareños que varían en tamaño y propósito. Raquel los escondía de Labán sentándose sobre ellos (Gn. 31:19-35). Es claro que Labán los valoraba mucho, posiblemente por su poder percibido de adivinación (30:27). Cuando David huyó de los hombres de Saúl, Mical puso teraphim en su cama con pelo de cabra en la cabeza (1 Sm. 19:11-16), indicando tamaño sustancial y levantando la pregunta acerca de por qué David poseía teraphim. Los detalles de ambos incidentes sugieren que estos objetos eran vistos por los autores con desprecio.

Los teraphim se asociaban con la falsa adoración y adivinación (2 Re. 23:24; Ez. 21:21; Zac. 10:2). Cuando Samuel condenó la desobediencia de Saúl, él comparo los teraphim al pecado de adivinación (1 Sm. 15:23). El altar del efraimita Miqueas incluía un efod y teraphim (Jue. 17:5; 18:14-31). Oseas también conectó los teraphim con el efod (Os. 3:4) en la lista de íconos cúlticos y nacionales de los cuales Israel fue despojado.

TERCIO Tercio se dirige directamente a los cristianos romanos en Rom. 16:22 como el amanuense de Pablo, el que "escribió esta carta". Él es el único amanuense de Pablo que se nombra. El nombre latino de Tercio y su saludo en primera persona a la iglesia de Roma sugiere que era un miembro de la congregación.

TEREBINTO Nombre de una especie de árbol usado para traducir el hebreo 'elah, con frecuencia traducido como "roble". Ambos, el roble y el terebinto son árboles grandes que viven mucho tiempo. Bajo este tipo de árbol Jacob enterró los ídolos del hogar de Labán (Gn. 35:4), Dios se le apareció a Abraham (Gn. 18:1), el ángel del Señor se le apareció a Gedeón (Jue. 6:11), los huesos de Saúl y sus hijos fueron enterrados

(1 Cr. 10:12), y varios dioses paganos fueron adorados (Os. 4:13; Ez. 6:13).

TERES Uno de los dos eunucos que cuidaban la puerta del rey Asuero de Persia y tramó un asesinato del rey que fue descubierto por Mardoqueo y lo reportó a la reina Ester, su prima. Después de que el plan fue revelado a Asuero, Teres y su coconspirador, Bigtán, fueron ejecutados (Est. 2:21-23).

TERRAZA En 2 Cr. 9:11 la KJV traduce la palabra hebrea mesillah, de significado incierto, como terraza. Las traducciones griegas y latinas tempranas se refieren a un tipo de peldaño, y la mayoría de las traducciones modernas siguen ese sentido (NIV, NRSV, NASB), aunque la ESV usa "soporte".

TERREMOTO En Palestina ha habido aproximadamente diecisiete temblores principales registrado en los últimos dos milenios. Una de las principales fuentes de estos temblores se cree que se origina del Valle del Rift del Jordán. En la antigüedad, los temblores eran vistos como eventos temerosos porque las montañas, que representan durabilidad eterna, se perturbaban. La confesión de fe se pronuncia en asociación con tales fenómenos ("No temeremos, aunque la tierra ceda" [Sal. 46:2]). En temblor debe haber causado gran impacto en la época de Amos ("dos años antes del temblor" [Am. 1:1; cf. Zac. 14:5]).

Un temblor tiene muchos significados simbólicos. Primero, el poder de Dios y su divina presencia se manifiestan a través de este (Job 9:6; Sal. 68:8; Ag. 2:6). Acompañaba revelaciones teofánicas (Éx. 19:18; Is. 6:4; 1 Re. 19:11-12) cuando la gloria del Señor apareció (Ez. 3:12). Su presencia divina se sintió especialmente cuando ocurrieron temblores durante la época de la crucifixión y la resurrección de Jesucristo (Mt. 27:54; 28:2). Llevó al centurión a confesar de Cristo, "¡Ciertamente, era el Hijo de Dios!" (Mt. 27:54). El poder de la salvación de Dos se representa cuando un temblor viene en el momento apropiado, como cuando liberó a Pablo y Silas de prisión (Hec. 16:26).

Segundo, se usa en el contexto del juicio de Dios (Is. 13:13; Am. 9:1; Nah. 1:5). Se convierte en un símbolo del enojo y la ira de Dios (Sal. 18:7). Dios trajo temblores sobre el pueblo para destruir el mal en el mundo y castigar a aquellos que habían pecado contra Él (Nm. 16:31-33; Is. 29:6; Ez. 38:19). La actividad tectónica posiblemente explica el trasfondo para la historia de Sodoma y Gomorra (Gn. 19:24).

Tercero, se dice que los temblores precederán el final de los tiempos (Mt. 24:7; Mc. 13:8; Lc. 21:11). En el libro apocalíptico del Apocalipsis, los temblores son eventos regulares (Ap. 6:12; 11:13, 19; 16:18).

TERROR *Véase* Miedo; Miedo de Isaac.

TERRORISTAS *Véase* Asesinos.

TÉRTULO Un abogado traído por Ananías y algunos de los ancianos a Cesarea para presentar el caso contra Pablo ante el gobernador romano, Félix (Hec. 24:1-8). El consistente uso de Tértulo de la primera persona del plural puede indicar que él también era judío, aunque también puede ser un reflejo de su técnica profesional como abogado de los judíos. En su discurso, Tértulo comienza halagando a Félix y luego pasa a retratar a Pablo como un alborotador, "incitando disturbios entre los judíos por el mundo" (24:5). Siendo una molestia pública, un perturbador de la paz, y un líder de la secta de los nazarenos, todas serias acusaciones en la ley Romana. Sin embargo, la subsecuente defensa de Pablo prueba que estos cargos son falsos (24:10-21).

TESALONICENSES, PRIMERA CARTA A LOS En 1 Tesalonicenses, el apóstol Pablo escribe a la iglesia después de su primera visita allí para felicitarla por su fe y fidelidad al Señor y para destacar su buen testimonio a través de las regiones de Macedonia, Acaya y en todas partes. Les instruye acerca de ciertos temas de la vida cristiana, el futuro de los creyentes en la asamblea que ya han fallecido, y la relación de estos creyentes a la venida de Cristo mientras continúan trabajando silenciosamente y esperándolo.

Consideraciones Literarias

El autor del libro es el apóstol Pablo, como se señala en el saludo (1:1). El libro calza con el estilo y vocabulario de Pablo, los padres de la iglesia la aceptaron como paulina, y la descripción de trasfondo histórico ciertamente calza con los que sabemos del libro de Hechos. El libro es aceptado como paulino por todos, excepto los más escépticos. Fue escrito desde Corinto después de que Timoteo se encontró con Pablo allí con un informe acerca del bienestar de la iglesia (3:6). Pablo se había visto obligado a irse después de pasar allí muy poco tiempo (la duración de tres días de Sabbat está anotada en Hechos 17:2), y él estaba preocupado acerca del bienestar de la iglesia. Escrito alrededor de 50 – 52 AD durante el segundo viaje misionero, puede ser la más temprana de las cartas de Pablo (excepto tal vez por Gálatas). Escrito en típico estilo epistolar, el libro incluye el usual saludo y acción de gracias, cuerpo y contenido, y cierre. El tono del libro es agradable. Faltan algunas de las declaraciones agudas y sarcásticas encontradas en algunas otras cartas, particularmente Gálatas y 2 Corintios. Pablo está verdaderamente satisfecho con el crecimiento de esta iglesia, aunque tiene instrucciones para ella.

Escenario Histórico

El apóstol Pablo, en su segundo viaje misionero, había recibido la prohibición de predicar el Evangelio en varias áreas de Asia Menor, y, subsecuentemente, recibió el llamado macedonio para llevar el Evangelio al otro lado del Egeo. Después de ganar a varios para Cristo y haber sido expulsado de Filipos (1 Tes. 2:2), Pablo y sus compañeros misioneros llegaron a la ciudad de Tesalónica, donde Pablo enseñó en la sinagoga durante tres Sabbat. Un número de temerosos de Dios y mujeres creyeron en las enseñanzas de Pablo, pero debido a la oposición de los judíos (que estaban celosos), los misioneros se fueron y se dirigieron a Berea. Se dice que los judíos en Berea eran de mentalidad más abierta que los tesalonicenses, ya que estuvieron dispuestos a verificar el mensaje de Pablo contra las Escrituras (Hec. 17:11). En cuanto a la iglesia en Tesalónica, en este encuentro inicial Pablo había estado con ellos un tiempo muy corto, pero tenía mucho por lo que felicitarlos en su carta. Pablo evidentemente regresó para enseñar a esta asamblea otra vez en su tercer viaje misionero, después de pasar varios años en Éfeso (Hec. 20:1).

Esquema y Contenido

I. Saludo y Acción de Gracias (1:1-10)
II. Defensa de las Acciones Apostólicas (2:1-16)
III. Separación de los Tesalonicenses y Envío de Timoteo (2:17-3:13)
IV. Vida Santa y Trabajo Continuo (4:1-12)
V. El Regreso del Señor Da Esperanza a los Tesalonicenses (4:13-5:11)
VI. Comentarios de Cierre (5:12-28)

I. Saludo y Acción de Gracias (1:1-10). Al iniciar la carta de Pablo, él saluda a la iglesia y destaca sus agradecimientos a Dios por su trabajo y su resistencia en las cosas de Cristo (1:2-5). Pablo felicita a los creyentes por su recepción del Evangelio y en la imitación de la vida y ética que ha fluido de esa recepción. Como consecuencia, Pablo destaca que ellos mismos son ahora un ejemplo para las otras iglesias (1:6-10).

II. Defensa de las Acciones Apostólicas (2:1-16). Pablo destaca su disposición apostólica hacia los tesalonicenses como una de humildad ya que él les ha enseñado el Evangelio (2:1-12). Pablo y sus compañeros misioneros no buscan complacer a los seres humanos, y no hacen lo que hacen por codicia, pero de hecho trabajan noche y día para vivir. Ellos han tratado bien a los tesalonicenses, insistiendo en que vivan de una manera que refleje el reino. Después de aceptar el Evangelio como la Palabra de Dios (2:13), los tesalonicenses han sido perseguidos por aquellos que se oponen al Evangelio. Estos oponentes incurrirán en la ira de Dios (2:14-16).

III. Separación de los Tesalonicenses y Envío de Timoteo (2:17-3:13). En esta sección, Pablo insiste en que, aunque él ha deseado ver a los tesalonicenses, ha sido persistentemente entorpecido por Satanás (2:17-20). Debido a esta prolongada ausencia, Pablo había sido forzado a enviar a Timoteo como su mensajero. Pablo ha hecho esto porque había deseado urgentemente saber de su estado espiritual (3:1-5). Cuando Timoteo regresó con el informe acerca de la fidelidad de los tesalonicenses, Pablo se había alegrado y dado gracias (3:6-10). Pablo destaca que su añoranza por verlo ha sido una alegría para él, y está feliz de conocer su disposición hacia él. Pablo concluye rezando por el incremento de su amor y santidad (3:11-13).

IV. Vida Santa y Trabajo Continuo (4:1-12). Pablo destaca que los tesalonicenses han vivido éticamente, pero quiere recordarles que lo hagan más y más. Deben vivir sus vidas en santificación y honor en vez de en inmoralidad sexual (4:1-8). Deben amarse unos a otros y continuar viviendo en la tranquilidad y paz del trabajo constante (4:9-12). Aunque el Señor vendrá pronto, esta no es razón para abandonar el trabajo. Pablo los instruye a continuar trabajando duro para que no estén necesitados mientras observan y esperan por Cristo (un problema que continúa en 2 Tesalonicenses [3:10-11]).

V. El Regreso del Señor Da Esperanza a los Tesalonicenses (4:13-5:11). De manera de corregir otro malentendido acerca de la venida del Señor, Pablo se dirige al tema de la esperanza futura del creyente. Algunos de los miembros de la iglesia se habían sentido confundidos acerca del destino de los creyentes ahora fallecidos. Pablo los instruye que cuando venga el Señor aquellos que han muerto serán levantados para encontrarse con el Señor con los vivos (4:13-18). Esto debería ser un motivo de consuelo para los creyentes. En cuanto al tiempo de la venida de Cristo, Pablo señala que será repentino y desconocido (5:1-2). Los no creyentes estarán desprevenidos cuando venga sobre ellos la repentina destrucción (5:3). Pero los creyentes que son sensibles a la vida de Cristo y su venida, no deben ser pillados por sorpresa cuando él venga. Esta expectativa debería tener un impacto en la forma en que ahora viven (5:4-9). En cualquier caso, ya sea que los creyentes estén vivos o muertos en Cristo, ambos se reunirán con Él a su venida (5:10).

VI. Comentarios de Cierre (5:12-28). En la parte final, Pablo da las últimas instrucciones éticas a la iglesia. La iglesia debería tener en alta estima a aquellos en posición de liderazgo porque están trabajando arduamente. En unas palabras finales acerca de la oración, la acción de gracias y el trabajo del Espíritu Santo en el creyente, Pablo concluye que los creyentes deberían rehuir todas las formas del mal. Pablo instruye que la carta sea leída a todos los creyentes.

TESALONICENSES, SEGUNDA CARTA A LOS La segunda carta de Pablo a los Tesalonicenses es dirigida a una iglesia agitada por una escatología excesivamente

Ruinas en Tesalónica.

realizada. Considerando que al momento de la primera carta los tesalonicenses estaban esperando el inminente regreso de Cristo (1 Tes. 5:6), para el momento de la segunda carta algunos creían que Cristo ya había venido (2 Tes. 2:2). Debido a esto, algunos estaban dejando su trabajo y dedicándose a la ociosidad (2 Tes. 3:6). El propósito de Pablo, entonces, era corregir su escatología, restaurarlos a sus tareas y reconstruir la confianza en Cristo. Él hace esto enfatizando a Jesucristo como el Señor (la carta es únicamente consistente en el NT en la aplicación del título "Señor" [griego. kyrios] a Jesús) y describiendo dos eventos apocalípticos que deben ocurrir antes de la venida del Señor Jesucristo: la gran apostasía y la aparición del hombre de ilegalidad (2 Tes. 2:3). Los académicos han destacado que Pablo se refiere a Jesús como Señor más frecuentemente en pasajes perentorios y escatológicos. De hecho, aunque breve, 2 Tesalonicenses enfatiza la exhortación y escatología.

Consideraciones Literarias

Autoría y la cuestión del uso de seudónimos. Ya desde 110 AD, Policarpo de Esmirna alude a 2 Tesalonicenses en su carta a los Filipenses (Pol. Phil. 11:4), y tanto Marción como el Canon Muratoriano se refieren a la epístola. Era conocida por Ignacio, Justino Mártir, Ireneo y Tertuliano. En la era moderna, comenzando a fines del siglo dieciocho, la autoría paulina de la epístola fue cuestionada, primero por J.E.C. Schmidt, luego por F.C. Baur, y luego más a fondo por W. Wrede, quien dató la carta a un poco antes de la fecha implicada en la carta de Policarpo.

Comparación de 1 y 2 Tesalonicenses. El caso para autoría seudónima depende ampliamente en una comparación entre 1 Tesalonicenses y 2 Tesalonicenses. Las cartas comparten un número de similitudes en lenguaje, estilo y contenido, incluyendo un saludo de fraseo similar (1 Tes. 1:1; 2 Tes. 1:1-2), expresiones de agradecimiento (1 Tes. 1:2; 2:13; 3:9; 2 Tes 1:3; 2:13), plegarias intercesoras, (1 Tes. 3:11; 2 Tes. 2:16), referencias a la amplia reputación de la iglesia tesalonicenses (1 Tes. 1:1-10; 2 Tes. 1:3-4), la persecución de la iglesia tesalonicense (1 Tes. 2:14-16; 2 Tes. 1:5-10), elección divina (1 Tes 1:4; 2 Tes. 2:13), referencias a un antagonista personalizado ("Satanás" en 1 Tes. 2:18; "el malvado" en 2 Tes. 3:3), la exhortación a evitar la ociosidad (1 Tes. 4:11-12; 5:14; 2 Tes. 3:7-13), una preocupación común por la parusía y su anticipación (1 Tes. 4:13-5:11; 2 Tes. 2:1-11), y un número de similitudes estilísticas (cf. 1 Tes. 3:11 con 2 Tes. 2:16; 1 Tes. 4:1 con 2 Tes. 3:1; 1 Tes. 5:23 con 2 Tes. 3:16).

Además de las similitudes, los que abogan por la autoría con seudónimo han percibido profundas discontinuidades entre las cartas. La pregunta, entonces, es concebir una teoría que explique ambos tipos de características (*véase a continuación*). En 1 Tesalonicenses la parusía es retratada como un evento inminente que acontecerá en cualquier momento, "como un ladrón en la noche" (1 Tes. 5:2), en cambio en 2 Tesalonicenses la suposición básica es que el fin vendrá no inesperadamente sino sólo tras la serie de eventos públicos descritos en 2 Tes. 2:3-4. El tono inminente de 1 Tesalonicenses puede compararse con el de 1 Corintios (una carta paulina indisputada), mientras que la actitud de 2 Tesalonicenses y su aceptación de un retraso indefinido de la parusía no encuentran obvio paralelismo en las otras cartas ampliamente aceptadas como escritas por Pablo, pero han sido descritas como más apropiada a un contexto en el último cuarto del siglo uno, dentro de un ambiente de debate escatológico que dio surgimiento a dos otras disputadas cartas paulinas, Efesios y Colosenses.

Aunque no debiésemos simplemente armonizar las diferencias entre cartas, ni deberíamos exagerar la inminencia de la expectación escatológica en 1 Tesalonicenses, donde, como en 2 Tesalonicenses, Pablo recuerda a sus lectores que de hecho no serán sorprendidos por la parusía (1 Tes. 5:4), aunque, ciertamente, con menor detalle apocalíptico se da en 2 Tesalonicenses. Además, ambas cartas dan abundante atención a la vida en el periodo de anticipación escatológica (2 Tes. 3:1-16), particularmente a la tentación de ociosidad (1 Tes. 4:11-12; 5:14; 2 Tes. 3:7-13).

En 2 Tes. 2:2, el autor advierte contra cartas circulando en nombre de Pablo, pero falsamente atribuidas a él. Como han señalado los proponentes de autoría con seudónimo de 2 Tesalonicenses, este problema es improbable que haya surgido durante la vida de Pablo, ya que él habría podido desacreditar tales cartas. También la firma a mano alzada al final de la carta (2 Tes. 3:17 [el resto de la carta habría sido dictada a un secretario, como en Rom. 16:22]) y el énfasis especial puesto en ella (en comparación a 1 Cor. 16:21; Gal. 6:11; y en una carta paulina en disputa, Col. 4:18) han sido tomados como indicando un intento de engañar, o al menos como consistente con lo que autores seudónimos hubiesen creído necesario para hacer pasar la carta como el trabajo del famoso apóstol. Por supuesto, este argumento depende del hecho de que Pablo realmente firmó algunas de sus cartas genuinas de esta forma, aunque 2 Tes. 3:17 verdaderamente va más allá de otros ejemplos listados como alegato de autenticidad, incluso al punto de levantar sospechas. Por otra parte, si cartas falsamente atribuidas estaban siendo distribuidas durante la vida de Pablo, el énfasis adicional en su marca personal sería necesario.

Finalmente, algunos han descrito un cambio de tono en las dos cartas, de alegría a un tono sombrío. Suponiendo que 2 Tesalonicenses fuese escrita algunos años después de 1 Tesalonicenses y la muerte de Pablo, esto se ha considerado como un reflejo de decepción escatológica durante el intermedio y un reajuste de las expectativas a la realidad de una demora mayor a la anticipada en la parusía. Sin embargo, la diferencia en tono, al igual que la diferencia en énfasis teológico destacada con anterioridad, puede simplemente reflejar diferencias en el conjunto de circunstancias que ocasionaron ambas cartas, y el tono de ambas cartas podría ser interpretado como proveniente de la mente de un solo autor.

Relación entre 1 y 2 Tesalonicenses. Considerando similitudes y diferencias juntas, los proponentes de autoría con seudónimo juzgan que las diferencias teológicas, lingüísticas y estilísticas son sustantivas y reales y reflejan tanto un lapso significativo en tiempo y el trabajo de dos autores distintos. En esta visión, la larga lista de similitudes indica solamente que 2 Tesalonicenses es más bien una estudiada imitación de 1 Tesalonicenses.

Si Pablo escribió ambas cartas, ¿por qué habría repetido tanto de su primera carta en la segunda y hacerlo dentro de un relativamente corto lapso de tiempo? Como alternativas a la teoría de autoría con seudónimo, varias propuestas se han adelantado para explicar este comportamiento inesperado, incluyendo la idea de que las cartas iban dirigidas a dos grupos diferentes dentro de la iglesia de Tesalónica (judíos y gentiles); que cada carta refleja las diferentes contribuciones autorales de los tres emisores de ambas cartas (Pablo, Silas y Timoteo [1 Tes. 1:1; 2 Tes. 1:1]); que una de las cartas fue dirigida privadamente a un grupo restringido dentro de la comunidad; que 2 Tesalonicenses no fue escrita poco después de 1 Tesalonicenses sino más bien tras una segunda visita a Tesalónica (véase Hec. 20:1-2), durante la cual eventos no registrados en Hechos habrían sentado las bases para este énfasis distintivo de la segunda carta; o que revertir la prioridad cronológica de las cartas de manera que 2 Tesalonicenses preceda a 1 Tesalonicenses proporciona un escenario en el cual la autoría paulina de 2 Tesalonicenses puede mantenerse plausiblemente. Actualmente, la autoría de 2 Tesalonicenses sigue siendo materia de disputa entre los estudiosos bíblicos.

Consideraciones teológicas. Aparte de la evidencia interna ya discutida, la teoría de la autoría por seudónimo levanta preguntas teológicas. ¿Cómo afecta la posibilidad de que Pablo no haya escrito esta carta en su autoridad como Escritura? ¿Es el intento de engaño en cuanto a la autoría de la carta consistente con la creencia de que la carta fue divinamente inspirada por un Dios Santo? En términos de la historia de su recepción, 2 Tesalonicenses tiene el más alto linaje y, como se destaca con anterioridad, fue aludida tan tempranamente como a inicios del siglo dos. La autoría paulina del libro y estatus en el canon parecen no haber un tema de disputa en antigüedad. Respondiendo a evaluaciones críticas de la autoría y fecha del libro en la era moderna (y más ampliamente para evaluar otras "epístolas paulinas disputadas"), algunos teólogos evangélicos y estudiosos bíblicos han discutido que la seudografía epistolar no era considerada una práctica respetable en la antigüedad; esto es, tal práctica era considerada equivalente a la falsificación e intento de engañar. La iglesia temprana no habría aceptado en el canon conscientemente alguna carta con autoría por seudónimo y promulgada. A la luz de esta reconstrucción de actitudes antiguas, la propuesta de seudónimo en el caso de 2 Tesalonicenses y otras supuestas cartas paulinas se vuelve un problema teológico significativo.

Al enfrentar este tema, debería notarse que el concepto de autoría era, relativamente, flexible. Es improbable que Pablo escribiese, de su propia mano, ninguna de las cartas en el NT, aparte de agregar su firma al final de 1 Corintios, Gálatas y posiblemente 2 Tesalonicenses y Colosenses. En cada instancia, el grado en el cual el escriba o amanuense contribuyó en el fraseo o contenido de cada carta (*véase* Rom. 16:22) es incierto. En el caso de 2 Tesalonicenses y algunas otras epístolas paulinas, la carta se originó de un grupo de tres socios: Pablo, Silas y Timoteo. Es incierto en qué grado Silas y Timoteo deberían ser considerados como habiendo realzado contribuciones autorales a la carta. Ciertamente, la teoría de autoría con seudónimo de 2 Tesalonicenses llega más allá de cualquiera de esto casos, ya que, como se articula genéricamente, involucra fechar la carta hacia el último cuarto del siglo uno, al menos diez años después de la muerte de Pablo.

En términos del problema teológico anteriormente descrito, una carta escrita en nombre de Pablo bajo tales circunstancias representa un escenario cualitativamente distinto a una escrita por asociados durante su vida, pero finalmente autorizada a consciencia y enviada (y firmada) por el apóstol mismo. Aun así, el rango de significación que conlleva el concepto de "autoría" debería llevar a circunspección al evaluar las implicaciones teológicas de la teoría de autoría por seudónimo. Reducir esta teoría al posible elemento del engaño puede arriesgarse a simplificar demasiado e incluso demonizar las motivaciones y metas del autor seudónimo (*Véase* Seudografía, Seudónimo).

Fecha. Como es obvio de la discusión precedente sobre autoría, la fecha de 2 Tesalonicenses está ligada a la cuestión de la autoría. Si Pablo escribió 2 Tesalonicenses, tiene que haberlo hecho obviamente antes de su muerte a mediados de los sesentas. La primera carta a los tesalonicenses fue probablemente escrita alrededor del año 50 a.C., y 2 Tesalonicenses puede haber sido escrita poco tiempo después, si fue escrita antes de la segunda visita de Pablo a la región de Macedonia (Hec. 20:1-2), durante su estancia en Corinto (18:1-5) o Éfeso. Una segunda visita a la ciudad no se menciona en 2 Tesalonicenses y contrastada con la evidencia de Hechos 18:5 respecto del segundo viaje misionero de Pablo, no podemos aseverar que los tres autores de 2 Tesalonicenses (Pablo, Timoteo y Silas) estuviesen juntos en fecha posterior. Quienes abogan por autoría con seudónimo por lo general datan la carta al último cuarto del siglo uno, de manera de dar un margen de tiempo para el desarrollo de la expectativa escatológica entre las dos cartas, y probablemente también para la colección de las cartas de Pablo en los últimos años para proporcionar el trasfondo de referencia en 2 Tesalonicenses 3:17 a "todas mis cartas". En cualquier caso, debe fecharse con anterioridad a la composición de la carta de Policarpo a los Filipenses alrededor del año 110 AD.

Si se acepta la autoría por seudónimo, entonces dos pasajes de la carta que se refieren a eventos posteriores a la muerte de Pablo pueden dar una data más precisa de composición. Primero, la referencia al "templo de Dios" en 2 Tes. 2:4, si se refiere al templo en Jerusalén, sugeriría una fecha anterior al año 70 AD, cuando el edificio fue destruido. Segundo, algunos han argumentado que la referencias a la revelación del "hombre de ilegalidad" en 2 Tes. 2:3 se refiere a una expectativa de que el emperador Nerón volvería de la muerte. Esto sugeriría una fecha posterior a la muerte de Nerón en el año 68 AD. Ambos pasajes pueden explicarse de otras maneras: la figura del templo de Dios continuó siendo invocada simbólicamente después del año 70 AD, y el "hombre de ilegalidad" es lo suficientemente oscuro para inspirar precaución al identificarlo rápidamente con un personaje histórico.

Esquema

- I. Saludo Introductorio y Acción de Gracias (1:1-12)
  - A. Saludos de Pablo, Silas y Timoteo (1:1-2)
  - B. Acción de Gracias (1:3-10)
  - C. Oración (1:11-12)
- II. La Venida de Cristo (2:1-12)
  - A. Advertencias contra informes que Cristo ha venido (2:1-2)
  - B. El hombre de ilegalidad y la gran apostasía debe venir primero (2:3-7)
  - C. Dios asegurará la destrucción de ambos a través de Cristo (2:8-12)
- III. Exhortaciones (2:13-3:15)
  - A. Acción de Gracias y Oración (2:13-3:5)
  - B. Exhortación a evitar la ociosidad en ellos mismo y otros (3:6-15)
- IV. Oración Final y Bendición (3:16-18)

TESALÓNICA fue fundada alrededor del año 315 a.C. por el general Casandro. La ciudad de Tesalónica se ubica en la costa este de Macedonia, en la orilla occidental del Mar Egeo. La ciudad estaba bien situada para el intercambio, tanto como puerto para naves de alta mar a lo largo del Egeo como para intercambio terrestre a lo largo de la Vía Egnatia. La ciudad está aproximadamente a 123 kilómetros de Filipos, también en la Vía Egnatia y a 515 kilómetros de Atenas en el sur de Grecia. Sin duda el apóstol Pablo viajó de Asia Menor a Filipos para llegar a varias ciudades importantes en esta ruta, pasando por Anfípolis y Apolonia para llegar a Tesalónica, donde la Vía Egnatía giraba hacia el oeste.

Pablo no había sido bien recibido por muchas ciudades de Filipos, y después de ser escoltado fuera de la ciudad, se encaminó a Tesalónica (Hec. 17:1). Como era su costumbre, fue a la sinagoga de los judíos. Pablo sembró una iglesia aquí después de predicar sólo unas pocas semanas. Aunque no sea seguro a partir del relato en Hec. 17 exactamente cuánto tiempo Pablo pasó en Tesalónica, el texto deja la impresión de que su estadía allí fue corta, interrumpida por oposición.

Después de que Pablo fuera tratado mal en Tesalónica, se fue a Berea. Según Lucas, los judíos en Berea eran más nobles que aquellos en Tesalónica porque estuvieron dispuestos a buscar en las Escrituras y probar lo que Pablo les estaba diciendo (Hec. 17:11). De hecho, los líderes judíos en Tesalónica estaban tan molestos por el mensaje de Pablo que siguieron

Moderna Tesalónica.

a Pablo y sus compañeros a Berea para provocar problemas allí (17:13).

Debido a que su visita fue interrumpida, Pablo estaba preocupado acerca de la condición espiritual de la iglesia. Tras enviar a Timoteo a verificar su bienestar, se alegró de saber que su iglesia caminaba fielmente.

Las dos últimas referencias en el NT a Tesalónica destacan que Pablo recibió un regalos de los miembros de la iglesia en Filipos cuando estuvo en Tesalónica (Flp. 4:16), y cuando Demas abandonó a Pablo, se fue a Tesalónica (2 Tim. 4:10).

TESORO, TESORERÍA El tesoro se almacenaba en el templo de Jerusalén y en el palacio (Js. 6:24) y era recogido de botines de guerra (Js. 6:19), de ofrendas (2 Re. 12:4; Mc. 12:41) y de regalos reales (2 Re. 12:18; 1 Cr. 29:3). La tesorería del templo contenía oro, plata y otros metales y piedras preciosas (1 Cr. 29:8). Las tesorerías también albergaban registros escritos (Esd. 6:1). El tesoro se almacenaba en las pequeñas habitaciones que rodeaban el santuario (1 Cr. 28:12; véase también Jr. 38:11) y era custodiado por levitas (1 Cr. 9:26). Se nombran varios tesoreros (1 Cr. 9:26; 26:20, 22; 2 Cr. 25:24). El eunuco etíope que se encontró con Felipe, era un tesorero en la corte de Candace (Hec. 8:27). La tesorería financiaba reparaciones al templo (2 Re. 12:7; Esd. 7:20).

Los reyes invasores frecuentemente saqueaban la tesorería del templo, incluyendo a Sisac de Egipto (1 Re. 14:26), Joás de Israel (2 Re. 14:14) y finalmente Nabucodonosor de Babilonia (2 Re. 24:13; Dn. 1:2), como predijo Jeremías (Jr. 15:13). En otras ocasiones, los reyes de Judá sacaban dinero de la tesorería para pagar tributo a reyes extranjeros (1 Re. 15:18; 2 Re. 12:18; 16:8; 18:15). "Tesorería" también puede referirse a una cuenta privada (Prov. 8:21).

Jesús enseñó que sus seguidores deberían almacenar sus tesoros en el cielo y no en la tierra (Mt. 6:19-21). Los tesoros terrenales serán destruidos con el tiempo o tal vez robados. En este sentido, él urgió al gobernador joven y rico a vender sus posesiones para que pudiese tener "tesoro en el cielo" (Mt. 19:21).

TESTAMENTO *Véase* Pacto.

TESTIGO El término "testigo" ocurre en ambos Testamentos en numerosas ocasiones, con un amplio rango de significados. Un significado común se relaciona a alguien que da testimonio legal y a la legitimidad de ese testimonio (Nm. 35:30; Dt. 17:6; 19:15-16, 18; Prov. 12:17; Is. 8:16, 20). A través del NT el término ocurre principalmente en el contexto de alguien dando testimonio—especialmente Dios—o testificando sobre algo (Rom. 1:9; 2 Cor. 1:23; Flp. 1:8; 1 Tes. 2:5, 10), aunque también tiene una dimensión forense respecto a alguien que establece testimonio legal (e.g., Hec. 6:13; 7:58; 2 Cor. 13:1; 1 Tim. 5:19; Heb. 10:28).

Central al concepto de testigo es su veracidad. Este era un componente vital del concepto de testigo del AT. Así, en procedimientos legales un testigo solitario era insuficiente para establecer el testimonio contra alguien (Dt. 17:6). Este principio continúa en el NT (cf. Mt. 18:16; 2 Cor. 13:1). Tal veracidad era tan significativa que el noveno mandamiento expresamente prohíbe dar falso testimonio (Éx. 20:16; Dt. 5:20; cf. Prov. 19:5, 9).

Decir la verdad no era algo que las personas de Israel estuviesen llamadas a hacer entre ellos. Debían ser los testigos de Dios para las naciones (Is. 43:10; 44:8). Como testigos de la existencia y santidad de Dios, estaban llamados a ser separados de las naciones (Éx. 19:6) y ser una luz para ellos (Is. 49:6). Trágicamente, Israel fracasó en esta responsabilidad y fue considerado "ciego" (Is. 42:19).

El NT continúa el concepto de que el pueblo de Dios debe ser testigo. Juan el Bautista es comisionado "a testificar acerca de la luz" (Jn. 1:7). Es en este contexto que Jesús posteriormente declara ser "la luz del mundo" (Jn. 8:12; 9:5). Jesús mismo es el ejemplo de un "testigo fiel" (Ap. 1:5). Y sus seguidores, a quienes él ha designado como "la luz del mundo" (Mt. 5:14), están entonces llamados a dar testimonio a los confines de la tierra (Hec. 1:8).

"Testigo" también se usa en términos de testimonio legal respecto de lo que uno ha visto. Que los discípulos estaban decididos a establecer ese testimonio legal es evidente en sus estipulaciones que la persona para reemplazar a Judas Iscariote fuese alguien que hubiese estado con Jesús desde el comienzo de su ministerio hasta su asunción, para que "uno de estos debe convertirse con nosotros en un testigo de su resurrección" (Hec. 1:22). Este aspecto forense de testigo aparece en el cierre del Evangelio de Juan: "Este es el discípulo que testifica a estas cosas y que las escribió. Sabemos que su testimonio es verdad" (21:24). Pablo demuestra esta preocupación forense por testigos cuando hace referencia a Pedro, los Doce, y unos quinientos otros y a sí mismo entre los que habían sido testigos de la resurrección (1 Cor. 15:3-8).

Aunque lingüísticamente griega, la palabra martys ("testigo") ha dado surgimiento al término español "mártir", en la época del NT, martys no connotaba el martirio físico. En cambio, es probable que el uso de este término en el libro del Apocalipsis y su asociación con las muertes de aquellos que fielmente fueron testigos de Jesucristo y el Evangelio en la cara de la persecución dieran surgimiento a su aplicación en el sentido técnico de "mártir". A través del Apocalipsis reside una conexión directa entre un cristiano dando testimonio y sufriendo, y tal vez muriendo, como consecuencia de este testimonio. Esto es evidente en la mención de Antipas, que fue martirizado, y es posteriormente designado como "mi fiel testigo" (Ap. 2:13). También, los dos testigos no identificados en 11:1-12, que explícitamente funcionan como testigos, son los sujetos de un ataque y eventualmente son asesinados. Su asesinato ocurre sólo después que han terminado "su testimonio" (11:7).

Es esta asociación de persecución y martirio la que probablemente lleva al uso en el siglo dos del término "mártir" como designación para aquellos que dan testimonio de Cristo hasta el punto de morir. *Véase también* Mártir.

TESTIMONIO En hebreo la palabra para "testimonio" ('edut) tiene un significado legal, describiendo una declaración dada por un observador de un evento en disputa. A veces, especialmente en el libro del Éxodo, la palabra puede referirse a la ley israelita (e.g., Éx. 25:16, 21, 22 [NIV: "ley de la alianza"]). En el NT la palabra griega martys se traduce como "testigo" o "testimonio" y tiene la misma connotación legal que el AT. Aquí el contexto del testimonio es la vida de Jesús y su ministerio. Es por esto que aquellos que mueren por su testimonio son llamados "mártires".

TESTIMONIO, ARCA DEL *Véase* Arca del Convenio.

TETRARCA El gobernador de una cuarta parte del reino. A la muerte de Herodes el Grande, en el año 4 a.C., su reino fue dividido y legado a sus tres hijos. A Arquelao fue asignado la mitad del reino (Judea, Idumea y Samaria), y asumió el título de etnarca. Sus hermanos Herodes Antipas y Felipe eran tetrarcas de Galilea-Perea y Traconítide/Gaulanítide-Iturea, respectivamente (*véase* Mt. 2:22; Lc. 3:1). Herodes Agripa I (Hec. 25:13), por subvención imperial del emperador Claudio, restableció el reino de los judíos en 41 a.C., por tanto terminando la tetrarquía en la antigua Palestina.

TEUDAS Un agitador político, muy probablemente un pretendiente mesiánico, mencionado por el fariseo Gamaliel en Hec. 5:36. En algún momento anterior al año 6 AD, Teudas reunió un grupo de cuatrocientos hombres, pero pronto fue asesinado y sus seguidores se dispersaron. Esto puede haber ocurrido como secuela de la muerte de Herodes el Grande en el año 4 a.C. El historiador judío Josefo también menciona un mago llamado "Teudas", que lideraba un grupo de seguidores al río Jordán en algún momento en 44–46 AD (Ant. 20.97-99). Él y muchos de sus seguidores fueron muertos por los romanos.

TEXTO MASORÉTICO El texto masorético (TM) generalmente se refiere a la Biblia hebraica preservada por un grupo de escribas medievales conocidos como los masoretas (que proviene de una palabra que significa "legar" o "transmitir"). Poco se sabe sobre el origen de los masoretas, pero había dos escuelas: palestina (occidental) y babilónica (oriental). La evidencia de la actividad Masorética es conocida a partir del año 500 d.C aproximadamente. Hacia el siglo X o XI, la actividad babilónica desapareció, y los masoretas occidentales trataron de eliminar cualquier rastro de otras influencias. Los masoretas eran responsables de tres actividades. Primero, transmitían el texto consonántico, y su responsabilidad era preservar con precisión el texto que tenían delante. Incluso cuando la tradición masorética particular difería del texto que tenían delante, en lugar de cambiar el texto para reflejar su propia tradición, añadían notas marginales para alertar a los lectores sobre lo que creían que debería leer el texto.

Segundo, agregaban vocales para preservar las tradiciones vocálicas particulares. La importancia de la vocalización no era sólo para la pronunciación sino también para la traducción, ya que en hebreo las vocales a menudo determinan el significado de una palabra (como en español, las consonantes csr pueden vocalizarse como "casar", "coser", "cesar", etc.). Había tres sistemas vocálicos diferentes: babilónico, palestino y tiberiano (Tiberias, en el mar de Galilea). Algunas de las diferencias eran sutiles, pero las respectivas tradiciones estaban estrechamente protegidas. El sistema tiberiano finalmente suplantó a los otros dos.

En tercer lugar, los masoretas agregaron un sistema de notas marginales y notas finales. La función principal de las notas marginales era para señalar formas inusuales u ocurrencias estadísticas de las palabras. Las notas finales detallan las estadísticas del libro como un todo: cuántos versículos contiene y cuál es el punto medio exacto. Esto servía como control y contrapeso para asegurar la precisión en la copia. Hoy el término "Texto Masorético" también se refiere al texto académico de la Biblia hebraica. Sin embargo, no existe un solo texto que se considere acreditado, por lo que este nombre puede llevar al malentendido de que existe un texto unificado. La Biblia hebraica utilizada por la mayoría de los eruditos bíblicos de la actualidad (Biblica Hebraica Stuttgartensia) se basa en el Códice masorético de Leningrado, fechado en el siglo XI, como es una nueva edición de la Biblia hebraica, Biblia Hebraica Quinta. Lo más importante para los eruditos contemporáneos es que el corpus de textos de los textos masoréticos puede contrastarse y compararse con la colección de MMM y la Septuaginta porque ambos representan tradiciones de la Biblia hebraica anteriores y en ocasiones muy diferentes.

TEXTUS RECEPTUS El Textus Receptus (o Texto Recibido) se convirtió en el texto griego estándar del NT desde su desarrollo original por Erasmo desde los inicios del siglo dieciséis hasta mediados del siglo diecinueve y fue usado virtualmente en todas las traducciones hechas durante este periodo, incluyendo la Versión (Autorizada) de rey Jacobo.

Desarrollo

Aunque el NT fue originalmente escrito en griego, el latín pronto se convirtió en el idioma único del Imperio Romano. Para el siglo cuatro, el idioma griego estaba cada vez más limitado al este o al área bizantina de la iglesia. Para la Edad Media, el conocimiento del griego al igual que la posesión de documentos griegos había ampliamente desaparecido del mundo occidental. Fue sólo con el Renacimiento que el conocimiento del griego fue revivido y los textos griegos del este volvieron a estar disponibles. La reemergencia del griego, en combinación con la nueva tecnología de la imprenta de Gutenberg, hicieron posible el texto griego conocido hoy como Textus Receptus.

El académico del Renacimiento, Erasmo, publicó el primer NT griego impreso en 1516. Erasmo basó su trabajo principalmente en dos

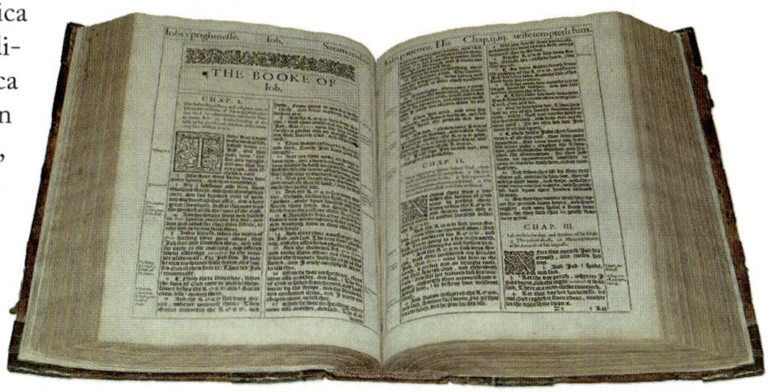

Una copia de la versión de 1611 de la Biblia King James.

manuscritos de los Evangelios y uno de los Hechos y las Epístolas. Él comparó estos con dos o tres otros manuscritos que él tenía. En una de las peculiaridades de la historia, tuvo problemas con los últimos seis versículos del Apocalipsis, donde su manuscrito que incluía el Apocalipsis carecía de la última página. Para poder cumplir con su fecha límite de publicación, Erasmo tradujo los últimos seis versículos del Apocalipsis al griego él mismo desde la popular Vulgata Latina, produciendo un texto totalmente único para estos versículos.

Otro aspecto interesante del trabajo de Erasmo es que él no encontró las palabras "el Padre, la Palabra, y el Espíritu Santo: y estos tres son uno. Y estos tres dan testimonio en la tierra" (KJV) en cualquier manuscrito que él tuviera de 1 Jn. 5:7-8.

Estas palabras habían encontrado un lugar en la Vulgata Latina y eran bien conocidas en los días de Erasmo. Las personas objetaron, y en un momento descuidado, Erasmo respondió que si él podía encontrar un solo manuscrito griego con esas palabras, las incluiría en la siguiente edición. En poco tiempo, alguien tenía un manuscrito griego producido expresamente para Erasmo que incluía estas palabras. (Los estudiosos datan este manuscrito alrededor del año 1520, la fecha exacta de la controversia). Para honrar su promesa, Erasmo incluyó estas palabras en la siguiente edición a pesar de sus claras dudas acerca del sospechoso origen de estas palabras. Estas palabras han continuado hasta hoy en el Textus Receptus, y en traducciones españolas en la Versión del Rey Jacobo y la Nueva Versión del Rey Jacobo.

Durante casi cuatrocientos años, el texto griego de Erasmo pasó por muchas ediciones como el texto griego estándar del NT. En una de estas impresiones, dos editores holandeses, los hermanos Elzevir, incluyeron una nota publicitaria en el prefacio latín de su segunda edición de 1633 conteniendo las palabras "Textus Receptus" ("texto recibido"). Por tanto, este texto originalmente publicado por Erasmo eventualmente se hizo conocido como el Textus Receptus. Aunque la metodología de Erasmo fue apurada y un poco aleatoria, el texto que él produjo estaba sustancialmente en armonía con la mayor parte (80–90 por ciento) de todos los manuscritos griegos (o lo que hoy con frecuencia se llama "Texto Mayoritario").

Surgimiento de Otras Ediciones Griegas

Al pasar los siglos, se descubrieron cientos de manuscritos del NT griego. Una de las historias más interesantes involucra a un académico alemán, Constantin von Tischendorf, quien descubrió el conocido Códice Sinaítico mientras estaba siendo usado lentamente, una página a la vez, para iniciar los fuegos de la cocina en el Monasterio de Santa Catalina del Monte Sinaí. Los académicos han luchado con la pregunta de cómo explicar las discrepancias entre el manuscrito nuevo, especialmente el 10 a 20 por ciento que estaba en desacuerdo con el texto tradicional.

La sentencia de muerte para la amplia aceptación del Textus Receptus ocurrió principalmente a través del trabajo de dos estudiosos británicos, B. F. Westcott y F. J. A. Hort, aunque en muchas formas ellos en realidad construyeron en base al trabajo de otros. Westcott y Hort fueron parte de un grupo organizado para revisar la Versión del Rey Jacobo que produjo la Versión Inglesa Revisada de 1881 y la correspondiente Versión Estándar Americana de 1901. Sin embargo, su principal contribución fue popularizar un enfoque completamente diferente al criticismo textual.

Westcott y Hort desarrollaron una metodología genealógica basada en una clasificación de manuscritos griegos en tres familias: 80 a 90 por ciento de estos manuscritos son bizantinos o siríacos (presumiblemente relacionados al área bizantina del mundo antiguo), 10 a 20 por ciento son manuscritos alejandrinos (asociados con Egipto), y un puñado son manuscritos occidentales (relacionados al centro y al oeste del Mediterráneo).

Luego ellos construyeron un árbol familiar genealógico para ayudarlos a entender las relaciones entre estas tres familias de manuscritos. Su conclusión fue que los manuscritos bizantinos subyacentes al Textus Receptus eran el retoño de los más tempranos manuscritos alejandrinos y alejandrinos y, por tanto, virtualmente irrelevante para descubrir la lectura original del NT griego.

También concluyeron que los manuscritos occidentales eran más idiosincráticos y, por lo mismo, también menos relevantes, así dejándolos con la conclusión de que es más probable encontrar las lecturas originales en los manuscritos alejandrinos. El trabajo de Westcott y Hort está en la base de nuestro moderno Nuevo Testamento Griego crítico y casi todas las traducciones españolas modernas (siendo la excepción la Nueva Versión del Rey Jacobo).

Desde los tiempos de Westcott y Hort, los estudiosos del NT frecuentemente han utilizado una metodología ecléctica, que, aunque no se basa exactamente en la misma teoría de Westcott y Hort, hace suposiciones similares (incluyendo que el Textus Receptus es tardío y poco confiable) y por lo general produce resultados similares.

Una pequeña mayoría de los estudiosos continúa abogando un enfoque de Texto Mayoritario, argumentando que la lectura original es más probable que sea preservada en una cantidad numéricamente mayor de manuscritos, produciendo así un texto similar al Textus Receptus. Unos pocos han ido hasta el extremo de argumentar por un enfoque "solo del rey Jacobo", como si la Versión del rey Jacobo estuviese más inspirada que otras traducciones o incluso que el texto griego subyacente.

TIAMAT En la mitología babilonia (particularmente el Enuma Elish), Tiamat es una diosa, la personificación de las aguas saladas. Los dioses son los retoños de Tiamat y Apsu, las aguas dulces subterráneas. Perturbado por el comportamiento de los dioses, Apsu decidió destruirlos, pero ellos lo mataron primero. Cuando Tiamat intentó tomar venganza, Marduk, el dios babilonio, la mató e hizo la tierra y el cielo de su cuerpo. La disputa entre los dioses muestra que estos no son buenos, y que ningún dios es todopoderoso, rasgos típicos del politeísmo. La lucha contra el caos de las aguas era un tema común en el antiguo Oriente Próximo (e.g., Sal. 89:10; 74:14; 104:26).

TIATIRA Actualmente Akhisar, ubicada cincuenta y seis kilómetros al sudeste de Pérgamo en una planicie entre Lidia y Misia, y sin defensas naturales.

La ciudad destacaba por tener la mayor concentración de gremios en Asia Menor, especialmente sastres, obreros del lino, mercaderes de lanas y tintoreros. La tintura roja era producida localmente de rubia roja. El púrpura, la única tintura que naturalmente no desteñía en la antigüedad, provenía de conchas de murex y era codiciado por los ricos. Lidia, la anfitriona y discípula de Pablo en Filipos, era una mercader de telas púrpura de Tiatira (Hec. 16:14). Los otros gremios significativos de Tiatira incluían pasteleros, curtidores, alfareros, artesanos del cobre y mercaderes de esclavos.

La cuarta de las siete iglesias del Apocalipsis, Tiatira es felicitada por sus buenas acciones, pero criticada por tolerar al falso profesor Jezebel (Ap. 2:18-29).

TIBERÍADES Una ciudad fundada en la costa oeste del Mar de Galilea en el año 20 AD por Herodes Antipas para reemplazar a Séforis como la nueva capital de Galilea. La ciudad fue nombrada en honor al emperador romano Tiberio, el sucesor de Augusto. El Evangelio de Juan menciona Tiberíades sólo de pasada, destacando que las personas de Tiberíades viajaban en botes para buscar a Jesús (Jn. 6:23; cf. referencias al Mar de Galilea como el "Mar de Tiberíades" en Jn. 6:1; 21:1). Herodes construyó la ciudad sobre un cementerio, haciéndola impura, y tuvo que obligar a la gente a establecerse allí. Incluyó a no judíos, pobres, y antiguos esclavos como parte de sus habitantes.

TIBERÍADES era una ciudad cosmopolita pero aún en la infancia de la helenización. La ciudad era gobernada por una polis, o consejo de seiscientos hombres, administrado por un grupo de diez, y encabezado por un líder electo llamado un "arconte". Tenía un ágora, estadio, casa de oración y palacio. Según la literatura rabínica, la ciudad era conocida por su industria pesquera y producción textil (y. Pesah 4.2; b. Sukkah 20b). Durante la Primera Revolución Judía, Josefo hizo Tiberíades la base para su defensa de Galilea (Josefo, J.W. 2.572-73), y Vespasiano perdonó a la ciudad cuando esta se rindió sin resistencia (Josefo, J.W. 3.453-61).

TIBERIO CÉSAR El emperador romano durante el tiempo del ministerio de Jesús, reinó en los años 14 – 37 AD Tiberio fue adoptado por su predecesor, Augusto, en un hecho que pavimentó el camino para que Tiberio ascendiera a la cabeza de imperio. Todas las referencias a "César" en los Evangelios son a Tiberio (excepto Lc. 2:1). La primera mención de Tiberio establece que el ministerio de Juan el Bautista estaba ocurriendo "en el año quince del reinado de Tiberio César" (Lc. 3:1). Es destacable que cada una de las restantes referencias en el Evangelio a Tiberio concierne al tema de pagar impuestos. Los tres Evangelios Sinópticos proporcionan un relato de un debate entre Jesús y ciertos líderes religiosos acerca de pagar impuestos al César, con Jesús indicando que sí deberían ser pagados (Mt. 22:15-22; Mc. 12:13-17; Lc. 20:20-26). En contraste, cuando Jesús posteriormente está en juicio frente a Pilato, la multitud reunida alega que Jesús se opuso al pago de impuestos a Tiberio César (Lc. 23:2).

TIBHAT La ciudad donde David tomó una gran cantidad de botín de bronce, que Salomón posteriormente usó en el templo (1 Cr. 18:8). La ciudad se llama Beta en el relato paralelo (2 Sm. 8:8 NASB, NRSV, KJV; *véase* NIV mg.). Algunos académicos la asocian a Tebas (Gn. 22:24), y la NIV usa Tebas tanto en 1 Cr. 18:8 y 2 Sm. 8:8. *Véase también* Tebas.

TIBIO Una descripción de algo, típicamente del agua, que no es ni caliente ni fría, sino más bien una mezcla templada de los dos. Jesús advierte a la iglesia en Laodicea en el libro de Apocalipsis que su estilo de vida tibio o apático hará que sean escupidos de la boca de Jesús (Apoc. 3:16).

TIBNI Hijo de Guinat. Tras la muerte del rey Zimri de Israel, Israel se dividió en dos facciones, la más fuerte apoyando a Omri para el trono de Israel, la otra apoyando a Tibni (r. 88 –878 a.C.). Tras cuatro años de lucha, la rivalidad terminó con la muerte de Tibni (1 Re. 16:21-22).

TICVA **(1)** Padre de Salum, el esposo de Hulda, la profetisa (2 Re. 22:14). En 2 Cr. 34:22 el nombre es Toqhat. **(2)** Padre de Jahazías, uno de los cuatro hombres que se opusieron al llamado a rechazar esposas extranjeras tras volver del exilio (Esd. 10:15).

TICVA *Véase* Toqhat.

TIDAL El rey de Goim, uno de los cuatro reinos que saquearon Canaán durante la época de Abraham (Gn. 14:1, 9). Después de saquear la región y secuestrar a Lot, Abraham exitosamente los derrotó y recobró lo que se habían llevado. Su nombre ha sido conectado con el nombre de cuatro reyes heteos (Tudhaliya). *Véase también* Goim.

TIEMPO LIBRE El tiempo libre ofrece un respiro del trabajo, los deberes esenciales de la vida, como el empleo remunerado y el mantenimiento de un hogar, para realizar otras actividades. Tales actividades no obligatorias van desde entretenimiento hasta bellas artes, de la relajación pacífica a la actividad física.

Desde el principio, la humanidad estaba destinada a trabajar (Gn. 1:28; 2:15), pero Dios también apartó un día por semana para que sus criaturas compartieran su descanso divino (Gn. 2:2-3; Éx. 20:8-11). Este descanso semanal debería traer a la mente la creación de Dios y el descanso final en los tiempos venideros (Heb. 4:9-11). Aunque el tiempo libre y la observancia del día de reposo no son la misma cosa, ambas son oportunidades para dar gracias, adorar y poner la esperanza en Dios. También refrescan y enriquecen la vida terrenal.

De hecho, todo lo bueno es un regalo del Padre (Sant. 1:17), incluido el tiempo libre de los deberes diarios. La forma en que uno usa el tiempo libre es, por lo tanto, una cuestión de mayordomía, muy similar al uso de dinero y tiempo de trabajo (*ver* Mt. 25:14-30). Por lo tanto, aunque la Biblia no dice nada sobre jugar deportes o escribir poesía, sí proclama a Cristo como Señor en todas las esferas de la vida. Por lo tanto, "sea que coman o beban o cualquier otra cosa que hagan, háganlo todo para la gloria de Dios" (1 Cor. 10:31).

TIEMPO, SIGNIFICADO DE Tiempo se refiere tanto al real como paso percibido de eventos en secuencia. Es importante destacar que "percibido" y "real" no necesariamente son lo mismo. Por ejemplo, Jacob trabajó durante siete años para poder casarse con Rebeca, "pero parecieron sólo unos pocos días debido a su amor por ella" (Gn. 29:20 [cf. 2 Pe. 3:8]). La percepción del tiempo de Jacob fue claramente diferente del período real de tiempo transcurrido.

El Concepto Bíblico del Tiempo

El tiempo, como el ordenamiento secuencial de eventos que ocurren en el espacio, impregna tanto la vida humana como el registro bíblico de las relaciones de Dios con el universo. La Biblia recuenta el plan de Dios para su creación, un plan con un comienzo y un final, entre los cuales los elementos del plan se desarrollan en secuencia cronológica a través de la historia. El concepto bíblico del tiempo es diferente del concepto cíclico encontrado en otras religiones, tanto en el antiguo Oriente Próximo como en otras partes.

La historia, por tanto, se mueve hacia una meta divinamente predeterminada a través de eventos divinamente señalados que ocurren en secuencia en momentos señalados de acuerdo al plan de Dios. Ya que los propósitos de Dios para la creación se expresan a través del tiempo, los puntos principales en su plan son aparentes en un amplio barrido cronológico, comenzando con la creación, terminando con el juicio y la nueva creación, y centrado en la vida, muerte y resurrección de Jesús (cf. Mc. 1:15).

Que Dios actúa dentro de la historia para realizar sus propósitos es destacado por el uso de lenguaje temporal para referirse a eventos que han ocurrido en el pasado (Éx. 12:1-3) y los que están por venir (particularmente por expresiones como "el/los último[s] día[s]" en, e.g., Is. 2:2; Jr. 23:20; Jn. 6:39-54). El énfasis, por lo tanto, no está en un dominio espiritual o de otro mundo en el cual ocurren experiencias y eventos religiosos, un dominio distinto del mundo físico en el cual vivimos. Más bien, el énfasis está en la forma en que Dios dirige y forma la historia para lograr sus propósitos.

Además, la Biblia reconoce que todos los eventos de la historia recaen dentro del ámbito de la soberanía de Dios a través del reconocimiento que existe un momento apropiado señalado para ellos (Ecl. 3:1-11; Sal. 31:15). La soberanía de Dios sobre el tiempo se extiende al futuro, y, por tanto, el profeta anuncia las acciones futuras de Dios en ciertos momentos (Is. 60:22; Ez. 22:3; 30:3; Dn. 8.17). Más específicamente, tiempos definidos para el juicio final están establecidos (Mt. 8:29), aunque el momento justo del fin sólo lo conoce el Padre (Mt. 24:36; Mc. 13:33).

La ciencia moderna trata al tiempo y al espacio como componentes relacionados y esenciales del universo físico y, por tanto, de la creación de Dios. Por tanto, el tiempo es creado, Ya que el tiempo es creado, no queda inmediatamente clara cuál es la relación de Dios con el tiempo, ni si este es un tema directamente abordado en la Biblia. Aunque es común insistir en que, ya que el tiempo es parte de la creación, Dios existe fuera del tiempo, no es posible deducir solamente a partir de esta observación que Dios existe sin algunas ideas análogas del tiempo dentro de un marco de referencia divino. Ni se resuelve el tema fácilmente apelando a los textos bíblicos, ya que, aunque un número de pasajes reflexiona sobre el conocimiento de Dios del final desde el principio y hablan de Dios predestinando y sabiendo por adelantado (término que implícitamente tienen connotaciones temporales), estos pueden ser leídos como reflejando la interacción de Dios con el aspecto temporal del universo creado o como acomodación divina al lenguaje humano para poder comunicarse correctamente con seres humanos temporales a través de la historia. Consecuentemente, no hay disponible una respuesta definitiva a estas preguntas filosóficas, y por tanto propuestas relacionadas al tema no pueden juzgarse para proporcionar certezas en el asunto. Todo lo que puede decirse con certeza es que la Biblia presenta ciertas propuestas que afirman que el tiempo está sometido a Dios.

Medición del Tiempo

La Biblia hace referencia a una variedad de diferentes mediciones de periodos de tiempo.

Estas incluyen Jubileos (Lv. 25:10), generaciones (Dt. 2:14), años sabáticos (Lv. 25:4), años, meses, días y horas. No hay periodos de tiempos más cortos descritos por cualquier medición definida en la Biblia, reflejando una cultura en la cual el control del tiempo no estaba dominado por aparatos que permitiesen tales determinaciones (aunque sí existen términos para periodos de tiempos más cortos que no son específicos, tales como rega', un "momento" [Éx. 33:5; Is. 26:20]).

Algunos pasajes parecen sugerir que un día era considerado como comenzando en la mañana y terminando en la mañana siguiente (e.g., Dt. 28:66-67; 1 Sm. 30:12; Is. 28:19; Jr. 33:20). Sin embargo, también hay textos que parecen sugerir una división diferente de los días, específicamente el relato de la creación en Gn. 1 (pero *véase también* Gn. 19:34; Lv. 7:15; Jue. 19:4-9; 1 Sm. 19:11). Nehemías 13:19 considera el día comenzando al atardecer. Para la época del NT, un día completo se reconocía generalmente como comenzando al atardecer.

Los días también se dividían en partes. El sistema mesopotámico para dividir la noche en tres guardias aparece similarmente en Éx. 14:24; Jue. 7:19; 1 Sm. 11:11, aunque para la época del NT la noche estaba dividida en cuatro guardias, emulando las prácticas romanas y egipcias (Mt. 14:25; Mc. 13:35). Las divisiones de tiempo más cortas y precisas tendieron a ser innovaciones más tardías; por ejemplo, el AT típicamente no usa una hora como medida de tiempo. Sin embargo, había medios en el mundo antiguo para medir periodos de tiempo más cortos, tal como relojes de sol y de agua, ejemplos de los cuales pueden encontrarse que datan del segundo milenio a.C. en Mesopotamia y Egipto. La única referencia posible a un aparato así en la Biblia aparece en Is. 38:8, donde se cree que la "escalera de Acaz" se usaba para medir el tiempo de una manera u otra.

Cuando la LXX usa la palabra griega hōra, no se refiere a un período de sesenta minutos, pero generalmente a una hora determinada (e.g., Éx. 9:18). En otra literatura griega temprana el término puede referirse a una variedad de períodos de tiempo, incluyendo una estación y un año. Para la época del NT, sin embargo, la división del día en veinticuatro horas se había vuelto la normativa (cf. Jn. 11:9), y el NT hace numerosas referencias temporales basadas en la hora del día. La semana era una medida de tiempo bien establecida, reflejada en la historia de la creación al igual que en la celebración del Sabbat. Los meses se basaban en un calendario lunar (las palabras hebreas para "mes", yerakh y khodesh, también se usan para referirse a la luna) (*véase* Calendario). Más allá de años, la Biblia también usa generaciones como una medida del paso del tiempo. Finalmente, otras medidas menos fácilmente asociadas con períodos específicos de tiempo se usan en la Biblia, particularmente en algún texto profético apocalíptico como Daniel.

Eternidad

La "eternidad" es otro concepto relacionado con el tiempo que ocupa un lugar importante en la Biblia. La moderna realización científica de que el tiempo es parte de la creación ha fortalecido la idea, largamente sostenida por varias filosofías, que "eternidad" representa aquello que está fuera del tiempo y aparte de este y, por tanto, se asocia particularmente con la existencia de Dios. En contraste, sin embargo, cuando la Biblia se refiere a "eternidad", esta invariablemente tiene un aspecto temporal, refiriéndose a un pasado distante, al futuro distante o a toda la extensión del tiempo desde el pasado distante al futuro distante (e.g., Éx. 15:18; Sal. 9:5; Miq. 4:5). Lo que es claro, sin embargo, es que la re-lación de Dios al aspecto temporal del universo refleja a alguien que está fuera de las restricciones del tiempo (e.g., Sal. 90:2; 2 Pe. 3:8).

TIENDA En el antiguo Oriente Próximo, las tiendas eran usadas como refugio, particularmente por los pueblos nómades (Gn. 13:5, 18), pastores semi nómades (Cant. 1:8), viajeros acaudalados o caravanas y campamentos militares (2 Re. 7:5-8). Las coberturas de las tiendas podían ser de tela (con frecuencia tejida de pelo de cabra [e.g., Éx. 26:7]) o piel de animales. Postes, estacas y cuerdas se usaban para levantar la tienda y sostenerla en su lugar (Is. 33:20; 54:2). Las tiendas eran usadas como residencias (Gn. 4:20) y como espacios de reunión y adoración (2 Sm. 6:17).

El término "tabernáculo" también se refiere a una estructura de tienda (e.g., Job 18:6 KJV), especialmente a la tienda que Dios habitaba desde el tiempo del éxodo hasta que Salomón le construyó una residencia permanente (*véase* Tabernáculo). Una tienda se usa como metáfora para el cielo o los cielos (Sal. 19:4; 104:2; Is. 40:22) y con frecuencia simboliza protección o habitación (Job 18:14; 22:23; Sal. 61:4). En el NT, la imagen de una tienda se usa figuradamente sobre la carne humana y la existencia terrena (2 Cor. 5:1-4; 2 Pe. 1:13; cf. Jn. 1:14; *véase también* Shekinah). Pablo era un hacedor de tiendas de profesión, como eran Priscila y Aquila (Hec. 18:2-3). *Véase* Pabellón.

Mapa de Babilonia del mundo, que representa el mundo habitado en forma de disco y rodeado por un antiguo océano.

TIERRA DEL OLVIDO La expresión "tierra del olvido" (NVI, NTV, LBLA, RV) o "donde todo se olvida" (TLA, DHH), se refiere al lugar donde van los muertos (Sal. 88:12).

TIERRA La palabra hebrea 'erets ocurre 2.505 veces en el AT y con mayor frecuencia se traduce "país" o "tierra". "Tierra" representa la palabra griega gē en el NT. Como cabe esperar, 'erets aparece 311 veces sólo en el Génesis, el libro que da inicio a la alianza terrenal de Israel (Gn. 15:18). Los usos primarios de 'erets son cosmológicos (e.g., la tierra) y geográficos (e.g., la tierra de Israel). Otros usos de 'erets incluyen físicos (e.g., la tierra sobre la que uno pisa) y designaciones políticas (e.g., países gobernados). Con menos frecuencia, "tierra" traduce la palabra hebrea 'adamah ("país, tierra").

Cielo y Tierra

Israel compartía la cosmología de sus vecinos del antiguo Oriente Próximo. Esta visión de mundo comprendía la tierra como un "disco" sobre las aguas primigenias (Job 38:13; Is. 40:22), con la tierra presentando cuatro bordes o "esquinas" (Sal. 135:7; Is. 11:12). Estos bordes estaban sellados al horizonte para prevenir el influjo de las aguas cósmicas. Dios le habla a Job sobre el amanecer tomando los bordes de la tierra y sacudiendo a las personas malvadas fuera de ella (Job 38:12-13). Igualmente, el texto acadio Himno al Dios Sol declara: "Tu [Shamash] sostienes los extremos de la tierra suspendidos desde en medio del cielo" (I: 22). Los límites de la tierra estaban fijados contra el caos (Sal. 104:7-9; Is. 40:12). De esta forma, el Creador y el Salvador no pueden separarse ya que, tomados juntos, Dios obra contra el caos en la misión de redención (Sal. 74:12-17; Is. 51:9-11). La frase "cielos y tierra" es un merismo (dos extremos representando una totalidad) para todo el universo (Gn. 1:1; Sal. 102:25). Sobre la tierra se arquea una "bóveda" firme (Gn. 1:6). La bóveda del cielo descansaba sobre los "pilares" de la tierra, las montañas (Dt. 32:22; 1 Sm. 2:8). Bajo los cielos está el mar, parte de la superficie plana de la tierra.

No había un término para "mundo" en el AT. La percepción de mundo era básicamente bipartita (cielo y tierra), aunque ocurrían algunas expresiones tripartitas (e.g., cielo, tierra, mar [Éx. 20:11; Ap. 5:3, 13]). Aunque raros, algunos usos de 'erets pueden referirse al "inframundo" o Sheol (Éx. 15:12; Jr. 17:13; Jon. 2:6). La tierra puede considerarse como el reino de los muertos (Mt. 12:40; Ef. 4:9). Sin embargo, el AT está menos concernido con la estructura orgánica de la tierra que con lo que la llena: habitantes (Sal.

33:14; Is. 24:1), grupos de personas (Gn. 18:18; Dt. 28:10) y reinos (Dt. 28:25; 2 Re. 19:15). El término 'erets puede usarse simbólicamente para indicar sus habitantes (Gn. 6:11). Sin embargo, a diferencia de sus vecinos, Israel no reconocía ninguna divina "Madre Tierra", dada la asociación cultural con consortes femeninas.

T

La Teología de la Tierra

En la fe bíblica, el concepto de tierra combina geografía con teología. La persona moderna valora la tierra más como un lugar para construir que por sus capacidades productivas. Pero desde el comienzo, los seres humanos y la "tierra" ('erets) funcionaban en una relación simbiótica con el Creador (Gn. 1:28). Dios incluso le dio a la tierra agencia para "producir criaturas vivas" (Gn. 1:24). La "tierra" ('adamah) también provee la materia prima para hacer a los seres humanos ('adam [Gn. 2:7]). A su vez, el ser humano estaba a cargo de desarrollar y proteger la tierra (Gn. 2:5, 15). Mostrando cuidado divino, la alianza de Noé era "entre [Dios] y la tierra" (Gn. 9:13). Por lo tanto, la tierra no era meramente una espectadora; la rebelión humana tenía efectos cósmicos (Gn. 6:7, 17). La tierra podía ser maldecida y sufrir (Gn. 3:17; cf. 4:11).

La tierra prometida de Israel fue construida en el prototipo de santuario de Edén (Gn. 13:10; Dt. 6:3; 31:20); ambos fueron definidos por bendición divina, fertilidad, instrucción legal, límites seguros y eran puntos de orientación para el mundo. Canaán era el nuevo paraíso de Israel, "fluyendo con leche y miel" (Éx. 3:8; Nm. 13:27). En cambio, la falta de tierra fértil era equivalente a inseguridad y juicio. Como el Edén ilustraba para Israel, cualquier ruptura de relación con Dios traía alienación entre los humanos, Dios y la tierra; esto podía traer finalmente el exilio, mientras una tierra éticamente asqueada "vomita" gente fuera (Lv. 18:25, 28; 20:22; *véase también* Dt. 4; 30).

Para Israel, la tierra involucraba tanto la promesa de la alianza de Dios (Gn. 15:18-21; 35:9-12) y fiel obediencia de la nación (Gn. 17:1; Éx. 19:5; 1 Re.2:1-4). La condicionalidad e incondicionalidad coexistían en la relación de Israel como "hijo" con Yahveh (Éx. 4:22; Os. 11:1). Yahveh era el Señor de la tierra (Sal. 97:5), Juez (Gn. 18:25), y Rey (Sal. 47:2, 7). Tanto dueño como dador, era el propietario supremo, que le regaló la tierra a Israel (Éx. 19:5; Lv. 25:23; Js. 22:19; Sal. 24:1). La tierra era la "herencia" de Dios para dar (1 Sm. 26:19; 2 Sm. 14:16; Sal. 79:1; Jr. 2:7). Los levitas, sin embargo, no recibieron una asignación de tierra como hicieron las otras tribus, ya que Dios era su "porción" (Nm. 18:20; Sal. 73:26). La obediencia de Israel era necesaria para entrar y ocupar la tierra (Dt. 8:1-3; 11:8-9; 21:1; 27:1-3). Irónicamente, la tierra se tragó a israelitas rebeldes cuando acusaron a Moisés de llevarlos "fuera de la tierra fluyendo con leche y miel" (Nm. 16:13). Como muestra la conquista, sin embargo, ninguna tribu era completamente obediente, tomando su "herencia" completa (Js. 13:1).

La posesión de tierra tenía serías ramificaciones éticas y religiosas (Dt. 26:1-11). Israel no fue elegido para recibir una tierra especial; más bien, la tierra era el medio de la relación de Israel con Dios. La tierra actuaba como barómetro espiritual (Sal. 78:56-64; Lam. 1:3-5). Los cielos y la tierra eran testigos de la alianza (Dt. 4:26). La sangre, en particular, podía físicamente contaminar la tierra (Nm. 35:30-34). El pecado nacional podía culminar en la expulsión (Lv. 26:32-39), y eventualmente la tierra se perdió (Jr. 25:1-11). Por esta razón, los exilios de Israel dieron pie a una profunda crisis teológica.

Herencia

La noción de herencia conectaba la adoración religiosa de Israel con la administración práctica. La tierra no era poseída; era pasada a través de sucesión patrimonial. Dios confió a cada familia con una herencia que debía ser cuidada (Lv. 25:23-28; Miq. 2:1-2). Esto destaca la seriedad del crimen cuando el viñedo de Nabot fue robado por la fuerza (1 Re. 21).

Era la filiación de Israel con Dios y la tenencia de Israel de la tierra lo que formó la solidaridad de Yahveh con la nación. La ley ayudaba a limitar el arraigo de Israel a mera propiedad inmobiliaria: Yahveh debía ser la preocupación de Israel (*véase* Jr. 3:6-25). Cuando la nación fue finalmente exiliada, el mensaje de una nueva alianza trascendió los límites geográficos (Jr. 32:36-44; Ez. 36-37; cf. Lv. 26:40-45; Dt. 30:1-10). En el Israel postexílico, se priorizaba el santuario (Ag. 1:9-14).

Fue la redefinición de la tierra por parte de Israel a través del exilio que preparó el camino para la incorporación de los gentiles (Ez. 47:22-23) una integración ya anticipada (Is. 56:3-7). Los profetas vieron un tiempo cuando las naciones compartirían en la herencia de Dios previamente protegida por Israel (Is. 60; Zac. 2:11; cf. Gn. 12:3). Visto como un territorio político, la tierra no recibe tratamiento teológico sustancial en el NT; más bien, la herencia sobrepasa la metáfora de la alianza, Pablo desarrolla esta nueva misión gentil en Gálatas (cf. Col. 1:13-14). El motivo de la tierra del AT completamente florece en la enseñanza del NT de adopción (cf. 1 Pe. 1:3-5). Tanto maldición como alianza se resuelven escatológicamente (Rom. 8:19-22). La herencia ahora se encuentra en Cristo (Ef. 2:11-22; 1 Pe. 1:4). En la economía de la nueva alianza, la titularidad de la tierra ha madurado en compañerismo (koinōnia). Koinōnia recalibra la significación ética de los temas de la tierra del AT, replicándolos prácticamente a través de la inclusión, el estilo de vida, la responsabilidad económica y la equidad social.

Más allá de reinos cosmológicos, el cielo y la tierra están también más allá del horizonte teológico aún bajo la posesión de Dios. Lo que comenzó como el mandato de llenar y someter la tierra (Gn. 1:28) culmina en la nueva creación con Cristo (Rom. 8:4-25). Bajo el poder de Satanás, la tierra "se queda atrás" del cielo. La misión de Cristo trae lo que es cualitativo del cielo al escenario terrenal, frecuentemente usando signos del floreciente gobierno de Dios (Mt. 6:10; Mc. 22:10-11; Jn. 3:31-36; Ef. 4:9-13; Heb. 12:25).

Como Israel debía destacar en un mundo hostil (Dt. 4:5-8), ahora aquellos de fe abrahámica destacan a través del amor cristiano (Jn. 13:34-35; Rom. 4:9-16). Según Heb. 4:1-11, el descanso inicial de Israel en la tierra (*véase* Éx. 33:14; Dt. 12:9) culmina en el descanso de los creyentes en Cristo (Heb. 4:3, 5). La anterior herencia de espacio da lugar a una herencia de presencia de Cristo. El tema del AT de la tierra es finalmente cumplido en la exhortación de Jesús a "permanecer en mí" (Jn. 15).

TIERRA MONTAÑOSA El centro de tres regiones geográficas en la tierra de Palestina, cada una de las cuales se extiende de norte a sur. Al oeste está la planicie costera, que varía en ancho de un kilómetro y medio a treinta y dos kilómetros. Junto a esto está la tierra montañosa (con frecuencia llamada por su nombre hebreo, "Shephelah"). Estos cerros, frecuentemente referidos como montañas en la Biblia, rara vez llegan a los novecientos quince metros de altura y, por lo tanto, son pequeños en comparación a las montañas en otras partes del mundo. Finalmente, hacia el este, una angosta cresta de bordes secos de montaña bordea la tierra de Palestina y da paso al desierto al este del río Jordán.

La tierra montañosa era la principal posesión territorial para las tribus antes de la conquista de David tanto de la planicie costera, controlada por los filisteos, y las montañas, controladas por varias ciudades cananeas. Los cerros tienden a correr en crestas de este a oeste, haciendo el viaje de norte a sur a través de ellos casi imposible. Estos cerros también proveían defensas naturales para muchas de las ciudades, siendo la más destacable Jerusalén.

TIERRA SALVAJE Una designación amplia para ciertas regiones de Israel, comúnmente rocosas, aunque también planicies, con poca lluvia. Estas áreas son generalmente deshabitadas, y con frecuencia "tierra salvaje" se refiere a regiones específicas rodeando áreas habitadas de Israel. Una buena cantidad del foco de las Escrituras respecto a la "tierra salvaje" concierne al período de cuarenta años de la travesía de Israel por el desierto tras el éxodo (*véase también* Deambulación por el Desierto).

Geografía

Más específicamente, las ubicaciones geográficas designadas como "tierra salvaje" cayeron en cuatro categorías básicas: el Neguev (sur), Transjordania (este), Judea (pendiente este de las montañas de Judea), y Sinaí (suroeste).

El Neguev compone una buena parte del reino sur de Israel, Judá. Es muy rocoso e incluye mesetas y uadis, que son lechos de ríos secos que pueden florecer después de lluvias. Su ciudad más importante es Beerseba (*véase* Gn. 21:14, 22-34), que con frecuencia designa el extremo sur de Israel, como en la expresión "de Dan a Beerseba" (e.g., 2 Sm. 17:11).

Transjordania pertenece al área al este del río Jordán, el área a través de la cual los israelitas tuvieron que pasar antes de cruzar el Jordán en su camino del Monte Sinaí a Canaán. (A Israel se le denegó el paso directo a Canaán por parte de los edomitas y los amorreos [véase Nm. 20:14-21; 21:21-26]). Aunque esta región estaba fuera de la tierra prometida de Canaán, fue habitada por las tribus de Rubén, Gad y la media tribu de Manasés después de cumplir la orden de Dios de luchar junto a las otras tribus en la conquista de Canaán (Nm. 32:1-42; Js. 13:8; 22:1-34).

El Desierto de Judea se ubica en las pendientes orientales de las montañas de Judea, hacia el Mar Muerto. David huyó allí para refugiarse de Saúl (1 Sm. 21-23). Fue también en esta área que Jesús fue tentado (Lc. 4:1-13).

El Desierto del Sinaí es una gran península, con el actual Golfo de Suez al oeste y el Golfo de Áqaba al este. En el mundo antiguo del Oriente Próximo, ambos cuerpos de agua con frecuencia eran llamados el "Mar Rojo", que es el mar mayor hacia el sur. Además de la región tradicionalmente considerada como que contiene al Monte Sinaí (su ubicación exacta es desconocida), el Desierto de Sinaí está subdividido en otras áreas conocidas a los lectores del AT: Desierto de Zin (noreste, contiene Cades Barnea), Desierto de Shur (noroeste, cerca de Egipto), Desierto de Parán (centro).

Tierra Salvaje en la Biblia

La "tierra salvaje" es comúnmente mencionada en la Biblia, y aunque ciertamente puede tener connotaciones neutrales (esto es, simplemente describir una ubicación), los lugares no habitados por lo general implican connotaciones tanto positivas (e.g., como lugar de soledad) como negativas (e.g., como lugar de ira), ambas en sus propiedades geológicas y como metáforas. La muy escarpada y deshabitada naturaleza de la tierra salvaje se prestó fácilmente para ser un lugar de muerte (e.g., Dt. 8:15; Sal. 107:4-5; Jr. 2:6).

El desierto de Judea

T

También era un lugar asociado a las rebeliones de Israel y luchas con otras naciones. Tras dejar Egipto, Israel pasó cuarenta años vagando por el desierto antes de entrar a Canaán, encontrando numerosos conflictos militares a lo largo del camino. Este período de cuarenta años fue ocasionado por una rebelión masiva (Nm. 14), por lo tanto, lanzando una nube negra sobre todo ese período, y, sin duda, reafirmando subsecuentes connotaciones negativas de "tierra salvaje". Similarmente, "tierra salvaje" connota nociones de exilio de Israel, como se ve en el ritual del chivo expiatorio (lit., "chivo de la remoción" [*véase* Lv. 16]). En el Día de la Expiación, una cabra era sacrificada para expiar los pecados del pueblo, y otra era liberada, igualmente para expirar los pecados. El chivo expiatorio era liberado en el desierto, donde encontraría la muerte, ya sea sucumbiendo al clima o a través de animales salvajes.

Por otra parte, es precisamente en esta área deshabitada que Dios también demostró su fidelidad a su pueblo, a pesar de prolongado castigo. Él milagrosamente proveyó pan (maná) y carne (codorniz) (Éx. 16; Nm. 11), al igual que agua (Éx. 15:22-27; 17:1-7; Nm. 20:1-13; 21:16-20). El cuidado de Dios por Israel es ampliamente resumido en Dt. 1:30-31: "El Señor su Dios, que va delante de ustedes, luchará por ustedes, como hizo por ustedes en Egipto, antes sus propios ojos y en el desierto. Allí vieron cómo el Señor su Dios los llevó, como un padre lleva a su hijo, todo el camino hasta que llegaron a este lugar".

Las duras realidades del desierto también lo hacían un lugar ideal para buscar santuario y protección. David huyó de Saúl al desierto, el Desierto de Zif (1 Sm. 23:14; 26:2-3; cf. Sal. 55:7). De manera similar, Jeremías buscó un retiro en el desierto del pecador Israel (Jr. 9:2).

Relacionada de alguna manera con estos puntos está la propia actitud de Jesús hacia el desierto. Fue allí que se retiró cuando ya no podía moverse públicamente (Jn. 11:54). Juan el Bautista vino del desierto anunciando el ministerio de Jesús (Mt. 3:1-3; Mc. 1:2-4; Lc. 3:2-6; Jn. 1:23; cf. Is. 40:3-5). Fue también en el desierto que Jesús fue para ser tentado, pero también superó la tentación.

Deambulación por el Desierto

En el recuento bíblico del éxodo, la salida de Israel de Egipto comienza en Éx. 12:37. La intención original era que los israelitas fueran al Monte Sinaí para recibir la ley e instrucciones para el tabernáculo y luego proceder a Canaán. Pero el viaje de Israel no fue tan simple.

Debido a la desobediencia de Israel en el desierto, fueron condenados a un periodo de cuarenta años de vagancia por el desierto (*véase* Nm. 14, que describe lo que es la última rebelión en una serie de eventos de queja que datan de Éx. 15:22-27). Técnicamente, el periodo del desierto comenzó inmediatamente tras cruzar el Mar Rojo. Los israelitas pasaron por el Desierto de Shur, el Desierto de Sin, Refidim y luego Sinaí mismo. Estas ubicaciones, sin embargo, fueron sólo estaciones en el camino a Sinaí, así que no pertenecen al período de cuarenta años de castigo que comienza en Nm. 14. Su período de deambulación no terminaría oficialmente hasta que cruzasen el río Jordán y entraran en Canaán (Js. 3:17).

Mapeando la Ruta

La deambulación por el desierto, como el éxodo y el pasaje a través del Mar Rojo, son muy difíciles de delinear precisamente desde el punto de vista geográfico y arqueológico.

Muchos de los lugares mencionados en las listas no han sido localizados. Además, las dos listas de itinerario, una en Nm. 33 y la otra en varios puntos en Nm. 11-22, no son congruentes en cada punto. Aunque ambas listas no entran en conflicto directamente, Nm. 33 incluye muchos más sitios que Nm. 11-22 y deja fuera relativamente pocos. Una razón para esta diferencia puede ser que sólo Nm. 33 realmente tiene la intención de ser un itinerario, en cambio los lugares mencionados en otras partes de Números son insertados en el curso de la narrativa.

Lo que contribuye a las dificultades en localizar la ruta del desierto es que los nombres bíblicos no son los de hoy en día, sin mencionar que muchos de estos lugares ya no existen.

Además, las similitudes entre nombres de entonces y ahora no tienen influencia en este tema. También, parece ser, que al menos algunos de los nombres bíblicos son simbólicos. Por ejemplo, "Meriba" significa "discusión", y "Masah" significa "prueba".

T

Los nombres parecen reflejar los eventos registrados en Éx. 17 más que ser los nombres originales.Uno de los temas más discutidos concerniente a la deambulación por el desierto es donde comenzó: la ubicación del Monte Sinaí. Es comúnmente aceptado que esta montaña se ubica en alguna parte de la Península del Sinaí, aunque se han sugerido numerosos lugares.

Más conocido tal vez es Jebel Musa, la ubicación del Monasterio de Santa Catalina, ubicado en la parte sur de la península. Esto se basa no tanto en evidencia histórica, sin embargo, como en la tradición de la iglesia. Otra teoría pone el Monte Sinaí en la parte este de la península, cerca de Midián. Un factor a favor de esta teoría es que Moisés por primera vez se encontró con Dios en el Monte Sinaí cuando dejaban Medían (con Séfora, su esposa, y Jetro, su suegro). Según Éx. 3:1, Moisés dejó la casa de Jetro para atender a sus ovejas y fue en este viaje que llegó al Monte Sinaí por primera vez. A menos que uno presuma que él pastoreó a las ovejas más de ciento sesenta kilómetros en dirección suroeste, hacia el desierto, uno puede concluir que el Monte Sinaí está, tal vez, a una distancia más razonable desde Midián. Pero como con todas las teorías respecto de la ubicación de Sinaí, falta evidencia concluyente.

Recordatorio de Rebelión y sus Consecuencias

El interés en el deambular por el desierto, sin embargo, se extiende más allá de la comprensión de la geografía antigua. También hay una poderosa dimensión teológica, y esto parece ser de mayor importancia para los autores bíblicos. Vagar en el desierto es el castigo de Israel por la desobediencia y rebelión. Como tal, es un recuerdo para los israelitas para alentarlos a no repetir ese error. De hecho, los eventos de Números no son relatados meramente para catalogar eventos arcanos, sino que son preservados por escrito para ser un recordatorio para generaciones venideras.

La experiencia de Israel en el desierto es mencionada en varias partes del AT. La rebelión se menciona en Sal. 106:14, 26, y el desierto es asociado con un lugar de muerte. En otras partes, el desierto representa un lugar de protección de Dios y provisiones para las nuevas generaciones de israelitas viviendo en el desierto (Dt. 8:15-16; 29:5; 32:10; Sal. 136:16; Os. 13:5).

Otro ejemplo de posterior apropiación de la tradición del desierto se encuentra en el Sal. 95, donde los israelitas, tal vez en un ambiente de exilio, son advertidos de no rebelarse como hizo la generación del éxodo (versículos 7-11). Esta misma advertencia del Sal. 95 es tomada por el autor de Hebreos y aplicada en la iglesia (Heb. 3:1-4:13). El autor argumenta que ya que un mediador más grande que Moisés ha venido, las advertencias anteriores se sostienen aún más mientras la iglesia pasa por su periodo de deambulación en el desierto (que dura hasta que la iglesia entre en la tierra prometida celestial).

La principal diferencia que introduce Hebreos es que el período de deambulación de la iglesia no se caracteriza por la ira de Dios, sino más bien por un período de la actividad de Dios en la redención del mundo.

TIERRA *Ver* Mundo, Tierra.

TIESTO Una pieza de cerámica rota que es esencialmente inútil. Debido a la amplia disponibilidad y el bajo costo de la alfarería en el antiguo Cercano Oriente y la relativa fragilidad de la alfarería, la alfarería rota era común. Los tiestos se mencionan algunas veces en la Biblia. Job usó un tiesto para raspar su piel cuando se infectó con llagas en la piel (Job 2:8). La puerta cerca del valle de Ben-hinom se llamaba la "Puerta de los tiestos" (Jer. 19:2).

Es en este lugar que Jeremías rompió una vasija de barro en fragmentos de cerámica para advertir a la gente de la ira de Dios. Aunque los tiestos eran basura en el antiguo Cercano Oriente, hoy su importancia arqueológica es inmensa. Debido a la abundancia de cerámica en el antiguo Cercano Oriente, hay tiestos en todos los niveles de las excavaciones arqueológicas. La alfarería ahora ofrece la mejor y la manera más fácil de fechar un nivel particular de un sitio arqueológico, y debido a que es raro encontrar vasijas intactas, la mayoría de las fechas en arqueología se basan en fragmentos de cerámica. Con el sofisticado sistema actual para datar la cerámica, los tiestos pueden ayudar a fechar cualquier sitio antiguo del Cercano Oriente, por lo general dentro de los cincuenta o cien años.

Los tiestos a menudo también servían como una superficie fácil sobre la cual escribir. Esta escritura se realizaba rascando la superficie de la cerámica rota. Esta práctica contribuye a la riqueza de la información arqueológica obtenida de fragmentos de cerámica.

Los tiestos que tienen escritos sobre ellos se llaman "ostraca", y esta es la forma más común de escritura encontrada en las excavaciones arqueológicas. Debido a que a menudo sólo contienen un par de palabras o como mucho un par de oraciones, a menudo son difíciles de traducir debido a la falta de contexto. Algunos de los ostraca más interesantes y famosos son las "cartas de Laquis", escritas por un oficial militar llamado Hosaias a su superior, Joas, que estaba posicionado en Laquis poco antes de su conquista por los babilonios en 587/586 a.C *Ver también* Cerámica.

TIFSA **(1)** Ciudad en la orilla oeste del río Éufrates, aproximadamente ciento doce kilómetros al sur de Karkemish. Este importante cruce del río era el límite noreste del reino de Salomón (1 Re. 4:24). **(2)** El lugar de una salvaje matanza por parte del rey israelita Manahem (2 Re. 15:16). La traducción griega más antigua sugiere una corrupción y lee "Tapúa" (REB, RSV, TEV); sin embargo, la LXX lee "Tirsa".

TIGLAT-PILÉSER III El fundador del Imperio Neo-Asirio (r. 744–727 a.C.), Tiglat-pileser (en la Biblia, también conocido como Pul) anexó territorios conquistados y comenzó la práctica de deportar poblaciones para minimizar el sentimiento nacionalista de resistencia. Tomó tributo de Menahem (2 Re. 15:19-20), capturó Cisjordania y otras tribus de Israel (1 Cr. 5:26; 2 Re. 15:29), y conquistó Babilonia. El rey Acaz de Judá le pidió ayuda y le pagó tributo.

Relieve de Tiglat-Pileser III.

TIGLAT-PINÉSER Una variante de "Tiglat-piléser", el nombre de un rey asirio. La variante acontece sólo en 1-2 Crónicas (1 Cr. 5:6, 26; 2 Cr. 28:20), donde muchas versiones sustituyen "Tiglat-piléser". *Véase también* Tiglat-piléser III.

TIGRIS, RÍO *Véase* Ríos Éufrates y Tigris; Ríos y Vías Fluviales.

TILÓN Cuarto de cuatro hijos de Shimón, de la tribu de Judá (1 Cr. 4:20).

TIMBREL Un pequeño instrumento musical que se sostiene con la mano, probablemente un pequeño tambor de mano que puede haber tenido campanas o pequeñas piezas de metal alrededor del perímetro. Se usaba como parte de la música y baile que acompañaba los festivales (Is. 5:12), despedidas (Gn. 31:27), adoración (Sal. 81:2; 149:3; 150:4), canciones de triunfo (Éx. 15:20), éxtasis profético (1 Sm. 10:5) y la procesión del arca de la alianza a Jerusalén (2 Sm. 6:5). Algunas versiones inglesas (e.g., KJV, ESV, NRSV) usan el término "tabret" y "pandereta". *Véase también* Música, Instrumentos, Baile.

TIMEO El padre del pordiosero ciego Bartimeo, a quien Jesús sanó en Jericó (Mc. 10:46).

TIMNA **(1)** Un pueblo asignado a Judá ubicado en el límite norte de Judá, entre Bet-Semes y el norte de Ecrón. Es el mismo Timna asignado a Dan (Js. 15:10; 19:43). En la época de los jueces correspondía a los filisteos, y aquí Sansón tomó a su primera esposa (Jue. 14). En la época del rey Acaz pertenecía a Judá, pero fue tomado por los filisteos (2 Cr. 28:18). Se identifica con la moderna Tell el-Batashi, cuatro kilómetros al sur de Gezer o Khirbet Tibneh (tres kilómetros al sudeste). **(2)** Un pueblo en el territorio montañoso del sur de Judá ubicado al sudeste de Hebrón y que se dice estaba cerca de Gabaa (Js. 15:57). Aquí es donde el patriarca Judá encontró a su nuera, Tamar, disfrazada en el camino a Timna (Gn. 38:12-14).

TIMNA **(1)** Una concubina de Elifaz (el hijo de Esaú por Ada) y madre de Amalec (Gn. 36:12; 1 Cr. 1:36 puede referirse también a esta mujer). **(2)** Una hermana de Lotán e hija de Seir el horeo (Gn. 36:22; 1 Cr. 1:39). Puede ser idéntica a la Timna de Gn. 36:12. Seir fue el padre de los habitantes de Edom que precedieron a Esaú (Gn. 36:20). **(3)** Un jefe edomita (Gn. 36:40; 1 Cr. 1:51), tal vez descendiente de Elifaz (cf. 1 Cr. 1:36). Alternativamente, las referencias en Gn. 36:40-43 (// 1 Cr. 1:51-54) pueden pertenecer a áreas geográficas ocupadas por el clan de Esaú.

TIMNAT HERES, TIMNAT SERA Dos nombres para el pueblo entregado a Josué como herencia después de que los israelitas habían dividido la tierra en asignaciones tribales. Josué específicamente había pedido Timnat Sera, y él fortaleció el pueblo y se asentó allí (Js. 19:49-50). Después de la muerte de Josué, fue enterrado en Timnat Sera. Se dice que el pueblo está ubicado "en el territorio montañoso de Efraín, al norte del Monte Gaash" (Js. 24:30; Jue. 2:9). La escritura en Jueces, "Timnat Heres" significa "territorio del sol" y es probablemente su forma original.

TIMNITA Un habitante de o persona del pueblo de Timna. El suegro de Sansón era un timnita (Jue. 15:6). El pueblo se ubicaba en la tribu de Judá y estaba en la frontera israelita y filistea.

TIMÓN *Véase* Barcos, Marineros y Navegación.

TIMÓN Uno de los siete hombres elegidos para ayudar en la distribución de alimentos en la iglesia de Jerusalén (Hec. 6:1-6). La traducción sugiere que estaba entre los setenta discípulos que Jesús envió (cf. Lc. 10:1), un obispo de Bosra en Arabia, y un mártir en Basra.

TIMOTEO Uno de los fieles compañeros de Pablo, quien se probó como un valioso compañero de trabajo (e.g., 1 Cor. 4:17; 16:10; Flp. 2:19-24). Muchos piensan que Timoteo respondió a las prédicas de Pablo en su primer viaje misionero, explicando las frecuentes referencias a él como el "hijo" de Pablo (1 Cor. 4:17; Flp. 2:22; 1 Tim. 1:2; 2 Tim. 1:2).

Pablo circuncidó a Timoteo porque tenía un padre griego y una madre judía. Él ministró con Pablo desde el segundo viaje misionero de Pablo (Hec. 16) hasta tarde en la vida de Pablo (2 Timoteo), probablemente alrededor de veinte años. Timoteo no es mencionado en mucho de Hechos 16, una expresión de la deferencia de Lucas a los miembros más prominentes del equipo misionero, Pablo y Silas. En Hechos 19:22, Lucas se refiere a Timoteo como el "ayudante" de Pablo, un sirviente. La designación y el silencio de Lucas en Hec. 16, sin embargo, no deberían llevar a considerar que Timoteo, quien claramente era un subordinado de Pablo, tenía funciones o roles domésticos.

Títulos y asignaciones ministeriales demuestran el importante rol de Timoteo en la misión paulina. Pablo llama a Timoteo un "hermano" (2 Cor. 1:1; Col. 1:1; 1 Tes. 3:2; Flm. 1), "mi compañero de trabajo" (Rom. 16:21), un "compañero de trabajo en el servicio de Dios" (1 Tes. 3:2 [variante textual: "sirviente de Dios"]), y "sirviente de Cristo Jesús" con Pablo (Flp. 1:1) y se refiere a él metafóricamente como un "soldado" y "granjero incansable" (2 Tim. 2:3, 6). Pablo probablemente incluye a Timoteo entre los "apóstoles de Cristo" en 1 Tes. 2:6, una referencia a su rol como embajador calificado del evangelio, no como un apóstol en el sentido técnico. Pablo envió a Timoteo en tareas ministeriales a lugares difíciles (e.g., Tesalónica y Corinto [*véase* 1-2 Timoteo]).

Aparentemente, Timoteo trabajó junto a Pablo durante mucho tiempo y era bien respetado en muchas localidades, porque Pablo identifica a Timoteo como co-emisor de seis cartas: 2 Corintios, Filipenses, Colosenses, 1 Tesalonicenses, 2 Tesalonicenses y Filemón. También estaba con Pablo durante la escritura de Romanos y 1 Corintios. Mencionado como liberado de prisión en Heb. 13:23, él era un conocido del autor de Hebreos.

TIMOTEO, PRIMERA CARTA A Uno Timoteo, junto a Dos Timoteo y Tito, es conocida como una de las Epístolas Pastorales de Pablo. Estas cartas se han ganado esta designación porque fueron dirigidas a pastores y tratan con problemas particulares que enfrentaban en sus respectivas iglesias. Esta carta estaba dirigida a Timoteo, a quien Pablo afectuosamente llama "mi hijo", probablemente porque el apóstol lo había guiado a la fe en Cristo (1:18; cf. 1:2). Ante la insistencia de Pablo, Timoteo toma el rol de proporcionar liderazgo a la iglesia en Éfeso (1:3), que había sido infiltrada por falsos maestros (1:3-4). Pablo escribió esta carta a Timoteo, instruyéndolo a reprender a los falsos maestros en la iglesia y pelear la buena batalla de la fe (1:18). El apóstol concisamente resume el tema principal de esta carta diciendo, "Te estoy escribiendo estas instrucciones para que… tú sepas cómo las personas deben conducirse en la casa de Dios, que es la iglesia del Dios vivo, el pilar y cimiento de la verdad" (3:14-15).

Autoría y Fecha

La autenticidad de las Epístolas Pastorales ha sido cuestionada más que la de cualquier otra carta de Pablo. Esto se debe a diferencias de estilo y teología como también a la dificultad al establecer su ubicación en los viajes de Pablo en Hechos. Las cartas, se presume, fueron escritas por un discípulo de Pablo después de su muerte y tenían la intención de ser un "testamento" honrando la memoria de Pablo. A pesar de estas alegaciones, no existe suficiente evidencia para revertir la autoría paulina. Las diferencias en teología pueden deberse a las diferentes circunstancias aludidas. Las diferencias estilísticas pueden haber surgido del uso por parte de Pablo de amanuenses (escribas) para escribir la carta,

Restos del templo de Domiciano en Éfeso. La falsa enseñanza era un problema que Timoteo necesitaba abordar como líder de la iglesia en Éfeso.

una práctica común en el mundo antiguo (*véase* Rom. 16:22).

En términos de su fecha de escritura, las Pastorales fueron probablemente escritas tras el primer apresamiento de Pablo en Roma y, por tanto, posteriormente a la narrativa de Hechos. Pablo esperaba ser liberado (Flp. 1:25; 2:24), y es probable que sus acusadores judíos nunca hicieran el largo y arduo viaje de Jerusalén a Roma. Evidencia en apoyo a la autoría paulina también puede encontrarse: (1) Los muchos comentarios personales a Timoteo (cf. 2 Tim. 4:13) muestran que las cartas son auténticas o falsificaciones descaradas, no "testamentos" honrando la memoria de Pablo. (2) Todos los temas teológicos clave de Pablo aparecen en las Pastorales. (3) Pablo hace aseveraciones negativas acerca de sí mismo que un discípulo escribiendo para honrar a Pablo es improbable que hiciese, por ejemplo, refiriéndose a sí mismo como el "peor" pecador (1 Tim. 1:15).

Uno Timoteo fue probablemente escrita entre los años 63 y 66 AD después de la liberación de Pablo de su primer aprisionamiento romano (62-63 AD; cf. 3:14; Hec. 28:30-31).

Receptor

Timoteo provenía de la ciudad de Lystra en Asia Menor (actual Turquía). Su padre era griego y su madre judía (Hec. 16:1). Eunice, su madre, y Loida, su abuela, lo criaron bajo la influencia de la religión judía (2 Tim. 1:5; 3:14-15). Timoteo ganó una buena reputación entre los creyentes locales, así que Pablo lo agregó a su equipo misionero (Hec. 16:2-3). Acompañó a Pablo durante su segundo y tercer viaje misionero (Hec. 16:3; 17:14; 18:5; 19:22; 20:4). Pablo listó a Timoteo como coautor y co-emisor en varias de sus cartas (2 Cor. 1:1; Flp. 1:1; Col. 1:1; 1 Tes. 1:1; 2 Tes. 1:1; Flm. 1) y lo incluyó en los saludos que envió a la iglesia en Rom (Rom 16:21).

Además, el apóstol envió a su protegido como mensajero a Tesalónica (1 Tes. 3:1-6), Corinto (1 Cor. 4:17; 16:10), y Filipo (Flp. 2:19, 23). Debido a que Timoteo era tímido por naturaleza, Pablo tuvo que exhortarlo a usar sus regalos y llevar su ministerio con osadía (1 Cor. 16:10; 1 Tim. 4:12; 5:23; 2 Tim. 1:6-7).

Trasfondo y Ocasión

Durante su viaje misionero, Pablo advirtió a la iglesia de Éfeso que falsos maestros surgirían de entre ellos (Hec. 20:30). Después de su primer aprisionamiento en Roma (cf. Hec. 28:15, 20, 30), el apóstol acompañó a Timoteo a Éfeso (1 Tim. 1:3). Ellos descubrieron que ciertos maestros estaban diseminando "falsas doctrinas" en la iglesia.

Según 1 Timoteo, estas falsas enseñanzas incluían un interés mórbido en mitos, cuentos de viejas, y genealogías. Algunos promovían controversias, charla insignificante, incorrecta enseñanza de la ley, abstinencia del matrimonio y ciertas comidas y chismes impíos (1:3-7; 4:3, 7; 5; 13; 6:4-5). Estos falsos maestros también intentaron asegurarse ganancias financieras a través de la promoción de sus doctrinas (6:3-5). Pablo esperaba volver a visitar Éfeso (3:14), pero mientras tanto, escribió esta carta instruyendo a Timoteo y a los líderes de la iglesia para corregir estos problemas (1:3-4; 3:15).

Las instrucciones de Pablo a Timoteo eran no sólo a defender la iglesia de falsos maestros, sino también entregar normas en el comportamiento apropiado de hombres y mujeres en la iglesia (2:1-15). Le entregó a Timoteo estándares para seleccionar líderes piadosos (3:1-16) y consejos prácticos para lidiar con varios grupos etarios en la iglesia (5:1-20). A lo largo del libro, Pablo exhorta a su joven protegido a llevar una vida santa (1:18; 2:8-15; 4:12-16; 6:6-8, 11-14, 20).

Esquema

I. Introducción (1:1-2)
II. Advertencia sobre Falsos Profetas y Exhortación a Mantener la Fe (1:3-20)
   A. Falsas enseñanzas y falsos maestros de la ley (1:3-11)
   B. Pablo, un ejemplo de la gracia de Dios (1:12-17)
   C. Exhortación a mantener la fe en medio de la apostasía (1:18-20)

III. Oración y Comportamiento Apropiado en la Iglesia (2:1-15)
  A. Oración en la iglesia (2:1-7)
  B. Hombres y mujeres en el servicio de adoración (2:8-15)
IV. Cualificaciones para Líderes de la Iglesia (3:1-16)
  A. Cualificaciones para presbíteros (3:1-7)
  B. Cualificaciones para diáconos (3:8-13)
  C. El propósito tras las instrucciones de Pablo (3:14-16)
V. Corrección de Falsas Enseñanzas (4:1-16)
  A. Apostasía y falsas enseñanzas (4:1-5)
  B. Exhortación a confrontar la apostasía (4:6-16)
VI. Responsabilidad hacia Varios Grupos en la Iglesia (5:1-6:19)
  A. En relación a hombres y mujeres en la iglesia (5:1-2)
  B. Responsabilidad hacia las viudas (5:3-16)
  C. Responsabilidad hacia los ancianos (5:17-25)
  D. Responsabilidad de los esclavos a sus amos (6:1-2)
  E. Contrastar profesores corruptos con la verdadera devoción (6:3-10)
  F. Seguir una vida de fe (6:11-16)
  G. Introduciendo a los ricos (6:17-19)
VI. Exhortación de Cierre y Bendición (6:20:21)

TIMOTEO, SEGUNDA CARTA A La segunda carta de Pablo a Timoteo es una de sus tres Epístolas Pastorales (junto a 1 Timoteo y Tito). En esta carta el apóstol le recuerda a Timoteo su llamado al ministerio, lo alienta a soportar el sufrimiento por el bien del evangelio, lo exhorta a perseguir la devoción personal, le advierte sobre falsos maestros y personas malvadas, y le urge a entregarse completamente al ministerio de la palabra. En breve, Pablo exhorta a su protegido a cumplir su ministerio. El mensaje general del libro puede resumirse en el llamado de Pablo a que Timoteo sea un "buen soldado de Cristo Jesús" (2:3) quien pelea la "buena lucha" de la fe (4:7). En la bendición, el uso por parte de Pablo del plural "Que la gracia esté con todos ustedes" indica que las palabras del apóstol están dirigidas no solo a Timoteo, sino a toda la iglesia (4:22).

Receptor

Véase Timoteo, Primera Carta a.

Autoría y Fecha

El libro de Hechos cierra con Pablo en arresto domiciliario en Roma alrededor de los años 62/63 AD. Para cuando escribió su primera carta a Timoteo, ya había sido liberado de su aprisionamiento (cf. Hec. 28:30-31; 1 Tim. 3:14). Sin embargo, cuando escribió 2 Timoteo, estaba otra vez en prisión, pero esta vez estaba encadenado, enfrentando acusaciones y consciente de su inminente ejecución (2 Tim. 1:8,16; 2:9; 4:6, 16).

La segunda carta a Timoteo fue escrita en este período de segundo aprisionamiento en Roma, justo antes de la ejecución aproximadamente en el año 67 AD Pablo se identifica a sí mismo como un apóstol y el autor de 2 Timoteo en el primer versículo de la carta. (Sobre la disputada autoría de la Epístolas Pastorales, *véase* Timoteo, Primera Carta a.)

Trasfondo y Ocasión

Al momento de escritura, Pablo estaba languideciendo en prisión. En la segunda carta a Timoteo, él notifica a la iglesia que la fase preliminar del juicio ya había ocurrido, y que muchos colegas que no han estado dispuestos a estar a su lado lo han abandonado. Otros, aparentemente lo dejaron debido a propósitos ministeriales. Sólo Lucas permanecía con Pablo, quien enfrentaba lo que él pensaba sería su inminente ejecución (4:6-8, 10-16).

Pablo escribió esta carta por las siguientes razones:

1. Se sentía solo y quería ver a Timoteo (1:4; 4:9, 21).

2. Durante el reinado del emperador Nerón, habían comenzado las persecuciones. Pablo quería animar a Timoteo y a la iglesia

a permanecer fieles a Cristo y estar preparados para sufrir a causa del evangelio (1:8; 2:3, 11-12).

3. Pablo quería advertir a Timoteo y a la iglesia acerca de falsos maestros y personas malvadas (1:14; 2:14, 16-18, 23; 3:1-9, 13; 4:3-4).

4. Pablo quería alentar a Timoteo a cumplir su ministerio (1:6-8, 13-14; 2:1-3, 14-15, 22-24; 3:14; 4:5).

5. Pablo quería instruir a la iglesia a través de esta carta a Timoteo. Él emplea la forma plural "ustedes" en 4:22b, indicando que sus palabras están dirigidas no solo a Timoteo sino también a toda la iglesia.

6. Pablo quería comunicarle a Timoteo y a la iglesia su inminente ejecución (4:6-8).

Esquema

- I. Introducción (1:1-2)
- II. La Exhortación a Perseverar en el Ministerio a Pesar de la Persecución (1:3-2:13)
  - A. Acción de Gracias por Timoteo e incentivo a usar su regalo audazmente (1:3-7)
  - B. Incentivo a Timoteo a sufrir por el evangelio sin vergüenza (1:8-12)
  - C. La exhortación de Pablo a Timoteo a ser fiel a su ministerio (1:13-14)
  - D. Ejemplos de fidelidad y deserción (1:15-18)
  - E. Una exhortación a la perseverancia y promesa de recompensa (2:1-13)
- III. El Comportamiento Esperado de un Sirviente de Dios (2:14-26)
  - A. Un llamado a enseñar la palabra precisamente y evitar enseñanzas mundanas (2:14-19)
  - B. Exhortación a la pureza personas en la vida y el ministerio (2:20-22)
  - C. Instrucción a ser gentil al corregir a aquellos que están equivocados (2:23-26)
- IV. Advertencia sobre la Apostasía que Viene (3:1-4:5)
  - A. Características de las personas en los últimos días (3:1-9)
  - B. Un recordatorio del ejemplo de Pablo y el valor de las Escrituras (3:10-16)
  - C. El encargo de Pablo a ser fiel en la prédica en vista de la apostasía que viene (4:1-5)
- V. Situación Personal de Pablo (4:6-18)
  - A. La inminente ejecución de Pablo, su fidelidad y recompensa (4:6-8)
  - B. La fidelidad de los amigos de Pablo y la infidelidad de sus enemigos (4:9-16)
  - C. La fidelidad del Señor (4:17-18)
- I. Saludos de Cierre (4:19-22)

TINTA En tiempos antiguos, la tinta estaba hecha de hollín o un compuesto metálico mezclado con aceite o goma vegetal y aplicada sobre papiro o pergamino con lápiz o pincel. Aunque la Biblia tiene sólo cuatro referencias a tinta (Jr. 36:18; 2 Cor. 3:3; 2 Jn. 12; 3 Jn. 13), esta se usaba para escribir muchos documentos mencionados en sus páginas y la Biblia misma.

TINTERO DE CUERNO En Ez. 9:2-3, 11 la KJV traduce la palabra hebrea qeset como "tintero de cuerno", refiriéndose a un equipo o caja de escritura. Probablemente es una paleta con surcos para lápices y huevos para pasteles de tinta o una caja de lápices con tintero para tinta líquida.

TIPOLOGÍA Un "tipo" (del griego typos) puede definirse como un evento, persona o institución bíblica que sirve como un ejemplo o patrón para eventos, personas o instituciones posteriores en el AT o en el NT. La tipología se basa en la suposición que existe un patrón en el trabajo de Dios en el AT y en el NT que forma una relación promesa-cumplimiento.

En el AT hay sombras de cosas que serán más completamente reveladas en el NT. Así, el AT fluye hacia el NT como parte de una historia continua de la salvación. Lo que se promete en el AT se cumple en el NT. Esto se logra a través de la palabra profética o a través de una acción/evento profético. El uso de acciones/eventos proféticos para predecir o augurar acciones/eventos futuros involucra la tipología. La tipología es parte del esquema promesa-cumplimiento que conecta a ambos Testamentos. Un número de intérpretes bíblicos notan que se pueden identificar tres tipos principales.

Primero, debe existir algún punto destacado de similitud o analogía entre el tipo y el antitipo.

Segundo, debe haber evidencia que el tipo fue señalado por Dios para representar la cosa tipificada. En este punto uno debe evitar los extremos de, por un lado, decir que un tipo es un tipo solo cuando las Escrituras lo llaman así expresamente, y, por otro lado, encontrar un tipo "detrás de cada cosa".

Tercero, un tipo debe prefigurar algo en el futuro. Así, antitipos en el NT deben presentar verdades más completas que en el AT. La interpretación tipológica del AT es diferente de alegorizar un texto. La primera se restringe al significado intencionado por el autor original, mientras que la segunda lee cosas en los pasajes del AT (por lo general en conexión con profecía mesiánica) que no son la intención inicial. Por otra parte, debe notarse que los autores del AT pueden no siempre haber comprendido completamente el cumplimiento a largo plazo de sus profecías.

Así, por ejemplo, el Sal. 22 revela las pruebas y tribulaciones del rey David que posteriormente los autores del NT ven como aplicables a la crucifixión de Cristo (e.g., la cita de Sal. 22:18 en Jn. 19:24 respecto a los soldados sorteándose las ropas de Jesús). David probablemente no concibió su situación como predictiva de los sufrimientos del Cristo por venir. Pero el Espíritu Santo sí, y él permitió a los autores de los Evangelios hacer la conexión. Por tanto, la tipología es una forma especial de profecía bíblica, que Jesús parece haber usado extensamente. Por consiguiente, el tipo se encuentra en el AT, y su antitipo ocurre en el NT.

Más particularmente, Jesús parece percibirse a sí mismo como el antitipo de los tres posibles tipos anteriormente mencionados. Primero, Jesús cumplió en sí mismo personas en el AT que eran tipos.

Por tanto, Jesús es el último David, Salomón, Elías, Eliseo, Jonás, el Hijo del Hombre celestial de Dn. 7 y el Sirviente Sufriente de Is. 52:13-53:12. Segundo, respecto de famosos eventos del AT, Jesús recreó el nuevo éxodo y pasó la prueba en la nueva travesía en el desierto (Mt. 4:1-11 parcial), y luego proclamó una nueva ley desde la montaña, como hizo Moisés (Mt. 5-7). Tercero, Jesús revisó o reemplazó instituciones del AT como el sistema sacrificial y las fiestas del Yahveh (especialmente la Pascua) en su muerte y resurrección se convirtió en el nuevo templo de Dios.

El NT continúa la interpretación tipológica de Jesús del AT, viendo en él el supremo antitipo del simbolismo del AT. Así, por ejemplo, Pablo ve a Cristo como el segundo Adán (Rom. 5:12-21), cuya iglesia es el nuevo Israel, el escatológico pueblo de Dios (1 Cor. 10:1-13). Mateo percibe a Jesús como el nuevo Moisés (Mt. 1-10). Veamos las siguientes comparaciones:

Moisés, el Tipo del Antiguo Testamento	Jesús, el Antitipo de Moisés en Mateo
Moisés nació para liberar a su pueblo.	Jesús nació para salvar a su pueblo.
El Faraón intentó matar al infante Moisés.	Herodes intentó matar al infante Jesús.
Moisés fue "bautizado" en el éxodo.	Jesús fue bautizado en el nuevo "éxodo".
Moisés fue tentado en el desierto.	Jesús fue tentado en el desierto.
Moisés realizó las diez plagas.	Jesús realizó diez milagros.
Moisés recibió la ley en el monte.	Jesús dio la nueva ley en el monte.

Lucas entiende que Jesús es el nuevo David (Lc. 1:32). Hebreos asegura que Jesús ha inaugurado la nueva alianza (capítulo 8), el verdadero sacerdocio (capítulos 7-8; 10), cuya muerte es el cumplimiento y reemplazo del sistema sacrificial del AT (capítulos 9-10). Pero tal vez el más extenso uso de tipología en el NT ocurre en Ap. 21-22 (cf. Ap. 19), donde la nueva creación es el antitipo de la antigua creación del Gn. 1-3 (*véase* la siguiente Tabla 10).

Table 12. Tipología de la Nueva Creación en el Apocalipsis 21-22

Génesis 1–3	Apocalipsis 21-22 (cf. Ap. 19)	
El pueblo pecaminoso es dispersado.	El pueblo de Dios se une a cantar sus alabanzas	19:6–7
El "matrimonio" de Adán y Eva ocurre en el jardín	El matrimonio del segundo Adán y su novia, la iglesia ha venido.	19:7; 21:2, 9
Dios es abandonado por su pueblo pecaminoso.	El pueblo de Dios (nueva Jerusalén, novia de Cristo) se prepara para Dios; matrimonio del Cordero.	19:7–8; 21:2, 9–21
Exclusión de la recompensa del Edén.	Invitación a la cena de matrimonio del Cordero.	19:9
Satanás introduce el pecado al mundo.	Satanás y el pecado son juzgados.	19:11–21; 20:7–10
La serpiente engaña a la humanidad.	La antigua serpiente es atada "para evitar que engañe a las naciones".	20:2–3
Dios da a los humanos el dominio sobre la tierra.	El pueblo de Dios reinará con él por siempre.	20:4, 6; 22:5
El pueblo se rebela contra el verdadero Dios, resultando en muerte física y espiritual.	El pueblo de Dios arriesga la muerte para adorar al Dios verdadero y, de esa manera, experimenta la vida.	20:4–6
Las personas pecaminosas son expulsadas de la vida.	El pueblo de Dios tiene sus nombres escritos en el libro de la vida.	20:4–6, 15; 21:6, 27
La muerte entra en el mundo.	La muerta es matada.	20:14; 21:4
Dios crea el primer cielo y tierra, eventualmente malditos por el pecado.	Dios crea un nuevo cielo y tierra, donde el pecado no está en ninguna parte.	21:1
El agua simboliza el caos.	No hay mar.	21:1
El pecado trae dolor y lágrimas.	Dios consuela a su pueblo y elimina el llanto y el dolor.	21:4
La humanidad pecaminosa es maldecida con el vagabundeo (exilio).	El pueblo de Dios es otorgado un hogar permanente.	21:3
Se pierde la comunidad.	Se experimenta la comunidad genuina.	21:3, 7
El pueblo pecador es expulsado de la presencia de Dios.	Dios vive entre su pueblo.	21:3, 7, 22; 22:4
La creación comienza a envejecer y morir.	Todas las cosas son renovadas.	21:5
El agua es usada para destruir a la malvada humanidad.	Dios apaga la sed con agua del manantial de la vida.	21:6; 22:1
"En el comienzo, Dios…".	"Yo soy el Alfa y el Omega, el comienzo y el fin".	21:6
La humanidad pecaminosa sufre un exilio errante en la tierra.	Dios les da a sus hijos una herencia	21:7
El pecado entra en el mundo.	El pecado es expulsado de la ciudad de Dios.	21:8, 27; 22:15
La humanidad pecaminosa es separada de la presencia del Dios sagrado.	El pueblo de Dios experimenta la santidad de Dios (ciudad cubicada = sanctasanctórum).	21:15–21
Dios crea la luz y la separa de la oscuridad.	No hay más noche o luz natural; Dios mismo es la fuente de luz.	21:23; 22:5
Los lenguajes de la pecaminosa humanidad se confunden.	El pueblo de Dios es un pueblo multicultural.	21:24, 26; 22:2
Las personas pecaminosas son expulsadas del jardín.	El nuevo cielo/tierra incluye un jardín.	22:2
Las personas pecaminosas tienen prohibido comer del árbol de la vida.	El pueblo de Dios puede comer libremente del árbol de la vida.	22:2, 14
El pecado trae como consecuencia enfermedad espiritual.	Dios cura a las naciones.	22:2
Las personas pecaminosas son malditas.	La maldición es removida de la humanidad redimida, y las personas se convierten en una bendición.	22:3

El pueblo pecaminoso se rehúsa a servir/obedecer a Dios.	El pueblo de Dios lo sirve.	22:3
Las gentes pecaminosas se avergüenzan en presencia de Dios.	El pueblo de Dios "verá su rostro".	22:4

TÍQUICO Un cristiano asiático y amigo de confianza de Pablo. Tíquico ocasionalmente acompaña a Pablo en sus viajes misioneros y frecuentemente era enviado por Pablo para representarlo y entregar cartas a las iglesias (Hec. 20:4; Ef. 6:21; Col. 4:7; 2 Tim. 4:12; Tit. 3:12). Pablo debe haber tenido a Tíquico en alta estima, confiando en él para que ministrara a las iglesias y refiriéndose a él como "querido hermano y fiel sirviente en el Señor" y "querido hermano, fiel ministro y compañero sirviente en el Señor" (Ef. 6:21; Col. 4:7). Tíquico probablemente estaba con Pablo mientras el apóstol estuvo prisionero en Roma (Col. 4:7).

TIRA En Ez. 24:17, 23 la KJV traduce la palabra hebrea pe'er como "tira", refiriéndose a un turbante (NIV, NRSV).

TIRADA En la KJV, descendencia o progenie (Gn. 48:6; Is. 22:24; Mt. 22:25).

TIRANNO es mencionado en Hechos 19:9, donde su nombre se asocia a un salón de lectura en el cual Pablo tenía discusiones diarias en Éfeso tras su retiro de la sinagoga. Tiranno puede haber sido el dueño del edificio, la persona que sermoneaba allí, o la persona por la cual el edificio había sido nombrado. La visión más ampliamente sostenida es que Tiranno era un cristiano o simpatizante que era dueño del salón de lectura disponible para Pablo. Existe cierta evidencia textual (la tradición textual occidental) de que Pablo enseñaba allí desde las once de la mañana hasta las cuatro de la tarde, lo que sería durante el descanso de medio día, después de que Tiranno había despedido a sus alumnos.

TIRAS El último de siete hijos de Jafet y el nombre del clan de sus descendientes (Gn. 10:2; 1 Cr. 1:5). Estos descendientes se cree que eran parte de los Pueblos del Mar (conocidos como Turusha en inscripciones egipcias) que navegaron y atacaron a través del Egeo y el este del Mediterráneo.

TIRATITAS Uno de los clanes de escribas en Jabes, junto con los simeatitas y los sucatitas. Eran ceneos descendientes de Hamat (1 Cr. 2:55).

TIRHACA El faraón egipcio (r. 690-664 a.C.) que ayudó al rey Ezequías en su campaña en Judá contra el rey asirio Senaquerib (2 Re. 19:9; Is. 37:9). Su título "rey de Cus" revela sus raíces nubias (sudanesas).

TIRHANA Uno de los hijos de Caleb con su concubina Maaca (1 Cr. 2:48).

TIRÍAS Tercero de cuatro hijos de Jehalelel, un descendiente de Judá (1 Cr. 4:16).

TIRIO Una persona de Tiro, en la costa libanesa del Mediterráneo (1 Cr. 22:4; 2 Cr. 2:14; Esd. 3:7; Neh. 13:16).

TIRO Y SIDÓN Dos antiguas ciudades-estado de los fenicios que tienen una larga y bien documentada historia precedente a muchos eventos en la Biblia. Génesis 10:15 señala que Sidón era un hijo de Canaán, probablemente apuntando a la importancia de esta ciudad para los cananeos. Muchas veces en la Biblia el término "Sidón" o "sidonios" sirve como nombre alternativo para los fenicios o cananeo y por lo general se refiere a la parte sur de este vecino del norte. Había mucha interacción política y social entre Sidón y Tiro y los reinos de Israel y Judá, incluyendo el matrimonio de Salomón a varias mujeres de Sidón (1 Re. 11:1) y los tratados de la dinastía Omri y matrimonios mixtos con los fenicios (16:31). Durante gran parte del siglo diez al siete a.C., Israel y los fenicios fueron aliados económicos cercanos, con Israel proporcionando materiales para intercambiar y las ciudades de Sidón y Tiro ofreciendo el transporte de esos bienes en sus famosos barcos. Como Israel, Sidón y Tiro sufrieron bajo la expansión de los asirios y los babilonios. Tanto Sidón como Tiro frecuentemente fueron receptores de la ira de los profetas del AT. Tiro especialmente fue objeto de muchas denuncias proféticas de las cuales Ezequiel es un arquetipo (Ez. 26:1-28-19). Ezequiel profetizó la destrucción total de la ciudad. Ambas ciudades tenían centros cúlticos especiales que abogaban por varias versiones de adoración a Baal e intentaban propagar su religión, como demuestran las acciones de Jezabel, la esposa del rey Acab e hija del rey de Sidón.

Tiro y Sidón continuaron siendo ciudades significativas bajo el gobierno romano durante el período del NT. Jesús fue a estas dos ubicaciones y condenó ciudades judías diciendo que incluso las paganas Tiro y Sidón se hubiesen arrepentido si hubiesen visto los milagros que él realizó alrededor de ellas (Mt. 11:20-23). Pablo también viajó a Tiro, quedándose allí durante siete días en un viaje misionero (Hec. 21:3-4).

TIROPEÓN El valle en Jerusalén central que separa el cerro este de la Jerusalén original y el Monte del Templo (Explanada de las Mezquitas) del cerro oeste, más alto hacia el cual Jerusalén se expandió durante la monarquía israelita. En tiempos del NT, los sacerdotes que vivían en el cerro oeste cruzaban al Monte del Templo por medio de un puente construido por Herodes el Grande. "Tiropeón" no aparece en las Escrituras, pero fue usado por el historiador judío Josefo. El término puede significar "queseros", tal vez debido a la actividad comercial que allí se realizaba. Hoy el valle está ampliamente rellenado por escombros de las numerosas destrucciones de la ciudad.

TIRSA **(1)** Josué conquistói la ciudad de Tirsa (Js. 12:24), que luego fue heredada por la media tribu de Manasés en su territorio Cisjordano. La ciudad se volvió importante como la capital de las tribus del norte después de que Israel se dividió en norte y sur. El hijo de Jeroboam murió en Tirsa, y Baasa, Ela y Zimri gobernaron Israel desde allí (1 Re. 14:17; 15:33; 16:6, 15). Cuando Omri se convirtió en rey, construyó la ciudad de Samaria, y seis años dentro de su reinado trasladó allí la capital (1 Re. 16:23).

La Biblia vuelve a mencionar a Tirsa como políticamente importante sólo en los últimos años decadentes del reino del norte, en conexión con Menahem (2 Re. 15:14-16). La ciudad tenía una reputación de belleza particular, y se usa en el Cantar de los Cantares como una comparación positiva con la mujer joven: "Eres bella como Tirsa, mi querida, tan adorable como Jerusalén, tan majestuosa como tropas con bandera" (Cant. 6:4).

(2) Una de las cinco hijas de Zelofehad (Nm. 26:33; Js. 17:3), que murió sin tener hijos varones. Sus hijas exitosamente presionaron a los líderes de Israel por una parte de la herencia familiar (Nm. 27:1-11).

TIRSHATHA El título oficial para el gobernador de persa en Judá. La KJV translitera el hebreo, pero la mayoría de las traducciones modernas, como NIV, dan la lectura "gobernador" (Esd. 2:63; Neh. 7:65, 70; 8:9; 10:1).

TISBITA El único tisbita listado en la Biblia es el profeta Elías (1 Re. 17:1; 21:17, 28; 2 Re. 1:3, 8; 9:36). Tisbe se ubicaba en Galaad, en la Transjordania de Manasés. Tal vez existe una conexión entre Tisbe y el dios de la tormenta Teshub, con Elías siendo contrario a Teshub.

TITO Compañero de trabajo de Pablo por largo tiempo, desde el ministerio en Antioquía (Gal. 2:1, 3; cf. Hec. 13:1-5) hasta cerca de la muerte de Pablo. Se convirtió en una lección objetiva viviente, confirmando que el evangelio no requería la circuncisión de los hombres cristianos gentiles (Gal. 2). Aunque un subordinado de Pablo, Tito era un compañero valorado y colega de trabajo en el evangelio (2 Cor. 8:23) que compartía los mismos patrones ministeriales y valores (12:18). Pablo debe haber considerado a Tito un colega confiable, ya que Tito se convirtió en el responsable de la recolección para los pobres en Jerusalén (2 Cor. 8:6) y fue el portador de una carta a aproblemada iglesia de Corinto, 2 Corintios (8:16-17). Posteriormente, Pablo dejó a Tito en Creta para completar un trabajo importante allí (Tito). Tito continuó el ministerio en Dalmacia (2 Tim. 4:10) un tiempo después.

TITO JUSTO *Véase* Justo.

TITO, CARTA A La Epístola a Tito, junto con 1-2 Timoteo, se encuentra entre las Epístolas Pastorales. Estas tres cartas del apóstol Pablo son sus instrucciones a los jóvenes pastores Timoteo y Tito.

Sorprendentemente, Tito no es mencionado en Hechos, pero frecuentemente aparece en las cartas de Pablo. Él es "compañero y colega" de Pablo (2 Cor. 8:23). Él puede haber llevado la "triste carta" de Pablo a los corintios (2:4) y es muy probable que fuera instrumental en la reconciliación de Pablo con esa iglesia (7:6-7). Pablo también le confió la recolección de fondos de los corintios para la iglesia de Jerusalén, donde se convirtió en una demostración de libertad en Cristo (Gal. 2:3). Pablo lo llama "mi verdadero hijo en nuestra fe en común" (Tit. 1:4), probablemente indicando que Tito fue convertido al cristianismo por el mismo Pablo. En el tema de la autoría de Pablo de las Epístolas Pastorales (1-2 Timoteo y Tito), véase Timoteo, Primera Carta a.

Ocasión

Tras su aprisionamiento registrado en Hechos 28, Pablo viajó con Tito, evangelizando Creta. Como vemos a partir de la carta de Pablo a Tito, aunque se habían establecido iglesias, el trabajo de nombrar líderes no estaba terminado (1:5). La carta de Pablo transmite su autoridad a Tito para elegir presbíteros y reprender a los rebeldes (2:15). Había mucha rebelión que enfrentar (1:10), lo que Pablo contrasta firmemente con una vida en rectitud. Que Pablo confiara el trabajo de confrontar el "grupo de circuncisión" a Tito es significativo, dado el rol de Tito como modelo de libertad cristiana anteriormente.

Contenido

El saludo de Pablo y su auto identificación son más extensos aquí que en cualquier otra de sus cartas excepto Romanos. Él enfatiza que su apostolado y ministerio encabezan una vida piadosa, basada en el conocimiento de la verdad (1:1-2). Pablo ha recibido el encargo de predicar de Dios; ahora él vuelve a invertir esa confianza en Tito y le recuerda que su trabajo principal es establecer el liderazgo de las iglesias de Creta.

Pablo establece las directrices para los presbíteros, que se enfocan en una vida ética, evidencia de cualidades de liderazgo y fe vigorosa que puede alentar a otros (1:6-9). Estas características son importantes porque los líderes deberán enfrentarse a muchas iglesias que son

Los restos de la basílica de S. Tito en Gortyna, una ciudad prominente en Creta durante el siglo VI d.C, durante la época de Tito.

rebeldes, ruinosas y necesitan ser reprendidas (1:10).

Las gentes rebeldes de Creta probablemente son judaizantes, enseñando en contra de las instrucciones de Pablo y enriqueciéndose en el proceso. Deben ser reprendidos, para traerlos de vuelta a la doctrina correcta (1:13-14). Sin embargo, después de dos reprimendas, los ofensores continuos deben ser ignorados; son apóstatas (3:10-11).

El remedio para las falsas enseñanzas es la doctrina sensata y la vida en santidad, de manera que la oposición no tenga críticas válidas. Tito debe establecer un ejemplo para todos con integridad, seriedad y discurso sensato (2:7-8). Este se hace posible por la gracia de Dios, que le permite a la gente vivir "vidas de autocontrol, rectas y piadosas en la época actual" (2:12). Hemos sido redimidos de la maldad y purificados para un pueblo de los pertenecientes a Dios (2:14).

Tito debe completar este encargo de la iglesia, no permitiendo que nadie lo marginalice o limite su autoridad (2:15). De hecho, la Iglesia necesita someterse a todos los niveles de autoridad en paz y humildad (3:1-2). Pablo le recuerda a Tito que todos fueron alguna vez tan rebeldes y divisorios como la oposición; es sólo la amabilidad y el amor de Dios que salva y limpia, cambiando a los rebeldes en herederos de vida eterna (3:3-7).

Poniendo énfasis en estos pensamientos mantendrá a la iglesia enfocada en vivir piadosamente, mientras discutir sobre temas menores será divisivo e inútil. Las personas que hacen esto último deberían ser marginalizadas y rechazadas (3:8-11). Esta es una inclusión final de Pablo de que el conocimiento de la verdad lleva a una vida piadosa (1:1).

Pablo concluye con comunicaciones prácticas para Tito. Zenas y Apolos son probablemente quienes llevaron la carta, y Pablo incentiva a Tito y a su iglesia a asistirlos como una lección a la iglesia y una bendición para los viajeros.

Esquema

I. Saludo y Propósito (1:1-5)
II. Características Apropiadas de los Presbíteros (1:6-9)
III. Falsos Maestros (1:10-16)
IV. Vida Cristiana Adecuada (2:1-3:2)
V. Somos Salvados por la Gracia (3:3-8)
VI. Advertencias acerca de la División (3:9-11)
VII. Pensamientos Finales (3:12-15)

TITO, CÉSAR El general romano que conquistó Jerusalén en el año 70 AD y posteriormente reinó como emperador del Imperio Romano (r. 79-81 AD.). Su padre, Vespasiano, lo precedió como emperador (r. 69-79 AD.), mientras su hermano Domiciano lo sucedió en el rol (r. 81-96 AD.). Estos tres gobernantes son comúnmente llamados la dinastía Flavia, una designación derivada de su nombre de familia, "Flavio". Tito se distinguió a edad muy temprana por su servicio militar en Alemania y Bretaña. Los historiadores romanos cuentan la historia de él salvando la vida de su padre en este período. Su primera esposa murió corto tiempo después del matrimonio, y Tito prontamente volvió a casarse, aunque este matrimonio también fue breve, terminando en divorcio.

Tanto Tito como su padre eran comandantes militares durante la campaña romana para terminar las revueltas en Judea, comenzando aproximadamente en el año 66 AD Vespasiano era el comandante supremo en el conflicto, pero cuando se fue a Roma en el año 69 para ser emperador, Tito cumplió el rol de su padre como líder militar en la región. En la primavera del año 70 d.C., Tito comenzó a atacar Jerusalén, y dentro de pocos meses sus fuerzas habían tomado completo control de la ciudad, destruyendo el templo en el proceso. Aspectos de este incidente se reflejan en el discurso de Jesús conocido como el Discurso de los Olivos (Mt. 24; Mc. 13; Lc. 21). Como emperador, Tito en general era respetado por sus contemporáneos por sus logros, y los historiadores romanos vieron su breve reinado favorablemente.

TIZITA Un título que designa un lugar de origen o habitación que describe a Joha, uno de los poderosos guerreros de David (1 Cr. 11:45). La ubicación de este lugar de origen en Transjordania es desconocida.

TIZONCILLO *Ver* Peste.

TÓAH Levita en el clan de los qohatita, del cual David designó músicos del templo. Era hijo de Zuf y un ancestro de Samuel (1 Cr. 6:34). La lista paralela lee "Náhat" (1 Cr. 6:26), y 1 Sm. 1:1 da el nombre "Tohu".

TOB Una tierra ubicada en el sur de Haurán, donde Jefté huyó de sus medios hermanos y donde los ancianos de Galaad lo encontraron (Jue. 11:3, 5). Tob proporcionó doce mil guerreros al rey amonita Hanún en una campaña innecesaria contra David (2 Sm. 10:6-8). Algunos estudiosos identifican la ubicación el moderno et-Taiyibeh, diecinueve kilómetros al este de Ramot de Galaad, entre Bosra y Edrei, cerca del origen del río Yarmuk.

TOBADONÍAS Uno de los levitas que instruyeron a la gente de Judá acerca de la ley en el reinado del rey Josafat (2 Cr. 17:8). El nombre es probablemente una incidencia escribal de ditografía, combinando los dos nombres anteriores en la lista, "Adonías" y "Tobías".

TOBÍAS **(1)** Un ancestro de una familia que no podía probar su linaje israelita después del exilio (Esd. 2:60; Neh. 7:62). **(2)** Un amonita, tal vez gobernador, que se resistió a los esfuerzos de Nehemías para reconstruir el muro de Jerusalén (Neh. 2:10, 19: 6). Él y sus socios, Sanbalat y Gesem, apelaron al rey persa pero no tuvieron éxito. Más tarde, Nehemías depuso a un sacerdote, Eliasib, que estaba arrendando habitaciones en el templo a Tobías (13:4,7). Muchos creen que la familia Tobías mencionada en las cartas de Laquis, e incluso fuentes extrabíblicas, son personas conectadas a esta familia.

TOBÍAS **(1)** Uno de los levitas enviados por Josafat para instruir a las personas en la ley (2 Cr. 17:8). **(2)** Uno de los tres exiliados que regresaron de Babilonia y de quienes Zacarías recibió oro y plata para formar una corona para el sumo sacerdote Josué, para ser colocada en el templo como memorial (Zac. 6:9-14).

TODOPODEROSO Los títulos divinos que usan "todopoderoso" indican el poder supremo e incomparable de Dios. Dios es llamado "el Todopoderoso" (shadday) por todo el Antiguo Testamento, especialmente en Job. "Dios Todopoderoso" ("el shadday") está concentrado en las narraciones patriarcales del Génesis (véase también Éx. 6: 3, Ez. 10: 5).

En la mayoría de sus apariciones en la NVI, "Todopoderoso" se interpreta como tsebaot (lit., "ejércitos" [RVR: "huestes"]. A través del Antiguo Testamento, "el Señor Todopoderoso" connota fuerzas abrumadoras, terrenales y celestiales, bajo el mando del guerrero divino de Israel (1 Sam. 17:45; Jue. 5:20). Particularmente frecuente en Jeremías, Isaías, Amós, Zacarías y Malaquías, refuerza el mensaje profético gracias al asombroso poder y autoridad de Dios (véase Sant. 5:4). Apropiadamente, el libro de Apocalipsis del Nuevo Testamento presenta estos conceptos y se refiere repetidamente a Dios como "todopoderoso" (pantokratōr).

TOFEL Uno de los lugares que el autor de Deuteronomio usa para ayudar a orientar a los lectores respecto del lugar donde Moisés compartió la ley con los israelitas (Dt. 1:1). La ubicación e identificación de Tofel sigue siendo incierta, pero algunos creen que está asociado a et-Tafileh, un lugar en Jordania entre Al Karak y Petra.

TOFET Tofet, cuyo nombre se asocia con la palabra hebrea para "escupo", se ubicaba en el Valle de Ben Himón, inmediatamente al sudoeste de Jerusalén. En ocasiones sirvió como vertedero de la ciudad, donde la basura era quemada. En tiempos del NT, el valle se conocía como Gehenna, que se asociaba con el infierno. Josías había destruido el lugar porque era la ubicación donde se realizaba la falsa adoración al dios extranjero Moloc (2 Re. 23:10-11), pero el sitio de adoración idólatra debe haber sido reconstruido. En tiempos de Jeremías, algunos israelitas realizaban sacrificios de niños en este lugar, así que el profeta anunció el juicio contra ellos (Jr. 7:30-34; 19:6-15).

TOGARMA **(1)** El tercero de los tres hijos de Gomer y nieto de Jafet (Gn. 10:3; 1 Cr. 1:6). **(2)** Bet Togarma era una región habitada por los descendientes de Togarma; era conocida por sus caballos de guerra (Ez. 27:14; 38:6). *Véase también* Bet Togarma.

TOHU Hijo de Zif y padre de Eliú, era un ancestro de Samuel (1 Sm. 1:1).

TOI *Véase* Tou.

TOKEN **(1)** Una aldea en el territorio de los descendientes de Simeón (1 Cr. 4:32 [KJV: "Tochen"]). La ubicación es desconocida. **(2)** En la KJV, "token" se usa para indicar lo que es, en la mayoría de las traducciones moderna, un "signo" (e.g., Gn. 9:12-17; sal. 86:17; Mc. 14:44).

TOLA **(1)** Uno de los cuatro hijos de Isacar, el ancestro del clan tolaíta y de 22.600 guerreros durante el reinado de David (Gn. 46:13; Nm. 26:23; 1 Cr. 7:1-2). **(2)** Un juez menor de la tribu de Isacar. Era el hijo de Puá y vivía en Samir, en el territorio montañoso de Efraín. Gobernó durante veintitrés años (Jue. 10:1-2).

TOLAD Un pueblo en el territorio de Simeón (1 Cr. 4:29). En Js. 15:30; 19:4 el pueblo es llamado Eltolad (Js. 15:30; 19:4).

TOLAÍTA El clan descendiente de Isacar por Tola (Nm. 26:23-25).

TOLDO Recubrimiento de la cubierta de los barcos (Ezequiel 27:7) usado para proteger a los pasajeros del sol. Una vocalización diferente en hebreo de alguna parte también se refiere al recubrimiento en el arca de Noé (Génesis 8:13) y al tabernáculo (Éxodo 26:14).

TOLEMAIDA Una ciudad portuaria a siete millas al norte del Monte Carmelo. Ptolomeo II (283-246 a.C) cambió el nombre de la ciudad de Aco (Jue. 1:31) a "Tolemaida". Jonatán Macabeo fue capturado en Tolemaida (1 Mac. 12:45). Pablo desembarcó en Tolemaida en su camino a Cesarea desde Tiro (Hec. 21:7).

TOMÁS Uno de los originales doce apóstoles de Jesús (Mt. 10:3; Mc. 3:18; Lc. 6:15), llamado "Didymus", que significa "mellizo" (Jn. 11:16; 20:24; 21:2). El infame título de "Tomás el Incrédulo" proviene de su rechazo a creer en la resurrección de Jesús. Tomás dijo: "A menos que vea las marcas de los clavos en sus manos, y ponga mi dedo donde estuvieron los clavos, y ponga mi mano en su costado, no creeré" (Jn. 20:25). Una semana después Jesús resucitado volvió a aparecerse a los apóstoles, incluyendo a Tomás. La respuesta de Tomás fue "¡Señor mío y Dios mío!" (Jn. 20:28). A pesar de su anterior incredulidad en la resurrección de Jesús, Tomás estuvo presente con los otros apóstoles en la habitación superior (Hec. 1:13).

TONTO, TONTERÍA Hablando de manera general, en las Escrituras la palabra "tonto" se usa para describir a alguien en un estado privado moralmente. No se refiere, como en el uso americano contemporáneo, a la falta de habilidad intelectual de una persona o a una que sus acciones transmiten las de un bufón. Términos para "tonto" aparecen a lo largo de las Escrituras, pero la literatura sabia contiene la mayor concentración. Proverbios usa más de media docena de palabras para describir a un tonto. Todas ellas indicando algún tipo de infracción moral y caída en una escala del más endurecido moralmente al ingenuo.

La obstinación, testarudez y estrechez de mente caracterizan al tonto moralmente denso. Tales individuos no tienen uso para el consejo de otros porque son "sabios ante sus propios ojos" (Prov. 3:7; cf. 12:15; 16:2). Los tontos frecuentemente se burlan de la corrección o reprimenda (9:7-8, 12; 13:1; 14:6; 15:12; 19:25; 20:1; 21:11, 24; 22:10; 24:9). Manifiestan arrogancia (21:24). Los tontos no aprenden de sus propios errores o de los errores ajenos, sino que los repiten con frecuencia (26:11). Uno de los problemas principales, la "falta de sentido", que finalmente implica que les falta carácter (*véase* 6:32; 7:7; 9:4, 16; 10:13, 21; 11:12; 12:11; 15:21; 17:18; 24:30). Una persona así constantemente toma malas decisiones y pierde el apetito y pasión necesaria para adquirir sabiduría.

Según el libro de Proverbios, tres cualidades componen la naturaleza esencial de un tonto. Primero, el tonto no está dispuesto a aprender por medio de la disciplina (3:11-12; 17:10) o instrucción formal (17:16) o consejo (12:15) o experiencia personal (26:11). Segundo, el tonto carece autocontrol. Tanto en el habla (15:2) como en el comportamiento (14:16) los tontos demuestran falta de restricción. Toman el camino con menor resistencia para el dinero fácil (1:8-19) y sexo fácil (7:6-27). Tercero, el tonto es uno que rechaza el temor del Señor (1:7).

Toda la media docena de términos usados para "tonto" indican, en un grado u otro, infracción moral. La única excepción es peti, la palabra usada para indicar "simple" (e.g., Prov. 1:4; 19:25; 21:11). Esta palabra está en el otro extremo del espectro moral de "tonto" y se refiere a alguien que es joven, vulnerable, e inexperto. Los simples son personas crédulas e impresionables. Esto individuos pueden ser influenciados por el bien y el mal, dependiendo de a quien escuchen. Tanto la Mujer Sabia como la Mujer Tonta hacen llamados atractivos para el simple (Prov. 9:6, 16). Este joven simple cometerá errores morales en el camino, pero el peti no se ha convertido aún en un completo tonto, uno incorregible o que no puede ser enseñado.

En el NT, el tonto es uno que no confía en Dios o en el poder que Dios demuestra a través de la resurrección de Cristo (Lc. 24:25; Rom. 1:22; 1 Cor. 15:36). Jesús se refiere al tonto cuando cuenta la historia de los constructores sabios y tontos (Mt. 7:24-27) y las doncellas sabias y tontas (Mt. 25:1-13). Pablo usa el término "tontería" para reprimir a los gálatas por su rechazo a aceptar el Evangelio (Gal. 3:1). Sin embargo, en su correspondencia con la iglesia de Corinto, Pablo revierte la comprensión tradicional de tontería y la usa como estrategia retórica para comunicar su mensaje. Habla del mensaje de la cruz como tontería para el mundo (1 Cor. 1:18). En otra ocasión, para argumentar contra la arrogancia de sus oponentes, Pablo se compromete en un "poco de tontería" (2 Cor. 11:1) mientras presume de su ministerio, que está plagado de fracasos (2 Cor. 11-12).

TOPO Palestina no tiene topos de verdad. En Isa. 2:20 el animal que algunas versiones identifican como un "topo" (NVI, RVA, LBLA, NBD, NBLH) se identifica más genéricamente en otros como unos "roedores" (NTV). Este roedor, probablemente una rata topo, junto con el murciélago, vive en la oscuridad, y ambos son símbolos de los espiritualmente ciegos. En la versión RVA de Lev. 11:30, un topo (NIV: "camaleón") figura entre los animales inmundos.

TOQHAT El suegro de la profetisa Hulda (2 Cr. 34:22). En 2 Re. 22:14 el nombre es Ticva.

TORAH La palabra hebrea torah más ampliamente significando "enseñanza" o "instrucción". En el AT, torah más comúnmente se refiere a la colección de enseñanzas divinas reveladas a Moisés por Dios. Esta colección de enseñanzas preservadas en el Pentateuco se volvió autoritativa y coercitiva, no sólo para la comunidad hebrea que vagaba por el Desierto del Sinaí, sino también para cada generación sucesiva con quien la alianza de Yahveh se renovaba (Éx. 24; Dt. 4:5-14, 44).

La Torah de Moisés

Por lo tanto, torah ocurre frecuentemente en combinación con el nombre de Moisés ("torah de Moisés"), particularmente en el Pentateuco, la Historia Deuteronomística (Deuteronomio, Josué hasta Reyes), y Esdras, Nehemías y Crónicas. Tal vez el uso del nombre de Moisés de esta forma enfatiza la autoridad de las enseñanzas a través de recordarles a los lectores de su conexión a él. En la literatura profética y Salmos, sin embargo, torah es más comúnmente usado en combinación con el nombre especial que Dios le reveló a Moisés en el arbusto ardiente ("torah de Yahveh"). Tal vez el uso del nombre especial de Yahveh en este caso enfatiza la naturaleza divina de las enseñanzas dadas a Moisés por Dios.

El significado de torah en el AT no es uniforme, sin embargo, y abarca un rango de significados relacionados. Torah a veces se refiere a un conjunto más específico de enseñanzas dentro del corpus de instrucción mosaica. En algunos casos, torah parece referirse sólo a los Diez Mandamientos (Éx. 24; Dt. 4:44). En otros casos, particularmente en el Levítico y Números, torah puede referirse a una instrucción específica pertinente a la adoración de la gente y el servicio de Dios. Por ejemplo, la regulación específica acerca de cómo realizar una ofrenda quemada es una torah para las ofrendas quemadas (Lv. 6:9), y las instrucciones para cómo realizar el voto nazireato es una torah para el voto nazireato (Nm. 6:13). Una gran parte de la enseñanza mosaica desde el Éxodo hasta el Deuteronomio se enfoca en la adoración de la comunidad, ofreciendo instrucciones específicas en temas como ofrendas, sacrificios, la distinción entre puro e impuro, al igual que instrucciones para la construcción del antiguo santuario, el tabernáculo. Debido a que los sacerdotes levitas eran líderes de la adoración de la comunidad de Israel, son especialmente encargados con la cuidadosa transmisión e interpretación de la torah (2 Re. 22:8; Mal. 2:7-8). De hecho, los sacerdotes levitas tenían una posición autoritaria en la comunidad israelitas con respecto a las interpretaciones de la torah. Por consiguiente, a veces torah se refiere a una decisión emitida por un sacerdote, en nombre de Yahveh, cuando la aplicación de una instrucción individual es poco clara. Por ejemplo: "Esto es lo dice el Señor Todopoderoso: 'Pregúntenle a los sacerdotes lo que la ley [torah] dice: Si alguien lleva carne consagrada en el pliegue de su ropa, y ese pliegue toca algo de pan o estofado,… ¿este se vuelve consagrado?'" (Ag. 2:11-12 [cf. Dt. 17:8-13]). Los sacerdotes que fracasan en sus tareas de transmisión e interpretación de la torah están acusados de cometer "violencia contra la ley [torah]" y corromper a las personas (Sof. 3:4; *véase también* Jr. 2:8; Ez. 7:26; 22:26; Os. 4:6).

Otros usos de Torah

Torah también puede ser un término más general para el mandamiento directo de Dios, aparte de las enseñanzas de Moisés. Por ejemplo, Dios dijo de Abraham que él "me obedeció e hizo todo lo que le pedí, manteniendo mis mandamientos, mis decretos y mis instrucciones [torot]" (Gn. 26:5). Ya que Abraham falleció antes de la época de Moisés, esta referencia a torah probablemente enfatiza la fiel obediencia de Abraham a las instrucciones específicas de Dios para él (cf. Gn. 12:1-4; 15:1-21).

Particularmente, en la literatura profética, torah frecuentemente se refiere al estándar de comportamiento con el cual Israel será juzgado: "El pueblo ha roto mi alianza y se ha rebelado contra mi ley [torah]" (Os. 8:1 [cf. Is. 1:10; 5:24; 8:16, 19-20; 30:9; Zac. 7:12]). En los textos proféticos, torah es frecuentemente la base para la acusación de Dios del pueblo y, sin embargo, torah también contiene la promesa de la redención del pueblo de Dios, cuando "Yo [Dios] pondré mi ley [torah] en sus mentes y la escribiré en sus corazones" (Jr. 31:33).

En el libro de Proverbios, torah por lo general se refiere a instrucciones dadas por un padre de un hijo: "Escucha, hijo mío, a las instrucciones de tu padre y no abandones las enseñanzas de tu madre [torah]" (1:8). En este caso, torah representa la práctica sabiduría parental para dirigir la vida diaria. Mientras que el uso torah en Proverbios no está directamente asociado con las enseñanzas mosaicas en el Pentateuco, el contenido de enseñanzas (torah) del padre al hijo en Proverbios está alineado con las enseñanzas de Moisés a la comunidad israelita, particularmente con los Diez Mandamientos. De hecho, la instrucción parental (torah) en el libro de Proverbios incluye una prohibición contra deshonrar a los padres de uno (1:8; 10:1), violencia o asesinato (1:11-12; 3:29), robar (1:13; 10:2), adulterio (2:16-19; 5:3-20), y mentir (3:30; 6:12-15).

En general, torah se presenta no como una rancia colección de reglas restrictivas en el AT, sino más bien una alegría y un deleite: "La ley [torah] del Señor es perfecta, refrescante para el alma. Los estatutos del Señor son confiables, haciendo sabios a los simples. Los preceptos del Señor son correctos, dando alegría al corazón. Las órdenes del Señor son radiantes, dando luz a los ojos… Son más dulces que la miel" (Sal. 19:7-10). *Véase también* Ley.

TORRE DE BABEL Una torre cuya construcción fue comenzada en la planicie de Sinar (Gn. 11:1-9), aunque nunca es realmente llamada "torre de Babel" en la Biblia. El nombre "Babel" (Gn. 11:9) es probablemente un juego de palabras involucrando la palabra acadia para "puerta de dios" y la palabra hebrea para "confusión". Algunos académicos creen que "Babel" alude a la ciudad de Babilonia. La mayoría de las estructuras antiguas descritas como torres serían zigurats, que son pirámides aterrazadas con escalones. Los zigurats estaban diseñados para ser lugares donde los dioses podían acceder a la tierra, de manera similar a escaleras. De manera interesante, los planes de los constructores en Gn. 11:1-9 en realidad funcionaron, ya que Dios sí bajó a la ciudad; sin embargo, no anticiparon las consecuencias de sus acciones. Algunos comentaristas han sugerido que esta historia es una etiología que explica el comienzo de los idiomas.

TORRE DE LOS CIEN Una torre fortificada en Jerusalén mencionada dos veces en Nehemías, una vez en la restauración del muro (3:1) y nuevamente en la procesión de su dedicación (12:39). Se asocia con la Torre de Hananel, que Jr. 31:38 y Zac. 14:10 confirman que se ubica en el lado norte de Jerusalén, cerca de la Puerta del Pescado. Basados en el nombre, es probable que un número sustancial de tropas fuesen ubicadas aquí para vigilar la Puerta del Pescado.

TORRE DE VIGILANCIA Las torres de vigilancia militares podían ser parte de las almenas de la ciudad (Is. 21:8) o miradores más aislados (2 Cr. 20:24 NRSV). Los viñedos también tenían torres de vigilancia (Is. 5:2; Mt. 21:33; Mc. 12:1).

TORRE Las torres (o torres de vigilancia) eran estructuras redondas o cuadradas de piedra, que median aproximadamente siete metros de diámetro, construidas en las esquinas de un muro (Jr. 31:38; cf. 2 Cr. 14:7; 26:9). Podían ser referidas como ciudadelas fortificadas de una ciudad (2 Re. 17:9; 2 Cr. 14:6; 26:9, 15; Neh. 3:1), bastiones (Jue. 9:51) o fortalezas (2 Cr. 27:4). Como sistema de defensa, proveían mejorías a los muros de la ciudad y puertas. Flechas y proyectiles podían dispararse contra los enemigos que escalaban los muros. Como un sistema de comunicaciones, con frecuencia servían como estación de señales donde los guardias podían observar en busca de enemigos que se acercaran (2 Re. 9:17; 17:9; Is. 21:12).

TORRENTE DE LOS SAUCES Encontrado en Isaías 15:7 (NRSV: Wadi de los Sauces; KJV, RSV Arroyo de los Sauces), probablemente es la frontera en Moab y Edom, al igual que el Valle torrencial de Zered.

TORTA Varios tipos adecuados de panes y tortas para las ofrendas que aparecen en el relato de Levítico 2. Un tipo de torta crujiente, "turrones" en la KJV, se menciona en 1 Reyes 14:3. Las tortas finos servían como ofrenda para la adoración idólatra de la reina del cielo (Jeremías 7:18; 44:19).

TOSEFTA La Tosefta, proveniente de la palabra hebrea que significa "sumar", incorpora material halachic (legal oral) y narrativo que no está en la Mishnah, compilación rabínica judía de materiales legales (Jalakah). La Tosefta sigue los mismos principios organizacionales que la Mishnah, conteniendo seis órdenes, cada una subdividida en tratados, muchos de los cuales son equivalentes a los de la Mishnah. La relación entre la Mishnah y la Tosefta es compleja, pero pueden hacerse las siguientes

Ruinas de una torre del período helenístico en Sebaste (Samaria), Israel.

observaciones: (1) algunas jalakot y narrativas son iguales en ambos textos; (2) la Tosefta agrega material nuevo al texto básico de la Mishnah; (3) en lugares el significado es el mismo, pero el estilo y vocabulario son diferentes; (4) la Tosefta cubre temas adicionales que no son evidentes en la Mishanh o son solo mencionados indirectamente.

TOTORA *Ver* Junco.

TOU El rey de Hamat, quien envió a su hijo Joram a traer tributo a David tras la derrota de su enemigo común, Hadadezer, el rey de Soba. Es llamado Toi en 2 Sm. 8:9-10 (NIV: Tou), Tou en 1 Cr. 18:9-10.

TRABAJADOR DE MADERA Una persona que trabajaba con madera de cualquier manera, desde cosechar las materias primas hasta elaborar los productos terminados. Su trabajo era considerada una labor distinguida y calificada (Sal. 144:12; Jr. 46:22). Según 1 Re. 5-6, los trabajadores de madera, o "hombres de madera" (*véase* 2 Cr. 2:10), estuvieron involucrados en la construcción del templo de Salomón: cortando árboles en el bosque (5:6), transportando troncos por medio de cuerpos de agua (5:9), revistiendo de madera el interior del edificio (6:15) y grabando los muros (6:29). Aunque cortar madera se usaba como castigo para los engañosos gabaonitas (Js. 9:21), los cortadores de madera en Israel son descritos como receptores de la alianza (Dt. 29:11).

TRABAJO MARTILLADO Tipo de guirnalda de un diseño espiral por encima y por debajo de las figuras animales de los paneles de bronce de los diez soportes móviles para las fuentes en el templo de Salomón (1 Re. 7:29 [NRSV: "trabajo biselado"]). Estos contribuían a la elegancia, estilo y belleza de piezas ceremoniales altamente funcionales.

TRABAJO, TEOLOGÍA DEL

Dios el Trabajador

Una teología bíblica del trabajo comienza con Dios como creador de todas las cosas. En el AT, el verbo bara' ("crear") se usa sólo con Dios como sujeto. El primer verbo en la Biblia (Gn. 1:1) acontece en muchos otros textos que describen a Dios logrando lo que sólo Él puede hacer. Otros términos como yatsar ("formar, modelar") y 'asah ("hacer") se usan numerosas veces a través del AT con Dios o humanos como sujetos.

Estos tres términos refuerzan el retrato de Dios como un trabajador en Gn. 1-2 (cf. Is. 45:7). Dios crea la luz y la oscuridad; el cielo y la tierra; el sol, la luna y las estrellas; tierra y mar; flora y fauna; y la humanidad—en suma, todo lo que es. Él da forma al "hombre" (hebreo 'adam) del polvo del suelo, lo trae a la vida soplando en él el aliento de vida.

En otras partes del AT se dice que Dios construye, desarrolla, reconstruye/restaura (hebreo banah [e.g., Sal. 102:16; 147:2; Jr. 24:6; Am. 9:11]). De manera interesante, Dios toma una costilla del hombre, que luego hace (lit., "desarrolla" [hebreo banah + le]) una mujer (Gn. 2:22). Él funda (hebreo kun) la tierra (Is. 45:18) y estira (hebreo natah) los cielos (Zac. 12:1). Además, la sabiduría es el "artesano" de Dios (hebreo 'amon), tomando parte en la creación del mundo (Prov. 8:30). El NT revela a Cristo como a través de quien Dios crea todas las cosas (Jn. 1:1-3; Col. 1:16). El breve bosquejo sugiere el rango de formas en las que se describe el trabajo de Dios.

El Trabajo Humano

Idealmente, el trabajo se realiza como servicio a Dios (Col. 3:17, 22-24). El trabajo es una de las formas en que expresamos la imagen divina. El mandato de Dios para llenar, dominar gobernar la tierra implica trabajo (Gn. 1:26-28) y Dios coloca al hombre en el jardín "para trabajar y cuidar de él" (Gn. 2:15). La importancia del trabajo para la dignidad humana al igual que la supervivencia afianza las leyes de rebusca que hacen provisión para que los pobres reúnan su propia comida (e.g., Dt. 24:19-22). La expansión de las tecnologías humanas y ocupaciones (mela'kah [*véase* Éx. 12:16]) refleja esa dignidad y el propio trabajo diverso de Dios. Job 28 celebra la industria y logros humanos mientras subordina todos los valores prevalecientes de la sabiduría, enraizados en "el temor de Dios". Dado el rol indispensable del trabajo dentro de los límites de la vida humana, se celebra la diligencia (Ecl. 3:9-10), se condena la ociosidad (Prov. 10:4; 12:24; 21:5; 2 Tes. 3:6-10). El trabajo es, esencialmente, el buen regalo de Dios para nosotros en la creación.

Pero el trabajo ahora tiene aspectos negativos. En respuesta al pecado de Adán, Dios maldice la tierra, introduciendo "esfuerzo doloroso" en el ciclo de trabajo (Gn. 3:17-19; 5:29). Ahora nos ganamos la vida a través de adversidad, encontrando frustración en vez de recompensa—un recordatorio permanente de que somos polvo y al polvo volveremos. El libro de Eclesiastés hace eco de esta nota de futilidad y levanta una aguda pregunta acerca del valor duradero del trabajo humano (1:2-3, 14; 2:4-11, 17-23; 3:9; 4:4-6; 8:16-17). El pecado y la muerte persiguen a las ocupaciones que se desarrollan en Gn. 4, y el episodio de la torre de Babel en Gn. 11 señala el juicio de Dios en la pretensión humana (cf. Sant. 4:13-16). Esfuerzo excesivo (ser trabajólico) es un obstáculo, no una virtud, porque expresa dependencia en uno en vez de en Dios, que construye, protege y nos da descanso (Sal. 127:1-2). Las condiciones de trabajo opresivas o injustas son causa de lamentación e incurren en el juicio de Dios (Éx. 5:6-19; Prov. 14:31; Sant. 5:4-6).

Así, la política de trabajo de Israel debe reflejar la fidelidad, generosidad y preocupación de la alianza de Dios por los vulnerables. La ley de Moisés coloca límites en los empleadores/patrones para proteger a los empleados, esclavos y trabajadores extranjeros de la explotación. El límite primario es el mandamiento de Dios de que Israel observe el Sabbat sagrado a través de la cesación completa del trabajo (Éx. 20:8-11; Dt. 5:12-15). Este movimiento prioriza la alianza de Dios por sobre el trabajo humano y establece un ritmo de trabajo y descanso. El Éxodo asienta el Sabbat en el descanso de Dios del trabajo de la creación en el séptimo día. El Deuteronomio lo ata a la historia de esclavitud de Israel en Egipto y la liberación de Dios; observando el Sabbat Israel muestra gratitud hacia Dios y se protege contra reproducir las políticas opresivas de Egipto.

El Éxodo 31-32 retrata el trabajo en sus mejores y peores aspectos. La apropiada interacción de trabajo y descanso se ve en el capítulo 31, que narra el trabajo divinamente empoderado en el tabernáculo, seguido de un fuerte recordatorio de observar el Sabbat como un "signo" entre Dios e Israel. Por el contrario, el capítulo 32 retrata la artesanía en su peor uso, la creación de un ídolo dorado. Aarón modela oro con una herramienta y hace la imagen de un becerro, pero posteriormente le dice a Moisés, "¡Tiré [su joyería de oro] al fuego, y salió este becerro!" (32:24). Este comentario anticipa la posterior burla de los profetas sobre los creadores de ídolos (e.g., Is. 44:9-20) y levanta el tema de la responsabilidad personal por el resultado del trabajo de uno: Aarón busca evitar implicarse en la historia de idolatría de Israel ocultando su propio rol en el proyecto.

Los temas del trabajo público aumentan en complejidad cuando Israel adopta la monarquía humana y se compromete en el comercio internacional (e.g., 1 Sm. 8; 1 Re. 9:15-23). Babilonia le da un golpe decisivo a la categoría de estado de Judá deportando líderes y trabajadores entrenados. Muchos de ellos establecen nuevas vidas tan viables y productivas en Babilonia que cuando Ciro posteriormente permitió el regreso de los judeos, eligieron quedarse.El NT asume la legitimidad del trabajo y adopta la visión del AT de que, dentro de límites apropiados, el trabajo es un buen regalo de Dios. Jesús, sin embargo, ha venido a realizar el "trabajo" de su Padre (Jn. 5:16-18), que implica llamar a algunas personas a dejar sus ocupaciones habituales para seguirlo, al igual que un nuevo enfoque a la observancia del Sabbat (Mc. 2:21-27; 3:4). Estos movimientos señalan la urgencia y novedad del reino de Dios. En consecuencia, los apóstoles son "compañeros de trabajo en el servicio de Dios" (1 Cor. 3:9), y los cristianos son el "trabajo de Dios" (Ef. 2:10). A la luz de la resurrección, ofrecemos a Dios trabajo (griego ergon) y labor (griego kopos), no en futilidad, sino en esperanza (1 Cor. 15:58; cf. Ap. 14:13).

TRABAJOS DE ASEDIO Un término de guerra genérico que se refiere a métodos o mecanismos sistemáticos diseñados para vencer a una ciudad fortificada. Los trabajos de asedio pueden incluir rampas de tierra construidas contra los muros de la ciudad (Ez. 4:2), torres, probablemente diseñadas para ser usadas por arqueros (Is. 29:3), escaleras y arietes usados para debilitar muros y puertas (Ez. 21:22). La madera era el material primario (Dt. 20:20) usado en la construcción de trabajos de asedio, con frecuencia acompañada de metal, particularmente en la cabeza de los arietes para mayor fuerza y peso. Nabucodonosor usó trabajos de asedio para vencer las fortificaciones de Jerusalén durante el reinado de Sedequías (2 Re. 25:1; Jr. 52:4). La destrucción completa seguía una vez que las defensas eran superadas y la fuerza acosadora había entrado en la ciudad (Jr. 52:10, 13).

TRABAJOS La Biblia tiene mucho que decir acerca de trabajos, y una comprensión del tema es importante porque los trabajos juegan un importante rol en la mayoría de las religiones. En el sentido más genérico, "trabajos" se refiere a los productos o actividades de agentes morales humanos en el contexto de discusión religiosa. Los trabajos de Dios se mencionan frecuentemente en las Escrituras, y son siempre buenos. Sus trabajos incluyen la creación (Gn. 2:2-3; Is. 40:28; 42:5), sustento de la tierra (Sal. 104; Heb. 1:3) y redención (Éx. 6:6; Sal. 111:9; Rom. 8:23). Los trabajos humanos, por tanto, deberían estar en alineación con los trabajos de Dios, aunque, obviamente, de un tipo diferente. Los trabajos en la Biblia por lo general reflejan una polaridad moral: buena o mala, justa o injusta, recta o no. El contexto del pasaje con frecuencia determina el carácter moral de los trabajos (e.g., Is. 3:10-11; 2 Cor. 11:15).

Preguntas importantes se desarrollan a partir de la existencia de los trabajos y sus cualidades morales. ¿Los buenos trabajos ameritan el favor de Dios o le agradan? ¿Pueden los buenos trabajos salvar en el momento del juicio final? Cuando las personas le preguntaban a Jesús: "¿Qué debemos hacer para hacer los trabajos que Dios requiere?", él respondía: "El trabajo de Dios es este: creer en el que Él ha enviado" (Jn. 6:28-29). Sin fe es imposible complacer a Dios (Heb. 11:6). Las personas del AT celebradas en Heb. 11 hicieron sus trabajos en la precondición de fe. Explícitamente, en el NT y con frecuencia de manera implícita en el AT, la fe es la condición para verdaderos trabajos de Dios. Dios elige por su misericordia, no por los trabajos humanos (Rom. 9:12, 16; Tit. 3:5; cf. Rom. 11:2). Los trabajos no hechos en la fe, incluso si son considerados "buenos" de acuerdo a estándares humanos, no son encomiables para Dios, ya que toda la humanidad está bajo pecado (Rom. 3:9) y ninguna persona es justa o hace el bien (Rom. 3:10-18; cf. Is. 64:6). Los trabajos no pueden salvar; la salvación es un regalo que se recibe por fe (Ef. 2:8-9; 2 Tim. 1:9; cf. Rom. 4:2-6). Incluso los trabajos de la ley mosaica no son salvadores (Rom. 3:20, 27-28; Gal. 2:16; 3:2; 5:4). Los buenos trabajos son producidos por la fe (2 Cor. 9:8; Ef. 2:10; 1 Tes. 1:3; Sant. 2:18, 22; cf. Hec. 26:20). Los trabajos de aquellos que tienen fe serán juzgados, pero este juicio parece estar relacionado a recompensas, no a salvación (Mt. 16:27; Rom. 2:6; 2 Cor. 5:10; cf. Rom. 14:10; 1 Cor. 3:13-15).

TRACONÍTIDE Una de las cinco provincias romanas al noreste del Mar de Galilea, que era el alcance del reino de Herodes el Grande. El nombre "Traconítide" se refiere a la topografía "irregular, rocosa" de esta región extremadamente desolada. Fue transferida a Herodes el Grande bajo la condición de que controlase a los bandidos locales. Tras la muerte de Herodes en el año 4 a.C., Traconítide fue traspasada a Herodes Filipo (Lc. 3:1), hermano de Herodes Antipas. Posteriormente pasó a ser parte de la provincia romana de Siria.

TRADICIÓN En español, se refiere tanto al proceso de transmitir información de generación en generación como al contenido que se transmite de esa manera. La tradición puede ser oral o escrita, y en el contexto de la teología y estudios bíblicos constituye una forma de autoridad religiosa y significa una forma de legitimar costumbres y creencias. Mucha de la información bíblica acerca de la tradición, que proviene principalmente del NT, se conecta con la idea verbal de "traspasar (algo)" o, por el contrario, "recibir (algo)". También hay un sustantivo que significa "tradición". Los escritos del NT no están ni a favor ni en contra de la autoridad tradicional per se como forma de autoridad religiosa, sino más bien despliegan un rango de actitudes hacia la tradición y las tradiciones.

La Crítica de Jesús a la Tradición Judía

En una ocasión, Jesús reprendió duramente a los fariseos y maestros de la ley por "dejar de lado las órdenes de Dios para observar sus propias tradiciones" (Mc. 7:9 [cf. Mt. 15:1-20]). El contexto de este comentario es una disputa entre Jesús y sus interlocutores que surgió cuando los discípulos de Jesús fueron observados comiendo con las manos sucias. Según los fariseos (como reportan Mateo y Marcos), este requisito era una "tradición de los ancianos" (Mc. 7:5). Jesús, sin embargo, distingue entre tradiciones humanas y la palabra de Dios, y acusó a los fariseos de adherirse a la primera incluso cuando su observancia entraba en conflicto con la observancia de la última. Fuentes rabínicas escritas posteriormente plantean dos corrientes de tradición normativa, datando a ambas de la época de Moisés y el Monte Sinaí: la ley escrita y la ley oral. Esta distinción, o una similar, pueden estar tras la disputa de Jesús con los fariseos y los maestros de la ley. Es importante destacar que el criticismo de la tradición de Jesús no es simplemente formal (esto es, oposición a la autoridad tradicional como tal) sino sustantiva, en que los fariseos eran culpables de seguir tradiciones que los prevenían de observar los mandamientos de Moisés: "Ustedes nulifican la palabra de Dios por su tradición que han transmitido. Y hacen muchas cosas como esa" (Mc. 7:13). El recuerdo de la postura anti tradicional de Jesús fue posteriormente invocado por los oponentes de Esteban, quienes dijeron, "Lo hemos escuchado decir que este Jesús de Nazaret destruirá este lugar y cambiará las costumbres que Moisés nos traspasó" (Hec. 6:14).

Semejante visión negativa de la tradición también es evidente en Col. 2:8, donde el apóstol advierte contra el cautiverio de "filosofía vana y engañosa, que depende de la tradición humana y las fuerzas espirituales elementales de este mundo en vez de en Cristo".

La discusión subsecuente esclarece en cierta medida el contenido de las tradiciones que amenazan con desplazar la orientación principal del creyente a la vida en Cristo (2:6-7); estas incluyen la circuncisión "realizada por manos humanas" (2:11), reglas sobre comer, beber, sabbats, y feriados (2:16), reglas sobre el ascetismo diseñado para contener la "indulgencia sensual" (2:23). Interesantemente, mientras Jesús establecía una antítesis entre las tradiciones de los ancianos y la ley de Moisés, Col. 2:14 parece identificar "el cargo de nuestra deuda legal" con el sistema que depende de la tradición humana en vez de en Cristo. La situación representada por Col 2:8-23 (dependencia de la tradición versus dependencia en Cristo) encuentra una expresión similar en el relato autobiográfico de Pablo en Gal. 1:11-24. Allí, Pablo asegura a su audiencia que el evangelio que él predicó "no es de origen humano" (versículo 11). Invocando el vocabulario de tradición, continúa, "no lo recibí de ningún hombre, ni me fue enseñado; más bien, lo recibí por revelación de Jesucristo" (versículos 12-13). Pablo continúa desarrollando su antítesis entre revelación y tradición, particularmente en lo que aplica a sus reclamaciones apostólicas: no es contrario a la tradición religiosa como tal, ya que anteriormente era "ferviente por las tradiciones de mis padres" (versículo 14). Sin embargo, la radicalmente no tradicional autoridad de su evangelio es destacada por el hecho de que él "no consultó a ningún ser humano" (versículos 16-17, 19). Por supuesto, no es probable que Pablo desearía socavar la tradición per se, ya que él mismo se apoyaría en ella como medio para propagar su propio evangelio. De hecho, ya había advertido a los Gálatas contra alejarse de la tradición que ellos habían aceptado de él (1:9) (*véase* la discusión de 1 Cor. 15:1-11 a continuación).

Actitudes Positivas hacia la Tradición

En contraste a la crítica por parte de Jesús de las tradiciones de los ancianos observadas por los fariseos, un número de textos del NT presenta la transmisión de traducciones de manera positiva. Liderando entre estos está la discusión de Pablo en 1 Cor. 15:1-11 del evangelio predicado en Corinto. En este texto, él habla de su propia recepción de la tradición ("Por lo que he recibido" [versículo 3]), su transmisión de la tradición a los Corintios ("Se los transmití a ustedes como de primera importancia" [versículo 3]), y la recepción de la iglesia de la tradición ("Quiero recordarles el evangelio… que recibieron" [versículo 1]). Lo que sigue, el contenido de la tradición, es un resumen de los eventos de la muerte y resurrección de Cristo de acuerdo a las Escrituras y su posterior manifestación a los apóstoles, incluyendo al mismo Pablo (versículos 3-7). Previamente en 1 Corintios, Pablo había felicitado a su audiencia por su fidelidad a la tradición: "Los alabo por… mantener las tradiciones justo como se las transmití a ustedes" (11:2). Para volver a la discusión de Gal. 1 y el quiebre radical de Pablo con la tradición: para Pablo, la revelación de Cristo estaba fuera de la previa corriente de tradición en la cual había sido criado, pero subsecuentemente se convirtió en una nueva tradición para ser transmitida y sostenida con tanto celo como la antigua (*véase* Hec. 16:4; Rom. 6:17; 1 Cor. 11:23; Flp. 4:9; 1 Tes. 2:13; 4:1-2; 2 Tes. 2:15; 3:6).Como Pablo, otros escritores del NT apelan a la autoridad tradicional como medio para transmitir su fe. Judas urge a sus lectores a "competir por la fe que fue de una vez por todas confiada al pueblo santo de Dios" (Judas 3 [cf. 2 Pe. 2:21]). Las credenciales de Lucas como historiador incluyen su fiel transmisión de los relatos de cosas "justo como se nos transmitieron a nosotros por aquellos que desde el principio fueron testigos presenciales y sirvientes de la palabra" (Lc. 1:2). Como Pablo, Lucas afirma la autoridad del proceso tradicional mientras reconoce que la tradición transmitida tenía un comienzo histórico en la memoria reciente (en este caso, el testimonio de testigos presenciales de la vida de Jesús). En otras palabras, la atracción no es simplemente a enseñanzas tradicionales per se, como si "viejo" fuera intrínsecamente mejor que "nuevo"; más bien, la historia de Jesús, a pesar de lo nueva que es en la historia, se convierte en un tema de tradición una vez que ha ocurrido y ha sido testimoniada por testigos presenciales.

Tradición y Protestantismo

En términos amplios, cada una de las tres grandes "religiones del libro" (judaísmo, cristianismo, islam) reconoce corrientes teológicamente normativas de tradición post-escriturales (o extra-escriturales) además de los libros sagrados. Durante la Reforma, los teólogos protestantes buscaron introducir un número de correcciones a la teología medieval bajo la bandera de un regreso a las "Escrituras por sí solas" (sola Scriptura). En respuesta, los teólogos católicos afirmaron la autoridad de las Escrituras, tradición y el magisterio (la enseñanza de la iglesia). Todas las tradiciones vivientes, por supuesto, pragmáticamente descansan en múltiples formas de autoridad religiosa. Como resultado de esta historia, la "tradición" ha venido a representar una ilegítima o al menos sospechosa forma de autoridad religiosa en algunas corrientes del pensamiento protestante, donde un biblicismo radical se profesa en contraste a la celebración de la tradición y tradiciones.

TRADUCIR Comunicar el significado de un texto (oral o escrito) de un lenguaje a otro. En la época de Esdras, los leían del "Libro de la Ley de Dios" en hebreo, transmitiendo el "sentido" en arameo (Neh. 8:1-8). Para el siglo uno, porciones en arameo de la Ley y de los Profetas (Targumes) se leían en sinagogas palestinas, y una colección mayor, tradicionalmente llamada "Setenta" (Septuaginta), fue traducida al griego en Alejandría, Egipto. Estas traducciones oscilan de lo literal a lo perifrástico, pero con la meta de fidelidad al original. Los Evangelios ocasionalmente traducen los dichos arameos de Jesús (e.g., Mc. 5:41; Jn. 1:42).

TRAJANO Emperador romano entre los años 98 – 117 AD, su nombre completo era Marco Ulpio Trajano. Sus conquistas militares resultaron en una gran expansión del Imperio Romano. En 112 AD Trajano aconsejó al gobernador romano Plinio acerca de la forma adecuada de lidiar con los cristianos en la provincia de Bitinia. Instruyó al gobernador para que no castigara a aquellos que aceptaran renunciar o negar su estatus como cristianos. Tal negación o renunciación podría ser demostrada, según Trajano, a través de hacer sacrificios a los dioses romanos (algo que un verdadero cristiano nunca haría).

TRAMPA La KJV traduce dos palabras hebreas, pakh y moqesh como "trampa"; la NIV las traduce como "trampa" o "engaño". Los dos términos hebreos son similares en significado y a veces en proximidad una con la otra (Sal. 140:5; Is. 8:14; Am. 3:5). *Véase también* Job 18:9; Sal. 141:9.

TRAMPA Un aparato utilizado para atrapar aves pequeñas y animales (Prov. 6:5; 7:23; Ecl. 9:12; Ez. 12:13; 17:20; Am. 3:5). "Entrampar" significa atrapar en una trampa por medios sigilosos o engañosos. Israel es frecuentemente advertido que los dioses e ídolos extranjeros serán trampas para ellos, distrayéndolos de la íntegra adoración de Yahveh (Éx. 23:33; 34:12; Dt. 7:16; Jue. 2:3; 8:27; Sal 106:36). Una trampa es una imagen común en las Escrituras implicando cualquier cosa con un mal propósito o práctica insensata (Éx. 10:7; 1 Sm. 18:21; Job 18:9; Sal. 25:15; 69:22; 91:3; 119:110; 124:7; 140:5; 142:3; Prov. 18:7; 21:6; 29:25; Ecl. 7:26; Is. 8:14; 24:17-18; Jr. 5:26; 48:43-44; Os. 5:1; Rom. 11:9).

TRAMPERO *Véase* Cazador de aves.

TRANCE Los trances son mencionados tres veces en la Biblia, todas en el libro de los Hechos (10:10; 11:5; 22:17; la traducción de la KJV de trance en Nm. 24:4, 16 es una interpolación). Como la palabra española "trance", la palabra griega subyacente, ekstasis, habla de un estado alterado de consciencia; en los dos ejemplos bíblicos de ekstasis, Dios se comunicó con humanos en este estado. Diferentes palabras griegas son usadas tanto para "sueño" (enypnion, onar) y "visión" (horama, horasis).

En un trance, Pedro vio una sábana caer del cielo, llena de animales impuros (Hec. 10:10-17; relatado en 11:5-17). El Señor le explicó en el trance que era permisible para él, como judío, asociarse con el gentil, Cornelio (10:28-29). Pablo también experimentó un trance; en su caso, él estaba en el templo cuando el Señor le advirtió que dejara Jerusalén (22:17-21). En ambos casos, los receptores del mensaje de Dios fueron capaces de responder a Dios y no fueron meramente pasivos (10:14; 22:19-20).

TRANSFIGURACIÓN El evento en el cual la gloria interna escondida de Jesús se hizo visible para su círculo interno de discípulos (Pedro, Santiago, Juan). El episodio se registra en Mt. 16:28-17:8; Mc. 9:1-8; Lc. 9:27-36 y es aludido en 2 Pe. 1:16-21. El Episodio del Evangelio puede resumirse como sigue: Inmediatamente después de que Pedro confesó que Jesús era el Cristo, Jesús predijo que algunos de sus discípulos no verían la muerte hasta que hubiesen probado el reino de Dios. Unos seis días más tarde (Lucas lo redondea a 8 días [Lc. 9.28]), Jesús llevó a Pedro, Santiago y Juan a la cima de una montaña (tradicionalmente identificada

Busto del emperador romano Trajano.

T

como el Monte Tabor, aunque el Monte Hermón puede ser más probable ya que está cerca de Cesarea de Filipo, el lugar de la confesión de Pedro). Allí, repentinamente, la gloria interna escondida de Jesús brilló a través de su cuerpo, y fue visto conversando con Moisés y Elías. Pedro quería que sus compañeros construyesen casetas, refugios temporales, para prolongar la visita de los tres personajes celestiales: Moisés, el representante de la ley; Elías, el representante de los profetas; y Jesús, el Mesías. Pero Dios, el Padre, suavemente reprendió a Pedro, anunciando que Jesús es su Hijo amado; él es el excelso, el que debería ser escuchado. El segundo libro de Pedro 1:16-21 simplemente dice que Pedro fue testigo presencial de la transfiguración, y que la voz divina que escuchó proclamando que Jesús era el Hijo de Dios es la misma voz que habla a través de él en su carta confirmando que la segunda venida de Cristo verdaderamente ocurrirá. Cuatro temas proféticos emergen del episodio de la transfiguración.

1. Algunos de los discípulos de hecho probaron el reino de Dios durante su vida, ya que la transfiguración le proporcionó un aperitivo del glorioso esplendor que acompañará a Cristo en su segunda venida.

2. Moisés y Elías conversando con Jesús en la montaña tal vez indica que la ley (Moisés) y los profetas (Elías) encuentran su cumplimiento en Jesús, el Mesías.

3. En el Evangelio de Lucas, la transfiguración misma transmite una palabra profética: Jesús iba a sufrir y morir y luego entrar a la gloria celestial. Lucas 9:31 dice que Moisés y Elías hablaban de Jesús sobre su "éxodo" (NIV mg.) en Jerusalén—esto es, su muerte y resurrección, la base de un nuevo éxodo para el pueblo de Dios. Esto es confirmado por la instrucción de Jesús a sus discípulos mientras descendían de la montaña de la transfiguración que no debían relatar a nadie lo que habían visto hasta que él se levantara de entre los muertos (Mt. 17:9; Mc. 9:9; cf. Lc. 9:44). Este tema de sufrimiento calza en un patrón triple que ocurre especialmente en el Evangelio de Marcos: (1) Jesús predice su inminente muerte en Jerusalén (8:31; 9:9, 31-32; 10:33-34); (2) sus discípulos de una manera u otra rechazan la verdad de que Jesús vino a ser un Mesías sufriente (8:32-33; 9:10-11, 33-34; 10:35-41); (3) Jesús corrige los malentendidos/rechazos de sus discípulos acerca de la naturaleza sufriente de su mesianismo (8:34-38; 9:12-13, 35-37; 10:42-45). El mensaje en todo esto es claro: primero los sufrimientos de la cruz y luego la gloria del reino. Esto será verdad para Jesús y sus discípulos.

4. La presencia de Elías en la transfiguración también confirma la reciente conclusión de los discípulos de que Jesús es el Mesías. Según Mal. 4:5, Elías fue el predecesor del Mesías. Jesús estuvo de acuerdo, señalando a los tres discípulos que Elías había realmente venido en la persona de Juan el Bautista y que él mismo, como Juan, primero sufriría antes de entrar en la gloria del reino mesiánico.

TRANSGRESIÓN La violación de la ley o código. La palabra hebrea traducida como "transgresión" en la NIV también puede significar "revuelta" o "rebelión". Varias palabras griegas se traducen "transgresión(es)" en la NIV, todas las cuales denotan una deliberada violación de la ley (Rom. 4:7, 15; 11:11-12; Gal. 3:19; Ef. 2:1, 5). *Véase también* Pecado.

TRANSGRESORES, INIQUIDAD, ANARQUÍA Transgresores, iniquidad y anarquía son traducciones en español del sustantivo griego anomia, que literalmente significa "sin ley" (*véase* anomos en 1 Tim. 1:9), pero a menudo se refiere de forma más general a la pecaminosidad o maldad de todo tipo (por ejemplo, Sal. 5:4 [5:5 LXX], Mt. 7:23, Heb. 10:17, 1 Jn. 3:4). Pablo habla acerca de un hombre que personifica el mal de tal manera que puede ser llamado el "hombre de anarquía/de maldad" (2 Tes. 2:3-10). El "misterio de iniquidad" ya está obrando y se manifestará en la apariencia de este hombre, el anticristo (2 Tes. 2:7). En las versiones en español, estos versículos se tradujeron como "perversos, gente perversa, hombres libertinos, malvados.

TRANSIGENCIA DE DIOS *Véase* Arrepentimiento de Dios.

TRANSJORDANIA La franja de tierra al este del río Jordán que se extiende entre el Monte Hermón en el norte y el Golfo de Áqaba en el sur, incluyendo las áreas bíblicas de Basán, Galaad, Amón, Moab y Edom. El área es aproximadamente la del moderno país de Jordania. La palabra Transjordania no se encuentra en la Biblia, pero se deriva de variaciones del hebreo 'eber hayyarden (e.g., Dt. 1:1) y la palabra griega peran tou Iordanou (e.g., Mt. 4:25). La NIV variadamente traduce estas palabras como "al este del Jordán", "al otro lado del Jordán", "más allá del Jordán", "cerca del Jordán", "a lo largo del Jordán", y "en el otro lado del Jordán". Ocasionalmente, estas frases también se refieren al área al oeste del Jordán.

Descripción

Transjordania es una planicie alta que generalmente se eleva en altura de norte a sur, aunque el Monte Hermón, como parte de la cordillera del Antilíbano, es el punto más alto de elevación con 2.813 m.s.n.m. La planicie, delimitada por el Mar de Galilea, el Valle del Rift de Jordania, el Mar Muerto, y el Aravá en el oeste y el desierto en el este, es intersectada por varios arroyos que corren de este a oeste que han cortado profundos cañones mientras fluyen hacia el Jordán. Una principal ruta de intercambio, conocida como la Carretera de Rey, corría a través de Transjordania en tiempos bíblicos, conectando el Golfo de Áqaba y Arabia occidental con Damasco en el norte (Nm. 20:17; 21:22).

El área de Basán, con montañas al norte, es principalmente una planicie fértil conocida en el AT por su ganado bien alimentado y grandes robles (Sal. 22:12; Is. 2:13; Ez. 27:6). Al sur de Basán, entre los ríos Yarmuk y Jaboc (actual Nahr ez-Zerqa), los cerros de Galaad se alzan más de novecientos catorce metros y eran conocidos por sus ricas tierras de pastoreo (Nm. 32:1). Aunque los límites de Galaad son definidos aquí entre el Yarmuk y el Jaboc, es importante mencionar que, en el AT, Galaad ocasionalmente se refiere a una región que se extiende más allá de estos dos ríos. Esta área mayor también es aproximadamente equivalente a un distrito llamado "Perea" para el historiador judío Josefo en siglo uno AD. Al sur de Galaad, entre los ríos Jaboc y Arnón (actual Seil el-Mojib) está el territorio de Amón, aunque los bordes políticos de la región eran también relativamente fluidos. Entre el río Arnón y el río Zered (probablemente el moderno Wadi el-Hesa) estaba el país de Moab, con la bien regada meseta alzándose hasta aproximadamente novecientos setenta y cinco metros. Esta área es altamente apta para la crianza de ovejas (2 Re. 3:4). Desde el río Zered al sur hasta el Golfo de Áqaba, las montañas de Edom se alzan aproximadamente mil seiscientos setenta y seis metros sobre el nivel del mar.

Historia

La mención bíblica de Transjordania comienza en Gn. 13, cuando Lot vio el fértil valle del Jordán y eligió asentarse en Sodoma. Aunque la ubicación exacta de Sodoma es desconocida, puede haber estado cerca del Mar Muerto. De manera similar, la batalla de cinco reyes contra Kedorlaomer y sus aliados, que tuvo lugar en el Valle de Sidim, puede haber estado ubicado cerca del extremo sur del Mar Muerto (Gn. 14). Posteriormente, la huida de Jacob de Labán lo llevó al país montañoso de Galaas y eventualmente a las orillas del río Jaboc, donde luchó con el ángel (Gn. 31:22-25; 32:22-32).

Transjordania adquirió relevancia en los eventos tras el éxodo de Israel de Egipto. Cuando los israelitas dejaron Cades-Barnea en Sinaí, Moisés pidió pasaje a través de Edom en la Carretera del Rey, pero el rey edomita se rehusó (Nm. 20:14-21). Así que los israelitas tomaron una ruta más hacia el este, a lo largo de la orilla del desierto, bordeando Transjordania, así evitando Edom y Moab (Nm. 21). Al llegar al río Arnón e intentar reincorporarse a la Carretera del Rey, Sehón, rey de los amorreos, les rehusó el paso y los enfrentó en batalla, sólo para perder su territorio frente a los israelitas (Nm. 21:21-32). Los israelitas continuaron más hacia el norte, hacia Basán donde lucharon exitosamente contra Og, rey de Basán y también reclamó su territorio (Nm. 21:33-35). Cuando Balac, rey de Moab, escuchó de las victorias de Israel, temió por su propio país y contrató a

Balaam para que maldijera a Israel. Sin embargo, por incitación de Dios, Balaam bendijo a Israel y maldijo a Moab (Nm. 22-23).

Antes de que Israel cruzase el Jordán para entrar en Canaán, las tribus de Rubén y Gad, que tenían un gran número de ganado y estaban impresionados con las ricas tierras de pastoreo de Galaad, pidieron la tierra al este del Jordán (Nm. 32:1-5). Así, Ruben tomó posesión de Amón, al norte del río Arnón (Js. 13:15-23), la tribu de Gad se estableció en la parte norte de Amón hacia Galaad (13:24-28), y la media tribu de Manasés se estableció en las montañas de Galaad al norte, a través de Basán (13:29-31).

A pesar de las victorias israelitas sobre Sehón y Og y su asentamiento en Transjordania, las hostilidades continuaron entre Israel y los restantes habitantes de la tierra. Jefté, por ejemplo, un galaadita, luchó exitosamente contra los amonitas, que querían que se les devolviera su tierra (Jue. 11:1-34). Saúl también luchó exitosamente contra los amonitas cuando amenazaron el pueblo de Jabes de Galaad (1 Sm. 11:1-14). El valor de Saúl se ganó la gratitud de los habitantes del pueblo, y fueron ellos quienes posteriormente recuperaron el cuerpo de Saúl desde Bethshan después de que los filisteos lo mataron (1 Sm. 31:7-13). Durante el reinado de David, el territorio de Israel se expandió a través de Transjordania desde Damasco en el norte y a través de Edom en el sur (2 Sm. 8:1-14). El reinado de Salomón y el periodo del reino dividido vieron constantes luchas por el control sobre las regiones de Transjordania. Damasco, por ejemplo, logró su independencia en el reinado de Salomón (1 Re. 11:23-25), y posteriormente Hazael de Siria (r. 842-806 AC) extendió el Imperio Arameo a través de Basán y hacia Galaad (2 Re. 10:32-33). Posteriormente, Joás y Jeroboam II de Israel fueron capaces de recapturar este territorio (2 Re. 13:25; 14:28). Y cuando Acab de Israel falleció, Mesa de Moab, que había estado pagando tributo a Israel, se rebeló. Esta rebelión incitó a Jehoram de Israel a invadir e intentar reafirmar su control sobre Moab, pero sin éxito (2 Re. 3).

Durante los periodos helénicos y romanos (332 a.C. – 324 d.C.), Transjordania fue controlada por los ptolomeos (c. 333 – 198 a.C.), los seléucidas (c. 198 – 153 a.C.), los hasmoneos (c. 153 – 63 a.C.) y luego los romanos. Esta área vio el surgimiento de la Decápolis, una confederación de diez ciudades establecidas por griegos, nueve de las cuales se ubicaban al este del Jordán. El continuo dominio de los romanos a través del periodo bizantino (324 – 638 AD).

La región de Transjordania se menciona un par de veces en el NT en conexión con el ministerio de Jesús. Los evangelios señalan que los viajes de Jesús lo llevaron al otro lado del Jordán (Mt. 19:1-2; Mc. 10:1), y que entre las multitudes que lo seguían había muchos de la Decápolis y más allá del Jordán (Mt. 4:25; Mc. 3:8). Aunque la ubicación de su sanación del demoníaco es incierta, en el país de ya sea de los gadarenos (Mt. 8:28) o de los gerasenos (Mc.

LA RUTA DE ISRAEL POR TRANSJORDANIA

5:1; Lc. 8:26), fue en la región de la Decápolis que el hombre sanado proclamó lo que Jesús había hecho por él (Mc. 5:20).

TRANSPORTES Y VIAJES Hasta el siglo veinte, viajar más allá de una distancia de una semana desde el hogar era peligroso y caro. No deberíamos sobrestimar las dificultades o riesgos de los viajes entonces, pero ciertamente no era como hoy en día. Ya que virtualmente cada región tenía su propia moneda, los viajantes llevaban efectivo y corrían el riesgo de ladrones, cambistas, posaderos, esclavistas y otros que abusaban de los viajeros, al igual que de peligros naturales como tormentas, inundaciones, nevazones tempranas, y así sucesivamente. Fuera de las ciudades había poca aplicación de la ley para el viajero común (Esd. 8:22). La familia era con frecuencia el único defensor de uno ante la injusticia (Gn. 14:12-16; Sal. 127:3-5).

Para los viajeros en el mundo bíblico, las mejoras fueron lentas y graduales. Durante la época de los patriarcas, los viajeros enfrentaban malos caminos, bandidos, y ninguna seguridad fuera de la que ellos mismos podían proporcionarse (Gn. 14:14). Documentos asirios posteriores se quejan de caminos difíciles. Sargón II (r. 722-705 AC) presume, "Avancé sobre caminos inaccesible (en) lugares empinados y aterradores" (ARAB 2:25-26). Senaquerib (r. 705-681 a.C.) relata tener que viajar a pie porque los caminos eras demasiado empinados para su litera (ARAB 2:122-23). Los caminos persas mejoraron modestamente, pero Heródoto probablemente exagera las mejorías (Hist. 8.98), como Jenofonte parece indicar (Anab. 1.2.25). Muchas fuentes hablan de bandidos (Esd. 8:31; Os. 6:9). Así, los viajes seguros o buenos caminos se convirtieron en metáforas para la paz. Cuando los reyes antiguos presumían, con frecuencia era de los caminos que habían construido y cómo los caminos ahora eran seguros. La llegada del reino de Dios era simbolizada por la reparación de caminos (Is. 40:3-5; Lc. 3:4-6).

Mejoras mayores vinieron con el Imperio Romano. Por primera (y última) vez, un viajero podía ir del Éufrates a Egipto a Bretaña en caminos bien vigilados y vías marítimas bajo su propio gobierno. La ley aplicada y estandarizada y la acuñación confiable tenían distintas ventajas (Is. 33:8; Mt. 22:15-22).

Regir imperios requería viajar. Enviados (Jr. 27:3), cobradores de impuestos (Dn. 11:20) y supervisores (1 Re. 5:13-17), al igual que ejércitos se movían por asuntos imperiales. Mientras granjeros y mercaderes locales recorrían distancias limitadas para vender sus mercancías (por lo general a las ciudades grandes más cercanas), fortunas podían lograrse por parte de los mercaderes más aventureros dispuestos a correr el mayor riesgo de viajar distancias más largas (Gn. 37:28; 1 Re. 10; Job 6:19; Prov. 31:14; Is. 23:8; Mt. 13:45). El mundo antiguo también vio a los individuos haciendo muchos viajes locales (menos noventa y seis kilómetros), por lo general relacionados a viajes (Prov. 31:14), festivales religiosos (1 Sm. 1; Jn. 10) y familia (Gn. 50:1-14; 2 Re. 8:29; Lc. 1:39; Jn. 2:1); por lo general las tres razones se entremezclaban.

Viajar en el mundo antiguo era por mar o tierra. Excepto para los ricos, esto significaba reservar pasaje o caminar. Imágenes sentimentales de una María embarazada montando en burro a Belén o del apóstol Pablo haciendo viajes misioneros a caballo son probablemente ficticias. Aunque existe cierta evidencia de mujeres viajando en burro (Js. 15:18; 1 Sm. 25:20, 23; 2 Sm. 16:1-2), las historias son de mujeres prominentes o ocasiones inusuales; no debería asumirse que era la norma. Obviamente, los débiles montaban cuando era necesario viajar, pero preferían no viajar (2 Sm. 19:26-37). Los más ricos usaban transportes privados (Hec. 8:27-28). Tenemos referencias a viajes por burro, mula, camello, caballo, carreta, litera y cuadriga, pero las personas comunes caminaban. Comúnmente, una buena caminata de un día eran treinta y dos kilómetros; el viaje por mar se hacía con luz de día y la distancia de un día era aproximadamente la misma. Calcular cuánto tiempo le tomaba a alguien viajar, sin embargo, no era una materia meramente matemática. Tanto los viajeros por mar o por tierra lo hacían con buen tiempo, por lo general entre junio y septiembre. Durante un viaje largo, uno debía planear dónde "invernar". Los viajeros de la antigüedad tenían que planear sus viajes considerando las estaciones del año.

Viaje por Tierra

Caminos. Hasta los romanos, un "camino" era simplemente un sendero despejado. No estaban graduados y frecuentemente era impasables en clima húmedo. Sin embargo, seguían una ruta clara marcada por "postes indicadores" (Jr. 31:21). En el mundo antiguo, los caminos importantes corrían de este a oeste desde Siria hacia Mesopotamia. Los caminos de norte a sur conectaban Siria con Egipto, a través de Palestina. El ejército asirio invadió a Israel viajando hacia el oeste hasta Siria y luego girando hacia el sur. Las batallas en Gn. 14 eran para controlar los caminos de norte a sur (y por tanto el comercio). Salomón amasó fortuna controlando este intercambio (2 Cr. 9:14). Tres caminos principales corrían de norte a sur a través de Israel. (1) La Carretera del Rey (Nm. 20:17) corría por la región oriental, desde Damasco a través de las tierras altas orientales de Transjordania y abajo por el Golfo de Áqaba, donde Salomón mantenía un puerto (2 Cr. 8:17). (2) El camino central (o Sinaí) corría desde Sidón a Tiro, Akkó, Siquem, Jerusalén, Hebrón, Beerseba, Cades Barnea, hacia el Neguev y hacia Egipto. (3) La Ruta del Mar (Via Maris) corría desde Damasco a Hazor a través del Valle de Jezreel (la Planicie de Esdraelón a través del Paso de Megido), por la costa de Israel a través de Gaza y hacia Egipto. Tomar Megido significaba controlar este camino y el intercambio. Los egipcios (Tutmosis III) derrotaron a los cananeos y tomaron este camino alrededor del año 1468 a.C. David lo capturó alrededor del año 1000 a.C... Jehú murió defendiendo este camino contra los egipcios (Necao II) en el año 609 a.C.

Los griegos extendieron una ruta importante conectando a través de Asia Menor al camino antiguo que corría hacia Mesopotamia. Los romanos construyeron caminos de piedra plana colocada sobre cimientos. Parte de eso caminos aun se usan hoy en día. Desde Roma construyeron hacia el mar (Vía Ostiensis, Vía Portuensis), hacia el sur (Vía Appia), hacia el oeste (Vía Aurelia), hacia el norte (Vía Flaminia), hacia el Adriático (Vía Salaria, Vía Valeria), y al este (Vía Ignatia) conectando Roma a Grecia y así al resto del mundo bíblico.

Alojamientos. El viaje por tierra requería alojamientos. Los ricos cercanos a Roma con frecuencia tenían hogares a lo largo de las rutas que usaban comúnmente. Los esclavos corrían por delante para anunciar la venida del amo. Los amigos y aquellos en el negocio del amo probablemente usaban estas casas también al viajar. Cuando estaban fuera de las rutas habituales, un aristócrata viajaba con un séquito de sirvientes, carros y tiendas para habilitar un campamento bien equipado (y seguro) cada noche. El viajero común no tenía hogares adicionales o séquito. Grupos lo suficientemente grande para estar seguros podían acampar cerca del pueblo. Aquellos infortunados viajeros individuales carentes de parentesco con la gente del pueblo con frecuencia debían recurrir solo a posadas. Petronio (Sat. 94-97) relata una sórdida historia de desventuras en las posadas de los caminos de la época. La arqueología y literatura describen basureros mal tenidos que involucraban propietarios de mala reputación, huéspedes cuestionables, y amplio libertinaje moral. Los antiguos hebreos y cristianos enfatizaban la hospitalidad (Gn. 19:1-2; Jue. 19:11-20; Rom. 12:13; 1 Pe. 4:9; 3 Jn. 8).

Distancia y duración. Usando las distancias entre antiguos lugares para detenerse, registros de viaje y comentarios en fuentes literarias, los académicos por lo general concuerdan que un viajero normal de a pie podía esperar recorrer treinta y dos kilómetros diarios. El viaje de Pedro de Jope a Cesarea (aproximadamente sesenta y cuatro kilómetros) tomaba dos días (Hec. 10:23-30). Los viajeros que usaban bestias de carga generalmente cubrían la misma distancia. Las cuadrigas lo hacían un poco mejor, tal vez cuarenta a cuarenta y ocho kilómetros diarios. Si en realidad avanzaban más o se detenían más temprano es debatible. Los caballos se usaban por velocidad y fácilmente podían cubrir ochenta kilómetros diarios. Pero debemos evitar el error de calcular tiempos de viaje sólo por matemáticas simplemente. Aunque tales cálculos son verdaderos para viajes de uno a dos días (Hec. 10), los viajes más largos encontraban demoras. Los pueblos a lo largo del camino por lo general se encontraban a un día de distancia. Sin embargo, es poco sabio asumir que un viajero siempre se iba a la mañana siguiente después de pasar la noche. Jesús advirtió a sus predicadores viajeros contra la rudeza (Lc. 10:5-7). Además, el anfitrión probablemente proveía los suministros y fondos adicionales para la siguiente caminata del viajero (3 Jn. 5-8; Did. 11.5-6). Ciertamente, los viajeros judíos se veían afectados por los sabbats y las fiestas. No sólo no viajaban en eso días, sino que probablemente se retrasarían o apurarían para llegar a un lugar en específico (Hec. 20:2-5, 16; 1 Cor. 16:8). Los antiguos viajaban en un tiempo diferente al de los occidentales modernos. Las estaciones provocaban demoras más serias. Cuando la estación de viajes terminaba, los viajeros se veían forzados a pasar el invierno donde sea que estuviesen. Si era posible, no dejaban esto al azar, sino que planeaban dónde "invernar" (Jr. 36:22; Hec. 27:12; 1 Cor. 16:6; Tit. 3:12). El terreno era una seria consideración. Los pasos montañosos y los vados de ríos eran factores obvios, y los antiguos con frecuencia tomaban la ruta más fácil (o segura) aunque más larga. Por consiguiente, había tres caminos que iban de Perge a Antioquía de Pisidia, la ruta más larga (oeste) era la más segura y la más fácil. Las jornadas de subida, pasos bloqueados por la nieve, las inundaciones repentinas retrasaban a los viajeros antiguos, a veces varando a los viajeros más tiempo del que durarían los suministros planeados (2 Cor. 6:5).

Viajar en grupos. Ya que los viajeros llevaban dinero, evitaban viajar solos o en grupos muy pequeños. (Los llamados reyes magos de Mt. 2:1-12, casi seguramente hubiesen sido atacados si hubiesen sido sólo tres). Comúnmente, los viajeros se reunían en el ágora (mercado) temprano por la mañana buscando otros viajeros que fuesen en su misma dirección, así convirtiéndose en compañeros de viaje de aquellos con los que normalmente no se asociarían (Lc. 9:57; 14:25). También era común que unos viajeros se uniesen a otros en el camino (Lc. 24:13-16; Hec. 8:27-30).

Viaje por Mar

Barcos. Casi todos los barcos antiguos eran de madera. Un "barco rápido" no necesariamente era el modo más expedito de viaje. Idealmente, los barcos eran guardados fuera del agua durante el invierno. Un barco empapado por el agua era naturalmente más lento.

Ningún imperio bíblico valía la pena, a menos que tuviese supremacía naval en el Mar Mediterráneo. Los veleros estaban a merced del viento, así que barcos militares significaba barcos de galera. Remar permitía a los capitanes moverse sin el viento. Hoy tendemos a imaginar a los remeros como "esclavos de galeras" de la Edad Media. Los remeros antiguos, sin embargo, eran soldados respetados. Los barcos se embestían con fuerza en batalla, y habilidad en los remos con frecuencia significaba la diferencia entre la victoria y la muerte. Una vez que el enemigo era embestido, los remeros se levantaban de sus asientos y peleaban mano a mano.

Piratería y comercio. Nadie podía reclamar dominación sobre el mar sin controlar la piratería. La armada romana, por primera vez en la historia, logró virtualmente eliminar la piratería. Los arqueros y honderos romanos causaban estragos mientras se acercaban a las naves piratas. Las catapultas fueron posteriormente agregadas a la artillería pesada. Finalmente, ollas calientes lanzadas con largos palos incendiaban el barco enemigo, que los romanos luego embestían y abordaban.

Con el control de la piratería en el Mediterráneo, la navegación comercial tuvo un crecimiento explosivo. Trasportar carga, pasajeros y despachos se volvió un negocio provechoso. Barcos más pequeños (como un bote de pesca galileo) dependían de los remos, con una vela pequeña como auxiliar. Los grandes barcos mercantes dependían más de las velas. Los barcos a vela, con vientos favorables, probablemente promediaban entre tres a cuatro kilómetros por hora, pero sólo la mitad con viento en contra. Los barcos antiguos navegaban cerca de la costa y evitaban el mal tiempo.

Los barcos cargueros promedio llevaban aproximadamente 250 toneladas de carga y/o pasajeros y medían entre veintiún a cuarenta y cinco metros de largo. Aquellos que llevaban entre 350 a 500 toneladas eran considerados grandes, pero no raros. Se piensa que los barcos de granos en la época de Pablo (como en Hec. 27) rutinariamente tenían tres cubiertas, cincuenta y cuatro metros de largo, llevaban 1.300 toneladas y demoraban más de una semana en descargarse.

Viajar por barco. Aunque los barcos cargueros también llevaban pasajeros, algunos barcos eran primordialmente para pasajeros. Josefo, en un infructuoso intento por navegar a Roma, estuvo en un barco con seiscientos pasajeros (Josefo, Life [Vida] 15). Salustio, un historiador romano, menciona una cohorte (aproximadamente 600 hombres) viajando en un barco de transporte (Hist. 3.8). El barco de Pablo hacia Roma tenía 276 a bordo (Hec. 27:37). Hechos da la impresión de que ese barco salió demasiado tarde en la temporada. Fuera de aquellos obligados por Roma, probablemente sólo los valientes o desesperados comprarían esos pasajes. Por tanto, no debemos pensar que el barco iba a máxima capacidad. Al igual que el viaje por tierra, sin embargo, el viaje por mar también tenía limitaciones estacionales. En la mitad este del Mediterráneo, los vientos soplan del noroeste al sudeste persistentemente de junio a septiembre, haciéndola la temporada ideal para viajar. Vegecio (Mil. 4.39) escribe, "Desde el sexto día antes de las calendas de junio [27 de mayo] hasta el levantamiento de Arcturus, esto es hasta el decimoctavo antes de las calendas de octubre [14 de septiembre], se cree que es un periodo seguro de navegación... Desde entonces hasta el tercero antes de las ideas de noviembre, la navegación es incierta... Desde el tercero antes de las ideas de noviembre al sexto antes de las ideas de marzo, los mares están cerrados". Muchos escritores antiguos indicaron que los viajes por mar en invierno eran traicioneros.

Una persona que viajaba por mar iba primero a los muelles a preguntar acerca de los barcos que iban hacia su destino deseado. Los administradores del puerto, obreros del puerto, marineros y otros señalaban los barcos adecuados. Después de negociar con el sobrecargo de un barco en particular, cuyo trabajo era reservar a los pasajeros (y vigilar contra polizones), al pasajero se le indicaba a qué día y a qué hora abordar. El nivel más bajo de los barcos tenía los lastres (por lo general arena o piedra) y el agua de sentina. La cubierta sobre eso llevaba la carga. Algunos barcos atracaban a los pasajeros más baratos en esta área, lo que ahora llamamos tercera clase (Lucian observa que tales pasajeros "no podían ni estirar sus piernas sobre las tablas rasas a lo largo del agua de sentina" [Jupp. trag. 48]). Los cargueros más grandes tenían otra cubierta sobre esta que puede haber alojado a algunos pasajeros. En general, sin embargo, los viajeros en días de Pablo (como todos los viajeros hasta los tiempos modernos) acampaban sobre la cubierta superior (algunos con tiendas). Solo los muy ricos rentaban camarotes (P. Zen. 10). Los naufragios y los piratas no eran los únicos peligros. Un hombre advirtió a su esposa, "Cuando vengas trae tus ropas doradas, pero no las uses en el barco" (P. Mich. 3.214 [*véase también* 8.468]). Entonces, como hoy, lanzar a alguien por la borda dejaba una escena del crimen limpia (Jn. 1:15; cf. Hec. 20:3).

Resumen

La mayoría de los personajes bíblicos, como sus compañeros, raramente se alejaban de casa. Se estima comúnmente que el ministerio de Jesús abarcó una distancia no mayor a unos ciento sesenta kilómetros de su casa. Sus apóstoles,

Relieve en mármol de una pequeña embarcación comercial conocida como corbita, que habría navegado cerca de la costa al pasar de un puerto a otro (200 d.C).

en cambio, tomaron ventaja de los beneficios viajeros del Imperio Romano. Pablo era un viajero mucho más experimentado que la mayoría, tanto por tierra como por mar (Hec. 27:9-10, 30-32), aunque al parecer empujó los límites de la seguridad en algunas ocasiones. Él menciona "noches sin dormir y hambre" (2 Cor. 6:5) al igual que estar "en peligro por ríos" y bandidos (2 Cor. 11:26). Adicionalmente a lo que se informa en Hec. 27, Pablo naufragó al menos en tres otras ocasiones (2 Cor. 11:25). Ya sea por tierra o por mar, viajar en la antigüedad no era para los débiles de corazón.

TRAPOS Interpretación en la KJV de la palabra hebrea sekhabah, que se refiere al material utilizado por Ébed Mélec para levantar a Jeremías de la cisterna (Jeremías 38:11-12). En versiones más recientes esta palabra se traduce como "ropas raídas".

TRATADO *Véase* Pacto.

TREN **(1)** La falda colgante de una bata o prenda exterior (Is. 6:1). Por lo general denotaba un favor, riqueza y/o poder (Éx. 28:33; Sal. 68:18). **(2)** Prepararse por medio de la instrucción y la práctica para la guerra (Isaías 2:4) y/o la vida (Prov. 22:6; 1 Timoteo 4:7)

TRENZAR Tanto Pablo como Pedro exhortaron a las cristianas para que no se arreglaran con el "cabello trenzado", prendas caras y joyería fina, sino que más bien llevaran la belleza interior expresada en buenas obras y en la gracia espiritual (1 Timoteo 2:9-10; 1 Pedro 3:3-4 NASB, RSV). El término que se utiliza aquí no se refiere a los peinados simples, sino que a los peinados enjoyados y elaborados de la clase alta de las mujeres greco-romanas. En la NVI se usa la frase "peinados ostentosos", ya que el punto no tiene que ver con las trenzas en sí, sino que más bien con el comportamiento ostentoso y el énfasis de la belleza exterior.

TRENZAS DE OBRA Este concepto (del inglés checker work) aparece una sola vez en la KJV y NRSV en 1 Reyes 7:17 (NVI: "cadenas trenzadas"), que se refiere a las redes decorativas en los capiteles de los pilares de los templos. Los sacerdotes israelitas también vestían una "túnica tejida a cuadros" (Éxodo 28:4, 39 NASB [NVI: "túnica bordada", "túnica tejida"]).

TRES TABERNAS La última parada en el viaje de Pablo a Roma que se registra (Hec. 28:15). Tres Tabernas está en la costa mediterránea de Italia, aproximadamente cuarenta kilómetros al sureste de Roma. Los cristianos romanos viajaron a Tres Tabernas cuando supieron de la presencia de Pablo en las cercanías.

TRIBULACIÓN El concepto del NT de tribulación probablemente se resume mejor en el recordatorio pastoral de Pablo. "Debemos pasar muchas dificultades para entrar en el reino de Dios" (Hec. 14:22). El término griego usado aquí para "dificultades" es thlipsis. En el NT, thlipsis puede referirse generalmente a sufrimientos y aflicciones que ocurren en el curso de una vida humana (Jn. 16:21; Hec. 7:11; 1 Cor. 7:28; Sant. 1:27). En su uso más común y específico, "tribulación" se relaciona directamente a la experiencia del pueblo de Dios como consecuencia de su fiel proclamación del Evangelio. Así, en la parábola del sembrador, "la tribulación o persecución surge como consecuencia de la palabra" (Mt. 13:21; Mc. 4:17 ESV). Uno de los principales aspectos de la visión bíblica de tribulación se relaciona con la tribulación y sufrimiento de Cristo como el patrón para la Iglesia (Ap. 1:9). Que sus seguidores sufrirían tribulación fue explicitado por Jesús a los mismos en el Discurso de Despedida (Jn. 14-17). Ahí les informa, "En el mundo tendrán tribulación" (Jn. 16:33 ESV).

Íntimamente relacionado con la inminente tribulación que confronta a los creyentes en el NT está la afirmación de que los sufrimientos de Cristo sirven de modelo para la tribulación del pueblo de Dios. Jesús, por tanto, advierte a sus discípulos, "Si el mundo los odia, recuerden que me odió a mí primero" (Jn. 15:18; cf. 15:20). Pablo continúa este concepto en Col 1:24 (cf. 2: Cor. 1:5; 4:10-12; Flp. 3:10; 1 Pe. 4:13). La tribulación que las personas de Dios experimentan sirve para equiparlos de una variedad de maneras. Más significativamente, la tribulación resulta en la transformación de las personas de Dios en la imagen de Cristo (Rom.

5:3-5; 2 Cor. 4:8-12). El libro de Hechos registra el cumplimiento de la advertencia de Jesús a sus creyentes: fue por la persecución que la iglesia se dispersó (Hec. 8:1). Posteriormente, Pablo señala que él ha sufrido tribulación (2 Cor. 1:8), como la iglesia en Tesalónica (1 Tes. 1:6) y los receptores de Hebreos (Heb. 10:33). La realidad de la "tribulación" se ve en la exhortación de Juan a la Iglesia de Esmirna (Ap. 2:9).

Otro aspecto importante de las tribulaciones que le esperan al pueblo de Dios en la era del NT es la relación de la tribulación con el reino de Dios (cf. Mt. 24:9.14; Ap. 1:9; 7:14). Muchos sostienen la noción de que las tribulaciones aumentarán inmediatamente antes del regreso de Cristo (Mt. 24:31; Mc. 13:24).

La "gran tribulación" del Ap. 7:14 ha sido interpretada de diversas maneras. Algunos lo entienden como un evento futuro limitado a siete años o a tres años y medio. Muchos otros, sin embargo, asocian este evento con la tribulación, sufrimiento y aflicción del pueblo de Dios a través de toda la era desde la resurrección a la segunda venida. La expresión "gran tribulación" alude a Dn. 12:1. El contexto daniélico incorpora un período de persecución y sufrimiento en el pueblo de Dios. El uso de "tribulación" en el Apocalipsis (Ap. 1:9; 2:9-10, 22; 7:14) corresponde con la persecución del pueblo de Dios. Una comparación con Mt. 24:21 confirma esta conclusión. Por lo tanto, sin importar cómo uno lea la "gran tribulación" en Ap. 7:14, como realidad presente o futura, parece que esta tribulación se refiere al sufrimiento del pueblo de Dios y no a una exención de esta (cf. Jn. 17:15).

TRIBUNAL Una plataforma (Gr. bēma) desde la cual los oficiales civiles convocaban sesiones para escuchar casos legales y emitir juicios (Hec. 18:12; 25:6, 10, 17). Jesús fue llevado ante el tribunal de Pilato (Mt. 27:19, Jn. 19:13) y Pablo ante el de Gallio (Hec. 18:12). El Nuevo Testamento afirma que todas las personas se presentarán ante Dios para ser juzgados (Mt. 16:27; 25:31-46; Apoc. 20:11-15). Pablo afirma que los cristianos también darán cuenta de cómo vivieron y pondrán a prueba sus obras (Rom. 14:10, 2 Co. 5:10). En Rom 14:10 algunos manuscritos griegos, probablemente influenciados por 2 Cor. 5:10, dice "tribunal de Cristo" (seguido por la RVA) en vez de "tribunal de Dios".

TRIBUNO Un oficial romano de alto rango. Traducido como "comandante" en NIV, la palabra griega chiliarchos designa a un oficial (latín tribunus) a cargo de una cohorte, que idealmente consistía en seiscientos soldados, incluyendo más de cien de caballería (Mc. 6:21; Jn. 18:12; Hec. 21:31-33, 37; 22:24, 26-29; 23:10, 15, 17-19, 22; 24:22; 25:23; Ap. 6:15; 19:18). Una legión consistía de diez cohortes y comúnmente tenía seis tribunos. En el arresto de Jesús (Jn. 18:12), es probable que solo estuviese presente un pequeño destacamento de una cohorte.

TRIBUS DE ISRAEL

Hijos de Jacob

Génesis 29-30, 35 registra el nacimiento de los hijos de Jacob, que proporciona una base aliancista y familiar para la posterior confederación de una docena de tribus independientes de pueblos semitas. Tenían una historia, cultura y religión común y un conjunto de tradiciones que sirvió por un tiempo para unirlas como una sola nación. De acuerdo a los registros familiares, las tribus fueron nombradas en honor a sus antepasados, que nacieron de la siguiente manera. La primera (y no amada) mujer de Jacob, Lea, dio a luz a Rubén, Simeón, Leví y Judá, en ese orden. Luego, su amada Raquel le entregó a su sirvienta Bilha, quien dio a luz a Dan y Neftalí. Luego la sirvienta de Lea dio a luz a Gad y Aser. Luego Lea dio a luz a Isacar y Zabulón. Finalmente, Raquel dio a luz a José y Benjamín. En su raíz, la historia posterior de las tribus es una historia familiar, trazable hasta Abraham, Isaac y Jacob. Así, la historia de las tribus comienza en los inicios del segundo milenio a.C.

El Génesis fue escrito un considerable período de tiempo después de la época de los patriarcas, y, por tanto, consciente de que las características de los patriarcas se reflejaron, de alguna manera, en el temperamento de cada tribu individual. La primera historia relatada acerca de las acciones de los hijos de Jacob es cómo Simeón y Leví se vengaron terriblemente con la ciudad de Siquem por la violación de su hermana, Dina. Esto trajo consigo la reprimenda de Jacob. Jacob temía que tal acción acarrease mayores represalias sobre su familia (Gn. 34). La historia de los patriarcas llega a su punto cúlmine en la historia de José, un relato que abarca Gn. 37-50. José era el hermano revelado en sueños que era el elegido de Dios para gobernar. Los celos de sus hermanos llevaron a que estos buscaran deshacerse de él. Rubén, el primogénito, se caracteriza por ser el responsable, no queriendo dañarlo. Pero en ausencia de Rubén, Judá guió a los otros a vender a José como esclavo. Dios estaba con José, sin embargo, y a través de una serie de eventos Dios hizo a José el líder de Egipto, cumpliendo sus sueños proféticos.

El Génesis conecta esta historia familiar con la posterior historia tribal. Como revelaron los sueños proféticos, el destino de José de gobernar sobre Egipto, la bendición de Jacob en Gn. 49 revela los destinos de las otras tribus. Rubén perdió su doble porción de la herencia del primogénito por deshonrar a su padre (Gn. 35:22); este honor se concede tácitamente a José en Gn. 48. Jacob dijo que Leví sería dispersado entre Israel. Como una tribu sacerdotal, Leví no heredó tierras. Judá se predijo sería la tribu de reyes.

Desierto y Conquista

En la travesía por el desierto de Israel, el campamento se organizaba por tribu (Nm. 2). En el centro estaba el tabernáculo (mirando hacia el este) donde los sacerdotes, los hijos de Aarón. Las otras divisiones de Leví eran los meraritas, los gersonitas y los coatitas. Todos juntos formaban el círculo interno que protegía el lugar sagrado. Leví era la tribu más santa de Israel, la única tribu a la que se le permitía mantener y servir el lugar de residencia de Dios. El perímetro exterior del campamento estaba formado por doce tribus (la tribu de José contaba por dos). El lado este era dominado por Judá e incluía a Isacar y Zabulón. Dan, Aser y Neftalí estaban al norte; Rubén, Simeón y Gad al sur, y al oeste, José (Efraín y Manasés) y Benjamín.

Cuando el pueblo estaba en movimiento, los sacerdotes iban al frente llevando el arca de la alianza, siguiendo el pilar de nube. Cuando debían descansar en un lugar, los sacerdotes posaban el arca. Tras ellos venían Judá, Isacar y Zabulón. Después venían los gersonitas y meraritas, llevando el tabernáculo empaquetado, que colocaban alrededor del arca cuando el pueblo acampaba. Rubén, Simeón y Gad tomaban sus lugares. Luego venían los coatitas, que llevaban los muebles y vasijas del tabernáculo. Luego venía José (Efraín y Manasés) y Benjamín. Finalmente, en la retaguardia estaba Dan, acompañado por Aser y Neftalí (Nm. 10:11-33). Cuando su travesía por el desierto hubo terminado, los israelitas comenzaron a conquistar la tierra de Canaán. Josué otorgó porciones de tierra a cada tribu (Js. 13-21). Los descendientes de José constituyeron dos tribus, Manasés y Efraín. Cada uno de los dos recibió una herencia; por lo tanto, se puede decir que José recibió una doble porción como si fuese el primogénito. El río Jordán formaba una barrera natural en el medio de la tierra. Hacia el este estaban las partes de Manasés, Gad y Rubén. Las otras tribus estaban al oeste. La tribu más al sur era Judá. Dentro de Judá estaba Simeón que con el tiempo fue absorbido por Judá. Leví no tenía tierra como herencia, ya que Yahveh era la herencia de Leví —cumpliendo la profecía de Jacob de que Leví y Simeón serían esparcidos por Israel. Inmediatamente al norte de Judá estaban Dan y Benjamín. Las tribus restantes estaban aún más al norte. Para que no olvidasen a Yahveh, las tribus del otro lado del Jordán construyeron un altar alternativo, no para sacrificios sino más bien como recordatorio del verdadero Dios vivo (Js. 22).

Jueces

La historia de la conquista subraya el hecho de que las tribus fallaron en expulsar completamente a los anteriores habitantes del lugar. Muchas ciudades permanecieron como centros de culturas y religiones no israelitas. "Cuando Josué se había vuelto viejo, el Señor le dijo, 'Ahora estás muy viejo, y aún quedan grandes área de terreno por conquistar'" (Js. 13:1). Jueces 1 menciona muchos pueblos que continuaron viviendo junto con los israelitas.

LAS ASIGNACIONES TRIBALES

Algunos de estos pueblos se incorporaron en la mezcla de tribus. Rahab y su familia de Jericó se integraron a la tribu de Judá (Js. 2-6). Los ganaonitas eran de un pueblo cananeo que se incorporó a Israel (Js. 9). Rut, la moabita, se casó con la tribu de Judá (Rut 4). Urías, el heteo, es un ejemplo de un cananeo que fue completamente naturalizado, hasta el punto de que se mantuvo ceremonialmente puro y luchó en las guerras santas por Israel (2 Sm. 11:11). El libro de los Jueces refleja el éxito o fracaso relativo de cada tribu para someter y asentarse en su propio territorio, y Judá constantemente se destaca como superior en este aspecto. Jueces 1:2 pone a Judá primero. Judá le proporcionó liderazgo y apoyo a Simeón, ayudándolo a cumplir con su propio llamado (1:17). Después de describir el éxito de Judá, Jueces 1 delinea los fracasos de las otras tribus.

Dos historias al final de Jueces ilustran el carácter de Judá en este periodo. Cuando Belén u otras ciudades de Judá son el escenario los residentes temporales y otros son tratados de manera hospitalaria, no tienen temores y prosperan. Esto también es cierto en el libro de Rut. Pero cuando la gente viaja a otra parte—a Moab o al norte hacia Efraín o Benjamín—solo encuentran problemas. Efraín no le proporcionó protección alguna a Miqueas cuando los danitas sin ley invadieron su casa (Jue. 18). Moab trajo sólo hambruna, infertilidad y muerte (Rut 1).

Pero el peor caso de todos es la ciudad benjamita de Gabaa (Jue. 19-20). Allí, el pecado de Sodoma se repitió mientras los hombres rodearon la casa del anfitrión y pidieron a los huéspedes. Todo Israel tomó las armas para destruir a la malvada ciudad y castigar a la malvada tribu. Como en los dos primeros versículos de Jueces, Dios designó a Judá a una posición de liderazgo (Jue. 20:18). Judá le hizo a Benjamín lo que Dios le había hecho a Sodoma, prácticamente desapareciendo la tribu.

Reino Unido

Sin embargo, cuando las tribus se unieron y exigieron un rey, el primer rey que Dios les dio, Saúl, era de la tribu de Benjamín (1 Sm. 9:17). Benjamín se ubicaba a medio camino entre Judá en el sur y las tribus del norte. Saúl fue exitoso guiando al ejército de Israel y por un tiempo disfrutó de la bendición de Dios. Pero finalmente Dios lo rechazó y envió a Samuel, el profeta, para ungir a un betlemita, David, para que fuese el siguiente rey. Sin embargo, a la muerte de Saúl, su hijo Isboset (Esbaal) reclamó el trono (2 Sm. 2:8-9), alrededor de 1011 a.C. Ahí comenzó una amarga guerra civil entre la casa de Saúl, apoyada por las tribus del norte, y la casa de David, apoyada por Judá. Tras siete años, David se había vuelto más fuerte e Isboset más débil, hasta que, en Hebrón, David finalmente fue reconocido como rey de todo Israel (2 Sm 5:3). El trono de David perduraría por siglos, hasta la destrucción de Jerusalén. En el NT, el hijo más grande de David, Jesús heredó el trono. Así, la profecía de Jacob de que Judá sostendría el cetro se cumplió. Las tribus del norte no olvidaron que alguna vez lucharon contra David. David fue atrapado en un escándalo cuando sus tropas estaban en batalla, y esto puede haber reducido aún más su lealtad a él (2 Sm. 12). Cuando su hijo Absalón se rebeló y proclamó rey, las tribus del norte una vez más se aliaron contra David y siguió otra guerra civil. Aunque David recuperó su trono, la insatisfacción de las tribus del norte con la casa de David continúo (2 Sm. 15-19).

Tras la muerte de David, Salomón heredó su trono (971 a.C.). Durante su reinado, Salomón colocó gravámenes en las tribus. Dividió su reino en distritos administrativos que no correspondían exactamente a los territorios tribales. Dan y Zabulón fueron mezclados con otros territorios, y Aser parecía haber sido cedido a Fenicia (1 Re. 4). Así, el reinado de Salomón sistemáticamente debilitó las identidades tribales. Él puso una tasa sobre las tribus de Israel de miles de hombres para proporcionar una fuerza de trabajo para sus proyectos de construcción (1 Re. 5). Salomón construyó y consagro el templo, y así Jerusalén se convirtió en el centro político y religioso de la nación. El precio por esto, sin embargo, fue el descontento exacerbado de las tribus del norte.

A la muerte de Salomón, las tribus enfrentaron a su hijo Roboam con una demanda para aligerar el "severo trabajo y... pesado yugo" de Salomón (1 Re. 12:4). Roboam torpemente replicó: "Mi padre hizo vuestro yugo pesado; yo lo haré aún más. Mi padre los flageló con látigos; yo los flagelaré con mis escorpiones" (1 Re. 12:14). Las tribus del norte finalmente abandonaron la casa de David y así se convirtieron en estados política y religiosamente independientes (931 a.C.).

Reino Dividido

Durante el periodo del reino dividido, las identidades tribales se hicieron menos importantes, debido a que sus lealtades estaban ahora dominadas por el rey gobernante de cada nación. El límite entre los reinos de norte y del sur era prácticamente una línea recta, desde Jope en el oeste cerca del Mediterráneo, hasta la punta superior del Mar Muerto. Esta cortaba a través de Dan, Efraín y Benjamín, dejando a Simeón rodeado por Judá. Jerusalén estaba justo al sur de la frontera. El primer rey del norte, Jeroboam, emplazó becerros dorados justo al norte de la frontera, en Betel, y también en el extremo norte del reino, en la ciudad de Dan. Estos servían como alternativas cúlticas para el templo en Jerusalén mientras duró el reino del norte. También modificó la ley de Moisés para permitir sacerdotes no levitas y un calendario litúrgico diferente. El reino del norte se llamaba "Israel" (su capital era Samaria), y el reino del sur se llamaba "Judá" (1 Re. 12:25-33). Durante medio siglo, hubo guerra entre los dos reinos. Los dos formaron una alianza durante los reinados de Acab y sus hijos. El rey Acab de Israel dio a su hija Atalía en matrimonio al hijo del rey Josafat, Jehoram. Juntos los reinos lucharon contra enemigos comunes, como Siria y Moab. Exitosamente repelieron al súper poder de la época, Asiria. Bajo el rey Acab y su esposa Jezabel, la adoración de Baal se promovió agresivamente a expensas de tradicional Yahvehismo. Durante este período, Elías y Eliseo llamaron a las personas de regreso hacia el Dios de sus ancestros, pero con poco éxito (1 Re. 17-2 Re. 13). Un pequeño grupo de fieles adoradores llamados los "hijos de los profetas" permaneció fiel a Yahveh, pero la mayor parte de Israel lo abandonó. Oseas y Amos posteriormente advirtieron a Israel, pero sus palabras no fueron escuchadas. La hija de Acab y Jezabel, Atalía, se casó con Jehoram, y ambos promovieron la adoración de Baal en Judá al igual que en Israel. Así, el pueblo de Yahveh se volvió el pueblo de Baal. El hijo de Jezabel, Joram gobernó en Israel tras la muerte de Acab y el hijo de Atalía, Ocozías gobernó Judá tras la muerte de Jehoram. Eliseo secretamente ungió a uno de los generales de Joram, Jehú, para finalizar la dinastía Omri en Israel y convertirse en el próximo rey (2 Re. 9). Jehú mató a ambos reyes y a Jezabel y destruyó todo remanente de la familia de Acab. También asesinó a los adoradores de Baal: "así Jehú destruyó la adoración a Baal en Israel" (10:28). Tras la muerte de su hijo, el rey, Atalía tomó el trono y le hizo a la casa de David lo que Jehú le había hecho a la de Acab: mató a todos los miembros de la familia.

Pero un infante sobrevivió: Joás, el cual fue criada secretamente en el templo de Yahveh hasta que cumplió los siete años de edad. Entonces quienes lo apoyaban lo proclamaron rey. Atalía gritó: "¡Traición! ¡Traición!" (2 Re. 11:14), y el sacerdote Joiada la hizo matar. Los lugares y objetos de adoración a Baal fueron destruidos, poniendo fin al Baalismo impulsado por el estado en Judá (11:17-18).

La Caída de Ambos Reinos

Tras el periodo de encaprichamiento con Baal por parte de ambos reinos (bajo el dominio de la dinastía Omri), sus historias como naciones continuaron hacia su caída final. En Israel, el pueblo nunca dejó la perversión de la ley de Moisés realizada por Jeroboam. En Judá, los reyes variaron ampliamente respecto de la ley de Moisés; algunas veces eran fieles, a veces muy infieles. Mientras tanto, Asiria era una constante amenaza. Durante el reinado del buen rey Ezequías, Judá fue superado por las fuerzas del rey asirio Senaquerib. Dios milagrosamente salvó a Jerusalén (2 Re. 18). Sin embargo, no hubo tal rescate para Israel. Samaria fue asediada por tres años y finalmente tomada (722 a.C.). Gran parte de la población fue deportada (17:5-18). Otros grupos de personas fueron trasplantados y allí aprendieron la ley de Moisés y temían a Yahveh junto a su propio dios (17:24-41).

En este punto de la historia, sólo Judá permanecía como entidad política; las tribus del norte de Israel se habían perdido. Tras el fiel rey Ezequías, el siguiente rey significativo de Judá fue Manasés. En 2 Reyes es descrito como el rey más ofensivo a Dios. Para categorizarlo, no era suficiente compararlo desfavorablemente con David (véase 2 Re. 14:3) o equipararlo con Acab y Jezabel (véase 8:18). Más bien, Manasés era comparado con las naciones paganas que Josué había expulsado de la tierra, que fueron destruidas por su maldad. Manasés fue la gota que rebasó el vaso. Debido a su total abandono en la idolatría, Dios decidió terminar con Jerusalén (21:11-15). Sin embargo, el juicio aún se retrasó. Dos años después de la muerte de Manasés, Jehú reinó en el trono de David, y tempranamente en su carrera, el Libro de la Ley fue redescubierto en el templo. Jehú llamó al arrepentimiento nacional, y por un tiempo Judá se deshizo de sus ídolos y se volvió hacia Dios (2 Re. 23). Pero su arrepentimiento duró poco.

Jehú fue el último buen rey de Judá. Dios envió a Judá profetas como Jeremías, pero estos no fueron escuchados. Finalmente, Dios envió al rey Nabucodonosor de Babilonia contra su propia ciudad amada, Jerusalén. Jerusalén y el templo fueron destruidos, muchas de sus gentes murieron, y la mayoría de los que quedaron fueron llevados al exilio en Babilonia.

Exilio y Restauración

La caída de Jerusalén en el año 586 a.C., esencialmente terminó con la existencia de las tribus como entidades políticas independientes. Durante el resto de su historia estuvieron, casi sin excepción, bajo el dominio de un gran poder extranjero. En este momento eran llamados "judíos". Nabucodonosor reclutó a algunos de los hombres más jóvenes para servir en su corte (Dn. 1). Los deportados permanecieron en Babilonia hasta que el imperio cayó ante los medios y los persas bajo el mandato de Ciro el Grande en el año 539 a.C. Ciro emitió un decreto en la época permitiendo que los judíos volvieran a su tierra ancestral y reconstruyera el templo de Yahveh. Estos comenzaron a emigrar de regreso a la tierra prometida y comenzaron los esfuerzos para reconstruir el templo y la ciudad de Jerusalén. Estos esfuerzos continuaron durante una sucesión de reyes persas. Aunque los judíos estaban en casa y eran capaces nuevamente de adorar a Dios en la forma especificada por la ley, Nehemías lamentó que fueran sólo poco más que esclavos, ya que eran súbditos de Persia (Neh. 9:36). La dinastía de David se había ido, la mayoría de las tribus se habían ido, y también los días de grandeza del pasado.

Los pecados de sus padres los habían llevado a esta situación. En su regreso a la tierra, las genealogías de los retornados eran muy importantes. Estas preservaban la familia e identidades tribales para que sus linajes no se perdiesen. Los libros que se originaron en el periodo de la restauración preservan estas listas (*véase* 1 Cr. 1-9). Persia y todo el mundo antiguo eventualmente fue conquistado por Alejandro Magno. Sus sucesores dividieron la tierra tras su muerte; dos generales controlaron Siria hacia el norte y Egipto hacia el sur de Palestina. Constantemente reñían por sus límites, que incluían Palestina. Finalmente, Antíoco IV Epífanes (r. 175 – 164 a.C.), rey de Siria, decidió transformar a Jerusalén en una ciudad griega. Presionó fuertemente a los judíos para que abandonaran su fe. Los judíos encontrados con una copia de la ley eran asesinados, y se prohibió la circuncisión de los infantes. Saqueó el templo e instaló un ídolo en él. Algunos judíos abandonaron su fe, pero otros se resistieron. Finalmente, Antíoco murió, y los judíos disfrutaron de una corta independencia. Con el tiempo, el Imperio Romano envolvió a Palestina. Herodes el Grande gobernó como rey de los judíos para Roma en los años 37-4 a.C. Tras la muerte de Herodes, su reino se dividió entre sus hijos.

Nuevo Testamento

Los judíos en Judea en tiempos de Jesús habían aprendido a encontrar su identidad nacional, étnica y cultural en la ley de Moisés. Responsablemente seguían las leyes de pureza, especialmente en relación al Sabbat. Su religión se centraba en el templo, y observaban la Pascua y otras obligaciones prescritas. Aunque la única tribu que quedaba, Judá, nunca más pudo presumir de un rey en el trono de David o de independencia, era una nación cuya gente pensaba en sí misma como el pueblo de Yahveh. Para la época de Jesús, anticipaban que un descendiente de David, un Mesías, surgiría para restaurar el reino perdido de David. Aunque las tribus del norte habían desaparecido, había una limitada conciencia tribal que continuaba en esta época. El libro del Mardoqueo de Ester es de la tribu de Benjamín, y hay numerosas referencias a Benjamín en la literatura intertestamentaria (e.g., 2 Mac. 3:4). Ana, la profetisa, era de la tribu de Aser (Lc. 2:36). Pablo sabía que él era de la tribu de Benjamín (Rom. 11:1; Flp. 3:5). Él usaba su conocimiento de este hecho para reafirmar su argumento de que realmente era un judío. Los levitas también sobrevivieron al exilio, y la casta sacerdotal continuó. La tribu real y la sacerdotal permanecieron, junto con otras pocas.

Jesús es presentado en Mt. 1 como un descendiente directo de David a través de la línea de los reyes. Él es el Mesías prometido (Jn. 1:41), el "León de la tribu de Judá" (Ap. 5:5). Jesús prometió a sus doce discípulos que algún día gobernarían sobre las tribus de Israel (Mt. 19:28). En Cristo, la definición de las tribus de Israel había cambiado. Los gentiles ahora estaban injertados en el árbol de olivo de Israel (Rom. 11:17). El Apocalipsis 7:4-10 registra el número de cada tribu que lleva el sello del Cordero. Tras oír esto, Juan se volteó y los vio: se revelaron como una vasta compañía de los redimidos de cada tribu de la tierra. Así, la iglesia se había convertido espiritualmente en las doce tribus de Israel. En 70 AD el templo fue destruido. Pronto después Israel se dispersó, para no volver a ser una nación nuevamente en la tierra prometida hasta 1948.

TRIBUTO En el antiguo mundo bíblico, tributo era un pago de un estado a otro, que era un símbolo de subyugación. El estado que requería pagar tributo (el vasallo) con frecuencia era un pueblo conquistado. El pago podía consistir en metales preciosos, moneda, mercancías, animales e incluso seres humanos. El tributo permitía al estado soberano (estado protector) aumentar el capital residual y ganar grandes cantidades de materiales valiosos, al mismo tiempo empobreciendo al estado subyugado (haciendo improbables futuras rebeliones). Su administración era simple: cada año el vasallo debía llevar tributo al estado protector. Si ese pago no se realizaba, era un signo tácito de rebelión, y el estado protector enviaba una fuerza militar para castigar a los rebeldes.

En ocasiones, reyes israelitas tuvieron ocasión de imponer tributo sobre otras naciones (e.g., 2 Sm. 8:2, 6; 1 Re. 4:21; 2 Cr. 17:11; cf. Esd. 4:20). Sin embargo, en la mayoría de las instancias descritas en la Biblia, Israel parece estar del otro lado del arreglo tributario y hace pagos a naciones extranjeras. Algunas de estas instancias son claros ejemplos de Israel pagando tributo a su gobernante supremo (e.g., Jue. 3:15; 2 Re. 23:33; Esd. 4:13), mientras otras se refieren a sobornos pagados a naciones extranjeras para asegurar asistencia militar frente a un enemigo (1 Re. 15:18; 2 Re. 16:8) o pagos de acuerdos con un atacante para que se retire (2 Re. 12:18; 18:15-16). En otras ocasiones, la riqueza de Israel es tomada por monarcas extranjeros como botín de guerra más que como un tributo regular (e.g., 1 Re. 14:26; 2 Re. 24:13-14). Sin embargo, en casi todas estas circunstancias tales pagos terminaban con Israel teniendo que hacer pagos tributarios regulares de ahí en adelante al monarca extranjero. Inscripciones extrabíblicas concuerdan con la imagen bíblica de reyes israelitas pagando tributos a reyes extranjeros. Inscripciones asirias listan varios reyes de Israel/Judá (Jehú, Acaz, Menahem, Josué, Ezequías y Manasés) como teniendo que pagar tributo a Asiria en algún momento u otro durante sus reinados. Tales practicas tributarias continuaron bajo la hegemonía de los babilonios y los persas (cf. Esd. 4:13, 20; Neh. 5:4).

TRIFENA Y TRIFOSA Dos mujeres que Pablo les pide a los romanos saluden en su nombre, destacando su arduo trabajo en el Señor (Rom. 16:12 [NRSV, ESV, NASB: "Tryphaena"]). Trifena y Trifosa son dos de varias mujeres cristianas nombradas en Rom. 16, incluyendo a Febe (versículo 1), Priscila (versículo 3), María (versículo 6), Pérsida (versículo 12), Julia (versículo 15) y posiblemente Junia(s) (versículo 7). Tanto "Trifena" como "Trifosa" aparecen en inscripciones romanas relacionadas a la casa de César.

TRIGALES *Ver* Trillar, Tierra de Trilla.

TRIGO El trigo era un cultivo principal en Palestina a través de tiempos bíblicos y era el cultivo más importante en los tiempos patriarcales (Gn. 30:14). El trigo es un cultivo de invierno que era sembrado por mano en noviembre o diciembre; estaba listo para cosechar en mayo y era conmemorado por la Fiesta de las Primicias. Entre el tiempo de la monarquía tardía y en el período del NT, el trigo no sólo era fuente de alimentación, sino también una fuente de ingresos de exportación (Am. 8:5). El trigo puede comerse en una variedad de formas y usado con frecuencia, molido en harina fina (Lv. 2:1). En el NT, el trigo se usa para simbolizar el buen producto del reino de Dios (Mt. 13:24-31; cf. 3:12).

TRIGÓN Un instrumento musical tocado en la corte babilonia (Dn. 3:5, 7, 10, 15 [NIV: "lira"; KJV: "sacabuche"]). Su naturaleza exacta se desconoce. Algunos creen que era un arpa de siete cuerdas con un tono rico y oscuro; otros, que era un arpa triangular de cuatro cuerdas que tenía un tono alto y duro. La palabra aramea subyacente es sabbekha'. *Véase también* Sacabuche.

TRILLA, ERA La trilla es el proceso de remover granos de cereales de sus tallos. En tiempos antiguos, la trilla por lo general ocurría en una era. El

Relieve del Obelisco Negro de Salmaneser III, que muestra a los portadores de tributos de Israel (858–824 a.C).

suelo de la era era una superficie compactada donde el grano era golpeado por mano, pisado por animales o aplastado por una rueda o trineo. Una vez aplastado, el material era aventado para separar los tallos livianos de los granos pesados. Durante la cosecha, la era era el centro de la actividad y con frecuencia un lugar para pasar la noche (Rut 3:3-6). Según 1 Cr. 21:18-28, David compró una era en Jerusalén para la futura ubicación del templo. En Lc. 3:17; Mt. 3:12 la era sirve como metáfora de juicio advirtiéndole a la gente que no fuese rastrojo que se quemase, sino grano que se salve. *Véase también* Trineo de Trilla.

TRINEO DE TRILLA Una tabla de madera con dientes de piedra o hierro en la parte inferior que era arrastrada sobre el grano extendido sobre el suelo de la era en el proceso de trilla. Arauna ofreció su trineo como leña para la ofrenda de David (2 Sm. 24:22). Trillar con el trineo se convirtió en una imagen para la victoria (Is. 41:15) y brutalidad (Am. 1:3). *Véase también* Trilla, Era.

TRINIDAD Los escritores bíblicos proclaman que existe un solo Dios, pero también se refieren a tres personas como "Dios". El Padre, el Hijo y el Espíritu Santo son todos Dios. Es más, estas tres personas se relacionan unas con otras como individuos autoconscientes. Jesús ora al Padre (Jn. 17). El Padre habla desde los cielos en relación al Hijo (Mt. 3:17; Lc. 3:22). Jesús promete enviar al Espíritu como "Abogado" tras su ascensión, y él hará lo que Jesús mismo hizo mientras estuvo con nosotros (Jn. 16:7-8). El desafío de la teología cristiana, por tanto, es formular una doctrina de Dios que capture todos estos elementos, cada uno de los cuales surge en ambos Testamentos.

Antiguo Testamento

En el AT, la evidencia de la trinidad aparece principalmente a nivel implícito. Yahveh es llamado "Padre" en Isaías (63:16; 64:8), Jeremías (3:4, 19; 31:9) y Malaquías (2:10). Isaías declara: "Pero tú eres el Padre, aunque Abraham no nos conoce o Israel no nos reconoce; tú, Señor, eres nuestro Padre, nuestro Redentor desde el principio es tu nombre" (Is. 63:16). Yahveh se identifica a sí mismo como "Padre" implícitamente cuando declara a Israel como su "hijo" (Os. 11:1), y el mismo principio aplica en Sal. 2:7, donde Dios declara a su ungido: "Tú eres mi hijo; hoy me he convertido en tu padre". Estos casos no se comparan en número con la evidencia del NT, pero una persona pensada como "Dios, el Padre" ciertamente aparece en el AT. Los textos mesiánicos del AT nos introducen a Dios, el Hijo. En Is. 9:6 un "niño ha nacido" que será llamado "Maravilloso Consejero, Poderoso Dios, Eterno Padre, Príncipe de la Paz". El día de "Emanuel", o "Dios con nosotros", es anunciado en Is. 7:14 (cf. Mt. 1:22), mientras Is. 40:3-5 anticipa la aparición de Dios "en el desierto" (cf. Mt. 3:3). Daniel ve "uno como un hijo de hombre, viniendo con las nubes del cielo" a quien se le otorga "autoridad, gloria y poder soberano" (Dn. 7:13-14). En Sal 110:1 Yahveh le dice ante

Un campo de trigo en Judea.

el "Señor" de David, "Siéntate a mi derecha hasta que haga a tus enemigos un escabel para tus pies".

Igualmente, el AT parece distinguir el Espíritu de Dios de Yahveh mientras implica la personalidad propia del Espíritu. Génesis 1:2 hace ese caso, como Éx. 31:3, donde Yahveh llena a Bezalel con el "Espíritu de Dios" (cf. Éx. 35:31; Nm. 11:29). En 1 Sm. 16:14 se hace un contraste entre el "Espíritu del Señor" que deja a Saúl y un "espíritu malvado del Señor" que lo atormenta; también encontramos a un David arrepentido rogando que Dios no se lleve su "Santo Espíritu" (Sal. 51:11). El Espíritu puede ser puesto sobre personas por Dios, con el resultado que ellas profetizan (Is. 61:1; Jl. 2:28-29) y hacen lo que le agrada (Ez. 36:26-27). En el AT, sin embargo, vemos dos personas (el Hijo y el Espíritu Santo), que ambos son Dios y también distinguibles de aquel a quien responden y por quien son enviados.

Nuevo Testamento

El NT contiene abundante evidencia para "Dios, el Padre", con frecuencia por las enseñanzas de Jesús. El "Padre" aparece varias veces en el Sermón de la Montaña (e.g., Mt. 5:16; 6:6-9, 14, 18, 26, 32; 7:11). Mt. 7:21 resalta por la referencia de Jesús a "mi Padre que está en los cielos", por la cual se identifica a sí mismo como el Hijo (*véase también* Mt. 15:13; 16:17; 18:10; y Lc. 24:49).

Los saludos de Pablo normalmente vienen de Dios, el Padre, y el Señor Jesucristo, como se ve en Rom. 1:7: "Gracia y paz a ustedes de Dios nuestro Padre y del Señor Jesucristo" (también 1 Cor. 1:3; 2 Cor. 1:2; Gal. 1:1-3; 1 Tim. 1:2; 2 Tim. 1:2). Pablo introduce al Padre y al Hijo en 1 Cor. 8:6: "Para nosotros hay un solo Dios, el Padre, de quien vinieron todas las cosas y para quien vivimos; y hay un solo Señor, Jesucristo, a través de quien vinieron todas las cosas y a través de quien vivimos" (*véase también* 1 Cor. 15:24; 2 Cor. 11:31; Ef. 1:3; Flp. 2:22). Otros textos significativos incluyen Heb. 1:5; 1 Pe. 1:2-3; en este último, los creyentes dispersos son aquellos "que han sido elegidos de acuerdo a la previsión de Dios, el Padre, a través del trabajo santificador del Espíritu, para ser obedientes a Jesucristo y rociados con su sangre… ¡Alabado sea Dios y el Padre de nuestro Señor Jesucristo!" la evidencia del NT para "Dios, el Padre" es clara.

Los textos bíblicos que señalan la deidad de Cristo proporcionan evidencia para el segundo reclamo: el Hijo es Dios. Algunos textos mencionados con anterioridad dicen lo mismo, pero uno puede llevar el asunto más allá. En contexto, el prologo de Juan se refiere a Jesús como la "Palabra" y proclama que estaba "con Dios" y "era Dios" (Jn. 1:1). Jesús también se relaciona con el Padre en formas que implican su propia deidad, como declara en Jn. 10:30, "El Padre y yo somos uno". Tras dudas significativas, Tomás confiesa la deidad de Cristo en Juan 20:28: "¡Señor mío y Dios mío!".

Los pasajes del NT que identifican a Jesús como el "Hijo de Dios" señalan su deidad, como hace Pedro en Mt. 16:16: "Tú eres el Mesías, el Hijo del Dios vivo". Incluso los demonios identifican a Jesús como el Hijo. Ellos claman: "¿Qué quieres con nosotros, Hijo de Dios?... ¿Has venido a torturarnos antes de la hora señalada?" (Mt. 8:29; cf. Mc. 5:7). El llamado Himno de Cristo en Flp. 2:6-11 coloca a Jesús al nivel de Dios, diciendo que él no consideraba "la igualdad con Dios algo para ser usado para su propio beneficio". El autor de Hebreos declara que Jesús es "la radiación de la gloria de Dios y la exacta representación de su ser" (1:3). Colosenses 1:15-16 dice que Jesús es "la imagen del Dios invisible, el primogénito de toda la creación" y la persona por la que "todas las cosas fueron creadas", y Col. 1:19 establece que "Dios estaba complacido de que todo su ser residiese en Él". Según Tit. 2:13, Jesús es "nuestro Dios y Salvador". La secuencia completa de Ap. 4-5 destaca la deidad de Cristo, culminando en la alabanza "¡A Él que se sienta en el trono y al Cordero sea la alabanza, el honor, la gloria y el poder, por siempre!" mientras el Entronizado y el Cordero son adorados como Dios (5:13-14).Los autores del NT señalan tanto la deidad como la personalidad distintiva del Espíritu Santo. Jesús es concebido en el vientre de María por el poder del Espíritu (Mt. 1:18-20), y cuando Jesús es bautizado, el Espíritu desciende sobre él como una paloma (Mt. 3:16; Mc. 1:10). Jesús expulsa demonios por el Espíritu y uno no se debe atrever a hablar contra el Espíritu cuando hace eso (Mt. 12:28-32). El Evangelio de Lucas pone énfasis adicional en el ministerio del Espíritu, como vemos en Hechos. Él empodera a varias personas para alabar y profetizar (Lc. 1:41, 67) y para ser testigos de Cristo (Hec. 1:8; 2:4, 17-18, 38). Los pecadores pueden mentirle al Espíritu Santo (Hec. 5:3, 9) y el Espíritu Santo da testimonio junto con los apóstoles del Cristo resucitado (5:32). En el Evangelio de Juan, el Espíritu se convierte en el consejero y maestro de los discípulos, recordándoles las instrucciones del Señor (Jn. 14:26; 16:13). El Espíritu trae seguridad de la filiación (Rom. 8:16) y ayuda a los discípulos cuando rezan (8:26). Esta persona conoce hasta los pensamientos de Dios (1 Cor. 2:11). Concordantemente, la Gran Comisión requiere el bautizo en el nombre del Padre, del Hijo y del Espíritu Santo (Mt. 28:19). Los tres miembros de la Trinidad deben ser parte en el avance del reino, el Espíritu no menos que el Padre y el Hijo.

Relaciones entre Padre, Hijo y Espíritu

La evidencia considerada hasta ahora demuestra por lejos que tres personas son llamadas "Dios" en las Escrituras: el Padre, el Hijo y el Espíritu Santo. Pero las Escrituras también apuntan una cadena de mando en la relación entre unos y otros. El Hijo obedece al Padre, y el Espíritu procede del Padre y el Hijo para aplicar el trabajo de la cruz a la iglesia. Esta "subordinación funcional" del Hijo al Padre, algunos pueden argumentar, se daría simplemente por la analogía elegida por Dios para revelarse a nosotros.

El "Hijo" obedecería a su "Padre", no viceversa, aunque comparten una dignidad común como Dios, de la misma manera que un padre e hijo humano comparten la humanidad. Pero los autores del NT expresamente nos dicen que ellos se relacionan de esta manera mutuamente. En Mt 11:27 (cf. Lc. 10:22) Jesús anuncia, "Todas las cosas me han sido encomendadas por mi Padre" (cf. Jn. 3:35; 5:22). El último transfiere autoridad al primero como su subordinado. El Padre incluso (por una temporada) sabe más que el hijo acerca de los últimos días: "Acerca de ese día u hora nadie sabe, ni siquiera los ángeles en el cielo, ni el Hijo, sino sólo el Padre" (Mt. 24:36), aunque también dignifica al Hijo: "Porque el Padre ama al Hijo y le muestra todo lo que hace" (Jn. 5:20).

El compromiso de Hijo por agradar a su Padre celestial es un tema prominente del NT, como declara Jesús en Jn. 5:19: "El Hijo no puede hacer nada por sí solo; él solo puede hacer lo que ve que su padre hace, porque lo que sea que haga el Padre, el Hijo también lo hace". Ningún texto resalta más la dependencia del Hijo en el Padre más claramente que Heb. 5:7-8, donde el Hijo se dice que "ofreció plegarias y peticiones con gritos y lágrimas fervientes a quien podía salvarlo de la muerte, y fue escuchado por su reverente sumisión. Aunque era Hijo, aprendió obediencia de lo que sufrió". Se debate por parte de los teólogos si esta subordinación funcional se relaciona sólo al periodo del ministerio terrenal del Hijo, o sí es una subordinación eterna.

El Espíritu, aunque igual en personalidad y dignidad con el Padre y el Hijo, procede de ellos para aplicar el trabajo de la cruz y empoderar a la iglesia para el ministerio. En Jn. 14:26, Jesús dice: "El Abogado, el Espíritu Santo, a quien el Padre enviará en mi nombre, les enseñará todas las cosas y les recordará todo lo que les he dicho".

En Jn. 15:26 Jesús anuncia que él también envía al Espíritu fuera: "Cuando venga el Abogado, a quien les enviaré junto con el Padre—el Espíritu de la verdad que sale del Padre—él testificará acerca de mí". El Espíritu sólo transmite lo que ha recibido: "Él no hablará por sí solo; él hablará sólo lo que escucha, y él les dirá lo que está aún por venir" (Jn. 16:13). La misma "cadena de mando" aparece en Jn. 16:15, donde Jesús dice: "Todo aquello que pertenece al Padre es mío. Es por eso que dije que el Espíritu recibirá de mí lo que les hará saber a ustedes".

Herejías Trinitarias

El Padre, el Hijo y el Espíritu Santo son Dios, mientras son personas distinguibles. El Hijo obedece al Padre; y estas dos personas de la Trinidad envían al Espíritu Santo para implementar nuestra liberación del pecado. Una explicación defendible de la Trinidad respetará todas estas dinámicas, teniendo especial cuidado de no ilustrarlas con imágenes engañosas o simplemente caer en formas varias de politeísmo.

Una de las herejías más tempranas de la iglesia proviene de Marción, un teólogo del siglo dos que distinguió al Padre de Jesús del supuestamente vengativo Dios del AT, lo que nos deja con más de un Dios. Después vino la herejía del modalismo y subordinacionismo (o arrianismo). Los modalistas decían que las personas de la Trinidad no son más que aspectos usados por la única persona de Dios. Un minuto Dios es el Padre, al siguiente el Hijo o el Espíritu Santo. Los subordinacionistas, como Arrio (murió en 336 AD) fueron más allá de la funcionalidad de la cadena de comando del NT, argumentando que el Hijo y el Espíritu no son Dios en sí mismos, sino que están esencialmente subordinados a él. Los Testigos de Jehová han caído en este último error, sugiriendo que Jesús es "un dios" pero no el Dios Creador. Estas herejías tempranas presionaron a la iglesia a refinar su comprensión de la Trinidad. En su respuesta al error de Marción, Tertuliano acuñó un lenguaje preciso para describir las personas de la Deidad, de manera que la "trilogía" y "unicidad" de Dios se preserven. Él usa el término griego trinitas para describir al Dios cristiano y argumenta que el Padre, el Hijo y el Espíritu Santo comparten la misma "sustancia". El Hijo (por tanto también el Espíritu Santo) no es simplemente de "sustancia similar" (griego homoiousios) con Dios Padre, sino más bien "consustanciales" (griego homoousios) con él: el Hijo es Dios, y también lo es el Espíritu Santo. El Credo Niceno de 325 AD incorporaba esta explicación y, al hacerlo, también dejaba de lado la idea de que el Hijo o el Espíritu Santo fueron creados por Dios, como requiere la herejía arriana. Nicea también rechaza el adopcionismo, que considera a Jesús como un hombre que Dios promovió otorgándole poderes súper naturales.

Cada una de estas herejías —además, digamos, del estricto monoteísmo del Islam— intenta aliviar la tensión vista entre las declaraciones que constituyen la Trinidad; sin embargo, los cristianos ortodoxos recordarán que las tensiones y paradojas no son automáticas contradicciones. Ningún filósofo o teólogo ha demostrado expresamente alguna vez que la Trinidad conlleva una lógica absurda, y los detractores del cristianismo llevan la carga de probar en este caso.

Una cosa es alegar que una idea es contradictoria y otra muy distinta demostrar con argumentos que así es. En el lado positivo, la Trinidad debe permanecer como una doctrina central de la iglesia porque afecta a todas las otras doctrinas, especialmente todo el trabajo de redención. Si Dios es trino, entonces Jesús no es Dios; y si él no es Dios, entonces él no puede salvarnos, ni podemos adorarlo como nuestro Señor. El sacrificio que Él ofrece por nuestros pecados, en ese caso, no sería supremamente valioso. Consideremos también la aplicación a nosotros de lo que Cristo ha hecho. Si el Espíritu Santo no es Dios, entonces no puede hablar por Dios como uno que conoce perfectamente sus pensamientos y nos da la palabra de Dios, nuestra Biblia. Las Escrituras indican que Dios es trino, y los pecadores necesitan que así sea.

TRINQUETE Ya sea la vela principal en el palo del trinquete o una vela más pequeña usada para navegar en vientos fuertes. Después de que el barco que transportaba a Pablo a su aprisionamiento romano hubiese estado atrapado en una tormenta por catorce días, la tripulación corrió a tierra en la isla de Malta izando el trinquete del barco (KJV: "vela principal") al viento (Hec. 27:40).

TRÍPOLIS *Véase* Tarpelitas.

TROAS El principal puerto de la región noroeste de la provincia de Asia durante la era del NT, estaba ubicado en el Mar Egeo en lo que hoy es Turquía. Fundado en el siglo cuatro a.C., se llamaba "Alejandría de Troas" en honor a Alejandro Magno. La visión de Pablo de un hombre de Macedonia rogando para que él visitase su área ocurrió allí, incentivando al apóstol a dejar Troas por esa región (Hec. 16:8-11). En 2 Cor. 2:12-13 Pablo se refiere a ese tiempo pasado en Troas. Unos años más tarde, Pablo estuvo nuevamente en la ciudad, momento en el cual revivió a Eutico tras caer de un tercer piso de un edificio (Hec. 20:5-12). En 2 Tim. 4:13 Pablo le pide a Timoteo "trae el manto que dejé con Carpo en Troas".

TRÓFIMO Trófimo es mencionado tres veces en el NT como un socio de Pablo (Hec. 20:4; 21:29; 2 Tim. 4:20). En Hechos, Lucas lo identifica como un cristiano gentil de Éfeso que acompañó a Pablo a llevar la colecta a Jerusalén. Pablo fue falsamente acusado de llevar a un gentil al templo porque había sido visto con Trófimo en Jerusalén. En 2 Tim. 4:20, Pablo dice que dejó a Trófimo enfermo en Mileto. Ya que Pablo no pasó por Mileto camino a su aprisionamiento romano, este debe ser otro Trófimo o evidencia de un segundo aprisionamiento romano.

TROGILIO Un asentamiento (actual Santa María) en la península del mismo nombre de Asia Menor que se extiende al oeste, hacia la isla de Samos. El texto occidental de Hec. 20:15 sugiere que, al final de su tercer viaje misionero, el barco de Pablo se detuvo en Trogilio antes de continuar a Mileto.

TROMPETA *Véase* Cuerno; Música, Instrumentos, Baile; Shofar.

TRONCO **(1)** La unidad más pequeña de medida líquida, alrededor de una taza, se usaba para medir el aceite para una ofrenda de culpa en ceremonias de purificación para una persona limpiada de una enfermedad infecciosa de la piel (Lev. 14:10, 12, 15, 21, 24). **(2)** Una sección del tronco de un árbol, como el cedro y los troncos de pino utilizados para construir el templo (2 Sam. 5:11, 1 Re. 5:8, 1 Cr. 14: 1, 22:4, Esd. 3:7, *ver también* Ecl. 10:9). Jesús usa una hipérbole al contrastar troncos metafóricos y astilla en los ojos de los pecadores (Mt. 7:3-5 NTV [NVI: "viga"]).

TUBAL El quinto de los siete hijos de Jafet (Gn. 10:2; 1 Cr. 1:5). Listado en la Tabla de las Naciones, probablemente es el ancestro de un pueblo de Asia Menor, tal vez Cilicia. Tubal intercambiaba esclavos y vasijas de bronce con Tiro (Ez. 27:13).

TUBAL-CAÍN Un descendiente de Caín a través de Lamec y Zila, a él se le atribuye la invención de la metalurgia (Gn. 4:22). Por su otra esposa, Ada, Lamec también fue padre de Jabal, el padre del nomadismo y la cría de animales, y Jubal, el padre de los músicos (Gn. 4:20-21).

TULLIDO Un término antiguo que significa "cojo", usado en la KJV en Mt. 18:8; Mc. 9:45; Lc. 14:21; Jn. 5:3. *Véase* Cojo, Cojera.

TUMBA DE JESÚS Mateo, Marcos, Lucas y Juan explican que José de Arimatea, "un prominente miembro del Consejo" (Mc. 15:43), el

Relieve neoasirio que muestra el transporte de troncos desde el palacio de Sargón II en Khorsabad (713-706 a.C).

Sanedrín, dirigió el proceso de tomar el cuerpo de Jesús del lugar de crucifixión hacia su propia tumba, una "tumba cortada en la roca, una en la que nadie había sido puesto nunca" (Lc. 23:53). Ya que José era un "hombre rico" (Mt. 27:57), podía pagar una tumba de piedra de ese tipo. Todos los escritores de Evangelios indican que la tumba tenía una piedra en su entrada, una característica común de esas tumbas; tanto Mateo (27:60) y Marcos (16:4) destacan el tamaño de la piedra. Mateo proporciona detalles únicos acerca de la tumba de Jesús en un esfuerzo por defender la autenticidad de su resurrección. Sólo Mateo registra que Pilato, en deferencia a los fariseos, asignó una guardia de soldados para asegurar la tumba. También destaca que los soldados pusieron un sello en la tumba (27:62-66), no como sellante, sino más bien como una insignia romana oficial, para indicar que nadie debía perturbar la tumba. También, sólo Mateo explica la coartada que los judíos concibieron cuando estos intentos por asegurar la tumba resultaron infructuosos (28:11-15). En la mañana de la resurrección de Jesús, algunas mujeres, incluyendo a María Magdalena, fueron las primeras en ingresar a la tumba y notar que el cuerpo de Jesús ya no estaba allí (Mc. 16:1-6; Jn. 20:1-2). Juan registra que Pedro y otro "discípulo, el que Jesús amaba" (probablemente el mismo Juan) también entraron a la tumba (20:2-8), el último haciéndolo sólo tras "agacharse y mirar al interior para ver las tiras de lino tiradas allí" (20:5). La entrada baja que implica esta declaración es conocida como una característica conocida de tumbas de roca tallada de este período. Dos ubicaciones en Jerusalén se han propuesto como el lugar de la tumba de Jesús. El lugar sobre el cual está la Iglesia del Santo Sepulcro es favorecido por arqueólogos debido a su testimonio tradicional. La Tumba del Jardín presenta más características visibles que podrían correlacionarse con los relatos bíblicos, pero carece de testimonio tradicional.

TUMBA La tumba se refiere al lugar físico de entierro o metafóricamente a la muerte (Job 3:22; 5:26; Jr. 20:17; Nah. 1:14) o a destrucción devoradora (Sal. 5:9; Jr. 5:16). Los principales tipos de tumbas usados por los israelitas eran agujeros cavados en la tierra, cuevas naturales o habitaciones de talladas. Los osarios, o cajas de hueso, comenzaron a usarse en tiempos romanos. Los cristianos también usaban catacumbas. La costumbre israelita, y la de los pueblos semitas en general, era el entierro. No practicaban el embalsamamiento, como hacían los egipcios, ni la cremación como los griegos y romanos. El entierro era una parte importante del respeto por los muertos, no fuera que el cuerpo fuese profanado por enemigos o animales. Y aunque el cuerpo podía ser lavado y perfumado, no era

Una tumba de piedra rodante similar a la que Jesús habría sido colocado.

preservado. Una vez que el cuerpo se descomponía, los huesos podían ser reubicados. Tocar a los muertos, sus huesos o una tumba traían siete días de impureza (Nm. 19:16). Era una desgracia que un cuerpo fuese comido por los animales (Sal. 79:2). Debido a la velocidad de descomposición, el entierro ocurría lo antes posible, típicamente dentro de veinticuatro horas. Una forma de vida nómade favorecía el entierro en la tierra, con el lugar de entierro posiblemente cubierto con piedras o marcado por un monumento. Preparaciones anticipadas para un lugar podían hacerse asegurando una cueva o tallando un área de roca suave. La influencia grecorromana llevó a una más elaborada arquitectura de tumbas. Los muros externos podían ser encaladas, lo que probablemente las protegía de profanación por contacto accidental. Pero el contraste entre su apariencia exterior y su contenido hacía tales tumbas un punto de comparación para amonestaciones de Jesús y Pablo (Mt. 23:27; Hec. 23:3).

Tras la muerte de Sara, Abraham compró la cueva de Macpela para usar como tumba familiar (Gn. 23). Jacob, sin embargo, enterró a Raquel en la tierra en interés de la inmediatez y marcó su tumba con un pilar que sobrevivió hasta la monarquía (Gn. 35:20; 1 Sm. 10:2). El embalsamamiento de Jacob y José era único, debido a la prominencia de José en Egipto. El embalsamamiento permitió que el cuerpo de Jacob fuese transportado a la tumba familiar (Gn. 50:13). José también entregó instrucciones para que sus huesos fuesen movidos cuando Israel dejase Egipto (Gn. 50:25; Éx. 13:19). En la teología egipcia, el entierro apropiado y la asociación cercana con el faraón eran importantes para el Más allá. Las instrucciones de José acerca de su tumba representan su confianza de que Dios sacaría a Israel de Egipto y su rechazo de la religión egipcia. Quemar los cuerpos de Saúl y sus hijos fue inusual. Los hombres de Jabes de Galaad recuperaron los cuerpos descompuestos, que los filisteos había puesto en exhibición; los quemaron, enterraron los huesos y luego ayunaron por el período de siete días de impureza por manejar un cadáver. David posteriormente hizo que los cuerpos fuesen vueltos a enterrar en la tumba familiar (2 Sm. 21:14). La mayoría de las tumbas estaban fuera de las ciudades, aunque los reyes de Judá eran enterrados dentro de la ciudad de David (2 Cr. 16:13). El sitio turístico de la "tumba de Absalón" en Jerusalén es del siglo equivocado, al igual que otros famosos lugares de entierro.

TUMIM *Véase* Urim y Tummim.

TÚNEL Según 2 Reyes 20:20, Ezequías creó un túnel que llevaba agua hacia la ciudad de Jerusalén. Para hacer esto, hizo una represa en parte del arroyo de Gihón y canalizó el agua hacia la ciudad (2 Cr. 32:30). Hoy, el consenso académico es que el acertadamente llamado Túnel Ezequías es ese túnel. El túnel habría servido como una forma de llevar agua bajo la ciudad de Jerusalén durante un período de asedio y asegurar al menos cierto suministro de agua. En el NT la Piscina de Siloam marcaba el final de túnel.

TÚNICA Una prenda sencilla de ponerse, de largo hasta la rodilla o más larga, con o sin

Relieve funerario que muestra a los esclavos (de pie) y al maestro (sentados) vistiendo túnicas (AD 50).

mangas, y usada como ropa interior o sobre otra ropa (Gn. 3:21; 37:3; Mt. 10:10; Jn. 19:23).

TURBANTE Un tocado usado especialmente en la región occidental del Mediterráneo, hecho de tela enrollada alrededor de la cabeza. Un turbante podía ser usado por hombres (Job 29:14) o mujeres (Is. 3:23 [NIV: "tiara"]; Ez. 23:15). Era señal de luto quitarse el turbante (Ez. 24:17, 23). El sumo sa-cerdote usaba un turbante único de lino, distintivo de los tocados de otros sacerdotes (Éx. 28:4-5, 36-39; 39:28; Lv. 8:9; 16:4). Unido a su parte frontal había una placa dorada con la inscripción "Sagrado para el Señor". Se describía específicamente como una de las prendas sagradas que el sumo sacerdote debía usar en su ordenación y el Día de la Expiación. Ezequiel profetizó que, debido a las acciones profanas de Israel, el turbante del sumo sacerdote, junto con la corona del rey, serían removidos por los babilonios (Ez. 21:26).

Estatua de Tutmosis III (siglo XV a.C).

TURRÓN *Ver* Torta.

TUTMOSIS El nombre de cuatro faraones egipcios de la Dinastía XVIII de Tebas. Esta dinastía expulsó a los invasores hicsos y reunificó Egipto (cf. Amosis I [c. 1580 a.C.]). El nombre Tutmosis significa "nacido de Tot", un poderoso ídolo-dios que comunicaba la voluntad del dios sol Ra a los seres humanos. Tanto Tutmosis III como su hijo Amenofis II son propuestos como posibles faraones para los primeros días del éxodo.

Tutmosis III fue el sexto faraón de la Dinastía XVIII. Su reinado duró cincuenta y cuatro años (veintidós co-reinando con Hatshepsut), 1479 – 1425 AC (o c. 1497 – 1443 a.C.). Tutmosis III fue un faraón guerrero y llevó a Egipto a una gran prosperidad y poderío. Hizo campaña en Siria-Palestina y luchó en una famosa batalla en Megido. También fue un gran constructor. Su hijo mayor murió, y fue sucedido por otro hijo, Amenofis II.

TUTOR *Véase* Custodio.

U

UADI DE EGIPTO También conocido como el Arroyo de Egipto (ESV, NASB, NKJV), es el límite suroeste del territorio entregado a Israel (el Éufrates es el límite norte). Fue prometido a Abram en Gn. 15:18. Es identificado probablemente con el Uadi el-Arish, que fluye desde el medio de la Península del Sinaí al Mar Mediterráneo (Nm. 34:5; Js. 15:4, 47).

UADI DE LOS SAUCES *Véase* Arabim.

UADI Una quebrada, desfiladero, valle o lecho de río, a veces empinado, en una región que es árida excepto en la temporada de lluvias, cuando se vuelve susceptible a inundaciones torrenciales que amenazan la vida. Job compara a sus inconsistentes amigos a un uadi (Job 6:15-20; NIV: "arroyos intermitentes").

UCAL "Ucal" se encuentra sólo en Prov. 30:1: "Este hombre le dice a Itiel, a Itiel y a Ucal" (NET; *véase* NIV mg.). Aunque muchas traducciones (NET, NASB, NKJV, KJV) tratan a "Ucal" como un nombre personal, puede ser una forma del verbo "ser capaz", como en NIV: "estoy cansado, Dios, pero puedo prevalecer" (*véase también* NRSV).

UEL Un descendiente de Bani (Binnui en Neh. 7:15) y un sacerdote durante tiempos postexílicos. Su familia regresó del exilio con Zorobabel (Esd. 2:10). Listado por Esdras como uno

Uadi de Egipto.

culpable de casarse con una esposa extranjera (Esd. 10:34).

UFAZ Una región bien conocida por su oro (Dn. 10:5 [KJV, NRSV, NASB]; Jr. 10:9), aunque su ubicación sigue siendo incierta. Algunos académicos creen que "Ufaz" es un error ortográfico de "Ofir", una región famosa por su producción de oro. *Véase también* Ofir.

UGARIT En 1928 un campesino granjero sirio por casualidad tropezó con una bóveda funeraria de origen antiguo aproximadamente a ochocientos metros de la costa mediterránea de Siria y aproximadamente nueve kilómetros al norte de la actual Latakia. Este descubrimiento inesperado llevó a una excavación arqueológica de Tell Ras Shamra por el eminente arqueólogo francés Claude Schaeffer. Lo que el equipo de Schaeffer desenterró no fue sólo una tumba antigua, sino una ciudad completa con palacios, casas privadas, templos, y calles pavimentadas con piedra.

Dentro del primer año de excavación, las ruinas de Ugarit entregaron una provisión de tabletas de arcilla con escritura cuneiforme en un lenguaje hasta el momento desconocido. De estos misteriosos textos académicos han descifrado una escritura alfabética escrita en un lenguaje semítico occidental relacionado al cananeo, árabe y hebreo bíblico.

El Reino de Ugarit

La antigua ciudad de Ugarit, Tell Ras Shamra, estaba encerrada por dos ríos pequeños que fluyen al oeste hacia el Mediterráneo. La presencia de agua aseguraba la fertilidad de la planicie circundante; por lo tanto, una buena cosecha de cereales, uvas y aceitunas estaba disponible para suplementar la industria pesquera como suministro local de comida. El reino abarcaba alrededor de tres mil ciento diez kilómetros cuadrados, delimitado por la geografía natural de la región. Al oeste del lugar se encuentra el Mediterráneo, con un puerto que proporcionaba una ruta importante para el comercio internacional. Al sur, al este y al norte hay cadenas montañosas, incluyendo el Monte Zaphon, cuya majestuosidad es registrada en Is. 14:13. De hecho, el nombre "Zaphon" se convierte simplemente en una palabra general para "norte" en hebreo bíblico.

El sitio de Tell Ras Shamra fue ocupado ya en el Neolítico (séptimo milenio a.C.), sin embargo, el reino de Ugarit propiamente data del segundo milenio a.C. La época del mayor florecimiento de la ciudad fue el periodo justamente anterior a su destrucción: desde el siglo catorce al doce a.C., durante el Final de la Edad de Bronce. La prosperidad del reino alcanzó su máximo esplendor durante este período. El acceso costero de Ugarit y su ubicación estratégica como eje central dentro de la matriz de súper poderes de la tardía Edad de Bronce hicieron de Ugarit un importante punto focal

Restos arqueológicos del palacio de Ugarit (siglos XIV-XIII a.C).

para las rutas de comercio internacionales, tanto marítimas como terrestres. La sociedad ugarítica de la tardía Edad de Bronce era diversa y cosmopolita, una característica tal vez mejor representada por su centro de entrenamiento de escribas, en el cual se han descubierto tabletas con inscripciones en varios idiomas diferentes.

Alrededor de 1200 a.C., aproximadamente en el mismo marco de tiempo que el éxodo de los hebreos de Egipto, Ugarit tuvo una muerte intempestiva. (Nótese que algunos académicos bíblicos datan el éxodo de Egipto durante el siglo quince .C. y no en el siglo trece). Documentos reales de los reinos egipcio y heteo, al igual que uno de Ugarit, registran una preocupación por un grupo de invasores conocidos como las Gentes del Mar. Las Gentes del Mar probablemente se originaron en el noroeste, dejando su marca en la costa de Turquía, Chipre y el Levante. Los descendientes de las invasoras Gentes del Mar permanecieron en la costa de Palestina, y los textos bíblicos se refieren a ellos como filisteos. La destrucción de Ugarit se atribuye a estos invasores del mar. Los restos arqueológicos de Tell Ras Shamra muestran que muchos hogares fueron abandonados mientras los invasores incendiaban la ciudad. Ugarit se quemó hasta los cimientos en algún momento entre 1190 y 1185 a.C.

Los Textos de Ugarit

Más de mil quinientos textos ugaríticos han sido descubiertos desde que comenzaron las excavaciones de Tell Ras Shamra. Los textos están escritos en tabletas con marcas en forma de cuñas impresas en la arcilla por escribas usando un puntero de caña de forma triangular. La mayoría de los textos de Ugarit se encontraron dentro y alrededor de los restos de los terrenos del palacio real y templos, pero algunos fueron encontrados en los hogares de administradores de palacio de alto rango y hombres de negocios. El tema de estos textos es diverso, y los varios géneros del material escrito de Ugarit incluyen cartas oficiales, textos administrativos y económicos, textos de entrenamiento de escribas y textos religiosos y literarios. El carácter cosmopolita de Ugarit también se refleja en sus textos. Entre las tabletas descubiertas, muchas fueron escritas en acadio, que era la lengua franca de la tardía Edad de Bronce en esta región. Aun otros textos estaban escritos en varios idiomas antiguos del Oriente Próximo; hurrita, heteo y chipro-minoico, y jeroglíficos egipcios se encontraron inscritos en algunos artefactos, al igual que en sellos cilíndricos.

Cartas. Los documentos tipo carta de Ugarit son de estilo formal con introducciones y cierres escritos, como la mayoría de las cartas reales del antiguo Oriente Próximo. Dos ejemplos notables pueden ser señalados. El primero es una carta del rey de Tiro en Fenicia (para las referencias de la ciudad de Tiro en la Edad de Hierro, *véase* Js. 19:29; 2 Sm. 5:11; Ez. 28) al rey de Ugarit. El motivo de la carta es el naufragio de un barco mercante ugarítico que iba a Egipto que chocó en la costa de Fenicia tras una violenta tormenta. El rey de Tiro escribe que no sobrevivió nadie de la tripulación y su carga se perdió en el mar. Un segundo ejemplo epistolar es una carta escrita por el rey de Karkemish en el Imperio Heteo (*véase* Is. 10:9; Jr. 46:2) al último rey de Ugarit, Ammurapi. El motivo de la epístola es el mal trato percibido por el rey heteo de su hija que estaba casada con Ammurapi. La carta sugiere un inminente divorcio entre la pareja real, detallando la división de sus propiedades conjuntas.

Textos administrativos y económicos. El palacio real y los templos proveían el motor de la economía de Ugarit. Muchos textos descubiertos nos iluminan acerca de los tipos de comidas y actividades que comprendían el comercio local e internacional. Ejemplos de textos administrativos incluyen listas de varios pueblos dentro del reino de Ugarit, tributos que pagaban al rey en forma de bienes y servicio de trabajo, listas de personal del templo con sus salarios y acompañando el detalle de bienes distribuidos a quienes desempeñaban labores del servicio real. Ejemplos de textos económicos incluyen recibos de compras y facturas de fletes de comercio marítimo para productos como lana, granos, aceitunas, leche y minerales metalíferos.

Textos de entrenamiento para escribas. Entre los ricos archivos de textos de Ugarit, más de cien tabletas testimonian actividades de entrenamiento para escribas a lo largo de la ciudad. Los escribas eran empleados universalmente por los imperios reales de la tardía Edad de Bronce, pero el número de textos (miles) encontrados en Ugarit es inusual para un sitio de excavación relativamente pequeño. Archivos de textos fueron encontrados en grupos a lo largo de la ciudad, y en muchos de estos archivos los arqueólogos encontraron tabletas de especial interés llamadas "abecedarios". Un abecedario es una tableta en la cual está escrito el alfabeto cuneiforme. El alfabeto ugarítico contenía treinta signos aproximadamente en el mismo orden que el alfabeto hebreo, ampliamente similar en contenido al alfabeto español. Además de abecedarios ugaríticos, se encontró un abecedario ugarítico-acadio en el cual se dan valores fonéticos equivalentes del alfabeto ugarítico a signos acadios. También se descubrieron léxicos, o listas de palabras, listando palabras de varios idiomas antiguos de Oriente Próximo. De hecho, algunas de las tabletas encontradas en los archivos son claramente tabletas de práctica usadas para entrenar escribas: estas tabletas muestran claros signos escritos por un profesor de escribas en la parte superior de la tableta, con las marcas menos habilidosas del escriba aprendiz escritas debajo. Así, es probable que Ugarit sirviese como un centro de entrenamiento para escribas de todo el antiguo Oriente Próximo, como es bien sabido.

U

Textos religiosos. Dos grandes templos dominaban la región norte de la acrópolis de Ugarit: el templo de Baal, el Dios de la fertilidad, y el templo de Dagón, el dios del grano. La mitología era un vehículo de expresión religiosa en el antiguo Oriente Próximo. Las historias acerca de los dioses comunicaban parte de los propósitos de los dioses y reinos de autoridad. En la literatura mitológica de Ugarit, el panteón de dioses residía en el Monte Zaphon, y desde el lugar de residencia de Él, el alto dios, fluían ríos de agua dadora de vida. El nombre "El" era compartido entre varios idiomas y religiones semitas a través del antiguo Oriente Próximo, incluyendo el AT. El nombre "El" en la Biblia puede referirse a un dios extranjero (e.g., Dt. 3:24: "¿Qué Dios ['el] hay en el cielo o en la tierra que pueda hacer los hechos y poderosos trabajos que haces tú?") o al Dios de Israel (e.g., Gn. 49:25; Dt. 7:9; Sal. 68:19-20). En el panteón de Ugarit, la consorte femenina de Él era la diosa Asherah (1 Re. 18:19; Jue. 3:7).

El, sin embargo, era un dios más distante en la religión de Ugarit, y el dios patrocinador de la ciudad era Baal, el dios de la tormenta. Baal se asociaba a campos fértiles, cosechas abundantes y el nacimiento de hijos e hijas. La diosa Anat es descrita a veces como la consorte de Baal, y otras veces como su hermana. Anat es la diosa de la guerra, y la literatura épica mitológica de Ugarit retrata su guerra en gráficos y espantosos detalles. Algunos estudiosos dicen que Prov. 7:22-23 alude a la guerra de Anat en el retrato de la mujer adúltera.

Algunos de los epítetos y logros de Baal encontrados en los textos religiosos de Ugarit también se atribuyen a Yahveh en el AT. Por ejemplo, Baal es llamado "Jinete de las Nubes" en la literatura ugarítica, y una descripción similar de Yahveh se encuentra en Sal. 68:4 ("Alaben a Él que monta en las nubes") y 104:3 ("Él hace de las nubes su carroza y monta en las alas del viento"). Esto probablemente refleja una preocupación común de Oriente Próximo sobre la regularidad de las lluvias para producir cosechas, al igual que aseveraciones que Yahveh es superior a deidades cananeas, tales como Baal, que reclama autoridad sobre las fuerzas de la naturaleza. De hecho, el AT se burla de la impotencia de la deidad cananea, Baal, para blandir el poder sobre las fuerzas de la naturaleza en narrativas como Elías versus los profetas de Baal (1 Re. 18:16-45).

Baal también es retratado en la literatura religiosa de Ugarit como el dios que conquistó a los dioses rivales del Mar (Yam) y muerte (Motu). El AT da un retrato similar del Dios de Israel en textos tales como Gn. 1:2; Is. 25:7-8. En Gn. 1:2 el Espíritu de Dios "se cernía sobre las aguas", "la profundidad", o las aguas primordiales de las cuales Dios trae a la vida el mundo creado y toda la naturaleza (cf. Job 38:8-11). En Is. 25:7-8, Yahveh es retratado como más poderoso que la muerte en un texto de alabanza que exalta su poder diciendo que "Él se tragará a la muerte por siempre". Nuevamente los textos bíblicos descansan sobre una reserva establecida de símbolos, lenguajes e imaginería religiosa común a los pueblos del antiguo Oriente Próximo para retratar a Yahveh, el todopoderoso, único Dios de Israel.

Conclusión

El descubrimiento de Ugarit fue un evento trascendental para los estudios bíblicos. Los académicos sólo han comenzado a obtener las gemas de conocimiento escondidas dentro de los restos de esta civilización perdida. El estudio del lenguaje ugarítico es invaluable para una mejor comprensión del hebreo bíblico. El ugarítico ilumina particularmente sobre palabras raras y frases usadas en el texto bíblico, al igual que sobre recursos literarios y estructura poética, como el paralelismo y la métrica. Además, el estudio de la religión de Ugarit ilumina el trasfondo de la adoración cananea, contra la cual se establece la adoración de Yahveh en el AT. Ugarit nos provee una imagen de Canaán de la tardía Edad de Bronce, el crisol la cultura del antiguo Oriente Próximo de donde nace la Biblia Hebrea.

ULÁ Un descendiente de Aser y padre de Arah, Haniel y Rizía, tres de los "hombres elegidos, valientes guerreros y líderes sobresalientes" (1 Cr. 7:39-40).

ULAI Un río o canal cerca de la capital persa de Susa donde Daniel atestigua la revelación del carnero y la cabra (Dn. 8:2, 16).

ULAM **(1)** Un hijo de Peres y padre de Bedán, de la tribu de Manasés (1 Cr. 7:16-17; GW, NCV identifican a su padre como Seres, hermano de Peres; en el hebreo y muchas versiones españolas el texto es ambiguo). **(2)** El primogénito de Esec, descendiente de Mofiboset, sus hijos eran "valientes guerreros que podían manejar el arco" (1 Cr. 8:39-40).

ÚLCERA SANGRANTE Una herida que supura o emite pus, inaceptable para sacerdotes (Lv. 21:20) para el animal sacrificial (Lv. 22:22). Esto seguía el requisito de que los sacerdotes y animales sacrificiales no podían tener defecto físico alguno y el tabú general hacia las emanaciones del cuerpo tales como las emisiones nocturnas (Dt. 23:10).

ÚLTIMA CENA Según los Evangelios y Pablo, Jesús tuvo una última cena con sus seguidores más cercanos la noche antes de su crucifixión,

La Última Cena de Raffaelli, basado en el trabajo de Leonardo da Vinci.

que se recuerda como la "Última Cena" (Mt. 26:26-29; Mr. 14:22-25; Lc. 22:15-20; 1 Cor. 11:23-26; (*véase* Jn. 13:1-30, que menciona la cena pero describe y se centra en cómo Jesús lavó los pies de sus discípulos y detalla la traición de Judas Iscariote). Los relatos de los Sinópticos y de Pablo sobre la cena coinciden en dos grupos distintos según su representación en el NT: Mateo/Marcos y Lucas/1 Corintios. Los aspectos únicos de Lucas/1 Corintios incluyen las frases "hagan esto en memoria de mí", el "nuevo pacto en mi sangre" y "que es derramada por ustedes". Mateo/Marcos incluyen el mandato de Jesús de "tomar" el pan, dando "gracias" antes de tomar la copa, y su referencia a la copa como "mi sangre del pacto" y su sangre derramada por "muchos".

Dos problemas adicionales implican el cuándo tuvo lugar esta comida y si fue una comida de Pascuas. Según los Evangelios, Jesús fue crucificado un viernes (Mt. 27:62, Mr. 15:42, Lc. 23:54, Jn. 19:31, 42). Sin embargo, en los Evangelios Sinópticos la cena fue una comida de Pascuas (Mt. 26:17-19, Mr. 14:12-16, Lc. 22:7-15), pero Juan 13:1, 29; 18:28; 19:31 sugiere que el juicio y la crucifixión tuvieron lugar antes de la Pascua. Puede que Juan estuviera en lo correcto, y Jesús tuvo una cuasi-comida de Pascua antes de la Pascua real porque sabía que no estaría vivo para celebrarla. O tal vez los sinópticos estaban en lo correcto, y Juan alteró la cronología para poder crucificar a Jesús el mismo día en que se sacrificaban a los corderos de la Pascua, haciendo hincapié en la observación teológica de como Jesús es el Cordero de Dios. Sea como sea, la cena fue un símbolo del nuevo éxodo, la renovación del pacto y la expiación que Jesús alcanzaría con su muerte.

En la iglesia primitiva, esta cena conmemorativa se convirtió en parte integral de la comunión y la adoración de los primeros cristianos. Se le llamó de diversas maneras como dar gracias (literalmente, "Eucaristía" [de la palabra griega para decir "gracias"] (Mt. 26:27; Mr. 14:23; Lc. 22:17, 19; 1 Cor. 11:24), "el partimiento del pan" (Hec. 2:42, 46; 20:7, 11), "comunión" (1 Cor. 10:16 RV), la "mesa del Señor" (1 Cor. 10:21), la "Cena del Señor" (1 Cor. 11:20) y una "fiesta de amor/ágape" (Judas 12). *Ver también* Cena del Señor.

ÚLTIMOS DÍAS *Ver* Escatología; Juicio, Día del.

UMA Un pueblo asignado a la tribu de Aser (Js. 19:30). Muchos académicos comprenden "Uma" como una corrupción de "Akkó", un pueblo en el territorio de Aser ausente de esta lista. Su ubicación es desconocida.

UNCIÓN *Véase* Ungir, ungido.

UNGIR, UNGIDO Los sacerdotes del Antiguo Testamento y los muebles del tabernáculo fueron "ungidos" (o "cubiertos"; heb. Mashakh [Éx. 28:41; 40:9]) como un signo de separación para Dios (consagración) cuando Moisés estableció la institución cúltica. Varias veces se afirma que los reyes fueron ungidos (Jue. 9: 8, 15), como Saúl (1 Sam. 10: 1), David (1 Sam. 16:13), Absalón (2 Sam. 19:12). 10), Salomón (1 Re. 1:39), Jehú (2 Re. 9: 6), Joás (2 Re. 11:12) y Joacaz (2 Re. 23:30), como señal de nombramiento y equipamiento para el sacro oficio. La unción rara vez se relaciona con el oficio profético (1 Re. 19:16, Sal. 105: 15, Is. 61:1). David no aceptaba asesinar a Saúl porque era "el ungido del Señor" (1 Sam. 24: 6; 26:11). Los dos "que son ungidos" para servir al Señor en Zac. 4:14 (presumiblemente Josué y Zorobabel) son, en traducción literal del hebreo, "hijos de aceite", los agentes de la bendición de Dios para Israel.

Aunque en ese momento no había un rey en Israel, Ana oró en su canción para que el Señor le diera fuerza a "su rey" y "a su ungido" (1 Sam. 2:10). El pronombre personal enfatiza que el rey /ungido deriva poder y obediencia a Dios. El Antiguo Testamento nunca usa la forma absoluta "ungido" (mashiakh), sino que siempre usa "su ungido" (Sal. 2: 2; 18:50), "tu ungido" (84: 9), o "mi ungido" (132:17). "Mesías" ("el ungido") no es un título en el Antiguo Testamento, aunque existe la esperanza de un gobernante ideal como David (Is. 9: 6-7; 11: 1). Dan. 9: 25-26 no es una excepción, ya que existe una disputa sobre quién o qué se designa así. El título "Cristo" (gr. Christos) aplicado a Jesús en el Nuevo Testamento es el equivalente griego de la palabra hebrea "Mesías" (Mt. 16:16). Cuando Pablo usa el orden de las palabras "Cristo Jesús", es claramente a modo de título (es decir, "el Mesías Jesús"). Los discípulos de Jesús ungieron a los enfermos con aceite (Mc. 6:13), y esto se convirtió en una práctica establecida en la oración por los enfermos (Sant. 5:14).

UNGÜENTO Una traducción de varias palabras en la Biblia que describen el uso de aceite u otros bálsamos semisólidos que se aplican al cuerpo y que específicamente no se usan para cocinar. Los traductores de la NVI tienden a preferir las palabras "aceite", "bálsamo" o "perfume" en lugar de "ungüento", pero todas estas palabras se pueden usar para describir la misma sustancia.

Variedades y Valor

Casi todos los ungüentos preparados y usados en el antiguo Cercano Oriente tenían una base de aceite de oliva. Las excepciones a una base de aceite de oliva incluyen aceites hechos de una planta de mirra, canela o aloe. A menudo, una base de aceite de oliva, que podía ser utilizada por sí misma, era mezclada por un perfumista con otras especias, hierbas, plantas aromáticas o medicinales y/o productos de árboles (Éx. 30:23-25). Ocasionalmente, los animales, especialmente los animales marinos, también podían usarse para crear ungüentos. El proceso real seguido para hacer ungüentos no se conoce por completo, aunque la ebullición a menudo era parte del proceso de extracción de fragancias (Job 41:31). Por lo general, el perfume o la pomada se almacenaban cuidadosamente en alabastro o plomo y se colocaba en un lugar fresco para preservar sus cualidades aromáticas y medicinales. El trabajo de perfumes era, en ocasiones, considerado trabajo de mujer, como es el caso de cuando Samuel les dijo a los israelitas que no pidieran un rey (1 Sam. 8:13). Sin embargo, la Biblia registra al menos a un perfumista masculino, Hananías, quien ayudó a Nehemías a reparar parte del muro de Jerusalén (Neh. 3:8).

Los ungüentos a menudo se usaban como mercancía comercial y generalmente se les consideraba muy valiosos y un artículo de lujo especial (Cant. 3:6-7), la excepción, tal vez, era el aceite de oliva puro. Los comerciantes que compraron a José antes de llevarlo a Egipto comerciaban, entre otras cosas, ungüentos y perfume (Gn. 37:25). El rey Ezequías incluyó ungüentos en su exhibición a los enviados de Babilonia cuando vinieron a ver su riqueza (Is. 39:2). El profeta Amos equiparó el uso del aceite (NTV: "lociones") a ser rico (Amós 6:6). Ecle. 7:1 considera el ungüento como algo que se atesora. Cuando María ungió los pies de Jesús con ungüento, Judas Iscariote se quejó por el dinero desperdiciado en esta acción (Jn. 12:3-6). En el Evangelio de Marcos se registra un acontecimiento de unción similar, con el frasco de perfume valorado en más de trescientos denarios (Mr. 14:3-5). Un solo denario era más o menos el equivalente de un día de salario. Por lo tanto, la NTV traduce el precio como el equivalente a la paga de un año.

Usos

Había numerosos usos para los ungüentos en el antiguo Cercano Oriente, incluida la preparación medicinal, cosmética, religiosa y funeraria.

Probablemente el uso más común para el ungüento era medicinal. Los ungüentos medicinales se usaban para tratar muchas dolencias, incluida la creación de una barrera para proteger las heridas de infecciones y aliviar irritaciones leves de la piel (*véase* Is. 1:6). El profeta Jeremías dice metafóricamente que no habrá bálsamo sanador de Galaad para el pueblo de Jerusalén después de que Dios se salga con la suya (Jer. 8:22; 46:11). Aunque no ha sido confirmado en documentos antiguos o en el registro arqueológico, la ciudad de Galaad aparentemente se destacaba por su industria de fabricación de ungüentos curativos.

Otro uso común para los ungüentos era cosmético. Ester, por ejemplo, se sometió a un régimen de ungüentos (aceite de mirra) durante seis meses y luego a otro de seis meses (Ester 2:12). Rut usó perfume o ungüento para prepararse para ver a Booz (Rut 3:3). El uso de ungüentos no se limitaba a las mujeres; los hombres lo usaban también. Por ejemplo, después de que David terminara de llorar por su hijo, se puso ungüento y reanudó la vida normal (2 Sam. 12:20). En Ecle. 9:8, el escritor aconseja, como parte de disfrutar la vida, "siempre unge tu cabeza con aceite".

Los ungüentos también tenían muchos diferentes usos dentro de la vida religiosa de los israelitas. Por ejemplo, los ungüentos tenían un rol especial en el culto al tabernáculo. Éxodo detalla las instrucciones para hacer el aceite se usaba en las ceremonias de consagración al ungir a los sumos sacerdotes y el mobiliario del tabernáculo (y más tarde al templo). Esta pomada incluía 500 siclos de mirra, 250 siclos de canela, 250 siclos de caña, 500 siclos de casia y un hin de aceite de oliva (Éx. 30:22-25). Un siclo equivalía a entre nueve y dieciséis onzas; por lo tanto 500 siclos eran aproximadamente 500 libras. Un hin era probablemente equivalente a aproximadamente un galón de líquido. El proceso exacto para mezclar los ingredientes juntos no se proporciona, pero se debe haber seguido un método bastante estándar de preparación para que no se detallen en el texto. Curiosamente, el perfumista también mezcló el incienso seco usado en el tabernáculo. Además las recetas para estos ungüentos especiales fueron apartadas y prohibidas para el uso general de la población.

A lo largo del libro de Levítico, al sumo sacerdote se le conoce como el "sacerdote ungido", que denota el hecho de que se le había puesto el ungüento sagrado y este lo consagraba para servir a Dios (Lev. 4:16; 6:22; 8:12). El término hebreo meshiakh ("mesías") también indica a alguien que ha sido ungido. Este término, generalmente aplicado a los reyes, no se limitaba a los reyes judíos; por ejemplo, Ciro, rey de los medos y persas, era considerado ungido (Is. 45:1). Los profetas también fueron considerados ungidos por Dios (Sal. 105:15).

Los ungüentos también se usaban en la preparación de un cadáver para el entierro. Dadas las condiciones húmedas de Palestina y la falta de métodos sofisticados de embalsamamiento, era necesario agregar ungüentos al cuerpo en preparación para el entierro. Esto también se hacía para honrar al difunto. Por ejemplo, después de la muerte de Jesús, las mujeres que descubrieron su resurrección habían venido a ungir su cuerpo con especias y ungüento (Mr. 16:1).

En el NT, la unción con aceite adquirió un significado simbólico. El aceite vino a representar al Espíritu Santo o la presencia de Dios. Por ejemplo, en Hec. 10:38 se dice que "Dios ungió a Jesús de Nazaret con el Espíritu Santo" (*véase* 4:27). Santiago le indica a los ancianos de la iglesia que deben ungir a los enfermos con aceite al orar por ellos (San. 5:14).

UNI **(1)** Un músico levita y portero en la época de David asignado para tocar el harpa "conforme a alamoth" (cf. Sal. 46 sobreescrito), tal vez una entonación, melodía o estilo (1 Cr. 15:18, 21). **(2)** Un cantante levita que volvió a Jerusalén con Zorobabel. Se "paraba al lado opuesto" de los cantantes de acción de gracia, tal vez indicando que cantaba en respuesta (Neh. 12:9). "Uni" es una enimienda (Qeri) de nombre escrito (Kethib) en el texto masorético, "Uno" (NRSV).

UNICORNIO La KJV traduce como "unicornio" la palabra hebrea re'em, que se refiere a "buey salvaje" (NIV). La KJV estaba siguiendo la palabra latina de la Vulgata unicornis (Sal. 22:21; 29:6; 92:10; Is. 34:7; cf. latin rinoceros en Nm. 23:22; 24:8; Dt. 33:17; Job 39:9-10) y la palabra de la LXX monokerōs. Leyendas sobre este animal fantástico florecieron en la Edad Media.

UNICORNIO La Septuaginta traduce la palabra hebrea dishon en Dt. 14:5 con la palabra griega pygargos ("rabadilla blanca"), que la RVA transcribe como "unicornio". Este animal probablemente sea un antílope (NBD), ya sea el adax (NTV) o un antílope Kobus de cola blanca. La palabra se traduce como "íbice" en la NVI (*así también* LBLA, RV1960).

UNIDAD La idea de unidad siempre ha sido significativa para el pueblo de Dios y su relación de unos con otros. En el AT, la unidad se centraba en la alianza y en Yahveh, que es el corazón de la alianza. En 2 Cr. 30:12 la mano de Dios estaba sobre el pueblo para darles unidad para realizar la tarea ordenada por el rey bajo el comando de Dios. En Sal. 133:1 el salmista destaca la bondad de la unidad de la familia extendida, indudablemente también extendida al pueblo de Dios, Israel.

En el NT, la unidad se centra en Jesucristo, que es el corazón de la nueva alianza. Juan enfatiza esta unidad mientras registra la enseñanza de Jesús en la relación Padre e Hijo (Jn. 14). El Padre es el Hijo y el Hijo es el Padre. En Jn. 16 Jesús señala que este es el estándar con el que debe compararse la unidad; los discípulos deben ser uno. También habrá unidad entre el Dios trino y su pueblo cuando el Espíritu Santo venga a residir en los discípulos. La unidad y sus varios resultados son el tema de la oración final de Jesús en el jardín (Jn. 17).

En Hechos 1, Lucas señala que los discípulos fueron unificados tras la resurrección y ascensión mientras adoraban y oraban reunidos en la habitación superior (versículo 14 NASB, NET: "con una mente" [homothymadon]). Lucas usa la misma palabra en Hec. 2:46 cuando señala la misma unidad para la iglesia temprana mientras se reunían para adorar y alabar a Dios en el templo (cf. 4:24 [plegaria unificada por el poder de Dios]; 5:12 [reunirse en la Columnata de Salomón]; 15:25 [unanimidad en una decisión de enviar representantes a Antioquía]). De hecho, la historia del comienzo de la iglesia temprana es la historia del cumplimiento de la orden de Cristo de estar unidos. A veces se supone, probablemente de forma correcta, que los apóstoles de Jerusalén fueron a la iglesia Samaria para imponer las manos para el otorgamiento del Espíritu para que la separación de larga data entre judíos y samarios no destruyese la unidad del cuerpo creciente (*véase* Hec. 8:14-17).

En Ef. 4:3, Pablo ordena a los creyentes a ser celosos para mantener su unidad basados en el Espíritu mientras están unidos por la paz que Cristo otorga. Posteriormente, en 4:13, Pablo señala que Dios le ha entregado gente talentosa al cuerpo de Cristo para que los creyentes puedan ser entrenados para el ministerio de construir ese cuerpo. Esto tiene su meta en la unidad de los creyentes y madurez de la fe en el conocimiento de Cristo—para que el cuerpo pueda ser como él. Así que la unidad de los creyentes aquí está conectada a la ubicua meta del NT de la similitud a Cristo. Esto también implica rechazar falsas enseñanzas (4:14).

UNIGÉNITO Juan y el autor de Hebreos llaman a Jesucristo el "unigénito", como se traduce tradicionalmente (Jn. 1:14, 18, 3:16, 18, 1 Jn. 4:9, Heb. 11:17 RVA). El epíteto, que es una sola palabra en griego (monogenēs), significa ser el único de su tipo dentro de una relación específica, y por lo tanto, como lo encontramos en traducciones más recientes, también se puede traducir como "hijo único" (NVI) o "su único Hijo" (LBLA). Aunque la Biblia afirma que Dios tiene muchos hijos e hijas humanos, en varios sentidos Él tiene un solo Hijo "unigénito", que también debe distinguirse de los ángeles, que también son identificados como hijos de Dios (Heb. 1:1- 14, *ver también* Gn. 6:2, 4).

El autor de Hebreos y Josefo, un historiador judío del primer siglo, presenta a Isaac como el "unigénito" de Abraham (Heb. 11:17 RVA, Josefo, Ant. 1.222). Pero Abraham tiene dos hijos, el otro es Ismael, como la narración bíblica y Pablo aclara (Gn. 16:11-16, Gál. 4:22). La diferencia es que Isaac fue el único engendrado entre Abraham y su esposa, Sara, y aquel por quien Dios decidió perpetuar el pacto que hizo originalmente con Abraham (Gn. 12:1-3; 15:1-6; 17:19). Isaac es presentado por los primeros cristianos como un tipo de Cristo, y para Pablo, él es un tipo de todos los hijos del nuevo pacto (Gál. 4:21-31). Sin embargo, a través del cumplimiento de Jesús de las obligaciones del pacto de Dios, muchos, incluidos los descendientes de Ismael, serán llamados "hijos de Dios" (Gn. 17:20; Oseas 1:10, citado en Rom. 9:26; Mt. 5:9; Rom. 8:14, 19; Gál. 3:26; 4:6).

Sin comprometer la singularidad de su posición, el "único Hijo" se complace en compartir su estatus ante Dios el Padre por medio de la fe, por la gracia, que lleva al creyente a la unión con su cuerpo, la iglesia (Gál. 2:19- 20; Efe. 2:1-10; Heb. 2:10). La convicción de que Cristo no se puede comparar con los hijos humanos o ángeles, partes de la creación de Dios, contribuyó a la creencia de comparar a Cristo solo con Dios, lo increado.

UNO *Véase* Uni.

UÑA OLOROSA Una solapa en forma de garra que se encuentra en ciertos caracoles marinos del grupo de Phylum Mollusca, incluida la concha de plata, valorada por su fuerte aroma cuando son quemados. Yahvé ordenó a Moisés que usara uña olorosa para hacer el incienso de la tienda de reunión (Éx. 30:34).

UPARSÍN *Véase* Mene, Mene, Tekel, Parsín.

UR (1) Una antigua ciudad sumeria que puede identificarse con la moderna Tell al-Muqayyar cerca del río Éufrates en Iraq. El sitio fue excavado a inicios del siglo veinte, revelando una larga historia que data del periodo más temprano de las civilizaciones del sur de Mesopotamia (c. 5000 a.C.) y extendiéndose hasta alrededor del siglo tres a.C. Los restos arqueológicos más impresionantes datan del tercer milenio a.C. e incluyen tumbas reales (c. 2600 – 2500 a.C.) que contenían múltiples tesoros reales incluyendo joyería, armas de oro e instrumentos musicales y también un zigurat (c. 2154 – 2004 a.C.). Después de 2004 a.C., Ur cayó bajo el control de varios poderes externos y nunca logró recuperar su independencia política.

Las cuatro referencias bíblicas a Ur lo mencionan como el lugar de origen de la familia de Abraham (Gn. 11:28, 31; 15:7; Neh. 9:7). Génesis 11:31-12:9 describe el viaje de Abraham desde "Ur de los caldeos" noroeste hacia Harán y luego sur hacia Canaán. El nombre "Ur de los caldeos" para la ciudad en la época de Abraham (mediados de la Edad de Bronce [2000-1550 a.C.]) es probablemente un anacronismo, ya que los caldeos no surgieron como grupo reconocible hasta el siglo nueve a.C.

(2) Padre de Elifal, uno de los poderosos guerreros de David (1 Cr. 11:35).

URBANO Un prominente cristiano de Roma. Era compañero de trabajo de Pablo y los cristianos en Roma en el trabajo de Cristo (Rom. 16:9). Algunos han dicho que Urbano era un esclavo liberado, ya que "Urbano" era un nombre común para esclavos. Esto es debatido, sin embargo, y la evidencia epigráfica para Urbano como nombre de esclavo no es concluyente.

URI (1) De la tribu de Judá, era el hijo de Hur y el padre de Bezalel, el divinamente talentoso artesano dirigido por Moisés (Éx. 31:2; 35:30; 38:22; 1 Cr. 2:20; 2 Cr. 1:5). **(2)** El padre de Geber, un galaadita (1 Re. 4:19). **(3)** Un portero en la época de Esdras que juró dejar a su esposa extranjera.

URÍAS (1) El desafortunado esposo de Betsabé, con la que David tuvo una relación ilícita. Su designación como "el heteo" implica un lazo étnico al Imperio Hitita de Anatolia, en la actual Turquía. David conspiró con su líder militar, Joab, para que Urías fuese asesinado para cubrir el escándalo de un hijo concebido por la descontrolada lujuria por Betsabé (2 Sm. 11; 1 Cr. 11:41). **(2)** Un sacerdote de Judá, el reino del sur de Israel, durante el reinado de Acaz, él construyó un nuevo altar en el templo de acuerdo con el boceto y plan de un altar extranjero que Acaz había visto en Damasco (2 Re. 16:10-16). Este es probablemente el mismo Urías referido en Is. 8:2-4 como uno de dos

Zigurat parcialmente reconstruido en Ur.

testigos confiables que Isaías usó para testificar a un oráculo profético escrito en una tableta. **(3)** El hijo de Semaías, de Quiriat Jearim, se unió a Jeremías en profetizar contra la ciudad de Jerusalén y la tierra de Judá durante el reinado de Joacim. Fue perseguido, capturado y muerto por Joacim, y su cuerpo fue lanzado en el lugar de entierro de la gente común (Jr. 26:20-23). **(4)** Uno de los hombres que estuvieron con Esdras cuando públicamente leyó la ley a la gente (Neh. 8:4). **(5)** Padre de Meremot, que reparó parte del muro de Jerusalén (Esdras 8:33; Neh. 3:4, 21).

URIEL **(1)** Un levita cohatita, hijo de Tahat (1 Cr. 6:24). **(2)** El jefe de los cohatitas que asistieron en el retorno del arca de la alianza a Jerusalén (1 Cr. 15:5, 11). **(3)** De Gabaa, era el padre de Maaca, esposa de Roboam y la madre de Abías (2 Cr. 13:2).

URIM Y TUMMIM Objetos usados en el AT para determinar la voluntad de Dios. Urim se cree tradicionalmente que significa "luz", mientras Tummim por lo general se conecta con la palabra "perfecto".

El tamaño y forma de estos objetos son desconocidos. Pueden haber sido dos discos, cada uno con un lado brillante y otro opaco. Pertenecían a la pechera de las vestimentas del sumo sacerdote (Lv. 8:8) y presumiblemente eran sacados por el sacerdote o lanzados de una forma particular en respuesta a una pregunta realizada (Éx. 28:30; Nm. 27:21) y podían dar una respuesta afirmativa o negativa.

En su bendición de despedida, la primera cosa que viene a la mente de Moisés al delinear los privilegios de la tribu sacerdotal de Leví es el Tummim y Urim (Dt. 33:8).

Su uso esta posiblemente involucrado en el relato de la progresiva separación de personas en dos grupos para encontrar a una persona culpable (1 Sm. 14:41). Un par de instancias de respuestas aparentemente no binarias pueden discernirse en 1 Sm. 10:22; 2 Sm. 5:23, aunque no se establece de manera explícitas que estas involucraran el Urim y Tummim, y si lo hicieron, pueden haberse realizado preguntas suplementarias que no están explícitamente en el texto.

El rey Saúl fue incapaz de obtener una respuesta de Dios por cualquiera de los medios normales, incluyendo Urim (1 Sm. 28:6), lo que sugiere que un número indeterminado de respuestas del disco son posibles, tal vez cuando los discos presentaron caras diferentes.

Las piedras sagradas que Oseas menciona como entre las cosas que Israel perdería en el exilio (Os. 3:4) pueden ser el Urim y Tummim. Esdras 2:63 indica que en esa época ningún sacerdote con Urim y Tummim estaba disponible (cf. Neh. 7:65). Sin importar la causa, en los tiempos postexílicos, el uso de Urim y Tummim como medio de decisión oracular cayó en desuso.

URUK La ciudad sumeria de Uruk (actual Warka; llamada "Erech" en hebreo) se ubica en una rama subsidiaria del río Éufrates, sesenta y cuatro kilómetros al noroeste de Ur. Es mencionada en Gn. 10:10 como una de las ciudades fundadas por Nimrod en el país de Sinar (Mesopotamia). Información sobre esta ciudad proviene de excavaciones de este sitio realizadas durante mediados del siglo veinte y comentarios acerca de la ciudad en literatura sumeria y acadia. Fue fundada alrededor de 4000 a.C., en el periodo El Obeid (5500 – 4000 a.C.), y continuamente habitada hasta finales del Imperio Parto (224 AD.). Gobernantes destacados incluyen el legendario Gilgamesh, de la historia sumeria de la inundación, y Sargón de Akkad (2300 – 2230 a.C.), cuya leyenda de nacimiento refleja la de Moisés. El templo más prominente de la ciudad era Eanna ("casa del cielo"), dedicado a Anu, el dios de cielo, e Inanna/Ishtar, diosa principal del panteón.

Uso del Antiguo Testamento en el Nuevo Testamento

La apropiación y adaptación de un texto del AT en el NT, a menudo denominado "intertextualidad bíblica", "exégesis intra-bíblica" o "alusión bíblica", refleja el proceso exegético mediante el cual los escritores bíblicos recurren deliberadamente al AT con el fin de elucidar, expandir o conferir autoridad a la revelación del NT. Este proceso hermenéutico tiene su origen en la reutilización de textos precedentes del AT por escritores posteriores del AT. Más tarde, el proceso fue mejorado por las prácticas de exégetas escribas y escritores rabínicos desde el período posterior al exilio hasta el primer siglo d.C Este enfoque de interpretación reconocía el carácter dinámico de las Escrituras y buscaba contemporizar sus mensajes para abordar los problemas que enfrentaban las audiencias que iban cambiando. El lector bíblico debe tener en cuenta que, en lo que concierne a los escritores del NT, los textos del AT comprendían el corpus autoritario de material identificado como las "Escrituras". En consecuencia, los autores del NT apelan a la autoridad de estos textos aceptados como base sobre la cual construían o expandían su argumento teológico, para reforzar sus credenciales como voceros de Dios, y para apropiarse y adaptar la revelación del AT y abordar las circunstancias contemporáneas. La cita del NT de un texto del AT asume la familiaridad de la audiencia con ese texto más antiguo, ya que el recuerdo de una Escritura específica por parte del escritor NT en la formulación de su mensaje posterior evoca necesariamente en las mentes de la audiencia una conexión literaria y lógica. Al recurrir al corpus del AT, el autor del NT refuerza la continuidad del mensaje de Dios y forja la identificación de la audiencia del NT con las experiencias y promesas hechas a sus antepasados israelitas.

Los libros del AT que se citan con más frecuencia en el NT son Deuteronomio, Salmos e Isaías, que revelan el significado y la importancia de estos primeros textos israelitas para la reformulación, expansión y elucidación de la revelación del NT. Además, las numerosas referencias del NT a estos libros indican que deben haber desempeñado un papel clave en la memoria de la audiencia del NT, formando la base para el desarrollo de la fe y la doctrina.

Identificando Citas y Alusiones

Una tarea crítica y a menudo difícil que enfrenta el lector se centra en localizar posibles referencias intertextuales en el NT, ya que no todas las citas y alusiones de las Escrituras son obvias, y la práctica no se ajusta fácilmente a un proceso científico riguroso. La familiaridad con el AT aumenta la capacidad de reconocer el uso de temas y pasajes del AT por parte del NT. Además, muchos escritores del NT comprensiblemente citaban de la Septuaginta, la traducción griega del AT, en lugar de usar una tradición de texto hebreo, ya que ellos mismos estaban escribiendo en griego.

En consecuencia, algunas variaciones en la redacción basadas en el tipo de tradición de texto empleada por el escritor del NT agregan complejidad a la iniciativa. Además, los escritores del NT a menudo se inspiraban en los métodos exegéticos de sus contrapartes judíos, que, aunque son típicos de su cultura y entorno, parecen poco ortodoxos para algunos estudiosos.

Richard Hays, en su libro de 1989 Ecos de la Escritura en las Cartas de Pablo, presenta siete criterios sobre los cuales se puede evaluar la presencia de alusiones bíblicas: (1) disponibilidad (¿tenían el autor y los lectores originales acceso a la fuente?); (2) volumen (¿Cuán extensa es la repetición de palabras de un texto previo?); (3) recurrencia (¿con qué frecuencia se refiere el autor explícitamente al mismo pasaje?); (4) coherencia temática (¿apoya la cita el contexto que le rodea?); (5) verosimilitud histórica (¿podría el escritor haber intencionado el supuesto significado?); (6) historia de interpretación; y (7) satisfacción (¿ilumina la cita el significado del texto adyacente?). Estos principios proporcionan una metodología suficiente, si bien minimalista, para determinar instancias auténticas de intertextualidad bíblica.

Citas, Alusiones, y Tipología

El uso del AT en el NT generalmente se divide en tres grandes categorías: citas directas (o citas), alusiones y tipología.

Citas directas. Las citas normalmente se identifican mediante una fórmula introductoria, como "está escrito" o "han oído que se dijo", lo que sirve para marcar la cita que le sigue. En muchos casos, el escritor del NT identifica la fuente del AT, ya sea por género (por ejemplo, "lo que fue dicho por los profetas") o por el nombre del autor ("esto fue para cumplir lo que fue dicho por el profeta Isaías"). Ocasionalmente, el escritor del NT relaciona su cita bíblica o enseñanza con un individuo, como en el caso del tratado sobre el divorcio en Mat. 19, donde el escritor del Evangelio menciona repetidamente a Moisés. En algunos casos, el autor del NT combina partes de dos citas diferentes derivadas de dos fuentes distintas, atribuyendo la cita completa a un autor, a veces el menos claro de los dos. Por ejemplo, en Mat. 27:9, en una discusión sobre la traición de Judas y las treinta piezas de plata, Mateo mezcla Zac. 11:12-13 con Jer. 19:1-13 (18:2-12 o 32:6-9) pero asigna la cita completa a Jeremías. La ausencia de un marcador formal no niega la posibilidad de un préstamo textual; sin embargo, la conexión literaria entre un pasaje del NT y un predecesor del AT tendría que establecerse sobre la base de afinidades literarias, terminología o expresiones raras, similitudes temáticas y conceptos asociativos que conecten los contextos del AT y del NT.

Alusiones y Ecos. En contraste, la alusión bíblica no emplea preámbulo introductorio o formulado que identifique o marque la referencia del AT. Si bien todas las citas directas pueden clasificarse como alusiones bíblicas, no todas las alusiones bíblicas son fórmulas de citas directas. Tanto la cita directa como la alusión bíblica denotan el préstamo deliberado y la recontextualización, transformación o reinterpretación de un texto específico, que se ha incorporado al texto posterior para acomodar el mensaje del escritor a un público contemporáneo. El entorno contextual del precedente, o texto del AT, influye e informa sobre la interpretación del texto del NT. El autor del NT evoca intencionalmente en las mentes de su audiencia informada un referente textual específico junto con sus asociaciones contextuales, reformulándolos de una manera innovadora.

En un eco bíblico, las palabras o imágenes son empleadas por un escritor bíblico para evocar recuerdos conscientes asociados con textos múltiples o con temas generales. Por ejemplo, la expresión formulada "al Dios viviente, que hizo el cielo, la tierra, el mar y todo lo que hay en ellos" (Hec. 14:15) trae recuerdos de múltiples textos del AT (por ejemplo, Sal. 96:5; Is. 42:5; Jon. 1:9) conectado a declaraciones de incomparabilidad que refuerzan la soberanía de Dios. El eco en Hec. 17:26 generalmente recuerda el relato de la creación en Génesis, sin invocar un versículo o frase específica. Aunque un escritor del NT puede recurrir a los ecos bíblicos sin invocar necesariamente un contexto específico de un pasaje individual, los ecos pueden consistir en capas de significado interconectados que surgen de entornos y circunstancias históricas diferentes, cada una de las cuales aporta un significado adicional al eco.

Tipología y Analogía. Los escritores del NT a menudo buscaban emplear textos del AT usando la tipología, reforzando los vínculos entre un evento o concepto del AT y el posterior desarrollo y transformación de ese "tipo" en el NT. Un tipo es una persona, lugar, cosa o institución divinamente designada que tiene importancia en su contexto literario e histórico original, pero también apunta hacia alguien o algo en la revelación bíblica posterior. El anti-tipo denota lo que está prefigurado por el tipo original. Por medio de la tipología, y hasta cierto punto, la analogía, los escritores del NT demuestran la revelación posterior como reemplazo o cumplimiento de las profecías del AT, destacando la continuidad del NT con el AT y enfatizando su papel como teológicamente transformador y expansivo. Algunos ejemplos predominantes incluyen el cordero pascual como un tipo de Cristo (1 Pe. 1:19, *ver* Ap. 5:11-14), el sacerdocio aarónico comparado y contrastado como precursor del ministerio sacerdotal de Cristo (Heb. 5; 7-9), y el tabernáculo terrenal como un patrón para el tabernáculo celestial (Heb. 9).

Los escritores del NT también eran aficionados a la analogía, delineando puntos de comparación entre los personajes del AT y los relatos con las enseñanzas del NT. Por ejemplo, Rom. 4 presenta un largo discurso que compara la justificación de Abraham por la fe y la nueva relación experimentada por los creyentes que son justificados por la fe a través de Cristo. La analogía y la tipología no son mutuamente excluyentes, como en el caso de Rom. 4. Estrechamente relacionado con estos métodos hermenéuticos está el uso infrecuente de la alegoría por parte de los escritores del NT, como la alegoría de Sara y Agar en Gal. 4:21-31. La distinción radica en la naturaleza del enfoque alegórico, que se centra en el simbolismo, o en un marco interpretativo de que "esto" en realidad significa "eso"

Los Roles del Contexto y Intencionalidad del Autor

Los académicos continúan debatiendo hasta qué punto el contexto del AT influye y afecta el mensaje del NT, particularmente en el caso de citas o alusiones. Algunos sugieren que las citas bíblicas son puramente incidentales y deberían divorciarse de sus amarres contextuales originales y evaluarse de manera independiente de esos contextos, mientras que otros entienden el contexto original de un pasaje del AT como una contribución de información que lleva a la correcta interpretación del NT. La pregunta gira en torno a determinar el grado de intención del autor. En otras palabras, ¿hasta qué punto puede el lector actual, históricamente apartado por el tiempo y la cultura, recuperar la intención original detrás del uso deliberado y calculado del escritor bíblico de un texto del AT como una herramienta de interpretación? Los estudios actuales continúan debatiendo el papel de la intención del autor en el proceso exegético intrabíblico.

USURA El término usado en algunas traducciones de la Biblia para la práctica de cobrar intereses (especialmente intereses exorbitantes) en un préstamo (e.g., Neh. 5:7-11; Sal. 15:5). El AT prohibía cobrar intereses en dinero prestado a otro israelita, pero lo permitía al prestar dinero a un gentil. (Dt. 23:19-20). *Véase también* Intereses.

UTAI (1) Un descendiente de Judá a través de Perez, Bani, Imri, Omri y Amiud que dejó Babilonia y se asentó en Jerusalén (1 Cr. 9:4). (2) Un descendiente de Bigvai, era uno de los cabezas de familia que viajaron de Babilonia a Jerusalén con Esdras durante el reinado de Artajerjes (Esd. 8:14).

UTENSILIOS *Véase* Vasijas y Utensilios.

UVAS SECAS *Véase* Pasas.

UZ (1) El país natal de Job (Job 1:1), su ubicación es incierta. Según Lam. 4:21, la tierra de Uz es equivalente a territorio edomita (probablemente también Jr. 25:20). Las designaciones geográficas de los compañeros de Job (particularmente Elifaz, el temanita) sugieren un escenario en Transjordania más que en el norte de Mesopotamia (Aram). (2) El mayor de los cuatro hijos de Aram y nieto de Sem aparece en la genealogía de los arameos (Gn. 10:23; 1 Cr. 1:17). (3) El hijo del hermano de Abraham, Nacor y Milca, también asociado con los arameos (Gn. 22:21). (4) El primero de los dos hijos de Disán, hijo de Seir el horeo, entre el pueblo de Seir en Edom (Gn. 36:28; 1 Cr. 1:42).

UZA (1) El dueño de un jardín donde dos reyes de Judá, Manasés y Amón, fueron enterrados (2 Re. 21:18, 26). (2) Uno de los hijos de Gera (tal vez también llamado "Heglam" [cf. RSV, LXX]), un benjamita entre aquellos forzados a mudarse a Manahat (1 Cr. 8:7). (3) Uno de los ancestros de los sirvientes del templo que volvieron a Judá del cautiverio babilonio bajo

Modelo a tamaño real del arca del pacto en la réplica del tabernáculo en Timna, Israel. Uza fue derribado cuando tocó el arca (2 Sam. 6).

U

el liderazgo de Zorobabel en 539 a.C. o cerca de esa fecha (Esd. 2:49; Neh. 7:51).

UZA Este nombre es una versión reducida de “Uzías”. (1) El hijo de Abinadab y hermano de Ahío. Los hermanos estaban guiando el carro en el cual el arca de la alianza estaba siendo transportada a Jerusalén. Uza tocó el arca y fue herido por Dios (2 Sm. 6:1-11; 1 Cr. 13:7-11). Aquí, Uza puede ser un sobrenombre para Eleazar de 1 Sm. 7:1. (2) El hijo de Simei, un levita merarita (1 Cr. 6:29).

UZAI El padre de Palal, que ayudó a reparar el muro de Jerusalén (Neh. 3:25). Uzai es tal vez una forma corta de Azanías (Neh. 10:9) y puede significar “el Señor escuchó”.

UZAL (1) El sexto de trece hijos de Joctán, el hijo de Eber (Gn. 10:27; 1 Cr. 1:21). (2) Uno de los lugares que comerciaban con Tiro citados por Ezequiel en un lamento por Tiro (Ez. 27:19; NIV: Izal).

UZÉN SEERÁ Un pueblo fundado por Seera, que también fundó los pueblos del Alto y Bajo Bet Horón, ubicado en el sur de Efraín. El nombre de “Uzén Seerá” significa “oído/esquina de Seera”. Seera era la hija de Beria y una descendiente de Efraín (1 Cr. 7:20-24).

UZI (1) El hijo de Buqui y padre de Zeraías, listado en las genealogías de Aarón y Esdras (1 Cr. 6:6-7; Esd. 7:4). (2) Un hijo de Tola, era uno de los cabezas de familia en la tribu de Isacar (1 Cr. 7:2-3). (3) Un hijo de Bela, era uno de los cabezas de familia en la tribu de Benjamín (1 Cr. 7:7).

(4) El hijo de Micri, era un benjamita entre los retornados del exilio babilonio (1 Cr. 9:8). (5) Un oficial en jefe levita elegido para vivir en Jerusalén (Neh. 11:22). (6) El líder de la familia sacerdotal de Jedaías (Neh. 12:19). Puede ser la misma persona que el Uzi de Neh. 11:22. (7) Uno de los líderes que participó en la dedicación del muro de Jerusalén (Neh. 12:42). Puede ser el mismo Uzi de Neh. 11:22; 12:19.

UZÍAS (1) Un levita, el hijo de Uriel, un descendiente de Leví a través de Coat (1 Cr. 6:24).

(2) El padre de Jonatán, que era un administrador durante el reinado de David (1 Cr. 27:25).

(3) También conocido como Azarías, era el rey de Judá aproximadamente entre 783 a 742 a.C. El relato de su reinado está en 2 Re. 14:21-22; 15:1-7; 2 Cr. 26:1-23. Probablemente gobernó como co-regente de su padre, Amasías, comenzando en 792 a.C., antes de ser gobernante único. Se convirtió en rey a la edad de dieciséis, cuando su padre fue asesinado. Gran parte de su reinado se superpone al de Jeroboam II de Israel, y ambos reinos prosperaron económicamente durante este tiempo.Uzías fue un rey relativamente fiel.

También fue exitoso, manteniendo un robusto programa de construcción y logrando victoria sobre los filisteos. Su reinado y vida tomaron un giro negativo, sin embargo, cuando orgullosamente presumió ofrecer incienso en un área sagrada del templo. Tales acciones sólo se les permitían a los sacerdotes. Los sacerdotes intentaron detenerlo, pero él continuó, y Dios causó que se volviera leproso por el resto de su vida y así fuera excluido del templo. De allí en adelante, su hijo Jotam cumplió con las tareas reales. Cuando Uzías murió, fue enterrado con sus padres, pero a cierta distancia por su condición (2 Cr. 26:23).

Aunque sus mensajes iban dirigidos al reino del norte, el sobrescrito del libro de Amós y Oseas indican que estos profetas ministraron durante el reinado de Uzías (Os. 1:1; Am. 1:1). Isaías fue llamado para ser profeta en el año de la muerte de Uzías (Is. 1:1; 6:1), y Zac 14:5 registra un terremoto que ocurrió durante su reinado.

(4) Un sacerdote culpable de casarse con una mujer extranjera en tiempos de Esdras (Esd. 10:21).

(5) El padre de Ataías, un miembro de la tribu de Judá que era un líder provincial que se estableció en Jerusalén durante la época de Nehemías (Neh. 11:4).

UZIEL (1) El ancestro del clan uzielita (Nm. 3:27), tiene un nieto de Leví (Éx. 6:18), un sobrino de Aarón, y el padre de tres hijos (Éx.

6:22), dos de los cuales llevaron a los hijos muertos de Aarón fuera del campamento (Lv. 10:4).

(2) Uno de cuatro hijos de Isi que lideró quinientos luchadores simeonitas contra los amalecitas en el terreno montañoso del Monte Seir durante el reinado del rey Ezequías (1 Cr. 4:42). (3) Un nieto de Benjamín, el tercero de cinco hijos de Bela, cabezas de familia (1 Cr. 7:7). (4) Uno de catorce hijos de Hemán el vidente estaba entre los profetas musicales durante el reinado del rey David (1 Cr. 25:4). (5) Un levita descendiente de Jedutún que ayudó a limpiar el templo durante las reformas de Rey Ezequías (2 Cr. 29:14). (6) El hijo de Harhaía era un orfebre que ayudó a reconstruir el muro de Jerusalén (Neh. 3:8).

UZIELITA Descendientes de Uziel, un clan en la tribu de Leví (Nm. 3:27; 1 Cr. 26:23).

UZZÍAS El único de los poderosos guerreros de David identificado como astarotita (1 Cr. 11:44), probablemente indicando que provenía de Astaroth, al este del Jordán. "Uzzías" es una forma antigua de escribir "Uzías", que significa "el Señor se ha mostrado fuerte".

U

V

VACA Animal doméstico de ganado que se conservaba comúnmente en el antiguo Cercano Oriente. Cuando se traduce el idioma original, no siempre es posible distinguir a qué animales se refiere, ya que puede tratarse de borregos, bueyes, ovejas, cabras o a un rebaño mixto. Las vacas y los bueyes se conservaban por la leche (Deuteronomio 32:14) y la carne (Génesis 18:7; Lucas 15:23) y como animales de trabajo para el arado y para arrastrar carretas (1 Samuel 11:5; 1 Reyes 19:19).

VACA MARINA *Véase* Cuero.

VADO Una parte poco profunda de un río donde se puede cruzar caminando. Antes de la construcción de puentes, los vados eran frecuentemente el único lugar de paso. Particularmente importante en el movimiento de tropas militares, los vados con frecuencia eran fortificados. Quienes sostenían los vados ganaban batallas (Jue. 3:28; 12:5-6); aquellos que perdían el control de los vados eran derrotados (Jr. 51:32). Había vados en los ríos Jaboc (Gn. 32:22), Jordán (Js. 2:7) y Arnón (Is. 16:2). Jacob (Gn. 32:10), Gedeón (Jue. 8:4), David (2 Sm. 10:17), Absalón (2 Sm. 17:24) y Abner (2 Sm. 2:29) cruzaron los vados del río Jordán.

VAIZATA El menor de los diez hijos de Amán el agaguita, el malvado adversario de los judíos en el libro de Ester. Después de que el rey Jerjes colgó a Amán y transfirió sus poderes a Ester y Mardoqueo, los judíos mataron a todos sus enemigos, incluyendo a Vaizata y sus hermanos, cuyos cuerpos fueron colgados en público por Jerjes a pedido de Ester (Ester 9:7-14).

VALIENTES Los guerreros de élite de David (2 Sam. 23:8-39; 1 Cr. 11:11-47). La lista es textualmente difícil y puede no estar tan bien organizada como lo sugiere la división de la NVI en "Los Tres" y "Los Treinta". Puede que estén organizados por rango, comenzando con "el principal de los capitanes"; luego "tres", un rango interino; y luego "treinta". Esto podría explicar la nota final de que había treinta y siete en total. El último guerrero mencionado en Samuel es Urías el Hitita.

VALLE DE ARABÁ También llamado Arroyo de Arabá (Am. 6:14 NASB, ESV), marcaba el límite sur del reino del norte de Israel. Su ubicación exacta no se conoce, aunque a veces se asocia al río Zered, que fluye hacia el Mar Muerto en su punta sur cerca de Zoar, aunque esto es demasiado al sur para considerarse el límite sur de Israel. Más probablemente se refiere a un río fluyendo desde Jericó al oeste (Wadi-el Qelt) o Wadi el-Kefren, que corre del extremo norte del Mar Muerto hacia el este.

VALLE DE BESOR Amplio barranco que consumió una gran porción del oeste del Néguev en el Mediterráneo y formó una frontera natural entre la zona asentada al norte y las tribus nómadas del sur. Los amalecitas nómades cruzaron el Besor para incursionar la ciudad de David en Siclag, por lo que un tercer ejército de David constituido por seiscientos guerreros permaneció en el Besor cuando él la atravesó en su persecución (1 Samuel 30:1-2, 9-10, 21).

VALLE DE LOS ARTESANOS *Véase* Ge Harasim.

VALLE DE ONO *Ver* Quefirim.

VALLE DEL ZERED Un uadi que fluye en dirección este hacia la parte sur del Mar Muerto, llamado Valle del Zered (NIV) y Uadi Zered (NRSV). Fue cruzado por los israelitas a finales de su travesía por el desierto, significando así el fin de ese período y su preparación para entrar en Canaán (Nm. 21:12; Dt. 2:13-14). Es probablemente el mismo cuerpo de agua que el Barranco de los Álamos, y también puede estar asociado con el Arroyo de Arabah. Es probablemente uno de los confluentes del Uadi Karak.

VALLE El terreno montañoso de Israel naturalmente tiene muchos valles, y la Biblia incluye más de 250 referencias a al menos cuatro tipos diferentes y casi treinta valles nombrados. Los 'emeq eran amplios valles, a veces llamados un "plano", frecuentemente con excelente tierra para la agricultura (Is. 17:5). Así, un 'emeq como Jezreel (1 Sm. 29-31) o Elah (1 Sm. 17) servían como recurrido campo de batalla o como lugar de adoración (2 Cr. 20:26) o juicio (Jl. 3:2). Otro amplio valle/plano eran los biq'ah, como Megido (2 Cr. 35:22) o Jericó (Dt. 34:3). Valles mucho más angostos eran los gaye', comúnmente encontrados a mayor altura en los cerros. Estos valles frecuentemente funcionaban como límites para regiones o ciudades como el Valle de (Ben) Hinom ayudó a delimitar a Jerusalén (Js. 18:16). También servían como lugares de batallas (2 Sm. 8:13), pastoreo (1 Cr. 4:39) o adoración ilícita (2 Re. 23:10). Finalmente, los nakhal comúnmente llamados wadi, un valle que llevaba agua solo después de la lluvia, típico en Israel. Uno podía cultivar excelentes cosechas en un nahkal (Nm. 13:23-24), pero encontrar agua adecuada era también importante (Gn. 26:17-19).

VANÍAS Descendiente de Bani en la lista de los exiliados retornados que había pecado al casarse con una esposa extranjera (Esd. 10:36).

VANO La palabra "vano" puede referirse a dos conceptos relacionados pero diferentes: futilidad y arrogancia. En el primer sentido, la palabra con frecuencia es usada para referirse a la inhabilidad de lograr algo dependiendo sólo en la mera fuerza o recursos humanos, o sin la aprobación, bendición o asistencia de Dios (Lv. 26:16; Sal. 33:17; 127:1-2), y a cualquier intento de oponerse a los propósitos de Dios (Sal. 2:1). En el segundo sentido, se refiere a la auto-arrogancia de aquellos que confían en sus propios recursos (Flp. 2:3).

VAPSI Padre de Nahbi, el representante de la tribu de Neftalí entre los doce espías enviados por Moisés desde el desierto de Parán para explorar la tierra de Canaán (Nm. 13:14).

VAQUILLA ROJA En Nm. 19, la vaquilla roja es designada para sacrificio como parte de la disposición de la impureza desde dentro del campamento israelita: "Este es un requerimiento de la ley que ha ordenado el Señor: Díganle a los israelitas que les traigan una vaquilla roja sin defecto o mancha y que nunca haya estado bajo el yugo. Dénsela a Eleazar, el sacerdote; debe ser llevada fuera del campamento y matada en su presencia" (19:2-3). La vaquilla roja debía ser quemada junto con cedro, hisopo y lana escarlata, y las cenizas así producidas debían guardarse en un lugar ceremonial limpio y preservadas como "agua para limpieza". Específicamente, el procedimiento considerado en Nm. 19 concierne a la disposición de impureza resultando del contacto directo o indirecto con un cadáver, que era removido de la persona impura por el lavado con el "agua para limpieza". No está claro por qué se especifica una vaquilla roja, aunque la mayoría de los comentaristas están de acuerdo con que el color se entendía probablemente como representativo de la sangre. En Hebreos 9:13-14 se indica que el significado y la eficacia de este procedimiento se cumplen con el sacrificio de Cristo.

VAQUILLA Una vaca joven, comúnmente una que no ha tenido descendencia. Las vaquillas asisten a las personas arando (Dt. 21:3) y produciendo leche, que puede ser cuajada en queso (Is. 7:21). Sansón compara el animal alegóricamente a su esposa (Jue. 14:18). Jeremías hace lo mismo con Egipto, que será atormentado por un tábano babilonio (Jr. 46:20). Oseas compara a Israel a una vaquilla obstinada (Os. 4:16). La vida de las vaquillas se requerían para sacrificios especiales (Gn. 15:9; 1 Sm. 16:1-2). Su sacrificio también purgaba la culpa por el derramamiento de sangre como consecuencia de homicidio cuando el culpable es desconocido (Dt. 21:1-8). A través de un elaborado ritual, las cenizas de una vaquilla roja eran mezcladas con agua para limpiar la impureza provocadas por entrar en contacto con un cadáver (Nm. 19:1-22; cf. Heb. 9:13).

VARA, BÁCULO Un bastón de palo que podía tener diversas funciones. En la Antigüedad, las personas caminaban mucho. El terreno en Israel es muy disparejo y rocoso, haciendo que el bastón sea un elemento muy útil (Gn. 32:10; Mt. 10:10). Es probable que los bastones fuesen personalizados para que sirviesen de identificación (Gn. 38:25). Además de su propósito utilitario, una vara o báculo también denotaba un cargo y/o la autoridad de uno. Las figuras militares llevaban báculos que indicaban su estatus (Jue. 5:14) y el Gn. 49:10 que el báculo del gobernante no se apartará de la tribu de Judá. Los pastores también llevan un báculo (Sal. 23:4; Miq. 7:14).

A veces un báculo significa la presencia de Dios con un individuo. Era simbólico del árbol del que estaba hecho, y un árbol a veces simbólicamente representaba a Dios. Por esta razón, algunos signos divinos se asocian con báculos levantados. Este era el caso del báculo de Aarón. El Mar Rojo se abrió después de que Moisés extendió su báculo, y los israelitas superaban a los amalecitas si Moisés mantenía su báculo sobre su cabeza. *Véase también* El Báculo de Aarón.

VASALLO *Véase* Pacto.

VASIJA En la KJV se usa "vasija" para traducir un grupo de términos hebreos que se refieren a una jarra de cerámica usada para contener agua (1 Samuel 26:11; 1 Reyes 19:6), miel (1 Reyes 14:3), aceite (1 Reyes 17:12) o sal (2 Reyes 2:20). En dos historias, una vasija de agua aparece sobre la cabeza de una persona que estaba durmiendo, lo que sugiere que el recipiente era una cantimplora de uso personal.

VASIJAS Y UTENSILIOS Las vasijas y utensilios de la antigüedad caían en dos categorías básicas: sagrados y de uso diarios. Las vasijas y utensilios sagrados se usaban en festivales, eventos y servicios culticos. Las vasijas y contenedores de uso diario se usaban en lugares hogareños como la cocina o una habitación de trabajo.

Vasijas

Materiales y usos. Las vasijas de la antigüedad podían estar hechas de metales preciosos, diferentes tipos de piedras y maderas varias. El material de uso más común, sin embargo, era la arcilla. La arcilla era accesible y relativamente fácil de moldear una vez obtenida. Además, una vez que había sido quemada, la arcilla era bastante fuerte y lo suficientemente no porosa para contener líquidos durante largos períodos de tiempo. Numerosos tipos de vasijas hogareñas hechas de arcilla eran ampliamente usados durante el período del NT. La forma de la cerámica dependía ampliamente de la función de la vasija.

Algunas de las vasijas más comunes del Nuevo Testamento incluyen alabastros, amphoreus, hydria, kratēr, oinochoē, y stamnos. Un alabastro era una pequeña vasija para perfume o aceite. Tenía una boca ancha y plana, un cuello angosto, y un cuerpo delgado (Mt. 26:7; Mc. 14:3-4). La palabra amphoreus se refiere a algo para ser "llevado a ambos lados", y tales vasijas tenían dos mangos verticales, un cuerpo ancho y un cuello angosto. Se hacían de diversos tamaños y se usaban para transportar vino y agua y, a veces, sólidos más finos como grano. Un hydria se usaba para traer agua (Jn. 2:6). Estos contenedores por lo general tenían cuerpos ovalados, dos mangos horizontales y un asa vertical. Un kratēr eran grandes boles usados para mezclar agua y vino; la mezcla era sacada del kratēr con un cucharón y servida a los huéspedes (el vino inferior en la fiesta de matrimonio mencionada en Jn. 2:10 puede haber sido este tipo de mezcla aguada). Un oinochoē era un jarro usado para servir el vino. Por lo general tenía un asa larga a un costado. Un stamnos era un pote usado para almacenar y mezclar. Tenía dos pequeñas asas horizontales a su costado. El cuerpo era más bien redondo, y tenía un cuello corto. Tales potes eran la norma en los hogares antiguos para almacenar y servir. Debido a que eran frágiles, hechos a manos y de arcilla, tales vasijas se convirtieron en imágenes para la humanidad, para la cual se listan las mismas características (Job 4:19; 33:6; Is. 45:9; 2 Cor. 4:7).

Además de vasijas de arcilla, los contenedores de madera y caña frecuentemente se usaban como almacenamiento. Aquellos que podía costear la madera la usaban para contenedores de almacenamiento porque protegía los contenidos de pestes. Canastos de caña de algún tipo eran mucho menos costosos y, por tanto, más comunes en las bodegas. Los granos y frutas secas por lo general se almacenaban en esas vasijas hasta que llegara el momento de usarlos. Comúnmente, un cocinero esperaba hasta la preparación de una comida para transformar los granos en harina, ya que las sustancias pulverizadas eran difíciles de almacenar (Éx. 11:5; Nm. 11:8; Prov. 27:22). Cuando llegaba el momento de cocinar las comidas, la cerámica también bastaba para la casa común, ya que los metales eran demasiado costosos (para un ejemplo de un pote de arcilla usado como elementos para hervir, *véase* Lv. 6:28). Los platos eran de madera, arcilla o metal para los más ricos. Arqueólogos han descubierto cucharas y pequeños utensilios similares, pero no se sabe si se usaban para comer o simplemente para servir. Tradicionalmente, las personas comían de un plato compartido colocado en el suelo usando pan para cucharear la comida (Mc. 14:20). Finalmente, los líquidos a veces se almacenaban en pieles de animales, especialmente en eras tempranas de la historia bíblica (Js. 9:4, 13; Jue. 4:19; Neh. 5:18; Job 32:19; Sal. 119:83; Mt. 9:17).

Vasijas Sagradas. Las vasijas sagradas eran bastantes similares a sus contrapartes seculares, excepto que eran apartadas para su uso en rituales y ceremonias sagradas (Éx. 25:39; 27:3). Incluían bandejas, palas, potes, vasijas, tenedores, sartenes y ganchos (1 Cr. 9:28-29; 2 Cr. 24:14-19; Jr. 27:18-21). En un banquete, el rey babilonio Belsasar usó copas de oro y plata tomadas del templo en Jerusalén, un acto blasfemo por el cual fue severamente juzgado (Dn. 5). La copa de plata de José puede haber jugado un rol en su proceso de toma de decisiones o simplemente puede haber sido un símbolo de un alto oficial (Gn. 44:2).

Las vasijas y utensilios de uso diario o profanas nunca se llevaban al santuario, se usaban en servicios de adoración. De hecho, algunas vasijas que era usadas en la adoración debían destruirse si en algún momento del proceso eran profanadas (Lv. 6:28; 11:33). Los profetas, sin embargo, añoraban el día en que los elementos más comunes o profanos serían sagrados y santos a Dios, un día cuando todos podrían participar en los sacrificios del pueblo de Dios (Zac. 14:20-21).

Osarios. Otro tipo importante de contenedores en la vida del judaísmo antiguo era el osario. Un osario, o caja de hueso, era un contenedor en el cual los huesos de un individuo muerto eran colocados para ser enterrados tras la descomposición del cuerpo. Por lo general eran hechos de piedra caliza y podían ser profusamente decorados o bastante simples de forma. Los osarios se usaban como parte del proceso de enterramiento desde el año 30 a.C. a 70 AD para almacenar los huesos de seres queridos (aunque la práctica continuó esporádicamente hacia el siglo tres AD). La mayoría considera que su uso es el resultado de las enseñanzas de los fariseos que los huesos debían ser liberados de la carne pecaminosa y recolectados para la resurrección.

Utensilios

Algunos utensilios necesarios para cocinar han sido discutidos en conexión con las vasijas. Había, sin embargo, otros elementos usados en la vida diaria que tenían sólo una conexión tangencial o ninguna conexión con la cocina.

El fuego podía iniciarse usando un taladro de fricción. Esta herramienta consistía en un arco de madera cuya cuerda se apretaba alrededor de una estaca, con un tapón de taladro ahuecado hecho de piedra o cáscara de nuez, la estaca era presionada contra el palo de fuego y girada moviendo el arco hacia adelante y atrás. Ramas o estiércol seco podía usarse para alimentar el fuego para cocinar (2 Re. 6:25; Ez. 4:12, 15). (*Véase también* Herramientas).

Utensilios de escritura del Oriente Próximo dependían ampliamente del material sobre el cual se estuviese escribiendo. La escritura temprana en arcilla se hacía usando cuchillos o un timbre aplicado mientras la arcilla estaba aún húmeda. Cuando el material era tela, piel o papiro, se usaban pinceles para aplicar un ungüento rico usado como tinta. Finalmente, cuando se usaba una tableta de cera, el escritor arañaba la superficie con algún tipo de utensilio filoso. Este instrumento era una aguja o punzón, que podía ser hecho de una variedad de materiales, como hierro, marfil, hueso, minerales o cualquiera otra sustancia dura. Estos eran afilados en un extremo para hacer muescas y aplanados en el otro para borrar marcas y alisar la superficie. (*Véase también* Implementos y Materiales de Escritura).

VASNI Identificado en KJV como el hijo mayor del profeta Samuel (1 Cr. 6:28), el nombre Vasni es en realidad una lectura incorrecta de la frase hebrea "y el segundo". El texto original hebreo leía, "Los hijos de Samuel: Joel, el primogénito y el segundo, Abías". Cuando el nombre "Joel" fue accidentalmente eliminado, los escribas leyeron la frase hebrea "y el segundo" como el nombre propio "Vasni" (así en KJV). El verdadero nombre del primogénito de Samuel era "Joel" (1 Sm. 8:2; 1 Cr. 6:33). Él y su hermano Abías corrompieron el oficio de juez. En respuesta, los ancianos aumentaron sus demandas por un rey (1 Sm. 8:2-5). Él fue el padre del cantante Hemán (1 Cr. 6:33; 15:17).

VÁSTAGO Además de su uso normal y literal, "vástago" a menudo se usa figurativamente en la Biblia para referirse a los descendientes. La imagen que se crea de este concepto por lo general proviene de un árbol o tocón de árbol del que crece uno nuevo ("el vástago"). Por lo tanto, el vástago está conectado con el árbol, pero aún así es distinto y único. En varios pasajes del Antiguo Testamento el término "vástago" se usa para describir la venida del Mesías, que con frecuencia se destaca su ascendencia por el rey David (Isaías 11:1; Jeremías 23:5; 33:15; Zacarías 3:8; 6:12-13; quizás en Isaías 4:2). Algo muy cercano a la imagen del vástago del Mesías es la fertilidad (Isaías 4:2; 11:1) y los conceptos duales de justicia y rectitud (Jeremías 23:5; 33:15). Zacarías 6:12-13 afirma que "el Renuevo", vestido en majestad, reconstruirá el templo y tomará su asiento en el trono para gobernar. En Romanos 11:17-24 Pablo usa la imagen de la rama/ árbol para explicar cómo Israel (la rama natural) y los gentiles (la rama injertada) se relacionan con el plan total y con el pueblo de Dios (el árbol con sus raíces).

Modelo egipcio de un barco con vela mayor (1900 a.C).

VASTI La reina persa del rey Jerjes I (r. 485-464 AC) y la precursora de la reina Ester (Ester I). Durante un banquete extravagante, el rey Jerjes se puso ebrio y envió por la reina Vasti para exhibirla a sus huéspedes. La reina Vasti se rehusó y permaneció en el banquete de las mujeres que ella estaba ofreciendo. Esto no sólo provocó la furia del rey, sino que también alarmó a los consejeros reales, quienes preocupados de que todas las mujeres en el reino siguieran el ejemplo de Vasti y se rehusaran a obedecer a sus esposos. Esto llevó a la expulsión de Vasti y, finalmente, la instalación de Ester como nueva reina.

VELA MAYOR La vela mayor de un barco es la vela más grande, unida a su mástil principal. En imágenes

V

contemporáneas de barcos en tiempos del AT, las naves son de aparejo cruzado; es decir, la vela mayor está unida a un mástil que se extiende perpendicularmente a la quilla, en oposición a la plataforma de proa y popa, con la vela mayor alineada con la quilla y la popa del mástil.

VELO En el duro desierto del Oriente Medio, un velo es una protección útil del sol y la arena soplada por el viento. Mientras las mujeres hebreas tienden a aparecer sin velos (Gn. 12:14; 24:16; 29:10; 1 Sm. 1:12), vestirse con velos en público puede haber sido considerado apropiado para mujeres de un cierto estatus (Cant. 4:1, 3; 5:7; 6:7), de manera que la remoción forzada se convierte en un acto de humillación (Is. 3:18-19; 47:2; Ez. 13:21).

Sin embargo, en la Biblia los velos sirven más como protección de los elementos. Rebeca se pone un velo en deferencia antes de encontrarse con su futuro esposo Isaac (Gn. 24:65). Tamal se puso un velo para engañar a Judá, su suegro, para que se acostara con ella (Gn. 38:14-19). Y se dice que el juicio espera a las mujeres que "hacen velos de varios largos para sus cabezas de manera de entrampar personas" (Ez. 13:18, 21).

Tal vez el velo más celebrado en el Biblia es el velo (masweh) usado por Moisés sobre su rostro para evitar que su brillo, causado por su encuentro con Dios, afectara al pueblo (Éx. 34:33, 35). Un velo también colgaba a la entrada del tabernáculo (Éx. 26:36, 37), mientras otro velo significativo colgaba en el tabernáculo del templo, separando el lugar sagrado del sanctasanctórum (2 Cr. 3:14), en el cual el sumo sacerdote entraba sólo una vez al año (en Yom Kippur) para la expiación del pecado (Éx. 30:10; Heb. 9:3). Este velo se partió en dos cuando Jesús murió (Mt. 27:51; Mc. 15:38; Lc. 23:45), simbolizando acceso abierto hacia la presencia de Dios (Heb. 10:20).

Dios es descrito figuradamente como velado por nubes que nos mantienen alejados de su visión (Job 22:14), mientras el juicio divino puede caracterizarse como el "velo sobre sus corazones" (Lam. 3:65).

En el NT, Pablo requiere que las mujeres usen un velo sobre la cabeza, particularmente en la adoración, mientras que velar la cabeza de los hombres se considera inapropiado (1 Cor. 11:6-7; cf. Is. 3:17-18). También compara la gloria velada y que se disipa de Moisés a la superior e imperecedera gloria del ministerio del Espíritu (2 Cor. 3:7-14) y dice de los ciegos espirituales que "un velo cubre sus corazones", cegándolos a la gracia de Dios que viene a través de Cristo (3:15). El evangelio está velado a aquellos que están falleciendo (4:3); sin embargo, este velo es removido por el Espíritu cuando uno se vuelve hacia Cristo (3:16-18).

VENADO La KJV a veces traduce la palabra hebrea tsayid como "venado", un término general para varios tipos de carne comestible. La NIV presenta el término hebreo como "presa" o "presa salvaje". La bendición de Jacob en el lugar de Esaú ocurre inmediatamente después de que Jacob y Rebeca exitosamente incuban un plan para engañar a Isaac haciendo pasar carne de cabras de su rebaño como presa salvaje atrapada por Esaú (Gn. 25:28-27:33).

VENENO Una sustancia tóxica de varios tipos excretada por ciertos animales tales como serpientes, arañas, escorpiones y abejas, que se transmite a sus víctimas a través de mordidas o picaduras (Dt. 32:33; Job 20:16). También traducido como "ponzoña", el término hebreo ro'sh puede referirse a plantas venenosas (Dt. 29:18; 32:32).

VENENO Los venenos en el AT generalmente se derivan de reptiles, insectos u otros animales y causa inflamación, fiebre y frecuentemente la muerte. Varias serpientes venenosas fueron encontradas en Palestina (Nm. 21:6, Dt. 8:15, 32:24, 33, Job 20:14, 16, Sal. 58:4, 140:3, Prov. 23:32, Is. 14:29, Jer 8:17, Mr. 16:18, cf. Hec. 28:1-6 [en Malta]). Se sabe que varias plantas son venenosas, aunque pocas se mencionan en las Escrituras (Dt. 29:18; Oseas 10:4). Job 6:4 se refiere al uso de flechas con punta de veneno para aumentar la potencia del arma, probablemente utilizada tanto en la caza como en el combate.

VENGADOR El término "vengador" aparece dieciséis veces en la NVI, generalmente en la frase "vengador de sangre" (go'el haddam). La palabra hebrea go'el se puede traducir como "redentor", "vengador" o "pariente cercano" y se refiere a un familiar que actuó en representación de un pariente cercano. El término se utilizó para alguien que vengó (pagó) la muerte de un familiar asesinado (Números 35:12), recibió restitución por crímenes contra un pariente fallecido (Números 5:7-8), compró la propiedad familiar que había sido vendida (Levítico 25:25), compró un pariente que había sido vendido como esclavo (Levítico 25: 48-49) o se casó con la viuda de un pariente para criar herederos para su esposo fallecido (matrimonio por levirato) (Deuteronomio 25:5-10). El "vengador de sangre" se refiere específicamente a la primera de estas funciones: a un pariente cercano de una víctima de asesinato que haría justicia ejecutando al asesino. Esto estaba en línea con el principio del Antiguo Testamento de "ojo por ojo" y "diente por diente" (Éxodo 21:24, Levítico 24:20, Deuteronomio 19:21). El castigo debía ser proporcional al grado y severidad de un crimen. En el Nuevo Testamento, este papel de la justicia se asigna a las autoridades gubernamentales (Rom. 13: 4).

Este procedimiento de justicia para el vengador de sangre se encuentra en Números 35:9-27; Deuteronomio 19:11-13; Josué 20. Si a una persona la declaraban culpable de un asesinato intencional en un testimonio de dos o tres testigos (Deuteronomio 17:6; 19:15), el vengador cumplía la función de verdugo.

En casos de homicidio involuntario por accidente, el acusado podía escapar a una de seis ciudades para refugiarse, donde la asamblea de la ciudad juzgaría el caso y proveería protección para el vengador de sangre (Números 35:6-34; Deuteronomio 4:41-43; 19:1-14; Josué 20:1-9). En Números 35:12 se designa que "son lugares de refugio para el vengador, por lo tanto, cualquier acusado de homicidio no morirá antes de ser juzgado ante la asamblea" (cf. Josué 20:9). En Deuteronomio 19:4-7 se explica la necesidad de ejercer esta protección: el vengador puede que esté encolerizado, por lo que podría vengarse sin sentir preocupación si la muerte fue accidental o intencional. Si el acusado deja la ciudad de refugio, el vengador de sangre puede tomar su vida (Números 35:27). Esto se mantuvo como una verdad hasta que ocurrió la muerte del sumo sacerdote, tiempo exacto en el que el acusado pudo haberse ido de la ciudad sin sentir miedo por las represalias. El principal propósito de las leyes relacionadas con el vengador de sangre era proveer una justicia consistente y además reducir contiendas mortales y ciclos continuos de represalias y venganza.

VENGANZA Hoy, la venganza normalmente se entiende como represalia por un mal sufrido, una acción que surge del resentimiento y antipatía hacia este objeto. Tal comprensión es contraria al concepto bíblico de venganza. De hecho, la vengatividad individual negativa asociada con el término está inequívocamente prohibida o demuestra ser obstinación (Éx.23:4-5; Lv. 19:18; Ez. 25:12-16; Jr. 20:10-11; 1 Pe. 3:9). Por tanto, el término es mejor comprendido considerando el término hebreo naqam (o sus sinónimos baqash y gemul [Js. 22:23; 1 Sm. 20:16; 2 Sm. 4:11; Sal 94:2; Is. 59:18; Ab. 15]) y el término griego ekdikēsis. Un estudio cercano de los términos bíblicos sugiere que la venganza tiene que ver con la administración de justicia: la rendición de sanciones apropiadas contra un violador de normas establecidas, y la provisión de justicia o vindicación de los victimizados u oprimidos. Un motivo recurrente en las incidencias de la venganza de Dios es su función en detener o compensar la injusticia (Is. 59:14-18). La prerrogativa de tal tarea solemne descansa con alguien con autoridad legítima. Tal autoridad es finalmente de Dios (Dt. 32:35, 39; cf. Sal. 94:1-3; Prov. 20:22; Rom. 12:19). De hecho, el tema de cuatro de cada cinco ocurrencias de "venganza" en la Biblia es Dios.

En esa capacidad, Dios combina, casi indistinguiblemente, los roles de un soberano, juez supremo y guerrero en su ejecución de venganza sobre el descarriado (Éx. 15:1-7; Sal. 89:6-18; Is. 51:4-5; 52:10; Jr. 20:12). A veces delega esta función a los ángeles (Gn. 18-19; Éx. 12:23; 2 Re. 19:35; Hec. 12:23); naciones o ejércitos nacionales (Dt. 28:45-50; Is. 10:5; Jr. 50:9-15); Israel (Dt. 9:1-5; 7:1; 20:16-17; Js. 6:17-25; 8:24); reyes, líderes políticos y oficiales judiciales (Dt. 25:1; Jr. 27:6; Rom. 13:1-4; 1 Pe. 2:13-14); y seres no inteligentes o elementos de la naturaleza (Éx. 23:28-30; Am. 4:6-11).

La venganza de Dios tiene sus amarres en su santidad (Jr. 50:28-29; cf. Dt. 32:4). La violación de su santidad suscita su justicia, que demanda justa retribución por la ofensa (2 Sm. 12:1-12; Jr. 50:6-7; Ez. 31:3-11). Puesto de otra manera, la justicia de Dios es el anverso de su venganza. La experiencia de uno de cualquiera de las dos es contingente a la relación de uno con Dios. En otras palabras, su venganza fluye de su justicia (Sal. 89:31-32; Nah. 1:3). La justicia de Dios se ve contrarrestada por su amor (cf. Sant. 2:13). Por ese motivo, su venganza sobre el pueblo de su alianza es, con frecuencia, más correctiva que punitiva y anticipa su arrepentimiento, redención y restauración (Is. 1:24-26; Jr. 3:1-17; 46:28). Finalmente, él perdona a su pueblo, a quienes disciplina (Sal. 89:19-33; 99:8; Sof. 3:7; Rom. 5:6-11).

Por lo tanto, siempre hay una conexión cercana entre la venganza de Dios en el malvado y la salvación de su pueblo (Is. 34:8; 49:26; 61:1-3; Jr. 51:36). Es por esto que las naciones que Él usa para castigar a Israel terminan siendo castigadas debido a su soberbia y extralimitación en intentos de aniquilar su pueblo de la alianza (Is. 47:1-11; Jr. 46:10; 50-51), su fracaso en reconocer al Dios que los ha hecho prosperar y su oposición a él (Dt. 32:26; Miq. 5:14). Así, el pueblo de Dios lleva a esperar o incluso a clamar por la venganza sobre sus enemigos (Sal. 94:1-7; Jr. 11:20; 15:15; Lam. 3:60-66; Hab. 1:2-4). Tal expectativa es por lo general futurista y paralela a la esperanza israelita por el inminente "día del Señor" (Is. 13:9-11; Jr. 46:10; Lc. 21:20-24; 2 Tes. 1:6-8). Así, los gritos del pueblo de Dios por su venganza sobre sus enemigos representan el abandono de la venganza personal en favor de los actos de justicia y vindicación de Dios—peticiones para el estado de derecho de Dios sobre la mera justicia humana (Sal. 58:11; 79:10; Ap. 6:10).

VENTANA En tiempos bíblicos, las ventanas eran usualmente pequeñas y escasas, para el propósito de admitir luz o aire. Las ventanas ayudaban a regular la temperatura dentro de la casa. Algunas, sin embargo, eran lo suficientemente grandes para permitir a un intruso (Jl. 2:9; cf. Jr. 9:21) o un fugitivo (Js. 2:15; 1 Sm. 19:12; 2 Cor. 11:33) pasar.

Las ventanas con "marcos empotrados" en el templo de Salomón (1 Re. 6:4 NRSV), las numerosas ventanas en el templo escatológico en Ezequiel (Ez. 40:16, 22, 25, 29; 41:16), y las elaboradas ventanas con paneles en la casa de Joacim (Jr. 22:14) contrastan con la simplicidad general del diseño de ventanas.

Simbólicamente, "ventanas de/en el cielo" retratan amplias aperturas por las cuales bendiciones o juicios fluyen a la tierra (Gn. 7:11; 8:2; 2 Re. 7:2, 19; Is. 24:18 KJV [NIV: "compuertas del cielo"]; cf. Mal. 3:10).

VERDAD Mientras que una comprensión moderna de la palabra "verdad" sugiere una directa correspondencia con hecho o realidad, las Escrituras presentan la verdad en términos más amplios.

Antiguo Testamento. El AT no sólo retrata la verdad como un relato honesto y basado en los hechos, sino que también lo coloca en una relación caracterizada por fidelidad y confiabilidad. La palabra hebrea traducida como "verdad", 'emet, también se traduce como "fidelidad", "seguridad", "confiabilidad". La palabra con frecuencia aparece yuxtapuesta a palabras que involucran una relación, incluyendo "amor" (Sal. 26:3), "amabilidad" (Gn. 24:27), "misericordia" (Sal. 40:11), "justicia" (Is. 59:14-15) y "rectitud" (Is. 48:1). La verdad se atribuye primeramente no a hechos externos, sino más bien a una persona o comunidad en fidelidad.

Frecuentemente descrito como algo que pertenece a Dios (Sal. 25:5), la verdad se asocia con su amor (26:3). Yahveh es el Dios de la verdad (31:5) y está cerca de todos aquellos que lo llaman verdaderamente (145:18). La verdad de Dios protege (140:11) y guía (43:3). Seguir a Dios significa caminar en su verdad (26:3). Dios dice la verdad (Is. 45:19) y valora la verdad (Prov. 12:22), y espera que su pueblo haga lo mismo (Prov. 23:23).

Con frecuencia involucra discurso, la verdad es un elemento crucial para la justicia en una comunidad, especialmente en el marco de una corte. Un testigo verídico da un testimonio honesto y trae sanación, pero un testigo falso dice mentiras y trae destrucción (Prov. 12:17-18). Sin embargo, sólo la verdad sobrevivirá (12:19). La verdad es necesaria para hacer juicios sólidos (Zac. 8:16). La ausencia de verdad en la sociedad de Israel es denunciada por los profetas, quienes declaran que la verdad ha tropezado (Is. 59:14) e incluso muerto (Jr. 7:28). En Jr. 5:1 se dice que Dios perdonará a toda la ciudad de Jerusalén si se encuentra una persona que negocie honestamente y busque la verdad (cf. Gn 18:26-32). No se encuentra ninguna persona. Sin embargo, es la visión de Dios de que Jerusalén sea llamada la "Ciudad de la Verdad" (Zac. 8:3 NASB, NKJV).

Varias narrativas del AT exhiben cómo la verdad puede no ser evidente en cada relación. En 1 Reyes 22:16 (// 2 Cr. 18:15) el rey Acab hace que el profeta Micaías jure repetidamente estar diciendo la verdad de Dios porque él (correctamente) sospecha que el profeta está mintiendo. Como un gobernante egipcio, José le exige a sus hermanos probar la verdad de sus palabras (Gn. 42:16), tal vez teniendo en mente la historia de su ancestro Abraham lidiando con el rey egipcio (12: 10-20). A veces la verdad de una relación tiene prioridad sobre deberes involucrados en otra relación. Por ejemplo, en Éx. 1:15-21 las parteras hebreas tienen una relación honrada con los bebes (hebreos) y con Dios, incluso mientras mienten al rey de Egipto.

Nuevo Testamento. En el NT, la verdad significa el evangelio (Ef. 1:13) al igual que Jesús mismo (Jn. 14:6). Mientras Pilato pregunta, "¿Qué es la verdad?" (Jn. 18:38), el NT responde, "¡Jesús!" El tema de la verdad es predominante en el Evangelio de Juan. Jesús está lleno de gracia y verdad (Jn. 1:14), dice la verdad es que escuchó de Dios (8:44), y, de hecho, es la verdad (5:33). La verdad involucra acción. Quienquiera que viva por la verdad, sale de las tinieblas a la luz (3:21). La adoración de Dios debe hacerse en espíritu y verdad (4:23-24). Es la verdad lo que liberará a la gente (8:32). Jesús llama al Espíritu Santo el "Espíritu de la verdad" (15:26), cuyo rol es guiar a los seguidores de Jesús en la verdad, hablando lo que escucha del Padre (Jn. 15-16).

Aunque el tema de la verdad rara vez es mencionado en los Evangelios Sinópticos, la frase "Yo les digo la verdad" se le atribuye a Jesús setenta y ocho veces (e.g., Mt. 5:18; 6:2; Mc. 8:12; 9:41; Lc. 9:27; 23:43; Jn. 1:51; 13:21 NCV), mostrando que es un tema principal. El apóstol Pablo le recuerda a la Iglesia de Corinto que el amor se regocija con la verdad (1 Cor. 13:6). La verdad describe no sólo conocimiento de realidad (Hec. 24:8), sino también conocimiento de Cristo (2 Cor. 11:10) al igual que el tipo de vida que un seguidor de Cristo debe exhibir (Gal. 2:14; Tit. 1:1). La verdad puede distorsionarse (Hec. 20:30), suprimirse (Rom. 1:18) y rechazarse (Rom. 2:8). Mientras la verdad puede involucrar discurso (Ef. 4:15), aquellos que pertenecen a la verdad lo muestran ya sea por su amor (1 Jn. 1:6; 3:18-20).

VERDE El color principalmente asociado a la vegetación (Gn. 1:30; 9:3; Éx.10:15), particularmente los nuevos brotes tras la lluvia (2 Re. 19:26; Is. 37:27; Mc. 6:39). *Véase también* Colores.

VERDOLAGA Cualquier miembro de la familia de plantas de suculentas Portulacaceae, que tiene un porte bajo y trepador, hojas carnosas y diminutas flores amarillas. Aunque se considera una hierba invasora, la malva tiene importantes beneficios nutricionales. Además, su sabor ligeramente ácido y salado tiene muchas aplicaciones culinarias. La palabra hebrea subyacente, khallamut, aparece sólo en Job 6:6, donde en muchas versiones se traduce como "huevo" (por ejemplo, LBLA) en lugar de "verdolaga". Otras versiones la presentan como "malva" (RV, BLP); *ver también* Malva.

VERDUGO Uno asignado para administrar la sentencia de pena capital. El único verdugo señalado como tal en la Biblia es el agente del rey Herodes que decapitó a Juan el Bautista en prisión (Mc. 6:27). En el antiguo Israel, la ley establecía que ciertos crímenes, como la idolatría y asesinato, se castigaban con la muerte. El verdugo podía ser un pariente de la víctima (Nm. 35:19), hombres asignados (Ez. 9:1) o testigos del crimen junto con las gentes del pueblo (Lv.

20:2; Dt. 17:7; 21:21). Un rey despótico tendría un verdugo designado (Dn. 2:14, 24; Mc. 6:27).

VERGÜENZA Y HONOR En el mundo antiguo, vergüenza y honor eran dos opuestos binarios usados para representar el estatus y comportamiento de uno, lo que una cultura aprueba o desaprueba. El sistema de honor y vergüenza sirve como un medio primario de control social. Por ende, saber cómo actuar para conformarse al código de comportamiento social esperado por el grupo de uno es esencial para mantención de esa comunidad.

En la Biblia, el sustantivo honor es representado por kabod (del verbo "ser pesado") en el AT, y por timē (del verbo honrar) en el NT. El opuesto de honor es vergüenza, que es representada por una variedad de términos hebreos y griegos, tales como boshet en el AT, y aischynē en el NT.

En Israel, el Código de Santidad (Lv. 17-26; cf. Nm. 5:2-3; 8:6-7, 14-15) es comparable al código de honor y vergüenza. Como una comunidad de alianza, Israel tiene la obligación de cumplir por la sanción impuesta por Dios para alcanzar el honor (Dt. 4:6-8: 26:18-19; Sal. 34:5, 8-9; 37:18-19; 127:5; cf. 2 Cr. 26:18; Sal. 8:5; 62:7; 84:11; Rom. 2:7-11). Israel es honrado (Éx. 32:11-12; Dt. 32:26-27) ante las naciones cuando se respeta el honor de Dios. La violación de las estipulaciones de la alianza—por ejemplo, engaños en intercambio (Dt. 25:16), actos de "abominación" (Lv. 18:17, 22-23, 26-29), idolatría (Dt. 31:20; 32:15-17), no cumplir tareas prescritas por la ley (Dt. 25:7-10) —dan como resultado deshonor ante otros (Éx. 32:25) y Dios (Dt. 28:25-26, 37).

El estatus de honor puede ser atribuido a un individuo. Una persona es más honorable si es el primogénito (Gn. 49:3), proviene de una familia respetable (Sal. 45:9), o se casa con una familia respetable (Gn. 41:45; Rut 4:5). Este mérito durará toda una vida, a menos que se comprometa la reputación de la familia, ya sea por razones económicas (Rut 1:1-21) o violación de los códigos de conducta, tales como el adulterio e incesto (Éx. 20:14; Lv. 18:20; 20:10-21; Dt. 5:18; 22:22; Prov. 6:32-33), aunque no necesariamente el divorcio (Dt. 24:1-4). Ciertos grupos de personas son honrados debido a privilegios especiales otorgados a ellos (Prov. 8:15-16; Dn. 2:21; Rom. 13:1-5) —por ejemplo, sacerdotes (Éx. 28:2, 40; Sal. 110:4; Heb. 7:21), reyes (Sal. 2:7), eruditos (Prov. 3:35), Israel (Éx. 19:6; Dt. 7:6; 8:11-9:7; 26:16-19), y la iglesia (1 Pe. 2:9).

La riqueza simboliza el estatus de uno y exige respeto para sus poseedores (Gn. 12:10-20; 14:21-24; 1 Re. 3:13; Prov. 3:16; 8:18; 22:4; Sal. 49:16; Is. 61:6, 12) pero no iguala el estado de ser pobre con vergüenza (cf. Sal. 12:5) a menos que sea el resultado de lasitud moral (Prov. 13:18). Partes del cuerpo humano simbolizan mérito y valor. Ciertas partes del cuerpo son menos honorables que otras y exponerlas es invitar a la desgracia (2 Sm. 10:4-5; 1 Cr. 19:4; Is. 20:4; 1 Cor. 12:23-24).

El estatus de honor también puede lograrse por los méritos de un individuo (cf. Rom. 2:7-11). Ciertos tipos de comportamientos son honorables—por ejemplo, la humildad (Prov. 15:33; 18:12; 29:23), cuidar del amo de uno (Prov. 27:18), honrar a los padres (Éx. 20:12; 21:15; 22:28; Prov. 19:26; Mal. 1:6; Mt. 15:4; Ef. 6:2), buen servicio (Gn. 45:13), hazañas militares (2 Sm. 23:19-23; cf. 2 Cr. 32:21), dar limosnas y justicia (Prov. 21:21). Un aspecto importante de lograr honor es la búsqueda de la sabiduría. Los caminos de la sabiduría son honorables (Prov. 3:16-17; 4:8; 8:18), preservar a una persona del deshonor (Prov. 3:16-17, 31-33, 35; 24:14), pero los caminos de la insensatez, como la injusticia (Prov. 1:22; 14:31) y deshonrar a los padres (Prov. 30:17; cf. Éx.20:12; 21:15; Lv. 20:9; Dt. 27:16), son una desgracia (Prov. 20:3; 26:1). El no cumplir con las tareas de uno (Gn. 40:1-3) o una derrota en batalla (Is. 23:9; Lam. 1:8; Nah. 3:10) tienen como resultado vergüenza y, en consecuencia, pérdida de estatus social (Is. 16:14; 23:9; Jr. 46:12; Lam. 1:6, 8; Os. 4:7). Una última forma de desgracia era ser colgado en público (Dt. 21:22-23; Est. 5:14; 7:7-10; Mt. 27:32-44; Mc. 15:22-32; Lc. 23:33-43; Jn. 19:17-24; 1 Cor. 1:18-25). En una sociedad patriarcal, el estatus de las mujeres es obtenido a través de su exclusividad sexual. Su castidad (Gn. 38:24; Lv. 20:10; Dt. 22:13-21; cf.

2 Sm. 13:13; Cant. 8:8-9) y fertilidad (Gn. 16:2; 30:2; 1 Sm. 1:3-8) se convierten en indicadores de valor familiar y social.

VESPASIANO El emperador romano en los años 69 – 79 AD. Antes de ser emperador era un comandante militar asignado por Nerón para resolver la revuelta en Judea (67 AD). Gran agitación política siguió tras la muerte de Nerón en el año 68 AD que resultó en los breves reinados de Galba, Otón y Vitelio (68 – 69 AD). Cuando se convirtió en emperador en el año 69 AD, Vespasiano restableció el gobierno romano en gran parte de Judea, aunque la conquista final de Jerusalén fue lograda por su hijo Tito en el año 70 AD Relativa paz y estabilidad eventualmente regresaron al imperio bajo el liderazgo de Vespasiano.

VESTIDO *Véase* Ropa.

VESTIDOR DE ÁRBOLES DE SICÓMORO Amos describió su profesión como cosechador de árboles de sicómoros (higos) y criador de ganado (Am. 7:14). Ninguno de esos roles sugiere un estatus social humilde. Las hojas de los árboles de sicómoro y el fruto no apto para el consumo humano se usaban en invierno para alimentar al ganado, de manera que estas son profesiones conexas. Cada año al final del verano, los rebaños de Amos pueden haber migrado de las tierras altas de Judea (donde se ubicaba Tecoa) abajo hacia el Valle de Jericó, a los campos rentados que contenían árboles de sicómoro. En esa época del año, los árboles estarían cargados de frutos. Algunos de los higos cosechados serían vendidos y otros almacenados como forraje de invierno.

VESTIMENTAS FESTIVAS Durante el período del AT, las vestimentas para las ocasiones festivas probablemente diferían poco de las vestimentas normales, excepto que eran más costosas. El blanco parece haber sido considerado un color particularmente festivo, tal vez porque era más difícil de mantener limpio.

Las telas escarlatas, azules y púrpura pueden haber sido características porque eran más difíciles de teñir, y frecuentemente importadas. Alguna ropa era tejida o bordada con hilos de oro o plata o adornadas con ornamentos de oro o plata (e.g., Éx. 28:6, 14).

Una palabra hebrea a veces traducida como "vestimentas festivas", makhalatsot, se encuentra sólo en Is. 3:22; Zac. 3:4. En el primer pasaje se lista con otros artículos de vestuario, joyería y ornamentos que las mujeres de Judá llevaban en su orgullo, pero que perderían cuando fuesen llevadas en cautiverio. El otro pasaje concierne a la visión de Zacarías acerca de ropas limpias dadas a Josué el sumo sacerdote para reemplazar sus ropas inmundas, que representaban sus pecados personales y los pecados del pueblo de Israel durante el exilio. Que lo viejo fuese llevado y reemplazado incentivaba a las personas que Dios los había aceptado y restaurado el sacerdocio en Jerusalén.

VESTIMENTAS *Véase* Ropa.

VESTIMENTAS, RASGADO DE Romper las ropas de uno como forma de manifestar emociones profundas acerca de algún fenómeno preocupante. Tales situaciones incluían arrepentimiento del pecado, luto, expresar indignación sobre circunstancias inesperadas o inaceptables, y buscar ayuda divina en una calamidad inminente (2 Re. 22:19; 2 Sm. 13:19, 31; Gn. 37:29; Est. 4:1). Los sacerdotes tenían prohibido realizar este despliegue emocional, ya que sus vestiduras eran vestiduras sagradas (Lv. 10:6; 21:10; pero cf. Mt. 26:65 // Mc. 14:63). Las Escrituras y los Profetas posteriores enfatizaban el duelo interior (más que exterior) por el pecado (Sal. 34:18; Jl. 2:13).

VÍA DOLOROSA El "Camino de la Tristeza". Según la

Monedas con la imagen del emperador romano Vespasiano.

tradición, esta es la ruta que Jesús, cargando la cruz, tomó desde la sala del juicio donde Pilato lo condenó a muerta al Gólgota ("Lugar de la Calavera"), el lugar de la crucifixión. Hoy el camino serpentea a lo largo de las angostas calles de la ciudad antigua de Jerusalén. La ruta, seguida por muchos peregrinos hoy en día, lleva al oeste desde el Arco Ecce Homo ("He aquí el Hombre" [cf. Jn. 19:5]) a la Iglesia del Santo Sepulcro, el lugar tradicional del entierro de Jesús. A lo largo de la ruta hay catorce "Estaciones de la Cruz". Cada estación representa un evento sagrado que ocurrió en el camino de la muerte sacrificial de Jesús: (1) Jesús es condenado a muerte; (2) Jesús toma la cruz; (3) Jesús cae bajo la cruz por primera vez; (4) Jesús se encuentra con su madre; (5) Simón de Cirene es obligado a cargar la cruz; (6) Verónica limpia el sudor del rostro de Jesús; (7) Jesús cae por segunda vez; (8) Jesús consuela a la hijas de Jerusalén; (9) Jesús cae por tercera vez; (10) Jesús es despojado de sus ropas; (11) Jesús es clavado a la cruz; (12) Jesús muere en la cruz; (13) Jesús es bajado de la cruz; (14) Jesús es colocado en la tumba. Aunque la autenticidad de la Vía Dolorosa es incierta, verdaderamente es un camino muy sagrado para los peregrinos.

VIAJE *Véase* Transportes y Viajes.

V

VIAL Una pequeña vasija que se puede cerrar, especialmente usada para contener líquidos. Samuel vertió aceite de un vial para ungir a Saúl (1 Sm. 10:1 [NIV: "botella"]). Una mujer vertió perfume de un vial de alabastro para ungir a Jesús (Mt. 26:7 [NIV: "frasco"]). Siete "vials de ira" aparecen en Ap. 16 (NIV: "cuenco").

VÍBORA De los más de treinta tipos de serpientes en Israel, seis especies venenosas están implicadas en referencias bíblicas a víboras, muchas de las cuales son metáforas para un enemigo (Gn. 49:17; Sal. 140:3; Prov. 23:32; Is. 14:29). Aunque Dios advirtió de las víboras como castigo (Jr. 8:17), habrá un día cuando ellas no sean una amenaza (Is. 11:8). Cuando Juan y Jesús condenaron a los fariseos y saduceos, los llamaron "nidada de víboras", implicando que eran enemigos letales (Mt. 3:7; 12:34; 23:33).

VID, VIÑEDO Plantas productoras de uvas son ampliamente cultivadas en Palestina. La primera referencia bíblica al cultivo de vides aparece en Gn. 9:20, donde la restauración de la tierra se implica por Noé plantando un viñedo. La aparición de una vid en el sueño del jefe de coperos del Faraón implica el amplio cultivo de vides en Egipto (Gn. 40:9-11). Antes del ingreso de los israelitas, la tierra de Canaán también era famosa por la producción de uvas y vino (cf. Nm. 13:23; Dt. 6:11; 8:8). Varios lugares alrededor de la región son mencionados en el AT por sus fructíferas vides: Eskol (Nm. 13:23), Sorec (Jue. 16:4), Sibma, Hesbón, Jazer, Eleale (Is. 16:8-10), Helbón (Ez. 27:18), Líbano (Os. 14:7) y En Guedí (Cant. 1:14).

Cultivo de Vides. El cultivo de vides es detallado en la Biblia. Un

La quinta estación de la cruz en la Vía Dolorosa en Jerusalén, donde Simón de Cirene recogió la cruz de Jesús.

terreno montañoso es aterrazado, se quitan las piedras y se ara la tierra (Sal. 80:9; Is. 5:2). Las paredes se construyen con piedras, frecuentemente con un seto de arbustos espinosos, para proteger el viñedo de ladrones y animales salvajes (Is. 5:2). Luego se plantan vides jóvenes donde se provee agua (Ez. 19:10). En la medida que se desarrollan sus ramas, son levantadas en soportes (Ez. 17:6). En primavera las vides son podadas para que produzcan buenas uvas (Lv. 25:3; Jn. 15:2).

Prensas de vino son labradas de madera o terreno rocoso (Is. 5:2). Se erige una torre de vigilancia para mirar el viñedo desde arriba, especialmente al acercarse la temporada de cosecha (Job 27:18; Is. 1:8; 27:3). Cuando las uvas están maduras, son recogidas en canastos y llevadas a las prensas de vino (Os. 9:2), mientras otras son secadas en pasas. Cuando la cosecha termina, se le permite a los pobres de la aldea entrar al viñedo para recoger los restos (Lv. 19:10; Dt. 24:21; cf. Is. 24:13; Jr. 49:9; Miq. 7:1).

Ya que la producción de uvas era de gran importancia para los israelitas, el ciclo continuo del cultivo de vides significaba paz y seguridad nacional (cf. "bajo sus propias vides y bajo su propia higuera" en 1 Re. 4:25; Miq. 4:4; Zac. 3:10; alegría de la cosecha en Is. 16:10; Jr. 48:33). Así, la expresión característica de plantar viñedos y comer sus frutos señala la bendición de Dios (2 Re. 19:29; Sal. 107:37; Is. 65:21-22; Jr. 31:5; 40:12; Ez. 28:26; Am. 9:14), mientras que no disfrutar de los frutos significa infortunio (Dt. 20:6) o el juicio de Dios (Dt. 28:30; Sal. 78:47; Jr. 8:13; Am. 5:11; Hab. 3:17; Sof. 1:13). Igualmente, una fiesta con vino significa una bendición de Dios (Is. 25:6; 55:1; Jr. 31:12; Jl. 2:19; cf. Jesús convirtiendo el agua en vino [Jn. 2:1-11]), mientras que la falta de vino significa el juicio de Dios (Is. 24:9, 11; 62:8; Os. 2:9; 9:2; Jl. 1:10).

Antiguo Testamento. Las vides y los viñedos son metáforas importantes en el AT. La productividad de la vid con frecuencia simboliza la productividad o bienaventuranza de una persona (e.g., José en Gn. 49:22; una esposa fructífera en Sal. 128:3). En Cantar de los Cantares el viñedo no solamente es el principal lugar de amor (2:13, 15; 6:11; 7:12), sino también una metáfora del cuerpo de la mujer (8:11); también, la "amada" es comparada a "a las flores henna en los viñedos de En Guedí" (1:14), y sus pechos a los "racimos de uvas en la vid" (7:8).

Las metáforas de las vides y el viñedo también se usan para el pueblo de Dios. En Sal. 80:8-13 se presenta la historia de Israel en términos del ciclo de cultivo de las vides (cf. Jr. 2:21; Os. 10:1). Una historia similar se lee en Is. 5:1-7, que compara la falta de justicia y rectitud de los israelitas a la producción de uvas salvajes (cf. "vid de Sodoma" en Dt. 32:32; "una vid corrupta y salvaje" en Jr. 2:21). Ezequiel también usa la metáfora de la vid al reprochar la inequidad de los israelitas (Ez. 15:2-4; 17:3-10; 19:10-14). Si los pasajes antes mencionados describen la historia de Israel desde el nacimiento al juicio, Is. 27:2-6 presenta la promesa de Dios de restauración a través de la historia del viñedo restaurado.

Nuevo Testamento. En cinco parábolas Jesús se refiere a vides y cultivo (Mt. 9:7 parcial; 20:1-16; 21:28-32; 21:33-46 parcial; Lc. 13:6-9). Notable es el hecho de que Dios con frecuencia es retratado como el dueño del viñedo (Mt. 20:1; 21:28, 33; Lc. 13:6). En Ap. 14:18-20 el juicio de Dios sobre sus enemigos es descrito por medio de imaginería de cosecha de vides, en la cual los enemigos son aplastados como uvas cosechadas en la "gran prensa de vino de la ira de Dios" (cf. Is. 63:1-6; Jl. 3:13). En la metáfora de vides en Juan 15:1-8, Jesús identifica a Dios como el granjero, a sí mismo como la "vid verdadera", y los creyentes como las ramas. El pueblo de Dios ya no es identificado como la vid, que se espera que rinda buenos frutos; más bien, Jesús es la vid y los creyentes son sus ramas. Así que la fecundidad de las ramas depende de su adherencia a la vid. Jesús usa el "fruto de la vid" en la Última Cena como el símbolo de su sangre expiadora puede compararse con su metafórica auto identificación como la vid (Mt. 26:29; Mc. 14:25; Lc. 22:18). *Véase también* Plantas.

VIDA ECONÓMICA La vida económica del mundo bíblico descansaba sobre los preceptos de mejorar la posición de uno, interacción estable entre individuos y naciones y el hecho de que toda la vida pertenecía primero a Dios. La habilidad para crear una economía estable era impulsada por la posición internacional, fuerza militar y condiciones ambientales. Como estado, Israel era mucho más exitoso en la creación y sustentación de la riqueza en períodos con escasa agitación en la monarquía y con escasa amenaza de fuerzas extranjeras. El reinado de Salomón en la monarquía unificada y los reinados coincidentes de Uzías en Judá y Jeroboam II en Israel, por lo tanto, representan los períodos en las condiciones económicas más favorables y de hecho estos dos períodos por lo general se consideran edades doradas de fortaleza económica y cultural.

La economía de Israel

Antes de la monarquía. La vida económica de la Biblia comienza con el relato de la creación y las reflexiones comunicadas allí acerca de la administración de la humanidad de aquello que pertenece a Dios. La humanidad es colocada en el mundo como cuidadora y protectora del resto de la creación. Este propósito tendrá ramificaciones para el resto de la historia bíblica. A través de la Biblia, Dios expresa una profunda preocupación por la justicia económica y el bienestar económico entre su pueblo. La ley es dada por Dios y establece un marco económico y político que construye en base a esta idea de justicia y administración humana de la creación de Dios, incluyendo algunos pasajes sorprendentes con la intención de asegurar una justa distribución y mantención de recursos e igualdad (Lv. 25:1-55; Dt. 10:17-18; 15:1-11). El énfasis en la justicia económica y social está íntimamente relacionado a la fidelidad espiritual a través de los textos proféticos. Isaías habla de prosperidad económica y paz como una parte integral del deseo de Dios para Israel. Amos, Jeremías y Miqueas denuncian las injusticias económicas dentro de Israel. Esta actitud y énfasis continúan en el NT, donde Jesús habla tanto de economía en sus enseñanzas como lo hace del resto de la vida cristiana. Los énfasis primarios de Jesús al discutir materias económicas sugieren una necesidad de reconocer tanto la prioridad de la economía celestial sobre la terrenal y el hecho de que las actividades económicas de uno deben comunicar un sentido de justicia al igual que misericordia.

La carencia de un gobierno centralizado y de industria en los años tempranos de la existencia de Israel significaba que gran parte de la economía giraba en torno a la propiedad privada y las realidades agrícolas. En la conquista de la tierra de Canaán, los israelitas se transformaron de semi nómades en agricultores, pero aún eran ampliamente aislados en sus temas económicos. Vivían en aldeas y pueblos y vivían de lo que cultivaban en sus campos y de la leche y carne de su ganado. Había intercambio limitado durante este periodo, principalmente existente sólo a través de oportunidades proporcionadas por mercaderes viajantes de Fenicia y otros lugares. Las modificaciones que tuvieron lugar en la cultura material cananea cuando fueron asumidos por Israel fueron leves en naturaleza en este período temprano. El período de los jueces revela una cultura brutal y el pueblo habría permanecido bastante restringido económicamente en los días anteriores a la monarquía. Como se establece con anterioridad, las leyes ciertamente son importantes en la comprensión de cómo Israel se ve ante Dios; sin embargo, debe admitirse que había relativamente pocos requisitos concernientes a negocios contenidos en estos preceptos (Lv.

La agricultura definió la vida económica de los primeros años de la nación de Israel.

V

19:35-36; 25:36-37, 44-45; Dt. 15:2; 23:20). Esto de hecho puede reflejar la naturaleza más individual de los sistemas económicos tempranos de Israel.

La monarquía. Con el comienzo de la monarquía, y especialmente el reinado de Salomón, comenzaron a manifestarse extensos signos de comercio exterior dentro de Israel. Las principales exportaciones parecen haber sido aún de naturaleza agrícola, ya que se dice que Salomón envió grano y aceite de Tiro a cambio de su madera y trabajadores (1 Re. 5). Los caballos eran un significativo signo de riqueza en el mundo antiguo, y durante su reinado Salomón aparentemente fue capaz de importar bastantes desde Egipto (1 Re. 10:28-29). Incluso se dice que Salomón envió barcos a los rincones más alejados del mundo conocido para adquirir oro, plata, hierro, simios y pavos (1 Re. 10:22). Salomón también vio el desarrollo de extenso sistema de prosperidad interna a través de la división de la tierra en distritos y a través del establecimiento de un control firme de las principales arterias de viaje dentro de Israel (1 Re. 4). Desafortunadamente, los sucesores de Salomón carecían de su perspicacia económica. Debido a confusión interna y fuerzas externas, Israel fue incapaz de recuperar la posición que sostuvo bajo el gobierno de Salomón, excepto durante un breve período durante el reinado de Uzías. Interesantemente, los profetas frecuentemente igualaban a los comerciantes con los cananeos (Os. 12:7; Sof. 1:11; Zac. 14:21). Los reyes del reino norte de Israel parecen haber tenido levemente mejor desempeño en materias económicas que los reyes de Judá. Acab obtuvo una posición especial en los mercados de Damasco (1 Re. 20:34), y Jeroboam II levantó a Israel a un estatus poderoso en las perspectivas económicas del mundo.

Tras el exilio. Tras el regreso del exilio, la comunidad judía estaba severamente empobrecida y tenía muy poca actividad comercial, excepto en sus principales ciudades (Neh. 3:31-32). El helenismo trajo una renovación de las capacidades comerciales, y Josefo reporta que para mediados del siglo dos a.C., mercaderes atenienses venían regularmente a Judea. Los macabeos capturaron Jope y Herodes construyó Cesarea, que finalmente mejoró la posición económica de los judíos porque entonces controlaron locaciones portuarias.

La vida en el NT parece no haber variado mucho de aquella del AT, la excepción más importante siendo la estabilidad y facilidad de transporte como resultado del control romano de la región. Esta estabilidad frecuentemente era compensada, sin embargo, por la imposición de altos impuestos. El NT relata la vasta disparidad de estilos de vida económicos entre los enormemente ricos y los severamente empobrecidos. También había ramificaciones políticas y religiosas a encontrar en la lucha para encontrar una respuesta adecuada a los impuestos. Este dilema se refleja en dos puntos de vista opuestos entre los doce apóstoles, incluyendo las visiones de un cobrador de impuestos y un zelote. La iglesia temprana parece haber lidiado con las materias económicas con variado grado de éxito (Ap. 2:9; 3:17).

Acuñación

El sistema monetario de Israel parece haber sido siempre basado principalmente en oro y plata. De hecho, la palabra hebrea más frecuentemente traducida como "dinero", kesep, es la palabra para "plata". No es claro exactamente cuándo comenzó la acuñación en Israel. Las opiniones varían desde el período justamente anterior al exilio a varios años después de este. Hasta ese punto, el valor se consideraba no por el valor de la moneda, sino por el peso del metal. Las personas cargaban sus propias pesas en una bolsa que se usaban para determinar el valor de un intercambio (Dt. 25:13; 2 Sm. 18:12); así, el foco para asegurar un intercambio justo estaba casi siempre en protegerse contra el uso de pesos y escalas falsas (Lv. 19:36). Los precursores de la acuñación parecen haber sido piezas de plata y oro que eran consideradas de cierto peso, aunque el énfasis aun estaba en el peso del producto (Js. 7:21; 1 Sm. 9:8). El estándar básico de peso era el shekel.

Los persas desarrollaron un sistema de acuñación más fijo. Darío fue el primero en introducir un sistema monetario reformado, alrededor de los años 520-480 a.C. El estándar básico era el daric, que era comparable al shekel babilonio en peso. Debido al valor inherente de las monedas, la pureza de los metales usados se volvió importante. Esto resultó en un ligero cambio en la imaginería monetaria relacionada a la pureza versus el peso justo. En la era romana, el denario era la unidad monetaria básica.

Aldeas y Ciudades

El AT distinguía en tamaño entre aldeas y ciudades. La más pequeña medida de vida comunal parece haber sido asentamientos agrícolas o haciendas (Éx. 8:9; Neh. 11:25; Sal. 10:8). Asentamientos más grandes eran referidos como aldeas (Gn. 25:16; 1 Sm. 6:18) o ciudades (Gn. 4:17; 19:25, 29). Las ciudades generalmente eran construidas junto a un lago o río (Tiberíades y Bethshan) o los arroyos naturales eran suficientes para sostener a una gran población (Jerusalén y Jericó). Las calles en las ciudades parecen haber sido nombradas por los lugares a los cuales llevaban o por la industria representada en ellas (Neh. 11:35; Is. 7:3; Jr. 37:21). Plazas abiertas se encontraban principalmente en las puertas de la ciudad, donde ocurría gran parte del comercio y que tendían a ser los centros de la vida ciudadana. La puerta y el área abierta adyacente constituían el mercado, de ahí nombre como "Puerta de las Ovejas" (Neh. 3:1, 3, 32; 12:39; Sof. 1:10). Los pozos a veces se situaban aquí (2 Sm. 23:15-16). Las noticias del exterior se anunciaban primero en las puertas (1 Sm. 4:18). Finalmente, las sesiones de la corte y del consejo se hacían en la puerta (Dt. 13:17; Rut 4:11; 2 Re. 7:1; Job 29:7; cf. Gn. 19:7).

Temas económicos abordados en la Biblia

Esclavitud. La esclavitud se consideraba legítima en varias circunstancias, pero ya que la posesión individual de esclavos era algo rara, nunca se volvió parte central de las estructuras económicas israelitas. Era una ofensa capital secuestrar personas para el propósito de esclavizarlas (Éx. 20:10-16; Dt. 24:7). Cuando era propiedad de familias individuales, los esclavos debían ser tratados como familia extendida y se les permitía tomar parte de festivales importantes y observar el Sabbat (Éx. 20:10; Dt. 16:14). Idealmente, los esclavos en servidumbre por deuda y los esclavos israelitas propiedad de residentes extranjeros eran automáticamente liberados en el jubileo. Si aún no habían comprado su libertad, los esclavos israelitas hombre eran automáticamente liberados una vez que habían trabajado por seis años (Éx. 21:2; Lv. 25:39-55); sin embargo, la denuncia del profeta Jeremías de la esclavización permanente de hombres y mujeres hebreas por parte de sus amos (Jr. 34:8-22) sugiere que estas prácticas no se ejecutaban fielmente dentro de la historia de Israel.

Muerte, matrimonio y redención. El impacto económico de la muerte es abordado hasta cierto punto en los textos bíblicos. Las hijas que recibían una herencia de tierra debido a falta de un heredero masculino debían casarse dentro de su tribu para preservar las asignaciones tribales delineadas por Dios en sus regalos de tierra al pueblo (Nm. 27:7-8; 36:6-9). Si el fallecido no tenía hijos propios, su pariente masculino más cercano recibiría la tierra (Nm. 27:9-11). El sistema de levirato y go'el ("redentor") parecen haber sido ejercidos para proteger tanto a las viudas como los derechos de propiedad de la familia. El casarse con la viuda del hermano estaba prohibido como regla general (Lv. 20:21), pero cuando no había heredero masculino, se consideraba obligatorio (Dt. 25:5-10). Aunque hay cierto desacuerdo, la mayoría consideraría el caso de Rut no como un matrimonio levirato, sino como una expresión del go'el (Lv. 25:25; Jr. 32:6-9). Ambos sistemas aparentemente estaban relacionados, con este último siendo una extensión del primero. Pero la distinción importante es que las tareas del go'el incluían la redención en términos más amplios, incluyendo redención de la esclavitud (Lv. 25:47-55) y venganza en el caso de muerte por negligencia (Dt. 19:6). Un caso claro de matrimonio levirato se encuentra en los intentos de Tamar de dar a luz un hijo con el hermano de Er, su esposo muerto, y luego eventualmente con el padre de Er (Gn. 38).

Diezmo. Diezmar las posesiones de uno era una costumbre muy antigua que en realidad es anterior a los códigos legales y se encuentra en la época de los patriarcas. Abraham le entregó a Melquisedec "un décimo de todo" (Gn. 14:20) y Jacob hizo un voto de que si regresaba a salvo a la casa de su padre, reconocería a Yahveh como su Señor y le daría un décimo de todas sus posesiones (Gn. 28:20-22). El diezmo se aplicaba a los frutos de la tierra o los frutos de la tierra era redimibles. El diezmo del ganado, por otra parte, no lo era. Determinar qué animal era el diezmo involucraba contar cada animal por sí solo y cada décimo animal que pasase bajo la vara se convertía en el animal del diezmo (Lv. 27:30-33). Aparentemente hay cierta disparidad en los textos bíblicos en relación al diezmo. Nehemías 10:37-38 parece indicar claramente que había sólo un diezmo prescrito tomado en la era del AT. Sin embargo, existen tres textos que regulan el diezmo en el AT (Lv. 27:30-33; Nm. 18:21-32; Dt. 14:22-29). Parecería entonces que cada ley da sólo una imagen parcial de las regulaciones que involucran el diezmo, ya que cada una asume tanto la presencia como la regulación de las otras. La práctica del diezmo en Israel implicaba un regalo anual al templo, con los regalos de cada tercer año mantenidos en la comunidad para el cuidado de los pobres y oprimidos. Estas leyes, entonces, eran un recordatorio del estatus santo de Israel ante Dios y que su disfrute de las recompensas de este estatus era una consecuencia de su elección. Consecuentemente, el diezmo requería reconocimiento de la propiedad de Dios de la tierra. Además, al tener permiso de consumir parte del diezmo (Dt. 14:23), los participantes eran recordados de la prioridad de Dios en sus economías y vidas.

VIDA ETERNA La vida eterna por lo general se menciona en referencia a la vida humana, donde significa una vida sin fin en el cuerpo, libre de la muerte. La expresión, aunque más común en el NT, se extrae del AT. El libro de Daniel dice que muchos que "duermen en el polvo de la tierra despertarán: algunos a la vida eterna, otros a la vergüenza y eterno desprecio" (12:2). Este anhelo por la vida eterna también se expresa en el Génesis, donde aquellos que comen del "árbol de la vida" "vivirán por siempre" (3:22). En Deuteronomio, Dios asimismo declara: "Yo vivo por siempre" (32:40). Entre los MMM, 4Q418 (fragmento 69) y 1QS (4:7), ambos que son anteriores al NT, también se refieren a la vida eterna.

La expresión del NT "vida eterna" puede parecer tener un significado diferente de la expresión "vida perpetua" del AT. Cualquier apariencia así surge sólo en la traducción al español ya que las palabras griegas subyacente en el NT tienen el mismo significado que las palabras hebreas subyacentes en el AT. Las palabras ya se tratan como sinónimos por la LXX, una antigua traducción de la Biblia hebrea al griego (que es anterior al NT).

La palabra española "eterna" puede referirse a eternidad pasada y futura, pero en el uso bíblico esa palabra no se refiere a eternidad pasada. Esto es evidente donde el NT menciona "fuego eterno" (Mt. 18:8) y "castigo eterno" (Mt. 25:46). También se indica donde la vida eterna se ve como una futura recompensa para los justos (Dn. 12:2; Lc. 18:30; Rom. 2:7; Gal. 6:8; Tit. 1:2; 1 Jn. 2:25).

Esa vida en el cuerpo se incluye en el concepto del NT de vida eterna y es evidente a partir de varias consideraciones. Jesús dice de todos quienes creen en él: "Yo los levantaré en el último día" (Jn. 6:40). La naturaleza corporal de la vida eterna se indica por la propia resurrección de Jesús, ya que su tumba quedó vacía. Jesús dice tras su propia resurrección que un espíritu "no tiene carne y huesos, como ustedes ven que tengo yo" (Lc. 24:39). El apóstol Pablo incluso escribe que sin la resurrección, la fe cristiana es invalidada (1 Cr. 15:12-19). Cuando Pablo dice que "la carne y la sangre no pueden heredar el reino de Dios", él no quiere decir que la resurrección sea del espíritu humano, sino más bien que la carne y sangre perecibles primero debe ser hechas inmortales (1 Cr. 15:50-54; 2 Cor. 5:4).

El prospecto de la vida eterna con frecuencia se contrasta con la muerte y el castigo, al igual que la Biblia, que generalmente contrasta el prospecto de la vida con la muerte y el comportamiento sin ley. En Gn. 3, el pecado de Adán y Eva muestra que las gentes se alejan de Dios por interés propio, por lo que no se les da la vida eterna. Mucho después, el pueblo de Israel es advertido que ellos sufrirán la muerte si rompen la fe con el Dios verdadero para seguir a otros dioses (Lv. 26; Dt. 28; 30:15-20). Aún después, el libro de Daniel advierte claramente que la resurrección es la vida perdurable o desprecio perdurable (12:1-3). El NT igualmente, extrayendo en ocasiones de los profetas hebreos (e.g., Is. 66:22-24), contrasta el prospecto de la vida eterna con el prospecto de castigo por hacer el mal (Mt. 25:31-46; Jn. 5:28-29; Rom. 6:23; Gal. 6:8; Ap. 20:10-15; 22:1-6).

Justo como la vida eterna se contrasta con la muerte, la vida eterna a veces es referida más fundamental y simplemente como "vida" (e.g., Mt. 19:17; Hec. 11:18; 1 Jn. 3:14). Toda vida viene de Dios, a través de su palabra divina (Gn. 1; Dt. 30:20; Jn. 1:1-4). El NT dice que Dios le dio a su Hijo el poder de otorgar vida eterna, ya que el Hijo sólo hace lo que ordena Dios Padre (Jn. 5:19-30; 6:57-58).

El NT promete vida eterna a todos aquellos que creen (confían) en el Hijo de Dios (Jn. 3:16; 3:36; 6:40; 11:25-26; 20:31; 1 Jn. 5:13). Creer en el Hijo de Dios es creer que Dios envió a Jesús (Jn. 17:8), escuchar el mensaje de Dios de Jesús y así creer en Dios (5:24; 12:44), y creer que Jesús es el Cristo, el Mesías (20:31).

La creencia en Dios y Jesús que asegura la vida eterna no es sólo un consentimiento mental, sino más bien se expresa en una vida que se aleja del mal. Aquellos que recibirán la vida eterna se caracterizan por amor más que por odio y asesinato (Jn. 5:29; 1 Jn. 3:14-15). Sólo los justos entrarán a la vida eterna, y son marcados por su preocupación por los hermanos y hermanas de Jesús: alimentando al hambriento y vistiendo al pobre (Mt. 25:31-46). Ellos no viven por sí mismo, ni dan rienda suelta a los deseos humanos, pero en cambio son dirigidos por, y caminan de acuerdo con el Espíritu de Dios (Jn. 12:25; Gal. 5:16-21; 6:8).

VIDA, ÁRBOL DE *Ver* Árbol de Vida.

VIDA, ESPERANZA DE El período de tiempo típico por el que una persona puede esperar vivir. Génesis afirma una duración de vida notablemente larga para las generaciones inmediatamente posteriores a la Caída, con la vida más larga atribuida a Matusalén: 969 años, básicamente un milenio (Gn. 5:27). Sin embargo, la Biblia asume una esperanza de vida general de 70 años, y en casos especiales 80 (90:10). Isaías describe esta duración como una "vida de un rey" (Is. 23:15). Determinar el promedio de esperanza de vida de un típico israelita es difícil debido a la falta de pruebas. Sin embargo, la información arqueológica sugiere que muchas personas del primer siglo no vivieron más allá de su cuadragésimo cumpleaños. En Roma, las inscripciones sepulcrales (que están sesgadas a favor de las clases altas) sugieren que la edad mediana de la muerte era de aproximadamente 34 años para las esposas y 46 años para los esposos. Los niños eran especialmente vulnerables a las enfermedades, el hambre y la violencia. Aproximadamente un tercio de los niños romanos murieron antes de los diez años.

VIDA, LIBRO DE LA Una imagen del registro celestial (Luc. 10:20), un libro con los nombres de todos los que han vivido. Si uno no falla de ser incluido entre los "justos", el nombre de uno era borrado, "raído" (Sal. 69:28, ver también Éx. 32:32, Apo. 3:5, 20:15).

VIDA, ORIGEN DE LA Antes de la Ilustración, la idea de que todas las formas de vida fueron creadas por Dios no era cuestionada. Que el Dios de Israel creó por su palabra todas las plantas y animales (Gn. 1:11-12, 20-25), "sopló... el aliento de vida" en el primer ser humano (2:7), y que creó los ancestros masculinos y femeninos de toda la humanidad (1:25-27) se tomaba como una clara expresión del hecho de que Dios es la única fuente y autor de toda la vida (Sal. 36:9; 139:13-16; Jer. 17:13). La totalidad de la vida: física, emocional e intelectual, proviene de Dios mismo como creador de todas las cosas. Dios no sólo crea vida, sino que también al retirar su aliento de vida, los humanos vuelven al polvo (Gn. 6:17, 7:23, 1 Sam. 2:6, Job 34:13-15, 104:29). Desde la Ilustración, las ciencias naturales se han ocupado de las cuestiones relacionadas con el origen de la vida. El racionalismo filosófico insiste en que toda la vida en la tierra debe haberse originado a partir de materia inanimada y no de una fuente sobrenatural.

VIDA Vida es un concepto complejo y multifacético en la Biblia. Varios términos hebreos y griegos transmiten la idea de la vida. La vida se describe tanto en un sentido natural como teológico.

Vida en el Sentido Natural

En su sentido natural, "vida" puede transmitir lo siguiente: (1) el principio vital de animales y humanos, (2) la duración de tiempo que uno tiene vida, (3) la trama completa y el elenco de personajes de la vida de un individuo, o (4) los medios para mantener la vida.

Primero, la vida es el principio vital de los animales y los humanos. Este uso del término es su sentido popular. Se refiere a la cualidad de tener una existencia animada o el estado de estar vivo. Por lo tanto, se expresa en términos de habilidad o poder; alguien que tiene vida tiene el poder de actuar. Por otro lado, muerte es su antónimo; el que está muerto ya no actúa. En la Biblia, la vida en este sentido se aplica tanto a los animales como a los humanos; sin embargo, la cualidad de vida difiere porque los humanos están hechos a la imagen de Dios (Gn. 1:26, 5:1, 9:6). La vida se manifiesta en el aliento de vida, de modo que aquel que ya no tiene el aliento de vida, ya no tiene vida (Gn. 2:7, 6:17, Job 12:10, 27:3, Apo. 11:11). Al mismo tiempo, la vida está en la sangre. Por esta razón, la sangre no debe consumirse, sino que debe derramarse y enterrarse (Gn. 9:3-5, Lev. 17:10-16, Deut. 12:23-25). Aunque la vida puede cesar debido a causas físicas (ya sean enfermedades, asesinatos, accidentes, etc.), Dios es finalmente el Señor de la vida. Él da vida a través de su aliento de vida (Gn. 2:7, Ezeq. 37:4-14); Él sostiene la vida a través de su espíritu (Sal. 104:29-30; *véase* Gn. 6:3; 1 Cor. 15:45); Él libera de la muerte (Gn. 5:24; Sal. 30:3; 1 Cor. 15); Él da vida y la muerte (Dt. 32:39; 1 Sam. 2:6). La vida, por lo tanto, es ante todo un regalo de Dios.

En una discusión sobre la vida como el principio vital, es importante abordar la cuestión del Más allá. La Biblia afirma la importancia de tanto los componentes materiales como los inmateriales de un ser humano. El cuerpo no es simplemente un caparazón en el que se habita la persona verdadera. La muerte no es el huida del alma de la prisión del cuerpo, como lo demuestra la resurrección de los muertos (Ezeq. 37:1-14, Dan. 12:2, Lc. 14:14, 1 Cor. 15). Los seres humanos no han sido creados para vivir una existencia incorpórea en última instancia. El destino para aquellos que experimentan la vida eterna es la resurrección del cuerpo hecho a partir de una fuente incorruptible (1 Cor. 15, especialmente vv. 42-50). Para otros, su destino yace en la muerte eterna (Mt. 25:46; Apoc. 20:6-15; 21:8).

Segundo, en ambos Testamentos, "vida" también puede referirse a la duración de la existencia animada, la durabilidad de uno. La duración de la vida en este sentido comienza en el nacimiento y termina en la muerte (Gn. 23:1, 25:7, 47:9, 28, Lc. 16:25, Heb. 2:15). Este período de tiempo es breve (Sal. 90:10, Sant. 4:14). La Biblia describe dos formas en que se puede extender la vida de uno: primero, Dios da tiempo adicional a la vida de una persona (2 Re. 20:6, Sal. 61:6, Is. 38:5); segundo, uno gana más tiempo de vida al vivir sabiamente y honrando a Dios (Prov. 3:2; 4:10; 9:11; 10:27).

En tercer lugar, a veces "vida" hace referencia a la trama completa y el elenco de personajes de la vida de un individuo. En otras palabras, "vida" puede referirse a todas las actividades y relaciones de una persona (1 Sam. 18:18 RV, Job 10:1, Lc. 12:15, Sant.4:14).

Cuarto, rara vez "vida" puede referirse a los medios de subsistencia (Dt. 24:6, Prov. 27:27, Mt. 6:25, Lc. 12:22-23). Estos pasajes destacan dos aspectos de la vida en este sentido: (1) las personas son responsables de proteger la vida; (2) Dios da esta vida debido a su gran interés, que excede su cuidado por los pájaros y las flores.

Vida como un Concepto Teológico

Más allá de su sentido natural, vida se desarrolla como un concepto teológico en toda la Biblia.

Antiguo Testamento. Los primeros capítulos de Génesis preparan el escenario para una profunda comprensión teológica de la vida. Primero,

Dios crea todas las cosas y las prepara para sus propósitos. Él es el creador de la vida, y la vida es un regalo de su mano. El pináculo de su actividad creativa es la creación de la humanidad. Dios bendice al hombre (Adán) y la mujer (Eva) a quienes Él creó. Dios les prepara un lugar especial, un jardín, para que puedan vivir en perfecta comunión con Él, bajo su bendición. En el centro del jardín se encuentra el árbol de la vida. El árbol de la vida demuestra que el jardín es a la vez la esfera de la provisión de Dios y el símbolo de la vida misma. Al mismo tiempo, Dios le ordena al hombre que no coma del árbol del conocimiento del bien y del mal, "porque cuando comas de él, ciertamente morirás" (Gn. 2:17).

En este punto, la vida y la muerte ocupan un lugar central. Lo que sigue en la narración (Gn. 3) es una presentación del significado de la vida y la muerte como conceptos teológicos. Adán y Eva desobedecen el mandamiento divino. Como resultado, mueren. Sin embargo, su muerte no es la muerte en el sentido natural. En cambio, cuando desobedecieron el mandamiento de Dios, hubo tres resultados: (1) se pronuncia una maldición, (2) se les exilia del jardín lejos de Dios, y (3) se les impide comer del árbol de la vida (3:14-24). La muerte en este caso no es el dejar de respirar y moverse, sino que es una maldición y un exilio; en otras palabras, morir es ser quitado del lugar de la presencia y bendición de Dios y ser puesto bajo maldición. La vida, entonces, es lo opuesto: vivir es establecerse en el lugar de la presencia y bendición de Dios.

V

También es importante reconocer en esta narrativa que la obediencia al mandamiento de Dios conduce a la vida, pero la desobediencia a su mandamiento conduce a la muerte. Este principio se encuentra en toda la Biblia. Su expresión más clara se encuentra en Lev. 18:5: "Guarda mis decretos y mis ordenanzas, porque la persona que los practique, vivirá por ellos".

Esta narración también traza una conexión importante tomada de otras partes de la Biblia, especialmente en Proverbios: la conexión entre la vida y la sabiduría. En el jardín hay dos árboles en el centro: el árbol de la vida y el árbol del conocimiento del bien y del mal. Aunque hay algunas preguntas sobre el significado preciso del conocimiento del bien y del mal, es probable que la sabiduría esté a la vista. Dos evidencias apoyan esta conclusión: (1) el conocimiento y la sabiduría, así como el bien y el mal, son preocupaciones centrales en el libro de Proverbios; (2) la narrativa asocia el árbol con la sabiduría. Cuando Eva considera comer del árbol, se da cuenta de que es como los otros árboles porque tiene una apariencia agradable y es bueno para comer (Gén. 2:9), pero a la vez es distinto de los otros árboles porque es deseable para hacerse sabio (3:6). Al comer la fruta, ella y Adán intentan obtener sabiduría en contra del mandamiento de Dios. Como resultado, este tipo de sabiduría lleva a la muerte. Sin embargo, la verdadera sabiduría tiene el efecto opuesto. Lleva a la vida, siendo un árbol de la vida en sí (especialmente Prov. 3:18, también 3:1-2, 4:10-23, 6:23).

Aunque estos temas: vida, bendición, obediencia y sabiduría, se encuentran en varios pasajes de la Biblia, estos convergen más explícitamente en Deuteronomio. Allí, la devoción y la obediencia a Dios son considerados como los medios para alcanzar la sabiduría y el entendimiento (Dt. 4:5-9). Seguir a Dios lleva a vivir en la tierra que Dios había prometido y disfrutar de sus bendiciones allí (28:1-14); sin embargo, abandonar a Dios conduce a todo tipo de maldiciones y, en última instancia, a la derrota absoluta y el exilio lejos de la tierra (28:15-68). La elección de seguir a Dios y obedecerle o abandonar a Dios y desobedecerle resulta en vida o muerte, lo bueno o malo, bendición o maldición (30:15-20).

La vida como concepto teológico, por lo tanto, tiene las siguientes características: estar en presencia de Dios en vez de estar en el exilio, y experimentar sus bendiciones en lugar de sus maldiciones. Tal vida se puede lograr a través de la devoción y la obediencia a Dios y a través de la sabiduría que proviene de Dios.

Nuevo Testamento. Este concepto de vida forma el trasfondo para el NT también. El NT a menudo habla de la vida eterna, especialmente en los escritos de Juan. La vida eterna es estar en comunión con Dios el Padre y Jesucristo (Jn. 17:3). Uno puede experimentar la vida eterna antes de la muerte natural y más allá de ella en el futuro eterno (Jn. 3:36; 5:24; 6:54; 10:28). Al mismo tiempo, la vida eterna puede referirse en un sentido más estricto al tiempo de comunión perfecta con Dios que va más allá de la vida natural (Mt. 25:46, Mr. 10:30 y Rom. 2:7). Como la vida consiste en estar en comunión con Dios y vivir en sus bendiciones, Juan puede afirmar que aquel que cree en Jesús "tiene vida eterna y no será juzgado, sino que ha pasado de la muerte a la vida" (Jn. 5:24). En otras palabras, la persona que cree en Jesús ha sido transferida de la maldición de Dios a su bendición, de la muerte a la vida. Además, Jesús declara que él es vida, y que aquellos que creen en él vivirán y no morirán; es decir, nunca serán quitados de su presencia y bendición (Jn. 11:25-26).

VIDENTE *Véase* Adivinación y Magia; Profecía, Profetas.

VIDRIO Rara vez mencionado en la Biblia, el vidrio es mencionado una vez en el AT y cuatro veces en el NT. La referencia del AT (traducida "cristal" en NIV) ocurre en Job como uno de varios bienes valiosos que no puede comprar la sabiduría: "Ni el oro ni el cristal [vidrio] pueden compararse con ella, no puede tenerse por joyas de oro… El precio de la sabiduría está más allá de los rubíes" (Job 28:17-18). En el NT, las cuatro referencias a vidrio aparecen en el Apocalipsis, con los primero dos pasajes describiendo un mar vidrioso, y las otras dos describiendo la ciudad de la nueva Jerusalén. Ambas referencias a un mar vidrioso llevan a una canción que glorifica a Dios. En Ap. 4 está "lo que se veía como un mar de vidrio, claro como el cristal", ubicado ante el trono de Dios (versículo 6). Alrededor de este trono se sitúan cuatro seres vivientes que cantan a Dios. Apocalipsis 15 describe a aquellos que habían sido victoriosos sobre la bestia y su imagen de pie junto "a lo que parecía un mar de vidrio brillando con fuego" (versículo 2), sosteniendo arpas y cantando a Dios. En Ap. 21 la nueva Jerusalén es descrita como una "ciudad de oro puro, tan puro como el vidrio" (versículo 18); y no solo la ciudad, sino también su calle: "La calle principal de la ciudad era de oro, tan puro como vidrio transparente" (versículo 21).

VIENTO ESTE *Véase* Viento.

VIENTO Las Escrituras describen el viento como una poderosa fuerza bajo las órdenes de Dios. La palabra hebrea ruakh a veces se traduce como "viento" pero otras veces puede significar "respiración", al igual que "espíritu" (Gn. 1:2). La palabra griega para "espíritu", pneuma, apunta a un rango de significado similar, aunque otra palabra absolutamente distinta se usa con mayor frecuencia en el NT para denotar el viento.

Antiguo Testamento. A lo largo del AT, el viento es usado por Dios para cumplir sus propósitos. El Salmo 148:8 declara que los vientos hacen lo que Dios les pide. Yahveh mantiene el viento en bodegas hasta que son necesarios (Sal. 135:7; Jr. 10:13). Dios usa el viento para proteger y proveer para su gente. Por ejemplo, Dios envía un viento sobre la tierra para causar que las aguas de la inundación que rodean el arca retrocedan (Gn. 8:1), un fuerte viento del este para hacer retroceder el mar durante el éxodo desde Egipto (Éx. 14:21), y un viento que hace entrar a las codornices desde el mar para servir como comida para los israelitas en el desierto (Nm. 11:31).

El viento también puede ser un agente de la destrucción de Dios. Dios envía una plaga sobre Egipto haciendo que el viento este traiga langostas a toda la tierra. Posteriormente, Dios usa un viento del oeste para soplar las langostas hacia el mar (Éx. 10:13-19). En el libro de Job un viento poderoso del desierto causa el colapso de la casa del hijo mayor de Job, matando a siete hijos y tres hijas (Job 1:19). En el libro de Jonás, un gran viento enviado por Dios amenaza con destruir el barco de Jonás, y más adelante un quemante viento del este hace que Jonás se sienta débil y desee la muerte. (Jon. 1:4; 4:8). Los libros proféticos usan el tema del viento para comunicar el juicio de Dios (e.g., Is. 28:2; 64:6; Ez. 5:2; 13:11).

Mientras un solo viento puede soplar en distintas direcciones (Ecl. 1:6), muchos pasajes especifican cuatro vientos de los cuatro cuartos del cielo. El viento norte trae la lluvia (Prov. 25:23), mientras el viento sur trae el calor (Job 37:17), ambos son útiles en el cultivo de un huerto (Cant. 4:16). Sólo un versículo se refiere específicamente al viento oeste (Éx. 10:19), pero numerosos versículos se refieren al viento este como un agente de destrucción, con frecuencia apareciendo junto a términos militares. Cuando es liberado por Dios (Sal. 78:26), el viento este puede destrozar barcos (Sal. 48:7), y aquellos a su paso se dispersan (Jr. 18:17) o marchitan (Ez. 19:12). En Os. 12:1 Dios acusa a Israel de buscar el viento este junto con multiplicar las mentiras y violencia. Juntos, los cuatro vientos pueden ser enviados para traer la destrucción (Jr. 49:36) o traer vida (Ez. 37:9). También aparecen en la visión de Daniel (Dn. 7:2; 8:8; 11:4; cf. Ap. 7:1).

Dios monta sobre las alas del viento en querubines (Sal. 18:10; 2 Sm. 22:11), con las nubes como su carroza (Sal. 104:3). En Sal. 104:4 los vientos son llamados "mensajeros" de Dios. Esta imaginería es asombrosamente similar a antiguas descripciones del dios cananeo Baal, aunque las Escrituras agregan que es Dios quien creó el viento (Job 28:25; Am 4:13). El poder de Yahveh no está supeditado al viento, como Elías aprende cuando experimenta la presencia de Yahveh en el suspiro y no en el viento (o terremoto) tras su exitosa competencia con los profetas de Baal (1 Re. 19:11-12).

La literatura sabia se enfoca en otras características del viento, además de su poder. La naturaleza transitoria del viento es significativa, ya que el viento es la herencia de aquellos que traen problemas a su familia (Prov. 11:29). Eclesiastés continuamente se refiere a todas las cosas hechas bajo el sol como "persiguiendo el viento" (e.g., 1:14, 17). La charla insustancial es referida como viento (Job 8:2). La función del viento es soplar la basura; también se usa para declarar el destino de los malvados (e.g., Sal. 1:4; cf. Job 21:18). La impredecibilidad de los vientos sirve como metáfora para el misterio de las acciones de Dios (Ecl. 11:5).

Nuevo Testamento. En el NT, los Evangelios revelan la naturaleza divina de Jesús enfatizando su habilidad para ordenar el viento (Mt. 8:26-27). Jesús declara que el Hijo del Hombre reunirá a sus elegidos de los cuatro vientos (Mt. 24:31; Mc. 13:27). El viento es una metáfora en Juan 3:8 para el misterio e impredecibilidad de aquellos nacidos del Espíritu. Jesús usa la imagen de charla insustancial como viento cuando se refiere a Juan el Bautista como un profeta más que una caña soplada por el viento (Mt. 11:7; Lc. 7:24). En Ef. 4:14 las falsas enseñanzas son referidas como el viento. Es el viento lo que mueve fácilmente al que duda (Sant. 1:6). Finalmente, una correlación entre el viento y el Espíritu Santo acontece cuando un sonido como un viento violento ocurre en el momento que el Espíritu Santo llena a todos aquellos en la casa en Pentecostés (Hec. 2:2).

VIGA Segmento largo cortado de la madera de un tronco (Habacuc 2:11) que sirve, entre otras cosas, para techar y proteger los pisos superiores (2 Crónicas 3:7; Cantares 1:17), para la lanzadera de un tejedor (Job 7:6) y como eje de una lanza (por ejemplo, 1 Samuel 17:7; 2 Samuel 21:19; 1 Crónicas 11:23; 20:5). El salmista representa a Dios colocando vigas para la parte de arriba de los cielos (Salmos 104:3). Jesús enseña que la gente con frecuencia se enfoca en las astillas del ojo de los demás mientras ignoran su propia viga (Mateo 7:3-5; Lucas 6:41-42).

VIGILIAS NOCTURNAS Para llevar el registro de horas, los antiguos dividían la noche en tres (como en el AT) o cuatro (como en el NT) "vigilias". El NT menciona la segunda, la tercera (Lc. 12:38) y la cuarta (Mt. 14:25; Mr. 6:48). El AT menciona las guardias (Sal. 63:6; 90:4; 119:148; Lam. 2:19), a menudo en contextos militares (Éx. 14:24, Jue. 7:19, 1 Sam. 11:11). Las guardias del AT no están enumeradas, sino que se les menciona con términos como "medio" o "última". Este sistema no era excluyente con el conteo de horas durante la noche (Hec. 23:23).

VINAGRE En la Biblia, el vinagre es vino que durante el proceso de fermentación se ha vuelto ácido y agrio. Es mencionado solo cinco veces en el AT. A pesar de su acidez y agrura podía, mezclado con agua, ser usado como bebida, pero principalmente para las clases inferiores y más pobres. En Nm. 6:3, los nazireatos tienen prohibido beber vino o vinagre de vino. En Rut 2:14, el vinagre se menciona como un condimento para mojar pan. Otras referencias, sin embargo, señalan las cualidades indeseables del vinagre

(Prov. 10:26; 25:20). En Sal. 69:21 el salmista se queja de que sus enemigos le dieron vinagre para su sed, evidentemente sin diluir, haciendo el gesto cruel y burlón.

Las cuatro referencias a vinagre en el NT están en los relatos de los Evangelios de la crucifixión (Mt. 27:48; Mc. 15:36; Lc. 23:36; Jn. 19:29). Mateo y Marcos narran que en un punto temprano de la crucifixión los soldados habían intentado darle vino para beber a Jesús, pero él lo rechazó. Muchos comentaristas creen que Jesús lo rechazó por sus propiedades sedativas. Los cuatro Evangelios indican que, en cierto punto, posteriormente en la crucifixión, le dieron a Jesús vinagre de vino para beber, que esta vez sí acepto. Los narradores evangélicos casi seguramente quieren que los lectores vean aquí un cumplimiento de Sal. 69:21.

VÍNCULO Un vínculo representa de forma típica una relación cercana en las Escrituras. Puede tener connotaciones positivas y negativas, al igual que las palabras relacionadas como "servidumbre". En el sentido de "cadenas", los vínculos literalmente mantienen a un esclavo junto a su maestro o a un prisionero en la cárcel. Asimismo, se dice que el pueblo exiliado de Dios mantenía un vínculo, por el que Él los rescataría (Jeremías 30:8). Desde la perspectiva espiritual, un "vínculo" puede describir la relación de un pacto firme entre Dios y su pueblo (Jeremías 2:20; 5:5; Ezequiel 20:37). En el nuevo pacto, los creyentes son liberados de su cautiverio con el pecado y se convierten en los siervos de Cristo (Romanos 6:16-22). Esta relación con Cristo en cambio une a los cristianos entre sí; en Efesios a esta unidad se le llama "el vínculo de la paz" (4:3).

Un lagynos, un contenedor de vino de una sola manija, que se colgaría frente a las bodegas como una especie de letrero de tienda

VINO Una bebida alcohólica hecha principalmente a través de la fermentación de uvas. El vino era valorado como una bebida placentera y funcional (Sal. 104:15; 1 Tim. 5:23) y, por lo tanto, esencial en una práctica ceremonial básica y en reuniones sociales (Éx. 29:40; Jn. 2:1-3). Por esta razón, el vino es un símbolo de la bendición de Dios (Gn. 27:28; Jn. 2:11), particularmente para su pueblo de la alianza (Is. 25:6, 55:1; 1 Cor. 11:25). Sin embargo, la Biblia también advierte contra el abuso del alcohol, lo que puede llevar a la ebriedad y desenfreno (Prov. 9:4-5; Ef. 5:18). Tal abuso se convierte en un símbolo de la maldición de Dios por desobediencia (Os. 4:11; 9:2; Mt. 27:48-49).

VIÑEDO *Véase* Vid, Viñedo.

VIOLACIÓN Relaciones sexuales no consentidas impuestas en una persona por la fuerza o por un engaño. La violación de una mujer prometida se consideraba una ofensa capital bajo la ley del AT (Dt. 22:25-27), y una mujer víctima de este crimen no era deshonrada por el acto cometido. Un hombre que violaba a una mujer sin compromiso debía pagarle a ella su precio de novia y casarse con ella para preservar su honor. Ese hombre no tenía permitido posteriormente divorciarse de su esposa.

El AT contiene varias historias que describen la violación y sus consecuencias. En dos instancias, las mujeres obligan a hombres a dormir con ellas a través de un engaño o fraude. Para poder preservar su línea familiar, las hijas de Lot persuaden a su padre de tener sexo con ellas emborrachándolo (Gn. 19:30-35). Por una razón similar, Tamar engaña a su suegro, Judá, para que creyese que era una prostituta para que él cumpliera su deber familiar de darle un hijo.

Más comúnmente, los hombres perpetran violencia sexual contra las mujeres para satisfacer su propia lujuria. A veces esta era lujuria por una

V

mujer en particular, como es el caso de Siquem (Gn. 34) y Amnón (2 Sm. 13:1-22). En otras instancias, es claro que cualquier mujer satisfará los violentos impulsos sexuales de los hombres involucrados (Jue. 19; similarmente, Gn. 19:4-5). En muchos de estos casos, los crímenes cometidos tienen consecuencias serias y a largo plazo más allá de sus circunstancias inmediatas. La violación de las mujeres de Jerusalén fue uno de los horrores asociados a la caída de la ciudad (Lam. 5:11; Zac. 14:2).

VIOLENCIA Acción hostil perpetrada contra alguien o algo. Aunque usada en Ez. 22:26 para describir la forma en que los sacerdotes de Israel habían usado la ley de Dios, la violencia con mayor frecuencia involucra infligir daño físico contra una persona o grupo. El tema de violencia en la Biblia, aunque extenso, dista mucho de ser simple. Muchos pasajes del AT se refieren a la participación en actos de violencia como algo a ser evitado, perteneciente a la vida de los malvados más que de los justos (Sal. 27:12; Prov. 4:17). En el NT también se desalienta la violencia (Rom. 12:19-21). La violencia es adictiva y, finalmente, destructiva para aquellos que viven por ella (Prov. 13:2; 21:7). La violencia obtiene violencia (Sal. 137; Mt. 26:52). Una recurrente representación bíblica de la violencia implica el derramamiento de sangre, debido a la asociación cercana de la sangre con la vida (Jr. 51:35; cf. Lv. 17:14).

Muchos pasajes aseveran o asumen que Dios desaprueba la violencia (e.g., Job 16:17; Sal. 17:4; Mal. 2:16; 1 Tim. 1:13; Tit. 1:7). Dios es refugio contra la violencia (2 Sm. 22:3). La violencia generalizada en el mundo es la razón dada por Dios para traer el diluvio (Gn. 6:13). La violencia es el pecado de Nínive (Jon. 3:8) al igual que de Israel, un punto enfatizado por los profetas al declarar que Israel iría al exilio (Is. 53:9; Jr. 22:3; Ez. 8:17; Os. 12:1).

Sin embargo, también hay pasajes que toleran y abogan por la violencia. Las Escrituras contienen numerosas historias del pueblo de Dios actuando con violencia. Mientras en algunos casos estos individuos pueden haber actuado por su cuenta (véase Jueces), en algunos pasajes Dios explícitamente ordena la violencia (e.g., Dt. 7:1-2). En la vida militar bíblica, la violencia parece ser una herramienta aceptada y útil (e.g., 1 Sm. 17; 1 Cr. 12). Dios es descrito con frecuencia, entre otras cosas, un guerrero (Éx. 15:3; Mt. 10:34; Ap. 19:11-16).

El asunto de la persistencia de la violencia en las Escrituras es mencionado, pero no respondido (Hab. 1:2-3), sugiriendo que no hay una respuesta simple. Tal vez el reconocimiento de Dios de la maldad en el corazón humano (Gn. 8:21) lo lleva a involucrarse incluso en la violencia de este mundo, como instigador y también receptor (Jesús). Que la Biblia reconoce la prevalencia de la violencia en el mundo ciertamente es significativo. Sin embargo, la Biblia también da testimonio que esto también pasará mientras describe los planes futuros de Dios, en donde la violencia no existirá más (*véase* Is. 60:18).

VIOLENCIA DOMÉSTICA La violencia doméstica se define más sucintamente como el maltrato del cónyuge de uno por medios físicos o emocionales. La fuente de abuso puede trazarse a la caída, mientras ambos compañeros luchan por el control de la relación (Gn. 3:16b). Como tal, el abuso es una expresión de un problema relacional con Dios al igual que con el cónyuge de uno.

Debido a que el abuso está enraizado en el deseo de explotar a otro, nunca puede entenderse como consistente con la comprensión bíblica del matrimonio. El matrimonio se expresa en las Escrituras como una alianza entre dos individuos cuya intención es trabajar unidos como personas que se "corresponden" y son "un solo cuerpo" (Gn. 2:18 NET; 2:24). La explotación inherente en el abuso también es contraria a las ideas de sumisión mutua y de cada persona en un matrimonio que se pertenece el uno al otro. Ninguna persona debe ser movida por motivos egoístas (1 Cor. 7:3-5; Ef. 5:21). Finalmente, el abuso es contrario al mensaje cristiano porque no puede ser una expresión de la naturaleza del amor (1 Cor. 13) o fruto del Espíritu (Gal. 5:22-23). Aunque el abuso puede perpetrarse sobre el marido o la mujer, las Escrituras tienen especial cuidado en instruir al marido a ser gentil en la relación con su esposa, llamándolo a tratarla como Cristo trata a la iglesia y a ser cuidadoso se su rol significativo en el bienestar de la esposa (Ef. 5:28-31; 1 Pe. 3:7).

VIRGEN Hay dos palabras hebreas que la NIV traduce como "virgen". La primera, betulah, conlleva la comprensión más común de "virgen", designando a una mujer que no ha tenido relaciones sexuales. La segunda, ʻalmah, generalmente se refiere a una mujer joven que ha alcanzado la edad para tener hijos y es casadera. No siempre, sin embargo, implica que la mujer no ha tenido relaciones sexuales o incluso que no sea casada. En el NT, la palabra griega parthenos generalmente se usa de una mujer que no ha tenido relaciones sexuales. La definición de "virgen" es teológicamente importante debido a declaraciones en los Evangelios de Mateo y Lucas que María, la madre de Jesús, era virgen (parthenos) cuando él nació (Mt. 1:23; Lc. 1:27; cf. Mt. 1:18, 25; Lc. 1:34). Complicando aún más el problema interpretativo está el uso de Is. 7:14 por parte de Mateo en Mt. 1:23, donde sigue el parthenos de LXX, aunque el hebreo lee ʻalmah.

VISIÓN Una comunicación divina en la forma de imaginería visual, usualmente acompañada por palabras y con frecuencia usando símbolos que requieren explicación y estimulan la reflexión acerca de la, de otra forma imperceptible, presencia y actividad de Dios. Presumiblemente, el receptor "ve" la visión como un evento de percepción interior, con frecuencia dentro de un sueño mientras duerme o en un estado de éxtasis divinamente inducido (Gn. 15; Dn. 7:1; 10:1-9; 2 Cor. 12:1-4). Característicamente, las visiones implican conversaciones con Dios o un representante angelical, con frecuencia en un formato de pregunta-respuesta (Dn. 7:15-28; Zac. 1:8-15, 18-21). El visionario en realidad está en la escena como observador directo y participante activo (Dn. 8:1-2).

Las visiones proféticas tienen la intención de ser relatadas. Por ejemplo, la imaginería va acompañada por la autenticación de la comisión divina (Is. 6; Ez. 1:1-3:15; Ap. 10), concluyendo en un anuncio de juicio (Jr. 1:4-19). Esta estrecha conjunción de imagen y palabra (1 Sm. 3:21) es reforzado por declaraciones acerca de un profeta "viendo" la palabra de Dios (e.g., Miq. 1:1 ESV, NRSV, NASB) y acerca de libros proféticos como colecciones de visiones (2 Cr. 32:32; Nah. 1:1). Los informes de visiones unen oráculos y otras formas de discurso profético como características esenciales de estos trabajos. Las visiones contribuyen al bienestar espiritual de la comunidad (Prov. 29:18; Ez. 7:26), pero no siempre (Lam. 2:14; Ez. 13; Zac. 13:4; Col. 2:18).

VISIONES conducen la narrativa que rodea el nacimiento de Jesús (Mt. 1:18-2:23; Lc. 1:1-2:20). El bautismo de Jesús incluye elementos visionarios, el Espíritu Santo ungiendo a Jesús para su ministerio, acompañado por la palabra del Padre (Mt. 3:16-17; Mc. 1:10-11; Lc. 3:22; Jn. 1:32-33). La transfiguración de Jesús es comparable (Mt. 17:1-9; Mc. 9:2-10; Lc. 9:28-36). Visiones marcan puntos de transición claves en la narrativa de Hechos (e.g., capítulos 9-11). El libro del Apocalipsis abre con una visión del Hijo del Hombre (1:9-20) y se estructura alrededor de tres visiones del cielo cuya intención es respaldar la fidelidad de los creyentes.

VIUDA Que carece de la provisión y protección de un marido, las viudas son miembros necesitados de la sociedad, frecuentemente agrupados con los huérfanos. Ambos Testamentos fomentan esfuerzos especiales para cuidar de las necesidades de las viudas.

La preocupación de Dios por las viudas es evidente en las descripciones de su carácter y su mandamiento para su protección y beneficio. Estos se complementan por condenas, castigos y maldiciones para aquellos que fracasan en la preocupación por las viudas y alabanza y bendiciones para quienes lo hacen. Las viudas aparecen prominentemente en varias historias bíblicas.

Dios mismo se preocupa de las viudas y les da justicia (Dt. 10:18; Sal. 68:5; Prov. 15:25). Él instruye a Israel y la iglesia para preocuparse de las viudas. Mandamientos negativos advierten de las consecuencias de maltratar a las viudas (Éx. 22:22-24; Dt. 24:17-18). Mandamientos positivos requieren dar justicia a las viudas (Is. 1:17; Jr. 22:3), incluyéndolas en celebraciones comunitarias (Dt. 16:11-14) y proveyendo por ellas. Las provisiones del AT vienen en dos formas. Cada tercer año un diezmo de la cosecha era depositado para proveer para los levitas, extranjeros, huérfanos y viudas (Dt. 14:27-29; 26:12-13). Adicionalmente, los cosechadores eran instruidos a dejar restos de la cosecha para los extranjeros (personas desplazadas buscando refugio), huérfanos y viudas (Dt. 24:17-22; cf. Rut 2). El cuidado de las viudas fue central en la controversia que llevó al nombramiento de diáconos (Hec. 6:1-6). Pablo instruyó a Timoteo para que priorizara el cuidado de las viudas que eran mayores de sesenta años de edad y sin familia, que cuidase de ellas (1 Tim. 5:1-16).

El fracaso en cuidar de las viudas trae condenación (Dt. 27:19; Job 24:2-3; Is. 1:23; 10:2; Mal. 3:5; Mc. 12:40). Por el contrario, cuidado por las viudas es una marca de justicia que trae bendiciones (Job 29:12-16; Jr. 7:5-7; Hec. 9:39). Santiago incluye el cuidado por las viudas y huérfanos entre las partes esenciales en su resumen de la verdadera religión (Sant. 1:27).

El Antiguo Testamento incluía costumbres especiales para la protección de, presumiblemente, viudas jóvenes. Si el marido de una mujer fallecía y la dejaba sin hijos, su cuñado debía casarse con ella y reconocer al primer hijo de esa unión como perteneciente a su hermano muerto (Gn. 38:8; Dt. 25:5-6; Rut 4:5, 10; Mt. 22:24). Esta costumbre estaba detrás de la disputa entre Judá y Tamar (Gn. 38).

V

Las viudas aparecen prominentemente en varias historias. Una viuda cuidó de Elías en Sarepta (1 Re. 17; cf. Lc. 4:25-26). Tras la instrucción de Eliseo, una viuda pudo llenar múltiples contenedores con aceite de un solo frasco (2 Re. 4:1-7). Jesús revivió al hijo de una viuda (Lc. 7:12-17). Destacó a una viuda que hizo una pequeña pero significativa contribución al tesoro del templo (21:1-4). También ilustró la persistencia en la oración con una historia acerca de una vida buscando justicia (18:1-8). *Véase también* Pobre, Huérfano, Viuda.

VIVIENDA La palabra "vivienda" no aparece en la NIV, pero es bastante común en la KJV y la NASB. Por lo general, se refiere al hogar de una persona (Is. 32:18) o, más comúnmente en la Biblia, a la ubicación geográfica del hogar de uno (e.g., ,Sal. 79:7). También se usa comúnmente como una referencia al lugar donde Dios viven en los cielos (Dt. 26:15; Sal. 68:5), el templo (Sal. 26:8), o la ciudad de Zion (Sal. 132:13). El salmista también visualiza a Dios como la vivienda del salmista en tiempos de problemas (Sal. 71:3).

VIVO, DAR VIDA En la RV, palabras que significan "vivo", "dar vida" o "revivir" (por ejemplo, Nm. 16:30, Sal. 71:20, Jn. 5:21, Hec. 10:42 Rom. 8:11; 2 Tim. 4:1; 1 Ped. 4:5).

VOCACIÓN *Véase* Llamar, Llamado.

VOLUNTAD DE DIOS El logro de los propósitos de Dios. Esto fue más claramente expresado por la plegaria de Jesús: "Que no se haga mi voluntad, sino la tuya" (Lc. 22:42). Jesús estipuló en el Evangelio de Juan que estaba persiguiendo no su propia voluntad, sino la de Dios (5:19, 30; 6:38). La voluntad de Dios se revela en la creación (Ap. 4:11), las Escrituras (2 Pe. 1:20-21), sus estándares (Esd. 10:11; Rom. 12:1-2; 1 Tes. 4:3), su llamado (1 Cor. 1:1), y su propósito (Is. 46:10).

VOLUNTAD HUMANA "Voluntad" se refiere a los deseos de una persona y el poder de actuar sobre aquellos deseos. En la Biblia, la voluntad humana es a veces contrastada con la voluntad de Dios o misericordia (Rom. 9:16 ESV, NRSV; cf. Jn. 1:13) o el poder del Espíritu Santo (2 Pe. 1:21 NASB, NRSV). En su humanidad, Jesús tiene su propia voluntad, pero eligió someterse a la voluntad de su Padre (Lc. 22:42; Jn. 6:38). *Véase también* Libre Albedrío; Voluntad de Dios.

VOLUTARIOS Aquellos que se ofrecen libres y no obligados, sin compulsión o consideración de valor a cambio, para realizar una tarea, hacer un voto o servir a otro. En el AT, los voluntarios por lo general sirven a Dios (Dt. 23:23; 2 Cr. 17:16; Sal. 110:3), Israel (Esd. 7:13; Neh. 11:2) o un líder de Israel (Jue. 5:2, 9; 1 Cr. 28:21). Dios mismo es el último voluntario, ya que libremente da lugar, propósito y compañera a Adán (Gn. 2:15-22); unilateralmente hace una alianza con Abram para darle descendientes, bendiciones y tierra (Gn. 12:2-3; 15:17-21); libera a Israel de la esclavitud en Egipto (Éx. 6:6-8; Dt. 20:1; Js. 24:17; Sal. 81:10); y permanece fiel a Israel a pesar de sus repetidos fracasos (Sal. 68:35; 106:44-46).

En el NT, Dios es también quien envía a Jesús (Mt. 10:40; Mc. 9:37; Lc. 4:18-21; Jn. 4:34; 5:24, 30, 36-37), que sana por su propia voluntad (Lc. 5:13), da descanso a los cansados (Mt. 11:28), y entrega su vida por decisión propia para nuestra redención (Mc. 10:45; Jn. 10:18; Gal. 3:13-14; Ef. 5:2; Tit. 2:14; 1 Pe. 1:18-19). Con Jesús como el estándar, el concepto de voluntariamente entregarse y las posesiones de uno corre a través del NT (Ef. 5:1-2). Los cristianos son llamados a amarse y servirse unos a otros en formas espirituales y prácticas (Hec. 2:44-45; Rom. 12:9-21; 1 Tes. 5:15-18; Flm. 14). También deben amar a sus enemigos y rezar por sus perseguidores (Mt. 5:44; Lc. 6:27, 35). Aquellos que desean guiar primero deben ofrecerse voluntariamente a servir a otros (Mt. 20:27; Mc. 9:35; Lc. 22:26). Los ancianos deben pastorear voluntariamente (1 Pe. 5:2). Pablo, quien urge a los cristianos a ofrecer sus cuerpos como sacrificios vivos (Rom. 12:1), es en sí mismo un modelo de voluntarismo y auto sacrificio (Hec. 20:34-35; 21:13; 1 Cr. 9:19-23; 2 Cor. 4:5; 11:23-27).

VOTOS Promesas coercitivas hechas a Dios mientras se espera la ayuda de El (Gn. 28:20; Nm. 21:2; 1 Sm. 1:11). Cuando se recibe la respuesta de Dios, los adoradores cumplen sus votos realizando lo que han prometido (1 Sm. 1:21; Hec. 21:23-24).

Las regulaciones mosaicas se refieren a cómo y por quién los votos deben ser implementados (e.g., Lv. 7:16; 22:17-25; 23:38; 27:2-11; Nm. 30; Dt. 12:5-28), incluyendo el "voto nazireato" de separación radical a Dios (Nm. 6:1-21; cf. Jue. 13:2-5; Hec. 18:18). Los salmos de lamentos conectan votos con el clamor a Dios y retratan su cumplimiento en ofrendas de agradecimiento que responden a la liberación de Dios (Sal. 50:14-15; 56:12-13; 66:13-15; cf. Job 22:27; Jon. 2:9). Ya que los votos tienen la intención de distinguir a los fieles adoradores de Dios (e.g., Sal. 116:14, 17-18), las Escrituras condenan los votos impulsivos o incumplidos (Nm. 30:2; Dt. 23:21-23; Prov. 20:25; Ecl. 5:5-6; cf. Jue. 11:30-39). Algunos votos son hechos insinceramente (2 Sm. 15:7-8; Prov. 7:14) o a ídolos (Jr. 44:25).

VOYERISMO Práctica compulsiva de obtener gratificación sexual a través de la observación de actos u objetos sexuales. Un voyerista típicamente opera de manera secreta, contribuyendo a la naturaleza adictiva de la práctica. El voyerismo cae en la categoría de abuso sexual sin contacto, que incluye el exhibicionismo, el voyerismo, la coerción de mirar o participar en pornografía infantil, llamadas o correos electrónicos sexualmente obscenos y otros comportamientos intrusivos tales como no permitir a un niño desvestirse o usar el baño en privado.

Varios textos bíblicos pueden ilustrar el voyerismo. Cam se involucra en descarado voyerismo hacia su padre, Noé (Gn. 9:22). Ebrio de vino, Noé se desviste y Cam "vio la desnudez de su padre" (ESV, NRSV, NASB), una frase que se refiere a la observación, no a un acto sexual. La mirada desviada y la prenda específica (en hebreo, "la prenda", esto es, la prenda de Noé) usada por sus hermanos confirma la lascivia de Cam (9:23). En el libro de Habacuc, Dios pronuncia infortunio sobre los babilonios por emborrachar prisioneros para poder "contemplar sus cuerpos desnudos" (Hab. 2:15).

Cuando el individualismo separa la persona de relaciones y el secularismo opta por el "principio de daño" ("Un acto está bien si nadie sale herido") —por no hablar de los temas de pornografía penetrante en internet— no es de sorprender que el voyerismo sea un problema creciente.

VULGATA Esta traducción latina de las Escrituras, basada en el trabajo de Jerónimo, era la versión de la Biblia más ampliamente usada antes del tiempo de la Reforma Protestante. *Véase también* Textos Bíblicos y Versiones.

Y

YAHVÉ *Ver* YHWH.

YAHWEH *Véase* Jehová; YHWH.

YAJAZIEL *Ver* Jahaziel.

YANÚN Una ciudad en la región montañosa de Judá, cerca de Hebrón. Está en la lista con otras nueve ciudades que formaron un distrito administrativo dentro de Judá luego de la conquista de Canaán (Josué 15:53).

YATRAY Un gersonita enumerado entre los levitas postexílicos en las geneaologías de Crónicas (1 Cr. 6:21 [RV: Jeatrai]).

YEGUA *Ver* Caballo.

YHWH Conocido como Tetragrammaton ("cuatro letras"), estas cuatro consonantes componen el nombre personal de Dios. La mayoría de las versiones inglesas glosan este nombre en pequeñas letras mayúsculas como "SEÑOR" (*véase* Gn. 15:1) o "Dios" (*véase* Gn. 15:2 KJV, RSV, NRSV, NASB). "Señor" sin el formato de pequeñas letras mayúsculas significa un título, no un nombre personal, en hebreo: 'adonay. En el período intertestamentario, los judíos reverentes se volvieron reticentes a pronunciar el nombre divino, así que sustituyeron 'adonay o algún título para "YHWH". En la Edad Media, cuando se introdujeron vocales en el texto hebreo, aquellas pertenecientes a 'adonay fueron insertadas en "YHWH", recordando a los lectores decir el título en vez del nombre. Los hablantes ingleses, sin embargo, sustituyendo la J por la Y, vocalizando W con un sonido V (ambos bajo la influencia del alemán), y leyendo consonantes y vocales unidas, inventaron esta palabra artificial que ningún antiguo había pronunciado jamás "Jehová" (*véase* Gn. 15:2 ASV).

Muchos derivan "YHWH" del verno hebreo "ser" (hayah) y comprenden el significado del nombre como "Él Es", aunque esto se debate. Tal etimología se encuentra en Éx. 3:13-14, donde Moisés le pregunta a Dios su nombre, y Dios respondió, "Yo soy el que soy. Esto es lo que debes decirle a los israelitas: 'Yo soy me ha enviado a ustedes'". Pasando por Moisés en el Monte Sinaí, Dios declaró el significado de este nombre, revelando la naturaleza de Dios como compasiva, graciosa, paciente, amante, indulgente y justa (Éx. 34:5-7). Jesús reclama este nombre para sí mismo en Jn. 8:58: "Antes de que Abraham naciera, Yo soy". Los cristianos bautizan en el nombre singular del Padre, el Hijo y el Espíritu Santo (Mt. 28:19). *Véase* Señor.

YO SOY El nombre divino, YHVH, revelado a Moisés (Éx. 3:14) se relaciona con hayah, el verbo hebreo para "ser". La LXX presenta este nombre con la frase, "Yo soy" (egō eimi) que textos posteriores del AT emplean como un título para Dios (Is. 43:25; 51:12; 52:6).

Una característica significativa en el Cuarto Evangelio es el registro de Juan de siete declaraciones "Yo soy" predicadas dentro de las enseñanzas de Jesús: "Yo soy el pan de vida" (6:35); "Yo soy la luz del mundo" (8:12); "Yo soy la puerta para las ovejas" (10:7); "Yo soy el buen pastor" (10:11); "Yo soy la resurrección y la vida" (11:25); "Yo soy el camino y la verdad y la vida" (14:6); y "Yo soy la vid verdadera" (15:1). Con cada metáfora Jesús expresa un contraste entre él y otro. Por ejemplo, la declaración de Jesús de ser el pan de vida lo diferencia del maná que apareció en el desierto (6:49), mientras su identificación como el buen pastor está en oposición al jornalero que abandona a las ovejas en tiempos de problemas (10:12-13). En estas instancias "Yo soy" es probablemente una elección intencional para hacer eco del nombre divino y revelar la relación de unidad de Jesús con Dios el Padre.

El significado de otras declaraciones "Yo soy" de Jesús en griego, no predicadas, pero enfáticas se debaten (Mc. 6:50; 14:62; Lc. 24:39; Jn. 6:20; 8:24, 28, 58; 13:19; 18:5). En respuesta a la declaración de Jesús de "Yo soy", el sumo sacerdote lo acusa de blasfemia (Mc. 14:64), los judíos desean apedrearlo (Jn. 8:59) y los oficiales que vienen a arrestarlo "[se echan] atrás y [caen] al suelo" (Jn. 18:6). Estas reacciones sugieren que al menos algunos que escuchan a Jesús decir estas palabras las interpretaron como su declaración de igualdad con Dios (cf. Jn. 5:18).

YUGO Un travesaño de madera atado al cuello y hombros de una o, más frecuentemente, dos animales (e.g., 1 Sm. 6:7) para facilitar el trabajo. Los yugos también se usaban por individuos para balancear una carga suspendida sobre los hombros (Nm. 4:10, 12; 13:23). Como tal, el yugo también funcionaba como un símbolo de sometimiento (Gn. 27:40; Lv. 26:13; Dt. 28:48; Jr. 27:2-7; Gal. 5:1; 1 Tim. 6:1), a veces de trabajo conjunto (2 Cor. 6:14; Flp. 4:3), y se asocia íntimamente con pares de animales (Lc. 14:19; 1 Sm. 11:7). *Véase también* Pesos y Medidas.

Z

ZAANÁN Un pueblo mencionado por el profeta Miqueas (Miq. 1:11). El nombre suena similar al verbo hebreo "salir", creando un juego de palabras entre el nombre y el hecho que "aquellos que viven en Zaanán no saldrán" debido a la invasión. El pueblo probablemente estaba al suroeste de Jerusalén.

ZAANANIM Un lugar conocido por el gran roble que marcaba el límite sur de Neftalí, entre Helef y Adamí Néqueb (Js. 19:33). Heber, el quenita, colocó su tienda en un lugar de ese nombre, que también tenía un roble, cerca de Cedes (Jue. 4:11 [KJV: "Zaanaim"]).

Estos dos son probablemente el mismo lugar. Si es así, el sitio es probable que sea Kahn et-Tuggar, a cuatro kilómetros del Monte Tabor. Sin embargo, puede haber habido dos Zaananim distintos, uno más al sur cerca de Megido.

ZAAVÁN El segundo de tres hijos de Ezer, un jefe entre los descendientes de Seír, el horeo en Edom (Gn. 36:27; 1 Cr. 1:42).

ZABAD **(1)** Hijo de Natán, un juadaíta (1 Cr. 2:36-37). **(2)** El hijo de Tahat, descendiente de Efraín (2 Cr. 7:21). **(3)** Hijo de Ahlai, era uno de los poderosos guerreros de David (1 Cr. 11:41). **(4)** El hijo de la mujer amonita, Simeat, fue uno de los oficiales que conspiró contra Joás (2 Cr. 24:26). Es llamado Jozabad o Jozacar en 2 Re. 12:21.

(5) Descendiente de Zatu, estaba entre los condenados por Esdras, tras regresar del exilio, por haberse casado con esposas extranjeras (Esd. 10:27). **(6)** Descendiente de Hasum, estaba entre los condenados por Esdras por haberse casado con esposas extranjeras (Esd. 10:33).

(7) Descendiente de Nebo, estaba entre los condenados por Esdras por haberse casado con esposas extranjeras (Esd. 10:43).

ZABAI **(1)** Descendiente de Bebail que estaba entre aquellos obligados por Esdras a divorciarse de sus esposas extranjeras tras el regreso del exilio (Esd. 10:28). **(2)** Un hombre cuyo hijo, Baruc, fue un destacado trabajador en la reconstrucción el muro de Jerusalén bajo la guía de Nehemías (Neh. 3:20).

ZABDI **(1)** Un hijo de Simei, listado en la genealogía de la tribu de Benjamín (1 Cr. 8:19). **(2)** Un sifmita a cargo de los viñedos en la administración de David (1 Cr. 27:27).

(3) El abuelo de Matanías, uno de los levitas que se asentaron en Jerusalén en tiempos de Nehemías (Neh. 11:17).

ZABDIEL **(1)** Padre de uno de los comandantes de David, Jasobeam (1 Cr. 27:2). **(2)** Hijo de Gedolim, era el oficial en jefe de una división de sacerdotes provinciales elegidos para asentarse en Jerusalén después de que Nehemías la reconstruyó (Neh. 11:14).

ZABUD *Véase* Zacur.

ZABUD Zabud, hijo de Natán, era un sacerdote y consejero personal del Rey Salomón en la cima de su poder (1 Re. 4:5).

ZABULÓN Décimo hijo de Jacob, el sexto de Lea (Gn. 30:20). Tras el nacimiento de Zabulón,

Lea dijo: "Dios me ha presentado un regalo precioso.

Esta vez mi esposo me tratará con honor, porque le he dado seis hijos". El nombre Zabulón es un juego de palabras con la palabra hebrea para "honor" (zabal). Poco se sabe de la vida de Zabulón, aparte del nombre de sus tres hijos, Sered, Elón y Jahleel (Gn. 46:14).

Los descendientes de estos tres hijos constituyeron las divisiones principales dentro de la tribu en el futuro (Nm. 26:26). La tribu de Zabulón posteriormente sería parte de Israel, pero no muy influyente en comparación a otras. *Véase tambié*n Zabulón, Tribu de.

ZABULÓN, TRIBU DE Descendiente del décimo hijo de Jacob, Zabulón, está tribu no expulsó a los cananeos, sino que los sometió a trabajos forzados (Jue. 1:30).

Durante la travesía por el desierto esta tribu era líder en el orden de marcha, junto con las tribus de Judá e Isacar. Respondió al llamado de Gedeón (Jue. 6:35) y ayudó a entronizar a David en Hebrón (1 Cr. 12:33). Posteriormente fue desposeída por los asirios bajo Tiglat-piléser III (744-727 a.C.). Mateo 4:13-16 señala al ministerio de Jesús en las regiones de Zabulón y Neftalí en Galilea como un cumplimiento de Is. 9:1-2.

ZABULONITA Un título de Elón, uno de los jueces menores, que era de la tierra de Zabulón. Él dirigió Israel durante diez años (Jue. 12:11).

ZACAI El líder de un clan que fue parte del regreso temprano a Judá del cautiverio babilonio en 539 a.C. o cerca de esa fecha (Esd. 2:9; Neh. 7:14).

ZACARÍAS **(1)** Un rey de Israel, el hijo de Jeroboam II (2 Re. 14:29). Su reinado fue interrumpido a los seis meses debido a su asesinato a manos de Salum (15:8-12). (2) El abuelo materno del rey Ezequías (2 Re. 18:2; 2 Cr. 29:1). **(3)** Un rubenita listado entre Jeiel, el jefe, y Bela, hijo de Azaz (1 Cr. 5:7).

(4) Un hijo de Meselemías, era guardián de la puerta en la tienda de reuniones durante el reinado de David (1 Cr. 9:21; 26:2). Le fue asignada la Puerta Norte y era considerado un individuo sabio (1 Cr. 26:14).

(5) Noveno de diez hijos de Jeiel y Maaca en la genealogía de Saúl (1 Cr. 9:37). Es llamado "Zéker" en 1 Cr. 8:31. **(6)** Un músico levita que tocaba la lira y el harpa durante el reinado de David (1 Cr. 15:18, 20; 16:5). **(7)** Un hijo de Isías (1 Cr. 24:25). **(8)** Cuarto hijo de Hosa, un portero (1 Cr. 26:11). **(9)** El padre de Iddo, oficial sobre la tribu de Manasés en Galaad (1 Cr. 27:21).

(10) Uno de cinco oficiales enviados por el Rey Josafat para enseñar la ley en Judá (2 Cr. 17:7). **(11)** Padre del profeta Yahaziel (2 Cr. 20:14). **(12)** Un hijo del rey Josafat (2 Cr. 21:2). **(13)** Un profeta, hijo del sacerdote Joiada (2 Cr. 24:20). Durante el reinado de Joás fue apedreado tras profetizar contra el pueblo. Probablemente es la persona mencionada en Mt. 23:35 // Lc. 11:51, aunque existe confusión acerca de su genealogía.

(14) Un profeta que instruyó al rey Uzías en reverencia y obediencia a Dios (2 Cr. 26:5). **(15)** Una levita en el reinado de Ezequías, descendiente de Asaf (2 Cr. 29:13).

(16) Un levita coatita que supervisaba las reparaciones del templo durante las reformas del rey Josías (2 Cr. 34:12). **(17)** Un administrador del templo bajo el rey Josías (1 Cr. 25:8).**(18)** Profeta contemporáneo de Ageo y Esdras (Esd. 5:1). Era hijo de Berekías, nieto de Iddo, el jefe de la línea sacerdotal de Iddo (Zac. 1:1; Esd. 5:1; Neh. 12:16). Su carrera como profeta comenzó en el segundo año de Darío (Zac. 1:1). (*Véase también* Zacarías, Libro de).

(19) Retornado del exilio con Esdras y 150 hombres de los descendientes de Paros (Esd. 8:3). (20) Hijo de Bebai, regresó del exilio con Esdras y veintiocho hombres descendientes de Bebai (Esd. 8:11). **(21)** Uno de los nueve líderes enviados por Esdras a Casifia para traer de regreso a los levitas a Jerusalén para servir en el templo (Esd. 8:16). Probablemente también es uno de los trece hombres que se paró junto a Esdras para la lectura de la ley (Neh. 8:4).

(22) Uno de los descendientes de Elam listado entre los culpables de casarse con mujeres extranjeras en la época de Esdras (Esd. 10:26).

(23) Un ancestro de Ataías, uno de los líderes provinciales de Judá que volvieron del exilio (Neh. 11:4). **(24)** Un ancestro de Maasías, uno de los líderes provinciales de Judá que volvieron del exilio (Neh. 11:5).

(25) Un ancestro de Adaía, uno de los cabezas de familia entre los sacerdotes que volvieron del exilio (Neh. 11:12).

(26) El hijo de Jonatán, era uno de los sacerdotes que tocaban trompetas en la dedicación del muro de Jerusalén en la época de Nehemías (Neh. 12:35, 41).

ZACARÍAS, LIBRO DE El décimo y más largo de los libros de los doce Profetas Menores. La profecía de Zacarías es una de las más intrigantes del AT, comenzando con ocho capítulos de visiones nocturnas y terminando con seis capítulos adicionales de oráculos. La segunda parte del libro es bastante oscura y, aparentemente, presentada de manera más aleatoria que la primera.

La importancia de Zacarías para la audiencia cristiana se destaca por dos hechos: primero, ningún otro libro se cita con más frecuencias en las narraciones de la pasión de los Evangelios; segundo, influenció el libro del Apocalipsis.

Trasfondo Histórico

El sobreescrito (1:1) nombra a Zacarías, hijo de Berekías, hijo de Iddo, como la fuente de los oráculos a continuación. Poco se sabe acerca de quién era Zacarías, aunque algunos especulan que provenía de una familia sacerdotal, asumiendo que su ancestro Iddo deba identificarse con el sacerdote del mismo nombre que regresó a Judá con Zorobabel (Neh. 12:4).

Por otra parte, el texto es ambiguo acerca de la fecha de las profecías de Zacarías, al menos aquellas en los primeros ocho capítulos. La Tabla 13 lista y analiza los oráculos fechados de Zacarías y su contemporáneo Ageo. Ageo y Zacarías son inusualmente precisos en las fechas que dan a los oráculos en sus libros.

Están fechados durante un periodo de tiempo bastante breve durante el reinado del rey persa, Darío.

Table 13. Los Oráculos Fechados de Zacarías y Ageo

Referencia	Día/ Mes/ Año de Darío	Fecha a.C.	Contenido
Ag. 1:1	1/6/2	29 de agosto, 520	Templo a construir
Ag. 1:5	24/6/2	21 de setiembre, 520	Se recomienza trabajo en el templo
Ag. 2:1	21/7/2	17 de octubre, 521	Gloria del templo
Zac. 1:1	-/8/2	Octubre/ noviembre 520	Autoridad de Zacarías
Ag. 2:10, 20	24/9/2	18 de diciembre, 520	Zorobabel como el sello de Dios
Zac. 1:7	24/11/2	15 de febrero, 519	Primera visión nocturna
Zac. 7:1	4/9/4	7 de diciembre, 518	Un tema acerca del ayuno
(Esdras 6:15)	3/12/6	12 de marzo, 515	Templo completado

El versículo inicial de Zacarías se refiere al segundo año del rey Darío de Persia, que señala el año 520 a.C. Esta fecha calza bien con el propósito de las profecías de los primero ocho capítulos, que sirven para alentar a los regresados para reiniciar la reconstrucción del templo.

Este trasfondo histórico para el libro comienza en 539 a.C. con la derrota de los babilonios por Persia, que había exiliados a los judeanos. Ciro posteriormente emitió un decreto (2 Cr. 36:22-23; Esd. 1:1-4) que permitió a los judeanos regresar y reconstruir Jerusalén. Las primeras oleadas vinieron bajo el liderazgo de Sesbasar y Zorobabel, quienes reciben el crédito por la reconstrucción de los cimientos del templo en la década de 530 a.C. Sin embargo, debido a presiones externas, al igual que dificultades económicas, el pueblo detuvo su reconstrucción del lugar santo. El ministerio de Zacarías (y

Ageo, su contemporáneo) tenía como propósito, en gran parte, inspirar al pueblo a reanudar la reconstrucción del templo (*véase* Esd. 5:1-2), que fue comenzada en el año 520 a.C. y terminada en 515 a.C.

Aunque la data de Zac. 1-8 es controversial, existe un gran desacuerdo acerca de la fecha de los oráculos en Zac. 9-14. Estos capítulos conciernen menos con temas inmediatos de la comunidad postexílica y más interesadas en el futuro distante.

Consideraciones Literarias y Esquema

Zacarías comienza situando sus palabras en la tradición de los "profetas tempranos" (*véase* 1:2-6). El libro es una colección fascinante de visiones proféticas que ocurren de noche, al igual que otros tipos de oráculos de juicio y salvación. Zacarías, especialmente los capítulos 9-14, con frecuencia ha sido comparado al apocalíptico libro de Daniel, que usa una imaginería bizarra para describir el fin de la historia.

I. Sobreescrito (1:1)
II. El llamado del Profeta al Arrepentimiento del Pueblo de Dios (1:2-6)
III. Ocho visiones nocturnas (1:7-6:8)
IV. Una corona para Josué, el Sumo Sacerdote (6:9-15)
V. La respuesta del Profeta a una pregunta sobre el ayuno (7:1-8:23)
VI. Oráculo: La venida del Rey (9:1-11:17)
VII. Oráculo: El futuro del Pueblo de Dios (12:1-14:21)

Mensaje Teológico

Las visiones nocturnas de los capítulos 1-8 calzan en su trasfondo histórico. El pueblo y sus líderes han sido desalentados por preocupaciones económicas internas y presiones de fuerzas externas que no querían que floreciese. Zacarías habla de visiones divinas que expresaban las intenciones de Dios de proteger a su pueblo y guiarlos a un nuevo nivel de prosperidad. Por consiguiente, el pueblo debería completar la construcción del templo, cuyos cimientos

Ruinas del palacio de Darío I en Persépolis. Los oráculos de Zacarías datan de su reinado.

habían sido puestos (4:1-14). Las visiones también enfrentan la necesidad de purificación continua del tipo de pecado que llevó al exilio en primer lugar (3:1-10; 5:1-11).

Los capítulos 9-14 culminan en una visión de la victoria final de Dios sobre aquellos que continúan resistiendo a su voluntad. Esta sección incluye oráculos contra naciones extranjeras (9:1-8) al igual que una visión del nuevo rey de Sion (9:9-13). El capítulo 14, el último, describe una batalla final en la cual Dios vendrá como un guerrero a salvar a su pueblo y juzgar a sus enemigos.

Conexiones al Nuevo Testamento

El libro de Zacarías, con sus visiones nocturnas, tiene una atmósfera diferente del de muchos otros profetas. Incluso así, muchas de sus preocupaciones centrales son similares. Zacarías habla a su audiencia, tanto antigua como moderna, con una advertencia sobre los peligros y consecuencias del pecado, al igual que con estímulo sobre el triunfo final de Dios sobre el mal. Zacarías apela urgentemente a sus contemporáneos a reconstruir el templo, mostrando la importancia de la adoración institucional, pero él claramente establece que la compasión y misericordia hacia el vulnerable debe afianzar la devoción religiosa (7:1-14).

Para los cristianos, la visión de Zacarías de un rey por venir y una victoria final sobre el mal señala no sólo al ministerio terrenal de Cristo, sino también a su regreso final como se describe en el Apocalipsis. Esta asociación no se perdió en los autores del NT. Ellos veían a Cristo como cumpliendo las expectativas de un rey mesiánico que hace una aparición humilde, trayendo justicia y salvación a Jerusalén montado en un burro (Zac. 9:9; cf. Mt. 21:5; Jn. 12:15), traicionado y perforado (Zac. 11:12-13; 12:10; cf. Mt. 26:15 parcial; 27:9-10; Jn. 19:34, 37). Pero es este rey quien someterá a las naciones (Zac. 12:8-9) y establecerá su reino en la tierra (14:3-9).

ZACHARIAS La forma griega del nombre hebreo "Zacarías", usado por la KJV en el NT. *Véase también* Zacarías.

ZACUR **(1)** El padre de Samúa, el representante de la tribu de Rubén entre los doce espías enviados por Moisés para explorar la tierra prometida (Nm. 13:4). **(2)** Un descendiente de Simeón, hijo de Hamuel, y padre de Simei (1 Cr. 4:26). **(3)** Un levita descendiente de Merari (1 Cr. 24:27). **(4)** Un hijo de Asaf, era un levita músico del templo designado por el rey David (1 Cr. 25:2, 10; Neh. 12:35). **(5)** Un descendiente de Bivai, que volvió del exilio bajo Esdras con Utai y setenta hombres (Esd. 8:14). Los Textos masoréticos (seguidos por la KJV) lee "Zabud", pero la NIV y otras traducciones lectura Qeri de los Textos masoréticos, "Zacur", que se ve similar a "Zabud" en escritura hebrea. **(6)** El hijo de Imri, ayudó a reconstruir el muro de Jerusalén (Neh. 3:2). **(7)** Un levita que formó la nueva alianza de Nehemías (Neh. 10:12). **(8)** El padre de Hanán, uno de los supervisores asistentes sobre las bodegas designado por Nehemías (Neh. 13:13).

ZAFÓN **(1)** Un pueblo en el Valle del Jordán que Israel tomó de los amonitas y que Moisés otorgó a la tribu de Gad (Js. 13:27). Años más tarde, fue el campo de batalla para un conflicto entre Galaad y Efraín durante la judicatura de Jefté (Jue. 12:1). **(2)** Una montaña en Siria considerada el hogar del dios Baal en la mitología cananea. El Salmo 48:2 compara el Monte Sion con Zafón, probablemente debido a su reputación como residencia de los dioses. En hebreo, tsapon por lo general significa "norte", probablemente derivado de la ubicación norte de la montaña en relación a Israel.

ZAHAB Una ubicación en la ruta que tomó Israel a través de Moab que se menciona en el Libro de las Guerras de Señor (Nm. 21:14). Su ubicación exacta es desconocida. En la mayoría de las traducciones el nombre aparece como "Vaheb", como en la Biblia hebrea (*véase* NIV mg.); "Zahab" se basa en la escritura encontrada en la LXX.

ZAHAM El menor de los tres hijos de Rehoboam y Mahalat (2 Cr. 11:19), que era nieta de David a través de su hijo Jerimot.

ZAHAR Una ciudad o región mencionada en el lamento de Ezequiel por Tiro (Ez. 27:18).

Z

Debido a la gran reunión de productos y bienes en Tiro, Damasco entró en negocios con Tiro, intercambiando lana de Zahar al igual que vino de Helbón. Zahar es una de las muchas ciudades o grupos de personas listados en una ilustración de la grandeza y riqueza de Tiro.

ZAIR Una ubicación desconocida cerca de Edom que es el sitio de una batalla entre las fuerzas del rey Joram (Jehoram) y las fuerzas edomitas rebeldes que habían rodeado al rey y sus hombres (2 Re. 8:20-22). Joram atacó de noche, y las tropas edomitas regresaron a sus tiendas. Sin embargo, los edomitas continuaron en rebelión contra Judá (cf. 2 Cr. 21:8-10).

ZALMÓN **(1)** Un ahohíta, también llamado "Ilai" (1 Cr. 11:29), era uno de los poderosos guerreros de David (2 Sm. 23:28). **(2)** Una montaña cerca de Siquem desde donde Abimélec y sus hombres cortaron ramas para quemar la torre de Siquem y matar a los líderes de la ciudad, que se habían atrincherado en el interior (Jue. 9:46-48). Zalmón también es mencionado en el Sal. 68:14 como parte de la descripción poética del juicio de Dios sobre los enemigos de Israel.

ZALMONA Una ubicación no identificada en el desierto donde los israelitas acamparon tras dejar el Monte Hor (Nm. 33:41-42). Su nombre y contexto sugieren posiblemente un lugar oscuro u oculto elegido para eludir el rey cananeo Arad.

ZALMUNA Un rey de Madián quien, junto con Zeba, fue capturado por Gedeón y posteriormente ejecutado para vengar la matanza de sus dos hermanos (Jue. 8:18-21). Sus muertes se volvieron símbolos del juicio sobre los enemigos de Israel (Sal. 83:11).

ZANOA **(1)** Hijo de Jecutiel y nieto de Mered de la tribu de Judá. Jecutiel nació de Mered a través de su esposa judaita, cuyo nombre no se menciona en la Biblia más que a través de su esposa Bitia, la hija del Faraón (1 Cr. 4:17-17). **(2)** Un pueblo en las tierras bajas de Judá (Js. 15:34). **(3)** Otro pueblo en Judá, en las tierras altas (15:56).

ZAQUEO Un rico recolector de impuestos en Jericó quien, siendo bajo de estatura, se trepó a un árbol de sicomoro para ver a Jesús al pasar (Lc. 19:1-10). Un judío —Jesús lo llama un "hijo de Abraham"—su posición como "jefe de recolector de impuestos" (architelōnēs) sugiere que tenía a varios otros trabajando para él. Ya que los recolectores de impuestos eran odiados por los otros judíos, la posición superior de Zaqueo lo hubiese hecho especialmente despreciado. Jesús inició contacto con Zaqueo, y él respondió llevando a Jesús a su casa. Después de un tiempo con Jesús, Zaqueo respondió con fe, dando dinero a los pobres y haciendo restituciones a quienes había estafado.

ZARZA Al ser espinosa y resistente, esta planta carga connotaciones negativas como el tormento (Jueces 8:7; Juan 19:2), la irritación de enemigos (Isaías 27:4; Ezequiel 28:24) y el juicio (Isaías 5:6; 7:23-25). También se planta como cobertura para proteger (Isaías 5:5).

ZARZA ARDIENTE El encuentro de Moisés con Dios en la zarza ardiente fue el primer paso dentro del plan de Dios para liberar a su pueblo, Israel, de la esclavitud. Durante los tiempos de Moisés en la alienación de Egipto (Éxodo 2:11-15), el ángel del Señor se manifestó ante Moisés en el monte Horeb (Sinaí) en una zarza que estaba en llamas, pero que no se consumía. Desde el interior de la zarza, Dios le habló a Moisés y le ordenó que guiara a los israelitas para que salieran de Egipto. Dios más adelante explicó que su nombre es "YO SOY EL QUE SOY" (3:1-14). Este incidente forma el trasfondo para la ira de los judíos por Jesús en Juan 8:59: la referencia de Jesús al llamarse a sí mismo "Yo soy" (8:58) era una alusión al encuentro en la zarza ardiente y, por lo tanto, una afirmación de ser Dios.

ZARZA Una de las variadas y comunes plantas espinosas o hirsutas, que también se traduce como "escaramujo", "espina" o "cardo". La zarza crecía como hierba en medio de los campos de grano (Job 31:40) y en las ruinas (Isaías 34:13). La gente la consideraba como una planta poco atractiva (Cantares 2:2), insignificante (Jueces

9:14-15; 2 Reyes 14:9) e improductiva (Lucas 6:44).

ZATU El líder del clan que fue parte del regreso temprano a Judá del cautiverio babilonio en 539 a.C. o cerca de esa fecha (Esd. 2:8; Neh. 7:13). El mismo clan envió a Secanías y trescientos hombres al tiempo de Esdras, alrededor de 458 a.C. (Esd. 8:5 LXX). Seis miembros de este clan más tarde fueron encontrados culpables de mestizaje (Esd. 10:27). Zatu también se lista como uno de los que sellaron la renovación de la alianza dirigida por Esdras (Neh. 10:14).

ZAYIT Un montículo en las tierras bajas del territorio de Judá, también conocido como Tell Zaitah. Excavación arqueológica que en el año 2005 produjo la Piedra Zayit, una roca de piedra caliza de diecisiete kilos (con forma de copa) con dos inscripciones lineales de un alfabeto antiguo precedente a la escritura hebrea vieja. La forma de las letras y la ubicación en el estrato de Tel Zayit se dice que datan del siglo diez a.C. Este artefacto es un abecedario importante porque se encuentra entre los más antiguos encontrados y contribuye a la discusión del estado de alfabetización a comienzos de la monarquía israelita.

U

ZAZA El segundo de los dos hijos de Jonatán, descendiente de Judá a través de la familia de Jerameel (1 Cr. 2:33).

ZEBA Él y otro rey madianita, Zalmuna, fueron muertos por Gedeón en represalia por su ejecución de sus hermanos (Jue. 8:18-21). Los madianitas eran conocidos por redadas en camello hacia Israel durante el tiempo de la cosecha para asolar la tierra y empobrecer a los israelitas (Jue. 6:1-6). El salmista nombra a Zeba y Zalmuna entre los enemigos de Dios (Sal. 83:1-11). La victoria de Israel sobre Madián bajo Gedeón fue resultado directo del clamor de Israel a su Dios, y las circunstancias de la estrategia de batalla fueron tales que Dios recibió la gloria por la victoria. Tras la derrota de Madián, Gedeón persiguió a ambos reyes y los ejecutó.

ZEBADÍAS **(1)** Cuarto de los nueve hijos de Beria, un descendiente de Benjamín y ancestro de Saúl (1 Cr. 8:15). **(2)** Primogénito de los hijos de Elpaal, un descendiente de Benjamín y ancestro de Saúl (1 Cr. 8:17). **(3)** Hijo de Jeroham, estaba entre los guerreros benjamitas que se unieron a David en Siclag cuando huyó de Saúl (1 Cr. 12:7). **(4)** El tercero de siete hijos de Meselemías, un portero levita (1 Cr. 26:2). **(5)** Hijo de Asael y sobrino de Joab, sucedió a su padre como comandante del ejército durante la época de David (1 Cr. 27:7). **(6)** Uno de los nueve levitas enviados por Josafat a través de la tierra para enseñar la ley (2 Cr. 17:8). **(7)** Hijo de Ismael y líder de la tribu de Judá, sirvió como juez jefe en materias concernientes al rey durante el reinado de Josafat (2 Cr. 19:11). **(8)** El hijo de Miguel, volvió del exilio con Esdras y ochenta hombres de los descendientes de Sefatías (Esd. 8:8). **(9)** Un descendiente de Imer que fue culpable de mestizaje con mujeres extranjeras durante la época de Esdras (Esd. 10:20).

ZEBAIM El lugar de nacimiento de Pokéret (NIV, NET: Pokéret-Hazebaim), uno de los descendientes de los sirvientes de Salomón (Esd. 2:55-57; Neh. 7:57-59) entre los regresados del cautiverio babilonio. La ubicación de Zebaim es desconocida.

ZEBEDEO El padre de los discípulos Santiago y Juan, era un pescador galileo de profesión (Mc. 1:16-20; Mt. 4:18-22). Los hijos de Zebedeo trabajaban con él en la pesca y al parecer tenía cierta riqueza, como indica su propiedad de un bote y el uso de sirvientes contratados (Mc. 1:20). El nombre de su esposa parece haber sido Salomé (cf. Mc. 15:40; 16:1; Mt. 27:56).

ZEBIDÁ La hija de Pedaya, madre del Rey Joacim de Judá (2 Re. 23:36). La lectura Qeri de los Textos masoréticos presenta su nombre como "Zebuda" y la LXX la llama "Ieldaph".

ZEBINA Un descendiente de Nebo, listado entre los culpables de casarse con mujeres extranjeras durante la época de Esdras (Esd. 10:43).

ZEBOIM Un pueblo habitado por descendientes de los benjamitas tras el exilio, que aparece entre Hadid y Nebalat (Neh. 11:34).

ZEBOYIM **(1)** Ciudad en el Valle de Sidim atacada y asaltada junto con Sodoma y Gomorra. Seméber la gobernaba cuando Abraham rescató a las cinco ciudades en el planicie de Kedorlaomer (Gn. 14:2, 8). Aunque Zeboyim siempre es mencionada junto con Admá, su ubicación exacta se desconoce, aunque debe estar dentro del Valle de Sidim, alrededor del área del Mar Muerto. El relato de Zeboyim también se registra en Dt. 29, y se hace referencia a su destrucción en Os. 11:8. No debe confundirse con Zeboim, mencionada en Neh. 11:34. **(2)** El Valle de Zeboyim, que es un valle que enfrenta al desierto, fue saqueado por los filisteos mientras Saúl y Jonatán estaban en Gabaa (1 Sm. 13:18). Esto lo ubicaría cerca de Gabaa y Mikmás.

ZEBOYIM, VALLE DE *Véase* Zeboyim.

ZEBUL Gobernador de Siquem bajo el reinado de Abimélec (Jue. 9:30). Zebul informó a Abimélec que Gaal tenía intención de dirigir a Siquem en una alianza con Hamor, trayendo así la destrucción de Siquem (9:42-45). Siquem quedó totalmente destruida y se echó sal sobre sus cenizas.

ZEDAD Uno de los pueblos que marcaban el borde norte de Israel (Nm. 34:8; Ez. 47:15). Se ha sugerido que las ruinas de Sadad son los restos de este pueblo, pero eso es incierto.

ZEEB *Véase* Oreb y Zeeb.

ZEFATA Un valle cerca de Maresah en el oeste de Judá donde Asa derrotó a Zéraj, el etíope (2 Cr. 14:10). No hay un nombre similar a este en el lugar de Maresah. Se ha identificado tanto con Uadi el-'Afrinaj y Uadi Safieh, con mayor acuerdo hacia este último.

ZEFI, ZEFO Un descendiente de Esaú a través de Elifaz (Gn. 36:11; 1 Cr. 1:36). Uno de los clanes de los edomitas deriva su nombre de Zefo (Gn. 36:15). Las dos escrituras probablemente derivan de una similitud visual de la última legra hebrea en cada nombre, yod y waw.

ZEFÓN **(1)** Primero de los siete hijos de Gad, era tocayo del clan zefonita (Gn. 46:16 [KJV, NRSV: "Ziphion"]; Nm. 26:15). **(2)** Baal Zefón ("Baal del norte"), un lugar al otro lado del Mar Rojo donde Dios ordenó a los israelitas acampar para incitar al Faraón a perseguirlos (Éx. 14:2, 9; cf. Nm. 33:7).

ZEFONITAS Un clan de la tribu de Gad, descendiente de Zefón (Nm. 26:15).

ZÉKER El noveno de diez hijos de Jeiel y Maaca en la genealogía de Saúl (1 Cr. 8:31). Es llamado "Zacarías" en 1 Cr. 9:37.

ZELA Un pueblo de Benjamín donde Saúl y Jonatán fueron enterrados (2 Sm. 21:14). Era el lugar de entierro de la familia de Cis, el padre de Saúl, y probablemente el lugar de nacimiento de Saúl.

ZELOFEHAD Hijo de Hefer, líder de una familia manasita que quedó sin herederos masculinos (Nm. 26:33; 1 Cr. 7:15). Tras su muerte en el desierto, sus cinco hijas se acercaron a Moisés y pidieron heredar la asignación de su padre (Nm. 27:1-4). Moisés llevó su caso ante Dios, quien otorgó su petición y luego enmendó la ley para incluir el derecho de herencia femenina (Nm. 27:5-11). Posteriormente, también se ordenó que se casaran dentro de la tribu para que su tierra no saliese fuera de la tribu de Manasés (Nm. 36; cf. Js. 17).

ZELOTAS Un grupo religioso revolucionario formado por sacerdotes menores del templo de Jerusalén y otros que eran anti-romanos. Sus actividades precipitaron la guerra con Roma que llevó a la destrucción del templo en el año 70 AD. Otros grupos revolucionarios eran forajidos, los sicarios y la Cuarta Filosofía. Simón, uno de los discípulos, es identificado como "zelota" (Mt. 10:4; Mc. 3:18; Lc. 6:15; Hec. 1:13), pero no se sabe si había sido miembro del grupo revolucionario o es sólo un término general para su fervor por su Dios y su nación (cf. Hec. 21:20). *Véase también* Partidos Judíos.

ZELOTES La transliteración de la KJV de la palabra griega zēlōtēs, aplicada de Simón el Zelote en Lc. 6:15; Hec. 1:13. La presentación griega de equivalente arameo, Kananaios, usada en Mt. 10:4; Mc. 3:18 (KJV: "cananeo"; NRSV: "cananeo"; NIV: zelote). *Véase también* Zelotas.

ZELZAH Un lugar en la frontera de Benjamín, cerca de la tumba de Raquel, donde Saúl debía encontrarse con dos hombres que le dirían dónde estaban sus burros perdidos (1 Sm. 10:2). Samuel profetizó este encuentro justo tras ungir a Saúl con aceite. Existen algunas dudas acerca de la corrupción del texto, incluyendo la LXX respecto a esta palabra.

ZEMARAIM **(1)** Un pueblo en la asignación de Benjamín que aparece entre Bet Arabá y Betel (Js. 18:22). Este pueblo se ha identificado como las ruinas de Khirbet es-Samrah, seis kilómetros al norte de Jericó. **(2)** Una montaña en Efraín desde donde el rey Abías de Judá se dirigió a Jeroboam durante su guerra (2 Cr. 13:4). Tras este encuentro, Jeroboam nunca recuperó su fuerza política.

Ha habido conjeturas que el pueblo (#1) y la montaña (#2) deben estar cerca uno de la otra y que han sido nombrados por los zemareos.

ZEMAREOS Una tribu mencionada en la Tabla de las Naciones como descendiente de Canaán (Gn. 10:18; 1 Cr. 1:16). Esta tribu fenicia posiblemente aparece en las tabletas de Amarna (1400 a.C.), que se refiere a un pueblo llamado "Zemer" o "Zumur", un pueblo muy importante que desapareció. Se cree que vivían a lo largo de la base occidental de la cordillera del Líbano.

ZEMER *Véase* Zemareos.

ZEMIRA El primero de nueve hijos de Bequer, de la tribu de Benjamín (1 Cr. 7:8).

ZENÁN Un pueblo en Shefelah, en las laderas occidentales de Judá, referido como cercano a Hadasa (Js. 15:37). Esta tierra de pastoreo hubiese sido ideal para rebaños. Ha sido asociada con Zaanán, que aparece en Miq. 1:11, descrito como la misma región. El lugar exacto de este pueblo no ha sido identificado por la arqueología moderna.

ZENAS Un discípulo de la iglesia temprana que viajó con Apolos (Tit. 3:13). Pablo usó "el abogado" como título para él, indicando así que era un escriba judío que seguía usando el título después de la conversión. Pablo urgió a Tito para aprovisionar a Zenas y Apolo para su viaje.

ZER Una ciudad fortificada en Neftalí listada entre Sidim y Hamat, dos lugares conocidos (Js. 19:35). Si la lista está ordenada geográficamente, estaba en las pendientes occidentales del Mar de Galilea.

ZERA **(1)** Un edomita descendiente de Esaú a través de la hija de Ismael, Basemat (Gn. 36:13, 17; 1 Cr. 1:37). **(2)** El padre del rey edomita Jobab (Gn. 36:33; 1 Cr. 1:44). **(3)** El menor de los hijos mellizos nacidos a Tamar por su suegro, Judá (Gn. 38:30), es el tocayo de un clan zeraíta (Nm. 26:20) y un ancestro de Acán (Js. 7:1, 18). Él y su hermano, Peres, se listan en la genealogía de Jesús (Mt. 1:3). **(4)** Un hijo de Simeón (Nm. 26:13; 1 Cr. 4:24), en otras partes llamado "Zohar" (Gn. 46:10; Éx. 6:15). **(5)** Un descendiente de Leví (1 Cr. 6:21). **(6)** Un ancestro de Asaf, un músico del templo durante el reinado de David (1 Cr. 6:41). **(7)** Líder etíope de Egipto que intentó conquistar Judá bajo el reinado de Asa. Asa y su ejército derrotaron a Zera en el Valle de Zefata y los hombres de Judá se llevaron un gran botín. Zera es posiblemente uno de los Osorkon conocidos por gobernar Egipto (2 Cr. 14:9).

ZERAÍAS **(1)** Hijo de Uzi, descendiente de Aarón y ancestro de Esdras (1 Cr. 6:6, 51; Esd. 7:4). **(2)** El padre de Elioenai, que volvió del exilio con Esdras y doscientos hombres de los descendientes de Pahat-Moab (Esd. 8:4).

ZERAÍTAS Tanto Simeón como Judá tenían clanes zeraítas (Nm. 26:13, 20 [KJV: "Zarhites"]), aunque el de Simeón a veces es llamado "Zohar" (Gn. 46:10; Éx. 6:15). Zeraítas posteriores incluyen a Acán, que fue apedreado hasta morir por tomar "objetos devocionales" de Jericó tras su derrota (Js. 7:17-18); los comandantes militares de David, Sibecai y Maharai (1 Cr. 27:11, 13); y retornados del exilio (1 Cr. 9:6). *Véase también* Zera; Zohar.

ZEREDÁ El pueblo natal de Jeroboam, en el área de Efraín (1 Re. 11:26). Hay una posibilidad, según la LXX, que es un pueblo fuerte en Efraín o puede identificarse con Saretán en el Valle del Jordán de Efraín.

ZERERA Un pueblo en el camino de los madianitas al huir de Gedeón y su ejército (Jue. 7:22 [KJV: "Zererath"]). Posiblemente es el mismo pueblo que Saretán y ha sido identificado como Ain Zahrah.

ZERES Esposa de Amán, lo incentivó a conspirar contra Mardoqueo (Est. 5:9-14; 6:12-14).

ZERET Uno de los cuatro hijos de Hela de la tribu de Judá (1 Cr. 4:7).

ZÉRET-SÁHAR Uno de los pueblos asignados a la tribu de Rubén, que se dice estaba "sobre el cerro en el valle" (Js. 13:19). Posiblemente se asocia con Chammat ec-Cara, cerca de las termas de Maqueronte.

ZERI Segundo de los seis hijos de Jedutún, era uno de los profetas musicales durante el reinado de David (1 Cr. 25:3). En 1 Cr. 25:11 es llamado "Izri" (*véase* NIV mg.). *Véase también* Izri.

ZEROR Un benjamita ancestro de Cis, el padre del rey Saúl (1 Sm. 9:1).

ZERÚA La madre de Jeroboam, el primero rey de Israel en la monarquía dividida (1 Re. 11:26).

ZETAM El segundo de tres hijos de Ladán, del clan de Gersón de la tribu de Leví. Zetam era un administrador de la tesorería del templo (1 Cr. 23:8; 26:22).

ZETÁN El quinto de los siete hijos de Bilhán de la tribu de Benjamín (1 Cr. 7:10).

ZETAR Uno de los siete asistentes personales del rey persa Jerjes (Asuero), quien ordenó traer a la reina Vasti a su banquete (Est. 1:10). Ya que trabajaba con el harem, era un eunuco.

ZEUS El rey del panteón griego. Cuando Bernabé y Pablo estaban en Listra, Pablo sanó un hombre que nació sin poder caminar. Cuando la gente lo vio, se confundieron y pensaron que Bernabé era la encarnación de Zeus, y Pablo el dios Hermes, uno de los muchos descendientes de Zeus. El sacerdote de Zeus en Listra, unido a la multitud, incluso quería ofrecer sacrificios a los dos hombres. Al escuchar sus intenciones, Pablo y Bernabé se quitaron sus ropas en consternación y detuvieron a la multitud antes de proceder (Hec. 14:8-18).

ZÍA Uno de los líderes tribales de Gad que se registra que vivía en la vecindad de Basán (1 Cr. 5:13).

ZIBA Un siervo en la casa de Saúl que jugó un rol en la historia de la corte de David registrado en 2 Sm. 9:2-12; 16:1-3; 19:17-29. David buscó mostrar amabilidad hacia la casa de Saúl y Ziba le informó de un hijo paralítico de Jonatán, Mefiboset. Por orden de David, Ziba fue encargado de proveer para Mefiboset. Posteriormente, mientras David huía de Absalón por su vida, Ziba llegó con provisiones. Ziba equivocadamente le dijo que Mefiboset se quedó atrás para recuperar el trono de Saúl. David entonces le dio todas las propiedades de Mefiboset a Ziba. Tras el regreso victorioso de David, Mefiboset dijo que involuntariamente se quedó atrás porque era inválido. Por lo que David ordenó que se le devolviera la mitad de sus posesiones; sin embargo, Mefiboset le dijo a David que Ziba podía quedárselo porque su regreso era recompensa suficiente.

ZIBEÓN Abuelo de la esposa de Esaú, Aholibama, a través de su hijo (o hija) Anah (Gn. 36:2). Ya que el hebreo bat puede significar "hija" o "nieta", no está claro si en Gn. 36:2, Anah es identificada como "hija" (bat) de Zibeón (KJV, NKJV, ESV) o si Aholibama está siendo identificada como la hija de Anah (hombre) y "nieta [bat] de Zibeón" (NIV, NLT, NET). Zibeón es descrito como un hijo de Seir el horeo (Gn. 36:20; 1 Cr. 1:38), pero también como heveo (Gn. 36:2). Esto puede indicar un error textual, o que originalmente había dos personas llamadas "Zibeón".

ZIBÍA Un líder de la tribu de Benjamín, era el segundo de siete hijos nacidos en Moab a

Saharaím y su esposa Hodes, después de que Saharaím se había divorciado de Husim y Baara (1 Cr. 8:9).

ZIBIAH La madre de Joás, el rey de Judá tras el reinado de Atalía. Zibiah era de Beerseba (2 Re. 12:1; 2 Cr. 24:1).

ZICRI **(1)** El primero de tres hijos de Izhar, el levita (Éx. 6:21). **(2)** Segundo de los nueve hijos de Simei, el benjamita (1 Cr. 8:19). **(3)** El quinto de los once hijos de Sasac, el benjamita (1 Cr. 8:23). **(4)** El último de los seis hijos de Jeroham, el benjamita (1 Cr. 8:27). **(5)** Hijo de Asaf, el levita (1 Cr. 9:15). **(6)** Uno de los hijos de Eliezer, el levita, era uno de los encargados de la tesorería para "objetos dedicados" por el rey David (1 Cr. 26:25). **(7)** Padre de Eliezer, oficial sobre los rubenitas durante el reinado del rey David (1 Cr. 27:16). **(8)** Padre de Amasías de Judá, comandante de una familia de guerreros al servicio del rey Josafat (2 Cr. 17:16). **(9)** Padre de Elisafat, un comandante de unidad entre aquellos que colaboraron con el sacerdote Joiada para regresar la monarquía a la casa de David (2 Cr. 23:1). **(10)** Un guerrero efraimita en el ejército del rey Peka que mató a Maasías, el hijo del rey Acaz y a dos de sus oficiales de alto rango, Azricam y Elcana (2 Cr. 28:7). **(11)** Padre de Joel, un líder provincial benjamita (Neh. 11:9). **(12)** El líder de la familia sacerdotal de Abías en los días de Joiacim.

ZIF **(1)** Un pueblo en el sur de Neguev asignado a la tribu de Judá (Js. 15:24). Este pueblo se conecta con Sufá y se dice que estaba cerca del ascenso a Acrabim (Paso Escorpión). **(2)** Un pueblo en el paisaje montañoso cercano al Carmelo y Yuttá asignado a la tribu de Judá (Js. 15:55). David se escondió de Saúl en el "Desierto de Zif" (1 Sm. 23:14-15), que era probablemente la región al este de Zif. David fue traicionado por los zifitas en ese momento (Sal. 54, sobreescrito [KJV: "Zifims"]). Saúl iba camino a Zif cuando David y Abisai se deslizaron en su campamento por la noche y confiscaron la lanza y la jarra de agua de Saúl (1 Sm. 26:2). Esta ciudad fue posteriormente fortificada por Roboam (2 Cr. 11:8). Se asocia con Tell Zif, aproximadamente ocho kilómetros al sureste de Hebrón. **(3)** Un nieto de Caleb, en la tribu de Judá (1 Cr. 2:42). **(4)** El primero de cuatro hijos de Jehalelel, en la tribu de Judá (1 Cr. 4:16).

ZIFITAS *Véase* Zif.

ZIFRÓN Un hito en el límite norte de Canaán como se describe en Nm. 34:9. Aparentemente fue reemplazado por Hazer Haticón tras el exilio babilonio (Ez. 47:16-17).

ZIGURAT Una importante forma arquitectónica en el antiguo Oriente Próximo, el zigurat era una estructura en escalones hecha de ladrillos de barro y construida sobre una plataforma elevada. Similar a una pirámide, excepto que con una plataforma en la parte superior, se pensaba que el zigurat abarcaba el cielo y la tierra y como tal se usaba como montaña artificial para adorar deidades. Muchos creen que la torre de Babel era un zigurat (Gn. 11:1-9).

ZIHA **(1)** Uno de los ancestros de los sirvientes del templo (netineos) que regresaron a Jerusalén tras el cautiverio babilonio bajo el liderazgo de Zorobabel en 539 a.C. o cerca de esa fecha (Esd. 2:43; Neh. 7:46). El hecho de que muchos de los nombres de la lista son extranjeros ha llevado a la creencia de que en un principio eran prisioneros de guerra presionados a realizar tareas domésticas asistiendo a los levitas. **(2)** Con Gispa, Ziha estaba a cargo de los sirvientes del templo viviendo en el cerro de Ofel en la época de Nehemías (Neh. 11:21).

ZILA Una de las dos esposas de Lamec, un descendiente de Caín, dio a luz un hijo, Tuba-Caín, y una hija Naama (Gn. 4:19, 22).

ZILETAI **(1)** Un descendiente de Benjamín (1 Cr. 8:20). **(2)** Un líder de Manasés que desertó a Saúl para unir fuerzas con David en Siclag (1 Cr. 12:20).

ZILPA Sirvienta de Lea, fue dada a Jacob para que diera hijos (Gn. 30:9-12). Zilpa fue inicialmente dada a Lea por su padre, Labán (Gn. 29:24). Zilpa dio a luz a Gad y Aser (Gn. 35:26).

ZIMA **(1)** Un levita gersonita descendiente de Libni (1 Cr. 6:20). **(2)** Un levita gersonita descendiente a través de Simei (1 Cr. 6:42). No está claro cuál de los dos Zima fue el padre de Joa (2 Cr. 29:12).

ZIMRÁN El mayor de seis hijos de la unión de Abraham y Queturá (Gn. 25:2; 1 Cr. 1:32). Se cree que se asentó en el este. Ha habido especulaciones acerca de la ubicación exacta de este asentamiento en base a los nombres encontrados en Ptolomeo y Plinio y otros antiguos manuscritos, pero no se han logrado conclusiones a firme.

ZIMRI **(1)** Hijo de Salu, el líder de una familia simeonita. Trajo a una mujer madianita, Cozbí, al campamento israelita, por lo que el ferviente Finehás mató a ambos (Nm. 25:6-8, 14-15). **(2)** Un ancestro de Acán, quien hizo enojar a Dios y fue apedreado a muerte por robar "objetos devotos" del derrotado Jericó (Js. 7:1, 17-18; 1 Cr. 2:6). **(3)** Un oficial militar del rey Elah de Israel, mató al rey y usurpó el trono. Al hacerlo, cumplió la profecía de Jehú contra Baasá, padre de Elah. Zimri reinó sólo por siete días antes de suicidarse ante otro golpe militar dirigido por Omri (1 Re. 16:8-20). **(4)** Un descendiente de Saúl, de la tribu de Benjamín (1 Cr. 8:36; 9:42). **(5)** Una región en alguna parte hacia el este de Israel, sus reyes estaban entre aquellos profetizados por Jeremías que beberían la copa de la ira de Dios (Jr. 25:25).

ZIN, DESIERTO DE Una región en el extremo sureste de la tierra de Judá, formando un límite entre la tierra de Israel y la de Edom (Nm. 34:3; Js. 15:1, 3). Este desierto o tierra salvaje es el mismo que el Desierto de Cades (Nm. 33:36; Sal. 29:8). También hay un pueblo de Zin ubicado en este desierto, que probablemente es el origen del nombre (Nm. 34:4). Los espías israelitas partieron de Zin y viajaron hacia el norte para explorar la tierra prometida (Nm. 13:21). La región también es la ubicación de las aguas de Meriba Cades, donde Moisés desobedeció a Dios y golpeó la roca por agua (Nm. 27:14; Dt. 32:51). También es el lugar donde murió Miriam (Nm. 20:1). No debe ser confundido con el Desierto de Sin.

ZIOR Un pueblo asignado a la tribu de Judá en el paisaje montañoso (Js. 15:54). Probablemente se encuentra a siete kilómetros al norte noreste de Hebrón, en el lugar de la moderna Si'ir.

ZIPHAS El segundo de los cuatro hijos de Jehalelel, en la tribu de Judá (1 Cr. 4:16).

El desierto de Zin.

ZIPOR Padre de Balac, rey de Moab, que contrató al profeta Balaam para maldecir a los israelitas durante el éxodo (Nm. 22:1-6).

ZIV *Véase* Calendario.

ZIZ Un paso con vistas al desierto al cual Dios guió a Josafat y todos los israelitas para ver la destrucción que Él había traído sobre los amonitas, los moabitas y los habitantes del Monte Seir (2 Cr. 20:16). Este paso lleva desde En Guedí a la meseta alta. Era usado por merodeadores árabes. Actualmente se asocia con Tell Hasaseh.

ZIZA **(1)** Hijo de Sifi, era un líder de clan de Simeón (1 Cr. 4:37). **(2)** El segundo de los cuatro hijos de Simei, un levita gersonita (1 Cr. 23:10-11). En el texto hebreo su nombre se deletrea "Zina" en el versículo 10 y "Ziza" en el versículo 11 (seguido por KJV, NRSV, NET), pero un manuscrito hebreo y la LXX ambas escriben "Ziza" (seguido por la NIV). **(3)** El tercero de cuatro hijos del rey Roboam y Maaca (2 Cr. 11:20).

ZOÁN Una ciudad de planicie tanítica del Nilo, se asocia con Hebrón (Nm. 13:22) y posteriormente es conocida como la ciudad griega de Tanis. El nombre se encuentra en descubrimientos arqueológicos egipcios y asirios, y puede asociarse con la corte del Faraón (Is. 19:11, 13; 30:4). Por lo tanto, Zoán es una ciudad de gran importancia en el Delta del Nilo y se menciona en juicio junto con Tebas (Ez. 30:14). El salmista menciona la región de Zoán (Sal. 78:12, 43), que también es conocida como la región de Ramsés.

ZOAR Una ciudad al sur del Mar Muerto. Fue una de las cinco ciudades tomadas por Quedorlaomer (Gn. 14:2). Zoar es el lugar hacia el que Lot huyó cuando Sodoma y Gomorra fueron destruidas (19:22-24). Lot posteriormente dejó la ciudad por una residencia cercana en la montaña porque se sentía inseguro en ese lugar (19:30). Isaías profetizó que los habitantes de Moab huirían allí en la destrucción que se avecinaba (Is. 15:5). Se cree que actualmente la ciudad es Safi, a lo largo del río Zered, aunque algunos sugieren que el lugar original está sumergido bajo el Mar Muerto.

ZOBEBA Un hijo o hija de Cos, descendiente de Judá (1 Cr. 4:8). Otras versiones lo traducen como "Hazobeba".

ZOFA El primero de cuatro hijos de Helem, entre los líderes de la tribu de Aser (1 Cr. 7:35-36).

ZOFAI El hijo de Elcana, de la tribu de Leví (1 Cr. 6:26).

ZOFAR El tercero de los tres amigos de Job que se sientan con él cuando está en la miseria (Job 2:11). Es conocido por tener la posición más dura y más filosófica en términos de teología, mientras toma una posición muy abrasiva y realista respecto a la situación de Job. Él culpa a Job por ser demasiado antropocéntrico en su posición teológica. Zofar habla en Job 11; 20; y posiblemente 27:13-23. Se dice que es naamatita, lo que probablemente ubica su origen al este del río Jordán.

ZOFIM La ubicación del mirador, en la cima de Pisga, desde donde Balaam intentó maldecir a los israelitas en nombre de Balac (Nm. 23:14). Este lugar alto está cerca del extremo noreste del Mar Muerto. La palabra hebrea (tsopim) significa "vigías" y se usa en referencias a otros profetas (cf. Is. 52:8; 56:10).

ZOFITA Elcana, el padre de Samuel, esposo de Ana, y ancestro de Zuf, se dice que era "un hombre de Ramataim, un zofita" (1 Sm. 1:1). El texto hebreo lee, "un hombre de Ramataim de Zofim" (seguido por NET, KJV; NIV mg: "Ramataim Zofim").

ZOHAR **(1)** El padre de Efrén, el heteo, que le vendió a Abraham la cueva de Macpela para el entierro de Sara (Gn. 23:8; 25:9). **(2)** El quinto de los seis hijos de Simeón, también conocido como "Zérah" (Gn. 46:10; Éx. 6:15). **(3)** Según una corrección textual (lectura Qeri), un descendiente de Judá (1 Cr. 4:7). La lectura Ketiv es "Izhar" (seguida por NRSV; KJV: "Jezoar").

ZOHELET Adonías, habiéndose establecido para reemplazar a David como rey, ofreció sacrificios en la Piedra de Zohelet en anticipación a su coronación (1 Re. 1:9). David, sin embargo, rápidamente nombró a Salomón su sucesor. "Zohelet" puede traducirse como "serpiente" o "trepador" (cf. ESV, RSV: "Piedra de la Serpiente"). Esta piedra se hallaba cerca de En Rogel, una fuente de agua al suroeste de Jerusalén donde se encuentran los valles de Cedrón e Hinnom.

ZOHET Un descendiente de Isi, de la tribu de Judá (1 Cr. 4:20).

ZOMZOMMEOS Este término ocurre en Dt. 2:20 y parece ser sinónimo con los zuzitas de Gn. 14:5. Fueron desposeídos por los amonitas y eran considerados ser personas altas, como los emitas y anaquitas (Dt. 2:10, 20-21). El nombre puede ser una designación peyorativa por su zumbido al hablar.

ZORA El nombre de posiblemente dos pueblos, uno asignado a Judá (Js. 15:33 [KJV: "Zareah"]), el otro a Dan (Js. 19:41). El último era el hogar de Manoa, el padre de Sansón (Jue. 13:2). Este pueblo es referido principalmente en la narrativa de Sansón (Jue. 13:25; 16:31) y como hogar de los espías en la historia de Miqueas (Jue. 18:2, 8, 11). Posteriormente, fue fortificado por Roboam (2 Cr. 11:10) y reasentado tras el exilio babilonio (Neh. 11:29). Se cree que su ubicación es la de Sar'a, veinte kilómetros al oeste de Jerusalén.

ZORATITAS Un clan de Caleb en la tribu de Judá descendiente de Reaía, hijo de Sobal (1 Cr. 2:53 [KJV: "Zareathites"]; 4:2).

ZORITAS Un clan de Caleb en la tribu de Judá, descendiente de Salmá (1 Cr. 2:54). *Véase también* Zoratitas.

ZOROASTRO El fundador del pensamiento dualista en lo que ahora se conoce como Zoroastrismo. Se cree que su enseñanza tuvo cierta influencia en el dualismo del judaísmo. Sus fechas son desconocidas, pero sus enseñanzas parecen haber sido aceptadas por los reyes tempranos de Persia a finales del siglo seis a.C.

ZOROBABEL La transliteración del nombre griego "Zerubbabel" en las genealogías de Jesús (Mt. 1:12-13; Lc. 3:27). *Véase también* Zorobabel.

ZOROBABEL Un líder judío inmediatamente tras el exilio quien, en 539/538 a.C. o cerca de esa fecha guió a los exiliados judíos de regreso de Babilonia a Jerusalén (Esd. 2:1-6:22; Ageo; Zac. 4:1-14).

Ciro el Grande derrotó a Babilonia en 539 a.C. y luego emitió un decreto permitiendo a

El sitio antiguo de Zora.

los vasallos de Babilonia regresar a sus hogares y reconstruir sus templos (2 Cr. 36:22-23; Esd. 1:1-4). Zorobabel guió al primer contingente a Jerusalén y luego encabezó los trabajos para reconstruir el templo de Yahveh en Jerusalén. Zorobabel se dedicó a la inmediata reconstrucción del altar, que permitió reanudar los sacrificios rituales. Sin embargo, tras encontrarse con la oposición de los samaritanos, la reconstrucción del templo en sí se retrasó. Dios envió a Ageo y Zacarías a revitalizar el esfuerzo, y en 515 a.C. el segundo templo finalmente fue completado.

Zorobabel era el gobernador de Judá asignado por Persia (Ag. 1:1). Era un descendiente de Salatiel. A veces el texto manifiesta que es el hijo de Salatiel, aunque 1 Cr. 3:19 dice que es el hijo del hermano de Salatiel, Pedaya, otro de los hijos de Joacim. Cualquiera sea la conexión precisa, no hay duda de que Zorobabel era descendiente davídico. Los profetas Zacarías y Ageo ambos hablan de Zorobabel en términos mesiánicos (Ageo; Zac. 4:1-14). Eventualmente, desaparece de los registros históricos. Algunos especulan que los persas lo removieron debido a la alta expectativa que lo rodeaba como hijo de David. Sin embargo, fue el gobernador de Judá, no el último Mesías. Uno mayor, uno de sus descendientes (Mt. 1:12-13; Lc. 3:27), sería el verdadero Mesías-Jesucristo.

ZORRO Un mamífero carnívoro de orejas y hocico puntiagudos y cola peluda (Neh. 4:3; Mt. 8:20; Lc. 9:58), frecuentemente visto como una plaga prescindible (Jue. 15:4-5; Cant. 2:15). El zorro llegó a representar a una persona políticamente astuta, como en el caso de Herodes Antipas (Lc. 13:32).

ZUAR Padre de Natanael, que dirigió a la tribu de Isacar durante la travesía por el desierto del éxodo (Nm. 1:8; 2:5; 7:18, 23; 10:15).

ZUF **(1)** Un ancestro efraimita del profeta Samuel y del músico levita del templo Hemán (1 Sm. 1:1; 1 Cr. 6:35). **(2)** Un distrito en Benjamín donde Saúl decidió regresar a casa tras buscar los burros de su padre (1 Sm. 9:5).

ZUR **(1)** Uno de los cinco reyes de Madián muertos en batalla contra Israel durante el éxodo (Nm. 31:8; Js. 13:21). Su hija, Cozbí fue muerta por Fineas, junto con Zimri que hizo enojar a Dios al llevarla al campamento israelita (Nm. 25:15). **(2)** Un ancestro benjamita de Saúl, fue el segundo hijo nacido de Jeiel y Maaca (1 Cr. 8:30; 9:36).

ZURIEL El hijo de Abigail, era un líder de los meraritas, de la tribu de Leví, durante la travesía en el desierto del éxodo (Nm. 3:35).

ZURISADAI El padre de Selumiel, que era un líder de la tribu de Simeón durante la travesía del desierto de éxodo (Nm. 1:6; 2:12; 7:36, 41; 10:19).

ZUZIMS *Véase* Zuzitas.

ZUZITAS Un grupo de gentes de Cam, una ciudad en la región del Mar Muerto, que fueron derrotados por Quedorlaomer y sus aliados (Gn. 14:5 [NRSV: "Zuzim"; KJV: "Zuzims"]). Pueden ser sinónimos con los zomzommeos (Dt. 2:20). *Véase también* Zomzommeos.

CRÉDITOS DE IMÁGENES

A menos que se indique de otra manera, fotografías, ilustraciones y mapas son propiedad de © Baker Photo Archive.

El Baker Photo Archive reconoce el permiso de las siguientes instituciones e individuos.

Foto en la página 1098 © Baker Photo Archive. Cortesía del Aegyptisches Museum and Papyrussammlung, Berlín, Alemania.

Fotos en las páginas 70, 690, 1235, 664, 1284, 621, 322 © Baker Photo Archive. Cortesía del Aegyptisches Museum, Berlín, Alemania.

Foto en la página 509 © Baker Photo Archive. Cortesía del Altes Museum, Berlín, Alemania.

Foto en la página 704 © Baker Photo Archive. Cortesía de Antikensammlung, Berlín, Alemania.

Fotos en las páginas 58, 1228, 1829 © Baker Photo Archive. Cortesía del Bode Museum, Berlín, Alemania.

Fotos en las páginas 44, 104, 143, 137 178, 256 1149, 1652, 333, 457, 435, 467, 364, 504, 507, 594, 595, 30, 1397, 46, 1751, 571, 575, 602, 639, 666, 678, 472, 1409, 785, 777, 789, 1165, 801, 815, 1356, 863, 991, 1316, 343, 993, 1003, 1031, 71, 1073, 1079, 1823, 628, 1219, 1256, 1277, 1520, 1441, 1518, 1576, 1613, 1666, 1628, 870, 1638, 866, 287, 223, 1701, 1779, 1786, 1794, 1403, 620 © Baker Photo Archive. Cortesía del British Museum, Londres, Inglaterra.

Foto en la página 382 © Baker Photo Archive. Cortesía del British Museum, Londres, Inglaterra en préstamo del Agyptisches Museum, Berlín.

Fotos en las páginas 1177, 1203, 1802, 615 © Baker Photo Archive. Cortesía del Ministerio de Antigüedades de Egipto y el Museo de Antigüedades Egipcias, El Cairo, Egipto.

Foto en la página 1319 © Baker Photo Archive. Cortesía del Museo de Asuán, Egipto.

Fotos en las páginas 93, 204, 286, 1657, 498, 695, 1249, 1269,893 © Baker Photo Archive. Cortesía del Museo Eretz Israel, Tel Aviv, Israel.

Fotos en las páginas 1260, 1233 © Baker Photo Archive. Cortesía del Field Museum, Chicago.

Fotos en las páginas 896, 1729 © Baker Photo Archive. Cortesía del Golan Archaeological Museum, Israel.

Fotos en las páginas 1217, 1527© Baker Photo Archive. Cortesía del Ministerio de Antigüedades de Grecia y el Museo Arqueológico Nacional, Atenas, Grecia.

Fotos en las páginas 295, 496 © Baker Photo Archive. Cortesía del Ministerio de Antigüedades de Grecia y Archaeological Museum of Ancient Corinth, Grecia.

Fotos en las páginas 790, 732© Baker Photo Archive. Cortesía del Ministerio de Antigüedades de Grecia y Archaeological Museum of Delphi, Grecia.

Fotos en las páginas 1051, 1801 © Baker Photo Archive. Cortesía del Ministerio de Antigüedades de Grecia y al Archaeological Museum of Thessaloniki, Grecia.

Foto en la página 224 © Baker Photo Archive. Cortesía del Hatzor Museum, Israel.

Fotos en las páginas 97, 838, 974, 1338© Baker Photo Archive. Cortesía del Holyland Hotel. Reproducción de la Ciudad de Jerusalén en la época del Segundo Templo, ubicada en los terrenos del Holyland Hotel, Jerusalén, 2001. Ubicación actual: Museo de Israel, Jerusalén.

Fotos en las páginas 202, 871, 1549, 596 © Baker Photo Archive. Cortesía del Ministerio de Antigüedades de Jordania y el Jordán Archaeological Museum, Amán.

Fotos en las páginas 47, 121, 152, 183, 193, 553, 707, 361, 516, 651, 791, 797, 811, 818, 942, 1053, 1107, 1533, 1799, 1223,1266, 1444, 60, 1303, 1443, 1467, 1579 © Baker Photo Archive. Cortesía del Musée du Louvre; Autorización de fotografiar y grabar. Louvre, Paris, Francia.

Foto en la página 1662 © Baker Photo Archive. Cortesía del museo en Qumrán.

Foto en la página 81 © Baker Photo Archive. Cortesía del museo en Séforis.

Fotos en las páginas 645, 468 © Baker Photo Archive. Cortesía del Museum of Byzantine Art, Berlín, Alemania.

Fotos en las páginas 288, 340, 432, 478, 1554, 744, 805, 880, 599, 1148, 1058, 1083, 1245, 1463, 1642, 34 © Baker Photo Archive. Cortesía del Oriental Institute Museum, Chicago.

Foto en la página 518 © Baker Photo Archive. Cortesía del Palatine Museum, Roma.

Fotos en las páginas 197, 41, 1013, 384, 1586 © Baker Photo Archive. Cortesía del Pergamon Museum, Berlín.

Fotos en las páginas 488, 492, 1298, 1473, 1648 © Baker Photo Archive. Cortesía del Skirball Museum, Hebrew Union College-Jewish Institute of Religion, 13 King David Street, Jerusalén 94101.

Fotos en las páginas 101, 131, 917, 1271, 205© Baker Photo Archive. Cortesía del Skulpturensammlung, Alemania.

Fotos en las páginas 117, 256, 258, 261, 1325, 1386, 449, 447 © Baker Photo Archive. Cortesía de Sola Scriptura: The Van Kampen Collection en exhibición en el Holy Lan Experience, Orlando, Florida.

Foto en la página 514 © Baker Photo Archive. Cortesía de St. Catherine's Monastery.

Foto en la página 1242 © Baker Photo Archive. Cortesía del St. Catherine's Museum, Sinaí.

Ilustraciones en las páginas 1500, 986 © Baker Photo Archive. Ilustraciones por Timothy Ladwig.

Fotos en las páginas 404, 379, 1021, 1019, 1112, 1155, 854, 1841 © Baker Photo Archive. Cortesía del Ministerio de Antigüedades de Turquía y el Antalya Museum, Turquía.

Foto en la página 158 © Baker Photo Archive. Cortesía del Ministerio de Antigüedades de Turquía y el Ephesus Archaeological Museum, Turquía.

Fotos en las páginas 165, 306, 486, 747, 815, 889, 1088, 1248, 1593, 1676© Baker Photo Archive. Cortesía del Ministerio de Antigüedades de Turquía y el Istanbul Archaeological Museum.

Fotos en las páginas 28, 40, 347, 484, 526, 681, 901, 995, 1225, 1308, 1363 © Baker Photo Archive. Cortesía del Museo Vaticano.

Foto en la página 1117 © Baker Photo Archive. Cortesía del Vorderasiatisches Museum, Berlín, Alemania.

Foto en la página 416 © Baker Photo Archive. Cortesía del Wohl Archaeological Museumand Burnt House, Jerusalén.

Foto en la página 213 © Baker Photo Archive. Cortesía del Yigal Allon Centre, Kibbutz Ginosar, en la costa oeste del Mar de Galilea, Israel.

CRÉDITOS DE IMÁGENES ADICIONALES

Foto en la página 607 © www.aiwaz.net / Wikimedia Commons.

Foto en la página 1 © Andreas Praefcke / Wikimedia Commons, CC-by-3.0.

Fotos en las páginas 623, 1597, 1717 © Balage Balogh (www.archaeologyillustrated.com).

Foto en la página 12 © Bukvoed / Wikimedia Commons, CC-by-3.0.

Foto en la página 605 © Caryn Asheron, CC-by-sa.

Foto en la página 1349 © David Castor / Wikimedia Commons.

Fotos en las páginas 66, 1138, 376, 464, 1250, 1413 © Dr. James C. Martin y el Israel Museum. Colección del Israel Museum, Jerusalén, y cortesía de la Autoridad de Antigüedades de Israel, exhibida en el Israel Museum, Jerusalén.

Fotos en las páginas 58, 689, 760, 796,1016, 1173, 1511 © Dr. James C. Martin y el Israel Museum (Rockefeller Museum). Colección del Israel Museum, Jerusalén, y cortesía de la Autoridad de Antigüedades de Israel, exhibida en el Rockefeller Museum, Jerusalén.

Fotos en las páginas 531, 294, 919 © Dr. James C. Martin y el Israel Museum (Santuario del Libro). Colección del Israel Museum, Jerusalén, y cortesía de la Autoridad de Antigüedades de Israel, exhibida en el Santuario del Libro, Israel Museum, Jerusalén.

Foto en la página 544 © Effi Schweizer / Wikimedia Commons.

Foto en la página 1452 © Fred J / Wikimedia Commons, CC-by-sa-1.0.

Foto en la página 1569 © Giovanni Dall'Orto / Wikimedia Commons. Cortesía del Ministerio de Antigüedades de Grecia y el National Achaeological Museum, Atenas.

Foto en la página 289 © Gloumouth1, http://gloumouth1.free.fr / Wikimedia Commons, CC-by-sa-3.0.

Foto en la página 1851 © Hansueli Krapf / Wikimedia Commons, CC-by-sa.

Foto en la página 1149 © Heretiq / Wikimedia Commons, CC-by-sa-2.5.

Foto en la página 1573 © Horus3, CC-by-sa-2.0.

Foto en la página 1379 © Ijon / Wikimedia Commons, CC-by-sa-3.0.

Foto en la página 301 © Jebulon / Wikimedia Commons.

Foto en la página 904 © Jebulon / Wikimedia Commons, CCO-1.0.

Foto en la página 1396 © Jebulon / Wikimedia Commons. Chateau de Vaux-le-Vicomte, Francia.

Foto en la página 924 © Katie Chao / Wikimedia Commons, CC-by-sa-2.0. Cortesía del Jewish Museum, New York.

Foto en la página 1563 © Maria Jesus Berkheij

Foto en la página 107© Kimon Berlin / Wikimedia Commons, CC-by-sa-3.0. Cortesía de Château d'Angers, Francia.

Foto en la página 1133 © Kirill Azhitsky / Wikimedia Commons, CC-by-2.0.

Foto en la página 1582 © Marie-Lan Nguyen / Wikimedia Commons.

Foto en la página 454 © Marie-Lan Nguyen / Wikimedia Commons, CC-by-2.5. Cortesía del Cabinet de Médailles (Bibliothèque Nationale de Francia, Paris).

Fotos en las páginas 1595, 1757 © Marie-Lan Nguyen / Wikimedia Commons, CC-by-2.5. Cortesía del Musée du Louvre; Autorización de fotografiar y grabar. Louvre, Paris, Francia.

Fotos en las páginas 6, 917© Marie-Lan Nguyen / Wikimedia Commons. Cortesía del Museo Vaticano.

Foto en la página 1688 © Marsyas / Wikimedia Commons, CC-by-3.0.

Foto en la página 1812 © Michael Lubinski / Wikimedia Commons, CC-by-sa-2.0.

Foto en la página 655 © Naunakhte / Wikimedia Commons, CC-by-sa-3.0. Cortesía del Aegyptisches Muesum, Berlín, Alemania.

Foto en la página 1060 © Odilia / Wikimedia Commons, CC-by-sa-3.0.

Foto en la página 39 © Rob Koopman, CC-by-2.0. Cortesía del Dutch National Museum of Antiquities, Leiden.

Fotos en las páginas 219, 249, 658, 980, 1516, 1645 © The Yorck Project / Wikimedia Commons.

Foto en la página 1804 © Varun Shiv Kapur, CC-by-2.0.

Foto en la página 720 © Wolfgang Suber / Wikimedia Commons. Cortesía del Ministerio de Antigüedades de Turquía y el Antalya Museum, Turquía.

Foto en la página 672 © Wolfgang Suber / Wikimedia Commons, CC-by-sa. Cortesía del Stadtmuseum, Wels, Austria.